བྱང་ངོས་སྤྲུལ་པ་སྟེ་ཡི་ལྷ་ཁང་དུ། །གནས་ལྔ་རིག་པའི་མཐར་སོན་འཛམ་པའི་དབྱངས། །
དྲིགས་ལྡན་རྒོལ་བ་འཇོམས་པའི་དཔའ་བོ་ཆེ། །ས་སྐྱ་པཎ་ཆེན་ཞབས་ལ་གསོལ་བ་འདེབས། །

ཚར་ཆེན་བློ་གསལ་རྒྱ་མཚོས།

༨

༄༅། །དཔལ་ས་སྐྱའི་སྡོམ་གསུམ་ཕྱོགས་བསྒྲིགས་བཞུགས་སོ།།

པོད་བརྒྱད་པ།

པཎ་ཆེན་ངག་དབང་ཆོས་གྲགས་སོགས་ཀྱིས་མཛད།

སི་ཁྲོན་བོད་ཡིག་དཔེ་རྙིང་བསྡུ་སྒྲིག་ཁང་གིས་བསྒྲིགས།

རྒྱལ་ཁབ་དཔེ་མཛོད་དཔེ་སྐྲུན་ཁང་།

དཀར་ཆག

༄༅། །སྡོམ་པ་གསུམ་གྱི་རབ་ཏུ་དབྱེ་བའི་རྣམ་བཤད་ལེགས་པར་བཤད་པ་ཀླུ་འོད་ནོར་བུ་ཞེས་བྱ་བ་བཞུགས་སོ། །

པཎ་ཆེན་ངག་དབང་ཆོས་གྲགས།

རང་བཞིན་འོད་གསལ་གདོད་མའི་སེམས་སངས་རྒྱས། །སྡོམ་གསུམ་ལམ་གྱི་ཉམས་སུ་བསྐུར་བ་ལས། །མཐར་ཕྱུག་འགྲོ་བའི་མགོན་གཅིག་ཟས་གཙང་སྲས། །སྟོན་མཆོག་ཐུབ་དབང་ཞབས་ལ་ཕྱག་བགྱིའོ། །རྒྱལ་བ་ཉིད་དང་མི་གཉིས་རྒྱལ་སྲས་ཚུལ། །མི་ཕམ་མགོན་དང་འཕགས་མཆོག་འཇམ་པའི་དཔལ། །འཛམ་གླིང་མཛེས་བྱེད་རྒྱན་དྲུག་མཆོག་གཉིས་སོགས། །རྒྱ་བོད་བསྟན་འཛིན་བརྒྱུད་པའི་ཚོགས་ལ་འདུད། །ཕྱག་ན་པདྨོའི་རྣམ་འཕྲུལ་ཀུན་དགའ་སྙིང་། །ཕྱག་ན་རལ་གྲིའི་འོད་འབར་བདུན་བརྒྱུད་དང་། །ཕྱག་ན་རྡོ་རྗེའི་སྟོབས་མངའ་འགྲོ་མགོན་རྗེ། །ས་སྐྱའི་རྗེ་བཙུན་མཆོག་རྣམས་རྒྱལ་གྱུར་ཅིག །འཇམ་དབྱངས་མཁྱེན་བརྩེའི་ཆ་ཤས་ཡོངས་རྫོགས་རྣམ་དཀར་འཕྲིན་ལས་བསིལ་ཟེར་ཅན། །བློ་གསལ་གདུལ་བྱ་རྒྱ་མཚོའི་གཉེན་གྱུར་གནས་ལྔའི་གཞུང་ལུགས་ཀུ་མུད་འབྱེད། །འཆད་རྩོད་རྩོམ་གྱི་འོད་བརྒྱ་དང་འགྲོགས་སྐྱེ་དགུའི་འདྲེན་བྱེད་སྣང་བའི་དཔལ། །རྒྱལ་རྣམས་མཆོག་ཏུ་དགེས་པའི་བཤེས་གཉེན་ཀུན་དགའ་རྒྱལ་མཚན་གང་དེར་འདུད། །བསོད་ནམས་ཡེ་ཤེས་ཚོགས་གཉིས་རབ་རྫོགས་པའི། །དམ་ཆོས་སྨྲ་བའི་སྒྲ་དབྱངས་སྒྲིད་ན་བྲེལ། །ཕས་རྒོལ་གླང་པོའི་གླད་འགེམས་གདོང་ལྔ་པ། །བསོད་ནམས་སེང་གེའི་ཞབས་ཀྱིས་རྟག་ཏུ་སྐྱོང་། །ཐུབ་དབང་བསྟན་པའི་ལེགས་བྱས་རིན་ཆེན་ཁྲིར། །སྙིང་སྟོབས་ངལ་འཚོ་དམ་ཆོས་བདུད་རྩིའི་སྐྱེས། །གྲངས་མེད་འགྲོ་ལ་སྦྱིན་པའི་ཕ་རོལ་སོན། །བྱམས་དང་ཐུགས་རྗེའི་དཔལ་མངའ་བཟང་པོར་འདུད། །བཤད་སྒྲུབ་མི་ནུབ་བསྟན་པའི་རྒྱ་མཚོ་ལས། །བློ་གྲོས་ཉིན་མོའི་དབང་ཕྱུག་སྲིད་ན་ཤར། །ཕན་བདེའི་དཔལ་ཡོན་སྐལ་བཟང་འགྲོ་བའི་མིག །རྗེ་བཙུན་བླ་མའི་ཞབས་པད་གཙུག་གིས་མཆོད། །ཡོངས་རྫོགས་རྒྱལ་བའི་བསྟན་པ་ཟླ་མེད་པ། །གསལ་བའི་འཛུམ་ཕྲེང་དག་བྱེད་རབ་དབྱེའི་གཏམ། །མདོ་སྔགས་ཆོས་ཀུན་ཡོངས་འདུའི་ཀྲང་འཕྱུར་དྲིས། །ཕྱོགས་ཀུན་ཁྱབ་བྱེད་རྣམ་བཤད་དེང་འདིར་སྤྲོ། །སྟོན་ཆེ་ཐུབ་པའི་སྐྱུན་སྟར་ཞལ་བཞེས་པའི། །དམ་ཚིག་

རལ་པ་སྟུག་པོའི་ཁྲུར་ལྡི་བ། །ཕྱི་ནང་གསང་བའི་དྲེགས་བྱེད་ཆོས་སྲུང་གིས། །འཕྲལ་དང་ཡུན་དུ་ཤིས་པའི་དགེ་ལེགས་སྩོབས། །

འདིར་རྗེ་བཙུན་འཇམ་པའི་དབྱངས་ཀྱི་རྣམ་པར་འཕྲུལ་པ་བདག་ཉིད་ཆེན་པོ་ས་སྐྱ་པཎྜི་ཏས་མཛད་པའི་ཆོས་དང་ཆོས་མ་ཡིན་པ་རྣམ་པར་འབྱེད་པའི་བསྟན་བཅོས་སྡོམ་པ་གསུམ་གྱི་རབ་ཏུ་དབྱེ་བ་འཆད་པར་བྱེད་པ་ལ་དོན་གསུམ་སྟེ། བསྟན་བཅོས་རྩོམ་པ་པོའི་ཆེ་བའི་ཡོན་ཏན། དེས་བསྟན་བཅོས་ཇི་ལྟར་བརྩམས་པའི་ཚུལ། བརྩམ་བྱ་བསྟན་བཅོས་ཀྱི་བརྗོད་བྱ་གཏན་ལ་ཕབ་པའོ། །དང་པོ་ནི། ཆུ་ཕོ་སྟག་ལོའི་དཔྱིད་ཟླ་ཉེར་དྲུག་ལ། །ཤེས་རབ་ཟག་མེད་ཡུམ་ལ་བལྟམས་པའི་ཚེ། །འོད་དང་ལྟས་བཟང་རྣམ་པ་དུ་མ་རྣམས། །ཟས་གཙང་སྲས་ལྟར་ངོ་མཚར་དཔག་མེད་བྱུང་། །ཞེས་པ་ལྟར། དཔོ་ཟླ་བའི་ཉེར་དྲུག་གི་ཉིན་ལྷུང་པ་འཇའ་དང་འོད་ཀྱིས་གང་བ་དང་། མཁའ་འགྲོ་མང་པོ་འདུ་བ་དང་། མེ་ཏོག་གི་ཆར་འབབ་པ་ལ་སོགས་པ་ལྟས་ཁྱད་པར་ཅན་དང་བཅས་ནས་སྐུ་བལྟམས་ཤིང་། དེ་ནས་ལོ་གཅིག་ཙམ་སོང་བ་ན། ས་ལ་ལཉྫ་དང་ཝརྟུའི་ཨཱ་ལི་ཀཱ་ལི་རྣམས་བྲིས་ནས། སཾསྐྲི་ཏའི་སྐད་དུ་ཀློག་པར་མཛད་པས། རྒྱ་བོད་ཀྱི་ཀློག་དང་ཡི་གེ་ཡང་རང་བབས་སུ་མཁྱེན་པ་ཡིན་ཏེ། རྣམ་ཐར་བསྟོད་པ་ལས། ཆོས་ཀྱི་མ་མོ་མ་བསླབས་ཐུགས་སུ་ཆུད། །ཅེས་པའི་དོན་ཡང་འདི་ཡིན་ནོ། །

དེ་ནས་ཐོག་མར་རྗེ་བཙུན་རིན་པོ་ཆེའི་དྲུང་དུ་ཚངས་པར་སྤྱོད་པའི་དགེ་བསྙེན་སོ་ཐར་གྱི་སྡོམ་པ་བཞེས་ཏེ། མཚན་ཀུན་དགའ་རྒྱལ་མཚན་དུ་བཏགས། ལུགས་གཉིས་ཀྱི་ཆོ་གའི་སྒོ་ནས་བྱང་ཆུབ་མཆོག་ཏུ་སེམས་བསྐྱེད་པ་དང་། དགྱེས་པ་རྡོ་རྗེའི་དཀྱིལ་འཁོར་དུ་བཅུག་ཅིང་མངོན་པར་དབང་བསྐུར་བའི་སྒོ་ནས་སྔགས་ཀྱི་སྡོམ་པ་ཡང་ནོས་ཏེ། སྡོམ་གསུམ་གསུམ་རིམ་ཅན་དུ་སྩལ་བའི་བཀའ་དྲིན་ཅན་གྱི་རྩ་བའི་བླ་མ་ནི། རྗེ་བཙུན་རིན་པོ་ཆེ་ཉིད་ཡིན་ནོ། །རྒྱུ་མཚན་དེའི་ཕྱིར་ན་བསྟན་བཅོས་འདིའི་དབུར་སྡོམ་གསུམ་སྟེར་བ་པོའི་རྩ་བའི་བླ་མ་ལ་མཆོད་པར་བརྗོད་པ་འབྱུང་བ་ལ་ཤེས་བྱེད་དང་འཐད་པ་མང་དུ་ཡོད་དོ། །དེ་ཡང་རྗེ་བཙུན་རིན་པོ་ཆེ་ནི། བདག་ཉིད་ཆེན་པོ་འདིའི་སྐྱེ་བ་མང་པོའི་བར་གྱི་དགེ་བའི་བཤེས་གཉེན་དང་། ལྷག་པའི་ལྷ་ཐ་མི་དད་པ་དེ་ཡིན་ཏེ། ས་སྐྱར་ཆོས་གསུང་བའི་ནམ་མཁར་རྗེ་བཙུན་རིན་པོ་ཆེ་གྲགས་པ་རྒྱལ་མཚན་བྱོན་ནས། ཁྱོད་མི་ནས་མིར་གྱུར་པའི་སྐྱེ་བ་ཉི་ཤུ་རྩ་ལྔའི་བར་དུ་རིག་པའི་གནས་ལྔ་ལ་མཁས་པའི་པཎྜི་ཏར་གྱུར། དེའི་བར་གྱི་བླ་མ་ང་ཡིན། དེ་ལས་གཞན་ཁྱོད་སུས་ཀྱང་འདུལ་བར་འོས་པ་མ་ཡིན་ནོ། །ཞེས་གསུངས་པ་དང་། ཕྱིས་སྐྱོ་བོ་ཁ་གདངས་སུ་ཡང་། ཆོས་གསུང་བའི་མདུན་གྱི་ནམ་མཁར་དེ་བཞིན་བྱུང་བས་སྔར་གྱི་དེ་

དྲན་གསུང་ངོ་། །དེ་སྐད་དུ། སངས་རྒྱས་འཕྲིན་ཞུ་ལས་ཀྱང་། སངས་རྒྱས་ཀུན་གྱི་ཡེ་ཤེས་སྐུ། །གཅིག་ཏུ་བསྡུས་པ་འཇམ་པའི་དབྱངས། །དགེ་བསྙེན་མཆོག་གི་སྐུར་བསྟན་ནས། །བདག་གི་འབྲུལ་པའི་དྲ་བ་བཅད། །ཡུན་རིང་དུས་ནས་འདི་ཉིད་ནི། །ཁྱོད་ཀྱི་དགེ་བའི་བཤེས་གཉེན་ཞེས། །མཁའ་ལ་དེ་ལྷའི་སྒྲ་བསྒྲགས་པ། །ལེགས་འདོམས་ཁྱོད་ལ་ཕྱག་འཚལ་ལོ། །ཞེས་དང་། རྣམ་ཐར་བསྡུས་པ་ལས། མི་ནས་མིར་གྱུར་སྐྱེ་བ་ཉི་ཤུ་ལྷར། །འཇམ་པའི་དབྱངས་ཀྱིས་རྗེས་སུ་བཟུང་གྱུར་ཅིང་། །བཟོ་དང་གསོ་བ་སྒྲ་ཚད་ནང་དོན་རིག །མཚུངས་བྲལ་ཁྱོད་ལ་སྙི་བོས་ཕྱག་འཚལ་ལོ། །ཞེས་གསུངས་སོ། །

དེས་ན་ཆོས་དང་འཇིག་རྟེན་གྱི་དགེ་ལེགས་ཀྱི་རྟེན་འབྲེལ་ཐམས་ཅད་ཀྱང་རྗེ་བཙུན་རིན་པོ་ཆེ་ཉིད་ལས་འགྲིག་པ་ཡིན་ཏེ། སྐབས་ཤིག་རྗེ་བཙུན་རིན་པོ་ཆེ་བསྒྱུར་བའི་ཚུལ་བསྟན་པའི་ཚེ། བདག་ཉིད་ཆེན་པོ་འདིས་ཕྱག་ཕྱིའི་ངལ་བ་ལྷུར་བླངས་ཤིང་མོས་གུས་རྩེ་གཅིག་ཏུ་མཛད་པས། རྗེ་བཙུན་ཡང་ཐུགས་མཉེས་ཏེ། ལམ་ཟབ་མོ་བླ་མའི་རྣལ་འབྱོར་གནང་། དེ་ནས་བླ་མ་རྗེ་བཙུན་སངས་རྒྱས་ཐམས་ཅད་ཀྱི་ངོ་བོ་འཇམ་པའི་དབྱངས་སུ་གཟིགས་པས། ཆོས་ཐམས་ཅད་ཀྱི་གནད་ཕྱིན་ཅི་མ་ལོག་པར་གོ་བའི་རྣམ་དཔྱོད་ཀྱི་བློ་གྲོས་ནང་ནས་བརྡོལ་ཏེ། ཕྱི་ཤེས་བྱ་རིག་པའི་གནས་ལྔ་ལ་ཐོགས་མེད་ཀྱིས་མཁྱེན་པ་དང་། ཕས་ཀྱི་རྒོལ་བ་ཀུན་ཟིལ་གྱིས་གནོན་ནུས་པའི་མི་འཇིགས་པའི་སྤོབས་པ་མངའ། རྒྱ་བོད་ཀྱི་རྒྱལ་པོ་དྲེགས་པ་ཅན་རྣམས་ཀྱང་འདུད་པ་སོགས་ལྷ་འདྲེ་མི་གསུམ་ཐམས་ཅད་དབང་དུ་འདུས། ནང་དུ་ཡང་ཕྱི་རོལ་གྱི་གཡེང་རྐྱེན་གྱིས་བརྫི་བར་མི་ནུས་པའི་ཏིང་ངེ་འཛིན་གྱི་རྒྱུན་བརྟན་པོ་བྱུང་བ་ཡིན་གསུང་། དེ་སྐད་དུ། ཟབ་མོའི་ལམ་གྱི་བྱིན་གྱིས་བརླབས་པའི་ཚེ། །རྗེ་བཙུན་བླ་མ་འཇམ་པའི་དབྱངས་སུ་གཟིགས། །སྐད་ཅིག་གཅིག་ལ་ཆོས་རྣམས་ཐུགས་སུ་ཆུད། །ཐུགས་གྲོལ་ཁྱོད་ལ་སྙི་བོས་ཕྱག་འཚལ་ལོ། །ཞེས་སོ། །

འཆད་རྩོད་རྩོམ་གསུམ་གྱིས་བསྟན་པ་སྤེལ་ཚུལ་ནི། དགུང་ལོ་དགུ་པར། སྒྲུབ་ཐབས་མཚོ་སྐྱེས་དང་། གསང་སྔགས་བྲ་མོ་ཅི་རིགས་གསུངས། བཅུ་གཅིག་པའི་དུས་སུ་བརྟག་གཉིས་དང་སངས་རྒྱས་མཉམ་སྦྱོར། བཅུ་གཉིས་པའི་དུས་སུ་གུར་དང་སཾ་བུ་ཊ་གསུངས་པ་ནས། བདུན་ཅུའི་བར་དུ་མདོ་སྔགས་རིག་གནས་དང་བཅས་པའི་བཤད་པ་རྒྱུན་མ་ཆད་པར་མཛད་ཅིང་། ཁྱད་པར་ཁ་ཆེ་པཎ་ཆེན་ལས་ཚད་མ་གསན་པའི་རྗེས་སུ། རྗེ་དེ་ཉིད་ཀྱི་བཀའ་དྲིན་བསབ་པའི་ཕྱིར་ཉིན་རེ་བཞིན་ཚད་མའི་ཆོས་ཐུན་རེ་ཆག་མེད་དུ་དགུང་ལོ་དྲུག་ཅུ་རེ་གསུམ་པ་ལ་རྒྱ་ནག་ལ་མ་གཤེགས་ཀྱི་བར་དུ་གསུངས། དེ་ཡང་སྲས་ཀྱི་གཙོ་བོ་ཤར་ནུབ་གུང་གསུམ། ཁང་གཉན་ཞང་གསུམ། འུ་ཡུག་པ་རིག་པའི་སེང་གེ་སོགས་ལ་བཤད་ཉན་མཛད་པས། རྣམ་འགྲེལ་གྱི་བཤད་

སྒྲོལ་དེང་སང་གི་བར་དུ་ཉི་མ་ལྟར་གསལ་བར་མཛད་པ་འདི་ཡིན་ནོ། །བདག་ཉིད་ཆེན་པོ་འདི་ཉིད་ཀྱི་སྐྱན་པའི་གྲགས་པས་རྒྱ་གར་ཤར་ནུབ་ཀུན་ཏུའང་ཁྱབ་པའི་ཚེ། འཕྲོག་བྱེད་དགའ་བོ་ལ་སོགས་པའི་ཕྱི་རོལ་པ་རྣམས་ཀྱི་ཕྲག་དོག་གིས་མ་བཟོད་པར་རྩོད་པར་བརྩམས་ཏེ། མང་ཡུལ་སྐྱི་རོང་དུ་ཉི་མ་བཅུ་གསུམ་གྱི་བར་དུ་རྩོད་པ་མཛད་པས། ཕྱི་རོལ་བ་རྣམས་ཕམ་ཞིང་། བདག་ཉིད་ཆེན་པོ་འདིའི་ཕྱག་དཔུང་གཡས་པར་རྗེ་བཙུན་འཇམ་པའི་དབྱངས་མངོན་སུམ་དུ་བྱོན་ནས་རྩོད་པའི་གྲོགས་མཛད། དེའི་ཚེ་འཕྲོག་བྱེད་དགའ་བོས། ཁྱོད་མིན་ཁྱོད་ཀྱི་ཕྲག་པ་གཡས་པ་ཡི། །དམར་སེར་རལ་གྲི་ཅན་དེ་མ་ཐུབ་པས། །དེ་བས་ཁྱོད་རྒྱལ་ང་ནི་ཕམ་པར་གྱུར། །ཞེས་ཟེར་ཞིང་ནམ་མཁའ་ལ་འཕུར་ནས་འགྲོས་པར་བརྩམས་པས། དཔལ་ལྡན་གྲུབ་ཐོབ་འདར་ཆར་གྱི་རྫུ་འཕྲུལ་གྱིས་ནམ་མཁའི་དབྱིངས་མཐོན་པོ་ནས་བཀུག་སྟེ། བདག་ཉིད་ཆེན་པོའི་དྲུང་དུ་རལ་པའི་ཁུར་བྲེགས་ནས་རབ་ཏུ་བྱུང་ཞིང་། དེའི་ཚེ། རྒྱ་མཚོའི་གོས་ཅན་རྒྱ་མཚོའི་མཐའ་ཀླས་ས་ཆེན་འདི་ན་ལྷ་ཆེན་པོ། །ཞེས་པ་ནས། ད་དུང་དུ་ཡང་མུ་སྟེགས་བྱེད། །ཐམས་ཅད་ཆོས་ཀྱིས་ཕམ་བྱས་ནས། །བདེ་བར་གཤེགས་པའི་བསྟན་པའི་ཚུལ། །ཀུན་དགའི་རྒྱལ་མཚན་འཛིན་པར་ཤོག །ཅེས་པའི་བར་གྱི་ཚིགས་བཅད་གསུངས་ཤིང་། རལ་བ་རྣམས་རྒྱལ་བའི་བསྟན་པ་ལ་བྱ་བ་མཛད་པའི་སྐྱན་གྲགས་དྲིལ་བསྒྲགས་པའི་རྟེན་དུ༑ ད་ལྟ་ཡང་དཔལ་ལྡན་ས་སྐྱའི་གཙུག་ལག་ཁང་གི་ཀ་རྒྱན་ལ་ཡོད་དོ། །དེ་སྐད་དུ། རྟོག་གེ་ངན་པའི་རྒོལ་བ་ཐམས་ཅད་བཟློག །རྨོངས་པས་ཁེངས་པའི་རྟོག་གེ་ཟིལ་གྱིས་མནན། །མཁས་པའི་གྲགས་པས་ས་སྟེང་ཐམས་ཅད་ཁྱབ། །འདྲིགས་བྲལ་ཁྱེད་ལ་སྐྱི་བོས་ཕྱག་འཚལ་ལོ། །ཞེས་སོ། །

དེ་ལྟར་འཆད་པ་ཉི་མའི་འོད་ཟེར་གྱིས་གདུལ་བ་བློ་གསལ་གྱི་པདྨོ་ཁ་ཕྱེ་བ་དང་། རྩོད་པ་གནམ་ལྕགས་ཀྱི་ཐོག་གིས་རྒོལ་ངན་གྱི་བྲག་རི་སྙིལ་བའི་སྒོ་ནས་རྒྱལ་བའི་བསྟན་པ་ལ་བྱ་བ་མཛད་པར་མ་ཟད། སྡེབ་ལེགས་རྩོམ་གྱི་ཕྲེང་བས་ཀྱང་ས་ཆེན་པོའི་ཁོར་ཡུག་ཀུན་ཏུ་རྒྱལ་བའི་བསྟན་པ་ཟླ་མེད་པ་ཆེས་ཆེར་གསལ་བར་མཛད་པ་ཡིན་ཏེ། ཆོས་དང་ཆོས་མ་ཡིན་པ་རྣམ་པར་འབྱེད་པ་ལ་མདོ་རྒྱུད་ཀུན་གྱི་གླེགས་བམ་གཅིག་ཏུ་གྱུར་པ་བསྟན་བཅོས་སྡོམ་པ་གསུམ་གྱི་རབ་ཏུ་དབྱེ་བ་དང་། དངོས་སྟོབས་ཀྱི་རིགས་པ་དང་རིགས་པ་མ་ཡིན་པ་རྣམ་པར་འབྱེད་པ་ལ་སྡེ་བདུན་གྱི་སྙིང་པོ་ཚད་མ་རིགས་པའི་གཏེར་དང་། འཇིག་རྟེན་གྱི་ཚུལ་དང་ཚུལ་མིན་རྣམ་པར་འབྱེད་པ་ལ་ལེགས་པར་བཤད་པ་རིན་པོ་ཆེའི་གཏེར་དང་གསུམ་པོ་འདི་ནི་དཔྱོད་ལྡན་གྱི་མིག་བུ་ལྟ་བུར་གྱུར་ཅིང་། སྲིད་མཐའི་བར་དུ་ཡང་ཡང་དག་པའི་ལམ་གྱི་སྣང་བ་ཆེས་ཆེར་གསལ་བར་སྟོན་པ་ལ་ཚད་ཐུབ་ཀྱི་གཞུང་ཡིན་ནོ། །

གཞན་ཡང་ཐེག་པ་ཆེན་པོ་ཕ་རོལ་ཏུ་ཕྱིན་པའི་ཉམས་ལེན་མ་ལུས་པ་གསལ་བར་སྟོན་པ་ལ་ཐུབ་པ་དགོངས་གསལ་དང་། རྡོ་རྗེ་ཐེག་པ་ལ་བདག་མེད་བསྟོད་འགྲེལ་ལ་སོགས་པའི་བསྟན་བཅོས་མཐའ་ཡས་པ་དང་། རབ་དབྱེ་ལས་འཕྲོས་པའི་དཀའ་བའི་གནས་ཀྱི་དྲིས་ལན་མང་པོ་དང་། རབ་དབྱེའི་སྙིང་པོ་བསྡུ་བའི་སྒོ་ནས་བསྟན་པ་ལ་བྱ་བ་མཛད་ཚུལ་ཆེ་ལོང་ཙམ་བརྗོད་དེ། སངས་རྒྱས་ཀྱི་ཐུགས་རྗེ་ལ་ལྷག་པར་བསྐུལ་བའི་བསྟན་བཅོས་ཕྱོགས་བཅུའི་སངས་རྒྱས་འཕྲིན་ཞུ་ལ་སོགས་ངོ་མཚར་བ་དུ་མ་དང་། སྒྲའི་བསྟན་བཅོས་མཁས་པ་ལ་འཇུག་པའི་སྒོ་དང་། སྒྲ་ཉེ་བར་བསྡུ་བ་ལ་སོགས་པ་དང་། སྡེབ་སྦྱོར་གྱི་བསྟན་བཅོས་མེ་ཏོག་གི་ཆུན་པོ་དང་། མངོན་བརྗོད་ཀྱི་བསྟན་བཅོས་ཚིག་གི་གཏེར་དང་། ཟློས་གར་གྱི་བསྟན་བཅོས་རབ་དགའི་འཇུག་པ་ལ་སོགས་པ་མཐའ་ཡས་པ་མཛད་དེ། གངས་རིའི་ལྗོངས་འདིར་ལྔ་རིག་ཤེས་བྱའི་གནས་ཀུན་ལ་མཁྱེན་པའི་བློ་གྲོས་ཐོགས་པ་མེད་པའི་པཎྜི་ཏ་ཆེས་མཆོག་ཏུ་གྱུར་པ་ནི་བདག་ཉིད་ཆེན་པོ་འདི་ཉིད་ཡིན་ནོ། །

མཐར་བདག་ཉིད་ཆེན་པོའི་སྙན་པའི་གྲགས་པས་འཛམ་གླིང་ཀུན་ཏུ་ཁྱབ་པའི་ཚེ། རྒྱ་ནག་གི་རྒྱལ་པོ་གོ་དན་གྱི་དོར་ཏ་ཞེས་བྱ་བའི་སྤྱན་འདྲེན་ཕོ་ཉ་མངགས་ཏེ། དེ་ཡང་རྒྱལ་པོ་དེད་ཀྱི་ལུང་། ས་པཎྜི་ཏ་ཀུན་དགའ་རྒྱལ་མཚན་དཔལ་བཟང་པོའི་གོ་བར་བྱེད་པའི་གཏམ། ངེད་ཀྱི་ཕ་མ་དང་གནམ་སའི་དྲིན་ལེན་བསབ་པའི་ཕྱིར་མཆོད་གནས་ཤིག་དགོས་པ། བརྟག་པ་བྱས་པས་ཁྱེད་འོས་སུ་ཤར་བས། ལམ་གྱི་དཀའ་ཚེགས་ལ་མ་འཛེམ་པར་ཡོང་དགོས། གལ་ཏེ་ཁྱེད་ན་སོ་རྒས་སོ་ཞེ་ན། སྔོན་ཐུབ་པའི་དབང་པོས་སེམས་ཅན་གྱི་དོན་དུ་ལུས་གྲངས་མེད་སྦྱིན་པར་བཏང་བ་མི་དྲན་ནམ། དེས་ཀྱང་མི་ཡོང་ན་ངའི་མཐའི་དམག་དཔུང་ཆེན་པོ་བསྐྱལ་ནས་སེམས་ཅན་མང་པོ་ལ་གནོད་པ་བྱུང་ན་ཁྱོད་མི་སྐྲག་པ་ཨེ་ཡིན། ཞེས་སོགས་ཀྱི་འཕྲིན་ཡིག་དང་། གནང་སྦྱིན་གྱི་རྟེན་དུ་གོས་ཆེན་ལུ་ཧང་གསེར་མདོག་གི་རིང་འགག་སོགས་ཁྱད་པར་ཅན་གྱི་དངོས་པོ་ཚད་མེད་པ་དང་བཅས་པ་འབྱོར་བས། སྔར་བླ་མ་རྗེ་བཙུན་ཆེན་པོས་ཁྱོད་ཉིད་ཚེ་གཞུག་ཏུ། མི་རིགས་མི་གཅིག་སྐུམ་བརྒྱ་དྲུག་ཅུའི་ཡུལ། སྐད་རིགས་མི་གཅིག་བདུན་བརྒྱ་ཉི་ཤུའི་སྐད་སྒྲོག་པ་བྱུང་ནས་བྱང་ཕྱོགས་རྒྱལ་ཁམས་ཧོར་གྱི་ཡུལ་ནས། ཞྭ་ཁྲ་འདྲ་བ། ལྷམ་ཕག་སྣ་འདྲ་བ་གྱོན་པའི་དོར་ཏ་ཞེས་པའི་རྐང་མགྱོགས་བཏང་ནས་འབོད་དུ་བྱུང་བའི་ཚེ། ཐེ་ཚོམ་མ་བྱེད་པར་མྱུར་དུ་སོང་ཞིག །སངས་རྒྱས་ཀྱི་བསྟན་པ་དང་། སེམས་ཅན་ལ་ཕན་པ་དཔག་ཏུ་མེད་པ་འབྱུང་ངོ་། །ཞེས་ལུང་བསྟན་པ་དྲན་ནས། དགུང་ལོ་དྲུག་ཅུ་རྩ་གསུམ་པ་ཤིང་ཕོ་འབྲུག་གི་ལོ་ལ། དཔལ་ལྡན་ས་སྐྱ་ནས་སྐུའི་དབོན་པོ་འཕགས་པ་སྐུ་མཆེད་གཉིས་དང་བཅས་པ་བྱོན་ཏེ། དྲུག་ཅུ་རྩ་ལྔ་པ་མེ་ཕོ་རྟའི་ལོ་ལ། ཕོ་བྲང་ཆེན་པོ་ལིང་ཅུ་རྩེ་ར་ཕྱུགས་ཕེབས། དེའི་ཚེ་རྒྱལ་པོ་གོ་དན་

ཧོར་ཡུལ་དུ་སོང་བ་ཚུར་བྱོན་པ་དང་། ལུག་ལོ་ཟླ་བ་དང་པོ་ལ་མཇལ། ཆོས་དང་འཇིག་རྟེན་གྱི་གསུང་གླེང་མང་དུ་མཛད། རྒྱལ་པོ་ལ་ཐེག་པ་ཆེན་པོའི་སེམས་བསྐྱེད་ལ་སོགས་པ་ཟབ་པ་དང་རྒྱ་ཆེ་བའི་ཆོས་མང་པོ་གནང་ནས། ཧོར་གྱི་རྒྱལ་ཁམས་དཀོན་མཆོག་མཆོད་པ་སོགས་དགེ་བ་སྒྲུབ་པ་དང་། མི་དགེ་བའི་ལས་ལམ་ཆ་ཤས་ཀྱིས་སྤངས་ནས་སངས་རྒྱས་ཀྱི་བསྟན་པ་རིན་པོ་ཆེ་ལ་འཇུག་པར་མཛད་དོ། །

དེ་ལྟར་རྒྱ་ཧོར་གྱི་ཡུལ་དུ་རྣམ་དཀར་གྱི་འཕྲིན་ལས་རྒྱ་ཆེན་པོ་འབྱུང་བའི་རྒྱུ་མཚན་ནི། སྔ་མོར་བདག་ཉིད་ཆེན་པོ་ཉིད་ཀྱི་གསུང་ལས་ཀྱང་། བདག་ཀྱང་སྔོན་གྱི་བྱེད་པ་འགའ་ཡིས་རྒྱུས། །བསྟན་པའི་ཉི་མ་ཤར་གྱི་ཕྱོགས་སུ་འཆར། །ཞེས་དང་། རྗེ་བཙུན་ཆེན་པོ་བྱང་གི་ཉི་ལུང་ཕུག་པར་བཞུགས་དུས། ཧོར་གྱི་ཆ་ལུགས་ཅན་གྱི་རྟ་མི་ས་གཞི་གོ་བཀབ་པ་ཙམ་བྱུང་བ་ལ། ཉི་གནས་ཀྱིས་ཅི་ཡིན་བསམས་པ་ལ། ཐམས་ཅད་བླ་མ་རྗེ་བཙུན་ཉིད་བཞུགས་པའི་ཕུག་པའི་ནང་དུ་ཆུད་ནས་སྐུ་མདུན་དུ་འཁོད་དེ། ཁྱེའུ་གཡུའི་ཐོར་ཚུགས་ཅན། དུང་སོ་ཁོར་མར་བྱས་པ་ཞིག་ལངས་ནས། ཧོར་གྱི་སྐད་རྣམས་བོད་སྐད་དུ་བསྒྱུར་ནས་ཞུ་བ་འདི་ལྟར། ངེད་ཧོར་གྱི་ཕོ་ལྷ་གནམ་སྟེ་དཀར་པོ་བྱ་བ་ཡིན་པས། རྗེ་བཙུན་ཉིད་ཧོར་ཡུལ་དུ་བྱོན་ནས་ལྷ་མི་ཐམས་ཅད་ལ་ཕན་པར་མཛད་དུ་གསོལ་ཟེར་བ་ལ། རྗེ་བཙུན་གྱི་ཞལ་ནས་ང་ན་སོ་ཡང་རྒས། ཁྱེད་ཧོར་དང་ལས་འབྲེལ་ཆེར་མེད་པས། མ་འོངས་ཕན་པའི་ཚ་བོ་ཀུན་དགའ་རྒྱལ་མཚན་སྤྱན་དྲངས་དེས་ཕན་པ་རྒྱ་ཆེན་པོ་འབྱུང་གསུངས་པ། ཁྱེའུ་དེས་ཧོར་སྐད་དུ་བསྒྱུར་ནས་ཧོར་རྣམས་ལ་སྒྲ་བར་བྱེད། ཁྱེའུ་དེ་ནི་དྲི་ཟའི་རྒྱལ་པོ་གཉན་ཆེན་ཐང་ལྷ་ལོ་ཙཱ་ལ་ཡོད་པ་ཡིན། དེར་རྗེ་བཙུན་གྱིས་ནང་མཆོད་ནས་ཡི་གེ་འབྲུ་གསུམ་གྱི་བྱིན་གྱིས་བརླབས་ཤིང་ཧོར་རྣམས་ལ་གཏོར་བས། ཁོང་རྣམས་ནི་མཚན་ཐོག་ཐག་བདུད་རྩི་འཐུང་བའི་སྣང་བ་བྱེད་ཅིང་། ཧོར་གྱི་སྐད་དུ་གླུ་ལེན་ཞིང་། བྲོ་འཁྲབ། སང་ནམ་ལངས་པ་དང་། ཚང་མ་ཐེགས་སོང་བ་དང་། ཡང་རྗེ་བཙུན་ཉིད་ཆ་ལུང་རྡོ་རྗེའི་བྲག་རྫོང་དུ་སྒྲུབ་པ་ལ་རྩེ་གཅིག་ཏུ་བཞུགས་དུས། དཔལ་ཚོགས་ཀྱི་བདག་པོས་བྱེ་རུའི་སྐུས་བཙུགས་ནས་མཁའ་དབྱིངས་མཐོན་པོར་སྤྱན་དྲངས་ཏེ། རྒྱ་ཧོར་གྱི་རྒྱལ་ཁམས་ཀུན་གསལ་བར་བསྟན་ནས་འདི་དག་ཁྱོད་ཀྱི་གདུལ་བྱ་ཡིན་ཟེར་བ་ལ། ང་དང་ཧོར་ལས་འབྲེལ་ཆེར་མེད་པས། མ་འོངས་པ་ན་ངའི་ཚ་བོ་འཇམ་དབྱངས་ཀྱི་སྤྲུལ་པ་ཀུན་དགའ་རྒྱལ་མཚན་ལ་གདུལ་བྱ་འདི་དག་ཡོད་པ་གྱིས་གསུང་བའི་བཀའ་བསྒོས་མཛད་པར་བརྟེན། ཕྱིས་སུ་རྒྱ་ཧོར་གྱི་རྒྱལ་ཁམས་ཀུན་བདག་ཉིད་ཆེན་པོ་ཁུ་དབོན་བརྒྱུད་པ་དང་བཅས་པའི་གདུལ་བྱར་གྱུར་ཅིང་། ཁ་ཆེ་པཎ་ཆེན་རྒྱ་གར་ཤར་ཕྱོགས་གསེར་འོད་རྒྱལ་མཚན་ཞེས་བྱ་བའི་གཙུག་ལག་ཁང་ན་བཞུགས་པའི་ཚེ། རྒྱ་ནག་གི་རྒྱལ་པོའི་སྤྱན་འདྲེན་གྱི་ཕོ་ཉ་བྱུང་བའི་ཐོ་རངས་ཀྱི་དུས་

སུ་འཕགས་པ་སྤྱན་རས་གཟིགས་ཀྱི་སྤྲུལ་པའི་དགེ་སློང་མཛེས་ཤིང་ཡིད་དུ་འོང་བ་ཞིག་གིས། ད་ལྟ་ཁྱེད་ཀྱིས་འདུལ་བའི་དུས་ལ་མ་བབས། བོད་ཡུལ་དུ་ཁྱེད་ཀྱི་སློབ་མ་འཇམ་པའི་དབྱངས་ཀྱིས་བྱིན་གྱིས་བརླབས་པ་ཞིག་འབྱུང་བ་དེའི་གདུལ་བྱ་ཡིན་ནོ། །ཞེས་ལུང་བསྟན་པ་དང་ཡང་མཐུན་ནོ། །

དེས་ན་བདག་ཉིད་ཆེན་པོ་འདི་ནི་ངེས་པར་བཅོམ་ལྡན་འདས་འཇམ་པའི་དབྱངས་ཀྱི་སྤྲུལ་པར་གདོན་མི་ཟ་སྟེ། ཁ་ཆེ་པཎ་ཆེན་སིང་ག་ལའི་གླིང་དུ་བྱོན་པའི་ཚེ། འཕགས་པ་དགྲ་བཅོམ་པ་ཞིག་གིས་མེ་ཏོག་སེར་པོ་ཞིག་གཏད་ནས། ཁྱེད་བོད་དུ་བྱོན་པ་ན་མེ་ཏོག་འདི་གང་དུ་ཁ་བྱེ་བ་ན་འཇམ་དབྱངས་ཀྱི་སྤྲུལ་པ་ཞིག་འོང་བས་དེ་ལ་ཕུལ་ཞིག་ཅེས་ལུང་བསྟན་པ། ཕྱིས་ས་སྐྱར་བདག་ཉིད་ཆེན་པོ་དང་མཇལ་དུས་མེ་ཏོག་དེ་ཁ་བྱེ་བ་དང་། ཡང་བདག་ཉིད་ཆེན་པོ་ལིང་ཅུ་ཙེར་ཁང་ན་བཞུགས་པ་ན་མི་མང་པོ་ཞིག་གིས་རི་བོ་རྩེ་ལྔ་ལ་མཆོད་པ་ལ་ཕྱིན་པས། ཐམས་ཅད་ཀྱི་རྨི་ལམ་དུ་ད་ལྟ་འཇམ་དབྱངས་རི་བོ་རྩེ་ལྔ་ན་མི་བཞུགས། ལིང་ཅུ་ཙེར་ཁབ་ན་ཆོས་གསུང་གིན་ཡོད་ཟེར་བ་རྨིས་ཏེ། ཐམས་ཅད་ཀྱིས་ལིང་ཅུར་འོངས་པས་བདག་ཉིད་ཆེན་པོ་ཆོས་གསུང་གིན་བཞུགས་པ་དང་མཇལ་བ་ཡིན་ནོ། །དེ་བཞིན་དུ་ཇོ་བོ་རྗེ་བོད་ལ་བྱོན་དུས་ས་སྐྱ་དན་གྱི་ཕྱོགས་དེ་དག་གཟིགས་པ་ན་འཇམ་དབྱངས་བདུན་བརྒྱུད་འབྱུང་བར་ལུང་བསྟན་ཅིང་། ཡར་ཀླུངས་པ་བྲང་ཆུབ་རྒྱལ་མཚན། བོ་དོང་རིན་པོ་ཆེ་ལ་སོགས་པའི་སློབ་མ་ལས་དག་པ་འགའ་ཞིག་གིས་ཀྱང་། བདག་ཉིད་ཆེན་པོ་འདི་འཇམ་དབྱངས་སུ་དངོས་སུ་གཟིགས་པ་དང་། རྒྱ་གར་རྡོ་རྗེ་གདན་གྱི་སྒོ་གོང་གི་ངོས་ལ་ཡང་། བདག་ཉིད་ཆེན་པོའི་མཚན་སཾ་སྐྲི་ཏའི་ཡི་གེར་རང་ཤར་ལ་བྱུང་བས་འཇམ་དབྱངས་ཞེས་གཏམ་དུ་གྲགས་སོ། །

དེ་སྐད་དུ། རྣམ་ཐར་ཆེན་མོ་ལས། བདག་དང་དད་པ་ཐོབ་པའི་སློབ་མ་འགས། །བླ་མ་འཇམ་པའི་དབྱངས་སུ་ཡང་ཡང་གཟིགས། །ཞེས་དང་། རྣམ་ཐར་བསྡུས་པ་ལས། བསམ་པ་དག་པའི་གདུལ་བྱ་འགའ་ཞིག་གིས། །འཇམ་པའི་དབྱངས་སུ་མིག་གིས་མཐོང་གྱུར་ཅིང་། །འཕགས་པའི་ཡུལ་དུའང་གཏམ་དུ་དེ་ལྟར་གྲགས། །ལྷུན་གྲུབ་ཁྱོད་ལ་སྤྱི་བོས་ཕྱག་འཚལ་ལོ། །ཞེས་སོ། །

དོན་དེ་དག་ལ་འདི་སྐད་ཅེས་བྱ་སྟེ། གང་སྐུ་བལྟམས་ཚེ་ཕྱོགས་ཀུན་འོད་ཀྱིས་ཁྱབ། །མཁའ་འགྲོ་རྣམས་ཀྱང་རིང་ནས་འདུ་བ་དང་། །མེ་ཏོག་ཆར་འབབ་དགེ་མཚན་དུ་མ་ནི། །སྟོན་ཚེ་ཐུབ་དབང་བལྟམས་དང་ཁྱད་པར་ཅི། །ཆོས་ཀྱི་མ་མོ་ཡི་གེའི་རིགས་རྣམས་ཀུན། །མ་བསླབས་མཁྱེན་པའི་རི་མོ་ས་ལ་ནི། ། གསལ་བའི་འཇུམ་ཕྲེང་འཕགས་པའི་སྤྱོད་ཡུལ་ཆེ། །བྱིས་བློས་རིང་དུ་སྤྱང་ཀུན་འདར་བ་བཞིན། །རྗེ་བཙུན་མཆོག་ལས་བསྟན་རྩ་སྡོམ་གསུམ་གྱི། །བཀའ་དྲིན་བདུད་རྩིའི་སྒོ་བརྒྱ་རབ་ཕྱེ་སྟེ། །ཀུན་དགའ་རྒྱལ་མཚན

མཚན་གྱི་དགེ་ལེགས་སྒྲས། །འཛམ་གླིང་འཛིན་མའི་ཁྱོན་ཀུན་གསལ་བར་བྱས། །ས་སྐྱར་ཆོས་གསུང་མདུན་གྱི་མཁའ་དབྱིངས་ཁྱེར། །ཡང་སྲིད་སྐྱེ་བ་བཅུ་ཕྲག་གཉིས་དང་ལྡར། །དགེ་བའི་བཤེས་སུ་ཞལ་བཞེས་དབུགས་དབྱུང་ཞིང་། །སླད་ནས་ཁ་གདངས་སུ་ཡང་དབུགས་དབྱུང་སྐུལ། །ལམ་ཟབ་བླ་མའི་བྱིན་རླབས་ཐུགས་རྒྱུད་སྨིན། །འཕྲུལ་དང་ཡུན་གྱི་དགེ་ལེགས་རྟེན་འབྲེལ་གྱིས། །བློ་གྲོས་མི་ཟད་གཏེར་ཁ་དེ་ནས་ཕྱེ། །ཨེ་མ་མཆོག་ཐུན་དངོས་གྲུབ་ནམ་མཁའི་མཛོད། །བགྲང་གཞི་དགུ་པར་སྒྲུབ་ཐབས་མཚོ་སྐྱེས་ནས། །བཅུ་ཕྲག་རིམ་བསྒྱུར་བར་དུ་མདོ་དང་རྒྱུད། །རིག་གནས་བཅས་པའི་ཆོས་ཀུན་སྐལ་བཟང་ལ། །འདོམས་མཛད་རྒྱལ་བ་ཉིད་དང་ཞལ་མི་གཉིས། །ཕས་རྒོལ་གླང་པོའི་སྟོབས་ལྡན་རྟོག་གེ་པ། །འཕྲོག་བྱེད་དགའ་བོ་ལ་སོགས་དྲུག་ཕྲག་གིས། །རྩོད་པར་སེམས་པའི་བྱིས་བློའི་མེ་ཁྱེར་ནི། །སྨྲ་བའི་ཉི་མས་མངོན་བཅོམ་ཞིལ་གྱིས་མནན། །འཕགས་ཡུལ་འགྲན་ཟླ་བྲལ་བའི་ཕྱི་རོལ་པ། །རྟོ་ཏའི་ལྷོངས་ཀྱི་མཁས་པས་ཞིལ་མནན་པ། །འཕགས་མཆོག་བློ་གྲོས་མི་ཟད་འཛམ་དཔལ་དེ། །མངོན་སུམ་བོད་ཡུལ་བྱོན་ནས་རྩོད་པར་ངེས། །ས་ཆེན་ཁོར་ཡུག་ཀུན་ཏུ་རྒྱལ་བའི་བསྟན། །རྨ་མེད་ཆེས་ཆེར་གསལ་བའི་ངོ་མཚར་གཏམ། །རབ་དབྱེ་རིགས་པའི་གཏེར་དང་ལེགས་བཤད་གཏེར། །སྡེབ་ལེགས་ཡིད་འཕྲོག་དུ་མས་ཐུབ་བསྟན་མཛེས། །སྙན་གྲགས་རིན་ཆེན་རྣ་རྒྱན་ཕྱོགས་ཀུན་གྱི། །རི་དྭགས་མིག་ཅན་སྒྲ་འཛིན་མཛེས་བྱས་པས། །རྒྱ་ཧོར་རྒྱལ་ཁམས་ལྷ་མིར་བཅས་ཀུན་གྱིས། །རིངས་པར་དད་པའི་ཕོ་ཉ་ཁྱོད་དྲུང་བྲེལ། །རྗེ་བཙུན་བླ་མ་དགེས་པའི་ཞལ་འཛུམ་ལས། །ལུང་བསྟན་བདུད་རྩི་བརྙེས་པའི་སོ་པ་ཡིས། །བསྟན་པའི་གཙོ་དེ་རྒྱལ་སྲས་མཆེད་དང་བཅས། །ཤར་ཕྱོགས་བགྲོད་པར་སྙིང་སྟོབས་དལ་གྱིས་བསྐྱོད། །ལུག་ལོ་ཟླ་བ་དང་པོའི་དཀར་ཕྱོགས་ལ། །མཆོད་ཡོན་ཉི་ཟླའི་དཀྱིལ་འཁོར་ཞལ་འཛོམ་ཚེ། །འགྲོ་ཀུན་ཡི་རང་ཕན་བདེའི་ཞིལ་དངར་གྱིས། །འཛིན་མའི་ཁྱོན་ཀུན་དེ་ནས་རབ་ཏུ་ཁེངས། །ས་འཛིན་རྩེ་ལྔའི་བདག་པོ་རང་ཉིད་ནི། །རེ་ཞིག་བོད་ཀྱི་ཡུལ་གྲུར་མི་ཡི་ཟོལ། །སྒྲད་ནས་རང་གི་གདུལ་བྱ་ལྷག་དྲན་པས། །རང་གི་ཞིང་ཁམས་བདེར་སོན་རྣམ་དཀར་སྐྱོང་། །སྐལ་བཟང་དད་པའི་སྒྲིབ་བྲལ་མིག་གིས་ནི། །ཁྱོད་ཉིད་འཛམ་པའི་རྡོ་རྗེར་ཡང་ཡང་གཟིགས། །ཁ་ཆེ་པཎ་ཆེན་རྒྱ་གར་ཤར་ཕྱོགས་ཀྱི། །གསེར་འོད་རྒྱལ་མཚན་བཞུགས་ཚེ་སྤྱན་རས་གཟིགས། །དགེ་སློང་ཟོལ་གྱིས་རྒྱ་ཧོར་རྒྱལ་ཁམས་ནི། །ཁྱོད་ཀྱིས་འདུལ་བའི་འོས་མིན་བོད་ཡུལ་གྱི། །སློབ་མ་འཇམ་དབྱངས་སྤྲུལ་པས་འདུལ་ཞེས་པའི། །ལུང་བསྟན་རྣ་བའི་བདུད་རྩི་དེ་ན་ཁོལ། །སིང་ག་ལ་ཡི་གླིང་ནས་དགྲ་བཅོམ་པ། །འཕགས་པ་མངོན་ཤེས་དྲུག་པས་མི་རྟོག་འདི། །གང་དུ་ཕྱི་སར་འཛམ་དབྱངས་སྤྲུལ་པ་ལ། །ཕུལ་ཞེས་ལུང་བསྟན་ས་སྐྱའི་གནས་སུ་སྨིན། །མར་

མེ་མཛོད་དཔལ་འགྲོ་བའི་མགོན་པོ་ཡིས། །ས་དཀར་ལོགས་ཀྱི་རྡྀ་ཡིག་རྟེན་འབྲེལ་ལས། །འཇམ་དབྱངས་བདུན་བརྒྱུད་ལུང་བསྟན་འཆི་མེད་ཛ། །ཕྱོགས་ཀྱི་མཛེས་མས་སྲིད་མཐའི་བར་དུ་བཏུངས། །དེ་ཕྱིར་མགོན་ཁྱོད་རྒྱལ་བ་སྲས་བཅས་ཀྱིས། །ཡབ་གཅིག་འཇམ་པའི་རྡོ་རྗེར་དེས་འདོངས་པས། །བདག་དང་འགྲོ་ཀུན་ཚད་མེད་ཐུགས་རྗེ་ཡིས། །རྗེས་བཟུང་བྱང་ཆུབ་བར་དུ་སྐྱོང་བར་མཛོད། །ཅེས་སོ། །

གཉིས་པ་ཇི་ལྟར་བརྩམ་པའི་ཚུལ་ནི། ཆོས་ཀྱི་རྗེ་ས་སྐྱ་པ་ཆེན་པོ་གཤེགས་པའི་རྗེས་སུ། སེམས་བསྐྱེད་རྨི་ལམ་མ་ལ་སོགས་པར་ཆོས་ལོག་མང་དུ་འཕེལ་བ་རྣམས་དགག་པར་བཞེད་ནས། བསྟན་བཅོས་འདི་བརྩམས་ཏེ་ཕྱེད་ཙམ་ཚར་བ་ན། བོད་ཀྱི་ཆོས་པ་རྣམས་ཀྱིས་ཆགས་སྡང་གི་དབང་གིས་བརྩམས་འདུག་ཟེར་ནས། ཆོས་ཉན་དུ་འོང་བ་རྣམས་ཀྱི་གེགས་སུ་སོང་བའི་གནམ། ཟངས་ཚ་བསོད་ནམས་རྒྱལ་མཚན་ལ་སོགས་པ་རྣམས་ཀྱིས་ཐོས་པས། དབུ་ཆེ་བ་རྣམས་ངོ་ཆེན་དུ་སྦྲན་ཏེ། ཆགས་སྡང་ཅན་ཟེར་བའི་གནམ་འདི་འོ་སྐོལ་གྱི་འཕྲིན་ལས་ལ་གནོད་པར་གདའ་བས། མི་རྩོམ་པར་ཞུ་ཞེས་ཞུ་བ་ཕུལ་བས། ཆོས་འདི་ལོ་འདོད་དམ་ང་རྒྱལ་གྱིས་བྱས་པ་མ་ཡིན། སངས་རྒྱས་ཀྱི་བསྟན་པ་ལ་ཕན་པར་བསམས་པ་ཡིན་ཏེ། ཐམས་ཅད་མ་དགའ་བར་འདུག་པས་བཞག་པ་ལས་འོས་མེད་གསུངས་ནས་མི་རྩོམ་པར་ཞལ་གྱིས་བཞེས་སོ། །དེའི་མཚན་མོ་སངས་རྒྱས་ཀྱི་སྐུ་ཤིན་ཏུ་མཛེས་པ་ཞིག་མི་གཙང་བའི་ཁྲོད་ན་འདུག་པ་ལ་བྱི་དོར་བྱས་པས་མི་མང་པོ་མི་དགའ་བའི་རྣམ་འགྱུར་བྱེད་ཀྱིན་འདུག་པས་བཞག་པ་དང་། སླར་ཡང་སྐུ་དེ་ལ་མི་མང་པོས་མི་གཙང་བ་བསྐུ་བ་དང་། འཕགས་པ་འཇམ་དཔལ་སྐུ་རྒྱབ་བསྟན་པ་དང་། འཕགས་པ་ཀླུ་སྒྲུབ་བྱང་ཆུབ་ཀྱི་ཤིང་བསྐམས་པོ་ལ་སྐུ་རྒྱབ་བརྟེན་ནས་བསྟུང་བའི་ཚུལ་གྱིས་བཞུགས་པ་ལ་སོགས་པ་རྨིས་ནས། མནལ་སད་པ་དང་། བསྟན་བཅོས་འདི་བརྩམས་ན་མི་མི་དགའ་བར་འདུག་ཀྱང་། མ་བརྩམས་ན་ལྷ་མི་དགའ་བར་འདུག་པས་བརྩམ་དགོས་གསུངས་ཤིང་། སྔར་མི་རྩོམ་པར་ཞལ་གྱིས་བཞེས་པའི་ཉེས་པ་བླ་མ་དང་དཀོན་མཆོག་ལ་བཟོད་པར་གསོལ་ཏེ་ཡོངས་སུ་རྫོགས་པ་བརྩམས་པ་ཡིན་ནོ། །

གསུམ་པ་བསྟན་བཅོས་ཀྱི་བརྗོད་བྱ་གཏན་ལ་ཕབ་པ་ལ་གཉིས་ཏེ། བསྡུས་དོན་གྱི་སྒོ་ནས་གཞུང་གི་ཁོག་ཕུབ་པ་དང་། ཚིག་གི་འབྲུ་གཉེར་བའི་སྒོ་ནས་གཞུང་དོན་ཞིབ་ཏུ་བཤད་པའོ། །དང་པོ་ནི། བསྟན་བཅོས་འདི་ནི་སངས་རྒྱས་ཀྱི་བསྟན་པའི་ལུས་ཡོངས་སུ་རྫོགས་པ་ཡིན་ཏེ། སངས་རྒྱས་ཀྱི་བསྟན་པའི་ཉམས་ལེན་ཐམས་ཅད་སྡོམ་པ་གསུམ་གྱི་ཉམས་ལེན་དུ་འདུས་ཤིང་། སྡོམ་པ་གསུམ་ནི་བསྟན་བཅོས་འདིའི་བརྗོད་བྱའི་གཙོ་བོ་ཡིན་པའི་ཕྱིར། དེ་ཡང་སོ་ཐར་སྡོམ་པའི་ཉམས་ལེན་ལ། ཉན་ཐོས་སོ་ཐར་དང་། ཐེག་ཆེན་སོ་

ཐར་གཉིས་ལས། ཉན་ཐོས་སོ་ཐར་ལ། གཏན་ཁྲིམས་བདུན་ནི་ཇི་སྲིད་འཚོའི་མཐའ་ཅན་ཡིན། རྟེན་གྱི་གང་ཟག་ཤི་འཕོས་པའི་ཚེ་གཏོང་བའི་སྐྲུབ་བྱེད་རྒྱས་པར་བཤད་ནས། འབྲི་གུང་པ་རྣམས་ཤི་འཕོས་ནས་ཀྱང་རྗེས་སུ་འབྲང་བར་འདོད་པའི་ལོག་རྟོག་དགག་པ་ནི། སོ་སོ་ཐར་པའི་སྡོམ་པ་ལ། །ཉན་ཐོས་ཐེག་ཆེན་ལུགས་གཉིས་ཡོད། །ཅེས་པ་ནས། སྡེ་སྣོད་རྣམ་དབྱེ་མེད་པར་ཟད། །ཅེས་པའི་བར་གྱིས་བསྟན། བསྙེན་གནས་སོ་ཐར་ལ། བླང་བའི་ཡུལ་དང་ལེན་པའི་གང་ཟག་སོགས་ཉན་ཐོས་ནང་ཕན་ཚུན་དང་། ཐེག་པ་ཆེ་ཆུང་མ་འདྲེས་པར་བཤད་ནས། བཀའ་གདམས་པ་རྣམས་བསྙེན་གནས་འབུལ་བ་དང་། གཞན་ལ་འཚོལ་བ་དང་། ལྷ་བསྒོམ་ཐ་དད་པའི་ལོག་རྟོག་དགག་པ་ནི། བྱེ་བྲག་སྨྲ་བའི་བསྙེན་གནས་ཀྱང་། །ཞེས་པ་ནས། ཡི་དམ་བསྒོམ་པ་བསོད་ནམས་ཆེ། །ཞེས་པའི་བར་གྱིས་བསྟན། ཐེག་ཆེན་སོ་ཐར་ལ། ཚིག་ནུབ་པ་དང་། མ་ནུབ་པ་སོགས་ཀྱི་དབྱེ་བ་སོ་སོར་ཕྱེ་ནས་དེང་སང་ལག་ལེན་དུ་འོས་པའི་ཚིག་བྱེ་བྲག་ཏུ་འཆད་པ་ནི། ཐེག་པ་ཆེན་པོ་ལས་བྱུང་བའི། །ཞེས་པ་ནས། བྱང་སེམས་སོ་སོར་ཐར་པ་འགྱུར། །ཞེས་པའི་བར་གྱིས་བསྟན། ཐེག་ཆེན་སོ་ཐར་ལེན་པའི་ཆོ་ག་ལས་འཕྲོས་ནས། ཐེག་ཆེན་སོ་ཐར་གྱི་བསླབ་བྱའི་ཁྱད་པར་བྱེ་བྲག་ཏུ་འཆད་པ་ནི༑ དེ་ནས་བྱང་ཆུབ་སེམས་དཔའ་ཡི། །ཞེས་པ་ནས། དེ་འདྲའི་རྣམ་དབྱེ་ཤེས་པར་བྱ། །ཞེས་པའི་བར་གྱིས་བསྟན། ཞར་ལ་དེའི་གཏོང་ཚུལ་ནི། ཐེག་ཆེན་སོ་སོར་ཐར་ཡིན་ཡང་། །ཞེས་པ་ནས། དེ་ཡི་འབྲས་བུ་ཤི་ཡང་འབྱུང་། །ཞེས་པའི་བར་གྱིས་བསྟན། ཐེག་པ་ཆེ་ཆུང་གཉིས་ཀ་མཐུན་པར་ལས་འབྲས་ལ་བླང་དོར་ཚུལ་བཞིན་དུ་བྱེད་པ་ནི། སོ་ཐར་གྱི་བསླབ་བྱའི་གཙོ་བོ་ཡིན་པས། དེ་འཆད་པ་ནི། དེ་ནས་ལས་དང་རྣམ་སྨིན་གྱི། ། ཞེས་པ་ནས། ད་གཟོད་ལས་ཀྱི་རྒྱུ་འབྲས་ལ། །ཤིན་ཏུ་མཁས་པ་ཉིད་དུ་འགྱུར། །ཞེས་པའི་བར་གྱིས་བསྟན། ལས་འབྲས་ལ་འཕྲོས་ནས། བོད་ཀྱི་ཞང་གཡུ་བྲག་པ་སོགས་གཤིས་ལ་དགེ་སྡིག་ཡོད་པར་འདོད་པའི་ལོག་རྟོག་དང་། འབྲི་གུང་པ་ཁ་ཅིག །ལས་ཀྱི་འབྲས་བུ་དཀར་ནག་ཟང་ཐལ་དུ་འདོད་པའི་ལོག་རྟོག་དགག་པ་ནི༑ རིམ་པ་བཞིན་དུ། མུ་སྟེགས་གྲངས་ཅན་པ་རྣམས་ནི། །ཞེས་པ་ནས། མཁས་པ་རྣམས་ཀྱིས་དཔྱད་པར་བྱ༑ །ཞེས་པའི་བར་དང་། ཉན་ཐོས་དགེ་བ་ཕལ་ཆེར་ཡང་། །ཞེས་པ་ནས། མཁས་པའི་གཞུང་བཞིན་ཤེས་པར་གྱིས། །ཞེས་པའི་བར་གྱིས་བསྟན། བསླབ་བྱ་ཁྱད་པར་ལས་འཕྲོས་ནས། འབྲི་གུང་པ་ཁ་ཅིག ཐེག་པ་ཆེ་ཆུང་གི་བསླབ་བྱ་ལ། གཅིག་ལ་བཀག་པ་ཐམས་ཅད་ལ་ཡེ་ནས་བཀག་པ་དང་། གཅིག་ལ་གནང་བ་ཐམས་ཅད་ལ་ཡེ་ནས་གནང་བར་འདོད་པའི་ལོག་རྟོག་དགག་པ་ནི། ཡེ་བཀག་ཡེ་གནང་ཞེས་བྱ་བའང་། །སངས་རྒྱས་བསྟན་དང་མཐུན་པ་མིན། །ཞེས་པ་ནས། བསླབ་པ་འཆའ་དང་ཞུགས་སྦྱོར་བའི། །བྱེད་པོ་སངས་རྒྱས

ཡིན་པར་གསུངས། །ཞེས་པའི་བར་གྱིས་བསྟན། ཉན་ཐོས་སོ་ཐར་གྱི་དགག་པའི་བསླབ་བྱ་སྦྱུ་གུ་ཅན་དང་། གོང་བ་ཅན་སོགས་འདུལ་བའི་སྤྱོད་པ་མ་ཡིན་པས་སྤོང་དགོས་པ་དང་། བསྒྲུབ་པའི་བསླབ་བྱ་མདོ་བསྐུལ་སོགས་འདུལ་བའི་གཞུང་དང་མཐུན་པར་བྱ་དགོས་པར་འཆད་པ་ནི། སྦྱུ་གུ་ཅན་དང་གོང་བ་ཅན། །ཞེས་སོགས་དང་། མདོ་བསྐུལ་ལ་སོགས་བྱ་བ་ཀུན། །འདུལ་བའི་གཞུང་དང་མཐུན་པར་གྱིས། །ཞེས་སོགས་ཀྱིས་བསྟན། བོད་དག་སངས་རྒྱས་ཀྱི་བཀའ་དང་དགོངས་འགྲེལ་གྱི་བསྟན་བཅོས་རྣམ་དག་ལ་ཉན་བཤད་མི་བྱེད་པར། བླུན་པོ་རྣམས་ཀྱིས་རང་དགར་སྦྱར་བའི་བསྟན་བཅོས་ལ་ཉན་བཤད་བྱེད་པ་པོ་ནི་ཆེས་བླུན་ཞིང་འཁྲུལ་པ་ཡིན་པས། དེ་བཀག་ནས་ཐོས་བསམ་སྒོམ་གསུམ་མ་ནོར་བར་བསྒྲུབ་ཚུལ་འཆད་པ་ནི། ལ་ལ་རྫོགས་པའི་སངས་རྒྱས་ཀྱི། །ཞེས་པ་ནས། འདི་ནི་སངས་རྒྱས་བསྟན་པ་ཡིན། །ཞེས་པའི་བར་གྱིས་བསྟན།། །།

༄ གཉིས་པ་བྱང་སེམས་སྡོམ་པའི་ཉམས་ལེན་ནི། སྨོན་སེམས་བསྐྱེད་ལ། ཉན་ཐོས་ལུགས་དང་། ཐེག་ཆེན་ལུགས་གཉིས་ལས། དང་པོ་ལ། ཐེག་པ་གསུམ་གྱི་སེམས་བསྐྱེད་གསུམ་དང་། ཕྱི་མ་ལ་དབུ་སེམས་ཀྱི་ལུགས་གཉིས་ཡོད་ཅིང་། དེ་གཉིས་ལ་ཡང་དང་པོ་ལེན་པའི་ཆོ་ག་དང་། བསླབ་བྱ་སོགས་ཐ་དད་དུ་ཡོད་དོ་ཞེས་སྤྱིར་བསྟན་པ་ནི། སེམས་བསྐྱེད་ལ་ནི་ཞེས་པ་ནས། །བསླབ་པར་བྱ་བའང་སོ་སོར་ཡོད། །ཅེས་པའི་བར་གྱིས་བསྟན། ཆོ་གའི་སྐབས་སུ་བཀའ་གདམས་པ་ཁ་ཅིག །སེམས་ཙམ་ལུགས་ཀྱི་སེམས་བསྐྱེད་སྐྱེ་བོ་ཀུན་ལ་བྱེད་པ་དང་། དོན་དམ་སེམས་བསྐྱེད་ཆོག་ལེན་པའི་ལོག་རྟོག་དགག་པ་ནི། རིམ་པ་བཞིན་དུ། སེམས་ཙམ་པ་ཡི་སེམས་བསྐྱེད་འདི། །ཞེས་སོགས་དང་། དོན་དམ་སེམས་བསྐྱེད་ཅེས་བྱ་བ། །ཞེས་སོགས་ཀྱིས་བསྟན། བསླབ་བྱའི་སྐབས་སུ། དབུ་སེམས་ཐུན་མོང་དུ་ལྟུང་བའི་རྣམ་གཞག་སྤྱིར་བསྟན་པ་དང་། འབྲི་གུང་པ་ཁ་ཅིག །བདག་གཞན་བརྗེ་བའི་བྱང་ཆུབ་ཀྱི་སེམས་བསྒོམ་དུ་མི་རུང་བར་འདོད་པའི་ལོག་རྟོག་དགག་པ་ནི། རིམ་བཞིན། དེ་ལྟར་སེམས་ཙམ་དབུ་མ་གཉིས། །ཞེས་སོགས་དང་། བྱང་ཆུབ་སེམས་ཀྱི་བསླབ་པ་ལ། །ཞེས་སོགས་ཀྱིས་བསྟན། དེ་ལྟར་སེམས་བསྐྱེད་ཀྱི་ཆོ་ག་དང་། བསླབ་བྱའི་འོག་ཏུ་སེམས་བསྐྱེད་ཀྱི་ཉམས་ལེན་གྱི་གནད་མ་འཁྲུགས་པ་དགོས་ཚུལ་བྱེ་བྲག་ཏུ་འཆད་པ་ནི། སེམས་བསྐྱེད་ཀྱི་ཉམས་ལེན་གྱི་གནད་འཁྲུགས་ན་འཚང་མི་རྒྱ་བར་བསྟན་པ། གནད་འཁྲུགས་པ་མ་དག་པའི་སྨིན་སོགས་ངོས་བཟུང་བ། ལྷག་བསམ་དག་པས་ཐོས་བསམ་སྒོམ་མ་འཁྲུལ་བར་བྱེད་པར་གདམས་པ་གསུམ་རིམ་པ་བཞིན་དུ། བྱང་ཆུབ་སེམས་ཀྱི་གནད་འཁྲུགས་ན། །ཞེས་སོགས་དང་། སངས་རྒྱས་དགོངས་པ་མི་ཤེས་པར། །ཞེས་

སོགས་དང་། མདོར་ན་སངས་རྒྱས་གསུང་རབ་དང་། །ཞེས་སོགས་ཀྱིས་བསྟན།། །།

༄ གསུམ་པ་སྔགས་ཀྱི་སྡོམ་པའི་ཉམས་ལེན་ལ། སྨིན་བྱེད་ནོར་བ་མེད་པའི་དབང་བཞི། གྲོལ་བྱེད་འཁྲུལ་པ་མེད་པའི་རིམ་པ་གཉིས། དབང་དང་རིམ་གཉིས་ལས་བྱུང་བའི་ཡེ་ཤེས་ཕྱག་རྒྱ་ཆེན་པོ། ཕྱག་རྒྱ་ཆེན་པོ་གོམས་པ་ལས་འཁོར་འདས་བསྲེ་བའི་སྤྱོད་པ་སྤྱད་པ། དེ་ལ་བརྟེན་ནས་ས་ལམ་བགྲོད་དེ་འབྲས་བུ་མངོན་དུ་བྱེད་པའི་ཚུལ་དང་ལྔ་ལས། དང་པོ་ནི། རྡོ་རྗེ་ཐེག་པའི་ཉམས་ལེན་ཐམས་ཅད་སྨིན་གྲོལ་གཉིས་སུ་འདུས་པ་ལས། སྨིན་བྱེད་ཀྱི་དབང་ནི། བླ་མ་མཚན་ཉིད་དང་ལྡན་པ་གཅིག་གིས་རྒྱུད་སྡེ་ལས་གསུངས་པའི་དཀྱིལ་འཁོར་དུ་ཆོ་ག་འཁྲུལ་པ་མེད་པས་དབང་བསྐུར་བ་ལ་བརྟེན། སློབ་མས་སྔགས་སྡོམ་ཐོབ་པ་དེ་ལ་འཇུག་པ་ཡིན་ནོ། །ཞེས་པ་ནི། རྡོ་རྗེ་ཐེག་པའི་ལམ་ཞུགས་ཏེ། །ཞེས་པ་ནས། དེ་ཡིས་སྡོམ་པ་གསུམ་ལྡན་འགྱུར། །ཞེས་པའི་བར་གྱིས་བསྟན། དེང་སང་བོད་འདིར་ཕྱག་རྒྱ་པ་ཁ་ཅིག །བྱིན་རླབས་ཙམ་སྨིན་བྱེད་ཀྱི་དབང་དུ་འདོད་པ། གྲངས་ངེས་མེད་པར་དབང་བསྐུར་བྱེད་པ། དཀྱིལ་འཁོར་མ་དག་པར་དབང་བསྐུར་བྱེད་པ༔ ཆོ་ག་མ་དག་པར་དབང་བསྐུར་བྱེད་པ། དབང་བསྐུར་མེད་ཀྱང་ཟབ་ལམ་བསྒོམ་པ། དབང་པོ་རབ་འབྲིང་ཕྱེ་ནས་སྐྲ་བ། སེམས་བསྐྱེད་ཙམ་གྱིས་གསང་སྔགས་སྒོམ་པ། གཏོར་མ་དང་ཏིང་ངེ་འཛིན་གྱི་དབང་བསྐུར་སྨིན་བྱེད་དུ་འདོད་པ། དབང་བསྐུར་ཕྱི་ནས་ཁས་ལེན་བྱེད་པ། སེམས་ཉིད་རྟོགས་ན་དབང་བསྐུར་མི་དགོས་པར་འདོད་པ། ཆོ་ག་མེད་པར་བླ་མའི་ལུས་དཀྱིལ་ཙམ་ལས་སྨིན་བྱེད་ལེན་པ། བྱ་རྒྱུད་སོགས་ལའང་དབང་བཞི་དང་རིམ་གཉིས་ཡོད་པར་འདོད་པ། སྔགས་ལ་མོས་པ་ཆོས་སྒོ་བྱས་པས་ཟབ་ཕལ་བསྒོམ་རུང་དུ་འདོད་པ། དབང་བསྐུར་མུ་བཞིར་འདོད་པ་དང་བཅུ་བཞི་ཙམ་བྱུང་བ་རིམ་པ་བཞིན་དུ་དགག་པ་ནི། དེང་སང་རྡོ་རྗེ་ཕག་མོ་ཡི། །ཞེས་སོགས་ཀྱིས་དང་པོ་དང་། དེས་ན་ཉན་ཐོས་ཐེག་པ་དང་། །ཞེས་སོགས་ཀྱིས་གཉིས་པ་དང་། དེང་སང་བྱིན་རླབས་མི་བྱེད་ཅིང་། །ཞེས་སོགས་ཀྱིས་གསུམ་པ་དང་། དབང་བསྐུར་བྱེད་པ་ཕལ་ཆེར་ཡང་། །ཞེས་སོགས་ཀྱིས་བཞི་པ་དང་། དབང་བསྐུར་མེད་ཀྱང་ལམ་ཟབ་མོ། །ཞེས་སོགས་ཀྱིས་ལྔ་པ་དང་། ཁ་ཅིག་གང་ཟག་དབང་པོ་རབ། །ཅེས་སོགས་ཀྱིས་དྲུག་པ་དང་། ལ་ལ་སེམས་བསྐྱེད་བྱས་པ་ལ། །ཞེས་སོགས་ཀྱིས་བདུན་པ་དང་། གཏོར་མའི་དབང་བསྐུར་ཞེས་བྱ་དང་། །ཞེས་སོགས་ཀྱིས་བརྒྱད་པ་དང་། འགའ་ཞིག་གསང་སྔགས་ད་ལྷ་སྒྲོད། །ཅེས་སོགས་ཀྱིས་དགུ་པ་དང་། ལ་ལ་སེམས་ཉིད་མ་རྟོགས་ན། །ཞེས་སོགས་ཀྱིས་བཅུ་པ་དང་། ཁ་ཅིག་ཆོ་ག་མེད་བཞིན་དུ། །ཞེས་སོགས་ཀྱིས་བཅུ་གཅིག་པ་དང་། ཁ་ཅིག་བྱ་བའི་རྒྱུད་སོགས་ལའང་། །ཞེས་སོགས་ཀྱིས་བཅུ་གཉིས་པ་དང་། ལ་ལ་དབང་བསྐུར་མ་བྱས་ཀྱང་། །ཞེས་

སོགས་ཀྱིས་བཅུ་གསུམ་པ་དང་། ལ་ལ་དབང་བསྐུར་མུ་བཞིར་འདོད། །ཅེས་སོགས་ཀྱིས་བཅུ་བཞི་པ་དབང་བསྐུར་མུ་བཞིར་འདོད་པ་དགག་པ་བསྟན།

ཞར་ལ་ཁ་ཅིག་གསང་སྔགས་ཀྱི་ལྟུང་བ་མེད་པར་འདོད་པ་དགག་པ་ནི། ཁ་ཅིག་གསང་སྔགས་གསང་བ་ལ། །ཞེས་སོགས་ཀྱིས་བསྟན། གྲོལ་བྱེད་རིམ་གཉིས་ལ་ཕྱག་རྒྱ་པ་ཁ་ཅིག །སྔོན་གྱི་གྲུབ་ཐོབ་རྣམས་ཐབས་ལམ་རེ་རེ་བས་གྲོལ་བ་ཡིན་པས་རིམ་པ་གཉིས་ཆར་བསྒོམ་པ་ལ་དགོས་པ་མེད་དོ་ཞེས་སྨྲ་བ་རྣམས་བཀག་ནས། ས་སྐྱ་པ་རང་ལུགས་ལ་བླ་མེད་ཀྱི་ལམ་རིམ་པ་གཉིས་སུ་བསྡུབས་ཏེ་འཚང་རྒྱ་བ་ལ་ཐབས་ཤེས་ཆ་ཚང་བ་དགོས་སོ། །ཞེས་པ་ནི། ཁ་ཅིག་འབྲེལ་དང་མ་འབྲེལ་མེད། །ཅེས་པ་ནས། དེ་ཕྱིར་འདི་ལ་མཁས་རྣམས་གུས། །ཞེས་པའི་བར་གྱིས་བསྟན། དེ་ལས་འཕྲོས་ནས། བསྟན་པའི་རྩ་བ་སྡོམ་གསུམ་ལེན་ཚུལ། སྔགས་ཀྱི་ལམ་བསྐྱེད་རིམ་དང་གཏུམ་མོ་སྒོམ་ཚུལ། མདོ་སྔགས་ཀྱི་བླ་མའི་ཁྱད་པར་རྣམས་ལ་འབྲེལ་པ་འགོག་པ་དང་། གནད་ཀྱི་དོན་སྡོམ་པ་དང་མི་ལྡན་ན་དགེ་སྦྱོང་དུ་མི་འགྱུར། སེམས་བསྐྱེད་མ་ཐོབ་ན་རྒྱལ་སྲས་སུ་མི་འགྱུར། དབང་བསྐུར་མ་ཐོབ་ན་གསང་སྔགས་པར་མི་འགྱུར་རོ། །ཞེས་པ་ནི། གང་དག་རབ་ཏུ་འབྱུང་འདོད་ན། །ཞེས་པ་ནས། སྔགས་པ་དབང་བསྐུར་མེད་པ་གསུམ། །སངས་རྒྱས་བསྟན་པའི་ཆོམ་རྐུན་ཡིན། །ཞེས་པའི་བར་གྱིས་བསྟན། དབང་དང་རིམ་གཉིས་ལས་བྱུང་བའི་ཡེ་ཤེས་ཕྱག་ཆེན་ལ། མཚོན་བྱེད་དཔེ་དང་། མཚོན་བྱ་དོན་གཉིས་ལས། དང་པོའི་སྐབས་སུ། ཆོ་ག་འགའ་ཞིག་གི་བྱེད་པས་རྟོག་པ་ནང་དུ་ཁ་ཆོམ་པ་ཙམ་ལ། ཕྱག་ཆེན་དུ་འདོད་པ་བཀག་ནས། རང་ལུགས་ཀྱི་ཕྱག་ཆེན་ངོས་གཟུང་བ་དང་། གཞན་ལུགས་ཀྱི་ཕྱག་ཆེན་རྒྱ་ནག་ལུགས་སུ་བསྟན་པ་སོགས་ནི། ཕྱག་རྒྱ་ཆེན་པོ་སྒོམ་ན་ཡང་། །ཞེས་པ་ནས། བྱིན་རླབས་སངས་རྒྱས་རྣམས་ཀྱི་ཡིན། །ཞེས་པའི་བར་གྱིས་བསྟན། དེ་ལས་འཕྲོས་ནས། ཁ་ཅིག་ད་ལྟ་གསང་སྔགས་ཀྱི་ཆོས་ལ་དད་པ་ཆེ་ན། སྐྱེ་བ་སྔ་མར་དབང་བསྐུར་ཐོབ་པ་ཞིག་ཡིན་པས། ད་ལྟ་ཕྱག་ཆེན་གྱི་རྒྱུར་དབང་བསྐུར་བ་མི་དགོས་ཟེར་བ་དགག་པ་ནི། ཁ་ཅིག་སྐྱེ་བ་སྔ་མ་ལ། །ཞེས་པ་ནས། དེ་ལ་ཁོ་བོ་ངོ་མཚར་སྐྱེས། །ཞེས་པའི་བར་གྱིས་བསྟན། །མཚོན་བྱ་དོན་ལ། ཁ་ཅིག་ཞི་གནས་ཙམ་ཟད་ཙམ་དང་། སྣང་སྟོང་ཟུང་འཇུག་གི་རྟོག་པ་ཕྲ་མོ་སྐྱེས་པ་ལ་མཐོང་ལམ་དུ་ངོ་སྤྲོད་བྱེད་པ་དགག་པ་ནི། ལ་ལ་ཞི་གནས་ཙམ་ཟད་དང་། །ཞེས་པ་ནས། དེས་ན་དེད་ཀྱི་མཐོང་ལམ་ནི། །འཕགས་པ་མིན་ལ་འབྱུང་མི་སྲིད། །ཅེས་པའི་བར་གྱིས་བསྟན། ཞར་ལས་འཕྲོས་པ་ཐེག་པ་གསུམ་གྱི་ལག་ལེན་དང་། ཐེག་པ་ཆེ་ཆུང་གི་བླ་མའི་དབྱེ་བ་དང་། དབང་བསྐུར་དང་པོ་སོགས་མ་ཐོབ་པར་དེ་དང་དེའི་ལམ་བསྒོམ་པ་དགག་པ་དང་། གཏོར་མ་དང

ཕུད་མཆོད་ཀྱི་ལག་ལེན་ལ་འཁྲུལ་པ་འགོག་པ་དང་། ལྷའི་སྐུ་མདོག་དང་ཕྱག་མཚན་ལ་འཁྲུལ་པ་འགོག་པ་དང་། རབ་གནས་དང་སྦྱིན་སྲེག་གསང་འདུས་སོགས་མདོ་ལུགས་སུ་འདོད་པ་དགག་པ་ནི། རིམ་བཞིན། ཐེག་པ་གསུམ་ཀའི་ལག་ལེན་ཡང་། །ཞེས་སོགས་དང་། ཉན་ཐོས་རྣམས་ཀྱི་བླ་མ་ནི། །ཞེས་སོགས་དང་། དབང་བསྐུར་དང་པོ་མ་ཐོབ་པར། །ཞེས་སོགས་དང་། གཞན་ཡང་གངས་རིའི་ཁྲོད་འདི་ན། ཞེས་སོགས་དང་། སངས་རྒྱས་རབ་ཏུ་བྱུང་བ་ཡི། །ཞེས་སོགས་དང་། ཡི་དམ་ལྷ་ཡི་སྒྲུབ་ཐབས་དང་། །ཞེས་སོགས་ཀྱིས་བསྟན། རྫོགས་བྱ་སྦྱོར་བྲལ་གྱི་ལྟ་བ་ལ། ཐེག་པ་རིམ་པ་དགུ་ལ་ལྟ་བ་ཐ་དད་ཡོད་པར་འདོད་པ་དང་། དབུ་མ་ནས་བཟུང་སྟེ་གསང་སྔགས་རྒྱུད་སྡེ་བཞི་ལ་ལྟ་བ་ཐ་དད་ཡོད་པར་འདོད་པ་དང་། རྣལ་འབྱོར་བཞི་ལ་ལྟ་བ་ཐ་དད་ཡོད་པར་འདོད་པ་རྣམས་དགག་པ་ནི། རིམ་བཞིན། ལ་ལ་ཐེག་པ་རིམ་དགུ་ལ། །ཞེས་སོགས་དང་། ཁ་ཅིག་དབུ་མའི་ལྟ་བ་ནི། །ཞེས་སོགས་དང་། གསང་སྔགས་སྤྱི་འགྲུར་བ་རྣམས་ནི། །ཞེས་སོགས་ཀྱིས་བསྟན། ཞར་ལ་རྒྱུད་སྡེ་བཞིའི་སྒྲུབ་ཐབས་ལ་འཁྲུལ་པ་དགག་པ་ནི། རྒྱུད་སྡེ་བཞི་ཡི་སྒྲུབ་པ་ཡང་། །ཞེས་པ་ནས། རང་བཟོའི་རྣམ་ཐར་སྤྱོད་པ་མཚར། །ཞེས་པའི་བར་གྱིས་བསྟན། བཞི་པ་སྤྱོད་པ་ནི། ཟླང་དོར་གཉིས་སུ་མེད་པར་རྟོགས་པའི་རྣལ་འབྱོར་པ་བརྟན་པ་ཆེན་པོ་ལ་གནས་པ་དེས། ནང་གི་གནས་སུམ་ཅུ་རྩ་བདུན་གྱི་རླུང་སེམས་དབུ་མར་ཐིམ་སྟེ་ས་བཅུ་གསུམ་པའི་རྟོགས་པ་རྣམས་བགྲོད་པར་བྱ་བ་དང་། ཕྱི་རོལ་འཛམ་གླིང་གི་ཡུལ་པུལླི་ར་མ་ལ་ཡ་ལ་སོགས་པའི་ཡུལ་རྣམས་དང་། དེར་གནས་པའི་མཁའ་འགྲོ་མ་རྣམས་དབང་དུ་བསྡུ་བར་བྱ་བའི་ཕྱིར། ཕྱི་རོལ་གྱི་ཡུལ་ཆེན་སོ་བདུན་དུ་བརྟུལ་ཞུགས་ཀྱི་སྤྱོད་པ་ལ་རྒྱུ་བ་ཡིན་པ་ལས། བོད་འདིར་ནི། དབང་བསྐུར་དང་རིམ་གཉིས་ཀྱི་རྟོགས་པ་ཅི་ཡང་མེད་པ་ལ་སྒོམ་ཆེན་དུ་རློམ་པ་དག་སྤྱོད་པ་ལ་རྒྱུ་བ་དང་། གང་དུ་རྒྱུ་བའི་གནས་ཀྱང་ཏི་སེ་ལ་གངས་ཅན་དུ་འཁྲུལ་པ་དང་། ཙ་རི་ལ་ཙ་རི་ཏྲ་རུ་འཁྲུལ་པ་རྣམས་འགོག་པ་ནི། དབང་བཞི་ཡོངས་སུ་རྫོགས་པ་དང་། །ཞེས་པ་ནས། ཡུལ་དེར་འགྲོ་བ་རྒྱུད་ལས་བཀག །ཅེས་པའི་བར་གྱིས་བསྟན།

ལྔ་པ་འབྲས་བུ་མངོན་དུ་བྱེད་པའི་ཚུལ་ལ། མཐར་ཐུག་གི་འབྲས་བུ་དང་། གནས་སྐབས་ཀྱི་འབྲས་བུ་གཉིས་ལས། དང་པོ་ནི། ལམ་ཐབས་ཤེས་ཟུང་འཇུག་བསྒོམས་པ་ལས་འབྲས་བུ་སངས་རྒྱས་ཀྱི་ས་ཡང་ཟུང་འཇུག་ཡིན་པ་ཞིག་ཐོབ་མོད་ཀྱང་། ཁ་ཅིག་དཀར་པོ་ཆིག་ཐུབ་ལས་འབྲས་བུ་སྐུ་གསུམ་འབྱུང་བར་འདོད་པ་དང་། ཟུང་འཇུག་བསྒོམས་པ་ལས་འབྲས་བུ་འོད་གསལ་གཅིག་ཏུ་འདོད་པ་དང་། ས་ལམ་བགྲོད་པར་འཚང་རྒྱ་བར་འདོད་པ་དང་། དབང་བཞི་དང་ལམ་བཞི་མེད་པར་འབྲས་བུ་སྐུ་བཞི་འདོད་པ་དང་། འབྲས

བུའི་མཐར་ཐུག་འོད་གསལ་དུ་འདོད་པ་རྣམས་འགོག་པ་ནི། ཁ་ཅིག་དཀར་པོ་ཆིག་ཐུབ་ལས། །ཞེས་པ་ནས། ལྡང་བ་མཐར་ཐུག་ཡིན་པར་གསུངས། །ཞེས་པའི་བར་གྱིས་བསྟན། གཉིས་པ་གནས་སྐབས་ཀྱི་འབྲས་བུ་ནི།། ས་དང་པོ་ཡན་ཆད་ཐོབ་པ་ལ་གྲུབ་ཐོབ་ཅེས་པའི་བསྟོད་མདོ་སྔགས་གཉིས་ཀ་མཐུན་པར་གསུངས་ལ། དེ་ལས་གཞན་རྟོགས་ལྡན་ཉིད་ཆེད་དུ་བཟང་བར་མ་གསུངས་ཀྱང་། ཁ་ཅིག་གྲུབ་ཐོབ་ལས་རྟོགས་ལྡན་བཟང་ཞེས་པ་དང་། ཉམས་དང་ལ་གོ་བ་འཕྲིང་རྟོགས་པ་བཟང་བར་འདོད་པ་དང་། རྩེ་གཅིག་ཏུ་སྤྲོས་བྲལ་སོགས་ཀྱི་རྣལ་འབྱོར་བཞི་ཡི་རིམ་པ་དང་སྦྱོར་བ་དགག་པ་ནི། རིམ་བཞིན། ལ་ལ་གྲུབ་ཐོབ་ངན་ཞེས་ཟེར། །ཞེས་སོགས་དང་། ལ་ལ་ཉམས་དང་གོ་བ་དང་། །ཞེས་སོགས་དང་། རྩེ་གཅིག་དང་ནི་སྤྲོས་བྲལ་དང་། །ཞེས་སོགས་ཀྱིས་བསྟན། དེ་ཡན་ཆད་ཀྱིས་སྡོམ་གསུམ་སོ་སོའི་སྐབས་བསྟན་ཟིན་ནས། ད་ནི་གཞུང་སྤྱི་ལ་ཚོད་པ་སྤྱང་བ་སོགས་ཀྱི་སྒོ་ནས་དོན་བསྡུ་བ་སྟོན་ཏེ། དེ་ཡང་ཐེག་པ་རང་ས་ན་བདེན་པས་དགག་བསྒྲུབ་ལ་ངེས་པ་མེད་དོ་ཞེས་སྨྲ་བ་འགོག་པ་དང་། ཆོས་ཀྱི་གནད་མ་འཁྲུགས་པ་གལ་ཆེ་བར་སྟོན་པ་དང་། གནད་བཅོས་པའི་བདུད་ཇི་ལྟར་བྱུང་བའི་ཚུལ་གླེང་གཞི་དང་བཅས་ཏེ་སྟོན་པ་དང་། འཁྲུལ་པའི་གྲུབ་མཐའ་ལུང་རིགས་ཀྱིས་སུན་འབྱིན་པའི་ཚུལ་གླེང་གཞི་དང་བཅས་ཏེ་སྟོན་པ་དང་། བྱེ་བྲག་ཏུ་ལུང་གིས་སུན་འབྱིན་པའི་ཚུལ། ལུང་སྦྱོར་ཇི་ལྟར་བྱེད་པའི་ཚུལ། ཁུངས་ནས་མ་བྱུང་བའི་གདམས་ངག་དང་མདོ་རྒྱུད་དུ་གྲགས་པ་རྣམས་ཚད་མར་མི་རུང་བར་བསྟན་པ་དང་། སྐུ་གཟུགས་རིང་བསྲེལ་དང་གློ་བུར་གྱི་ལྟས་རྣམས་མཁས་པ་ལ་དྲིས་ནས་རྟོག་སྤྱོད་བྱ་དགོས་པར་བསྟན་པ་དང་། ཚིག་ལ་འཁྲུལ་པ་དགག་པ་རྣམས་ནི་རིམ་པ་བཞིན། ཁ་ཅིག་ཐེག་པ་རང་ས་ན། །ཞེས་སོགས་དང་། ཆོས་གཞན་ལེགས་པར་སྟོན་ན་ཡང་། །ཞེས་སོགས་དང་། དེ་ལ་གནད་རྣམས་བཅོས་པའི་བདུད། །ཅེས་སོགས་དང་། འཁྲུལ་པའི་གྲུབ་མཐའ་སུན་འབྱིན་པའི། །ཞེས་སོགས་དང་། གལ་ཏེ་ལུང་དང་འགལ་གྱུར་ན། །ཞེས་སོགས་དང་། བླུན་པོ་མཁས་པར་འཆོས་པ་འགའ། །ཞེས་སོགས་དང་། སྔན་བརྒྱུད་དང་ནི་ཚིག་བརྒྱུད་དུ། །ཞེས་སོགས་དང་། རིང་བསྲེལ་དང་ནི་ཐུགས་དང་ལྟགས། །ཞེས་སོགས་དང་། དེ་ནས་ཚིག་ལ་འཁྲུལ་པ་ཡི། །ཞེས་སོགས་ཀྱིས་བསྟན། སངས་རྒྱས་གསུང་རབ་དྲི་མ་མེད། །ཅེས་སོགས་ཀྱིས་ནི། སྔར་རྒྱ་བོད་དུ་ཆོས་ལོག་བྱུང་བ་རྣམས་སྐྱེས་ཆེན་གོང་མས་བཀག་ཚུལ་རྒྱས་པར་བཤད་ནས། དེང་སང་ཆོས་ལོག་འཕེལ་བ་རྣམས་ཀྱང་འགོག་རིགས་པར་བསྟན། བདག་ནི་སེམས་ཅན་ཀུན་ལ་བྱམས། །ཞེས་སོགས་ཀྱིས་བསྟན་བཅོས་རྩོམ་པའི་ཀུན་སློང་ལྷག་བསམ་རྣམ་པར་དག་པ་བསྟན། བདག་གིས་སྒྲ་དང་ཚད་མ་བསླབས། །ཞེས་སོགས་ཀྱིས་ནི་བསྟན་བཅོས་རྩོམ་པའི་རྒྱུ་མཁས་པའི་ཤེས་རབ་བསྟན་

པ་ཡིན་ནོ། །

དེ་དག་གིས་ནི་སྤྱིར་གཞུང་དོན་འཆད་པའི་ཚུལ་ལ། དགོས་དོན། བསྡུས་དོན། ཚིག་དོན། མཚམས་སྦྱར། བརྒལ་ལན་དང་ལྔ་ཡོད་པའི་ནང་ནས། བསྡུས་དོན་གྱི་སྒོ་ནས་གཞུང་འཆད་ཚུལ་ཡིན་ལ། དེ་ལ་ཡང་གཞུང་སྤྱིའི་བསྡུས་དོན་དང་། གཞུང་སོ་སོའི་བསྡུས་དོན་གཉིས་ལས། འདི་དག་ནི་ཕྱི་མ་ཡིན་ཏེ། གཞུང་གི་དབུ་ཞབས་མ་ལུས་པའི་དོན་བསྡུས་པའི་སྒོ་ནས་ཁོག་ཕུབ་པ་ནི། གཞུང་སོ་སོའི་བསྡུས་དོན་དང་། གཞུང་སྤྱིའི་ལུས་རྣམ་པར་བཞག་པ་ཙམ་ནི་གཞུང་སྤྱིའི་བསྡུས་དོན་ཡིན་པས་སོ། །དེ་སྐད་དུ། མཁས་འཇུག་ལས། བསྡུས་པའི་དོན་ལ་རྣམ་གཉིས་ཏེ། །ངག་དོན་བསྡུས་ཏེ་བསྟན་པ་དང་། །གཞུང་དོན་སོ་སོའི་བསྡུས་དོན་ནོ། །དོན་འདུས་ཚིག་གསལ་བརྗོད་པ་བདེ། །ངག་ཉུང་ཚིག་སྙོམས་བཟུང་བ་སླ། །བསྡུས་དོན་ཉིད་ཀྱིས་གཞུང་གོ་བ༑ ༑དེ་འདྲ་གང་གིས་ཤེས་དེ་མཁས། །ཞེས་སོ། །

གཉིས་པ་ཚིག་གི་འབྲུ་གཉེར་བའི་སྒོ་ནས་གཞུང་དོན་ཞིབ་པར་བཤད་པ་ལ་གསུམ་སྟེ། རྗོད་བྱེད་བདེ་བླག་ཏུ་རྟོགས་པའི་ཆེད་དུ་མཚན་གྱི་དོན། བསྟན་པ་རྣམ་དག་ཏུ་བསྒྲུབ་པའི་ཆེད་དུ་གཞུང་གི་དོན། བྱས་ཤེས་དྲིན་བཟོ་བསྐྱེད་པའི་ཆེད་དུ་མཇུག་བྱང་སྨོས་པའོ། །དང་པོ་ནི། བཤད་བྱ་བསྟན་བཅོས་འདིའི་མཚན་ཇི་ལྟ་བུ་ཞེ་ན། བསྟན་བཅོས་འདི་ཆོས་ཅན། ཁྱོད་ལ་སོ་ཐར་བྱང་སེམས་སྔགས་ཀྱི་སྡོམ་པ་དང་གསུམ་གྱི་རབ་ཏུ་དབྱེ་བ་ཞེས་བྱ་སྟེ། བརྗོད་བྱ་སྡོམ་པ་གསུམ་པོ་དེ་དང་པོར་ལེན་པའི་ཆོ་ག །བར་དུ་བསྲུང་བའི་བསླབ་བྱ། མཐར་འབྲས་བུ་འབྱིན་པའི་ཚུལ། ཉམས་ལེན་གྱི་གནད་སོ་སོ་དང་བཅས་པ་ལ་འཁྲུལ་པ་བཀག་ནས། མ་འཁྲུལ་བར་བསྒྲུབ་པའི་རྣམ་དབྱེའི་ངག་ཡིན་པས་སོ། །སོར་སྡོམ་སོགས་གསུམ་ལ་སྡོམ་པ་གསུམ་གྱི་ཐ་སྙད་ནི་རྒྱུད་རྡོ་རྗེའི་རྩེ་མོ་ལས་བཤད་པ་ཡིན་ཏེ། དེ་ཉིད་ལས། སྡོམ་པ་གསུམ་དང་ཡང་དག་ལྡན། །སོ་སོ་ཐར་དང་བྱང་ཆུབ་སེམས། །རིག་འཛིན་རང་གི་ངོ་བོའོ། །ཞེས་གསུངས་པའི་ཕྱིར། ཁྱབ་མཉམ་དུ་འཁྲུལ་པར་མི་བྱ་སྟེ། རྡོ་རྗེ་རྩེ་མོའི་དངོས་བསྟན་ནི་གསུམ་ལྡན་གྱི་རྒྱུད་ཀྱི་སྡོམ་གསུམ་སོ་སོ་ཡིན་པས། དོན་ལ་སྔགས་སྡོམ་ཉིད་ཡིན་ལ། སྐབས་འདིའི་སོར་སྡོམ་བྱང་སྡོམ་གཉིས་ནི་སྔགས་ཀྱི་རྩིས་མ་ཟིན་པ་ཁོ་ན་ཡིན་པའི་རྣམ་དབྱེ་གཅེས་སོ། །

གཉིས་པ་ལ་གསུམ་སྟེ། བཤད་པ་ལ་འཇུག་པའི་ཡན་ལག །བཤད་པ་རང་གི་ངོ་བོ། བཤད་པ་ཡོངས་སུ་རྫོགས་པའི་བྱ་བའོ། །དང་པོ་ལ་གཉིས་ཏེ། མཆོད་པར་བརྗོད་པ་དང་། རྩོམ་པར་དམ་བཅའ་བའོ། །དང་པོ་ལ་གསུམ་སྟེ། བླ་མ་དམ་པ་སྤྱི་ལ་མཆོད་པར་བརྗོད་པ། སྡོམ་གསུམ་སྟེར་བ་པོའི་རྩ་བའི་བླ་མ་ལ་

མཆོད་པར་བརྗོད་པ། སྡོམ་པ་གསུམ་གྱི་བསླབ་པ་འཆའ་བ་པོའི་སྟོན་པ་སངས་རྒྱས་ལ་མཆོད་པར་བརྗོད་པའོ། །དང་པོ་ནི། བླ་མའི་སྐད་དོད་ལ་གུ་རུ་ཞེས་པ་འབྱུང་ཞིང་། དེའི་སྒྲ་ལས་དྲངས་ན་ལྗི་བ་སྟེ། དགེ་སློང་མའི་ལྗི་བའི་ཆོས་ལ་བླ་མའི་ཆོས་ཞེས་བསྒྱུར་བ་ལྟར་ཡོན་ཏན་གྱི་ཁུར་གྱིས་ལྗི་བས་ན་བླ་མ། སློབ་མས་གསོལ་བ་ཕུར་ཚུགས་སུ་བཏབ་ན། ཚེ་འདི་འམ་བར་དོ་སོགས་སུ་སངས་རྒྱས་འབྱིན་པར་ནུས་པས་དམ་པ་སྟེ། ཚོ་ག་རྣམ་པར་དག་པས་བླ་མེད་ཀྱི་དབང་རྫོགས་པར་བསྐུར་བའི་རྡོ་རྗེ་སློབ་དཔོན་རྣམས་ཀྱི་ཞབས་ལ་སྒོ་གསུམ་གུས་པས་ཕྱག་འཚལ་ལོ། །ཞེས་འཆད་པ་ལ། བླ་མ་ཞེས་སོགས་བྱུང་། བླ་མ་དམ་པའི་དོན་ལ། སྒྲ་པ་ཤེར་རིན་པས་རྒྱལ་སྟོན་པ་ལ། རང་གི་རྐྱེན་བཀུར་ཉམས་པ་ལ་ཐུགས་མི་འབྲུག་ཅིང་། སློབ་མའི་ཡོན་ཏན་ཉམས་པས་ཐུགས་འཁྲུག་པ་ནི་དམ་པ་དང་། རང་གི་རྐྱེན་བཀུར་ཉམས་པས་ཐུགས་འཁྲུག་པ་ནི་དམ་པ་མ་ཡིན་པར་འགྲེལ་ཆེན་དྲི་མེད་འོད་ལས་བཤད་གསུངས་པ་དང་། དགའ་གདོངས་པས་ལས་དམ་པ་དགེ་བ་ལ་འཇུག་ཅིང་། མི་དགེ་བ་མི་བྱེད་པ་ནི་དམ་པ་དང་། དེ་ལས་ལྡོག་པ་ནི་དམ་པ་མ་ཡིན་པའོ། །ཞེས་འཆད་པ་དང་། ཡང་དཔྱོད་ལྡན་ཁ་ཅིག །བླ་མེད་ཀྱི་རྡོ་རྗེ་སློབ་དཔོན་སྤྱི་ལ་བླ་མ་དམ་པ་ཞེས་པར་འདོག་གསུང་བ་སོགས་ལུགས་མང་དུ་ཡོད་ཀྱང་། བདག་ཉིད་ཆེན་པོའི་དགོངས་པ་ནི། རང་ཉིད་ལ་བླ་མེད་ཀྱི་དབང་རྫོགས་པར་བསྐུར་བའི་སྡུམ་ལྡན་གྱི་རྡོ་རྗེ་སློབ་དཔོན་མཚན་ཉིད་དང་ལྡན་པ་ནི། སློབ་མ་དེའི་བླ་མ་དམ་པ་ཡིན་ཏེ། དེས་དེ་ལ་གསོལ་བ་ཕུར་ཚུགས་སུ་བཏབ་ན་ཚེ་འདི་འམ་བར་དོ་སོགས་སུ་སངས་རྒྱས་འབྱིན་ནུས་པའི་ཕྱིར། རྒྱུད་ཙམ་བཤད་པའི་བླ་མ་རྡོ་རྗེ་སློབ་དཔོན་སོགས་དང་། ཉན་ཐོས་ལུགས་དང་། ཕ་རོལ་ཏུ་ཕྱིན་པའི་ཕྱོགས་ཀྱི་ཆོས་ཙམ་བཤད་པའི་བླ་མ་ནི། སློབ་མ་དེའི་བླ་མ་དམ་པ་མ་ཡིན་ཏེ། དེས་དེ་ལ་གསོལ་བ་བཏབ་པ་ལས་བྱིན་རླབས་ཅུང་ཟད་འབྱུང་ཡང་། མྱུར་དུ་སངས་རྒྱས་འབྱིན་པའི་ནུས་པ་མེད་པའི་ཕྱིར། དེ་སྐད་དུ། གཞུང་ཉིད་ལས། དེ་ལྟའི་ཐེག་པ་གསུམ་པོ་ཡི། །སོ་སོའི་གཞུང་ནས་འབྱུང་བ་བཞིན། །བླ་མའི་མཚན་ཉིད་མི་ལྡན་ན༑ ༑བླ་མ་ཡིན་གྱི་དམ་པ་མིན། །དེ་ལ་གསོལ་བ་བཏབ་ན་ཡང་། །བྱིན་རླབས་ཅུང་ཟད་འབྱུང་མོད་ཀྱི། །ཚེ་འདི་འམ་བར་དོ་ལ་སོགས་སུ། །སངས་རྒྱས་ཉིད་འབྱིན་མི་ནུས་སོ། །ཞེས་སོ། །གོང་གི་ལུགས་དང་པོ་དེ་ལྟར་ན་ཧ་ཅང་ཐལ་ཏེ། དེང་སང་བླ་མེད་ཀྱི་དབང་བསྐུར་མཛད་མཁན་གྱི་སོ་སྐྱེའི་རྡོ་རྗེ་སློབ་དཔོན་ཕལ་ཆེ་བ་བླ་མ་དམ་པ་མ་ཡིན་པར་འགྱུར་བས་སོ། །ལུགས་གཉིས་པ་དེ་ཡང་མཛོད་ལས། སྐྱེས་བུ་དམ་པས་འགྲོ་བའི་དོན་ལ་དེ་ལྟར་བཤད་པས་འབྲུལ་གཞི་བྱས་ཀྱང་། སྐྱེས་བུ་དམ་པ་དང་བླ་མ་དམ་པ་ཅུང་མི་གཅིག་སྟེ། ཐེག་པ་གསུམ་གྱི་འཕགས་པ་ཐམས་ཅད་སྐྱེས་བུ་དམ་པ་ཡིན་ཀྱང་། བླ་མ་དམ་པ་ཡིན་པའི་ངེས་པ་མེད་པའི་

ཕྱིར། དེས་ན་རང་ཉིད་ཀྱིས་སངས་རྒྱས་དངོས་སུ་བསྒོམ་ཆོག་པའི་བླ་མ་དང་། བླ་མ་དམ་པ་དོན་གཅིག་ཅིང་། དེའི་གནད་ཀྱིས་སློབ་མ་དེའི་བླ་མ་དམ་པར་འགྱུར་བ་ལ། སློབ་མ་དེ་ལ་བླ་མེད་ཀྱི་དབང་བཞི་རྫོགས་པར་བསྐུར་མཁན་གྱི་བླ་མ་མཚན་ཉིད་དང་ལྡན་པ་ཞིག་ཡིན་དགོས་པར་གྲུབ་བོ། །

གཉིས་པ་ནི། དད་ཅེས་པ་བཤད་གཞིར་བྱས། ཡུལ་གང་ལ་ན། བདེ་བར་གཤེགས་པའི་བསྟན་པའི་ནང་ཚན་སྡེ་སྣོད་གསུམ་དང་རྒྱུད་སྡེ་བཞིའི་གསུང་རབ་ལ་བློ་གྲོས་ཀྱི་ལུས་སྟོབས་རྒྱས་པའི་སེང་གེའི་སྒྲ་ཡིས། ལྷ་གྲུབ་ངན་པའི་རི་དྭགས་མཐའ་དག་སྐྲག་པར་མཛད་ཅིང་། རང་ཉིད་བཤད་སྒྲུབ་ཐམས་ཅད་སངས་རྒྱས་ཀྱི་དགོངས་པ་ཇི་ལྟ་བ་བཞིན་ལེགས་པར་བསྒྲུབ་པ་གཞན་དང་མཚུངས་པ་མེད་པའི་རྗེ་བཙུན་བླ་མ་གྲགས་པ་རྒྱལ་མཚན་དེ་ལའོ། །གང་ཟག་གང་དད་ན། རྨོངས་པ་པོ་བདག་ཅག་རྗེས་འབྲང་དང་བཅས་པའོ། །ཀྱཻ་ཀ་བྱེད་ཁ་ཅིག །དད་ཅེས་པ་རྒྱུར་བྱས་ནས་སྐྱོན་མེད་ཅེས་སོ་ནས་ཕྱག་འཚལ་ཡུལ་སྟོན་བྱེད་ལ་བྱས་པའི་བཤད་པ་མཛད་པ་ནི་མི་འཐད་དེ། དད་ཅེས་པ་དེ་ལ་དད་ཡུལ་དངོས་སུ་མ་སྨོས་ན་དེ་ལྟར་བདེན་ཡང་། དེ་ནི་གོང་དུ་སྨོས་ཟིན་པའི་ཕྱིར་ཏེ། བདེ་གཤེགས་བསྟན་པའི་ཞེས་པ་ནས། མཚུངས་མེད་བླ་མ་དེ་ལ་ཞེས་པའི་བར་ནི་དད་ཡུལ་སྟོན་བྱེད་ཡིན་པའི་ཕྱིར་རོ། །དེས་ན་མཆོད་བརྗོད་ཀྱི་མཐར་དད་དང་འདུད་དང་ཕྱག་འཚལ་བ་དང་བསྟོད་ཅེས་པ་སོགས་གང་སྦྱར་ཀྱང་ཁྱད་པར་མེད་ཅིང་དོན་འདྲ་བ་ཡིན་ཏེ། མཁས་འཇུག་ལས། མཆོད་བསྟོད་འདུད་པའི་བདག་ཉིད་ཅན། །ཤིས་པ་བརྗོད་སོགས་མི་འགལ་ཏེ། །ཐམས་ཅད་དུ་ཡང་སྟོན་པ་ཡི། །ཆེ་བ་འབའ་ཞིག་སྟོན་ཕྱིར་རོ། །ཞེས་གསུངས་པའི་ཕྱིར་རོ། །

གསུམ་པ་ནི། མཆོད་པར་བརྗོད་པ་དེ་ཙམ་ངེས་སམ་ཞེ་ན། དེར་མ་ཟད་སྒྲིབ་གཉིས་བག་ཆགས་དང་བཅས་པའི་སྐྱོན་མེད་ཅིང་། ཐུན་མོང་དང་ཐུན་མོང་མ་ཡིན་པའི་རྟོགས་པའི་ཡོན་ཏན་ཀུན་གྱི་མཛོད་མངའ་བ་འགྲོ་བའི་བླ་མ་སྟོན་པ་སངས་རྒྱས་ཀྱི་ཞབས་ལ་ཕྱག་འཚལ་བ་ཡིན་ནོ། །ཞེས་པ་ལ་སྐྱོན་མེད་ཅེས་སོགས་བྱུང་། སྟོན་གྱི་ཚད་ཐུབ་འགྲེལ་ཆེན་ཕལ་ཆེར་དང་ཕྱིས་བྱོན་གྱི་མཁས་པ་མང་དག་ཀྱང་། སྡོམ་གསུམ་གྱི་དབུའི་མཆོད་བརྗོད་གསུམ་ཀ་གཙོ་བོར་རྗེ་བཙུན་རིན་པོ་ཆེ་ཉིད་ལ་ཡིན་នོ་ཞེས་མགྲིན་དབྱངས་གཅིག་ཏུ་སྒྲོག་པར་མཛད། བདག་ཅག་གི་སྟོན་པ་གོ་བོ་རབ་འབྱམས་པ་ཡབ་སྲས་སོགས་ནི། མཆོད་བརྗོད་རིམ་པ་གསུམ་ལ་མཆོད་ཡུལ་ཡང་མི་འདྲ་བ་གསུམ་ཡོད་པར་བཞེད་པ་ལས། ལུགས་སྔ་མ་དེ་ལ་གཟུ་བོའི་བློས་དཔྱད་ན༑ སྐྱོན་འདི་ལྟར་གནས་ཏེ། འོན་བླ་མ་དམ་པའི་ཞབས་ལ་ཞེས་པའི་བླ་མ་དམ་པ་དེ། གཙོ་བོར་རྗེ་བཙུན་རིན་པོ་ཆེ་ཉིད་ཡིན་ནམ་མ་ཡིན། མ་ཡིན་ན་རྗེ་བཙུན་ཉིད་ལ་མཆོད་པར་བརྗོད་པ་དང་འགལ། ཡིན་ན

མཚུངས་མེད་བླ་མ་དེ་ལ་ཞེས་པ་དང་། འགྲོ་བའི་བླ་མའི་ཞབས་ལ་ཞེས་མཆོད་ཡུལ་སྔར་ཡང་སྨོས་པ་འདི་བློས་པར་འགྱུར་ཏེ། དེ་དག་ཐམས་ཅད་རྗེ་བཙུན་རིན་པོ་ཆེ་ཉིད་དུ་མཚུངས་པའི་ཕྱིར། དགའ་གདོང་པས་སྔ་མ་དེ་བླ་མ་སྤྱི་དང་། ཕྱི་མ་གཉིས་རྗེ་བཙུན་རིན་པོ་ཆེ་ཉིད་ལ་ཡིན་ཞེས་གསུངས་པ་ཡང་མི་འཐད་དེ། མཚུངས་མེད་བླ་མ་དེ་ལ་ཞེས་པ་དང་། འགྲོ་བའི་བླ་མའི་ཞབས་ལ་ཞེས་པ་གཉིས་ལ། མི་འདྲ་བའི་ཁྱད་པར་སོ་སོར་མ་ཕྱེས་ན་བློས་ཤིང་གྱ་ཆོམ་དུ་འགྱུར་བའི་ཕྱིར། དེས་ན་ལུགས་ཕྱི་མ་ཉིད་འཐད་པ་ཡིན་ཏེ། ཐོག་མར་བླ་མ་དམ་པ་སྤྱི་དང་། རང་ཉིད་ལ་ཚངས་པར་སྤྱོད་པའི་དགེ་བསྙེན་དང་། བྱང་སེམས་ཀྱི་སྡོམ་པ་ལུགས་གཉིས་དང་། སྔགས་ཀྱི་སྡོམ་པ་རྣལ་འབྱོར་བླ་མེད་ཀྱི་དབང་བསྐུར་བ་རྣམས་རིམ་ཅན་དུ་གནང་བའི་རྩ་བའི་བླ་མ་རྗེ་བཙུན་ལ་མཆོད་པར་བརྗོད་ནས། དེ་ནས་བརྒྱུད་པའི་ཐོག་མར་སྟོན་པ་སངས་རྒྱས་ལ་མཆོད་པར་བརྗོད་པ་ནི་འབྲེལ་ཤིན་ཏུ་ལེགས་ཤིང་། གཞུང་གཞན་དང་ཡང་སྒོ་མཐུན་པའི་ཕྱིར། དཔེར་ན་གྲྭ་སྟོན་ཞུ་ལེན་སོགས་ལས། ཐོག་མར་བླ་མའི་ཞབས་ལ་ཕྱག་འཚལ་ཏེ། །རྡོ་རྗེ་འཆང་ལ་གཉིས་པའི་ཚིག་གིས་འདུད། །ཅེས་གསུངས་པ་ལྟར་རོ། །

གཉིས་པ་བརྩམ་པར་དམ་བཅའ་བ་ནི། ཡུལ་ཁྱད་པར་ཅན་ལ་མཆོད་པར་བརྗོད་ནས་ལས་སུ་བྱ་བ་ཅི་ཞིག་བྱེད་པ་ཡིན་ཞེ་ན། འདི་ལ་བཤད་ཅེས་པ་བཤད་གཞིར་བྱས། ཡུལ་གང་ལ་ན། སངས་རྒྱས་ཀྱི་བསྟན་པ་ལ་དད་པ་དང་ལྡན་ཞིང་བཤད་སྒྲུབ་ཐམས་ཅད་སངས་རྒྱས་ཀྱི་གསུང་ཇི་ལྟ་བ་བཞིན་བསྒྲུབ་པར་འདོད་པའི་གདུལ་བྱ་དེ་ལའོ། །གང་བཤད་ན། སྡོམ་པ་གསུམ་གྱི་རབ་ཏུ་དབྱེ་བའོ། །གང་ཟག་གང་གིས་ན། ས་སྐྱ་པཎྜི་ཏ་བདག་གིས་སོ། །ཚིག་སྦྱོར་ཇི་ལྟ་བུས་འཆད་པ་ཡིན་ཞེ་ན། ཚིག་རྒྱན་དང་མངོན་བརྗོད་ཀྱིས་གཙོ་བོར་བཅིངས་པ་མཁས་པ་རྣམས་དགའ་བའི་སྡེབ་སྦྱོར་ནི་བླུན་པོ་རྣམས་ཀྱིས་གོ་དཀའ་བས། དེ་ལྟ་བུའི་ཚིག་གི་སྦྱོར་བ་སྤངས་ནས་ཀྱང་མཁས་བླུན་ཀུན་གྱིས་གོ་སླ་བར་བྱ་བའི་ཕྱིར་དུ་བཤད་པ་ཡིན་ཏེ། བསྟན་བཅོས་འདི་ནི་མཁས་བླུན་ཀུན་གྱིས་བསྟན་པའི་ཉམས་ལེན་མ་འཁྲུལ་བ་ཤེས་པའི་ཆེད་དུ་བརྩམས་པས་སོ། །ཀུན་སློང་གི་བསམ་པ་ཇི་ལྟ་བུས་བརྩམས་ཤེ་ན། བདག་ནི་སངས་རྒྱས་ཀྱི་བསྟན་པ་རིན་པོ་ཆེ་ལ་མི་ཕྱེད་པའི་དད་པ་ཡོད་པས། བསྟན་པའི་ཉམས་ལེན་མ་འཁྲུལ་བ་མི་ཉམས་པར་བྱ་བའི་ལྷག་བསམ་དང་། འོན་ཀྱང་སངས་རྒྱས་ཀྱི་བསྟན་པ་ལ་ལག་ལེན་འཁྲུལ་པར་སྤྱོད་པ་རྣམས་ལ་བདག་མ་དད་པས། དེ་རྣམས་ལ་ལྷག་པར་བརྩེ་བའི་སྙིང་རྗེས་ཀུན་ནས་བསླང་སྟེ་བརྩམས་པ་ཡིན་ནོ། །བསྟན་བཅོས་བརྩམས་པའི་དགོས་པ་ནི་འདི་དག་གི་ཤུགས་ལ་བསྟན་པ་ཡིན་ཏེ། མཁས་བླུན་ཀུན་ལ་ཕན་པའི་ཆེད་དང་། ལག་ལེན་འཁྲུལ་པར་སྤྱོད་པ་རྣམས

དགག་པའི་ཆེད་དུ་བསྟན་བཅོས་བརྩམས་པ་ནི་ཤུགས་ལས་ཐོན་པའི་ཕྱིར་རོ། །

གཉིས་པ་བཤད་པ་རང་གི་ངོ་བོ་ལ་གཉིས་ཏེ། དོན་ལ་འཁྲུལ་པ་དགག་པ་དང་། ཚིག་ལ་འཁྲུལ་པ་དགག་པའོ། །དང་པོ་ལ་གསུམ་སྟེ། བརྗོད་བྱའི་གཙོ་བོ་ངོས་གཟུང་བའི་སྒོ་ནས་ལུས་མདོར་བསྟན། སྡོམ་པ་གསུམ་གྱི་ཉམས་ལེན་ཞིབ་ཏུ་བསྟན་པའི་སྒོ་ནས་ཡན་ལག་རྒྱས་པར་བཤད། གནད་མ་འཁྲུལ་བར་གདམས་པའི་སྒོ་ནས་འཇུག་བསྡུ་བའོ། །དང་པོ་ནི། སྡོམ་གསུམ་དབྱེ་བ་བདག་གིས་བཤད། །ཅེས་པ་ལས་འཕྲོས། བཤད་པར་བྱ་རྒྱུ་རྣམས་ཇི་ལྟ་བུ་ཞེ་ན། སོ་སོར་ཐར་པའི་སྡོམ་པ་དང་། བྱང་ཆུབ་སེམས་དཔའི་སེམས་བསྐྱེད་དང་། གསང་སྔགས་ཀྱི་དབང་བསྐུར་བ་དང་། གསུམ་པོ་དེ་དག་ལེན་པའི་ཐབས་ཆོག་དང་། མི་ཉམས་པར་བསྲུང་ཚུལ་སོ་སོའི་བསླབ་བྱ་དང་། བྱང་ཆུབ་ཏུ་སེམས་བསྐྱེད་པའི་ཉམས་ལེན་གྱི་གནད་རྣམས་དང་། སྟོང་ཉིད་སྙིང་རྗེའི་སྙིང་པོ་ཅན། ལམ་རིམ་པ་གཉིས་ཀྱི་གསང་ཚིག་དང་། དབང་དང་རིམ་གཉིས་ལས་བྱུང་བའི་ཡེ་ཤེས་ཕྱག་རྒྱ་ཆེན་པོ་དང་། ཕྱག་ཆེན་སྐྱེ་བའི་ཐབས་ཕྱི་ནང་གི་རྟེན་འབྲེལ་དང་། རྟེན་འབྲེལ་ལ་བརྟེན་ནས་ས་དང་ལམ་བགྲོད་ཚུལ་གྱི་རྣམ་པར་བཞག་པ་སྟེ། བརྗོད་བྱའི་གཙོ་བོ་དོན་ཚན་བཅུ་གཅིག་ལ་འཁྲུལ་པ་འགོག་ཅིང་། མ་འཁྲུལ་བ་བསྒྲུབ་པའི་རྣམ་པར་དབྱེ་བ་བཤད་ཀྱིས་ཉོན་ཞེས་འདོམས་པའི་ཚུལ་དུ་བསྟན་བཅོས་ཀྱི་ལུས་རྣམ་པར་གཞག་པ་སྟོན་པ་ལ། སོ་སོ་ཐར་པའི་སྡོམ་པ་དང་། །ཞེས་སོགས་འབྱུང་། ལུས་རྣམ་གཞག་འདི་ལྟར་བྱས་ན་འཆད་པ་པོས་འཆད་སླ་ཞིང་། ཉན་པ་པོས་བཟུང་སླ་བའི་ཕན་ཡོན་ཡོད་དེ། འཆད་སླ་བ་དང་བཟུང་བདེ་ཞིང་། །བསྟན་བཅོས་ལ་ཡང་རྩོད་བྲལ་ཕྱིར། །མཁས་པ་ལ་ལ་བསྟན་བཅོས་ལུས། །བསྡུས་ཏེ་ཐོག་མར་འགོད་པར་མཛད། །ཅེས་གསུངས་པའི་ཕྱིར།

དེ་དག་སྐབས་གང་དུ་རྒྱས་པར་བཤད་སྙམ་ན། དང་པོ་སོ་ཐར་ཡིན་པའི་ཚིག་ལ། ཉན་ཐོས་ལུགས་དང་། ཐེག་ཆེན་ལུགས་གཉིས་ལས། དང་པོ་ནི། ཉན་ཐོས་རྣམས་ཀྱི་སྐྱབས་འགྲོ་ནས། །ཞེས་སོགས་ཀྱི་སྐབས་སུ་རང་ལུགས་དང་། ཁ་ཅིག་ཇི་སྲིད་འཚོ་བའི་སྒྲ། །ཞེས་སོགས་ཀྱི་སྐབས་སུ་གཞན་ལུགས་བསྟན། ཐེག་ཆེན་ལུགས་ལ། བྱང་ཆུབ་སེམས་དཔའ་ཉིད་ལ་ཡང་། །ཞེས་སོགས་ཀྱི་ཚིག་ནུབ་མ་ནུབ་སོགས་ཀྱིས་རྣམ་དབྱེ་ཕྱེ་ནས་དེང་སང་ལག་ལེན་གྱི་ཚིག་དངོས་ལ་ངོས་གཟུང་བ་བསྟན། སོ་ཐར་གྱི་བསླབ་བྱ་ལ་ཡང་གཉིས་ལས། ཐེག་ཆེན་སོ་ཐར་གྱི་བསླབ་བྱའི་ཁྱད་པར་ནི། འདི་ལ་སྡིག་ཏོ་མི་དགེའི་ཕྱོགས། །ཞེས་སོགས་དང་། ཉན་ཐོས་དང་ཐུན་མོང་བའི་སོ་ཐར་གྱི་བསླབ་བྱ་ནི། དེ་ནས་ལས་དང་རྣམ་སྨིན་གྱི། །ཞེས་སོགས་ཀྱིས་བསྟན། དེ་མན་ཆད་ཀྱང་བསླབ་བྱ་ལས་འཕྲོས་པ་དང་། བསླབ་བྱ་ལ་འཁྲུལ་པ་འགོག་པ་ཉིད་ཅི་རིགས

པ་ཡིན་ནོ། །སེམས་བསྐྱེད་ཀྱི་ཆོ་ག་ནི། ཐེག་པ་ཆེན་པོའི་སེམས་བསྐྱེད་ལ། །ཞེས་སོགས་དང་། བསླབ་བྱ་ནི། བྱང་ཆུབ་སེམས་དཔའི་བསླབ་པ་ལ། །ཞེས་སོགས་དང་། སེམས་བསྐྱེད་ཀྱི་ཉམས་ལེན་གྱི་གནད་རྣམས་ནི། བྱང་ཆུབ་སེམས་ཀྱི་གནད་འཁྲུགས་ན། །ཞེས་པ་མན་ཆད་ཀྱིས་བསྟན། དེ་བཞིན་དུ། དབང་བསྐུར་གྱི་ཆོ་ག་དང་། བསླབ་བྱ་ནི། སྨིན་པར་བྱེད་པའི་དབང་བསྐུར་ཡང་། །ཞེས་སོགས་དང་། ཁ་ཅིག་གསང་སྔགས་གསང་བ་ལ། །ཞེས་སོགས་ཀྱིས་བསྟན། སྟོང་ཉིད་སྙིང་རྗེའི་སྙིང་པོ་ཅན་ནི། སྐབས་གསུམ་པར། དེས་ན་ཆིག་ཐུབ་འདི་འདྲའི་ལུགས། །རྫོགས་སངས་རྒྱས་ཀྱིས་གསུངས་པ་མེད། །ཐུབ་པས་སྟོང་ཉིད་བསྟགས་པ་ནི༑ ༑དངོས་པོར་འཛིན་པ་བཟློག་ཕྱིར་ཡིན། །ཞེས་པ་ནས། ཐབས་དང་བྲལ་བའི་སྟོང་ཉིད་ཀྱིས། །མུ་དན་འདས་པར་འགྱུར་ཕྱིར་རོ། །ཞེས་པའི་བར་གྱིས་བསྟན་པ་ཡིན་ཏེ། དེ་དག་ཏུ་སྟོང་པ་རྐྱང་པ་བསྒོམ་པ་དེ་བཀག་ནས། སྟོང་པ་དང་སྙིང་རྗེ་ཟུང་དུ་འབྲེལ་བའི་ཐབས་ཤེས་ཟུང་འཇུག་དགོས་ཚུལ་རྒྱས་པར་གསུངས་པའི་ཕྱིར་དང་། འོག་ཏུ་གནད་རྣམས་མ་འཁྲུལ་བར་གདམས་པའི་སྐབས་སུ་ཡང་། ཆོས་རྣམས་ཀུན་གྱི་རྩ་བ་ཡང་། །སྟོང་ཉིད་སྙིང་རྗེའི་སྙིང་པོ་ཅན། །ཐབས་དང་ཤེས་རབ་ཟུང་འཇུག་ཏུ། །མདོ་རྒྱུད་ཀུན་ལས་རྒྱལ་བས་གསུངས། །ལ་ལ་སྒྲོས་བྲལ་རྐྱང་པ་ནི། །དཀར་པོ་ཆིག་ཐུབ་ཡིན་ཞེས་ཟེར། །འདི་ཡང་གནད་རྣམས་བཅོས་པར་དོགས། །ཞེས་གསུངས་པའི་ཕྱིར། དེས་ན་འདིར་བསྟན་གྱི་སྟོང་ཉིད་སྙིང་རྗེའི་སྙིང་པོ་ཅན་ནི་མདོ་སྔགས་ཐུན་མོང་བའི་ལམ་དང་། རྒྱས་བཤད་སྐབས་གསུམ་པར་ཡོད་པ་ནི་རྣམ་དཔྱོད་ཀྱི་མིག་ལྡན་མཐོང་དགོས་སོ། །རིམ་གཉིས་ཀྱི་གསང་ཚིག་ལ། རིམ་གཉིས་མི་དགོས་པར་འདོད་པའི་ལོག་རྟོག་དགག་པ་ནི། ཁ་ཅིག་འབྲུལ་དང་མ་འབྲུལ་མེད། །ཅེས་སོགས་དང་། རིམ་གཉིས་དངོས་ལ་འཁྲུལ་པ་དགག་པ་ནི། བཀྱ་ལ་བསྐྱེད་རིམ་བསྒོམ་ན་ཡང་། །ཞེས་སོགས་དང་། གཏུམ་མོ་བསྒོམ་པ་ཕལ་ཆེར་ཡང་། །ཞེས་སོགས་ཀྱིས་བསྟན། ཡེ་ཤེས་ཕྱག་རྒྱ་ཆེན་པོ་ནི། །ཕྱག་རྒྱ་ཆེན་པོ་བསྒོམ་ན་ཡང་། །ཞེས་སོགས་དང་། ཕྱི་ནང་གི་རྟེན་འབྲེལ་ནི། དབང་བཞི་ཡོངས་སུ་རྫོགས་པ་དང་། །ཞེས་པ་ནས་བཟུང་སྟེ་སྤྱོད་པར་རྒྱུ་བའི་སྐབས་རྣམས་ཀྱི་བསྟན་པ་ཡིན་ཏེ། ལུས་དང་ངག་གི་བརྡ་རྣམས་ལ། །ལེགས་པར་སྦྱངས་ཤིང་དེ་ཉིད་རྟོགས། །ས་རྣམས་བགྲོད་པར་བྱ་བ་དང་། །ཡུལ་རྣམས་དབང་དུ་བསྡུ་བའི་ཕྱིར། །གནས་དང་ཉེ་བའི་གནས་ལ་སོགས། །ཡུལ་ཆེན་སུམ་ཅུ་སོ་བདུན་དུ། །རིག་པ་བརྟུལ་ཞུགས་སྤྱོད་ཕྱིར་རྒྱུ། །ཞེས་བཤད་པ་དང་། ཕྱི་ནང་གི་རྟེན་འབྲེལ་གསལ་བར་བསྟན་པའི་ཕྱིར། དེ་ཡང་ཕྱི་ནང་གི་རྟེན་འབྲེལ་གང་ཡིན་ཞེ་ན། རང་རྒྱུད་ལ་བླ་མེད་ཀྱི་ས་དང་པོའི་རྟོགས་པ་སྐྱེས་པས་ཕྱིའི་གནས་ཀྱི་ཡུལ་ཆེན་བཞིའི་དཔའ་བོ་དང་རྣལ་འབྱོར་མ་རྣམས་དབང་དུ་འདུས་

པ་ནི་ཕྱིའི་རྟེན་འབྲེལ་དང་། ནང་གི་སྐྱི་བོ་དང་སྤྱི་གཙུག་ལ་སོགས་པའི་གནས་བཞིའི་རླུང་སེམས་དབུ་མར་ཐིམས་ཤིང་། དབུ་མའི་མདུད་པ་དང་པོ་གྲོལ་བ་ནི་ནང་གི་རྟེན་འབྲེལ་དང་། དེ་བཞིན་མདུད་པ་གཉིས་པ་སོགས་པ་ཡང་མཚོན་ནས་ཤེས་པར་བྱ་སྟེ། གཞུང་ཉིད་ལས། ཕྱི་རུ་ཡུལ་རྣམས་བགྲོད་པ་དང་། །ནང་དུ་རྩ་མདུད་གྲོལ་བ་ནི། །ས་བཅུ་ལ་སོགས་བགྲོད་པ་ཡི། །རྟེན་འབྲེལ་ཉིད་ཀྱིས་འབྱུང་བ་ཡིན། །ཞེས་སོ། ས་ལམ་གྱི་རྣམ་གཞག་ལ། ཁ་ཅིག་འཚང་རྒྱ་བ་ལ་ས་ལམ་མི་དགོས་པར་འདོད་པ་དང་། དབང་བཞི་དང་ལམ་བཞིའི་རྣམ་གཞག་མེད་པར་རྡོ་རྗེ་ཐེག་པའི་སྐུ་བཞི་ཐོབ་པར་འདོད་པ་སོགས་ནས་རྩེ་གཅིག་སྤྲོས་བྲལ། རོ་གཅིག་བསྒོམ་མེད་ཀྱི་རྣལ་འབྱོར་དང་བཞི། ཐེག་ཆེན་གྱི་མཐོང་ལམ་སོགས་དང་རིམ་བཞིན་སྦྱོར་བར་འདོད་པ་རྣམས་དགག་པ་ནི། ཁ་ཅིག་ས་ལམ་མ་བགྲོད་པར། །རྫོགས་སངས་རྒྱས་པར་འདོད་པ་དང་། །ཞེས་པ་ནས། ཅི་སྟེ་འཕགས་པའི་སར་བྱེད་ན། །མདོ་རྒྱུད་ཀུན་དང་འགལ་བར་འགྱུར། །ཞེས་པའི་བར་གྱིས་བསྟན་པ་ཡིན་ཏེ། དོན་འདི་དང་མཐུན་པར་སངས་རྒྱས་འཕྲིན་ཞུ་ལས་ཀྱང་། ས་དང་ལམ་གྱི་རྣམ་གཞག་ལ། །ཁ་ཅིག་ས་ལམ་མི་དགོས་ཟེར། །ཞེས་སོགས་བཤད་སྣང་བས་སོ། །སོ་སོ་ཐར་དང་བྱང་ཆུབ་སེམས་བསྐྱེད་པ། ། ལེན་པའི་ཐབས་དང་མི་ཉམས་བསླབ་བྱའི་ཚུལ། །གཉིས་གཉིས་སྒོ་ནས་མདོར་བསྟན་སྐབས་གཉིས་སུ། །རྒྱས་བཤད་བློ་གྲོས་མིག་ཕྱེས་གསལ་བར་མཐོང་། །དབང་གི་ཆོ་ག་བསླབ་བྱའི་དམ་ཚིག་དང་། །རིམ་གཉིས་གསང་ཚིག་ཡེ་ཤེས་ཕྱག་ཆེན་དང་། །ཕྱི་ནང་རྟེན་འབྲེལ་ས་ལམ་རྣམ་པར་བཞག །མདོར་བསྟན་ལུས་དྲུག་གསུམ་པར་རྒྱས་པར་བཤད། །སེམས་བསྐྱེད་གནད་ནི་གཉིས་པའི་སྐོར་ཆོས་དང་། །སྟོང་ཉིད་སྙིང་རྗེ་མདོ་སྔགས་ཐུན་མོང་ལས། །གཞུང་གི་འཕྲོས་ལས་གསུམ་པར་རྒྱས་བཤད་ཚུལ། །ཟབ་གསལ་རྒྱ་ཆེའི་བློ་ཡིས་འདི་ན་རྟོགས། །གཞན་དག་འཇམ་དབྱངས་དགོངས་པ་རང་བཟོ་ཡིས། །ཡོན་པོའི་ལམ་དུ་འཆད་ཚུལ་སྣ་ཚོགས་ཀྱི། །རྣམ་རྟོག་རི་མོ་མང་ཡང་ངལ་བ་ཙམ། །ཀུན་ཀྱང་ངེས་གསང་བདུད་རྩི་འདི་ལེན་རིགས། །ཞེས་སོ༑ ༑

གཉིས་པ་རྒྱས་པར་བཤད་པ་ལ་གཉིས་ཏེ། དངོས་ཀྱི་དོན་དང་། གཞུང་སྤྱི་ལ་རྩོད་པ་སྤང་བའོ། །དང་པོ་ལ་གསུམ་སྟེ། སོ་ཐར་གྱི་ཉམས་ལེན། བྱང་སེམས་ཀྱི་ཉམས་ལེན། སྔགས་སྡོམ་གྱི་ཉམས་ལེན་བཤད་པའོ། །དང་པོ་ལ། ལེན་བྱེད་ཀྱི་ཆོ་ག་བཤད་པ། བསྲུང་ཚུལ་གྱི་བསླབ་བྱ་བཤད་པ། ཞར་ལ་ཐོས་སྒོམ་གྱི་གནད་མ་འཁྲུལ་བར་བསྟན་པ་དང་གསུམ། དང་པོ་ལ། གཉིས་སུ་དབྱེ་བ་དང་། སོ་སོར་བཤད་པ་གཉིས། དང་པོ་ནི། སོ་སོ་ཐར་པའི་སྡོམ་པ་དང་། །ཞེས་པ་ལ་འཕྲོས། སོ་ཐར་གྱི་སྡོམ་པ་ཆོས་ཅན། ཁྱོད་ལེན་ཚུལ་གྱི་

ཆོག་དེ་ལ་གཉིས་སུ་ཡོད་དེ། ཉན་ཐོས་ཀྱི་གཞུང་ལུགས་ནས་བཤད་པ་ལྟར་གྱི་ལེན་ཚུལ་དང་། ཐེག་ཆེན་གྱི་གཞུང་ལུགས་ནས་བཤད་པ་ལྟར་གྱི་ལེན་ཚུལ་གཉིས་སུ་ཡོད་པའི་ཕྱིར།

གཉིས་པ་ལ་གཉིས་ཏེ། ཉན་ཐོས་སོ་ཐར་དང་། ཐེག་ཆེན་སོ་ཐར་རོ། །དང་པོ་ལ་གསུམ་སྟེ། རིགས་བདུན་ལེན་ཚུལ་སྤྱིར་བསྟན། དེ་ལ་ལོག་རྟོག་དགག་པ། བསྙེན་གནས་བྱེ་བྲག་ཏུ་བཤད་པའོ། །དང་པོ་ལ་གཉིས་ཏེ། དམ་བཅའ་དགོད་པ་དང་། སྒྲུབ་བྱེད་བཤད་པའོ། །དང་པོ་ནི། ཉན་ཐོས་རྣམས་ཀྱི་སྐྱབས་འགྲོ་རྫོམ་བྱེད་དུ་བྱས་པའི་དགེ་བསྙེན་ཕ་མ། དགེ་ཚུལ་ཕ་མའི་སྡོམ་པ་སོགས་ནས་སྐྱབས་འགྲོ་རྫོམ་བྱེད་ལ་མ་ལྟོས་པའི་དགེ་སློང་ཕ་མའི་སྡོམ་པའི་བར་རིགས་བདུན་ནི་ཆོས་ཅན། ཁྱོད་ལེན་པའི་དུས་ཡོད་དེ། ཇི་སྲིད་འཚོ་བའི་བར་དུ་ལེན་པ་ཡིན་པའི་ཕྱིར། ཡང་དེ་ཆོས་ཅན། ཁྱོད་གཏོང་བའི་དུས་ཀྱང་ཡོད་དེ། རྟེན་གྱི་གང་ཟག་ཤི་བའི་ཚེ་ན་གཏོང་བའི་སྡོམ་པ་ཡིན་པའི་ཕྱིར། སྡོམ་པ་དེ་རྣམས་ཀྱི་རྣམ་སྨིན་གྱི་འབྲས་བུ་ནི་ཚེ་འཕོས་ནས་འབྱུང་བར་འགྱུར་ཏེ། ཚེ་འདིར་ཚུལ་ཁྲིམས་རྣམ་དག་བསྲུང་བ་ནི་ཕྱི་མ་མཐོ་རིས་ཀྱི་ལུས་རྟེན་ཐོབ་བྱེད་ཀྱི་རྒྱུའི་གཙོ་བོ་ཡིན་པའི་ཕྱིར་ཏེ། མཛོད་ལས། མཐོ་རིས་དོན་དུ་ཚུལ་ཁྲིམས་དང་། །འབྲས་བའི་དོན་དུ་བསྒོམ་གཙོའི་ཕྱིར། །ཞེས་གསུངས་པའི་ཕྱིར། སྡོམ་པའི་རྒྱུ་མཐུན་གྱི་འབྲས་བུ་སོགས་ནི་ཚེ་འདིར་ཡང་འགྱུར་བ་ཡིན་ཏེ། སྡོམ་པ་རྣམ་པར་དག་པ་ལས་རང་རྒྱུད་དགེ་བ་ལ་གོམས་པ་དང་། འཇིག་རྟེན་ཀུན་གྱི་དད་པའི་ཡུལ་དུ་འགྱུར་བ་སོགས་ཀྱི་ཕན་ཡོན་ཆེས་མང་བ་ཞིག་ནི། ཚེ་འདིར་ཡང་ཐོབ་པས་སོ། །འོ་ན་བྱང་སེམས་སོ་ཐར་གྱི་སྡོམ་པ་རྣམས་ཀྱང་ཤི་འཕོས་པའི་ཚེ་གཏོང་ངམ་ཞེ་ན། དེ་རྣམས་ཆོས་ཅན། ཤི་འཕོས་པའི་ཚེ་ན་མི་གཏོང་སྟེ། རྟེན་གྱི་གང་ཟག་ཤི་འཕོས་ནས་ཀྱང་རྗེས་སུ་འབྲང་བའི་སྡོམ་པ་ཡིན་པའི་ཕྱིར་རོ། །གཉིས་པ་ནི། ཉན་ཐོས་སོ་ཐར་གྱི་རྟེན་གྱི་གང་ཟག་ཤི་འཕོས་པའི་ཚེ་གཏོང་བ་དང་། བྱང་སེམས་སོ་ཐར་དེའི་ཚེ་མི་གཏོང་བ་དེ་དག་གི་ནི་རྒྱུ་མཚན་ཡང་བཤད་པར་བྱའོ། །གང་ཞེ་ན། ཉན་ཐོས་སོ་ཐར་གྱི་སྡོམ་པ་རྟེན་གྱི་གང་ཟག་ཤི་བའི་ཚེ་ན་གཏོང་བ་ལ་སྒྲུབ་བྱེད་ཡོད་དེ། དེ་རྣམ་པ་རིག་བྱེད་མ་ཡིན་པ་གཙོ་བོར་གྱུར་པའི་གཟུགས་ཅན་ཡིན་པའི་ཕྱིར། དེ་གཟུགས་ཅན་ཡིན་ཚུལ་ནི། རང་རྒྱུད་ལྡན་གྱི་ལུས་ངག་གི་གཟུགས་ཅན་ཉེར་ལེན་གྱི་རྒྱུར་བྱས་པ་ལས་སྐྱེ་བར་འདོད་པས་གཟུགས་ཅན་ཡིན་པར་གྲུབ་སྟེ། རང་རྒྱུ་བེམ་པོ་ཞིག་གིས་ཉེར་ལེན་གྱི་རྒྱུ་བྱས་པ་ལས་བྱུང་བ་ཡིན་ན་བེམ་པོ་ཡིན་དགོས་སོ། །རང་རྒྱུ་ཤེས་པ་ཞིག་གིས་ཉེར་ལེན་གྱི་རྒྱུ་བྱས་པ་ལས་བྱུང་བ་ཡིན་ན། ཤེས་པ་ཡིན་དགོས་པ་ནི་རིག་པ་སྨྲ་བའི་སྤྱི་ལུགས་ཡིན་པའི་ཕྱིར་ཏེ། རྣམ་འགྲེལ་ལས་ཀྱང་། རྣམ་ཤེས་མིན་པ་རྣམ་ཤེས་ཀྱི། །ཉེར་ལེན་མིན་པའི་ཕྱིར་ཡང་གྲུབ། །ཅེས་གསུངས་པའི་ཕྱིར། ཉན་ཐོས་སོ་

ཐར་ངེས་ཀྱི་གང་ཟག་ཤི་བའི་ཚེ་གཏོང་བ་འདི་ནི་ལུང་གིས་ཀྱང་འགྲུབ་སྟེ། ཆོས་མངོན་པ་མཛོད་ལས། བསླབ་པ་ཕུལ་བ་དང་། ངེས་ཀྱི་གང་ཟག་ཤི་འཕོས་པ་དང་། ཕོ་མོའི་མཚན་གཉིས་ཅིག་ཆར་དུ་བྱུང་བ་དང་། ལས་འབྲས་མེད་པར་ལྟ་བའི་ལོག་ལྟས་དགེ་རྩ་ཆད་པས་སོ་སོར་ཐར་པའི་འདུལ་བ་རིགས་བརྒྱད་ཆར་དང་། མཚན་མོ་འདས་པས་བསྙེན་གནས་སོ་ཐར་གཏོང་བར་གསུངས་པ་ནི་ཉན་ཐོས་སོ་ཐར་གྱི་གཏོང་ཚུལ་འདི་ལ་ལུང་ཚད་མ་ཡིན་པའི་ཕྱིར། གོང་གི་བྱང་སེམས་སོ་ཐར་གྱི་སྡོམ་པ་ནི་ཆོས་ཅན། གཟུགས་ཅན་མ་ཡིན་ཏེ། རང་གི་ཉེར་ལེན་སེམས་ལས་སྐྱེས་པས་ཤེས་པར་འདོད་དགོས་པའི་ཕྱིར། དེས་ན་སྡོམ་པ་འདི་ནི་ཇི་སྲིད་སེམས་མ་ཉམས་ཀྱི་བར་དུ་ཡོད་པ་ཡིན་ཏེ། བྱང་ཆུབ་སྙིང་པོའི་མཐའ་ཅན་གྱི་སྡོམ་པ་ཡིན་པའི་ཕྱིར། ཐེག་པ་ཆེན་པོའི་མདོ་རྒྱུད་བསྟན་བཅོས་ཐམས་ཅད་ཀྱི་དགོངས་པ་ཡང་ནི་དོན་འདི་ཉིད་ཡིན་ཏེ། བྱང་སེམས་སོ་སོར་ཐར་པའི་མདོ་དང་། ཆོས་གཞི་བསྟན་པའི་མདོ་སོགས་ལས་ཀྱང་སོ་ཐར་ཤི་འཕོས་ནས་ཀྱང་རྗེས་སུ་འབྲང་བར་གསུངས་པའི་ཕྱིར་དང་། རྡོ་རྗེ་མཁའ་འགྲོའི་རྒྱུད་སོགས་ལས་ཀྱང་། ཇི་སྲིད་བྱང་ཆུབ་སྙིང་པོའི་བར། །ཞེས་པ་ནས། ཚུལ་ཁྲིམས་ཀྱི་ནི་བསླབ་པ་དང་། །དགེ་བའི་ཆོས་ནི་སྡུད་པ་དང་། །སེམས་ཅན་དོན་བྱེད་ཚུལ་ཁྲིམས་གསུམ། །སོ་སོར་བརྟན་པོར་གཟུང་བར་བགྱི། །ཞེས་དང་། སློབ་དཔོན་ཧ་ལུ་རི་བས། བདག་ཀྱང་དེང་ནས་བྱང་ཆུབ་བར། །ལུས་དང་སྲོག་ལ་ལྟོས་མེད་པར། །བསླབ་རྣམས་མགོན་བཞིན་བསྲུང་ལ་གནས། །ཡེ་ཤེས་ཐུགས་ཀྱི་དགོངས་སུ་གསོལ། །ཞེས་དང་། སྤྱོད་འཇུག་ལས། བྱང་ཆུབ་སྙིང་པོར་མཆིས་ཀྱི་བར། །སངས་རྒྱས་རྣམས་ལ་སྐྱབས་སུ་མཆི། །ཆོས་དང་བྱང་ཆུབ་སེམས་དཔའ་ཡི། །ཚོགས་ལའང་དེ་བཞིན་སྐྱབས་སུ་མཆི། །ཞེས་གསུངས་པའི་ཕྱིར། འདིར་སྨྲོས་ཁང་པ་དང་། དཀའ་གདོང་པ་སོགས་ཊཱི་ཀ་བྱེད་ཕལ་ཆེར་གྱིས་ཞིང་གི་ཡོན་ཏན་བཀོད་པའི་མདོ་དང་། ནོར་བུ་ཐིག་ལེའི་རྒྱུད་ཀྱི་ལུང་འདྲེན་པར་མཛད་པ་ནི་ཇི་ལྟར་འཐད་བརྟག་དགོས་ཏེ། སྐབས་འདིའི་བྱང་སེམས་སྡོམ་པ་སེམས་བསྐྱེད་ཀྱི་ལྡོག་པ་ནས་བསྟན་པའི་སྡོམ་པ་ཡིན་ན་ལུང་འདྲེན་དེ་ལྟར་འཐད་ཀྱང་། འདི་ནི་སོ་ཐར་གྱི་ལྡོག་པ་ནས་བསྟན་པ་ཡིན་པའི་ཕྱིར་ཏེ། སོ་ཐར་ལ། ཉན་ཐོས་སོ་ཐར་དང་། བྱང་སེམས་སོ་ཐར་གཉིས་སུ་དབྱེ་ནས། དང་པོ་ཤི་འཕོས་པའི་ཚེ་གཏོང་བ་ཉན་ཐོས་ཀྱི་ལུགས་དང་། ཕྱི་མ་ཤི་འཕོས་ནས་ཀྱང་རྗེས་སུ་འབྲང་བ་ཐེག་ཆེན་གྱི་ལུགས་ཡིན་པའི་རྣམ་དབྱེ་ཕྱེ་བ་ནི་གཞུང་འདི་དག་གི་སྐབས་དོན་ཡིན་པའི་ཕྱིར། དེ་ཡང་འབྲི་གུང་པ་དག །ཉན་ཐོས་སོ་ཐར་སེམས་ཇི་སྲིད་འཚོ་བའི་བར་དུ་ལེན་པས་ཤི་འཕོས་ནས་ཀྱང་རྗེས་སུ་འབྲང་བར་འདོད་པ་ཉན་ཐོས་ཐེག་ཆེན་དུ་འཆོས་པ་དང་། ཡང་ཕྱོགས་སྔ་མ་ཁ་ཅིག །ཐེག་ཆེན་ལུགས་ཀྱི་སོ་ཐར་སྡོམ་པ་ཡང་རིག་བྱེད་མ་ཡིན་པའི་

གཟུགས་ཡིན་ཟེར་བ་ལྟ་བུ་ཐེག་ཆེན་ཉན་ཐོས་སུ་འཆོས་པ་རྣམས་དགག་པར་བཞེད་ནས། ཉན་ཐོས་སྡོམ་པ་རྣམ་རིག་མིན། །ཞེས་སོགས་དང་། བྱང་ཆུབ་སེམས་དཔའི་སྡོམ་པ་ནི། །སེམས་ལས་སྐྱེ་ཕྱིར་གཟུགས་ཅན་མིན། །ཞེས་སོགས་གསུངས་པ་ཡིན་ཏེ། སྐབས་གཉིས་པར་ཡང་། ཉན་ཐོས་ཀྱི་ནི་སྡོམ་པ་ལ། །ཐེག་པ་ཆེན་པོར་འཆོས་པ་དང་། །དེ་བཞིན་ཐེག་ཆེན་ཉན་ཐོས་སུ། །འཆོས་པ་ཚུལ་ཁྲིམས་མ་དག་པ། །ཞེས་གསུངས་པ་ཡང་དགག་བྱ་འདི་དག་ལ་དགོངས་པ་ཡིན་ནོ། །འོ་ན། ཚུལ་ཁྲིམས་ཀྱི་ནི་བསླབ་པ་དང་། །ཞེས་སོགས་ཏེ། འདིར་ལུང་དུ་འདྲེན་པའི་རྒྱུ་མཚན་ཅི་ཡིན་སྙམ་ན། ལུང་དེས་ནི་རིགས་ལྔ་སྤྱིའི་དམ་ཚིག་ལ་ཚུལ་ཁྲིམས་གསུམ་དུ་ཕྱེ་བ་བསྟན་ཅིང་། ཚུལ་ཁྲིམས་དེ་གསུམ་ག་བྱང་ཆུབ་སྙིང་པོའི་མཐའ་ཅན་ཡིན་པ་ནི་ཚིག་གོང་མ། ཇི་སྲིད་བྱང་ཆུབ་སྙིང་པོའི་བར། །ཞེས་པ་སྟེ། སྤྱིའི་དམ་ཚིག་དང་སོ་སོའི་དམ་ཚིག་གི་དབང་བསྐུར་ཡང་སྦྱོར་བས་ཐོབ་ལ། ཚུལ་ཁྲིམས་གསུམ་གྱི་ནང་ནས། དང་པོ་ཉེས་སྤྱོད་སྡོམ་པའི་ཚུལ་ཁྲིམས་ནི། སོ་ཐར་གྱི་ལྡོག་པ་ནས་བསྟན་པས། འདིར་བསྟན་རྒྱུད་ཀྱི་དགོངས་པ་དང་འབྲེལ་བའི་བྱང་སེམས་སོ་ཐར་དུ་ངོས་འཛིན་བྱས་ན་ལེགས་པ་ཡིན་ནོ། །གོང་གི་ཉན་ཐོས་སོ་ཐར་གྱི་སྐབས་སུ་དོགས་པ་འདི་འབྱུང་སྟེ། ཉན་ཐོས་སོ་ཐར་ཤི་འཕོས་པའི་ཚེ་གཏོང་བའི་སྒྲུབ་བྱེད་དུ་མཛོད་ཀྱི་ལུང་དྲངས་ནས་དེ་ལྟར་དུ་སྒྲུབ་ནུས་ན། ཉན་ཐོས་སོ་ཐར་གཟུགས་ཅན་ཡིན་པའི་སྒྲུབ་བྱེད་དུ། རྣམ་རིག་མིན་རྣམ་གསུམ་ཞེས་བྱ། །ཞེས་སོ། །མཛོད་ཀྱི་ལུང་དྲངས་པས་ཀྱང་དེ་ལྟར་དུ་བསྒྲུབ་ནུས་པར་འགྱུར་རོ་ཞེ་ན། ལན་ཇི་ལྟར་བྱ། དགའ་གདོང་པ་སོགས་ཁོང་རང་གི་གྲུབ་མཐའི་འདོད་ཐོག་ཏུ་སྣང་། རང་ལུགས་ལ་ཅུང་དཀའ་བར་སྣང་། རང་གི་བསམ་ཚོད་བསྟན་བཅོས་མཛད་པ་འདིའི་དགོངས་པ། ཉན་ཐོས་སོ་ཐར་གཟུགས་ཅན་ཡིན་པས་ཤི་འཕོས་པའི་ཚེ་གཏོང་བ་དང་། བྱང་སེམས་སོ་ཐར་གཟུགས་ཅན་མ་ཡིན་པས་ཤི་འཕོས་ནས་ཀྱང་རྗེས་སུ་འབྲང་བ་དངོས་བསྟན་བསྒྲོན་མེད་དུ་གསལ་བས་གཞུང་རྩ་བའི་རྗེས་སུ་འབྲང་ངོ་། །

གཉིས་པ་ལོག་རྟོག་དགག་པ་ལ་གཉིས་ཏེ། འདོད་པ་བརྗོད་པ། དེ་དགག་པའོ། །དང་པོ་ནི། འབྲི་གུང་པ་ཁ་ཅིག །ཇི་སྲིད་འཚོའི་མཐའ་ཅན་ཡིན་པས་ཤི་བའི་ཚེ་གཏོང་བར་མ་ངེས་ཏེ། ཇི་སྲིད་འཚོ་བའི་སྒྲ་ལ་གཉིས་ལས། ལུས་ཇི་སྲིད་འཚོ་ནི་ཇི་སྲིད་མ་ཤིའི་བར་དང་། སེམས་ཇི་སྲིད་འཚོ་ནི་ཇི་སྲིད་རིག་པ་རྒྱུན་མ་ཆད་ཀྱི་བར་ལ་དགོངས་པས་སོ་ཐར་གྱི་སྡོམ་པ་སངས་རྒྱས་མ་ཐོབ་ཀྱི་བར་ལེན་པ་འདི་སེམས་བསྐྱེད་དང་སྡོམ་པ་བརྒྱ་ཐབས་མི་བྱ་བ་ཐབས་ལ་མཁས་པའི་གཡོ་སྒྱུ་ཡིན་པའི་ཕྱིར། ཞེས་ཟེར་རོ། །

གཉིས་པ་ལ་གསུམ་སྟེ། སྒྲུབ་བྱེད་མེད་པར་བསྟན་པ། གནོད་བྱེད་རྒྱས་པར་བཤད་པ། སླད་པའི་

གནས་སུ་བསྟན་པའོ། །དང་པོ་ནི། ཉན་ཐོས་ཀྱི་གཞུང་ནས་བཤད་པའི་སོ་ཐར་བྱང་ཆུབ་མ་ཐོབ་ཀྱི་བར་དུ་ལེན་པའི་ལག་ལེན་དེ་འདྲ་མི་འཐད་དེ། སངས་རྒྱས་ཀྱི་མདོ་རྒྱུད་ཀྱི་དགོངས་པ་མ་ཡིན་ཞིང་། རྒྱན་དྲུག་མཆོག་གཉིས་ལ་སོགས་པའི་མཁས་པ་རྣམས་ཀྱི་གཞུང་ལས་ཀྱང་དེ་འདྲ་མ་བཤད་པའི་ཕྱིར། གཉིས་པ་ལ་གཉིས་ཏེ། གནོད་བྱེད་ཀྱི་རིག་པ་དངོས་དང་། དེའི་ཉེས་སྤོང་གི་ལན་དགག་པའོ། །དང་པོ་ནི། ཉན་ཐོས་ཀྱི་གཞུང་ནས་བཤད་པ་དང་། ཐེག་ཆེན་གྱི་གཞུང་ནས་བཤད་པའི་སྡོམ་པ་གཉིས་ལ་ཁྱད་པར་མེད་པར་འགྱུར་ཏེ༑ དེ་གཉིས་ཀ་དུས་བྱང་ཆུབ་སྙིང་པོའི་བར་དུ་ལེན་པ་དེ་ལྟ་ཡིན་པའི་ཕྱིར་ནའོ། །ཡང་སྐྱབས་འགྲོ་ལ་ཉན་ཐོས་དང་ཐུན་མོང་བའི་སྐྱབས་འགྲོ་དང་། ཐེག་ཆེན་ཐུན་མོང་མ་ཡིན་པའི་སྐྱབས་འགྲོ་གཉིས་སུ་དབྱེར་མི་རུང་བར་ཐལ་བ་དང་། སྡོམ་པ་དེ་གཉིས་འབོག་པའི་ཚིག་ཡང་གཅིག་ཏུ་ཐལ་བ་དང་། སྡོམ་པ་དེ་གཉིས་ཀྱི་བསླབ་བྱ་ཡང་གཅིག་ཏུ་ཐལ་བར་འགྱུར་ཏེ། ལེན་པའི་དུས་ཀྱི་ཁྱད་པར་གཅིག་པ་དེའི་ཕྱིར་རོ། །གནོད་བྱེད་གཞན་ཡང་བསླབ་པ་ཕུལ་བ་དང་། མཚན་གཉིས་ཅིག་ཆར་དུ་བྱུང་བ་དང་། ལོག་ལྟས་དགེ་རྩ་ཆད་པ་སོགས་སྡོམ་པའི་གཏོང་རྒྱུ་གཞན་གྱིས་ཀྱང་དགེ་སློང་གི་སྡོམ་པ་གཏོང་བ་མི་སྲིད་པར་འགྱུར་ཏེ། ཤི་འཕོས་པའི་ཚེ་ཡང་དགེ་སློང་གི་སྡོམ་པ་མི་འདོར་བའི་ཕྱིར་ནའོ། །

གཉིས་པ་ལ་གཉིས་ཏེ། ཉེས་སྤོང་བརྗོད་པ་དང་། དེ་དགག་པའོ། །དང་པོ་ནི། དེ་ལྟར་བྱས་པ་ལ། རྩེས་འཁྲང་ཁ་ཅིག །སྐྱོན་སྤོང་འདི་སྐད་དུ། ཐེག་ཆེན་སེམས་བསྐྱེད་ཀྱིས་མ་ཟིན་པའི་དགེ་སློང་གི་སྡོམ་པ་གལ་ཏེ་ཤི་འཕོས་པའི་ཚེ་གཏོང་ན་ཡང་། བསམ་པ་བྱང་ཆུབ་ཀྱི་སེམས་ཀྱིས་ཟིན་པའི་སྡོམ་པ་གཏོང་བ་མི་སྲིད་ཅེས་ཟེར་རོ། །གཉིས་པ་དེ་དགག་པ་ལ་གསུམ་སྟེ། གཏོང་རྒྱུ་ཀུན་གྱིས་མི་གཏོང་བར་ཐལ་བ། འདོད་ན་གནོད་བྱེད་གཉིས་ཀྱི་དགག་པ། བསྙེན་གནས་ལའང་མཚུངས་པར་ཐལ་བའོ། །དང་པོ་ནི། འོ་ན་ཐེག་ཆེན་སེམས་བསྐྱེད་ཀྱིས་ཟིན་པའི་དགེ་སློང་ལ་སོགས་པའི་སྡོམ་པ་རིགས་བདུན་པོ་རྣམས་ཆོས་ཅན། བསླབ་པ་ཕུལ་བ་དང་། ཤི་འཕོས་པ་དང་། ལོག་ལྟས་དགེ་རྩ་ཆད་པ་ལ་སོགས་པ་གཏོང་རྒྱུ་ཀུན་གྱིས་མི་གཏོང་བར་འགྱུར་ཏེ། སེམས་བསྐྱེད་ཀྱིས་ཟིན་པའི་གནད་ཀྱིས་ཤི་འཕོས་ཀྱང་མི་གཏོང་བར་ཁས་བླངས་པའི་ཕྱིར། གཉིས་པ་ནི། གཏོང་རྒྱུ་ཀུན་གྱིས་མི་གཏོང་བ་ལ་འདོད་པ་ཡིན་ནོ། །ཞེ་ན། འོ་ན་སེམས་བསྐྱེད་ཀྱིས་ཟིན་པའི་དགེ་སློང་གི་སྡོམ་ལྡན་དེས་དགེ་སློང་གི་སྡོམ་པ་ཕུལ་ཡང་བསྲུང་དགོས་པར་འགྱུར་ཞིང་། མ་བསྲུངས་ན་དགེ་སློང་གི་སྡོམ་པ་ཉམས་པར་འགྱུར་ཏེ། བསླབ་པ་ཕུལ་བ་ལ་སོགས་པ་གཏོང་རྒྱུ་ཀུན་གྱིས་མི་གཏོང་བ་དེ་ལྟ་ཡིན་པའི་ཕྱིར་ནའོ། །ཡང་སེམས་བསྐྱེད་ཀྱིས་ཟིན་པའི་དགེ་སློང་དེ་ཤི་འཕོས་ནས་གང་དུ་སྐྱེས་ཀྱང་

དགེ་སློང་དུ་འགྱུར་བར་ཐལ། གཏོང་རྒྱུ་ཀུན་གྱིས་མི་གཏོང་བ་དེའི་ཕྱིར་རོ། །དེ་ལ་ཡང་གལ་ཏེ་འདོད་ན། སེམས་བསྐྱེད་ཀྱིས་ཟིན་པ་དེ་ནི་ལྷར་སྐྱེས་ན་ལྷའི་དགེ་སློང་སྲིད་པར་གྱུར་ཞིང་། མིར་སྐྱེས་ན་ཡང་བྱིས་པ་ཆུང་ངུ་ལ་བླང་མི་དགོས་པར་དགེ་སློང་དུ་འགྱུར་བ་དང་། བྱིས་པ་དེ་ལ་སྲོག་གཅོད་ལ་སོགས་པའི་རྩ་བའི་ལྟུང་བ་བྱུང་བར་གྱུར་ན་དགེ་སློང་གི་སྡོམ་པ་ཉམས་པར་འགྱུར་ཞིང་། ཉམས་ནས་གསང་འདོད་ཀྱི་འཆབ་སེམས་སྐྱེས་པ་ལ་སླར་དགེ་སློང་གི་སྡོམ་པ་བླང་དུ་མེད་པར་གསུངས་ཏེ། འདུལ་བ་སུམ་བརྒྱ་བ་ལས། མི་གསོད་ལ་སོགས་གཞི་རྣམས་ཀྱིས། །དགེ་ཚུལ་ལས་ནི་ཉམས་གྱུར་ན། །དགེ་སློང་བཞིན་དུ་དགེ་ཚུལ་ལའང་། །ཕྱི་ནས་སྡོམ་སྐྱེའི་སྐལ་བ་མེད། །ཅེས་གསུངས་པའི་ཕྱིར། ལྷར་སྐྱེས་ན་ལྷའི་དགེ་སློང་དུ་འགྱུར་བ་སོགས་ལ་ཡང་འདོད་དོ་ཞེ་ན། འདོད་མི་ནུས་ཏེ། ལྷ་དང་བྱིས་པའི་དགེ་སློང་ནི་འདུལ་བའི་སྡེ་སྣོད་ལས་བཀག་པའི་ཕྱིར་ཏེ། མདོ་རྩ་བར། མི་མ་ཡིན་གྱི་འགྲོ་བ་པ་དང་། བྱང་གི་སྒྲ་མི་སྙན་པ་གཉིས་ནི་སྡོམ་པའི་ཞིང་ཉིད་མ་ཡིན་ནོ། །ཞེས་དང་། ལས་ཀྱི་གཞིར། ལོ་ཉི་ཤུ་མ་ལོན་པ་མ་ཡིན་ནམ། ཞེས་གསུངས་པའི་ཕྱིར། འོ་ན་འདུལ་བར་བྱིས་པའི་དགེ་སློང་ཡེ་མ་བཤད་དམ་ཞེ་ན། སྤྱིར་བཏང་ལ་སྐྱེས་པ་བསྙེན་པར་རྫོགས་པ་ལ་ལོ་ཉི་ཤུ་ལོན་པ་ཞིག་དགོས་ཀྱང་། དམིགས་བསལ་ལ་ལོ་བཅོ་བརྒྱད་དང་ལོ་བཅུ་དགུ་གང་རུང་གི་ཚེ་ལོ་ཉི་ཤུ་ལོན་པར་འཁྲུལ་ནས་ལོ་ཉི་ཤུ་ལོན་སྙམ་པའི་འདུ་ཤེས་ཀྱི་སྒོ་ནས་དགེ་སློང་གི་སྡོམ་པ་བླངས་ན་ཆགས་པ་ཡིན་ཏེ། མདོ་རྩ་བར། རྣམ་པ་ཐམས་ཅད་དུ་ལོ་ཉི་ཤུ་ལོན་པ་ལ་ནི་བསྙེན་པར་རྫོགས་པ་ཆགས་སོ། །གཅིག་ཤོས་ལ་ནི་ལོན་པར་འདུ་ཤེས་པ་ཉིན་ནའོ། །ཞེས་གསུངས་པའི་ཕྱིར། བུད་མེད་ལ་ཁྱིམ་སོ་བཟུང་བ་ཡིན་ན་ལོ་བཅུ་གཉིས་མ་ལ་བསྙེན་པར་རྫོགས་པར་ཡང་བཤད་པས་ཉེས་མེད་ཕུན་ཚོགས་ཀྱི་བྱིས་པའི་དགེ་སློང་མ་ཡོད་པར་ཁས་ལེན་ཏེ། མདོ་རྩ་བ་ལས། ཁྱིམ་སོ་བཟུང་བ་དེ་བསྙེན་པར་རྫོགས་པར་བྱ་བའི་ལོ་རྣམས་ཀྱི་དང་པོ་ནི་བཅུ་གཉིས་ཉིད་དོ། །ཞེས་གསུངས་པའི་ཕྱིར། གསུམ་པ་བསྙེན་གནས་ལ་མཚུངས་པར་ཐལ་བ་ནི། བསམ་པ་ཐེག་ཆེན་སེམས་བསྐྱེད་དང་ལྡན་པའི་བསྙེན་གནས་ཀྱི་སྡོམ་པ་ཡང་ཆོས་ཅན། དུས་རྟག་ཏུ་བསྲུང་དགོས་པར་འགྱུར་ཞིང་། མ་བསྲུངས་ན་བསྙེན་གནས་ཉམས་པར་འགྱུར་བར་ཐལ། ནངས་པར་མཚན་མོ་འདས་ཕན་ཆད་ཀྱང་མི་གཏོང་བར་བྱང་ཆུབ་སྙིང་པོའི་བར་དུ་ཡོད་པའམ་གནས་པའི་སྡོམ་པ་ཡིན་པའི་ཕྱིར། གལ་ཏེ་གཏན་ཚིགས་མ་གྲུབ་སྟེ། ནངས་པར་མཚན་མོ་འདས་པས་སྡོམ་པ་གཏོང་ངོ་ཞེ་ན། ཐེག་ཆེན་སེམས་བསྐྱེད་ཀྱིས་ཟིན་པའི་སྡོམ་པ་རྣམས་དུས་རྒྱུན་དུ་འབྱུང་བར་ཁས་བླངས་པ་དང་འགལ་ཏེ། སེམས་བསྐྱེད་ཀྱིས་ཟིན་པའི་བསྙེན་གནས་ཀྱི་སྡོམ་པ་ནི་མཚན་མོ་འདས་པ་ན་གཏོང་བའི་ཕྱིར།

གསུམ་པ་ནི། ཉན་ཐོས་གཞུང་ནས་བཤད་པའི་རིགས་བདུན་བྱང་ཆུབ་སྙིང་པོའི་བར་དུ་ལེན་པ་ལ་གནོད་བྱེད་བརྗོད་པ་དེས་ན། ཉན་ཐོས་སོ་ཐར་སྡོམ་རྟེན་གྱི་གང་ཟག་ཤི་འཕོས་ནས་ཀྱང་རྗེས་སུ་འབྲང་བ་ཡོད་དོ། །ཞེས་སྨྲ་བའི་སྐྱེས་བུ་འབྲི་གུང་པ་དེ་ལ་ནི་ཆོས་ཅན། ཐེག་པ་ཆེ་ཆུང་གི་སོ་སྡོད་ཀྱི་རྣམ་དབྱེ་མེད་པར་ཟད་དེ། མཛོད་ལས། ཇི་སྲིད་འཚོ་དང་ཉིན་ཞག་ཏུ། །སྡོམ་པ་ཡང་དག་བླང་བར་བྱ། །ཞེས་པ་ལྟར། རང་ཉིད་ཇི་སྲིད་མ་ཤིའི་བར་དུ་སྡོམ་པ་ལེན་པ། ཇི་སྲིད་འཚོའི་མཐའ་དང་། སང་སྐྱ་རེངས་མ་ཤར་གྱི་བར་དུ་ལེན་པ་ཉིན་ཞག་གི་མཐའ་གང་རུང་ཉན་ཐོས་ཀྱི་ལུགས་ཡིན་པའི་རྣམ་དབྱེ་དང་། བྱང་ཆུབ་སྙིང་པོར་མཆིས་ཀྱི་བར། །ཞེས་དང་། ཇི་སྲིད་བྱང་ཆུབ་སྙིང་པོའི་བར། །ཇི་ལྟར་དུས་གསུམ་མགོན་པོ་རྣམས། །ཞེས་སོགས་ལྟར། སྙིང་སྟོབས་ཆེན་པོས་སེམས་ཅན་གྱི་དོན་དུ་བྱང་ཆུབ་སྙིང་པོའི་བར་དུ་སྡོམ་པ་ལེན་པ་ཐེག་པ་ཆེན་པོའི་ལུགས་ཡིན་པའི་རྣམ་དབྱེ་མ་ཕྱེད་འདུག་པས་སོ། །འདིར་ཕྱོགས་སྔ་མས་ཉན་ཐོས་གཞུང་ནས་བཤད་པའི་དགེ་སློང་གི་སྡོམ་པ་ལེན་པའི་ཚེ་བྱང་ཆུབ་སྙིང་པོའི་བར་དུ་ངེས་པར་ལེན་དགོས་པ་ནི་མི་བཞེད་ལ། འོ་ན་ཅི་ཞེ་ན། དབང་པོ་རྣོ་འབྲིང་ཕྱེ་ནས། དབང་རྣོན་ཁ་ཅིག་གིས་སེམས་བསྐྱེད་དང་ལྡན་པའི་སྒོ་ནས་དགེ་སློང་གི་སྡོམ་པ་བྱང་ཆུབ་སྙིང་པོའི་བར་དུ་ལེན་པར་འདོད་པས་དེ་ཕྱོགས་སྔར་བྱས་ནས་འདིར་འགོག་པ་ཡིན་ཏེ། སྡོམ་པ་ཤི་ཡང་ཡོད་དོ་ཞེས། །སྨྲ་བའི་སྐྱེས་བུ་དེ་ལ་ནི། །ཞེས་དང་། འོག་ཏུ་ཡང་། སོ་སོར་ཐར་པའི་སྡོམ་པ་ནི༑ ༑བྱང་ཆུབ་བར་དུ་བླངས་གྱུར་ན། །སོ་སོ་ཐར་པ་ཅི་ནས་འཛིག །འདི་ཡང་གནད་རྣམས་བཙོས་པར་དོགས། །ཞེས་གསུངས་པའི་ཕྱིར།

གསུམ་པ་བསྙེན་གནས་བྱེ་བྲག་ཏུ་བཤད་པ་ལ་གཉིས་ཏེ། རྣམ་གཞག་སྤྱིར་བསྟན་པ་དང་། ལོག་རྟོག་བྱེ་བྲག་ཏུ་དགག་པའོ། །དང་པོ་ལ་གཉིས་ཏེ། ཉན་ཐོས་ཀྱི་ལུགས་དང་། ཐེག་ཆེན་གྱི་ལུགས་སོ། །དང་པོ་ནི། ཉན་ཐོས་རྣམས་ཀྱི་སྐབས་འགྲོ་ནས། །ཞེས་སོགས་ཚིག་རྐང་གསུམ་ལས་འཕྲོས། ཉན་ཐོས་ལུགས་ལ་རིགས་བདུན་ཇི་སྲིད་འཚོའི་བར་དུ་ལེན་ན། ཡུལ་གང་ལས་ལེན་ཞེ་ན། ཉན་ཐོས་བྱེ་བྲག་སྨྲ་བ་རྣམས་ཀྱི་ནི་རིགས་བདུན་དང་། དེར་མ་ཟད་བསྙེན་གནས་ཀྱང་ཡུལ་དགེ་སློང་ལས་ལེན་པ་ཡིན་ཏེ། གཞན་གྱི་རྣམ་རིག་བྱེད་སོགས་ཀྱི། །ཞེས་པའི་མཛོད་རང་འགྲེལ་ལས། སོ་སོར་ཐར་པའི་སྡོམ་པ་དེ་ཡང་དགེ་འདུན་ནམ་གང་ཟག་ལས་ཏེ། དགེ་སློང་དང་དགེ་སློང་མ་དང་། དགེ་སློང་མའི་སྡོམ་པ་རྣམས་ནི་དགེ་འདུན་ལས་སོ། ། གཞན་དག་ནི་གང་ཟག་ལས་སོ། །ཞེས་གསུངས་པའི་ཕྱིར། དེ་ཡང་དགེ་འདུན་དང་གང་ཟག་གཉིས་ཀྱི་ཟླས་ཕྱེ་བའི་དགེ་འདུན་ནི། དགེ་སློང་བཞི་ཚོགས་པའམ། དགེ་སློང་མ་བཞི་ཚོགས་པ་ཡན་ཆད་ལ་འཇོག་ཅིང་།

དེ་གཉིས་ཀྱིས་ཟླས་ཕྱེ་བའི་གང་ཟག་ནི། དགེ་སློང་དང་དགེ་སློང་མ་གཅིག་གམ་གཉིས་སམ་གསུམ་དུ་གནས་པ་རྣམས་ལ་ངོས་འཛིན་པ་ཡིན་ནོ། །འོན་འགྲེལ་བ་འདིས་བསྙེན་གནས་དགེ་སློང་ལས་ལེན་པ་ཇི་ལྟར་བསྟན་ཞེ་ན། གསལ་བར་བསྟན་པ་ཡིན་ཏེ། གཞན་དག་ནི་ཞེས་པའི་གཞན་དག་དེར་དགེ་ཚུལ་ཕ་མའི་སྡོམ་པ། དགེ་བསྙེན་ཕ་མའི་སྡོམ་པ། བསྙེན་གནས་ཀྱི་སྡོམ་པ་དང་ལྔ་པོ་དེ་འབྱུང་རིགས་པའི་ཕྱིར། གསེར་ཐུར་ལས། བྱེ་སྨྲའི་བསྙེན་གནས་དགེ་སློང་ལས། །ལེན་པའི་དམིགས་བསལ་གང་ན་ཡོད། །ཅེས་དྲི་བ་མཛད་པ་དེའི་ལན་ཡང་འདི་ལས་འོས་གཞན་མེད་པ་ཡིན་ནོ། །མཛོད་འགྲེལ་དང་། རབ་དབྱེའི་དངོས་བསྟན་དེ་རྣམས་ད་ཆོག་གི་དབང་དུ་བྱས་པར་གསལ་གྱིས། སྔོར་བཏང་ལ་ནི་མ་ངེས་ཏེ། རང་བྱུང་གི་བསྙེན་རྫོགས་དང་། ཚུར་ཤོག་གི་བསྙེན་རྫོགས་སོགས་ཡུལ་དགེ་སློང་ལས་ཐོབ་པ་མ་ཡིན་པས་སོ། །རིགས་བདུན་དང་བསྙེན་གནས་སྐྱེ་བའི་རྟེན་གྱི་གང་ཟག་ནི། གླིང་གསུམ་གྱི་སྐྱེས་པ་དང་བུད་མེད་གང་རུང་ལས་འགྲོ་བ་གཞན་ཟ་མ་དང་མ་ནིང་སོགས་ལ་སྡོམ་པ་སྐྱེ་བ་བཀག་སྟེ། མཛོད་ལས། ཟ་མ་མ་ནིང་སྒྲ་མི་སྙན། །མཚན་གཉིས་མ་གཏོགས་མི་རྣམས་ལ། །སྡོམ་མིན་སྡོམ་པའང་དེ་བཞིན་ལ། །ཞེས་གསུངས་པའི་ཕྱིར། སྐྱེ་བའི་རྟེན་གྱི་ལུང་ཁུངས་ལ་མཛོད་ཀྱི་ལུང་འདྲེན་པར་ཀུན་མཐུན་པས། ལེན་པའི་ཡུལ་གྱི་ལུང་ཁུངས་དུ་ཡང་། ཀུན་མཁྱེན་བླ་མའི་སྡོམ་གསུམ་འཁྲུལ་སྤོང་དུ་སྔར་དྲངས་པའི་མཛོད་འགྲེལ་གྱི་ལུང་འདྲེན་པར་མཛད་པ་ནི་ཤིན་ཏུ་འབྲེལ་ཆགས་ཤིང་གཞུང་ལུགས་ཀྱི་དགོངས་པར་གདོན་མི་ཟའོ། །ཉན་ཐོས་མདོ་སྡེ་པ་རྣམས་ནི་དུད་འགྲོ་སོགས་འགྲོ་བ་གཞན་ལའང་བསྙེན་གནས་ཀྱི་སྡོམ་པ་སྐྱེ་བར་བཤད་དེ། འདུལ་བ་ལུང་ལས། ཀླུ་གཞོན་ནུ་ཙམ་པ་ཞེས་བྱ་བ་དུས་བཟང་ལ་བསྙེན་གནས་ཡན་ལག་བརྒྱད་བསྲུང་བ་དང་། རྒྱ་མཚོའི་ཀླུ་རྣམས་དུས་བཟང་ལ་རྒྱ་མཚོ་ནས་འོངས་ཏེ་བསྙེན་གནས་བསྲུང་བར་གསུངས་པ་རྣམས་སྒྲ་ཇི་བཞིན་དུ་ཁས་ལེན་པའི་ཕྱིར། བྱེ་བྲག་སྨྲ་བས་ནི། དེ་རྣམས་བསྙེན་གནས་ཉིན་ཞག་ཕྱེད་པ་ལ་དགོངས་པར་འདོད་ཅིང་། བསྙེན་གནས་ཉིན་ཞག་ཕྱེད་པ་ནི། བར་མའི་དགེ་བ་ཙམ་ཡིན་གྱིས། སྡོམ་པ་ནི་མ་ཡིན་ནོ། །དེ་སྐད་དུ། མཛོད་འགྲེལ་ལས། དེ་ལས་གཞན་དུ་ནོས་པས་ནི་ལེགས་པར་སྤྱོད་པ་ཙམ་དུ་འགྱུར་གྱིས། བསྙེན་གནས་ཀྱི་སྡོམ་པ་ནི་མ་ཡིན་ནོ། །ཞེས་སོ། །གླང་པའི་ཡུལ་ཡང་། དགེ་བསྙེན་དང་རབ་བྱུང་སོགས་གང་ཡང་རུང་བ་ལས་བླངས་པས་ཆོག་སྟེ། དྲང་སྲོང་གནས་མཆོག་གི་ཞུས་པའི་མདོ་ལས། དགེ་སྦྱོང་ངམ། བྲམ་ཟེའམ། རབ་ཏུ་བྱུང་བ་ཆོ་ག་ཤེས་པ་ཞིག་གི་གམ་དུ་སོང་སྟེ། ཞེས་གསུངས་པའི་ཕྱིར་དང་། འདུལ་བ་ལུང་ལས། ཁྱིམ་བདག་མགོན་མེད་ཟས་སྦྱིན་གྱིས་རང་གི་འཁོར་འབངས་རྣམས་བསྙེན་གནས་ལ་བཀོད་པར་གསུངས་པར་ཡང་། སྒྲ་ཇི་བཞིན་དུ་ཁས་ལེན་པའི་ཕྱིར།

ཉན་ཐོས་རྣམས་ཀྱི་ལུགས་ལ། བླང་བའི་ཡུལ་དང་། ལེན་པའི་གང་ཟག་དེ་ལྟར་ངེས་པར་མ་ཟད་ཆོ་གའང་། དཀོན་མཆོག་གསུམ་ལ་སྐྱབས་སུ་འགྲོ་བ་ཙམ་བྱེད་དུ་བྱས་ནས་འབོག་པ་ཡིན་ནོ། །གཉིས་པ་ཐེག་ཆེན་གྱི་ལུགས་ནི། དོན་ཡོད་ཞགས་པའི་རྟོག་པ་ལས་གསུངས་ཤིང་། ཡུལ་ནི། རྟེན་གྱི་དྲུང་དུ་རང་ཉིད་ཀྱིས་བླངས་པས་ཆོག་ཅིང་། ཆོ་ག་ནི་སེམས་བསྐྱེད་ཀྱི་ཆོ་ག་དང་ཆ་འདྲ་བར་ཡོད་དོ། །རྒྱུ་མཚན་དེས་ན། ཉན་ཐོས་ལུགས་དང་ཐེག་ཆེན་ལུགས་ཀྱི་བསྙེན་གནས་དུས་གཙོ་ཆེར་ཉིན་ཞག་གི་མཐའ་ཅན་དུ་མཚུངས་ཀྱང་། ཆོ་ག་ལ་ཁྱད་པར་ཡོད་དེ། སྐྱབས་འགྲོ་ཙམ་ཙམ་བྱེད་དུ་བྱས་ནས་གང་ཟག་གཞན་གྱིས་འབོག་པ་དང་། རྟེན་གྱི་དྲུང་དུ་རང་ཉིད་ཀྱིས་སེམས་བསྐྱེད་ལེན་པ་དང་འདྲ་བར་ལེན་པའི་ཁྱད་པར་སོ་སོར་ཡོད་པའི་ཕྱིར་རོ། །

གཉིས་པ་ལ་གསུམ་སྟེ། བསྙེན་གནས་འབུལ་བ་དགག་པ། གཞན་ལ་འཚོལ་བ་དགག་པ། ལྷ་སྒོམ་ཐ་དད་དགག་པའོ། །དང་པོ་ནི། བཀའ་གདམས་པ་ལ་ལ་ན་རེ། བསྙེན་གནས་ཉིན་ཞག་གཅིག་བསྲུང་བའི་སང་ནངས་པར་གཞན་ལ་འབུལ་དགོས་ཏེ། མ་ཕུལ་ན་དེ་དང་འགལ་བའི་ཉེས་པ་བྱས་པའི་ཚེ་ཉམས་པར་འགྱུར་བའི་སྐྱོན་ཡོད་པའི་ཕྱིར་ཞེས་ཟེར་རོ། །དེ་དགག་པ་ནི། བསྙེན་གནས་ཉིན་ཞག་གཅིག་པ་འདི་ལ་འབུལ་མི་དགོས་ཏེ། བསྙེན་གནས་ཉིན་ཞག་གཅིག་བསྲུངས་པའི་སང་ནངས་པར་མཚན་མོ་འདས་པ་སྟེ་སྐྱ་རེངས་ཤར་བ་ན་གཏང་བའི་ཕྱིར་ཏེ། ཉིན་ཞག་གཅིག་ལས་ལྷག་པར་བསྲུང་བར་ཁས་བླངས་པ་མེད་པའི་ཕྱིར། གལ་ཏེ་མདོ་སྡེ་པའི་ལུགས་བཞིན་དུ་སྔོན་ལན་ཅིག་ཟླ་བ་བྱུང་ངོ་ཅོག་གི་ཚེས་བརྒྱད་ལ་བདག་བསྙེན་གནས་པར་གཟུང་དུ་གསོལ་ཞེས་ཁས་བླངས་ནས། ཕྱིས་སྐྱ་རེངས་ཤར་ནས་ཡུན་འགའ་སོང་ཞིང་ཟན་ཟོས་པའི་རྗེས་སོགས་ཇི་ལྟར་འདོད་པའི་ཚེ། བསྙེན་གནས་ལེན་ན་ཡང་ནངས་པར་གཞན་ལ་འབུལ་མི་དགོས་ཏེ། ནངས་པར་སྐྱ་རེངས་ཤར་ཕན་ཆད་སྡོམ་པ་དེ་བསྲུང་བའི་བསམ་པ་མེད་པའི་ཕྱིར་ན་ནངས་པར་སྡོམ་པ་གཏོང་བར་ངེས་པ་དེའི་ཕྱིར་ནའོ། །མདོ་སྡེ་པའི་ལུགས་འདི་ནི་གང་ལས་བཤད་སྙམ་ན། ནངས་པར་གཞན་ལས་ནོད་པར་བྱ་ཞེས་པའི་མཛོད་འགྲེལ་ལས། ནངས་པར་ནི་རེ་ཞིག་ཉི་མ་ཤར་བའི་ཚེ་སྟེ། ཉིན་ཞག་གི་སྡོམ་པ་ཡིན་པའི་ཕྱིར་ཞེས་སྦྱོར་བཏང་དང་། གང་གིས་ཚེས་བརྒྱད་ལ་རྟག་ཏུ་བསྙེན་གནས་ལ་གནས་པར་བྱའོ། །ཞེས་སྔོན་ཡང་དག་པར་བླངས་པ་དེས་ནི་ཟན་ཟོས་ནས་ཀྱང་ནོད་པར་བྱའོ། །ཞེས་དམིགས་བསལ་དང་གཉིས་གསུངས་པའི། དམིགས་བསལ་འདི་མདོ་སྡེ་པའི་ལུགས་བཞིན་དུ་ཇི་ལྟར་འདོད་པའི་ཚེ་བསྙེན་གནས་ལེན་ཞེས་པ་དེ་ཡིན་པར་འཆད་དོ། །འདིར་པཎ་ཆེན་རིན་པོ་ཆེའི་ལེགས་བཤད་གསེར་ཕྲུར་ལས། མདོ་སྡེ་པ་ཡི་ལུགས་བཞིན་དུ། །ཇི་ལྟར་འདོད་ཚེ་ལེན་ཞེས་པ། །དུས་གཅིག་སྐབས་སུ་ལེན་ནམ་ཅི། །ཟས་ཟོས་

ནས་ཀྱང་ལེན་ཞེས་པ། །འདི་ཡི་དོན་དུ་ཁས་ལེན་ན། །དེ་འདྲ་བྱེ་བྲག་སྨྲ་བ་ཡི། །ནངས་པར་གཞན་ལས་ནོད་ཅེས་པའི། །དམིགས་བསལ་ཡིན་ཕྱིར་སྐབས་ཀྱི་ནི། །རྗོད་པའི་ལན་དུ་འགྱུར་བ་མེད། །ཅེས་མདོ་སྡེ་པའི་ལུགས་ཡིན་པར་འགོག་པར་མཛད་ཀྱང་། མཛོད་རྩ་འགྲེལ་ཀུན་བྱེ་བྲག་ཏུ་སྨྲ་བའི་གྲུབ་མཐའ་ཡིན་པའི་ངེས་པ་མེད་དེ། མཛོད་རྩ་བ་དང་དངོས་བསྟན་གྱི་འགྲེལ་པ་ཕལ་མོ་ཆེ་བྱེ་སྨྲའི་ལུགས་དང་། ལོ་གྲག་ཟེར་གསུམ་གྱི་ཐད་ཀྱི་འགྲེལ་པ་དང་། འཕྲོས་དོན་གྱི་འགྲེལ་པ་ཕལ་ཆེར་ནི་མདོ་སྡེ་པའི་ལུགས་ཡིན་པར་མཁས་པ་དག་ལ་ཡོངས་སུ་གྲགས་པ་ཡིན་ནོ། །དེས་ན་ནངས་པར་ནི་རེ་ཞིག་ཅེས་སོགས་འགྲེལ་པ་སྔ་མ་དེ་བྱེ་སྨྲའི་ལུགས་དང་། གང་གིས་ཆོས་བརྒྱད་ལ་ཞེས་སོགས་འགྲེལ་པ་ཕྱི་མ་ལས་འཕྲོས་པའམ། དམིགས་བསལ་གྱི་ཚུལ་དུ་བྱུང་བ་དེ་མདོ་སྡེ་པའི་ལུགས་ཡིན་ཏེ། འགྲེལ་པ་སྔ་མའི་ཐད་ཀྱི་འགྲེལ་བཤད་རྒྱལ་སྲས་མ་ལས། སྡོམ་པ་ནི་སློང་བར་བྱེད་པ་ཡང་དག་པར་ལེན་པར་ངེས་པའི་སེམས་པ་ཡིན་པའི་ཕྱིར། ཉི་མ་འཆར་བའི་ཚེ་ཁོ་ན་སྐྱེའོ། །ཟན་ཟོས་ནས་ནོད་པ་ནི་གསལ་བའི་ཕྱིར་རོ། །ཞེས་ཉི་མ་སྔ་སྐྱ་རེངས་ཤར་བའི་ཚེ་ལེན་པ་ཁོ་ན་བྱེ་བྲག་ཏུ་སྨྲ་བའི་ལུགས་བསྟན་པའི་ཕྱིར་དང་། གང་གིས་ཆོས་བརྒྱད་ལ་ཞེས་སོགས་བྱེ་སྨྲ་རང་ལུགས་ཀྱི་དམིགས་བསལ་ཡིན་ན་འགྲེལ་བཤད་ཀྱང་དེ་དང་མཐུན་པ་ཞིག་དགོས་པ་ལས། ཉི་མ་འཆར་བའི་ཚེ་ཁོ་ན་སྐྱེའོ་ཞེས་པའི་ངེས་གཟུང་གི་ཚིག་གིས་མི་མཐུན་པ་དངོས་སུ་གསལ་བས། འགྲེལ་བཤད་དེ་འདོར་རིགས་པར་འགྱུར་བའི་སྐྱོན་ཡོད་དོ། །གནད་ཀྱི་དོན་ནི་བྱེ་སྨྲས་བསྙེན་གནས་ཀྱི་སྡོམ་པ་ལ་ཉིན་ཞག་ཡོངས་སུ་རྫོགས་པའི་མཐའ་ཅན་ཞིག་དགོས་པར་བསམས་ནས། ལེན་པའི་ཚེ་ཡང་སྐྱ་རེངས་ཤར་བའི་ཚེ་ཁོ་ན་ལེན། སང་ཡང་སྐྱ་རེངས་ཤར་བ་ནི་གཏོང་བའི་ཕྲུག་ལེན་ཚུང་ཟད་དོག་པར་སྣང་། མདོ་སྡེ་པས་དང་པོ་ལན་ཅིག་སློབ་དཔོན་ལས་ལེན་པའི་ཚེ། བདག་ཟླ་བ་བྱུང་ངོ་ཅོག་གི་ཆོས་བརྒྱད་ལ་བསྙེན་གནས་པར་གཟུང་དུ་གསོལ་ཞེས་བརྗོད་ནས། ཕྱིས་ཀྱི་ཆོས་བརྒྱད་བྱུང་ངོ་ཅོག་རྣམས་ལ་བསྙེན་གནས་རང་ཉིད་ཀྱིས་བླངས་ནས་བསྲུངས་པས་ཆོག་ཅིང་། དེ་ཡང་སྐྱ་རེངས་ཤར་བའི་ཚེ་ལེན་ཐུབ་ན་རབ། དེའི་ཚེ་བརྗོད་པ་དང་གཡེང་བ་སོགས་ཀྱིས་མ་ཐུབ་ན། ཉི་མ་ཤར་ལྷོད་པའམ་ཉི་མ་སྟེ་ཕྱེད་ཀྱི་དུས་ལྟ་བུ་བཟའ་བཏུང་གི་བྱ་བ་ཚར་རྗེས་སུ་ཡང་བསྙེན་གནས་བླངས་ནས་བསྲུང་ཆོག་པས་ཕྲུག་ལེན་ཡངས་པར་སྣང་ངོ་། །འདི་ཡང་གཏོང་ཚུལ་སང་སྐྱ་རེངས་ཤར་བའི་ཚེ་བཏང་བས་ཉིན་ཞག་གི་མཐའ་ཅན་དུ་འགྱུར་ཡང་། ཉིན་ཞག་ཡོངས་རྫོགས་ཀྱི་མཐའ་ཅན་མ་ཡིན་ཏེ། ཉིན་ཞག་ཡོངས་རྫོགས་ནི་ད་ནངས་སྐྱ་རེངས་ཤར་ནས། སང་སྐྱ་རེངས་མ་ཤར་གྱི་བར་ལ་འཇོག་པའི་ཕྱིར། དོན་འདི་དག་བློ་གསལ་དག་གི་སྙིང་ལ་བཅང་བར་བྱའོ། །

གཉིས་པ་ནི། ཆོས་རྒྱུས་ཆུང་བ་ལ་ལ་ན་རེ། བསྙེན་གནས་བསྲུངས་ཚར་བའི་རྗེས་སུ་གཞན་ལ་འཆོལ་དགོས་ཏེ། མ་བཅོལ་ན་སླར་ལེན་དུ་མེད་པའི་ཕྱིར་ཞེས་སྨྲ་བ་ཐོས་སོ། །དེ་ནི་མི་འཐད་དེ། བསྙེན་གནས་འཆོལ་བ་འདི་འདུལ་གྲུབ་མཐའ་གང་ནའང་བཤད་པ་མེད་པའི་ཕྱིར།

གསུམ་པ་ལ་གཉིས་ཏེ། འདོད་པ་བརྗོད་པ་དང་། དེ་དགག་པའོ། །དང་པོ་ནི། བཀའ་གདམས་བྱ་ཡུལ་བ་ཁ་ཅིག །ཆོས་བཅོ་ལྔ་ལ་བསྙེན་གནས་འབོག་ན་ལྷ་ཤཱཀྱ་ཐུབ་པ་དང་། ཆོས་བརྒྱད་ལ་འབོག་ན་སྨན་བླ་དང་། གནམ་སྟོངས་ལ་འབོག་ན་སྣང་བ་མཐའ་ཡས་ཀྱི་སྒོམ་བཟླས་རྣམས་ཐ་དད་དུ་མ་བྱས་ན་དུས་དེ་དང་དེ་ལ་བསྙེན་གནས་བསྲུང་དུ་མི་འདོད་ཟེར་རོ། །

གཉིས་པ་ནི། བསྙེན་གནས་བསྲུང་བ་ན་ལྷ་བསྒོམ་དགོས་ཟེར་བ་འདི་ཡང་རེ་ཞིག་མཁས་པས་བརྟག་པར་བྱ་སྟེ། བསྙེན་གནས་ནི་སྡོམ་པ་གསུམ་གྱི་ནང་ནས་སོ་སོར་ཐར་པའི་ལུགས་ཀྱི་ཉམས་ལེན། གཙོ་ཆེར་ཉན་ཐོས་ཀྱི་གཞུང་ལུགས་ནས་བཤད་པ་ཡིན་ཞིང་། ཡི་དམ་ལྷའི་སྒོམ་བཟླས་ནི་གསང་སྔགས་ཀྱི་ཁྱད་ཆོས་སམ་གདམས་ངག་ཡིན་པས། ཉན་ཐོས་གཞུང་ནས་བཤད་པ་མེད་པའི་ཕྱིར། རྒྱུ་མཚན་དེས་ན་ཆོས་བརྒྱད་སོགས་ལ་བསྙེན་གནས་བསྲུང་བའི་ཚེ་ལྷ་སྒོམ་ཐ་དད་མ་བྱས་ཀྱང་བསྙེན་གནས་ཉམས་པར་འགྱུར་བའི་སྐྱོན་མེད་དོ། །བསྙེན་གནས་ཉན་ཐོས་ཀྱི་གཞུང་ལུགས་ནས་བཤད་པ་གཙོ་ཆེ་མོད། འོན་ཀྱང་བསྙེན་གནས་གསང་སྔགས་ཀྱི་ལུགས་དོན་ཞགས་རྟོག་པ་ལས་གསུངས་པ་ལྟར་བྱེད་ན་ཡི་དམ་བསྒོམ་པ་བསོད་ནམས་ཆེ་སྟེ། རྒྱུད་སྡེ་ནས་གསུངས་པའི་བསྙེན་གནས་བསྲུང་བའི་གནས་སྐབས་ཡིན་པས་ལྷ་སྒོམ་པ་དང་འབྲེལ་ན་ཕན་ཡོན་ཆེ་བའི་ཕྱིར། འདིར་པཎ་ཆེན་རིན་པོ་ཆེས། གསང་སྔགས་ལུགས་ཀྱི་བསྙེན་གནས་ལ། །ཡི་དམ་བསྒོམ་པ་མཆོག་ཡིན་ན། །ལྷ་དེ་བདག་མདུན་གང་ཡིན་བརྟག །བདག་བསྐྱེད་ཡིན་ན་བྱ་རྒྱུད་ཀྱི། །རང་རྐང་བདག་བསྐྱེད་མེད་པ་ཅི། །ཞེས་སོགས་དྲི་བ་མཛད་པ་ལ། ཀུན་མཁྱེན་ཆེན་པོའི་འབྲུལ་སྤོང་ལས། བདག་མདུན་གང་ཡིན་བསྙེན་གནས་བསྲུང་བ་པོ་ལ་དྲིས་ཤིག །ཅེས་བཀའ་སྩལ་ཀྱང་། འདི་ནི་མདུན་བསྐྱེད་ཉིད་དུ་ངེས་པ་ཡིན་ཏེ། གསང་སྔགས་ལུགས་བྱེད་ན་ཞེས་པའི་གསང་སྔགས་དེ་དོན་ཡོད་ཞགས་པའི་རྟོག་པ་ལ་བྱེད་རིགས་པའི་ཕྱིར།

གཉིས་པ་ཐེག་ཆེན་སོ་ཐར་ལ་གཉིས་ཏེ། ཉན་པར་གདམས་པ་དང་། དོན་དངོས་སོ། །དང་པོ་ནི། ཉན་ཐོས་ཐེག་ཆེན་ལུགས་གཉིས་ཡོད། །ཅེས་པ་ལས་འཕྲོས། ཐེག་ཆེན་སོ་ཐར་ཇི་ལྟ་བུ་ཞེ་ན། ཐེག་པ་ཆེན་པོའི་སྡེ་སྣོད་ལས་བྱུང་བའི་སོ་སོར་ཐར་པ་བཤད་ཀྱིས་ཉོན་ཅིག །ཅེས་གདམས་པའི་ཚུལ་དུ་སྟོན་པ་ལ་ཚིག་

རྐང་གཉིས་འབྱུང་། གཉིས་པ་ལ་གཉིས་ཏེ། སྔོན་བྱུང་བའི་ཆོ་གའི་རྣམ་གཞག་དང་། དེང་སང་གི་ལག་ལེན་དངོས་བཤད་པའོ། །དང་པོ་ནི། ཉན་ཐོས་ཀྱི་ལུགས་ལ་མ་བལྟོས་པར། བྱང་ཆུབ་སེམས་དཔའ་ཉིད་ལ་ཡང་། སོ་སོར་ཐར་པ་འབོག་པའི་ཆོ་ག་ཐུན་མོང་མ་ཡིན་པ་འགའ་ཞིག་ཡོད་དེ། ཆོ་འཕྲུལ་བསྟན་པའི་མདོ་ལས། གསོ་སྦྱོང་ཡན་ལག་བརྒྱད་ཇི་སྲིད་འཚོའི་བར་དུ་བླང་བར་གསུངས་པ་དང་། གཏན་ལ་དབབ་པ་བསྡུ་བ་ལས། དགེ་སློང་མའི་སྡོམ་པ་མ་གཏོགས་པའི་སོ་ཐར་གཞན་རྟེན་གྱི་དྲུང་དུ་རང་ཉིད་ཀྱིས་ལེན་པར་གསུངས་པ་དང་། འཕགས་པ་དོན་ཡོད་ཞགས་པའི་རྟོག་པ་ལས། གསོ་སྦྱོང་གི་སྡོམ་པ་རྟེན་གྱི་དྲུང་དུ་རང་ཉིད་ཀྱིས་ལེན་པར་གསུངས་པ་ལ་སོགས་པ་རྣམས་སོ། །དེ་ལྟར་བཤད་མོད་ཀྱི། དེ་དག་གི་ཆོ་ག་ཕལ་ཆེར་ནི་དེང་སང་ནུབ་ལ། མ་ནུབ་པ་གང་ཞེ་ན། དོན་ཞགས་རྟོག་པ་ནས་གསུངས་པ་ལྟར་གསོ་སྦྱོང་གི་སྡོམ་པ་རང་གིས་བླང་བ་དང་། སོགས་པ་སྦྱོད་འཇུག་ནས་གསུངས་པ་ལྟར་སྐྱབས་འགྲོའི་སྡོམ་པ་བྱང་ཆུབ་སྙིང་པོའི་བར་དུ་ལེན་པ་ལྟ་བུ་ཐེག་ཆེན་ཐུན་མོང་མ་ཡིན་པའི་སོ་ཐར་གྱི་ཆོ་གའི་ལག་ལེན་འགའ་ཞིག་དེང་སང་ཡང་མ་ནུབ་པར་ཡོད་དོ། །དོན་ཞགས་རྟོག་པ་ནས་བཤད་པའི་གསོ་སྦྱོང་དེ་ཐེག་ཆེན་ཐུན་མོང་མ་ཡིན་པའི་སོ་ཐར་ཡིན་ཀྱང་། དུས་ཉིན་ཞག་གི་མཐའ་ཅན་ཡིན་ཏེ། དོན་ཞགས་རྟོག་པ་ནས་བཤད་པའི། །ཉིན་ཞག་གསོ་སྦྱོང་ཉམས་སུ་ལོངས། །ཞེས་བཤད་པའི་ཕྱིར། འོ་ན་ཐེག་ཆེན་ཐུན་མོང་མ་ཡིན་པའི་སོ་ཐར་དེ་དག་ཙམ་དུ་ངེས་སམ་ཞེ་ན། སྔར་བཤད་པ་དེ་དག་ནི་ཆོ་གའི་ལག་ལེན་བཤད་སྲོལ་ཡོད་པ་རང་ཉིད་ཀྱིས་མཐོང་བ་རྣམས་ཡིན་ལ། གཞན་ཡང་མིང་གསལ་ལ་ཆོ་ག་མི་གསལ་བ་ནི། མདོ་སྡེ་དཀོན་མཆོག་བརྩེགས་པའི་ཁྱིམ་པ་དྲག་ཤུལ་ཅན་གྱིས་ཞུས་པར། རྒྱལ་སྲས་བྱམས་པས་མཁན་པོ་མཛད་ནས་ཁྱིམ་བདག་དགུ་སྟོང་དང་། རྒྱལ་སྲས་འཇམ་དབྱངས་ཀྱིས་མཁན་པོ་མཛད་ནས་ཁྱིམ་བདག་བདུན་སྟོང་རབ་ཏུ་བྱུང་ཞིང་བསྙེན་པར་རྫོགས་པར་མཛད་དོ། །ཞེས་པའི་ཚིག་འབྲ་ཙམ་ཞིག་གསུངས་མོད་ཀྱི། འོན་ཀྱང་བསྙེན་རྫོགས་དེའི་ཆོ་ག་ནི། མདོ་ལས་གསལ་བར་གསུངས་པ་ས་པཎྜི་ཏ་ངས་མ་མཐོང་ལ། མཐོང་ཡང་དེང་སང་གི་སོ་སོ་སྐྱེ་བོས་བྱར་མི་རུང་སྟེ། མཁན་པོ་བྱམས་པ་ལ་སོགས་པ་དབུ་སྨ་རིང་ཞིང་རྒྱན་དང་བཅས་པ་རྣམས་ཀྱིས་བསྒྲུབ་བྱ་ཁྱིམ་པའི་ཆ་ལུགས་ཅན་བསྙེན་པར་རྫོགས་ཚུལ་འདི་འདྲ་ནི་སྔོན་གྱི་ཆོ་ག་འཕགས་པ་རྣམས་ཀྱི་སྤྱོད་ཡུལ་ཁོ་ན་ཡིན་པས་སོ། །

གཉིས་པ་ནི། ཐེག་ཆེན་ཐུན་མོང་མ་ཡིན་པའི་སོ་ཐར་གྱི་ཆོ་ག་ཕལ་ཆེར་ནུབ་པ་དང་། དཀོན་མཆོག་བརྩེགས་པ་ནས་གསུངས་པའི་བསྙེན་རྫོགས་དེང་སང་མི་རུང་བ་དེས་ན་ད་ལྟ་ཐེག་ཆེན་སོ་ཐར་ལེན་པའི་ཆོ་ག་ནི་བསམ་པ་ཐེག་ཆེན་སེམས་བསྐྱེད་ཀྱིས་ཟིན་པའི་སྒོ་ནས་ཆོ་ག་ཉན་ཐོས་ཀྱི་ལུགས་ཇི་ལྟ་བ་བཞིན་དུ

བགྱིས་ནས་ལེན་དགོས་པ་ཡིན་ཏེ། ལེན་ཚུལ་དེ་ལྟར་བྱས་ན་སོ་ཐར་རིགས་བརྒྱད་པོ་གང་བླངས་ཀྱང་བྱང་སེམས་སོ་སོར་ཐར་པའི་སྡོམ་པར་འགྱུར་བའི་ཕྱིར་རོ། །ཚིག་བསྡུན་ཟིན་ཏོ། །སྡོམ་དུ་བྱས་ན། སོ་ཐར་ལེན་པའི་ཚུལ་ལ་ལུགས་གཉིས་བཤད། །ཉན་ཐོས་ལུགས་ལ་རིགས་བདུན་ཇི་སྲིད་འཚོ། །འབྲི་གྲུང་པ་དག་ཉན་ཐོས་ལུགས་ལ་ཡང་། །བྱང་ཆུབ་བར་དུ་ལེན་ཞེས་རྣམ་དབྱེ་འཚོལ། །སྡོམ་པའི་ངོ་བོ་ཁྱད་མེད་འགྱུར་སོགས་དང་། །བསླབ་ཞུལ་སོགས་ཀྱང་སྡོམ་པ་གཏོང་བའི་རྒྱུ། །མིན་པར་ཐལ་བའི་གནོད་བྱེད་རིགས་པའི་ཐོག །བྱང་ཆེ་སེམས་བསྐྱེད་ཀྱིས་ནི་ཟིན་པ་དང་། །མ་ཟིན་རྣམ་དབྱེ་ཕྱེད་ནས་ལེན་སླ་མོད། །འོ་ན་སེམས་བསྐྱེད་ཀྱིས་ཟིན་རྫོང་གཞི་སུ། །བཟུང་བས་གནོད་བྱེད་སྔར་བཞིན་ཅིས་མི་མཚུངས། །ཤི་འཕོས་ལྷ་དང་བྲིས་པའི་དུས་ཉིད་ནས། །དགེ་སློང་འགྱུར་ན་འདུལ་བའི་གཞུང་ལས་བཀག །བསྙེན་གནས་གཙོ་ཆེ་ཉིན་ཞག་གཅིག་པའི་མཐའ། །ཉན་ཐོས་སྡེ་གཉིས་བླང་ཡུལ་ལེན་པའི་རྟེན། །ཐ་དད་ཕྱེ་བ་རྣམ་དཔྱོད་ལྡན་པའི་གནད། །ཐེག་ཆེན་དོན་ཞགས་རྟོག་པ་ནས་གསུངས་ཡིན། །བསྙེན་གནས་ནངས་པར་འབུལ་དང་འཚོལ་ཞེས་པ། །ཆོས་ལ་རྒྱུས་མེད་མུན་སྒྲོམ་ཙམ་དུ་ཟད། །བསྙེན་གནས་བསྲུང་ཚེ་ལྷ་སྒྲོམ་འདོད་པ་ཡང་། །བསྙེན་གནས་ཉན་ཐོས་གཞུང་ལུགས་གཙོ་ཆེ་དང་། །ལྷ་སྒྲོམ་གསང་སྔགས་ཁྱད་ཆོས་མ་ཤེས་གནད། །འོན་ཀྱང་སྔགས་ནས་གསུངས་པའི་བསྙེན་གནས་སྡོམ། །བསྲུངས་ན་བྱ་རྒྱུད་ལུགས་བཞིན་མདུན་བསྐྱེད་ཀྱི། །ཡི་དམ་བསྒོམ་པ་ཕན་ཡོན་ཆེ་བར་ཐོབ། །ཐེག་ཆེན་ལུགས་ལ་ཐུན་མོང་མིན་པ་ཡི། །ཚིག་མ་བྱུང་དེང་སང་དགོས་ནུས་ཆུང་། །དེས་ན་བསམ་པ་ཐེག་ཆེན་ཉེར་བཟུང་ནས། །ཆོ་ག་ཉན་ཐོས་ལུགས་བྱེད་གནད་ཀྱི་དོན། །ཞེས་སོ། །

གཉིས་པ་བསྲུང་ཚུལ་བསླབ་བྱ་བཤད་པ་ལ་གཉིས་ཏེ། ཐེག་ཆེན་གྱི་བསླབ་བྱ་དང་། ཉན་ཐོས་དང་ཐུན་མོང་བའི་བསླབ་བྱའོ། །དང་པོ་ལ། ཉན་པར་གདམས་པ། དོན་དངོས། ཞར་བྱུང་གཏོང་ཚུལ་དང་གསུམ་མོ༑ ༑དང་པོ་ནི། བྱང་སེམས་སོ་ཐར་གྱི་ཚིག་བསྡུན་ཟིན་མ་ཐག་པ་དེ་ནས་བྱང་སེམས་སོ་ཐར་གྱིས་བསླབ་བྱའི་ཁྱད་པར་ཐུན་མོང་མ་ཡིན་པ་རྣམས་ཅུང་ཟད་བཤད་ཀྱིས་ཉོན་ཞེས་པའོ། །གཉིས་པ་ནི། བྱང་སེམས་སོ་ཐར་འདི་ལ་སྡིག་ཏོ་མི་དགེ་བའི་ཕྱོགས་རང་བཞིན་གྱི་ཁ་ན་མ་ཐོ་བ་ཕལ་ཆེར་ནི་ཉན་ཐོས་ཀྱི་ལུགས་བཞིན་དུ་དམ་པར་བསྲུང་དགོས་ཏེ། བྱང་ཆུབ་སེམས་དཔའི་ཚུལ་ཁྲིམས་ལ་གསུམ་དུ་ཡོད་པ་ལས་ཉེས་སྤྱོད་སྡོམ་པའི་ཚུལ་ཁྲིམས་ཡིན་པའི་ཕྱིར། རང་འདོད་ཀྱི་དབེན་པའི་ལྟུང་བ་འགའ་ཞིག་ནི་གཞན་དོན་དུ་འགྱུར་བའི་དགོས་པ་ཁྱད་པར་ཅན་ཡོད་ན་བྱང་ཆུབ་སེམས་དཔའི་ལུགས་བཞིན་དུ་བསྲུངས་པས་ཆོག་སྟེ། ཐེག་པ་ཆེན་པོའི་དགེ་སློང་གི་དོན་དུ་གཉེར་བྱའི་གཙོ་བོ་ནི་གཞན་དོན་ཡིན་པའི་ཕྱིར་རོ། །སྲོག་གཅོད་པ་དང་འཕྲལ་གྱི་ཀུན་སྤྱོད

མ་ལེགས་པ་འཇིག་རྟེན་པ་རྣམས་མ་དད་པར་གྱུར་པའི་ཚེ་ཐེག་པ་ཆེ་ཆུང་གཉིས་ཀ་མཐུན་པ་ནི་འབད་པས་བསྲུང་དགོས་ཏེ། དགེ་སློང་གིས་ཁྲིའུ་དང་བུ་མོའི་གཉེན་ཁ་བྱེད་པ་ལྟ་བུ་ཐེག་པ་ཆེ་ཆུང་གང་དུ་ཡང་སྨད་པའི་གནས་ཡིན་པའི་ཕྱིར་དང་། སྤྱོད་འཇུག་ལས། འཇིག་རྟེན་མ་དད་གྱུར་པའི་ཆ། །མཐོང་དང་དྲིས་ཏེ་སྤང་བར་བྱ། །ཞེས་གསུངས་པའི་ཕྱིར། འཇིག་རྟེན་ཆོས་ལ་འཇུག་པའི་རྒྱུར་འགྱུར་ན་ཉན་ཐོས་སོ་ཐར་ལ་བཀག་པའི་ཐེག་ཆེན་སོ་ཐར་ལ་གནང་བ་ཡང་ཡོད་དེ། དཔེར་བརྗོད་འོག་ཏུ་འཆད་པའི་ཕྱིར་དང་། སྤྱོད་འཇུག་ལས་ཀྱང་། ཐུགས་རྗེ་མངའ་བ་རིང་གཟིགས་པས། །བཀག་པ་རྣམས་ཀྱང་དེ་ལ་གནང་། །ཞེས་གསུངས་པའི་ཕྱིར། གནང་བཀག་ཐ་དད་པའི་མཚན་གཞི་གཅིག་ལ་དཔེར་མཚོན་ན། ཉན་ཐོས་དགེ་སློང་ལ་ནི་གསེར་དངུལ་ལེན་པ་ཐུབ་པས་འདུལ་བ་ལས་སྤང་ལྟུང་དུ་བཤད་པས་བཀག་ཅིང་། བྱང་ཆུབ་སེམས་དཔའི་དགེ་སློང་ལ་སྡོམ་པ་ཉི་ཤུ་པ་ལས། གསེར་ལ་སོགས་པ་ལེན་མི་བྱེད། །ཅེས་གཞན་དོན་དུ་འགྱུར་ན་ལྟུང་བ་མེད་པ་གཞིར་བཅས། གཞན་དོན་དུ་དེ་མི་ལེན་པ་ཉིད་ལྟུང་བར་གསུངས་པ་ལྟ་བུའོ། །འོ་ན་གསེར་དངུལ་ལེན་པ་ཉན་ཐོས་ལ་ནམ་ཡང་ལྟུང་བར་འགྱུར་བ་དང་། ཐེག་ཆེན་ལ་གཞན་དོན་དུ་ལྟུང་བར་མི་འགྱུར་བའི་རྒྱུ་མཚན་གང་ཞེ་ན། དེའི་རྒྱུ་མཚན་ཡོད་དེ། ཉན་ཐོས་ལ་སེམས་ཅན་གྱི་དོན་ཡིན་ཡང་འདོད་ཆེན་པོ་མདོན་ཚན་ཅན་ཉོ་ཚོང་ལ་སྤང་ལྟུང་འབྱུང་ཞིང་། ཐེག་ཆེན་དགེ་སློང་ལ་གཞན་གྱི་དོན་ཡིན་ན་འདོད་ཆེན་པོ་གོས་བརྒྱ་སྟོང་ལ་སོགས་པ་ལེན་པ་དང་། གསེར་དངུལ་སྲང་དུ་མ་ལེན་པ་ལ་ལྟུང་བ་མེད་པར་གསུངས་པའི་ཕྱིར་རོ། །ཇི་ལྟར་གསུངས་ཞེ་ན། བྱང་སའི་ཚུལ་ཁྲིམས་ལེའུ་ལས། གཞན་གྱི་དོན་དུ་འགྱུར་ན་གོས་བརྒྱ་སྟོང་རྙེད་ཀྱང་ཉེ་དུར་མི་འོང་བའི་བྲམ་ཟེ་དང་ཁྱིམ་བདག་ལས་བཙལ་བར་བྱའོ། །ཞེས་པ་ནས། གཞན་དོན་དུ་མོན་དར་གྱི་གདིང་བ་དང་། མལ་སྟན་བརྒྱ་རྙེད་ཀྱང་བསྟན་པར་བྱ། གསེར་དངུལ་སྲང་བྱེ་བ་འབུམ་ཕྲག་ལས་ལྷག་པ་ཡང་བདག་གིར་བྱའོ། །ཞེས་སོ། །མདོར་ན་སོ་སོར་ཐར་པ་ལུགས་གཉིས་པོ་བསྲུང་ཚུལ་མི་འདྲ་བ་དེ་འདྲའི་རྣམ་དབྱེ་མདོ་ཙམ་བཤད་པ་དེས་མཚོན་ནས་བསླབ་བྱའི་ཁྱད་པར་མཐའ་ཡས་པ་ཞིག་ཤེས་པར་བྱའོ། །

གསུམ་པ་གཏོང་ཚུལ་ནི། དེས་ན་ད་ལྟའི་ཚོ་ག་ནི། །ཞེས་སོགས་ལས་འཕྲོས། བསམ་པ་བྱང་ཆུབ་ཀྱི་སེམས་ཀྱིས་ཟིན་པའི་སྒོ་ནས་ཚོ་ག་ཉན་ཐོས་ལུགས་བཞིན་བྱས་པ་ལས་བྱུང་བའི་དགེ་སློང་སོགས་ཀྱི་སྡོམ་པ་ཐེག་ཆེན་སོ་ཐར་ཡིན་ན། ཤི་འཕོས་ནས་ཀྱང་རྗེས་སུ་འབྲང་བར་འགྱུར་རོ་ཞེ་ན། དེ་ལྟ་བུའི་དགེ་སློང་སོགས་ཀྱི་སྡོམ་པ་ཆོས་ཅན། ཐེག་ཆེན་སོ་ཐར་ཡིན་ཀྱང་ཁྱོད་ཀྱི་ངོ་བོའམ་ལྡོག་པ་ཤི་འཕོས་པའི་ཚེ་གཏོང་སྟེ། ཉན་ཐོས་ལུགས་ཀྱི་ཚོ་ག་ལས་ཐོབ་པའི་གཏན་ཁྲིམས་ཡིན་པའི་ཕྱིར་དང་། ཚོ་ག་དེ་ལས་ལེན་པའི་ཚེ་ཇི་སྲིད་མ

ཤིའི་བར་དུ་བླང་གིས། དེ་ལས་ལྷག་པར་བླངས་པ་མེད་པའི་ཕྱིར། ཡང་དེ་ལྟ་བུའི་དགེ་སློང་སོགས་ཀྱི་སྡོམ་པ་ཆོས་ཅན། ཁྱོད་ཀྱི་ཀུན་སློང་བྱང་ཆུབ་སེམས་ཀྱི་ཟིན་པ་དང་། ཁྱོད་དེའི་རྣམ་སྨིན་གྱི་འབྲས་བུ་ཤི་ཡང་འབྱུང་སྟེ་ཤི་འཕོས་ནས་ཀྱང་རྟེན་གྱི་གང་ཟག་ཕན་སེམས་དང་ལྡན་པར་འགྱུར་བའི་ཕྱིར་དང་། སྡོམ་པའི་འབྲས་བུ་བདེ་འགྲོ་ཐོབ་པར་འགྱུར་བའི་ཕྱིར། འདིར་ཆོ་གའི་ཚེ་ཉན་ཐོས་ལུགས་སྔོན་ལ་བཤད་ནས། བསླབ་བྱའི་ཚེ་དེ་ལས་ལྡོག་ནས་ཐེག་ཆེན་སྔོན་ལ་འབྱུང་བ་ཅི་ཞེ་ན། ཐེག་ཆེན་གྱི་བསླབ་བྱའི་ཁྱད་པར་འདི་ནི་གཞུང་ཉུང་བས་ཆོ་གའི་དེ་མ་ཐག་བཤད་ནས་འབྲེལ་ཆགས་པ་ལ་དགོངས་ནས། ལས་འབྲས་སོགས་ཀྱི་སྔོན་ལ་གསུངས་པ་ཡིན་ནོ། །ཐེག་ཆེན་འདི་ལ་རང་བཞིན་སྡིག་པ་ནི། །ཉན་ཐོས་ལུགས་བཞིན་དམ་བསྲུང་གཞན་དོན་ཆེ། །ལྟུང་མེད་སོགས་ཀྱི་རྣམ་གཞག་འཆད་པ་ནི། །ལག་ལེན་སྙིང་པོའི་གནད་ཡིན་གཅེས་པར་ཟུངས། །ཐེག་ཆེན་སྡོམ་པ་ཡིན་ཡང་ཆོ་གའི་ཚེ། །ལེན་ཚུལ་གནད་ཀྱིས་གཏོང་ཚུལ་གོང་དང་མཐུན། །ཐེག་ཆེན་ཆོ་ག་བསླབ་བྱ་གཏོང་ཚུལ་གསུམ། །རིམ་པར་འབྲེལ་ཆགས་ཉུང་བས་ཕྱོགས་གཅིག་བཤད། །བར་སྡོམ་མོ། །

གཉིས་པ་ཉན་ཐོས་དང་ཐུན་མོང་བའི་བསླབ་བྱ་ལ་གསུམ་སྟེ། བསླབ་བྱའི་གཙོ་བོ་ལས་འབྲས་བཤད་པ༑ བསླབ་བྱ་གནང་བཀག་ཐ་དད་བསྟན་པ། འདུལ་བའི་བསླབ་བྱ་ཕྲན་ཚེགས་བསྟན་པའོ། །དང་པོ་ལ་གཉིས་ཏེ། ལས་འབྲས་ཀྱི་རྣམ་གཞག་དང་། འཕྲོས་དོན་འཁྲུལ་པ་དགག་པའོ། །དང་པོ་ལ་གསུམ་སྟེ། ཉན་པར་གདམས་པ། དོན་དངོས། མཇུག་བསྡུ་བའོ། །དང་པོ་ནི། ཐེག་ཆེན་སོ་ཐར་གྱི་ཆོ་ག་བསླབ་བྱ་གཏོང་ཚུལ་དང་བཅས་པ་བསྟན་ཟིན་མ་ཐག་པ་དེ་ནས། ད་ནི་སྐབས་སུ་བབས་པ་ཐུན་མོང་བའི་བསླབ་བྱ། ལས་དང་དེའི་རྣམ་སྨིན་གྱི་རྣམ་པར་དབྱེ་བ་བཤད་ཀྱིས་དད་ལྡན་དག་ཉོན་ཞེས་པའོ། །

གཉིས་པ་ལ་ལྔ་སྟེ། གསུམ་དུ་དབྱེ་བ། གཉིས་སུ་དབྱེ་བ། བཞིར་དབྱེ་བ། གཉིས་སུ་དབྱེ་བ་གཞན་བསྟན་པ། གསུམ་དུ་དབྱེ་བ་གཞན་བསྟན་པའོ། །དང་པོ་ནི། ལས་ཆོས་ཅན། ཁྱོད་ལ་དབྱེ་ན་གསུམ་དུ་ཡོད་དེ༑ དགེ་བ་དང་། སྡིག་པ་དང་། ལུང་མ་བསྟན་དང་གསུམ་དུ་ཡོད་པར་རྒྱལ་བས་མདོ་ལས་གསུངས་པའི་ཕྱིར། སོ་སོའི་རྣམ་སྨིན་ཅི་ཞེ་ན། དགེ་བ་ཆོས་ཅན། ཁྱོད་ཀྱིས་རྣམ་སྨིན་བདེ་བ་སྐྱེད་པར་བྱེད་པ་ཡིན་ཏེ། ལེགས་སྤྱོད་ཀྱིས་བསྡུས་པའི་ལས་ཡིན་པས་སོ། སྡིག་པ་ཆོས་ཅན། རྣམ་སྨིན་སྡུག་བསྔལ་སྐྱེད་བྱེད་ཡིན་ཏེ། ཉེས་སྤྱོད་ཀྱིས་བསྡུས་པའི་ལས་ཡིན་པས་སོ། །དགེ་སྡིག་གཉིས་དང་བྲལ་བའི་གཏང་སྙོམས་ལུང་མ་བསྟན་ཆོས་ཅན། རྣམ་སྨིན་བདེ་སྡུག་གཉིས་ཀ་སྐྱེད་བྱེད་མ་ཡིན་ཏེ། ལེགས་སྤྱོད་དང་ཉེས་སྤྱོད་གཉིས་ཀ་གང་ཡང་མ་ཡིན་པས་སོ། །དགེ་སྡིག་འདི་དག་ཆོས་ཅན། འདུས་བྱས་ཡིན་པར་ཤེས་པར་བྱ་སྟེ། རྒྱུ་རྐྱེན་གྱིས་བྱས་

པའི་ལས་ཡིན་པས་སོ། །ཆོས་ཀྱི་དབྱིངས་ནི་ཆོས་ཅན། དགེ་སྡིག་གང་རུང་མ་ཡིན་ཏེ། །འདུས་མ་བྱས་ཡིན་པ་དེས་ན་འོ། །འདི་ནི་ལས་འབྲས་ལ་འཕྲོས་ནས། འོག་ཏུ་ཆོས་དབྱིངས་དགེ་བར་འདོད་པའི་ལོག་རྟོག་འགོག་པ་རྒྱས་པར་འཆད་པར་བཞེད་ནས། འདིར་ཡང་ཅུང་ཟད་སྨོས་པའོ། །

གཉིས་པ་ནི། ལས་ཆོས་ཅན། ཁྱོད་ལ་ཐུབ་པས་རྣམ་པ་གཉིས་སུ་གསུངས་ཏེ། སེམས་པའི་ལས་དང་། བསམ་པའི་ལས་གཉིས་སུ་གསུངས་པའི་ཕྱིར། དེ་གཉིས་ཀྱི་ངོ་བོ་ཡང་སོ་སོར་ངེས་པ་ཡིན་ཏེ། སེམས་པའི་ལས་ནི་ཡིད་ཀྱི་ལས་དང་། བསམ་པའི་ལས་དེ་ནི་ ལུས་ངག་གང་རུང་གི་ལས་ཡིན་པའི་ཕྱིར། ཆོས་ཀྱི་དབྱིངས་ནི་ཆོས་ཅན། དགེ་སྡིག་གི་ལས་ལས་གྲོལ་བ་ཡིན་ཏེ། སེམས་པ་དང་བསམ་པའི་ལས་གཉིས་ཀ་གང་ཡང་མ་ཡིན་པ་དེའི་ཕྱིར། གཉིས་སུ་དབྱེ་བ་འདི་ནི་མཛོད་ལས། ལས་ལས་འཇིག་རྟེན་སྣ་ཚོགས་སྐྱེས། །དེ་ནི་སེམས་པ་དང་དེས་བྱས། །སེམས་པ་ཡིད་ཀྱི་ལས་ཡིན་ཏེ། །དེས་བསྐྱེད་ལུས་དང་ངག་གི་ལས། །དེ་དག་རྣམ་རིག་རྣམ་རིག་མིན། །ཞེས་གསུངས་པའི་དགོངས་པར་སྣང་ཞིང་། བྱེ་སྨྲ་རང་ལུགས་ལ་ལས་ཡིན་ན་གཟུགས་ཅན་ཡིན་པས་ཁྱབ་པར་བཞེད་ནས། ཡིད་ཀྱི་ལས་ལས་ཀྱི་ལམ་ཡིན་ཡང་ལས་མཚན་ཉིད་པ་མིན་པར་བཞེད་ལ། འདིར་ནི་སྒོ་གསུམ་གྱི་ལས་ཐམས་ཅད་ལས་མཚན་ཉིད་པར་བཞེད་པ་ནི་གྲུབ་མཐའི་ཁྱད་པར་རོ། །

གསུམ་པ་ནི། གཞན་ཡང་ལས་ཆོས་ཅན། ཁྱོད་ལ་རྣམ་པ་བཞིར་གསུངས་ཏེ། ལས་དཀར་ལ་རྣམ་སྨིན་དཀར་བ་དང་། ལས་གནག་ལ་རྣམ་སྨིན་གནག་པ་དང་། སྦྱོར་བའི་ལས་དཀར་ལ་བསམ་པའི་དབང་གིས་རྣམ་སྨིན་གནག་པ་དང་། སྦྱོར་བའི་ལས་གནག་ལ་བསམ་པའི་དབང་གིས་རྣམ་སྨིན་དཀར་བ་དང་བཞི་ཡོད་པའི་ཕྱིར། དཔེར་བརྗོད་ནི་རིམ་བཞིན་བསམ་པ་དག་པའི་སྦྱིན་པ་གཏོང་བ་དང་ཚུལ་ཁྲིམས་བསྲུང་བ་སོགས་ཆོས་ཅན། མཁས་པས་ཀུན་ཏུ་སྤྱད་པར་བྱ་སྟེ། བསམ་སྦྱོར་གཉིས་ཀ་དཀར་བའི་ལས་ཡིན་པའི་ཕྱིར། བཟའ་བའི་དོན་དུ་སེམས་ཅན་གསོད་པ་སོགས་ཀྱི་མི་དགེ་བའི་ལས་བཅུ་ཆོས་ཅན། མཁས་པས་ཀུན་ཏུ་སྤང་བར་བྱ་སྟེ། བསམ་སྦྱོར་གཉིས་ཀ་ནག་པའི་ལས་ཡིན་པའི་ཕྱིར། སེམས་ཅན་མང་པོ་སྐྱོབ་པའི་ཕྱིར་ཀུན་ལ་འཚེ་བ་པོ་གཅིག་གསོད་པ་སོགས་ཀྱི་ལས་ཆོས་ཅན། སྦྱོར་བའི་ལས་ནག་ཀྱང་རྣམ་སྨིན་དཀར་པོ་འབྱུང་བར་ཤེས་ན་སྤྱད་པར་བྱ་སྟེ། རྣམ་སྨིན་དཀར་བར་མ་ངེས་ན་བསམ་པ་དཀར་ཡང་རེ་ཞིག་བཏང་སྙོམས་སུ་བྱ་རིགས་པས་སོ། །རྣམ་སྨིན་དཀར་ནག་གང་འབྱུང་ནི་རང་གཞན་མངོན་ཤེས་དང་ལྡན་པས་ཤེས་པའམ། ཡང་ན་དཀོན་མཆོག་ལ་དམོད་བཙུགས་པ་ལས་ཡིད་ཆེས་གདེང་ཁེལ་ངེས་ན་སྤྱད་པར་བྱའི། གཞན་དུ་ན་སོ་སོ་སྐྱེ

བོས་བསམ་པ་དཀར་བར་སྣང་ཡང་། འབྲས་བུ་དཀར་ནག་སྟོབས་གང་ཆེ་སྲི་ཞེས་པས་བག་ཡོད་པར་བྱའོ། །འཕགས་པས་ནི་ལས་གང་སྤྱད་ཀྱང་རྣམ་སྨིན་ནག་པོ་འབྱུང་བ་མི་སྲིད་དེ། ཆོས་ཐམས་ཅད་རང་བཞིན་མེད་པར་མངོན་སུམ་དུ་རྟོགས་པའི་ཕྱིར་དང་། མཐོང་ལམ་ཐོབ་ནས་འཁོར་བར་འདྲེན་བྱེད་ཀྱི་ལས་གསོག་པ་མེད་པའི་ཕྱིར། དགྲ་བོ་གསོད་པའི་ཕྱིར་ཟང་ཟིང་གི་སྦྱིན་པ་གཏོང་བ་དང་། ལྷ་མཆོད་པ་ལ་སོགས་པའི་ལས་ཆོས་ཅན། སྤང་བར་བྱ་སྟེ། སྦྱོར་བའི་ལས་དཀར་ཡང་བསམ་པའི་དབང་གིས་རྣམ་སྨིན་གནག་པས་སོ། །དེ་ལྟར་དཔེར་བརྗོད་མུ་བཞི་ལས། དང་པོ་དེ་གཅིག་ཏུ་དཀར་བའི་ལས་དང་། གཉིས་པ་དེ་གཅིག་ཏུ་གནག་པའི་ལས་དང་། གསུམ་པ་དང་བཞི་པ་འདྲེས་མའི་ལས་སུ་འཆད་པ་ཡིན་ཏེ། བསམ་སྦྱོར་གང་རུང་གཅིག་དཀར་ལ་གང་རུང་གཅིག་གནག་པས་སོ། །དེ་སྐད་དུ། མངོན་པ་ཀུན་ལས་བཏུས་ལས། དཀར་ནག་ཏུ་གྱུར་ལ་རྣམ་པར་སྨིན་པ་དཀར་ནག་ཏུ་གྱུར་པ་གང་ཞེ་ན། འདོད་པ་དང་རབ་ཏུ་ལྡན་པ་འདྲེན་མ་སྟེ། བསམ་པས་གནག་ལ་སྦྱོར་བས་དཀར་བའམ། སྦྱོར་བས་གནག་ལ་བསམ་པས་དཀར་བའོ། །ཞེས་གསུངས་སོ། །དེས་ན་འདིར་ལས་དཀར་ནག་ནི་སྦྱོར་བའི་ལས་དཀར་ནག་ལ་བྱ་ཞིང་། སྦྱོར་བའི་ལས་དཀར་ན་དཀར་བས་མ་ཁྱབ། དཀར་བ་མ་ཡིན་པས་ཀྱང་མ་ཁྱབ། དེ་བཞིན་དུ་སྦྱོར་བའི་ལས་ནག་པ་ལ་ཡང་ནག་པ་ཡིན་པ་དང་མ་ཡིན་པས་མ་ཁྱབ་སྟེ། དཔེར་ན་མང་པོ་བསྐྱབ་པའི་ཆེད་དུ་གཅིག་བསད་པའི་ལས་ལ་རྣམ་སྨིན་དཀར་བ་འབྱུང་བ་ནི་དཀར་བའི་ལས་དང་། ཡང་ལས་དེ་ལ་རྣམ་སྨིན་ནག་པ་འབྱུང་བ་ནི་སྦྱོར་བ་ཡང་ནག་ཅིང་དོན་ལ་ཡང་ནག་པ་དང་། དགྲ་གསོད་པའི་ཕྱིར་ལྷ་མཆོད་པ་སྦྱོར་བ་དཀར་ཡང་རྣམ་སྨིན་གནག་པས་དོན་ལ་ཡང་གནག་པ་དང་། ཚུལ་ཆོས་ཀྱི་བསམ་པས་ཚངས་སྤྱོད་བསྲུང་བ་སྦྱོར་བ་དཀར་ཞིང་རྣམ་སྨིན་ཡང་དཀར་བས་དཀར་བ་ཡིན་ནོ། །མདོར་ན་ལས་དཀར་ནག་མཚན་ཉིད་པ་ནི་རྣམ་སྨིན་དཀར་ནག་གང་འབྱུང་ལ་རག་ལས་སོ། །འོ་ན་སོ་སོ་སྐྱེ་བོས་སྙིང་རྗེའི་དབང་གིས་གདུག་པ་ཅན་བསད་པ་ལྟ་བུ་ལ་བསམ་པའི་དབང་གིས་ཚོགས་མང་པོ་རྫོགས་པ་ལ་སོགས་པ་ཡོད་ཀྱང་། སྦྱོར་བའི་ཚེ་གསད་བྱ་དེ་སྡུག་བསྔལ་དང་ལྡན་པར་བྱས་པས་རང་ཉིད་ཀྱང་དེའི་འབྲས་བུ་སྡུག་བསྔལ་ཙུང་ཟད་མྱོང་བར་འགྱུར་བས་རྣམ་སྨིན་ནག་པོར་འགྱུར་རོ་ཞེ་ན། འབྲས་བུ་སྤྱི་ཙམ་པ་དང་རྣམ་སྨིན་མ་ནོར་བ་གལ་ཆེ་སྟེ། འདྲེན་མའི་ལས་ཡིན་པས་འབྲས་བུ་བདེ་སྡུག་གཉིས་ཀ་བསྐྱེད་ཀྱང་། རྣམ་སྨིན་བདེ་བ་ཁོ་ན་བསྐྱེད་ཅིང་སྡུག་བསྔལ་མི་བསྐྱེད་པས་ན་ལས་དཀར་དུ་གཞག་གོ། །མུ་བཞི་འདི་ལ་པཎ་ཆེན་རིན་པོ་ཆེས། ལས་དཀར་ཞེས་པ་དགེ་བ་ལ། །ཟེར་ན་རྣམ་སྨིན་གནག་པ་ཅི། །ལས་ནག་ཅེས་པ་སྡིག་པ་ལ། །ཟེར་ན་རྣམ་སྨིན་དཀར་བ་ཅི། །ཞེས་པའི་དྲི་བ་མཛད་ལ། དེའི་ལན་ཕྱིས་བྱོན་ཕལ་ཆེར་གྱིས་ལས་དཀར་

རྣམ་སྨིན་གནག་ཅེས་པ་དེ་ལས་དཀར་པོར་སྣང་བ་ཙམ་ཡིན་གྱི། དཀར་པོ་དངོས་མིན་ཞེས་པ་དང་། ལས་ནག་རྣམ་སྨིན་དཀར་བ་ཞེས་པ་དེ་ལས་ནག་པོར་སྣང་བ་ཙམ་ཡིན་གྱི། ལས་ནག་དངོས་མིན་ཞེས་འཆད་པར་བྱེད་དོ། །དེ་ལ་དོན་གྱི་གནད་རང་ལ་འཁྲུལ་པ་ཆེར་མེད་ཀྱང་། འདི་ནི་སྦྱོར་བ་དཀར་ནག་ཡིན་ཞིང་། སྦྱོར་བ་དཀར་ནག་ལ་དེ་དང་དེས་མ་ཁྱབ་ཅེས་པ་འདི་བདེ་ཞིང་དོན་ལ་ཡང་གནས་སོ། །བཞི་པ་ནི། དབྱེ་བ་སྔ་མ་རྣམས་སུ་མ་ཟད་གཞན་ཡང་ལས་ཆོས་ཅན། ཁྱོད་ལ་དབྱེ་བ་རྣམ་པ་གཉིས་གསུངས་ཏེ། འཕེན་བྱེད་ཀྱི་ལས་དང་། རྫོགས་བྱེད་ཀྱི་ལས་གཉིས་སུ་གསུངས་པའི་ཕྱིར་ཏེ། མཛོད་ལས། གཅིག་གིས་སྐྱེ་བ་གཅིག་འཕེན་ནོ། །ཡོངས་རྫོགས་བྱེད་པ་དུ་མ་ཡིན། །ཞེས་གསུངས་པའི་ཕྱིར། དེ་ཡང་འཕེན་རྫོགས་ཀྱི་གོ་དོན་ནི། ལས་སྟོབས་ལྡན་གཅིག་གིས་བདེ་འགྲོ་དང་ངན་འགྲོ་གང་རུང་གི་སྐྱེ་བ་ཞིག་འཕེན་པ་ནི་འཕེན་བྱེད་དང་། ལས་སྣ་ཚོགས་པས་སྔར་གྱི་འཕེན་བྱེད་ཀྱིས་འཕངས་པའི་ལུས་རྟེན་ལ་བདེ་བ་དང་སྡུག་བསྔལ་སྣ་ཚོགས་པ་མྱོང་བར་བྱེད་པ་ནི་རྫོགས་བྱེད་ཡིན་ཏེ། དཔེར་ན་ལྷའི་རི་མོ་འདྲི་བ་ན། སྐྱ་རིས་ལ་ཚོན་གཅིག་ཁོ་ན་དང་། ཡོངས་སུ་རྫོགས་པ་ལ་ཚོན་སྣ་ཚོགས་འགྱེད་པ་ལྟ་བུའོ། །དཔེ་འདི་ནི་མཛོད་རང་འགྲེལ་ན་གསལ་ལོ། །འཕེན་རྫོགས་དེ་དག་ལ་ཕྱེ་ན་དབྱེ་བ་མུ་བཞིར་ཡོད་དེ། འཕེན་བྱེད་དགེ་བས་འཕངས་པ་ལ་རྫོགས་བྱེད་ཀྱང་དགེ་བས་རྫོགས་པ་མཐོ་རིས་ཐོབ་ཅིང་དེའི་རྟེན་ལ་བདེ་བ་མྱོང་བ་ལྟ་བུ་དང་། འཕེན་བྱེད་སྡིག་པས་འཕངས་པ་ལ། རྫོགས་བྱེད་ཀྱང་སྡིག་པས་རྫོགས་པ་ངན་སོང་དུ་སྐྱེ་ཞིང་། དེའི་རྟེན་ལ་སྡུག་བསྔལ་མྱོང་བ་ལྟ་བུ་དང་། འཕེན་བྱེད་དགེ་ལ་རྫོགས་བྱེད་སྡིག་པ་མཐོ་རིས་སུ་སྐྱེས་ཀྱང་དེའི་རྟེན་ལ་སྡུག་བསྔལ་མྱོང་བ་ལྟ་བུ་དང་། འཕེན་བྱེད་སྡིག་ལ་རྫོགས་བྱེད་དགེ་བ་རྟེན་ངན་སོང་དུ་སྐྱེས་ཀྱང་དེར་བདེ་བ་མྱོང་བ་ལྟ་བུ་དང་བཞིར་ཡོད་པའི་ཕྱིར། བཞི་པོ་དེ་དག་གི་དཔེར་བརྗོད་མདོར་བསྡུས་པ་བཤད་པར་བྱ་ཡིས་ཡིད་ལ་ཟུང་ཞིག་ཅེས་གདམས་ནས། ཇི་ལྟར་ཞེ་ན། མཐོ་རིས་གསུམ་པོ་གང་རུང་འགྲུབ་པ་ནི་ཆོས་ཅན། དགེ་བའི་ལས་ཀྱིས་འཕེན་པ་ཡིན་ཏེ། ཚུལ་ཁྲིམས་བསྲུངས་པ་ལྟ་བུ་དགེ་བའི་ལས་སྟོབས་ལྡན་གཅིག་གི་རྣམ་སྨིན་གྱི་འབྲས་བུ་ཡིན་པའི་ཕྱིར། མཐོ་རིས་དེ་དག་ལ་བདེ་བ་འབྱུང་བ་ནི་ཆོས་ཅན། རྫོགས་བྱེད་དགེ་བས་རྫོགས་པ་ཡིན་ཏེ། རྫོགས་བྱེད་དགེ་བའི་ལས་སྣ་ཚོགས་པའི་སྐྱེས་བུའི་བྱེད་འབྲས་རྒྱུ་མཐུན་བདག་པོའི་འབྲས་བུ་དང་གསུམ་པོ་གང་རུང་ཡིན་པའི་ཕྱིར། དེ་བཞིན་དུ་ངན་སོང་གསུམ་དུ་སྐྱེ་བ་ནི་ཆོས་ཅན། འཕེན་བྱེད་སྡིག་པ་ཡིན་པར་གསུངས་ཏེ། འཕེན་བྱེད་སྡིག་ལས་སྟོབས་ཆེན་གྱི་རྣམ་སྨིན་གྱི་འབྲས་བུ་ཡིན་པའི་ཕྱིར། ངན་སོང་དེའི་སྡུག་བསྔལ་གྱི་བྱེ་བྲག་ཚ་གྲང་ལ་སོགས་པ་ཀུན་ཆོས་ཅན། རྫོགས་བྱེད་ཀྱི་ལས་སྡིག་པས་རྫོགས་པ་ཡིན་ཏེ། སྡིག་པའི་སྐྱེས་བུ་བྱེད་

འབྲས་སོགས་གསུམ་པོ་གང་རུང་ཡིན་པའི་ཕྱིར། དེ་བཞིན་དུ་མཐོ་རིས་ཀྱི་ལུས་རྟེན་དགེ་བས་འཕངས་པ་ཡིན་མོད་ཀྱི། དེའི་རྟེན་ལ་ནད་དང་གཞན་གྱིས་གནོད་པ་སོགས་ཀྱི་སྡུག་བསྔལ་ཀུན་ཆོས་ཅན། རྫོགས་བྱེད་སྡིག་པ་ཡིན་པར་གསུངས་ཏེ། རྟགས་སྔ་མ་དེའི་ཕྱིར། ཡང་དེ་བཞིན་དུ། ངན་འགྲོའི་སྐྱེ་བ་འཕེན་བྱེད་སྡིག་པ་ཡིན་ཡང་། དེའི་རྟེན་ལ་ལུས་སེམས་བདེ་བའི་གནས་སྐབས་དང་ལྡན་པ་གླང་པོ་ཆེ་ས་སྲུང་གི་བུ་དང་། འཚོ་བ་དང་བྲལ་བའི་ཀླུ་འགའ་བདེ་བ་ལ་ལོངས་སྤྱོད་པ་རྣམས་ཆོས་ཅན། རྫོགས་བྱེད་དགེ་བས་འཕངས་པའམ་བསྐྱེད་པར་གསུངས་ཏེ། རྫོགས་བྱེད་དགེ་ལས་ཀྱི་སྐྱེས་བུའི་བྱེད་འབྲས་སོགས་གསུམ་པོ་གང་རུང་ཡིན་པའི་ཕྱིར། སློབ་དཔོན་ཤེར་རིན་པས། གནས་སྐབས་དགེ་བས་འཕངས་པར་གསུངས་ཞེས་པ་མ་དག་པར་མཛད་ནས། གནས་སྐབས་དགེ་བས་རྫོགས་པར་གསུངས་ཞེས་པའི་གཞུང་བཅོས་པ་ནི་ཅུང་ཟད་ཧམ་ཆེས་ཏེ། འཕངས་པ་དང་འཕེན་བྱེད་གཅིག་ན་དེ་ལྟར་བདེན་ཡང་། དེ་གཅིག་པའི་ངེས་པ་མེད་པའི་ཕྱིར་ཏེ། འཕངས་འདི་ལས་ཀྱིས་བསྐྱེད་པ་ཀུན་ལས་ཀྱིས་འཕངས་པར་འཇོག་པས་རྒྱ་ཆེ་བ་དང་། འཕེན་བྱེད་ནི་སྐྱེ་བ་ཉིད་འཕེན་བྱེད་ཡིན་པས་རྒྱ་ཆུང་བས་སོ། །

ལྔ་པ་ནི་གཞན་ཡང་ལས་ཆོས་ཅན། རྣམ་པ་གསུམ་དུ་ཕྱེ་བས་གསུངས་ཏེ། མདོ་ལས། གཅིག་ཏུ་དཀར་བའི་ལས་ནི་གཅིག་ཏུ་དཀར་བར་འགྱུར་རོ། །གཅིག་ཏུ་གནག་པའི་ལས་ནི་གཅིག་ཏུ་གནག་པར་འགྱུར་རོ། །འདྲེན་མ་རྣམས་ཀྱང་འདྲེན་མར་འགྱུར་རོ། །ཞེས་གསུངས་པའི་ཕྱིར། འབྲས་བུ་བསྐྱེད་ཚུལ་ཇི་ལྟར་ཞེ་ན། གཅིག་ཏུ་དཀར་བས་འབྲས་བུ་བདེ་བ་ཁོ་ན་བསྐྱེད། གཅིག་ཏུ་གནག་པས་སྡུག་བསྔལ་ཁོ་ན་བསྐྱེད། འདྲེན་མའི་ལས་ཀྱིས་བདེ་སྡུག་འདྲེན་མའམ་གཉིས་ཀ་བསྐྱེད་པར་གསུངས་པ་ཡིན་ཏེ། ལས་བཟང་ངན་གྱི་རིམ་པས་འབྲས་བུ་ཡང་དེ་མཚུངས་འབྱུང་བ་རྟེན་འབྲེལ་གྱི་ཆོས་ཉིད་ཡིན་པས་སོ། །འདྲེན་མའི་དོན་ནི། དཀར་ནག་ངོ་བོ་འདྲེས་པ་མི་སྲིད་ཀྱང་། བྱ་བའི་རྒྱུན་གཅིག་ལ་དགེ་སྡིག་གཉིས་ཀ་གྲུབ་པ་ལྟ་བུ་ལ་འདྲེན་མར་འཇོག་སྟེ། བསམ་པ་ནག་ལ་སྦྱོར་བ་དཀར་བའམ། སྦྱོར་བ་ནག་ལ་བསམ་པ་དཀར་བ་ལྟ་བུའོ། །འདྲེན་མ་ནི་དགེ་སྡིག་གང་རུང་གཅིག་ཏུ་བསྔོ་བའམ། ཡང་ན་དགེ་སྡིག་གཉིས་ཚོགས་པ་ལྟ་བུར་བྱས་ནས་གང་རུང་དུ་མི་བསྔོའམ་ཞེ་ན། སྤྱིར་དགེ་སྡིག་གང་རུང་དུ་བསྔོ་རོས་པ་ཡིན་ཏེ། གཞན་དུ་ན་ལས་ལ་དགེ་སྡིག་ལུང་མ་བསྟན་གསུམ་དུ་མ་ངེས་པར་ཐལ་བའི་སྐྱོན་ཡོད་པའི་ཕྱིར། བསྔོ་ཚུལ་ནི། འབྲས་བུ་སྤྱི་ཙམ་ལ་བདེ་སྡུག་གཉིས་ཀ་འབྱུང་ཡང་། རྣམ་སྨིན་གྱི་འབྲས་བུ་ལ་བདེ་བ་འབྱུང་ན་དགེ་བ་དང་། རྣམ་སྨིན་གྱི་འབྲས་བུ་ལ་སྡུག་བསྔལ་འབྱུང་ན་མི་དགེ་བར་བསྔོ་བ་ནི་གནད་ཀྱི་དོན་ནོ། །པཎ་ཆེན་རིན་པོ་ཆེས། དགེ་བ་གང་ཡིན་ཐམས་ཅད་

གྱིས། །རྣམ་སྨིན་བདེ་བ་བསྐྱེད་ན་ནི། །ཟག་མེད་དགེ་བའི་རྣམ་སྨིན་ནི། །ཞེས་པའི་དྲི་བ་དང་། དགོངས་བཞེད་ཀྱང་ཟག་མེད་ཀྱི་དགེ་བ་ལ་རྣམ་སྨིན་མི་བཞེད་པ་ནི་མངོན་པ་གོང་འོག་གི་འགྲེལ་ཤོར་བ་ཡིན་ལ། རང་ལུགས་ནི། བྱམས་མགོན་གྱིས་འབྲས་བུ་ཆོས་སྐུ་སྦྱོར་གཞིའི་རྣམ་སྨིན་དུ་བཤད་པས་ཟག་མེད་ཀྱི་དགེ་བ་ལ་ཡང་རྣམ་སྨིན་ཡོད་པར་དགོངས་སུ་གྲུབ་བོ། །གསུམ་པ་ནི། བཤད་མ་ཐག་པ་འདི་འདྲའི་ལས་དང་རྣམ་སྨིན་གྱི་རྣམ་པར་དབྱེ་བ་བློས་ཤེས་པར་གྱུར་ན་ཕན་ཡོན་ཆེན་པོ་དང་ལྡན་ཏེ། དེས་མིག་ཕྱེ་ནས་ད་གཟོད་ལས་རྒྱུ་འབྲས་ཀྱི་གནད་རིགས་པ་ལ་ཤིན་ཏུ་མཁས་པ་ཉིད་དུ་འགྱུར་བས་སོ། །

ལས་ལ་གསུམ་དང་གཉིས་དང་བཞི་རུ་དབྱེ། །སླར་ཡང་གཉིས་དང་གསུམ་དུ་དབྱེ་བའི་ཚུལ། །ལྷ་ཡི་སྒྲ་ནས་ལས་འབྲས་བླང་དོར་གྱི། །རྣམ་དབྱེ་ཆེ་ལོང་བཤད་འདི་འཇམ་མགོན་གཞུང་། །ལས་དཀར་རྣམ་སྨིན་གནག་དང་ལས་གནག་གི། །རྣམ་སྨིན་དཀར་འདི་འདྲེན་མའི་ལས་ཡིན་པས། །འབྲས་བུ་སྤྱི་ཙམ་བདེ་སྡུག་གཉིས་བསྐྱེད་ཀྱང་། །རྣམ་སྨིན་དབང་གིས་དཀར་གནག་སོ་སོར་ངེས། །སྟོབས་ལྡན་ལས་གཅིག་ཁོ་ནས་བཟང་ངན་གྱི། །སྐྱེ་བ་གང་རུང་གཅིག་འཕེན་འཕེན་བྱེད་དང་། །དཀར་གནག་ལས་ཀྱི་ཚོན་རྩིས་བདེ་སྡུག་གི། །རི་མོ་སྣ་ཚོགས་རྫོགས་པ་རྫོགས་བྱེད་ལས། །འདྲེས་མའི་ལས་ནི་སྤྱིར་བཏང་རྫས་སྤྱི་ལ། །མཚན་གཞིའི་དབང་གིས་དཀར་གནག་སོ་སོ་རུ། །ཁ་ཆོན་གཅོད་འདི་སྟོན་མེད་མཁས་པའི་གཏམ། །དཔྱོད་ལྡན་རྣ་བའི་བདུད་རྩིར་ཅིས་མི་ལེན། །བར་གྱི་ཚིགས་བཅད་དོ། །

གཉིས་པ་འཕྲོས་དོན་འཁྲུལ་པ་དགག་པ་ལ་གསུམ་སྟེ། འདུས་མ་བྱས་ཀྱི་དགེ་ལས་འདོད་པ་དགག་པ༑ ཐེག་པ་ཆེ་ཆུང་གི་དགེ་སྡིག་གཅིག་པ་དགག་པ། ལས་ཀྱི་འབྲས་བུ་དཀར་གནག་ཟང་ཐལ་དགག་པའོ། །དང་པོ་ལ་གཉིས་ཏེ། འདོད་པ་བརྗོད་པ། དེ་དགག་པའོ། །དང་པོ་ནི། མུ་སྟེགས་གྲངས་ཅན་པ་རྣམས་ནི། གཙོ་བོའམ་གཤིས་ལ་དགེ་སྡིག་ཡོད་ཅེས་ཟེར་ཞིང་། རྒྱུ་འོ་མ་སོགས་ལ་འབྲས་བུ་ཞོ་སོགས་མངོན་པར་མི་གསལ་བའི་ཚུལ་གྱིས་གནས་པས། འབྲས་བུ་ཐམས་ཅད་ཀྱང་རྒྱུ་དུས་ན་ཡོད་པ་ཁོ་ན་སླར་སྐྱེ་བར་འདོད་དེ། གྲངས་ཅན་གྱི་གཞུང་ལས། དགེ་དང་སྡིག་པ་ཇི་སྙེད་དང་། །འཁོར་བ་དང་ནི་གྲོལ་བ་དག །གཙོ་བོའི་ནང་ན་གདོད་ནས་ཡོད། །འོན་ཀྱང་ཐབས་ཀྱིས་གསལ་བར་འབྱིན། །འོ་མའི་དུས་ན་ཞོ་ཉིད་དང་། །ཞོ་ཡི་དུས་ན་མར་ཉིད་གང་། །དྲག་པོ་ལེན་གྱིས་བཤད་པ་སྟེ། །འབིགས་བྱེད་བཤད་པའང་དེ་སྐད་སྨྲ། །ཞེས་བཤད་པས་སོ༑ ༑དེ་བཞིན་དུ། བོད་ཀྱང་ཞང་གཡུ་བྲག་པ་སོགས་ལ་ལ་དེའི་རྗེས་སུ་འབྲང་སྟེ། ལམ་མཆོག་མཐར་ཕྱུག་ལས། པ་ན་སེ་ཡི་འབྲས་བུ་བཞིན། །རྒྱུ་དང་འབྲས་བུ་དུས་མཚུངས་ཡིན། །ལས་འཕྲོ་ཅན་གྱིས་རྟོགས་པར

འགྱུར། །ཞེས་རྒྱུ་དུས་ན་འབྲས་བུ་ཡོད་པར་འདོད་ཅིང་། སངས་རྒྱས་ཕལ་པོ་ཆེ་ལས་གསུངས་པའི་རྡོ་རྗེ་རྒྱལ་མཚན་གྱི་བསྔོ་བའི་མདོ་ལས། འགྲོ་ཀུན་དགེ་བ་ཇི་སྙེད་ཡོད་པ་དང་། །བྱས་དང་བྱེད་འགྱུར་དེ་བཞིན་བྱེད་པ་རྣམས། །ཞེས་གསུངས་པའི་དགོངས་པ་འཆད་པ་ལ། འབྲི་གུང་པ་སོགས་བོད་ཁ་ཅིག །གྲངས་ཅན་གཙོ་བོ་དང་རང་བཞིན་གཅིག་པའི་དགེ་བ་ཡོད་པར་འདོད་པའི་ལུགས་བཞིན་དུ། ཇི་སྙེད་ཡོད་པ་དང་ཞེས་པའི་དགེ་བ་ཡང་། སེམས་ཅན་རྣམས་ལ་གདོད་མ་ནས་རང་བྱུང་དུ་གྲུབ་པའི་དགེ་བར་འདོད་ཅིང་། དེ་ལ་བདེ་གཤེགས་སྙིང་པོ་ཞེས་ཀྱང་ཟེར་རོ། །

གཉིས་པ་ལ་གསུམ་སྟེ། མདོར་བསྟན། རྒྱས་པར་བཤད། དོན་བསྡུ་བའོ། །དང་པོ་ནི། བསྔོ་རྒྱུའི་དགེ་བ་རྒྱུ་རྐྱེན་གྱིས་མ་བསྐྱེད་པར་དངོས་པོའི་གཤིས་ལ་ཡོད་པར་འདོད་པ་གྲངས་ཅན་གྱི་ལུགས་དང་མཚུངས་པ་འདི་ནི་ཆོས་ཅན། ལུང་དང་རིགས་པས་དགག་པར་བྱ་བ་ཡིན་ཏེ། བརྟགས་ན་མི་འཐད་པས་སོ། །

གཉིས་པ་རྒྱས་བཤད་ལ་གསུམ་སྟེ། ཆོས་དབྱིངས་བསྔོ་རྒྱུའི་སྙིང་པོར་འདོད་པ་དགག་པ། ཆོས་དབྱིངས་ལས་གཞན་པའི་ཁམས་བསྔོ་རྒྱུའི་སྙིང་པོར་འདོད་པ་དགག་པ། བསྔོ་བའི་ལག་ལེན་དང་དབྱེ་བ་ལ་འཁྲུལ་པ་དགག་པའོ། །དང་པོ་ལ་གསུམ་སྟེ། ལུང་དང་རིགས་པས་དགག་པ། དེའི་ཉེས་སྤོང་གི་ལན་དགག་པ། ལུང་ཚིག་སྔ་ཕྱི་འགལ་བས་དགག་པའོ། །དང་པོ་ལ་གཉིས་ཏེ། ལུང་གིས་གཙོ་བོར་དགག་པ་དང་། རིགས་པས་གཙོ་བོར་དགག་པའོ། །དང་པོ་ལ་གསུམ་སྟེ། ཆོས་དབྱིངས་བསྔོ་རྒྱུའི་དགེ་བར་མི་འཐད་པའི་ལུང་དྲང་བ༑ དེ་བཞིན་ཉིད་ལ་དགེ་བར་གསུངས་པའི་ལུང་དོན་བཤད་པ། གཤིས་ཀྱི་དགེ་བ་གཞན་དགག་པའོ། །དང་པོ་ལ་གསུམ་སྟེ། ཆོས་དབྱིངས་བསྔོ་རྒྱུའི་མི་རུང་བའི་ལུང་དྲང་བ། ཆོས་དབྱིངས་ལ་དགེ་སྡིག་མེད་པའི་ལུང་དྲང་བ། སྙིང་པོའི་ངོས་འཛིན་སྟོང་ཉིད་སྙིང་རྗེར་འདོད་པ་དགག་པའོ། །དང་པོ་ནི། ལུང་དང་རིགས་པས་དགག་པར་བྱ། །ཞེས་པ་ལས་འཕྲོས། ལུང་གིས་དགག་ཚུལ་ཇི་ལྟར་ཞེ་ན། བསྔོ་རྒྱུའི་དགེ་རྩ་རང་བྱུང་དུ་གྲུབ་ཅིང་། བདེ་གཤེགས་སྙིང་པོར་འཛོག་པ་ནི་ལུང་དང་འགལ་ཏེ། བདེ་གཤེགས་སྙིང་པོ་ཞེས་བྱ་བ་ནི། སེམས་ཀྱི་ཆོས་དབྱིངས་གཞན་དུ་འགྱུར་བ་མེད་པ་ཉིད་ལ་གསུངས་པའི་ཕྱིར། ཇི་ལྟར་ཞེ་ན། བདེ་གཤེགས་སྙིང་པོ་འགྱུར་མེད་ཡིན་པ་དེ་སྐད་དུ་ཡང་བཀའ་བསྟན་བཅོས་རྣམས་ལས་གསུངས་ཏེ། རྒྱུད་བླ་མ་ལས། སེམས་ཀྱི་རང་བཞིན་འོད་གསལ་གང་ཡིན་པ། །དེ་ནི་ནམ་མཁའ་བཞིན་དུ་འགྱུར་མེད་དེ། །ཞེས་གསུངས་པ་དང་། དེའི་བཤད་གཞི་དཔལ་འཕྲེང་གིས་ཞུས་པའི་མདོ་ལས་ཀྱང་། བཅོམ་ལྡན་འདས་དེ་བཞིན་གཤེགས་པའི་སྙིང་པོ་ལ་ནི། སྐྱེ་བའམ། འཆུམ་པའམ་འཕོ་བའམ་འབྱུང་བ་ཡང་མ་མཆིས་སོ། །ཞེས་སྙིང་པོ་འགྱུར་མེད་དུ

གསུངས་པའི་ཕྱིར་དང་། མགོན་པོ་ཀླུ་སྒྲུབ་ཀྱི་དབུ་མ་རྩ་བ་ལས་ཀྱང་། དེ་བཞིན་གཤེགས་པའི་རང་བཞིན་ནམ་ཆོས་ཉིད་གང་ཡིན་པ་དེ་ནི། འགྲོ་བ་སེམས་ཅན་ཀུན་གྱི་རང་བཞིན་ནམ་ཆོས་ཉིད་ཡིན་ཞིང་། དེ་བཞིན་གཤེགས་པའི་རང་བཞིན་འགྱུར་བ་མེད་པ་བཞིན་དུ་འགྲོ་བ་འདིའི་རང་བཞིན་ནམ་ཆོས་ཉིད་ཀྱང་འགྱུར་བ་མེད་པ་ཡིན་ནོ། །ཞེས་གསུངས་པའང་དོན་དེ་ཉིད་ཡིན་པའི་ཕྱིར་དང་། ཤེས་རབ་ཀྱི་ཕ་རོལ་ཏུ་ཕྱིན་པ་ལས་ཀྱང་། ཆོས་རྣམས་ཀྱི་ཆོས་ཉིད་གང་ཡིན་པ་དེ་ནི་འདས་པ་ཡང་མ་ཡིན། མ་འོངས་པ་ཡང་མ་ཡིན། ད་ལྟར་བྱུང་བ་ཡང་མ་ཡིན། གང་འདས་པ་དང་མ་འོངས་པ་དང་ད་ལྟར་བྱུང་བ་མ་ཡིན་པ་དེ་ནི་དུས་གསུམ་ལས་རྣམ་པར་གྲོལ་བའོ། །གང་དུས་གསུམ་ལས་རྣམ་པར་གྲོལ་བ་དེ་ནི་ཡོངས་སུ་བསྔོ་བར་བྱར་མི་ནུས་ཤིང་། དེ་བཞིན་དམིགས་པ་དང་རྟོག་པ་དང་། རྣམ་པར་ཤེས་པར་བྱ་བ་མ་ཡིན་ནོ་ཞེས་གསུངས་པའི་ཕྱིར། ཤེས་བྱེད་ཀྱི་ལུང་དྲངས་ཟིན་པ་དེས་ན་ཆོས་ཀྱི་དབྱིངས་ནི་བསྔོ་རྒྱུར་མི་རུང་སྟེ། ཆོས་ཀྱི་དབྱིངས་ལ་བསྔོ་བར་བྱར་མེད་ཅེས་རྒྱལ་བས་བཤད་པའི་ཕྱིར། ཤེར་ཕྱིན་གྱི་ལུང་དྲངས་མ་ཐག་པ་དེ་ལ་ཀུན་མཁྱེན་བླ་མས་བརྒྱུད་སྟོང་པ་ནས་འདྲེན་པར་མཛད། རྩེས་ཐང་སངས་ལྷུན་པས། འབུམ་དང་ཉི་ཁྲི་གཉིས་ལས་ཀྱང་ཚིག་དེ་བཞིན་དུ་གསུངས་པར་འཆད། སྡོམ་ཁང་པས་མདོ་ཚིག་ཇི་ལྟ་བ་བཞིན་མ་རྙེད་གསུངས། དེའི་དགོངས་པ་ཡང་གོང་གི་མདོ་ཚིག་དེས་ཆོས་དབྱིངས་དུས་གསུམ་ལས་གྲོལ་བ་ཙམ་ཞིག་བསྟན་གྱི། ཁམས་གསུམ་དང་དགེ་སྡིག་ལས་གྲོལ་བ་ཚིག་ཟིན་ལ་མ་བསྟན་སྙམ་དུ་དགོངས་པ་འདྲ་སྟེ། དཔྱོད་ལྡན་གྱིས་བལྟས་ན་ཐུགས་པ་མེད་པར་སྣང་། དེས་ན་ཤེས་རབ་ཕ་རོལ་ཏུ་ཕྱིན་པ་ལས་ཞེས་སོགས་ཀྱི་ལུང་སྦྱོར་གྱི་མདོ་ཚིག་གསལ་བ་ཞིག་འཚོལ་བ་ལ་ཀུན་གྱིས་ནན་ཏན་དུ་བྱའོ། །

གཉིས་པ་ནི། ཆོས་དབྱིངས་རང་གི་ངོ་བོ་དགེ་སྡིག་གང་དུ་ཡང་མ་གྲུབ་སྟེ། ཡང་དག་སྦྱོར་བའི་རྒྱུད་སམྦུ་ཊ་ལས། སྡིག་པ་དང་བསོད་ནམས་ཀྱི་ཆ་གཉིས་ནི་སྦྱོས་པའི་རྣམ་རྟོག་ལས་མ་འདས་པས། མཁས་པས་གནས་ལུགས་ཀྱི་དོན་བསྒོམ་པའི་ཚེ་སྦྱོས་པའི་མཐའ་འདི་གཉིས་རྣམ་པར་སྤང་ཞེས་དང་། གསང་འདུས་རྩ་རྒྱུད་དུ་ཡང་། ཆོས་ཐམས་ཅད་ནམ་མཁའི་རྡོ་རྗེའི་དམ་ཚིག་ཏུ་གསུངས་པའི་ཕྱིར་དང་། གཟུགས་ཀྱི་ཕུང་པོ་མ་ཡིན་ནོ་ཞེས་པ་ནས། འདོད་ཆགས་ཞེ་སྡང་གཏི་མུག་མ་ཡིན། ཆོས་མ་ཡིན། ཆོས་མིན་པའང་མ་ཡིན། ཞེས་དང་། ཕྱག་ན་རྡོ་རྗེ་དབང་བསྐུར་བའི་རྒྱུད་ལས། བསོད་ནམས་ཞེས་བྱ་བའམ། བསོད་ནམས་མ་ཡིན་པ་ཞེས་བྱ་བའམ། མྱ་ངན་ལས་འདས་པ་ཞེས་བྱ་བའམ། ཐ་དད་པ་ཞེས་བྱ་བ་མེད་དོ། །ཞེས་གསུངས་པའི་ཕྱིར། དེར་མ་ཟད། འཕགས་པ་ཀླུ་སྒྲུབ་ཀྱི་གཏམ་བྱ་རིན་ཆེན་འཕྲེང་བ་ལས་ཀྱང་། ཆོས་དབྱིངས་དགེ་སྡིག

ལས་གྲོལ་བར་གསུངས་པ་ཡིན་ཏེ། སྡིག་པ་དང་བསོད་ནམས་ཀྱི་བྱ་བ་ལས་འདས་ཤིང་། སོ་སོ་སྐྱེ་བོས་བསྐྱ་བསམ་བརྗོད་པའི་ཡུལ་ལས་འདས་པའི་ཟབ་མོ་སྟོང་པ་ཉིད་ནི། སྣོད་མ་ཡིན་པ་རྣམས་ལ་རེ་ཞིག་མི་སྟོན་པར་ཟུར་དུ་བཀོལ་བའི་དོན་དང་ལྡན་ཞིང་། གཞན་མུ་སྟེགས་བྱེད་དང་། རང་ཉིད་ཀྱི་སྡེ་པ་སེམས་ཙམ་པ་མན་ཆད་ཀྱིའང་རྟོགས་པར་བྱ་བའི་གནས་མ་ཡིན་ཞིང་། འཇིགས་ཤིང་སྐྲག་པས་མ་མྱུངས་པ་ཞེས་གསུངས་པ་དང་། གཞན་ཡང་རིན་ཆེན་ཕྲེང་བ་དེ་ཉིད་ལས། སྟོང་ཉིད་རྟོགས་པའི་ཤེས་པས། ཡོད་འཛིན་དང་མེད་འཛིན་ཞི་བའི་ཕྱིར་ན། སྡིག་པ་དང་བསོད་ནམས་ཀྱི་རྣམ་རྟོག་ལས་འདས་པའི་བློ་དེ་ཡིས་འཁོར་བ་བདེ་འགྲོ་དང་ངན་འགྲོ་ལས་ཐར་བའི་ཐར་པ་དམ་པ་ཐོབ་པར་བཞེད་དོ། །ཞེས་གསུངས་པ་འདི་ཡང་ཆོས་དབྱིངས་ལ་དགེ་སྡིག་མེད་པའི་ལུང་ཡིན་པའི་ཕྱིར། འདིར་པཎ་ཆེན་རིན་པོ་ཆེས། རིན་ཆེན་ཕྲེང་བར་གསུངས་པ་ཡི། །ཟབ་མོ་བཀྲོལ་བ་ཅི་ལ་ཟེར། །ཞེས་པའི་དྲི་བ་མཛད་པ་ནི། གཞུང་ཚིག་དག་མ་དག་ལ་དོགས་གཅོད་མཛད་པར་སྣང་བས་ལེགས་ཏེ། བཀྲོལ་བ་ཞེས་པ་ལ་སྐབས་དོན་གྱི་གོ་བ་ཆེར་མེད་པས། བཀོལ་བ་ཞེས་པ་ཉིད་དག་པའི་ཕྱིར་དང་། རང་རེའི་ཀུན་མཁྱེན་བླ་མའི་འཕྲུལ་སྒྱུར་ལས་ཀྱང་། ཟབ་མོ་བཀོལ་བའི་དོན་དང་ལྡན། །ཞེས་པ་དང་། ཆོས་ཀྱི་ཁྱད་པ་ཡིན་ཞེས་གྱིས། །ཞེས་པ་གཉིས་དོན་མཐུན་པར་མཛད་པའི་ཕྱིར། གསུམ་པ་སྙིང་པོའི་ངོས་འཛིན་སྙིང་རྗེར་འདོད་ལ་དགག་པ་ནི། སྟོད་ལུང་རྒྱ་དམར་བ་ཁ་ཅིག །བདེ་གཤེགས་སྙིང་པོའི་སྐབས་ངོས་འཛིན་སྟོང་ཉིད་སྙིང་རྗེའི་སྙིང་པོ་ཅན་ཡིན་ཞིང་། དེ་ཉིད་བསྔོ་རྒྱུའི་དགེ་རྩ་ཡང་ཡིན་ནོ་ཞེས་འདོད་དོ། །དེ་འགོག་པ་ནི། སྟོང་ཉིད་སྙིང་རྗེའི་སྙིང་པོ་ཅན་འདི་ནི་ཆོས་ཅན། བདེ་གཤེགས་སྙིང་པོའི་ཁམས་ཀྱི་དྲི་མ་སྦྱོང་བྱེད་ཡིན་གྱི། ཁམས་དངོས་ནི་མ་ཡིན་ཏེ། ཁྱོད་གོམས་པ་ལས་ཁམས་ཀྱི་དྲི་མ་སྦྱངས་ཏེ་འབྲས་བུ་སངས་རྒྱས་ཐོབ་པར་འགྱུར་བའི་ཕྱིར། དོན་དེ་སྐད་དུ་ཡང་རྣམ་འགྲེལ་ལས། ཚད་མའི་སྐྱེས་བུའི་སྒྲུབ་བྱེད་ཐུགས་རྗེ་ཆེན་པོ་བསྐལ་པ་གྲངས་མེད་གསུམ་དུ་གོམས་པ་ལས། དོན་གཉིས་ཕུན་ཚོགས་འབྱུང་བར་གསུངས་པ་དང་། སློབ་དཔོན་ཞི་བ་ལྷས་བསླབ་བཏུས་ལས་ཀྱང་། སྟོང་ཉིད་སྙིང་རྗེའི་སྙིང་པོ་ཅན་བསྒྲིད་ཅིང་གོམས་པས། བསོད་ནམས་མཐར་ཕྱིན་ཏེ་དྲི་མ་དག་ནས་སངས་རྒྱས་འཐོབ་པར་གསུངས་པ་དང་། བློ་གྲོས་རྒྱ་མཚོས་ཞུས་པའི་མདོ་ལས་ཀྱང་། རྒྱས་འགྱུར་གྱི་རིགས་ཀྱིས་རང་བཞིན་གནས་རིགས་ཀྱི་དྲི་མ་སྦྱོང་བར་གསུངས་པ་དང་། རྒྱུད་རྡོ་རྗེ་གུར་ལས་ཀྱང་། སྟོང་ཉིད་སྙིང་རྗེ་ཐ་དད་མེད། །གང་དུ་སེམས་ནི་རྣམ་བསྒོམ་པ། །དེ་ནི་སངས་རྒྱས་ཆོས་དང་ནི། །དགེ་འདུན་གྱིས་ཀྱང་བསྟན་པའོ། །ཞེས་གསུངས་སོ། །མདོར་ན༑ སྟོང་ཉིད་སྙིང་རྗེའི་སྙིང་པོ་ཅན་འདི་ནི་གཞི་ལམ་འབྲས་གསུམ་གྱི་ནང་ནས་ལམ་ཡིན་པས། ཁམས་བདེ་

གཤེགས་སྙིང་པོར་འགྱུར་པར་མི་བྱ་སྟེ། གཞི་ལམ་འབྲས་གསུམ་གྱི་རྣམ་དབྱེ་སོ་སོར་དགོས་པས་སོ། །གཉིས་པ་དེ་བཞིན་ཉིད་ལ་དགེ་བར་གསུངས་པའི་ལུང་དོན་བཤད་པ་ལ་གསུམ་སྟེ། ལུང་ལས་ཇི་ལྟར་བཤད་པའི་ཚུལ། དེའི་དགོངས་པ་དཔེ་དང་སྦྱར་ཏེ་བཤད་པ། གཞན་དུ་རྟོག་ན་ཧ་ཅང་ཐལ་བའོ། །དང་པོ་ནི། ཕྱོགས་སྔ་མ་དག་ཆོས་དབྱིངས་དགེ་བར་འདོད་པའི་འགྲུབ་གཞི་ལུང་ལ་བརྟེན་པ་ཡིན་ཏེ། ཉན་ཐོས་རྣམས་དང་། ཐེག་པ་ཆེན་པོ་ཐུན་མོང་བའི་གཞུང་མངོན་པ་ཀུན་ལས་བཏུས་ལས། ངོ་བོ་ཉིད་ཀྱི་དགེ་བ་གང་ཞེ་ན། དད་པ་ལ་སོགས་པ་སེམས་ལས་བྱུང་བའི་ཆོས་བཅུ་གཅིག་གོ། །ཞེས་དང་། དོན་དམ་པར་དགེ་བ་གང་ཞེ་ན་དེ་བཞིན་ཉིད་དོ། །ཞེས་དང་། དོན་དམ་པར་མི་དགེ་བ་གང་ཞེ་ན་འཁོར་བ་ཐམས་ཅད་དོ། །ཞེས་དང་། དོན་དམ་པར་ལུང་དུ་མ་བསྟན་པ་གང་ཞེ་ན། ནམ་མཁའ་དང་སོ་སོར་བརྟགས་པ་མ་ཡིན་པའི་འགོག་པའོ། །ཞེས་གསུངས་པ་འདི་ལ་དངོས་བཏགས་མི་འབྱེད་པར་སྒྲས་ཟིན་ཙམ་ལ་བརྟེན་ནས་ཆོས་དབྱིངས་དེ་བཞིན་ཉིད་དགེ་བར་འདོད་པའི་ལོག་རྟོག་འདི་བྱུང་བ་ཡིན་ནོ། །

གཉིས་པ་ནི། མངོན་པ་ཀུན་ལས་བཏུས་ལས། དེ་བཞིན་ཉིད་ལ་དགེ་བ་ཞེས་བཤད་པ་ནི་བཏགས་པ་བ་ཡིན་ཏེ། དེའི་དགོངས་པ་དཔེ་དང་སྦྱར་ཏེ་འཆད་པ་འདི་ལྟར་ཡིན་པས་ཉོན་ཅིག །དཔེ་ཇི་ལྟར་ན། མི་རྣམས་ལུས་ནད་དང་བྲལ་བ་ལ་ནི་ལུས་བདེ་བ་དང་། སེམས་མྱ་ངན་མེད་པ་ལ་སེམས་བདེ་ཞེས་ནི་འཇིག་རྟེན་ན་ཟེར་ལ། འདི་དག་ལུས་སེམས་ལ་སྡུག་བསྔལ་མེད་པ་ཙམ་ལས་གཞན་པའི་བདེ་བ་མཚན་ཉིད་པ་མེད་མོད་ཀྱིས། འོན་ཀྱང་ལུས་སེམས་ལ་སྡུག་བསྔལ་མེད་པ་ཙམ་ལ་ལུས་སེམས་བདེ་བ་ཡིན་ཞེས་ཀུན་ལ་གྲགས་པ་ཡིན་ནོ། །དཔེ་དེ་བཞིན་དུ། ཆོས་ཀྱི་དབྱིངས་ལ་ཡང་སྡིག་པ་མེད་པ་ཙམ་ཞིག་ལས་ལྷག་པའི་དགེ་བ་མཚན་ཉིད་པ་མེད་མོད་ཀྱི། འོན་ཀྱང་སྡིག་པ་མེད་པ་ཙམ་ལ་དགེ་བ་ཡིན་ཞེས་བཏགས་པར་ཟད་དོ། །དཔེ་གཞན་ཡང་མངོན་པའི་གཞུང་རྣམས་ལས། ཟས་ཀྱིས་འགྲངས་ནས་རེ་ཞིག་ཟས་མི་འཕྲོད་པར་འཛིན་པ་ལ་ཟས་ལ་འདོད་ཆགས་དང་བྲལ་བ་དང་། འཁྲིག་པ་སྤྱད་དྲགས་ནས་རེ་ཞིག་མི་འཕྲོད་པར་འཛིན་པ་ལ་འཁྲིག་པ་ལ་འདོད་ཆགས་དང་བྲལ་བར་གསུངས་མོད་ཀྱི། འོན་ཀྱང་ཟས་དང་འཁྲིག་པ་ལ་འདོད་པ་གཏན་ནས་བྲལ་བའི་འདོད་ཆགས་དང་བྲལ་བ་མཚན་ཉིད་པ་མ་ཡིན་ནོ། །དཔེ་དེ་བཞིན་དུ་ཆོས་ཀྱི་དབྱིངས་ལ་ཡང་དོན་དམ་པའི་དགེ་བ་ཡིན་ཞེས་གསུངས་པར་གྱུར་ཀྱང་། འབྲས་བུ་བདེ་བ་སྐྱེད་བྱེད་ཀྱི་དགེ་བ་དངོས་ནི་མ་ཡིན་ནོ། །འདིར་དཔེ་གཉིས་བྱུང་བ་ལས་སྔ་མ་ནི་འཇིག་རྟེན་ལ་གྲགས་པའི་དཔེ་དང་། ཕྱི་མ་ནི་བསྟན་བཅོས་ལ་གྲགས་པའི་དཔེ་ཡིན་ཏེ། འཇིག་རྟེན་ཟེར་ཞེས་དང་། གཞན་ཡང་མངོན་པའི་གཞུང་རྣམས་ལས་ཞེས་པའི་ཚིག་གི་

ནུས་པ་ལས་རྟོགས་སོ། །དེས་ན་ངོ་བོ་ཉིད་ཀྱི་དགེ་བ་ཡིན་ན། དགེ་བ་ཡིན་པས་ཁྱབ་ཅིང་། དོན་དམ་པའི་དགེ་བ་ཡིན་ན་དགེ་བ་མ་ཡིན་པས་ཁྱབ་པ་ཤེས་དགོས་སོ། །འོ་ན་དེ་བཞིན་ཉིད་དེ་དགེ་སྡིག་ལུང་མ་བསྟན་གསུམ་པོ་གང་ཡིན་ཞེ་ན། ལུང་མ་བསྟན་ཡིན་ཏེ། དགེ་སྡིག་གང་རུང་ཡིན་པ་ནི་སྔར་བཀག་ཟིན་ཀྱང་། གསུམ་པོ་གང་རུང་དུ་ནི་ཆོས་ཐམས་ཅད་འདུ་དགོས་པའི་ཕྱིར་ཏེ། མངོན་རྟོགས་རྒྱན་ལས། དམིགས་པ་ཆོས་རྣམས་ཐམས་ཅད་དེ། །དེ་ཡང་དགེ་ལ་སོགས་པ་ཡིན། །ཞེས་གསུངས་པའི་ཕྱིར། གསུམ་པ་ནི། དེ་ལྟར་ཆོས་དབྱིངས་ལ་དགེ་བའི་མིང་གིས་འདོགས་ཚུལ་དཔེའི་སྒོ་ནས་གཏན་ལ་ཕབ་ཀྱང་ད་དུང་ངེས་པ་མ་སྐྱེས་པར་ཅི་ནས་ཆོས་དབྱིངས་དགེ་བ་དངོས་ཉིད་ཡིན་ཟེར་ན་ཧ་ཅང་ཐལ་བར་འགྱུར་ཏེ། དེ་ཡང་སྡིག་པ་དང་ལུང་མ་བསྟན་ཡང་དགེ་བར་འགྱུར་བར་ཐལ། ཆོས་དབྱིངས་དགེ་བ་ཡིན་པ་གང་ཞིག །ཆོས་ཀྱི་དབྱིངས་ལས་མ་གཏོགས་པའི་ཆོས་གཞན་མེད་པའི་ཕྱིར་ཏེ། མདོ་སྡེ་རྒྱན་དང་། དབུས་མཐར་ཡང་། ཆོས་ཀྱི་དབྱིངས་ནི་མ་གཏོགས་པར། །གང་ཕྱིར་ཆོས་མེད་དེ་ཡི་ཕྱིར། །ཞེས་གསུངས་པའི་ཕྱིར། འདོད་ན། སེམས་ཅན་ཀུན་ངན་འགྲོར་འགྲོ་བ་མི་སྲིད་པར་ཐལ། སྡིག་པ་དང་ལུང་མ་བསྟན་ཡང་དགེ་བ་དེ་ལྟར་ཡིན་པའི་ཕྱིར་ནའོ། །འདི་ལ་པཎ་ཆེན་རིན་པོ་ཆེས། ཅི་ནས་ཆོས་དབྱིངས་ལུང་མ་བསྟན། །ཡིན་ན་ཧ་ཅང་ཐལ་འགྱུར་ཏེ། །ཆོས་ཀྱི་དབྱིངས་ལས་མ་གཏོགས་པའི། །ཆོས་གཞན་མེད་ཕྱིར་དགེ་བ་དང་། །སྡིག་པའང་ལུང་མ་བསྟན་དུ་འགྱུར། །སླམ་པའི་དོགས་པ་མི་འབྱུང་ངམ། །ཞེས་དྲིས་པ་ནི། མགོ་མཚུངས་ཀྱི་དོགས་པ་ཤིན་ཏུ་ཆེ་བར་སྣང་ལ། དེའི་ལན་ལ་ཀུན་མཁྱེན་བླ་མས། ཆོས་ཐམས་ཅད་ལ་རང་རང་གི་ཆོས་དབྱིངས་རེ་ཡོད་པས། ཆོས་དབྱིངས་དང་མི་ལྡན་པའི་ཆོས་ཡེ་མེད་པ་ནི། ཆོས་ཀྱི་དབྱིངས་ལས་མ་གཏོགས་པའི་ཆོས་གཞན་མེད་པའི་དོན་ཡིན་ལ། དེས་ན་གཞུང་དོན་རྟགས་གསལ་དུ་དྲིལ་ན་སྡིག་པ་དང་ལུང་མ་བསྟན་ལ་ཡང་དགེ་བ་ཡོད་པར་ཐལ། ཆོས་དབྱིངས་དགེ་བ་གང་ཞིག །ཆོས་ཐམས་ཅད་ལ་ཆོས་དབྱིངས་ཡོད་པའི་ཕྱིར། ཞེས་པ་ཡིན་ལ། དེ་ལ་དགེ་བ་དང་སྡིག་པ་ལ་ཡང་ལུང་མ་བསྟན་ཡོད་པར་ཐལ། ཆོས་དབྱིངས་ལུང་མ་བསྟན་གང་ཞིག །ཆོས་ཐམས་ཅད་ལ་ཆོས་དབྱིངས་ཡོད་པའི་ཕྱིར་གསུང་རྒྱུ་ཡིན་ན། འདོད་པའི་ལན་འདེབས་ཀྱི་ལན་མཛད་པ། རྗེས་ཐང་སངས་ལྷུན་པས་ཀྱང་། སྡིག་པ་དང་ལུང་མ་བསྟན་དགེ་བ་དང་ལྡན་པར་ཐལ། ཆོས་དབྱིངས་དགེ་བ་གང་ཞིག །ཆོས་དབྱིངས་དང་མི་ལྡན་པའི་ཆོས་མེད་པའི་ཕྱིར། ཞེས་རྣམ་བཤད་དུ་འབྲུ་བསྣོན་མཛད་པ་དང་། པཎ་ཆེན་རང་ཉིད་ཀྱི་ལེགས་བཤད་གསེར་ཐུར་ལས། དེས་ན་ཤེས་བྱ་ཐམས་ཅད་ཀྱི་གནས་ཚུལ་ཆོས་ཀྱི་དབྱིངས་སུ་གནས་པ་དེའི་ཕྱིར། ཆོས་དབྱིངས་ལས་མ་གཏོགས་པའི་ཆོས་གཞན་མེད་དོ། །ཞེས་གསུངས་པ་རྣམས་དགོངས་

པ་གྲུང་མཐུན་པར་སྣང་ངོ་། །བདག་ཉིད་ཆེན་པོའི་དྲིས་ལན་འགའ་ཞིག་ན། ཆོས་དབྱིངས་ལས་མ་གཏོགས་པའི་ཆོས་གཞན་མེད་པ་དོན་དམ་པར་ཆོས་དབྱིངས་ལས་མ་གཏོགས་པའི་ཆོས་གཞན་མེད་པ་ལ་བཤད་པ་ཡང་ཡོད་པས་དེའི་དབང་དུ་བྱས་ན། གོང་གི་ལུང་རིགས་རྣམས་ཀྱང་དོན་དམ་པར་ཆོས་དབྱིངས་དགེ་བར་འདོད་པ་ལ་འཕངས་པ་ཡིན་པར་འཆད་དགོས་སོ། གསུམ་པ་གཞིས་ཀྱི་དགེ་བ་གཞན་དགག་པ་ནི། བཀའ་གདམས་པ་ལ་ལ་བྱམས་པ་དང་སྙིང་རྗེ་སོགས་ཡུལ་དུས་གང་ཟག་ལ་མ་ལྟོས་པར་གཤིས་ལ་གནས་པའི་དགེ་བ་ཡིན་ཞེས་ཟེར་རོ། །དེ་ན་དགག་པ་ནི། འདི་ཡང་དེ་ལྟར་མཐའ་གཅིག་ཏུ་ངེས་པ་མེད་དེ། ཐབས་ལ་མི་མཁས་པའི་བྱམས་སྙིང་རྗེ་ནི་ངན་སོང་རྒྱུ་རུ་ཐུབ་པས་གསུངས་པའི་ཕྱིར་ཏེ། མདོ་སྡེ་མཛངས་བླུན་ལས། ཞལ་ཏ་པས། དགེ་འདུན་གྱི་དབྱར་གནས་པའི་མཐུན་རྐྱེན་གྱི་རིན་པོ་ཆེ་སྦྱིན་བདག་གིས་ཕུལ་བ་རྣམས། རང་གི་ཉེ་དུ་རྣམས་ལ་ཕན་འདོགས་པའི་བློས་སྦྱིན་པས། ཞལ་ཏ་བ་ནི་ལྤོན་ཤིང་ལྟ་བུའི་སེམས་ཅན་དམྱལ་བ་པ་དང་། གཞན་རྣམས་ནི་ཤིང་གི་སྲིན་བུར་གྱུར་ནས་ཟ་ཞིང་ཐམས་ཅད་ཀྱང་དམྱལ་བའི་མེས་བསྲེགས་པའི་སྡུག་བསྔལ་དང་ལྡན་པར་བཤད་པའི་ཕྱིར། སྦྱིར་བཏང་ལ་བྱམས་སྙིང་རྗེ་དགེ་བར་གསུངས་པ་ནི། ཐབས་ལ་མཁས་པའི་བྱམས་སྙིང་རྗེ་ལ་དགོངས་ནས་གསུངས་པ་ཡིན་ཏེ། ཆོས་ཡང་དག་པར་སྡུད་པའི་མདོ་ལས། ཆོས་གཅིག་ལག་མཐིལ་དུ་མཆིས་ན་སངས་རྒྱས་ཀྱི་ཆོས་ཐམས་ཅད་ལག་མཐིལ་དུ་མཆིས་པར་འགྱུར་རོ། །གཅིག་གང་ཞེ་ན། སྙིང་རྗེ་ཆེན་པོའོ། །ཞེས་གསུངས་པ་ཡང་ཐབས་ལ་མཁས་པའི་སྙིང་རྗེ་ལ་དགོངས་པའི་ཕྱིར་རོ། །

གཉིས་པ་རིགས་པས་གཙོ་བོར་དགག་པ་ལ་གསུམ་སྟེ། ཆོས་དབྱིངས་ཡོད་དགེ་ཡིན་པ་ལ་གནོད་བྱེད་བསྟན་པ། ཞར་ལ་མདོའི་དོན་ལེགས་པར་བཤད་པ། གཞན་དུ་བརྟགས་ན་ལུང་རིགས་དང་འགལ་བས་ཧ་ཅང་ཐལ་བའོ། །དང་པོ་ལ། མཚམས་སྦྱར་ཏེ་མདོར་བསྟན་པ་དང་། གནོད་བྱེད་ཀྱི་རིགས་པ་རྒྱས་པར་བཤད་པ་གཉིས། དང་པོ་ནི། ཆོས་དབྱིངས་རྡོ་རྗེ་རྒྱལ་མཚན་གྱི་བསྔོ་བའི་མདོ་ནས་བཤད་པའི་ཡོད་དགེ་ཡིན་པ་ལུང་གིས་གཙོ་བོར་བཀག་ཟིན་པ་དེས་ན། འགྲོ་བ་ཐམས་ཅད་ཀྱི་སྒོ་གསུམ་གྱི་རྩོལ་བས་བྱས་པའི་དགེ་བ་ལ་དགོངས་ནས། འགྲོ་ཀུན་དགེ་བ་ཇི་སྙེད་ཡོད་པ་དང་། །ཞེས་བྱ་བའི་ཚིག་གིས་གསུངས་པ་ཡིན་ནོ། །གལ་ཏེ་དེ་སྐད་ཀྱི་དགེ་བ་དེ་ཆོས་དབྱིངས་ཡིན་ན། ཇི་སྙེད་ཅེས་བྱ་བའི་སྒྲ་ཡང་མི་འཐད་ཅིང་། ཡོད་པ་ཞེས་བྱ་བའི་སྒྲ་ཡང་འགལ་ལ། འགྲོ་ཀུན་ཞེས་པའི་ངེས་བཟུང་གི་སྒྲ་ཡང་མི་རུང་ངོ་། །

གཉིས་པ་རྒྱས་བཤད་ལ་གསུམ་སྟེ། ཇི་སྙེད་ཀྱི་སྒྲ་མི་འཐད་པར་ཐལ་བ། ཡོད་ཅེས་བྱ་བའི་སྒྲ་མི་འཐད་པར་ཐལ་བ། འགྲོ་ཀུན་གྱི་སྒྲ་མི་འཐད་པར་ཐལ་བའོ། །དང་པོ་ནི། དེ་དག་གི་རྒྱུ་མཚན་འདི་ལྟར

ཡིན་ཏེ། དེ་ཡང་བསྔོ་རྒྱུའི་དགེ་རྩ་ལ་ཇི་སྙེད་ཀྱི་སྒྲ་མི་འཇུག་པར་ཐལ། ཇི་སྙེད་ཅེས་བྱ་བའི་སྒྲ་ནི་མང་པོའི་སྒྲ་ཡིན་ཅིང་། ཆོས་དབྱིངས་ལ་ངོ་བོའི་སྒོ་ནས་མང་ཉུང་མེད་པའི་ཕྱིར་ཏེ། ཆོས་དབྱིངས་དེ་ནི་མང་ཉུང་གི་སྤྲོས་པ་དང་བྲལ་བ་ཡིན་པའི་ཕྱིར།

གཉིས་པ་ནི། བསྔོ་རྒྱུའི་དགེ་རྩ་ལ་ཡོད་པ་ཞེས་པའི་སྒྲ་ཡང་མི་འཇུག་པར་ཐལ། ཇི་སྙེད་ཡོད་པ་དང་ཞེས་པའི་ཡོད་པ་ནི་རང་གི་ངོ་བོ་ཡོད་ཙམ་ལ་བྱ་ཞིང་ཆོས་དབྱིངས་ནི་རང་གི་ངོ་བོ་ཡོད་ཙམ་ཡང་མ་ཡིན་པའི་ཕྱིར་ཏེ། རང་གི་ངོ་བོ་ཡོད་ཙམ་ལ་མི་རྟག་པས་ཁྱབ་པར་ཆོས་ཀྱི་གྲགས་པས་ལེགས་པར་གསུངས་པའི་ཕྱིར། ཇི་ལྟར་ན། རྣམ་འགྲེལ་ལས། རང་བཞིན་ཡོད་ཙམ་དང་། འབྲེལ་པ་ཅན་གྱི་ངོ་བོ་ཡང་། ཞེས་དང་། འཇིགས་པ་ཡོད་ཙམ་འབྲེལ་པ་ཅན། །ཉིད་ཕྱིར་སྒྲ་ནི་མི་རྟག་ཉིད། །ཅེས་གསུངས་སོ། །དེར་མ་ཟད་ཀླུ་སྒྲུབ་ཀྱིས་ཀྱང་དབུ་མ་ལས་དེ་བཞིན་དུ་གསུངས་ཏེ། གལ་ཏེ་མྱ་ངན་ལས་འདས་པ་དངོས་པོ་ཡིན་ན། མྱང་འདས་ཆོས་ཅན། འདུས་བྱས་སུ་འགྱུར་བར་ཐལ། དངོས་པོ་ཡིན་པའི་ཕྱིར། དཔེར་ན་ལོ་ཏོག་བཞིན། ཁྱབ་སྟེ། དངོས་པོ་འདུས་བྱས་མ་ཡིན་པ་ནི་འགའ་ཡང་ཡུལ་དུས་གང་ནའང་མེད་དོ། །ཞེས་གསུངས་པའི་ཕྱིར་དང་། གཞན་ཡང་དེ་ཉིད་ལས། གྲུབ་མཐའ་སྨྲ་བ་གང་དག་གཟུགས་སོགས་ཀྱི་རང་བཞིན་སྟོང་པ་ཉིད་གཞན་གྱི་དངོས་པོ་དང་། རང་གི་ངོ་བོས་དངོས་པོ་དང་། དངོས་མེད་ཉིད་དུ་འཛིན་པའི་ལྟ་བ་ཅན་དེ་དག་སངས་རྒྱས་ཀྱི་བསྟན་པ་ལ་ཟབ་མོའི་དེ་ཁོ་ན་ཉིད་མཐོང་བ་མ་ཡིན་ནོ་ཞེས་གསུངས་པ་དང་། གཞན་ཡང་དེ་ཉིད་ལས། བཅོམ་ལྡན་འདས་དངོས་དང་དངོས་པོ་མེད་པ་ཀུན་གྱི་རང་བཞིན་མཁྱེན་པས། འཕགས་པ་ཀཱ་ཏྱཱ་ཡ་ན་ལ་གདམས་པའི་གདམས་ངག་ལས། ཀཱ་ཏྱཱ་ཡ་ན་གང་གི་ཕྱིར་འཇིག་རྟེན་འདི་ནི་ཕལ་ཆེར་ཡོད་པ་ཉིད་དང་། མེད་པ་ཉིད་ལ་མངོན་པར་ཞེན་ཏེ། དེས་སྐྱེ་བ་དང་རྒ་བ་དང་ན་བ་དང་འཆི་བ་དང་མྱ་ངན་དང་། སྨྲེ་སྔགས་འདོན་པ་དང་། སྡུག་བསྔལ་བ་དང་། ཡིད་མི་བདེ་བ་དང་། འཁྲུག་པ་ལས་ཡོངས་སུ་གྲོལ་བར་མི་འགྱུར་རོ། །ཞེས་བཀའ་སྩལ་པས། ཡོད་པ་དང་མེད་པའི་མཐའ་གཉིས་ཀ་བཀག་པར་མཛད་དོ། །ཞེས་གསུངས་པ་དང་། གཞན་ཡང་དེ་ཉིད་ལས། ཆོས་རྣམས་གདོད་མ་ནས་རང་བཞིན་གྱི་ཡོད་ཅེས་བྱ་བ་ནི་རྟག་པར་འཛིན་པའི་ལྟ་བ་དང་། ཀུན་རྫོབ་ཏུ་གང་དུའང་གྲུབ་པ་མེད་ཅེས་བྱ་བ་ཆད་པར་ལྟ་བར་འགྱུར་བ་དེའི་ཕྱིར། ཡོད་པ་དང་མེད་པའི་མཐའ་གཉིས་ལ་མཁས་པས་གནས་པར་མི་བྱའོ་ཞེས་གསུངས་པའང་། ཆོས་དབྱིངས་ཡོད་མེད་གཉིས་ཀ་གང་ཡང་མ་ཡིན་པའི་ལུང་དུ་གསལ་བས་སོ། །རྒྱུ་མཚན་དེས་ན་སངས་རྒྱས་ཀྱི་བསྟན་པའི་སྙིང་པོ་དབུ་མའི་ལྟ་བ་ལ་གུས་པར་བྱེད་ན། ཆོས་ཀྱི་དབྱིངས་ཡོད་མེད་གཉིས་ཀ་གང་དུ་ཡང་མ་བཟུང་ཞིག་ཅེས་གདམས་ཏེ། ཡོད་

མེད་གང་རུང་ཞིག་ཏུ་བཟུང་ན་རྟག་ལྟ་དང་ཆད་ལྟ་གང་རུང་དུ་འགྱུར་བའི་ཕྱིར། ཆོས་དབྱིངས་ཡོད་པ་ཙམ་མ་ཡིན་པར་འདི་ནི་རིགས་པས་ཀྱང་འགྲུབ་སྟེ། ཡོད་པ་ཙམ་ལ་དོན་བྱེད་ནུས་པས་ཁྱབ་ཅིང་། ཆོས་དབྱིངས་ལ་བྱ་བྱེད་མེད་པའི་ཕྱིར། རྟགས་ཟུར་ཕྱི་མ་གྲུབ་སྟེ། ཆོས་དབྱིངས་དེ་ནི་སྤྲོས་བྲལ་ཡིན་པའི་ཕྱིར། རིགས་པས་ཀྱང་ནི་ཞེས་པའི་ཚིག་གི་ནུས་པས་ཆོས་དབྱིངས་ཡོད་ཙམ་མ་ཡིན་པར་བསྒྲུབ་པ་ལ། ཀླུ་སྒྲུབ་ཀྱི་ལུང་བཞི་དང་། ཆོས་གྲགས་ཀྱི་ལུང་རྣམས་ནི་ལུང་གི་སྒྲུབ་བྱེད་དང་། ཡོད་ཙམ་དོན་བྱེད་ནུས་ཕྱིར་རོ། །ཞེས་པ་རིགས་པའི་སྒྲུབ་བྱེད་ཡིན་པར་བསྟན་ནོ། །

གསུམ་པ་ནི། རིགས་པ་གཞན་ཡང་། འགྲོ་ཀུན་དགེ་བ་ཇི་སྙེད་ཡོད་པ་དང་། །ཞེས་པའི་དགེ་བ་དེ་ཆོས་ཉིད་ཡིན་ན། འགྲོ་བ་ཀུན་གྱི་ཞེས་ངེས་བཟུང་སྨོས་མི་དགོས་པར་ཐལ། བེམ་པོའི་ཆོས་ཉིད་དང་། དངོས་མེད་ཀྱི་ཆོས་ཉིད་དང་། འཕགས་པའི་ཆོས་ཉིད་ཅེས་མི་བསྔོ་ཏེ་བསྔོ་རིགས་པའི་ཕྱིར་ཏེ། ཆོས་དབྱིངས་ཐམས་ཅད་བསྔོ་རྒྱུ་ཡིན་པའི་ཕྱིར་རོ། །དེ་དག་གི་སྐབས་སུ་དོགས་པ་ཅུང་ཟད་དཔྱད་ན་གོང་དུ་ཆོས་དབྱིངས་ལ་མང་ཉུང་མེད་པར་བཤད་པ་དེ་ལ། འོ་ན་ཆོས་དབྱིངས་ལ་དབྱེ་བ་མེད་པར་ཐལ། ཆོས་དབྱིངས་ལ་མང་ཉུང་མེད་པའི་ཕྱིར་ཞེ་ན་ལན་ཅི། ཡང་ཆོས་དབྱིངས་ལ་མང་ཉུང་ཡོད་པར་ཐལ། ཆོས་དབྱིངས་ལ་དབྱེ་བ་མང་ཉུང་ཡོད་པའི་ཕྱིར་ཏེ། ཐེག་ཆེན་སྒྲུབ་པའི་རྟེན་དུ་གྱུར་པའི་ཆོས་དབྱིངས་དེ་ལ། རྟེན་ཆོས་བསྒྲུབ་པའི་སྒོ་ནས་དབྱེ་ན་བཅུ་གསུམ་དུ་ཡོད་པའི་ཕྱིར་ཏེ། བྱམས་པས། རྟེན་པའི་ཆོས་ཀྱི་བྱེ་བྲག་གིས། །དེ་ཡི་དབྱེ་བ་ཡོངས་སུ་བརྗོད། །ཅེས་གསུངས་པའི་ཕྱིར། ཞེ་ན། འབྲུ་བསྙོན་དུ་སོང་ཞིན་པ་ལྟར་ཆོས་ཐམས་ཅད་གནས་ལུགས་རོ་གཅིག་པའི་གནད་ཀྱིས་ངོ་བོའི་སྒོ་ནས་མང་ཉུང་མེད། བྱེ་བྲག་ཏུ་མེད། ཐ་དད་དུ་མེད་ཅེས་བྱ་བ་ཡིན་ལ། དབྱེ་བའི་སྒོ་ནས་མང་ཉུང་མེད་པ་ནི་མ་ཡིན་ནོ་ཞེས་སྨྲའོ། །ཆོས་དབྱིངས་ཡོད་པའང་མ་ཡིན་ཏེ་ཞེས་པའི་དོན་ལ་ཁ་ཅིག །ཆོས་དབྱིངས་ཡོད་ཡོད་པ་མ་ཡིན་ཞེས་པའི་ཁས་བླངས་སྐྱོང་བ་དང་། ཀུན་མཁྱེན་བླ་མའི་དྲིས་ལན་པད་བཞད་ལས། དངོས་པོར་ཡོད་པ་མ་ཡིན་པ་ལ་འཆད་པ་དང་། པཎ་ཆེན་གྱི་གསེར་ཐུར་ལས། ཆོས་དབྱིངས་ཡོད་པ་མིན་ཞེས་པ། །ཐ་མར་སྤྲོས་པ་ཀུན་བཟློག་པའི། །དབང་དུ་བྱས་ནས་བཤད་པ་ཡིན། །ཞེས་སྤྲོས་པ་ཀུན་བཟློག་གི་ཚེ་ཡོད་པ་མ་ཡིན་པར་འཆད་པ་དང་། མཁས་པ་སངས་ལྷུན་པས། འགྲོ་ཀུན་དགེ་བ་ཇི་སྙེད་ཡོད་པ་དང་། །ཞེས་པའི་སྐབས་ཀྱི་ཡོད་པ་དེ་མ་ཡིན་པར་འཆད་པ་སོགས་ལུགས་མང་དུ་སྣང་བ་ལས། ལུགས་དང་པོ་ལ་དཔྱད་པ་འདི་ལྟར་འབྱུང་སྟེ། ཆོས་དབྱིངས་ཡོད་ལ་ཡོད་པ་མ་ཡིན་པ་དེ་གནས་ལུགས་ཀྱི་དབང་དུ་བྱས་སམ། ཀུན་རྫོབ་ཀྱི་དབང་དུ་བྱས་ནས་འཆད། དང་པོ་ལྟར་ན་དེའི་ཚེ་ཆོས་དབྱིངས་ཡོད་ཅེས

པའི་ཐ་སྙད་ཀྱང་དཀའ་སྟེ། གནས་ལུགས་ལ་སྤྱོད་པའི་ཚེ་ཆོས་དབྱིངས་ཡོད་ཅེས་བྱ་བར་ཡང་གཟུང་དུ་མི་རུང་བའི་ཕྱིར་ཏེ། ཡོད་ཅེས་བྱ་བ་རྟག་པར་འཛིན། །ཞེས་གསུངས་པའི་ཕྱིར། གཉིས་པ་ལྟར་ན། ཆོས་དབྱིངས་ཆོས་ཅན། ཀུན་རྫོབ་ཀྱི་ཚེ་ཡོད་པ་ཡིན་པར་ཐལ། ཐ་སྙད་དུ་ཡོད་པ་ཡིན་པའི་ཕྱིར་ཏེ། ཐ་སྙད་དུ་གནས་ལུགས་འཆད་པའི་ཚེ་ཡོད་པ་ཡིན་པའི་ཕྱིར། མ་གྲུབ་ན། དེར་ཐལ། ཐ་སྙད་དུ་གནས་ལུགས་འཆད་པའི་ཚེ་ཆོས་དབྱིངས་ཡོད་པ་ཡིན་པའི་ཕྱིར་ཏེ། དེའི་ཚེ་དོན་དམ་བདེན་པ་ཡོད་པ་ཡིན་པའི་ཕྱིར་ཏེ། དེའི་ཚེ་བདེན་པ་གཉིས་ཀ་ཡོད་པ་ཡིན་པའི་ཕྱིར་ཏེ། དེའི་ཚེ་བདེན་པ་གཉིས་ཀ་ཆོས་ཡིན་པའི་ཕྱིར་ཏེ། སངས་རྒྱས་རྣམས་ཀྱིས་ཆོས་བསྟན་པ། །བདེན་པ་གཉིས་ལ་ཡང་དག་བརྟེན། །ཞེས་གསུངས་པའི་ཕྱིར། དེས་ན་ཡོད་ཡོད་པ་མ་ཡིན་ཞེས་ཟེར་བ་ནི། མཚན་ཉིད་པའི་ཁས་བླང་ཅི་བདེར་སྨྲོང་ལུགས་ཙམ་དུ་ཟད་པས། གཞུང་ལུགས་ཀྱི་དོན་ནི་མ་ཡིན་ནོ། ལུགས་གཉིས་པ་ནི། སྤྱིར་ཡོད་པ་ལ། གཞན་སེལ་གྱི་ཡོད་པ་དང་། ཡོད་པ་ཙམ་གཉིས་ལས། ཕྱི་མ་དེ་དང་དངོས་པོར་ཡོད་པ་དོན་གཅིག་ཅིང་། དེ་གཉིས་ལ་མི་རྟག་པས་ཁྱབ་པ་ཆོས་གྲགས་ཀྱི་གཞུང་དུ་ཡང་ཡང་བཤད་ཅིང་། དེ་ཉིད་བསྟན་བཅོས་འདིར་ཡང་འདྲེན་པར་མཛད་པས་ན། གཞུང་གི་བབས་ཐལ་ཆེ་བ་དང་། སྔ་ཕྱིའི་འཕྲོས་འགྲིགས་པས་ཤིན་ཏུ་ལེགས་སོ། །འོན་ཀྱང་ཀླུ་སྒྲུབ་ཀྱི་ལུང་ཕྱི་མ་གསུམ་པོ་དེ་དང་ཆེར་འགྲོར་པ་དཀར་སྟེ། ལུང་ཕྱི་མ་གསུམ་གྱི་བརྗོད་དོན་ནི་གནས་ལུགས་ཀྱི་དབང་དུ་བྱས་ནས་ཆོས་དབྱིངས་ཡོད་པ་ཡིན་པ་ཡང་བཀག །མེད་པ་ཡིན་པ་ཡང་བཀག་པ་མ་གཏོགས་བྱེ་བྲག་ཡོད་ཙམ་བཀག་པ་མི་སྣང་བའི་ཕྱིར། ཡོད་པ་བཀག་པ་དེ་ཀ་ཡོད་ཙམ་བཀག་པའོ་སྙམ་ན། དེ་ནི་མ་བརྟགས་པ་སྟེ། ཡོད་པ་སྤྱི་བཀག་པ་མ་གཏོགས་ཡོད་ཙམ་བྱེ་བྲག་པ་དམིགས་བསལ་དུ་བྱས་ནས་བཀག་པ་མེད་པ་རྣམ་དཔྱོད་ཀྱི་མིག་གིས་བལྟས་ན་གསལ་ལོ། །དེས་ན། དེ་ཕྱིར་ཡོད་དང་མེད་པ་ལ། །མཁས་པས་གནས་པར་མི་བྱའོ། །ཞེས་པའི་ཡོད་པ་དང་། གྲུས་པ་བྱེད་ན་ཆོས་ཀྱི་དབྱིངས། །ཡོད་མེད་གཉིས་ཀར་མ་བཟུང་ཞིག །ཅེས་པའི་ཡོད་པ་དང་། གང་གི་ཆོས་དབྱིངས་ཡོད་པའང་མ་ཡིན་ཏེ། །ཞེས་པའི་ཡོད་པ་རྣམས་དོན་གཅིག་དགོས་པར་སྣང་བས། ད་དུང་དཔྱད་པ་འོག་ཏུ་བྱའོ། །

ལུགས་གསུམ་པ་ནི། སྤྲོས་པ་ཀུན་བཟློག་གི་ཚེ་ཞེས་པ་ཁ་ཡངས་ལ་ཤོར་བས། འདིར་མི་བཟུང་སྟེ། ཆོས་ཐམས་ཅད་སྤྲོས་པ་ཀུན་བཟློག་གི་ཚེ་ཡོད་མེད་གང་ཡང་མ་ཡིན་པའི་ཕྱིར། གཞན་དུ་ན། ཆོས་དབྱིངས་ལ་ཧེ་སྐྱེད་ཀྱི་སྦྲ་མི་འཐད་པ་དང་། འགྲོ་ཀུན་གྱི་སྦྲ་མི་འཐད་པ་རྣམས་ཀྱང་སྤྲོས་པ་ཀུན་བཟློག་གི་དབང་དུ་བྱས་ནས་གསུངས་པར་ཐལ། ཡོད་པའི་སྦྲ་ལ་དེའི་ཕྱིར། ལུགས་བཞི་པ་ནི། གཞུང་གི་འཕྲོས་དང་ཚིག་གི་

རང་ལྟོག་ལ་འགྲིས་ནས་གསུང་བར་སྣང་བས་སྐྱོན་རང་ཆེར་མེད་ཅིང་། ཞུལ་དུ་ཕྱིན་པའི་བཤད་པ་ཡང་མི་སྣང་ངོ་། གོང་དུ་སྨོས་པའི་དཔྱད་པ་འོག་ཏུ་བྱ་བ་ནི་འདི་ལྟར་སེམས་ཏེ། ཆོས་དབྱིངས་ཡོད་པའང་མ་ཡིན་ཏེ་ཞེས་པ་ཡོད་པ་ཙམ་མ་ཡིན་པ་ལ་བྱ་བ་ནི་ཇི་སྐྲེད་ཡོད་པ་དང་ཞེས་པའི་བཤད་གཞིའི་འཕྲོས་དང་ཡང་འགྲིག །ཡོད་ཙམ་མི་རྟག་གིས་ཁྱབ་པར། །ཞེས་པའི་ཚིག་གྲོགས་འོག་མ་དང་ཡང་འགྲིག །གལ་ཏེ་མྱ་ངན་འདས་དངོས་ན། །ཞེས་པའི་དངོས་པོ་དང་གོང་གི་ཡོད་ཙམ་གཉིས་དོན་གཅིག་པའི་ཕྱིར་ན་ཡང་འགྲིག་པས་ཀུན་མཁྱེན་བླ་མའི་བཞེད་པ་དེ་ནི་འཇམ་དབྱངས་ཀྱི་དགོངས་པ་རྨ་མེད་པ་ཡིན་ནོ་ཞེས་སྐལ་བཟང་ལ་ཡང་ཡང་འདོམས་ཤིང་། ཀླུ་སྒྲུབ་ཀྱི་ལུང་ཕྱི་མ་རྣམས་ཀྱི་ཡོད་པ་དང་། ཡོད་ཙམ་ལ་རྒྱ་ཆེ་ཆུང་གི་ཁྱད་པར་བྱུང་ཡང་གོང་གི་ཤེས་བྱེད་དུ་ཤིན་ཏུ་འབྲེལ་ལོ། །དེ་ཡང་ཡོད་ཙམ་མ་ཡིན་ཏེ། ཡོད་མཐའ་དང་བྲལ་བའི་ཕྱིར། ཞེས་པའི་དོན་དུ་སོང་བས་སྐྱོན་མེད་ཅིང་སྒྲུབ་བྱེད་དུ་འབྲེལ་བ་ཡིན་ནོ། །དཔེར་ན་དངོས་པོར་ཡོད་པ་མ་ཡིན་པར་ཐལ། ཡོད་པ་མ་ཡིན་པའི་ཕྱིར་ཞེས་པ་ལྟ་བུ་ལ་སྐྱོན་མེད་ཅིང་། ཁྱབ་འབྲེལ་ཚད་མས་གྲུབ་པ་ཡིན་ནོ། །

གཉིས་པ་མདོ་དོན་ལེགས་པར་བཤད་པ་ལ་གསུམ་སྟེ། ཉན་པར་གདམས་པ། དོན་དངོས། ཤེས་བྱེད་དགོད་པའོ། །དང་པོ་ནི། ཆོས་དབྱིངས་ཡོད་དགེ་ཡིན་པ་རིགས་པས་བཀག་ཟིན་པ་དེས་ན། རྡོ་རྗེ་རྒྱལ་མཚན་གྱི་བསྔོ་བའི་གཞུང་དེའི་དགོངས་པ་ན་ལེགས་པར་བཤད་ཀྱིས། འདི་ལྟར་ཡིད་ལ་གཟུང་ཞིག །ཅེས་ཉན་པར་གདམས་སོ། །གཉིས་པ་ནི། འགྲོ་བ་སེམས་ཅན་ཀུན་གྱིས་བྱས་པའི་དགེ་བ་ཕྱོགས་བཅུའི་འཇིག་རྟེན་གྱི་ཁམས་མཐའ་ཡས་པ་ནི་ཇི་སྙེད་ཡོད་པ་ཞེས་བྱ་བའི་སྒྲ་ནི་སྤྱིར་བཏང་ཡིན་ལ། སྔར་བྱས་པ་དང་། མ་འོངས་པ་ན་བྱེད་པར་འགྱུར་བ་དང་། ད་ལྟ་བྱེད་བཞིན་པ་དག་ཅེས་དུས་གསུམ་དུ་སོ་སོར་དབྱེ་བ་ནི་དམིགས་བསལ་ཡིན་ནོ། །ཡང་ན་བསྔོ་བའི་ལུང་དེའི་དོན་ནི། འགྲོ་བ་གཞན་གྱིས་བྱས་པའི་དགེ་བ་ཇི་སྙེད་ཡོད་པ་དང་། བྱེད་པ་པོ་རྡོ་རྗེ་རྒྱལ་མཚན་རང་ཉིད་ཀྱིས་བྱས་དང་བྱེད་འགྱུར་ད་ལྟ་བྱེད་བཞིན་པ་ཞེས་བཤད་ཀྱང་། མདོ་དང་འགལ་བ་མེད་ཅིང་དོན་ལ་འགྲོར་བ་ཡིན་ནོ། །ཡང་ན་ཚིག་རྐང་དང་པོས་བསྔོ་རྒྱུའི་དགེ་རྩ་མདོར་བསྟན། གཉིས་པས་དུས་གསུམ་དུ་དབྱེ་སྟེ་རྒྱས་པར་བཤད་པ་ཡིན་ནོ། །

གསུམ་པ་ལ་གཉིས་ཏེ། དཔེའི་སྒོ་ནས་ཤེས་བྱེད་དང་། ལུང་གི་སྒོ་ནས་ཤེས་བྱེད་དོ། །དང་པོ་ནི། རྡོ་རྗེ་རྒྱལ་མཚན་གྱི་བསྔོ་བའི་མདོ་ཚིག་དེ་ནི་སྨོན་ལམ་གྱི་ཚིག་ཕྱོགས་ལ་འདོན་པ་བསྒྱུར་ན། འགྲོ་ཀུན་སྡིག་པ་ཇི་སྙེད་ཡོད་པ་དང་། །ཆོས་དང་བྱེད་འགྱུར་དེ་བཞིན་བྱེད་པ་རྣམས། །རྒྱལ་བ་ཀུན་གྱི་མདུན་དུ་བཤགས་པར་བགྱི། །ཅེས་བྱ་བའི་ཚིག་དང་མཚུངས་པ་ཡིན་པས། བསྔོ་བའི་མདོའི་དོན་བཤད་མ་ཐག་པ་ལྟར་འཐད་པ་ཡིན་ནོ། །

བཤགས་རྒྱུའི་སྡིག་པ་འདི་ལའང་། དུས་གསུམ་ལས་གཞན་པའི་སྡིག་པ་གང་ཡང་མེད་པ་དེ་བཞིན་དུ། བསྔོ་རྒྱུའི་དགེ་རྩ་ལ་ཡང་དུས་གསུམ་ལས་གཞན་པའི་ཡོད་པའི་དགེ་བ་སྲིད་པ་མ་ཡིན་པས། ཆོས་དབྱིངས་ཡོད་དགེར་འདོད་པའི་ལོག་རྟོག་དོར་ཅིག་གོ། །

གཉིས་པ་ནི། རྡོ་རྗེ་རྒྱལ་མཚན་གྱི་བསྔོ་བའི་མདོ་ཉིད་ལས་ཀྱང་། ཡོད་པའི་དགེ་བ་ཞེས་བྱ་བ་ནི་རྒྱུ་རྐྱེན་གྱིས་བསྒྲུབ་པར་གསུངས་པ་ཡིན་ཏེ། དེ་ཉིད་ལས། ཕྱོགས་བཅུའི་འཇིག་རྟེན་ཁམས་ན་ཡོད་པ་ཡི། །དགེ་བ་དེ་དག་ཡང་དག་བསྒྲུབས་པས་ན། །འགྲོ་བ་ཀུན་ལ་ཕན་དང་བདེ་སེམས་ཀྱིས། །ཡེ་ཤེས་མཁས་པ་དེ་དག་ཡོངས་སུ་བསྔོ། །ཞེས་གསུངས་པའི་ཕྱིར། པཎ་ཆེན་རིན་པོ་ཆེའི་ལེགས་བཤད་གསེར་ཐུར་ལས། མ་བྱས་དགེ་བ་བསྔོ་མིན་ན། །བྱས་དང་བྱེད་འགྱུར་བསྔོ་དེ་ཅི། །ཞེས་འདུས་མ་བྱས་ཀྱི་དགེ་བ་ཡོད་པའི་ཤེས་བྱེད་དུ། འདས་མ་འོངས་ཀྱི་དགེ་བ་གཉིས་འགོད་པར་མཛད་དོ། །འདི་ནི་ཕྱི་ན་སྐྱེ། རང་ཉིད་ཆོས་དབྱིངས་དགེ་བར་འདོད་པའི་གྲུབ་མཐའ་སྐྱོང་བར་བཞེད་ནས། ཟུར་གྱིས་ཟླ་བོ་འཚོལ་བར་སྣང་ཡང་། འདས་མ་འོངས་ཀྱི་དགེ་བ་ནི་འདུས་མ་བྱས་སུ་ནམ་ཡང་ཁས་མི་ལེན་ནོ། །དེ་ཡང་འདས་པའི་དགེ་བ་ཆོས་ཅན། འདུས་མ་བྱས་མ་ཡིན་ཏེ། རྒྱུ་རྐྱེན་ལས་བྱུང་བའི་ཕྱིར་དང་། རང་འབྲས་བདེ་བ་སྐྱེད་བྱེད་ཡིན་པའི་ཕྱིར། མ་འོངས་པའི་དགེ་བ་ཡང་ཆོས་ཅན། འདུས་མ་བྱས་པ་ཡིན་ཏེ། རྒྱུ་རྐྱེན་གྱིས་འདུས་བྱས་ཏེ་སྐྱེ་བར་འགྱུར་རུང་ཡིན་པའི་ཕྱིར། དེས་ན་འདུས་བྱས་ཀྱི་དོན་ནི། རྒྱུ་རྐྱེན་གྱིས་འདུས་བྱས་པ་ལ་བྱ་ཞིང་། དེ་ལ་དབྱེ་ན་རྒྱུ་རྐྱེན་གྱིས་འདུས་བྱས་ཏེ་སྐྱེས་ཟིན་པ་དང་། དེས་འདུས་བྱས་ཏེ་སྐྱེ་བཞིན་པ་དང་། དེས་འདུས་བྱས་ཏེ་སྐྱེ་བར་འགྱུར་རུང་དང་གསུམ་དུ་ཡོད་པ་ནི་གནད་ཀྱི་དོན་ནོ། །འོན་ཀྱང་དངོས་པོའམ་རྫས་སུ་གྲུབ་པ་ལ་ནི་དུས་གསུམ་ཆར་ཁས་མི་ལེན་ཏེ། བྱེ་སྨྲས་དུས་གསུམ་རྫས་གྲུབ་ཁས་བླངས་པ་དེ་ཚད་མ་སྨྲ་བའི་མདོ་སྡེ་པས་བཀག་ཟིན་པའི་ཕྱིར། འདུས་བྱས་དང་མི་རྟག་པ་ལ་ད་ལྟར་བས་ཁྱབ་པ་ནི་ཚད་མ་སྨྲ་བས་ཀྱང་ཁས་མི་ལེན་ཏེ། རིགས་གཏེར་ལས། འཇིག་པར་བྱ་རྒྱུའི་དངོས་པོ་དང་། །ཞིག་པ་དངོས་མེད་གཉིས་ཀ་ལ། །འཇིག་པའི་སྒྲ་དོན་འབྱུང་མོད་ཀྱི། །ཞེས་པའི་གཞུང་དེས་ཞིག་པ་དངོས་མེད་མི་རྟག་པར་ཞལ་གྱིས་བཞེས་པ་བསྙོན་མེད་དུ་གསལ་བའི་ཕྱིར། དེང་སང་གི་རྟོག་གེ་པ་དག་ཀྱང་ཡོངས་གྲགས་ཀྱི་ཁ་སྐད་སྤྱིའི་རི་བོང་ཅལ་ལ་བག་ཟོན་མཛོད་ཅིག །ཁོ་བོ་ནི་དངོས་པོ་ལ་འདུས་བྱས་ཀྱིས་ཁྱབ་ཀྱང་། འདུས་བྱས་དང་མི་རྟག་པ་ལ་དངོས་པོས་མ་ཁྱབ་ཅེས་སྨྲའོ། །སྔོས་ཁང་པ་རིན་ཆེན་རྒྱལ་མཚན་གྱི་རྣམ་བཤད་ཆེན་མོ་ལས། མ་འོངས་པའི་དགེ་སྡིག་འདུས་བྱས་སུ་མེད་ཀྱང་། འདུན་པའི་བློས་བླངས་ནས་བསྔོ་རྒྱུ་དང་བཤགས་བྱར་བྱེད་པ་ཡིན་ཞེས་བཤད་པ་ཡང་མཁས་པའི་གཏམ་

མ་ཡིན་ཏེ། གསན་པ་ལྟ་ཞིག །མ་འོངས་པའི་དགེ་རྩ་ཆོས་ཅན། འདུས་བྱས་ཡིན་པར་ཐལ། བསྔོ་རྒྱུའི་དགེ་རྩ་ཡིན་པའི་ཕྱིར། རྟགས་རྡོ་རྗེ་རྒྱལ་མཚན་གྱི་བསྔོ་བའི་ལུང་གིས་འགྲུབ་ཅིང་ཁྱེད་རང་གིས་ཀྱང་ཁས་བླངས་གསལ་བ་ནི་རྣམ་བཤད་དུ་ཁས། ཁྱབ་པ་ནི་ས་པཎ་ཆེན་གྱིས་བཅས། འཁོར་གསུམ་ལས་འོས་མེད་དོ། །

ཁྱབ་པ་ས་པཎ་ཆེན་གྱིས་བཅས་ཏེ། རབ་དབྱེ་ལས། དེས་ན་བསྔོ་རྒྱུའི་དགེ་བ་དང་། །བཤགས་པར་བྱ་རྒྱུའི་སྡིག་པ་ཡང་། །བྱས་པའི་དགེ་སྡིག་ཡིན་མོད་ཀྱི། །མ་བྱས་པ་ལ་དགེ་སྡིག་མེད། །ཅེས་གསུངས་པའི་ཕྱིར་རོ། །

གསུམ་པ་ཧ་ཅང་ཐལ་བ་ལ་གཉིས་ཏེ། རིགས་པ་དང་འགལ་བས་ཧ་ཅང་ཐལ་བ་དང་། ལུང་དང་འགལ་བས་ཧ་ཅང་ཐལ་བའོ། །དང་པོ་ནི། ཆོས་དབྱིངས་མདོ་ནས་བཤད་པའི་ཡོད་པའི་དགེ་བར་བྱས་ནས་ནི༑ དེ་ལ་བསྔོ་བའི་རྒྱུར་བྱེད་ན་ཆོས་དབྱིངས་དེ་བསྔོ་བས་གཞན་དུ་འགྱུར་རམ་མི་འགྱུར། འགྱུར་ན་ཆོས་དབྱིངས་ཆོས་ཅན། ཁྱོད་འདུས་བྱས་སུ་འགྱུར་བར་ཐལ། བསྔོ་བས་གཞན་དུ་འགྱུར་བའི་ཕྱིར། ཁྱབ་སྟེ། རྐྱེན་གྱིས་གཞན་དུ་འགྱུར་བ་ནི་འདུས་བྱས་ཀྱི་དོན་ཡིན་པའི་ཕྱིར། མི་འགྱུར་ན་ཆོས་དབྱིངས་བསྔོ་རྒྱུར་བྱེད་པའི་བསྔོ་བ་ཆོས་ཅན། ཁྱོད་དོན་མེད་པར་ཐལ། ཁྱོད་བསྔོས་ཀྱང་བསྔོ་རྒྱུའི་དགེ་རྩ་གཞན་དུ་མི་འགྱུར་བའི་ཕྱིར། གསེར་ཕྱུར་ལས། མི་འགྱུར་བསྔོ་བ་དོན་མེད་ན། །ཚོང་དཔོན་མཛའ་བོའི་བུ་མོ་ཡིས། །སྨོན་ལམ་བཏབ་པ་དེ་ཅི་ཞིག །ཅེས་བྲིས་པ་ལ་ནི་དོགས་པའི་གཞི་ཆེར་མེད་ཅིང་ལན་ཡང་འཕྲུལ་སྤོང་ན་བཞུགས། སྤྱིར་བསྔོ་བ་དོན་ཡོད་མེད་ནི། བསྔོས་པ་ལ་བརྟེན་ནས་ངན་པ་བཟང་པོ་དང་། ཆུང་དུ་ཆེན་པོ་དང་། ཟད་དུ་མང་པོ་ལྟ་བུར་འགྱུར་བ་དང་། དགེ་རྩ་བྱང་ཆུབ་ཀྱི་ལམ་དུ་བསྒྱུར་ནུས་ན་བསྔོ་བ་དོན་ཅན་དང་། དེ་དག་མི་ནུས་ན་བསྔོ་བ་དོན་མེད་ཡིན་ནོ། །

གཉིས་པ་ལུང་དང་འགལ་བས་ཧ་ཅང་ཐལ་བ་ནི། ཆོས་དབྱིངས་ཆོས་ཅན། ཁྱོད་བསྔོ་བས་གཞན་དུ་འགྱུར་ན་ཧ་ཅང་ཐལ་ཏེ། ཁྱོད་མདོ་སྡེ་རྣམས་ལས་འཕེལ་འགྲིབ་མེད་ཅིང་འགྱུར་བ་མེད་པ་ཉིད་དུ་གསུངས་པའི་ཕྱིར། ཇི་ལྟར་ན་མདོ་ལས། དེ་བཞིན་གཤེགས་པ་རྣམས་འཇིག་རྟེན་དུ་བྱོན་ཀྱང་རུང་མ་བྱོན་ཀྱང་རུང་ཆོས་རྣམས་ཀྱི་ཆོས་ཉིད་འདི་ནི་གནས་པ་ཡིན་ནོ། །ཞེས་དང་། ཤེས་རབ་ཀྱི་ཕ་རོལ་ཏུ་ཕྱིན་པ་ནི་བསྟན་ཀྱང་མི་འཕེལ་མ་བསྟན་ཀྱང་མི་འགྲིབ་བོ་ཞེས་གསུངས་སོ། །དེ་བཞིན་དུ། རྩ་ཤེ་ལས། རང་བཞིན་ནམ་ཆོས་དབྱིངས་ནི་རྒྱུ་རྐྱེན་ལས་འབྱུང་བར་རིགས་པ་མ་ཡིན་ནོ། །གལ་ཏེ་འབྱུང་ན་རང་བཞིན་ཆོས་ཅན། བློ་བུར་དུ་བྱས་པ་ཅན་དུ་ཐལ། རྒྱུ་རྐྱེན་ལས་འབྱུང་བའི་ཕྱིར། འདོད་ན། རང་བཞིན་ཆོས་ཅན། བློ་བུར་དུ་བྱས་པ་ཅན་མ་ཡིན་ཏེ། ཁྱོད་ནི་ངོ་བོ་མ་བཅོས་པ་དང་རྒྱུ་རྐྱེན་གཞན་ལ་ལྟོས་པ་མེད་པ་ཡིན་པའི་ཕྱིར་ཞེས་གསུངས་པ་

དང་། གཞན་ཡང་དེ་ཉིད་ལས། གལ་ཏེ་ཆོས་གང་རང་བཞིན་གྱིས་ཡོད་ན་རང་བཞིན་གྱིས་ཡོད་པ་དེ་ནི་ཕྱིས་མེད་པ་ཉིད་དུ་མི་འགྱུར་རོ། །དེའི་རྒྱུ་མཚན་རང་བཞིན་གྱིས་ཡོད་པ་ཕྱིས་གཞན་དུ་འགྱུར་བ་ནི་ནམ་ཡང་འཐད་པར་མི་འགྱུར་རོ། །ཞེས་གསུངས་པ་དེ་ལ་སོགས་པའི་ལུང་རིགས་སྟར་བཤད་པ་རྣམས་ཀྱིས་ཆོས་དབྱིངས་དགེ་བ་མ་ཡིན་པར་གསུངས་ཤིང་དགེ་བ་ཡིན་པ་ལ་གནོད་བྱེད་བསྟན་པ་ཡིན་ནོ། །དེ་ཡན་གྱི་གོང་དུ་ལུང་དང་རིགས་པས་དགག་པར་བྱ་ཞེས་བཤད་པས་ལུང་རིགས་ཀྱིས་དགག་ཚུལ་དེ་ཞིབ་པར་བསྟན་ཟིན་ཏོ། །

རྣམ་བཤད་སྒྲ་མ་ཕལ་ཆེར་གྱི་རིགས་པས་དགག་ཚུལ་གྱི་ས་གཅད་ལོགས་སུ་མ་མཛད་ཅིང་། འགོག་བྱེད་ཀྱི་རིགས་པ་འདི་ཡིན་གྱི་གསལ་ཁ་ཡང་ཆེར་མི་སྣང་ལ། ཀུན་མཁྱེན་བླ་མས་ལུང་གིས་དགག་པ་དང་། རིགས་པས་དགག་པའི་ས་གཅད་གཉིས་མཛད་པ་ནི་རྩ་བའི་དགོངས་པ་ཡིན་ཏེ། ལུང་དང་རིགས་པས་དགག་པར་བྱ། །ཞེས་པ་དང་འབྱོར་བའི་ཕྱིར་དང་། ལུང་རིགས་ཀྱི་དགག་ཚུལ་ཡང་རྣམ་དཔྱོད་ཀྱི་མིག་གིས་བལྟས་ན་རིམ་བཞིན་དུ་གསལ་བའི་ཕྱིར། ཇི་ལྟར་ན། བདེ་གཤེགས་སྙིང་པོ་ཞེས་བྱ་བ། །ཆོས་དབྱིངས་འགྱུར་མེད་ཉིད་ལ་གསུངས། །ཞེས་པ་ནས། དགེ་སྡིག་མེད་པའི་ལུང་ཡིན་ནོ། །ཞེས་པའི་བར་གྱིས་ལུང་གིས་དགག་པ་དངོས་བསྟན། མདོན་པའི་གཞུང་ལས་ཉན་ཐོས་རྣམས། །ཞེས་པ་ནས། དགེ་བ་དངོས་ནི་མ་ཡིན་ནོ། །ཞེས་པའི་བར་གྱིས་ཆོས་དབྱིངས་ལ་དགེ་བར་གསུངས་པའི་ལུང་གཞན་གྱི་དགོངས་པ་འགྲེལ་ཚུལ་བསྟན། ཅི་ནས་ཆོས་དབྱིངས་ཞེས་སོགས་ཚིག་རྐང་བདུན་གྱིས་ཆོས་དབྱིངས་དགེ་བ་ལ་ཧ་ཅང་ཐལ་བའི་རིགས་པ་བསྟན། དེས་ན་འདི་དག་ལ་ལུང་གིས་གཙོ་བོར་དགག་པ་ཞེས་པའི་ས་བཅད་རིགས་པ་ཡིན་ནོ། །ཁ་ཅིག་བདེ་གཤེགས་སྙིང་པོའི་སྒྲ། །ཞེས་སོགས་དང་། ལ་ལ་བྱམས་དང་སྙིང་རྗེ་སོགས། །ཞེས་པ་གཉིས་ནི་ཞར་བྱུང་གསབ་ཚགས་སུ་བསྔོ་རྒྱུའི་དགེ་རྩའི་ངོས་འཛིན་ནོར་བ་གཞན་བཀག་པ་ཡིན་ནོ། །

རིགས་པས་དགག་པ་ནི། དེས་ན་འགྲོ་བ་ཞེས་སོགས་རྐང་པ་གསུམ་གྱིས་མཚམས་སྦྱར་ནས། གལ་ཏེ་ཆོས་ཀྱི་དབྱིངས་ཡིན་ན། །ཞེས་པ་ནས། ཐམས་ཅད་བསྔོ་རྒྱུ་ཡིན་ཕྱིར་རོ། །ཞེས་པའི་བར་གྱིས་གནོད་བྱེད་ཀྱི་རིགས་ཀྱི་རིགས་པའི་གཙོ་བོ་གསུམ་བསྟན། དེས་ན་གཞུང་དེའི་དགོངས་པ་ནི། །ཞེས་པ་ནས། ཡོད་པ་ཞེས་བྱ་བསྒྲུབ་པར་གསུངས། །ཞེས་པའི་བར་གྱིས་རིགས་པའི་འཕྲོས་ཀྱི་ཚུལ་དུ་མདོའི་དོན་ལེགས་པར་བཤད་ནས། སླར་ཡང་མཐའ་གཉིས་སུ་བརྟགས་ནས་འགོག་པའི་རིགས་པ་ནི། ཆོས་དབྱིངས་དགེ་བར་བྱས་ནས་ནི། །ཞེས་སོགས་ཚིགས་བཅད་ཀྱིས་བསྟན། དེའི་རྗེས་ལ། མདོ་སྡེ་རྣམས་ལས་ཞེས་སོགས་ནི། རིགས་པ་དེའི་རྒྱབ་རྟེན་དུ་ལུང་དྲངས་པ་ཡིན་ཞིང་། ཁྱད་པར་རྩ་ཤེའི་ཚིག་རྣམས་ནི་བརྗོད་དོན་རིགས་པ་དང་འབྲེལ་

བའི་ལུང་ཡིན་ནོ། །དེས་ན་འདི་དག་ལ་རིགས་པས་གཙོ་བོར་དགག་པ་ཞེས་པའི་ས་གཅད་རིགས་པ་ཡིན་ནོ། ། བདག་ཉིད་ཆེན་པོའི་དགོངས་པ་ཡང་ཡིན་ཏེ། གོང་དུ། ལུང་དང་རིགས་པས་དགག་པར་བྱ། །ཞེས་དང་། མཇུག་འདིར། དེ་ལ་སོགས་པའི་ལུང་རིགས་རྣམས། །ཆོས་དབྱིངས་དགེ་བ་མིན་པར་གསུངས། །ཞེས་པའི་གནད་ཀྱིས་སོ། །འོན་ཡོད་པའི་སྨྲ་མི་འཐད་པར་ཐལ་བའི་སྐབས་ན། ཆོས་གྲགས་དང་ཀླུ་སྒྲུབ་ཀྱི་ལུང་མང་དུ་དྲངས་འདུག་པས་རིགས་པ་རྐྱང་པར་ཇི་ལྟར་འགྲོ་སྙམ་ན། ལུང་དེ་དག་ནི་རིགས་པའི་རྒྱབ་རྟེན་དུ་དྲངས་པ་ཡིན་པས་སྐབས་དོན་གྱི་བརྗོད་བྱ་རིགས་པ་ཉིད་ཡིན་ནོ། །དེས་མཚོན་གོང་འོག་ཀུན་ཏུ་སྐབས་སུ་གང་ཡིན་ངོས་ཟིན་དགོས་པ་ཡིན་ནོ། །

ཆོས་དབྱིངས་དགེ་བར་དགག་ལ་ལུང་རིགས་གཉིས། །རེ་ཞིག་ལུང་གིས་འགོག་ལ་རྒྱུད་བླ་དང་། ། དཔལ་འཕྲེང་མདོ་དང་རྩ་ཤེ་ཤེར་ཕྱིན་དང་། །སམྦུ་ཊ་དང་རིན་ཆེན་འཕྲེང་རྣམས་ཡིན། །ཀུན་ལས་བཏུས་ལས་དེ་བཞིན་ཉིད་དགེ་ཞེས། །གསུངས་པའི་དགོངས་གཞི་དཔེ་ཡིས་གཏན་ལ་ཕབ། །ཞར་བྱུང་སྙིང་རྗེ་སྙིང་པོར་འདོད་པ་དང་། །བྱམས་སོགས་གཤིས་ཀྱི་དགེ་བར་འདོད་པ་ཡང་། །འགོག་པ་འདི་དག་ལུང་གི་དགག་བྱའི་སྐབས། །ཇི་སྙེད་སྨྲ་དང་ཡོད་ཅེས་བྱ་བའི་སྨྲ། །འགྲོ་ཀུན་སྨྲ་མི་འཐད་པར་ཐལ་བ་ནི། །རིགས་པའི་གཙོ་བོ་གསུམ་ཡིན་མཐའ་གཉིས་སུ། །བརྟགས་ནས་འགོག་པ་རྒྱབ་རྟེན་ལུང་དང་བཅས། །གསུངས་པ་འདི་དག་རིགས་པའི་དགག་བྱའི་སྐབས། །མདོ་དོན་སྤྱིར་བཏང་དམིགས་བསལ་ལ་སོགས་པ། །རིགས་པ་ཉིད་ལས་འཕྲོས་པའི་ཚུལ་དུ་ཡིན། །རྣམ་དབྱེ་འདི་དག་སྔོན་མེད་མཁས་པའི་གཏམ། །འཇམ་དབྱངས་དགེས་པའི་མཆོད་སྤྲིན་གསར་པར་འབུལ། །ཨེ་མ་བསྟན་ལ་དགའ་བའི་ལྷ་སྲུང་རྣམས། །ལེགས་སོའི་མེ་ཏོག་འཐོར་ལ་ཅིས་མི་བྲེལ། །བར་གྱི་ཚིགས་བཅད་དོ། །

གཉིས་པ་དེའི་ཉེས་སྤྱོང་གི་ལན་དགག་པ་ལ་གཉིས་ཏེ། ཉེས་སྤྱོང་བརྗོད་པ་དང་། དེ་དགག་པའོ། ། དང་པོ་ནི། ཆོས་དབྱིངས་བསྔོ་རྒྱུའི་དགེ་རྩ་ཡིན་པ་ལུང་རིགས་ཀྱིས་རྒྱས་པར་བཀག་པ་ལས་འཕྲོས། གལ་ཏེ་ཁོ་ན་རེ་ཆོས་ཉིད་དེ་བཞིན་ཉིད་བསྔོ་བར་བྱ་རྒྱུའི་དགེ་བ་མ་ཡིན་མོད། འོན་ཀྱང་བྱང་ཆུབ་སེམས་དཔའི་བློ་སྦྱོང་བ་ལ་འདུན་པས་བསྒྱུར་ཏེ་སེམས་ཅན་གྱི་ཆོས་ཉིད་སངས་རྒྱས་ཐོབ་པའི་རྒྱུར་གྱུར་ཅིག་སྙམ་དུ་བསྔོས་ན་སྐྱོན་མེད་ཅིང་ལེགས་སོ་སྙམ་ན།

གཉིས་པ་དེ་དགག་པ་ལ་བཞི་སྟེ། དམིགས་བཅས་ཀྱི་བསྔོ་བ་དུག་ཅན་དུ་བསྟན་པ། དམིགས་མེད་ཀྱི་བསྔོ་བ་བློ་སྦྱོང་དུ་བསྟན་པ། དམིགས་བཅས་ཀྱི་བསྔོ་བ་བློ་སྦྱོང་དུ་མི་རུང་བའི་རྒྱུ་མཚན། དམིགས་མེད་

དམིགས་པར་བྱེད་ན་ཧ་ཅང་ཐལ་བའོ། །དང་པོ་ནི། དེ་ལྟར་བྱས་ན་ཉེས་པ་མེད་པ་མ་ཡིན་པའི་ཕྱིར་འདི་ལ་ཉེས་པ་ཡོད་པ་ཡིན་ཏེ། ཆོས་ཉིད་ལ་ཡོད་པར་ཞེན་པའི་དམིགས་པའི་འདུ་ཤེས་ཡོད་པའི་ཕྱིར་ན། བསྔོ་བ་དེ་དུག་དང་བཅས་པར་འགྱུར་རོ། །གལ་ཏེ་འདི་འདྲའི་བསྔོ་བ་བྱས་པར་གྱུར་ན་བསྔོ་བ་གཞན་ཐམས་ཅད་ཀྱང་འཇིག་པར་འགྱུར་ཏེ། དཔེར་ན་སྨྲལ་པ་སྨྲ་ཅན་ཞིག་སྨྲལ་ཚང་དུ་ཡོད་ན་དེའི་སྨྲ་རྒྱལ་པ་དེས་ཐམས་ཅད་ལ་རིམ་གྱིས་མཆེད་ནས་སྨྲལ་པ་ཐམས་ཅད་རྒྱལ་བར་འགྱུར་བ་བཞིན་ནོ། །དེས་ན་གཞུང་འདིས་ནི། ཆོས་ཉིད་བསྔོ་རྒྱུར་བྱས་པའི་བསྔོ་བ་བྱས་ན་ལུས་ངག་གི་དགེ་རྩ་བསྔོ་རྒྱུར་བྱས་པའི་བསྔོ་བ་ཡང་འཇིག་ཅིང་ཉམས་པར་བསྟན་ནོ། །

གཉིས་པ་ནི། འོན་བློ་སྦྱོང་དུ་གྱུར་པའི་བསྔོ་བ་དེ་གང་ཞེ་ན། བསྔོ་རྒྱུ་བསྔོ་བ་པོ་གང་དུ་བསྔོ་བའི་ཡུལ་གསུམ་ཀ་ཆོས་ཉིད་སྤྲོས་དང་བྲལ་བའི་རང་བཞིན་དུ་ཤེས་པའི་ངང་ནས་དགེ་བ་ཇི་སྙེད་དུས་གསུམ་དུ་བསགས་པའམ། རང་དང་གཞན་གྱིས་བྱས་པའམ། ངོ་བོ་སྦྱིན་པ་དང་ཚུལ་ཁྲིམས་ལ་སོགས་པ་གང་ཡིན་ཀྱང་རུང་སྟེ་དེ་རྣམས་བསྔོས་པས་དོན་དུ་གཉེར་བྱ་བཞིན་འགྲུབ་བམ། གལ་ཏེ་མི་འགྲུབ་ཀྱང་རུང་། འགྲོ་བ་སེམས་ཅན་གྱི་དོན་དུ་བསྔོ་བར་བྱེད་ན་བསྔོ་བ་དེ་ནི་ཆོས་ཅན། བྱང་ཆུབ་སེམས་དཔའི་བློ་སྦྱོང་དུ་གྱུར་པའི་བསྔོ་བ་ཡིན་ཏེ། ཀུན་སློང་བྱང་ཆུབ་ཀྱི་སེམས་དང་ལྟ་བ་སྤྲོས་བྲལ་ལ་བློ་བཞག་པའི་ཤེས་རབ་ཀྱིས་རྒྱས་ཟིན་པའི་བསྔོ་བ་ཡིན་པའི་ཕྱིར། དོན་འདི་དང་མཐུན་པར་བདག་ཉིད་ཆེན་པོའི་བསྔོ་བའི་གཞུང་ལས་ཀྱང་། དེ་བས་ན་གང་ཟག་རང་གཞན་སུས་བྱས་ཀྱང་རུང་། དུས་འདས་མ་འོངས་ད་ལྟར་ནམ་བྱས་ཀྱང་རུང་། ངོ་བོ་སྦྱིན་པ་ཚུལ་ཁྲིམས་སྒོམ་པ་གང་གིས་བསྡུས་ཀྱང་རུང་། སྒྲུབ་པ་ལུས་ངག་ཡིད་གསུམ་གང་གིས་བསྒྲུབ་རུང་། འབྲས་བུ་མཐོ་རིས་དང་ཐར་པ་དང་ཐམས་ཅད་མཁྱེན་པ་གང་དང་མཐུན་ཀྱང་རུང་། དེ་ཐམས་ཅད་ཕ་རོལ་ཏུ་ཕྱིན་པ་དྲུག་ལྡན་དུ་བསྔོས་པས་དོན་ཆེན་པོར་འགྱུར་ཏེ། ཞེས་གསུངས་པ་ཡིན་ནོ། །

གསུམ་པ་ནི། ཆོས་ཉིད་བསྔོ་རྒྱུར་བྱེད་པའི་བསྔོ་བ་ནི་བྱང་ཆུབ་སེམས་དཔའི་བློ་སྦྱོང་དུ་ཡང་མི་རུང་སྟེ༑ དེའི་རྒྱུ་མཚན་འོག་ནས་འཆད་པ་འདི་ལྟར་ཡིན་ནོ། །དེ་ཡང་ཆོས་དབྱིངས་དགེ་སྡིག་གི་སྤྲོས་པ་དང་བྲལ་བ་ལ་དགེ་བར་བྱེད་ན། དེ་ལྟར་བྱེད་པའི་བསྔོ་བ་ནི་ཆོས་ཅན། ཁྱོད་དམིགས་བཅས་ཀྱི་བསྔོ་བར་འགྱུར་བར་ཐལ། སྤྲོས་མེད་ལ་སྤྲོས་བཅས་བཟུང་བའི་བསྔོ་བ་ཡིན་པའི་ཕྱིར། འདོད་ན། བསྔོ་བ་དུག་ཅན་དུ་ཐལ། དམིགས་པ་དང་བཅས་པའི་འདུ་ཤེས་ཀྱིས་བསྔོ་བ་ཡོངས་སུ་བཟུང་བའི་བསྔོ་བ་ཡིན་པའི་ཕྱིར། ཁྱབ་སྟེ། མདོ་སྡུད་པ་ལས། གལ་ཏེ་མཚན་མར་བྱེད་ན་དེ་ནི་བསྔོ་མ་ཡིན། །ཅི་སྟེ་མཚན་མ་མེད་ན་བྱང་ཆུབ་བསྔོ་བ་ཡིན། །ཇི་

ལྟར་དུག་དང་འདྲེས་པའི་ཁ་ཟས་བཟང་ཟ་བ། །དཀར་པོའི་ཆོས་ལའང་དམིགས་པའང་དེ་འདྲར་རྒྱལ་བས་གསུངས། །ཞེས་གསུངས་པའི་ཕྱིར། དེ་བཞིན་དུ་མངོན་རྟོགས་རྒྱན་ལས་ཀྱང་། ཡོངས་སུ་བསྔོ་བ་ནི་ཉན་ཐོས་དང་རང་སངས་རྒྱས་ཀྱི་དགེ་བ་ལས་ཁྱད་པར་དུ་འཕགས་པ་ཅན། བསྔོ་བ་དེའི་བྱེད་ལས་རང་གཞན་གཉིས་ཀའི་དོན་བྱེད་པས་མཆོག་ཡིན་ནོ། །བསྔོ་བ་དེ་ནི་བསྔོ་བྱ་སྔོ་བྱེད་བསྔོ་བ་གསུམ་ཀ་དམིགས་སུ་མེད་པར་རྟོགས་པའི་རྣམ་པ་ཅན་དང་། མཐར་འཛིན་གྱི་ཕྱིན་ཅི་ལོག་མེད་པའི་མཚན་ཉིད་ཅན་ཡིན་ནོ། །ཞེས་གསུངས་པ་དང་། འཕགས་པ་བརྒྱད་སྟོང་པ་ལས་ཀྱང་། དམིགས་པའི་འདུ་ཤེས་ཅན་ལ་ཡོངས་སུ་བསྔོ་བ་མེད་དོ། །དེ་ཅིའི་ཕྱིར་ཞེ་ན། དམིགས་པ་ནི་དུག་དང་བཅས་པའོ་ཞེས་དང་། རྒྱུད་ལས། རྣམ་རྟོག་མ་རིག་ཆེན་པོ་སྟེ། །འཁོར་བའི་རྒྱ་མཚོར་ལྟུང་བྱེད་ཡིན། །མི་རྟོག་ཏིང་འཛིན་ལ་གནས་ན། །མཁའ་བཞིན་དྲི་མ་མེད་པར་འགྱུར། །ཞེས་གསུངས་པ་ཐམས་ཅད། བསྔོ་བ་རྣམ་དག་ལ་དམིགས་མེད་ཀྱི་རྣམ་པ་ཅན་དགོས་པར་མཐུན་པ་ཡིན་ནོ། །

བཞི་པ་ནི། ལུགས་གང་དག་དམིགས་མེད་ཀྱི་ཆོས་དབྱིངས་ཡོད་པའི་དགེ་བ་ཡིན་ཞེས་དམིགས་པར་བྱེད་པ་དེ་ནི་ཆོས་ཅན། ཁྱོད་ཀྱིས་བཟང་ངན་བདེ་སྡུག་ལ་སོགས་པའི་ཆོས་ཅན་གཞན་དག་ལ་དམིགས་པར་འགྱུར་བ་ལྟ་ཅི་སྨོས་དགོས་ཏེ་དམིགས་པར་འགྱུར་བར་ཐལ། ཆོས་ཅན་གྱི་རྟེན་དུ་འགྱུར་བའི་ཆོས་ཉིད་ལ་དམིགས་པའི་ཕྱིར། དཔེར་ན་བྱི་བས་སྒྱུམ་འཕྲུར་བརྒྱུས་པའི་དབྱུག་པ་ཟོས་པར་གྱུར་ན་སྒྱུམ་འཕྲུར་ཟོས་པ་ལྟ་སྨོས་ཀྱང་ཅི་དགོས་པ་བཞིན་ནོ། །རིགས་པ་འདི་ནི་ཆོས་ཉིད་དང་ཆོས་ཅན་རྟེན་དང་བརྟེན་པ་ཡིན་པའི་གནད་ཀྱིས་ཡིན་ཏེ། སྙིང་པོར་དྲིལ་ན་ཆོས་དབྱིངས་དགེ་བར་དམིགས་པ་དེ་ནི་ཆོས་ཅན། བརྟེན་པ་ཆོས་ཅན་མཐའ་དག་ལ་དམིགས་པར་ཐལ། རྟེན་ཆོས་ཉིད་ལ་དམིགས་པའི་ཕྱིར་ཞེས་པ་ལྟ་བུའོ། །

གསུམ་པ་ལུང་ཚིག་སྔ་ཕྱི་འགལ་བས་དགག་པ་ནི། ཆོས་དབྱིངས་དགེ་བར་འདོད་པ་ལ་གནོད་བྱེད་གཞན་ཡང་ལུང་ཚིག་གོང་འོག་འགལ་བའི་སྐྱོན་ཡོད་པ་ཡིན་ཏེ། འགྲོ་ཀུན་དགེ་བ་ཛི་སྙེད་ཡོད་པ་དང་། །ཞེས་པར་ཆོས་ཉིད་དེ་བཞིན་ཉིད་བསྔོ་བའི་ཡུལ་དུ་བྱས་ནས་གཞན་དུ་འགྱུར་བར་ཁས་བླངས་པ་དང་། འོག་ཏུ་བསྔོ་བའི་ཚིག་བརྗོད་པའི་ཚེ། ཆོས་ཉིད་མི་འགྱུར་བདེན་པའི་བྱིན་རླབས་དང་། །ཞེས་ཆོས་ཉིད་མི་འགྱུར་བར་བསྟན་པ་གཉིས་གོང་འོག་འགལ་བའི་ཕྱིར། གནོད་བྱེད་མཐའ་ཡས་པ་དེས་ན། ཚིག་སྔ་ཕྱི་འགལ་མི་འགལ་སོགས་ལེགས་པར་སེམས་ལ་སྐྱོས་ཤིག་ཅེས་གདམས་ཏེ། ཁྱོད་ལ་ནི་དོན་འགལ་བར་མ་ཟད་ཚིག་དངོས་སུ་འགལ་བ་ཡང་སྣང་བས་སོ། །བསྔོ་རྒྱུའི་དགེ་རྩ་ལ་པཎ་ཆེན་རིན་པོ་ཆེའི་གསེར་ཐུར་གྱི་ཤོག་བྱང

སོ་གཉིས་པའི་བཟང་ལོགས་ལས། དེ་ལའང་རང་གིས་བསགས་པ་དང༌། གཞན་གྱིས་བསགས་པའི་དབྱེ་བ་གཉིས་ལས། རང་གིས་བསགས་པ་ནི་དེ་ཉིད་བསྔོ་བར་བྱེད་ཅིང༌། གཞན་གྱིས་བསགས་པ་ལ་ནི་རྗེས་སུ་ཡི་རང་བའི་སྒོ་ནས། ཡི་རང་གི་དགེ་བ་དེ་ཉིད་བསྔོ་བར་བྱེད་པ་ཡིན་གྱིས། གཞན་གྱིས་བྱས་པ་དེ་ཉིད་བསྔོ་བ་མ་ཡིན་ཏེ། ཡིན་ན། དང་པོའི་སངས་རྒྱས་གཅིག་ཉིད་ཀྱི། །བསྔོ་བ་དེང་སང་ཅིས་མི་འགྲུབ། །ཅེས་པ་དེར་ཐལ་བས་སོ་ཞེས་བྲིས་སྣང་ངོ་། །

དེ་ལ་གཞན་གྱིས་བྱས་པའི་དགེ་བ་བསྔོ་བར་མི་རུང་བ་ནི་ཏ་ཙང་ཐལ་ཏེ། ལུང་དང་འགལ་བ། དམ་པ་གོང་མའི་ལོ་རྒྱུས་དང་འགལ་བ། དེང་སང་གི་ལག་ལེན་དང་འགལ་བའོ། །དེ་ཡང་བསྔོ་བའི་མདོ་ལས། འགྲོ་ཀུན་དགེ་བ་ཇི་སྙེད་ཡོད་པ་དང༌། །ཞེས་གསུངས་པ་ལ་འདི་མི་འཐད་པར་ཐལ། འགྲོ་བ་གཞན་གྱིས་བྱས་པའི་དགེ་རྩ་བསྔོ་རྒྱུ་མ་ཡིན་པའི་ཕྱིར། ཡང་བཟང་པོ་སྤྱོད་པ་ལས། དུས་གསུམ་གཤེགས་པའི་རྒྱལ་བ་ཐམས་ཅད་ཀྱིས། །བསྔོ་བ་གང་ལ་མཆོག་ཏུ་བསྔགས་པ་དེས། །བདག་གི་དགེ་བའི་རྩ་བ་འདི་ཀུན་ཀྱང༌། །བཟང་པོ་སྤྱོད་ཕྱིར་ཡོངས་སུ་བསྔོ་བར་བགྱི། །ཞེས་གསུངས་པ་དང༌། བདག་ཉིད་ཆེན་པོའི་བསྔོ་བའི་གཞུང་ལས་ཀྱང༌། གང་ཟག་རང་གཞན་སུས་བྱས་ཀྱང་རུང་ཞེས་དང༌། བསྔོ་བ་ཚིགས་བཅད་མ་ལས་ཀྱང༌། སྐྱབས་སུ་འགྲོ་ཞིང་བྱང་ཆུབ་སེམས་བསྐྱེད་ཀྱི། །བདག་དང་གཞན་གྱི་དགེ་བ་ཅི་མཆིས་པ། །འཁོར་གསུམ་ཡོངས་སུ་དག་པའི་ཤེས་རབ་ཀྱིས། །ཡོད་མེད་ལ་སོགས་དམིགས་པའི་དུག་སྤངས་ནས། །འཁོར་དང་མྱ་ངན་འདས་ལ་མི་སྨོན་པར། །འགྲོ་བའི་དོན་དུ་སངས་རྒྱས་མྱུར་ཐོབ་ཤོག །ཅེས་གསུངས་པ་རྣམས་ཇི་ལྟར་དྲངས། ལོ་རྒྱུས་དང་འགལ་བ་ནི། སློབ་ཁ་ཆེ་པཎ་ཆེན་རྒྱ་གར་ནས་བོད་དུ་ཕེབས་པའི་སྐབས་ཤིག་དབུར་གནས་ཟླ་བ་གསུམ་གྱི་བར་ལ་འདུལ་བ་མེ་ཏོག་ཕྲེང་རྒྱུད་ལ་བཤད་པ་རྒྱས་པར་མཛད། དེའི་ཚེ་དགེ་སློང་གཅིག་གིས་འོངས་ནས་བདག་གི་ཁྲིམས་ཉིས་བརྒྱ་ལྔ་བཅུ་རྩ་གསུམ་ལ་སྐྱོན་ཡེ་མེད་པས། བསྔོ་བ་ཞིག་དགོས་ཞུས་པས་པཎ་ཆེན་གྱི་དབུ་ཞྭ་ཟུལ་ཕུད་ནས་བསྔོ་རྒྱུའི་དགེ་རྩ་ལ་དེ་ལས་བཟང་བ་མེད་གསུངས་ནས་བསྔོ་བ་རྒྱས་པ་ཞིག་གནང་ཞེས་པའི་གཏམ་རྒྱུད་ཡང་ཇི་ལྟར་ལགས། ལག་ལེན་དང་འགལ་ཚུལ་ནི། དེང་སང་གི་བར་དུ་སྦྱིན་བདག་གིས་དགེ་བ་བསྒྲུབ་པའི་ཚེ་སྦྱིན་བདག་དེས་ཀྱང་བསྔོ་བའི་རྟེན་དང་བཅས་པ་བསྔོ་བ་ཞུ་ཞིང༌། དེ་ལ་དགེ་བའི་བཤེས་གཉེན་རྣམས་ཀྱིས་ཀྱང་བསྔོ་བ་གནང་བའི་ཕྱག་སྲོལ་ཡང་ཇི་ལྟར་ལགས། ཡང་དེ་ལྟར་ན་གང་ཟག་གཞན་གྱི་སྡིག་པ་གང་ཟག་ཆེ་གེ་མོས་སྦྱོང་བ་ཡང་མི་འཐད་པར་འགྱུར་ལ། དེ་མི་འཐད་ན་གཤིན་གྱི་དོན་དུ་ངན་སོང་སྦྱོང་བའི་ཚོ་ག་བྱེད་པ་ཇི་ལྟར་ལགས། པཎ་ཆེན་ཆོས་ཀྱི་རྒྱལ་པོ་སྤྱང་རྟོགས་ལ་

འབྲེལ་པ་མེད་ཀྱང་། ཚིག་གི་ཆ་ལ་ཟུར་དོད་འདི་ལྟར་མཛད་པ་ཙམ་ཟད་ཐལ་བས་མཁྱེན་པའི་དགོངས་ཡངས་བསྐྱེད་པ་ལུ་ཞེས་ཐལ་མོ་སྦྱར་ནས་གསོལ་བ་འདེབས་སོ། །གཞན་གྱི་དགེ་རྩ་བསྔོས་པ་ལ། དང་པོའི་སངས་རྒྱས་གཅིག་ཉིད་ཀྱིས་བསྔོ་བ་དེང་སང་ཅིས་མི་ འགྲུབ་ཏུ་ཐལ་བའི་སྐྱོན་མེད་དེ། །སྔོན་གྱི་སངས་རྒྱས་བྱང་སེམས་རྣམས་ཀྱིས་རང་གཞན་གྱི་དགེ་རྩ་ཐམས་ཅད་སངས་རྒྱས་ཀྱི་སར་བསྔོས་ཤིང་། སེམས་ཅན་ཐམས་ཅད་འཚང་རྒྱ་བའི་སྨོན་ལམ་མཛད་པ་དེ་ནི་གནས་མིན་གྱི་བསྔོ་བ་ཡིན་པའི་ཕྱིར། འོ་ན་གནས་མིན་གྱི་བསྔོ་བ་ནི་འབྲས་བུ་མི་འབྱུང་བའི་བསྔོ་བ་ཡིན་ནམ་ཞེ་ན། མ་ཡིན་ཏེ། ཇི་ལྟར་སྨོན་པ་བཞིན་གྱི་འབྲས་བུ་མི་འགྲུབ་ཀྱང་། སེམས་ཅན་གྱི་དོན་དུ་སྙིང་སྟོབས་ཆེན་པོས་བསྔོས་པ་ཡིན་པས། རང་གི་ལམ་ཚོད་ཆེ་ཞིང་ཚོགས་མྱུར་དུ་རྫོགས་ཏེ་འབྲས་བུ་སངས་རྒྱས་ཐོབ་པར་འགྱུར་བའི་ཕྱིར། དེས་ན་གནས་མིན་གྱི་བསྔོ་བ་འདི་དགག་པར་མི་རིགས་སོ། །གཉིས་པ་ཆོས་དབྱིངས་ལས་གཞན་པའི་ཁམས་བསྔོ་རྒྱུའི་སྙིང་པོར་འདོད་པ་དགག་པ་ལ་བཞི་སྟེ། ཕྱོགས་སྔ་མ་བརྗོད་པ་དང་། དེ་དགག་པ་དང་། དེའི་ཉེས་སྤོང་གི་དགག་པ། གནད་དོན་སྙིང་པོ་སྤྲོས་བྲལ་དུ་གཏན་ལ་ཕབ་པའོ། །དང་པོ་ནི། བོད་ལ་ལ་བདེ་གཤེགས་སྙིང་པོའི་སྒྲ་ཆོས་དབྱིངས་ཟུར་འཇུག་ལ་མི་ཟེར་བར། སེམས་ཅན་ཀུན་གྱི་ཁམས་ལ་འཇུག་པར་འདོད་ཅིང་། དེ་ཉིད་བསྔོ་བའི་མདོ་ནས་བཤད་པའི་བསྔོ་རྒྱུའི་དགེ་རྩ་ཡང་ཡིན་ནོ་ཞེས་ཟེར་རོ། །

གཉིས་པ་ལ་གསུམ་སྟེ། མཐའ་གསུམ་དུ་བརྟགས་པས། དང་པོ་དང་གཉིས་པ་གཉིས་རིགས་པས་དགག་པ། གསུམ་པ་རང་དང་འདོད་པ་མཐུན་པར་བསྟན་པའོ། །དང་པོ་ནི། སེམས་ཅན་གྱི་ཁམས་དེ་གང་ཡིན་བརྟག་པར་བྱ་སྟེ། ཁམས་དེ་དངོས་པོ་ཡིན་པའམ། ཡང་ན་དངོས་མེད་དམ། ཡང་ན་དངོས་པོ་དང་དངོས་མེད་གཉིས་ཀ་གང་ཡང་མ་ཡིན་པའི་སྤྲོས་བྲལ་ཡིན་སྙམ་དགོས་ཏེ། རྣམ་པ་གསུམ་པོ་གང་རུང་ལས་གཞན་པའི་ཆོས་མི་སྲིད་པའི་ཕྱིར་རོ། །གཉིས་པ་ནི། དེ་ལྟར་བརྟགས་པས་དངོས་པོ་ཡིན་ནོ་ཞེ་ན། འོ་ན་བེམ་པོ་དང་རིག་པ་གཉིས་པོ་གང་རུང་དུ་ཁ་ཚོན་ཆོད་པས་ཁམས་དེ་ཆོས་ཅན། བེམ་རིག་གང་རུང་ཡིན་པར་ཐལ། དངོས་པོ་ཡིན་པའི་ཕྱིར། འདོད་ན། གཉིས་པོ་གང་ཡིན། བེམ་པོ་ཡིན་ནོ་ཞེ་ན་མ་ཡིན་ཏེ། བེམ་པོ་སེམས་ཅན་གྱི་ཁམས་སུ་འདོད་པ་ནི་མུ་སྟེགས་རྒྱང་འཕེན་པ་ས་སོགས་འབྱུང་བ་དང་གྲུབ་སྡེ་རྫས་གཅིག་པའི་རྣམ་ཤེས་ཡོད་པར་འདོད་པ་དང་། གཅེར་བུ་པ་ནི་ཤིང་སེམས་ལྡན་དུ་འདོད་པ་ལ་སོགས་པ་ཕྱི་རོལ་པ་འགའ་ཞིག་གི་ལུགས་ཡིན་གྱིས། སངས་རྒྱས་པ་ལ་མེད་པའི་ཕྱིར། རིག་པ་ཡིན་ནོ་ཞེ་ན། དེ་ཆོས་ཅན། རྣམ་ཤེས་ཚོགས་བརྒྱད་གང་རུང་འཁོར་དང་བཅས་པ་གང་རུང་ཉིད་ལས་འདའ་བ་མེད་པར་ཐལ། རིག་པ་ཡིན་

པའི་ཕྱིར། འདོད་ན། དེ་ཆོས་ཅན། ཁྱོད་བདེ་གཤེགས་སྙིང་པོར་མི་འཐད་པར་ཐལ། ཚོགས་བརྒྱད་གང་རུང་འཁོར་དང་བཅས་པའི་ནང་ཚན་ཡིན་པའི་ཕྱིར། ཁྱབ་སྟེ། ཚོགས་བརྒྱད་འདུས་བྱས་ཡིན་པའི་ཕྱིར་དང་། བདེ་གཤེགས་སྙིང་པོ་ནི་འདུས་མ་བྱས་ཡིན་པའི་ཕྱིར་ཏེ། དཔལ་ཕྲེང་གི་མདོ་ལས། བཅོམ་ལྡན་འདས་དེ་བཞིན་གཤེགས་པའི་སྙིང་པོ་ནི་འདུས་བྱས་ཀྱི་མཚན་ཉིད་ཀྱི་ཡུལ་ལས་འདས་པ་ལགས་སོ། །ཞེས་གསུངས་པའི་ཕྱིར། །འོ་ན་གཞུང་ལུགས་འགའ་ལས། ཟག་མེད་ཀྱི་སེམས་རྒྱུད་ལ་བདེ་གཤེགས་སྙིང་པོ་ཞེས་གསུངས་པ་མི་འཐད་པར་འགྱུར་ཏེ། བདེ་གཤེགས་སྙིང་པོ་རིག་པ་མ་ཡིན་པའི་ཕྱིར་རོ་སྙམ་ན། སྐྱོན་མེད་དེ། ཟག་མེད་ཀྱི་སེམས་རྒྱུད་དེ་ནི་ཀུན་གཞིའི་རྣམ་ཤེས་ཀྱི་གསལ་ཆ་ཉིད་ལ་དགོངས་པ་ཡིན་པས། ཚོགས་བརྒྱད་གང་རུང་དུ་འདུས་ཤིང་ཚོགས་བརྒྱད་གང་རུང་དང་སྙིང་པོ་འགལ་བ་བསྟན་ཟིན་པའི་ཕྱིར། ཡང་གསལ་ཆ་དེ་ནི་ཆོས་ཅན། ཁྱོད་ལ་དགེ་བའི་ཐ་སྙད་ཀྱང་མེད་དེ། མ་བསྒྲིབས་ལུང་མ་བསྟན་ཡིན་པའི་ཕྱིར། དེས་ན་གསལ་ཆ་སྙིང་པོར་མི་འཐད་དོ། །གསལ་ཆ་ཞེས་པའི་ཚིག་ནུས་ནི་ཀུན་གཞིའི་རྣམ་ཤེས་ཀྱི་སྟེང་ན་ས་བོན་གྱི་ཆ་དང་རྣམ་སྨིན་གྱི་ཆ་དང་། རྣམ་ཤེས་རང་གི་ཆ་དང་གསུམ་ཡོད་པ་ལས། གསུམ་པ་ཉིད་དམིགས་བསལ་དུ་བཀར་བ་ཡིན་ནོ། །འོན་ཏེ་ཟག་མེད་སེམས་རྒྱུད་ཅེས་པ་ཀུན་གཞིའི་རྣམ་ཤེས་མ་ཡིན་པར་ཚོགས་བརྒྱད་ལས་གཞན་དུ་ཡོད་ན་ནི། རིག་པ་ལ་དབྱེ་བ་དེའི་ཚེ་རྣམ་ཤེས་ཚོགས་དགུར་འགྱུར་ཏེ། ཚོགས་བརྒྱད་ཀྱི་སྟེང་དུ་ཟག་མེད་སེམས་རྒྱུད་དང་བཅས་པས་དགུར་འགྱུར་བ་ལས་འོས་མེད་པའི་ཕྱིར། དེས་ན་ཚོགས་བརྒྱད་ལས་གཞན་པའི་ཟག་མེད་སེམས་རྒྱུད་ཅེས་པ་ལོགས་སུ་མི་འཐད་དེ། ལང྄ཀར་གཤེགས་པ་ལས་ཀྱང་། རྣམ་པར་ཤེས་པ་བརྒྱད་ཉིད་དང་། །ཞེས་གསུངས་པའི་ཕྱིར། འདིར་འགའ་ལས་ཟག་མེད་སེམས་རྒྱུད་ཅེས་པའི་ལུང་འདྲེན་ལ། སྦྱོར་ཁང་པས། མངོན་པའི་མདོར། ཐོག་མ་མེད་པའི་དུས་ཅན་ཁམས། །ཆོས་རྣམས་ཀུན་གྱི་གནས་ཡིན་ཏེ། །ཞེས་གསུངས་པ་འདྲེན་པ་དང་། རྣམ་བཤད་མཛད་པ་པོ་འགའ་ཞིག་གིས། བདེ་གཤེགས་སྙིང་པོ་འགྲོ་ཀུན་ཡོངས་ལ་ཁྱབ། །དྲི་མ་མེད་པའི་ཡིད་ལ་རྣམ་པར་བརྟེན། །ཞེས་པ་འདྲེན་པར་མཛད་པས་དཀའ་བའི་གནས་སུ་སྣང་ལ། སྦྱོར་ཁང་པའི་དེ་ནི་ཆེར་མ་འབྲེལ་ཏེ། ཚིག་ཟིན་ལ་ཁམས་ཞེས་པ་ཙམ་ལས་ཟག་མེད་ཀྱི་སེམས་ཀྱི་གསལ་ཁ་མི་སྣང་བའི་ཕྱིར་དང་། ལུགས་ཕྱི་མ་དེ་ལ་དྲི་མ་མེད་པའི་ཡིན་ལ་ཞེས་པ་ཚིག་ཟིན་ལ་འདུག་ཀྱང་། དེ་ནི་བདེ་གཤེགས་སྙིང་པོའི་རྟེན་དུ་སོང་པས་དངོས་བསྟན་རང་ལ་བདེ་གཤེགས་སྙིང་པོ་དང་ཐ་དད་དུ་གསལ་བའི་ཕྱིར། འདིར་འབྲུལ་གཞིའི་ལུང་དུ་མི་འགྱུར་རོ། །རེ་ཞིག་རང་གི་བསམ་ཚོད་ནི། །རྒྱུད་བླ་ལས། རིགས་ཁམས་སྣང་རྩེ་དང་འདྲ་འདི་གཟིགས་ནས། །ཞེས་དང་། དེ་བཞིན་དུ། ལུས་ཅན་ལ་ཡོད་ཟག་

པ་མེད་པའི་ཤེས་པ་སྤྲང་མའི་རྒྱུ་དང་འདྲ། །ཞེས་བདེ་གཤེགས་སྙིང་པོ་ཟག་མེད་ཀྱི་སེམས་ལ་ངོས་བཟུང་བ་ལྟར་སྣང་བ་དང་། བརྟག་གཉིས་ལས། ལུས་ལ་ཡེ་ཤེས་ཆེན་པོ་གནས། །ཞེས་སྙིང་པོ་ཡེ་ཤེས་ཀྱི་མིང་གིས་བསྟན་པ་རྣམས་ཀྱི་དགོངས་པ། བདེ་གཤེགས་སྙིང་པོ་ལ་གསལ་སྟོང་ཟུང་འཇུག་དགོས་པའི་ཡ་གྱལ་གསལ་བའི་ཆ་ཙམ་ལ་དགོངས་ཤིང་། གསལ་ཆ་དེ་ཡང་ཚོགས་བརྒྱད་ལས་ལོགས་སུ་གྱུར་པ་མ་ཡིན་པར་ཀུན་གཞིའི་རྣམ་ཤེས་ཉིད་ཡིན་ནོ་ཞེས་སྟོན་པ་ལ། འགའ་ལས་ཞེས་སོགས་ཀྱི་གཞུང་ཚིག་འདི་དག་བྱུང་བར་སེམས་སོ། །དེས་ན་སྙིང་པོ་དང་སེམས་ཀྱི་གཞི་མཐུན་གཏན་མེད་པ་ནི་རབ་དབྱེའི་དགོངས་པ་ཡིན་ནོ། །མཐའ་གཉིས་པ་ལྟར་དངོས་མེད་ཡིན་ནོ་ཞེ་ན། ཁམས་དེ་ཆོས་ཅན། ཁྱོད་ལ་དགེ་སྡིག་འཐད་པ་མ་ཡིན་པར་ཐལ། ཁྱོད་ལ་དོན་བྱེད་མེད་པའི་ཕྱིར་ཏེ། དངོས་མེད་ཡིན་པའི་ཕྱིར་ནའོ། །

གསུམ་པ་ནི། གལ་ཏེ་སེམས་ཅན་གྱི་ཁམས་དེ་དངོས་པོ་དང་དངོས་མེད་གཉིས་ཀ་གང་ཡང་མ་ཡིན་པར་སྤྲོས་བྲལ་ཡིན་ནོ་ཞེ་ན། འདོད་པ་མཐུན་ཏེ། སྟར་ཀླུ་སྒྲུབ་ཀྱི་ལུང་དྲངས་ནས་བཤད་པའི་ཆོས་ཀྱི་དབྱིངས་ལས་འདའ་བ་མེད་པའི་ཕྱིར་དང་། ཆོས་དབྱིངས་དེ་ལྟར་ཡིན་ན། དགེ་སྡིག་མེད་པར་སྔར་བཤད་ཟིན་པའི་ཕྱིར་རོ། །གཞུང་ཚིག་འདི་ལྟར་ན་ཆོས་དབྱིངས་དངོས་མེད་མ་ཡིན་པར་ཁས་ལེན་ནུས་སམ། ནུས་ན་ཆོས་དབྱིངས་ཆོས་ཅན། འདུས་མ་བྱས་ཡང་མ་ཡིན་པར་ཐལ། དངོས་མེད་མ་ཡིན་པའི་ཕྱིར། འདོད་ན། ཆོས་ཀྱི་དབྱིངས་ནི་འདུས་མ་བྱས། ཞེས་བཤད་པ་དང་འགལ་ལོ་ཞེ་ན་ལན་ཅི། ཁོ་བོ་ནི་སྙིང་པོ་འདུས་མ་བྱས་ཡིན་ཀྱང་དངོས་མེད་མ་ཡིན་པར་ཁས་ལེན་ཏེ། གཞུང་གི་དངོས་བསྟན་ལ་དེ་ལྟར་བསྐྱོན་མེད་དུ་གསལ་བའི་ཕྱིར་དང་། ཀུན་མཁྱེན་བླ་མའི་འབྲུལ་སྤོང་ལས་ཀྱང་། གལ་ཏེ་སེམས་ཅན་ཁམས་དངོས་དང་། །ཞེས་སོགས་ཀྱི་གཞུང་དྲངས་ནས། ཆོས་དབྱིངས་དངོས་མེད་ཡིན་པ་སྐྱབས་ཤིག་པའི་ལན་མཛད་འདུག་པའི་ཕྱིར་རོ༑ ༑

གསུམ་པ་ཉེས་སྤོང་བཀག་པ་ལ་གཉིས་ཏེ། ཉེས་སྤོང་བརྗོད་པ་དང་། དེ་དགག་པའོ། །དང་པོ་ནི། གོང་དུ་བདེ་གཤེགས་སྙིང་པོ་ཆོས་དབྱིངས་སུ་མི་འདོད་པ་བཀག་པ་དེ་ལ་འཕྲོས་ནས་སླར་མཐའ་གཉིས་སུ་ཕྱེ་ནས། གལ་ཏེ་ཐེམ་པོའི་ཆོས་དབྱིངས་བསྒོ་རྒྱུར་གྱུར་པའི་བདེ་གཤེགས་སྙིང་པོ་མ་ཡིན་ཡང་། སེམས་ཅན་རྣམས་ཀྱི་སེམས་ཀྱི་ཆོས་དབྱིངས་བསྒོ་རྒྱུར་གྱུར་པའི་བདེ་གཤེགས་སྙིང་པོ་ཡིན་ནོ་སྙམ་ན། གཉིས་པ་དེ་དགག་པ་ནི། དེ་འདྲའི་རྣམ་དབྱེ་འཐད་པ་མིན་ཏེ། ཆོས་དབྱིངས་ལ་སྙིང་པོ་ཡིན་མིན་གྱི་དབྱེ་བ་ཡོད་ན། ངོ་བོ་མི་འདྲ་བའི་དབྱེ་བ་ཡོད་དགོས་པ་ལས། དེ་མེད་པར་རྒྱལ་བས་གསུངས་པའི་ཕྱིར་ཏེ། འཕགས་པ་བརྒྱད་སྟོང་

པ་ལས། ཆོས་ཐམས་ཅད་ཀྱི་དེ་བཞིན་ཉིད་གང་ཡིན་པ་དང་། དེ་བཞིན་གཤེགས་པའི་དེ་བཞིན་ཉིད་གང་ཡིན་པ་དེ་ནི་དེ་བཞིན་ཉིད་གཅིག་སྟེ། རིགས་ཀྱི་བུ་དེ་བཞིན་ཉིད་ལ་གཉིས་སུ་བྱར་མེད་དོ་ཞེས་གསུངས་པའི་ཕྱིར། རིགས་པས་ཀྱང་ནི་ཆོས་དབྱིངས་ལ་རིགས་མི་འདྲ་བའི་དབྱེ་བ་མེད་པ་འདི་ནི་འགྲུབ་སྟེ། ཆོས་དབྱིངས་ཐམས་ཅད་དགག་བྱ་སྤྲོས་པ་བཀག་པའི་སྤྲོས་བྲལ་གྱི་དེ་བཞིན་ཉིད་དུ་གཅིག་པའི་ཕྱིར། འདིར་རྗེས་ཐང་སངས་ལྷུན་པས། སེམས་ཅན་ཁོ་ནའི་ཁམས་ལ་སྙིང་པོར་འདོད་པ་དགག་པ་དང་། སེམས་ཅན་ཁོ་ནའི་དབྱིངས་ལ་སྙིང་པོར་འདོད་པ་དགག་པའི་ས་གཅད་མཛད་པ་ནི་མི་ལེགས་ཏེ། དེ་གཉིས་ཀྱི་གྲུབ་གཞི་རྒྱ་བའི་ས་གཅད་ལ་ཆོས་དབྱིངས་དབྱེར་མེད་ལས་གཞན་པའི་སྙིང་པོའི་འདོད་ཚུལ་དགག་པ་ཞེས་པ་དེ་དང་རང་ཚིག་འགལ་བའི་ཕྱིར་ཏེ། སེམས་ཅན་ཁོ་ནའི་དབྱིངས་ལ་སྙིང་པོར་འདོད་པ་དེ་ཆོས་དབྱིངས་ལས་གཞན་པའི་སྙིང་པོ་ཁས་ལེན་མཁན་མ་ཡིན་པའི་ཕྱིར། དེས་ན་གལ་ཏེ་བེམ་པོའི་ཞེས་སོགས་ནི་གོང་དུ་བདེ་གཤེགས་སྙིང་པོ་ཆོས་དབྱིངས་ལས་གཞན་དུ་འདོད་པ་བཀག་པ་ལས་འཕྲོས་ནས། སླར་ཕྱོགས་སྔ་མས་ཉེས་སྤྱོང་གི་ཚུལ་དུ་ཆོས་དབྱིངས་ལ་སྙིང་པོ་ཡིན་མིན་གཉིས་སུ་ཕྱེ་བ་དེ་འགོག་བྱེད་དུ་སྦྱར་ན་ལེགས་སམ་སྙམ་མོ། །གང་ལྟར། ལ་ལ་བདེ་གཤེགས་སྙིང་པོའི་སྒྲ། །ཞེས་སོགས་ཀྱི་ཕྱོགས་སྔ་དང་། ཁ་ཅིག་བདེ་གཤེགས་སྙིང་པོའི་སྒྲ། །ཞེས་སོགས་ཀྱི་ཕྱོགས་སྔ་གཉིས་ཀྱང་། ཁ་ཅིག་གྲངས་ཅན་ལུགས་བཞིན་དུ། །ཞེས་སོགས་ཀྱི་ཕྱོགས་སྔ་དེའི་ནང་གསེལ་ལས་འདོད་ཚུལ་གྱེས་པ་ཙམ་ཡིན་གྱིས། དེའི་ནང་དུ་མི་གཏོགས་པ་མ་ཡིན་ནོ། །དེ་སྐད་དུ། སངས་རྒྱས་འཕྲིན་ཞུ་ལས་ཀྱང་། དེས་ན་བདག་གིས་བཤད་པ་དང་། །སྒོམ་པ་དང་ནི་བསྒོ་བ་ཡང་། །ཡོད་མེད་ལ་སོགས་དམིགས་པའི་དུག །སྤངས་པའི་ཆོ་ག་དུག་མེད་བགྱིས། །དེ་ལ་མུ་སྟེགས་གྲངས་ཅན་དང་། །ཉན་ཐོས་ཐམས་ཅད་ཡོད་སྨྲའི་ལུགས། །འདོད་པ་དེ་དག་བདག་ལ་རྒོལ། །འདི་དག་ཀྱང་ནི་བདེན་མི་བདེན། །ཁྱོད་ཀྱིས་རྣམ་པར་ཕྱེ་སྟེ་གསུངས། །ཞེས་གསུངས་ཤིང་། སྐབས་འདིའི་རྒོལ་བ་པོའི་ཕྱོགས་སྔ་མ་ཡང་། ཁ་ཅིག་གྲངས་ཅན་ལུགས་བཞིན་དུ། །ཞེས་སོགས་འདི་ཡིན་པས། འདི་ནི་རབ་དབྱེའི་བསྒོ་བ་འཆད་པའི་སྐབས་ཀྱི་ཕྱོགས་སྔའི་རྩ་བ་རང་ཡིན་ནོ། །

བཞི་པ་སྙིང་པོ་སྤྲོས་བྲལ་དུ་གཏན་ལ་ཕབ་པ་ལ་གསུམ་སྟེ། དོན་དངོས་ཤེས་བྱེད་ཀྱི་ལུང་། སྙིང་པོའི་ལུང་གཞན་དྲང་དོན་དུ་བསྟན་པའོ། །དང་པོ་ནི། སྙིང་པོ་བསྒོ་རྒྱུའི་དགེ་རྩ་ར་མི་རུང་བ་དེས་ན་རྒྱུ་དུས་ཀྱི་དེ་བཞིན་གཤེགས་པའི་སྙིང་པོ་ཆོས་ཅན། ཁྱོད་ཐབས་ཀྱིས་ཟིན་པ་དང་། མ་ཟིན་པ་ལས་སེམས་ཅན་རྣམས་ལ་སངས་རྒྱས་དང་འཁོར་བ་གཉིས་ཀ་འབྱུང་བ་འཐད་པ་ཡིན་ཏེ། ཁྱོད་སྤྲོས་བྲལ་གྱི་སྟོང་ཉིད་ཡིན་པའི་ཕྱིར་ན།

འཆིང་གྲོལ་ཀུན་གྱི་གཞིར་རུང་བས་སོ། །ཕཊ་ཆེན་རིན་པོ་ཆེའི་སེམས་ཅན་གྱི་རྒྱུད་ལ་བདེ་གཤེགས་སྙིང་པོ་མེད་པར་བཞེད་པ་ནི་གཞུང་འདི་དང་འགལ་ཏེ། སངས་རྒྱས་ཀྱི་སྙིང་པོ་སྤྲོས་བྲལ་ཡིན་པའི་གནད་ཀྱིས་འཁོར་འདས་གཉིས་ཀ་འབྱུང་བ་འདི་སངས་རྒྱས་ཀྱི་རྒྱུད་ལ་སྦྱར་ནས་འཆད་རྒྱུ་མེད་པའི་ཕྱིར། གཉིས་པ་ལ་གསུམ་སྟེ¡ ཀླུ་སྒྲུབ་ཀྱི་ལུང་། བྱམས་པའི་ལུང་། བརྒྱད་སྟོང་པའི་ལུང་དགོད་པའོ། །དང་པོ་ནི། སྙིང་པོ་སྤྲོས་བྲལ་ཡིན་པའི་གནད་ཀྱིས་འཁོར་འདས་གཉིས་ཀ་འབྱུང་བ་ནི་ཆོས་ཅན། ལུང་གིས་གྲུབ་པ་ཡིན་ཏེ། འཕགས་པ་ཀླུ་སྒྲུབ་འགྲོ་བའི་སྐྱབ་པ་ཉིད་ཀྱི་ཙ་ཤེ་ལས། ལུགས་གང་ལ་ཆོས་ཐམས་ཅད་བདེན་པས་སྟོང་པ་ཉིད་དུ་རུང་བ་དེ་ལ། དགེ་སྡིག་དང་བདེན་པ་བཞི་དང་། འཁོར་འདས་དང་། ཞུགས་འབྲས་ལ་སོགས་པའི་རྣམ་གཞག་ཐམས་ཅད་རུང་བ་ཡིན་ལ། ལུགས་གང་ལ་ཆོས་ཐམས་ཅད་བདེ་སྟོང་དུ་མི་རུང་བ་དེ་ལ་སྔར་སྨོས་པ་ཐམས་ཅད་རུང་བ་མ་ཡིན་ནོ། །ཞེས་གསུངས་པའང་ཁྱོད་ཀྱི་དོན་འདི་ལ་དགོངས་པའི་ཕྱིར་རོ། །

གཉིས་པ་ནི། རྩོད་གཞི་སྔ་མ་དེ་ཆོས་ཅན། ཁྱོད་བྱམས་པའི་ལུང་གིས་ཀྱང་གྲུབ་སྟེ། ཐེག་པ་ཆེན་པོ་རྒྱུད་བླ་མ་ལས། སེམས་ཅན་ལ་བདེ་བར་གཤེགས་པའི་ཁམས་ཡོད་པའི་སྒྲུབ་བྱེད་ནི། གལ་ཏེ་སེམས་ཅན་ལ་བདེ་གཤེགས་ཀྱི་ཁམས་མེད་ན་སེམས་ཅན་སྡུག་བསྔལ་ལ་སྐྱོ་བར་མི་འགྱུར་ཞིང་། མྱ་ངན་ལས་འདས་པར་བློ་ཕྱོགས་པར་འདོད་པ་དང་། ཐར་པ་ཐོབ་པའི་ཐབས་འཚོལ་བའི་དོན་དུ་གཉེར་བ་དང་། ཐར་པ་ལ་སེམས་མངོན་པར་འདུ་བྱེད་པའི་སྨོན་པ་ཡང་མེད་པར་འགྱུར་རོ། །ཞེས་གསུངས་པ་ཡང་ཁྱོད་ཀྱི་དོན་འདི་ཉིད་ཡིན་པའི་ཕྱིར། ལུང་དེའི་དོན་སྡུག་བསྔལ་ལ་སྐྱོ་བ་དང་ལྡན་པ་སོགས་ནི་སེམས་ཅན་ལ་བདེ་གཤེགས་ཀྱི་ཁམས་ཡོད་པའི་སྒྲུབ་བྱེད་དུ་འཐད་དེ། ཟག་བཅས་ཉེ་བར་ལེན་པའི་ཕུང་པོ་ལྔ་སྡུག་བསྔལ་ཡིན་ཞིང་། དེ་སྤངས་པའི་མྱང་འདས་བདེ་བ་ཡིན་པས་ན་སྡུག་བསྔལ་ལ་སྐྱོང་འདོད་དང་མྱང་འདས་ལ་དོན་གཉེར་འབྱུང་བ་འདི་ཡང་སེམས་ཉིད་རང་གི་གནས་ཚུལ་དུ་བསླེག་པ་ཡིན་པའི་ཕྱིར། དཔེར་ན། མེའི་རང་བཞིན་ཚ་བ་ཡིན་པའི་གནད་ཀྱིས་མེ་ཡོད་པའི་སྒྲུབ་བྱེད་དུ་ཚ་ཞིང་བསྲེག་པ་བཀོད་པ་ལྟར་རོ། །འདི་ལ་རང་མཆན་ལས། བྱ་ཚང་དུ་སྐོག་པ་བཞིན་ཞེས་པའི་དཔེ་ལྟར་ན། སེམས་ཅན་གྱི་རྒྱུད་ལ་འཁོར་བ་སྤོང་འདོད་སོགས་འབྱུང་བ་འདི་ཡང་སེམས་རང་གི་གནས་སུ་སྐོག་པ་ཡིན་ཞེས་སྦྱར་རོ། །གསུམ་པ་ནི། སེམས་ཀྱི་རང་བཞིན་སྤྲོས་བྲལ་སྙིང་པོ་ཡིན་པར་འདིའི་དོན་རྒྱས་པར་བརྒྱད་སྟོང་པའི་ཆོས་འཕགས་ཀྱི་ནི་ལེའུར་ལྟོས་ཞེས་གདམས་ཏེ། ཇི་ལྟར་ན། ཆོས་འཕགས་ཀྱི་ལེའུ་ལས། རིགས་ཀྱི་བུ། སྟོང་པ་ཉིད་ལ་འོང་བའམ་འགྲོ་བ་མེད་དེ། སྟོང་པ་ཉིད་གང་ཡིན་པ་དེ་ནི་དེ་བཞིན་གཤེགས་པའོ། །ཞེས་སོགས་དང་། འཕགས་པ་ཆོས་འཕགས་ལ་བྱང་ཆུབ་སེམས

དཔའ་རྟག་ཏུ་ངུས། དེ་བཞིན་གཤེགས་པ་དེ་དག་གང་ནས་བྱོན། གང་དུ་བཞུད་ཅེས་དྲིས་པའི་ལན་དུ། དེ་བཞིན་གཤེགས་པ་དེ་དག་གང་ནས་ཀྱང་མ་བྱོན། གང་དུ་ཡང་མ་བཞུད། དེ་བཞིན་ཉིད་ལས་མ་གཡོས། དེ་བཞིན་ཉིད་གང་ཡིན་པ་དེ་ནི་དེ་བཞིན་གཤེགས་པའོ། །ཞེས་དང་། སྒྱིག་རྒྱུ་གཡོ་བ་མཐོང་ན་སྒྱིག་རྒྱུའི་ཆུ་དེ་གང་ནས་འོང་། གང་དུ་སོང་། ཆུ་མེད་པ་ལ་ཆུར་འདུ་ཤེས་པ་དེ་བཞིན་དུ། དེ་བཞིན་གཤེགས་པ་ལ་གཟུགས་དང་སྒྲར་མངོན་པར་ཞེན་ནས། བྱོན་པ་དང་བཞུད་པར་རྟོག་པ་དེ་དག་ནི་བྱིས་པ་ཤེས་རབ་འཆལ་བའོ། །ཞེས་གསུངས་སོ། །

གསུམ་པ་སྙིང་པོའི་ལུང་གཞན་དྲང་དོན་དུ་བསྟན་པ་ལ་གཉིས་ཏེ། རིགས་པའི་སྒོ་ནས་དྲང་དོན་དུ་བསྟན་པ་དང་། ལུང་གི་སྒོ་ནས་དྲང་དོན་དུ་བསྟན་པའོ། །དང་པོ་ནི། སེམས་ཅན་གྱི་རྒྱུད་ལ་སྙིང་པོ་ཡོད་པའི་སྒྲུབ་བྱེད་དེ་ལྟར་ན། མདོ་བསྟན་བཅོས་འགའ་ཞིག་ལས། སྟོབས་སོགས་ཀྱི་ཡོན་ཏན་རང་ཆས་སུ་ཚང་ཞིང་། ད་ལྟ་ཉིད་ནས་མཚན་དཔེ་གསལ་རྫོགས་ཀྱིས་སྤྲས་པའི་སངས་རྒྱས་ཀྱི་སྙིང་པོ་སེམས་ཅན་རྣམས་ལ་ཡོད་པར་གསུངས་པ་ཡང་སྒྲ་ཇི་བཞིན་དུ་ཡོད་དམ་ཞེ་ན། སེམས་ཀྱི་རང་བཞིན་སྤྲོས་བྲལ་ལ་སྙིང་པོར་བཞག་པ་དེ་ཙམ་སེམས་ཅན་ལ་ཡོད་མོད། འོན་ཀྱང་དཔལ་ཕྲེང་གི་མདོ་དང་། སོར་ཕྲེང་ལ་ཕན་པའི་མདོ་དང་། མྱང་འདས་ཆེན་མོ་ལ་སོགས་པའི་མདོ་སྡེ་འགའ་ཞིག་དང་། ཐེག་པ་ཆེན་པོའི་རྒྱུད་བླ་མར་ཡང་། གོས་རྡུལ་ནང་ན་རྒྱལ་བའི་སྐུ་དང་ནི། །ཞེས་གོས་ངན་གྱི་ནང་ན་རིན་པོ་ཆེ་གསེར་ལས་གྲུབ་པའི་སངས་རྒྱས་ཀྱི་སྐུ་གཟུགས་ཡོད་པ་ལྟར། སེམས་ཅན་རྣམས་ལ་སྟོབས་སོགས་ཡོན་ཏན་རང་ཆས་སུ་ལྡན་ཞིང་མཚན་དཔེས་བརྒྱན་པའི་སངས་རྒྱས་ཀྱི་སྙིང་པོ་ཡོད་པར་གསུངས་པ་ནི་སྒྲ་ཇི་བཞིན་དུ་ཁས་མི་ལེན་ཏེ། དྲང་དོན་དགོངས་པ་ཅན་ཡིན་པར་ཤེས་པར་བྱའོ། །ཇི་ལྟར་ན། དེའི་དགོངས་གཞི་ནི། སེམས་ཀྱི་ཆོས་ཉིད་སྤྲོས་བྲལ་སྟོང་པ་ཉིད་སྐྱེ་འགག་དང་བྲལ་བ་རང་བཞིན་གྱིས་རྣམ་པར་དག་པ་སེམས་ཅན་ཐམས་ཅད་ཀྱི་རྒྱུད་ལ་ཡོད་པ་ལ་དགོངས་པ་ཡིན་ཏེ། འཇུག་འགྲེལ་དུ་མདོ་དྲངས་པ་ལས། བློ་གྲོས་ཆེན་པོ་ངའི་དེ་བཞིན་གཤེགས་པའི་སྙིང་པོ་བསྟན་པ་ནི་མུ་སྟེགས་ཅན་གྱི་བདག་ཏུ་སྨྲ་བ་དང་མཚུངས་པ་མ་ཡིན་ཏེ། དེ་བཞིན་གཤེགས་པ་དགྲ་བཅོམ་པ་ཡང་དག་པར་རྫོགས་པའི་སངས་རྒྱས་རྣམས་ནི་སྟོང་པ་ཉིད་དང་། ཡང་དག་པའི་མཐའ་དང་། མྱ་ངན་ལས་འདས་པ་དང་། མ་སྐྱེས་པ་དང་། མཚན་མ་མེད་པ་དང་། སྨོན་པ་མེད་པ་ལ་སོགས་པའི་ཚིག་གི་དོན་རྣམས་ལ་དེ་བཞིན་གཤེགས་པའི་སྙིང་པོ་བསྟན་པར་བྱས་ནས་ཞེས་གསུངས་པའི་ཕྱིར། དགོས་པ་ནི། སྐྱོན་ལྔ་སྤང་བའི་ཆེད་དུ་ཡིན་ཏེ། རྒྱུད་བླར། སེམས་ཞུམ་སེམས་ཅན་དམན་ལ་བརྙས་པ་དང་། །ཡང་དག་མིན་འཛིན་ཡང་དག་ཆོས

ལ་སྐྱུར། །བདག་ཆགས་ལྷག་པའི་སྐྱོན་ལྡོ་གང་དག་ལ། །ཡོད་པ་དེ་དག་དེ་སྤང་དོན་དུ་གསུངས། །ཞེས་གསུངས་པ་ལྟར་རོ། །དངོས་ལ་གནོད་བྱེད་ཀྱི་ཚད་མ་ནི། སེམས་ཅན་ལ་སྟོབས་སོགས་ཡོན་ཏན་དང་མཚན་དཔེས་བརྒྱན་པ་དེ་འདྲའི་སངས་རྒྱས་ཀྱི་ཁམས་ཡོད་ན། དངོས་ལ་གནོད་བྱེད་གསུམ་འཇུག་སྟེ། མུ་སྟེགས་གྲངས་ཅན་པ། ཤེས་རིག་ཀུན་ལ་ཁྱབ་པའི་རྟག་པ་གཅིག་པུའི་བདག་དང་། རིག་པ་ཅན་ལ། དཀར་ལ་འཆེར་བ། སྣུམ་ལ་འདྲིལ་བ། རྟལ་ཕྲན་ཙམ་གྱི་བདག་རང་རང་གི་སྙིང་གི་དཀྱིལ་དུ་གནས་པར་འདོད་པ་སོགས་དང་མཚུངས་པ་དང་། བདེན་གྲུབ་ཀྱི་དངོས་པོར་ཐལ་བར་འགྱུར་བའི་ཕྱིར་དང་། ངེས་དོན་གྱི་མདོ་སྡེ་རྣམས་ལ་ཆོས་ཐམས་ཅད་བདེན་སྟོང་དུ་བཤད་པ་དང་རྣམ་པ་ཀུན་ཏུ་འགལ་བའི་ཕྱིར་རོ། །འོན་ཀྱང་མདོ་སྡེ་འགའ་ཞིག་དང་། །ཞེས་པའི་ལུང་ཁུངས་ནི། རྣམ་བཤད་སྔ་མ་རྣམས་སུ་བལྟ་བར་བྱའོ། །པཎ་ཆེན་རིན་པོ་ཆེའི་གསུངས་ལས། སེམས་ཅན་ལ་སངས་རྒྱས་ཀྱི་སྙིང་པོ་ཡོད་པ་གཞུང་འདི་དག་གི་དྲང་དོན་དུ་གཏན་ལ་ཕབ་པ་ཡིན་ཞེས་གསུངས་པ་ནི། རང་གི་གྲུབ་མཐའི་འདོད་ཕྱོགས་དང་བསྟུན་པ་ཙམ་དུ་ཟད་དེ། གཞུང་འདི་དག་གིས་ནི་མཚན་དཔེས་བརྒྱན་པ་སོགས་ཀྱི་ཁྱད་ཆོས་དང་ལྡན་པའི་སངས་རྒྱས་ཀྱི་སྙིང་པོ་སེམས་ཅན་ལ་ཡོད་པ་དྲང་དོན་དུ་གཏན་ལ་ཕབ་པའི་ཕྱིར་ཏེ། གོས་རྡུལ་ནང་ན་རིན་ཆེན་ལྟར། །ཞེས་པའི་ཚིག་ནུས་དང་། མདོ་སྡེ་འགའ་ཞིག་དང་ཞེས་པའི་ལུང་ཁུངས་བལྟས་པས་ཀྱང་རྟོགས་នུས་པའི་ཕྱིར་རོ། །གཞན་དུ་ན་དངོས་ལ་གནོད་བྱེད་ཀྱི་ཚེ། དེ་འདྲའི་བདེ་གཤེགས་ཁམས་ཡོད་ན། །ཞེས་པའི་ཚིག་ཀྱང་དོན་མེད་དུ་ཐལ། གལ་ཏེ་བདེ་གཤེགས་ཁམས་ཡོད་ན། །ཞེས་པ་ཙམ་གྱིས་ཆོག་པའི་ཕྱིར་དང་། དེ་འདྲའི་ཞེས་པའི་ཚིག་ལ་འབྲུ་གནོན་རྒྱུ་མི་འདུག་པའི་ཕྱིར། གཞན་སྟོང་ལ་ཞེན་ནས་སྙིང་པོ་བདེན་གྲུབ་ཏུ་མཛད་པ་ཡང་གཞུང་དེའི་དངོས་ལ་གནོད་བྱེད་ཞལ་གྱིས་བཞེས་པར་སོང་སྟེ། བདེན་པའི་དངོས་པོར་འགྱུར་ཕྱིར་དང་། །ཞེས་པ་དེ་ལ་འདོད་ལན་དུ་སོང་བའི་ཕྱིར། དེ་ནི་འདིར་རྒྱུད་བླ་དྲང་ངེས་ཀྱི་བསྟན་བཅོས་གང་ཡིན་གྱི་དཔྱད་པ་སྐབས་སུ་བབས་འདུག་ཀྱང་ཡི་གེ་མང་དོགས་པས་མ་སྤྲོས་སོ། །

གཉིས་པ་ལུང་གི་སྒོ་ནས་དྲང་དོན་དུ་བསྟན་པ་ནི། མཚན་དཔེས་བརྒྱན་པའི་སངས་རྒྱས་ཀྱི་སྙིང་པོ་སེམས་ཅན་ལ་ཡོད་པ་དྲང་དོན་ཡིན་པ་འདིའི་དོན་ལུང་གིས་ཀྱང་གྲུབ་སྟེ། དེ་བཞིན་གཤེགས་པའི་སྙིང་པོའི་ལེའུའི་མདོ་སྡེ་ལས། འདི་ལྟ་སྟེ། གཏེར་ཆེན་པོ་ནི་སེམས་ཀྱི་ངོ་བོ་ཉིད་ཀྱི་སེམས་ཅན་མ་ཡིན་པའོ། །ཞེས་གསུངས་པ་ལ་ལྟོས་ཤིག །དེ་བཞིན་དུ་སློབ་དཔོན་ཟླ་བ་གྲགས་པས། དབུ་མ་ལ་འཇུག་པའི་འགྲེལ་པ་ལས། དྲི་མ་དང་བཅས་པའི་གོས་ཀྱིས་ཡོངས་སུ་དཀྲིས་པའི་ནང་ན། མཚན་སོ་གཉིས་དང་ལྡན་པའི་སངས་རྒྱས་ཀྱི་

སྙིང་པོ་ཡོད་པ་དྲང་དོན་དུ་གསུངས་པ་དེ་ཡང་ཤེས་པར་གྱིས་ལ་སྒྲ་ཇི་བཞིན་དུ་ཞེན་པར་མི་བྱ་སྟེ། མདོ་སྡེ་གང་ལས་ཕྱི་རོལ་སྣང་ཡོད་མིན། །ཞེས་སོགས་ཀྱི་ཐད་ཀྱི་རང་འགྲེལ་ལས། ལངྐར་གཤེགས་པའི་མདོ་དྲངས་པ་ལས། བཅོམ་ལྡན་འདས་ཀྱིས་དེ་བཞིན་གཤེགས་པའི་སྙིང་པོ་གསུངས་པ་དེ་རང་བཞིན་གྱི་འོད་གསལ་བ་ཐོག་མ་ནས་རྣམ་པར་དག་པ། མཚན་སུམ་ཅུ་རྩ་གཉིས་དང་ལྡན་པ་སེམས་ཅན་ཐམས་ཅད་ཀྱི་ལུས་ཀྱི་ནང་ན་མཆིས་པར་བརྗོད་དེ། བཅོམ་ལྡན་འདས་ཀྱིས་རིན་པོ་ཆེ་རིན་ཐང་ཆེན་པོ་གོས་དྲི་མ་ཅན་གྱིས་ཡོངས་སུ་དཀྲིས་པ་ལྟར་ཕུང་པོ་དང་ཁམས་དང་སྐྱེ་མཆེད་ཀྱི་གོས་ཀྱིས་ཡོངས་སུ་དཀྲིས་པ་འདོད་ཆགས་དང་། ཞེ་སྡང་དང་། གཏི་མུག་གི་ཟིལ་གྱིས་ནོན་པ་ཡོངས་སུ་རྟོག་པའི་རྟོག་པས་དྲི་མ་ཅན་དུ་གྱུར་པ་རྟག་པ་བརྟན་པའི་ཐེར་ཟུག་པ་ནི་བརྗོད་ན། བཅོམ་ལྡན་འདས་དེ་བཞིན་གཤེགས་པའི་སྙིང་པོར་སྨྲ་བ་འདི་ནི་མུ་སྟེགས་བྱེད་ཀྱི་བདག་ཏུ་སྨྲ་བ་དང་ཇི་ལྟར་འདྲ་བ་མ་ལགས། བཅོམ་ལྡན་འདས་མུ་སྟེགས་བྱེད་རྣམས་ཀྱང་རྟག་པ་བྱེད་པ་པོ། ཡོན་ཏན་མེད་པ། ཁྱབ་པ་མི་འཇིག་པའོ། །ཞེས་བདག་ཏུ་སྨྲ་བ་སྟོན་པར་བྱེད་དོ། །བཅོམ་ལྡན་འདས་ཀྱིས་བཀའ་སྩལ་པ། བློ་གྲོས་ཆེན་པོ་ང་ཡི་དེ་བཞིན་གཤེགས་པའི་སྙིང་པོ་བསྟན་པ་ནི་མུ་སྟེགས་བྱེད་ཀྱི་བདག་ཏུ་སྨྲ་བ་དང་། མཚུངས་པ་མ་ཡིན་ཏེ། བློ་གྲོས་ཆེན་པོ་དེ་བཞིན་གཤེགས་པ་དགྲ་བཅོམ་པ་ཡང་དག་པར་རྫོགས་པའི་སངས་རྒྱས་རྣམས་ནི་སྟོང་པ་ཉིད་དང་། ཡང་དག་པའི་མཐའ་དང་། མྱ་ངན་ལས་འདས་པ་དང་། མ་སྐྱེས་པ་དང་། མཚན་མ་མེད་པ་དང་། སྨོན་པ་མེད་པ་ལ་སོགས་པའི་ཚིག་གི་དོན་རྣམས་ལ་དེ་བཞིན་གཤེགས་པའི་སྙིང་པོར་བསྟན་པར་བྱས་ནས་བྱིས་པ་རྣམས་བདག་མེད་པས་འཇིགས་པར་འགྱུར་བའི་གནས་རྣམ་པར་སྤང་བའི་དོན་དུ་དེ་བཞིན་གཤེགས་པའི་སྙིང་པོ་བསྟན་པས་རྣམ་པར་མི་རྟོག་པའི་གནས་སྣང་བ་མེད་པའི་སྤྱོད་ཡུལ་སྟོན་ཏེ། བློ་གྲོས་ཆེན་པོ་མ་འོངས་པ་དང་ད་ལྟར་བྱུང་བའི་བྱང་ཆུབ་སེམས་དཔའ་སེམས་དཔའ་ཆེན་པོ་རྣམས་ཀྱིས་བདག་ཏུ་སྨྲ་བ་ལ་མངོན་པར་བརྟེན་པར་མི་བྱ། བློ་གྲོས་ཆེན་པོ་དཔེར་ན་རྫ་མཁན་འཇིམ་པའི་རྡུལ་གྱི་ཕུང་པོ་གཅིག་ལ་ལག་པ་དང་། བཟོ་དང་ལག་གཟུང་དང་། ཆུ་དང་སྲད་བུ་དང་ནན་ཏན་དང་ལྡན་པ་ལས། སྣོད་རྣམ་པ་སྣ་ཚོགས་བྱེད་དོ། །བློ་གྲོས་ཆེན་པོ་དེ་བཞིན་དུ་དེ་བཞིན་གཤེགས་པ་རྣམས་ཀྱང་ཆོས་ལ་བདག་མེད་པ་རྣམ་པར་རྟོག་པའི་བདག་རྣམ་པར་ལོག་པ་དེ་ཉིད་ཤེས་རབ་དང་ཐབས་ལ་མཁས་པ་དང་ལྡན་པ་རྣམ་པ་སྣ་ཚོགས་ཀྱིས་དེ་བཞིན་གཤེགས་པའི་སྙིང་པོ་བསྟན་པའམ། བདག་མེད་པ་བསྟན་པས་ཀྱང་རུང་སྟེ༑ རྫ་མཁན་བཞིན་དུ་ཚིག་དང་ཡི་གེའི་རྣམ་གྲངས་རྣམ་པ་སྣ་ཚོགས་ཀྱིས་སྟོན་ནོ། །དེ་ལྟར་དེའི་ཕྱིར་བློ་གྲོས་ཆེན་པོ་དེ་བཞིན་གཤེགས་པའི་སྙིང་པོ་བསྟན་པས། མུ་སྟེགས་བྱེད་ཀྱིས་བདག་ཏུ་སྨྲ་བ་དང་མི་འདྲའོ། །

བློ་གྲོས་ཆེན་པོ་དེ་ལྟར་དེ་བཞིན་གཤེགས་པ་རྣམས་ཀྱིས་མུ་སྟེགས་བྱེད་བདག་ཏུ་སྨྲ་བ་ལ་མངོན་པར་ཞེན་པ་རྣམས་དྲང་བའི་ཕྱིར་དེ་བཞིན་གཤེགས་པའི་སྙིང་པོ་བསྟན་པས། དེ་བཞིན་གཤེགས་པའི་སྙིང་པོ་སྟོན་ཏོ། ཞེས་གསུངས་པས་སོ། །

མདོ་དེའི་དོན་ཅུང་ཟད་བཤད་ན། དྲིས་པ་དང་། ལན་གཉིས། དང་པོ་ནི། བློ་གྲོས་ཆེན་པོས་བཅོམ་ལྡན་འདས་ལ་དོགས་གཅོད་ཀྱི་ཚུལ་དུ་མདོ་གཞན་ལས་དེ་བཞིན་གཤེགས་པའི་སྙིང་པོ་རང་བཞིན་གྱི་དྲི་མ་མེད་ཅིང་གདོད་མ་ནས་རྣམ་པར་དག་པ་མཚན་སོ་གཉིས་དང་རང་ཆས་སུ་ལྡན་པ་སེམས་ཅན་ཐམས་ཅད་ཀྱི་རྒྱུད་ལ་ཡོད་དེ། དཔེར་ན་རིན་པོ་ཆེ་རིན་ཐང་མེད་པ་གོས་དྲི་མ་ཅན་གྱི་ནང་ན་གཏུམས་ནས་ཡོད་པ་ལྟར། མ་དག་པའི་ཕུང་ཁམས་སྐྱེ་མཆེད་ཀྱི་གོས་ཀྱིས་དཀྲིས་པའི་ནང་ན་མཚན་དཔེས་བརྒྱན་པའི་སྙིང་པོ་དུག་གསུམ་གྱིས་བཅིངས་ཤིང་རྣམ་རྟོག་གི་དྲི་མ་འཐུག་པོས་སྦྲགས་པ་རྟག་བརྟན་ཐེར་ཟུག་ཏུ་བཀའ་སྩལ་ན། ཚུལ་དེ་ལྟ་བུའི་དེ་བཞིན་གཤེགས་པའི་སྙིང་པོ་དེ་ནི་མུ་སྟེགས་བྱེད་ཕུང་པོ་ལས་དོན་གཞན་པའི་བདག་འདོད་ཚུལ་དང་མཚུངས་པ་མ་ལགས་སམ། མུ་སྟེགས་བྱེད་རྣམས་ཀྱང་ཤེས་རིག་ཀུན་ལ་ཁྱབ་པའི་རྟག་པ་གཅིག་པུའི་བདག་སོགས་འགྲོ་བའི་སྙིང་ལ་གནས་པར་འདོད་པས་དེ་དང་ཚུལ་འདི་ཤིན་ཏུ་མཚུངས་པར་དགོངས་སོ། །ཞེས་པའི་དྲི་བ་སྟོན་པ་ལ། བཅོམ་ལྡན་འདས་ཀྱིས་ཞེས་པ་ནས། བདག་ཏུ་སྨྲ་བ་སྟོན་པར་བྱེད་དོ་ཞེས་པའི་བར་བྱུང་ངོ་། །

གཉིས་པ་ལན་ལ། དགོངས་གཞི་བསྟན་པ། དགོས་པ་བསྟན་པ། དངོས་ལ་གནོད་བྱེད་ཟུར་གྱིས་བསྟན། དཔེ་དོན་སྦྱར་ཏེ་བསྟན་པ། དོན་བསྡུ་བ་དང་ལྔའོ། །དང་པོ་ནི། ཚུལ་དེ་ལྟ་བུའི་དེ་བཞིན་གཤེགས་པའི་སྙིང་པོ་གསུངས་པ་ནི་དགོངས་གཞི་ཁྱད་པར་ཅན་ཡོད་པས། མུ་སྟེགས་བྱེད་ཀྱི་བདག་འདོད་ཚུལ་དང་མཚུངས་པ་མ་ཡིན་ཏེ། མདོ་གཞན་ལས་དེ་ལྟར་གསུངས་པ་ནི་སེམས་ཅན་གྱི་རྒྱུད་ཀྱི་སེམས་ཀྱི་ཆོས་དབྱིངས་དེ་སྟོང་ཉིད་ཡང་དག་པའི་མཐར་ཕྱུར་ཅིང་གདོད་མ་ནས་མྱ་ངན་ལས་འདས་པ་ལ་མཚན་སོ་གཉིས་དང་ལྡན་པར་བཏགས་པ་དང་། གདོད་མ་ནས་མ་སྐྱེས་པ་ལ་བཏགས་པ་དང་། དོན་དམ་པར་མཚན་མ་དང་སྨོན་པ་མེད་པ་ལ་བརྟེན་པ་དང་ཐེར་ཟུག་པར་བཏགས་ཏེ་སྙིང་པོར་བསྟན་པའི་ཕྱིར། ཞེས་འཆད་པ་ལ། བཅོམ་ལྡན་འདས་ཀྱིས་བཀའ་སྩལ་པ། །ཞེས་པ་ནས། དེ་བཞིན་གཤེགས་པའི་སྙིང་པོར་བསྟན་པར་བྱས་ནས་ཞེས་པའི་བར་བྱུང་། དེའི་དགོངས་གཞི་སྟོང་ཉིད་ཡིན་པའི་འཆད་ཚུལ་འདི་བཞིན་མ་བྱུང་ན་ལན་བརྒྱར་འབད་ཀྱང་རྟོགས་པའི་ཐབས་བྲལ་ལོ། །

གཉིས་པ་དགོས་པ་ནི། རྒྱལ་དེ་ལྷ་བུའི་དེ་བཞིན་གཤེགས་པའི་སྙིང་པོ་གསུངས་པ་ཆོས་ཅན། བྱིས་པ་གནས་ལུགས་བདག་མེད་པའི་དོན་ལ་འཇིག་པ་རྣམས་རྗེས་སུ་གཟུང་བའི་ཆེད་དུ་ཡིན་ཏེ། དེ་རྣམས་ལ་རེ་ཞིག་འདི་ལྟར་བསྟན་པས་ཁ་དྲངས་ཏེ་མཐར་གནས་ལུགས་རྣམ་པར་མི་རྟོག་པའི་ཆོས་ལུགས་ཟབ་མོ་ལ་སྦྱོར་བར་བྱེད་པའི་ཕྱིར། ཞེས་འཆད་པ་ལ། བྱིས་པ་རྣམས་ཞེས་པ་ནས། སྤྱོད་ཡུལ་སྟོན་ཏེ་ཞེས་པའི་བར་བྱུང་།

གསུམ་པ་ནི། རྒྱུ་མཚན་དེའི་ཕྱིར་ན་བྱང་ཆུབ་སེམས་དཔའ་ལམ་ལ་སློབ་བཞིན་པ་དང་། སློབ་པར་འགྱུར་བ་རྣམས་ཀྱིས་བདག་ཏུ་སྨྲ་བ་ལ་བརྟེན་པར་མི་བྱ་སྟེ། རྒྱལ་དེ་ལྷ་བུའི་དེ་བཞིན་གཤེགས་པའི་སྙིང་པོ་གསུངས་པ་བདག་ཏུ་སྨྲ་བ་དང་ཆ་འདྲ་བ་དེ་བྱིས་པ་རྣམས་ཁ་དྲང་བའི་དོན་ཙམ་ཡིན་པའི་ཕྱིར། ཞེས་འཆད་པ་ལ། བློ་གྲོས་ཆེན་པོ་མ་འོངས་པ་དང་ཞེས་པ་ནས། བརྟེན་པར་མི་བྱ་ཞེས་པའི་བར་འདི་བྱུང་། འདིས་ནི་ཞར་ལ་དངོས་ལ་གནོད་བྱེད་བསྟན་པ་ཡིན་ཏེ། རྒྱལ་དེ་ལྷ་བུའི་སྙིང་པོ་རེ་ཞིག་གདུལ་བྱ་ཁ་དྲང་བའི་ཆེད་ཙམ་མ་གཏོགས་མུ་སྟེགས་བྱེད་ཀྱི་བདག་ཏུ་སྨྲ་བ་དང་ཁྱད་པར་མེད་པར་དོར་བྱར་བསྟན་པའི་ཕྱིར།

བཞི་པ་ནི། རྒྱལ་དེ་ལྷ་བུའི་སྙིང་པོ་གསུངས་པ་ཡང་དེ་བཞིན་གཤེགས་པ་རྣམས་ཐབས་ལ་མཁས་པའི་ཁྱད་པར་དང་ལྡན་པ་ཡིན་ཏེ། དཔེར་ན་རྫ་མཁན་མཁས་པས་འཇིམ་པའི་ཕུང་པོ་ཞིག་ལ་བཟོ་ལུགས་སྣ་ཚོགས་པས་སྣོད་སྣ་ཚོགས་པ་འབྱུང་བ་དེ་བཞིན་དུ། སངས་རྒྱས་ཀྱིས་ཀྱང་ཆོས་ཀྱི་གནས་ལུགས་བདག་མེད་པ་གཅིག་ཉིད་ལ་སྟོན་རྒྱལ་གྱི་ཁྱད་པར་སྣོད་དང་མཐུན་པར་རྒྱལ་དེ་ལྷ་བུའི་སྙིང་པོ་བསྟན་པའམ། གནས་ལུགས་བདག་མེད་སྟོན་པ་ཡང་མཛད་དེ། རྗོད་བྱེད་ཀྱི་ཚིག་ཀྱང་རྣམ་གྲངས་སྣ་ཚོགས་ཀྱི་སྒོ་ནས་སྟོན་པར་མཛད་པ་ཡིན་ནོ། །ཞེས་འཆད་པ་ལ། བློ་གྲོས་ཆེན་པོ་དཔེར་ན་ཞེས་པ་ནས། སྣ་ཚོགས་ཀྱིས་སྟོན་ནོ་ཞེས་པའི་བར་བྱུང་།

ལྔ་པ་དོན་བསྡུ་བ་ནི། སྔར་བཤད་པ་དེ་ལྟར་དགོངས་གཞི་སོགས་དང་དཔེ་དོན་དེའི་ཕྱིར། རྒྱལ་དེ་ལྷ་བུའི་སྙིང་པོ་གསུངས་པ་ནི་མུ་སྟེགས་བྱེད་ཀྱི་བདག་ཏུ་སྨྲ་བ་དང་མི་འདྲ་སྟེ། ཐབས་ལ་མཁས་པས་ཁྱད་པར་དང་ལྡན་པའི་དགོས་པ་ཡོད་པས་སོ། །མདོར་ན་མུ་སྟེགས་བྱེད་བདག་ཏུ་སྨྲ་བ་རྣམས་ཁ་དྲང་བའི་ཕྱིར་རེ་ཞིག་རྒྱལ་དེ་ལྷ་བུའི་སྙིང་པོ་བསྟན་པས། མཐར་ཐུག་དེ་བཞིན་གཤེགས་པའི་སྙིང་པོ་མཚན་ཉིད་སྟོན་ཏེ། བྱེད་ལས་ནི་འཇིག་ཚོགས་ལ་ལྟ་བར་ལྷུང་བ་དེ་དག་གནས་སྐབས་སུ་ལྷ་ངན་ལས་ཐར་ནས་རྣམ་ཐར་སྒོ་གསུམ་གྱི་སྤྱོད་ཡུལ་ལ་གནས་ཤིང་། མཐར་ཐུག་སྨྲར་དུ་བླ་ན་མེད་པའི་བྱང་ཆུབ་འཐོབ་པར་འགྱུར་བའི་ཕྱིར། ཞེས་

འཆད་པ་ལ། དེ་ལྟར་དེའི་ཕྱིར་བློ་གྲོས་ཆེན་པོ་ཞེས་པ་ནས། དེ་བཞིན་གཤེགས་པའི་སྙིང་པོ་སྟོན་ཏེ། ཡང་དག་པའི་བདག་ཏུ་རྣམ་པར་རྟོག་པའི་ལྟ་བར་ལྟུང་བའི་བསམ་པ་ཅན་དག་རྣམ་པར་ཐར་པ་གསུམ་གྱི་སྤྱོད་ཡུལ་ལ་གནས་པའི་བསམ་པ་དང་ལྡན་ཞིང་། མྱུར་དུ་བླ་ན་མེད་པ་ཡང་དག་པར་རྫོགས་པའི་བྱང་ཆུབ་ཏུ་མངོན་པར་རྫོགས་པར་འཚང་རྒྱ་བར་ཇི་ལྟར་མི་འགྱུར། ཞེས་པ་འདི་བྱུང་། དེས་ན། བདག་ཉིད་ཆེན་པོའི་མཁས་འཇུག་ལས། དེ་བཞིན་གཤེགས་པའི་སྙིང་པོ་སོགས། །བདག་འཛིན་ཅན་རྣམས་དྲང་ཕྱིར་ཡིན། ། ཞེས་གསུངས་པ་ཡང་ཚུལ་དེ་ལྟ་བུའི་སྙིང་པོ་ལ་དགོངས་པ་ཡིན་ཏེ། དྲངས་མ་ཐག་པའི་མདོ་དེར། མུ་སྟེགས་བྱེད་བདག་ཏུ་སྨྲ་བ་ལ་མངོན་པར་ཞེན་པ་རྣམས་དྲང་བའི་ཕྱིར་དེ་བཞིན་གཤེགས་པའི་སྙིང་པོ་བསྟན་པས། དེ་བཞིན་གཤེགས་པའི་སྙིང་པོ་སྟོན་ཏེ། ཞེས་གསུངས་པ་དང་དོན་གནད་གཅིག་ཏུ་བྱུང་བའི་ཕྱིར། སྙིང་པོ་ལན་གཉིས་གསུངས་པ་དེས་ཀྱང་གོ་ནུས་པ་ཡིན་ཏེ། སྙིང་པོ་སྔ་མ་ནི་ཁྱད་ཆོས་སྦྱར་བའི་ཚུལ་དེ་ལྟ་བུའི་སྙིང་པོ་བཏགས་པ་བ་དང་། སྙིང་པོ་སྟོན་ཏེ་ཞེས་པ་ནས། སྙིང་པོ་མཚན་ཉིད་པ་ཁྱད་ཆོས་མ་སྦྱར་བར་སངས་རྒྱས་ཀྱི་ཆོས་ཉིད་ལ་སངས་རྒྱས་ཀྱི་སྙིང་པོར་བཞག་པ་དེ་དང་དོན་གཅིག་པས་སོ། །ཡང་སངས་རྒྱས་འཕྲིན་ཞུ་ལས་ཀྱང་། ཁྱོད་ཀྱི་བདེ་གཤེགས་སྙིང་པོའི་སྒྲ། །ཁ་ཅིག་ངེས་པའི་དོན་དུ་འཆད། །བདག་གིས་དྲང་བའི་དོན་དུ་ནི། །ལུང་དང་རིགས་པས་བསྒྲུབས་ཏེ་བཤད། །ཅེས་གསུངས་པའི་སྙིང་པོའི་སྒྲ་ཡང་ཁྱད་ཆོས་སྦྱར་བའི་སྙིང་པོ་དེ་ལ་ཡིན་ཞིང་། དེ་ཁ་ཅིག་གིས་ངེས་དོན་དུ་འཆད་པ་རྣམས་ནི། འོན་ཀྱང་མདོ་སྡེ་འགའ་ཞིག་དང་། ། ཞེས་སོགས་བདེ་གཤེགས་སྙིང་པོ་སྟོན་པའི་གཞུང་ཚོགས་འདི་དག་གི་དགག་པར་བྱ་བའི་ཕྱོགས་སྔ་མ་དང་། བདག་ཉིད་ཆེན་པོས་དེ་དྲང་དོན་དུ་སྒྲུབ་པའི་ལུང་རིགས་ནི། དེའི་དགོངས་གཞི་སྟོང་ཉིད་ཡིན། ཞེས་སོགས་ཆོས་གསུམ་གསུངས་པ་ནི་རིགས་པ་དང་། འདི་དོན་དེ་བཞིན་གཤེགས་པ་ཡི། །ཞེས་སོགས་སྙིང་པོའི་མདོའི་ལུང་དང་། འཇུག་འགྲེལ་དུ་དྲངས་པའི་ལང་གཤེགས་ཀྱི་ལུང་རྣམས་དྲངས་པ་ནི། རིགས་པའི་རྒྱབ་རྟེན་གྱི་ལུང་ཡིན་ནོ། པཎ་ཆེན་གྱིས། མཁས་འཇུག་དང་འཕྲིན་ཞུའི་གཞུང་འདི་རྣམས་དྲངས་ནས། སེམས་ཅན་གྱི་རྒྱུད་ལ་སངས་རྒྱས་ཀྱི་སྙིང་པོ་མེད་གསུངས་པ་ནི་གོང་འོག་གི་བབ་པ་དང་། སྔ་ཕྱིའི་ཚིག་ལ་རྟོག་དཔྱོད་མི་མཛད་པར། སྒྲས་ཟིན་ཙམ་ལ་ཐུགས་རྩེ་གཏད་པར་སྣང་ངོ་། །འོ་ན་གོས་རྒྱལ་ནང་ན་རིན་ཆེན་ལྟར། །ཞེས་གསུངས་པས། རྒྱུད་བླའི་དཔེ་བདུན་པ་ལྟར་གྱི་སྙིང་པོ་མེད་པ་ཙམ་ཡིན་ནམ། དཔེ་དགུ་ཆར་གྱི་སྙིང་པོ་མེད་པ་ཡིན་ཞེ་ན། དཔེ་བདུན་པ་ནི་མཚན་གཞི་མཚོན་པ་ཙམ་ཡིན་ལ། དོན་ལ་བདུན་པས་མཚོན་ནས། སངས་རྒྱས་པད་ངན་སྦྲང་རྩི་སྦྲང་མ་ལ། །ཞེས་སོགས་དཔེ་དགུ་ཆར་གྱི་མཚོན་པའི་སྙིང་པོ་དྲང་དོན་དུ་བསྟན་པ་ཤེས

པར་བྱའོ། །གཞན་དུ་ན། སྙིང་པོའི་མདོ་ལས། རིགས་ཀྱི་བུ་དག་དེ་བཞིན་དུ་སེམས་ཅན་ཐམས་ཅད་ཀྱི་མངོན་པར་ཞེན་པའི་ཡིད་ལ་བྱེད་པའི་ཁྲིམ་ལྟ་བུར་གྱུར་པའི་འོག་ན། དེ་བཞིན་གཤེགས་པའི་སྙིང་པོ་སྟོབས་དང་མི་འཇིགས་པ་དང་མ་འདྲེས་པ་དང་། སངས་རྒྱས་ཀྱི་ཆོས་ཐམས་ཅད་ཀྱི་མཛོད་དང་། གཏེར་ཆེན་པོ་ཡོད་ཀྱང་ཞེས་སོགས་གསུངས་པ་འདི་སྙིང་པོས་འོག་གི་གཏེར་གྱི་དཔེས་བསྟན་པ་སྟོན་བྱེད་ཡིན་ལ། དེ་ལྟར་བསྟན་པ་དེ་དྲང་དོན་དུ་གཏན་ལ་མ་ཕབ་པར་ངེས་དོན་དུ་ཁས་ལེན་ན། སྟོབས་སོགས་ཡོན་ཏན་ཐམས་ཅད་དང་ལྡན་པའི་སངས་རྒྱས་ཀྱི་སྙིང་པོ་སེམས་ཅན་གྱི་རྒྱུད་ལ་ཡོད་པར་ཁས་ལེན་དགོས་པར་འགྱུར་རོ། །སེམས་ཀྱི་རང་བཞིན་སྤྲོས་བྲལ་འཁོར་འདས་ཀྱི། །གཞི་གཅིག་དེ་ནི་སྙིང་པོར་ལུང་གིས་བསྟན། །འགྲོ་བ་ཀུན་ལ་དེ་ཙམ་ཡོད་མོད་ཀྱི། །འོན་ཀྱང་ཐ་མའི་མདོ་དང་བསྟན་བཅོས་ལས། །འགྲོ་ལ་སྟོབས་སོགས་ཡོན་ཏན་མཚན་དཔེ་དང་། །ལྡན་པའི་སྙིང་པོ་རྟག་བརྟན་ཐེར་ཟུག་པ། །ཡོད་པར་གསུངས་པ་དྲང་པའི་དོན་ཡིན་ཞེས། །འཇམ་དབྱངས་བླ་མས་སྙིང་གི་གཏམ་བསྒྲགས་ཀྱང་། །ད་དུང་གཞན་དུ་བློ་གྲོས་གོམས་སྟབས་འཁྱེར། །རང་ཚོད་གཏམ་གྱིས་རང་གི་གདུལ་བྱ་སྐྱོང་། །འཇམ་དབྱངས་གསུང་གི་བདེན་གཏམ་རྣ་ལ་བསྐུར། །ད་སྟེ་ཕྱོགས་འཛིན་སྤོང་དང་ཤེས་ལྡན་དག །བར་གྱི་ཚིགས་བཅད་དོ། །

གསུམ་པ་བསྔོ་བའི་ལག་ལེན་དང་དབྱེ་བ་ལ་འཁྲུལ་པ་དགག་པ་ལ་གཉིས་ཏེ། ལག་ལེན་ལ་འཁྲུལ་པ་དགག་པ་དང་། དབྱེ་བ་ལ་འཁྲུལ་པ་དགག་པའོ། །དང་པོ་ནི། འདུལ་བ་སྟོད་ལུགས་པ་དང་། བོད་ཀྱི་འདུལ་འཛིན་ཁ་ཅིག །བསྔོ་བ་བྱེད་པའི་ཚེ་རིལ་བ་སྤྱི་བླུགས་ཀྱི་ཆུ་བསྒྲེང་བའི་ལག་ལེན་བྱེད་ཅེས་གྲག་གོ །དེ་ལྟ་བུའི་ཕྱག་ལེན་དེ་ནི་ཆོས་ཅན། སངས་རྒྱས་པ་ལ་མེད་དེ། མུ་སྟེགས་རིག་བྱེད་པའི་ལུགས་དང་འདྲེས་པའི་ལག་ལེན་ཡིན་པའི་ཕྱིར། སྔོན་རྒྱལ་པོ་ཐམས་ཅད་སྐྱོལ་གྱིས་བྲམ་ཟེ་སློང་མོ་བ་ལ། གླང་པོ་ཆེ་དང་བུ་དང་བུ་མོ་སྦྱིན་པ་དང་། བརྒྱ་བྱིན་ལ་བཙུན་མོ་སྦྱིན་པའི་ཚེ། རིལ་བ་ནས་ཆུ་བསྒྲེངས་པའི་ཚུལ་མཛད་པ་ནི། སློང་བ་པོའི་བྲམ་ཟེ་མུ་སྟེགས་རིག་བྱེད་པ་ཡིན་པ་དང་། དེའི་ཚེ་ཡུལ་དེ་ན་རིག་བྱེད་པའི་ལུགས་དར་བས་དེའི་ལུགས་སུ་མཛད་པ་ཡིན་ཏེ། བདག་ཉིད་ཆེན་པོའི་གསུང་ཆག་ལོའི་དྲི་ལན་ལས། བསྔོ་བའི་ཚེ་ན་ཆུ་བསྒྲེང་བ། །སངས་རྒྱས་པ་ལ་འདི་མ་གྲགས། །ཐམས་ཅད་སྐྱོལ་གྱིས་བྲམ་ཟེ་ལ། །མཛད་པ་མུ་སྟེགས་མགུ་ཕྱིར་ཡིན། །ཞེས་གསུངས་པས་སོ། །དེས་ན་ལག་ལེན་གང་དང་གང་བྱེད་པ་ཐམས་ཅད་སངས་རྒྱས་ཀྱི་གསུང་བཞིན་དུ་གྲུབ་པས་བསྒྲུབ་རིགས་པ་ཡིན་ཏེ། སངས་རྒྱས་ཀྱི་གསུང་དང་མཐུན་པའི་ལག་ལེན་ལས་བདེ་འབྲས་ཐམས་ཅད་འབྱུང་བའི་ཕྱིར་རོ། །

གཉིས་པ་ནི། བསྔོ་བ་ལ་བསྔོ་རྒྱུའི་དགེ་རྩ་གཞན་དུ་འགྱུར་བ་ཞིག་དགོས། བསྔོ་བ་པོ་རང་གིས་བསྔོས་པ་བཞིན་གྱི་འབྲས་བུ་ངེས་པར་འགྲུབ་པ་ཞིག་དགོས་སམ་སྙམ་ན། བསྔོ་བ་དེ་ཡང་ཆོས་ཅན། མདོར་བསྡུ་ན་གཉིས་སུ་ཡོད་དེ། བསྔོས་པ་བཞིན་གྱི་འབྲས་བུ་འགྲུབ་ཏུ་རུང་བ་གནས་ཀྱི་བསྔོ་བ་དང་། དེ་འགྲུབ་ཏུ་མི་རུང་བ་གནས་མིན་གྱི་བསྔོ་བ་དང་གཉིས་སུ་ཡོད་པའི་ཕྱིར། འདི་དག་རང་བཟོ་ཡིན་ནོ་ཞེ་ན་མ་ཡིན་ཏེ། མདོ་ཐ་དད་ལས་གསུངས་པའི་ལུང་ཁུངས་དང་སྦྱར་དུ་ཡོད་པའི་ཕྱིར། ཇི་ལྟར་ན་གནས་ཀྱི་བསྔོ་བ་ཆོས་ཅན། མདོ་ལས་གསུངས་པ་ཡིན་ཏེ། འཇམ་དཔལ་གྱི་སངས་རྒྱས་ཀྱི་ཞིང་གི་བཀོད་པའི་མདོ་ལས། ཀུན་རྫོབ་ཀྱི་ཆོས་ཐམས་ཅད་རྐྱེན་ཀུན་སློང་ལ་རགས་ལས་པ་བཞིན་ཏེ། འདུན་པའི་རྩ་བ་ལ་རབ་ཏུ་གནས་པས་གང་ཟག་གང་གིས་འདུན་པ་དྲག་པོས་བསྔོ་བ་དང་སྨོན་ལམ་ཅི་བཏབ་པ་དེ་འདྲའི་འབྲས་བུ་འདོད་པ་བཞིན་ཐོབ་པར་འགྱུར་རོ། །ཞེས་གསུངས་པ་ནི་ཁྱོད་ལ་དགོངས་པ་ཡིན་ནོ། །ཡང་གནས་མིན་གྱི་བསྔོ་བ་ཆོས་ཅན། ཁྱོད་མདོ་ལས་གསུངས་པ་ཡིན་ཏེ། དྲི་མེད་བྱིན་གྱིས་ཞུས་པའི་མདོ་ལས། རིགས་ཀྱི་བུ་ཆོས་རྣམས་ཀྱི་ཆོས་ཉིད་ནི་སྨོན་ལམ་གྱི་དབང་གིས་བསྒྱུར་བར་མི་ནུས་སོ། །གལ་ཏེ་ནུས་པར་གྱུར་ན། དེ་བཞིན་གཤེགས་པ་རེ་རེའི་དགོངས་པ་དེ་སྨོན་ལམ་གྱི་དབང་གིས་ཇི་ལྟར་མི་འགྲུབ་སྟེ། རྣམ་གྲངས་འདིས་ནི་སྨོན་ལམ་གྱི་དབང་གིས་བསྒྱུར་མི་ནུས་པར་རིག་པར་བྱའོ། །ཞེས་གསུངས་པ་འདི་ནི་ཁྱོད་ཉིད་ལ་དགོངས་པ་ཡིན་པའི་ཕྱིར། མདོ་དེའི་དོན་ནི། འཁོར་བའི་ཕྱི་མཐའ་མེད་པ་སོགས་ཆོས་རྣམས་ཀྱི་རྟེན་འབྲེལ་གྱི་ཆོས་ཉིད་དུ་གྲུབ་པ་ནི། སྨོན་ལམ་གྱི་དབང་གིས་ཀྱང་བསྒྱུར་མི་ནུས་ཏེ། གལ་ཏེ་ནུས་ན་སྔོན་གྱི་སངས་རྒྱས་རེ་རེས་ཀྱང་འཁོར་བ་སྟོངས་པར་གྱུར་ཅིག །ཅེས་པའི་སྨོན་ལམ་བཏབ་པ་དེ་དེང་སང་ཙམ་མི་འགྲུབ་སྟེ་འགྲུབ་རིགས་པར་འགྱུར་རོ། །ཞེས་པའོ། །པཎ་ཆེན་གྱིས། ཆོས་ཉིད་བསྔོ་རྒྱུར་བྱེད་པ་ནི། །བློ་སྦྱོང་དུ་ཡང་མི་རུང་ན། །གནས་མིན་བསྔོ་བ་གསུངས་དེ་ཅི། །ཞེས་དྲིས་པ་ནི། ཆོས་རྣམས་ཆོས་ཉིད་ཅེས་པའི་ཚིག་ལ་འཁྲིས་པར་སྣང་ཡང་འདིའི་ཆོས་ཉིད་ནི། གནས་ལུགས་ཀྱི་ཆོས་ཉིད་མ་ཡིན་པས། དོགས་པ་ཆེར་མེད་དེ། འདི་ནི་རྒྱུ་ལས་འབྲས་བུ་སྐྱེ་བ་དང་། འཁོར་བ་སྟོངས་པའི་དུས་མེད་པ་སོགས་ཀུན་རྫོབ་ཀྱི་ཆ་འགའ་ཞིག་ལ་རྟེན་འབྲེལ་གྱི་ཆོས་ཉིད་ཅེས་ཡོངས་སུ་གྲགས་པ་དེ་ཡིན་ནོ། །བསྔོ་བ་དང་སྨོན་ལམ་གྱི་ཁྱད་པར་ནི། དགེ་རྩ་བསྔོ་རྒྱུར་བྱས་ནས་དེ་ལ་མི་དམིགས་པའི་ཤེས་རབ་ཀྱིས་རྒྱས་བཏབ་སྟེ་སྨོན་ལམ་འདེབས་པ་ནི་བསྔོ་བ་དང་། བསྔོ་རྒྱུའི་དགེ་རྩ་དང་མ་འབྲེལ་བར་སྨོན་ལམ་རང་རྐྱང་དུ་འདེབས་པ་དང་། བསྔོ་རྒྱུ་དང་འབྲེལ་ཡང་མི་དམིགས་པའི་རྣམ་པས་མ་ཟིན་པ་ནི་སྨོན་ལམ་ཙམ་ཡིན་པས། སྨོན་ལམ་དང་བསྔོ་བ་འདི་གཉིས་སྤྱི་དང་བྱེ་བྲག་གི་ཁྱད་པར་ཙམ་ཡོད་དོ། །

གསེར་ཐུར་ལས། སྨོན་ལམ་དེ་ཡང་མདོར་བསྡུ་ན། །གནས་དང་གནས་མ་ཡིན་པ་གཉིས། །ཞེས་སོགས་གཞུང་བཅོས་པ་ནི། རང་ཉིད་གནས་ཀྱི་བསྔོ་བ་དང་། གནས་མིན་གྱི་བསྔོ་བ་གཏན་ནས་མི་བཞེད་པ་ལ་ཐུགས་རྩེ་གཏད་པ་འདྲ། དེ་ལྟར་ན་གནས་དང་གནས་མིན་གྱི་སྨོན་ལམ་ཡང་མེད་པར་འགྱུར་ཏེ། དེ་གཉིས་ཀྱི་གོ་དོན་འཛོག་རྒྱུ་མི་སྣང་བའི་ཕྱིར། གལ་ཏེ་སྨོན་པ་བཞིན་གྱི་འབྲས་བུ་འགྲུབ་ཏུ་རུང་བ་དང་མི་རུང་བ་ལ་བྱའོ་སྙམ་ན། འོ་ན་གནས་དང་། གནས་མིན་གྱི་བསྔོ་བ་ལ་ཡང་སྐྱོན་མེད་པར་ཐལ། ཇི་ལྟར་བསྔོས་པ་བཞིན་གྱི་འབྲས་བུ་འགྲུབ་ཏུ་རུང་བ་དང་མི་རུང་བ་ལ་དེ་གཉིས་སུ་འཛོག་པའི་ཕྱིར་ཏེ། སྨོན་ལམ་ལ་དེའི་ཕྱིར། གལ་ཏེ་གནས་དང་གནས་མིན་གྱི་བསྔོ་བ་བཞེད་ན་གཞུང་བཅོས་པ་ལ་དགོངས་པ་ཡེ་མི་འདུག་ཅིང་། ཡང་ན་མདོ་དྲངས་པ་གཉིས་པོ་དེའི་སྨོན་ལམ་དེ་བསྔོ་རྒྱུའི་དགེ་རྩ་དང་མ་འབྲེལ་བས་བསྔོ་བ་མིན་ནོ་སྙམ་དུ་དགོངས་པ་འདྲ། གང་ལྟར་འཇམ་དབྱངས་ལ་འཁྲུལ་པ་མེད་པས་ད་དུང་ལན་རིམ་གྱིས་འབུལ་བ་ལགས་སོ། །

གསུམ་པ་དོན་བསྡུ་བ་ནི། ཆོས་དབྱིངས་དགེ་བ་མ་ཡིན་པ་ལུང་རིགས་ཀྱིས་བསྒྲུབས་ཟིན་པ་དེས་ན། བསྔོ་རྒྱུའི་དགེ་བ་དང་། བཤགས་པར་བྱ་བའི་སྡིག་པ་ཡང་སྐྱེས་བུའི་རྩོལ་བས་བྱས་པའི་དགེ་སྡིག་ཡིན་མོད་ཀྱི༑ མ་བྱས་པ་ལ་དགེ་སྡིག་མེད་དེ། དགེ་སྡིག་གང་རུང་ཡིན་ན། རང་རྒྱུད་རྩ་བ་གསུམ་གྱི་ཀུན་ནས་བསླང་སྟེ་བསྐྱེད་པ་ཡིན་དགོས་པའི་ཕྱིར། དེ་ལྟར་དགོས་པའི་རྣམ་གཞག་གམ་རྒྱ་མཚན་བཤད་ཀྱིས་ཉོན་ཞེས་གདམས་ཏེ༑ ཇི་ལྟར་ན། ཀླུ་སྒྲུབ་ཀྱི་རིན་ཆེན་འཕྲེང་བ་ལས། འདོད་ཆགས། ཞེ་སྡང་། ལས་འབྲས་ལ་རྨོངས་པའི་གཏི་མུག་དང་གསུམ་ནི་མི་དགེ་བའི་རྩ་བ་ཡིན་པས། དེ་གསུམ་གང་རུང་གིས་ཀུན་ནས་བསླང་སྟེ་བསྐྱེད་པའི་ལས་ནི་མི་དགེ་བ་དང་། མ་ཆགས་པ་དང་། ཞེ་སྡང་མེད་པས་སེམས་བྱུང་དང་། ལས་འབྲས་ལ་རྨོངས་པའི་གཏི་མུག་མེད་པའི་སེམས་བྱུང་དང་གསུམ་ནི་དགེ་བའི་རྩ་བ་དང་། དེ་གསུམ་གང་རུང་གིས་ཀུན་ནས་བསླང་སྟེ་བསྐྱེད་པའི་ལས་ནི་དགེ་བ་ཡིན་ནོ་ཞེས་གསུངས་པའི་དགོངས་པ་ཤེས་ནས་སྡེ་སྣོད་ལ་སྦྱངས་པའི་མཁས་པ་རྣམས་ཀྱིས་དཔྱད་པར་བྱའོ། །འདིར་ཆགས་སྡང་རྨོངས་གསུམ་གྱིས་བསྐྱེད་པའི་ལས་ཀུན་མི་དགེ་བ་ཡིན་ནམ། ཟག་བཅས་དགེ་བ་གཏི་མུག་གིས། །ཀུན་སློང་དག་ལས་འབྱུང་དེ་ཅི། །ཞེས་དྲིས་པའི་ལན་ནི། ཀུན་མཁྱེན་བླ་མས་ཟག་བཅས་ཀྱི་དགེ་བ་གཏི་མུག་གིས་བསྐྱེད་པ་ཡིན་ཀྱང་། གཏི་མུག་གིས་ཀུན་ནས་བསླང་སྟེ་བསྐྱེད་པ་མ་ཡིན་པར་བཞེད་པ་འདི་ཉིད་ལ་ཤིན་ཏུ་ལེགས་པ་ཡིན་ནོ། །དེ་ཡང་ཟག་བཅས་ཀྱི་དགེ་བ་གཏི་མུག་གིས་བསྐྱེད་པ་ཡིན་ཏེ། རྟེན་འབྲེལ་ཡན་ལག་བཅུ་གཉིས་སྟ་མ་སྟ་མའི་རྐྱེན་གྱིས་ཕྱི་མ་ཕྱི་མ་འབྱུང་བའི་ཚེ་དེ་ཁོ་ན་ཉིད་ལ་རྨོངས་པའི་མ་རིག་པ་ལས་འདུ་བྱེད་ཀྱི་རྟེན་འབྲེལ་འབྱུང་ཞིང་། འདུ་བྱེད་དེ་ལ་བསོད་ནམས

དང་བསྔོད་ནམས་མ་ཡིན་པ་དང་མི་གཡོ་བའི་ལས་དང་གསུམ་ཡོད་པས་སོ། །ཟག་བཅས་ཀྱི་དགེ་བ་གཏི་མུག་གིས་ཀུན་ནས་བསླང་སྟེ་བསྐྱེད་པ་མ་ཡིན་ཏེ། ཀུན་ནས་སློང་བྱེད་ཀྱི་མ་རིག་པ་ནི། སྦྱོར་བ་རྩ་བ་གསུམ་ལས་སྐྱེས་ཞེས་པ་ལྟར་གྱི་རྩ་བ་གསུམ་གྱི་ནང་ཚན་དུ་གྱུར་པའི་མ་རིག་པ་ཡིན་ཞིང་། དེས་ཀུན་ནས་བསླང་སྟེ་དགེ་བ་བསྐྱེད་པ་མེད་པའི་ཕྱིར། དེས་ན་མི་དགེ་བའི་རྩ་བ་གསུམ་གྱི་ནང་ཚན་དུ་གྱུར་པའི་མ་རིག་པ་དང་། ཀུན་སློང་གི་མ་རིག་པ་དང་། འདོད་ཆགས་ཞེ་སྡང་གཏི་མུག་གསུམ་ཞེས་པའི་གཏི་མུག་རྣམས་དོན་གཅིག་ཅིང་། ངོ་བོ་ནི་ལས་འབྲས་ལ་རྨོངས་པའི་མ་རིག་པ་ཉིད་ཡིན་ནོ། །དེ་བཞིན་དུ་འདུ་བྱེད་ཀྱི་རྐྱེན་དུ་གྱུར་པའི་མ་རིག་པ་དང་། ཐོག་མའི་མ་རིག་པ་དང་། དེ་ཁོ་ན་ཉིད་ལ་རྨོངས་པའི་མ་རིག་པ་རྣམས་དོན་གཅིག་ཅིང་། ངོ་བོ་ནི་ཕུང་པོ་ལ་བརྟེན་ནས་ངར་སྣམ་པའི་ངར་འཛིན་ལྷན་སྐྱེས་ཉིད་ཡིན་ནོ། །

གཉིས་པ་ཐེག་པ་ཆེ་ཆུང་གི་དགེ་སྡིག་གཅིག་པ་དགག་པ་ནི། ཁ་ཅིག་དུག་གསུམ་གང་རུང་གིས་ཀུན་ནས་བསླང་ན་མི་དགེ་བ་དང་། མ་ཆགས་པ་སོགས་དགེ་རྩ་གསུམ་པོ་གང་རུང་གིས་ཀུན་ནས་བསླང་ན་དགེ་བ་ཡིན་དགོས་པའི་གནད་ཀྱིས་ཐེག་པ་ཆེ་ཆུང་གང་དུ་ཡང་དགེ་སྡིག་གི་རྣམ་གཞག་གཅིག་པ་ཡིན་ནོ། །ཞེས་སྨྲ་ན།

དེ་དགག་པ་ལ་གཉིས་ཏེ། མདོར་བསྟན་པ་དང་། རྒྱས་པར་བཤད་པའོ། །དང་པོ་ནི། ཐེག་པ་ཆེ་ཆུང་གི་དགེ་སྡིག་གི་རྣམ་གཞག་གཅིག་པ་མི་འཐད་དེ། ཉན་ཐོས་ཀྱི་དགེ་བ་ཕལ་ཆེར་རང་དོན་ཡིད་བྱེད་དང་འབྲེལ་བས་བྱང་ཆུབ་སེམས་དཔའི་སྡིག་པར་འགྱུར་བའི་ཕྱིར་དང་། བྱང་ཆུབ་སེམས་དཔའི་དགེ་བ་འགའ་ཞིག་ཀྱང་གནས་སྐབས་སུ་འཁོར་བའི་བྱ་བ་དང་འབྲེལ་བས། ཉན་ཐོས་རྣམས་ཀྱི་སྡིག་ཏུ་འགྱུར་བར་གསུངས་པ་ཡོད་པའི་ཕྱིར་རོ། །གཉིས་པ་རྒྱས་བཤད་ནི། ཉན་ཐོས་ལུགས་ཀྱི་དགེ་བ་བྱང་སེམས་ལ་སྡིག་ཏུ་འགྱུར་བ་ཡོད་དེ། དཔེར་ན་བསྐལ་པ་དུ་མར་དགེ་བའི་ལས་ལམ་ལ་སྤྱད་ཀྱང་ཉན་ཐོས་ཀྱི་ས་རུ་སེམས་བསྐྱེད་ན། སྐྱེད་མཁན་དེ་བྱང་ཆུབ་སེམས་དཔའི་གང་ཟག་ཡིན་ན་སྡིག་པ་ལྷི་ཞིང་། ཉན་ཐོས་ཡིན་ན་སེམས་བསྐྱེད་དེ་ནི་དགེ་བ་ཆེན་པོ་ཡིན་པའི་ཕྱིར་ཏེ། མདོ་སྡུད་པ་ལས། གལ་ཏེ་བསྐལ་པ་དུ་མར་དགེ་བའི་ལས་ལམ་བཅུ། །སྤྱོད་ཀྱང་ཉན་ཐོས་རང་རྒྱལ་བྱང་ཆུབ་འདོད་བསྐྱེད་ན། །དེ་ནི་ཚུལ་ཁྲིམས་སྐྱོན་བྱུང་ཚུལ་ཁྲིམས་ཉམས་པ་ཡིན། །སེམས་བསྐྱེད་དེ་ནི་ཕས་ཕམ་པས་ཀྱང་ཤིན་ཏུ་ལྕི། །ཞེས་གསུངས་པའི་ཕྱིར། ཡང་བྱང་སེམས་ཀྱི་དགེ་བ་ཉན་ཐོས་ལ་སྡིག་ཏུ་འགྱུར་བའི་དཔེར་བརྗོད་ཀྱང་ཡོད་དེ། འདོད་པའི་ཡོན་ཏན་ལྔ་ལ་ལོངས་སྤྱོད་ཀྱང་ཐབས་མཁས་ཀྱི་ཁྱད་པར་བྱང་ཆུབ་ཀྱི་སེམས་དང་ལྡན་ཞིང་སྤྱོད་པ་པོ་དེ་རྒྱལ་སྲས་ཡིན་ན་དགེ་ཆེན་དུ་འགྱུར། སྤྱོད་པ་པོ་

དེ་ཉན་ཐོས་ཡིན་ན་སྡིག་ཏུ་འགྱུར་བའི་ཕྱིར་ཏེ། མདོ་སྡུད་པ་ལས། བྱང་ཆུབ་སེམས་དཔའ་འདོད་པའི་ཡོན་ཏན་ལྔ་སྤྱོད་ཀྱང་། །སངས་རྒྱས་ཆོས་དང་འཕགས་པའི་དགེ་འདུན་སྐྱབས་སོང་སྟེ། །སངས་རྒྱས་བསྒྲུབ་བྱ་སྙམ་དུ་ཀུན་མཁྱེན་ཡིད་བྱེད་ན། །མཁས་པའི་ཚུལ་ཁྲིམས་ཕ་རོལ་ཕྱིན་གནས་རིག་པར་བྱ། །ཞེས་གསུངས་པའི་ཕྱིར། ཡང་བྱང་སེམས་ཀྱི་དགེ་བ་ཉན་ཐོས་ལ་སྡིག་ཏུ་འགྱུར་བའི་དཔེ་གཞན་ཡང་ཡོད་དེ། གཞན་དོན་གྱི་སེམས་བརྟན་པའི་སྒོ་ནས་བརྟག་པ་མཐར་བཟུང་དུ་ཕམ་པ་བཞི་པོ་ཐམས་ཅད་སྤྱད་ན་ཡང་། རྟེན་གྱི་གང་ཟག་བྱང་ཆུབ་སེམས་དཔའ་ལ་དགེ་བ་ཡིན་ཞིང་། ཉན་ཐོས་རྣམས་ལ་སྡིག་ཏུ་འགྱུར་བའི་ཕྱིར་ཏེ། ཐབས་ལ་མཁས་པའི་མདོ་ལས། རིགས་ཀྱི་བུ་ཡོངས་སུ་རྟག་པ་བཟུང་ནས་གལ་ཏེ་རབ་ཏུ་བྱུང་བའི་བྱང་སེམས་རྒྱ་བའི་ལྟུང་བ་བཞི་པོ་ཐམས་ཅད་ལས་འདས་པར་གྱུར་ཀྱང་། ཐབས་མཁས་པ་འདིས་སྤྱོད་པར་བྱེད་ན། བྱང་ཆུབ་སེམས་དཔའི་ལྟུང་བར་མི་འགྱུར་བར་ངས་བཤད་དོ། །ཞེས་གསུངས་པས་སོ། །ཡང་རྒྱལ་སྲས་དགེ་བ་ཉན་ཐོས་ལ་སྡིག་ཏུ་འགྱུར་བའི་དཔེ་གཞན་ཡང་ཡོད་དེ། འཁོར་བའི་འགྲོ་ལ་ཆགས་ཤིང་བསམས་བཞིན་དུ་སྐྱེ་བ་ལེན་པ་ནི་གཞན་དོན་ཡིན་ཡང་ཉན་ཐོས་ལ་སྡིག་ཏུ་འགྱུར་ཞིང་། གཞན་དོན་དུ་འཁོར་བར་ཆགས་པ་དེ་ཉིད་རྒྱལ་སྲས་ཀྱི་དགེ་བ་ཡིན་པར་ཤེས་པར་བྱ་དགོས་པའི་ཕྱིར་ཏེ། ཉེ་བར་འཁོར་གྱིས་ཞུས་པའི་མདོ་ལས། ཉེ་བར་འཁོར་འདི་ལ་ཐེག་པ་ཆེན་པོ་ལ་ཡང་དག་པར་ཞུགས་པའི་བྱང་ཆུབ་སེམས་དཔའ་བསྐལ་པ་ཚད་མེད་གྲངས་མེད་པར་སྲིད་པར་སྐྱེ་བ་ལེན་ཀྱང་། སེམས་ཡོངས་སུ་མི་སྐྱོ་ཞིང་མི་ཞུམ་པ་དེ་ནི་ཐེག་པ་ཆེན་པོ་ལ་ཡང་དག་པར་ཞུགས་པའི་བྱང་ཆུབ་སེམས་དཔའི་ཚུལ་ཁྲིམས་ཡོངས་སུ་དག་པ་ཉིད་ཡིན་ལ། དེ་ནི་ཉན་ཐོས་ཀྱི་ཐེག་པའི་ཚུལ་ཁྲིམས་ཡོངས་སུ་མ་དག་པ་ཉིད་དང་ཤིན་ཏུ་འཆལ་བའི་ཚུལ་ཁྲིམས་ཉིད་ཡིན་ནོ། །ཞེས་གསུངས་པས་སོ། །

ཐེག་པ་ཆེ་ཆུང་གི་དགེ་སྡིག་ཕན་ཚུན་གོ་བསྒྱུར་ཚུལ་དེ་ལྟར་ཡོད་ན་ཕན་ཚུན་དགེ་སྡིག་གི་གཞི་མཐུན་ཡོད་དམ་མེད། མེད་ན་གཞུང་གི་དངོས་བསྟན་དང་འགལ། ཡོད་ན་རིགས་པས་དེད་པའི་ཚེ་ཁྱབ་པ་མེད་མཚམས་གང་དུ་བྱེད་དགོངས་ཞེ་ན། ཐེག་པ་ཆེ་ཆུང་གི་དགེ་སྡིག་གི་གཞི་མཐུན་ནི་མེད་དེ། ཉན་ཐོས་ཀྱི་དགེ་སྡིག་ཡིན་ན། དགེ་བ་དང་སྡིག་པ་སོ་སོར་ཡིན་དགོས། ཐེག་ཆེན་ལ་ཡང་དེའི་ཕྱིར་རོ། །ཉན་ཐོས་ཀྱི་དགེ་བ་ཐེག་ཆེན་གྱི་སྡིག་ཏུ་གསུངས་པའི་དོན་ནི། སྔིར་བཏང་ཐེག་དམན་དུ་སེམས་བསྐྱེད་པ་དེ་ཉན་ཐོས་ཀྱི་ལུགས་ཀྱི་དགེ་ཆེན་ཡིན་ཀྱང་། བྱང་ཆུབ་སེམས་དཔས་ཐེག་དམན་དུ་སེམས་བསྐྱེད་ན་བྱང་སེམས་ཀྱི་སྡོམ་པ་གཏོང་བས་སྡིག་པ་ཤིན་ཏུ་ལྕི་བ་ཡིན་ཞེས་པའོ། །དེས་ན་གནད་ཀྱི་དོན་ནི། བྱང་ཆུབ་སེམས་དཔའ་སྡིག་པ་ལྕི། །

ཞེས་པའི་སྡིག་པ་དང་། དེ་ནི་ཉན་ཐོས་དགེ་ཆེན་ཡིན། །ཞེས་པའི་དགེ་བའི་མཚན་གཞི་ནི་སོ་སོར་བྱ་སྟེ། བྱང་སེམས་ལས་དང་པོ་པས་གཞན་དོན་གྱི་ཕྱུར་བོར་ཏེ་སླར་ཐེག་དམན་དུ་སེམས་བསྐྱེད་པ་ནི། བྱང་ཆུབ་སེམས་དཔའི་སྡིག་པ་ལྕི་ཞེས་པའི་སྡིག་པ་དང་། ཐེག་པ་ཆེན་པོ་པ་མ་ཡིན་པའི་གང་ཟག་གིས་ཐེག་དམན་དུ་སེམས་བསྐྱེད་པ་ནི། དེ་ནི་ཉན་ཐོས་དགེ་ཆེན་ཡིན། །ཞེས་པའི་དགེ་བའི་མཚན་གཞི་ཡིན་ནོ། །དེ་ནི་ཞེས་གཞི་གཅིག་ལ་བཀར་བ་ལྟར་སྣང་ཡང་། ཤན་ཤུན་ཕྱེ་ནས་མི་འདྲ་བ་སོ་སོར་ངེས་འཛིན་དགོས་པ་ནི། དེ་ནི་མཚན་མར་དམིགས་སྒོ་ནས། །ཐབས་མ་ཡིན་པས་རིང་བ་སྟེ། །དེ་ནི་ཐབས་ལ་མཁས་པ་ཡི། །ཞེས་སོགས་གསུང་རབ་མང་པོ་ན་ཡོད་པས་བློ་གྲོས་ཀྱི་མིག་གིས་གསུང་རབ་ཀྱི་དོན་ལ་ལྟ་བའི་ཚེ་འཕྲུལ་ཆགས་པ་གཅེས་སོ། །འོན་བྱང་སེམས་ཀྱིས་ཐེག་དམན་དུ་སེམས་བསྐྱེད་པ་དེ་སེམས་བསྐྱེད་ཡིན་པས་སྡིག་པར་འགལ་ལོ་སྙམ་ན། དེ་ལམ་དུ་གྱུར་པའི་སེམས་བསྐྱེད་དངོས་མ་ཡིན་ཏེ། བྱང་སེམས་ཀྱིས་སེམས་ཅན་བློས་བོར་ནས་རང་ཉིད་གཅིག་པུ་ཞི་བདེ་དོན་གཉེར་གྱི་བློ་བསྐྱེད་པའི་ཚེ་ན་ཐེག་ཆེན་ནས་ཐེག་དམན་དུ་ལྟུང་བ་ཡིན་ཀྱང་། ཐེག་དམན་གྱི་ལམ་རྒྱུད་ལ་སྐྱེས་པ་མ་ཡིན་པའི་ཕྱིར་དང་། རང་ཉིད་གཅིག་པུ་ཞི་བདེ་དོན་གཉེར་གྱི་བློ་སྐྱེས་པ་ཙམ་གྱིས་ཐེག་དམན་གྱི་ལམ་ཞུགས་སུ་མི་འགྱུར་བའི་ཕྱིར། དེས་ན་སེམས་བསྐྱེད་དེ་ནི་ཕས་ཕམ་པས་ཀྱང་ཤིན་ཏུ་ལྕི་ཞེས་གསུངས་པའི་སེམས་བསྐྱེད་ཀྱང་སེམས་བསྐྱེད་མཚན་ཉིད་པ་མ་ཡིན་ཏེ། རང་ཉིད་གཅིག་པུ་ཞི་བདེ་དོན་གཉེར་གྱི་བློ་བསྐྱེད་པ་ཙམ་ལ་སེམས་བསྐྱེད་ཀྱི་སྒྲ་ཡངས་པར་བྱས་ཏེ་མིང་གིས་བཏགས་པ་ཙམ་ཡིན་པས་སོ། །

ཉན་ཐོས་དགེ་བ་ཐེག་ཆེན་སྡིག་པ་དང་། །ཐེག་ཆེན་དགེ་བ་ཉན་ཐོས་སྡིག་པ་སྲུ །འགྱུར་ཞེས་བསྙིང་པོའི་ཚིག་རྣམས་འོལ་ཚོད་དུ། །མ་བཞག་བློ་གྲོས་སྤྲིན་པོས་དཔྱད་དགོས་སོ། །ཕྱིར་བཏང་ཉན་ཐོས་ས་རུ་སེམས་བསྐྱེད་པ། །ཉན་ཐོས་དགེ་ཆེན་ཡིན་ཡང་བྱང་སེམས་ཀྱིས། །དེ་ལྟར་བསྐྱེད་ན་རྩ་བའི་ལྟུང་བ་ཞེས། །བློ་གྲོས་རྒྱན་པོའི་གཏམ་འདི་ཡོངས་ལ་འཕྲིན།། །།

༄ གསུམ་པ་ལས་ཀྱི་འབྲས་བུ་དཀར་ནག་ཟང་ཐལ་དགག་པ་ལ་གཉིས་ཏེ། འདོད་པ་བརྗོད་པ་དང་། དེ་དགག་པའོ། །དང་པོ་ནི། འབྲི་གུང་པ་ཁ་ཅིག །དཀར་ནག་ཟང་ཐལ་ཞེས་བྱ་བ་ལས་ནག་པོའི་རྣམ་སྨིན་སངས་རྒྱས་ཀྱིས་ཀྱང་མྱོང་དགོས་ཏེ། སྟོན་པའི་ཞབས་ལ་སེང་ལྡེང་གི་ཚལ་པ་ཟུག་པ་སོགས་འདུལ་བ་ལུང་ལས་སྐྱ་ཆེ་སྟ་མའི་ལས་ངན་སྨིན་པར་གསུངས་པ་ཐམས་ཅད་ངེས་དོན་ཡིན་པས། ལས་དཀར་ནག་གི་འབྲས་བུ་སངས་རྒྱས་ཀྱི་སར་ཡང་ཟང་ཐལ་དུ་འགྲོ་ཞེས་པའི་ཆོས་སྐད་ངོ་མཚར་ཆེ་བར་གྲག་གོ། །

གཉིས་པ་ལ་གསུམ་སྟེ། འདུལ་ལུང་ལས་གསུངས་པ་དྲང་དོན་དུ་བསྒྲུབ་པ། ངེས་དོན་ཡིན་པ་ལ་གནོད་བྱེད་བསྟན་པ། ཤེས་བྱེད་ཀྱི་ལུང་རིགས་མཁས་པའི་གཞུང་དང་སྦྱར་བའོ། །དང་པོ་ནི། སྔོན་པ་ལ་ལས་ངན་སྨིན་པར་འདོད་པའི་འཕྲི་གྲུང་པ་དེ་དག་གིས་ནི་དྲང་དོན་གྱི་ལུང་ལ་ངེས་དོན་དུ་འཁྲུལ་པར་ཟད་དོ༎ །ཇི་ལྟར་དྲང་དོན་ཡིན་ན། སྔོན་པ་འདི་དེད་དཔོན་སྙིང་རྗེ་ཆེན་པོར་གྱུར་པའི་ཚེ་ཚོང་པ་གཡོ་ཅན་ལ་མདུང་བསྣུན་ཏེ་བསད་པའི་ལས་ཀྱིས་ད་ལྟ་རྫོགས་པའི་སངས་རྒྱས་ཀྱི་ཞབས་ལ་སེང་ལྡེང་གི་ཚལ་པ་ཟུག་པ་དང་། སྔོན་བྲམ་ཟེའི་ཁྱེའུ་བླ་མར་གྱུར་པའི་ཚེ་བླ་མས་སངས་རྒྱས་ནི་མཆོག་མ་ཡིན་ཞིང་། ཆོས་བསྟན་པ་ནི་མཆོག་མ་ཡིན་ནོ་ཞེས་སྨྲས་པའི་ལས་ཀྱི་རྣམ་པར་སྨིན་པས་ད་ལྟ་ཡང་ལོ་དྲུག་ཏུ་དཀའ་བ་སྤྱད་དགོས་པ་བྱུང་བ་དང་། སྔོན་སངས་རྒྱས་རྣམ་གཟིགས་ཀྱི་བསྟན་པ་ལ་བྲམ་ཟེ་འཁོར་ལྔ་བརྒྱ་ཙམ་དང་ལྡན་པར་གྱུར་པའི་ཚེ་སངས་རྒྱས་འཁོར་བཅས་ལ་དགེ་སློང་འདི་དག་ནི་ནས་རྩུལ་པ་ཟ་བར་འོས་པ་ཡིན་ནོ། །ཞེས་སྨྲས་པའི་ལས་ཀྱི་ད་ལྟ་གྲོང་ཁྱེར་ཉན་མོངས་མེད་པའི་ལྗོངས་སུ་དབྱར་ཟླ་བ་གསུམ་བཞུགས་པའི་ཚེ་རྟ་ཆས་ཀྱི་ནས་རྩུལ་པ་གསོལ་དགོས་པ་བྱུང་བ་དང་། སྔོན་སྐྱེས་བུ་གཡོ་ཅན་པདྨའི་རྩ་ལག་ཏུ་གྱུར་པའི་ཚེ་སྨད་འཚོང་མ་བཟང་མོ་རལ་གྲིས་བསད་ནས། རལ་གྲི་ཁྲག་ཅན་དྲང་སྲོང་མདོག་ནག་གི་དྲུང་དུ་བོར་ནས་ཕྱིན་པའི་ལས་ཀྱི་ལྷག་མས། ད་ལྟ་བྲམ་ཟེའི་བུ་མོས་གཞོན་བུ་ལྟོ་བར་བཅངས་ཏེ་དགེ་སློང་ཁྱོད་ཀྱིས་ཁོ་མོ་སྦྲུམ་མོ་ཞེས་སྐུར་པ་བཏབ་པ་དང་། སྔོན་རིག་བྱེད་སྨྲ་བའི་དྲང་སྲོང་འཁོར་མང་པོ་དང་ལྡན་པར་གྱུར་པའི་ཚེ། དྲང་སྲོང་གཞན་གྱིས་འཁོར་རྣམས་ཁ་དྲངས་པས་ཅིག་ཤོས་ཁྲོས་ཏེ་སློན་ལམ་ལོག་པར་བཏབ་པས། དེའི་རྒྱུས་ད་ལྟ་ལྷ་སྦྱིན་གྱིས་དགེ་འདུན་འཁོར་ལོའི་དབྱེན་བྱེད་པ་དང་། སོགས་ཀྱི་སྨྲས་སྔོན་འཚོ་བྱེད་དུ་གྱུར་པའི་ཚེ། ཁྱིམ་བདག་གི་བུ་ཞིག་ལ་སྨན་མ་ཡིན་པ་བྱིན་ནས་འཁྲུ་བར་བྱས་པའི་ལས་ཀྱིས་ད་ལྟ་ཡང་སྔོན་པ་ལ་འཁྲུ་བའི་ནད་འབྱུང་བ་སོགས་ཐུབ་པའི་སྐུ་ཚེ་སྔ་མའི་ལས་ངན་སྨིན་པར་འདུལ་བ་ལུང་ལས་གསུངས་པ་ནི་དྲང་བའི་དོན་ཡིན་ཏེ། ཚུལ་དེ་ལྟ་བུས་འདུལ་བའི་སྐྱེ་བོ་ལ་དགོངས་པའི་དབང་གིས་གསུངས་པ་ཙམ་ཡིན་པས་སོ། །དེ་ལྟར་ཡིན་པ་ནི་ཐབས་ལ་མཁས་པའི་མདོ་སྡེ་བལྟ་བར་རིགས་ཏེ། དེ་ནི་ངེས་དོན་གྱི་མདོ་སྡེ་ཡིན་པས་ཡིད་བརྟན་འཆར་རུང་ཞིང་། དྲང་དོན་གྱི་མདོ་རྣམས་ལ་ཡིད་བརྟན་དུ་མི་རུང་བའི་ཕྱིར། དེ་ཡང་གསང་ཆེན་ཐབས་ལ་མཁས་པའི་མདོ་ལས། འདི་ལྟར་གལ་ཏེ། མཉན་ཡོད་ན་སྦྲིད་པ་ཐམ་པའི་མི་ཉི་ཤུ་ལ་དགྲ་བོ་ཉི་ཤུ་ཡོད་དེ། མཛའ་བཤེས་ལྟར་བཅོས་ནས་མི་ཉི་ཤུ་པོ་དེ་དག་གསོད་པར་སེམས་སོ། །དེའི་ཚེ་སྔོན་པས་སྐུ་ཚེ་སྔ་མའི་རྣམ་སྨིན་སྟོང་ཚུལ་བསྟན་པས་དགྲ་ཉི་ཤུ་པོ་དེ་དག་གིས་བཤགས་པ་ཕུལ། སྔོན་པས་ཀྱང་ཆོས་གསུངས་པས་ཉི་ཤུ་པོ་

དེ་དག་བདེན་པ་མཐོང་བ་ལ་བཀོད་པ་སོགས་རྒྱ་ཆེར་གསུངས་པ་ནི་ལས་ཀྱི་རྣམ་སྨིན་མྱོང་ཚུལ་བསྟན་པ་ཡིན་ལ། དེ་ཉིད་དྲང་དོན་ཡིན་ཚུལ་ནི། དེ་མ་ཐག་མདོ་དེ་ཉིད་ལས། རིགས་ཀྱི་བུ་དེ་བཞིན་གཤེགས་པས་སེམས་ཅན་ལས་ཀྱི་བྱ་བ་ལས་གཟུང་བའི་ཕྱིར། ཐབས་ལ་མཁས་པས། སེང་ལྡེང་གི་ཚལ་པ་ཞབས་ལ་ཟུག་པར་བསྟན་ཏེ། དེ་བཞིན་གཤེགས་པའི་ཞབས་ལ་སེང་ལྡེང་གི་ཚལ་པ་ཟུག་པ་གང་ཡིན་པ་དེ་ཡང་སངས་རྒྱས་ཀྱི་ཐབས་ལ་མཁས་པའི་མཐུ་ཉིད་ཡིན་པར་བལྟ་བར་བྱའོ། །དེ་ཅིའི་ཕྱིར་ཞེ་ན། དེ་བཞིན་གཤེགས་པའི་སྐུ་རྡོ་རྗེ་མཁྲེགས་པ་ལྟར་མི་ཤིགས་པའི་སྐུ་ཡིན་པའི་ཕྱིར། ཞེས་གསུངས་པ་ཡིན་ནོ། །དེས་ན་སེམས་ཅན་ལས་ཀྱི་བྱ་བ་ལས་གཟུང་བའི་ཕྱིར་ཞེས་པས་རྣམ་སྨིན་མྱོང་ཚུལ་བསྟན་པའི་དགོས་པ་དང་། མི་ཤིགས་པའི་སྐུ་ཡིན་པའི་ཕྱིར་ཞེས་པས་རྣམ་སྨིན་མྱོང་བ་དངོས་ཡིན་པ་ལ་དངོས་ལ་གནོད་བྱེད་བསྟན། དེ་བཞིན་དུ་ལོ་དྲུག་དཀའ་བ་སྤྱད་པ་སོགས་ལ་ཡང་ཐབས་ལ་མཁས་པའི་མདོ་ལས། དགོས་པ་དང་དངོས་ལ་གནོད་བྱེད་གཉིས་གཉིས་ཀྱི་སྒོ་ནས་དྲང་དོན་དུ་གསུངས་པ་ཡིན་ནོ། །

གཉིས་པ་གནོད་བྱེད་བསྟན་པ་ལ་གཉིས་ཏེ། ཐལ་བ་གསུམ་དགོད་པ་དང་། ཕྱི་མ་རྒྱས་པར་བཤད་པའོ། །དང་པོ་ནི། གལ་ཏེ་རྫོགས་པའི་སངས་རྒྱས་ལ་ལས་ངན་སྨིན་པར་བཤད་པ་བདེན་པ་ངེས་དོན་ཡིན་ན་ནི། བསོད་ནམས་དང་ཡེ་ཤེས་ཀྱི་ཚོགས་གཉིས་རྫོགས་པར་དོན་མེད་པར་ཐལ་ཞིང་། ལྷག་བཅས་མྱང་འདས་ལ་གནས་པའི་ཉན་ཐོས་དགྲ་བཅོམ་པ་ཉོན་མོངས་མེད་ཀྱང་ལས་ཀྱི་རྣམ་སྨིན་སྡུག་བསྔལ་དང་ལྡན་པ་དང་ཡང་འདྲ་བར་འགྱུར་བ་དང་། ཆོས་སྐུ་ལས་ལོངས་སྐུ། ལོངས་སྐུ་ལས་སྤྲུལ་སྐུ་འབྱུང་བའི་སྐུ་གསུམ་གྱི་རྣམ་གཞག་ཀྱང་བྱར་མི་རུང་བར་ཐལ་བར་འགྱུར་རོ། །

གཉིས་པ་ལ་བཞི་སྟེ། སྤྲུལ་གཞི་ངོས་གཟུང་བ། སྤྲུལ་པ་ངོས་གཟུང་བ། ཇི་ལྟར་སྤྲུལ་པའི་ཚུལ། སྐབས་དོན་གནོད་བྱེད་བསྟན་པའོ། དང་པོ་ནི། ཐུབ་པའི་དབང་པོ་ལ་ལས་ངན་སྨིན་པ་བདེན་ན་སྐུ་གསུམ་གྱི་རྣམ་གཞག་བྱར་མི་རུང་བ་དེ་ཡི་འཐད་པ་བཤད་ཀྱིས་ཉོན། ཞེས་གདམས་པའོ། །ཇི་ལྟར་ན། ལམ་ལ་བསླབས་པ་ལས་ཚོགས་གཉིས་རྫོགས་པའི་སངས་རྒྱས་ཆོས་ཀྱི་སྐུ་ཐོག་མར་འབྱུང་ལ། དེ་གཟུགས་ཀྱི་སྐུར་བཞེངས་པ་ནི་འོག་མིན་སྟུག་པོ་བཀོད་པར་ངེས་པ་ལྔ་ལྡན་དུ་སངས་རྒྱས་པའི་ལོངས་སྤྱོད་རྫོགས་པའི་སྐུ་ཉིད་ཡིན་ཏེ། ལང་གཤེགས་ལས། རིན་ཆེན་སྣ་ཚོགས་མཛེས་པ་ཡིས། །འོག་མིན་གནས་ནི་ཉམས་དགའ་བ། །གཙང་མའི་གནས་ཀྱི་སྟེང་བཞུགས་ནས། །ཡང་དག་སངས་རྒྱས་དེར་སངས་རྒྱས། །ཞེས་གསུངས་པའི་ཕྱིར་རོ། །

གཉིས་པ་ནི། ལོངས་སྐུ་དེའི་སྤྲུལ་པའི་སྐུ་ཉིད་ནི་ཟས་གཙང་སྲས་སུ་འཁྲུལ་པའི་ཤཱཀྱ་སེང་གེ་འདི་ཡིན་ཏེ༑ རྒྱན་སྟུག་པོ་བཀོད་པ་ལས། གཙང་མའི་གནས་རྣམ་སྤངས་པ་ཡིས། །འོག་མིན་གནས་ནི་ཉམས་དགའ་བར། །ཡང་དག་སངས་རྒྱས་དེར་སངས་རྒྱས། །སྤྲུལ་པ་པོ་ནི་འདིར་འཚང་རྒྱ། །ཞེས་གསུངས་པའི་ཕྱིར་རོ། །

གསུམ་པ་ནི། ཤཱཀྱ་སེང་གེ་འདི་ནི་གདུལ་བྱ་སྨིན་གྲོལ་ལ་དགོད་པའི་ཕྱིར་བྱ་རྒོད་ཕུང་པོ་སོགས་སུ་གཤེགས་པ་དང་། དྲི་གཙང་ཁང་གི་ནང་དུ་ཏིང་ངེ་འཛིན་ལ་བཞུགས་པ་དང་། འོད་སྲུང་ལ་སོགས་པ་ལ་ཆོས་སྟོན་ཅིག་གསུངས་ནས། སྐུ་མཉེལ་ནས་མནལ་དུ་གཟིམས་པ་དང་། མུ་གེའི་ཚེ་གྲོང་དུ་བསོད་སྙོམས་ལ་བྱོན་པ་ན་གྲོང་དཔོན་གྱི་བུ་གཅེར་བུ་རལ་གྲི་ཐོགས་པས་བཀག་པ་དང་། སྣ་ལའི་གྲོང་དུ་བསོད་སྙོམས་མ་རྙེད་པར་ལྷུང་བཟེད་སྟོང་པར་བྱོན་པ་དང་། རྒྱལ་བུ་རྒྱལ་བྱེད་ཀྱི་ཚལ་དུ་བསོད་སྙོམས་མང་དུ་རྙེད་པ་དང་། ལྷ་སྦྱིན་སོགས་དགྲ་དང་། སྲ་གཙན་ཟིན་སོགས་ཉེ་དུའི་འབྲེལ་པ་དང་། འཕགས་སྐྱེས་པོས་ཤཱཀྱ་རྣམས་བསད་པའི་ཆོས་ཕྱོགས་ཉམས་མི་དགའ་བ། རྗོ་བའི་རད་རོང་ཅན་དུ་ འོ་བརྒྱལ་ཆེན་པོར་གཟིམས་པ་དང་། ཀླུའི་རྒྱལ་པོ་མ་དྲོས་པས་གདན་དྲངས་པའི་དུས་ལྷ་བུ་རེས་འགའ་སྐྱུང་བར་གཤེགས་པ་དང་། གྲོང་ཁྱེར་བཟང་བྱེད་ན་གནས་པའི་མུ་སྟེགས་རྣམས་ཀྱིས། དགེ་སློང་གོའུ་ཏ་མས་སྒྱུ་མ་བསླབ་ཏེ་འཇིག་རྟེན་བསླུས་སོ་ཞེས་པ་ལ་སོགས་པ་གཞན་གྱིས་སྐུར་པ་སྣ་ཚོགས་དང་། མཉན་དུ་ཡོད་པར་ཆོ་འཕྲུལ་ཆེན་པོ་བསྟན་པ་དང་། སེར་སྐྱར་ཡབ་སྲས་མཇལ་བ་དང་། གསལ་ལྡན་དུ་ལྷ་ལས་བབ་པ་སོགས་ཀྱི་ཚེ་རེས་འགའ་སྐྱན་པའི་བ་དན་འཇིག་རྟེན་གསུམ་དུ་གྲགས་པ་དང་། རེས་འགའ་སྐུ་བདེ་བ་དང་ཐུགས་དགེས་པར་སྤྱོད་པ་དང་། བར་མར་བཞུགས་པ་སོགས་མཛད་པ་རྣམ་པ་སྣ་ཚོགས་སྟོན་པ་ཆོས་ཅན། སྤྲུལ་པ་ཙམ་ཡིན་གྱི། རང་རྒྱུད་པ་མ་ཡིན་ཏེ། གདུལ་བྱ་འདུལ་བའི་ཆེད་དུ་སྣང་ཚུལ་སྣ་ཚོགས་སུ་བསྟན་པ་ཡིན་པའི་ཕྱིར་རོ། །

བཞི་པ་ནི། གལ་ཏེ་བརྟག་པ་མཐར་བཟུང་དུ་སངས་རྒྱས་དངོས་ལ་ལས་ངན་སྨིན་པར་འདོད་ན་ཡང་། སྤྲུལ་གཞི་ལོངས་སྐུ་ཉིད་ལ་སྨིན་པར་རིགས་ཀྱི། དེས་སྤྲུལ་པའི་ཤཱཀྱ་ཐུབ་པ་སོགས་ལ་སྨིན་པར་འདོད་པ་མུན་སྤྲུལ་ཡིན་ཏེ། ཤཱཀྱ་ཐུབ་པ་ནི་ལོངས་སྐུའི་སྤྲུལ་པ་ཙམ་ཡིན་པའི་ཕྱིར། དཔེར་ན་སྒྱུ་མའི་མཁན་པོས་ལས་ངན་བྱས་ན་ལས་ངན་གྱི་འབྲས་བུ་བྱེད་པ་པོ་རང་ལ་འབྱུང་གི །དེས་སྤྲུལ་པའི་རྟ་གླང་སོགས་ཀྱི་སྒྱུ་མ་ལ་མི་འབྱུང་བ་བཞིན་ནོ། །འདི་ནི་ལན་གྱི་སྒྲོབས་པ་དང་བྲལ་བའི་རིགས་པ་ བླ་མེད་པ་ཡིན་ནོ། །གནོད་བྱེད་བསྟན་ཟིན་པ་དེས་ན་འདུལ་བ་ལུང་ལས། སྟོན་པ་ལ་སྐུ་ཚེ་སྔ་མའི་ལས་ངན་སྨིན་པར་གསུངས་པའི་དགོངས་པ་དྲང་དོན་ཡིན་པར་ཤེས་དགོས་སོ། །

གསུམ་པ་མཁས་པའི་གཞུང་དང་སྦྱར་བ་ནི། སངས་རྒྱས་ལ་ལས་ངན་སྨིན་པར་གསུངས་པ་དྲང་དོན་ཡིན་པ་དང་། དྲང་དོན་གྱི་མདོ་སྒྲ་ཇི་བཞིན་དུ་ཁས་ལེན་དུ་མི་རུང་བ་འདི་ཡི་ལུང་དང་རིགས་པ་རྣམས་དབྱིག་གཉེན་གྱི་རྣམ་བཤད་རིགས་པ་དང་། ལེགས་ལྡན་བྱེད་ཀྱི་རྟོག་གེ་འབར་བ་སོགས་མཁས་པའི་གཞུང་བཞིན་དུ་ཤེས་པར་བྱ་སྟེ། རྣམ་བཤད་རིགས་པ་ལས། ཀུན་ཏུ་སྣང་བའི་མདོ་ལས་ཀྱང་སྒྲ་ཇི་བཞིན་དུ་འཛིན་ན་ཉེས་པ་ལྔ་ཡོད་དོ། །ལྔ་གང་ཞེ་ན། མི་མོས་པའི་གནས་སུ་གྱུར་པའི་ཉེས་པ་དང་། རྩ་བ་ཉམས་པའི་ཉེས་པ་དང་། གཞན་ལ་བསླུ་བར་བྱེད་པའི་ཉེས་པ་དང་། སྟོན་པ་ལ་སྐུར་པ་འདེབས་པའི་ཉེས་པ་དང་། ཆོས་སྤོང་བར་བྱེད་པའི་ཉེས་པའོ། །ཞེས་དང་། རྟོག་གེ་འབར་བ་ལས། ཚིག་ལྷུག་པར་འབྱུང་བ་ཚིགས་བཅད་དུ་བསྡེབས་པ་ནི། ཞིང་འདིར་ཐུབ་པའི་མཛད་པ་དག །གལ་ཏེ་སྒྲུལ་པ་མ་ཡིན་ཞིང་། །མདོ་སོགས་སྒྲ་ནི་ཇི་བཞིན་དུ། །ཁས་ལེན་པ་ལ་འགལ་བ་ནི། །རྒྱལ་སྲས་སྲིད་པ་ཐ་མ་པ། །འདོད་པ་བསྟེན་ན་ཚུལ་ཁྲིམས་འཆལ། །ཞེས་དང་། གནས་བརྟན་ཆེན་པོ་ལྷ་ཀུ་ལ། །ཁོ་བོ་བསྙེན་པར་རྫོགས་ནས་ལོ། །བརྒྱད་ཅུ་ལོན་ཡང་མགོ་བོ་ཙམ། །ན་བར་མི་དྲན་གང་ཡིན་པ། །ཨ་རུ་ར་གཅིག་ནད་པ་ལ། །སྦྱིན་པའི་འབྲས་བུ་ཉིད་ཡིན་ན། །སངས་རྒྱས་སྦྱིན་པའི་མཐར་སོན་པ། །སྐུ་ལ་ལས་ངན་ལས་བྱུང་བའི། །སྙུན་གྱིས་བཏབ་པའང་ཤིན་ཏུ་འགལ། །ཞེས་སོ། །གཉིས་པ་བསླབ་བྱ་གནང་བཀག་ཐ་དད་བསྟན་པ་ལ། འདོད་པ་བརྗོད་པ་དང་། དེ་དགག་པ་གཉིས། དང་པོ་ནི། འཁྲི་ཤུང་པ་ཁ་ཅིག །བཀག་པ་ཐམས་ཅད་དངོས་པོའི་གཤིས་ལ་ཡེ་ནས་བཀག་པ་དང་། གནང་བ་ཐམས་ཅད་དངོས་པོའི་གཤིས་ལ་ཡེ་ནས་གནང་བ་ཡིན་པས། ཐེག་པ་ཆེ་ཆུང་གི་བསླབ་བྱ་ལ། གཅིག་ལ་བཀག་ན་ཐམས་ཅད་ལ་བཀག་པ་དང་། གཅིག་ལ་གནང་ན་ཐམས་ཅད་ལ་གནང་བ་ཡིན་ནོ། །ཞེས་འདོད་དོ། །

གཉིས་པ་ལ་གཉིས། གནང་བཀག་ཐ་དད་དུ་བསྟན་པ། དེ་ལ་གནོད་པ་སྤོང་བའོ། །དང་པོ་ལ་གསུམ་སྟེ། དམ་བཅའི་སྒོ་ནས་མདོར་བསྟན། འཐད་པའི་སྒོ་ནས་རྒྱས་པར་བཤད། དཔེའི་སྒོ་ནས་དོན་བསྡུ་བའོ། །དང་པོ་ནི། ཡེ་བཀག་ཡེ་གནང་གི་ལུགས་འདི་འང་ཆོས་ཅན། སངས་རྒྱས་ཀྱི་བསྟན་པ་མ་ཡིན་ཏེ། སངས་རྒྱས་ཀྱི་གསུང་དང་འགལ་བའི་ཕྱིར། དེའི་རྒྱུ་མཚན་ཉན་ཐོས་དང་ཐེག་ཆེན་གྱི་བསླབ་བྱ་གནང་བཀག་གཅིག་ཏུ་མེད་པ་དེས་ན། ལ་ལར་ཉན་ཐོས་ལ་གནང་བ་ནི། ལ་ལར་ཐེག་ཆེན་ལ་བཀག །ཡང་ཐེག་ཆེན་ལ་བཀག་པ་ནི་ཉན་ཐོས་ལ་གནང་བ་སོགས་མཐའ་ཡས་པ་ཡོད་པ་ཡིན་ནོ། །

གཉིས་པ་ལ་བཞི་སྟེ། ཉན་ཐོས་དང་ཕན་ཚུན་གནང་བཀག་ཐ་དད་དུ་བསྟན་པ། ཁྱིམ་པ་དང་རབ་

བྱུང་གནང་བཀག་ཐ་དད་དུ་བསྟན་པ། ཐེག་པ་ཆེ་ཆུང་གནང་བཀག་ཐ་དད་དུ་བསྟན་པ། ཐེག་ཆེན་ནང་ཕན་ཚུན་གནང་བཀག་ཐ་དད་དུ་བསྟན་པའོ། །དང་པོ་ལ་གཉིས་ཏེ། ཐ་དད་དུ་བསྟན་པ་དངོས། དེའི་ཉེས་སྤོང་གི་ལན་དགག་པའོ། །དང་པོ་ནི། གནང་བཀག་གཅིག་ཏུ་མེད་པ་དེའི་འཐད་པ་འདི་ལྟར་ཡིན་པས། དཔྱད་པ་གསུམ་གྱིས་རྣམ་པར་དག་པའི་ལུང་བཞིན་དུ་བཤད་ཀྱིས་ཉོན་ཅིག །ཇི་ལྟར་ན། ཉན་ཐོས་རྩ་བའི་སྡེ་པ་བཞི་དང་། ཕྱེས་པ་བཅོ་བརྒྱད་པོ་གཅིག་གིས་བཀག་པ་གཅིག་ལ་གནང་བས་གནང་བཀག་གཅིག་ཏུ་མེད་དེ། ཉན་ཐོས་རྩ་བའི་སྡེ་བཞི་ལ་འདུལ་བ་ལུང་མི་འདྲ་བ་རྣམ་པ་བཞི་དང་། དེ་བཞིན་དུ་སྐད་མི་འདྲ་བ་རྣམ་པ་བཞི་དང་། མཁན་པོ་མི་འདྲ་བ་རྣམ་པ་བཞི་དང་། སྣམ་སྦྱར་གྱི་སྣམ་ཕྲན་གྱི་གྲངས་དང་། གྲྭའི་རྟགས་མི་འདྲ་བ་རྣམ་པ་བཞི་ལ་སོགས་པ་ཡོད་ཅིང་། དེ་ལས་ཕྱེས་པ་སྡེ་པ་བཅོ་བརྒྱད་ལ་རྫོད་བྱེད་ཚིག་གི་འདུལ་བའི་དབྱེ་བའང་འདུལ་བ་ལུང་མི་འདྲ་བ་བཅོ་བརྒྱད་ཡོད་པ་དང་། ལུང་གི་བརྗོད་བྱ་དང་པོ་སྡོམ་པ་ལེན་པའི་ཚིག་དང་། བར་དུ་བསྲུང་ཚུལ་དང་། ཉམས་ན་ཕྱིར་བཅོས་པ་དང་། གསོ་སྦྱོང་གི་ཚེ་སོ་སོར་ཐར་པ་འདོན་པ་དང་། ཐ་མར་སྡོམ་པ་གཏོང་བའི་ཚུལ་སོགས་ལ་སྡེ་པ་ཐམས་ཅད་ཕལ་ཆེར་མི་མཚུངས་པས་སོ། །དེ་ཡང་ཁ་ཆེ་པཎ་ཆེན་གྱི་གསུང་སྒྲོས་ལས། ཐམས་ཅད་ཡོད་སྨྲའི་མཁན་པོ་ནི་རྒྱལ་རིགས་སྒྲ་གཅན་ཟིན་དང་། སྐད་ལེགས་སྦྱར་གྱི་སྐད་དུ་སྨྲ། དགེ་འདུན་ཕལ་ཆེན་པའི་མཁན་པོ་བྲམ་ཟེའི་རིགས་འོད་སྲུང་ཆེན་པོ་དང་། སྐད་རང་བཞིན་གྱི་སྐད། མང་པོས་བཀུར་བའི་མཁན་པོ་འདྲེག་མཁན་གྱི་རིགས་ཉེ་བར་འཁོར་དང་། སྐད་ཟུར་ཆག་གི་སྐད། གནས་བརྟན་པའི་མཁན་པོ་མཐའ་འཁོབ་ཀྱི་གདུལ་བྱ་རྣམས་ཀྱི་དོན་མཛད་པ་འཕགས་པ་ཀཱ་ཏྱཱ་ཡ་ན་དང་། སྐད་ཤ་ཟའི་སྐད་ཡིན་པའི་ཕྱིར་གསུངས་པ་ཡིན་ནོ། །སྡེ་པ་བཅོ་བརྒྱད་ལ། འདུལ་བ་ལུང་བཅོ་བརྒྱད་ཡོད་པ་ནི། བུ་སྟོན་ཐམས་ཅད་མཁྱེན་པ་ཡང་བཞེད་པ་ཡིན་ཏེ། དེ་ཉིད་ཀྱི་གསུང་ལས། སྡེ་པ་བཅོ་བརྒྱད་པོ་དེ་རྣམས་ལ་འདུལ་བ་དང་མདོ་སྡེའི་ལུང་ཡང་ཐ་དད་དུ་ཡོད་པར་མངོན་ཏེ། འཕགས་པ་ཐོགས་མེད་ཀྱི་ཐེག་བསྡུས་སུ། ཀུན་གཞི་སྨྲབ་བྱེད་ཀྱི་ལུང་སྡེ་པ་ཐ་དད་ནས་མི་འདྲ་བ་དྲངས་པའི་ཕྱིར་དང་། ཤར་གྱི་རི་བོའི་སྡེ་པའི་ལུང་དང་། ནུབ་ཀྱི་རི་བོའི་སྡེ་པའི་ལུང་གིས་སྡེ་སྣོད་བདུན་དུ་བཤད་ཅེས་ཟླ་གྲགས་དང་། ལངྐར་གཤེགས་པའི་འགྲེལ་པ་ནས་བཤད་པའི་ཕྱིར་དང་། ཞེས་སོགས་རྒྱས་པར་གསུངས་པས་སོ། །གསེར་ཐུར་ལས། སྡེ་པ་བཅོ་བརྒྱད་དུ་ཕྱེས་པ་ནི་ཆོས་ལུགས་མི་འདྲ་བའི་དབང་གིས་ཡིན་གྱིས་ལོངས་སྤྱོད་ཀྱི་དབང་གིས་མ་ཡིན་ལ། ཞེས་བཤད་པ་ནི། ཆོས་ལུགས་མི་འདྲ་བའི་དབང་གིས་ཡིན་པ་གཞིར་བཅས་པས་ཐུགས་མང་པར་སྣང་ཡང་། བཅོ་བརྒྱད་ཀྱི་མིང་འདོགས་ཆོས་ལུགས་ཁོ་ནའི་དབང་གིས་ཀྱང་མ་ཡིན་ཏེ། ཤར་གྱི་རི་བོའི་

སྡེ་པ་དང་། ནུབ་ཀྱི་རི་བོའི་སྡེ་པ་སོགས་ཡུལ་གྱི་སྒོ་ནས་བཏགས་པ་དང་། འོད་སྲུང་སྡེ་པ་དང་། ཆོས་སྲུང་སྡེ་པ་སོགས་འགའ་ཞིག་སློབ་དཔོན་གྱི་སྒོ་ནས་བཏགས་པ་ཡང་ཡོད་པའི་ཕྱིར་ཏེ། སློབ་དཔོན་དུལ་བ་ལྷས། ཡུལ་དོན་སློབ་དཔོན་བྱེ་བྲག་གིས། །ཐ་དད་རྣམ་པ་བཅོ་བརྒྱད་འདོད། །ཅེས་གསུངས་པའི་ཕྱིར། དོན་ཞེས་པ་ནི། བརྗོད་དོན་གང་དང་གང་སྨྲ་བའི་སྒོ་ནས་མིང་དུ་བཏགས་པ་འཇིག་རྟེན་ལས་འདས་པར་སྨྲ་བའི་སྡེ་པ་དང་། རྟག་པར་སྨྲ་བའི་སྡེ་པ་སོགས་ཡིན་ནོ། །

གཉིས་པ་དེའི་ཉེས་སྤོང་གི་ལན་དགག་པ་ལ་གཉིས་ཏེ། གྱེས་པ་བཅོ་བརྒྱད་ལ་བདེན་རྫུན་གྱི་དབྱེ་བ་ཡོད་པའི་ལན་དགག་པ། བསླབ་པ་ཤེས་ན་གནང་བཀག་གཅིག་ཏུ་འགྱུར་བའི་ལན་དགག་པའོ། །དང་པོ་ནི། གལ་ཏེ་སྡེ་པ་བཞི་དང་བཅོ་བརྒྱད་ལ་གནང་བཀག་ཐ་དད་ཡོད་པས། གནང་བཀག་ཐ་དད་པར་མི་འགྲུབ་སྟེ། སྡེ་པ་གཅིག་པོ་ནའི་གནང་བཀག་རྣམས་བདེན་གྱིས། དེ་ལས་གཞན་པ་རྣམས་རྫུན་ཡིན་པའི་ཕྱིར་ཞེ་ན་མ་ཡིན་ཏེ། རྒྱལ་པོ་ཀྲི་ཀིའི་རྨི་ལམ་ལུང་བསྟན་པའི་མདོ་ལྟར་སྡེ་པ་བཅོ་བརྒྱད་པོ་ཐམས་ཅད་ཀྱི་གནང་བཀག་བདེན་པར་གསུངས་པའི་ཕྱིར། དེ་ཡང་སྟོན་འོད་སྲུང་གི་བསྟན་པའི་ཚེ། རྒྱལ་པོའི་རྨི་ལམ་དུ་མི་བཅོ་བརྒྱད་ཀྱིས་རས་ཡུག་གཅིག་སོ་སོར་བགོས་པས་ཐམས་ཅད་ཀྱི་རས་ཡུག་རེ་རེ་ཐོབ་ཅིང་། རྩ་བའི་རས་ཡུག་ཀྱང་མ་ཉམས་པར་བྱུང་བ་རྨི་ཚུལ་འོད་སྲུང་ལ་ཞུས་པས། ཤཱཀྱ་ཐུབ་ཀྱི་བསྟན་པ་ལ་སྡེ་པ་བཅོ་བརྒྱད་འབྱུང་ཞིང་། རེ་རེ་ལ་ཡང་རྣམ་པར་གྲོལ་བའི་ལམ་ཡོངས་སུ་རྫོགས་པ་རེ་ཡོད་པ་དང་། བཅོ་བརྒྱད་དུ་འགྱེས་ཀྱང་གྱེས་གཞིའི་ཤཱཀྱ་ཐུབ་ཀྱི་བསྟན་པ་མི་ཉམས་པར་ལུང་བསྟན་པ་ཡིན་ནོ། །དེ་ལྟར་སྡེ་པ་བཅོ་བརྒྱད་ཀྱི་གནང་བཀག་ཐམས་ཅད་བདེན་པ་དང་། བཅོ་བརྒྱད་ཇི་ལྟར་གྱེས་པའི་ཚུལ་འདིའི་དོན་རྒྱས་པར་བཙུན་པ་དབྱིག་བཤེས་ཀྱིས་མཛད་པའི་སྡེ་པ་ཐ་དད་བཀླག་པའི་འཁོར་ལོའམ། ཡང་ན་དེའི་དོན་བསྡུས་པ། སློབ་དཔོན་དུལ་བ་ལྷས། སྡེ་པ་ཐ་དད་བསྟན་པ་བསྡུས་པ་དང་། སློབ་དཔོན་ཤཱཀྱ་འོད་ཀྱི་འདུལ་བ་འོད་ལྡན་དང་། དགེ་ཚུལ་གྱི་ལོ་དྲི་བ་སོགས་ལ་ལྟོས་ཏེ། ཇི་ལྟར་ན། དུལ་བ་ལྷས། ཡུལ་དོན་སློབ་དཔོན་བྱེ་བྲག་གིས། །ཐ་དད་རྣམ་པ་བཅོ་བརྒྱད་འདོད། །ཅེས་དང་། བཅོ་བརྒྱད་ཀྱི་ངོས་འཛིན་ཡང་དེ་ཉིད་ལས། ཤར་དང་ནུབ་དང་གངས་རིར་གནས། །འཇིག་རྟེན་འདས་པར་སྨྲ་བའི་སྡེ། །རྟག་པར་སྨྲ་བའི་སྡེ་པ་དང་། །ལྷ་ཆེན་དགེ་འདུན་ཕལ་ཆེན་པ། །གཞི་ཀུན་པ་དང་འོད་སྲུང་སྡེ། །ས་སྟོན་སྡེ་དང་ཆོས་སྲུང་སྡེ། །མང་ཐོས་གོས་དམར་སློབ་མ་དང་། །རྣམ་པར་ཕྱེ་སྟེ་སྨྲ་བའི་སྡེ། །ཐམས་ཅད་ཡོད་པར་སྨྲ་བ་ཡིན། །རྒྱལ་བྱེད་ཚལ་གནས་འཇིགས་མེད་པ། །གཙུག་ལག་ཁང་ཆེན་གནས་བརྟན་པ། །ས་གྲོགས་རི་དང་བསྲུང་བ་པ། །གནས་མ་བུ་ཡི་སྡེ་རྣམས་ནི། །ཀུན་གྱིས་བཀུར

བ་རྣམ་པ་གསུམ། །ཞེས་དང་། འོད་ལྡན་ལས། དེ་ལྟ་བས་ན་སྡེ་པ་གཞན་འདོན་པ་དག་ཀྱང་སངས་རྒྱས་ཀྱི་གསུང་ནི་ཡིན་པར་ཐེ་ཚོམ་མེད་པ་ཡིན་ནོ། །ཞེས་དང་། དགེ་ཚུལ་གྱི་ལོ་དྲི་བ་ལས། དེ་ལྟར་བྱེ་བྲག་བཅོ་བརྒྱད་དུ། །ཤཱཀྱ་སེང་གེའི་བསྟན་པ་ནི། །གྱུར་རྟོག་ངོ་བོའི་བླ་མ་དེའི། །སྟོན་གྱི་འཕྲིན་ལས་དབང་གིས་ཡིན། །ཞེས་གསུངས་སོ། །

གཉིས་པ་ལ་གཉིས་ཏེ། ཤེས་ཀྱང་ཐ་དད་དུ་བསྟན་པ། གཅིག་པ་ལ་གནོད་བྱེད་བསྟན་པའོ། །དང་པོ་ནི། སྡེ་པ་ཀུན་གྱི་བསླབ་པ་ཡང་ཤེས་ན་གནང་བཀག་གཅིག་ཏུ་འགྱུར་བ་ཡིན་ནོ་ཞེ་ན། ཤེས་ཀྱང་གནང་བཀག་ཐལ་ཆེར་ཐ་དད་ཡིན་ཏེ། དཔེར་མཚོན་ན་ཐམས་ཅད་ཡོད་སྨྲའི་ལུགས་ཀྱི་མདོ་སྡེ་ལེགས་སྦྱར་གྱི་སྐད་དུ་ཡོད་ཅིང་། གནས་བརྟན་པ་དག་ལེགས་སྦྱར་གྱི་སྐད་དུ་མདོ་སྡེ་སྟོན་ན་ལྟུང་བར་བྱེད་པ་དང་། ཡང་ཐམས་ཅད་ཡོད་སྨྲ་རང་ཉིད་ཀྱི་ལུགས་ཀྱི་གསོལ་བཞིའི་ཚིགས་སྡོམ་པ་སྐྱེ་ཞིང་། དེའི་ཚིག་བཞིན་བྱས་ན་སྡེ་པ་གཞན་ཐལ་ཆེན་པའི་ལུགས་ཀྱི་དགེ་སློང་གི་སྡོམ་པ་འཇིག་པ་དང་། ཐམས་ཅད་ཡོད་སྨྲའི་ལུགས་ཀྱི་སྨིན་མའི་སྤྱི་བཞར་ན་ལྟུང་བ་དང་། སྡེ་པ་འགའ་ཐལ་ཆེན་པ་མ་བཞར་ན་ལྟུང་བར་འདོད་པ་དང་། ལ་ལ་གནས་བརྟན་པ་བུ་རམ་ཕྱི་དྲོ་འགོག་པ་དང་། ཁ་ཅིག་སྟེ་ཐམས་ཅད་ཡོད་སྨྲ་བ་བུ་རམ་ཕྱི་དྲོ་ཟོས་པ་ལ་ལྟུང་བ་མེད་ཅེས་ཟེར་བ་དང་། ལ་ལ་ཡོད་སྨྲ་བ་བྱིན་ལེན་ལག་པ་བཀན་པ་སྟེ། གན་རྒྱལ་དུ་བྱེད་པ་དང་། ལ་ལ་གནས་བརྟན་པ་ལག་པ་བཀན་པ་ལས་གཞན་ལག་པ་ཁ་ཕྱུབ་ནས་བསྒྱུར་ཐབས་སུ་བྱེད་པ་དང་། འགའ་ཞིག་ཐལ་ཆེན་པ་ལྟུང་བཟེད་བྱིན་ལེན་བྱེད་པ་དང་། ལ་ལ་ཡོད་སྨྲ་བ་ལྟུང་བཟེད་བྱིན་ལེན་འགོག་པ་དང་། ཁ་ཅིག་སྟེ་ཡོད་སྨྲ་བ་མའི་མངལ་གྱི་མིར་ཆགས་བསད་པ་ལ་ཕམ་པ་འབྱུང་བར་འདོད་པ་དང་། གནས་བརྟན་པ་སོགས་ལ་ལ་ཕམ་པ་མེད་པ་དང་། མང་བཀུར་བའི་སྡེ་པ་སོ་ཐར་གྱི་མདོའི་གླེང་གཞིའི་ཚིགས་བཅད་གཅིག་ལས་མེད་ཅིང་། ཡོད་སྨྲ་བ་དང་གནས་བརྟན་པ་གླེང་གཞིའི་ཚིག་རིང་ཐུང་གཞན་དུ་ཡོད་པ་ཚིག་བཅུ་གཅིག་འདོན་པ་ལ་སོགས་པ། མདོར་ན་ཕམ་པ་བཞི་པོ་ནས་བཙམས་ཏེ་བསླབ་པར་བྱ་བ་ཀུན་ལ་སྡེ་པ་ཐམས་ཅད་མི་མཐུན་པས། ཐམས་ཅད་ཡོད་སྨྲ་ལྟ་བུ་གང་གིས་བཀག་པ་ལ། གནས་བརྟན་པ་ལྟ་བུ་གང་གིས་ལུང་ལས་གནང་བར་གྱུར་བ་ཡོད་པས་སོ། །

གཉིས་པ་ནི། དེ་ལྟར་མ་ཡིན་པར་གལ་ཏེ་གཅིག་ཡིན་ན་གནོད་བྱེད་ཡོད་དེ། དཔེར་ན་བུ་རམ་ཕྱི་དྲོའི་ཟས་སུ་རུང་བ་ཡེ་གནང་ཡིན་ན། སྡེ་པ་གཞན་གནས་བརྟན་པ་ལྟུང་བ་དང་བཅས་པར་འགྱུར་ཏེ། གནང་བ་དེ་བཀག་པའི་ཕྱིར། ཡེ་བཀག་ཡིན་ན་ཡོད་སྨྲའི་དགེ་སློང་མཐའ་དག་ལྟུང་བ་ཅན་དུ་འགྱུར་ཏེ། བཀག་པ་

དེ་བྱས་པའི་ཕྱིར། ཡང་བྱིན་ལེན་མ་བྱས་པའི་ལྟུང་བྱེད་མི་སྐྱེ་ལ་ཡང་འགྱུར་བར་ཐལ། བཀག་པ་ཐམས་ཅད་འགྲོ་བ་ཀུན་ལ་ཡེ་བཀག་ཡིན་པའི་ཕྱིར། འདོད་ན། མི་སྐྱེའང་དགེ་སློང་རང་བཞིན་དུ་གནས་པར་འགྱུར་བས། མི་སྐྱེས་དགེ་སློང་ལ་བྱིན་ལེན་བྱས་པ་དེ་ཟ་བར་རུང་བར་མི་འགྱུར་བར་ཐལ། མི་སྐྱེས་དགེ་སློང་ལ་བྱིན་ལེན་བྱས་ན་ཡང་དགེ་སློང་ས་རང་བཞིན་དུ་གནས་པ་གཅིག་གིས། དགེ་སློང་ས་རང་བཞིན་དུ་གནས་པ་གཞན་ལ་བྱིན་ལེན་བྱས་པ་ཇི་བཞིན་དུ་བྱིན་ལེན་མི་ཆགས་པའི་ཕྱིར། དགེ་སློང་གིས་ནི་དགེ་སློང་ལ་ཞེས་པ་འདིས་རང་བཞིན་དུ་གནས་པ་ལ་སྦྱོར་དགོས་ཏེ། བསླབ་བྱིན་དགེ་སློང་གིས་དགེ་སློང་རང་བཞིན་དུ་གནས་པ་ལ་བྱིན་ལེན་ཆགས་པར་འདུལ་བ་པ་དག་བཞེད་པའི་ཕྱིར། རིགས་པ་སྔ་མ་དེ་བཞིན་དུ་བཅས་ལྟུང་ཀུན་ལ་རིགས་འགྲེ་སྦྱར་ལ་འཕེན་པར་གྱིས་ཏེ་ཡེ་བཀག་ཡེ་གནང་ལ་གནོད་བྱེད་ཀྱི་ཐོག་ཏུ་འགྱུར་བའི་ཕྱིར་རོ། །

གཉིས་པ་ཁྲིམ་པ་དང་རབ་བྱུང་གནང་བཀག་ཐ་དད་དུ་བསྟན་པ་ལ་གཉིས་ཏེ། ཁས་བླང་བརྗོད་པ་དང་། དེ་དགག་པའོ། །དང་པོ་ནི། འབྲི་གུང་པ་ཁ་ཅིག །རབ་ཏུ་བྱུང་བ་ལ་ལྟུང་བ་ཇི་སྙེད་འབྱུང་བ་དེ་ཁྲིམ་པ་དང་དམྱལ་བ་པ་དང་། དུད་འགྲོ་སོགས་འགྲོ་བ་ཐམས་ཅད་ལ་མཚུངས་པར་འབྱུང་བ་ཡིན་ཏེ། སངས་རྒྱས་ཀྱིས་བཅས་པ་མཛད་པ་ཐམས་ཅད་འགྲོ་བ་སྤྱི་ལ་བཅས་པ་ཡིན་པའི་ཕྱིར་ཏེ། སངས་རྒྱས་ཀྱིས་དང་པོ་ཐུགས་བསྐྱེད། བར་དུ་ཚོགས་བསགས། མཐའ་མར་ཆོས་ཀྱི་འཁོར་ལོ་བསྐོར་བ་ཡང་རབ་བྱུང་ཁོ་ནའི་དོན་དུ་མ་ཡིན་པའི་ཕྱིར་ཏེ། འགྲོ་བ་ཀུན་གྱི་དོན་དུ་ཡིན་པའི་ཕྱིར། ཞེས་ཟེར་རོ། །

གཉིས་པ་ལ་གསུམ་སྟེ། རིགས་པ་བསྟན་པ། ལུང་དྲང་བ། ཧ་ཅང་ཐལ་བ་དགོད་པའོ། །དང་པོ་ནི། རབ་ཏུ་བྱུང་བ་ལ་བཅས་པ་ཐམས་ཅད་འགྲོ་བ་སྤྱི་ལ་མཚུངས་པར་འབྱུང་ཟེར་བ་འདི་ནི་སངས་རྒྱས་ཀྱི་དགོངས་པ་མ་ཡིན་ཏེ། རྒྱུ་མཚན་ཅིའི་ཕྱིར་ཞེ་ན། ལྟུང་བ་དེ་བསླབ་པ་བཅས་པ་ཕན་ཆད་འབྱུང་མོད་ཀྱི། བསླབ་པ་མ་བཅས་པ་ལ་དགེ་སློང་ཡིན་ཡང་ལྟུང་བ་མེད་པའི་ཕྱིར་རོ། །

གཉིས་པ་ནི། མ་བཅས་པ་ལ་ལྟུང་བ་མེད་པ་དེས་ན་ཐུབ་པས་དགེ་སློང་ལས་དང་པོ་པས། ཉེས་པ་བྱས་ཀྱང་ལྟུང་མེད་དུ་གསུངས་པ་ཡིན་ཏེ། ཐོག་མར་དགེ་སློང་བཟང་སྦྱིན་གྱིས་མི་ཚངས་སྤྱོད་ཀྱི་ཉེས་པ་བྱས་ཀྱང་དེ་ལ་ལྟུང་བའི་ཐ་སྙད་མི་ཐོབ་པའི་ཕྱིར་རོ། །

གསུམ་པ་ནི། དེ་ལྟ་མ་ཡིན་པར། བཅས་མ་བཅས་ཐམས་ཅད་ལ་ལྟུང་བ་ཀུན་འབྱུང་ན། འགྲོ་ཀུན་ལྟུང་བ་དང་བཅས་པས་ཐར་པ་བྱང་ཆུབ་ཐོབ་པ་ལྟ་ཅི་སྨོས། མཐོ་རིས་ལྷ་མིའི་གོ་འཕང་ཡང་འབྱུང་རེ་སྐན་ཏེ་མི་འབྱུང་བར་ཐལ། འགྲོ་བ་ཐམས་ཅད་ལྟུང་བའི་གོང་བུ་ཅན་ཡིན་པའི་ཕྱིར་རོ། །

གསུམ་པ་ཐེག་པ་ཆེ་ཆུང་གནང་བཀག་ཐ་དད་དུ་བསྟན་པ་ནི། ཉན་ཐོས་རྣམས་ལ་ཤའི་ཆེད་དུ་མཐོང་ཐོས་དོགས་གསུམ་དང་བྲལ་བའི་རྣམ་གསུམ་དག་པའི་ཤ་བཟའ་བར་རུང་ཞིང་གནང་ལ། རྣམ་གསུམ་མ་དག་པ་ནི་བཟའ་བར་མ་གནང་སྟེ། རྟོག་གེ་འབར་བ་ལས། ཉན་ཐོས་ཐེག་པའི་གཞུང་ལས་ནི། །རྣམ་གསུམ་དག་པའི་ཤ་གང་དག །ཟོས་ཀྱང་སྡིག་པར་མི་འགྱུར་ཏེ། །དངས་མ་སོགས་སུ་འགྱུར་བའི་ཕྱིར། །སློང་མོའི་ཟས་ལ་སྡིག་མེད་བཞིན། །ཞེས་དང་། མེ་ཏོག་འཕྲེང་རྒྱུད་ལས། གང་ཕྱིར་ཆེད་དུ་བྱས་པའི་ཤ །མཐོང་ངམ་ཐོས་སམ་དོགས་པ་ནི། །ནམ་ཡང་བཟའ་བར་བྱ་མིན་པར། །འགྲོ་ཀུན་ཕན་པར་བྱེད་པས་གསུངས། །ཞེས་གསུངས་པའི་ཕྱིར། དེ་ལྟར་ཉན་ཐོས་ལ་རྣམ་གསུམ་དག་པའི་ཤ་གནང་ཡང་གལ་ཏེ་མི་ཟ་ན་ལྷས་སྦྱིན་གྱིས་བརྟུལ་ཞུགས་ཀྱི་རྗེས་སུ་འབྲང་བར་འགྱུར་ཏེ། ལྷས་བྱིན་གྱིས་དགེ་འདུན་འཁོར་ལོའི་དབྱེན་བྱས་ནས། དགེ་འདུན་ལྔ་བརྒྱ་ཙམ་ཁ་དྲངས་ནས་དེ་དག་ལ་དགེ་སློང་གོའུ་ཏ་མ་དགོན་པར་གནས་ན་ནི་བདག་ཅག་རྣམས་གྲོང་འདབས་སུ་གནས་པར་བྱའོ། །དགེ་སློང་གོའུ་ཏ་མ་ཤ་ཟ་བར་གནང་ན་ནི་བདག་ཅག་རྣམས་ཤ་བཟའ་བར་མི་བྱའོ། །ཞེས་སོགས་སངས་རྒྱས་དང་མི་མཐུན་པའི་བརྟུལ་ཞུགས་ལྔ་བཅས་པའི་ནང་ཚན་གཉིས་པ་དེ་དང་འདྲ་བར་འགྱུར་བའི་ཕྱིར། ཐེག་པ་ཆེན་པོ་ལས་ནི་ཤའི་རིགས་ཀུན་བཀག་སྟེ། ཤ་ཟོས་ན་ངན་འགྲོའི་རྒྱུ་རུ་གསུངས་པའི་ཕྱིར་ཏེ། འཇམ་དཔལ་རང་གི་ལྟ་བའི་འདོད་པ་མདོར་བསྟན་པ་ལས། ཤ་ཟ་བ་ཡི་མི་གང་ཞིག །དང་པོ་ཡི་དྭགས་འགྲོ་བ་སྟེ། །ཕྱིས་ནི་དུད་འགྲོ་འགྲོ་བ་ཡིན། །ཞེས་དང་། གསོད་པོ་ནོར་ལ་སྲེད་པ་དག །བསྐལ་པ་འབུམ་དུ་འཚེད་པ་སྟེ། །ཟ་པོ་ཤ་ལ་སྲེད་པ་དག །བསྐལ་པ་བྱེ་བར་འཚེད་པ་ཡིན། །ཞེས་གསུངས་པའི་ཕྱིར། རྣམ་གསུམ་དག་པའི་དོན་ལ་ཕལ་ཆེར་རང་ཉིད་ཀྱི་ཆེད་དུ་བྱས་པ་མངོན་སུམ་དུ་མཐོང་བ་དང་། ཡིད་ཆེས་པ་ལས་ཐོས་པ་དང་། རང་ཉིད་ཀྱི་བློ་ལ་ཐེ་ཚོམ་སྐྱེས་པ་སྟེ་གསུམ་དང་བྲལ་བ་ལ་མཛད་པ་ནི་ཧ་ཅང་ཡངས་ཤིང་། འདུལ་བའི་དགོངས་པ་མ་ཡིན་ཏེ། འདུལ་བའི་དགོངས་པ་མ་ཡིན་ཏེ། འདུལ་བ་ལས། དགེ་སློང་གིས་བཟའ་བར་རུང་བའི་ཤ་དེ་ལ་གླང་པོ་ཆེ་རྟ་སྤྲུལ་གྱི་ཤ་ལ་སོགས་པ་དང་། བསད་ཤ་སེམས་ཅན་གང་གི་ཡིན་ཡང་བཀག་པའི་ཕྱིར་ཏེ། མདོ་རྩ་ལས། གླང་པོ་ཆེ་དང་རྟ་དང་ཀླུ་རྣམས་ཀྱི་མི་ཟའོ། །ཞེས་དང་། ཤའི་བྱིན་ལེན་སྟོབ་པ་ལ། བཅད་པ་ལས་བྱུང་བ་ཉིད་མ་ཡིན་ནམ། ཞེས་དྲི་བར་བྱའོ། །ཞེས་གསུངས་པའི་ཕྱིར། དེས་ན་ཉ་ཤ་ལ་སོགས་པ་མ་ཡིན་པར། བཟར་རུང་བའི་རིགས་ཅན་རང་བཞིན་གྱི་ཤི་བ་དང་། གཞན་གྱིས་བསད་ཀྱང་ཤའི་ཆེད་དུ་མིན་པ་རྣམས་ནི་ཉན་ཐོས་ཀྱི་གཞུང་ལས་གནང་ཞིང་། ཤའི་ཆེད་དུ་སྲོག་བཅད་པའི་ཤ་ནི་གཏན་ནས་མ་གནང་སྟེ། ཟ་བ་པོ་ཡོད་ན་གསོད་པ་འབྱུང་བས་སྲོག་གཅོད་ཀྱི་རྒྱུར

འགྱུར་བའི་ཕྱིར། རྗེས་ཐང་སངས་ལྷུན་པས་རྣམ་བཤད་ལས། ཁ་ཅིག །འདིར་ཉན་ཐོས་ཐེག་པ་ལ། རྣམ་གསུམ་དག་པའི་ཤ་ཤ་བཟར་རུང་བསྟན་གྱི་བསད་ཤ་ནི་མི་རུང་ངོ་ཞེས་སྨྲ་བ་འཁྲུམས་ཏེ། ཤ་ཤ་ལ་རྣམ་དག་གི་སྨྲ་སྦྱོར་བ་བསྟན་བཅོས་སུ་དོན་མེད་པའི་ཕྱིར། ཞེས་གསུང་པ་ནི་མཁས་པའི་གཏམ་མ་ཡིན་ཏེ། འདིའི་རྣམ་དག་ནི་ཤའི་ཆེད་དུ་མ་ཡིན་པའི་ངེས་ཤེས་འདྲོངས་པའི་ཤ་དེ་ཤའི་ཆེད་དུ་བྱས་པ་ཡིན་མིན་གྱི་མཐོང་ཐོས་དོགས་གསུམ་དང་བྲལ་བ་ལ་རྣམ་དག་ཏུ་བཞག་པ་ཡིན་པའི་ཕྱིར། གཞན་དུ་ན། བསད་ཤ་ལ་རྣམ་དག་གི་སྨྲ་སྦྱོར་བ་བསྟན་བཅོས་སུ་དོན་ཡོད་པར་ཁས་ལེན་ནམ། མཁས་པ་ཆེན་པོའི་གསུང་དེ་ནི་སེང་གེའི་ཁ་ནས་ཝ་སྐྱེས་ཀྱི་སྐད་དོ། །

བཞི་པ་ཐེག་ཆེན་ནང་ཕན་ཚུན་གནང་བཀག་ཐ་དད་པ་ནི། ཉན་ཐོས་དང་ཐེག་ཆེན་གནང་བཀག་ཐ་དད་པ་དེ་བཞིན་དུ། ཕ་རོལ་ཏུ་ཕྱིན་པ་དང་གསང་སྔགས་ཀྱི་ལུགས་བ་ལ་གནང་བཀག་འགའ་ཞིག་ཐ་དད་དུ་ཡོད་དེ། ཕ་རོལ་ཏུ་ཕྱིན་པ་ལས་བུད་མེད་ལ་ཉེས་པ་མཐའ་ཡས་པར་གསུངས་ཤིང་། གསང་སྔགས་བླ་མེད་ལས་བུད་མེད་ལ་སྨོད་པ་རྩ་ལྟུང་དུ་གསུངས་ཏེ་བཀག་པ་དང་། དེ་བཞིན་དུ་ཕ་རོལ་ཏུ་ཕྱིན་པ་ལས་ཕུང་པོ་ལྷ་ལ་སྨོད་པ་དང་། ཤ་ཆང་མི་བསྟེན་པ་ལ་ཡང་ལྟུང་བ་མེད་ཅིང་གནང་བ་ཡིན་ལ། བླ་མེད་ལས། ཕུང་པོ་ལྷ་ལ་སྨོད་པ་དང་། ཚོགས་འཁོར་གྱི་ཚེ་དམ་ཚིག་གི་རྫས་མི་བསྟེན་པ་རྩ་ལྟུང་དུ་གསུངས་པས་སོ། །ཚུལ་དེ་འདྲ་བའི་འགལ་བ་ལྟག་སྤྲོས་རྣམས་ལ། ཡི་བཀག་ཡི་གནང་ཇི་ལྟར་བརྩི་སྟེ་བརྩི་མི་ནུས་པར་ཐལ། ཕ་རོལ་ཏུ་ཕྱིན་པ་ལས་བཀག་ལ། རྡོ་རྗེ་ཐེག་པ་ལས་གནང་བ་མཐའ་ཡས་པའི་ཕྱིར་རོ། །

གསུམ་པ་དཔེའི་སྒོ་ནས་དོན་བསྒྲུབ་པ་ནི། ཉན་ཐོས་རྒྱ་བའི་སྡེ་བཞི་དང་། ཁྱིམ་པ་དང་། རབ་བྱུང་དང་། ཐེག་པ་ཆེ་ཆུང་དང་། ཐེག་ཆེན་ནང་ཕན་ཚུན་ཐམས་ཅད་གནང་བཀག་ཐ་དད་པ་དེས་ན་ཡི་བཀག་ཡི་གནང་གི་རྣམ་གཞག་ཕྱོགས་གཅིག་སྟེ་ངེས་པར་བྱར་མི་རུང་བ་དཔེའི་སྒོ་ནས་ཀྱང་རྟོགས་པར་འགྱུར་བ་ཡིན་ནོ། །དཔེ་ཇི་ལྟར་ཞེ་ན། མེ་ཏོག་པདྨ་དཀར་དམར་དང་། ཨུཏྤལ་དང་། ཀུ་མུ་ཏ་ལ་སོགས་པའི་སོ་ནམ་ལ་རྟག་ཏུ་འདམ་རྫབ་དང་ལྡན་ལྡིན་ལ་སོགས་པའི་བརླན་ཆེན་པོ་དགོས་ཤིང་། ཤུ་དག་ལ་སོགས་པའི་རོ་ཙང་ཟད་ཚ་བ་དང་། དྲོ་བའི་རྫས་ཀྱིས་བསྒོར་ན་བསྐྱེད་ཆེ་ལ། ཙམ་པ་ཀ་ལ་སོགས་པ་སྐམ་སར་སྐྱེ་བའི་མེ་ཏོག་གཞན་ལ་དེ་འདྲའི་མཐུན་རྐྱེན་མི་དགོས་ཤིང་། ཆུ་ལས་སྐྱེ་བའི་རིགས་ཀྱི་མེ་ཏོག་ལ་སྐམས་ཆེ་བ་དང་། སྐམ་སར་སྐྱེ་བའི་རིགས་ཀྱི་མེ་ཏོག་ལ་བརླན་ཚད་ཆེ་བ་སྐྱེ་བའི་གེགས་ཡིན་པས་དགྲ་དང་། ཡུལ་གྲང་སར་དྲོ་བའི་རྫས་བཏབ་ཀྱང་མི་སྨིན་པ་དང་། དྲོ་སར་བསིལ་བའི་རྫས་གདངས་ལ་སྐྱེ་བའི་སྨན་དྲི་ལྡན་ལ་སོགས་པ་སྐྱེ་བ

མི་འཐད་པ་བཞིན་ནོ། །དཔེ་དེས་ན་སོ་ནམ་ལ་སོགས་པའི་བྱ་བ་གང་ཅི་ཐམས་ཅད་རང་རང་གི་ལུགས་བཞིན་དུ་བྱས་ན་འགྲུབ་སླ་ཞིང་། དེ་ལས་ལོག་པའི་ལུགས་བྱས་ན་བྱ་བ་དེ་མི་འགྲུབ། གལ་ཏེ་རེ་ཞིག་འགྲུབ་ཀྱང་། མཐར་བཟང་པོ་དཀའ་སྟེ། ལེགས་བཤད་ལས། ཇི་ཙམ་གཡོ་སྒྱུ་མང་དྲགས་ན། །རེ་ཞིག་གྲུབ་ཀྱང་མཐའ་མར་བརླག །གཟིག་ལྤགས་བཀབ་པའི་བོང་བུ་ཡང་། །ལོ་ཏོག་ཟོས་མཐར་གཞན་གྱིས་བསད། །ཅེས་གསུངས་པ་ལྟར་རོ། །འཇིག་རྟེན་གྱི་དཔེ་བཞིན་དུ། དམ་པ་ཆོས་ཀྱི་གནང་བཀག་བླང་དོར་ཐམས་ཅད་ཀྱང་རང་རང་གི་ལུགས་བཞིན་དུ་བྱས་ན་འགྲུབ་སྟེ། ལུགས་དེ་དང་དེ་ནས་བཤད་པའི་འབྲས་བུ་གེགས་མེད་དུ་འབྱུང་བས་སོ༔ ༔

གཉིས་པ་དེ་ལ་གནོད་པ་སྤང་བ་ལ་གཉིས་ཏེ། ཐུབ་པས་རབ་བྱུང་ལ་སྙིང་ནད་བྱས་པར་ཐལ་བ་སྤང་བ༔ བདེ་སྡུག་བྱེད་པོ་སངས་རྒྱས་ཡིན་པར་ཐལ་བ་སྤང་བའོ། །དང་པོ་ལ། རྩོད་པ་དང་། ལན་གཉིས་སོ། ། དང་པོ་ནི། འདི་ནི་སངས་རྒྱས་དགོངས་པ་མིན་ཞེས་སོགས་ལས་འཕྲོས། འཕྲི་གྲུང་པ་ཁ་ཅིག །གལ་ཏེ་སྡོམ་པ་མ་བླངས་ན་ལྟུང་བའི་ཐ་སྙད་མི་ཐོབ་པ་ཁྱེད་བདེན་ཡང་། རབ་བྱུང་ལ་བཅས་པའི་སྡིག་པ་ཐམས་ཅད་ཁྱིམ་པ་ལ་ཡང་འབྱུང་སྟེ། བཅས་པ་འགྲོ་བ་སྤྱི་ལ་བཅས་པས་འགྲོ་དྲུག་གིས་བཅས་པ་ལས་འདས་ན་ཉེས་པ་དང་། བསྲུངས་ན་ཕན་ཡོན་འབྱུང་བའི་ཕྱིར། དཔེར་ན་རྡ་མཁན་དགའ་སྐྱོང་རང་ཉིད་ས་མི་རྐོ་བར། གཞན་གྱིས་བརྐོས་པའི་ས་དང་། གད་པ་ཆད་པའི་ས་ལ་རྫ་བཟོ། དེའི་རིན་གྱིས་ཕ་མ་གསོ། དུས་དུས་སུ་འོད་སྲུང་ལ་བསྙེན་བསྐུར་བྱེད། དེ་ལ་འོད་སྲུང་ཐུགས་དགྱེས་པ་ཡང་བཅས་པ་བསྲུངས་པའི་གནས་སྐབས་ཀྱི་འབྲས་བུ་ཡིན་ནོ། །དེ་ལྟ་མ་ཡིན་པར་རབ་བྱུང་ལ་ཆེད་དུ་བཅས་པ་ཡིན་ན། རང་བཞིན་གྱི་སྡིག་པའི་རྒྱལ་ཁལ་གྱི་སྟེང་དུ་བཅས་པའི་གོང་རྫས་བསྣན་པས། ཐུབ་པས་རབ་བྱུང་རྣམས་ལ་སྙིང་ནད་བྱས་པར་ཐལ་བར་འགྱུར་ཞེས་ཟེར་ཏོ། །

གཉིས་པ་ལ་གཉིས་ཏེ། བཅས་པ་ལ་རང་བཞིན་གྱི་མི་དགེ་བ་ཡོད་པར་དགག་པ། བརྟུལ་ཞུགས་ལ་རང་བཞིན་གྱི་དགེ་བ་ཡོད་པ་དགག་པའོ། །དང་པོ་ལ་གསུམ་སྟེ། མགོ་མཚུངས་ཀྱི་རིགས་པས་དགག །བཅས་རང་གི་རྣམ་དབྱེ་བསྟན་པས་དགག །ཇི་ཙམ་ཐལ་བས་དགག་པའོ། །དང་པོ་ནི། འདི་འདྲའི་རིགས་པ་ནི་གཟུ་ལུམས་དང་ཨུ་ཚུགས་ཀྱི་གཏམ་ཡིན་ཏེ། དཔེར་མཚོན་ན། འོ་ན་ལོ་ཏོག་བཟང་པོ་ཡོད་པའི་ཞིང་ལ་སེར་བ་དང་སད་ལ་སོགས་པའི་འཇིགས་པ་འབྱུང་། ཞིང་མེད་རྣམས་ལ་མི་འབྱུང་བས། གང་ཟག་འགའ་ཞིག་སྔར་ཞིང་མེད་ཅིག་ལ་ཞིག་བཟང་བྱིན་པའང་སྙིང་ནད་དུ་འགྱུར་བ་ཐལ། ཐུབ་པས་རབ་བྱུང་ལ་བསླབ་པ་

བཅས་ཏེ་བཅས་པའི་ཁ་ན་མ་ཐོ་བ་ལྷག་པོར་འབྱུང་བ་དེ། རབ་བྱུང་ལ་སྙིང་ནད་བྱས་པར་འགྱུར་བའི་ཕྱིར། རྟགས་ཁས། འདི་ནི་རིགས་པ་བཟང་བའི་ཚད་དཔེའི་སྒོ་ནས་དོན་ཡང་རང་ཤུགས་ཀྱིས་རྟོགས་པར་འགྱུར་བ་དངོས་པོའི་སྟོབས་ཤུགས་ཟླ་ན་མེད་པ་ཡིན་ནོ། །དཔེ་ལ་མགོ་བསྒྲེའི་རིགས་པ་དེས་ན་མ་འཁྲུལ་བའི་གནད་བཤད་པར་བྱ་སྟེ། ཐུབ་པས་རབ་བྱུང་ལ་བཅས་པ་མཛད་པས་ལྟུང་བའི་འཇིགས་པ་འབྱུང་ཡང་། བཅས་པ་ལ་གནས་ན་ཕན་ཡོན་ཤིན་ཏུ་ཆེ་བས་སྙིང་ནད་དུ་ཐལ་བའི་སྐྱོན་མི་འཇུག་པ་ཡིན་ཏེ། ཞིང་པ་རྣམས་ལ་སེར་བ་སོགས་ཀྱིས་དགྲ་འབྱུང་བ་ཡོད་ཀྱང་ལོ་ཏོག་འབྱུང་བའི་ཕན་ཡོན་ཡོད་པ་བཞིན་ནོ། །ཁྱིམ་པ་རྣམས་ལ། བསླབ་པ་མ་བཅས་པས་ལྟུང་བ་མེད་མོད། ཕན་ཡོན་དགེ་བ་ཡང་མི་འབྱུང་སྟེ། དཔེར་ན་འཇིག་རྟེན་ན་ཞིང་མེད་པས་ཁྲེ་མི་འབྱུང་བ་དང་། སྤྲང་པོ་རྣམས་ལ་ཞིང་མེད་པས་སེར་བ་སོགས་ཀྱི་འཇིགས་པ་ཡང་མེད་མོད་ཀྱི། འབྲས་བུ་ལོ་ཏོག་གི་རེ་བ་ཡང་མེད་པ་བཞིན་ནོ། །

གཉིས་པ་ནི། མ་བཅས་པ་ལ་ལྟུང་བ་མེད་པ་དེས་ན། མདོ་བསྟན་བཅོས་རྣམས་ལས། སྤྱང་བྱ་ལ་རང་བཞིན་གྱི་ཁ་ན་མ་ཐོ་བ་དང་། བཅས་པའི་ཁ་ན་མ་ཐོ་བ་རྣམ་པ་གཉིས་སུ་བསྡུས་ཏེ་གསུངས་པ་ཡིན་ཏེ། སྲོག་གཅོད་སོགས་སྡིག་ཏོ་མི་དགེ་བའི་ཕྱོགས་རྣམས་ནི་རང་བཞིན་གྱི་ཁ་ན་མ་ཐོ་བ་དང་། བཅས་ལྡན་རབ་བྱུང་གིས་ཆང་འཐུང་བ་དང་། ཕྱི་དྲོལ་དུས་རུང་གི་ཟས་བཟའ་བ་སོགས་བཅས་པ་ཕལ་ཆེར་ནི། བཅས་པའི་ཁ་ན་མ་ཐོ་བ་ཡིན་པས་སོ། །དེ་ལྟར་གཉིས་ལས། རང་བཞིན་གྱི་ཁ་ན་མ་ཐོ་བ་ནི་སེམས་ཅན་ཀུན་གྱིས་སྤང་དགོས་ཏེ༑ དེ་ནི་བྱེད་པ་པོ་སེམས་ཅན་ཀུན་ལ་སྡིག་པར་འགྱུར་བའི་ཕྱིར། བཅས་པའི་ཁ་ན་མ་ཐོ་བ་ནི་རབ་བྱུང་མ་གཏོགས་ཁྱིམ་པ་ཕལ་ལ་སྤང་མི་དགོས་ཏེ། རབ་ཏུ་བྱུང་ཞིང་བསླབ་པ་བཅས་ཕྱིན་ཆད་ལྟུང་བ་འབྱུང་བར་འགྱུར་གྱིས། མ་བཅས་པ་ལ་ལྟུང་བ་མི་འབྱུང་བའི་ཕྱིར་རོ། །

གསུམ་པ་ཧ་ཅང་ཐལ་བ་ལ་ལྔ་སྟེ། རྒྱལ་བ་སྲས་བཅས་ལྟུང་བ་ཅན་དུ་ཐལ་བ། གྲུབ་ཐོབ་བརྟུལ་ཞུགས་པོར་བ་ལྟུང་བ་ཅན་དུ་ཐལ་བ། ལྷས་བལྟས་ཀྱི་དགེ་སློང་ལྟུང་བ་ཅན་དུ་ཐལ་བ། དགེ་བསྙེན་དགེ་ཚུལ་ལྟུང་མེད་མི་སྲིད་པར་ཐལ་བ། རྩ་བརྒྱུད་ཀྱི་བླ་མ་སྨད་པར་ཐལ་བའོ། །དང་པོ་ནི། བཅས་པའི་ཁ་ན་མ་ཐོ་བ་བསླབ་པ་བཅས་པ་ལ་ལྟོས་པ་དེ་ལྟར་མ་ཡིན་པར་མ་བཅས་ཀྱང་ཅི་ནས་སྡིག་པར་འགྱུར་ན། རྒྱལ་བ་རིགས་ལྔ་ལ་སོགས་པའི་ལོངས་སྐུ་དང་། ཉེ་བའི་སྲས་བརྒྱད་ལ་སོགས་པའི་བྱང་སེམས་ཕལ་ཆེར་ཡང་ཆོས་ཅན། གསེར་གྱི་མི་དགེ་བ་ཅན་དུ་ཐལ། ཡེ་བཀག་པ་ལ་སྤྱོད་པའི་ཕྱིར་ཏེ། དབུ་སྐྲ་རིང་ཞིང་རྒྱན་དང་བཅས་པ་དང་། ཁ་དོག་དཀར་དམར་སྣ་ཚོགས་པའི་ན་བཟའ་བཞེས་ཤིང་རིན་པོ་ཆེ་དང་རལ་གྲི་ལ་སོགས་པའི་

ཕྱུག་མཚན་སྣ་ཚོགས་འཛིན་པ་གང་ཞིག །དེ་རྣམས་ཡེ་བཀག་ཡིན་པའི་ཕྱིར། རྟགས་ཁྱབ་མ་ཁས་སོ། །

གཉིས་པ་ནི། བིརྺ་པ་དང་། ཏི་ལོ་པ་དང་། ནཱ་རོ་པ་ལ་སོགས་པ་དགེ་སློང་གི་རྟགས་ཆ་ལུགས་བོར་བའི་གྲུབ་ཐོབ་རྣམས་ཀྱང་ཆོས་ཅན། གཞིས་ཀྱི་སྡིག་ཅན་དུ་འགྱུར་བར་ཐལ། ཡེ་བཀག་པ་ལ་སྤྱོད་པའི་ཕྱིར་ཏེ། དབུ་སྐྲ་རིང་ཞིང་རུས་པའི་རྒྱན་ཆ་སོགས་དང་ལྡན་པ་གང་ཞིག །དེ་རྣམས་ཡེ་བཀག་ཡིན་པའི་ཕྱིར་རོ། །

གསུམ་པ་ནི། ལྷས་བལྷས་ཀྱི་འཇིག་རྟེན་ན་ཡོད་པའི་ཙནྡན་སྤོས་ཀྱི་དྲི་ལྡན་པའི་དགེ་སློང་ཧེ་སྐེད་ཐམས་ཅད་ཀྱང་ཆོས་ཅན། གཞིས་ཀྱི་སྡིག་ཅན་དུ་འགྱུར་བར་ཐལ། ཡེ་ནས་བཀག་པ་ལ་སྤྱོད་པའི་ཕྱིར་ཏེ། རྒྱན་དང་བཅས་ཤིང་གོས་དཀར་དང་ལྡན་པ་གང་ཞིག །དེ་རྣམས་ཡེ་བཀག་ཡིན་པའི་ཕྱིར། རྒྱན་དང་བཅས་ཤིང་གོས་དཀར་ཅན་ཡིན་ཚུལ་ནི། མདོ་ལས་གསུངས་པ་ཡིན་ཏེ། དཀོན་བརྩེགས་ཀྱི་གཙུག་ན་རིན་པོ་ཆེས་ཞུས་པའི་མདོ་ལས། བསྐལ་པ་དགའ་བར་གྱུར་པ་ལས། ལྷས་ཀྱང་རྣམ་པར་བལྷས་ཞེས་བྱ་བར། ཞེས་པ་ནས། གང་འཇིག་རྟེན་གྱི་ཁམས་དེའི་མི་དེ་དག་ཐམས་ཅད་ཀྱང་གསེར་གྱི་ཙོད་པཎ་ཐོགས་ཤིང་དཔུང་རྒྱན་དང་རྣ་ཆས་བརྒྱན་པ། ལྷའི་ཁ་དོག་དང་གཟུགས་དང་ལྡན་པ་དག་གོ། །གང་ཉོན་མོངས་པ་དང་བྲལ་བར་གྱུར་པ་ཤ་སྟག་གོ། །གང་ཉོན་མོངས་པ་དང་བྲལ་བར་གྱུར་པ་དེ་ཉིད་དེ་དག་གི་རབ་ཏུ་བྱུང་བ་ཡིན་ཏེ། ཞེས་གསུངས་པའི་ཕྱིར། འཇིག་རྟེན་གྱི་ཁམས་དེའི་གཞི་ནི། ཙནྡན་སྦྲུལ་གྱི་སྙིང་པོ་འབའ་ཞིག་ཡིན་པས་དེའི་དྲི་དང་ལྡང་བས་འཇིག་རྟེན་གྱི་ཁམས་མཐའ་ཡས་པ་ལ་ཁྱབ་འགྲོ་བ་ཡིན་ནོ། །དེས་ན་གཞུང་འདིར། ཙནྡན་སྤོས་ཀྱི་དྲི་ལྡན་པའི། །ཞེས་པའི་དོན་ཡང་དེ་ལྟར་ཤེས་དགོས་སོ། །ས་གཅད་སྔ་མ་གསུམ་པོ་འདི་ལ་ཀུན་མཁྱེན་བླ་མས་ལྟུང་བ་ཅན་དུ་ཐལ་བ་ཞེས་མཛད་ཀྱང་། མི་དགེ་བ་ཅན་དུ་ཐལ་བ་ཞེས་སྦྱར་ན་ལེགས་པར་སྣང་ངོ་། ཕྱོགས་སྔ་མས། གལ་ཏེ་སྡོམ་པ་མ་བླངས་ན། །ལྟུང་བའི་ཐ་སྙད་མི་ཐོབ་ཀྱང་། །ཞེས་སོགས་ཀྱི་སྐབས་སུ། རབ་བྱུང་གི་རྟགས་ཆ་ལུགས་དང་མི་ལྡན་པ་སོགས་བཅས་པའི་ཁ་ན་མ་ཐོ་བ་རྣམས་འགྲོ་བ་གཞན་ལ་ལྟུང་བར་མི་འགྱུར་ཡང་སྡིག་པ་ཙམ་དུ་འགྱུར་བར་ཁས་བླངས་པ་ལ། རྒྱལ་བ་རིགས་ལྔ་ལ་སོགས་པ་ཞེས་གནོད་བྱེད་ཀྱི་རིགས་པ་རྣམས་འཕངས་པ་ཡིན་པའི་ཕྱིར། དེས་ན། འོ་ན་ཞིང་ཡོད་རྣམས་ལ་ཡང་། །ཞེས་སོགས་ཀྱིས། ཐུབ་པས་རབ་བྱུང་ལ་སྙིང་ནད་བྱས་པར་ཐལ་བའི་སྐྱོན་སྤྱོང་བསྟན་ནས། དེའི་རྗེས་ལ། དེས་ན་མདོ་དང་བསྟན་བཅོས་ལས། །ཞེས་སོགས་ཚིགས་བཅད་གཉིས་ཀྱིས་འོག་གི་རིགས་པ་རྣམས་ཀྱི་གནད་རྟོགས་སླ་བའི་ཕྱིར། རེ་ཞིག་བཅས་རང་གི་རྣམ་དབྱེ་བསྟན། དེ་ལྟ་མིན་པར་མ་བཅས་ཀྱང་། །ཞེས་སོགས་གནོད་བྱེད་རིམ་པ་མི་འདྲ་བ་ལྔས་རྒྱ་བའི་ཁས་བླང་རབ་བྱུང་ལ་བཅས་པའི་སྡིག་པ་ཁྱིམ་པ་ལ་ཡང་འབྱུང་བར

འདོད་པ་ལ། གནོད་བྱེད་ཀྱི་རིགས་པ་བསྟན་པ་ཡིན་ནོ། །

བཞི་པ་ནི། དགེ་བསྙེན་དང་དགེ་ཚུལ་སྡོམ་བརྩོན་རྣམ་པར་དག་པ་ལ་ཡང་སྡིག་མེད་མི་སྲིད་པར་ཐལ། དེ་དག་ལ་ཡང་དགེ་སློང་ལ་བཅས་པའི་ལྟུང་བ་ཐམས་ཅད་སྡིག་པར་འགྱུར་བའི་ཕྱིར་ཏེ། ཁྱིམ་པ་ཐམལ་པ་རྣམས་ལ་རབ་བྱུང་ལ་བཅས་པའི་ལྟུང་བ་ཐམས་ཅད་སྡིག་པར་འགྱུར་བའི་ཕྱིར། རྟགས་ཁས།

ལྔ་པ་ནི། མ་བཅས་པ་ལ་བཅས་པའི་སྡིག་པ་འབྱུང་བ་འདི་འདྲ་གང་དག་སྨྲ་ཟེར་བ་དེ་ཡིས་ཆོས་ཅན། རང་གི་རྩ་བརྒྱུད་ཀྱི་བླ་མ་ཁྱིམ་པ་དགེ་བསྙེན་རྣལ་འབྱོར་པ་གསུམ་གྱི་ཆ་ལུགས་སུ་ཞུགས་པ་རྣམས་ལ་སྐྱུར་པ་བཏབ་པར་འགྱུར་ཏེ། དེ་གསུམ་གང་རུང་གི་ཆ་ལུགས་དང་ལྡན་པ་རྣམས་གཉིས་ཀྱི་མི་དགེ་བ་དང་ལྟུང་བ་ཐམས་ཅད་ལ་སྤྱོད་པར་ཁྱོད་ཀྱིས་ཁས་བླངས་པའི་ཕྱིར། ཇི་ལྟར་ཁས་བླངས་ན། གོས་དུར་སྨྲིག་གྱོན་པ་སོགས་རབ་བྱུང་ལ་བཅས་པ་རྣམས་གཉིས་ཀྱི་དགེ་བ་དང་། འགྲོ་བ་ཐམས་ཅད་ལ་ཡེ་ནས་གནང་བ་དང་། ངུར་སྨྲིག་གི་བརྟུལ་ཞུགས་དང་མི་ལྡན་པ་དང་། ཕྱི་དྲོ་བཟའ་བ་དང་། བྱིན་ལེན་མ་བྱས་པར་བཟའ་བ་སོགས་གཉིས་ཀྱི་མི་དགེ་བ་དང་། འགྲོ་བ་ཐམས་ཅད་ལ་ཡེ་བཀག་ཡིན་པ་ཕྱོགས་སྔ་མའི་ཐུགས་བཞེད་མཐར་ཐུག་ཡིན་པའི་གནད་ཀྱིས་དེ་ལྟར་དོན་གྱིས་ཁས་བླངས་པ་ཡིན་ནོ། །ཕྱོགས་སྔའི་སྙིང་པོ་མ་ལོངས་ན་གནོད་བྱེད་ཀྱི་རིགས་པ་རྣམས་བཟང་ངན་དང་། འགྲོ་མི་འགྲོའི་རྣམ་དབྱེ་ཇི་མི་ཐོགས་ཏེ། འཐེམ་གཏད་མེད་པའི་མདའ་བཞིན་གང་ལ་བརྡེག་མི་ཤེས་པ་ཡིན་ནོ། །

གཉིས་པ་བརྟུལ་ཞུགས་ལ། རང་བཞིན་གྱི་དགེ་བ་ཡོད་པ་དགག་པ་ལ་གསུམ་སྟེ། དངོས་ཀྱི་དོན། ཤེས་བྱེད་ཀྱི་ལུང་། རིགས་པས་གྲུབ་པའི་ཚུལ་ལོ། །དང་པོ་ནི། རྟགས་ཆ་ལུགས་དང་ལྡན་མི་ལྡན་གཉིས་ཀྱི་དགེ་སྡིག་ཡིན་པ་ལ་གནོད་བྱེད་བསྟན་ཟིན་པ་དེས་ན། མདོ་ལས། རབ་ཏུ་བྱུང་བའི་བརྟུལ་ཞུགས་ཆ་ལུགས་ཙམ་ལ་དགེ་སྡིག་གཉིས་ཀ་མེད་པར་དོན་གྱིས་གསུངས་པ་ཡིན་ཏེ། རིགས་ལྔ་དང་ཉེ་བའི་སྲས་བརྒྱད་ལ་སོགས་པ་སྔར་སློས་པ་རྣམས་ཀྱིས་རབ་བྱུང་གི་བརྟུལ་ཞུགས་མ་བཟུང་ཡང་སྡིག་པ་མེད་ཅིང་། ཁྱིམ་པ་དང་ཚུལ་འཆལ་གྱི་བརྟུལ་ཞུགས་བཟུང་ཡང་དགེ་བ་མེད་པའི་ཕྱིར་རོ། །འོན་ཀྱང་ཚུལ་ཁྲིམས་དང་ལྡན་པས་བརྟུལ་ཞུགས་འཆང་བ་ནི་ཞིང་གི་གྲབས་སྐྱོར་བཞིན་དུ་རང་རྒྱུད་ཀྱི་ཚུལ་ཁྲིམས་ལ་གུས་པའི་རྒྱུ་རུ་གསུངས་པར་ཟད་དེ། ངུར་སྨྲིག་གི་གོས་རྣམས་ནི་ལྷག་པ་ཚུལ་ཁྲིམས་ཀྱི་བསླབ་པ་རིན་པོ་ཆེའི་ན་བཟའ་ཡིན་པས་སོ། །འདིས་ནི་ཞིང་ལ་གཅེས་སྤྲས་སུ་བྱ་བའི་ཕྱིར། ཞིང་གི་མཐའ་སྐོར་དུ་གྲབས་བརྩིག་པ་དང་། རང་རྒྱུད་ཀྱི་ཚུལ་ཁྲིམས་ལ་གུས་ཤིང་གཅེས་སྤྲས་སུ་བྱ་བའི་ཕྱིར་ལུས་ལ་ངུར་སྨྲིག་གི་བརྟུལ་ཞུགས་འཆང་བ་གཉིས་དཔེ་དོན་མཚུངས

པར་བསྟན་པ་ཡིན་ནོ། །ཁ་ན་མ་ཐོ་བ་གཉིས་ཡོད་པ་དེས་ན་ཁ་ན་མ་ཐོ་བ་སྤོང་བྱེད་ཀྱི་གཉེན་པོ་ཚུལ་ཁྲིམས་ལ༑ རྒྱུན་དང་ཟས་གོས་ལ་སོགས་པའི་འདོད་པ་ལ་ལོངས་སྤྱོད་པ་ལས་དབེན་པ་དང༌། སྲོག་གཅོད་ཀྱི་ལས་ལ་སོགས་པའི་སྡིག་ཏོ་མི་དགེ་བའི་ཆོས་ཀྱིས་དབེན་པ་ཞེས་བྱ་བ་རྣམ་པ་གཉིས་སུ་གསུངས་པ། ཐུབ་པའི་དགོངས་པ་ཇི་བཞིན་དུ་གཟུང་བར་བྱ་སྟེ། ངུར་སྨྲིག་གི་བརྟུལ་ཞུགས་འཆང་བའི་རབ་བྱུང་རྣམས་ནི། དབེན་པ་གཉིས་ཀ་དང་ལྡན་པ་དང༌། སྔར་སྨོས་པའི་རིགས་ལྔ་སྲས་བཅས་གྲུབ་ཐོབ་ལྷས་བལྷས་ཀྱི་དགེ་སློང་རྣམས་ནི་དབེན་པ་ཕྱི་མ་ཉིད་དང་ལྡན་པ་ཡིན་ནོ། །ཕ་རོལ་ཏུ་ཕྱིན་པ་ལ་གཞི་སྦྱོང་བའི་ཐེག་པར་བཤད་པ་ཡང་སོ་སྐྱེའི་གནས་སྐབས་ལ་དགོངས་པ་ཡིན་ཏེ། ས་ཐོབ་ནས་འདོད་ཡོན་ལྔ་ལ་སྤྱོད་ཀྱང༌། ཐབས་མཁས་ཀྱིས་ཟིན་ཏེ་ས་ལམ་དུ་འགྱུར་བའི་ཕྱིར་ཏེ། མཐོང་ལམ་པ་ཕྱིར་མི་ལྡོག་པའི་སྐབས་ཀྱི་མངོན་རྟོགས་རྒྱན་ལས། འདོད་ལ་སྤྱོད་ལ་ཐབས་མཁས་དང༌། །ཞེས་དང༌། དཀོན་བརྩེགས་ཀྱི་མདོ་སྔར་དྲངས་པ་དེ་ལས་ཀྱང༌། འཇིག་རྟེན་གྱི་ཁམས་དེའི་མི་དེ་དག་ཀྱང་གསེར་གྱི་ཅོད་པན་ཐོགས་ཤིང་ཞེས་སོགས་གསུངས་པའི་ཕྱིར་རོ། །གཉིས་པ་ཤེས་བྱེད་ཀྱི་ལུང་ནི། རབ་བྱུང་གི་རྟགས་ཆ་ལུགས་ལ་གཞིས་ཀྱི་དགེ་བ་མེད་པ་ལུང་གིས་ཀྱང་འགྲུབ་སྟེ། མདོ་ལས། འཕགས་པ་འཇམ་དཔལ་གྱིས་བུ་མོ་གསེར་མཆོག་འོད་དཔལ་ལ་ཆོས་བསྟན་པས། དེས་བཟོད་པ་ཐོབ་ནས་འཇམ་དཔལ་གྱི་རྐང་པ་ལ་གཏུགས་ཏེ་རབ་ཏུ་བྱུང་བར་གསོལ་བ་བཏབ་པས། འཇམ་དཔལ་གྱིས་སྨྲས་པ། སྲིང་མོ་འདི་ལྟ་སྟེ། མགོ་བོའི་སྐྲ་བྲེགས་པ་དེ་ནི་བྱང་ཆུབ་སེམས་དཔའི་རབ་ཏུ་བྱུང་བ་མ་ཡིན་ནོ། །དེ་ཅིའི་ཕྱིར་ཞེ་ན། བུ་མོ་གང་སེམས་ཅན་ཐམས་ཅད་ཀྱི་ཉོན་མོངས་པ་གཅོད་པའི་ཕྱིར་བརྩོན་པ་དེ་ནི་བྱང་ཆུབ་སེམས་དཔའི་རབ་ཏུ་བྱུང་བ་ཡིན་པའི་ཕྱིར་རོ། །བུ་མོ་གང་གོས་ངུར་སྨྲིག་འཆང་བ་དེ་ནི་བྱང་ཆུབ་སེམས་དཔའི་རབ་ཏུ་བྱུང་བ་མ་ཡིན་གྱིས། བུ་མོ་གང་བདག་ཉིད་ཀྱི་བསླབ་པ་དང་ཚུལ་ཁྲིམས་ཡང་དག་པར་བླངས་ལ༑ ཚུལ་ཁྲིམས་འཆལ་བའི་སེམས་ཅན་རྣམས་ཀྱང་ཚུལ་ཁྲིམས་ཀྱི་སྡོམ་པ་དང་བརྟུལ་ཞུགས་ལ་ཡང་དག་པར་སྦྱོར་བར་བྱེད་པ་དེ་ན། བྱང་ཆུབ་སེམས་དཔའི་རབ་ཏུ་བྱུང་བ་ཡིན་ནོ། །ཞེས་གསུངས་པའི་ཕྱིར། གལ་ཏེ་བརྟུལ་ཞུགས་ཙམ་ལ་གཞིས་ཀྱི་དགེ་བ་ཡོད་ན་འཇམ་དཔལ་གྱིས་གསེར་མཆོག་འོད་དཔལ་གྱི་ལུས་ལ་ངུར་སྨྲིག་ཅིས་མི་བསྐོན་ཏེ་བསྐོན་རིགས་པར་ཐལ་ཏེ། ངུར་སྨྲིག་དང་ལྡན་པ་གཞིས་ཀྱི་དགེ་བ་ཡིན་པའི་ཕྱིར། རྟགས་ཁས། ཡང་ཆ་ལུགས་ཙམ་ལ་དགེ་བ་མེད་པ་ལུང་གཞན་གྱིས་ཀྱང་འགྲུབ་སྟེ། དཀོན་བརྩེགས་ཀྱི་འོད་སྲུང་གིས་ཞུས་པའི་མདོ་ལས། བསྟན་པ་འདི་བཤད་པ་ན་དགེ་སློང་རྣལ་འབྱོར་སྤྱོད་པ་ལྔ་བརྒྱས་བདག་ཅག་གི་ཚུལ་ཁྲིམས་ཡོངས་སུ་མ་དག་བཞིན་དུ། དད་པས་སྦྱིན་པ་སྤྱད་པར་གྱུར་ན་མི་རུང་ཞེས་ཉམས་པར་བྱས་

ཏེ་སླར་ཁྲིམ་དུ་འདོད་དོ་ཞེས་པ་ནས། འོད་སྲུང་དས་ལུང་བསྟན་ཏེ་དགེ་སློང་འདི་དག་ནི་འདི་ནས་ཤི་འཕོས་ནས། དགའ་ལྡན་གྱི་ལྷའི་རིགས་སུ་སྐྱེ་བར་འགྱུར་ཏེ། དེ་བཞིན་གཤེགས་པ་བྱམས་པའི་ཉན་ཐོས་ཐོག་མར་འདུས་པའི་ནང་དུ་ཆུད་པར་འགྱུར་རོ། །ཞེས་གསུངས་པའི་ཕྱིར།

གསུམ་པ་ནི། རྒྱ་མཚན་དེས་ན་ཉེས་སྤྱོད་ཀྱི་གཉེན་པོར་གྱུར་པའི་སྡོམ་པ་དགེ་བ་ཡིན་གྱིས། སྡོམ་པ་དང་མི་ལྡན་པའི་ཆ་ལུགས་ཙམ་ལ་ནི་དགེ་བ་མེད་དེ། རབ་བྱུང་གི་སྡོམ་པ་མེད་པར་རྟགས་ཆ་ལུགས་འཆང་བ་མདོ་བསྟན་བཅོས་རྣམས་ལས་བཀག་པའི་ཕྱིར་ཏེ། འོད་སྲུང་གིས་ཞུས་པའི་མདོ་ལས། འོད་སྲུང་འདི་ལྟ་སྟེ༑ དཔེར་ན་མི་རོའི་མགོ་ལ་གསེར་གྱི་ཕྲེང་བ་བཏགས་པ་དེ་བཞིན་དུ་ཚུལ་ཁྲིམས་འཆལ་པ་ངུར་སྨྲིག་གྱོན་པར་བལྟའི་ཞེས་དང་། ཆེད་དུ་བརྗོད་པའི་ཚོམས་ལས། གང་ཞིག་བསླབ་ལ་མི་གནས་པས། །ཡུལ་འཁོར་བསོད་སྙོམས་སྤྱོད་པ་བས། །ལྕགས་གོང་འབར་བ་ཟོས་པ་སླ། །ཞེས་དང་། བདེ་གཤེགས་རྒྱལ་མཚན་འཆང་བ་བས། །གཟུགས་བོར་ཁྲིམ་པར་གནས་པ་བཟང་། །ཞེས་གསུངས་པའི་ཕྱིར། དེ་ལྟར་མ་ཡིན་པར་གལ་ཏེ་བརྟུལ་ཞུགས་ལ་གཤིས་ལ་གནས་པའི་དགེ་བ་ཡོད་ན་སྡོམ་པ་མེད་ཀྱང་། འགྲོ་བ་ཀུན་གྱི་རབ་བྱུང་གི་ཆ་ལུགས་ཙམ་རེ་ཅིས་མི་བཟུང་སྟེ་འཛིན་རིགས་པར་འགྱུར་རོ། །དེས་ན་གཤིས་ཀྱི་དགེ་བ་ཞེས་པ་རང་བཟོ་འདི་འདྲའི་ཆོས་ལུགས་ནི་སངས་རྒྱས་ཀྱི་བསྟན་པ་མ་ཡིན་ཏེ། གཤིས་ཀྱི་དགེ་བ་ཞེས་པ་ཕྱི་རོལ་པའི་ཐུན་མོང་མ་ཡིན་པའི་ཁ་སྐད་ཡིན་པས་སོ། །

གཉིས་པ་བདེ་སྡུག་གི་བྱེད་པོ་སངས་རྒྱས་ཡིན་པར་ཐལ་བ་སྤང་བ་ལ་གཉིས་ཏེ། རྩོད་པ་དང་། ལན་ནོ༑ ༑དང་པོ་ནི། གཤིས་ལ་དགེ་སྡིག་བཀག་པ་དེ་ལ་འབྲི་གུང་པ་ཁ་ཅིག་འདི་སྐད་དུ། གལ་ཏེ་གཤིས་ལ་དགེ་སྡིག་གཉིས་ཀ་མེད་པ་ལ། ཐུབ་པས་ལྟུང་བ་བཅས་ཏེ་བསྲུངས་ན་ཕན་ཡོན་དང་། མ་བསྲུངས་ན་ཉེས་དམིགས་འབྱུང་བ་ཡིན་ན། སངས་རྒྱས་ནི་ཕྱྭ་དང་དབང་ཕྱུག་ལྟར་བདེ་སྡུག་གི་བྱེད་པ་པོ་ཡིན་པར་འགྱུར་ཏེ། མ་བཅས་ན་སྡིག་པ་མེད་པ་ཡིན་པ་ལ། བཅས་ནས་དེ་བསྲུབ་མ་ནུས་ན་སྡིག་པ་ལྷག་པོ་འབྱུང་བའི་ཕྱིར་ཞེ་ན༑

གཉིས་པ་ལན་ལ་གཉིས་ཏེ། མགོ་བསྒྲེའི་ལན་དང་། དངོས་པོའི་ལན་ནོ། །དང་པོ་ནི། རྩོད་པ་འདིའི་ལན་ལ་གཉིས་ལས། མགོ་བསྒྲེའི་ལན་ནི་འདི་ལྟར་ཡིན་ཏེ། འོ་ན་ཁྱེད་ཀྱང་མུ་སྟེགས་གྲངས་ཅན་པ་ལྟར་ངོ་བོ་ཉིད་དེ་རང་བཞིན་དང་གཙོ་བོ་རྒྱུད་སྨྲ་བར་འགྱུར་ཏེ། དངོས་པོའི་གཤིས་ལ་དགེ་སྡིག་རང་གྲུབ་ཏུ་ཡོད་པའི་ཕྱིར་ནའོ། །འདི་ནི་མགོ་བསྒྲེ་རང་ལ་མ་ལྟོས་ཀྱང་། ཕ་རོལ་པོའི་ཁས་བླངས་ལ་གནོད་བྱེད་ཤིན་ཏུ་བཟང་ངོ་། །

སྤྱིར་ངོ་བོ་ཉིད་རྒྱུར་སྨྲ་བ་ནི་རྒྱང་འཛིན་པའི་མིང་གི་རྣམ་གྲངས་ཡིན་པས། འདི་གྲངས་ཅན་ལ་ཇི་ལྟར་འཐད་ཅེ་ན། འཐད་དེ། གང་དུ་ཡང་མུ་སྟེགས་གྲངས་ཅན་པ་རྣམས་ནི། གཞིས་ལ་དགེ་སྡིག་ཡོད་ཅེས་ཟེར། །རྒྱུ་ལ་འབྲས་བུ་གནས་པར་འདོད། །བོད་ཀྱང་ལ་ལ་དེ་རྗེས་འབྲང་། །ཞེས་གྲངས་ཅན་གཞིས་ལ་དགེ་སྡིག་འདོད་པ་དང་། འབྲི་གུང་པ་སོགས་དེ་ལྟར་འདོད་པ་ཡང་གྲངས་ཅན་གྱི་རྗེས་འབྲང་དུ་ཕུལ་བའི་ཕྱིར་རོ། །རྒྱང་འཕེན་པ་ལ་སྦྱར་ན་སྐབས་དོན་མི་འགྱུར་ཏེ། དེ་ནི་ལས་འབྲས་མེད་པར་ལྟ་བའི་ལོག་ལྟ་ཅན་ཡིན་པས་གཞིས་ལ་དགེ་སྡིག་མི་འདོད་པའི་ཕྱིར་རོ། །

གཉིས་པ་དངོས་ལན་ལ་གསུམ་སྟེ། སྤྱིར་བསླབ་པ་འཆལ་བའི་རྒྱུ་མཚན། དེས་གྲུབ་པའི་དོན་ནོ། །དང་པོ་ནི། སངས་རྒྱས་ནི་བསླབ་པ་འཆལ་བའི་བྱེད་པ་པོ་ཡིན་ཏེ། གཞིས་ལ་དགེ་སྡིག་མེད་ཀྱང་བདེ་སྡུག་དགེ་སྡིག་གི་ལས་ཀྱིས་བྱས་པ་ཡིན་ཞིང་ལས་ཀྱི་བྱེད་པ་པོ་སེམས་ཉིད་ཡིན་ལ། སེམས་དགེ་མི་དགེའི་སྟོབས་ཀྱིས་ལུས་ངག་གི་ལས་ལ་བཟང་ངན་འབྱུང་། ལས་བཟང་ངན་དེ་ལས་འབྲས་བུ་བདེ་སྡུག་སྐྱེ། ལས་བཟང་ངན་དེ་དག་བླང་དོར་བྱེད་པའི་ཐབས་ནི་སྡོམ་པའི་ཚུལ་ཁྲིམས་ཡིན། ཚུལ་ཁྲིམས་དེ་བསྲུང་བའི་ཐབས་ལ་བཅས་པའི་བཏུལ་ཞུགས་དགོས་པས། མདོར་ན་ཚུལ་ཁྲིམས་དེ་ལ་བཏུལ་ཞུས་གང་ལ་གང་དགོས་རྗོགས་པའི་སངས་རྒྱས་ཉག་གཅིག་ཁོ་ནས་མཁྱེན་པའི་ཕྱིར་རོ། །

གཉིས་པ་ནི། བསླབ་པ་འཆལ་མཁན་སངས་རྒྱས་ཡིན་པ་དེས་ན། གདུལ་བྱའི་བསམ་པ་དང་། དབང་པོའི་རིམ་པ་དང་། ཉོན་མོངས་པ་ཆེ་ཆུང་སོགས་ཀྱི་ཁྱད་པར་གྱིས། དེ་དག་གི་གཉེན་པོ་སྡོམ་པའི་ཚུལ་ཁྲིམས་ཀྱི་བྱེ་བྲག་དུ་མ་ཡོད་ལ། དེ་དག་བསྲུང་བའི་ཐབས་སུ་བཏུལ་ཞུགས་དང་འདུལ་བའི་བཅས་པ་མི་འདྲ་བ་མང་པོ་མཛད་པའི་རྒྱུ་མཚན་སྔ་མ་དེ་ལྟར་ཡིན་ཏེ། སངས་རྒྱས་ཀྱི་མཛད་པ་ཐམས་ཅད་གདུལ་བྱའི་བསམ་པ་དང་བག་ལ་ཉལ་སོགས་དང་མཐུན་པར་མཛད་པའི་ཕྱིར་རོ། །

གསུམ་པ་ནི། བསླབ་པ་འཆལ་བའི་རྒྱུ་མཚན་དེས་ན། བདེ་སྡུག་གི་བྱེད་པོ་སངས་རྒྱས་མ་ཡིན་ཡང་། འཁོར་བའི་རྒྱུ་ལས་ཉོན་སྤོང་བའི་ཐབས་བསླབ་པ་འཆལ་བའི་བྱེད་པ་པོ་དང་། གསང་སྔགས་འདི་ཆོ་གའི་ཡན་ལག་འདི་ལྟ་བུས་བསྒྲུབས་ན་དངོས་གྲུབ་འདི་དང་འདི་ཐོབ་པར་འགྱུར་རོ། །ཞེས་པ་ལྟ་བུའི་སྔགས་སྒྲོར་བའི་བྱེད་པ་པོ་སངས་རྒྱས་ཡིན་ཏེ། དེ་དག་སངས་རྒྱས་ཀུན་གྱི་སྤྱོད་ཡུལ་ལས་གཞན་གྱིས་མི་མཁྱེན་པའི་ཕྱིར། འབྲི་གུང་པས། བདེ་སྡུག་གི་བྱེད་པོར་ཐལ་བ་འདི་ལ་རིགས་པའི་གནད་ཅུང་ཟད་འདུག་ཀྱང་། དོན་ལ་བདེ་སྡུག་གི་བྱེད་པོ་ལས་ཉིད་ཡིན་ཞིང་། ལས་ཀྱི་བྱེད་པོ་ཡང་སེམས་ལ་རག་ལས་པས་སེམས་འདུལ་བའི་ཐབས

འབའ་ཞིག་ཏུ་སངས་རྒྱས་ཀྱིས་བསླབ་པ་འཆའ་བར་མཛད་པ་ཡིན་པའི་གནད་འདི་སྙིང་ལ་གཅང་བར་བྱའོ། ། དཀར་ནག་ཐ་སྒྲངས་ཐལ་དགག་པ་ནས་འདིའི་བར་ཕྱོགས་སྔ་མ་འབྲི་གྲུང་པ་ཉིད་འགོག་བྱེད་ཡིན་པས། དོན་བསྡུ་བའི་ཚིགས་བཅད་ཀྱང་ཕྱོགས་གཅིག་ཏུ་བྱས་ན།

ལུང་ལས་ཞབས་ལ་སེང་ལྡེང་ཚལ་ཟུག་སོགས། །སྔ་མའི་ལས་ཀྱི་རྣམ་སྨིན་དུ་གསུངས་པ། །དགོངས་དང་དགོས་པའི་སྒོ་ནས་དྲང་དོན་ཞེས། །ཐབས་མཁས་མདོ་ཡི་ངོས་བཟུང་བདུད་རྩི་བསྟན། །གལ་ཏེ་ལས་ངན་སྨིན་ན་ཡོངས་སྐྱུ་ལ། །སྨིན་པར་རིགས་ཏེ་འདི་ནི་སྤྲུལ་པ་ཙམ། །དཔེར་ན་སྒྱུ་མ་མཁན་པོའི་ལས་ངན་ནི༔ ༔བྱེད་པོར་འགྱུར་གྱི་སྒྱུ་མ་ག་ལ་ཡིན། །རང་བཟོའི་རིགས་པས་ཡེ་བཀག་ཡེ་གནང་ཞེས། །འདོད་པ་སངས་རྒྱས་བསྟན་པའི་ནང་དུ་མིན། །ཉན་ཐོས་སྡེ་བཞི་ཕན་ཚུན་བསྒྲུང་ཚུལ་གྱི། །གནང་བཀག་ཐ་དད་མདོན་སུམ་ལུང་དུ་གསལ། །དེ་བཞིན་རབ་བྱུང་ལ་བཀག་ཁྱིམ་པ་ལ། །བཀག་མེད་ཉན་ཐོས་ལ་གནང་ཐེག་ཆེན་ལ༔ ༔བཀག་དང་མདོ་སྔགས་ཕན་ཚུན་གནང་བཀག་གི །རྣམ་དབྱེ་ཐ་དད་རང་རང་ལུགས་བཞིན་གཅེས། །རབ་བྱུང་ལ་བཅས་འགྲོ་བ་ཐམས་ཅད་ལ། །མིན་ན་རྗེས་འབྲང་སྲས་ལ་སྙིང་ནད་དང་། །སངས་རྒྱས་རང་ཉིད་བདེ་སྡུག་བྱེད་པོ་རུ །ཐལ་བའི་རིགས་པ་གཡེམ་མ་མུ་ཅོར་བཞིན། །ཐུབ་པས་ཕན་བདེའི་འབྲས་འབྱུང་སྡོམ་པའི་ཞིང་། །བྱིན་པ་སྙིང་ནད་ཡིན་ན་འཛིག་རྟེན་ན། །ཞིང་མེད་དབུལ་པོར་ཞིང་བཟང་སྦྱིན་པ་ཡང་། །སྙིང་ནད་ཐལ་བའི་རིགས་པའི་ཐོག་བཟོད་དམ། །རང་བཞིན་ཁ་ན་མ་ཐོ་ཀུན་ལ་སྡིག །བཅས་པའི་ཁ་ན་མ་ཐོ་བཅས་ཕྱིན་ཆད། །ལྟུང་བར་འགྱུར་བའི་གནད་ཀྱིས་བཅས་སྡིག་ནི། །ཀུན་ལ་འབྱུང་བའི་སྙིང་ལས་ག་ལ་དགོས། །རིགས་ལྔ་སྲས་བཅས་པིཎྜ་པ་སོགས་དང་། །རྗེ་བརྒྱུད་བླ་མ་རྣལ་འབྱོར་ཆས་ཞུགས་རྣམས། །དུར་སྨྱིག་རྟགས་དང་ཆ་ལུགས་མི་ལྡན་པས། །གཉིས་ཀྱི་མི་དགེ་ཅན་དུ་ཁྱེད་འདོད་དམ། །ཐུབ་པས་ལྟུང་བ་བཅས་ཀྱང་བདེ་སྡུག་གི །བྱེད་པོར་འགྱུར་བ་མིན་ཏེ་བདེ་སྡུག་རྒྱུ། །ལས་ཀྱི་བྱེད་པོ་སེམས་ཉིད་འདུལ་བའི་ཐབས། །བསླབ་པ་འཆའ་བའི་བྱེད་པོ་སངས་རྒྱས་ཡིན། །བར་སྐབས་ཀྱི་ཚིགས་བཅད་དོ།། །།

གསུམ་པ་འདུལ་བའི་བསླབ་བྱ་ཕྲན་ཚེགས་བཤད་པ་ལ་གཉིས་ཏེ། དགག་པའི་བསླབ་བྱ་ལྟུང་བ་བཤགས་བྱར་བསྟན་པ། བསྒྲུབ་པའི་བསླབ་བྱ་ལག་ལེན་འཁྲུལ་མེད་བསྟན་པའོ། །དང་པོ་ནི། རབ་བྱུང་འདུལ་བ་འཛིན་པས་སྦྲ་གུ་ཅན་ཏེ་འཕྱུ་དུང་ཡོད་པ་དང་། རིང་འགག་གོང་བ་ཅན་གྱོན་པ་དང་། རྟ་རྒོད་མ་དང་དྲིའུ་མོ་ལ་སོགས་པ་ལ་ཞོན་པ་སོགས་དང་། ལག་ཉ་སྣེ་བྱིན་ལེན་མ་བྱས་པའི་ཟས་ལ་དགེ་སློང་རང་ངམ་གཞན་གྱིས་རེག་པ་ཟོས་པ་དང་། ནུབ་ཚངས་ཏེ་བསྙེན་པར་མ་རྫོགས་པ་དང་། གནས་གཅིག་ཏུ་མཚན་མོ་གསུམ་གྱི་བར

དུ་ཉལ་བ་དང་། བཟའ་བར་བཏྱོམ་སྟེ་བྱིན་ལེན་བྱས་ནས་བླངས་པ་དང་། སྔོད་གཡོགས་མ་གྱོན་པར་བྱི་དོར་གྱི་ལས་བྱེད་པ་དང་། བླ་གོས་གྱོན་བཞིན་དུ་རྟེན་འབྲེལ་ཁང་པར་འཛུག་པ་སོགས་འདུལ་བའི་སྤྱོད་པ་མ་ཡིན་པ་བྱས་པ་ཀུན་ལ་གནོང་ཞིང་འགྱོད་པའི་ཚུལ་གྱིས་བཤགས་པ་བྱ་ཞིང་། གལ་ཏེ་དེ་དག་ལ་ལྟུང་བ་མེད་དོ་ཞེས་སྨྲ་ན་བསྟན་པ་སྤྱི་ལ་གནོད་པ་ཡིན་ཏེ། ཅེས་ཀྱང་བག་ཡོད་པར་བྱའོ། །ཡང་རབ་ཏུ་བྱུང་བ་ཁྱིམ་པར་འཕེབས་པ་དང་། ཕན་ཚུན་ཕྱོགས་རིས་སུ་ཕྱེ་ནས་ཆགས་སྡང་གི་རྩོད་པ་བྱེད་པ་དང་། གསང་སྔགས་ཀྱི་ཉམས་ལེན་གྱིས་མ་ཟིན་པ་ལ་ཟིན་པར་རློམ་ནས། དགེ་སྦྱོར་ཕྱི་དྲོ་དུས་རྟུང་གི་ཁ་ཟས་བཟའ་བ་དང་། རབ་བྱུང་སྤྲོག་གི་ཕྱིར་ཡང་ཆང་འཐུང་དུ་མ་གནང་བ་ལ་ཆང་འཐུང་བ་དང་། དགོས་པ་ཁྱད་པར་ཅན་མེད་པར་ས་རྐོ་བ་ལ་སོགས་པ་དང་། ཆོས་གོས་གསུམ་དང་ལྷུང་བཟེད་གདིང་བ་ལ་སོགས་པ་འབྲལ་མེད་དུ་འཆང་དགོས་པ་དག་མེད་པ་དང་། ཆུ་ཚགས་མེད་པར་ལམ་རྒྱང་གྲགས་ཚུན་ལ་འགྲོ་བ་སོགས་ཆོས་དང་འགལ་བའི་སྤྱོད་པ་ཀུན་ལ་བཤགས་བསྡམ་བྱ་རིགས་ཀྱིས། དེ་དག་ལ་དགོངས་པའི་དབང་དང་ཉམས་ལེན་གཞན་གྱིས་ཟིན་པས་ལྟུང་བ་མེད་ཅེས་སྒྲོག་པ་དང་། ཕྱོགས་རིས་རྩོད་པ་བླ་མ་སློབ་དཔོན་གྱི་ཞབས་ཏོག་ཏུ་འདོད་པ་དང་། ཆོས་ཉོ་ཚོང་སངས་རྒྱས་ཀྱི་བསྟན་པ་ལ་ཕན་པ་སོགས་སུ་སྨྲ་ན། བསྟན་པ་སྤྱི་ལ་གནོད་པས་བག་ཡོད་པར་བྱའོ། །རང་གིས་སྒྲུབ་པ་མ་ནུས་པའམ། ལས་ངན་གྱི་དབང་གིས་ཡིན་ཞེས་སྨྲ་ན་ནི་རང་གཅིག་པུ་ལ་གནོད་ཀྱིས། བསྟན་པ་སྤྱི་ལ་གནོད་ཚབས་ཆེ་བ་མ་ཡིན་པས་འབྲིང་ཙམ་མོ། །གལ་ཏེ་སྐྱེ་བ་སྔ་མའི་ལས་ངན་སྨིན་པའི་ཤུགས་ལས། ཆོས་དང་འགལ་བའི་སྤྱོད་པ་ཀུན་དབང་མེད་དུ་འབྱུང་བས་ཐབས་མེད་དོ་སྙམ་ན། དེ་ལྟར་བྱུང་ན་ཡང་འགྱོད་བཅས་ཀྱིས་བཤགས་པ་བྱས་པས་ཡང་བར་འགྱུར་ཏེ། བདག་གི་སྤྱོད་པ་ངན་པ་འདི་ནི་ཆོས་མ་ཡིན། འདུལ་བ་མ་ཡིན། སངས་རྒྱས་ཀྱི་བསྟན་པ་མ་ཡིན་ནོ་ཞེས་གནོང་བའི་ཚུལ་གྱིས་ཡུལ་དགེ་འདུན་སོགས་ལ་བཤགས་པར་བྱ་བ་ཡིན་ནོ། །བཤགས་པ་མི་བྱེད་པར་བདག་གི་སྤྱོད་པ་འདི་དག་ཆོས་དང་མི་འགལ་ཞིང་སངས་རྒྱས་ཀྱི་བསྟན་པ་ཡིན་ནོ་ཞེས་སྨྲ་ན་རང་གཞན་ཀུན་ལ་གནོད་ཚབས་ཆེ་སྟེ། སངས་རྒྱས་ཀྱི་བསྟན་པ་སྤྱི་ལ་གནོད་པའི་ཕྱིར། རྒྱུ་མཚན་དེས་ན་བསྟན་པའི་སྒོར་ཞུགས་པ་དག་གིས། བསླབ་པ་ལ་གཅེས་སྤྲས་ཀྱི་སྒོ་ནས་སངས་རྒྱས་ཀྱི་བསྟན་པ་ལ་མ་ཕན་ཡང་། རྣམ་པ་ཀུན་ཏུ་བསྟན་པ་སྤྱི་ལ་གནོད་པ་མི་བྱ་སྟེ། བསྟན་པའི་སྒོར་ཞུགས་ནས་བསྟན་པ་ལ་གནོད་པ་ནི། ནགས་ལ་གནས་པའི་སྤྲེའུས་ནགས་ཚལ་ལྗོན་ཤིང་ལ་མི་གཙང་བ་འཐོར་བའི་རྣམ་ཐར་དང་མཚུངས་པར་འགྱུར་བའི་ཕྱིར་རོ། །

གཉིས་པ་ལ་གཉིས་ཏེ། མ་འབྲེལ་པ་བསྒྲུབ་པར་གདམས་པ་དང་། འབྲེལ་བ་འགོག་པའི་ཚུལ་ལོ། །

དང་པོ་ནི། དགེ་འདུན་གྱི་དབུས་སུ་མདོ་བསྐུལ་བ་དང་། ཉི་མའི་གྲངས་བརྗོད་པ་ལ་སོགས་པའི་འཕྲུལ་གྱི་བྱ་བ་ཀུན་འདུལ་བའི་གཞུང་དང་མཐུན་པར་གྱིས་ཏེ། འདུལ་བ་ནས་གསུངས་པའི་ལག་ལེན་ཡིན་པའི་ཕྱིར། ཡང་མདོ་རྩ་ལས། གཙུག་ལག་ཁང་གི་བདག་པོ་དང་ལྷའི་ཕྱིར་ཚིགས་སུ་བཅད་པ་འདོན་པའི་དགེ་སློང་ལ་བསྐུལ་བའི་ཚིག་ཀྱང་བྱའོ། །མདོ་ལའོ། །དེང་ནི་ཡར་གྱི་ངོའི་ཚེས་གཅིག་ལགས་ཏེ། གཙུག་ལག་ཁང་གི་བདག་པོ་དང་། གཙུག་ལག་ཁང་གི་ལྷ་རྣམས་ཀྱི་སླད་དུ་ཚིགས་སུ་བཅད་པ་རེ་རེ་བགླག་ཏུ་གསོལ། ཞེས་གསུངས་སོ། །

གཉིས་པ་ལ་གཉིས་ཏེ། འཁྲུལ་པ་བརྗོད་པ་དང་། དེ་དགག་པའོ། །དང་པོ་ནི། བཀའ་གདམས་པ་ཁ་ཅིག །མདོ་བསྐུལ་རིང་མོ་ཞེས་བྱ་བ་དཀའ་ཚིག་ཆེ་ལ་ངོ་བོ་ནོར་བ་བྱེད་པ་མཐོང་སྟེ། འདི་ལྟར། ཀྱེ་གསོན་ཅིག་དགེ་འདུན་བཙུན་པ་རྣམས་ཞེས་པ་ནས། ཞལ་ནས་གསུངས་པའི་མདོ་བརྗོད་ཞུ། །ཨུ་ཧུྂ་ལེགས་ཟེར་རོ། །

གཉིས་པ་ནི། མདོ་བསྐུལ་རིང་མོ་ཆོས་ཅན། ཁྱོད་ཀྱི་ལག་ལེན་མི་འཐད་དེ། མདོ་རྒྱུད་ཀུན་ལས་མ་གསུངས་ཤིང་ཁྱོད་འདི་འདྲའི་རིགས་ཀྱི་ཉམས་ལེན་གྱི་ཆོས་འཕེལ་ན་བསྟན་པའི་རྩ་བ་འདུལ་བ་ནུབ་པར་འགྱུར་བའི་ཕྱིར། སངས་རྒྱས་ཀྱིས་གསུངས་པའི་ཆོ་ག་ལག་ལེན་ཀུན་སླ་བར་གྱུར་ཀྱང་མི་བྱེད་ལ། སངས་རྒྱས་ཀྱིས་མ་གསུངས་ན་ལས་དཀའ་ཡང་འབད་ནས་བྱེད་པ་ནི་ངོ་མཚར་ཆེ་སྟེ། སངས་རྒྱས་ཀྱི་རྗེས་སུ་འབྲང་བ་ཡིན་ཀྱང་ལག་ལེན་སངས་རྒྱས་ཀྱི་གསུང་དང་མི་མཐུན་པ་ལ་འབད་རྩོལ་བྱེད་པ་ནི་བདུད་ཀྱི་བྱིན་རླབས་ཡིན་པས་སོ། །

གལ་ཏེ་མདོ་བསྐུལ་རིང་མོ་འདི་འདྲ་བདེན་པར་འདོད་ན་ནི། བསྙེན་རྫོགས་ཐག་རྒྱ་མ་དང་། ལས་ཆོག་མགོ་ལ་བཞག་པས་དགེ་སློང་དུ་འགྱུར་ཟེར་བ་སོགས་ལག་ལེན་ཕྱིན་ཅི་ལོག་གཞན་ཡང་འཁྲུལ་ཞེས་བརྗོད་པར་མི་ནུས་ཏེ། ལུང་དང་འགལ་བའི་རང་བཟོ་ཡིན་པར་མདོ་བསྐུལ་རིང་མོ་དང་འདི་དག་ཐམས་ཅད་མཚུངས་པ་ལ༑ འགའ་ཞིག་བདེན་ལ་འགའ་ཞིག་མི་བདེན་པའི་དབྱེད་པ་མི་ནུས་པའི་ཕྱིར། དེར་མ་ཟད་མུ་སྟེགས་བྱེད་སྲོག་གི་མཆོད་སྦྱིན་བྱས་པས་ཐར་པ་ཐོབ་པར་འདོད་པ་སོགས་ཀྱི་ཆོས་ལོག་ཀྱང་སུན་དབྱུང་མི་ནུས་པར་ཐལ། མདོ་བསྐུལ་རིང་མོ་དང་ཤེས་བྱེད་ཀྱི་ལུང་རིགས་མེད་པར་མཚུངས་པ་ལ། བདེན་བརྫུན་གྱི་དབྱེ་བ་མི་ནུས་པའི་ཕྱིར། དེས་ན་མདོ་བསྐུལ་བ་དང་འདོན་པའི་ཚུལ་སོགས་ལུང་བྱ་བའི་ཕྲུང་པོ་ལས་གསུངས་པ་བཞིན་དུ་བྱ་ཡིས། སོ་སོ་སྐྱེ་བོས་བློས་བཏགས་ཀྱི་ཚིག་རྣམས་ནི་ལས་ཚིག་ལ་བརྗོད་དུ་མི་རུང་སྟེ། ཉན་ཐོས་ཚིག་བརྩེག་བྱ་བ་ཡིན་པས། ལས་ཚིག་སངས་རྒྱས་རང་གིས་གསུངས་པ་བཞིན་མ་བྱས་ན་ལས་མི་འཆགས་པའི་ཕྱིར།

སྦྱི་གུ་གོང་བ་ཅན་སོགས་འདུལ་བ་དང་། །འགལ་བའི་སྤྱོད་པ་མཐའ་དག་བཤགས་བྱས་ནས། །མདོ་བསྐུལ་ལ་སོགས་འཕྲུལ་གྱི་ལག་ལེན་ཀུན། །འཁྲུལ་མེད་བསྒྲུབ་པ་བསླབ་བྱ་ཕྲན་ཚེགས་ཡིན། །བར་གྱི་ཚིགས་བཅད་དོ། །

དེས་ན། དེ་ནས་བྱང་ཆུབ་སེམས་དཔའ་ཡི། །ཞེས་པ་ནས། བདེན་བརྫུན་དབྱེ་བ་ནུས་མ་ཡིན། །ཞེས་པའི་བར་ནི། སོ་ཐར་གྱི་བསླབ་བྱ་ཉིད་འཆད་བྱེད་ཡིན་ནོ། །གསུམ་པ་ཞར་ལ་ཐོས་བསམ་གྱི་གནད་མ་འཁྲུལ་པར་བསྟན་པ་ལ་གཉིས་ཏེ། འཁྲུལ་པ་དགག་པ་དང་། མ་འཁྲུལ་བར་བསྒྲུབ་པའོ། །དང་པོ་ནི། སངས་རྒྱས་ཀྱི་གསུང་རབ་ཟབ་མོ་ལ་ཐོས་བསམ་གྱི་བག་ཆགས་མེད་ཅིང་། སྐྱེས་བུ་བླུན་པོའི་ཚིག་ཚད་མར་འཛིན་པའི་སྐལ་ངན་ལ་ལ། སངས་རྒྱས་ཀྱི་གསུང་རབ་ཚིག་དོན་ཟབ་མོ་དང་ལྡན་པ། སྡེ་སྣོད་གསུམ་དང་རྒྱུད་སྡེ་བཞི་དང་། བིརྺ་པ་ལ་སོགས་པའི་གྲུབ་ཐོབ་རྣམས་དང་། རྒྱན་དྲུག་སོགས་མཁས་པ་རྣམས་ཀྱིས་ལེགས་པར་བཤད་པའི་བསྟན་བཅོས་ཆེན་པོ་རྣམས་ཚིག་གི་ན་ཡ་ཡིན་པས། དགོས་པ་ཆེར་མེད་པས་དོར་ཞེས་ཟེར་ཞིང་། ཚིག་ཀྱང་སྙིག་ལེགས་དང་མི་ལྡན་ན་དོན་བཟང་པོ་དང་ལྡན་པ་ལྟ་སྨོས་ཀྱང་ཅི་དགོས་པའི་བླུན་པོ་རྣམས་ཀྱིས་རང་དགར་སྦྱར་བའི་ཚིག །མཁས་རྣམས་བཞད་གད་བསྐྱེད་པའི་གནས་སུ་གྱུར་པ་འབྲེལ་མེད་སྣ་ཚོགས་བྲིས་པ་ལ་གདམས་ངག་དང་ངོ་མཚར་བའི་བསྟན་བཅོས་ཡིན་ཞེས་ཉན་བཤད་བྱེད་དོ། །ཚིག་དོན་བཟང་པོ་དང་མི་ལྡན་པའི་བསྟན་བཅོས་ལ་ཉན་བཤད་བྱེད་པ་དེ་ཆོས་ཅན། དགོས་པ་མེད་དེ། ཁྱོད་ལས་འཇིག་རྟེན་བླུན་པོ་དགའ་བ་བསྐྱེད་ནུས་ཀྱིས། མཁས་པ་རྣམས་དགའ་བ་བསྐྱེད་མི་ནུས་པའི་ཕྱིར་དང་། འབད་རྩོལ་གྱི་དུས་དང་བློ་གྲོས་གཉིས་ཀ་ཆུད་ཟོས་སམ་གྲོན་དུ་འགྱུར་བའི་ཕྱིར། དེས་ན་ཀྱེ་མ་ཞེས་ཚུང་ཟད་ཡིད་སྐྱོ་བའི་ཉམས་སུ་བྱས་ནས། སངས་རྒྱས་ཀྱི་བསྟན་པ་གཟུགས་བརྙན་འདི་ལྟར་དུ་གྱུར་པ་ད་གཟོད་གོ་སྟེ། བཤད་ཉན་བྱེད་པ་དག་ཀྱང་བཀའ་དང་བསྟན་བཅོས་ཚད་ལྡན་ལ་མི་བྱེད་པར་བླུན་པོའི་ཚིག་ལ་ཚད་ཐུབ་ཏུ་བྱས་ནས་བཤད་ཉན་བྱེད་པ་ཤིན་ཏུ་མང་བའི་ཕྱིར། དོན་འདི་དག་དང་མཐུན་པར། སངས་རྒྱས་འཕྲིན་ཡུ་ལས། སངས་རྒྱས་བསྟན་ལ་དད་ན་ཡང་། །སྡེ་སྣོད་གསུམ་དང་རྒྱུད་སྡེ་བཞི། །སངས་རྒྱས་གསུང་རབ་ངོ་མཚར་ཅན། །དེ་དག་གཞི་མདོའི་རྩ་བཞིན་དོར། །བླུན་པོ་རྣམས་ཀྱི་བརྫུན་ཚིག་ལ། །ཐུབ་པའི་དགའ་བས་གུས་པར་འཛིན། །བདག་ཉིད་ཆེན་པོ་ཀླུ་སྒྲུབ་དང་། །ཐོགས་མེད་དང་ནི་དབྱིག་གི་གཉེན། །ཕྱོགས་ཀྱི་གླང་པོ་ཆོས་གྲགས་སོགས། །མཁས་པ་རྣམས་ཀྱི་གསུང་རབ་དང་། རྣལ་འབྱོར་དབང་ཕྱུག་བིརྺ་པ། །འཕགས་པ་ལྷ་སོགས་གྲུབ་ཐོབ་ཀྱི། །གསུང་རབ་ཡིན་པར་ངེས་པ་རྣམས། །དུག་བཞིན་འབད་པས་སྤངས་ནས་ནི། །སྐྱེས་བུ་བརྫུན

མས་སྒྲུར་བ་ཡི། །ཡོག་རྟོག་རྣམས་ལ་ཆེར་འབད་ནས། །གྲུབ་ཐོབ་རྣམས་ཀྱི་གསུང་ཡིན་ཞེས། །བླུན་པོ་རྣམས་ལ་རྒྱུས་པར་འཆད། །འཇིག་རྟེན་ཤེས་རབ་ལྡན་པ་དཀོན། །བསོད་ནམས་ལྡན་པ་ཤིན་ཏུ་ཉུང་། །དེས་ན་དམ་ཆོས་རིན་པོ་ཆེ། །ཁྱེད་ཀྱི་གསུང་རབ་འཛིན་པ་དཀོན། །ཞེས་གསུངས་སོ། །

འདིར་བླུན་པོའི་ཚིག་འབྲེལ་མེད་ཀྱི་བསྟན་བཅོས་ལ་བཤད་ཉན་བྱེད་མཁན་དེ་གང་། བཤད་ཉན་བྱ་བའི་ཡུལ་གྱི་བསྟན་བཅོས་དེ་གང་། ཡུལ་གང་དུ་དུས་ཇི་ཙམ་བྱུང་སྐམ་པའི་དོགས་པ་གསུམ་སྐྱེ་བས་འདི་དག་ལ་ཁ་གསལ་ངེས་པ་ཅན་ཞིག་བློ་གྲོས་དང་ལྡན་པ་དག་གིས་བརྩལ་བར་རིགས་སོ། །ལ་ལ་རྫོགས་པའི་སངས་རྒྱས་ཞེས་པར། ཀུན་མཁྱེན་བླ་མས་ཞང་ཚལ་པ་དང་བཀའ་ཕྱག་ལ་ལ་ཞེས་བཤད་ན་ཡང་། འཇམ་དབྱངས་བླ་མའི་དགོངས་གཏད་ཀྱི་ཕྱོགས་སྔ་གང་ཡིན་ངོས་ཟིན་པ་དཀའ་ལས་སུ་ཆེ་བ་ཡིན་ནོ། །གཉིས་པ་མ་འཁྲུལ་བ་བསྒྲུབ་པ་ནི། བླུན་པོའི་ཚིག་ལ་བཤད་ཉན་བྱེད་པ་དོན་མེད་པ་དེས་ན། སངས་རྒྱས་ཀྱི་གསུང་རབ་སྡེ་སྣོད་གསུམ་དང་རྒྱུད་སྡེ་བཞི་དང་། དགོངས་འགྲེལ་མཁས་པ་རྣམས་ཀྱི་བསྟན་བཅོས་ཀྱི་ཚིག་དང་དོན་འཛིན་པ་ལ་བྱིན་རླབས་ཡོད་དེ། བློ་གྲོས་རྒྱ་མཚོས་ཞུས་པའི་མདོ་ལས། དེ་བཞིན་གཤེགས་པའི་དམ་པའི་ཆོས་འཛིན་པ། །རྒྱལ་བ་རྣམས་ཀྱིས་ཡོངས་སུ་གཟུང་བར་འགྱུར། །ལྷ་དང་ཀླུ་དང་མིའམ་ཅི་རྣམས་དང་། །བསོད་ནམས་ཡེ་ཤེས་ཀྱིས་ནི་ཡོངས་སུ་བཟུང་། །ཞེས་གསུངས་པའི་ཕྱིར། ཚིག་དོན་བྱིན་རླབས་དང་ལྡན་པ་འདི་འདྲའི་བཀའ་དང་བསྟན་བཅོས་རྣམ་དག་ཉན་བཤད་བྱེད་པ་ལ་ཐོས་པ་ཞེས་ནི་བརྗོད་པ་ཡིན་ཞིང་། དེའི་དོན་ཚུལ་བཞིན་དུ་དཔྱོད་པ་བསམ་པ་ཡིན་ལ། ནན་ཏན་གྱིས་དེ་བསྒྲུབ་པ་བསྒོམ་པ་ཡིན་པར་ཤེས་པར་བྱས་ནས་ཐོས་བསམ་བསྒོམ་གསུམ་དེ་ལྟར་གྱིས་ཏེ། དེ་ལྟ་བུའི་ཐོས་བསམ་བསྒོམ་གསུམ་འདི་ནི་སངས་རྒྱས་ཀྱི་བསྟན་པ་རྣམ་པར་དག་པ་ཡིན་པའི་ཕྱིར་རོ། །

འབྲེལ་མེད་བླུན་པོའི་ཚིག་གི་བསྟན་བཅོས་ལ། །བཤད་ཉན་ངལ་བ་ཙམ་ཡིན་རྒྱལ་བའི་དགའ། །དགོངས་འགྲེལ་བཅས་ལ་ཐོས་བསམ་བསྒོམ་པ་ནི། །སངས་རྒྱས་བསྟན་པ་འཛིན་པར་འདི་ན་བསྔགས། །སྐབས་དང་པོ་སོ་ཐར་སྡོམ་པའི་སྐབས་ཀྱི་རྣམ་པར་བཤད་པ་བསྟན་ཟིན་ཏོ། །འཇམ་དབྱངས་གསུང་གི་ནམ་མཁའ་ཁྱིམ་བློ་ཡིས། །གཞལ་བྱ་མིན་ཡང་གསུང་རབ་ཟབ་མོ་ལ། །བློ་གྲོས་སྣང་བ་གོམས་དང་ཆོས་བཞིན་དུ། །ས་སྐྱོང་བཀའ་ཡིས་ཉེ་བར་བསྔགས་པ་ལས། །ལྷོན་ཤིང་ལོ་འདབ་ནགས་ཚལ་ཉམས་དགའི་གནས། །བསམ་གཏན་འཕེལ་བའི་སྨན་ལྗོངས་རི་བོའི་སུལ། །ཤིང་མང་དགོན་པར་དགེ་སློང་རྡོ་རྗེ་འཛིན། །ངག་དབང་ཆོས་གྲགས་ཞེས་བྱས་མགྱོགས་པར་སྦྱར།། །།

༈ རྒྱ་ཆེན་ཐུགས་བསྐྱེད་བདུད་རྩིའི་ཆར་ཕབ་པས། །བྱང་ཆུབ་མཆོག་གི་མྱུ་གུ་ཕྱོགས་བཅུར་དགོད། །
བདག་གཞན་འགྲོ་བའི་སྐྱབས་གཅིག་ས་སྐྱ་པ། །ཀུན་དགའ་རྒྱལ་མཚན་ཞབས་ཀྱིས་འགྲོ་འདི་སྐྱོངས། །

གཉིས་པ་བྱང་སེམས་སྡོམ་པའི་ཉམས་ལེན་ལ་གསུམ་སྟེ། སེམས་བསྐྱེད་ཀྱི་དབྱེ་བ་སྤྱིར་བསྟན། ཐེག་ཆེན་སེམས་བསྐྱེད་བྱེ་བྲག་ཏུ་བཤད་པ། བསྟན་པ་རྣམ་པར་དག་པས་དོན་བསྡུ་བའོ། །དང་པོ་ནི། བྱང་ཆུབ་སེམས་དཔའི་སེམས་བསྐྱེད་དང་། །ཞེས་པ་ལས་འཕྲོས། སེམས་བསྐྱེད་དེ་གང་ཞེ་ན། སྤྱིར་སེམས་བསྐྱེད་ལ་ནི་ཆོས་ཅན། གཉིས་སུ་ཡོད་དེ། ཉན་ཐོས་ཀྱི་གཞུང་ལུགས་ནས་བཤད་པ་དང་། ཐེག་ཆེན་གྱི་གཞུང་ལུགས་ནས་བཤད་པ་གཉིས་ཡོད་པའི་ཕྱིར། དང་པོ་ཉན་ཐོས་ཀྱི་གཞུང་ལུགས་ནས་བཤད་པའི་སེམས་བསྐྱེད་དེ་ལ་ཡང་ཆོས་ཅན། ཐོབ་བྱ་བྱང་ཆུབ་ཀྱི་སྒོ་ནས་གསུམ་དུ་ཡོད་དེ། ཉན་ཐོས་དགྲ་བཅོམ་པ་ཐོབ་འདོད་ཀྱི་སེམས་བསྐྱེད་པ། རང་རྒྱལ་གྱི་བྱང་ཆུབ་ཐོབ་འདོད་ཀྱི་སེམས་བསྐྱེད་པ། རྫོགས་པའི་སངས་རྒྱས་ཐོབ་འདོད་ཀྱི་སེམས་བསྐྱེད་པ་དང་གསུམ་དུ་ཡོད་པའི་ཕྱིར། སེམས་བསྐྱེད་དེ་དག་གི་ཆོ་ག་ཇི་ལྟར་ཞེ་ན། དེ་དག་གི་ཆོ་གའི་ལག་ལེན་ནི་ཆོས་ཅན། ཉན་ཐོས་ཀྱི་བསྒྲུབ་པའི་དུས་ཀྱི་བསྟན་པ་ནུབ་པས་ན་ཕྱིད་དེང་སང་སྤྱོད་པ་ཉུང་སྟེ༑ ཕྱིད་དེང་སང་ལུང་གི་དུས་སུ་སྣང་བའི་ཕྱིར། དེ་ཡང་ཉན་ཐོས་ཀྱི་བསྟན་པ་ལ་ལྔ་བརྒྱ་པ་ཕྲག་བཅུར་གསུངས་པ་ལས། དང་པོ་ལ་དགྲ་བཅོམ་པ་ཐོབ་པ་མང་། གཉིས་པ་ལ་ཕྱིར་མི་འོང་པ་ཐོབ་པ་མང་། གསུམ་པ་ལ་རྒྱུན་ཞུགས་དང་ཕྱིར་འོང་ཐོབ་པ་མང་བས་འབྲས་བུའི་དུས་དང་། བཞི་པ་ལ་ཞི་གནས་བསྒོམ་པ་དང་། ལྔ་པ་ལ་ལྷག་མཐོང་བསྒོམ་པ་དང་། དྲུག་པ་ལ་ཚུལ་ཁྲིམས་རྣམ་དག་ལ་གནས་པ་མང་བས་སྒྲུབ་པ་ཉམས་ལེན་གྱི་དུས་དང་། བདུན་པ་ལ་མངོན་པ་དང་། བརྒྱད་པ་ལ་མདོ་སྡེ་དང་། དགུ་པ་ལ་འདུལ་བ་ལ་བཤད་ཉན་བྱེད་པ་མང་བས་ལུང་གི་དུས་དང་། ཕྲག་བཅུ་པ་ལ་སངས་རྒྱས་ཀྱི་བསྟན་པ་གཟུགས་བརྙན་ཙམ་གནས་པས་རྟགས་ཙམ་འཛིན་པ་ཞེས་བྱ་ཞིང་། དང་པོ་དགུ་ནི་བསྟན་པ་སྐྱོན་མེད་དུ་གནས་པའི་དུས་ཡིན་ནོ། །དེང་སང་ནི། མདོ་སྡེ་སྤྱོད་པའི་ཕྱེད་ལྷག་པ་ཡང་སོང་ཟིན་པས་དེའི་འཕྲོ་དང་། འདུལ་བ་སྤྱོད་པའི་ལྔ་བརྒྱ་བསྟན་པ་རྣམ་དག་གི་ལྷག་མར་འབྱུང་རྒྱུ་ཡིན་ནོ། །ཉན་ཐོས་པ་དག་འདུལ་བ་ལུང་ལས། ཁ་ཅིག་ནི་ཉན་ཐོས་སུ་སེམས་བསྐྱེད་དོ། །ཁ་ཅིག་ནི་རང་རྒྱལ་དུ་སེམས་བསྐྱེད་དོ། །ཁ་ཅིག་ནི་སངས་རྒྱས་སུ་སེམས་བསྐྱེད་དོ། །ཞེས་སེམས་བསྐྱེད་ཚུལ་གསུམ་གསུངས་པ་དང་། མཛོད་ལས། མྱུར་བ་སྲིད་པ་གསུམ་གྱི་མཐར། །བསེ་རུ་བསྐལ་པ་བརྒྱ་ཡི་རྒྱུས། །ཞེས་དང་། དེ་གྲངས་མེད་གསུམ་ལ་སངས་རྒྱས། །ཞེས་ཐེག་པ་གསུམ་གྱི་ལམ་བགྲོད་ཚུལ་གསུམ་གསུངས་པའི་སེམས་བསྐྱེད་དང་ལམ་དེ་དང་དེ་ལ་བརྟེན་ནས་ཐེག་པ་གསུམ་གྱི་བྱང་ཆུབ

དེ་དང་དེ་ཐོབ་པ་ཡིན་ནོ། །ཞེས་འདོད་ལ། དབུ་མ་པས་གཞལ་ན། ཉན་ཐོས་སྟེ་གཉིས་དང་། སེམས་ཙམ་པའི་གཞུང་ནས་བཤད་པའི་ལམ་རང་རྐང་ལ་བརྟེན་ནས་ཐེག་པ་གང་གིས་ཀྱང་བྱང་ཆུབ་ཐོབ་པ་མེད་ཅིང་། བྱང་ཆུབ་ཐོབ་པ་ཐམས་ཅད་དབུ་མའི་གཞུང་ནས་བཤད་པའི་ཐེག་པ་དེ་དང་དེའི་ལམ་བགྲོད་ཚུལ་དང་། དབུ་མའི་ལྟ་བ་ལ་བརྟེན་ནས་ཐོབ་པ་ཡིན་ནོ། །དེ་སྐད་དུ་ཁ་སྐོང་ལས། ལམ་ལ་གྲུབ་མཐའ་རྣམ་བཞི་ཡི། ། རང་རང་གཞུང་ལས་ཐེག་གསུམ་གྱི། །ལམ་གྱི་རྣམ་གཞག་བྱེད་མོད་ཀྱི། །རྣལ་འབྱོར་པ་ཡང་བློ་ཁྱད་ཀྱིས། ། གོང་མ་གོང་མས་གནོད་པའི་ཚེ། །དབུ་མའི་གཞུང་ལུགས་མ་རྟོགས་པར། །ཐེག་གསུམ་ལམ་ཉིད་ཚང་བར་ནི༏ ༏མེད་ཅེས་དབུ་མ་པ་རྣམས་བཞེད། །ཅེས་གསུངས་སོ། །དེས་ན་ཉན་ཐོས་ཀྱི་གཞུང་ནས་བཤད་པའི་སེམས་བསྐྱེད་དང་པོ་གཉིས་ནི། ཉན་ཐོས་དང་རང་རྒྱལ་གྱི་བྱང་ཆུབ་བསྒྲུབ་ནུས་མ་ཡིན་ཀྱང་། ཉན་ཐོས་དང་རང་རྒྱལ་གྱི་སེམས་བསྐྱེད་ཙམ་ཡིན་པ་ལ་འགལ་བ་མེད་ལ། དེའི་གནད་ཀྱིས་སངས་རྒྱས་སུ་སེམས་བསྐྱེད་པ་ལ་ཡང་ཐེག་ཆེན་སེམས་བསྐྱེད་ལས་འོས་མེད་དེ། སེམས་བསྐྱེད་གང་ཞིག །ཐེག་དམན་སེམས་བསྐྱེད་དུ་མི་རུང་བའི་ཕྱིར་དང་། འདུལ་བ་ལུང་ལས། སྟོན་པ་འདི་རྒྱལ་པོ་རབ་གསལ་དུ་གྱུར་པ་ན་གླང་པོ་ཆེ་འདུལ་མཁན་ལས། སངས་རྒྱས་ཀྱི་ཆེ་བ་ཐོས་པས་རྐྱེན་བྱས་སྐྱེ་བོའི་ཚོགས་ལ་ཡང་སྦྱིན་པ་རྒྱ་ཆེན་པོ་བྱས་ཏེ། དགེ་བ་རྒྱ་ཆེན་གྱུར་པ་འདི་ཡིས་མཐུས། །འགྲོ་བར་རང་བྱུང་སངས་རྒྱས་ཉིད་གྱུར་ནས། །སྔོན་གྱི་རྒྱལ་བ་རྣམས་ཀྱིས་མ་བསྒྲལ་བའི། །སྐྱེ་བོའི་ཚོགས་རྣམས་བདག་གིས་བསྒྲལ་བར་བྱ། །ཞེས་དམ་བཅའ་ཞིང་སེམས་བསྐྱེད་པ་དེ་ཐེག་ཆེན་སེམས་བསྐྱེད་ཡིན་པ་ཤིན་ཏུ་འཐད་པའི་ཕྱིར་རོ། །

གཉིས་པ་ལ་གསུམ་སྟེ། སེམས་བསྐྱེད་ཀྱི་ཚིག་བཤད་པ། སེམས་བསྐྱེད་ཀྱི་བསླབ་བྱ་བཤད་པ། སེམས་བསྐྱེད་ཀྱི་ཉམས་ལེན་གྱི་གནད་བཤད་པའོ། །དང་པོ་ལ་གཉིས་ཏེ། ལུགས་གཉིས་ཀྱི་རྣམ་དབྱེ་མདོར་བསྟན་པ། གཞན་གྱི་འཁྲུལ་བ་དགག་པ་རྒྱས་པར་བཤད་པའོ། །དང་པོ་ནི། སེམས་བསྐྱེད་ལ་ལུགས་གཉིས་སུ་ཡོད་པའི་ནང་ནས། གཉིས་པ་ཐེག་ཆེན་ལུགས་ཀྱི་སེམས་བསྐྱེད་དེ་ཆོས་ཅན། ཁྱོད་ལ་ཡང་ལུགས་གཉིས་སུ་ཡོད་དེ། རྗེ་བཙུན་འཇམ་དབྱངས་ནས་བརྒྱུད་དེ་ཀླུ་སྒྲུབ་ཀྱི་རྗེས་སུ་འབྲང་བ་དབུ་མ་ལུགས་དང་། མགོན་པོ་བྱམས་པ་ནས་བརྒྱུད་དེ་ཐོགས་མེད་ཀྱི་རྗེས་སུ་འབྲང་བ་སེམས་ཙམ་ལུགས་དང་གཉིས་སུ་ཡོད་པའི་ཕྱིར། འདིར་པཎ་ཆེན་རིན་པོ་ཆེའི་གསུངས་ལས། བརྒྱུད་པའི་ཁྱད་པར་གཉིས་ལྡན་གྱི་སེམས་བསྐྱེད་ཀྱི་ཚིག་སོགས་ལུགས་གཉིས་པོ་གང་དང་མཐུན་ཞེས་དྲིས་པའི་ལན་ནི། ཀུན་མཁྱེན་བླ་མས། ཐེག་པ་ཆེན་པོའི་སེམས་བསྐྱེད་ལ་ཞེས་པ་འདི་སྐབས་ཐོབ་ཀྱི་ཐེག་ཆེན་ཕ་རོལ་ཏུ་ཕྱིན་པའི་ལུགས་ཀྱི་སེམས་བསྐྱེད་ལ་དགོངས་པས། རྒྱུད་

སྡེ་ནས་གསུངས་པའི་སེམས་བསྐྱེད་རྣམས་ལུགས་གཉིས་པོ་གང་དུ་ཡང་མི་གཏོགས་པར་གསུངས་པ་འདི་ནི་གནད་ཀྱི་སྙིང་པོ་ཡིན་ནོ། །དབུ་སེམས་གཉིས་པོ་དེ་ལྟ་བ་མཐོ་དམན་ཐ་དད་པས་ལྟ་བ་དེ་དང་འཚམས་པའི་སེམས་བསྐྱེད་ཀྱི་ཆོག་ཡང་ནི་ཐ་དད་པ་གཉིས་སངས་རྒྱས་ཀྱིས་གསུངས་ཤིང་། རྗེས་འཇུག་རྣམས་ཀྱིས་ཀྱང་བཀྲལ་བ་ཡིན་ཏེ། སྦྱོར་བའི་སྐབས་སུ་ཡན་ལག་བདུན་པ་ཚང་བར་མཛད་པ། དངོས་གཞིའི་སྐབས་སུ་སྨོན་འཇུག་སྐབས་གཅིག་ཏུ་ལེན་པ། མཇུག་ཏུ་རང་དགའ་བ་བསྒོམ་པ་དང་གཞན་དགའ་བ་བསྒོམ་དུ་གཞུག་པ་རྣམས་ནི་དབུ་མའི་ལུགས་དང་། སྦྱོར་བའི་སྐབས་སུ་ཕྱག་འཚལ་བ་དང་། མཆོད་པ་འབུལ་བ་ཙམ་དང་། བར་ཆད་དྲི་བ་མཛད་པ་དང་། དངོས་གཞིའི་སྐབས་སུ་སྨོན་པ་སེམས་བསྐྱེད་པ་དང་། བྱང་ཆུབ་སེམས་དཔའི་སྡེ་སྣོད་ལ་བསླབ་པ་གོང་དུ་སོང་ཟིན་པས་འཇུག་པ་སེམས་བསྐྱེད་ཉིད་ལེན་པ་དང་། ཆོ་གའི་ཚིག་ཀྱང་ཉུང་ཉུང་ཙམ་ལས་རྗེས་ཟློས་མི་བྱེད་པ་དང་། མཇུག་ཏུ་མཁྱེན་པར་གསོལ་བ་མཛད་པ་རྣམས་ནི་སེམས་ཙམ་པའི་ལུགས་ཡིན་པས་སོ། །

ཆོ་ག་ཐ་དད་པར་མ་ཟད། ལྟུང་བ་དང་། ཕྱིར་བཅོས་ཚུལ་དང་། བསླབ་པར་བྱ་བའང་སོ་སོར་ཡོད་དེ། ནམ་མཁའི་སྙིང་པོའི་མདོ་ལས། གསུངས་པ་ལྟར་གྱི་རྩ་བའི་ལྟུང་བ་བཅུ་བཞི་དང་། བྱང་ཆུབ་སེམས་དཔའ་སྐྱ་རེངས་ལ་གསོལ་བ་བཏབ་ནས། ནམ་མཁའི་སྙིང་པོ་རྨི་ལམ་དུ་བྱུང་བ་ལ་རྩ་བའི་ལྟུང་བ་བཤགས་པ་དང་། སྤྱོད་འཇུག་ལས། ཕང་པ་བརྒྱངས་ཏེ་མི་འདུག་ཅིང་། །ཞེས་སོགས་བཤད་པ་རྣམས་ནི་དབུ་མའི་ལུགས་དང་། སྡོམ་པ་ཉི་ཤུ་པ་ནས་གསུངས་པ་ལྟར་རྩ་བའི་ལྟུང་བ་བཞི་དང་། དེ་ཉིད་ལས། སྡོམ་པ་སླར་ཡང་བླང་བར་བྱ། །ཟག་པ་འབྲིང་ནི་གསུམ་ལ་བཤགས། །གཅིག་གི་མདུན་དུ་ལྷག་མ་རྣམས། །ཉོན་མོངས་མི་སྤྱོང་བདག་སེམས་བཞིན། །ཞེས་པ་ལྟར། ཀུན་དཀྲིས་དྲག་པོས་ཕམ་པ་ལྟ་བུའི་ཆོས་བཞི་སྤྱད་ན། སྡོམ་པ་སླར་ལེན། ཀུན་དཀྲིས་འབྲིང་དང་ཆུང་ངུས་སྤྱད་ན་ཡུལ་སྡོམ་ལྡན་གསུམ་དང་གཅིག་གི་མདུན་དུ་བཤགས་པ་དང་། ཡང་སྡོམ་པ་ཉི་ཤུ་པ་ལས། དཀོན་མཆོག་གསུམ་ལ་གསུམ་མི་མཆོད། །ཅེས་སོགས་དང་། ཡན་ལག་གི་ཉེས་བྱས་བཞི་བཅུ་ཞེ་དྲུག་བཤད་པ་ནི་སེམས་ཙམ་པའི་ལུགས་ཡིན་པས་སོ། །འདི་དག་གི་རྣམ་དབྱེ་ཞིབ་པར་ནི་ཀུན་མཁྱེན་ཆེན་པོའི་སྤྱི་དོན་དུ་བལྟ་བར་བྱའོ། །འདིར། ལྟ་བས་ཆོ་ག་འབྱེད་ན་ནི། །དབུ་མའི་ལྟ་བ་དང་ལྡན་པ། །དེ་ལ་བྱུང་སའི་ཆོ་ག་ཡིས། །སེམས་བསྐྱེད་སྡོམ་པ་མི་སྐྱེ་འམ། །ཞེས་དྲིས་པ་ནི་ཚིག་ལ་ཅུང་ཟད་འཁྲིས་པའི་དྲི་བ། དོན་ལ་དོགས་པ་ཡང་དཔྱོད་དགོས་ངེས་པར་སྣང་བས། ལན་ནི། ལྟ་བ་ཐ་དད་པས་ཆོ་ག་ཐ་དད་དུ་ཕྱེ་ཡང་། དབུ་མའི་ལྟ་བ་དང་ལྡན་པ་ལ་སེམས་ཙམ་ལུགས་ཀྱི་ཆོག་གས་སེམས་བསྐྱེད་སྐྱེ་སྟེ། དཔེར་

ན་ཐེག་ཆེན་གྱི་ལྟ་བ་དང་ལྡན་པས་ཉན་ཐོས་ལུགས་ཀྱི་ཚོགས་དགེ་སློང་གི་སྡོམ་པ་བླངས་ནས་སྐྱེ་བ་བཞིན་ནོ༑ ༑ལྟ་བ་ཐ་དད་པས་ཆོག་ཐ་དད་དུ་ཕྱེ་བ་ནི། དབུ་མ་པ་ལྟ་བ་ཡངས་པས། སེམས་བསྐྱེད་འགྲོ་བ་ཀུན་ལ་འབོགས་པ་དང་། བསླབ་བྱ་རང་གི་བློས་ཇི་ཙམ་ནུས་པ་བསྒྲུངས་པས་ཆོག་པ་སོགས་ལག་ལེན་ཡངས་པ་དང་། སེམས་ཙམ་པ་ལྟ་བ་དོག་པས། སེམས་བསྐྱེད་འགྲོ་བ་ཀུན་ལ་འབོག་ཏུ་མི་རུང་བ་དང་། བསླབ་བྱ་ཡང་མཐའ་དག་ལ་བསླབ་དགོས་པ་སོགས་ལག་ལེན་ཡང་དོག་པར་བྱུང་བ་ཡིན་ལ། འོན་ཀྱང་གང་ཟག་གིས་ཉམས་སུ་ལེན་པའི་ཚེ་ན། ལུགས་དེ་དང་དེའི་ལྟ་བ་དང་། སྤྱོད་པ་ཁོ་ན་ཟུང་འབྲེལ་དགོས་པ་མ་ཡིན་པར། དབུ་མའི་ལྟ་བ་དང་། སེམས་ཙམ་པའི་སྤྱོད་པ་སྦྱར་ནས་ཉམས་སུ་བླངས་ཀྱང་ཤིན་ཏུ་ལེགས་ཤིང་། ཇོ་བོ་རྗེ་སོགས་ཚད་ལྡན་ཕལ་ཆེར་ཡང་མཛད་པ་ཡིན་ཏེ། བདག་ཉིད་ཆེན་པོའི་དབུ་མ་ལུགས་ཀྱི་ཆོག་ལས། ཕལ་ཆེར་ལྟ་བ་དབུ་མའི་ཚུལ། ༑འཕགས་པ་ཀླུ་སྒྲུབ་ལུགས་རྗེས་འབྲང་། ༑སྤྱོད་པ་སེམས་ཙམ་སྣ་བའི་གཞུང་། ༑ཐོགས་མེད་བཞེད་པའི་སེམས་བསྐྱེད་མཛད། ༑འདི་ནི་ལྟ་སྤྱོད་མ་འབྲུལ་ཞིང་། ༑ཕན་ཚུན་ཐུན་ཚོགས་མ་ཡིན་ལ༑ ༑ཇི་སྐད་བཤད་བཞིན་ཉམས་ལེན་པ། ༑རྫོགས་པའི་སངས་རྒྱས་བསྟན་པ་ཡིན། ༑ཞེས་གསུངས་པའི་ཕྱིར། དཔེར་ན་ཐུབ་པ་དགོངས་གསལ་ལྟ་བུ་སྤྱོད་པ་ལམ་གྱི་རིམ་པ་མདོ་སྡེ་རྒྱན་ནས་གསུངས་པ་ལྟར་དང་། ལྟ་བ་ཤེར་ཕྱིན་གྱི་མདོའི་དངོས་བསྟན་ཀླུ་སྒྲུབ་ཀྱིས་བཀྲལ་བའི་ལུགས་གཉིས་ཟུང་འབྲེལ་དུ་སྦྱར་ནས་གང་ཟག་གཅིག་འཚང་རྒྱ་བའི་ལམ་རིམ་ཡོངས་རྫོགས་བསྟན་པ་ཡིན་ནོ། །

དེ་སྐད་དུ་དེ་ཉིད་ལས། སྤྱོད་པ་རྒྱ་ཆེ་ཤིན་ཏུ་རྒྱས་པའི་དོན། ༑ལྟ་བའི་དེ་ཉིད་ཤེས་རབ་ཕ་རོལ་ཕྱིན། ༑མི་འགལ་གསལ་བར་སྟོན་པ་ཁོ་བོའི་གཞུང་། ༑རིགས་པས་བསྒྲུབ་པ་བླ་མའི་གསུང་བཞིན་བཤད། ༑ཅེས་གསུངས་སོ། །

གཉིས་པ་གཞན་གྱི་འཁྲུལ་པ་དགག་པ་ལ་གཉིས་ཏེ། ཀུན་རྫོབ་སེམས་བསྐྱེད་སྐྱེ་བའི་ཆོག་བཤད། དོན་དམ་སེམས་བསྐྱེད་ཆོགས་སྐྱེ་བ་དགག་པའོ། ༑དང་པོ་ལ་བཞི་སྟེ། ལུགས་གཉིས་རྟེན་གྱི་ཁྱད་པར་ལུང་གིས་བསྒྲུབ། དེ་ཉིད་དཔེ་ཡི་སྒོ་ནས་གསལ་བར་བཤད། ལུང་གི་དོན་ལ་ལོག་པར་རྟོག་པ་དགག ༑ལུགས་གཉིས་ཆོག་འི་ཁྱད་པར་སོ་སོར་བཤད་པའོ། ༑དང་པོ་ལ་གཉིས་ཏེ། སེམས་ཙམ་ལུགས་ཀྱི་སེམས་བསྐྱེད་སྐྱེ་བའི་ཡུལ་ངེས་པར་བསྟན། དབུ་མ་ལུགས་ཀྱི་སེམས་བསྐྱེད་ཀུན་ལ་སྐྱེ་བར་བསྟན་པའོ། ༑དང་པོ་ལ་གསུམ་སྟེ༑ དངོས་ཀྱི་དོན། དེ་ལ་ལོག་པར་རྟོག་པའི་ཚུལ་བརྗོད་པ། དེ་ཉིད་ལུང་དང་རིགས་པས་དགག་པའོ། །
དང་པོ་ནི། སེམས་ཙམ་ལུགས་ཀྱི་སེམས་བསྐྱེད་ཀྱི་ཆོག་བྱང་ས་ནས་གསུངས་པ་ཇོ་བོ་རྗེ་ནས་བརྒྱུད་པའི་

ཕྱུག་ལེན་འདི་བོད་ན་བྱེད་པ་མང་མོད་ཀྱི་འོན་ཀྱང་སེམས་བསྐྱེད་དེ་ནི་བཤད་པ་སོགས་སུ་ཡང་རུང་བའི་གང་ཟག་ལ་བྱར་མི་རུང་སྟེ། སེམས་བསྐྱེད་འདི་སྐྱེ་བའི་རྟེན་དུ། སོ་ཐར་སྡོམ་པས་རྒྱུད་གདམས་པ་ཞིག་དགོས་པའི་ཕྱིར་རོ། །གཉིས་པ་ནི། བཀའ་གདམས་པ་ལ་ལ། དགེ་བཤེས་ཕྱུག་སོར་བ་ལ་སོགས་པའི་སྐྱེ་བོ་འགའ་ཞིག་གི་རྨི་ལམ་དུ། བྱམས་པ་མགོན་པོ་ཁྲི་མཐོན་པོ་ལ་བཞུགས་ནས་ཁྲོམ་ཆེན་པོ་ལ་སེམས་བསྐྱེད་མཛད་པར་རྨི་བའི་རྗེས་སུ་འབྲངས་ནས། སོ་ཐར་གྱི་སྡོམ་པ་དང་ལྡན་མི་ལྡན་གྱི་སེམས་ཅན་ཀུན་ལ་སེམས་ཙམ་ལུགས་ཀྱི་སེམས་བསྐྱེད་འབོག་པར་བྱེད་དོ། །

གསུམ་པ་ནི། རྨི་ལམ་གྱི་རྗེས་སུ་འབྲངས་ནས་སེམས་ཙམ་ལུགས་ཀྱི་སེམས་བསྐྱེད་ཀུན་ལ་འབོག་པའི་ལུགས་དེ་སངས་རྒྱས་ཀྱི་བསྟན་པ་མ་ཡིན་ཏེ། རྨི་ལམ་བདུད་ཀྱི་མིན་ན་དེ་ལྟར་རུང་ཡང་། སངས་རྒྱས་ཀྱི་གསུང་དང་མི་མཐུན་པའི་རྨི་ལམ་བདུད་ཀྱི་བྱིན་རླབས་ཡིན་པའི་ཕྱིར་དང་། བྱང་ས་ལས། རིགས་ཀྱི་བུ་ཁྱོད་བྱང་ཆུབ་སེམས་དཔའ་ཡིན་ནམ། བྱང་ཆུབ་ཏུ་སྨོན་ལམ་བཏབ་བམ། བྱང་ཆུབ་སེམས་དཔའི་སྡེ་སྣོད་ཀྱི་མ་མོ་ཤེས་སམ། ཞེས་སོགས་བར་ཆད་ཀྱི་དྲི་བ་གསུངས་པ་དང་། ཇོ་བོ་མར་མེ་མཛད་ཀྱི་བྱང་ཆུབ་ལམ་སྒྲོན་ལས་ཀྱང་། སོ་སོར་ཐར་པ་རིགས་བདུན་གྱི། །རྟག་ཏུ་སྡོམ་གཞན་ལྡན་པ་ལ། །བྱང་ཆུབ་སེམས་དཔའི་སྡོམ་པ་ཡི། །སྐལ་བ་ཡོད་ཀྱི་གཞན་དུ་མིན། །ཞེས་བྱང་སེམས་ཀྱི་སྡེ་སྣོད་མི་ཤེས་པ་དང་། སོ་ཐར་གྱི་སྡོམ་པ་མེད་པ་ལ་སེམས་ཙམ་ལུགས་ཀྱི་སེམས་བསྐྱེད་སྐྱེ་བ་བཀག་པའི་ཕྱིར་དང་། སེམས་བསྐྱེད་ཀྱི་ཚིག་ལས་ཀྱང་ཚུལ་དེ་ལྟར་དུ་གསལ་བའི་ཕྱིར། དེ་ལ་སྐྱོན་སྤོང་བར་འདོད་ནས་བཀའ་གདམས་པ་ཁ་ཅིག་འདི་སྐད་དུ། བླུན་པོ་སྡིག་ཅན་ཡིན་ཡང་། སེམས་ཙམ་ལུགས་ཀྱི་སེམས་བསྐྱེད་སྐྱེ་བའི་རྟེན་དུ་རུང་བ་ནི་སྔར་གྱི་ལུང་རྣམས་དང་མི་འགལ་ཏེ། སེམས་ཙམ་ལུགས་ཀྱི་སེམས་བསྐྱེད་འབོག་པའི་གྲལ་དེར་ཚོགས་པ་ཐམས་ཅད་ནི་སོ་ཐར་གྱི་སྡོམ་པ་དང་ལྡན་ཞིང་། བྱང་སེམས་ཀྱི་སྡེ་སྣོད་ལ་མཁས་པ་ཤ་སྟག་ཡིན་པའི་ཕྱིར་ཏེ། དེ་རྣམས་སྐལ་བ་དང་མི་ལྡན་ན་གྲལ་དེར་མི་འོང་བའི་ཕྱིར། ཞེས་ཟེར་ལོ། །བླུན་ཚིག་འདི་ལྟ་བུ་ལ་ཡང་བདེན་པར་འཛིན་པའི་རྗེས་འབྲང་ཡོད་ན་བདེན་བརྫུན་འབྱེད་པའི་བློ་གྲོས་དང་ལྡན་པའི་སེམས་ཡོད་རྣམས་ཀྱིས་འདི་ལ་དཔྱད་པར་རིགས་ཏེ། གལ་ཏེ་འདི་འདྲ་སླ་བའི་ཚིག་བདེན་ན། འདི་ལས་མི་བདེན་པའི་ཚིག་གཞན་ཅི་ཡོད་དེ་མེད་པར་འགྱུར་བའི་ཕྱིར། དེས་ན་དད་པ་ཙམ་མ་ཡིན་པར་དབང་རྣོན་ཆོས་ཀྱི་རྗེས་སུ་འབྲང་བའི་མཁས་པ་ལུང་རིགས་ཤེས་པ་རྣམས་ཀྱིས་ལུགས་འདི་སྤོང་རིགས་པར་ཡིན་ནོ། །

གཉིས་པ་ནི། དབུ་མ་ལུགས་ཀྱི་སེམས་བསྐྱེད་འདི་ཆོས་ཅན། ཁྱོད་ལ་སྐྱེ་བའི་ཡུལ་ངེས་པ་ཅན་མི་

དགོས་ཏེ། ཁྱོད་བཟ་འཕྲོད་ཅིང་ལེན་འདོད་ཡོད་པའི་སེམས་ཅན་ཀུན་གྱིས་ལེགས་པར་ཐོབ་ན་རྫོགས་པའི་སངས་རྒྱས་ཀྱི་རྒྱུར་འགྱུར་རོ་ཞེས་ཐེག་པ་ཆེན་པོའི་མདོ་བསྟན་བཅོས་རྣམས་ལས་གསུངས་པའི་ཕྱིར། ཇི་ལྟར་ཞེ་ན། དེ་ཡང་སྡོང་པོ་བཀོད་པའི་མདོ་ལས། འཕགས་པ་འཇམ་དཔལ་གྱིས་ཆོས་བསྟན་པས་ཀླུ་མཚོའི་ཀླུ་སྟོང་ཕྲག་བཅུ་བླ་ན་མེད་པའི་བྱང་ཆུབ་ཏུ་སེམས་བསྐྱེད་པ་དང་། མདོ་སྡེ་བསྐལ་བཟང་ལས། རྒྱལ་བ་ཕན་བཞེད་གྲོང་དཔོན་གྱུར་པའི་ཚེ། །དེ་བཞིན་གཤེགས་པ་བསོད་ནམས་འོད་དེ་ལ། །ཉིན་གཅིག་སྲོག་གཅོད་སྡོམ་པ་བླངས་ནས་ཀྱང་། །དང་པོར་བྱང་ཆུབ་མཆོག་ཏུ་སེམས་བསྐྱེད་དོ། །ཞེས་དང་། ནམ་མཁའི་སྙིང་པོའི་མདོ་ལས། བྱང་ཆུབ་སེམས་དཔའ་རྒྱལ་པོ་དང་། བློན་པོ་དང་། དམངས་ཕལ་པ་ལ་ལྟུང་བ་འབྱུང་བར་གསུངས་པ་དང་། དཀོན་བརྩེགས་ཀྱི་གཙུག་ན་རིན་པོ་ཆེས་ཞུས་པའི་མདོ་ལས། ཤེས་རབ་ཀྱི་ཕ་རོལ་ཏུ་ཕྱིན་པའི་སྤྱོད་པ་ཡོངས་སུ་དག་པ་འདི་བསྟན་པ་ན། འཁོར་དེའི་ནང་ནས་ལྷ་དང་མིའི་སྲོག་ཆགས་ཁྲི་ཉིས་སྟོང་བླ་ན་མེད་པའི་བྱང་ཆུབ་ཏུ་སེམས་བསྐྱེད་དོ། །ཞེས་དང་། རྒྱལ་པོ་ལ་གདམས་པའི་མདོ་ལས། རྒྱལ་པོ་ཆེན་པོ་འདི་ལྟར་ཁྱོད་ནི་བྱ་བ་མང་བ། བྱེད་པ་མང་བ་སྟེ། ཞེས་པ་ནས། ཁྱོད་རྫོགས་པའི་བྱང་ཆུབ་འདོད་པ་དང་། དོན་དུ་གཉེར་པ་དང་། སློན་པས་འགྲོ་ཡང་རུང་། །ཞེས་དང་། རྒྱལ་པོ་ཆེན་པོ་ཁྱོད་འདི་ལྟར་བྱེད་ན་རྒྱལ་པོའི་བྱ་བ་ཡང་མི་ཉམས་པར་འགྱུར་ཞིང་། བྱང་ཆུབ་ཀྱི་ཚོགས་ཀྱང་ཡོངས་སུ་རྫོགས་པར་འགྱུར་རོ། །ཞེས་པ་ནི་ལྷོས་ཤིག་སྟེ་བལྟས་པས་ཡིད་ཆེས་པར་འགྱུར་རོ། །དེ་ར་མ་ཟད་བསྟན་བཅོས་ལས་ཀྱང་གསུངས་ཏེ། ཀླུ་སྒྲུབ་ཀྱི་རིན་ཆེན་འཕྲེང་བ་ལས། སེམས་ཅན་ཐམས་ཅད་བྱང་ཆུབ་ཏུ། །སེམས་བསྐྱེད་བཙུག་ཅིང་བསྟན་བྱས་ན། །རི་དབང་རྒྱལ་པོ་ལྟར་བརྟན་པའི། །བྱང་ཆུབ་སེམས་དང་རྟག་ལྡན་འགྱུར། །ཞེས་དང་། ཞི་བ་ལྷས་བསླབ་བཏུས་སུ། དཔའ་བར་འགྲོ་བའི་མདོ་དྲངས་པ་ལས། གཡོ་སྒྱུས་སེམས་བསྐྱེད་པ་ཡང་། སངས་རྒྱས་ཀྱི་རྒྱུར་གསུངས་ན། དགེ་བ་སྣ་འགའ་བྱས་ཏེ་སེམས་ཅན་སེམས་བསྐྱེད་པ་ལྟ་ཅི་སྨོས་ཞེས་པ་ལ་སོགས་པ་མང་དུ་གསུངས་པའི་ཕྱིར་རོ། །གཉིས་པ་དཔེའི་སྒོ་ནས་གསལ་བར་བཤད་པ་ནི། དབུ་མ་ལུགས་ཀུན་ལ་སྐྱེ་བ་དང་། སེམས་ཙམ་ལུགས་ཀུན་ལ་མི་སྐྱེ་བ་དཔེའི་སྒོ་ནས་ཀྱང་གསལ་ཏེ། ཇི་ལྟར་ན་འབྲས་ཀྱི་ས་བོན་ནི་ཞོད་དང་བསྟུན་ཆེ་སར་སྐྱེ་ཡིས། གྲང་བའི་ཡུལ་དུ་མི་སྐྱེ་བ་དེ་བཞིན་སེམས་ཙམ་ལུགས་ཀྱི་འཇུག་པ་སེམས་བསྐྱེད་བྱང་སྡོམ་པ་མེད་པའི་སྡིག་ཅན་ལ་མི་སྐྱེ་བ་ཡིན་ནོ། །ཡང་ཇི་ལྟར། ནས་ཀྱི་ས་བོན་ནི་ཡུལ་གྲང་དྲོ་སྐམ་རློན་ཆེ་ཆུང་སྣ་ཚོགས་སུ་སྐྱེ་བ་ལྟར་དབུ་མ་པའི་སེམས་བསྐྱེད་ཀྱང་སོ་ཐར་སྡོམ་པའི་རྟེན་དུ་མི་རུང་བའི་ལྷ་ཀླུ་སོགས་དང་། བཤན་པ་སོགས་སྡིག་པ་ཡོད་མེད་ཀུན་ལ་སྐྱེ་བ་ཡིན་ནོ། །

གསུམ་པ་ནི། སྔར་དྲངས་པའི་མདོ་བསྟན་བཅོས་རྣམས་ལས། སེམས་ཅན་ཀུན་ལ་སེམས་བསྐྱེད་སྐྱེ་བར་བཤད་པའི་ལུང་དེ་སེམས་ཙམ་ལུགས་ཀྱི་སེམས་བསྐྱེད་ཀྱི་ལུང་དུ་སྦྱར་ན་ཅི་འགལ་ཏེ་འགལ་བ་མེད་དོ་སྙམ་ན། དེ་ནི་འཁྲུལ་པ་ཡིན་ཏེ། སྔར་དྲངས་པའི་མདོ་སྡེ་སྐལ་བཟང་ལས། རྒྱལ་བ་འགྲོ་བ་ལ་ཕན་པར་བཞེད་པས། ཉིན་གཅིག་སྲོག་གཅོད་སྤོང་བའི་སྡོམ་པ་བླངས་ནས་བྱང་ཆུབ་ཏུ་སེམས་བསྐྱེད་མཛད་པ་ཡིན་ལ༔ དེ་ལྟར་སྲོག་གཅོད་སྤོང་བའི་སྡོམ་པ་དེ་ནི་སོ་ཐར་རིགས་བདུན་གང་རུང་མ་ཡིན་པའི་ཕྱིར། ལུང་དེ་ལ་སོགས་པ་སོ་ཐར་སྡོམ་པ་དང་མི་ལྡན་པའི་སེམས་ཅན་ཀུན་ལ་སེམས་བསྐྱེད་སྐྱེ་བར་བཤད་པའི་འཐད་པ་རྣམས་དབུ་མའི་ལུགས་ཀྱི་སེམས་བསྐྱེད་ལ་འཐད་མོད་ཀྱིས། སེམས་ཙམ་པའི་ལུགས་ལ་འཐད་པ་མ་ཡིན་ཏེ༔ རྒྱུ་མཚན་བཤད་ཟིན་པ་དེའི་ཕྱིར་རོ། །

བཞི་པ་ནི། སེམས་ཙམ་ལུགས་ཀྱི་སེམས་བསྐྱེད་སྐྱེ་བའི་ཡུལ་ངེས་པ་ཅན་དེས་ན། སེམས་ཙམ་ལུགས་ཀྱི་འཇུག་པ་སེམས་བསྐྱེད་ལེན་པར་འདོད་ན། ཐོག་མར་སོ་ཐར་རིགས་བདུན་གང་ཡང་རུང་བ་ལོངས། དེའི་རྗེས་ལ་བྱང་ཆུབ་སེམས་དཔའི་སྡེ་སྣོད་ཀྱི་དགོངས་པ་བྱང་ས་ལྟ་བུ་བསླབས་ཏེ་བསླབ་བྱ་རྣམས་ཉམས་འོག་ཏུ་ཆུད་ཅིང་དང་ཅིང་བསྒྲུབ་པར་ནུས་ན་ཕྱི་ནས་དེའི་འཇུག་པ་སེམས་བསྐྱེད་ཀྱི་སྡོམ་པ་ལོངས་ཏེ། བྱང་སའི་ཚུལ་ཁྲིམས་ལེའུ་དང་། གནས་བརྟན་བྱང་བཟང་སོགས་ཀྱིས་ལེན་ཚུལ་གྱི་རིམ་པ་དེ་ལྟར་བཤད་པའི་ཕྱིར། ཡང་ན་ཅི་སྟེ་སེམས་ཅན་ཐམས་ཅད་ལ་སངས་རྒྱས་ཀྱི་ས་བོན་ཐེག་ཆེན་སེམས་བསྐྱེད་འཇོག་པར་འདོད་ན་སྦྱོར་དངོས་རྗེས་གསུམ་གྱི་ཆོ་ག་འཁྲུལ་པ་མེད་པའི་སྒོ་ནས། དབུ་མའི་གཞུང་སྤྱོད་འཇུག་དང་། སློབ་དཔོན་ཛེ་ཏ་རིས་མཛད་པའི་ཡི་དམ་བླང་བའི་ཆོ་ག་ཇི་ལྟ་བ་བཞིན་དུ་གྱིས་ཏེ། བརྡ་འཕྲོད་ཅིང་ལེན་འདོད་ཡོད་པའི་སྐྱེ་བོ་ཀུན་ལ་སྐྱེ་བའི་ཕྱིར། དབུ་མ་ལུགས་ཀྱི་སེམས་བསྐྱེད་ཀྱི། །རྟེན་དུ་སོ་ཐར་མི་དགོས་ན། །ཡན་ལག་བདུན་པ་སྔོན་འགྲོ་བར། །གསུངས་པའི་དགོངས་པ་གང་ཞིག་ཡིན། །ཞེས་པ་ནི། དབུ་མ་ལུགས་ཀྱི་སེམས་བསྐྱེད་ཀྱི་རྟེན་དུ་སོ་ཐར་མི་དགོས་པ་དང་། སྦྱོར་བའི་ཚེ་ཡན་ལག་བདུན་པ་རྒྱས་པར་བྱེད་པ་གཉིས་འགལ་ལོ་ཞེས་དྲིས་པར་སྣང་ལ། ལན་ནི་དབུ་མ་ལུགས་ཀྱི་སེམས་བསྐྱེད་ཀྱི་སྦྱོར་དངོས་རྗེས་གསུམ་གྱི་སྔོན་དུ་སོ་ཐར་རིགས་བདུན་གང་རུང་དང་ལྡན་པ་འགྲོ་མི་དགོས་པ་དང་། སེམས་ཙམ་ལུགས་ལ་སྦྱོར་དངོས་རྗེས་གསུམ་གྱི་སྔོན་དུ་རིགས་བདུན་གང་རུང་དང་ལྡན་ཞིང་། སྔོན་པ་སེམས་བསྐྱེད་ཀྱང་བླངས་ཟིན་པ་དགོས་པ་ནི་ལུགས་གཉིས་སོ་སོའི་དགོངས་པ་ཡིན་ནོ། །ལུགས་གཉིས་ཀ་ཡང་སྦྱོར་བའི་ཚེ་སོ་ཐར་གྱི་སྡོམ་པ་ལེན་པར་མ་ཆུངས་ཏེ། དེའི་ཚེ་བྱང་ཆུབ་སྙིང་པོའི་མཐའ་ཅན་གྱི་སྐྱབས་འགྲོའི་སྡོམ་པ་ལེན་པར་མཆུངས་ཤིང་།

དེ་ནི་སོ་ཐར་གྱི་ལྡོག་པ་ནས་བསྟན་པའི་སྡོམ་པ་ཡིན་པའི་ཕྱིར། ཡན་ལག་བདུན་པ་ཙམ་བྱས་པས་སོ་ཐར་གྱི་སྡོམ་པ་བླངས་པར་མི་འགྲོ་སྟེ། ཐུན་མོང་མ་ཡིན་པའི་སྐྱབས་འགྲོ་དེ་སྐབས་འདིའི་ཡན་ལག་བདུན་གྱི་ནང་ཚན་མ་ཡིན་པའི་ཕྱིར་རོ། །

གཉིས་པ་དོན་དམ་སེམས་བསྐྱེད་ཆོགས་སྐྱེ་བ་དགག་པ་གསུམ་སྟེ། དམ་བཅའི་སྒོ་ནས་མདོར་བསྟན། གནོད་བྱེད་ཀྱི་སྒོ་ནས་རྒྱས་པར་བཤད། སྨད་པའི་སྒོ་ནས་དོན་བསྡུ་བའོ། །དང་པོ་ནི། ཐེག་ཆེན་ཕ་རོལ་ཏུ་ཕྱིན་པའི་གཞུང་ནས་བཤད་པའི་དོན་དམ་སེམས་བསྐྱེད་ཅེས་བྱ་བ་ཚོགས་སྦྱོར་གྱི་གནས་སྐབས་སུ་བསོད་ནམས་དང་ཡེ་ཤེས་ཀྱི་ཚོགས་བསྐལ་པ་གྲངས་མེད་གཅིག་ཏུ་བསྒོམས་པའི་སྟོབས་ཀྱིས་རྣམ་པར་མི་རྟོག་པའི་ཡེ་ཤེས་དང་གིས་སྐྱེ་བ་དེ་ཡིན་མོད་ཀྱི། ཆོ་གའི་སྒོ་ནས་སེམས་བསྐྱེད་འདི་མི་སྐྱེ་སྟེ། ལུང་རིགས་ཀྱིས་གནོད་པའི་ཕྱིར་རོ། །གཉིས་པ་ལ་བཞི་སྟེ། ཆོགས་སྐྱེ་བ་ལ་གནོད་བྱེད་བསྟན། ཆོགས་སྐྱེ་བའི་སྒྲུབ་བྱེད་མེད། ཆོགས་མི་སྐྱེ་བ་དཔེའི་སྒོ་ནས་བསྒྲུབ། དེ་ལ་ལུང་དང་འགལ་བ་སྤང་བའོ། །དང་པོ་ནི། གལ་ཏེ་དོན་དམ་སེམས་བསྐྱེད་འབོགས་བྱེད་ཆོ་ག་ལ་བརྟེན་ནས་སྐྱེ་ན་ནི། དེ་ཆོས་ཅན། རིགས་པ་བརྡ་ལས་བྱུང་བའི་སེམས་བསྐྱེད་དུ་འགྱུར་བར་ཐལ། སེམས་བསྐྱེད་གང་ཞིག །ཁས་བླངས་དེའི་ཕྱིར། འདོད་མི་ནུས་ཏེ། སེམས་བསྐྱེད་འདི་ནི་དོན་དམ་ཆོས་ཉིད་བསྒོམས་སྟོབས་ཀྱིས་ཐོབ་པའི་སེམས་བསྐྱེད་ཡིན་པའི་ཕྱིར།

གཉིས་པ་ནི། དོན་དམ་སེམས་བསྐྱེད་ཆོགས་སྐྱེ་བ་ལ་སྒྲུབ་བྱེད་མེད་དེ། སེམས་བསྐྱེད་འདི་ལ་འབོག་བྱེད་སྦྱོར་དངོས་རྗེས་གསུམ་གྱི་ཆོ་ག་རྒྱལ་བས་མ་གསུངས་ཤིང་། རྗེས་འཇུག་གི་མཁས་པ་རྣམས་ཀྱང་འདི་མི་མཛད་ཅིང་། གལ་ཏེ་མཛད་ཀྱང་ཆོ་གར་མི་འགྱུར་བའི་ཕྱིར། དེས་ན་སེམས་བསྐྱེད་ཀྱི་སྐབས་སུ་དོན་དམ་སེམས་བསྐྱེད་ཆོ་གས་འབོགས་པ་དང་། སྔགས་ཀྱི་སྐབས་སུ་ཕག་མགོའི་དབང་བསྐུར་བྱེད་པ་སོགས་མ་དག་པ་འདི་འདྲའི་རིགས་ཅན་ཀུན་ཆོས་ཅན། སངས་རྒྱས་ཀྱི་བསྟན་པའི་གཟུགས་བརྙན་ཙམ་ཡིན་ཏེ། ཆོས་ལྟར་བཅོས་པ་ཡིན་པའི་ཕྱིར། དོན་འདི་དང་མཐུན་པར་སངས་རྒྱས་འཕྲིན་ཞུ་ལས། དོན་དམ་ཞེས་བྱའི་བྱང་ཆུབ་སེམས། །ཆོས་ཉིད་ཀྱིས་ནི་ཐོབ་ཅེས་གསུངས། །ཆོ་ག་གཞུང་ལས་བཤད་པ་མེད། །དེ་སྐད་བདག་གིས་བཤད་པ་ལ། །ཆགས་སྡང་ཡིན་ཞེས་འགའ་ཞིག་སྨྲ། །ཞེས་གསུངས་སོ། །

གསུམ་པ་ནི། ཀུན་རྫོབ་སེམས་བསྐྱེད་ཆོགས་སྐྱེ་བ་དང་། དོན་དམ་སེམས་བསྐྱེད་ཆོགས་མི་སྐྱེ་བ་ནི་དཔེའི་སྒོ་ནས་ཀྱང་གསལ་ཏེ། དཔེར་ན་ཞིང་ལ་ཆུ་དང་ལུད་འདྲེན་པ་དང་། ས་བོན་འདེབས་པ་སོགས་ཀྱི་སོ་ནམ་ཞིང་པས་དངོས་སུ་བྱར་ནུས་ཀྱིས། འོན་ཀྱང་ནས་ཀྱི་མྱུ་གུ་དང་། སྙེ་མ་སོགས་ཞིང་ལས་དངོས་སུ་འབྱུང་

གི༑ སོ་ནམ་བྱེད་པའི་མི་ལས་དངོས་སུ་མི་འབྱུང་བ་དེ་བཞིན་དུ། ཀུན་རྫོབ་བྱང་ཆུབ་ཀྱི་སེམས་བསྐྱེད་ཆོ་གའི་སྒོ་ནས་དངོས་སུ་བསྐྱེད་ནུས་ཀྱིས། དོན་དམ་བྱང་སེམས་དང་། ཟག་མེད་ཀྱི་སྡོམ་པ་དང་། བསམ་གཏན་གྱི་སྡོམ་པ་དང་། སྙོམས་འཇུག་སོགས་བསྒོམས་པའི་སྟོབས་ཀྱིས་རང་གིས་སྐྱེ་ཡི། ཆོ་གས་སྐྱེས་བ་མ་ཡིན་ནོ། །འདི་ནི་དཔེ་དང་སྦྱར་བའི་རིགས་པ་ལན་གྱི་སྦྱོབས་པ་དང་བྲལ་བ་ཞིག་གོ །ཚུལ་འདི་དག་འཐད་པ་དང་བཅས་པ་མདོ་བསྟན་བཅོས་ཀུན་ལས་འབྱུང་བ་ཡིན་ཏེ། ཀ་མ་ལ་ཤཱི་ལའི་བསྒོམ་རིམ་དུ་མདོ་དྲངས་པ་ལས། དོན་དམ་པའི་བྱང་ཆུབ་ཀྱི་སེམས་དེ་ནི། རྟག་ཏུ་གུས་པས་ཞི་གནས་དང་། ལྷག་མཐོང་གི་རྣལ་འབྱོར་གོམས་པ་ལས་དེར་འགྱུར་རོ། །ཞེས་དང་། མདོ་སྡེ་རྒྱན་ལས། རྫོགས་པའི་སངས་རྒྱས་རབ་མཉེས་བྱས། །ཞེས་སོགས་དང་། མཛོད་ལས། བསམ་གཏན་ལས་སྐྱེས་བསམ་གཏན་གྱི། །ས་ཉིད་ཀྱིས་ཐོབ་ཟག་མེད་ཀྱི། །འཕགས་དེས་སོ་སོ་ཐར་ཞེས་པ། །ཞེས་གསུངས་པ་ཡིན་ནོ། །བཞི་པ་ནི། འོ་ན་སྤྱང་སྐྱོང་ཕྱག་རྒྱ་པ་ལས། དོན་དམ་པའི་བྱང་ཆུབ་ཀྱི་མཆོག་ཏུ་སེམས་བསྐྱེད་པར་བྱའོ། །ཞེས་གསུངས་པ་དང་འགལ་ལོ་ཞེ་ན༑ དེ་ནི་བོད་ལ་གནམ་བབས་སུ་བྱུང་བས་མཁས་པ་དག་གིས་ཚད་མར་བྱེད་པ་ཡང་དཀའ་ཞིང་། གལ་ཏེ་རྒྱ་ལ་དེ་སངས་རྒྱས་ཀྱིས་གསུངས་པ་སྲིད་ཀྱང་དམ་བཅའ་ཙམ་ཡིན་གྱི། ཆོ་གའི་སྒོ་ནས་བསྐྱེད་པ་མ་ཡིན་ནོ། །ཤེས་བྱེད་ནི། དཔེར་ན་སྦྱིན་པ་གཏང་བར་བྱ་བ་དང་། ཚུལ་ཁྲིམས་དམ་པ་བསྲུང་བར་བྱ་བ་དང་། སངས་རྒྱས་ཀྱི་ཡོན་ཏན་བསྒྲུབ་པར་བྱ་བ་དང་། སངས་རྒྱས་ཐོབ་ནས་ཆོས་ཀྱི་འཁོར་ལོ་བསྐོར་བར་བྱའོ། །ཞེས་པ་དེ་ལ་སོགས་པ་གསུངས་པ་ཀུན་དམ་བཅའི་ཚིག་ཙམ་ཡིན་གྱིས། ཆོ་གའི་སྒོ་ནས་བསྐྱེད་པ་མ་ཡིན་པ་བཞིན་ནོ༑ ༑གལ་ཏེ་དེ་དག་ཀྱང་ཆོ་ག་ཡིན་ན་ཧ་ཅང་ཐལ་བར་འགྱུར་ཞིང་། ཆོ་ག་ཡང་ནི་ཐུག་མེད་དུ་འགྱུར་ཏེ། ཁྱེད་ཀྱི་འདོད་པ་དེ་ལྟ་ན། སྦྱིན་སོགས་རྣམ་དཀར་གྱི་ཡོན་ཏན་ཐམས་ཅད་ལ་ཆོ་ག་ཐུག་མེད་དུ་འགྱུར་བའི་ཕྱིར་རོ། །གསུམ་པ་ནི། ཀྱེ་མ་འཇིག་རྟེན་ན་བླུན་པོ་འདི་རྒྱལ་བས་གསུངས་པའི་སྡོམ་གསུམ་གྱི་ཆོ་ག་རྣམ་པར་དག་པ་ཀུན་དོར་ནས། མ་གསུངས་པའི་སེམས་ཙམ་ལུགས་ཀྱི་སེམས་བསྐྱེད་ཀུན་ལ་བྱེད་པ་དང་། དོན་དམ་སེམས་བསྐྱེད་ཆོ་གས་འཐོབ་པ་སོགས་འདི་འདྲ་ནི་མཐོ་རིས་དང་ངན་སོང་གི་ལམ་ཅིར་འགྱུར་བརྟག་དགོས་ཏེ། བརྟགས་ནས་བག་ཡོད་པར་བྱ་བ་ཡིན་ནོ། །

གཉིས་པ་བསླབ་བྱ་ལ་གཉིས་ཏེ། དགག་པའི་བསླབ་བྱ་དང་། བསྒྲུབ་པའི་བསླབ་བྱའོ། །དང་པོ་ལ་གཉིས་ཏེ། བཞིར་དབྱེ་བ་དང་། གཅིག་ཏུ་བསྡུ་བའོ། །དང་པོ་ནི། སྔར་བཤད་པ་དེ་ལྟར། སེམས་ཙམ་པ་དང་དབུ་མ་པ་གཉིས་ལེན་པའི་ཆོ་ག་སོགས་རྣམ་གཞག་ཕལ་ཆེར་ཐ་དད་དུ་ཡོད་མོད་ཀྱི། འོན་ཀྱང་ཐེག་ཆེན་དབུ་

སེམས་ཀུན་མཐུན་པར་ལྟུང་བའི་རྣམ་གཞག་མུ་བཞི་གསུངས་ཏེ། ལྟུང་མེད་དང་། ལྟུང་བ་དང་། ལྟུང་བའི་གཟུགས་བརྙན་དང་། ལྟུང་བ་མེད་པའི་གཟུགས་བརྙན་དང་རྣམ་པ་བཞིར་གསུངས་པའི་ཕྱིར། དཔེར་བརྗོད་ནི་བསམ་པ་དག་པའི་སྦྱིན་པ་དང་ཚུལ་ཁྲིམས་སོགས་ཆོས་ཅན། བྱང་ཆུབ་སེམས་དཔའ་ལ་རྣམ་པ་ཀུན་ཏུ་ལྟུང་བ་མེད་དེ། བསམ་སྦྱོར་གཉིས་ཀ་དཀར་བའི་ཕྱིར། བསམ་པ་ངན་པའི་སྲོག་གཅོད་དང་མ་བྱིན་ལེན་སོགས་ཆོས་ཅན། བྱང་ཆུབ་སེམས་དཔའ་ལ་རྣམ་པ་ཀུན་ཏུ་ལྟུང་བར་འགྱུར་ཏེ། བསམ་སྦྱོར་གཉིས་ཀ་གནག་པའི་ཕྱིར། རང་དོན་གྱི་འཁྲི་བ་མེད་པར་གཞན་ཕན་དགེ་བའི་སེམས་ཀྱིས་འགྲོ་བ་མ་རུངས་པའི་སྲོག་བཅད་པ་དང་། གཞན་དོན་དུ་བརྫུན་སྨྲས་པ་སོགས་ཆོས་ཅན། ལྟུང་བའི་གཟུགས་བརྙན་ཡིན་ཏེ། ལྟུང་བར་སྣང་ཡང་བྱང་ཆུབ་སེམས་དཔའ་ལ་ལྟུང་མེད་ཡིན་པའི་ཕྱིར། གཞན་ལ་གནོད་ན་ཤེས་བཞིན་དུ་བརྫུན་མ་སྨྲས་པར་རྗོན་པ་ལ་རི་དྭགས་ཕྱོགས་འདི་ན་འདུག་གོ་ཞེས་བདེན་པར་སྨྲས་པ་ལྟ་བུ་ཆོས་ཅན། ལྟུང་བ་མེད་པའི་གཟུགས་བརྙན་ཡིན་ཏེ། ལྟུང་མེད་དུ་སྣང་ཡང་བྱང་སེམས་ལ་ལྟུང་བར་འགྱུར་བའི་ཕྱིར་ཏེ། བྱང་སེམས་ཀྱི་དོན་དུ་གཉེར་བྱ་ནི་གཞན་དོན་ཉིད་ཡིན་པའི་ཕྱིར་རོ། །

གཉིས་པ་ནི། བསླབ་བྱ་མདོར་བསྡུ་ན་སེམས་ཀྱི་འཕེན་པ་བཟང་ངན་ལས་གཞན་པའི་དགེ་སྡིག་ཡོད་པ་མ་ཡིན་པས་སེམས་མི་དགེ་བ་སྤངས་ནས་དགེ་བ་གཅིག་པུ་ལ་བསླབ་པར་བྱ་སྟེ། དེ་ལ་བསླབས་པས་བསླབ་བྱ་མཐའ་དག་ལ་བསླབ་པར་འགྱུར་བའི་ཕྱིར། དེ་སྐད་དུ་འཕགས་པ་ལྷའི་བཞི་བརྒྱ་པ་ལས། གཞན་ཕན་ལྷག་བསམ་གྱིས་རྩིས་ཟིན་པའི་སྒོ་ནས་བྱས་པའི་བྱང་ཆུབ་སེམས་དཔའི་ལུས་ངག་གི་ལས་དགེ་བའམ། ཡང་ན་མི་དགེ་བར་སྣང་བ་ཐམས་ཅད་དགེ་བར་འགྱུར་ཏེ། གང་གི་ཕྱིར་ན་བྱང་སེམས་ཀྱི་དགེ་སྡིག་ལ་སེམས་གཙོ་ཆེ་བའི་ཕྱིར། ཞེས་གསུངས་པའི་ཕྱིར་དང་། མདོ་རྒྱུད་བསྟན་བཅོས་གཞན་ལས་ཀྱང་། དགེ་སྡིག་གི་རྣམ་གཞག་སེམས་ལ་རག་ལས་པ་དེ་ལྟར་གསུངས་ཏེ། ཆོས་ཡང་དག་པར་སྡུད་པའི་མདོ་ལས། ཆོས་ཐམས་ཅད་སེམས་ལ་རག་ལས་པ་ཡིན་ནོ། །ཞེས་དང་། སློབ་དཔོན་ནག་པོ་པས། དེ་ཕྱིར་དམ་པའི་ཞལ་ནས་ནི། །གསུངས་པའི་བྱ་བ་སྡིག་ཀྱང་བྱ། །དམ་པའི་ཞལ་ལས་མ་གསུངས་པའི། །དགེ་བའང་མཁས་པས་སྤང་བར་བྱ༑ ༑ཞེས་དང་། བཤེས་སྤྲིངས་ལས། ཕན་པའི་གདམས་ངག་དོན་པོ་འདི་ལགས་ཏེ། །ཁྱོད་ཀྱི་ཐུགས་དུལ་མཛོད་ཅིག་བཅོམ་ལྡན་གྱིས། །སེམས་ནི་ཆོས་ཀྱི་རྩ་བ་ལགས་པར་གསུངས། །ཞེས་དང་། ཨཱརྻ་དེ་ཝའི་སེམས་ཀྱི་སྒྲིབ་སྦྱོང་ལས། བསམ་པ་བཟང་པོས་མཆིལ་ལྷམ་གཉིས། །ཐུབ་པའི་དབུ་ལ་བཞག་པ་དང་། །དེ་ནི་གཞན་གྱིས་བསལ་བྱས་པས། །གཉིས་ཀས་རྒྱལ་སྲིད་ཐོབ་པར་འགྱུར། །དེ་ཕྱིར་བསམ་པའི་རྩ་བ་ལ། །

བསོད་ནམས་སྡིག་པ་རྣམ་པར་གནས། །ཞེས་གསུངས་པ་ཡིན་ནོ། །རྩེས་ཐངས་སངས་ལྷུན་པས། མུ་བཞི་ངོས་བཟུང་བ་དང་། དེའི་རྒྱུ་མཚན་འགོད་པ་གཉིས་སུ་ཕྱེ་ནས། མདོར་ན་སེམས་ཀྱི་ཞེས་སོགས་རྒྱུ་མཚན་སྟོན་བྱེད་དུ་མཛད་པ་ནི་ཆེར་མ་འབྲེལ་ཏེ། དེ་རྒྱུ་མཚན་སྟོན་བྱེད་ཡིན་ན། མདོར་ན་ཞེས་པའི་ཚིག་གི་ནུས་པས་དེའི་གོང་དུ་རྒྱུ་མཚན་རྒྱས་པ་གཅིག་བསྟན་དགོས་པ་ལས། དེ་ནི་མ་བསྟན་པའི་ཕྱིར། དེས་ན་བསླབ་བྱ་མདོར་བསྡུ་ན་ཞེས་པ་འདི་ཙམ་འཐད་པ་ཡིན་ཏེ། བསླབ་བྱ་མུ་བཞི་གསུངས་པའི་རྗེས་སུ་སླར་བསླབ་བྱ་གཅིག་ཏུ་བསྡུས་ཏེ་དེའི་ཤེས་བྱེད་ལུང་གི་འཐད་པ་དང་བཅས་པ་གསུངས་པ་ཡིན་པའི་ཕྱིར་རོ། །

གཉིས་པ་བསྒྲུབ་པའི་བསླབ་བྱ་ལ་གསུམ་སྟེ། བསླབ་བྱའི་གཙོ་བོ་འགོག་པའི་ལོག་རྟོག་བརྗོད། དེ་ཉིད་ཡང་དག་དངོས་སྟོབས་རིགས་པས་དགག །བསླབ་བྱའི་གཙོ་བོ་ཡིན་པའི་སྒྲུབ་བྱེད་འགོག་པའོ། །དང་པོ་ནི། བྱང་ཆུབ་ཏུ་སེམས་བསྐྱེད་པའི་བསླབ་བྱ་ཆོས་ཅན། ཁྱོད་ལ་རྣམ་པ་གཉིས་སུ་གསུངས་པ་ཡིན་ཏེ། བདག་གཞན་མཉམ་པ་དང་བརྗེ་བ་སྒོམ་པ་གཉིས་སུ་གསུངས་པའི་ཕྱིར་ཏེ། སྤྱོད་འཇུག་ལས། བདག་དང་གཞན་དུ་མཉམ་པ་ནི། །དང་པོ་ཉིད་དུ་འབད་དེ་བསྒོམ། །ཞེས་དང་། བདག་དང་གཞན་དུ་བརྗེ་བྱ་བ། །གསང་བའི་དམ་པ་སྤྱད་པར་བྱ། །ཞེས་གསུངས་པའི་ཕྱིར། ཚིག་རྐང་གཉིས་པོ་འདི་བསླབ་བྱ་དངོས་འཆད་བྱེད་ཡིན་པས། ཡང་ན། དངོས་དོན་བསླབ་བྱ་གཉིས་སུ་དབྱེ། །དེ་ལ་ལོག་པར་རྟོག་ཚུལ་བརྗོད། །དེ་ཉིད་དངོས་སྟོབས་རིགས་པས་དགག །བསླབ་བྱའི་གཙོ་བོར་ལུང་གིས་བསྒྲུབ། །ཕན་ཡོན་སྒོ་ནས་དོན་བསྡུ་བསྟན། །ཞེས་སྦྱར་རོ། །གཉིས་པ་ནི། དེ་ལ་འབྲི་གུང་པ་ཁ་ཅིག །བདག་གཞན་ཕན་པའི་བྱང་ཆུབ་ཀྱི་སེམས་བརྒྱད་པ་མ་ཐོབ་ཀྱི་བར་དུ་བསྒོམ་དུ་མི་རུང་སྟེ། དེའི་རྒྱུ་མཚན་འདི་སྐད་ཟེར་ལོ། །བདག་གི་བདེ་བ་གཞན་ལ་བྱིན་ནས། གཞན་གྱི་སྡུག་བསྔལ་བདག་གིས་བླངས་ན་བདག་རྟག་ཏུ་སྡུག་བསྔལ་བར་འགྱུར་ཏེ། སྒོན་ལམ་མཐའ་བཙན་པའི་ཕྱིར། དེས་ན་བརྗེ་བའི་བྱང་ཆུབ་ཀྱི་སེམས་བསྒོམ་པ་ཕལ་ཆེར་ནི། ཐབས་ལ་མི་མཁས་ཤིང་ནོར་བ་ཆེན་པོའི་ཆོས་ཡིན་ནོ་ཞེས་ཟེར་ལོ། །

གསུམ་པ་ལ་གཉིས་ཏེ། བསྒྲུབ་བྱ་དགག་པ་དང་། སྒྲུབ་བྱེད་དགག་པའོ། །དང་པོ་ནི། བདག་གཞན་བརྗེ་བ་རུང་བ་དང་མི་རུང་བའི་དོན་འདི་ལྟར་བསམ་པར་བྱ་སྟེ། ཕྱོགས་སྔ་མ་ལ་བདག་གཞན་བརྗེ་བའི་བྱང་ཆུབ་ཀྱི་སེམས་བསྒོམ་པ་དགེ་བ་ཡིན་នམ་སྡིག་པ་ཡིན་བརྟག་ཅིང་དྲི་བར་བྱའོ། །གལ་ཏེ་དགེ་བ་ཡིན་ནོ་ཞེ་ན༏ དེ་ཆོས་ཅན། ཁྱོད་ལས་འབྲས་བུ་སྡུག་བསྔལ་འབྱུང་བ་མི་འཐད་པར་ཐལ། དགེ་བ་ཡིན་པའི་ཕྱིར། སྡིག་པ་ཡིན་ནོ་ཞེ་ན། དེ་ཆོས་ཅན། དུག་གསུམ་གང་རུང་གིས་ཀུན་ནས་བསླང་སྟེ་བསྐྱེད་པའི་ལས་སུ་ཐལ།

སྡིག་པ་ཡིན་པའི་ཕྱིར། དེས་ན་བརྗེ་བ་བསྒོམ་པ་ལས་སྡུག་བསྔལ་ག་ལ་འབྱུང་སྟེ། མི་འབྱུང་བར་ཐལ། དེ་ནི་གཞན་ཕན་དགེ་བའི་སེམས་ཀྱིས་བསྐྱེད་པ་ཁོ་ན་ལས། དུག་གསུམ་གང་རུང་གིས་བསྐྱེད་པ་མ་ཡིན་པས་སོ༔ །མཐའ་གཉིས་སུ་བརྟགས་པའི་རིགས་པ་འདི་ནི་ཕྱོགས་སྔའི་རྩལ་ཕུང་ཕྱེ་མར་འཐག་པའི་རིགས་པའི་མཆོག་གོ། །

གཉིས་པ་ནི། སྨོན་ལམ་མཐའ་བཙན་པ་གཏན་ཚིགས་མ་གྲུབ་སྟེ། བྱང་ཆུབ་སེམས་དཔའི་བློ་སྦྱོང་གི་སྨོན་ལམ་འགའ་ཞིག་མཐའ་མི་བཙན་པའི་ཕྱིར། གལ་ཏེ་བཙན་ན། ཚོང་དཔོན་མཛའ་བོའི་བུ་མོ་རྒྱུན་དུ་ གླད་ནད་ཆེན་པོར་འགྱུར་ཏེ། སེམས་ཅན་ཐམས་ཅད་ཀྱི་གླད་ནད་བདག་ལ་སྨིན་པར་གྱུར་ཅིག་ཅེས་པའི་སྨོན་ལམ་བཏབ་པའི་ཕྱིར། དེར་མ་ཟད་དུས་གསུམ་གྱི་སངས་རྒྱས་ཐམས་ཅད་ཀྱང་ཆོས་ཅན། རྒྱུན་དུ་སྡུག་བསྔལ་ཐོབ་པར་འགྱུར་བར་ཐལ། སྨོན་ལམ་མཐའ་བཙན་པ་གང་ཞིག་སྔོན་བདག་གཞན་བརྗེ་བ་བསྒོམ་པའི་ཕྱིར། བདག་གཞན་བརྗེས་པའི་ཡུལ་གྱི་སེམས་ཅན་དེ་དག་ཀུན་ཆོས་ཅན། སྡུག་བསྔལ་འབྱུང་བ་མི་སྲིད་པར་འགྱུར་ཏེ༔ སྨོན་ལམ་མཐའ་བཙན་པས་ཁྱོད་ཀྱི་སྡུག་བསྔལ་རྣམས་སངས་རྒྱས་བྱང་སེམས་རྣམས་ལ་སྨིན་པར་རིགས་པའི་ཕྱིར། རྟགས་ཁས། རིགས་པ་རྣམ་གྲངས་གསུམ་མོ། །དེས་ན་བརྗེ་བའི་བྱང་ཆུབ་ཀྱི་སེམས་བསྒོམ་དུ་མི་རུང་ཞེས་སྨྲ་བ་འདི་འདྲའི་གསང་ཚིག་ནི་བདུད་ཀྱི་ཡིན་པ་ཕལ་ཆེར་གྱིས་མི་ཤེས་པས་ཤེས་པར་བྱ་ཞིང་། ཤེར་མདོ་སོགས་ལས། ཐབས་ཕྱིན་ཅི་ལོག་ཏུ་སྟོན་པ་ཐབས་ལ་བསླུ་བའི་བདུད་ཡོད་དོ་ཞེས་རྒྱལ་བས་གསུངས་པ་འདང་དྲན་པར་བྱ་སྟེ། དེ་ལྟར་ཤེས་ཤིང་དྲན་པར་བྱས་ནས་སྤང་དགོས་པ་ཡིན་པའི་ཕྱིར་རོ། །

བཞི་པ་ལ་གསུམ་སྟེ། ཀླུ་སྒྲུབ་ཀྱི་ལུང་། ཞི་བ་ལྷའི་ལུང་། གཞུང་གཞན་གྱི་ལུང་ངོ་། །དང་པོ་ནི། བདག་གཞན་བརྗེ་བ་བསྒོམ་པ་ནི་ཆོས་ཅན། ནོར་བ་ཆེན་པོའི་ཆོས་མ་ཡིན་པར་བྱང་སེམས་ཀྱི་བསླབ་བྱའི་གཙོ་བོ་ཡིན་ཏེ། ཐེག་པ་ཆེན་པོའི་སངས་རྒྱས་ཀྱི་བསྟན་པའི་ཉམས་ལེན་གྱི་སྙིང་པོ་ཡིན་པར་གསུངས་པའི་ཕྱིར། ཇི་ལྟར་ན། འཕགས་པ་ཀླུ་སྒྲུབ་འགྲོ་བའི་མགོན་དང་སློབ་པར་གྱུར་པ་ཉིད་ཀྱིས་རིན་ཆེན་འཕྲེང་བར། སྨོན་ལམ་ཕན་ཡོན་དང་བཅས་པ་འདི་སྐད་གསུངས་ཏེ། བདག་ལ་སེམས་ཅན་དེ་དག་གི་སྡིག་པ་སྨིན་ཅིང་། བདག་གི་དགེ་བ་མ་ལུས་པ་སེམས་ཅན་དེར་སྨིན་པར་ཤོག །ཇི་སྲིད་སེམས་ཅན་འགའ་ཞིག་ཀྱང་གང་དུ་འཁོར་བ་ལས་མ་གྲོལ་བའི་བར་དེ་སྲིད་དུ། དེའི་དོན་བྱ་བའི་ཕྱིར་བླ་ན་མེད་པའི་བྱང་ཆུབ་ཐོབ་ཀྱང་ཟག་མེད་ཀྱི་བདེ་བ་ལ་མ་ཆགས་པར་འཁོར་བར་གནས་པར་གྱུར་ཅིག །ཅེས་པ་ནི་བདག་གཞན་བརྗེ་བའི་སྨོན་ལམ་ཡིན་ལ༔ སྨོན་ལམ་དེ་སྐད་བརྗོད་པའི་བསོད་ནམས་ནི་གལ་ཏེ་གཟུགས་སུ་གྲུབ་ན། ཆུ་ཀླུང་གང་གཱའི་བྱེ་མ་སྙེད་ཀྱི་

གྲངས་དང་མཉམ་པའི་འཇིག་རྟེན་གྱི་ཁམས་སུ་ཤོང་བར་མི་འགྱུར་རོ། །ཕན་ཡོན་འདི་ནི་བཅོམ་ལྡན་འདས་ཀྱིས་གསུངས་པ་ཡིན་ཏེ། དཔལ་སྦྱིན་གྱིས་ཞུས་པའི་མདོ་ལས། བྱང་ཆུབ་སེམས་ཀྱི་བསོད་ནམས་གང་། །གལ་ཏེ་དེ་ལ་གཟུགས་མཆིས་ན། །ནམ་མཁའི་ཁམས་ནི་ཀུན་བཀང་ནས། །དེ་ནི་དེ་ལས་ལྷག་པར་འགྱུར། །ཞེས་གསུངས་པའི་ཕྱིར། ཕན་ཡོན་དེ་ལྟར་འབྱུང་བའི་ཤེས་བྱེད་ཀྱི་གཏན་ཚིགས་ཀྱང་ནི་འདི་ལ་སྣང་སྟེ། བདག་གཞན་བརྗེ་བ་བསྒོམ་པའི་དམིགས་ཡུལ་གྱི་སེམས་ཅན་མུ་མེད་ཅིང་མཐའ་ཡས་པ་དེ་བཞིན་དུ། དམིགས་བྱེད་ཀྱི་བདག་གཞན་བརྗེ་བའི་སྨོན་ལམ་ལ་ཡང་ཕན་ཡོན་མུ་དང་ཚད་མེད་པ་འབྱུང་བ་ཡིན་པའི་ཕྱིར། གཞན་ཡང་རིན་ཆེན་འཕྲེང་བ་ལས། ཕན་ཡོན་དང་བཅས་པ་ཡང་དུ་གསུངས་ཏེ། གོམ་པ་བདུན་པའི་བར་དག་ཏུ། །བདོག་པ་ཀུན་གཏོང་སེམས་འཆང་བའི། །བྱང་ཆུབ་སེམས་དཔའ་རྣམས་ཀྱིས་ནི། །བསོད་ནམས་མཁའ་འདྲ་དཔག་མེད་སྐྱེ། །ཞེས་པ་ལ་སོགས་པ་ལེགས་པར་གསུངས་པའི་ཕྱིར་རོ། །

གཉིས་པ་ནི། སྤྱོད་འཇུག་ལས་ཀྱང་འདི་སྐད་དུ་གསུངས་ཏེ། བདག་གི་བདེ་བ་དང་གཞན་གྱི་སྡུག་བསྔལ་ཡང་དག་པ་ཉིད་དུ་བརྗེ་བ་མ་བྱས་ན། མཐར་ཐུག་སངས་རྒྱས་མི་འགྲུབ་ཅིང་། གནས་སྐབས་འཁོར་བ་ན་ཡང་མངོན་མཐོའི་བདེ་བ་ཕུན་སུམ་ཚོགས་པ་མེད་པ་དེ་སྐད་གསུངས་པ་ལེགས་པར་ལུང་ཚད་མར་བཟུང་རིགས་པའི་ཕྱིར། ལུང་སྟེ་མ་བསྒོམས་པའི་ཕན་ཡོན་དང་། ཕྱི་མ་འདི་མ་བསྒོམས་པའི་ཉེས་དམིགས་སྟོན་བྱེད་གཙོ་ཆེ་བ་ཡིན་ནོ། །

གསུམ་པ་ནི། ཐེག་པ་ཆེན་པོའི་མདོ་བསྟན་བཅོས་གཞན་ལས་ཀྱང་ཆོས་ཀྱི་སྙིང་པོར་བདག་གཞན་བརྗེ་བ་འདི་གསུངས་ཏེ། གསང་ཆེན་ཐབས་ལ་མཁས་པའི་མདོ་ལས། གཞན་ཡང་བྱང་ཆུབ་སེམས་དཔའ་སེམས་དཔའ་ཆེན་པོའི་ཐབས་ལ་མཁས་པ་ནི་ཞེས་པ་ནས། འདི་ལྟར་སེམས་ཅན་དེ་དག་གི་སྡུག་བསྔལ་གྱི་ཚོར་བ་གང་ཡིན་པ་དེ་དག་ཐམས་ཅད་བདག་གི་ལུས་ལ་འབབ་པར་གྱུར་ཅིག །སེམས་ཅན་དེ་དག་བདེ་བར་གྱུར་ཅིག །ཅེས་དང་། བྱང་ཆུབ་སེམས་འགྲེལ་ལས། བསམ་གཏན་བདེ་བ་དོར་ནས་ཀྱང་། །མནར་མེད་པར་ཡང་འཇུག་པར་བྱེད། །འདི་ནི་ངོ་མཚར་བསྔགས་འོས་སོ། །ཞེས་གསུངས་སོ། །

ལྔ་པ་ཕན་ཡོན་གྱི་སྒོ་ནས་དོན་བསྡུ་བ་ནི། བདག་གཞན་བརྗེ་བ་བསྒོམ་དུ་མི་རུང་བ་ལ་གནོད་བྱེད་ཀྱི་རིགས་པ་དང་། བསྒོམ་དུ་རུང་བ་ལ་ཤེས་བྱེད་ཀྱི་ལུང་ཡོད་པ་དེས་ན་བརྗེ་བ་བསྒོམ་པ་འདི་ནི་གནས་སྐབས་དང་མཐར་ཐུག་གཉིས་ཀའི་ཕན་ཡོན་དང་ལྡན་པས་བསྒོམ་རིགས་པ་ཡིན་ཏེ། བདག་གཞན་བརྗེ་བ་ཞི་ཐག་པ་ནས་བསྒོམ་ཤེས་པ་དེ་ནི་མཐར་ཐུག་མྱུར་དུ་འཚང་རྒྱ་ཞིང་དེ་མ་ཐོབ་ཀྱི་བར་དུ་ཡང་འཇིག་རྟེན་གྱི་བདེ་

འབྲས་ཕུན་སུམ་ཚོགས་པ་འབྱུང་བ་ཡིན་པའི་ཕྱིར་ཏེ། ཀླུ་སྒྲུབ་ཀྱིས། སེམས་ཅན་ཡོངས་སུ་མ་དོར་བས། །སེམས་ཅན་རྟེན་ནས་སངས་རྒྱས་ཀྱི། །གོ་འཕང་བླ་མེད་རྙེད་གྱུར་ན། །ལྷ་དང་མི་ཡི་ལོངས་སྤྱོད་གང་། །ཞེས་སོགས་གསུངས་པའི་ཕྱིར། འདིར་གསེར་ཕྲེང་ལས། བདག་གཞན་བརྗེ་བ་མཐའ་གཅིག་ཏུ། །ནོར་ཆེན་ཆོས་ཞེས་ཕྱོགས་སྔ་མས། །ཇི་ལྟར་ཁས་བླངས་ས་བརྒྱད་པར། །བརྗེ་བ་བསྒོམ་པར་འཆད་མིན་ནམ། །ཕྱོགས་སྔས་སྡུག་བསྔལ་དྭང་ལེན་གྱི། །བཟོད་པ་ཐོབ་དང་མ་ཐོབ་ཀྱི། །ཞིབ་ཆ་ཕྱེ་བ་མ་བཀླགས་ན། །ལུང་རིགས་ཚུད་འཛར་མི་འགྱུར་རམ། །ཞེས་གསུངས་པ་ནི་སྤྱིར་ཕྱོགས་སྔ་འགོག་པའི་རིགས་ཐམས་ཅད་ལ་སྒྲོ་སྐུར་མི་བྱ་བར་ཁོ་རང་གི་འདོད་པ་བཞིན་ཞིབ་ཆ་བླངས་ནས་འགོག་དགོས་པ་ཡིན་ཏེ། གཞན་དུ་ན་ཕྱོགས་སྔའི་ནམ་མ་ལངས་པར་དགག་པའི་ཉི་མ་ཤར་བར་སོང་བས། གནོད་བྱེད་ཀྱི་ལུང་རིགས་བསྟན་པ་ཡང་ཚུད་འཛར་འགྱུར་བའི་རིགས་ཅན་ཡང་ཤིན་ཏུ་མང་ངོ་། །དེ་ཡང་འབྲི་གུང་པའི་བཞེད་པ་ས་བརྒྱད་པ་ནས་མི་སྐྱེ་བའི་ཆོས་ལ་བཟོད་པ་ཐོབ་པས་བདག་གཞན་བརྗེ་བ་གནས་སྐབས་གང་དུ་བསྒོམས་ཀྱང་སྐྱོན་མེད་ཅིང་། མ་དག་ས་བདུན་དང་སོ་སོ་སྐྱེ་བོའི་གནས་སྐབས་སུ་བདག་གཞན་བརྗེ་བ་མཐའ་གཅིག་ཏུ་བསྒོམ་དུ་མི་རུང་བ་མ་ཡིན་ཡང་། དུས་ཚོད་གནས་སྐབས་དང་རང་གི་རྟོགས་པའི་རྒྱུད་ཚོད་དང་སྦྱར་ནས་བསྒོམ་དགོས། གཞན་དུ་ན་ཉེས་པར་འགྱུར་བའི་སྐབས་ཀྱང་ཡོད་དེ། འཕགས་པ་ཤཱ་རིའི་བུས་དྲུག་པ་བ་ཡིན་པ་ལ། དུས་ལ་མ་བབས་པར་མིག་སྦྱིན་པར་བཏང་བས་ཉན་ཐོས་ཀྱི་སར་ལྷུང་བའི་རྐྱེན་དུ་གྱུར་པ་དང་། རྗེ་ཕག་མོ་གྲུ་པ་ལ། རྗེ་རིན་པོ་ཆེ་རྟག་པར་ཞབས་བསྟུང་བ་ཅིས་ལན་ཞུས་པས། ཁོ་བོ་སྔོན་དད་པ་ནི་ཆེ་ཤེས་རབ་ནི་ཆུང་བའི་དུས་སུ་རྟག་པར་གཞན་གྱི་སྡུག་བསྔལ་རྣམས་བདག་ལ་སྨིན་པར་གྱུར་ཅིག །ཅེས་སྨོན་ལམ་བཏབ་པས། ད་ལྟ་ཞབས་བསྟུང་བ་དེས་ལན་པ་ཡིན་ནོ། །ཞེས་གསུངས་པ་ཡིན་ནོ། །ཞེས་པ་ནི་ཕྱོགས་སྔའི་འདོད་པ་སྒྲོ་སྐུར་དང་བྲལ་བའོ། །དེས་ན་འབྲི་གུང་པས་ས་བདུན་པ་མན་ཆད་པ་ཡང་བདག་གཞན་བརྗེ་བ་གཏན་བསྒོམ་དུ་མི་རུང་བར་ཁས་མ་བླངས་ལ། བརྗེ་བ་བསྒོམས་པས་ཉེས་པར་འགྱུར་བའི་སྐབས་ཡོད་པ་ཙམ་ཞིག་ཁས་བླངས་པ་ཡིན་ཏེ། རྣམ་བཤད་རྣམས་སུ་དགོངས་གཅིག་གི་ལུང་དྲངས་པ་ལས། རང་གཞན་བརྗེས་པས་ཉེས་པར་འགྱུར་བའི་སྐབས་ཀྱང་ཡོད་བྱ་བ་བཞུགས། ཞེས་བཤད་པའི་ཕྱིར། དེ་ལྟར་ཕྱོགས་སྔས་བདག་གཞན་བརྗེ་བ་བསྒོམས་པས་ཉེས་པ་སྡུག་བསྔལ་འབྱུང་བ་ཡོད་པར་ཁས་བླངས་པ་ལ། བདག་ཉིད་ཆེན་པོས། འོ་ན་དེ་ལྟ་བུའི་བདག་གཞན་བརྗེ་བ་བསྒོམ་པ་དེ་དགེ་བ་དང་སྡིག་པ་གང་ཡིན་བརྟད་ནས་རིགས་པ་འཕེན་པར་མཛད་པ་ཡིན་ནོ། །འདི་ལ་གསེར་ཕྲེང་ལས། དགེ་བ་ཡིན་ཀྱང་དུས་མིན་དུ། །ཉམས་སུ་བླངས་ན་ཐབས་མི་མཁས། །

དུས་མ་ཡིན་པར་ཡང་དག་མཐའ། །མངོན་དུ་བྱས་པ་ཇི་བཞིན་ནོ། །ཞེས་བྱ་བས་ལན་ཐེབས་སོ། །གསུངས་ཀྱང་ལན་མི་ཐེབས་ཏེ། ཕྱོགས་སྔ་བརྗེ་བ་བསྒོམས་པས་སྒོམ་པ་པོ་ལ་སྡུག་བསྔལ་འབྱུང་བར་ཁས་བླངས་ལ༑ བརྗེ་བ་བསྒོམ་པ་ཆོས་ཅན། ཁྱོད་ལས་འབྲས་བུ་སྡུག་བསྔལ་འབྱུང་བ་མི་འཐད་པར་ཐལ། ཁྱོད་དགེ་བ་ཡིན་པའི་ཕྱིར། ཞེས་པའི་རིགས་པ་འཕངས་པ་ཡིན་ལ། དེ་ལ་ཕྱོགས་སྔས་དགེ་བ་ཡིན་ཀྱང་འབྲས་བུ་སྡུག་བསྔལ་འབྱུང་བ་ལ་སྐྱོན་མེད་དེ། དགེ་བ་ཡིན་ཀྱང་དུས་མིན་དུ་ཉམས་སུ་ལེན་དུ་མི་རུང་བའི་ཕྱིར། ཞེས་པའི་ལན་བཏབ་པ་ལ་འབྲེལ་ཅི་ཡང་མི་འབྱུང་བའི་ཕྱིར། གནད་ཀྱི་དོན་ནི་དུས་མིན་དུ་ཉམས་སུ་ལེན་དུ་རུང་མི་རུང་གང་ཡིན་ཀྱང་བརྗེ་བ་བསྒོམས་པས་སྒོམ་པ་པོ་ལ་སྡུག་བསྔལ་འབྱུང་བ་འདི་ལ་གནོད་བྱེད་བརྗོད་པ་ཡིན་ནོ། །

གོང་གི་ལན་འདེབས་ནི། དགེ་བ་ཡིན་ཀྱང་འབྲས་བུ་སྡུག་བསྔལ་འབྱུང་བ་ལ་སྐྱོན་མེད་དེ། དགེ་བ་ཡིན་ཀྱང་དུས་མིན་དུ་ཉམས་སུ་ལེན་དུ་མི་རུང་བའི་ཕྱིར། ཞེས་པར་སོང་བས། བརྟགས་ན་དུས་མིན་དུ་ཉམས་སུ་ལེན་དུ་མི་རུང་བའི་དགེ་བ་ཐམས་ཅད་ལས་སྡུག་བསྔལ་འབྱུང་བར་ཞལ་གྱིས་བཞེས་དགོས་འབྱུང་བས་ཧ་ཅང་ཐལ་ལོ། །ལུས་སྦྱིན་པར་གཏོང་བ་ལྟ་བུ་དངོས་སུ་བརྗེ་བ་མཛད་པ་འགའ་ཞིག་ནི། སོ་སོ་སྐྱེ་བོས་དུས་མིན་དུ་ཉམས་སུ་ལེན་མི་རུང་བ་ཡང་ཡོད་དེ། སྟོང་ཉིད་མངོན་སུམ་དུ་མ་རྟོགས་པའི་སྐབས་སུ་གཞན་དོན་དུ་སྡུག་བསྔལ་གྱི་ཁུར་བཟོད་པ་ལ། སྙིང་སྟོབས་དང་སྙིང་རྗེ་ཕུལ་དུ་ཕྱིན་པ་དགོས་པའི་ཕྱིར། བདག་གཞན་བརྗེ་བ་བློས་བསྒོམ་པ་ཙམ་ལ་ནི་ཉམས་སུ་ལེན་དུ་མི་རུང་བའི་དུས་མེད་དེ། བསམ་པའི་ངོས་ནས་བདག་གཞན་བརྗེ་བ་རྒྱུན་མ་ཆད་པར་བསྒོམ་ཐུབ་ན་ཡང་མཆོག་ཡིན་པའི་ཕྱིར། འབྲི་གུང་པ་ཕག་གྲུའི་གསུང་ལ་སྒྲ་ཇི་བཞིན་དུ་ཞེན་ཡང་། བདག་ཉིད་ཆེན་པོས། བླ་མའི་གསུང་བགྲོས་ལ་སོགས་པ། །མ་དཔྱད་པར་ནི་གདམ་འཚོལ་དུ། །ཚད་མ་ཡིན་ཞེས་བཟུང་མི་བྱ། །ཞེས་གསུངས་པ་ལྟར། བླ་མ་གྲུབ་ཐོབ་ཀྱི་གསུང་ལ་དྲང་ངེས་གང་ཡང་འབྱུང་བས། དགོངས་གཞི་སོགས་གང་ཡིན་མ་དཔྱད་པར་དེ་མ་ཐག་ཚད་མར་འཛིན་པ་ནི་མཁས་པའི་ལུགས་མ་ཡིན་ནོ། །ཡང་གསེར་ཐུར་ལས། གལ་ཏེ་བཙན་ན་མཛའ་བོའི་བུ། །ཞེས་སོགས་ལ། མཛའ་བོའི་བུ་ཡི་སྡུག་བསྔལ་འདིས། །གཞན་གྱི་སྡུག་བསྔལ་དག་གྱུར་ཞེས། །ལམ་དུ་གཏད་པ་ཉིད་ཡིན་གྱིས། །གཞན་གྱི་སྡུག་བསྔལ་བླངས་པ་མེད། །ཙེས་དང་། དུས་གསུམ་སངས་རྒྱས་ཐམས་ཅད་ཀྱང་། །ཞེས་སོགས་ལ༑ མི་སྐྱེའི་ཆོས་ལ་བཟོད་ཐོབ་ནས། །སྡུག་བསྔལ་དག་གིས་གདུང་བ་མེད། །དེ་མ་ཐོབ་པར་སྡུག་བསྔལ་ན༑ ༑རྫོགས་བྱང་བསྒྲུབ་པ་འགེགས་སུ་འགྱུར། །ཞེས་པ་དང་། བརྗེས་པའི་སེམས་ཅན་དེ་དག་ཀུན། །ཞེས

སོགས་ལ། བདག་གཞན་བརྗེ་བ་ནོར་ཆོས་སུ། །ཁས་བླངས་པ་ལ་རིགས་པ་འདི། །འཇུག་ན་བདག་གཞན་བརྗེ་བའི་སེམས། །བྱང་ཆུབ་ལམ་དུ་ཁས་བླངས་སམ། །ཀླུ་སྒྲུབ་ཞབས་དང་སྤྱོད་འཇུག་གི །ལུང་གིས་མི་གནོད་བཟོད་ཐོབ་ན། །བརྗེ་བ་བསྒོམ་པ་ཉིད་ལ་དགོངས། །ཞེས་བྱ་བས་ལན་དེ་དང་དེ་དག་ཐེབས་པར་གསུངས་ཀྱང་ལན་མི་ཐེབས་ཏེ། མཛའ་བོའི་བུས་གཞན་གྱི་སྡུག་བསྔལ་བླངས་པ་མེད་པ་གཏན་ཚིགས་མ་གྲུབ་པའི་ཕྱིར་དང་། ཕྱོགས་སྔར་སྨོན་ལམ་མཐའ་བཙན་པར་ཁས་བླངས་པ་ལ། དུས་གསུམ་གྱི་སངས་རྒྱས་ཆོས་ཅན། རྒྱུན་དུ་སྡུག་བསྔལ་དང་ལྡན་པར་ཐལ། བདག་གཞན་བརྗེ་བ་བསྒོམ་པའི་སྨོན་ལམ་མཛད་པའི་ཕྱིར། ཁྱབ་པ་སྨོན་ལམ་མཐའ་བཙན་པའི་སྟེང་དུ་སོང་ངོ་ཞེས་འཕངས་པ་ལ། མི་སྐྱེ་བའི་ཆོས་ལ་བཟོད་པ་ཐོབ་པས་སྡུག་བསྔལ་གྱིས་གདུང་བ་མེད་ཅེས་པའི་ལན་བཏབ་པས་མི་ཐེབས་པའི་ཕྱིར་དང་། བརྗེས་པའི་སེམས་ཅན་ཞེས་སོགས་ཚིག་རྐང་གཉིས་ཀྱང་བདག་གཞན་བརྗེ་བ་བསྒོམ་དུ་མི་རུང་བའི་སྒྲུབ་བྱེད་སྨོན་ལམ་མཐའ་བཙན་པ་ལ་དངོས་སུ་འཕངས་པ་ཡིན་གྱིས། བསྒྲུབ་བྱ་བདག་གཞན་བརྗེ་བ་ནོར་ཆོས་སུ་ཁས་བླངས་པ་ལ་དངོས་སུ་འཕངས་པ་མ་ཡིན་པའི་ཕྱིར། དེ་ཡང་མཛའ་བོའི་བུས་སེམས་ཅན་གང་གི་མའི་མགོ་ལ་རྡོག་པ་བསྣུན་པ་ལས་བྱུང་བའི་སྡུག་བསྔལ་ཐམས་ཅད་རང་ཉིད་ཀྱིས་དྲང་དུ་བླངས་ཤིང་། རང་ཉིད་ལ་སྨིན་པར་སྨོན་ལམ་བཏབ་པ་ཡིན་ཏེ། མདོ་དྲིན་ལན་བསབ་པའི་ལོ་རྒྱུས་རྣམ་བཤད་རྣམས་སུ་གསལ་བའི་ཕྱིར། གཞན་གྱི་སྡུག་བསྔལ་དག་པར་གྱུར་ཅིག་པ་ཁོ་ནའི་སྨོན་ལམ་བཏབ་པ་ནི་མདོ་དེ་ལས་མ་བཤད་པས་སོ༏ ༏སྡུག་བསྔལ་དག་གིས་གདུང་བ་མེད། །ཅེས་པའི་ལན་འདེབས་དེའི་དོན་ཡང་། སྡུག་བསྔལ་འབྱུང་ཡང་སྡུག་བསྔལ་གྱིས་གདུང་བ་མེད་པ་ཡིན་ནམ། སྡུག་བསྔལ་གཏན་ནས་མི་འབྱུང་བ་གང་ཡིན། དང་པོ་ལྟར་ན། མི་སྐྱེ་བའི་ཆོས་ལ་བཟོད་པ་ཐོབ་པ་ལ་སྡུག་བསྔལ་འབྱུང་བ་ཡང་མི་འཐད་དེ། དེ་ལ་སྡུག་བསྔལ་གྱི་ཚོར་བ་མེད་པའི་ཕྱིར་ཏེ། དེ་ལ་སྡུག་བསྔལ་གྱིས་གདུང་བ་མེད་པའི་ཕྱིར། རྟགས་ཁས། གཉིས་པ་ལྟར་ན། སྨོན་ལམ་མཐའ་བཙན་པ་ཡང་ས་བདུན་པ་མན་ཆད་དུ་ཡིན་ལ། ས་བརྒྱད་པ་སོགས་སུ་མ་ཡིན་པའི་ཁྱད་པར་འཐད་པར་ཐལ། ས་བརྒྱད་པ་བ་སོགས་ཀྱིས་གཞན་རྒྱུད་ཀྱི་སྡུག་བསྔལ་རང་ལ་འབྱུང་བའི་སྨོན་ལམ་མཛད་ཀྱང་། རང་རྒྱུད་ལ་སྡུག་བསྔལ་མི་འབྱུང་བའི་ཕྱིར། ཀླུ་སྒྲུབ་དང་སྤྱོད་འཇུག་གི་བདག་གཞན་བརྗེ་བའི་ལུང་དོན། མི་སྐྱེ་བའི་ཆོས་ལ་བཟོད་པ་ཐོབ་པའི་སྐབས་ལ་དགོངས་གསུང་ན་མི་འཐད་དེ། སྤྱོད་འཇུག་ལས། འཁོར་བ་ན་ཡང་བདེ་བ་མེད། །ཅེས་བདག་གཞན་བརྗེ་བ་མ་བསྒོམས་ན་གནས་སྐབས་འཁོར་བའི་བདེ་འབྲས་ཀྱང་མི་ཐོབ་པར་གསུངས་ཤིང་། མི་སྐྱེའི་ཆོས་ལ་བཟོད་ཐོབ་རྣམས་ལ་འཁོར་བའི་བདེ་འབྲས་

ཀྱི་དོན་མེད་པའི་ཕྱིར་ཏེ། དེ་རྣམས་འཁོར་བ་ལས་གྲོལ་བའི་ཕྱིར། དེས་ན་མི་སྐྱེ་བའི་ཆོས་ལ་བཟོད་ཐོབ་ནི། སེམས་ཙམ་པས་ས་བརྒྱད་པ་དང་། དབུ་མ་པས་ས་དང་པོ་ནས་འཛོག་ཅིང་། ས་དང་པོ་ཐོབ་ཕྱིན་ཆད་འཁོར་བ་སྤངས་པ་ཡིན་ཏེ། རྒྱུད་བླ་ལས། འཕགས་པས་ན་དང་འཆི་བ་དང་། །ནད་པའི་སྡུག་བསྔལ་རྩད་ནས་སྤངས། །ཞེས་དང་། ཇི་བཞིན་ཡང་དག་མཐོང་བའི་ཕྱིར། །སྐྱེ་སོགས་རྣམས་ལས་འདས་གྱུར་ཀྱང་། །ཞེས་གསུངས་པའི་ཕྱིར། གཞན་དོན་དུ་བསམ་བཞིན་དུ་འཁོར་བར་སྐྱེ་བའི་ཚུལ་སྟོན་པ་སོགས་ནི་ཚུལ་སྟོན་པ་ཙམ་ཡིན་ནོ། །དེ་དག་གིས་ནི་སེམས་བསྐྱེད་ཀྱི་ཆོ་ག་དང་བསླབ་བྱ་གཉིས་ཀྱི་གཞུང་དོན་དོགས་གཅོད་དང་བཅས་པ་སོང་ཟིན་ནས།

ད་ནི་ལུས་མདོར་བསྟན་དུ། སེམས་བསྐྱེད་པ་ཡི་གནད་རྣམས་དང་། །ཞེས་གསུངས་པ་དེ་འདིར་རྒྱས་པར་འཆད་པ་སྐབས་སུ་བབས་པས། གསུམ་པ་སེམས་བསྐྱེད་ཉམས་ལེན་གྱི་གནད་འཆད་པ་ལ་གསུམ་སྟེ། གནད་འཕྲུགས་པ་ཡི་སངས་རྒྱས་མི་ཐོབ་བསྟན། གནད་འཕྲུགས་ཉམས་ལེན་མ་དག་སྤྱིན་སོགས་ཡིན། གནད་འཕྲུགས་དབྱེ་བ་གཞན་ཡང་མཐའ་ཡས་བསྟན་པའོ། །དང་པོ་ནི། སངས་རྒྱས་ཐོབ་པ་ལ་སེམས་བསྐྱེད་ཀྱི་ཉམས་ལེན་གྱི་གནད་མ་འཕྲུགས་པ་དགོས་ཏེ། དེའི་གནད་འཕྲུགས་པ་སྟེ་ཐབས་མཁས་ཀྱི་ཁྱད་པར་དང་མི་ལྡན་ན་ཆོས་གཞན་སྟོང་ཉིད་བསྒོམ་པ་སོགས་དང་། གསང་སྔགས་ཀྱི་ལྷ་བསྒོམ་བཟླས་པ་ལ་སོགས་པ་གང་གིས་ཀྱང་འཚང་རྒྱ་མི་ནུས་པའི་ཕྱིར། དཔེར་ན་གང་ཟག་གི་བདག་གིས་སྟོང་པའི་སྟོང་ཉིད་ཉན་ཐོས་དང་རང་སངས་རྒྱས་རྣམས་ཀྱང་བསྒོམ་མོད། དེའི་འབྲས་བུ་འཁོར་བ་སྤངས་པའི་འགོག་པ་ཙམ་ཐོབ་པ་དང་། སོ་ཐར་གྱི་མདོ་ལས། སོ་སོར་ཐར་པ་སྟོན་པ་ཡི། །བསོད་ནམས་གྲུབ་པ་གང་ཡོད་པ། །དེ་ཡིས་འཇིག་རྟེན་མ་ལུས་པ། །ཐུབ་དབང་གོ་འཕང་ཐོབ་པར་ཤོག །ཅེས་གསུངས་པ་བཞིན་དུ། རྫོགས་བྱང་དུ་བསྔོ་བ་ཉན་ཐོས་རྣམས་ཀྱང་བྱེད་མོད། འོན་ཀྱང་རྫོགས་བྱང་བསྒྲུབ་མི་ནུས་པ་ལྟར་རོ། །ལམ་དང་འབྲས་བུས་བྱེ་བའི་ཉན་ཐོས་ལམ་ཞུགས་ཀྱིས་སྟོང་ཉིད་བསྒོམ་པ་སོགས་ཚུལ་དེ་ལྟར་དུ་མ་ཟད་སྔོ་སྙོད་དང་གྲུབ་མཐས་བྱེ་བའི་ཉན་ཐོས་ཀྱི་ཐེག་པ་ལས་ནི་ཆོས་ཀྱི་བདག་གིས་སྟོངས་པའི་སྟོང་ཉིད་དང་། ཕྱི་ནང་གི་དངོས་པོ་ཐམས་ཅད་སེམས་ཅན་གྱི་དོན་དུ་སངས་རྒྱས་ཀྱི་རྒྱུར་བསྔོ་བའི་སྨོན་ལམ་རླབས་པོ་ཆེ་ཡང་གསུངས་པ་ཡིན་ཏེ། འདུལ་བ་ལུང་དང་། ཁྱད་པར་གང་པོའི་རྟོགས་བརྗོད་ལས། ཉན་ཐོས་དགྲ་བཅོམ་པ་ཐོབ་པའི་ཚེ། སྟོང་པ་ཉིད་དང་སྐྱེ་མེད་དང་། །ནམ་མཁའ་དང་ལག་མཐིལ་དུ་མཉམ་པ་དང་། གསེར་དང་བོང་བར་མཚུངས་པ་སོགས་ཕྱི་ནང་གི་ཆོས་ཀུན་མཉམ་ཉིད་དུ་རྟོགས་པའང་གསུངས་པའི་ཕྱིར་དང་། ཐམས་ཅད་སྒྲོལ་གྱི་སྐྱེས་རབས་ལས།

བྲམ་ཟེ་ཤིང་རྟ་འདོད་པ་ལ་དགའ་ཞིང་སྤྲོ་བའི་སེམས་ཀྱིས་བཏང་བས། ད་དུང་བདག་ཏུ་བཟུང་བའི་དངོས་པོ་ཐམས་ཅད་བཏང་ནས་ལན་དང་རྣམ་སྨིན་ལ་མི་རེ་བར་སེམས་ཅན་གྱི་དོན་དུ་རྫོགས་པའི་བྱང་ཆུབ་འཐོབ་པར་ཤོག་ཅེས་གསུངས་པ་དང་། རྒྱལ་པོ་དཔལ་གྱི་སྡེའི་རྟོགས་བརྗོད་ལས་ཀྱང་། བྲམ་ཟེ་དམ་པ་གཟུགས་བཟང་བ། །སྡུག་པའི་ཆུང་མ་འདི་ལོངས་ཤིག །སྦྱིན་པ་འདི་ཡིས་མྱུར་དུ་ནི། །བྱང་ཆུབ་དམ་པ་ཐོབ་པར་འགྱུར། །ཞེས་པ་དེ་ལ་སོགས་པའི་བསྔོ་བ་མང་དུ་གསུངས་པའི་ཕྱིར། དེ་ལྟར་གསུངས་མོད། འོན་ཀྱང་ཉན་ཐོས་ཀྱི་ཐེག་པ་ལས། ཐབས་ལ་མཁས་པའི་ཁྱད་པར་ཐེག་ཆེན་སྤྱི་ལྟར་ན། སྦྱིན་སོགས་ཕར་ཕྱིན་དྲུག་གི་ཉམས་ལེན་ཕྱིན་ཅི་མ་ལོག་པ་དང་། བྱང་ཆུབ་སེམས་དཔའི་ས་བཅུ་དང་། མི་དམིགས་པའི་རྣམ་པ་ཅན་གྱི་བསྔོ་བ་སྨོན་ལམ་སོགས་དང་། གསང་སྔགས་ལྟར་ན་དབང་བཞི་དང་རིམ་གཉིས་ཀྱི་ཉམས་ལེན་མ་གསུངས་པས། ཉན་ཐོས་ཀྱི་ཐེག་པ་ནས་བཤད་པའི་ལམ་ཇི་ཙམ་ཉམས་སུ་བླངས་ཀྱང་རྫོགས་པའི་སངས་རྒྱས་བསྒྲུབ་མི་ནུས་ཏེ། སངས་རྒྱས་ཐོབ་པ་ལ་ཐབས་མཁས་ཀྱི་ཁྱད་པར་དེ་རྣམས་དགོས་པའི་ཕྱིར། ཐབས་མཁས་ཀྱི་ཁྱད་པར་དང་མི་ལྡན་ན་འཚང་མི་རྒྱ་བ་དེའི་ཕྱིར། ཐབས་མཁས་ཀྱི་ཁྱད་པར་དང་ལྡན་པའི་ཤེས་རབ་ཉིད་སངས་རྒྱས་ཀྱི་རྒྱུའི་གཙོ་བོ་ཡིན་ཏེ། ལི་ཙ་བིས་ཞུས་པའི་མདོ་ལས། བྱང་ཆུབ་སེམས་དཔའ་རྣམ་དག་གི །ཡབ་ནི་ཐབས་ལ་མཁས་པ་སྟེ། །ཡུམ་ནི་ཤེས་རབ་ཕ་རོལ་ཕྱིན། །འདྲེན་པ་རྣམས་ནི་དེ་ལས་སྐྱེས། །ཞེས་གསུངས་པའི་ཕྱིར། འདིར། ཆོས་ཀུན་མཉམ་ཉིད་རྟོགས་པའང་གསུངས། །ཞེས་བཤད་ན། ཉན་ཐོས་ཀྱི་ཐེག་པ་ལས། ཆོས་ཀྱི་བདག་མེད་བསྟན་ནམ་མ་བསྟན། བསྟན་ན་འཇུག་འགྲེལ་དང་འགལ། མ་བསྟན་ན་གཞུང་འདི་དང་འགལ་ལོ་སྙམ་པ་དང་། ཡང་སོ་ཐར་གྱི་མདོའི་བསྔོ་བ་དེ་ཉན་ཐོས་རང་རྒྱུད་པས་ཁ་ཏོན་དུ་བྱེད་པ་ཡིན་ནོ། །གཞན་དོན་དུ་རྫོགས་བྱང་དུ་བསྔོ་བ་བྱེད་པར་སོང་བས་ཐེག་པ་ཆེན་པོ་པར་ཡང་ཐལ་བར་འགྱུར། ཁ་ཏོན་དུ་མི་བྱེད་ན། བསྔོ་བ་ཉན་ཐོས་རྣམས་ཀྱང་བྱེད། །ཅེས་པ་དང་འགལ་ཞིང་། སོ་ཐར་གྱི་མདོ་ཡོངས་རྫོགས་ཉན་ཐོས་ཀྱི་ཁ་ཏོན་དུ་བྱེད་པ་མེད་པར་ཐལ་ལོ་སྙམ་པ་དང་། ཡང་། ཐམས་ཅད་སྒྲོལ་གྱི་སྐྱེས་རབས་ལས། །ཞེས་སོགས་འདི་གཞུང་སྟེ་མ། བསྔོ་བ་ཉན་ཐོས་རྣམས་ཀྱང་བྱེད། །ཅེས་པ་དང་སྦྲེལ་ནས། དེའི་རྒྱུ་མཚན་དེ་འཆད་པ་ཡིན་ནམ། ཡིན་ན་གཞུང་སྟེ་མའི་བསྔོ་བ་ནི། བྱེད་པ་པོ་ཉན་ཐོས་ཡིན་པར་གསལ་ཞིང་། ཐམས་ཅད་སྒྲོལ་གྱི་སྐྱེས་རབས་ལས། །ཞེས་སོགས་ཀྱི་བསྔོ་བ་བྱེད་པ་པོ་ནི། སྟོན་པ་ཉིད་རྒྱལ་པོར་གྱུར་པའི་གནས་སྐབས་ཀྱི་བྱང་ཆུབ་སེམས་དཔའ་ཡིན་པས། རྟེན་གྱི་ངོས་ནས་སོ་སོར་འགལ་བ་ལྟར་སྣང་ངོ་སྙམ་པའི་དོགས་པ་གསུམ་འབྱུང་ངོ་། །

རིམ་བཞིན་རང་གི་བསམ་ཚོད་ནི། །ཆོས་ཀུན་མཉམ་ཉིད་རྟོགས་པའང་གསུངས། །ཞེས་པ་དེས་ཉན་ཐོས་ཀྱི་ཐེག་པ་ལས་ཆོས་ཀྱི་བདག་མེད་རྒྱས་པར་གསུངས་པ་བསྟན་པ་མ་ཡིན་ཏེ། ཆོས་ཀུན་ཞེས་པ་རང་གི་ཕུང་ཁམས་སྐྱེ་མཆེད་ཀྱི་ཆོས་ཀུན་ཞེས་པའི་དོན་ཡིན་ཞིང་། དེ་དག་བདེན་མེད་དམ་མཉམ་ཉིད་དུ་གཏན་ལ་ཕབ་ཚུལ་ཀྱང་ཉན་ཐོས་ཀྱི་ཐེག་པར་གསུངས། དེ་དག་བདེན་མེད་དུ་རྟོགས་པ་ཡང་ཉན་ཐོས་ལ་ཡོད་པའི་ཕྱིར་རོ། །དེ་སྐད་དུ། འཇུག་འགྲེལ་ལས། ལུང་འདི་ལས་ནི། ཉན་ཐོས་དང་རང་སངས་རྒྱས་རྣམས་ལ་ཆོས་ཐམས་ཅད་རང་བཞིན་མེད་པར་ཤེས་པ་ཡོད་དོ། །ཞེས་གསུངས་ཤིང་། དེའི་ཆོས་ཐམས་ཅད་ཀྱང་རང་རྒྱུད་ཀྱིས་བསྡུས་པའི་ཕུང་ཁམས་སྐྱེ་མཆེད་རྣམས་ཡིན་ལ། དེ་དག་བདེན་པར་མེད་པ་ཉན་ཐོས་ཀྱི་གཞུང་ལས་གསུངས་པ་ལ་ཆོས་ཀྱི་བདག་མེད་མདོར་བསྡུས་པ་གསུངས་པར་འཇོག་པ་ཡིན་ཏེ། འཇུག་འགྲེལ་ལས། ཉན་ཐོས་ཀྱི་ཐེག་པ་ལས་ནི་ཆོས་ཀྱི་བདག་མེད་པ་མདོར་མཚོན་པ་ཙམ་ཞིག་ཏུ་ཟད་དོ། །ཞེས་གསུངས་སོ། ། ཆོས་ཀུན་མཉམ་ཉིད་རྟོགས་པའང་། །ཞེས་པའི་འང་གི་སྒྲས་སྟོང་ཉིད་སྤྱི་མ་དེར་མ་ཟད་ཆོས་ཀྱི་བདག་མེད་ཀྱང་གསུངས་ཞེས་འཆད་དགོས་པས། སྟོང་ཉིད་ཉན་ཐོས་རྣམས་ཀྱང་བསྒོམ་ཞེས་པ་དེ་གང་ཟག་གི་བདག་མེད་པའི་སྟོང་ཉིད་ཙམ་ཡིན་པ་ལ་འཁྲུལ་པ་མེད་དོ། །སོ་ཐར་གྱི་མདོའི་བསྔོ་བ་དེ་ཉན་ཐོས་རང་རྒྱུད་པས་ཁ་ཏོན་དུ་བྱེད་ཀྱང་། རྫོགས་བྱང་དུ་བསྔོ་བ་མ་ཡིན་ཏེ། མདོ་བཏོན་པའི་དགེ་བ་ལ་བརྟེན་ནས་སེམས་ཅན་གཞན་གྱིས་སངས་རྒྱས་ཐོབ་པར་སྨོན་པ་ཙམ་ལས། རང་ཉིད་སེམས་ཅན་གྱི་དོན་དུ་སངས་རྒྱས་ཐོབ་པར་སྨོན་པ་མ་ཡིན་པའི་ཕྱིར། རྒྱུ་མཚན་དེའི་ཕྱིར་ན། ཐེག་ཆེན་པར་ཐལ་བའི་སྐྱོན་མི་འབྱུང་ངོ་། །ད་དུང་འདི་ཙུང་ཟད་དཀའ་བར་སྣང་ངོ་། །བསྔོ་བ་ཉན་ཐོས་རྣམས་ཀྱང་བྱེད་པའི་རྒྱུ་མཚན་དུ། ཐམས་ཅད་སྒྲོལ་གྱི་སྐྱེས་རབས་ལས། །ཞེས་སོགས་སྤྲུལ་ནས་མཁས་པ་འགའ་ཞིག་འཆད་པར་སྣང་ཡང་། གཞུང་སྔ་ཕྱིའི་བསྔོ་བ་གཉིས་མི་གཅིག་སྟེ། སྔ་མ་ནི་རྟེན་གྱི་གང་ཟག་ཉན་ཐོས་ཀྱིས་བྱེད་པའི་བསྔོ་བ་དང་། ཕྱི་མ་ནི་བྱང་ཆུབ་སེམས་དཔས་བྱེད་པའི་བསྔོ་བ་ཡིན་པའི་ཕྱིར། འོན་ཀྱང་ཕྱི་མ་དེ་ཉན་ཐོས་ཀྱི་གཞུང་རང་ཀྲང་ལས་ཐེག་པ་གསུམ་བཤད་པའི་ཐེག་ཆེན་གྱི་བསྔོ་བ་ཡིན་པར་གོ་ཤཱཀ་སོགས་མཁས་པ་ཆེན་པོ་རྣམས་དགོངས་པ་མཐུན་པ་ཡིན་ནོ། །འོན་གླུ་སྒྲུབ་ཀྱི་རིན་ཆེན་འཕྲེང་བ་ལས། ཉན་ཐོས་ཐེག་པ་དེ་ལས་ནི། །བྱང་ཆུབ་སེམས་དཔའི་སྨོན་ལམ་དང་། །སྤྱོད་པ་ཡོངས་བསྔོ་མ་བཤད་དེ། །ཐེག་པ་ཆེན་པོར་ག་ལ་འགྱུར། །ཞེས་གསུངས་པ་དང་འགལ་ལོ་སྙམ་ན་མི་འགལ་ཏེ། ཉན་ཐོས་པ་དག་རང་གི་གཞུང་ལས། ཐེག་ཆེན་གྱི་ལམ་བཤད་པ་དེ་ལས་ལོགས་སུ་ཐེག་ཆེན་གྱི་ལྷ་སྤྱོད་རྒྱ་ཆེན་པོ་སྟོན་པའི་དགོན་བརྩེགས་དང་ཤེར་མདོ་སོགས་བཀའ་མ་ཡིན་པར

འདོད་པ་ལ། ཀླུ་སྒྲུབ་ཀྱིས། ཉན་ཐོས་ཀྱི་གཞུང་ལས་ཐེག་ཆེན་གྱི་ལམ་བཤད་པའི་བཀའ་དེ་རྣམས་ཀྱི་ཐེག་ཆེན་གྱི་བཀའི་གོ་མི་ཆོད་དེ། ཉན་ཐོས་ཀྱི་ཐེག་པར་ཐེག་ཆེན་སྟོན་བྱེད་ཀྱི་ཚིག་དེ་རྣམས་ཀྱིས་བྱང་ཆུབ་སེམས་དཔའི་སྨོན་ལམ་ཆེན་པོ་འབུམ་ཕྲག་གྲངས་མེད་པ་ཕྲག་བཅུ་དང་། ས་བཅུའི་རྗེས་ཐོབ་ཀྱི་ཉམས་ལེན་ སྦྱིན་སོགས་ཕར་ཕྱིན་བཅུའི་སྤྱོད་པ་དང་། ལྷ་བ་སྦྱོས་བྲལ་ལ་བློ་བཞག་པའི་མི་དམིགས་པའི་རྣམ་པ་ཅན་གྱི་ཡོངས་སུ་བསྔོ་བ་རྣམས་མ་བཤད་པའི་ཕྱིར། །ཞེས་པའོ། །དོན་འདི་དག་གིས་ནི། ཉན་ཐོས་རྣམས་ཀྱི་རྗོགས་བྱང་དུ༑ ༑བསྔོ་བ་བྱེད་ན་འཕགས་པ་ཡིས། །ཉན་ཐོས་ཐེག་པ་དེ་ལས་ནི། །བྱང་ཆུབ་སེམས་དཔའི་སྨོན་ལམ་དང་། །སྤྱོད་པ་ཡོངས་བསྔོ་མ་བཤད་དེ། །ཞེས་གསུངས་པ་དེ་ཅི་ལ་དགོངས། ཐམས་ཅད་སྒྲོལ་གྱི་སྐྱེས་རབས་ལས། །བསྔོ་བ་གསུངས་དེ་ཉན་ཐོས་ཀྱི། །བསྔོ་བ་ཡིན་པར་བཞེད་དམ་ཅི། །ཞེས་དྲིས་པའི་ལན་ལྟོན་ཡང་དཔྱིས་ཕྱིན་པར་ནུས་པ་ཡིན་ནོ། །གཉིས་པ་ལ་གཉིས་ཏེ། སྤྱིར་བསྟན་པ་དང་། སོ་སོར་བཤད་པའོ། །དང་པོ་ནི། གསུང་རབ་ཀྱི་དགོངས་པ་འགྲེལ་མི་ཤེས་པར་ཐེག་པ་ཆེན་པོའི་ཆོས་ལྟར་བཅོས་པས་དགེ་བ་ལྟར་སྣང་བ་ལ་རྣམ་གཞག་ཏུ་འཛིན་པའི་བླུན་པོ་འགའ་ཞིག་ངོ་མཚར་བསྐྱེད་ཀྱིས་མཁས་པ་རྣམས་ཁྲེལ་བར་འགྱུར་བ་འོག་ནས་འཆད་པར་འགྱུར་བ་འདི་འདྲ་ཡོད་པ་ཡིན་ནོ། །

གཉིས་པ་ནི། ཇི་ལྟར་ཡོད་ཅི་ན་ཆང་དང་དུག་དང་མཚོན་ཆ་སྟེར་བ་དང་། གང་ཟག་གཞན་གྱི་ལོངས་སྤྱོད་སྟེར་བ་སོགས་ཆོས་ཅན། མ་དག་པའི་སྦྱིན་པ་ཡིན་ཏེ། སྦྱིན་བྱའི་དངོས་པོ་མ་དག་པའི་སྦྱིན་པ་ཡིན་པའི་ཕྱིར། གསོད་སར་གསད་བྱའི་ཕྱུགས་མ་སྟེར་བ་དང་། དགེ་འདུན་གྱི་རྫས་སོགས་མཆོག་གི་ནོར་མཆོག་མིན་ཕལ་པ་ལ་སྟེར་བ་དང་། སྦྱིན་ཡུལ་རྒྱལ་པོ་དང་བུད་མེད་དང་ཆོམ་རྐུན་སོགས་ལ་སྟེར་བ་ཡང་ཆོས་ཅན། མ་དག་པའི་སྦྱིན་པ་ཡིན་ཏེ། སྦྱིན་བྱའི་ཞིང་མ་དག་པས་དྲང་སྲོང་རྒྱས་པས་ཞུས་པའི་མདོ་སོགས་ལས་བཀག་པའི་ཕྱིར། དེ་བཞིན་དུ་ཉན་ཐོས་ཀྱི་སྡོམ་པ་འབོག་པའི་ཚེ་ཐེག་ཆེན་དུ་འཆོས་པ་སྟེ་དེ་དང་བསྲེས་ནས་བྱང་ཆུབ་མ་ཐོབ་ཀྱི་བར་དུ་ལེན་པ་དང་། ཐེག་ཆེན་ཉན་ཐོས་སུ་འཆོས་ཏེ། དེ་དང་བསྲེས་ནས་གཟུགས་ཅན་དུ་འདོད་པ་དང་། རང་ཉིད་ཚུལ་ཁྲིམས་བསྲུངས་ན་ཡང་། ཚུལ་ཁྲིམས་ཙམ་གྱིས་གྲོལ་བ་མཆོག་ཏུ་འཛིན་ཅིང་། ཚུལ་ཁྲིམས་འཆལ་པ་གཞན་ལ་ཁྲད་གསོད་བྱེད་པ་ནི་མ་དག་པ་ཡིན་ཏེ། མདོ་ལས། བདག་ནི་ཚུལ་ཁྲིམས་ལྡན་ཞེས་བདག་མ་སྙེམས། །གཞན་ནི་ཚུལ་ཁྲིམས་འཆལ་ཞེས་གཞན་མ་བརྙས། །ཞེས་གསུངས་པའི་ཕྱིར། ཡང་དེ་བཞིན་དུ། དཀོན་མཆོག་གསུམ་དང་བླ་མ་ལ་དངོས་སུ་གནོད་ཅིང་། བསྟན་པ་འཇིག་པ་ལ་ལུས་ངག་གི་ཁྲོས་ན་ལྡོག་པར་ཤེས་བཞིན་དུ་བཟོད་པ་བསྒོམ་ན་མ་དག་པའི་བཟོད་པ་ཡིན་ཏེ། སྤྱོད་རྒྱུད་ལས། དཀོན་

མཆོག་གསུམ་ལ་གནོད་བྱེད་ལ། །བཟོད་པ་བསྒོམ་པར་མི་བྱ་སྟེ། །ཞེས་སོགས་གསུངས་པའི་ཕྱིར། ཡང་ལོག་པའི་ཆོས་ལ་དགའ་ཞིང་སྤྲོ་བ་དང་། མུ་སྟེགས་བྱེད་སོགས་འདོད་པའི་ཐོས་བསམ་བསྒོམ་གསུམ་ནོར་བ་རྣམས་ལ་བརྩོན་འགྲུས་ཆེན་པོ་བྱེད་པ་སོགས་ནི་ཆོས་ཅན། མ་དག་པའི་བརྩོན་འགྲུས་ཡིན་ཏེ། བྱ་བ་ངན་ཞེན་གྱི་ལེ་ལོ་ཡིན་པའི་ཕྱིར། ཡང་མི་མཁས་པ་སྟེ་བླུན་པོས་སྟོང་ཉིད་བསྒོམ་པ་དང་། རྩ་རླུང་ཐིག་ལེའི་གནད་འཕྲུགས་པའི་ཐབས་ལམ་སོགས་རྣམ་རྟོག་རགས་པ་འགག་ཞིག་འཛིན་པ་སྟེ་འགག་པ་དང་། ཕྱི་རོལ་གྱི་ཡུལ་ལ་སེམས་མི་འཕྲོ་བར་ནང་དུ་གནས་པ་ཙམ་གྱི་ཏིང་ངེ་འཛིན་ཕྲ་མོ་ཙམ་བསྐྱེད་པའི་ཐབས་རྣམས་བསྒོམ་པ་ཆོས་ཅན། མ་དག་པའི་བསྒོམ་པ་ཡིན་ཏེ། དད་པ་ཆེན་པོས་ནན་ཏན་དུ་བསྒོམ་ན་ཡང་ཡང་དག་པའི་ཡེ་ཤེས་མི་སྐྱེ་བའི་བསྒོམ་པ་ཡིན་པའི་ཕྱིར། དེ་བཞིན་དུ་སངས་རྒྱས་ཀྱི་གསུང་དང་མི་མཐུན་པའི་རང་བཟོའི་ཚིག་མང་པོ་འཆད་པ་དང་། རྩོམ་པ་དང་དེ་ལ་ཀླན་ཀ་སྤྲང་བའི་རྩོད་པ་ལ་མཁས་ཤིང་འཇིག་རྟེན་གྱི་གཏམ་དང་བཟོ་ལ་སོགས་པའི་བྱ་བ་ཐམས་ཅད་ཤེས་པར་གྱུར་ཀྱང་དེ་ལྟ་བུའི་ཤེས་རབ་ནི་ཆོས་ཅན། མ་དག་པའི་ཤེས་རབ་ཡིན་ཏེ། ཡང་དག་པའི་དོན་རྟོགས་པ་ལ་སྒྲིབ་པའི་ཤེས་རབ་ཡིན་པའི་ཕྱིར། ཡང་མཚན་ཉིད་དང་མི་ལྡན་པའི་བླ་མ་ངན་པ་ལ་དད་པ་དང་། ལྟ་སྤྱོད་ཕྱིན་ཅི་ལོག་ཏུ་གྱུར་པའི་ཆོས་ངན་པ་ལ་མོས་པ་དང་། དམིགས་པ་ཕྱིན་ཅི་ལོག་ཏུ་གྱུར་པའི་བསྒོམ་ངན་པ་ལ་དགའ་བ་ནི་ཆོས་ཅན། མ་དག་པའི་དད་པ་ཡིན་ཏེ། ལམ་གོལ་སར་ལྟུང་བྱེད་ཀྱི་དད་པ་ཡིན་པའི་ཕྱིར། དེ་བཞིན་དུ་ནད་པ་དགའ་བའི་ཁ་ཟས་སོགས་འཕྲལ་ལ་ཕན་པའི་བསམ་པས་སྟེར་བ་དང་། ངན་པར་སྤྱོད་པ་གདུག་པ་ཅན་ཚར་མི་གཅོད་པ་དང་། དབང་བསྐུར་མ་ཐོབ་པ་ལ་གསང་སྔགས་ཀྱི་བསྐྱེད་རྫོགས་ཟབ་མོ་སྟོན་པ་དང་། སྣོད་དང་མི་ལྡན་པ་ལ་ཐེག་ཆེན་གྱི་ཆོས་འཆད་པ་སོགས་སྙིང་རྗེའི་དབང་གིས་བྱེད་ན་ཡང་སྙིང་རྗེ་དེ་ཆོས་ཅན། མ་དག་པ་ཡིན་ཏེ། འཕྲལ་ལ་ཕན་པ་ལྟར་སྣང་ཡང་ཕྱི་ནས་དེ་ལ་གནོད་པ་སྡུག་བསྔལ་ཆེན་པོའི་རྒྱུར་འགྱུར་བས་སོ། །

ཡང་། སྐྱེ་བོ་གདུག་པ་ཅན་ལ་ཚེ་རིང་བ་དང་། ནད་མེད་པ་སོགས་བྱེད་པའི་བྱམས་པ་དང་། བུ་སློབ་དང་འཁོར་འབངས་རྣམས་བྱ་བ་མ་ཡིན་པ་བྱེད་པ་ཐབས་ཀྱིས་མི་འཆོས་པར་ཅི་བདེར་འདོག་པ་དང་། བགེགས་ལ་གནོད་ཟེར་ནས་སྲུང་བའི་འཁོར་ལོ་མི་བསྒོམ་པ་དང་། གདོན་ལ་གནོད་ཟེར་ནས་ལྷ་ཁྲོ་བོའི་གཟུངས་སྔགས་བཟླས་པ་འགོག་པ་ནི་ཆོས་ཅན། མ་དག་པའི་བྱམས་པ་ཡིན་ཏེ། ཡུལ་དེ་ལ་ཡུན་རིང་དུ་ཕན་པ་མི་བྱེད་པར་འཕྲལ་གྱི་བདེ་བ་ཙམ་བསྒྲུབ་པ་ཡིན་པའི་ཕྱིར་དང་། བརྟག་གཉིས་ལས། རྡོ་རྗེ་དེ་ཉིད་ཀྱིས་ནི་རྣ་བ་དང་། །གུར་བཅིང་བ་ཡང་རྣམ་པར་བསྒོམ་པ་ཉིད། །ཅེས་སོགས་རྒྱུད་སྡེ་ཀུན་ལས་སྲུང་འཁོར་དང་

སྔགས་ཀྱི་བཟླས་པ་གསུངས་པ་དང་འགལ་བས་སོ། །དེ་བཞིན་དུ་ཐབས་ལམ་སྟོན་པའི་མདོ་རྒྱུད་ཀུན་ལས་མ་གསུངས་ཤིང་། མཁས་པའི་རིགས་པས་བསྒྲུབ་པར་མི་ནུས་པའི་རས་རྐྱང་ཙམ་གྱིས་ཆོག་པའི་དྲོད་དང་། ཟག་བཅས་ཀྱི་བདེ་བ་ཙུང་ཟད་དང་། གཉིད་འཐུག་པོས་ནོན་པ་ལྟ་བུས་མི་རྟོག་པ་ལྟར་སྣང་སྐྱེ་བ་སོགས་ཀྱི་ཐབས་སུ་གྱུར་པའི་ཐབས་ལམ་ཆོས་ཅན། མ་དག་པའི་ཐབས་ལམ་ཡིན་ཏེ། ནད་གདོན་ཙུང་ཟད་སེལ་བའི་སྒོ་ནས་བླུན་པོ་དགའ་བ་བསྐྱེད་ནུས་ན་ཡང་། ཕྲོད་དེ་ལྟ་བུ་ནི་མུ་སྟེགས་བྱེད་ལ་ཡང་ཡོད་པའི་ཕྱིར། དེ་སྐད་དུ། སངས་རྒྱས་འཕྲིན་ཞུ་ལས། རྣམ་གཞག་ཚུལ་བཞིན་ཤེས་པ་ཡི། །གཏུམ་མོ་ཡེ་ཤེས་སྐྱེ་བའི་ཐབས། །རྣམ་གཞག་མེད་པའི་གཏུམ་མོ་ནི། །དྲོད་ཙམ་སྐྱེ་ཡི་ཡེ་ཤེས་མིན། །དྲོད་ཙམ་སྐྱེ་བའི་གཏུམ་མོ་ནི། །མུ་སྟེགས་ལུགས་ཡིན་དེད་ཀྱི་མིན། །དེ་བཞིན་རླུང་དང་འཁྲུལ་འཁོར་སོགས། །མུ་སྟེགས་བྱེད་དང་སངས་རྒྱས་པའི། །རྣམ་གཞག་མཚུངས་པར་འདྲ་བ་ཡོད། །གསེར་དང་ར་གན་འབྱེད་པ་ལ། །འདྲིས་པ་མེད་ན་ཕྱེད་པ་དཀའ། །ཞེས་གསུངས་སོ། །ཡང་འཁོར་བར་འཁྱམས་པའི་རྒྱུ་བདག་ཏུ་ལྟ་བའི་རྩ་བ་མ་རིག་པ་མ་ཆོད་ཅིང་། འབྲས་བུ་འཁོར་འདས་གཉིས་པོ་གང་རུང་ལ་སྨོན་པ་ཅན་བསྔོ་བྱའི་དགེ་བ་ལ་ནི་ངོ་མཚར་བར་ལྟ་བའི་བསྔོ་བ་ཆོས་ཅན། སངས་རྒྱས་ཉིད་དུ་བསྔོ་ན་ཡང་མ་དག་པའི་བསྔོ་བ་ཡིན་ཏེ། ཆོས་ཀུན་རང་བཞིན་གྱིས་སྤྲོས་དང་བྲལ་བར་མ་ཤེས་པས་བསྔོ་བ་དུག་ཅན་ཡིན་པའི་ཕྱིར་རོ། །གསུམ་པ་ནི། གོང་དུ་སྨོས་པའི་བཅུ་གཅིག་པོ་དེ་ལ་སོགས་པ་མཐའ་ཡས་པ་ཐེག་པ་ཆེན་པོ་ཕ་རོལ་ཏུ་ཕྱིན་པ་དང་། གསང་སྔགས་ཀྱི་སངས་རྒྱས་ཀྱི་གསུང་གི་གནད་འཁྲུགས་པས་ཐེག་པ་ཆེན་པོའི་དགེ་བ་བྱེད་པར་སྣང་ན་ཡང་། མ་དག་པར་ཤེས་པར་བྱ་སྟེ། དེ་ལྟར་མ་དག་པར་ཤེས་ནས་སྤང་དགོས་པའི་ཕྱིར་རོ། །

གསུམ་པ་བསྟན་པ་རྣམ་པར་དག་པས་དོན་བསྡུ་བ་ནི། ཉམས་ལེན་གྱི་གནད་མདོར་བསྡུ་ན། གཞི་ཚུལ་ཁྲིམས་རྣམ་དག་ལ་གནས་ནས། སངས་རྒྱས་ཀྱི་གསུང་རབ་དང་མཐུན་པའི་ཐོས་བསམ་བསྒོམ་གསུམ་ཀུན་སློང་གི་བསམ་པ་རྣམ་པར་དག་པས་བསྒྲུབ་པར་བྱ་སྟེ། དེ་ལྟར་སྒྲུབ་པར་བྱེད་ན། ཐེག་པ་ཆེན་པོའི་སངས་རྒྱས་ཀྱི་བསྟན་པར་མཁས་པ་དག་གིས་ཡོངས་སུ་ཤེས་པར་བྱ་བ་ཡིན་ནོ། །སེམས་བསྐྱེད་སྤྱི་ལ་ཐེག་པ་ཆེ་ཆུང་གི །བཤད་ཚུལ་གཉིས་ཡོད་སྐབས་དོན་ཐེག་ཆེན་ལ། །དབུ་སེམས་ལྟ་བ་མཐོ་དམན་ཐ་དད་པས། །སེམས་བསྐྱེད་ཆོ་ག་ཡངས་དོག་ལུགས་གཉིས་སྣང་། །སེམས་ཙམ་ལུགས་ཀྱི་སེམས་བསྐྱེད་སྐྱེ་བའི་རྟེན། །སྡིག་ཤས་ཆུང་ཞིང་བསླབ་པས་རྒྱུད་གདམས་དགོས། །དབུ་མའི་ལུགས་ཀྱི་སེམས་བསྐྱེད་བཤད་པ་སོགས། །འགྲོ་བ་ཀུན་ལ་སྐྱེ་བ་ལུང་གིས་བསྟན། །དོན་དམ་བྱང་ཆུབ་སེམས་བསྐྱེད་ཆོ་ག་ལས། །ཐོབ་ཅེས་ཇོ་བོའི་རྗེས

འབྲང་ཁ་ཅིག་སྨྲ། །དེ་ཉིད་རིགས་པས་བཀག་ནས་དཔེ་དང་ནི། །ཤེས་བྱེད་ལུང་གིས་བསྒོམ་བྱུང་ཙམ་དུ་བསྟན། །དགག་པའི་བསྒྲུབ་བྱ་ལྟུང་བ་མུ་བཞི་ཡིན། །ཡང་ན་སེམས་ཉིད་མི་དགེ་སྤོང་བར་བསྒྲུབ། །བསྒྲུབ་པའི་བསྒྲུབ་བྱ་བདག་གཞན་མཉམ་བརྗེ་གཉིས། །ཡང་ན་བརྗེ་བ་ཉིད་ལ་གཙོ་བོར་བསྒྲུབ། །བྱང་ཆུབ་སེམས་ཀྱི་ཉམས་ལེན་གནད་འཕྲུགས་ན། །སྟོང་ཉིད་བསྒོམ་དང་བསྔོ་བས་འཚང་མི་རྒྱ། །གནད་འཕྲུགས་ཉམས་ལེན་ཆང་སོགས་སྟེར་བ་ནས། །མཚན་འཛིན་ལྡན་པའི་བསྔོ་བའི་བར་དག་ཡིན། །དེ་ལྟར་མ་དག་ཤེས་ནས་སྤང་བྱ་སྟེ། །དག་པའི་སྦྱིན་དང་ཚུལ་ཁྲིམས་སོགས་ལ་འབད། །བསམ་པ་དག་པས་ཐོས་བསམ་བསྒོམ་པ་ནི། །མ་ནོར་བསྒྲུབ་པ་སངས་རྒྱས་བསྟན་པ་ཡིན། །བྱང་སེམས་སྡོམ་པའི་སྐབས་ཏེ་གཉིས་པའི་རྣམ་པར་བཤད་པ་བསྟན་ཟིན་ཏོ། །

འདི་དག་རང་ཉིད་ཐེག་ཆེན་གཞུང་ལུགས་དང་། །བྱང་ཆུབ་ལམ་ལ་མོས་པ་གཙོར་བྱས་ཏེ། །དགེ་བའི་ས་བོན་ལམ་གཞན་མི་འཁྱོག་པར། །བྱང་ཆུབ་མཆོག་ཏུ་འབྲས་བུ་སྨིན་ཕྱིར་དང་། །རྟག་ཏུ་དམ་པའི་མཛད་འཕྲིན་ལྷུར་ལེན་ཞིང་། །རྒྱལ་བསྟན་བླ་མར་མཛད་པའི་སེམས་དཔའ་མཆོག །མི་ཡི་དབང་པོ་དགྲ་འདུལ་དོན་གྲུབ་ཀྱི། །གསུང་འཕྲིན་འཆི་མེད་རྟ་ཡིས་བསྐུལ་བ་ལས། །ཕྱག་དྲུག་ཡེ་ཤེས་མགོན་པོ་འཁོར་བཅས་ཀྱིས། །ཉེར་བསྟེན་དབེན་པའི་རི་ཁྲོད་ཤིང་མངས་སུ། །གསུམ་ལྡན་དགེ་སློང་ངག་དབང་ཆོས་གྲགས་ཀྱིས། །ངལ་བ་སྤྲངས་ཏེ་མགྱོགས་པ་ཉིད་དུ་སྦྱར། །སྨིན་གྲོལ་ཉིད་གཞོན་གསར་པའི་ཐིགས་ཕྲེང་གིས། །ཕྱག་ཆེན་པད་དཀར་བཞད་པའི་འཛུམ་ཕྲེང་གཡོ། །སྤྲིང་དང་འབྲས་བུའི་ཟེའུ་འབྲུ་དར་བབས་རྒོད། །ཀུན་དགའ་རྒྱལ་མཚན་ཞབས་ཟུང་སྤྱི་བོས་མཆོད།། །།

༄ གསུམ་པ་སྔགས་ཀྱི་སྡོམ་པའི་ཉམས་ལེན་ལ་གཉིས་ཏེ། མཚམས་སྦྱར་སྒོ་ནས་མདོར་བསྡུས་བསྟན། དོན་ཚན་ལྔ་ཡིས་རྒྱས་པར་བཤད་པའོ། །དང་པོ་ནི། སྐབས་དང་པོ་གཉིས་སུ་སྡོམ་པ་འོག་མ་གཉིས་ཀྱི་ཉམས་ལེན་བསྟན་པ་ལས་འཕྲོས་ནས། སྔགས་ཀྱི་ཉམས་ལེན་ཇི་ལྟ་བུ་ཞེ་ན། དེ་དག་གི་ཉམས་ལེན་གྱི་གཙོ་བོ་ནི་སྨིན་གྲོལ་གཉིས་སུ་འདུས་པ་ཡིན་ནོ། །ཞེས་པ་ལ་རྡོ་རྗེ་ཐེག་པའི་ཞེས་སོགས་ཚིགས་རྐང་གསུམ་བྱུང་། དེ་ཡང་སྔར་སྡོམ་པ་འོག་མ་གཉིས་ཀྱི་སྦྱངས་པ་སྔོན་དུ་སོང་བའམ། མ་སོང་ཡང་རུང་། གསང་ཆེན་རྡོ་རྗེ་ཐེག་པའི་ལམ་དུ་ཞུགས་ཏེ་མྱུར་དུ་སངས་རྒྱས་ཐོབ་པར་འདོད་ན། དེ་ལྟར་འདོད་པའི་གདུལ་བྱ་ཆོས་ཅན། བླ་མེད་ཀྱི་ལམ་སྨིན་གྲོལ་གཉིས་ལ་འབད་པར་བྱ་སྟེ། ཐོག་མར་སྨིན་བྱེད་ཀྱི་དབང་བཞི་ཞུས་ནས་གྲོལ་བྱེད་ཀྱི་ལམ་རིམ་གཉིས་ཉམས་སུ་ལེན་པ་ལ་འབད་པར་བྱ་བ་ཡིན་པས་སོ། །ཐོབ་འདོད་ན་ཞེས་པ་མཚམས་སྦྱར་

བ་དང་། འབད་པར་བྱ་ཞེས་པ་ཆེད་དུ་གདམས་པའི་ཚིག་ཡིན་ཏེ། དཔེར་ན་མི་ཞིག་ལ་ཁྱོད་སངས་རྒྱས་ཐོབ་པར་འདོད་ན་ལམ་ལ་སློབས་ཤིག་ཅེས་གདམས་པ་ལྟ་བུའོ། །

གཉིས་པ་ལ་ལྔ་སྟེ། སྨིན་བྱེད་ནོར་བ་མེད་པའི་དབང་བཞི་བཤད། གྲོལ་བྱེད་འཁྲུལ་བ་མེད་པའི་རིམ་གཉིས་བཤད། དབང་དང་རིམ་གཉིས་ལས་བྱུང་ཕྱག་ཆེན་བཤད། ཕྱག་ཆེན་གོམས་པས་སྤྱོད་པ་སྤྱོད་ཚུལ་བཤད། སྤྱོད་པས་ས་ལམ་བགྲོད་དེ་འབྲས་ཐོབ་བཤད་པའོ། །དང་པོ་ལ་གསུམ་སྟེ། མ་འཁྲུལ་སྨིན་བྱེད་བསྒྲུབ་པར་གདམས་པ། འཁྲུལ་པའི་སྨིན་བྱེད་དོར་བར་གདམས། དབང་ཐོབ་དམ་ཚིག་འཁྲུལ་པ་དགག་པའོ། །དང་པོ་ནི། འབད་པར་བྱ་རྒྱུའི་སྨིན་བྱེད་ཀྱི་དབང་བསྐུར་དེ་ཡང་ཡུལ་གང་ལས་ལེན། ངོ་བོ་ཇི་ལྟ་བུ་ལེན། བླངས་པས་བྱེད་ལས་གང་ཐོབ་པ་ཡིན་ཞེ་ན། ལེན་བྱེད་ཀྱི་ཡུལ་ནི་རྡོ་རྗེའི་འཆང་ནས་རྩ་བའི་བླ་མའི་བར་དུ་དབང་གི་ཆུ་བོ་མ་ནུབ་ཅིང་། བྱིན་རླབས་ཀྱི་བརྒྱུད་པ་མ་ཉམས་པར་ཡོད་པ། སྒྲུར་དངོས་རྗེས་གསུམ་གྱི་ཚོ་གའི་ལག་ལེན་ལ་རང་བཟོའི་ལྷད་མ་ཞུགས་པས་འཁྲུལ་པར་མ་འགྱུར་བ། ཕྱི་ནང་གི་རྟེན་འབྲེལ་གྱི་རྣམ་གཞག་སྒྲིག་མཁྱེན་ཅིང་། ཕྱིན་ཅི་མ་ལོག་པར་འཆད་ནུས་པ། དག་བྱ་དག་བྱེད་ཀྱི་ཚོག་རྣམ་པར་དག་པས་སློབ་མའི་ཕུང་ཁམས་སྐྱེ་མཆེད་ལ་སྐུ་བཞིའི་ས་བོན་ནུས་ལྡན་དུ་ཐེབས་ནུས་པ། བཤད་སྒྲུབ་ཐམས་ཅད་སངས་རྒྱས་ཀྱི་གསུང་བཞིན་དུ་མཛད་པ་སྟེ་ཁྱད་ཆོས་ལྔ་དང་ལྡན་པའི་བླ་མ་བཙལ་ལ། ཡུན་རིང་པོར་ཞབས་པད་བརྟན་ཅིང་ཕྱག་དང་གསོལ་བ་འདེབས་པ་སོགས་བྱ་སྟེ། དེ་ལྟར་བྱས་ན་རྟེན་འབྲེལ་གྱི་སྒོ་ཐོག་མ་ནས་འགྲིག་པར་འགྱུར་བའི་ཕྱིར། དེ་སྐད་དུ། རྗེ་བཙུན་རིན་པོ་ཆེས། དེ་ཡི་ཞབས་བརྟན་གསོལ་བ་ལན་མང་བཏབ། །ཅེས་གསུངས་སོ། །ངོ་བོ་ནི་བུམ་དབང་ལ་སོགས་པའི་དབང་བཞི་བླང་བར་བྱ་སྟེ། བླ་མེད་ཀྱི་དཀྱིལ་འཁོར་ཆེན་པོར་ཞུགས་ལ། མི་བསྐྱོད་པ་ཆུ་དབང་ནས། རྡོ་རྗེ་སློབ་དཔོན་གྱི་དབང་གི་བར་བདུན་ལ་བུམ་པ་ཆུའི་བྱ་བ་འདྲུག་པས་བུམ་དབང་དང་། དབང་རྫས་ཀྱི་སྒོ་ནས་མིང་དུ་བཏགས་པ་གསང་དབང་དང་། རྟེན་ཤེས་རབ་མའི་སྒོ་ནས་མིང་དུ་བཏགས་པ་ཤེས་རབ་ཡེ་ཤེས་ཀྱི་དབང་དང་། གྲངས་བཞི་བྱུང་བས་མིང་དུ་བཏགས་པ་དབང་བཞི་པ་མཐའ་བརྟེན་དང་བཅས་པ་རྣམས་ཡོངས་སུ་རྫོགས་པར་བླང་བྱ་ཡིན་པའི་ཕྱིར། བྱེད་ལས་ནི། དབང་བཞི་བླངས་པ་དེ་ཡིས་རྟེན་གྱི་གང་ཟག་སློབ་མ་དེ་སྡོམ་པ་གསུམ་ལྡན་དུ་འགྱུར་བ་ཡིན་ཏེ། སྔར་སྡོམ་པ་འོག་མ་གཉིས་སྔོན་དུ་སོང་ན་དབང་བསྐུར་གྱི་ཚེ་སྔགས་སྡོམ་དུ་གནས་གྱུར་ནས་སྔགས་སྡོམ་གྱི་ངོ་བོར་གྱུར་པའི་སྡོམ་གསུམ་ངོ་བོ་གཅིག་ཏུ་ལྡན་པ་དང་། སྔར་སྔོན་དུ་མ་སོང་ན་དབང་གི་སྔ་གོན་གྱི་སྐབས་སུ་རྒྱུན་བཤགས་ཀྱི་རྗེས་བཟློས་ལན་གསུམ་བྱས་པའི་ཚེ་ཐུན་མོང་མ་ཡིན་པའི་སྐྱབས་འགྲོའི་ལྡོག་པ་ནས

བསྟན་པའི་སོ་ཐར་གྱི་སྡོམ་པ་དང༌། སློན་འཇུག་གི་སེམས་བསྐྱེད་ཀྱི་ལྡོག་པ་ནས་བསྟན་པའི་བྱང་སེམས་ཀྱི་སྡོམ་པ་དང༌། གནས་གསུམ་བྱིན་རླབས་ནས་བཟུང་སྟེ་དབང་བཞི་པའི་བར་རྣམས་སུ་སྔགས་ཀྱི་ལྡོག་པ་ནས་བསྟན་པའི་སྔགས་སྡོམ་ཐོབ་པར་འགྱུར་བའི་ཕྱིར། དེ་སྐད་དུ། རྗེ་བཙུན་རིན་པོ་ཆེའི་རྩ་ལྟུང་འགྲེལ་སྤྱོང་ལས། འོ་ན་སྔར་སོ་སོར་ཐར་བའི་སྡོམ་པ་དགེ་སློང་གི་བར་ཐོབ་པ་ཞིག་གིས་ཕྱིས་བྱང་ཆུབ་ཏུ་སེམས་བསྐྱེད་ནས་སླར་ཡང་དབང་ནོས་པར་གྱུར་ན་འདི་ལ་སྡོམ་པ་ཇི་ལྟར་ལྡན་ཞེ་ན། དགེ་སློང་གིས་སེམས་བསྐྱེད་པའི་ཚེ་ན་སོ་སོར་ཐར་པ་ཐམས་ཅད་བྱང་ཆུབ་སེམས་དཔའི་སྡོམ་པར་འགྱུར་ལ། དཀྱིལ་འཁོར་དུ་ཞུགས་པའི་ཚེ་ན་སྡོམ་པ་ཐམས་ཅད་ཀྱང་རིག་པ་འཛིན་པའི་སྡོམ་པ་ཞེས་བྱ་བ་ཡིན་ནོ། །ཞེས་དང༌། སོ་ཐར་དང་བྱང་སྡོམ་གཉིས་ནི་གང་དུ་བླངས་ཀྱང་རུང་མ་བླངས་ཀྱང་རུང་དབང་གི་སྔོན་དུ་སྔ་གོན་གྱི་སྐབས་སུ་འབྱུང་བ་ཡིན་ནོ། །ཞེས་དང༌། གཞན་དེ་དག་ཐུགས་ལ་བཞག་ནས་ཁ་སྐོང་ལས། སྡོམ་གསུམ་ལྡན་པས་འབྲས་བུ་མཆོག །འགྲུབ་ཅིང་སྡོམ་གསུམ་དེ་ཉིད་ཀྱང༌། །རང་རང་ཆོགས་རིམ་བཞིན་དུ། །བླངས་སམ་དབང་བསྐུར་ཆོག་ལས། །གསུམ་ཆར་ཐོབ་པ་ཉིད་ཀྱང་རུང༌། །གསུམ་ལྡན་ཆེན་ངོ་བོ་གཅིག །ཅེས་གསུངས་པ་ཡིན་ནོ། །སྨིན་པར་བྱེད་པའི་དབང་བསྐུར་ཡང༌། །ཞེས་སོགས་ཚིགས་བཅད་གཉིས་པོ་འདི་སྤྱིར་ཊཱི་ཀ་ལས། དབང་སྐུར་བྱེད་ཀྱི་བླ་མའི་མཚན་ཉིད་ཙམ་ལ་སྦྱར་ནས་བཤད་ཀྱང༌། སྐབས་དོན་བརྗོད་བྱ་རིམ་པ་གསུམ་ཡོད་ཚུལ་སྔར་བཤད་པ་ལྟར་ལེགས་ཤིང༌། དེའི་ནང་ནས་ཀྱང་དབང་བཞི་བླངས་ཞེས་པ་འདི་བརྗོད་བྱའི་གཙོ་བོ་སྨོན་བྱེད་ཡིན་ཏེ། སྨིན་གྲོལ་གཉིས་ལ་འབད་པར་བྱ་ཞེས་པའི་ཚིག་ཟུར་སྨིན་ཞེས་པ་ལས་འཕྲོས་ནས། སྨིན་བྱེད་ཀྱི་དབང་འཆད་པ་ལ། སྨིན་པར་བྱེད་པའི་ཞེས་སོགས་ཚིགས་བཅད་གཉིས་པོ་འདི་བྱུང་བའི་ཕྱིར། འདིར་དབང་གི་སྔ་གོན་གྱི་གནས་སྐབས་སུ་སོ་ཐར་དང་བྱང་སྡོམ་ཐོབ་ན་དེའི་གནས་སྐབས་སུ་གསར་དུ་ཐོབ་པའི་དེ་གཉིས་སྡོམ་པ་འོག་མ་རང་རྒྱུད་ཡིན་ནམ་སྔགས་སྡོམ་གྱི་ངོ་བོར་སྐྱེ་ཞེ་ན། སྡོམ་གསུམ་སྤྱི་ཊཱི་ཀ་སོགས་ལས་གསལ་ཁ་ཆེར་མི་སྣང་ཡང༌། རང་གི་བསམ་ཚོད་སྔགས་སྡོམ་གྱི་ངོ་བོར་སྐྱེ་བ་འཐད་དེ། རྒྱུན་བཤགས་ཀྱི་རྗེས་ཟློས་ཀྱི་གོང་དུ་ནང་དབང་བསྐུར་བར་སོང་ཟིན་པའི་ཕྱིར་དང༌། ས་པཎ་གྱི་སྐྱེས་བུ་དམ་པའི་འཕྲིན་ཡིག་ལས། བླ་ན་མེད་པའི་སྐབས་འགྲོ་དང་སེམས་བསྐྱེད་ལ་བརྟེན་ནས་རིག་པ་འཛིན་པ་སྔགས་ཀྱི་སྡོམ་པ་སྐྱེ་བ་དེ་དབང་གི་དུས་སུ་ཐོབ་ཀྱི། གཞན་དུ་ཐོབ་པར་གསུངས་པ་མ་མཐོང༌། ཞེས་གསུངས་པའི་ཕྱིར། རྗོང་པ་ཀུན་དགའ་རྒྱལ་མཚན་པས་སྔ་གོན་གྱི་གནས་སྐབས་སུ་སྐྱེས་པའི་སྔགས་སྡོམ་ཡོད་ཅིང༌། ཐོབ་པའི་སྔགས་སྡོམ་མེད་པར་བཞེད་པ་ལུང་འདིས་འགྲེལ་གཞིར་བྱས་པར་སྣང་ཡང༌། འདིས་ནི་སྐྱེས་པ་ཉིད་ལ་ཐོབ་པར་འདོགས་པའི་དབང

དུ་བྱས་ནས་དོན་དེ་སྐད་གསུངས་པ་ཡིན་ཏེ། ཐུན་མོང་མ་ཡིན་པའི་སྐྱབས་འགྲོ་དང་སེམས་བསྐྱེད་ལ་བརྟེན་ནས་སྔགས་སྡོམ་སྐྱེ་བ་དེ་དབང་དང་འབྲེལ་བའི་དུས་སུ་ཡིན་གྱིས། གཞན་རྗེས་གནང་ཙམ་དང་འབྲེལ་བའི་དུས་སུ་མ་ཡིན་ནོ། །ཞེས་བསྟན་པའི་ཕྱིར།

སྡོམ་པ་གསུམ་གྱི་བཟླས་ཕྱེ་བའི་སྔགས་སྡོམ་ནི། གནས་གསུམ་བྱིན་བརླབ་དང་། དཀྱིལ་འཁོར་གྱི་ཕྱི་འཇུག་ནང་འཇུག་དང་། དབང་གི་དངོས་གཞིའི་སྐབས་རྣམས་སུ་ཐོབ་ཅིང་། ལྷག་པར་བསྐྱེད་རིམ་གྱི་སྡོམ་པ་ནི་བུམ་དབང་གི་ལག་རྗེས་དང་། རྫོགས་རིམ་གྱི་སྡོམ་པ་ནི་དབང་གོང་མའི་ལག་རྗེས་ལས་ཐོབ་པ་ཡིན་ཏེ། བུམ་དབང་དང་བསྐྱེད་རིམ་ནི་སྨིན་གྲོལ་དང་། དབང་གོང་མ་དང་རྫོགས་རིམ་གཉིས་སྨིན་གྲོལ་དུ་སྦྱར་ནས་འཆད་རིགས་པའི་ཕྱིར་ཏེ། དེ་སྐད་དུ། ས་ཆེན་གྱི་དབང་བཞི་ཙོ་སྦྱོད་ཀྱི་འགྲེལ་པ་ལས། དེ་ལ་སོ་སོར་ཐར་པའི་སྡོམ་པ་དགེ་བསྙེན་ནས་དགེ་སློང་གི་བར་ཐོབ་པ། བྱང་ཆུབ་སེམས་དཔའི་སྨོན་འཇུག་གི་སེམས་བསྐྱེད་ཐོབ་པ། གསང་སྔགས་ལམ་གྱི་དབང་བཞིའི་སྡོམ་པ་ཐོབ་པའོ། །ཞེས་དང་། རྗེ་བཙུན་རྩེ་མོས་ས་ཆེན་ལ་བསྟོད་པ་ལས། དབང་བཞིས་སྨིན་མཛད་ལམ་བཞིས་གྲོལ་བ་སྟོན། །ཞེས་དང་། རྗེ་བཙུན་རིན་པོ་ཆེའི་ཨིནྡྲ་བྷུ་ཏིའི་ལམ་སྐོར་ལས། སྐྱངས་པ་ལས་བྱུང་བའི་ཡོན་ཏན་ནི་སྐྱབས་གསུམ་སྔོན་དུ་འགྲོ་བའི་སོ་སོར་ཐར་པའི་སྡོམ་པ་དང་ཡང་ལྡན། སྨོན་འཇུག་གི་སེམས་བསྐྱེད་བྱས་ཏེ་བྱང་ཆུབ་སེམས་དཔའི་བསླབ་པ་དང་ཡང་ལྡན། དབང་བཞི་ཡོངས་སུ་རྫོགས་ཏེ་རྡོ་རྗེ་ཐེག་པའི་སྡོམ་པ་དང་ཡང་ལྡན། རྒྱུད་དང་གདམས་ངག་མང་དུ་ཐོས་ཏེ་ཐོས་བསམ་མཐར་ཕྱིན་པ་ཞིག་ཡིན་ནོ། །ཞེས་དང་། གཞུང་འདིར་ཡང་། དབང་བཞི་བླངས། །དེ་ཡིས་སྡོམ་པ་གསུམ་ལྡན་འགྱུར། །ཞེས་གསུངས་པ་ཡིན་ནོ། །

འདིར་དགག་སྒྲུབ་ཀྱི་རྣམ་གཞག་མཐའ་ཡས་པ་ཞིག་འདུག་ཀྱང་ཡི་གེས་འཇིགས་པས་དེ་ཙམ་མོ། །

དེ་དག་གིས་ནི། དབང་བཞི་བླངས་པས་སྡོམ་པ་གསུམ། །ཐོབ་པར་འགྱུར་བ་དབང་གོང་ལས། །ཐོབ་པའི་གསང་སྔགས་སྡོམ་པ་དང་། །དབང་ལས་ཐོབ་པའི་སོ་ཐར་དང་། །སེམས་བསྐྱེད་སྡོམ་པ་བཞེད་ལུགས་སམ། །ཞེས་དྲིས་པའི་ལན་ཡང་བསྟན་པ་ཡིན་ནོ། །

གཉིས་པ་ལ་བཞི་སྟེ། སྨིན་བྱེད་མིན་པ་སྨིན་བྱེད་འདོད་པ་དགག །སྨིན་བྱེད་དབང་བསྐུར་མི་དགོས་འདོད་པ་དགག །དགོས་ཀྱང་ལག་ལེན་འཁྲུལ་པར་སྤྱོད་པ་དགག །དབང་བསྐུར་མུ་བཞིའི་རྣམ་གཞག་འདོད་པ་དགག་པའོ། །དང་པོ་ལ་བཞི་སྟེ། བྱིན་རླབས་སྨིན་བྱེད་དབང་དུ་འདོད་པ་དགག །སྨིན་བྱེད་དབང་ལས་གྲངས་ངེས་མེད་པ་དགག །ནས་འདྲ་སོགས་སུ་སྨིན་བྱེད་དབང་བསྐུར་དགག །ཚིག་འཁྲུལ་པས་སྨིན་

བྱེད་དབང་བསྐུར་དགག་པའོ། །དང་པོ་ལ་གསུམ་སྟེ། བྱིན་རླབས་སྨིན་བྱེད་ཡིན་ལ་གནོད་བྱེད་བསྟན། བྱིན་རླབས་སྨིན་བྱེད་ཡིན་པའི་སྒྲུབ་བྱེད་དགག །བྱིན་རླབས་ཆོས་སྒོར་བྱེད་ན་ཧ་ཅང་ཐལ་བའོ། །དང་པོ་ལ་གཉིས་ཏེ། ཕྱོགས་སྔ་བརྗོད་པ་དང་། དེ་དགག་པའོ། །དང་པོ་ནི། དེང་སང་གངས་རིའི་ཁྲོད་ན་རྡོ་རྗེ་ཕག་མོའི་བྱིན་རླབས་ལ། ཕག་མོ་བཏྲ་བཞིའི་དབང་བསྐུར་ཞེས་མིང་བཏགས་ནས་དབང་བསྐུར་མཚན་ཉིད་པ་ཡིན་ཞེས་ཟེར་ཞིང་། བྱིན་རླབས་འདི་ཡིས་གསང་སྔགས་ཀྱི་ཆོས་ཀྱི་སྒོ་འབྱེད་བྱས་ནས། གསང་དབང་གི་ལམ་རླུང་དང་གཏུམ་མོའི་རྣལ་འབྱོར་དང་། དབང་གསུམ་པའི་ལམ་ཕོ་ཉ་ལ་སོགས་པ་སྟོན་ཞིང་བསྒོམ་པ་མཐོང་ངོ་། །གཉིས་པ་ལ་བཞི་སྟེ། ཤེས་བྱེད་མེད་པ། ཉེས་དམིགས་ཆེ་བ། ཕན་ཡོན་མེད་པ། ལུང་དང་འགལ་བའོ། །དང་པོ་ནི། དབང་མ་བསྐུར་བར་བྱིན་རླབས་ཀྱི་ཆོས་སྒོ་ཕྱེ་ནས་རྫོགས་རིམ་བསྒོམ་པ་འདི་འདྲ་ཆོས་ཅན། ཁྱོད་ལ་ཤེས་བྱེད་ཀྱི་ལུང་ཁུངས་མེད་དེ། སངས་རྒྱས་ཀྱི་རྒྱུད་སྡེ་ལས་མ་གསུངས་ཤིང་། དགོངས་འགྲེལ་གྱི་བསྟན་བཅོས་རྒྱུད་འགྲེལ་དང་། སྒྲུབ་ཐབས་དང་། དཀྱིལ་ཆོག་ཚད་ལྡན་རྣམས་ལས་བཤད་པ་མེད་པའི་ཕྱིར། གལ་ཏེ་ཕག་མོའི་གཞུང་ལས་གསུངས་སོ་སྙམ་ན་མ་གསུངས་ཏེ། རྡོ་རྗེ་ཕག་མོ་ཉིད་ཀྱི་གཞུང་། རྗེ་བཙུན་མ་རིན་ཆེན་རྒྱན་གྱི་སྒྲུབ་ཐབས་ལས་ཀྱང་། འདི་ལྟར་རྣལ་འབྱོར་པ་དབང་བསྐུར་བ་ཐམས་ཅད་ཡོངས་སུ་རྫོགས་པས་ཡིད་དང་རྗེས་སུ་མཐུན་པའི་གནས་སུ་ཞེས་དང་། རྒྱལ་ཆེན་ཨིནྡྲ་བྷཱུ་ཏིས་མཛད་པའི་ཕག་མོ་ཞལ་གཉིས་མའི་སྒྲུབ་ཐབས་ཆུང་བ་ལས་ཀྱང་། གསང་སྔགས་པས་ཐོག་མར་བླ་མ་དང་སངས་རྒྱས་ལ་སེམས་མངོན་པར་དད་པའི་ཡིད་ཅན་གྱི་བྱང་ཆུབ་ཀྱི་སེམས་བརྟན་པར་བཟུང་སྟེ། དབང་བསྐུར་བ་ཡང་དག་པར་ཐོབ་ནས། ཞེས་དབང་བསྐུར་ཐོབ་ཅིང་དམ་ཚིག་དང་ལྡན་པ་ལ་ཕག་མོའི་བྱིན་རླབས་བྱ་བར་གསུངས་ཀྱིས། སྔོན་དུ་དབང་བསྐུར་མེད་པ་ལ་བྱིན་རླབས་བྱེད་པ་བཀག་པའི་ཕྱིར་རོ། །

གཉིས་པ་ནི། བྱིན་རླབས་དབང་བསྐུར་མ་ཐོབ་པ་ལ་བྱས་ན་ཉེས་དམིགས་ཆེ་སྟེ། དཔེར་ན་མན་ངག་ལས་གསུངས་པ་བཞིན་གྱི་སྨུ་ཟིའི་བཅུད་ལེན་གྱི་རིལ་བུ་ཡུན་རིང་དུ་བསྟེན་པས། ལུས་ཡང་ཞིང་ཟོ་མདོག་བདེ་བ་ལ་སོགས་པ་འབྱུང་། དེ་ནས་དངུལ་ཆུའི་བཅུད་ལེན་བྱས་པས། ནུས་པ་འཛོམས་ཤིང་ལུས་སྟོབས་རྒྱས་པར་འགྱུར་ལ། སྨུ་ཟིའི་བཅུད་ལེན་ཐོག་མར་མ་བསྟེན་པར་དང་པོ་ཉིད་ནས་དངུལ་ཆུ་ཟོས་ན་འཆི་བ་དེ་བཞིན་དུ། ཐོག་མར་འཁོར་ལོ་བདེ་མཆོག་ལྷ་བུའི་དཀྱིལ་འཁོར་དུ་དབང་བསྐུར་བ་བླངས། དེ་ནས་ཕག་མོའི་སྒྲུབ་ཐབས་ཉམས་སུ་ལེན་པར་འདོད་ན་ཕག་མོའི་བྱིན་རླབས་སྨིན་པ་ཡིན་གྱིས། སྨིན་བྱེད་ཀྱི་དབང་བསྐུར་མེད་པར་ཕག་མོའི་བྱིན་རླབས་བྱས་ན། བྱེད་པ་པོ་དམ་ཚིག་ཉམས་པ་ཐུབ་པས་གསུངས་པའི་ཕྱིར་ཏེ།

བྱེད་པ་པོ་ལ་གསང་སྔགས་ཀྱི་རྩ་ལྟུང་འབྱུང་བའི་ཕྱིར་རོ། །གསུམ་པ་ནི། རྡོ་རྗེ་ཕག་མོའི་བྱིན་རླབས་འདི་ནི་ཆོས་ཅན། བྱིན་རླབས་ཙམ་ཡིན་གྱིས་སྨིན་པར་བྱེད་པ་མ་ཡིན་ཏེ། ཁྱོད་ལས་སྨིན་བྱེད་དབང་གི་ཕན་ཡོན་རྣམས་མི་འབྱུང་བའི་ཕྱིར་ཏེ། ཁྱོད་ལས་སློབ་མ་དེ་སྡོམ་པ་གསུམ་ལྡན་དུ་ཡང་བྱར་མི་རུང་། སློབ་མའི་ཕྱི་ལུས་དང་ནང་སེམས་ལ་གཞལ་ཡས་ཁང་དང་ལྷ་ལ་སོགས་པའི་རྟེན་འབྲེལ་ཡང་འགྲིག་པར་མི་འགྱུར། ཕུང་ཁམས་སྐྱེ་མཆེད་ལ་སྐུ་བཞིའི་ས་བོན་ཡང་ཐེབས་མི་ནུས་པ་དེའི་ཕྱིར་རོ། །དེ་སྐད་དུ། རྗེ་བཙུན་གྱིས། བྱིན་རླབས་ཕྲ་མོ་ཙམ་གྱིས་མ་ཡིན་ཏེ། །སྔགས་ཀྱི་རྩ་བ་དབང་བསྐུར་ཡིན་པས་སོ། །ཞེས་གསུངས་སོ། །བཞི་པ་ནི;། བྱིན་རླབས་སྨིན་བྱེད་མ་ཡིན་པ་དེས་ན། ཐུབ་པས་དེ་ཉིད་འདུས་པའི་རྒྱུད་སྡེ་ལས། དཀྱིལ་འཁོར་ཆེན་པོ་མ་མཐོང་བར་མདུན་དུ་མ་སྨྲ་ཞིག །ཅེས་གསུངས་པ་དང་། བྱིན་རླབས་སྨིན་བྱེད་དུ་བྱེད་པ་གཉིས་འགལ་བ་ཡིན་ཏེ། སྔར་བླ་མེད་ཀྱི་དཀྱིལ་འཁོར་ཆེན་པོར་མ་ཞུགས་པ་ལ་བྱིན་རླབས་ཀྱི་གསང་བ་བསྒྲགས་ན་རྩ་ལྟུང་དུ་འགྱུར་བའི་ཕྱིར་རོ། །

གཉིས་པ་སྒྲུབ་བྱེད་དགག་པ་ལ་གཉིས་ཏེ། ཕག་མགོ་སོགས་ཀྱི་ལག་ལེན་འདོད་པ་དགག །སྡོམ་གཟུང་དཀྱིལ་འཁོར་སོགས་ཀྱི་རང་བཟོ་དགག་པའོ། །དང་པོ་ལ་གཉིས་ཏེ། ལག་ལེན་བརྗོད་པ་དང་། དེ་དགག་པའོ། །དང་པོ་ནི། ཕྱག་རྒྱ་པ་འགའ་ཞིག་བྱིན་རླབས་འདི་ལའང་སྨིན་བྱེད་བསྒྲུབ་པར་འདོད་ནས། ཕག་མགོ་དང་། གྲི་གུག་དང་། མདའ་གཞུ་དང་། ཐོད་ཚང་རྣམས་གཏོད་ཅིང་འཆང་བ་ལ་སོགས་པའི་དབང་བསྐུར་ཡོད་ཅེས་ཟེར་རོ། །གཉིས་པ་ནི། ཕག་མགོའི་དབང་ལ་སོགས་པ་དེ་འདྲ་ཆོས་ཅན། དབང་བསྐུར་ཉིད་མ་ཡིན་ཏེ། རྒྱུད་སྡེ་ཀུན་ལས་མ་གསུངས་པའི་ཕྱིར། གལ་ཏེ་བརྟག་པ་མཐར་བཟུང་དུ་རྒྱ་ལ་སྲིད་གསུངས་པ་སྲིད་ཀྱང་དབང་བསྐུར་མཚན་ཉིད་པ་མ་ཡིན་ཏེ། རྗེས་གནང་ལ་དབང་གི་མིང་གིས་བཏགས་པ་ཙམ་ཡིན་པའི་ཕྱིར། དོན་འདི་དང་མཐུན་པར་ཆག་ལོའི་དྲིས་ལན་ལས། རྒྱ་ལ་ཕག་མགོའི་དབང་ལ་སོགས་པ་གསུངས་ན། དབང་ཞེས་བརྗོད་པ་ལ་འགལ་བ་ཅི་མཆིས། ཞེས་ཞུས་པའི་ལན་དུ། དེ་འདྲ་རྒྱུད་སྡེ་གང་ནས་ཀྱང་གསུངས་པ་མི་གདའ། བརྟག་པ་མཐར་བཟུང་གི་གསུངས་པ་སྲིད་ན་ཡང་དབང་བཏགས་པ་བ་ཡིན་ཏེ། ཞེས་པ་ནས། བརྟན་འབའ་ཞིག་ཡིན་གྱི་གསུངས་པ་གཅིག་ཀྱང་མེད་ཅེས་གསུངས་སོ། །

གཉིས་པ་ལ་གཉིས་ཏེ། རང་བཟོ་བརྗོད་པ་དང་། དེ་དགག་པའོ། །དང་པོ་ནི། ཞང་ཚལ་པ་ལ་ལ། རྡོ་རྗེ་ཕག་མོའི་བྱིན་རླབས་ལ་མ་རྒྱུད་ནས་བཤད་པའི་སྡོམ་པ་འབོག་པའི་ཆོ་ག་དང་། དཀྱིལ་འཁོར་དང་དབང་བསྐུར་བའི་ཆོག་སོགས་བསྲེས་ནས་རང་བཟོའི་ཆོ་ག་རྒྱས་པར་བྱེད་པ་ཐོས་སོ། །

གཉིས་པ་ནི། རྒྱུད་ཀྱི་དངོས་བསྟན་ལ་གསལ་བའམ། གྲུབ་པ་ཐོབ་པའི་བླ་མའི་མན་ངག་གིས་ཕྱེ་བ་གང་རུང་ཡིན་ན་ཆོག་ར་འགྱུར་གྱིས། དེ་ལས་གཞན་དུ་སོ་སོ་སྐྱེ་བོའི་རང་བཟོ་དང་། ཚིག་རྣམས་ནི་ཆོག་ར་འགྱུར་བ་མི་སྲིད་དོ། །ཚིག་ནི་སངས་རྒྱས་ཁོ་ནའི་སྤྱོད་ཡུལ་ཡིན་པས། རང་བཟོ་དང་། སོ་སྐྱེས་སྦྱར་བའི་ཚིགས་བཅད་རྣམས་བསྲེ་མི་རུང་བའི་ཕྱིར། དཔེར་ན་ཁྲིམ་པས་གསོལ་བཞིའི་ལས་བྱས་ཀྱང་། བསྒྲུབ་བྱ་ལ་དགེ་སློང་གི་སྡོམ་པ་མི་འཆགས་པ་ལྟར། རྡོ་རྗེ་ཕག་མོའི་བྱིན་རླབས་ལ་སྡོམ་པ་འབོག་པའི་ཆོ་ག་སྦྱར་ཀྱང་སློབ་མ་ལ་སྡོམ་པ་ཆགས་པར་མི་འགྱུར་བ་ཡིན་ནོ། །ཡང་འདུལ་བ་ལས། མཁན་པོ་དང་། བསྒྲུབ་བྱ་དང་། དགེ་འདུན་གྱི་མིང་བརྗོད་པ་ཆད་ན་ཡང་ཆོ་གའི་ཚིག་ཟུར་ཉམས་པས་ཆོ་ག་འཆགས་པར་མ་གསུངས་ན། གསང་སྔགས་འདིར་ཡང་རང་བཟོའི་འདི་འདྲའི་རིགས་ཅན་ལ་ཆོ་ག་འཆགས་པར་འགྱུར་རེ་སྐན་ཏེ་མི་འཆགས་པར་ཐལ། རང་བཟོ་འདིས་ནི་ཆོ་ག་ཕལ་ཆེར་ཉམས་པའི་ཕྱིར། རང་བཟོ་ཆོ་གར་མི་འགྱུར་བ་དེས་ན་འཆད་ཉན་ཙམ་བྱེད་པའི་གནས་སྐབས་སུ་ཚིག་དོན་ཅུང་ཟད་ནོར་བར་གྱུར་ཀྱང་བླ་ཞིང་སྐྱོན་ཆུང་གིས། ལག་ལེན་གྱི་ཆོ་གའི་བྱ་བ་ཆེ་ཆུང་གང་ལ་ཡང་ནོར་བ་མེད་འགལ་ཆེ་སྟེ། ཆོ་ག་ནོར་བར་གྱུར་པ་ལས་དངོས་གྲུབ་ནམ་ཡང་མེད་པར་གསུངས་པའི་ཕྱིར་ཏེ། གསང་བ་སྤྱི་རྒྱུད་ལས། ཁྱད་པར་ཅན་གྱི་ལས་རྣམས་ལ། །ལྷ་དུས་བྱ་བ་དུས་བཞིན་སྤྱད། །གཞན་དུ་ཆོ་ག་ཉམས་པའི་ཕྱིར། །གྲུབ་པ་ནམ་ཡང་ཡོད་མ་ཡིན། །ཞེས་གསུངས་པའི་ཕྱིར། འོ་ན་ཕག་མོ་ལ་སྨིན་བྱེད་ཀྱི་དབང་གཏན་ནས་མི་བཞེད་དམ་སྙམ་ན། བསྟན་བཅོས་མཛད་པོ་འདིས་ནི་དྭགས་པོ་སོགས་ཀྱིས་ཕྱག་ལེན་མཛད་པའི་ཕག་མོའི་བྱིན་རླབས་རྩོད་གཞིར་བཟུང་ནས། དེ་སྨིན་བྱེད་ཡིན་པ་འགོག་པ་ཡིན་གྱིས། ལྷའི་ངོས་ནས་ཕག་མོ་ལ་སྨིན་བྱེད་ཀྱི་དབང་འགོག་པ་མ་ཡིན་ཏེ། ཕག་མོ་སྡོན་བྱུང་གི་རྒྱུད་ལས་གསུངས་པའི་རྟུལ་ཚོན་གྱི་དཀྱིལ་འཁོར་དུ་དབང་བསྐུར་བ་དང་། ཕག་མོ་ལྷ་བཅུ་གསུམ་མའི་དཀྱིལ་འཁོར་དུ་དབང་བསྐུར་བ་དང་། ཕག་མོ་ལྷ་སོ་བདུན་མའི་དཀྱིལ་འཁོར་དུ་དབང་བསྐུར་བ་རྣམས་ཕག་མོའི་སྨིན་བྱེད་ཀྱི་དབང་ཡིན་པས་སོ། །དཔེར་ན་རྗེ་བཙུན་བདག་མེད་མའི་བྱིན་རླབས་སྨིན་བྱེད་མ་ཡིན་ཞིང་། དེའི་སྨིན་བྱེད་ཀྱི་དབང་བཀའ་རྟུལ་ཚོན་དང་རས་བྲིས་ལ་བརྟེན་ནས་བྱེད་པ་བཞིན་ནོ། །

གསུམ་པ་བྱིན་རླབས་ཆོས་སྐོར་བྱེད་ན་ཏ་ཙང་ཐལ་བ་ནི། གནོད་བྱེད་གཞན་ཡང་ཕག་མོའི་བྱིན་རླབས་ལ་གསང་སྔགས་ཀྱི་ལམ་རིམ་གཉིས་ཟབ་མོ་བསྒོམ་པའི་ཆོས་སྐོར་བྱེད་པ་ནི་མི་འཐད་དེ། དེ་འདྲ་རྒྱུད་སྡེ་གང་ནའང་བཤད་པ་མེད་པའི་ཕྱིར། བྱིན་རླབས་ཆོས་སྐོར་བྱེད་པ་དེ་བས་དེང་སང་དགེ་སློང་བྱེད་པ་ལ་རང་བྱུང་གི་བསྙེན་རྫོགས་དང་། ལྷ་སྟེ་ལྟར་ཡེ་ཤེས་ཁོངས་ཆུད་དང་། མཚོ་སྐྱེས་མ་ལྟར་ཕྲིན་གྱི་བསྙེན་རྫོགས

དང་། འོད་སྲུང་ཆེན་པོ་ལྟར་སྟོན་པར་ཁས་བླངས་པ་དང་། ཤཱ་རིའི་བུ་ལ་སོགས་པ་ལྟར་ཚུལ་ཤོག་དང་། སྐྱེ་དགུའི་བདག་མོ་ལྟར་ལྟོ་ཆོས་ཁས་བླངས་པ་དང་། བཟང་སྡེའི་ཚོགས་དྲུག་ཅུ་ལྟར་སྐྱབས་འགྲོ་ཁས་བླངས་པ་དང་། ཁྱིམ་བདག་ལེགས་སྦྱིན་ལྟར་དྲི་བ་བརྟེན་པས་བསྙེན་པར་རྫོགས་པ་དང་། གསོལ་བཞིའི་ལས་ཀྱི་ཅིག་ཆར་རབ་ཏུ་བྱུང་ཞིང་བསྙེན་པར་རྫོགས་པ་རྣམས་བླང་རིགས་ཏེ། བྱིན་རླབས་ཆོས་སྒོར་བྱེད་པ་དང་། བསྙེན་པར་རྫོགས་ཚུལ་འདི་དག་དེང་སང་བྱེད་ན་འཁྲུལ་པ་ཡིན་པ་མཉམ་པོ་ལ། འདི་རྣམས་ནི་སྔོན་གྱི་ཆོ་གར་བཤད་པའི་ཕྱིར། སྔོན་ཆོག་གི་དོན་ནི། སྔོན་སྟོན་པ་སངས་རྒྱས་ཞལ་བཞུགས་པའི་དུས་སུ་གདུལ་བྱ་རྒྱུད་སྨིན་པ་རྣམས་རྗེས་སུ་བཟུང་བའི་ཆེད་དུ་གསུངས་པའི་ཆོ་གའི་རིགས་ཅན་ལ་སྔོན་ཆོག་ཅེས་བྱའོ། །དེ་ལྟར་བྱིན་རླབས་སྨིན་བྱེད་ཡིན་པ་བཀག་པ་ལ། སྤྲུལ་སྐུ་མཆོག་པདྨ་དཀར་པོས། ལུས་མེད་མཁའ་འགྲོའི་ཆོས་སྐོར་གྱི་རྣམ་བཤད་ལས།

གསུམ་པ་དེ་ལ་རྩོད་པ་སྤང་བ་ནི། རབ་དབྱེ་མཛད་པོས། རྡོ་རྗེ་ཕག་མོའི་བྱིན་རླབས་འདི། །མར་པ་ལྷོ་བྲག་པ་ལ་མེད། །ཅེས་སྨྲས། དེ་ལ་མེད་དམ་སྙམ་དགོངས་པ་དེ་ལ་རྒྱུ་མཚན་རི་བོང་རྭའི་རྣོ་རྟུལ་དང་མཚུངས་སོ། །དོགས་པ་འཁྲུངས་པ་ཡང་བརྡའི་དབང་བཞི་འདི་འདྲ་མི་རིགས་སོ་སྙམ་དུ་ཟད་པས། འཁོར་ལོ་སྡོམ་པ་རྩ་བཤད་ཀྱི་ཕྱོགས་ལ་རྒྱུས་མ་གསལ་བར་ཟད་དོ། །དེ་ལ་རྡོ་རྗེ་ཕག་མོ་ཅི་འཆད་ཀྱང་། རྩོད་སྤོང་བྱེད་པ་ནི་མ་ཤེས་པ་སྟེ། རྩོད་པ་འདིའི་ཕྱོགས་སྔ་མར་གང་བླང་མ་ཐེང་པ་ཡིན། དེས་ན་བརྡ་བཞིའི་དབང་འདིས་ཕྱོགས་སྔ་མར་བྱས་པ་ཡིན་ཏེ། དེ་ཉིད་ཀྱིས། འདི་ལ་ཕག་མགོ་ལ་སོགས་པའི། །དབང་བསྐུར་བྱ་བ་ཡོད་ཅེས་ཟེར། །ཞེས་བཤད་པས་སོ། །དེ་ཡང་རྒྱུད་དང་མཐུན་ན་བླང་དུ་རུང་ཞེས་པས་མི་མཐུན་ཞེས་དང་། མཐུན་ཞེས་ཁ་ཚོན་གཅོད་མ་ནུས་པས་དགག་པ་པོ་ཚར་གཅད་ཀྱི་གནས་སུ་ལྟུང་ངོ་། །ཞེས་བྱ་བ་བྲིས་སོ། །འདི་དག་ནི་དཔྱོད་ལྡན་མཁས་པས་ཐུགས་གཟུ་བོར་གནས་པའི་སྒོ་ནས་གསུང་རབ་ཀྱི་དོན་ལ་དོགས་གཅོད་གནང་བ་མིན་པ་འདྲ་སྟེ། རབ་དབྱེའི་གཞུང་གི་དགོངས་པ་གང་ཡིན་ངོ་མི་རྟོག་པར། ཚིག་ཙམ་ལ་འཁྲིས་ནས་སྐྱོན་འཆོལ་བར་སྣང་བའི་ཕྱིར། དེ་ཡང་། རྡོ་རྗེ་ཕག་མོའི་བྱིན་རླབས་ནི། །མར་པ་ལྷོ་བྲག་པ་ལ་མེད། །ཅེས་པ་ནི། སྤྱིར་ཕག་མོའི་བྱིན་རླབས་མར་པ་ལ་མེད་ཅེས་པའི་དོན་ག་ལ་ཡིན། འོན་ཅི་ཞེ་ན་ཆོས་སྒོ་འབྱེད་པའི་ཕག་མོའི་བྱིན་རླབས་བརྡའི་དབང་བཞིར་གྲགས་པ་འདི་མར་པའི་དུས་སུ་མེད་པ་ལ། དེང་སང་མར་པའི་བརྒྱུད་འཛིན་དུ་ཁས་འཆེ་བ་རྣམས་དེ་ལྟ་བུའི་ཕག་མོའི་བྱིན་རླབས་ཀྱི་ཆོས་སྒོ་འབྱེད་པ་ནི་ཁྱེད་རང་གི་བརྒྱུད་པའི་གཙོ་བོ་མར་པ་དང་ཡང་འགལ་བ་ཡིན་ནོ་ཞེས་བསྟན་པ་ཡིན་ཏེ། གོང་གི་གཞུང་གཉིས་པོ་དེའི་འགྲེལ་ལས།

མར་པའི་བརྒྱུད་པ་འཛིན་བཞིན་དུ། །ཕག་མོའི་ཆོས་སྒོ་འབྱེད་པ་ནི། །རྒྱུད་དང་འགལ་བ་ལྟ་ཅི་སྨོས། །རང་ལུགས་དང་ཡང་འགལ་བ་ཡིན། །ཞེས་གསུངས་པའི་ཕྱིར། དེའི་རྒྱུ་མཚན་རི་བོང་རྭའི་རྣོ་རྟུལ་དང་མི་མཚུངས་ཏེ། བྱིན་རླབས་བརྡའི་དབང་བཞི་དེ་ལ་རྒྱུད་དང་། མར་པའི་གསུང་གི་ཟིན་སོ་འདྲེན་རྒྱུ་མི་སྣང་བའི་ཕྱིར། ཡོད་ན་འདྲེན་རིགས་སོ། །སྔོན་མར་པས་མི་ལ་རྗེས་སུ་བཟུང་བའི་ཚེ་ཡང་། བཅོམ་ལྡན་འདས་འཁོར་ལོ་སྡོམ་པའི་དཀྱིལ་འཁོར་དུ་བཅུག་ནས་དབང་བསྐུར་ཞིང་གསང་མཚན་བཏགས་པར་ལོ་རྒྱུས་ན་གསལ་བར་བཞུགས་པ་འདི་ཡིན་གྱིས། བྱིན་རླབས་ཀྱི་ཚིག་ཙམ་དུ་ཞིག་གིས་དབང་གི་གོ་བཅད་པའི་སྒྲོས་ཡེ་མི་སྣང་ངོ་། །འཁོར་ལོ་སྡོམ་པ་རྩ་བཤད་ཀྱི་ཕྱོགས་ལ་ཞེས་སོགས་བྲིས་པ་ནི། གདུལ་བྱ་བློན་པོའི་དབུས་སུ་མེས་རློམ་གྱི་གསུང་མ་གཏོགས་རྩོད་ལན་རྣལ་མ་མ་ཡིན་ཏེ། ལུང་གཙང་མ་དྲངས་ཤིང་རིགས་པ་བཟང་པོ་འཕེན་རྒྱུ་བྱུང་ན་མཁས་པས་དཔྱད་པར་བྱ་ཞིང་། དོན་གྱི་རྗེས་སུ་ཡི་རང་ཡང་དེ་འདྲ་མི་སྣང་བའི་ཕྱིར། རྒྱུད་དང་མཐུན་ན་བླང་དུ་རུང་ཞེས་པས། མཐུན་མི་མཐུན་གང་རུང་དུ་ཁ་ཚོན་གཅོད་མ་ནུས་པས་ཚར་གཅད་ཀྱི་གནས་སུ་ལྷུང་ངོ་། །ཞེས་གསུངས་པ་ནི། ཧ་ཅང་ཐལ་བའི་གཏམ་སྟེ། འོ་ན་བཤད་སྒྲུབ་གང་ཡིན་པའི་ལག་ལེན་ཞིག་མཚན་གཞིར་བཟུང་ནས། སངས་རྒྱས་ཀྱི་གསུང་དང་མཐུན་ན་བླང་རུང་། མི་མཐུན་ན་བླང་དུ་མི་རུང་ཞེས་སྨྲ་ན་ཡང་ཚར་གཅད་ཀྱི་གནས་སུ་ཐལ་བ་དང་། དེ་བཞིན་དུ་བླ་མས་སྒྲུབ་པ་པོ་ཕྱོགས་ལ་སྒོམ་དུ་འགྲོ་བ་ཞིག་ལ། ཁྱོད་གནས་ཆེ་གེ་མོར་སྒྲུབ་པ་འཕེལ་པོ་བྱུང་ན་སྡོད་དུ་རུང་། མ་བྱུང་ན་སྡོད་དུ་མི་རུང་ཞེས་གསུངས་ན་ཡང་ཚར་གཅད་ཀྱི་གནས་སུ་འགྱུར་བ་སོགས་ཚར་གཅད་ཀྱི་གནས་མཐའ་ཡས་པར་འགྱུར་བས་སོ། །རབ་དབྱེའི་གཞུང་གི་དོན་ནི། སྙན་བརྒྱུད་དང་ཚིག་བརྒྱུད་སོགས་ཕྱིས་ཟབ་ཟབ་མང་དུ་བྱུང་བ་ལ། དེ་དག་རྒྱུད་དང་མཐུན་ན་བླང་དུ་རུང་ཞིང་། མི་མཐུན་ན་སྐྱེས་བུ་རྫུན་མའི་ཚིག་ཡིན་པས་བརྟག་དཔྱད་བྱ་དགོས་སོ་ཞེས་བསྟན་པ་ཡིན་ཏེ། སྙན་བརྒྱུད་དང་ནི་ཚིག་བརྒྱུད་དུ། །གྲགས་པའི་ཆོས་ལུགས་མང་ན་ཡང་། །རྒྱུད་དང་མཐུན་ན་བླང་དུ་རུང་། །མིན་ན་རྫུན་མའི་སྡེབ་ཕྱོགས་ཡིན། །ཞེས་གསུངས་པའི་ཕྱིར། སྐྱེ་བབས་ཡང་ཁ་ཚོན་གཅོད་མ་ནུས་པ་ཙམ་གྱིས་ཚར་གཅད་ཀྱི་གནས་སུ་མི་འགྲོ་སྟེ། རྒོལ་ཕྱིར་རྒོལ་ལ་རྒྱལ་འཕམ་གྱི་རྣམ་གཞག་བྱུང་བ་ལ་ཚར་གཅད་དང་། རྗེས་འཛིན་དུ་རྟོག་གེའི་གཞུང་ལས་བཤད་པས། འོལ་དཔྱོད་མི་གནང་བར་མཁྱེན་པའི་སྤྱན་ཡངས་གཞུང་ལུགས་ཀུན་ལ་གཟིགས་པ་རྒྱ་ཆེ་བར་ཡོང་འཚལ་ལོ། །

ཡང་རྣམ་བཤད་དེ་ཉིད་ལས། རྩོད་པ་གཉིས་པ། སྡོམ་པ་གསུམ་ལྡན་བྱར་མི་རུང་ཞེས་དང་། སྐུ་བཞིའི་ས་བོན་ཐེབས་མི་ནུས་ཞེས་དང་། ཕྱི་དང་ནང་གི་རྟེན་འབྲེལ་གྱི། །སྐོབས་ཀྱི་དཀྱིལ་འཁོར་འབྱུང་བ

ཡིན། །འདི་ལ་རྟེན་འབྲེལ་སྒྲིག་མི་ནུས། །དེས་ན་སངས་རྒྱས་རྣམས་ཀྱིས་བཀག །ཅེས་སྒྲུབ་བྱེད་དུ་བྱས་ནས། དེ་ཕྱིར་འདི་ནི་བྱིན་རླབས་ཙམ། །ཡིན་གྱིས་སྨིན་པར་བྱེད་པ་མིན། །ཞེས་པས་འདི་སྨིན་བྱེད་དུ་འདོད་པ་བཀག་པ་ཡིན། རྗེས་གནང་ལ་ཡང་དེའི་དབང་བསྐུར། དཀོན་མཆོག་གསུམ་ལ་བདག་སྐྱབས་མཆི། །སོགས་འབྱུང་བས་སྡོམ་པ་གསུམ་ལྡན་ནུས། འདིར་མི་ནུས་པའི་རྒྱུ་མཚན་མེད་པ་དང་། རྡོ་རྗེ་མཁའ་འགྲོར་འདི་ཀ་དབང་བཞིར་བསྒྲུབས་ཤིང་། ཨིནྡྲ་བྷཱུ་ཏིའི་ཡེ་ཤེས་གྲུབ་པར། འདིས་དབང་གི་གོ་མི་ཆོད་སྙམ་པ་དགག་པ་དང་། དེ་ཉིད་འདུས་པ་ཡན་ཆོད་ཀུན་ཏུ། རྡོ་རྗེ་ཡེ་ཤེས་བླ་མེད་པ། །ད་ལྟ་ཉིད་དུ་འབབ་པར་ཤོག །ཅེས་བྱིན་དབབ་རྒྱུ་དེ་ག་ལ་རྡོ་རྗེ་སེམས་དཔའ་དབབ་པར་བཤད་པ་དང་། སྐུ་གསུང་ཐུགས་ཡེ་ཤེས་རྡོ་རྗེ་མངོན་གྱུར་དུ་ཕེབས་ནུས་པས་ས་བོན་ཐེབས་མི་ཐེབས་བརྟད་མ་དགོས་པ་དང་ཐམས་ཅད་དུ་འདི་ཀ་དཀྱིལ་འཁོར་ཆེན་པོར་གསང་བའི་འཇུག་པ་ཡིན་པར་བཤད་པས། འདི་ལ་དཀྱིལ་འཁོར་ཐམས་ཅད་འབྱུང་བ་དང་། སངས་རྒྱས་ཀྱི་བྱིན་རླབས་དབང་དུ་མ་བཀག་པའི་ཁར། སྣང་བ་ཁོ་ནར་ཟད་པས་ཞར་བའི་ཧ་ཅྲེར་རོ། །ཞེས་བྲིས་སོ། །

ས་སྐྱ་པཎ་ཆེན་གྱི་གསུང་འདི་དག་ནི་ཞར་བའི་ལྟ་ཕྱོགས་ག་ལ་ཡིན་ཏེ། འདི་དག་ནི་རྒྱུད་སྡེ་ནས་གསུངས་པའི་ཕྱག་ལེན་རྨ་མེད་པ་གཞུང་ཚུགས་པར་མཛད་པའི་ཕྱིར། བྱིན་རླབས་ལས་སྡོམ་པ་གསུམ་ལྡན་ནུས་པའི་རྒྱུ་མཚན་དུ། རྗེས་གནང་གི་དབང་བསྐུར་རྒྱུན་བཤགས་ཀྱི་སྡོམ་པ་གསུམ་ལྡན་ནུས་པ་འགོད་པ་ནི༑ བསྒྲུབ་བྱ་དང་སྒྲུབ་བྱེད་གཉིས་ཀ་མ་གྲུབ་པའི་རིགས་པ་ལྟར་སྣང་སྟེ། སྐྱབས་འགྲོ་དང་སེམས་བསྐྱེད་ཀྱི་རྗེས་ཟློས་ལན་གསུམ་གྱིས་སོ་ཐར་དང་བྱང་སེམས་སྔར་མ་ཐོབ་པ་ལ་གསར་དུ་ཐོབ་པ་ཡོད་ཀྱང་། སྔགས་སྡོམ་དེར་ཙུང་ཟད་ཙམ་ཡང་མ་ཐོབ་པའི་ཕྱིར། གལ་ཏེ་རྗེས་གནང་དངོས་གཞིར་སྔགས་སྡོམ་ཐོབ་པས། རྗེས་གནང་གི་ཚིག་ཡོངས་རྫོགས་ལས་སྡོམ་པ་གསུམ་ལྡན་ནུས་སོ་སྙམ་ན། དངོས་གཞིར་སློབ་མ་ལ་སྐུ་གསུང་ཐུགས་ཀྱི་བྱིན་རླབས་ཙམ་སྩལ་ཞིང་། དེ་ལ་བརྟེན་ནས་ལྷའི་སྐུ་བསྒོམ་པ་སོགས་ལ་དབང་བ་ཙམ་ཡིན་གྱིས། དེ་ལས་གཞན་དུ་སྔགས་ཀྱི་སྡོམ་པ་ནི་དེར་ཐོབ་པ་མེད་དོ། །རྡོ་རྗེ་མཁའ་འགྲོར་བྱིན་རླབས་དབང་བཞིར་བཤད་པ་ཅི་འདྲ་ཡོད་ལགས་སམ། གལ་ཏེ་ཡོད་ན་ཡང་བྱིན་རླབས་དབང་བཞིའི་ཚུལ་དུ་བསྐུར་བ་ཡིན་པ་ལས་འོས་མེད་ཅིང་། དེ་བཞིན་དུ་ཡེ་ཤེས་གྲུབ་པར་བྱིན་རླབས་ལ་དབང་དུ་བཤད་གསུངས་པ་ཡང་དབང་གོང་མ་བྱིན་རླབས་ཀྱི་ཚུལ་དུ་བསྐུར་བ་ཡིན་པས། དབང་གི་མིང་བཏགས་ཙམ་ལ་དབང་དུ་འཁྲུལ་པར་མི་བྱའོ། །བྱིན་དབབ་ཀྱི་ཚེ་རྡོ་རྗེ་སེམས་དཔའ་དབབ་པའམ། ལྷ་གཞན་དབབ་ཀྱང་རུང་ཡེ་ཤེས་ཕེབས་པ་ན་ལུས་ངག

ཡིད་གསུམ་གྱི་སྟེང་དུ་བྱིན་རླབས་ཀྱི་སྨྲོང་བ་སྐྱེས་པ་ཙམ་ཡིན་གྱིས། དག་བྱ་དག་བྱེད་ངོ་འཕྲོད་པའི་སྒོ་ནས་སྐུ་བཞིའི་ས་བོན་ཐེབས་པ་ནི་མ་ཡིན་ཏེ། སྐུ་བཞིའི་ས་བོན་ཐེབས་པ་ལ་གཞིར་གནས་ཀྱི་དཀྱིལ་འཁོར་བཞིའི་སྟེང་དུ་དག་བྱ་དག་བྱེད་ངོ་འཕྲོད་དགོས་པའི་ཕྱིར། དམིགས་པ་དང་བྱིན་རླབས་ཀྱི་ནུས་པས་ལུས་འཕར་གཡོ་ལ་སོགས་པའི་ཉམས་ཀྱི་འགྱུར་བ་ཙུང་ཟད་བྱུང་བ་ཙམ་གྱིས་ས་བོན་ཐེབས་ན། རྗེས་གནང་ལའང་དེ་ལྟར་འབྱུང་བ་མང་བས་རྗེས་གནང་ཀྱང་དབང་དུ་ཐལ་ལོ། །དེས་ན་བྱིན་རླབས་དང་རྗེས་གནང་གི་རིགས་ཅན་རྣམས་ནི་དབང་དུ་མ་བཤད་པའི་ཁར་བཀག་པ་ཁོ་ནར་ཟད་དེ། སཾ་བུ་ཊ་ལས། དབང་དང་རྗེས་གནང་ཐོབ་ནས་ནི། །བྱ་བ་བྱས་པ་རབ་འཛུམ་ཞིང་། །འགྲོ་ཀུན་དགའ་བར་བྱེད་པ་ཡིས། །ཤིན་ཏུ་སྣན་པའི་ཚིག་གིས་བརྗོད། །ཅེས་དབང་དང་རྗེས་གནང་སོགས་ཐ་དད་དུ་གསུངས་པའི་ཕྱིར།

ཡང་དེ་ཉིད་ལས། རྩོད་པ་གསུམ་པ། དབང་བསྐུར་མེད་པར་བྱིན་རླབས་བཀག །དབང་བསྐུར་མེད་པར་བྱིན་རླབས་ན། །དམ་ཚིག་ཉམས་པར་ཐུབ་པས་གསུངས། །ཞེས་སྨྲ་བ་འདི་གསང་སྔགས་ཀྱི་དཀྱིལ་ཆོག་ཀུན་ན། དབང་བསྐུར་གྱི་སྔོན་འཇུག་པའི་དུས་སུ་བྱིན་འབེབས་བྱེད་པ་དང་འགལ་ལ། རང་ཉིད་ཀྱང་རྒྱུའི་དབང་ལ་སོགས་པ་ཅི་བསྐུར་ཀྱང་དེ་ལྟར་མཛད་པས། ཧ་ཅང་ཐལ་བའི་ཚིག་འདི་གསེར་མ་གཡོས་པའི་རྟགས་སུ་སྣང་ངོ་། །དེ་དག་དམ་ཚིག་ཉམས་ན་ནི་གསང་སྔགས་སྔོན་པ་ཐམས་ཅད་ཨ་ཧཱི་ཧཱི་དམྱལ་བར་ཐེབས་ཡོད་ཅི་དྲག་ན་དྲིའོ། །རྡོ་རྗེ་ཕག་མོ་ཉིད་ལས་ཀྱང་། དབང་བསྐུར་ཐོབ་ཅིང་དམ་ཚིག་ལྡན། །དེ་ལ་བྱིན་རླབས་བྱ་བར་གསུངས། །ཞེས་པའང་འདིའི་གཞུང་ལ་མེད། གཞན་གྱི་གཞུང་དྲངས་ནས་རང་ཚིག་དང་འགལ་བ་སྨྲ་མི་འཚལ། དབང་བསྐུར་མེད་པར་ལམ་ཟབ་མོ་བསྒོམས་པས་སངས་རྒྱས་ཐོབ་སྙམ་ན། དབང་བསྐུར་མེད་པར་ལམ་ཟབ་མོ་བསྒོམ་པ་ངན་འགྲོའི་རྒྱུ་རུ་གསུངས། མདོ་ལུགས་ལ་ཟབ་མོ་སྟོང་པ་ཉིད་ཉམས་བཞེས་མཛད་པ་པོ་ཐམས་ཅད་ངན་སོང་གསུམ་པོ་གར་སོང་ཡོད། མ་སོང་ན་ནི་ཅིས་གསུང་། སྔགས་ལུགས་ལའོ་སྙམ་ན། བྱང་ཕྱོགས་སོ་བདུན་སོགས་ཐུན་མོང་བའི་སློམ་པ་ལ་གོམས་པར་བྱེད་པ་ཐམས་ཅད་ལ་ཡང་མཚུངས་སོ༑ །དེས་ན་གྲུབ་ཐོབ་ཐམས་ཅད་ཀྱང་། །ཕྱོགས་རེའི་ཐབས་ཀྱིས་གྲོལ་བ་མིན། །དབང་དང་རིམ་གཉིས་ལས་བྱུང་བའི། །ཡེ་ཤེས་སྐྱེས་པས་གྲོལ་བ་ཡིན། །འདིར་ཡང་རང་ཚིག །དེས་ན་གང་ཟག་དབང་པོ་རབ། །དབང་བསྐུར་ཉིད་ཀྱིས་གྲོལ་བར་གསུང་། །ཟེར་བ་དང་། ས་ཆེན་གྱི་ལམ་ཟབ་བླ་མར། བླ་མས་ཚིག་གཅིག་མ་བསྟན། སློབ་མས་ཚིག་གཅིག་མ་ཉན་པར་དཔོན་སློབ་ཀྱི་རྟེན་འབྲེལ་འགྲིག་པས་གྲོལ་བར་བཤད་པ་སོགས་དང་འགལ་བས། གཞུང་བ་མེད་བཞིན་པར་འདི་སྐད་ཐེབས་པ་འདི་ཅི་ཡིན་སྙམ་མོ། །ཞེས་བྲིས་སོ། །འདི་

དག་ལ་དབྱེར་རྒྱུ་སྣ་མ་དེ་ལ་ཙུང་ཟད་སྣང་། གཞན་ཕལ་ཆེར་ནི་རང་ཉིད་ཀྱིས་མ་གཟིགས་པ་རྒྱུ་མཚན་དང་། ཚིག་ལ་འཁྲི་བའི་སྒོ་ནས་སྐྱོན་འཚོལ་བར་སྣང་བས། ལན་རིམ་བཞིན་གསོན་ཅིག །དབང་བསྐུར་གྱི་སྔོན་དུ་འཇུག་པའི་དུས་སུ་ཡེ་ཤེས་འབེབས་པ་དང་། ཁྱེད་ཀྱི་དབང་མ་ཐོབ་པ་ལ་ཕག་མོའི་བྱིན་རླབས་བྱེད་པ་ནི་གཏན་མི་འདྲ་སྟེ། ཡེ་ཤེས་འབེབས་པ་ནི་སློབ་མ་རྡུལ་ཚོན་དང་རས་བྲིས་གང་རུང་གི་དཀྱིལ་འཁོར་ཆེན་པོའི་ནང་དུ་བཙུག་ཆར་བ་ལ་བྱའི། དཀྱིལ་འཁོར་དུ་མ་བཙུག་ཅིང་དཀྱིལ་འཁོར་མ་མཐོང་བ་ལ་མི་བྱེད་ལ། ཁྱེད་ཀྱི་ཕག་མོའི་བྱིན་རླབས་ནི། དབང་བསྐུར་ལྟ་ཅི་སྨོས། དཀྱིལ་འཁོར་ཆེན་པོའི་ནང་དུ་འཇུག་པ་ཙམ་ཡང་མ་མྱོང་བའི་སློབ་མ་ལ་འཚོལ་བར་བྱེད་པའི་ཕྱིར། ཡང་འདི་དབང་གི་དངོས་གཞིའི་སྔོན་དུ་བྱེད་ཀྱང་བྱིན་རླབས་དང་མི་འདྲ་སྟེ། བྱིན་རླབས་ལ་དབང་བཞིའི་དོད་སོགས་གསུང་སྔགས་ཀྱི་ལམ་གྱི་ཆེས་གསང་བ་དག་ཡོད་པས་དབང་མ་ཐོབ་པ་ལ་བསྟན་ན་གསང་སྒྲོགས་སུ་འགྱུར་ལ། འདི་ལ་ནི་སློབ་མ་ལྷར་བསྐྱེད་པ་ལ་རྐང་མཐིལ་སྙིང་སོགས་ཀྱི་དམིགས་པ་ཕྲ་མོ་བསྒོམ་དུ་བཙུག་ནས། བླ་མས་ལྷ་ཐིམ་པའི་དམིགས་པས་བྱིན་རླབས་འབེབས་པ་ཙམ་ཡིན་པའི་ཕྱིར། དེས་ན་འདི་ནི་དམིགས་པའི་ཁྱད་པར་ཙུང་ཟད་ཙམ་མ་གཏོགས་བབས་རྗེས་གནང་དང་འདྲ་བས། དབང་བསྐུར་མེད་པར་བྱིན་རླབས་ན། །དམ་ཚིག་ཉམས་པར་ཐུབ་པས་གསུངས། །ཞེས་པ་འདིར་མི་འཇུག་གོ། །དབང་བསྐུར་མེད་པར་རྗེས་གནང་ན། །ཞེས་པ་ཡོད་ན་སྐྱོན་གཏོང་རེ་མོས་ཤིག །དབང་བསྐུར་ཐོབ་པ་ལ་བྱིན་རླབས་བྱ་བར་ཕག་མོ་རང་གི་གཞུང་ལས་གསུངས་པ་མེད་ཟེར་བའི་ཁ་ཚོན་གཅོད་པ་ནི། མ་མཐོང་ཕྱིར་ན་མེད་པ་མིན་ཏེ། རྗེ་བཙུན་མ་རིན་ཆེན་རྒྱན་གྱི་སྒྲུབ་ཐབས་ལས། འདི་ལྟར་རྣལ་འབྱོར་པ་དབང་བསྐུར་བ་ཐམས་ཅད་ཡོངས་སུ་རྫོགས་པས་ཡིད་དང་རྗེས་སུ་མཐུན་པའི་གནས་སུ་ཞེས་དང་། ཨིནྡྲ་བྷཱུ་ཏིའི། ཕག་མོ་ཞལ་གཉིས་མ་ལས་ཀྱང་། དབང་བསྐུར་བ་ཡང་དག་པར་ཐོབ་ནས། ཞེས་དབང་བསྐུར་ཐོབ་པའི་རྣལ་འབྱོར་པས་ཕག་མོ་སྒོམ་པར་གསུངས་ཀྱིས། དབང་མ་ཐོབ་པས་སྒོམ་པར་གསུངས་པ་མེད་པའི་ཕྱིར། དབང་བསྐུར་མེད་པར་ལམ་ཟབ་མོ་སྒོམ་པ་ངན་འགྲོའི་རྒྱུ་རུ་གསུངས་པ་ལ། ཟབ་མོ་སྟོང་པ་ཉིད་སྒོམ་པར་བྱེད་པ་པོ་སྐྱོན་དུ་གཏོང་བ་ཁྱེད་སྟོན་པ་ཤིན་ཏུ་བཟང་ཡང་། འདི་ནི་སྐབས་ཐོབ་ཀྱིས་དབང་བཞིའི་ལམ་བསྐྱེད་རྫོགས་ཟབ་མོའི་སྒོམ་པ་ལ་ཡིན་ཏེ། དབང་བསྐུར་དང་པོ་མ་ཐོབ་པར། །བསྐྱེད་པའི་རིམ་པ་སྒོམ་པ་དང་། །དབང་བསྐུར་གཉིས་པ་མ་ཐོབ་པར། །ཞེས་སོགས་དང་འདི་དོན་གནད་གཅིག་པའི་ཕྱིར། བྱང་ཕྱོགས་སོ་བདུན་མདོ་སྔགས་ཐུན་མོང་བའི་ཉམས་ལེན་ཡིན་པའི་རྒྱུ་མཚན་ཅི། མདོ་ལུགས་སྔགས་ལུགས་གཉིས་ཆར་དུ་ཉམས་སུ་ལེན་པས་སྙམ་ན། བདེན་མོད། འོན་ཟབ་མོ་སྟོང་པ་ཉིད་ཀྱང་གཉིས་ཆར་དུ་ཉམས་

སུ་ལེན་པས་སྔགས་ལུགས་ལའོ་སྙམ་ན། ཞེས་སོགས་ལ་འབྲེལ་ཏིལ་འབྲུ་ཙམ་ཡང་མ་བྱུང་ངོ་། །

གྲུབ་ཐོབ་རྣམས་ལྟ་བ་དང་བསྐྱེད་རྫོགས་ཕྱོགས་རེ་བས་གྲོལ་བ་མ་ཡིན་པར་བཤད་པ་དང་། གང་ཟག་དབང་པོ་ཡང་རབ་དབང་སྐུར་ཉིད་ཀྱིས་གྲོལ་བ་གཉིས་མི་འགལ་ཏེ། དབང་བསྐུར་ཉིད་ཀྱིས་གྲོལ་བ་ནི་ཐབས་ཕྱོགས་རེ་བས་གྲོལ་བ་མ་ཡིན་པའི་ཕྱིར་ཏེ། དབང་བསྐུར་གྱི་སྐབས་སུ་དག་བྱ་དག་བྱེད་ངོ་སྤྲོད་པའི་བསྐྱེད་རྫོགས་དང་། བདེ་བ་ལ་སྟོང་པས་རྒྱས་འདེབས་པའི་ལྟ་བ་སོགས་ཐབས་ཀྱི་ཁྱད་པར་ཀུན་ཚང་བར་ཡོད་པའི་ཕྱིར། རྒྱུ་མཚན་དེའི་ཕྱིར་ན། རྡོ་རྗེ་ཐེག་པའི་སྒོར་ཞུགས་ནས་དབང་བསྐུར་ལས་གཞན་པའི་ཆོས་མེད་པའི་གནད་དེ་ལགས་སོ། །གལ་ཏེ་དབང་དང་རིམ་གཉིས་ལས་བྱུང་བའི་ཡེ་ཤེས་སྐྱེས་པས་གྲོལ་བ་ཡིན་ཞེས་པས། གྲུབ་པ་ཐོབ་པ་རྣམས་དབང་དང་། དབང་གི་རྗེས་སུ་རིམ་གཉིས་བསྒོམས་པས་གྲོལ་བར་བསྟན་པ་ཡིན་ནོ་སྙམ་ན། འདི་ལ་གཉིས་ཡོད་དེ། དབང་ལས་བྱུང་བའི་ཡེ་ཤེས་སྐྱེས་པས་གྲོལ་བ་དང་། རིམ་གཉིས་བསྒོམས་པ་ལས་བྱུང་བའི་ཡེ་ཤེས་སྐྱེས་པས་གྲོལ་བ་ཞེས་གཉིས་སུ་འཆད་པ་ཡིན་ནོ། །དཔེར་ན་ཕྱག་ཆེན་ལ༔ དབང་ལས་བྱུང་བའི་ཕྱག་ཆེན་གྱི་ཡེ་ཤེས་དང་། གྲོལ་བྱེད་ཀྱི་ལམ་རིམ་གཉིས་ཀྱི་ཏིང་ངེ་འཛིན་ལས་བྱུང་བའི་ཕྱག་ཆེན་གྱི་ཡེ་ཤེས་གཉིས་སུ་དབྱེ་བ་བཞིན་ནོ། །ས་ཆེན་གྱི་ལམ་ཟབ་བླ་མ་དང་ཡང་མི་འགལ་ཏེ། རང་གིས་སྨིན་བྱེད་ཀྱི་དབང་བཞི་ལེགས་པར་ཐོབ་པའི་བླ་མ་ལ་མོས་གུས་རྩེ་གཅིག་པའི་གསོལ་བ་བཏབ་ན༔ ལམ་གཞན་ཐུན་གཅིག་མ་བསྒོམས་ཀྱང་གྲོལ་བར་འགྱུར་བ་ནི། སྤྱིར་རྒྱུད་སྡེའི་དགོངས་པ་མཐར་ཐུག་པ་དང་། ཁྱད་པར་ས་ཆེན་གྱི་ལམ་ཟབ་བླ་མར་གསུངས་པ་དེའི་དགོངས་པ་ཡིན་པའི་ཕྱིར་རོ། །བླ་མ་ལས་དབང་བསྐུར་མ་ཐོབ་པར་བླ་མའི་རྣལ་འབྱོར་ཙམ་གྱིས་གྲོལ་བ་ནི་ལུགས་འདིར་ཁས་མི་ལེན་ཏེ། དབང་བསྐུར་མ་ཐོབ་པའི་བླ་མ་ལ་གསོལ་བ་ཇི་ཙམ་བཏབ་ཀྱང་སངས་རྒྱས་འབྱིན་མི་ནུས་པའི་ཕྱིར། དེ་སྐད་དུ། གཞུང་འདི་ཉིད་དུ། དེས་ན་དབང་བསྐུར་ཐོབ་པའི་མིས། །དཀོན་མཆོག་གསུམ་པོ་བླ་མ་རུ། །འདུས་པར་མཐོང་ནས་བླ་མ་ལ། །གསོལ་བ་བཏབ་ན་བྱིན་རླབས་འཇུག །ཅེས་སོགས་དང་། གསང་སྔགས་པ་ཡི་བླ་མ་མཆོག །དཀོན་མཆོག་གསུམ་དང་དབྱེར་མེད་ཡིན། །དེས་ན་དེ་ལ་གསོལ་བཏབ་པས། །དཀོན་མཆོག་གསུམ་པོ་ཚེ་འདིར་འགྲུབ། །ཅེས་གསུངས་སོ། །རྩོད་དང་རྩོད་ལན་མཁས་པའི་གཏམ་བསྒྲགས་པས། །ད་དུང་རྙོ་ཏའི་ལྗོངས་འདིར་རྒྱལ་བའི་བསྟན། །ཆེད་རྩུང་ལྷ་བའི་སྙན་གྲགས་རི་མོ་ནི། །ཉམས་མེད་འཆི་མེད་ཀུན་ཀྱང་དགའ་བས་བྲེལ། །གཞན་དག་བློ་གྲོས་རྗེང་བུར་རློམ་ཁེངས་པའི། །ང་རྒྱལ་གཟི་ཡིས་ཉམ་ཆུང་ཡིད་འཕྲུལ་ཡང་། །རྣམ་དཔྱོད་མུ་མཐའ་བྲལ་བའི་ཆུ་གཏེར་ལས། །ལེགས་བཤད་ཡིད་བཞིན་མི་ཟད་འདི་ན་ཀོ །བར་

གྱི་ཚིགས་བཅད་དོ། །

གཉིས་པ་དབང་ལ་གྲངས་ངེས་མེད་པ་དགག་པ་ལ་བཞི་སྟེ། གྲངས་ངེས་མེད་པར་གསང་སྔགས་ནུབ་པར་བསྟན། དེ་ཉིད་རྒྱུད་ལས་སྤྱིར་བཏང་བཀག་པའི་ཚུལ། གྲངས་ལས་ལྷག་པར་མི་རུང་རྒྱུ་མཚན་བཤད། སྤྱི་རྒྱུད་གཞན་ལ་མི་འཇུག་དོགས་པ་སྤང་བའོ། །དང་པོ་ནི། བྱིན་རླབས་ཆོས་སྒོར་བྱེད་པ་སོགས་ལག་ལེན་འཆོལ་བ་དེས་ན། ཉན་ཐོས་ཀྱི་ཐེག་པ་ནི་དེང་སང་ཇི་ལྟར་ནུབ་ཀྱང་། སངས་རྒྱས་ཀྱིས་ཚོ་ག་ཆགས་མི་ཆགས་ཕྱེ་ནས་གསུངས་པའི་ལག་ལེན་ལ་བརྟེན་པས་གཟུགས་བརྙན་ཙམ་ཞིག་སྣང་ལ། རྡོ་རྗེ་ཐེག་པའི་བསྟན་པ་ལ་ལག་ལེན་འཁྲུལ་པ་མང་པོས་བསྒྲིགས་པ་ལྟར་གཟུགས་བརྙན་ཙམ་ཡང་མ་སྣང་ངོ་། །ཇི་ལྟར་ན། གསང་སྔགས་འཆོལ་བར་སྤྱོད་པའི་བླུན་པོ་སྙིང་ཕོད་ཅན་རྣམས་ཀྱིས་ཀྱང་འདུལ་བའི་ལག་ལེན་བྱེད་པའི་ཚེ་ཚོ་ག་ལ་བརྐྱལ་མ་ནུས་པར་ལུང་ལས་ཇི་ལྟར་གསུངས་པ་བཞིན་སྤྱོད་ལ། གསང་སྔགས་ཀྱི་དབང་བསྐུར་བ་སོགས་ཚོ་ག་ཐམས་ཅད་ལ་བླུན་པོ་རྣམས་ཀྱིས་བརྐྱལ་ཏེ། རང་བཟོར་སྤྱོད་པ་ཤིན་ཏུ་མང་བ་ཡིན་ནོ། །མཚན་གཞི་དཔེར་བརྗོད་ན། རབ་བྱུང་བྱེད་པའི་ཚེ་བསྒྲུབ་བྱ་གང་ཟག་ནི་གསུམ་ལས་མང་བ་འཇུག་མི་ནུས་པ་ནི་འདུལ་བའི་ཚོ་ག་ལས་བརྐྱལ་མ་ནུས་པ་དང་། སྔགས་ཀྱི་དབང་བསྐུར་བྱེད་པ་ན་སློབ་མ་གྲངས་ངེས་མེད་པར་དབང་བསྐུར་བྱེད་པ་ནི། གསང་སྔགས་ཀྱི་ཚོ་ག་ལས་བརྐྱལ་ཏེ་རང་བཟོར་སྤྱོད་པ་ཡིན་ནོ། །

གཉིས་པ་ནི། སློབ་མ་གྲངས་ངེས་མེད་པར་དབང་བསྐུར་བ་འདི་ནི་ཆོས་ཅན། སྤྱིར་བཏང་ལ་མི་འཐད་དེ། རྡོ་རྗེ་འཆང་གི་རྒྱུད་ལས་བཀག་པའི་ཕྱིར། འོ་ན་རྣམ་ཀུན་ཏུ་དགག་གམ་ཞེ་ན། དམིགས་བསལ་སྤྱོད་པའི་རྒྱུད་ཀྱི་དབང་ལ་སློབ་མ་གྲངས་ངེས་མེད་པར་གསུངས་ཏེ། རྣམ་སྣང་མངོན་བྱང་ལས། བཅུའམ་བརྒྱད་དང་བདུན་ནམ་ལྔ། །གཅིག་གཉིས་བཞི་ལས་ལྷག་ཀྱང་རུང་། །སྤྱད་མི་དགོས་པར་གཟུང་བར་བྱ། །ཞེས་སློབ་མ་གྲངས་ཟུང་དུ་གྱུར་མ་གྱུར་གཉིས་ཀ་གསུངས་པ་དང་། ཡང་དེ་ཉིད་ལས། དེས་བྱང་ཆུབ་ཀྱི་སེམས་ཀྱི་རྒྱུར་འགྱུར་བར་བྱ་བའི་ཕྱིར་སེམས་ཅན་ཚད་མེད་པ་ཡོངས་སུ་གཟུང་བར་བྱའོ། །ཞེས་གསུངས་པའི་ཕྱིར། སྤྱོད་རྒྱུད་ཀྱི་ལྷག་མ་དམིགས་བསལ་མ་མཛད་པ་རྒྱུད་སྡེ་གཞན་གསུམ་གྱི་དབང་བསྐུར་བའི་སློབ་མ་ལ་ནི་གྲངས་ངེས་ཡོད་དེ། གསང་བ་སྤྱི་རྒྱུད་ལས། རྡོ་རྗེ་སློབ་དཔོན་དབང་བསྐུར་བའི་ཚོ་ག་ལ་མཁས་པས། སློབ་མ་གཅིག་དང་གསུམ་དང་ལྔའམ་བདུན་ནས་ཉི་ཤུ་རྩ་ལྔའི་བར་གྲངས་ཟུང་དུ་མ་གྱུར་པ་ཡོངས་སུ་བཟུང་བ་ཤིས་ཤིང་། ཟུང་དུ་གྱུར་པ་དང་། ཉི་ཤུ་རྩ་ལྔ་དེ་ལས་གྲངས་ལྷག་པའི་སློབ་མ་ནི་ཡོངས་སུ་གཟུང་བར་མི་ཤིས་སོ། །ཞེས་གསུངས་པ་འདི་ནི། སྤྱོད་རྒྱུད་མ་གཏོགས་རྒྱུད་གཞན་ཀུན་ལ་འདུག་པ་ཡིན་པའི་

ཕྱིར། གཞུང་ཕལ་ཆེར་ལས། ལྷག་མ་དམིགས་བསལ་མཛད་པ་ཡི། །ཞེས་འབྱུང་བ་ནི་མ་དག་པ་སྟེ། དེ་ལྟར་ན་སྤྱོད་རྒྱུད་ལ་གྲངས་ངེས་མེད་པ་དེ་སྤྱིར་བཏང་དུ་སོང་བས། སྤྱིར་བཏང་དམིགས་བསལ་རྒྱ་ཆེ་ཆུང་གོ་ལྡོག་པར་འགྱུར་བའི་ཕྱིར་ཏེ། སྤྱོད་རྒྱུད་ཙམ་ལ་གྲངས་ངེས་མེད་པ་དེ་སྤྱིར་བཏང་དང་། རྒྱུད་གཞན་རྣམས་ལ་གྲངས་ངེས་ཡོད་པ་དེ་དམིགས་བསལ་དུ་འཆད་དགོས་པར་འགྱུར་བའི་ཕྱིར་རོ། །

གསུམ་པ་ནི། ཉི་ཤུ་རྩ་ལྔ་ལས་གྲངས་ལྷག་པ་གཟུང་དུ་མི་རུང་བའི་རྒྱུ་མཚན་གང་ཞེ་ན། དེའི་རྒྱུ་མཚན་ཡོད་དེ། ཉི་ཤུ་རྩ་ལྔ་དེ་བས་ལྷག་པའི་སློབ་མ་ལ། ཐིག་ཚོན་ཕྱེ་བརྡབ་དང་། ཕྲིས་ཤིང་རྒྱན་དགྲམ་པ་ནས་བཟུང་། དངོས་གཞིའི་ཆོ་ག་ཡོངས་སུ་རྫོགས་པ་ནི་མཚན་མོ་གཅིག་ལ་ཚར་མ་ནུས་ཤིང་། ནུབ་དེའི་མཚན་མོ་མ་ཚར་ན་ཆོ་ག་ཉམས་པར་འགྱུར་བར་གསུངས་པའི་ཕྱིར། ཇི་ལྟར་ན། ཉམས་པར་འགྱུར་བ་དེ་ཡང་གསང་བ་སྤྱི་རྒྱུད་ལས་གསུངས་ཏེ། རྣལ་འབྱོར་པ་ལ་བསྲུང་སྙིང་སྦྱིན་པ་དང་། བྱིན་གྱིས་རློབ་པར་བྱེད་པའི་དཔའ་བོ་དང་རྣལ་འབྱོར་མ་སོགས་དབང་ཐོབ་པའི་ལྷ་རྣམས་ཀྱང་ཉི་མ་ནུབ་པ་སྟེ་མཚན་དུས་ན་ངེས་པར་རང་བཞིན་གྱི་འདུ་ཞིང་། བྱིན་རླབས་ཀྱི་དངོས་གྲུབ་སྟེར་བས། དབང་བསྐུར་བ་དང་གཏོར་མ་སྦྱིན་མ་སྦྱིན་པ་ལ་སོགས་པ་མཚན་དུས་སུ་བྱ་ཞིང་། ཉི་མ་ཤར་བ་མ་གྱུར་གྱི་བར་ཏེ་འཆར་བའི་གོང་དུ་ལྷ་དེ་དག་ལ་མཆོད་བསྟོད་དང་། བཟོད་གསོལ་བྱས་ནས་གཤེགས་སུ་གསོལ་བ་དང་། ལས་ཀྱི་རྗེས་མི་མངོན་པར་བྱ་བ་ཤིས་པར་གསུངས་པའི་ཕྱིར། ཉི་མ་ཤར་ནས་ནི་ཚོར་དུ་མི་རུང་བའི་སྐྱེ་བོ་མང་པོས་ཚོར་བར་འགྱུར་བ་དང་། བུམ་པ་དང་རྡོ་རྗེ་དྲིལ་དང་། ཐོད་པ་ལ་སོགས་པ་སྐྱེ་བོ་མང་པོས་མཐོང་ན་གསང་བ་ཉུང་ཟད་བསྟན་པར་འགྱུར་བས། ཞེས་པ་དེ་དག་མི་འབྱུང་བར་བྱ་བའི་ཕྱིར་དང་། མཚན་མོ་འདུས་པའི་དཔའ་བོ་མཁའ་འགྲོ་རྣམས་ཀྱང་ཉི་མ་འཆར་གོང་རང་གནས་སུ་འགྲོན་པས་ན། ཉི་མ་འཆར་གོང་མཆོད་ནས་གཤེགས་གསོལ་ཤེས་པའི་རྒྱུ་མཚན་དེ་བཞིན། པཎ་ཆེན་རིན་པོ་ཆེའི། གསེར་ཐུར་ལས། སྐབས་འདིའི་ལྷ་དཀྱིལ་འཁོར་དུ་སྤྱན་དྲངས་པའི་ཡེ་ཤེས་ཀྱི་ལྷ་དང་། སྐུར་བྱེད་ནམ་མཁའི་ལྷ་ལ་བྱེད་ན། སྟ་གོན་དང་དངོས་གཞི་ཞག་གིས་ཆོད་པ་དང་། སློབ་མའི་དབང་དང་། སློབ་དཔོན་གྱི་དབང་ཞག་གིས་ཆོད་པ་དག་ལ། ཡེ་ཤེས་ཀྱི་ལྷ་བར་སྐབས་སུ་གཤེགས་གསོལ་དགོས་པར་ཐལ་བའི་སྐྱོན་བཏང་ནས། རང་གི་བཞེད་པ་བྱིན་རླབས་ཀྱི་སྟོབས་ཀྱིས་ངེས་པར་མཚན་མོའི་དུས་ཁོ་ན་འདུ་བའི་དཔའ་བོ་དང་རྣལ་འབྱོར་མའི་ལྷ་ཚོགས། རྗེས་ཀྱི་ཆོ་གའི་དུས་ཀྱི་གཏོར་མ་ལ་སོགས་པས་མཆོད་པའི་ངོས་སུ་གྱུར་པ་རྣམས་དང་། རྒྱལ་ཆེན་རིགས་བཞི་དང་། སུམ་ཅུ་རྩ་གསུམ་པའི་ལྷ་ལ་སོགས་པ་འཛམ་བུའི་གླིང་དུ་མཚན་མོ་ཁོ་ན་འོང་ཞིང་། ཆོས་ཉན་པ་སྦྱིན་པ་དག་བྱུང་ན་མཚན་ཐོག་ཐག་ཏུ་འགོད་པ་

རྣམས་ལ་བྱ་བ་ཡིན་ཏེ། ཞེས་གསུངས་པ་ནི། ཕལ་ཆེར་ཤིན་ཏུ་འཐད་པར་སྣང་ལ། འོན་ཀྱང་རྒྱལ་ཆེན་རིགས་བཞི་དང་། སུམ་ཅུ་རྩ་གསུམ་པའི་ལྷ་ལ་སོགས་པ་འཛམ་གླིང་དུ་ཆོས་ཉན་དུ་འོངས་པ་རྣམས་ནི་སྐབས་འདིའི་ལྷ་ཡིན་པའི་ངེས་པ་མེད་དེ། དེ་རྣམས་དཀར་ཕྱོགས་ཡིན་ཀྱང་ཕལ་ཆེར་གྱིས་དབང་མ་ཐོབ་པ་མང་བའི་ཕྱིར། དེས་ན་སྐབས་འདིའི་ལྷ་ནི། ངེས་པར་གསང་སྔགས་ཀྱི་ལམ་ལ་གནས་པ་ཡིན་དགོས་ཤིང་། སྤྱི་རྒྱུད་ལས། ལྷ་དང་འཇིག་རྟེན་སྐྱོང་བ་དང་། །འབྱུང་པོ་བྱང་ཆུབ་བསྟན་གནས་དང་། །སེམས་ཅན་བསྟན་ལ་མངོན་དགའ་བ། །ཞེས་གསུངས་པ་ཡང་། གསང་སྔགས་ཀྱི་ལམ་ལ་གནས་པའི་སངས་རྒྱས་བྱང་སེམས་དག །སེམས་ཅན་གྱི་དོན་དུ་དེ་དང་དེའི་ཚུལ་བཟུང་བ་ལ་དགོངས་པ་ཡིན་ནོ། །

བཞི་པ་ནི། གསང་བ་སྤྱི་རྒྱུད་ལས། སློབ་མའི་གྲངས་ངེས་གསུངས་པ་འདི་ནི་བྱ་བའི་རྒྱུད་ཡིན་པས། རྒྱུད་སྡེ་གཞན་གྱི་ཆོ་ག་ལ་སྦྱར་བར་བྱ་བ་མ་ཡིན་ནོ་སྙམ་ན། རྒྱུད་གཞན་རྣམས་ཀུན་ལའང་སྤྱི་རྒྱུད་ལས་གསུངས་པ་འདི་འཇུག་པར་སྤྱི་རྒྱུད་ཉིད་ལས་གསུངས་པ་ཡིན་ཏེ། ཇི་སྐད་དུ། རྒྱུད་དེ་གང་དུ་དཀྱིལ་འཁོར་མིང་དང་། དབང་བསྐུར་ལ་སོགས་པའི་རྡོ་རྗེ་སློབ་དཔོན་གྱི་ལས་ནི་ཡོད་པར་གྱུར་ལ། ཇི་ལྟར་བྱ་བའང་ལས་ཀྱི་ཆོ་ག་རྣམས་གསལ་པོ་མེད་པ་དེ་ནི། སྤྱི་རྒྱུད་ལས་གསུངས་པའི་ཆོ་ག་མཁས་པས་ཚུར་ཁ་བསྐངས་ཏེ་སྦྱར་ནས་བསྟེན་པར་བྱ་བ་ཡིན་ནོ། །ཞེས་དེ་སྐད་གསུངས་པའི་ཕྱིར། དེས་ན་སྤྱི་རྒྱུད་ཀྱི་ཆོ་ག་འདི་རྒྱུད་རྣམས་ཀུན་ལ་འཇུག་མི་འཇུག་གི་དོགས་པ་བྱ་མི་དགོས་ཏེ། དེ་ལྟར་འཇུག་པ་ལུང་ལས་དངོས་སུ་གསལ་བའི་ཕྱིར། འོན་གསང་བ་སྤྱི་རྒྱུད་ལས། སློབ་མ་གྲངས་ཟུང་དུ་གྱུར་པ་དང་། ཉི་ཤུ་རྩ་ལྔ་ལས་ལྷག་པ་རྣམས་བཀག་ན། སྤྱི་རྒྱུད་ཉིད་ལས། སློབ་མ་གཉིས་དང་བཞི་ལ་སོགས་པ་ལ་དབང་བསྐུར་བར་བཤད་པ་ཇི་ལྟར་ཡིན། གལ་ཏེ་མ་བཤད་དོ་སྙམ་ན། དེ་ཉིད་ལས། བླ་མས་སློབ་མ་གཅིག་པུ་ནི། །དཀྱིལ་འཁོར་དག་ཏུ་དབང་བསྐུར་བྱ། །མཁས་པས་ཅིག་ཆར་སློབ་མ་གཉིས། །དབང་བསྐུར་བ་ནི་ཡོངས་མི་བྱ། །གཉིས་སམ་གསུམ་མམ་བཞི་ཡང་རུང་། །བླ་མས་དབང་བསྐུར་བྱ་བ་ནི། །ཡོ་བྱད་གསར་པ་གཞན་རྣམས་ཀྱིས། །ཐམས་ཅད་སོ་སོ་སོ་སོར་བྱ། །ཞེས་གསུངས་པ་དང་འགལ་ལོ་ཞེ་ན།

འདི་ལ་མཁས་པའི་བཞེད་པ་འགོད་པ་དང་། རང་གི་གོ་ལུགས་ཙམ་བརྗོད་པ་གཉིས། དང་པོ་ནི། ཀུན་མཁྱེན་བླ་མ་ཆེན་པོའི་འཕྲུལ་སྤྱོང་གི་དགོངས་པ། སྤྱིར་སྔ་གོན་དང་འཇུག་པ་དང་། ཆུ་དང་ཅོད་པཎ་གྱི་དབང་རྣམས་གཅིག་ནས་ཉི་ཤུ་རྩ་ལྔའི་བར་ཟུང་དུ་མ་གྱུར་པ་ལ་ཅིག་ཆར་བྱས་ནས། སླར་སྒྲུབ་པའི་དཀྱིལ་འཁོར་གྱི་དབང་བསྐུར་བྱ་བའི་ཚེ། སློབ་མ་ཁ་ཅིག་ཁོ་ན་ལ་བྱ་ཡི། གཉིས་དང་གསུམ་དང་བཞི་ལ་སོགས་པ་ལ་ཅིག

ཆར་མི་རུང་ལ། གལ་ཏེ་དུ་མ་ལ་བྱ་དགོས་བྱུང་ན། ཡོ་བྱད་གསར་པ་སྤྲུར་ནས་རེ་རེ་བཞིན་དུ་དབང་བསྐུར་བ་ཡིན་ཏེ། ཐམས་ཅད་སོ་སོ་སོ་སོར་བྱ། །ཞེས་པའི་འཕྲོ་དེ་མ་ཐག་པ་ལས། རིགས་ལྔ་དབང་ནི་ཐོབ་པ་ལ། ། སྒྲུབ་པའི་དཀྱིལ་འཁོར་དབང་བསྐུར་བྱ། །དབང་བསྐུར་བ་ཡི་ཆོག་དང་། །སྒྲུབ་པའི་ཆོག་འདང་དེ་བཞིན་བྱ། ། ཞེས་གསུངས་པའི་ཕྱིར། ཞེས་བཞེད་དོ། །པཎ་ཆེན་རིན་པོ་ཆེའི་གསེར་ཐུར་ལས། མཁས་པས་སློབ་མ་གཅིག་གམ་གསུམ། ཞེས་སོགས་ཀྱིས་སློབ་མ་རྗེས་འཛིན་གྱི་སྐབས་ཀྱི་གྲངས་ངེས་བསྟན་གྱིས། དབང་བསྐུར་བའི་དུས་ཀྱི་སློབ་མའི་གྲངས་ངེས་དངོས་སུ་བསྟན་པ་མ་ཡིན་ཏེ། ཟུང་དུ་མ་གྱུར་སློབ་མ་གཟུང་། ཞེས་དང་། ཡོངས་སུ་གཟུང་བར་མི་ཤེས་སོ། །ཞེས་རྗེས་འཛིན་གྱི་ཚིག་གསལ་པོར་བྱུང་བའི་ཕྱིར། དེ་ལྟར་ཉེར་ལྔ་མན་ཆད་ཀྱི་གྲངས་ཁ་ཡར་བ་ལྟན་ཅིག་ཏུ་ཚོགས་པ་ལ་རྗེས་འཛིན་དང་། སྔ་གོན་གྱི་ཆོ་ག་རྫོགས་པར་བྱས་ནས་དབང་བསྐུར་དངོས་གཞིའི་དུས་སུ་སློབ་མ་གཉིས་ལ་སོགས་པ་ལ་དབང་རྫས་གཅིག་ཉིད་ཀྱི་དུས་ཅིག་ཆར་དུ་དབང་བསྐུར་རུང་བ་མ་ཡིན་ཏེ། ཚུལ་དེ་ལྷ་བུ་ལ་དགོངས་ནས། གཉིས་སམ་གསུམ་མམ་བཞི་ཡང་རུང་། །ཞེས་པ་དང་། ཐམས་ཅད་སོ་སོ་སོ་སོར་བྱ། །ཞེས་གསུངས་པ་ཡིན་ནོ། །སྤྱི་བབས་རྒྱུད་སྡེ་བཞི་ཆར་གྱི་སློབ་མ་ལ་གྲངས་ངེས་ཡོད་ཅིང་། དེའི་ནང་ནས་སྤྱོད་རྒྱུད་ཀྱི་དབང་བསྐུར་བའི་སློབ་མ་ལ་ནི་གྲངས་བཅུ་ལས་ལྷག་པ་མི་རུང་། འོན་ཀྱང་རྗེས་བཟུང་གི་ཚེ། སེམས་ཅན་ཚད་མེད་པར་ཡང་རྗེས་སུ་འཛིན་པ་ཡིན་ནོ༑ ༑དེ་ལྟར་ན། སྤྱོད་པའི་རྒྱུད་ཀྱི་དབང་བསྐུར་ལ། །སློབ་མ་རྗེས་བཟུང་གྲངས་ངེས་མེད། །ཅེས་སྨྲ་རོ། །

སྤྱོད་རྒྱུད་ཀྱི་དབང་བསྐུར་ལ་བཅུ་ལས་ལྷག་པ་མི་རུང་བ་ནི། རྣམ་སྣང་མངོན་བྱང་ལས། བཅུ་འམ་བརྒྱད་དམ་བདུན་ནམ་ལྔ། །གཅིག་གཉིས་བཞི་ལས་ལྷག་ཀྱང་རུང་། །དཔྱད་མི་དགོས་པར་གཟུང་བར་བྱ། ། ཞེས་བཅུ་ལས་ལྷག་པ་མ་གསུངས་པ་དང་། གལ་ཏེ་བཅུ་མཚོན་བྱེད་ཙམ་ཡིན་ནོ་སྙམ་ན་མ་ཡིན་ཏེ། རྣམ་སྣང་མངོན་བྱང་གི་ལུང་དྲངས་མ་དག་པ་དེ་དང་འབྲེལ་ཆགས་སུ། འདི་སྐད་ཅེས། གསང་བའི་བདག་པོ། གང་དག་གིས་སྟོན་ཐེག་པ་ཆེན་པོ་གསང་སྔགས་སྤྱོད་པའི་ཚུལ་སྒོ་མཐའ་ཡས་པ་བསྒྲུབ་པ་ལ་གོམས་པར་བྱས་པ་དེ་དག་ནི་རྡོ་རྗེ་སེམས་དཔའ་ཡིན་ཏེ། དེ་རྣམས་ཉིད་ཀྱི་དོན་གྱི་ཕྱིར། །གྲངས་ཀྱི་ཚད་ནི་འདི་བྱས་སོ། ། ཞེས་གསུངས་པས་སོ། །ཞེས་བཞེད་དོ། །དེ་དག་ནི་པཎ་ཆེན་གྱིས་བཞེད་པ་ཀྲང་གྲངས་རགས་པ་ཡིན་ནོ། ། གཉིས་པ་རང་གི་གོ་ལུགས་བརྗོད་པ་ནི། བླ་མས་སློབ་མ་གཅིག་པུ་ནི། །དཀྱིལ་འཁོར་དག་ཏུ་དབང་བསྐུར་བྱ༑ ༑ཞེས་པ་ནས། ཐམས་ཅད་སོ་སོ་སོ་སོར་བྱ། །ཞེས་པས་བསྟན་པའི་དབང་དང་། སྒྲུབ་པའི་དཀྱིལ་འཁོར་དབང་བསྐུར་བྱ། །ཞེས་པའི་དབང་གཉིས་མི་གཅིག་སྟེ། སྒྲུབ་པའི་དཀྱིལ་འཁོར་གྱི་དབང་ནི། ཐམས

ཅན་སོ་སོ་སོ་སོར་བ་ཞེས་པའི་དབང་གི་རྗེས་སུ་བྱ་བ་ཡིན་པའི་ཕྱིར་ཏེ། དེའི་དབང་བསྐུར་ཚུལ་དང་། དཀྱིལ་འཁོར་བསྒྲུབ་ཚུལ་རྣམས་དབང་སྟེ་མ་དེ་བཞིན་དུ་བྱ་བར་གསུངས་པས། སྟ་ཕྱི་རིམ་ཅན་དུ་བསྟན་པའི་ཕྱིར། གཞན་དུ་ན། སྒྲུབ་པའི་དཀྱིལ་འཁོར་དབང་བསྐུར་བྱ། །ཞེས་པའི་འགྲེལ་ལས། དབང་བསྐུར་བ་ཡི་ཆོག་དང་། །སྒྲུབ་པའི་ཆོ་གའང་དེ་བཞིན་བྱ། །ཞེས་གསུངས་པའི་དོན་ཇི་ལྟར་འཆད་དེ། དེ་བཞིན་ལ་སློག་མཚམས་དགོས་སོ། །ཟུང་དུ་མ་གྱུར་སློབ་མ་གཟུང་། །ཞེས་པ། སློབ་མ་རྗེས་བཟུང་ཡིན་པ་ཐུགས་མད་དེ། དེ་ལྟར་སློབ་མ་རྗེས་བཟུང་ཚར་བ་རྣམས་སྨ་གོན་བྱ་རན་པའི་ཚེ་འགའ་ཞིག་མེད་ཟེན་པའམ། མ་སློབས་པ་ལ་གཟུགས་བརྙན་འབྲི་བ་དང་། ཚབ་བཙུག་ནས་ཁ་བསྐང་བར་གསུངས་པས་ཀྱང་ཤེས་ནུས་པའི་ཕྱིར་རོ། །དེ་ཡང་སྤྱི་རྒྱུད་ལས། སློབ་མ་ཡོངས་སུ་གཟུང་བ་གང་། །སྨ་གོན་གནས་ཚེ་མེད་ན་ནི། །དེ་ཡི་གཟུགས་བརྙན་བྱས་ནས་སུ༔ །ཇི་སྐད་བཤད་པའི་ལས་རྣམས་བྱ། །སློབ་མ་ཡོངས་སུ་གཟུང་བ་གང་། །གལ་ཏེ་རྐྱེན་འགའ་ཞིག་གིས་ནི༔ །དེར་ནི་འོངས་པར་མ་གྱུར་ན། །གཞན་དག་དེ་ཡི་སྐྱིན་པར་གཞུག །ཅེས་གསུངས་ཏེ། རྗེས་འཛིན་ཚར་བའི་སློབ་མ་སྨ་གོན་གྱི་གོང་དུ། ཚེ་ཕྱི་མར་འཕོས་ཚར་ན་དེའི་བྱང་བུ་ལྷ་བུ་ལ་དགུག་གཞུག་བྱས་ཏེ། དབང་གྲལ་དེར་བཞག་ནས་སྨ་གོན་དང་དངོས་གཞིའི་དབང་བསྐུར་བས། ཁ་སྐོང་ཞིང་ཁོའི་སྡིག་སྒྲིབ་དུ་འགྱུར་བ་དང་། གལ་ཏེ་ན་བའམ་ཕྱོགས་ཆེ་གེ་མོར་འགྲོ་དགོས་བྱུང་བའི་རྐྱེན་གྱིས་མ་བསླེབས་ན། རྗེས་འཛིན་མ་བྱས་ཀྱང་ཚབ་གཞན་བོས་ནས་སྨ་གོན་བྱ་བ་ཡིན་ནོ། །དགོས་པ་ནི། ཁ་སྐོང་བའི་ཆེད་དང་། དངོས་གཞི་ཡང་ཚབ་དེ་ཉིད་ལ་བསྐུར་བས་དེ་ཉིད་ཀྱིས་དབང་ཐོབ་པར་འགྱུར་ལ། སྨ་གོན་ལ་མ་བསླེབས་པ་ལ་དེའི་དངོས་གཞི་བྱར་མི་རུང་ངོ་། །ཡང་སྨ་གོན་བྱས་པ་དངོས་གཞི་ལ་མེད་པའམ། མ་སླེབ་ན་ཇི་ཙམ་ཚོགས་པ་དེ་ལ་དངོས་གཞི་བསྐུར་གྱི། གཟུགས་བརྙན་ནང་ཚབ་ནི་མི་བྱ་སྟེ། སྤྱི་རྒྱུད་ཀྱི་ལུང་སྔར་དྲངས་པ་དེའི་འཕྲོས་ལས། སྨ་གོན་གནས་པ་བྱས་པ་ལ། །གལ་ཏེ་དེར་ནི་མ་འོངས་ན། །བླ་མ་བློ་ལྡན་མཁས་པ་ཡིས། །དེར་ནི་སློབ་མ་གཞན་མི་གཟུང་། །ཞེས་གསུངས་པའི་ཕྱིར། པཎ་ཆེན་གྱིས། རྗེས་འཛིན་གྱི་སློབ་མ་དངོས་གཞི་ལ་སླེབས་ངེས་པའི་དབང་དུ་བྱས་ནས་གཟུགས་བརྙན་དང་བསྐྱིན་པ་གཙུག་པ་ཡིན་གྱིས། གཞན་དུ་ན་གཟུགས་བརྙན་དང་བསྐྱིན་པ་ལ་སྨ་གོན་བྱས་པ་ལ་དགོས་པ་མེད་གསུང་བ་ནི། རྒྱུད་ཚིག་དེ་དག་གི་དོན་ལ་ཐུགས་གཡེལ་བར་ཟད་དོ། །

དེ་ལྟར་སྤྱི་རྒྱུད་ཀྱི་གྲངས་ངེས་ཀྱི་ལུང་དེས་སློབ་མ་རྗེས་གཟུང་བསྟན་ཀྱང་། རྗེས་འཛིན་གྱི་གྲངས་ཀྱིས་དབང་གི་དུས་ཀྱི་གྲངས་ཡོད་འགྲུབ་པ་ཡིན་ཏེ། རྗེས་གཟུང་གྲངས་ཇི་ཙམ་བྱས་པ་དང་མཐུན་པར་ཕྱིས་དབང་

ཡང་གྲངས་དེ་དག་ལ་བསྒྱུར་བ་ཡིན་པའི་ཕྱིར། དེང་སང་ལམ་འབྲས་པ་ཕལ་ཆེར་སློབ་མ་རྗེས་འཛིན་ལ་གྲངས་ངེས་མི་མཛད་པ་ནི་ཕྱག་ལེན་ཟོར་བདེ་བ་ཙམ་སྟེ། ཕྱག་ལེན་དོག་པར་བྱས་ན་ལམ་འབྲས་དང་མ་འབྲེལ་ཡང་སློབ་མ་རྗེས་འཛིན་དང་། སློབ་དཔོན་གྱིས་བསྙེན་པ་ཁ་གསོ་དགོས་སོ། །ཀྱེ་རྡོར་ལས། སློབ་མ་གཉིས་དང་གསུམ་ལ་སོགས་པ་ལ་ཅིག་ཆར་དབང་བསྐུར་དུ་མི་རུང་བར་གསུངས་པ། དབང་རྫས་གཅིག་ཉིད་ཀྱིས་ཅིག་ཆར་མི་བསྐུར་བ་ལ་དགོངས་པ་ནི་མི་འཐད་དེ། དབང་རྫས་གཅིག་ཉིད་ཀྱིས་གཉིས་དང་གསུམ་ལ་སོགས་པ་ལ་ཅིག་ཆར་དབང་བསྐུར་མི་བསྐུར་བ་གཞིར་བཞག་ཅིང་དོགས་པ་ཙམ་ཡང་མེད་དེ། དོན་དེ་ཙམ་ལ་རྒྱུད་ཚིག་འདི་དག་གསུངས་མི་དགོས་པའི་ཕྱིར། དབང་རྫས་ཆ་གཅིག་ལས་མེད་ན་སློབ་མ་རྣམས་ལ་རིམ་གྱིས་བསྐུར་བ་དང་། སློབ་མའི་གྲངས་དང་མཉམ་པ་ཡོད་ན་ཅིག་ཆར་དུ་བསྐུར་བས་ཚིག་གསུང་པ་ཡང་དཔྱད་པར་བྱ་སྟེ། དབང་རྫས་ཆ་གཅིག་གམ་ཆ་དུ་མ་ཡོད་ཀྱང་རུང་། སྔར་བ་ན་དབང་རྫས་དེ་དང་དེ་ཡོངས་སུ་དག་པ་བཞི་ལྡན་དུ་བསམས་ནས། སློབ་དཔོན་གཅིག་ཉིད་ཀྱིས་དངོས་སུ་སྟེར་དགོས་པས། ཅིག་ཆར་དུ་དེ་འདྲ་མི་ནུས་པའི་ཕྱིར། འགའ་ཞིག་སློབ་དཔོན་གྱིས་བརྗོད་ཀྱི་བཤད་པ་ཙམ་གཞི་གཅིག་ཏུ་མཛད་ནས། དབང་རྫས་རྣམས་སློབ་དཔོན་གྱིས་གནང་བའི་དམིགས་པ་ཙམ་གྱིས། དངོས་སུ་སློབ་མ་རང་རང་གིས་ལེན་པ་ནི་ཕྱག་ལེན་ཧ་ཅང་ཟོར་ཡང་དྲགས་ཏེ་དཔྱད་པར་བྱའོ། །ཡང་དབང་བསྐུར་དངོས་གཞིའི་ཚེ་ག་སློབ་མ་རེ་རེ་ནས་བྱ་བར་གསུངས་པ་ཡིན་ཚུལ། ཀྱེ་རྡོར་གྱི་ལུང་ཁ་ཡར་དང་སྦྱར་བར་མཛད་པའི་རྗེས་སུ་ཡང་དབང་བསྐུར་དངོས་གཞིའི་དུས་སུ། སློབ་མ་གཉིས་སམ་བཞི་དུས་གཅིག་ཏུ་གྲལ་ལ་འདུག་ཏུ་མི་རུང་བ་ནི་མ་ཡིན་མོད་ཀྱི། དབང་རྫས་གཅིག་ཉིད་ཀྱིས་གཉིས་ལ་སོགས་པ་ལ་ཅིག་ཆར་བསྐུར་དུ་རུང་བ་མ་ཡིན་ཞེས་གསུངས་པ་ཡང་། ཚིག་སྔ་ཕྱི་འཕྲལ་དུ་འགལ་བར་སྣང་སྟེ། སློབ་མ་རེ་རེ་ནས་དབང་བསྐུར་བྱ་བ་ཡིན་ན། དབང་གྲལ་གཅིག་ཏུ་དུས་གཅིག་ལ་སློབ་མ་གཉིས་དང་བཞི་འོང་དོན་མེད་པའི་ཕྱིར། དབང་རྫས་གཅིག་ཉིད་ཀྱིས་གྲལ་རིམ་བཞིན་དུ་བསྐུར་བས་སློབ་མ་རེ་རེ་ནས་དབང་བསྐུར་བར་འགྱུར་ན། སློབ་མ་ཉི་ཤུ་རྩ་ལྔ་ལ་ལྷན་ཅིག་ཏུ་དབང་བསྐུར་བ་དེ་ཡང་དེ་ལྟར་དུ་འགྱུར་ལ། དེ་ཡང་འདོད་ན། ཉི་ཤུ་རྩ་ལྔ་ལ་ལྷན་ཅིག་ཏུ་དབང་བསྐུར་བ་དེ་ཆོས་ཅན། སློབ་མ་རེ་རེ་ནས་དབང་བསྐུར་བ་མ་ཡིན་པར་ཐལ། སློབ་མ་དུ་མ་ལ་དབང་བསྐུར་བ་ཡིན་པའི་ཕྱིར་ཏེ༏ རྩོད་གཞི་ཡིན་པའི་ཕྱིར། ཡང་སློབ་མ་གཉིས་སམ་བཞི་དུས་གཅིག་ཏུ་དབང་གྲལ་ལ་འདུག་ཏུ་རུང་བ་ཡང་། ཀྱེ་རྡོར་གྱི་ལུང་དོན་འཆད་པའི་སྐབས་སུ་མི་འཐད་དེ། སློབ་མ་གྲངས་ཟུང་དུ་གྱུར་པ་ལ་གྲལ་གཅིག་ཏུ་དབང་བསྐུར་བ་ཀྱེ་རྡོར་གྱི་དགོངས་པ་མ་ཡིན་པའི་ཕྱིར་ཏེ། རྒྱུད་སྡེ་གོང་མ་གཉིས་དང་བྱ་རྒྱུད་ཀྱི་དབང་

རྣམས་སློབ་མ་གྲངས་ཟུང་དུ་མ་གྱུར་པ་དང་། གྲངས་ངེས་པ་ཅན་ལ་བསྒྱུར་དགོས་པ་སྤྱི་རྒྱུད་ལ་བརྟེན་ནས་འཆད་པའི་ཕྱིར། མ་གྲུབ་ན། དམིགས་བསལ་མ་མཛད་པའི་སློབ་མ་ལ་གྲངས་ངེས་ཡོད་པའི་ཤེས་བྱེད་དུ། སྤྱི་རྒྱུད་ལས། མཁས་པས་སློབ་མ་གཅིག་གམ་གསུམ། །ཞེས་སོགས་དྲངས་པའི་རབ་དབྱེའི་གཞུང་འདི་ཇི་ལྟར་ལགས། ཡང་རྣམ་སྣང་མངོན་བྱང་ལས། སེམས་ཅན་ཚད་མེད་པ་ཡོངས་སུ་གཟུང་བར་བྱའོ། །ཞེས་གསུངས་པ། རྗེས་གཟུང་ཡིན་གསུང་བ་པཎ་ཆེན་རིན་པོ་ཆེ་ཐུགས་མད་དེ། ཡོངས་སུ་གཟུང་བར་བྱའོ་ཞེས་པའི་འགྲོ་དེ་མ་ཐག་པ་ལས། དེ་ནས་དེ་དག་བོས་ལ་གསུམ་ལ་སྐྱབས་སུ་གཏང་བར་བྱའོ། །སྡིག་ཧོ་མི་དགེ་བ་རྣམས་ཀུང་གོ་བར་བྱའོ། །དེ་ནས་དེ་དག་ལ་སྤོས་དང་མེ་ཏོག་སོགས་པ་སྦྱིན་ནོ། །དེ་དག་དུས་གསུམ་དང་སྒྲིབ་པ་མེད་པའི་ཡེ་ཤེས་ཀྱི་སྡོམ་པ་ཡང་འཛིན་དུ་གཞུག་གོ །འཛིན་དུ་བཅུག་ནས་སྟུགས་པ་ཡིས། །དེ་ནས་སོ་ཤིང་དག་ཀུང་སྦྱིན། །ཞེས་གསུངས་པའི་ཕྱིར། འོན་ཀུང་སྤྱོད་རྒྱུད་ཀྱི་དབང་ལ་བཅུ་ཚུན་གྱི་གྲངས་ངེས་མཛད་པ་མི་རིགས་ཏེ། རྗེས་གཟུང་ལ་སེམས་ཅན་ཚད་མེད་དུས་གཅིག་ཏུ་བཟུང་བས། དབང་ཡང་སེམས་ཅན་ཚད་མེད་ལ་དུས་གཅིག་ཏུ་བསྐུར་དུ་རུང་བའི་ཕྱིར། དེས་ན་མངོན་བྱང་ལས་བཅུ་ཚུན་ཆད་དང་། ཚད་མེད་པ་གཉིས་གསུངས་པ་ལ་དགོངས་པ་འགྲེལ་ཚུལ་འདི་ལྟར་བྱ་སྟེ། སྐལ་ལྡན་རིགས་སད་པའི་ལས་འཕྲོ་ཅན་ཞུང་ཤས་ཤིག་རྗེས་སུ་འཛིན་པའི་ཚུལ་དང་། སྐལ་དམན་ལམ་གྱི་སྣྲངས་པ་སྟོན་དུ་མ་སོང་པ་མཐའ་ཡས་པ་ཞིག་སྙིང་རྗེས་རྗེས་སུ་འཛིན་པའི་ཚུལ་གཉིས་ལས། དང་པོའི་དབང་དུ་བྱས་ནས་བཅུ་ཚུན་ཆད་གསུངས་ཤིང་། དེ་དག་ལ་རྗེས་བཟུང་ཚར་མ་ཐག་དབང་བསྐུར་བས་ཆོག་པ་ཡིན་ཏེ། མངོན་བྱང་ལས། སློབ་མ་དད་ཅིང་རིགས་བཙུན་པ། །དེ་བཞིན་དཀོན་མཆོག་གསུམ་ལ་དད། །ཟབ་མོ་ཡི་ནི་བློ་དང་ལྡན། །སྤྲོ་བ་ཆེ་ཞིང་ཚུལ་ཁྲིམས་ལྡན། །བཟོད་དང་ལྡན་ཞིང་སེར་སྣ་མེད། །དཔའ་ལ་ཡིད་རབ་བརྟན་པ་ནི། །བཅུ་འམ་བརྒྱད་དམ་བདུན་ནམ་ལྔ། །གཅིག་གཉིས་བཞི་ལས་ལྷག་ཀུང་རུང་། །དཔྱད་མི་དགོས་པར་གཟུང་བར་བྱ། །འདི་སྐད་ཅེས་གསང་བའི་བདག་པོ་གང་དག་གིས་སྟོན་ཐེག་པ་ཆེན་པོ་ཞེས་པ་ནས། གྲངས་ཀྱི་ཚད་འདི་བྱས་སོ། །ཞེས་གསུངས་པའི་ཕྱིར།

རྗེས་སུ་འཛིན་ཚུལ་གཉིས་པའི་དབང་དུ་བྱས་ནས་སེམས་ཅན་ཚད་མེད་པ་བཤད་ཅིང་། དེ་ཡང་རེ་ཞིག་དབང་མི་བསྐུར་བར་སྐྱབས་འགྲོའི་སྒོ་ནས་སོ་ཐར་ལ་བློ་སྦྱོང་ཞིང་དགེ་སྡིག་གི་བླང་དོར་བསྟན། དེ་ནས་མེ་ཏོག་ལ་སོགས་པའི་མཆོད་པས་ཚོགས་གསག་ཏུ་བཅུག་ནས་སེམས་བསྐྱེད་འབོགས་ཤིང་། དེའི་རྗེས་སུ་དབང་བསྐུར་བ་ཡིན་ཏེ། གྲངས་ཀྱི་ཚད་འདི་བྱས་སོ་ཞེས་པའི་དེ་མ་ཐག་ལས། འོན་ཀུང་སློབ་དཔོན་སྙིང་རྗེ་

ཆེན་པོ་ལྡན་པས། སེམས་ཅན་གྱི་ཁམས་མ་ལུས་པ་བསྒྲལ་བར་ཡིད་དམ་བཅའ་བ་ཁོ་ནར་བྱ་སྟེ། དེས་བྱང་ཆུབ་ཀྱི་སེམས་ཀྱི་ཞེས་པ་ནས། དེ་ནས་དེ་དག་བོས་ལ་གསུམ་ལ་སྐྱབས་སུ་གཏང་བར་བྱའོ། །ཞེས་སོགས་སྔར་དྲངས་པ་དེའི་ཕྱིར་རོ། །སེམས་ཅན་ཚད་མེད་པ་ཞེས་པ་ནི། ཉི་ཤུ་རྩ་ལྔ་ལས་གྲངས་བཀྲལ་ཏེ་སུམ་ཅུ་དང་། བཞི་བཅུ་དང་ལྔ་བཅུ་ལ་སོགས་པ་སློབ་དཔོན་གྱིས་ཇི་ཙམ་ལ་བསྐུར་ཐུབ་པའི་སེམས་ཅན་ཚོགས་ཚོག་ཅིང་། གྲངས་ངེས་པ་ཅན་མ་དགོས་པ་ལ་དེ་ལྟར་བྱའོ། །བླ་མས་སློབ་མ་གཅིག་པུ་ནི། །དཀྱིལ་འཁོར་དག་ཏུ་དབང་བསྐུར་བྱ། །ཞེས་པ་ནས། ཐམས་ཅད་སོ་སོ་སོ་སོར་བྱ། །ཞེས་པའི་དོན་ནི། སྤྱིར་བཤད་དབང་ཕལ་ཆེར་ལ་དེ་ལྟར་དུ་མ་ངེས་ཀྱང་། བྱ་རྒྱུད་རང་ལུགས་ཀྱི་དབང་འགའ་ཞིག་བསྐུར་བ་ན། སློབ་མ་གཉིས་སམ་གསུམ་སོགས་སུ་ཡོད་པ་ལ། དཀྱིལ་འཁོར་བསྒྲུབ་པ་ཡང་ལན་གྲངས་དེ་བཞིན་དུ་བྱ་ཞིང་། སློབ་མ་ཡང་དང་པོར་གཅིག་ཁོ་ན་ལ་དབང་བསྐུར། དེ་ནས་ཡང་མཆོད་པའི་ཡོ་བྱད་སོགས་གསར་པ་བཤམས་ནས། ཅིག་ཤོས་ལ་བསྐུར་བ་སོགས་སློབ་མ་ཇི་ཙམ་ཡོད་པ་མ་རྫོགས་ཀྱི་བར་དུ་དེ་ལྟར་བྱ་བའི་ཕྱག་ལེན་འགའ་ཞིག་ཡོད་པ་བསྟན་ཏེ། སྤྱི་རྒྱུད་ཉིད་ལས། སློབ་མ་རེ་རེ་ནས་བཀུག་སྟེ། །གསང་གཏོར་སྔ་མ་བཞིན་བྱས་ལ། །ཞེས་དང་། སློབ་མ་གཅིག་ནས་བཀུག་ནས་ནི། །ཚོ་ག་བཞིན་དུ་ཡོན་ཕུལ་ཏེ། །ཚོ་ག་ཤེས་པས་གསང་གཏོར་བྱ༏ ༏ཞེས་གསུངས་པའི་ཕྱིར། གལ་ཏེ། ཡོ་བྱད་གསར་པ་གཞན་རྣམས་ཀྱིས། །ཐམས་ཅད་སོ་སོ་སོ་སོར་བྱ། །ཞེས་པ་ནི། སློབ་མ་རྣམས་དབང་གྲལ་གཅིག་ཏུ་དུས་གཅིག་ལ་ཚོགས་པའི་སྐབས་ལ་བྱེད་ན། དེའི་གོང་དུ། གཉིས་སམ་གསུམ་མམ་བཞི་ཡང་རུང་། །བླ་མས་དབང་བསྐུར་བྱ་བ་ནི། །ཞེས་བཤད་པ་དང་འགལ་ཏེ། སློབ་མ་གཉིས་དབང་གྲལ་གཅིག་ཏུ་དུས་གཅིག་ལ་ཚོགས་པ་དང་། སློབ་མ་བཞི་དེ་ལྟར་ཚོགས་པ་ནི་བྱ་རྒྱུད་དང་། རྒྱུད་སྡེ་གོང་མ་གཉིས་ཀྱི་དབང་ལ་སྤྱིར་བཤད་ལ་བཀག་པའི་ཕྱིར་ཏེ། ཟུང་དུ་མ་གྱུར་སློབ་མ་གཟུང་། །ཞེས་བཤད་པའི་ཕྱིར། འོན་ཀྱང་དམིགས་བསལ་ཕྲན་བུ་ལ་ཟུང་དུ་གྱུར་བ་ལ་ཡང་དབང་བསྐུར་བ་སྤྱི་རྒྱུད་ཉིད་ལས་བཤད་དེ། ཉི་ཤུ་རྩ་ལྔ་ལ་སྔ་གོན་བྱས་ནས་དངོས་གཞིའི་ཚེ་ཉི་ཤུ་རྩ་བཞི་ལས་ཚོགས་མ་བྱུང་ན། ཇི་ཙམ་ཚོགས་པ་ཉིད་ལ་དངོས་གཞི་བསྐུར་ཚོག་པ་སྤྱི་རྒྱུད་ཀྱི་ལུང་སྔར་དྲངས་པ་དེས་ཤེས་སོ། །སློབ་མ་ཟུང་དུ་མ་གྱུར་གཟུང་ཞེས་པ། །སློབ་བུ་རྗེས་འཛིན་ཚོ་གའི་སྐབས་ཡིན་ཀྱང་། རྗེས་འཛིན་གྲངས་ཀྱིས་དབང་གི་གྲངས་ཀྱང་འགྲུབ། །ཅི་སྙད་ཅེན་རྗེས་བཟུང་སློབ་མ་རྣམས། །སྔ་གོན་བྱ་ཚེ་འགའ་ཞིག་མ་ཚང་ན། །གཟུགས་བརྙན་སྒྲིན་པར་བྱ་བ་གསུངས་དེའི་ཕྱིར། །སྔ་གོན་ཚེ་ན་སྒྲིན་པ་སོགས་བྱས་ནས། །རྗེས་བཟུང་དངོས་གཞིར་ངེས་པར་སྒྲིབ་དགོས་ཞེས། །གཟིགས་པའི་སྒྲུབ་ཡངས་གསུངས་ཀྱང་རྒྱུད་དོན་མིན། །མངོན་བྱང་རྒྱུད་ལས

སློབ་མ་བཅུ་ཚུན་ལ། །གྲངས་ཚད་བྱས་ཞེས་གསུངས་པས་སྤྱོད་རྒྱུད་དབང་། །བཅུ་ལས་ལྷག་པར་མི་རུང་གནམ་གསར་པ། །ཟླ་བར་འཛམ་ཡང་འཛམ་དབྱངས་དགོངས་པ་མིན། །སྤྱོད་པའི་རྒྱུད་ལས་བཅུ་ཙམ་ཚུན་དང་ནི། །སེམས་ཅན་ཚད་མེད་རྗེས་གཟུང་གཉིས་བཤད་པ། །སྐལ་བར་ལྡན་པ་ཉུང་ཤེས་སྐལ་བ་དམན། །མཐའ་ཡས་དབང་གིས་རྗེས་འཛིན་ལུགས་གཉིས་སུ། །འབྱེད་པ་ཕུལ་ཕྱིན་རྣམ་དཔྱོད་གནམ་འདི་སྟེ། །མཁས་ཀུན་རྣ་བའི་བདུད་རྩི་ར་རིངས་པར་ཆས། །དཔྱོད་ལྡན་དགའ་བའི་བློས་གར་ཅིས་མི་སྒྱུར། །བར་གྱི་ཚིགས་བཅད་དོ། །

གསུམ་པ་དཀྱིལ་འཁོར་མ་དག་པར་དབང་བསྐུར་བ་དགག་པ་ལ་གཉིས་ཏེ། འདོད་པ་བརྗོད་པ་དང་། དེ་དགག་པའོ། །དང་པོ་ནི། དེང་སང་བྱིན་རླབས་སྨིན་བྱེད་དུ་མི་བྱེད་ཅིང་། དབང་སྐུར་བྱེད་པར་ཁས་འཆེ་བ་ཁ་ཅིག་ཀྱང་སངས་རྒྱས་ཀྱི་རྒྱུད་སྡེ་ནས་གསུངས་པའི་དཀྱིལ་འཁོར་གྱི་ཆོ་ག་རྟུལ་ཆོན་ལྟ་བུ་ལ་བརྟེན་ནས་མི་བྱེད་པར། བོན་ལུགས་ལྟར་གཡུང་དྲུང་རིས་དང་ནས་འབྲུ་རིས་དང་། འཇའ་ཚོན་གྱི་རྣམ་པ་ཕུབ་ཀྱི་དབྱིབས་ལྟ་བུ་ལ་སོགས་པ་བྱེད་པ་ཐོས་སོ། །གཉིས་པ་ནི། ནས་འབྲུ་སོགས་འདི་འདྲ་དག་ཏུ་དབང་བསྐུར་བ་མི་འཐད་དེ། འདི་འདྲར་དབང་བསྐུར་ཀྱང་སྔགས་ཀྱི་སྡོམ་པ་ཐོབ་པར་མི་འགྱུར་བའི་ཕྱིར། མི་ཐོབ་པ་དེའི་རྒྱུ་མཚན་བཤད་ཀྱིས་ཉོན་ཏེ། ཕྱི་ལུས་ལ་འདོམ་གང་གྲུབ་བཞི་དང་། ནང་སེམས་ལ་བྱང་ཕྱོགས་སོ་བདུན་ཡོད་པའི་རྟེན་འབྲེལ་གྱི་སྟོབས་ཀྱིས་དཀྱིལ་འཁོར་གྲུ་བཞི་སྒོ་བཞི་ཀ་བ་བརྒྱད་སོགས་འབྱུང་བ་ཡིན་ནོ། །དཀྱིལ་འཁོར་དེ་འདྲར་དབང་བསྐུར་ན་རྟེན་འབྲེལ་འགྲིག་ནས་སྡོམ་པ་སྐྱེ་ལ། གཡུང་དྲུང་རིས་སོགས་འདི་ལ་ཕྱི་ནང་གི་རྟེན་འབྲེལ་འགྲིག་མི་ནུས་པའི་ཕྱིར། དེས་ན་གཡུང་དྲུང་རིས་སོགས་སངས་རྒྱས་རྣམས་ཀྱིས་བཀག་སྟེ། རྒྱུད་ལས། མི་མཉམ་པ་མེད་པས་གྲུ་བཞི་སྟེ། ཞེས་སོགས་གསུངས་པའི་ཕྱིར། སྐབས་འདིའི་ཕྱི་ནང་གི་རྟེན་འབྲེལ་དང་། གོང་དུ། ཕྱི་ནང་རྟེན་འབྲེལ་འགྲིག་མི་འགྱུར། །ཞེས་པ་དང་། ཕྱི་ནང་རྟེན་འབྲེལ་སྒྲིག་མཁྱེན་ཅིང་། །ཞེས་པའི་རྟེན་འབྲེལ་རྣམས་དོན་གནད་གཅིག་པ་ཡིན་ཏེ། བླ་མས་དབང་བསྐུར་བའི་དུས། དཀྱིལ་འཁོར་ཞེས་ནི་གང་བཤད་པ། །ཞེས་སོགས་དག་པ་བརྗོད་པའི་ཚེ་རྟེན་འབྲེལ་འདི་དག་འགྲིག་པར་འགྱུར་བས་སོ། །

བཞི་པ་ཆོ་ག་མ་དག་པའི་དབང་བསྐུར་སྨིན་བྱེད་ཡིན་པ་དགག་པ་ལ་གསུམ་སྟེ། མ་དག་ཆོ་ག་བྱུང་ཚུལ་བརྗོད། དེའི་བྱིན་རླབས་བགེགས་ཀྱིས་ཡིན། དག་པའི་བྱིན་རླབས་དག་པར་བསྟན་པའོ། །དང་པོ་ནི། དེང་སང་དབང་བསྐུར་གྱི་ཆོ་ག་བྱེད་པ་ཕལ་ཆེར་ཡང་སློབ་མ་བརྒྱ་སྟོང་གྲངས་མེད་ལ་དུས་ཅིག་ཆར་དུ་སྟ་གོན་

ལ་སོགས་པ་སྦྱོར་དངོས་རྗེས་ཀྱི་ཆོ་ག་རྣམས། སངས་རྒྱས་ཀྱི་རྒྱུད་སྡེ་ནས་གསུངས་པ་བཞིན་མི་ཤེས་པར་ སྔ་ཕྱི་འཕྲུགས་ཤིང་ཆད་ལྷག་ཏུ་གྱུར་པས་མ་འབྲེལ་བ་དང་། བྱ་རྒྱུད་ལ་དབང་རྫས་ལྷར་བསྐྱེད་པ་སོགས་ཆོ་ག་འགལ་བ་དང་། ཡེ་ཤེས་དབབ་པའི་དམིགས་པ་ནོར་བ་སོགས་ཆོ་ག་ཉམས་པ་ཡི་སྒོ་ནས་ཆོ་གའི་གཟུགས་བརྙན་ཙམ་བྱེད་པ་ལ་དབང་བསྐུར་ཡིན་ཞེས་བླུན་པོ་དག་སྨྲའོ། །གཉིས་པ་ནི། དབང་བསྐུར་མ་དག་པ་དེའི་དུས་སུ། སློབ་མའི་ལུས་ངག་ཡིད་གསུམ་གྱི་རྣམ་པ་གདོན་གྱིས་བསླུར་ནས་ལུས་འཕར་གཡོ་སོགས་བྱུང་བ་ལ་བྱིན་རླབས་ཡིན་པར་འཁྲུལ་བ་མང་ཡང་། སངས་རྒྱས་ཀྱི་བྱིན་རླབས་མཚན་ཉིད་པ་མ་ཡིན་ཏེ། དཔལ་ལྡན་དམ་པ་དང་པོ་ལས། ཆོ་ག་ཉམས་པའི་བྱིན་རླབས་འཕར་གཡོ་སོགས་ཀུན་བགེགས་ཀྱིས་ཡིན་པར་རྒྱལ་བས་གསུངས་པའི་ཕྱིར། ཆོ་ག་དག་པར་གྱུར་པ་ལས་ལུས་འཕར་གཡོ་སོགས་འབྱུང་བ་ནི་སངས་རྒྱས་ཀྱི་བྱིན་རླབས་ཡིན་ཏེ། རྒྱུད་ལས། དབང་དང་རྗེས་གནང་ཐོབ་ནས་ནི། །མ་བསྒོམ་པར་ཡང་དེ་ལ་ནི། །ལྷ་ནི་འགོ་ཞིང་ཉེ་བར་གནས། །ཞེས་གསུངས་པའི་ཕྱིར་རོ། །

གཉིས་པ་སྨིན་བྱེད་ཀྱི་དབང་མི་དགོས་པར་འདོད་པ་དགག་པ་ལ་ལྔ་སྟེ། དབང་བསྐུར་མེད་པར་ཟབ་ལམ་བསྒོམ་པ་དགག །དབང་བསྐུར་མེད་པར་དབང་རབ་སྨིན་པ་དགག །གང་དུ་བསྐུར་བའི་དཀྱིལ་འཁོར་འཁྲུལ་པ་དགག །སེམས་བསྐྱེད་ཙམ་གྱིས་གསང་སྔགས་བསྒོམ་པ་དགག །ཞར་ལ་སྨིན་བྱེད་ནོར་བ་གཞན་ཡང་དགག་པའོ། །དང་པོ་ནི། རྗེ་བཙུན་གྱིས་ཁ་ཅིག་སྨིན་བྱེད་དང་བྲལ་ཟབ་དོན་བསྒོམ། །ཞེས་གསུངས་པ་ལྟར། ཁ་ཅིག་སྨིན་བྱེད་ཀྱི་དབང་བསྐུར་མི་དགོས་ཏེ། དེ་མེད་ཀྱང་བསྐྱེད་རྫོགས་ཀྱི་ལམ་ཟབ་མོ་བསྒོམས་པས་སངས་རྒྱས་འགྲུབ་པའི་ཕྱིར་རོ་སྙམ་ན། མི་འཐད་དེ། དབང་བསྐུར་མེད་པར་གསང་སྔགས་ཀྱི་ལམ་ཟབ་མོ་བསྒོམ་པ་ནི་ངན་འགྲོའི་རྒྱུར་གསུངས་པའི་ཕྱིར། དེ་སྐད་དུ། ཕྱག་རྒྱ་ཆེན་པོ་ཐིག་ལེ་ལས། དབང་བསྐུར་བ་མེད་ན་ནི་སྔགས་ཀྱི་དངོས་གྲུབ་ཆེར་མེད་དེ། བྱེ་མ་བཙིར་ལས་མར་མི་འབྱུང་བ་ལྟར་རོ། །གང་ཞག་འགའ་ཞིག་རྒྱུད་ཀྱི་ལུང་ལ་བལྟས་ཏེ་ཤེས་པ་འདུག་སྙམ་པའི་ང་རྒྱལ་གྱིས། དབང་བསྐུར་མེད་པར་རྒྱུད་ལ་འཆད་ཉན་བྱེད་ཅིང་ལས་ཚོགས་སྒྲུབ་པ་དག་ནི། ཆར་འབེབས་པ་དང་། འབྱུང་པོ་འདུལ་བ་ལ་སོགས་པའི་ཐུན་མོང་གི་དངོས་གྲུབ་ཕྲ་ཟད་ཙམ་ཚེ་འདིར་ཐོབ་ཀྱང་། ཕྱི་མ་དཔོན་སློབ་གཉིས་ཀ་དམྱལ་བར་སྐྱེ་བར་འགྱུར་ལ། ཉེས་དམིགས་དེ་བས་ན། འབད་པ་དོན་དུ་གཉེར་བ་ཐམས་ཅད་ཀྱིས་བླ་མ་ལས་དབང་ནོད་ཅིང་ཞུ་དགོས་སོ། །ཞེས་གསུངས་པ་དང་། བཤད་རྒྱུད་རྡོ་རྗེ་འཕྲེང་བ་ལས། དབང་བསྐུར་མེད་པར་རྒྱུད་འཆད་པ། །དེ་དོན་ལེགས་པར་ཤེས་ན་ཡང་། །སློབ་དཔོན་སློབ་མ་མཚུངས་པར་ནི། །ཤི་ནས་དུ

འབོད་ཆེན་པོར་ལྟུང་། །ཞེས་དང་། དམ་པ་དང་པོ་ལས། དབང་བསྐུར་མེད་པར་རྒྱུད་འཆད་དང་། །སྔགས་ཀྱི་དེ་ཉིད་སྒོམ་བྱེད་པ། །དེ་དོན་ལེགས་པར་ཤེས་ན་ཡང་། །དམྱལ་བར་འགྱུར་གྱིས་གྲོལ་བ་མིན། །ཞེས་དེ་ལྟར་གསུངས་པའི་ཕྱིར་ན། དབང་བསྐུར་ཞུ་བ་ལ་འབད་པར་བྱའོ། །

གཉིས་པ་ནི། ཕྱག་རྒྱ་པ་ཁ་ཅིག །གང་ཟག་དབང་པོ་རབ་སྨིན་བྱེད་ཀྱི་ཕག་མོའི་བྱིན་རླབས་ཡིན་པས་དབང་བསྐུར་མི་དགོས། དབང་པོ་འབྲིང་དང་མཐའ་མ་དག་སྨིན་པར་བྱེད་པ་ལ། རྒྱུད་སྡེ་ནས་གསུངས་པའི་དབང་བསྐུར་གྱི་ཆོག་དགོས་ཟེར་རོ། །དེ་འདྲའི་རྣམ་གཞག་མི་འཐད་དེ། གང་ཟག་དབང་པོ་རབ་འབྲིང་མཐའ་མ་གསུམ་ཀ་ལ་ཕག་མོའི་བྱིན་རླབས་སྨིན་བྱེད་དུ་རྒྱུད་སྡེ་ཀུན་ལས་གསུངས་པ་མེད་པའི་ཕྱིར་རོ། །

གསུམ་པ་ནི། ཁ་ཅིག་སློབ་དཔོན་གྱི་སྤྲུལ་པའི་དཀྱིལ་འཁོར་སྤྲུལ་ནུས་ཤིང་། སློབ་མས་ལྷ་ནུས་པའི་ཚེ་ན་དབང་བསྐུར་བ་ཡིན་གྱིས། དེ་ལས་གཞན་དུ་དེང་སང་དབང་བསྐུར་དུ་མི་རུང་ཞེས་ཟེར་རོ། །དེ་ནི་མི་འཐད་དེ། འཕགས་པ་རྣམས་ཀྱི་གང་ཟག་དབང་པོ་རབ་རྒྱལ་པོ་ཨིནྡྲ་བྷཱུ་ཏི་དང་། རྒྱལ་པོ་ཟླ་བ་བཟང་པོ་སོགས་ལ་སྟོན་སྟོན་པས་གསང་བ་འདུས་པ་དང་། དུས་ཀྱི་འཁོར་ལོའི་སྤྲུལ་པའི་དཀྱིལ་འཁོར་དུ་དབང་བསྐུར་མཛད་ཅེས་གསུངས་པ་ནི། སྟོན་གྱི་ཆོག་འཕགས་པ་ནང་པན་ཚུན་གྱི་སྤྱོད་ཡུལ་ལས། སོ་སོ་སྐྱེ་བོས་བྱར་མི་རུང་བས་སོ། །དེས་ན་དེང་སང་སོ་སོ་སྐྱེ་བོའི་གང་ཟག་དབང་པོ་རབ་འབྲིང་མཐའ་མ་ཀུན་སོ་སོ་སྐྱེ་བོའི་རྡོ་རྗེ་སློབ་དཔོན་གྱིས་སྨིན་པར་བྱེད་པ་ལ། གཙོ་བོར་རྡུལ་ཚོན་གྱི་ནི་དཀྱིལ་འཁོར་དུ་དབང་བསྐུར་བྱ་བར་རྒྱུད་སྡེ་ལས་གསུངས་ཏེ། སྤྱི་རྒྱུད་ལས། རྣམ་སྣང་དང་པོ་ས་གཞི་གཟུང་། །ཞེས་དང་། བརྟག་གཉིས་ལས། གསང་བ་ལེགས་པར་བཀའ་པ་དང་། །ཤིན་ཏུ་ཚད་མ་མཛེས་པ་ཡི། །སྲིད་བུས་ཤེས་རབ་ཅན་གྱིས་གདབ། །ཅེས་དང་། རྡུལ་ཚོན་དམ་པའི་ཚོན་དང་ནི། །ཞེས་སོགས་སོ་སོ་སྐྱེ་བོའི་རྡོ་རྗེ་སློབ་དཔོན་གྱིས་སློབ་མ་སྨིན་པར་བྱེད་པའི་དབང་དུ་བྱས་ནས། ས་བརྟག་བསླང་སྦྱང་གསུམ་དང་། ཐིག་གདབ་ཚུལ་སོགས་དང་། རིན་ཆེན་ལྔའི་བྱེ་མ་ལ་སོགས་པའི་རྡུལ་ཚོན་གྱི་དབྱེ་བ་གསུངས་པ་ཡིན་གྱི། སྤྲུལ་པའི་དཀྱིལ་འཁོར་དུ་དབང་བསྐུར་ན་དེ་དག་གིས་དགོས་པ་མེད་པའི་ཕྱིར། རྡུལ་ཚོན་དུ་དབང་བསྐུར་བ་རྒྱུད་ལས་གསུངས་པ་དེ་ལྟ་མོད་ཀྱི། དེ་ལས་གཞན་ཕག་མོ་བརྡ་བཞིའི་དབང་དང་། སྤྲུལ་པའི་དཀྱིལ་འཁོར་དུ་དབང་བསྐུར་བས་སོ་སྐྱེ་སྨིན་པར་བྱེད་པ་ནི་རྒྱུད་ལས་བཀག་སྟེ། ཚུལ་དེ་ལྟ་བུ་རྒྱུད་སྡེ་ལས་ཅི་ཡང་གསུངས་པ་མེད་པའི་ཕྱིར་དང་། སྤྱིས་ཁང་པ་དང་། ཀུམྦྷ་ར་པས། དེ་ཡང་གང་ཟག་རབ་འབྲིང་ཀུན་ལ་འབྲུ་བསྔོན་པ་ནི་མ་བརྟག་པ་སྟེ། དེ་ཡང་ཞེས་པ་ལ་ཚིག་སྔ་ཕྱིའི་འབྲེལ་གང་ཡང་མེད་པའི་ཕྱིར་དང་། དེང་སང་ཞེས་པ་ནི། སྟོན་གྱི་ཆོག་འཕགས་པ་ཡིན། །

ཞེས་པའི་ཚིག་གྲོགས་ཀྱི་དབང་གིས་ཀྱང་འབྱུང་རིགས་པས་སོ། །གཞན་ཞེས་པ་རས་བྲིས་ལ་འཆད་པ་ཡང་གཞུང་གི་དོན་མ་ཡིན་ཏེ། རྒྱུད་སྡེ་ལས་ཚོགས་ཀྱི་རྒྱས་པའི་དབང་དུ་བྱས་ནས་རྟུལ་ཤོན་གསུངས་པ་མང་བས། གཞུང་འདིར་ཡང་རྟུལ་ཤོན་དངོས་སུ་སྨོས་ནས། རས་བྲིས་དོན་གྱིས་བསྟན་པ་ཡིན་པའི་ཕྱིར། དེ་ཡང་ཚོགས་ཀྱི་རྒྱས་པར་ནུས་ན་ལེགས་པས་རྟུལ་ཤོན་བྱ་ལ། མ་ནུས་ན་རས་བྲིས་ཙམ་ལ་བརྟེན་ནས་ཀྱང་རུང་སྟེ། སློབ་དཔོན་ཛ་ཡ་སེ་ནས། རྟུལ་ཤོན་བྲི་བར་མ་ནུས་ན། །དཀྱིལ་འཁོར་དང་མཉམ་བྲིས་ལ་ནི། །ངེས་པར་བཅོམ་ལྡན་ཧེ་རུ་ཀ །ཕྱག་རྒྱའི་ཚོགས་དང་བཅས་པ་བྲིས། །ཞེས་དང་། ཇོ་བཙུན་རྩེ་མོས། རས་བྲིས་ལ་བརྟེན་པའི་ལུགས་འདི་ནི་བདེ་མཆོག་ཨ་བྷི་དྷ་ན་ལ་བརྟེན། སློབ་དཔོན་རྡོ་རྗེ་དྲིལ་བུ་པ་དང་། དགའ་རབ་རྡོ་རྗེ་ལ་སོགས་པས་གསུངས། དེང་སང་རྒྱ་གར་ན་ཡང་ཚོག་ཕལ་ཆེར་འདི་ལ་བྱེད་ལ། བླ་མ་གོང་མ་རྣམས་ཀྱང་སྐབས་སུ་ཕྱག་ལེན་འདི་ལ་མཛད་པས། ལུགས་འདི་ཧ་ཅང་མི་ལེགས་པ་མ་ཡིན་ནོ། །ཞེས་གསུངས་པའི་ཕྱིར། ལུང་དེས་ཙུང་ཟད་མི་ལེགས་པ་བསྟན་ཏེ། ཚོག་བསྡུས་པའི་སྐྱོན་ཡོད་པ་ལ་དགོངས་སོ། །ཚོག་རྒྱས་བསྡུས་ཡང་དག་འདོན་རྒྱས་བསྡུས་ཁོ་ན་ལ་མི་བྱའོ། །འདིར་པཎ་ཆེན་གྱིས། རྟུལ་ཚོན་མིན་པར་སློན་བྱེད་ཀྱིས། །དབང་བསྐུར་དེང་སང་མི་རུང་ན། །འཁོར་ལོ་སྡོམ་པའི་རས་བྲིས་ཀྱི། །དཀྱིལ་འཁོར་དག་ཏུ་དབང་བསྐུར་ནས། །ཕག་མོའི་བྱིན་རླབས་མཛད་འདི་ཅི། །ཞེས་པའི་ལན་ཡང་། སྔར་བཤད་པ་དེ་དག་གིས་རྟོགས་ནུས་པ་ཡིན་ནོ།། །།

བཞི་པ་ལ་གཉིས་ཏེ། འདོད་པ་བརྗོད་པ་དང་། དེ་དགག་པའོ། །དང་པོ་ནི། གསང་འདུས་སྟོད་ལུགས་པ་ལ་ལ་ཐེག་ཆེན་སེམས་བསྐྱེད་ཙམ་བྱས་པ་ལ་གསང་སྔགས་བསྒོམ་དུ་འདོད་དེ། འདི་ནི་འཚང་རྒྱ་བའི་ལམ་ཐམས་ཅད་ཀྱི་གཞི་རྟེན་ཡིན་པའི་ཕྱིར། ཞེས་ཟེར་ཞིང་། དེ་ལྟར་འདི་ནི་གསང་སྔགས་ཀྱི་ཐེག་པའི་འཁྲུལ་མིག་ཆེན་པོ་ཡིན་ནོ། །

གཉིས་པ་ལ་གསུམ་སྟེ། བྱ་བའི་རྒྱུད་ལ་རྣམ་གསུམ་ཕྱེ་སྟེ་བཤད། ལྷག་མ་གསུམ་ལ་གཅིག་ཏུ་ངེས་བཟུང་བཤད། དེའི་རྒྱུ་མཚན་རིགས་པའི་སྒྲུབ་བྱེད་བཤད་པའོ། །དང་པོ་ནི། སེམས་བསྐྱེད་ཙམ་གྱིས་གསང་སྔགས་བསྒོམ་དུ་རུང་མི་རུང་འདི་ཡང་རྣམ་པར་ཕྱེ་སྟེ་བཤད་ཀྱིས་ཉོན་ཏེ། འོག་ནས་རིམ་བཞིན་འབྱུང་ངོ་། །ཇི་ལྟར་ན་བྱ་བའི་རྒྱུད་ལ་དབང་བསྐུར་དང་སེམས་བསྐྱེད་གང་ཡང་མ་ཐོབ་ཀྱང་། ལྷ་བསྒོམ་སྔགས་བཟླས་རུང་བ་དང་། འཇུག་པ་སེམས་བསྐྱེད་ཙམ་ཐོབ་ནས་བསྒོམ་དུ་རུང་བ་དང་། རང་གིས་དབང་བསྐུར་ཐོབ་ནས་བསྒོམ་དུ་རུང་བ་དང་གསུམ་ཡོད་པ་ལས། དང་པོ་ནི། དོན་ཡོད་ཞགས་པ་དང་། སྤྱན་རས་གཟིགས་ཀྱི་ཚོག

ཞིབ་མོ་ནས་གསུངས་པ་འགའ་ཞིག་ལ། དབང་བསྐུར་དང་འཇུག་པ་སེམས་བསྐྱེད་མ་ཐོབ་ཀྱང་། མདུན་བསྐྱེད་ཀྱི་ལྷ་བསྒོམ་སྔགས་བཟླས་རུང་སྟེ། སྨྱུང་གནས་དང་གསོ་སྦྱོང་ལ་སོགས་པ་བྱེད་ནུས་ན་གང་ཟག་ཀུན་གྱིས་བསྒྲུབ་ཏུ་རུང་བར་གསུངས་པའི་ཕྱིར་ཏེ། ཚིག་ཞིབ་མོ་ལས། སེམས་ཅན་རྣམས་ལ་ནུས་སམ་མི་ནུས་དྲིས་ཏེ་སྦྱིན་པར་བྱའོ། །ཞེས་དང་། དུད་འགྲོའི་རྣ་ལམ་དུ་ཡང་སྔགས་ཤིག་ཅེས་གསུངས་པའི་ཕྱིར་རོ། །གཉིས་པ་ནི། དམ་ཚིག་གསུམ་བཀོད་ལ་སོགས་པ་ཡིན་ཏེ། དབང་བསྐུར་མ་ཐོབ་ཀྱང་འཇུག་པ་སེམས་བསྐྱེད་ཚོགས་ཐོབ་ནས་ནི། ཞི་རྒྱས་ཀྱི་ཕྲིན་ལས་འགའ་ཞིག་བསྒྲུབ་པའི་ཕྱིར། ཚིག་ཤེས་ན་རྡོ་རྗེ་གདན་གཙོ་འཁོར་གསུམ་པ་ལ་སོགས་པ་བསྒྲུབ་པར་སྣང་བའི་ཕྱིར་རོ། །གསུམ་པ་ནི། ལེགས་གྲུབ་དང་དཔུང་བཟང་ལ་སོགས་པ་ཡིན་ཏེ། ལེགས་གྲུབ་ཡན་ཆད་རྒྱུད་རང་རང་གི་དབང་བསྐུར་མ་ཐོབ་ན། འཇུག་པ་སེམས་བསྐྱེད་ཐོབ་ཀྱང་གསང་སྔགས་རང་གིས་བསྒྲུབ་པ་དང་གཞན་ལ་སྦྱིན་པ་བཀག་པའི་ཕྱིར། དེ་ཡང་ལེགས་གྲུབ་ལས། དབང་བསྐུར་མ་བྱས་པ་ལ་ཚིག་ཤེས་པས་སྔགས་མི་སྦྱིན་པར་གསུངས་པ་དང་། དཔུང་བཟང་ལས། གང་དག་རིགས་དང་དབང་བསྐུར་ཚིག་མེད། །གང་དག་དཀྱིལ་འཁོར་དུ་ནི་མ་ཞུགས་དང་། །གང་དག་བྱང་ཆུབ་སེམས་ནི་མ་སྐྱེས་པ། །ང་ཡི་གསང་སྔགས་བཟླས་ན་ཕུང་བར་འགྱུར། །ཞེས་སོགས་རྒྱས་པར་གསུངས་པར་ལྟོས་ཤིག་སྟེ། ལུང་མཐོང་ན་ཡིད་ཆེས་པར་འགྱུར་བས་སོ། །གཉིས་པ་ནི། ལྷག་མ་རྒྱུད་སྡེ་གོང་མ་གསུམ་པོའི་དབང་བསྐུར་ཐོབ་པ་མ་གཏོགས་པ། ཐེག་ཆེན་སེམས་བསྐྱེད་ཙམ་ལ་བརྟེན་ནས་ཡི་དམ་ལྷའི་སྒོམ་བཟླས་བྱེད་པ་མེད་དེ། དེ་ལྟར་གསུངས་པ་མེད་པའི་ཕྱིར་རོ། །

གསུམ་པ་ནི། ཐེག་ཆེན་སེམས་བསྐྱེད་ཙམ་དང་ལྡན་པས་སྤྱོད་རྒྱུད་ཡན་གྱི་ལྷ་བསྒོམ་མི་རུང་བའི་རྒྱུ་མཚན་ཡོད་དེ། སྤྱོད་རྒྱུད་སོགས་ཀྱི་དབང་བསྐུར་བའི་ཚིག་ནི། སློབ་མའི་རྒྱུད་ལ་དངོས་གྲུབ་མྱུར་དུ་ཐོབ་པའི་ནང་གི་རྟེན་འབྲེལ་བསྒྲིག་པའི་ཆེད་ཡིན་ལ། སེམས་བསྐྱེད་ལ་ནི་ནང་གི་རྟེན་འབྲེལ་མེད་པའི་ཕྱིར། སེམས་བསྐྱེད་ཙམ་གྱིས་གསང་སྔགས་བསྒོམ་དུ་རུང་བ་དང་། མི་རུང་བའི་རྣམ་དབྱེ་དེས་ན་ཐེག་ཆེན་སེམས་བསྐྱེད་བྱས་ན་ཡང་གསང་སྔགས་ཟབ་མོ་བསྒོམ་པ་ལྷུང་བ་ཡོད་པར་རྒྱལ་བས་གསུངས་ཏེ། དམྱལ་བར་སྐྱེ་བ་ལ་སོགས་པའི་ཉེས་དམིགས་ཡོད་པའི་ཕྱིར། རྒྱུ་མཚན་དེ་ཉིད་ཀྱི་ཕྱིར་ན། སྔར་བཤད་པ་ལྟར་གྱི་རྣམ་དབྱེ་ཤེས་པར་བྱས་ནས་ཉམས་སུ་ལེན་དགོས་སོ། །འོན་དབང་བསྐུར་མ་ཐོབ་པར་བྱ་རྒྱུད་ཀྱི་ལྷ་བསྒོམ་ཞིང་སྔགས་བཟླས་པའི་ཉམས་ལེན་དེ་སྔགས་ཀྱི་ལམ་ཡིན་ནམ་མ་ཡིན། ཡིན་ན་སྔགས་པ་དབང་བསྐུར་མ་ཐོབ་པ་བསྟན་པའི་ཚོམ་རྐུན་དུ་བཤད་པ་དང་འགལ། མ་ཡིན་ན་སྔགས་ཀྱི་ཉམས་ལེན་ཡང་མ་ཡིན་པར་འགྱུར་རོ་ཞེ་ན།

སྔགས་ལམ་ནི་མ་ཡིན་ཏེ། ཉམས་སུ་ལེན་པ་པོ་དེའི་རྒྱུད་ལ་སྔགས་སྡོམ་མེད་པའི་ཕྱིར། དེས་ན་སྔགས་ཀྱི་ཉམས་ལེན་ཙམ་ཡིན་ཏེ། ཡི་དམ་ལྷ་ཡི་བསྒོམ་བཟླས་ནི། །གསང་སྔགས་པ་ཡི་གདམས་ངག་ཡིན། །ཞེས་པ་ལྟར། ལྷ་བསྒོམ་སྔགས་བཟླས་དང་འབྲེལ་ན། སྔགས་ཀྱི་ཉམས་ལེན་དུ་བསྡུ་བ་ནི་ལུགས་མཆོག་འདིའི་བཞེད་པ་ཡིན་པའི་ཕྱིར། དེས་ན་ཉམས་ལེན་དེ་སྔགས་ཀྱི་དགེ་བ་ཡིན་ལ། སྔགས་ཀྱི་ལམ་མ་ཡིན་པའི་རྣམ་དབྱེ་ཤེས་པ་གཅེས་སོ། །དེ་བཞིན་དུ་གང་ཟག་ཀུན་གྱིས་བསྒྲུབ་ཏུ་རུང་བར་གསུངས་པའི་སྨྱུང་གནས་སོགས་ཀྱང་སྔགས་ཀྱི་ཉམས་ལེན་ཡིན་པས་ཐེག་ཆེན་གྱི་ཉམས་ལེན་དུ་འགྱུར་ལ། དེ་བས་ན་ཐེག་ཆེན་གྱི་བསམ་པས་ཟིན་དགོས་པས། གཞུང་ལས། སེམས་བསྐྱེད་མ་ཐོབ་ཀྱང་ཞེས་བཤད་པ་ཡང་འདུག་པ་སེམས་བསྐྱེད་མ་ཐོབ་པ་ཙམ་ལ་དགོངས་པ་ཡིན་ནོ། །གཞུང་དོན་ཀུན་འོལ་སྤྱི་ཙམ་མ་ཡིན་པར་མཐའ་དཔྱོད་ཀྱི་འཕྲང་ལ་གཞུར་དགོས་པ་ཡིན་ནོ། །ལྔ་པ་སྨིན་བྱེད་ནོར་བ་གཞན་ཡང་དགག་པ་ནི། གཏོར་མ་མགོ་ཐོག་ཏུ་བཞག་ནས་ལྷ་ཡིན་པར་བསྒོམ་སྟེ། ཐིམ་པར་བསམས་པ་གཏོར་མའི་དབང་བསྐུར་དང་། ཏིང་འཛིན་དམིགས་པ་ཙམ་གྱིས་དབང་བཞི་ལེན་པ་ཏིང་ངེ་འཛིན་གྱི་དབང་བསྐུར་ཡང་ཆོས་ཅན། སློབ་མ་སྨིན་བྱེད་ཀྱི་ཆོ་ག་མ་ཡིན་ཏེ། ཚད་དེ་ལྟར་དུ་རྒྱུད་སྡེ་ཀུན་ལས་གསུངས་པ་མེད་པའི་ཕྱིར་རོ། །

གསུམ་པ་དགོས་ཀྱང་འཁྲུལ་པར་སྤྱོད་པ་དགག་པ་ལ་ལྔ་སྟེ། དབང་བསྐུར་ཕྱི་ནས་ཁས་ལེན་བྱེད་པ་དགག །སེམས་ཉིད་རྟོགས་ན་དབང་བསྐུར་མི་དགོས་དགག །ཆོ་ག་མེད་པ་དབང་བཞི་ལེན་པ་དགག །བྱ་རྒྱུད་སོགས་ལ་དབང་བཞི་འདོད་པ་དགག །དབང་བསྐུར་ཆོས་སྒོ་ཙམ་དུ་འདོད་པ་དགག་པའོ། །དང་པོ་ལ་གཉིས་ཏེ། འདོད་པ་བརྗོད་པ། དེ་དགག་པའོ། །དང་པོ་ནི། དབང་སྐུར་བྱེད་ཀྱང་ལག་ལེན་ཞེ་འཚེར་བ་འགའ་ཞིག་གསང་སྔགས་ཀྱི་ཉམས་ལེན་ད་ལྟ་སྤྱོད་ཅིང་། དབང་བསྐུར་ཕྱི་ནས་ཞུ་བའི་ལག་ལེན་བྱེད་པ་ཐོས་སོ༔ ༔གཉིས་པ་ནི། གསང་སྔགས་ཀྱི་ཟབ་ལམ་སྟོན་ལ་བསྒོམས་ནས་དབང་བསྐུར་ཕྱིས་ཞུ་བ་འདི་ཡང་ཆོས་ཅན། སངས་རྒྱས་ཀྱི་བསྟན་པ་མ་ཡིན་ཏེ། སྔ་ཕྱི་གོ་ལྡོག་པས་ལག་ལེན་ཕྱིན་ཅི་ལོག་ཡིན་པའི་ཕྱིར། དཔེར་ན་འདུལ་བར། དགེ་སློང་མ་ཡིན་པས་སྔར་འདུལ་བའི་ལས་གྲལ་ལ་བསྡད་ནས། ལས་ཀྱི་ཆོ་ག་ཐོས་མྱོང་ན་རུ་ཐབས་སུ་གནས་པ་ཡིན་པས། ཕྱིས་དགེ་སློང་གི་སྡོམ་པ་བླངས་ཀྱང་མི་སྐྱེ་བས་ཉེས་དམིགས་ཆེ་བར་བཤད་པ་བཞིན་ནོ། །ཚུལ་དེ་ལྟ་བུ་ནི་དཔོན་སློབ་གཉིས་ཀ་ལ་ཉེས་དམིགས་ཆེ་སྟེ། དབང་མ་ཐོབ་པས་སྣོད་མ་ཡིན་པ་ལ་སྔགས་ཀྱི་ཆོས་ཟབ་མོ་བཤད་ན། སློབ་དཔོན་རྩ་བའི་ལྟུང་བ་ཅན་དུ་འགྱུར་ཞིང་། སློབ་མའང་དབང་བསྐུར་བའི་སྔོན་དུ་ཉམས་པར་འགྱུར་བའི་ཕྱིར། ཉམས་པར་འགྱུར་བ་ནི་ཕྱིས་དམ་པའི་ཆོས་ཀྱི་སྣོད་མ་ཡིན་

ཏེ༑ ཉམས་པར་གྱུར་པ་དམ་ཚིག་གི། །སྡོད་ནི་ཅིས་ཀྱང་མ་ཡིན་ནོ། །ཞེས་གསུངས་པའི་ཕྱིར། མདོར་ན་ལམ་བསྒོམ་པ་དང་། དབང་བསྐུར་བ་ལ་སོགས་པའི་ཆོས་ཀྱིས་འབྲས་བུ་ངན་སོང་དང་། སངས་རྒྱས་ཅི་བྱེད་འདོད་པ་ཡིན་སོམས་རིགས་ཏེ། ཚུལ་དེ་ལྟ་བུས་ནི་ངན་སོང་དུ་འགྱུར་བའི་ཕྱིར། གལ་ཏེ་སངས་རྒྱས་བྱེད་འདོད་ན་ཆོས་ནས་གསུངས་པ་བཞིན་དུ་ཕྱག་ལེན་གྱིས་ཏེ། ཐོག་མར་དབང་ཞུས་ནས་ལམ་བསྒོམ་པ་ལ་འཇུག་རིགས་པས་སོ། །

གཉིས་པ་ལ་གསུམ་སྟེ། དབང་བསྐུར་མི་དགོས་ལོག་རྟོག་བརྗོད། དེ་ཉིད་མགོ་འགྲེའི་རིགས་པས་དགག །སྐབས་དོན་བསྡུས་ཏེ་སྨད་པར་བསྟན་པའོ། །དང་པོ་ནི། ཕྱག་རྒྱ་པ་ལ་ལ། དབང་བསྐུར་རང་ངེས་པར་མི་དགོས་ཏེ། སེམས་ཉིད་མ་རྟོགས་ན་དབང་བསྐུར་ཐོབ་ཀྱང་མི་ཕན་ཞིང་། གལ་ཏེ་སེམས་ཉིད་ངོ་འཕྲོད་ཅིང་རྟོགས་པར་འགྱུར་ན་དབང་བསྐུར་བྱ་ཡང་མི་དགོས་པའི་ཕྱིར། ཞེས་ཟེར་རོ། །གཉིས་པ་ནི། འོ་ན་ཁྱོད་ཅང་ཐལ་ཏེ། སེམས་ཉིད་མ་རྟོགས་ན་རབ་བྱུང་གི་སྡོམ་པ་བསྲུངས་ཀྱང་ཅི་ཞིག་ཕན་ཏེ་ཕན་ཆུང་། གལ་ཏེ་སེམས་ཉིད་རྟོགས་པར་གྱུར་ན་སྡོམ་པ་བསྲུངས་ཀྱང་ཅི་ཞིག་དགོས་ཏེ་མི་དགོས་པར་ཐལ། དབང་བསྐུར་ལ་དེའི་ཕྱིར། དེ་བཞིན་དུ་རྡོ་རྗེ་ཕག་མོའི་བྱིན་རླབས་ཀྱང་སེམས་ཉིད་རྟོགས་ན་ཅི་བྱ་དགོས་ཏེ་མི་དགོས་ཤིང་། གལ་ཏེ་སེམས་ཉིད་མ་རྟོགས་ན་བྱིན་རླབས་བྱས་ཀྱང་ཅི་ཞིག་ཕན་ཏེ་མི་ཕན་པར་ཐལ། དབང་བསྐུར་ལ་དེའི་ཕྱིར། ཡང་དེ་བཞིན་དུ་སེམས་བསྐྱེད་དང་རྗེས་གནང་ལ་སོགས་པའི་ཆོ་ག་ཀུན་ལ་ཡང་སེམས་ཉིད་རྟོགས་ན་བྱ་མི་དགོས་པ་དང་། མ་རྟོགས་ན་བྱས་ཀྱང་མི་ཕན་པའི་ཚུལ་འདི་མཚུངས་པ་ཡིན་ཏེ། མཚུངས་ཚུལ་སྔ་མ་ལྟར་རོ། །

གསུམ་པ་ནི། མགོ་འགྲེ་ཚུལ་དེས་ན། རབ་བྱུང་གི་སྡོམ་པ་ལེན་ཞིང་བསྲུང་བ་དང་། རྡོ་རྗེ་ཕག་མོའི་བྱིན་རླབས་དང་། སེམས་བསྐྱེད་ཀྱི་ཆོ་ག་འབད་ནས་བྱེད་བཞིན་དུ་དབང་བསྐུར་མི་དགོས་ཞེས་སྨྲ་བ་ནི་ཆོས་ཅན། གསང་སྔགས་སྤོང་བའི་བདུད་ཀྱི་གསང་ཚིག་ཡིན་ཏེ། སྔགས་ལམ་གྱི་གཙོ་བོ་དབང་བསྐུར་འགོག་པའི་ཚིག་ཡིན་པས་སོ། །གསུམ་པ་ཆོག་མེད་པར་དབང་བཞི་ལེན་པ་དགག་པ་ལ་གཉིས་ཏེ། འདོད་པ་བརྗོད་པ༑ དེ་དགག་པའོ། །དང་པོ་ནི། དྭགས་པོའི་བརྒྱུད་འཛིན་ཁ་ཅིག །ཚོགའི་ཚིག་མེད་བཞིན་དུ་བླ་མའི་ལུས་ཀྱི་དཀྱིལ་འཁོར་ལ་ལུས་བཙུན་མོ་ལྟ་ན་འབྲེལ། སྙིང་ལ་སྙིང་སྦྲད་ཅིང་དུས་དེར་སེམས་ལ་དོན་རྫོགས་ཆོས་ཀྱི་དབང་བསྐུར་བ་ཡིན་ཞེས་ཟེར་རོ། །

གཉིས་པ་ལ་ལྔ་སྟེ། ཚོ་ག་གཞན་ལ་མགོ་འགྲེ་བསྟན། དབང་ཆོག་མེད་པའི་ཉེས་དམིགས་བརྗོད།

དབང་ཆོག་ཁོ་ན་འདོར་བ་སྨད། བདེན་གཉིས་སྒོ་ནས་རྣམ་དབྱེ་བསྟན། རྣམ་དབྱེ་ཤེས་ནས་བླང་དོར་བསྟན་པའོ། །དང་པོ་ནི། འོ་ན་དགེ་ཚུལ་དགེ་སློང་ཡང་ཆོ་ག་མེད་པར་བླ་མའི་སྐྱུ་ལས་ཅིས་མི་ལེན་ཏེ་ལེན་རིགས་པར་ཐལ། དབང་ལ་དེའི་ཕྱིར། དེ་བཞིན་དུ་སེམས་བསྐྱེད་ཀྱི་ཆོ་ག་ཡང་ཅི་ཞིག་དགོས་ཏེ་མི་དགོས་པར་ཐལ། སེམས་བསྐྱེད་ཀྱང་ནི་ཆོ་ག་མེད་པར་བླ་མའི་སྐྱུ་ཉིད་ལས་ནི་ཐོབ་པའི་ཕྱིར་ཏེ། དབང་ལ་དེའི་ཕྱིར། རྡོ་རྗེ་ཕག་མོའི་བྱིན་རླབས་ཀྱང་ཆོས་ཅན། ཆོས་སྒོ་འབྱེད་མཁན་ལས་བླངས་ཅི་དགོས་ཏེ་མི་དགོས་པར་ཐལ། བླ་མའི་སྐྱུ་ལས་བླངས་པས་ཐོབ་པར་འགྱུར་བའི་ཕྱིར། དེ་བཞིན་དུ་རྗེས་གནང་སོགས་ཀྱི་ཆོ་ག་ཐམས་ཅད་ཀྱང་བླ་མའི་སྐྱུ་ལས་བླངས་པས་ཆོག་པར་འགྱུར་བས། ད་ཕྱིན་ཆད་རྫོགས་སངས་རྒྱས་ཀྱིས་གསུངས་པའི་སྡོམ་པ་གསུམ་འབོག་པའི་ཆོ་ག་ཟབ་མོ་ཐམས་ཅད་སྤོང་རིགས་པར་འགྱུར་ཏེ། ཆོ་གའི་ཚིག་མེད་པར་བླ་མའི་སྐྱུ་རྐྱང་པ་ལས་བླངས་པས་ཆོག་པའི་ཕྱིར་རོ། །གཉིས་པ་ནི། གལ་ཏེ་ལས་ཀྱི་ཆོ་ག་དང་། སེམས་བསྐྱེད་ཀྱི་ཆོ་ག་ལ་སོགས་པ་ཅུང་ཟད་ཉམས་པར་གྱུར་ནའང་། སོ་ཐར་དང་སེམས་བསྐྱེད་ཀྱི་སྡོམ་པ་མི་ཆགས་ཤིང་། རྡོ་རྗེ་ཕག་མོའི་བྱིན་རླབས་སོགས་འཇུག་པར་མི་འགྱུར་ན། དབང་བསྐུར་གྱི་ཆོ་ག་གཏན་མེད་པ་ནི་ཉེས་པ་ཆེ་སྟེ༔ རིག་འཛིན་སྔགས་ཀྱི་སྡོམ་པ་ཡང་དབང་བསྐུར་གྱི་ཆོ་ག་མེད་ན་ཐོབ་མི་ནུས་པའི་ཕྱིར་རོ། །

གསུམ་པ་ནི། དགེ་ཚུལ་སོགས་ལ་མགོ་མཚུངས་པ་དེས་ན། སོ་ཐར་དང་སེམས་བསྐྱེད་སོགས་ལེན་པའི་ཆོ་ག་གཞན་དག་ལ་འབད་པ་ཆེན་པོ་བྱེད་བཞིན་དུ་དབང་བསྐུར་གྱི་ཆོ་ག་ཁོ་ན་འདོར་བར་བྱེད་པ་ནི་ཆོས་ཅན། ཐབས་ལ་བསླུ་བའི་བདུད་ཀྱིས་བསླད་པ་ཡིན་པ་ཤེས་ནས་སྤོང་དགོས་ཏེ། ཐབས་མ་ཡིན་པ་ཐབས་སུ་སྟོན་པ་ཐབས་ལ་བསླུ་བའི་བདུད་ཡོད་དོ། །ཞེས་རྒྱལ་བས་གསུངས་པ་དྲན་པར་བྱས་ནས་སྤང་བ་ཡིན་པའི་ཕྱིར་རོ། །

བཞི་པ་ལ་གཉིས་ཏེ། དམ་པའི་དོན་དུ་ཆོ་ག་མེད་པར་བསྟན། ཀུན་རྫོབ་ཉིད་དུ་ཆོ་ག་ཐམས་ཅད་བསྟན་པའོ། །དང་པོ་ནི། སོ་ཐར་སོགས་ཀྱི་ཆོ་ག་ལ་འབད་པ་བྱེད་བཞིན་དུ་དབང་བསྐུར་གྱི་ཆོ་ག་འདོར་བ་འགལ་བ་དེའི་ཕྱིར། བདེན་པ་གཉིས་ལས། དོན་དམ་པའི་བདེན་པའི་དོན་དུ་བྱེད་ན་ནི། དོན་དམ་དུ་ཆོས་ཐམས་ཅད་སྤྲོས་བྲལ་ཡིན་པས་དོན་དམ་དེ་ལ་ཆོ་གའི་བྱ་བ་གང་ཡང་མེད་དེ། དོན་དམ་དུ་སངས་རྒྱས་ཉིད་ཀྱང་ཡོད་པ་མ་ཡིན་ན་ཆོ་ག་གཞན་ལྟ་སྨོས་ཀྱང་ཅི་དགོས་པའི་ཕྱིར་རོ། །

གཉིས་པ་ནི། སྤྱིར་རྒྱུ་ལམ་འབྲས་བུའི་དབྱེ་བས་ཐམས་ཅད་ཀུན་རྫོབ་ཡིན་ཞིང་། ཁྱད་པར་སོ་ཐར་བྱང་སེམས་དབང་བསྐུར་གྱི་ཆོ་ག་སོགས་སྡོམ་གསུམ་ལེན་བྱེད་ཀྱི་ཐབས་རྣམས་དང་། བསྐྱེད་རིམ་དང་རླུང་

དང་གཏུམ་མོ་ལ་སོགས་པའི་བསྒོམ་པའི་དམིགས་པ་ཇི་སྙེད་དང་། ཕྱི་རོལ་གྱི་མཁའ་འགྲོ་དབང་དུ་བསྡུ་ཞིང་། ནང་རྡོ་རྗེའི་ལུས་ཀྱི་རླུང་སེམས་ཐིམ་ཚུལ་གྱི་རྟེན་འབྲེལ་ཟབ་མོ་ཐམས་ཅད་དང་། གནས་དང་ཉེ་གནས་ལ་སོགས་པའི་ས་ལམ་གྱི་རྣམ་གཞག་དང་། ས་ལམ་དེ་ལ་བརྟེན་ནས་འབྲས་བུ་རྫོགས་པའི་སངས་རྒྱས་ཐོབ་པ་ཡང་ཀུན་རྫོབ་ཏུ་ཡིན་གྱིས། དོན་དམ་དུ་མ་ཡིན་ཏེ། དོན་དམ་དུ་དེ་དག་གང་ཡང་ཡོད་པ་མ་ཡིན་པའི་ཕྱིར་རོ།། །།

ལྔ་པ་ནི། བདེན་གཉིས་དེ་འདྲའི་དབྱེ་བ་ཤེས་ནས་ནི་ཆོག་བྱེད་ན་ཆོག་ཐམས་ཅད་བྱེད་པར་གྱིས་ཏེ། ཀུན་རྫོབ་ཏུ་ཆོག་ཐམས་ཅད་ཡོད་མཉམ་ཡིན་པའི་ཕྱིར། གལ་ཏེ་ཆོག་བྱེད་པ་མ་ཡིན་ན་ཆོག་ཐམས་ཅད་དོར་བར་གྱིས་ཏེ། དོན་དམ་དུ་ཆོག་གང་ཡང་ཡོད་པ་མ་ཡིན་པའི་ཕྱིར། བདེན་གཉིས་ཀྱི་རྣམ་དབྱེ་དེ་འདྲ་མེད་པར་སོ་ཐར་སོགས་ཀྱི་ཆོག་ལ་ལ་དགོས་བཞིན་དུ་ལ་ལ་སྟེ་དབང་བསྐུར་གྱི་ཆོག་མི་དགོས་ཞེས་གྱི་ནར་སླུ་བ་ཆོས་ཅན། མཁས་པའི་བཞད་གད་ཀྱི་གནས་ཡིན་ཞིང་། སངས་རྒྱས་ཀྱི་བསྟན་པའང་དགྲུགས་པ་ཡིན་ཏེ། སངས་རྒྱས་ཀྱིས་གསུངས་པའི་ཆོག་ལ་ལ་དོར་ནས། ཆོག་འགའ་ཞིག་ལ་འབད་རྩོལ་བྱེད་པར་སྣང་བའི་ཕྱིར། དམ་པའི་ཆོས་ལ་བར་དུ་གཅོད་པའི་བདུད་ཀྱི་བྱིན་རླབས་ཞེས་བྱ་བའང་འདི་འདྲའི་རིགས་ཅན་ཡིན་པར་གསུངས་ཏེ། མདོ་སྡུད་པར། ཆོས་བཏང་ནས་ནི་ཆོས་མིན་བྱ་བ་སྤྱོད་འགྱུར་བ། །ལམ་པོར་ལམ་གོལ་འགྲོ་བ་འདི་ནི་བདུད་ཀྱི་ལས། །ཞེས་དང་། ཡུམ་རྒྱས་པར། སྨྲོན་བཞི་བཅུ་རྩ་དྲུག་ལ་སོགས་པ་བདུད་ཀྱི་ལས་མང་དུ་གསུངས་པ་ཡང་འདི་འདྲའི་རིགས་ཅན་དང་མཚུངས་པས་སོ། །

བཞི་པ་ལ་གཉིས། འདོད་པ་བརྗོད་པ། དེ་དགག་པའོ། །དང་པོ་ནི། རྒྱུད་སྡེ་འོག་མའི་ལག་ལེན་བྱེད་པའི་བོད་ཁ་ཅིག །བྱ་རྒྱུད་སྤྱོད་རྒྱུད་རྣལ་འབྱོར་རྒྱུད་གསུམ་ལ་དབང་བཞིའི་ཆོག་བྱེད་པ་དང་། དོན་ཡོད་ཞགས་པ་ལ་སོགས་པ་ལའང་རིམ་གཉིས་ཀྱི་ཉམས་ལེན་བླ་མེད་བཞིན་སྦྱར་ནས་སྒོམ་པར་བྱེད་པ་ཐོས་སོ། །

གཉིས་པ་ལ་གསུམ་སྟེ། རྣལ་འབྱོར་ཆེན་པོར་ཐལ་བས་དགག །དཔེའི་སྒོ་ནས་སྨད་པ་བསྟན། དབང་ལམ་དབྱེ་བ་ཕྱེ་སྟེ་བསྟན་པའོ། །དང་པོ་ནི། རྒྱུད་སྡེ་འོག་མ་ལ་དབང་བཞི་དང་རིམ་གཉིས་སྦྱར་བ་འདི་ཡང་སངས་རྒྱས་ཀྱི་བསྟན་པ་མ་ཡིན་ཏེ། དེའི་རྒྱུ་མཚན་འོག་ནས་འབྱུང་བ་འདི་ལྟར་ཡིན་ནོ། །དེ་ཡང་བྱ་སྤྱོད་རྣལ་འབྱོར་རྒྱུད་གསུམ་ཀར་བུམ་དབང་ལ་སོགས་པའི་དབང་བཞི་དང་། སྐྱེ་སྲིད་དང་འཆི་སྲིད་སྦྱོང་བའི་ལམ་རིམ་གཉིས་མེད་དེ། གལ་ཏེ་ཡོད་ན་གསུམ་པོ་དེ་དག་ཀྱང་རྣལ་འབྱོར་ཆེན་པོ་ཉིད་དུ་འགྱུར་རིགས་པའི་ཕྱིར་ཏེ། དབང་བཞི་དང་རིམ་པ་གཉིས་ནི་རྣལ་འབྱོར་ཆེན་པོའི་ཁྱད་ཆོས་ཡིན་པའི་ཕྱིར་རོ། །

གཉིས་པ་ནི། རྒྱུད་སྡེ་འོག་མ་ལ་དབང་བཞི་དང་རིམ་གཉིས་སྦྱོར་བ་འདི་ནི་ལྷམ་དཔེ་ཞྭ་ལ་བཀབ་པ་དང་མཚུངས་པ་ཡིན་ཏེ། གྲུབ་མཐའ་གོང་འོག་གི་རྣམ་དབྱེ་མི་ཕྱེད་ཅིང་། རྒྱུད་སྡེ་བཞིའི་ཉམས་ལེན་གྱི་རིམ་པ་མི་ཤེས་པར་བླ་མེད་ཀྱི་སྨིན་གྲོལ་རྒྱུད་སྡེ་འོག་མར་སྦྱོར་བ་སོགས་རྣམ་གཞག་ལེགས་ལེགས་འདྲ་ན་ཡང་། མཁས་པས་མཐོང་ན་བཞད་གད་ཀྱི་གནས་སུ་འགྱུར་བའི་ཕྱིར་རོ། །

གསུམ་པ་ནི། དབང་བཞི་དང་རིམ་གཉིས་རྒྱུད་སྡེ་འོག་མར་སྦྱོར་དུ་མི་རུང་བ་དེས་ན། རྒྱུད་སྡེ་བཞི་ཡི་དབང་ལ་བབས་མི་འདྲ་བའི་དབྱེ་བ་རྣམ་པ་བཞི་ཡོད་ཅིང་། དེའི་རྒྱུ་མཚན་གྱིས་ལམ་ལ་ཡང་རིམ་པ་མི་འདྲ་བ་བཞི་ཡོད་པར་ཡེ་ཤེས་རྡོ་རྗེ་ཀུན་ལས་བཏུས་པའི་རྒྱུད་ལས་གསུངས་ཤིང་། དེ་ལྟར་གསུངས་པ་བཞིན་རྒྱུད་སྡེ་རང་རང་གི་དབང་གི་ཆོག་དང་། ལམ་གྱི་རིམ་པ་བཞིན་ཉམས་སུ་བླང་བར་བྱ་སྟེ། རང་རང་གི་ལུགས་བཞིན་ཉམས་སུ་བླངས་ན་རྒྱུད་དེ་དང་དེ་ནས་གསུངས་པའི་མཆོག་དང་ཐུན་མོང་གི་དངོས་གྲུབ་རྣམས་འགྲུབ་པ་ཡིན་པའི་ཕྱིར། རྒྱུད་སྡེ་བཞི་ལ་དབང་གི་བབས་མི་འདྲ་བ་བཞི་ཡོད་ཚུལ་ནི། བྱ་རྒྱུད་ལ་ཆུ་དང་ཅོད་པན་གྱི་དབང་གཉིས། སྤྱོད་རྒྱུད་ལ་དེའི་སྟེང་དུ་རྡོ་རྗེ་དྲིལ་བུ་མིང་གི་དབང་དང་ལྔ། རྣལ་འབྱོར་རྒྱུད་ལ་དེའི་སྟེང་དུ་ཕྱིར་མི་ལྡོག་པ་འཁོར་ལོའི་དབང་དང་དྲུག །བླ་མེད་ལ་དེའི་སྟེང་དུ་དབང་གོང་མ་གསུམ་དང་བཅས་པས་དབང་བཞི་ཡོངས་རྫོགས་ཡོད་པ་ཡིན་ཏེ། དེ་སྐད་དུ་ཡེ་ཤེས་ཐིག་ལེའི་རྒྱུད་ལས། ཆུ་ཡི་དབང་བསྐུར་ཅོད་པན་དག །བྱ་བའི་རྒྱུད་ལ་རབ་ཏུ་གྲགས། །རྡོ་རྗེ་དྲིལ་བུ་དེ་བཞིན་མིང་། །སྤྱོད་པའི་རྒྱུད་ལ་རབ་ཏུ་གསལ། །ཕྱིར་མི་ལྡོག་པ་ཡི་ནི་དབང་། །རྣལ་འབྱོར་རྒྱུད་དུ་གསལ་བར་བྱ། །དེ་བཞིན་དྲུག་གི་བྱེ་བྲག་དབང་། །དེ་ནི་སློབ་དཔོན་དབང་ཞེས་བྱ། །རྣལ་འབྱོར་བླ་མ་ཡི་ནི་མཚན། །གསང་བ་ཡི་ནི་དབང་རྒྱལ་བཤད། །ཤེས་རབ་ཡེ་ཤེས་བླ་ན་མེད། །བཞི་པ་དེ་ཡང་དེ་བཞིན་ནོ། །ཞེས་གསུངས་པའི་ཕྱིར། ཀུན་མཁྱེན་དགའ་གདོང་པས་རྒྱུད་སྡེ་འོག་མ་ལ་དབང་བཞི་མེད་པས། དེ་ལ་ལྟོས་པའི་རིམ་གཉིས་མེད་ཀྱང་། སྤྱིར་རིམ་གཉིས་ཡོད་པར་བཞེད་པ་ལ་ནི། སྡོམ་གསུམ་ཁ་སྐོང་དུ་དཔྱད་པ་མཛད་ཟིན་པས་དེར་བལྟའོ། །

ལྔ་པ་དབང་བསྐུར་ཆོས་སྒོ་ཙམ་དུ་འདོད་པ་དགག་པ་ལ་གཉིས་ཏེ། འདོད་པ་བརྗོད་པ་དང་། དེ་དགག་པའོ། །དང་པོ་ནི། དབང་བསྐུར་ལ་བློ་ཁ་མ་ཕྱོགས་པའི་བཀའ་བརྒྱུད་པ་ལ་ལ། གདུལ་བྱ་འགའ་ཞིག་ལ་དབང་བསྐུར་མ་བྱས་ཀྱང་སྐྱོན་མེད་དེ། གལ་ཏེ་གདུལ་བྱ་འགའ་ཞིག་ཐོག་མ་ནས་སྔགས་ལ་མོས་པ་ཐོབ་ན། མོས་པ་དེ་ཉིད་ཆོས་ཀྱི་སྒོ་ཡིན་པས་གསང་སྔགས་ཀྱི་ལམ་བསྒོམ་དུ་རུང་བའི་ཕྱིར། ཞེས་ཟེར་རོ། །གཉིས་པ་ལ་ལྔ་སྟེ། རབ་བྱུང་སོགས་ལ་མགོ་མཚུངས་རིགས་པས་དགག །ཆོས་སྒོའི་མིང་གིས་འཁྲུལ་གཞི

བྱས་པར་བསྟན། དེ་ཉིད་དགེ་སློང་སོགས་ལའང་མཚུངས་པར་བསྟན། དབང་བསྐུར་གསང་སྔགས་ལམ་གྱི་གཙོ་བོར་བསྒྲུབ། དབང་བསྐུར་ལས་གཞན་སྔགས་ལམ་མེད་པར་བསྟན་པའོ། །དང་པོ་ནི། གསང་སྔགས་ལ་བློ་མོས་པ་ཙམ་གྱིས་གསང་སྔགས་བསྒོམ་དུ་རུང་བ་འདོད་ན་ཧ་ཅང་ཐལ་ཏེ། རབ་བྱུང་གི་སྡོམ་པ་མ་ཐོབ་ཀྱང་རབ་བྱུང་ལ་མོས་པ་ཐོབ་ན་སྡོམ་པ་བསྲུངས་པས་ཆོག་གམ་ཅི་སྟེ་ཆོག་པར་ཐལ། མོས་པ་དེ་ཉིད་སྡོམ་པ་ལེན་པའི་སྒོ་ཡིན་པའི་ཕྱིར། ཁྱབ་པ་མཚུངས། དེ་བཞིན་དུ། སེམས་བསྐྱེད་ཀྱི་སྡོམ་པ་མ་ཐོབ་ཀྱང་སེམས་བསྐྱེད་ལ་མོས་པ་ཐོབ་ན་སེམས་བསྐྱེད་བླངས་ཀྱང་ཅི་ཞིག་དགོས་ཏེ་མི་དགོས་པར་ཐལ། སེམས་བསྐྱེད་ལ་མོས་པ་དེ་ཉིད་བྱང་ཆུབ་སྤྱོད་པའི་སྒོ་ཡིན་པའི་ཕྱིར། ཡང་དེ་བཞིན་དུ། སོ་ནམ་མ་བྱས་ཀྱང་ལོ་ཏོག་འབྱུང་བར་མོས་ན་སོ་ནམ་ལ་འབད་ཅི་དགོས་ཏེ་མི་དགོས་པར་ཐལ། ལོ་ཏོག་ལ་མོས་པ་དེ་ཉིད་བཟའ་རྒྱུ་ཟ་བའི་སྒོ་ཡིན་པའི་ཕྱིར། རྟགས་ཁྱབ་གཉིས་ཀ་མགོ་འགྲེ་ཡིན་ནོ། །ཚུལ་འདི་འདྲའི་རིགས་ཀྱི་ཆོས་ལོག་ཀུན་ནི་རིགས་པ་དེ་འདྲའི་རིགས་ཀྱིས་སུན་དབྱུང་སྟེ། རིགས་པ་དེ་ལྟར་མགོ་བསྒྲེས་ན་ལན་སླ་རྒྱུ་མི་འབྱུང་བ་དངོས་སུ་གསལ་བའི་ཕྱིར་རོ། །

གཉིས་པ་ནི། རིགས་པ་མགོ་མཚུངས་པ་དེས་ན། ཆོས་སྒོ་ཞེས་བྱ་བ་རྒྱུད་སྡེའི་ཐ་སྙད་ལ་མེད་ཀྱང་། གསར་དུ་བཟོས་པ་འདི་ཡི་མིང་གིས་འཁྲུལ་གཞི་བྱས་ནས། དབང་བསྐུར་གསུང་སྔགས་ཀྱི་ཆོས་ཀྱི་སྒོ་འབྱེད་ཙམ་ཡིན་གྱི། འཚང་རྒྱ་བའི་གསང་སྔགས་ཀྱི་ཆོས་གཞན་ཞིག་བསྒོམ་རྒྱུ་ལོགས་ན་ཡོད་དོ། །ཞེས་བླུན་པོ་རྣམས་ཀྱིས་མུན་བསྒོམས་བྱས་པ་ཡིན་ཏེ། ཤེས་བྱེད་མ་མཐོང་ཡང་ཨུ་ཚུགས་བསྒོམ་བྱས་པས་སོ། །

གསུམ་པ་ནི། འོན་དགེ་སློང་གི་སྡོམ་པ་ཡང་དགེ་སློང་བྱེད་པའི་སྒོ་ཡིན་གྱི། དགེ་སློང་གི་སྡོམ་པའི་ངོ་བོ་ཞིག་གཞན་ནས་བཙལ་དུ་ཡོད་དམ་ཅི་སྟེ་ཡོད་པར་ཐལ། དབང་བསྐུར་ལ་དེའི་ཕྱིར། དེ་བཞིན་དུ། སོ་ནམ་བྱེད་པ་ཡང་སྟོན་ཐོག་འབྱུང་བའི་སྒོ་ཡིན་གྱི། ཁ་ཟས་འབྱུང་བའི་ཐབས་གཞན་ཞིག་ལོགས་ནས་བཙལ་དུ་ཡོད་དམ་ཅི་སྟེ་ཡོད་པར་ཐལ། དབང་བསྐུར་བ་སྔགས་ཀྱི་ཆོས་སྒོ་ཙམ་ཡིན་གྱི། འཚང་རྒྱ་བའི་ཆོས་གཞན་ཞིག་བསྒོམ་རྒྱུ་ལོགས་ན་ཡོད་པའི་ཕྱིར་རོ། །

བཞི་པ་ནི། ཆོས་སྒོའི་མིང་མི་འཐད་པ་དེས་ན། སྙིང་གཏམ་འོག་ནས་འབྱུང་བ་འདི་ལྟར་ཡིན་པས། རྣ་བ་གཏོད་ལ་མཉན་པར་བྱའོ། །དེ་ཡང་དབང་བསྐུར་བ་ནི་ཆོས་ཀྱི་སྒོ་འབྱེད་ཙམ་མ་ཡིན་ཏེ། གསང་སྔགས་རྡོ་རྗེ་ཐེག་པའི་ལམ་ནི་ཕྱི་ནང་གི་ཆོས་རྣམས་ལ་རྫོགས་པའི་སངས་རྒྱས་འབྱུང་བའི་རྟེན་འབྲེལ་ཁྱད་པར་ཅན་ཡོད་པ་དེ་ལམ་དུ་སློང་ཞིང་ལམ་དུ་བྱེད་པ་ཡིན་པས། དབང་བསྐུར་བའི་ཚིག་ཡང་དེ་ལྟ་བུའི་རྟེན་འབྲེལ

སྒྲིག་པའི་གདམས་ངག་ཡིན་པའི་ཕྱིར། དེ་སྐད་དུ། དབང་བཞི་ངོ་སྤྲོད་ལས། རྟེན་འབྲེལ་རྒྱ་བ་དབང་བསྐུར་ཡིན། །རྟེན་འབྲེལ་དབང་ནས་སྒྲིག་དགོས་པས། །ཞེས་གསུངས་སོ། །རྟེན་འབྲེལ་སྒྲིག་ཚུལ་ཇི་ལྟར་ཞེ་ན། སྦྱང་གཞི་སློབ་མའི་ཕུང་ཁམས་སྐྱེ་མཆེད་རྣམས་ལ། རྡོ་རྗེ་སློབ་དཔོན་གྱི་དག་བྱ་དག་བྱེད་ངོ་སྤྲོད་ཤེས་པས་སློབ་མའི་ཕུང་པོ་ལྔ་སོགས་རྒྱལ་བ་རིགས་ལྔ་སོགས་སུ་ངོ་སྤྲོད་པའི་ཐབས་ཆུ་དབང་སོགས་རིམ་བཞིན་བསྐུར་བས། སྔོན་མེ་བཏེག་པ་ལྟར་སློབ་མའི་ཕུང་ཁམས་སྐྱེ་མཆེད་ལྔ་དེ་དང་དེར་གསལ་བར་ཤེས་པས། སངས་རྒྱས་སྤྲུལ་སྐུའི་ས་བོན་ནུས་ལྡན་དུ་བཏབ། དེ་བཞིན་དུ་དབང་གོང་མ་བསྐུར་བས་རྩ་དང་ཁམས་དང་རླུང་སེམས་ཀྱི་དབང་དུ་བྱས་པའི་ཕུང་ཁམས་སྐྱེ་མཆེད་ཕྲ་ཞིང་ཕྲ་བ་རྣམས་ཡེ་ཤེས་སུ་བྱིན་གྱིས་བརླབས་པས། སངས་རྒྱས་སྤྲུལ་སྐུ་དང་ལོངས་སྐུ་དང་ཆོས་སྐུ་དང་ངོ་བོ་ཉིད་སྐུའི་ས་བོན་ནུས་ལྡན་དུ་བཏབ་ནས་དེའི་རྒྱུན་བསྐྱངས་པ་ལས། གང་ཟག་དབང་པོ་ཡང་རབ་ཀྱིས་ཚེ་འདི་དང་། འབྲིང་གིས་བར་དོ་དང་། མཐའ་མས་སྐྱེ་བ་བཅུ་དྲུག་ཙམ་ཅད་ལ་སངས་རྒྱས་མངོན་དུ་བྱེད་པ་འདི་ནི་དབང་བསྐུར་བས་རྟེན་འབྲེལ་སྒྲིག་ཚུལ་ཡིན་ཏེ། ས་བོན་དེ་ལྟར་བཏབ་ནས་སྐུ་བཞི་མངོན་དུ་བྱེད་པའི་ཐབས་ལ་དབང་བསྐུར་ཞེས་སུ་ཐ་སྙད་བཏགས་པས་སོ༔ ༔

རྟེན་འབྲེལ་སྒྲིག་ཚུལ་དེས་ན། གང་ཟག་དབང་པོ་རབ་རྒྱལ་པོ་ཨིནྡྲ་བྷཱུ་ཏི་ལྟ་བུ་དབང་བསྐུར་ཉིད་ཀྱིས་གྲོལ་བར་གསུངས་ཤིང་། དབང་གིས་གྲོལ་བར་མ་ནུས་པའི་གང་ཟག་གཞན་དབང་པོ་འབྲིང་མན་ཆད་ལ༔ དབང་གི་རྒྱུན་དེ་ཉིད་གྲོལ་བྱེད་ཀྱི་ཚུལ་དུ་བསྒོམ་དགོས་ཏེ། ཇི་སྲིད་མ་གྲོལ་གྱི་བར་དུ་དབང་གི་རྒྱུན་དེ་ཉིད་ཉམས་ལེན་དུ་སྐྱོང་དགོས་པས་སོ། །ལམ་བསྒོམ་ཚུལ་དེས་ན་དབང་བསྐུར་ཐོབ་པ་དེ་ཕྱིས་མི་ཉམས་པར་བསྲུངས་ཤིང་འཕེལ་བར་བྱེད་པ་ལ་གྲོལ་ལམ་བསྒོམ་པ་ཞེས་སུ་བཏགས་པ་ཡིན་ཏེ། བུམ་དབང་གི་གནས་སྐབས་སུ་ཐ་མལ་གྱི་རྣམ་རྟོག་སྤོང་བའི་སྡོམ་པ་ཐོབ་པ་དེ་ཉིད་མི་ཉམས་པར་བསྲུང་ཞིང་བསྒོམ་པ་ལ་བསྐྱེད་རིམ་བསྒོམ་པ་དང་། དབང་གོང་མའི་གནས་སྐབས་སུ་ཐ་མལ་ཞེན་གྱི་རྣམ་རྟོག་སྤོང་བའི་སྡོམ་པ་ཐོབ་པ་དེ་ཉིད་མི་ཉམས་པར་བསྲུང་ཞིང་བསྒོམ་པ་ལ་རྫོགས་རིམ་བསྒོམ་པར་འཇོག་པའི་ཕྱིར། དོན་འདི་དང་མཐུན་པར་ཟབ་དོན་བདུད་རྩིའི་ཉིང་ཁུ་ལས། དེ་རྗེས་དཀྱིལ་འཁོར་དེའམ་གཞན་དུའང་རུང་། །རྒྱུ་དབང་བཞི་དང་ལུས་དཀྱིལ་དབང་བཞི་དང་། །བླ་མའི་རྣལ་འབྱོར་བྱིན་རླབས་རིམ་གཉིས་སོགས། །ཐོབ་པའི་སྡོམ་པ་ཡང་ཡང་གོམས་པའི་ཐབས། །ཞེས་གསུངས་སོ། །དཔེར་ན་འབྲས་བུ་ནས་འབྱུང་བའི་རྒྱུའི་གཙོ་བོ་ནས་སྨྱུག་ཡིན་ཞིང་། ནས་སྨྱུག་དེ་ཉིད་ཆར་ཆུས་ཡུན་རིང་དུ་བསྐྱངས་པས་མི་ཉམས་ཤིང་གོང་འཕེལ་དུ་སོང་སྟེ།

མཐར་ཐུག་འབྲས་བུ་ལོ་ཏོག་འབྱུང་བ་ལྟ་བུའོ། །དེས་ན་གཞིར་གནས་ཀྱི་དཀྱིལ་འཁོར་ལ་དབང་གི་ཚོགས་སྐུ་བཞིའི་ས་བོན་ནུས་ལྡན་དུ་ཐེབས་པའི་ས་བོན་དང་། དབང་བསྐུར་གྱི་ཚིག་ལ་བརྟེན་ནས་འབྲས་བུ་སྐུ་བཞི་འབྱུང་བའི་ནུས་མཐུ་ཅན་དུ་གྱུར་པའི་ས་བོན་རྣམས་དང་། གཞུང་འདིར། སངས་རྒྱས་ས་བོན་བཏབ་ནས་ནི། །ཞེས་པའི་དངོས་བསྟན་གྱི་ས་བོན་དང་། དཀྱིལ་ཆོག་རྣམས་ལས། འབྲས་བུ་སྤྲུལ་སྐུའི་ས་བོན་དང་བག་ཆགས་རྒྱུད་ལ་བཞག །ཅེས་སོགས་གསུངས་པའི་ས་བོན་རྣམས་དོན་གནད་གཅིག་ཅིང་། མཚན་གཞི་ནི་བླ་མེད་ཀྱི་དབང་གི་ལག་རྗེས་སུ་གྱུར་པའི་བསྐྱེད་རྫོགས་ཀྱི་སྡོམ་པ་རྣམས་སོ། །དབང་བསྐུར་བ་ལ་མ་ལྟོས་པར་སློབ་མའི་རྒྱུད་ལ་སྡུར་ནས་རང་ཆས་སུ་ཡོད་པའི་སྐུ་བཞིའི་ས་བོན་ནི་སྐབས་འདིའི་ས་བོན་མ་ཡིན་ཏེ། དེ་ལ་ས་བོན་ཐེབས་མ་ཐེབས་ཀྱི་ཐ་སྙད་མི་འབྱུང་བའི་ཕྱིར་དང་། འབྲས་བུ་འབྱུང་བའི་ནུས་མཐུ་དང་མི་ལྡན་པའི་ཕྱིར། གཞིར་གནས་ཀྱི་ས་བོན་དེ་ཉིད་དབང་གི་ཚོགས་སད་བྱེད་ཀྱི་རྐྱེན་བྱས་ནས་འབྲས་བུ་འབྱུང་བའི་ནུས་མཐུ་དང་ལྡན་པར་གྱུར་པ་ནི་ཐེབས་པའི་ས་བོན་ཡིན་ཏེ། སྐུ་བཞིའི་ས་བོན་ཐེབས་ནུས་པ་ཞེས་གསུངས་པ་ཡང་འདི་ལ་དགོངས་སོ། །ཞུལ་ཕྱིན་གྱི་གནད་འདི་དག་ནི། ཡོངས་འཛིན་དམ་པ་དབང་ཕྱུག་དཔལ་བཟང་པོའི་ཞལ་གྱི་པདྨོ་ལས་བྱུང་བ་སྐལ་ལྡན་སྙིང་གི་བདུད་རྩིར་གྱུར་པ་དཔྱོད་ལྡན་ཀུན་ལ་གསལ་བར་འདོམས་པ་འདི་ལགས་སོ། །

ལྟ་པ་ནི། རྒྱུ་མཚན་དེ་དག་གི་ཕྱིར་ན། ཐེག་ཆེན་ཕ་རོལ་ཏུ་ཕྱིན་པ་ལ་སེམས་བསྐྱེད་མ་ཡིན་པའི་ཆོས་ཏེ་ལམ་གཞན་མེད་པ་ལྟར། རྡོ་རྗེ་ཐེག་པའི་སྐོར་ཞུགས་ནས་དབང་བསྐུར་ལས་གཞན་པའི་ཆོས་ཏེ་ལམ་ཡོད་པ་མ་ཡིན་ཏེ། དབང་བསྐུར་གྱི་ནང་དུ་སྔགས་ཀྱི་ལམ་མཐའ་དག་འདུས་པའི་ཕྱིར། ཆོས་ཞེས་པའི་སྒྲ་དབྱིག་གཉེན་གྱིས། ཆོས་ནི་ཤེས་བྱ་ལམ་དང་ནི། །ཞེས་སོགས་ལྟར་དོན་བཅུ་ལ་འཇུག་པ་ལས། འདིར་ནི་ལམ་ལ་འཇུག་པ་ཡིན་ནོ། །སྔགས་ལམ་ཐམས་ཅད་དབང་བསྐུར་གྱི་ནང་དུ་འདུས་ཚུལ་ནི། བླ་མེད་ལ་མཚོན་ན། བསྐྱེད་རིམ་བསྒོམ་པའི་ལམ་ཐམས་ཅད་ནི་བུམ་དབང་དང་། རྫོགས་རིམ་བསྒོམ་པའི་ལམ་ཐམས་ཅད་ནི་དབང་གོང་མའི་ནང་དུ་འདུས་པ་ཡིན་ཏེ། ལམ་དེ་དང་དེ་དག་དབང་དེ་དང་དེ་ལས་ལོགས་སུ་གྱུར་པ་མ་ཡིན་པའི་ཕྱིར། དཔེར་ན་སངས་རྒྱས་ཀྱི་སྐུ་ལ་སྐུ་གསུམ་ལས་གཞན་དུ་མེད་པས། རྣམ་མཁྱེན་དང་སངས་རྒྱས་ཀྱི་མཚན་དཔེ་རྣམས་སྐུ་གསུམ་གང་རུང་མ་ཡིན་ཡང་། སྐུ་གསུམ་གྱི་ནང་དུ་འདུས་པ་བཞིན་ནོ། །གནད་འདི་ཡང་ཡོངས་འཛིན་མཆོག་གི་ཞལ་གྱི་པདྨོ་ལས་བྱུང་བ་ཡིན་ནོ། །དབང་ལས་གཞན་པའི་ལམ་མེད་པ་དེས་ན། ཐུབ་པས་རྒྱུད་སྡེ་ལས། ལམ་རྣམས་ཀྱི་ནང་ནས་དབང་བསྐུར་ཁོ་ན་ལ་བསྔགས་ཤིང་ཕན་ཡོན་མང་དུ་གསུངས་པ་དང་།

རྗེས་འཇུག་གི་མཁས་པ་རྣམས་ཀྱང་ཅི་ནས་དབང་བསྐུར་བ་ལ་གུས་ཤིང་ཕྱག་ལེན་མཛད་པའི་རྒྱུ་མཚན་སྟོར་བཤད་པ་དེ་ལྟར་ཡིན་ཏེ། དེ་ལྟར་ཤེས་ནས་སྔགས་ལམ་དུ་འཇུག་ཕྱིན་དབང་ལ་འབད་པར་བྱ་བ་ཡིན་པས་སོ། །

ལྔ་པ་དབང་བསྐུར་མུ་བཞིར་འདོད་པ་དགག་པ་ལ་གཉིས་ཏེ། འདོད་པ་བརྗོད་པ་དང་། དེ་དགག་པའོ། །དང་པོ་ནི། རས་ཆུང་པའི་རྗེས་འབྲང་ལ་ལ་དབང་བསྐུར་ལ་མུ་བཞིར་འདོད་དོ། སྐལ་མེད་ལ་དབང་བསྐུར་བྱས་ཀྱང་མ་ཐོབ་པ་དང་། སྐལ་ལྡན་ལ་མ་བྱས་ཀྱང་ཐོབ་པ་དང་། སྐལ་བ་འབྲིང་པོ་ལ་བྱས་ན་ཐོབ་ལ་; མ་བྱས་ན་མི་ཐོབ་པ་དང་རྣམ་པ་བཞིར་འདོད་དོ། །གཉིས་པ་ལ་བཞི་སྟེ། མུ་བཞིའི་ཤེས་བྱེད་ལུང་ཁུངས་མེད། མུ་བཞི་རིགས་པས་ཀུན་ལ་མཚུངས། མུ་བཞིའི་མཚན་ཉིད་ཤེས་མི་ནུས། འབྲིང་ལ་དབང་བསྐུར་མི་བྱེད་དགག་པའོ། །དང་པོ་ནི། མུ་བཞི་འདི་འདྲ་ཆོས་ཅན། གསང་སྔགས་ཀྱི་བསྟན་པ་དགྲུགས་པའི་སྙིང་ཀར་ཟད་དེ། རྒྱུད་སྡེ་གང་ནའང་བཤད་པ་མེད་པའི་ཕྱིར་རོ། །གཉིས་པ་ནི། དེ་ལྟར་སྙིང་ཀར་ཟད་མོད། འོན་ཀྱང་མུ་བཞི་འདི་རིགས་པས་བརྟག་པར་བྱའོ། །ཇི་ལྟར་ན། སོ་ཐར་གྱི་སྡོམ་པ་དང་། བྱང་ཆུབ་སེམས་དཔའི་སེམས་བསྐྱེད་ལའང་སྐལ་མེད་ལ་བླངས་ཀྱང་མི་སྐྱེ་བ་དང་། སྐལ་ལྡན་ལ་མ་བླངས་ཀྱང་སྐྱེ་བ་སོགས་མུ་བཞི་ཅིའི་ཕྱིར་མི་བརྩི་སྟེ་བརྩི་རིགས་པར་ཐལ། དབང་ལ་དེའི་ཕྱིར། དེ་བཞིན་དུ་སྒོམ་ལའང་། སྐལ་མེད་ཀྱིས་བསྒོམས་ཀྱང་མི་སྐྱེ། སྐལ་ལྡན་གྱིས་མ་བསྒོམས་ཀྱང་སྐྱེ་བ་སོགས་མུ་བཞི་ཡོད་པར་ཅིས་མི་མཚུངས་ཏེ་མཚུངས་པར་ཐལ། དབང་ལ་དེའི་ཕྱིར། དེ་ལྟར་མུ་བཞི་ཀུན་ལ་ཡོད་པར་མཚུངས་བཞིན་དུ། སོ་ཐར་སོགས་གཞན་ལ་མུ་བཞི་མི་བརྩི་བར་དབང་བསྐུར་ཉིད་ལ་བརྩི་བ་ནི་ཆོས་ཅན། བདུད་ཀྱི་གསང་ཚིག་ཡིན་པར་དོགས་ཏེ། བདུད་སྡིག་ཅན་གྱིས་གསང་སྔགས་སྤོང་བའི་ཆེད་དུ་མིའི་འདྲ་ཤེས་བསྒྱུར་ནས་སླུས་པར་ཟད་པས་སོ། །གསུམ་པ་ནི། གལ་ཏེ་མུ་བཞི་ཡོད་སྲིད་ན་ཡང་། སོ་སོའི་མཚན་ཉིད་ཤེས་པར་མི་ནུས་ཏེ། ཅི་སྟེ་ཤེས་པར་ནུས་ན་མུ་བཞི་དེའི་མཚན་ཉིད་སྨྲ་དགོས་པ་ལས་སྨྲ་རྒྱུ་མེད་པའི་ཕྱིར། གལ་ཏེ་འོལ་ཚོད་ཀྱིས་སླུས་ཀྱང་ཡིད་མི་ཆེས་ཏེ། རང་བཟོ་མ་ཡིན་པ་ལུང་དང་མཐུན་པ་སྨྲ་རྒྱུ་མི་འདུག་པའི་ཕྱིར་རོ། །

བཞི་པ་ནི། གལ་ཏེ་དབང་བསྐུར་མུ་བཞི་བདེན་པར་སྲིད་ན་སྐལ་མེད་དང་སྐལ་ལྡན་གཞན་ལ་དབང་བསྐུར་མི་བྱེད་ཀྱང་། བྱས་ན་ཐོབ་པའི་གང་ཟག་སྐལ་པ་འབྲིང་ལ་དབང་བསྐུར་ཅིའི་ཕྱིར་མི་དགོས་ཏེ་དགོས་པར་ཐལ། སྐལ་བ་འབྲིང་དེ་ལ་དབང་བྱས་ན་ཐོབ་ལ་མ་བྱས་ན་མི་ཐོབ་པའི་ཕྱིར། རྟགས་ཁས། གལ་ཏེ་དབང་བསྐུར་ཀྱང་མི་ཐོབ་པ་དང་། མ་བསྐུར་ཀྱང་ཐོབ་པ་གཞན་ལ་དབང་བསྐུར་མི་དགོས་པས། བྱས་ན་

ཐོབ་ལ་མ་བྱུས་ན་མི་ཐོབ་པ་དེ་ལའང་དབང་བསྐུར་མི་དགོས་སོ་ཞེ་ན། འོ་ན་ནད་མེད་པ་ལ་སྨན་སྤྱོད་པ་སྟེ་མི་དགོས་པས་ནད་པ་ལ་ཡང་མི་དགོས་ཤིང་སྤྱོད་རིགས་པར་ཐལ། དབང་དང་དཔེ་དོན་མཚུངས་པའི་ཕྱིར། དེས་ན་དབང་བསྐུར་མ་བཞི་ལ་སོགས་པའི་ཆོས་ལོག་ཐམས་ཅད་ནི་བདུད་ཀྱིས་བྱིན་རླབས་ཡིན་ཏེ། བདུད་ཀྱིས་ཐབས་སྣ་ཚོགས་ཀྱི་སྒོ་ནས་ལམ་ལོག་པར་སྟོན་པའི་ཕྱིར་རོ། །

གསུམ་པ་དམ་ཚིག་ལ་འཁྲུལ་པ་དགག་པ་ལ། འདོད་པ་བརྗོད་པ་དང་། དེ་དགག་པ་གཉིས་སོ། །དང་པོ་ནི། ཉིང་མ་པ་ཁ་ཅིག །ཕྱིར་གསང་སྔགས་ཐམས་ཅད་གསང་བར་བྱ་བ་ཡིན་པ་ལ། འོན་ཀྱང་ཡེ་གསང་ཞེས་བྱ་བའི་ཐབས་ཀྱིས་ཆོད་པའི་ཕྱིར་ན། དབང་གིས་མ་སྨིན་པའི་སེམས་ཅན་ལ་གསང་བ་བསྒྲགས་པ་ལ་ལྟུང་བ་མེད་དེ། གང་ཟག་སྔགས་ཀྱི་སྣོད་དུ་མི་རུང་བ་རྣམས་ནི་སྔགས་ཀྱི་དོན་མི་གོ་བས་དུད་འགྲོའི་རྣ་བར་བསྒྲགས་པ་དང་ཁྱད་མེད། སྔགས་ཀྱི་དོན་གོ་བ་རྣམས་ནི་སྣོད་ལྡན་ཡིན་པས། སྣོད་དུ་རུང་བ་རྣམས་ལ་བསྒྲགས་པ་ཉེས་པ་མེད་པའི་ཕྱིར་ཞེས་ཟེར་རོ། །གཉིས་པ་ནི། གསང་སྒྲོག་མི་འབྱུང་བར་འདོད་པ་འདི་ཡང་ཅུང་ཟད་བརྟག་པར་བྱའོ། །ཇི་ལྟར་ན། ཡེ་གསང་ཞེས་བྱ་བའི་དོན་དེ་ཅི་ཞིག་ཡིན་འདྲིའོ། །གལ་ཏེ་གོ་བ་མེད་པ་ལ་ཡེ་ནས་གསང་བ་ཡིན་ནོ་ཞེ་ན། འོ་ན་གོ་བའི་གང་ཟག་དབང་མ་ཐོབ་པ་ལ་གསང་བ་བསྒྲགས་པ་ལ་ལྟུང་བ་འབྱུང་བར་འགྱུར་ཏེ། དེ་ལ་ཡེ་གསང་མ་ཡིན་པའི་ཕྱིར། གལ་ཏེ་དམ་པའི་ཆོས་ལ་བདེན་པའི་བྱིན་རླབས་ཡོད་པས། དམ་ཆོས་བདེན་པའི་བྱིན་རླབས་འདི་འགྲོ་བ་སུས་ཐོས་ཀྱང་ཕན་ཡོན་ཆེ་བ་དེས་ན་འགྲོ་བ་སུ་ལ་བསྒྲགས་ཀྱང་གསང་སྒྲོག་མི་འབྱུང་བ་ཡིན་ནོ་ཞེ་ན། གལ་ཏེ་ཁྱོད་ཀྱིས་དམ་ཆོས་བདེན་པ་རུ་གོའམ། གོ་ན་ཆོས་ནས་འབྱུང་བ་བཞིན་གསང་དགོས་པ་དང་མི་དགོས་པ་གཉིས་སུ་བྱེད་པར་གྱིས་ཏེ། དམ་པའི་ཆོས་ལ་གསང་བ་དང་མི་གསང་བའི་ལུགས་གཉིས་རྒྱལ་བ་རྣམས་ཀྱིས་གསུངས་པའི་ཕྱིར་ཏེ། རྡོ་རྗེ་གུར་ལས། སྐལ་མེད་སེམས་ཅན་སྟོན་པ་དང་། །ཞེས་དང་། དེ་ཉིད་འདུས་པ་ལས། དཀྱིལ་འཁོར་ཆེན་པོ་མ་མཐོང་བ་རྣམས་ཀྱི་མདུན་དུ་འདི་ནི་མ་སྨྲ་ཞིག །ཅེས་དང་། ཕ་རོལ་ཏུ་ཕྱིན་པའི་གཞུང་ལས་ཀྱང་། བློ་སྦྱངས་མ་བྱས་སེམས་ཅན་ལ། །སྟོང་པ་ཉིད་ནི་སྟོན་པ་དང་། །ཞེས་སོགས་གསུངས་པ་རྣམས་ནི་གསང་བའི་ལུགས་དང་། སྤྱན་རས་གཟིགས་ཀྱི་ཚིག་ཞིབ་མོ་ལས། དུད་འགྲོའི་རྣ་ལམ་དུ་ཡང་སྒྲོགས་ཤིག་ཅེས་སོགས་གསུངས་པ་དང་། གཞན་ཡང་ཆོས་ཀྱི་སྡོམ་བཞི་སྟོན་པའི་སྒྲ་སེམས་ཅན་ཀུན་ལ་བསྒྲག་པར་གསུངས་པ་རྣམས་ནི་མི་གསང་བའི་ལུགས་ཡིན་པའི་ཕྱིར། སྨིན་བྱེད་ཀྱི་སྐབས་སུ་ཆོས་སྒོ་དང་། དམ་ཚིག་གི་སྐབས་སུ་ཡེ་གསང་ཞེས་བྱ་བ་འདི་འདྲ་ནི་བསྟན་པ་ལ་གནོད་པའི་ཚིག་ཡིན་ཏེ། འདི་འདྲའི་རིགས་ཀྱིས་འཁྲུལ་གཞི་བྱས་ནས་འཁྲུལ་པ་

གཞན་མང་དུ་འབྱུང་བས་སོ། །

མཚན་ཉིད་ལྡན་པའི་རྡོ་རྗེ་སློབ་དཔོན་ལས། །དབང་བཞི་བླངས་པས་སྡོམ་པ་གསུམ་ལྡན་དུ། །འགྱུར་ཞེས་རྒྱུད་དང་གྲུབ་པའི་གཞུང་ལས་བཤད། །ཁ་ཅིག་བྱིན་རླབས་སྨིན་བྱེད་དབང་དུ་འདོད། །ལ་ལ་གྲངས་ངེས་མེད་པར་དབང་བསྐུར་བྱེད། །འགའ་ཞིག་བོན་ལུགས་དཀྱིལ་འཁོར་ཆོ་ག་བྱེད། །ཕལ་ཆེར་ཆོ་ག་ཉམས་པས་དབང་སྐུར་བྱེད། །འདི་དག་དབང་བསྐུར་འདོད་ཀྱང་འཁྲུལ་པར་འཕྲུན། །འགའ་ཞིག་དབང་བསྐུར་མེད་པར་ཟབ་ལམ་སྒོམ། །ཁ་ཅིག་དབང་བསྐུར་མེད་པར་དབང་པོ་རབ། །བྱིན་རླབས་ཙམ་གྱིས་སྨིན་བྱེད་ཡིན་ཞེས་ཟེར། །ལ་ལ་སེམས་བསྐྱེད་ཙམ་གྱིས་གསང་སྔགས་སྒོམ། །འདི་དག་དབང་བསྐུར་མེད་པར་བབ་ཅོལ་དུ། །གསང་སྔགས་བསྒོམ་པ་ངན་འགྲོའི་རྒྱུ་རུ་གསུངས། །འགའ་ཞིག་ད་ལྟ་གསང་སྔགས་སྒོམ་བཞིན་དུ། །དབང་བསྐུར་ཕྱིས་ནས་ཁས་ལེན་བྱེད་ཅེས་ཐོས། །ལ་ལ་སེམས་ཉིད་རྟོགས་དང་མ་རྟོགས་པ། །གཉིས་སུ་ཕྱེ་ནས་དོན་གྱི་དབང་བསྐུར་འགོག །ཁ་ཅིག་ཆོ་ག་མེད་བཞིན་བླ་མ་ཡི། །སྐུ་ལས་དབང་བཞི་ལེན་ཞེས་མུ་ཅོར་སྨྲ། །ལ་ལ་ཆོས་སྒོའི་མིང་གིས་འཁྲུལ་པས་ན། །སྔགས་ལ་མོས་ན་དབང་བསྐུར་མི་དགོས་སྨྲ། །ཀྱེ་མ་འདི་དག་དབང་བསྐུར་ཆོ་ག་ནི། །སྐྱེ་བོའི་ཁྲེལ་གཞུང་བཞིན་དུ་འདོར་ལ་བརྩོན། །ཁ་ཅིག་རྒྱུད་སྡེ་འོག་མར་དབང་བཞི་འདོད། །ལ་ལ་དབང་བསྐུར་མུ་བཞིའི་རྣམ་གཞག་འཆད། །འདི་དག་ལུང་ཁུངས་མེད་ཅིང་རིགས་པ་ཡིས། །རྣམ་པར་བརྟགས་ན་རྫུལ་བཞིན་རྣམ་པར་འཐོར། །ཁ་ཅིག་ཡེ་གསང་རང་བཟོའི་ཚིག་བཅོས་ནས། །གསང་སྒྲོག་ལྟུང་བ་མེད་ཅེས་འཛེམ་མེད་སྨྲ། །གསང་དང་མི་གསང་ལུགས་གཉིས་དྲང་པོའི་ཐིག །རྒྱལ་བས་གསུངས་པ་སྙིང་གི་ཐིག་ལེར་ཟུངས། །སྨིན་བྱེད་ཀྱི་དབང་བསྟན་ཟིན་ཏོ།། །།

གཉིས་པ་གྲོལ་བྱེད་རིམ་གཉིས་བཤད་པ་ལ་བཞི་སྟེ། གྲོལ་ལམ་ཕྱོགས་རེས་སངས་རྒྱས་འདོད་པ་དགག །མདོ་སྔགས་ལམ་གྱི་བགྲོད་ཚུལ་སོ་སོར་བཤད། སངས་རྒྱས་འདོད་པས་དེ་ལ་བསླབ་པར་གདམས། མདོ་སྔགས་གཉིས་དང་མ་འབྲེལ་ཆོས་ལུགས་དགག་པའོ། །དང་པོ་ལ་གཉིས་ཏེ། འདོད་པ་བརྗོད་པ་དང་། དེ་དགག་པའོ། །དང་པོ་ནི། ཕྱག་རྒྱ་པ་ཁ་ཅིག །སངས་རྒྱས་བསྒྲུབ་པའི་ཐབས་ལམ་ལ་འཁྲུལ་པ་དང་མ་འཁྲུལ་པའི་དབྱེ་བ་མེད་ཅིང་། མཐའ་གཅིག་ཏུ་ཐབས་ལམ་གང་གིས་གྲོལ་ངེས་པ་ཡང་མེད་དེ། དཔེར་ན་ཀླུ་སྒྲུབ་ལྟ་བ་རྐྱང་པས་གྲོལ་བ་དང་། པདྨ་འབྱུང་གནས་བསྐྱེད་རིམ་ལ་བརྟན་པ་ཐོབ་པས་གྲོལ་བ་དང་། ལཱུ་ཧི་པས་ཉའི་རྒྱུ་ལྟོ་ལ་དཀའ་ཐུབ་སྤྱད་པས་གྲོལ་བ་དང་། ནག་པོ་སྤྱོད་པའི་རྡོ་རྗེས་སྤྱོད་པ་མཛད་པའི་སྟོབས་ཀྱིས་གྲོལ་བ་དང་། གོ་རཀྵ་སྐྱེ་བ་གླང་སྲུང་རླུང་གི་སྟོབས་ཀྱིས་གྲོལ་བ་དང་། ཤ་བ་རི་དབང་ཕྱུག་གཏུམ་མོ་བསྒོམས

པའི་སྟོབས་ཀྱིས་གྲོལ་བ་དང་། གྲུབ་ཆེན་ས་ར་ཧ་གནས་ལུགས་ཕྱག་རྒྱ་ཆེན་པོ་རྟོགས་པས་གྲོལ་བ་དང་། ཏོག་ཙེ་པ་བླ་མ་ལ་གུས་པའི་བྱིན་རླབས་ཀྱི་སྟོབས་ཀྱིས་གྲོལ་བ་དང་། སློབ་དཔོན་ཞི་བ་ལྷ་ཟ་ཉལ་འཆག་གསུམ་གྱི་སྤྱོད་པས་གྲོལ་བ་དང་། རྒྱལ་པོ་ཨིནྡྲ་བྷཱུ་ཏི་བཙུན་མོའི་ཚོགས་དང་ལྷན་ཅིག་རོལ་ཅིང་རྒྱལ་སྲིད་ཀྱི་འདོད་ཡོན་ལ་ལོངས་སྤྱོད་པའི་སྤྲོས་བཅས་ཀྱི་སྤྱོད་པས་གྲོལ་བ་དང་། རྣལ་འབྱོར་དབང་ཕྱུག་བིརྺ་པ་ནི་ཕྱི་ནང་གསང་བའི་རྟེན་འབྲེལ་ཐམས་ཅད་ཚོགས་པའམ། རྟེན་འབྲེལ་ལམ་དུ་བྱས་པ་ལས་གྲུབ་པ་ཐོབ་པའི་ཕྱིར། དེ་བས་ན་སྔར་སྨོས་པ་དེ་འདྲའི་ཐབས་ལམ་སྣ་ཚོགས་པ་ལ་འདི་ནོར་དང་། འདི་མ་ནོར་གྱི་སྐུར་པ་བཏབ་དུ་མི་རུང་ཞེས་ཟེར་རོ། །

གཉིས་པ་དེ་དགག་པ་ལ་ལྔ་སྟེ། ཐབས་ཤེས་གཉིས་སུ་བསྡུས་ཏེ་བསྟན། རིམ་གཉིས་ཚོགས་པས་གྲོལ་བར་བསྟན། ལམ་ཀུན་རིམ་པ་གཉིས་སུ་བསྡུ། ཕྱོགས་རེའི་དགོས་པ་དཔེ་དང་སྦྱར། སྒྲོ་སྐུར་སྤངས་ཏེ་སྐབས་དོན་འདོམས་པའོ། །དང་པོ་ནི། གྲུབ་ཐོབ་རྣམས་རྒྱུ་རྐྱེན་གང་གིས་གྲོལ་བ་ཡིན་འདི་ཡང་སྒྲོ་སྐུར་སྤངས་ནས་ལེགས་པར་བཤད་ཀྱིས་ཉོན་ཏེ། མཉན་པར་བྱའོ། །གང་ཞེ་ན། ཐབས་དང་ཤེས་རབ་གཉིས་ཚོགས་མིན་པའི་སངས་རྒྱས་བསྒྲུབ་པའི་ཐབས་གཞན་མེད་དེ། ཐབས་ཀྱིས་མྱ་ངན་ལས་འདས་པའི་མཐའ་མནན། ཤེས་རབ་ཀྱིས་འཁོར་བའི་མཐའ་མནན་ཏེ་ལམ་ལ་བསླབས་པས་མི་གནས་པའི་མྱང་འདས་ཀྱི་གོ་འཕང་སངས་རྒྱས་ཐོབ་པར་འགྱུར་བའི་ཕྱིར་རོ། །གཉིས་པ་ལ་གཉིས་ཏེ། མདོར་བསྡུས་ཙམ་བསྟན་པ་དང་། དེ་ཉིད་ཅུང་ཟད་བཤད་པའོ། །དང་པོ་ནི། སངས་རྒྱས་བསྒྲུབ་པ་ལ་ཐབས་ཤེས་གཉིས་ཚོགས་དགོས་པ་དེས་ན་གོང་དུ་བཤད་པའི་གྲུབ་ཐོབ་ཐམས་ཅད་ཀྱང་ཆོས་ཅན། ཀླུང་དང་གཙུམ་མོ་ལ་སོགས་པ་ཕྱོགས་རེའི་ཐབས་ཀྱིས་གྲོལ་བ་མ་ཡིན་ཏེ། དབང་དང་རིམ་གཉིས་ལས་བྱུང་བའི་ཟུང་འཇུག་གི་ཡེ་ཤེས་སྐྱེས་པས་གྲོལ་བ་ཡིན་པའི་ཕྱིར་རོ། །གཉིས་པ་ནི། ཕྱོགས་རེས་གྲོལ་བ་མ་ཡིན་པར་དབང་དང་རིམ་གཉིས་ཀྱིས་གྲོལ་ཚུལ་ཇི་ལྟར་ཞེ་ན། ལྟ་བ་དང་། བསྐྱེད་རིམ་དང་། རླུང་དང་། གཙུམ་མོ་དང་། བྱིན་རླབས་སོགས་དེ་དག་རྐྱང་པ་རེ་རེས། རིམ་བཞིན་ཟླ་སྒྲུབ་དང་། པདྨ་འབྱུང་གནས་དང་། བགླང་སྲུང་བ་དང་། ཤ་བ་རི་དང་། ཏོག་ཙེ་པ་ལ་སོགས་གྲོལ་བ་མ་ཡིན་ཏེ། གྲུབ་ཐོབ་དེ་དག་ནི་སྔོན་དབང་བསྐུར་ཐོབ་པས་རྒྱུད་སྨིན་པའི་བྱིན་རླབས་དང་། ཕྱིས་དབང་དེ་དང་འབྲེལ་བའི་རིམ་གཉིས་བསྒོམ་པའི་རྒྱུ་རྐྱེན་ཚོགས་པ་ཚང་བའི་རྟེན་འབྲེལ་གྱིས་ནང་ནས་རང་བྱུང་གི་ཡེ་ཤེས་ཀྱི་རྟོགས་པ་ཤར་ནས་གྲོལ་བ་ཡིན་པའི་ཕྱིར་རོ། །

གསུམ་པ་ནི། ལྟ་བ་དང་བསྐྱེད་རིམ་ལ་སོགས་པའི་ལམ་གྱི་ཡན་ལག་དང་ལམ་གྱི་གཙོ་བོ་ཀུན་རིམ་

པ་གཉིས་སུ་འདུས་པ་ཡིན་ཏེ། བསྐྱེད་རིམ་རླུང་དང་གཏུམ་མོའི་དམིགས་པ་སོགས་ནི་རིམ་པ་གཉིས་ལས་ཐ་དད་མ་ཡིན་པའི་ཕྱིར་ཏེ། དེ་དང་དེ་དངོས་ཡིན་པ་དང་། བྱིན་རླབས་ནི་རིམ་གཉིས་དེ་ལས་བྱུང་བ་འབྲས་བུའི་ཚུལ་དང་། ལྟ་བ་ནི་དེ་གཉིས་དག་པར་བྱེད་པའི་ཐབས་ཀྱི་ཡན་ལག་ཡིན་པ་དང་། ཕྱག་རྒྱ་ཆེན་པོ་ནི་རིམ་པ་གཉིས་པོ་དེ་ལས་སྐྱེས་པའི་ཡེ་ཤེས་དང་། རིམ་པ་གཉིས་པོ་དེ་བོགས་དབྱུང་བར་བྱེད་པའི་སྤྲོས་བཅས་ཀྱི་སྤྱོད་པ་ནི། ཨིནྡྲ་བྷཱུ་ཏི་འདོད་ཡོན་ལ་ལོངས་སྤྱོད་པ་དེ་ཡིན་པ་དང་། རིམ་པ་གཉིས་པོ་དེའི་སྤྲོས་མེད་ཀྱི་སྤྱོད་པ་ནི། ནཱ་ནི་ཟ་བ་དང་། སུ་སྟི་ཉལ་བ་དང་། ཀུ་སྟེ་འཆག་པ་དང་གསུམ་གྱིས་དུས་འདའ་བ་ཞི་བ་ལྷའི་སྤྱོད་པ་དེ་ཡིན་པར་གསུངས་པ་དང་། རིམ་པ་གཉིས་པོ་དེའི་ཤིན་ཏུ་སྤྲོས་མེད་ཀྱི་སྤྱོད་པ་ནི། རིམ་གཉིས་ཀྱི་རྟོགས་པ་བརྟན་པར་བྱ་བའི་ཕྱིར་བིརྺ་པ་ལ་སོགས་པའི་གྲུབ་ཐོབ་རྣམས་ཀྱིས་མཛད་པ་དེ་ཡིན་ཞིང་། དེ་ལ་ནི་གཞན་དོན་ཕྱོགས་ལས་རྣམ་རྒྱལ་ཀུན་བཟང་གི་སྤྱོད་པར་ཡང་བཤད་པའི་ཕྱིར། འདིར་སྤྱོད་པ་གསུམ་པ་ནི་གྲུབ་ཐོབ་ཀྱིས་མཛད་པའི་དམིགས་བསལ་བྱུང་བས། སྔ་མ་གཉིས་གྲུབ་ཐོབ་ཀྱིས་མ་མཛད་དམ་སྙམ་ན། མ་མཛད་པ་མིན་ཏེ། ཨིནྡྲ་བྷཱུ་ཏི་དང་ཞི་བ་ལྷ་གཉིས་ཀྱང་གྲུབ་ཐོབ་རྟོད་མེད་ཡིན་པའི་ཕྱིར། འོ་ན་ཅི་ཞེ་ན། ཕྱི་མ་ལ་རྣམས་ཞེས་མང་ཚིག་སྦྱར་བ་ཙམ་ཡིན་ནོ། །སྤྱོད་ཊཱི་ཀ་ལས། སྤྱོད་ཚུལ་དེ་རྣམས་ཞལ་ཆེར་རྣལ་འབྱོར་མའི་རྒྱུད་ལས་གསུངས་ཤིང་། ནང་གི་རྟོག་པ་དང་སྦྱར་ནས་སྤྲོས་བཅས་དང་། སྤྲོས་མེད་དང་། ཤིན་ཏུ་སྤྲོས་མེད་ཀྱི་སྤྱོད་པ་ཞེས་བླ་མ་དག་གསུངས་ཤིང་། བར་པ་ལ་བྷུ་སུ་ཀུའི་སྤྱོད་པ་ཞེས་ཀྱང་གསུངས་སོ། །ཞེས་དྲིས་པ་ནི། སྤྱིར་རྒྱུད་སྡེ་ལས། ཀུན་འདར་གསང་སྤྱོད། མངོན་སྤྱོད། ཀུན་བཟང་གི་སྤྱོད་པ་དང་གསུམ་དུ་བཤད་ནས། དང་པོ་ཚོགས་ལམ་དུ་འཇིག་རྟེན་ཆོས་བརྒྱད་མངོན་གྱུར་བ་མགོ་སྙོམས་ནུས་པས་སྤྱོད། གཉིས་པ་མཐོང་ལམ་ཐོབ་པ་ལ་ཉེ་བའི་རྣལ་འབྱོར་པས་སྨིན་པ་བརྟུལ་ཞུགས་ཀྱི་སྒོ་ནས་སྤྱོད།

གསུམ་པ་ནི། ས་དང་པོ་ཐོབ་པས་ཕྱོགས་ལས་རྣམ་རྒྱལ་གྱི་སྒོ་ནས་སྤྱོད་པར་གསུངས་པ་དང་གོ་རིམ་འགྲིག་པ་ལྟར་སྣང་ཡང་། གཞུང་འདིར་སྤྱོད་པ་མཛད་པ་པོའི་མཚན་གཞི་དང་མ་འགྲིག་སྟེ། ཨིནྡྲ་བྷཱུ་ཏི་དང་ཞི་བ་ལྷ་གཉིས་ནི་གྲུབ་ཐོབ་ཡིན་པས། ཀུན་འདར་གསང་སྤྱོད་དང་མངོན་སྤྱོད་ཀྱི་དགོས་པ་མེད་པའི་ཕྱིར། དེས་ན་གཞུང་འདིར་ཡང་ཤིན་ཏུ་སྤྲོས་མེད་ཀྱི་སྤྱོད་པ་ལ་ཀུན་བཟང་གི་སྤྱོད་པར་བཤད་པ་ལྟར་ན། ཨིནྡྲ་བྷཱུ་ཏིའི་སྤྲོས་བཅས་ཀྱི་སྤྱོད་པ་དང་། ཞི་བ་ལྷའི་སྤྲོས་མེད་ཀྱི་སྤྱོད་པ་གཉིས་ཀུན་བཟང་གི་སྤྱོད་པ་མ་ཡིན་པ་ལྟ་བུར་བསྟན་ལ། དེ་ལྟར་ན་འཇིག་རྟེན་ལས་འདས་པའི་ཟག་མེད་ཀྱི་ཡེ་ཤེས་ཐོབ་ནས་སྤྱོད་པ་སྤྱད་པ་རྣམས་ལ་ཕྱོགས་ལས་རྣམ་རྒྱལ་དང་། རྒྱལ་ཚབ་ཆེན་པོ་དང་། ཀུན་ཏུ་བཟང་པོའི་སྤྱོད་པར་རྒྱུད་སྡེ་ལས་གསུངས

ཤིང་། མཁས་པ་དག་འཆད་པ་དང་འགལ་བའི་དོགས་པ་སྐྱེ་བས། རྒྱུད་སྡེ་ལ་སྦྱངས་པའི་དཔྱོད་ལྡན་དག་གིས་དཔྱོད་ཅིག །

བཞི་པ་ནི། ཕྱོགས་རེའི་ཐབས་ཀྱིས་མི་གྲོལ་བ་དེས་ན། ཐབས་ཤེས་གཉིས་ཀྱི་རྒྱུ་རྐྱེན་མ་ཚོགས་པར་སངས་རྒྱས་ཀྱི་འབྲས་བུ་མི་འབྱུང་མོད། འོན་ཀྱང་གྲུབ་ཐོབ་རྣམས་ཐབས་ཕྱོགས་རེ་བས་གྲོལ་བ་ལྟར་སྣང་བ་ནི། ཆོ་སྟ་མ་ལྟ་བ་སོགས་གང་ལ་གོམས་འདྲིས་ཆེ་བའི་ལས་འཕྲོའི་བྱེ་བྲག་དང་། ནང་གི་རྩ་ཁམས་ལ་སོགས་པའི་རྟེན་འབྲེལ་གྱི་ཁྱད་པར་གྱིས་ཟུང་འཇུག་གི་ཡེ་ཤེས་སྐྱེ་བའི་སྣ་འདྲེན་ནི་ཐབས་ཀྱི་དབྱེ་བ་རེ་རེ་བས་བྱེད་པར་གསུངས་པས། ལྟ་བ་སོགས་དེ་དང་དེས་གྲོལ་བ་ལྟར་སྣང་བ་ཡིན་ནོ། །དཔེར་ན་ནད་པའི་ལུས་བརྟས་ཤིང་སྟོབས་རྒྱས་པ་བཟའ་བ་དང་བཏུང་བས་བྱེད་མོད་ཀྱི། བཟའ་བཏུང་ལ་སྦྲོ་བ་དེའི་ཡི་ག་འབྱེད་པ་ནི་ཟས་ཀྱི་ཁྱད་པར་སྨན་འགའ་ཞིག་དང་། ཞོ་དང་ཆང་ལ་སོགས་པ་ཡིན་པ་བཞིན་ནོ། །

ལྔ་པ་ནི། ཐབས་ལམ་ཕྱོགས་རེ་བའི་དགོས་པ་དེའི་ཕྱིར་ན། ཐབས་ཀྱི་ཁྱད་པར་ལ་མི་དགོས་ཞེས་སྐུར་པ་འདེབས་ན་བླུན་པོ་ཡིན་པ་དང་། འོན་ཀྱང་ཐབས་ལམ་རེ་རེ་བས་འཚང་རྒྱ་བར་སློ་འདོགས་ཤིང་འདོད་ན་ཤིན་ཏུ་འཁྲུལ་པ་ཡིན་པར་བཤད་དེ། ཐབས་ལམ་རེ་རེ་བས་འཚང་རྒྱ་བ་ནི་མདོ་རྒྱུད་ཀུན་དང་འགལ་བའི་ཕྱིར། སྒྲོ་སྐུར་སྤངས་ཟིན་པ་དེས་ན་སངས་རྒྱས་འདོད་པ་དག་གིས་སྨིན་བྱེད་ཀྱི་དབང་དང་། དེས་མ་གྲོལ་ན་རིམ་པ་གཉིས་ལ་འབད་པར་གྱིས་ཏེ། སྨིན་གྲོལ་དེ་དག་ནི་འཚང་རྒྱ་བའི་ལམ་ཚང་ལ་མ་ནོར་བ་ཡིན་པའི་ཕྱིར་རོ། །

གཉིས་པ་མདོ་སྔགས་ལམ་གྱི་བགྲོད་ཚུལ་སོ་སོར་བཤད་པ་ལ་གཉིས་ཏེ། དཔེའི་སྒོ་ནས་སོ་སོར་བཤད། ཉམས་ལེན་གྱི་སྒོ་ནས་སོ་སོར་བཤད་པའོ། །དང་པོ་ནི། སངས་རྒྱས་ཐོབ་པ་ལ་ཐབས་ཤེས་ཀྱི་རྒྱུ་རྐྱེན་ཀུན་ཚོགས་དགོས་ན། འཚང་རྒྱ་བའི་ལམ་གྱི་རིམ་པ་མདོ་སྔགས་གང་ལ་བརྟེན་ནས་སྒྲུབ་ན་མྱུར་བ་དང་བཟང་བ་ཡིན་ཞེ་ན། མྱུར་བུལ་གྱི་རིམ་པ་དཔེ་དང་སྦྱར་བ་ནི། དཔེར་ན་ཞིང་པ་དག་གིས་སོ་ནམ་ཞག་དང་ཟླ་བ་མང་པོའི་བར་དུ་ཚུལ་བཞིན་དུ་བྱས་པས། ལོ་ཏོག་ཡང་ཞག་དང་ཟླ་བར་རིམ་གྱིས་སྨིན་པ་ལྟར། ཕ་རོལ་ཏུ་ཕྱིན་པའི་ལམ་དུ་ཞུགས་ནས་ཚོགས་བསགས་ན་གྲངས་མེད་གསུམ་གྱི་རིམ་པ་སོང་ནས་རྫོགས་འཚང་རྒྱ་བ་དང་། ཡང་དཔེར་ན། རིག་སྔགས་ཀྱིས་བཏབ་པའི་ས་བོན་ནས་དང་། ཡུངས་ཀར་སོགས་ནི་དུར་ཁྲོད་ཀྱི་སོལ་བ་ལ་སོགས་པའི་ཕྱེ་མའི་གཞི་ལ། བོང་བུའི་ཆུ་ལ་སོགས་པས་སྦྲངས་ཏེ་བཏབ་ན་ཉི་མ་གཅིག་ལ་ལོ་ཏོག་སྨིན་པ་ལྟར། རྡོ་རྗེ་ཐེག་པའི་ཐབས་ཀྱི་ཁྱད་པར་བསྐྱེད་རྫོགས་ཀྱི་གནད་ཤེས་ནས་བསྒོམས་ན། དབང་པོ་ཡང་

རབ་ཀྱིས་མཐོང་བའི་ཆོས་ཚེ་འདི་ཉིད་ལ་སངས་རྒྱས་འགྲུབ་པ་ཡིན་ནོ། །གཉིས་པ་ལ་གཉིས་ཏེ། ཕར་ཕྱིན་ལམ་གྱི་བགྲོད་ཚུལ་བཤད། སྔགས་ཀྱི་ལམ་གྱི་བགྲོད་ཚུལ་བཤད་པའོ། །དང་པོ་ནི། ཕ་རོལ་ཏུ་ཕྱིན་པའི་ལམ་རིམ་ཇི་ལྟ་བུ་ཞེ་ན། སྟོང་ཉིད་སྙིང་རྗེའི་སྙིང་པོ་ཅན་དང་། ཕར་ཕྱིན་དྲུག་སོགས་བསྒོམ་པ་ཕ་རོལ་ཏུ་ཕྱིན་པའི་གཞུང་ལུགས་ནས་བཤད་པའི་ལམ་ཡིན་ཞིང་། ལམ་དེ་ཡིས་དབང་པོ་རྣོ་ཞིང་བརྩོན་འགྲུས་ཇི་ལྟར་མྱུར་ན་ཡང་བསྐལ་པ་གྲངས་མེད་གསུམ་གྱི་དཀའ་བ་སྤྱད་དགོས་ཏེ། ཚོགས་སྦྱོར་དུ་གྲངས་མེད་གཅིག །མ་དག་ས་བདུན་དུ་གྲངས་མེད་གཅིག །དག་པ་ས་གསུམ་དུ་གྲངས་མེད་གཅིག་སྟེ་གསུམ་དགོས་པའི་ཕྱིར་རོ། ། དེ་ལྟ་བུ་ནི་རྫོགས་པའི་སངས་རྒྱས་བསྒྲུབ་པའི་ལམ་པོ་ཆེ་ཡིན་མིན་གྱི་རྩོད་པ་ཀུན་ལས་གྲོལ་བའི་ཆོས་ཡིན་པས། ཐེག་པ་ཆེན་པོའི་མཁས་པ་རྣམས་ཀྱིས་གུས་པས་བསྟན་རིགས་པ་ཡིན་ནོ། །གལ་ཏེ་ཕ་རོལ་ཏུ་ཕྱིན་པའི་ལམ་འདི་བཞིན་བསྒྲུབ་པར་འདོད་ན། རྡོ་རྗེ་ཕག་མོ་ལ་སོགས་པའི་བྱིན་རླབས་ཀྱི་ཆོ་ག་མེད་ཅིང་། བདེ་ཆེན་ལྷན་ཅིག་སྐྱེས་པ་ལ་སོགས་པ་འདིར་མི་བསྒོམ། གཏུམ་མོ་དང་ཞུ་བདེ་ལ་སོགས་པའི་ཐབས་ལམ་དང་བྲལ། ཡེ་ཤེས་ཕྱག་རྒྱ་ཆེན་པོའི་ཐ་སྙད་ཀྱང་མེད་པ་ཡིན་ཏེ། ཕར་ཕྱིན་གྱི་ལམ་དེས་ནི་ཚེ་འདི་དང་བར་དོ་དང་། ཕྱི་མ་སྐྱེ་བ་བདུན་ནམ་བཅུ་དྲུག་ཙམ་ལ་འཚང་རྒྱ་བ་ཕར་ཕྱིན་པ་ཁོང་མི་བཞེད་པའི་ཕྱིར། འདིས་ནི་ཡི་དམ་ལྷའི་བྱིན་རླབས་སོགས་བྱེད་པ་མྱུར་དུ་འཚང་རྒྱ་བའི་ལུགས་ཡིན་པར་བསྟན་ཏེ། དེ་དག་རྡོ་རྗེ་ཐེག་པའི་ཁྱད་ཆོས་ཡིན་པའི་ཕྱིར། འདིར་ཕ་རོལ་ཏུ་ཕྱིན་པའི་ལམ་རིམ་འཆད་པ་ཡང་། རྡོ་རྗེ་ཐེག་པའི་ལམ་ཁྱད་པར་དུ་འཕགས་པ་ཤེས་པའི་ཆེད་ཡིན་ཏེ། གཞན་དུ་ན་ཕར་ཕྱིན་ལམ་གྱིས་ཀྱང་མྱུར་དུ་འཚང་རྒྱ་བ་ཡོད་དམ་སྙམ་པའི་དོགས་པ་འབྱུང་བའི་ཕྱིར་དང་། དེ་ཡིས་ཇི་ལྟར་མྱུར་ན་ཡང་། །གྲངས་མེད་གསུམ་གྱི་དཀའ་སྤྱད་དགོས། །ཞེས་པའི་ཚིག་ནུས་ཀྱང་དེ་ལྟར་དུ་གསལ་ལོ། །དེ་ལྟར་ཕར་ཕྱིན་ལམ་དེ་མྱུར་དུ་འཚང་རྒྱ་བའི་ལམ་མ་ཡིན་མོད། འོན་ཀྱང་རེ་ཞིག་སྔགས་ལ་མི་མོས་ན་ཐེག་པ་ཆེན་པོའི་སྡེ་སྣོད་དགོངས་འགྲེལ་དང་བཅས་པ་རྣམས་ལས་བྱུང་བ་བཞིན། དང་པོར་བྱང་ཆུབ་ཀྱི་མཆོག་ཏུ་སེམས་བསྐྱེད་ལ། དེ་ནས་གྲངས་མེད་གསུམ་དུ་ཚོགས་གཉིས་གསོག །དག་སར་ཡང་དག་མཐའ་མངོན་དུ་མི་བྱ་བར་སྨོན་ལམ་ཡོངས་སུ་རྫོགས་པ་དང་། སེམས་ཅན་ཡོངས་སུ་སྨིན་པ་དང་། སངས་རྒྱས་ཀྱི་ཞིང་སྦྱོང་བཅུད་ཀྱིས་བསྡུས་པ་རྣམས་ལེགས་པར་སྦྱོང་བ་སྟེ། རྫོགས་སྨིན་སྦྱང་གསུམ་ཡང་མཐར་ཕྱིན་པར་བྱས་ཏེ། དེ་ལྟར་སེམས་བསྐྱེད་ནས་བཟུང་དེ་དག་ཚུལ་བཞིན་དུ་ཉམས་སུ་བླངས་པས། ས་བཅུ་པའི་རྒྱུན་གྱི་མཐའ་མར་བདུད་བཞི་ལྷག་མ་མ་ལུས་པར་བཏུལ་ནས། རྫོགས་པའི་སངས་རྒྱས་ཐོབ་པར་གསུངས་པའི་ཕྱིར། པཎ་ཆེན་གྱིས། ས་བཅུའི་མཐའ་མར་བདུད་བཏུལ་བའི། །བཤད་

པ་གཞུང་ལུགས་གང་གིས་སྟོན། །ཞེས་དྲིས་ནས། སྤྱང་བྱ་འཕོ་བའི་བག་ཆགས་ལ་བདུད་ཀྱི་ངོས་འཛིན་གནང་། ཀུན་མཁྱེན་ཆེན་པོས། དགྲ་རྣམས་ལས་ནི་འདས་པ་དང་། །ཞེས་པ་རྒྱ་འགྲེལ་དྲངས་ནས། བདུད་བཞིའི་གནས་ངན་ལེན་ཕྲ་བ་རྒྱུན་མཐའི་ཡེ་ཤེས་ཀྱིས་སྤོང་བས་དེ་ལ་ངོས་འཛིན་མཛད་དོ། །དེ་ལྟར་མཁས་པའི་བཞེད་ཚུལ་གཉིས་ལས། སྔ་མ་ནི་འདིར་ཆེར་མ་འབྲེལ་ཏེ། འཕོ་བའི་བག་ཆགས་ནི་གསང་སྔགས་ཀྱི་ཐུན་མོང་མ་ཡིན་པའི་སྤྱང་བྱ་དང་ཁ་སྐད་ཡིན་པའི་ཕྱིར། དེས་ན་ཕྱི་མ་ཉིད་འཐད་པ་ལས་འོས་མེད་དེ། བདུད་བཞིའི་གནས་ངན་ལན་ཕྲ་ཞིང་ཕྲ་བ་ནི་ས་བཅུ་པའི་རྒྱུན་མཐའ་མས་སྤོང་ཞིང་། དེ་སྤངས་མ་ཐག་ཏུ་སངས་རྒྱས་ཐོབ་པ་ནི་མངོན་རྟོགས་རྒྱན་གྱི་ལུང་གཙང་མ་ཡིན་པའི་ཕྱིར། སྦྱོར་ཊཱི་ཀ་ལས། བྱང་ཆུབ་ཀྱི་ཤིང་དྲུང་དུ་སྟོང་ཉིད་སྙིང་རྗེ་ཟུང་འཇུག་གི་ཏིང་ངེ་འཛིན་ལ་མཉམ་པར་བཞག་སྟེ། སྲོད་ལ་བདུད་བཏུལ་ནས། ཐོ་རངས་རྣམ་པ་ཐམས་ཅད་མཁྱེན་པའི་སངས་རྒྱས་ཐོབ་སྟེ། ཞེས་གསུངས་པ་ཡང་བྱེ་བྲག་སྨྲ་བའི་འགྲེས་ཤོར་བས་འདིར་མི་འཐད་དེ། འཛམ་གླིང་འདིར་མཛད་པ་བཅུ་གཉིས་ཀྱི་ཚུལ་སྟོན་པའི་གོང་དུ་འོག་མིན་དུ་སངས་རྒྱས་ཟིན་པའི་ཕྱིར་རོ། །

གཉིས་པ་ནི། སྔགས་ཀྱི་ཉེ་ལམ་བགྲོད་ཚུལ་གྱི་རིམ་པ་ཇི་ལྟ་བུ་ཞེ་ན། ཕ་རོལ་ཏུ་ཕྱིན་པའི་གཞུང་ནས་བཤད་པའི་བསྐལ་པ་གྲངས་མེད་གསུམ་གྱི་དཀའ་སྤྱད་ལ་སོགས་པ་སྔར་བཤད་པ་དེ་དག་མི་ནུས་པར། གལ་ཏེ་གསང་སྔགས་རྡོ་རྗེ་ཐེག་པའི་ལམ་བསྒོམས་པ་ལ་བརྟེན་ནས་ཚེ་འདིའམ་བར་དོ་སོགས་སུ་སངས་རྒྱས་བསྒྲུབ་པར་འདོད་ན་ཐོག་མར་སྨིན་བྱེད་ནོར་བ་མེད་པའི་དབང་བཞི་བླང་དགོས་ཏེ། དེ་ནི་རྡོ་རྗེ་ཐེག་པའི་ལམ་གྱི་རྩ་བ་ཡིན་པའི་ཕྱིར། དབང་པོ་ཤིན་ཏུ་རྣོ་ཞིང་ཚོགས་བསགས་ན་དེ་ཙམ་གྱིས་གྲོལ་བ་ཡང་སྲིད་མོད། གལ་ཏེ་མ་གྲོལ་ན་རང་བཟོའི་དཀྱིལ་བསྐྱེད་དང་། དྲོད་ཙམ་གྱིས་ཆོག་པར་འཛིན་པ་ལ་སོགས་པའི་འཁྲུལ་པ་མེད་པའི་རིམ་གཉིས་རྒྱུད་སྡེ་ལས་ཇི་ལྟར་གསུངས་པ་བཞིན་བསྒོམ་པར་བྱ་སྟེ། རིམ་གཉིས་ཀྱི་གནད་མ་འཁྲུལ་བར་བསྒོམས་ན་མྱུར་དུ་འཚང་རྒྱ་བའི་ཕྱིར། དབང་དང་རིམ་གཉིས་དེ་ལས་བྱུང་བའི་མཚོན་བྱེད་དཔེའི་ཡེ་ཤེས་ཕྱག་རྒྱ་ཆེན་པོ་སྐྱེས་པའི་ཚེ། ཕྱག་ཆེན་གྱི་རྒྱུན་དེ་ཉིད་ཡང་ནས་ཡང་དུ་གོམས་པར་བྱ་སྟེ། གོམས་པས་དྲོད་ཐོབ་པའི་རྟགས་མཉམ་གཞག་ཏུ་འཇིག་རྟེན་ཆོས་བརྒྱད་མགོ་སྙོམས་པ་འབྱུང་བའི་ཕྱིར། མགོ་སྙོམས་པ་དེ་ནས་འཁོར་འདས་ལ་བླང་དོར་ཐ་དད་དུ་མི་འཛིན་པར་རོ་གཅིག་ཏུ་བསྲེ་བའི་ཕྱིར། ཀུན་འདར་འཇིག་རྟེན་པའི་མངོན་དུ་སྤྱོད་པ་ལ་སོགས་པ་རྣམ་པར་དག་པའི་སྤྱོད་པ་རྣམས་སྤྱད་པར་བྱ་སྟེ། དེ་ལྟར་སྤྱད་པས་ནང་ལུས་ཀྱི་སྤྱི་བོ་ལ་སོགས་པའི་ཡུལ་སོ་བདུན་གྱི་རླུང་སེམས་དབུ་མར་ཞུགས་ཏེ། ས་ལམ་ཀུན་བགྲོད་ནས

རྡོ་རྗེ་འཛིན་པའི་ས་དགེ་བ་སྟེ་མཆོག་བཅུ་གསུམ་པ་ནི་ཐོབ་པར་འགྱུར་བ་ཡིན་པའི་ཕྱིར། ལམ་གྱི་བགྲོད་ཚུལ་འདི་ལྟ་བུ་ནི་དུས་གསུམ་སངས་རྒྱས་རྣམས་ཀྱི་བསྟན་པ་དམ་པའི་ཆོས་ཀྱི་སྙིང་པོ་མཐར་ཐུག་པ་དང་། རྣལ་འབྱོར་རྒྱུད་མན་ཆད་ལ་སྦྱས་པས་བླ་མེད་ཀྱི་རྒྱུད་སྡེ་རྣམས་ཀྱི་གསང་ཚིག་མཆོག་ཡིན་པར་ཤེས་པར་བྱ་སྟེ། སྐལ་ལྡན་འཚང་རྒྱ་བ་ལ་ཉེ་བའི་ལམ་རིམ་མཆོག་ཏུ་གྱུར་པ་ནི་ལམ་བགྲོད་ཚུལ་འདི་ཉིད་ཡིན་པའི་ཕྱིར། གཞུང་འདིར་མདོ་སྔགས་གཉིས་ཀྱི་ལམ་བགྲོད་ཚུལ་ཐ་དད་པ་གཉིས་བསྟན་ནས། འབྲས་བུ་སངས་རྒྱས་ཀྱང་ཐ་དད་དུ་ཐོབ་པ་ལྟར་བཤད་སྣང་བས། མདོ་སྔགས་གཉིས་ལམ་མྱུར་བུལ་ཙམ་མ་གཏོགས་འབྲས་བུ་ལ་བཟང་ངན་མེད་པ་ཡིན་ནམ། དེ་ལྟར་ན་ཕ་རོལ་ཏུ་ཕྱིན་པས་སངས་རྒྱས་ཀྱི་སར་འདོད་པའི་ས་བཅུ་གཅིག་པ་དེ། ས་བཅུ་གསུམ་པར་འགྱུར་ཏེ། དེ་སངས་རྒྱས་ཀྱི་ས་གང་ཞིག །སངས་རྒྱས་ཀྱི་ས་ལ་བཟང་ངན་མེད་པའི་ཕྱིར་ཞེ་ན།

འདི་ལ་མཁས་པའི་བཞེད་པ་འགོད་པ་དང་། འཁྲུལ་མེད་ཀྱི་གནད་བཤད་པ་གཉིས། དང་པོ་ནི། དགའ་གདོང་ཊཱི་ཀཱར། ཕར་ཕྱིན་རང་རྐང་གི་ལམ་ལ་བརྟེན་ནས་སངས་རྒྱས་ཐོབ་པ་ཡོད་པའི་ཤེས་བྱེད་དུ། གཞུང་འདིར། གང་ཞིག་སངས་རྒྱས་བྱེད་འདོད་ན། །དེ་ཡིས་འདི་བཞིན་སྦྱང་བར་བྱ། །ཞེས་གདམས་ནས། སྤྱོད་རྒྱུའི་ལམ་ལ། ཡང་ན་ཕ་རོལ་ཕྱིན་པ་ཡི། །ཞེས་སོགས་ཀྱིས་ཕར་ཕྱིན་ལམ་དང་། རྡོ་རྗེ་ཐེག་པའི་ལམ་གཉིས་སུ་བསྟན་པ་འདི་འདྲེན་པར་མཛད་ནས། མདོ་སྔགས་ཀྱི་སངས་རྒྱས་གཉིས་པོ་དེ་སངས་རྒྱས་མཚན་ཉིད་པར་མཚུངས་ཀྱང་། མདོ་ལུགས་ཀྱི་སངས་རྒྱས་སྔགས་ལུགས་ཀྱི་དེ་ལས་སྤྱངས་རྟོགས་དམན་པར་བཞེད་དེ། དེའི་རྒྱུ་མཚན་བདག་མེད་བསྟོད་འགྲེལ་ལས། མདོ་སྔགས་གཉིས་རྒྱུ་ལ་ཁྱད་པར་ཞུགས་པས་འབྲས་བུ་ལ་ཡང་ཁྱད་པར་ཡོད་པ། ཀུས་བཅུས་པའི་སྐྱུ་རུ་ར་དང་། འོ་མས་བཅུས་པའི་སྐྱུ་རུ་རའི་དཔེ་དང་སྦྱར་ནས་གསུངས་པ་ལ་བརྟེན་པ་ཡིན་ནོ། །ངོར་པའི་རྗེས་འབྲང་ཁ་ཅིག །དོན་གཅིག་ན་ཡང་མ་རྨོངས་དང་། །ཞེས་མདོ་སྔགས་གཉིས་ཐོབ་བྱའི་འབྲས་བུ་གཅིག་པར་བཤད་པས། ཕར་ཕྱིན་ནས་བཤད་པའི་ས་བཅུ་གཅིག་པ་དང་། སྔགས་ནས་བཤད་པའི་ས་བཅུ་གསུམ་པ་གཉིས་དོན་གཅིག །དེས་ན་སྔགས་ལུགས་ཀྱི་ས་བཅུ་གཅིག་པ་དང་བཅུ་གཉིས་པ་གཉིས་ས་བཅུ་པའི་ཁོངས་སུ་བསྡུ་ཟེར། ག་གཟི་རིན་ཆེན་དཔལ་གྱིས་ཀུན་མཁྱེན་ཆེན་པོ་ལ། ཕར་ཕྱིན་ཐེག་པའི་བཅུ་གཅིག་དང་། །རྡོ་རྗེ་ཐེག་པའི་བཅུ་གསུམ་པ། །དོན་གཅིག་མིང་གིས་དབྱེ་མིན་ནམ། །ཞེས་དྲི་བ་ཞུ་བའི་དགོངས་གཞི་ཡང་། ངོར་པའི་རྗེས་འབྲང་བླ་མའི་གསུང་སྒྲོས་མ་ཟིན་པ་ཕལ་ཆེར་གྱིས་དེ་གཉིས་དོན་གཅིག་ཏུ་འདོད་པའི་ཁ་སྐད་གྲགས་ཆེ་བ་ལས་བྱུང་བ་ཡིན་ནོ། །

གཉིས་པ་འཁྲུལ་མེད་ཀྱི་གནད་ནི། ཕར་ཕྱིན་རང་རྐང་ལ་བརྟེན་ནས་སངས་རྒྱས་ལ་ཞོག །ས་བཅུ་གཅིག་པ་ཙམ་ཡང་ཐོབ་པ་མེད་དེ། ས་བཅུ་གཅིག་པ་ནི་སྔགས་ཀྱི་ཐུན་མོང་མ་ཡིན་པའི་ས་ཡིན་པའི་ཕྱིར་ཏེ། དེ་སྙམས་པའི་ས་གསུམ་པོ་གང་རུང་ཡིན་པའི་ཕྱིར། དགའ་གདོང་པ། ཕར་ཕྱིན་རང་རྐང་ལ་བརྟེན་ནས་སངས་རྒྱས་པ་སངས་རྒྱས་སུ་ཁས་བླངས་ནས། སངས་རྒྱས་ལ་མཆོག་དམན་འབྱེད་པ་ནི་ཧ་ཅང་ཐལ་ཏེ། འོ་ན་ཕར་ཕྱིན་རང་རྐང་ལ་བརྟེན་ནས་སངས་རྒྱས་པའི་སངས་རྒྱས་ཆོས་ཅན། ཁྱོད་རྫོགས་པའི་སངས་རྒྱས་ཡིན་པར་ཐལ། སངས་རྒྱས་ཡིན་པའི་ཕྱིར། འདོད་ན། སྦྱང་རྟོགས་རྫོགས་པའི་སངས་རྒྱས་ཡིན་པར་ཐལ། འདོད་པའི་ཕྱིར། འདོད་ན། མ་ཡིན་པར་ཐལ། ཁྱོད་ལས་སྦྱང་རྟོགས་ལྷག་པའི་སངས་རྒྱས་ཡོད་པའི་ཕྱིར་ཏེ། སྔགས་ལུགས་ཀྱི་སངས་རྒྱས་དེ་ཁྱོད་ལས་སྦྱང་རྟོགས་ལྷག་པའི་ཕྱིར། རྟགས་ཁས། ཡང་དེ་ཆོས་ཅན། སངས་རྒྱས་མ་ཡིན་པར་ཐལ། མཐར་ཐུག་གི་འབྲས་བུ་མ་ཡིན་པའི་ཕྱིར་ཏེ། ཁྱོད་ལས་ལྷག་པའི་ཐོབ་བྱའི་འབྲས་བུ་གཞན་ཡོད་པའི་ཕྱིར་ཏེ། སྔགས་ལུགས་ཀྱི་སངས་རྒྱས་དེ་དེ་ལྟར་ཡིན་པའི་ཕྱིར། གཞུང་འདིར། གྲངས་མེད་གསུམ་གྱི་རྫོགས་འཚང་རྒྱ། །ཞེས་དང་། ས་བཅུའི་མཐའ་མར་བདུད་བཏུལ་ནས། །རྫོགས་པའི་སངས་རྒྱས་ཐོབ་པར་གསུངས། །ཞེས་བཤད་པ་ནི། ཕ་རོལ་ཏུ་ཕྱིན་པ་བ་དག་རང་ལུགས་ཀྱི་ལམ་རང་རྐང་ལ་བརྟེན་ནས་སྦྱངས་རྟོགས་མཐར་ཐུག་པའི་སངས་རྒྱས་མཚན་ཉིད་པ་ཐོབ་པར་འདོད་པས། དེའི་ལུགས་བཀོད་པ་ཡིན་ཏེ། ཐོབ་པར་གསུངས་ཞེས་པ་ཡང་། ཕར་ཕྱིན་རང་རྐང་ལས་གསུངས་ཞེས་པའི་དོན་ཡིན་པའི་ཕྱིར་དང་། གོང་དུ། ཕྱི་མར་འཚང་རྒྱ་ཁོང་མི་བཞེད། །ཅེས་པའི་ཚིག་གི་ཤུགས་ཀྱིས་ཀྱང་། གྲངས་མེད་གསུམ་གྱི་རྫོགས་འཚང་རྒྱ་བ་ཕ་རོལ་ཏུ་ཕྱིན་པ་རང་གི་འདོད་ཚུལ་ཙམ་དུ་བསྟན་པའི་ཕྱིར། ཕར་ཕྱིན་ནས་བཤད་པའི་བཅུ་གཅིག་པ། སྔགས་ནས་བཤད་པའི་བཅུ་གསུམ་པར་འདོད་པ་ཡང་། བདག་མེད་བསྟོད་འགྲེལ་གྱི་ལུང་གིས་ཁེགས་པ་ཡིན་ཏེ། ཇི་ལྟར་ན། ཕར་ཕྱིན་ནས་བཤད་པའི་ས་བཅུ་གཅིག་པ་ཆོས་ཅན། ཁྱོད་ས་བཅུ་གསུམ་པ་མ་ཡིན་པར་ཐལ། ཁྱོད་དང་ས་བཅུ་གསུམ་པ་གཉིས་ལ་མཆོག་དམན་གྱི་ཁྱད་པར་ཡོད་པའི་ཕྱིར་ཏེ༑ ཁྱོད་དང་སྔགས་ལུགས་ཀྱི་སངས་རྒྱས་གཉིས་ལ་མཆོག་དམན་གྱི་ཁྱད་པར་ཡོད་པའི་ཕྱིར་ཏེ། ཁྱོད་ཆུས་སྦྲགས་པའི་སྐྱུ་རུ་རའི་དཔེས་བསྟན་ལ། སྔགས་ལུགས་ཀྱི་སངས་རྒྱས་དེ་འོ་མས་བཅུས་པའི་སྐྱུ་རུ་རའི་དཔེས་བསྟན་པའི་ཕྱིར། གཏན་ཚིགས་གྲུབ་ཅིང་ཁྱབ་པ་ཡོད་དེ། བདག་མེད་བསྟོད་འགྲེལ་ལས། རྒྱུ་ལ་ཁྱད་ཞུགས་པས་འབྲས་བུ་ལ་ཁྱད་ཞུགས་པ་ཆོས་ཉིད་དེ། ཆུས་བཅུས་པའི་སྐྱུ་རུ་ར་དང་། འོ་མས་བཅུས་པའི་སྐྱུ་རུ་ར་བཞིན་ནོ། །ཞེས་གསལ་བར་བཤད་པའི་ཕྱིར། དེས་ན། དོན་གཅིག་ན་ཡང་མ་རྨོངས་དང་། །ཞེས་བཤད་པ

ནི༔ མདོ་སྔགས་གཉིས་ཀའི་ཐོབ་བྱའི་འབྲས་བུ་སྤྱངས་རྟོགས་མཐར་ཐུག་བརྙེས་པ་ལ་སངས་རྒྱས་སུ་འཛོག་པ་མཐུན་པས། མདོ་སྔགས་གཉིས་རྫོགས་པའི་སངས་རྒྱས་ཀྱི་མཚན་ཉིད་ལ་མཐུན་ཞེས་བཤད་པ་དེ་ཡིན་ལ། འོན་ཀྱང་མཚན་གཞི་ལ་མི་མཐུན་ཏེ་ཕ་རོལ་ཏུ་ཕྱིན་པས་ས་བཅུ་ལས་གཞན་པའི་བྱང་སེམས་འཕགས་པའི་ས་མེད་པས་ས་བཅུ་གཅིག་པ་སངས་རྒྱས་ཀྱི་ས་དང་། རྡོ་རྗེ་ཐེག་པས་སློབ་ལམ་སུ་བཅུ་གཉིས་པ་བཞེད་པས། ས་བཅུ་གསུམ་པ་སངས་རྒྱས་ཀྱི་སར་བཞེད་པའི་ཕྱིར། དེ་སྐད་དུ། སམ་བུ་ཊ་ལས། གང་དག་བསམ་གྱིས་མི་ཁྱབ་པའི་གནས་མངོན་དུ་མ་བྱས་པ་དེ་ནི་བདེ་བར་གཤེགས་པ་སྟེ་སངས་རྒྱས་ཡིན་ལ། མཚན་གཞི་མཆོན་པ་ནི་རྡོ་རྗེ་འཛིན་པ་ཡང་དག་པའོ། །ཞེས་གསུངས་སོ། །དེ་ཡང་སངས་རྒྱས་ཡིན་ལ་ཞེས་པ་ཡན་གྱིས་མདོ་ལུགས་ཀྱི་སངས་རྒྱས་ཀྱི་མཚན་གཞི་ངོས་བཟུང་ནས། དེ་སངས་རྒྱས་བཏགས་པ་བར་བསྟན། མཚན་གཞི་མཚོན་པ་ནི་རྡོ་རྗེ་འཛིན་པ་ཡང་དག་པའོ་ཞེས་པས། སྔགས་ལུགས་ཀྱི་སངས་རྒྱས་ཀྱི་མཚན་གཞི་བསྟན་པ་ཡིན་ཏེ། བསམ་གྱིས་མི་ཁྱབ་པའི་གནས་མངོན་དུ་མ་བྱས་པའི་དོན་ནི། ཡུལ་དང་ཡུལ་ཅན་གྱི་སྣང་བ་ཐམས་ཅད་བདེ་སྟོང་དུ་རོ་གཅིག་ཏུ་འདྲེས་པའི་སངས་རྒྱས་རང་སྣང་གི་ཡེ་ཤེས་མངོན་དུ་མ་གྱུར་པ་བཅུ་གཅིག་ཀུན་ཏུ་འོད་ཀྱི་ས་ལྟ་བུ་ཡིན་ལ། དེ་ནི་ལམ་བདེ་བ་ནས་བདེ་བར་གཤེགས་པས་ན་བདེ་གཤེགས་དང་། སངས་རྒྱས་ལ་ཉེ་ཞིང་ཕར་ཕྱིན་ཐེག་པར་སངས་རྒྱས་སུ་བཤད་པས་ན་སངས་རྒྱས་ཀྱི་མིང་གིས་བཏགས་པ་ཙམ་དང་། ཤེས་བྱའི་སྒྲིབ་པ་ཕྲ་ཞིང་ཕྲ་བ་རྣམས་སྤྱངས་པས། སྔར་བཤད་པའི་རང་སྣང་གི་ཡེ་ཤེས་མངོན་དུ་གྱུར་བ་ས་བཅུ་གསུམ་པ་ནི་སངས་རྒྱས་ཀྱི་མཚན་གཞི་མཚན་ཉིད་པ་ཡིན་ནོ། །ཞེས་སྟོན་པ་ལ། གང་དག་ཅེས་སོགས་ཀྱི་རྒྱུད་ཚིག་འདི་བྱུང་བའི་ཕྱིར། དེ་ལྟར་མ་བྱུང་ན་རྗེ་མོའི་གནད་ཀྱི་གསལ་བྱེད་དང་། ས་པཎ་གྱི་བསྟོད་འགྲེལ་ལས་ཚུལ་འདི་བཞིན་དུ་གསུངས་པ་དང་འགལ་ལོ། །ས་བཅུ་གཅིག་པ་སངས་རྒྱས་ཀྱི་སར་བྱས་ནས། དེ་ཕར་ཕྱིན་གྱི་ལམ་ཁོ་ནས་ཐོབ་པར་ཕ་རོལ་ཏུ་ཕྱིན་པ་བ་རང་འདོད་ཀྱང་། རྡོ་རྗེ་ཐེག་པས་གཞལ་ན་དེ་ལྟར་མ་ཡིན་ཏེ། ཕར་ཕྱིན་རང་རྐང་གི་ལམ་དུ་ས་བཅུ་པ་རྒྱུན་བགྲོད་པའི་ནུས་པ་ལས་མེད་ཅིང་། བསྐལ་པ་གྲངས་མེད་གསུམ་དུ་ཚོགས་བསགས་པ་ཡང་ས་བཅུ་པ་རྒྱུན་ཆད་དུ་ཡིན་པའི་ཕྱིར། དེ་ལྟར་ས་བཅུ་པ་རྒྱུན་ཕར་ཕྱིན་ལམ་གྱིས་བགྲོད་ཟིན་པ་དེ་སྔགས་ལམ་ལ་འཇུག་པ་ན་ལམ་གཞན་གྱིས་བར་མ་ཆོད་པར་དེ་མ་ཐག་ས་བཅུ་གཅིག་པར་ཞུགས་ནས། ས་ལྷག་མ་གསུམ་སྔགས་ལམ་གྱིས་བགྲོད་པ་ཁོ་ན་ཡིན་ནོ། །དེས་མཚོན་ནས་ཚོགས་སྦྱོར་གཉིས་ཕར་ཕྱིན་གྱིས་བགྲོད་ཟིན་པ་ས་དང་པོ་ནས་སྔགས་ལ་ཞུགས་ཏེ་དེ་ཡན་ཆད་སྔགས་ཀྱིས་བགྲོད་པ་དང་། ས་དང་པོ་མན་ཆད་ཕར་ཕྱིན་གྱིས་བགྲོད་ནས། ས་གཉིས་པ་ནས་སྔགས་ལ་ཞུགས་ཏེ། དེ་

ཡན་ཆད་སྔགས་ཀྱིས་བགྲོད་པ་དང་། ས་དྲུག་པ་མན་ཆད་ཕར་ཕྱིན་གྱིས་བགྲོད་ནས། ས་བདུན་པ་ནས་སྔགས་ལ་ཞུགས་ཏེ། དེ་ཡན་ཆད་སྔགས་ཀྱིས་བགྲོད་པ་སོགས་མང་དུ་ཡོད་དེ། དོན་འདི་དག་ས་ཆེན་གྱི་ལམ་འབྲུག་ལྡོག་གི་ཡིག་ཆུང་ན་ཞིབ་པར་གསལ་ལོ། །གཞན་དེ་དག་གི་ཕྱིར་ན། སྔགས་ཀྱི་འཕགས་པ་ལ་སྔགས་ཀྱི་ཚོགས་སྦྱོར་སྔོན་དུ་འགྲོ་དགོས་པའི་ངེས་པ་མེད་དེ། ས་དང་པོ་མན་ཆད་ཕར་ཕྱིན་ལམ་གྱིས་བགྲོད་ཟིན་པ་སྔགས་ལ་འཇུག་པ་ན། དེ་མ་ཐག་ས་གཉིས་པ་ནས་ཞུགས་ཆོག་པ་སོགས་ལམ་འབྲུག་ལྡོག་གི་ཡིག་ཆུང་ན་དངོས་སུ་གསལ་བའི་ཕྱིར། ས་ལྷག་མ་གསུམ་སྨྲས་པ་ཡིན་པའི་རྒྱུ་མཚན་ནི། ས་བཅུ་གཅིག་པ་ཕ་རོལ་ཏུ་ཕྱིན་པར་མིང་ཙམ་གྲགས་ཀྱང་དོན་མ་བཤད་པས་མིང་མ་སྨྲས་ལ་དོན་སྨྲས་པ་དང་། ས་བཅུ་གཉིས་པ་ནི་མིང་དོན་གང་ཡང་ཕ་རོལ་ཏུ་ཡིན་པར་མ་བཤད་པས་མིང་དོན་གཉིས་ཀ་སྨྲས་པ་དང་། ས་བཅུ་གསུམ་པ་ནི་དོན་སྐུ་གསུམ་ཡེ་ཤེས་བཞི་ཕ་རོལ་ཏུ་ཕྱིན་པར་བཤད་ཅིང་མིང་དངོས་སུ་མ་བཤད་པས། དོན་མ་སྨྲས་པ་ལ་མིང་སྨྲས་པའི་ས་ཡིན་ལ། དེ་བས་ན་དོན་སྨྲས་ན་སྨྲས་པ་དང་། མིང་སྨྲས་ན་སྨྲས་པས་ཁྱབ། མིང་མ་སྨྲས་ན་མ་སྨྲས་པ་དང་། དོན་མ་སྨྲས་ན་མ་སྨྲས་པས་མ་ཁྱབ་པའི་རྣམ་དབྱེ་གཅེས་པ་ཡིན་ནོ། །ས་ལམ་གྱི་སྐབས་འདིར་གཞན་གྱི་དོན་མཐའ་ཡས་པ་ཞིག་མཆིས་ཀྱང་། ཀུན་མཁྱེན་བླ་མའི་སྡོམ་གསུམ་ཊཱིཀྐ་དང་། སྡོམ་གསུམ་ཁ་སྐོང་དུ་རྒྱས་པར་གསལ་བས་དེར་བལྟ་བར་བྱའོ། །གསུམ་པ་ནི། སེམས་ཅན་གང་ཞིག་སངས་རྒྱས་བྱེད་པར་འདོད་ན། སངས་རྒྱས་འདོད་པ་དེ་ཡིས་ལམ་འདི་བཞིན་དུ་སྒྲུབ་པར་བྱ་སྟེ། ཇི་ལྟར་ན། ཡང་ན་ཕ་རོལ་ཏུ་ཕྱིན་པའི་མདོ་ལས། སེམས་བསྐྱེད་པ་ནས་རྫོགས་སྨིན་སྦྱང་གསུམ་གྱི་བར་ཇི་ལྟར་འབྱུང་བ་གཞན་ཉམས་ལེན་གྱིས། ཡང་ན་རྡོ་རྗེ་ཐེག་པའི་རྒྱུད་སྡེ་ལས། སྨིན་བྱེད་ཀྱི་དབང་གྲོལ་བྱེད་ཀྱི་རིམ་གཉིས་དེ་དག་ལས་ཕྱུག་ཆེན་སྐྱེས་པས་སྤྱོད་པ་སྦྱད་དེ་ས་ལམ་བགྲོད་ཚུལ་གསུངས་པ་བཞིན་དུ་ཉམས་སུ་མྱོང་སྟེ་ལེན་རིགས་པ་ཡིན་ནོ། །ཚུལ་འདི་གཉིས་མིན་པའི་ཐེག་ཆེན་སངས་རྒྱས་རྣམས་ཀྱིས་གསུངས་པ་མེད་དེ། མདོ་སྔགས་གང་རུང་གི་ལམ་རིམ་ལས་གཞན་པའི་འཚང་རྒྱ་བའི་ལམ་རིམ་མེད་པའི་ཕྱིར། མདོ་ལམ་ལ་བརྟེན་ནས་འཚང་རྒྱ་བ་དེ་མཐར་སྔགས་ལ་ལྟོས་དགོས་ཀྱང་། སྔགས་ལམ་གྱི་འབད་རྩོལ་ཆུང་དུས་ས་ལྷག་མ་མྱུར་དུ་བགྲོད་པ་ཙམ་མ་གཏོགས། ལམ་ཕལ་ཆེ་བ་མདོ་ལ་བརྟེན་ནས་སོང་ཟིན་པས། འཚང་རྒྱ་བའི་ལམ་རིམ་ལ་མདོ་སྔགས་གཉིས་རང་སར་རྐང་ཚུགས་པ་རེ་འཆད་པ་ཡིན་ནོ། །

བཞི་པ་མདོ་སྔགས་གཉིས་དང་མ་འབྲེལ་ཆོས་ལུགས་དགག་པ་ལ་བདུན་ཏེ། སངས་རྒྱས་བསྟན་དང་མ་འབྲེལ་ཆོས་པ་དགག །སྡོམ་པའི་དགེ་དང་མ་འབྲེལ་ཐར་ལམ་དགག །ངེས་འབྱུང་བློ་དང་མ་འབྲེལ་སོ་

ཐར་དགག །སྔེ་སྟོད་ལུགས་དང་མ་འབྲེལ་སེམས་བསྐྱེད་དགག །རྒྱུད་སྡེ་དག་དང་མ་འབྲེལ་གསང་སྔགས་དགག །དབང་བསྐུར་དག་དང་མ་འབྲེལ་བླ་མ་དགག །སྡོམ་གསུམ་མ་འབྲེལ་དགེ་སྦྱོང་སོགས་སུ་དགག་པའོ། །དང་པོ་ནི། ད་ལྟ་གངས་རིའི་ཁྲོད་ཀྱི་ཆོས་པ་ཕལ་ཆེར་ནི། འདུལ་བ་དང་ཕ་རོལ་ཏུ་ཕྱིན་པ་དང་། རྡོ་རྗེ་ཐེག་པ་གསུམ་པོ་གང་རུང་དུ་གཏོགས་པ་དཀའ་སྟེ། རྒྱ་མཚན་ཚུལ་ཁྲིམས་ཀྱི་བསླབ་པ། ཏིང་ངེ་འཛིན་གྱི་བསླབ་པ། ཤེས་རབ་ཀྱི་བསླབ་པ་དང་གསུམ་པོ་མི་སྲུང་ཞིང་མི་སློབ་པས་ཕ་རོལ་ཏུ་ཕྱིན་པའི་ཆོས་ལུགས་མ་ཡིན། སྨིན་བྱེད་ཀྱི་དབང་བཞི་དང་ལམ་རིམ་གཉིས་མི་སྒྲུབ་ཅིང་དེ་དག་དང་མི་ལྡན་པས་བླ་མེད་རྡོ་རྗེ་ཐེག་པའི་བསྟན་པ་མིན། འདུལ་བའི་སྡེ་སྣོད་ནས་དང་པོ་སྡོམ་པ་ལེན་པ། བར་དུ་བསྲུང་བ། ཉམས་པ་ཕྱིར་འཆོས་ལུགས་གསུངས་པ་རྣམས་མི་ཤེས་ཤིང་མི་བསྒྲུབ་པས་ཉན་ཐོས་ཀྱིའང་ཆོས་ལུགས་མ་ཡིན་པའི་ཕྱིར། གསུམ་པོ་གང་རུང་དུ་མི་གཏོགས་མོད་ཀྱི་འོན་ཀྱང་ཆོས་པར་མིང་དུ་ཁས་འཆེ་བ་ཀྱི་མ་མཚར་ཆེ་སྟེ། སུ་གང་གིས་བསྟན་པར་འགྱུར་བསམས་ན་བསྟན་པ་འདིའི་ནང་དུ་མི་གཏོགས་པར་གསལ་བའི་ཕྱིར། དཔེར་ན་སྣང་འཚོང་མའི་ཁྲིམ་དུ་ཕ་འདི་ཡིན་ངེས་བཟུང་མེད་པའི་བུ་མང་ཡང་། རིགས་རུས་འདི་ཡིན་གྱི་ནང་དུ་ཚུད་མི་ནུས་པ་དེ་བཞིན་དུ། སངས་རྒྱས་ཀྱིས་གསུངས། སྟོད་པ་པོས་བསྡུས། གྲུབ་ཐོབ་ཀྱིས་བསྒོམ། པཎྜི་ཏས་བཤད། ལོ་ཙཱ་བས་བསྒྱུར་བ་སོགས་ཀྱི་ཁུངས་ནས་མ་བྱུང་བའི་ཆོས་པ་ངོ་མཚར་ཅན་བོད་འདི་ན་མང་ཡང་བསྟན་པའི་ནང་དུ་ཚུད་པ་མ་ཡིན་ནོ། །དེ་ལྟ་བུའི་ཆོས་པ་བསྟན་པའི་ནང་དུ་མི་ཚུད་པ་དེས་ན། ཆོས་དེས་ཀྱང་འཚང་རྒྱ་བ་ལ་མི་ཕན་ཏེ། དཔེར་ན་དག་དུག་ཏྲལ་ཏྲུལ་བསྡུས་པའི་གོས་ལ་ནི་ཡ་རབས་ཆེན་པོ་རྣམས་ཀྱི་ཆས་ཏེ་ན་བཟའ་མི་རུང་བ་དེ་བཞིན་དུ། ཐེག་པ་གོང་འོག་དང་། གདམས་ངག་སྣ་ཚོགས་ནས་ཐུན་ཚགས་བསྡུས་པའི་ཆོས་ཀྱིས་བསྟན་ལ་གྲུས་པའི་ངང་ཅན་འཚང་མི་རྒྱ་བས་སོ། །གཞུང་འདིར་དབང་དང་རིམ་པ་གཉིས་དང་མི་ལྡན་པ་ཙམ་གྱིས་རྡོ་རྗེ་ཐེག་པའི་བསྟན་པ་མ་ཡིན་པར་གསུངས་ན། རྒྱུད་སྡེ་འོག་མའི་ཉམས་ལེན་བྱེད་པ་དག་གསང་སྔགས་ཀྱི་བསྟན་པ་མ་ཡིན་པར་འགྱུར་ལ། དེ་ལྟར་ན་དེ་ཉན་ཐོས་དང་ཕར་ཕྱིན་ཡང་མ་ཡིན་པས། བསྟན་པ་འདིའི་ནང་དུ་མི་ཚུད་པར་ཐལ་བའི་དོགས་པ་དཔྱོད་ལྡན་དག་ལ་སྐྱེའོ། །གཞུང་གི་དོན་ནི༏ རྡོ་རྗེ་ཐེག་པའི་བསྟན་པ་མིན། །ཞེས་པ་བླ་མེད་ལ་དགོངས་ཏེ། རྡོ་རྗེ་ཐེག་པའི་ལམ་ཞུགས་ཏེ། །ཞེས་པ་དང་། གལ་ཏེ་གསང་སྔགས་བསྒོམ་འདོད་ན། །ཞེས་པ་ངག་དང་འདྲའོ། །སྐབས་དོན་ཕྱོགས་སྔ་མ་ལ་གནོད་བྱེད་བརྗོད་རྒྱུ་ནི། སྟོང་ཉིད་རྐྱང་པ་བསྒོམ་པའི་དཀར་པོ་ཆིག་ཐུབ་པ་དང་། དབང་བསྐུར་མེད་པར་གཏུམ་མོ་སོགས་ཀྱི་ཐབས་ལམ་ཕྱོགས་རེ་བསྒོམ་པར་བྱེད་པ་སོགས་ཀྱི་བོད་ཀྱི་ཆོས་པ་རྣམས་ཆོས་ཅན་དུ་བཟུང་ནས།

ཕ་རོལ་ཏུ་ཕྱིན་པ་སོགས་ཐེག་པ་གསུམ་པོ་གང་གི་ལུགས་ཡིན་བརྟུད་པས་གང་དུ་ཡང་མ་གཏོགས་པས་བསྟན་པ་འདིའི་ནང་དུ་མ་ཚུད་པར་བསྟན་ལ། དེའི་ཆོ་ཆོས་པ་དེ་དག་རྒྱུད་སྡེ་འོག་མ་པར་ཁས་འཆེ་བས་དེའི་ནང་དུ་འདུས་མ་འདུས་ཀྱི་དཔྱད་པ་ཆེར་མ་མཛད་པ་ཡིན་ནོ། །ད་དུང་ཅུང་ཟད་དགའ་བར་སྣང་བས་དཔྱོད་ཅིག །

གཉིས་པ་ལ་གསུམ་སྟེ། མུ་སྟེགས་དཔེ་དང་སྦྱར་བའི་འདོད་པ་བརྗོད། དེ་ཉིད་རྒྱུ་འབྲས་འབྲེལ་བའི་རིགས་པས་དགག །ཉམས་ལེན་གནད་རྣམས་བསྡུས་ཏེ་སྐབས་དོན་གདམས་པའོ། །དང་པོ་ནི། འཕགས་ཡུལ་ན་མུ་སྟེགས་བྱེད་པ་ཁ་ཅིག །སངས་རྒྱས་པ་ལ་འདི་སྐད་ཟེར་ཏེ། སྡིག་པ་སྤོང་ཞིང་དགེ་བ་བྱེད་ན་དེད་མུ་སྟེགས་རྣམས་ཀྱི་རིག་བྱེད་ལ་ཡང་ཡོད་པས། དེད་ལ་སྐྱོན་ཅི་ཞིག་ཡོད། གལ་ཏེ་དགེ་བ་མེད་ཅིང་སྡིག་པ་བྱེད་ན། ཁྱེད་ནང་པ་ཆོས་པ་ཡིན་ཡང་ཅི་ཕན། དེ་བས་ན་ཁྱེད་ཀྱི་ལུགས་བཟང་ལ་དེད་ཀྱི་ལུགས་ངན་པའི་རྒྱུ་མཚན་ཅི་ཡོད་ཟེར་རོ། །ཚུལ་དེ་བཞིན་དུ་བོད་འདི་ནའང་བླུན་པོ་འགའ་ཞིག་ན་རེ། དཀོན་མཆོག་ལ་དད་པ་དང་ལྡན་ཞིང་། སེམས་ཅན་ལ་སྙིང་རྗེ་ཆེ་བ་དང་། ཟང་ཟིང་གི་སྦྱིན་པ་ཀུན་ལ་གཏོང་བ་དང་། ཁས་བླངས་པའི་ཚུལ་ཁྲིམས་བསྲུང་ཞིང་། གཞན་གྱི་གནོད་པ་ལ་བཟོད་པ་བསྒོམ་པ་དང་། ཞི་ལྷག་དང་རིམ་གཉིས་ཀྱི་བསམ་གཏན་བསྒོམ་ཞིང་། སྟོང་ཉིད་རྟོགས་ན་སངས་རྒྱས་ཀྱིས་གསུངས་པའི་མདོ་རྒྱུད་དང་མི་མཐུན་ཡང་སྐྱོན་མེད། དད་པ་སོགས་དེ་དག་མེད་ན་མདོ་རྒྱུད་དང་མཐུན་པར་སེམས་བསྐྱེད་དང་དབང་བསྐུར་བྱས་ཀྱང་ཅི་ཕན་ཏེ། ཕན་པ་མེད་ཟེར་ལོ། །གཉིས་པ་ནི། མུ་སྟེགས་ཀྱི་ཟེར་ལུགས་བཞིན་དུ་བོད་བླུན་པོ་དེ་སྐད་ཟེར་བ་ཡང་རིགས་པས་བརྟག་པར་བྱ་བས་ཉོན་ཏེ་ཉན་པར་གྱིས་ཤིག །དེ་ཡང་མུ་སྟེགས་བྱེད་ལ་རྒྱུ་ངེས་འབྱུང་གི་བསམ་པ་མེད་པས་འབྲས་བུ་སོ་ཐར་གྱི་སྡོམ་པ་མེད་པ་དེའི་ཕྱིར། དེས་མི་དགེ་བ་སྤོང་ཞིང་དགེ་བ་བྱས་ན་ཡང་བར་མའི་དགེ་བ་ཙམ་ཡིན་གྱིས། སོ་ཐར་གྱི་སྡོམ་པ་ལས་བྱུང་བའི་ཐར་ལམ་གྱི་དགེ་བ་ནི་སྲིད་པ་མ་ཡིན་ཏེ། ཐར་ལམ་དུ་འགྱུར་བས་གཞི་རྟེན་སོ་ཐར་དང་ལྡན་པ་དགོས་པའི་ཕྱིར། མུ་སྟེགས་ལ་སོ་ཐར་སྡོམ་པ་མེད་པས་ཐར་པ་མི་ཐོབ་པ་དེ་བཞིན་དུ། རྒྱུ་དབང་བསྐུར་མ་ཐོབ་པ་དེ་ལ་འབྲས་བུ་རིགས་འཛིན་སྔགས་ཀྱི་སྡོམ་པ་མེད་ཅིང་། སྔགས་སྡོམ་མེད་པ་དེ་ཡིས་གསང་སྔགས་དང་འབྲེལ་བའི་དགེ་བ་གང་སྤྱད་ཀྱང་བར་མ་ཡིན་གྱིས། གསང་སྔགས་ཀྱི་སྡོམ་པ་ལས་བྱུང་བའི་དགེ་བ་མ་ཡིན་པས་སྔགས་ཀྱི་ལམ་དུ་མི་འགྱུར་རོ། །དེ་ལྟར་སྔགས་ཀྱི་སྡོམ་པ་ལས་བྱུང་བའི་ལམ་རྒྱུན་ཆགས་ཞིག་མེད་ན། གསང་སྔགས་ཀྱི་ཐབས་ལམ་རབ་ཏུ་ཟབ་ཅིང་དེ་བསྒོམས་ཀྱང་འཚང་མི་རྒྱ་སྟེ། དབང་བསྐུར་མེད་པར་གསང་སྔགས་ཀྱི་ཐབས་ལམ་ཟབ་མོ་བསྒོམ

པ་ངན་འགྲོའི་རྒྱུ་རུ་ཐུབ་པས་རྒྱུད་སྡེ་ལས་གསུངས་པའི་ཕྱིར། མུ་སྟེགས་བྱེད་ལ་སྡོམ་པ་མེད་ཅེས་པའི་དོན་ལ༑ སློབ་ཁང་པ་དང་། བསམ་ཡས་པས། ངེས་འབྱུང་གི་སྡོམ་པ་མེད་པ་ལ་བཤད། ཀུ་མྦ་ར་པས། མུ་སྟེགས་བྱེད་ལ་སྐྱབས་འགྲོ་མེད་པའི་ཕྱིར། སྡོམ་པ་མེད་དོ་ཞེས་བཤད། དགའ་གདོང་པ་སོགས་ཀྱིས་གཞུང་གི་ཚིག་རིགས་ཙམ་ཞིག་བཤད། དེ་དག་ལ་པཎ་ཆེན་རིན་པོ་ཆེས། སྤྱིར་མུ་སྟེགས་བྱེད་ལ་བསམ་གཏན་གྱི་སྡོམ་པ་དང་། ཁྱད་པར་མགུ་བ་བརྟག་དགོས་པའི་མུ་སྟེགས་ཅན་འགའ་ཞིག་ལ་དགེ་བསྙེན་གྱི་སྡོམ་པ་ཡོད་པ་དང་། མུ་སྟེགས་ཀྱི་ལྷ་བ་ཅན་སོ་ཐར་གྱི་སྡོམ་པ་སྐྱེ་བའི་བར་ཆད་མ་ཡིན་པའི་ཕྱིར་ན། མི་འཐད་ཅེས་བཀག་ནས། རང་ཉིད་མུ་སྟེགས་བྱེད་ལ་སྐྱབས་འགྲོའི་སྡོམ་པ་མེད་པས། དེ་ལས་བྱུང་བའི་ཐར་པ་ཆ་མཐུན་གྱི་དགེ་བ་མེད་ཅེས་པ་གཞུང་གི་དོན་དུ་འཆད་དོ། །དེ་ལ་སྨྲ་ཕྱི་འགལ་བ་ཅུང་ཟད་མཐོང་སྟེ། མུ་སྟེགས་བྱེད་དགེ་བསྙེན་གྱི་སྡོམ་ལྡན་ཡོད་པ་དང་། གཞུང་གི་དོན་དེ་ལྟར་དུ་འཆད་པ་འགལ་བའི་ཕྱིར་ཏེ། དགེ་བསྙེན་ཡིན་ན་སྐྱབས་འགྲོ་རྫོམ་བྱེད་དུ་བྱས་ནས་བསླབ་པ་བླངས་པས་ཁྱབ་པའི་ཕྱིར། སོ་ཐར་སྡོམ་པ་རྒྱུད་ལྡན་གྱི་མུ་སྟེགས་ཡང་མི་འཐད་དེ། མཛོད་འགྲེལ་ལས། ཅི་ཕྱི་རོལ་པ་རྣམས་ལ་ཡང་དག་པར་བླངས་པའི་ཚུལ་ཁྲིམས་མེད་དམ་ཞེ་ན༑ ཡོད་མོད་ཀྱི། སྲིད་པ་ལ་བརྟེན་པའི་ཕྱིར། གཏན་དུ་སྡིག་པ་ལས་སོ་སོར་ཐར་པ་བྱེད་པ་ནི་མ་ཡིན་ནོ། །ཞེས་གསུངས་པའི་ཕྱིར་རོ། །

གསུམ་པ་ནི། སྡོམ་པ་འོག་མ་གཉིས་སྔོན་དུ་མ་སོང་བའམ། སོང་ཡང་རུང་དབང་བསྐུར་བའི་ཚོ་གའི་སྒོ་ནས་གཞི་སྡོམ་པ་གསུམ་དང་ལྡན་པ་ཡིས་ལམ་རིམ་གཉིས་ཟབ་མོའི་གནད་ཤེས་ཤིང་བསྒོམས་ན། སྒོམ་པ་པོ་དེ་ནི་རབ་ཚེ་འདིའམ། འབྲིང་བར་དོའམ། ཐ་མ་སྐྱེ་བ་བཅུ་དྲུག་ཙུན་ཆད་ན་སངས་རྒྱས་འགྲུབ་པར་རྫོགས་པའི་སངས་རྒྱས་ཀྱིས་རྒྱུད་ལས་གསུངས་པའི་ཕྱིར་ཏེ། སམ་བུ་ཊ་ལས། གཞན་དུ་བསྐལ་པ་བྱེ་བར་ནི༑ ༑གྲངས་མེད་པ་ཡིས་གང་ཐོབ་པ། །གང་དུ་དམ་པའི་བདེ་བས་ཁྱོད། །སྐྱེ་བ་འདིར་ནི་འགྲུབ་པར་འགྱུར། །ཞེས་དང་། ཡེ་ཤེས་ཐིག་ལེར། ཡང་ན་ལུས་འདི་སྤངས་མ་ཐག །བརྩོན་པར་མི་ལྡན་པས་ཀྱང་འགྲུབ། །ཅེས་དང་། གསང་བའི་མཛོད་ལས། དབང་བསྐུར་ཡང་དག་སྨིན་ལྡན་ན། །སྐྱེ་ཞིང་སྐྱེ་བར་དབང་བསྐུར་འགྱུར། །དེ་ཡི་སྐྱེ་བ་བདུན་ནས་ནི། །མ་བསྒོམས་པར་ཡང་སངས་རྒྱས་འགྱུར། །ཞེས་དང་། དམ་ཚིག་ལྔ་པ་ལས། གལ་ཏེ་ལྟུང་བ་མེད་གྱུར་ན། །སྐྱེ་བ་བཅུ་དྲུག་དག་ན་འགྲུབ། །ཅེས་གསུངས་པའི་ཕྱིར། རྒྱུ་མཚན་དེའི་ཕྱིར་ན་དབང་དང་རིམ་གཉིས་ལ་མཁས་པ་རྣམས་གུས་པ་ཡིན་ནོ། །དེ་ནི་ཚེ་འདིའམ་བར་དོའམ། །ཞེས་པའི་ཚིག་ཟུར་དེ་ནི་ཞེས་པ་ནི་སོ་སོ་སྐྱེ་བོ་ཉིད་ཡིན་ཏེ། སྔགས་གཞུང་ཀུན་ལས་རབ་ཚེ་འདི་ལ་འགྲུབ་པ་སོགས

གསུངས་པ་རྣམས་སོ་སོ་སྐྱེ་བོའི་དབང་དུ་བྱས་ནས་དེ་ལྟར་དུ་འགྲུབ་པ་ལམ་མྱུར་བ་དང་ཟབ་པའི་ཁྱད་པར་དུ་འཆད་རིགས་པའི་ཕྱིར། གཞུང་འདི་ནི། སྐབས་དོན་རིམ་གཉིས་ལ་སློབ་པར་འདོམས་པའི་གཞུང་ཡིན་ཏེ། རིམ་གཉིས་ཟབ་མོའི་གནད་ཤེས་ན། །ཞེས་གསུངས་པའི་ཕྱིར་དང་། ཁ་ཅིག་འཁྲུལ་དང་མ་འཁྲུལ་མེད། །ཅེས་པ་ནས། གཞུང་འདིའི་བར་གྲོལ་ལམ་འཆད་བྱེད་ཡིན་པའི་ཕྱིར། དེ་ལྟར་དེ་དག་གིས་ནི་ལུས་མདོར་བསྟན་དུ་རིམ་པ་གཉིས་ཀྱི་གསང་ཚིག་དང་། ཞེས་གསུངས་པ་དེ་རྒྱས་པར་བཤད་ཟིན་ནས། ད་ནི་ལམ་གྱི་ཞར་ལས་འཕྲོས་པའི་ཚུལ་དུ་སྡོམ་གསུམ་སྤྱིའི་ཉམས་ལེན་གྱི་གནད་ཆ་ཙམ་ཞིག་འཆད་པས།

གསུམ་པ་ངེས་འབྱུང་བློ་དང་མ་འབྲེལ་སོ་ཐར་དགག་པ་ནི། གང་དག་འདུལ་བའི་སྒོར་ཞུགས་ནས་རབ་ཏུ་བྱུང་འདོད་ན་ངེས་འབྱུང་གི་བསམ་པས་སྡོམ་པ་བསྲུང་བའི་ཕྱིར་གུས་པས་ལོང་སྟེ། ཚེ་འདིའི་ལྟོ་གོས་ཙམ་ལ་དམིགས་ནས་རབ་ཏུ་འབྱུང་བ་ཐུབ་པས་བཀག་ཅིང་མ་གནང་བའི་ཕྱིར་རོ། །བཞི་པ་ནི། སེམས་བསྐྱེད་འབོགས་པའི་ཆོ་ག་བྱེད་པ་དེ་དག་ཀྱང་། སྡེ་སྣོད་ནས་བསྟན་པའི་ལུགས་བཞིན་མི་བྱེད་པར་སེམས་ཙམ་ལུགས་ཀྱི་སེམས་བསྐྱེད་སྐྱེ་བོ་ཀུན་ལ་འབོགས་པ་དང་། དབུ་མའི་སྡིག་བཤགས་སེམས་ཙམ་ལུགས་ལ་སྦྱོར་བ་སོགས་མང་དུ་སྣང་སྟེ། སྡེ་སྣོད་ལ་མ་སྦྱངས་པའི་ཐོས་ཆུང་རྣམས་ཀྱི་མགོ་བོ་བསྐོར་ནས་བླུན་པོ་དགའ་བར་བྱ་བའི་ཕྱིར་དུ་རང་བཟོ་ཡིན་པ་མ་གཏོགས་སྡེ་སྣོད་ལས་དེ་ལྟར་བཤད་པ་ཅི་ཡང་མེད་དོ། །

ལྔ་པ་ལ་གཉིས་ཏེ། མདོར་བསྟན་པ་དང་། ཅུང་ཟད་རྒྱས་པར་བཤད་པའོ། །དང་པོ་ནི། གང་དག་གསང་སྔགས་བསྒོམ་པ་ཁས་འཆེ་བ་མེད་མོད་ཀྱི་རྒྱུད་སྡེ་ལས་གསུངས་པ་བཞིན་དུ་ཉམས་སུ་ལེན་ཅིང་བསྒྲུབ་པ་ཉུང་སྟེ། ཕལ་ཆེར་འཕྲལ་གྱི་སྤྱོད་པ་བག་ཡངས་སུ་ཅི་བདེར་བྱེད་བདེ་བའི་འདུ་ཤེས་ཀྱིས། རང་བཟོར་གསང་སྔགས་ཀྱི་ཉམས་ལེན་ལ་སྤྱོད་པར་ཟད་དོ། །

གཉིས་པ་ལ་བཞི་སྟེ། བརྫུན་གྱིས་བསླད་པའི་དབང་བསྐུར་དགག །རང་བཟོའི་དཀྱིལ་བསྐྱེད་བྱེད་པ་དགག །ཁྲིད་ཙམ་སྐྱེ་བའི་གཏུམ་མོ་དགག །ཡང་དག་མིན་པའི་ཡེ་ཤེས་དགག་པའོ། །དང་པོ་ནི། རང་བཟོར་གསང་སྔགས་སྤྱོད་པ་རྣམས་ཇི་ལྟ་བུ་ཞེ་ན། བོད་འདི་ན་ཕལ་ཆེར་དབང་བསྐུར་ལ་མི་དད་ཅིང་། གལ་ཏེ་དབང་བསྐུར་བྱེད་པ་ཁ་ཅིག་ཀྱང་། སྦྱོར་དངོས་རྗེས་ཀྱི་ཆོ་ག་རྒྱུད་དང་། གྲུབ་པའི་གཞུང་ལུགས་ནས་བཤད་པ་ཀུན་དོར་ནས་སྐྱེ་བོ་གང་དག་བརྫུན་ཚིག་གིས་བསླད་ཅིང་། བསྲེས་པ་ལ་ངོ་མཚར་བཞིན་དུ་གུས་པས་ལེན་ནོ། །དོན་འདི་དང་མཐུན་པར་འཕྲིན་ཞུ་ལས། དང་པོ་མཁས་པ་མི་བསྟེན་པར། །ཕྱི་ནས་སློབ་མ་སྐྱུད་པ་མཐོང་། །དེ་ཡི་སྟོབས་ཀྱིས་གསང་སྔགས་ལ། །ནོར་བའི་རྣམ་གཞག་དུ་མ་མཆིས། །ཞེས་དང་།

དེང་སང་བློ་ལྡན་ལེགས་བསླབས་པ། །མཚན་ཉིད་ལྡན་པའི་སློབ་དཔོན་ནི། །དབང་བསྐུར་མཛད་པ་ཉུང་བར་སྣང་། །གླུན་པོ་ཆོ་ག་མི་ཤེས་པ། །དེ་དག་སྨོངས་པའི་ཚོགས་བསྡུས་ནས། །སློབ་མ་བརྒྱ་སྟོང་དུ་མ་ལ། །སྤྱོར་དངོས་རྗེས་ཀྱི་ཆོ་ག་ཀུན། །ཉམས་པའི་དབང་བསྐུར་བྱེད་པ་མཐོང་། །ཞེས་གསུངས་སོ། །འདི་སྐབས་དབང་གི་སྐབས་སུ་ཡང་བཀག་ཟིན་པ་མ་ཡིན་ནམ་སྙམ་ན། བཀག་ཟིན་མོད། སླར་ཡང་འཕྲོས་ཀྱི་ཚུལ་དུ་བསྡུས་ཏེ་བསྟན་པ་ཡིན་པས། འདི་འདྲའི་རིགས་ཅན་ལ་ཟློས་པར་མི་འཛིན་ནོ། །

གཉིས་པ་ནི། ཕལ་ཆེར་བསྐྱེད་རིམ་ཡེ་མི་བསྒོམ་པར་གཏུམ་མོ་ལ་སོགས་པའི་ཐབས་ལམ་ཕྱོགས་རེ་བ་བསྒོམ་པ་མང་ལ། རྒྱ་ལ་བསྐྱེད་རིམ་བསྒོམ་ན་ཡང་། སྦྱང་གཞི་སྦྱོང་བར་བྱེད་པའི་ཆོ་གའི་ཡན་ལག་གི་རྫོར་ནས་གསུངས་པའི་མངོན་བྱང་ལྔ་དང་། རྡོ་རྗེ་ཆོ་ག་གསུམ་བསྐྱེད་དང་། བདེ་མཆོག་ལ་སོགས་པའི་སྒྲ་ཚུལ་གྱི་རྟེན་འབྲེལ་དང་། གསང་འདུས་ནས་གསུངས་པའི་ཏིང་འཛིན་གསུམ་དང་། གཤིན་རྗེ་གཤེད་ནས་གསུངས་པའི་རྣལ་འབྱོར་བཞི་ལ་སོགས་པ་ཀུན་བོར་ནས། རང་བཟོའི་དཀྱིལ་བསྐྱེད་བསྒོམ་པ་ལ་བསྐྱེད་རིམ་དུ་མིང་བཏགས་པར་ཟད་དོ། །དོན་འདི་དང་མཐུན་པར་འཕྲིན་ཞུ་ལས། བསྐྱེད་རིམ་བསྒོམ་པ་ཕལ་ཆེར་ཡང་། །སྦྱང་གཞི་སྦྱོང་བྱེད་ལེགས་འཕྲོད་པའི། །ཆོ་གའི་རྣམ་གཞག་མི་ཤེས་པར། །རང་བཟོའི་དཀྱིལ་བསྐྱེད་བྱེད་པ་མཐོང་། །བསྐྱེད་རིམ་གསལ་བ་རབ་ཀྱི་མཐར། །སོན་པའི་གང་ཟག་ཡང་རབ་ཀྱིས། །རྫོགས་རིམ་གཙོ་བོར་སྤྱོང་བའི་ཚེ། །དཀྱིལ་བསྐྱེད་གསུང་གིས་དཀྲ་མིན། །ཞེས་གསུངས་སོ། །

གསུམ་པ་ནི། བོད་ཀྱི་གཏུམ་མོ་བསྒོམ་པ་ཕལ་ཆེར་ཡང་། ལུས་ཐམས་ཅད་ལ་རྩས་ཁྱབ། དེ་ལ་བྱང་ཆུབ་སེམས་ཀྱིས་ཁྱབ། དེ་ལ་རླུང་གིས་ཁྱབ། དེ་ལ་རྣམ་པར་ཤེས་པས་ཁྱབ། །དེ་ལ་ཆོས་ཀྱི་དབྱིངས་ཀྱིས་ཁྱབ་ནས་གནས་པ་དེ། ཐོག་མར་རླུང་ལ་དབང་ཐོབ་པར་བྱས་ནས། །གཏུམ་མོའི་མེ་སྦར་ཏེ་རྟེན་བྱང་སེམས་ཞུ་བས། བརྟེན་པ་རིག་སྟོང་དབྱེར་མེད་མངོན་དུ་བྱེད་པའི་ནང་གི་རྟེན་འབྲེལ་མི་ཤེས་པར་མུ་སྟེགས་བྱེད་ཀྱི་གཏུམ་མོ་ལྟར་ལུས་ལ་དྲོད་ཙམ་སྐྱེས་ནས་རས་གོས་རྐྱང་པ་ཙམ་གྱིས་ཆོག་པ་ལ་གཏུམ་མོའི་དམིགས་པར་གོ་བ་མང་ངོ་། །དོན་འདི་ཡང་འཕྲིན་ཞུར། རྣམ་གཞག་ཚུལ་བཞིན་ཤེས་པ་ཡིས། །གཏུམ་མོ་ཡེ་ཤེས་སྐྱེ་བའི་ཐབས། །རྣམ་གཞག་མེད་པའི་གཏུམ་མོ་ནི། །དྲོད་ཙམ་སྐྱེ་བའི་ཡེ་ཤེས་མིན། །དྲོད་ཙམ་སྐྱེ་བའི་གཏུམ་མོ་ནི། །མུ་སྟེགས་ལུགས་ཡིན་དེད་ཀྱི་མིན། །དེ་བཞིན་རླུང་དང་འཁྲུལ་འཁོར་སོགས། །མུ་སྟེགས་བྱེད་དང་སངས་རྒྱས་པའི། །རྣམ་གཞག་མཚུངས་པར་འདྲ་བ་ཡོད། །གསེར་དང་ར་གན་འབྱེད་པ་ལ། །འདྲིས་པ་མེད་ན་ཕྱེད་པར་དཀའ། །ཞེས་གསུངས་སོ། །འདི་དང་རང་བཟོའི་དཀྱིལ་བསྐྱེད་བཀག་པ་གཉིས་རིམ་གཉིས་ལ་འཁྲུལ་

པ་འགོག་པ་ཡིན་པས། རིམ་པ་གཉིས་ཀྱི་གསང་ཚིག་གི་རྒྱས་བཤད་ཡིན་ནོ་སྙམ་ན། ཅུང་ཟད་བདེན་པར་སྣང་ཡང་། གང་དག་རབ་ཏུ་བྱུང་འདོད་ན། །ཞེས་སོགས་ཀྱིས་སྡོམ་པ་གསུམ་ཀའི་ཉམས་ལེན་གྱི་གནད་མདོར་བསྡུས་པས། འབྲེལ་ཆགས་སུ་བཤད་པ་དེའི་ནང་མཚན་སྔགས་སྡོམ་གྱི་ཉམས་ལེན་གྱི་གནད་བཤད་པ་ཡིན་པས། རིམ་གཉིས་ཀྱི་རྒྱས་བཤད་དངོས་ཀྱི་སྐབས་མ་ཡིན་ནོ། །གཞན་དུ་ན། གལ་ཏེ་དབང་བསྐུར་ཞེས་སོགས་དང་། སེམས་བསྐྱེད་བྱེད་པ་ཞེས་སོགས་ཀྱང་དབང་དང་སེམས་བསྐྱེད་ལ་འཁྲུལ་པ་འགོག་པ་ཡིན་པས། དབང་དང་སེམས་བསྐྱེད་ཀྱི་རྒྱས་བཤད་ཁོ་ནར་འགྱུར་རིགས་པར་འགྱུར་རོ། །འདི་འདྲའི་རིགས་ཅན་གཞུང་གི་གསེབ་ཚགས་ན་མང་བར་བཞུགས་པ། སྐབས་དོན་གྱི་བརྗོད་བྱ་ངོས་མ་ཟིན་ནས་ཁོང་དཔྱོད་ཤེས་པའི་སྐབས་མེད་དོ། །

བཞི་པ་ནི། དྲོད་ཙམ་སྐྱེ་བའི་གཏུམ་མོ་དེ་བསྒོམས་པས། བདེ་དྲོད་ཀྱི་ཉམས་ཀྱི་ཡེ་ཤེས་ཅུང་ཟད་སྐྱེས་ན་ཡང་། སྐྱེས་པའི་གང་ཟག་དེ་དག་ཉོན་མོངས་པ་དང་རྣམ་རྟོག་དང་། བདེ་བའི་ཉམས་རྣམས་ཆུ་དང་འོ་མ་ལྟར་འདྲེས་པ་སོ་སོར་འབྱེད་པའི་ཐབས་ལ་མི་མཁས་པས་རྫོགས་པའི་སངས་རྒྱས་ཐོབ་བྱེད་ཀྱི་ལམ་དུ་མི་འགྱུར་ཏེ། དེ་དག་སོ་སོར་འབྱེད་མ་ནུས་པའི་བདེ་དྲོད་ཀྱི་ཉམས་དེ་ནི་སླར་འཁོར་བའི་རྒྱུར་འགྱུར་བའི་ཕྱིར། ལམ་འབྲས་ནས་བཤད་པའི་ཉོན་མོངས་རང་བྱུང་སོགས་གསུམ་ཡང་ཉམས་སྐྱོན་ཅན་ཡིན་ནོ་ཞེ་ན། སྐྱོན་ཅན་ཡིན་ཡང་སྐྱོན་འབྱེད་པའི་གནད་ཟབ་མོ་ཡོད་པས། སྐྱོན་མེད་ཀྱི་ཡེ་ཤེས་སྐྱེ་བའི་སྣ་འདྲེན་དུ་འགྱུར་བ་ཡིན་ནོ། །

དྲུག་པ་ལ་གསུམ་སྟེ། དབང་མ་བསྐུར་ལ་གསང་སྔགས་བླ་མ་མེད། གསང་སྔགས་མ་འབྲེལ་སངས་རྒྱས་འབྱིན་མི་ནུས། མདོ་སྔགས་བླ་མའི་ཁྱད་པར་ཕྱེ་སྟེ་བསྟན་པའོ། །དང་པོ་ནི། བོད་འདི་ནི་དབང་བསྐུར་ཡེ་མ་ཐོབ་པ་ལ་དྲོད་ཙམ་སྐྱེ་བའི་གཏུམ་མོ་སོགས་རྫོགས་རིམ་འགའ་ཞིག་སྟོན་པའི་བླ་མ་ལ་མོས་གུས་བྱེད་ཅིང་། དེས་གྲོལ་བར་འདོད་པ་མང་ན་ཡང་། དེ་འདྲའི་བླ་མ་ནི་གང་ཟག་དེའི་གསང་སྔགས་ཀྱི་བླ་མ་མ་ཡིན་ཏེ༑ དཔོན་སློབ་གཉིས་ཀ་ལ་གསང་སྔགས་ཀྱི་སྡོམ་པ་མེད་པ་ཡིན་པའི་ཕྱིར་ཏེ། བླ་མས་ནི་དབང་བསྐུར་བ་མ་ཐོབ་པ་ལ་རྫོགས་རིམ་གྱི་གསང་བ་བསྒྲགས་པས། སྔགས་སྡོམ་གྱི་གཏོང་རྒྱུ་རྩ་ལྟུང་འབྱུང་། སློབ་མ་དེས་ནི་དབང་བསྐུར་མ་ཐོབ་པས་སྔགས་སྡོམ་ཐོབ་མ་མྱོང་བའི་ཕྱིར། དཔེར་ན་གང་ཟག་ཚེ་གོ་མོས་རབ་བྱུང་མ་བྱས་པ་སྟེ་ཐོབ་མ་མྱོང་ན་གང་ཟག་དེའི་མཁན་པོའི་ཐ་སྙད་མེད་པ་བཞིན་གྱི་དཔེ་དེ་བཞིན་དུ། སློབ་མ་དེས་དབང་བསྐུར་ཡེ་མ་ཐོབ་ན་སློབ་མ་དེའི་གསང་སྔགས་ཀྱི་བླ་མའི་ཐ་སྙད་མི་འབྱུང་སྟེ། དབང་བསྐུར་མ་ཐོབ

ན་གསང་སྔགས་པར་མི་འགྱུར་བའི་ཕྱིར། གཞུང་འདིས་ནི་སློབ་མ་དེས་དབང་བསྐུར་མ་ཐོབ་ན་སློབ་མ་དེའི་གསང་སྔགས་ཀྱི་བླ་མའི་ཐ་སྙད་མེད་ཅེས། སྤྱི་ཙམ་ནས་འཆད་པ་ཡིན་གྱིས། སློབ་མ་དེས་བླ་མ་དེ་ལས་དབང་མ་ཐོབ་ན། བླ་མ་དེ་ལ་སློབ་མ་དེའི་གསང་སྔགས་ཀྱི་བླ་མའི་ཐ་སྙད་མི་ཐོབ་ཅེས་བྱེ་བྲག་བཀར་ནས་འཆད་པ་ནི་མ་ཡིན་ནོ། །གཞན་དུ་ན། རྒྱུད་ཙམ་འཆད་པ་དང་། མན་ངག་ཙམ་བཤད་པའི་བླ་མ་རྡོ་རྗེ་སློབ་དཔོན་ཆིག་ལྡན་དང་། གཉིས་ལྡན་གསུང་པ་རྣམས་མི་འཐད་པར་འགྱུར་རོ། །དེས་ན་སྔར་བླ་མ་གཅིག་ལས་དབང་བསྐུར་ཐོབ་པའི་རྗེས་སུ། བླ་མ་གཞན་གྱིས་སློབ་མ་དེ་ལ་རྒྱུད་དང་མན་ངག་བསྟན་ན་གསང་སྒྲོགས་མི་འབྱུང་ཞིང་། སློབ་མ་དེ་ཡང་དབང་ཐོབ་ཡིན་པས། རྒྱུད་འཆད་པ་པོ་དང་མན་ངག་སྟོན་པ་པོ་དེ་རྣམས་སློབ་མ་དེའི་གསང་སྔགས་ཀྱི་བླ་མར་འགྱུར་བ་ཡིན་ནོ། །དེ་སྐད་དུ། རྩ་ལྟུང་འགྲེལ་སྦྱོང་དུ། དགྲ་ནག་གི་རྒྱུད་ཀྱི་ལུང་དྲངས་པ་ལས། དམ་ཚིག་གློག་པ་སྦྱིན་པ་དང་། །འཆད་བྱེད་མན་ངག་སྟོན་པ་དང་། །དབང་བསྐུར་བ་དང་ལས་བྱེད་པ། །དེ་རྣམས་སློབ་དཔོན་ཞེས་བཤད་དོ། །ཞེས་གསུངས་སོ། །རྣམ་བཤད་སྔ་མ་རྣམས་ནི་བྱིལ་བྱིལ་པོ་ལས་དཔྱིས་ཕྱིན་པ་མི་སྣང་ངོ་། །

གཉིས་པ་ནི། དེ་ལྟར་གསང་སྔགས་ཀྱི་བླ་མ་མིན་པའི་བླ་མ་ལ་གསོལ་བ་བཏབ་ཅིང་མོས་པ་བྱས་ཀྱང་། ཚེ་རིང་བ་དང་འབྱོར་པ་འཕེལ་བ་ལ་སོགས་ཚེ་འདིའི་བདེ་སྐྱིད་ཕུན་ཚོགས་ཙམ་ཞིག་གམ། ཡང་ན་དེའི་སྟེང་དུ་རིམ་གྱིས་སངས་རྒྱས་འགྲུབ་པའི་རྒྱུ་བྱེད་པ་སྲིད་ཀྱིས། ཚེ་འདིའམ་བར་དོ་སོགས་སུ་སངས་རྒྱས་ཉིད་འབྱིན་པར་མི་ནུས་ཏེ། གསང་སྔགས་དང་མ་འབྲེལ་བའི་བླ་མ་ལ་སངས་རྒྱས་ཐམས་ཅད་ཀྱི་ངོ་བོར་བསམས་ནས་གསོལ་བ་འདེབས་པ་མེད་ཅིང་། དེའི་གནད་ཀྱིས་གསོལ་བ་ཇི་ཙམ་བཏབ་ཀྱང་སངས་རྒྱས་མི་འགྲུབ་པའི་ཕྱིར། རྒྱུད་དང་མན་ངག་ཙམ་བསྟན་པའི་བླ་མ་ནི་དབང་བསྐུར་བའི་བླ་མ་དེའི་ངོ་བོར་བསམས་ཤིང་། དེ་ཡང་སངས་རྒྱས་ཐམས་ཅད་ཀྱི་ངོ་བོར་བསམས་ནས་གསོལ་བ་བཏབ་ན་བྱིན་རླབས་འཇུག་སླ་བ་ཡིན་ནོ། །གསང་སྔགས་ཀྱི་འབྲེལ་བ་མ་ཞུས་པའི་བླ་མ་ལ་ནི་འདི་མི་མཚུངས་སོ། །

གསུམ་པ་ནི། གསང་སྔགས་ཀྱི་བླ་མ་ལ་གསོལ་བ་བཏབ་ན་སངས་རྒྱས་ཉིད་འབྱིན་ནུས་པ་དང་། གསང་སྔགས་ཀྱི་བླ་མ་མ་ཡིན་པའི་བླ་མ་གཞན་ལ་གསོལ་བ་བཏབ་ཀྱང་སངས་རྒྱས་འབྱིན་མི་ནུས་པའི་རྒྱུ་མཚན་གང་ཞེ་ན། དེའི་རྒྱུ་མཚན་ཡོད་དེ། འདུལ་བ་ལས། ལྷན་ཅིག་གནས་པ་དང་ཉེ་གནས་ཀྱི་མཁན་པོ་དང་། སློབ་དཔོན་ལ་སྟོན་པའི་འདུ་ཤེས་བསྐྱེད་པར་བྱའོ། །ཞེས་དང་། འཇམ་དཔལ་རྣམ་པར་འཕྲུལ་བའི་མདོ་ལས་ཀྱང་། འཇམ་དཔལ་དེ་ལྟ་བས་ན་བྱང་ཆུབ་སེམས་དཔའ་དེ་བཞིན་གཤེགས་པ་ལ་ཇི་ལྟར་གུས་པར་བྱ

བ་དེ་བཞིན་དུ། དགེ་བའི་བཤེས་གཉེན་རྣམས་ལའང་བསྟན་པར་བྱའོ། །ཞེས་ཕ་རོལ་ཏུ་ཕྱིན་པའི་གཞུང་ལུགས་ལས། བླ་མ་སངས་རྒྱས་ལྟ་བུར་བལྟ་བར་བྱ། །ཞེས་གསུངས་ཀྱིས། སངས་རྒྱས་དངོས་སུ་བལྟ་བར་གསུངས་པ་མེད་ལ། བླ་མ་སངས་རྒྱས་དངོས་ཉིད་ཡིན་བྱ་བ་ནི། དབང་བསྐུར་ཐོབ་ཕྱིན་ཆད་ནས་ཡིན་པའི་ཕྱིར། དེ་སྐད་དུ། འདུས་པའི་རྒྱུད་ལས། དབང་བསྐུར་བའི་རྡོ་རྗེ་སློབ་དཔོན་ལ་ཇི་ལྟར་བལྟ་བར་བགྱི་ཞེས་ཞུས་པའི་ལན་དུ། སངས་རྒྱས་ཀུན་གྱི་རང་བཞིན་སྐུ། །ཡན་ལག་བྱང་ཆུབ་སེམས་དཔའ་སྟེ། །བ་སྤུ་རྣམས་ནི་དགྲ་བཅོམ་ཉིད། །སྤྱི་གཙུག་རིགས་ལྔའི་སངས་རྒྱས་ཏེ། །འཇིག་རྟེན་པ་ནི་ཞབས་ཀྱིས་མནན། །འོད་ཟེར་གནོད་སྦྱིན་གསང་བ་པོ། །རྣལ་འབྱོར་ཅན་གྱིས་རྟག་ཏུ་བརྟག །ཅེས་དང་། གཞན་ཡང་བཤད་རྒྱུད་རྡོ་རྗེ་འཕྲེང་བ་དང་། རྡོ་རྗེ་གུར་དང་། བདེ་མཆོག་རྩ་རྒྱུད་དང་། བླ་མ་ལྔ་བཅུ་པ་རྣམས་ལས། དེ་བཞིན་དུ་རྒྱས་པར་གསུངས་པ་ཡིན་នོ། །དབང་བསྐུར་བའི་སྒོ་ནས་སྔགས་ཀྱི་སྡོམ་པས་མ་སྨིན་ལ་ན། བླ་མ་དེ་བཟང་བ་གྲུབ་ཐོབ་ཡིན་ཡང་ཕ་རོལ་ཏུ་ཕྱིན་པའི་ལུགས་ལྟར་རིམ་གྱིས་འགྲུབ་པའི་རྒྱུ་བྱེད་པ་ཙམ་ལས་མ་འདས་ཏེ། དབང་མ་བསྐུར་བའི་བླ་མ་དེ་ལ་སློབ་མ་དེས་སངས་རྒྱས་དངོས་སུ་བལྟ་བར་མ་བཤད་པའི་ཕྱིར། དེས་ན་གང་ཟག་དེ་རབ་བྱུང་མ་ཡིན་པ་ལ་དེའི་མཁན་པོའི་ཐ་སྙད་མེད། དེ་བཞིན་དུ་གང་ཟག་དེ་ལ་སུས་ཀྱང་དབང་མ་བསྐུར་ཞིང་དབང་མ་ཐོབ་པ་ལ་གང་ཟག་དེའི་གསང་སྔགས་ཀྱི་བླ་མའི་ཐ་སྙད་མེད། ལུས་ངག་གི་ཉེས་སྤྱོད་སྤོང་བའི་སྡོམ་པ་མེད་པ་ལ་སྤོང་སེམས་ཀྱི་དགེ་བ་རྒྱུན་ཆགས་སུ་འབྱུང་བ་མེད། དཀོན་མཆོག་གསུམ་ལ་སྐྱབས་སུ་འགྲོ་བ་མེད་ན་ཆོས་འདི་པའི་ནང་དུ་ཆུད་པ་མ་ཡིན་པ་དང་བཞི་ནི་ཀུན་གྱིས་གོ་དགོས་ཏེ། དེ་ལྟར་བཞི་ནི་གནད་ཀྱི་དོན་ཡིན་པའི་ཕྱིར། གསེར་ཐུར་ལས། བསྙེན་རྫོགས་ལ་མཁན་པོ་ཡོད་པས། རབ་བྱུང་ཙམ་ལ་མ་ངེས་པ་བརྗོད་ནས་རབ་བྱུང་བསྙེན་རྫོགས་ཞེས་སྦྱར་བ་དང་། སྤྱོས་ཁང་པས་ཀྱང་དེ་ལྟར་དུ་སྦྱོར་བ་ནི་མི་ལེགས་ཏེ། བསྙེན་རྫོགས་པ་རབ་བྱུང་མ་ཡིན་ན་བདེན་ཡང་། དགེ་སློང་ཕ་མ། དགེ་ཚུལ་ཕ་མ། དགེ་སློབ་མ་དང་ལྔ་ལ་རབ་བྱུང་སྡེ་ལྔ་ཞེས་འདུལ་བ་ལུང་ལས་གསལ་བར་གསུངས་པའི་ཕྱིར། རབ་བྱུང་བར་མ་རབ་བྱུང་ཁོ་ནར་མི་འགྲུབ་པ་ཞིག་འདུལ་བ་འཛིན་པ་ཆེན་པོ་དག་ལ་ཐལ་མོ་སྦྱར་ནས་མཁྱེན་པར་ཞུ་འཚལ་ལོ། །

བདུན་པ་སྡོམ་པ་གསུམ་དང་མ་འབྲེལ་དགེ་སྦྱོང་སོགས་སུ་དགག་པ་ནི། དགེ་སྦྱོང་དུ་ཁས་འཆེས་པ་ལ་སྡོམ་པ་མེད་པ་དང་། རྒྱལ་སྲས་སུ་ཁས་འཆེས་པ་ལ་ཐེག་ཆེན་སེམས་བསྐྱེད་མ་ཐོབ་པ་དང་། སྔགས་པར་ཁས་པ་འཆེས་པ་ལ་དབང་བསྐུར་མེད་པ་དང་གསུམ་ནི་སངས་རྒྱས་བསྟན་པའི་ཆོམ་རྐུན་ཡིན་ཏེ། རིམ་བཞིན་

ཉན་ཐོས་དང་། ཕ་རོལ་ཏུ་ཕྱིན་པ་དང་། རྡོ་རྗེ་ཐེག་པའི་ཆོས་རྒྱུན་ཡིན་པས་སོ། །དེ་སྐད་དུ། བདག་ཉིད་ཆེན་པོས། སྐྱེས་བུ་དམ་པའི་འཕྲིན་ཡིག་ཏུ་འཇམ་དཔལ་རྩ་རྒྱུད་དྲངས་པ་ལས། གང་དགེ་སློང་གི་སྡོམ་པ་མ་ཐོབ་པ་དེ་ལ་དགེ་སློང་གི་མིང་མི་གནས། བྱང་ཆུབ་ཀྱི་མཆོག་ཏུ་སེམས་མ་བསྐྱེད་པ་དེ་དག་ལ་བྱང་ཆུབ་སེམས་དཔའི་མིང་མི་གནས། གང་དག་དཀྱིལ་འཁོར་ཆེན་པོར་དབང་བསྐུར་མ་བྱས་པ་དེ་དག་ལ་གསང་སྔགས་པའི་མིང་མི་གནས་ཞེས་གསུངས་སོ། །

དགེ་སྦྱོང་ཞེས་སོགས་ཚིགས་བཅད་འདི་ནི། གང་དག་རབ་ཏུ་འབྱུང་འདོད་ན། །ཞེས་སོགས་སྔར་སྡོམ་གསུམ་གྱི་ཉམས་ལེན་གྱི་གནད་ཆ་ཙམ་བཤད་པ་དེའི་དོན་བསྡུ་ཡིན་ནོ། །གྲོལ་བྱེད་ལམ་གྱི་གཙོ་བོ་རིམ་གཉིས་སུ། །རྒྱུད་དང་གྲུབ་པའི་གཞུང་ལས་བསྡུས་ཏེ་བསྟན། །ཁ་ཅིག་ཕྱོགས་རེའི་ཐབས་ཀྱིས་གྲོལ་བས་ན། །གཉིས་ཆར་མི་དགོས་ནན་གྱིས་གླེང་བར་བྱེད། །ཡེ་ཤེས་སྐྱེ་བའི་སྣ་འདྲེན་ཕྱོགས་རེ་ཡིས། །བྱེད་ཀྱང་གྲོལ་བའི་རྒྱུ་རྐྱེན་གཙོ་བོ་ནི། །དབང་དང་རིམ་པ་གཉིས་ལ་འབད་ནས་ཡིན། །གཞན་དུ་རྒྱུ་རྐྱེན་མ་ཚང་འབྲས་བུ་མཚར། །ལོ་ཏོག་རིམ་གྱིས་སྨིན་དང་ཉིན་གཅིག་ལ། །སྨིན་པའི་དཔེ་ཡིས་མདོ་དང་སྔགས་ཀྱི་ལམ། །མྱུར་བུལ་ཁྱད་བསྟན་ཕར་ཕྱིན་བཞིན་བྱེད་ན། །བྱིན་རླབས་ཐབས་ལམ་སོགས་ཀྱི་སྦྱོར་བཞོལ་ནས། །སེམས་བསྐྱེད་གྲངས་མེད་གསུམ་དུ་ཚོགས་བསགས་པས། །བཅུ་གཅིག་པ་ལ་སངས་རྒྱས་མཚན་གསོལ་བ། །ཐོབ་པ་ཕ་རོལ་ཕྱིན་པ་རང་རྐང་ལུགས། །གལ་ཏེ་གསང་སྔགས་བསྒོམས་པས་ལམ་བགྲོད་པར། །འདོད་ན་དབང་དང་རིམ་གཉིས་ཕྱག་ཆེན་དང་། །སྦྱོད་པས་ས་ལམ་རྩེར་སོན་རྫོགས་སངས་རྒྱས། །བཅུ་གསུམ་འབྲས་བུའི་སྐལ་གྲགས་མཁན་དེ་ཐོབ། །ཐབས་ལམ་ཕྱོགས་རེ་བསྒོམ་སོགས་དེ་དག་ནི། །སྔགས་དང་ཕ་རོལ་ཕྱིན་དང་ཉན་ཐོས་སུའང་། །གཏོགས་མིན་བསྟན་པ་འདི་ཡི་ནང་དུ་མིན། །འཕྱོན་མའི་བུ་ལ་རིགས་ཀྱི་ངོས་འཛིན་ཅི༑ ༑སྡིག་སྤྱོད་དགེ་བ་བྱེད་ན་མདོ་རྒྱུད་དང་། །མཐུན་པ་མེད་ཀྱང་སྐྱོན་མེད་བླུན་པོ་སྨྲ། །རྒྱུད་དང་མཐུན་པར་དབང་བསྐུར་ཚིག་སོགས། །མེད་ན་དེ་ལ་རིག་འཛིན་སྡོམ་པ་ཅི། །སྡོམ་མེད་དེ་ཡིས་ཟབ་མོའི་ལམ་བསྒོམས་ཀྱང་། །སངས་རྒྱས་འབྲས་བུ་བྱེ་མའི་མར་ཁུ་བཞིན། །དེས་ན་སྡོམ་གསུམ་ལྡན་པས་རིམ་གཉིས་གནད། །བསྒོམ་པ་གྲོལ་བྱེད་ལམ་གྱི་གནད་དོན་ཡིན། །ལམ་གྱི་འཁྲོས་དོན་སྡོམ་གསུམ་སྤྱི་ཡི་གནད། །རིམ་པར་འབྲེལ་ཆགས་འཆད་པ་མཁས་པའི་གཏམ། །བསྐྱེད་རྫོགས་གནད་ཀྱང་མདོར་བསྡུས་འཁྲོས་དོན་ཙམ། །དབང་བསྐུར་ཡེ་ནས་མ་ཐོབ་རྫོགས་རིམ་གྱི། །ཆོས་ཉན་བླ་མར་མོས་གུས་ཅི་ཙམ་ཡང་། །སངས་རྒྱས་ནོར་བུ་མྱུར་དུ་འབྱིན་མི་ནུས། །མདོ་སྔགས་གཞུང་ལས་སངས་རྒྱས་ལྷ་བུ་དང་། །སངས་རྒྱས་དངོས་སུ

བལྟ་བར་གསུངས་གཉིས་ཀྱི། །དྲང་པོའི་ཐེག་བདབ་དབང་གིས་མ་འབྲེལ་ན། །ཕ་རོལ་ཕྱིན་ལྟར་རིམ་འཇུག་རྒྱུ་རུ་བསྟན། །མདོར་ན་དགེ་སློང་དེ་བཞིན་རྒྱལ་སྲས་དང་། །སྔགས་པར་ཁས་འཆེས་རིམ་བཞིན་སྡོམ་གསུམ་དང་། །ལྡན་པ་དེས་ནི་སངས་རྒྱས་བསྟན་པ་འཛིན། །གྲོལ་བྱེད་བསྟན་ཟིན་ཏོ།། །།

གསུམ་པ་དབང་དང་རིམ་གཉིས་ལས་བྱུང་ཕྱག་ཆེན་བཤད་པ་ལ་གཉིས་ཏེ། སྐབས་དོན་ཕྱག་ཆེན་མ་ནོར་རྒྱས་པར་བཤད། ཞར་ལ་ལག་ལེན་སོགས་ལ་འཁྲུལ་པ་དགག་པའོ། །དང་པོ་ལ་ལྔ་སྟེ། གཞན་ལུགས་ཕྱག་ཆེན་བསྒོམ་ཚུལ་དགག །རང་ཕྱོགས་ཕྱག་ཆེན་ངོ་ཡིས་གཟུང་། གཞན་ལུགས་རྒྱ་ནག་ལུགས་སུ་བསྟན། གྲུབ་པའི་གཞུང་གིས་གནོད་བྱེད་བསྟན། ལོག་རྟོག་གཞན་ལ་སྐབས་འདིར་དགག་པའོ། །དང་པོ་ནི། བོད་འདི་ན་ཕྱག་རྒྱ་པར་མིང་བཏགས་ནས་སྔགས་ལུགས་ཀྱི་ཕྱག་རྒྱ་ཆེན་པོ་བསྒོམ་པར་ཁས་འཆེས་བ་མང་ན་ཡང་ཕྱག་ཆེན་མཚན་ཉིད་པ་བསྒོམ་པ་མ་ཡིན་ཏེ། རྣམ་པར་རྟོག་པ་ཕྱི་རོལ་གྱི་ཡུལ་ལ་མི་འཕྲོ་བར་ནང་དུ་ཁ་ཚོམ་པའི་ངང་ནས་སྟོང་པ་ཧད་དེ་བ་ཉིད་བསྒོམ་གྱི། དབང་དང་རིམ་གཉིས་ལས་བྱུང་བའི་ཡེ་ཤེས་ལ་ཕྱག་རྒྱ་ཆེན་པོར་རྒྱུད་སྡེ་ལས་གསུངས་པ་ནི་མི་ཤེས་པའི་ཕྱིར། དབང་དང་རིམ་གཉིས་དང་མ་འབྲེལ་པར་སྟོང་པ་ཧད་དེ་བསྒོམ་པ་དེ་ལ་སྐྱོན་ཅི་ཡོད་ཅེ་ན། གང་ཟག་བླུན་པོས་ཕྱག་ཆེན་དུ་མིང་བཏགས་པའི་སྟོང་ཉིད་བསྒོམ་པ་ནི། ཅི་མེད་ཅང་མེད་དུ་གོ་ནས་དེ་ལྟར་དུ་བཟུང་ནས་ངན་འགྲོའི་རྒྱུ་རུ་གསུངས་ཏེ། རྩ་ཤེ་ལས། སྟོང་པ་ཉིད་ལ་ལྟ་ཉེས་ན། །ཤེས་རབ་ཆུང་རྣམས་ཕུང་བར་འགྱུར། །ཞེས་དང་། རིན་ཆེན་འཕྲེང་བ་ལས། མེད་པ་པ་ནི་ངན་འགྲོར་འགྲོ །ཞེས་གསུངས་པའི་ཕྱིར། དུད་འགྲོའི་རྒྱུ་རུ་གསུངས་ཞེས་པ་ནི། རྟོག་པ་ནང་དུ་ཁ་ཚོམ་པའི་ཞི་གནས་འཐུག་པོ་འཕྱི་བ་ཚང་དུ་གཉིད་ལ་ཤོར་བ་ལྟ་བུ་དང་། སྟོང་པ་ཉིད་ཟུང་དུ་འབྲེལ་པ་ཡིན་ཏེ། ཨིནྡྲ་བྷཱུ་ཏིས། རྨོངས་པའི་བསྒོམ་པ་གང་ཡིན་པ། །རྨོངས་པས་རྨོངས་པ་འཐོབ་པར་འགྱུར། །ཞེས་དང་། སྒོམ་ཆེན་སྒྲིངས་ཡིག་ལས། དམ་པའི་གདམས་པས་སྦྱིས་པ་མ་ཆོད་པར། །ཞི་གནས་ཐེང་པོ་ཞིག་ལ་སེམས་བཟུང་ནས། །གཏི་མུག་མུན་པ་ཡང་ཡང་སྤེལ་བྱེད་པ། །འཕྱི་བ་ཚང་དུ་ཉལ་བའི་སྒོམ་ཆེན་ཡིན། །ཞེས་གསུངས་པའི་ཕྱིར། བླུན་པོས་བསྒོམ་ཚུལ་དེ་ལྟ་བུ་མ་ཡིན་པར་གཟུགས་ཀྱི་སྣང་བ་མཐའ་དག་བཀག་ནས། གཟུགས་ལ་འདོད་ཆགས་དང་བྲལ་བར་བྱས་ཏེ་ནམ་མཁའ་ལ་དམིགས་པ་དང་། རྣམ་ཤེས་ལ་དམིགས་པ་དང་། གཟུང་བྱ་ཅི་ཡང་མེད་པ་ལ་དམིགས་པ་དང་། འདུ་ཤེས་རགས་པ་ཡོད་པ་མ་ཡིན་ཞིང་། ཕྲ་བ་མེད་པ་མ་ཡིན་པ་ལ་དམིགས་པའི་ཞི་གནས་རྣམས་དང་། གཟུགས་སྣང་འགགས་པའི་སྟོང་པ་ཟུང་དུ་སྤྲེལ་ནས་བསྒོམས་ན་གཟུགས་མེད་སྐྱེ་མཆེད་མུ་བཞིར་སྐྱེ་སྟེ། གཟུགས་མེད་ཁམས་ཀྱི་རྒྱུ་ཚོགས་གྲངས་ཚང་བའི་ཕྱིར། གཟུགས་

ཀྱི་སྣང་བ་བཀག་ནས་ནམ་མཁའ་ལ་དམིགས་པའི་ཏིང་འཛིན་སོགས་བཞི་པོ་འདི་ཞི་གནས་སུ་བྱས་ན་ལེགས་སམ་སྙམ་སྟེ། གཟུགས་མེད་དུ་སྐྱེ་བ་ལ་གཟུགས་མེད་ཀྱི་སྙོམས་འཇུག་བསྒོམ་དགོས་པས། ཏིང་འཛིན་དེ་དག་གཟུགས་མེད་དུ་སྐྱེ་བའི་རྒྱུར་གྱུར་པའི་ཞི་གནས་ཡིན་པ་ལས་འོས་མེད་པའི་ཕྱིར་དང་། ལྷག་མཐོང་ནི་སྟོང་པར་ལྟ་བ་ཉིད་ཡིན་པ་སྤྱི་ཕྱི་ཀུན་ལ་ཁྱད་པར་ཆེར་མེད་པའི་ཕྱིར། བསྒོམ་ཚུལ་སྤྱི་མ་གཉིས་ལས། ཡང་ན་སེམས་སྟོང་པར་ངོ་འཕྲོད་པའི་སྟོང་རྐྱང་དེ་སྟོན་དུ་ངེས་འབྱུང་གི་བསམ་པས་ཀུན་ནས་སློང་ཞིང་། ཞི་གནས་སྐྱོན་མེད་ཅིག་དང་ཟུང་དུ་འབྲེལ་ནས་བསྒོམས་ན། ཐེག་ཆེན་དུ་མི་འགྲོ་བར་ཉན་ཐོས་ཀྱི་འགོག་པ་སྟེ་མྱང་འདས་སུ་ལྟུང་བར་འགྱུར་ཏེ། ཤེས་རབ་ཀྱིས་འཁོར་བའི་མཐའ་མནན་ཀྱང་། ཐབས་སྙིང་རྗེ་ཆེན་པོ་དང་བྲལ་བས་མྱང་འདས་ཀྱི་མཐར་ལྟུང་བ་ལས་འོས་མེད་པའི་ཕྱིར། དོན་འདི་དག་དང་མཐུན་པར། བདག་ཉིད་ཆེན་པོའི་སྐྱེས་བུ་དམ་པའི་འཕྲིན་ཡིག་ལས། ཐབས་ཀྱི་ཡོན་ཏན་མ་རྫོགས་པར་སེམས་ངོ་འཕྲོད་པ་ལ་ཇི་ལྟར་བཟང་ཡང་ཉན་ཐོས་ཀྱི་དགྲ་བཅོམ། འབྲིང་གཟུགས་མེད་ཀྱི་ཁམས། ཐ་མ་ངན་སོང་དུ་སྐྱེ་བར་གསུངས་ཏེ། སློབ་དཔོན་ཀླུ་སྒྲུབ་ཀྱིས། སྟོང་པ་ཉིད་ལ་ལྟ་ཉེས་ན། །ཤེས་རབ་ཆུང་རྣམས་ཕུང་བར་འགྱུར། །ཞེས་གསུངས་པའང་དེ་ལ་དགོངས་སོ། །ཞེས་གསུངས་སོ། །

དེས་ན་བླུན་པོས་ཕྱག་རྒྱ་ཆེ་བསྒོམ་པ་སོགས་གསུམ་ཀ་སྟོང་པར་ལྟ་བ་ཙམ་གྱི་བསྒོམ་ཡིན་པ་ལ་ཁྱད་མེད་ལ། འོན་ཀྱང་སྤྱི་མ་གཉིས་ལ་སྟོང་པར་ངོ་འཕྲོད་པའི་སྟོང་ཉིད་ཀྱི་བསྒོམ་མཚན་ཉིད་པ་མེད་དེ། སྟོང་ཉིད་ཀྱི་ལྟ་བ་མཚན་ཉིད་པས་འཁོར་བའི་རྒྱུ་མི་བྱེད་པའི་ཕྱིར། འདིར་འབྲས་བུ་དུད་འགྲོ་སོགས་བཟང་ངན་གསུམ་བྱུང་བས། རྒྱུ་བསྒོམ་ལ་ཡང་བཟང་ངན་གསུམ་འབྱེད་དགོས་པ་དེ་ལྷག་མཐོང་སྟོང་པར་ངོ་འཕྲོད་པ་སྟོང་ཉིད་མཚན་ཉིད་པ་ཡིན་མིན་དང་། ཕྱོགས་ཞི་གནས་བཟང་ངན་གྱི་སྒོ་ནས་འབྱེད་པ་ཡིན་ཏེ། སྔར་བཤད་པ་ལྟར་རོ། །ཊཱི་ཀཱ་བྱེད་པ་དག་གིས། ཚོགས་དྲུག་གི་འཇུ་བ་བཀག་ནས། སེམས་ཀྱི་གསལ་ཆ་ཙམ་ཡང་མ་སྣང་བ་དང་། སྣང་བ་སོགས་ཀྱི་སྒོམ་ལེགས་ཉེས་ཙམ་ལས་ལྷག་མཐོང་གི་ངོས་འཛིན་ཅི་ཡང་མི་སྣང་བ་ནི། གོང་དུ། རྟོག་པ་ཁ་ཆོམ་ཉིད་བསྒོམ་གྱིས། །ཞེས་པ་དེས་འཕྲུལ་གཞི་བྱས་པར་སྣང་ཡང་སྐབས་དོན་མ་གོ་བ་སྟེ། འདི་དག་ནི་སྟོང་ཉིད་བསྒོམ་པ་ལ་ཕྱག་ཆེན་བསྒོམ་པར་རློམ་པ་དག་ལ་སྒོམ་ལེགས་ཉེས་ལས་འབྲས་བུ་བཟང་ངན་འབྱུང་བར་འཆད་པའི་སྐབས་ཡིན་པའི་ཕྱིར། འདི་དག་ལ་བདག་ཉིད་ཆེན་པོའི་ཡིན་ཟེར་བའི་དྲིས་ལན་གྱི་ཚོགས་བཅད་འགའ་ཞིག་ཀྱང་སྣང་སྟེ། དེ་ཡང་བདག་ཉིད་ཆེན་པོ་མདོ་ཁམས་སྨད་ཀྱིས་ཆར་ཕེབས་པ་ན། རྣལ་འབྱོར་པ་ཕྲུ་མའམ། འགའ་ཞིག་མདོ་སྨད་ཀྱི་སྟོན་པ་བློ་གྲོས་རབ་གསལ་ཟེར་

པ་དེས་ཆོས་རྗེ་ཉིད་ཀྱི་སྡོམ་གསུམ་རབ་དབྱེ་ན། བླུན་པོས་ཕྱག་རྒྱ་ཆེ་བསྒོམ་པ། །ཞེས་པ་ནས། འོན་ཀྱང་འགྲུབ་པ་ཤིན་ཏུ་དཀའ། །ཞེས་གསུངས་འདུག་པ་འདི་དག་གི་དོན་ཅི་ལགས། ཞེས་ཞུས་པའི་ལན་དུ། རྟོག་པ་ཁ་ཆོམ་ཞི་གནས་དང་། །སྟོང་པ་ཐལ་བྱུང་ལྷག་མཐོང་གཉིས། །ངན་འགྲོར་སྐྱེ་བའི་རྒྱུ་ཅན་ཏེ། །ལེགས་འདོད་རྣམས་ཀྱིས་སྤངས་ན་ལེགས། །སེམས་འགྱུ་མི་གསལ་ཞི་གནས་དང་། །གཟུགས་སྣང་བཀག་པའི་ལྷག་མཐོང་གཉིས། །གཟུགས་མེད་སྐྱེ་བའི་རྒྱུ་ཆེན་ཏེ། །ཐར་འདོད་རྣམས་ཀྱིས་སྤངས་ན་ལེགས། །དྲན་ཆོར་མེད་པའི་ཞི་གནས་དང་། །ཚོགས་དྲུག་འགགས་པའི་ལྷག་མཐོང་གཉིས། །ཉན་ཐོས་འགོག་པ་ཆ་མཐུན་ཏེ། །མཆོག་འདོད་རྣམས་ཀྱིས་སྤངས་ན་ལེགས། །ཤིན་སྦྱངས་བདེ་ལྡན་ཞི་གནས་དང་། །སྤྲོས་ཀུན་ཉེར་ཞིའི་ལྷག་མཐོང་གཉིས། །ཕར་ཕྱིན་ཐེག་པའི་ལམ་མཆོག་སྟེ། །རྒྱལ་སྲས་རྣམས་ཀྱིས་བསྒྲུབ་ན་ལེགས། །བདེ་སྟོང་ཟུང་འཇུག་ཞི་གནས་དང་། །མཚན་རྟོག་ཉེར་ཞིའི་ལྷག་མཐོང་གཉིས། །གསང་སྔགས་ཕྱག་ཆེན་ལམ་མཆོག་སྟེ། །ཚེ་འདིར་གྲུབ་འདོད་བསྒྲུབས་ན་ལེགས། །ཞེས་གསུངས་པར་འཆད་དོ། །དཔེ་རྒྱུན་འདི་ཕྱིས་རྒྱལ་ཚབ་ཀུན་དགའ་དབང་པོའི་ངོ་ལ་ཁམས་ཕྱོགས་ནས་བརྒྱུད་དེ་བྱུང་བ་ཡིན་པས། ཕྱི་སོར་མི་སྣང་། ཚིག་འདི་དག་ལེགས་པོ་སྣང་ཞིང་འཕགས་པའི་གསུང་གི་རིགས་འདྲ་བ་ཙམ་འདུག །བདག་ཉིད་ཆེན་པོའི་གསུང་ཡིན་པར་ནི་ཡིད་མི་ཆེས་ཏེ། ཚིགས་བཅད་ཕྱི་མ་གསུམ་ལ་དཔྱད་རྒྱུ་ཁ་ཡར་སྣང་བས་སོ། །

ཁྱད་པར། ཡང་ན་ཉན་ཐོས་འགོག་པར་ལྷུང་། །ཞེས་པ་འགོག་པ་ཆ་མཐུན་ལ་བྱེད་པ་མི་འཐད་དེ། འདི་དང་། སྟོང་ཉིད་ཉན་ཐོས་རྣམས་ཀྱང་བསྒོམ། །དེ་ཡི་འབྲས་བུ་འགོག་པ་ཐོབ། །ཅེས་པའི་འགོག་པ་གཉིས་ལ་ཁྱད་པར་མེད་པའི་ཕྱིར་དང་། སྐྱེས་བུ་དམ་པའི་འཕྲིན་ཡིག་ལས། ཐབས་ཀྱི་ཡོན་ཏན་མ་རྫོགས་པར་སེམས་ངོ་འཕྲོད་པ་ལ་ཧེ་ལྟར་བཟང་ཡང་ཉན་ཐོས་ཀྱི་དགྲ་བཅོམ། ཞེས་གསུངས་པ་དང་། འདིའི། ཡང་ན་ཉན་ཐོས་འགོག་པར་ལྷུང་། །ཞེས་པ་གཉིས་དོན་མཐུན་པ་གཅིག་དགོས་པའི་ཕྱིར། གཞན་དུ་ན། མིན་ན་གཟུགས་མེད་ཁམས་སུ་སྐྱེ། །ཞེས་པའི་འབྲས་བུ་ལས་ངན་པར་འགྱུར་ཏེ། ཉན་ཐོས་འགོག་པ་ཆ་མཐུན་ནི་འདོད་ཁམས་ན་ཡོད་ཅིང་། གཟུགས་མེད་ནི་ཁམས་གོང་མའི་ལྷ་ཡིན་པའི་ཕྱིར། སྤྱོས་ཊཱི་ཀ་ལས། གཉིད་འཐུག་པོ་ལོག་པར་ལྟར་དྲན་རིག་གི་གསལ་ཆ་ཙམ་ཡང་མེད་པར་དྲན་མེད་ཀྱི་ངང་ལ་ཡུན་རིང་དུ་གནས་ན་འདུ་ཤེས་མེད་པའི་སེམས་ཅན་དུ་སྐྱེ་བའི་རྒྱུ་ཡིན་ཏེ། དེ་ལ་འཇིག་རྟེན་པ་རྣམས་ཉན་ཐོས་འགོག་པ་ཞེས་ཐ་སྙད་བྱེད་དོ། །ཞེས་གསུངས་པ་ཡང་ཐྱིལ་ཐྱིལ་པོ་སྟེ། འགོག་པ་འབྲས་བུར་བྱས་ནས་དེའི་རྒྱུའི་ཁྱད་པར་ངོས་འཛིན་དགོས་པ་ལས། དེ་གསལ་བར་མ་བྱུང་བའི་ཕྱིར། དྲན་མེད་ཀྱི་ངང་ལ་ཡུན་རིང་དུ་གནས་པ་དེ་ལ་

འཇིག་རྟེན་པ་རྣམས་ཟེར་བའི་ཉན་ཐོས་འགོག་པའི་ཐ་སྙད་མཛད་པའི་ཕྱིར། དེས་ན་ཁྱེད་ཀྱི་རྒྱུ་དང་འབྲས་བུ་གཅིག་ཏུ་འདྲེས་སོ། །དྲན་མེད་ཀྱང་དང་ལ་ཡུན་རིང་དུ་གནས་པ་འདུ་ཤེས་མེད་པའི་སེམས་ཅན་དུ་སྐྱེ་བའི་རྒྱུ་ཡིན་པ་ཡང་མི་འཐད་དེ། སེམས་ཅན་དེ་བསམ་གཏན་བཞི་པའི་ལྷའི་བྱེ་བྲག་ཡིན་པས། དེར་སྐྱེ་བ་ལ་བསམ་གཏན་བཞི་བའི་སྙོམས་འཇུག་གལ་ཆེ་བའི་ཕྱིར། འདུ་ཤེས་མེད་པ་ཞེས་པ་ཡང་ཚོར་འདུ་རགས་པ་བཀག་པ་ཙམ་ཡིན་པར་མཛོད་ལས་བཤད་པས། དྲན་མེད་ཀྱི་དང་དུ་བརྒྱལ་བ་ལ་དེ་ལྟར་མ་འབྲུལ་བ་གལ་ཆེའོ། །འདི་དག་གི་རྣམ་དབྱེ་ཕྱེད་པ་ལ་མངོན་པའི་གཞུང་གི་བཤད་རྒྱུལ་རགས་པ་ལ་བློ་བྱང་ན་འབྲུལ་པ་ཆེར་མེད་པས། མཁས་པ་ཁྱེད་འདི་ལྟར་གསུང་བ་གཞི་མེད་དུ་ཐུགས་ཡངས་བར་ཟད་དོ། །གོང་གི་འཕྲོས། འོ་ན་སྟོང་ཉིད་བསྒོམས་ན་ཕྱག་ཆེན་དུ་མི་འགྱུར་བ་ཅི་ཞེ་ན། གལ་ཏེ་སྟོང་ཉིད་བསྒོམ་པ་དེ་ནི་ཆད་ལྟ་དང་། སྟོང་པ་ཉི་ཚེ་བ་དང་། སྟོང་རྐྱང་དུ་ངོ་འཕྲོད་པའི་ཉན་ཐོས་ཀྱི་རྟོགས་བྱའི་སྟོང་ཉིད་དང་གསུམ་དུ་མ་ལྟུང་བར་གསལ་བ་དང་ཟུང་དུ་འབྲེལ་བ་ལྟ་བུ་ཞིག་ལྟར་བསྒོམས་ལེགས་ཀྱང་། ཐེག་ཆེན་ཕ་རོལ་ཏུ་ཕྱིན་པའི་དབུ་མའི་སྒོམ་ལས་ལྷག་པའམ་འདའ་བ་མེད་དེ། ཐབས་དབང་དང་རིམ་གཉིས་མེད་པས་སྟོང་ཉིད་ཀྱི་ལྟ་བ་སྐྱོང་པའམ། སྟོང་ཉིད་བསྒོམ་པ་ཙམ་ལས་རྟོག་མེད་ཀྱི་ཡེ་ཤེས་མྱུར་དུ་འདྲེན་མི་ནུས་པའི་ཕྱིར། དེ་སྐད་དུ། རྗེ་བཙུན་རིན་པོ་ཆེས། འགའ་ཞིག་ཕྱག་རྒྱ་ཆེན་པོ་ཐོག་བབས་ཞེས། །ཐོག་མར་སྟོན་ཞེས་རྨོངས་པ་འགའ་སྨྲ་མོད། །དེ་ནི་དེ་མིན་ལྟ་བའམ་བསམ་གཏན་ཏེ། །ཞེས་གསུངས་སོ། །

འོ་ན་དབུ་མའི་བསྒོམ་བྱུང་ན་དེ་ཙམ་གྱིས་ཆོག་པ་མ་ཡིན་ནམ་ཞེ་ན། མཐའ་བྲལ་དབུ་མའི་བསྒོམ་དེ་བཟང་པོ་ཡིན་མོད་ཀྱི། འོན་ཀྱང་འགྲུབ་བྱེད་གསང་སྔགས་ནས་བཤད་པ་བཞིན་གྱི་ཐབས་བཟང་པོ་མེད་ན་འགྲུབ་པ་ཤིན་ཏུ་དཀའ་སྟེ། ཇི་སྲིད་རྒྱུ་ཚོགས་གཉིས་མ་རྫོགས་པ་དེ་སྲིད་དུ་དབུ་མའི་བསྒོམ་མཐར་མི་ཕྱིན་ཅིང་། མཐར་ཕྱིན་པ་འདིའི་རྒྱུ་ཚོགས་གཉིས་རྫོགས་པ་ལ་མ་མཐའ་བསྐལ་པ་གྲངས་མེད་དགོས་པར་གསུངས་པའི་ཕྱིར་ཏེ། མདོ་སྡུད་པ་ལས། ཇི་སྲིད་དགེ་བའི་རྩ་བ་ཡོངས་སུ་མ་རྫོགས་པར། །དེ་སྲིད་སྟོང་ཉིད་དམ་པ་དེ་ནི་ཐོབ་མི་བྱེད། །ཅེས་གསུངས་པའི་ཕྱིར། དབུ་མའི་བསྒོམ་མཐར་ཕྱིན་མ་ཕྱིན་གྱི་ཚད་ནི་ཆོས་དབྱིངས་མངོན་སུམ་དུ་རྟོགས་མ་རྟོགས་ཡིན་པས། མདོ་ལམ་དུ་དེ་མངོན་སུམ་དུ་རྟོགས་པ་ལ་མ་མཐའ་གྲངས་མེད་གཅིག་ཏུ་ཚོགས་བསགས་པས་ས་དང་པོར་ཆོས་ཉིད་མངོན་སུམ་དུ་མཐོང་བའི་ལམ་སྐྱེས་པའི་ཚེ་ན་རྟོགས་པ་ཡིན་ལ། དེའི་གནད་ཀྱིས་བསྐལ་པ་གྲངས་མེད་དགོས་པར་གསུངས་ཞེས་བསྟན་ཏོ། །གཉིས་པ་ནི། འོ་ན་སྟོང་པ་བསྒོམ་པ་ཕྱག་ཆེན་བསྒོམ་པ་མ་ཡིན་ན་ཕྱག་ཆེན་ཇི་ལྟ་བུ་ཞེ་ན། འདྲེ་གསང་སྔགས་པའི་ལུགས་ཀྱི་

ཕྱག་རྒྱ་ཆེན་པོ་འདི་ཆོས་ཅན། སྟོང་ཉིད་བསྒོམ་པ་ཙམ་མ་ཡིན་ཏེ། ཐབས་དབང་དང་རིམ་གཉིས་ཀྱི་ཏིང་ངེ་འཛིན་ལས་བྱུང་བའི་རང་བྱུང་གི་ཡེ་ཤེས་ཡིན་པའི་ཕྱིར། དེ་སྐད་དུ། རྗེ་བཙུན་རིན་པོ་ཆེས། སྔར་གྱི་འགྲོ་ལས། བསྒོམ་པའི་ཤུགས་འབྱུང་ཕྱག་རྒྱ་ཆེན་པོ་ཡིན། །ཞེས་དང་། འཕྲིན་ཞུར་ཡང་། ཕྱག་རྒྱ་ཆེན་པོ་བསྒོམ་པ་ཡང་། །དབང་ལས་བྱུང་བའི་ཡེ་ཤེས་དང་། །རིམ་གཉིས་ཏིང་འཛིན་ཁྱད་པར་ཅན། །ཡིན་ཞེས་ཁྱེད་ཀྱི་གསུང་ལས་བྱུང་། །ཁ་ཅིག་དཀར་པོ་ཆིག་ཐུབ་ལ། །ཕྱག་རྒྱ་ཆེན་པོར་ངོ་སྤྲོད་བྱེད། །ཅེས་གསུངས་སོ། །

རང་བྱུང་གི་དོན་ནི་ལྷུན་གྲུབ་དང་མ་བཅོས་པ་ཡིན་པས། མ་བཅོས་པའི་ཡེ་ཤེས་ལ་རང་བྱུང་གི་ཡེ་ཤེས་ཞེས་བྱ་སྟེ། མ་བཅོས་པ་ཉིད་དུ་མངོན་སུམ་དུ་རྟོགས་པའི་ཡེ་ཤེས་ཞེས་པའོ། །གནད་དེའི་ཕྱིར་ན་པ་རོལ་ཏུ་ཕྱིན་པའི་མཐོང་ལམ་སོགས་རང་བྱུང་གི་ཡེ་ཤེས་ཡིན་པས། རྣམ་བཅད་ལ་དེ་གཅད་པའི་ཕྱིར་བྱུང་བའི་རང་བྱུང་ཞེས་གཉིས་འཕར་བསྣན་ནོ། །འདིའི་ཡེ་ཤེས་ནི་གོང་དུ། ཐབས་དང་ཤེས་རབ་གཉིས་མེད་པའི། །སངས་རྒྱས་བསྒྲུབ་པའི་ཐབས་གཞན་མེད། །ཅེས་བཤད་པའི་ཤེས་རབ་དང་དོན་གཅིག །དབང་གི་ཆོ་ག་དང་རིམ་གཉིས་བསྒོམ་པ་སོགས་ནི་དེའི་ཐབས་ཡིན་ལ། དེ་བས་ན་སྐབས་དེའི་ཐབས་དང་ཤེས་རབ་གཉིས་ནི་ཐབས་དང་ཐབས་བྱུང་ཡིན་ནོ། །ཕྱག་ཆེན་གྱི་ངོ་བོ་དེ་ལྟ་ཡིན་ན་འགྲུབ་པའི་དུས་མྱུར་བུ་ལ་ཇི་ལྟར་ཞེ་ན། ཕྱག་ཆེན་འདི་རྟོགས་པ་སྔར་བཤད་པ་བཞིན་གྱི་ཐབས་ལ་མཁས་ན་ཚེ་འདི་ར་ཡང་འགྲུབ་པ་ཡིན་ཏེ། ལམ་མྱུར་ཞིང་ཟབ་པའི་གནད་ཀྱིས་འགྲུབ་པ་ཡིན་པའི་ཕྱིར། སྔགས་ཀྱི་ཐབས་མཁས་དེ་ལས་གཞན་དུ་ཕྱག་རྒྱ་ཆེན་པོ་རྟོགས་པ་མེད་དེ། དེ་འདྲ་སངས་རྒྱས་ཀྱིས་མ་གསུངས་པའི་ཕྱིར་ཏེ། སྣང་བ་ཅི་ཤར་མ་འགགས་པ་ལ་མ་བཅོས་ཕྱག་རྒྱ་ཆེན་པོ་ཡིན་ཟེར་བ་དང་། འཁྲུལ་ལུགས་ཕྱག་རྒྱ་ཆེན་པོ། གནས་ལུགས་ཕྱག་རྒྱ་ཆེན་པོ། རྣམ་རྟོག་ཆོས་སྐུ་ཕྱག་རྒྱ་ཆེན་པོ་དང་། ཕྱག་དང་། རྒྱ་དང་། ཆེན་པོ་གསུམ་ལ་ཡི་གེ་ཐ་དད་པའི་གོ་དོན་བྱེད་པ་སོགས་རང་བཟོས་སྦྱར་བ་ཙམ་ལ་སངས་རྒྱས་ཀྱིས་མ་གསུངས་པའི་ཕྱིར། མདོ་རང་རྐང་དང་རྒྱུད་སྡེ་འོག་མ་ལས་ཕྱག་ཆེན་མ་གསུངས་པ་དེས་ན། ཕྱག་རྒྱ་ཆེན་པོ་ལ་མོས་ན་གསང་སྔགས་བླ་མེད་ཀྱི་གཞུང་བཞིན་བསྒྲུབ་རིགས་ཏེ། ཕྱག་རྒྱ་ཆེན་པོ་དང་དེ་སྐྱེ་བའི་ཐབས་གཉིས་ནི་བླ་མེད་ཀྱི་ཁྱད་ཆོས་ཡིན་པའི་ཕྱིར་རོ། །

གསུམ་པ་ནི། སྔར་བཤད་པ་ལྟར་རྟོག་པ་ཁ་ཚོམ་གྱི་ཞི་གནས་དང་བསྲེས་ནས། སྟོང་རྐྱང་བསྒོམ་པ་ལ་ཕྱག་ཆེན་བསྒོམ་པར་རློམ་པའི་ད་ལྟའི་ཕྱག་རྒྱ་ཆེན་པོ་དང་། རྒྱ་ནག་ཧྭ་ཤང་གི་རྫོགས་ཆེན་གཉིས་ལ་དོན་ལ་ཁྱད་པར་དབྱེ་བ་མེད་དེ། རྒྱ་ནག་གི་ཆོས་ལ་ཡང་བབས་དང་ཅིག་ཆར་བ་ཟེར། བོད་ཀྱི་ཕྱག་ཆེན་ལ་མས་འཛེག་དང་རིམ་གྱིས་པའི་ལུགས་ཟེར་བའི་མིང་འདོགས་ལུགས་བསྒྱུར་བ་ཙམ་མ་གཏོགས་ཉམས་ལེན་གཅིག་ཏུ

སྣང་བའི་ཕྱིར། ཆོས་ལུགས་ནོར་བ་འདི་འདྲ་འབྱུང་བ་ཡང་མཚན་བརྗོད་པར་དཀའ་བ་མཁན་ཆེན་བྱང་ཆུབ་སེམས་དཔའ་ཞི་བ་འཚོས། ཆོས་སྐྱོང་བའི་རྒྱལ་པོ་ཁྲི་སྲོང་ལྡེ་བཙན་ལ་ཞལ་ཆེམས་ཀྱི་ལུང་བསྟན་བཞིན་དུ་ཐོག་ཏུ་བབས་པ་ཡིན་ནོ། །ལུང་བསྟན་པ་དེ་ཡང་ཇི་ལྟར་ཞེ་ན། བཤད་ཀྱིས་མཉན་པར་བྱ་སྟེ། རྒྱལ་པོ་ཁྱོད་ཀྱི་བོད་ཡུལ་འདིར་ཨོ་རྒྱན་གྱི་རྒྱལ་པོ་སློབ་དཔོན་པདྨ་འབྱུང་གནས་ཀྱིས། མ་མོ་བསྟན་མ་བཅུ་གཉིས་ལ་གཏད་ཅིང་། མུ་སྟེགས་མི་འབྱུང་བ་སོགས་ཀྱི་བཀའ་བསྒོ་མཛད་པས། མུ་སྟེགས་དངོས་འབྱུང་བར་མི་འགྱུར་མོད། འོན་ཀྱང་ཡར་ངོ་དང་མར་ངོ་གཉིས་ལ་སོགས་པ་རྟེན་འབྲེལ་འགའ་ཡིས་རྒྱུས་ཆོས་ལུགས་དག་མ་དག་གཉིས་སུ་འགྲོ་བར་འགྱུར་ཏེ། དེ་ཡང་ཐོག་མར་ང་འདས་ནས་རྒྱ་ནག་དགེ་སློང་ཞེས་བྱ་བ་བྱུང་ནས། དཀར་པོ་ཆིག་ཐུབ་ཅེས་བྱ་བ་ཅིག་ཆར་བའི་ལམ་བྱ་བྱེད་ཀྱི་ཆོས་ཀྱིས་འཚང་མི་རྒྱ་བ། རྣམ་པར་མི་རྟོག་པ་བསྒོམས་པས་སེམས་རྟོགས་པ་འབའ་ཞིག་གིས་འཚང་རྒྱ་བའི་ཆོས་སྟོན་པར་འགྱུར་རོ། །དེའི་ཚེ་ངའི་སློབ་མ་མཁས་པ་ཆེན་པོ་ཀ་མ་ལ་ཤཱི་ལ་ཞེས་བྱ་བ་སྤྱན་དྲངས་ལ་དེ་ཡིས་སུན་འབྱིན་པར་نུས་སོ། །དེ་ནས་སློབ་དཔོན་དེའི་ཆོས་ལུགས་བཞིན་དང་ལྡན་རྣམས་ཀྱིས་སྤྱོད་ཅིག་གསུངས་ཤིང་། ཀ་མ་ལ་ཤཱི་ལ་ཁྱེད་མ་འོངས་པའི་དུས་སུ། བོད་ཀྱི་རྒྱལ་པོས་གདན་འདྲེན་པ་བྱུང་ན་ཅིས་ཀྱང་འབྱོན་དགོས་སོ། །གལ་ཏེ་མ་བྱོན་ན་དཔོན་སློབ་ལ་དམ་ཚིག་མེད་དོ་ཞེས་པའི་ཕྱག་ཡིག་ཀྱང་བཞག་གོ། །མཁན་པོ་དེ་ཡིས་ཇི་སྐད་གསུངས་པ་བཞིན་ཕྱིས་ནས་ཐམས་ཅད་བདེན་པར་གྱུར་ཏེ། མཁན་པོ་གཤེགས་ནས། སྦ་ཡེ་ཤེས་དབང་པོ་རྒྱལ་ཚབ་ཏུ་བསྐོས་ནས་བསྟན་པ་འཛིན་པའི་ཚེ་འཁོར་གྱི་ལོག་སྒྲུབ་ལ་ཐུགས་སྐྱོ་ནས། མཁར་ཆུར་སྒོམ་བསྒྲུབ་ལ་ཐེབས། དེའི་ཚེ་རྒྱ་ནག་མཁན་པོ་བྱུང་ནས་ཁོ་རང་གི་ཆོས་ལུགས་བསྟན་པས། ཆོས་འདི་བྱ་བླ་ཟེར་ནས་བོད་ཕལ་ཆེར་དད་པར་གྱུར། དཀོན་མཆོག་ལ་མཆོད་པ་དང་། སྡིག་སྤྱོད་ལ་ཐོས་བསམ་སོགས་ཀྱི་དགེ་སྦྱོར་གྱི་འཕྲོ་བཅད། རྒྱལ་པོ་ཐུགས་མ་བདེ་ནས་ཀ་མ་ལ་ཤཱི་ལ་སྤྱན་འདྲེན་པར་བཏང་བས། ཚུར་བོད་ལ་བྱོན་ཏེ་བསམ་ཡས་སུ་ཐེབས། བྱང་ཆུབ་གླིང་དུ་ཁྲི་གསུམ་བཤམས་ཏེ། རྒྱལ་པོ་གུང་ལ་བཞུགས། ཧྭ་ཤང་གཡས་སུ་འཁོད། ཀ་མ་ལ་ཤཱི་ལ་གཡོན་དུ་འཁོད། རྒྱལ་པོས་རྩོད་པ་བྱ་བར་བཀའ་སྩལ་པས། ཧྭ་ཤང་ན་རེ། འཁོར་བ་ཐམས་ཅད་སེམས་ཀྱི་རྣམ་པར་རྟོག་པས་བསྐྱེད་པ་ཡིན་པས། ཅི་ཡང་མི་སེམས་ཤིང་ཅི་ཡང་ཡིད་ལ་མི་བྱེད་པ་དེ་འཁོར་བ་ལས་ཐར་བར་འགྱུར། སྦྱིན་པ་ལ་སོགས་དཀར་པོའི་ཆོས་ལ་སྤྱོད་པ་ནི་སྐྱེ་བོ་བློ་ཞན་པ་དབང་པོ་རྟུལ་པོ་རྣམས་ལ་བསྟན་པ་ཡིན། དེས་ན་ཁྱེད་ཀྱི་ཆོས་ལུགས་ནི་སྤྲེའུ་ཤིང་རྩེར་འཛེག་པ་དང་འདྲ་བས་མས་འཛེག་དང་རིམ་གྱིས་པ་ཞེས་བྱ། ངེད་ཀྱི་ཆོས་ལུགས་ནི་ཁྱུང་ནམ་མཁའ་ནས་ཤིང་རྩེར་བབས་པ་དང་འདྲ་བས་ཡས་འབབ་

དང་ཅིག་ཆར་བཞེས་བྱའོ་ཞེས་ཟེར་རོ། །དེ་ལ་སློབ་དཔོན་གྱིས། དང་པོ་ཁྱོད་ཀྱི་དཔེ་མི་འཐད་དེ། ཁྱུང་ནམ་མཁའ་ལ་གློ་བུར་དུ་འདབ་གཤོག་རྫོགས་པར་སྐྱེས་ནས་ཤིང་རྩེར་འབབ་པམ། འོན་ཏེ་བྲག་ལ་ཚང་བཅས་པ་རིམ་གྱིས་འདབ་གཤོག་རྒྱས་ཏེ་ཤིང་རྩེར་འབབ། དང་པོ་མི་སྲིད་ལ། ཕྱི་མ་ལྟར་ན་རིམ་གྱིས་པའི་དཔེར་འགྱུར་གྱི། ཅིག་ཆར་བའི་དཔེར་མི་རུང་ངོ་། །ཞེས་པས་དཔེ་བཀག །དེས་ན་ཁྱོད་ཀྱི་དཔེ་ནོར་བར་མ་ཟད་དོན་ཡང་འཁྲུལ་ཏེ། ཁྱོད་མི་རྟོག་པ་བསྒོམ་པ་དེ་ཅི། རྣམ་རྟོག་ཕྱོགས་གཅིག་བཀག་པ་ཡིན་ནམ། མཐའ་དག་བཀག་པ་ཡིན། དང་པོ་ལྟར་ན། གཉིད་དང་བརྒྱལ་བ་ལ་སོགས་པའང་དེར་འགྱུར། གཉིས་པ་ལྟར་ན། ཁྱོད་མི་རྟོག་པ་བསྒོམ་པའི་ཚེ་བསྒོམ་སྙམ་པའི་བློ་སྔོན་དུ་བཏང་དགོས་སམ་མི་དགོས། དགོས་ན་དེ་ཉིད་རྟོག་པ་ཡིན་པས་མི་རྟོག་པ་བསྒོམ་པའི་དམ་བཅའ་ཉམས། མི་དགོས་ན་ཁམས་གསུམ་གྱི་སེམས་ཅན་ཐམས་ཅད་ལ་འབད་མེད་དུ་སྒོམ་སྐྱེ་བར་ཐལ། བསྒོམ་སྙམ་པའི་བློ་སྔོན་དུ་མ་བཏང་ཡང་སྐྱེ་བའི་ཕྱིར། ཞེས་བྱ་བ་ལ་སོགས་པས་སུན་ཕྱུང་བས། ཧྭ་ཤང་གི་སྤོབས་པ། མགོ་བོར་ཐོག་བརྒྱབ་པ་ལྟར་ལན་མི་ཤེས་ཟེར་རོ། །རྒྱལ་པོས་དེ་ལྟར་ན་སློབ་དཔོན་ལ་མེ་ཏོག་ཕུལ། བཟོད་པར་གསོལ་ལ་ལུང་རིགས་དང་མི་འགལ་བར་རྒྱ་གར་གྱི་ཆོས་ལུགས་བཞིན་གྱིས་ཤིག །རྒྱ་ནག་མཁན་པོའི་ལུགས་བྱེད་ན་ཆད་པས་གཅད་དོ། །ཞེས་བཀའ་ནན་དྲག་ཏུ་བསྒྲགས། བཀའ་ཁྲིམས་ཀྱི་ཡི་གེ་གསུམ་མཛད་དེ། རྒྱ་ནག་གི་ལུགས་ནུབ་པར་མཛད་ནས། རྒྱ་གར་རིམ་གྱིས་པའི་ཆོས་ལུགས་སྤེལ་བ་ཡིན་ནོ། །དེ་ལྟར་མཚན་བརྗོད་པར་དཀའ་བ་མཁན་ཆེན་པོ་ཞི་བ་འཚོ་དང་། རྒྱལ་པོ་ཉིད་དང་། ཀ་མ་ལ་ཤཱི་ལ་དང་། ཁྱད་པར་ཨོ་རྒྱན་གྱི་སྔགས་འཆང་པདྨ་འབྱུང་གནས་ནི་བོད་ལ་བཀའ་དྲིན་ཤིན་ཏུ་ཆེ་བའི་ཕྱིར། བདག་ཉིད་ཆེན་པོས། སྡོམ་བརྩོན་དམ་པ་དཔལ་ལྡན་ཞི་བ་འཚོ། །བརྟུལ་ཞུགས་གྲུབ་པ་པདྨ་འབྱུང་གནས་དང་། །བློ་གསལ་དབང་པོ་པདྨའི་ངང་ཚུལ་སོགས། །སྙིགས་མའི་དུས་ཀྱི་རྒྱལ་བ་གཉིས་པ་ཡིན། །མི་ཡི་བདག་པོ་ཆོས་བཞིན་སྐྱོང་བ། །རྣམ་དཔྱོད་བློ་ཅན་དེས་པས་འགྲོ་བ་འདུལ། །དཔའ་མཛངས་བློན་པོའི་ཚོགས་ཀྱིས་ཡོངས་བསྐོར་ནས། །སྐྱེ་དགུ་འདི་དག་ཆོས་བཞིན་བསྐྱངས་པར་ལགས། །ཞེས་བྱས་ཤས་དྲིན་གཟོའི་སྒོ་ནས་རྗེས་སུ་བསྔགས་ཤིང་བསྟོད་པར་མཛད་པ་ཡིན་ནོ། །སྐྱེས་བུ་འདི་དག་གི་མཚན་ནི་འགྲོ་བ་ཀུན་གྱི་རྣ་ལམ་དུ་བསྒྲགས་ན་འང་དོན་ཆེན་པོར་འགྱུར་རོ། །དམ་པའི་རྣམ་ཐར་ཆ་ཤས་བདུད་རྩིས་ཀྱང་། །དད་པའི་ཤུགས་དྲག་གཡོ་བའི་ཡི་ག་འབྲེད། །ལུང་རྟོགས་རྒྱལ་བའི་བསྟན་པ་རྨ་མེད་པ། །རྒྱུན་དུ་འཛིན་ལ་སྙིང་སྟོབས་ཡིད་སྨོན་ཙམ། །ཞེས་ཀྱང་སྨྲས་སོ། །ཁྲི་སྲོང་ལྡེའུ་བཙན་ནས་རྒྱལ་རབས་འགའ་ཞིག་སོང་བའི་ཕྱིས་ནས། གླང་དར་མས་རྒྱལ་སྲིད་བཟུང་སྟེ། བོད་ཀྱི་ཆོས་ཁྲིམས་དང་རྒྱལ་ཁྲིམས་གཉིས་ཀ

བཞིག་ཅིང་ནུབ་པ་དང་། དེའི་རྗེས་སུ་ཡུམ་སྟན་དང་འོད་སྲུང་འབྱུངས་ནས་བོད་ཡུལ་ཕྱུང་བར་གྱུར་བའི་ཚེ། རྒྱ་ནག་མཁན་པོའི་གཞུང་ལུགས་ཡི་གེར་བཀོད་པ་འགའ་གཏེར་ནས་ཐོན་པ་ཙམ་ལ་བརྟེན་ནས་ཀྱང་། བླུན་པོ་ཆོས་དད་ཅན་གདམས་ངག་འཐོབས་པ་ལ་སྦྱོ་བས། རྒྱ་ནག་གི་ལུགས་དེ་ཡི་མིང་འདོགས་གསང་ནས་ནི། ཕྱག་རྒྱ་ཆེན་པོར་མིང་བསྒྱུར་ནས་བཤད་པས་དར་བར་གྱུར། དེ་བས་ན་ད་ལྟའི་ཕྱག་རྒྱ་ཆེན་པོར་གྲགས་པའི་ཉམས་ལེན་ཕལ་ཆེར་རྒྱ་ནག་གི་ཆོས་ལུགས་ཡིན་ནོ། །ཡིན་ཚུལ་རྒྱ་ནག་གི་བསམ་གཏན་ཉལ་ཚོག་གི་འཕོར་ལོ་སོགས་ཡིག་ཆ་ལྟ་དང་། དེང་སང་གི་ཕྱག་ཆེན་ངོ་སྤྲོད་གསུམ་པར་གྲགས་པ་སོགས་ཉམས་ལེན་གྱི་གནད་གཅིག་ཚུལ་རྣམ་བཤད་སྟ་མ་དག་ལས་ཤེས་པར་བྱ་ཞིང་། དེ་དག་འགོག་ཚུལ་ཡང་། བདག་ཉིད་ཆེན་པོའི་ཐུབ་པ་དགོངས་གསལ་དང་། སངས་རྒྱས་འཕྲིན་ལུ་སོགས་ལས་ཤེས་པར་བྱའོ། །

བཞི་པ་གྲུབ་པའི་གཞུང་གིས་གནོད་བྱེད་བསྟན་པ་ནི། སྔར་བཀག་པའི་ཕྱག་ཆེན་གྱི་སྒོམ་དེ་དག་ནཱ་རོ་པ་དང་མཻ་ཏྲི་ནས་བརྒྱུད་པའི་ཕྱག་ཆེན་ཡིན་པས་སྐྱོན་མེད་དོ་ཞེ་ན། དེ་གཉིས་ནས་བརྒྱུད་པ་མ་ཡིན་ཏེ། གྲུབ་ཆེན་དེ་གཉིས་ཀྱི་ལུགས་ཀྱི་ཕྱག་རྒྱ་ཆེན་པོ་གང་ཡིན་པ་དེ་ནི། སམ་བུ་ཊ་ལས། དེ་ཕྱིར་ཡེ་ཤེས་སྐྱེད་པ་ཡིས། །ཕྱག་རྒྱ་བཞི་ནི་སྦྱར་བར་བྱ། །ཞེས་ཕྱི་རོལ་གྱི་ཕྱག་རྒྱ་མཚན་ཉིད་དང་ལྡན་པ་ནི་ལས་ཀྱི་ཕྱག་རྒྱ། དེ་ལ་བརྟེན་ནས་ཨ་བ་དྷཱུ་ཏིར་སྟོང་པ་ཉིད་རོ་གཅིག་པའི་ལྷན་ཅིག་སྐྱེས་པའི་དགའ་བ་ནི་དམ་ཚིག་གི་ཕྱག་རྒྱ། དེའི་རང་བཞིན་ཆོས་ཀྱི་དབྱིངས་ནི་ཆོས་ཀྱི་ཕྱག་རྒྱ། དེ་དག་གི་འབྲས་བུ་རང་བྱུང་གི་ཡེ་ཤེས་ནི་ཕྱག་རྒྱ་ཆེན་པོ་ཡིན་པར་གསང་སྔགས་ཀྱི་རྒྱུད་ནས་ཇི་སྐད་གསུངས་པ་དེ་ཉིད་ནཱ་རོ་དང་མཻ་ཏྲི་ཁོང་གཉིས་བཞེད་པའི་ཕྱིར། ཇི་ལྟར་ན། མཻ་ཏྲི་པའི་དེ་ཉིད་ཉི་ཤུ་པ་ལས། ལམ་དང་དམ་ཚིག་ཕྱག་རྒྱ་གཉིས། །འཁོར་ལོ་རྫོགས་པར་བསྒོམ་པ་ཉིད། །མཐའ་མའི་བྱང་ཆུབ་བསྒོམ་པ་ནི། །དག་པའི་དེ་ཉིད་ཕྱིར་ཕྱོགས་པའོ། །ཡེ་ཤེས་ཕྱག་རྒྱ་མཉམ་སྦྱོར་བས། །འཇམ་པའི་རྡོ་རྗེ་ལ་སོགས་གཙོ། །བདེན་མིན་རྫུན་མིན་རྣམ་པར་ནི། །བདག་ཉིད་བསྒོམ་པ་འབྲིང་པོའོ། །ཞེས་གསུངས་སོ། །དེར་མ་ཟད་འཕགས་པ་ཀླུ་སྒྲུབ་ཉིད་ཀྱིས་ཀྱང་། འདི་སྐད་གསུངས་པ་ཡིན་ཏེ། དེས་མཛད་པའི་བསྟན་བཅོས་ཕྱག་རྒྱ་བཞི་པའི་ལུང་ཐུབ་པ་དགོངས་གསལ་དང་། སྡོམ་གསུམ་རང་མཆན་དུ་དྲངས་པ་ལས། ལས་ཀྱི་ཕྱག་རྒྱ་མི་ཤེས་པ་རྣམས་ཀྱིས་ནི། ཆོས་ཀྱི་ཕྱག་རྒྱའང་མི་ཤེས་ན་ཕྱག་རྒྱ་ཆེན་པོའི་མིང་ཙམ་ཡང་རྟོགས་པར་ག་ལ་འགྱུར། ཞེས་གསུངས་པའི་ཕྱིར། བརྟག་གཉིས་སོགས་རྒྱུད་ཀྱི་རྒྱལ་པོ་གཞན་དང་། གྲུབ་པ་སྡེ་བདུན་དང་། སྙིང་པོ་སྐོར་དྲུག་སོགས་བསྟན་བཅོས་ཆེན་པོ་གཞན་ལས་ཀྱང་། བླ་མེད་ཀྱི་དབང་བསྐུར་བ་བཞི་པོ་དག་དང་མ་འབྲེལ་བ་དེ་ལ་ཕྱག་རྒྱ་ཆེན་པོ་སྐྱེ་བ་བཀག་སྟེ།

བརྟག་གཉིས་ལས། གཞན་གྱིས་བརྗོད་མིན་ལྷན་ཅིག་སྐྱེས། །གང་དུ་ཡང་ནི་མི་རྙེད་དེ། །བླ་མའི་དུས་ཐབས་བསྟེན་པ་དང་། །བདག་གི་བསོད་ནམས་ལས་ཤེས་བྱ། །ཞེས་དང་། སམ་བུ་ཊ་ལས། ནང་གི་དབྱེ་བ་འདི་ཉིད་ནི། །བླ་མའི་ཞལ་ལས་རྙེད་པར་འགྱུར། །ཞེས་དང་། ཡེ་ཤེས་གྲུབ་པ་ལས། རྡོ་རྗེ་ཡེ་ཤེས་དབང་བསྐུར་བས། །དངོས་གྲུབ་མཆོག་ནི་བསྒྲུབ་པར་བྱ། །ཞེས་གསུངས་པའི་ཕྱིར། འོ་ན་ཕྱག་རྒྱ་ཆེན་པོ་སྐྱེས་པ་ལ་ཕན་ཡོན་ཅི་ཞེ་ན། དབང་བསྐུར་བ་ཕྱིན་ཅི་མ་ལོག་པ་ཐོབ་པ་ལས་བྱུང་བའི་ཡེ་ཤེས་ཕྱག་རྒྱ་ཆེན་པོའི་རྟོགས་པ་མངོན་དུ་གྱུར་པ་ན། ད་གཟོད་ལམ་བགྲོད་པ་ལ་མཚན་མ་དང་བཅས་པའི་འབད་རྩོལ་ཀུན་ལ་མི་ལྟོས་ཏེ། རྟོགས་པ་དེའི་རྒྱུན་བསྐྱངས་པས་ལམ་རང་གི་ངང་གིས་བགྲོད་པར་འགྱུར་བའི་ཕྱིར། དེ་དག་གིས་ནི་དེང་སང་གི་ཕྱག་ཆེན་ཏུ་ཤར་དང་གནད་གཅིག་པ་རྣམས་སྐབས་འདིའི་དགག་བྱའི་གཙོ་བོ་ཡིན་པས་དེ་བཀག་ཟིན་ནས།

ད་ནི་ལྟ་བ་ལོག་རྟོག་གཞན་ཡང་སྐབས་འདིར་དགག་པ་ལ་གསུམ་སྟེ། ཞི་གནས་ཉམས་ལ་ཕྱག་ཆེན་འདོད་པ་དགག །དབང་ལ་མོས་ལ་དབང་བསྐུར་མི་དགོས་དགག །ཡོན་ཏན་མེད་པའི་མཐོང་ལམ་འདོད་པ་དགག་པའོ། །དང་པོ་ལ་གསུམ་སྟེ། འདོད་པ་བརྗོད་པ། སྟོན་བྱུང་གི་དཔེ་བཤད་པ། འཁྲུལ་མེད་ཀྱི་གནད་བསྟན་པའོ། །དང་པོ་ནི། དེང་སང་བླ་མ་འགའ་ཞིག་སློབ་མའི་མདུན་ནམ་སྤྱི་བོར་བླ་མ་བསྒོམས་པས། དེས་རྐྱེན་བྱས་མོས་གུས་ཀྱིས་སེམས་བསྒྱུར་ནས་རྟོག་པ་རགས་པ་ཙུང་ཟད་འགགས་ཏེ་སེམས་གནས་པ་ལ་ཕྱག་རྒྱ་ཆེན་པོའི་ངོ་སྤྲོད་བྱེད་དོ། །གཉིས་པ་ནི། རྐྱེན་ཙུང་ཟད་ཙམ་གྱིས་སེམས་གནས་པ་དེ་འདྲ་ཕྱག་ཆེན་མ་ཡིན་ཏེ། ཏིང་འཛིན་གློ་བུར་བ་དེ་འདྲ་བདུད་ཀྱི་བྱིན་རླབས་ཡིན་པའང་སྲིད་ཅིང་། ཡང་ན་རྡོ་རྗེ་ལུས་ཀྱི་རྩ་ཡིག་གི་བྱེད་པས་ཁམས་འདུས་པ་འགལ་ལའང་འབྱུང་བའི་ཕྱིར། བདུད་ཀྱི་ཡིན་པ་སྲིད་ཚུལ་ནི། སྔོན་མི་ནག་པོ་ཞིག་གིས་རི་སུལ་དུ་བུད་ཤིང་འཚོལ་བ་ལ་ཕྱིན་པས། གཉའ་ལོ་མ་སྨྲམ་པོའི་ཕུང་པོ་ཞིག་གི་ཁྲོད་ན་ལུག་གུ་དཀར་པོའི་པགས་པ་ལ་བྱས་པའི་ཞྭ་ཞིག་འདུག་པ་རྙེད་ནས་མགོ་ལ་གྱོན་པས། མི་རྣམས་ཀྱིས་མཚན་དཔེས་བརྒྱན་པའི་སྐྱེས་བུར་མཐོང་ནས། ཀ་རུ་འཛིན་ཞེས་གྲགས་ཤིང་ཆོས་ལྟར་བཅོས་པ་ཡང་སྟོན་ནུས་པའི་རྫུན་རླབས་ཅན་གྱི་གྲུབ་ཐོབ་བྱུང་། དེའི་མིང་ཐོས་པ་དང་། དགོན་པ་མཐོང་བ་ཙམ་གྱིས་གང་ཟག་འགའ་ལ་དྲན་རྟོག་འགགས་པའི་ཏིང་འཛིན་སྐྱེས་པ་ཡང་བྱུང་ཟེར། ཕྱིས་རང་གི་ཁང་པར་སླེབས་ཞྭ་དེ་ཕུད་ནས་འདུག་པའི་ཚེ་སྔོན་གྱི་ནག་པོའི་གཟུགས་སུ་གྱུར་འདུག་སློབ་མ་ཞིག་གིས་མཐོང་ནས། གཞན་དག་ལ་ཡང་སྨྲས་ཏེ། པགས་པའི་ཞྭ་དཀར་པོ་མི་རྣམས་ཀྱིས་ཁྱེར་ནས། དེའི་གྲུབ་ཐོབ་ཞིག་སྟེ་དེ་ཕྱིན་ཆད་ནས་གཞན་ལ་ཏིང་འཛིན་

སྐྱེ་བ་དེ་ཡང་རྒྱུན་ཆད་དོ། །དེས་ན་དེ་འདྲའི་རིགས་ཀྱི་ཏིང་ངེ་འཛིན་དང་། ནུས་མཐུ་དང་བྱིན་རླབས་རྣམས་བདུད་རིགས་ཀྱི་འབྱུང་པོ་རྣམས་ཀྱིས་བྱེད་པར་གསུངས་པས། ཏིང་འཛིན་ཕྲ་མོ་ལ་ཡིད་བརྟན་མི་རུང་ཞིང་། ཏིང་འཛིན་ཕྲ་མོ་སྐྱེས་པ་རྣམས་ལ་གང་ཡིན་བརྟག་ཀྱང་དགོས་ཏེ། ཏིང་ངེ་འཛིན་གྱི་ཚོགས་སྐྱོན་པའི་མདོ་ལས། ཏིང་ངེ་འཛིན་གྱི་ཡན་ལག་དགུ་གསུངས་ཤིང་། དེ་དག་ལ་བདུད་ཀྱི་ལས་སུ་ཤེས་ནས་སྤོང་བར་བྱེད་ཚུལ་ཡང་མང་དུ་གསུངས་པའི་ཕྱིར་རོ། །གསུམ་པ་ནི། སངས་རྒྱས་ཀྱི་གསུང་བཞིན་དུ་བསྒྲུབ་པ་ལས་ཏིང་ངེ་འཛིན་དང་བྱིན་རླབས་བྱུང་བ་ནི་སངས་རྒྱས་རྣམས་ཀྱིས་མཐུ་ལས་ཡིན་ལ། སངས་རྒྱས་ཀྱི་གསུང་བཞིན་དུ་མ་བསྒྲུབ་ཅིང་། ཆོས་མིན་བྱས་ཀྱང་གློ་བུར་དུ་ཏིང་ངེ་འཛིན་དང་བྱིན་རླབས་འབྱུང་བ་ནི་བདུད་ཀྱི་མཐུ་ལས་ཡིན་ཏེ། གང་ཟག་འགའ་ཞིག་རློམ་པ་དང་ང་རྒྱལ་སྐྱེར་འཇུག་པའི་ཆེད་དུ་ནད་གདོན་ཞི་བའི་བྱིན་རླབས་འབྱུང་བར་བདུད་ཀྱིས་བྱེད་པ་བརྒྱད་སྟོང་པ་ལས་གསུངས་པའི་ཕྱིར་རོ། །

གཉིས་པ་ལ་གཉིས་ཏེ། འདོད་པ་བརྗོད་པ། དེ་དགག་པའོ། །དང་པོ་ནི། ཕྱག་རྒྱ་པ་སོགས་ཁ་ཅིག་ཕྱག་ཆེན་སྐྱེ་བ་ལ་ད་ལྟ་ངེས་པར་དབང་བསྐུར་མི་དགོས་ཏེ། སྐྱེ་བ་སྔ་མ་ལ་སེམས་བསྐྱེད་དང་དབང་བསྐུར་བ་མ་བྱས་ན་ཐེག་ཆེན་གྱི་ཆོས་ལ་དད་པ་མི་སྲིད་པས། གང་དག་ཐེག་ཆེན་སྤྱི་དང་། སྔགས་ལ་དད་པ་ཐོབ་པ་དེ་དག་སྐྱེ་བ་སྔ་མར་སྦྱངས་ཤིང་དབང་བསྐུར་ཐོབ་མྱོང་བ་ཡིན་པས། དེ་ལ་དབང་མ་བསྐུར་ཀྱང་ཆོག་པའི་ཕྱིར་ཟེར་རོ། །གཉིས་པ་ལ་གཉིས་ཏེ། མགོ་མཚུངས་དངོས་སྟོབས་རིགས་པས་དགག །བསྡུས་ཏེ་སྨད་པའི་གནས་སུ་བསྟན་པའོ། །དང་པོ་ནི། འོ་ན་སོ་ཐར་གྱི་སྡོམ་པ་དགེ་ཚུལ་དགེ་སློང་གི་སྡོམ་པ་དག་ལེན་པ་ལ་མོས་པ་དེ་ལ་ཡང་ཆོས་ཅན། ད་ལྟ་ཚེ་འདིར་རབ་བྱུང་བྱ་མི་དགོས་པར་ཐལ། ཁྱོད་ལ་སྐྱེ་བ་སྔ་མའི་རབ་བྱུང་གི་སྡོམ་པ་མ་བཏང་བར་ཡོད་པའི་ཕྱིར། བྱང་ཆུབ་སེམས་དཔའི་སེམས་བསྐྱེད་ལེན་པར་མོས་པ་དག་ཀྱང་ཆོས་ཅན། ད་ལྟ་ཚེ་འདིར་སེམས་བསྐྱེད་ལེན་པའི་ཆོ་ག་བྱ་མི་དགོས་པར་ཐལ། ཁྱོད་ལ་སྐྱེ་བ་སྔ་མའི་སེམས་བསྐྱེད་ཡོད་པའི་ཕྱིར། རྟགས་ཁྱབ་ཁས། གལ་ཏེ་སོ་ཐར་དང་སེམས་བསྐྱེད་དེ་དག་ཚེ་འདིར་དགོས་ན། གསང་སྔགས་ཀྱི་དབང་བསྐུར་ཡང་ཚེ་འདིར་ཅིས་མི་དགོས་ཏེ་དགོས་པར་མཚུངས་སོ། །

གཉིས་པ་ནི། སངས་རྒྱས་ཀྱི་ཆོས་ལ་མི་དགའ་བའི་མུ་སྟེགས་བྱེད་རྣམས་ཀྱིས་ཆོས་འདི་པ་སྨྲངས་པ་དེ་ལ་མཚར་དུ་མི་བརྩི་ཡིས། བོད་འདི་ན་སངས་རྒྱས་ཀྱི་ཆོས་ལ་བརྟེན་བཞིན་དུ། མདོ་རྒྱུད་ཀྱི་ཉན་བཤད་ཀྱི་གཙོ་བོ་དབང་བསྐུར་བ་དང་། སེམས་བསྐྱེད་འབོགས་པ་སོགས་འགོག་པ་དེ་ལ་རངས་པའི་ཚུལ་གྱིས་ཁོ་བོ་ངོ་མཚར་སྐྱེས་ཞེས་བྱ་བ་ཤིན་ཏུ་ཁྲེལ་བར་གྱུར་བ་ཡིན་ཏེ། མུ་སྟེགས་བྱེད་སངས་རྒྱས་ཀྱི་རྗེས་འབྲང་མ

ཡིན་པས། ཆོས་འདི་པ་སྤྱོང་བ་ཁོ་ནར་གི་ལུགས་ཡིན་ལ། སངས་རྒྱས་ཀྱི་རྗེས་སུ་འབྲང་བཞིན་དུ་ཆོས་ཉན་བཤད་འགོག་པ་ནི་འཇིག་རྟེན་འདི་ན་མཚང་ཤིན་ཏུ་ཆེ་བའི་ཕྱིར། མཁས་པ་ཁ་ཅིག །ཆོ་འདིར་དབང་བསྐུར་མ་བྱུས་ཀྱང་དབང་བསྐུར་ཐོབ་པ་ཡོད་དེ། ཆོ་འདིར་དབང་མ་བསྐུར་ཡང་ཐོབ་པ་ཞིག །མེད་ན་སྔགས་སྡོམ་སེམས་རྗེས་འབྲང་བས་གནོད། །ཅེས་འཆད་དོ། །འདི་ནི་ཙུང་ཟད་དཔྱོད་དགོས་སུ་སྣང་བས་འདི་ལྟར་སེམས་ཏེ། སྔགས་ལ་བརྟན་པ་ཐོབ་པ་ཞིག་ཆེ་ཕྱི་ མར་མཚམས་སྦྱར་བ་ནི། སྔ་མའི་སྔགས་སྡོམ་གྱི་རྒྱུན་མ་བཏང་བར་ཡོད་ཀྱང་། དབང་བསྐུར་བ་གསར་དུ་ཐོབ་དགོས་པ་ཡིན་ཏེ། ཆོ་འདིའི་དབང་དུ་བྱས་པའི་ཞུང་ཁམས་སྐྱེ་མཆེད་རྣམས་གསར་དུ་སྨིན་དགོས་པའི་ཕྱིར། དེས་ན་ཆོ་འདིར་དབང་མ་བསྐུར་བར་སྔགས་སྡོམ་དང་ལྡན་པ་ཡོད་ཀྱང་དབང་ཐོབ་ཅེས་པའི་ཐ་སྙད་མི་བྱའོ། །འདི་ལ་ད་དུང་འཐེན་ཁྱེར་འབྱུང་བར་སྣང་ངོ། །

གསུམ་པ་ལ་གསུམ་སྟེ། ཡོན་ཏན་མེད་པའི་མཐོང་ལམ་དགག །དེ་ལ་ལུང་དང་འགལ་བ་སྤྱང་། དེས་ན་འཕགས་པའི་མཁྱེན་པར་བསྒྲུབ་པའོ། །དང་པོ་ལ་གསུམ་སྟེ། འདོད་པ་བརྗོད་པ། དེ་དགག་པ། དེའི་ཉེས་སྤོང་དགག་པའོ། །དང་པོ་ནི། རིན་ཆེན་རྒྱན་འདྲའི་རྗེས་སུ་འབྲང་བའི་རྟོག་གཞུང་པའི་དགེ་བཤེས་ལ་ལ། སེམས་གནས་པའི་ཞི་གནས་ཙུང་ཟད་དང་། སྣང་སྟོང་ཟུང་འཇུག་གི་རྟོགས་པ་ཕྲ་མོ་ཟུང་དུ་འབྲེལ་བ་ཙམ་སྐྱེས་པ་ལ་མཐོང་ལམ་དུ་ངོ་སྤྲོད་བྱེད་ཅིང་། ཡོན་ཏན་བརྒྱ་ཕྲག་བཅུ་གཉིས་ནི། ཁྱུང་གི་ཕྲུག་གུ་སྒོ་ངའི་རྒྱུ་ཡིས་བཅིངས་པས་འཕུར་མི་ནུས་པ་བཞིན་དུ། རྣམ་སྨིན་གྱི་ལུས་ཀྱི་རྒྱུ་ཡིས་བཅིངས་པས་ད་ལྟ་ཡོན་ཏན་དངོས་སུ་མི་འབྱུང་ཡང་། ལུས་འགགས་པའི་ཕྱི་ནས་དེ་མ་ཐག་ཡོན་ཏན་རྣམས་འབྱུང་བ་ཡིན་ཟེར་རོ། །གཉིས་པ་ནི༑ མཐོང་ལམ་ད་ལྟ་སྐྱེས་པ་ལ་ཡོན་ཏན་ཤི་ནས་འབྱུང་བ་འདི་འདྲ་མི་འཐད་དེ། ཐེག་པ་ཆེན་པོའི་མདོ་རྒྱུད་ཀུན་ལས་འདི་འདྲ་བཤད་པ་མེད་པའི་ཕྱིར། དཔེར་ན་ཉི་མ་དེ་རིང་ཤར་བ་དེའི་འོད་ཟེར་སང་ནངས་པར་འབྱུང་རིགས་པར་འགྱུར་ཏེ། མཐོང་ལམ་ཆེ་འདིར་སྐྱེས་པ་དེའི་ཡོན་ཏན་ད་ལྟ་མི་འབྱུང་བར་ཆེ་ཕྱི་མར་འབྱུང་བའི་ཕྱིར། འདོད་ན། མཚར་ཆེ་སྟེ་མངོན་སུམ་དུ་འགལ་ལོ། །གསུམ་པ་ནི། རྗེས་འབྲང་ཁ་ཅིག ། སྐྱོན་སྤོང་བར་འདོད་ནས་ཡོན་ཏན་བརྒྱ་ཕྲག་བཅུ་གཉིས་ནི་ཕ་རོལ་ཏུ་ཕྱིན་པ་ནས་གསུངས་པ་ཡིན་པས། ཕར་ཕྱིན་གྱི་མཐོང་ལམ་ལ་དེ་ལྟར་དགོས་ཀྱང་། སྔགས་ཀྱི་མཐོང་ལམ་ལ་དེ་ལྟར་མི་དགོས་ལ། དེ་བས་ན་མདོ་སྔགས་ཀྱི་མཐོང་ལམ་གཉིས་པོ་དེ་རིམ་བཞིན་རྒྱན་ཅན་དང་རྒྱན་མེད་ཡིན་ཞེས་བར་རོ། །འོ་ན་མདོ་སྔགས་ཀྱི་སངས་རྒྱས་གཉིས་ཀྱང་རྒྱན་ཅན་དང་རྒྱན་མེད་དུ་འགྱུར་ཏེ། མཐོང་ལམ་གཉིས་པོ་དེ་དེ་ལྟར་ཡིན་པའི་ཕྱིར་ནའོ། །འདོད་མི་ནུས་ཏེ། ཉན་ཐོས་རྣམས་ཀྱི་དགྲ་བཅོམ་ལ། མཛོད་ལས། འགོག་ཐོབ་གཉིས་ཀ་ལས

རྣམ་གྲོལ། །ཤེས་རབ་ཀྱིས་ནི་ཅིག་ཤོས་སོ། །ཞེས་འགོག་པའི་སྙོམས་འཇུག་ཐོབ་མ་ཐོབ་ཀྱི་སྒོ་ནས་རྒྱུད་ཅན་དང་རྒྱུད་མེད་གཉིས་འཐད་ཀྱི། ཐེག་པ་ཆེན་པོའི་འཕགས་པ་ལ་རྒྱུད་ཅན་དང་རྒྱུད་མེད་གཉིས་མི་སྲིད་པའི་ཕྱིར། འོ་ན་ཉན་ཐོས་ཀྱི་གཞུང་ལུགས་ལས། ཉན་ཐོས་ལམ་ལ་འབད་རྩོལ་བྱས་པ་རྣམས་ལུས་མ་སྤང་གི་བར་དུ་མྱང་འདས་མ་ཐོབ་པ་ལ། བར་དོར་དེ་ཐོབ་པ་མང་དུ་བཤད་པ་རྣམས་ཇི་ལྟར་ཞེ་ན། དེ་དང་འདི་མི་འདྲ་སྟེ། ཉན་ཐོས་ཀྱི་གཞུང་ལས་ལྷུགས་གོང་མེར་འབར་བ་ལ་ཐོ་བ་བསྣུན་པའི་ཚེ་མེའི་ཚ་ཚ་གནམ་ལ་ཡར་བ་དེ་མ་ཐག་དང་ནམ་མཁའ་ནས་འབབ་པར་རྩོམ་པ་དང་། འབབ་པར་བརྩམས་ནས་ས་ལ་མ་ལྷུང་བར་དུ་ཡལ་བའི་དཔེས་ཕྱིར་མི་འོང་ཚེ་འདིར་མྱ་ངན་ལས་མ་འདས་པ་དག་བར་དོ་གྲུབ་མ་ཐག་དང་། རྒྱུན་ཅུང་ཟད་ལོན་པ་དང་། ཡུན་རིང་མོ་ལོན་ནས་སྐྱེ་སྲིད་མ་གྲུབ་ཙམ་ལ་མྱ་ངན་ལས་འདའ་བར་གསུངས་ལ། དེ་བཞིན་དུ་གསང་སྔགས་ཀྱི་ལམ་བསྒོམས་པ་ལས་ཚེ་འདིར་མཐོང་ལམ་མ་ཐོབ་པ་བར་དོར་མཐོང་ལམ་ཐོབ་པ་ཡོད་མོད་ཀྱིས། ཚེ་འདིར་མཐོང་ལམ་སྐྱེས་པ་ལ་ཡོན་ཏན་རྣམས་ཤི་ནས་འབྱུང་བ་ནི་ད་ལྟ་སྟོན་རྒྱུ་མ་བྱུང་བ་ལ་བླུན་པོ་རྣམས་ཀྱི་ཧྲན་གྱི་སྒྲིབ་གཡོགས་ཡིན་པས་སོ། །དེས་ན་ད་ལྟ་མཐོང་ལམ་སྐྱེས་པ་ལ་ཡོན་ཏན་ཕྱི་ནས་འབྱུང་བ་འདི་འདྲའི་ཆོས་ལུགས་མཁས་པས་སྤང་བར་བྱ་སྟེ། ཐེག་པ་ཆེན་པོའི་མདོ་རྒྱུད་ཀུན་དང་མི་མཐུན་པས་སོ། །གཉིས་པ་དེ་ལ་ལུང་དང་འགལ་བ་སྤང་བ་ནི། གོང་དུ་སྨོས་པའི་རྟོགས་པ་ཕྲ་མོ་དེ་ལ་མཐོང་ལམ་དུ་ངོ་སྤྲོད་པ་མི་འཐད་ན། ནཱ་རོ་པ་དང་འཕགས་པ་ལྷ་གཉིས་ཀྱི་ལུང་དང་འགལ་ལོ་ཞེ་ན། ནཱ་རོ་པ་དང་མི་འགལ་ཏེ། ཇོ་བོ་ནཱ་རོ་ཏ་པ་ནི་དབང་བསྐུར་གསུམ་པའི་དུས་སུ་སྐད་ཅིག་མ་བཞི་དང་། དགའ་བ་བཞི་སྦྱར་བའི་ཉམས་མྱོང་རྒྱུད་ལ་སྐྱེས་པའི་ཚེ་སྐད་ཅིག་མ་བཞི་པ་མཐོང་ལམ་དུ་སྐྱེ། དེ་ནི་རྒྱུན་མི་བརྟན་པར་སྐད་ཅིག་དེ་ལ་འགག་ཅིང་ཉམས། སྦྱོར་ལམ་ཆོས་མཆོག་རྗེས་ཀྱི་མཐོང་ལམ་ནི། འགག་པའམ་ཉམས་པ་མེད་ཅེས་གསུང་བར་བཀའ་བརྒྱུད་གོང་མའི་གསུང་སྒྲོས་ལ་གྲགས་ལ། དེ་ལྟར་དབང་དུས་སུ་མཐོང་ལམ་སྐྱེས་པ་དེ་ནི་མཚོན་བྱེད་དཔེའི་ཡེ་ཤེས་ལ་མཐོང་ལམ་དུ་བཏགས་པར་ཟད་པས་མཐོང་ལམ་དངོས་ཡིན་པར་མི་བཞེད་དོ། །

གཞན་དུ་ན་ཆོས་མཆོག་རྗེས་ཀྱི་མཐོང་ལམ་གྱི་གསལ་ཁ་མི་དགོས་པར་འགྱུར་ཏེ། སྔ་མ་དེ་མཐོང་ལམ་མཚན་ཉིད་པ་ཡིན་པའི་ཕྱིར། འཕགས་པ་ལྷ་དང་ཡང་མི་འགལ་ཏེ། དེས་མཛད་པའི་སྤྱོད་བསྡུས་ལས། གལ་ཏེ་སློབ་པ་པོ་བདེན་པ་མཐོང་ཡང་། སྟོན་གྱི་བག་ཆགས་ལ་གོམས་པའི་སྟོབས་ཀྱིས་ཞིང་ལས་དང་། ཚོང་དང་རྙེད་བཀུར་ལ་སོགས་པས་གཡེངས་པས་སྤྱོད་པ་རྣམ་པ་གསུམ་སྤྱོད་པར་མི་བྱེད་པ་དང་། སློབ་པ་པོ་གཞན་

དག་འཁྲོར་པ་མ་ཚང་བས་རྒྱུད་ལས་ཇི་སྐད་གསུངས་པའི་ཚིག་རྫོགས་པར་བྱེད་མི་ནུས་པའི་ཕྱིར། མི་སྤྱོད་པ་དེ་དག་འཆི་བའི་དུས་བྱས་ནས་ཡང་སྲིད་པ་གཞན་དུ་འགྲོ་བར་འགྱུར་རམ། ཡང་ན་རྡོ་རྗེ་འཆང་ཉིད་ཐོབ་པར་འགྱུར། ཞེས་དྲིས་པའི་ལན་དུ། དེ་བས་ན་དེ་ཁོ་ན་ཉིད་ཤེས་པའི་རྐྱེན་མ་ཚང་བ་ནི་ཇི་སྐད་དུ་བཤད་པའི་སྤྱོད་པ་གལ་ཏེ་མ་སྤྱད་དུ་ཟིན་ཀྱང་། ཞེས་པ་ནས། དེ་བས་ན་ཐམས་ཅད་མཁྱེན་པར་འགྱུར་རོ་ཞེས་གསུངས་པ། རྫོགས་རིམ་ལས་བྱུང་བའི་རང་བྱུང་གི་ཡེ་ཤེས་ཀྱི་རྟོགས་པ་ཙམ་ལ་བདེན་པ་མཐོང་བ་ཞེས་སྨྲ་ཡངས་པར་བྱས་པས་དཔེའི་ཡེ་ཤེས་ཉིད་ལ་དགོངས་པའི་ཕྱིར། གྲུབ་ཆེན་གཉིས་པོ་དེ་དང་རྣལ་འབྱོར་དབང་ཕྱུག་སོགས་གྲུབ་ཐོབ་རྣམས་ཀྱི་དགོངས་པ་མཐུན་ཏེ། ལམ་འབྲས་ལས། དེ་ཁོ་ན་ཉིད་ཀྱི་རྟགས་བྱང་ཆུབ་ཡན་ལག་བདུན་ནི། རྗ་རིན་པོ་ཆེའི་ཕོ་བྲང་བཞི་དང་། གཙོ་མོ་གསུམ་སྟེ། ལུས་ཀྱི་དཀྱིལ་འཁོར་མཐོང་ནས་རྟོག་པའི་འགྲོ་ཟློག་བྱེད། ཞིང་ཁམས་བརྒྱ་སྤྲུལ་ཞིང་ཉན། སྤྲིན་བརྒྱ་འོད་བརྒྱ་འགྱེད། མར་བརྒྱ་འཆད། ཏིང་འཛིན་མི་འདྲ་བ་བརྒྱ་ལ་སྙོམས་པར་འཇུག །ཅེས་པ་ནས། སྔོན་བླ་མས་རྒྱུ་དུས་ན་བསྟན་པའི་འཁོར་འདས་དབྱེར་མེད་དེ་ཙམ་ན་རྟོགས། ཞེས་སྔགས་ཀྱི་མཐོང་ལམ་ལ་ཡོན་ཏན་བརྒྱ་ཕྲག་བཅུ་གཉིས་ལྡན་པ་དང་། ས་མཚམས་ཡང་ས་དང་པོ་ཉིད་དུ་བསྟན་པའི་ཕྱིར། ཚིག་རྐང་ལས་ཆོས་སྐུ་ཉམས་སུ་མྱོང་ཞིང་ཞེས་པ་དེ་འདིར་དྲངས་ན། དེའི་ཉམས་དེ་འབྲས་བུའི་ཉམས་མ་ཡིན་པར་འཆད་དགོས་འབྱུང་བས། སྔགས་གཞུང་རྒྱ་མཚོར་མཁྱེན་པའི་སྤྱན་རས་གསལ་བའི་མཁས་པ་དག་གིས་དཔྱད་པར་བྱའོ། །

གསུམ་པ་དེས་ན་འཕགས་པའི་མཁྱེན་པར་བསྒྲུབ་པ་ནི། ས་དང་པོ་མ་ཐོབ་པ་ལ་སྔགས་ཀྱི་མཐོང་ལམ་མཚན་ཉིད་པ་མེད་པ་དེས་ན། ངེད་ཀྱི་མཐོང་ལམ་མཚན་ཉིད་པ་ནི་འཕགས་པ་མ་ཡིན་པ་ལ་ད་ལྟ་འབྱུང་བ་མི་སྲིད་དེ། མཐོང་ལམ་གྱི་རྟེན་གྱི་གང་ཟག་ནི་འཕགས་པ་ཁོ་ན་ཡིན་པའི་ཕྱིར། ཁ་ཅིག །མཐོང་ལམ་འཕགས་པ་མ་ཡིན་པ་ལ་འབྱུང་བར་ཐལ། མཐོང་ལམ་འཕགས་པ་མ་ཡིན་པ་ལ་སྐྱེ་བའི་ཕྱིར་ཏེ། སོ་སོ་སྐྱེ་བོ་ལ་སྐྱེ་བའི་ཕྱིར་ཞེས་ཟེར་བ་ནི། ཚིག་ལ་འཁྲིས་པ་ཙམ་དུ་སྣང་། དེ་ལྟར་ན་བཀའ་བསྟན་བཅོས་ཐམས་ཅད་ལ་སྐྱོན་དེ་འདྲ་རེ་གཏོང་རྒྱུ་འཁྲོར་བས། ཏ་ཙང་སྟོན་པ་བཟང་དྲགས་ན་ཅིར་འགྱུར་མི་ཤེས་སོ། །རབ་དབྱེའི་གཞུང་དེས་ཕྱིས་འབྱུང་བ་བཀག་པ་ཡིན་ན་བདེན་ཆུག་ཀྱང་། སྐབས་ཐོབ་ད་ལྟའི་དབང་དུ་བྱས་ནས་གསུངས་པ་ཡིན་ཏེ། ཡོན་ཏན་བརྒྱ་ཕྲག་བཅུ་གཉིས་མ་ཐོབ་པའི་སོ་སོ་སྐྱེ་བོ་ལ་མཐོང་ལམ་མཚན་ཉིད་པ་ཡོད་པ་འགོག་པའི་སྐབས་ཡིན་པའི་ཕྱིར། གཞུང་དོན་གང་འཆད་ཀྱང་སྐབས་ཐོབ་བརྩི་བ་གལ་ཆེ། གཞན་དུ་ན་རིགས་པ་ཙུང་ཟད་ཤེས་པའི་གསར་བུ་བ་བཞིན་དུ། རྩིག་རྩིག་ཁོ་ནས་གཞུང་ལུགས་ལ་སྐྱོན་འཚོལ་

ཉན་ཆེའོ། །

ཅི་མེད་སྟོང་པ་ཁོ་ནར་མངོན་ཞུང་བའི། །ཆད་ལྟའི་བསྒོམ་དེ་ཐ་ཤལ་ངན་འགྲོའི་རྒྱུ། །གཟུགས་སྣང་འགགས་པའི་སྟོང་པ་ཉི་ཚེ་ཡི། །མེ་ཁྲིར་བསྒོམ་དེ་འབྲིང་ཡིན་གཟུགས་མེད་རྒྱུ། །སྟོང་པ་ཙམ་དུ་ཐག་ཆོད་ངོ་འཕྲོད་པའི། །ཉན་ཐོས་བསྒོམ་དེ་རེ་ཞིག་ཐར་པའི་རྒྱུ། །སྟོང་པའང་གསལ་བར་ཟུང་འབྲེལ་དབུ་མའི་བསྒོམ། །བཟང་ཡིན་འོན་ཀྱང་འགྲུབ་ལ་ཡུན་རིང་འགོར། །གསང་སྔགས་ལུགས་ཀྱི་ཕྱག་རྒྱ་ཆེན་པོ་ནི། །དབང་རིམ་ལས་བྱུང་ཡེ་ཤེས་ཁྱད་པར་ཅན། །ཉིན་མོའི་མགོན་བཞིན་བདེ་སྟོང་ཟུང་འཇུག་གི །སྣང་བ་རབ་འབྱམས་སྲིད་ན་གསལ་དེ་ཡིན། །ལུས་ངག་འབད་རྩོལ་དགེ་བའི་འཕྲོ་བཤོལ་ནས། །བྱར་མེད་རྩོལ་བསྒྲུབ་མེད་པའི་ངང་ཉལ་བའི། །ཕྱག་ཆེན་པ་དག་ཧྭ་ཤང་གདོན་གྱིས་གཟིར། །པདྨའི་ངང་ཚུལ་དེ་ལ་སྐྱབས་ཕྱོས་ཤིག །སྐབས་འདིར་གཞན་ཡང་ལོག་པར་རྟོག་པ་ནི། །ཞི་གནས་ཉམས་ལ་ཕྱག་རྒྱ་ཆེན་པོ་དང་། །དབང་ལ་མོས་ལ་དབང་བསྐུར་མི་དགོས་སྨྲ། །རྟོགས་པ་ཕྲ་མོ་སྐྱེས་ལ་མཐོང་ལམ་དུ། །ངོ་སྤྲོད་དཔེ་ལྟ་ཡོན་ཏན་མི་འབྱུང་ཡང་། །ཕྱི་ནས་འབྱུང་ཞེས་མངོན་སུམ་རྫུན་གྱིས་སྒྲིབ། །ཁ་ཅིག་མདོ་སྔགས་མཐོང་ལམ་རྒྱུན་ཅན་དང་། །རྒྱུན་མེད་ཡིན་ཞེས་སླར་ཡང་ཟློལ་གྱིས་སྒྲིབ། །འདི་དག་དག་བྱེད་ལུང་རིགས་ཆུ་གཙང་དང་། །ཕྲད་ཆེ་ལོག་རྟོག་དྲི་མ་ཀུན་བྱང་ནས། །མ་ནོར་མཁས་པའི་འཇུག་ངོགས་འདིར་སོན་ཏེ། །ཀུན་མཁྱེན་རྒྱལ་བའི་ས་ལ་ཅིས་མི་རེག །ཕྱག་ཆེན་དངོས་བསྟན་ཟིན་ཏོ།། །།

གཉིས་པ་ཞར་བྱུང་ལག་ལེན་སོགས་ལ་འཁྲུལ་པ་དགག་པ་གསུམ་སྟེ། ལག་ལེན་སྤྱོད་པའི་གནད་ལ་འཁྲུལ་པ་དགག །རྟོགས་བྱ་ལྟ་བའི་གནད་ལ་འཁྲུལ་པ་དགག །ཉམས་ལེན་བསྒྲུབ་པའི་གནད་ལ་འཁྲུལ་པ་དགག་པའོ། །དང་པོ་ལ་གཉིས་ཏེ། མདོར་བསྟན། རྒྱས་པར་བཤད་པའོ། །དང་པོ་ནི། ཉན་ཐོས་དང་ཕར་ཕྱིན་དང་རྡོ་རྗེ་ཐེག་པ་གསུམ་གྱི་ལག་ལེན་ཡང་རང་རང་གི་གཞུང་ལུགས་ནས་བཤད་པ་བཞིན་མ་ནོར་བར་བྱེད་དགོས་ཏེ། དེ་ལྟར་བྱེད་ན་སངས་རྒྱས་ཀྱི་བསྟན་པ་ཡིན་ཞིང་། མི་བྱེད་ན་བསྟན་པའི་གཟུགས་བརྙན་ཙམ་ཡིན་པས་སོ། །

གཉིས་པ་ལ་ལྔ་སྟེ། ལམ་གྱི་རྩ་བ་བླ་མ་བསྟེན་ཚུལ་བཤད། ལམ་གྱི་གོ་རིམ་ཐོད་རྒལ་སྤྱོད་པ་དགག །ལམ་གྱི་ཡན་ལག་མཆོད་གཏོར་བྱ་ཚུལ་བསྟན། ལམ་གྱི་དམིགས་རྟེན་གཟུགས་སྐུའི་ལྷ་ལ་དཔྱད། ལམ་གྱི་ངོ་བོ་མདོ་སྔགས་འཆོལ་བ་དགག་པའོ། །དང་པོ་ལ་གཉིས་ཏེ། བླ་མའི་མཚན་ཉིད། གསོལ་བ་འདེབས་པའི་ཚུལ་ལོ། །དང་པོ་ནི། ཐེག་པ་གསུམ་གྱི་ལག་ལེན་རང་རང་གི་ལུགས་བཞིན་དུ་བྱེད་པ་ལ། ཐོག་མར་བླ་མ

ཡང་རང་རང་གི་ལུགས་བཞིན་དུ་ཤེས་པར་བྱ་དགོས་པ་ཡིན་ནོ། །དེ་ཡང་ཉན་ཐོས་རྣམས་ཀྱི་བླ་མ་ནི་ཤཱཀྱ་ཐུབ་པ་ལྷ་བུ་ཌེ་ལྟར་བཟང་ཡང་དགེ་འདུན་དང་། གང་ཟག་གཉིས་ཀྱི་ཟླས་ཕྱེ་བའི་གང་ཟག་ཁོ་ནར་བསམ་པས་དགེ་འདུན་ཙམ་དུ་ཡང་མི་འགྱུར་ཏེ། ཉན་ཐོས་པའི་ལུགས་ལ་དགེ་འདུན་དུ་འགྱུར་བ་ལ། ཉུང་མཐའ་ཡང་དགེ་སློང་བཞི་ཚོགས་དགོས་པའི་ཕྱིར། ཐེག་ཆེན་ཕ་རོལ་ཏུ་ཕྱིན་པའི་བླ་མ་ནི། ས་ཐོབ་ཀྱི་གྲུབ་ཐོབ་གང་ཟག་བཟང་པོ་ཡིན་ན་དགེ་འདུན་དཀོན་མཆོག་དང་། ཚོགས་སྦྱོར་གང་རུང་ལ་གནས་པ་ཡིན་ན་དགེ་འདུན་ཙམ་ཡིན་ཏེ། རྒྱུད་བླ་མ་ལས། ཡེ་ཤེས་གཟིགས་པ་དག་པའི་ཕྱིར། །བློ་ལྡན་ཕྱིར་མི་ལྡོག་པའི་ཚོགས། །ཞེས་བྱང་སེམས་འཕགས་པ་མཐའ་དག་གནས་སྐབས་ཀྱི་དགེ་འདུན་དཀོན་མཆོག་དང་། དེའི་ཤུགས་ལས་སངས་རྒྱས་འཕགས་པ་ཡང་མཐར་ཐུག་གི་དགེ་འདུན་དཀོན་མཆོག་ཏུ་བཤད་ཅིང་། མངོན་རྟོགས་རྒྱན་ལས། སློབ་མ་ཕྱིར་མི་ལྡོག་པའི་ཚོགས། །ཞེས་སྦྱོར་མཐོང་སོགས་ལ་གནས་པའི་སེམས་དཔའ་རེ་རེ་ཡང་དགེ་འདུན་དུ་བསྟན་པའི་ཕྱིར། བཟང་ན་ཞེས་པས་ཐེག་ཆེན་འཕགས་པར་གྱུར་པའི་བླ་མ་དངོས་སུ་བསྟན་ནས། ཐེག་ཆེན་སོ་སྐྱེར་གྱུར་པའི་བླ་མ་རྣམས་ཤུགས་ལ་བསྟན་པ་ཡིན་པས་ཚིག་དེ་ནི་ནུས་པ་ཅན་ནོ། །གསང་སྔགས་པའི་བླ་མ་མཆོག་དབང་བཞི་རྫོགས་པར་བསྐུར་བ་དེ་ནི་དཀོན་མཆོག་གསུམ་དང་དབྱེར་མེད་པའམ། དཀོན་མཆོག་གསུམ་གྱི་ངོ་བོ་ཡིན་པས་ཐེག་པ་འོག་མ་གཉིས་ཀྱི་བླ་མ་ལས་ཁྱད་པར་དུ་འཕགས་ཏེ། ཧེ་རུ་ཀ་མངོན་འབྱུང་གི་རྒྱུད་ལས། བླ་མ་སངས་རྒྱས་བླ་མ་ཆོས། །དེ་བཞིན་བླ་མ་དགེ་འདུན་ཏེ། །བླ་མ་དཔལ་ལྡན་ཧེ་རུ་ཀ །ཀུན་གྱི་བྱེད་པོ་བླ་མ་ཡིན། །ཞེས་གསུངས་པའི་ཕྱིར། དཀོན་མཆོག་གསུམ་དང་དབྱེར་མེད་ཡིན་པ་དེས་ན་བླ་མ་དེ་ལ་གསོལ་བ་བཏབ་པས་དཀོན་མཆོག་གསུམ་པོ་ཚེ་འདིར་འགྲུབ་སྟེ། བླ་མ་དཀོན་མཆོག་གསུམ་གྱི་ངོ་བོ་ཡིན་པ་ལྟར་དུ་མོས་པ་བྱས་པས་རང་རྒྱུད་ལ་དཀོན་མཆོག་གསུམ་འབྱུང་བ་ནི། རྒྱུ་འདྲ་བ་ལས་འབྲས་བུ་འདྲ་བ་འབྱུང་བ་རྟེན་འབྲེལ་གྱི་ཆོས་ཉིད་ཡིན་པའི་ཕྱིར། བླ་མ་མཆོག་ཅེས་པས་དབང་བསྐུར་བྱེད་པ་པོ་དེ་མཆོག་ཡིན་པར་དངོས་སུ་བསྟན་ནས། གཞན་རྒྱུད་བཤད་པ་དང་། མན་ངག་བསྟན་པ་དང་། སྔགས་ཀྱི་བཟླས་ལུང་སྦྱིན་པ་སོགས་ཀྱང་གསང་སྔགས་ཀྱི་བླ་མ་ཡིན་པར་ཤུགས་ལ་བསྟན་ཏོ། །འོ་ན་ཐེག་པ་གསུམ་གྱི་བླ་མ་དཀོན་མཆོག་ཏུ་བསྡུ་མི་བསྡུ་སོགས་ལུགས་སོ་སོའི་རྣམ་དབྱེ་དེ་ལྟར་ཡིན་ན། མཚན་ཉིད་ཇི་ལྟ་བུ་ཞེ་ན༑ དེ་ལྟ་བུའི་ཐེག་པ་གསུམ་པོ་ཡི་བླ་མ་ནི། རང་རང་སོ་སོའི་གཞུང་ནས་བཤད་པ་བཞིན་གྱི་བླ་མའི་མཚན་ཉིད་དང་ལྡན་པ་དགོས་ཏེ། དེ་དག་དང་མི་ལྡན་ན་བླ་མ་ཙམ་ཡིན་གྱི་བླ་མ་དམ་པ་མ་ཡིན་པའི་ཕྱིར། ཡང་ན་གསང་སྔགས་པའི་བླ་མ་མཆོག་ཅེས་པ་ལ་འཕྲོས། སྔགས་ཀྱི་བླ་མ་མཆོག་དེ་ལ་མཚན་ཉིད་དམ། ཁྱད་ཆོས

དུ་དང་ལྡན་པ་ཞིག་དགོས་ཞེ་ན། དེ་ལ་སྔར་སྨོས་པ་དེ་ལྟ་བུའི་ཐེག་གསུམ་སོ་སོའི་གཞུང་ནས་བཤད་པའི་བླ་མའི་མཚན་ཉིད་གསུམ་ཀ་དང་ལྡན་པ་དགོས་ཏེ། གཞན་དུ་ན་བླ་མ་དམ་པར་མི་འགྱུར་བའི་ཕྱིར། དམ་པ་མ་ཡིན་ན་སྐྱོན་ཅི་ཡོད་ཅེ་ན། དམ་པ་མ་ཡིན་པ་དེ་ལ་གསོལ་བ་བཏབ་ཀྱང་བྱིན་རླབས་ཆུང་སྟེ། དེ་ལ་ཇི་ལྟར་གསོལ་བ་བཏབ་ཀྱང་གནས་སྐབས་ཀྱི་བྱིན་རླབས་ཅུང་ཟད་འབྱུང་མོད་ཀྱི། ཚེ་འདི་འམ་བར་དོ་ལ་སོགས་སུ་སངས་རྒྱས་ཉིད་སྦྱིན་མི་ནུས་པའི་ཕྱིར། བླ་མ་དམ་པ་ལ་ཐེག་པ་གསུམ་གྱི་དབྱེ་བས་གསུམ་དུ་འབྱེད་པ་དག་ལ་ནི་གཞུང་འདིའི་དོན་ལ་གསུང་རྒྱུ་ཡེ་མེད་དེ། ཉན་ཐོས་དང་ཕར་ཕྱིན་གསང་སྔགས་ཀྱི་བླ་མ་གསུམ་ཀ་ལ་གསོལ་བ་བཏབ་པས་ཚེ་འདིའམ་བར་དོ་སོགས་སུ་སངས་རྒྱས་འབྱིན་ནུས་པ་ཡོད་ན་བླ་མ་ཡིན་གྱི་དམ་པ་མིན་ཞེས་པ་དང་། དེ་མ་ཐག་དེ་ལ་གསོལ་བ་བཏབ་ན་ཡང་། ཞེས་སོགས་གསུངས་པ་སྦྲེལ་ནས་འཆད་རྒྱུ་བྱུང་ཡང་། ཐེག་པ་འོག་མའི་བླ་མ་ལ་གསོལ་བ་བཏབ་པས་དེ་ལྟར་འབྱུང་བ་ཤེས་བྱ་ལ་མི་སྲིད་པའི་ཕྱིར། དེས་ན་མཚན་ཉིད་གསུམ་ཀ་ཚང་བ་གསང་སྔགས་ཀྱི་བླ་མ་ལ་སྦྱོར་བ་ཀུན་མཁྱེན་ཆེན་པོའི་བཞེད་པ་འཐད་མེད་དུ་གྲུབ་པ་ཡིན་ནོ། །འོན་གསང་སྔགས་ཀྱི་བླ་མ་ལ་ཐེག་པ་འོག་མའི་གཞུང་ནས་བཤད་པའི་བླ་མའི་མཚན་ཉིད་ལྡན་དགོས་པ་ལ་འབྲེལ་མེད་དོ་སྙམ་ན། འབྲེལ་ཡོད་དེ། སོ་སོ་སྐྱེ་བོའི་རྡོ་རྗེ་སློབ་དཔོན་གྱི་དབང་དུ་བྱས་ནས། བཤད་རྒྱུད་རྡོ་རྗེ་འཕྲེང་བ་ལས། ཕྱི་རུ་ཉན་ཐོས་སྤྱོད་པ་བསྲུང་། །ནང་དུ་འདུས་པའི་དོན་ལ་དགའ། །ཞེས་དང་། རྡོ་རྗེ་གུར་ལས། ཉན་ཐོས་སྤྱོད་པ་སྲུང་བ་པོ། །ཞེས་དང་། སློབ་དཔོན་འཇམ་དཔལ་གྲགས་པས། སྡོམ་གསུམ་ཚོགས་མི་ལྡན་པས། །སྔགས་པའི་བདག་ཉིད་མི་འགྱུར་ཏེ། །ཞེས་གསུངས་པའི་ཕྱིར། འོན་གཞུང་འདིར་ཐེག་པ་འོག་མ་གཉིས་ཀྱི་བླ་མའི་མཚན་ཉིད་མ་བསྟན་ནོ་སྙམ་ན་བསྟན་ཏེ། སྔགས་ཀྱི་རྡོ་རྗེ་སློབ་དཔོན་སོ་སྐྱེར་གྱུར་པ་ལ་སོ་སོའི་གཞུང་ནས་བཤད་པའི་མཚན་ཉིད་གསུམ་ཀ་དང་ལྡན་དགོས་པར་བཤད་པའི་ཤུགས་ལས་འོག་མ་གཉིས་ཀྱི་བླ་མ་ཡང་། རང་རང་གི་གཞུང་ནས་བཤད་པའི་བླ་མའི་མཚན་ཉིད་ཐད་སོར་ཚང་དགོས་པ་བསྟན་པའི་ཕྱིར་རོ། །གཉིས་པ་གསོལ་བ་འདེབས་ཚུལ་ནི། ཐེག་པ་སྤྱི་དང་བྱེ་བྲག་གསང་སྔགས་པའི་བླ་མའི་ཁྱད་པར་བསྟན་ཟིན་པ་དེས་ན། བླ་མེད་ཀྱི་དབང་བསྐུར་ཐོབ་པའི་མིས་བླ་མའི་ཕུང་པོ་ལྔ་སངས་རྒྱས་རིགས་ལྔ་དང་། མིག་སོགས་བྱང་སེམས་ཀྱི་དགེ་འདུན་ཉེ་བའི་སྲས་བརྒྱད་དང་། ཐུགས་རྒྱུད་ཀྱི་ལུང་རྟོགས་ཀྱི་ཡོན་ཏན་ཆོས་དཀོན་མཆོག་ཡིན་པར་ཤེས་པས་སྐྱབས་གནས་དཀོན་མཆོག་གསུམ་པོ་བླ་མ་གཅིག་ཉིད་དུ་འདུས་པར་མཐོང་ནས། གསོལ་བ་བཏབ་ན་བྱིན་རླབས་འཇུག་སྟེ། གང་ཟག་དབང་པོ་ཡང་རབ་ཀྱིས་དེ་ལས་ལམ་གཞན་ཐུན་གཅིག་མ་བསྒོམས་ཀྱང་གྲོལ་བར་འགྱུར་བའི་ཕྱིར། དབང་

པོ་འབྲིང་དང་མཐའ་མ་གཉིས་ལ་ཡང་ལམ་གྱི་བོགས་འདོན་དང་། གེགས་སེལ་ཀུན་ལ་བླ་མའི་ལམ་འདི་རང་ལ་བརྟེན་པར་དམ་པ་རྣམས་བཞེད་དོ། །གལ་ཏེ་དབང་བསྐུར་མ་ཐོབ་ན་བླ་མ་དེ་དཀོན་མཆོག་གསུམ་པོའི་ནང་དུ་ཕར་ལ་བསྡུས་ལ་གསོལ་བ་ཐོབ་སྟེ། རིམ་གྱིས་འགྲུབ་པའི་རྒྱུ་བྱེད་པ་དང་། གནས་སྐབས་ཀྱི་བྱིན་རླབས་ཅི་རིགས་འཇུག་པའི་ཕྱིར། དེ་ཡང་མདུན་གྱི་ནམ་མཁར་ཐུབ་པ་ཆེན་པོ་སོགས་ཀྱི་སངས་རྒྱས་དང་། དེའི་མཐའ་བསྐོར་དུ་དགེ་འདུན་དཀོན་མཆོག་དང་དམ་ཆོས་པོ་ཏི་རྣམས་དམིགས་ལ། རང་གི་བླ་མ་དེ་དག་ལ་ཐིམ་པའམ། བླ་མའི་སྐུ་གསུང་ཐུགས་ཀྱི་ཡོན་ཏན་དེ་དག་ལ་ཚང་བར་མོས་ནས་གསོལ་བ་འདེབས་པ་ཡིན་ཏེ། ད་ལྟར་གྱི་སངས་རྒྱས་མངོན་སུམ་དུ་བཞུགས་པའི་མདོ་སོགས་ན་ཚུལ་དེ་ལྟར་དུ་ཡོད་པར་གྲག་གོ། །བླ་མ་རྒྱུད་པ་ལ་གསོལ་བ་བཏབ་པས་ཆོག་གམ་སྙམ་ན། བླ་མ་རྒྱུད་པ་ནི་གྲུབ་པ་བརྙེས་པའི་བཟང་པོ་ཡིན་པ་སྲིད་ཀྱང་། རྒྱུད་པ་ལ་གསོལ་བ་བཏབ་པ་བྱིན་རླབས་ཆུང་ལ། དེ་བས་ན་དཀོན་མཆོག་གསུམ་ཉིད་དུ་ཕར་ལ་བསྡུས་ནས་གསོལ་བ་བཏབ་པ་འདི་བྱིན་རླབས་འཇུག་པའི་སྒོ་ཤིན་ཏུ་བཟང་སྟེ། བླ་མ་རྒྱུད་པའི་བྱིན་རླབས་ལས་དཀོན་མཆོག་གི་བྱིན་རླབས་སྟོབས་ཆེ་བའི་ཕྱིར། དབང་བསྐུར་ཐོབ་པ་ལ་དཀོན་མཆོག་གསུམ་དུ་མོས་པ་བྱས་པས་བྱིན་རླབས་འཇུག་སླ་བ་ཡིན་ཏེ། རང་གི་ལུས་ངག་ཡིད་གསུམ་སངས་རྒྱས་ཀྱི་སྐུ་གསུང་ཐུགས་སུ་རྟེན་འབྲེལ་སྒྲིག་མཁན་ཡིན་པས་དེ་ལ་དཀོན་མཆོག་གསུམ་གྱི་མོས་པ་བྱར་རུང་ཞིང་། དེ་ལྟར་མོས་པ་བྱས་པས་བླ་མ་ཉིད་བྱིན་རླབས་ཆེ་ཆུང་ཅི་ཡིན་ཀྱང་རང་རྒྱུད་ལ་དཀོན་མཆོག་གི་བྱིན་རླབས་ཐམས་ཅད་མྱུར་དུ་འཇུག་པ་ནི་རྟེན་འབྲེལ་གྱི་ཆེ་བ་ཡིན་པའི་ཕྱིར། དཔེར་ན་ཉི་མའི་འོད་ཀྱི་ཟེར་མེ་ལོང་གཡའ་ཡོངས་སུ་དག་པ་ཞིག་ལ་བསྡུས་ནས། དེ་སྤྲ་བ་བཏླན་མེད་པ་ཞིག་ལ་བསྟན་ན་མེ་འབྱུང་བ་བཞིན་ནོ། །

མཆོག་གསུམ་བྱིན་རླབས་ཉི་མའི་ཐིག་འཕྲེང་ཀུན། །དྲིན་ཅན་བླ་མའི་གཟུགས་སྐུའི་མེ་ལོང་གཞིར། །ཤར་བའི་འོད་ཀྱི་ཟེར་འཕྲེང་རང་སེམས་ལ། །གཅིག་ཏུ་འཕོས་ཚེ་ཅི་བསམ་དགེ་ལེགས་ཀུན། །འགྲུབ་པའི་བྱིན་རླབས་མེ་ལྕེས་ཐོག་མེད་ནས། །འཁྲིགས་པའི་བདག་འཛིན་བུད་ཤིང་ཡང་སྲེག་ན། །ཆོས་བརྒྱུད་རྫུན་གྱི་ཟོལ་ཟོག་ཅིས་མི་སྲེག །ཁེ་མ་དམ་པའི་མགོན་གྱིས་ད་དུང་སྐྱོངས། །ཁར་གྱི་ཚིགས་བཅད་དོ། །

གཉིས་པ་ནི། བླ་མེད་ཀྱི་དབང་བསྐུར་དང་པོ་བུམ་དབང་མ་ཐོབ་པར་ལམ་བསྐྱེད་རིམ་བསྒོམ་པ་དང་། དབང་བསྐུར་གཉིས་པ་གསང་དབང་མ་ཐོབ་པར་གཏུམ་མོ་དང་རླུང་བསྒོམ་པ་དང་། དབང་བསྐུར་གསུམ་པ་ཤེར་དབང་མ་ཐོབ་པར་བདེ་སྟོང་གི་རྣལ་འབྱོར་དང་དགའ་བཞིའི་དམིགས་པ་བསྒོམ་པ་དང་། དབང་བསྐུར་བཞི་པ་མ་ཐོབ་པར་ཕྱག་རྒྱ་ཆེན་པོའི་ལམ་བསྒོམ་པ་དང་། རང་གིས་དགེ་སློང་གི་སྡོམ་པ་མ་ཐོབ་པར་གཞན་

གྱི་མཁན་སློབ་ལ་སོགས་པ་བྱེད་པ་ནི་ཆོས་ཅན། མདོ་རྒྱུད་ལ་སྦྱངས་པའི་མཁས་པ་རྣམས་ཀྱིས་སྤང་བར་བྱ་སྟེ༑ གསང་སྔགས་དང་སྨན་གྱི་ནུས་པ་མེད་པར་སྦྲུལ་གདུག་གི་མགོ་ལས་རིན་པོ་ཆེ་བླངས་ན་དུག་གིས་ཉེས་པ་འབྱུང་བ་ལྟར། རང་གཞན་ཀུན་བརླག་པའམ་ཕུང་བའི་རྒྱུར་འགྱུར་བས་སོ། །འདིར་པཎ་ཆེན་གྱིས། དགེ་སློང་སྡོམ་པ་མ་ཐོབ་པར། །མཁན་སློབ་བྱས་པས་ཆོག་པ་ཞིག །འདུལ་བའི་མདོ་དང་ལུང་དག་ཏུ། །གསལ་བར་གསུངས་པ་མ་ཡིན་ནམ། །ཞེས་དྲིས་པ་ནི་དོགས་དཔྱོད་ཤིན་ཏུ་དགོས་པར་སྣང་། དེ་ཡང་མཁན་པོ་གཏན་མེད་པ་དང་། ཡོད་ཀྱང་དེ་དགེ་སློང་མ་ཡིན་པ་ལ་ལས་གྲལ་དུ་ཕྱིན་ནས་ལས་བྱས་ན་བསྒྲུབ་བྱ་ལ་སྡོམ་པ་སྐྱེ་བ་ཡིན་ཏེ། མདོ་རྩ་བ་ལས། དེ་དང་ལྡན་པའི་ལྟར་མཁན་པོ་མེད་པ་ཉིད་ལ་ཡང་ངོ་། །དེ་བསྙེན་པར་མ་རྫོགས་པ་ཡིན་ན་ཡང་ངོ་། །དེ་དགེ་སློང་ཉིད་མ་ཡིན་པར་ཤེས་ན་ནི་མི་སྐྱེའོ། །ཞེས་གསུངས་པའི་ཕྱིར། དེ་བཞིན་དུ་དགེ་ཚུལ་གྱིས་གསོལ་བཞིའི་ལས་ཀྱི་སློབ་དཔོན་བྱས་ན་ཡང་བསྒྲུབ་བྱ་ལ་སྡོམ་པ་ཆགས་པ་ཡིན་ཏེ༑ ལུང་ཞུ་བ་ལས་དེ་ལྟར་དུ་གསུངས་པའི་ཕྱིར། འོ་ན་གཞུང་གི་དགོངས་པ་ཅི་ཞེ་ན། སྤྱིར་འདུལ་བའི་ཁ་སྐད་ལ་ལག་ལེན་དེ་བྱར་མི་རུང་བ་ལ་ལས་ཆགས་པ་མང་དུ་བཤད་པས། འདི་ཡང་དེ་འདྲའི་རིགས་ཅན་དུ་བསྟུ་དགོས་ཏེ་དགེ་སློང་མ་ཡིན་པས་མཁན་སློབ་བྱར་མི་རུང་བ་ནི་གཞུང་འདིའི་དགོངས་པ་དང་། བྱས་ན་བསྒྲུབ་བྱ་ལ་སྡོམ་པ་ཉེས་མེད་ཕུན་སུམ་ཚོགས་པ་མི་སྐྱེ་ཡང་སྡོམ་པ་ཙམ་ཆགས་པ་ནི་འདུལ་བའི་གཞུང་གི་དགོངས་པ་ཡིན་པའི་ཕྱིར། དེ་ལ་དགེ་སློང་མ་ཡིན་པས་མཁན་སློབ་བྱར་རུང་བར་ཐལ། དེས་མཁན་སློབ་བྱས་ན་བསྒྲུབ་བྱ་ལ་སྡོམ་པ་སྐྱེ་བའི་ཕྱིར་ཞེ་ན། ཁྱབ་པ་མ་ངེས་པའི་གནད་ཟིན་དགོས་ཏེ། འོ་ན་ད་ཆོག་གི་དབང་དུ་བྱས་ནས་ཚིག་ལྟ་མ་གཉིས་སྟོན་དུ་མ་སོང་བས་དགེ་སློང་བྱར་རུང་བར་ཐལ། དེའི་དབང་དུ་བྱས་ནས་དེ་གཉིས་སྟོན་དུ་མ་སོང་བས་དགེ་སློང་གི་སྡོམ་པ་བླངས་ན་སྡོམ་པ་སྐྱེ་བའི་ཕྱིར། ཁྱབ་པ་སོང་། གཏན་ཚིགས་གྲུབ་སྟེ། ཚིག་ལྟ་མ་མེད་པ་ཉིད་ལ་ནི་ཉེས་བྱས་ཙམ་དུ་ཟད་དོ། །ཞེས་གསུངས་པའི་ཕྱིར། འདོད་མི་ནུས་ཏེ། དགེ་བསྙེན་ཉིད་དང་དགེ་ཚུལ་ཉིད་དང་། དགེ་སློང་ཉིད་དག་གི་ལྟ་མ་བསྙེན་པར་མ་རྫོགས་པ་ལ་ཕྱི་མ་མི་བྱའོ། །ཞེས་གསུངས་པའི་ཕྱིར། དེས་ན་དགེ་སློང་མ་ཡིན་པས་མཁན་སློབ་བྱར་རུང་བ་དང་བྱས་ཚོག་པ་འདུལ་བ་ལས་མ་བཤད་ལ། བྱས་ན་ལས་ཆགས་པ་འདུལ་བ་ལས་བཤད་པའི་རྣམ་དབྱེ་གཅེས་སོ། །

གསུམ་པ་ལ་གསུམ་སྟེ། གཏོར་སྔགས་སྔོན་དུ་སངས་རྒྱས་མཚན་བརྗོད་དགག །ཆུ་སྦྱིན་ནང་དུ་ཟན་ཉིད་འཇུག་པ་དགག །ཕུང་མཆོད་གཏོར་མའི་དབྱིབས་ལ་འཁྲུལ་པ་དགག་པའོ། །དང་པོ་ནི། དབང་བསྐུར་དང་པོ་མ་ཐོབ་པར་བསྐྱེད་རིམ་བསྒོམ་པ་སོགས་ལག་ལེན་ནོར་བ་དེ་དག་ཏུ་མ་ཟད། གཞན་ཡང་གངས་རིའི་

ཁྲིད་འདི་ན་སངས་རྒྱས་ཀྱི་གསུང་དང་མི་མཐུན་པའི་འཕྲུལ་པའི་ལག་ལེན་དུ་མ་ཡོད་དེ། ཡི་དྭགས་ཁ་ལ་མེ་འབར་མ་ལ་གཏོར་མ་སྦྱིན་པའི་ཆོ་ག་ལ་དེ་བཞིན་གཤེགས་པ་བཞིའི་མཚན་གཏོར་སྔགས་ཀྱི་སྔོན་ལ་བརྗོད་པའི་ལག་ལེན་མཐོང་ངོ་། །དེ་ཡང་ཐོག་མར་སངས་རྒྱས་ལ་ཕྱག་འཚལ་རིགས་སྐམ་ནས་རྟོག་པས་སྦྱར་བར་ཟད་དོ། །ལག་ལེན་འདི་ཡང་མདོ་དང་མཐུན་པ་མ་ཡིན་ཏེ། ཁ་འབར་མའི་གཏོར་མའི་མདོ་ལས། སྔོན་ལ་ན་མཿསརྦ་ཏ་ཐཱ་སོགས་ཀྱི་སྔགས་བརྗོད་ནས། རིན་ཆེན་མང་ལ་སོགས་པའི་སངས་རྒྱས་བཞི་པོ་ལ་ཕྱག་འཚལ་བ་ནི་ཕྱི་ནས་གསུངས་པའི་ཕྱིར། ཕྱག་འཚལ་བ་ནི་བདེན་པའི་སྟོབས་བརྗོད་པ་ཡིན་པས་གཏོར་སྔགས་ཀྱི་རྗེས་སུ་བྱེད་པ་རིགས་པས་ཀྱང་གྲུབ་བོ། །

གཉིས་པ་ནི། དགེ་བཤེས་སྤྱན་སྔ་བའི་རྗེས་འབྲང་འགའ་ཞིག་ཚུ་སྦྱིན་གྱི་ནང་དུ་ཟན་འདྲུག་པའི་ལག་ལེན་བྱེད་པ་ཐོས་སོ། །འདི་ཡང་མི་འཐད་དེ། འདུར་གེགས་ཅན་གྱི་རིགས་རྣམས་ཀྱིས་ཆུ་སྦྱིན་གྱི་ནང་དུ་ཟན་མཐོང་བ་དང་། ཟན་གྱི་དྲི་ཚོར་ན་དངངས་སྐྲག་གི་འཇིགས་པ་ཆེན་པོ་འབྱུང་བར་གཏོར་མའི་མདོ་དེ་ཉིད་ལས་གསུངས་པའི་ཕྱིར། དེས་ན་ཆུ་སྦྱིན་གྱི་ནང་ཟན་འདེབས་པ་ནི། ཆུ་སྦྱིན་གྱི་ཆོ་ག་ཉམས་པ་ཡིན་ནོ། །

གསུམ་པ་ལ་གསུམ་སྟེ། ཕུད་མཆོད་བཀའ་ལས་གསུངས་པའི་ཚུལ། དེའི་ལག་ལེན་འཁྲུལ་པ་བརྗོད། དེ་ཉིད་བཀག་སྟེ་དོན་བསྡུ་བསྟན་པའོ། །དང་པོ་ནི། ཟན་གྱི་ཕུད་ལ་ལྷ་ལ་འབུལ་བའི་ལྷ་བཤོས་དང་། ཆང་བུ་བྱ་བར་སངས་རྒྱས་ཀྱིས་གསུངས་ཏེ། བརྟག་གཉིས་ལས་ལྷ་བཤོས་ཀྱི་སྔགས་གསུངས་པ་དང་། རྡོ་རྗེ་རྩེ་མོའི་རྒྱུད་ལས། དེ་ནས་ཟན་གྱི་དུས་སུ་ནི། །རྣམ་པ་ཀུན་ཏུ་ཆང་བུ་སྦྱིན། །ཞེས་གསུངས་པ་དང་། འཕྲོག་མའི་མདོ་ལས་ཀྱང་། སངས་རྒྱས་ང་ལ་སྟོན་པར་ཁས་འཆེས་པའི་ཉན་ཐོས་རྣམས་ཀྱིས། འཕྲོག་མ་བུ་དང་བཅས་པ་ལ་ཆང་བུ་སྦྱིན་པར་བྱའོ། །ཞེས་གསུངས་པའི་ཕྱིར། ཇི་ལྟར་སྦྱིན་པ་དེ་ཡི་ཆོ་ག་ནི་མི་ཏྲི་པའི་ལྷ་བ་ངན་སེལ་དང་། ཇོ་བོ་རྗེའི་སྤྱོད་བསྡུས་སྒྲོན་མེ་དང་། རྗེ་བཙུན་གྱི་ལས་དང་པོ་པའི་བྱ་བ་དང་། ཐུབ་པ་དགོངས་གསལ་སོགས་སུ་ལྟོས་ཤིག་སྟེ་དེ་དག་ན་གསལ་ལོ། །གཉིས་པ་ནི། སྔར་ཐང་པ་དང་འབྲི་གུང་པ་འགའ་ཞིག །སངས་རྒྱས་ཀྱིས་གསུངས་པའི་ལྷ་བཤོས་དང་ཆང་བུ་མི་བྱེད་པར་མ་གསུངས་པའི་འབྲང་རྒྱས་དང་། ལྷ་བཤོས་རྩེ་མོ་གྲུ་གསུམ་ལ་སོགས་པ་བྱེད་པ་མཐོང་སྟེ། བོན་གྱི་འགྲེས་ཤོར་བ་ཡིན་ནོ། །གསང་སྔགས་རྙིང་མ་པ་འགའ་ཞིག །གཏོར་མའི་དབྱིབས་གྲུ་གསུམ་དབང་ཕྱུག་ཆེན་པོའི་སྙིང་གི་གཟུགས་སུ་བྱས་ནས་དེའི་ཤ་ཁྲག་གིས་བརྒྱན། མཐའ་མཐེབ་སྐྱུ་དང་། མགོ་བོའི་ཐོད་པས་བསྐོར་ཞིང་། ཚང་སོགས་བདུད་རྩིས་ཐོད་པ་དེ་བཀང་ལ་དཔལ་ཧེ་རུ་ཀ་ལ་མཆོད་པ་འབུལ་ཞེས་ཟེར་རོ། །དེ་ཡང་ཁྱུང་ནས་བྱུང་མ་བྱུང་བརྟག

པར་བྱ་དགོས་སོ། །

གསུམ་པ་ནི། གཏོར་མའི་དབྱིབས་གྲུ་གསུམ་མི་འཐད་དེ། གསང་སྔགས་གསར་མར་ཡི་དམ་གྱི་ལྷ་ལ་གྲུ་གསུམ་གྱི་གཏོར་མ་འབུལ་བ་གཞུང་ནས་བཤད་པ་མེད་ཅིང་། ཁྱད་པར་རང་གི་ཟས་ཀྱི་ཕུད་ལ་གྲུ་གསུམ་འབུལ་བར་གསུངས་པ་མེད་པའི་ཕྱིར། འདི་དཀོན་མཆོག་སྤྱི་དང་ཡི་དམ་གྱི་ལྷ་ལྷ་བུ་ལ་གྲུ་གསུམ་བཀག་པ་ཡིན་གྱིས། ཆོས་སྐྱོང་དང་འབྱུང་པོའི་ཚོགས་ལ་གྲུ་གསུམ་བཀག་པ་མ་ཡིན་ནམ་སྙམ་སྟེ། ལྷ་བཤོས་ཆང་བུ་མི་བྱེད་པར། །ཞེས་སོགས་ཀྱི་འཕྲོས་བརྟགས་པས་ཤེས་སོ། །དེ་ལ་སོགས་པའི་ལག་ལེན་ཐམས་ཅད་སངས་རྒྱས་ཀྱི་གསུང་དང་མཐུན་ན་བསྟན་པ་ཡིན་ཏེ། ལག་ལེན་རྣམ་དག་ཏུ་འགྱུར་བའི་ཕྱིར། རྒྱུ་མཚན་དེས་ན་མདོ་སྡེ་དང་ཐེག་པ་གོང་འོག་མ་དགྱེས་པར་སངས་རྒྱས་ཀྱི་གསུང་བཞིན་དུ་ཉམས་སུ་ལོངས་ཤིག་ཅེས་གདམས་པས་སོ། །

བཞི་པ་ལམ་གྱི་དམིགས་རྟེན་ལ་དཔྱད་པ་ལ་གཉིས་ཏེ། རབ་བྱུང་ཅན་ལ་མཆོད་ཆའི་ཕྱག་མཚན་དགག །རིགས་ལྔ་ཁ་དོག་སེར་འཛམ་འདོད་པ་དགག་པའོ། །དང་པོ་ནི། བོད་ཁ་ཅིག །སངས་རྒྱས་སུམ་ཅུ་སོ་ལྔ་རབ་ཏུ་བྱུང་བའི་ཆ་ལུགས་ཅན་གྱི་ཕྱག་ཏུ་ཕུབ་དང་། རལ་གྲི་ལ་སོགས་པའི་མཆོད་ཆ་བསྐུར་བ་མཐོང་བ་མི་འཐད་དེ། སངས་རྒྱས་ཁྱིམ་པའི་ཆ་ལུགས་ཅན་ལ་རིན་པོ་ཆེ་ལ་སོགས་པའི་རྒྱན་དང་། ཕྱག་མཚན་སྣ་ཚོགས་འཛིན་པ་སྲིད་ཀྱི། རབ་བྱུང་གི་ཆ་ལུགས་ཅན་ལ་དེ་དག་མི་སྲིད་པའི་ཕྱིར་རོ། །གཉིས་པ་ནི། བྱང་ཆུབ་མཆོག་གི་ཕྱག་རྒྱ་དང་ས་གནོན་སོགས་མཛད་པའི་རིགས་ལྔ་སེར་འཛམ་གྱི་རས་བྲིས་མདོ་ལུགས་ཡིན་ཞེས་བཀའ་གདམས་པ་ལ་ལ་སྨྲ་བར་བྱེད་དོ། །འདི་ནི་མི་འཐད་དེ། མདོ་ནས་རིགས་ལྔ་འདི་འདྲ་གསུངས་པ་མེད་པའི་ཕྱིར། གལ་ཏེ་སྔགས་ལུགས་ཡིན་ནོ་སྙམ་ན། ཐོག་མར་བྱ་སྤྱོད་ཀྱི་ལུགས་ནི་མ་ཡིན་ཏེ། བྱ་སྤྱོད་གཉིས་ཀྱི་རྒྱུད་ལས་ཀྱང་སངས་རྒྱས་རིགས་ལྔར་བསྟུས་པ་མེད་པའི་ཕྱིར། བྱ་སྤྱོད་ཀྱི་ལུགས་ལ་རྡོ་རྗེའི་རིགས། པདྨའི་རིགས། དེ་བཞིན་གཤེགས་པའི་རིགས་དང་གསུམ་ལས་ལྔའི་རྣམ་གཞག་མེད་པའི་ཕྱིར། རྣལ་འབྱོར་རྒྱུད་ཀྱི་ལུགས་ཀྱང་མ་ཡིན་ཏེ། དེ་ཉིད་འདུས་པ་སོགས་ནས་གསུངས་པའི་རིགས་ལྔ་ཁ་དོག་དཀར་པོ་དང་། ནག་པོ་དང་། སེར་པོ་དང་། དམར་པོ་དང་། ལྗང་གུ་ཐ་དད་ཅིང་། ཕྱག་རྒྱ་ཡང་ནི་བྱང་ཆུབ་མཆོག་དང་། ས་གནོན་སོགས་ཐ་དད་དུ་གསུངས་པའི་ཕྱིར། རྣལ་འབྱོར་རྒྱུད་འདིར་རིགས་ལྔ་སྐུ་མདོག་དང་ཕྱག་རྒྱ་ཐ་དད་པ་ནི་རིམ་བཞིན་ཡེ་ཤེས་ལྔ་མཚོན་པ་ལ་འཐད་པ་ཡིན་ཏེ། ཡེ་ཤེས་ལྔ་མཚོན་པར་བྱེད་པའི་རྟེན་ཅིང་འབྲེལ་འབྱུང་གི་སྐུ་ཡིན་པའི་ཕྱིར་ཏེ། ཡེ་ཤེས་ལྔ་ནི་ཉོན་མོངས་ལྔ་གནས་གྱུར་པ་ལས་བྱུང་ཞིང་། ཉོན་མོངས་དེ་

དག་ཀྱང་རིམ་བཞིན། གཏི་མུག་ནི་དཀར་པོ་དང་། ཞེ་སྡང་ནི་ནག་པོ་དང་། སེར་སྣ་ནི་སེར་པོ་དང་། འདོད་ཆགས་ནི་དམར་པོ་དང་། ཕྲག་དོག་ནི་ལྗང་གུ་དང་མཚོན་དོན་སྦྱོར་རིགས་པའི་ཕྱིར། སེར་འཛམ་དེ་བླ་མེད་ཀྱི་ལུགས་ཀྱང་མ་ཡིན་པའི་ཕྱིར་ཏེ། བླ་མེད་ནི་རིགས་ལྔ་ལ་ཁ་དོག་རྣལ་འབྱོར་རྒྱུད་དང་འདྲ། དུས་ཀྱི་འཁོར་ལོ་སོགས་ལས། རིགས་ལྔའི་ཁ་དོག་རྣལ་འབྱོར་རྒྱུད་ལས་གཞན་དུ་མི་བསྒྱོད་པ་ལྗང་གུ །དོན་གྲུབ་ནག་པོ། རིན་འབྱུང་དམར་པོ། སྣང་མཐའ་དཀར་པོ། རྣམ་སྣང་སེར་པོར་གསུངས་པ་ནི་རིམ་བཞིན། འབྱུང་བ་ནམ་མཁའ་རླུང་མེ་ཆུ་ས་དང་རྣམ་པ་ལྔ་སྦྱོར་བའི་རྟེན་ཅིང་འབྲེལ་འབྱུང་གི་སྐུ་ཡིན་པའི་ཕྱིར། འོན་རིགས་ལྔ་སེར་འཛམ་མི་འཐད་ན། །པགས་པ་གསེར་མདོག་པགས་པ་སྲབ་པ་དང་། །ཞེས་དང་། བཙོ་མ་གསེར་གྱི་མདོག་འདྲ་ཞིང་། །ཞེས་གསུངས་པ་དང་འགལ་ལོ་སྙམ་ན། མི་འགལ་ཏེ། ལུང་དེའི་དོན་ནི། སངས་རྒྱས་ཀྱི་སྐུ་ཐམས་ཅད་གསེར་ཤེལ་ཏུ་སྦྱངས་པ་ལྟར་དྲི་མ་མེད་ཅིང་དངས་པའམ། ཤཱཀྱ་ཐུབ་པ་ལ་སོགས་ཀྱི་སྤྲུལ་སྐུ་ཕལ་ཆེ་བ་ལ་དགོངས་ཏེ་གསུངས་པའི་ཕྱིར། གཞན་དུ་རྣམ་པ་ཐམས་ཅད་སྐུ་མདོག་སེར་པོར་འདོད་ན། མདོ་རང་དང་འགལ་ཏེ། སངས་རྒྱས་སྨན་བླ་ནམ་མཁའི་མདོག་ལྟར་སྔོན་པོ་ཉིད་དུ་སྨན་བླའི་མདོ་ལས་གསུངས་པའི་ཕྱིར། སྡོམ་ཁང་པས། འོད་དཔག་མེད་སྐུ་མདོག་དམར་པོ་གསུངས་པ་སོགས་འདིར་འདྲེན་པ་ནི་མི་འཐད་དེ། ཕྱོགས་སྔ་མས་སྤྱིར་མདོ་ལུགས་ཀྱི་སངས་རྒྱས་ཐམས་ཅད་གསེར་གྱི་མདོག་ཅན་དང་། ཁྱད་པར་མདོ་ལུགས་ལ་རིགས་ལྔ་སེར་འཛམ་ཁས་བླངས་པ་དེ་འགོག་རྒྱུ་ཡིན་པས། དེ་འགོག་པ་ལ། མདོ་ལུགས་ཀྱི་སངས་རྒྱས་ཐམས་ཅད་སྐུ་མདོག་སེར་པོར་མ་ངེས་ཏེ། སྨན་བླ་སྐུ་མདོག་སྔོན་པོར་མདོ་ལས་གསུངས་པའི་ཕྱིར། ཞེས་གསུངས་པ་འདི་གནོད་བྱེད་དུ་འཇུག་པ་ཡིན་ནོ། །འོད་དཔག་མེད་དམར་པོ་སོགས་གསང་སྔགས་ལས་གསུངས་པ་དྲངས་པ་ནི་ཕྱོགས་སྔ་ལ་ཅི་ཡང་མི་འཕོག་སྟེ། ཕྱོགས་སྔས་མདོ་སྔགས་ཀྱི་སངས་རྒྱས་ཐམས་ཅད་སྐུ་མདོག་སེར་པོར་ཁས་བླངས་པ་མེད་པའི་ཕྱིར། དེས་ན། མདོ་ལུགས་ཡིན་ཞེས་ལ་ལ་སྨྲ། །ཞེས་པའི་འཕེན་དེ་ལ་བརྟེག་དགོས་པ་ཡིན་ནོ། །

ལྔ་པ་མདོ་སྔགས་འཆོལ་བ་དགག་པ་ལ་གསུམ་སྟེ། སྔགས་ལ་མི་མོས་ལྷ་བསྒོམ་ལ་སོགས་དགག །རབ་གནས་ལ་སོགས་མདོ་ལུགས་འདོད་པ་དགག །མདོ་སྔགས་ཁྱད་པར་ཆོ་གའི་སྒོ་ནས་བསྟན་པའོ། །དང་པོ་ལ་གཉིས་ཏེ། དངོས་དང་། ཞར་བྱུང་ངོ་། །དང་པོ་ནི། དེང་སང་བཀའ་གདམས་པ་ལ་ལ་སྔགས་ལ་མི་མོས་པར་ཡི་དམ་གྱི་ལྷ་བསྒོམ་པ་དང་། སྔགས་བཟླ་བ་སོགས་བྱེད་པ་ཡང་སངས་རྒྱས་ཀྱི་བསྟན་པ་དང་མཐུན་པ་མ་ཡིན་ཏེ། ཡི་དམ་ལྷའི་བདག་མདུན་གྱི་སྒྲུབ་ཐབས་དང་། སྔགས་བཟླ་ཚུལ་གྱི་དམིགས་པའི་ཆོ་ག་དང་།

མཆོག་དང་ཐུན་མོང་གི་དངོས་གྲུབ་བསྒྲུབ་པ་ལ་ལས་ཚོགས་ཀྱི་ཆོ་ག་ཇི་སྙེད་པ་ནི་མདོ་སྡེ་ཀུན་ལས་གསུངས་པ་མེད་ཅིང་། དེ་དག་ནི་སྔགས་ཀྱི་ཁྱད་ཆོས་ཡིན་པའི་ཕྱིར། དེ་སྐད་དུ། ཐབས་མང་དཀའ་བ་མེད་པ་དང་། །ཞེས་མཆོག་དང་ཐུན་མོང་གི་ཐབས་མང་བ་སྔགས་ཀྱི་ཁྱད་ཆོས་གསུངས་པ་ཡིན་ནོ། །

གཉིས་པ་ནི། གཞན་ཡང་བཀའ་གདམས་པ་ལ་ལ་སྦྱིན་སྲེག་དང་། རོ་སྲེག་དང་། བདུན་ཚིགས་དང་སྣྰཚྰ་འདེབས་པའི་ཆོ་ག་སོགས་དེང་སང་སྔགས་ཀྱི་ལུགས་པོར་ནས། མདོ་སྡེ་ནས་གསུངས་པའི་དཀོན་མཆོག་མཆོད་པ་ཙམ་ལ་བརྟེན་པའི་ཆོ་གའི་རྣམ་གཞག་བྱེད་པ་ཡོད་པ་ཡང་མི་འཐད་དེ། ཕ་རོལ་ཏུ་ཕྱིན་པའི་མདོ་སྡེ་དང་། བསྟན་བཅོས་ཀུན་ལས་སྦྱིན་སྲེག་སོགས་འདི་དག་གསུངས་པ་མེད་པའི་ཕྱིར། གལ་ཏེ་གཤིན་དོན་དུ་སྦྱིན་སྲེག་སོགས་འདི་དག་བྱེད་ན། ངན་སོང་སྦྱོང་རྒྱུད་དང་དེ་ཉིད་འདུས་པ་སོགས་ཀྱི་རྒྱུད་སྡེ་འགའ་ཞིག་ལས་གསུངས་པའི་ཕྱག་ལེན་བཞིན་དུ་བྱ་སྟེ། རྣམ་གཞག་དེ་དག་རྒྱུད་སྡེ་རྣམས་ཀྱི་རྗེས་སུ་འབྲང་བའི་གསང་སྔགས་པ་ལ་གྲགས་པ་ཡིན་པའི་ཕྱིར། དེ་ཡང་ངན་སོང་སྦྱོང་རྒྱུད་ལས། ཆོ་ག་བཞིན་དུ་སྦྱིན་སྲེག་བྱ། །ཞེས་དང་། རོ་ལ་སྔགས་ཀྱིས་བཏབ་ནས་ཀྱང་། །ཞེས་སོགས་ཀྱིས་དེ་དག་རིམ་བཞིན་བསྟན་པ་ཡིན་ནོ། །གཉིས་པ་ལ་གཉིས་ཏེ། འདོད་པ་བརྗོད་པ་དང་། དེ་དགག་པའོ། །དང་པོ་ནི། སྦྱིན་སྲེག་སོགས་མདོ་ལ་བརྟེན་པ་དེ་བཞིན་དུ། བཀའ་གདམས་པ་རྣམས་རབ་གནས་མདོ་ལུགས་འདོད་པ་དང་། གྲུ་གོ་ཆའི་རྗེས་འབྲང་ཁ་ཅིག །ཕྱག་ན་རྡོ་རྗེ་གོས་སྔོན་ཅན་ལ་མདོ་ལུགས་སུ་འདོད་པ་དང་། བོད་ཁ་ཅིག་ལྷུང་བཤགས་དང་ཤེར་སྙིང་སོགས་སྔགས་ལུགས་ཡིན་ཞེས་འཆད་པ་ཐོས་སོ། །

གཉིས་པ་ལ་གསུམ་སྟེ། རབ་གནས་མདོ་ནས་བཤད་པ་དགག །ཕྱག་རྡོར་ཆོ་ག་མདོ་ལུགས་དགག །ཞར་བྱུང་ལྷུང་བཤགས་སྔགས་ལུགས་དགག་པའོ། །དང་པོ་ལ་གསུམ་སྟེ། རབ་གནས་རྒྱུད་ནས་གསུངས་པ་བསྟན། ཞར་བྱུང་གསང་འདུས་མདོ་ལུགས་དགག །རྡོ་རྗེ་སློབ་དཔོན་ལས་སུ་བསྟན་པའོ། །དང་པོ་ནི། རབ་གནས་མདོ་ལུགས་སོགས་འདི་ཡང་བརྟག་པར་བྱ་བས་ཉན་པར་གྱིས་ཤིག །དེ་ཡང་རབ་གནས་མདོ་ལུགས་མི་འཐད་དེ། མདོ་ནས་རབ་གནས་མཚན་ཉིད་པ་བཤད་པ་མེད་པའི་ཕྱིར། འོན་ཀྱང་རྟེན་དེ་ལ་མཆོད་པ་དང་བསྟོད་པ་དང་། བཀྲ་ཤིས་ལ་སོགས་པའི་སྒོ་ནས་རྒྱལ་བུ་རྒྱལ་སར་བཏོན་པའི་མངའ་དབུལ་ལྟ་བུ་ལ་རབ་གནས་ཡིན་ཞེས་སྣ་ན་སྨྲས་ཏེ། དེ་ནི་མིང་དུ་བཏགས་པ་ཙམ་ཡིན་པར་མིང་ལ་མི་བརྩད་དོ། །འོ་ན་རབ་གནས་མཚན་ཉིད་པ་དེ་བྱ་རྒྱུད་ཇི་ལྟ་བུ། ལུང་གང་ལས་གསུངས་པ་ཡིན་ཞེ་ན། ཐོག་མར་རང་ཉིད་ལྷ་བསྒོམ་ཤིང་སྔགས་བཟླས་པ་དང་། རབ་ཏུ་གནས་བྱའི་རྟེན་ལ་དབང་བསྐུར་བའི་ཕྱིར་བུམ་པ་སྒྲུབ་གོན་དང་། དཀྱིལ་

འཁོར་བསྒྲུབ་པའི་ཆོ་ག་བྱ་བའི་ཕྱིར་སྔན་གསན་འབེབས་པ་ལྷ་བུ་སྐུ་གོན་དང་། རབ་ཏུ་གནས་བྱའི་རྟེན་ལ་བགེགས་སྲུང་བ་དང་། དྲི་མ་བཀྲུ་བ་ལ་སོགས་པ་ནི་རབ་གནས་ཀྱི་སྔ་གོན་དང་། དངོས་གཞི་ནི། ཡང་བདག་བསྐྱེད་དང་མདུན་བསྐྱེད་ཀྱི་དཀྱིལ་འཁོར་བསྒྲུབ་ཅིང་མཆོད་པ་དང་། རྟེན་དམ་ཚིག་སེམས་དཔའ་བསྐྱེད་པ་དང་། དེ་ལ་ཡེ་ཤེས་ཀྱི་འཁོར་ལོ་དགུག་གཞུག་བྱས་ཏེ་དབང་བསྐུར་ཞིང་རིགས་ཀྱི་བདག་པོས་རྒྱས་གདབ་པ་དང་། སྤྱན་དབྱེ་བ་དང་། བརྟན་པར་བཞུགས་པར་གསོལ་བ་འདེབས་པ་དང་། སྤྱི་དང་བྱེ་བྲག་སོ་སོའི་མངའ་དབུལ་དང་། སྔགས་ཀྱི་བྱིན་གྱིས་བརླབས་པའི་མེ་ཏོག་དོར་ནས་ལེགས་པར་མཆོད་དེ། རྗེས་དགའ་སྟོན་དང་བཀྲ་ཤིས་ཀྱི་ཚིགས་བཅད་རྒྱས་པར་བྱེད་པ་ཡིན་ནོ། །དེ་ལྟ་བུའི་ཆོ་ག་ནི་གསང་སྔགས་ཀྱི་རྒྱུད་སྡེ་ལས་གསུངས་ཀྱིས། ཕ་རོལ་ཏུ་ཕྱིན་པ་ལས་གསུངས་པ་མ་ཡིན་ཏེ། ཕ་རོལ་ཏུ་ཕྱིན་པ་ལ་ལྷ་སྒོམ་སྔགས་བཟླས་ཕྱུམ་བསྒྲུབ་ལ་སོགས་པ་མ་བཤད་པའི་ཕྱིར། དེ་ལ་བཀའ་གདམས་པ་ལ་ལ་རབ་གནས་མདོ་ནས་དངོས་སུ་གསུངས་པ་མེད་ཀྱང་། ཇོ་བོ་རྗེའི་གདམས་ངག་ཡིན་ནོ་ཞེས་སྨྲའོ། །འོན་ཇོ་བོ་རྗེས་གདམས་ངག་དེ་མདོ་སྡེ་གང་ལ་བརྟེན་ནས་མཛད་སྨྲ་དགོས་ཏེ། མདོ་ལུགས་ཀྱི་མན་ངག་མདོ་ལ་བརྟེན་དགོས་པའི་ཕྱིར། གཉིས་པ་ནི། དེང་སང་གསང་བ་འདུས་པའི་ལྷ་འཇམ་དབྱངས་སོགས་བསྒོམས་ནས་མདོ་ལུགས་ཀྱི་ཆོ་ག་ཡིན་ཞེས་བཀའ་གདམས་པ་ལ་ལ་ཟེར་རོ། །དེ་ནི་མི་འཐད་དེ། གསང་བ་འདུས་པ་ལ་སོགས་པའི་ལྷ་བསྒོམ་པའི་ཆོ་ག་མདོ་ལུགས་ཀྱི་ཆོ་ག་ལས་འབྱུང་བ་མཚར་ཆེར་བའི་ཕྱིར། དཔེར་ན་སེང་གེའི་ཕྲུག་གུ་གླང་ཆེན་ལས་བྱུང་ན་སྟོན་མེད་ཀྱི་སྒྲོག་ཆགས་ཡིན་པ་བཞིན་ནོ། །གཞུང་ན། གསང་འདུས་ལ་སོགས་ཆོ་ག་ལ། །མདོ་ལུགས་ཆོ་ག་འབྱུང་བ་མཚར། །ཞེས་འབྱུང་བ་ལྟར་ན། གསང་འདུས་ཀྱི་ཆོ་ག་དེ་གང་ནས་འབྱུང་བའི་གཞི་རྩ་སོང་བས་དཔེ་དང་ཅུང་མི་འགྲོར་ཏེ། དེ་ལྟར་ན། མདོ་སྔགས་གཉིས་དཔེ་མཆོག་དམན་གོ་ལོག་པར་འགྱུར་བའི་ཕྱིར། ཡང་ན། བསྒོམས་ནས་མདོ་ལུགས་ཡིན་ཞེས་ཟེར། །ཞེས་པའི་འཕྲོས་བརྟགས་ན། ཕྱོགས་སྔ་མས་གསང་འདུས་ཀྱི་ལྷ་འཇམ་དབྱངས་བསྒོམས་ནས། འདི་མདོ་ལུགས་ནས་བྱུང་བ་ཡིན་ཞེས་སྨྲ་བར་སྣང་ངོ་། །དེ་ལྟར་ན། མདོ་ལུགས་ཆོ་ག་འབྱུང་བ་མཚར། །ཞེས་པའི་དོན། གསང་འདུས་ཀྱི་ཆོ་ག་ལ་མདོ་ནས་བྱུང་བའི་ཆོ་ག་འབྱུང་བ་སྟེ་ཡོད་པ་མཚར་ཆེ་ཞེས་པའི་དོན་ཡིན་པས། དཔེ་མཆོག་དམན་གོ་ལྡོག་གི་སྐྱོན་ཡང་མི་འབྱུང་ངོ་། །འབྱུང་བ་ཞེས་པའི་སྒྲ་ཕྱིས་འབྱུང་བ་ཁོ་ན་ལ་འཁྲུལ་པར་མི་བྱ་སྟེ། སྔར་ཡང་བཤད་ཟིན་ཏོ། །དེས་ན་མཁས་པ་རྣམས་ཀྱིས་གསང་འདུས་མདོ་ལུགས་སོགས་འདི་འདྲའི་ཆོ་ག་སླན་ཆད་མ་བྱེད་ཅིག །ཅེས་གདམས་ཏེ། གཞན་དུ་ན་མདོ་སྔགས་ཕན་ཚུན་འཚོལ་བར་འགྱུར་བའི་ཕྱིར་རོ། །

གསུམ་པ་ལ་གཉིས་ཏེ། དངོས་དང་། དོན་བསྡུའོ། །དང་པོ་ནི། སྐུ་གཟུགས་ཀྱི་ལྷ་ལ་རབ་ཏུ་གནས་པ་དང་། འགྲོ་བ་མི་ལ་དབང་བསྐུར་བྱ་བ་སོགས་དབང་བསྐུར་གཏན་ནས་མ་ཐོབ་པའི་གང་ཟག་རྣམས་ཀྱིས་བྱར་མི་རུང་བ་ལྟ་ཅི་སྨོས་ཏེ། སློབ་དཔོན་གྱི་དབང་བསྐུར་མ་ཐོབ་ན་རྡོ་རྗེ་སློབ་མའི་དབང་བསྐུར་བ་ཐོབ་ཀྱང་དེ་དག་བྱ་བར་མ་གསུངས་པའི་ཕྱིར་ནའོ། །འོ་ན་རྡོ་རྗེ་སློབ་མའི་དབང་བསྐུར་བ་ཙམ་ཐོབ་ནས་ཅི་ཞིག་དབང་བ་ཡིན་ཞེ་ན། རང་དོན་དུ་མེ་ཏོག་གང་ལ་ཕོག་པའི་ལྷ་བསྒོམ་པ་ཙམ་དང་། ལྷ་དེའི་སྔགས་བཟླས་བརྗོད་དང་། བཅུ་ཆའི་སྦྱིན་སྲེག་དང་། དེ་ལ་བརྟེན་ནས་ཞི་རྒྱས་ལ་སོགས་པའི་ལས་ཚོགས་འགའ་ཞིག་བསྒྲུབ་པ་དང་། རིལ་བུ་དང་མིག་སྨན་ལ་སོགས་པའི་ཐུན་མོང་གི་དངོས་གྲུབ་དང་། བསྐྱེད་རིམ་ལ་བརྟེན་ནས་ཕྱག་རྒྱའི་ཡེ་ཤེས་བསྒྲུབ་པའི་ཆོ་ག་དང་། གསང་སྔགས་རྒྱུད་སྡེ་འོག་མ་འགའ་ཞིག་ཉན་པ་ལ་དབང་བ་ཡིན་གྱིས། གཞན་དོན་དུ་རྒྱུད་འཆད་པ་དང་། དབང་བསྐུར་བ་དང་། རབ་གནས་དང་། རང་དོན་དུ་དཀྱིལ་འཁོར་ཡོངས་རྫོགས་བསྒོམ་པ་དང་། རིགས་ལྔ་སོ་སོའི་དམ་ཚིག་བསྲུང་བ་སོགས་ནི་བྱར་མི་རུང་ཞིང་མི་དབང་སྟེ། དེ་དག་ནི་རྡོ་རྗེ་སློབ་དཔོན་གྱི་ཕྲིན་ལས་ཁོ་ན་ཡིན་པའི་ཕྱིར། འོ་ན་རྡོ་རྗེ་སློབ་དཔོན་གྱི་དབང་ཐོབ་ནས་བྱར་རུང་བའི་ཐུན་མོང་མ་ཡིན་པ་རྣམས་གང་ཞེ་ན། གཞལ་ཡས་ཁང་བྱང་ཕྱོགས་སོ་བདུན་དང་སྦྱར་བ་དཀྱིལ་འཁོར་གྱི་དེ་ཁོ་ན་ཉིད་དང་ལྷ་རྣམས་དང་ཕུང་ཁམས་སྐྱེ་མཆེད་སྦྱར་བ་ལྷའི་དེ་ཁོ་ན་ཉིད་ལ་སོགས་པ་སྣང་གཞི་སྦྱོང་བྱེད་ཀྱི་རྣམ་གཞག་སྦྱར་བའི་རྟེན་དང་བརྟེན་པར་བཅས་པའི་དཀྱིལ་འཁོར་ཡོངས་རྫོགས་བསྒོམ་པ་དང་། དབང་བསྐུར་དང་རབ་གནས་ལ་སོགས་པའི་གཞན་དོན་ཕྲིན་ལས་དང་། སངས་རྒྱས་ཀུན་ཏེ་རིགས་ལྔ་སོ་སོའི་དམ་ཚིག་དང་སྡོམ་པ་བླ་ན་མེད་པ་དཀོན་མཆོག་གསུམ་གཟུང་བ་དང་། རྡོ་རྗེ་དྲིལ་བུ་གཟུང་བ་སོགས་ཐུན་མོང་མ་ཡིན་པའི་དམ་ཚིག་བཅུ་བཞི་གཟུང་བ་རྣམས་ནི་རྡོ་རྗེ་སློབ་དཔོན་ཁོ་ནའི་ལས་ཉིད་ཡིན་ཏེ། གཞན་སློབ་མའི་དབང་ཙམ་ཐོབ་པ་དང་། དབང་བསྐུར་གཏན་ནས་མ་ཐོབ་པ་རྣམས་ཀྱིས་བྱར་མི་རུང་བས་སོ། །འདི་དག་ནི་སྔགས་ཀྱི་ལག་ལེན་གྱི་གནད་དམ་པ་རྒྱུད་ཀྱི་ཁོག་ཕུབ་པ་ལ་ཡང་ཕན་ཆེ་བར་སྣང་ངོ་། །སངས་རྒྱས་ཀུན་གྱི་དམ་ཚིག་དང་སྡོམ་པ་བླ་ན་མེད་པ་ནི་དབང་གི་ཆོ་གའི་ལག་རྗེས་ལས་ཐོབ་པའི་དམ་ཚིག་དང་སྡོམ་པ་ནི་མ་ཡིན་ཏེ། འདི་དག་ནི་དབང་ཐོབ་པའི་རྗེས་སུ་བསླབ་བྱའི་ཚུལ་དུ་འདོམས་པ་ཙམ་ཡིན་པས་སོ། །དཔེར་ན་དགེ་སློང་གི་སྡོམ་པ་གསོལ་བཞིའི་ཆོ་ག་ལས་ཐོབ་ཚར་བའི་རྗེས་སུ་ལས་སློབ་ཀྱིས་སྡོམ་པ་དེ་བསྲུང་ཚུལ་གྱི་གདམས་ངག་བརྗོད་པ་ལྟ་བུའོ། །དེ་སྐད་དུ། གསོལ་བཏབ་ཀྱི་ཚིག་ལས། མི་ལྡོག་འཁོར་ལོའི་དབང་བསྐུར་བ། །མགོན་པོས་བདག་ལ་སྩལ་ནས་ཀྱང་། །ཞེས་པ་ནས།

སྡོམ་པའང་བླ་ན་མེད་པ་སྟོལ། །ཞེས་འཆད་དོ། །འདི་དག་དབང་དུས་ཉིད་དུ་ཐོབ་པ་ཡིན་ན། སྟོལ་ནས་ཀྱང་ཞེས་པའི་ཚིག་འབྱུང་བ་དོན་མེད་དོ། །དེས་ན་དམ་ཚིག་བླ་ན་མེད་པ་འདི་དག་ནི། དགེས་པ་རྡོ་རྗེ་མན་ངག་ལུགས་ལྟ་བུ་གཅིག་ལ་མཚོན་ན། ཤེར་དབང་གི་མཐར་རྗེན་ལམ་གྱི་དབུགས་དབྱུང་གི་ཚེ། སློབ་དཔོན་སྨད་པར་མི་བྱ་ཞིང་། །ཞེས་པ་ནས། མཁས་པས་ཆོ་ག་བཞིན་དུ་བྱ། །ཞེས་པའི་བར་བརྗོད་པ་དེའི་ནང་ན་གསེབ་ཚགས་སུ་བསྟན་ནས་ཡོད་པ་ཡིན་ནོ། །རིགས་ལྔ་སྤྱིའི་དམ་ཚིག་ཀྱང་སངས་རྒྱས་ཀུན་གྱི་དམ་ཚིག་དང་སྡོམ་པ་ཡིན་མོད་ཀྱང་། བླ་ན་མེད་པ་ཞེས་པའི་ཚིག་དང་སྦྲེལ་བའི་ཚེ་རིགས་ལྔ་སོ་སོའི་དམ་ཚིག་ཉིད་ལ་འཇུག་པ་ཡིན་ནོ། །གཉིས་པ་དོན་བསྡུ་བ་ནི། རབ་གནས་རྡོ་རྗེ་སློབ་དཔོན་ཁོ་ནའི་ལས་ཡིན་པ་དེས་ན། རབ་གནས་མདོ་ལུགས་ཞེས་འཆད་པ་ནི་སངས་རྒྱས་ཀྱི་བསྟན་པར་ཡིན་ཏེ། ཁྱིམ་པས་མཁན་སློབ་བྱེད་པ་དང་། རྡོ་རྗེ་སློབ་དཔོན་མ་ཡིན་པས་དབང་བསྐུར་དང་རབ་གནས་བྱེད་པ་གཉིས་ཀ་བསྟན་པ་མ་ཡིན་པར་མཚུངས་པའི་ཕྱིར་ཏེ། སྔ་མ་དེ་འདུལ་བའི་བསྟན་པ་དང་། ཕྱི་མ་དེ་གསང་སྔགས་ཀྱི་བསྟན་པ་ལ་གནོད་པའི་ཕྱིར། དེས་ན་སློབ་དཔོན་གྱི་དབང་ཐོབ་པས་དབང་བསྐུར་དང་རབ་གནས་བྱེད་པ་ནི། འདུལ་བར་བསྙེན་པར་རྫོགས་ནས་ལོ་བཅུ་ལོན་པའི་དགེ་སློང་གིས་མཁན་པོ་བྱར་རུང་བ་དང་མཚུངས་ཏེ། དོ་ཤཱ་ཀར་བའི་དྲི་ལན་ལས། སྐུ་གཟུགས་རྟེན་གྱི་རབ་གནས་ཀྱང་། །ལོ་བཅུ་ལོན་པའི་དགེ་སློང་གིས། །མཁན་པོའི་ལས་ལ་འཇུག་པ་ལྟར། །འདི་ཡང་རྡོ་རྗེ་སློབ་དཔོན་གྱི། །དབང་བསྐུར་ཐོབ་པ་ཁོ་ནའི་ལས། །བཀའ་གདམས་འདུལ་བའི་སྟོར་ཞུགས་ནས། །རབ་གནས་རིམ་གཉིས་བདུན་ཚིགས་སོགས། །མཛད་ཀྱང་དལ་བ་དོན་མེད་ཡིན། །ཞེས་གསུངས་སོ། །

གཉིས་པ་ནི། ཕྱག་ན་རྡོ་རྗེ་མདོ་ལུགས་མི་འཐད་དེ། །ཕྱག་ན་རྡོ་རྗེའི་བསྒོམ་བཟླས་ཀྱང་མདོ་སྡེ་རྣམས་ནས་བཤད་པ་མེད་པའི་ཕྱིར། གལ་ཏེ་གཟུངས་ནས་བཤད་པ་དེ་མདོ་ཡིན་ནོ་སྙམ་ན་མ་ཡིན་ཏེ། དེ་ནས་གཟུངས་རིང་གསུངས་འདི་དག་ནི་བྱ་རྒྱུད་ཀྱི་ཆོ་གར་གཏོགས་པ་ཡིན་པའི་ཕྱིར་རོ། །གསུམ་པ་ཞར་བྱུང་ལྟུང་བཤགས་སྔགས་ལུགས་དགག་པ་ནི། ལྟུང་བཤགས་སྔགས་ལུགས་ཡིན་པར་འདོད་ནས། སངས་རྒྱས་སུམ་ཅུ་སོ་ལྔའི་ཕྱག་མཚན་ལ་ཕྱུབ་དང་རལ་གྲི་སོགས་འཛིན་པ་མི་འཐད་དེ། དེ་ལྟར་འཛིན་པའི་སྒྲུབ་ཐབས་སངས་རྒྱས་ཀྱིས་མ་གསུངས་པའི་ཕྱིར། འདི་ནི་སྔར་ཡང་སོང་མོད་འགོག་བྱེད་རྣམ་གྲངས་མི་འདྲ་བ་ཙམ་གྱི་ཁྱད་པར་ཡོད་དོ། །ཕྱོགས་སྔ་སླུ་བ་པོ་སུ་ཡིན་ངེས་གསལ་ཡང་དགོས་པར་སྣང་ངོ་། །གསུམ་པ་མདོ་སྔགས་ཁྱད་པར་ཆོ་གའི་སྒོ་ནས་བསྟན་པ་ནི། མདོ་དང་རྒྱུད་ཀྱི་ཁྱད་པར་ནི་རང་དོན་དུ་ལྷ་བསྒོམ་སྔགས་བཟླས

དང་། སྒྲིན་སྲེག་དང་། གཞན་དོན་དུ་དབང་བསྐུར་རབ་གནས་ལ་སོགས་པའི་ཚོགའི་བྱ་བ་ཡོད་མེད་ཡིན་ཏེ། མདོ་རང་རྐང་ལ་དེ་དག་མེད་ཅིང་། དེ་དག་ནི་སྔགས་ཀྱི་ཁྱད་ཆོས་སུ་སྣང་བའི་ཕྱིར། ཚུལ་དེ་ལྟར་ཤེས་ནས་མདོ་སྔེ་དང་སྔགས་ཀྱི་ལུགས་རྣམས་མ་འདྲེས་པར་སོ་སོར་དཔྱད་དེ་སློབ་ཞེས་གདམས་སོ། །

གཉིས་པ་རྫོགས་བྱ་ལྟ་བའི་གནད་ལ་འཁྲུལ་པ་དགག་པ་ལ་བཞི་སྟེ། ཐེག་པ་རིམ་དགུའི་ལྟ་བ་ཐ་དད་དགག །རྒྱུད་སྡེ་བཞི་ལ་ལྟ་བ་ཐ་དད་དགག །རྣལ་འབྱོར་རྣམ་བཞི་ཐེག་རིམ་འཁྲུལ་པ་དགག །དབུ་མ་ཡན་ཆད་ལྟ་བུ་གཅིག་ཏུ་བསྟན་པའོ། །དང་པོ་ནི། གསང་སྔགས་རྙིང་མ་བ་ལ་ལ། ཉན་ཐོས་རང་རྒྱལ་བྱང་སེམས་ཏེ་ཕྱི་མཚན་ཉིད་ཀྱི་ཐེག་པ་གསུམ། ཀྲི་ཡ་ཨུ་པ་ཡོ་ག་སྟེ་ནང་སྔགས་ཀྱི་ཐེག་པ་གསུམ། མ་ཧཱ་ཨ་ནུ་ཨ་ཏི་སྟེ་གསང་བ་མཐར་ཐུག་པའི་ཐེག་པ་གསུམ་སྟེ། ཐེག་པ་རིམ་པ་དགུ་ལ་ལྟ་བ་ཐ་དད་ཡོད་ཅེས་ཟེར་རོ། །དེ་ནི་མི་འཐད་དེ། ཉན་ཐོས་དང་ཐེག་ཆེན་ལ་སྤྲོས་བྲལ་རྟོགས་པ་དང་མ་རྟོགས་པའི་བྱེ་བྲག་གིས་ལྟ་བའི་རིམ་པ་ཡོད་མོད་ཀྱི། ཕ་རོལ་ཏུ་ཕྱིན་པ་དང་གསང་སྔགས་ལ་ཐོས་བསམ་གྱིས་གཏན་ལ་ཕབ་པའི་ལྟ་བའི་དབྱེ་བ་མི་འདྲ་བའི་བཤད་པ་མེད་པའི་ཕྱིར། གལ་ཏེ་ཕ་རོལ་ཏུ་ཕྱིན་པས་གཏན་ལ་ཕབ་པའི་སྤྲོས་བྲལ་ལས་ལྷག་པའི་རྡོ་རྗེ་ཐེག་པའི་ལྟ་བ་ཡོད་ན་ལྟ་བ་དེ་སྤྲོས་པ་ཅན་དུ་འགྱུར་ཏེ། སྤྲོས་བྲལ་ལས་འདས་པའི་ལྟ་བ་ཡིན་པའི་ཕྱིར། གལ་ཏེ་སྤྲོས་བྲལ་གྱི་ལྟ་བ་ཡིན་ནོ་ཞེ་ན་ཁྱད་པར་མེད་དེ། ལུགས་གཉིས་ཀའི་ལྟ་བ་སྤྲོས་བྲལ་གྱི་ལྟ་བར་མཚུངས་པའི་ཕྱིར། སྤྲོས་བྲལ་དུ་གཏན་ལ་ཕབ་པ་ལས་ལྷག་པའི་ཐོས་བསམ་གྱི་ལྟ་བ་མེད་པ་དེས་ན། མདོ་སྔགས་གཉིས་བཤད་པས་གོ་བ་ཡིས། ཐོས་པའི་ལྟ་བ་གཅིག་ཉིད་ཡིན་ཏེ། ཐོས་བསམ་གོ་ཡུལ་གྱི་ལྟ་བ་གཅིག་ཡིན་པའི་ཕྱིར། རྟོགས་བྱ་སྤྲོས་བྲལ་གྱི་ལྟ་བ་ཁྱད་པར་མེད་པ། འོན་ཀྱང་སྤྲོས་བྲལ་དེ་རྟོགས་པའི་ཐབས་ལ་གསང་སྔགས་ཁྱད་པར་དུ་འཕགས་པ་ཡིན་ཏེ། དབང་དང་རིམ་གཉིས་སོགས་ཀྱི་ཐབས་ཟབ་ཅིང་མྱུར་བས་སོ། །སྤྱིར་ལྟ་བ་ལ་རྟོགས་བྱའི་ཡུལ་ལ་ལྟ་བར་བྱས་པ་དང་། རྟོགས་བྱེད་ཀྱི་ཡེ་ཤེས་ལ་ལྟ་བར་བྱས་པ་གཉིས་ལས། འདིར་ཁྱད་པར་མེད་པར་བཤད་པ་ནི་སྔ་མ་དེ་ཡིན་ལ། རྟོགས་བྱེད་ཡུལ་ཅན་གྱི་ལྟ་བ་ལ་མདོ་སྔགས་གཉིས་ཁྱད་པར་ཤིན་ཏུ་ཆེ་སྟེ། རྟོགས་བྱེད་ཀྱི་ཐབས་བཟང་ངན་ལས་འབྲས་བུ་རྟོགས་པའི་ཡེ་ཤེས་ལ་བཟང་ངན་འབྱུང་བ་རྟེན་འབྲེལ་གྱི་ཆོས་ཉིད་ཡིན་པའི་ཕྱིར། དཔེར་ན་སྔགས་ཀྱི་སོ་སྐྱེ་དང་། ཕར་ཕྱིན་གྱི་སོ་སྐྱེ་གཉིས་ཐབས་བཟང་ངན་གྱི་ཁྱད་ཀྱིས། སྔགས་ཀྱི་སོ་སྐྱེ་ནི་སྤྲོས་བྲལ་དཔེའི་ཚུལ་གྱིས་མངོན་སུམ་དུ་རྟོགས་ཤིང་། རྟོག་མེད་ཀྱི་ཡེ་ཤེས་དང་ལྡན་པ་ཡོད་ལ། ཅིག་ཤོས་ཀྱིས་ནི་དཔེ་དང་གཏན་ཚིགས་ལ་སོགས་པས་ཇི་ལྟར་གཏན་ལ་ཕབ་ཀྱང་བློས་སྤྲོས་པའི་མཐའ་གཅིག་ཏུ་འཛིན་པ་ལས། ཡུལ་ཅན་རྟོག་མེད

ཀྱི་ཡེ་ཤེས་དེར་མངོན་དུ་གྱུར་པ་མེད་དོ། །

གཉིས་པ་ལ་གཉིས་ཏེ། འདོད་པ་བརྗོད་པ། དེ་དགག་པའོ། །དང་པོ་ནི། སྙིང་མ་བ་ཁ་ཅིག །དབུ་མ་ནས་རྣལ་འབྱོར་ཆེན་པོའི་བར་ལ་དོན་དམ་གྱི་ལྟ་བ་དང་། ཀུན་རྫོབ་ཀྱི་ལྟ་བ་གཉིས་གཉིས་སུ་ཕྱེ་ནས། དབུ་མའི་ཀུན་རྫོབ་ཀྱི་ལྟ་བ་ནི་ཀུན་རྫོབ་བདེན་པ་ཇི་ལྟར་སྣང་བ་བཞིན་དོན་བྱེད་པ་འདི་ཡིན་ལ། དོན་དམ་གྱི་ལྟ་བ་ནི་ཡོད་མེད་སོགས་མཐའ་བཞིའི་སྤྲོས་པ་དང་བྲལ་བ་དང་། བྱ་བའི་རྒྱུད་ཀྱི་ཀུན་རྫོབ་ཀྱི་ལྟ་བ་ནི་ཀུན་རྫོབ་ཀྱི་སྣང་བ་ཀུན་རིགས་གསུམ་གྱི་རྒྱལ་བའི་དཀྱིལ་འཁོར་དུ་སྣང་བ་ཡིན། དོན་དམ་གྱི་ལྟ་བ་ནི་དབུ་མ་དང་མཚུངས་པར་མཐའ་བཞིའི་སྤྲོས་བྲལ་ཡིན་ནོ་ཟེར། དེ་བཞིན་དུ་སྤྱོད་པའི་རྒྱུད་ཀྱི་ཀུན་རྫོབ་ཀྱི་ལྟ་བ་དང་། རྣལ་འབྱོར་རྒྱུད་ཀྱི་ཀུན་རྫོབ་ཀྱི་ལྟ་བ་ནི་ཀུན་རྫོབ་ཀྱི་སྣང་བ་རིགས་ལྔའི་རྒྱལ་བར་སྣང་བ་ཡིན། རྣལ་འབྱོར་ཆེན་པོའི་ཀུན་རྫོབ་ཀྱི་ལྟ་བ་ནི་དམ་པ་རིགས་བརྒྱར་སྣང་བ་ཡིན་ཞེས་ཟེར་ཞིང་། དོན་དམ་གྱི་ལྟ་བ་དབུ་མ་བཞིན་དུ་འདོད། །དེ་བས་ན་དེ་དག་ལ་ཀུན་རྫོབ་ཀྱི་ལྟ་བ་ལ་བཟང་ངན་གྱི་རིམ་པ་ཡོད་པ་ཡིན་ཞེས་འཆད་དོ། །ཕྱོགས་སྔ་འདི་གསེར་ཐུར་ལས། ལོ་ཙཱ་བ་སྐ་བ་དཔལ་བརྩེགས་ཀྱི་ལྟ་བའི་རིམ་པ་ལས་འབྱུང་བ་ཡིན་ཞེས་གསུངས་ཤིང་། ཕྱོགས་སྔ་ལ་ཞིབ་ཏུ་བརྟགས་ནས་ལྟ་བསྒོམ་མ་ཕྱེད་པའི་སྐྱོན་ཇི་ལྟར་འབྱུང་ཡང་དཔྱད་པར་བྱའོ། །ཞེས་ཀྱང་གསུངས་པར་མཛད། སྤྲོས་ཁང་པས། ཐེག་པ་རིམ་དགུའི་ལྟ་བ་ཐ་དད་ཀྱི་ངོས་འཛིན་བྱེད་པའི་ཇོ་སྲས་ཁ་ཅིག་ཅེས་བཤད། གང་ལྟར། ཀྲི་ཡ་དོན་དམ་ཆོས་ཉིད་ལྟ། །ཀུན་རྫོབ་རང་རིག་ཡོན་ཏན་ལྟ། །རིགས་གསུམ་དཀྱིལ་འཁོར་སྣང་བ་ལ། །ཞེས་སོགས་ཕྱོགས་སྔའི་གཞུང་ན་གསལ་བས་ལྟ་བསྒོམ་མ་ཕྱེད་པའི་སྐྱོན་ཕྱོགས་སྔ་ལ་འབྱུང་སྟེ། ལྟ་བསྒོམ་པ་ལ་ལྟ་བར་འཁྲུལ་འདུག་པའི་ཕྱིར། གཉིས་པ་ལ་གསུམ་སྟེ། དམ་བཅའི་སྒོ་ནས་མདོར་བསྟུས་དགག །ལྟ་བསྒོམ་རྣམ་དབྱེས་རྒྱས་པར་དགག །དེས་ན་སྐབས་ཀྱི་གྲུབ་དོན་བསྡུ་བའོ། །དང་པོ་ནི། ཀུན་རྫོབ་ཀྱི་ལྟ་བ་བཟང་ངན་འདི་འདྲའི་དབྱེ་བ་འཁྲུལ་པ་ཡིན་ཏེ། དོན་དམ་སྤྲོས་མེད་ལ་ལྟ་བ་དང་། ཀུན་རྫོབ་སྤྲོས་བཅས་ཀྱི་དམིགས་པ་ལ་བསྒོམ་པར་འཛོག་པའི་རྣམ་དབྱེ་མ་ཕྱེད་ཅིང་། སྒོམ་ལ་ཐབས་དང་བསྒོམ་ལས་བྱུང་བའི་ཡུལ་ཅན་གྱི་ལྟ་བ་ལ་ཤེས་རབ་ཏུ་འཛོག་པ་མ་ཤེས་པས་སོ། །དེ་ཡང་ལྟ་བསྒོམ་སོ་སོར་འབྱེད་པའི་རྣམ་དབྱེ་འདིའི་འཐད་པ་བཤད་ཀྱིས་ཉོན་ཏེ། ད་ལྟ་ཉིད་དུ་འཆད་པས་སོ། །

གཉིས་པ་ལ་བཞི་སྟེ། ལྟ་བསྒོམ་ལྟ་བ་མིན་པར་བསྟན། རྒྱུད་སྡེ་བཞིའི་ལྟ་བསྒོམ་བསྟན། འོག་མར་ཀུན་རྫོབ་ལྟ་བསྒོམ་དགག །ཀུན་རྫོབ་ལྟ་བསྒོམ་གོང་མར་བསྟན་པའོ། །དང་པོ་ནི། ཀུན་རྫོབ་ཀྱི་སྣང་བ་རིགས་གསུམ་དང་རིགས་ལྔ་ལ་སོགས་པའི་སངས་རྒྱས་སུ་བསྒོམ་པ་ནི་ཆོས་ཅན། ཁྱོད་བསྒོམ་པ་ཙམ་ཡིན་

གྱི་ལྷ་བ་མ་ཡིན་ཏེ། ཀུན་རྫོབ་ཏུ་ལྷ་བསྒོམ་པའི་དམིགས་པ་ཙམ་ཡིན་པའི་ཕྱིར། རྒྱུད་སྡེ་འོག་མར་ཀུན་རྫོབ་རིགས་གསུམ་དང་རིགས་ལྔར་བསྒོམ་པ་ཡང་མི་འཐད་དེ། བྱ་རྒྱུད་སྤྱོད་རྒྱུད་རྣལ་འབྱོར་རྒྱུད་གསུམ་ལས་ཀུན་རྫོབ་ཀྱི་སྣང་བ་ལྷར་གསུངས་པ་མེད་པའི་ཕྱིར། འདི་ནི་ཀུན་རྫོབ་ལྷར་བསྒོམ་པ་འགོག་བྱེད་མདོར་བསྡུས་ཙམ་མོ། །

གཉིས་པ་ནི། འོ་ན་འོག་མར་ལྷ་བསྒོམ་ཚུལ་ཇི་ལྟར་ཞེ་ན། འོག་མ་གསུམ་ལ་ཕྱི་རོལ་ཚོགས་དྲུག་གི་ཡུལ་སྣང་ལྷར་བསྒོམ་པ་མེད་མོད། འོན་ཀྱང་བྱ་བའི་རྒྱུད་དུ་རང་ཉིད་ཐ་མལ་དུ་གནས་པས་བྲིས་སྐུ་མཚན་ཉིད་དང་ལྡན་པ་མདུན་དུ་བཞུགས་པ་ལ། ལྷར་བསྒོམས་ནས་གཟུངས་སྔགས་བཟླས་པས་ཀྱང་འགྲུབ་པ་ཡིན་ཏེ། དེ་ལྟར་བྱས་པས་ལྷ་དེ་ལ་འདོད་པའི་དངོས་གྲུབ་ལེན་ཞིང་ཐོབ་པ་ཡིན་པས་སོ། །དེ་ཡང་བསྒྲུབ་པ་བྱས་པ་དེ་ནས་དཀའ་ཐུབ་དང་གཙང་སྦྲ་ལ་གནས་པ་ཡིས། དེ་ལ་དགའ་བའི་དྲང་སྲོང་རིག་འཛིན་རྣམས་ཀྱིས་ཀྱང་གྲོགས་བྱས་ཏེ། ཡི་དམ་སངས་རྒྱས་མཉེས་ནས། སྒྲུབ་པ་པོ་ལ་དངོས་གྲུབ་གནང་བ་ཡིན་ནོ། །རྣམ་སྣང་མངོན་བྱང་དང་ཕྱག་ན་རྡོ་རྗེ་དབང་བསྐུར་བའི་རྒྱུད་སོགས་སྤྱོད་པའི་རྒྱུད་དུ་མདུན་གྱི་བྲིས་སྐུ་དང་། རང་ཉིད་གཉིས་ཀ་ཡི་དམ་གྱི་ལྷར་བསྒོམས་ནས་ལྷ་གྲོགས་པོ་ལྟ་བུའི་ཚུལ་དུ་དངོས་གྲུབ་ལེན་པ་ཡིན་ཏེ། མདུན་གྱི་རས་བྲིས་དང་རང་ཉིད་གཉིས་ཀ་ལྷར་གསལ་བའི་རྒྱུ་མཚན་གྱིས་སོ། །དེ་ཉིད་འདུས་པ་དང་སྦྱོང་རྒྱུད་སོགས་རྣལ་འབྱོར་རྒྱུད་དུ། ཕྱི་རོལ་གྱི་བྲིས་སྐུ་སོགས་ལ་ལྷ་བསྒོམ་ཚུལ་གསལ་བའི་དམིགས་པའི་རྐྱེན་ཙམ་བྱས་ནས་ཀྱང་། གཙོ་བོ་རང་ཉིད་དམ་ཚིག་སེམས་དཔའ་ལྷ་དཔའ་བོ་གཅིག་པའམ། དཀྱིལ་འཁོར་ཡོངས་རྫོགས་སུ་བསྐྱེད་པ་ལ། ཡེ་ཤེས་ཀྱི་འཁོར་ལོ་སྤྱན་དྲངས་ནས་དགུག་གཞུག་བྱས་ཏེ་ཕྱག་རྒྱ་བཞིས་རྒྱས་བཏབ་ཅིང་། ཕྱག་རྒྱ་བཅིངས་ལ་མཉམ་པ་ཉིད་གསུམ་གྱི་ངང་ནས་སྔགས་བཟླས། རྗེས་སྲིད་ཕྱག་རྒྱ་དེ་མ་བཀྲོལ་བ་དེའི་བར་དུ་སངས་རྒྱས་ཏེ་ཡེ་ཤེས་པ་བཞུགས། ཕྱག་རྒྱ་བཀྲོལ་ནས་ལྷ་སངས་རྒྱས་རང་བཞིན་གྱི་གནས་སུ་གཤེགས། དེ་ནས་རང་ཉིད་སྔར་གྱི་ཐ་མལ་བར་གྱུར་པ་ཡིན་ནོ། །ཚུལ་འདི་དག་གི་ལུང་སྦྱོར་རྣམས་ནི་སྤྱན་རས་གཟིགས་ཀྱི་ཆོ་ག་ཞིབ་མོ་སོགས་དང་། རྣམ་སྣང་མངོན་བྱང་སོགས་དང་། དེ་ཉིད་འདུས་པ་སོགས་ཀྱི་རྒྱུད་ན་རྒྱས་པར་བཞུགས་པ་འདིར་ཡི་གེ་མང་གི་དོགས་པས་བཞག་ཏེ། གཞུང་གི་དཀྱུས་ལ་མ་བྲིས་སོ། །དཔགས་པའི་རྐྱེན་ཙམ་བྱས་ནས་ཀྱང་། །ཞེས་པས། རྣལ་འབྱོར་རྒྱུད་ལ་བྲིས་སྐུ་སོགས་མདུན་ན་ཡོད་ན་ལྷ་བསྒོམ་པའི་དམིགས་རྟེན་ཙམ་བྱས་ནས་རང་ཉིད་ལྷར་བསྐྱེད་པས་ཆོག་པར་བསྟན། མདུན་བསྐྱེད་ཉིད་དང་འབྲེལ་ན་བདག་བསྐྱེད་ཚར་རྗེས་བྱེད་པ་བླ་མེད་དང་འདྲའོ། །འོ་ན་བླ་མེད་དུ་ལྷ་བསྒོམ་ཚུལ་ཇི་ལྟར་

ཞེ་ན། རྣལ་འབྱོར་ཆེན་པོ་བླ་མེད་ཀྱི་རྒྱུད་དུ་ནི་དེ་བཞིན་ཉིད་ཀྱི་དག་པ་ཆོས་ཐམས་ཅད་རང་བཞིན་གྱིས་སྟོང་པ་ཉིད་ཡིན་པ་དང་། ལྷ་སོ་སོའི་དག་པ་ཀུན་རྫོབ་ཀྱི་སྣང་བ་ཐམས་ཅད་ལྷར་བསྒོམ་པ་དང་། རང་རིག་པའི་དག་པ་སྣང་བ་ཐམས་ཅད་བདེ་ཆེན་གྱི་ཡེ་ཤེས་སུ་བསྒྱུར་བ་སྟེ། དག་པ་གསུམ་གྱི་རང་བཞིན་བཤད་དེ། བརྟག་གཉིས་ལས། ངེས་པར་དངོས་པོ་ཐམས་ཅད་ཀྱི། །དག་པ་དེ་བཞིན་ཉིད་དུ་བརྗོད། །ཕྱི་ནས་རེ་རེའི་དབྱེ་བ་ཡིས། །ལྷ་རྣམས་ཀྱིས་ནི་བརྗོད་པར་བྱ། །ཞེས་དང་། རང་རིག་བདག་ཉིད་དག་པ་ཉིད། །དག་པ་གཞན་གྱིས་རྣམ་གྲོལ་མིན། །ཞེས་གསུངས་པའི་ཕྱིར། དག་པ་གསུམ་པོ་འདིའི་རྒྱབ་རྟེན་རྒྱུད་ཀྱི་ལུང་དང་རིགས་པས་འཐད་ཚུལ་དང་། ཉམས་སུ་ལེན་ཚུལ་གྱི་མན་ངག་རྣམས་བླ་མ་མཚན་ཉིད་དང་ལྡན་པའི་ཞལ་ལས་དྲི་བར་བྱ་སྟེ། རེ་རེ་ནས་མཚན་གཞི་བཟུང་ན་ལུང་བླ་མའི་ཞལ་ལས་དྲི་བ་ནི། མངོན་རྟོགས་ལྗོན་ཤིང་དང་། རིགས་པ་བླ་མའི་ཞལ་ལས་བླང་བ་ནི། མཚན་བརྗོད་པར་དཀའ་བ་མཁན་ཆེན་པོ་རྡོ་ས་ཏྭས་མཛད་པ་རིགས་སྟུགས་རིགས་པས་བསྒྲུབ་པའི་བསྟན་བཅོས་དང་། བདག་ཉིད་ཆེན་པོའི་ཚོགས་འཁོར་རྩོད་སྤོང་དང་། མན་ངག་བླ་མའི་ཞལ་ལས་བླང་བ་ནི། གསུང་ངག་རིན་པོ་ཆེ་ལམ་འབྲས་ལྷ་བུ་ཉན་པ་ལས་ཤེས་སོ། །ལུང་རིགས་མན་ངག་དེ་གསུམ་ལ་ཐོས་སྒོམ་བྱེད་པ་ནི་སྐལ་བ་རབ་ཀྱི་མཆོག་ཡིན་པར་གོ་ལགས་སོ། །བླ་མའི་ཞལ་ལས་དྲིས་ཞེས་པའི་ཚིག་ནུས། འདིར་ཐུན་མོང་དུ་དེ་དག་གི་མིང་ཙམ་ལས་གནད་ཞིབ་པར་འཆད་དུ་མི་སྟུང་ཞེས་པའོ། །

གསུམ་པ་ནི། གལ་ཏེ་བྱ་རྒྱུད་ཀྱི་ལུགས་ལ་བྲིས་སྐུ་ལྷ་རུ་བསྒོམ་པ་ཙམ་གྱིས་མི་ཆོག་པར་ཐལ། ཀུན་རྫོབ་ཀྱི་སྣང་བ་ནི་ལྷ་རུ་གནས་ཤིང་བསྒོམ་པ་ཡིན་ཟེར་ན། བྱ་རྒྱུད་ཀྱི་ཉམས་ལེན་ལ་སྲུང་གནས་ལ་སོགས་པའི་དཀའ་ཐུབ་དང་། ཁྲུས་ལ་སོགས་པའི་གཙང་སྦྲ་ག་ལ་འཐད་དེ་མི་འཐད་པར་ཐལ། སྣང་བ་ལྷར་གསལ་བ་ལ་གཙང་མི་གཙང་མེད་པའི་ཕྱིར་དང་། རང་ཉིད་ལྷར་བསྐྱེད་པ་རྣམས་དཀའ་ཐུབ་ཀྱིས་གདུང་མི་རིགས་པའི་ཕྱིར། སྙིང་མ་བ་ཁ་ཅིག །སྤྱོད་རྒྱུད་ཀྱི་ལུགས་ལ་ཡང་ཀུན་རྫོབ་ཀྱི་ལྷ་བ་རྣལ་འབྱོར་རྒྱུད་དང་མཐུན་པར་སྣང་བ་རིགས་ལྔར་བསྒོམ་པ་ཡིན་ཞིང་། སྤྱོད་པ་བྱ་བའི་རྒྱུད་བཞིན་དུ་གཙང་སྦྲ་བྱེད་པ་ཡིན་ཟེར་རོ། །སྤྱོད་རྒྱུད་འདི་ཡང་སྤྱོད་པ་བྱ་བའི་རྒྱུད་བཞིན་བྱེད་པ་དེ་ལྟར་ངེས་པ་མེད་དེ། སྤྱོད་རྒྱུད་འདི་ནི་ཕྱི་ལུས་ངག་གི་བྱ་བ་དང་། ནང་ཏིང་ངེ་འཛིན་གཉིས་ག་ཆ་མཉམ་དུ་སྟོན་པའི་རྒྱུད་ཡིན་པས། རེས་འགའ་ལས་ཚོགས་འགའ་ཞིག་སྒྲུབ་པ་ན་གཙང་སྦྲ་སྤྱོད་པ་ཡོད་མོད་ཀྱི། ཕལ་ཆེར་ནི་རང་ཉིད་ལྷར་བསྒོམས་ནས་ཅི་བདེ་བར་སྤྱོད་པར་གསུངས་པའི་ཕྱིར། སྤྱོད་རྒྱུད་ལ་ཀུན་རྫོབ་རིགས་ལྔར་བསྒོམ་པ་དེ་ཡང་མི་འཐད་དེ། དེ་ལ་དཀྱིལ་

འཁོར་གཅིག་ལ་ལྷ་ལྔ་ཚང་བ་སོགས་ལ་རིགས་ལྔའི་དོན་གྲུབ་ན་ཡང་། དེ་ལ་རིགས་ལྔའི་ཐ་སྙད་བཤད་པ་མེད་པའི་ཕྱིར། རྒྱུ་མཚན་ནི། ཕྱག་རྒྱ་དང་སྐུ་མདོག་དང་ཡེ་ཤེས་ལྔ་སྦྱར་བའི་རྣམ་གཞག་ཀྱང་རྣལ་འབྱོར་རྒྱུད་བཞིན་སྤྱོད་རྒྱུད་དེ་ར་མ་གསུངས་པ་ཡིན་ནོ། །གལ་ཏེ་སྤྱོད་རྒྱུད་ལ་རིགས་ལྔའི་ཐ་སྙད་འཐད་ན་བྱང་ཆུབ་མཆོག་གི་ཕྱག་རྒྱ་སོགས་དང་། སྐུ་མདོག་ལྔ་དང་། ཡེ་ཤེས་ལྔའི་རྣམ་གཞག་ཀྱང་སྤྱོད་རྒྱུད་ལ་ཡོད་དགོས་པར་འགྱུར་རོ། །རྒྱུད་སྡེ་བཞིའི་ལྷ་བསྒོམ་ཚུལ་གྱི་ཁྱད་པར་གོང་དུ་བཤད་ཟིན་པ་དེས་ན། རྣལ་འབྱོར་རྒྱུད་མན་ཆད་ཀྱི་འོག་མ་གསུམ་ལ་ཀུན་རྫོབ་ལྟར་བསྒོམ་པ་གསུངས་པ་མེད་དེ། རིམ་བཞིན་ཁྲིས་སྐུ་ལྟ་བུ་དང་། ཁྲིས་སྐུ་དང་རང་ཉིད་གཉིས་ཀ་དང་། ཁྲིས་སྐུ་དམིགས་རྟེན་ཙམ་དུ་བྱས་ནས། གཙོ་ཆེར་རང་ཉིད་ལྷར་བསྒོམ་པ་དང་གསུམ་གསུངས་པའི་ཕྱིར། འོག་མ་གསུམ་ལ་ཀུན་རྫོབ་ལྟར་མི་བསྒོམ་མོད། འོན་ཀྱང་ཀུན་རྫོབ་ཐམས་ཅད་ནི་བཟང་ངན་སྣ་ཚོགས་ཇི་ལྟར་སྣང་བ་བཞིན་དུ་བས་ཏེ། ཇི་ལྟར་སྣང་བ་བཞིན་དུ་འདོད་པ་ཡིན་ནོ། །གོང་དུ་བཤད་པ་ལྟར་ཁྲིས་སྐུ་ལྟར་བསྒོམ་པ་དང་། ཁྲིས་སྐུ་དང་རང་ཉིད་གཉིས་ཀ་ལྟར་བསྒོམ་པ་སོགས་ནི་རང་རང་གི་ལུགས་ཀྱི་ཐབས་ཀྱི་ཁྱད་པར་ཡིན་ཏེ། ལྷ་བསྒོམས་ནས་ཚོགས་གསོག་ཅིང་དངོས་གྲུབ་ལེན་པ་ནི་ཐབས་ཀྱི་ཁྱད་ཆོས་སུ་སྣང་བའི་ཕྱིར།

བཞི་པ་ཀུན་རྫོབ་ལྟར་བསྒོམ་གོང་མར་བསྟན་པ་ནི། འོ་ན་ཀུན་རྫོབ་ལྟར་བསྒོམ་པ་རྒྱུད་སྡེ་གང་ལས་བཤད་ཅེ་ན། རྣལ་འབྱོར་ཆེན་པོའི་རྒྱུད་སྡེ་ནས་བཤད་པ་ཡིན་ཏེ། དེ་ཉིད་ལས། ཀུན་རྫོབ་ཇི་ལྟར་སྣང་བ་ནི་ཐ་མལ་དུ་མི་འཛིན་པར་བསྐྱེད་རིམ་གྱི་ཐབས་ལ་མཁས་པའི་ཁྱད་པར་གྱིས་སྦྱང་གཞི་མ་དག་པའི་སྣང་བ་དང་། སྦྱོང་བྱེད་ལྷ་རྫོགས་སྤྲོད་པར་བྱེད་ཅིང་། དེའི་ཚེ་སྦྱོང་བྱེད་ཀྱི་ལྷ་ལ་དམ་པ་རིགས་བརྒྱ་དང་། འབུམ་ལ་སོགས་པའི་དབྱེ་བ་རྒྱལ་བས་གསུངས་པའི་ཕྱིར་ཏེ། བརྟག་གཉིས་ལས། རིགས་གཅིག་ལ་ནི་དེ་བཞིན་གཤེགས་པའི་ཚོགས། །དེ་རྣམས་རིགས་ལ་རིགས་ནི་རྣམ་པ་བརྒྱ། །དེ་རྣམས་ལ་ཡང་འབུམ་ཕྲག་རིགས་ཆེན་རྣམས། །བྱེ་བའི་རིགས་ལ་གྲངས་ནི་མེད་པར་འགྱུར། །ཞེས་གསུངས་པའི་ཕྱིར། དེ་ཡང་བསྐྱེད་རིམ་གྱི་རིགས་བརྒྱ་ནི། རིགས་ལྔ་ལ་མངོན་བྱང་ཡེ་ཤེས་ལྔ་ལྔ་བྱེ་བས་ཉི་ཤུ་རྩ་ལྔ། དེ་རེ་རེ་ཡང་འཁོར་ལྷ་མོ་བཞི་བཞི་དང་ལྡན་པས་དམ་པ་རིགས་བརྒྱ་ཡིན་ནོ། །

གསུམ་པ་དེས་ན་སྐབས་ཀྱི་གྲུབ་དོན་བསྡུ་བ་ནི། བླ་མེད་ལ་ཀུན་རྫོབ་ལྟར་བསྒོམ་པ་ཐབས་ཀྱི་ཁྱད་པར་ཡིན་པ་དེས་ན། ཀུན་རྫོབ་ལྷ་བསྒོམ་པའི་ལྡོག་པ་དང་། དོན་དམ་ལྟ་བ་བསྒོམ་པའི་ལྡོག་པ་མ་ཕྱེད་པས། གསང་སྔགས་རྙིང་མ་པ་རྣམས་ཀྱི་རྒྱུད་སྡེ་བཞིའི་ཀུན་རྫོབ་ཀུན་ལྟར་བསྒོམ་ནས། དེ་ལྟ་བ་དང་འབྲེལ་ནས

དེ་བཟང་ངན་གྱི་རིམ་པ་ལ་ལྟ་བ་བཟང་ངན་གྱི་རིམ་པར་འཇོག་པའི་འཐྲུལ་གཞི་དེ་ལྟར་ཡིན་ནོ། །གཞུང་ཁ་ཅིག །ལྟ་ཡི་ལྟོག་པ་མ་ཕྱེད་པས་ཞེས་པ་ནི་མ་དག་སྟེ། གོང་དུ་ཡང་ལྟ་སྒོམ་རྣམ་དབྱེ་མ་ཕྱེད་ཅིང་ཞེས་བཤད་ཅིང་། ལྟ་བསྒོམ་པ་ཉིད་ཀུན་རྫོབ་ཀྱི་ལྟོག་པ་ཡིན་པས་དེ་གཉིས་སོ་སོར་འབྱུང་མི་རིགས་སོ། །བྱ་རྒྱུད་སོགས་རྒྱུད་སྡེ་བཞིའི་རྣམ་གཞག །གསར་མ་བ་རང་ལུགས་ལས། རྙིང་མའི་ཁ་སྐད་མ་ཡིན་ཏེ། རྙིང་མའི་ཁ་སྐད་ལ་མེད་པས་ཕྱོགས་སྔ་རྙིང་མ་བ་ལ་སྦྱར་བ་ཇི་ལྟར་ཡིན་སྙམ་པའི་དོགས་པ་འདིར་དཔྱོད་ལྡན་རྣམས་ལ་འཆར་རོ། །དེ་ལ་འདི་ལྟར་སེམས་ཏེ། རྙིང་མ་བ་ལ་ཐེག་པ་རིམ་དགུའི་རྣམ་གཞག་ལས་རྒྱུད་སྡེ་བཞིའི་རྣམ་གཞག་མེད་མོད། འོན་ཀྱང་གསར་མ་བ་དང་སྒྲ་བསྟུན་ནས་རྙིང་མ་རང་ལུགས་ཀྱི་ཀྲི་ཡ་དང་། ཨུ་པ་དང་། ཡོ་ག་དང་། བསྐྱེད་པ་མཧཱ་ཡོ་ག་དང་། བཞི་པོ་དེ་རིམ་བཞིན་གསར་མའི་བྱ་རྒྱུད་སོགས་དང་རིམ་པར་སྦྱར་ནས། དེའི་གོང་ན་ཨ་ནུ་ཡོ་ག་དང་། ཨ་ཏི་ཡོ་ག་གཉིས་རིམ་བཞིན་བཟང་བར་འདོད་པའི་གནད་ཀྱིས་ཕྱོགས་སྔ་རྙིང་མ་བ་ལ་སྦྱར་བ་ལ་སྐྱོན་མེད་དོ། །

གསུམ་པ་རྣལ་འབྱོར་རྣམ་བཞིའི་ཐེག་རིམ་འཁྲུལ་པ་དགག་པ་ལ་གཉིས་ཏེ། འདོད་པ་བརྗོད་པ་དང་། དེ་དགག་པའོ། །དང་པོ་ནི། གསང་སྔགས་སྔ་འགྱུར་བ་རྣམས་ནི་རྣལ་འབྱོར་ཡོ་ག་དང་། རྣལ་འབྱོར་ཆེན་པོ་མཧཱ་ཡོ་ག་དང་། རྗེས་སུ་རྣལ་འབྱོར་ཨ་ནུ་ཡོ་ག་དང་། ཤིན་ཏུ་རྣལ་འབྱོར་ཨ་ཏི་ཡོ་ག་དང་བཞི་ནི་ཐེག་པའི་རིམ་པ་ཡིན་ཞིང་། ཤིན་ཏུ་རྣལ་འབྱོར་ཨ་ཏི་ཡོ་ག་ནི་ཐེག་པ་དགུའི་ཡང་རྩེ་ཤིན་ཏུ་བཟང་བ་ཡིན་ཟེར་རོ། །གཉིས་པ་ལ་གསུམ་སྟེ། ཏིང་འཛིན་རིམ་པར་བསྟན་པས་དགག །དཔེ་དང་སྦྱར་བའི་རིགས་པས་དགག །བླ་མེད་ལས་ལྷག་མེད་པར་བསྟན་པའོ། །དང་པོ་ནི། རྣལ་འབྱོར་བཞི་ཐེག་པའི་རིམ་པ་ཡིན་པ་དེ་གསར་མའི་ལུགས་ལ་མི་འཐད་དེ། གསང་སྔགས་ཕྱི་འགྱུར་བ་རྣམས་ནི་རྣལ་འབྱོར་དང་། ཤིན་ཏུ་རྣལ་འབྱོར་དང་། རྗེས་སུ་རྣལ་འབྱོར་དང་། རྣལ་འབྱོར་ཆེན་པོ་དང་བཞི་ནི་བསྐྱེད་རྫོགས་ཀྱི་ཏིང་ངེ་འཛིན་གྱི་རིམ་པ་ལ་སྦྱོར་བ་ཡིན་གྱིས། རྒྱུད་སྡེའི་རིམ་པར་མི་བཞེད་པའི་ཕྱིར། དེ་ཡང་བསྐྱེད་རིམ་ལ་རྣལ་འབྱོར་བཞིའི་སྦྱོར་ཚུལ་ནི་རྡོ་རྗེ་འཇིགས་བྱེད་ལྷ་བུ་ལ་མཚོན་ན། རྒྱུའི་འཛམ་དཔལ་བསྐྱེད་པ་ནས་མཆོད་བསྟོད་བདུད་རྩི་མྱང་བའི་བར་ལ་རྣལ་འབྱོར་བཞི་སྦྱོར་བ་ཡིན་ནོ། །གཉིས་པ་ནི། རྣལ་འབྱོར་བཞི་ཏིང་འཛིན་གྱི་རིམ་པ་ཡིན་པ་དེས་ན༑ རྒྱུད་སྡེ་བཞིའི་ནང་ཚན་གྱི་རྣལ་འབྱོར་དང་། རྣལ་འབྱོར་བཞིའི་ནང་ཚན་གྱི་རྣལ་འབྱོར་མི་གཅིག །དེ་བཞིན་དུ་རྒྱུད་སྡེ་བཞིའི་ནང་ཚན་གྱི་རྣལ་འབྱོར་ཆེན་པོ་དང་། རྣལ་འབྱོར་བཞིའི་ནང་ཚན་གྱི་རྣལ་འབྱོར་ཆེན་པོ་མི་གཅིག་སྟེ། མིང་མཐུན་པ་ཙམ་གྱིས་གཅིག་པར་འགྱུར་ན་ཧ་ཅང་ཐལ་བའི་ཕྱིར། དཔེར་ན་གླུ་ཆེན་པདྨ

དང་། མི་ཏོག་པདྨ་གཉིས་མིང་མཐུན་ཡང་དོན་མི་གཅིག་སྟེ། དེ་བཞིན་དུ་ཀླུ་པདྨ་ཆེན་པོ་དང་། མི་ཏོག་པདྨ་ཆེན་པོ་གཉིས་མིང་མཐུན་ཡང་དོན་མི་གཅིག་པ་བཞིན་ནོ། །གསུམ་པ་ནི། དེ་དག་མིང་མཐུན་ཡང་ཕན་ཚུན་མི་གཅིག་པ་དེས་ན། གསང་སྔགས་གསར་མ་ལ་རྣལ་འབྱོར་ཆེན་པོ་བླ་མེད་ཀྱི་ལྷག་གམ་གོང་ན་ནི་དེ་བས་ལྷག་པའི་རྒྱུད་སྡེ་མེད་དེ། བླ་མེད་ཉིད་རྒྱུད་སྡེའི་ཡང་རྩེ་ཡིན་པའི་ཕྱིར། དེ་སྐད་དུ་རྡོ་རྗེ་གུར་ལས། དམན་པ་རྣམས་ལ་བྱ་བའི་རྒྱུད། །བྱ་མིན་རྣལ་འབྱོར་དེ་ལྷག་ལ། །སེམས་ཅན་མཆོག་ལ་རྣལ་འབྱོར་རྒྱུད། །རྣལ་འབྱོར་བླ་མེད་དེ་ལྷག་ལ། །ཞེས་གསུངས་སོ། །ལམ་བསྒོམ་པའི་དམིགས་པ་ཉིད་ཀྱང་ནི་རྣལ་འབྱོར་ཆེན་པོའི་གོང་ན་བཟང་བ་གཞན་མེད་དེ། རྣལ་འབྱོར་ཆེན་པོ་ནས་བཤད་པའི་ལམ་རྣམས་ནི་ལམ་ཟབ་ཤོས་ཡིན་པའི་ཕྱིར། གལ་ཏེ་རྣལ་འབྱོར་ཆེན་པོའི་ལམ་དེ་ལས་སྐྱེས་པའི་ཡེ་ཤེས་དེ། རྣལ་འབྱོར་ཆེན་པོ་ལས་ལྷག་པའི་ཐེག་པ་ཡིན་ནོ་སྙམ་ན་མ་ཡིན་ཏེ། ལམ་དེ་ལས་སྐྱེས་པའི་ཡེ་ཤེས་ནི་སྐྱོན་པ་མེད་ཅིང་། བརྗོད་པ་དང་བྲལ་བའི་ཡེ་ཤེས་ཡིན་པས་ལྷ་བ་ཡིན་ཀྱིས། ཐེག་པའི་རིམ་པ་མི་བཞེད་པའི་ཕྱིར། ལམ་བསྒོམས་པ་ལས་སྐྱེས་པའི་ཡེ་ཤེས་ལྟ་བ་ཡིན་པའི་ལུགས་འདི་ལེགས་པར་ཤེས་པར་གྱུར་ན་ཨ་ཏི་ཡོ་གའི་ལྟ་བ་ཤིན་ཏུ་རྣལ་འབྱོར་ཡང་བརྗོད་བྲལ་གྱི་ཡེ་ཤེས་ཡིན་གྱིས། ཐེག་པའི་རིམ་པ་མ་ཡིན་ཏེ། བརྗོད་བྲལ་རྟོགས་པའི་ཡུལ་ཅན་གྱི་ལྟ་བ་རྣམ་དག་ཡིན་པའི་ཕྱིར། དེས་ན་བརྗོད་བྲལ་གྱི་ཡེ་ཤེས་ལ་བརྗོད་བྱ་ཐེག་པར་བྱས་པ་ནི་མཁས་པའི་དགོངས་པ་མ་ཡིན་ཞེས་བྱ་སྟེ། རྙིང་མ་བ་དག་གིས་ནི་ལྟ་བ་དང་ཐེག་པ་གཅིག་ཏུ་འཁྲུལ་ནས་ཨ་ཏི་ཡོ་ག་ཐེག་པའི་ཡང་རྩེར་འདོད་པ་དེ་ཡིན་ནོ། །འདི་དང་ཐེག་པ་རིམ་དགུ་ལ་ལྟ་བ་ཐ་དད་འདོད་པ་གཉིས་ནི་གསང་སྔགས་རྙིང་མའི་སྤྱི་ལུགས་ལྟ་བུར་སྣང་བས་ཕྱོགས་སྔ་སྨྲ་བ་པོ་ཞིག་ཡིན་པར་སེམས་སོ། །

བཞི་པ་དབུ་མ་ཡན་ཆད་ལྟ་བ་གཅིག་ཏུ་བསྟན་པ་ནི། ཨ་ཏི་ཡོ་གའི་ལྟ་བ་ཡང་རྟོགས་བྱེད་ཡུལ་ཅན་གྱི་ལྟ་བ་ཡིན་པ་དེས་ན། ཐོས་བསམ་གོ་ཡུལ་གྱི་ལྟ་བ་ནི་དབུ་མ་ཡན་ཆད་ནས་རྣལ་འབྱོར་ཆེན་པོའི་བར་ཐམས་ཅད་མཐུན་ཏེ། རྒྱུ་མཚན་དེའི་ཕྱིར་ན། སྤྱོད་བསྡུས་སྒྲོན་མེར་བརྒྱད་སྟོང་པའི་ལུང་དྲངས་ནས། ཆོས་ཐམས་ཅད་སྐྱེ་མེད་དུ་གཏན་ལ་ཕབ་པ་སོགས་རྡོ་རྗེ་ཐེག་པའི་སྐབས་སུ་ཡང་ལྟ་བའི་ལུང་སྦྱོར་ཀུན་ཕ་རོལ་ཏུ་ཕྱིན་པ་བཞིན་མཁས་པ་ཐམས་ཅད་མཛད་པ་ཡིན་ནོ། །འོན་ཀྱང་ལྟ་བ་དེ་རྟོགས་པའི་ཐབས་བཟང་ངན་གྱི་རིམ་པ་ལ་ཐེག་པའི་རིམ་པ་ཡོད་པ་ཡིན་ཏེ། མདོ་སྔགས་གཉིས་ཀྱང་ཐབས་ལ་རྨོངས་མ་རྨོངས་ཀྱི་ཁྱད་པར་གྱིས་ཕྱེ་བ་ཡིན་པས་སོ། །རྣལ་འབྱོར་བཞི་ལ་ཐེག་པའི་རིམ་པར་འཇུལ་པ་དེ་ལྟ་བ་ལ་འཁྲུལ་པར་ཇི་ལྟར་འགྲོ་སྙམ་ན་འགྲོ་སྟེ། ཨ་ཏི་ཡོ་གའི་ལྟ་བ་བརྗོད་བྲལ་གྱི་ཡེ་ཤེས་དེ་བཟང་བ་ཡིན་པར་གོ། །ཐེག་པའི་རིམ་

པ་ཡིན་པར་མ་ཤེས་ནས་ཐེག་པར་འཁྲུལ་ཏེ། ཐེག་པ་དགུའི་ཡང་རྩེར་འདོད་པ་དེ་བྱུང་བ་ཡིན་ནོ། །དེང་སང་ཡང་ཡུལ་དང་ཡུལ་ཅན་གྱི་ལྷ་བ་ཤན་མི་ཕྱེད་པར་དེད་ཀྱི་ལྟ་བ་བཟང་། གཞན་གྱི་ལྟ་བ་ངན་ཟེར་བ་ཡོད་ཀྱང་། ལྟ་བ་བསྒོམ་ལུགས་ཀྱི་གནད་ལ་ཟབ་ཁྱད་རེ་ཙམ་ཡོད་པ་ཡིན་པས། དོན་ལ་ཡུལ་ཅན་གྱི་ལྟ་བའམ་སྒོམ་བྱེད་ཀྱི་ལྟ་བ་ལ་ཁྱད་པར་བྱུང་བ་ཡིན་ནོ། །

གསུམ་པ་ཉམས་ལེན་བསྒྲུབ་པའི་གནད་ལ་འཁྲུལ་པ་དགག་པ་ལ་གསུམ་སྟེ། འཁྲུལ་ན་དངོས་གྲུབ་རིང་བར་བསྟན། མ་འཁྲུལ་བསྒྲུབ་པ་རྒྱས་པར་བཤད། ཚིག་དཀྲུགས་པ་སྨད་པར་བསྟན་པའོ། །དང་པོ་ནི། རྒྱུད་སྡེ་བཞིའི་སྒྲུབ་པ་ཡང་ཕན་ཚུན་དཀྲུགས་ནས་འཁྲུལ་པར་བྱས་ན་དངོས་གྲུབ་རིང་སྟེ། དཔེར་ན་བྱ་རྒྱུད་ལ་བླ་མེད་བསྲེས་ནས་དབང་བཞི་དང་རིམ་གཉིས་སྦྱོར་བ་དང་། རྣལ་འབྱོར་རྒྱུད་བསྲེས་ནས་རང་རྐང་ལ་བདག་བསྐྱེད་འདོད་པ་དང་། སྤྱོད་རྒྱུད་བསྲེས་ནས་སློབ་མ་ལ་གྲངས་ངེས་མི་བྱེད་པ་དང་། དེ་བཞིན་དུ་རྒྱུད་སྡེ་ཕན་ཚུན་བསྲེས་ནས་ཉམས་ལེན་འཚོལ་བར་སྤྱོད་པ་རྣམས་ལ་དངོས་གྲུབ་མི་འབྱུང་བས་སོ། །

གཉིས་པ་ལ་གསུམ་སྟེ། བྱ་བའི་རྒྱུད་ཀྱི་སྒྲུབ་པ་བཤད། བར་མ་གཉིས་ཀྱི་སྒྲུབ་པ་བཤད། རྣལ་འབྱོར་ཆེན་པོའི་སྒྲུབ་པ་བཤད་པའོ། །དང་པོ་ནི། བྱ་རྒྱུད་རང་རྐང་བྱེད་ན་བདག་བསྐྱེད་མེད་དེ། ཁྲིས་སྐུ་ལྟར་བསྐྱེད་པ་དེ་ལ་མཆོད་བསྟོད་བྱས་ནས། འདོད་པའི་དོན་ལ་གསོལ་བ་འདེབས་པ་ཙམ་ཡིན་པ་དང་། བྱ་བ་སྤྱིའི་རྒྱུད་ཆེན་བཞི་དང་། སོ་སོའི་རྒྱུད་རྣམས་ལས་བདག་བསྐྱེད་མ་གསུངས་པས་སོ། །ཀླུ་སྒྲུབ་དང་། ཙནྡྲ་གོ་མི་དང་། ཛེ་ཏ་རི་སོགས་ཀྱིས་བདག་བསྐྱེད་ཀྱི་སྒྲུབ་ཐབས་བཤད་ཅིང་ཡོད་པ་ནི། རྣལ་འབྱོར་རྒྱུད་ཀྱི་རྗེས་སུ་འབྲངས་ནས་རྒྱུད་དེའི་ལུགས་བཞིན་དུ་བཀྲལ་བར་མཛད་པ་ཡིན་ནོ། །གལ་ཏེ་དེ་ལྟར་བདག་བསྐྱེད་བྱེད་ན་སྐྱོན་གནས་མེད་དེ། བདག་ཉིད་ལྷར་བསྐྱེད་པ་ལ་མཆོད་པ་ཕུལ་ན་བསོད་ནམས་ཐོབ་ཅིང་། བརྟས་ནས་དཀའ་ཐུབ་ཀྱི་ངོ་བཀྱལ་བར་བྱས་ན་སྡིག་པར་འགྱུར་བའི་ཕྱིར། གལ་ཏེ་སྐྱོན་གནས་བྱེད་འདོད་ན་སྒྲུབ་པ་པོ་རང་ཉིད་ཐ་མལ་དུ་གནས་པའི་ང་རྒྱལ་ལམ་འདུ་ཤེས་ཀྱིས་ཁྲིས་སྐུ་རྒྱུད་ལས་གསུངས་པའི་ཚོ་ག་བཞིན་དུ་ཁྲིས་ལ། རབ་གནས་ཚར་བ་མདུན་དུ་བཞུགས་པ་ལ་མཆོད་བསྟོད་དང་། གཟུངས་བཟླས་པ་དང་། འདོད་པའི་དོན་ལ་གསོལ་བ་འདེབས་ཤིང་། ལྷ་རྗེ་དཔོན་དང་། རང་ཉིད་འབངས་ཀྱི་ཚུལ་བཞིན་དུ་དངོས་གྲུབ་ལེན་པ་ཡིན་ཏེ། ཚུལ་འདི་ནི་དཔྱང་བཟང་དང་། ལེགས་གྲུབ་ནས་གསུངས་པ་ཡིན་གསུང་ངོ་། །ལུགས་དེ་ལྟ་བུའི་ཚོ་ག་ལ་མཆོད་པའི་ཡོ་བྱད་ཀྱང་ཤ་ཆང་དང་ལ་ཕུག་ལ་སོགས་པའི་གཏོར་མ་མི་བྱེད། དེ་བཞིན་དུ་སྤོས་ལའང་རི་དྭགས་ཀྱི་ལྟེ་བ་ནས་བྱུང་བའི་གླ་རྩི་ལ་སོགས་སྲོག་ཆགས་དང་འབྲེལ་པའི་མཆོད་པ་

ཐམས་ཅད་སྤྱོང་ཞིང་མི་བྱེད། གུ་ལང་སྐྱེ་ཕྱི་རོལ་གྱི་ལྷ་དབང་ཕྱུག་དང་། ཁྱིད་མེད་ཀྱི་བུ་ལ་སོགས་པ་མཆོད་པའི་ལྷག་མ་དང་། དེ་རྣམས་ལ་ཕུལ་བའི་གཏོར་མའི་ཁ་ཟས་ཀྱང་འདིར་མི་ཟ་བ་ཡིན་ནོ། །འོ་ན་ལྷ་ལ་ཕུལ་བའི་དམན་མ་ཟར་རུང་ངམ་སྙམ་ན། དེ་ཡང་འདིར་མི་རུང་སྟེ། མཆོད་ཡོན་དང་མེ་ཏོག་ལ་སོགས་པ་ལྷ་ལ་ཕུལ་བའི་མཆོད་པ་རྙིང་པ་རྣམས་ལ་བཟའ་བ་དང་འགོམ་པ་གཉིས་ཀ་བཀག་པས་སོ། །དེས་ན་དཀར་གསུམ་འོ་མ་དང་། ཞོ་དང་མར་དང་། གཞན་ཡང་འབྲས་ཆེན་ལ་སོགས་པའི་སྡིག་མེད་ཀྱི་ཁ་ཟས་གཙང་མ་ཟ་ཞིང་། ཕྱི་དྲོའི་ཁ་ཟས་སྤངས་ཏེ། གཙང་སྦྲ་སོགས་དང་ལྡན་པའི་བརྟུལ་ཞུགས་ཀྱིས་བྱ་རྒྱུད་ནས་གསུངས་པའི་གསང་སྔགས་འགྲུབ་པ་ཡིན་ནོ། །འོ་ན་དཀར་གསུམ་ཟ་ན། གོང་དུ་ལྷ་མཆོད་པ་ན་སྲོག་ཆགས་དང་འབྲེལ་བའི་མཆོད་པ་སྤྱོང་དགོས་པར་བཤད་པས། སྒྲུབ་པ་པོས་ཀྱང་ཇི་ལྟར་ཟར་རུང་སྙམ་སྟེ། དཀར་གསུམ་ནི་སྲོག་ཆགས་ལས་བྱུང་བས་སོ་སྙམ་པའི་དོགས་པ་སྐྱེ་དགོས་ལ། འོན་ཀྱང་གླུ་རྩི་ལ་སོགས་ཞེས་པའི་ཚིག་ནུས་ཡིན་པས། སྲོག་ཆགས་ཀྱི་སྲོག་ལ་གནོད་པ་དང་འབྲེལ་བའི་མཆོད་པ་སྤྱོང་བར་བསྟན་པ་ཡིན་བྱས་ན་ལེགས་སོ། །སྐྱུང་གནས་བྱེད་པ་ཐ་མལ་དུ་གནས་པས་བྱེད་དགོས་ན། བླ་མེད་ཀྱི་སྒྲུབ་པ་པོས་སྨྱུང་གནས་བྱར་མི་རུང་བ་ཡིན་ནམ། གལ་ཏེ་བྱེད་ན་ལྷའི་ང་རྒྱལ་དོར་ནས་བྱེད་དགོས་པས། བླ་མེད་ཀྱི་ཉམས་ལེན་བཏང་བར་འགྱུར་ཞིང་། རྩ་ལྟུང་བརྒྱད་པ་ཡང་འབྱུང་བར་འགྱུར་རོ་ཞེ་ན། མཁས་པ་དག་ལན་ཅི་གསུང་། རང་གི་བློ་ཚོད་ནི་བླ་མེད་པ་ཡིན་ཀྱང་ལྷའི་ང་རྒྱལ་དང་མ་བྲལ་བའི་ངང་ནས་སྡིག་པ་སྦྱོང་བའི་ཕྱིར་དུ་སྨྱུང་གནས་བྱས་པ་ལ་འགལ་བ་མེད་ཅིང་ལེགས་པ་ཡིན་ནམ་སྙམ་སྟེ། ཕུང་པོ་ལྷའི་རང་བཞིན་ཡིན་པ་ལ་མ་སླད་པར་རང་ཉིད་ཀྱི་སྡིག་པ་སྦྱོང་བའི་ཐབས་སུ་དཀའ་སྤྱད་གང་བྱས་ཀྱང་གསལ་སྣང་གི་རྣལ་འབྱོར་དུ་འགྱུར་བས་སོ། །གཞུང་གི་དགོངས་པ་ནི། བཀྲེས་ན་སྡིག་བྱ་བ་ཡིན་པས་རང་ཉིད་ལྷར་བསྐྱེད་ཀྱང་། ཞེ་འདོད་ལ་མི་གཙང་བའི་རང་བཞིན་དང་ངན་པར་བསམས་ནས་བྱས་ན་སྡིག་ཏུ་འགྱུར་བ་ཡིན་ཞེས་བསྟན་ཏོ། །

གཉིས་པ་ནི། སྤྱོད་རྒྱུད་དང་རྣལ་འབྱོར་རྒྱུད་གཉིས་སུ་ལས་ཚོགས་བསྒྲུབ་པ་འགའ་ཞིག་ལ་གཙང་སྦྲ་དང་དཀའ་ཐུབ་བཤད་པ་ཡང་ཡོད་དེ། ཕྱག་ན་རྡོ་རྗེ་དབང་བསྐུར་བའི་རྒྱུད་ལས། དེས་ཟས་མི་འཚལ་བར་ལག་ན་རྡོ་རྗེ་ལ་བལྟ་ཞིང་ལན་འབུམ་བཟླས་བརྗོད་བགྱིས་ན་རྒྱལ་སྲིད་འཐོབ་པར་འགྱུར་རོ། །ཞེས་དང་། རྡོ་རྗེ་ས་འོག་གི་རྒྱུད་ལས། བཅོམ་ལྡན་འདས་ཕྱག་ན་རྡོ་རྗེ་དང་། གནོད་སྦྱིན་རྣམས་ལ་དཀར་གསུམ་གྱིས་མཆོད་པར་བྱའོ། །ཆང་ནི་ཀུན་ཏུ་སྤང་བར་བགྱིའོ། །ཤ་རྣམས་ནི་འོས་པ་དང་ཤིས་པ་དྲང་བར་བྱའོ། །ཞེས་གསུངས་པའི་ཕྱིར། གཞན་དུ་ཕལ་ཆེར་ཕྱི་དྲོ་མི་ཟ་བའི་དཀའ་ཐུབ་དང་། སྨྱུང་གནས་སོགས་ཀྱི་བརྟུལ་

ཞུགས་ཀྱི་ཁྱད་པར་གཙོ་བོར་མི་མཛད་དེ། རང་ཉིད་ལྷའི་རྣལ་འབྱོར་བསྒོམས་ནས་ཅི་བདེར་སྤྱོད་པ་ཡིན་ནོ། ། གླུ་རྩེའི་རེང་བུ་ལ་སོགས་པ་རྒྱུ་སྲོག་ཆགས་ཀྱི་ཡན་ལག་ལས་བྱུང་བའི་མཆོད་པ་རྣམས་ཀྱང་འདིར་མི་འགོག་ཅིང་། སངས་རྒྱས་ལྷ་མཆོད་པའི་ལྷག་མ་རྣམས་ནི་སྡིག་པ་སྦྱང་བའི་ཕྱིར་ཟན་རུང་བར་གནང་སྟེ། རབ་གནས་ཀྱི་རྒྱུད་ལས། བདེ་གཤེགས་ལྷག་མ་འདི་དག་ནི། །ཟོ་ཞིག་སྡིག་པ་འདག་པར་འགྱུར། །ཞེས་གསུངས་པའི་ཕྱིར། ཕྱི་རོལ་འབྱུང་པོའི་གཏོར་མ་ནི་འདིར་མི་བཟའ་སྟེ། བཟའ་བར་གནང་བ་མེད་པས་སོ། །དེའི་རྒྱུ་མཚན་ཡང་། འདིར་གཏོར་མགྲོན་གྱི་འབྱུང་པོ་རྣམས་རང་རྒྱུད་པར་འདོད་ཅིང་། དེ་དག་ལྷར་བསྒོམ་པ་ཡང་མེད་པའི་གནད་ཀྱིས་ཡིན་ནོ། །གསུམ་པ་ནི། རྣལ་འབྱོར་ཆེན་པོའི་རྒྱུད་རྣམས་ལས། ཨ་ཕ་རྦྷ་ཏི་སྟེ། གཉིས་སྣང་གི་སྤྱོད་པ་སོགས་ལ་འབྱུང་པོའི་གཏོར་མ་བཟའ་བའང་གནང་སྟེ། བརྟག་གཉིས་ལས། བཟའ་བྱ་དེ་བཞིན་བཏུང་བ་ཉིད། །ཇི་ལྟར་རྙེད་པ་རབ་ཏུ་ཟ། །ཡིད་འོང་མི་འོང་རྣམ་རྟོག་ཕྱིར། །ཞེན་པ་ཙམ་དུའང་མི་བྱའོ། །ཞེས་གསུངས་པའི་ཕྱིར། ལུས་གདུང་བར་གནས་པའི་དཀའ་ཐུབ་དང་གཙང་སྦྲ་ལ་སོགས་པའི་བརྟུལ་ཞུགས་འགོག་ཅིང་། འདོད་པའི་ཡོན་ཏན་རྣམས་ལ་ཅི་འདོད་པར་ནི་བརྟེན་པའི་ཁྱད་པར་དང་ལྡན་པས་འཇུག་པ་བདེ་བའི་རྣལ་འབྱོར་བྱ་བ་ཡིན་ཏེ། དེ་ལྟར་བྱས་པས་གསང་སྔགས་རྒྱལ་པོ་མཆོག་གི་དངོས་གྲུབ་ཚེ་འདིར་འགྲུབ་པས་སོ། །དེ་སྐད་དུ་གསང་འདུས་ལས། དཀའ་ཐུབ་དཀའ་སྤྱད་མི་བཟད་པ། །བརྟེན་ན་འགྲུབ་པར་མི་འགྱུར་ཏེ། །འདོད་པའི་ལོངས་སྤྱོད་ཐམས་ཅད་ལ། །ཅི་འདོད་པར་ནི་བརྟེན་བཞིན་དུ། །ཞེས་གསུངས་སོ། །བླ་མེད་ཀྱི་ཉམས་ལེན་འདི་དག་རྒྱས་པར་ནི་བླ་མ་མཆོག་མཁས་པའི་གསུང་ལས་ཤེས་པར་གྱིས་ཏེ། འདིར་ཞིབ་པར་འཆད་དུ་ག་ལ་རུང་ངོ་། །

གསུམ་པ་ཆོ་ག་དཀྲུགས་པ་སྨད་པར་བསྟན་པ་ནི། གྲུབ་མཐའི་འདོད་ཚུལ་གྱི་རྣམ་དབྱེ་མི་ཤེས་ཤིང་། རྒྱུད་སྡེ་གོང་འོག་གི་ཉམས་ལེན་གྱི་ཁྱད་པར་མ་ཕྱེད་པར། ལྷ་བསྒོམ་ཚུལ་སོགས་ཀྱི་ཆོ་གའི་ཁྱད་པར་ཐམས་ཅད་རྒྱུད་སྡེ་ཕན་ཚུན་དཀྲུགས་ནས་ནི་རང་བཟོའི་རྣམ་ཐར་སྤྱོད་པ་མཚར་ཆེ་སྟེ། རང་བཟོས་རྒྱུད་ཕན་ཚུན་བསྲེས་ཤིང་དཀྲུགས་པའི་ཆོ་ག་དེ་ནི་རྒྱུད་སྡེ་གང་གི་ཆོ་གར་ཡང་མི་འགྱུར་བས་སོ། །དེས་ན་རྒྱུད་སྡེ་བཞིའི་ཉམས་ལེན་ཡང་གཙོ་བོ་རང་རང་གི་ལུགས་བཞིན་དུ་བྱ་དགོས་པ་ནི་བདག་ཉིད་ཆེན་པོའི་དགོངས་པའོ། །

ཐེག་གསུམ་བླ་མར་གསོལ་བཏབ་ལག་ལེན་ཡང་། །དབང་བསྐུར་ཐོབ་དང་མ་ཐོབ་ཁྱད་པར་གྱི། ། རང་རང་ལུགས་བཞིན་བྱ་དགོས་ཐེག་གསུམ་གྱི། །བླ་མའི་མཚན་ཉིད་གསུམ་ལྡན་དམ་པར་བསྟན། །དབང་བཞི་མ་ཐོབ་ལམ་བཞི་བསྒོམ་པ་དང་། །དགེ་སློང་མིན་པར་མཁན་སློབ་བྱེད་པ་ནི། །རྡོ་རྗེ་ཐེག་དང་ཉན་ཐོས

ཐེག་པ་ཡི། །བསྟན་དང་ཐུན་མིན་རང་གཞན་ཀུན་ལ་གནོད། །གཏོར་མ་ཆུ་སྦྱིན་ཕུད་མཆོད་གཏོར་དབྱིབས་སོགས། །སངས་རྒྱས་གསུང་བཞིན་མ་འཁྲུལ་ལག་ལེན་གཅེས། །ངུར་སྨྲིག་ཅན་གྱི་སངས་རྒྱས་ཕྱག་འཚལ་ལ༑ ༑མཆོད་ཆ་སོགས་དང་ལོངས་སྐུ་རིགས་ལྔའི་སྐུ། །སེར་འཛམ་འདོད་པ་རང་བྱུང་ཆ་ལུགས་དང་། །ལོངས་སྐུའི་ཆ་ལུགས་སོ་སོར་མ་ཤེས་གཏམ། །སྔགས་ལ་མི་མོས་ལྷ་བསྒོམ་སྔགས་བཟླས་དང་། །རོ་སྲེག་སྦྱིན་སྲེག་བདུན་ཚིགས་རབ་གནས་སོགས། །མཛད་ཀྱང་ངལ་བ་ཙམ་ཡིན་མདོར་མ་བཤད། །གལ་ཏེ་བྱེད་ན་སྔགས་ཉིད་གྲུས་པས་བསྟེན། །དེ་བཞིན་ཕྱག་རྫོར་ཆོ་ག་མདོ་ལུགས་དང་། །གསང་འདུས་ཆོ་ག་མདོ་ལུགས་བྱེད་པ་ཡང་། །ལྷ་བསྒོམ་ཆོ་ག་སྔགས་ཀྱི་ཁྱད་ཆོས་སུ། །མ་ཤེས་ཅི་དགར་རང་བཟོ་སླུས་པར་ཟད། །ལ་ལ་ཐེག་པ་རིམ་པ་དགུར་ཕྱེ་ནས། །ལྟ་བ་ཐ་དད་ལྟ་བའི་ཡང་རྩེ་នི། །ཨ་ཏི་ཡོ་ག་ཡིན་ཞེས་གསང་མཐོར་སྒྲོག །ཁ་ཅིག་དབུ་མ་ནས་བཟུང་བླ་མེད་པར། །དོན་དམ་ཀུན་རྫོབ་ལྟ་བ་གཉིས་གཉིས་སུ། །ཕྱེ་ནས་དོན་དམ་ཀུན་ལ་ཁྱད་མེད་ཀྱང་། །ཀུན་རྫོབ་ལྷ་བསྒོམ་རིམ་པས་བཟང་ངན་འདོད། །རྣལ་འབྱོར་རྣལ་འབྱོར་ཆེ་དང་རྗེས་སུ་ནི། །རྣལ་འབྱོར་སོགས་ཀྱི་དང་པོ་གཉིས་ཡོ་དང་། །རྒྱུད་སྡེ་བཞི་ཡི་ཡོ་ག་བླ་མེད་གཉིས། །དོན་གཅིག་སྦྱར་ནས་བླ་མེད་གོང་ན་ནི། །བཟང་བའི་ཐེག་རིམ་ཡོད་ཅེས་རློང་མའི་ལུགས། །དབུ་མ་ཡན་ཆད་རྟོགས་བྱའི་ལྟ་བ་ནི། །གཅིག་ཡིན་རྟོགས་བྱེད་ཐབས་ལ་བཟང་ངན་གྱི། །ཐེག་རིམ་འཇོག་པ་གསར་མའི་ལུགས་འདིར་ཡིན། །ལྷ་བསྒོམ་རིམ་པ་ལྟ་བར་མི་འཇོག་སྟེ། །ལྷ་བསྒོམ་དམིགས་པ་ཀུན་རྫོབ་ཕྱོགས་ཆ་དང་། །ལྟ་བ་དོན་དམ་བདེན་པའི་ཕྱོགས་ཆ་ནས། །འཇོག་པ་བདེན་གཉིས་རྣམ་དབྱེ་འཁྲུལ་མེད་གནད། །ཁྲིས་སྐུ་ཙམ་ཞིག་ལྷ་རུ་བསྒོམ་པ་དང་། །ཁྲིས་སྐུ་རང་ཉིད་གཉིས་ཀ་ལྷ་བསྐྱེད་སོགས། །རང་རང་གཞུང་བཞིན་བྱས་ན་དངོས་གྲུབ་འབྱུང་། །སྨྱུང་གནས་སོགས་ཀྱི་དཀའ་ཐུབ་བརྟུལ་ཞུགས་ནི། །རང་རྐང་བདག་བཞིན་མི་བྱེད་བྱ་རྒྱུད་ལུགས། །རེས་འགའ་གཙང་སྦྲ་སྤྱད་ནས་ཕལ་ཆེར་ནི། །ཅི་བདེར་སྤྱོད་པ་རང་ཉིད་ལྷར་བསྒོམ་པའི། །སྤྱོད་དང་རྣལ་འབྱོར་རྒྱུད་ཀྱི་ལུགས་བཞིན་ཡིན། །བཀའ་ཐུབ་སྤངས་ནས་འདོད་པའི་ཡོན་ཏན་ལ། །ཐབས་མཁས་ཁྱད་པར་ལྡན་པས་ལོངས་སྤྱོད་པའི། །འཇུག་པ་བདེ་བའི་རྣལ་འབྱོར་བླ་མེད་ལུགས། །ཕྱག་ཆེན་ལས་འཕྲོས་པའི་ཚུལ་དུ་ལག་ལེན་སོགས་ལ་འཁྲུལ་པ་དགག་པ་ཡང་བསྟན་ཟིན་ཏོ།། ༑༑

བཞི་པ་ཕྱག་ཆེན་གོམས་པས་སྤྱོད་པ་སྤྱད་ཚུལ་བཤད་པ་ལ་གཉིས་ཏེ། རྒྱུད་ལས་གསུངས་པའི་སྤྱོད་པ་བསྟན། གསང་སྔགས་མི་བསྒོམ་སྤྱོད་པ་དགག་པའོ། །དང་པོ་ནི། དེ་ནས་འཁོར་འདས་བསྲེ་བའི་ཕྱིར། །རྣམ་པར་དག་པའི་སྤྱོད་པ་སྤྱད། །ཅེས་པ་ལ་འཕྲོས། སྤྱོད་པ་དེ་དུས་ནམ་གྱི་ཚེ་སྤྱོད། གང་ཟག་གང་གིས

སྤྱོད། དགོས་པ་གང་གི་ཕྱིར་སྤྱོད། ཡུལ་གང་དུ་སྤྱོད། དེ་ལྟར་སྤྱད་པས་འབྲས་བུ་གང་ཐོབ་པ་ཡིན་ཞེ་ན། དུས་ནི་སྨིན་བྱེད་ཀྱི་དབང་བཞི་ཡོངས་སུ་རྫོགས་པ་དང་། དང་པོ་བར་ཆད་ཞུང་བས་གང་གི་ཁྲིམ་དུ་རིམ་གཉིས་བསྒོམ། དེ་བསྒོམ་པས་བརྟན་པ་ཙུང་ཟད་ཐོབ་ནས་རང་གི་སེམས་ཀྱིས་བརྟན་གཡོ་བརྟག་པའི་ཕྱིར་དུར་ཁྲོད་དང་ཤིང་གཅིག་སོགས་སུ་བསྒོམ། དེ་བསྒོམས་པས་བརྟན་པ་ཆེན་པོ་དྲོད་འབྲིང་གི་རྟགས་པ་ཐོབ་ནས་ནི། ཀུན་འདར་གྱི་སྤྱོད་པ་བྱ་རན་པའི་དུས་ཚོད་དུ་སླེབ་སྟེ། དེ་ནས་སྤྱོད་པ་སྤྱད་པས་རིམ་གཉིས་ཀྱི་རྟོགས་པ་བོགས་དབྱུང་སྟེ། ས་ལམ་མྱུར་དུ་བགྲོད་པར་འགྱུར་བས་སོ། །དེ་སྐད་དུ། བརྟག་གཉིས་ལས། ཤིང་གཅིག་དང་ནི་དུར་ཁྲོད་དང་། །མ་མོའི་ཁྲིམ་དང་མཚན་མོ་དང་། །ཡང་ན་དབེན་པའམ་བས་མཐའ་རུ། བསྒོམ་པ་བཟང་པར་བརྗོད་པར་བྱ། །ཙུང་ཟད་དྲོད་ནི་ཐོབ་པ་ན། །གལ་ཏེ་སྤྱོད་པ་བྱེད་འདོད་པས། །གལ་ཏེ་འགྲུབ་འགྱུར་འདོད་ཡོད་ན། །འདིས་ནི་སྤྱོད་པ་སྤྱད་པ་ཉིད། །ཅེས་གསུངས་སོ། །

དེ་ཡང་། དབང་བཞི་ཡོངས་སུ་རྫོགས་པ་དང་། །ཞེས་སོགས་ཀྱིས་དབང་བཞི་ཐོབ་ཅིང་རིམ་གཉིས་བསྒོམས་པས། རིམ་གཉིས་ཀྱི་རྟོགས་པ་ལ་བརྟན་པ་ཆེར་ཐོབ་ནས་སྤྱོད་པར་བྱ་བར་བསྟན་པས། དེའི་ཤུགས་ལ་རིམ་གཉིས་ཀྱི་རྟོགས་པ་ལྟ་ཅི། དབང་ཡང་མ་ཐོབ་རིམ་གཉིས་ཀྱང་མི་བསྒོམ་པར་སེམས་ཉིད་གཅིག་པུ་ལ་རྐྱང་འདེད་བྱེད་པར་ཁས་འཆེ་བ་དག །གནས་ཆེན་འཚོལ་ཞིང་སྤྱོད་པ་བྱེད་པ་དག་འགོག་པ་ཡིན་ནོ། །བརྟན་པ་ཆེན་པོ་ཐོབ་ནས་ནི། །ཞེས་པ་དང་། རྒྱུད་ལས། ཙུང་ཟད་དྲོད་ནི་ཐོབ་པ་ན། །ཞེས་པ་གཉིས་བརྗོད་དོན་གཅིག་པར་སྣང་བས། བརྟན་པ་ཆེན་པོ་དེ་དྲོད་ཆུང་ངུ་ཙམ་དུ་ཁས་ལེན་ནུས་སམ། དེ་ལྟར་ན་དྲོད་ཆུང་ངུ་ལ་གནས་པས་ཀུན་འདར་མངོན་སྤྱོད་བྱེད་པ་ཡོད་པར་འགྱུར་རོ་ཞེ་ན། འདི་ལྟར་སེམས་ཏེ༑ ཙུང་ཟད་དྲོད་ནི་ཐོབ་པ་ན། །ཞེས་པ། འཇིག་རྟེན་ལས་འདས་པའི་ལམ་ལ་ལྟོས་ཏེ་ཙུང་ཟད་ཀྱི་སྒྲ་སྦྱོར་ཀྱིས། སོ་སྐྱེ་རང་གི་རིམ་གཉིས་ཀྱི་རྟོགས་པ་ཆེན་པོ་ཡིན་པས། དྲོད་གསུམ་གྱི་ནང་ནས་དྲོད་འབྲིང་པོ་ཡིན་ནམ་སྙམ་སྟེ་རྒྱུད་སྡེ་ལས་སྤྱངས་པ་དག་གིས་དཔྱད་པར་བྱའོ། །

སྔྲི་རྣམ་བཤད་མཛད་པ་དག་གིས་ཀྱང་རིམ་གཉིས་བསྒོམས་པས་ཆོས་བརྒྱད་ཀྱི་རྟོག་པ་མངོན་གྱུར་པ་མགོ་ནོན་པ་ན་དྲོད་ཆུང་ངུ་དང་། བླང་དོར་གཉིས་སུ་མེད་པར་རྟོགས་ཤིང་། ཚར་གཅད་དང་རྗེས་འཛིན་གང་རུང་ཞིག་ནུས་པར་དྲོད་འབྲིང་དང་། རྣམ་ཤེས་དང་ཡེ་ཤེས་ཀྱི་ལས་ཆ་མཉམ་སྟེ་ཚར་གཅད་རྗེས་འཛིན་གཉིས་ཀ་ནུས་ཤིང་། གཞན་དོན་ཐོགས་མེད་དུ་ནུས་པ་ན་དྲོད་ཆེན་པོ་ཡིན་ཞིང་། སྤྱོད་པ་ཡང་རིམ་བཞིན་དུ་དྲོད་ཆུང་ངུའི་ཚེ་ན་གསང་སྤྱོད། འབྲིང་གི་ཚེ་ན་ཀུན་འདར་མངོན་སྤྱོད། ཆེན་པོའི་ཚེ་ན་འཇིག་རྟེན་ལས་འདས

པའི་ལམ་ཐོབ་པས་ཀུན་ཏུ་བཟང་པོའི་སྤྱོད་པ་བྱེད་ལ། དེ་ལྟར་གསུམ་ལས། གཞུང་འདིར་བཤད་པའི་སྤྱོད་པ་ནི། ཀུན་འདར་མངོན་སྤྱོད་ཡིན་ཏེ། གནས་དང་གང་ཟག་ལ་ལེགས་པར་རྟོགས་པའི་གཞི་ནི་སྤྱོད་པ་དེ་ཉིད་ཡིན་པའི་ཕྱིར་ཞེས་བཤད་ལ། འདི་ལ་དཔྱོད་ལྡན་ལ་དོགས་པ་གཉིས་སྐྱེ་སྟེ། དྲོད་འབྱིང་གི་རྟོགས་པ་ལ་གནས་པས་ཚར་བཅད་རྗེས་འཛིན་གང་རུང་གཅིག་ལས་མི་ནུས་པ་ལ། ཡུལ་ཆེན་སུམ་ཅུ་སོ་བདུན་དུ་རིག་པ་བརྟུལ་ཞུགས་སྤྱོད་ཕྱིར་རྒྱུ་ན། སྔོན་ནག་པོ་སྤྱོད་པས་སྤྱོད་པ་ལ་བྱོན་པ་དང་མཚུངས་པར་འགྱུར་ཏེ། དེ་ཡང་བླ་མས་ད་ལྟ་ཁྱོད་ཀྱིས་ཚར་གཅོད་ཙམ་ལས་རྗེས་གཟུང་མི་ནུས་པས། སྤྱོད་པ་ལ་འགྲོ་མ་རན་ཞེས་བཀག་ཀྱང་མ་གསན་པར་ཕེབས་པ་ལ་ཉེས་དམིགས་བྱུང་བར་བཤད་པས་སོ་སྙམ་དུ་དོགས་སོ། །ཡང་ས་དང་པོ་གནས་ཀྱི་ཡུལ་ཆེན་བཞིར་སྤྱོད་པ་བྱས་པས་ནང་དུ་ས་དང་པོ་བགྲོད་ཅིང་། ཕྱི་རོལ་གནས་ཀྱི་ཡུལ་བཞིའི་མཁའ་འགྲོ་ཡང་དབང་དུ་འདུས་པའི་གང་ཟག་དེ། ས་གཉིས་པ་བགྲོད་པར་བྱ་བའི་ཕྱིར་ཉེ་གནས་ཀྱི་ཡུལ་བཞིར་སྤྱོད་པ་བྱེད་པ་ཡོད་དམ་མེད། མེད་ན་དེས་ཉེ་གནས་ཀྱི་ས་བགྲོད་མི་ནུས་པར་འགྱུར་བས་ཧ་ཅང་ཐལ། ཡོད་ན་དེས་ཉེ་གནས་ཀྱི་ཡུལ་བཞིའི་སྤྱོད་པ་མཛད་པའི་སྤྱོད་པ་དེ་ཆོས་ཅན། ཀུན་འདར་མངོན་སྤྱོད་ཡིན་པར་ཐལ། གཞུང་དེའི་དངོས་བསྟན་གྱི་སྤྱོད་པ་ཡིན་པའི་ཕྱིར་སྙམ་དུ་དོགས་སོ། །གཏན་ཚིགས་གྲུབ་སྟེ། ཡུལ་ཆེན་སུམ་ཅུ་སོ་བདུན་དུ། །རིག་པ་བརྟུལ་ཞུགས་སྤྱོད་ཕྱིར་རྒྱུ། །ཞེས་པའི་དངོས་བསྟན་གྱི་སྤྱོད་པ་ཡིན་པའི་ཕྱིར་ཏེ། ཉེ་གནས་ཀྱི་ཡུལ་བཞིར་སྤྱོད་པ་མཛད་པའི་སྤྱོད་པ་ཡིན་པའི་ཕྱིར། གོང་དུ་འདོད་ན༏ དེ་མ་ཡིན་པར་ཐལ། ཀུན་བཟང་གི་སྤྱོད་པ་ཡིན་པའི་ཕྱིར་ཏེ། ས་དང་པོ་ཐོབ་པའི་གྲུབ་ཐོབ་ཀྱིས་མཛད་པའི་གཞན་དོན་ཐོགས་མེད་ཀྱི་སྤྱོད་པ་ཡིན་པའི་ཕྱིར་ཞེ་ན། རྟགས་གསལ་དེ་དག་གི་ཐལ་འགྱུར་གང་དུ་ཁྱབ་པ་མེད་མཚམས་རིགས་སླ་དགོས་སོ། །ཡང་དྲོད་འབྱིང་གི་རྟོགས་པ་ལ་གནས་པ་དེས་ས་བགྲོད་གོང་དུ་ཡུལ་ཆེན་སུམ་ཅུ་སོ་བདུན་དུ་སྤྱོད་པ་ལ་རྒྱུ་བ་ཡོད་དམ་མེད། མེད་ན་བརྟན་པ་ཆེན་པོ་ཐོབ་ནས་ནི། །ཞེས་པ་ནས། ས་རྣམས་བགྲོད་པར་བྱ་བ་དང་། །ཡུལ་རྣམས་དབང་དུ་བསྡུ་བའི་ཕྱིར། །གནས་དང་ཉེ་བའི་གནས་ལ་སོགས། །ཡུལ་ཆེན་སུམ་ཅུ་སོ་བདུན་དུ། །རིག་པ་བརྟུལ་ཞུགས་སྤྱོད་ཕྱིར་རྒྱུ། །ཞེས་པ་འདི་ལ་འབྲུ་མི་ཐེབས་པར་འགྱུར་ཏེ། རྒྱུ་ཞེས་པ་བཤད་གཞིར་བྱས་ནས། ཡུལ་གང་དུ། དགོས་པ་གང་གི་ཕྱིར། སླབ་པ་པོ་གང་རྒྱུ་བའི་བཤད་པའི་རྣམ་གཞག་བྱར་མི་རུང་བའི་ཕྱིར། གལ་ཏེ་རུང་ན། ཡུལ་ཆེན་སུམ་ཅུ་སོ་བདུན་དུ་ཞེས་པ་དང་ཐུག་གོ། །ཅི་སྟེ་ས་བགྲོད་གོང་ཡུལ་སོ་བདུན་དུ་སྤྱོད་པ་ལ་རྒྱུ་བ་ཡོད་ན། ཐོག་མར་གནས་ཀྱི་ཡུལ་བཞིར་སྤྱོད་པ་མཐར་མ་ཕྱིན་པར་ཉེ་གནས་སོགས་ཀྱི་ཡུལ་དུ་སྤྱོད་པ་བྱེད་པ་ཡོད་པར་འགྱུར་ལ། དེ་

ཡོད་ན་ཉེ་གནས་སོགས་ཀྱི་ས་མངོན་དུ་བྱེད་པ་ལ་ཐོག་མར་གནས་ཀྱི་ས་ཐོབ་མི་དགོས་པར་འགྱུར་བས། ས་ལམ་གྱི་གོ་རིམ་ངེས་མེད་དུ་འཚང་རྒྱ་བར་འགྱུར་རོ་ཞེ་ན། སླ་འདོན་ཇི་ལྟར་བྱེད་རྒྱུ་ཡོད། རྣམ་བཤད་མཛད་པ་ཕལ་ཆེ་བས་གཞུང་གི་འབྲུ་སྦྱོམ་ཡོར་རེ་བ་རེ་ལས་མཐའ་དཔྱོད་ཀྱི་འབྲུ་དངས་སིང་བ་མི་སྣང་ངོ་། །འཕྲོས་གཏམ་མོ། །

གཉིས་པ་གང་ཟག་གང་གིས་སྤྱོད་པ་བྱ་བ་ནི། གོང་དུ་བརྟན་པ་ཆེན་པོ་ཐོབ་ནས་ནི་སྤྱོད་པ་ཞེས་དུས་ལ་སྦྱར་བ་སོང་ཟིན་ནས། ད་ནི་བརྟག་གཉིས་ལས། གང་ཞིག་སོར་མོ་གཅིག་སྟོན་དང་། །གཉིས་ཀྱིས་ལེགས་པར་འོང་བ་ཡིན། །ཞེས་སོགས་ལུས་བརྡ་དང་། མ་ད་ན་ཆང་བ་ལ་ཤ་ཞེས་སོགས་ངག་གི་བརྡ་རྣམས་ལ་ལེགས་པར་སྦྱང་ཞིང་། བླང་དོར་གཉིས་སུ་མེད་པའི་དེ་ཉིད་རྟོགས་པའི་གང་ཟག་དེས་སྤྱོད་པ་སྤྱད་པར་བྱ་བ་ཡིན་ཏེ། བརྡ་དང་བརྡའི་ལན་མི་ཤེས་ན་མཁའ་འགྲོ་རྣམས་ཀྱིས་བྱིན་མི་རློབ་ཅིང་། ལྷན་ཅིག་འགྲོགས་པ་ལ་མི་དབང་། གཉིས་མེད་ཀྱི་དོན་མ་རྟོགས་ན་ཡུལ་ཆེན་དེ་དག་ཏུ་ཕྱིན་ཀྱང་རྟོགས་པ་འཕོགས་མི་འབྱུང་བས་དགོས་པ་ཆུང་བ་ཡིན་པས་སོ། །དགོས་པ་གང་གི་ཕྱིར་སྤྱོད་པ་ནི། ནང་དུ་གནས་དང་ཉེ་གནས་ལ་སོགས་པའི་ས་རྣམས་བགྲོད་པར་བྱ་བ་དང་། ཕྱི་རོལ་ཏུ་པུལླི་ར་མ་ལ་ཡ་སོགས་པའི་ཡུལ་ཆེན་རྣམས་ཀྱི་མཁའ་འགྲོ་དབང་དུ་བསྡུ་བའི་ཕྱིར་སྤྱོད་པ་བྱ་བ་ཡིན་ཏེ། དཔེར་ན་གནས་ཀྱི་ཡུལ་བཞིར་སྤྱོད་པ་བྱས་པས་ནང་གི་རྟོགས་པ་འཕོགས་འབྱུང་ནས། ནང་གི་ཡུལ་ཆེན་སྤྱི་བོ་སྤྱི་གཙུག་རྣ་བ་གཡས་ལྟག་པ་དང་བཞིའི་རླུང་སེམས་དབུ་མར་ཐིམ་ཞིང་། དེའི་མོད་ལ་ས་དང་པོའི་རྟོགས་པ་མངོན་དུ་གྱུར་ཏེ། ཕྱི་རོལ་གྱི་ཡུལ་ཆེན་པུལླི་ར་མ་ལ་ཡ་དང་། ཛཱ་ལནྡྷ་ར་དང་། ཨུ་རྒྱན་དང་། ཨརྦུ་ཏ་དང་བཞིའི་མཁའ་འགྲོ་རྣམས་དབང་དུ་འགྱུར་བ་ཡིན་ནོ། །ཐོག་མར་ས་བགྲོད་ནས་དེའི་མོད་ལ་ཡུལ་དབང་དུ་བསྡུ་བའི་གོ་རིམ་དེ་ལྟར་དགོས་ཏེ། གཞུང་ལ་འབྲུ་བསྣན་མ་ཐག་པའི་ཚིག་རྐང་གཉིས་པོ་དེ་དང་། ལྗོན་ཤིང་ལས་ཀྱང་ཚུལ་དེ་བཞིན་དུ་གསུངས་པས་འགལ་བ་མེད་དོ། །ཡུལ་གང་དུ་སྤྱོད་པ་ནི། བརྟག་གཉིས་ལས། གནས་དང་ཉེ་བའི་གནས་དང་ནི། །ཞིང་དང་ཉེ་བའི་ཞིང་ཉིད་དང་། །ཚནྡོ་ཉེ་བའི་ཚནྡོ་དང་། །དེ་བཞིན་འདུ་བ་ཉེ་འདུ་བ། །འཐུང་གཅོད་ཉེ་བའི་འཐུང་གཅོད་ཉིད། །དུར་ཁྲོད་ཉེ་བའི་དུར་ཁྲོད་ཉིད། །འདི་རྣམས་ས་ནི་བཅུ་གཉིས་ཏེ། །ཞེས་གསུངས་པ་ལྟར་གྱི་གནས་དང་ཉེ་གནས་ལ་ཡུལ་བཞི་བཞི། ཞིང་དང་ཉེ་བའི་ཞིང་། ཚནྡོ་ཉེ་བའི་ཚནྡོ། འདུ་བ་ཉེ་བའི་འདུ་བ། དུར་ཁྲོད་ཉེ་བའི་དུར་ཁྲོད་དང་བརྒྱད་ལ་ཡུལ་ཆེན་གཉིས་གཉིས། འཐུང་གཅོད་ཉེ་བའི་འཐུང་གཅོད་གཉིས་ལ་ཡུལ་ཆེན་བཞི་བཞིར་ཕྱེ་བས་བརྟག་གཉིས་དངོས་བསྟན་ལ་སུམ་ཅུ་སོ་གཉིས། དེའི་སྟེང་དུ

གླིང་བཞི་ལྷུན་པོ་དང་བཅས་པ་བསྟན་པས་སུམ་ཅུ་སོ་བདུན་དུ་རིག་པ་བརྟུལ་ཞུགས་ཀྱི་སྤྱོད་པ་བཟང་ངན་དང་། ཕན་གནོད་ཀྱི་རྐྱེན་བླང་དོར་དང་སྤང་ཞེན་མེད་པར་མཉམ་པ་ཉིད་དུ་འཆིར་བའི་ཕྱིར་རྒྱུ་བ་ཡིན་ནོ། །

དེ་ལྟར་སྤྱོད་པ་ལ་རྒྱུ་བའི་ལུགས་འདི་ནི་རྣལ་འབྱོར་ཆེན་པོའི་རྒྱུད་དང་། དགོངས་འགྲེལ་གྱི་བསྟན་བཅོས་རྣམས་ལས་གསུངས་པ་ཡིན་ཏེ། བརྟག་གཉིས་ལས། ཚུར་ཟད་དྲོད་ནི་ཐོབ་པ་ན། །ཞེས་སོགས་སྔར་དྲངས་པ་དང་། ཀྱེ་བཅོམ་ལྡན་འདས་གནས་ལ་སོགས་པ་གང་ལགས། བཅོམ་ལྡན་འདས་ཀྱིས་བཀའ་སྩལ་པ༑ གནས་ནི་ཛཱ་ལནྡྷ་རར་བཤད། །ཅེས་པ་ནས། སྐྱེད་ཚལ་ར་བའི་རྫིང་བུའི་འགྲམ། །ཉེ་བའི་དུར་ཁྲོད་བརྗོད་པར་བྱ། །ཞེས་གསུངས་པ་དང་། རི་གི་ཨ་ར་ལིའི་རྒྱུད་ལས། གནས་ནི་ཤར་གྱི་ལུས་འཕགས་པོ། །དེ་བཞིན་དུ་ནི་བ་གླང་སྤྱོད། །གནས་ནི་བྱང་གི་སྒྲ་མི་སྙན། །གནས་ནི་དེ་བཞིན་འཛམ་བུ་གླིང་། །གླིང་བཞིར་ལྷ་མོ་བཞི་དང་ནི། །རི་རབ་སྤྱི་བོར་རི་གི་བཞུགས། །ཨ་ར་ལི་དང་མཉམ་སྦྱོར་བས། །ཞེས་དང་། རྗེ་བཙུན་གྱི་ཨིནྡྲ་བྷཱུ་ཏིའི་ལམ་སྐོར་ལས་ཀྱང་། གླིང་བཞི་ཡུལ་ཆེན་གྱི་ནང་ཚན་དུ་གསུངས་པའི་ཕྱིར། འོན་ཀྱང་རྗེ་བཙུན་གྱིས་གསུངས་པ་དེ་ཡུལ་ཉེར་བརྒྱད་ཀྱི་སྟེང་དུ་གླིང་བཞི་བསྣན་པས་ཡུལ་སོ་གཉིས་དང་ས་བཅུ་གཉིས་སྦྱོར་བའི་སྐབས་ཡིན་པའི་ཕྱིར་ན། བརྟག་གཉིས་དངོས་བསྟན་གྱི་སོ་གཉིས་ཀྱི་སྟེང་གླིང་བཞི་བསྣན་པ་ལ་དགོངས་པ་མ་ཡིན་ཀྱང་། སྤྱིར་ཡུལ་ཆེན་དུ་བཤད་པས་ཡུལ་སོ་བདུན་གྱི་ནང་ཚན་དུ་གྲུབ་ཅིང་། ཁྱད་པར་ཨ་ར་ལིའི་རྒྱུད་དེས་གླིང་བཞི་དང་རི་རབ་ས་བཅུ་གསུམ་པ་འགྲུབ་བྱེད་ཀྱི་ཡུལ་ཆེན་ལྔག་མ་ལྔར་བསྟན་པ་ཡིན་ཏེ། གླིང་བཞིར་ལྷ་མོ་བཞི་དང་ནི། །རི་རབ་སྤྱི་བོར་རི་གི་བཞུགས། །ཞེས་དེ་དག་ལྷ་ནང་མ་ལྔ་བཞུགས་པའི་གནས་སུ་བཤད་པའི་ཕྱིར། དཔེར་ན། བདེ་མཆོག་ཏུ། བདེ་ཆེན་འཁོར་ལོ་ལྷ་ལྔ་པོ་ནང་ལུས་ལ་འགོད་པ་ན། སྙིང་གའི་ནང་འཁོར་གྱི་རྩ་འདབ་བཞི་དབུས་དང་བཅས་པར་བཀོད་ནས། དོན་གྱི་ས་བཅུ་གསུམ་པ་དང་སྦྱོར་བར་མཛད་པ་ཡིན་ནོ། །དེ་སྐད་དུ། ཁ་སྐོང་ལས། ནང་དུ་སྦས་པའི་རྩ་ལྔ་དང་། །ཕྱི་རུ་ཡུལ་ཆེན་ལྔག་མ་ལྔ། །འདུས་པས་བཅུ་གསུམ་ས་བསྐྱེད་པར། །རྣལ་འབྱོར་ཆེན་པོའི་རྒྱུད་ལས་གསུངས། །ཞེས་གསུངས་སོ། །

དེས་ན་ཡུལ་ཆེན་སོ་བདུན་རྒྱུད་ཀྱི་དངོས་བསྟན་ལ་རེ་རེ་ནས་བགྲངས་པ་མེད་ཀྱང་། དོན་ཐོབ་ལ་སོ་བདུན་བསྟན་ཅིང་ཡོད་དགོས་པ་ཡིན་ཏེ། གཞལ་ཡས་ཁང་གི་དག་པ་དང་བྱང་ཕྱོགས་སོ་བདུན་སྦྱོར་བ་དང་། འཁོར་ལོ་བདེ་མཆོག་ལྷ་དྲུག་ཅུ་རྩ་བཞི་ལྷ་བུ་རིགས་ཀྱི་སྒོ་ནས་ལྷ་གྲངས་སོ་བདུན་དུ་བསྡུ་བ་དང་། ནང་ལུས་ལ་ཡང་སྤྱི་བོ་པུ་ལླི་ར་མ་ལ་ཡ་ནས། པུས་མོ་ཀུ་ལུ་ཏའི་བར་ལ་ཉི་ཤུ་རྩ་བཞིའི་སྟེང་དུ། སྙིང་གའི་ཕྱི་སྐོར་གྱི་

རྒྱ་འདབ་བརྒྱད། ནང་སྐོར་གྱི་འདབ་མ་བཞིའི་དབུས་དང་བཅས་པས་སུམ་ཅུ་སོ་བདུན་ཚང་བ་ཡིན་ལ། དེ་བས་ན་ཕྱི་རོལ་དུ་ཡང་ཡུལ་ཆེན་སོ་བདུན་ལེགས་པར་གྲུབ་པ་ཡིན་ནོ། །པཎ་ཆེན་གྱིས། ཕྱི་རོལ་ཡུལ་ཆེན་སོ་བདུན་ཞེས། །བྱ་བ་རྒྱུད་གཞུང་གང་ནས་བཤད། །འཛམ་གླིང་ཙམ་པོ་ཡུལ་ཆེན་དུ། །ཁས་ལེན་ནུས་ན་རང་ལ་ཡང་། །མི་འདོད་པ་དག་མི་འབྱུང་ངམ། །ཞེས་དོགས་པ་བཀོད་ནས། མི་འདོད་པ་འབྱུང་ཚུལ་ལ། འཛམ་གླིང་ཙམ་པོ་ཡུལ་ཆེན་ཡིན་ན། འཛམ་གླིང་གིས་ས་ཕྱོགས་ཐམས་ཅད་དེར་ཁས་ལེན་ནམ། གནས་ཀྱི་ཁྱད་པར་རེ་རེ་བ་ཞིག་དེར་ཁས་ལེན། དང་པོ་ལྟར་ན། རྒྱུད་གཞུང་ཐམས་ཅད་དང་མི་མཐུན། གཉིས་པ་ལྟར་ན། ཨུ་རྒྱན་ལ་སོགས་པའི་གནས་ཀྱི་ཁྱད་པར་སུམ་ཅུ་རྩ་གཉིས་པོ་དེ་དག་ཉིད་དམ། དེར་མ་འདུས་པ་ཞིག་ཡོད་པ་ཡིན། དང་པོ་ལྟར་ན། སོ་བདུན་གྱི་གྲངས་བགྲངས་པ་ལ་མ་ཕན། གཉིས་པ་ལྟར་ན། གནས་དེ་ཉིད་ངོས་བཟུང་ནས་གྲངས་སུ་བགྲང་བར་རིགས་ཀྱི། ཙམ་ལྟོག་ནས་བགྲང་བར་མི་རིགས་སོ། །ཞེས་བཤད་ནས། རང་གི་བཞེད་པ། དགོས་པ་ཇོ་ཇོར་ཡུལ་རྣམས་ཀྱི། །དབྱེ་བ་འཆད་པའི་མདོར་བསྟན་དུ། །འདུ་བ་གཉིས་པོ་བཤད་གྱུར་ཀྱང་། །རྒྱས་བཤད་སྐབས་སུ་མ་བྱུང་བས། །འདུ་བ་གཉིས་པོའི་དབྱེ་བ་བཞི། །བསྟན་ནས་སློབ་པའི་གནས་སོ་དྲུག །མི་སློབ་གནས་དང་སོ་བདུན་ནོ། །ཞེས་འཆད་དོ། །

དེ་ལ་འཛམ་གླིང་ཙམ་པོ་ཡུལ་ཆེན་ཡིན་པ་ནི། ཨ་ར་ལིའི་རྒྱུད་ལས་གསུངས་ཤིང་། རྗེ་བཙུན་རིན་པོ་ཆེས་ཀྱང་གསུངས་པས་ཞལ་ལེན་གནང་རིགས་ལ། སྐྱོན་བརྗོད་ཀྱི་རིགས་པ་དེ་ནི་ཐམས་ཅད་ལ་མགོ་མཚུངས་པས། སྐྱོན་བརྗོད་པ་པོ་རང་ཉིད་ལ་མི་འདོད་པ་འབྱུང་བ་ཡིན་ནོ། །དེ་ཡང་མི་མཇེད་འཇིག་རྟེན་གྱི་ཁམས་འདི་སྟོན་པ་སངས་རྒྱས་པའི་ཞིང་ཁམས་ཡིན་ན། འདིའི་ས་ཕྱོགས་ཐམས་ཅད་དེར་ཁས་ལེན་ནམ། གནས་ཀྱི་ཁྱད་པར་རེ་རེ་བ་ཞིག་དེར་ཁས་ལེན་ཞེས་མགོ་འགྲེ་ཞིང་། དེ་བཞིན་དུ་ས་སྐྱའི་ལྷ་ཁང་ཆེན་མོ་ལྷ་ཁང་ཡིན་ན། དེའི་རྒྱ་མཐོང་རྟེན་འབྲེལ་ཁང་པ་སོགས་ཐམས་ཅད་དེར་ཁས་ལེན་ནམ། དེའི་ལྷ་རྟེན་བཞུགས་པའི་ཕྱོགས་ཙམ་ཞིག་དེར་ཁས་ལེན། གསེར་ཐུར་རྩོམ་པ་པོའི་མཁས་པ་ཁྱེད་པཎ་ཆེན་ཤཱཀྱ་མཆོག་ལྡན་ཡིན་ན། དེའི་དབུ་དང་ཕྱག་ལ་སོགས་པའི་སྐུའི་ཆ་ཤས་ཐམས་ཅད་དེར་ཁས་ལེན་ནམ། དེའི་སྐུའི་ཁྱད་པར་རེ་རེ་བ་ཞིག་དེར་ཁས་ལེན་ཞུས་ན་ཅི་གསུང་ལགས། དེས་ན་འཛམ་གླིང་ཙམ་པོ་ཡུལ་ཆེན་ཡིན་པ་ལ་སྐྱོན་བརྗོད་དེ་ནི། དབུ་མ་ནས་བཤད་པའི་དཔྱད་པའི་རིགས་པ་དང་འདྲ་བས། དེ་ལྟར་བྱས་ན་ཀུན་རྫོབ་ཀྱི་རྣམ་གཞག་ཐམས་ཅད་འཇོག་ཚུལ་མི་རྙེད་པར་འགྱུར་རོ། །འདུ་བ་དང་ཉེ་བའི་འདུ་བ་གཉིས་ལ། རྒྱས་བཤད་དུ་དབྱེ་བ་མ་བྱུང་གསུང་པ་ཡང་། རྒྱུད་ཚིག་སྒྲ་ཇི་བཞིན་པ་ལ་ཐུགས་ཞེན་པར་སྣང་ཡང་། འདི་ལ་དགྲུགས་བཤད

སོགས་ཀྱི་སྒོ་ནས་རྒྱུད་དོན་འཆད་མ་ཤེས་ན་སྒྲ་ཇི་བཞིན་པས་རྒྱུད་དོན་ཕྱིན་ཅི་ལོག་ཏུ་འགྱུར་བ་མང་ངོ་། །

དེ་ཡང་སྒྲ་ཇི་བཞིན་དུ་ཞེ་ན། རི་བོ་གངས་ཅན་དེ་ཉེ་བའི་ཞིང་གི་དབྱེ་བ་ཡིན་པར་ཐལ། བརྟག་གཉིས་ལས། བ་ཡི་མཆོག་སྦྱིན་ཁ་བའི་རི། །ཉེ་བའི་ཞིང་ནི་མདོར་བསྡུས་པའོ། །ཞེས་གསུངས་པའི་ཕྱིར། འདོད་ན། དེ་མ་ཡིན་པར་ཐལ། གངས་ཅན་དེ་ཉེ་བའི་ཚནྡོའི་དབྱེ་བ་ཡིན་པའི་ཕྱིར་ཏེ། བདག་མེད་བསྟོད་པ་ལས་དེ་ལྟར་དུ་བཤད་པའི་ཕྱིར། ཡང་སམ་བུ་ཊ་ལས། ཚནྡོ་མངོན་དུ་གྱུར་པ་སྟེ། །ཉེ་བའི་ཚནྡོ་སྦྱང་དཀའ་བ། །ཞེས་གསུངས་པས། ལྟ་བ་ཚནྡོའི་ས་དེ་སྦྱང་དཀའ་བ་དང་མི་སྦྱོར་བར། མངོན་དུ་གྱུར་པའི་ས་དང་སྦྱོར་རིགས་པ་དང་། དེ་བཞིན་དུ་དྲུག་པ་ཉེ་བའི་ཚནྡོའི་ས་མངོན་དུ་གྱུར་པ་དང་སྦྱོར་རྒྱུ་དེ་དང་མི་སྦྱོར་བར་སྦྱང་དཀའ་བ་དང་སྦྱོར་རིགས་པར་འགྱུར་ཏེ། དཀྱུགས་བཤད་མི་སྣང་བར་སྒྲ་ཇི་བཞིན་པར་ཞལ་གྱིས་བཞེས་པའི་ཕྱིར། དེས་ན། གནས་ནི་ཛཱ་ལནྡྷ་རར་བཤད། །ཅེས་སོགས་ལ་དཀྱུགས་བཤད་བྱས་ནས། སྔར་བཤད་པ་ལྟར་གནས་དང་ཉེ་གནས་ལ་བཞི་བཞི་དང་། བར་པ་བརྒྱད་ལ་གཉིས་གཉིས་དང་། འཐུང་གཅོད་ཉེ་བའི་འཐུང་གཅོད་ལ་བཞི་བཞིར་དབྱེ་ནས་དངོས་བསྟན་སོ་གཉིས་སུ་གྲུབ་པ་ཡིན་པས། འདུ་བ་ཉེ་བའི་འདུ་བའི་དབྱེ་བ་བཞི་ནི་སོ་གཉིས་པོ་འདིའི་ནང་དུ་འདུས་པ་ཡིན་ནོ། །

གཞན་དུ་ན། གནས་སོ་གཉིས་ལས་ལོགས་སུ་སོ་ལྔ་ཉེ་བའི་འདུ་བའི་དབྱེ་བར་མཛད་པ་འདི་རྒྱུད་རང་ཡང་མ་གཟིགས་པར་ཐལ་བའི་སྐྱོན་དུ་འགྱུར་ཏེ། རྒྱུད་ཀྱི་སོ་གཉིས་ཀྱི་ནང་ན་སོ་ལྔ་བཤད་པའི་ཕྱིར། གལ་ཏེ་མིང་མཐུན་ཡང་མི་འདྲ་བ་གཉིས་ཡོད་དོ་ཞེ་ན། དེ་ལྟའི་ངེས་པ་ཅི་ཡོད། ཞལ་བླང་གི་དབང་གིས་སྐྱོང་ལུགས་ཙམ་དུ་ཟད་དོ། །སྤྱོད་པས་འབྲས་བུ་གང་ཐོབ་པ་ནི། བླང་དོར་གཉིས་སུ་མེད་པར་རྟོགས་པས། ཡུལ་སོ་བདུན་དུ་རྒྱུ་བ་འདི་འདྲའི་སྤྱོད་པ་ཤེས་ནས་ནི་འབྲས་བུ་ཚེ་འདི་ཉིད་ལ་རྫོགས་འཚང་རྒྱ་བ་ཡིན་ཏེ། ཚེ་འདི་ཉིད་ལ་ཡུལ་སོ་བདུན་བགྲོད་ཅིང་། ནང་གི་ཡུལ་སོ་བདུན་གྱི་རླུང་སེམས་དབུ་མར་ཐིམ་ཏེ་རྡོ་རྗེ་འཆང་གི་ས་བཅུ་གསུམ་པ་ཐོབ་པར་འགྱུར་བའི་ཕྱིར་རོ། །

གཉིས་པ་ལ་གཉིས་ཏེ། འདོད་པ་བརྗོད་པ་དང་། དེ་དགག་པའོ། །དང་པོ་ནི། དེང་སང་བོད་འདིར་རིམ་གཉིས་ལ་བརྟན་པ་ཐོབ་ནས་གནས་ཆེན་འགྲིམ་པའི་དུས་ལ་བབས་པ་ལྟ་ཅི་སྨོས། གསང་སྔགས་ཀྱི་ལམ་རིམ་གཉིས་བསྒོམ་ཙམ་ཡང་མི་ཤེས་པར། ཡུལ་ཆེན་དུ་སྤྱོད་པ་ལ་རྒྱུ་བ་སོགས་སྔགས་ཀྱི་ཚུལ་དུ་འཆོས་པ་མཐོང་ངོ་། །

གཉིས་པ་ལ་གསུམ་སྟེ། གང་གིས་སྤྱོད་ལ་འབྲུལ་པ་དགག །གང་དུ་སྤྱོད་ལ་འབྲུལ་པ་དགག །སྐབས་

དོན་བསྡུས་ཏེ་སྙིང་པོ་འདོམས་པའོ། །དང་པོ་ལ་གསུམ་སྟེ། སྤྲུགས་མེད་སྤྱོད་པ་རྒྱུད་ལས་བཀག །གསང་སྔགས་བསྒོམ་པས་སྤྱོད་པར་བསྟན། དེ་ཡིས་གྲུབ་པའི་དོན་ཉིད་བསྡུ་བའོ། །དང་པོ་ལ་གསུམ་སྟེ། ཤེས་བྱེད་མེད་པ། ཉེས་དམིགས་ཆེ་བ། ཕྱིན་པ་ཙམ་ལ་ཕན་གནོད་མེད་པའོ། །དང་པོ་ནི། རིམ་གཉིས་མི་བསྒོམ་པར་ཡུལ་ཆེན་དུ་སྤྱོད་པ་ལ་རྒྱུ་བ་མི་འཐད་དེ། རིམ་པ་གཉིས་པོ་མི་བསྒོམ་ན་ཡུལ་ཆེན་སུམ་ཅུ་སོ་བདུན་དུ་སྤྱོད་པ་ལ་འགྲོ་བ་སངས་རྒྱས་ཀྱིས་མ་གསུངས་པའི་ཕྱིར། གལ་ཏེ་སྒོམ་དང་རྟོགས་པ་བཟང་པོ་ཡོད་པས་འགྲོའོ་སྙམ་ན། རིམ་པ་གཉིས་པ་མི་བསྒོམ་པའི་བོད་ཀྱི་ཕྱག་ཆེན་པའི་བསྒོམ་ཆེན་ཅི་བཟང་ཡང་དེ་ནི་ཆོས་ཅན། ཕ་རོལ་ཏུ་ཕྱིན་པའི་བསྒོམ་ཆེན་ལས་མ་འདས་ཏེ། སེམས་ངོ་སྤྲོད་ནས་གནས་ལུགས་བསྒོམ་པ་ཙམ་ཡིན་པས་སོ། །འདི་ནི། གོང་དུ། གལ་ཏེ་དེ་ནི་བསྒོམ་ལེགས་ཀྱང་། །དབུ་མའི་བསྒོམ་ལས་ལྷག་པ་མེད། །ཅེས་གསུངས་པ་དང་། དོན་གནད་གཅིག་པར་སྣང་ངོ་། །དེ་བས་ན་དེ་ནི་ཕ་རོལ་ཏུ་ཕྱིན་པའི་བསྒོམ་ཆེན་ཡིན་ལ། དེས་ནི་ཡུལ་ཆེན་དུ་སྤྱོད་པ་རྒྱུ་བ་མི་འཐད་དེ། ཕ་རོལ་ཏུ་ཕྱིན་པའི་མདོ་ལས། ཡུལ་ཆེན་དེ་དག་ཏུ་འགྲོ་བའི་ཚོ་གའམ། ཉམས་ལེན་བཤད་པ་མེད་པའི་ཕྱིར། །དགའ་གདོང་པ། རིམ་པ་གཉིས་པོ་མི་བསྒོམ་པའི། །ཞེས་སོགས་དྲངས་ནས། རྒྱུད་སྡེ་འོག་མ་ལ་རིམ་གཉིས་ཡོད་པར་བཞེད་པ་དང་། གཞན་དག་རྒྱུད་སྡེ་འོག་མའི་ཉམས་ལེན་སེམས་ལ་གནད་དུ་བསྟུན་པ་ཡིན་པས། ཕ་རོལ་ཏུ་ཕྱིན་པའི་ལུགས་དང་འདྲ་བ་གཞུང་གི་དོན་དུ་ཚུད་པ་སོགས་ལུགས་མང་དུ་བྱུང་ཡང་། སྔར་བཤད་པ་ལྟར་སྣར་འདོན་སྙིང་པོ་རྟོགས་ན་དེ་ཙམ་གྱི་སྤྲོས་པ་ལབ་ལབ་མང་པོ་མི་དགོས་སོ། །

གཉིས་པ་ནི། གལ་ཏེ་གསང་སྔགས་རིམ་གཉིས་མི་སྒོམ་ཞིང་། ལམ་བསྒོམ་པའི་རྟོགས་པ་ཡོད་པར་རློམ་པ་ཡིས། ཡུལ་ཆེན་དེ་དག་ཏུ་ཕྱིན་ན་བར་ཆད་འབྱུང་སྟེ། སྤྱིར་ཡང་རློམ་པ་ཅན་ལ་བར་ཆད་ལྟུང་ཞིང་། ཁྱད་པར་དེ་ལྟ་བུ་ལ་མཁའ་འགྲོ་རྣམས་ཀྱིས་བར་ཆད་རྩོམ་པར་འགྱུར་བ་ཡིན་པས། གསང་སྔགས་རིག་པ་འཛིན་པ་ལ་བར་ཆད་མི་འབྱུང་བའི་རྒྱུ་མཚན་ནི། བཟླ་དང་བཟླའི་ལན་ཤེས་ཤིང་། རིམ་གཉིས་ཀྱི་རྟོགས་པ་བརྟན་པས་ཡུལ་དེའི་དཔའ་བོ་དང་མཁའ་འགྲོ་མ་རྣམས་དང་སྤྲུན་དང་སྲིང་མོའི་ཚུལ་དུ་འགྱུར་བས་བར་ཆད་མི་འབྱུང་ཞིང་དངོས་གྲུབ་འབྱུང་བ་ཡིན་ནོ། །དེ་སྐད་དུ། གང་གི་སྤྲུན་དང་སྲིང་མོ་ཡང་། །ཐེ་ཚོམ་མེད་པར་ཤེས་པར་བྱ། །ཞེས་གསུངས་སོ། །

གསུམ་པ་ནི། རྟོགས་པ་ཅི་ཡང་མེད་པའི་སྒོམ་ཆེན་གྱི་ཡུལ་ཆེན་དུ་ཕྱིན་ཡང་ཕན་གནོད་གང་ཡང་མེད་དེ། དཔེར་ན་ཨུཙྪན་དང་། ཛཱ་ལནྡྷ་ར་དང་། རི་བོ་གངས་ཅན་དང་། དེ་ཝཱི་ཀོ་ཊ་སོགས་ཀླུ་ཀློ་ཀླུན་པོ་དང་

མུ་སྟེགས་བྱེད་དང་། འབྲོག་པ་རྣམས་ཀྱིས་གང་ཞིང་བསྟེན་མོད་ཀྱི། དེར་བསྟེད་པའི་ཀླུ་ཀློ་སོགས་དེ་དག་གིས་གྲུབ་པ་ཐོབ་བམ་ཅི་སྟེ་མ་ཐོབ་པ་བཞིན་ནོ། །གཞུང་འདི་ལ་བརྟེན་ནས་གློ་བོ་མཁན་ཆེན་འཇམ་དབྱངས་བསོད་ནམས་ལྷུན་གྲུབ་ཀྱི་ཡུལ་ཆེན་གྱི་བཤད་པ་ལས། བལ་བོད་ཀྱི་མཚམས་ན་གངས་རི་ཆེན་པོ་མཐའ་ཆུ་སོགས་ཀྱིས་བསྐོར་བར་མུ་སྟེགས་བྱེད་མང་པོ་དེར་ཡོང་ཞིང་གནས་ཆེན་དུ་འདོད་པ་ཞིག་ཡོད་པ་དེ་ཡུལ་ཆེན་གྱི་ནང་ཚན་དུ་གྱུར་པའི་གངས་ཅན་ཡིན་གསུངས་ལ། དེ་ནི་དགོངས་པ་མ་ཡིན་ཏེ། དེ་ལྟ་བུའི་གངས་རི་ལ་མངོན་པ་སོགས་ནས་བཤད་པའི་གངས་ཅན་གྱི་ཁྱད་ཆོས་གང་ཡང་མ་ཚང་བའི་ཕྱིར། གལ་ཏེ་ལུང་ནས་བཤད་པའི་གངས་ཅན་གྱི་ཁྱད་ཆོས་མ་ཚང་ཡང་གནས་ཆེན་གྱི་གངས་ཅན་ཡིན་ན། ཕྱོགས་སྔ་མས་ཏེ་སེ་རྒྱུ་བའི་གནས་ཀྱི་གངས་ཅན་དུ་ཁས་བླངས་པ་ལ། གཞུང་ལས། དཔལ་ལྡན་དུས་ཀྱི་འཁོར་ལོ་དང་། །ཞེས་སོགས་ལུང་ནས་བཤད་པའི་གངས་ཅན་གྱི་ཁྱད་ཆོས་མ་ཚང་བ་གནོད་བྱེད་དུ་བཏང་བ་ཡང་མི་འཐུག་པར་འགྱུར་རོ། །དེས་ན། དེ་ལྟར་ན་མུ་སྟེགས་མང་པོ་གནས་པས། མུ་སྟེགས་བྱེད་ཀྱིས་གང་བར་བཤད་པ་དེ་ལ་སྦྱོར་རིགས་པ་ཡིན་ནོ། །

གཉིས་པ་ནི། ཡུལ་ཆེན་དུ་སྤྱོད་པ་ལ་སུ་ཞིག་རྒྱུ་བར་འོས་ན། གསང་སྔགས་རིམ་གཉིས་བསྒོམ་པའི་རྟོགས་པ་ཅན། ལུས་ངག་གི་བརྡ་དོན་འཕྲོད་པའི་སྐལ་པར་ལྡན་པ་དེ་རྒྱུ་བར་འོས་ཏེ། དེས་སྤྱོད་པ་ལ་ཕྱིན་པ་ན་དེ་ལ་ཡུལ་དེར་གནས་པའི་མཁའ་འགྲོ་རྣམས་ཀྱིས་བྱིན་གྱིས་རློབ་ཅིང་། ནང་གི་རྟོགས་པ་བསྐྱེད་པའི་གྲོགས་མཛད་པས་སོ། །སྤྱོད་པ་ལ་རྒྱུ་བ་འདིའི་དོན་ནི་རྣལ་འབྱོར་ཆེན་པོའི་རྒྱུད་སྡེ་རྣམས་སུ་ལེགས་པར་ལྟོས་ཏེ། བརྟག་གཉིས་ལས། ཙུང་ཟད་དྲོད་ནི་ཐོབ་པ་ན། །ཞེས་སོགས་སྤྱོད་པ་བྱ་ཚུལ་རྒྱས་པར་གསུངས་པ་དང་། ལེའུ་བདུན་པ་ལས། གང་གི་སྨྲུན་དང་སྲིང་མོ་ཡང་། །ཞེས་སོགས་སྤྱོད་པ་བྱ་བའི་དུས་ཀྱི་བརྡ་དང་བརྡའི་ལན་དང་། ཀྱེ་བཅོམ་ལྡན་འདས་འདུ་བའི་གནས་སུ་ལགས། ཞེས་སོགས་ཀྱིས་གང་དུ་སྤྱོད་པ་བྱ་བའི་གནས་བསྟན་པའི་ཕྱིར་རོ། །གསུམ་པ་གྲུབ་དོན་བསྡུ་བ་ནི། ཡུལ་ཆེན་དུ་སྤྱོད་པ་ལ་རྒྱུ་བ་རྒྱུད་སྡེའི་ཁྱད་ཆོས་ཡིན་པ་དེས་ན། དབང་མ་ཐོབ་ཅིང་གསང་སྔགས་རིམ་གཉིས་མི་བསྒོམ་པར་ཡུལ་ཆེན་བགྲོད་པ་ནི་དོན་མེད་ངལ་བ་ལྷུར་ལེན་པ་ཡིན་ནོ། །དོན་འདི་དང་མཐུན་པར་འཕྲིན་ཞུར། ཨུཙྪན་ཛ་ལནྡྷ་ར་དང་། །གངས་ཅན་ཙཱ་རི་ཏྲ་ལ་སོགས། །ཕྱི་དང་ནང་གི་གནས་ཆེན་རྣམས། །ས་བཅུ་ལ་སོགས་ཡིན་པ་ལ། །རྒྱུད་སྡེ་ལེགས་པར་མ་བསླབ་པའི། །བླུན་པོ་རྣམས་ཀྱིས་དེར་མ་གོ །དེས་ན་ས་ལམ་མི་བགྲོད་པར། །ཡུལ་ཆེན་འཚོལ་བའི་གང་ཟག་མང་། །དེ་དག་ཁྱེད་ཀྱི་གསུང་རབ་དང་། །འགལ་བར་མཐོང་ནས་བདག་གིས་བཀག །དེ་ལའང་དེ་

འདྲའི་རིགས་ཅན་རྣམས། །བདག་ལ་རྒྱབ་ཀྱིས་ཕྱོགས་པར་སྣང་། །ཞེས་གསུངས་སོ། །

གཉིས་པ་གང་དུ་སྤྱོད་ལ་འཁྲུལ་པ་དགག་པ་ལ་གཉིས་ཏེ། ཏི་སེ་གངས་ཅན་ཡིན་པ་དགག །ཙ་རི་གནས་ཆེན་ཡིན་པ་དགག་པའོ། །དང་པོ་ལ་གསུམ་སྟེ། གངས་ཅན་ཁྱད་ཆོས་མེད་པས་དགག །དེ་ཡི་གཏན་ཚིགས་རྒྱས་པར་བཤད། གཞན་གྱི་ཉེས་སྤོང་བརྗོད་པ་དགག་པའོ། །དང་པོ་ནི། སྤྱོད་པ་ལ་རྒྱུ་བའི་གནས་ཀུང་རྒྱུད་སྡེ་ནས་གསུངས་པའི་ཡུལ་ཆེན་གྱི་ནང་ཚན་ཡིན་པ་ཞིག་དགོས་པ་ལ། བོད་འདི་ན་མངའ་རིས་ཀྱི་ཏི་སེ་ལ་གངས་ཅན། གོང་ཡུལ་གྱི་ཙ་རི་ལ་འཕྲུང་གཙོད་ཀྱི་བྱེ་བྲག་ཙ་རི་ཏྲར་འདོད་པ་ཡིན་ནོ། །དེ་ལ་ཏི་སེ་གངས་ཅན་ཡིན་པ་ནི་མི་འཐད་དེ། དཔལ་ལྡན་དུས་ཀྱི་འཁོར་ལོའི་འཇིག་རྟེན་ཁམས་ལེ་ལས་གསུངས་པའི་གངས་ཅན་དང་། མངོན་པའི་གཞུང་ལས་གསུངས་པའི་རི་བོ་སྤོས་ངད་ལྡན་གྱི་བྱང་ན། བྲག་རི་གསེར་གྱི་བྱ་སྐྱིབས་ལྔ་མ་ཡིན་གྱི་ཕུག་དང་། དེའི་བྱང་ན་ཛམ་བུའི་ཤིང་སྦྲ་ལའི་རྒྱལ་པོ་རབ་བརྟན་ཤིང་ཕྲན་ལྔ་བརྒྱས་བསྐོར་བ་དང་། གླང་པོ་ཆེ་ས་སྲུང་གི་བུ་ལ་གླང་ཆེན་ལྔ་བརྒྱས་བསྐོར་བ་དང་། འཕགས་པའི་གནས་བརྟན་འཁོར་དགྲ་བཅོམ་པ་ལྔ་བརྒྱ་དང་བཅས་པ་རང་རང་གི་ལས་ཀྱི་རྒྱུ་ལ་ལུང་བསྟན་མཛད་ཅིང་། བཞུགས་པའི་གནས་རི་བོ་གངས་ཅན་དེ་ནི་བོད་ཀྱི་ཏི་སེ་འདི་མ་ཡིན་པའི་ཕྱིར། དེ་བཞིན་དུ་མངོན་པ་ནས་གསུངས་པའི་མ་དྲོས་རྒྱ་མཚོ་ཡང་བོད་ཀྱི་མ་ཕམ་གཡུ་མཚོ་མ་ཡིན་ཏེ། གླང་པོ་རྣམས་ཀུང་མ་ཕམ་དང་ཏི་སེའི་ཕྱོགས་དེ་ན་མེད་ཅིང་། དེ་བཞིན་དུ། ཛམ་བུའི་ལྗོན་པ་དང་། གསེར་གྱི་བྱ་སྐྱིབས་ཀྱི་ཕུག་པ་ག་ལ་ཡོད་དེ་མེད་དོ། །

གཉིས་པ་ལ་ལྔ་སྟེ། དུས་འཁོར་ནས་བཤད་ཚུལ། མངོན་པ་ནས་བཤད་ཚུལ། མུ་སྟེགས་བྱེད་ཀྱི་འདོད་ཚུལ། རྨ་བྱ་ཆེན་མོ་ནས་གསུངས་ཚུལ། ཕལ་པོ་ཆེ་ནས་གསུངས་ཚུལ་འགོད་པའོ། །དང་པོ་ནི། ད་ལྟའི་ཏི་སེ་འདི་རི་བོ་གངས་ཅན་ཡིན་པས་དུས་འཁོར་དང་མི་མཐུན་ཏེ། དེའི་གཏན་ཚིགས་འདི་ལྟར། དཔལ་ལྡན་དུས་ཀྱི་འཁོར་ལོའི་བསྡུས་པའི་རྒྱུད་ལས། འཛམ་གླིང་འདིའི་ཆུ་ཞིང་ཆེ་བ་ལ་ཆུ་བོ་སི་ཏཱ་ཡོད། དེའི་བྱང་ན་རི་བོ་གངས་ཅན་ཡོད་པར་གསུངས་ཤིང་། རི་བོ་གངས་ཅན་དེའི་འགྲམ་ན་ཤམ་བྷ་ལའི་ཡུལ་གྲོང་ཁྱེར་བྱེ་བ་དགུ་བཅུ་དྲུག་ཡོད་པས་རྒྱལ་ཕྲན་དགུ་བཅུ་རྩ་དྲུག །དེ་ན་རྒྱལ་པོའི་ཕོ་བྲང་མཆོག་ཀ་ལཱ་པ་ཞེས་བྱ་བ་དང་། དུས་ཀྱི་འཁོར་ལོའི་གཞལ་ཡས་ཁང་དང་། མ་ལ་ཡའི་སྐྱེད་མོས་ཚལ་ཡོད་ལ། དེ་ན་སྤྲུལ་པའི་རྒྱལ་པོ་ཟླ་བ་བཟང་པོ། ལྷ་དབང་། གཟི་བརྗིད་ཅན། ཟླ་བས་བྱིན། ལྷའི་དབང་ཕྱུག །སྣ་ཚོགས་གཟུགས། ལྷའི་དབང་ལྡན་རྣམས་ཀྱིས་ལོ་གྲངས་བརྒྱ་བརྒྱར་རྩ་རྒྱུད་ཀྱི་ཆོས་གསུངས་སོ། །ཤམ་བྷ་ལ་དེ་ན་ནགས་ཚལ་སྣ་ཚོགས་ཀྱི་ཉམས་དགའ་བ་དང་། ལོངས་སྤྱོད་ཀྱི་གཞི། བཟའ་ཤིང་གཙང་བ་དུ་མ་དང་བཅས་པ་ཡོད་དོ། །སྐྱིགས་མའི་

དུས་སུ་ཧྲགས་ཙམ་འཛིན་པར་གྱུར་པ་ན། ལྷ་མ་ཡིན་གྱི་སྤྲུལ་པ་ཀླ་ཀློའི་རྒྱལ་པོ་སྟོབས་ཅན་ཞིག་བྱུང་སྟེ། རྒྱ་གར་འཕགས་པའི་ཡུལ་ཀླ་ཀློའི་ཆོས་ཀྱིས་གང་ཞིང་འཇོམས་པར་འགྱུར། དེ་ནས་ཀླ་ཀློ་དེ་རྫུ་འཕྲུལ་གྱི་སྟོབས་ཀྱིས་དྲེགས་ནས། ཤམ་བྷ་ལར་དམག་འདྲེན་རྩོམ་པར་འགྱུར་རོ། །དུས་དེའི་ཚེ་ན་ཕྱག་ན་རྡོ་རྗེའི་སྤྲུལ་པ་དྲག་པོ་འཁོར་ལོ་ཅན་ཞེས་བྱ་བའི་རྒྱལ་པོས། ལྷ་ཆེན་བཅུ་གཉིས་དང་། རྒྱལ་ཕྲན་དགུ་བཅུ་རྩ་དྲུག་གི་དཔུང་རྣམས་ཁྲིད་ཅིང་། སྤྲུལ་པའི་དམག་དཔུང་མང་པོས་ཀྱང་། ཀླ་ཀློ་རྣམས་ཕམ་པར་བྱས་ནས། རྡོ་རྗེ་ཐེག་པའི་རིགས་གཅིག་ཏུ་བྱེད་ཅིང་། རིམ་གྱིས་འཕགས་པའི་ཡུལ་གྱི་བར་དུ་ཡང་སངས་རྒྱས་ཀྱི་བསྟན་པ་སྤེལ་བར་གསུངས་ལ། དེ་བས་ན་རི་བོ་གངས་ཅན་དུ་རྫུ་འཕྲུལ་མེད་པས་འགྲོ་མི་ནུས་པ་ཡིན་ནོ། །གལ་ཏེ་ཏི་སེ་འདི་དུས་འཁོར་ནས་བཤད་པའི་གངས་ཅན་ཡིན་ན། འདིའི་འགྲམ་ན་ཤམ་བྷ་ལ་ཡོད་པར་འགྱུར་བ་དང་། རྫུ་འཕྲུལ་དང་མི་ལྡན་པས་བགྲོད་མི་ནུས་པར་འགྱུར་བ་ལས། ཀུན་གྱིས་བགྲོད་ནུས་ཤིང་། འགྲམ་ན་ཤམ་བྷ་ལ་མེད་པ་མངོན་སུམ་དུ་གསལ་ལོ། །སྦྱོར་ཁང་པས། དེ་ཚེ་འཛམ་དཔལ་གྲགས་པ་ཡི། །ཞེས་དང་། པཊ་ཆེན་གྱིས། དེ་ཚེ་འཛམ་པའི་རྡོ་རྗེ་ཡི། །ཞེས་གཞུང་འདྲེན་པ་བསྒྱུར་བ་ཡང་སྣང་མོད། དུས་འཁོར་མཁྱེན་པ་དག་གིས་དཔྱོད་པར་མཛོད་ཅིག །ཏི་སེ་གངས་ཅན་ཡིན་པ་འགོག་པ་ལ་དུས་འཁོར་འདྲེན་པ་ནི། མཐའ་གཞན་འགོག་པའི་དབང་དུ་བྱས་ནས། དུས་འཁོར་ནས་བཤད་པའི་གངས་ཅན་གྱི་ཁྱད་ཆོས་མ་ཚང་བས་དུས་འཁོར་གྱི་ལུགས་ཀྱང་མ་ཡིན་ཞེས་བཀོད་པ་ཡིན་གྱི། ཕྱོགས་སྔས་དུས་འཁོར་ནས་བཤད་པའི་གངས་ཅན་དུ་ཁས་བླངས་པའི་རྒྱུ་མཚན་གྱིས་འགོག་པ་ནི་མ་ཡིན་ནོ། །

གཉིས་པ་ནི། མངོན་པ་ལས་ཀྱང་འདི་སྐད་གསུངས་ཏེ། ཡུལ་དབུས་འདི་ནས་བྱང་དུ་རི་ནག་པོ་དགུ་འདས་པ་ན་རི་བོ་གངས་ཅན་ཡོད་ལ། དེ་ནས་རི་སྤོས་ངད་ལྡན་པ་ཡོད་པའི་ཚུར་རོལ་དཔག་ཚད་ལྔ་བཅུ་ཡོད་པ་ན། མཚོ་མ་དྲོས་པ་ཆུ་ཞེང་དང་ཟབས་སུ་དཔག་ཚད་ལྔ་བཅུ་ཡོད་པ་ཡན་ལག་བརྒྱད་ལྡན་གྱི་ཆུས་གང་བ་ཡོད་ལ། དེའི་གཡས་རོལ་ན་ཤིང་ཛམ་བུ་ཞེས་བྱ་བ་འབྲས་བུ་ཛཾ་མ་ཙམ། རོ་སྦྲང་རྩི་འདྲ་བ་ཡོད་པ་སོགས་མཚན་ཉིད་རྒྱས་པར་གསུངས་ཤིང་། མཛོད་འགྲེལ་ལས། དེར་ནི་རྫུ་འཕྲུལ་དང་མི་ལྡན་པའི་མིས་བགྲོད་པར་དཀའོ། །ཞེས་བཤད་ལ། དེ་བས་ན་ད་ལྟའི་ཏི་སེ་རི་གངས་ཅན་དང་། མ་ཕམ་ནི་མ་དྲོས་པ་མ་ཡིན་ཏེ། དེ་གཉིས་ལ་གངས་ཅན་དང་། མ་དྲོས་པའི་མཚན་ཉིད་བཤད་པ་དེ་དག་གང་ཡང་མེད་པའི་ཕྱིར་རོ། །

གསུམ་པ་ནི། ཏི་སེ་གངས་ཅན་ཡིན་པར་ནི་མུ་སྟེགས་བྱེད་ཀྱིའང་མི་འདོད་དེ། མུ་སྟེགས་ཀྱི་གཞུང་རྒྱས་པའི་བསྟན་བཅོས་གཞོན་ནུ་འབྱུང་བ་ལས། གླིང་འདིའི་ཤར་ནུབ་གཉིས་ཀྱི་རྒྱ་མཚོ་ལ་ཐུག་གི་བར་རི་

བོ་གངས་ཅན་གྱིས་ཁྱབ་པར་བཤད་པ་དང་།   སྟོན་རྒྱལ་པོ་ཤིང་རྟ་བཅུ་པའི་བུ་དགའ་བྱེད་ཀྱི་དཔུང་གིས་སྲིན་པོ་རྣམས་བསད་པ་མཆི། སྲིན་པོའི་སྲུན་བླ་བསམ་གཏན་བསྒོམས་པ་གཅིག་གིས་རླུང་དྲག་པ་བཏྲབས་པས། དམག་དཔུང་རྣམས་ཀེང་རུས་སུ་སོང་ནས་དེ་གསོ་བའི་ཕྱིར། སྤྲེའུ་ཧ་ནུ་མ་ནྟས་རི་བོ་གངས་ཅན་བླངས་ནས་དེ་ལ་ཡོད་པའི་བདུད་རྩི་གཏོར་ནས་གསོས་པར་གྱུར་པ་དང་།   སྤྲེ་འུས་བླར་ཡང་གངས་རི་རང་གནས་སུ་འཕངས་པའི་དུམ་བུ་ལམ་དུ་ཆར་པ་ཞིག་ཏི་སེ་འདི་ཡིན་ཞེས་མུ་སྟེགས་གྲོག་མཁར་བ་སྨྲ་བ་ཡིན་ནོ། །ཕྱི་ནང་གི་ལུགས་གང་ལ་ཡང་གངས་ཅན་མ་ཡིན་པ་དེས་ན།   ལྷ་དབང་ཕྱུག་ཆེན་པོ་འདུག་པའི་གནས་གླང་པོ་ཆེ་ས་སྲུང་གི་བུ་ཡིས་བསྐྱེན་པའི་ས་འཕགས་པའི་གནས་བརྟན་དགྲ་བཅོམ་ལྔ་བརྒྱའི་འཁོར་དང་བཅས་པ་བཞུགས་པའི་ཡུལ་གྱི་གངས་ཅན་ནི་ད་ལྟའི་ཏི་སེ་འདི་མ་ཡིན་ནོ། །

བཞི་པ་ནི།   ཏི་སེ་དང་གངས་ཅན་གཉིས་དོན་ཐ་དད་ཅིང་མིང་ཡང་ཐ་དད་ཡིན་ཏེ།   རྨ་བྱ་ཆེན་མོའི་མདོ་ལས་ཀྱང་།   རི་ཡི་རྒྱལ་པོ་གངས་ཅན་དང་།   །རི་ཡི་རྒྱལ་པོ་ཏི་སེ་དང་།   །ཞེས་ཐ་དད་དུ་གསུངས་པའི་ཕྱིར་དང་། གངས་ཅན་གྱི་སྐད་དོད་ནི་ཧི་མ་ལ་ཡ་དང་། ཏི་སེའི་སྐད་དོད་ལ་ཀེ་ལ་ཤ་བཤད་པའི་ཕྱིར་རོ། །

ལྔ་པ་ནི། ཕལ་པོ་ཆེའི་མདོ་ལས་ཀྱང་། མཚོ་མ་དྲོས་པའི་ཆུ་ཞེང་སྟེ་ངོས་རེ་རེ་ལ། དཔག་ཚད་ལྔ་བཅུ་ལྔ་བཅུ་དང་། འོག་གི་ས་གཞི་རིན་པོ་ཆེ་གསེར་གྱི་གསེག་མ་སྟེ་བྱེ་མ་བརྡལ་བ་དང་། ངོས་རྣམས་ནི་རིན་པོ་ཆེ་ཕ་གུར་བརྩེགས་པ་ཡོད་ལ། དེ་ལས་འབབ་པའི་ཆུ་བོ་བཞི་ནི། གླང་གླང་ཆེན་གྱི་ཁ་ནས་དངུལ་གྱི་བྱེ་མ་འདྲེན་ཅིང་ཤར་ལ་འབབ་ཅིང་། ཆུ་མདོག་ཀྱང་དེ་དང་འདྲ། སི་ཏ་སེང་གེའི་ཁ་ནས་ནི་རྡོ་རྗེའི་བྱེ་མ་འདྲེན་ཅིང་ལྷོར་འབབ། སིནྡྷུ་གླང་གི་ཁ་ནས་ནི་གསེར་གྱི་བྱེ་མ་འདྲེན་ཅིང་ནུབ་ཏུ་འབབ། པཀྵུ་རྟའི་ཁ་ནས་ནི་བཻ་ཌཱུ་རྱ་སྔོན་པོ་འདྲེན་ཅིང་བྱང་དུ་འབབ། བཞི་པོ་ཐམས་ཅད་ཀྱི་ནི་ཁ་ཞེང་ལ་དཔག་ཚད་རེ་རེ་ཡོད་པར་གསུངས་ཤིང་། ཆུ་བོ་དེ་བཞི་མ་དྲོས་པ་ལ་གཡས་བསྐོར་དུ་ལན་གྲངས་བདུན་བདུན་བསྐོར་ནས་རང་རང་གི་ཕྱོགས་དག་ཏུ་འབབ་པར་བཤད། ཆུ་བོ་དེ་དག་གི་བར་མཚམས་ཐམས་ཅད་ནི་མེ་ཏོག་ཨུཏྤལ་ལ་དང་། པདྨ་དཀར་དམར་སོགས་ཀྱི་མེ་ཏོག་རྣམ་པ་སྣ་ཚོགས་དང་།   མེ་ཏོག་དང་འབྲས་བུས་མཛེས་ཤིང་ཡིད་དུ་འོང་བའི་རིན་པོ་ཆེའི་ལྗོན་ཤིང་སྣ་ཚོགས་ཀྱིས་རབ་ཏུ་གང་བར་གནས་པ་དང་།   ཆུ་དང་རིན་པོ་ཆེ་དང་།   ལྗོན་ཤིང་དང་། མེ་ཏོག་གི་ཚོགས་ལ་ཉི་མའི་འོད་ཟེར་ཕོག་པ་ན་ས་གཞི་དང་།   བར་སྣང་ཐམས་ཅད་འོད་ཀྱི་དྲ་བས་མཛེས་ཤིང་། ཡིད་དུ་འོང་བའི་སྣང་བ་དང་བཅས་པ་སོགས་མཚོ་མ་དྲོས་པའི་མཚན་ཉིད་དམ་ཁྱད་ཆོས་རྒྱས་པར་ནི། ཕལ་པོ་ཆེའི་མདོ་སྡེར་ལྟོས་ཤིག །དེ་ལས་ཤེས་པར་བྱའོ། །དེས་ན་ད་ལྟའི་མ་ཕམ་འདི་ནི་མ་དྲོས་པ་མ་ཡིན་

ཏེ༔ མ་དྲོས་པའི་མཚན་ཉིད་བཤད་པ་དེ་དག་གང་ཡང་མེད་པས་སོ། །བཀའ་བརྒྱུད་པ་དག །གཙྪ་དེ་ལས་འབབ་པའི་ཕྱིར། །མ་དྲོས་གཞན་དུ་བཙལ་མི་དགོས། །ཞེས་གསུངས་ཀྱང་། གཙྪ་མཚན་ཉིད་པ་མ་ཕམ་ནས་ཇི་ལྟར་འབབ་བརྟག་པར་བྱའོ། །ཀླུན་པོ་ཁ་ཅིག །རྨ་བྱ་ཁ་འབབ་ཅེས་པའང་འདོད་མོད། གསུང་རབ་ནས་མ་བཤད་པས་མི་འཐད་དོ། །

གསུམ་པ་ཉེས་སྤྱོང་དགག་པ་ལ་གཉིས་ཏེ། ཉེས་སྤྱོང་བརྗོད་པ་དང་། དེ་དགག་པའོ། །དང་པོ་ནི། སྔར་བཤད་པ་དེ་དག་ལ་སྐྱོན་སྤོང་བར་འདོད་པ་ཁ་ཅིག །འདི་སྐད་དུ། ད་ལྟ་མཚན་ཉིད་དེ་དག་དང་མི་ལྡན་ཡང་གངས་ཅན་དང་མ་དྲོས་པ་མ་ཡིན་པར་མི་འགྱུར་ཏེ། བྱ་རྒོད་ཕུང་པོའི་རི་ལ་ཡང་དགོན་བརྩེགས་ཀྱི་སྡོམ་གསུམ་བསྟན་པའི་གླེང་གཞིར། མགོ་བ་དང་ཆླུམ་པ་དང་། ཤིང་ལྗོན་པ་སོགས་ཀྱི་བཀོད་པ་ཁྱད་པར་དུ་འཕགས་པར་གསུངས་པ་བཞིན་དུ་ད་ལྟ་མེད་པས། དུས་སྙིགས་མའི་སྟོབས་ཀྱིས་ཡུལ་ཀུན་ཀྱང་ངན་པར་འགྱུར་བར་སྣང་བའི་ཕྱིར། ཞེས་ཟེར་རོ། །

གཉིས་པ་ལ་གསུམ་སྟེ། འཆད་ཚུལ་གཉིས་ཀྱི་རང་བཞིན་བཤད། དེ་ཡི་དཔེར་བརྗོད་སོ་སོར་བཤད། དེས་ན་སྐབས་ཀྱི་ལན་ལ་སྦྱར་བའོ། །དང་པོ་ནི། བྱ་རྒོད་ཕུང་པོ་ལ་དགོན་བརྩེགས་བཞིན་དུ་ད་ལྟ་མེད་པས། གངས་ཅན་དང་མ་དྲོས་པ་ལ་ཡང་དེ་བཞིན་སྦྱ་བ་འདི་ཡང་ཕྱི་སྐྱེ་བཤད་ཀྱིས་ཉོན་ཏེ་མཉན་པར་བྱོས་ཤིག །དེ་ཡང་སྦྱིར་བཤད་ཚུལ་ལ། སྒྲོ་སྐུར་སྤངས་ནས་དངོས་པོའི་གནས་ལུགས་འཆད་པ་དང་། སྒྲོ་སྐུར་དང་བཅས་ཏེ་སྐྱོན་ཡོན་བསྔགས་པ་བརྗོད་པའི་ལུགས་གཉིས་སུ་ཡོད་པ་ལས། ཕྱི་མ་སྐྱོན་དང་ཡོན་ཏན་སྒྲོག་པ་ན་སྒྲོ་སྐུར་གང་བརྗོད་ཀྱང་སྐྱོན་དུ་མི་འགྱུར་བ་སྟན་ངག་མཁན་གྱི་ལུགས་བཞིན་དུ་བྱ་རྒོད་ཕུང་པོའི་རི་ལ་ཡང་། མགོ་བ། ཆླུམ་པ། ལྗོན་ཤིང་སྣ་ཚོགས་མེ་ཏོག་དང་འབྲས་བུས་མཛེས་པ། འདབ་ཆགས་ཡིད་དུ་འོང་བ་དུ་མ་སྐད་སྙན་སྒྲོག་པ། ལྷ་རྫས་ཀྱི་མེ་ཏོག་དྲི་བསུང་ཕུན་སུམ་ཚོགས་པས་ཁྱབ་པ་ལ་སོགས་པའི་བཀོད་པ་ཁྱད་པར་དུ་འཕགས་པར་བཤད་པ་ཡིན་ནོ། །དཔེར་ན་བོད་ཀྱི་ཐང་ཅུང་ཟད་ཡངས་པ་ལ་ཐང་ཆེན་གྱི་མིང་འདོགས་པ་ཇི་བཞིན་དུ། བྱ་རྒོད་ཕུང་པོའི་རི་བོ་ཅུང་ཟད་མགོ་བ་དང་། ཆླུམ་པ་ལ་འཕགས་པའི་ཡུལ་ན་རིན་ཆེན་ཡིན་ཞེས་དེ་ལྟར་འཆད་པ་སྙན་ངག་མཁན་ལ་དོན་ལ་གནས་ཚོད་དང་མི་མཐུན་ཡང་སྐྱོན་དུ་བརྩི་བ་གང་ཡང་མེད་དོ། །གལ་ཏེ་དོན་གནས་ཚོད་བཞིན་དངོས་པོའི་གནས་ལུགས་འཆད་པ་ན། དོན་དེ་ལ་ལྷག་ཆད་དང་རང་བཞིའི་འཁྲུལ་པ་བྱར་མི་རུང་སྟེ། དེའི་ཚེ་དེ་ལྟར་བྱུང་བ་ལ་མཁས་པ་རྣམས་སྐྱོན་དུ་བརྩི་བས་སོ༔ ༔

གཉིས་པ་ནི། སྙན་ངག་མཁན་ལ་སྒྲོ་སྐུར་གང་བརྗོད་ཀྱང་སྐྱོན་དུ་མི་འགྱུར་བ་དཔེར་བརྗོད་ན་མང་དུ་ཡོད་དེ། བ་གླང་གཟུགས་དཀར་ཞིང་མཛེས་པ་ལ་བསྔགས་པའི་ཚེ། གངས་རིའི་ཕུང་པོ་ཐང་ལ་འགྲོ་ཤེས་པའམ། སྤྲིན་ཆད་པའི་དུས་བུ་རླུང་གིས་བསྐྱོད་པ་ལྟ་བུ་དང་། རྭ་རྩེ་རྡོ་རྗེ་ཕ་ལམ་དང་འདྲ་བར་ཐམས་ཅད་འབིགས་ནུས་པ་དང་། རྨིག་པ་རྣམས་ནི་ནོར་བུ་རིན་པོ་ཆེ་ཨིནྡྲ་ནཱི་ལ་དང་འདྲ་བ་དང་། རྔ་མ་དཔག་བསམ་གྱི་ཤིང་ལྗོན་པ་དང་འདྲ་བར་བསྔགས་པ་སོགས་དང་། གཞན་ཡང་སྐྱེས་བུ་གཟུགས་མཛེས་པ་ལ་བསྔགས་པ་ན། བཞིན་ལ་ཉི་མ་ཟླ་བ་ལྟ་བུ་དང་། སོ་ལ་གངས་རིའི་ཕྲེང་བ་གྲལ་བསྒྲིགས་པ་སོགས་སུ་བསྔགས་པ་དང་། གཞན་ཡང་ཡུལ་དང་བློ་གྲོས་སོགས་རྒྱ་ཆེ་བ་ལ་ནམ་མཁའི་དཔེ་དང་། ཆུང་བ་ལ་རྡུལ་ཕྲན་ཙམ་ཞེས་དང་། ཆེ་བ་ལ་རི་རབ་ཙམ་ཞེས་པའི་དཔེ་སྦྱོར་བ་དང་། བྱི་བ་བོང་ཆེ་བ་ལ་གླང་ཆེན་ཙམ་ཞེས་པ་དང་། ནོར་ཕྱུག་པོ་ལ་རྣམ་ཐོས་ཀྱི་བུ་ཞེས་དང་། རྒྱལ་ཕྲན་སྟོབས་དང་ལྡན་པ་ལ་བརྒྱ་བྱིན་ལྟ་བུ་དང་། དགེ་བའི་བཤེས་གཉེན་ཕལ་པ་མཁས་བཙུན་གྱི་ཡོན་ཏན་ཆ་ཙམ་དང་ལྡན་པ་ལ་ཐུབ་དབང་གཉིས་པ་ཞེས་སངས་རྒྱས་ལྟ་བུར་བསྔགས་པ་རྣམས་ནི། སྙན་ངག་མཁན་ལ་བཀག་པ་མེད་པ་ཡིན་ནོ། །སྒྲོ་མ་བཏགས་པར་དངོས་པོའི་གནས་ལུགས་འཆད་པའམ། མཚན་ཉིད་ཁྲིད་ཆོས་གཏན་ལ་འབེབས་པ་ན་སྒྲོ་སྐུར་གྱི་རྫུན་བྱུར་མི་རུང་སྟེ། དཔེར་ན་ཀ་བ་དང་། བུམ་པ་སོགས་ཀྱི་མཚན་ཉིད་འཆད་པ་ན། ཆུ་སྐྱོར་བ་དང་། གདུང་འདེགས་པའི་དོན་བྱེད་ནུས་པ་སོགས་རང་རང་གི་གནས་ལུགས་ཇི་བཞིན་མི་འཆད་པར། ཁྲིད་ཆོས་གཞན་བཤད་ན་མཁས་པ་རྣམས་ག་ལ་དགའ་སྟེ་མི་དགའ་བས་སོ། །

གསུམ་པ་ནི། འཆད་ཚུལ་གཉིས་སྦྱོར་བསྟན་པ་དེས་ན། བྱ་རྒོད་ཕུང་པོ་ལ་དཀོན་བརྩེགས་བཞིན་དུ་ད་ལྟ་མེད་པ་དང་། གངས་ཅན་དང་མ་དྲོས་པ་སོགས་ཀྱི་མཚན་ཉིད་བཤད་པ་ད་ལྟ་མེད་པར་སྣང་བ་མི་མཚུངས་ཏེ། བྱ་རྒོད་ཕུང་པོ་ལ་བཀོད་པ་ཕུན་སུམ་ཚོགས་པའི་བསྔགས་པ་བཤད་པ་ནི་སྙན་ངག་མཁན་གྱི་ལུགས་བཞིན་བཤད་པ་ཡིན་པའི་ཕྱིར་དང་། ཆོས་མངོན་པ་སོགས་ནས་གངས་ཅན་མ་དྲོས་པ། གླིང་བཞི་རི་རབ་ཉི་ཟླ་རྒྱུ་སྐར་ཆེ་ཆུང་གི་ཚད་ཚུན་ཆད་བཤད་པ་ནི། དངོས་པོའི་གནས་ལུགས་འཆད་པའི་སྐབས་ཡིན་པས། དེའི་ཚེ་དེ་དག་ལ་ནོར་འཁྲུལ་བཤད་ན། མངོན་པ་གསུང་བ་པོའི་སྟོན་པ་དེ་ཀུན་མཁྱེན་མ་ཡིན་པར་འགྱུར་བའི་ཕྱིར། ཡང་ན་བྱ་རྒོད་ཕུང་པོའི་རི་དེ་བཅོམ་ལྡན་འདས་ཀྱིས་ཆོས་གསུངས་པའི་ཚེ་ས་ཕྱོགས་བྱིན་གྱིས་བརླབས་པས། དེའི་ཚེ་དེ་ལྟར་བྱུང་བ་ཡིན་ཞེས་ཀྱང་མཁས་པ་དག་འཆད་དོ། །དེས་ན་གངས་ཅན་དང་མ་དྲོས་པ་སོགས་སྙིགས་མའི་དུས་ཀྱི་ཤུགས་བརྟས་པས། སྔོན་དུས་ལས་ཅུང་ཟད་ངན་པར་འགྲོ་སྲིད་མོད་ཀྱི། མཚན་

ཉིད་ཐམས་ཅད་ངན་པར་སོང་བའི་འཁྲུལ་པ་ག་ལ་སྲིད་དེ་མི་སྲིད་དོ། །

གཉིས་པ་ཙ་རི་གནས་ཆེན་ཡིན་པ་དགག་པ་ནི། གོང་ཡུལ་གྱི་ཙ་རི་ཙ་གོང་ནི་གནས་ཆེན་གྱི་ཙ་རི་མ་ཡིན་ཏེ། འཕྲུང་གཙོད་ཀྱི་བྲེ་བྲག་ཙ་རི་ཏྲ་ནི་ལྷོ་ཕྱོགས་རྒྱ་མཚོའི་འགྲམ་ན་ཡོད་པར་གསུངས་པས་སོ། །ལ་ལ་གནས་ཞིང་གི་བྱེ་བྲག་དེ་ཤྲཱི་གོ་ཏ་ལ་གཉིས་ཡོད་པའི་ཆེ་བ་རྒྱ་གར་ལྷོ་ཕྱོགས་ན་ཡོད། ཆུང་བ་གཞན་ཞིག་བོད་ཡུལ་གྱི་ཙ་རི་འདི་ཡིན་ཞེས་སྨྲ་བར་བྱེད་དོ། །བོད་ཀྱི་ཙ་རི་དེའི་ཕྱོགས་ན་ཛྷ་ཏའི་ཤིང་ཡོད་ན། ཡུལ་དེ་དེ་ཤྲཱི་གོ་ཏའི་གནས་ཡིན་པ་ལ་འགལ་བ་མེད་དེ། རྡོ་རྗེ་མཁའ་འགྲོའི་རྒྱུད་ལས། དེ་ཤྲཱི་གོ་ཏར་ཛྷ་ཏ་གནས། །ཞེས་གསུངས་པ་དང་། གཞན་ཡང་དེ་ཉིད་ལས། དེ་ཤྲཱི་གོ་ཏ་སྣ་ཆེན་མོ། །ཞེས་པ་ནས། ཛྷ་ཏའི་ཤིང་ལ་བརྟེན་ཏེ་གནས། །བོད་ཡུལ་དུ་ནི་ལྷན་སྐྱེས་ཏེ། །རང་བྱུང་གི་ནི་སྐྱེ་གནས་བྱུང་། །ཆུ་སྲིན་རྒྱལ་མཚན་ལག་ན་ཐོགས། །ཞི་ཞིང་གསལ་བའི་གཟུགས་ཅན་ཏེ། །ཡུལ་དེར་གནས་པའི་ལྷ་མོ་དེ། །བྲག་གི་ཁྲིམ་ལ་བརྟེན་ཏེ་གནས། །ཞེས་གསུངས་པའི་ཕྱིར། ཛྷ་ཏའི་ཤིང་ནི་པགས་པ་ཤིན་ཏུ་འཇམ་ཤིང་ཡལ་ག་རྣམས་ཀྱི་དབྱིབས་རྒྱ་མ་བུས་པ་ལྟ་བུ། འདབ་མ་ཕྱོགས་གཉིས་སུ་བྱའི་གཤོག་པ་ལྟར་ཆ་མཉམ་དུ་ཡོད་པའི་ཤིང་ཞིག་ཡོད་པ་དེ་ཡིན་གསུང་ངོ་། །

གསུམ་པ་སྐབས་དོན་བསྡུ་བ་ནི། བོད་ཀྱི་ཏི་སེ་དང་། ཙ་རི་སོགས་གལ་ཏེ་བརྟག་པ་མཐར་བཟུང་དུ་གནས་ཆེན་ཡིན་ནའང་དབང་མ་ཐོབ་པ་སོགས་སུ་བྱུང་གིས་སྤྱོད་པའི་དོན་དུ་འགྲོ་བ་འདི་མི་འཐད་དེ། ཡུལ་ཆེན་དེ་དང་དེར་འགྲོ་བའི་གང་ཟག་ནི། དབང་བསྐུར་ཐོབ་ཅིང་དམ་ཚིག་དང་ལྡན་པ་མཁའ་འགྲོ་རྣམས་ལས་བརྡ་དང་བརྡའི་ལན་བྱེད་ཤེས་ཤིང་། ནང་དུ་རིམ་གཉིས་ཀྱི་རྟོགས་པ་བརྟན་པོ་ཡོད་པ་ཡིས་བརྟུལ་ཞུགས་ཀྱི་སྤྱོད་པའི་དོན་དུ་རྒྱུ་བར་རྒྱུད་སྡེ་ལས་གསུངས་ཀྱི། ཁྱད་ཆོས་དེ་ལྟ་བུ་དང་ལྡན་པ་མ་ཡིན་པའི་གང་ཟག་གིས་ཡུལ་དེ་དང་དེར་འགྲོ་བ་ནི་རྒྱུད་ལས་བཀག་པའི་ཕྱིར། རྗེ་བཙུན་གྱི་དག་ལྡན་དང་། གར་ཤྭག་གི་དག་ལྡན་གཉིས་ལས། ཧི་མ་ལ་ཡ་ནི་བལ་པོར་གཏོགས་པའི་བོད་དེ་ལྟག་པའོ། །ཞེས་གསུངས་པས། རང་ལུགས་ལ་གངས་ཅན་བལ་བོད་ཀྱི་མཚམས་ན་ཡོད་དགོས་སོ་སྙམ་ན། བལ་བོད་ཀྱི་མཚམས་ན་ཡོད་པར་ཁས་མི་ལེན་ཏེ། དེ་ལྟར་ན་གཞུང་འདིར་སྔར་བཤད་པའི་ལུང་རིགས་རྣམས་ཆུད་འཛའ་བ་འབའ་ཞིག་ཏུ་འགྱུར་བ་ཡིན་ནོ། །འོ་ན་ཅི་ཞེ་ན། དག་ལྡན་ལས། རྒྱུད་གཞན་གྱི་དགོངས་པས་ཡུལ་ཆེན་ངོས་གཟུང་བ་དང་། བཤད་རྒྱུད་སམ་བུ་ཊས་འབྲུགས་བསྟེབས་ནས་ཡུལ་ཆེན་ངོས་གཟུང་བ་གཉིས་གསུངས་པ་ལས། ཕྱི་མ་རང་ལུགས་འཐད་ལྡན་དུ་ཁས་ལེན། སྔ་མ་དེ་ལྟར་ཁས་མི་ལེན་ལ། དེ་བས་ན་ཧི་མ་ལ་ཡ་བལ་པོར་གཏོགས

པའི་བོད་ལ་བཤད་པ་ཡང་སྐྱ་མའི་སྐབས་སུ་ཡིན་ཏེ། དག་ལྡན་ཉིད་ལ་བལྟོས་པས་གསལ་ལོ། །

དབང་རྫོགས་རིམ་གཉིས་བརྟན་པ་ཆེར་ཐོབ་ནས། །གནས་སོགས་ཡུལ་ཆེན་སུམ་ཅུ་སོ་བདུན་དུ། །སྤྱོད་ལ་རྒྱུ་བ་གསང་སྔགས་རྒྱུད་སྡེའི་ལུགས། །གསང་སྔགས་མི་བསྒོམ་ཡུལ་ཆེན་རྒྱུ་བ་ནི། །འབད་ཀྱང་ངལ་བ་ཙམ་ཡིན་བཤོལ་ན་མཛེས། །ཅི་སྟེ་མོད་ལ་ཡུལ་ཆེན་དེ་དག་ཏུ། །འགྲོ་བའི་ཉམས་ལེན་བཤད་པ་མེད་ཕྱིར་རོ། །དེས་ན་སྤྱོད་ལ་མོས་ན་སྔགས་བཞིན་སྒྲུབས། །ཏི་སེ་མ་ཕམ་མཚོ་ལ་གངས་ཅན་དང་། །མ་དྲོས་མཚོར་འདོད་སྐྱེས་ཆེན་འགའ་ཞིག་གིས། །ཉམས་དབྱངས་གསུང་ལས་དེ་ལྟར་བསྔགས་གྱུར་ཀྱང་། །རྣལ་འབྱོར་ཉམས་ཀྱི་སྣང་བ་ཙམ་ལ་དགོངས། །གཞན་དུ་ལུང་དང་བཤད་ཚོད་མཐུན་མིན་ན། །འཐད་པ་མིན་ཏེ་རྒྱལ་ལས་ཆེས་མཁས་པ། །འཛིག་རྟེན་འདི་ན་ཡོད་མེད་བློ་ཡིས་དཔྱོད། །བོད་ཡུལ་ཙ་རི་འཕྲུང་གཙོད་བྱེ་བྲག་ཏུ། །འདོད་པ་འཕྲུལ་མོད་འོན་ཀྱང་ཞིང་གི་གནས། །དེ་ཡི་གོ་ཏའི་ཡ་གྱལ་ཙམ་དུ་ནི། །འགལ་བ་མེད་པ་རྒྱུད་ཀྱི་ལུང་གིས་གྲུབ། །མདོར་ན་ཏི་སེ་མ་དྲོས་ཙ་རི་སོགས། །གནས་ཆེན་ཡིན་མིན་ཇི་ལྟར་འདོད་ཀྱང་རུང་། །ཡུལ་ཆེན་སྤྱོད་ལ་འགྲོ་བའི་གང་ཟག་ནི། །དབང་ཐོབ་རྫོགས་པར་ལྡན་པ་ཙམ་ཡིན་ཞེས། །དྲི་མེད་རྒྱུད་ལས་གསུངས་འདི་གྲུས་པས་ལོངས། །སྤྱོད་པ་བསྟན་ཟིན་ཏོ།། །།

ལྔ་པ་སྤྱོད་པས་ས་ལམ་བགྲོད་དེ་འབྲས་ཐོབ་བཤད་པ་ལ་གསུམ་སྟེ། ས་ལམ་ངེས་མེད་འདོད་པའི་འཁྲུལ་པ་དགག །ས་ལམ་རྟེན་གྱི་གང་ཟག་འཁྲུལ་པ་དགག །ས་ལམ་རང་གི་ངོ་བོ་འཁྲུལ་པ་དགག་པའོ། །དང་པོ་ལ་ལྔ་སྟེ། ཚིག་ཐུབ་ཙམ་གྱིས་སྐུ་གསུམ་འབྱུང་བ་དགག །ཞར་བྱུང་རྒྱུ་འབྲས་ཕྱིན་ཅི་ལོག་གཞན་དགག །ས་ལམ་མི་བགྲོད་རྫོགས་འཚང་རྒྱ་བ་དགག །དབང་ལམ་མེད་པར་སྐུ་བཞི་ཐོབ་པ་དགག །འབྲས་བུའི་མཐར་ཐུག་འོད་གསལ་སྣླ་བ་དགག་པའོ། །དང་པོ་ལ་གཉིས་ཏེ། འདོད་པ་བརྗོད་པ་དང་། དེ་དགག་པའོ། །དང་པོ་ནི། ཞང་ཚལ་པ་ལ་སོགས་པ་ཁ་ཅིག །དཀར་པོ་ཆིག་ཐུབ་ཅེས་བྱ་བ་སྨན་དཀར་པོ་ཆིག་ཐུབ་དང་འདྲ་བར་ཐབས་གཞན་མི་དགོས་པར་སྟོང་ཉིད་རྐྱང་པ་བསྒོམས་པས་འཚང་རྒྱ་སྟེ། དེ་ལས་འབྲས་བུ་སྐུ་གསུམ་ལྷུན་གྲུབ་ཏུ་འབྱུང་བའི་ཕྱིར། ཞེས་ཟེར་རོ། །འདི་ཐབས་མི་དགོས་པར་འདོད་པ་ཐབས་ལ་ལོག་པར་རྟོག་པའི་གཙོ་བོ་ཡིན་པས། མདོར་བསྟན་དུ། སྟོང་ཉིད་སྙིང་རྗེའི་སྙིང་པོ་དང་། །ཞེས་གསུངས་པ་དེའི་རྒྱས་བཤད་དུ། ཆིག་ཐུབ་འགོག་པའི་གཞུང་འདི་དག་སྔར་ན་ལེགས་ཤིང་། ས་ལམ་ལ་ལོག་པར་རྟོག་པའི་ཆར་ཡང་འགྲོ་སྟེ། ཐབས་ཀྱི་ཆ་མི་འདོད་པའི་གནད་ཀྱིས་ས་ལམ་གྱི་རིམ་པ་མི་བསྐྱེ་བ་ཡིན་ནོ། །དེ་སྐད་དུ། ཕྱག་རྒྱ་ཆེན་པོའི་ཚིག་ཚོད་ལ། །ས་ལམ་བསྐྱེ་བའི་རྨོངས་པ་འཁྲུལ། །ཞེས་འཆད་དོ། །

གཉིས་པ་དེ་དགག་པ་ལ་ལྔ་སྟེ། རྒྱུ་འབྲས་འབྲེལ་བའི་དངོས་སྟོབས་རིགས་པས་དགག །ཐུབ་པས་སྟོང་ཉིད་བསྔགས་པའི་དགོངས་པ་བཤད། དེ་ཉིད་འཐད་པ་ལུང་གི་ཚིག་དང་སྦྱར། ཐབས་མཁས་དགོས་པ་དཔེ་སོགས་སྒོ་ནས་བསྟན། དེས་ན་ཐབས་མཁས་པ་ལ་འབད་པར་གདམས་པའོ། །དང་པོ་ནི། རྒྱུ་གཅིག་ཁོ་ན་ལས་འབྲས་བུ་འབྱུང་མི་ནུས་ཏེ། འབྲས་བུ་བསྐྱེད་པ་ལ་རྒྱུ་རྐྱེན་དུ་མ་ཚོགས་དགོས་པའི་ཕྱིར། དེ་སྐད་དུ་ཆོས་གྲགས་ཀྱིས། རྒྱུ་ཚོགས་པ་ལས་འབྲས་སྐྱེ་བར། །ཞེས་དང་། མ་ཚང་མེད་རྒྱུ་དེ་ལ་ནི། །འབྲས་བུ་གང་གིས་བཟློག་པར་ནུས། །ཞེས་བཤད་དོ། །གལ་ཏེ་བརྟག་པ་མཐར་བཟུང་དུ་རྒྱུ་གཅིག་ལས་འབྲས་བུ་འབྱུང་ཡང་། འབྲས་བུ་གཉིས་དང་གསུམ་ལ་སོགས་པ་འབྱུང་བ་མི་འཐད་དེ། ཉན་ཐོས་འགོག་པ་བཞིན་འབྲས་བུ་དེ་ཡང་གཅིག་ཁོ་ན་འབྱུང་བར་འགྱུར་འོས་སོ། །སྤྲུལ་སྐུ་མཆོག་པདྨ་དཀར་པོས། འདི་ལ་ཚིག་སྔ་ཕྱི་འགལ་ལོ་ཞེས་པའི་སུན་འབྱིན་གནང་བ་ནི་མི་འཐད་དེ། གལ་ཏེ་ཞེས་དང་། འབྱུང་ཡང་ཞེས་པའི་ཚིག་ནུས་ཀྱིས་བརྟག་པ་མཐར་བཟུང་ཙམ་གསུངས་པ་ཡིན་ལ། ཅི་སྟེ་དེ་ལ་སུན་འབྱིན་གནང་ན་གཞུང་ལུགས་ཆེན་པོ་ཀུན་ལ་འོ་བརྒྱལ་འབྱུང་ངོ་། །ཉན་ཐོས་འགོག་པ་བཞིན་ཞེས་པ་ཡང་། སྤྱིར་འབྲས་བུ་གཅིག་གི་དཔེ་ཙམ་མ་གཏོགས་རྒྱུ་གཅིག་ལས་བྱུང་བའི་འབྲས་བུ་གཅིག་གི་དཔེར་འཛིན་པ་མ་ཡིན་ནོ། །དེས་ན་སྤྱོད་འཇུག་ལས། རྐྱེན་གཅིག་གིས་ནི་ཀུན་ནུས་པ། །དེ་ནི་གང་ལའང་ཡོད་མ་ཡིན། །སྣ་ཚོགས་རྐྱེན་ལས་བྱུང་བ་ཡི། །སྒྱུ་མ་དེ་ཡང་སྣ་ཚོགས་ཉིད། །ཅེས་གསུངས་པས། འབྲས་བུ་སྐུ་གསུམ་སྐྱེད་པ་ལ་རྒྱུ་རྐྱེན་དུ་མ་ཚོགས་དགོས་པ་ཡིན་ནོ༑ ༑དེ་ལ་འགའ་ཞིག་ཆིག་ཐུབ་བསྒོམས་པའི་རྗེས་ལ་བསྔོ་བ་བྱ་དགོས་ཏེ། བསྔོ་བ་མ་བྱས་ན་སངས་རྒྱས་ཀྱི་རྒྱུར་མི་འགྲོ་ཟེར་རོ། །འོ་ན་ཆིག་ཐུབ་དང་ཆིག་ཐུབ་མ་ཡིན་པར་གཉིས་སུ་འགྱུར་ཏེ། སྟོང་པ་བསྒོམ་པ་དང་བསྔོ་བ་གཉིས་སུ་འགྱུར་བས་སོ། །དེ་བཞིན་དུ། ཆིག་ཐུབ་བསྒོམ་པ་དེ་ལའང་སྔོན་དུ་སྐྱབས་འགྲོ་སེམས་བསྐྱེད་དང་། ཡི་དམ་བསྒོམ་པ་ལ་སོགས་པ་དགོས་སམ་མི་དགོས། མི་དགོས་ན་སངས་རྒྱས་ཀྱི་རྒྱུར་མི་འགྲོ། དགོས་ན་ཆིག་ཐུབ་དུ་མར་འགྱུར་ཏེ། སྐྱབས་འགྲོ་སོགས་དུ་མར་འགྱུར་བས་སོ། །དེས་ན་ཆིག་ཐུབ་འདི་འདྲའི་ལུགས་ནི་ཆོས་ཅན། རྫོགས་སངས་རྒྱས་ཀྱིས་གསུངས་པ་མེད་དེ། ཐབས་ཀྱིས་གནད་གཅོད་པའི་རང་བཟོ་མཁན་གྱི་ལུགས་ཡིན་པའི་ཕྱིར། སྐབས་གཉིས་པར། བསྔོ་བ་ཉན་ཐོས་རྣམས་ཀྱང་བྱེད། །ཅེས་བཤད་པ་ཡང་ཆིག་ཐུབ་ཀྱི་རྗེས་ལ་བསྔོ་བ་བྱེད་མཁན་འདི་ལ་ཟུར་ཟ་བར་སྣང་ལ། དེ་བས་ན་ཆིག་ཐུབ་འདི་མདོ་ལམ་དང་སྦྱར་ན་བྱང་ཆུབ་ཀྱི་སེམས་ཀྱི་གནད་འཕྱུགས་པ་དང་། སྔགས་དང་སྦྱར་ན་ལས་ཀྱི་གནད་འཕྱུགས་པ་ཡིན་པས་མདོ་སྔགས་གཉིས་ཀའི་དགག་བྱའི་གཙོ་བོ་རང་ཡིན་ནོ། །

གཉིས་པ་ནི། ཐུབ་པས་མདོ་ལས། དམ་པའི་ཆོས་ནི་འཛིན་པ་དང་། །བྱང་ཆུབ་སེམས་ཀྱི་བསོད་ནམས་དེས། །སྟོང་པ་ཉིད་ལ་མོས་པ་ཡི། །བཅུ་དྲུག་ཆར་ཡང་མི་ཕོད་དོ། །ཞེས་སྟོང་ཉིད་ལ་བསྔགས་པ་ནི་བདེན་འཛིན་ཅན་རྣམས་བདེན་པའི་དངོས་པོར་འཛིན་པ་ལས་བཟློག་པའི་ཕྱིར་ཡིན་གྱིས། སྒྲ་ཇི་བཞིན་དུ་ནི་མ་ཡིན་ཏེ། སྟོང་ཉིད་ཀྱི་ལྟ་བ་ཁོ་ནས་སངས་རྒྱས་ཐོབ་པ་མེད་པའི་ཕྱིར། དེ་བཞིན་དུ། དམ་ཆོས་པད་དཀར་ལས། གཡེངས་པའི་སེམས་ཀྱིས་སངས་རྒྱས་ཕྱག་འཚལ་ཞེས། །ཚིག་གཅིག་ལན་འགའ་བརྗོད་པར་བྱེད་པ་ཡང་། །དེ་དག་ཀུན་གྱིས་བྱང་ཆུབ་མཆོག་འདི་འཐོབ། །ཅེས་འཁོར་བ་ལས་ཐར་བར་གསུངས་པ་དང་། མཆོད་རྟེན་བསྐོར་བའི་གཟུངས་ལས། གཟུངས་འདི་ལན་གཅིག་བརྗོད་པས་ཐོག་མ་མེད་པ་ནས་བསགས་པའི་སྡིག་པ་ཐམས་ཅད་འདག་པར་འགྱུར་རོ། །ཞེས་དང་། རྟེན་འབྲེལ་སྙིང་པོའི་གཟུངས་ལས། སྙིང་པོ་འདི་ལན་ཅིག་བརྗོད་པས་སྡིག་པ་ཐམས་ཅད་བྱང་བར་འགྱུར་རོ། །ཞེས་དང་། ཚེ་དཔག་མེད་དང་། སྨྱུང་རྒྱུད་ལས་ཀྱང་། རང་རང་ནས་བཤད་པའི་སྔགས་འབྲུ་འགའ་ཞིག་དྲན་པ་ཙམ་གྱིས་སྡིག་པ་ཀུན་ལས་གྲོལ་བར་འགྱུར་རོ། །ཞེས་གསུངས་པ་རྣམས་ཀྱི་དགོངས་པ་གདུལ་བྱ་ཞུམ་པ་བསལ་ནས། དགེ་བ་ལ་སྤྲོ་བ་བསྐྱེད་པའི་ཆེད་ཡིན་པ་མི་ཤེས་པར། ཚིག་འབྲུ་སྒྲ་ཇི་བཞིན་པ་ཙམ་ལ་བརྟེན་པར་མི་བྱ་སྟེ། བྱམས་པས། དོན་སྒྲ་ཇི་བཞིན་ཡོངས་རྟོགས་ན། །བདག་ཉིད་བསྙེམས་ཤིང་བློ་ཉམས་འགྱུར། །ཞེས་བཤད་པས་སོ། །དཔེར་ན་མདའ་རྐྱང་པ་ལ་ནི་དོན་བྱེད་པ་མེད་ལ། གཞུ་བཟང་དང་སྦྲེལ་ནས་འཕེན་པ་མཁས་པར་གྱུར་ན། འཕེན་པ་པོ་དེ་ཡིས་འདོད་པའི་བྱ་བ་འགྲུབ་པ་དེ་བཞིན་དུ། འདིར་ཡང་ཤེས་རབ་སྟོང་ཉིད་རྐྱང་པ་ལ་འཚང་རྒྱ་བའི་ལམ་གྱི་བྱེད་པ་ཅི་ཡང་ཡོད་པ་མ་ཡིན་ལ། ཐབས་གཞུང་ལྟ་བུ་དང་ཤེས་རབ་ཀྱི་མདའ་དེ་ཟུང་དུ་ལེགས་པར་འབྲེལ་ན་འདོད་པའི་འབྲས་བུ་རིམ་བཞིན་ཐོབ་སྟེ། རིམ་གྱིས་ས་ལམ་བགྲོད་ནས་འཚང་རྒྱ་བར་འགྱུར་བས་སོ། །

གསུམ་པ་ནི། ལུང་ལས། སྟོང་ཉིད་བསྔགས་པ་ལ་སྒྲ་ཇི་བཞིན་དུ་མི་ཞེན་པར། ཐབས་ཤེས་ཟུང་འབྲེལ་དུ་བྱ་བ་ནི་ལུང་གིས་བསྒྲུབ་ཐུབ་པ་ཡིན་ཏེ། རྡོ་རྗེ་གུར་ལས། འདི་སྐད་དུ། གལ་ཏེ་སྟོང་ཉིད་དུ་ལྟ་བ་ཁོ་ན་སངས་རྒྱས་ཐོབ་པའི་ཐབས་ཡིན་ན། དེའི་ཚེ་སངས་རྒྱས་ཉིད་མི་འབྱུང་སྟེ། འབྲས་བུ་འདྲ་བ་རྒྱུ་འདྲ་བ་ལས་གཞན་མ་ཡིན་པའི་ཕྱིར། དེས་ན་ཐབས་ནི་སྟོང་ཉིད་དུ་ལྟ་བ་མ་ཡིན་ནོ། །འོན་ཀྱང་སྟོང་ཉིད་ལ་བསྔགས་པ་ནི་བདེན་པར་འཛིན་པའི་ལྟ་བ་རྣམས་ལས་བཟློག་པ་དང་། མུ་སྟེགས་བྱེད་བདག་ཏུ་ལྟ་བ་འཚོལ་བ་རྣམས་ཀྱི་བདག་ཏུ་ཞེན་པའི་བསམ་པ་བཟློག་པའི་ཕྱིར། སྟོང་པ་ལ་བསྔགས་པ་རྒྱལ་བ་རྣམས་ཀྱིས་གསུངས་སོ། །སྟོང་ཉིད་ཁོ་ནས་སངས་རྒྱས་ཐོབ་པ་མ་ཡིན་ཞིང་། སྟོང་ཉིད་བསྒོམ་པ་ལ་དགོས་པ་ཡོད་པ་དེའི་ཕྱིར་ན་ཐབས

ཤེས་ཟུང་འཇུག་གི་སངས་རྒྱས་འགྲུབ་སྟེ། དཀྱིལ་འཁོར་འཁོར་ལོ་ཞེས་བྱ་བའི་རྫོགས་རིམ་གྱི་ཐབས་ནི་བདེ་བའི་སྡོམ་པ་སྟེ། རང་བྱུང་གི་ཡེ་ཤེས་བསྐྱེད་ནས་ཆོས་སྐུ་འགྲུབ། སངས་རྒྱས་ཀྱི་ང་རྒྱལ་བསྐྱེད་རིམ་གྱི་རྣལ་འབྱོར་གྱིས་ཐ་མལ་དུ་འཛིན་པ་སྤྱངས་ནས་སངས་རྒྱས་གཟུགས་སྐུ་ཉིད་དུ་ངེས་པར་འགྲུབ་བོ། །ཞེས་པ་དེ་ལ་སོགས་པ་ཤིན་ཏུ་གསལ་བར་གསུངས་པས་སོ། །དེ་བཞིན་དུ། རྣམ་སྣང་མངོན་བྱང་ལས་ཀྱང་། ཐབས་མཁས་དང་མི་ལྡན་པའི་ཡེ་ཤེས་ལྷ་བའི་ཚ་དང་། སྡོམ་པའི་བསླབ་པ་དག་ཀྱང་གསུངས་པ་ནི་སངས་རྒྱས་དཔའ་བོ་ཆེན་པོས། ཉན་ཐོས་ཀྱི་རིགས་ཅན་རྣམས་ཚུལ་དེ་ལ་ཞུགས་ཏེ་ཁ་དྲང་བའི་ཆེད་དུ་གསུངས་ལ། གང་དག་དུས་གསུམ་གྱི་མགོན་པོ་སངས་རྒྱས་རྣམས་ནི་ཐབས་མཁས་དང་། ཤེས་རབ་ཟུང་འབྲེལ་དུ་ལྡན་པའི་ལམ་ཆ་ཚང་བ་ལ་བསླབས་ནས། མཐའ་གཉིས་ལ་མི་གནས་པའི་བླ་མེད་ཀྱི་ཐེག་པ་རྒྱ་ཆེན་གྱིས་ཉམས་སུ་མེད་པས་འདུས་མ་བྱས་པ་རང་དོན་ཆོས་སྐུ་དང་། གཞན་དོན་གཟུགས་སྐུའི་གོ་འཕང་ཐོབ་བོ། །ཞེས་གསུངས་པའང་ཤེས་པར་གྱིས་ཏེ། འཚང་རྒྱ་བ་ལ་ཐབས་ཤེས་ཟུང་འཇུག་དགོས་པར་བསྟན་ནོ། །ཡང་དེ་བཞིན་དུ། དཔལ་ཆོས་ཀྱི་གྲགས་པས་རྣམ་འགྲེལ་ལས་ཀྱང་། བསྐལ་པ་རྣམ་པ་དུ་མར་སྙིང་རྗེ་དང་སྦྱིན་སོགས་ཀྱི་ཐབས་མང་པོ་ཡུན་རིང་དུས་སུ་གོམས་པ་ལས། འཁོར་འདས་ཀྱི་སྐྱོན་ཡོན་མཐའ་དག་རབ་ཏུ་གསལ་བའི་མཁྱེན་པ་ཐོབ་པར་འགྱུར་ལ། དེ་ལྟ་བུའི་མཁྱེན་པ་ཐོབ་པ་དེས་ན་ཐུགས་ཀྱང་བདེན་བཞིའི་གནས་ཚུལ་ལ་ཤིན་ཏུ་གསལ་བ་མཐར་ཐུག་པའི་ཕྱིར། སྡུག་བསྔལ་གྱི་རྒྱུ་ཉོན་མོངས་པའི་བག་ཆགས་སྤངས་བ་ཡང་ཐོབ་པ་ཡིན་ནོ། །ཐུབ་པ་ཆེན་པོ་གཞན་དོན་ལ་དང་གིས་འཇུག་པ་ཅན་གྱི་སངས་རྒྱས་བསེ་རུ་ལྟ་བུའི་རང་སངས་རྒྱས་དང་། ཉན་ཐོས་ལས་ཁྱད་པར་འཕགས་ཚུལ་ཡང་། སྤང་རྟོགས་ཀྱི་ཁྱད་པར་བཤད་མ་ཐག་པ་འདི་ཡིན་ནོ་ཞེས་གསུངས་པ་དང་། གཞན་ཡང་དེ་ཉིད་ལས། ཐབས་མཁས་པ་འབྲས་དུས་ཀྱི་སྟོན་པ་དེའི་རྒྱུའི་དོན་ཡིན་པའི་ཕྱིར་ན། ཐབས་མཁས་དེ་ཉིད་ལ་མདོའི་མཆོད་བརྗོད་དུ་སྟོན་པ་ཞེས་མིང་གིས་བཏགས་པ་ཡིན་པར་བཞེད་དོ། །ཞེས་གསུངས་པའང་ཤེས་པར་བྱ་སྟེ། འཚང་རྒྱ་བ་ལ་ཐབས་མཁས་དགོས་པ་དེ་ཉིད་བསྟན་པ་ཡིན་ནོ། །ཐབས་མཁས་དགོས་པ་ལུང་ལས་བཤད་པ་དེས་ན། ཐབས་ལ་མ་སྦྱངས་ན་མཐར་ཐུག་གི་ཚེ་ཤེས་བྱ་ཇི་སྙེད་པ་ཐམས་ཅད་མཁྱེན་པ་དང་གཞན་དོན་མཛད་པ་ཕྲིན་ལས་འབྱུང་བ་མི་སྲིད་དེ། གཞན་དོན་འགྲུབ་པའི་རྒྱུའི་གཙོ་བོ་དང་། ཇི་སྙེད་པ་རྟོགས་པའི་ཉེར་ལེན་གྱི་རྒྱུ་ནི་ཐབས་མཁས་ཉིད་ཡིན་པའི་ཕྱིར། དོན་འདི་དང་མཐུན་པར་རིགས་གཏེར་ལས་ཀྱང་། ཐབས་དང་ཤེས་རབ་ལེགས་སྦྱངས་པས། །ཕན་ཚུན་རྒྱུ་དང་རྐྱེན་གྱུར་པ། །ཇི་ལྟ་བ་དང་ཇི་སྙེད་པའི། །ཡེ་ཤེས་གཟིགས་པ་འགྲུབ་པར་འགྱུར། །ཞེས

གསུངས་སོ། །རྣམ་པ་དྲུ་མར་ཐབས་མང་པོའི་དོན་ནི། རྣམ་འགྲེལ་གྱི་ཊཱི་ཀཱ་མང་པོར་བདག་མེད་རྟོགས་པའི་ཤེས་རབ་ལ་བཤད་ཀྱང་། འདི་ནི་ཐབས་དང་ཤེས་རབ་གཉིས་ཀྱི་ཟླས་ཕྱེ་བའི་ཐབས་མཁས་སྟོན་བྱེད་ཡིན་ཞིང་། མང་པོ་ཞེས་པའི་ཚིག་གི་ནུས་པས་ཀྱང་ཐབས་མཁས་ལ་སྦྱོར་བ་རིགས་པ་ཡིན་ནོ། །

བཞི་པ་ཐབས་མཁས་དགོས་པ་དཔེ་སོགས་ཀྱི་སྒོ་ནས་བསྟན་པ་ལ་གསུམ་སྟེ། དཔེའི་སྒོ་ནས་ཐབས་མཁས་དགོས་པར་བསྟན། རིགས་པའི་སྒོ་ནས་ཐབས་མཁས་དགོས་པར་བསྟན། ལུང་གི་སྒོ་ནས་ཐབས་མཁས་དགོས་པར་བསྟན་པའོ། །དང་པོ་ནི། དཔེར་ན་སྣམ་བུ་དང་། གོས་དར་ལ་སོགས་པའི་ཐགས་ཀྱི་རྒྱུ་རྣམས་ཕལ་ཆེར་མཐུན་ལ། འོན་ཀྱང་སྤྱན་གྱི་དབྱེ་བས་བཟང་ངན་དང་རི་མོ་བཀྲ་མི་བཀྲ་འབྱུང་བ་དེ་བཞིན་དུ།། སྟོང་ཉིད་ཀྱི་ལྟ་བ་ཐེག་པ་གསུམ་ཀ་ལ་ཕལ་ཆེར་མཐུན་ལ། འབྲས་བུ་བཟང་ངན་དང་། གཞན་དོན་ཕྲིན་ལས་རྒྱ་ཆེ་ཆུང་ནི་ཐབས་ཀྱིས་བྱེད་པ་ཡིན་ཏེ། སྟོང་ཉིད་ཀྱི་ལྟ་བ་ཙམ་གྱིས་ཐར་པ་མྱ་ངན་ལས་འདས་པ་ཐོབ་ཅིང་། ལྟ་བ་དེའི་སྟེང་དུ་ཐབས་ལ་མཁས་ན་འབྲས་བུ་རྫོགས་འཚང་རྒྱ་བ་འབྱུང་བས་སོ། །གཉིས་པ་ནི། གནད་དེས་ན་སངས་རྒྱས་ཐོབ་པར་འདོད་ན་ལྟ་བ་དེའི་སྟེང་དུ་ཐབས་མཁས་པ་ལ་ནན་ཏན་གྱིས་ཏེ། གཞན་དོན་འབད་མེད་ལྷུན་གྲུབ་ཏུ་འབྱུང་བའི་སངས་རྒྱས་ནི་གཙོ་བོར་ཐབས་མཁས་ལས་འབྱུང་བའི་ཕྱིར། ཐེག་གསུམ་སོ་སོའི་བྱང་ཆུབ་ཉན་ཐོས་དགྲ་བཅོམ་པ་དང་། རང་སངས་རྒྱས་དང་། རྫོགས་པའི་སངས་རྒྱས་རྣམ་གསུམ་རྣམ་པར་གྲོལ་བ་སྤྱིར་མཚུངས་ན་ཡང་། བཟང་ངན་ཐབས་ཀྱིས་ཕྱེ་བ་ཡིན་ཏེ། ཐབས་བཟང་ཞིང་རྒྱ་ཆེ་བ་ལས་འབྲས་བུ་བཟང་ཞིང་རྒྱ་ཆེ་བ་འབྱུང་། རང་དོན་དུ་བྱང་ཆུབ་ཡིད་བྱེད་ཀྱི་ཐབས་ངན་པ་ལས་འབྲས་བུ་ངན་པ་འབྱུང་བ་རྒྱུ་འབྲས་རྟེན་འབྲེལ་གྱི་གནད་ཡིན་པའི་ཕྱིར་རོ། །

གསུམ་པ་ནི། ཐབས་བཟང་ངན་ལས་འབྲས་བུ་བཟང་ངན་འབྱུང་བ་དེ་ཡང་ལུང་གིས་གྲུབ་སྟེ། མདོ་སྡེ་རྒྱན་ལས། དཔེ་ཇི་ལྟར་ན། མདུད་པའི་བྱེ་བྲག་གིས་གོས་ལ་ཚོན་བཀྲ་བ་དང་མི་བཀྲ་བ་འབྱུང་བ་དེ་བཞིན་དུ། སེམས་བསྐྱེད་དང་སྨོན་ལམ་གྱིས་འཕེན་པའི་དབང་གིས་ནི། ཐེག་པ་གསུམ་ལ་གྲོལ་བའི་ཡེ་ཤེས་བཀྲ་མི་བཀྲ་འབྱུང་ངོ་། །ཞེས་དེ་སྐད་གསུངས་པའང་དོན་འདི་ཡིན་པའི་ཕྱིར་དང་། སློབ་དཔོན་མ་ཏི་ཙི་ཏྲས་བསྟོད་པ་བརྒྱ་ལྔ་བཅུ་པ་ལས་ཀྱང་། བསེ་རུའི་རྭ་དང་འདྲ་བའི་རང་སངས་རྒྱས་དང་། གང་ལ་སྟོན་པ་ཁྱོད་ཀྱི་རྗེས་སུ་འགྲོ་ཞིང་སློབ་པའི་ཉན་ཐོས་རྣམས་ཉོན་མོངས་ཞི་བ་ཙམ་གྱིས་ཁྱོད་དང་མཚུངས་ཀྱང་། རང་དོན་གྱི་ཡོན་ཏན་སྟོབས་སོགས་དང་། གཞན་དོན་འཕྲིན་ལས་འབད་མེད་ལྷུན་གྲུབ་ཏུ་འབྱུང་བ་སོགས་བསམ་ཡས་ཡོན་ཏན་ཚོགས་ཀྱིས་མཚུངས་པ་མ་ཡིན་ནོ། །ཞེས་གསུངས་པའང་དོན་འདི་ཡིན་པའི་ཕྱིར་རོ། །

ལྔ་པ་དེས་ན་ཐབས་མཁས་པ་ལ་འབད་པར་གདམས་པ་ནི། འབྲས་བུ་བཟང་ངན་ཐབས་ཀྱིས་དབྱེ་བ་དེས་ན། སངས་རྒྱས་ཐོབ་པར་འདོད་ན་སྟོང་ཉིད་ཀྱི་ལྟ་བ་ལ་འདྲིས་པར་བྱས་ལ། ཐབས་མཁས་པ་ལ་འབད་པས་བསྒོམ་རིགས་ཏེ། ཐབས་ཀྱི་ཡོན་ཏན་མ་རྫོགས་པར་སྟོང་ཉིད་མངོན་དུ་བྱར་མི་རུང་བའི་ཕྱིར། དེ་སྐད་དུ། ཤེས་རབ་ཀྱི་ཕ་རོལ་ཏུ་ཕྱིན་པ་བརྒྱད་སྟོང་པ་ལས། རབ་འབྱོར་འདི་ལྟར་བྱང་ཆུབ་སེམས་དཔའ་སེམས་དཔའ་ཆེན་པོ་རྣམ་པ་ཐམས་ཅད་ཀྱི་མཆོག་དང་ལྡན་པའི་སྟོང་པ་ཉིད་ལ་རྟོགས་མོད་ཀྱི། མངོན་སུམ་དུ་བྱའོ་སྙམ་དུ་མི་རྟོག་གོ །ཞེས་གསུངས་སོ། །དོན་དེ་ནི་རིགས་པས་ཀྱང་ཤེས་པ་ཡིན་ཏེ། ཐབས་མཁས་མེད་པར་སྟོང་ཉིད་རྒྱུད་པ་བསྒོམ་ན་ནི། ཕལ་ཆེར་གྱི་སྟོང་ཉིད་ཉིད་ཀྱང་རྟོགས་མི་ནུས་པར་ངན་སོང་དུ་ལྟུང་བའམ། ཡང་ན་གཟུགས་མེད་དུ་སྐྱེ། གལ་ཏེ་སྟོང་ཉིད་མཚན་ཉིད་པ་རྟོགས་ནའང་ཐེག་ཆེན་ལས་གཞན་དུ་ཉན་ཐོས་ཀྱི་ནི་འགོག་པར་ལྟུང་བའི་ཕྱིར་རོ། །འདི་ནི་གོང་དུ། བླུན་པོས་ཕྱག་རྒྱ་ཆེ་བསྒོམ་པ། །ཞེས་པ་ནས། ཡང་ན་ཉན་ཐོས་འགོག་པར་ལྟུང་། །ཞེས་པའི་བར་དང་། དོན་གཅིག་ཏུ་འབབ་པས། སྐབས་དེའི་འགོག་པ་ཡང་འགོག་པ་མཚན་ཉིད་པ་ཡིན་པ་ལ་འཁྲུལ་པ་ཡེ་མེད་དོ། །ཡང་སངས་རྒྱས་འདོད་པས་སྟོང་ཉིད་ལ་འདྲིས་པས་བྱ་བ་ཙམ་ལས། སྟོང་ཉིད་མངོན་དུ་མི་བྱ་བར་ཐབས་མཁས་ལ་འབད་པ་ཉིད་གནད་དུ་ཆེ་སྟེ། འཕགས་པ་དཀོན་མཆོག་བརྩེགས་པ་ལས། རི་དྭགས་ཀྱི་རྒྱལ་པོ་སེང་གེ་རི་སུལ་ན་གནས་པ་གཞན་གང་ལའང་མི་འཇིགས་མོད། ནགས་ཁྲོད་ན་མེ་ཆེན་པོ་མཆེད་པ་མཐོང་ན་སྐྲག་ཅིང་འཇིགས་པ་སྐྱེ་བ་དེ་བཞིན་དུ། བྱང་ཆུབ་སེམས་དཔའ་རྣམས་ཀྱང་དམྱལ་བ་མནར་མེད་ཀྱི་སྡུག་བསྔལ་ལ་སོགས་པ་ཆོས་གཞན་གང་ལའང་མི་འཇིགས་པར་གཞན་དོན་བྱ་བར་སྤྲོ་ཡང་། སྟོང་པ་ཉིད་ཀྱི་མཐའ་ལ་འཇིགས་ཤིང་སྐྲག་ཅེས་གསུངས་ཤིང་། དེའི་དགོངས་པ་འདི་ལྟར་ཐབས་མཁས་དང་བྲལ་བའི་སྟོང་ཉིད་ཀྱིས་དམན་པའི་མྱང་འདས་སུ་ལྟུང་བར་འགྱུར་བའི་ཕྱིར་རོ། །གནད་ཀྱི་དོན་ནི། བྱང་ཆུབ་སེམས་དཔའ་རྣམས་སྙིང་རྗེ་ཆེན་པོས་འཁོར་བའི་སྡུག་བསྔལ་ལ་མི་འཇིགས་ཤིང་། དེས་འཚང་རྒྱ་བ་ལ་བར་དུ་མི་གཅོད་ཀྱང་། སྟོང་ཉིད་ཀྱི་ལྟ་བས་མྱང་འདས་ཀྱི་མཐར་ལྟུང་དོགས་ཀྱི་འཇིགས་པ་ཆེན་པོ་ཡོད་པ་ཡིན་ཏེ། མངོན་རྟོགས་རྒྱན་ལས། བྱམས་ལ་སོགས་དང་སྟོང་ཉིད་དང་། །ཞེས་དང་། དེའི་འགྲེལ་པར་འཕགས་པ་གྲོལ་སྡེས། སྐད་ཅིག་མ་བརྒྱད་པ་ལ་བྱམས་སོགས་ཚད་མེད་བཞི་མ་བསྒོམས་ན། སྐད་ཅིག་མ་དགུ་པ་ལ་སེམས་ཅན་གྱི་ཁམས་ལ་ལྟོས་པ་མེད་པ་འགོག་པར་ལྟུང་བར་གསུངས་པ་དང་། འཇམ་དཔལ་རྩ་རྒྱུད་ལས། ཇི་སྲིད་ས་བརྒྱད་མ་ཐོབ་པར། །དེ་སྲིད་ཐེག་པ་དམན་པས་འཇིགས། །ཞེས་དང་། ཤེར་ཕྱིན་ལས། རྫོགས་སྨིན་སྦྱང་གསུམ་མ་བྱས་པར་ཡང་དག་པའི་

མཐའ་མངོན་དུ་མི་བྱ་བར་གསུངས་པ་རྣམས་དོན་གནད་གཅིག་ཏུ་འབབ་པས་སོ། །

གཉིས་པ་ཞར་བྱུང་རྒྱུ་འབྲས་ཕྱིན་ཅི་ལོག་གཞན་དགག་པ་ནི། ཕྱག་ཆེན་པ་ལ་ལ་སྟོང་ཉིད་རྐྱང་པ་བསྒོམས་པ་ལས། འབྲས་བུ་སྐུ་གསུམ་འབྱུང་བར་འདོད་པ་དང་། གསང་འདུས་ཀྱི་ཉམས་ལེན་བྱེད་པར་འདོད་པ་ལ་ལ། ཟུང་འཇུག་བསྒོམ་པ་མཐར་ཕྱིན་པ་ལས་འབྲས་བུ་འོད་གསལ་འབྱུང་བར་འདོད་པ་ཡོད་དོ། །ལུགས་དེ་གཉིས་ཀ་ཡང་ནི་སྐྱོན་ཅན་ཡིན་ཏེ། རྒྱུ་འབྲས་ཕྱིན་ཅི་ལོག་ཏུ་གསུངས་པའི་ཕྱིར་ཏེ། སྔ་མ་དེ་ནི་རྒྱུ་གཅིག་ལས་གལ་ཏེ་འབྲས་བུ་འབྱུང་ན། གཅིག་རང་འབྱུང་རིགས་པ་ལས་གསུམ་འབྱུང་བ་རྒྱུ་འབྲས་ངོ་མ་སྒོམས་ཤིང་རིགས་མི་མཐུན་དུ་སོང་། ཕྱི་མ་ནི། རྒྱུ་ཟུང་འཇུག་བསྒོམས་པ་ལས་འབྲས་བུ་ཟུང་འཇུག་འབྱུང་རིགས་པ་ལས། འབྲས་བུ་འོད་གསལ་གཅིག་ཏུ་འདོད་པ་རྒྱུ་འབྲས་རིགས་མི་མཐུན་དུ་སོང་བའི་ཕྱིར། སྔ་མ་དེ་ཚིག་ཐུབ་དང་འདྲ་བས་བློས་སོ་སྐམ་ན་དོན་འདྲ་ཡང་ཚིག་ཐུབ་ཀྱི་མིང་བཏགས་མ་བཏགས་ཀྱི་ཁྱད་པར་ཡོད་པས་སོ་སོར་བཀོད་པ་ལ་འགལ་བ་མེད་དོ། །གསུམ་པ་ས་ལམ་མི་བགྲོད་རྫོགས་འཚང་རྒྱ་བ་དགག་པ་ནི། ཞང་ཚལ་པ་ལ་སོགས་པ་ཁ་ཅིག །ཕྱག་རྒྱ་ཆེན་པོའི་ས་ལམ་ཐམས་ཅད་ཅིག་ཆར་དུ་ཆོད་འགྲོ་བས་ས་ལམ་གྱི་རིམ་པ་ངེས་པ་ཅན་མི་བགྲོད་པར་རྫོགས་འཚང་རྒྱ་བ་ཡིན་ཞེས་འདོད་པ་དང་། འགའ་ཞིག་ནང་ན་རིམ་གཉིས་ཀྱི་རྫོགས་པ་མེད་པར་ཏི་སེ་ལ་སོགས་པའི་གནས་བསྐོར་བ་དང་། ལ་ལ་ལུས་ལ་རྩ་མདུད་དང་རྩའི་འཁོར་ལོ་སོགས་མེད་ཅིང་། འཁྲུལ་འཁོར་དང་རླུང་སྦྱོར་བསྒོམ་པ་སོགས་མི་དགོས་པར་འདོད་དོ། །དེ་དག་ནི་མི་འཐད་དེ། རྒྱུད་སྡེའི་དགོངས་པ་མི་ཤེས་པས་གསང་སྔགས་ཀྱི་བསྟན་པ་དང་ཤིན་ཏུ་འགལ་བ་ཡིན་པའི་ཕྱིར། དེ་ཡང་ཕྱི་རུ་ཡུལ་ཉི་ཤུ་རྩ་བཞི་ལ་སོགས་པ་རྣམས་བགྲོད་ཅིང་མཁའ་འགྲོ་དབང་དུ་གྱུར་པ་དང་། ནང་དུ་རྩ་མདུད་རྣམས་གྲོལ་བ་ནི་ས་བཅུ་ལ་སོགས་པའི་ས་ལམ་གྱི་རིམ་པ་བགྲོད་པ་ཡི་རྟེན་འབྲེལ་ཉིད་ཀྱི་འབྱུང་བ་ཡིན་ཏེ། དཔེར་ན་རང་རྒྱུད་ལ་བླ་མེད་ཀྱི་ས་དང་པོའི་རྟོགས་པ་འཆར་བའི་རྟེན་འབྲེལ་འགྲིག་ན། ཕྱི་རོལ་དུ་པུ་ལླི་ར་མ་ལ་ཡ་ལ་སོགས་པའི་ཡུལ་བཞིའི་མཁའ་འགྲོ་དབང་དུ་འགྱུར་བ་དང་། ནང་ལུས་ཀྱི་སྤྱི་བོ་ལ་སོགས་པའི་རླུང་སེམས་དབུ་མར་ཐིམ་པར་འགྱུར་བ་བཞིན་ནོ། །ཚུལ་འདི་དག་གི་དོན་ནི། རྣལ་འབྱོར་ཆེན་པོ་བླ་མེད་ཀྱི་རྒྱུད་ཀྱི་ས་ལམ་གྱི་སྐབས་སུ་ལྟོས་ཏེ། བརྟག་གཉིས་ཀྱི་བརྟག་པ་དང་པོའི་ལེའུ་བདུན་པ་ལས། གནས་དང་ཉེ་བའི་གནས་དང་ནི། །ཞེས་སོགས་སྨྲར་དྲངས་པ་དང་། སམ་བུ་ཊ་ལས། རྩ་རྒྱུད་ནས་བཤད་པ་དེ་དག་འབྲུགས་བསྡེབས་ཏེ་བརྟག་པ་ལྔ་པའི་དང་པོ་དང་དྲུག་པར་རྒྱས་པར་གསུངས་པ་དང་། ཁྱད་པར། པུ་ལི་སོགས་པ་ཅི་གསུངས་པ། །ཕྱི་དང་ནང་དུ་ཡང་དག་བསམ། །ཞེས་ཕྱི་རོལ་ན་ཡུལ་ཆེན་ཛཱ་

ལྟར་ཡོད་པ་ཡང་ནང་ལུས་ལ་ཡང་སྦྱར་བར་གསུངས་ཤིང་། རྒྱ་བཤད་དེ་དག་གི་དོན་ནི། རྗེ་བཙུན་ཆེན་པོས། བདག་མེད་བསྟོད་པ་དང་། བདག་ཉིད་ཆེན་པོའི་བདག་མེད་བསྟོད་འགྲེལ་ལས། རྒྱས་པར་གཏན་ལ་ཕབ་པས་དེ་དག་ཏུ་བལྟ་བར་བྱའོ། །བསྟོད་པ་རྒྱ་འགྲེལ་དེ་གཉིས་ནས་གསུངས་པའི་ས་ལམ་གྱི་རྣམ་གཞག་ནི༑ རྒྱུད་སྡེའི་ཉིང་ཁུ་བླ་ན་མ་མཆིས་པ་ཡིན་ནོ། །རྟེན་འབྲེལ་གྱི་གནད་བཤད་མ་ཐག་པ་དེས་ན་ས་ལམ་མ་བགྲོད་པར་ཡུལ་ཉེར་བཞི་སོགས་བགྲོད་པ་ནི་བཞད་གད་ཀྱི་གནས་ཡིན་ཏེ། ནང་དུ་ས་ལམ་བགྲོད་རྒྱུ་མེད་པར་ཕྱི་རུ་ཡུལ་ཆེན་རྣམས་བགྲོད་པ་ལ་དགོས་པ་ཅི་ཡང་མི་འདུག་པའི་ཕྱིར། དེས་ན་ནང་དུ་ས་ལམ་བགྲོད་པ་དང་ཕྱི་རུ་ཡུལ་ཆེན་བགྲོད་པ་གཉིས་ནི་ཕན་ཚུན་ལྟོས་གྲུབ་ཡིན་ཏེ། བདག་མེད་བསྟོད་འགྲེལ་ལས། ཕྱི་རོལ་ན་གནས་དང་ཉེ་བའི་གནས་ལ་སོགས་ཡུལ་ཉི་ཤུ་རྩ་བཞི་ཡོད་ལ། ངོ་བོ་སངས་རྒྱས་ཡིན་ཡང་རྣམ་པ་ས་དང་པོ་དང་། གཉིས་པ་ལ་སོགས་པ་ཐོབ་པའི་ཚུལ་བཟུང་བའི་དཔའ་བོ་དང་རྣལ་འབྱོར་མ་གནས་སོ། ། དེ་བཞིན་དུ་ཡུལ་ཉི་ཤུ་རྩ་བཞི་ལུས་ལ་ཡང་གནས་ལ། དཔའ་བོ་དང་རྣལ་འབྱོར་མ་དང་རྗེས་སུ་མཐུན་པའི་རླུང་དང་བྱང་ཆུབ་ཀྱི་སེམས་ཀྱང་གནས་པས། དེ་རྣམས་དབུ་མར་ཐིམ་པས་ས་རྣམས་ཀྱི་རྟོགས་པ་སྐྱེ་ཞིང་། ཕྱི་རོལ་གྱི་དཔའ་བོ་དང་རྣལ་འབྱོར་མ་བདག་གི་གྲོགས་སུ་འགྱུར་བ་ཡིན། ཞེས་གསུངས་སོ། །འགྲེལ་པ་འདི་ལྟར་ན་ལུས་ཀྱི་ཡུལ་རྣམས་ཀྱི་རླུང་སེམས་དབུ་མར་ཐིམ་པས་སའི་རྟོགས་པ་སྐྱེ་བར་དངོས་སུ་བཤད་ལ། གཞུང་འདི་ལྟར་ན་ས་ལམ་བགྲོད་པའི་རྟེན་འབྲེལ་གྱིས་ཕྱིའི་ཡུལ་བགྲོད་པ་དང་། ནང་ལུས་ཀྱི་རྩ་མདུད་གྲོལ་བ་རྣམས་འབྱུང་བར་བཤད་པས་རྒྱུ་འབྲས་སྔ་ཕྱིའི་ཁྱད་ཞུགས་པའི་དོགས་པ་ཆེ་བར་སྣང་ངོ་། །རང་གི་བློ་ཚོད་ལྟར་ན་རྒྱུ་འབྲས་ཀྱི་གོ་རིམ་བསྟོད་འགྲེལ་ལས་དངོས་སུ་བཤད་པ་ལྟར་ཡིན་ལ། འོན་ཀྱང་རབ་དབྱེ་དང་མི་འགལ་ཏེ། ས་བགྲོད་པའི་རྒྱུ་རྐྱེན་ཚོགས་པའི་རྟེན་འབྲེལ་ལས། ནང་གི་གནས་དེ་དང་དེའི་རྩ་མདུད་གྲོལ་བ་ནི་རབ་དབྱེའི་དགོངས་པ་དང་། རྩ་མདུད་གྲོལ་བའི་མོད་ལས་དེ་དང་དེའི་རྟོགས་པ་སྐྱེ་བ་ནི་བསྟོད་འགྲེལ་གྱི་དགོངས་པ་ཡིན་པར་སེམས་སོ། །དེས་ན་བགྲོད་པའི་རྟེན་འབྲེལ་ཞེས་པ་ས་བགྲོད་ཟིན་པའི་རྟེན་འབྲེལ་ལ་མ་འཁྲུལ་པ་གལ་ཆེའོ། །ས་ལམ་མ་བགྲོད་པར་འཚང་རྒྱ་བ་ཅིག་ཐུབ་ལས་སྐུ་གསུམ་འབྱུང་བར་འདོད་པ་དེའི་ནང་དུ་ཐུས་སོ་སྙམ་ན། དོན་ཐུས་ཤིང་འདོད་པ་པོ་ཡང་གཅིག་ཡིན་མོད། འོན་ཀྱང་ས་ལམ་བཅུ་བའི་རྨོངས་པ་འཁྲུལ། །ཞེས་པ་དེ་ལ་མི་འཐད་པའི་ཁ་གསལ་སྟར་མ་སོང་བ་སླར་དངོས་སུ་བརྗོད་པ་ཡིན་ནོ། །འདི་འདྲའི་རིགས་ཅན་མང་ངོ་། །བཞི་པ་དབང་ལམ་མེད་པར་སྐུ་བཞི་ཐོབ་པ་དགག་པ་ནི། གསང་སྔགས་ཀྱི་འབྲས་བུ་ལ་མོས་ཀྱང་རྒྱུ་ལ་མི་མོས་པ་ལ་ལ་སྨིན་བྱེད་ཀྱི་དབང་བཞི་མི་འདོད་ཅིང་། གྲོལ་བྱེད་

བསྐྱེད་རིམ་ལ་སོགས་ལམ་བཞིའི་རྣམ་གཞག་མི་འདོད་པར་རྡོ་རྗེ་ཐེག་པའི་ལམ་གྱི་འབྲས་བུ་ནི་སྤྲུལ་སྐུ་ལ་སོགས་པའི་སྐུ་བཞི་འབྱུང་བར་འདོད་པ་ཡིན་ནོ། །དེ་ལྟར་འདོད་པ་ཡང་རྒྱུ་འབྲས་ཀྱི་འབྲེལ་པ་ཕྱིན་ཅི་ལོག་ཏུ་འཁྲུལ་པའི་ཤེས་པ་ཡིན་པས་མི་འཐད་དེ། རྒྱུ་དུས་སུ་དབང་བཞི་དང་ལམ་བཞི་མེད་པར་འབྲས་དུས་སུ་སྐུ་བཞི་འབྱུང་བ་མཚར་ཆེ་བའི་ཕྱིར་རོ། །

ལྔ་པ་འབྲས་བུའི་མཐར་ཐུག་འོད་གསལ་སྨྲ་བ་དགག་པ་ནི། གསང་འདུས་རིམ་ལྔའི་རྣལ་འབྱོར་བསྒོམ་པར་ཁས་འཆེ་བ་ཁ་ཅིག །རིམ་ལྔའི་མཐར་ཐུག་གི་འབྲས་བུ་ནི་འོད་གསལ་སྟོང་པ་ཉིད་ཡིན་ཞེས་སྨྲ་བ་ཐོས་སོ། །དེ་ལྟར་སྨྲ་བ་ནི་འཕགས་པ་ཡབ་སྲས་ཀྱི་དགོངས་པ་མ་ཡིན་ཏེ། རིམ་ལྔ་ལས། ཡང་དག་མཐའ་ལས་ལངས་ནས་ནི། །གཉིས་མེད་ཡེ་ཤེས་ཐོབ་པར་འགྱུར། །ཟུང་འཇུག་ཏིང་འཛིན་ལ་གནས་ནས། །ཞེས་པ་ནས། ཐམས་ཅད་མཁྱེན་པར་དེ་ནས་འགྱུར། །ཞེས་དང་། སྤྱོད་བསྡུས་ལས། བྱང་ཆུབ་ཀྱི་ཤིང་དྲུང་ལ་བཞུགས་ནས་མཚན་ཕྱེད་ཀྱི་དུས་སུ་འོད་གསལ་མངོན་དུ་མཛད་དེ། སྒྱུ་མ་ལྟ་བུའི་ཏིང་ངེ་འཛིན་ལས་བཞེངས་ནས་འགྲོ་བ་རྣམས་ལ་སྟོན་པར་མཛད་པ་ཡིན་ནོ། །ཞེས་འོད་གསལ་སྟོང་ཉིད་ལས་ཟུང་འཇུག་གི་སྐུར་ལྡང་བ་འབྲས་བུ་མཐར་ཐུག་ཡིན་པར་གསུངས་པའི་ཕྱིར། འདི་ཙམ་འབྲས་བུ་ལ་འཁྲུལ་པ་འགོག་པ་ཞར་བྱུང་མ་གཏོགས། གཞན་འདི་དག་ནི་ས་ལམ་ལ་འཁྲུལ་པ་འགོག་པ་ཡིན་ཏེ། ས་ལམ་མི་དགོས་པར་ཆིག་ཐུབ་ལས་སྐུ་གསུམ་འབྱུང་བ་སོགས་ནི་ས་ལམ་ལ་ལོག་པར་རྟོག་པ་ཆེ་ཤོས་ཡིན་པའི་ཕྱིར། དཔེར་ན་རིམ་གཉིས་མི་དགོས་པར་འདོད་པ་རིམ་གཉིས་ལ་ལོག་པར་རྟོག་པའི་གཙོ་བོ་ཡིན་པ་བཞིན་ནོ། །དེས་ན་འབྲས་བུའི་རྒྱུ་ལམ་ལ་ལོག་པར་རྟོག་པ་དང་། འབྲས་བུ་ལ་ལོག་པར་རྟོག་པའི་ཤན་ཕྱེད་དགོས་ཤིང་། ལུས་རྣམ་གཞག་ཏུ་ཡང་། ས་དང་ལམ་གྱི་རྣམ་གཞག་དང་། །ཞེས་ས་ལམ་ལ་མདོར་བསྟན་བཤད་ནས། འབྲས་བུ་ལ་མདོར་བསྟན་མ་བཤད་པས་ཀྱང་འབྲས་བུ་ལ་འཁྲུལ་པ་འགོག་པ་འདིར་རྒྱས་པར་མི་འབྱུང་བ་ཡིན་ནོ། །དཔྱོད་ལྡན་གྱིས་གོ་བར་འགྱུར་རོ། །འོན་ཀྱང་ས་ལམ་མ་བགྲོད་པར་འབྲས་བུ་ཐོབ་པར་འདོད་པ་འདི་དག་བཀག་པའི་ཤུགས་ལས་ས་ལམ་བགྲོད་ནས་འབྲས་བུ་མངོན་དུ་བྱེད་པ་དོན་གྱིས་བསྟན་པས། འབྲས་ཐོབ་བཤད་ཅེས་པའི་ས་བཅད་བྱས་པ་ལ་འགལ་བ་མེད་དོ། །

གཉིས་པ་ས་ལམ་རྟེན་གྱི་གང་ཟག་འཁྲུལ་པ་དགག་པ་ལ་གཉིས་ཏེ། འདོད་པ་བརྗོད་པ་དང་། དེ་དགག་པའོ། །དང་པོ་ནི། ཕྱག་རྒྱ་པ་ལ་ལས། གྲུབ་ཐོབ་ངན་ལ་རྟོགས་ལྡན་བཟང་བ་ཡིན་ཟེར་ཞིང་། དེའི་ཤེས་བྱེད་གྲུབ་ཐོབ་བརྒྱད་ཅུའི་ནང་ན་ཡང་། གྲུབ་ཐོབ་ཟེར་བ་ཙམ་ལས། རྟོགས་ལྡན་གྱི་མཚན་གསོལ་བ

མེད་ཅེས་ཟེར་བ་ཐོས་སོ། །གཉིས་པ་ལ་གསུམ་སྟེ། གྲུབ་ཐོབ་ངན་པར་འདོད་པ་སྨད་པར་བསྟན། གྲུབ་ཐོབ་འཕགས་ཉིད་ཡིན་པ་ལུང་དང་སྦྱར། དེས་ན་ས་སྟེམ་སླ་བ་བླུན་པོར་བསྟན་པའོ། །དང་པོ་ནི། འདི་འདྲ་སླ་བ་འཛིན་པ་ལྟ་ཅི་སྨོས། ཐོས་པར་གྱུར་ཀྱང་རྣ་བ་དགབ་པར་བྱ་སྟེ། གྲུབ་ཐོབ་ངན་པར་འདོད་པ་འདི་འདྲ་ནི་འཕགས་པའི་གང་ཟག་རྣམས་དང་། རྗེ་བརྒྱུད་ཀྱི་བླ་མ་གྲུབ་པའི་ས་ལ་བཞུགས་པ་རྣམས་ལ་སྐུར་འདེབས་ཡིན་པའི་ཕྱིར་རོ། །གཉིས་པ་ནི། འཕགས་པ་ལ་སྐུར་འདེབས་ཡིན་པ་དེའི་འཐད་པ་བཤད་ཀྱིས་ཉོན་ཏེ། གྲུབ་ཐོབ་ཆུང་ངུ་ནི་ས་དང་པོ་མཐོང་བའི་ལམ་ནས་ས་བདུན་པའི་བར་དང་། གྲུབ་ཐོབ་འབྲིང་པོ་ནི་ས་བརྒྱད་པ་ནས་སངས་མ་རྒྱས་ཀྱི་བར་གྱི་ས་དང་། གྲུབ་ཐོབ་ཆེན་པོ་ནི་སངས་རྒྱས་ཀྱི་ས་ཡིན་པས་ཐེག་ཆེན་འཕགས་པ་མ་ཡིན་པ་ལ་གྲུབ་ཐོབ་མེད་པའི་ཕྱིར། མདོ་སྡེ་རྒྱན་ལས་ཀྱང་། འདི་སྐད་དུ་གསུངས་ཏེ། ཐེག་ཆེན་གྱི་ས་ཐམས་ཅད་གྲུབ་མ་གྲུབ་གཉིས་སུ་འདུས་པར་ཤེས་པར་བྱས་ནས་མོས་སྤྱོད་ཀྱི་ས་ནི་མ་གྲུབ་པ་དང་། ས་དང་པོ་ཡན་ཆད་གྲུབ་པ་དག་ཏུ་ཤེས་པར་བྱ་ཞིང་། དེ་ལ་ཡང་ས་བདུན་པ་མན་ཆད་དག་པ་སོགས་ལ་བལྟོས་ཏེ་མ་གྲུབ་པ་དང་། ས་བརྒྱད་པ་སོགས་ནི་གྲུབ་པ་དང་། སངས་རྒྱས་ཀྱི་ས་ནི་ཤིན་ཏུ་གྲུབ་པ་དག་ཏུ་ཡང་དག་པར་འདོད་པ་ཡིན་ནོ། །ཞེས་གསུངས་ཤིང་། དེའི་དགོངས་པ་ཡང་གྲུབ་ཐོབ་ས་དང་པོ་ཡན་ཆད་ལ་འཇོག་པ་དེ་ཉིད་ཡིན་ནོ། །དེར་མ་ཟད་རྣལ་འབྱོར་དབང་ཕྱུག་ཆེན་པོའི་ལམ་འབྲས་ལས་ཀྱང་དོན་དེ་སྐད་དུ་གསུངས་ཏེ༑ སྔོན་བླ་མས་རྒྱུ་དུས་ན་བསྟན་པའི་འཁོར་འདས་དབྱེར་མེད་དེ་ཙམ་ན་རྟོགས། ཞེས་གྲུབ་མཐའ་བསྐྱོགས་པ་ས་དང་པོ་ནས་བཞག་པའི་ཕྱིར། དེ་ལྟར་ན་དེང་ཀྱི་གྲུབ་ཐོབ་ནི་ས་ཐོབ་པ་དེ་འདྲ་ཡིན་ཞིང་། ཁྱེད་ཀྱིས་རྟོགས་ལྡན་གྱི་མཚན་ཉིད་འདི་ཡིན་ཞེས་ངོས་བཟུང་རྒྱུ་མེད་དེ། གྲུབ་ཐོབ་ལས་བཟང་བའི་རྟོགས་ལྡན་མདོ་རྒྱུད་ཀུན་ལས་གསུངས་པ་མེད་པའི་ཕྱིར་རོ། །

གསུམ་པ་ནི། རྒྱུ་མཚན་དེས་ན་གྲུབ་ཐོབ་ལས་བཟང་བའི་རྟོགས་ལྡན་བླུན་པོ་ལ་གྲགས་ཀྱི་མཁས་པ་ལ་གྲགས་པ་མ་ཡིན་ཏེ། དེ་ལྟ་བུ་ནི་བླུན་པོའི་ཁྱད་ཐོན་ཁོ་ནར་སྣང་བས་སོ། །སྤྱིར་རྟོགས་ལྡན་རང་ལུགས་ལ་མི་བཞེད་པ་ཡང་མ་ཡིན་ཏེ། བདག་ཉིད་ཆེན་པོ་ཉིད་ཀྱི་གསུངས་ལས། རྟོགས་ལྡན་སྐྱེས་བུ་དག་གིས་མཁྱེན་པར་མཛོད། །ཅེས་དང་། རྟོགས་ལྡན་ཟེར་བ་མང་མོད་ཀྱི། །འབྲུལ་པ་ཞིག་ན་རྟོགས་ལྡན་ཡིན། །ཞེས་བཤད་པས་སོ། །

གསུམ་པ་ས་ལམ་རང་གི་ངོ་བོ་འཁྲུལ་པ་དགག་པ་ལ་གཉིས་ཏེ། ཉམས་མྱོང་ངན་ལ་གོ་འབྲིང་འདོད་པ་དགག །རྩེ་གཅིག་སོགས་དང་ས་ལམ་སྦྱོར་བ་དགག་པའོ། །དང་པོ་ལ་གཉིས་ཏེ། འདོད་པ་བརྗོད་པ

དང་། དེ་དགག་པའོ། །དང་པོ་ནི། གླིང་ཆེན་རས་པ་ལ་སོགས་པ་ལ་ལ་ཉམས་གོ་བ་རྟོགས་པ་རྣམ་པ་གསུམ་གྱི་ནང་ནས་ཉམས་ངན། གོ་བ་འབྲིང་། རྟོགས་པ་བཟང་བ་ཡིན་ཟེར་རོ། །

གཉིས་པ་ནི། དེ་ལྟར་སྨྲ་བ་འདི་ཡང་རེ་ཞིག་བརྟག་པར་བྱ་སྟེ། ཉམས་ཞེས་བྱ་བ་སྤྱིར་ཉམས་མྱོང་ཙམ་ལ་ཟེར་རམ། བསྒོམ་པའི་ཉམས་མྱོང་ལ་ཟེར་རམ། འོན་ཏེ་སོ་སོ་རང་རིག་པའི་ཡེ་ཤེས་ཀྱི་ཉམས་མྱོང་ལ་ཟེར། དང་པོ་ལྟར་ན་བཟང་ངན་སྣ་ཚོགས་ཡོད་དེ། སྤྱིར་སེམས་ཡོད་ཐམས་ཅད་ལ་ཉམས་མྱོང་དེ་ཡང་ཡོད་པ་ཡིན་པའི་ཕྱིར། གཉིས་པ་ལྟར་ན། ལམ་ཞུགས་ཀྱི་རྒྱུད་ཀྱི་ཉམས་མྱོང་ཡིན་པས་ངན་ཞེས་བྱར་མི་རུང་སྟེ༑ ཚོགས་ལམ་ཆུང་ངུ་ནས་མཐར་ཕྱིན་ལམ་དུ་བསྒོམ་པའི་ཉམས་དེ་ཡོད་པའི་ཕྱིར། གསུམ་པ་ལྟར་ན་འཕགས་པའི་གང་ཟག་ཆོས་ཉིད་མངོན་སུམ་དུ་རྟོགས་པ་རྣམས་ལ་དེ་ལྟ་བུའི་ཉམས་དེ་ཡོད་པ་ཡིན་པས་ངན་པར་ག་ལ་རུང་ངོ་། །དེ་ལྟར་མཐའ་གསུམ་དུ་བརྟགས་པ་ལས་སེམས་ཅན་ཐམས་ཅད་ལ་ཡོད་པའི་ཉམས་མྱོང་ནི་ཚོར་བ་བདེ་སྡུག་བཏང་སྙོམས་གསུམ་པོ་གང་རུང་སེམས་ཅན་ཀུན་གྱི་ཉམས་སུ་མྱོང་བ་དེ་ཡིན་ཞིང་། ཚོགས་ལམ་ཆུང་ངུ་ནས་མཐར་ཕྱིན་ལམ་གྱི་བར་དུ་ཡོད་པའི་བསྒོམ་པའི་ཉམས་ནི། རྣལ་འབྱོར་པ་ལ་ཏིང་ངེ་འཛིན་ལ་ཉམས་ཀྱི་སྣང་བ་ཞེས་དང་། བསྒོམ་ཉམས་སྐྱོན་ཡོད་མེད་ཕྱེད་པས་ཞེས་བཤད་པའི་ཉམས་རྣམས་ཡིན་ནོ། །གོ་བ་འབྲིང་ལ་རྟོགས་པ་བཟང་བ་ཡང་མི་འཐད་དེ། དེ་གཉིས་ནི་རྣམ་གྲངས་ཀྱི་སྒྲ་ཐ་དད་ཡིན་པ་མ་གཏོགས་ངོ་བོ་གཅིག་ཡིན་པའི་ཕྱིར། དེས་ན་རྒྱ་སྐད་ས་མ་ཡ་ཞེས་པ། གོ་བ་དང་རྟོགས་པ་དང་ཁོང་དུ་ཆུད་པ་སོགས་མང་པོ་ཞིག་ལ་འཇུག་པ་ལ། ལོ་ཙཱ་བས་འགྱུར་མི་འདྲ་བའི་དབྱེ་བ་ཕྱེ་ན་ལས། གོ་བ་དང་རྟོགས་པ་ཐ་དད་དུ་བཏགས་པར་ཟད་དོ། །གལ་ཏེ་རྣལ་འབྱོར་པའི་རྟོགས་པ་གསལ་མི་གསལ་ལ་གོ་བ་དང་རྟོགས་པར་འདོགས་ན་ཐོགས་ཏེ། མིང་ལ་མི་བརྩད་དོ། །ཉམས་ངན་ལ་རྟོགས་པ་བཟང་བ་ཡང་མི་འཐད་དེ། སྔར་བཤད་པ་ལྟར་ལམ་འབྲས་ལ་སོགས་པའི་གཞུང་ལུགས་འགའ་ལས། བསྒོམ་པའི་ཏིང་ངེ་འཛིན་ལ་ཉམས་ཀྱི་སྣང་བ་དང་། རྫོགས་པའི་སངས་རྒྱས་ཀྱི་ཡེ་ཤེས་ལ་དག་པའི་སྣང་བར་བཤད་པ་ཡོད་ཅིང་། བསྒོམ་ཉམས་སྐྱོན་ཡོད་མེད་ཕྱེད་པས་ས་བཅུ་གསུམ་པའོ། །ཞེས་སངས་རྒྱས་ཀྱི་ས་ལ་ཉམས་སྐྱོན་མེད་ཡོད་པར་བཤད་པ་ཡང་མཐོང་བས། དེ་འདྲའི་ཉམས་དང་རྟོགས་པ་ལ་བཟང་ངན་གྱི་རྣམ་དབྱེ་བྱར་མི་རུང་སྟེ། གཅིག་ཡིན་ནོ། །

གཉིས་པ་ལ་གཉིས་ཏེ། འདོད་པ་བརྗོད་པ་དང་། དེ་དགག་པའོ། །དང་པོ་ནི། གོང་ན་རུ་པ་ལ་དྭགས་པོ་ལྷ་རྗེས་རྩད་ཆོད་ནས་རྣལ་འབྱོར་བཞིའི་བསྒོམ་བྱ་བ་ཕྱག་རྒྱ་པ་རྣམས་ལ་གྲགས་ཤིང་། ངོ་སྤྲོད་པའི་ཚེ་ན་

རྩེ་གཅིག་གི་རྣལ་འབྱོར་ནི་མཐོང་ལམ་དང་། སྤྲོས་བྲལ་གྱི་རྣལ་འབྱོར་ནི་ས་གཉིས་པ་ནས་བདུན་པའི་བར་དང་། རོ་གཅིག་གི་རྣལ་འབྱོར་ནི་དག་པའི་ས་གསུམ་དང་། བསྒོམ་མེད་ཀྱི་རྣལ་འབྱོར་ནི་སངས་རྒྱས་ཀྱི་ས་ཡིན་ནོ། །ཞེས་དྭགས་པོ་མན་ཆད་ཀྱི་ཕྱག་ཆེན་པ་རྣམས་ཟེར་རོ། །གཉིས་པ་ལ་གཉིས་ཏེ། ཆོས་མཐུན་བརྩི་ན་འགལ་མེད་ཙམ་ཞིག་བསྟན། ས་ལམ་དངོས་ལ་སྦྱར་ན་ཧ་ཅང་ཐལ་བའོ། །དང་པོ་ནི། རྣལ་འབྱོར་བཞི་མཐོང་ལམ་སོགས་སུ་ངོ་སྤྲོད་པ་འདི་ཡང་ཕྱི་སྐྱེ་བཤད་ཀྱིས་ཉོན་ཏེ། རྣལ་འབྱོར་བཞི་སོ་སོ་སྐྱེ་བོའི་གནས་སྐབས་ཡིན་ཡང་གལ་ཏེ་མཐོང་ལམ་སོགས་དང་ཆོས་མཐུན་བརྩི་བ་ཡིན་ནམ། འོན་ཏེ་འཕགས་པའི་ས་ཉིད་ཡིན་པའི་དབང་དུ་བྱས་ནས་དོན་བདེན་པའི་ས་ལམ་མཚན་ཉིད་པ་དངོས་སུ་བྱས་པ་ཡིན་དྲི་བར་བྱའོ། །དྲི་བ་དང་པོ་ལྟར་ན། སོ་སོ་སྐྱེ་བོའི་གང་ཟག་གི་རྟོགས་པ་མཐོ་དམན་ལ། འཕགས་པའི་ལམ་དང་ཆོས་མཐུན་ཙམ་བསྒྲིགས་པའི་མིང་འདོགས་ན་ནི་ཆོས་ནས་བཤད་ན་འགལ་བ་མེད་དེ། ཆོས་མཐུན་ཙམ་བསྒྲིགས་པའི་སའི་མིང་འདོགས་དེ་འདྲ་མང་དུ་བཤད་པས་སོ། །དཔེར་ན་དཀོན་བརྩེགས་ཀྱི་རྨི་ལམ་ངེས་བསྟན་གྱི་ལེའུ་ལས། ཐུབ་པའི་མཆོད་རྟེན་འཛིམ་པ་ལས་བྱས་པ་མཐོང་ན་ས་དང་པོ། དེ་བཞིན་དུ་རྡོ་ལས་བྱས་པ་མཐོང་ན་ས་གཉིས་པ། རྡོ་ཐལ་ཏེ་ས་རྩིས་བྱུགས་པ་མཐོང་ན་ས་གསུམ་པ། སྟེགས་བུ་གདུགས་དང་བཅས་པ་བྱི་དོར་བྱས་པ་མཐོང་ན་ས་བཞི་པ། རྡོའི་ཀ་བ་དང་བཅས་པ་མཐོང་ན་ས་ལྔ་པ། གསེར་གྱི་ལན་བུས་སྤྲེལ་བ་མཐོང་ན་ས་དྲུག་པ། རིན་པོ་ཆེའི་དྲ་བས་ཕྱོགས་ཀུན་ནས་གཡོགས་པ་མཐོང་ན་ས་བདུན་པ། དྲིལ་བུ་གཡེར་ཁའི་དྲ་བས་ཕྱོགས་ཀུན་ནས་གཡོགས་པ་མཐོང་ན་ས་བརྒྱད་པ། ས་དགུ་པ་དང་བཅུ་པ་ལ་རྨི་ལམ་ལོག་པར་མཐོང་བ་མེད་པར་བདེན་པ་རང་མཐོང་བར་གསུངས་པ་དང་། གསེར་འོད་དམ་པ་ནས་ཀྱང་དེ་དང་ཆ་འདྲ་བར་གསུངས་པ་སོགས་རྨི་ལམ་གྱི་རྟགས་ཀྱི་བྱེ་བྲག་མི་འདྲ་བ་བཅུ་ལ་ས་བཅུའི་དབྱེ་བ་མཛད་པ་མཐོང་ལ། འདི་དག་ནི་མོས་སྤྱོད་ཀྱི་ས་ལ་བཅུར་ཕྱེ་ནས་ས་བཅུ་སྦྱར་བ་ཡིན་གྱི། འཕགས་པའི་ས་མཚན་ཉིད་པ་མ་ཡིན་ཏེ། ཚོགས་ལམ་ལ་ས་གཅིག་དང་། སྦྱོར་ལམ་དང་པོ་གསུམ་ལ་གསུམ་གསུམ་སྟེ་དགུར་ཕྱེ་བས་བཅུ་ལ་ས་བཅུའི་མིང་གིས་བཏགས་པ་ཡིན་ནོ། །འདི་དག་སའི་མིང་བཏགས་ཙམ་ལས་འཕགས་པའི་ས་མ་ཡིན་པ་དེ་བཞིན་དུ། རྩེ་གཅིག་དང་སྤྲོས་བྲལ་གྱི་རྣལ་འབྱོར་སོགས་ལ་ཡང་གལ་ཏེ་མདོ་དང་རྒྱུད་སྡེ་དང་བསྟན་བཅོས་རྣམ་དག་རྣམས་ལས་མོས་སྤྱོད་ཀྱི་ས་ལམ་དུ་གསུངས་པ་མཐོང་ན་ཆོས་མཐུན་བརྩི་བ་ཡིན་པས་མི་འགལ་ཏེ། རྨི་ལམ་ངེས་བསྟན་སོགས་དང་མཚུངས་པས་སོ། །གསུངས་པ་མཐོང་ན་དེ་ལྟ་མོད་ཀྱི་འོན་ཀྱང་རྣལ་འབྱོར་བཞི་ས་དང་སྦྱར་བ་འདི་འདྲ་བཤད་པ་མེད་དེ། རང་བཟོ་ཁོ་ན་ཡིན་པས་སོ། །

གཉིས་པ་ནི། ཁྱེད་ཀྱིས་ངོས་བཟུང་བའི་རྣལ་འབྱོར་བཞིའི་རྟོགས་པ་ཅི་སྟེ་འཕགས་པའི་ས་མཚན་ཉིད་པར་བྱེད་ན་མདོ་རྒྱུད་ཚུན་དང་འགལ་བར་འགྱུར་ཏེ། ད་ལྟ་སོ་སོ་སྐྱེ་བོའི་གནས་སྐབས་སུ་མཐོང་ལམ་སོགས་ཀྱི་རྟོགས་པ་སྐྱེས་པ་ལ་འཕགས་པའི་ཡོན་ཏན་སྟོན་རྒྱུ་ཅི་ཡང་མེད་པ་མདོ་རྒྱུད་ལས་ས་ལམ་གྱི་ཡོན་ཏན་བསམ་གྱིས་མི་ཁྱབ་པ་གསུངས་པ་རྣམས་དང་འགལ་ཞིང་། མཁས་པ་དག་གིས་བཞད་གད་ཀྱི་གནས་སུ་ཡང་འགྱུར་བའི་ཕྱིར།

ཚིག་ཐུབ་ཙམ་ལས་སྐུ་གསུམ་འབྱུང་ཞེས་པ། །ས་ལམ་དོན་གྱིས་འདོར་ཞིང་ཐབས་ཀྱི་ཆ། །དངོས་སུ་འགོག་པའི་སྒྲིན་བུའི་ཅ་ཅོ་ནི། །ལུང་རིགས་འཆི་མེད་དཔུང་གིས་ཚར་བཅད་ནས། །ཐབས་ཤེས་ཟུང་འབྲེལ་ལམ་གྱིས་འཚང་རྒྱ་བར། །མདོ་རྒྱུད་གཉིས་ཀའི་དབུ་རྨོག་དེ་ནས་བཙན། །ལ་ལ་སྐྱོང་རྐྱང་བསྒོམས་ལས་སྐུ་གསུམ་དང་། །ལ་ལ་ཟུང་འཇུག་བསྒོམས་ལས་འོད་གསལ་དང་། །ཁ་ཅིག་ས་ལམ་མ་བགྲོད་འཚང་རྒྱ་སོགས། །ལ་ལ་དབང་ལམ་མི་འདོད་སྐུ་བཞི་འདོད། །དེ་དག་རིགས་པ་དང་འགལ་རྒྱུད་སྡེ་དང་། །དངོས་སུ་འགལ་བས་རྣ་བའི་བདུད་རྩི་མིན། །ཁ་ཅིག་རིམ་གཉིས་འབྲས་བུའི་མཐར་ཐུག་ནི། །འོད་གསལ་ཡིན་ཞེས་འབྲས་ལ་ལོག་རྟོག་ཀྱང་། །འཕགས་པའི་དགོངས་མིན་སྨྲ་བ་བཤོལ་ན་ལེགས། །ཁ་ཅིག་གྲུབ་ཐོབ་ངན་ཞིང་རྟོགས་ལྡན་རྣམས། །བཟང་བ་ཡིན་ཞེས་ས་ཐོབ་འཕགས་པ་ལ། །སྐུར་འདེབས་དབྱངས་སུ་ལེན་ཡང་རྣ་བ་དགབ། །ལ་ལ་ཉམས་དང་གོ་བ་རྟོགས་པ་ལ། །བཟང་ངན་རིམ་དབྱེ་རིགས་པས་བརྟགས་ན་འཇིག །ཕྱག་རྒྱ་པ་དག་རྣལ་འབྱོར་བཞི་བསྒོམ་ལ། །ད་ལྟ་ཉིད་ནས་འཕགས་པ་མཚན་ཉིད་པར། །ངོ་སྤྲོད་མདོ་རྒྱུད་ལུང་ལ་འཛེམ་མེད་མཐོང་། །ཆོས་ནས་གསུངས་ཤིང་ཆོས་མཐུན་ཙམ་བརྗེ་ན། །འགལ་མེད་ཅེས་ཀྱང་སྨྲ་བའི་བདུད་རྩི་འདི། །རེ་ཞིག་བགོ་སྐལ་ཉིད་དུ་འོས་མིན་ནམ། །དེ་ལྟར་ས་ལམ་ལོག་རྟོག་མུན་པའི་ཚོགས། །བསལ་བས་འབྲས་བུའི་ཉིན་བྱེད་ད་ལྟ་འཆར། །ས་ལམ་གྱི་རྣམ་གཞག་བསྟན་ཟིན་ཏོ།། །།

དེ་ལྟར་སོ་ཐར་ལ་ལུགས་གཉིས་སུ་དབྱེ་བ་ནས་བཟུང་སྟེ་འདིའི་བར་གྱིས་བསྟན་བཅོས་ཀྱི་སྐབས་ཀྱི་བརྗོད་བྱ་སྡོམ་པ་གསུམ་གྱི་ཉམས་ལེན་རྒྱས་པར་བཤད་ཟིན་ནས། ད་ནི་གཉིས་པ་རྩོད་པ་སྤང་བ་ལ་གཉིས་ཏེ། རྩོད་པ་དང་། ལན་ནོ། །དང་པོ་ནི། དམ་པ་འཕྱུར་ཚུང་ལ་སོགས་པ་ཁ་ཅིག་ཐེག་པ་ཆེ་ཆུང་གི་ལྟ་བསྒོམ་སྤྱོད་འབྲས་ཐམས་ཅད་ཐེག་པ་རང་རང་གི་གཞུང་ལུགས་ནས་བཤད་པ་བཞིན་ཐེག་པ་རང་ས་ན་བདེན་པ་ཡིན་པས། གཅིག་གིས་གཅིག་དགག་པར་མི་ནུས་ཞེས་ཀུན་ལ་སྒྲོག་པར་བྱེད་དོ། །

གཉིས་པ་ལ་བཞི་སྟེ། སྨྲས་ཚད་བདེན་པ་ཡིན་པ་དགག །གྲུབ་མཐའ་ཐམས་ཅད་བདེན་པ་དགག །

བདེན་བརྫུན་ཡོད་ཀྱང་འདོར་བར་བསྟན། སངས་རྒྱས་ཐེག་ཀུན་བདེན་པ་དགག་པའོ། །དང་པོ་ནི། ཐེག་པ་རང་ས་ན་བདེན་པའི་དོན་སླུས་ཚད་བདེན་པ་ལ་བྱེད་དམ། གྲུབ་མཐའ་ཀུན་བདེན་པ་ལ་བྱེད། དང་པོ་ལྟར་ན་བརྫུན་ཚིག་ཤེས་བྱ་ལ་མི་སྲིད་པར་ཐལ། གལ་ཏེ་དྲི་བ་དང་པོ་ལྟར་སླུས་ཚད་བདེན་པའི་ཕྱིར། གཉིས་པ་ནི¡ འོན་ཏེ་དྲི་བ་གཉིས་པ་ལྟར་གྲུབ་མཐའ་ཀུན་བདེན་ན་ནི། དབང་ཕྱུག་པ་སྲོག་གི་མཆོད་སྦྱིན་བྱས་པས་ཐར་པ་ཐོབ་པར་འདོད་པ་འཚོ་བ་ཆོས་སུ་སྨྲ་བ་དང་། རྒྱང་འཕེན་པ་འཇིག་རྟེན་ཕ་རོལ་མེད་པར་སྨྲ་བ་སོགས་ལྟ་ལོག་ཐམས་ཅད་བདེན་པར་འགྱུར་ཏེ། གྲུབ་མཐའ་ཀུན་བདེན་པའི་ཕྱིར།

གསུམ་པ་ནི། གལ་ཏེ་མུ་སྟེགས་མཆོག་གཅེར་བུ་པ་རྣམས་ལ་རྟག་པའི་དངོས་པོ་དང་། ཤིང་སེམས་ལྡན་དུ་འདོད་པ་སོགས་བརྫུན་པའང་དུ་མ་ཡོད་མོད་ཀྱང་། སྦྱིན་དང་ཚུལ་ཁྲིམས་དང་བཟོད་པ་དང་བསམ་གཏན་བསྒོམ་པ་སོགས་བདེན་པའང་དུ་མ་ཡོད་པའི་ཕྱིར་ན། བདེན་པའི་ཆ་ནས་གྲུབ་མཐའ་ཀུན་རང་ས་ན་བདེན་པ་ཡིན་ནོ་སྙམ་ན། དེ་ཙམ་གྱིས་བདེན་པར་མི་འགྱུར་ཏེ། སྦྱིན་པ་དང་ཚུལ་ཁྲིམས་སོགས་ཕལ་ཆེར་བདེན་མོད་ཀྱང་། དཀོན་མཆོག་གསུམ་ལ་སྐྱབས་སུ་མི་འགྲོ་བས་སྐྱབས་གནས་ཀྱི་གནད་དང་། རྟག་ཆད་གང་རུང་དུ་ལྟུང་བས་ལྟ་བའི་གནད་དང་། མི་ལྡ་བསྟེན་པ་སོགས་ཐར་ལམ་དུ་འདོད་པས་ཐབས་ཀྱི་གནད་རྣམས་འཁྲུལ་པས་ན། སྦྱིན་སོགས་ཀྱི་ཆོས་གཞན་བཟང་ཡང་འཁོར་བའི་སྡུག་བསྔལ་ལས་སྐྱོབ་མི་ནུས་པ་ཡིན་ནོ། །

བཞི་པ་སངས་རྒྱས་ཐེག་ཀུན་བདེན་པ་དགག་པ་ལ་གསུམ་སྟེ། སངས་རྒྱས་གསུང་ལ་དྲང་ངེས་སོགས་སུ་བྱེད། དེས་ན་བདེན་བརྫུན་རྣམ་དབྱེ་སོ་སོར་བསྟན། དེ་ལ་སླར་ཡང་གཞན་གྱི་དོགས་པ་སྤོང་བའོ། །དང་པོ་ནི། སླུས་ཚད་དང་གྲུབ་མཐའ་ཀུན་མི་བདེན་ཡང་། ཅི་སྟེ་སངས་རྒྱས་ཀྱི་ཐེག་པ་ཀུན་རང་ས་ན་བདེན་ནོ་ཞེ་ན། འདི་ཡང་འཐད་མི་འཐད་ཅུང་ཟད་བརྟག་པར་བྱ་སྟེ། སྤྱིར་སངས་རྒྱས་ཀྱི་གསུང་ལ་བརྗོད་བྱ་བདེན་བརྫུན་གྱི་སྒོ་ནས་དྲང་དོན་དང་ངེས་དོན་གྱི་མདོ་རྣམ་པ་གཉིས། རྗོད་བྱེད་ཀྱི་སྒོ་ནས་ཚིག་སྒྲ་ཇི་བཞིན་པ་དང་། ཇི་བཞིན་པ་མ་ཡིན་པ་གཉིས་སུ་གནས། ཐེག་པའི་སྒོ་ནས་གདུལ་བྱ་འཇིག་རྟེན་པ་བསྟན་པ་ལ་མ་ཞུགས་པ་རྗེས་སུ་གཟུང་བའི་ཐེག་པ་དང་། བསྟན་པ་ལ་ཞུགས་པ་ལ་འཇིག་རྟེན་ལས་འདས་པར་བཞག་པ་རྗེས་སུ་གཟུང་བའི་ཐེག་པ་གཉིས་སུ་གནས། བཤད་ཚུལ་གྱི་སྒོ་ནས་དགོངས་པ་ཅན་དང་ལྡེམ་པོར་དགོངས་པ་དང་། སྒྲ་ཇི་བཞིན་དུ་དྲང་པོར་དགོངས་པ་དང་གསུམ་ཡོད་དོ། །དེ་ལྟར་གསུམ་ལས། ཐུབ་པས་འཇིག་རྟེན་པ་རྣམས་དང་མཐུན་པར་བྱས་པས་སངས་རྒྱས་ཀྱི་བསྟན་པ་ལ་འཇུག་པ་ལ་དགོངས་ནས་གཟུགས

སོགས་ཕྱི་རོལ་གྱི་དོན་དུ་གསུངས་པ་ཡིན་ཏེ། སློབ་དཔོན་དབྱིག་གཉེན་གྱིས། གཟུགས་སོགས་སྐྱེ་མཆེད་ཡོད་པར་ནི། །དེ་འདུལ་བ་ཡི་སྐྱེ་བོ་ལ། །དགོངས་པའི་དབང་གིས་གསུངས་པ་སྟེ། །རྫུས་ཏེ་བྱུང་བའི་སེམས་ཅན་བཞིན། །ཞེས་གསུངས་པ་ལྟར་རོ། །ཐ་སྙད་ཙུང་ཟད་དཔྱོད་པའི་རིགས་པ་ལ་དགོངས་ནས། གཟུགས་སོགས་སྣང་བའི་ཆོས་རྣམས་སེམས་སུ་གསུངས་པ་ཡིན་ཏེ། མདོ་སྡེ་ས་བཅུ་པ་ལས་ཁམས་གསུམ་པོ་འདི་དག་ནི་སེམས་ཙམ་མོ། །ཞེས་དང་། ལང྄་ཀར་གཤེགས་པ་ལས། ཕྱི་རོལ་སྣང་བ་ཡོངས་མེད་དེ། །ལུས་དང་ལོངས་སྤྱོད་གནས་འདྲ་བ། །སེམས་ཙམ་དུ་ནི་ངས་བཤད་དོ། །ཞེས་གསུངས་སོ། །མཐར་ཐུག་དོན་དམ་སྤྱོད་པའི་སྐབས་ལ་དགོངས་ནས་ནི་ཆོས་ཀུན་མཐའ་བཞིའི་སྤྲོས་པ་དང་བྲལ་བར་གསུངས་པ་ཡིན་ཏེ། ཤེར་ཕྱིན་ལས་གཟུགས་སོགས་རང་བཞིན་མེད་པར་གསུངས་པས་སོ། །

གཉིས་པ་ནི། སངས་རྒྱས་ཀྱི་གསུང་ལ་དྲང་ངེས་སོགས་ཀྱི་དབྱེ་བ་མང་དུ་ཡོད་པ་དེས་ན། དྲང་དོན་དང་ཇི་བཞིན་མ་ཡིན་པའི་སྒྲ་དང་། དགོངས་པ་དང་ལྡེམ་དགོངས་དང་། འཇིག་རྟེན་པའི་ཐེག་པ་ལ་དགོངས་ཏེ་གསུངས་པའི་མདོ་རྒྱུད་ཀུན་ནི། སངས་རྒྱས་ཐེག་པའི་ལུགས་ཡིན་ཡང་དེ་ལྟར་བདེན་པར་མི་གཟུང་སྟེ། དེ་དག་ནི་དགོངས་པ་དང་དགོས་པའི་དབང་གིས་གསུངས་པ་གཙོ་ཆེ་བའི་ཕྱིར། ངེས་དོན་དང་ཇི་བཞིན་གྱི་སྒྲ་དང་། འཇིག་རྟེན་ལས་འདས་པའི་ཐེག་པ་དང་། དྲང་པོར་དགོངས་པ་རྣམས་ནི་ཇི་ལྟར་གསུངས་པ་བཞིན་བདེན་པར་གཟུང་སྟེ། དེ་དག་ནི་དགོས་པ་དང་དགོངས་པ་ལ་མི་ལྟོས་པར་བརྗོད་བྱ་བདེན་པ་ཉིད་དུ་གསུངས་པའི་མདོ་ཡིན་པའི་ཕྱིར་རོ། །

གསུམ་པ་ནི། འོན་གལ་ཏེ་མུ་སྟེགས་བྱེད་ལ་ཡང་བྱམས་དང་སྙིང་རྗེ་དང་སྦྱིན་སོགས་བདེན་པའི་ཆོས་ཀྱང་མང་པོ་སྣང་ལ། སངས་རྒྱས་ཀྱི་གསུང་ལ་ཡང་དྲང་དོན་དང་དགོངས་པ་དང་ལྡེམ་དགོངས་སོགས་བདེན་པ་མ་ཡིན་པ་ཡང་དུ་མ་གསུངས་པས་ན། སངས་རྒྱས་ཀྱི་གསུང་གྲུས་པས་ལེན་ལ། མུ་སྟེགས་བྱེད་སྤོང་བའི་རྒྱུ་མཚན་ཅི་ཞེ་ན། སངས་རྒྱས་ཀྱི་གསུང་གྲུས་པས་ལེན་ལ། ཅིག་ཤོས་སྤོང་བའི་རྒྱུ་མཚན་ཡོད་དེ། སངས་རྒྱས་ཀྱིས་རེ་ཞིག་དྲང་དོན་གྱིས་ཁ་ཁྲིད་ནས་མཐར་བདེན་པ་ཉིད་ལ་སྦྱོར་བར་མཛད། མུ་སྟེགས་ཀྱིས་འཁྲུལ་བདེན་པས་ཁ་ཁྲིད་ནས་མཐར་བརྫུན་པ་ཉིད་ལ་སྦྱོར་བར་བྱེད་པའི་ཕྱིར། གནད་དེས་ན་བདག་ཅག་སངས་རྒྱས་ལ་གུས་ལ། ཅིག་ཤོས་འདོར་བའི་རྒྱུ་མཚན་དེ་ལྟར་ཡིན་ནོ། །སངས་རྒྱས་དང་མུ་སྟེགས་ཀྱི་ཁྱད་པར་དེ་བཞིན་དུ། གངས་ཅན་འདི་ན་ཡང་སྟོན་ལ་རྣམ་ཐར་བཟང་པོ་བསྟན་ནས་མཐར་ལོག་པའི་ཆོས་ལ་སྦྱོར་བ་རྣམས་མུ་སྟེགས་ཀྱི་ཆོས་ལུགས་བཞིན་ངེད་ཀྱིས་སྤངས་ལ། ཐེག་པ་སྣ་ཚོགས་ཀྱིས་བཀྲི་ཚུལ་བསྟན་ནས་ལྟ་

བ་དང་ཐབས་ཀྱི་གནད་རྣམས་སངས་རྒྱས་གསུང་བཞིན་དུ་ཡང་དག་པར་སྟོན་པར་མཛད་པའི་བླ་མ་དམ་པ་དེ་ནི་སངས་རྒྱས་ཉིད་དུ་བདག་གིས་བཟུང་ཞིང་བསྟེན་པ་ཡིན་ཏེ། འདོར་ལེན་གྱི་གནད་མ་འཁྲུལ་པ་ཡིན་ནོ། །

གསུམ་པ་གནད་མ་འཁྲུལ་པར་གདམས་པའི་སྒོ་ནས་མཇུག་བསྡུ་བ་ལ་གསུམ་སྟེ། མ་འཁྲུལ་གནད་རྣམས་བསྒྲུབ་པར་གདམས། འཁྲུལ་པའི་གྲུབ་མཐའ་འགོག་པར་གདམས། གློ་བུར་ཆོས་ལ་བརྟག་དཔྱད་བསྟན་པའོ། །དང་པོ་ལ་གཉིས་ཏེ། གནད་བཅོས་ཉེས་དམིགས་ཆེ་བས་སྤང་བར་གདམས། གནད་བཅོས་བདུད་རྣམས་ཤེས་ནས་སྤང་བར་གདམས་པའོ། །དང་པོ་ལ་གསུམ་སྟེ། ཚིག་གི་གནད་བཅོས་སྐྱོན་བྱུང་དཔེ་དང་སྦྱར། དོན་གྱི་གནད་བཅོས་ད་ལྟའི་དཔེ་དང་སྦྱར། དེས་ན་ཉེས་དམིགས་ཆེ་བས་སྤོང་བར་གདམས་པའོ། །དང་པོ་ནི། སྔར་བཤད་པ་དེ་ལྟར་སྡོམ་གསུམ་གྱི་ཉམས་ལེན་གྱི་གནད་རྣམས་མ་འཁྲུལ་བར་བསྒྲུབ་དགོས་པ་ཡིན་ཏེ། སྤྱིན་སོགས་ཀྱི་ཆོས་གཞན་ཕལ་ཆེར་ལེགས་པར་སྟོན་ན་ཡང་། ལྟ་བསྒོམ་སྤྱོད་གསུམ་གྱི་ཆོས་ཀྱི་གནད་རྣམས་བཅོས་པ་ནི་ཤིན་ཏུ་འཇིགས་པ་ཆེན་པོར་བལྟ་བར་བྱ་ཞིང་། གནད་བཅོས་པ་དེ་འདྲ་བ་ལས་སྐྱོན་བྱུང་བ་སྔོན་ཆད་ཀྱང་མང་བས་སོ། །ཇི་ལྟར་ན། འདས་པའི་དུས་ན་སྔོན་བྱུང་བ་སྦྲིན་པོའི་རྒྱལ་པོ་ལངྐ་མགྲིན་བཅུ་ཞེས་བྱ་བས། ཡུན་རིང་པོར་འབད་པས་དབང་ཕྱུག་ཆེན་པོ་བསྒྲུབས་ཤིང་སྦྱིན་སྲེག་གི་མཆོད་པ་བྱས་པས་དབང་ཕྱུག་ཆེན་པོས། ཚེ་ལོ་གྲངས་ས་ཡ་བཅུ་གཉིས་དང་། དེའི་སྟེང་དུ་ས་ཡ་ཕྱེད་ཀྱི་ལྷག་པ་སྟེ་འབུམ་ཕྲག་ལྔ་དང་བཅས་པ་ཐུབ་པའི་དངོས་གྲུབ་སྦྱིན་ནོ། །དེ་ལ་ཁྲབ་འཇུག་ཕྲག་དོག་གིས་གཟིར་ནས། མགྲིན་བཅུ་ལ་ནི་ལོག་པའི་ཚིག་འདི་སྐད་སླུས་ཏེ། ཁྱོད་ཀྱི་མགོ་བོ་སྲེགས་ནས་སྦྱིན་སྲེག་བྱས་པའི་དཀའ་སྤྱད་ཀྱི་འབད་པ་ཆེ་མོད་ཀྱི། དབང་ཕྱུག་གིས་ནི་དངོས་གྲུབ་གནང་བ་ཆུང་བས། ད་དུང་སྔར་བྱིན་པའི་དངོས་གྲུབ་དེ་མ་ཡིན་པའི་ལོ་གྲངས་ས་ཡ་ཕྲག་ཕྱེད་ཐུབ་པ་སློངས་ཤིག་ཅེས་སླུས་སོ། །

མགྲིན་བཅུས་དེ་བདེན་པར་བསམས་ནས་ནི། ལྷ་དབང་ཕྱུག་ཆེན་པོ་ལ་དོན་དེ་ཞུས་པས། དབང་ཕྱུག་ཆེན་པོས་ཀྱང་དེ་ལྟར་དུ་སྔར་བྱིན་པའི་ཚེ་ཚད་མ་ཡིན་པའི་ལོ་གྲངས་ས་ཡ་ཕྲག་ཕྱེད་ཐུབ་པར་གྱུར་ཅིག་ཅེས་སྦྱིན་པས། སྔར་བྱིན་པའི་ཚེ་ཚད་མ་ཡིན་པའི་ཞེས་གནད་བཅོས་པའི་ཚིག་དེ་ཡིས་སྔར་ས་ཡ་ཕྲག་ཕྱེད་དང་བཅུ་གསུམ་ཐུབ་པ་སྦྱིན་པའི་དངོས་གྲུབ་ཐམས་ཅད་ཡལ་ནས་ས་ཡ་ཕྲག་ཕྱེད་ལས་མ་ཐུབ་པར་གྱུར་ཏོ། །དེ་བཞིན་དུ་ལྷ་མ་ཡིན་གྱི་དབང་པོ་གསེར་ཅན་གྱིས། དབང་ཕྱུག་ཆེན་པོ་ལྷའི་ལོ་འབུམ་ཕྲག་དྲུག་ཅུ་བསྒྲུབས་པས་འགྲུབ་སྟེ། ཁང་པའི་ནང་དང་ཕྱི་དང་ས་དང་ནམ་མཁར་མི་གསོད་པ་དང་། དུག་དང་མཚོན་དང་མི་དང་མི་མ་ཡིན་པས་མི་གསོད་པའི་དངོས་གྲུབ་སྦྱིན་ནོ། །དེ་ནས་སྐབས་ཤིག་ལ་གསེར་ཅན་གྱི་བུ་ལ་ཁྲབ་འཇུག

གིས། ཁྱོད་རང་ཕའི་གན་དུ་སོང་ལ་ཐེམ་པའི་སྟེང་དུ་ཁྲི་བརྩེགས་པ་ལ་ཕ་ཞོག །དེའི་མདུན་དུ། རི་བོ་ལ་ནི་ཐུབ་པ་བཞུགས། །ཞེས་སོགས་ཀྱི་བསྟོད་པ་འདི་སློས་ཤིག་ཅེས་སླས་སོ། །བུས་དེ་བཞིན་དུ་བྱས་པས། ཁྱབ་འཇུག་ལུས་པོ་མི། མགོ་བོ་སེང་གེ །སྟེར་མོ་ལྕགས་ལས་བྱས་པ་ཞིག་བྱུང་སྟེ། གསེར་ཅན་པང་དུ་བཞག་ནས། སྟེར་མོས་ལྟོ་བ་དཔྲལ་ཏེ་བསད་ཅེས་ཐོས་ལ། དེ་བས་ན་གསེར་ཅན་གྱི་དངོས་གྲུབ་ཀྱང་གནད་བཅོས་པ་དེ་འདྲའི་ཚུལ་གྱིས་ཉམས་པ་ཡིན་ནོ། །དེ་བཞིན་དུ་དེང་སང་གི་སྔགས་པ་ལ་ཡང་། ཨོཾ་མེད་པའི་གསང་སྔགས་ལ་སྐྱེས་བུ་གཡོན་ཅན་གྱིས་ནི་ཨོཾ་བཙུག་པས་གནད་བཅོས་པར་སོང་བས། སྔགས་ཀྱི་ནུས་པ་ཉམས་པར་མཐོང་ལ༑ དེ་བཞིན་དུ་མཧཱ་ཀ་སྭཱ་ཧཱ་དང་། ཧཱུྂ་ཕཊ་དང་། ཤཱིཾ་དང་མྨ་ར་ཡ་ལ་སོགས་པ་ཡོད་པ་རྣམས་ལ་མེད་པའི་རིགས་འདྲ་སྦྱར་ནས་ཕྲི་བ་དང་མེད་པ་རྣམས་ལ་ཡོད་པའི་རིགས་འདྲ་སྦྱར་ནས་བསྣན་པ་དང་། གཞན་ཡང་གཤིན་རྗེ་གཤེད་ཀྱི་ཡ་བརྒྱད་ཀྱི་འཁྲུལ་འཁོར་འགོད་ཚུལ་སོགས་སྔགས་ཀྱི་གནད་རྣམས་ལ། གཡོན་ཅན་རྣམས་ཀྱིས་ཤེས་བཞིན་དུ་བཅོས་པ་དང་། འགའ་ཞིག་རང་བཟོས་བཅོས་པ་ཡིས་གསང་སྔགས་ཀྱི་ནུས་པ་རྣམས་ཉམས་ཤིང་རིང་དུ་འགྱངས་པ་མང་པོ་མཐོང་ངོ་། །སྔགས་ལ་ལྷག་ཆད་བྱུང་བས་གནད་འཕྱུགས་པ་དེ་བཞིན་དུ། ལྷ་བསྒོམ་སྤྱོད་གསུམ་གྱི་ཆོས་ཀྱི་གནད་རྣམས་ཀྱང་ཅུང་ཟད་ཙམ་བཅོས་པ་ལས་དངོས་གྲུབ་མི་ཐོབ་ཅིང་ཉམས་པར་འགྱུར་བ་ཡིན་ཏེ། གསང་བ་སྤྱི་རྒྱུད་ལས། གཞན་དུ་ཚིག་ཉམས་པའི་ཕྱིར། །གྲུབ་པ་ནམ་ཡང་ཡོད་མ་ཡིན། །ཞེས་དང་། འདུལ་བར་བསྒྲུབ་བྱའི་མིང་མ་བརྗོད་པ་ལྷ་བུ་ཚིགས་ཀྱི་ཚིག་ཟུར་ཙམ་ཟད་ཉམས་པ་ལ་ཡང་ལས་མི་ཆགས་པར་གསུངས་པའི་ཕྱིར་རོ། །

གཉིས་པ་ལ་གཉིས་ཏེ། མདོར་བསྟན། རྒྱས་པར་བཤད་པའོ། །དང་པོ་ནི། ཟུར་ཙམ་ཟད་བཅོས་པ་ལས་དངོས་གྲུབ་ཉམས་པ་དེ་བཞིན་དུ། ཡན་ལག་གི་ཆོས་གཞན་ལེགས་ན་ཡང་གལ་ཆེ་བའི་གནད་རྣམས་བཅོས་ན་རང་རང་གི་ཆོས་ཐམས་ཅད་འཇིག་པ་ཡིན་ཏེ། དཔེར་བརྗོད་དེ་ལྟ་ཉིད་དུ་འཆད་པར་འགྱུར་བས་སོ༑ །དེ་ཡང་གནད་བཅོས་ན་ཆོས་གཞན་གྱིས་གོ་མི་ཆོད་པ་དེས་ན། ཉན་ཐོས་ཀྱི་ཐེག་པ་ལ་སྤྱོད་པ་སྡོམ་པ་ལེན་པའི་ཚུལ་དང་། ལྟ་བ་འཕགས་པའི་བདེན་བཞིའི་གནད་བཅོས་ན་ཉན་ཐོས་ཀྱི་ཆོས་ཐམས་ཅད་འཇིག་སྟེ༑ ལྟ་སྤྱོད་ཀྱི་གནད་འཁྲུལ་པས་ཆོས་གཞན་བཟང་ཡང་ཉན་ཐོས་ཀྱི་ལམ་དུ་མི་འགྱུར་བའི་ཕྱིར། ཐེག་ཆེན་ཕ་རོལ་ཏུ་ཕྱིན་པ་ལས། སེམས་བསྐྱེད་ལེན་པའི་ཚོ་ག་དང་། བསླབ་བྱ་བདག་གཞན་མཉམ་བརྗེ་བསྒོམ་ཚུལ་གྱི་གནད་བཅོས་ན་ཐེག་པ་ཆེན་པོའི་ཆོས་ཀུན་འཇིག་སྟེ། ཐེག་ཆེན་གྱི་བསྟན་པའི་སྙིང་པོ་བཅོས་པས་ཐེག་ཆེན་རྣམ་དག་དུ་མི་འགྱུར་བའི་ཕྱིར། གསང་སྔགས་ལ་སྨིན་བྱེད་ཀྱི་དབང་བསྐུར་དང་། ལམ་རིམ་གཉིས་ཀྱི་

གཞན་བཙོས་ན་གསང་སྔགས་ཀྱི་ཆོས་ཀུན་འཇིག་སྟེ། གསང་སྔགས་ཀྱི་བསྟན་པའི་དངོས་གཞི་བཙོས་པས་གསང་སྔགས་པར་མི་འགྱུར་བའི་ཕྱིར། རྒྱ་མཚན་དེས་ན་ད་ལྟའི་འདུལ་བ་པར་ཕྱིན་གསང་སྔགས་ཀྱི་ཆོས་འགའ་ལ་འཁྲུལ་པའི་གནད་ཀྱིས་མ་འཁྲུལ་བའི་གནད་རྣམས་ཕྱིན་ཅི་ལོག་ཏུ་བཙོས་ཤིང་། བསྒྱུར་བར་དགོས་པའི་ཆོས་ལུགས་འགའ་ཞིག་ཡོད་པ་ཡིན་ནོ། །གཉིས་པ་རྒྱས་པར་བཤད་པ་ནི། ཕྱིན་ཅི་ལོག་ཏུ་བཙོས་པ་དེ་ཡང་མདོ་ཙམ་བཤད་ཀྱིས་ཉོན་ཏེ་ཉན་པར་གྱིས་ཤིག །དེ་ཡང་འདུལ་བ་ནས་གསུངས་པའི་སོ་ཐར་གྱི་སྡོམ་པ་བྱང་ཆུབ་སྙིང་པོའི་བར་དུ་ལེན་པ་འདི་ཡང་སོ་ཐར་གྱི་གནད་རྣམས་བཙོས་པར་དགོས་ཏེ། དེ་ལྟར་བླང་ན་སོ་ཐར་འདུལ་བའི་ཚོ་ག་ཅི་ནས་ཏེ་ངེས་པར་འཇིག་ཅིང་ལས་མི་ཆགས་པའི་ཕྱིར། བྱང་སེམས་ཀྱི་སྡོམ་པ་སྐྱེ་བོ་ཀུན་ལ་འབོགས་ན་དབུ་མའི་ལུགས་བཞིན་བྱ་དགོས་པ་ལས། དེ་མི་བྱེད་པར་སེམས་ཙམ་གྱི་ཚོ་གས་སྐྱེ་བོ་ཀུན་ལ་བྱེད་པར་མཐོང་བ་འདི་ཡང་སེམས་བསྐྱེད་ཀྱི་གནད་རྣམས་བཙོས་པར་མཐོང་སྟེ། དེ་ལྟར་བྱས་ན་སེམས་བསྐྱེད་འདིའི་ཚོ་ག་ངེས་པར་འཇིག་ཅིང་མི་ཆགས་པའི་ཕྱིར། སེམས་བསྐྱེད་ཀྱི་བསླབ་བྱ་མཆོག་ཏུ་གྱུར་པ་བདག་གཞན་བརྗེ་བའི་བྱང་སེམས་བསྒོམ་དུ་མི་རུང་བར་སྨྲ་བ་འདི་ཡང་བསླབ་བྱའི་གནད་རྣམས་བཙོས་པར་མཐོང་སྟེ། དེ་མ་བསྒོམས་ན་འཚང་མི་རྒྱ་བར་མདོ་བསྟན་བཅོས་ཀུན་ལས་གསུངས་པའི་ཕྱིར། གསང་སྔགས་ཀྱི་དབང་བསྐུར་པ་ཐོབ་པ་མེད་ཀྱང་། གསང་སྔགས་ཀྱི་ལམ་བསྒོམ་དུ་རུང་ཟེར་བ་འདི་ཡང་གསང་སྔགས་ཀྱི་གནད་རྣམས་བཙོས་པར་མཐོང་སྟེ། དབང་བསྐུར་མེད་པར་ལམ་བསྒོམ་པ་ནི་ཉེས་དམིགས་དུ་མ་དང་བཅས་ཏེ་རྡོ་རྗེ་འཆང་གི་རྒྱུད་ལས་བཀག་པའི་ཕྱིར། གསང་སྔགས་ཀྱི་གྲོལ་ལམ་མཆོག་ཏུ་གྱུར་པ་རིམ་གཉིས་ཚུལ་བཞིན་དུ་མི་བསྒོམ་པར་རང་བཟོའི་དཀྱིལ་བསྐྱེད་དང་། ཁྲིད་ཙམ་སྐྱེ་བའི་གཏུམ་མོའི་གདམས་ངག་སོགས། ལམ་གཞན་དུ་མས་བླུན་པོ་ངེས་ཤེས་བསྐྱེད་པ་ཐོས་པ་འདི་ཡང་ལམ་གྱི་གནད་རྣམས་བཙོས་པར་དགོས་ཏེ། མདོ་རྒྱུད་ཀུན་ལས་འདི་འདྲ་གསུངས་པ་མེད་ཅིང་བཀག་པའི་ཕྱིར། འདི་ནི་སྐབས་གཉིས་པར། མདོ་རྒྱུད་ཀུན་ལས་མ་གསུངས་ཤིང་། །རིགས་པས་བསྒྲུབ་པར་མི་ནུས་པའི། །ཁྲིད་དང་བདེ་བ་སྐྱེ་བ་དང་། །ཞེས་སོགས་གསུངས་པ་དང་དོན་གནད་གཅིག་པ་ཡིན་ནོ། །

མངོན་བྱང་ལྔའི་རྡོ་རྗེ་ཚོ་ག་གསུམ་བསྐྱེད་སོགས་ལས། བསྐྱེད་རིམ་ཡན་ལག་བཞི་རྫོགས་བསྒོམས་པའི་ཡན་ལག་མཐར་ཐུག་པ་བཞི་པ་བྱ་བ་ན། དབུ་རྒྱན་ལ་རིགས་བདག་གིས་རྒྱས་འདེབས། ངོ་བོ་ཉིད་ལ་ངོ་བོ་ཉིད་ཀྱིས་རྒྱ་སོགས་ལྔ་པོ་གང་རུང་འགྱུར་ཞིང་། རིགས་བདག་དེ་ནི་རྣམ་པ་སངས་རྒྱས་ལ་ངོ་བོ་རང་གི་བླ་མ་རིགས་ཀུན་གྱི་ངོ་བོར་གྱུར་པ་དེ་ཡིན་པས། རིགས་བདག་འདི་ནི་གལ་ཏེ་བླ་མ་ལས་གཞན་དུ་འཚོལ་

བར་གྱུར་ན། རིགས་འཚོལ་དུ་སོང་བས་དངོས་གྲུབ་མེད་དེ། བརྟག་གཉིས་ལས། རིགས་འཚོལ་བསྒོམ་པའི་སྦྱོར་བ་ཡིས། །དངོས་གྲུབ་མེད་ཅིང་སྒྲུབ་པོའང་མེད། །ཅེས་གསུངས་པའི་ཕྱིར། འོན་ཀྱང་འབྲི་གུང་པ་ལ་ལ། སོ་སྐྱེའི་བླ་མ་སྤྱི་བོར་བསྒོམ་ན་ཆེ་ལ་གནོད་པས་མི་བསྒོམ་ཟེར་བ་འདི་ཡང་། བསྐྱེད་རིམ་བསྒོམ་པའི་གནད་རྣམས་བཅོས་པར་དགོས་ཏེ། དེ་ལྟར་ན་རིགས་དང་རིགས་བདག་ཕན་ཚུན་འཚོལ་བར་འགྱུར་བའི་ཕྱིར། དེས་ན་བླ་མ་དཀྱིལ་འཁོར་གྱི་གཙོ་བོ་དང་དབྱེར་མེད་ཡིན་པའི་གནད་ཀྱིས། རང་ལྟར་གསལ་བ་ཉིད་ཀྱི་བདག་པོ་དང་། གཙོ་བོ་ནི་བླ་མ་ཡིན་ལ། དེ་བས་ན་བླ་མ་ནི་རང་གི་རིགས་བདག་དང་། རང་ཉིད་ནི་དེའི་རིགས་སུ་གྱུར་པ་ཡིན་ཏེ། རིགས་དང་རིགས་བདག་ནི་ཕན་ཚུན་བལྟོས་ནས་འཇོག་དགོས་པའི་ཕྱིར། དེ་སྐད་དུ། རྡོ་རྗེ་རྩེ་མོར་ཡང་། མགོན་དེས་ཡོངས་སུ་བཟུང་བ་ལས། །དེ་ཡི་རིགས་ཀྱི་དཀྱིལ་འཁོར་ཡིན། །ཞེས་གསུངས་སོ། ། སྡོམ་ཁང་པས་བླ་མའི་རྣལ་འབྱོར་གྱི་གནད་བཅོས་པ་ཞེས་བཤད་པ་ནི། དེར་ཡང་སོང་མོད་འོན་ཀྱང་སྐབས་དོན་བསྐྱེད་རིམ་ལ་སྦྱོར་དགོས་པ་ཡིན་ནོ། །གཞུང་འདི་ལ་སྟོན་ཆད་ཕྱུལ་ཕྱིན་གྱི་བཤད་པ་གསལ་པོ་རང་མི་སྣང་ངོ། །

རྡོ་རྗེ་རྒྱལ་མཚན་གྱི་བསྔོ་བའི་མདོ་ནས་བཤད་པའི་ཡོད་པའི་དགེ་བ་ཆོས་དབྱིངས་ཡིན་པར་བསམས་ནས། ཆོས་དབྱིངས་དེ་ནི་བསྔོ་རྒྱུར་བྱེད་པ་འདི་ཡང་བསྔོ་བའི་གནད་རྣམས་བཅོས་པར་དགོས་ཏེ། དམིགས་མེད་ཀྱི་ཆོས་དབྱིངས་དམིགས་བཅས་ཀྱི་དགེ་བར་བསྒྱུར་བ་ནི་བསྔོ་བ་དུག་ཅན་དུ་གསུངས་པའི་ཕྱིར། དེ་བཞིན་དུ་གསང་དབང་གི་ལམ་གཏུམ་མོ་བསྒོམ་པ་དང་། བཞི་པའི་ལམ་ཕྱག་རྒྱ་ཆེན་པོ་བསྒོམ་པ་སོགས་དང་། དབང་བཞི་སོ་སོ་དང་འབྲེལ་བའི་དམ་ཚིག་དང་སྡོམ་པ་རྣམས་ལ་དེང་སང་གནད་རྣམས་བཅོས་པ་མང་དུ་ཡོད་མོད་ཀྱི། འདིར་མ་བཤད་དེ། གསང་སྔགས་ཀྱི་གསང་ཆེན་དམ་པ་བཤད་ན་གསང་སྒྲོགས་སུ་འགྱུར་བའི་ཕྱིར། ཐེག་པ་ཆེན་པོའི་ཆོས་རྣམས་ཀུན་གྱི་རྩ་བ་ནི། སྟོང་ཉིད་སྙིང་རྗེའི་སྙིང་པོ་ཅན་གྱི་ཐབས་ཤེས་ཟུང་འཇུག་ཉིད་ཡིན་པར་མདོ་ལས། བྱང་ཆུབ་སེམས་དཔའ་ལམ་འདི་གཉིས་དང་ལྡན་པ་ནི་མྱུར་དུ་བླ་ན་མེད་པ་ཡང་དག་པར་རྫོགས་པའི་བྱང་ཆུབ་ཏུ་མངོན་པར་རྫོགས་པར་འཚང་རྒྱའོ། །གཉིས་གང་ཞེ་ན། ཐབས་དང་ཤེས་རབ་བོ། །ཞེས་དང་། རྩ་རྒྱུད་བརྟག་གཉིས་ལས། ཧེ་ནི་སྙིང་རྗེ་ཆེན་པོ་ཉིད། །བཛྲ་ཡང་ཤེས་རབ་བརྗོད་པར་བྱ། །ཐབས་དང་ཤེས་རབ་བདག་ཉིད་རྒྱུད། །ཅེས་དང་། གུར་ལས། གལ་ཏེ་སྟོང་པ་ཐབས་ཡིན་ན༎ ༎ཞེས་སོགས་རྒྱལ་བས་གསུངས་པ་དེ་བོར་ནས། ལ་ལ་སྤྲོས་བྲལ་རྐྱང་པ་བསྒོམ་པ་དཀར་པོ་ཆིག་ཐུབ་ཡིན་ཟེར་བ་འདི་ཡང་མདོ་སྔགས་གཉིས་ཀྱི་ལམ་གྱི་གནད་རྣམས་བཅོས་པར་དགོས་ཏེ། སྤྲོས་བྲལ་རྐྱང་པ་

བསྒོམ་པས་འཚང་རྒྱ་ན། མདོ་རྒྱུད་ལས་ཐབས་ཟབ་ཅིང་རྒྱ་ཆེ་བ་གསུངས་པ་རྣམས་དོན་མེད་པར་འགྱུར་བའི་ཕྱིར་རོ། །གསུམ་པ་ནི། གནད་རྣམས་མིན་པའི་ཆོས་གཞན་ཡན་ལག་འགའ་གལ་ཏེ་མ་ཚང་བ་དང་། ཅུང་ཟད་ལྷག་པ་དང་། ཅུང་ཟད་འཁྲུལ་པར་གྱུར་ན་ཡང་བྱང་ཆུབ་ཐོབ་པ་ལ་སྒྲིབ་པའི་ཉེས་པ་ཆེན་པོ་བསྐྱེད་མི་ནུས་ལ། ཆོས་ཀྱི་གནད་རྣམས་ཆེ་ས་ནས་བཅོས་ཤིང་འཁྲུལ་པར་གྱུར་ན་སྟོང་ཉིད་བསྒོམ་པ་སོགས་ཀྱི་ཆོས་གཞན་བཟང་ཡང་འཚང་མི་རྒྱ་སྟེ། སངས་རྒྱས་ནི་ལམ་གྱི་གནད་མ་འཁྲུལ་བ་ཁོ་ན་ལས་འབྱུང་བའི་ཕྱིར། དཔེར་ན་འགྲོ་བའི་ལུས་ཀྱི་ཆ་ཤས་ཕལ་ཆེར་ལ་སྐྱོན་མེད་ཀྱང་། སྲོག་རྩ་ཆད་ན་གསོར་མི་རུང་བ་དང་། ལྷོན་ཤིང་རྣམས་ཀྱི་ཡལ་ག་ལོ་འདབ་ཡོད་ཀྱང་རྩ་བ་བཅད་ན་མི་སྐྱེ་བ་དང་། ས་བོན་གྱི་ནི་སྐྱེ་ ས་ནས་ཀྱི་ངོས་དང་། འབྲས་ཀྱི་ཤུན་པ་ཉམས་ན་མི་སྐྱེ་བ་དང་། ཐགས་རྣམས་ཀྱི་ནི་སྲོག་ཤིང་བཏོན་ན་སྣལ་མ་འཛིངས་ནས་འཐག་ཏུ་མི་རུང་བ་དང་། བཅུད་ལེན་སྒྲུབ་པའི་རྩ་བའི་སྨན་དངུལ་ཆུ་དང་དབང་པོ་ལག་པ་མ་ཚང་ན། སྨན་གཞན་ཚང་ཡང་ནུས་པ་མི་འབྱུང་བ་དང་། མིག་དང་རྣ་བ་ལ་སོགས་པའི་དབང་པོ་རྣམས་ཀྱི་གནད་རྩ་ལ་སྐྱོན་བྱུང་ན་ཕྱི་ནས་མིག་སྨན་སོགས་ཀྱིས་བྱུགས་ཀྱང་གསལ་བར་བསྒྲུབ་ཏུ་མི་རུང་བ་བཞིན་གྱི་དཔེ་དེ་བཞིན་དུ། གསང་སྔགས་ཀྱི་ཆོས་ཀྱི་གནད་དབང་བསྐུར་བ་མེད་ཅིང་རིམ་གཉིས་བསྒོམ་པའི་གནད་འཁྲུལ་པ་དང་། ཕར་ཕྱིན་དང་འདུལ་བ་ལ་ཡང་རང་རང་གི་ཆོས་ཀྱི་གནད་འཕྱུགས་ན་ཆོས་གཞན་ལེགས་ལེགས་འདྲ་ཡང་འབྲས་བུ་མེད་ཅིང་མི་འབྱུང་བ་ཡིན་ནོ། །དཔེ་དོན་དེས་ན་གནད་མ་ཡིན་པའི་ཆོས་ལ་ལ་ཅུང་ཟད་འཁྲུལ་ཡང་ཉེས་པ་ཆེར་མི་སྐྱེད་པས་སླའི། ཆོས་ཀྱི་གནད་རྣམས་ནི་འཁྲུལ་མེད་དུ་དཔྱད་དགོས་ཏེ། འབྲས་བུ་འབྱུང་མི་འབྱུང་ནི་གནད་འཁྲུལ་མ་འཁྲུལ་ལ་རག་ལས་པའི་ཕྱིར་རོ། །

གཉིས་པ་གནད་བཅོས་བདུད་རྣམས་ཤེས་ནས་སྤང་བར་གདམས་པ་ལ་གསུམ་སྟེ། གནད་བཅོས་བདུད་རྣམས་ཇི་ལྟར་འབྱུང་ཚུལ་བསྟན། དེ་དག་གིས་ནི་གནད་རྣམས་བཅོས་ཚུལ་བསྟན། དེ་ལྟར་དེ་དག་ཤེས་ནས་སྤང་བར་གདམས་པའོ། །དང་པོ་ནི། ཆོས་ཀྱི་གནད་རྣམས་སུ་ཞིག་གིས་འཆོས་པ་ཡིན་ཞེ་ན། དེ་ལ་གནད་རྣམས་འཆོས་པ་པོ་ནི་བདུད་ཡིན་ཞིང་། དེ་ཡང་བདུད་ལ་ལ་སངས་རྒྱས་ཀྱི་ཆ་ལུགས་དངོས་སུ་སྟོན། ཁ་ཅིག་མཁན་སློབ་དང་ཆོས་ཅམ་སྟོན་པའི་བླ་མའི་ཆ་ལུགས་འཛིན་པ་དང་། བདུད་འགའ་ཞིག་འཇིག་རྟེན་འདིའི་ཕ་མ་དང་ཉེ་དུའི་ཆ་ལུགས་ཀྱིས་སེམས་ཅན་རྣམས་ནི་བསླུ་ཞིང་སླུར་བར་བྱེད་དོ། །ཐབས་གང་གིས་བསླུ་ན། བདུད་འགའ་ཞིག་གིས་ནི་ཁྱོད་ཆོས་ལུགས་འདི་ལ་མི་འཇུག་ན་ཚར་གཅད་པར་བྱའོ་ཞེས་ཚིག་རྩུབ་མོར་སྨྲ་བར་བྱེད་ཅིང་། སྡིགས་པའི་ཚུལ་གྱིས་བསླུ་ཞིང་སླུར་བར་བྱེད། ལ་ལ་ཁྲིད་ལ་གདམས་པ་འདི་འཕྲུལ་

དང་ཡུན་དུ་ཕན་པར་འགྱུར་རོ་ཞེས་འཇམ་པོར་སྨྲ་ཞིང་། བྱམས་པའི་ཚུལ་གྱིས་བསླུ་བར་བྱེད། ལ་ལ་སངས་རྒྱས་ཀྱི་མདོ་རྒྱུད་ནས་གསུངས་པའི་ལུང་དོན་གཞན་ཕྱིན་ཅི་ལོག་ཏུ་བཤད་ནས་སླུར། ལ་ལ་ལུང་དོན་གཏན་ལ་འབེབས་པའི་རིགས་པ་བཟང་པོ་ལ་ངན་པ་ཡིན་ཞེས་བཤད་ནས་སླུར། ལ་ལ་རིགས་པ་ལྟར་སྣང་ངན་པ་ལ་བཟང་པོ་ལྟ་བུར་བཅོས་ནས་སླུར། ལ་ལ་སྐྱེ་བོ་སྟོབས་དང་ལྡན་པ་ལ་ཟས་ནོར་ཅི་འདོད་པའི་རྫས་པ་བྱིན་ནས་ཆོས་ལོག་སྟོན་ཅིང་དེའི་བསྟན་པ་སྤེལ་དུ་འཇུག །བདུད་རིགས་ལ་ལ་སློབ་མའི་ལུས་ཡང་ཞིང་བར་སྣང་དུ་གནས་པ་དང་། སེམས་ལ་ཞི་གནས་ཀྱི་ཏིང་འཛིན་ཅུང་ཟད་བསྐྱེད་ནས་དེ་ལ་ཡིད་ཆེས་སྐྱེས་པ་དང་། ཕྱིས་ལོག་པའི་ཆོས་རྣམས་བསྟན་ནས་བསླུ། བདུད་ལ་ལ་འདས་མ་འོངས་དང་། གཞན་གྱི་སེམས་ཤེས་པའི་མངོན་པར་ཤེས་པ་དང་། གཟུགས་སྣ་ཚོགས་སུ་བསྒྱུར་བ་སོགས་ཀྱི་རྫུ་འཕྲུལ་ཅུང་ཟད་བསྟན་ནས། སྐྱེ་བོ་བླུན་པོ་རྣམས་ཡིད་ཆེས་བསྐྱེད་པའི་ཕྱི་ནས་ཆོས་ལོག་སྟོན་པར་བྱེད། བདུད་ཀྱིས་སེམས་བསྒྱུར་བའི་གང་ཟག་ལ་ལ་དེའི་ཆོས་ཟབ་མོ་འདི་ཞག་གྲངས་སོགས་འདི་ལྟར་དུ་བསྒོམས་པས་ཉམས་དང་རྟོགས་པ་ཕུལ་དུ་ཕྱིན་པ་འདི་སྐྱེས། ཁྱེད་རྣམས་ཀྱིས་ཀྱང་འདི་ལྟར་དུ་སྒོམས་ཤིག་ཉམས་རྟོགས་མྱུར་དུ་སྐྱེ་བར་འགྱུར་རོ། །ཞེས་རང་གི་ཉམས་མྱོང་ཡིན་པའི་ཚུལ་དུ་བྱས་ནས་ལོག་པར་སྟོན་པ་སོགས་མདོར་ན་སྙིང་རྗེ་དང་སྦྱིན་གཏོང་ལ་སྦྱོ་བ་དང་། འཁོར་ལ་ཉེ་རིང་ཆུང་བ་སོགས་ཕལ་ཆེར་སངས་རྒྱས་ཀྱི་གསུང་རབ་དང་མཐུན་པར་སྟོན་ཅིང་། གནད་རྣམས་ལོག་པར་སྟོན་པའི་ཆོས་འཕྲུལ་ལེགས་ལེགས་འདྲ་བར་སྟོན་ན་ཡང་། བདུད་ཀྱི་བྱིན་རླབས་ཡིན་ཏེ། བརྒྱད་སྟོང་པ་ལས། རབ་འབྱོར་མདོ་དེ་དང་དེ་དག་ཏུ་སྟོང་པ་ཉིད་དང་མཚན་མ་མེད་པ་དང་སྨོན་པ་མེད་པ་དག་བཤད་མོད་ཀྱི། ཞེས་པ་ནས། དེ་དག་ཤེས་རབ་ཀྱི་ཕ་རོལ་ཏུ་ཕྱིན་པ་ཟབ་མོ་འདི་བཏང་ནས། ཉན་ཐོས་དང་རང་སངས་རྒྱས་ཀྱི་ཐེག་པ་དང་ལྡན་པའི་མདོ་སྡེ་དག་ལས། ཐབས་ལ་མཁས་པ་བཙལ་བར་སེམས་ཏེ། རབ་འབྱོར་འདི་ཡང་བདུད་ཀྱི་ལས་སུ་རིག་པར་བྱའོ། །ཞེས་དང་། གཞན་ཡང་བདུད་སྡེར་གི་ནམ་མཁའ་ལ་དགེ་སློང་གི་ཆ་བྱད་དུ་བྱས་ནས་ལམ་ལོག་པ་སྟོན་ཚུལ་སོགས་མང་དུ་གསུངས་པའི་ཕྱིར། བདུད་འདི་དག་ཇི་ལྟར་བྱུང་བའི་ཚུལ་སྔོན་བྱུང་གི་དཔེ་དང་སྦྱར་བ་མདོ་ཙམ་ང་ཡིས་བཤད་ཀྱིས་ཉོན་ཏེ་ཉན་པར་བྱོས་ཤིག །དེ་ཡང་ལོ་ཆེན་རིན་ཆེན་བཟང་པོ་བཞུགས་པའི་ཚེ་མངའ་རིས་མང་ཡུལ་དུ་སངས་རྒྱས་སྐར་རྒྱལ་བྱ་བ། དཔྲལ་བ་ནས་སྐར་མ་ལྟ་བུའི་འོད་འབྱིན་ཅིང་། བར་སྣང་སྟོང་པ་ལ་སྐྱིལ་ཀྲུང་འཆའ་བ། རེས་འགའ་འཇིག་མའི་ཁྲི་མཐོན་པོ་ལ་སྡོད་ཅིང་ལྡིད་མི་འོང་བ་ཁོ་ནས་སྤྲོས་བྲལ་ཆོས་ཉིད་ཀྱི་ཆོས་རྣམས་ཐོགས་མེད་དུ་སྟོན་པ། འགྲོ་བ་སྡུག་བསྔལ་བ་ལ་བྱམས་སྙིང་རྗེ་བྱང་ཆུབ་ཀྱི་སེམས་ཆེ་བ་ལྟར་སྣང་བ་དེས་བསྟན་

པའི་ཆོས་ཀྱིས་གཞན་དག་ལ་སེམས་གནས་པའི་ཏིང་ངེ་འཛིན་ཡང་སྐྱེ་བར་བྱེད་པ། སངས་རྒྱས་འཇིག་རྟེན་དུ་བྱོན་པ་དང་འདྲ་བ་བྱུང་། དེ་ལ་བོད་ཡུལ་གྱི་ས་སྟེང་ན་ཡོད་པའི་འགྲོ་བ་དྲུག་ཞན་ཕལ་ཆེ་བ་ཐམས་ཅད་མོས་ནས་འཁོར་དུ་འདུས་པ་ལ། ཤཱཀྱའི་རྒྱལ་པོའི་བསྟན་པ་དང་འདྲ་མིན་ཙམ་དུ་ཙུང་ཟད་བཙོས་པའི་ཆོས་ཟབ་ཅིང་རྒྱ་ཆེ་བ་ལྟར་སྣང་བ་བསྟན་པས། སྐར་རྒྱལ་དེའི་བསྟན་པ་ཤིན་ཏུ་འཕེལ་ལོ། །དུས་དེའི་ཚེ་རིན་ཆེན་བཟང་པོས་ལོ་རྒྱུས་རྣམས་གསན་པས་རྣམ་དག་མ་ཡིན་པར་དགོངས་ནས། ཆོས་སྐྱོང་གུར་གྱི་མགོན་པོ་ལ་བརྟེན་པའི་སྒྲུབ་པ་ཟླ་བ་དྲུག་མཛད་དེ། བསྐྱེད་རིམ་གྱི་ཏིང་ངེ་འཛིན་བརྟན་པོའི་ངང་ནས་སྐར་རྒྱལ་དེའི་དྲུང་དུ་བྱོན་ཅིང་། རིན་ཆེན་བཟང་པོས་ལྷའི་ལྟ་སྟངས་ཀྱི་སྤྱན་གྱིས་གཟིགས་པ་ཙམ་གྱིས། སངས་རྒྱས་སྐར་རྒྱལ་བར་སྣང་ལ་སྐྱིལ་ཀྲུང་བཅས་ཆོས་འཆད་པའི་འཕྲོ་ལ་ས་ལ་ལྷུང་ནས་བརྒྱལ་ཞིང་དྲན་པ་ཉམས་པར་གྱུར་ཅེས་གྲག་གོ །གལ་ཏེ་དུས་དེའི་ཚེ་སྐྱེས་མཆོག་རིན་ཆེན་བཟང་པོ་མི་བཞུགས་ན། སངས་རྒྱས་སྐར་རྒྱལ་གྱི་ཆོས་ལོག་གི་བསྟན་པ་འབྱུང་ཞིང་། སངས་རྒྱས་ཀྱི་བསྟན་པ་མི་འབྱུང་བར་འགྱུར་བ་ཡིན་ཞེས་ཐོས་སོ༑ ༑སྐར་རྒྱལ་དེ་ཡང་བདུད་དགའ་རབ་དབང་ཕྱུག་ལ་མཆོག་ཏུ་འཛིན་པའི་ནག་ཕྱོགས་ལ་དགའ་བའི་ཀླུ་སྐར་རྒྱལ་ཞེས་པ་ཞིག །བསོད་ནམས་ཆུང་བའི་སྐྱེ་ངན་ལུག་རྫི་ཞིག་ལ་ཞུགས་ནས་ནི། སངས་རྒྱས་ཀྱི་གཟུགས་སུ་བརྫུས་པ་ཡིན་གསུངས་ཏེ། ལོ་ཙཱ་བའི་བླ་གོས་ཀྱིས་ཁོའི་མགུལ་པ་ནས་བཅིངས་ཤིང་། བཀའ་བསྒོ་མཛད་པ་ན། ཁོ་ན་རེ། མང་ཡུལ་གུང་མའི་མཚོ་ལ་གནས་པའི་ཀླུ་ཡིན། ངས་བསྟན་པའི་ཆོས་རྣམས་གཞུང་དང་གདམས་ངག་མང་པོ་ལ་དབྱེར་མེད་དུ་འདྲེས་པ་སྤྱད་མི་ཐུབ། ད་ཕྱིན་ཆད་ཆོས་ལོག་མི་སྟོན་ཟེར་བའི་དམ་བཅའ་ཕུལ་ལོ། །

གཉིས་པ་དེ་དག་གིས་ནི་གནད་རྣམས་བཅོས་ཚུལ་བསྟན་པ་ནི། སྐར་རྒྱལ་སོགས་འདི་འདྲའི་རིགས་ཀྱི་བདུད་རིགས་འགའ་ནི་མིའི་གཟུགས་ཅན་གྱི་བླ་མའམ། ཡང་ན་འཕགས་པའི་གང་ཟག་ཁྱད་པར་ཅན་གྱི་གཟུགས་བཟུང་ནས། ལྟ་སྤྱོད་ཕྱིན་ཅི་ལོག་གི་བསྟན་པ་སྤྱེལ་བའི་ཕྱིར་ཆོས་དང་བསྲེས་ནས་གནད་འགག་ཆེ་ས་རྣམས་སུ་ཆོས་ལོག་བསྲེས་ནས་འཆད་པ་ད་དུང་ཡང་འབྱུང་བ་སྲིད་པས། ཡོན་ཏན་གྱི་ཆ་ཙུང་ཟད་མཐོང་བ་ལ་ཅོལ་ཆུང་ཡིད་ཆེས་མི་བྱ་བར། བརྟག་དཔྱད་བྱས་ནས་མ་འཁྲུལ་བར་གཅེས་སོ། །དཔེར་ན་ཁ་ཟས་བཟང་པོ་ལ་སྦྱར་བའི་དུག་གིས་སྐྱེ་བོ་ཕལ་ཆེར་གསོད་ལ། དུག་ཀྲུང་པ་བྱིན་ན་དེ་ཡིན་པར་ཤེས་ནས་འགའ་ཡང་གསད་པར་ནུས་པ་མ་ཡིན་པ་དེ་བཞིན་དུ། སངས་རྒྱས་ཀྱི་གསུང་དང་མཐུན་པའི་ཆོས་བཟང་པོ་འགའ་ཞིག་ལ། གནད་བཅོས་པའི་ཆོས་ལོག་བསྲེས་ཤིང་བསླད་པས་མཁས་ བླུན་ཕལ་ཆེར་བསླུ་ནུས་ལ། ཆོས་

ལོག་རྒྱུང་པ་བསྟན་ན་དེར་གོ་ནས་ཆོས་ལ་དད་པ་སུ་འགའ་ཡང་བདུད་ཀྱིས་བསླུ་མི་ནུས་པ་ཡིན་ནོ། །ཡང་དཔེར་ན་བོང་ཤ་འཚོང་བའི་མིས་རི་དྭགས་ཀྱི་རྨ་ཁྱེར་ནས་འདིའི་ཤ་ཡིན་ཞེས་མ་བསྟན་ན་དེ་བཙོང་བར་མི་ནུས་པ་ལྟར། སྔོན་ལ་བཟང་པོའི་སྤྱོད་པ་མ་བསྟན་ན་ལོག་པའི་ཆོས་རྒྱུང་པས་བསླུ་མི་ནུས་པས། བདུད་ཀྱི་བྱིན་རླབས་ཐམས་ཅད་ཀྱང་ངན་པ་ཁོ་ནར་ངེས་པ་མིན་ལ། འོན་ཀྱང་བཟང་པོ་དེའི་ནང་ནས་ནི་གནད་རྣམས་ཅུང་ཟད་ཅུང་ཟད་བཅོས་པ་ཡིས། འཕྲུལ་ཕན་པ་ལྟ་བུས་ཕ་རོལ་བསླུ་བ་མང་ངོ་། །

གསུམ་པ་དེ་ལྟར་དེ་དག་ཤེས་ནས་སྤང་བར་གདམས་པ་ནི། གནད་བཅོས་པའི་བདུད་བྱུང་ཚུལ་དང་། དེས་གནད་བཅོས་ཚུལ་དཔེ་དང་སྦྱར་བ་འདི་འདྲ་ཤེས་པར་བྱས་ནས་ནི། ཆོས་ཀྱི་གནད་རྣམས་མདོ་རྒྱུད་བཞིན་དུ་མ་བསླད་པར་ནི་ལེགས་པར་གཟུང་བར་བྱ་སྟེ། མདོ་རྒྱུད་དང་མི་མཐུན་ན་གང་ཟག་བཟང་པོར་ཁས་འཆེས་པ་སུའི་ཆོས་ལུགས་ཡིན་ཀྱང་བཏང་སྙོམས་སུ་འཇོག་པ་ལེགས་པ་ཡིན་ནོ། །དཔེར་ན་ཤིང་རྟ་འདྲེན་པའི་ཚེ་དབུས་ཀྱི་སྲོག་ཤིང་ཆག་པར་གྱུར་ན། འཁོར་ལོ་བཟང་ཡང་འགྲོ་མི་ནུས་པ་དང་། སྐྱེས་བུའི་སྲོག་དབང་འགགས་ན་མིག་ལ་སོགས་པའི་དབང་པོ་གཞན་དག་བྱ་བྱེད་མེད་པ་དེ་བཞིན་དུ། ཆོས་ཀྱི་གནད་འཕྱུགས་ན་ཆོས་གཞན་བཟང་ཡང་ནུས་མེད་དུ་འགྱུར་ཏེ། དགོས་པ་མེད་དོ། །དེས་ན་སངས་རྒྱས་ལས་མཁས་པའི་གང་ཟག་འཇིག་རྟེན་གསུམ་ན་མེད་པས། དེས་གསུངས་པའི་མདོ་རྒྱུད་ཀྱི་དོན་ཕྱིན་ཅི་ལོག་ཏུ་རྣམ་པར་དཀྲུག་པར་མི་བྱ་སྟེ། མདོ་རྒྱུད་དཀྲུགས་ན་ཆོས་སྤོང་ཞིང་འཕགས་པ་རྣམས་ཀྱང་སྐུར་པར་འགྱུར་བའི་ཉེས་པ་འབྱུང་བའི་ཕྱིར་ཏེ། མགོན་པོ་བྱམས་པས་རྒྱུད་བླ་ལས། གང་ཕྱིར་རྒྱལ་ལས་ཆེས་མཁས་འགའ་ཡང་འཇིག་རྟེན་འདི་ན་ཡོད་མིན་ཏེ། །མ་ལུས་དེ་ཉིད་མཆོག་ནི་ཚུལ་བཞིན་ཀུན་མཁྱེན་གྱིས་མཁྱེན་གཞན་མིན་པ། །དེ་ཕྱིར་དྲང་སྲོང་རང་ཉིད་ཀྱིས་བཞག་མདོ་སྡེ་གང་ཡིན་དེ་མི་དཀྲུག །ཐུབ་ཚུལ་བཤིག་ཕྱིར་དེ་ཡང་དམ་ཆོས་ལ་ནི་གནོད་པ་བྱེད་པར་འགྱུར། །ཉོན་མོངས་རྨོངས་བདག་རྣམས་ཀྱིས་འཕགས་ལ་སྐུར་པ་དང་། །དེས་གསུངས་ཆོས་ལ་བརྙས་གང་དེ་ཀུན་གཞན་ལྟས་བྱས། །ཞེས་གསུངས་པའི་ཕྱིར་རོ། །

གཉིས་པ་འཁྲུལ་པའི་གྲུབ་མཐའ་འགོག་པར་གདམས་པ་ལ་གསུམ་སྟེ། སྔོན་བྱོན་མཁས་པས་འཁྲུལ་པ་བཀག་ཚུལ་བཤད། །རྗེས་འཇུག་མཁས་པས་འཁྲུལ་པ་འགོག་ཚུལ་བསྟན། དགག་བསྒྲུབ་ལུང་སྦྱོར་ཇི་ལྟར་བྱ་ཚུལ་བསྟན་པའོ། །དང་པོ་ནི། འཁྲུལ་པའི་གྲུབ་མཐའ་སུན་འབྱིན་པའི་རྣམ་གཞག་ཅུང་ཟད་སྔོན་བྱུང་གི་དཔེ་སོགས་དང་སྦྱར་ནས་བཤད་ཀྱིས་ཉོན་ཅེས་གདམས་སོ། །ཇི་ལྟར་ན་སྔོན་ཁ་ཆེའི་ཡུལ་དུ་མུ་སྟེགས་ཀྱི་པཎྜི་ཏ་དབྱངས་ཅན་དགའ་བ་ཞེས་བྱ་བས། མུ་སྟེགས་ཀྱི་ལྷ་དབང་ཕྱུག་དང་ཁྱབ་འཇུག་སོགས་ཞབས

འོག་ཏུ་མནན་པའི་སངས་རྒྱས་དུས་འཁོར་དང་། ཀྱཻ་རྡོར་དང་བདེ་མཆོག་སོགས་ཀྱི་སྐུ་མཐོང་ནས། ཁོས་ཀྱང་དེའི་ལན་དུ་དེ་གོ་ལྡོག་པའི་བྲིས་སྐུ་རང་བཟོར་བྱས་སོ། །དེའི་ཚེ་མཁས་པ་ཆེན་པོ་ཧྰུ་ན་ཤྲཱིས། མུ་སྟེགས་དེ་དང་རྩོད་པའི་རྩོད་གྲྭ་རུ་ནང་པ་ང་དང་། གཞན་ཕྱི་པ་གཉིས་ཀྱི་པཎྜི་ཏ་མང་དུ་ཚོགས་པའི་སྟེ་པ་དང་། རྒྱལ་པོ་སོགས་ཀྱི་དཔང་པོ་དང་བཅས་པའི་གྲར། མུ་སྟེགས་ཀྱི་ལྷའི་འོག་ཏུ་སངས་རྒྱས་ཀྱི་སྐུ་མནན་པ་ནི་རང་བཟོ་ཡིན་ཏེ། ཁྱེད་རང་ཕྱི་པའི་གཞུང་ལུགས་ཁུངས་མ་གང་ནས་ཀྱང་བཤད་པ་མེད། དེས་ན་འཁྲུལ་པ་ཁོ་ན་ཡིན་ཞེས་བསྒྲགས་སོ། །མུ་སྟེགས་དེས་ཀྱང་དབང་ཕྱུག་མནན་པའི་སངས་རྒྱས་རང་བཟོ་ཡིན་ཞེས་མགོ་བསྒྲེས་སོ༑ ༑མགོ་བསྒྲེ་དེ་ལ་སླར་མཁས་པས་འདི་ལྟར་བརྩད་དེ། ཁྱེད་ཀྱི་ལྷ་དབང་ཕྱུག་ལ་སོགས་པའི་འོག་ཏུ་སངས་རྒྱས་མནན་པ་ཁྱེད་ཀྱི་གཞུང་ཁུངས་མ་རྣམས་ལས་བཤད་པ་མེད། གལ་ཏེ་ཡོད་ན་སྟོན་པར་རིགས་སོ། །ངེད་ཀྱི་སངས་རྒྱས་ཀྱི་ཞབས་འོག་ཏུ་མུ་སྟེགས་ཀྱི་ལྷ་མནན་པ་ངེད་རང་གི་རྒྱུད་རྡོ་རྗེ་འཆང་གིས་གསུངས་པ་རྣམས་ལས་གདོད་མ་ཉིད་ནས་མ་བཅོས་པ་ཡོད་པ་ཡིན་ལ། དེས་ན་ངེད་ཀྱི་འདི་རང་བཟོ་མིན་ལ། ཁྱེད་ཀྱི་འདི་རང་བཟོ་ཡིན་པས་མཚུངས་པའི་གོ་སྐབས་མེད་དོ་ཞེས་བརྗོད་པ་དེ་ནས། དབྱངས་ཅན་དགའ་བས་ལན་གདབ་པར་མ་ནུས་ཏེ་སྤོབས་པ་མེད་པར་གྱུར་ཏོ། །དེའི་ཚེ་མཁས་པ་ཆེན་པོས་རྒྱལ་པོ་ཁྱོད་ཀྱི་ཡུལ་འདི་རུ་ཁུངས་ནས་མ་བྱུང་བ་འདི་འདྲའི་རིགས་ཀྱི་རང་བཟོ་འཕེལ་ན་ནི། ད་དུང་རང་བཟོ་གཞན་རྒྱུན་མར་འབྱུང་བས་ཕྱི་ནང་གི་བསྟན་པ་སྤྱི་ལ་གནོད་པ་འདི་མུ་སྟེགས་པ་ཁོ་རང་ལ་ཡང་ཅིས་མི་གནོད་དེ་གནོད་དོ། །གལ་ཏེ་འདི་འདྲའི་རང་བཟོའི་ཆོས་ལུགས་ནི། ངེད་སངས་རྒྱས་པ་ལ་བྱུང་ན་ཡང་རྒྱལ་པོ་ཁྱེད་ཀྱིས་ཚར་བཅད་ཅིང་དགག་དགོས་སོ་ཞེས་བསྐོས་ནས། གྲུང་ལ་སངས་རྒྱས་མནན་པའི་མུ་སྟེགས་ཀྱི་ལྷའི་རི་མོ་ཡོད་པ་བསུབ་བོ༑ ༑ཕྱི་ནས་ཕྱི་ནང་གི་གྲུབ་མཐའ་བརྩད་པ་ལ་ཡང་། མཁས་པ་ཆེན་པོ་དེས་མུ་སྟེགས་ཀྱི་གྲུབ་མཐའ་ཕམ་པར་མཛད་ནས་ཁ་ཆེའི་ཡུལ་དུ་སངས་རྒྱས་ཀྱི་བསྟན་པ་སྤེལ་ཞིང་། དེང་སང་གི་བར་དུ་རྒྱས་པར་གྱུར་ཅེས་ཐོས་སོ། །

གཉིས་པ་ལ་གསུམ་སྟེ། ལུང་དང་རིགས་པས་འགོག་ཚུལ་མདོ་ཙམ་བསྟན། ཁྱད་པར་ལུང་གིས་གནོད་ཚུལ་ཞིབ་ཏུ་བཤད། ལུང་དེ་ཁས་མི་ལེན་ལ་གནོད་བྱེད་གཞན་བསྟན་པའོ། །དང་པོ་ནི། གལ་ཏེ་མུ་སྟེགས་བྱེད་པའི་གཞུང་གདོད་ནས་གྲུབ་པ་སྟེ་གློ་བུར་དུ་བྱས་པ་མ་ཡིན་པའི་རིག་བྱེད་ལས་ཆོས་ལོག་དེ་འདྲ་བཤད་ན། གང་གིས་དགག་པར་བྱ་ཞེ་ན། དེ་འདྲའི་རིགས་ཅན་ནི་རང་བཟོ་ཡིན་ནོ་ཞེས་པས་དགག་པར་བྱར་མི་རུང་སྟེ། འོན་ཅི་ཞེ་ན་གྲུབ་མཐའི་རྣམ་གཞག་གམ་ཁས་བླངས་དེ་བཟུང་ནས་དངོས་སྟོབས་ཀྱི་རིགས་

པ་གཞན་གྱིས་སུན་དབྱུང་དགོས་ཏེ། གནོད་ནས་བཤད་པ་ཡིན་ཀྱང་ལུང་དོན་ལ་ཚད་མས་གནོད་པ་འབབ་པའི་ཕྱིར། དེར་མ་ཟད་བདག་དང་གཞན་གྱི་གྲུབ་མཐའ་གང་ལ་ཡང་། གལ་ཏེ་འགའ་བའམ་ནོར་བ་སྣང་ན། ལུང་རིགས་གང་དང་འགལ་བ་རྟགས་ལ་རིགས་པ་དག་དང་འགལ་བར་གྱུར་ན་དེ་ནི་རིགས་པས་སུན་དབྱུང་རིགས་པ་ཡིན་ཏེ། མངོན་སུམ་དང་རྗེས་དཔག་གི་ཚད་མས་གནོད་པ་འབབ་པའི་ཕྱིར། གལ་ཏེ་ལུང་དང་འགལ་བར་གྱུར་ན། དེ་ནི་ལུང་གིས་རིགས་པར་སུན་འབྱིན་རིགས་པ་ཡིན་ཏེ། ལུང་གི་སུན་འབྱིན་ཚུལ་གྱི་གདམས་ངག་ཅུང་ཟད་ཁོ་བོས་བཤད་ཀྱིས་ཉོན་ཞེས་གདམས་སོ། །ཇི་ལྟར་ན་ཕྱོགས་པ་ཕ་རོལ་པོ་ལུང་དེ་ཁས་ལེན་ཅིང་། ལུང་དེ་དང་འགལ་བའི་ཆོས་སྤྱོད་ན་ལུང་དེ་དང་འགལ་བས་སུན་དབྱུང་བར་བྱ་སྟེ། ཕ་རོལ་པོས་ལུང་དེ་ཚད་མར་ཁས་ལེན་པའི་ཕྱིར། གལ་ཏེ་ལུང་དེ་ཁས་མི་ལེན་ཞིང་རང་གི་ལུང་གཞན་ཚད་མར་ཁས་ལེན་ན། དེའི་ཚེ་དེད་ཀྱི་ལུང་གིས་ཕ་རོལ་པོ་དེའི་ཆོས་ལོག་དགག་མི་ནུས་ཏེ། ཕ་རོལ་པོས་ལུང་དེ་ཚད་མར་ཁས་མི་ལེན་པའི་ཕྱིར། འོན་ཀྱང་ཕ་རོལ་པོ་དེའི་ལུང་ཉིད་ཀྱིས་ཕ་རོལ་པོ་དེའི་ཆོས་ལོག་དགག་དགོས་ཏེ། ཁོང་རང་གི་ཆོས་ལོག་ལ་ཁོ་རང་གི་ལུང་གིས་གནོད་བྱེད་བསྟན་པས་ལོག་རྟོག་ལྡོག་སླ་བའི་ཕྱིར་རོ། །

གཉིས་པ་ལ་བཞི་སྟེ། གཞན་གྱི་ལུང་གིས་འགོག་མི་ནུས་པ། རང་གི་ལུང་གིས་འགོག་ནུས་པ། དེའི་དཔེར་བརྗོད་གསལ་བར་བཤད་པ། དེས་རིགས་ཅན་གཞན་ཡང་མཚོན་པའོ། །དང་པོ་ནི། དཔེར་ན། ཕ་རོལ་ཕྱིན་པ་བས་གལ་ཏེ་ཐེག་ཆེན་གྱི་ཆོས་ལོག་སྤྱོད་ན་ནི། གསང་སྔགས་ཀྱི་གཞུང་དང་འགལ་ལོ། །ཞེས་པས། དེ་ནི་སུན་དབྱུང་ནུས་པ་མ་ཡིན་ལ། དེ་བཞིན་དུ་གསང་སྔགས་པ་འགའ་ཞིག་གསང་སྔགས་ཀྱི་ལག་ལེན་ལོག་པར་སྤྱོད་པར་གྱུར་ཀྱང་། ཕ་རོལ་ཕྱིན་པའི་གཞུང་དང་འགལ་ལོ། །ཞེས་པས་སུན་དབྱུང་བར་ནུས་པ་མ་ཡིན་ཏེ། ཕར་ཕྱིན་པས་སྔགས་ཀྱི་གཞུང་དང་། གསང་སྔགས་པས་ཕར་ཕྱིན་གྱི་གཞུང་ཁས་ལེན་པའི་ངེས་པ་མེད་པའི་ཕྱིར། དེ་བཞིན་དུ་ཐེག་པ་ཆེ་ཆུང་ལ་ཡང་ཕན་ཚུན་ཐེག་ཆེན་གྱི་ལུང་དང་འགལ་བས་ཉན་ཐོས་ཀྱི་གཞུང་ལུགས་དང་། ཉན་ཐོས་ཀྱི་ལུང་དང་འགལ་བས་ཐེག་ཆེན་གྱི་གཞུང་ལུགས་དགག་མི་ནུས་ཏེ། དེ་གཉིས་ལྟ་སྤྱོད་ཀྱི་གནད་མི་གཅིག་པས་ཕན་ཚུན་འགལ་ཡང་སྐྱོན་དུ་མི་འགྱུར་བའི་ཕྱིར། དོན་འདི་དང་མཐུན་པར་མཁས་འཇུག་ལས། དཔེར་ན་ཉན་ཐོས་ཐེག་ཆེན་དང་། །རྣམ་རིག་ངོ་བོ་ཉིད་མེད་སོགས། །ཕན་ཚུན་འགལ་ཡང་སྐྱོན་མེད་བཞིན། །ཞེས་གསུངས་སོ། །

གཉིས་པ་ནི། ཉན་ཐོས་སོགས་རང་རང་གི་སྐབས་སུ་རང་རང་གི་ལུང་དང་འགལ་ན་གནོད་པ་ཡིན་ཏེ། དཔེར་ན་བྱེ་མདོ་གཉིས་ཉན་ཐོས་ཀྱི་གཞུང་ལུགས་ཁས་ལེན་ཅིང་། དེའི་གནད་ཀྱིས་གྲུབ་མཐའ་འོག་མ་

གཉིས་སུ་ཉན་ཐོས་ཀྱི་ལུང་དང་འགལ་བར་གྱུར་ན། དེའི་ལུང་གིས་དགག་པར་ནུས་ལ། དེ་བཞིན་དུ་བཀའ་གདམས་པ་སོགས་ཀྱང་ཇོ་བོའི་གཞུང་ལུགས་ཚད་མར་ཁས་ལེན་ཅིང་། ཇོ་བོ་དེའི་གསུང་དང་འགལ་བར་གྱུར་ན་བཀའ་གདམས་པ་ལ་གནོད་པ་འབྱུང་། ཡང་དེ་བཞིན་དུ་བོད་ཀྱི་ཕྱག་རྒྱ་པ་ཡང་ནཱ་རོ་པ་ལ་མོས་པ་བྱེད་ཅིང་ནཱ་རོའི་གཞུང་དང་འགལ་བར་གྱུར་ན་ཕྱག་རྒྱ་པ་ལ་གནོད་པ་ཡིན་ཏེ། དེ་བཞིན་གསང་སྔགས་པར་ཁས་འཆེ་ཞིང་དེའི་ཉམས་ལེན་སྤྱོད་བཞིན་དུ་གསང་སྔགས་ཀྱི་རྣམ་གཞག་རྒྱུད་སྡེ་དང་འགལ་ན་གསང་སྔགས་པ་དེ་ལ་གནོད་པར་འགྱུར་བ་ཡིན། ཡང་ཕ་རོལ་ཏུ་ཕྱིན་པའི་ལུགས་ཀྱི་ཉམས་ལེན་བྱེད་ཅིང་། ཕར་ཕྱིན་པར་ཁས་འཆེ་བ་ལ་ཐེག་ཆེན་གྱི་མདོ་སྡེ་རྣམས་དང་འགལ་བར་གྱུར་ན། ཕར་ཕྱིན་པ་དེ་ལ་ཅིས་མི་གནོད་དེ་གནོད་པ་ཡིན་ནོ། །

གསུམ་པ་ནི། རང་རང་གི་ལུང་ཁས་ལེན་པ་ལ་ལུང་དེ་དང་འགལ་ན། གནོད་པ་དེའི་དཔེར་བརྗོད་མདོ་ཙམ་ཞིག་ལེགས་པར་བཤད་ཀྱིས་ཉན་པར་གྱིས་ཞེས་གདམས་སོ། །ཇི་ལྟར་ན་ཇོ་བོ་རྗེ་གསང་སྔགས་ཀྱི་རྒྱུད་སྡེ་མཐའ་དག་ལ་མཁས་ཤིང་། དེའི་ལམ་ལ་སྤྱོད་བཞིན་དུ་བཀའ་གདམས་པ་ཁ་ཅིག །དེང་སང་དུས་སྙིགས་པས་གསང་སྔགས་ཀྱི་སྤྱོད་པའི་དུས་མིན་ཞེས་སྨྲ་བ་ཇོ་བོའི་ལུགས་ཉིད་དང་འགལ་བ་ཡིན་པར་ཤེས་པར་བྱ་སྟེ། ཇོ་བོ་རྗེ་གསང་སྔགས་སྤྱོད་བཞིན་པ་དང་དངོས་སུ་འགལ་བའི་ཕྱིར། དེ་བཞིན་དུ་སེམས་བསྐྱེད་ཇོ་བོའི་ལུགས་བྱེད་ཅིང་། ཇོ་བོ་གདན་ནས་མི་བཞེད་པའི་སེམས་ཙམ་ལུགས་ཀྱི་སེམས་བསྐྱེད་སྐྱེ་བོ་ཀུན་ལ་བྱེད་པ་དང་། དོན་དམ་སེམས་བསྐྱེད་ཆོག་ས་འབོགས་པར་བྱེད་པ་ནི་ཕར་ཕྱིན་པ་གཞན་དང་འགལ་བ་སྨོས་ཅི་དགོས། བཀའ་གདམས་རང་ལུགས་དང་ཡང་འགལ་བ་ཡིན་ཏེ། དེ་ལྟ་བུ་ཇོ་བོ་རྗེའི་ཕྱག་ལེན་མ་ཡིན་པའི་ཕྱིར། ཡང་དེ་བཞིན་དུ་གྲུབ་ཆེན་ནཱ་རོ་ཏ་པ་དབང་བསྐུར་དང་རིམ་གཉིས་གསང་སྔགས་ཀྱི་ཆོས་ཀྱི་གཙོ་བོར་བཞེད་པ་ལ། དྭགས་པོ་སོགས་ནཱ་རོའི་བརྒྱུད་པ་འཛིན་བཞིན་དུ། དབང་དང་རིམ་གཉིས་མི་བསྒོམ་ཞིང་དེ་འགོག་པ་རྒྱུད་དང་འགལ་བ་སྨོས་ཅི་དགོས། རང་ལུགས་ནཱ་རོའི་བརྒྱུད་འཛིན་དུ་ཁས་འཆེ་བ་དང་ཡང་འགལ་བ་ཡིན་ཏེ། ནཱ་རོའི་བཞེད་པ་དང་དངོས་སུ་འགལ་བའི་ཕྱིར། རྡོ་རྗེ་ཕག་མོའི་བྱིན་རླབས་བརྡའི་དབང་བཞི་ནི༑ མར་པ་ལྷོ་བྲག་པ་ལ་མེད་པ་ལ། དྭགས་པོ་མན་ཆད་མར་པའི་བརྒྱུད་པ་འཛིན་བཞིན་དུ་ཕག་མོའི་བྱིན་རླབས་དེས་ཆོས་སྒོ་འབྱེད་པ་ནི་རྒྱུད་དང་འགལ་བ་སྨོས་ཅི་དགོས། མར་པ་རང་ལུགས་དང་ཡང་འགལ་བ་ཡིན་ཏེ། དེ་ལྟ་བུ་མར་པ་ལ་མེད་ཅིང་། ཁྱད་པར་ཆོས་སྒོ་འབྱེད་བྱེད་ལ་བྱིན་རླབས་མི་མཛད་པའི་ཕྱིར། འདི་ནི་གོང་དུ་བྱིན་རླབས་སྨིན་བྱེད་ཡིན་པ་བཀག་པའི་སྐབས་ཀྱི་རྩོད་གཞིའི་བྱིན་རླབས་དེ་ཡིན་ཏེ། གཞུང་

ཉིད་ལས། འགའ་ཞིག་འདི་ལའང་ཕག་མགོ་ལ། །སོགས་པའི་དབང་བསྐུར་ཡོད་ཅེས་ཟེར། །ཞེས་བཤད་པ་ལྟར། ཕྱོགས་སྔ་མས་ཀྱང་བྱིན་རླབས་བརྡའི་དབང་བཞི་སྨིན་བྱེད་དུ་ཁས་བླངས་པའི་ཕྱིར། དེས་ན་བྱིན་རླབས་སྨིན་བྱེད་ཡིན་པ་འགོག་པའི་ལུང་རིགས་རྣམས་ནི། བྱིན་རླབས་སྤྱི་ཙམ་པ་སྨིན་བྱེད་དུ་འདོད་པ་ལ་ཆེད་དུ་དགོངས་པ་མ་ཡིན་ཞིང་། ཕག་མགོ་ལ་སོགས་པའི་བྱིན་རླབས་བརྡའི་དབང་བཞི་ལ་ཆེད་དུ་གཏད་པར་སྣང་སྟེ། འགོག་བྱེད་ལུང་རིགས་གང་དང་གང་ནི་དགག་བྱ་ཕྱོགས་སྔས་གང་དང་གང་ཁས་བླངས་པ་དེ་ལ་འཕེན་པར་བྱེད་ཀྱིས་ཁས་མ་བླངས་པ་ལ་མི་འཕེན་པས་སོ། །

ན་རོ་ཆོས་དྲུག་ཅེས་བྱ་བའི་ཁྲིད་ཀྱང་རྗེ་བཙུན་མི་ལ་ཡན་ཆད་དུ་ཆོས་དྲུག་པོ་དེ་ལས་གཞན་མེད་པ་ལ༑ ཕྱིས་ཆོས་དྲུག་སྒྲ་ཇི་བཞིན་པ་བོར་ནས། ལམ་འབྲས་དང་། ཕྱག་རྒྱ་ཆེན་པོ་ལྷ་ལྷན་དང་། ཞི་བྱེད་ལ་སོགས་པ་བརྒྱུད་པ་གཞན་གྱི་གདམས་ངག་དང་བསྲེས་ནས་བསྒོམ་བཞིན་དུ། ན་རོ་ཁོ་ན་ལ་བརྒྱུད་པ་འདོད་པར་བྱེད་པ་ནི་ཆོས་ལུགས་གཞན་དང་འགལ་བ་ལྟ་ཅི་སྨོས། རང་ལུགས་དང་ཡང་འགལ་བ་ཡིན་ཏེ། ཆོས་དྲུག་ལ་གཞན་བསྲེས་པས་ཆོས་དྲུག་གཙང་མར་མི་འགྱུར་བའི་ཕྱིར། དེ་བཞིན་དུ་བྲག་གི་དཀྱིལ་སོགས་གཏེར་ནས་བྱུང་བའི་གླེགས་བམ་དང་། བརྒྱུད་པ་གཞན་ནས་བརྐུས་པའི་ཆོས་ལུགས་དང་། རང་གིས་བརྩམས་ཆོས་དང་། རྨི་ལམ་དུ་ཐོས་ཟེར་བའི་ཆོས་དང་། རྟོག་བློས་རང་དགར་བཟོས་པའི་ཆོས་ལུགས་ལ་རྡོ་རྗེ་འཆང་ལ་བརྒྱུད་པ་སྙིག་ཅིང་། ཆོས་དེ་ལའང་སྐྱེ་བོ་གཞན་དག་ལུང་ལེན་པ་ཆོས་དང་འགལ་བ་ལྟ་ཅི་སྨོས། རང་ཚིག་དང་ཡང་འགལ་བ་ཡིན་ཏེ། གཏེར་ནས་བྱུང་བ་དང་བརྩམས་ཆོས་སོགས་རྡོ་རྗེ་འཆང་ནས་མ་བརྒྱུད་པ་དངོས་སུ་གསལ་ཞིང་། བརྐུས་པ་ནི་བརྐུས་པ་ཙམ་ལས་ལུང་རྒྱུན་མེད་པ་དངོས་སུ་གསལ་བའི་ཕྱིར་རོ། །

བཞི་པ་ནི། གལ་ཏེ་བཤད་མ་ཐག་པ་དེ་འདྲའི་རིགས་ཅན་གྱི་འགལ་བ་ཁས་ལེན་གཞན་ཡང་མང་དུ་སྣང་བར་གྱུར་ཀྱང་། སུན་དབྱུང་ཚུལ་སྔར་བཤད་པ་དེའི་རིགས་སུ་ཤེས་པར་བྱ་སྟེ། རིགས་བསྒྲེའོ། །མདོར་ན་ཆོས་དང་འགལ་བའི་ཆོས་ལུགས་ཞིག་ལུགས་གང་ན་འདུག་ན་ཡང་ལུང་དང་རིགས་པས་སུན་ཕྱུགས་ཤིག་སྟེ། སུན་མ་དབྱུང་ན་དེ་འདྲའི་རིགས་མང་དུ་འཕེལ་བས་བསྟན་པ་ལ་གནོད་པའི་ཕྱིར་རོ། །གསུམ་པ་ལུང་དེ་ཁས་མི་ལེན་ལ་གནོད་བྱེད་གཞན་བསྟན་པ་ནི། གལ་ཏེ་མུ་སྟེགས་ལ་སོགས་པ་ལུང་དེ་ཁས་མི་ལེན་པ་དང་། ཆོས་འདི་པ་ཁ་ཅིག་ལུང་དང་འགལ་ཡང་། ངེད་ཅག་གི་བླ་མའི་བཀའ་སྲོལ་ཡིན་པས་ཆོས་རྣམ་དག་ཡིན་ཟེར་ན། དེ་དག་ལ་ཁྱེད་ལུང་དེ་ཚད་མར་ཁས་མི་ལེན་ཀྱང་། ཁྱེད་ཀྱི་རྩ་བའི་བརྒྱུད་པ་ཐོག་མ་དེ་གང་ཡིན་དྲི་བར་བྱའོ། །དེ་ལྟར་དྲིས་པས། གདོད་ནས་རྩ་བའི་བརྒྱུད་པ་ལ་ཆོས་ནོར་བ་དེ་ཡོད་ན་ནི། འཁྲུལ་ཡང་མཁས་པས་རང་བཟོ་

ཡིན་ནོ་ཞེས་སྨྲོན་དུ་བགྲང་རྒྱུ་མེད་དེ། སེམས་ཅན་ལས་ངན་སྤྱོད་པ་ལ་སངས་རྒྱས་ཀྱིས་ཀྱང་ཐབས་ཅི་བྱར་ཡོད་དེ་མེད་པས་སོ། །གལ་ཏེ་རྩ་བའི་བརྒྱུད་པ་ལ་གདོད་ནས་མེད་པའི་ཆོས་ནོར་བ་གློ་བུར་དུ་བྱུས་པ་ཡིན་ན་ནི་རང་གཞན་ཀུན་གྱིས་རང་བཟོར་གོ་བའི་ཕྱིར། སངས་རྒྱས་པའམ་མུ་སྟེགས་བྱེད་སུ་ལ་འདུག་ཀྱང་དོར་བྱ་ཡིན་ཏེ། མཁས་པ་ཆེན་པོ་རྣ་ཤྲཱི་ས་མུ་སྟེགས་དབྱངས་ཅན་དགའ་བ་སུན་དབྱུང་བ་བཞིན་ནོ། །གལ་ཏེ་ས་སྐྱ་པ་དེང་ལའང་གློ་བུར་གྱི་ཆོས་ནོར་བ་དེ་འདྲ་འདུག་ན་ནི། ཆོས་ཕྱོགས་ནས་མཁས་པ་རྣམས་ཀྱིས་བཤད་གད་ཀྱིས། འཇིག་རྟེན་ན་རྒྱལ་པོའི་ཁྲིམས་ཡོད་ན་ཆད་པས་གཅད་པའི་འོས་ཏེ། དཔེར་ན་ཟང་ཟིང་གི་ནོར་ལ་ཟོག་ཚོང་བྱས་པ་ལའང་། རྒྱལ་པོའི་ཁྲིམས་ལ་ཐུག་པར་འགྱུར་ན་ཆོས་ལོག་བཙུན་མས་སྤྱར་བ་ནི་ཤིན་ཏུ་མཚང་ཆེ་བས་རྒྱལ་པོའི་ཁྲིམས་ལ་ཅིས་མི་ཐུག་སྟེ་ཐུག་རིགས་པས་སོ། །

གསུམ་པ་དགག་བསྒྲུབ་ལུང་སྦྱོར་ཇི་ལྟར་བྱ་ཚུལ་བསྟན་པ་ལ་གསུམ་སྟེ། སྐབས་མ་ཕྱེད་པའི་ལུང་སྦྱོར་བླུན་པོའི་ལུགས། གནས་སྐབས་ཕྱེད་པའི་ལུང་སྦྱོར་རྒྱས་པར་བསྟན། མཁས་དང་བླུན་པོའི་ལུང་སྦྱོར་ཁྱད་པར་བསྟན་པའོ། །དང་པོ་ནི། མདོ་རྒྱུད་ལ་མ་སྦྱངས་པའི་བླུན་པོ་འཁོར་མང་དུ་འདུས་པ་ན་མཁས་པར་འཆོས་པ་སྟེ། མཁས་པར་འདོད་པ་འགའ་གཞུང་ཚིག་བརྗོད་དོན་གང་ལ་འཇུག་གི་གནས་སྐབས་མི་ཤེས་པར། མདོ་རྒྱུད་ཀྱི་ལུང་གང་བབས་བབས་སུ་སྦྱོར་ཞིང་གྱ་ཚོམ་དུ་སྨྲ་བ་མང་མོད་ཀྱི། དེ་ནི་བླུན་པོའི་ཁ་ཤགས་ལྟར་རང་ལ་ཕན་གནོད་གང་དུ་འགྲོ་མི་ཤེས་ཏེ། རང་གིས་སྒྲུབ་བྱེད་ཀྱི་ལུང་དྲངས་པ་རང་ལ་མི་ཕན་ཞིང་། གཞན་གྱི་ཤེས་བྱེད་དུ་འགྲོ་བ་ཡང་སྲིད་པས་སོ། །གཉིས་པ་ནི། ལུང་གི་གནས་སྐབས་སོ་སོར་འཕེར་བརྗོད་ན༑ དཀོན་མཆོག་གསུམ་ལ་ཕྱག་དང་མཆོད་པ་འབུལ་བ་དང་། སྦྱིན་པ་གཏོང་བ་དང་། ཚུལ་ཁྲིམས་བསྲུང་བ་ལ་སོགས་པའི་ཕར་ཕྱིན་དྲུག་དང་། སེམས་བསྐྱེད་པ་དང་། སྔགས་ཀྱི་དབང་བསྐུར་བ་དང་། དམིགས་པ་ལ་རྩེ་གཅིག་པའི་བསམ་གཏན་བསྒོམ་པ་དང་། གསུང་རབ་ལ་ཀློག་ཐོས་བསམ་བྱེད་པ་འདིར་མི་དགོས་པར་གསུང་བ་དང་། རིན་ཆེན་འཕྲེང་བ་ལས། སྡིག་དང་བསོད་ནམས་བྱ་བ་འདས། །ཞེས་དགེ་སྡིག་གཉིས་ཀ་མེད་པ་དང་། དབུ་མའི་གཞུང་གཞན་ལས། ཀུན་རྫོབ་མེད་ན་དོན་དམ་མེད། །སངས་རྒྱས་མེད་ན་སེམས་ཅན་མེད། །ལྟ་བ་མེད་ཅིང་བསྒོམ་པ་མེད། །འབྲས་བུ་མེད་ཅིང་སྤྱོད་པ་མེད། །ཅེས་སངས་རྒྱས་སེམས་ཅན་སོགས་ཡོད་པ་མ་ཡིན་པ་ལྟར་གསུངས་པ་དང་། བརྟག་གཉིས་ལས། སྒོམ་པ་པོ་མེད་བསྒོམ་པའང་མེད། །ལྷ་མེད་སྔགས་ཀྱང་ཡོད་མ་ཡིན། །ཞེས་སོགས་འདི་འདྲ་གསུངས་པའི་ལུང་རྣམས་ཀུན་ནི་ལྟ་བའི་སྐབས་ཀྱི་ལུང་ཡིན་གྱིས། བསྒོམ་པ་དང་སྤྱོད་པ་གཉིས་ཀྱི་ལུང་མ་ཡིན་ཏེ། ལུང་དེ་དག་བསྒོམ་པ་དང་སྤྱོད་པ་ལ་སྦྱར་

དུ་མི་རུང་བའི་ཕྱིར། ཡང་ཕྱག་ཆེན་ཐིག་ལེ་ལས། དབང་མེད་ན་དངོས་གྲུབ་མེད་པ་དང་། འདུལ་བ་ལས། ཚིག་འབྲུགས་ན་ལས་མི་འཆགས་པ་དང་། བསླབ་པ་དང་འགལ་བའི་ཉེས་པ་ཡོག་པར་སྤྱད་ན་ལྟུང་བ་འབྱུང་བ་དང་། རྒྱུད་སྡེ་སོ་སོའི་ལྷ་བསྒོམ་འཁྲུལ་ན་བྱིན་མི་རློབ་པ་དང་། རྡོ་རྗེ་སྙིང་པོ་རྒྱན་གྱི་རྒྱུད་ལས། དག་པའི་ཆོས་ལ་སོམ་ཉི་བྱེད། །ཅེས་ཐེ་ཚོམ་ཟ་ན་ཉེས་པ་སྐྱེ་བ་དང་། གསང་བ་སྤྱི་རྒྱུད་ལས། ཁྱད་པར་ཅན་གྱི་ལས་རྣམས་ལ། །ལྷ་དུས་བྱ་བ་དུས་བཞིན་སྤྱད། །གཞན་དུ་ཆོ་ག་ཉམས་པའི་ཕྱིར། །ཞེས་སོགས། ཆོ་ག་ཅི་བྱེད་ཀྱང་ཤིན་ཏུ་དག་པར་བྱ་དགོས་པར་གསུངས་པ་འདི་འདྲའི་ལུང་ཀུན་ནི་སྤྱོད་པ་དང་བསྒོམ་པ་གཉིས་ཀྱི་ལུང་ཡིན་གྱིས། ལྟ་བའི་སྐབས་མ་ཡིན་ཏེ། དོན་དམ་ལྟ་བའི་ཚེ་ན་དབང་དང་ཆོ་ག་ལ་སོགས་པའི་རྣམ་གཞག་མེད་པའི་ཕྱིར། ལྟ་བསྒོམ་སྤྱོད་གསུམ་པོ་དེ་རེ་མ་ཟད་གཞན་ཡང་ལུང་སྦྱོར་བྱེད་པ་ལ། འཇིག་རྟེན་པ་དང་། འཇིག་རྟེན་ལས་འདས་པའི་གནས་སྐབས་གཉིས་ཡོད་དེ། རྒྱུད་ལས་དབང་དང་དམ་ཚིག་སྡོམ་པ་སོགས་མདོར་ན་སྡོམ་གསུམ་གྱི་ཉམས་ལེན་འབད་ནས་བསྲུང་བ་པར་གསུངས་པ་དང་། དགེ་སྡིག་ལ་བླང་དོར་ཚུལ་བཞིན་དུ་བྱེད་པར་གསུངས་པ་ནི། འཁོར་བའི་རྒྱ་མཚོ་ལས་མ་བརྒལ་བའི་འཇིག་རྟེན་པ་སོ་སྐྱེ་ལ་གསུངས་པ་ཡིན་ཏེ། ཆོས་ཉིད་དོན་དམ་པའི་བདེན་པ་མངོན་སུམ་དུ་མཐོང་བ་རྣམས་ལ་འབད་ནས་བསྲུབ་མི་དགོས་པའི་ཕྱིར། ཡང་བརྟག་གཉིས་ལས། བསླབ་དང་དབང་ལས་རྣམ་པར་གྲོལ། །ཞེས་དབང་དང་དམ་ཚིག་སོགས་མི་དགོས་པ་དང་། དེ་བཞིན་དུ་སྒྲིབ་པ་སྦྱོང་བའི་བྱ་བ་ཕྱག་དང་མཆོད་པ་ཀུན་ལས་གྲོལ་བ་དང་། བསམ་གཏན་ཏིང་འཛིན་བསྒོམ་པ་ཀུན་སྤངས་ཏེ་ཉམས་ལེན་གྱི་ལམ་ཀུན་ཆུ་བརྒལ་ཟིན་པའི་གཟིངས་བཞིན་དོར་བྱར་གསུངས་པ་ནི་འཁོར་བའི་རྒྱ་མཚོ་ལས་བརྒལ་བའི་འཕགས་པའི་གང་ཟག་རྣམས་ལ་གསུངས་པ་ཡིན་ཏེ། སོ་སོ་སྐྱེ་བོ་རྣམས་ལ་ནི་དམ་ཚིག་དང་སྡོམ་པ་མི་ཉམས་པར་བསྲུང་ཚུལ་དང་། ཉམས་པ་ཕྱིར་བཅོས་ཚུལ་དང་། ལས་སྒྲིབ་སྦྱོང་བའི་ཐབས་ཕྱག་མཆོད་ལ་སོགས་པ་མང་དུ་དགོས་པའི་ཕྱིར་རོ། །

གསུམ་པ་ནི། མཁས་དང་བླུན་པོའི་ལུང་སྦྱོར་ཁྱད་པར་བསྟན་པ་ལ་གཉིས་ཏེ། མཁས་བླུན་ལུང་སྦྱོར་འཁྲུལ་དང་མ་འཁྲུལ་བསྟན། དེ་ཡི་འཐད་པ་འཇིག་རྟེན་དཔེ་དང་སྦྱར་བའོ། །དང་པོ་ནི། ལྟ་བསྒོམ་སྤྱོད་སོགས་དེ་འདྲའི་གནས་སྐབས་ཤེས་པའི་མཁས་པས་ལྟ་བ་སོགས་དེ་དང་འཚམས་པའི་ལུང་སྦྱོར་བྱ་སྟེ། དེ་ལ་འཁྲུལ་པ་མི་འབྱུང་ངོ་། །ལྟ་བསྒོམ་སོགས་སོ་སོའི་སྐབས་མི་འདྲ་བ་དེ་འདྲའི་རྣམ་གཞག་མི་ཤེས་པའི་བླུན་པོའི་ལུང་སྦྱོར་བྱེད་པ་ནི་མཁས་པའི་བཞད་གད་ཀྱི་གནས་ཡིན་ཏེ། འཁྲུལ་པ་འབའ་ཞིག་འབྱུང་ངོ་། །གཉིས་པ་ནི། དཔེར་ན་མིག་ལྡན་ཇི་ལྟར་ལམ་ནོར་ཡང་། ལམ་བདེ་མི་བདེའི་ཁྱད་པར་ཚུར་ཟད་མ་གཏོགས། གཡང་

སར་གོམ་པ་ཅུང་ཟད་འཇོག་མི་ཁྲིད་པ་དེ་བཞིན་དུ། མཁས་པ་ཇི་ལྟར་འཁྲུལ་ན་ཡང་ཚིག་དོན་ཕྲན་བུ་མ་གཏོགས་སངས་རྒྱས་བསྟན་ལས་འདའ་མི་ནུས་པས་མཁས་པའི་ལུང་སྒྲུབ་ལ་དོན་གྱིས་འཁྲུལ་པ་མེད་དོ། །མིག་མེད་གལ་ཏེ་ལམ་ནོར་ན་གཡང་སར་མཆོངས་ནས་ལྷུང་བར་འགྱུར་བ་དེ་བཞིན་དུ། བླུན་པོ་འཁྲུལ་པར་གྱུར་ན་བརྡ་ཆད་ཆེར་མ་ཆགས་པའི་སྐྱོན་གྱིས་འཁྲུལ་ཚབས་ཆེ་སྟེ། སངས་རྒྱས་ཀྱི་བསྟན་པ་ལས་འདས་ཏེ་ཕྱིན་ཅི་ལོག་ཆེན་པོར་ལྷུང་བ་ཡིན་ནོ། །དཔེ་གཞན་ཡང་ཆ་ཚད་ཤེས་པའི་བཟོ་ལ་ནི་རིང་ཐུང་བྱུང་ཡང་སོར་གང་སོར་ཕྱེད་ཙམ་ཡིན་ལ། ཆ་ཚད་མེད་པའི་བཟོ་འགའ་ཞིག་ཉེས་ན་ཀུན་གྱིས་བཞད་གད་ཀྱི་གནས་སུ་འགྱུར་བ་དེ་བཞིན་དུ། གཞུང་ལུགས་ཤེས་པའི་མིས་ལུང་སྒྲུབ་སོགས་འཁྲུལ་ཡང་ཚིག་དོན་ཅུང་ཟད་ཡིན་ལ། གཞུང་ལུགས་གང་ཡང་མི་ཤེས་པའི་བསྒོམ་ཆེན་བླུན་པོ་འཁྲུལ་ན་བསྟན་པ་འཇིག་ལ་ཐུག་སྟེ། དགེ་སྡིག་མེད་པ་ལྟར་གསུངས་པ་སོགས་ལྟ་བའི་ལུང་ཡིན་པ་མ་ཤེས་པར། སྤྱོད་པ་ལ་སྦྱར་བའམ་སྤྱི་ཙམ་ནས་བཤད་ན་དགེ་སྡིག་གི་བླང་དོར་འགོག་པར་འགྱུར་བ་དང་། སྤྱོད་པའི་ལུང་རྒྱུ་མཚན་དུ་བྱས་ནས་ལྟ་བ་བཀག་ན་ཐམས་ཅད་རྟག་མཐར་ལྷུང་བ་སོགས་ཉེས་དམིགས་ཆེན་པོར་འབྱུང་བ་ཡིན་ནོ། །མཁས་བླུན་གྱི་ཁྱད་པར་དེས་ན་སངས་རྒྱས་ཀྱི་བསྟན་པ་བཞིན་བསྒྲུབ་པར་འདོད་ན། མདོ་རྒྱུད་དང་སྦྲུངས་ནས་མདོ་རྒྱུད་ཀྱི་གཞུང་བཞིན་བྱ་སྟེ། མདོ་རྒྱུད་དང་མ་འབྲེལ་བའི་ཆོས་ནི་མཁས་པས་ཚད་མར་བྱར་མི་རུང་བས་སོ། །དཔེར་ན་མིག་མང་གི་རྡེའུ་དཀར་ནག་རིགས་མཐུན་གྱི་རྒྱ་དང་མ་འབྲེལ་ན་རྡེའུ་མང་ཡང་ཤི་རོ་ཡིན་པ་དེ་བཞིན་དུ། །མདོ་རྒྱུད་ཀྱི་ཁུངས་དང་མ་འབྲེལ་བའི་ཆོས་ལུགས་མང་ཡང་རོ་དང་འདྲ་སྟེ། སངས་རྒྱས་བསྒྲུབ་པ་ལ་ཕན་ཅི་ཐོགས་སོ། །

གསུམ་པ་གློ་བུར་ཆོས་ལ་བརྟག་དཔྱད་བསྟན་པ་ལ་བཞི་སྟེ། གློ་བུར་མན་ངག་སོགས་ལ་བརྟག་དཔྱད་བསྟན། གློ་བུར་མདོ་རྒྱུད་དག་ལ་བརྟག་དཔྱད་བསྟན། གློ་བུར་རིང་བསྲེལ་སོགས་ལ་བརྟག་དཔྱད་བསྟན། གློ་བུར་བཟང་ངན་ལྟས་ལ་བརྟག་དཔྱད་བསྟན་པའོ། །དང་པོ་ནི། བོད་འདི་ན་ཟབ་ཆོས་ཡི་གེར་བཀོད་པ་ཡིན་ཟེར་བའི་སྙན་བརྒྱུད་དང་། སློབ་མ་གཅིག་ལས་མང་བ་ལ་མི་སྟོན་པའི་ཚིག་བརྒྱུད་བཀའ་རྒྱ་མར་གྲགས་པའི་ཆོས་ལུགས་མང་ན་ཡང་བརྟག་དཔྱད་བྱ་དགོས་ཏེ། རྒྱུད་དང་མཐུན་ཞིང་བླ་མ་གོང་མ་རིམ་ཅན་ལས་བརྒྱུད་པ་ཡིན་ན་བླང་དུ་རུང་། དེ་ལྟར་མ་ཡིན་ན་ཟོག་བཅོས་མཁན་གྱི་བརྫུན་གྱི་སྡེབ་ཕྱོགས་ཡིན་པས་སོ། །དེ་བཞིན་དུ་གང་ཟག་འགའ་ཞིག་ལ་རྨི་ལམ་དུ་ལྷ་དང་མཁའ་འགྲོས་གནང་བ་ཡིན་ཟེར་བའི་ཆོས་ལུགས་དང་། སངས་རྒྱས་སྐུ་མདོག་དང་ཕྱག་མཚན་འདི་འདྲ་བྱས་པ་ཞལ་མཐོང་ཟེར་བའི་ཡི་དམ་གྱི་ལྷ་ལ་སོགས་པ་འདི་དག་ལ་ཡང་བརྟག་དཔྱད་བྱ་སྟེ། མདོ་རྒྱུད་རྣམ་དག་དང་མཐུན་མི་མཐུན་བལྟས་ལ་མཐུན་པར་འདུག་ན་ཉམས

སུ་བླངས་ཀྱང་སྐྱོན་དུ་འགྱུར་བ་མེད་ཀྱང་། མདོ་སྡེ་དང་། རྒྱུད་སྡེ་ཀུན་དང་མི་མཐུན་ན་བདུད་ཀྱི་བྱིན་རླབས་ཡིན་པའི་ཕྱིར། གལ་ཏེ་དེ་དག་བླ་མས་གནང་བ་ཡིན་པས་ཉམས་སུ་བླངས་དགོས་སོ་སྙམ་ན། བླ་མ་མཚན་ཉིད་དང་ལྡན་མི་ལྡན་བརྟག་དགོས་ཏེ། བླ་མ་དེ་བཤད་བསྒྲུབ་ཐམས་ཅད་མདོ་རྒྱུད་དང་མཐུན་པར་མཛད་ན་དེ་ནི་བླ་མ་ཡིན་པར་གཟུང་ཞིང་། ཅི་གསུངས་ཀུན་ཉམས་སུ་བླངས་པས་ཆོག་ལ། སངས་རྒྱས་ཀྱི་བསྟན་པ་མདོ་རྒྱུད་བཞིན་མི་གསུངས་ན་བླ་མ་ཡིན་ཡང་བཏང་སྙོམས་སུ་བཞག་པ་ལེགས་པས་སོ། །སྙན་བརྒྱུད་སོགས་མདོ་རྒྱུད་དང་མི་མཐུན་ན་དོར་བྱ་ཡིན་པ་དེས་ན། སྨི་ལམ་དུ་ཐོས་ཟེར་བའི་ཆོས་ལུགས་དང་། ཞལ་གཟིགས་པའི་ཡི་དམ་རང་ལ་ལུང་བསྟན་མཛད་པའི་སངས་རྒྱས་དང་། རང་གི་རྩ་བའི་བླ་མའི་གསུང་སྒྲོས་ལ་སོགས་པ་བཟང་ངན་གང་ཡིན་ཡང་། སངས་རྒྱས་ཀྱི་གསུང་དང་མཐུན་མི་མཐུན་མ་དཔྱད་པར་གཏམ་ཆོལ་དུ་ཚད་མ་ཡིན་ཞེས་གཟུང་བར་མི་བྱ་སྟེ། སྨི་ལམ་གྱི་ཆོས་དང་ཞལ་གཟིགས་ཀྱི་ལྷ་ལ་སོགས་པ་འདི་འདྲ་བདུད་ཀྱི་བྱིན་རླབས་ལས་བྱུང་བ་དག་ཀྱང་སྲིད་པར་རྒྱལ་བས་གསུངས་པའི་ཕྱིར་ཏེ། ཤེར་ཕྱིན་སྟོང་ཕྲག་ཉི་ཤུ་པ་ལས། བདུད་སྡིག་ཏོ་ཅན་ལུས་གསེར་གྱི་ཁ་དོག་དང་། འོད་འདམ་གང་བར་བྱས་ཏེ་བྱང་ཆུབ་སེམས་དཔའ་ཆེན་པོ་དེའི་དྲུང་དུ་འོངས་ནས། དེ་མཐོང་བ་ན་དེ་ལ་འདོད་པ་སྐྱེས་ཏེ། རྣམ་པ་ཐམས་ཅད་མཁྱེན་པ་ཉིད་ལས་ཡོངས་སུ་ཉམས་པར་གྱུར་ཏོ། །ཞེས་དང་། མདོ་སྡུད་པ་ལས། མིང་གི་གཞི་ལས་བདུད་ནི་ཉེ་བར་ལོངས་གྱུར་ནས། །འདི་སྐད་སྨྲས་ཏེ་འདི་ནི་ཁྱོད་དང་ཕ་མ་དང་། །ཁྱོད་ཀྱི་བདུན་མེས་བརྒྱུད་ཀྱི་བར་གྱི་མིང་ཡིན་ཞིང་། །ཞེས་སོགས་བདུད་ཀྱི་ལུང་བསྟན་ལས། བྱང་ཆུབ་སེམས་དཔའ་ལ་རློམ་སེམས་སྐྱེས་ཏེ། བདག་བསྟོད་གཞན་ལ་སྨོད་པའི་བདུད་ཀྱི་ལས་བྱ་བར་གསུངས་པའི་ཕྱིར་རོ། །

གཉིས་པ་ནི། སྨི་ལམ་གྱི་ཆོས་སོགས་ལ་བརྟག་དཔྱད་མ་བྱས་པར་ཚད་མར་གཟུང་དུ་མི་རུང་བ་དེས་ན། སངས་རྒྱས་ཀྱི་བསྟན་པ་མཆོག་ངེས་དོན་གྱི་མདོ་རྒྱུད་ཚད་མར་གཟུང་བར་བྱ་ལ། ཡང་ན་དངོས་པོ་སྟོབས་ཤུགས་ཀྱི་རིགས་པས་གྲུབ་པའི་བླ་མའི་མན་ངག་ཚད་མར་གཟུང་བར་བྱ་སྟེ། ཉམས་ལེན་གྱི་གནད་ཕྱིན་ཅི་མ་ལོག་པ་ནི་དེ་དག་ལས་ཤེས་པར་འགྱུར་བའི་ཕྱིར། སྐྱེས་བུ་བཙུན་མས་སྦྱར་བའི་མདོ་རྒྱུད་རྣམས་ནི་ཚད་མར་གཟུང་བར་མི་བྱ་སྟེ། ཀོའུ་ཤི་ཀའི་མདོ་དང་། དེ་བཞིན་དུ་འཕགས་པ་ཤིག་ཅན་ཞེས་བྱ་བ་དང་། བློ་གྲོས་བཟང་མོ་ཆུང་ངུའི་མདོ། སྟོང་པོ་རྒྱན་གྱི་མདོ་དང་། ལྷོན་ཤིང་བཟང་པོའི་མདོ་དང་། སྣང་བརྒྱད་ཀྱི་མདོ་ལ་སོགས་པ་བོད་ཀྱིས་སྦྱར་བའི་མདོ་སྡེ་ཡིན་པའི་ཕྱིར་དང་། གཞན་ཡང་གསང་སྔགས་གསར་མ་ལ། དབང་བསྐུར་རྒྱལ་པོ་དང་ལམ་ལྔ་བསྒྲོལ་བའི་རྒྱུད་དང་། དུས་འབྱུང་ཞེས་བྱ་བའི་རྒྱུད་དང་། ཕྱག་ན་རྡོ་རྗེ་མཁའ

འགྲོ་དང་། ར་ལི་ཉི་ཤུ་རྩ་བཞི་དང་། གཉིས་མེད་རྣམ་རྒྱལ་ལ་སོགས་པ་དང་། རྙིང་མ་ལ་ཡང་ཀུན་བྱེད་རྒྱལ་པོ་དང་། མདོ་དགོངས་བསྡུས་དང་། ཞི་ཁྲོ་སྒྱུ་འཕྲུལ་དང་། ལྷ་མོ་སྐྱེ་རྒྱུད་དང་། བམ་རིལ་ཐོད་མཁར་ལ་སོགས་པ་བོད་ཀྱིས་སྦྱར་བའི་རྒྱུད་སྡེ་མང་དུ་ཡོད་པའི་ཕྱིར། དེ་འདྲའི་རིགས་ཅན་རང་བཟོའི་མདོ་རྒྱུད་རྣམས་ལ་མཁས་པས་ཡིད་བརྟན་མི་བྱ་སྟེ། དེ་དག་ལ་ཚད་མར་བཟུང་ནས་ཐོས་བསམ་བྱེད་པ་ནི་བློ་གྲོས་གྲོན་དུ་འགྱུར་བའི་ཕྱིར། དོན་འདི་དང་མཐུན་པར་འཕྲིན་ཞུར། སངས་རྒྱས་གསུང་རབ་ངོ་མཚར་ཅན། །དེ་དག་གཞི་མདོའི་རྩ་བཞིན་དོར། །བླུན་པོ་རྣམས་ཀྱི་བརྫུན་ཚིག་ལ། །ཐུབ་པའི་བཀའ་བས་གུས་པར་འཛིན། །ཅེས་གསུངས་སོ། །གཙུག་ཧོར་ནག་མོ་དང་། བྱ་ཁྱུང་བསམ་ཡས་མ་ལ་སོགས་པ་བོད་ཀྱི་ལྷ་འདྲེས་སྦྱར་བ་ཡིན་པས་འཕྲུལ་ལ་ནད་གདོན་ཞི་བའི་བྱིན་རླབས་ཅུང་ཟད་འབྱུང་མོད། འོན་ཀྱང་མཁས་པས་ཡིད་བརྟན་བྱར་མི་རུང་ལ། དེ་བཞིན་དུ་ལྷ་མོ་གནས་མཁར་བྱེད་དང་མཁའ་ལྡིང་གི་རྟོག་པ་ལ་སོགས་པ་ལ་བརྗོད་དོན་ཅུང་ཟད་བདེན་པ་ཡོད་པ་སྲིད་མོད་ཀྱི། འོན་ཀྱང་མུ་སྟེགས་བྱེད་ཀྱིས་བྱས་པའི་རྒྱུད་ཡིན་པས་དེ་ལ་ལུང་ཚད་མར་བྱར་མི་རུང་སྟེ། དེའི་འཐད་པ་མགོན་པོ་བྱམས་པས་རྒྱུད་བླ་མ་ལས། མ་རིག་པའི་ལིང་ཏོག་གིས་ཞེས་རབ་ཀྱི་མིག་ལྡོང་བའི་མུ་སྟེགས་པ་རྣམས་ལ་ཡང་། ཤིང་རྨ་རྩིག་པ་ལ་སྲིན་བུའི་བརྐོས་པའི་ཡི་གེའི་འབྲུ་དང་འདྲ་བ་བཞིན་གྱི་བདེན་བདེན་འདྲ་བ་ཅུང་ཟད་ཡོད་མོད་ཀྱི། འོན་ཀྱང་ཡིད་བརྟན་མི་བྱ་བར་གསུངས་པའི་ཕྱིར། རྒྱ་གར་ན་ཡང་མུ་སྟེགས་པའི་རྒྱུད་དང་། སངས་རྒྱས་ཀྱི་རྒྱུད་གཉིས་ཤན་འབྱེད་པ་ཤིན་ཏུ་དཀའ་སྟེ། མུ་སྟེགས་ཀྱི་མ་རྒྱུད་རྣམས་ལས་རླུང་འཁྲུལ་འཁོར་སོགས་སྟོན་ཚུལ་ནང་པ་དང་འདྲ་འདྲ་མང་པོ་ཡོད་ཅིང་། ཇོ་བོ་རྗེའི་གསུང་ལས་ཀྱང་། རྒྱ་གར་ན་མུ་སྟེགས་ཀྱི་མ་རྒྱུད་དང་། ནང་པའི་མ་རྒྱུད་གཉིས་ཤན་ཕྱེད་པ་ང་དང་། ངའི་བླ་མ་ཤཱནྟི་པ་གཉིས་ལས་མེད། ཤཱནྟི་པ་ནི་གཤེགས། ང་བོད་དུ་སླེབས་པས་ད་རྒྱ་གར་ཡང་ངན་པར་ཐལ་གསུང་ངོ་། །

གསུམ་པ་ནི། རིང་བསྲེལ་དང་ཐུགས་ལྟུགས་བྱོན་པ་དང་། ལྷའི་གཟུགས་དང་ཡིག་འབྲུ་ལ་སོགས་པ་རྡུས་པ་ལས་བྱུང་བའི་རྒྱུ་མཚན་ཅུང་ཟད་དཔྱད་པར་བྱ་སྟེ། བཟང་ངན་བཏང་སྙོམས་གསུམ་དུ་ཡོད་པའི་ཕྱིར། དེ་ཡང་འཕགས་པ་གསུམ་གྱི་རིང་བསྲེལ་ནི། བདེན་པ་མཐོང་བ་སོགས་ཀྱི་ཡོན་ཏན་གྱི་སྟོབས་ཀྱིས་འབྱུང་བ་ལུས་ཅན་རྣམས་ཀྱི་བསོད་ནམས་གསོག་པའི་རྟེན་དུ་གྱུར་པ་ཡིན་པས། རྒྱ་མཚོ་སོགས་ཀྱི་འབྱུང་ཁུངས་ལས་བྱུང་བའི་ནོར་བུ་རིན་པོ་ཆེ་དང་འདྲ་སྟེ། གསོལ་བ་བཏབ་ན་དགོས་འདོད་འབྱུང་ཞིང་གྲངས་ཡང་བརྒྱར་མེད་པ་འཕྲོན་པ་ཡིན་ནོ། །རིང་བསྲེལ་ལ་ལ་ནི་ལས་འབྲས་ལ་ཡིད་མི་ཆེས་པར་བྱ་བའི་ཕྱིར་སྡིག་པོ་ཆེའི་རྡུས་

པ་ལ་ཡང་འབྱུང་བར་གདོན་གྱིས་བྱེད། ལ་ལ་ནི་འབྱུང་བཞིའི་ན་ཚ་རུས་པའི་ནང་དུ་འཁྲིམས་པའི་སྟོབས་ལས་འབྱུང་། ཁ་ཅིག་ནི་བསྟན་ལ་དགའ་བའི་ལྷས་གང་ཟག་དེ་ལ་འགྲོ་བ་གཞན་དད་པར་བྱ་བའི་ཕྱིར་སྤྲུལ་པའང་སྲིད་དོ། །དེང་སང་རིང་བསྲེལ་ཕལ་ཆེ་བ་ནི་ཐོག་དང་བརྫུན་མས་བྱས་པའི་རིང་བསྲེལ་ཡིན་ཏེ། མིག་འཕྲུལ་སོགས་ཀྱི་མན་ངག་ལས་འབྱུང་བ་ཡིན་ནོ། །རྒྱུ་མཚན་དེས་ན་རིང་བསྲེལ་བཟང་ངན་གྱི་རྣམ་དབྱེ་མཁས་པས་དཔྱད་དོ། །དེ་བཞིན་དུ། གང་ཟག་འགའ་ཞིག་གི་ཕུང་པོ་བསྲེགས་པ་ལ་ཐུགས་ལྟགས་མ་ཆོག་པར་བྱོན་པ་དང་། ལྷའི་སྐུ་གཟུགས་དང་། ཡིག་འབྲུ་ལ་སོགས་པ་འབྱུང་བ། མདོ་རྒྱུད་ཀྱི་ཆོས་ནས་དེ་འདྲ་འབྱུང་བ་དངོས་སུ་གསུངས་པ་མེད་ལ། འོན་ཀྱང་དེང་སང་དེ་འདྲ་འབྱུང་བ་ཕལ་ཆེར་བརྫུན་མས་བྱས་པ་ཡིན་ལ། གལ་ཏེ་བརྫུན་གྱིས་བཅོས་པ་མ་ཡིན་པར་བདེན་པ་ཡིན་ནའང་། བཟང་ངན་གཉིས་ཀ་ལུང་བསྟན་དཀའ་སྟེ། བསྐྱབ་བྱེད་དང་གནོད་བྱེད་ཀྱི་ལུང་རིགས་གཉིས་ཀ་མེད་པའི་ཕྱིར་རོ། །

བཞི་པ་ནི། ཉི་མ་དུ་མ་ནམ་མཁར་ཉིན་གཅིག་ལ་ཤར་བ་དང་། ནམ་མཁའ་ལ་བྲུག་ལྷ་བུའི་མཐོང་སྣོད་པ་དང་། མཚན་མོ་མུན་ནག་ལ་འཇའ་ཚོན་བྱུང་བ་དང་། མིའམ་དུད་འགྲོའི་ལུས་ལ་འོད་ཟེར་འཕྲོ་བ་དང་། གློ་བུར་དུ་ལྷ་འདྲེ་འདུ་འཚོག་དང་འགྲོ་འོང་བྱེད་པ་མཐོང་བ་དང་། སྐྱེ་བོ་གསོན་པོའི་ལུས་ལ་བརྫུན་མེད་པར་མངོན་སུམ་དུ་རིང་བསྲེལ་འཛག་པ་ལ་སོགས་པ་བླུན་པོས་ངོ་མཚར་བའི་རྟགས་སུ་བྱེད་མོད་ཀྱི། འོན་ཀྱང་ངོ་མཚར་བ་མ་ཡིན་ཏེ། མཁས་པས་འདི་འདྲ་མཐོང་བར་གྱུར་ན་བར་ཆད་ངན་པའི་རྟགས་སུ་ཤེས་པའི་ཕྱིར་ཏེ། མདོ་སྡེ་སྟག་རྣ་ལས། དེ་དག་ངན་པའི་རྟགས་སུ་བཤད་པའི་ཕྱིར། གཞན་ཡང་ལྷའི་སྐུ་གཟུགས་མཆི་མ་འཛག་པ་དང་། དེ་བཞིན་དུ་བཞེངས་ནས་གོམ་པས་འགྲོ་བ་དང་། གར་སྟབས་བྱེད་པ་དང་། སྐད་འབྱིན་པ་དང་། ནམ་མཁའ་དམར་པོར་གྱུར་ནས་ཁྲག་གི་ཆར་པ་འབབ་པ་དང་། ས་འོག་ཏུ་བོང་བུའི་སྒྲ་སྒྲོག་པ་དང་། དུད་འགྲོ་མིའི་སྐད་སྨྲ་བ་དང་། དུད་འགྲོའི་མངལ་ནས་སྒྲོག་ཆགས་རིགས་མི་མཐུན་བཙས་པ་སོགས་ལ་བླུན་པོ་དག་ངོ་མཚར་བསྐྱེད་མོད་ཀྱི། མཁས་པས་འདི་འདྲ་མཐོང་བར་གྱུར་ན་ཡུལ་དེར་དགྲ་བོ་གཞན་དག་འཇུག་པའམ། ཡང་ན་ལྟས་ངན་གཞན་དག་འབྱུང་བའི་ལྟས་སུ་ཤེས་ཏེ། མིག་བཅུ་གཉིས་པ་ཞེས་བྱ་བའི་མིག་ལས། གཙུག་ལག་ཁང་གི་སྐུ་གཟུགས་འཕོས་སམ། སྤྱན་ནས་མཆི་མ་བྱུང་ན་ཡུལ་ཁམས་དེའི་མི་དཔའ་བོ་གཅེས་པ་བུ་མང་པོ་དང་བཅས་པ་ཡུལ་བུད་པར་འགྱུར་རོ། །ཞེས་དང་། ཐུབ་པ་ཆེན་པོ་དྲང་སྲོང་སྐར་དགས་བྱས་པའི་ལྟས་ཀྱི་རྣམ་པ་བསྟན་པ་ཞེས་བྱ་བའི་གཙུག་ལག་ལས། གལ་ཏེ་གང་དུ་འཇིག་རྟེན་པའི་ལྷའི་གཟུགས་གར་བྱེད་པ་རབ་ཏུ་གཡོ་བར་གྱུར་པ་དང་། ངུ་བར་གྱུར་པ་དང་། མིག་མཆི་མས་གང་བ་དང་།

རྩོལ་བར་གྱུར་པ་དང་། གསལ་བར་གྱུར་པ་དང་། དྲུམ་བུར་གྱུར་པ་དང་། ཐམས་ཅད་ཞིག་པར་གྱུར་པ་ལ་སོགས་པས་ནི། འཛིགས་པ་རྣམ་པ་དྲུ་མ་འབྱུང་བར་རིག་པར་བྱའོ། །དེ་ལ་ཡང་གར་གྱིས་ནི་དམག་མང་པོ་འབྱུང་ངོ་། །ཞེས་པ་དང་། གོམ་པ་འདོར་བས་ནི་ཡུལ་བོར་ཏེ་འགྲོ་བར་འགྱུར་རོ་ཞེས་བཤད་པའི་ཕྱིར། བཤད་མ་ཐག་པའི་ལྟས་འདི་འདྲའི་རིགས་ཅན་ས་གཡོ་བ་དང་། སྒྲ་གྲག་པ་ལ་སོགས་པ་མཐོང་ན་ཡང་། ལྟས་བཟང་ངན་བརྟག་ཤེས་པའི་མཁས་པ་རྣམས་ལ་ལེགས་པར་དྲི་བར་བྱ་སྟེ། དེས་བཟང་ངན་ལུང་སྟོན་ཤེས་པས་སོ། །དེ་ལྟར་རིགས་བདུན་ཇི་སྲིད་འཚོའི་བར་དུ་ལེན་པ་བཀག་པ་ནས། བཟང་ངན་གྱི་ལྟས་བཤད་པ་འདིའི་བར་དེ་དག་ནི་དོན་ལ་འཁྲུལ་པ་དགག་པ་ཡིན་ཏེ། དོན་ལ་འཁྲུལ་པ་དང་མ་འཁྲུལ་བའི་རྣམ་པར་དབྱེ་བ་མདོ་ཙམ་བཤད་པ་ཡིན་པས་སོ། །

གཉིས་པ་ཚིག་ལ་འཁྲུལ་པ་དགག་པ་ལ་གཉིས་ཏེ། ངོར་བྱ་ནོར་བའི་བཤད་པ་དགག །གླང་བྱ་མ་ནོར་བཤད་པ་བསྒྲུབ་པའོ། །དང་པོ་ལ་གཉིས་ཏེ། བོད་སྐད་ནོར་བའི་བཤད་པ་དགག །རྒྱ་སྐད་ནོར་བའི་བཤད་པ་དགག་པའོ། །དང་པོ་ནི། དོན་ལ་འཁྲུལ་པ་བཀག་ཟིན་པ་དེ་ནས་ཚིག་ལ་འཁྲུལ་པ་དང་མ་འཁྲུལ་པའི་རྣམ་དབྱེ་ཅུང་ཟད་བཤད་ཀྱིས་ཉོན་ཞེས་གདམས་སོ། །ཇི་ལྟར་ན། བོད་དག་བཅོམ་ལྡན་འདས་ཀྱི་བཤད་པ་ལ་བདུད་བཞི་བཅོམ་ཞིང་ཡོན་ཏན་དྲུག་དང་ལྡན་པ་ལ་བཅོམ་ལྡན། འཁོར་བའི་ཆོས་ལས་འདས་པས་ན་འདས་ཞེས་འཆད་པ་ནི་ནོར་ཏེ། ཞྭ་ག་ཝ་ན་ཞེས་པའི་ཞྭ་ག་ནི་བཅོམ་པ་དང་། སྐལ་བ་གཉིས་ཀ་ལ་འཇུག་ཅིང་། ཝཱན་ཞེས་པ་ལྡན་པའི་དོན་ཡིན་པས། ལྡན་པ་དེ་ སྔ་མ་གཉིས་ལ་སོ་སོར་སྦྱར་བར་བྱ་བ་ཡིན་པའི་ཕྱིར་དང་། འདས་པ་ལ་སྐད་དོད་མེད་པའི་ཕྱིར། གླིགས་བམ་གྱི་བཤད་པ་ལ། གླེགས་ཤིང་གི་བར་དུ་གླེགས་ཐག་གིས་བམ་པོ་བསྡམས་པས་ན་གླེགས་བམ་ཞེས་བཤད་པ་ནོར་ཏེ། གླེགས་ཤིང་དང་གླེགས་ཐག་ཀྱང་གླེགས་བམ་ཉིད་ལ་བལྟོས་པའི་ཐ་སྙད་ཡིན་པའི་ཕྱིར། གཞན་ཡང་ཕྱག་རྒྱ་ཆེན་པོའི་བཤད་པ་ལ་ལག་པ་བསྣོལ་ཞིང་བསྡམས་པས་ན་ཕྱག་རྒྱ་ཞེས་ཕྱག་དང་རྒྱ་སོ་སོར་ཕྲལ་ནས་ངེས་འཛིན་པ་དང་། ཡེ་ཤེས་ཀྱི་བཤད་པ་ལ་ཡེ་གདོད་མ་ནས་གྲུབ་པའི་ཤེས་པ་ཡིན་པས་ཡེ་ཤེས་འཆད་པ་དང་། སེམས་ཉིད་ཀྱི་དོན་རྣལ་མ་ལ་རིག་པ་ཡེ་ཤེས་འབྱོར་བས་ན་རྣལ་འབྱོར་པ་ཞེས་འཆད་པ་དང་། དམག་དཔུང་ཆེན་པོའི་དཔུང་རྒྱན་ཡིན་པས་རྒྱལ་མཚན་རྩེ་མོའི་དཔུང་རྒྱན་ཞེས་འཆད་པ་དང་། ཆོས་ཉིད་འོད་གསལ་རྣམ་རྟོག་གི་གོས་ཀྱིས་གཏུམས་པས་ན་གཏུམ་མོ་ཞེས་སྒྲ་བཤད་པ་བྱེད་དང་། སེམས་ཅན་བསླུ་བས་ན་བསླུ་ཞེས་འཆད་པ་དང་། ཕྱི་མ་ཕུར་མ་རི་རབ་མཉམ་པ་ལ་དྲི་རབ་མཉམ་པར་འཆད་པ་རྣམས་ནི། བོད་བླུན་པོ་དག་གིས་སྒྲ་དོན་འཁྲུལ་པ་ཡིན་ནོ། །

གཉིས་པ་ནི། ཤཱཀྱའི་བུ་མོ་ས་འཚོ་མ་ལ་གོ་པཱ་ཞེས་པའི། གོ་ནི་དོན་དགུ་ལ་འཇུག་པ་ལས། འདིར་ས་ལ་འཇུག །པཱའི་སྒྲ་འཚོ་བ་དང་སྐྱོང་བ་དང་། བསྲུང་བ་སོགས་ལ་འཇུག་པ་དེས་ན། བོད་སྐད་དུ་ས་འཚོ་ཡིན་པ་ལ། དེ་མ་ཤེས་པར་གོ་པཱའི་སྒྲ་བཤད་རྫོགས་པའི་དོན་དུ་འཆད་པ་འཁྲུལ་ལོ། །ཡང་རྒྱ་སྐད་དུ་རཏྣ་ཀེ་ཏུ་ཞེས་པའི་རཏྣ་ནི་རིན་པོ་ཆེ་དང་། དཀོན་མཆོག་ལ་འཇུག་ཅིང་། ཀེ་ཏུའི་སྒྲ་དཔལ་དང་ཏོག་དང་རྒྱལ་མཚན་ལའང་འཇུག་ཅིང་། དུ་བ་མཇུག་རིང་གི་མིང་ལའང་ཟེར་བས་སྐད་རྙིང་རྣམས་ལ་དཔལ་དུ་བཤད་པ་ཡང་ཡོད། གསར་བཅད་མན་ཆད་དུ་རིན་ཆེན་ཏོག་ཏུ་བསྒྱུར་རོ། །དེས་ན་ཤེར་ཕྱིན་རྒྱས་པ་འབུམ་ལས། རིན་ཆེན་དཔལ་དང་། སྐད་གསར་བཅད་ཀྱིས་ཞུས་པའི་བརྒྱད་སྟོང་པ་ལས། རིན་ཆེན་ཏོག་ཅེས་བྱ་བར་བསྒྱུར་བ་མི་ཤེས་པར་བྱང་ཆུབ་སེམས་དཔའ་རིན་ཆེན་དཔལ་དུ་བཤད་པ་ནོར་བ་ཡིན་ནོ། །འཕགས་པ་སྤྱན་རས་གཟིགས་ཀྱི་བཞུགས་གནས་པོ་ཏ་ལ་ཞེས་བྱ་བའི་སྒྲ་བོད་སྐད་དུ་གྲུ་འཛིན་ཡིན་ལ། སྔོན་གྱི་ལོ་ཙཱ་བ་འགས་རི་བཏང་བཟུང་ཞེས་བྱ་བར་བསྒྱུར་བ་ཡང་ཡོད་མོད། གང་ལྟར་ཡང་རི་བོ་གྲུ་འཛིན་ཞེས་བྱ་བར་བསྒྱུར་ན་བོད་ལ་འཕྱད་ཅིང་འཁྲུལ་པ་མེད་མོད་ཀྱི། ལོ་ཙཱ་བ་ལ་ལས་རྒྱ་སྐད་སོར་བཞག་ནས་པོ་ཏ་ལའི་རི་ཞེས་བྱ་བར་བསྒྱུར། དེ་ལ་སྒྲ་བསྒྱུར་ལ་ལས་རིའི་སྒྲ་པོ་ཏ་ལའི་གོང་དུ་ཕྱུང་ནས། རི་པོ་ཏ་ལ་ཞེས་པར་བསྒྱུར་བ་ལ་དེ་དོན་གང་ཡིན་མ་རྟོགས་པའི་རྙིང་མ་བ་སོགས་ཀྱི་རི་བོ་ཏ་ལར་འཆད་པ་འཁྲུལ་ལོ། །འབོར་གསུམ་ཡོངས་དག་ཅེས་བྱ་བ་ལ་རྒྱ་སྐད་དུ༔ ཏྲི་མཎྜལ་པ་རི་ཤུདྡྷ་ཞེས་བྱ་བ་ཡོད་པའི་ཏྲི་ནི་གསུམ་ལ་འཇུག །མཎྜལ་ནི་བོད་སྐད་དུ་དཀྱིལ་འཁོར་དང་། པ་རི་ཤུདྡྷ་ནི་ཡོངས་སུ་དག་པ་ཡིན་པས། སྒྲ་དྲང་པོར་བསྒྱུར་ན་དཀྱིལ་འཁོར་གསུམ་ཡོངས་སུ་དག་པ་ཞེས་བྱ་བར་འགྱུར་ལ། དེ་ལ་ལོ་ཙཱ་བ་མཁས་པ་རྣམས་ཀྱིས་སྒྲའི་ཟུར་བསྡུས་ནས་འཁོར་གསུམ་ཡོངས་དག་ཅེས་བྱ་བར་བསྒྱུར་བ་ལ། རྨོངས་པ་རྣམས་ཀྱིས་དེའི་སྒྲ་དོན་མ་ཤེས་པར་འཁོར་གསུམ་གཡོག་ཏུ་འཆད་པ་འཁྲུལ་ལོ། །རྒྱ་སྐད་དུ་ལངྐ་པུ་རི་ཞེས་པའི་པུ་རིའི་སྒྲ་ནི། གྲོང་ཁྱེར་ལ་འཇུག་པས་བོད་སྐད་དུ། ལངྐའི་གྲོང་ཁྱེར་ཡིན། དེ་གང་ན་ཡོད་ན་ལྷོ་ཕྱོགས་རྒྱ་མཚོའི་གླིང་འགྲམ་ཕྱིའི་ལྕགས་རིའི་ཁོར་ཡུག་གི་ཁྲོད་ན་ཡོད་ལ། འོན་ཀྱང་རྒྱ་སྐད་མ་ཤེས་པར་ཕུ་རངས་སུ་འཆད་པར་འཁྲུལ་ལོ། །རྒྱ་སྐད་དུ་པི་མ་ལ་མི་ཏྲ་ཞེས་པའི། མ་ལ་ནི་དྲི་མ་དང་། པི་དགག་ཚིག་ཡིན་པས་སྔ་ཕྱི་སྦྱར་བས་དྲི་མེད་དང་། མི་ཏྲ་བཤེས་གཉེན་ཡིན་པས། བོད་སྐད་དུ་དྲི་མེད་བཤེས་གཉེན་ཞེས་འབྱུང་བ་ལ། དེའི་སྒྲ་དོན་མི་ཤེས་པར་ཆོས་བྱེ་མའི་ལ་ཙམ་བསྒྱུར་བས་བྱེ་མའི་ལ་དང་། མི་ཏྲ་ཕྲུག་རྒྱུ་ཡིན་པས་བྱེ་མ་ལའི་ཕྲུག་རྒྱུར་འཆད་པ་འཁྲུལ་ལོ། །རྒྱ་སྐད་དུ་ནཱ་རོ་ཏ་པ་ཞེས་པའི་སྒྲ་བྲམ་ཟེའི་རིགས་མང་པོའི་ནང་ནས་རིགས་ཀྱི་བྱེ་བྲག་ཁྱད་པར་བ་ཡིན་པ་ལ་དེའི་རྒྱུ་མཚན་དང་། རྒྱ

སྐད་སོར་བཞག་པ་མ་ཤེས་པར། བླ་མ་ཧེ་ལོ་པའི་དྲུང་དུ་དཀའ་བ་སྤྱད་པས་ཨ་ན་ན་ཞེས་འོ་བརྒྱལ་གྱི་ཚིག་མང་དུ་བརྗོད་ཅིང་། རོ་དང་འདྲ་བར་སོང་བས་ན་རོ་ཞེས་འཆད་པ་དང་། ཧེ་ལོ་ཞེས་པ་ཧེལ་ཧྲུང་བ་པོའི་རིགས་ལ་ཟེར་བ་ལ། དེ་མ་གོ་བར་ཧེ་ལོར་འཆད་པ་དང་། རྒྱ་སྐད་དུ་ལུ་ཧི་ཞེས་བྱ་བ་ལ་བོད་སྐད་དུ་ཉའི་རྒྱུ་ལྟོ་ལ་འཇུག་ཅིང་། རྒྱུ་ལྟོ་དེ་གསོལ་ཟས་སུ་མཛད་ཅིང་། ལམ་བསྒོམས་པས་གྲུབ་པ་བརྙེས་པའི་མཚན་ལ་ཡང་། བོད་སྐད་ལྟར་ན་ཉའི་རྒྱུ་ལྟོ་བ་ཞེས་གྲགས་པ་ལ། དེའི་སྒྲ་དོན་མ་ཤེས་པར་ལཱུ་ཡི་པར་འཆད་པ་དང་། རྒྱ་སྐད་དུ་ཨིནྡྲ་བྷུ་ཏི་ཞེས་པའི་ཨིནྡྲ་ནི་དབང་པོ་དང་། བྷུ་ཏི་ནི་དོན་མང་པོ་ལ་འཇུག་པ་ལས་འདིར་འབྱུང་པོ་ལ་འཇུག་པས། བོད་སྐད་དུ། འབྱུང་པོའི་དབང་པོ་ཞེས་པ་ཨོ་རྒྱན་གྱི་རྒྱལ་པོའི་མཚན་ཡིན་པ་དེའི་སྒྲ་བསྒྱུར་མ་ཤེས་པར་བརྒྱ་བྱིན་བྱང་ཆུབ་ཏུ་འཆད་པ་དང་། རྒྱ་སྐད་དུ་ཨ་ཝ་དྷཱུ་ཏིའི་སྒྲ་གཟུང་འཛིན་གཉིས་སྤངས་པས། བོད་སྐད་དུ་གཉིས་སྤངས་ཞེས་པ་དང་། སྐྱེ་བོ་ཀུན་འདར་བར་བྱེད་པས་ཀུན་འདར་ཞེས་པ་གཉིས་ཀ་འདམ་ག་ཅན་ལ་འཇུག་པ་ཡིན་ཀྱང་། དེའི་དོན་མ་ཤེས་པར་འདོད་པ་ཀུན་འོང་བས་འདོད་སྟེར་ཞེས་པར་བསྒྱུར་ཅིང་བཤད་པ་དང་། རྒྱ་སྐད་དུ་དོ་ཧ་ཞེས་བྱ་བ། བོད་སྐད་དུ་ལྷུག་པའམ་མ་བཅོས་པ་ལ་འཇུག་པས། མ་བཅོས་པའི་དོན་ཐུགས་ལ་འཁྲུངས་པའི་གྲུབ་ཐོབ་ཀྱི་གླུ་ལ། དོ་ཧའི་གླུ་ཞེས་རྒྱ་སྐད་སོར་བཞག་མོད་ཀྱི། དེའི་རྒྱུ་མཚན་མི་ཤེས་པར། དོ་ནི་གཉིས་ཡིན་ཨ་དགོད་པ་ཡིན་པས་གཉིས་ལ་དགོད་པ་ཞེས་སུ་འཆད་པ་དང་། རྒྱ་སྐད་དུ་ཛ་བ་ཞེས་བྱ་བ་ཤིང་ལས་སྐྱེས་པའི་མེ་ཏོག་དམར་པོ་ཞིག་ལ་འཇུག་ཅིང་། དེ་ཡིན་པ་ལ་དེའི་བརྡ་དོན་དང་། ཛ་བ་རྒྱ་སྐད་སོར་བཞག་པ་མ་ཤེས་པར་བྱམས་ཤིང་མཐུན་པའི་མཛའ་བར་འཆད་པ་སོགས་ནི། བོད་ཀྱི་བླུན་པོ་རྣམས་ལ་གོ་བདེ་ཞིང་ལེགས་ལེགས་འདྲ་ཡང་། སྒྲ་དོན་ལ་སྦྱངས་པའི་མཁས་པས་མཐོང་ན་བཞད་གད་ཀྱི་གནས་ཡིན་ཏེ། རྒྱུ་མཚན་ཅིའི་ཕྱིར་ན། སཾསྐྲི་ཏའི་སྒྲ་དོན་ལ་དེ་དག་བཤད་དུ་མི་རུང་བ་ཉིད་ཀྱི་ཕྱིར་དང་། ལ་ལ་ནི་རྒྱ་སྐད་ཡིན་པ་མ་ཤེས་པར་བོད་སྐད་ཡིན་པར་འཆད་པའི་ཕྱིར་རོ། །

དེས་ན་འདི་དང་མཐུན་པར་འཕྲིན་ཞུ་ལས། ལེགས་པར་སྦྱར་ལ་བོད་སྐད་དུ། །མཁས་པས་བསྒྱུར་བ་ཐམས་ཅད་དང་། །སྒྲ་མི་ཤེས་པས་བསྒྱུར་བ་ལ། །ཚིག་དོན་ནོར་བ་ཅི་རིགས་མཐོང་། །དེ་འདྲ་བདག་གིས་བཅོས་ནས་བཤད། །སྐྲ་ཅིག་སོགས་ཀྱིས་བསྒྱུར་བ་ལའང་། །འགའ་ཞིག་དོན་འགྱུར་དག་ཏུ་བྱས། །འགའ་ཞིག་བརྡ་རྙིང་གོ་བར་དཀའ། །འགའ་ཞིག་སྔ་མ་བཙན་པར་བྱས། །ལ་ལ་གསར་བཅད་དག་གིས་བཅོས། །ལ་ལ་རྒྱ་སྐད་སོར་བཞག་སྣང་། །ལ་ལ་ཁམས་ཀྱི་བྲེ་བྲག་གི། །རྒྱ་སྐད་གཅིག་ལ་བཤད་ཚུལ་གྱིས། །བོད་ཀྱི་སྒྲ་བསྒྱུར་ཐ་དད་སྣང་། །འདི་འདྲའི་ཚིག་དོན་འདྲ་མི་འདྲ། །དེ་དག་ལེགས་པར་དཔྱིས་ཕྱིན་པ། །བླུན་པོ་

རྣམས་ཀྱིས་ལྷ་ཙི་སློབས། །མཁས་པ་ཡིས་ཀྱང་ཤེས་པར་དཀའ། །དེ་དག་བདག་གིས་ཐ་སྙད་ལ། །སྦྱངས་པའི་སྟོབས་ཀྱིས་ལེགས་པར་ཤེས། །ཞེས་གསུངས་སོ། །

རྒྱ་མཚན་དེས་ན་བཅོམ་ལྡན་འདས་ཀྱི་བཤད་པ་ལ་བཞི་བཅོམ་དྲུག་ལྡན་འཆད་པ་སོགས་དེ་འདྲའི་བཤད་པ་ཀུན་ཆོས་ཅན། མཁས་པ་རྣམས་ཀྱིས་དོར་བར་བྱ་སྟེ། བོད་ཀྱི་བླུན་པོ་རྣམས་ཀྱིས་རང་དགར་སྦྱར་བས་སོ། །ཛ་བ་མེ་ཏོག་དམར་པོ་ལ་འཇུག་པ་ནི་དེའི་སྐད་དོད་དུ་འཁྲུལ་བར་མི་བྱ་སྟེ། མེ་ཏོག་གི་སྐད་དོད་ལ་པུཥྤ་འགྱུར་བའི་ཕྱིར། དེས་ན་ཛ་བའི་མེ་ཏོག་ཞེས་པའི་ཛ་བ་རྒྱ་སྐད་སོར་བཞག་པ་ལ། དེ་མ་ཤེས་པར་བྱམས་པའི་མཛའ་བར་སྒྲ་བསྒྱུར་བ་ནི་ནོར་བ་ཡིན་ནོ་ཞེས་བསྟན་པ་ཡིན་ནོ། །གཉིས་པ་བླང་བྱ་མ་ནོར་བཤད་པ་བསྒྲུབ་པ་ནི། དེ་བཞིན་གཤེགས་པའི་སྐད་དོན་ཏ་ཐཱ་ག་ཏ་ཞེས་པ་དེ་ཁོ་ན་ཉིད་རྟོགས་པ་ལ་འཇུག་པས། དེའི་བཤད་པ་དེ་ཁོ་ན་ཉིད་རྟོགས་པ་ལ་འཆད་པ་དང་། དགྲ་བཅོམ་གྱི་སྐད་དོད་ཨརྷ་ཏེ་ཞེས་པ་ལྷ་མི་ཀུན་གྱིས་མཆོད་པར་འོས་པ་ལ་འཇུག་པས། དེའི་སྒྲ་དོན་མཆོད་འོས་སུ་འཆད་པ་དང་། རྒྱལ་པོའི་སྐད་དོད་རཱ་ཛ་ཞེས་པ་གཟི་བརྗིད་ཆེ་བ་དང་། མཛེས་པ་དང་གསལ་བ་ལ་འཇུག་པས། དེའི་སྒྲ་བཤད་གསལ་བ་ལ་འཆད་པ་དང་། བཟོད་པའི་སྐད་དོད་ཀྵཱནྟི་ཞེས་པ་རྐྱེན་ངན་པས་མི་ཕྱེད་པ་ལ་འཇུག་པས། དེའི་སྒྲ་བཤད་མི་འཕྱེད་པ་ལ་འཆད་པ་དང་། སྐནྡྷ་ཞེས་པ་ཁུར་ཁྱེར་བ་ཡིན་པས་ཕུང་པོའི་གྲ་དོན་ཕྲག་པར་འཆད་པ་དང་། ཧེ་ཏུ་ཞེས་པ་དབྱིངས་དང་རྒྱུ་དང་ཁམས་གསུམ་ཀ་ལ་འཇུག་པས། ཁམས་ལ་དབྱིངས་སུ་འཆད་པ་དང་། ཏྲ་ཀ་ཞེས་པ་བཅོམ་པ་དང་སྐྱོབ་པ་གཉིས་ཀ་ལ་འཇུག་པས། བཅོམ་པ་ལ་སྐྱོབ་པར་འཆད་པ་དང་། སུ་དུ་རྣ་རྡྷ་ཡ་ཞེས་པ་ཤིན་ཏུ་ངན་ཞིང་ཐུབ་པར་དཀའ་བ་ལ་འཇུག་པས་སྦྱངས་དཀའ་ལ་ཐུབ་དཀར་འཆད་པ་དང་། ཨ་ནུ་ཤ་ཡ་ཞེས་པ་མངོན་དུ་འགྱུར་བའི་གནས་ལ་འཇུག་པས་བག་ཆགས་ལ་གནས་སུ་འཆད་པ་དང་། ཤཱཀྱ་ནི་རྒྱ་སྐད་སོར་བཞག་པ་བོད་སྐད་དུ་བསྒྱུར་ན་ཕོད་པར་འཆད་པ་སོགས་ནི། བོད་ཀྱི་སྐད་ལ་ཅུང་ཟད་མི་བདེ་ཡང་མཁས་པས་བླང་བར་བྱ་སྟེ། ལེགས་པར་སྦྱར་བའི་སྒྲ་དག་ལ་ཤིན་ཏུ་འཐད་པའི་ཕྱིར་རོ། །

གསུམ་པ་བཤད་པ་ཡོངས་སུ་རྫོགས་པའི་བྱ་བ་ལ་ལྔ་སྟེ། བསྟན་བཅོས་བརྩམས་པའི་རྒྱུ་དང་དགོས་པ་བསྟན། འབྲས་བུ་བསྟན་བཅོས་བརྩམས་པ་གཟུང་བར་གདམས། གཟུང་བྱའི་བསྟན་བཅོས་ཉིད་ཀྱི་ཆེ་བ་བརྗོད། བརྩམས་པའི་དགེ་བ་གཞན་གྱི་དོན་དུ་བསྔོ། བཀའ་དྲིན་རྗེས་སུ་དྲན་པས་ཕྱག་བྱ་བསྟན་པའོ། །

དང་པོ་ལ་གསུམ་སྟེ། དམིགས་རྐྱེན་བསྟན་པའི་འཕེལ་འགྲིབ་བྱུང་ཚུལ་བཤད། ཀུན་སློང་ཟང་ཟིང་མེད་པའི་བྱམས་པ་བཤད། འགལ་རྐྱེན་ཕྱོགས་ལྷུང་མེད་པའི་ཤེས་རབ་བཤད་པའོ། །དང་པོ་ལ་བཞི་སྟེ། འཕགས

པའི་ཡུལ་དུ་འཕེལ་འགྲིབ་བྱུང་ཚུལ་བཤད། བོད་ཀྱི་ཡུལ་དུ་འཕེལ་འགྲིབ་བྱུང་ཚུལ་བཤད། དེས་ན་ཆོས་ལོག་སུན་དབྱུང་དགོས་པར་བསྟན། དེའི་འཐད་པར་ལུང་དང་དཔེ་སོགས་བསྟན་པའོ། །དང་པོ་ལ་གཉིས་ཏེ། ཉན་ཐོས་ཀྱི་བསྟན་པ་ལ་བཀའ་བསྡུ་བྱུང་ཚུལ་དང་། ཐེག་ཆེན་གྱི་བསྟན་པ་ལ་འཕེལ་འགྲིབ་བྱུང་ཚུལ་ལོ། །དང་པོ་ནི། འོད་སྲུང་ཆེན་པོ་ལ་སོགས་པའི་དགྲ་བཅོམ་པ་ལྔ་བརྒྱ་འདུས་ནས་སངས་རྒྱས་ཀྱི་གསུང་རབ་དྲི་མ་མེད་པའི་བཀའ་རྣམས་བསྡུ་བར་མཛད་པ་ཡིན་ཏེ། ཀུན་དགའ་བོས་མདོ་སྡེ་དང་། ཉེ་བར་འཁོར་གྱིས་འདུལ་བ་དང་། འོད་སྲུང་ཆེན་པོས་མངོན་པ་བསྡུས་ནས་བསྟན་པ་དག་པར་མཛད་ཅིང་། དེ་ཉིད་ལ་ཕྱིས་བསྡུ་བ་དང་པོ་ཞེས་པའི་ཐ་སྙད་གྲགས་སོ། །སྡེ་སྣོད་གསུམ་བསྡུས་པའི་རྗེས་སུ་བསྟན་པ་དག་པར་གནས་པ་ལ༑ ཡངས་པ་ཅན་གྱི་དགེ་སློང་གིས་སངས་རྒྱས་བསྟན་དང་འགལ་བའི་ཆོས་ལོག་མི་རུང་བའི་གཞི་བཅུ་ཐམ་པ་བྱས་ཏེ། གཞི་བཅུ་ནི། ཧུ་ལུ་ཧུ་ལུ་ཡི་རང་དང་། །ཀུན་སྤྱོད་སྔོད་དང་ལན་ཚྭ་དང་། །ལམ་དང་སོར་གཉིས་དཀྲུགས་དང་གདིང་། །གསེར་གྱི་རུང་བ་ཞེས་བྱ་སྟེ། །འདི་དག་རུང་མིན་གཞི་བཅུ་ཡིན། །ཞེས་པ་ལྟར་རོ། །དེ་ལ་འཕགས་པ་ཟླ་གྲུར་ལ་སོགས་པའི་དགྲ་བཅོམ་པ་བདུན་བརྒྱ་འདུས་ཏེ། གནས་ཡངས་པ་ཅན་གྱི་གཙུག་ལག་ཁང་དུ། ཆོས་རྒྱལ་མྱ་ངན་མེད་ཀྱིས་སྦྱིན་བདག་བྱས་ནས་ཆོས་ལོག་དེ་དག་ལེགས་པར་སུན་ཕྱུང་བའི་ཕྱིར་ན། དེ་ཉིད་ལ་བཀའ་བསྡུ་བ་གཉིས་པ་མཛད་ཅེས་གྲག་གོ། །དེ་ལྟར་བསྟན་པ་དག་པར་བྱས་པའི་རྗེས་སུ་ལྷ་ཆེན་པོ་ཞེས་བྱ་བའི་དགེ་སློང་བརྫུས་མ་ཞིག་བསྟན་པ་འདིའི་ཆོམ་རྐུན་ཏུ་བྱུང་སྟེ། དེ་ཡང་ལྷ་ཆེན་པོ་དེ་ཡི་ཕ་རྒྱ་མཚོར་ནོར་བུ་ལེན་དུ་སོང་བའི་ཤུལ་དུ་མ་དང་ལྷན་ཅིག་འདུས། ཕ་འོང་བའི་གཏམ་ཐོས་པས་ལམ་གོལ་སར་སོང་ནས་ཕ་བསད། མ་ཡང་སྐྱེས་པ་གཞན་དང་ཉལ་པོ་བྱེད་པ་ཤེས་ནས་ཁྲོས་ཏེ་བསད། རང་གི་སློབ་དཔོན་ཡིན་པའི་དགྲ་བཅོམ་པ་ཞིག་གིས་སྡིག་པའི་རྣམ་སྨིན་བཤད་པས། ཁོས་བྱ་བ་དེ་དག་ཤེས་འདུག་སྙམ་ནས་དེ་ཡང་བཀྲོངས་ཏེ་མཚམས་མེད་ཀྱི་ལས་གསུམ་བྱས་པའི་རྗེས་སུ། མཁན་སློབ་མེད་པའི་དགེ་སློང་གློ་བུར་བ་བྱས། ཕྱིས་དགོན་པར་བསྡད་ནས་ཆོས་ལོག་མང་དུ་བསྟན། བླུན་པོ་དད་པ་ཅན་རྣམས་ཀྱི་མཁན་སློབ་བྱས། བ་གླང་རྗེ་དང་ཕྱུགས་རྗེ་ལ་གོས་པས། བས་མཐའ་དགོན་པ་ན་དགེ་སློང་འདོད་པ་ཆུང་ཞིང་ཆོག་ཤེས་པ་འདི་འདྲ་འདུག །ཅེས་གཏམ་དུ་བསྒྲགས་པས། སྦྱིན་བདག་བླུན་པོ་ལོངས་སྤྱོད་ཅན་རྣམས་ཀྱིས་ཕུལ་བའི་ཟས་ནོར་ཆར་བཞིན་དུ་བབས། ཆོས་བཞིན་བྱེད་པའི་སྐལ་བ་མེད་པའི་བླུན་པོ་དད་ཅན་འདུས་པའི་དགེ་འདུན་གྱི་མིང་ཅན་འབུམ་ཕྲག་དུ་མས་འཁོར་དུ་བསྐོར་ལ། དེ་ནས་མི་ཆོས་བླ་མའི་བརྫུན་སྨྲ་བའི་བརྫུན་རླབས་ཅན་དེས་དགྲ་བཅོམ་པ་ཡིན་པར་ཁས་བླངས། འཁོར་རྣམས་ཀྱིས་རྫུ་འཕྲུལ་སྟོན་པར་ཞུས་པ་ན། ད་ནངས

ཐོ་རངས་ཀྱི་ཐུན་ལ་རྫུ་འཕྲུལ་དང་མངོན་ཤེས་ཡོད་པ་ཉམས་སོ། །ཞེས་ཟེར། ཕ་བསད་པ་ལ་སོགས་པའི་རང་གི་སྡིག་པ་རྣམས་དྲན་པས། ཡིད་མི་བདེ་བར་གྱུར་ནས་ནམ་གྱི་ཐོ་རངས་ཀྱི་མ་སྡུག་བསྔལ་ལོ། །ཞེས་སྨྲེ་སྔགས་ཆེན་པོ་བཏོན་པ་ལ། འཁོར་གྱིས་རྒྱུ་མཚན་དྲིས་པས་འཕགས་པའི་བདེན་པ་བཞི་བསྒོམས་པས་སྡུག་བསྔལ་བདེན་པ་མངོན་སུམ་དུ་མཐོང་ནས་བོས་པ་ཡིན་ཞེས་བསྒྲགས། ཡང་འཁོར་རྣམས་ཀྱིས་དཀོན་མཆོག་གསུམ་དང་བྱང་ཆུབ་ཀྱི་ཕྱོགས་ཀྱི་ཆོས་ལ་སོགས་པ་དྲིས་པས་ཁོ་བོས་དགྲ་བཅོམ་པར་ཁས་བླངས་ཀྱི་སྔོན་པར་ཁས་མ་བླངས་ལ། དེ་དག་ལུང་སྟོན་པ་ནི་ཐེ་ཚོམ་དང་སོམ་ཉི་ལས་བརྒལ་བའི་སངས་རྒྱས་འབའ་ཞིག་གོ་ཞེས་པ་ལ་སོགས་པའི་བརྫུན་ཚིག་གིས་ཚོགས་པ་རྣམས་ཀྱི་མགོ་བོ་བསྐོར་ནས། འཕགས་པ་དགྲ་བཅོམ་པ་རྣམས་ལ་འབུལ་རྒྱུའི་དད་རྫས་རྣམས་ཀུང་ལྷ་ཆེན་དེ་ལ་འགྱུར། རབ་བྱུང་བླུན་པོ་ཕལ་ཆེར་གྱིས་འཕགས་པ་དགྲ་བཅོམ་པ་བོར་ནས་ལྷ་ཆེན་དེའི་འཁོར་དུ་འདུས་པས། སངས་རྒྱས་མྱ་ངན་ལས་འདས་པའི་འོག་ཏུ་སོ་སོ་སྐྱེ་བོ་ཞིག་གིས་འཁོར་བསྡུས་ཤིང་བསྐྱངས་པ་ལ་ལྷ་ཆེན་དེ་ལས་འཁོར་མང་བ་མེད་ཅེས་གྲག་གོ། །ལྷ་ཆེན་དེས་ཆོས་ལོག་བཤད་པའི་རྗེས་སུ་སློབ་མ་རྣམས་འབྲངས་ནས། དགྲ་བཅོམ་པ་ལ་ཐེ་ཚོམ་ཡོད་པར་འདོད་པ་སོགས་ཀྱི་འཕྲུལ་པའི་གྲུབ་མཐའ་དུ་མ་བྱུང་ཞིང་། དད་རྫས་ལེན་པར་མི་འོས་པ་ལ་བླངས་པའི་ལྷ་ཆེན་བླུན་པོ་དེ་ཤི་ནས། སེམས་ཅན་དམྱལ་བ་མནར་མེད་པར་སྐྱེས་ནས་སྡུག་བསྔལ་མྱོང་བར་གྱུར་ཅེས་གྲག་གོ། །ལྷ་ཆེན་དེས་བསྟན་པའི་ལོག་པའི་ཆོས་དེ་དག་དགྲ་བཅོམ་པ་ལྔ་བརྒྱ། བྱང་ཆུབ་སེམས་དཔའ་ལྔ་བརྒྱ། སོ་སོ་སྐྱེ་བོའི་པཎྜི་ཏ་ཁྲི་དྲུག་སྟོང་རྣམས་ཀྱིས་སུན་ཕྱུང་ནས། བཀའ་བསྡུ་བ་གསུམ་པ་བྱས་ཞེས་ཐོས་ཏེ། རྟོག་གེ་འབར་བ་དང་འདུལ་བ་འོད་ལྡན་ལས་གསུངས་སོ། །དོན་འདི་དང་མཐུན་པར་འཕྲིན་ཞུར། དེ་རྗེས་འཕགས་པའི་གང་ཟག་དང་། །སོ་སོ་སྐྱེ་བོ་མཁས་པ་དང་། །ཆོས་རྒྱལ་རྣམས་དང་སྦྱིན་བདག་དང་། །སྟོབས་ལྡན་དང་པ་ཅན་རྣམས་ཀྱིས། །བསྟན་པ་ཡུན་རིང་གུས་པས་བསྐྱངས། །ཞེས་གསུངས་སོ། །འོན་ཀུང་ལྷ་ཆེན་གྱི་ཆོས་ལོག་དེའི་ལེ་ལེན་གྱིས་སྡེ་པ་བཅོ་བརྒྱད་པོ་རྣམས་ལ་ཡང་། འཇིག་རྟེན་འདས་པར་སྨྲ་བའི་སྡེ་པ་དགྲ་བཅོམ་པ་ལ་ཐེ་ཚོམ་དང་སོམ་ཉི་ཡོད་པར་འདོད་པ་དང་། ཐམས་ཅད་ཡོད་པར་སྨྲ་བ་དགྲ་བཅོམ་པ་འབྲས་བུ་ལས་ཉམས་པ་ཡོད་པར་འདོད་པ་སོགས་ཅུང་ཟད་བསླད་པ་ཡོད་ཅེས་མཁས་པ་དག་ཟེར་ཞིང་། མཁས་པའི་གཙུག་རྒྱན་དབྱིག་གཉེན་གྱི་རྣམ་བཤད་རིགས་པ་ལས། བླ་མ་ཀུན་དགའ་འོད་ཅེལ་དང་། །ཞེས་པ་ནས། ཡང་དག་བསྡུས་པའི་གཞི་ཉམས་ཕྱིར། །མཐའ་དག་མིན་པར་རྟོགས་པ་ཡིན། །ཞེས་མདོ་རྣམས་འགའ་ཞིག་མ་ཚང་བ་དང་། ལུང་ཉམས་པ་རྣམས་བཀའ་བསྡུ་ཉམས་པའི་དབང་གིས་བྱུང་བ་ཡིན་ཞེས་དགོངས་སོ། །ཚུལ་དེ་དག

ནི་ཉན་ཐོས་རྣམས་ཀྱི་བསྟན་པ་འཕེལ་འགྲིབ་བྱུང་ཚུལ་མདོ་ཙམ་ཡིན་ནོ། །

གཉིས་པ་ཐེག་ཆེན་གྱི་བསྟན་པ་ལ་འཕེལ་འགྲིབ་བྱུང་ཚུལ་ནི། ཀུན་དགའ་བོས། ཐེག་ཆེན་གྱི་མདོ་རྣམས་བསྡུས་ཏེ་དེའི་བསྟན་པ་ཡུན་རིང་པོའི་བར་དུ་ཤིན་ཏུ་དར་བར་གྱུར་པའི་ཚེ། ས་དོང་དུ་ལོ་དུ་མར་ཉི་མ་བསྒྲུབས་པས་འགྲུབ་སྟེ། བལྟས་པ་ཙམ་གྱིས་གང་འདོད་བསྒྲིག་ནུས་པའི་མུ་སྟེགས་བྱེད་སྦྲང་པོ་ཉི་མའི་དངོས་གྲུབ་ཅེས་པས་ནང་པའི་གཙུག་ལག་ཁང་རྣམས་བསྲེགས་པའི་ཚེ། དམ་ཆོས་མངོན་པ་ལ་སོགས་པའི་ཐེག་ཆེན་གྱི་སྡེ་སྣོད་ཕལ་ཆེར་བསྲེགས་ཏེ། ཐེག་ཆེན་གྱི་བསྟན་པ་ཉམས་པར་གྱུར་ཅེས་སྲིག་གོ། །དེ་ནས་བྲམ་ཟེ་མ་གསལ་བའི་ཚུལ་ཁྲིམས་ཀྱིས་ཐེག་ཆེན་གྱི་བསྟན་པ་དར་བར་འདོད་ནས། སློབ་ལམ་བཏབ་ཅིང་རྒྱལ་རིགས་དང་འདུས་པ་ལས་ཐོགས་མེད་དང་། བྲམ་ཟེ་དང་འདུས་པ་ལས་དབྱིག་གཉེན་ཏེ་སྐུ་མཆེད་གཉིས་བྱུང་བའི་གཅེན་གྱིས་བྱམས་པ་བསྒྲུབས་པས་འགྲུབ་སྟེ། དགའ་ལྡན་དུ་བྱོན་ནས་ཆོས་མངོན་སྟོང་ཕྲག་བརྒྱ་བ་དང་། བྱམས་པའི་ཆོས་ལྔ་ལ་སོགས་པ་གསན་ནས་འཛམ་གླིང་དུ་བྱོན་ཏེ། རང་གི་གཅུང་དབྱིག་གཉེན་ལ་བཤད་ཅིང་ཐེག་ཆེན་དེའི་གཞུང་ལུགས་ཤིན་ཏུ་དར་བར་མཛད་པ་ཡིན་ནོ། །ཐོགས་མེད་ཀྱིས་དར་བར་མཛད་པ་དེའི་རྗེས་ལ། དབྱིག་གཉེན་གྱིས་རབ་ཏུ་བྱེད་པ་སྡེ་བརྒྱད་ལ་སོགས་པའི་བསྟན་བཅོས་མང་དུ་མཛད་ཅིང་། སློབ་མ་ལ་འདུལ་བ་རང་ལས་མཁས་པ་ཡོན་ཏན་འོད། མངོན་པ་རང་ལས་མཁས་པ་ཁ་ཆེ་བློ་བརྟན། ཚད་མ་རང་ལས་མཁས་པ་ཕྱོགས་ཀྱི་གླང་པོ། ཕར་ཕྱིན་རང་ལས་མཁས་པ་འཕགས་པ་གྲོལ་སྡེ་ལ་སོགས་པ་མང་དུ་བྱུང་བའི་བྱེ་བྲག་གིས་བསྟན་པ་ལ་འཕེལ་རྒྱས་དང་། ཡང་སྐབས་འགར་བླུན་པོ་མི་ཤེས་པས་རང་བཟོར་འཆད་པ་ལ་སོགས་པ་མང་དུ་བྱུང་བའི་བྱེ་བྲག་གིས་བསྟན་པ་འགྲིབ་པ་ཡང་དུ་མ་བྱུང་ངོ། །

གཉིས་པ་བོད་ཡུལ་དུ་འཕེལ་འགྲིབ་བྱུང་ཚུལ་ལ་གསུམ་སྟེ། བསྟན་པ་སྔ་དར་གྱི་བྱུང་ཚུལ། བསྟན་པ་ཕྱི་དར་གྱི་བྱུང་ཚུལ། སྐབས་ཀྱི་དགག་བྱའི་ཆོས་ལོག་བྱུང་ཚུལ་ལོ། །དང་པོ་ནི། འཕགས་ཡུལ་དུ་བསྟན་པ་ལ་འཕེལ་འགྲིབ་མང་དུ་བྱུང་བའི་ཕྱི་ནས་གངས་རིའི་ཁྲོད་འདི་རུ་འཕགས་པ་སྤྱན་རས་གཟིགས་ཀྱི་སྤྲུལ་པ་ཆོས་སྐྱོང་བའི་རྒྱལ་པོ་སྲོང་བཙན་སྒམ་པོ་བྱུང་བའི་དུས་སུ། གཙུག་ལག་ཁང་མང་དུ་བརྩིགས། ཐོན་མི་སམྦྷོ་ཊ་དཀོན་མཆོག་སྤྲིན་ལ་སོགས་པའི་ལོ་ཙྪ་བ་མང་པོས་ཆོས་མང་དུ་བསྒྱུར་ཏེ། བོད་ཡུལ་འདིར་སངས་རྒྱས་ཀྱི་བསྟན་པ་ལེགས་པར་བསྒྱུར་བས་དམ་པ་ཆོས་ཀྱི་སྲོལ་བཏོད་ལ། དེ་ནས་རྒྱལ་རབས་འགའ་ནས། འཕགས་པ་འཇམ་དཔལ་གྱི་སྤྲུལ་པའི་ཁྲི་སྲོང་ལྡེའུ་བཙན་གྱི་སྐུ་ངོ་ལ། མཚན་བརྗོད་པར་དཀའ་བ་མཁན་ཆེན་བོ་དྷི་ས་ཏྭ་དང་། སྔགས་འཆང་ཆེན་པོ་པདྨ་འབྱུང་གནས་སྤྱན་དྲངས་ནས་བསམ་ཡས་ཀྱི་གཙུག་ལག་ཁང་

བརྩིགས། རྣམ་དག་ཁྲིམས་ཁང་གླིང་དུ་རབ་བྱུང་དང་བསྙེན་རྫོགས་འབོགས། དགའ་ལྡན་སེམས་བསྐྱེད་གླིང་དུ་ཐེག་ཆེན་སེམས་བསྐྱེད་འབོགས། བདུད་འདུལ་སྔགས་པ་གླིང་དུ་གསང་སྔགས་ཀྱི་དབང་བསྐུར་ཏེ་སྡོམ་པ་གསུམ་གྱི་ལག་ལེན་དར་བར་མཛད། གཞན་ཡང་རྒྱལ་པོ་དེའི་སྲས་མུ་ཁྲི་བཙན་པོ། དེའི་སྲས་སད་ན་ལེགས་མཇིང་ཡོན། དེའི་སྲས་རལ་པ་ཅན་དང་གསུམ་གྱི་རིང་ལའང་ཆོས་སྔར་མ་འགྱུར་བ་མང་དུ་བསྒྱུར། བསྟན་པ་དར་རྒྱས་སུ་མཛད་པའི་ཚེ་རལ་པ་ཅན་གྱི་སྨྱུན་ཟླ་གླང་དར་མས་བློན་པོ་ངན་པ་དང་གྲོས་བྱས་ནས། རལ་པ་ཅན་མེད་པར་བྱས་ཏེ་དར་མས་རྒྱལ་སྲིད་ལོ་ལྔ་བཟུང་བའི་བར་ལ་རབ་བྱུང་ལ་ལ་འབེབས། ལ་ལ་གསོད། དཀོན་མཆོག་གི་མཆོད་པ་རྒྱུན་བཅད། མི་དགེ་བའི་ཁྲིམས་བཅའ་བ་ལ་སོགས་པས་སངས་རྒྱས་ཀྱི་བསྟན་པ་བསྣུབས་ཚར་བའི་རྗེས་སུ། གླང་དར་མ་ནི་ལྷ་ལུང་དཔལ་གྱི་རྡོ་རྗེས་བསད། དེའི་རྗེས་ལ་བོད་ཀྱི་ཆོས་ཁྲིམས་རྒྱལ་ཁྲིམས་གཉིས་ཀ་ཡུན་རིང་དུ་སོར་མ་ཆུད་པས། སྔགས་པ་དག་གིས་སྦྱོར་སྒྲོལ་ལམ་དུ་བྱེད་པ་དང་། རྒྱ་ནག་མཁན་པོའི་ཡི་གེ་གཏེར་ནས་བྱུང་བ་ལ་བརྟེན་པའི་ཆོས་རྣམས་ཀྱང་འཕེལ་བར་མགོ་བརྩམས་པ་སོགས་ཆོས་ལོག་དུ་མ་འཕེལ་ལོ། །གཉིས་པ་བསྟན་པ་ཕྱི་དར་གྱི་བྱུང་ཚུལ་ནི། བོད་དག་ཆོས་ལོག་གི་ཉམས་ལེན་སྤྱོད་པ་ཤས་ཆེ་བ་དེའི་ཚེ། བོད་ཀྱི་རྒྱལ་པོ་ལྷེ་གཙུག་མགོན་གྱི་སྲས་འཁོར་རེ་བྱ་བ་རབ་ཏུ་བྱུང་བའི་མཚན་ཡེ་ཤེས་འོད་དུ་བཏགས་པ་འཇམ་དཔལ་རྩ་རྒྱུད་ལས། གངས་རི་ཅན་གྱི་རྒྱལ་ཁམས་སུ། །རིགས་ནི་རྒྱལ་རིགས་ཞེས་བྱ་བ། །ཡེ་ཤེས་འོད་ཅེས་བྱ་བ་འབྱུང་། །ཞེས་ལུང་བསྟན་པའི་ཆོས་རྒྱལ་དེས་སྐྱེས་བུ་མཆོག་རིན་ཆེན་བཟང་པོ་ལ་སོགས་པ་ཉེར་གཅིག་ཁ་ཆེར་བརྫངས་ཏེ། ལོ་ཆེན་དང་ལོ་ཆུང་ལེགས་ཤེས་གཉིས་ཀྱིས་གསུང་རབ་མཐའ་དག་མཁས་པར་མཁྱེན། ཁྱད་པར་ལོ་ཆེན་ནི་ཁ་ཆེ་རིན་ཆེན་རྡོ་རྗེ་ལས་གསང་འདུས་ཀྱི་དབང་ཞུས་པ་ན་འཇམ་པའི་རྡོ་རྗེ་ཞལ་གསུམ་ཕྱག་དྲུག་པ་ལ་མི་རྟོག་ཡོག་པས་འཇམ་པའི་དབྱངས་ཀྱིས་བྱིན་གྱིས་བརླབས་པའི་མཁས་པ་ཆེན་པོར་གྱུར། དེ་ནས་ལོ་ཆེན་དེས་བོད་དུ་ཕེབས་ནས། སྟོན་མེད་པའི་ཆོས་རྣམས་ཕལ་ཆེར་བསྒྱུར་ཅིང་ཞུས་དག་མཛད། ཆོས་དང་ཆོས་མ་ཡིན་པ་རྣམ་པར་འབྱེད་པ་ཞེས་བྱ་བའི་བསྟན་བཅོས་རྩོམ་པར་མཛད་ནས། སྦྱོར་སྒྲོལ་ལམ་དུ་བྱེད་པ་ལ་སོགས་པའི་ཆོས་ལོག་ཐམས་ཅད་ནུབ་པར་མཛད། ལོ་ཆེན་དེའི་སློབ་མ་རྒྱལ་པོའི་སྲས་ཞི་བ་འོད་དེས་ཀྱང་སྔགས་ལོག་སུན་འབྱིན་པ་ཞེས་བྱ་བའི་བསྟན་བཅོས་རྩོམ་པར་མཛད་ཅེས་ཟེར་རོ། །ལོ་ཆེན་སོགས་དེ་དག་འདས་པའི་འོག་ཏུ་ཡང་གསང་སྔགས་ཀྱི་རྒྱུད་བརྟན་མ་ལ་སོགས་པའི་ཆོས་ལོག་འགའ་ཞིག་འཕེལ་བའི་རྒྱུས་ཡབ་ཡུམ་གཉིས་ཀ་འགོས་ཡིན་པས་འགོས་ཁུག་པ། འབྲོག་པའི་ལྷས་ཀྱི་ནང་དུ་བཙས་པས། ལྷས་བཙས་ཞེས་བྱ་བའི་ལོ་ཙཱ་བ་དེས་ཀྱང་། ཆོས་

ལོག་སྤུན་འབྱིན་པ་ཞེས་བྱ་བའི་བསྟན་བཅོས་མཛད་ནས་ཆོས་དང་ཆོས་མིན་རྣམ་པར་ཕྱེ་བ། དེ་ནས་ཆོས་རྗེ་ས་སྐྱ་པ་ཆེན་པོ་ཀུན་དགའ་སྙིང་པོ་བཞུགས་པ་ཡན་ཆད་དུ་ཆོས་ལོག་སྤྱོད་པ་ཉུང་ཞེས་ཐོས་ཏེ། སྔར་ཆོས་ལོག་བྱུང་བ་རྣམས་སུན་འབྱིན་པའི་མཁས་པ་རྣམས་རིམ་གྱིས་བྱོན་ཞིང་ཡང་ཡང་བསྟན་པའི་ཞུས་དག་མཛད་པ་དང་། བསྟན་པའི་ཁུར་ཆེན་པོ་བསྣམས་པས་ཆོས་མིན་སྤྱོད་པ་རྣམས་འགྲིབས་ཤིང་ཉུང་བ་ཡིན་ནོ། །ཁ་ཅིག །ས་སྐྱ་པ་ཆེན་པོ་རྗེ་བཙུན་གྲགས་པ་ཡིན་ཞེས་སྨྲ་བ་ཡང་མཐོང་མོད། དེ་ལྟར་ན་བསྟན་བཅོས་མཛད་པ་འདི་བྱོན་ནས་ཀྱང་རྗེ་བཙུན་དགུང་གྲངས་སུམ་ཅུ་རྩ་ལྔ་ཙམ་བཞུགས་པས། ཉུང་ཞེས་ཐོས་ཞེས་པའི་ཚིག་ལ་འབྲེལ་མེད་པར་འགྱུར་ཏེ། རྗེ་བཙུན་གྱི་སྐུ་ཚེའི་སྐབས་ལ་ཆོས་ལོག་མང་ཉུང་ཅི་འདྲ་ཡོད་ས་པཎ་རང་ཉིད་ལ་ཐུགས་རྒྱུས་དངོས་སུ་གསལ་བའི་ཕྱིར། ཕྱི་ནས་ཕག་མོའི་བྱིན་རླབས་དང་། །ཞེས་སོགས་ལ་ཡང་རྟོག་དཔྱོད་མ་ཞུགས་པ་སྟེ། དྭགས་པོ་ལྷ་རྗེས་ཕྱག་ལེན་མཛད་པའི་བྱིན་རླབས་བརྡའི་དབང་བཞི་དང་། བཀའ་གདམས་པའི་སེམས་བསྐྱེད་སྨོན་ལམ་མ་ལ་སོགས་པ་རྗེ་བཙུན་གཤེགས་པའི་གོང་དུ་བྱུང་བའི་ཕྱིར། གལ་ཏེ་མ་བྱུང་ན་དྭགས་པོ་ཐོག་སྟ་ཕྱི་སོམ་ཞིག །གཞུང་དོན་སླ་བ་འདི་ཙམ་ཡང་མ་གོ་བར་གཞན་དུ་རྟོག་ན། གཞུང་དོན་ཕལ་ཆེ་བ་ཇི་ལྟར་འཆད།

གསུམ་པ་སྐབས་ཀྱི་དགག་བྱའི་ཆོས་ལོག་བྱུང་ཚུལ་ནི། བླ་མ་ས་ཆེན་གཤེགས་པའི་ཕྱི་ནས་ཕག་མོའི་བྱིན་རླབས་བརྡའི་དབང་བཞི་དང་། སེམས་བསྐྱེད་ཀྱི་ཆོ་ག་སྨོན་ལམ་མ་དང་། དོན་དམ་སེམས་བསྐྱེད་ཆོ་གས་འབོགས་པ་ལ་སོགས་པ་དང་། ཡི་དམ་བསྒོམ་པ་མངོན་བྱང་ལྔ་དང་། རྡོ་རྗེ་ཆོ་ག་གསུམ་གྱིས་བསྐྱེད་པ་སོགས་དོར་ནས་རང་བཟོས་དཀྱིལ་འཁོར་བསྐྱེད་བྱེད་པ་དང་། མདོ་སྔགས་གཉིས་ཀའི་དགོངས་པ་འཚང་རྒྱ་བ་ལ་ཐབས་ཤེས་ཟུང་འབྲེལ་དགོས་པ་ལས། དེ་དོར་ནས་སྟོང་རྐྱང་བསྒོམ་པ་ལ་དཀར་པོ་ཆིག་ཐུབ་ཀྱི་མིང་བཏགས་ནས་མཆོག་ཏུ་འཛིན་པ་དང་། མདོ་རྒྱུད་འགྲེལ་པ་འགྲེལ་བཤད་དང་བཅས་པ་ཚད་ཐུབ་པའི་གཞུང་ལ་ཐོས་བསམ་མི་བྱེད་པར། རང་བཟོའི་བསྟན་བཅོས་ལ་འཆད་ཉན་གྱི་ངལ་བས། དུས་དང་བློ་གྲོས་གྲོན་དུ་གྱུར་པ་སོགས་ཀྱི་ཆོས་ལོག་དུ་མ་དེང་སང་འཕེལ་བ་ནི་འདིར་དགག་བྱ་ཡིན་ཏེ། དོན་འདི་དང་མཐུན་པར་འཕྲིན་ཞུར། དེང་སང་སྙིགས་མའི་དུས་འདི་ནི། །ཐུབ་པའི་བསྟན་པ་ཕལ་ཆེར་ནུབ། །ཆོས་མངོན་མཛོད་ལས་གསུངས་པ་ལྟར། །ངན་རྟོགས་རྣམས་ཀྱིས་བསྟན་པ་དཀྲུགས། །ཁྱད་པར་དུ་ཡང་བྱང་ཕྱོགས་ཀྱི། །ཁ་བ་ཅན་གྱི་བསྟན་པ་འདི། །ངན་རྟོག་མུན་པས་རྣམ་པར་ཁྱབ། །ཅེས་གསུངས་སོ། །འོ་ན་ཆོས་ལོག་འདི་མཁས་པ་ཀུན་གྱིས་ཐུན་མོང་དུ་འགོག་རིགས་པ་ལས། བདག་ཉིད་ཆེན་པོ་ཁོ་ནས་དགག་པ་ཅི་ཞེ་ན། བསྟན་པའི་ཁུར་ཁྱེར་བའི་བསྟན་འཛིན་

གྱི་མཁས་པ་རྣམས་ཆོས་ལོག་འདི་ལ་ཐུགས་མི་དགེས་ཤིང་དགག་པར་བཞེད་མོད། འོན་ཀྱང་དུས་ཀྱིས་ཤུགས་ཀྱིས་བཟློག་མ་ནུས་པས་བཏང་སྙོམས་སུ་བཞུགས་པ་ལྟར་སྣང་སྟེ། བླུན་པོ་གསུང་རབ་ལ་སྦྱངས་པ་ཆུང་བ་རྣམས་ཆོས་ལོག་འདི་འདྲ་སྤྱོད་པ་བདེན་མོད་ཀྱི། མཁས་པ་སྡེ་སྣོད་དང་རྒྱུད་སྡེ་ལ་སྦྱངས་པར་རློམ་པ་ཡང་རི་བོང་ཅལ་བཞིན་ཆོས་ལོག་འདི་འདྲའི་རིགས་ལ་སྤྱོད་པ་ནི་དུས་ཀྱི་དབང་ཁོ་ནར་བབས་པས་སོ། །དེ་སྐད་དུ། སྡེ་སྣོད་འཛིན་པར་རློམ་པ་ཡི། །སྙིང་མེད་རྣམས་ཀྱང་དེ་ལ་དད། །ཅེས་སོ། །

གསུམ་པ་དེས་ན་ཆོས་ལོག་སུན་དབྱུང་དགོས་པར་བསྟན་པ་ནི། བྱིན་རླབས་དང་སེམས་བསྐྱེད་སྨི་ལམ་མ་སོགས་དེ་དག་སུན་དབྱུང་དགོས་པ་ཡིན་ཏེ། བྱིན་རླབས་བརྡའི་དབང་བཞི་སོགས་འདི་འདྲའི་རིགས་ཅན་འཕེལ་བར་གྱུར་ན་སངས་རྒྱས་ཀྱི་བསྟན་པ་ལ་གནོད་མི་གནོད་མཁས་པ་རྣམས་ཀྱིས་དཔྱོད་ལ་དྲང་པོར་སྨྲ་རིགས་པའི་ཕྱིར། གལ་ཏེ་འདི་འདྲའི་ཆོས་ལོག་གིས་སངས་རྒྱས་ཀྱི་བསྟན་པ་ལ་མི་གནོད་དོ་ཞེ་ན། འོ་ན་མུ་སྟེགས་སོགས་ཀྱི་ཆོས་ལོག་ཀྱང་སངས་རྒྱས་ཀྱི་བསྟན་པ་ལ་ཅི་སྟེ་གནོད་དེ་མི་གནོད་པར་ཐལ། ཁས་བླངས་དེའི་ཕྱིར། འོན་ཏེ་མུ་སྟེགས་སོགས་ཀྱི་ཆོས་ལོག་གཞན་གྱིས་བསྟན་པ་ལ་གནོད་ན་ནི། ཆོས་ལོག་འདི་དག་གིས་ཀྱང་མི་གནོད་དམ་སྟེ་གནོད་རིགས་པར་འགྱུར་བ་ཡིན་នོ། །གལ་ཏེ་གནོད་ཀྱང་འདི་ལ་སུན་འབྱིན་པ་མི་འཐད་དོ་ཞེ་ན། མུ་སྟེགས་བྱེད་དང་ཉན་ཐོས་སོགས་ཀྱི་ཆོས་ལོག་འདི་ལ་ཡང་སུན་དབྱུང་ཅི་སྟེ་བྱ་སྟེ་བྱ་མི་རིགས་པར་ཐལ། ཁས་བླངས་དེའི་ཕྱིར། འོན་ཏེ་མུ་སྟེགས་སོགས་འདི་དག་བསྟན་པ་ལ་གནོད་པའི་ཕྱིར་མཁས་པ་རྣམས་ཀྱིས་སུན་འབྱིན་མཛད་དོ་ཞེ་ན། འོ་ན་བསྟན་ལ་གནོད་པའི་ཆོས་ལོག་འདིར་བཀག་པ་དག་ཀྱང་མཁས་པ་རྣམས་ཀྱིས་སུན་ཕྱུངས་ཤིག་སྟེ། ཁྱད་པར་མེད་པའི་ཕྱིར་རོ། །བཞི་པ་དེ་ཡི་འཐད་པ་ལུང་དང་དཔེ་སོགས་བསྟན་པ་ནི། སུན་དབྱུང་དགོས་པའི་རྒྱུ་མཚན་ཅིའི་སླད་དུ་ཞེ་ན། ཆོས་འདི་དཀོན་ལ་འཚེ་བ་མང་བའི་རྒྱུ་མཚན་གྱིས་སུན་དབྱུང་དགོས་པ་ཡིན་ཏེ། རྒྱལ་བའི་མདོ་སྡུད་པ་ལས། རིན་ཆེན་དམ་པའི་ཆོས་ཀྱང་དཀོན་ལ་རྟག་ཏུ་བར་ཆད་ཀྱིས་འཚེ་བའང་མང་བས་གཅེས་སྤྲས་སུ་བྱ་བར་གསུངས་པའི་ཕྱིར། ཚུལ་འདི་ལ་བསམ་ལ། མཁས་པ་རྣམས་ཀྱིས་དུས་རྟག་ཏུ་བསྟན་པའི་བྱི་དོར་བྱ་སྟེ། བསྟན་པ་འདི་གཅེས་སྤྲས་སུ་བྱས་ཏེ་མི་ཉམས་པའི་ཐབས་ལ་འབད་དགོས་པས་སོ། །དཔེར་ན་འཇིག་རྟེན་པ་དག་ཉི་མ་གཅིག་གི་བཟའ་བཏུང་ལ་ཡང་རྒྱུ་བཟང་ངན་དང་། སྦྱོར་ཚུལ་གྱི་ལག་ལེན་ལེགས་ཉེས་ཀྱི་རྟོག་དཔྱོད་སྣ་ཚོགས་གཏོང་ཞིང་། གོས་བཟོ་བ་དང་མཁར་ལས་ལ་སོགས་པའི་བྱ་བ་གང་ལ་ཡང་རྒྱུ་དང་བཀོད་པ་བཟོ་སོགས་ལེགས་ཉེས་དང་། བཟང་ངན་དང་མཁས་མི་མཁས་ཞེས་བླང་དོར་གྱི་རྟོག་དཔྱོད་སྣ་ཚོགས་བྱེད། ཧ

ཕྱུགས་དང་གསེར་གཡུ་ལ་སོགས་པའི་ནོར་བུ་དང་། གཞན་ཡང་ནོར་ཕལ་པ་ཙུང་ཟད་ཙམ་གྱི་ཉོ་ཚོང་ལ་ཡང་། གྲོགས་ཀུན་ལ་འདྲི་ཞིང་བརྟགས་ནས་དཔྱོད་པ་སོགས་ཚེ་འདིའི་བྱ་བ་ཕལ་པ་ཙུང་ཟད་ལ་ཡང་འདི་འདྲའི་རྟོག་དཔྱོད་དང་འབད་པ་བྱེད་པ་མཐོང་ན། བྱང་ཆུབ་མ་ཐོབ་ཀྱི་བར་སྐྱེ་བ་གཏན་གྱི་བདེ་སྡུག་ལ་སོགས་པའི་ལེགས་ཉེས་ནི་དམ་པའི་ཆོས་སངས་རྒྱས་ཀྱི་གསུང་བཞིན་དུ་བསྒྲུབ་མ་བསྒྲུབས་ལ་རག་ལས་ཀྱང་། ཆོས་འདི་ཁྱི་བཀྲེས་པའི་མདུན་དུ་ཟས་བྱུང་བ་བཞིན་དུ། བཟང་ངན་གང་དུའང་མི་དཔྱོད་པར་ཆོས་གང་ཕྲད་དེ་ལ་གུས་པར་འཛིན་པ་ནི་ཆེས་བླུན་པས། ཆོས་ལ་རྟོག་དཔྱོད་བྱས་ནས་མ་འཁྲུལ་བ་བསྒྲུབ་པ་རང་གལ་ཆེ་བ་ཡིན་ནོ། །དོན་འདི་དང་མཐུན་པར་དོ་བསྐོར་བའི་དྲིས་ལན་ལས། ཆོས་ལ་ཡིད་ཆེས་མ་སླ་བར། །ཉམས་ལེན་སངས་རྒྱས་བཀའ་བཞིན་བསྒྲུབས། །ཞེས་གསུངས་སོ། །ཆོས་ལ་རྟོག་དཔྱོད་བྱ་བའི་སྔོན་དུ། ཆོས་སྟོན་པའི་བླ་མ་ལ་རྟོག་དཔྱོད་བྱ་བ་ཡང་གལ་ཆེ་སྟེ། ལམ་འཛིགས་སར་འགྲོ་བའི་ཉིན་གཅིག་གི་ནི་བསྐྱེལ་མ་དང་། ཚེ་གཅིག་གི་ནི་གཉེན་འབྲེལ་བསྡེབས་པ་ལའང་བཟང་ངན་དང་ལེགས་ཉེས་འབད་དེ་ལེན་པར་མཐོང་ན། དེང་ནས་བཟུང་སྟེ་རྫོགས་པའི་སངས་རྒྱས་མ་ཐོབ་ཀྱི་བར་གྱི་དོན་བླ་མ་མཆོག་མཚན་ཉིད་དང་ལྡན་པ་ལ་རག་ལས་མོད། འོན་ཀྱང་མཚན་ཉིད་དང་ལྡན་མི་ལྡན་རྟོག་དཔྱོད་མི་བྱེད་པར་ཚོང་དུས་ངན་པར་གསེར་དངུལ་བརྗེས་མ་དང་། མཚན་ཉིད་པ་སོགས་ཀྱི་ནོར་བཟང་ངན་སྣ་ཚོགས་ལ་ཉོ་ཚོང་བྱེད་པ་བཞིན་དུ། ཆོས་བཟང་ངན་སྟོན་པའི་བླ་མ་སུ་འཕྲད་རྣམས་ལ་ལེན་པ་མཐོང་བ་ནི། ཀྱེ་མ་སྙིགས་མའི་དུས་འདི་མཚར་ཆེ་བས་སོ། །དེས་ན་ཉིན་གཅིག་གི་བཟའ་བཏུང་སོགས་འབད་མི་དགོས་པ་རྣམས་ལ་འབད་པ་བྱེད། འབད་དགོས་པ་སྐྱེ་བ་གཏན་གྱི་ལེགས་ཉེས་གང་ལ་རག་ལས་པའི་ཆོས་དང་། བླ་མ་ཅི་ཡང་རུང་བས་ཆོག་པར་སྣང་བ་ནི་འབད་པ་གོ་ལྡོག་པ་ཡིན་ནོ། །

གཉིས་པ་ཀུན་སློང་ཟང་ཟིང་མེད་པའི་བྱམས་པ་ལ་གསུམ་སྟེ། ཕན་པར་བསམས་པས་ཟང་ཟིང་མེད། བྱ་བར་འོས་པས་ཟང་ཟིང་མེད། གཞན་ལ་བསླུ་བས་ཟང་ཟིང་མེད་པའོ། །དང་པོ་ལ་གཉིས་ཏེ། མདོར་བསྟན་པ་དང་། རྒྱས་པར་བཤད་པའོ། །དང་པོ་ནི། བསྟན་བཅོས་འདིར་གཞན་གྱི་འཁྲུལ་པ་རྒྱས་པར་བཀག་པས། གཞན་ལ་སྡང་སེམས་ཀྱིས་ཀུན་ནས་སློང་བ་ཡིན་ནམ་སྙམ་ན་མ་ཡིན་ཏེ། རྗོམ་པ་པོ་བདག་ནི་ སྤྱིར་སེམས་ཅན་ཀུན་ལ་བྱམས་ཤིང་། ཁྱད་པར་ཆོས་སྟོན་པའི་གང་ཟག་བཟང་ངན་ཀུན་ལ་བདག་མི་སྨོད་པས་སོ། །གལ་ཏེ་རྒྱ་ལ་གལ་སྲིད་མཉམ་པར་མ་བཞག་པའི་དབང་གིས་སྨྲད་པ་སྲིད་ནའང་སྡིག་དེ་བཤགས་ཏེ༑ གཞན་ལ་སྨོད་པ་ནི་སྡིག་ཆེ་བས་གནོང་ཞིང་འགྱོད་པས་བཤགས་པར་བྱ་བ་ཡིན་པས་སོ། །འོན་ཀུན་

སྙིང་ཅི་ཞེ་ན། དམ་ཆོས་འཁྲུལ་དང་མི་འཁྲུལ་བ་སྐྱེ་བ་གཏན་གྱི་ལེགས་ཉེས་ཀྱིས་གྲོས་ཡིན་པས། ཆོས་འཁྲུལ་མ་འཁྲུལ་འདིའི་ལེགས་ཉེས་དཔྱོད་པར་འདོད་པའི་བསམ་པས་ཡིན་ལ། དེ་ལྟར་ལེགས་ཉེས་དཔྱད་པ་ལ་སྡང་སེམས་ཀྱིས་ཀུན་ནས་སློང་བ་ཡིན་ཞེས་སྨྲ་ན་སྨྲ་བ་པོ་རང་གི་སྐྱོན་ཡིན་ཏེ། འཁྲུལ་པ་བཀག་པ་ལ་མ་བཟོད་པས་སོ། །

གཉིས་པ་ལ་གསུམ་སྟེ། ཕན་པ་སྡང་སེམས་ཡིན་ན་ཧ་ཅང་ཐལ། བདུད་རིགས་ཕམ་པ་སྡང་སེམས་མིན་པར་བསྟན། ཀུན་སློང་ཟང་ཟིང་མེད་པར་བསྟན་པ་དགོས་སོ། །དང་པོ་ལ་གསུམ་སྟེ། ཧ་ཅང་ཐལ་བའི་རིགས་པ་འགོད། ཧ་ཅང་ཐལ་བ་དཔེ་དང་སྦྱར། བསྡུས་ཏེ་སྐབས་ཀྱི་ལན་ལ་སྦྱར་བའོ། །དང་པོ་ནི། ཆོས་འཁྲུལ་བ་བཀག་པས་སྡང་བ་ཡིན་ན། ཀླུ་སྒྲུབ་དང་དབྱིག་གཉེན་དང་ཕྱོགས་ཀྱི་གླང་པོ་དང་ཆོས་གྲགས་སོགས་མཁས་པ་ཀུན་གྱིས་རང་སྡེ་ནང་པ་དང་། གཞན་སྡེ་ཕྱི་པའི་ཆོས་ལོག་ཐམས་ཅད་སུན་ཕྱུང་བ་དེ་ལའང་སྡང་ཞེས་ཟེར་རམ་སྟེར་ཅི་སྟེ་ཟེར་རིགས་པར་ཐལ། ཆོས་ལོག་བཀག་པས་སྡང་བར་འགྱུར་བའི་ཕྱིར། རྫོགས་པའི་སངས་རྒྱས་ཀུན་གྱིས་ཀྱང་བདུད་དང་མུ་སྟེགས་སུན་ཕྱུང་བ་དེ་ཡང་བདུད་དང་མུ་སྟེགས་ལ་ཕྲག་དོག་ཉིད་དུ་འགྱུར་རམ་སྟེ་འགྱུར་བར་ཐལ། སྟོན་པ་དེའི་ཕྱིར། མདོ་རྒྱུད་ཤེས་པའི་མཁས་པ་རྣམས་བླུན་པོའི་ལོང་ཁྲིད་ཡིན་པས་ཆོས་ནོར་བ་བཀག་ནས་མ་ནོར་བ་བསྟན་པའི་ལོང་ཁྲིད་ལེགས་པར་བྱས་པ་ལ་སྡང་ཞེས་སྨྲ་ན། ད་སླན་ཆད་སངས་རྒྱས་ཀྱི་བསྟན་པ་ཇི་ལྟར་བསྲུང་སྟེ་བསྲུང་བའི་ཐབས་མེད་པར་ཐལ། ཆོས་ནོར་བ་བཀག་པ་ལ་སྡང་ཞེས་སྨྲ་བའི་ཕྱིར་རོ། །གཉིས་པ་དཔེ་དང་སྦྱར་བ་ནི། དཔེར་ན་ལོང་ཁྲིད་རྣམས་ཀྱིས་ལོང་བ་ལ་ལམ་གཡང་ས་བཀག་ཅིང་ལམ་བཟང་པོར་ཁྲིད་པའང་ཕྲག་དོག་ཡིན་ནམ་ཅི་སྟེ་ཡིན་པར་འགྱུར་ལ། དེ་ལ་འདོད་ན། ལོང་བ་ལམ་ལ་ཇི་ལྟར་བགྲོ་སྟེ་བགྲོ་ཚུལ་མེད་པར་ཐལ། ལམ་གཡང་ས་བཀག་པ་ཕྲག་དོག་ཡིན་པའི་ཕྱིར། དཔེ་གཞན་ཡང་ནད་པ་ལ་གནོད་པའི་ཁ་ཟས་འདི་དང་འདི་སྤོང་ལ། ཕན་པ་འདི་དང་འདི་བསྟེན་ཅེས་སྨྲན་པས་དེ་སྐད་སྨྲས་ན་ཡང་ནད་པ་ལ་སྡང་བ་དང་ཕྲག་དོག་ཏུ་འགྱུར་བར་ཐལ། ཆོས་ནོར་བ་བཀག་པ་སྡང་བ་དང་ཕྲག་དོག་ཏུ་འགྱུར་བའི་ཕྱིར། འདོད་ན། འོ་ན་ནད་པ་ཇི་ལྟར་གསོ་སྟེ་གསོ་བའི་ཐབས་མི་ཤེས་པར་འགྱུར་རོ། །

གསུམ་པ་ནི། སྔར་བཤད་པའི་རིགས་པ་དང་། དཔེ་དག་གི་ཕྱིར་ན། ས་པཎྜི་ཏ་བདག་གིས་ཆོས་ལོག་པ་དང་མ་ལོག་པའི་རྣམ་དབྱེ་བྱས་པ་ལ་སྡང་བ་དང་ཕྲག་དོག་ཡིན་ཟེར་ན། འོ་ན་འཁོར་བའི་རྒྱ་མཚོ་ལས་སེམས་ཅན་རྣམས་ནི་ཇི་ལྟར་བསྒྲལ་ཏེ་བསྒྲལ་བའི་ཐབས་མི་ཤེས་པར་འགྱུར་ཏེ། གཞན་གྱི་ཆོས་ལོག་སུན་

ཕྱུང་བ་གཞན་ལ་སྟུང་བ་ཡིན་པས་སོ། །གཉིས་པ་བདུད་རིགས་ཕམ་པ་སྟུང་སེམས་མ་ཡིན་པར་བསྟན་པ་ནི། ཆོས་ནོར་བ་བཀག་པས་བདུད་རིགས་སོགས་ཕམ་ཡང་སྟུང་སེམས་ཀྱིས་བྱས་པ་མ་ཡིན་ཏེ། སངས་རྒྱས་འཇིག་རྟེན་དུ་བྱོན་པ་དང་། མཁས་པ་རྣམས་མདོ་རྒྱུད་ལ་བཤད་པ་བྱེད་པ་ལ། འོག་ནས་བཤད་པའི་འབྲས་བུ་རྣམ་གསུམ་འབྱུང་བ་ནི་སངས་རྒྱས་བསྟན་པའི་སྤྱི་ལུགས་རྟེན་འབྲེལ་གྱི་ཆེ་བ་ཡིན་པས་སོ། །འབྱུང་ཚུལ་ནི། སློབ་དཔོན་མ་ཁོལ་གྱིས་ཀྱང་བསྟོད་པ་བརྒྱ་ལྔ་བཅུ་པ་ལས། འདི་སྐད་གསུངས་ཏེ། བདུད་བཞིའི་གཡུལ་ལས་རྒྱལ་བའི་དཔའ་བོ་སངས་རྒྱས་ཁྱོད་ཀྱི་བསྟན་པ་ནི། འབྲས་བུ་ཕ་རོལ་བདུད་དང་མུ་སྟེགས་ཐམས་ཅད་སྐྲག་པར་མཛད་ཅིང་། བདུད་ནི་སེམས་ཁོང་དུ་ཆུད་པར་མཛད་པ་ཚར་བཅད་ཀྱི་ལས་གཉིས་དང་། གདུལ་བྱ་ལྷ་དང་མི་རྣམས་དགའ་ཞིང་དབུགས་ཀྱང་འབྱིན་པ་རྗེས་འཛིན་གྱི་ལས་གཅིག་སྟེ་གསུམ་དུ་གསུངས་པས་སོ། །སངས་རྒྱས་ཀྱི་བསྟན་པ་བྱོན་པ་ལ་འབྲས་བུ་གསུམ་འབྱུང་བར་མ་ཟད་དེང་སང་འདི་ན་ཡང་བསྟན་འཛིན་གྱི་མཁས་པ་རྣམས་ཀྱིས་ཆོས་དང་ཆོས་མིན་ཕྱེ་ནས་ཆོས་ལེགས་པར་བཤད་ན་འབྲས་བུ་གསུམ་འབྱུང་སྟེ། ཆོས་ལོག་སྨྲ་བ་རྣམས་ཕམ་པར་བྱེད་པ་དང་། བདུད་རིགས་ཐམས་ཅད་ཡི་མུག་པར་འགྱུར་བ་དང་། ཆོས་ཤེས་པའི་མཁས་པ་ཐམས་ཅད་དགའ་བར་བྱེད་པ་དང་གསུམ་འབྱུང་ཞིང་། དེ་ལྟར་འབྱུང་བའི་མཐར་བཟང་པོ་འདི་འདྲས་བསྟན་པ་འཛིན་པར་ནུས་པས་སོ། །ཚུལ་འདི་ལས་ལྡོག་པ་ཆོས་ལྡན་སུན་ཕྱུང་ནས་ཆོས་མིན་སྨྲ་བ་བྱུང་བར་གྱུར་ན་བསྟན་པ་ལ་གནོད་པར་ཤེས་པར་བྱིས་ཏེ། སྔར་བཤད་པའི་ཕན་ཡོན་ལྡོག་པ་གསུམ་འབྱུང་བས་སོ། །

གསུམ་པ་ཀུན་སློང་ཟང་ཟིང་མེད་པར་བསྟན་པ་དགོས་ནི། ས་པཎྜི་ཏ་བདག་ཀྱང་ཁྱེད་བྱེད་པའི་རྡོ་རྗེ་ཕག་མོའི་བྱིན་རླབས་ཕག་མགོ་ལ་སོགས་པའི་བརྡའི་དབང་བཞི་ཙམ་རེ་བྱས་པ་ལ། ཆོས་དཀར་པོ་ཅིག་ཐུབ་བསྟན་ནས་རྩེ་གཅིག་གི་རྣལ་འབྱོར་ཡིན་ཟེར་བའི་མྱོང་བ་ཙུང་ཟད་སྐྱེས་པ་ལ། མཐོང་ལམ་དུ་ངོ་སྤྲོད་ནས་འབད་པས་རྩོལ་སྒྲུབ་མེད་པའི་དོན་བསྟན་ནས། སློབ་མ་ཚོགས་པའང་འདི་བས་མང་བ་འདུ་ཞིང་ཟང་ཟིང་གི་ལོངས་སྤྱོད་འབུལ་བའང་འདི་མང་བར་འགྱུར་ལ། བླུན་པོ་རྣམས་ཀྱི་བསམ་པ་ལ་ཡང་དགའ་ཚོགས་མེད་པར་སངས་རྒྱས་འཕྲལ་དུ་རང་འབྱིན་ནུས་པའི་བླ་མ་འདི་ལྟ་བུ་ངོ་མཚར་སྐྱམ་ནས་སངས་རྒྱས་ལྟ་བུར་མོས་པ་སྐྱེ། ཆོས་ཀྱི་གནད་རྣམས་མི་ཤེས་པའི་སྡེ་སྣོད་འཛིན་པར་རློམ་པ་ཡང་། བདག་གིས་དེ་ལྟར་བསྟན་པ་ལ་ལྷག་པར་དད་པར་འགྱུར་བར་བདག་གི་ལེགས་པར་གོ་མོད་ཀྱི། སངས་རྒྱས་ཀྱི་བསྟན་པ་ལ་ཆེད་དུ་བསམས་པ་མ་གཏོགས་འཁོར་དང་ཟང་ཟིང་ལ་མི་བལྟ་སྟེ། འཁོར་དང་ཟང་ཟིང་བསྒྲུབ་པའི་ཕྱིར་དུ་བདག་གིས་སེམས་ཅན་བསླུས་ནས་ཆོས་བསྟན་པ་མ་ཡིན་པས་སོ། །འོན་ཀྱང་སངས་རྒྱས་ཀྱི་བསྟན་པ་ལ་ཕན་པར་བསམས་ནས

སློབ་མ་བསྐྱངས་ཤིང་ཆོས་འདི་བཤད་པ་ཡིན་ཏེ། བསྟན་འཛིན་གྱི་སྐྱེས་བུས་སངས་རྒྱས་ཀྱི་བསྟན་པ་ལ་བཤད་སྒྲུབ་ཚུལ་བཞིན་དུ་བསྒྲུབས་ན་སངས་རྒྱས་ཀྱི་བསྟན་པ་ལ་ཡུན་རིང་དུ་ཕན་པར་བསམས་པས་སོ། །དེས་ན་བསྟན་བཅོས་འདི་ནི་བསྟན་པ་ལ་ཕན་པར་སེམས་པ་ཁོ་ནས་ཀུན་ནས་སློང་སྟེ་བྱས་པ་ཡིན་ཞེས་བསྟན་ནོ། །

གཉིས་པ་བྱ་བར་འོས་པས་ཟང་ཟིང་མེད་པ་ནི། བསྟན་བཅོས་འདི་ནི་སྐབས་སུ་བབས་པའི་ཆོས་ལོག་དགག་པར་བྱ་འོས་པ་རྣམས་དགག་པའི་ཆེད་ཡིན་པས་ཀྱང་ཀུན་སློང་ལ་ཟང་ཟིང་མེད་དེ། སྟོན་འཕགས་པའི་ཡུལ་དུ་མུ་སྟེགས་བྱེད་དང་། ཉན་ཐོས་ཀྱི་གྲུབ་མཐའ་སྨྲ་བ་ལ་འཁྲུལ་པ་མང་དུ་ཡོད་པ་རྣམས་དང་། ཐེག་པ་ཆེན་པོ་འགའ་ཞིག་སྟེ་སེམས་ཙམ་པ་ལ་ཡང་འཁྲུལ་པ་ཡང་ཡོད་མོད། རྒྱན་དྲུག་ལ་སོགས་པའི་མཁས་པ་རྣམས་ཀྱིས་སུན་ཕྱུང་བའི་ཕྱིར་ན་འདིར་མ་བཤད་ལ། དེང་སང་གངས་རིའི་ཁྲོད་འདི་ནི་དངོས་སྟོབས་ཀྱི་རིགས་པས་བསྒྲུབ་པར་མི་ནུས་ཤིང་། སངས་རྒྱས་ཀྱི་བསྟན་པ་མདོ་རྒྱུད་དང་འགལ་བའི་འཁྲུལ་པ་གསར་པ་དུ་མ་བྱུང་བ་ལས། རྡོ་རྗེ་ཐེག་པའི་གནད་འཁྱུགས་པའི་ཉམས་ལེན་རྒྱུད་སྡེ་རྣམས་དང་། དགོངས་འགྲེལ་གྱི་གྲུབ་ཐོབ་རྣམས་ཀྱི་དགོངས་པ་དང་འགལ་བའི་གནད་དཔག་མེད་ཡོད་པ་ཡང་གསང་སྔགས་ཉིད་ཡིན་པའི་ཕྱིར་ན༔ ཁོ་བོས་གཞན་དུ་བཤད་ནས་འདིར་མ་བཤད་ལ། དེ་བས་ན་འདིར་ནི་གསང་བ་སྟོན་དུ་རུང་མི་རུང་ཀུན་ལ་ཐུན་མོང་དུ་བཤད་དུ་རུང་བའི་འཁྲུལ་པ་ཕུར་སློས་པའི་རགས་རིམ་ཅི་རིགས་པ་འཕེལ་ན་བསྟན་པ་ལ་གནོད་པར་མཐོང་ནས། སྡོམ་གསུམ་གྱི་ཉམས་ལེན་གྱི་གནད་ཆེ་ལོང་ཙམ་ཞིག་ལ་འཁྲུལ་མ་འཁྲུལ་གྱི་རྣམ་དབྱེ་བཤད་པ་ཡིན་པས་སོ། །གསུམ་པ་གཞན་ལ་བསླུ་བས་ཟང་ཟིང་མེད་པ་ནི། བསྟན་བཅོས་འདིར་བཀག་པ་དེ་དག་ཏུ་མ་ཟད། ད་དུང་ཚིག་དོན་འཁྲུལ་པའི་རྣམ་གཞག་ནི་སྐྱོན་ཅན་དཔག་མེད་སྣང་ན་ཡང་། བསྟན་བཅོས་ཀྱི་གཞུང་མང་དོགས་པས་རེ་ཞིག་བཞག་ལ། གལ་ཏེ་འགོག་པར་འདོད་ན་ལུང་རིགས་ཀྱི་གནད་ཕྱིན་ཅི་མ་ལོག་པར་ཤེས་པའི་བློ་ལྡན་མཁས་པ་རྣམས་ཀྱིས་ཚིག་དོན་དེ་དག་ལ་ལེགས་པར་དཔྱོད་ལ་དགག་སྒྲུབ་གྱིས་ཏེ། ད་ཕྱིན་ཆད་འཁྲུལ་པ་གསར་པ་བྱུང་ན་ཡང་མཁས་པ་དག་གིས་དགག་སྒྲུབ་ཀྱི་སྒོ་ནས་སུན་ཕྱུང་ཞེས་གདམས་སོ། །དེ་ལྟར་དགག་སྒྲུབ་རིགས་པའི་རྒྱུ་མཚན་ནི། སངས་རྒྱས་ཀྱི་བསྟན་པ་རིན་པོ་ཆེ་དང་རང་ཉིད་མཇལ་བར་དཀའ་ཞིང་། མཇལ་བའི་རྗེས་སུ་ཆོས་བྱེད་ཁོམ་པའི་དལ་བ་དང་། མཐུན་རྐྱེན་འབྱོར་པ་བཅུ་ཡང་རྙེད་དཀའ་བས། མཁས་པ་རྣམས་ཀྱིས་འཁྲུལ་མ་འཁྲུལ་ལེགས་པར་རྟོགས་ལ་གཟུ་བོར་གནས་པའི་བློ་ཡིས་དྲངས་པོར་དཔྱོད་ཅིག་ཅེས་གདམས་ཏེ། བསྟན་པ་རིན་པོ་ཆེ་དང་མཇལ་བ་ཡང་དཀོན་པས་འཁྲུལ་པར་སྤྱད་ན་དལ་འབྱོར་ཆུད་ཟོས་ཤིང་དེ་ལས་བླུན་ཚབས་ཆེ་བ་མེད་ལ། མ་འཁྲུལ་པར་སྤྱད་ན་སྐྱེ་བ་གཏན་

ཀྱི་དོན་ཆེན་པོ་འགྲུབ་པས་མཁས་པ་ཀུན་གྱི་ཡང་རྩེར་འགྱུར་བ་ཡིན་ནོ། །

གསུམ་པ་འགལ་རྐྱེན་ཕྱོགས་ལྷུང་མེད་པའི་ཤེས་རབ་ལ་བཞི་སྟེ། ཐ་སྙད་མང་དུ་ཐོས་པ། མདོ་སྡེ་མང་དུ་ཐོས་པ། རྒྱུད་སྡེ་མང་དུ་ཐོས་པ། མན་ངག་མང་དུ་ཐོས་པའོ། །དང་པོ་ནི། ས་པཎྜི་ཏ་བདག་གིས་བསྟན་བཅོས་རྩོམ་པའི་རྒྱུ་ཕྱི་ནང་གི་རིག་གནས་ཀུན་ལེགས་པར་སྦྱངས་ཤིང་ལེགས་པར་རྟོགས་པས། རང་གཞན་གྱི་ཆོས་ལུགས་ཐ་དད་ལ་ཕྱོགས་ལྷུང་མེད་ཅིང་། བློ་གྲུ་བོར་གནས་པས་བརྩམས་པ་ཡིན་ཞེས་པ་ལ། གཞུང་ཚིག་ས་འདི་དག་འཆད་པ་ཡིན་ནོ། །དེ་ཡང་སྒྲ་ནི་བརྡ་སྤྲོད་པར་བྱེད་པའི་བསྟན་བཅོས་ཡིན་ལ། དེའི་གཙུག་གི་ནོར་བུ་ལྷ་བུ་ཀ་ལཱ་པ་དང་། ཙནྡྲ་པ་དང་། དེ་དག་གི་མིང་གི་སྒྲ་བསྒྲུབ་པ་དང་། སྒྲའི་བྱིངས་བསྒྲུབ་པ་དང་། བྱེད་པའི་ཚིག་བསྒྲུབ་པ་ལ་སོགས་པ་སྒྲའི་བསྟན་བཅོས་ཡན་ལག་དང་བཅས་པ་དང་། དོན་གྱི་འགལ་འབྲེལ་དཔྱོད་པའི་བསྟན་བཅོས་ཚད་མ་ཀུན་ལས་བཏུས་པ། དེའི་དགོངས་འགྲེལ་སྡེ་བདུན་འགྲེལ་པ་འགྲེལ་བཤད་དང་བཅས་པ་རྣམས་ལེགས་པར་བསླབས་ཤིང་ལེགས་པར་མཁྱེན་ལ། དེར་མ་ཟད་ཚིག་གི་སྡེབ་སྦྱོར་མཉམ་པ་དང་ཕྱེད་མཉམ་པ་དང་མི་མཉམ་པ་དང་། འཕགས་མ་དང་རོ་ལངས་དང་ཕྱི་མོ་མཉམ་པ་རྣམས་ཀྱང་དཔྱིས་ཕྱིན་པ་ཤེས་ཤིང་། སྙན་ངག་གི་མཚན་ཉིད་སྟོན་པར་བྱེད་པ་དབྱངས་ཅན་གྱི་མགུལ་རྒྱན་ལ་སོགས་པ་དང་། རྫོད་བྱེད་ཀྱི་སྙན་ཚིག་མཆོག་ཏུ་གྱུར་པ་སྐྱེས་རབས་དཔག་བསམ་འཁྲི་ཤིང་ལ་སོགས་པ་དང་། མིང་གི་མངོན་བརྗོད་འཆི་མེད་མཛོད་དང་། སྣ་ཚོགས་གསལ་བ་ལ་སོགས་པ་ཐལ་ཆེར་གོ་བ་སྐྱེ་ཐོས་པ་ཡིན་ནོ། །

གཉིས་པ་ནི། འདུལ་བ་ལུང་དང་། སོ་ཐར་གྱི་མདོ་དང་། མདོ་རྩ་དང་། འོད་ལྡན་དང་། མེ་ཏོག་འཕྲེང་རྒྱུད་དང་། མངོན་པ་མཛོད་དང་། ཐེག་བསྡུས་དང་། རྣམ་བཤད་རིགས་པ་ཉི་ཤུ་པ། སུམ་ཅུ་པ། ཕུང་པོ་ལྔའི་རབ་བྱེད། ཕར་ཕྱིན་གྱི་བསྟན་བཅོས་མངོན་རྟོགས་རྒྱན་རྩ་འགྲེལ། ཤེར་ཕྱིན་བདུན་བརྒྱ་པ། བརྒྱད་སྟོང་དོན་བསྡུ་སོགས་སྡེ་སྣོད་གསུམ་གྱི་བཀའ་དང་། བསྟན་བཅོས་ཕལ་ཆེར་ཐོས་ཤིང་ཐུགས་སུ་ཆུད་པ་ཡིན་ནོ། །

གསུམ་པ་ནི། གསང་སྔགས་རྒྱུད་སྡེ་བཞི་པོ་ཡང་བོད་ན་ཉན་བཤད་ཡོད་པ་ཕལ་ཆེར་ཐོས་ཤིང་། ཐོས་པ་དེ་དག་ཀྱང་མིང་རྐྱང་ཙམ་དུ་མ་བཞག་སྟེ། བསམ་བྱུང་གི་རིགས་པས་ཚུལ་བཞིན་དུ་དཔྱད་པས་དོན་གྱི་གནད་ཚུལ་བཞིན་དུ་རྟོགས་ཤིང་བསྒོམས་པས་ཐུགས་ཉམས་སུ་བཞེས་པར་མཛད་པ་ཡིན་ནོ། །

བཞི་པ་ནི། བྱེ་བྲག་སྨྲ་བ་དང་། མདོ་སྡེ་པ་དང་། སེམས་ཙམ་པ་དང་། དབུ་མ་པ་སྟེ། གྲུབ་མཐའ་སྨྲ་བ་བཞིའི་གདམས་ངག་ཇི་སྙེད་ཡོད་པ་བོད་དུ་འགྱུར་བ་ཕལ་ཆེ་བ་དང་། དེང་སང་བོད་ན་གྲགས་པའི་ཕ་དམ་པའི་ཞི་བྱེད་བརྒྱུད་པ་གསུམ་དང་། ཨ་རོའི་རྫོགས་ཆེན་དང་། ཨ་མ་ལབ་ཀྱི་སྒྲོན་མའི་གཅོད་ལ་སོགས་པ་

དང་། མངོན་རྟོགས་རྒྱན་གྱི་སྐབས་བརྒྱད་ཀྱི་དོན་ཅིག་ཆར་དུ་བསྒོམ་པ་ཇོ་བོ་ནས་བརྒྱུད་པ་དང་། ཕ་རོལ་ཏུ་ཕྱིན་པའི་བློ་སྦྱོང་དོན་བདུན་མ་ལ་སོགས་པ་དང་། ཇོ་བོ་རྗེ་ནས་དགེ་བཤེས་དགོན་པ་བ་ལས་བརྒྱུད་པ་དང་། འབྲོམ་སྟོན་པ་ལ་བརྒྱུད་པའི་བཀའ་གདམས་གདམས་ངག་ལུགས་གཉིས་དང་། ས་ར་ཧའི་དོ་ཧ་མཛོད་ཀྱི་གླུ་དང་། ཏི་ལོ་པ་དང་། ནག་པོ་སྤྱོད་པས་མཛད་པའི་རྡོ་རྗེའི་རྟོགས་པ་གླུར་བླངས་པའི་དོ་ཧ་དང་། རྣལ་འབྱོར་དབང་ཕྱུག་བིརྺ་པའི་དོ་ཧ་སེང་གེ་ཞེས་བྱ་བ་དང་། མཻ་ཏྲི་པ་དང་། ཐ་ག་པ་སོགས་ཀྱི་དོ་ཧའི་བྱེ་བྲག་དུ་མ་ཐོས་སོ། །གསང་བ་འདུས་པའི་གདམས་ངག་རིམ་ལྔ་སྟན་ཐོག་གཅིག་མ་ཚུར་སྟོན་དབང་དེ་ནས་བརྒྱུད་པ་དང་། མར་པའི་སློབ་མ་མེས་སྟོན་ཆེན་པོ་དང་། དྭགས་པོའི་སློབ་མ་གཙང་ཞེར་དང་། རས་ཆུང་པའི་སློབ་མ་བྱར་བསྒོམ་པ་ལས་ཐོས་པའི་རྨོག་ལྕོག་པ་ནས་བརྒྱུད་པའི་ན་རོ་ཆོས་དྲུག་ལུགས་གསུམ་དང་། གསང་བ་འདུས་པ་ཡེ་ཤེས་ཞབས་ལུགས་ཀྱི་གདམས་ངག་ཡན་ལག་དང་བཅས་པ་དང་། དེ་བཞིན་དུ་གསང་འདུས་འཕགས་སྐོར་གྱི་གདམས་ངག་དང་། དགེས་པ་རྡོ་རྗེའི་རྒྱུད་གསུམ་ཆོས་ཐུན་ཐིག་ལེ་སྐོར་རྣམས་ཀྱི་རྒྱུད་དང་བཅས་པའི་གདམས་ངག་ཕྱག་རྒྱ་ཆེན་པོ་སྙིང་པོའི་སྐོར་དང་། གཤིན་རྗེ་གཤེད་དམར་པོ་དང་འཇིགས་བྱེད་དང་དགྲ་ནག་སོགས་ཀྱི་གདམས་ངག་གསང་སྔགས་གསར་རྙིང་གཉིས་ཀའི་ལུགས་དང་། འཁོར་ལོ་སྡོམ་པའི་གདམས་ངག་གསང་མཐའི་ལུགས་རྣམས་དང་། དུས་ཀྱི་འཁོར་ལོའི་སྦྱོར་དྲུག་ཡན་ལག་དང་བཅས་པ་སོགས་དང་། མཚན་བརྗོད་ཀྱི་བཤད་པ་སློབ་དཔོན་འཇམ་དཔལ་བཤེས་གཉེན་གྱིས་མཛད་པའི་འགྲེལ་པ་ཆེ་ཆུང་གཉིས་ལ་སོགས་པའི་ལུགས་དྲུག་དང་། བིརྺ་པའི་འཆི་མེད་གྲུབ་པའི་གདམས་ངག་དང་། བིརྺ་པའི་ལམ་འབྲས། མཚོ་སྐྱེས་ཀྱི་བསྐྱེད་རིམ་ཟབ་པའི་ཚུལ་དགུ །རྫོགས་རིམ་མར་མེའི་རྩེ་མོ་ལྟ་བུ། ཏོག་རྩེ་པའི་བསམ་མི་ཁྱབ་ལ་སོགས་པའི་ལམ་སྐོར་དགུ་དང་། ལམ་འབྲས་དེ་ལས་འཕྲོས་པ་ལམ་སྦས་བཤད། གྲུབ་ཆེན་བཅུ། ཕྲ་མོ་བརྒྱད་དང་བཅས་པ་དུ་མ་དང་། གཞན་ཡང་དེང་སང་བོད་ན་གྲགས་པའི་ཁ་རག་སྐོར་གསུམ་ལ་སོགས་པ་དང་། རྒྱ་གར་ན་གྲགས་པའི་འབྲོག་མི་ལོ་ཙཱ་བའི་མཁས་པ་སྒོ་དྲུག་ལས་གསན་པའི་གདམས་པ་ལ་སོགས་པ་འབད་དེ་ལེགས་པར་ཉན་ཅིང་། བསླབ་པ་དེ་དག་མིང་ཙམ་མ་ཡིན་པར་སོ་སོའི་ལུགས་ཇི་ལྟ་བ་བཞིན་དུ་རྟོགས་པ་དེའི་ཕྱིར་ན། རྒྱ་བོད་ཀྱི་ཆོས་རྣམས་ཕལ་ཆེར་ཐོས་ཤིང་རྟོགས་པ་ཡིན་ནོ། །དེས་ན་ས་སྐྱ་པཎྜི་ཏ་བདག་ལ་རང་གི་ཤེས་པ་རྣམས་བསླབ་པར་འདོད་ཅིང་། མི་ཤེས་པ་འགོག་པར་འདོད་པའི་ཕྱོགས་ལྷུང་ཡང་མེད། ཤེས་པ་རྣམས་ལ་ཡང་མ་དག་པ་ནི་རང་གཞན་སུ་ལ་འདུག་ཀྱང་དོར་ཞིང་། དག་པ་ནི་སུ་ལ་འདུག་ཀྱང་སླུབ་པ་ཡིན་པས་བསྟན་བཅོས་འདིའི་དགག་སྒྲུབ་ལ་ཕྱོགས་ལྷུང་མེད་པ་ཡིན་ནོ། །

གཉིས་པ་འབྲས་བུ་བསྟན་བཅོས་བརྩམས་པ་གཟུང་བར་གདམས་པ་ནི། གོང་དུ་སྨོས་པའི་རྒྱུ་མཚན་དེའི་ཕྱིར་ན་ལེགས་པར་རྟོགས་ཤིང་བློ་གཟུ་བོས་དཔྱད་པའི་བསྟན་བཅོས་འདི་བློ་ལྡན་རྣམས་ཀྱིས་འདི་ན་བཤད་པ་ལྟར་དུ་གཟུང་རིགས་པ་ཡིན་ནོ། །

གསུམ་པ་གཟུང་བྱའི་བསྟན་བཅོས་ཉིད་ཀྱི་ཆེ་བ་བརྗོད་པ་ནི། སྡོམ་པ་གསུམ་གྱི་བསྟན་བཅོས་ཉི་མའི་སྣང་བ་ཆོས་ཅན། དེང་འདིར་བསྟན་པ་དང་སྐལ་ལྡན་གྱི་གདུལ་བྱ་མཐའ་ཡས་པའི་དཔལ་དུ་ཤར་བ་ཡིན་ཏེ། ཐུབ་པའི་བསྟན་པ་རིན་པོ་ཆེ་ལས་གྲུབ་པའི་གཞལ་མེད་ཁང་ལ་ལོག་ལྟའི་མུན་ནག་གི་ཚང་ཚིང་རྣམ་པར་བསལ་ནས། གདུལ་བྱ་བློ་གསལ་གྱི་ཚོགས་ཀྱི་བློ་གྲོས་ཀྱི་པདྨོ་ཁ་འབྱེད་པས་སོ། །ཕྱིལ་དྲིལ་ན་བསྟན་བཅོས་འདི་ཆོས་ཅན། བྱེད་ལས་གཉིས་དང་ལྡན་པ་ཡིན་ཏེ། སངས་རྒྱས་ཀྱི་བསྟན་པའི་ཉམས་ལེན་འཁྲུལ་པ་འགོག་པས་ཕས་རྒོལ་ཚར་བཅད་ནས། མ་འཁྲུལ་བའི་གནད་ཀྱིས་བློ་གསལ་རྗེས་སུ་འཛིན་པར་བྱེད་པའི་ཕྱིར། གཞན་ཡང་བསྟན་བཅོས་འདི་ཆོས་ཅན། ཁྱད་པར་གྱི་ཆོས་བཞི་དང་ལྡན་པ་ཡིན་ཏེ། རྒྱལ་བ་ཀུན་གྱི་མདོ་རྒྱུད་ཀྱི་དགོངས་པ་ཁྱད་འདི་ཡིན་པ་དང་། རྗེ་མ་པོ་བདག་གི་ཀུན་སློང་གི་བསམ་པ་འགྲོ་ལ་ཕན་པའི་བསམ་པ་རྣམ་པར་དག་པས་བཤད་པ་དང་། བསྟན་འཛིན་མཁས་པ་ཀུན་གྱི་དགོངས་པ་ཕྱོགས་གཅིག་པ་ཁྱད་འདི་ཡིན་པ་དང་། དེ་ལྟ་མོད་ཀྱི་ད་དུང་བླུན་པོ་རྣམས་ཀྱིས་རྟོགས་པར་དཀའ་བ་སྟེ་ཁྱད་ཆོས་བཞི་དང་ལྡན་པའི་ཕྱིར།

བཞི་པ་བརྩམས་པའི་དགེ་བ་གཞན་གྱི་དོན་དུ་བསྔོ་བ་ནི། རྗེ་མ་པོ་ས་པཎྜི་ཏ་ཀུན་དགའ་རྒྱལ་མཚན་གྱི་མཁྱེན་པ་ཉི་མའི་དཀྱིལ་འཁོར་གྱིས་སངས་རྒྱས་ཀྱི་བསྟན་པ་སྡེ་སྣོད་གསུམ་དང་རྒྱུད་སྡེ་བཞིའི་པདྨོ་རྣམ་པར་ཕྱེ་བ་ལས་བྱུང་བའི་ལེགས་བཤད་དམ་པའི་སྦྲང་རྩི་ཟད་མི་ཤེས་པ་འདི་ནི། སྐལ་ལྡན་གྱི་འགྲོ་བ་བུང་བའི་ཚོགས་མཐའ་ཡས་པ་ཀུན་རྒྱུན་དུ་ལམ་གྱི་གནད་ཕྱིན་ཅི་མ་ལོག་པ་ལ་སྤྱོད་པའི་ཕན་པ་དང་། བདེ་བའི་དགའ་སྟོན་འགྱེད་པར་ཤོག་ཅེས་འགྲོ་བ་མཐའ་ཡས་པའི་དོན་དུ་བསྔོ་བ་ཡིན་ནོ། །ལྔ་པ་བཀའ་དྲིན་རྗེས་སུ་དྲན་པས་ཕྱག་བྱ་བསྟན་པ་ནི། རྗེ་བཙུན་ཐུགས་རྗེ་ཅན་གང་གིས་ཐུགས་བརྩེས་ཉེ་བར་འཚུང་བའི་བཀའ་དྲིན་ལས། བསྟན་པ་དང་འགལ་བའི་ལོག་པའི་ཆོས་རྣམས་སྤངས་ནས་ཀྱང་། སངས་རྒྱས་ཀྱི་བསྟན་པ་རྣམ་དག་དང་ལེགས་པར་སྤྱོད་པའི་འཇམ་མགོན་བླ་མ་གྲགས་པ་རྒྱལ་མཚན་དེ་ལ་བཀའ་དྲིན་དྲན་པར་སྨྲ་ཡང་འདུད་པ་ཡིན་ཏེ། སྔར་བཤད་པའི་ཆོས་དག་མ་དག་གི་རྣམ་དབྱེ་ཕྱུལ་དུ་ཕྱིན་པ་དེ་དག་ནི། རྗེ་བཙུན་ཆེན་པོ་ཁོ་ནའི་བཀའ་དྲིན་དང་བྱིན་རླབས་ལས་བྱུང་བ་གདོན་མི་ཟ་བས་སོ། །དེ་སྐད་དུ། སངས་རྒྱས་ཀུན་གྱི་ཡེ་

ཤེས་སྨྲ། །གཅིག་ཏུ་བསྡུས་པ་འཇམ་པའི་དབྱངས། །དགེ་བསྙེན་མཆོག་གི་སྐྱུར་བསྟན་ནས། །བདག་གི་འཕྲུལ་པའི་དྲ་བ་བཅད། །ཅེས་གསུངས་སོ། །གསུམ་པ་བྱས་ཤེས་དྲིན་བཟོ་བསྐྱེད་པའི་ཆེད་དུ་མཛད་བྱང་སྨོས་པ་ནི། སྡོམ་པ་གསུམ་གྱི་རབ་ཏུ་དབྱེ་བ་ཆོས་དང་ཆོས་མ་ཡིན་པ་རྣམ་པར་དབྱེ་བའི་བསྟན་བཅོས་ཤློ་ཀ་བརྒྱ་ཕྲག་བཅུའི་བདག་ཉིད་ཅན་འདི་ནི། ཤེས་བྱ་རིག་པའི་གནས་མཐའ་དག་མང་དུ་ཐོས་པའི་ནོར་དང་ལྡན་པ༏ རིགས་པ་དང་མི་རིགས་པ་སོ་སོར་གཅོད་ཅིང་འབྱེད་པར་ནུས་པའི་བློ་གྲོས་ཅན་སྡེ་སྣོད་འཛིན་པ་ཀུན་དགའ་རྒྱལ་མཚན་དཔལ་བཟང་པོས་སྦྱར་བ་རྫོགས་སོ་ཞེས་པའོ། །ཕྱི་བྲག་ཏུ་གསང་སྔགས་ཀྱི་ལམ་རིམ་གཉིས་ལ་སོགས་པའི་གནད་གཏན་ལ་དབབ་པ་ནི་གསང་ཆེན་ཡིན་པས་སྐལ་བ་དང་ལྡན་པ་དག་གིས་ཁོ་བོས་ཡོགས་སུ་བཤད་པར་བལྟ་བར་བྱའོ། །ཞེས་ཀྱང་གདམས་སོ། །

ཨེ་མ་ཐབས་མཁས་བྱང་ཆུབ་སེམས་བདུད་རྩིས། །སྐལ་བཟང་ཐུབ་པ་ཀུན་ཀྱང་གཅིག་ཆར་བསྐྱུན། །ཡབ་གཅིག་འཇམ་པའི་རྡོ་རྗེ་མི་ཡི་ཟློལ། །ཀུན་དགའ་རྒྱལ་མཚན་ཞབས་ཟུང་སྤྱི་བོར་ཞོག །མགོན་དེས་རྗེས་བཟུང་ཐུབ་བསྟན་གངས་རིའི་སྒྲོར། །རྣམ་དཔྱོད་གདོང་ལྔའི་སྟོབས་ལྡན་གད་བརྒྱངས་སྒྲས། །ཕ་རོལ་རྒོལ་བའི་གཉིས་འཐུང་ཀླད་འགེམས་པ། །བསོད་ནམས་སེང་གེར་སྙན་ཡང་སྤྱི་བོས་འདུད། །འདི་ན་སྔོན་བྱོན་མཁྱེན་པའི་པད་མཚོར་མདོ་རྒྱུད་གཞུང་ཀུན་གནས་བཅས་ཀྱང་། །ཟབ་མོའི་དེ་ཉིད་སྙིང་པོར་འདོམས་ལ་ལྷགས་རྩེ་དཀན་ལ་འཁོར་བ་བཞིན། །དོན་གཞན་རྒྱ་ཆེའི་ལྷབ་ལྷིབ་མང་པོས་བློ་གསལ་མགུ་བ་བསྐྱེད་མིན་ནམ། །བསྟན་བཅོས་ཆེ་འདིའི་དགོངས་པའི་མཐིལ་ཡོངས་ཕྱུལ་ཕྱིན་གཏམ་སྙིས་སྨྲ་བ་སུ། །ཁ་ཅིག་འབད་པས་ཏིལ་མར་བཞིན་བཙིར་ལེགས་བཤད་ཆོག་འགའི་ཐིགས་པའི་རྒྱུན། །ཉུང་ངུར་འདོམས་ལ་མེས་པོ་ཉིད་དུ་མངོན་པའི་ང་རྒྱལ་འབྲུག་སྒྲ་བཞིན། །འགའ་ཞིག་བསྟན་རྩ་གཞུང་ལུགས་དོར་ནས་གློ་བུར་རྫུ་འཕྲུལ་མངོན་ཤེས་སོགས། །བརྫུན་གྱི་ཟློལ་ཟློག་བླུན་པོའི་མགོ་བསྐོར་ལྷ་ཆེན་རྣམ་ཐར་བཞིན་མིན་ནམ། །དེ་སྐད་བསྟན་བཅོས་ཆེ་འདིར་བརྩོན་གཉིས་ཀྱིས། །བློ་གྲོས་ཆུ་གཏེར་བསྲུབ་ལས་ངལ་བའི་འབྲས། །གཞུང་དོན་ཟླ་བའི་སྨུ་གུ་རྨ་མེད་པ། །དོན་གཉེར་ཀུ་མུད་ཚལ་དུ་སོང་ཞིག་གོ །བསྟན་ལ་ལྷག་བསམ་སྙིང་སྟོབས་དོ་གེར་ཅན། །མཁྱེན་ལྡན་མི་བདག་རྡོ་རྗེའི་མཚན་དེ་ཡིས། །བཀའ་མཆིད་བདུད་རྩིའི་དོག་པ་སྙིང་ལམ་དང་། །སྒྲ་འཛིན་བུ་གར་ཡང་ཡང་གསོན་པ་ལས། །མ་ལུས་རྒྱལ་བའི་གསུང་རབ་ཆུ་གཏེར་ལས། །ལེགས་འོང་བསྟན་བཅོས་ཡིད་བཞིན་ནོར་བུ་ཡི། །རྣམ་བཤད་ལེགས་བཤད་འདོད་དགུའི་གཏམ་འདི་བགྱིས། །སྐལ་བཟང་བློ་གསལ་རེ་བ་ཀུན་རྫོགས་སྨོན། །འདི་ལྟར་བགྱིས་པས་ཉེར་མཚོན་དུས་གསུམ་གྱི། །རྣམ་དཀར་མཆོད་སྦྱིན་

ནམ་མཁའི་ཕ་མཐའ་ཡས། །ཀུན་བཟང་བློ་ཡི་རྣམ་འཕྲུལ་ལས་ལྷག་པ། །ཁྱབ་བདག་དུས་དགྲའི་དབང་ཕྱུག་མ་ཏེའི་ཞལ། །བསོད་ནམས་ཆོས་འཕེལ་ལ་སོགས་ཡོངས་འཛིན་མཆོག །རྗེ་བཙུན་བླ་མའི་ཚོགས་ལ་དད་པས་འདུལ། །རྟག་ཏུ་དོན་ལྡན་བཤད་སྒྲུབ་བྱ་བ་ཡིས། །བསྟན་དང་འགྲོ་འདི་སྐྱོང་བར་བདག་གྱུར་ཅིག །བསྟུས་དོན་མཚམས་སྦྱར་འཕྲོས་ཀྱི་མེ་ལོང་གཞིར། །གཞུང་དོན་ལྟ་བའི་ཡིད་འཕྲོག་ཚིག་འབྲུ་དང་། །མཐའ་གཅོད་རིན་ཆེན་འཕྲེང་བས་ལུས་སྤྲས་པའི། །རྣམ་དཔྱོད་སྒེག་མོའི་གཟུགས་མཛེས་སྟོན་ཆད་དུ། །སྟོན་བསགས་རྣམ་དཀར་ཟླ་བའི་ཆ། །ཡར་ངོའི་འཕེལ་བ་དང་འགྲོགས་པའི། །རྣམ་བཤད་ཟླ་འོད་ནོར་བུ་འདི། །བསྐལ་བརྒྱར་འགྲོ་བའི་མིག་གྱུར་ཅིག །

དེ་ལྟར་མདོ་རྒྱུད་ཀུན་གྱི་གླེགས་བམ་གཅིག་ཏུ་གྱུར་པའི་བསྟན་བཅོས་སྡོམ་པ་གསུམ་གྱི་རབ་ཏུ་དབྱེ་བའི་རྣམ་བཤད་ཟླ་འོད་ནོར་བུ་ཞེས་བྱ་བ་འདི་ནི། ས་སྐྱོང་མའི་དབང་པོ་ལྷ་རིག་ཤེས་བྱའི་གནས་ཀུན་ལ་མཁྱེན་པའི་སྤྱན་ཡངས་པ་དགྲ་འདུལ་དོན་གྲུབ་རྡོ་རྗེ་དཔལ་བཟང་པོའི་བཀས་བསྐུལ་བ་ལས། བཀའ་དྲིན་གཞལ་དུ་མ་མཆིས་པ་དོན་གྱི་སླད་དུ་མཚན་ནས་སྨོས་ཏེ། མཁན་ཆེན་འཛམ་པའི་དབྱངས་དབང་ཕྱུག་དཔལ་བཟང་པོའི་ཞལ་སྔ་ནས་དང་། སྔགས་བརྒྱུད་ཟབ་མོའི་གཏེར་མཛོད་སྔགས་འཆང་གྲུབ་པ་ཡོངས་ཀྱི་གཙུག་རྒྱན་མཐུ་སྟོབས་ཀྱི་འཁོར་ལོས་སྒྱུར་བ་བསོད་ནམས་ཆོས་འཕེལ་ཞབས་དང་། གནས་ལྔ་རིག་པའི་པཎ་ཆེན་མཁྱེན་རབ་ཀྱི་དབང་ཕྱུག་ཐམས་ཅད་མཁྱེན་པ་མང་ཐོས་ཀླུ་སྒྲུབ་རྒྱ་མཚོ་ལ་སོགས་པ་ཡོངས་འཛིན་དུ་མའི་ཞབས་རྡུལ་སྤྱི་བོས་བླངས་པས་སྡོམ་པ་གསུམ་ལྡན་གྱི་སྐལ་བ་བཟང་པོར་གྱུར་ཅིང་། གསུང་རབ་ཀྱི་དོན་ལ་ཡང་དཔྱོད་པའི་བློ་ནུས་ཅུང་ཟད་ཐོབ་པ། ཤཱཀྱའི་དགེ་སློང་རྡོ་རྗེ་འཛིན་པ་ངག་དབང་ཆོས་ཀྱི་གྲགས་པས། ཀུན་མཁྱེན་བླ་མ་ཆེན་པོའི་སྡོམ་པ་གསུམ་གྱི་སྤྱིའི་ཊཱིཀྐ་འབྲུལ་སྤོང་སོགས་ལ་གཞི་བརྟེན། ཚད་ལྡན་མཁས་པ་དུ་མའི་ལེགས་བཤད་ཀྱིས་ཀུང་ཁ་བརྒྱན། རིགས་པ་དང་མི་རིགས་པ་དག་རང་གི་བློས་རྣམ་པར་ཕྱེ་ནས། འཕགས་པ་འཇིག་རྟེན་དབང་ཕྱུག་གི་རྣམ་པར་འཕྲུལ་པ། བྱང་སེམས་ཆེན་པོ་ཟླ་བ་རྒྱལ་མཚན་གྱིས་བྱིན་གྱིས་བརླབས་པའི་གྲུབ་པའི་བསྟི་གནས་ཤིང་མང་དགོན་པར། ལུག་ལོ་ཟླ་བ་བཅུ་གཅིག་པའི་དཀར་ཕྱོགས་ཡར་ངོའི་ཚེས་གསུམ་གྱི་ཉིན་ལེགས་པར་གྲུབ་པའི་ཡི་གེ་པ་ནི་མང་ཐོས་ཆོས་འཕེལ་རྒྱ་མཚོས་བགྱིས་སོ། །འདིས་ཀྱང་ཕན་བདེའི་འབྱུང་གནས་རྒྱལ་བའི་བསྟན་པ་རིན་པོ་ཆེ་ཡུལ་དང་། དུས་དང་ཕྱོགས་དང་གནས་སྐབས་ཀུན་ཏུ་དར་ཞིང་རྒྱས་ལ་យུན་རིང་དུ་འཚོ་ཞིང་གནས་པར་གྱུར་ཅིག །

༄། ན་མོ་གུ་རུ་ཨ་ནནྟ་ཧྲྀ་ཛ་ཡེ། ཞུལ་བྱུང་མཁྱེན་པའི་དཀྱིལ་འཁོར་རབ་ཏུ་རྫོགས། །ཟབ་ཡངས་ཆོས

ཀྱི་སྣང་བས་འཛིག་རྟེན་ཁྱབ། །དམིགས་མེད་བརྩེ་བའི་ཤིང་རྟས་དྲངས་པ་ཡི། །ཐུབ་དབང་ནམ་མཁའི་ནོར་བུ་དེང་འདིར་འཆར། ༡ །བསིལ་ལྡན་ཁ་བས་བསྐྱེགས་པའི་ཞིང་ཁམས་སུ། །རྒྱལ་ཀུན་ཡེ་ཤེས་ཕུང་པོ་གཅིག་བསྡུས་པ། །མ་ནོར་ཚང་ལ་ལམ་སྟོན་ཆོས་ཀྱི་རྗེ། །འཇམ་དབྱངས་ཐུགས་རྗེའི་ཟླ་བའང་འཁྲུངས་པར་གྱུར། ༢ །ཐུབ་པའི་བསྟན་པ་སྡེ་སྣོད་གསུམ་གྱི་མཚོ། །རྒྱུད་སྡེ་རྣམ་བཞིའི་ནོར་བུའི་གཏམས་པ་ལས། །དགོངས་འགྲེལ་བསྟན་བཅོས་དབང་གི་རྒྱལ་པོ་ཞིག །ངོ་མཚར་རྨད་བྱུང་སྟོན་པའི་རྒྱལ་ཚབ་བཞག ༣ །སྡོམ་གསུམ་པདྨ་རཱ་གའི་མཚར་སྡུག་ལ། །འཕྲེད་ཕྲེད་རྣམ་བཤད་ཟླ་འོད་མང་ན་ཡང་། །འཇམ་དབྱངས་བླ་མའི་བྱིན་རླབས་ནོར་བུ་ཡིས། །རིག་པས་པཎ་ཆེན་བླ་མ་མཆོག་ཏུ་བསྔགས། ༤ །སྨྲ་བཞི་མུ་ཏིག་ཕྲེང་མཛེས་དགེ་བཅུའི་དཔལ། །ཆོས་ཀྱི་འཁོར་ལོས་སྒྱུར་བའི་བཙུན་མོ་མཆོག །ཆེ་གཡང་དཔལ་མོའི་རྣམ་དཀར་ཐུགས་བསྐྱེད་ཀྱིས། །ཡོན་སྦྱོར་རིན་ཆེན་དབྱིག་གི་སྒོ་འཕར་ཕྱེས། ༥ །གང་གི་བཀའ་ལུང་ནོར་བུའི་ར་བ་རུ། །ཆོས་སྲིད་དབང་བསྒྱུར་གསེར་རི་ལྟར་བརྗིད་པའི། །འཇམ་དབྱངས་བློ་གྲོས་ལྷག་བསམ་དག་པའི་མཐུས། །ངོ་མཚར་ཡི་གེའི་ཕྱི་མོ་བསྐྲུན་པའི་དགེས། ༦ །སྡོམ་པ་གསུམ་གྱི་ཉམས་ལེན་གཅིག་ཏུ་དྲིལ། །གཞི་འབྲས་དབྱེར་མེད་རྡོ་རྗེའི་སྒྲ་སྒྲོགས་པ༑ ༑ཡོངས་རྫོགས་བསྟན་པའི་མངའ་བདག་ས་སྐྱ་པའི། །བསྟན་པ་རིན་ཆེན་ཕྱོགས་བརྒྱར་རྒྱས་གྱུར་ཅིག ༧ །འཇིག་རྟེན་ཁམས་སུ་ནད་མུག་འཁྲུགས་རྩོད་སོགས། །སྡུག་བསྔལ་རྒྱུ་བཅས་མུན་པ་རབ་ཞི་ནས། །དགེ་མཚན་སྐྱ་རེངས་དཀར་པོས་བོས་པའི་མགྲོན། །རྫོགས་ལྡན་གསར་པའི་སྣང་བས་མཛེས་པར་ཤོག ༨ །འབྲེལ་ཐོགས་རྣམས་ཀྱིས་གཙོར་བྱས་ཡིད་ཅན་ཀུན། །མཐོ་རིས་ཡོན་ཏན་ཀུན་གྱི་འབྱོར་པས་ཕྱུག །སྡོམ་གསུམ་འགལ་མེད་ཉམས་སུ་བླངས་པ་དང་། །ལྷན་ཅིག་ཀུན་མཁྱེན་རྒྱལ་སར་ཕྱིན་གྱུར་ཅིག ༩ །

ཅེས་པའང་སྤྱར་གསར་དུ་བཀོད་དེ་ཤར་སྡེ་དགེའི་རྒྱལ་ཁབ་ནས། ༧ འཇམ་དབྱངས་གོང་མ་རིན་པོ་ཆེའི་མདུན་ཞུལ་ཏེ་འོག་མིན་རྡོ་རྗེའི་གདན་དཔལ་ས་སྐྱའི་ཆོས་སྦྱོད་མཛེས་པའི་རྒྱན་དུ་བཞུགས་གསོལ་སྐབས། གོང་གི་བཀས་བསྐུལ་ལྟར་གསེར་ལྗོངས་མཁན་མིང་མཁས་གྲུབ་ཆོས་ཀྱི་སེང་གེས་སྤྱར་བྱང་སྨོན་ཚིག་ཏུ་བྲིས་པ་སུ་ཛ་ག་ཏཾ།། །།

༄༅། །སྡོམ་པ་གསུམ་གྱི་རབ་ཏུ་དབྱེ་བའི་སྤྱི་དོན་ཀུན་གསལ་ནོར་བུའི་ཕྲེང་བ་ཞེས་བྱ་བ་བཞུགས་སོ། །

པཎ་ཆེན་ངག་དབང་ཆོས་གྲགས།

བླ་མ་དང་མགོན་པོ་འཇམ་པའི་དབྱངས་ལ་ཕྱག་འཚལ་ལོ། །གནས་ལྔའི་གཞུང་ལུགས་ཀུན་ལ་མཁྱེན་པའི་སྤྱན། །ཐོགས་མེད་བློ་གསལ་དགའ་བསྐྱེད་རྒྱལ་བའི་བསྟན། །མཐོན་པོར་འདེགས་པའི་རྒྱལ་མཚན་མདོན་མཐོའི་དཔལ། །ཕྲིན་ལས་བཟང་པོའི་ཞབས་ཀྱིས་ཤིས་པས་སྐྱོངས། །ལེགས་བྱས་བསོད་ནམས་མི་ནུབ་ཡོངས་འདུའི་ཚལ། །མདོ་སྔགས་ཀུན་མཁྱེན་སྨྲ་བའི་གད་བརྒྱངས་སྒྲས། །ཕས་རྒོལ་ཀུན་འཇོམས་འཛིན་མའི་སེང་གེ་མཆོག །ཀུན་མཁྱེན་མཁས་པའི་དབང་པོར་གྲུས་པས་འདུད། །བྱམས་དང་ཐུགས་རྗེའི་ཁ་བའི་རྡུལ་བརྩེགས་སྤོར། །ལེགས་བཤད་སྒྲ་ལ་ཆགས་པའི་ཐར་པའི་དཔལ། །ངེས་ལེགས་བཟང་པོ་དགའ་སྟོན་འགྱེད་མཁས་པའི། །སྨུས་ཆེན་འགྲོ་བའི་བླ་མ་ཕྱུག་གི་གནས། །གང་ལས་བསྟན་རྩ་རབ་བྱུང་འདུལ་ཁྲིམས་ཀྱི༔ །བཀའ་དྲིན་ནོས་པའི་རྩ་བའི་བླ་མའི་མཆོག །སངས་རྒྱས་བསྟན་འཛིན་མཁས་མང་རྒྱ་མཚོའི་གཙོ། །ཡོངས་འཛིན་དམ་པའི་ཞབས་ལ་སྤྱི་བོས་འདུད། །དཔལ་ལྡན་མཁྱེན་པའི་དབང་ཕྱུག་སྒྲོ་བརྒྱ་བ། །འཕགས་ནོར་དཔལ་གྱིས་དགེ་མཚན་ཟད་མི་ཤེས། །སྐལ་བཟང་སྐྱེ་དགུའི་ཉེར་འཚོར་འདོད་འཛོ་བའི། །མཚུངས་བྲལ་དམ་པའི་མགོན་དེར་ཕྱག་བྱས་ནས། །འདིར་ནི་རྣམ་མང་རྒྱལ་བའི་གསུངས་རབ་ཀྱི། །བརྗོད་བྱའི་སྙིང་པོ་སྡོམ་གསུམ་རྣམ་གཞག་ལ། །ཀུན་མཁྱེན་བླ་མའི་བཞེད་སྲོལ་རྨ་མེད་པའི། །ལུང་རིགས་དགའ་སྟོན་འཆད་ལ་བདག་ཡིད་སྤྲོ། །

དེ་ལ་འདིར་རྒྱལ་བའི་བཀའ་སྡེ་སྣོད་གསུམ་དང་རྒྱུད་སྡེ་བཞིའི་བརྗོད་དོན་ཐམས་ཅད་ཐར་པ་དང་ཐམས་ཅད་མཁྱེན་པའི་གོ་འཕང་དོན་དུ་གཉེར་བ་དག་གིས་ཉམས་སུ་བླང་བྱར་དྲིལ་ན། རྒྱུད་རྡོ་རྗེ་རྩེ་མོ་ལས། སྡོམ་པ་གསུམ་དང་ཡང་དག་ལྡན། །སོ་སོར་ཐར་དང་བྱང་ཆུབ་སེམས། །རིགས་འཛིན་རང་གི་ངོ་བོའོ། །ཞེས་གསུངས་པ་ལྟར་གྱི། སོ་ཐར། བྱང་སེམས། སྔགས་ཀྱི་སྡོམ་པའི་ཉམས་ལེན་གསུམ་དུ་འདུས་པས། སྡོམ་པ་གསུམ་གྱི་རྣམ་གཞག་འདིར་བཤད་པ་བྱེད་པ་ལ། སྡོམ་གསུམ་སྤྱིའི་རྣམ་གཞག་ཐུན་མོང་དུ་བཤད་པ་དང་།

སྡོམ་གསུམ་སོ་སོའི་རྣམ་གཞག་སོ་སོར་བཤད་པ་གཉིས། དང་པོ་ནི། སྤྱིར་སྤང་བྱ་སྡོམ་པས་ན་སྡོམ་པ་ཞེས་བྱ་ཞིང་། དེ་ཡང་སྡོམ་པ་ཡིན་ན། རང་གི་ངོ་སྐལ་གྱི་སྤང་བྱ་སྡོམ་པའམ། སྤོང་བས་ཁྱབ་ཅིང་། སྤང་བྱ་མཐའ་དག་སྡོམ་པས་མ་ཁྱབ་སྟེ། སྣ་གཅིག་སྤྱོད་པ་དང་། སྣ་འགའ་སྤྱོད་པའི་དགེ་བསྙེན་གྱི་མ་ངེས་པའི་ཕྱིར། འོ་ན་སྐབས་འདིའི་སྡོམ་པ་གསུམ་ལ། སྤང་བྱ་གང་དང་གང་སྡོམ་ཞེ་ན། ལུས་ངག་གི་རང་བཞིན་གྱི་ཁ་ན་མ་ཐོ་བ་གཙོ་བོར་སྡོམ་པའི་ལྡོག་པ་ནས་སོ་ཐར་གྱི་སྡོམ་པར་བཞག །སེམས་ཀྱི་ཁ་ན་མ་ཐོ་བ་གཙོ་བོར་སྤོང་བའི་ལྡོག་པ་ནས་བྱང་སེམས་ཀྱི་སྡོམ་པར་བཞག །ཐབས་ཁྱད་པར་ཅན་ལ་བརྟེན་ནས་མཚན་རྟོག་སྤོང་བའི་ལྡོག་པ་ནས་སྔགས་ཀྱི་སྡོམ་པར་བཞག་པ་ཡིན་ཏེ། དོན་འདི་ལ་དགོངས་ནས་རིམ་བཞིན་དུ། སོ་ཐར་གྱི་མདོ་ལས། སྡིག་པ་ཅི་ཡང་མི་བྱ་ཞིང་། །ཞེས་དང་། སྤྱོད་འཇུག་ལས། སེམས་སྲུང་བརྟུལ་ཞུགས་མ་གཏོགས་པ། །བརྟུལ་ཞུགས་མང་པོ་ཅི་ཞིག་བྱ། །ཞེས་དང་། སམ་བུ་ཊ་ལས། ཀུན་ལས་སྣ་ཚོགས་ཕྱག་རྒྱ་སྟེ། །ཀུན་ལས་སྣ་ཚོགས་སྡོམ་པ་ཡིན། །ཞེས་གསུངས་པའི་ཕྱིར།

སྡོམ་པ་གསུམ་པོ་དེ་ལ་སྤང་བྱ་སྤོང་བའི་ལྡོག་པར་མ་ཟད། ངོ་བོའི་ལྡོག་པ་མི་འདྲ་བར་ཡང་ཡོད་པ་ཡིན་ཏེ། སོ་ཐར་སྡོམ་པའི་ངོ་བོ་ནི། གཞན་གནོད་གཞི་བཅས་སྤོང་བའི་ལྡོག་པ་ནས་བཞག །བྱང་སེམས་སྡོམ་པའི་ངོ་བོ་ནི་གཞན་ལ་ཕན་པ་ཁྱད་པར་བསྒྲུབ་པའི་ལྡོག་པ་ནས་བཞག །བླ་མེད་སྔགས་སྡོམ་གྱི་ངོ་བོ་ནི། སྣང་བ་ཐམས་ཅད་ལྷ་དང་ཡེ་ཤེས་གང་རུང་གི་རྣམ་རོལ་དུ་ལོངས་སྤྱོད་པའི་ལྡོག་པ་ནས་བཞག་པའི་ཕྱིར་ཏེ། དོན་འདི་ལ་དགོངས་ནས། རྩ་ལྟུང་འགྲེལ་སྤྱོང་ལས། འདིར་སོ་སོར་ཐར་པའི་རང་བཞིན་ནི། གཞན་ལ་གནོད་པ་གཞི་དང་བཅས་པ་ལས་ལྡོག་པར་བྱེད་པ་ཡིན་ལ། བྱང་ཆུབ་སེམས་དཔའི་སྡོམ་པ་ནི། དེའི་སྟེང་དུ་གཞན་ལ་ཕན་འདོགས་པར་བཞེད་པ་ཡིན་ཅིང་། རིག་པ་འཛིན་པ་ནི། དེ་དག་ཀྱང་ལྷའི་རྣམ་པའམ། ཡེ་ཤེས་ཀྱིས་བྱིན་གྱིས་བརླབས་ནས་ལོངས་སྤྱོད་པས་ན། འདི་ལ་འགལ་བ་ཅི་ཡང་ཡོད་པ་མ་ཡིན་ནོ། །ཞེས་གསུངས་པའི་ཕྱིར། རྒྱུ་མཚན་དེའི་ཕྱིར་ན། སྔགས་སྡོམ་ཡིན་ན་བྱང་སྡོམ་ཡིན་པས་ཁྱབ། བྱང་སྡོམ་ཡིན་ན་སོར་སྡོམ་ཡིན་པས་ཁྱབ་སྟེ། སྔགས་སྡོམ་ལ་བྱང་སྡོམ་གྱི་མཚན་ཉིད་ཚང་། བྱང་སྡོམ་ལ་སོར་སྡོམ་གྱི་མཚན་ཉིད་ཚང་བའི་ཕྱིར་ཏེ། དོན་འདི་ཉིད་ཐུགས་ལ་བཞག་ནས་ཀུན་མཁྱེན་ཆེན་པོའི་སྡོམ་གསུམ་ཁ་སྐོང་ལས། སྔགས་སྡོམ་བྱང་སེམས་སྡོམ་པ་ཡི། །བྱེ་བྲག་ཡིན་ཞིང་དེ་ཉིད་ཀྱང་། །གཞན་ལ་ཕན་པ་བསྒྲུབ་པ་ལ། །གཞན་ལ་གནོད་པ་སྤོང་བ་ཡིས། །ཁྱབ་ཕྱིར་སོ་སོར་ཐར་པ་ཡི། །དོན་ཚང་། ཞེས་དང་། སྡོམ་གསུམ་སྤྱི་དོན་ལས། དེས་ན་སྡོམ་པ་གསུམ་ཀ་ལ། སོ་ཐར་གྱི་སྡོམ་པས་ཁྱབ་པ་འདི་ནི་རྗེ་བཙུན་ས་སྐྱ་པ་ཡབ་སྲས་ཀྱི་དགོངས་པ་བླ་ན་མེད་པ་སྟེ། རྗེ་

བཙུན་མུས་པ་ཆེན་པོའི་ཞལ་ལས་ཁོ་བོས་རྙེད་པའོ། །ཞེས་གསུངས་པའི་ཕྱིར།

འདིའི་སྐབས་སུ་ཁ་ཅིག །སོ་ཐར་གྱི་སྡོམ་པ་ཡིན་ན། སོ་ཐར་གྱི་ལྡོག་པ་ནས་བསྟན་པའི་སྡོམ་པ་ཡིན་པས་ཁྱབ། བྱང་སྡོམ་ཡིན་ན། སེམས་བསྐྱེད་ཀྱི་ལྡོག་པ་ནས་བསྟན་པའི་སྡོམ་པ་ཡིན་པས་ཁྱབ། སྔགས་སྡོམ་ཡིན་ན། སྔགས་ཀྱི་ལྡོག་པ་ནས་བསྟན་པའི་སྡོམ་པ་ཡིན་པས་ཁྱབ། བྱང་སྡོམ་ཡིན་ན། བྱང་སེམས་ཀྱི་རྒྱུད་ཀྱི་སྡོམ་པ་ཡིན་པས་ཁྱབ་ཟེར་བ་རྣམས་ནི་མི་འཐད་དེ།

དམ་བཅའ་དང་པོ་ལ། དབུ་མ་ལུགས་ཀྱི་ཆོ་ག་ལས་ཐོབ་པའི་འཇུག་པ་སེམས་བསྐྱེད་ཆོས་ཅན། དེར་ཐལ། དེའི་ཕྱིར། མ་གྲུབ་ན། དེ་ཆོས་ཅན། དེ་ཡིན་པར་ཐལ། ངེས་འབྱུང་གི་བསམ་པས་ཟིན་པའི་གཞན་གནོད་གཞི་བཅས་སྤོང་བའི་སྡོམ་པ་ཡིན་པའི་ཕྱིར། ཁྱབ་སྟེ། རྩ་ལྟུང་འགྲེལ་སྤྱོང་ལས། སྤྱིར་སོ་སོར་ཐར་པའི་རང་བཞིན་ནི། གཞན་ལ་གནོད་པ་གཞི་དང་བཅས་པ་ལས་ལྡོག་པ་ཡིན་ལ། ཞེས་གསུངས་པའི་ཕྱིར། གོང་དུ་མ་གྲུབ་ན། དེ་ཆོས་ཅན། དེར་ཐལ། ངེས་འབྱུང་གི་བསམ་པས་ཟིན་པ་གང་ཞིག །གཞན་གནོད་གཞི་བཅས་སྤོང་བའི་སྡོམ་པ་ཡིན་པའི་ཕྱིར། དང་པོ་མ་གྲུབ་ན། དེ་ཆོས་ཅན། དེར་ཐལ། ཐར་ལམ་ཡིན་པའི་ཕྱིར་ཏེ། ཐེག་ཆེན་གྱི་ལམ་ཡིན་པའི་ཕྱིར་ཏེ། འཇུག་པ་སེམས་བསྐྱེད་ཡིན་པའི་ཕྱིར། གཉིས་པ་མ་གྲུབ་ན། དེ་ཆོས་ཅན། དེར་ཐལ། གཞན་ལ་གནོད་པ་རྒྱུ་དང་བཅས་པ་སྤོང་བའི་སྡོམ་པ་ཡིན་པའི་ཕྱིར་ཏེ། གཞན་ལ་ཕན་པ་རྒྱུ་དང་བཅས་པ་བསྒྲུབ་པའི་སྡོམ་པ་ཡིན་པའི་ཕྱིར། རྩ་བར་འདོད་ན། དེ་ཆོས་ཅན། དེ་མ་ཡིན་པར་ཐལ། སེམས་བསྐྱེད་ཀྱི་ལྡོག་པ་ནས་བསྟན་པའི་སྡོམ་པ་ཡིན་པའི་ཕྱིར་ཏེ། ཐེག་ཆེན་པ་རོལ་ཏུ་ཕྱིན་པ་ཐུན་མོང་མ་ཡིན་པའི་སེམས་བསྐྱེད་ཀྱི་ཆོ་ག་ལས་ཐོབ་པའི་སེམས་བསྐྱེད་ཀྱི་སྡོམ་པ་ཡིན་པའི་ཕྱིར་ཏེ། ལུགས་གཉིས་གང་རུང་གི་ཆོ་ག་ལས་ཐོབ་པའི་སེམས་བསྐྱེད་ཀྱི་སྡོམ་པ་ཡིན་པའི་ཕྱིར་ཏེ། དབུ་མ་ལུགས་ཀྱི་ཆོ་ག་ལས་ཐོབ་པའི་སེམས་བསྐྱེད་ཀྱི་སྡོམ་པ་ཡིན་པའི་ཕྱིར་ཏེ། རྩོད་གཞི་ཡིན་པའི་ཕྱིར།

དམ་བཅའ་གཉིས་པ་ལ། ཀྱེའི་རྡོ་རྗེའི་རིག་པའི་དབང་ལྔའི་ཆོ་ག་ལ་བརྟེན་ནས་ཕུང་པོ་ལྔ་རྒྱལ་བ་རིགས་ལྔར་སྡོམ་པའི་སྡོམ་པ་ཆོས་ཅན། དེར་ཐལ། དེའི་ཕྱིར། མ་གྲུབ་ན། དེ་ཆོས་ཅན། དེར་ཐལ། གཞན་དོན་དུ་རྫོགས་བྱང་ལ་དམིགས་པའི་སྡོམ་པ་ཡིན་པའི་ཕྱིར་ཏེ། གཞན་དོན་དུ་རྡོ་རྗེ་འཆང་ཆེན་པོའི་གོ་འཕང་ལ་དམིགས་པའི་སྡོམ་པ་ཡིན་པའི་ཕྱིར་ཏེ། གཞན་དོན་དུ་རྒྱལ་བ་རིགས་ལྔའི་གོ་འཕང་ལ་དམིགས་པའི་སྡོམ་པ་ཡིན་པའི་ཕྱིར་ཏེ། རྩོད་གཞི་ཡིན་པའི་ཕྱིར། མ་གྲུབ་ན། དེ་ཡིན་པར་ཐལ། དེ་ཡོད་པའི་ཕྱིར། རྒྱས་གདབ་པ་ལྔ་དང་རྡོ་རྗེ་བརྟུལ་ཞུགས་དང་། །ཞེས་གསུངས་པ་འཐད་པའི་ཕྱིར། རྩ་བར་འདོད་ན། དེ་ཆོས་ཅན། དེ་མ་ཡིན་

པར་ཐལ། སྔགས་ཀྱི་ལྡོག་པ་ནས་བསྟན་པའི་སྡོམ་པ་ཡིན་པའི་ཕྱིར། ཀྱེའི་རྡོ་རྗེའི་དབང་ཆོག་ལས་ཐོབ་པའི་སྔགས་ཀྱི་སྡོམ་པ་ཡིན་པའི་ཕྱིར་ཏེ། རྩོད་གཞི་ཡིན་པའི་ཕྱིར།

དམ་བཅའ་གསུམ་པ་ལ། དང་པོ་གསོལ་བཞིའི་ཆོག་ལ་བརྟེན་ནས་དགེ་སློང་གི་སྡོམ་པ་ཐོབ། དེ་རྗེས་ལུགས་གཉིས་གང་རུང་གི་ཆོག་ལ་བརྟེན་ནས་བྱང་སྡོམ་ཐོབ། དེ་རྗེས་སྔགས་ཀྱི་དབང་ཆོག་ལ་བརྟེན་ནས་སྔགས་སྡོམ་ཐོབ་པའི་སུམ་ལྡན་དགེ་སློང་རྡོ་རྗེ་འཛིན་པའི་རྒྱུད་ཀྱི་དགེ་སློང་གི་སྡོམ་པ་ཆོས་ཅན། དེར་ཐལ། དེའི་ཕྱིར། མ་གྲུབ་ན། དེ་ཆོས་ཅན། སྔགས་སྡོམ་ཡིན་པར་ཐལ། འབྲས་བུ་ལམ་བྱེད་ཀྱི་ཐབས་ཀྱིས་ཟིན་པའི་སྡོམ་པ་ཡིན་པའི་ཕྱིར་ཏེ། སྔགས་ཀྱི་རྗེས་ཟིན་པའི་སྡོམ་པ་ཡིན་པའི་ཕྱིར་ཏེ། རང་རྒྱུད་ཀྱི་སྔགས་སྡོམ་དང་ངོ་བོ་གཅིག་པའི་སྡོམ་པ་ཡིན་པའི་ཕྱིར་ཏེ། སུམ་ལྡན་དགེ་སློང་རྡོ་རྗེ་འཛིན་པའི་རྒྱུད་ཀྱི་སྡོམ་པ་གསུམ་པོ་གང་རུང་ཡིན་པའི་ཕྱིར། ཁྱབ་སྟེ། ཁ་སྐོང་ལས། སྡོམ་གསུམ་ལྡན་པས་འབྲས་བུ་མཆོག །འགྲུབ་ཅིང་སྡོམ་གསུམ་དེ་ཉིད་ཀྱང་། །རང་རང་ཆོགས་རིམ་བཞིན་དུ། །གླངས་སམ་དབང་བསྐུར་ཆོག་ལས། །གསུམ་ཆར་ཐོབ་པ་ཉིད་ཀྱང་རུང་། །གསུམ་ལྡན་ཆེན་ངོ་བོ་གཅིག །ཅེས་གསུངས་པའི་ཕྱིར། གོང་གི་གཏན་ཚིགས་མ་གྲུབ་ན། དེར་ཐལ། སུམ་ལྡན་དགེ་སློང་རྡོ་རྗེ་འཛིན་པའི་རྒྱུད་ཀྱི་སོ་ཐར་གྱི་སྡོམ་པ་ཡིན་པའི་ཕྱིར་ཏེ། དེའི་རྒྱུད་ཀྱི་དགེ་སློང་གི་སྡོམ་པ་ཡིན་པའི་ཕྱིར་ཏེ། རྩོད་གཞི་ཡིན་པའི་ཕྱིར། རྩ་བར་འདོད་ན། དེ་ཆོས་ཅན། དེ་མ་ཡིན་པར་ཐལ། སོ་ཐར་གྱི་ལྡོག་པ་ནས་བསྟན་པའི་སྡོམ་པ་ཡིན་པའི་ཕྱིར་ཏེ། འདུལ་བའི་ཆོག་ལས་ཐོབ་པའི་སོ་ཐར་གྱི་སྡོམ་པ་ཡིན་པའི་ཕྱིར་ཏེ། གསོལ་བཞིའི་ཆོག་ལས་ཐོབ་པའི་སོ་ཐར་གྱི་སྡོམ་པ་ཡིན་པའི་ཕྱིར་ཏེ། རྩོད་གཞི་ཡིན་པའི་ཕྱིར།

དམ་བཅའ་བཞི་པ་ལ། རྡོ་རྗེ་འཆང་གི་ཐུགས་རྒྱུད་ཀྱི་སོ་ཐར་གྱི་སྡོམ་པ་ཆོས་ཅན། དེར་ཐལ། དེའི་ཕྱིར། མ་གྲུབ་ན། དེ་ཆོས་ཅན། བྱང་སྡོམ་ཡིན་པར་ཐལ། སྔགས་སྡོམ་ཡིན་པའི་ཕྱིར། ཁྱབ་སྟེ། སྔགས་སྡོམ་བྱང་སེམས་སྡོམ་པ་ཡི། །བྱེ་བྲག་ཡིན་ཞིང་། ཞེས་གསུངས་པའི་ཕྱིར། གོང་དུ་མ་གྲུབ་ན། དེར་ཐལ། འབྲས་རྒྱུད་ཀྱི་སྔགས་སྡོམ་ཡིན་པའི་ཕྱིར་ཏེ། རྡོ་རྗེ་འཛིན་པའི་ས་དགེ་བ། །བཅུ་གསུམ་པ་ནི་ཐོབ་པར་འགྱུར། །ཞེས་པའི་དངོས་བསྟན་གྱི་བཅུ་གསུམ་རྡོ་རྗེ་འཛིན་པའི་ས་ཡིན་པའི་ཕྱིར་ཏེ། རྩོད་གཞི་ཡིན་པའི་ཕྱིར། རྩ་བར་འདོད་མི་ནུས་ཏེ། སངས་རྒྱས་འཕགས་པའི་རྒྱུད་ཀྱི་སྡོམ་པ་ཡིན་པའི་ཕྱིར།

ཡང་ཁ་ཅིག །ཉན་ཐོས་ལུགས་ཀྱི་དཔྱར་གྱི་ཆོག་ལས་ཐོབ་པའི་སོ་ཐར་གྱི་སྡོམ་པ་ཡིན་ན། སོ་སོར་ཐར་པའི་སྡོམ་པ་དང་། །ཞེས་པའི་དངོས་བསྟན་གྱི་སྡོམ་པ་ཡིན་པས་ཁྱབ། ལུགས་གཉིས་གང་རུང་གི་ཆོག

ལས་ཐོབ་པའི་སེམས་བསྐྱེད་ཀྱི་སྡོམ་པ་ཡིན་ན། བྱང་ཆུབ་སེམས་དཔའི་སེམས་བསྐྱེད་དང་། །ཞེས་པའི་དངོས་བསྟན་གྱི་སེམས་བསྐྱེད་ཡིན་པས་ཁྱབ། སྔགས་ཀྱི་དབང་ཆོག་ལས་ཐོབ་པའི་སྔགས་སྡོམ་ཡིན་ན། གསང་སྔགས་ཀྱི་ནི་དབང་བསྐུར་དང་། །ཞེས་པའི་དངོས་བསྟན་གྱི་དབང་བསྐུར་ཡིན་པས་ཁྱབ་ཟེར་བ་རྣམས་མི་འཐད་དེ།

དམ་བཅའ་དང་པོ་ལ། དང་པོ་ཉན་ཐོས་ལུགས་ཀྱི་ད་ལྟར་གྱི་ཆོག་ལ་བརྟེན་ནས་དགེ་སློང་གི་སྡོམ་པ་བླངས། དེ་རྗེས་ལུགས་གཉིས་གང་རུང་གི་ཆོག་ལ་བརྟེན་ནས་བྱང་སྡོམ་བླངས། དེ་རྗེས་སྔགས་ཀྱི་ཆོག་ལ་བརྟེན་ནས་སྔགས་སྡོམ་བླངས་པའི་སྡོམ་ལྡན་དགེ་སློང་རྡོ་རྗེ་འཛིན་པའི་རྒྱུད་ཀྱི་དགེ་སློང་གི་སོ་ཐར་གྱི་སྡོམ་པ་ཆོས་ཅན། དེར་ཐལ། དེའི་ཕྱིར། མ་གྲུབ་ན། དེ་ཆོས་ཅན། དེར་ཐལ། ཉན་ཐོས་ལུགས་ཀྱི་ད་ལྟར་གྱི་ཆོག་ལ་བརྟེན་ནས་ཐོབ་པའི་སོ་ཐར་རིགས་བརྒྱད་པོ་གང་རུང་ཡིན་པའི་ཕྱིར་ཏེ། དེ་ལས་ཐོབ་པའི་དགེ་སློང་ཕའི་སོ་ཐར་གྱི་སྡོམ་པ་ཡིན་པའི་ཕྱིར་ཏེ། རྩོད་གཞི་ཡིན་པའི་ཕྱིར། མ་གྲུབ་ན། དེ་ཡིན་པར་ཐལ། དེ་ཡོད་པའི་ཕྱིར་ཏེ༑ སྡོམ་གསུམ་རིམ་ཅན་དུ་བླངས་པ་གཅིག་ཡོད་པའི་ཕྱིར་ཏེ། སྡོམ་གསུམ་སྤྱི་དོན་ལས། སྡོམ་གསུམ་རིམ་གྱིས་བླངས་པའི་ཚེ་གནས་འགྱུར་པའི་ཚུལ་ཞེས་གསུངས་པ་འཐད་པའི་ཕྱིར། རྩ་བར་འདོད་ན། དེ་ཆོས་ཅན། སོ་སོར་ཐར་པའི་སྡོམ་པ་ལ། །ཉན་ཐོས་ཐེག་ཆེན་ལུགས་གཉིས་ཡོད། །ཅེས་པའི་དངོས་བསྟན་གྱི་སྡོམ་པ་ཡིན་པར་ཐལ། འདོད་པའི་ཕྱིར། འདོད་ན། དེ་ཆོས་ཅན། སྡོམ་གསུམ་རབ་དབྱེའི་སྐབས་དང་པོའི་དངོས་བསྟན་གྱི་སྡོམ་པ་ཡིན་པར་ཐལ། འདོད་པའི་ཕྱིར། འདོད་ན། སྔགས་ཀྱི་རྗེས་མ་ཐེན་པའི་སྡོམ་པ་ཡིན་པར་ཐལ། འདོད་པའི་ཕྱིར། ཁྱབ་སྟེ། སྡོམ་གསུམ་རབ་དབྱེའི་སྐབས་གསུམ་གྱི་གོ་རིམ་འདི་སྐལ་དམན་རིམ་འཇུག་གི་དབང་དུ་བྱས་པའི་གོ་རིམ་ཡིན་པའི་ཕྱིར། གོང་དུ་འདོད་ན། དེ་ཆོས་ཅན། སྔགས་ཀྱི་རྗེས་མ་ཐེན་པའི་སྡོམ་པ་མ་ཡིན་པར་ཐལ། སྔགས་ཀྱི་རྗེས་ཐེན་པའི་སྡོམ་པ་ཡིན་པའི་ཕྱིར་ཏེ། སྔགས་སྡོམ་རྒྱུད་ལྡན་གྱི་གང་ཟག་གི་རྒྱུད་ཀྱི་སྡོམ་པ་ཡིན་པའི་ཕྱིར་ཏེ། རྩོད་གཞི་ཡིན་པའི་ཕྱིར།

དམ་བཅའ་གཉིས་པ་ལ། དང་པོ་ཉན་ཐོས་ལུགས་ཀྱི་ད་ལྟར་གྱི་ཆོག་ལ་བརྟེན་ནས་དགེ་སློང་གི་སྡོམ་པ་ཐོབ་ཞེས་སོགས་ཀྱི། སྡོམ་ལྡན་དགེ་སློང་རྡོ་རྗེ་འཛིན་པའི་རྒྱུད་ཀྱི་དབུ་མ་ལུགས་ཀྱི་སེམས་བསྐྱེད་ཆོས་ཅན། དེར་ཐལ། དེའི་ཕྱིར། མ་གྲུབ་ན། དེར་ཐལ། ལུགས་གཉིས་གང་རུང་གི་ཆོག་ལས་ཐོབ་པའི་དབུ་སེམས་གང་རུང་གི་སེམས་བསྐྱེད་ཡིན་པའི་ཕྱིར་ཏེ། དབུ་མ་ལུགས་ཀྱི་སེམས་བསྐྱེད་ཡིན་པའི་ཕྱིར་ཏེ། རྩོད་གཞི་ཡིན་པའི་ཕྱིར། མ་གྲུབ་ན། དེ་ཡིན་པར་ཐལ། དེ་ཡོད་པའི་ཕྱིར་ཏེ། སྡོམ་གསུམ་རིམ་ཅན་དུ་བླངས་པ་གཅིག་ཡོད་པའི་

ཕྱིར་ཏེ། སྔར་དྲངས་པའི་སྡོམ་གསུམ་སྤྱི་དོན་གྱི་ལུང་དེ་འཐད་པའི་ཕྱིར། རྩ་བར་འདོད་ན། དེ་ཆོས་ཅན། ཐེག་པ་ཆེན་པོའི་སེམས་བསྐྱེད་ལ། །དབུ་མ་སེམས་ཙམ་རྣམ་པ་གཉིས། །ཞེས་པའི་དངོས་བསྟན་གྱི་སེམས་བསྐྱེད་ཡིན་པར་ཐལ། འདོད་པའི་ཕྱིར། འདོད་ན། དེ་ཆོས་ཅན། སྡོམ་གསུམ་རབ་དབྱེའི་སྐབས་གཉིས་པའི་དངོས་བསྟན་གྱི་སེམས་བསྐྱེད་ཡིན་པར་ཐལ། འདོད་པའི་ཕྱིར། འདོད་ན། དེ་ཆོས་ཅན། དེ་སྔགས་ཀྱི་རྗེས་མ་ཟིན་པའི་སེམས་བསྐྱེད་ཡིན་པར་ཐལ། འདོད་པའི་ཕྱིར། ཁྱབ་སྟེ། སྡོམ་གསུམ་རབ་དབྱེའི་སྐབས་གསུམ་གྱི་རིམ་པ་འདི་སྐལ་དམན་རིམ་འཇུག་གི་ལུགས་ཀྱི་རིམ་པ་ཡིན་པའི་ཕྱིར། གོང་དུ་འདོད་མི་ནུས་ཏེ། སྔགས་ཀྱི་རྗེས་ཟིན་པའི་སེམས་བསྐྱེད་ཡིན་པའི་ཕྱིར་ཏེ། སྔགས་སྡོམ་རྒྱུད་ལྡན་གྱི་གང་ཟག་གི་རྒྱུད་ཀྱི་སེམས་བསྐྱེད་ཡིན་པའི་ཕྱིར་ཏེ། རྟོད་གཞི་ཡིན་པའི་ཕྱིར།

དམ་བཅའ་གསུམ་པ་ལ། དང་པོ་ཉན་ཐོས་ལུགས་ཀྱི་ད་ལྟར་གྱི་ཆོ་ག་ལ་བརྟེན་ནས་དགེ་སློང་གི་སྡོམ་པ་ཐོབ། དེ་རྗེས་ལུགས་གཉིས་གང་རུང་གི་ཆོ་ག་ལ་བརྟེན་ནས་བྱང་སྡོམ་ཐོབ། དེ་རྗེས་བྱ་རྒྱུད་ཀྱི་དབང་ཆོག་ལ་བརྟེན་ནས་བྱ་རྒྱུད་ཀྱི་སྔགས་སྡོམ་ཐོབ་པའི་སུམ་ལྡན་དགེ་སློང་རྡོ་རྗེ་འཛིན་པའི་རྒྱུད་ཀྱི་བྱ་རྒྱུད་ཀྱི་སྔགས་སྡོམ་ཆོས་ཅན། དེར་ཐལ། དེའི་ཕྱིར། མ་གྲུབ་ན། དེ་ཆོས་ཅན། དེར་ཐལ། བྱ་རྒྱུད་ཀྱི་དབང་ཆོག་ལ་བརྟེན་ནས་ཐོབ་པའི་སྔགས་སྡོམ་ཡིན་པའི་ཕྱིར་ཏེ། དེ་ལ་བརྟེན་ནས་བྱ་རྒྱུད་ཀྱི་སྔགས་སྡོམ་ཐོབ་པའི་བྱ་རྒྱུད་ཀྱི་སྔགས་སྡོམ་ཡིན་པའི་ཕྱིར་ཏེ། རྟོད་གཞི་ཡིན་པའི་ཕྱིར། མ་གྲུབ་ན། དེ་ཡིན་པར་ཐལ། དེ་ཡོད་པའི་ཕྱིར་ཏེ། སྔར་གྱི་གསུམ་པོ་དེའི་རྗེས་སུ་སྤྱོད་རྒྱུད་ཀྱི་དབང་ཆོག་ལ་བརྟེན་ནས་སྤྱོད་རྒྱུད་ཀྱི་སྔགས་སྡོམ་ཐོབ་པ་སོགས་ཀྱང་ཡོད་པའི་ཕྱིར་ཏེ། སྔགས་ཀྱི་རིམ་པ་ཀུན་ཤེས་ནས། །ཞེས་གསུངས་པ་འཐད་པའི་ཕྱིར། རྩ་བར་འདོད་ན། དེ་ཆོས་ཅན། རྡོ་རྗེ་ཐེག་པའི་ལམ་ཞུགས་ཏེ། །མྱུར་དུ་སངས་རྒྱས་ཐོབ་འདོད་ན། །སྨིན་གྲོལ་གཉིས་ལ་འབད་པར་བྱ། །ཞེས་པའི་ཚིག་ཟུར་གྱི་སྨིན་ཞེས་པའི་དངོས་བསྟན་གྱི་དབང་ཡིན་པར་ཐལ། འདོད་པའི་ཕྱིར། འདོད་ན༑ དེ་ཆོས་ཅན། སྨིན་པར་བྱེད་པའི་དབང་བསྐུར་ཡང་། །ཞེས་པའི་དངོས་བསྟན་གྱི་དབང་ཡིན་པར་ཐལ། འདོད་པའི་ཕྱིར། འདོད་ན། བླ་མེད་ཀྱི་སྨིན་བྱེད་ཀྱི་དབང་ཡིན་པར་ཐལ། འདོད་པའི་ཕྱིར། འདོད་ན། བླ་མེད་ཀྱི་སྔགས་སྡོམ་ཡིན་པར་ཐལ། འདོད་པའི་ཕྱིར། འདོད་མི་ནུས་ཏེ། རྒྱུད་སྡེ་འོག་མའི་སྔགས་སྡོམ་ཡིན་པའི་ཕྱིར་ཏེ། རྟོད་གཞི་ཡིན་པའི་ཕྱིར།

ཡང་ཁ་ཅིག །གསོལ་བཞིའི་ཆོ་ག་ལས་ཐོབ་པ་གང་ཞིག །སྔགས་སྡོམ་ཡིན་ན། གསོལ་བཞིའི་ཆོ་ག་ལས་ཐོབ་པའི་སྔགས་སྡོམ་ཡིན་པས་ཁྱབ། ལུགས་གཉིས་གང་རུང་གི་ཆོ་ག་ལས་ཐོབ་པ་གང་ཞིག །སྔགས་

སྡོམ་ཡིན་ན། ལུགས་གཉིས་གང་རུང་གི་ཆོ་ག་ལས་ཐོབ་པའི་སྔགས་སྡོམ་ཡིན་པས་ཁྱབ། སྔགས་ཀྱི་དབང་ཆོག་ལས་ཐོབ་པ་གང་ཞིག །སྔགས་སྡོམ་ཡིན་ན། སྔགས་ཀྱི་དབང་ཆོག་ལས་ཐོབ་པའི་སྔགས་སྡོམ་ཡིན་པས་ཁྱབ་ཟེར་བ་རྣམས་མི་འཐད་དེ།

དམ་བཅའ་དང་པོ་ལ། དང་པོ་གསོལ་བཞིའི་ཆོ་ག་ལ་བརྟེན་ནས་དགེ་སློང་གི་ཞེས་སོགས་ཀྱི། སྲུམ་ལྡན་དགེ་སློང་རྡོ་རྗེ་འཛིན་པའི་རྒྱུད་ཀྱི་དགེ་སློང་གི་སྡོམ་པ་ཆོས་ཅན། དེར་ཐལ། དེའི་ཕྱིར། མ་གྲུབ་ན། དེ་ཆོས་ཅན། དེར་ཐལ། དེ་ལས་ཐོབ་པའི་དགེ་སློང་གི་སྡོམ་པ་ཡིན་པའི་ཕྱིར་ཏེ། དེ་ལས་ཐོབ་པའི་སྲུམ་ལྡན་དགེ་སློང་རྡོ་རྗེ་འཛིན་པའི་རྒྱུད་ཀྱི་དགེ་སློང་གི་སྡོམ་པ་ཡིན་པའི་ཕྱིར་ཏེ། རྩོད་གཞི་དེ་ཡིན་པའི་ཕྱིར། གཉིས་པ་མ་གྲུབ་ན། སྔགས་སྡོམ་རྒྱུད་ལྡན་གྱི་གང་ཟག་གི་རྒྱུད་ཀྱི་སྡོམ་པ་ཡིན་པའི་ཕྱིར། རྩ་བར་འདོད་ན། དེ་ལྟ་བུ་དེ་གསོལ་བཞིའི་ཆོ་ག་ལ་བརྟེན་ནས་ཐོབ་པས་སྔགས་སྡོམ་མ་ཡིན་པར་ཐལ། གསོལ་བཞིའི་ཆོ་ག་ལ་བརྟེན་ནས་ཐོབ་པའི་སྔགས་སྡོམ་མེད་པའི་ཕྱིར་ཏེ། སྔགས་སྡོམ་འབོགས་བྱེད་ཀྱི་གསོལ་བཞིའི་ཆོ་ག་མེད་པའི་ཕྱིར་ཏེ༑ དེ་འབོགས་བྱེད་ཀྱི་ཉན་ཐོས་འདུལ་བའི་ཆོ་ག་མེད་པའི་ཕྱིར་ཏེ། འདུལ་བ་ལུང་སྡེ་བཞི་ལས་སྔགས་སྡོམ་འབོགས་བྱེད་ཀྱི་ཆོ་ག་གསུངས་པ་མེད་པའི་ཕྱིར། མ་གྲུབ་ན། ཏ་ཅང་ཐལ་ལོ། །

དམ་བཅའ་གཉིས་པ་ལ། དང་པོ་གསོལ་བཞིའི་ཆོ་ག་ལ་བརྟེན་ནས་དགེ་སློང་གི་སྡོམ་པ་ཐོབ་ཞེས་སོགས་ཀྱི། སྲུམ་ལྡན་དགེ་སློང་རྡོ་རྗེ་འཛིན་པའི་རྒྱུད་ཀྱི་དབུ་མ་ལུགས་ཀྱི་སེམས་བསྐྱེད་དེ་ཆོས་ཅན། དེར་ཐལ། དེའི་ཕྱིར། དང་པོ་མ་གྲུབ་ན། དེ་ཆོས་ཅན། ལུགས་གཉིས་གང་རུང་གི་ཆོ་ག་ལས་ཐོབ་པར་ཐལ། དེ་ལས་ཐོབ་པའི་སེམས་བསྐྱེད་ཡིན་པའི་ཕྱིར་ཏེ། དེ་ལས་ཐོབ་པའི་སྲུམ་ལྡན་དགེ་སློང་རྡོ་རྗེ་འཛིན་པའི་རྒྱུད་ཀྱི་སེམས་བསྐྱེད་ཡིན་པའི་ཕྱིར་ཏེ། རྩོད་གཞི་ཡིན་པའི་ཕྱིར། གཉིས་པ་མ་གྲུབ་ན། དེར་ཐལ། སྔགས་སྡོམ་རྒྱུད་ལྡན་གྱི་གང་ཟག་གི་རྒྱུད་ཀྱི་སྡོམ་པ་ཡིན་པའི་ཕྱིར། རྩ་བར་འདོད་ན། དེ་ལྟ་བུ་དེ་ལུགས་གཉིས་གང་རུང་གི་ཆོ་ག་ལས་ཐོབ་པའི་སྔགས་སྡོམ་མ་ཡིན་པར་ཐལ། དེ་ལས་ཐོབ་པའི་སྔགས་སྡོམ་མེད་པའི་ཕྱིར་ཏེ། སྔགས་སྡོམ་འབོགས་བྱེད་ཀྱི་ལུགས་གཉིས་གང་རུང་གི་ཆོ་ག་མེད་པའི་ཕྱིར་ཏེ། དེ་ལྟ་བུ་སྟོན་པས་གསུངས་པ་མེད་པའི་ཕྱིར།

དམ་བཅའ་གསུམ་པ་ལ། ཀྱཻའི་རྡོ་རྗེའི་དབང་གི་སྟ་གོན་གྱི་གནས་སྐབས་སུ་ཐུན་མོང་མ་ཡིན་པའི་སྐྱབས་འགྲོའི་རྗེས་ཟློས་ལན་གསུམ་བྱས་པ་ལས་ཐོབ་པའི་དགེ་བསྙེན་གྱིས་སྡོམ་པ་ཆོས་ཅན། དེར་ཐལ། དེའི་ཕྱིར། དང་པོ་མ་གྲུབ་ན། དེ་ཆོས་ཅན། སྔགས་ཀྱི་དབང་ཆོག་ལས་ཐོབ་པར་ཐལ། སྔགས་ཀྱི་དབང་གི་

སྦྱོར་བའི་ཆོ་ག་ལས་ཐོབ་པའི་ཕྱིར་ཏེ། ཀྱིའི་རྡོ་རྗེའི་སྔ་གོན་གྱི་གནས་སྐབས་སུ་ཐོབ་པའི་ཕྱིར་ཏེ། དེའི་གནས་སྐབས་སུ་ཐོབ་པའི་སོ་ཐར་གྱི་སྡོམ་པ་ཡིན་པའི་ཕྱིར་ཏེ། དེའི་གནས་སྐབས་སུ་ཐོབ་པའི་དགེ་བསྙེན་གྱི་སྡོམ་པ་ཡིན་པའི་ཕྱིར། གཏན་ཚིགས་གྲུབ་ཅིང་ཁྱབ་པ་ཡིན་ཏེ། ཁ་སྐོང་ལས། སྔ་གོན་འཇུག་པའི་གནས་སྐབས་སུ། །ཐུན་མོང་མིན་པའི་སྐྱབས་འགྲོ་ལས། །ཐོབ་པའི་སོ་ཐར་སྡོམ་པ་རྣམས། །དགེ་བསྙེན་སྡོམ་པར་བླ་མ་བཞེད། །ཅེས་གསུངས་པའི་ཕྱིར། རྩ་བར་འདོད་ན། དེ་ཆོས་ཅན། སྔགས་ཀྱི་ལྡོག་པ་ནས་བསྟན་པའི་སྡོམ་པ་ཡིན་པར་ཐལ། སྔགས་ཀྱི་དབང་ཆོག་ལས་ཐོབ་པའི་སྔགས་སྡོམ་ཡིན་པའི་ཕྱིར། ཁྱབ་སྟེ། ལུགས་གཉིས་གང་རུང་གི་ཆོ་ག་ལས་ཐོབ་པའི་སེམས་བསྐྱེད་ཀྱི་སྡོམ་པ་ཡིན་ན་སེམས་བསྐྱེད་ཀྱི་ལྡོག་པ་ནས་བསྟན་པའི་སྡོམ་པ་ཡིན་པས་ཁྱབ། འདུལ་བའི་ཆོ་ག་ལས་ཐོབ་པའི་སོ་ཐར་གྱི་སྡོམ་པ་ཡིན་ན་སོ་ཐར་གྱི་ལྡོག་པ་ནས་བསྟན་པའི་སྡོམ་པ་ཡིན་པས་ཁྱབ་པའི་ཕྱིར། གོང་དུ་འདོད་མི་ནུས་ཏེ། སོ་ཐར་གྱི་ལྡོག་པ་ནས་བསྟན་པའི་སྡོམ་པ་ཡིན་པའི་ཕྱིར་ཏེ༔ སོ་ཐར་སྡོམ་པ་རིགས་བརྒྱད་པོ་གང་རུང་ཡིན་པའི་ཕྱིར་ཏེ། རྫོད་གཞི་ཡིན་པའི་ཕྱིར།

ཡང་ཁ་ཅིག །སྡོམ་པ་གསུམ་གྱི་རབ་ཏུ་དབྱེ་བ་ཞེས་པའི་དངོས་བསྟན་གྱི་སྡོམ་པ་དང་པོ་ཡིན་ན། སྡོམ་པ་གསུམ་དང་ཡང་དག་ལྡན། །སོ་སོར་ཐར་དང་བྱང་ཆུབ་སེམས། །རིགས་འཛིན་རང་གི་ངོ་བོ་འོ། །ཞེས་པའི་ཚིག་ཟུར་གྱི་སོ་སོར་ཐར་དང་ཞེས་པའི་དངོས་བསྟན་གྱི་སྡོམ་པ་ཡིན་པས་ཁྱབ། སྡོམ་པ་གསུམ་གྱི་རབ་ཏུ་དབྱེ་བ་ཞེས་པའི་དངོས་བསྟན་གྱི་སྡོམ་པ་གཉིས་པ་ཡིན་ན། སྡོམ་པ་གསུམ་དང་ཡང་དག་ལྡན། །ཞེས་སོགས་ཀྱི་ཚིག་ཟུར་གྱི་བྱང་ཆུབ་སེམས་ཞེས་པའི་དངོས་བསྟན་གྱི་སྡོམ་པ་ཡིན་པས་ཁྱབ། སྡོམ་པ་གསུམ་གྱི་རབ་ཏུ་དབྱེ་བ་ཞེས་པའི་དངོས་བསྟན་གྱི་སྡོམ་པ་གསུམ་པ་ཡིན་ན། སྡོམ་པ་གསུམ་དང་ཡང་དག་ལྡན། །ཞེས་སོགས་ཀྱི་དངོས་བསྟན་གྱི་རིག་འཛིན་ཞེས་པའི་དངོས་བསྟན་གྱི་སྡོམ་པ་ཡིན་པས་ཁྱབ། སྡོམ་པ་གསུམ་གང་རུང་ཡིན་ན༔ སོ་ཐར་སྡོམ་པ། བྱང་སེམས་སྡོམ་པ། སྔགས་ཀྱི་སྡོམ་པ་གསུམ་པོ་གང་རུང་ཡིན་པས་ཁྱབ་ཟེར་བ་རྣམས་མི་འཐད་དེ།

དམ་བཅའ་དང་པོ་ལ། དང་པོ་ཉིད་ནས་བསམ་པ་ཐེག་ཆེན་སེམས་བསྐྱེད་ཀྱི་རྒྱུས་ཟིན་པའི་སྒོ་ནས་ཚོ་ག་ཉན་ཐོས་ལུགས་བཞིན་བྱས་པ་ལས་ཐོབ་པའི་ཐེག་ཆེན་དགེ་སློང་ཕའི་སོ་ཐར་སྡོམ་པ་ཆོས་ཅན། དེར་ཐལ། དེའི་ཕྱིར། མ་གྲུབ་ན། དེ་ཆོས་ཅན། དེར་ཐལ། དེ་ལ་སྡོམ་གསུམ་དབྱེ་བ་བདག་གིས་བཤད། །ཅེས་པའི་དངོས་བསྟན་གྱི་སྡོམ་པ་དང་པོ་ཡིན་པའི་ཕྱིར་ཏེ། སོ་སོར་ཐར་པའི་སྡོམ་པ་དང་། །ཞེས་པའི་དངོས་བསྟན་གྱི་སྡོམ་པ་ཡིན་པའི་ཕྱིར་ཏེ། སོ་སོར་ཐར་པའི་སྡོམ་པ་ལ། །ཉན་ཐོས་ཐེག་ཆེན་ལུགས་གཉིས་ཡོད། །ཅེས་པའི་

དངོས་བསྟན་གྱི་སྡོམ་པ་ཡིན་པའི་ཕྱིར་ཏེ། ཐེག་ཆེན་ལུགས་ཞེས་པའི་དངོས་བསྟན་གྱི་སྡོམ་པ་ཡིན་པའི་ཕྱིར་ཏེ༔ དེས་ན་ད་ལྟའི་ཚོ་ག་ནི། །ཞེས་སོགས་ཚིགས་རྐང་ལྔས་དངོས་བསྟན་གྱི་སྡོམ་པ་ཡིན་པའི་ཕྱིར་ཏེ། དེའི་དངོས་བསྟན་གྱི་སོ་ཐར་རིགས་བརྒྱད་པོ་གང་རུང་ཡིན་པའི་ཕྱིར་ཏེ། དེའི་དངོས་བསྟན་གྱི་དགེ་སློང་ཕའི་སོ་ཐར་གྱི་སྡོམ་པ་ཡིན་པའི་ཕྱིར་ཏེ། རྩོད་གཞི་ཡིན་པའི་ཕྱིར། རྩ་བར་འདོད་ན། དེ་ཆོས་ཅན། སྡོམ་པ་གསུམ་དང་ཡང་དག་ལྡན། །ཞེས་པའི་དངོས་བསྟན་གྱི་སོ་ཐར་སྡོམ་པ་ཡིན་པར་ཐལ། འདོད་པའི་ཕྱིར། འདོད་ན། དེ་ཆོས་ཅན། སུམ་ལྡན་གང་ཟག་གི་རྒྱུད་ཀྱི་སོ་ཐར་གྱི་སྡོམ་པ་ཡིན་པར་ཐལ། འདོད་པའི་ཕྱིར། ཁྱབ་སྟེ། ཟབ་དོན་བདུད་རྩི་སྤྲིལ་བ་ལས། འདི་ནི་སྡོམ་པ་གསུམ་དང་ངེས་པར་ལྡན་པའི་སྡོམ་གསུམ་གྱི་དབང་དུ་བྱས་པའོ། །ཞེས་གསུངས་པའི་ཕྱིར། འདོད་ན། དེ་ཆོས་ཅན། སྔགས་ཀྱི་རྗེས་ཟིན་པའི་སྡོམ་པ་ཡིན་པར་ཐལ། འདོད་པའི་ཕྱིར། དེ་ལ་འདོད་མི་ནུས་ཏེ། སྔགས་ཀྱི་རྗེས་མ་ཟིན་པའི་སྡོམ་པ་ཡིན་པའི་ཕྱིར་ཏེ། སྔགས་ལམ་རྒྱུད་ལ་མི་ལྡན་པའི་གང་ཟག་གི་རྒྱུད་ཀྱི་སྡོམ་པ་ཡིན་པའི་ཕྱིར་ཏེ། རྩོད་གཞི་ཡིན་པའི་ཕྱིར།

དམ་བཅའ་གཉིས་པ་ལ། དང་པོ་གསོལ་བཞིའི་ཚོ་ག་ལ་བརྟེན་ནས་དགེ་སློང་གི་སྡོམ་པ་ཐོབ། དེ་རྗེས་ལུགས་གཉིས་གང་རུང་གི་ཚོ་ག་ལ་བརྟེན་ནས་བྱང་སྡོམ་ཐོབ་མ་ཐག་པའི་ཐེག་ཆེན་གྱི་དགེ་སློང་གི་རྒྱུད་ཀྱི་དབུ་མ་ལུགས་ཀྱི་སེམས་བསྐྱེད་ཆོས་ཅན། དེར་ཐལ། དེའི་ཕྱིར། མ་གྲུབ་ན། དེ་ཆོས་ཅན། དེ་ཡིན་པར་ཐལ། དེ་ལ་སྡོམ་གསུམ་དབྱེ་བ་བདག་གིས་བཤད། །ཅེས་པའི་དངོས་བསྟན་གྱི་སྡོམ་པ་གཉིས་པ་ཡིན་པའི་ཕྱིར་ཏེ། བྱང་ཆུབ་སེམས་དཔའི་སེམས་བསྐྱེད་དང་། །ཞེས་པའི་དངོས་བསྟན་གྱི་སེམས་བསྐྱེད་ཡིན་པའི་ཕྱིར་ཏེ༔ ཐེག་པ་ཆེན་པོའི་སེམས་བསྐྱེད་ལ། །དབུ་མ་སེམས་ཙམ་རྣམ་པ་གཉིས། །ཞེས་པའི་དངོས་བསྟན་གྱི་སེམས་བསྐྱེད་ཡིན་པའི་ཕྱིར་ཏེ། དེའི་དངོས་བསྟན་གྱི་དབུ་མ་ལུགས་ཀྱི་སེམས་བསྐྱེད་ཡིན་པའི་ཕྱིར་ཏེ། རྩོད་གཞི་ཡིན་པའི་ཕྱིར། རྩ་བར་འདོད་ན། དེ་ཆོས་ཅན། སྡོམ་པ་གསུམ་དང་ཡང་དག་ལྡན། །ཞེས་པའི་དངོས་བསྟན་གྱི་བྱང་སྡོམ་ཡིན་པར་ཐལ། འདོད་པའི་ཕྱིར། འདོད་ན། སུམ་ལྡན་གྱི་གང་ཟག་གི་རྒྱུད་ཀྱི་བྱང་སྡོམ་ཡིན་པར་ཐལ། འདོད་པའི་ཕྱིར། ཁྱབ་སྟེ། སྔར་དྲངས་པའི་བདུད་རྩི་སྤྲིལ་བའི་ལུང་དེ་འཐད་པའི་ཕྱིར། འདོད་ན། སྔགས་ཀྱི་རྗེས་ཟིན་པའི་བྱང་སྡོམ་ཡིན་པར་ཐལ། འདོད་པའི་ཕྱིར། འདོད་མི་ནུས་ཏེ། སྔགས་ཀྱི་རྗེས་མ་ཟིན་པའི་བྱང་སྡོམ་ཡིན་པའི་ཕྱིར་ཏེ། སྔགས་ལམ་དུ་འཇུག་མ་མྱོང་བའི་གང་ཟག་གི་རྒྱུད་ཀྱི་བྱང་སྡོམ་ཡིན་པའི་ཕྱིར་ཏེ། རྩོད་གཞི་ཡིན་པའི་ཕྱིར།

དམ་བཅའ་གསུམ་པ་ལ། ཀྱེའི་རྡོ་རྗེའི་དབང་གོང་མའི་ཚོ་ག་ལས་ཐོབ་པའི་མཚོན་བྱེད་དཔེའི་ཕྱག་

ཆེན་ཆོས་ཅན། དེར་ཐལ། དེའི་ཕྱིར། མ་གྲུབ་ན། དེ་ཆོས་ཅན། དེ་ཡིན་པར་ཐལ། དེ་ལ་སྡོམ་གསུམ་དབྱེ་བ་བདག་གིས་བཤད། །ཅེས་པའི་དངོས་བསྟན་གྱི་སྡོམ་པ་གསུམ་པ་ཡིན་པའི་ཕྱིར་ཏེ། གསང་སྔགས་ཀྱི་ནི་དབང་བསྐུར་དང་། །ཞེས་པའི་དངོས་བསྟན་གྱི་སྡོམ་པ་ཡིན་པའི་ཕྱིར་ཏེ། རྡོ་རྗེ་ཐེག་པའི་ལམ་ཞུགས་ཏེ། །ཞེས་སོགས་ཚིགས་རྐང་གསུམ་གྱིས་དངོས་བསྟན་གྱི་དབང་གི་ངོ་བོར་གྱུར་པའི་སྡོམ་པ་ཡིན་པའི་ཕྱིར་ཏེ། བླ་མ་བཙལ་ལ་དབང་བཞི་བླངས། །དེ་ཡིས་སྡོམ་པ་གསུམ་ལྡན་འགྱུར། །ཞེས་པའི་དངོས་བསྟན་གྱི་སྔགས་སྡོམ་ཡིན་པའི་ཕྱིར་ཏེ། བླ་མེད་ཀྱི་དབང་བཞི་གང་རུང་གི་ཆོག་ལས་ཐོབ་པའི་སྔགས་སྡོམ་ཡིན་པའི་ཕྱིར་ཏེ། ཀྱེའི་རྡོ་རྗེའི་དབང་བཞི་གང་རུང་གི་ཆོག་ལས་ཐོབ་པའི་སྔགས་སྡོམ་ཡིན་པའི་ཕྱིར་ཏེ། ཀྱེའི་རྡོ་རྗེའི་དབང་གོང་མའི་ཆོག་ལས་ཐོབ་པའི་སྔགས་སྡོམ་ཡིན་པའི་ཕྱིར་ཏེ། དེ་ལས་ཐོབ་པའི་མཚོན་བྱེད་དཔེའི་སྔགས་སྡོམ་ཡིན་པའི་ཕྱིར་ཏེ། དེ་ལས་ཐོབ་པའི་མཚོན་བྱེད་དཔེའི་ཡེ་ཤེས་ཡིན་པའི་ཕྱིར་ཏེ། དེ་ལས་ཐོབ་པའི་མཚོན་བྱེད་དཔེའི་ཕྱག་ཆེན་ཡིན་པའི་ཕྱིར་ཏེ། དེ་རྣམས་ལ་རིམ་བཞིན་ཁྱབ་པ་ཡོད་དེ། ཟབ་དོན་བདུད་རྩིའི་ཉིང་ཁུ་ལས། དབང་དང་ལམ་ལས་བྱུང་བའི་ཡེ་ཤེས་བཞི། །སོ་སྐྱེའི་དུས་སུ་དཔེ་ཡི་སྡོམ་པ་ཡིན། །མཐོང་བའི་ལམ་ནས་རྡོ་རྗེ་འཛིན་པའི་བར། །དོན་གྱི་སྡོམ་པ་ཡིན་ཏེ་ཕྱག་ཆེན་བཞིན། །ཞེས་གསུངས་པ་འཐད་པའི་ཕྱིར། རྩ་བར་འདོད་ན། དེ་ཆོས་ཅན། ཀྱུད་རྡོ་རྗེ་རྩེ་མོའི་དངོས་བསྟན་གྱི་སྔགས་སྡོམ་ཡིན་པར་ཐལ། འདོད་པའི་ཕྱིར། འདོད་ན། དེ་ཆོས་ཅན། རྣལ་འབྱོར་རྒྱུད་ཀྱི་དངོས་བསྟན་གྱི་སྔགས་སྡོམ་ཡིན་པར་ཐལ། འདོད་པའི་ཕྱིར། འདོད་ན། དེ་ཆོས་ཅན། དེའི་དངོས་བསྟན་གྱི་སྔགས་ལམ་ཡིན་པར་ཐལ། འདོད་པའི་ཕྱིར། དེ་ལ་འདོད་མི་ནུས་ཏེ། བླ་མེད་ཐུན་མོང་མ་ཡིན་པའི་སྔགས་ལམ་ཡིན་པའི་ཕྱིར་ཏེ། ཕྱག་ཆེན་གྱི་ཡེ་ཤེས་ཡིན་པའི་ཕྱིར། ཁྱབ་སྟེ། རབ་དབྱེ་ལས། དེད་ཀྱི་ཕྱག་རྒྱ་ཆེན་པོ་ནི། །ཞེས་སོགས་ཚིགས་བཅད་གཅིག་དང་། དབང་བཞི་དང་ནི་རིམ་པ་གཉིས། །རྣལ་འབྱོར་ཆེན་པོའི་ཁྱད་ཆོས་ཡིན། །ཞེས་གསུངས་པ་དེ་འཐད་པའི་ཕྱིར།

དམ་བཅའ་བཞི་པ་ལ། ཕྱི་རོལ་པའི་རྒྱུད་ཀྱི་བསམ་གཏན་གྱི་སྡོམ་པ་ཆོས་ཅན། དེར་ཐལ། དེའི་ཕྱིར། མ་གྲུབ་ན། དེ་ཆོས་ཅན། སྡོམ་པ་གསུམ་པོ་གང་རུང་ཡིན་པར་ཐལ། སྡེ་སྣོད་སྤྱི་ལ་གྲགས་པའི་སྡོམ་པ་གསུམ་པོ་གང་རུང་ཡིན་པའི་ཕྱིར་ཏེ། སྡོམ་པ་སོ་སོར་ཐར་ཞེས་བྱ། །དེ་བཞིན་ཟག་མེད་བསམ་གཏན་སྐྱེས། །ཞེས་པའི་དངོས་བསྟན་གྱི་སྡོམ་པ་གསུམ་པོ་གང་རུང་ཡིན་པའི་ཕྱིར་ཏེ། བསམ་གཏན་སྐྱེས་ཞེས་པའི་དངོས་བསྟན་གྱི་སྡོམ་པ་ཡིན་པའི་ཕྱིར་ཏེ། བསམ་གཏན་གྱི་སྡོམ་པ་ཡིན་པའི་ཕྱིར། རྩ་བར་འདོད་ན། དེ་ཆོས་ཅན། ཐར་ལམ་དུ་གྱུར་པའི་སྡོམ་པ་ཡིན་པར་ཐལ། སོ་ཐར་གྱི་སྡོམ་པ་བྱང་སེམས་ཀྱི་སྡོམ་པ་སོགས་གང་རུང་ཡིན་པའི་

ཕྱིར་ཏེ། འདོད་ན། དེ་ཆོས་ཅན། དེ་མ་ཡིན་པར་ཐལ། ཕྱི་རོལ་པའི་རྒྱུད་ཀྱི་སྡོམ་པ་ཡིན་པའི་ཕྱིར། མ་གྲུབ་ན། དེ་ཕྱི་རོལ་པའི་རྒྱུད་ཀྱི་སྡོམ་པ་ཡིན་པར་ཐལ། ཕྱི་རོལ་པའི་རྒྱུད་ཀྱི་སྡོམ་པ་ཡོད་པའི་ཕྱིར་ཏེ། མཛོད་རང་འགྲེལ་ལས། ཅི་ཕྱི་རོལ་པ་རྣམས་ལ་ཡང་དག་པར་བླངས་པའི་ཚུལ་ཁྲིམས་མེད་དམ་ཞེ་ན། ཡོད་མོད་ཀྱི། ཞེས་གསུངས་པའི་ཕྱིར།

དེས་ན་རང་ལུགས་ལ་སྡོམ་པ་གསུམ་གྱི་རབ་ཏུ་དབྱེ་བ་ཞེས་པའི་དངོས་བསྟན་གྱི་སྡོམ་པ་དང་པོ་ཡིན་ན༑ སྔགས་ལམ་དང་། ལུགས་གཉིས་གང་རུང་གི་སེམས་བསྐྱེད་སྔོན་དུ་མ་སོང་བའི་སྡོམ་པ་ཡིན་པས་ཁྱབ། དེའི་དངོས་བསྟན་གྱི་སྡོམ་པ་གཉིས་པ་ཡིན་ན། སྔགས་ལམ་སྔོན་དུ་མ་སོང་བའི་སྡོམ་པ་ཡིན་པས་ཁྱབ། དེའི་དངོས་བསྟན་གྱི་སྡོམ་པ་གསུམ་པ་ཡིན་ན། བླ་མེད་ཀྱི་སྔགས་སྡོམ་ཡིན་པས་ཁྱབ། སྡོམ་པ་གསུམ་དང་ཡང་དག་ལྡན། །སོ་སོར་ཐར་དང་བྱང་ཆུབ་སེམས། །རིགས་འཛིན་རང་གི་ངོ་བོ་འོ། །ཞེས་པའི་དངོས་བསྟན་གྱི་སྡོམ་པ་གསུམ་པོ་གང་རུང་ཡིན་ན། སྤྱིར་སྔགས་སྡོམ་ཡིན་པས་ཁྱབ། དེའི་དངོས་བསྟན་བསྟན་བྱའི་གཙོ་བོར་གྱུར་པའི་སྡོམ་པ་གསུམ་པ་ཡིན་ན། རྣལ་འབྱོར་རྒྱུད་ཀྱི་སྔགས་སྡོམ་ཡིན་པས་ཁྱབ་པ་ཡིན་ཏེ། རྒྱུད་རྡོ་རྗེ་རྩེ་མོ་འདི་རྣལ་འབྱོར་རྒྱུད་ཡིན་པའི་ཕྱིར། ཡང་བྱང་སྡོམ་དང་ལྡན་ན། སོར་སྡོམ་བྱང་སྡོམ་གཉིས་ཀ་དང་ངེས་པར་ལྡན་པས་ཁྱབ། སྔགས་སྡོམ་དང་ལྡན་ན། སོར་སྡོམ་སོགས་གསུམ་ཀ་དང་ལྡན་པས་ཁྱབ་པ་ནི། ཀུན་མཁྱེན་ཆོས་ཀྱི་རྒྱལ་པོའི་བཞེད་པ་ཡིན་ཏེ། སྡོམ་གསུམ་སྤྱི་དོན་ལས། སྔགས་སྡོམ་དང་ལྡན་ན། སྡོམ་པ་གསུམ་ཀ་དང་ལྡན་དགོས་པ་འདི་ཡང་། མདོ་རྒྱུད་ཀྱི་དགོངས་པ་ཕྱིན་ཅི་མ་ལོག་པ་རྗེ་བཙུན་ས་སྐྱ་པ་ཡབ་སྲས་ཀྱི་ལུགས་འབབ་ཞིག་ཏུ་སྣང་སྟེ། ཞེས་གསུངས་པའི་ཕྱིར། ཡང་གནད་ཀྱི་དོན་ནི་སྤྱིར་སྡོམ་པ་གསུམ་ལ། སོ་ཐར། བསམ་གཏན། ཟག་མེད་ཀྱི་སྡོམ་པ་གསུམ་ལ་སྡོམ་གསུམ་དུ་བཞག་པ་དང་། ལུས་ངག་ཡིད་གསུམ་གྱི་སྡོམ་པ་ལ་དེ་གསུམ་དུ་བཞག་པ་དང་། བྱང་ཆུབ་སེམས་དཔའི་ཚུལ་ཁྲིམས་ལ་དེ་གསུམ་དུ་བཞག་པ་དང་། སྐུ་གསུང་ཐུགས་ཀྱི་དམ་ཚིག་གསུམ་ལ་དེ་གསུམ་དུ་བཞག་པ་སོགས་བཤད་ཚུལ་དུ་མ་ཡོད་པ་ལས། སྡོམ་གསུམ་རབ་དབྱེ་ཞེས་པའི་སྐབས་ཀྱི་སྡོམ་པ་གསུམ་ནི། སོ་ཐར། བྱང་སེམས། སྔགས་སྡོམ་གསུམ་ལ་འཛོག་ཅིང་། དེ་གསུམ་ལ་སྡོམ་གསུམ་དུ་འཛོག་པའི་ཁུངས་ཀྱང་རྒྱུད་ཚད་ལྡན་ལས་གསུངས་པ་ཡིན་ཏེ། རྡོ་རྗེ་རྩེ་མོར། སྡོམ་པ་གསུམ་དང་ཡང་དག་ལྡན། །ཞེས་གསུངས་ནས། གསུམ་པོ་དེ་ངོས་འཛིན་པར་བྱེད་པ་ལ། སོ་སོར་ཐར་དང་ཞེས་སོགས་གསུངས་པ་ཡིན་པའི་ཕྱིར། འོན་ཀྱང་རྡོ་རྗེ་རྩེ་མོའི་དངོས་བསྟན་གྱི་གསུམ་པོ་དེ་དང་། སྡོམ་པ་གསུམ་གྱི་རབ་ཏུ་དབྱེ་བ་ཞེས་པའི་དངོས་བསྟན་གྱི་གསུམ་པོ་དེ་རྣམས་ཐད་སོ་ཐད་སོར་དོན་གཅིག་ཏུ་འབྲེལ་

པར་མི་བྱ་སྟེ། སོ་སོར་ཐར་དང་ཞེས་སོགས་ཀྱི་དངོས་བསྟན་གྱི་སྡོམ་པ་ཡིན་ན། སྔགས་སྡོམ་ཡིན་པས་ཁྱབ་པ་སྔར་ཡང་བཤད་ཟིན་ཅིང་། སོ་སོར་ཐར་དང་ཞེས་པའི་དངོས་བསྟན་གྱི་སོ་ཐར་སྡོམ་པ་དེ། བྱང་སེམས་སོ་ཐར་གྱི་སྡོམ་པ་ཡིན་པའི་ཕྱིར། རྗེ་བཙུན་རིན་པོ་ཆེ་གྲགས་པ་རྒྱལ་མཚན་གྱིས་གསུངས་པའི་ཕྱིར་ཏེ། སྡོམ་པ་ཉི་ཤུ་པའི་འགྲེལ་པར། རྡོ་རྗེ་རྩེ་མོའི་དགོངས་པ་ནི། །བྱང་ཆུབ་སེམས་དཔའི་སོ་སོར་ཐར་པའོ། །ཞེས་གསུངས་པའི་ཕྱིར།

གཉིས་པ་སྡོམ་པ་སོ་སོའི་རྣམ་གཞག་སོ་སོར་བཤད་པ་ལ། སོ་ཐར་སྡོམ་པ་བཤད་པ་དང་། བྱང་སེམས་སྡོམ་པ་བཤད་པ་དང་། སྔགས་ཀྱི་སྡོམ་པ་བཤད་པ་དང་གསུམ། དང་པོ་ནི། ངེས་འབྱུང་གི་བསམ་པས་ཀུན་ནས་བསླང་སྟེ། གཞན་གནོད་གཞི་བཅས་སྤོང་བའི་སེམས་པ་མཚུངས་ལྡན་དང་བཅས་པ་དེ། སོ་ཐར་སྡོམ་པའི་མཚན་ཉིད། སོ་ཐར་སྡོམ་པ། ངེས་འབྱུང་གི་བསམ་པས་ཟིན་པའི་སྡོམ་པ། ངེས་འབྱུང་གི་ཚུལ་ཁྲིམས། ཐར་ལམ་དུ་གྱུར་པའི་སྡོམ་པ། ཐར་ལམ་ལ་ཞུགས་པའི་གང་ཟག་གི་རྒྱུད་ཀྱི་སྡོམ་པ་རྣམས་དོན་གཅིག་མིང་གི་རྣམ་གྲངས་ཡིན་ཏེ། ཁ་སྐོང་ལས། དེས་ན་ངེས་འབྱུང་ཚུལ་ཁྲིམས་དང་། །སོ་ཐར་དོན་གཅིག་འདུལ་བའི་ལུགས། །ཞེས་གསུངས་པའི་ཕྱིར། དེ་ཡང་ངེས་པར་འབྱུང་བ་ནི་མྱང་འདས་ཡིན་ཅིང་། དེའི་བསམ་པ་ལ་མྱང་འདས་ཀྱི་བསམ་པ་དང་། ངེས་འབྱུང་གི་བསམ་པར་འཇོག་སྟེ། མཚན་གཞི་དཔེར་མཚོན་ན། འཁོར་བ་སྡུག་བསྔལ་མཐའ་དག་ལ་སྐྱོ་ཤས་སྐྱེས་ནས་འཁོར་བ་སྤོང་འདོད་ཀྱི་བློ་དེ་ངེས་འབྱུང་གི་བསམ་པ་དང་། བསམ་པ་དེས་ཟིན་པའི་ཚུལ་ཁྲིམས་ལ་ངེས་འབྱུང་གི་ཚུལ་ཁྲིམས་སུ་འཇོག་སྟེ། འདུལ་བ་མདོ་རྩ་བ་ལས། ངེས་པར་འབྱུང་བའི་ཚུལ་ཁྲིམས་ཀྱི་དབང་དུ་བྱས་ཏེ། ཞེས་དང་། སུམ་བརྒྱ་པ་ལས། ངེས་པར་འབྱུང་བའི་ཚུལ་ཁྲིམས་སྡུག་བསྔལ་སྤོང་། །ཞེས་དང་། རྒྱ་ཆེར་འགྲེལ་ལས། ངེས་པར་འབྱུང་བའི་ཚུལ་ཁྲིམས་ནི་ངེས་པར་འབྱུང་བའི་ཚུལ་ཁྲིམས་སོ། །ཞེས་གསུངས་པའི་ཕྱིར། ངེས་འབྱུང་གི་བསམ་པས་མ་ཟིན་པའི་དགེ་བསྙེན་ཕ་མའི་སྡོམ་པ། དགེ་ཚུལ་ཕ་མའི་སྡོམ་པ། དགེ་སློང་ཕ་མའི་སྡོམ་པ། དགེ་སློབ་མའི་སྡོམ་པ། བསྙེན་གནས་ཀྱི་སྡོམ་པ་དང་བརྒྱད་ནི། སོ་ཐར་གྱི་སྡོམ་པ་མ་ཡིན་ཏེ། ངེས་འབྱུང་གི་བསམ་པས་མ་ཟིན་པའི་ཕྱིར། དེས་ན་དགེ་བསྙེན་ཕ་མའི་སྡོམ་པ་སོགས་རིགས་བརྒྱད་པོ་རེ་རེ་ལ་ཡང་། འཇིགས་སྐྱོབ་ཀྱི་ཚུལ་ཁྲིམས། ལེགས་སྨོན་གྱི་ཚུལ་ཁྲིམས། ངེས་འབྱུང་གི་ཚུལ་ཁྲིམས་དང་གསུམ་གསུམ་དུ་ཡོད་པ་ལས། འཇིགས་སྐྱོབ་དང་ལེགས་སྨོན་གྱི་རིགས་བརྒྱད་ནི་སོ་ཐར་སྡོམ་པ་མ་ཡིན་ཏེ། ཁ་སྐོང་ལས། འཇིགས་སྐྱོབ་དང་ནི་ལེགས་སྨོན་གཉིས། །སོ་སོར་ཐར་པ་མ་ཡིན་ཏེ། །སྲིད་པ་ལ་བརྟེན་ཕྱིར་ཞེས་པའི། །སྐྱོན་ཡང་ལུང་དེས་གསལ་བར་བསྟན། །ཞེས་གསུངས་

པའི་ཕྱིར། དེས་ན་མདོ་རྩ་བའི་དངོས་བསྟན་གྱི་དགེ་སློང་གི་སྡོམ་པ་ཡིན་ན། སོ་ཐར་གྱི་སྡོམ་པ་ཡིན་པས་ཁྱབ་ཅིང་། སྤྱིར་དགེ་སློང་གི་སྡོམ་པ་ཡིན་ན། སོ་ཐར་གྱི་སྡོམ་པ་ཡིན་པས་མ་ཁྱབ། དགེ་སློང་གི་སྡོམ་པ་ཡིན་ན། བསྙེན་རྫོགས་ཀྱི་སྡོམ་པ་ཡིན་པས་ཀྱང་མ་ཁྱབ། དགེ་སློང་ཡིན་ན། བསྙེན་པར་རྫོགས་པ་ཡིན་པས་ཀྱང་མ་ཁྱབ། དང་པོ་ལ་འཇིགས་སྐྱོབ་ཀྱི་དགེ་སློང་གི་སྡོམ་པ་ཆོས་ཅན། དེར་ཐལ། དེའི་ཕྱིར། མ་གྲུབ་ན། དེ་ཆོས་ཅན། དགེ་སློང་གི་སྡོམ་པ་ཡིན་པར་ཐལ། འཇིགས་སྐྱོབ་ཀྱི་དགེ་སློང་གི་སྡོམ་པ་ཡོད་པའི་ཕྱིར་ཏེ། ཚེ་འདིའི་འཚེ་བ་དང་། རྒྱལ་པོའི་འཇིགས་པ་སོགས་བསྐྱབ་པའི་ཆེད་དུ་དགེ་སློང་གི་སྡོམ་པ་བསྲུང་བ་ཡོད་པའི་ཕྱིར་ཏེ། རྗེ་བཙུན་རིན་པོ་ཆེའི་མངོན་རྟོགས་ལྗོན་ཤིང་ལས། དེ་ལྟ་བུའི་ཚུལ་ཁྲིམས་འདི་འང་། གང་ཟག་གི་བསམ་པའི་བྱེ་བྲག་གིས་རྣམ་པ་གསུམ་དུ་འགྱུར་སྟེ། ཚེ་འདིའི་འཚེ་བ་དང་། རྒྱལ་པོའི་འཇིགས་པ་དང་། ཕྱི་མ་ངན་སོང་གི་འཇིགས་པའི་སྒོ་ནས་ཚུལ་ཁྲིམས་བསྲུང་བ་རྣམས་ནི་འཇིགས་སྐྱོབ་ཀྱི་ཚུལ་ཁྲིམས་ཞེས་བྱའོ། །ཞེས་གསུངས་པ་འཐད་པའི་ཕྱིར། རྩ་བར་འདོད་ན། དེ་ཆོས་ཅན། ངེས་འབྱུང་གི་ཚུལ་ཁྲིམས་ཡིན་པར་ཐལ། འདོད་པའི་ཕྱིར། འདོད་ན། དེ་མ་ཡིན་པར་ཐལ། འཇིགས་སྐྱོབ་ཀྱི་ཚུལ་ཁྲིམས་དང་ལེགས་སྨོན་གྱི་ཚུལ་ཁྲིམས་གང་རུང་ཡིན་པའི་ཕྱིར། གཉིས་པ་དེ་ལ་འཇིགས་སྐྱོབ་ཀྱི་དགེ་སློང་གི་སྡོམ་པ་ཆོས་ཅན། དེར་ཐལ། དེའི་ཕྱིར། འདོད་ན། དེ་ཆོས་ཅན། མྱང་འདས་ཀྱི་བསམ་པས་ཟིན་པའི་སྡོམ་པ་ཡིན་པར་ཐལ། བསྙེན་རྫོགས་ཀྱི་སྡོམ་པ་ཡིན་པའི་ཕྱིར། ཁྱབ་སྟེ། རྫོགས་པ་མྱང་འདས་དང་། བསྙེན་པ་མྱང་འདས་དེའི་བསམ་པས་ཟིན་པ་ལ་བྱེད་རིགས་པའི་ཕྱིར། རྒྱ་ཆེར་འགྲེལ་ལས། འདི་ལྟར་བསྙེན་པར་རྫོགས་པ་ཞེས་བྱ་བ་ལ་ནམ་གནོད་པ་ཐམས་ཅད་དང་བྲལ་བའི་དངོས་པོ་ལ་ཞེས་བྱ་སྟེ་མྱང་ངན་ལས་འདས་པ་ཡང་དེ་ལྟ་བུའི་རང་བཞིན་ཡིན་ནོ། བསྙེན་པ་ཞེས་བྱ་བའི་སྒྲ་ནི་ཉེ་བའི་ཚིག་ཡིན་ཏེ། དེའི་ཕྱིར་བསམ་པ་ཐམས་ཅད་ཀྱི་མྱ་ངན་ལས་འདས་པ་དང་། ཉེ་བར་གྱུར་པ་ནི་བསྙེན་པར་རྫོགས་པ་ཡིན་ནོ། །ཞེས་གསུངས་པ་དེ་འཐད་པའི་ཕྱིར།

གསུམ་པ་དེ་ལ་ཡང་། འཇིགས་སྐྱོབ་དགེ་སློང་གི་སྡོམ་པ་རྒྱུད་ལྡན་དང་། ལེགས་སྨོན་དགེ་སློང་གི་སྡོམ་པ་རྒྱུད་ལྡན་གྱི་དགེ་སློང་ཆོས་ཅན། དེར་ཐལ། དེའི་ཕྱིར། འདོད་ན། དེ་ཆོས་ཅན། མྱང་འདས་ཀྱི་བསམ་པ་རྒྱུད་ལྡན་གྱི་གང་ཟག་ཡིན་པར་ཐལ། བསྙེན་པར་རྫོགས་པའི་གང་ཟག་ཡིན་པའི་ཕྱིར། ཁྱབ་སྟེ། རྒྱ་ཆེར་འགྲེལ་ལས། བསྙེན་པར་རྫོགས་པའི་དུས་ན་ནི་བསྙེན་པར་རྫོགས་ཞེས་བྱ་བའི་སྒྲ་ཁོ་ན་ལས་མྱ་ངན་ལས་འདས་པའི་བསམ་པ་བརྟན་པོར་རྟོགས་པར་བྱ་སྟེ། ཞེས་གསུངས་པའི་ཕྱིར། ཡང་ཁ་ཅིག་འཁོར་བའི་རྒྱུར་གྱུར་པའི་ཚུལ་ཁྲིམས་ཡིན་ན། སོ་ཐར་གྱི་སྡོམ་པ་མ་ཡིན་པས་ཁྱབ་སྟེ། མཛོད་རང་འགྲེལ་ལས། དེ་ནི་སྲིད་པ

ལ་བརྟེན་པའི་ཕྱིར། གཏན་དུ་སྡིག་པ་ལས་སོ་སོར་ཐར་པར་བྱེད་པ་མ་ཡིན་ནོ། །ཞེས་གསུངས་པའི་ཕྱིར། ཞེས་ཟེར་བ་ཡང་མི་འཐད་དེ། འོན་སོ་སོ་སྐྱེ་བོའི་རྒྱུད་ཀྱི་དགེ་སློང་གི་སྡོམ་པར་གྱུར་པའི་ངེས་འབྱུང་གི་ཚུལ་ཁྲིམས་ཆོས་ཅན། སོ་ཐར་གྱི་སྡོམ་པ་མ་ཡིན་པར་ཐལ། རྟགས་དེའི་ཕྱིར། འཁོར་བའི་ཕུན་ཚོགས་ཀྱི་རྒྱུར་གྱུར་པའི་ཚུལ་ཁྲིམས་ཡིན་པའི་ཕྱིར་ཏེ། གནས་སྐབས་སུ་འཁོར་བ་ལྷ་མིའི་བདེ་བ་དང་མཐར་ཐུག་མྱང་འདས་ཀྱི་རྒྱུ་བྱེད་པའི་ཚུལ་ཁྲིམས་ཡིན་པའི་ཕྱིར། མ་གྲུབ་ན། དེ་དེ་ཡིན་པར་ཐལ། འདུལ་བ་ཚིག་ལེ་ལས། རབ་བསྔགས་ནོར་ནི་ཕུན་ཚོགས་ཞིང་། །ལྷ་ཡི་ཁང་བཟང་དམ་པར་སྐྱེ། །ཏིང་ངེ་འཛིན་དང་ངེས་འབྱུང་ཐོབ། །ཚུལ་ཁྲིམས་འདི་ནི་འབྲས་བུ་ཆེ། །ཞེས་གསུངས་པའི་ཕྱིར། མཛོད་འགྲེལ་གྱི་ལུང་དེའི་དོན་ནི། མྱང་འདས་ཀྱི་བསམ་པས་མ་ཟིན་པའི་སྲིད་པ་འཁོར་བའི་བདེ་འབྲས་དོན་གཉེར་གྱི་བསམ་པས་ཀུན་ནས་སློང་བའི་ཚུལ་ཁྲིམས་རྣམས་སོ་ཐར་གྱི་སྡོམ་པ་མ་ཡིན་པར་བསྟན་ཏོ། །གོང་གི་མཚན་ཉིད་ཀྱི་ཟུར་གཞན་གནོད་གཞི་བཅས་སྤོང་བ་ཞེས་པའི་དོན་ནི། གཞན་ལ་གནོད་པ་ནི་ལུས་ངག་གི་མི་དགེ་བ་བདུན་ཡིན་ལ། གཞི་ནི་སྤྱིར་དོན་ལྟ་ལ་འཇུག་པ་ལས། འདི་ནི་རྒྱུ་ལ་འཇུག་པས་ཡིད་ཀྱི་མི་དགེ་བ་གསུམ་པོ་དེ་འདིའི་སྐབས་ཀྱི་གཞི་ཡིན་ལ། དེས་ན་ལུས་ངག་ཡིད་གསུམ་གྱི་མི་དགེ་བ་བཅུ་སྤོང་བ་ལ་གཞན་གནོད་གཞི་བཅས་སྤོང་བར་འཇོག་པས། དགེ་བསྙེན་ཕ་མའི་སོ་ཐར་གྱི་སྡོམ་པ་སོགས་རིགས་བདུན་པོ་ཡང་མི་དགེ་བ་བཅུ་སྤོང་བའི་སྡོམ་པ་ཡིན་པས་གྲུབ་སྟེ༑ མདོ་ལས། དགེ་བསྙེན་སྟོན་པ་གཞན་ལ་མི་བསྟེན་པ་དགེ་བ་བཅུ་སྤྱོད་པ། ཞེས་དང་། བརྟག་གཉིས་ལས། དེ་རྗེས་བསླབ་པའི་གནས་བཅུ་ཉིད། །ཅེས་གསུངས་པའི་ཕྱིར། སེམས་པ་མཚུངས་ལྡན་དང་བཅས་པའི་དོན་ནི། སོ་ཐར་སྡོམ་པར་འཇོག་པ་སེམས་བྱུང་སེམས་པ་གཙོ་ཆེ་བས། སོར་སྡོམ་རྒྱུད་ལྡན་གྱི་དགེ་སློང་ཕ་མ་སོགས་ཀྱི་རྒྱུད་ཀྱི་སེམས་བྱུང་སེམས་པ་དེ་སོ་ཐར་སྡོམ་པར་སོང་བས་ན། དེ་དང་མཚུངས་ལྡན་གྱི་སེམས་སེམས་བྱུང་ཐམས་ཅད་སོ་ཐར་སྡོམ་པར་འགྲོ་བ་ཡིན་ཏེ། དཔེར་ན་ཐེག་ཆེན་སེམས་བསྐྱེད་ཀྱི་སྐབས་སུ། བྱང་སེམས་ཀྱི་རྒྱུད་ཀྱི་གཞན་དོན་དུ་སངས་རྒྱས་ཐོབ་འདོད་ཀྱི་སེམས་བྱུང་འདུན་པ་དེ་སྨོན་པ་སེམས་བསྐྱེད་དུ་སོང་བས་ན། དེ་དང་མཚུངས་ལྡན་གྱི་སེམས་སེམས་བྱུང་ཐམས་ཅད་ཀྱང་སྨོན་པ་སེམས་བསྐྱེད་དུ་འགྲོ་བ་ཡིན་ནོ༑ །རྒྱུ་མཚན་དེས་ན་སོ་ཐར་གྱི་སྡོམ་པ་འདི་ལ་སེམས་སེམས་བྱུང་གཉིས་ཀ་ཡོད་ཅིང་། འོན་ཀྱང་སོ་ཐར་སྡོམ་པ་རྒྱུད་ལྡན་གྱི་གང་ཟག་གི་སེམས་སེམས་བྱུང་གང་རུང་ཡིན་ན། སོ་ཐར་སྡོམ་པ་ཡིན་པས་མ་ཁྱབ། བསྙེན་པར་རྫོགས་པའི་དགེ་སློང་ཕའི་རྒྱུད་ཀྱི་ཀུན་གཞིའི་རྣམ་ཤེས་དེ་སོ་ཐར་སྡོམ་པ་མ་ཡིན་པའི་ཕྱིར་ཏེ། དེ་ལུང་མ་བསྟན་ཡིན་པའི་ཕྱིར། མ་གྲུབ་ན། དེ་ཆོས་ཅན། ལུང་མ་བསྟན་ཡིན་པར་ཐལ། ཀུན་གཞིའི་རྣམ་ཤེས

ཡིན་པའི་ཕྱིར། ཁྱབ་སྟེ། རབ་དབྱེ་ལས། འགའ་ལས་ཟག་མེད་སེམས་རྒྱུད་ཅེས། །གསུངས་པ་ཀུན་གཞིའི་རྣམ་ཤེས་ཀྱི། །གསལ་ཆ་ཉིད་ལ་དགོངས་པ་ཡིན། །དེ་ནི་མ་བསྒྲིབས་ལུང་མ་བསྟན། །ཡིན་ཕྱིར་དགེ་བའི་ཐ་སྙད་མེད། །ཅེས་གསུངས་པའི་ཕྱིར། མདོར་ན་ངེས་འབྱུང་གི་བསམ་པས་ཟིན་པའི་སྒོ་ནས་གཞན་གནོད་གཞི་བཅས་སྤོང་བའི་སེམས་དང་། སེམས་དེ་དང་མཚུངས་ལྡན་གང་རུང་དུ་གྱུར་པའི་ཚུལ་ཁྲིམས་དེ། སོ་ཐར་སྡོམ་པའི་མཚན་ཉིད་ཡིན་ནོ། །

འདི་ལ་ཁ་ཅིག །ཞི་སྡང་མངོན་གྱུར་བ་རྒྱུད་ལྡན་གྱི་དགེ་སློང་གི་རྒྱུད་ཀྱི་དགེ་སློང་ཕའི་སོ་ཐར་སྡོམ་པ་ཆོས་ཅན། མཚན་ཉིད་དེར་ཐལ། མཚོན་བྱ་དེའི་ཕྱིར། མ་གྲུབ་ན། དེ་སོ་ཐར་སྡོམ་པ་ཡིན་པར་ཐལ། དེ་ཡོད་པའི་ཕྱིར་ཏེ། ཞེ་སྡང་མངོན་འགྱུར་བ་རྒྱུད་ལྡན་གྱི་དགེ་སློང་ཡོད་པའི་ཕྱིར་ཏེ། དགེ་སློང་སོ་སྐྱེ་ཡོད་པའི་ཕྱིར་ཏེ༑ རྩ་བར་འདོད་ན། ཞེ་སྡང་མངོན་འགྱུར་བ་རྒྱུད་ལྡན་གྱི་དགེ་སློང་ཆོས་ཅན། ཁྱོད་ཀྱི་རྒྱུད་ཀྱི་དགེ་སློང་ཕའི་སོ་ཐར་སྡོམ་པ་དེ་མཚན་ཉིད་དེ་འདྲ་མ་ཡིན་པར་ཐལ། ཁྱོད་ཀྱི་རྒྱུད་ལ་མཚན་ཉིད་དེ་འདྲ་མེད་པའི་ཕྱིར་ཏེ། ཁྱོད་ཀྱི་རྒྱུད་ལ་གཞན་གནོད་གཞི་བཅས་སྤོང་བའི་སེམས་པ་མཚུངས་ལྡན་དང་བཅས་པ་མེད་པའི་ཕྱིར་ཏེ། ཁྱོད་ཀྱི་རྒྱུད་ལ་གཞན་གནོད་གཞི་བཅས་སྤོང་བའི་སེམས་པ་མེད་པའི་ཕྱིར་ཏེ། ཁྱོད་ཀྱི་རྒྱུད་ལ་གཞན་ལ་གནོད་པའི་སེམས་མངོན་འགྱུར་བ་ཡོད་པའི་ཕྱིར་ཏེ། ཁྱོད་ཀྱི་རྒྱུད་ལ་ཞེ་སྡང་མངོན་འགྱུར་བ་ཡོད་པའི་ཕྱིར། ཞེ་ན། སྐྱོན་མེད་དེ། ཞེ་སྡང་མངོན་འགྱུར་བ་རྒྱུད་ལྡན་གྱི་དགེ་སློང་གི་རྒྱུད་ལ་དགེ་སློང་གི་སྡོམ་པ་ཡོད་པར་ཐལ། དེའི་རྒྱུད་ལ་དགེ་སློང་གི་སྡོམ་པ་དབང་ལྡན་གྱི་ཚུལ་གྱིས་ཡོད་པའི་ཕྱིར་ཏེ། གལ་ཏེ་དབང་ལྡན་གྱི་ཚུལ་གྱིས་ཡོད་པས། ཡོད་པའི་གོ་མི་ཆོད་ན། འོན་མཚན་འཛིན་རྟོག་པ་མངོན་འགྱུར་བ་རྒྱུད་ལྡན་གྱི་བྱང་འཕགས་ཀྱི་རྒྱུད་ལ་བྱང་སྡོམ་མེད་པར་ཐལ། དེའི་རྒྱུད་ལ་བྱང་སྡོམ་དབང་ལྡན་གྱི་ཚུལ་གྱིས་ཡོད་པར་ཙམ་ལས་མངོན་འགྱུར་དུ་མེད་པའི་ཕྱིར། འདོད་ན། དེ་འདྲའི་བྱང་སེམས་འཕགས་པ་ཆོས་ཅན། ཁྱོད་ཀྱི་རྒྱུད་ལ་བྱང་སྡོམ་ཡོད་པར་ཐལ། ཁྱོད་བྱང་སེམས་འཕགས་པ་ཡིན་པའི་ཕྱིར། དེས་ན་གནད་ཀྱི་དོན་ནི་ཞེ་སྡང་མངོན་འགྱུར་བ་རྒྱུད་ལ་ལྡན་པ་དང་། གཉིད་འཐུག་པོ་ལོག་བཞིན་པ་དང་། འགོག་པ་ལ་མཉམ་པར་བཞག་བཞིན་པའི་དགེ་སློང་རྣམས་ཀྱི་རྒྱུད་ལ་དགེ་སློང་གི་སྡོམ་པ་མངོན་འགྱུར་དུ་མེད་ཀྱང་། དགེ་སློང་གི་སྡོམ་པ་ཡོད་པ་ཡིན་ཏེ། དེ་ལྟ་བུའི་དགེ་སློང་རྣམས་དགེ་སློང་གི་སྡོམ་པ་ཐོབ་ཟིན་ཐོབ་ལ། གཏོང་རྒྱུ་མ་གཏང་བའི་དགེ་སློང་ཡིན་པའི་ཕྱིར། དེས་མཚོན་ནས། ཞེ་སྡང་ཕྲག་དོག་རྒྱུད་ལྡན་གྱི་བྱང་སེམས་སོ་སྐྱེའི་རྒྱུད་ལ་བྱང་སྡོམ་དང་། སྣང་བའི་དངོས་པོ་ལ་ཐར་ལམ་དུ་ཞེན་པ་མངོན་འགྱུར་བ་རྒྱུད་ལྡན་གྱི་བླ་མེད་སོ་སྐྱེའི་རྒྱུད་ལ་ཡང་སྔགས་སྡོམ་ཡོད་པ

ཡིན་ཏེ། སྡོམ་གསུམ་སྤྱི་དོན་ལས། དབང་ལྡན་གྱི་ཚུལ་དུ་ཡོད་པར་འདོད་པ་ཉིད་འདིར་སྨྲར་ན་ཡང་རུང་མོད་ཀྱི༑ སྤྱིར་ནི་ཐོབ་རྒྱུས་ཐོབ་ཅིང་། གཏོང་རྒྱུས་མ་བཏང་བས་ད་ལྟ་མངོན་གྱུར་མེད་ཀྱང་ཡོད་ཅེས་པའི་ཐ་སྙད་ཐོབ་སྟེ། དཔེར་ན། དངོས་པོ་འགའ་ཞིག་སྐྱིད་དུ་བཏང་ཟིན་པས་ད་ལྟ་མེད་ཀྱང་ཡོད་ཅེས་པའི་ཐ་སྙད་ཐོབ་པ་བཞིན་ནོ། །འདི་དག་ནི་འོག་མ་དག་གི་སྐབས་སུ་ཡང་དྲན་པར་བྱའོ། །ཞེས་གསུངས་པའི་ཕྱིར། མཚན་ཉིད་དེ་ལྡན་གྱི་སོ་ཐར་སྡོམ་པ་དེ་ལ་དབྱེ་ན། ཐེག་དམན་སོ་ཐར་སྡོམ་པ་དང་། ཐེག་ཆེན་སོ་ཐར་སྡོམ་པ་གཉིས་ལས། མཚན་ཉིད་རིམ་བཞིན། རང་དོན་དུ་དམན་པའི་བྱང་ཆུབ་ལ་དམིགས་ཏེ་གཞན་གནོད་གཞི་བཅས་སྤོང་བའི་སེམས་པ་མཚུངས་ལྡན་དང་བཅས་པ་དང་། གཞན་དོན་དུ་རྫོགས་བྱང་ལ་དམིགས་ཏེ་གཞན་གནོད་གཞི་བཅས་སྤོང་བའི་སེམས་པ་མཚུངས་ལྡན་དང་བཅས་པའོ། །

དེ་ལ་ཁ་ཅིག ། ཉན་ཐོས་དགྲ་བཅོམ་གྱི་རྒྱུད་ཀྱི་སོ་ཐར་སྡོམ་པ་ཆོས་ཅན། མཚན་ཉིད་དེར་ཐལ། མཚོན་བྱ་དེའི་ཕྱིར། མ་གྲུབ་ན། དེ་དེ་ཡིན་པར་ཐལ། དེ་ཡོད་པའི་ཕྱིར། རྩ་བར་འདོད་ན། ཉན་ཐོས་དགྲ་བཅོམ་པ་ཆོས་ཅན། ཁྱོད་ཀྱི་རྒྱུད་ཀྱི་སོ་ཐར་སྡོམ་པ་དེ། མཚན་ཉིད་དེ་འདྲ་མ་ཡིན་པར་ཐལ། ཁྱོད་ཀྱི་རྒྱུད་ལ་རང་དོན་དུ་དམན་པའི་བྱང་ཆུབ་ལ་དམིགས་པ་མེད་པའི་ཕྱིར། ཁྱོད་ཀྱིས་རང་དོན་དུ་དམན་པའི་བྱང་ཆུབ་ཐོབ་ཟིན་པའི་ཕྱིར་ཏེ། རྟོད་གཞི་ཡིན་པའི་ཕྱིར། ཞེ་ན། སྐྱོན་མ་དེ་མ་ཁྱབ་བོ། །རང་དོན་དུ་དམན་པའི་བྱང་ཆུབ་ལ་དམིགས་པ་དེ་ལ་ཐོབ་ཟིན་པའི་དམིགས་པ་དང་། ཐོབ་པའི་ཕྱིར་དུ་དམིགས་པ་གཉིས་སུ་ཡོད་པའི་ཕྱིར། གཞན་དུ་ན་ཤཱཀྱ་ཐུབ་པའི་རྒྱུད་ཀྱི་སོ་ཐར་སྡོམ་པ་ཆོས་ཅན། གཞན་གནོད་གཞི་བཅས་སྤོང་བའི་སྡོམ་པ་མ་ཡིན་པར་ཐལ། གཞན་གནོད་གཞི་བཅས་སྤངས་ཟིན་པའི་ཕྱིར། ཁྱབ་པ་ཀུན་ཏུ་མཚུངས་སོ། །ཉན་ཐོས་ལུགས་ཀྱི་སོ་ཐར་སྡོམ་པ་ལ་རྟེན་གྱི་སྒོ་ནས་དབྱེ་ན། དགེ་སློང་ཕ་མའི་སྡོམ་པ། དགེ་ཚུལ་ཕ་མའི་སྡོམ་པ། དགེ་སློབ་མའི་སྡོམ་པ། དགེ་བསྙེན་ཕ་མའི་སྡོམ་པ། བསྙེན་གནས་ཀྱི་སྡོམ་པ་དང་རིགས་བརྒྱད། རྫས་སམ་ངོ་བོ་དབྱེ་ན། དགེ་སློང་གི་སྡོམ་པ། དགེ་ཚུལ་གྱི་སྡོམ་པ། དགེ་བསྙེན་གྱི་སྡོམ་པ། བསྙེན་གནས་ཀྱི་སྡོམ་པ་དང་བཞིར་ཡོད་དེ། མཛོད་ལས། སོ་སོར་ཐར་ཅེས་བྱ་རྣམས་བརྒྱད། །རྫས་སུ་རྣམ་པ་བཞི་ཡིན་ནོ། །ཞེས་གསུངས་པའི་ཕྱིར།

འདིར་ཁ་ཅིག ། རྫས་ཀྱི་སྒོ་ནས་དགེ་སློང་གི་སྡོམ་པ་ཡིན་ན། དགེ་སློང་གི་སྡོམ་པ་ཡིན་པས་ཁྱབ། རྫས་ཀྱི་སྒོ་ནས་དགེ་ཚུལ་གྱི་སྡོམ་པ་ཡིན་ན། དགེ་ཚུལ་གྱི་སྡོམ་པ་ཡིན་པས་ཁྱབ། རྫས་ཀྱི་སྒོ་ནས་དགེ་བསྙེན་གྱི་སྡོམ་པ་ཡིན་ན། དགེ་བསྙེན་གྱི་སྡོམ་པ་ཡིན་པས་ཁྱབ། དགེ་སློང་གི་རྒྱུད་ཀྱི་སྡོམ་པ་ཡིན་ན། དགེ་སློང་གི

སྡོམ་པ་ཡིན་པས་ཁྱབ། དགེ་སློང་ཕའི་སྡོམ་པ་ཡིན་ན། དགེ་སློང་ཕའི་རྒྱུད་ཀྱི་སྡོམ་པ་ཡིན་པས་ཁྱབ་ཟེར་བ་རྣམས་མི་འཐད་དེ།

དམ་བཅའ་དང་པོ་ལ། དགེ་སློང་མའི་སྡོམ་པ་ཆོས་ཅན། དེར་ཐལ། དེའི་ཕྱིར། མ་གྲུབ་ན། དེ་ཆོས་ཅན། དེར་ཐལ། རྫས་སུ་རྣམ་པ་བཞི་ཡིན་ནོ། །ཞེས་པའི་དངོས་བསྟན་གྱི་དགེ་སློང་གི་སྡོམ་པ་ཡིན་པའི་ཕྱིར་ཏེ༑ དགེ་སློང་གི་སྡོམ་པ་དང་རྫས་རིགས་གཅིག་པའི་སྡོམ་པ་ཡིན་པའི་ཕྱིར་ཏེ། དགེ་སློང་ཕ་མའི་སྡོམ་པ་གང་རུང་ཡིན་པའི་ཕྱིར་ཏེ། རྟོད་གཞི་ཡིན་པའི་ཕྱིར་རོ། །རྩ་བར་འདོད་ན། དེ་དགེ་སློང་གི་སྡོམ་པ་མ་ཡིན་པར་ཐལ། དེ་རྫས་ཀྱི་སྒོ་ནས་དགེ་སློང་གི་སྡོམ་པ་ཡིན་ལ། སྤྱིར་དགེ་སློང་གི་སྡོམ་པ་མ་ཡིན་པའི་ཁྱད་པར་འཐད་པའི་ཕྱིར་ཏེ། རྫས་སུ་ཞེས་པའི་ཚིག་ལ་རྣམ་བཅད་གཅིག་ཡོད་པའི་ཕྱིར་རོ། །

དམ་བཅའ་གཉིས་པ་ལ། དགེ་ཚུལ་མའི་སྡོམ་པ་དང་། གསུམ་པ་ལ། དགེ་བསྙེན་མའི་སྡོམ་པས་མ་ངེས་ཤིང་། བསྒྲུབ་ཚུལ་རིགས་འགྲེ། དམ་བཅའ་བཞི་པ་ལ། ཚིགས་གསུམ་རིམ་ཅན་དུ་བླང་བའི་དགེ་སློང་གི་རྒྱུད་ཀྱི་དགེ་བསྙེན་གྱི་སྡོམ་པ་ཆོས་ཅན། དེར་ཐལ། དེའི་ཕྱིར། མ་གྲུབ་ན། དེར་ཐལ། རྟོད་གཞི་ཡིན་པའི་ཕྱིར། མ་གྲུབ་ན། དེ་དེ་ཡིན་པར་ཐལ། དེ་ཡོད་པའི་ཕྱིར་ཏེ། ཚིགས་གསུམ་རིམ་ཅན་དུ་བླངས་པ་གཅིག་ཡོད་པའི་ཕྱིར་ཏེ། དགེ་བསྙེན་ཉིད་དང་ཞེས་སོགས་གསུངས་པའི་ཕྱིར། རྩ་བར་འདོད་ན་སླ།

དམ་བཅའ་ལྔ་པ་ལ། དགེ་སློང་ཕ་དགེ་སློང་མར་མཚན་གྱུར་པའི་དགེ་སློང་མའི་རྒྱུད་ཀྱི་དགེ་སློང་ཕའི་སྡོམ་པ་ཆོས་ཅན། དེར་ཐལ། དེའི་ཕྱིར། མ་གྲུབ་ན། དེ་དེ་ཡིན་པར་ཐལ། དེ་ཡོད་པའི་ཕྱིར་ཏེ། དགེ་སློང་ཕ་དགེ་སློང་མར་མཚན་གྱུར་པ་ན་མིང་འཕོ་ལ། སྡོམ་པ་མི་འཕོའི་ཁྱད་པར་འཐད་པའི་ཕྱིར་ཏེ། མཚན་ལས་མིང་ནི་འཕོ་བའི་ཕྱིར། །ཞེས་གསུངས་པའི་ཕྱིར། རྩ་བར་འདོད་ན། དེ་ཆོས་ཅན། དེ་མ་ཡིན་པར་ཐལ། དགེ་སློང་མའི་རྒྱུད་ཀྱི་སྡོམ་པ་ཡིན་པའི་ཕྱིར་ཏེ། དེའི་རྒྱུད་ཀྱི་དགེ་སློང་མའི་སྡོམ་པ་ཡིན་པའི་ཕྱིར། དེས་མཚོན་ནས་དགེ་སློང་ཕའི་རྒྱུད་ཀྱི་དགེ་སློང་མའི་སྡོམ་པ་ཡོད་པར་ཡང་ཤེས་པར་བྱའོ། །

ཡང་ཁ་ཅིག །སོ་སོར་ཐར་པའི་སྡོམ་པ་ལ། །ཉན་ཐོས་ཐེག་ཆེན་ལུགས་གཉིས་ཡོད། །ཅེས་པའི་དངོས་བསྟན་གྱི་ཉན་ཐོས་ལུགས་ཀྱི་སོ་ཐར་གྱི་སྡོམ་པ་ཡིན་ན། ཉན་ཐོས་རྣམས་ཀྱི་སྐྱབས་འགྲོ་ནས། །དགེ་སློང་གི་ནི་སྡོམ་པའི་བར། །ཞེས་པའི་དངོས་བསྟན་གྱི་སྡོམ་པ་ཡིན་པས་ཁྱབ། སྡོམ་པ་གཟུགས་ཅན་ཡིན་པའི་ཕྱིར། །ཞེས་པའི་དངོས་བསྟན་གྱི་གཟུགས་ཅན་ཡིན་ན། གཟུགས་ཅན་དུ་གྱུར་པའི་སྡོམ་པ་ཡིན་པས་ཁྱབ། ཉན་ཐོས་ལུགས་ཀྱི་བསྙེན་གནས་ཀྱི་སོ་ཐར་སྡོམ་པ་ཡིན་ན། བྱེ་བྲག་སྨྲ་བའི་བསྙེན་གནས་ཀྱང་། །ཞེས་པའི་དངོས་

བསྟན་གྱི་བསྙེན་གནས་ཀྱི་སྡོམ་པ་ཡིན་པས་ཁྱབ་ཟེར་བ་མི་འཐད་དེ། དང་པོ་ལ། བསྙེན་གནས་ཡན་ལག་ཚང་བར་ནི། །ནངས་པར་གཞན་ལས་ནོད་པར་བྱ། །ཞེས་པའི་དངོས་བསྟན་གྱི་བསྙེན་གནས་ཀྱི་སྡོམ་པ་ཆོས་ཅན། དེར་ཐལ། དེའི་ཕྱིར། མ་གྲུབ་ན། དེ་ཆོས་ཅན། དེར་ཐལ། གཞུང་དེའི་དངོས་བསྟན་གྱི་ཉན་ཐོས་ལུགས་ཀྱི་སོ་ཐར་རིགས་བརྒྱད་པོ་གང་རུང་ཡིན་པའི་ཕྱིར་ཏེ། དེའི་དངོས་བསྟན་གྱི་ཉན་ཐོས་ལུགས་ཀྱི་བསྙེན་གནས་ཀྱི་སྡོམ་པ་ཡིན་པའི་ཕྱིར་ཏེ། བྱེ་བྲག་སྨྲ་བའི་བསྙེན་གནས་ཀྱང་། །དགེ་སློང་ལས་ལེན། ཞེས་པའི་དངོས་བསྟན་གྱི་བསྙེན་གནས་ཀྱི་སོ་ཐར་སྡོམ་པ་ཡིན་པའི་ཕྱིར་ཏེ། ཉན་ཐོས་བྱེ་བྲག་སྨྲ་བའི་ལུགས་ཀྱི་བསྙེན་གནས་ཀྱི་སོ་ཐར་སྡོམ་པ་ཡིན་པའི་ཕྱིར་ཏེ། བསྟན་བཅོས་མངོན་པ་མཛོད་ཀྱི་དངོས་བསྟན་གྱི་བསྙེན་གནས་སྡོམ་པ་ཡིན་པའི་ཕྱིར་ཏེ། རྟོད་གཞི་ཡིན་པའི་ཕྱིར། རྩ་བར་འདོད་ན། དེ་ཆོས་ཅན། ཇི་སྲིད་འཚོ་བའི་བར་དུ་ཡིན་ཞེས་པའི་དངོས་བསྟན་གྱི་སྡོམ་པ་ཡིན་པར་ཐལ། འདོད་པའི་ཕྱིར། འདོད་ན། ཇི་སྲིད་འཚོ་བའི་མཐའ་ཅན་གྱི་སྡོམ་པ་ཡིན་པར་ཐལ་ལོ། །འདོད་མི་ནུས་ཏེ། ཉིན་ཞག་གི་མཐའ་ཅན་གྱི་སྡོམ་པ་ཡིན་པའི་ཕྱིར་ཏེ། ཉན་ཐོས་བྱེ་བྲག་ཏུ་སྨྲ་བའི་ལུགས་ཀྱི་བསྙེན་གནས་ཀྱི་སྡོམ་པ་ཡིན་པའི་ཕྱིར་ཏེ། བསྟན་བཅོས་མངོན་པ་མཛོད་ཀྱི་དངོས་བསྟན་གྱི་བསྙེན་གནས་ཀྱི་སྡོམ་པ་ཡིན་པའི་ཕྱིར་ཏེ། རྟོད་གཞི་ཡིན་པའི་ཕྱིར།

དམ་བཅའ་གཉིས་པ་ལ། ཉན་ཐོས་ལུགས་ཀྱི་ད་ལྟར་གྱི་ཆོ་ག་ལས་ཐོབ་པའི་ཉན་ཐོས་དགེ་སློང་ཕའི་སོ་ཐར་སྡོམ་པ་ཆོས་ཅན། དེར་ཐལ། དེའི་ཕྱིར། མ་གྲུབ་ན། དེར་ཐལ། སྡོམ་པ་གཟུགས་ཅན་ཞེས་པའི་དངོས་བསྟན་གྱི་སྡོམ་པ་ཡིན་པའི་ཕྱིར་ཏེ། ཉན་ཐོས་སྡོམ་པ་རྣམ་རིག་མིན། །ཞེས་པའི་དངོས་བསྟན་གྱི་སྡོམ་པ་ཡིན་པའི་ཕྱིར་ཏེ། ཉན་ཐོས་ཐེག་ཆེན་ལུགས་གཉིས་ཡོད། །ཅེས་པའི་ཚིག་ཟུར་གྱི་ལུགས་གཉིས་ཡོད་ཅེས་པའི་དངོས་བསྟན་གྱི་སྡོམ་པ་ཡིན་པའི་ཕྱིར་ཏེ། རྟོད་གཞི་ཡིན་པའི་ཕྱིར། རྩ་བར་འདོད་ན། དེ་ཆོས་ཅན། གཟུགས་ཅན་ཡིན་པར་ཐལ། འདོད་པའི་ཕྱིར། འདོད་ན། དེ་ཆོས་ཅན། བེམ་པོ་ཡིན་པར་ཐལ་ལོ། །འདོད་མི་ནུས་ཏེ། ཤེས་པ་ཡིན་པའི་ཕྱིར་ཏེ། སྡོམ་པ་ཡིན་པའི་ཕྱིར། ཁྱབ་སྟེ། ཁ་སྐོང་ལས། བྱེ་སྨྲས་སྡོམ་པ་གཟུགས་ཅན་དུ། །འདོད་པ་མདོ་སྡེའི་མཁས་རྣམས་ཀྱི། །བཀག་ན་དབུ་སེམས་གཞུང་བཟང་དང་། །ཟབ་མོའི་རྒྱུད་སྡེ་སློས་ཅི་དགོས། །ཞེས་གསུངས་པའི་ཕྱིར།

དམ་བཅའ་གསུམ་པ་ལ། ཉན་ཐོས་མདོ་སྡེའི་ལུགས་ཀྱི་ཉིན་ཞག་ལྔའི་མཐའ་ཅན་གྱི་བསྙེན་གནས་སོ་ཐར་སྡོམ་པ་ཆོས་ཅན། དེར་ཐལ། དེའི་ཕྱིར། མ་གྲུབ་ན། དེར་ཐལ། ཉན་ཐོས་མདོ་སྡེ་པའི་ལུགས་ཀྱི་བསྙེན་གནས་སོ་ཐར་སྡོམ་པ་ཡིན་པའི་ཕྱིར་ཏེ། རྟོད་གཞི་ཡིན་པའི་ཕྱིར། མ་གྲུབ་ན། དེ་དེ་ཡིན་པར་ཐལ། དེ་ཡོད

པའི་ཕྱིར་ཏེ། མཛོད་འགྲེལ་ལས། ཡང་ཉིན་ཞག་གི་འོག་ཞག་ལྔ་འམ་བཅུ་ལ་སོགས་པ་ཡང་སྐྱེ་བར་འདོད་དེ། ཞེས་གསུངས་པའི་ཕྱིར། རྩ་བར་འདོད་ན། དེ་ཆོས་ཅན། ཉན་ཐོས་བྱེ་བྲག་སྨྲ་བའི་ལུགས་ཀྱི་བསྙེན་གནས་ཀྱི་སྡོམ་པ་ཡིན་པར་ཐལ། འདོད་པའི་ཕྱིར། འདོད་ན། ཉིན་ཞག་གཅིག་གི་མཐའ་ཅན་གྱི་སྡོམ་པ་ཡིན་པར་ཐལ། འདོད་པའི་ཕྱིར། ཁྱབ་སྟེ། ཇི་སྲིད་འཚོ་དང་ཉིན་ཞག་ཏུ། །སྡོམ་པ་ཡང་དག་བླང་བར་བྱ། །ཞེས་བཤད་པའི་ཇི་སྲིད་འཚོ་བ་གཏན་ཁྲིམས་བདུན་དང་། ཉིན་ཞག་ཏུ་ཞེས་པ་བསྙེན་གནས་ཀྱི་སྡོམ་པ་ལ་སྦྱར་ནས་འཆད་པའི་ཕྱིར། འདོད་མི་ནུས་ཏེ། རྩོད་གཞི་ཡིན་པའི་ཕྱིར།

ཡང་ཁ་ཅིག །སོ་ཐར་སྡོམ་པ་ཡིན་ན། སོ་སོར་ཐར་པ་ཡིན་པས་ཁྱབ། བསྙེན་གནས་ཀྱི་སྡོམ་པ་ཡིན་ན༏ ཇི་སྲིད་འཚོ་བའི་མཐའ་ཅན་གྱི་སྡོམ་པ་མ་ཡིན་པས་ཁྱབ། དགེ་སློང་གི་སྡོམ་པ་ཡིན་ན། རབ་ཏུ་བྱུང་བའི་ཆ་ལུགས་ཅན་གྱི་རྒྱུད་ཀྱི་སྡོམ་པ་ཡིན་པས་ཁྱབ་ཟེར་བ་རྣམས་མི་འཐད་དེ། དང་པོ་ལ། བསྙེན་རྫོགས་ཀྱི་སྡོམ་པ་སྐད་ཅིག་གཉིས་པ་ཆོས་ཅན། དེར་ཐལ། དེའི་ཕྱིར། མ་གྲུབ་ན། དེར་ཐལ། སོ་ཐར་སྡོམ་པ་སྐད་ཅིག་མ་གཉིས་པ་ཡིན་པའི་ཕྱིར་ཏེ། རྩོད་གཞི་ཡིན་པའི་ཕྱིར། རྩ་བར་འདོད་ན། དེ་ཆོས་ཅན། སོ་ཐར་སྡོམ་པ་སྐད་ཅིག་མ་དང་པོ་ཡིན་པར་ཐལ། སོ་སོར་ཐར་པ་དང་། སོ་ཐར་སྡོམ་པ་གཞི་མཐུན་ཡིན་པའི་ཕྱིར་ཏེ། ཁྱབ་སྟེ། མཛོད་ལས། དང་པོའི་རྣམ་རིག་རྣམ་རིག་མིན། །སོ་སོར་ཐར་དང་བྱ་བའི་ལམ། །ཞེས་གསུངས་པའི་ཕྱིར། འདོད་མི་ནུས་ཏེ། སོ་ཐར་སྡོམ་པ་སྐད་ཅིག་གཉིས་པ་ཡིན་པའི་ཕྱིར་ཏེ། རྩོད་གཞི་ཡིན་པའི་ཕྱིར་རོ། །

དམ་བཅའ་གཉིས་པ་ལ། རྒྱལ་པོའི་བུ་སྙིང་རྗེ་ཆེ་སེམས་ཀྱིས་བླངས་པའི་གསོ་སྦྱོང་ཡན་ལག་བརྒྱད་པ་ཆོས་ཅན། དེར་ཐལ། དེའི་ཕྱིར། མ་གྲུབ་ན། དེར་ཐལ། གསོ་སྦྱོང་གི་སྡོམ་པ་ཡིན་པའི་ཕྱིར་ཏེ། གསོ་སྦྱོང་ཡན་ལག་བརྒྱད་པ་ཡིན་པའི་ཕྱིར་ཏེ། རྩོད་གཞི་ཡིན་པའི་ཕྱིར། རྩ་བར་འདོད་ན། ཇི་སྲིད་འཚོ་བའི་མཐའ་ཅན་ཡིན་པར་ཐལ། དེའི་མཐའ་ཅན་གྱི་གསོ་སྦྱོང་གི་སྡོམ་པ་ཡིན་པའི་ཕྱིར་ཏེ། ཆོས་འཕྲུལ་བསྟན་པའི་མདོ་ལས། ཇི་སྲིད་འཚོ་བར་བདག་ནི་ཚངས་སྤྱོད་ཅིང་། །གསོ་སྦྱོང་ཡན་ལག་བརྒྱད་པ་བླང་བར་བྱ། །ཞེས་པའི་དངོས་བསྟན་གྱི་གསོ་སྦྱོང་ཡན་ལག་བརྒྱད་པ་ཡིན་པའི་ཕྱིར་ཏེ། རྩོད་གཞི་ཡིན་པའི་ཕྱིར།

དམ་བཅའ་གསུམ་པ་ལ། ཙནྡན་སྤོས་ཀྱི་དད་ལྡན་གྱི་དགེ་སློང་གི་རྒྱུད་ཀྱི་དགེ་སློང་གི་སྡོམ་པ་ཆོས་ཅན། དེར་ཐལ། དེའི་ཕྱིར། མ་གྲུབ་ན། དེར་ཐལ། དགེ་སློང་གི་རྒྱུད་ཀྱི་དགེ་སློང་གི་སྡོམ་པ་ཡིན་པའི་ཕྱིར་ཏེ། རྩོད་གཞི་ཡིན་པའི་ཕྱིར། མ་གྲུབ་ན། དེ་དེ་ཡིན་པར་ཐལ། དེ་ཡོད་པའི་ཕྱིར་ཏེ། རབ་དབྱེ་ལས། ལྷས་ལྷས་ཞེས་བྱའི་འཇིག་རྟེན་ན། །ཙནྡན་སྤོས་ཀྱི་དད་ལྡན་པའི། །དགེ་སློང་ཇི་སྙེད་ཐམས་ཅད་ཀྱང་། །རྒྱན་དང་བཅས

ཤིང་གོས་དཀར་བ། །ཞེས་གསུངས་པའི་ཕྱིར། རྩ་བར་འདོད་མི་ནུས་ཏེ། ཁྱིམ་པའི་ཆ་ལུགས་ཅན་གྱི་སྡོམ་པ་ཡིན་པའི་ཕྱིར། རྒྱན་དང་བཅས་ཤིང་གོས་དཀར་གྱི་རྟགས་དང་ལྡན་པའི་གང་ཟག་གི་རྒྱུད་ཀྱི་སྡོམ་པ་ཡིན་པའི་ཕྱིར་ཏེ། རྟོད་གཞི་ཡིན་པའི་ཕྱིར། ཁྱབ་སྟེ། ཙནྡྲ་གོ་མིས་ཀྱི། ཞེས་གསུངས་པའི་ཕྱིར།

དེས་ན་རང་ལུགས་ནི། སོ་ཐར་སྡོམ་པ་ལ། ཉན་ཐོས་ལུགས་ཀྱི་སོ་ཐར་སྡོམ་པ་དང་། ཐེག་ཆེན་ལུགས་ཀྱི་སོ་ཐར་སྡོམ་པ་གཉིས། དང་པོ་ལ། ཇི་སྲིད་འཚོའི་མཐའ་ཅན་དང་། ཉིན་ཞག་གི་མཐའ་ཅན་གཉིས། དང་པོ་ནི། ཉན་ཐོས་ལུགས་ཀྱི་དགེ་སློང་ཕ་མའི་སོ་ཐར་སྡོམ་པ། དགེ་ཚུལ་ཕ་མའི་སོ་ཐར་སྡོམ་པ། དགེ་བསྙེན་ཕ་མའི་སོ་ཐར་སྡོམ་པ། དགེ་སློབ་མའི་སོ་ཐར་སྡོམ་པ་དང་བདུན་ཡིན་ཏེ། ཉན་ཐོས་རྣམས་ཀྱི་སྐྱབས་འགྲོ་ནས། །ཞེས་སོགས་རྐང་པ་གསུམ་གསུངས་པའི་ཕྱིར།

གཉིས་པ་ཉིན་ཞག་གི་མཐའ་ཅན་ལ། ཉིན་ཞག་གཅིག་གི་མཐའ་ཅན། ཉིན་ཞག་ལྔའི་མཐའ་ཅན། ཉིན་ཞག་བཅུའི་མཐའ་ཅན་རྣམས་སུ་ཡོད་པ་ལས། དང་པོ་ནི། ཉན་ཐོས་བྱེ་བྲག་སྨྲ་བའི་ལུགས་ཀྱི་བསྙེན་གནས་ཀྱི་སྡོམ་པ་ལྟ་བུའོ། །གཉིས་པ་ནི། ཉན་ཐོས་མདོ་སྡེ་པའི་ལུགས་ཀྱི་ཉིན་ཞག་ལྔའི་མཐའ་ཅན་གྱི་བསྙེན་གནས་ཀྱི་སྡོམ་པ་ལྟ་བུའོ། །

གསུམ་པ་ནི། ཉན་ཐོས་མདོ་སྡེ་པའི་ལུགས་ཀྱི་ཉིན་ཞག་བཅུའི་མཐའ་ཅན་གྱི་བསྙེན་གནས་ཀྱི་སྡོམ་པ་ལྟ་བུའོ། །ཉན་ཐོས་མདོ་སྡེ་པའི་ལུགས་ཀྱི་བསྙེན་གནས་ཀྱི་སྡོམ་པ་ཕལ་ཆེར་ནི། ཉིན་ཞག་གཅིག་གི་མཐའ་ཅན་ཞིག་ཡིན་ཏེ། མདོ་སྡེ་པ་ཡི་ལུགས་བཞིན་དུ། །ཇི་ལྟར་འདོད་ཆེ་ལེན་ན་ཡང་། །ནངས་པར་ཕན་ཆད་བསྲུང་བ་ཡི། །བསམ་པ་མེད་ཕྱིར་སྡོམ་པ་གཏོང་། །ཞེས་གསུངས་པའི་ཕྱིར།

གཉིས་པ་ཐེག་ཆེན་ལུགས་ཀྱི་སོ་ཐར་སྡོམ་པ་ལ། ཚོགས་ཐུན་མོང་མ་ཡིན་པ་ལས་ཐོབ་པའི་ཐེག་ཆེན་སོ་ཐར་སྡོམ་པ་དང་། ཚོགས་ཐུན་མོང་བ་ལས་ཐོབ་པའི་ཐེག་ཆེན་སོ་ཐར་སྡོམ་པ་གཉིས། དང་པོ་ལ། སྔོན་ཆོག་ལས་ཐོབ་པ་དང་། ད་ཆོག་ལས་ཐོབ་པ་གཉིས། དང་པོ་ནི། དཀོན་མཆོག་བརྩེགས་པ་ལས་གསུངས་པའི་མགོན་པོ་བྱམས་པས་ཁྱིམ་བདག་དྲུག་སྟོང་བསྙེན་པར་རྫོགས་པའི་སྡོམ་པ་དང་། འཇམ་པའི་དབྱངས་ཀྱིས་ཁྱིམ་བདག་བདུན་སྟོང་བསྙེན་པར་རྫོགས་པའི་སྡོམ་པ་དང་། ཙནྡྲ་གོ་མིས་ཀྱི་དད་ལྡན་གྱི་དགེ་སློང་གི་སྡོམ་པ་རྣམས་ཡིན་ཏེ། རབ་དབྱེ་ལས། རྒྱལ་སྲས་བྱམས་པ་འཇམ་དབྱངས་སོགས། །བདག་ཉིད་ཆེན་པོ་འགའ་ཞིག་གིས། །མཁན་པོ་མཛད་ནས་འགྲོ་མང་ལ། །བསྙེན་པར་རྫོགས་པར་མཛད་དོ་ཞེས། །ཚིག་འབྲུ་ཙམ་ཞིག་གསུངས་མོད་ཀྱི། །ཞེས་གསུངས་པའི་ཕྱིར།

གཉིས་པ་ད་ཆོག་ལས་ཐོབ་པ་ནི། གདན་ལ་དབབ་པ་བསྒྲུབ་པར་གསུངས་པའི་དགེ་ཚུལ་རང་གི་བླང་བའི་སྡོམ་པ། དེ་ནས་གསུངས་པའི་དགེ་བསྙེན་རང་གིས་བླང་བའི་སྡོམ་པ། དོན་ཡོད་ཞགས་པའི་རྟོག་པ་ནས་བཤད་པའི་གསོ་སྦྱོང་རང་གི་བླང་བའི་སྡོམ་པ། དབུ་མ་ལུགས་ཀྱི་སེམས་བསྐྱེད་ཀྱི་སྔོན་དུ་ལེན་པའི་སྐྱབས་འགྲོའི་སྡོམ་པ་རྣམས་ཡིན་ཏེ། རབ་དབྱེ་ལས། བྱང་ཆུབ་སེམས་དཔའ་ཉིད་ལ་ཡང་། །སོ་སོར་ཐར་པ་འབོག་པ་ཡི། །ཆོ་ག་འགའ་ཞིག་ཡོད་མོད་ཀྱི། །དེ་ཡི་ཆོ་ག་ཕལ་ཆེར་ནུབ། །གསོ་སྦྱོང་རང་གི་བླང་བ་སོགས། །ཆོ་གའི་ལག་ལེན་འགའ་ཞིག་ཡོད། །ཅེས་གསུངས་པའི་ཕྱིར།

གཉིས་པ་ཆོ་ག་ཐུན་མོང་བ་ལས་ཐོབ་པའི་ཐེག་ཆེན་སོ་ཐར་སྡོམ་པ་ནི། བསམ་པ་ཐེག་ཆེན་སེམས་བསྐྱེད་ཀྱིས་ཟིན་པའི་སྒོ་ནས་ཆོ་ག་ཉན་ཐོས་ལུགས་བཞིན་བྱས་པ་ལས་ཐོབ་པའི་སོ་ཐར་རིགས་བརྒྱད་པོ་འདི་ཡིན་ཏེ། དེས་ན་ད་ལྟའི་ཆོ་ག་ནི། །ཞེས་སོགས་རྒྱང་པ་ལྟ་དང་། ཁ་སྐོང་ལས། དེས་ན་བྱང་ཆུབ་རྒྱུར་གྱུར་པའི། །སོ་ཐར་ཉམས་སུ་ལེན་འདོད་ན། །ཡང་ན་ཉན་ཐོས་འདུལ་བ་ལས། །ཇི་ལྟར་གསུངས་པ་ཉམས་སུ་ལོངས། །འདི་ཉིད་ཐེག་ཆེན་སེམས་བསྐྱེད་ཀྱིས། །ཟིན་ན་བྱང་སེམས་སྡོམ་པར་འགྱུར། །ཞེས་གསུངས་པའི་ཕྱིར། སོ་ཐར་སྡོམ་པ་བཤད་ཟིན་ཏོ།། །།

སྐབས་གཉིས་པ་བྱང་སེམས་སྡོམ་པ་བཤད་པ་ལ། མཚན་ཉིད། དབྱེ་བ། མཐའ་དཔྱད་པ་དང་གསུམ་ལས། དང་པོ་ནི། རྫོགས་པའི་བྱང་ཆུབ་ཀྱི་བསླབ་པ་ཁྱད་པར་བ་གང་ཞིག །མི་མཐུན་ཕྱོགས་སྤོང་བའི་སེམས་དཔའ་མཚུངས་ལྡན་བཅས་པ་དེ། བྱང་སེམས་སྡོམ་པའི་མཚན་ཉིད། བྱང་སེམས་ཀྱི་སྡོམ་པ། བྱང་སེམས་སོ་ཐར་གྱི་སྡོམ་པ། ཐེག་ཆེན་སེམས་བསྐྱེད། ཐེག་ཆེན་སོ་ཐར་གྱི་སྡོམ་པ། ཐེག་ཆེན་གྱི་ལམ་རྣམས་དོན་གཅིག་མིང་གི་རྣམ་གྲངས་ཡིན།

གཉིས་པ་ལ་རྟེན་གྱི་སྒོ་ནས་དབྱེ་བ། ངོ་བོའི་སྒོ་ནས་དབྱེ་བ། ཆོ་གའི་སྒོ་ནས་དབྱེ་བ་དང་གསུམ་ལས། དང་པོ་ལ། བྱང་སེམས་ཀྱི་རྒྱུད་ཀྱི་བྱང་སེམས་ཀྱི་སྡོམ་པ་དང་། སངས་རྒྱས་འཕགས་པའི་རྒྱུད་ཀྱི་བྱང་སེམས་ཀྱི་སྡོམ་པ་གཉིས། དང་པོ་ནི། ཐེག་ཆེན་གྱི་སློབ་ལམ་མཐའ་དག་གོ། །

གཉིས་པ་ནི། ཐེག་ཆེན་གྱི་མི་སློབ་ལམ་ལྟ་བུའོ། །གཉིས་པ་ངོ་བོའི་སྒོ་ནས་དབྱེ་བ་ལ། སྨོན་པ་སེམས་བསྐྱེད་དང་། འཇུག་པ་སེམས་བསྐྱེད་གཉིས་སུ་ཡོད་དེ། སྤྱོད་འཇུག་ལས། བྱང་ཆུབ་སེམས་ནི་མདོར་བསྡུ་ན། །རྣམ་པ་གཉིས་སུ་ཤེས་བྱ་སྟེ། །བྱང་ཆུབ་སྨོན་པའི་སེམས་དང་ནི། །བྱང་ཆུབ་འཇུག་པ་ཉིད་ཡིན་ནོ། །ཞེས་དང་། འགྲེལ་པ་དོན་གསལ་ལས། སྨོན་པ་དང་འཇུག་པའི་ངོ་བོ་ཉིད་རྣམ་པ་གཉིས་སོ། །ཞེས་གསུངས་པའི་ཕྱིར།

མཚན་གཞི། བྱང་སེམས་སོ་སྐྱེའི་རྒྱུད་ཀྱི་སེམས་བསྐྱེད་དང་། བྱང་སེམས་འཕགས་པ་རྗེས་ཐོབ་པའི་རྒྱུད་ཀྱི་སེམས་བསྐྱེད་གང་རུང་ཡིན་ན། སྨོན་འཇུག་གི་སེམས་བསྐྱེད་དང་། ཀུན་རྫོབ་སེམས་བསྐྱེད་གསུམ་ཀ་ཡིན་པས་ཁྱབ། བྱང་སེམས་འཕགས་པ་མཉམ་གཞག་པའི་རྒྱུད་ཀྱི་སེམས་བསྐྱེད་ཡིན་ན། སྨོན་འཇུག་གི་སེམས་བསྐྱེད་དང་། དོན་དམ་སེམས་བསྐྱེད་གསུམ་ཀ་ཡིན་པས་ཁྱབ་སྟེ། ཕར་ཕྱིན་བཀའ་འགྲེལ་ལས། དེ་ལྟར་ན་བྱང་སེམས་སོ་སྐྱེའི་རྒྱུད་ཀྱི་སེམས་བསྐྱེད་ཐམས་ཅད་དང་། བྱང་སེམས་འཕགས་པ་རྗེས་ཐོབ་པའི་སེམས་བསྐྱེད་ཐམས་ཅད། སྨོན་འཇུག་གི་སེམས་བསྐྱེད་དང་། ཀུན་རྫོབ་སེམས་བསྐྱེད་ཀྱི་གཞི་མཐུན་ཡིན་ལ། བྱང་སེམས་འཕགས་པའི་རྒྱུད་ཀྱི་ཆོས་ཉིད་ལ་མཉམ་པར་བཞག་པའི་སེམས་བསྐྱེད་ཐམས་ཅད། སྨོན་འཇུག་གི་སེམས་བསྐྱེད་དང་། དོན་དམ་སེམས་བསྐྱེད་ཀྱི་གཞི་མཐུན་ཡིན་ནོ། །ཞེས་གསུངས་པའི་ཕྱིར།

གསུམ་པ་ཆོ་གའི་སྒོ་ནས་དབྱེ་བ་ལ། ཕ་རོལ་ཏུ་ཕྱིན་པའི་ལུགས་ཀྱི་ཆོ་ག་ལས་ཐོབ་པའི་སེམས་བསྐྱེད་དང་། རྡོ་རྗེ་ཐེག་པའི་ལུགས་ཀྱི་ཆོ་ག་ལས་ཐོབ་པའི་སེམས་བསྐྱེད་གཉིས་ལས། དང་པོ་ནི། དབུ་མ་ལུགས་ཀྱི་སེམས་བསྐྱེད་དང་། སེམས་ཙམ་ལུགས་ཀྱི་སེམས་བསྐྱེད་ལྟ་བུའོ། །གཉིས་པ་ནི། མཧཱ་ཡོ་ག་ལྟ་བུ་ལ་བརྟེན་ནས་བརྒྱུད་པའི་ཁྱད་པར་གཉིས་ལྡན་གྱི་ཆོ་ག་ལ་བརྟེན་ནས་ཐོབ་པའི་སེམས་བསྐྱེད་ལྟ་བུ་ཡིན་ཏེ། ཁ་སྐོང་ལས། བྱང་ཆུབ་སེམས་དཔའི་སྡོམ་པ་ནི། །ཕ་རོལ་ཕྱིན་པའི་དབུ་སེམས་ཀྱི། །སྲོལ་ཆེན་གཉིས་ལས་ཐོབ་པའམ། །གསང་སྔགས་རྒྱུད་སྡེ་ལས་གསུངས་པའི། །ཆོ་ག་དག་ལས་ཐོབ་ཀྱང་རུང་། །སྨོན་འཇུག་སེམས་བསྐྱེད་ཐོབ་ནས་ནི། །ཚུལ་ཁྲིམས་བསླབ་པ་རྣམ་པ་གསུམ། །བསྲུང་བ་ཉམས་ལེན་དངོས་གཞི་ཡིན། །ཞེས་གསུངས་པའི་ཕྱིར།

གསུམ་པ་མཐའ་དཔྱད་པ་ལ། གཞན་ལུགས་དགག་པ་དང་། རང་ལུགས་བཞག་པ་གཉིས་ལས། དང་པོ་ལ། ཁ་ཅིག །སེམས་བསྐྱེད་ལ་ནི་ཞེས་པའི་དངོས་བསྟན་གྱི་སེམས་བསྐྱེད་ཡིན་ན། བྱང་ཆུབ་སེམས་དཔའི་སེམས་བསྐྱེད་དང་། །ཞེས་པའི་དངོས་བསྟན་གྱི་སེམས་བསྐྱེད་ཡིན་པས་ཁྱབ། ཉན་ཐོས་དང་། །ཐེག་པ་ཆེན་པོའི་ལུགས་གཉིས་ཡོད། །ཅེས་པའི་དངོས་བསྟན་གྱི་ཉན་ཐོས་ལུགས་ཀྱི་སེམས་བསྐྱེད་ཡིན་ན། ཐེག་དམན་སེམས་བསྐྱེད་ཡིན་པས་ཁྱབ། ཉན་ཐོས་རྣམས་ལ་སེམས་བསྐྱེད་གསུམ། །ཞེས་པའི་དངོས་བསྟན་གྱི་སེམས་བསྐྱེད་གསུམ་པ་ཡིན་ན། སངས་རྒྱས་ཀྱི་སེམས་བསྐྱེད་ཡིན་པས་ཁྱབ། ཐེག་ཆེན་ཐུན་མོང་མ་ཡིན་པའི་ཆོ་ག་ལས་ཐོབ་པའི་སེམས་བསྐྱེད་ཡིན་ན། ཐེག་པ་ཆེན་པོའི་སེམས་བསྐྱེད་ལ། །ཞེས་པའི་དངོས་བསྟན་གྱི་སེམས་བསྐྱེད་ཡིན་པས་ཁྱབ། རབ་དབྱེའི་སྐབས་གཉིས་པའི་དངོས་བསྟན་གྱི་ཐེག་ཆེན་སེམས་བསྐྱེད་ཡིན་ན།

ཐེག་པ་ཆེན་པོའི་སེམས་བསྐྱེད་ལ། །ཞེས་པའི་དངོས་བསྟན་གྱི་སེམས་བསྐྱེད་ཡིན་པས་ཁྱབ་ཟེར་བ་རྣམས་མི་འཐད་དེ།

དམ་བཅའ་དང་པོ་ལ། འདུལ་བ་ལུང་ལས། ཁ་ཅིག་ནི་ཉན་ཐོས་སུ་སེམས་བསྐྱེད་དོ་ཞེས་པའི་དངོས་བསྟན་གྱི་སེམས་བསྐྱེད་ཆོས་ཅན། དེར་ཐལ། དེའི་ཕྱིར། མ་གྲུབ་ན། དེར་ཐལ། ཉན་ཐོས་དང་། །ཐེག་པ་ཆེན་པོའི་ལུགས་གཉིས་ཡོད། །ཞེས་པའི་དངོས་བསྟན་གྱི་སེམས་བསྐྱེད་ཡིན་པའི་ཕྱིར་ཏེ། ཉན་ཐོས་རྣམས་ལ་སེམས་བསྐྱེད་གསུམ། །ཞེས་པའི་དངོས་བསྟན་གྱི་སེམས་བསྐྱེད་ཡིན་པའི་ཕྱིར་ཏེ། འདུལ་བ་ལུང་ལས། ཁ་ཅིག་ནི་ཉན་ཐོས་སུ་སེམས་བསྐྱེད་དོ། །ཁ་ཅིག་ནི་རང་རྒྱལ་དུ་སེམས་བསྐྱེད་དོ། །ཁ་ཅིག་ནི་སངས་རྒྱས་སུ་སེམས་བསྐྱེད་དོ། །ཞེས་པའི་དངོས་བསྟན་གྱི་སེམས་བསྐྱེད་ཡིན་པའི་ཕྱིར་ཏེ། རྩོད་གཞི་ཡིན་པའི་ཕྱིར། རྩ་བར་འདོད་ན། སྡོམ་གསུམ་རབ་དབྱེའི་སྐབས་གཉིས་པའི་དངོས་བསྟན་གྱི་བྱང་སྡོམ་ཡིན་པར་ཐལ། འདོད་པའི་ཕྱིར། འདོད་ན། བྱང་སྡོམ་ཡིན་པར་ཐལ་ལོ། །འདོད་ན། ཐེག་ཆེན་སེམས་བསྐྱེད་ཡིན་པར་ཐལ་ལོ། །འདོད་མི་ནུས་ཏེ། ཐེག་དམན་དུ་སེམས་བསྐྱེད་པ་ཡིན་པའི་ཕྱིར་ཏེ། ཉན་ཐོས་སུ་སེམས་བསྐྱེད་པ་ཡིན་པའི་ཕྱིར་ཏེ། རྩོད་གཞི་ཡིན་པའི་ཕྱིར།

དམ་བཅའ་གཉིས་པ་ལ། འདུལ་བ་ལུང་ལས། ཁ་ཅིག་ནི་སངས་རྒྱས་སུ་སེམས་བསྐྱེད་དོ། །ཞེས་པའི་དངོས་བསྟན་གྱི་སེམས་བསྐྱེད་ཆོས་ཅན། དེར་ཐལ། དེའི་ཕྱིར། མ་གྲུབ་ན། དེར་ཐལ། ཉན་ཐོས་རྣམས་ལ་སེམས་བསྐྱེད་གསུམ་ཞེས་པའི་དངོས་བསྟན་གྱི་སེམས་བསྐྱེད་ཡིན་པའི་ཕྱིར་ཏེ། འདུལ་བ་ལུང་ལས། ཁ་ཅིག་ནི་ཉན་ཐོས་སུ་སེམས་བསྐྱེད་དོ། །ཞེས་པའི་དངོས་བསྟན་གྱི་སེམས་བསྐྱེད་ཡིན་པའི་ཕྱིར་ཏེ། རྩོད་གཞི་ཡིན་པའི་ཕྱིར། རྩ་བར་འདོད་མི་ནུས་ཏེ། ཐེག་ཆེན་གྱི་བྱང་ཆུབ་ཏུ་སེམས་བསྐྱེད་པ་ཡིན་པའི་ཕྱིར་ཏེ། རྫོགས་པའི་བྱང་ཆུབ་ཏུ་སེམས་བསྐྱེད་པ་ཡིན་པའི་ཕྱིར་ཏེ། སངས་རྒྱས་སུ་སེམས་བསྐྱེད་པ་ཡིན་པའི་ཕྱིར་ཏེ། རྩོད་གཞི་ཡིན་པའི་ཕྱིར་རོ། །

དམ་བཅའ་གསུམ་པ་ལ། ཉན་ཐོས་ཀྱི་སྡེ་སྣོད་ནས་བཤད་པའི་ཚིག་ལ་བརྟེན་ནས་ལས་དང་པོ་པ་སངས་རྒྱས་སུ་སེམས་བསྐྱེད་པའི་སེམས་བསྐྱེད་ཆོས་ཅན། དེར་ཐལ། དེའི་ཕྱིར། མ་གྲུབ་ན། དེར་ཐལ། དགྲ་བཅོམ་རང་རྒྱལ་སངས་རྒྱས་སོ། །ཞེས་པའི་ཚིག་ཟུར་གྱི་སངས་རྒྱས་སོ་ཞེས་པའི་དངོས་བསྟན་གྱི་སེམས་བསྐྱེད་ཡིན་པའི་ཕྱིར་ཏེ། འདུལ་བ་ལུང་ལས། ཁ་ཅིག་ནི་སངས་རྒྱས་སུ་སེམས་བསྐྱེད་དོ་ཞེས་པའི་དངོས་བསྟན་གྱི་སེམས་བསྐྱེད་ཡིན་པའི་ཕྱིར་ཏེ། རྩོད་གཞི་ཡིན་པའི་ཕྱིར། རྩ་བར་འདོད་མི་ནུས་ཏེ། སེམས་ཅན་གྱི་

རྒྱུད་ཀྱི་སེམས་བསྐྱེད་ཡིན་པའི་ཕྱིར་ཏེ། དེའི་རྒྱུད་ཀྱི་སངས་རྒྱས་སུ་སེམས་བསྐྱེད་པ་ཡིན་པའི་ཕྱིར་ཏེ། རྩོད་གཞི་ཡིན་པའི་ཕྱིར་རོ། །

དམ་བཅའ་བཞི་པ་ལ། ཀྱེའི་རྡོ་རྗེའི་དབང་གི་སྐབས་ཀྱི་གནས་སྐབས་སུ། རང་གཞན་དོན་ནི་རབ་བསྒྲུབ་ཕྱིར། བྱང་ཆུབ་སེམས་ནི་བསྐྱེད་པར་བགྱི། །ཞེས་སོགས་ཀྱི་རྗེས་ཟློས་ལན་གསུམ་བྱས་པ་ལས་ཐོབ་པའི་སེམས་བསྐྱེད་ཆོས་ཅན། དེར་ཐལ། དེའི་ཕྱིར། མ་གྲུབ་ན། དེར་ཐལ། གསང་སྔགས་དང་འབྲེལ་བའི་ཆོ་ག་ལས་ཐོབ་པའི་སེམས་བསྐྱེད་ཡིན་པའི་ཕྱིར་ཏེ། དབང་བསྐུར་དང་འབྲེལ་བའི་ཆོ་ག་ལས་ཐོབ་པའི་ཐེག་ཆེན་སེམས་བསྐྱེད་ཡིན་པའི་ཕྱིར་ཏེ། རྩོད་གཞི་ཡིན་པའི་ཕྱིར། རྩ་བར་འདོད་ན། དབུ་མ་སེམས་ཙམ་རྣམ་པ་གཉིས། །ཞེས་པའི་དངོས་བསྟན་གྱི་སེམས་བསྐྱེད་ཡིན་པར་ཐལ། འདོད་པའི་ཕྱིར། འདོད་ན། དབུ་སེམས་གང་རུང་གི་ཆོ་ག་ལས་ཐོབ་པའི་སེམས་བསྐྱེད་ཡིན་པར་ཐལ། འདོད་པའི་ཕྱིར། ཁྱབ་སྟེ། དེ་གཉིས་ལྟ་བ་ཐ་དད་པའི། །ཆོ་ག་ཡང་ནི་ཐ་དད་ཡིན། །ཞེས་གསུངས་པའི་ཕྱིར། འདོད་ན། ཕ་རོལ་ཏུ་ཕྱིན་པའི་ལུགས་ཀྱི་ཆོ་ག་ལས་ཐོབ་པའི་སེམས་བསྐྱེད་ཡིན་པར་ཐལ་ལོ། །འདོད་མི་ནུས་ཏེ། ཀྱེའི་རྡོ་རྗེའི་དབང་གི་སྐབས་ཀྱི་གནས་སྐབས་སུ་ཐོབ་པའི་སེམས་བསྐྱེད་ཡིན་པའི་ཕྱིར་ཏེ། རྩོད་གཞི་ཡིན་པའི་ཕྱིར།

དམ་བཅའ་ལྔ་པ་ལ། ཕ་རོལ་ཏུ་ཕྱིན་པའི་ལུགས་ཀྱི་ཐེག་ཆེན་གྱི་མཐོང་ལམ་ཆོས་ཅན། དེར་ཐལ། དེའི་ཕྱིར། མ་གྲུབ་ན། དེར་ཐལ། ཀུན་རྫོབ་སེམས་བསྐྱེད་སྐྱེ་བའི་ཆོ་ག་བཤད། དོན་དམ་སེམས་བསྐྱེད་ཆོ་གས་སྐྱེ་བ་དགག །ཅེས་པའི་དངོས་བསྟན་གྱི་སེམས་བསྐྱེད་ཡིན་པའི་ཕྱིར་ཏེ། དོན་དམ་སེམས་བསྐྱེད་ཆོ་གས་སྐྱེ་བ་དགག །ཅེས་པའི་དངོས་བསྟན་གྱི་སེམས་བསྐྱེད་ཡིན་པའི་ཕྱིར་ཏེ། དོན་དམ་སེམས་བསྐྱེད་ཅེས་བྱ་བ། །ཞེས་སོགས་ཚིགས་རྐང་གསུམ་གྱིས་དངོས་བསྟན་གྱི་སེམས་བསྐྱེད་ཡིན་པའི་ཕྱིར་ཏེ། ཕ་རོལ་ཏུ་ཕྱིན་པའི་ལུགས་ཀྱི་དོན་དམ་སེམས་བསྐྱེད་ཡིན་པའི་ཕྱིར་ཏེ། དེའི་མཉམ་གཞག་རྣམ་པར་མི་རྟོག་པའི་ཡེ་ཤེས་ཡིན་པའི་ཕྱིར་ཏེ༑ རྩོད་གཞི་ཡིན་པའི་ཕྱིར། རྩ་བར་འདོད་ན། དབུ་མ་སེམས་ཙམ་རྣམ་པ་གཉིས། །ཞེས་པའི་དངོས་བསྟན་གྱི་སེམས་བསྐྱེད་ཡིན་པར་ཐལ་ལོ། །འདོད་ན། དབུ་སེམས་གང་རུང་གི་ཆོ་ག་ལས་ཐོབ་པའི་སེམས་བསྐྱེད་ཡིན་པར་ཐལ་ལོ། །འདོད་ན། ཀུན་རྫོབ་སེམས་བསྐྱེད་ཡིན་པར་ཐལ་ལོ། །འདོད་མི་ནུས་ཏེ། དོན་དམ་སེམས་བསྐྱེད་ཡིན་པའི་ཕྱིར་རོ། །

ཡང་ཁ་ཅིག །ཐེག་པ་ཆེན་པོའི་སེམས་བསྐྱེད་ལ། །དབུ་མ་སེམས་ཙམ་རྣམ་པ་གཉིས། །ཞེས་པའི་དངོས་བསྟན་གྱི་སེམས་བསྐྱེད་ཡིན་ན། བྱང་ཆུབ་སྙིང་པོའི་མཐའ་ཅན་ཡིན་པས་ཁྱབ། དབུ་མ་ལུགས་ཀྱི་

འཇུག་པ་སེམས་བསྐྱེད་ཡིན་ན། ནམ་མཁའི་སྙིང་པོའི་མདོ་ལས་གསུངས་པའི་རྩ་བའི་ལྟུང་བ་བཅུ་བཞི་པོ་ཐམས་ཅད་སྤྱོང་བར་ཁས་བླངས་པའི་སེམས་བསྐྱེད་ཡིན་པས་ཁྱབ། སེམས་ཙམ་ལུགས་ཀྱི་ཆོ་ག་ལ་བརྟེན་ནས་སྨོན་འཇུག་རིམ་བཞིན་དུ་ལེན་པའི་གནས་སྐབས་ཀྱི་སྨོན་པ་སེམས་བསྐྱེད་ཡིན་ན། འཇུག་པ་སེམས་བསྐྱེད་མ་ཡིན་པས་ཁྱབ་ཟེར་བ་རྣམས་མི་འཐད་དེ།

དམ་བཅའ་དང་པོ་ལ། བྱང་སེམས་ལས་དང་པོ་པའི་རང་གི་བློ་ཚོད་དང་སྦྱར་ནས་དུས་ཇི་སྲིད་འཚོ་བའི་བར་དུ་བླངས་པའི་དབུ་མ་ལུགས་ཀྱི་སེམས་བསྐྱེད་ཆོས་ཅན། དེར་ཐལ། དེའི་ཕྱིར། མ་གྲུབ་ན། དེར་ཐལ། གཞུང་དེའི་དངོས་བསྟན་གྱི་དབུ་མ་ལུགས་ཀྱི་སེམས་བསྐྱེད་ཡིན་པའི་ཕྱིར་ཏེ། ཇི་སྲིད་འཚོ་བའི་མཐའ་ཅན་གྱི་དབུ་མ་ལུགས་ཀྱི་སེམས་བསྐྱེད་ཡིན་པའི་ཕྱིར། མ་གྲུབ་ན། དེར་ཐལ། བྱང་སེམས་ལས་དང་པོ་པའི་རང་གི་བློ་ཚོད་དང་སྦྱར་ནས་དུས་ཇི་སྲིད་འཚོ་བའི་བར་དུ་དབུ་མ་ལུགས་ཀྱི་སེམས་བསྐྱེད་ལེན་པ་ཡོད་པའི་ཕྱིར་ཏེ། བསླབ་བཏུས་ལས། སྡོམ་པ་བདག་ཉིད་ཀྱི་སྟོབས་དང་སྦྱར་ནས་བླང་བར་བྱ་སྟེ། ཞེས་གསུངས་པའི་ཕྱིར། རྩ་བར་འདོད་མི་ནུས་ཏེ། ཇི་སྲིད་འཚོའི་མཐའ་ཅན་གྱི་སྡོམ་པ་ཡིན་པའི་ཕྱིར་རོ། །

དམ་བཅའ་གཉིས་པ་ལ། བྱང་སེམས་ལས་དང་པོ་པའི་རང་གི་བློ་ཚོད་དང་སྦྱར་ནས་རྩ་བའི་ལྟུང་བ་བཅུ་བཞིའི་ནང་ནས་དང་པོ་ལྔ་ཙམ་སྤྱོང་བར་ཁས་བླངས་པའི་དབུ་མ་ལུགས་ཀྱི་འཇུག་པ་སེམས་བསྐྱེད་ཆོས་ཅན། དེར་ཐལ། དེའི་ཕྱིར། མ་གྲུབ་ན། དེར་ཐལ། རྩ་བའི་ལྟུང་བ་བཅུ་བཞིའི་ནང་ནས་དང་པོ་ལྔ་ཙམ་སྤྱོང་བར་ཁས་བླངས་པའི་དབུ་མ་ལུགས་ཀྱི་འཇུག་པ་སེམས་བསྐྱེད་ཡིན་པའི་ཕྱིར། མ་གྲུབ་ན། དེ་ལྟ་བུ་དེ་དེ་ཡིན་པར་ཐལ། དེ་ལྟ་བུ་ཡོད་པའི་ཕྱིར་ཏེ། བསླབ་བཏུས་ལས། སྡོམ་པ་བདག་ཉིད་ཀྱི་སོགས་གསུངས་པའི་ཕྱིར། རྩ་བར་འདོད་མི་ནུས་ཏེ། རྩ་བའི་ལྟུང་བ་བཅུ་བཞིའི་ནང་ནས་དང་པོ་ལྔ་ཙམ་སྤྱོང་བར་ཁས་བླངས་པའི་སེམས་བསྐྱེད་ཡིན་པའི་ཕྱིར་ཏེ། རྟོད་གཞི་ཡིན་པའི་ཕྱིར།

དམ་བཅའ་གསུམ་པ་ལ། བྱང་སའི་ཚུལ་ཁྲིམས་ཀྱི་ལེའུ་ལས་གསུངས་པའི་སྨོན་འཇུག་རིམ་བཞིན་དུ་ལེན་པའི་གནས་སྐབས་ཀྱི་སྨོན་པ་སེམས་བསྐྱེད་ཡིན་པའི་ཕྱིར་ཏེ། དེ་ནས་གསུངས་པའི་ཐོག་མར་སྨོན་པ་སེམས་བསྐྱེད་བླངས། དེ་རྗེས་འཇུག་པ་སེམས་བསྐྱེད་ལེན་ཁ་མའི་སྨོན་པ་སེམས་བསྐྱེད་ཡིན་པའི་ཕྱིར། མ་གྲུབ་ན། དེ་དེ་ཡིན་པར་ཐལ། དེ་ཡོད་པའི་ཕྱིར་ཏེ། སེམས་ཙམ་པའི་ལུགས་ལ་ཐོག་མར་སྨོན་པ་སེམས་བསྐྱེད་བླངས་ཏེ། བྱང་ཆུབ་སེམས་དཔའི་སྡེ་སྣོད་བསླབས་ནས་ཕྱིས་འཇུག་པ་སེམས་བསྐྱེད་ལེན་པ་ཡོད་པའི་ཕྱིར་ཏེ། རབ་དབྱེ་ལས། དེས་ན་སེམས་ཙམ་པ་ཡི་ལུགས། །གལ་ཏེ་སེམས་བསྐྱེད་ལེན་འདོད་ན། །ཐོག་མར

སོ་སོར་ཐར་པ་ཡོངས། །བྱང་ཆུབ་སེམས་དཔའི་སྡེ་སྣོད་སློབས། །དད་ཅིང་བསླབ་པར་ནུས་གྱུར་ན། །ཕྱི་ནས་སེམས་བསྐྱེད་སྡོམ་པ་ཡོངས། །ཞེས་གསུངས་པའི་ཕྱིར། རྩ་བར་འདོད་ན། འཇུག་པ་སེམས་བསྐྱེད་ཡིན་པར་ཐལ། འགྲོ་བའི་བྱ་བས་ཟིན་པའི་དཔེས་མཚོན་པའི་ཐེག་ཆེན་སེམས་བསྐྱེད་ཡིན་པའི་ཕྱིར་ཏེ། གཞན་དོན་དུ་སངས་རྒྱས་ཐོབ་པའི་ཆེད་དུ་ལམ་བསྒྲུབ་པར་འདོད་པའི་སེམས་པ་མཚུངས་ལྡན་དང་བཅས་པའི་སེམས་བསྐྱེད་ཡིན་པའི་ཕྱིར་ཏེ། ཐེག་ཆེན་ལམ་ཞུགས་ཀྱི་རྒྱུད་ཀྱི་བྱང་སེམས་ཀྱི་སེམས་བསྐྱེད་ཡིན་པའི་ཕྱིར་ཏེ། དེའི་རྒྱུད་ཀྱི་སྨོན་འཇུག་གི་སེམས་བསྐྱེད་གང་རུང་ཡིན་པའི་ཕྱིར་རོ། །

གཉིས་པ་རང་ལུགས་བཞག་པ་ལ། དབུ་མ་པའི་ལུགས་འདི་ནི་མདོ་སྡེ་བསྐལ་པ་བཟང་པོ་དང་། ནམ་མཁའི་སྙིང་པོའི་མདོ་སོགས་ལ་བརྟེན། མགོན་པོ་འཇམ་པའི་དབྱངས་ནས། འཕགས་པ་ཀླུ་སྒྲུབ་ཡབ་སྲས་ལ་བརྒྱུད་དེ། རྒྱལ་སྲས་ཞི་བ་ལྷའི་ཕྱག་སྲོལ། ཇོ་བོ་སུ་ཧྲི་ཏ་ལས་བྱུང་བ། རྗེ་བཙུན་ས་སྐྱ་པ་ཡབ་སྲས་ཀྱི་ཕྱག་ལེན་དར་རྒྱས་སུ་མཛད་པ་འདི་གནང་ཞིང་། སྐྱེ་བའི་རྟེན་གྱི་གང་ཟག་ཀྱང་། ཤན་པ་སོགས་སྡིག་ཤས་ཆེ་ཆུང་ཀུན་ལ་སྐྱེ་ཞིང་། ལེན་པའི་ཚུལ་ཡང་སྦྱོར་བའི་སྐབས་སུ་ཡན་ལག་བདུན་སྔོན་དུ་བཏང་ནས། དངོས་གཞིའི་སྐབས་སུ་སྨོན་འཇུག་སྟབས་གཅིག་ཏུ་བླངས་ཏེ། མཇུག་རང་དགའ་བ་བསྒོམ་པ་དང་། གཞན་དགའ་བ་བསྒོམ་དུ་གཞུག་པ་གཉིས་ཡིན་ཏེ། དབུ་མའི་ལུགས་ཀྱི་སེམས་བསྐྱེད་འདི། །སེམས་ཅན་ཀུན་གྱིས་ལེགས་ཐོབ་ན། །རྫོགས་སངས་རྒྱས་ཀྱི་རྒྱུར་འགྱུར་ཞེས། །མདོ་དང་བསྟན་བཅོས་རྣམས་ལས་གསུངས། །ཞེས་གསུངས་པའི་ཕྱིར།

སེམས་ཙམ་པའི་ལུགས་འདི་མགོན་པོ་བྱམས་པ་ནས། ཐོགས་མེད་ལ་བརྒྱུད་དེ། སློབ་དཔོན་ཙནྡྲ་གོ་མའི་ཕྱག་སྲོལ། ཇོ་བོ་རྗེ་དཔལ་ལྡན་ཨ་ཏི་ཤ་ལས་བྱུང་བ། དགེ་བའི་བཤེས་གཉེན་བཀའ་གདམས་པ་རྣམས་ཀྱིས་ཕྱག་ལེན་དར་རྒྱས་སུ་མཛད་པ་འདི་ཡིན་ཞིང་། སྐྱེ་བའི་རྟེན་གྱི་གང་ཟག་ཀྱང་། སོ་ཐར་རིགས་བདུན་གང་རུང་གི་རྒྱུད་སྡོམ་པ་སོགས་སྡིག་ཤས་ཆུང་བ་ཞིག་ལ་སྐྱེ་ཞིང་། ལེན་པའི་ཚུལ་ཡང་ཐོག་མར་སྨོན་པ་སེམས་བསྐྱེད་བླངས་ནས། དེ་རྗེས་བྱང་ཆུབ་སེམས་དཔའི་སྡེ་སྣོད་ལ་བསླབ་སྦྱོང་བྱས་ཏེ། བསླབ་བྱ་རྣམས་ལ་དད་ཅིང་སྒྲུབ་ནུས་ན། སྦྱོར་བའི་སྐབས་སུ་ཕྱག་འཚལ་བ་དང་། མཆོད་པ་འབུལ་བ་གཉིས། བར་ཆད་ཀྱི་དྲི་བ། རིགས་ཀྱི་བུ་ཁྱོད་བྱང་ཆུབ་སེམས་དཔའ་ས་ཡིན་ནམ། བྱང་ཆུབ་སེམས་དཔའི་སྡེ་སྣོད་ཀྱི་མ་མོ་ཤེས་སམ། ཞེས་སོགས་ལྟ་མཛད། དང་པོའི་སྐབས་སུ་འཇུག་པ་སེམས་བསྐྱེད་བླངས་ནས་འཇུག་པའི་སྐབས་སུ་མཁྱེན་གསོལ་ཙམ་མཛད་པ་ཡིན་ཏེ། སེམས་ཙམ་པ་ཡི་སེམས་བསྐྱེད་འདི། །བོད་ན་བྱེད་པ་མང་མོད་ཀྱི། །དེ་ནི་སུ་

ཡང་རུང་བ་ཡི། །གང་ཟག་རྣམས་ལ་བྱར་མི་རུང་། །ཞེས་དང་། དེས་ན་སེམས་ཙམ་པ་ཡི་ལུགས། །གལ་ཏེ་སེམས་བསྐྱེད་བྱེད་འདོད་ན། །ཐོག་མར་སོ་སོར་ཐར་པ་ལོངས། །བྱང་ཆུབ་སེམས་དཔའི་སྡེ་སྣོད་སློབས། །དད་ཅིང་བསླབ་པར་ནུས་གྱུར་ན། །ཕྱི་ནས་སེམས་བསྐྱེད་སྡོམ་པ་ལོངས། །ཞེས་གསུངས་པའི་ཕྱིར། གཞན་ཡང་དབུ་སེམས་ཀྱི་ཁྱད་པར། དབུ་མ་པ་ཉིན་ཞག་གི་མཐའ་ཅན་དུ་ལེན་པ་སོགས་དུས་མ་ངེས་པ་དང་། སེམས་ཙམ་པ་བྱང་ཆུབ་སྙིང་པོའི་མཐའ་ཅན་ཁོ་ནར་ལེན་པས་དུས་ངེས་པ་མཛད་ལ། དབུ་མ་པ་རྩ་བའི་ལྟུང་བ་གཅིག་དང་གཉིས་ལ་སོགས་པ་རང་གི་བློ་ཚོད་དང་སྦྱར་ནས་སྤོང་པ་ཁས་ལེན་པས་བསླབ་བྱའི་གྲངས་ལ་ངེས་པ་མེད། སེམས་ཙམ་པ་མདོ་དང་བྱང་ས་ནས་གསུངས་པའི་རྩ་བ་དང་ཡན་ལག་གི་ལྟུང་བ་མཐའ་དག་སྤོང་བ་གཞིར་བཞག་གི་དབང་དུ་བྱས་ནས། སེམས་བསྐྱེད་ལེན་པའི་བསླབ་བྱ་མཐའ་དག་ལ་སློབ་པ་ངེས་པ་ཅན་མཛད་པ་ཡིན་ཏེ། སྡོམ་གསུམ་སྤྱི་དོན་ལས། མདོར་ན་དབུ་མ་ལུགས་ཀྱི་སེམས་བསྐྱེད་ལ་ནི་སྨོན་པའི་སེམས་མི་ཉམས་པར་བསྲུངས་ནས། འཇུག་པའི་བསླབ་བྱ་ལ་རང་གི་བློ་ཚོད་དང་སྦྱར་ནས་ཇི་ཙམ་ནུས་པར་བསྲུང་ཞིང་དུས་ཀྱང་ཞག་གཅིག་དང་ཟླ་བ་དང་ལོ་དང་། ཇི་སྲིད་འཚོའི་བར་དང་། བྱང་ཆུབ་ཀྱི་བར་ཇི་ཙམ་བློས་ལེན་པར་ནུས་པ་དེ་ཙམ་བླང་བར་རྗེ་བཙུན་རྩེ་མོས་བཤད་པ་ནི་ལུགས་འདིའི་ཁྱད་པར་གྱི་ཆོས་སུ་ཤེས་པར་བྱ་སྟེ། ཞེས་དང་། སེམས་ཙམ་ལུགས་ཀྱི་སེམས་བསྐྱེད་པ་ནི་སྨོན་སེམས་བཏང་བ་དང་ཀུན་དཀྲིས་དྲག་པོས་ཉམས་པ་བྱུང་བས་སྡོམ་པ་གཏོང་ཞིང་། བསླབ་བྱ་ཡང་མཐའ་དག་ལ་སློབ་པ་དང་། དུས་ཀྱང་བྱང་ཆུབ་ཀྱི་བར་དུ་ལེན་པ་ཁོ་ནར་གསུངས་ཀྱི། དུས་ཡུན་རིང་ཐུང་གི་རྣམ་གཞག་མ་གསུངས་པས། ལུགས་དེ་དག་མ་བསྲེས་པ་སོ་སོར་ཤེས་པར་བྱའོ། །ཞེས་གསུངས་པའི་ཕྱིར། བྱང་སྡོམ་བསྟན་ཟིན་ཏོ།། །།

གསུམ་པ་སྔགས་ཀྱི་སྡོམ་པའི་སྐབས་བཤད་པ་ལ་དོན་ལྔ་སྟེ། སྔགས་སྡོམ་གྱི་མཚན་ཉིད། སྔགས་སྡོམ་གྱི་དབྱེ་བ། སྔགས་སྡོམ་གྱི་ཐོབ་མཚམས། དབང་དང་རིམ་གཉིས་ལས་བྱུང་བའི་ཕྱག་ཆེན་གྱི་རྣམ་གཞག །འབྲས་བུ་ས་ལམ་གྱི་རྣམ་པར་གཞག་པའོ། །དང་པོ་ནི། ཡིད་མཚན་རྟོག་ལས་སྐྱོབ་པའི་ཐབས་ཁྱད་པར་ཅན་གང་ཞིག །མི་མཐུན་ཕྱོགས་སྤོང་བའི་སེམས་པ་མཚུངས་ལྡན་དང་བཅས་པའོ། །སྔགས་སྡོམ་གྱི་མཚན་ཉིད། སྔགས་སྡོམ་དང་། སྔགས་ཀྱི་སྡོམ་པ་དང་། སྔགས་སྡོམ་རྒྱུད་ལྡན་གྱི་གང་ཟག་གི་རྒྱུད་ཀྱི་སྔགས་ཀྱི་ལམ་རྣམས་དོན་གཅིག །

དེ་ལ་ཁ་ཅིག །ཤཱཀྱ་ཐུབ་པའི་རྒྱུད་ཀྱི་སྔགས་སྡོམ་ཆོས་ཅན། མཚན་ཉིད་ཀྱི་ཟུར་དང་པོ་དེར་ཐལ། མཚོན་བྱ་དེའི་ཕྱིར། འདོད་ན། དེ་ཆོས་ཅན། དེ་མ་ཡིན་པར་ཐལ། ཡིད་མཚན་རྟོག་ལས་སྐྱོབ་པའི་ཐབས་མ་

ཡིན་པའི་ཕྱིར་ཏེ། ཡིད་མཚན་རྟོག་ལས་བསྐྱབས་ཟིན་པའི་ཕྱིར་ཏེ། མཚན་རྟོག་མཐའ་དག་སྤྱངས་ཟིན་པའི་སྔགས་སྡོམ་ཡིན་པའི་ཕྱིར། ཞེ་ན། ཤཱཀྱ་ཐུབ་པའི་རྒྱུད་ཀྱི་སེམས་བསྐྱེད་ཆོས་ཅན། རྫོགས་པའི་བྱང་ཆུབ་ཀྱི་སྒྲུབ་པ་ཁྱད་པར་བ་མ་ཡིན་པར་ཐལ། རྫོགས་པའི་བྱང་ཆུབ་ཀྱི་སྒྲུབ་པ་མ་ཡིན་པའི་ཕྱིར་ཏེ། རྫོགས་པའི་བྱང་ཆུབ་བསྒྲུབས་ཟིན་པའི་ཕྱིར་ཏེ། དེ་ཐོབ་ཟིན་པའི་ཕྱིར། རིམ་པ་བཞིན་དུ་མཚུངས་སོ། །གོང་དུ་འདོད་ན། དེ་ཆོས་ཅན། དེ་ཡིན་པར་ཐལ། ཐེག་ཆེན་སེམས་བསྐྱེད་ཡིན་པའི་ཕྱིར། དེས་ན་སྐྱོབ་པའི་ཐབས་མ་ཡིན་པར་ཐལ། བསྐྱབས་ཟིན་པའི་ཕྱིར། ཞེས་པ་འདི་འདྲའི་རིགས་པ་ལ་ཁྱབ་པ་མེད་དེ། སྐྱོབ་པའི་ཐབས་ཞེས་པ་སྐྱོབ་པར་བྱེད་པ་དང་བསྐྱབས་ཟིན་པ་གཉིས་ཀ་ལ་འཇུག་པའི་ཕྱིར།

འདིར་ཁ་ཅིག །རྡོ་རྗེ་ཐེག་པའི་སྨིན་གྲོལ་གཉིས་པོ་གང་རུང་ཡིན་ན། རྡོ་རྗེ་ཐེག་པའི་ལམ་ཞུགས་ཏེ། །ཞེས་སོགས་རྐང་པ་གསུམ་གྱི་དངོས་བསྟན་གྱི་སྨིན་གྲོལ་གཉིས་པོ་གང་རུང་ཡིན་པས་ཁྱབ། རྡོ་རྗེ་ཐེག་པ་ཡིན་ན་གཞུང་དེའི་དངོས་བསྟན་གྱི་རྡོ་རྗེ་ཐེག་པ་ཡིན་པས་ཁྱབ། རིག་འཛིན་སྡོམ་པ་དབང་བསྐུར་ལས། །ཐོག་མར་ཐོབ་པ་སྨིན་བྱེད་དང་། །ཞེས་པའི་དངོས་བསྟན་གྱི་སྨིན་བྱེད་ཀྱི་དབང་ཡིན་ན། སྨིན་པར་བྱེད་པའི་དབང་བསྐུར་ཡང་། །ཞེས་པའི་དངོས་བསྟན་གྱི་སྨིན་བྱེད་ཀྱི་དབང་ཡིན་པས་ཁྱབ་ཟེར་བ་རྣམས་མི་འཐད་དེ། དང་པོ་ལ༑ བྱ་རྒྱུད་ཀྱི་སྨིན་བྱེད་ཀྱི་ཆུ་དབང་ཆོས་ཅན། དེར་ཐལ། དེའི་ཕྱིར། མ་གྲུབ་ན། དེར་ཐལ། གསང་སྔགས་ཀྱི་སྨིན་གྲོལ་གཉིས་པོ་གང་རུང་ཡིན་པའི་ཕྱིར་ཏེ། གསང་སྔགས་ཀྱི་སྨིན་བྱེད་ཀྱི་དབང་ཡིན་པའི་ཕྱིར་ཏེ། རྒྱུད་སྡེ་བཞི་པོ་གང་རུང་གི་སྨིན་བྱེད་ཀྱི་དབང་ཡིན་པའི་ཕྱིར་ཏེ། བྱ་རྒྱུད་ཀྱི་སྨིན་བྱེད་ཀྱི་དབང་ཡིན་པའི་ཕྱིར། རྩ་བར་འདོད་ན། དེ་ཆོས་ཅན། གཞུང་དེའི་དངོས་བསྟན་གྱི་སྨིན་བྱེད་ཀྱི་དབང་ཡིན་པར་ཐལ། འདོད་པ་གང་ཞིག །དེའི་དངོས་བསྟན་གྱི་གྲོལ་བྱེད་ཀྱི་ལམ་ཡིན་པའི་ཕྱིར། འདོད་ན། སྨིན་པར་བྱེད་པའི་དབང་བསྐུར་ཡང་། །ཞེས་པའི་དངོས་བསྟན་གྱི་སྨིན་བྱེད་ཀྱི་དབང་ཡིན་པར་ཐལ། འདོད་པའི་ཕྱིར། འདོད་ན། བླ་མེད་ཀྱི་སྨིན་བྱེད་ཀྱི་དབང་ཡིན་པར་ཐལ། འདོད་པའི་ཕྱིར། ཁྱབ་སྟེ། སྨིན་པར་བྱེད་པའི་དབང་བསྐུར་ཡང་། །ཞེས་པའི་དབང་དེ་ངོས་འཛིན་པར་བྱེད་པ་ལ། བླ་མ་བཅལ་ལ་དབང་བཞི་བླངས། །ཞེས་པ་འདི་འབྱུང་བའི་ཕྱིར།

གཉིས་པ་ལ། བྱ་རྒྱུད་ཀྱི་སྔགས་ཀྱི་ཐེག་པ་ཆོས་ཅན། དེར་ཐལ། དེའི་ཕྱིར། མ་གྲུབ་ན། དེར་ཐལ། གསང་སྔགས་ཀྱི་ཐེག་པ་ཡིན་པའི་ཕྱིར་ཏེ། རྫོད་གཞི་ཡིན་པའི་ཕྱིར། རྩ་བར་འདོད་ན། དེ་ཆོས་ཅན། བླ་མེད་ཀྱི་ཐེག་པ་ཡིན་པར་ཐལ། འདོད་པའི་ཕྱིར་རོ། །སྡོམ་གསུམ་འབྲུལ་སྤོང་ལས། བསྟན་བཅོས་འདིའི་སྔགས་སྡོམ་གྱི་སྐབས་འདིར་རྡོ་རྗེ་ཐེག་པ་ཞེས་སྤྱིར་བཏང་ལ་ཐལ་ཆེར་སྐབས་ཀྱི་བླ་མེད་ལ་འཇུག །ཅེས་གསུངས་

པའི་ཕྱིར། གསུམ་པ་ལ། རྣལ་འབྱོར་རྒྱུད་ཀྱི་སྨིན་བྱེད་དུ་གྱུར་པའི་ཕྱིར་མི་ལྡོག་པ་རྡོ་རྗེ་སློབ་དཔོན་གྱི་དབང་ཆོས་ཅན། དེར་ཐལ། དེའི་ཕྱིར། མ་གྲུབ་ན། དེར་ཐལ། སྨིན་བྱེད་རྒྱུད་སྡེ་བཞི་པོ་ལ། །དབང་གི་དངོས་གཞི་རིམ་པ་བཞིན། །ཡེ་ཤེས་ཐིག་ལེར་གསུངས་པའི་ཕྱིར། །ཞེས་པའི་དངོས་བསྟན་གྱི་སྨིན་བྱེད་ཀྱི་དབང་ཡིན་པའི་ཕྱིར་ཏེ། རྒྱུད་ལས། ཕྱིར་མི་ལྡོག་པ་ཡི་ནི་དབང་། །རྣལ་འབྱོར་རྒྱུད་དུ་གསལ་བར་ཕྱེ། །ཞེས་པའི་དངོས་བསྟན་གྱི་སྨིན་བྱེད་ཀྱི་དབང་ཡིན་པའི་ཕྱིར་ཏེ། རྩོད་གཞི་ཡིན་པའི་ཕྱིར། རྩ་བར་འདོད་ན། དེ་ཆོས་ཅན། བླ་མེད་ཀྱི་སྨིན་བྱེད་ཀྱི་དབང་ཡིན་པར་ཐལ། འདོད་པའི་ཕྱིར། འདོད་ན། མ་ཡིན་པར་ཐལ། རྒྱུད་སྡེ་འོག་མའི་སྨིན་བྱེད་ཀྱི་དབང་ཡིན་པའི་ཕྱིར།

ཡང་ཁ་ཅིག །སྨིན་པར་བྱེད་པའི་དབང་བསྐུར་ཡང་། །ཞེས་པའི་དངོས་བསྟན་གྱི་དབང་བསྐུར་ཡིན་ན། དེང་སང་གང་ཟག་རབ་འབྲིང་ཀུན། །རྡུལ་ཚོན་གྱི་ནི་དཀྱིལ་འཁོར་དུ། །དབང་བསྐུར་བྱ་བར་གསུངས་མོད་ཀྱི༑ ༑ཞེས་པའི་དངོས་བསྟན་གྱི་དབང་བསྐུར་ཡིན་པས་ཁྱབ། དེང་སང་བླ་མེད་ཀྱི་སྨིན་བྱེད་ཀྱི་དབང་གང་དུ་བསྐུར་བའི་དཀྱིལ་འཁོར་ཡིན་ན། རྡུལ་ཚོན་གྱི་དཀྱིལ་འཁོར་ཡིན་པས་ཁྱབ། ཀྱཻ་རྡོ་རྗེའི་རྒྱུད་དུས་ཀྱི་དབང་ཡིན་ན། ཀྱཻ་རྡོ་རྗེའི་སྨིན་བྱེད་ཀྱི་དབང་ཡིན་པས་ཁྱབ་ཟེར་བ་རྣམས་མི་འཐད་དེ། དང་པོ་ལ། དེང་སང་འཁོར་ལོ་སྡོམ་པའི་རས་བྲིས་ཀྱི་དཀྱིལ་འཁོར་དུ་བསྐུར་བའི་སྨིན་བྱེད་ཀྱི་དབང་ཆོས་ཅན། དེར་ཐལ། དེའི་ཕྱིར། མ་གྲུབ་ན། དེར་ཐལ། སྨིན་གྲོལ་གཉིས་ལ་འབད་པར་བྱ། །ཞེས་པའི་དངོས་བསྟན་གྱི་སྨིན་བྱེད་ཀྱི་དབང་ཡིན་པའི་ཕྱིར་ཏེ། བླ་མེད་ཀྱི་སྨིན་བྱེད་ཀྱི་དབང་ཡིན་པའི་ཕྱིར་ཏེ། བླ་མེད་མ་རྒྱུད་ཀྱི་སྨིན་བྱེད་ཀྱི་དབང་ཡིན་པའི་ཕྱིར་ཏེ། འཁོར་ལོ་སྡོམ་པའི་སྨིན་བྱེད་ཀྱི་དབང་ཡིན་པའི་ཕྱིར། རྩ་བར་འདོད་ན། དེ་ཆོས་ཅན། རྡུལ་ཚོན་གྱི་དཀྱིལ་འཁོར་དུ་བསྐུར་བའི་དབང་ཡིན་པར་ཐལ། འདོད་པའི་ཕྱིར། འདོད་ན། མ་ཡིན་པར་ཐལ། རས་བྲིས་ཀྱི་དཀྱིལ་འཁོར་དུ་བསྐུར་བའི་དབང་ཡིན་པའི་ཕྱིར་ཏེ། འཁོར་ལོ་སྡོམ་པ་རས་བྲིས་ཀྱི་དཀྱིལ་འཁོར་དུ་དབང་བསྐུར་བའི་དབང་ཡིན་པའི་ཕྱིར།

གཉིས་པ་ལ། དེང་སང་འཁོར་ལོ་སྡོམ་པའི་སྨིན་བྱེད་ཀྱི་དབང་གང་དུ་བསྐུར་བའི་རས་བྲིས་ཀྱི་དཀྱིལ་འཁོར་ཆོས་ཅན། དེར་ཐལ། དེའི་ཕྱིར། མ་གྲུབ་ན། དེར་ཐལ། དེང་སང་འཁོར་ལོ་སྡོམ་པའི་སྨིན་བྱེད་ཀྱི་དབང་གང་དུ་བསྐུར་བའི་དཀྱིལ་འཁོར་ཡིན་པའི་ཕྱིར་ཏེ། དེང་སང་དེ་གང་དུ་བསྐུར་བའི་རས་བྲིས་ཀྱི་དཀྱིལ་འཁོར་ཡིན་པའི་ཕྱིར་ཏེ། མ་གྲུབ་ན། དེ་དེ་ཡིན་པར་ཐལ། དེ་ཡོད་པའི་ཕྱིར་ཏེ། སློབ་དཔོན་རིན་པོ་ཆེ་རྗེ་མོས། རས་བྲིས་ལ་བརྟེན་པའི་ལུགས་འདི་ནི་བདེ་མཆོག །ཨ་བྷི་དྷ་ན་ལ་བརྟེན་ནས་སློབ་དཔོན་རྡོ་རྗེ་དྲིལ་བུ་པ་དང་།

དགའ་རབ་རྡོ་རྗེ་ལ་སོགས་པས་གསུངས་ལ། དེང་སང་རྒྱ་གར་ན་ཡང་ཆོག་ཕལ་ཆེར་འདི་ལ་མཛད། བླ་མ་གོང་མ་རྣམས་ཀྱང་སྐབས་སུ་ཕྱག་ལེན་འདི་མཛད་པས་ལུགས་འདི་ཧ་ཅང་མི་ལེགས་པ་ཡང་མ་ཡིན་នོ། །ཞེས་གསུངས་པའི་ཕྱིར། རྩ་བར་འདོད་ན། དེ་ཆོས་ཅན། རྫུལ་ཚོན་གྱི་དཀྱིལ་འཁོར་མ་ཡིན་པར་ཐལ། རས་བྲིས་ཀྱི་དཀྱིལ་འཁོར་ཡིན་པའི་ཕྱིར།

གསུམ་པ་ལ། དང་པོ་འཁོར་ལོ་སྡོམ་པའི་དཀྱིལ་འཁོར་དུ་སྨིན་བྱེད་ཀྱི་དབང་བཞི་ཐོབ་ནས། དེ་རྗེས་ཀྱིའི་རྡོ་རྗེའི་དཀྱིལ་འཁོར་དུ་དབང་བཞི་ཐོབ་པའི་གནས་སྐབས་ཀྱི་ཀྱིའི་རྡོ་རྗེ་དབང་དེ་ཆོས་ཅན། དེར་ཐལ། དེའི་ཕྱིར། མ་གྲུབ་ན། དེར་ཐལ། ཀྱིའི་རྡོ་རྗེའི་རྒྱུ་དབང་ཡིན་པར་ཐལ། འཁོར་ལོ་སྡོམ་པའི་སྨིན་བྱེད་ཀྱི་དབང་བཞི་ཐོབ་པའི་རྗེས་སུ་བྱུང་བའི་ཀྱིའི་རྡོ་རྗེའི་རྒྱུ་དབང་ཡིན་པའི་ཕྱིར། བླ་མེད་ཀྱི་དཀྱིལ་འཁོར་གཅིག་ཏེ་སྨིན་བྱེད་ཀྱི་དབང་བཞི་ཐོབ་རྗེས་སུ་བླ་མེད་ཀྱི་དཀྱིལ་འཁོར་གཞན་དུ་རྒྱུ་དབང་ཞུ་བ་ཡོད་པའི་ཕྱིར་ཏེ། ཟབ་དོན་བདུད་རྩི་ཉིང་ཁུ་ལས། དེ་རྗེས་དཀྱིལ་འཁོར་དེའམ་གཞན་དུའང་རུང་། །རྒྱུ་དབང་བཞི་དང་ལུས་དཀྱིལ་དབང་བཞི་དང་། །བླ་མའི་རྣལ་འབྱོར་བྱིན་རླབས་རིམ་གཉིས་སོགས། །ཐོབ་པའི་སྡོམ་པ་ཡང་ཡང་གསོམས་པའི་ཐབས། །ཞེས་གསུངས་པའི་ཕྱིར། རྩ་བར་འདོད་ན། དེ་ཆོས་ཅན། ཀྱིའི་རྡོ་རྗེའི་སྨིན་བྱེད་ཀྱི་དབང་མ་ཡིན་པར་ཐལ། བླ་མེད་ཀྱི་སྨིན་བྱེད་ཀྱི་དབང་མ་ཡིན་པའི་ཕྱིར་ཏེ། བླ་མེད་ཀྱི་གྲོལ་བྱེད་ཀྱི་ལམ་ཡིན་པའི་ཕྱིར་ཏེ༑ སྔར་བླ་མེད་ཀྱི་སྨིན་བྱེད་ཀྱི་དབང་གི་གནས་སྐབས་སུ་ཐོབ་པའི་སྡོམ་པ་དེ་ཉིད་གོང་ནས་གོང་དུ་འཕེལ་བར་བྱེད་པའི་ཐབས་ཁྱད་པར་ཅན་ཡིན་པའི་ཕྱིར། གཏན་ཚིགས་གྲུབ་ཅིང་ཁྱབ་པ་ཡོད་དེ། དེ་རྗེས་དཀྱིལ་འཁོར་དེའམ་ཞེས་སོགས་སྔར་དྲངས་པ་དེའི་ཕྱིར། དེ་ན་རང་གི་ལུགས་ནི། སྤྱིར་རྒྱུད་སྡེ་བཞི་ལ་དབང་གི་བབས་མི་འདྲ་བ་བཞི་ཡོད་དེ། བྱ་རྒྱུད་ལ་ཆུ་དང་ཅོད་པན་གྱི་དབང་གཉིས་ཡོད་ཅིང་། དེ་ཉིད་བྱ་རྒྱུད་ཀྱི་རྡོ་རྗེ་སློབ་དཔོན་གྱི་དབང་ཡང་ཡིན། སྤྱོད་རྒྱུད་ལ་གཉིས་པོ་དེའི་སྟེང་དུ་རྡོ་རྗེའི་དྲིལ་བུ་མིང་གི་དབང་དང་ལྔ་ཡོད་ཅིང་། ལྔ་པོ་དེ་སྤྱོད་རྒྱུད་ཀྱི་རྡོ་རྗེ་སློབ་དཔོན་གྱི་དབང་ཡང་ཡིན། རྣལ་འབྱོར་རྒྱུད་ལ་ལྔ་པོ་དེའི་སྟེང་དུ། དམ་ཚིགས་གསུམ་སྦྱིན་པ་ཕྱིར་མི་ལྡོག་པ་སློབ་དཔོན་གྱི་དབང་དང་དྲུག་ཡོད་ཅིང་། དེའི་རིགས་ལྔའི་དབང་ལྔ་ནི་དེའི་རྡོ་རྗེ་སློབ་མའི་དབང་དུ་བྱེད། རྣལ་འབྱོར་བླ་མེད་ལ་རིགས་ལྔའི་དབང་ལྔ། རྡོ་རྗེ་བརྟུལ་ཞུགས་ཀྱི་དབང་དང་དྲུག་སློབ་མའི་དབང་དང་། བུམ་དབང་གི་དམ་ཚིག་གསུམ་སྦྱིན་པ་སློབ་དཔོན་གྱི་དབང་དུ་བྱས་ནས། དེའི་སྟེང་དུ་དབང་གོང་མ་གསུམ་དང་བཅས་པའི་དབང་བཞི་ཡོངས་སུ་རྫོགས་པ་ཡོད་པ་ཡིན་ཏེ། ཡེ་ཤེས་ཐིག་ལེ་ལས། ཆུ་ཡི་དབང་བསྐུར་ཅོད་པན་དག །བྱ་བའི་རྒྱུད་ལ་རབ་ཏུ་གྲགས། །རྡོ་རྗེ་དྲིལ་བུ་དེ་བཞིན་མིང་། །སྤྱོད་

པའི་རྒྱུད་ལ་བར་ཏུ་གསལ། །ཕྱིར་མི་ལྡོག་པ་ཡི་ནི་དབང་། །རྣལ་འབྱོར་རྒྱུད་དུ་གསལ་བར་ཕྱེ། །དེ་བཞིན་དྲུག་གི་ཁྱེ་བྲག་དབང་། །དེ་ནི་སློབ་དཔོན་དབང་ཞེས་བྱ། །རྣལ་འབྱོར་བླ་མ་ཡི་ནི་མཚན། །གསང་བ་ཡི་ནི་དབང་རྒྱལ་བཤད། །ཤེས་རབ་ཡེ་ཤེས་བླ་ན་མེད། །བཞི་པ་དེ་ཡང་དེ་བཞིན་ནོ། །ཞེས་གསུངས་པའི་ཕྱིར།

གཉིས་པ་དབྱེ་བ་ལ་གསུམ་སྟེ། བརྗོད་བྱ་དོན་གྱི་རྒྱུད་ཀྱི་སྒོ་ནས་དབྱེ་བ། བརྗོད་བྱེད་རྒྱུད་སྡེའི་སྒོ་ནས་དབྱེ་བ། གང་ལས་ཐོབ་པ་ཆོ་གའི་སྒོ་ནས་དབྱེ་བ་དང་གསུམ། དང་པོ་ནི། སྔགས་སྡོམ་ལ་མིང་གི་སྒོ་ནས་དབྱེ་ན༑ རྒྱུ་རྒྱུད་ཀྱི་སྔགས་སྡོམ། ཐབས་རྒྱུད་ཀྱི་སྔགས་སྡོམ། འབྲས་རྒྱུད་ཀྱི་སྔགས་སྡོམ་དང་གསུམ་དུ་ཡོད་དེ། བདུད་རྩི་ཉིང་ཁུ་ལས། དེ་ཕྱིར་རྒྱུ་ནི་ལམ་དང་འབྲས་བུར་བཅས། །ལམ་ཡང་རྒྱུ་དང་འབྲས་བུ་དང་བཅས་ཤིང་། །འབྲས་བུ་ཡང་ནི་རྒྱུ་ལམ་དང་བཅས་པས། །ལྷུན་གྲུབ་སྡོམ་པ་སྔགས་ཀྱི་སྡོམ་པ་ཡིན། །ཞེས་དང་། རྒྱུད་གསུམ་སྡོམ་པར་སྦྱོར་ཚུལ་རྫོགས་པར་འགྱུར། །འོན་ཀྱང་མཚན་རྟགས་ཕྱེ་བ་གནད་དུ་གཅེས། །ཞེས་གསུངས་པའི་ཕྱིར། དང་པོ་རྒྱུ་རྒྱུད་ཀྱི་སྔགས་སྡོམ་ནི། རང་བཞིན་ལྷན་ཅིག་སྐྱེས་ཞེས་བརྗོད། །རྣམ་པ་ཐམས་ཅད་སྡོམ་པ་གཅིག །ཞེས་པའི་དངོས་བསྟན་གྱི་སྡོམ་པ་དང་། རྗེ་བཙུན་རིན་པོ་ཆེའི། རང་སེམས་གདོད་ནས་སྤྲོས་བྲལ་རྒྱུ་རྒྱུད་དང་། །ཞེས་པའི་དངོས་བསྟན་གྱི་རྒྱུ་རྒྱུད་ཀྱི་སྡོམ་པ་དང་། དེ་ཉིད་རྒྱུ་ལ་ཇི་ལྟར་གནས་པ་དང་། །ཞེས་པའི་དངོས་བསྟན་གྱི་རྒྱུ་ལ་གནས་པའི་སྡོམ་པ་རྣམས་དོན་གཅིག །རྟེན་གྱི་གང་ཟག་ནི་སེམས་ཅན་ཐམས་ཅད་ལ་ཡོད་ཅིང་། མཚན་གཞི་སོ་སོ་སྐྱེ་བོའི་རྒྱུད་ཀྱི་སྣང་བ་ཐམས་ཅད་གསལ་སྟོང་ཟུང་འཇུག་གི་ངོ་བོར་སྡོམ་པའི་སྡོམ་པ་ལྟ་བུའོ། །དེ་བཞིན་དུ། ཐབས་རྒྱུད་ཀྱི་སྔགས་སྡོམ་ནི། བརྟག་གཉིས་ལས། སྡོམ་པའི་དབྱེ་བའང་བཤད་པར་བྱ་སྟེ། །ཞེས་པའི་དངོས་བསྟན་གྱི་དངོས་ཤུགས་གང་རུང་ལ་བསྟན་པའི་སྡོམ་པ་དང་། རྗེ་བཙུན་རིན་པོ་ཆེའི། དབང་གི་ཡེ་ཤེས་ལམ་གྱི་ལྟ་བ་དང་། །ཉམས་མྱོང་ཞེས་པའི་དངོས་བསྟན་སྡོམ་པ་དང་། ལམ་གྱི་ཐོག་མར་གང་ལས་ཐོབ་པ་དང་། །བར་དུ་གང་གིས་མངོན་དུ་བྱེད་པ་དང་། །ཞེས་པའི་དངོས་བསྟན་གྱི་སྡོམ་པ་རྣམས་དོན་གཅིག །རྟེན་གྱི་གང་ཟག་ནི། བླ་མེད་ཚོགས་ལམ་པ། བླ་མེད་སྦྱོར་ལམ་པ། བླ་མེད་མཐོང་ལམ་པ། བླ་མེད་བསྒོམ་ལམ་པ་རྣམས་ཀྱི་རྒྱུད་ལ་ཡོད་ཅིང་། མཚན་གཞི་བླ་མེད་སློབ་པའི་རྒྱུད་ཀྱི་བསྐྱེད་རྫོགས་ཀྱི་སྡོམ་པ་མཐའ་དག་གོ། །དེ་བཞིན་དུ་འབྲས་རྒྱུད་ཀྱི་སྔགས་སྡོམ་ནི། དེ་ནས་ཆོས་ཀུན་སྡོམ་གཅིག་པའི། །རྡོ་རྗེ་སེམས་དཔའ་ཞེས་བྱར་བཤད། །ཅེས་པའི་དངོས་བསྟན་གྱི་སྡོམ་པ་དང་། སངས་རྒྱས་ས་དང་ངོ་བོར་གཅིག །ཅེས་པའི་དངོས་བསྟན་གྱི་སངས་རྒྱས་ཀྱི་ས་དང་། མཐའ་མར་འབྲས་བུ་ངོ་བོར་འགྱུར་ཚུལ་དང་། ཞེས་པའི་དངོས་བསྟན་གྱི་འབྲས་བུ་རྣམས་གཅིག །རྟེན་གྱི་གང་ཟག་ནི་སངས་རྒྱས་འཕགས་པ་

མཐའ་དག་གི་རྒྱུད་ལ་ཡོད་ཅིང༌། མཚན་གཞི་སངས་རྒྱས་རང་སྣང་ལ་ཐམས་ཅད་སྐུ་གསུང་ཐུགས་ཀྱི་གསང་བ་བསམ་གྱིས་མི་ཁྱབ་པའི་ངོ་བོར་འཆར་བའི་སྡོམ་པ་དེ་ཡིན་པའི་ཕྱིར་ཏེ། དབང་ལས་བྱུང་བ་ཐབས་ཀྱིས་གོམས་པ་ཡིས། །བདེ་ཆེན་སྒྲིབ་པ་འགགས་ནས་རང་སྣང་གི། །ཡེ་ཤེས་སྐྱེས་ཆེ་ཤེས་བྱ་མ་ལུས་པ། །གསང་གསུམ་ངོ་བོར་སྡོམ་པ་འབྲས་བུའི་སྡོམ། །ཞེས་གསུངས་པའི་ཕྱིར།

འདིར་ཁ་ཅིག །རྒྱུ་རྒྱུད་ཡིན་ན། རྒྱུ་རྒྱུད་ཀྱི་སྡོམ་པ་ཡིན་པས་ཁྱབ། འབྲས་རྒྱུད་ཡིན་ན། འབྲས་རྒྱུད་ཀྱི་སྡོམ་པ་ཡིན་པས་ཁྱབ། སེམས་ཅན་གྱི་རྒྱུད་ཀྱི་སྔགས་སྡོམ་ཡིན་ན། ཐབས་རྒྱུད་ཀྱི་སྔགས་སྡོམ་ཡིན་པས་ཁྱབ་ཟེར་བ་རྣམས་མི་འཐད་དེ། དང་པོ་ལ་ཀུན་གཞིའི་རྣམ་ཤེས་ཆོས་ཅན། དེར་ཐལ། དེའི་ཕྱིར། མ་གྲུབ་ན། དེར་ཐལ། ཀུན་གཞི་རྒྱུ་རྒྱུད་ལ་འཁོར་འདས་ཚང་བས་རྒྱ་རྒྱུད་ཞེས་པའི་དངོས་བསྟན་གྱི་རྒྱུ་རྒྱུད་ཡིན་པའི་ཕྱིར་ཏེ༔ དེའི་དངོས་བསྟན་གྱི་ཀུན་གཞི་ཡིན་པའི་ཕྱིར་ཏེ། རྒྱས་བཤད་ཐོག་མར་ཀུན་གཞིའི་རང་བཞིན་དང༌། །ཞེས་པའི་དངོས་བསྟན་གྱི་ཀུན་གཞི་ཡིན་པའི་ཕྱིར་ཏེ། རྩོད་གཞི་ཡིན་པའི་ཕྱིར། རྩ་བར་འདོད་ན། དེ་ཆོས་ཅན། རྒྱུ་ལ་གནས་པའི་སྡོམ་པ་ཡིན་པར་ཐལ། འདོད་པའི་ཕྱིར། འདོད་ན། སྦྱོར་བྲལ་ཡིན་པར་ཐལ། འདོད་པའི་ཕྱིར། ཁྱབ་སྟེ། བདུད་རྩི་ཉིང་ཁུ་ལས། སེམས་ཉིད་སྦྱོར་བྲལ་རང་བཞིན་ལྷན་སྐྱེས་སུ། །ལེགས་པར་སྡོམ་པ་རྒྱུ་ལ་གནས་པ་ཡི། །སྡོམ་པ་ཡིན་པ་རྩ་བའི་རྒྱུད་ལས་གསུངས། །ཞེས་གསུངས་པ་འཐད་པའི་ཕྱིར། གོང་དུ་འདོད་ན༔ སྦྱོར་བྲལ་མ་ཡིན་པར་ཐལ། འདུས་བྱས་ཡིན་པའི་ཕྱིར་ཏེ། ཤེས་པ་ཡིན་པའི་ཕྱིར།

གཉིས་པ་ལ། ལོངས་སྤྱོད་རྫོགས་སྐུ་ཆོས་ཅན། དེར་ཐལ། དེའི་ཕྱིར། མ་གྲུབ་ན། དེར་ཐལ། ཕྱག་རྒྱ་ཆེན་པོ་འབྲས་བུའི་རྒྱུད་ནི་འབྲས་བུའི་དབང་བཞིའི་ཐམས་ཅད་མཁྱེན་ཏེ། ཞེས་པའི་དངོས་བསྟན་གྱི་འབྲས་རྒྱུད་ཡིན་པའི་ཕྱིར་ཏེ། དེའི་དངོས་བསྟན་གྱི་ཐམས་ཅད་མཁྱེན་པ་ཡིན་པའི་ཕྱིར་ཏེ། རྩོད་གཞི་ཡིན་པའི་ཕྱིར། ཁྱབ་སྟེ། སྤྲུལ་སྐུ་ཡིན་ན། དེའི་དངོས་བསྟན་གྱི་སྐུ་ཐམས་ཅད་མཁྱེན་པ་ཡིན་དགོས་པའི་ཕྱིར། རྩ་བར་འདོད་ན༔ དེ་ཆོས་ཅན། སངས་རྒྱས་ཀྱི་ཡེ་ཤེས་ཡིན་པར་ཐལ། འདོད་པའི་ཕྱིར། འདོད་ན། དེ་མ་ཡིན་པར་ཐལ། གང་ཟག་ཡིན་པའི་ཕྱིར་ཏེ། སངས་རྒྱས་འཕགས་པ་ཡིན་པའི་ཕྱིར་ཏེ། ལོངས་སྤྲུལ་གང་རུང་ཡིན་པའི་ཕྱིར། གསུམ་པ་ལ། བྱ་རྒྱུད་ཀྱི་སྔགས་ཀྱི་ཚོགས་ལམ་ཆོས་ཅན། དེར་ཐལ། དེའི་ཕྱིར། མ་གྲུབ་ན། དེར་ཐལ། སེམས་ཅན་གྱི་རྒྱུད་ཀྱི་སྔགས་ལམ་ཡིན་པའི་ཕྱིར་ཏེ། སྔགས་ཀྱི་སློབ་ལམ་བཞི་པོ་གང་རུང་ཡིན་པའི་ཕྱིར་ཏེ། སྔགས་ཀྱི་ཚོགས་ལམ་ཡིན་པའི་ཕྱིར། རྩ་བར་འདོད་ན། དེ་ཆོས་ཅན། བླ་མེད་ཀྱི་སྔགས་སྡོམ་ཡིན་པར་ཐལ། འདོད་པའི་ཕྱིར། འདོད་མི་ནུས་ཏེ། བྱ་རྒྱུད་ཀྱི་སྔགས་སྡོམ་ཡིན་པའི་ཕྱིར།

གཉིས་པ་ལ། བརྗོད་བྱེད་རྒྱུད་སྡེའི་སྒོ་ནས་དབྱེ་བ་ནི། སྔགས་སྡོམ་ལ་དབྱེ་ན། བྱ་རྒྱུད་ཀྱི་སྔགས་སྡོམ་སོགས་བཞི། མཚན་གཞི་ནི་རིམ་བཞིན། བལྟས་པའི་བདེ་བ་ལམ་བྱེད་ཀྱི་དང་། དགོད་པའི་བདེ་བ་ལམ་བྱེད་ཀྱི་དང་། ལག་བཅངས་ཀྱི་བདེ་བ་ལམ་བྱེད་ཀྱི་དང་། གཉིས་གཉིས་འཁྱུད་པའི་བདེ་བ་ལམ་བྱེད་ཀྱིས་ཡིད་མཚན་རྟོག་ལས་སྐྱོབ་པའི་ཐབས་ཁྱད་པར་ཅན་གང་ཞིག །མི་མཐུན་ཕྱོགས་སྤོང་བའི་སེམས་དཔའ་མཚུངས་ལྡན་དང་བཅས་པའོ། །

འདིར་ཁ་ཅིག །དབང་ཆོག་ལས་ཐོབ་པའི་བླ་མེད་ཀྱི་སྔགས་སྡོམ་ཡིན་ན། བླ་མེད་ཀྱི་དབང་ཆོག་ལས་ཐོབ་པའི་སྔགས་སྡོམ་ཡིན་པས་ཁྱབ། རྣལ་འབྱོར་རྒྱུད་ཀྱི་དབང་ཆོག་ལས་ཐོབ་པའི་སྔགས་སྡོམ་ཡིན་ན། རྣལ་འབྱོར་རྒྱུད་ཀྱི་སྔགས་སྡོམ་ཡིན་པས་ཁྱབ། བླ་མེད་ཀྱི་སྔགས་སྡོམ་ཡིན་ན། སྡོམ་པ་གསུམ་གྱི་ལྡན་ཕྱི་བའི་སྔགས་སྡོམ་ཡིན་པས་ཁྱབ་ཟེར་བ་རྣམས་མི་འཐད་དེ། དང་པོ་ལ། བླ་མེད་རྣལ་འབྱོར་པས་སླར་ཡོ་གའི་དཀྱིལ་འཁོར་དུ་ཞུགས་ཏེ་ཡོ་གཱ་རྡོར་དབྱིངས་ཀྱི་དབང་ཆོག་ལ་བརྟེན་ནས་ཐོབ་པའི་སྔགས་སྡོམ་ཆོས་ཅན། དེར་ཐལ། དེའི་ཕྱིར། མ་གྲུབ་ན། དེར་ཐལ། དབང་ཆོག་ལས་ཐོབ་པ་གང་ཞིག །བླ་མེད་ཀྱི་སྔགས་སྡོམ་ཡིན་པའི་ཕྱིར། དང་པོ་མ་གྲུབ་ན། དེར་ཐལ། རྣལ་འབྱོར་རྒྱུད་ཀྱི་དབང་ཆོག་ལ་བརྟེན་ནས་ཐོབ་པའི་ཕྱིར། གཉིས་པ་མ་གྲུབ་ན། དེར་ཐལ། བླ་མེད་རྣལ་འབྱོར་པའི་རྒྱུད་ཀྱི་སྔགས་སྡོམ་ཡིན་པའི་ཕྱིར་ཏེ། དེའི་རྒྱུད་ཀྱི་ཡོ་གཱ་རྡོར་དབྱིངས་ཀྱི་དབང་ཆོག་ལ་བརྟེན་ནས་ཐོབ་པའི་སྔགས་སྡོམ་ཡིན་པའི་ཕྱིར། རྩ་བར་འདོད་ན། དེ་ཆོས་ཅན། བླ་མེད་ཀྱི་དབང་ཆོག་ལས་ཐོབ་པར་ཐལ། འདོད་པའི་ཕྱིར། འདོད་ན། མ་ཡིན་པར་ཐལ། རྣལ་འབྱོར་རྒྱུད་ཀྱི་དབང་ཆོག་ལ་བརྟེན་ནས་ཐོབ་པའི་ཕྱིར།

དམ་བཅའ་གཉིས་པ་ལ། སྔར་གྱི་རྩོད་གཞི་དེ་ག་ཆོས་ཅན། དེར་ཐལ། དེའི་ཕྱིར། རྟགས་གསལ་རིགས་འགྲེ། གསུམ་པ་ལ། ཀྱཻའི་རྡོ་རྗེའི་སྐུ་གོང་གི་གནས་སྐབས་སུ་རྒྱུན་བཤགས་ཀྱི་རྗེས་བློས་ལན་གསུམ་བྱས་པ་ལས་ཐོབ་པའི་སོ་ཐར་སྡོམ་པ་ཆོས་ཅན། དེར་ཐལ། དེའི་ཕྱིར། མ་གྲུབ་ན། དེ་ཆོས་ཅན། བླ་མེད་ཀྱི་སྔགས་སྡོམ་གྱི་ངོ་བོར་སྐྱེས་པའི་སྡོམ་པ་ཡིན་པའི་ཕྱིར་ཏེ། སྔགས་སྡོམ་གྱི་ངོ་བོར་སྐྱེས་པའི་སྡོམ་པ་གང་ཞིག །རྒྱུད་སྡེ་འོག་མའི་སྔགས་སྡོམ་གྱི་ངོ་བོར་སྐྱེས་པ་མ་ཡིན་པའི་ཕྱིར། དང་པོ་མ་གྲུབ་ན། དེ་དེར་ཐལ། སྡོམ་གསུམ་སྤྱི་དོན་ལས། སོ་ཐར་དང་བྱང་སེམས་རྒྱུན་བཤགས་ཀྱི་སྐབས་སུ་ཐོབ་པ་དང་། སྔགས་སྡོམ་གྱི་རང་ལྡོག་གནས་གསུམ་བྱིན་རླབས་ཀྱི་སྐབས་སུ་ཇི་ཙམ་ཐོབ་པ་ཐམས་ཅད། སྐབས་འདིར་སྔགས་སྡོམ་གྱི་ངོ་བོར་སྐྱེས་པའོ། །ཞེས་གསུངས་པའི་ཕྱིར། རྩ་བར་འདོད་ན། དེ་ཆོས་ཅན། སྔགས་ཀྱི་ལྡོག་པ་ནས་བསྟན་པའི་སྡོམ་པ་ཡིན་པར་ཐལ།

འདོད་པའི་ཕྱིར། འདོད་ན། དེ་སྔགས་ཀྱི་ལྡོག་པ་ནས་བསྟན་པའི་སྡོམ་པ་མ་ཡིན་པར་ཐལ། སྔགས་ཀྱི་ལྡོག་པ་ནས་བསྟན་པའི་སྡོམ་པའི་ཐོག་མར་གནས་གསུམ་བྱིན་རླབས་ཀྱི་སྐབས་སུ་ཐོབ་པ་ལ་ངོས་འཛིན་མཛད་པའི་ཕྱིར་ཏེ། སྔགས་ཀྱི་རང་ལྡོག་གནས་གསུམ་བྱིན་རླབས་ཀྱི་སྐབས་སུ་ཞེས་སོགས་སྔར་དྲངས་པ་དེ་འཐད་པའི་ཕྱིར།

གསུམ་པ་གང་ལས་ཐོབ་པར་ཆོ་གའི་སྒོ་ནས་དབྱེ་བ་ནི། སྔགས་སྡོམ་ལ་དབྱེ་ན། སྔ་གོན་གྱི་གནས་སྐབས་སུ་ཐོབ་པ། འཇུག་པའི་གནས་སྐབས་སུ་ཐོབ་པ། དངོས་གཞིའི་གནས་སྐབས་སུ་ཐོབ་པ་དང་གསུམ། དང་པོ་ནི་སྔ་གོན་གྱི་གནས་སྐབས་སུ་རྒྱུན་བཤགས་ཀྱི་རྗེས་ཟློས་ལན་གསུམ་བྱས་པ་ལས་ཐོབ་པའི་སོར་སྡོམ། བྱང་སྡོམ་གཉིས་དང་། གནས་གསུམ་བྱིན་རླབས་ཀྱི་སྐབས་སུ་རྡོ་རྗེ་མ་སྐུ་གསུམ་གྱི་ས་བོན་ཐེབས་པའི་སྡོམ་པ་རྣམས་སོ། །གཉིས་པ་ནི། ཕྱི་འཇུག་གི་ཟླ་བ་རྡོ་རྗེ་ངོ་སྤྲོད་པའི་སྐབས་སུ་ཐོབ་པའི་ནང་གི་སེམས་བསྐྱེད་པ་དང་། ནང་འཇུག་གི་ཡེ་ཤེས་དབབ་པའི་དམིགས་པ་ཡོག་པ་ལ་བརྟེན་པའི་སྔགས་སྡོམ་ལྟ་བུའོ། །གསུམ་པ་ནི། བྱ་རྒྱུད་ཀྱི་དབང་གི་དངོས་གཞིའི་གནས་སྐབས་སུ་ཐོབ་པ། སྤྱོད་རྒྱུད་ཀྱི་དབང་གི་དངོས་གཞིའི་གནས་སྐབས་སུ་ཐོབ་པ་སོགས་བཞི་ལས། དང་པོ་ནི། བྱ་རྒྱུད་ཀྱི་ཆུ་དང་ཅོད་པན་གྱི་དབང་ལ་བརྟེན་ནས་ཐོབ་པའི་སྔགས་སྡོམ་ལྟ་བུའོ། །

གཉིས་པ་ནི། སྤྱོད་རྒྱུད་ཀྱི་ཆུ་དབང་སོགས་དབང་ལྔ་པོ་དེ་དང་། དེ་ལ་བརྟེན་ནས་ཐོབ་པའི་སྔགས་སྡོམ་ལྟ་བུའོ། །གསུམ་པ་ནི། རྣལ་འབྱོར་རྒྱུད་ཀྱི་ཆུ་དབང་སོགས་ལྔ་དང་། རྡོ་རྗེ་སློབ་དཔོན་གྱི་དབང་དང་དྲུག་པོ་དེ་དང་། དེ་ལ་བརྟེན་ནས་ཐོབ་པའི་སྔགས་སྡོམ་ལྟ་བུའོ། །བཞི་པ་ནི། བླ་མེད་ཀྱི་དབང་གི་དངོས་གཞིའི་སྐབས་སུ་ཐོབ་པ་ལ། བུམ་དབང་གི་སྐབས་སུ་ཐོབ་པ་དང་། དབང་གོང་མའི་སྐབས་སུ་ཐོབ་པ་གཉིས། དེ་ཡང་བླ་མ་བཙལ་ལ་དབང་བཞི་བླངས། །ཞེས་པའི་དངོས་བསྟན་གྱི་བུམ་དབང་དང་། སྨིན་བྱེད་ཀྱི་བུམ་དབང་དང་། བསྐྱེད་རིམ་གྱི་སྨིན་བྱེད་རྣམས་དོན་གཅིག །དབང་བཞི་བླངས། ཞེས་པའི་དངོས་བསྟན་གྱི་དབང་གོང་མ་དང་། སྨིན་བྱེད་དབང་གོང་མ་དང་། རྫོགས་རིམ་གྱི་སྨིན་བྱེད་རྣམས་དོན་གཅིག་སྟེ། དབང་བཞི་དང་རིམ་པ་གཉིས་སྨིན་གྲོལ་དུ་སྦྱར་ནས་བཤད་རིགས་པའི་ཕྱིར་ཏེ། ཚངས་དབང་མ་ལས། དབང་བཞིས་སྨིན་མཛད་ལམ་བཞིས་གྲོལ་བ་སྟོན། །ཞེས་གསུངས་པའི་ཕྱིར། འདིར་ཁ་ཅིག །བུམ་དབང་བཅུ་གཅིག་པོ་གང་རུང་ཡིན་ན། བུམ་དབང་ཡིན་པས་ཁྱབ། བུམ་དབང་གི་ཆོ་ག་ཡིན་ན། བུམ་དབང་ཡིན་པས་ཁྱབ། སྨིན་བྱེད་ཀྱི་དབང་ཡིན་ན༑ སྔར་རྒྱུད་མ་སྨིན་པ་གསར་དུ་སྨིན་པར་བྱེད་པའི་དབང་ཡིན་པས་ཁྱབ་ཟེར་བ་རྣམས་མི་འཐད་དེ། དང་པོ་

ལ༑ བུམ་དབང་གི་མཐའ་བརྟེན་དུ་གྱུར་པའི་རྗེས་གནང་ཆོས་ཅན། དེར་ཐལ། དེའི་ཕྱིར། མ་གྲུབ་ན། དེར་ཐལ། བུམ་དབང་བཅུ་གཅིག་པོའི་ནང་ཚན་ཡིན་པའི་ཕྱིར་ཏེ། རྩོད་གཞི་ཡིན་པའི་ཕྱིར། རྩ་བར་འདོད་ན། དེ་ཆོས་ཅན། བུམ་དབང་མ་ཡིན་པར་ཐལ། བུམ་དབང་བཏགས་པ་བ་ཡིན་པའི་ཕྱིར་ཏེ། རྩོད་གཞི་ཡིན་པའི་ཕྱིར། ཁྱབ་སྟེ། ཆག་ལོའི་དྲིས་ལན་ལས། བུམ་དབང་བཅུ་གཅིག་ཟེར་ཡང་། ཡན་ལག་ལ་མིང་གིས་བཏགས་པ་ཡིན། ཞེས་གསུངས་པའི་ཕྱིར།

གཉིས་པ་ལ། ཀྱིའི་རྡོ་རྗེའི་རིག་པའི་དབང་ལྔའི་ཆོ་ག་ཆོས་ཅན། དེར་ཐལ། དེའི་ཕྱིར། མ་གྲུབ་ན། དེར་ཐལ། རྡོ་རྗེ་སློབ་མའི་བུམ་དབང་གི་ཆོ་ག་ཡིན་པའི་ཕྱིར་ཏེ། རྩོད་གཞི་ཡིན་པའི་ཕྱིར། རྩ་བར་འདོད་ན། དེ་ཆོས་ཅན། དེ་མ་ཡིན་པར་ཐལ། དབང་བསྐུར་གྱི་ཆོ་ག་ཡིན་པའི་ཕྱིར། ཁྱབ་སྟེ། གསང་སྔགས་ཀྱི་ནི་དབང་བསྐུར་དང་། །དེ་དག་གི་ནི་ཆོ་ག་དང་། །ཞེས་པ་འདིས། དེ་གཉིས་ཐ་དད་དུ་བསྟན་པའི་ཕྱིར། གསུམ་པ་ལ། སྔར་བུམ་དབང་གིས་རྒྱུད་སྨིན་ཟིན་པ་ལ་བསྐུར་བའི་སྨིན་བྱེད་ཀྱི་གསང་དབང་ཆོས་ཅན། དེར་ཐལ། དེའི་ཕྱིར། མ་གྲུབ་ན། དེར་ཐལ། སྨིན་བྱེད་ཀྱི་དབང་གོང་མ་ཡིན་པའི་ཕྱིར་ཏེ། སྨིན་བྱེད་ཀྱི་གསང་དབང་ཡིན་པའི་ཕྱིར། རྩ་བར་འདོད་ན། དེ་ཆོས་ཅན། དེ་མ་ཡིན་པར་ཐལ། སྔར་སྨིན་ཟིན་པ་ལ་བསྐུར་བའི་སྨིན་བྱེད་ཀྱི་དབང་ཡིན་པའི་ཕྱིར་ཏེ། སྔར་བུམ་དབང་གི་རྒྱུད་སྨིན་ཟིན་པ་ལ་བསྐུར་བའི་སྨིན་བྱེད་ཀྱི་དབང་ཡིན་པའི་ཕྱིར། དེས་ན་བུམ་དབང་མཚན་ཉིད་པ་ནི། བླ་མེད་ཀྱི་རིག་པའི་དབང་ལྔ། རྡོ་རྗེ་བརྟུལ་ཞུགས་དམ་ཚིག་གསུམ་སྦྱིན་པའི་སློབ་དཔོན་གྱི་དབང་དང་བདུན་པོ་འདི་ཡིན་ཅིང་། འདི་ལ་སྔགས་སྡོམ་ཐོབ་ཚུལ་ཡང་སོ་སོར་ཡོད་པ་ཡིན་ཏེ། མི་བསྐྱོད་པ་ཆུ་དབང་ལ་བརྟེན་ནས། སྦྱང་གཞི་རྣམ་ཤེས་ཀྱི་ཕུང་པོ་དང་། ཞེ་སྡང་གཉིས། སྦྱོང་བྱེད་མི་སྐྱོད་པའི་ངོ་བོར་སྡོམ་པའི་སྡོམ་པ་ཐོབ། རིན་ཆེན་འབྱུང་ལྡན་ཅོད་པན་གྱི་དབང་ལ་བརྟེན་ནས། ཚོར་བའི་ཕུང་པོ་དང་། ང་རྒྱལ་སེར་སྣ་རིན་འབྱུང་གི་ངོ་བོར་སྡོམ་པའི་སྡོམ་པ་ཐོབ། འོད་དཔག་མེད་རྡོ་རྗེའི་དབང་ལ་བརྟེན་ནས། འདུ་ཤེས་ཀྱི་ཕུང་པོ་དང་། འདོད་ཆགས་འོད་དཔག་མེད་པའི་ངོ་བོར་སྡོམ་པའི་སྡོམ་པ་ཐོབ། དོན་ཡོད་གྲུབ་པ་དྲིལ་བུའི་དབང་ལ་བརྟེན་ནས། འདུ་བྱེད་ཀྱི་ཕུང་པོ་དང་། ཕྲག་དོག་དོན་གྲུབ་ཀྱི་ངོ་བོར་སྡོམ་པའི་སྡོམ་པ་ཐོབ། རྣམ་སྣང་མིང་གི་དབང་ལ་བརྟེན་ནས། གཟུགས་ཀྱི་ཕུང་པོ་དང་། གཏི་མུག་རྣམ་སྣང་གི་ངོ་བོར་སྡོམ་པའི་སྡོམ་པ་ཐོབ། བརྟུལ་ཞུགས་ཀྱི་དབང་ལ་བརྟེན་ནས། ཕུང་པོ་ལྔའི་ཆོས་ཉིད་རྣམ་གྲངས་པ་རྡོ་རྗེ་སེམས་དཔའི་ངོ་བོར་སྡོམ་པའི་སྡོམ་པ་ཐོབ། དམ་ཚིག་གསུམ་སྦྱིན་པའི་སློབ་དཔོན་གྱི་དབང་ལ་བརྟེན་ནས་ལུས་ངག་ཡིད་གསུམ་རྡོ་རྗེ་འཆང་ཆེན་པོའི་ངོ་བོར་སྡོམ་པའི་སྡོམ་པ་ཐོབ་པའི་ཕྱིར་ཏེ། རྒྱས་གདབ་ལྔ་དང་རྡོ་

རྗེ་བཙུན་ཞུགས་དང་། །དམ་ཚིག་གསུམ་གྱི་བདྡ་དོན་འཕྲོད་པའི་ཚེ། །ཆོས་ཅན་ལྷ་པོ་ཆོས་ཉིད་དང་བཅས་པས། །སྔོམ་གསུམ་ཐ་མལ་རྣམ་རྟོག་སྤོང་སེམས་ཐོབ། །ཅེས་གསུངས་པའི་ཕྱིར། སྡོམ་པ་དེ་དག་ལ་བསྐྱེད་རིམ་གྱི་སྡོམ་པ་ཞེས་ཀྱང་བྱ་སྟེ། སྦྱང་གཞི་སྦྱོང་བྱེད་སྦྱར་བའི་སྒོ་ནས་ཐ་མལ་གྱི་རྣམ་རྟོག་སྤོང་བའི་སྡོམ་པ་ཡིན་པའི་ཕྱིར་ཏེ། དེ་སྐད་དུ་ཁ་སྐོང་ལས། བསྐྱེད་རིམ་སྦྱང་གཞི་སྦྱོང་བྱེད་གཉིས། །སྦྱར་བ་ཉིད་ལ་གསུངས་ཕྱིར་རོ། །ཞེས་གསུངས་པའི་ཕྱིར། དེ་བཞིན་དུ་དབང་གོང་མ་གསུམ་ལ་ཡང་། སྔགས་སྡོམ་ཐོབ་ཚུལ་ཡོད་པ་ཡིན་ཏེ། སློབ་མའི་གཞིར་གནས་ཀྱི་ཁམས་བྱང་ཆུབ་ཀྱི་སེམས་ལ་བླ་མ་ཡབ་ཡུམ་སྙོམས་པར་ཞུགས་པའི་བྱང་སེམས་འདྲེས་པའི་གསང་དབང་ལ་བརྟེན་ནས། རང་གི་ངོ་སྐལ་གྱི་གྱུ་ནོམ་ལྷར་ཞེན་གྱི་རྣམ་རྟོག་སྤོང་བའི་སྤོང་སེམས་ཐོབ། ཕྱག་རྒྱ་དང་མཉམ་པར་སྦྱར་བའི་མས་བརྟེན་གྱི་དགའ་བ་བཞི་པ་བསྐྱེད་བྱེད་ཀྱི་ཤེས་དབང་ལ་བརྟེན་ནས། རང་གི་ངོས་སྐལ་གྱི་དེ་ཐོབ། གསུམ་པའི་ཡེ་ཤེས་དེ་ཉིད་ལ། ཚིག་གི་བདྡ་དོན་འཕྲོད་པའི་བཞི་པ་ཚིག་དབང་རིན་པོ་ཆེ་ལ་བརྟེན་ནས། རང་གི་ངོ་སྐལ་གྱི་དེ་ཐོབ་པའི་ཕྱིར་ཏེ། གཞིར་གནས་བྱང་ཆུབ་སེམས་ལ་བླ་མ་ཡི། །བྱང་སེམས་འདྲེས་དང་མས་བརྟེན་བཞི་པ་དང་། །དེ་ཉིད་ཚིག་གི་བདྡ་དོན་འཕྲོད་པའི་ཚེ། །གྱུ་ནོམ་ལྷར་ཞེན་རྣམ་རྟོག་སྤོང་སེམས་ཐོབ། །ཅེས་གསུངས་པའི་ཕྱིར། སྡོམ་པ་དེ་དག་ལ་རྫོགས་རིམ་གྱི་སྡོམ་པ་ཞེས་བྱ་སྟེ། ལུས་ངག་ཡིད་གསུམ་བདེ་ཆེན་གྱི་ཡེ་ཤེས་སུ་རྫོགས་པའི་སྡོམ་པ་ཡིན་པའི་ཕྱིར། དེ་སྐད་དུ་ཁ་སྐོང་ལས། རྫོགས་རིམ་ལུས་ངག་ཡིད་གསུམ་ནི། །རྫོགས་པ་ཉིད་ལ་གསུངས་ཕྱིར་རོ། །ཞེས་གསུངས་སོ། །

འདིར་ཁ་ཅིག །བསྐྱེད་རིམ་གྱི་སྡོམ་པ་ཡིན་ན་ཐ་མལ་གྱི་རྣམ་རྟོག་སྤོང་བའི་སྤོང་སེམས་ཡིན་པས་ཁྱབ། རྫོགས་རིམ་གྱི་སྡོམ་པ་ཡིན་ན། གྱུ་ནོམ་ལྷར་ཞེན་གྱི་རྣམ་རྟོག་སྤོང་བའི་སྤོང་སེམས་ཡིན་པས་ཁྱབ། བླ་མེད་ཀྱི་སྔགས་སྡོམ་ཡིན་ན། བསྐྱེད་རིམ་གྱི་སྡོམ་པ་དང་། རྫོགས་རིམ་གྱི་སྡོམ་པ་གང་རུང་ཡིན་པས་ཁྱབ་ཟེར་བ་རྣམས་མི་འཐད་དེ། དང་པོ་ལ། བླ་མེད་ཚོགས་ལམ་གྱི་རྒྱུད་ཀྱི་སྣང་བའི་དངོས་པོ་ལ་ཐ་མལ་གྱི་རྣམ་རྟོག་སྤོང་བའི་སེམས་བྱུང་སེམས་པ་དང་མཚུངས་ལྡན་དུ་གྱུར་པའི་གཙོ་བོར་རྣམ་རིག་ཆོས་ཅན། དེར་ཐལ། དེའི་ཕྱིར། མ་གྲུབ་ན། དེར་ཐལ། བླ་མེད་ཀྱི་སྔགས་སྡོམ་གང་ཞིག །ཐ་མལ་གྱི་རྣམ་རྟོག་སྤོང་བའི་སེམས་པ་མཚུངས་ལྡན་དང་བཅས་པ་ཡིན་པའི་ཕྱིར། དང་པོ་དེར་ཐལ། བླ་མེད་ལམ་ཞུགས་ཀྱི་རྒྱུད་ཀྱི་སྔགས་སྡོམ་ཡིན་པའི་ཕྱིར། གཉིས་པ་དེར་ཐལ། ཐ་མལ་གྱི་རྣམ་རྟོག་སྤོང་བའི་སེམས་བྱུང་སེམས་པ་དང་མཚུངས་ལྡན་ཡིན་པའི་ཕྱིར་ཏེ། དེ་དང་མཚུངས་ལྡན་དུ་གྱུར་པའི་གཙོ་སེམས་ཡིན་པའི་ཕྱིར། རྩ་བར་འདོད་ན། དེ་ཆོས་ཅན། སེམས་བྱུང་སེམས་པ་ཡིན་པར་ཐལ། འདོད་པའི་ཕྱིར། འདོད་མི་ནུས་ཏེ། གཙོ་སེམས་ཡིན་པའི་ཕྱིར།

གཉིས་པ་ལ་ཡང་། བླ་མེད་ཚོགས་ལམ་གྱི་རྒྱུད་ཀྱི་སྣང་བའི་དངོས་པོ་ལ་གྱ་ནོམ་ལྷར་ཞེན་གྱི་རྣམ་རྟོག་སྤྱོང་བའི་སེམས་བྱུང་སེམས་པ་དང་མཚུངས་ལྡན་དུ་གྱུར་པའི་གཙོ་བོར་རྣམ་རིག་ཆོས་ཅན། དེར་ཐལ། དེའི་ཕྱིར། རྟགས་བསྒྲུབ་ལུགས་རིགས་འགྲེ། གསུམ་པ་ལ། ཀྱིའི་རྡོ་རྗེའི་ནང་འཇུག་གི་ཡེ་ཤེས་དབབ་པའི་སྐབས་སུ་སྐྱེས་མ་ཐག་པའི་སྔགས་སྡོམ་ཆོས་ཅན། དེར་ཐལ། དེའི་ཕྱིར། མ་གྲུབ་ན། དེར་ཐལ། བླ་མེད་ཀྱི་ནང་འཇུག་གི་གནས་སྐབས་སུ་ཐོབ་པའི་སྔགས་སྡོམ་ཡིན་པའི་ཕྱིར་ཏེ། དེའི་ནང་འཇུག་གི་གནས་སྐབས་སུ་ཐོབ་པའི་སྔགས་སྡོམ་ཡིན་པའི་ཕྱིར། རྩ་བར་འདོད་ན། དེ་ཆོས་ཅན། དེ་གང་རུང་མ་ཡིན་པར་ཐལ། བསྐྱེད་རྫོགས་གང་རུང་གི་སྡོམ་པ་སྐྱེ་བའི་སྔ་རོལ་དུ་བྱུང་བའི་སྡོམ་པ་ཡིན་པའི་ཕྱིར་ཏེ། བུམ་དབང་དང་། དབང་གོང་མའི་སྔ་རོལ་དུ་བྱུང་བའི་སྡོམ་པ་ཡིན་པའི་ཕྱིར་ཏེ། ཀྱིའི་རྡོ་རྗེའི་ནང་འཇུག་གི་གནས་སྐབས་སུ་སྐྱེས་མ་ཐག་པའི་སྡོམ་པ་ཡིན་པའི་ཕྱིར་ཏེ། རྩོད་གཞི་ཡིན་པའི་ཕྱིར། དེ་ལྟར་བྱས་པ་ལ་ཁོ་ན་རེ། འོན་བདུད་རྩི་ཉིང་ཁུ་ལས། སྨིན་བྱ་འབྲས་བུ་རྟེན་དང་བརྟེན་པ་ཡིས། །རིམ་གཉིས་གྲངས་ངེས་སྒྲུབ་པའི་ལུང་རིགས་ཀྱིས། །ལུགས་མཆོག་འདི་ལ་སྡོམ་པའང་རིམ་གཉིས་ཀྱི། །སྡོམ་པ་གཉིས་སུ་ངེས་པའི་གྲངས་ངེས་འགྲུབ། །ཅེས་གསུངས་པ་མི་འཐད་པར་ཐལ། བླ་མེད་ཀྱི་སྔགས་སྡོམ་དེ་ལ་བསྐྱེད་རྫོགས་ཀྱི་སྡོམ་པ་གཉིས་སུ་གྲངས་མ་ངེས་པའི་ཕྱིར་ཏེ༑ བླ་མེད་ཀྱི་སྔགས་སྡོམ་ཡིན་ན། དེ་གཉིས་གང་རུང་ཡིན་པས་ཁྱབ་པའི་ཕྱིར། ཞེ་ན་སྐྱོན་མེད་དེ། ལུང་དེའི་དོན་ནི། བླ་མེད་ཀྱི་དངོས་གཞིའི་ཉམས་ལེན་ལ་བསྐྱེད་རྫོགས་ཀྱི་ཉམས་ལེན་གཉིས་སུ་ངེས་པ་དང་། བླ་མེད་ཀྱི་དངོས་གཞིའི་སྔགས་སྡོམ་ལ་བསྐྱེད་རྫོགས་ཀྱི་སྡོམ་པ་གཉིས་སུ་ངེས་པའི་དོན་ཡིན་པའི་ཕྱིར་རོ། །

གསུམ་པ་སྔགས་སྡོམ་གྱི་ཐོབ་མཚམས་ནི། བོ་དོང་པ་སོགས་བོད་ཀྱི་བླ་མ་ཁ་ཅིག །རིགས་ལྔའི་སྡོམ་གཟུང་གི་རྗེས་ཟློས་ལན་གསུམ་བྱས་པའི་ཚེ་ན་སྔགས་སྡོམ་རྫོགས་པར་ཐོབ་ཅེས་དང་། རང་རེའི་ས་ཕྱོགས་པ་ཁ་ཅིག །བུམ་དབང་རྫོགས་པའི་ཚེ་ན། སྔགས་སྡོམ་རྫོགས་པར་ཐོབ་ཅེས་དང་། ཡང་ཁ་ཅིག །སངས་མ་རྒྱས་ཀྱི་བར་དུ། སྔགས་སྡོམ་མི་རྫོགས་ཤིང་། སངས་རྒྱས་ཐོབ་པ་ན། སྔགས་སྡོམ་རྫོགས་པར་ཐོབ་པ་ཡིན་ཟེར་བ་ནི་མི་འཐད་དེ། འོན་དབང་བསྐུར་གྱི་དངོས་གཞིའི་ཚིག་ལ་དགོས་པ་མེད་པར་ཐལ། དངོས་གཞི་དེའི་གོང་དུ་སྔགས་སྡོམ་ཐོབ་པའི་ཕྱིར་ཏེ། རིགས་ལྔའི་སྡོམ་གཟུང་གི་རྗེས་ཟློས་ལན་གསུམ་བྱས་པ་ན། སྔགས་སྡོམ་རྫོགས་པར་ཐོབ་པའི་ཕྱིར། ཡང་དེ་ངེས་དགེ་སློང་གི་སྡོམ་པ་སྐྱེ་བ་གསོལ་བཞིའི་ཚིག་ལ་མི་ལྟོས་པར་ཐལ། གསོལ་བཞིའི་ཚིག་འི་སྔར་རོལ་དུ། བསྒྲུབ་བྱ་དེ་ལ་དགེ་སློང་གི་སྡོམ་པ་སྐྱེ་རིགས་པའི་ཕྱིར་ཏེ། དབང་བསྐུར་གྱི་དངོས་གཞིའི་སྔ་རོལ་དུ་སློབ་མ་དེས་སྔགས་སྡོམ་ཐོབ་པའི་ཕྱིར། ལུགས་གཉིས་པ་ཡང་མི་འཐད་དེ། འོན་

བུམ་དབང་ཙམ་རྫོགས་པའི་ཚེ་ན་རྫོགས་རིམ་གྱི་སྡོམ་པ་ཡང་ཐོབ་པར་ཐལ། དེའི་ཚེ་ན། བླ་མེད་ཀྱི་སྔགས་སྡོམ་མཐའ་དག་ཐོབ་པའི་ཕྱིར་ཏེ། དེའི་ཚེ་ན་སྔགས་སྡོམ་རྫོགས་པར་ཐོབ་པའི་ཕྱིར། རྟགས་ཁས། གོང་དུ་འདོད་ན། བུམ་དབང་ཙམ་ཐོབ་པའི་གང་ཟག་དེས། གཏུམ་མོ་ལ་སོགས་པའི་རྫོགས་རིམ་བསྒོམ་དུ་རུང་བར་ཐལ། འདོད་པའི་ཕྱིར། འདོད་ན། དབང་གོང་མ་མ་ཐོབ་པར་རྫོགས་རིམ་བསྒོམ་དུ་རུང་བར་ཐལ། འདོད་པའི་ཕྱིར། དེ་འདོད་མི་ནུས་ཏེ། རབ་དབྱེ་ལས། དབང་བསྐུར་གཉིས་པ་མ་ཐོབ་པར། །གཏུམ་མོ་ལ་སོགས་བསྒོམ་པ་དང་། །ཞེས་པ་ནས། མཁས་པ་རྣམས་ཀྱི་རྒྱང་རིང་སྤངས། །ཞེས་པའི་བར་གསུངས་པའི་ཕྱིར། ལུགས་གསུམ་པ་ཡང་མི་འཐད་དེ། དེ་ལྟར་སངས་རྒྱས་ཐོབ་པའི་ཚེ་ཡང་སྔགས་སྡོམ་རྫོགས་པར་མི་ཐོབ་པར་ཐལ། སངས་རྒྱས་ཐོབ་ནས་ཀྱང་སྔགས་སྡོམ་ཐོབ་རྒྱུ་ཡོད་པའི་ཕྱིར། སངས་རྒྱས་ཐོབ་ནས་ཀྱང་རྣམ་མཁྱེན་སྐད་ཅིག་མ་ཕྱི་མ་གཉིས་ཀྱི་ངོ་བོར་གྱུར་པའི་སྔགས་སྡོམ་གསར་བསྐྱེད་ཡོད་པའི་ཕྱིར་ཏེ། རང་གི་ལུགས་ནི། བླ་མེད་ཀྱི་སྔགས་སྡོམ་རྫོགས་པར་ཐོབ་པ་ལ། བླ་མེད་ཀྱི་དབང་བཞི་རྫོགས་པར་ཐོབ་དགོས་ཏེ། འདི་ལ་རིགས་པའི་སྒྲུབ་བྱེད་དང་། ལུང་གི་སྒྲུབ་བྱེད་གཉིས། དང་པོ་ནི། དམ་ཚིག་ཉི་ཤུ་མན་ངག་གནད་དྲུག་སོགས། །རྒྱུ་དང་དབང་དང་ལམ་དང་འབྲས་བུ་རྣམས། །བཞི་བཞིར་ཕྱེ་བ་རྣལ་འབྱོར་དབང་ཕྱུག་གི། །མན་ངག་མཐའ་དག་འདི་ཡི་སྒྲུབ་བྱེད་ཡིན། །ཞེས་གསུངས་པ་ལྟར། བླ་མེད་ཀྱི་སྔགས་སྡོམ་རྫོགས་པར་ཐོབ་པ་ལ། དབང་བཞི་རྫོགས་པར་ཐོབ་དགོས་ལ། དེ་རྫོགས་པར་ཐོབ་པ་ལ། བླ་མེད་ཀྱི་དམ་ཚིག་ཉི་ཤུ་རྫོགས་པར་ཐོབ་དགོས་པ་གང་ཞིག །དམ་ཚིག་ཉི་ཤུ་ནི། དབང་བཞི་པོ་རེ་རེ་ལ་ཡང་དམ་ཚིགས་ལྔ་ལྔར་ཕྱེ་བའི་ཉི་ཤུ་ལ་ངོས་འཛིན་མཛད་པའི་ཕྱིར། ཡང་གསལ་བ་སྟེ་མ་དེ་བཞིན་འཐད་དེ། རྣལ་འབྱོར་དབང་ཕྱུག་གི་མན་ངག་ལས། རྒྱུ་གནས་པ། དབང་ལས་ཐོབ་པ། ལམ་ལ་གོམས་པ་སོགས། མན་ངག་གི་གནད་དྲུག་དབང་བཞི་པོ་རེ་རེ་ལ་སྦྱར་ནས་གསུངས་པ་གང་ཞིག །དབང་ལས་ཐོབ་པ་ཞེས་པའི་དོན། དབང་དེ་དང་དེ་ལས་སྔགས་སྡོམ་གསར་ཐོབ་རེ་ལ་བྱེད་རིགས་པའི་ཕྱིར་ཏེ། དབང་ལས་ཐོབ་པ་ཞེས་པའི་གོ་དོན་ཡོད་པའི་ཕྱིར་ཏེ། ལུང་གི་སྒྲུབ་བྱེད་ནི༑ སྙིང་པོ་རྩེ་མོ་རྒྱལ་མཚན་བཟང་པོ་ཡི། །མཐའ་ཅན་བླ་མའི་གསུང་རབ་འདིར་སྦྱར་བྱས། །ཞེས་པ་ལྟར། བླ་མེད་ཀྱི་སྔགས་སྡོམ་རྫོགས་པ་ལ། དབང་བཞི་རྫོགས་དགོས་པ་འདི་འཐད་དེ། ས་ཆེན་ཀུན་སྙིང་གི་དབང་བཞི་ངོ་སྤྲོད་ཀྱི་འགྲེལ་པར། གསང་སྔགས་ཀྱི་དབང་བཞིའི་སྡོམ་པ་ཐོབ་པའོ། །ཞེས་དང་། རྩེ་མོའི་གནད་ཀྱི་གསལ་བྱེད་ལས། རྫོགས་རིམ་གྱི་སྡོམ་པའི་རྣམ་གཞག་གསལ་བར་གསུངས་པ་དང་། རྗེ་བཙུན་གྲགས་པ་རྒྱལ་མཚན་གྱི་ཨེ་ཀྲ་བླུ་ཏིའི་ལམ་སྐོར་ལས། དབང་བཞི་ཡོངས་སུ་རྫོགས་ཏེ། ཪོ་རྗེ་ཐེག་པའི་སྡོམ་པ་དང་ཡང་

ལྡན། ཞེས་གསུངས་པ་དང་། རབ་དབྱེ་ལས། བླ་མ་བཅོལ་ལ་དབང་བཞི་བླངས། །དེ་ཡིས་སྡོམ་པ་གསུམ་ལྡན་འགྱུར། །ཞེས་དང་། རྗེ་ཐམས་ཅད་མཁྱེན་པ་ཀུན་དགའ་བཟང་པོའི་ཞལ་སྔ་ལས། རྣམ་དག་དཀྱིལ་འཁོར་བཞི་ཡི་འཛིན་མ་ལ། །ཞེས་སོགས་གསུངས་པའི་ཕྱིར། གཞན་དུ་ན། བླ་མ་བཅོལ་ལ་བུམ་དབང་བླངས། །དེ་ཡིས་སྡོམ་པ་གསུམ་ལྡན་འགྱུར། །ཞེས་འབྱུང་རིགས་པར་ཐལ། བུམ་དབང་རྫོགས་པའི་ཚེ་ན། སྔགས་སྡོམ་རྫོགས་པར་ཐོབ་པའི་ཕྱིར། དེ་ལ་ཁ་ཅིག །དབང་གོང་མ་ལས། སྔགས་སྡོམ་གསར་ཐོབ་ཡོད་པའི་རྒྱུ་མཚན་གྱིས་སྔགས་སྡོམ་རྫོགས་པ་དབང་བཞི་རྫོགས་པ་ལ་ལྟོས་དགོས་ན། འོན་དབང་བཞི་རྫོགས་པའི་ཚེ་ན་ཡང་། སྔགས་སྡོམ་རྫོགས་པར་མི་ཐོབ་པར་ཐལ། དབང་བཞི་རྫོགས་པའི་རྗེས་སུ་ཡང་། སྔགས་སྡོམ་གསར་ཐོབ་ཡོད་པའི་ཕྱིར་ཏེ། དེའི་རྗེས་སུ་ཡང་དབང་དང་བྱིན་རླབས་རྗེས་གནང་ཀུན་ལ་དམ་ཚིག་དང་སྡོམ་པ་རེ་ཐོབ་རྒྱུ་ཡོད་པའི་ཕྱིར་ཞེ་ན། འདིར་ཁྱབ་པ་མེད་མཚམས་ཤེས་དགོས་ཏེ། དབང་བཞི་རྫོགས་པའི་རྗེས་སུ་དམ་ཚིག་དང་སྡོམ་པ་གང་སྐྱེས་ཀྱང་། སྔར་དབང་བཞིའི་གནས་སྐབས་སུ་ཐོབ་པ་དེ་དང་། རིགས་གཅིག་པའི་དམ་ཚིག་དང་སྡོམ་པ་ཡིན་པའི་ཕྱིར། དབང་བཞི་རྫོགས་རྗེས་སུ་བསྐྱེད་རིམ་དང་འབྲེལ་བའི་དམ་ཚིག་དང་སྡོམ་པ་ཐོབ་པ་རྣམས་ནི། སྔར་བུམ་དབང་གི་གནས་སྐབས་སུ་ཐོབ་པ་དེ་དང་རིགས་གཅིག །དེ་རྫོགས་པའི་རྗེས་སུ་རྫོགས་རིམ་དང་འབྲེལ་བའི་དམ་ཚིག་དང་སྡོམ་པ་ཐོབ་པ་རྣམས་ནི། སྔར་བུམ་དབང་གི་གནས་སྐབས་སུ་ཐོབ་པ་དང་རིགས་མི་གཅིག་པའི་སྔགས་སྡོམ་གསར་ཐོབ་ཡོད་པས། སྔགས་སྡོམ་རྫོགས་པ་ལ་བུམ་དབང་ཙམ་གྱིས་མི་ཆོག་པ་དབང་བཞི་ཆར་ཐོབ་དགོས་པ་འདི། གསང་ཆེན་བླ་ན་མ་མཆིས་པའི་གྲུབ་པའི་མཐའ་ཀུན་མཁྱེན་ཆོས་ཀྱི་རྒྱལ་པོ་ཡབ་སྲས་རྗེས་འབྲང་དང་བཅས་པའི་བཞེད་སྲོལ་ཐུན་མོང་མ་ཡིན་ཏེ། ཆོས་བདག་དཔའ་བོ་དང་། མཁའ་འགྲོ་རྣམས་ཀྱིས་དགོངས་པར་མཛོད་ཅིག །

ཡང་འདིར་ཁ་ཅིག །སུམ་ལྡན་དགེ་སློང་རྡོ་རྗེ་འཛིན་པའི་རྒྱུད་ཀྱི་སྔགས་སྡོམ་ཡིན་ན། སྔགས་ཀྱི་ཐུན་མོང་མ་ཡིན་པའི་རྩ་ལྟུང་བརྒྱད་པ་བྱུང་བའི་ཚེ་གཏོང་བས་ཁྱབ། དེའི་རྒྱུད་ཀྱི་སྔགས་ཀྱི་ལྡོག་པ་ནས་བསྟན་པའི་སྔགས་སྡོམ་དང་ངོ་བོ་གཅིག་པའི་སྡོམ་པ་ཡིན་ན། དེའི་རྒྱུད་ཀྱི་སྔགས་ཀྱི་ལྡོག་པ་ནས་བསྟན་པའི་སྔགས་སྡོམ་ཐོབ་གཏོང་དུས་གཅིག་པས་ཁྱབ། དང་པོ་གསོལ་བཞིའི་ཆོ་ག་ལ་བརྟེན་ནས་ཉན་ཐོས་དགེ་སློང་གི་སྡོམ་པ་ཐོབ། དེ་རྗེས་ལུགས་གཉིས་གང་རུང་གི་ཆོ་ག་ལ་བརྟེན་ནས་ཐེག་ཆེན་ཕ་རོལ་ཏུ་ཕྱིན་པའི་བྱང་སྡོམ་ཐོབ། དེ་རྗེས་སྔགས་ཀྱི་དབང་ཆོག་ལ་བརྟེན་ནས་སྔགས་སྡོམ་ཐོབ་པའི་སུམ་ལྡན་དགེ་སློང་རྡོ་རྗེ་འཛིན་པའི་རྒྱུད་ཀྱི་དགེ་སློང་གི་སྡོམ་པ་ཡིན་ན། སྔར་ཐོབ་པའི་ཉན་ཐོས་དགེ་སློང་གི་སྡོམ་པའི་རིགས་རྒྱུན་དུ་གྱུར་པའི་སྡོམ་པ

ཡིན་པས་ཁྱབ་ཟེར་བ་རྣམས་མི་འཐད་དེ། དང་པོ་ལ། དང་པོ་གསོལ་བཞིའི་ཆོ་ག་ལ་བརྟེན་ནས་ཉན་ཐོས་དགེ་སློང་གི་སྡོམ་པ་ཐོབ་ཅེས་སོགས། སུམ་ལྡན་དགེ་སློང་རྡོ་རྗེ་འཛིན་པའི་རྒྱུད་ཀྱི་དགེ་སློང་གི་སྡོམ་པ་ཆོས་ཅན། དེར་ཐལ། དེའི་ཕྱིར། མ་གྲུབ་ན། དེའི་རྒྱུད་ཀྱི་སྔགས་སྡོམ་ཡིན་པར་ཐལ། དེའི་རྒྱུད་ཀྱི་སྡོམ་པ་ཡིན་པར་གང་ཞིག །སྔགས་ཀྱི་རྟེན་ཟིན་པའི་སྡོམ་པ་ཡིན་པའི་ཕྱིར། དང་པོ་གྲུབ་སྟེ། དེའི་རྒྱུད་ཀྱི་དགེ་སློང་གི་སྡོམ་པ་ཡིན་པའི་ཕྱིར། གཉིས་པ་གྲུབ་སྟེ། སྔགས་སྡོམ་རྒྱུད་ལྡན་གྱི་གང་ཟག་གི་རྒྱུད་ཀྱི་སྡོམ་པ་ཡིན་པའི་ཕྱིར། རྩ་བར་འདོད་ན། དེའི་རྒྱུད་ཀྱི་དགེ་སློང་གི་སྡོམ་པ་དེ་རྩ་ལྟུང་བརྒྱད་པ་བྱུང་བའི་ཚེ་མི་གཏོང་བར་ཐལ། དེ་ལྟ་བུའི་དགེ་སློང་དེས་རྩ་ལྟུང་བརྒྱད་པ་སྤྱད་པའི་ཚེ་དགེ་སློང་གི་སྡོམ་པ་མི་གཏོང་བའི་ཕྱིར་ཏེ། དེ་ལྟ་བུའི་དགེ་སློང་དེས་རྩ་ལྟུང་བརྒྱད་པ་སྤྱད་པའི་ཚེ་དགེ་སློང་གི་སྡོམ་པ་གཏོང་རྒྱུ་མ་བྱུང་བའི་ཕྱིར་ཏེ། རྩ་ལྟུང་བདུན་པ་དང་། རྩ་ལྟུང་བརྒྱད་པ་གཉིས་པོ་སྔགས་ཀྱི་ཐུན་མོང་མ་ཡིན་པའི་སྡོམ་པ་ཁོ་ནའི་གཏོང་རྒྱུར་བཤད་པའི་ཕྱིར།

གཉིས་པ་ལ། སྡོམ་གསུམ་རིམ་ཅན་དུ་བླངས་པའི་དགེ་སློང་གི་སྡོམ་པ་ཆོས་ཅན། དེར་ཐལ། དེའི་ཕྱིར། མ་གྲུབ་ན། དེ་ཆོས་ཅན། སུམ་ལྡན་དགེ་སློང་རྡོ་རྗེ་འཛིན་པའི་རྒྱུད་ཀྱི་སྔགས་ཀྱི་ལྡོག་པ་ནས་བསྟན་པའི་སྔགས་སྡོམ་དང་ངོ་བོ་གཅིག་པའི་སྡོམ་པ་ཡིན་པར་ཐལ། དེའི་རྒྱུད་ཀྱི་དེ་དང་ངོ་བོ་གཅིག་ཡིན་པ་གང་ཞིག །སྡོམ་པ་ཡིན་པའི་ཕྱིར། དང་པོ་མ་གྲུབ་ན། དེ་དེའི་རྒྱུད་ཀྱི་དེ་དང་ངོ་བོ་གཅིག་ཡིན་པར་ཐལ། སུམ་ལྡན་དགེ་སློང་རྡོ་རྗེ་འཛིན་པའི་རྒྱུད་ཀྱི་སྡོམ་པ་གསུམ་པོ་ངོ་བོ་གཅིག་ཡིན་པའི་ཕྱིར་ཏེ། ཁ་སྐོང་ལས། གསུམ་ལྡན་ཚེ་ན་ངོ་བོ་གཅིག །ཅེས་དང་། སྤྱི་དོན་ལས། སྔར་བཤད་པའི་ལེན་ཚུལ་བདུན་པོ་གང་ཡིན་ཀྱང་སྔགས་སྡོམ་རྒྱུད་ལ་ལྡན་པའི་ཚེ་སྡོམ་པ་གསུམ་ཆར་ངོ་བོ་གཅིག་ཏུ་ལྡན་པ་ཡིན་ཏེ། ཞེས་གསུངས་པ་འཐད་པའི་ཕྱིར། རྩ་བར་འདོད་ན། དེ་ཆོས་ཅན། སུམ་ལྡན་དགེ་སློང་རྡོ་རྗེ་འཛིན་པའི་རྒྱུད་ཀྱི་སྔགས་ཀྱི་ལྡོག་པ་ནས་བསྟན་པའི་སྔགས་སྡོམ་དང་པོ་ཐོབ་གཏོང་དུས་མི་གཅིག་པར་ཐལ། དེའི་རྒྱུད་ཀྱི་དེ་དང་ཐོབ་པའི་དུས་མི་གཅིག །དེའི་རྒྱུད་ཀྱི་དེ་དང་གཏོང་བའི་དུས་ཡང་མི་གཅིག་པའི་ཕྱིར། དང་པོ་མ་གྲུབ་ན། དེ་དེའི་རྒྱུད་ཀྱི་དེ་དང་ཐོབ་པའི་དུས་མི་གཅིག་པར་ཐལ། སྡོམ་གསུམ་རིམ་ཅན་དུ་བླངས་པའི་དགེ་སློང་དེས་དགེ་སློང་གི་སྡོམ་པ་དོན་ལ་ཐོབ་ནས། དེའི་རྗེས་སུ་སྔགས་ཀྱི་ལྡོག་པ་ནས་བསྟན་པའི་སྔགས་སྡོམ་ཐོབ་པ་ཡིན་པའི་ཕྱིར་ཏེ། དེ་ལྟ་བུའི་དགེ་སློང་དེ་སྡོམ་གསུམ་རིམ་ཅན་དུ་ཐོབ་པའི་དགེ་སློང་ཡིན་པའི་ཕྱིར། གོང་གི་གཉིས་པ་མ་གྲུབ་ན། དེ་དེའི་རྒྱུད་ཀྱི་དེ་དང་གཏོང་བའི་དུས་མི་གཅིག་པར་ཐལ། སྡོམ་གསུམ་རིམ་ཅན་དུ་བླངས་པའི་དགེ་སློང་གི་སྡོམ་པ་གཏོང་ཚུལ་དང་། སྔགས་སྡོམ་གཏོང་ཚུལ་ཐ་དད་དུ་བཤད་པའི་ཕྱིར་ཏེ། དེ་ལྟ་བུའི་དགེ་སློང་དེས་དགེ་སློང་གི་བསླབ་པ་ཕུལ་བའི་ཚེ།

དགེ་སློང་གི་སྡོམ་པ་གཏོང་ཡང་། སྔགས་སྡོམ་མི་གཏོང་། དེ་ལྟ་བུའི་དགེ་སློང་དེས། རྩ་ལྟུང་བདུན་པ་དང་བརྒྱད་པ་སྤྱད་པའི་ཚེ། སྔགས་སྡོམ་གཏོང་ཡང་། དགེ་སློང་གི་སྡོམ་པ་མི་གཏོང་བའི་ཕྱིར། དང་པོ་གྲུབ་སྟེ། དེས་དགེ་སློང་གི་བསླབ་པ་ཕུལ་བའི་ཚེ། དགེ་སློང་གི་སྡོམ་པ་གཏོང་རྒྱུ་བྱུང་ལ། སྔགས་སྡོམ་གྱི་གཏོང་རྒྱུ་མ་བྱུང་བའི་ཁྱད་པར་འཐད་པའི་ཕྱིར།

གཉིས་པ་གྲུབ་སྟེ། དེ་ལྟ་བུའི་དགེ་སློང་གི་རྩ་ལྟུང་བདུན་པ་དང་། རྩ་ལྟུང་བརྒྱད་པ་སྤྱད་པའི་ཚེ། སྔགས་སྡོམ་གྱི་གཏོང་རྒྱུ་བྱུང་ལ། དགེ་སློང་གི་སྡོམ་པ་གཏོང་རྒྱུ་མ་བྱུང་བའི་ཕྱིར། དེས་ན་རང་གི་ལུགས་ནི། སྡོམ་གསུམ་རིམ་ཅན་དུ་བླངས་པའི་སུམ་ལྡན་དགེ་སློང་རྡོ་རྗེ་འཛིན་པ་ལྟ་བུའི་གཏོང་ཚུལ་ལ། དགེ་སློང་གི་སྡོམ་པ་བཏང་ནས། བྱང་སྡོམ་སྔགས་སྡོམ་གཉིས་མ་བཏང་བ་དང་། སྡོམ་པ་གོང་མ་གཉིས་བཏང་ནས། དགེ་སློང་གི་སྡོམ་པ་མ་བཏང་བ་དང་། དགེ་སློང་གི་སྡོམ་པ་དང་། སྔགས་སྡོམ་གཉིས་བཏང་ནས། བྱང་སྡོམ་མ་བཏང་བ་དང་། སྔགས་སྡོམ་བཏང་ནས། འོག་མ་གཉིས་མ་བཏང་བ་དང་། གསུམ་ཆར་དུས་མཉམ་དུ་གཏོང་བ་དང་ལྔ་ཡོད་པ་ནི། སྡོམ་གསུམ་སྤྱི་དོན་ལས་གསུངས་པ་ལྟར་ཤེས་པར་བྱའོ། །འོན་སྡོམ་གསུམ་རིམ་ཅན་དུ་བླངས་པའི་སྡོམ་པ་གསུམ་པོ་དེ། གཏོང་ཐོབ་གཅིག་ཆར་དུ་མི་བྱེད་ན། སྐྱེ་འདིག་ཀྱང་ཅིག་ཆར་དུ་མི་བྱེད་པར་ཐལ། དེ་ལྟ་བུའི་སྡོམ་པ་གསུམ་པོ་དེ་གཏོང་ཐོབ་མི་གཅིག་པའི་ཕྱིར། འདོད་ན། དེ་ལྟ་བུའི་སྡོམ་པ་གསུམ་པོ་དེ་རྫས་གཅིག་མ་ཡིན་པར་ཐལ། འདོད་པའི་ཕྱིར། འདོད་ན། དེ་ལྟ་བུའི་སྡོམ་པ་གསུམ་པོ་དེ་ངོ་བོ་གཅིག་ཡིན་པ་ཡང་མི་འཐད་པར་ཐལ། ཞེ་ན། ཐལ་བ་སྔ་མ་དེར་ཁྱབ་པ་མེད་མཚམས་ཤེས་དགོས་ཏེ། སྐྱེ་འདིག་སྐད་ཅིག་གི་སྐྱེ་འདིག་དང་། གཏོང་ཐོབ་ནི་རྒྱུན་ལ་འཇོག་པའི་ཕྱིར་ཏེ། དེ་ཡང་། དངོས་པོ་ཡིན་ན་སྐད་ཅིག་གིས་འཇིག་པས་ཁྱབ་ཀྱང་། སྐད་ཅིག་གིས་འཇིག་ན། སྐད་ཅིག་དེ་མ་ཐག་གཏོང་བས་མ་ཁྱབ་སྟེ། ཇི་སྲིད་འཚོའི་བར་དུ་མི་གཏོང་བའི་དགེ་སློང་གི་སྡོམ་པ་ཆོས་ཅན། དེར་ཐལ། དེའི་ཕྱིར། མ་གྲུབ་ན། དེར་ཐལ། འདུས་བྱས་ཡིན་པའི་ཕྱིར་ཏེ། སྡོམ་པ་ཡིན་པའི་ཕྱིར། རྩ་བར་འདོད་ན། དེ་ཆོས་ཅན། སྐད་ཅིག་དེ་མ་ཐག་མི་གཏོང་བར་ཐལ། ཇི་སྲིད་འཚོའི་བར་དུ་མི་གཏོང་བའི་ཕྱིར། དེས་ན་དགེ་སློང་གི་སྡོམ་པ་ལྟ་བུ་གསོལ་བཞིའི་ཆོག་ལས་ཐོག་མར་སྐྱེས་པ་ནི་ཐོབ་པ་དང་། མཐར་ཤི་འཕོ་བའམ། བསླབ་པ་ཕུལ་བས། སྡོམ་པ་དེའི་རྒྱུན་འགགས་པ་ནི་གཏོང་བ་ཡིན་ནོ། །

དམ་བཅའ་གསུམ་པ་ལ། དང་པོ་གསོལ་བཞིའི་ཆོག་ལ་བརྟེན་ནས་ཉན་ཐོས་དགེ་སློང་གི་སྡོམ་པ་ཐོབ་ཅེས་སོགས་ཀྱི། སུམ་ལྡན་དགེ་སློང་རྡོ་རྗེ་འཛིན་པའི་དགེ་སློང་གི་སྡོམ་པ་ཆོས་ཅན། དེར་ཐལ། དེའི་ཕྱིར།

རྟགས་སླ། འདོད་ན། དེ་ཆོས་ཅན། རང་རྒྱུད་ཉན་ཐོས་དགེ་སློང་གི་སྡོམ་པའི་རིགས་རྒྱུན་ཡིན་པར་ཐལ། འདོད་པའི་ཕྱིར། འདོད་ན། རང་རྒྱུད་ཐེག་དམན་སོ་ཐར་གྱི་རིགས་རྒྱུན་ཡིན་པར་ཐལ། འདོད་པའི་ཕྱིར། འདོད་ན། དེ་དེའི་རིགས་རྒྱུན་མ་ཡིན་པར་ཐལ། དང་པོ་གསོལ་བཞིའི་ཆོ་ག་ལ་བརྟེན་ནས་ཉན་ཐོས་དགེ་སློང་གི་སྡོམ་པ་ཐོབ་པའི་དགེ་སློང་དེ། ལུགས་གཉིས་གང་རུང་གི་ཆོ་ག་ལ་བརྟེན་ནས་བྱང་ཆུབ་ཏུ་སེམས་བསྐྱེད་པའི་ཚེ་སྔར་གྱི་ཐེག་དམན་སོ་ཐར་གྱི་རིགས་རྒྱུན་འགགས་པའི་ཕྱིར་ཏེ། དེས་བྱང་ཆུབ་ཀྱི་མཆོག་ཏུ་སེམས་བསྐྱེད་པའི་ཚེ་ཐེག་དམན་སོ་ཐར་གཏོང་བ་གང་ཞིག །ཐོབ་གཏོང་རྒྱུན་ལ་འཇོག་པའི་ཕྱིར་ཏེ། ཟབ་དོན་བདུད་རྩི་སྤྲེལ་བ་ལས། ཐེག་ཆེན་གཞུང་འདིར་སོ་ཐར་སྤྱོད་སེམས་དང་། །སྡོམ་གསུམ་རིམ་གྱིས་ཐོབ་ཚེ་གནས་གྱུར་ནས། །སུམ་ལྡན་ཚེ་ན་ངོ་བོ་གཅིག་ཚུལ་དང་། །དེ་ལྟར་ན་ཡང་གཏོང་ཐོབ་སྡོམ་རྒྱུན་ལ། །ལྟོས་པས་ཐ་དད་འགལ་བ་མེད་པ་སོགས། །ཟབ་མོ་གནམ་གྱི་ཞལ་བྱུང་བློ་ལྡན་ལ། །ནང་ནས་མཚར་བའི་དགའ་བདེའི་དཔལ་སྟེར་མཛད། །ཅེས་གསུངས་པའི་ཕྱིར།

འོ་ན་སྡོམ་གསུམ་གནས་འགྱུར་འདི། རང་ལུགས་ཀྱི་གཞུང་གང་ལས་བཤད་སྙམ་ན། འདི་ལ་བཤད་བྱ་རྡོ་རྗེའི་ཚིག་འགོད་པ་དང་། དེའི་དོན་བཤད་པ་གཉིས་ལས། དང་པོ་ནི། རྗེ་བཙུན་འཕྲུལ་པའི་དྲི་མ་སྤྱངས་པ་གྲགས་པ་རྒྱལ་མཚན་གྱི་སྡོམ་པ་ཉི་ཤུ་པའི་འགྲེལ་པར། སྔར་སོ་སོར་ཐར་པའི་སྡོམ་པ་ཐོབ་ནས། ཕྱིས་བྱང་ཆུབ་སེམས་དཔའི་སྡོམ་པ་ཐོབ་པའི་དུས། སྔར་གྱི་བྱང་ཆུབ་སེམས་དཔའི་སྡོམ་པར་གནས་འགྱུར་ལ། ཞེས་དང་། རྩ་ལྟུང་འགྲེལ་སྤྱོང་ལས། འོན་སྔར་སོ་སོར་ཐར་པའི་སྡོམ་པ་དགེ་སློང་གི་བར་ཐོབ་པ་ཞིག་གིས། ཕྱིས་བྱང་ཆུབ་ཏུ་སེམས་བསྐྱེད་ནས། སླར་ཡང་དབང་ནོས་པར་གྱུར་ན། འདི་ལ་སྡོམ་པ་ཇི་ལྟར་ལྡན་ཞེ་ན། དགེ་སློང་གིས་སེམས་བསྐྱེད་པའི་ཚེ། སོ་སོར་ཐར་པ་ཐམས་ཅད་བྱང་ཆུབ་སེམས་དཔའི་སྡོམ་པར་འགྱུར་ལ། དཀྱིལ་འཁོར་དུ་ཞུགས་པའི་ཚེ་ན་སྡོམ་པ་ཐམས་ཅད་ཀྱང་རིག་པ་འཛིན་པའི་སྡོམ་པ་ཞེས་བྱ་བ་ཡིན་នོ། །དེ་སྐད་དུ་རྒྱུད་འབུམ་པའི་ལུང་དེ་ཁོ་ན་ཉིད། ཡེ་ཤེས་གྲུབ་པ་ཞེས་བྱ་བ་ལས། རྡོ་ཡི་རིགས་ཀྱི་བྱེ་བྲག་གིས། །ཞུ་བས་ལྕགས་དང་ཟངས་དངུལ་འགྱུར། །གསེར་འགྱུར་རྩི་ཡི་དངོས་པོ་ཡིས། །ཀུན་ཀྱང་གསེར་དུ་བསྒྱུར་བར་བྱེད། །དེ་བཞིན་སེམས་ཀྱི་བྱེ་བྲག་གི། རིགས་ཅན་གསུམ་གྱི་བསླབ་པ་ཡང་། །དཀྱིལ་འཁོར་ཆེན་པོ་འདིར་ཞུགས་ན། །རྡོ་རྗེ་འཛིན་པ་ཞེས་བྱའོ། །ཞེས་གསུངས་སོ། །དཔེ་དེའང་རྡོ་ནི་ཕལ་པ་ཡིན་ལ། ལྕགས་ནི་ཉན་ཐོས་ཀྱི་བསླབ་པར་བྱ་བ། ཟངས་ནི་རང་རྒྱལ་གྱི་བསླབ་པར་བྱ་བ། དངུལ་ནི་བྱང་ཆུབ་སེམས་དཔའི་བསླབ་པར་བྱ་བ། གསེར་འགྱུར་གྱི་རྩི་ནི་རྡོ་རྗེ་ཐེག་པའི་བསླབ་པར་བྱ་བ་ཡིན་པར་མཛོད་དོ། །ཞེས་གསུངས་སོ། །

གཉིས་པ་དེའི་དོན་བཤད་པ་ནི། སྤྱིར་སྡོམ་པ་གསུམ་ལྡན་པའི་རིམ་པ་ལ། དང་པོ་ཉན་ཐོས། དེ་ནས་བྱང་སྡོམ། དེ་ནས་སྔགས་སྡོམ་བླང་བའི་ཚུལ་དང་། དང་པོར་ཐེག་ཆེན་སོ་ཐར་བླངས། དེ་ནས་སྡོམ་པ་གོང་མ་གཉིས་རིམ་གྱིས་བླང་བའི་ཚུལ་དང་། དང་པོ་ཉན་ཐོས་སོ་ཐར་བླངས། དེ་ནས་སྡོམ་པ་བར་མ་མ་བླངས་པར། སྔགས་སྡོམ་བླང་བའི་ཚུལ་དང་། དང་པོ་ཐེག་ཆེན་སོ་ཐར་བླངས། དེ་ནས་སྡོམ་པ་བར་མ་མ་བླངས་པར། སྔགས་སྡོམ་བླང་བའི་ཚུལ་སོགས་མང་དུ་ཡོད་པ་ལས། ལྡན་ཚུལ་དང་པོ་ལ་ནི། བྱང་སེམས་ཀྱི་སྡོམ་པ་ཐོབ་པའི་ཚེ། སྔར་གྱི་ཉན་ཐོས་སོ་ཐར་དེ་བྱང་སྡོམ་དུ་གནས་འགྱུར་བ་ཡིན་ཏེ། དེའི་ཚེ་རང་ཉིད་གཅིག་པོ་ཞི་བདེ་དོན་གཉེར་གྱི་དམན་སེམས་ཀྱི་ཆ་མཐའ་དག་དོར་ནས། སྨོན་སེམས་ཀྱི་ཆ་དེ་ཉིད་བྱང་སེམས་ཀྱི་སྡོམ་པའི་ངོ་བོ་གྱུར་པའི་ཕྱིར་རོ། །གནད་འདི་ལྟར་ན། ཡུམ་དོན་རབ་གསལ་ལས། ཐེག་ཆེན་ལམ་དུ་འཇུག་ཁ་མའི་ཉན་ཐོས་དགེ་སློང་གི་རྒྱུད་ལ་སྨོན་སེམས་མེད་པ་གསུངས་པ་ཤིན་ཏུ་འཐད་པ་ཡིན་ཏེ། ཉན་ཐོས་དགེ་སློང་གི་རྒྱུད་ལ་སྨོན་སེམས་ནམ་སྐྱེས་པ་ན། དམན་སེམས་དོར་བས། དེའི་ཚེ་ན་ཐེག་ཆེན་ལམ་དུ་ཞུགས་པར་འགྱུར་བའི་ཕྱིར། དེ་ལྟར་བྱང་སྡོམ་ཐོབ་སྟེ། སྔར་གྱི་སོར་སྡོམ་བྱང་སེམས་སྡོམ་པར་གནས་གྱུར་པའི་རྗེས་སུ་སླར་སྔགས་ཀྱི་དཀྱིལ་འཁོར་དུ་ཞུགས་ནས་སྔགས་སྡོམ་ཐོབ་པ་ན། སྔར་གྱི་དགེ་སློང་གི་སྡོམ་པ་དང་། སེམས་བསྐྱེད་སྡོམ་པ་ཀུན་སྔགས་སྡོམ་དུ་གནས་གྱུར་པ་ཡིན་ཏེ། སྔར་གྱི་དེ་རྣམས་འབྲས་བུ་ལམ་བྱེད་ཀྱི་ཐབས་ཀྱིས་མ་ཟིན་པ་ལས། སྔགས་སྡོམ་ཐོབ་པའི་ཚེ་ན་འབྲས་བུ་ལམ་བྱེད་ཀྱི་ཐབས་ཀྱིས་ཟིན་པས་སྔགས་སྡོམ་དུ་གནས་གྱུར་པའི་ཕྱིར། དོན་འདི་ནི། རིགས་ཅན་གསུམ་གྱི་བསླབ་པ་ཡང་། །དཀྱིལ་འཁོར་ཆེན་པོ་འདིར་ཞུགས་ན། །རྡོ་རྗེ་འཛིན་པ་ཞེས་བྱའོ། །ཞེས་པའི་དགོངས་པ་ཡིན་ཅིང་། འདི་དང་ཆ་འདྲ་བར་ཁ་སྐོང་ལས་ཀྱང་། ཐེག་གསུམ་བསླབ་པ་ལྕུགས་ཟངས་དངུལ། །རིག་འཛིན་རྩི་ཡིས་གསང་ཆེན་གྱི། །གསེར་དུ་བསྒྱུར་བའི་ཉམས་ལེན་ནི། །དྲི་མ་སེལ་བྱེད་ལམ་གྱི་མཆོག །ཅེས་གསུངས་སོ། །དེས་ན་སྐབས་འདིར་རྣམ་དབྱེ་འདི་ཙམ་ཤེས་པར་བྱ་སྟེ། ཉན་ཐོས་སོ་ཐར་དང་ལྡན་པས་བྱང་སྡོམ་བླངས་ཏེ། སླར་སྔགས་སྡོམ་བླངས་ནས་རིམ་གྱིས་གནས་འགྱུར་ཚུལ་དང་། རང་རྒྱལ་གྱི་སོ་ཐར་དང་ལྡན་པས་བྱང་སྡོམ་བླངས་ཏེ། སླར་སྔགས་སྡོམ་བླངས་ནས་རིམ་གྱིས་གནས་འགྱུར་ཚུལ་དང་། ཉན་རང་གང་རུང་གི་སོ་ཐར་སྡོམ་པ་སྔོན་དུ་མ་སོང་བར། དང་པོ་ཉིད་ནས་བྱང་སེམས་ཀྱི་བསླབ་པ་བླངས་ནས་གནས་འགྱུར་ཚུལ་དང་གསུམ་དུ་ཡོད་པ་ནི་སྔར་དྲངས་པའི་རྒྱུད་འབུམ་པ་དང་ཁ་སྐོང་གི་དགོངས་པར་འཆད་དགོས་སོ། །ཉན་རང་གང་རུང་གི་བསླབ་པ་དང་ལྡན་པས། དེ་མ་ཐག་ཏུ་སྔགས་སྡོམ་དུ་འཇུག་པ་ནི་མི་འཐད་དེ། སྔགས་སྡོམ་དུ་འཇུག་པ་ལ། ཐེག་ཆེན་གྱི་བསམ་པ་ངེས་པར་སྔོན་དུ་འགྲོ་དགོས་པའི་ཕྱིར་ཏེ།

རྒྱ་མོའི་དབང་ཆུ་ཆེན་མོར། གལ་ཏེ་ཐེག་པ་ཆེན་པོ་ལ་ཡང་མ་ཞུགས་ཏེ། སོ་སོར་ཐར་པ་ལ་སློབ་ཅེས་སྨྲ་ན། དེ་མ་ཐག་ཏུ་དབང་བསྐུར་བ་ཁས་མི་ལེན་ཏེ། སྙིང་རྗེ་ཆེན་པོ་སྔོན་དུ་འགྲོ་བའི་བྱང་ཆུབ་ཏུ་སེམས་བསྐྱེད་ལ། ཞེས་གསུངས་པའི་ཕྱིར། དེ་ཡང་ཉན་རང་གང་རུང་གི་བསླབ་པ་ལྡན་པ་དེ་ལ། སྔགས་སྡོམ་དུ་འཇུག་པའི་སྔ་རོལ་ཏུ་ཐེག་ཆེན་གྱི་བསམ་པ་སྐྱེས་པ་ན། སྔར་གྱི་བསླབ་པ་དེ་བྱང་སེམས་ཀྱི་བསླབ་པར་གནས་འགྱུར་ཞིང་། གནས་གྱུར་མ་ཐག་པའི་བྱང་སེམས་ཀྱི་བསླབ་པ་དེ་ཡང་། ཐེག་ཆེན་ཕ་རོལ་ཏུ་ཕྱིན་པ་ཙམ་གྱི་བསླབ་པ་ཡིན་པ་ལས་འོས་མེད་དོ། །ལེན་ཚུལ་གཉིས་པ་ནི། བྱང་སྡོམ་བླང་བའི་ཚེ་གནས་འགྱུར་བ་རྒྱུ་བར་མེད་དེ། སྔར་གྱི་ཐེག་ཆེན་སོ་ཐར་དེ་བྱང་སེམས་སྡོམ་པའི་ངོ་བོར་སྔར་ནས་ཡོད་ཟིན་པའི་ཕྱིར། དེས་ན་བྱང་སེམས་ཀྱི་སྡོམ་པ་གནས་འགྱུར་ཚུལ་གྱི་སོ་ཐར་སྡོམ་པ་ཡིན་ན། ཐེག་དམན་སོ་ཐར་སྡོམ་པ་ཡིན་པས་ཁྱབ་ཅིང་། དེ་ལ་རྟེན་རིགས་ཅན་གྱི་སྒོ་ནས་དབྱེ་ན། ཉན་ཐོས་སོ་ཐར་གྱི་སྡོམ་པ་དང་། རང་རྒྱལ་སོ་ཐར་གྱི་སྡོམ་པ་གཉིས་ཡོད་ལ། དེ་གཉིས་ཀ་ཡང་ལུགས་སམ་བཤད་ཚུལ་གྱི་དབང་དུ་བྱས་ན། ཉན་ཐོས་ལུགས་ཀྱི་སོ་ཐར་སྡོམ་པ་ཡིན་ཏེ། ཉན་ཐོས་ཀྱི་སྡེ་སྣོད་ནས་བཤད་པའི་སོ་ཐར་སྡོམ་པ་ཡིན་པའི་ཕྱིར། དེའི་གནད་ཀྱང་ཉན་ཐོས་ཀྱི་སྡེ་སྣོད་དུ་ཉན་རང་གཉིས་ཀའི་བསླབ་པ་གཏོང་ཞིང་། རང་རྒྱལ་གྱི་སྡེ་སྣོད་བྱ་བའི་ཐ་སྙད་མི་འབྱུང་བ་ཡིན་ནོ། །ལེན་ཚུལ་གསུམ་པ་ནི། རིགས་ཅན་གསུམ་གྱི་བསླབ་པ་ཡང་། །ཞེས་པའི་བསླབ་པ་དང་པོ་གཉིས་གང་རུང་དང་ལྡན་པས་བྱང་སེམས་ཀྱི་སྡོམ་པ་དབུ་སེམས་སོགས་ཀྱི་ཆོ་ག་ལས་བླངས་ཀྱང་། ཐེག་ཆེན་གྱི་སེམས་སྔོན་དུ་བསྐྱེད་ནས་སྔགས་ལམ་ལ་འཇུག་པ་ཡིན་ནོ། །ལེན་ཚུལ་བཞི་པ་ནི། ཐེག་ཆེན་སོ་ཐར་ནས་དེ་མ་ཐག་སྔགས་ལ་འཇུག་པ་ཡིན་ནོ། །

བཞི་པ་ཕྱག་ཆེན་གྱི་རྣམ་གཞག་ནི། ཡེ་ཤེས་ཕྱག་རྒྱ་ཆེན་པོ་དང་། །ཞེས་པས་མདོར་བསྟན། ཕྱག་རྒྱ་ཆེན་པོ་བསྒོམ་ན་ཡང་། །རྟོག་པ་ཁ་འཆོམ་ཉིད་བསྒོམ་གྱི། །ཞེས་པ་ནས། དེས་ན་དེད་ཀྱི་མཐོང་ལམ་ནི། །འཕགས་པ་མིན་ལ་འབྱུང་མི་སྲིད། །ཅེས་པའི་བར་གྱིས་རྒྱས་པར་བཤད། དེ་ཡང་། མཚོན་བྱེད་དཔེའི་ཕྱག་ཆེན་དང་། །མཚོན་བྱེད་དཔེའི་ཡེ་ཤེས་དང་། །མཚོན་བྱེད་དཔེའི་སྔགས་སྡོམ་དང་། །དེད་ཀྱི་ཕྱག་རྒྱ་ཆེན་པོ་ནི། །དབང་ལས་བྱུང་བའི་ཡེ་ཤེས་དང་། །རིམ་པ་གཉིས་ཀྱི་ཏིང་འཛིན་ལས། །བྱུང་བའི་རང་བྱུང་ཡེ་ཤེས་ཡིན། །ཞེས་པའི་དངོས་བསྟན་གྱི་ཡེ་ཤེས་དང་། རྟོགས་པ་དཔེའི་ཕྱག་ཆེན་དང་། བླ་མེད་སོ་སྐྱེའི་རྒྱུད་ཀྱི་དབང་དང་། རིམ་གཉིས་གང་རུང་ལས་བྱུང་བའི་ཡེ་ཤེས་རྣམས་དོན་གཅིག །མཚན་གཞི་ནི། རྣམ་གྲངས་པའི་དོན་དམ་བདེན་པ་མངོན་སུམ་དུ་རྟོགས་པའི་བླ་མེད་སོ་སྐྱེའི་རྒྱུད་ཀྱི་ཡེ་ཤེས་ཐེག་པ་ཡིན་ཏེ། འཕགས་པ་ལྷ་ཡི་སྤྱོད་བསྡུས་སུ། བདེན་པ་

མཐོང་ཡང་ལས་མཐའ་ལ། །ཆགས་པར་གསུངས་པ་རྫོགས་རིམ་གྱི། །རང་བྱུང་ཡེ་ཤེས་རྟོགས་པ་ནི། །དཔེ་ཡི་ཡེ་ཤེས་ཉིད་ལ་དགོངས། །ཞེས་གསུངས་པའི་ཕྱིར། དེ་བཞིན་དུ། མཚོན་བྱ་དོན་གྱི་ཕྱག་ཆེན་དང་། །མཚོན་བྱ་དོན་གྱི་ཡེ་ཤེས་དང་། །མཚོན་བྱ་དོན་གྱི་སྟགས་སྡོམ་དང་། །དབང་བསྐུར་བ་ལས་བྱུང་བ་ཡི། །ཡེ་ཤེས་ཕྱག་རྒྱ་ཆེ་རྟོགས་ན། །ད་བཟོད་མཚན་མ་དང་བཅས་པའི། །འབད་རྩོལ་ཀུན་ལ་མི་ལྟོས་སོ། །ཞེས་པའི་དངོས་བསྟན་གྱི་ཕྱག་ཆེན་དང་། བློ་མེད་འཕགས་པའི་ཡེ་ཤེས་རྣམས་དོན་གཅིག །མཚན་གཞི་ནི། ཆོས་ཉིད་མངོན་སུམ་དུ་མཐོང་བའི་ཡེ་ཤེས་མཐའ་དག་གོ། །

འདིར་ཁ་ཅིག །མཚོན་བྱ་དོན་གྱི་ཕྱག་ཆེན་ཡིན་ན། མཐོང་བ་དོན་གྱི་ཕྱག་རྒྱ་ཆེན་པོ་ཡིན་པས་ཁྱབ། ཕྱག་རྒྱ་ཆེན་པོ་དཔེའི་ཡེ་ཤེས། །ཞེས་པའི་དངོས་བསྟན་གྱི་ཕྱག་རྒྱ་ཆེན་པོ་ཡིན་ན། དེད་ཀྱི་ཕྱག་རྒྱ་ཆེན་པོ་ནི། །ཞེས་པའི་དངོས་བསྟན་གྱི་ཕྱག་ཆེན་ཡིན་པས་ཁྱབ། དབང་གི་ཡེ་ཤེས་ལམ་གྱི་ལྷ་བ་དང་། །ཞེས་པའི་དངོས་བསྟན་གྱི་ཡེ་ཤེས་ཡིན་ན། དབང་ལས་བྱུང་བའི་ཡེ་ཤེས་དང་། །ཞེས་པའི་དངོས་བསྟན་གྱི་ཡེ་ཤེས་ཡིན་པས་ཁྱབ། རྟོགས་པའི་ཁྱད་པར་བླ་བའི་དཔེ་ཡིས་བསྟན། །ཞེས་པའི་དངོས་བསྟན་གྱི་རྟོག་བྱེད་ཀྱི་ཡེ་ཤེས་ཡིན་ན། ཡར་ངོའི་ཟླ་བའི་དཔེས་བསྟན་པའི་ཡེ་ཤེས་ཡིན་པས་ཁྱབ། མཚོན་བྱ་དོན་གྱི་ཡེ་ཤེས་ཡིན་ན། ས་བོན་དེ་ཉིད་ཚོགས་གཉིས་བསགས་པ་ཡི། །སྐལ་ལྡན་རྣམས་ལ་ཡེ་ཤེས་ཉིད་དུ་སྐྱེ། །ཞེས་པའི་དངོས་བསྟན་གྱི་ཡེ་ཤེས་ཡིན་པས་ཁྱབ་ཟེར་བ་རྣམས་མི་འཐད་དེ།

དམ་བཅའ་དང་པོ་ལ། རྡོ་རྗེ་འཆང་གི་ཐུགས་རྒྱུད་ཀྱི་འབྲས་རྒྱུད་ཀྱི་སྔགས་སྡོམ་ཆོས་ཅན། དེར་ཐལ། དེའི་ཕྱིར། མ་གྲུབ་ན། དེར་ཐལ། ཆོས་དབྱིངས་མངོན་སུམ་དུ་མཐོང་བའི་ཕྱག་ཆེན་ཡིན་པའི་ཕྱིར་ཏེ། སངས་རྒྱས་འཕགས་པའི་རྒྱུད་ཀྱི་ཡེ་ཤེས་ཡིན་པའི་ཕྱིར་ཏེ། སངས་རྒྱས་འཕགས་པའི་རྒྱུད་ཀྱི་འབྲས་རྒྱུད་ཀྱི་སྔགས་སྡོམ་ཡིན་པའི་ཕྱིར། རྩ་བར་འདོད་ན། དེ་ཆོས་ཅན། མཐོང་བ་དོན་གྱི་ཕྱག་རྒྱ་ཆེན་པོ་མ་ཡིན་པར་ཐལ། གྲུབ་པ་འབྲས་བུའི་ཕྱག་རྒྱ་ཆེན་པོ་ཡིན་པའི་ཕྱིར་ཏེ། སངས་རྒྱས་པའི་རྒྱུད་ཀྱི་ཕྱག་ཆེན་ཡིན་པའི་ཕྱིར་ཏེ། དེའི་རྒྱུད་ཀྱི་ཡེ་ཤེས་ཡིན་པའི་ཕྱིར་ཏེ།

དམ་བཅའ་གཉིས་པ་ལ། རྣལ་འབྱོར་དབང་ཕྱུག་བིརྺ་པའི་རྒྱུད་ཀྱི་ཡེ་ཤེས་ཆོས་ཅན། དེར་ཐལ། དེའི་ཕྱིར། མ་གྲུབ་ན། དེ་ཆོས་ཅན། གཞུང་དེའི་དངོས་བསྟན་གྱི་ཕྱག་རྒྱ་ཆེན་པོ་ཡིན་པར་ཐལ། དེའི་དངོས་བསྟན་གྱི་ཡེ་ཤེས་ཡིན་པའི་ཕྱིར་ཏེ། དེས་ན་གྲུབ་ཐོབ་ཐམས་ཅད་ཀྱང་། །ཕྱོགས་རེའི་ཐབས་ཀྱིས་གྲོལ་བ་མིན། །དབང་དང་རིམ་གཉིས་ལས་བྱུང་བའི། །ཡེ་ཤེས་སྐྱེས་པས་གྲོལ་བ་ཡིན། །ཞེས་པའི་དངོས་བསྟན་གྱི་ཡེ་ཤེས་ཡིན་

པའི་ཕྱིར་ཏེ། ཁྱོད་མཆོན་བྱ་དོན་གྱི་ཡེ་ཤེས་གང་ཞིག །ཁྱོད་རྒྱུད་ལྡན་གྱི་གང་ཟག་དེ། དེས་ན་གྲུབ་ཐོབ་ཐམས་ཅད་ཀྱང་། །ཞེས་པའི་དངོས་བསྟན་གྱི་གྲུབ་ཐོབ་ཡིན་པའི་ཕྱིར། དང་པོ་གྲུབ་སྟེ། བླ་མེད་འཕགས་པའི་རྒྱུད་ཀྱི་ཡེ་ཤེས་ཡིན་པའི་ཕྱིར། གཉིས་པ་མ་གྲུབ་ན། དེ་དེ་ཡིན་པར་ཐལ། རྣལ་འབྱོར་དབང་ཕྱུག་བིརྺ་པ་དེ། དེས་ན་གྲུབ་ཐོབ་ཐམས་ཅད་ཀྱང་། །ཞེས་པའི་དངོས་བསྟན་གྱི་གྲུབ་ཐོབ་ཡིན་པའི་ཕྱིར། རྩ་བར་འདོད་ན། དེ་ཆོས་ཅན། ཊཱི་ཀཱའི་ས་བཅད་ལས། མཆོན་བྱེད་དཔེའི་ཕྱག་ཆེན་ལ་འཁྲུལ་པ་དགག །ཅེས་པའི་དངོས་བསྟན་གྱི་ཕྱག་ཆེན་ཡིན་པར་ཐལ། འདོད་པའི་ཕྱིར། ཁྱབ་སྟེ། གཞུང་དེ་དང་། ས་བཅད་སྦྱར་ནས་འཆད་རིགས་པའི་ཕྱིར། གོང་དུ་འདོད་ན། མཆོན་བྱེད་དཔེའི་ཕྱག་ཆེན་ཡིན་པར་ཐལ་ལོ། །

དམ་བཅའ་གསུམ་པ་ལ། བླ་མེད་ཀྱི་དབང་བསྐུར་བའི་ཚོ་གའི་གནས་སྐབས་སུ་སློབ་མའི་དམིགས་པ་ཚུལ་བཞིན་དུ་བཟུང་བས་ཡེ་ཤེས་མ་སྐྱེས་ཀྱང་། སྔར་དང་མི་འདྲ་བའི་ཉམས་མྱོང་ཁྱད་པར་ཅན་སྐྱེས་པའི་ཉམས་མྱོང་དེ་ཆོས་ཅན། དེར་ཐལ། དེའི་ཕྱིར། མ་གྲུབ་ན། དེ་ཆོས་ཅན། དེ་ཡིན་པར་ཐལ། དབང་གི་ཡེ་ཤེས་ཞེས་པའི་དངོས་བསྟན་གྱི་ཡེ་ཤེས་ཡིན་པའི་ཕྱིར་ཏེ། རྒྱུ་ལ་གནས་པ། དབང་ལས་ཐོབ་པ། ཞེས་པའི་དངོས་བསྟན་གྱི་དབང་ལས་ཐོབ་པའི་ཆོས་ཡིན་ཏེ། དེ་ཉིད་རྒྱུ་ལ་ཇི་ལྟར་གནས་པ་དང་། །ལམ་གྱི་ཐོག་མར་གང་ལས་ཐོབ་པ་དང་། ཞེས་པའི་དངོས་བསྟན་གྱི་དབང་ལས་ཐོབ་པའི་ཆོས་ཡིན་པའི་ཕྱིར་ཏེ། བླ་མེད་ཀྱི་དངོས་གཞིའི་དབང་བསྐུར་བའི་ཚོ་གའི་ལག་རྗེས་ལས་ཐོབ་པའི་ཉམས་མྱོང་ཁྱད་པར་ཅན་ཡིན་པའི་ཕྱིར། མ་གྲུབ་ན༑ རྟོད་གཞི་དེ་དེ་ཡིན་པར་ཐལ། རྟོད་གཞི་དེ་ཡོད་པའི་ཕྱིར་ཏེ། གཞན་ལ་མངོན་གསལ་ཉིད་དུ་མི་སྐྱེ་ཡང་། །དེ་ཚེ་སྤྱོང་སེམས་ཐོབ་པ་སྡོམ་པ་ཡིན། །ཞེས་གསུངས་པ་འཐད་པའི་ཕྱིར། རྩ་བར་འདོད་ན། དེ་ཆོས་ཅན། དེང་གྱི་ཕྱག་རྒྱ་ཆེན་པོ་ནི། །ཞེས་པའི་དངོས་བསྟན་གྱི་ཕྱག་ཆེན་ཡིན་པར་ཐལ། འདོད་པའི་ཕྱིར། འདོད་ན། དེ་མ་ཡིན་པར་ཐལ། ཕྱག་ཆེན་མ་སྐྱེས་པའི་གནས་སྐབས་ཀྱི་སྔགས་སྡོམ་ཡིན་པའི་ཕྱིར་ཏེ། དབང་གི་ཡེ་ཤེས་མ་སྐྱེས་པའི་གནས་སྐབས་ཀྱི་སྔགས་སྡོམ་ཡིན་པའི་ཕྱིར། གཞན་ལ་མངོན་གསལ་ཉིད་དུ། ཞེས་སོགས་རྐང་པ་གཉིས་ཀྱིས་དངོས་བསྟན་གྱི་སྔགས་སྡོམ་ཡིན་པའི་ཕྱིར་ཏེ། རྟོད་གཞི་ཡིན་པའི་ཕྱིར་ཏེ།

དམ་བཅའ་བཞི་པ་ལ། མཆོན་བྱེད་དཔེའི་ཡེ་ཤེས་ཆོས་ཅན། དེར་ཐལ། དེའི་ཕྱིར། མ་གྲུབ་ན། དེ་ཆོས་ཅན། གཞུང་དེའི་དངོས་བསྟན་གྱི་རྟོགས་བྱེད་ཀྱི་ཡེ་ཤེས་ཡིན་པར་ཐལ། ཆུ་ནང་དུ་ཤར་བའི་ཟླ་བའི་གཟུགས་བརྙན་ལ་ཚུར་མཐོང་གི་མིག་གིས་མངོན་སུམ་དུ་ལྟ་བ་དང་། དཔེ་དོན་སྦྱར་བའི་རྟོགས་བྱེད་ཀྱི་ཡེ་ཤེས་ཡིན་པའི་ཕྱིར་ཏེ། མཆོན་བྱེད་དཔེའི་ཡེ་ཤེས་ཡིན་པའི་ཕྱིར། ཁྱབ་སྟེ། བདུད་རྩི་སྒྲོལ་བ་ལས། འདི་ནི་ཆུ

ནང་གི་ཟླ་བའི་གཟུགས་བརྙན་ལ་མིག་གིས་ལྟ་བ་དང་འདྲ་བར་དབང་དང་རིམ་གཉིས་ལས་བྱུང་བའི་ཡེ་ཤེས་ཀྱི་དཔེའི་ཚུལ་གྱིས་དངོས་སུ་རྟོགས་ཤིང་ཞེས་གསུངས་པའི་ཕྱིར། རྩ་བར་འདོད་ན། དེ་ཆོས་ཅན། ནམ་མཁའ་ཟླ་བ་མཚན་ཉིད་པ་མཐོང་ཚུལ་གྱི་དཔེས་བསྟན་པའི་ཡེ་ཤེས་ཡིན་པར་ཐལ། འདོད་པའི་ཕྱིར། འདོད་མི་ནུས་ཏེ། ཆུ་ནང་གི་ཟླ་བའི་གཟུགས་བརྙན་མཐོང་ཚུལ་གྱི་དཔེས་བསྟན་པའི་རྟོགས་བྱེད་ཀྱི་ཡེ་ཤེས་ཡིན་པའི་ཕྱིར་ཏེ། མཚོན་བྱེད་དཔེའི་ཡེ་ཤེས་ཡིན་པའི་ཕྱིར། ཁྱབ་སྟེ། ཚུལ་གསུམ་མཛེས་རྒྱན་ལས། ཕར་ཕྱིན་ལམ་གྱི་སོ་སྐྱེའི་གནས་སྐབས་སུ། །རྟོག་མེད་ཡེ་ཤེས་བསྐྱེད་མིན་གསང་སྔགས་ཀྱི། །དབང་དང་རིམ་གཉིས་ལས་བྱུང་ཡེ་ཤེས་ཀྱི། །ཆོས་དབྱིངས་དཔེ་ཡི་ཚུལ་གྱིས་དངོས་སུ་རྟོགས། །ཞེས་གསུངས་པའི་ཕྱིར།

དམ་བཅའ་ལྟ་བ་ལ། སྨིན་བྱེད་ཀྱི་དབང་བཞི་རྫོགས་པར་ཐོབ་རྗེས་སུ་སླར་རིམ་གཉིས་བསྒོམ་པ་ལས་བླ་མེད་ཀྱི་ས་དང་པོའི་རྟོགས་པ་སྐྱེས་པའི་གནས་སྐབས་ཀྱི་ཡེ་ཤེས་ཆོས་ཅན། དེར་ཐལ། དེའི་ཕྱིར། མ་གྲུབ་ན། དེར་ཐལ། བླ་མེད་ཀྱི་ས་དང་པོ་ཐོབ་པའི་ཡེ་ཤེས་ཡིན་པའི་ཕྱིར་ཏེ། དེ་ཐོབ་པའི་གནས་སྐབས་ཀྱི་ཡེ་ཤེས་ཡིན་པའི་ཕྱིར་ཏེ། རྩོད་གཞི་ཡིན་པའི་ཕྱིར། རྩ་བར་འདོད་ན། དེ་ཆོས་ཅན། སྨིན་བྱེད་ཀྱི་དབང་དུས་སུ་སྐྱེས་པའི་ཡེ་ཤེས་ཡིན་པར་ཐལ། འདོད་པའི་ཕྱིར། ཁྱབ་སྟེ། འདིའི་ཐད་ཀྱི་འགྲེལ་པར། དབང་གི་སྐབས་སུ་མཚོན་བྱེད་དཔེའི་ཡེ་ཤེས་སྐྱེས་པ་ཡང་ཡོད། མཚོན་བྱ་དོན་གྱི་ཡེ་ཤེས་མཐོང་བའི་ལམ་སྐྱེས་པ་ཡང་ཡོད། བཅུ་གསུམ་རྡོ་རྗེ་འཛིན་པའི་ས་སྐྱེས་པ་ཡང་ཡོད། ཅེས་གསུངས་པའི་ཕྱིར། གོང་དུ་འདོད་ན། དེ་མ་ཡིན་པར་ཐལ། སྨིན་བྱེད་ཀྱི་དབང་བཞི་རྫོགས་པར་ཐོབ་རྗེས་སུ་རིམ་པ་གཉིས་བསྒོམ་པ་ལས་བྱུང་བའི་ཡེ་ཤེས་ཡིན་པའི་ཕྱིར་ཏེ། རྩོད་གཞི་ཡིན་པའི་ཕྱིར། དེས་མཚོན་བྱེད་དཔེའི་ཡེ་ཤེས་ཀྱི་རང་ཡུལ་དུ་གྱུར་པའི་ཆོས་དབྱིངས་མཐོང་ཚུལ་ཆུ་ནང་དུ་ཤར་བའི་ཟླ་བའི་གཟུགས་བརྙན་ལ་མིག་གིས་ལྟ་བ་དང་དཔེ་དོན་སྦྱར་བས་དཔེའི་མཐོང་བྱར་གྱུར་པའི་ཆོས་དབྱིངས་མཚན་ཉིད་པ་མ་ཡིན་ཏེ། ཆུ་ནང་གི་ཟླ་བའི་གཟུགས་བརྙན་དེ་ཟླ་བ་མཚན་ཉིད་པ་མ་ཡིན་པའི་ཕྱིར།

དེ་ལ་ཁ་ཅིག །དེའི་མཐོང་བྱར་གྱུར་པའི་ཆོས་དབྱིངས་དེ་ཆོས་དབྱིངས་མཚན་ཉིད་པ་ཡིན་པར་ཐལ། དེས་ཆོས་དབྱིངས་མཚན་ཉིད་པ་མངོན་སུམ་དུ་རྟོགས་པའི་ཕྱིར་ཏེ། དེས་སྤྲོས་བྲལ་མངོན་སུམ་དུ་རྟོགས་པའི་ཕྱིར་ཏེ། སློབ་དཔོན་རིན་པོ་ཆེ་བསོད་ནམས་རྩེ་མོའི་རྒྱུད་སྡེ་སྤྱི་རྣམ་ལས། ཕ་རོལ་ཏུ་ཕྱིན་པ་བས་དཔེ་དང་གཏན་ཚིགས་ལ་སོགས་པས་གཏན་ལ་འབེབས་ཏེ། ཇི་ལྟར་ཕབ་ཀྱང་བློ་སྤྲོས་པའི་མཐའ་གཅིག་ཏུ་འཛིན་པ་ལས་མ་གཏོགས་པ་རྟོག་མེད་དུ་འགྱུར་མི་སྲིད་དོ། །དེ་བས་ན་གསང་སྔགས་པས་ཡེ་ཤེས་ཐབ་པའམ། དབང་

གསུམ་པ་ལ་སོགས་པའི་དུས་སུ་ཡེ་ཤེས་རྒྱུད་ལ་སྐྱེས་པ་ན་སྤྲོས་བྲལ་མངོན་སུམ་དུ་རྟོགས་པས་ཁྱད་པར་དུ་འཕགས་པ་ཡིན་ནོ། །ཞེས་གསུངས་པའི་ཕྱིར། ཡང་དེས་ཆོས་དབྱིངས་མངོན་སུམ་དུ་མཐོང་བར་ཐལ། དེས་དོན་དམ་བདེན་པ་མངོན་སུམ་དུ་མཐོང་བའི་ཕྱིར་ཏེ། རབ་དབྱེ་ལས། འཕགས་པ་ལྷ་ཡི་སྤྱོད་བསྟུས་སུ། །བདེན་པ་མཐོང་ཡང་ལས་མཐའ་ལ། །ཞེས་སོགས་གསུངས་པའི་ཕྱིར། ཞེས་ཟེར་ན་སྐྱོན་མེད་དེ། མཆོན་བྱེད་དཔེའི་ཡེ་ཤེས་དེས། རང་ཡུལ་དུ་གྱུར་པའི་སྤྲོས་བྲལ་དང་། རང་ཡུལ་དུ་གྱུར་པའི་དོན་དམ་བདེན་པ་མངོན་སུམ་དུ་མཐོང་ཡང་། སྤྱིར་དེ་དག་མཐོང་བ་མ་ཡིན་ཏེ། དེ་དག་མངོན་སུམ་དུ་མཐོང་བའི་ཡེ་ཤེས་ཡིན་ན། རྣལ་འབྱོར་མངོན་སུམ་ཡིན་དགོས་པ་གང་ཞིག་མཆོན་བྱེད་དཔེའི་ཡེ་ཤེས་དེ་རྣལ་འབྱོར་མངོན་སུམ་མ་ཡིན་པའི་ཕྱིར། གཞན་དུ་ན། དེ་ཆོས་ཅན། མཆོན་བྱ་དོན་གྱི་ཡེ་ཤེས་ཡིན་པར་ཐལ། ཆོས་དབྱིངས་མངོན་སུམ་དུ་མཐོང་བའི་བླ་མེད་ཀྱི་ཡེ་ཤེས་ཡིན་པའི་ཕྱིར། ཁྱབ་སྟེ། མཆོན་བྱ་དོན་གྱི་གོ་དོན་ཅིག་ཡོད་པའི་ཕྱིར་ཏེ། དོན་འདི་ལ་དགོངས་ནས་སྡོམ་གསུམ་སྤྱི་དོན་ལས་ཀྱང་། མཆོན་བྱེད་དཔེའི་ཡེ་ཤེས་ནི། ཆོས་ཉིད་མངོན་སུམ་དུ་མཐོང་བ་མ་ཡིན་ཡང་། དེ་བཟོད་པ་དང་བྲལ་ཞིང་། བདེ་སྟོང་ཟུང་དུ་འཇུག་པ་དང་ཆ་འདྲ་བས་ན། དཔེའི་ཡེ་ཤེས་ཞེས་བྱ་སྟེ། ཞེས་གསུངས་སོ། །

འདི་ལ་དཔྱོད་ལྡན་ཁ་ཅིག །འོ་ན་མཆོན་བྱེད་དཔེའི་ཡེ་ཤེས་དེས་ཆོས་དབྱིངས་མ་རྟོགས་པར་ཐལ། དེས་ཆོས་དབྱིངས་མངོན་སུམ་དུ་མ་རྟོགས་པ་གང་ཞིག །དེས་ཆོས་དབྱིངས་དོན་སྤྱིའི་ཚུལ་གྱིས་ཀྱང་མ་རྟོགས་པའི་ཕྱིར་ཏེ། དང་པོ་ཁས་བླངས། གཉིས་པ་མ་གྲུབ་ན། དེས་དེ་དོན་སྤྱིའི་ཚུལ་གྱིས་མ་རྟོགས་པར་ཐལ། དེ་ཆོས་དབྱིངས་དོན་སྤྱིའི་ཚུལ་གྱིས་རྟོགས་པའི་བློ་མ་ཡིན་པའི་ཕྱིར་ཏེ། དེ་རྟོག་པ་མ་ཡིན་པའི་ཕྱིར་ཏེ། དེ་མངོན་སུམ་ཡིན་པའི་ཕྱིར་ཏེ། དེ་ཡེ་ཤེས་ཡིན་པའི་ཕྱིར། རྩ་བར་འདོད་ན། དེ་ཆོས་ཅན། ཕར་ཕྱིན་རང་རྐང་གི་ཐེག་ཆེན་སོ་སྐྱེའི་ལམ་ལས་ཡུལ་རྟོགས་ཚུལ་དམན་པ་ཡིན་པར་ཐལ། ཕར་ཕྱིན་རང་རྐང་གི་ལམ་དུ་གྱུར་པའི་ཐེག་ཆེན་སོ་སྐྱེའི་ལམ་གྱི་ཆོས་དབྱིངས་རྟོགས་པ་དུ་མ་ཡོད་པ་གང་ཞིག །ཁྱོད་ཀྱི་མཐའ་གཅིག་ཏུ་ཆོས་དབྱིངས་མ་རྟོགས་པའི་ཕྱིར། འདོད་ན། དེ་ཆོས་ཅན། ཁྱོད་ཕར་ཕྱིན་རང་རྐང་གི་ལམ་དེ་ལས་དམན་པ་ཡིན་པར་ཐལ། འདོད་པའི་ཕྱིར། འདོད་ན། དེ་ལས་དམན་པ་མ་ཡིན་པར་ཐལ། དེ་ལས་ཁྱད་པར་དུ་འཕགས་པའི་ཕྱིར་ཏེ། སྔར་དྲངས་པའི་སྤྱི་དོན་རྣམས་ཀྱི་ལུང་དེའི་ཕྱིར་རོ། །ཞེ་ན། དཔྱད་པར་བྱ་བའི་གཞིར་འདུག་ནའང་། སྐྱོན་ཆེར་མེད་དེ། མཆོན་བྱེད་དཔེའི་ཡེ་ཤེས་དེས། རང་ཡུལ་དུ་གྱུར་པའི་ཆོས་དབྱིངས་མངོན་སུམ་དུ་རྟོགས་ལ། ཕར་ཕྱིན་རང་རྐང་གི་ཐེག་ཆེན་སོ་སྐྱེའི་ལམ་དེས། རང་ཡུལ་དུ་གྱུར་པའི་ཆོས་དབྱིངས་དོན་སྤྱིའི་ཚུལ་གྱིས

རྟོགས་པས་ན་སྔར་གྱི་མཚོན་བྱེད་དཔེའི་ཡེ་ཤེས་དེ་ཕར་ཕྱིན་རང་རྐང་གི་སོ་སྐྱེའི་ལམ་ལས་ཁྱད་པར་དུ་འཕགས་སོ། །ཞེས་སྟོན་པ་ལ། སྔར་གྱི་སྤྱི་དོན་རྣམས་ཀྱི་ལུང་དེ་བྱུང་བ་ཡིན་པ་དང་། ཕར་ཕྱིན་རང་རྐང་གི་སོ་སྐྱེའི་གནས་སྐབས་སུ་ཆོས་དབྱིངས་རྟོགས་ཞེས་པའི་སྒྲ་ཟིན་དེ་ཡང་ཆོས་དབྱིངས་དོན་སྤྱི་རྟོགས་པ་གཙོ་ཆེ་ཞིང་། ཆོས་དབྱིངས་དོན་སྤྱི་ནི་རྣམ་གྲངས་པའི་ཆོས་དབྱིངས་ཡིན་པའི་ཕྱིར། དེས་ན། མཚོན་བྱེད་དཔེའི་ཡེ་ཤེས་ཀྱི་ཆོས་དབྱིངས་ཀྱི་དོན་སྤྱི་མངོན་སུམ་དུ་མཐོང་ཞིང་། ཕར་ཕྱིན་རང་རྐང་གི་སོ་སྐྱེའི་གནས་སྐབས་སུ་ཆོས་དབྱིངས་ཀྱི་དོན་སྤྱི་མཐོང་ཡང་། དེ་མངོན་སུམ་དུ་མ་མཐོང་བས་ན། མཚོན་བྱེད་དཔེའི་ཡེ་ཤེས་ལས་ཡུལ་རྟོགས་ཚུལ་དམན་པ་ཡིན་ནོ། །འོན་མཚོན་བྱེད་དཔེའི་ཡེ་ཤེས་དེ་བློ་རིགས་གང་ཡིན་ཞེ་ན། འདི་ལ་ཕྱིས་ཀྱི་ཁ་ཅིག །རྣལ་འབྱོར་མངོན་སུམ་དུ་འདོད་པ་དང་། རྟོག་པར་འདོད་པ་དང་། རང་རིག་མངོན་སུམ་དུ་འདོད་པའི་ལུགས་གསུམ་འབྱུང་བ་ལས། དང་པོ་ནི་མི་འཐད་དེ། འོ་ན་དེ་ཆོས་ཅན། དོན་དམ་བདེན་པ་མངོན་སུམ་དུ་མཐོང་བའི་ལམ་ཡིན་པར་ཐལ། རྣལ་འབྱོར་མངོན་སུམ་ཡིན་པའི་ཕྱིར། འདོད་ན། དེ་ཆོས་ཅན། མཚོན་བྱ་དོན་གྱི་ཡེ་ཤེས་ཡིན་པར་ཐལ། འདོད་པ་གང་ཞིག །གསང་སྔགས་བླ་མེད་ཀྱི་ཡེ་ཤེས་ཡིན་པའི་ཕྱིར། ལུགས་གཉིས་པ་ཡང་མི་འཐད་དེ། མཚོན་བྱེད་དཔེའི་ཡེ་ཤེས་དེ་རྟོག་བྲལ་ཡིན་པའི་ཕྱིར་ཏེ། ཡེ་ཤེས་སྐྱེས་ཚེ་སྤྲོང་སེམས་གཞན་ཡོད་དང་། །ཞེས་པའི་ཐད་ཀྱི་འགྲེལ་པར། མཚོན་བྱེད་དཔེའི་ཡེ་ཤེས་རྟོག་པ་ཐམས་ཅད་བྲལ་བ་ནམ་མཁའི་ཟླ་བ་ལྟར་འདོད་པ་ལ་ཆུ་ནང་གི་ཟླ་བའི་གཟུགས་བརྙན་མཐོང་བ་དང་འདྲ་བ་སྐྱེས་པའི་ཚེ་ཞེས་གསུངས་པ་འཐད་པའི་ཕྱིར། དེས་ན་ལུགས་གསུམ་པ་འདི་མི་འཐད་དེ། སོ་སོ་སྐྱེ་བོའི་རྒྱུད་ཀྱི་སྔགས་ཀྱི་ཡེ་ཤེས་ཡིན་པས། རང་རིག་ཡེ་ཤེས་སུ་འཐད་ཅིང་། རང་རིག་ཡེ་ཤེས་ཡིན་ན། རང་རིག་མངོན་སུམ་མ་ཡིན་དགོས་པའི་ཕྱིར། དེས་ན་འདི་ལ་རང་བྱུང་གི་ཡེ་ཤེས་དང་། བདེ་ཆེན་གྱི་ཡེ་ཤེས་དང་། བརྗོད་བྲལ་གྱི་ཡེ་ཤེས་དང་། ལྷན་སྐྱེས་ཀྱི་ཡེ་ཤེས་དང་། རང་རིག་གི་ཡེ་ཤེས་དང་། མཁའ་མཉམ་གྱི་ཡེ་ཤེས་དང་། རྟོལ་བྲལ་གྱི་ཡེ་ཤེས་དང་། སྟོང་པ་ཉིད་ཀྱི་ཡེ་ཤེས་དང་། ཟུང་འཇུག་གི་ཡེ་ཤེས་དང་། འགྱུར་མེད་ཀྱི་ཡེ་ཤེས་དང་། ལྷུན་གྲུབ་ཀྱི་ཡེ་ཤེས་དང་། མ་བཅོས་པའི་ཡེ་ཤེས་ཞེས་ཀྱང་བྱ་བ་ཡིན་པའི་ཕྱིར་ཏེ། དོན་བདུད་རྩི་ཉིང་ཁུ་ལས། སྐལ་ལྡན་གང་གིས་རྣལ་འབྱོར་ཆེན་པོ་ཡི། །སྔགས་ཀྱི་སྡོམ་པ་དབང་གི་ཡེ་ཤེས་དང་། །ལམ་གྱི་ཉམས་མྱོང་ཕྱག་རྒྱ་ཆེན་པོ་དང་། །རང་བྱུང་བདེ་ཆེན་བརྗོད་བྲལ་ལྷན་ཅིག་སྐྱེས། །རང་ཉིད་མཁའ་མཉམ་རྟོལ་བྲལ་སྟོང་པ་ཉིད། །ཟུང་འཇུག་འགྱུར་མེད་ལྷུན་གྲུབ་མ་བཅོས་པ། །དབྱེར་མེད་ཤེས་ནས་རྩེ་གཅིག་སྒྲུབ་པ་དེ། །གསང་བ་ཆེན་པོའི་རྣལ་འབྱོར་པ་ཞེས་བྱ། །ཡེ་ཤེས་སྐྱེས་ཚེ་དེ་དག་སྡོམ་པ་ཡི། །མིང་གི་རྣམ་གྲངས་ཡིན་ཀྱང་མ་སྐྱེས་ན། །སྤྲོང་

སེམས་ཙམ་ལ་དེ་དག་མི་འཇུག་པས། །ཁྱབ་མཉམ་ཉིད་དུ་འཁྲུལ་པར་མི་བྱའོ། །ཞེས་གསུངས་པའི་ཕྱིར། ད་དུང་ལུགས་གསུམ་པ་འདི་ལ་དོགས་པ་འདི་ཡོད་དེ། འོ་ན་ཆོས་དབྱིངས་དོན་སྤྱི་དེ་སྤྱི་མཚན་མ་ཡིན་པར་ཐལ། དེ་མི་རྟག་པ་ཡིན་པའི་ཕྱིར་ཏེ། དེ་རྫས་སུ་གྲུབ་པའི་ཕྱིར་ཏེ། དེ་མཚོན་བྱེད་དཔེའི་ཡེ་ཤེས་དང་རྫས་གཅིག་ཡིན་པའི་ཕྱིར་ཏེ། མཚོན་བྱེད་དཔེའི་ཡེ་ཤེས་ཀྱི་རྟོགས་བྱ་ཡིན་པ་གང་ཞིག །མཚོན་བྱེད་དཔེའི་ཡེ་ཤེས་དེ་རང་གི་རིག་བྱ་རང་དང་རྫས་གཅིག་ཁོ་ན་རིག་པའི་མངོན་སུམ་ཡིན་པའི་ཕྱིར། ཕྱི་མ་མ་གྲུབ་ན། མཚོན་བྱེད་དཔེའི་ཡེ་ཤེས་ཆོས་ཅན། རྟགས་དེར་ཐལ། སོ་སོ་སྐྱེ་བོའི་རྒྱུད་ཀྱི་རང་རིག་མངོན་སུམ་ཡིན་པའི་ཕྱིར་ཞེ་ན། འདིར་ཁྱབ་པ་མེད་མཚམས་ཤེས་དགོས་ཏེ། དེ་ལྟར་ཁྱབ་པ་ནི་ཚད་མ་སྨྲ་བའི་མདོ་སྡེ་པའི་ལུགས་ཡིན་གྱི། ལུགས་མཆོག་འདིར་ཁས་མི་ལེན་པའི་ཕྱིར། ལུགས་མཆོག་འདིར་མ་ཟད་ཚད་མ་སྨྲ་བའི་སེམས་ཙམ་པས་ཀྱང་ཁས་མི་ལེན་ཏེ། རྒྱ་མཚན་ངག་ལས་དྲི་བར་བྱའོ། །

ལྔ་པ་འབྲས་བུ་ས་ལམ་གྱི་རྣམ་གཞག་ནི། ཡོན་ཤིང་མཛེས་རྒྱན་ལས། གནས་སྐབས་འབྲས་བུ་སློབ་ལམ་ས་བཅུ་གཉིས། །ཞེས་གསུངས་པ་ལྟར། གནས་སྐབས་ཀྱི་འབྲས་བུ་བླ་མེད་ཀྱི་སློབ་པའི་ས་ལ། ས་དང་པོ་གནས་ཀྱིས། ས་གཉིས་པ་ཉེ་གནས་ཀྱིས། གསུམ་པ་ཞིང་གིས། བཞི་པ་ཉེ་བའི་ཞིང་གིས། ལྔ་པ་ཚནྡྷོའི་ས༔ དྲུག་པ་ཉེ་བའི་ཚནྡྷོའི་ས། བདུན་པ་འདུ་བའི་ས། བརྒྱད་པ་ཉེ་བའི་འདུ་བའི་ས། དགུ་པ་དུར་ཁྲོད་ཀྱི་ས། བཅུ་པ་ཉེ་བའི་དུར་ཁྲོད་ཀྱི་ས། བཅུ་གཅིག་པ་འཐུང་གཅོད་ཀྱི་ས། བཅུ་གཉིས་པ་ཉེ་བའི་འཐུང་གཅོད་ཀྱི་ས་རྣམས་སུ་ཡོད་པ་ཡིན་ཏེ། རྩ་རྒྱུད་བརྟག་པ་གཉིས་པ་ལས། གནས་དང་ཉེ་བའི་གནས་དང་ནི། །ཞེས་པ་ནས། འདི་རྣམས་ས་ནི་བཅུ་གཉིས་ཏེ། ཞེས་པའི་བར་དང་། དེའི་དོན་ཁ་སྐོང་ལས་ཀྱང་། འཕགས་པའི་ས་ལ་ཀྱཻ་རྡོ་རྗེར། །གནས་སོགས་བཅུ་གཉིས་གསུངས་པ་ནི། །བྱང་ཆུབ་སེམས་དཔའི་ས་གསུངས་ཕྱིར། །སློབ་པའི་ལམ་གྱི་དབྱེ་བ་ཡིན། །ཞེས་གསུངས་པའི་ཕྱིར། དེ་ལྟ་བུའི་ས་བཅུ་གཉིས་བགྲོད་བྱེད་ཀྱི་ཡུལ་ཆེན་གྱི་གྲངས་ནི། གནས་དང་ཉེ་བའི་གནས་ཀྱིས་ས་བགྲོད་བྱེད་ལ། ཡུལ་ཆེན་བཞི་བཞི། ཞིང་དང་ཉེ་བའི་ཞིང་ནས། དུར་ཁྲོད་དང་ཉེ་བའི་དུར་ཁྲོད་ཀྱི་བར་གྱིས་བརྒྱད་བགྲོད་བྱེད་ལ་ཡུལ་ཆེན་གཉིས་གཉིས། འཐུང་གཅོད་དང་ཉེ་བའི་འཐུང་གཅོད་ལ་ཡུལ་ཆེན་བཞི་བཞི་སྟེ། ཡུལ་ཆེན་སུམ་ཅུ་རྩ་གཉིས་གསུངས་པ་ཡིན་ཏེ། ཁ་སྐོང་ལས། དེ་ཚེ་ཕྱི་ནང་ཡུལ་ཆེན་ནི། །སུམ་ཅུ་རྩ་གཉིས་འདུས་པ་ལས། །གནས་དང་ཉེ་བའི་འཐུང་གཅོད་དང་། །བཅུ་གཉིས་ས་རྣམས་འགྲུབ་པར་གསུངས། །ཞེས་གསུངས་པའི་ཕྱིར། སུམ་ཅུ་རྩ་གཉིས་པོ་དེའི་སྟེང་དུ། ས་བཅུ་གསུམ་པ་བགྲོད་བྱེད་ཀྱི་ཡུལ་ཆེན་ལྔ་བསྣན་པས། བླ་མེད་ཀྱི་རྣལ་འབྱོར་པ་སྤྱོད་པ་ལ་རྒྱུ་བའི་ཡུལ་ཆེན་སུམ་ཅུ་སོ་

བདུན་དུ་འགྱུར་བ་ཡིན་ཏེ། རབ་དབྱེ་ལས། ས་རྣམས་བགྲོད་པར་བྱ་བ་དང་། །ཡུལ་རྣམས་དབང་དུ་བསྡུ་བའི་ཕྱིར། །གནས་དང་ཉེ་བའི་གནས་ལ་སོགས། །ཡུལ་ཆེན་སུམ་ཅུ་སོ་བདུན་དུ། །རིག་པ་བརྟུལ་ཞུགས་སྤྱོད་ཕྱིར་རྒྱུ༔ །ཞེས་དང་། ཁ་སྐོང་ལས། ནང་དུ་སྦས་པའི་རྩ་ལྔ་དང་། །ཕྱི་རུ་ཡུལ་ཆེན་ལྔག་མ་ལྔ། །འདུས་པས་བཅུ་གསུམ་ས་བསྐྱེད་པ། །རྣལ་འབྱོར་ཆེན་པོའི་རྒྱུད་ལས་གསུངས། །ཞེས་གསུངས་པའི་ཕྱིར། འདིར་ཡུལ་ཆེན་སོ་བདུན་གྱི་ངོས་འཛིན་དང་། ཕྱི་ནང་སྦྱར་བའི་ཚུལ་རྣམས་ཞིབ་པར་ན། ཡུལ་དུས་གནས་སྐབས་གང་དུ་ཡང་། གྱི་ཅོམ་དུ་ནི་ནམ་ཡང་སླུ་བ་མི་བྱའོ། །ཞེས་དཔྱོད་ལྡན་བློ་གསལ་དག་ལ་སྙིང་བརྩེ་བས་བག་ཡོད་ཀྱི་བསླབ་བྱ་ལ་ནན་ཏན་དུ་གདམས་སོ། །དེ་ཡང་རབ་དབྱེ་ལས། འདི་ནི་ཀུན་ལ་བཤད་རུང་བའི། །འབྲུལ་པ་རགས་རིམ་ཅི་རིགས་པ། །འཕེལ་ན་བསྟན་ལ་གནོད་མཐོང་ནས། །ཆེ་ལོང་ཙམ་ཞིག་བཤད་པ་ཡིན། །ཞེས་གསུངས་པ་ལྟར། འཆད་ཉན་དང་། དགག་སྒྲུབ་དང་། རྩོམ་པའི་གནས་སྐབས་ཕལ་ཆེར་དུ། ཐུན་མོང་མ་ཡིན་པའི་གསང་སྔགས་ཀྱི་ཆོས་སྐད་དག་བག་མེད་པར་འདོན་པར་མི་བྱ་སྟེ། བདེ་མཆོག་རྩ་རྒྱུད་ལས། སྔགས་རྣམས་བག་མེད་པར་འདོན་ན། །དེ་ལ་ངང་ནི་མི་ལྟ་དེ། །མཁའ་འགྲོ་སྟོང་ཕྲག་དུ་མ་ཡིས། །ངན་པའི་བདག་ཉིད་ཅན་དེ་ཟ། །ཞེས་གསུངས་པའི་ཕྱིར། དེ་བཞིན་དུ་རྒྱུད་སྡེ་གཞན་ཀུན་ལས་ཀྱང་གསང་བའི་ཚོགས་སུ་སྒྲོགས་པ་ལ་དགག་བྱ་ཉེས་དམིགས་འབའ་ཞིག་གསུངས་པའི་ཕྱིར། ཕྱིས་ཀྱི་བླ་མ་མང་པོས་རབ་དབྱེའི་སྤྱི་དོན་རྩོམ་པ་ན། རྒྱུད་སྡེའི་ངེས་གསང་རང་གི་གང་ཤེས་ཀུན་ཡིག་ལམ་དུ་བཀོད་པ་ནི། དངོས་དང་བརྒྱུད་ནས་ཉེས་པ་ཆེན་པོར་འགྱུར་བས། ཀུན་ཀྱང་བག་ཡོད་པར་གྱོས་ཤིག །བདེ་མཆོག་ཏུ་ཡུལ་ཉི་ཤུ་རྩ་བཞི་གསུངས་པ་ནི། ཕ་རོལ་ཏུ་ཕྱིན་པ་དང་སྦྲོ་བསྟུན་ནས། བྱང་སེམས་ཀྱི་ས་བཅུའི་དབང་དུ་མཛད་པ་ཡིན་ཅིང་། ས་བཅུ་བགྲོད་བྱེད་ཀྱི་ཡུལ་ཆེན་ལ། ཉི་ཤུ་རྩ་བཞི་འཁྲུང་བ་བརྩིས་པས་གསལ་ལོ། །བདེ་མཆོག་ལས་འཐུང་གཅོད་དང་ཉེ་བའི་འཐུང་གཅོད་ཀྱི་ས་མི་བཞེད་པ་མ་ཡིན་ཏེ། རྒྱུད་རྒྱས་པ་ལས། འཐུང་གཅོད་དཔེ་མེད་ཡེ་ཤེས་ཏེ། །ཉེ་བའི་འཐུང་གཅོད་ཡེ་ཤེས་ཆེ༔ །ཞེས་གསུངས་པའི་ཕྱིར། འདིར་ཁ་ཅིག །ས་དང་པོ་གནས་ཀྱི་ས་ཡིན་ན། ས་དང་པོ་རབ་ཏུ་དགའ་བ་ཡིན་པས་ཁྱབ། ཉེ་གནས་ཀྱི་ས་ཡིན་ན། ས་གཉིས་པ་དྲི་མ་མེད་པའི་ས་ཡིན་པས་ཁྱབ། ཅེས་དང་།

ཡང་ཁ་ཅིག །ཚནྡོ་ཉེ་བའི་ཚནྡོ་དང་། །ཞེས་པའི་དངོས་བསྟན་གྱི་ཚནྡོའི་ས་ཡིན་ན། ས་དྲུག་པ་ཡིན་པས་ཁྱབ། དེའི་དངོས་བསྟན་གྱི་ཉེ་བའི་ཚནྡོའི་ས་ཡིན་ན། ས་ལྔ་པ་ཡིན་པས་ཁྱབ་སྟེ། སཾ་བུ་ཊ་ལས། གནས་ནི་རབ་ཏུ་དགའ་བའི་ས། །དེ་བཞིན་ཉེ་གནས་དྲི་མ་མེད། །ཅེས་དང་། ཚནྡོ་མངོན་དུ་གྱུར་བ་སྟེ། །ཉེ་བའི་ཚནྡོ་སྦྱངས་དཀའ་བ། །ཞེས་གསུངས་པའི་ཕྱིར། ཞེས་ཟེར་བ་མི་འཐད་དེ། དང་པོ་ལ་སྔགས་སྡོམ་བླ་མེད་ཀྱི་ས

དང་པོའི་ཡེ་ཤེས་ཆོས་ཅན། དེར་ཐལ། དེའི་ཕྱིར། བླ་མེད་ཀྱི་ས་དང་པོ་ཡིན་པའི་ཕྱིར། རྩ་བར་འདོད་ན། དེ་ཆོས་ཅན། ཕར་ཕྱིན་ཐེག་པ་ནས་བཤད་པའི་ས་དང་པོ་ཡིན་པར་ཐལ། འདོད་པའི་ཕྱིར། ཁྱབ་སྟེ། ས་དང་པོ་རབ་ཏུ་དགའ་བའི་རྣམ་གཞག་ནི། ཕ་རོལ་ཏུ་ཕྱིན་པའི་ལུགས་ཡིན་པའི་ཕྱིར། གོང་དུ་འདོད་ན། དེ་མ་ཡིན་པར་ཐལ། བླ་མེད་ཐུན་མོང་མ་ཡིན་པའི་ས་དང་པོ་ཡིན་པའི་ཕྱིར་ཏེ། གནས་སོགས་བཅུ་གཉིས་ཀྱི་ནང་ཚན་དུ་གྱུར་པའི་ས་དང་པོ་ཡིན་པའི་ཕྱིར་ཏེ། བླ་མེད་ཀྱི་ས་དང་པོ་ཡིན་པའི་ཕྱིར།

གཉིས་པ་ལ། གསང་སྔགས་བླ་མེད་ཀྱི་ས་གཉིས་པའི་ཡེ་ཤེས་ཆོས་ཅན། དེར་ཐལ། དེའི་ཕྱིར། རྟགས་རིགས་འགྲེ། གསུམ་པ་ལ། བླ་མེད་ཀྱི་ས་ལྔ་པའི་ཡེ་ཤེས་ཆོས་ཅན། དེར་ཐལ། དེའི་ཕྱིར། མ་གྲུབ་ན། གནས་སོགས་བཅུ་གཉིས་ཀྱི་ནང་ཚན་དུ་གྱུར་པའི་ས་ལྔ་པ་ཡིན་པའི་ཕྱིར་ཏེ། རྩོད་གཞི་ཡིན་པའི་ཕྱིར། རྩ་བར་འདོད་ན། དེ་ཆོས་ཅན། ཉེ་བའི་ཚནྡྷོའི་ས་ཡིན་པར་ཐལ། འདོད་པ་གང་ཞིག །བླ་མེད་ཀྱི་ས་ཡིན་པའི་ཕྱིར། འདོད་ན། དེ་མ་ཡིན་པར་ཐལ། ཚནྡྷོའི་ས་ཡིན་པའི་ཕྱིར་ཏེ། བླ་མེད་ཀྱི་ས་ལྔ་པ་ཡིན་པའི་ཕྱིར།

དམ་བཅའ་བཞི་པ་ལ། བླ་མེད་ཀྱི་ས་དྲུག་པའི་ཡེ་ཤེས་ཆོས་ཅན། དེར་ཐལ། དེའི་ཕྱིར། རིགས་ཅིག་པར་ལོ། །ལུང་གི་དོན་ནི། ཕ་རོལ་ཏུ་ཕྱིན་པའི་ས་དང་པོ་དང་། རྡོ་རྗེ་ཐེག་པའི་ས་དང་པོ་གཉིས། གནས་ཀྱི་ས་དང་། རབ་ཏུ་དགའ་བའི་ས་གཉིས་ཀ་ཡིན། ཞེས་པའི་དོན་ཡིན་ལ། འོན་ཅི་ཞིག་ཡིན་ཞེ་ན། རྡོ་རྗེ་ཐེག་པས་དང་པོ་ལ་གནས་ཀྱི་མིང་བཏགས་པའི་ས་དེ། ཕ་རོལ་ཏུ་ཕྱིན་པ་བ་དག་གི་ངོར། ཕར་ཕྱིན་ལུགས་ཀྱི་ས་དང་པོ་རབ་ཏུ་དགའ་བ་དང་ཁྱད་པར་མེད་པར་ལྟར་སྣང་བའི་སར་བསྟན་པའི་ཕ་རོལ་ཏུ་ཕྱིན་པ་བ་དག་ཀྱང་རྡོ་རྗེ་ཐེག་པ་ལ་ཁ་དྲངས་ནུས་པ་དང་། ཕ་རོལ་ཏུ་ཕྱིན་པ་ལ་བརྟེན་ནས་ས་བཅུ་པ་རྒྱུན་བགྲོད་ཀྱང་། མཐར་འཚང་རྒྱ་བ་ལ་བླ་མེད་ཀྱི་ལམ་དུ་འཇུག་དགོས་པར་བསྟན་པས་ན། སྔར་ཕ་རོལ་ཏུ་ཕྱིན་པའི་ལམ་བགྲོད་པ་དེ་དོན་མེད་པར་གྱུར་ཏོ་སྙམ་པའི་འགྱོད་པ་སྐྱེས་པ་རྣམས་ཀྱང་བཟློག་པར་འགྱུར་བའི་དགོས་པ་ཁྱད་པར་ཅན་ལ་དགོངས་ནས། གནས་ནི་རབ་ཏུ་དགའ་བའི་ས། །ཞེས་སོགས་གསུངས་པ་སྟེ། ཁ་སྐོང་ལས། གསང་བ་ཆེན་པོའི་རྒྱུད་སྡེ་ལས། །ཕ་རོལ་ཏུ་ཕྱིན་དང་སྒོ་བསྟུན་པའི། །རྣམ་གཞག་གསུངས་པའང་དེ་ཉིད་ལ། །མདོན་ཞེན་ཆེ་རྣམས་དྲངས་ཕྱིར་གསུངས། །དཔལ་ལྡན་ཟླ་བ་གྲགས་པ་ཡིས། །མདོ་སོགས་ལ་ནི་རབ་ཞུགས་པའི། །འགྱོད་པ་བཟློག་པར་བྱེད་པ་དང་། །ཞེས་གསུངས་པ་ཡང་འདི་ལ་དགོངས་ཞེས་གསུངས་པའི་ཕྱིར། དེ་བཞིན་དུ་ཚནྡྷོ་ལ་མངོན་དུ་གྱུར་པ་དང་། ཉེ་བའི་ཚནྡྷོ་ལ་སྦྱངས་དཀའ་བ་གསུངས་པ་ནི། བླ་མ་ལ་མ་ལྟོས་པར་རང་དགར་འཇུག་པ་དགག་པའི་ཆེད་དུ། གོ་རིམ་འཁྲུགས་པའི་ཚུལ་དུ་གསུངས་པ་ཡིན་ཏེ། འདི་འདྲའི་རིགས་ཅན་མཐའ་

ལས་སོ། །ཡུལ་ཆེན་སོ་བདུན་གྱི་ངོས་འཛིན་པ། པཎ་ཆེན་རིན་པོ་ཆེས། ཕྱི་རོལ་ཡུལ་ཆེན་སོ་བདུན་པོ། །ཞེས་བྱ་རྒྱུད་གཞུང་གང་ནས་བཤད། །ཅེས་པའི་དྲི་བ་མཛད་ནས། རང་གི་ལན་འདེབས་པ་ན། བརྟག་གཉིས་སུ་མདོར་བསྟན་དུ་གནས་སོགས་བཅུ་གཉིས་སུ་དབྱེ་ནས། རྒྱས་བཤད་དུ་འདུ་བ་དང་ཉེ་བའི་འདུ་བ་གཉིས་ལ་དབྱེ་བ་མ་བྱུང་བས། གནས་ནི་ཛཱ་ལན་དྷ་རར་བཤད། །ཅེས་སོགས་རྒྱས་བཤད་ཀྱི་དངོས་བསྟན་སོ་གཉིས་པོ་དེའི་སྟེང་དུ་འདུ་བ་དང་ཉེ་བའི་འདུ་བ་གཉིས་ལ་གཉིས་སུ་དབྱེ་བའི་བཞི་པོ་དེ་བསྣན་པས་སྐྱོབ་པའི་གནས་སོ་དྲུག་དང་། མི་སྐྱོབ་པའི་གནས་རྡོ་རྗེ་གདན་ནམ། འོག་མིན་གྱི་གནས་བསྣན་པས་སོ་བདུན་དུ་བཞེད་པ་ཡིན་ཏེ༑ གསེར་ཐུར་སྐབས་གསུམ་པའི་ཤོག་བུ་ཞེ་བདུན་པའི་ངོས་ལོགས་ལས། དེས་ན་རང་གི་ལུགས་ནི་དབྱེ་གཞི་འདུ་བ་དང་། ཉེ་བའི་འདུ་བ་གཉིས་ལ་དབྱེ་བའི་ཡ་གྱལ་གཉིས་གཉིས་ཡོད་པས་བཞི་དང་། མི་སྐྱོབ་པའི་ཕྱི་རོལ་གྱི་གནས་རྡོ་རྗེ་གདན་ནམ། འོག་མིན་གྱི་གནས་དང་སོ་བདུན་ནོ། །ཞེས་སོགས་ཡིག་འཕྲེང་བཞི་དང་། ཞི་དགུའི་ངོན་ལོགས་ལས། དེ་དག་འདི་སྐད་ཅེས། །དགོས་པ་རྡོ་རྗེར་ཡུལ་རྣམས་ཀྱི། །དབྱེ་བ་འཆང་བའི་མདོར་བསྟན་དུ། །འདུ་བ་གཉིས་པོ་བཤད་གྱུར་ཀྱང་། །རྒྱས་བཤད་སྐབས་སུ་མ་བྱུང་བས། །འདུ་བ་གཉིས་པོའི་དབྱེ་བ་བཞི། །བསྣན་ནས་སྐྱོབ་པའི་གནས་སོ་དྲུག །མི་སྐྱོབ་གནས་དང་སོ་བདུན་ནོ། །ཞེས་བྲིས་པ་སྣང་ངོ༑ ༑

དེ་དག་ནི་ལེགས་བཤད་དུ་འོས་པ་མིན་ཏེ། རྒྱས་བཤད་དུ་འདུ་བ་དང་ཉེ་བའི་འདུ་བ་གཉིས་ལ་དབྱེ་བ་མ་བྱུང་གསུངས་པ་འདི་འདྲ། ཀྱཻ་རྡོར་རྒྱུད་གསུམ་ལ་གསན་སྦྱོང་ཡེ་མ་གནང་བ་ལྷ་བུའི་རབ་འགྲོས་ཡིན་པའི་ཕྱིར། འདི་ལ་སྔོན་ཆད་ཀྱང་འཆད་ཚུལ་ཅི་རིགས་འབྱུང་བར་སྣང་སྟེ། རྗེ་བཙུན་རྩེ་མོའི་རྣམ་བཤད་ཉི་འོད་ལས། གལ་ཏེ་མདོར་བསྟན་གྱི་སྐབས་སུ་འདུ་བ་དང་། ཉེ་བའི་འདུ་བ་གསུངས་པས། རྒྱས་བཤད་ཀྱི་སྐབས་སུ་ཅིའི་ཕྱིར་མ་བརྗོད་ཅེ་ན། ཁ་ཅིག་ན་རེ། དེ་གཉིས་སྦྱི་འགྲོ་ཡིན་ནོ། །ཟེར་བ་དེ་ཡང་དག་པ་མ་ཡིན་ཏེ། བཤད་པའི་རྒྱུད་ལས་རབ་ཏུ་རྒྱས་པར་གསུངས་པས་ན། དེ་ཉིད་ལས་བཙལ་བར་བྱས་སོ། །ཞེས་གསུངས་པའི་ཕྱིར།

རང་ལུགས་བཤད་རྒྱུད་ལས་བཙལ་ཚུལ་ནི། བརྟག་གཉིས་ཀྱི་དངོས་བསྟན་གྱི་ཡུལ་ཆེན་གྱི་རྣམ་གཞག་འདི་གོ་རིམ་དཀྲུག་པ་དང་གྲངས་མང་ཉུང་ཡང་མཐོང་ནས། འགའ་ཞིག་ལ་དབྱེ་བ་བཞི་ཡོད་པ་ལ། དངོས་སུ་གཉིས་དང་གསུམ་ལས་མེད་པ་དང་། ཡང་འགའ་ཞིག་ལ་དབྱེ་བ་གཉིས་ལས་མེད་ཀྱང་། དངོས་སུ་གསུམ་གསུངས་པ་རྣམས་སྒྲ་ཇི་བཞིན་དུ་ཁས་ལེན་མི་བདེ་བས་བླ་མའི་མན་ངག་གིས་བཤད་པ་བསྒྲིགས་ནས།

ཙ་རྒྱུད་ཀྱི་དགོངས་པ་བཤད་རྒྱུད་ཀྱི་ཁ་སྐོང་སྟེ་བཤད་ན། ས་དང་པོ་གཉིས་དང་། ས་བཅུ་གཅིག་པ་དང་། ས་བཅུ་གཉིས་པ་སྟེ། བཞི་ལ་བགྲོད་བྱེད་ཀྱི་ཡུལ་ཆེན་བཞི་བཞིར་དབྱེ་ཞིང་། བར་གྱི་ས་བརྒྱད་བགྲོད་བྱེད་ལ་ཡུལ་ཆེན་གཉིས་གཉིས་སུ་དབྱེ་བས། སློབ་པའི་ས་བགྲོད་བྱེད་ལ་ཡུལ་ཆེན་སུམ་ཅུ་ཙ་གཉིས་འབྱུང་ཞིང་། དེའི་ཚེ་འདུ་བ་དང་ཉེ་བའི་འདུ་བ་གཉིས་ལ་ཡང་རྒྱས་བཤད་དུ་དབྱེ་བ་གཉིས་གཉིས་འབྱུང་བ་རྟོགས་ནུས་ཤིང་། སུམ་ཅུ་ཙ་གཉིས་པོ་དེའི་སྟེང་དུ། ས་བཅུ་གསུམ་པ་བགྲོད་བྱེད་ཀྱི་ཡུལ་ཆེན་སྒྲུབ་པ་པོ་དེ་ཉིད་གང་དུ་འཚང་རྒྱ་བའི་གནས་དེའི་ཕྱོགས་བཞི་དབུས་དང་ལྔ་བསྣན་པས་ཡུལ་ཆེན་སུམ་ཅུ་སོ་བདུན་ལེགས་པར་གྲུབ་བོ། །དེ་སྐད་དུ་མངོན་རྟོགས་ལྗོན་ཤིང་ལས། བཤད་པའི་རྒྱུད་ཀྱི་རྗེས་སུ་འབྲང་ན། ཐོག་མར་ས་གཉིས་དང་། མཐར་ས་གཉིས་ནི་ཡུལ་བཞི་བཞི་ཡིས། ས་རེ་རེའི་རྟོགས་པ་སྐྱེ་ལ། བར་གྱི་ས་བརྒྱད་ལ་ནི། ས་རེ་རེ་ལ་ཡུལ་གཉིས་གཉིས་ཀྱི་རླུང་སེམས་སོགས་ཐིམ་པ་ལས་སྐྱེ་བ་བརྟག་པ་དྲུག་པ་ལས་གསལ་ལོ། །ཞེས་དང་། དོན་དམ་པའི་གནས་ནི་རྡོ་རྗེ་ཐེག་པ་ལས་སྒྲུབ་པ་པོ་གང་ལ་གནས་པ་དེ་ཉིད་རྡོ་རྗེ་གདན་ཡིན་ཏེ། ཞེས་དང་། དེ་དག་གི་དོན་ཁ་སྐོང་ལས། ཕྱི་རོལ་ཡུལ་ཆེན་སུམ་ཅུ་བདུན། །དབང་དུ་འདུས་པས་ལུས་ཀྱི་ནི། །ཙ་ཁམས་སུམ་ཅུ་སོ་བདུན་གྱི༑ ༑རླུང་སེམས་དབུ་མར་འདུས་པ་ལས། །ས་རྣམས་འགྲུབ་པའི་རྣམ་གཞག་ནི། །རྣལ་འབྱོར་ཆེན་པོའི་རྒྱུད་སྡེ་ལས། །གསུངས་པས། ཞེས་དང་། ཕྱི་ནང་ཡུལ་ཆེན་ལྷག་མ་ལྔ། །འདུས་པས་བཅུ་གསུམ་ས་བསྐྱེད་པར། །ཞེས་གསུངས་སོ། །དེས་ན་བརྟག་གཉིས་ཀྱི་ཡུལ་ཆེན་གྱི་རྣམ་གཞག་ནི། སཾ་བུ་ཊའི་བརྟགས་ལྡན་པའི་རབ་དབྱེ་དང་པོ་དང་། བརྟག་པ་དྲུག་པ་དང་སྦྱར་ནས། འཆད་པ་བླ་མའི་མན་ངག་ཡིན་ཅིང་། ཇི་ལྟར་སྦྱར་བའི་ཚུལ་དངོས་ནི༑ རྗེ་བཙུན་གྱིས་མཛད་པའི་བདག་མེད་མའི་བསྟོད་པ་དང་། དེའི་འགྲེལ་པ་བདག་ཉིད་ཆེན་པོས་མཛད་པ་གཉིས་ལ་ལེགས་པར་སྦྱང་དགོས་སོ། །དེ་སྐད་དུ། དག་ལྡན་ལས། དེ་དག་ཀྱང་རྒྱུད་ཀྱི་མངོན་པར་རྟོགས་པ་དང་། བདག་མེད་མའི་བསྟོད་པར་ཞིབ་ཏུ་བརྗོད་ཟིན་ཏོ། །ཞེས་གསུངས་སོ། །

ཡུལ་ཆེན་གྱི་ངོས་འཛིན་འཕགས་མཚན་གྱི་ལུགས་འདི། བདག་མེད་བསྟོད་པ་དང་མི་མཐུན་ཡང་། ཙ་རྒྱུད་ཀྱི་དགོངས་པ་ཕྱག་ཆེན་ཐིག་ལེ་དང་སྦྱར་ཏེ་བཤད་པའི་ལུགས་ཡིན་པས། ཚད་ལྡན་གྱི་གྲོལ་ཞིག་ཡིན་ལ། དེ་ཡང་དག་ལྡན་གྱི་འབྲུ་གནོན་གྱི་སྐབས་དང་མཐུན་ཏེ། དག་ལྡན་ཉིད་ལས། ཕྱག་རྒྱ་ཆེན་པོ་ཐིག་ལེའི་དགོངས་པས། ཡུལ་ཉི་ཤུ་ཙ་བརྒྱད་དེ། དེ་ཡང་ཨོ་རྒྱན་སྤྱི་བོ། ཛཱ་ལནྡྷ་ར་སྤྱི་གཙུག །ཞེས་གསུངས་སོ། །དེས་ན་དག་ལྡན་ལས། དེ་གསལ་བར་བྱ་བ་ནི་བཤད་པའི་རྒྱུད་གཉིས་ཀྱི་དགོངས་པ་ཁ་བསྐངས་ཏེ་འབྲུགས་བསྟེབས་ལ་རིམ་པ་བཞིན་དུ་བསྟན་ཏོ། །ཞེས་གསུངས་པའི་བཤད་རྒྱུད་གཉིས་ནི། སཾ་བུ་ཊ་དང་། ཕྱག་ཆེན་

ཐེག་ལེ་ཡིན་ཞིང་། སཾ་བུ་ཊའི་རྩ་རྒྱུད་ཀྱི་དགོངས་པ་ཁ་བསྐངས་པའི་ཡུལ་ཆེན་གྱི་རྣམ་གཞག་ནི། མངོན་རྟོགས་ལྗོན་ཤིང་གི་སྐབས་ན་གསལ་བ་རྣམས་དང་། བདག་མེད་མའི་བསྟོད་པ་དང་། ལྷའི་རིམ་པ་ལྟར་བསྟོད་པའི་སྐབས་རྣམས་ཡིན་ཞིང་། ཡང་ཕྱག་ཆེན་ཐིག་ལེ་ལས་རྩ་རྒྱུད་ཀྱི་དགོངས་པ་ཁ་བསྐངས་པའི་ཡུལ་ཆེན་གྱི་རྣམ་གཞག་ནི། དག་ལྡན་ཉིད་ལས་འབྲུ་གནོན་གྱི་སྐབས་རྣམས་དང་། བརྟག་གཉིས་འཕགས་མཆན་ལས་གསུངས་པ་རྣམས་ཡིན་པས། གཅིག་མཐོང་བ་རྒྱུ་མཚན་དུ་བྱས་ནས། ཅིག་ཤོས་ལ་སྐུར་པ་བཏབ་པ་ཡང་མི་བྱ་ཞིང་། འདུ་བ་དང་ཉེ་བའི་འདུ་བ་གཉིས་ལ་དབྱེ་བ་མ་བྱུང་སྙམ་པའི་ལོག་རྟོག་ཀྱང་མི་དགོས་སོ། །

ཡང་པཎ་ཆེན་གྱི་བཞེད་པ་ལུགས་གཅིག་ལ། བརྟག་གཉིས་དངོས་བསྟན་གྱི་ཡུལ་ཆེན་སོ་གཉིས་ཀྱི་སྟེང་དུ། བརྟག་གཉིས་དངོས་སུ་མ་གསུངས་ལ་བདེ་མཆོག་ནས་གསུངས་པའི་ཡུལ་ལྔ་བསྣན་ནས་སྦྱོབ་པའི་གནས་རྒྱུད་པ་ལ་སོ་བདུན། ཞེས་བཤད་པ་ལ་ཡང་སྙིང་པོ་མི་སྣང་སྟེ། ཁུངས་དང་མ་འབྲེལ་བའི་ཕྱིར། མདོར་ན་འབྲུལ་པའི་དྲི་མ་ཐམས་ཅད་སྤྱངས་པ། ས་སྐྱའི་རྗེ་བཙུན་གོང་མའི་གསུང་རབ་རིན་པོ་ཆེ་རྣམས་ལ་རྣམ་དཔྱོད་ཀྱིས་གཟིགས་པའི་འཇུག་པ་གལ་ཆེ་སྟེ། དེར་གཟིགས་པའི་སྤྱན་ཡངས་པར་ལྡང་ན། སྔར་གྱི་ལོག་རྟོག་དེ་རྣམས་འབྱུང་དོན་མེད་པའི་ཕྱིར། འདིར་དོགས་པ་འདི་འབྱུང་སྟེ། གནས་ཀྱི་དབྱེ་བར་གྱུར་པའི་ཡུལ་ཆེན་བཞི་པོ་དེ་ཆོས་ཅན། ཀྱེ་བཅོམ་ལྡན་འདས་གནས་ལ་སོགས་པ་གང་ལགས། ཞེས་དངོས་བསྟན་གྱི་གནས་ཡིན་པར་ཐལ། གནས་ནི་ཛྙ་ལནྡྷ་ར་རར་བཤད། །ཅེས་པའི་ཚིག་ཟུར་གྱི་གནས་ནི་ཞེས་པའི་དངོས་བསྟན་གྱི་གནས་ཡིན་ཏེ། གནས་ཀྱི་ཡུལ་ཆེན་ཡིན་པའི་ཕྱིར། གོང་དུ་འདོད་ན། དེ་ཆོས་ཅན། གནས་དང་ཉེ་བའི་གནས་དང་ནི། །ཞེས་པའི་དངོས་བསྟན་གྱི་གནས་ཡིན་པར་ཐལ། འདོད་པའི་ཕྱིར། ཁྱབ་སྟེ། གནས་དང་ཉེ་བའི་གནས་དང་ནི། །ཞེས་སོགས་ལ་འཁྲིས་ནས། གནས་ལ་སོགས་པ་གང་ལགས། །ཞེས་པའི་གཞུང་འདི་བྱུང་བའི་ཕྱིར། གོང་དུ་འདོད་ན། དེ་ཆོས་ཅན། འདི་རྣམས་ས་ནི་བཅུ་གཉིས་སྟེ། །ཞེས་པའི་དངོས་བསྟན་གྱི་ས་དང་པོ་ཡིན་པར་ཐལ། གནས་དང་ཞེས་པའི་དངོས་བསྟན་གྱི་གནས་ཡིན་པའི་ཕྱིར། ཞེ་ན་ལན་ཇི་ལྟར་བྱ།

རང་གི་གོ་ཚོད་ནི། གོང་གི་འདོད་ལན་ལ་འཕངས་པའི་ཐལ་བ་དེར་ཁྱབ་པ་མེད་མཚམས་རིགས་སམ་སྙམ་སྟེ། གནས་དང་ཉེ་བའི་གནས་དང་ནི། །ཞེས་སོགས་ཀྱི་དངོས་བསྟན་གྱི་གནས་དང་ཉེ་གནས་ལ་སོགས་པ་ཡིན་པ་ལས་འོས་མེད་པའི་ཕྱིར་དང་། མདོར་བསྟན་དུ་གནས་དང་ཉེ་གནས་ཀྱི་ས་སོགས་བཅུ་གཉིས་བསྟན་པ་ལ་འཁྲིས་ནས་སླར་བཅོམ་ལྡན་འདས་ལ་གནས་སོགས་ཀྱི་ས་དེ་དང་། དེ་བགྲོད་བྱེད་དམ། ཐོབ་བྱེད་ཀྱི་ཡུལ་ཆེན་གང་ལགས། ཞེས་པའི་ཞུ་བ་སྟོན་པར་བྱེད་པ་ལ། བཅོམ་ལྡན་འདས་གནས་ལ་སོགས་པ

གང་ལགས། ཞེས་པ་འདི་བྱུང་བའི་ཕྱིར། དེ་ལྟར་བྱས་ན་གནས་དང་ཉེ་གནས་ཀྱི་ས་སོགས་རྒྱུའི་སྒོ་ནས་མིང་བཏགས་ལ། ཕར་ཕྱིན་ཐེག་པ་ནས་བཤད་པའི་རབ་ཏུ་དགའ་བ་དང་། དྲི་མ་མེད་པ་སོགས་འབྲས་བུའི་སྒོ་ནས་མིང་བཏགས་པར་གསུངས་པ་དང་ཡང་ལེགས་པར་སྦྱོར་བ་ཡིན་ནོ། །འོ་ན་ཕར་ཕྱིན་རང་རྐང་ལ་བརྟེན་ནས་ས་དང་པོ་མན་ཆད་བགྲོད་པ་དང་། ས་དྲུག་པ་མན་ཆད་བགྲོད་པ་དང་། ས་བཅུ་པ་ཚུན་བགྲོད་པ་ན་སླར་བླ་མེད་ཀྱི་ལམ་དུ་འཇུག་པ་ན། ཕར་ཕྱིན་རང་རྐང་ལ་བརྟེན་ནས་ས་དེ་དང་། དེ་བགྲོད་ཟིན་པ་རྣམས་དེས་གོ་ཆོད་དམ། བླ་མེད་རང་རྐང་གི་ས་དང་པོ་སོགས་སླར་ཡང་བགྲོད་དགོས་པ་ཡིན་ནམ་ཞེ་ན། འདིར་རང་ཕྱོགས་པའི་བླ་མ་ཁ་ཅིག །ཕར་ཕྱིན་རང་རྐང་ལ་བརྟེན་ནས་ས་བཅུ་པ་ཚུན་བགྲོད་ཟིན་པ་དེ། བླ་མེད་ལམ་དུ་འཇུག་པ་ན་བླ་མེད་ཀྱི་ཚོགས་ལམ་དང་། སྦྱོར་ལམ་གཉིས་སུ་རིམ་པ་ཅན་དུ་ངེས་པར་འཇུག་དགོས། ཚོགས་སྦྱོར་རྫོགས་མཚམས་ནས། ས་དང་པོ་སོགས་སྔར་བགྲོད་དེས་གོ་ཆོད་པས་བླ་མེད་ཀྱི་ས་བཅུ་གཅིག་པར་ཞུགས་ཏེ། ས་ལྷག་མ་གསུམ་བགྲོད་པར་བྱེད། དེ་ལྟར་ན་ཕ་རོལ་ཏུ་ཕྱིན་པའི་སྐབས་སུ་འཕགས་པ་ཕུང་གསུམ་པ་འདོད་པ་དང་འདྲ་བར། འདིར་ཡང་ཕར་ཕྱིན་རང་རྐང་ལ་བརྟེན་ནས་ས་བཅུ་པ་བགྲོད་ཟིན་པའི་བླ་མེད་ཚོགས་ལམ་པ་དང་སྦྱོར་ལམ་པ་དེ་ཕ་རོལ་ཏུ་ཕྱིན་པའི་འཕགས་པ་དང་སྔགས་ཀྱི་འཕགས་པ་གང་རུང་མ་ཡིན་ཡང་། ཐེག་ཆེན་འཕགས་པ་ཡིན་ནོ། །ཞེས་ཟེར་བར་བྱེད་དོ། །དེ་དག་ནི་མི་འཐད་དེ། ཕར་ཕྱིན་རང་རྐང་ལ་བརྟེན་ནས
ཐོབ་ཟིན་པ་དེ། བླ་མེད་ལམ་དུ་ཞུགས་པ་ན། བླ་མེད་ཀྱི་མཐོང་བསྒོམ་གཉིས་སུ་ཡང་རིམ་ཅན་དུ་ངེས་པར
འཇུག་དགོས་པར་ཐལ། དེ་བླ་མེད་ལམ་དུ་ཞུགས་པ་ན། བླ་མེད་ཀྱི་ཚོགས་སྦྱོར་གཉིས་སུ་ངེས་པར་རིམ་ཅན་དུ་འཇུག་དགོས་པའི་ཕྱིར། ཁྱབ་སྟེ། དེ་གཉིས་ལ་མི་འདྲ་བའི་ཁྱད་པར་ཉིལ་འབྲུ་ཙམ་ཡང་མེད་པའི་ཕྱིར། གལ་ཏེ་བླ་མེད་ཀྱི་སོ་སྐྱེ་སྔོན་དུ་མ་སོང་བའི་བླ་མེད་ཀྱི་འཕགས་པ་མི་སྲིད་པའི་རྒྱུ་མཚན་གྱིས་ཡིན་ནོ། །ཞེ་ན། དེ་མི་སྲིད་པ་ཡང་མི་འགྲུབ་ཅིང་། མཚུངས་པ་གཞན་ཡང་འགྱུར་སྟེ། འོ་ན་བླ་མེད་མཐོང་ལམ་པ་སྔོན་དུ་མ་སོང་བའི་བླ་མེད་བསྒོམ་ལམ་པ་མི་སྲིད་པར་ཐལ། བླ་མེད་སྦྱོར་ལམ་པ་སྔོན་དུ་མ་སོང་བའི་བླ་མེད་མཐོང་ལམ་པ་མི་སྲིད་པའི་ཕྱིར་ཏེ། མཚུངས་སོ། །མ་གྲུབ་ན། དེ་མི་སྲིད་པར་ཐལ། བླ་མེད་སྦྱོར་ལམ་པ་སྔོན་དུ་མ་སོང་བར་བླ་མེད་འཕགས་པ་མི་སྲིད་པའི་ཕྱིར། ཡང་ཕར་ཕྱིན་རང་རྐང་ལ་བརྟེན་ནས་ཚོགས་སྦྱོར་བགྲོད་ཟིན་པ་དེས་གོ་མི་ཆོད་ལ། ས་དང་པོ་སོགས་བགྲོད་ཟིན་པ་དེས་དེ་གོ་ཆོད་པའི་ཁྱད་པར་མི་འཐད་པར་ཐལ། ཕར་ཕྱིན་རང་རྐང་ལ་བརྟེན་ནས་ཚོགས་སྦྱོར་བགྲོད་ཟིན་པ་དེ། སླར་བླ་མེད་ལམ་དུ་འཇུག་པ་ན། དེ་མ་ཐག་བླ་མེད་ཀྱི་ས་དང་པོ་ནས་ཞུགས་ཆོག་པ་ཡིན་པའི་ཕྱིར་ཏེ། ས་ཆེན་གྱི་ལམ་འཇུག་ལྷོག་གི་ཡིག་ཆུང་ལས། ཁ་

ཅིག་ནི་འཇིག་རྟེན་པའི་ལམ་མན་ཆད་དུ་ཕ་རོལ་ཏུ་ཕྱིན་པའི་ཐེག་པའི་ལམ་བགྲོད་ནས། དེ་ནས་རྡོ་རྗེ་ཐེག་པའི་ལམ་ལ་ཞུགས་ཏེ། ས་དང་པོ་ཡན་ཆད་རྡོ་རྗེ་ཐེག་པའི་ལམ་བགྲོད་པ་ཡང་ཡོད། ཅེས་གསུངས་པ་འཐད་པའི་ཕྱིར། གཞན་དུ་ན་ས་དང་པོ་ཡན་ཆད་ཅེས་པའི་ཚིག་ལ་ནུས་པ་མེད་པར་འགྱུར་ཏེ། བླ་མེད་ཀྱི་ས་དང་པོའི་སྔོན་དུ་བླ་མེད་ཀྱི་ཚོགས་སྦྱོར་གཉིས་ངེས་པར་བགྲོད་དགོས་པའི་ཕྱིར། རྟགས་ཁས། གཟུ་བོར་གནས་པའི་བློས་དཔྱོད་ཅིག །

དཔལ་ས་སྐྱ་པའི་རང་ལུགས་ནི། ཚོགས་སྦྱོར་གཉིས་ཕ་རོལ་ཏུ་ཕྱིན་པའི་ལམ་གྱིས་བགྲོད་ནས། དེ་མ་ཐག་བླ་མེད་ལམ་དུ་ཞུགས་པ་དང་། བླ་མེད་ཀྱི་ས་དང་པོ་ཐོབ་པ་དུས་མཉམ་ནས། དེ་ཡན་ཆད་བླ་མེད་ཀྱི་ལམ་གྱིས་བགྲོད་འགྲོ་བ་དང་། གང་ཟག་གི་རིགས་ཁ་ཅིག་ས་དང་པོ་མན་ཆད་ཕ་རོལ་ཏུ་ཕྱིན་པས་བགྲོད་ནས། ས་གཉིས་པ་ནས་རྡོ་རྗེ་ཐེག་པ་ལ་ཞུགས་ཏེ། དེ་ཡན་ཆད་སྔགས་ཀྱིས་བགྲོད་པ་དང་། ས་དྲུག་པ་མན་ཆད་ཕ་རོལ་ཏུ་ཕྱིན་པས་བགྲོད་ནས། ས་བདུན་པ་ནས་སྔགས་ལ་ཞུགས་ཏེ། དེ་ཡན་ཆད་སྔགས་ཀྱིས་བགྲོད་པ་དང་། ཁ་ཅིག་ས་བཅུ་པ་མན་ཆད་ཕ་རོལ་ཏུ་ཕྱིན་པས་བགྲོད་ནས། ས་བཅུ་གཅིག་པ་ནས་སྔགས་ལ་ཞུགས་ཏེ༑ གསང་སྔགས་འབད་རྩོལ་ཆུང་ངུས་བཅུ་གསུམ་རྡོ་རྗེ་འཛིན་པའི་ས་ཐོབ་པར་འགྱུར་བ་རྣམས་སུ་ཡོད་ལ། ས་བཅུ་གཅིག་པ་ནས་བླ་མེད་ཀྱི་ལམ་ཁོ་ན་ལས། རྒྱུད་སྡེ་འོག་མ་དང་ཕ་རོལ་ཏུ་ཕྱིན་པའི་ལམ་ནི་མེད་དེ། ས་བཅུ་གཅིག་པ་ཡིན་ན། སྦྱས་པའི་ས་ཡིན་དགོས་པའི་ཕྱིར། དེ་ཡང་ས་བཅུ་གཅིག་པ་ནི། དོན་སྦས་ལ་མིང་མ་སྦས་པ་དང་། ས་བཅུ་གཉིས་པ་ནི་མིང་དོན་གཉིས་ཀ་སྦས་པའི་ས་དང་། ས་བཅུ་གསུམ་པ་ནི་མིང་སྦས་ལ་དོན་མ་སྦས་པའི་ས་ཡིན་པས། སྦས་པ་ས་གསུམ་ཞེས་བྱ་ཞིང་། སྦས་མ་སྦས་ནི། ཕ་རོལ་ཏུ་ཕྱིན་པ་ལ་གྲགས་མ་གྲགས་ཡིན་ནོ། །དེ་སྐད་དུ་རྣམ་བཤད་གསུང་རབ་དགོངས་གསལ་ལས། ས་ལྷག་མ་གསུམ་ནི། རྡོ་རྗེ་ཐེག་པའི་ལམ་ཁོ་ནས་བགྲོད་པར་བྱ་བ་ཡིན་པ་ལས། ཕ་རོལ་ཏུ་ཕྱིན་པའི་ལམ་གྱིས་བགྲོད་མི་ནུས་སོ། །ཞེས་གསུངས་པའི་ཕྱིར།

དེ་ལ་ཁ་ཅིག །ཕར་ཕྱིན་རང་རྐང་ལ་བརྟེན་ནས་ས་བཅུ་གཅིག་པ་བགྲོད་པ་ཡོད་པར་ཐལ། དེ་ལ་བརྟེན་ནས་ས་བཅུ་གཅིག་པ་ཐོབ་པ་ཡོད་པའི་ཕྱིར་ཏེ། ས་བཅུ་གཅིག་པ་དེ་ཕ་རོལ་ཏུ་ཕྱིན་པའི་ལུགས་ཀྱི་ཐོབ་པ་མཐར་ཐུག་ཡིན་པའི་ཕྱིར་ཏེ། དེ་ཕ་རོལ་ཏུ་ཕྱིན་པའི་ལུགས་ཀྱི་སངས་རྒྱས་ཡིན་པའི་ཕྱིར་ཏེ། དེ་ཕ་རོལ་ཏུ་ཕྱིན་པའི་ལུགས་ཀྱི་སངས་རྒྱས་ཀྱི་མཚན་གཞི་དང་། ས་བཅུ་གསུམ་པ་དེ་རྡོ་རྗེ་ཐེག་པའི་ལུགས་ཀྱི་སངས་རྒྱས་ཀྱི་མཚན་གཞི་ཡིན་པའི་ཁྱད་པར་འཐད་པའི་ཕྱིར། རྗེ་བཙུན་གོང་མའི་གསུངས་ལས། མདོ་སྔགས་གཉིས

རྫོགས་པའི་སངས་རྒྱས་ཀྱི་མཚན་ཉིད་ལ་མཐུན་ཀྱང་། མཚན་གཞི་ལ་མི་མཐུན་ནོ་ཞེས་བཤད་པ་དེ་ལ་གོ་དོན་གཅིག་འཇོག་རིགས་པའི་ཕྱིར། ཞེ་ན་ལན་ཇི་ལྟར་བྱ། རང་གི་གོ་ཚོད་ནི། རེ་ཞིག་གོང་གི་ཐལ་བ་གཉིས་པ་དེར་ཁྱབ་པ་མེད་མཚམས་བྱས་ན་ལེགས་སམ་སྙམ་སྟེ། ས་བཅུ་གཅིག་པ་དེ་ཕ་རོལ་ཏུ་ཕྱིན་པའི་ལུགས་ཀྱི་སངས་རྒྱས་ཡིན་པའི་གོ་དོན་དེ་ཕ་རོལ་ཏུ་ཕྱིན་པ་བས་སངས་རྒྱས་སུ་བཤད་ཅིང་། ཕ་རོལ་ཏུ་ཕྱིན་པ་བས་སངས་རྒྱས་སུ་འདོད་པའི་རྒྱུ་མཚན་གྱིས་ཡིན་ལ། དེ་བཞིན་དུ་དེ་ཕ་རོལ་ཏུ་ཕྱིན་པའི་ལུགས་ཀྱི་ཐོབ་བྱ་མཐར་ཐུག་ཡིན་པའི་ཚུལ་ཡང་རིགས་འགྲེའོ། །གཞན་དུ་ན། དེའི་ལུགས་ཀྱི་ཐོབ་བྱ་མཐར་ཐུག་ཡིན་ན། དེ་དང་རང་རྐང་ལ་བརྟེན་ནས་ཐོབ་དགོས་ན། ཕར་ཕྱིན་ཐེག་པ་ནས་སྐུ་གསུམ་གྱི་རྣམ་གཞག་བཤད་པའི་རྫོགས་པའི་སངས་རྒྱས་དེ་ཆོས་ཅན། ཕ་རོལ་ཏུ་ཕྱིན་པ་རང་རྐང་ལ་བརྟེན་ནས་ཐོབ་པར་ཐལ། ཕ་རོལ་ཏུ་ཕྱིན་པའི་ལུགས་ཀྱི་ཐོབ་བྱ་མཐར་ཐུག་ཡིན་པའི་ཕྱིར། ཁྱབ་པ་ཁས། མ་གྲུབ་ན། དེར་ཐལ། དེའི་ལུགས་ཀྱི་རྫོགས་པའི་སངས་རྒྱས་ཡིན་པའི་ཕྱིར་ཏེ། དེ་ནས་བཤད་པའི་རྫོགས་པའི་སངས་རྒྱས་ཡིན་པའི་ཕྱིར་ཏེ། རྩོད་གཞི་ཡིན་པའི་ཕྱིར། རྩ་བར་འདོད་ན། དེ་ཆོས་ཅན། ཕར་ཕྱིན་ཁོ་ན་ལ་བརྟེན་ནས་ཐོབ་པར་ཐལ། འདོད་པའི་ཕྱིར། ཁྱབ་སྟེ། རང་རྐང་དང་ཁོ་ན་དོན་གཅིག་པའི་ཕྱིར། འདོད་ན། དེ་ཁོ་ན་ལ་བརྟེན་ནས་ཐོབ་པ་མ་ཡིན་པར་ཐལ། རྡོ་རྗེ་ཐེག་པའི་ལམ་ལ་བརྟེན་ནས་ཐོབ་པ་ཡིན་པའི་ཕྱིར་ཏེ། ས་བཅུ་གསུམ་པ་ཐོབ་པའི་སངས་རྒྱས་ཡིན་པའི་ཕྱིར། གཏན་ཚིགས་གྲུབ་སྟེ། གསུང་རབ་དགོངས་གསལ་ལས། འོ་ན་ཕར་ཕྱིན་ཐེག་པ་ནས། སྐུ་གསུམ་གྱི་རྣམ་གཞག་བཤད་པའི་རྫོགས་པའི་སངས་རྒྱས་དེ་སློབ་ལམ་གྱི་གནས་སྐབས་ཡིན་ནམ། ས་བཅུ་གསུམ་པ་ཐོབ་ཟིན་པ་ཞིག་ཡིན་སྙམ་ན། དེ་ནི་ས་བཅུ་གསུམ་པ་ཐོབ་པ་ཡིན་ཀྱང་། དེར་ནི་དེའི་ཐ་སྙད་མ་གསུངས་ཏེ། ས་བཅུ་གཅིག་པ་མ་རྫོགས་པར་སངས་རྒྱས་ཀྱི་རྣམ་གཞག་བྱེད་པའི་སྐབས་ཡིན་པའི་ཕྱིར། དེས་ན་ཕར་ཕྱིན་ཐེག་པར་སྐུ་གསུམ་དང་ཡེ་ཤེས་བཞིའི་རྣམ་གཞག་བཤད་པའི་སངས་རྒྱས་རྣམས་དེའི་ལམ་རང་རྐང་ལ་བརྟེན་ནས་ཐོབ་པ་མ་ཡིན་ཏེ། སེམས་ཙམ་པའི་གཞུང་མདོ་སྡེ་རྒྱན་ནས་བཤད་པའི་སྐུ་གསུམ་དང་ཡེ་ཤེས་བཞིའི་རྣམ་གཞག་སེམས་ཙམ་པས་ལམ་རང་རྐང་ལ་བརྟེན་ནས་ཐོབ་པ་མ་ཡིན་པའི་ཕྱིར་ཏེ། དེ་དབུ་མའི་ལྟ་བ་ལ་བརྟེན་ནས་ཐོབ་པ་ཡིན་ཏེ། དེ་སངས་རྒྱས་མཚན་ཉིད་པ་ཡིན་པའི་ཕྱིར། མ་གྲུབ་ན། དེ་སློབ་ལམ་གྱི་གནས་སྐབས་ཡིན་པར་ཐལ། མ་གྲུབ་པ་དེའི་ཕྱིར། འདོད་ན། དེ་ས་བཅུ་གཅིག་པ་དང་། ས་བཅུ་པ་སོགས་གང་གི་གནས་སྐབས་ཡིན་ས་མཚམས་འདྲི་བར་བྱའོ། །དེ་སྐད་དུ་ཁ་སྐོང་ལས། གཞུང་དེར་འབྲས་བུར་བཤད་པ་རྣམས། །དེ་ཡི་ལམ་གྱིས་ཐོབ་དགོས་ན། །དངོས་སྨྲའི་གཞུང་ལས་གསུངས་པ་ཡི། །འབྲས་བུའི་ས་མཚམས

གང་དུ་འཇོག །ཅེས་གསུངས་སོ། །

མཁས་པ་སྟ་མ་ཁ་ཅིག །ཕར་ཕྱིན་ཐེག་པ་ནས་བཤད་པའི་སྐུ་གསུམ་ཡེ་ཤེས་བཞི་དང་ལྡན་པའི་ས་དེར་རྡོ་རྗེ་ཐེག་པའི་ས་བཅུ་གཅིག་པ་ཡིན་པས། སློབ་ལམ་གྱི་གནས་སྐབས་ཡིན་ཞིང་། དཀྱུང་དེ་ནས་བཤད་པའི་སྐུ་གསུམ་ཡེ་ཤེས་བཞི་ཐོབ་ཀྱང་། ས་བཅུ་གཉིས་པ་དང་ས་བཅུ་གསུམ་པ་བགྲོད་དགོས་སོ། །ཞེས་ཟེར་བ་ནི་མི་འཐད་དེ། དེ་ལྟར་ཟེར་བའི་འཁྲུལ་གཞི་ཡང་ཕ་རོལ་ཏུ་ཕྱིན་པ་ལ་སངས་རྒྱས་པའི་མཚན་གཞི་ས་བཅུ་གཅིག་པ་བཤད་པ་ལ་འཁྲུལ་ནས། ཕར་ཕྱིན་ཐེག་པ་ནས་བཤད་པའི་སའི་གྲངས་བཅུ་གཅིག་པ་དང་། དེ་ནས་བཤད་པའི་སངས་རྒྱས་ཀྱི་ས་མཚན་གཞི་གཉིས་གཅིག་ཏུ་ནོར་བ་ཁོ་ནར་ཟད་པའི་ཕྱིར། མནོར་བ་ནི་བྱེ་བྲག་སྨྲ་བའི་གཞུང་ལུགས་ནས་བཤད་པའི་སངས་རྒྱས་ནས་བཟུང་སྟེ། རྣལ་འབྱོར་བླ་མེད་ནས་བཤད་པའི་སངས་རྒྱས་ཀྱི་བར་ཐམས་ཅད་གདུལ་བྱ་སོ་སོའི་ངོ་བོར་ཡོན་ཏན་གྱི་ལྷག་ཆ་བཤད་ཚུལ་ཐ་དད་པ་མ་གཏོགས། སངས་རྒྱས་ཀྱི་མཐར་པར་ཁྱད་པར་མེད་དེ། བྱེ་བྲག་སྨྲ་བ་ནས་བཟུང་སྟེ་བླ་མེད་ཀྱི་བར་ཐམས་ཅད་ཀྱི་སྤྲངས་རྟོགས་མཐར་ཐུག་བརྙེས་པ་ཞིག་ལ་རྫོགས་པའི་སངས་རྒྱས་སུ་འཇོག་པར་མཐུན་པའི་ཕྱིར་ཏེ། དོན་གཅིག་ན་ཡང་མ་རྨོངས་དང་། །ཞེས་གསུངས་པའི་ཕྱིར། དེ་སྐད་དུ་ཁ་སྐོང་ལས། བྱེ་བྲག་སྨྲ་བའི་གཞུང་ལུགས་ནས། །རྣལ་འབྱོར་ཆེན་པོའི་རྒྱུད་སྡེའི་བར། །འབྲས་བུའི་རྣམ་གཞག་གང་བཤད་རྣམས། །རང་རང་གདུལ་བྱའི་བློ་ཉིད་ལ། །མཚམས་པའི་ཡོན་ཏན་ལྷག་པ་ཉིད། །སློས་པའི་ཁྱད་པར་མ་གཏོགས་པ། །མཐར་ཐུག་འབྲས་བུར་ཁྱད་པར་མེད། །ཅེས་དང་། མདོར་ན་ཉན་ཐོས་ཐེག་པ་ནས། །གསང་ཆེན་བླ་ན་མེད་པའི་བར། །འབྲས་བུ་དོན་གཅིག་བཤད་པའི་ཚུལ། །ཐ་དད་སྤྲོ་བ་བསྐྱེད་ཕྱིར་ཡིན། །ཞེས་གསུངས་སོ། །དེ་ལྟར་གཞུང་ལུགས་སོ་སོ་ནས་བཤད་པའི་སངས་རྒྱས་རྣམས་སངས་རྒྱས་མཚན་ཉིད་པར་ཁས་བླངས་པ་ལ་དོགས་པ་འདི་འབྱུང་སྟེ། ས་བཅུ་གཅིག་པ་དེ་སངས་རྒྱས་ཀྱི་ས་མཚན་ཉིད་པ་ཡིན་པར་ཐལ། ཕར་ཕྱིན་ཐེག་པ་ནས་བཤད་པའི་སངས་རྒྱས་དེ་སངས་རྒྱས་མཚན་ཉིད་པ་གང་ཞིག །ས་བཅུ་གཅིག་པ་དེ་ཕར་ཕྱིན་ཐེག་པ་ནས་བཤད་པའི་སངས་རྒྱས་ཡིན་པའི་ཕྱིར། དང་པོ་ཁས། གཉིས་པ་མ་གྲུབ་ན། དེར་ཐལ། དེ་ཕར་ཕྱིན་ཐེག་པ་ནས་བཤད་པའི་སངས་རྒྱས་སུ་བཤད་པའི་ཕྱིར་ཏེ། དེ་ཕར་ཕྱིན་ཐེག་པ་ནས་སངས་རྒྱས་ཀྱི་མཚན་གཞིར་འདོད་པའི་ཕྱིར་ཏེ། མདོ་སྔགས་གཉིས་སངས་རྒྱས་ཀྱི་མཚན་གཞི་འཛིན་ཚུལ་ལ་འདོད་པ་མི་འདྲ་བ་རེ་སོ་སོར་ཡོད་པའི་ཕྱིར། ཞེ་ན༑ དེའི་ལན་ནི། ཕར་ཕྱིན་ཐེག་པ་ནས་སངས་རྒྱས་སུ་བཤད་ན། དེ་ནས་བཤད་པའི་སངས་རྒྱས་ཡིན་པས་མ་ཁྱབ། ཅེས་པའི་གནད་འདི་ཟིན་དགོས་ཏེ། ཕར་ཕྱིན་ཐེག་པ་ནས་བཤད་པའི་སངས་རྒྱས་ནི། ཕར་ཕྱིན་ཐེག་

པ་ནས་བཤད་པ་དང་། སངས་རྒྱས་ཀྱི་གཞི་མཐུན་ལ་འཛོག་པས། སངས་རྒྱས་མཚན་ཉིད་པ་ཡིན་པའི་ཕྱིར་དང་། དེ་ནས་སངས་རྒྱས་སུ་བཤད་པ་ནི། ཕར་ཕྱིན་ཐེག་པ་བས་སངས་རྒྱས་འདོད་པ་ལ་བྱ་རིགས་པའི་ཕྱིར། འོན་ཀྱང་ཕར་ཕྱིན་ཐེག་པ་ནས་བཤད་པའི་སངས་རྒྱས་སུ་བཤད་ན། སངས་རྒྱས་མ་ཡིན་པའི་ཁྱབ་མཐའ་ནི་མི་འཛིན་ཏེ། གལ་ཏེ་ཁྱབ་ན། སྟོན་པ་ཤཱཀྱ་ཐུབ་པ་ཆོས་ཅན། སངས་རྒྱས་མ་ཡིན་པར་ཐལ། གོང་གི་རྟགས་དེའི་ཕྱིར། མ་གྲུབ་ན། དེར་ཐལ། ཁྱོད་ཕར་ཕྱིན་ཐེག་པ་དང་། རྡོ་རྗེ་ཐེག་པ་གཉིས་ཀ་ནས་སངས་རྒྱས་སུ་བཤད་པའི་ཕྱིར་ཏེ། ཁྱོད་གཉིས་ཀས་སངས་རྒྱས་སུ་འདོད་པའི་ཕྱིར་ཏེ། ཁྱོད་མདོ་ལུགས་ཀྱི་སྟོན་པ་སངས་རྒྱས་ཀྱང་ཡིན། ཁྱོད་སྔགས་ལུགས་ཀྱི་སྟོན་པ་སངས་རྒྱས་ཀྱང་ཡིན་པའི་ཕྱིར། གཞན་ཀྱི་དོན་ནི་ཕར་ཕྱིན་ཐེག་པ་ནས་བཤད་པའི་ས་བཅུ་གཅིག་པ་དེ། ཕར་ཕྱིན་ཐེག་པ་བས་སངས་རྒྱས་ཡིན་པར་འདོད་ཅིང་། ཕར་ཕྱིན་རང་རྐང་ལ་བརྟེན་ནས་ཐོབ་པར་འདོད་ཀྱང་། རྡོ་རྗེ་ཐེག་པ་བས་གཞལ་ན། ས་བཅུ་གཅིག་པ་ནི་བླ་མེད་ཀྱིས་ཁོ་ན་ཡིན་པས། ཕར་ཕྱིན་རང་རྐང་ལ་བརྟེན་ནས་ཐོབ་པར་ནུས་པ་མ་ཡིན་ཞིང་། དེ་ཡང་། རྣལ་འབྱོར་པ་ཡང་བློ་ཁྱད་ཀྱི། །གོང་མ་གོང་མ་རྣམས་ཀྱིས་གནོད། །ཅེས་གསུངས་པ་ལྟར། རྡོ་རྗེ་ཐེག་པ་དང་འབྲེལ་བ་ན། རྡོ་རྗེ་ཐེག་པ་ལས་བཤད་ཚུལ་ཉིད་དབང་བཙན་གྱི། ཕར་ཕྱིན་ཐེག་པ་ལས་བཤད་ཚུལ་རྣམས་ཁས་ལེན་མི་ལེན་རྣམ་དབྱེ་དུ་མ་ཡོད་དེ། དེས་ན་སྡོམ་གསུམ་ལས། ས་བཅུའི་མཐའ་མར་བདུད་བཏུལ་ནས། །རྫོགས་པའི་སངས་རྒྱས་ཐོབ་པར་གསུངས། །ཞེས་པའི་དོན་ས་བཅུ་པའི་རྒྱུན་མཐའ་བདུད་བཅོམ་ནས། ས་བཅུ་པའི་རྗེས་ཐོབ་དེ་མ་ཐག་རྫོགས་པའི་སངས་རྒྱས་ཐོབ་པ་ཕ་རོལ་ཏུ་ཕྱིན་པ་ལས་གསུངས་སོ། །ཞེས་འཆད་དགོས་མོད། འོན་ཀྱང་ལུགས་འདིར་ས་བཅུ་པའི་རྗེས་ཐོབ་དེ་མ་ཐག་སངས་རྒྱས་ཐོབ་པར་ཁས་མི་ལེན་ཏེ། ཕར་ཕྱིན་ཐེག་པ་ནས་བཤད་པའི་ས་བཅུ་གཅིག་པ་དེ་སློབ་ལམ་ཡིན་པའི་ཕྱིར་ཏེ། དེ་ནས་བཤད་པའི་ས་བཅུ་གཅིག་པ་དེ་བཅུ་གཅིག་པ་དཔེ་མེད་ཀྱི་ས་དང་དོན་གཅིག་པའི་ཕྱིར། འོ་ན་སྔར་དྲངས་པའི་ལུང་དེ་མི་འཐད་པར་ཐལ་ལོ་སྙམ་ན་དེ་འཐད་ཀྱང་གསུངས་ཞེས་པའི་ཚིག་གི་ནུས་པ་མྱང་ཤེས་ན་སྐྱོན་མེད་དེ། ས་བཅུའི་རྒྱུན་མཐར་བདུད་བཅོམ་ནས་དེ་རྗེས་དེ་མ་ཐག་རྫོགས་པའི་སངས་རྒྱས་ཐོབ་པར་ཕར་ཕྱིན་ཐེག་པ་ལས་གསུངས་ཞེས་པ་གཞུང་འདིའི་དོན་ཡིན་པ་གང་ཞིག །དེ་ལྟར་ཕར་ཕྱིན་ཐེག་པ་ལས་གསུངས་པར། ལུགས་འདིར་ཡང་འདོད་པའི་ཕྱིར། ཕར་ཕྱིན་ཐེག་པ་ལས་དེ་ལྟར་གསུངས་ཀྱང་གསུང་ཁས་མི་ལེན། ཅེས་འཆད་དགོས་ཏེ། འདིར་རྡོ་རྗེ་ཐེག་པ་ཉིད་དབང་བཙན་པའི་ཕྱིར། དེ་བཞིན་དུ་དོགས་པ་འདི་ཡང་དཔྱོད་དགོས་ཏེ། ཕར་ཕྱིན་རང་རྐང་ལ་བརྟེན་ནས་སངས་རྒྱས་ཐོབ་པ་ཡོད་པར་ཐལ། ཕར་ཕྱིན་རང་རྐང་གི་ལམ་དུ་བསྐལ་པ་གྲངས་མེད་གསུམ་དུ་

ཚོགས་བསགས་པ་ལ་བརྟེན་ནས་འབྲས་བུ་སངས་རྒྱས་ཀྱི་ས་མཚན་ཉིད་པ་ཐོབ་པ་ཞིག་ཡོད་པའི་ཕྱིར་ཏེ། སོ་ནམ་ཚུལ་བཞིན་ཡུན་རིང་དུ་བྱས་པ་ལ་བརྟེན་ནས། འབྲས་བུ་ལོ་ཏོག་མཚན་ཉིད་པ་རིམ་གྱིས་སྨིན་པ་ཞིག་ཡོད་པའི་ཕྱིར། ཁྱབ་སྟེ། སོ་ནམ་ཚུལ་བཞིན་བྱས་པ་ཡིས། །ལོ་ཏོག་རིམ་གྱིས་སྨིན་པ་ལྟར། །ཕ་རོལ་ཕྱིན་པའི་ལམ་ཞུགས་ན། །གྲངས་མེད་གསུམ་གྱིས་རྫོགས་འཚང་རྒྱ། །ཞེས་གསུངས་པའི་ཕྱིར། ཞེ་ན་སྐྱོན་མེད་དེ། ཕར་ཕྱིན་ལམ་དུ་བསྐལ་པ་གྲངས་མེད་གསུམ་དུ་ཚོགས་བསགས་པ་ལས་རྫོགས་འཚང་རྒྱ་བར་ཕར་ཕྱིན་ཐེག་པ་ལས་གསུངས་ཞེས་པའི་དོན་ཡིན་པའི་ཕྱིར་རོ། །དེས་ན་འབྲས་བུ་སངས་རྒྱས་ཀྱི་ས་མཚན་ཉིད་པ་ནི། སྣང་བ་ཐམས་ཅད་སྐུ་གསུང་ཐུགས་ཀྱི་གསང་བ་བསམ་གྱིས་མི་ཁྱབ་པའི་རྣམ་རོལ་དུ་འཆར་བའི་སངས་རྒྱས་རང་སྣང་གི་ཡེ་ཤེས་དེ་ཡིན་ཞིང་། དེ་ལ་བསམ་གྱིས་མི་ཁྱབ་པའི་གནས་མངོན་དུ་བྱས་པའི་ས་ཞེས་ཀྱང་བྱ། འོ་མས་བཅུས་པའི་སྐྱུ་རུ་རའི་དཔེས་མཚོན་པའི་འབྲས་བུ་ཞེས་ཀྱང་བྱ། བཅུ་གསུམ་རྡོ་རྗེ་འཛིན་པའི་ས་ཞེས་ཀྱང་བྱ་བ་ཡིན་ཏེ། ནང་གི་ས་ལམ་ཀུན་བགྲོད་ནས། །རྡོ་རྗེ་འཛིན་པའི་ས་དགེ་བ། །བཅུ་གསུམ་ས་ནི་ཐོབ་པར་འགྱུར། །ཞེས་དང་། སྐྱེས་བུ་དམ་པ་དག་གིས། རྒྱལ་བ་མུས་ཆེན་ལ་བསྟོད་པ་ལས། ཐབས་ཤེས་གཉིས་མེད་ཐུགས་ཀྱི་རང་བཞིན་སྐྱ། །མཚན་རྟོག་ལས་སྐྱོན་གཉིས་མེད་རྡོ་རྗེའི་གསུང་། །ཁྱོད་ཐུགས་བདེ་བ་ཆེ་ལ་རྣམ་རོལ་པའི། །དཔལ་ལྡན་རྡོ་རྗེ་འཛིན་པའི་ཞབས་ལ་འདུད། །ཅེས་གསུངས་པའི་ཕྱིར།

དེ་ལྟར་རབ་དབྱེའི་གཞུང་གི་དགོངས་པའི་དོན། །ཆ་ཤས་ཙམ་ཡང་བྱིས་བློས་སྤྱོད་པའི་ཡུལ། །ནམ་ཡང་མ་ཡིན་མོད་ཀྱང་བདག་ཉིད་དང་། །སྐལ་མཉམ་གཞན་ལ་ཕན་ཕྱིར་འདི་སྤྲུར་རོ། །འདི་ལས་དགེ་བ་དུང་དང་ཀུ་མུད་དང་། །གངས་རི་ལྟ་བུར་དཀར་བ་གང་ཐོབ་དེས། །རྒྱལ་བསྟན་དཀར་པོའི་སྣང་བ་རབ་འབྱམས་ཏེ། །བསྟན་འཛིན་བཤེས་གཉེན་བློ་གསལ་ཡོངས་འཕེལ་ཤོག །འདིར་བཤད་མདོ་སྔགས་བཀའ་དང་དེ་འགྲེལ་གྱི། །བསྟན་བཅོས་ཆེ་དང་ཁྱད་པར་ཀུན་མཁྱེན་རྗེའི། །གསུང་གི་བདུད་རྩི་རང་བཟོའི་བསྲེ་བསླད་དང་། །བྲལ་བར་བྲིས་འདི་ཡིད་ཆེས་གནས་ཡིན་ནོ། །ཐར་པ་དོན་གཉེར་བློ་གྲོས་ལྡན་པ་དག །མུ་མཐའ་མེད་པའི་བཀའ་དང་བསྟན་བཅོས་ལ། །ངོམ་པ་མེད་པའི་ཐོས་བསམ་ཤེས་རབ་ལ། །ཡིད་མེད་བརྩོན་འདི་བསྟན་པའི་སྲོག་ཤིང་ཡིན། །དེ་སླད་བསྟན་དང་འགྲོ་བ་ཡོངས་ཀྱི་དོན། །སྙིང་ནས་སེམས་ལྡན་སྙིང་སྟོབས་གཡོ་མེད་དང་། །ཐོས་བསྒོམ་བྱ་བར་དུས་ཀུན་འབད་པ་ནི། །ཙཎྜའི་གཏམ་ཡིན་ཀྭ་ཡེ་གྲོགས་དག་གསོན། །

དེ་ལྟར་སྡོམ་པ་གསུམ་གྱི་རབ་ཏུ་དབྱེ་བའི་སྐབས་གསུམ་གྱི་སྤྱི་དོན་མཐའ་དག་རགས་རིམ་ཆ་ཚང་བ་འདི་ནི་རང་གི་སློབ་བུ་གཞུང་ལུགས་རབ་འབྱམས་སྨྲ་བ་འགའ་ཞིག་གིས་བསྐུལ་བའི་ངོར་དཔལ་ས་སྐྱ་པའི་

རྒྱུད་གསུམ་སྨྲ་བ་དགེ་སློང་རྡོ་རྗེ་འཛིན་པ་ངག་དབང་ཆོས་གྲགས་ཞེས་བྱ་བས་ཤིང་མོ་ཡོས་བུའི་ལོ་སྨིན་བླའི་ཡར་ཚེས་བཅུ་གཉིས་ལ་ཐུབ་བསྟན་ཡངས་པ་ཅན་གྱི་བླ་བྲང་གི་དབང་ཁང་ཆོས་ཀྱི་གསང་མཛོད་ཆེན་མོའི་གནས་སུ་ལེགས་པར་སྦྱར་བའི་ཡི་གེ་པ་ནི་ངག་དབང་ཕུན་ཚོགས་ཡིན། འདིས་ཀྱང་རྒྱལ་བའི་བསྟན་པ་རིན་པོ་ཆེ་སྤྱི་དང་། བྱེ་བྲག་ཏུ་རྒྱལ་བ་མུས་པ་རབ་འབྱམས་པའི་བསྟན་པ་ཡུན་རིང་དུ་དར་ཞིང་རྒྱས་ལ། འཚོ་ཞིང་གཞེས་ཏེ་མི་ནུབ་པའི་མཆོག་དམ་པར་གྱུར་ཅིག ། ། སརྦ་མངྒ་ལཾ། ། །

ཨོཾ་སྭསྟི། རབ་འབྱམས་རྒྱལ་བའི་ཡེ་ཤེས་ལུས་ཅན་ངོ་མཚར་མཚན་དཔེའི་ཕུང་པོ་འབར། །རྡོ་རྗེ་སྟོན་པོའི་ཡི་གེས་རབ་བརྗོད་ཡན་ལག་རྒྱ་མཚོའི་ཆོས་སྒྲ་སྒྲོགས། །ཆོས་ཀྱི་དབྱིངས་དང་སྙོམས་པར་རབ་འཇུག་རྣམ་པ་ཀུན་གྱི་མཆོག་ལྡན་པ། །འགྲོ་བའི་བླ་མ་ས་སྐྱ་པཎ་ཆེན་སྲིད་ཞིའི་གཙུག་ན་རྒྱལ་གྱུར་ཅིག༡། སྲས་བཅས་རྒྱལ་བའི་མཁྱེན་རབ་ཕུང་པོ་དཔལ་གྱི་ཆུ་གཏེར་ལ་ཆགས་པས། །བསྟན་འགྲོ་ཀུན་གྱི་མཆོད་སྡོང་ཉིད་གྱུར་ས༷་ཆེན་འདི་ན་ཞབས་བཀོད་པ། །ལུང་དང་རྟོགས་པའི་ཟེའུ་འབྲུ་རྣམ་བཀྲ་ཕན་བདེའི་སྣང་བ་རབ་སྐྱེ་བའི༷། །འཁོན་རིགས་འཛིན་པ་རྐང་འཐུང་ཕྲེང་མཛེས་ལྷ་བཅས་འགྲོ་བའི་ཕྱུག་གི་ཡུལ། ༢། བག་མེད་འགོགས་པའི་ཁྲིམས་ཀྱི་ས་གཞི༷ར་སོ་ཐར་སྡོམ༷་པའི་མྱུ་གུ་འཁྲུངས། །གཞན་ཕན་བྱང་ཆུབ་སེམས་ཀྱི་འདབ་ཡངས་སྙིང་རྗེའི་གེ་སར་དར་བབས་པ། །སྨི༷ན་གྲོལ་སྦྲང་རྩིའི་བཅུད་ཀྱིས་གདམ་འདི་ས་གསུམ༷་སྐལ་བཟང་བྱུང་བའི་ཕྱིར། །ཆོས་དང་ཆོས་མིན་རབ༷་ཏུ་དབྱེ་ལ་ལེགས་བཤད་རྣ་བདུན་དབང་པོ་འཆར། ༣། རྒྱལ་ཀུན་གསུང་གི་གསང་བའི་མཛོད། །ཟབ་དོན༷་རིན་ཆེན་འདུས་པའི་གཏེར། །སྡེ་སྣོད་རྒྱུད་སྡེའི་ངེས་གསང་ལ། །སྟོན་པ་མཆོག་གི་རྒྱལ་ཚབ་ལགས། ༤། ཀུན༷་མཁྱེན་གསུང་རབ་རྒྱ་མཚོ་འཛིང་། །རྟོགས་དཀའི་དོན་བཟང་འབྱེད་པའི་ཕུལ། །གསལ༷་བྱེད་ནོར༷་བུའི་ཕྲེང༷་བ་འདི། །དཔྱོད་ལྡན་བློ་གསལ་མགུལ་པའི་རྒྱན། ༥། གངས་ལྗོངས་བསྟན་འགྲོའི་སྐྱབས་གཅིག་པུ། །གོ༷ང་མ་ཐམས་ཅད་མཁྱེན་གཟིགས་ཀྱི། །བཀའ་ལུང་རྡོ་རྗེའི་ཕྲེང་བ་ཡིས། །ལ་ཐོད་དམ་པོར་བཅིངས་པའི་མཐུས། ༦། སྟེ་བཞི་དགུ༷་བཅུའི་ནོར་འཛིན་མ༷། །ཆོས་བཞིན་སྐྱོ༷ང་བའི་དཔལ༷་མོ༷་དང༷་། །དཔལ་མཛང་བློན་ཆེན་མཆོག༷་ཟུར༷་གེས། །ཆོས༷་སྦྱིན༷་འཛད་མེད་འཕྲུལ༷་པར་བསྐྲུན། ༧། རབ་དཀར་དགེ་ཚོགས་ཀེ་ཏ་ཀ༷། །རབ་མཛེས་མཚན་མོའི་མགོན༷་པོ་ཡིས། །རབ་བརྗིད་བདུད་རྩིའི་རླུང་ཆེན་གྱིས། །རབ་ཡངས་བསྟན་འགྲོའི་གསོས་གྱུར་ཅིག༨། རིགས་གསུམ་རྒྱལ་བའི་ཡེ་ཤེས་འཕྲུལ། །དཔལ་ལྡན་འཁོན་གྱི་རིགས་འཛིན་པའི། །བདག་ཆེན་ཡབ་སྲས་ཞབས་པདྨོ། །བསྐལ་པ་རྒྱ་མཚོར་འཚོ་བཞེས་གསོལ། ༩། ཟུར་ཕུད་ལྔ་པ་མི་ཡི་གཟུགས། །འཇམ་དབྱངས་ཆོས་ཀྱི་བློ་གྲོས་སོགས། །རིས་མེད་སྐྱེས་ཆེན་དམ་པ་རྣམས། །མྱུ་

ངན་མི་འདའ་བཞུགས་གསོལ་འདེབས། ༡༠། སྣན་སྣན་འཆད་རྩོད་རྩོམ་པའི་དབྱངས་ལྡན་དགེ་འདུན་འདུས་པས་ཕྱོགས་ཀུན་ཁྱབ། །གསལ་གསལ་ཕན་བདེའི་སྣང་བ་དམ་པས་འཇིག་རྟེན་ཁམས་ཀུན་དར་ཞིང་རྒྱས། །མཛེས་མཛེས་ས་སྐྱོད་ཞབས་ཟུང་རབ་བརྟན་ཕ་མར་གྱུར་པའི་འགྲོ་རྣམས་ཀྱིས། །ཟབ་ཟབ་སྡོམ་གསུམ་དོན་བཟང་སྒོང་ནས་སྐུ་བཞིའི་རྒྱལ་སར་ཕྱིན་པར་ཤོག༡༡།

ཅེས་དཔལ་ས་སྐྱ་ནས་སྐྱབས་མགོན་གོང་མ་རིན་པོ་ཆེས་བཀའ་ལུང་གསེར་གྱི་ཅོད་པན་གཙུག་ཏུ་བཅིངས་པ་ལ་བརྟེན་ནས། བསྟན་པའི་སྦྱིན་བདག་ཆེན་པོ་སྡེ་དགེ་ས་སྐྱོང་ཆེ་གཡང་དཔལ་མོའི་ཐུགས་བསྐྱེད་ལས་རབ་རྒྱལ་ཤིང་ཕོ་སྤྲེལ་ལོ་ལ་ཀུ་སེའི་ཕོ་བྲང་དུ་ངོ་མཚར་སྤྲུར་གྱི་མཆོད་སྟོང་གསར་བསྐྲུན་བགྱིས་ནས་དཔལ་ས་སྐྱར་ཕུལ་བའི་སྐབས་སུ། མགོ་འདོམ་གྱི་སྲི་ཞུ་བ་མཁྱེན་དཔྱོད་རབ་ཏུ་བཀྲ་བ་དཔོན་འཇམ་དབྱངས་བློ་གྲོས་ཀྱིས་བཀྲ་ཤིས་པའི་ལྷ་རྫས་དང་རིན་གཉིས་སྲང་འཁོར་གསུམ་གྱི་གནང་སྦྱིས་བཅས་གསུང་གི་བསྐུལ་བ་ལྟར། གསེར་ལྗོངས་མཁན་མིང་མཁས་གྲུབ་ཆོས་ཀྱི་སེང་གེས་སྤྱར་བྱང་སྨོན་ཚིག་ཏུ་བགྱིས་པ་བི་ཛ་ཡན་ཏུ།། ༼༽

༄༅། །བོད་ཀྱི་མཁས་པ་སྔ་ཕྱི་དག་གི་གྲུབ་མཐའི་ཤན་འབྱེད་མཐའ་དཔྱོད་དང་བཅས་པའི་འབེལ་བའི་གཏམ་སྐྱེས་དཔྱོད་ལྡན་མཁས་པའི་ལུས་རྒྱན་རིན་ཆེན་མཛེས་པའི་ཕྲ་ཚོམ་བཀོད་པ་ལས་སྡོམ་གསུམ་སྐོར་བཞུགས་སོ། །

པཎ་ཆེན་ངག་དབང་ཆོས་གྲགས།

བསྟན་རྩ་སོ་ཐར་ཐེག་ཆེན་སྤྱི་ཡི་ཆོས། །སེམས་བསྐྱེད་ལམ་གྱི་མཆོག་གྱུར་དབང་བསྐུར་བ། །བརྩེ་བས་ཉེར་འདོམས་བླ་མ་མཆོག་རྣམས་དང་། །སྟོན་མཆོག་ཐུབ་དབང་དབྱེར་མེད་ཞབས་ལ་འདུད། །ཅེས་མཆོད་པར་བརྗོད་ནས། འདིར་གང་བཤད་པར་བྱ་བའི་ཆོས་ནི་རྒྱལ་བའི་གསུང་རབ་ཀྱི་བཀའ་བསྡུ་བཞི་པ་ཆོས་དང་ཆོས་མ་ཡིན་པ་རྣམ་པར་འབྱེད་པའི་བསྟན་བཅོས་སྡོམ་པ་གསུམ་གྱི་རབ་ཏུ་དབྱེ་བ་འདི་ཉིད་ཡིན་ལ།

འདི་འཆད་པར་བྱེད་པ་ལ་ཐོག་མར་དགོངས་འགྲེལ་བྱུང་ཚུལ་མདོ་ཙམ་སྨོས་ན། འདི་ལ་ཆོས་རྗེ་ས་པཎ་ཉིད་ཀྱི་རང་མཆན་འཐོར་བུ་མདོར་བསྡུས་ཡོད། འདི་ལ་ཁ་ཅིག་གིས་མཆན་སྣ་བསྒྲིངས་ནས་ཅུང་ཟད་མང་དུ་སོང་བ་ཡོད་མོད། རང་མཆན་རྐྱང་པ་ཉིད་དུ་འཁྲུལ་པར་མི་བྱ། རབ་དབྱེའི་འགྲེལ་ཆེན་མཛད་པ་སྔ་མ་རྣམས་དང་། གོ་ཤཱཀ་གཉིས་ཀྱི་གསུང་ལས་རང་མཆན་གྱི་སྐོར་ཡེ་མེད་ཀྱང་། མཁས་པའི་དབང་པོ་གུང་རུ་ཤེར་བཟང་རང་མཆན་ཡོད་པར་བཞེད་ཅིང་། དེའང་རང་རེའི་རྗེ་དོ་རྗེ་འཆང་ཀུན་དགའ་བཟང་པོའི་གསུང་རྒྱུན་ལས་བྱུང་བའི་ཚད་ཐུབ་ངེས་སུ་འདུག །དེ་ནས་རབ་དབྱེའི་ཕྱོགས་སྔ་རྣམས་ངོས་འཛིན་པ་ལ། འདུལ་བ་སེང་གེས་ཕྱོགས་སྔ་མདོར་བསྡུས་པ་ཡོད། འདི་ལ་ཀུན་མཁྱེན་རིན་པོ་ཆེས་དཔྱད་པ་མཛད་པ་འགའ་ཞིག་འདུག །དེའི་རྗེས་སུ་ཆོས་རྗེ་བླ་མ་དམ་པས་རབ་དབྱེའི་ས་བཅད་རྒྱས་པར་མཛད། ཆོས་རྗེ་བླ་མའི་སློབ་མ་ལྷ་བཙུན་བསམ་ཡས་པ་དང་། སྤོས་ཁང་པ་རིན་ཆེན་རྒྱལ་མཚན་གཉིས་ཀྱིས་ཊཱིཀྐ་ཆེན་པོ་རེ་མཛད། སྤོས་ཁང་པའི་སློབ་མ་དགའ་གདོང་པ་ཆོས་རྒྱལ་དཔལ་བཟང་གིས་ཊཱིཀྐ་རྒྱས་འབྲིང་བསྡུས་གསུམ་དང་། དཀའ་འགྲེལ་རྒྱས་འབྲིང་བསྡུས་གསུམ་སྟེ་ཡིག་ཆ་ཚོ་དྲུག་མཛད། གདན་ས་ཆེན་པོའི་ལས་ཆེན་གཞོན་ནུ་སེང་གེས་རབ་དབྱེའི་གཞུང་ཧྲིལ་སྤྱར་མ་ཉིད་ལ་འབྲུ་བསྣན་པའི་ཊཱིཀྐ་མཛད། དེ་ལྟར་སྨོས་པའི་ཊཱིཀྐ་བཞི་པོ་འདི་ལ་པཎ་ཆེན

རིན་པོ་ཆེས་གསེར་ཐུར་དུ་ཚད་ཐུབ་འགྲེལ་ཆེན་བཞིའི་མིང་འདོགས་མཛད། གཞན་ཡང་སྒྲ་བཤེར་རིན་པ་དང་། བཟང་ལྡན་པ་དཀོན་མཆོག་གྲགས་དང་། ཕྱིས་སུ་པཎ་ཆེན་གཞུང་བརྒྱ་པ་དང་། ལྟགས་ཐང་རབ་འབྱམས་པ་དང་། གསེར་མདོག་ཅན་ནས་པཎ་ཆེན་དོན་ཡོད་གྲུབ་པ་དང་། ཐུབ་བསྟན་གདན་ས་པ་ཆོས་རྗེ་ཆོས་གྲགས་རྒྱ་མཚོ་པ་རྣམས་ཀྱིས་མཛད་པའི་ཊཱི་ཀཱ་སོགས་མང་དུ་ཡོད་མོད། ཆོས་རྗེ་ཉིད་ཀྱི་དགོངས་པ་ཐུན་མོང་མ་ཡིན་པ་ལོངས་པ་ནི་ཀུན་མཁྱེན་ཆེན་པོ་ཉིད་ཡིན་ཏེ། ཡིག་ཆའང་རྣམ་བཤད་གསུང་རབ་དགོངས་གསལ། སྡོམ་གསུམ་སྤྱི་དོན། སྡོམ་གསུམ་ཁ་སྐོང་ལ་སོགས་པ་རྗེ་བཙུན་གོང་མའི་དགོངས་པ་འཁྲུལ་མེད་དུ་སྐྱོང་བ་དུ་མ་མཛད། པཎ་ཆེན་ཤཱཀྱ་མཆོག་ལྡན་གྱིས་རབ་དབྱེ་ལ་དོགས་གནས་ཀྱི་དྲི་བ་བརྒྱ་རྩ་གཅིག་བཀོད། དེ་ལ་པཎ་ཆེན་ཉིད་ཀྱིས་རང་ལན་གསེར་ཐུར་ཆེན་མོ་དང་། ཀུན་མཁྱེན་རིན་པོ་ཆེས་ལན་འདེབས་ལ་སྡོམ་གསུམ་འཁྲུལ་སྤོང་དང་། ཕྱིས་སུ་གློ་བོ་མཁན་ཆེན་པས་དྲིས་ལན་ལུང་ཚད་མ་ལ་སོགས་པ་དྲིས་ལན་གྱི་སྐོར་བཅུ་གཉིས་ཙམ་ཡོད་པར་གྲགས། དེའང་དཔལ་གྱི་འཕྲེང་ཤིང་ལས། རྣམ་པར་བཤད་པའི་དགའ་སྟོན་བཅུ་ཕྲག་གཉིས། །བརྒྱ་རྩ་བརྒྱད་པའི་དྲིས་ལན་མིག་བཅས་ཕྱོགས། །ཞེས་གསུངས་པས་དྲིས་ལན་བཅུ་གཉིས་དང་། རྣམ་བཤད་ཉི་ཤུ་ཙམ་གཟིགས་པར་སྣང་། རྗེ་བླ་མ་མཁས་པའི་དབང་པོ་ཉིད་ཀྱིས་མཛད་པ་ལ་སོ་ཐར་གྱི་སྐབས་ལ་མཆོད་བརྗོད་ནས་བདེ་གཤེགས་སྙིང་པོའི་བར་ལ་ཊཱི་ཀཱ་ཞིབ་མོ་མཐའ་དཔྱོད་དང་བཅས་པ་མཛད། སྔགས་སྡོམ་གྱི་སྐབས་ལ་སྟན་བརྒྱུད་དཀའ་འགྲེལ་དུ་གྲགས་པ་འབྲུ་གནོན་མཐའ་དཔྱོད་དང་བཅས་པ་ཡོད། བསྟན་བཅོས་འདི་ལ་སྤྱི་དོན་གྱི་ཚོགས་ནི་ཤིན་ཏུ་མང་སྟེ། པཎ་ཆེན་འབུམ་ཕྲག་གསུམ་པས་སྐབས་དང་པོ་གསུམ་ལ་སྤྱི་དོན། འཇམ་དབྱངས་ཀུན་དགའ་ཆོས་བཟང་གིས་ཀུན་མཁྱེན་རིན་པོ་ཆེའི་སྤྱི་དོན་ལ་རྩོམ་གཞི་གནང་བའི་སྤྱི་དོན་ཡོངས་སུ་རྫོགས་པ། དེའི་དབུར་ས་སྐྱ་པའི་གདུང་རབས་དང་བཅས་པ། པཎ་ཆེན་འབུམ་ཕྲག་ལྔ་པ་བྱམས་པ་ལུང་རིགས་རྒྱ་མཚོས་སོ་ཐར་གྱི་སྐབས་དང་བྱང་སྡོམ་གྱི་སྐབས་ལ་སྤྱི་དོན་རེ་རེ། སྔགས་སྡོམ་གྱི་སྐབས་ལ་གཉིས་ཏེ་སྤྱི་དོན་ཚན་པ་བཞི་མཛད། དེ་དག་ཀུན་ཀྱང་བསྟན་པའི་རྒྱན་དུ་ཆེ་བ་ཡིན་ནོ༎ ༎

ད་ནི་མཁས་པ་དེ་དག་གི་བཞེད་པ་མདོ་ཙམ་བཀོད་དེ་ཞར་ལ་མཐའ་དཔྱོད་ཡང་ཙུང་ཟད་རེ་བཤད་ན་བསྟན་བཅོས་འདིའི་དབུར་མཆོད་བརྗོད་རིམ་པ་གསུམ་བྱུང་བ་འདི་ལ་ཊཱི་ཀཱ་སྔ་མ་རྣམས་སུ་མཆོད་ཡུལ་འདི་ཡིན་གྱི་གསལ་ཁ་ཆེར་མི་སྣང་། ཀུན་མཁྱེན་ཆེན་པོས་རང་གི་སྔགས་ཆོས་ཉོས་པའི་རྡོ་རྗེ་ཐེག་པའི་བླ་མ་དམ་པ་སྤྱི་དང་། སྡོམ་གསུམ་རིམ་ཅན་དུ་སྟེར་བའི་རྩ་བའི་བླ་མ། རྩོམ་པ་པོ་ཉིད་ལ་སྦྱར་ན་རྗེ་བཙུན་རིན་པོ་ཆེ

གྲགས་པ་རྒྱལ་མཚན། རྗེས་འཇུག་ལ་སྦྱར་ན་རང་རང་གི་སྡོམ་གསུམ་རིམ་ཅན་དུ་བླང་བའི་རྩ་བའི་བླ་མ་དང་། སྡོམ་གསུམ་གྱི་བསླབ་པ་འཆའ་བ་པོའི་སྟོན་པ་སངས་རྒྱས་རྣམས་ལ་རིམ་བཞིན་དུ་མཆོད་པར་བརྗོད་པ་ཡིན་གསུང་པ་ནི་དཔྱོད་ལྡན་གྱི་ཡིད་ལ་ཤིན་ཏུ་འབབས། ལེགས་བཤད་མཁས་པ་ཚོགས་པའི་དབུས་སུ་རྫོང་ཐུབ་པ་ཡིན། ཕྱིས་སུ་རྗེ་ལུགས་ཐང་པ་དང་། ཆོས་འཁོར་ལྷུན་པོ་ནས་ཀྱང་བླ་མ་ཁ་ཅིག་མཆོད་བརྗོད་རིམ་པ་གསུམ་ཀ་རྗེ་བཙུན་རིན་པོ་ཆེ་ཉིད་ལ་ཡིན་གྱི། གཞན་སུ་ལའང་མི་འཐད་ཟེར། རྒྱུ་མཚན་ནི་དབུ་ཚུགས་ཀྱི་རྣམ་ཐར་བསྐྱང་བ་ལས་གཞན་མི་འདུག །དེ་ལྟར་ན་རིགས་གཏེར་གྱི་དབུར་ཡང་མཆོད་བརྗོད་རིམ་པ་གསུམ་བྱུང་བ་དེ་རྗེ་བཙུན་རིན་པོ་ཆེའམ་ཁ་ཆེ་པཎ་ཆེན་ལྟ་བུ་བླ་མ་གཅིག་ཉིད་ལ་ཡིན་བྱས་ན་ཁྱེད་རྣམས་སྐྱོན་གང་གཏོང་། དེ་ལ་སྐྱོན་གཏོང་ན་རབ་དབྱེ་འདི་ལའང་མཚུངས་སོ། །

ལུས་མདོར་བསྟན་དུ། སོ་སོར་ཐར་པའི་སྡོམ་པ་དང་། །ཞེས་སོགས་སྐབས་དོན་གྱི་བརྗོད་བྱ་དོན་ཚན་བཅུ་གཅིག་ཏུ་བསྡུས་ཏེ་གསུངས་པ་དེ་སྐབས་གསུམ་དུ་རྒྱས་པར་འཆད་པའི་ཚུལ་ལ་སྡོམ་གསུམ་སོ་སོའི་ངོ་བོ་ནས་སོ་སོའི་བསླབ་བྱའི་བར་ལ་མདོར་རྒྱས་སྦྱོར་ཚུལ་ནི་གོ་སླ་བས་ཀུན་ཀྱང་མཐུན་པར་སྣང་། སེམས་བསྐྱེད་པ་ཡི་གནད་རྣམས་དང་། །ཞེས་གསུངས་པ་དེའི་རྒྱས་བཤད་སྐབས་གཉིས་པར་འབྱུང་བ་སྐབས་སུ་བབ། དེ་ལ་དགའ་གདོང་ཊཱི་ཀ་ཆེན་ལས། བདག་གཞན་བརྗེ་བའི་བྱང་ཆུབ་ཀྱི་སེམས་བསྒོམ་དུ་མི་རུང་བར་འདོད་པ་བཀག་ནས། དེ་བསྒོམ་པ་སངས་རྒྱས་ཀྱི་བསྟན་པའི་སྙིང་པོ་ཡིན་པར་གསུངས་པའི་སྐབས་རྣམས་སེམས་བསྐྱེད་པའི་གནད་ཀྱི་རྒྱས་བཤད་ཡིན་གསུངས་པ་ནི་བདག་ཉིད་ཆེན་པོའི་དགོངས་པར་ཇི་ལྟར་འགྲོ་བརྟག་པར་བྱ་སྟེ། བདག་གཞན་སྙོམས་པ་དང་བརྗེ་བའི་བྱང་ཆུབ་ཀྱི་སེམས་བསྒོམ་པ་རྣམས་ནི། སོ་སོའི་བསླབ་པར་བྱ་བ་དང་། །ཞེས་པའི་སྐབས་ཀྱི་བྱང་སྡོམ་གྱི་བསླབ་བྱ་ལ་དགག་སྒྲུབ་གཉིས་སུ་གསུངས་པའི་སྒྲུབ་པའི་བསླབ་བྱ་ཡིན་ཏེ། གཞུང་ཉིད་དུ། བྱང་ཆུབ་སེམས་ཀྱི་བསླབ་པ་ལ། །བདག་གཞན་མཉམ་བརྗེ་གཉིས་སུ་གསུངས། །ཞེས་དང་། སེམས་བསྐྱེད་ཀྱི་ནི་བསླབ་བྱའི་མཆོག །བདག་གཞན་བརྗེ་བའི་བྱང་ཆུབ་སེམས། །ཞེས་གསུངས་འདུག་པའི་ཕྱིར། དེ་ན་སེམས་བསྐྱེད་ཀྱི་གནད་ཀྱི་རྒྱས་བཤད་ནི། བྱང་ཆུབ་སེམས་ཀྱི་གནད་འཕྲུགས་ན། །ཆོས་གཞན་གྱིས་ནི་འཚང་མི་རྒྱ། །སྟོང་ཉིད་ཉན་ཐོས་རྣམས་ཀྱང་བསྒོམ། །ཞེས་པ་ནས་བཟུང་མ་དག་པའི་སྨྲིན་སོགས་བཀག་ནས་མཇུག་ཏུ། དེ་ལ་སོགས་པ་མཐའ་ཡས་པ། །སངས་རྒྱས་གསུང་གི་གནད་འཕྲུགས་པས། །དགེ་བ་བྱེད་པར་སྣང་ན་ཡང་། །མ་དག་པ་རུ་ཤེས་པར་གྱིས། །ཞེས་པའི་བར་འདི་དག་ཡིན་ཏེ༑ གཞུང་འདི་དག་གིས་ཐབས་མཁས་དང་བྲལ་བའི་སྟོང་ཉིད་བསྒོམ་པ་དང་། མི་དམིགས་པའི་རྣམ་པས་མ

ཟིན་པའི་བསྡོ་བ་དང་། མ་དག་པའི་སྨིན་པ་དང་ཚུལ་ཁྲིམས་ལ་སོགས་པ་ཉམས་ལེན་གྱི་གནད་འཁྲུལ་པ་རྣམས་དངོས་སུ་བཀག་ནས་དེ་དག་གིས་ཤུགས་ལས་ཐེག་ཆེན་ཕ་རོལ་ཏུ་ཕྱིན་པའི་ཉམས་ལེན་གྱི་གནད་མ་འཁྲུལ་པ་སྒྲུབ་ཚུལ་གོ་ནུས་པ་ཡིན་ནོ། །

སྟོང་ཉིད་སྙིང་རྗེའི་སྙིང་པོ་ནི་སྐབས་གསུམ་དུ་ཅི་རིགས་པར་སྟོན་གསུངས་པ་ནི་སྐབས་དང་པོའི་ཐེག་ཆེན་སོ་ཐར་དང་། གཉིས་པའི་བྱང་སྡོམ་དང་། སྐབས་གསུམ་པའི་སྔགས་སྡོམ་གྱི་ཉམས་ལེན་སུམ་ཆར་དུ་སྟོང་ཉིད་སྙིང་རྗེའི་སྙིང་པོ་ཅན་འབྲེལ་ཆགས་ཤིང་འབྱུང་བ་ལ་དགོངས་པ་ཡིན་གྱིས་འདིའི་རྒྱས་བཤད་ཀྱི་གཞུང་ནི་སྐབས་གསུམ་པ་ཉིད་དུ་འབྱུང་ངོ་། །ཇི་ལྟར་ཞེ་ན། ཕྱག་ཆེན་པ་འགའ་ཞིག་སྙིང་རྗེ་དང་བྲལ་བའི་སེམས་སྟོང་རྐྱང་དུ་བསྒོམ་པ་ཙམ་གྱིས་དཀར་པོ་ཆིག་ཐུབ་ལ་བརྟེན་ནས་འཚང་རྒྱ་བར་འདོད་པ་འགོག་པའི་གནད་ཀྱི་དོན་བསྟུ་བ་ན་འདི་གསུངས་ཏེ། ཆོས་རྣམས་ཀུན་གྱི་རྩ་བ་ནི། །སྟོང་ཉིད་སྙིང་རྗེའི་སྙིང་པོ་ཅན། །ཐབས་དང་ཤེས་རབ་ཟུང་འཇུག་ཏུ། །མདོ་རྒྱུད་ཀུན་ལས་རྒྱལ་བས་གསུངས། །ལ་ལ་སྒོམ་བྲལ་སྟོང་པ་ནི། །དཀར་པོ་ཆིག་ཐུབ་ཡིན་ཞེས་ཟེར། །འདི་ཡང་གནད་རྣམས་བཙོས་པར་དོགས། །ཞེས་གསུངས་པ་འདི་གོང་དུ། སྟོང་ཉིད་སྙིང་རྗེའི་སྙིང་པོ་ཅན། །ཞེས་མདོར་བསྟན་པ་དེའི་རྒྱས་བཤད་དུ་བྱས་ན་ལེགས་པ་འདྲ་བསམ། སྤྱི་བབ་སྟོང་ཉིད་སྙིང་རྗེའི་སྙིང་པོ་ཅན་འདི་ཐེག་ཆེན་ཕ་རོལ་ཏུ་ཕྱིན་པའི་ཉམས་ལེན་གྱི་གཙོ་བོ་ཡིན་ཏེ། གཞུང་འདིར་ཡང་། སྟོང་ཉིད་སྙིང་རྗེ་སོགས་བསྒོམ་པ། །ཕ་རོལ་ཕྱིན་པའི་གཞུང་ལུགས་ཡིན། །ཞེས་གསུངས་སོ། །

རིམ་པ་གཉིས་ཀྱི་གསང་ཚིག་དང་། །ཞེས་པའི་རྒྱས་བཤད་ནི། བླ་མེད་ལམ་གྱི་འཚང་རྒྱ་བ་ལ་རིམ་པ་གཉིས་ཅིག་ཅར་མི་དགོངས་པར་གང་རུང་རེས་ཆོག་པར་འདོད་པ་འགོག་བྱེད་ཀྱི་གཞུང་། ཁ་ཅིག་འཁྲུལ་དང་མ་འཁྲུལ་མེད། །ཅེས་པ་ནས། འོན་ཀྱང་རེ་རེས་འཚང་རྒྱ་བར། །འདོད་ན་ཤིན་ཏུ་འཁྲུལ་པར་བཤད། །ཅེས་པའི་བར་འདི་ཀུན་དང་། ཐེག་པ་གསུམ་གའི་ཆོས་ཀྱི་གནད་སྟོན་པའི་ཞར་ལ་འཕྲོས་དོན་གྱི་ཚུལ་དུ། སྡོམ་པ་གསུམ་དང་ལྡན་པ་ཡི། །རིམ་གཉིས་ཟབ་མོའི་ཞེས་སོགས་ཚིག་རྐང་དྲུག་དང་། བསྐྱེད་རིམ་དང་གཏུམ་མོའི་གནད་ལ་ཆེད་དུ་དགོངས་ནས། བརྒྱ་ལ་བསྐྱེད་རིམ་བསྒོམ་ན་ཡང་། །ཞེས་སོགས་ཚིགས་བཅད་གཅིག་དང་། གཏུམ་མོ་བསྒོམ་པ་ཕལ་ཆེར་ཡང་། །ཞེས་སོགས་ཚིགས་བཅད་གཉིས་གསུངས་པ་འདི་རྣམས་ཡིན། ཡེ་ཤེས་ཕྱག་རྒྱ་ཆེན་པོའི་རྒྱས་བཤད་ནི། ཕྱག་རྒྱ་ཆེན་པོ་བསྒོམ་ན་ཡང་། །ཞེས་དང་། དེས་ན་དེད་ཀྱི་མཐོང་ལམ་ནི། །འཕགས་པ་མིན་ལ་འབྱུང་མི་སྲིད། །ཅེས་པའི་བར་འདི་དག་ཡིན།

འདི་ལ་འབྲུག་ཕྱོགས་པ་འགས་ཆིག་ལ་ཁྲིས་ནས་མཐོང་ལམ་འཕགས་པ་མ་ཡིན་པ་ལ་འབྱུང་སྟེ། སོ་

སོའི་སྐྱེ་བོའི་རྟེན་ལ་མཐོང་ལམ་གསར་དུ་སྐྱེ་བས་ན་དེ་ཀ་འབྱུང་བར་སོང་འདུག་པའི་ཕྱིར། དེས་ན་འཕགས་པ་མིན་ལ་ལྡན་མི་སྲིད། །ཅེས་སམ། ཡོད་མི་སྲིད་ཅེས་འདོན་པ་བསྒྱུར་ན་ལེགས་ཟེར་མཁན་ཡང་ཡོད་འདུག་པ፤ འདི་ལ་བློ་གྲོས་དང་ལྡན་པ་དག་གི་བློས་དཔྱད་པའི་ལན་ཅི་འདྲ་འདེབས་རྒྱུ་ཡོད། འདི་འབྱུང་བའི་སྐབས་འོངས་པ་ན་འབྱུང་རྒྱུའི་འབྱུང་བ་ལ་སྦྱར་ན་དོགས་པ་དེ་འབྱུང་ཡང་། སྐྱིར་གསུང་རབ་ཀྱི་བརྡ་ཆད་ལ་འབྱུང་བའི་སྒྲ་ད་ལྟར་བྱུང་བ་དང་། མ་འོངས་པ་ན་འབྱུང་བ་ལ་འཇུག་པ་སོགས་བཤད་ཚུལ་མི་འདྲ་བ་ཡོད་པ་ལས། འདིར་དང་པོ་དེ་ཡིན་པར་སེམས་སོ། །

འདི་འདྲའི་རིགས་འཇུག་པ་རང་འགྲེལ་དུ་ཉན་རང་དགྲ་བཅོམ་ཐུབ་དབང་གི་གསུང་ལས་སྐྱེ་བའི་ཞེས་བྱེད་དུ། ཉན་རང་དེ་དག་གིས་ཐུབ་དབང་གི་གསུང་ལ་ཐོས་པ་དང་། སེམས་པ་དང་། སྒོམ་པའི་རིམ་པས་རང་རང་གི་བྱང་ཆུབ་ཡོངས་སུ་རྫོགས་པར་འགྱུར་བའི་ཕྱིར། ཞེས་གསུངས་པ་དང་ཆ་འདྲ་བ་ཡིན། གཞན་དུ་ན་ཉན་རང་དགྲ་བཅོམ་གྱིས་རང་རང་གི་བྱང་ཆུབ་ཐོབ་ཚར་བར་འགྱུར་བའི་ཕྱིར། ཞེས་པ་འདི་ལ་ཁྱོད་ཀྱིས་སྐྱོན་གཏོང་དེ་འཇུག་རིགས་པར་འགྱུར་རོ། །ཕྱི་དང་ནང་གི་རྟེན་འབྲེལ་དང་། །ཞེས་པའི་རྒྱས་བཤད་ནི་ཊཱི་ཀྭ་སྤྱི་མ་རྣམས་སུ་སྐབས་གསུམ་པར་སྟོན་ཞེས་པ་ལས་གཞུང་གང་དུ་སྟོན་གྱི་གསལ་ཁ་ཆེར་མི་སྣང་།

ཕྱིས་སུ་ཁ་ཅིག་གིས། སློབ་དཔོན་གྱི་དབང་དུས་སུ་སློབ་མ་ལ་ཕྱི་ནང་གི་རྟེན་འབྲེལ་བསྒྲིག་དགོས་པས་དེའི་སྐབས་ཀྱི་ཕྱི་ནང་གི་རྟེན་འབྲེལ་དེ་དེའི་དངོས་བསྟན་གྱི་རྟེན་འབྲེལ་ཡིན་ཟེར་བ་དང་། ལ་ལས་ས་པཎ་གྱི་རྟེན་འབྲེལ་ལྔའི་ཡི་ག་ཆུང་ནས་གསུངས་པའི་ཕྱི་ནང་གི་རྟེན་འབྲེལ་དེ་འདིར་དྲངས་ནས་འཆད་པ་སོགས་དངོས་བསྟན་གྱི་རྟེན་འབྲེལ་ངོས་འཛིན་རང་ལའང་མི་འདྲ་བ་འགའ་རེ་ཡོད་འདུག་པ་དེང་སང་རང་རང་གི་འཆད་ཉན་གྱི་གྲྭ་སན་བླ་མ་རྣམས་ཇི་ལྟར་གསུངས། རང་རང་གི་བློས་དཔྱད་ན་ཇི་ལྟར་ཟེར། ངེད་རང་གི་བློ་ཚོད་ཀྱིས་གཞལ་ན། གཞུང་འདིར། ཕྱི་རུ་ཡུལ་རྣམས་བགྲོད་པ་དང་། །ནང་དུ་རྩ་མདུད་གྲོལ་བ་ནི། །ས་བཅུ་ལ་སོགས་བགྲོད་པ་ཡི། །རྟེན་འབྲེལ་ཉིད་ཀྱི་འབྱུང་བ་ཡིན། །འདི་དོན་རྣལ་འབྱོར་ཆེན་པོ་ཡི། །རྒྱུད་ཀྱིས་ལམ་སྐབས་སུ་ལྟོས། །ཞེས་གསུངས་བྱུང་བས་ན། དབང་བཞི་ཡོངས་སུ་རྫོགས་པ་དང་། །ཞེས་པ་ནས་དབུ་བཟུང་། ས་རྣམས་བགྲོད་པར་བྱ་བ་དང་། །ཡུལ་རྣམས་དབང་དུ་བསྡུ་བའི་ཕྱིར། །གནས་དང་ཉེ་བའི་གནས་ལ་སོགས། །ཡུལ་ཆེན་སུམ་ཅུ་སོ་བདུན་དུ། །རིག་པ་བརྟུལ་ཞུགས་སྤྱོད་ཕྱིར་རྒྱུ། །ཞེས་པ་ནས། དེས་ན་ས་ལམ་མི་བགྲོད་པར། །ཡུལ་སོགས་བགྲོད་པ་བཞད་གད་གནས། །ཞེས་པའི་བར་གྱི་གཞུང་འདི་ཀུན་གོང་མ་མདོར་བསྟན་དུ་གསུངས་པའི་ཕྱི་ནང་གི་རྟེན་འབྲེལ་དང་། བླ་མེད་ཀྱི་ས་ལམ་གྱི་རྣམ་གཞག་གཉིས་ཀ་ཆབ་

གཅིག་ཏུ་སྟོན་པའི་རྒྱས་བཤད་ཡིན་ཏེ། སྤྱོད་པ་དང་ས་ལམ་གཉིས་པོ་དེ་ཟུང་འབྲེལ་གྱི་སྒོ་ནས་སྟོན་པ་ལས་ཐ་དད་དུ་བྱས་ནས་སྟོན་རྒྱུ་མི་འདུག་པའི་ཕྱིར། དེ་ལྟར་ན་བྲོད་འབྲིང་གི་རྟོགས་པ་ཐོབ་པ་གཅིག་གིས་ཕྱི་ལི་ར་མ་ལ་ཡ་ལ་སོགས་པའི་གནས་ཀྱི་ཡུལ་བཞིར་སྤྱོད་པ་རྒྱུ་བ་ལས། སྤྱི་བོ་ལ་སོགས་པ་ནང་གི་ཡུལ་བཞིའི་རླུང་སེམས་དབུ་མར་ཐིམ་སྟེ་ས་དང་པོའི་རྟོགས་པ་སྐྱེ་བ་ནི་སྐབས་འདིའི་ཕྱིའི་རྟེན་འབྲེལ་དང་། ནང་གི་ཡུལ་བཞིའི་རླུང་སེམས་དབུ་མར་འདུས་པ་ལས། ཕྱིའི་ཡུལ་བཞིའི་དཔའ་བོ་དང་རྣལ་འབྱོར་མ་རྣམས་སྒྲུབ་པ་པོའི་དབང་དུ་གྱུར་པ་ནི་སྐབས་འདིའི་ནང་གི་རྟེན་འབྲེལ་ཡིན་ཏེ། རིམ་བཞིན་ཕྱི་ལ་བརྟེན་ནས་བྱུང་བའི་རྟེན་འབྲེལ་ལ་ཕྱིའི་རྟེན་འབྲེལ་དང་། ནང་ལ་བརྟེན་ནས་བྱུང་བའི་རྟེན་འབྲེལ་ལ་ནང་གི་རྟེན་འབྲེལ་དུ་ཐ་སྙད་བཞག་པ་འདྲ་སྙམ་དུ་སེམས། གང་ལྟར་བློ་གྲོས་དང་ལྡན་པ་དག་གིས་མངོན་རྟོགས་ལྗོན་ཤིང་སོགས་རྗེ་བཙུན་གོང་མའི་གསུང་རབ་དང་། ངོར་ཆེན་གྱི་ལྗོན་ཤིང་མཛེས་རྒྱན་ལ་ཡང་དང་ཡང་དུ་བལྟ་ཞིང་བསམ་བྱུང་གི་ཤེས་རབ་ཀྱིས་གོ་བ་མྱངས་པས་ཚུལ་བཞིན་དུ་རྟོགས་པར་འགྱུར་བ་ཡིན་ནོ། །

གཞུང་འདིའི་བསྟན་བཅོས་ལུས་ཀྱི་སྐབས་སུ་པཎ་ཆེན་རིན་པོ་ཆེས་དོགས་གནས་བརྒྱ་དང་བརྒྱད་བཀོད་པའི་དྲི་བ་མཛད་པ་ཀུན་མཁྱེན་ཆེན་པོའི་གཟིགས་ལམ་དུ་ཕེབས་པ་ན། གསུང་ལས། དོགས་པ་ཞུགས་པའི་དྲི་བ་བཞི་འདུག་ཅིང་། རྣམ་དབྱེད་དང་ལྡན་པ་དག་གིས་དོགས་པ་སེལ་དགོས་པའི་དཔྱོད་ལྡན་གྱི་དྲི་བ་ཡང་འགའ་ཞིག་འདུག་མོད་ཀྱི། ཕལ་ཆེར་ནི་ཚིགས་ལ་འཁྲིས་པ་ཙམ་དང་ཞེས་སོགས་གསུངས་འདུག་པ་ཡིན། དེ་ལ་དོགས་པ་ཞུགས་པའི་དྲི་བ་དང་པོ་ནི། གཞུང་དུ། དེས་ན་བསྔོ་རྒྱུའི་དགེ་བ་དང་། །བཤགས་པར་བྱ་བའི་སྡིག་པ་ཡང་། །བྱས་པའི་དགེ་སྡིག་ཡིན་མོད་ཀྱི། །མ་བྱས་པ་ལ་དགེ་སྡིག་མེད། །དེ་ཡི་རྣམ་གཞག་བཤད་ཀྱིས་ཉོན། །འདོད་ཆགས་ཞེ་སྡང་གཏི་མུག་གསུམ། །དེས་བསྐྱེད་ལས་ནི་མི་དགེ་བ། །མ་ཆགས་ཞེ་སྡང་གཏི་མུག་མེད། །དེས་བསྐྱེད་ལས་ནི་དགེ་བ་ཞེས། །གསུངས་པའི་དགོངས་པ་ཤེས་ནས་ནི། །མཁས་པ་རྣམས་ཀྱིས་དཔྱད་པར་བྱ། །ཞེས་རིན་ཆེན་ཕྲེང་བའི་ལུང་དྲངས་པ་དེ་ལ། པཎ་ཆེན་གྱིས། ཆགས་སྡང་རྨོངས་གསུམ་གྱིས་བསྐྱེད་པའི། །ལས་ཀུན་མི་དགེ་བ་ཡིན་ན། །ཟག་བཅས་དགེ་བ་གཏི་མུག་གིས། །ཀུན་སློང་དག་ལས་འབྱུང་དེ་ཅི། །ཞེས་དྲིས་པ་འདི་ཡིན་ལ། ལན་ནི་མི་དགེ་བའི་རྩ་བ་གསུམ་གྱི་ནང་ཚན་དུ་གྱུར་པའི་གཏི་མུག་གིས་ཀུན་ནས་བསླངས་ཏེ་བསྐྱེད་པའི་ལས་ཡིན་ན་མི་དགེ་བ་ཡིན་པས་ཁྱབ་པ་གཞུང་གི་དོན་ཡིན་གྱི། སྤྱིར་གཏི་མུག་གིས་ཀུན་ནས་བསླངས་པའི་ལས་ལ་མི་དགེ་བས་མ་ཁྱབ་སྟེ། མདོ་ལས། མ་རིག་པའི་རྐྱེན་གྱིས་འདུ་བྱེད་ཅེས་སོགས་རྟེན་འབྲེལ་ཡན་ལག་བཅུ་གཉིས་སྔ་མ་སྔ་མ་ལས་ཕྱི་མ་ཕྱི་མ་འབྱུང་བར་གསུངས་པའི་དོན་

 གྱུངས་ན། ཉེར་ལེན་གྱི་ཕུང་པོ་ལ་བདེན་པར་འཛིན་པའི་བདེན་འཛིན་དེ་ཐོག་མའི་མ་རིག་པ་ཡིན་པར་ཀླུ་སྒྲུབ་ཀྱིས་གསུངས། དེའི་རྗེས་སུ་གང་ཟག་ཉིད་ལ་ངའོ་སྙམ་པའི་ངར་འཛིན་ལྷན་སྐྱེས་འབྱུང་བ་དེ་རྟེན་འབྲེལ་བཅུ་གཉིས་ཀྱི་དང་པོ་མ་རིག་པའི་རྟེན་འབྲེལ་གྱི་གཙོ་བོ་ཡིན་ཞིང་། འདི་ལ་དེ་ཁོ་ན་ཉིད་ལ་རྨོངས་པའི་མ་རིག་པ་ཟེར། དགེ་མི་དགེ་ལུང་མ་བསྟན་གསུམ་གྱི་ནང་ནས་སྒྲིབ་ལུང་མ་བསྟན་ཡིན། འདིས་ཀུན་ནས་བསླང་ཏེ་བསྐྱེད་པའི་ལས་ལ་བསོད་ནམས་དང་། བསོད་ནམས་མ་ཡིན་པ་དང་། མི་གཡོ་བའི་ལས་གསུམ་དུ་དབྱེར་ཡོད་པ་ལས། གཉིས་པ་འདུ་བྱེད་ཀྱི་རྟེན་འབྲེལ་དུ་འཇོག །དེས་ན་ཟག་བཅས་ཀྱི་དགེ་བ་ཐམས་ཅད་དེ་ཁོ་ན་ཉིད་ལ་རྨོངས་པའི་མ་རིག་པས་ཀུན་ནས་བསླངས་ཏེ་བསྐྱེད་པར་ཁས་ལེན་ལ། འོན་ཀྱང་མི་དགེ་བའི་རྩ་བ་གསུམ་གྱི་ནང་ཚན་དུ་གྱུར་པའི་གཏི་མུག་གིས་ཀུན་ནས་བསླངས་པ་མ་ཡིན་ཏེ། རྩ་བ་གསུམ་གྱི་ནང་ཚན་དུ་གྱུར་པའི་གཏི་མུག་ནི་ལས་འབྲས་ལ་རྨོངས་པའི་མ་རིག་པ་དང་དོན་གཅིག་པའི་ཕྱིར་རོ། །

འདི་ལ་ཀླུ་སྒྲུབ་ཡབ་སྲས་ཀྱི་ལུང་གི་འཐད་པའང་མང་དུ་ཡོད་པ་འདིར་མ་སྤྲོས། དོགས་པ་གཉིས་པ་ནི། སྐབས་གཉིས་པར། སོ་སོར་ཐར་པའི་མདོ་བཞིན་དུ། །བསྔོ་བ་ཉན་ཐོས་རྣམས་ཀྱང་བྱེད། །ཅེས་དང་། བདག་གིས་བྲམ་ཟེ་འདོད་པ་ལ། །ཞེས་སོགས་གསུངས་པའི་ཐད་དུ། པཎ་ཆེན་གྱིས། ཉན་ཐོས་རྣམས་ཀྱི་རྗོགས་བྱང་དུ། །བསྔོ་བ་བྱེད་ན་འཕགས་པ་ཡིས། །ཉན་ཐོས་ཐེག་པ་དེ་ལས་ནི། །བྱང་ཆུབ་སེམས་དཔའི་སྨོན་ལམ་དང་། །སྤྱོད་པ་ཡོངས་བསྔོ་མ་བཤད་དེ། །ཞེས་གསུངས་པ་དེ་ཅི་ལ་དགོངས། ཐམས་ཅད་སྒྲོལ་གྱི་སྐྱེས་རབས་ལས། བསྔོ་བ་བཤད་དེ་ཉན་ཐོས་ཀྱི། །བསྔོ་བ་ཡིན་པར་བཞེད་དམ་ཅི། །ཞེས་དྲིས་པ་འདི་ཡིན་ལ། ལན་ནི། ཀླུ་སྒྲུབ་ཀྱི་རིན་ཆེན་ཕྲེང་བ་ལས། ཉན་ཐོས་ཐེག་པ་དེ་ལས་ནི། །བྱང་ཆུབ་སེམས་དཔའི་སྨོན་ལམ་དང་། །སྤྱོད་པ་ཡོངས་བསྔོ་མ་བཤད་པས། །ཐེག་པ་ཆེན་པོར་ག་ལ་འགྱུར། །བྱང་ཆུབ་སྤྱོད་ལ་གནས་པའི་དོན། །མདོ་སྡེ་ལས་ནི་བཀའ་མ་སྩལ། །ཐེག་པ་ཆེ་ལས་བཀའ་སྩལ་པ། །དེ་ཕྱིར་མཁས་པ་རྣམས་ཀྱིས་གཟུང་། །ཞེས་གསུངས་པའི་དོན། སྤྱིར་ཉན་ཐོས་ཀྱི་ཐེག་པའི་གཞུང་ལས། བྱང་ཆུབ་སེམས་དཔའི་སྨོན་ལམ་སོགས་མ་བཤད་ཅེས་པའི་དོན་དུ་མི་འཆད་ལ། འོན་ཅི་ཞེ་ན། མི་དམིགས་པའི་རྣམ་པ་ཅན་གྱིས་ཤེས་རབ་ཅན་གྱི་ཟིན་པའི་བྱང་ཆུབ་སེམས་དཔའི་སྨོན་ལམ་དང་སྤྱོད་པ་སོགས་ཉན་ཐོས་ཀྱི་སྡེ་སྣོད་ལས་མ་བཤད་ལ། རྒྱུ་མཚན་དེའི་ཕྱིར་ན་ཉན་ཐོས་ཀྱི་སྡེ་སྣོད་ལས་གསུངས་པའི་བྱང་ཆུབ་སེམས་དཔའི་སྨོན་ལམ་དང་སྤྱོད་པ་སོགས་ཉམས་སུ་བླངས་པ་ལས་སངས་རྒྱས་འཐོབ་མི་ནུས་ཏེ། དེ་དག་གནས་ལུགས་རྟོགས་པའི་ཤེས་རབ་ཀྱི་ཟིན་མ་ཟིན་པའི་ཕྱིར་ཞེས་པའི་དོན་དུ་འཆད་དགོས་སོ། །འདིའི་སྐབས་དོན་སྙིང་པོ་ནི་ཐེག་ཆེན་བཀར་སྒྲུབ

ཀྱི་སྐབས་ཡིན་ཏེ། ཉན་ཐོས་སྡེ་པ་དག་གིས་འདུལ་བ་ལུང་ལ་སོགས་པ་ཉན་ཐོས་ཀྱི་གཞུང་རྣམས་ལས་ཐེག་པ་གསུམ་ཀའི་ལམ་འབྱུང་བའི་ཐེག་ཆེན་གྱི་ལམ་སྟོན་པའི་སྐབས་རྣམས་ལ་ཐེག་ཆེན་གྱི་སྡེ་སྣོད་ཅེས་བྱ་ཞིང་། དེ་ལས་ལོགས་སུ་ཐེག་ཆེན་གྱི་བཀའ་གཞན་མེད་པར་འདོད་པའི་ལོག་རྟོག་འགོག་པར་བཞེད་ནས། ཉན་ཐོས་ཐེག་པ་དེ་ལས་ནི། །ཞེས་སོགས་གསུངས་པར་ཤེས་པར་བྱའོ། །

རྩོད་པ་ཆེ་བའི་དྲི་བ་གསུམ་པ་ནི། སྐབས་གསུམ་པར། དགེ་སློང་སྡོམ་པ་མ་ཐོབ་པར། །མཁན་སློབ་ལ་སོགས་བྱེད་པ་ནི། །གསང་སྔགས་མེད་པར་སྒྲུབ་གདུག་གི། །མགོ་ལས་རིན་ཆེན་ལེན་པ་ལྟར། །རང་གཞན་བརླག་པའི་རྒྱུ་རུ་བས། །མཁས་པ་རྣམས་ཀྱིས་རྒྱང་རིང་སྤང་། །ཞེས་གསུངས་པའི་ཐད་དུ། པཎ་ཆེན་གྱིས། དགེ་སློང་སྡོམ་པ་མ་ཐོབ་པར། །མཁན་སློབ་བྱས་པས་ཆོག་པ་ཞིག །འདུལ་བའི་མདོ་དང་ལུང་དག་ཏུ༑ ༑གསལ་བར་གསུངས་པ་མ་ཡིན་ནམ། །ཞེས་དྲིས་པ་འདི་ཡིན་ལ། ལན་ནི། བྱེད་པ་པོ་མཁན་སློབ་ཀྱིས་དགེ་སློང་གི་སྡོམ་པ་མ་ཐོབ་པར་བསྒྲུབ་བྱ་ལ་སྡོམ་པ་འབོགས་ཆོག་བྱས་པ་ལས་སྡོམ་པ་སྐྱེ་བ་ཙམ་ཞིག་ལུང་ཞུ་བ་དང་། མདོ་རྩ་ར་ཊཱིཀ་ཟིན་ལ་གསུངས་པ་དེ་ཡིན་མོད། འོན་ཀྱང་དེ་དག་གི་དགོངས་པ་གང་ཡིན་རྟོགས་དཀའ་བས་མཁས་པ་དག་གིས་དཔྱོད་དགོས་རྒྱུར་འདུག་ཅིང་། རེ་ཞིག་སྔ་ཟིན་ལྟར་ཁས་ལེན་ནའང་། གཞུང་འདིར་རང་གཞན་བརླག་པའི་རྒྱུ་རུ་གསུངས་པ་སོགས་དང་མི་འགལ་ཏེ། བྱེད་པ་པོ་སྡོམ་པ་དང་མི་ལྡན་པས་གཞན་ལ་སྡོམ་པ་འབོགས་ཆོག་བྱས་པ་ལས་སྡོམ་པ་སྐྱེ་བ་སྲིད་ཀྱང་། བསྟན་པ་དང་རང་གཞན་ཀུན་ལ་གནོད་པའི་ཉེས་པ་ཤིན་ཏུ་ཆེ་བས་མཁས་པ་རྣམས་ཀྱིས་རྒྱང་རིང་དུ་སྤང་བར་བྱ་འོས་བས་སོ། །

རྩོད་གནས་ཆེ་བའི་དྲི་བ་བཞི་པ། དེང་སང་གང་ཟག་རབ་འབྲིང་ཀུན། །ཞེས་སོགས་གསུངས་པའི་ཐད་དུ། པཎ་ཆེན་གྱིས། རྟུལ་ཞུགས་མིན་པར་སྨིན་བྱེད་ཀྱི། །དབང་བསྐུར་དེང་སང་མི་རུང་ན། །འཁོར་ལོ་སྡོམ་པའི་རས་བྲིས་ཀྱི། །དཀྱིལ་འཁོར་དག་ཏུ་དབང་བསྐུར་ནས། །ཕག་མོའི་བྱིན་རླབས་མཛད་དེ་ཅི། །ཞེས་དྲིས་པ་འདི་ཡིན་ལ། ལན་ནི། ཀུན་མཁྱེན་གྱི་དགོངས་པ་ནི་གཞུང་འདིའི་ལམ་གྱི་རིམ་པ་ཐམས་ཅད་བིཀྲ་པའི་དགོངས་པ་གཞིར་བཞག་ནས། དེའི་དབང་དུ་བྱས་ཏེ་ལས་དང་པོ་པ་སྤྲར་མ་སྨིན་པ་གསར་དུ་སྨིན་པར་བྱེད་པ་ལ་དབང་གི་མཚན་པར་རྟོགས་པ་བདུན་ལྡན་དགོས་ལ། དེ་ལ་རྟུལ་ཞུགས་དགོས་པ་གཞིར་བཞག་པས་གཞུང་གི་དོན་དེ་ལྟར་ཡིན། སྤྱིར་ནི་རས་བྲིས་ཀྱི་དཀྱིལ་འཁོར་དུའང་སྨིན་བྱེད་ཀྱི་དབང་བསྐུར་དུ་རུང་སྟེ། གང་དུ་དབང་བསྐུར་བའི་དཀྱིལ་འཁོར་བརྒྱད་དང་དྲུག་ལ་སོགས་པའི་ནང་ན་རས་བྲིས་འདུག་པ་དང་། སློབ་དཔོན་ཀླུ་གཅན་འཛིན་དཔལ་བཤེས་གཉེན་གྱིས་གསང་བ་འདུས་པའི་དཀྱིལ་འཁོར་གྱི་ཆོ་གར་རས་བྲིས་ལ་བརྟེན་

ནས་མཛད་པ་དང་། རྗེ་ས་ཆེན་གྱིས་བདེ་མཆོག་ནག་པོ་པའི་ཆོ་ག་རས་བྲིས་ལ་བརྟེན་ནས་གསུངས་པ་ཡིན་ལ༑ དེས་ན་ལས་དང་པོ་པ་ཞིག་ལ་འཁོར་ལོ་སྡོམ་པའི་རས་བྲིས་ཀྱི་དཀྱིལ་འཁོར་དུ་དབང་བསྐུར་ནས་ཕག་མོའི་བྱིན་རླབས་བྱས་པ་ལ་གཞུང་འདི་དང་ཡང་འགལ་བ་མེད་ཅིང་འཐད་པར་གསུངས།

པཎ་ཆེན་རང་གི་གསེར་ཐུར་ཆེན་མོར། འཕགས་པ་རྣམས་ཀྱི་གང་ཟག་རབ། །སྤྲུལ་པ་ཡི་ནི་དཀྱིལ་འཁོར་དུ། །ཞེས་སོགས་གཞུང་སྔ་མའི་འགྲོས་དང་བསྟུན་ནས། དེང་སང་སོགས་ཚིག་རྐང་གསུམ་གྱི་རྗེས་སུ། སྤྲུལ་པའི་དཀྱིལ་འཁོར་ལ་སོགས་པ། །གཞན་གྱི་སྨིན་བྱེད་རྒྱུད་ལས་བཀག །ཅེས་བཤད་ན་འཐད་པ་ཡིན་གསུངས། རྗེ་བཙུན་གྱི་རྩ་ལྟུང་འགྲེལ་སྤྱོང་གི་མཇུག་ན་དེང་སང་སྤྲུལ་པའི་དཀྱིལ་འཁོར་དུ་དབང་བསྐུར་མི་ནུས་པའི་ཕྱིར་གསང་སྔགས་སྤྱོད་པའི་དུས་མིན་ཟེར་བའི་ལོག་རྟོག་འགོག་པ་ན་རྒྱུད་སྡེ་རྣམས་ལས་སོ་སོ་སྐྱེ་བོའི་རྡོ་རྗེ་སློབ་དཔོན་གྱིས་སློབ་མ་སྨིན་པར་བྱེད་པའི་དབང་དུ་བྱས་ནས་ས་བརྟག་བསླང་སྦྱང་བ་དང་། དཀྱིལ་འཁོར་ཐིག་གིས་འབྲི་བ་དང་ཚོན་གྱིས་བྲི་བ་ལ་སོགས་པ་གསུངས་ཀྱི། སྤྲུལ་པ་ལ་སོགས་པའི་དཀྱིལ་འཁོར་དུ་དབང་བསྐུར་བ་བཤད་པ་མེད་པའི་ཕྱིར་ཞེས་གསུངས་པ་ཞིག་ཡོད། དེ་དང་པཎ་ཆེན་གྱི་བཞེད་པ་འདི་རེ་མཐུན་པ་ཡིན། འོན་ཀྱང་། གཞན་གྱི་སྨིན་བྱེད་རྒྱུད་ལས་བཀག །ཅེས་པའི་རང་མཆན་དུ། རྡོ་རྗེ་ཕག་མོ་ལ་སོགས་པ། །ཞེས་བཤད་སྣང་། དེའང་གོང་དུ། ཁ་ཅིག་གང་ཟག་དབང་པོ་རབ། །སྨིན་བྱེད་ཕག་མོའི་བྱིན་རླབས་ཡིན། །ཞེས་སོགས་དང་གཞུང་སྔ་ཕྱིའི་འགྲོས་དོན་འགྲིགས། དོན་ནི་འདི་ཡིན་ཏེ། སོ་སོ་སྐྱེ་བོའི་རྡོ་རྗེ་སློབ་དཔོན་གྱིས་སྔར་མ་སྨིན་པའི་སློབ་བརྒྱུད་སྨིན་པར་བྱེད་པ་ལ་སྤྱིར་བཏང་གཙོ་ཆེ་བའི་དབང་དུ་བྱས་ཏེ། རྡུལ་ཚོན་གྱི་དཀྱིལ་འཁོར་དུ་དབང་བསྐུར་བྱ་བར་གསུངས་མོད་ཀྱི། རྡུལ་ཚོན་དུ་དབང་བསྐུར་བ་ལས་གཞན་ཕག་མོའི་བྱིན་རླབས་ཙམ་གྱིས་སྨིན་བྱེད་དང་། མཚན་བུའི་སོགས་ཀྱི་སྒྲས་དཔྱ་སྤྲུལ་པའི་དཀྱིལ་འཁོར་དུ་དབང་བསྐུར་ཟེར་བ་རྣམས་རྒྱུད་ལས་བཀག་སྟེ། དེ་རྣམས་རྒྱུད་ལས་གསུངས་པ་ཡེ་མེད་པའི་ཕྱིར་རོ་ཞེས་པ་འདི་ཚིགས་བཅད་འདིའི་དོན་དུ་འཆད་དགོས་པར་སེམས། སྤྱིར་བཏང་ལ་རྡུལ་ཚོན་གཙོ་ཆེ་བས་གཞུང་འདིར་ཡང་དེ་བཞིན་དུ་གསུངས་པ་ཡིན་གྱི། དམིགས་བསལ་དེང་སང་རས་བྲིས་ཀྱི་དཀྱིལ་འཁོར་དུའང་སྨིན་བྱེད་ཀྱི་དབང་བསྐུར་བ་ནི། སྤྱོད་རྒྱུད་སོགས་རྒྱུད་སྡེ་འགའ་རེ་ལས་རས་བྲིས་གསུངས་པའི་སྐབས་ཀྱང་ཡོད་པ་དང་། གྲུབ་ཆེན་ཛ་ཡ་སེ་ནས། རྡུལ་ཚོན་བྲི་བར་མ་ནུས་ན། །དཀྱིལ་འཁོར་དང་མཉམ་རས་ལ་ནི། །ཞེས་སོགས་གསུངས་པ་དང་། རྗེ་བཙུན་རྩེ་མོས། རས་བྲིས་ལ་བརྟེན་པའི་ལུགས་འདི་ནི་ཞེས་པ་ནས། བླ་མ་གོང་མ་རྣམས་ཀྱང་སྐབས་སུ་ཕྲུག་ལེན་འདི་ལ་མཛད་པས་ལུགས་འདི་ཧ་ཅང་མི་ལེགས་པའང་མ་ཡིན་ནོ། །ཞེས

གསུངས་པས་སོ། །

མདོར་ན་རས་བྲིས་ཙམ་ལ་བརྟེན་པ་འདིས་གོ་ནི་ཆོད། རྒྱུད་སྡེ་རྣམས་ལས་གཙོ་བོར་གསུངས་པ་བཞིན་གྱིས་སྒྲུབ་པ་སོགས་དང་། དཀྱིལ་འཁོར་ཐིག་དང་ཚོན་གྱིས་འབྲི་བ་ལ་སོགས་པའི་ཆོ་ག་རྒྱས་པ་མ་བྱུང་བས་ཉུང་ཟད་མི་ལེགས་པའི་ཆ་ཡོད་པར་བསྟན། རྡུལ་ཚོན་བྲི་བར་མ་ནུས་ན་ཞེས་པའི་ཚིག་གིས་ཤུགས་ལས་ནུས་ན་རྡུལ་ཚོན་བྲི་དགོས་པར་བསྟན་ཏེ། རས་བྲིས་ཙམ་ལ་བརྟེན་པ་འདི་ཕྱུག་ལེན་ཟོར་ཡངས་སུ་སོང་བར་དོགས་སོ། །རབ་དབྱེའི་གཞུང་ཁྲི་སྤྱར་མ་ཞིག་ན། དེ་ཡང་གང་ཟག་རབ་འབྲིང་ཀུན། །ཞེས་པ་ཡོད། ལས་ཆེན་ཀུ་མྨ་ར་བས་དེ་བཞིན་དུ་བཤད་སྣང་མོད། དེ་ནི་གཞུང་སྔ་ཕྱིའི་འབྲེལ་བསྒྲིགས་པ་ལས། དེང་སང་གང་ཟག་ཅེས་པའི་གཞུང་ཡོངས་སུ་གྲགས་པ་འདི་དག་པ་ཡིན། ཡང་སློབ་བྱེད་ཀྱི་སྐབས་སུ་དབང་བསྐུར་མུ་བཞི་དགག་པ་ལས་འཕྲོས་ནས། འབྲུག་པ་སྤྲུལ་སྐུ་པདྨ་དཀར་པོས་བརྟག་གཉིས་འཆད་པ་པོ་རྣམས་ལ་དྲི་བར། ཚེ་འདིར་དབང་མ་བསྐུར་ཀྱང་ཐོབ་པ་ཞིག །མེད་ན་སྡུགས་སྡོམ་སེམས་རྗེས་འདིའི་འབྲུལ་གཞི་སྐབས་དང་པོའི་གསེར་ཐུར་ན་ཡོད་འབྲང་བས་གནོད། ཅེས་བརྩད་ཅིང་དྲི་བ་སྣང་། དེའི་ལན་ནི། སྔགས་སྡོམ་སྐྱེ་ཙམ་པ་སེམས་ཀྱི་རྗེས་འབྲང་ཡིན་པ་རང་ཡང་སྐྱབ་དཀའ་སྟེ། སྔགས་སྡོམ་ཐམས་ཅད་སེམས་དང་སེམས་བྱུང་གང་རུང་དུ་ངེས་པ་ལས། སེམས་བྱུང་ནི་སེམས་ཀྱི་རྗེས་འབྲང་ཡིན་ཀྱང་། སྔགས་སྡོམ་དུ་གྱུར་པའི་གཙོ་སེམས་རྣམས་སེམས་ཀྱི་རྗེས་འབྲང་མ་ཡིན་པའི་ཕྱིར་ཏེ། དེ་རྣམས་སེམས་ཀྱི་འཁོར་མ་ཡིན་པའི་ཕྱིར། དེས་ན་སེམས་ཀྱི་རྗེས་འབྲང་དང་། སེམས་ཀྱི་རྗེས་འཇུག་དང་། གཙོ་སེམས་ཀྱི་འཁོར་རྣམས་དོན་གཅིག་ཡིན་ཞིང་། དེ་དག་གི་ཐ་སྙད་ཀྱང་མངོན་པ་ནས་བཤད་དེ། མཛོད་ལས། མཐའ་མ་གཉིས་ནི་སེམས་རྗེས་འབྲང་། །ཞེས་དང་། སེམས་ལས་བྱུང་དང་སྡོམ་གཉིས་དང་། །སེམས་དང་དེ་དག་གི་མཚན་ཉིད། །སེམས་ཀྱི་རྗེས་འཇུག་ཅེས་དང་། སེམས་དང་སེམས་བྱུང་ངེས་ལྡན་ཅིག །ཅེས་གསུངས་པས་སོ། །

དེ་ལྟར་ན་སེམས་ཀྱི་རྗེས་འབྲང་ཡིན་ན། ཤི་འཕོས་ནས་ཀྱང་རྗེས་སུ་འབྲང་བ་དང་། དེ་མིན་ན་ཤི་འཕོས་ནས་རྗེས་སུ་མི་འབྲང་བའི་རྣམ་གཞག་བྱར་མི་རུང་སྟེ། སྔགས་སྡོམ་རྒྱུད་ལྡན་གྱི་རིགས་པ་འཛིན་པ་གཅིག་ལ་རྩ་ལྟུང་བྱུང་བའི་ཚེ་དེ་ཤི་མ་འཕོས་ཀྱང་དེའི་རྒྱུད་ཀྱི་སྔགས་སྡོམ་སེམས་ཀྱི་རྗེས་འབྲང་ཡིན་མིན་ཐམས་ཅད་སྟོང་སྟེ། དེའི་ཚེ་སྔགས་སྡོམ་གྱི་གཏོང་རྒྱུ་བྱུང་བའི་ཕྱིར། རིག་པ་འཛིན་པ་དེ་འཆི་འཕོ་བའི་ཚེ་སྔགས་སྡོམ་གྱི་ཉམས་ལེན་གྱི་རྒྱུན་བརྟན་པོ་ཡོད་ཅིང་རྩ་ལྟུང་མ་བྱུང་ན། ཤི་འཕོས་ནས་ཀྱང་སྔགས་སྡོམ་སེམས་ཀྱི་རྗེས་འབྲང་མིན་པ་རྣམས་ཀྱང་རྗེས་སུ་འབྲང་སྟེ། ཤི་འཕོས་ནས་ཀྱང་སྔགས་སྡོམ་གྱི་གཏོང་རྒྱུ་མ་

བྱུང་བས་སྔགས་སྡོམ་དུ་གྱུར་པའི་སེམས་སེམས་བྱུང་གཉིས་ཀ་དེའི་རྒྱུད་ལ་ཡོད་པའི་ཕྱིར་རོ། །རབ་དབྱེའི་གཞུང་གི་དགོངས་པ་ནི། བཀའ་བརྒྱུད་པ་འགའ་ཞིག་གིས་དབང་བསྐུར་མ་བཞི་བཅོས་ནས་དབང་བསྐུར་མ་བྱས་ཀྱང་ཐོབ་པ་སོགས་ལ་དབང་བསྐུར་མི་དགོས་པས་གསང་སྔགས་ལ་དབང་བསྐུར་བ་མཐའ་གཅིག་ཏུ་དགོས་པ་དེ་གཡོ་ཐབས་ཀྱིས་བཀག་ནས་དོན་ལ་ཁོང་ཚོ་རང་གི་ཕྱག་ལེན་ལ་དབང་བསྐུར་དགོས་པ་ཚོ་ཡང་དབང་བསྐུར་མི་བྱེད་པར། དབང་བསྐུར་ནན་གྱིས་འདོར་བར་བྱེད་པ་འདི་འགོག་པར་བཞེད་པ་ཡིན་ཏེ། གཞུང་ལས། གལ་ཏེ་མུ་བཞི་བདེན་སྲིད་ན། །གཞན་ལ་དབང་བསྐུར་མི་བྱེད་ཀྱང་། །བྱས་ན་ཐོབ་པའི་གང་ཟག་ལ། །དབང་བསྐུར་ཅི་ཡི་ཕྱིར་མི་དགོས། །ཞེས་གསུངས་པའི་ཕྱིར། ཚེ་འདིར་དབང་བསྐུར་མ་ཐོབ་ཀྱང་། སྐྱེ་བ་སྔ་མ་ནས་ཐོབ་ཟིན་པའི་སྔགས་སྡོམ་གྱི་རྒྱུན་ད་ལྟ་གནས་ནས་ཡོད་པ་དེ་འདྲ་ལུགས་འདིར་ཡང་མི་འགོག་སྟེ། ཚེ་འདིར་སེམས་བསྐྱེད་ཀྱི་ཆོ་ག་གཞན་ལས་མ་ནོས་ཀྱང་སྐྱེ་བ་སྔ་མ་ནས་ཐོབ་ཟིན་པའི་སེམས་བསྐྱེད་ཀྱི་རྒྱུན་ད་ལྟ་གནས་པའི་བྱང་ཆུབ་སེམས་དཔའ་མང་དག་ཡོད་པའི་ཕྱིར་དང་། གཞུང་འདིར་ཡང་། མུ་བཞི་ཀུན་ལ་ཡོད་བཞིན་དུ། །ཞེས་གསུངས་པའི་ཕྱིར། དེས་ན་སྟོན་གྱི་གྲུབ་ཆེན་གོ་རཀྐ་དང་། རོལ་པ་མོ་ལ་སོགས་པས་ཚེ་འདིར་དབང་བསྐུར་ཡེ་མ་ཞུས་ཀྱང་། སྐྱེ་བ་སྔ་མ་ནས་ཐོབ་ཟིན་པའི་རྒྱུན་རྟོགས་པ་ཁྱད་པར་ཅན་ཐུགས་རྒྱུད་ལ་ཡོད་ཅིང་། དེ་ལྟར་ཡོད་པ་དེ་སྐབས་ཀྱི་བླ་མ་མངོན་ཤེས་དང་ལྡན་པས་ཀྱང་རྟོགས་ནུས་པས་དབང་བསྐུར་མ་མཛད་པའང་སྲིད་ལ། དེང་སང་ནི་སྐྱེ་བ་སྔར་ནས་ཐོབ་ཟིན་རྒྱུན་གནས་པའི་གདུལ་བྱ་འང་ཉུང་། དེ་འདྲ་ཡོད་སྲིད་ཀྱང་མངོན་ཤེས་དང་མི་ལྡན་པའི་སློབ་དཔོན་གྱིས་རྟོགས་པར་ཡང་དཀའ། རྟོགས་སུ་ཟིན་ཀྱང་བསྟན་པའི་མིག་རྐྱེན་འཆོལ་བར་འགྱུར་གྱིས་དོགས་ནས་ཀུན་ལ་དབང་བསྐུར་སྐབས་ཀྱི་ཕྱག་ལེན་མ་འཁྲུལ་པ་རེ་རེ་ནས་མཛད་པ་འདི་ནི་ཁེ་ཆེ་ལ་ཉེན་མེད་པ་རྒྱལ་བ་དགྱེས་པའི་ཕྱག་ལེན་ཟླ་མེད་པ་ཡིན་ཏེ། བསྟན་པ་ལ་གཅེས་སྤྲས་སུ་མཛད་པ་ཀུན་གྱིས་འདི་བཞིན་དུ་གནང་བར་རིགས་སོ་ཞེས་ཡང་དང་ཡང་དུ་ཞུ་བ་འབུལ་ཏེ། གདུལ་བྱ་རྒྱུད་མཐོ་དམན་ཀུན་ལ་ཕན་ཆེ་བའི་ཕྱིར་རོ། །

འདིར་སྨྲས་པ། སྟོན་ཚེ་རྒྱང་འཕེན་འདོད་པའི་གཉིས་བཅས་ཀྱི། །སྤྱོར་བའི་ཟློལ་བཞིན་ཁ་བའི་ཁྲོད་འདིར་ཡང་། །དབང་བསྐུར་མུ་བཞིའི་ཟློལ་སྦྱོར་འདི་བཀོད་ནས། །ཀུན་ལ་དབང་བསྐུར་འདོར་བའི་གཡོ་ཐབས་མཁན། །རྒྱུད་སྡེ་ཀུན་ལས་ལམ་གྱི་རྩ་བ་རུ། །དབང་བསྐུར་གསུངས་ཤིང་དབང་དེ་སྔགས་ལམ་གྱི། །དངོས་གཞི་ཡིན་པར་ས་སྐྱའི་འཇམ་མགོན་གསུངས། །རྒྱལ་ཀུན་དགེས་པའི་ལམ་འདི་ཀུན་གྱིས་ལོང་། །ཞེས་ཀྱང་གདམས་སོ། །

དེ་ལྟར་དབང་བསྐུར་བའི་སློབ་མ་ལ་གྲངས་ངེས་དགོས་མི་དགོས་ཀྱི་རྣམ་དབྱེ་སྟོན་པ་ལ། གཞུང་འདིར། སྔགས་ཀྱི་དབང་བསྐུར་བྱེད་པ་ན། །གྲངས་ངེས་མེད་པར་དབང་བསྐུར་བྱེད། །ཅེས་པ་ནས། རྒྱུད་རྣམས་ཀུན་ལ་འཇུག་པ་ཡིན། །ཞེས་པའི་བར་འདི་གསུངས་པ་ཡིན། །དེ་ལྟར་སོ་སོ་སྐྱེ་བོའི་རྡོ་རྗེ་སློབ་དཔོན་གྱིས་སློབ་མ་བརྒྱ་སྟོང་གྲངས་མེད་པ་ཅིག་ཅར་དབང་བསྐུར་བ་འདི་ནི་ལག་ལེན་འཆོལ་བས་མི་འཐད་དེ། རྡོ་རྗེ་འཆང་གིས་རྒྱུད་ལས་བཀག་པའི་ཕྱིར་ཞེས་ཁྲབ་ཆེ་བའི་སྤྱིར་བཏང་སྟོན་ལ་བཤད་ནས། རྣམ་པ་ཀུན་ཏུ་སློབ་མ་བརྒྱ་ལ་སོགས་པར་ཅིག་ཅར་དབང་བསྐུར་དུ་མི་རུང་བའང་མ་ཡིན་ཏེ། སྤྱོད་པའི་རྒྱུད་ཀྱི་དབང་བསྐུར་ལ་གྲངས་ངེས་མི་དགོས་པ་རྣམ་སྣང་མངོན་བྱང་ཉིད་ལས་གསུངས་པའི་ཕྱིར་ཞེས་ཁྲབ་ཆུང་བའི་དམིགས་བསལ་རྗེས་ལ་གསུངས་ཏེ། དབང་བསྐུར་བའི་སློབ་མ་ལ་གྲངས་ངེས་དགོས་པ་དང་མི་དགོས་པའི་རྣམ་དབྱེ་ཕྱེ་སྟེ་སྟོན་པ་ལ། སྔགས་ཀྱི་དབང་བསྐུར་ཞེས་པ་ནས། སློབ་མ་གྲངས་ངེས་མེད་པར་གསུངས། །ཞེས་པའི་བར་འདི་བྱུང་།

དེ་དག་གི་གྲུབ་དོན་སྙིང་པོ་བསྡུ་བ་ནི། ལྷག་མ་དམིགས་བསལ་མ་མཛད་པའི། །སློབ་མ་ལ་ནི་གྲངས་ངེས་ཡོད། །ཅེས་པའི་གཞུང་འདིས་བསྟན་པ་ཡིན་ཏེ། དེ་ལྟར་སྤྱོད་རྒྱུད་ལོགས་སུ་གཞག་ནས། དེ་མ་ཡིན་པར་གྱུར་པའི་རྒྱུད་སྡེ་ལྷག་མ་བྱ་རྒྱུད། རྣལ་འབྱོར་རྒྱུད། བླ་མེད་རྣམས་ཀྱི་དབང་བསྐུར་བའི་སློབ་མ་ལ་གྲངས་ངེས་བྱེད་པ་ཡིན་ནོ་ཞེས་པ་ནི་ཚིག་ རྐང་གཉིས་པོ་དེའི་བསྟན་དོན་ཡིན། སྒྲུབ་བྱེད་ཀྱི་ལུང་ནི་བྱ་བ་སྤྱིའི་རྒྱུད་ཆེན་བཞིའི་ནང་ཚན་གསང་བ་སྤྱི་རྒྱུད་ལས། མཁས་པས་སློབ་མ་གཅིག་གམ་གསུམ། །ཞེས་སོགས་གསུངས་པ་འདི་བྱ་རྒྱུད་ཀྱི་དབང་བསྐུར་རྣམས་ལ་ལྟ་ཅི་སྨོས། རྣལ་འབྱོར་རྒྱུད་དང་བླ་མེད་ཀྱི་དབང་བསྐུར་བ་ནའང་སྦྱར་དགོས་པ་ཡིན་ཏེ། རྒྱུད་སྡེ་གོང་མ་གཉིས་སུ་དབང་བསྐུར་གྱི་རྣམ་གཞག་མང་དུ་གསུངས་ཀྱང་། སློབ་མ་ལ་གྲངས་ངེས་ཀྱི་རྣམ་གཞག་མ་གསུངས་པ་ལ་གྲངས་ངེས་ཀྱི་ཕྱག་ལེན་སྤྱི་རྒྱུད་ནས་ཁ་སྐོང་ནས་བྱ་བ་ཡིན་ནོ། །རབ་དབྱེར་སྤྱི་རྒྱུད་ཉིད་ཀྱི་ལུང་དྲངས་པ་ལས། གང་དུ་ལས་ནི་ཡོད་གྱུར་ལ། །ཞེས་སོགས་གསུངས་པའི་ཕྱིར། དེར་མ་ཟད་སོ་ཤིང་འདོར་བ་དང་། དཔུང་སྐྱད་འཆིང་བ་ལ་སོགས་པ་རྣམས་ཀྱང་བྱ་རྒྱུད་ནས་ཁ་སྐོང་སྟེ་གོང་མ་གཉིས་སུ་སྦྱོར་དགོས་པ་དང་། ཡང་ནང་འཇུག་གི་དངོས་གཞི་ཡེ་ཤེས་དབབ་པ་འདི་འང་བླ་མེད་ཀྱི་རྒྱུད་རྣམས་ནས་དངོས་སུ་མི་གསལ་བས་དེ་ཉིད་རྣལ་འབྱོར་རྒྱུད་ནས་ཡར་ཁ་བསྐངས་ཏེ་བླ་མེད་དུ་སྦྱར་བ་ཡིན་ཞིང་། དེ་དག་ཀྱང་རྒྱུད་རང་གི་དགོངས་པ་འགྲུལ་མེད་ཡིན་ཏེ། དེ་ཉིད་འདུས་པའི་རྒྱུད་ལས། ང་དང་གསང་བ་སྤྱི་རྒྱུད་དང་། །འཇམ་དཔལ་རྩ་བའི་རྟོག་པ་དང་། །ཚིག་འདུས་དང་ཚིག་བཤད་ལས། །མཁས་པས་ཚིག་ཀུན་ལ་

སྒྱུར། །ཞེས་གསུངས་པ་དང་། བླ་མེད་ཀྱི་རྒྱུད་ཉིད་ལས་ཀྱང་ཚུལ་དེ་བཞིན་དུ་གསུངས་ཏེ། བརྟག་གཉིས་ལས། མང་དུ་རབ་ཏུ་བརྗོད་པས་ཅི། །ཇི་ལྟར་དེ་ཉིད་བསྡུས་པ་ཡི། །དཀྱིལ་འཁོར་ཚོག་དེ་བཞིན་བྱ། །ཞེས་དང་། སློབ་དཔོན་གོང་ག་ནས། སློབ་མ་དབང་བསྐུར་ཆོག་གནི། །གང་ནའང་གཅིག་གིས་རྫོགས་པ་ཡི། །དེ་ཕྱིར་མཁས་པས་ཆོག་ནི། །རྒྱུད་ཀུན་ལས་ནི་བཏུ་བར་བྱ། །ཞེས་གསལ་བར་གསུངས་པའི་ཕྱིར་ན་ས་སྐྱ་པའི་རྗེ་བཙུན་གོང་མ་རྣམས་ཀྱིས་སྤྱོད་རྒྱུད་མ་གཏོགས་རྒྱུད་སྡེ་གཞན་གསུམ་གྱི་དབང་བསྐུར་བའི་སློབ་མ་ལ་གྲངས་ངེས་མཛད་པ་འདི་རྒྱུད་སྡེའི་དགོངས་པ་འཁྲུལ་མེད་ཡིན་ནོ། །དེར་མ་ཟད་ལམ་ཟབ་མོ་བླ་མའི་བྱིན་རླབས་ཀྱི་བཀའ་སོགས་དང་། རྗེས་གནང་ཁྱད་པར་ཅན་འགའ་ཞིག་དང་། རིག་གཏད་གཉན་པོ་རྣམས་ཀྱང་གྲངས་ངེས་ཀྱིས་བསྡམས་ན་ཕྱག་ལེན་འཆོལ་མི་འགྲོ་ཞིང་ཆོས་ལ་གཅེས་སྤྲས་སུ་འགྲོ་བ་ཡིན་ཏེ། ས་སྐྱ་པའི་རྗེས་འཇུག་རྣམས་ད་ལྟའང་ཕྱག་ལེན་འདི་བཞིན་དུ་མཛད་དོ། །འོན་དེང་སང་དུས་འཁོར་གྱི་དབང་ལ་གྲངས་ངེས་མི་མཛད་པ་དང་། དེ་བཞིན་དུ་ཤངས་པ་བཀའ་བརྒྱུད་པ་དང་། རྙིང་མ་བ་དང་། སློབ་དཔོན་ཨ་བྷ་ཡཱ་ཀ་རའི་ལུགས་ཀྱི་དབང་བསྐུར་གྱི་ཕྱག་ལེན་མཛད་པ་རྣམས་ཀྱང་སློབ་མ་ཇི་ཙམ་བྱུང་བ་ལ་གནང་བས་གྲངས་ངེས་མི་མཛད་པ་དང་། གྲངས་ཁ་འཆམ་པའང་དགག་པར་མི་མཛད་པ་རྣམས་ཇི་ལྟར་འཐད་ཅེ་ན། འདི་དག་ཀུན་ལའང་སྤྱི་བབ་ཉེར་ལྔ་ཚུན་གྱི་གྲངས་ངེས་བྱུང་ན་རྒྱུད་ཀྱི་དགོངས་པ་ཡིན་པ་དང་། དབང་དེ་ཀུན་གྱིས་ངེས་ཤིང་ཡིད་ཆེས་པ་ཞིག་འབྱུང་བས། ཅིས་ཀྱང་ལེགས་སོ། ད་ལྟ་གྲངས་ངེས་མི་མཛད་པ་སོགས་ནི་ཕྱག་ལེན་ཟོར་ཡང་ལ་ཤོར་བས་ཧ་ཅང་ལེགས་པ་རང་གི་ཕྱག་ལེན་ནི་མ་ཡིན། འོན་ཀྱང་བླ་མ་མཚན་ཉིད་དང་ལྡན་པས་བྱང་ཆུབ་ཀྱི་སེམས་ཀྱིས་ཟིན་པའི་སྒོ་ནས་བརྒྱ་ལ་སོགས་པའི་མང་པོ་ལ་དབང་བསྐུར་ནའང་དབང་བསྐུར་མཚན་ཉིད་པར་འགྲོ་སྟེ། ཉེར་ལྔ་ལས་ལྷག་པ་བརྒྱ་ལ་སོགས་པར་དབང་བསྐུར་བའི་ཆོ་ན་ལས་མི་འཆགས་པ་མ་ཡིན་པའི་ཕྱིར་ཏེ། མང་པོ་ལ་དབང་བསྐུར་བས་ལས་མི་འཆགས་པ་རྒྱུད་ལས་གསུངས་པ་མེད་ལ། འདུལ་བ་ལས། བསྒྲུབ་བྱ་གསུམ་ལས་མང་བ་ལ་མི་རུང་བའི་ཤེས་བྱེད་དུ་ལས་མི་འཆགས་པ་བཀོད་འདུག་པ། དེ་དང་སྔགས་ཀྱི་ཚུལ་འདི་མི་འདྲ་བར་འཆད་དོ། །འདི་དག་ནི་རང་གཞན་གྱི་ལུགས་སྲོལ་ཀུན་ལ་སྒྲོ་སྐུར་གྱི་མཐའ་དང་བྲལ་བའི་དྲང་ངེས་རྣམ་པར་ཕྱེ་ནས་ཕྱོགས་གཅིག་ལ་ཨ་མ་འཐས་པར་རྒྱ་འབབ་གི་མིག་འཕྲུལ་ལྟར་ཆགས་པའི་རྣམ་དབྱེ་མདོ་ཙམ་བསྟན་པ་ཡིན་ལ།

ད་ནི་པཎ་ཆེན་རིན་པོ་ཆེའི་བཞེད་པ་བསྟན་པའི་སྒོ་ནས་གཞུང་འདིར་གཞུང་ཚིག་བཅོས་པ་སོགས་ཀྱི་རྩོད་པ་བཟློག་པར་བྱ་སྟེ། མཁས་པས་སློབ་མ་གཅིག་གམ་གསུམ། །ཞེས་སོགས་དྲངས་པ་འདི་ལ་གསེར་ཐུར་

དྲུ༔ གསང་བ་སྤྱི་རྒྱུད་དག་ལས་ནི། །དཀྱིལ་འཁོར་དག་ཏུ་དབང་བསྐུར་བའི། །སློབ་མ་གཉིས་དང་བཞི་ལ་སོགས། །ཟུར་དུ་བཤད་པ་འགའ་ཞིག་ཡོད། །ཅེས་ཚུར་རྟོད་པ་མཛད་ལ། དེ་ནི་ས་པཎ་ལ་མ་སོང་རྡོ་རྗེ་འཆང་ལ་རྟོད་པར་སོང་སྟེ། ཟུར་དུ་བཤད་པར་འགའ་ཞིག་ཡོད་པའི་ལུང་ནི་གསང་བ་སྤྱི་རྒྱུད་ལས། བླ་མས་སློབ་མ་གཅིག་པུ་ནི། །དཀྱིལ་འཁོར་དག་ཏུ་དབང་བསྐུར་བྱ། །མཁས་པས་ཅིག་ཅར་སློབ་མ་གཉིས། །དབང་བསྐུར་བ་ནི་ཡོངས་མི་བྱ། །གཉིས་སམ་གསུམ་མམ་བཞི་ཡང་རུང་། །བླ་མས་དབང་བསྐུར་བྱ་བ་ནི། །ཡོ་བྱད་སར་པ་གཞན་རྣམས་ཀྱི། །ཐམས་ཅད་སོ་སོ་སོ་སོར་བྱ། །ཞེས་གསུངས་པ་འདི་ཡིན་ཅིང་། ཁྱེད་རང་གིས་ཀྱང་དེ་ལྟར་མཛད་ལ། མཁས་པས་སློབ་མ་གཅིག་གམ་གསུམ། །ཞེས་སོགས་འདིའང་ས་པཎ་གྱིས་མཛད་པ་ནི་མ་ཡིན་ལ། སྤྱི་རྒྱུད་ཉིད་ཀྱི་ལུང་དྲངས་པ་ཡིན་ཅིང་། སྤྱི་རྒྱུད་ཀྱི་ལུང་དེ་གཉིས་ལ་ཁྱེད་ཀྱིས་འགལ་འདུའི་རྟོད་པ་བཏང་འདུག་པའི་ཕྱིར་རོ། །

དོན་ནི་འདི་ཡིན་ཏེ། སློབ་མ་སྟོད་རུང་ཉེར་ལྔ་མན་གྱི་ཟུར་དུ་མ་གྱུར་པ་ལ་རྗེས་འཛིན་དུས་གཅིག་ལ་བྱས་ནས་དབང་བསྐུར་བ་ལ་འཇུག་པ་ཡིན་ནམ། ཀུན་མཁྱེན་གྱི་དགོངས་པ་ལྟར་ན་ཆུ་དང་ཅོད་པན་གྱི་དབང་ཚུན་སྟེབས་གཅིག་ལ་བྱས་ནས། སླར་རིགས་ལྔ་སྒྲུབ་པའི་དཀྱིལ་འཁོར་དུ་དབང་བསྐུར་བ་ན་གཞན་རྣམས་གཏོང་ནས་སློབ་མ་གཅིག་ཁོ་ན་ལ་བྱ་བ་ཡིན་གྱི། གཞན་རྣམས་ལ་མི་བྱ། གལ་ཏེ་འོས་སུ་གྱུར་པའི་སློབ་མ་གཉིས་སམ། གསུམ་མམ། བཞི་ལ་སོགས་པ་གང་ཡང་རུང་བ་ཡོད་ན་སྔ་མ་དེ་ལ་དབང་བསྐུར་ཚར་བ་དང་། གཞན་རྣམས་རིམ་པ་བཞིན་དུ་རེ་རེ་ནས་བོས་ལ་དབང་བསྐུར་བར་བྱ་བ་ཡིན་ཏེ། དེའི་ཚུལ་ཡང་རེ་རེ་ལའང་སྟོན་དུ་མཆོད་པའི་ཡོ་བྱད་སྙིང་པ་རྣམས་སྤྱི་ཞིང་གསར་པ་རྣམས་བཤམས་ཏེ། བླ་མས་ཀྱང་མདུན་བསྐྱེད་སྒྲུབ་མཆོད་བདག་འཇུག་ཚུལ་བཞིན་དུ་བཏང་ལ། དབང་བསྐུར་བའི་ཆོ་ག་ཐམས་ཅད་སློབ་མ་སོ་སོ་སྟེ་རེ་རེ་ལ་སོ་སོར་བྱ་བ་རྒྱུད་ཀྱི་དོན་ཡིན་ཏེ། ཚིག་གི་འབྲུ་མྱངས་པས་གསལ་ལོ། །

པཎ་ཆེན་གྱིས་ཡོ་བྱད་གསར་པའི་དོན་དབང་རྫས་ཀྱི་ཡོ་བྱད་ལ་བཤད་སྣང་ཡང་། དེ་ནི་དོན་མ་ཡིན་ཏེ། སློབ་མ་སྔ་ཕྱིར་ལ་དབང་རྫས་ཐ་དད་དགོས་པའི་ཤེས་བྱེད་མེད་ཕྱིར། གཞན་དུ་ན་ད་ལྟ་དབང་རྫས་བུམ་ཆུ་གཅིག་ཉིད་ནས་སློབ་མ་ཀུན་ལ་སྐྱེར་བ་ཁྱེད་རང་ཡང་མཛད། བླ་མ་གོང་མ་རྣམས་ཀྱང་མཛད་པ་སོགས་སུན་དབྱུང་རིགས་སམ། ཡང་པཎ་ཆེན་གྱིས། སྤྱོད་པའི་རྒྱུད་ཀྱི་དབང་བསྐུར་ལ། །སློབ་མ་གྲངས་ངེས་མེད་གྱུར་ན། །གཅིག་ནས་བཅུ་ཡི་བར་དག་གི། །གྲངས་ངེས་མཛད་པ་ཇི་ལྟར་ཡིན། །ཞེས་དྲི་བ་གནང་ནས། རང་གི་དགོངས་བཞེད་ནི་རྒྱུད་སྡེ་བཞི་ཆར་དུ་དབང་བསྐུར་བའི་སློབ་མ་ལ་གྲངས་ངེས་ཡོད་ཅིང་། དེའི་ནང་ནས་སྤྱོད་རྒྱུད་ལ་གྲངས

ཁ་འཆམ་པ་ནི་རུང་ངོ་། །གྲངས་ནི་བཅུ་ལས་ལྷག་པ་ལ་མི་རུང་སྟེ། རྣམ་སྣང་མངོན་བྱང་ལས། སློབ་མ་དང་ཅིང་རིགས་བཙུན་པ། །དེ་བཞིན་དཀོན་མཆོག་གསུམ་ལ་དད། །ཟབ་མོ་ཡི་ནི་བློ་དང་ལྡན། །སྒྲོ་བ་ཆེ་ཞིང་ཚུལ་ཁྲིམས་ལྡན། །བཟོད་དང་ལྡན་ཞིང་སེར་སྣ་མེད། །དཔལ་ལ་ཡིད་རབ་བརྟན་པ་ནི། །བཅུའམ་བརྒྱད་དམ་བདུན་ནམ་ལྔ། །གཉིས་སམ་བཞི་ལས་ལྷག་ཀྱང་རུང་། །དཔྱད་མི་དགོས་པར་གཟུང་བར་བྱ། །ཞེས་བཅུ་ཚན་བཤད་ཀྱི། བཅུ་ལས་ལྷག་པ་ལ་མི་རུང་སྟེ། ལུང་དྲངས་མ་ཐག་པ་དེ་དང་འབྲེལ་ཆགས་སུ། འདི་སྐད་ཅེས། གསང་བའི་བདག་པོ། གང་དག་གི་སྔོན་ཐེག་པ་ཆེན་པོ་གསང་སྔགས་སྤྱོད་པའི་ཚུལ་སྒོ་མཐའ་ཡས་པ་བསྒྲུབ་པ་ལ་གོམས་པར་བྱས་པ་དེ་དག་ནི་རྡོ་རྗེ་སེམས་དཔའ་ཡིན་ཏེ། དེ་རྣམས་ཉིད་ཀྱི་དོན་གྱི་ཕྱིར་གྲངས་ཀྱི་ཚད་འདི་བྱས་སོ་གསུངས་པའི་ཕྱིར་གསུངས་པ་སྣང་། ལུང་འདི་ས་པཎ་གྱིས་མ་གཟིགས་འདྲུག་སྙམ་ནས། སྤྱོད་པའི་རྒྱུད་ཀྱི་དབང་བསྐུར་ལ། །སློབ་མ་རྗེས་འཛིན་གྲངས་ངེས་མེད། །ཅེས་གཞུང་བཅོས་ཀྱང་། ས་པཎ་གྱིས་མ་གཟིགས་པ་མིན། ཁྱེད་རང་གིས་དྲངས་མ་ཐག་པའི་ལུང་དེ་དག་གི་དོན་ནི་ཁོ་བོ་ཅག་འདི་ལྟར་སེམས་ཏེ། བཅུའམ་བརྒྱད་དམ་བདུན་ནམ་ལྔ། །ཞེས་པ་དེ་ནི་བཅུ་ཚན་གྱི་སློབ་མའི་གྲངས་ངེས་བསྟན་པ་ག་ལ་ཡིན། དེ་ནི་སྐྱེ་བ་སྔ་མ་གསང་སྔགས་ཀྱི་ལམ་ལ་གོམས་པ་རྒྱ་ཆེན་པོ་བསྒོམས་པ་སྔོན་དུ་སོང་བའི་སྐལ་ལྡན་ལས་འཕྲོ་ཅན་གྱི་སློབ་མ་འགའ་རེའི་དབང་དུ་བྱས་པ་ཡིན་ཅིང་། སྐལ་པར་ལྡན་པའི་རིགས་ཅན་ནི་ཉུང་བས་ཡ་མཐའ་བཅུའི་དབང་དུ་བྱས་ཏེ་སྐལ་ལྡན་དེ་རྣམས་ཀྱི་དོན་གྱི་ཕྱིར་གཅིག་གཉིས་ནས་བཅུའི་བར་དབང་བསྐུར་བའི་སློབ་མའི་གྲངས་ཀྱི་དཔེར་བརྗོད་དུ་སྨོས་ཏེ་གྲངས་ཀྱི་ཚད་བཞག་པ་ཡིན་གྱི། སྤྱིར་སྤྱོད་རྒྱུད་ཀྱི་དབང་བསྐུར་གྱི་སློབ་མའི་གྲངས་ངེས་བསྟན་པ་ག་ལ་ཡིན། དཔེར་ན་འཇིག་རྟེན་ན་དངོས་པོ་གང་དང་གང་གི་ཚད་འཇོག་པ་ན༑ འདིའི་ཆ་ཤས་སམ་མཚན་གཞི་གཅིག་ལ་འཛོག་པ་དང་མཚུངས་སོ། །

ཡང་བརྟག་པ་མཐའ་བཟུང་གི་དབང་དུ་བྱས་ཏེ་སྐལ་བ་དང་ལྡན་པའི་སློབ་མ་བརྒྱ་སྟོང་ཡོད་སྲིད་ནའང་དེ་དག་ལ་ཅིག་ཅར་སྤྱོད་རྒྱུད་ཀྱི་དབང་བསྐུར་བས་ཆོག་སྟེ། སློབ་དཔོན་ཨ་བྷ་ཡཱ་ཀ་རས་དཀྱིལ་ཆོག་རྡོ་རྗེ་ཕྲེང་བ་ལས། སྐལ་བ་དང་ལྡན་ན་སྟོང་གི་བར་དུའང་གཟུང་བར་བྱའོ། །ཞེས་གསུངས་པ་ལྟར་རོ། །དེ་ལྟར་ན་སྤྱོད་རྒྱུད་ཀྱི་དབང་བསྐུར་ཡུལ་གྱི་སློབ་མ་དེ་ལ་སྐལ་ལྡན་ལས་འཕྲོ་ཅན་རྡོ་རྗེ་སེམས་དཔའ་དང་འདྲ་བའི་རིགས་ཅན་ཉུང་ཤས་དང་། སྔོན་སྦྱངས་པ་མ་བྱས་པའི་རིགས་ཅན་དབང་བསྐུར་བའི་སྣོད་རུང་ཙམ་དུ་གྱུར་པ་མཐའ་ཡས་པ་གཉིས་ཡོད་པ་རྣམ་སྣང་མངོན་བྱང་ལས་གསུངས་པ་ཡིན་ཞིང་། དང་པོའི་དབང་དུ་བྱས་ནས་སློབ་མ་དད་ཅིང་རིགས་བཙུན་པ་ཞེས་པ་ནས་དེ་དག་ནི་རྡོ་རྗེ་སེམས་དཔའ་ཡིན་ཏེ། དེ་རྣམས་ཉིད་ཀྱི་དོན་གྱི་ཕྱིར

གྲངས་ཀྱི་ཚད་འདི་བྱས་སོ། །ཞེས་པ་འདི་གསུངས་པ་ཡིན་ཏེ། དེའི་དབང་དུ་བྱས་ནས་གྲངས་ཀྱི་ཚད་དེ་ལྟར་དུ་བྱས་པ་ལུང་ཉིད་ལས་དངོས་སུ་གསལ་བ་དེ་ཡིན།

གཉིས་པ་སློབ་མ་མཐའ་ཡས་པའི་དབང་དུ་བྱས་ནས་སྔར་ལུང་དྲངས་པ་དེའི་དེ་མ་ཐག་ཏུ། འོན་ཀྱང་སློབ་དཔོན་སྙིང་རྗེ་ཆེན་པོ་དང་ལྡན་པས་སེམས་ཅན་གྱི་ཁམས་མ་ལུས་པ་བསྐྱལ་བར་ཡིད་དམ་བཅའ་བ་བོ་ནར་བྱ་སྟེ། དེས་བྱང་ཆུབ་ཀྱི་སེམས་ཀྱི་རྒྱུར་འགྱུར་བར་བྱ་བའི་ཕྱིར་སེམས་ཅན་ཚད་མེད་པ་རྣམས་ཡོངས་སུ་གཟུང་བར་བྱའོ་ཞེས་པ་འདི་གསུངས་ལ། རབ་དབྱེར། སྤྱོད་པའི་རྒྱུད་ཀྱི་དབང་བསྐུར་ལ། །སློབ་མ་གྲངས་ངེས་མེད་པར་གསུངས། །ཞེས་གསུངས་པའི་ལུང་ཁུངས་ཀྱང་འདི་ཉིད་ཡིན། དེས་ན་སྐབས་འདིའི་སློབ་མ་ལ་སྐལ་ལྡན་ལས་འཕྲོ་ཅན་ཉུང་ཤས་དང་། དེ་མ་ཡིན་པའི་སེམས་ཅན་ཚད་མེད་པ་གཉིས་སུ་དབྱེ་བ་ནི་ལུང་དྲངས་པ་དེའི་ཚིག་སྔ་ཕྱིའི་བབ་བསྒྲིགས་ནས་གོ་བ་མྱངས་པས་ཤེས། དེའི་རྒྱུ་མཚན་ནི་སྐལ་ལྡན་ལས་འཕྲོ་ཅན་གྱི་དབང་དུ་བྱས་ནས་ཉུང་ཤས་སློས་ཏེ་གྲངས་ཀྱི་ཚད་འདི་བྱས་སོ། །ཞེས་རྣམ་པར་གཞག་པ་གཅིག་བརྗོད་ནས། ཡང་སློབ་མ་མཐའ་ཡས་པ་ལ་བསྐུར་བའི་དབང་དུ་བྱས་ནས། རྣམ་པར་གཞག་པ་གཉིས་པར་བརྗོད་པར་བཞེད་ནས། འོན་ཀྱང་སློབ་དཔོན་སྙིང་རྗེ་ཆེན་པོ་ཞེས་པ་ནས་ཚད་མེད་པ་རྣམས་ཡོངས་སུ་གཟུང་བར་བྱའོ། །ཞེས་པའི་བར་གསུངས་པ་ཡིན་ཏེ། འོན་ཀྱང་ཞེས་པའི་ཚིག་ནུས་མྱང་དགོས་སོ། །པཎ་ཆེན་གྱིས་རྣམ་གཞག་སྔ་མ་དེ་རང་ལ་ཐུགས་རྩེ་གཏད་ནས། སྤྱོད་པའི་རྒྱུད་ཀྱི་དབང་བསྐུར་ལ། །སློབ་མ་རྗེས་གཟུང་གྲངས་ངེས་མེད། །ཅེས་གཞུང་བཅོས་ནས་སྟོན་ན་བདེ་བ་ཡིན་ཞེས་དང་། རང་གི་བཙུ་ཚན་གྱི་གྲངས་ངེས་བཤད་པ་དང་། སེམས་ཅན་ཚད་མེད་པ་རྣམས་ཡོངས་སུ་གཟུང་བར་བྱའོ། །ཞེས་པའི་ལུང་འགལ་འདུ་འབྱུང་བར་མཁྱེན་ནས་ལུང་ཕྱི་མ་འདི་སློབ་མ་རྗེས་གཟུང་ཡིན་གྱི། དབང་བསྐུར་དུས་ཀྱི་སློབ་མ་བསྟན་པ་མ་ཡིན་ཞེས་གསུངས་པ་སྣང་ངོ་། །འོ་ན། བཅུའམ། བརྒྱད་དམ། བདུན་ནམ། ལྔ། ཞེས་སོགས་ཀྱང་སློབ་མ་རྗེས་གཟུང་གི་སྐབས་ཙམ་ཡིན་པར་འགྱུར་ཏེ། དེའི་མཇུག་ཏུ། དཔྱད་མི་དགོས་པར་གཟུང་བར་བྱ། ཞེས་གསུངས་འདུག་པའི་ཕྱིར། བབ་ལུང་གི་དོན་དེ་རྗེས་བཟུང་གི་སྐབས་ཡིན་ནའང་དེས་སྤྱོད་རྒྱུད་ཀྱི་དབང་ལ་གྲངས་ངེས་མི་དགོས་པར་གྲུབ་སྟེ། རྗེས་གཟུང་གི་སློབ་མ་ལ་གྲངས་ངེས་མེད་ན། སྔ་གོན་གྱི་དུས་སུའང་དེ་ལ་གྲངས་ངེས་མེད། དེ་མེད་ན་དངོས་གཞིའི་དུས་སུའང་གྲངས་ངེས་མི་དགོས་པའི་ཕྱིར། རྒྱུད་སྡེ་གཞན་གསུམ་གྱི་རྗེས་འཛིན་གྱི་སློབ་མ་ལ་གྲངས་ངེས་བཤད་པས། དེས་དབང་བསྐུར་གྱི་སློབ་མའི་གྲངས་ཀྱང་འགྲུབ་པ་ཡིན་ཏེ། དབང་བསྐུར་གྱི་སློབ་མའི་གྲངས་སྔ་གོན་གྱི་དུས་ཀྱི་གྲངས་ལ་ལྟོས་དགོས། སྔ་གོན་གྱི་དུས་ཀྱི་དེ་རྗེས་འཛིན་

གྱི་གྲངས་ལ་ལྟོས་དགོས་པའི་ཕྱིར། རྗེ་བཙུན་གྱི་དབང་ཆུ་ཆེན་མོ་ལས་ཀྱང་། ཉི་ཤུ་རྩ་ལྔ་ཚུན་ལ་ཁ་ཡར་བའི་གྲངས་འདི་རྗེས་འཛིན་གྱི་ཚོ་གའི་སྐབས་སུ་བཤད་ན། དེའི་རྒྱབ་རྟེན་དུ། མཁས་པས་སློབ་མ་གཅིག་གམ་གསུམ། །ཞེས་སོགས་འདྲེན་པར་མཛད་པ་ཡིན། ད་ལྟའི་ལམ་འབྲས་པ་ཕལ་ཆེ་བ་སློབ་མ་རྗེས་འཛིན་སྟེབས་གཅིག་ལ་བྱེད་པ་ནི་ཕྱིས་སུ་ཕྱུག་ལེན་ཟེར་ཡངས་ལ་སོང་བའི་སྐྱོན་དུ་བྱེད་དགོས། དོན་གྱི་འགལ་བ་ཆེར་མེད།

ཡང་ཕྱིས་སུ་སྤྲུལ་སྐུ་པདྨ་དཀར་པོས་བརྟག་གཉིས་འཆད་པ་པོ་རྣམས་ལ་དྲི་བར། སྟོད་རྟུང་གང་ཟག་ཉེར་ལྔ་ལས་གཞན་པར། །འཇུག་པ་བླ་མེད་རྒྱུད་སྡེ་གང་དུ་བཀག །བྱ་བའི་རྒྱུད་ལས་སྐབས་འདིར་བཙན་པའི་ལུང་། །དཔལ་ལྡན་དུས་ཀྱི་འཁོར་ལོར་སྣང་མིན་ནམ། །བྱ་བའི་རྒྱུད་ལས་བཀག་ན་དེ་ཉིད་ཀྱི། །རིག་གཏད་རྗེས་གནང་ཁྲིམ་ལ་བྱེད་པའང་འགལ། །སྐབས་འདིར་རྗེས་གནང་དབང་ལ་དགོས་པའི་ཁྱད། །ཅི་ཡང་མ་མཐོང་ཚིག་ལ་རྩོད་པ་ཅི། །རིགས་པ་ཚིག་རྫོགས་པར་མི་འགྱུར་དོ། །དུས་འཁོར་ཕྲེང་བའི་དབང་ནི་མང་པོ་ལ༑ །སྟོན་བཞིན་དེ་སྐད་སྨྲས་ཀྱང་མཛེས་པ་མིན། །ཞེས་བརྩད་ཅིང་དྲི་བ་གནང་ལ།

ཚིག་དང་པོ་དེའི་ལན་ཕལ་ཆེར་ནི་རང་ལུགས་ཀྱི་བརྗོད་ཆད་བཤད་པ་དེ་དག་གིས་ཐེབས་ལ། རྟུང་ཟད་བརྗོད་ན། དུས་འཁོར་འགྲེལ་ཆེན་དུ། སྟོན་རྒྱལ་པོ་འཇམ་དཔལ་གྲགས་པས་ཚངས་པའི་དྲངས་སྲོང་བྱེ་བ་ཕྲག་ཕྱེད་དང་བཞི་ལ་དུས་གཅིག་ཏུ་དབང་བསྐུར་བར་བཤད་པ་དང་། དེ་བཞིན་དུ་སྟོན་པ་སངས་རྒྱས་ཀྱིས་ཨོ་ཊི་ཡ་ནར་རྒྱལ་པོ་ཨིནྡྲ་བྷུ་ཏི་འཁོར་དུ་མ་དང་བཅས་པ་གསང་བ་འདུས་པའི་དཀྱིལ་འཁོར་དུ་བཅུག་སྟེ་དབང་བསྐུར་བ་གསུངས་པ་རྣམས་ཡོད་ཀྱང་། དེ་དག་ནི་དབང་བསྐུར་བ་པོ་དང་ཞུ་མཁན་གཉིས་ཀ་སྟོན་དུ་སྐལ་ལྡན་ལས་དག་པའི་སློབ་མ་ལ་རྡོ་རྗེ་སློབ་དཔོན་འཕགས་པའི་གང་ཟག་གིས་དབང་བསྐུར་བས་ན་སྟོན་གྱི་ཚོ་ག་འཕགས་པའི་དུས་ཡིན་གྱི། དེང་སང་གི་སོ་སོ་སྐྱེ་བོས་བྱར་མི་རུང་། སྟོན་བྱུང་བའི་རྒྱུ་མཚན་གྱིས་ད་ལྟའི་རྗེས་འཇུག་གི་བྱེད་རུང་ན། སྟོན་རྣལ་འབྱོར་དབང་ཕྱུག་བིརྺ་པ་ལ་བདག་མེད་མས་སྤྲུལ་པའི་དཀྱིལ་འཁོར་དུ་དབང་བསྐུར་འདུག་པས་ན་བིརྺ་པའི་རྗེས་འཇུག་རྣམས་ད་ལྟ་སྤྲུལ་པའི་དཀྱིལ་འཁོར་དུ་དབང་བསྐུར་ཅིས་མི་བྱེད། མདོ་སྡེ་དཀོན་མཆོག་བརྩེགས་པ་ལས། རྒྱལ་སྲས་བྱམས་པ་དང་། འཇམ་དབྱངས་ཀྱིས་མཁན་པོ་མཛད་དེ། ཁྱིམ་བདག་དགུ་སྟོང་དང་བདུན་སྟོང་ཁྱིམ་པའི་རྟགས་དང་ལྡན་བཞིན་དུ་བསྙེན་པར་རྫོགས་པར་གསུངས་པས་ན་ད་ལྟའང་དེ་ལྟར་ཅིས་མི་བྱེད། འདུལ་བ་ལས། སྟོན་སངས་རྒྱས་རང་བྱུང་གིས་བསྙེན་པར་རྫོགས་པ་དང་། ཤཱ་རིའི་བུ་ཚུར་ཤོག་གིས་བསྙེན་པར་རྫོགས་པ་སོགས་གསོལ་བཞིའི་ཚོ་ག་ལ་མ་ལྟོས་པའི་བསྙེན་པར་རྫོགས་པར་གསུངས་པས་ན་ད་ལྟའང་དེ་ལྟར་ཅིས་མི་བྱེད་དེ། བྱེད་རིགས་པར་འགྱུར་བ་སོགས

གནོད་བྱེད་ཀྱི་རིགས་པ་ལྔའི་རི་བོ་བསྐོལ་བ་ལྟར་མཐའ་ཡས་པ་འབྱུང་བས་ཟློན་མཛོད་ཅིག །ཚིགས་བཅད་གཉིས་པའི་ལན་ནི། བྱ་རྒྱུད་ཀྱི་དབང་ལ་གྲངས་ངེས་བྱེད་ན། དེའི་རིག་གཏད་དང་རྗེས་གནང་ལའང་གྲངས་ངེས་དགོས་སོ་ཟེར་བ་འདི་འདྲ་སྲུ་ལ་ཟེར་རྒྱུ་ཡིན། ཡར་རྡོ་རྗེ་འཆང་ལ་ཞུས་མཛོད། དབང་བསྐུར་དང་རིག་གཏད་རྗེས་གནང་རྣམས་དོན་ལ་ཁྱད་པར་མེད་དོ་སྙམ་པ་དེ་ཁྱེད་རང་ལམ་གྱི་རྩ་བ་དབང་བསྐུར་ལ་ཆ་ཚོད་ངེས་པོར་མཛད་པ་དེའི་སྐྱོན་ཡིན་ཏེ། ཁྱེད་རང་བྱིན་རླབས་ཀྱང་སྨིན་བྱེད་ཡིན་ཟེར་བ་གྲུབ་མཐར་སྣང་ཞིང་། དེ་སྨིན་བྱེད་ཡིན་ན་རྗེས་གནང་རིག་གཏད་ཀྱང་ཅིའི་ཕྱིར་སྨིན་བྱེད་མ་ཡིན། རྣམ་པ་ཀུན་ཏུ་མཚུངས་ཏེ། བྱིན་རླབས་དང་རྗེས་གནང་རྒྱས་པའི་རིགས་རྣམས་ལ་དགོས་ནུས་ཁྱད་པར་ཆེར་མི་འདུག་པའི་ཕྱིར་རོ། །དེས་ན་རྗེས་གནང་ལ་དབང་གི་མཐའ་རྟེན་དུ་བྱེད་པའི་རྗེས་གནང་དང་། དབང་ལས་ལོགས་སུ་སྐུ་གསུང་ཐུགས་ཀྱི་རྗེས་གནང་བྱེད་པ་གཉིས་ལས། དང་པོ་ནི། ལྷ་མཆོད་པ་དང་། སེམས་ཅན་གྱི་དོན་བྱེད་པ་དང་། ཆོས་ཀྱི་འཁོར་ལོ་བསྐོར་བ་དང་། བརྟུལ་ཞུགས་སྤྱིན་པ་ལ་སོགས་པ་དབང་ཆོག་རྣམས་སུ་འབྱུང་བ་ཐུགས་ལ་མངའ་བ་དེ་ཡིན་ལ། གཉིས་པ་ནི་སྒྲུབ་ཐབས་བརྒྱ་རྩ་དང་རྒྱ་མཚོ་ལ་སོགས་པ་དེང་སང་སློབ་མ་དུ་མ་ཚོགས་པའི་ཁྲོམ་ལའང་བྱེད་པ་འདི་ཡིན་ལ། འདི་ལ་ཁྱེད་དབང་ཐོབ་ཀྱང་ཡིན་ན་ཅང་མི་སྨྲ། དེ་མིན་ཁས་བླངས་འགལ་བ་སོགས་ཀྱི་སྐྱོན་བཏང་འདོད་འདུག་ཀྱང་། འདི་ལ་སྒྲུབ་ཐབས་བརྒྱ་རྩ་ལྟ་བུ་ལ་མཆོན་ན། བླ་མེད་ཀྱི་དཀྱིལ་འཁོར་གྱི་གཙོ་བོའི་ལྷའང་འགའ་ཡོད་འདུག་པས་ན། སྔོན་དུ་བླ་མེད་ཀྱི་དབང་ཐོབ་པ་ཞིག་གིས་ཡོངས་རྫོགས་ཞུ་བ་ཡིན། ཡང་རྒྱུད་སྡེ་འོག་མའི་དབང་ཐོབ་ནའང་འོག་མ་ནས་བཤད་པའི་ལྷའི་རྗེས་གནང་རྣམས་ཞུས་པས་ཆོག །དབང་བསྐུར་ཡེ་མ་ཐོབ་ནའང་གཟུངས་གྲྭ་ལྔ་ལ་སོགས་པ་བྱ་རྒྱུད་ཀྱི་ལྷ་འགའ་རེའི་རྗེས་གནང་ཞུས་པས་ཆོག་སྟེ། རབ་དབྱེ་ལས། བྱ་བའི་རྒྱུད་ལ་རྣམ་གསུམ་ཡོད། །དོན་ཡོད་ཞགས་སོགས་འགའ་ཞིག་ལ། །དབང་བསྐུར་སེམས་བསྐྱེད་མ་ཐོབ་ཀྱང་། ཞེས་སོགས་གསུངས་པ་འདི་ཁྱེད་རང་ཡང་ལུང་དུ་འདྲེན་གྱིན་འདུག་པ། ངེད་ཅག་རྣམས་ཀྱང་དེ་ཁ་བཞིན་འདྲེན་པས་མཐུན་པར་སྣང་།

རིག་གཏད་ལ་དབང་དང་རྗེས་གནང་གཉིས་སུ་ཡོད། དེའི་དང་པོ་ནི། གཟུངས་གྲྭ་ལྔའི་དབང་དང་། གཙུག་ཏོར་དྲི་མེད་ཀྱི་དབང་དང་། རིགས་གསུམ་སྤྱིའི་དབང་ལ་སོགས་པ་བྱ་རྒྱུད་རང་རྐང་གི་དབང་རྣམས་ཡིན། རིག་གཏད་ཟེར་བའི་རྒྱུ་མཚན་ནི། གཟུངས་གྲྭ་ལྔ་ལྟ་བུ་ལ་མཆོན་ན། ལྷ་ལྔ་བསྐྱེད་པའི་བུམ་པ་སློབ་མའི་སྤྱི་བོར་བཞག་སྟེ་ལྷའི་མངོན་རྟོགས་བརྗོད། གཟུངས་རྣམས་བཟླས་ཤིང་བུམ་ཆུ་སྟེར། དེའི་ཚེ་ན་རིག་པ་ནི་ལྷ་དེ་ཡིན་ལ། ལྷའི་བསྐྱེད་ཆོག་དང་སྔགས་བཟླ་བ་སློབ་མ་ལ་གཏད་པའམ་བྱིན་པས་ན་རིག་གཏད་ཅེས

བྱའོ། །གཉིས་པ་རྗེས་གནང་དུ་གྱུར་པའི་རིག་གཏད་ནི་བླ་མེད་ནའང་སློབ་མ་ཡི་དམ་ཀུན་དུ་གནས། དེ་ལ་ཆོས་སྐྱོང་གི་སྐུ་གསུང་ཐུགས་ཀྱི་རྗེས་གནང་སྐེར་བའང་རིག་གཏད་ཡིན་ཞིང་། གཙོ་བོར་ནི་བྱ་རྒྱུད་ཀྱི་ལྷ་ལ་རིག་གཏད་མང་བ་ཡིན་ཏེ། སཱ་སྐྱ་པ་ནས་བརྒྱུད་པའི་དོན་ཞགས་གཙོ་རྐྱང་ལྷ་ལྔ་དང་། སྐྱེར་སྒང་པ་ནས་བརྒྱུད་པའི་སྨན་རས་གཟིགས་ཀྱི་རིག་གཏད་དང་། རོག་ལོ་ནས་བརྒྱུད་པའི་འཇམ་དབྱངས་གང་བློ་མའི་བྱིན་རླབས་ལ་སོགས་པའང་རིག་གཏད་ཡིན་ཅིང་། དེ་དག་གི་ཚེ་ནའང་སློབ་མ་ལྷར་མ་བསྐྱེད་པར་དེ་ལྟའི་ཐ་མལ་པ་དེ་ལ་མདུན་གྱི་ནམ་མཁའ་ལྷ་བསྐྱེད་པ་དེའི་ལྷ་ངོ་བསྟན། ཐུགས་ཀྱི་བཟླས་ལུང་འབོགས་པས་རིག་གཏད་ཀྱི་དོན་ཚང་བ་ཡིན་ནོ། །ད་ལྟ་ནི་འགའ་ཞིག་རིག་གཏད་དགོས་པ་རྣམས་ལའང་དེ་དོར་ནས་སྒྲུབ་ཐབས་བརྒྱ་རྩའི་རྗེས་གནང་གི་ཆིང་སྦྱོར་བ་དང་། རྗེས་གནང་གི་བཤད་ཁྲུངས་མེད་པའི་ལྟའི་རིགས་འགའ་རེ་ལ་བསྒོམ་བཟླས་ཀྱི་ལུང་ཙམ་ཐོག་པས་ཆོག་པ་ལ་བརྒྱ་རྩ་སོགས་ཀྱི་འགྲོས་སྒྲུར་ནས་རྗེས་གནང་བྱེད་པས། ད་ལྟ་རྗེས་གནང་གི་རིགས་མང་དུ་ཀ་སོང་ཡོད་འདུག །ཆོས་ཐོག་ཏུ་བཙེ་ཁྲི་ཉལ་གྱི་དཔེ་ཡིན་ནམ།

ཚིགས་བཅད་གསུམ་པའི་ལན་ནི། བདག་ཉིད་ཆེན་པོས། དེ་ལས་ལྷག་པའི་སློབ་མ་ལ། ཞེས་སོགས་ཀྱི་ལུང་འདྲེན་དང་བཅས་པའི་དོན་ནི། བརྟག་གཉིས་ལས། མཚན་མོ་སྐྱེ་བོ་མེད་ཁྱིམ་དུ། །སློབ་དཔོན་ལ་སོགས་རབ་ཕྱེ་ནས། །དབང་ནི་ཇི་ལྟར་གསུངས་པ་ཉིད། །ཅེས་དང་། རྡོ་རྗེ་མཁའ་འགྲོ་ལས། ཡུལ་དེ་དག་གི་བུ་མོ་གང་། །ཏག་ཏུ་བུ་མོ་འཕྱོན་མ་དང་། །སྒྲུབ་པ་པོ་ལ་དངོས་གྲུབ་སྟེར། །ཞེས་གསུངས་པ་ལྟར་དཀྱིལ་འཁོར་སྒྲུབ་པ་དང་དབང་བསྐུར་བའི་དུས་ཀྱང་མཚན་དུས་སུ་བྱ་བ་བསྟགས་པས། སྟ་གོན་ནུབ་སྔ་མ་ལ་བཏང་ཟིན་ནས། དངོས་གཞིའི་ཚེ་སློབ་དཔོན་གྱིས་སྲོད་ཐུན་ནས་བླ་མེད་ཀྱི་ཆོ་ག་ཡིན་ན་སྟོན་འགྲོ་གཏོར་མ་དང་གནས་ཡོ་བྱིན་རླབས། རྒྱུད་སྡེ་འོག་མ་ཡིན་ན་མཆོད་པ་བྱིན་རླབས་ཙམ་བྱས་ནས་བྱ་རྒྱུད་རང་རྐང་གི་ལུགས་འབའ་ཞིག་མ་གཏོགས་ཕལ་ཆེར་ལ་བདག་བསྐྱེད་སྔོན་དུ་བཏང་ཞིང་མདུན་བསྐྱེད་ཀྱི་དཀྱིལ་འཁོར་སྒྲུབ་ཅིང་མཆོད་པ་དང་། སློབ་མ་ལ་ཇི་ལྟར་དབང་བསྐུར་བའི་ཆོད་ཙམ་གྱི་འཇུག་པ་དང་དབང་བླང་བ་སོགས་ཚར་བ་དང་སློབ་མ་བོས་ནས་དབང་བསྐུར་བ་ལ། བྱ་རྒྱུད་ཀྱི་དབང་དུ་བྱས་པ་ལ་འཇུག་པ་དང་། ཆུ་ཅོད་པན་གྱི་དབང་ཉེར་ལྔ་ཚུན་གྱི་ཟུང་དུ་མ་གྱུར་པ་དུ་ཡོད་ལ་མཉམ་དུ་བྱས་ནས་སྒྲུབ་པའི་དཀྱིལ་འཁོར་གྱི་དབང་བསྐུར་བ་ལ། སྤྱི་རྒྱུད་ལས། སློབ་མ་རེ་རེ་ནས་བཀུག་སྟེ། །ཚོ་ག་བཞིན་དུ་བསང་གཏོར་ལ། །ཞེས་དང་། ཐམས་ཅད་སོ་སོ་སོ་སོར་བྱ། །ཞེས་གསུངས་པས་རེ་རེ་ནས་སོ་སོར་བསྐུར་དགོས་པ་དེའང་མཚན་མོ་དེའི་ནང་དུ་ཚར་ན་ལེགས་པ་དང་། རྣལ་འབྱོར་རྒྱུད་ཕལ་ཆེར་ལ་དབང་གི་བབ་བླ་མེད་ལས་ཀྱང་སྒྲུབ་མཆོད་ཀྱི་ཆོ་ག་ཚོགས་ཆེ་

པ་བཞུགས་པ་དང་། ཁྱད་པར་རྡོ་རྗེ་རྩེ་མོ་ལྟ་བུའི་དཀྱིལ་ཆོག་ནི་དུས་འཁོར་ལས་ཀྱང་མང་བར་ཡོད་འདུག་པ་དང་། བླ་མེད་ལ་བདེ་ཀྱེ་གཉིས་སོགས་ཕལ་ཆེར་དུས་འཁོར་གྱི་ཆོ་ག་ལས་ཉུང་ཀྱང་། མཁའ་འགྲོ་རྒྱ་མཚོ་ལྟ་བུ་ནི་བདག་མདུན་གྱི་ཆོ་ག་དང་སྔགས་རྣམས་ཚོགས་ཆེ་བར་ཡོད་ཅིང་། བདེ་ཀྱེ་སོགས་དེ་དག་ཀྱང་སློབ་དཔོན་གྱི་དབང་བསྐུར་བ་ན། སློབ་མ་རེ་རེ་ནས་དབང་སྐེགས་ལ་བཞག་སྟེ་བསྐུར་དགོས་པ་ན། དབང་གོང་མ་གསུམ་གྱི་དངོས་གཞིའང་སློབ་མ་རེ་རེ་ནས་བསྐུར་བ་དང་པོའི་ཕྱག་ལེན་ལ་ཡོད་པས་དེ་བཞིན་བྱས་ན་འགོར་ཆེས་པས་སློབ་མ་ཉེར་ལྔ་ལས་ལྷག་པ་ལ་མཚན་མོ་དེའི་ནང་དུ་མི་ཚར་བའང་ཤས་ཆེ་བས་མཚན་མོ་མཐའི་ནང་སང་གི་སྐྱ་རེངས་ཤར་བའི་གོང་དུ་མཚན་དུས་ཕྱོན་པའི་དཔའ་བོ་དང་རྣལ་འབྱོར་མ་རྣམས་ཚོགས་དང་གཏོར་མས་མཉེས་པར་བྱས་ནས་གཤེགས་གསོལ་ཐུབ་ན་འབྲེལ་ཆགས་ཤིང་ཤིས་པས། བདག་ཉིད་ཆེན་པོས་གདུལ་བྱ་རྣམས་ལ་ཐུགས་བརྩེ་བས་འདི་ལྟར་འདོམས་པར་མཛད་པ་ལ་ཁྱེད་རྣམས་ཀྱིས་གཞན་དུ་ལོག་པར་མ་རྟོགས་ཤིག །

དུས་འཁོར་དང་ཕྲེང་བའི་དབང་ས་སྐྱ་པའི་རྗེས་འཇུག་དག་གིས་ཀྱང་གྲངས་ངེས་མེད་པར་མང་པོ་ལ་སྟོན་པ་ཕྲེང་བ་མཁན་པོ་སོགས་ཀྱི་སྔར་ནས་མཛད་པའི་ལུགས་བཞིན་ལོས་ཡོད་མོད། དེ་ལ་ཁྱེད་ཀྱིས་ས་པཎ་ལ་འགལ་བ་ཞུ་རྒྱུ་མེད་པ་འདྲ་སྟེ། ས་པཎ་གྱིས་གྲངས་ངེས་མེད་པ་ལ་དེ་དག་གི་དབང་མ་མཛད་པའི་ཕྱིར། ཕྲེང་བ་དང་དུས་འཁོར་སོགས་ལའང་དེང་སང་ཉེར་ལྔ་ཙམ་གྱི་གྲངས་ངེས་བྱུང་ན་ཤིན་ཏུ་ལེགས། ཡང་དུས་འཁོར་གྱི་འགྲོས་བླ་མེད་སྤྱི་ལ་སྦྱོར་ཚེ་འབྱུག་པས་རིགས་ཟེར་བ་ནི་སྐབས་སུ་མ་བབས་ཏེ། དུས་འཁོར་དང་བླ་མེད་སྤྱི་ལ་དབང་གི་བབ་མི་འདྲ་བའི་ཁྱད་པར་ཆེན་པོ་ཡོད་པའི་ཕྱིར་ཏེ། བླ་མེད་སྤྱི་ལ་ཆུ་དབང་ནས་བཟུང་དམ་ཚིག་གསུམ་སྦྱིན་པའམ། ཡང་ན་རིག་པའི་དབང་ལྔ་མདོར་བསྡུས་བསྐུར་བའི་སློབ་དཔོན་གྱི་དབང་གི་བར་གྱི་དབང་བདུན་ཆར་བུམ་དབང་ཉིད་དུ་བཞེད། དུས་ཀྱི་འཁོར་ལོར་ནི་ཆུ། ཅོད་པན། དར་དཔྱངས། རྡོ་རྗེ་དྲིལ་བུ། བརྟུལ་ཞུགས། མིང་གིས་དབང་དང་བདུན་ལ་བྱིས་འཇུག་དབང་བདུན་དུ་བྱས་ནས། དེ་ཀུན་དཀྱིལ་འཁོར་འབྲི་བར་མ་ནུས་ན། རྡུལ་ཚོན་གྱི་དཀྱིལ་འཁོར་དུ་བསྐུར་ཞིང་བུམ་དབང་དུ་གཏན་ནས་མི་བཞེད་ལ། བུམ་དབང་དང་གསང་དབང་སོགས་བཞི་ལ་མཆོག་དབང་བཞིར་འདོག་ཅིང་། དེ་ལྟ་བུའི་བུམ་དབང་ནི་རྡུལ་ཚོན་གྱི་དཀྱིལ་འཁོར་དུ་མི་བསྐུར་བའི་ཕྱིར་རོ། །གང་དུ་བསྐུར་ན་དབང་མདོར་བསྟན་དུ། ལུས་དང་གསང་བ་དབང་པོ་སེམས། །རྟག་ཏུ་དཀྱིལ་འཁོར་རྣམ་པ་གསུམ། །ཞེས་གསུམ་གསུངས་པའི་ལུས་དཀྱིལ་དུ་བསྐུར་བ་དུས་འཁོར་བ་རང་གི་ཕྱག་རྒྱུན་ཡིན་ཏེ། བླ་མེད་སྤྱིའི་ཁ་སྐད་དང་མི་མཐུན་ནོ། །

དུས་འཁོར་བ་དག་གཙོ་བོར་བུམ་དབང་གི་འཇོག་གཞིའི་བུམ་པའང་རྣམ་རྒྱལ་བུམ་པ་སོགས་ཡོངས་གྲགས་ཀྱི་མ་ཡིན་པར་ཐབས་མཁས་ཀྱི་རྟེན་ཁྱད་པར་ཅན་གྱི་འོ་འཛིན་ཡོངས་སུ་རྒྱས་པ་ལ་བུམ་པར་འཇོག་སྟེ༑ བསྡུས་རྒྱུད་ལས། དཔལ་ལྡན་ཤེས་རབ་ནུ་མར་རེག་པ་དེ་ཉིད་བུམ་པའི་དབང་དུ་བརྗོད། །ཞེས་གསུངས་པའི་ཕྱིར། དེ་བཞིན་དུ་བླ་མེད་སྤྱིའི་དབང་གོང་མ་གསུམ་དང་། དུས་འཁོར་གྱི་དབང་གོང་མ་གསུམ་ལའང་དབང་གི་བབ་མི་འདྲ་བའི་ཁྱད་པར་ཆེན་པོ་ཡོད་དེ། འདིར་ཀུན་ལ་ཐུན་མོང་དུ་བརྗོད་པར་ག་ལ་རུང་། བདེ་མཆོག་ལྷ་བུ་དང་། དུས་འཁོར་གཉིས་ཀའི་དབང་ཐོབ་པ་ཞིག་གིས་བདེ་མཆོག་གི་དབང་གོང་མ་གསུམ་དང་། དུས་འཁོར་གྱི་དབང་གོང་མ་གསུམ་ལ་དབང་གི་བབ་མི་འདྲ་བའི་ཁྱད་པར་ཅི་འདུག་བལྟས་པས་ཤེས་སོ། །ཡང་ལམ་གྱི་སྐབས་སུ་བླ་མེད་སྤྱིའི་སྐབས་སྒྲུབ་ཐབས་རྣམས་ལ་མངལ་ནས་དཀྱིལ་འཁོར་སྤྲོ་བ་ལན་རེ་ལས་མེད་ལ༑ དུས་འཁོར་གྱི་སྒྲུབ་ཐབས་རྣམས་ལ་མངལ་ནས་དཀྱིལ་འཁོར་ལན་གཉིས་སྤྲོ་བ་སོགས་བསྐྱེད་རྫོགས་ཀུན་ལ་ལམ་གྱི་བབ་མི་འདྲ་བའི་ཁྱད་པར་ཆེན་པོ་ཡོད་དེ། དེས་ན་བླ་མེད་སྤྱི་ལ་རྒྱུད་སྡེ་འོག་མའི་ལུང་ལས་དུས་འཁོར་གྱི་ལུང་བཙན་རྒྱུ་མེད། ཁྱེད་ཀྱི་དགོངས་པ་ལ་བླ་མེད་ནང་ཕན་ཚུན་ཡིན་པས་བཙན་ནོ་བསམ་པ་དེ་ཞར་བས་བལྟ་ལུགས་དང་མཚུངས། དེ་བཞིན་དུ་བླ་མེད་སྤྱི་ལ་ཚིག་ཁ་སྐོང་དགོས་པ་རྣམས་ཀྱང་རྒྱུད་སྡེ་འོག་མ་ནས་ལེན་པ་རྒྱུད་ཉིད་ནས་གསུངས་པས་དེ་བཞིན་འཐད། དུས་འཁོར་ནས་རྒྱས་འགེབས་པ་ལ་ལུང་གི་ཟིན་སོའང་མེད་ཅིང་། སྔར་བཤད་པ་ལྟར་དུས་འཁོར་དང་བླ་མེད་སྤྱི་གཉིས་ལམ་གྱི་སྲོལ་ཐ་དད་པ་རེ་ཡིན་པས་མ་འདྲེས་པའི་རྣམ་དབྱེ་ཤེས་པར་བྱའོ། །ཁྱེད་ལྟ་བུ་མི་ཚོས་སྣང་ངོར་དཔའ་སྐྱེས་དཔེ་བྲལ་ཞིག་ཏུ་སྒྲུབ་འདོད་ནས། ས་པཎ་ལ་རྩོད་པའི་མཐུ་མེད་བཞིན་དུ་རྩོད་པར་བྱེད་པ་འདི་ལ་བཞད་གད་ཉམས་ལྡན་གྱི་རྒྱན་འདི་དབུལ་བར་བྱ་སྟེ།

སྔོན་ཆེ་སྔོན་པ་དྲུག་གི་རང་སྟོབས་ཀྱིས། །དཔལ་ལྡན་སྟོབས་བཅུ་མངའ་བའི་ཐུབ་དབང་ལ། །འཁྲུན་སེམས་སྐྱེ་བོས་རི་བོར་བརྡུང་བ་ན། །རང་གིས་རང་ཉིད་ཉམས་པར་བྱས་ལ་ལྟོས། །པདྨ་དཀར་པོ་ཁྲོན་པའི་ལག་འགྲོ་བཞིན། །རང་མཐོང་ཙམ་གྱིས་བློ་གྲོས་ཁེངས་པ་ཡིས། །ས་པཎ་མཁྱེན་པའི་རྒྱ་མཚོར་འཁྲུན་སེམས་ན༑ །རྒྱལ་བ་སྲས་བཅས་ཐུགས་ཀྱིས་ཁྲེལ་མིན་ནམ། །ཞེས་ཀྱང་སྨྲས་སོ། །

དེ་ལྟར་གང་དུ་དབང་བསྐུར་བའི་དཀྱིལ་འཁོར་དང་། གང་ལ་དབང་བསྐུར་བའི་སློབ་མའི་གྲངས་ངེས་རྣམས་ལ་དོགས་པ་དཔྱད་ནས་དབང་བསྐུར་བ་ལ་སྟུགས་ཀྱི་སྡོམ་པ་ཐོབ་མཚམས་ཇི་ལྟ་བུ་སྙམ་ན། དེ་ཉིད་ཀྱང་བཤད་པར་བྱ་སྟེ། གཞུང་འདིར། བླ་མ་བཅལ་ལ་དབང་བཞི་བླངས། །དེ་ཡིས་སྡོམ་པ་གསུམ་ལྡན་འགྱུར། །ཞེས་

གསུངས་པ་འདིས་བླ་མེད་ཀྱི་སྔགས་སྡོམ་གྱི་ཐོབ་མཚམས་བསྟན་པ་ཡིན། འདི་ལ་བོ་དོང་པཎ་ཆེན་གྱིས་སོ་ཐར་དང་བྱང་སྡོམ་གཉིས་ལོགས་སུ་ལེན་པའི་དངོས་གཞིའི་ཆོ་ག་ལའང་རྗེས་ཟློས་ལན་གསུམ་བྱེད་པ་ལས་མེད་ཅིང་། སྔགས་ཀྱི་དབང་དུས་སུའང་རིགས་ལྔའི་སྡོམ་གཟུང་གི་རྗེས་ཟློས་ལན་གསུམ་བྱེད་པས་རྗེས་ཟློས་དེ་ཚར་བ་ན་སྔགས་སྡོམ་རྫོགས་པར་ཐོབ་གསུངས། དེ་ནི་ལྐམ་དཔེ་ཞུ་ལ་བཀབ་པ་ཡིན་ཏེ། སོ་ཐར་གྱི་དགེ་བསྙེན་དགེ་ཚུལ་དང་། བྱང་སེམས་ཀྱི་སེམས་བསྐྱེད་ལེན་པ་ལ་དངོས་གཞིའི་དུས་སུ་རྗེས་ཟློས་ལན་གསུམ་བྱེད་པ་དེ་ཡིན་ཀྱང་། འདིར་ནི་སྡོམ་གཟུང་གི་རྗེས་ཟློས་ལས་ལོགས་སུ་སྔགས་སྡོམ་འབོགས་བྱེད་ཀྱི་དངོས་གཞིའི་ཆོ་ག་གཞན་ཡོད་པའི་ཕྱིར་ཏེ། དབང་བསྐུར་གྱི་ཆོ་ག་ཐམས་ཅད་དེ་ཡིན་པས་སོ། །དཔལ་ལྡན་ས་སྐྱ་པའི་བསྟན་འཛིན་ངོར་རྫོང་གཉིས་སུ་གྲགས་པའི་རྫོང་པ་ཆོས་རྗེ་ཀུན་དགའ་རྒྱལ་མཚན་པས་དབང་བསྐུར་གྱི་དངོས་གཞིའི་ཆོ་ག་ཐམས་ཅད་སྔགས་སྡོམ་འབོགས་བྱེད་ཡིན་པར་བཞེད་ཅིང་། དངོས་གཞིའི་སྐབས་སུ་སྔགས་སྡོམ་ཐོབ་ཅེས་པའི་ཐ་སྙད་མཛད། སྔ་གོན་དང་འཇུག་པའི་གནས་སྐབས་སུ་སྐྱེས་པའི་སྔགས་སྡོམ་ཡོད། གནས་སྐབས་དེ་གཉིས་སུ་ཐོབ་པའི་སྔགས་སྡོམ་མེད་དེ། ས་པཎ་གྱི་སྐྱེས་བུ་དམ་པའི་འཕྲིན་ཡིག་ལས། བླ་ན་མེད་པའི་སྐྱབས་འགྲོ་དང་སེམས་བསྐྱེད་ལ་བརྟེན་ནས་རིག་འཛིན་སྔགས་ཀྱི་སྡོམ་པ་སྐྱེ། དེ་དབང་གི་དུས་སུ་ཐོབ་ཀྱི། གཞན་དུ་ཐོབ་པར་གསུངས་པ་མ་མཐོང་ཞེས་གསུངས་པ་འདི་ལུང་དུ་འདྲེན་པར་མཛད། དེས་ན་སྔགས་སྡོམ་ལ་སྐྱེས་པ་ཙམ་གྱི་སྔགས་སྡོམ་དང་། ཐོབ་པའི་སྔགས་སྡོམ་གཉིས་སུ་དབྱེ་བ་མཛད། དེ་ནི་རིགས་པ་མ་ཡིན་ཏེ། སྡོམ་པ་གང་དང་གང་སྐྱེས་པ་དང་ཐོབ་པ་དོན་གཅིག་པའི་ཕྱིར། ལུང་གི་དོན་ནི། གུར་ནས་འབྱུང་བའི་རྒྱུན་བཤགས་ལྔ་བུའི་རྗེས་ཟློས་ལན་གསུམ་བྱས་པ་ལ་བརྟེན་ནས་སྐྱབས་འགྲོ་རྩོམ་བྱེད་དུ་བྱེད་པའི་སོ་ཐར་དང་བྱང་སྡོམ་སྐྱེས་པ་དེ་སྡོམ་པ་འོག་མ་རང་རྐྱང་མ་ཡིན་པར་སྔགས་སྡོམ་གྱི་ངོ་བོར་སྐྱེས་པ་ཡིན་ཏེ། དབང་བསྐུར་གྱི་ཆོ་ག་ལས་ཐོབ་པའི་སྡོམ་པ་ཡིན་པའི་ཕྱིར། འོན་ཀྱང་རྒྱུན་བཤགས་ལ་བརྟེན་ནས་སྐྱེས་པའི་སོ་ཐར་དང་བྱང་སྡོམ་གཉིས་ཀྱང་སྔགས་སྡོམ་གྱི་ངོ་བོར་སྐྱེ་བ་དེ་དབང་དུས་སུ་ཡིན་གྱི། གཞན་རྗེས་གནང་ཙམ་དང་། བྱིན་རླབས་ལ་སོགས་པའི་དུས་སུ་རྒྱུན་བཤགས་ལ་བརྟེན་ནས་སྡོམ་པ་སྐྱེ་བ་དེ་སྔགས་སྡོམ་གྱི་ངོ་བོར་སྐྱེ་བར་གསུངས་པ་མ་མཐོང་ཞེས་དབང་དུས་དང་རྗེས་གནང་སོགས་ཀྱི་སྐབས་སོ་སོར་དབྱེ་སྟེ་ལེགས་པར་བཤད་པ་ཡིན་ཏེ། ལུང་དོན་གཞན་དུ་རྟོགས་པར་མི་བྱའོ། །

ངོར་ཆེན་རྡོ་རྗེ་འཆང་གིས་རྡོ་རྗེ་འཇིགས་བྱེད་ཀྱི་བསྐྱེད་རིམ་གྱི་རྣམ་བཤད་རྡོ་རྗེ་མྱུ་གུའི་སྤྱི་དོན་གྱི་སྐབས་ན་བུམ་དབང་རྫོགས་པའི་ཚེ་རིགས་ལྔའི་སྔགས་སྡོམ་རྫོགས་པར་ཐོབ་གསུངས་པ་ཞིག་ཡོད། དེ་ནི་

ཀུན་གྱིས་དེ་བཞིན་དུ་ཁས་ལེན་དགོས་ཏེ། བླ་མེད་ཀྱི་རྡོ་རྗེ་སློབ་མའི་རིག་པའི་དབང་ལྔ་ལ་བརྟེན་ནས་རིགས་ལྔ་སྤྱིའི་དམ་ཚིག་དང་། རྡོ་རྗེ་སློབ་དཔོན་གྱི་དབང་ལ་བརྟེན་ནས་རིགས་ལྔ་སོ་སོའི་དམ་ཚིག་རྣམས་ཐོབ་པ་ནི་བླ་མེད་ཕལ་ཆེ་བའི་སྤྱི་སྐད་ཡིན་པའི་ཕྱིར་རོ། །དེས་ན་བུམ་དབང་གི་རྡོ་རྗེ་སློབ་དཔོན་གྱི་དབང་གི་གསོལ་གདབ་ཏུ། སངས་རྒྱས་ཀུན་གྱི་དམ་ཚིག་དང་། །སྡོམ་པའང་བླ་ན་མེད་པ་སྩོལ། །ཞེས་འབྱུང་བའི་གནད་ཀྱང་འདི་ཡིན་ཅིང་། །དབང་ཆུ་ཆེན་མོ་ལས་ཀྱང་། དེ་དག་གིས་ནི་དམ་ཚིག་དང་སྡོམ་པ་མཐའ་དག་བཟུང་བ་ཡིན་པས། །ཞེས་གསུངས་པའང་རིགས་ལྔ་སྤྱི་དང་བྱེ་བྲག་གི་དམ་ཚིག་དང་སྡོམ་པ་རྣམས་བུམ་དབང་རྫོགས་པའི་ཚེ་ན་ཐོབ་པར་བཞེད་རྒྱུ་ཡིན་ནོ། །དབང་ཆུ་ཆེན་མོར་བུམ་དབང་མཐའ་རྟེན་དང་བཅས་པ་ལས་དབང་གོང་མ་གསུམ་གྱི་ཆོ་ག་མ་གསུངས་པའི་ཕྱིར། མུས་ཆེན་སེམས་དཔའ་ཆེན་པོས་རྩ་ལྟུང་བཅུ་བཞི་དང་། ཡན་ལག་གི་ལྟུང་བ་བརྒྱད་བསྲུང་བའི་སྔགས་སྡོམ་བུམ་དབང་གི་ཚེ་ན་རྫོགས་པར་ཐོབ་པ་ལ་དགོངས་ནས་བུམ་དབང་རྫོགས་པའི་ཚེ་ན་སྔགས་སྡོམ་རྫོགས་པར་ཐོབ་ཅེས་སློབ་མ་ཕལ་ཆེ་བའི་ངོར་གསུངས་པ་གནང་ལ། དེ་ལ་བརྟེན་ནས་རྗེ་སངས་རྒྱས་དཔལ་བཟང་བ་སོགས་མུས་ཕྱོགས་པ་ཕལ་ཆེ་བ་དང་། བདག་ཆེན་རྡོ་རྗེ་འཆང་རྗེས་འབྲང་དང་བཅས་པ་དང་། བྱམས་ཆེན་རབ་འབྱམས་པ་སངས་རྒྱས་འཕེལ་དང་། དེ་ཉིད་ནས་གྲེས་པའི་སྐྱིད་ཚལ་གོང་འོག །མཉན་ཡོད་བྱ་གཤོངས་ཆོས་འཁོར་ལྷུན་པོ་བ་རྣམས་མགྲིན་གཅིག་ཏུ་དེ་སྐད་དུ་བཞེད། ཁྱད་པར་བདག་ཆེན་རིན་པོ་ཆེས་དམ་ཚིག་རབ་གསལ་དུ་འདི་ལ་རྩལ་བཏོན་གྱི་སྒྲུབ་བྱེད་མང་པོའང་བཀོད། སྔགས་སྡོམ་རྫོགས་པ་དབང་བཞི་རྫོགས་པ་ལ་ལྟོས་དགོས་པར་འདོད་པ་རྣམས་ལ་གནོད་བྱེད་ཀྱི་ལུང་རིགས་ཀྱང་མང་དུ་འཕེན་པར་མཛད་འདུག །

ས་སྐྱ་པའི་བསྟན་འཛིན་གོ་ཤཱཀ་གཉིས་ཞེས་ཉི་ཟླ་ལྟར་གྲགས་པའི་ཆེན་པོ་དེ་དག་ནི་བླ་མེད་ཀྱི་སྔགས་སྡོམ་རྫོགས་པར་དབང་བཞི་རྫོགས་པ་ལ་ལྟོས་དགོས། ཞེས་མཐའ་གཅིག་ཏུ་ངེས་པའི་གྲུབ་མཐའ་གཏིང་ཚུགས་པ་མཛད། པཎ་ཆེན་གྱི་གསེར་ཐུར་ལས་ཀྱང་། བུམ་དབང་རྫོགས་པའི་ཚེ་སྔགས་སྡོམ་རྫོགས་ན། བླ་མ་བཙལ་ལ་བུམ་དབང་བླངས། །དེ་ཡི་སྡོམ་པ་སུམ་ལྡན་འགྱུར། །ཞེས་འབྱུང་རིགས་པ་ལས། དེ་མ་ཐུབ་བར་དབང་བཞི་བླངས། །དེ་ཡིས་སྡོམ་པ་སུམ་ལྡན་འགྱུར། །ཞེས་བཤད་པས་ན་སྡོམ་པའི་ཐོབ་མཚམས་དེ་ལྟར་དུ་བཞེད་གསུངས། ཀུན་མཁྱེན་རིན་པོ་ཆེས་སྔགས་སྡོམ་གྱི་ཐོབ་མཚམས་ལ་གནད་དོན་བྱེ་བྲག་ཏུ་བཤད་པའི་ཟུར་བཀོལ་བདུད་རྩིའི་ཉིང་ཁུ་རུ་འགྲེལ་མཛད་དེ། སྒྲུབ་བྱེད་ཀྱི་ལུང་རིགས་རྣམས་དེ་དག་ཏུ་བལྟ་བར་བྱ། ཐེག་ཆེན་ཆོས་ཀྱི་རྒྱལ་པོའི་རྗེས་སྐྱོང་བ་བྲག་ཐོག་པ་སྣ་ཕྱི་གཉིས་ནས་བརྒྱུད་པའི་ས་ལུགས་ཐུན་མོང་མ་ཡིན་

པའི་ཞལ་འཛིན་ཐམས་ཅད་མཁྱེན་པ་རྡོ་རྗེ་གདན་པ་ཆེན་པོ་ཀུན་དགའ་རྣམ་རྒྱལ་རྗེས་འབྲང་དང་བཅས་པ་དང་། འབྲུག་ཕྱོགས་ཀྱི་མཁས་ལ་སྐྱིལ་པའི་སྐྱ་པདྨ་དཀར་པོ་སོགས་ཀྱང་སྔགས་སྡོམ་གྱི་ཐོབ་མཚམས་གོ་ཤུགས་གཉིས་དང་མཐུན་པར་བཞེད་ཅིང་སྒྲུབ་བྱེད་མང་དུ་འགོད་པ་མཛད་འདུག་གོ། །བླ་མེད་ཀྱི་དབང་བཞི་རྫོགས་པའི་ཚེ་ན་སྔགས་སྡོམ་རྫོགས་པར་བཞེད་པའི་གོ་ཤུགས་སོགས་ཀྱི་ལུགས་དེ་ལའང་དོགས་པ་འདི་སེལ་དགོས་ཏེ། དབང་གོང་མར་བུམ་དབང་གི་སྐབས་སུ་ཐོབ་པའི་སྡོམ་པ་དང་རིགས་མི་འདྲ་བའི་རྫོགས་རིམ་གྱི་སྡོམ་པ་གསར་ཐོབ་ཡོད་མོད། གོང་མ་གསུམ་ལ་སོ་སོར་སྔར་མ་ཐོབ་པ་དང་རིགས་མི་འདྲ་བའི་སྡོམ་པ་གསར་ཐོབ་རེ་རེ་ཡོད་དམ་མེད། མེད་ན་སྔགས་སྡོམ་རྫོགས་པར་དབང་བཞི་རྫོགས་པ་ལ་ལྟོས་དགོས་པ་དང་འགལ། ཡོད་ན་ཇི་ལྟར་ཞེ་ན། འདི་ལྟར་སེམས་ཏེ། གསང་དབང་གི་ཚེ་ཡི་གེ་ཧྃ་གའི་དཀྱིལ་འཁོར་ལ། གསང་དབང་གི་ཚོགས་ལོངས་སྐུའི་ས་བོན་གསར་དུ་ཐེབས་པས་ས་བོན་དེ་ཉིད་རྫོགས་རིམ་གྱི་སྡོམ་པའི་ངོ་བོར་སྐྱེ། དེ་བཞིན་དུ་ཤེར་དབང་དང་། དབང་བཞི་པ་ལའང་སློབ་མའི་ཁམས་བདུད་རྩི་དང་སྙིང་པོ་ཡེ་ཤེས་རླུང་ལ་དབང་དེ་དང་དེའི་ཚོགས་རིམ་བཞིན་ཆོས་སྐུ་དང་ངོ་བོ་ཉིད་སྐུའི་ས་བོན་ནུས་ལྡན་གསར་དུ་ཐེབས་པའི་ཚེ་ས་བོན་དེ་དང་དེའི་ངོ་བོར་གྱུར་པའི་རྫོགས་རིམ་གྱི་སྡོམ་པ་གསར་ཐོབ་རེ་ཡོད་དགོས་ཤིང་། སྤྱང་གཞིའི་དབང་དུ་བྱས་ནའང་རྩ་ཡི་གེ་ཧྃ་ག་དང་། ཁམས་བདུད་རྩི་དང་། སྙིང་པོ་ཡེ་ཤེས་རླུང་རྣམས་ལ་རིམ་བཞིན་དུ་གྲུ་ནོམ་ལྟར་ཞེན་གྱི་རྣམ་རྟོག་སྦྱངས་སེམས་གསར་ཐོབ་རེ་ཡོད་པར་ཤེས་པར་བྱ་སྟེ། རབ་དབྱེར། སྐུ་བཞིའི་ས་བོན་ཐེབས་ནུས་པ། ཞེས་པ་དང་། ཕུང་པོ་ཁམས་དང་སྐྱེ་མཆེད་ལ། །སངས་རྒྱས་ས་བོན་བཏབ་ནས་ནི། །ཞེས་སོགས་གསུངས་པས་སོ། །

ཀུན་མཁྱེན་རིན་པོ་ཆེས་བདུད་རྩིའི་ཉིང་ཁུའི་རྣམ་བཤད་བདུད་རྩི་སྤྲེལ་བར། གང་དག་དབང་གི་སྐབས་སུ་ཉམས་མྱོང་སྐྱེས་པ་ལྟ་ཅི་སྨོས། དམིགས་ཙམ་ཡང་འཛིན་མི་ཤེས་པར་དབང་གྲལ་དུ་འཛུག་པ་ཙམ་གྱིས་དབང་བསྐུར་ཐོབ་པར་རློམས་ནས་སྔགས་སྡོམ་ཐོབ་པར་སྨྲ་བ་དེ་ནི། །ཁ་ཅིག་བླུན་པོ་སྡིག་པ་ཅན། །ཡིན་ཡང་དེར་ཚོགས་ཐམས་ཅད་ནི། །ཞེས་སོགས་ཀྱི་ཕྱོགས་སྔ་སྨྲ་བ་དང་ཁྱད་པར་མེད། ཅེས་གསུངས་པ་འདི་ལྟར་ན་ད་ལྟ་དམིགས་པ་ཙམ་ཡང་འཛིན་མི་ཤེས་པའི་བློན་པོ་དང་བྱིས་པ་གཞོན་ནུ་དག་དབང་གྲལ་དུ་ཚོགས་ནས་དབང་ཞུ་བའི་ཁྲུངས་བྱེད་པ་ནི་གཏན་ནས་མི་འཐད་དམ། ཕན་ཡོན་ཞིག་ཡོད་པ་གང་ཡིན་ཞེ་ན། ཀུན་མཁྱེན་བླ་མས་དེ་ལྟར་གསུངས་པ་ནི་ཕྱག་ལེན་དོག་ཕྱོགས་ནས་མཐའ་བསྡམས་ཏེ་བསྟན་པ་ལ་གཅེས་སྤྲས་མཛད་པ་ཡིན། དོན་ལ་དམིགས་པ་འཛིན་མི་ཤེས་ཀྱང་བླ་མས་ཆོ་ག་བརྗོད་པའི་མཐུ་ལས་ལས་འཕྲོ་ཅན་

འགའ་ཞིག་ལ་སྟུགས་སྡོམ་སྐྱེའང་སྲིད། གང་ལྟར་བླ་མས་དེ་དག་ལྟར་བསྐྱེད། ཡེ་ཤེས་པ་བཅུག །རིགས་བདག་གི་རྒྱས་གདབ། རབ་གནས་དང་མཆོད་པར་བྱས་པས་དབང་གི་བྱིན་རླབས་འཇུག་རྒྱུ་རེ་ངེས་པར་འོང་སྟེ༑ དཔེར་ན་སྐུ་གསུང་ཐུགས་ཀྱི་རྟེན་ལ་རབ་གནས་བྱེད་པའི་ཚེ་རྟེན་དེ་དག་གིས་དམིགས་པ་མི་འཛིན་ཡང་ལྟར་བསྐྱེད། ཡེ་ཤེས་པ་བསྟིམས་ནས་མེ་ཏོག་གི་ཆར་འབེབས་ཞིང་སུ་པྲ་ཏིཥྛ་བརྟན་བཞུགས་བྱས་པས་རབ་གནས་ཆགས་འོང་བ་དང་ཁྱད་མེད་ཅེས་ཡོངས་འཛིན་མཁས་པའི་དབང་པོས་དབང་ཕྱུག་དཔལ་བཟང་ཡང་ཡང་གསུངས། དེ་སྐད་དུ་བདག་ཉིད་ཆེན་པོ་ས་པཎ་གྱིས། ལྷ་ལ་རབ་ཏུ་གནས་པ་དང་། །མི་ལ་དབང་བསྐུར་བྱ་བ་སོགས། །ཞེས་དེ་གཉིས་དོན་མཚུངས་པར་གསུངས་པས་འགྲུབ་པ་མེད་དེ། མ་འབྲུལ་ཞིང་མི་སླུ་བར་གྲུབ་པ་ཡིན་ནོ། །

སོ་སྡོད་གསུམ་དང་གསང་ཆེན་རྒྱུད་སྡེ་བཞིའི། །ཉམས་ལེན་གནད་ཀུན་འབྲུལ་དང་མ་འབྲུལ་བ། །རྣམ་པར་དབྱེ་བའི་ཆོས་འདི་རྒྱལ་བའི་བསྟན། །ཀུན་གྱི་ལུས་ཀྱང་གོ་ཆ་མཆོག་ཏུ་བསྟགས། །བསྟན་འཆོས་ཆོས་འདི་རིང་དུ་སྦྱངས་རློམས་ཀྱང་། །དོན་ཟབ་གཏིང་དཔག་དཀའ་ཞིང་རྒྱལ་ཀུན་གྱི། །དགོངས་དོན་མཐའ་དག་འདིར་འདུས་བྱེས་པའི་བློས། །རྟོགས་མིན་དཀར་བའི་བག་ཆགས་ཙུང་ཟད་བཞག །དགེ་བཅུའི་ཁྲིམས་སྐྱོང་ལྷག་བསམ་རྒྱན་གྱིས་མཛེས། །རིག་འཛིན་གསང་ཆེན་ཆོས་ཀྱི་འཁོར་ལོས་སྐྱུར། །གཞན་དོན་ལ་ཆགས་རྒྱལ་སྲས་བྱེ་བའི་ཡབ། །རིགས་ཀུན་བདག་པོའི་རྗེར་སེམས་ཐབས་དེ་དྲུག་པར་དགེ། །དེ་ལྟར་ན་དེ་དག་གིས་ནི་སོ་སྡོད་གསུམ་དང་རྒྱུད་སྡེ་བཞིའི་གླེགས་བམ་གཅིག་པུ་ཆོས་དང་ཆོས་མ་ཡིན་པ་རྣམ་པར་འབྱེད་པའི་བསྟན་འཆོས་ཆེན་པོ་སྡོམ་པ་གསུམ་གྱི་རབ་ཏུ་དབྱེ་བའི་གཞུང་གི་སྐབས་ལས་བརྩམས་ཏེ་མཁས་པ་དག་ལ་འབེལ་གཏམ་དུ་བྱ་བ་རིན་ཆེན་མཛེས་པའི་ཕྲ་ཚོམ་བཀོད་པའི་ལེགས་བཤད་སྟར་བསྟན་པ་དང་འཆད་པར་འགྱུར་བ་དག་གིས་ཀྱང་དཔྱོད་ལྡན་གྱི་སྐྱེས་བུ་དག་གི་བློ་གྲོས་ཀྱི་ཁང་བཟང་བརྒྱན་པར་བྱ་བ་ཡིན་ནོ། །དེ་ལྟར་ཡང་ཚད་སོགས་གཞུང་ཆེན་དྲུག་གི་སྐབས་རྣམས་ལ་མཁས་པ་སྟྭ་ཕྱིར་སོ་སོའི་ཡིག་ཆ་དང་བཞེད་སྲོལ་གྲུབ་མཐའ་མི་འདྲ་བ་མཐའ་ཡས་པ་ནམ་མཁའི་མཐའ་དང་མཉམ་པ་མཆིས་མོད། བདག་ལྟ་བུ་ལ་དེ་དག་གི་བཞེད་སྲོལ་མཐའ་དག་ལྟ་ཅི་སྨོས། ཡིག་ཆ་མཐའ་དག་གི་མཚན་གྱི་རྣམ་གྲངས་བགྲང་རྒྱུ་ཡང་ཆེར་མ་མཆིས་ཏེ་བློ་གྲོས་ཆུང་ཞིང་སྦྱངས་སྟོབས་ཞན་པའི་ཕྱིར་རོ། །

འདིར་སྨྲས་པ། གྲུབ་མཐའི་ཁྱད་པར་རྣམ་དབྱེ་མ་ཤེས་ན། །ལུང་རིགས་གཙང་མའི་དཔྱད་པས་དག་པ་ཡིས། །འབེལ་བའི་གཏམ་སྐྱེས་ཆོས་ཀྱི་མེ་ལོང་དུ། །ཤེས་བྱའི་རི་མོ་རྣམ་བཀྲ་སུ་ཡིས་མཐོང་། །མདོ་རྒྱུད་

གཞུང་ལ་སྦྱངས་པ་མི་ལྡན་ན། །སྒྲུབ་ཐབས་དཀྱིལ་འཁོར་ཆོ་ག་མང་པོའི་ཕྲེང་། །བཤར་སྦྱང་ཙམ་ཡིན་དེ་དོན་རྟོགས་པ་མེད། །ངག་འདོན་སློབ་དཔོན་བླུན་པོའི་སྨྱུན་ཀླ་ཡིན། །ཆོ་གའི་ཁྲིགས་དང་མན་ངག་ཐྲན་ཚེགས་སོགས། །ཤེས་ལ་མཁས་པར་རློམ་མང་དུས་ཀྱི་སྐྱོན། །དེ་ཕྱིར་བཀའ་དང་རྒྱུད་དྲུག་མཆོག་གཞུང་སོགས། །ཀུན་ལ་བསླབ་སྦྱང་རྣམ་དཔྱོད་བསྟན་པའི་སྲོག །འདི་ནང་མཁས་པ་གཞན་གྱིས་མ་རྟོགས་ཞེས། །ང་རྒྱལ་ཚིག་རྩུབ་རྒྱ་མཚོའི་རླབས་བཞིན་འཐོར། །ཚད་ལྡན་སྔ་མར་མི་འཐད་བརྒྱ་རྩ་སྒྲོགས། །སྙིགས་དུས་རྩོམ་འདིའང་དམྱལ་བའི་རྒྱུ་རུ་མཐོང་། །འོན་ཀྱང་ལྷ་ཡི་བླ་མ་ས་སྐྱ་པ། །མཁྱེན་ཡང་འཇམ་པའི་རྡོ་རྗེས་བཀའ་སྩལ་པ། །སྤྲོ་བོས་བླངས་བྱས་དད་དང་སྨྲོ་བ་ཡིས། །རྣམ་དཔྱོད་གསལ་བའི་རིག་པ་བསྒྲིམས་ཏེ་བྲིས། །དེ་ལྟ་ན་ཡང་བྲིས་བློའི་ཉེས་པ་གང་། །ཚིག་གི་མངའ་བདག་བདེན་མཐོང་འཕགས་རྣམས་དང་། །ཚིག་ལ་དགེས་པའི་དཔྱོད་ལྡན་མཁས་ཀུན་གྱི། །སྤྱན་སྔར་ཐོག་མེད་སྡིག་དང་ལྷན་ཅིག་བཤགས། །འདིར་འབད་ལེགས་བྱས་ཀི་ལ་ཤ་ཡི་སྒྲ། །བླ་འོད་མདངས་ཀྱིས་བྱུག་འདྲ་གང་ཐོབ་དེས། །འགྲོ་ཀུན་རྨོངས་པའི་མུན་ཆེན་གཏན་བཅོམ་ནས། །ཡང་དག་ཡེ་ཤེས་སྣང་བ་རྒྱས་པར་ཤོག །

ཅེས་པ་འདི་ནི་མཁྱེན་རབ་ཀྱི་དབང་ཕྱུག་དཔལ་ས་སྐྱ་པ་འཇམ་དབྱངས་ངག་དབང་ཀུན་དགའ་བསོད་ནམས་བཀྲ་ཤིས་གྲགས་པ་རྒྱལ་མཚན་དཔལ་བཟང་པོའི་གསུང་གི་རྫ་བོ་ཆེས་བསྐུལ་བ་ལས་དོན་གྱི་སླད་དུ་མཚན་ནས་སྨོས་ཏེ་མཁན་ཆེན་འཇམ་པའི་དབྱངས་དབང་ཕྱུག་དཔལ་བཟང་སོགས་ཡོངས་འཛིན་དམ་པ་རྣམས་ཀྱི་བཀའ་དྲིན་ལས་རྒྱལ་བའི་བཀའ་དང་དགོངས་འགྲེལ་གྱི་བསྟན་བཅོས་རྣམས་བློ་གྲོས་ཅུང་ཟད་འབྱོངས་པའི་ཁུངས་སུ་བྱས་ཤིང་། བསྟན་པ་དང་བསྟན་འཛིན་གྱི་སྐྱེས་བུ་ཀུན་ལ་མི་ཕྱེད་པའི་དད་པའི་ཐ་རླབས་གཉིང་ནས་གཡོ་བ། ཤཱཀྱའི་དགེ་སློང་སྡེ་སྣོད་འཛིན་པ་ངག་དབང་ཆོས་གྲགས་ཀྱིས་དཀར་པོ་ཞེས་པ་ས་མོའི་སྦྲུལ་གྱི་ལོའི་གྲོ་ཞུན་ཟླ་བའི་ཡར་ཚེས་ནས་དབུ་བཙུགས། ཐ་སྐར་ཟླ་བའི་ཡར་ངོའི་ཚེས་ཉིན་ལེགས་པར་གྲུབ་པའི་ཡི་གེ་པ་ནི་ཆོས་གྲགས་བཟང་པོའོ། །འདིས་ཀྱང་རྒྱལ་བའི་བསྟན་པ་རིན་པོ་ཆེ་སྤྱི་དང་། ཁྱད་པར་དཔལ་ལྡན་ས་སྐྱ་པའི་བསྟན་པ་དྲི་མ་མེད་པ་ཡུན་རིང་དུ་གནས་པར་གྱུར་ཅིག །སརྦ་དཱ་ཀ་ལྱཱ་ཎཾ་བྷ་ཝ་ཏུ༔ ༔ ༎

༄༅། །གཞུང་ཆེན་དྲུག་ལས་བརྩམས་པའི་ཡང་ལན་གྱི་རིམ་པ་ངེས་དོན་གདམ་གྱི་བདུད་རྩི་ཞེས་བྱ་བ་ལས་སྡོམ་གསུམ་སྐོར་ཚན་བཞུས་བཞུགས་སོ། །

པཎ་ཆེན་ངག་དབང་ཆོས་གྲགས།

འཇམ་པའི་དབྱངས་ཀྱི་བྱིན་རླབས་ཤེས་བྱའི་གནས། །ཀུན་མཁྱེན་ལྷར་བཅས་འགག་པའི་རྒྱལ་མཚན་གྱིས། །དཔལ་ཡོན་བཟང་པོའི་གཞི་འོད་ཕྱོགས་ཀུན་ཁེངས། །ས་སྐྱ་པཎ་ཆེན་ཞབས་ལ་སྤྱི་བོས་འདུད། །ད་ནི་སྡོམ་གསུམ་རབ་དབྱེ་ལས་བརྩམས་ཏེ་ཡང་ལན་གྱི་ལན་འདེབས་རྣམས་རིམ་གྱིས་བརྗོད་པར་བྱ་སྟེ། དེ་ཡང་པཎ་ཆེན་གྱི་གསེར་ཐུར་དུ། ཉན་ཐོས་སོ་ཐར་མཁྱེན་སློབ་ཀྱི། །ལུས་ངག་ལས་ནི་སྐྱེ་ཞེས་པ། །ཞེས་སོགས་ལས་འཕྲོས་པའི་རྩོད་པ་དང་རྩོད་ལན་དངོས་ནི་སོ་སོ་ནས་སྤྲར་སོང་ཟིན་པ་རྣམས་ཀྱིས་འཕྲུས་པ་འདུག །

ཡང་རྗེའི་དྲུང་གི་གསུང་ལས། ཁྱེད་རང་ལྟར་ན་རང་བྱུང་གི་བསྙེན་རྫོགས་གཉིས་པོ་དེ་ལུས་ངག་གི་རིག་བྱེད་ལ་རག་མ་ལས་པ་དང་། གཞན་ཚུར་ཤོག་དང་ཡེ་ཤེས་ཁོང་ཆུད་ཀྱི་བསྙེན་རྫོགས་སོགས་གཞན་གྱི་རིག་བྱེད་ལ་རག་ལས་པར་ཁས་བླངས་པར་སོང་བས། འོན་ཡེ་ཤེས་ཁོང་ཆུད་ཀྱི་བསྙེན་པར་རྫོགས་པ་དེ་ཡང་རིག་བྱེད་ལ་རག་མ་ལས་པར་འགྱུར་ཏེ། རང་རང་གི་ཡེ་ཤེས་བརྙེས་པའི་སྟོབས་ཀྱིས་ཐོབ་པའི་ཕྱིར། ཁྱབ་པ་མཚུངས་སོ་ཞེས་བྲིས་འདུག་པ།

ལན་ནི། རང་བྱུང་གི་བསྙེན་རྫོགས་དང་ཡེ་ཤེས་ཁོང་ཆུད་ཀྱི་བསྙེན་རྫོགས་མི་འདྲ་སྟེ། ཡེ་ཤེས་ཁོང་ཆུད་ཀྱི་བསྙེན་རྫོགས་དེ་རང་རྒྱུད་གཞན་གྱི་རིག་བྱེད་རག་ལས་པའི་ཕྱིར། དེ་ཡང་སྟོན་པས་ལྔ་སྡེ་ལ་བདེན་བཞིའི་ཆོས་འཁོར་རྣམ་པ་བཅུ་གཉིས་སུ་བསྐོར་བ་ལ་བརྟེན་པ་ལྔ་སྡེའི་རྒྱུད་ལ་མཐོང་ལམ་གྱི་རྟོགས་པ་སྐྱེས། དེ་སྐྱེས་པ་དང་མཉམ་དུ་ཡེ་ཤེས་ཁོང་ཆུད་ཀྱི་བསྙེན་རྫོགས་ཀྱང་སྐྱེས་པས། ལྔ་སྡེའི་རྒྱུད་ལ་སྐྱེས་པའི་མཐོང་ལམ་དང་དེའི་རྒྱུད་ལ་སྐྱེས་པའི་ཡེ་ཤེས་ཁོང་ཆུད་ཀྱི་བསྙེན་རྫོགས་གཉིས་པོ་དེ་སྟོན་པ་སངས་རྒྱས་ཀྱི་ཆོས་ཀྱི་འཁོར་ལོ་བསྐོར་བའི་གསུང་གི་རིག་བྱེད་ལས་སྐྱེས་པ་རྩོད་མེད་དུ་གྲུབ་པས་ཡེ་ཤེས་ཁོང་ཆུད་དེ་ནི་གཞན་གྱི་རིག་བྱེད་ལ་རག་ལས་པ་ཡིན་ནོ། །ཁྱེད་ཀྱི་གསུངས་དེ་ལ་དཔྱད་རྒྱ་བྱུང་འདུག །ཁྱེད་ཀྱི་དེད་ལ་ཚུར་ཤོག་གི་

བསྙེན་རྫོགས་གཞན་གྱི་རིག་བྱེད་ལ་རག་མ་ལས་པར་སོང་བས་ཞེས་བྲིས་པ་ནི་ཐུགས་འཛོལ་བ་ཡིན་ནམ། དེ་ནི་སྟོན་པས་ཚུར་ཤོག་ཅེས་བཀའ་བསྒྲལ་པ་ཙམ་གྱིས་རིག་བྱེད་ལས་ཐོབ་པ་ཐམས་ཅད་མཐུན། རང་བྱུང་གཉིས་དང་ཡེ་ཤེས་ཁོང་ཆུད་མཚུངས་པའི་ཆ་ནི་གང་ཡང་མེད་པས་དགོངས་འཚལ།

ཡང་ཁྱེད་ཀྱི་གསུང་ལས། རང་རྒྱལ་རང་བྱུང་གི་བསྙེན་རྫོགས་ཀྱི་སྡོམ་པ་དེ་ཐེག་ཆེན་ནི་མ་ཡིན། སྐབས་འདིར་ཉན་ཐོས་ལུགས་ཀྱི་སོར་སྡོམ་དུ་འདོད་པ་ལས་འོས་མེད། དེས་ན་དེ་འདྲ་དེ་ལུས་ངག་གི་རིག་བྱེད་ལ་རག་མ་ལས་པ་མི་འགྲུབ་སྟེ། དེ་ལུས་ངག་གི་ལས་ཀྱི་རང་བཞིན་ཡིན་དགོས་པའི་ཕྱིར་ཏེ། ཀུན་མཁྱེན་གྱི་སྡོམ་གསུམ་འབྲུལ་སྤོང་ལས། ཉན་ཐོས་པའི་ལུགས་ལ་སྡོམ་པ་ཡིན་ན། ལུས་ངག་གི་ལས་ཀྱི་རང་བཞིན་ཡིན་དགོས་པར་འདོད་པའི་ཕྱིར་ཏེ། མཛོད་ལས། ལས་ནི་སེམས་དཔའ་དང་དེས་བྱས། །ཞེས་སོགས་དྲངས་ནས་རིག་བྱེད་དང་རིག་བྱེད་མ་ཡིན་པའི་གཟུགས་གཉིས་ཀའང་ལུས་ངག་གི་ལས་ཀྱི་རང་བཞིན་དུ་མཚུངས་པའི་ཕྱིར་ཞེས་ཀུན་མཁྱེན་རིན་པོ་ཆེ་བཞེད་པ་དེ་ཁྱེད་ཀྱིས་ཞལ་གྱིས་བཞེས་དགོས་པའི་ཕྱིར་ཞེས་བྲིས་འདུག་པ་ནི་ཚིག་རིགས་དེའི་དོན་གང་ཡང་མ་གོ་བར་དབུ་ཚུགས་ཀྱི་རྩོད་པ་སྟེ། ལོག་པའི་ལན་ལ་མཐའ་མེད་ཕྱིར། །ཞེས་གསུངས་པ་དེར་འདུག་མོད། འོན་ཀྱང་ཅུང་ཟད་བརྗོད་ན། ཀུན་མཁྱེན་རིན་པོ་ཆེའི་དགོངས་པ་ཉན་ཐོས་ལུགས་ཀྱི་སོར་སྡོམ་དེ་རྒྱུ་ལུས་ངག་གི་རིག་བྱེད་ལ་རག་ལས་པ་དང་མ་ལས་པ་གང་ཡང་ཡོད་མོད། སྡོམ་པའི་ངོ་བོ་ལུས་ངག་གི་ལས་ཀྱི་ངོ་བོར་སྐྱེ་བས་ལུས་ངག་གི་ལས་ཀྱི་རང་བཞིན་ཡིན་གསུངས་པ་ཡིན་པས་ཁྱེད་ཀུན་མཁྱེན་ལ་རྩོད་པ་མཛད་ན་ཁྱེད་རང་འོ་རྒྱལ་ལོ། །སྡོམ་པ་ལུས་ངག་གི་རང་བཞིན་ཡིན་བྱས་པས་ལུས་ངག་གི་རིག་བྱེད་ལ་རག་ལས་པར་སོང་ཞེས་པ་འདི་འདྲ་རྒྱུ་དང་འབྲས་བུའི་གོ་རྒྱུ་ཡང་མ་ཆགས་པ་འདྲ། ཡང་གསེར་ཐུར་དྲི་བར། གཟུགས་ཅན་ཡིན་པའི་རྒྱུ་མཚན་གྱིས་ཞེས་སོགས་གསུངས་པ་དང་། དེ་ལ་ཀུན་མཁྱེན་གྱིས་འབྲུལ་སྤོང་དུ་ལན་བཏབ་པ་རྣམས་ལ་འཕྲོས་ནས། རྗེ་དྭང་རང་གིས་ཆེར་མ་དགོངས་པའི་རྩོད་པ་འདྲ་མཛད་པའི་ལན་ནི། ཁོ་བོས་སྔར་ལན་འདེབས་སུ་བཤད་པ་དེས་རྟོགས་ན་དེ་ཀས་ཡོང་བ་ཡོད།

ཡང་རྗེའི་དྭང་གི་གསུང་ལས། གསོལ་གཞིའི་ཚོགས་བསྙེན་པར་རྫོགས་རྗེས་སུ་བྱང་སེམས་ཀྱི་སྡོམ་པ་བླངས་པའི་དགེ་སློང་གི་སྡོམ་པ་དེ་ཆོས་ཅན། ཤི་འཕོས་པས་མི་སྟོང་པར་ཐལ། བྱང་སེམས་ཀྱི་སྡོམ་པ་ཡིན་པའི་ཕྱིར། ཁྱབ་པ་ཁོ་ཊཱི་ཀ་ཏུ་ཁས་བླངས། ཞེས་སོགས་ལ་ཡང་སྔར་ལན་འདེབས་སུ་བཤད་པ་དེས་འཐུས་པ་ཡོད། ཡང་བྱང་ཆུབ་སེམས་དཔའི་སྡོམ་པ་ནི། སེམས་ལས་སྐྱེ་ཕྱིར་ཞེས་སོགས་ཀྱི་ཐད་ཀྱི་ལན་འདེབས་ལས་འཕྲོས། རྗེའི་དྭང་གི་གསུང་ལས། ཐེག་ཆེན་ཐུན་མོང་མ་ཡིན་པའི་ལུགས་ཀྱི་སོ་ཐར་གྱི་སྡོམ་པ་དེ་རྟེན་གྱི་གང་

ཟག་ཤི་འཕོས་པས་མི་གཏོང་བ་དང་། བྱང་ཆུབ་བར་དུ་ལེན་པ་སོགས་ནི་ས་པཎ་གྱི་གཞུང་དང་མ་མཐུན་ཏེ། རབ་དབྱེ་ལས། སོ་སོར་ཐར་པའི་སྡོམ་པ་ནི། །བྱང་ཆུབ་བར་དུ་བླངས་གྱུར་ན། །འདི་ཡི་ཆོག་ངེས་པར་འཇིག །ཅེས་དང་། དེས་ན་སོ་སོར་ཐར་པ་ཡི། །སྡོམ་པ་ཤི་ཡང་ཡོད་དོ་ཞེས། །སླ་བའི་སྐྱེས་བུ་དེ་ལ་ནི། །སྡེ་སྣོད་རྣམ་དབྱེ་མེད་པར་ཟད། །ཅེས་གསུངས་པའི་ཕྱིར་ཞེས་བྲིས་པ་ནི། གཞུང་གི་ཚིག་ཟིན་ཙམ་ལ་འཁྲིས་པའི་རིགས་པ་ལྟར་སྣང་ཡིན། གཞུང་ཆེན་པོ་དག་འཆད་པ་ན་གོང་འོག་བབས་བསྒྲིགས་ནས་འཆད་དགོས་པ་ཡིན། ལན་དངོས་ནི། འབྲི་ཁུང་པ་ཁ་ཅིག་སེམས་བསྐྱེད་ཀྱི་ཐབས་ལས་ལེན་པ་ཟེར་ནས་བསམ་པ་ཐེག་ཆེན་སེམས་བསྐྱེད་དང་ལྡན་པར་བྱས་ནས་ཉན་ཐོས་དགེ་སློང་གི་སྡོམ་པ་སོགས་བླངས་ན་སེམས་ཇི་སྲིད་འཚོའི་བར་དུ་གནས་པ་ཡིན་པའི་ཕྱིར་ཟེར་བའི་ཕྱོགས་སྔ་མ་ཞིག་བྱུང་ལ། དེ་འགོག་པར་བཞེད་ནས། དེ་ལྟར་ཡིན་ན་ཉན་ཐོས་དང་། །ཐེག་ཆེན་སྡོམ་པ་ཁྱད་མེད་འགྱུར། །ཞེས་སོགས་དང་། འོན་སེམས་བསྐྱེད་ཀྱིས་ཟིན་པའི། །དགེ་སློང་ལ་སོགས་སྡོམ་པ་རྣམས། །བསླབ་པ་ཕུལ་དང་ཤི་འཕོས་དང་། །རྩ་བ་ཆད་པ་ལ་སོགས་པ། །གཏོང་རྒྱུ་ཀུན་གྱིས་མི་གཏོང་འགྱུར། །ཞེས་སོགས་རྒྱས་པར་བཀའ་སྩལ་པའི་རྗེས་སུ། དེས་ན་སོ་སོ་ཐར་པ་ཡི། །སྡོམ་པ་ཤི་ཡང་ཡོད་དོ་ཞེས། །སླ་བའི་སྐྱེས་བུ་དེ་ལ་ནི། །སྡེ་སྣོད་རྣམ་དབྱེ་མེད་པར་ཟད། །ཅེས་གསུངས་པ་ཉན་ཐོས་སོར་སྡོམ་བསམ་པ་སེམས་བསྐྱེད་ཀྱིས་ཟིན་པར་བྱས་ནས་བྱང་ཆུབ་སྙིང་པོའི་བར་དུ་ལེན་ཟེར་བ་དེ་འགོག་རྒྱུ་ཡིན་པས། དེས་ན་སོ་སོ་ཐར་པ་ཡི། །སྡོམ་པ་ཤི་ཡང་ཡོད་དོ་ཞེས། །ཞེས་པའི་སྡོམ་པ་དང་། སོ་སོར་ཐར་པའི་སྡོམ་པ་ནི། །བྱང་ཆུབ་བར་དུ་བླངས་གྱུར་ན། །ཞེས་པའི་སོར་སྡོམ་པ་ནི་སོར་སྡོམ་པ་སྤྱི་ལ་འཆད་རྒྱུ་མིན། གོང་དུ། སོ་སོ་ཐར་པའི་སྡོམ་པ་ལ། །ཉན་ཐོས་ཐེག་ཆེན་ལུགས་གཉིས་ཡོད། །ཅེས་གཉིས་སུ་བཤད་པའི་ཉན་ཐོས་སོ་ཐར་ལ་འཆད་རྒྱུ་ཡིན་ཏེ། ཉན་ཐོས་རྣམས་ཀྱི་སྐྱབས་འགྲོ་ནས། །དགེ་སློང་གིས་ནི་སྡོམ་པའི་བར། །ཇི་སྲིད་འཚོ་ཡི་བར་དུ་ཡིན། །ཞེས་བཤད་པ་ལ་འཕྲོས་ནས། ཁ་ཅིག་ཇི་སྲིད་འཚོ་ཡི་སྒྲ། །ལུས་དང་སེམས་ལ་དགོངས་ཞེས་ཟེར། །ཞེས་ཕྱོགས་སྔའི་འདོད་པ་བརྗོད་ནས། དེ་འགོག་པར་བྱེད་པ་ལ། དེ་འདྲ་སངས་རྒྱས་དགོངས་པ་མིན། །མཁས་པའི་གཞུང་ལས་དེ་མ་བཤད། །ཅེས་པ་ནས། སེམས་བསྐྱེད་ལྡན་པའི་བསྙེན་གནས་ཀྱང་། །ནང་པར་ཕན་ཆད་ཡོད་པའི་ཕྱིར། །རྟག་ཏུ་བསྙེན་གནས་བསྲུང་དགོས་འགྱུར། །མིན་ནས་བསྙེན་གནས་ཉམས་པར་འགྱུར། །ནང་པར་བསྙེན་གནས་གཏོང་ན་ནི། །སྡོམ་པ་རྒྱུན་དུ་འབྱུང་བ་འགལ། །ཞེས་གསུངས་ནས། གྲུབ་དོན་བསྡུ་བ་ནི། དེས་ན་སོ་སོ་ཐར་པ་ཡི། །སྡོམ་པ་ཤི་ཡང་ཡོད་དོ་ཞེས། །ཞེས་སོགས་ཚིགས་བཅད་གསུངས་པ་འདི་དག་གོང་དུ་བཤད་པའི་ཉན་ཐོས་ལུགས་ཀྱི་སོ་ཐར་འཆད་བྱེད་ཀྱི་སྐབས་སུ

ཡིན་པའི་ཕྱིར། གོང་གི་ཐེག་ཆེན་ལུགས་འཆད་བྱེད་ནི། ཐེག་པ་ཆེན་པོ་ལས་བྱུང་བའི། །སོ་སོ་ཐར་པ་བཤད་ཀྱིས་ཉོན། །ཞེས་པ་ནས་མགོ་འཛིན་རྒྱུ་ཡིན། དེ་ལ་ཡང་ཐེག་ཆེན་ཐུན་མོང་མ་ཡིན་པའི་ཆོ་ག་ལས་ཐོབ་པ་དང་། ཉན་ཐོས་དང་ཐུན་མོང་བའི་ཆོ་ག་ལས་ཐོབ་པའི་ཐེག་ཆེན་སོ་ཐར་གཉིས་སུ་བྱས་ནས། དང་པོ་དེ་འཆད་པར་བྱེད་པ་ལ། བྱང་ཆུབ་སེམས་དཔའ་ཉིད་ལ་ཡང་། ཞེས་པ་ནས། སོ་སོ་སྐྱེ་བོས་བྱར་མི་རུང་། །ཞེས་པའི་བར་བྱུང་། གཉིས་པ་དེ་འཆད་པར་བྱེད་པ་ལ། དེས་ན་ད་ལྟའི་ཆོ་ག་ནི། །ཞེས་པ་ནས། བྱང་སེམས་སོ་སོ་ཐར་པར་འགྱུར། །ཞེས་པའི་བར་བྱུང་བ་ཡིན་པས་ཀུན་མཁྱེན་གྱི་བཞེད་པ་དེ་ས་པཎ་གྱི་གཞུང་དང་མ་མཐུན་པའི་སྐྱོན་ཡེ་མེད་དེ། རྣམ་པ་ཀུན་ཏུ་ཤིན་ཏུ་མཐུན་པ་ཡིན་ནོ། །ཁྱེད་རང་རབ་དབྱེའི་གཞུང་ཐོག་ལ་སྦྱངས་པ་སྟོན་དུ་མ་སོང་བར་ཧམ་སྤྲོས་རང་གིས་དགག་པ་དང་རྩོད་པའི་རྐྱོག་མའི་གཏིང་བསློང་བ་ནི་དུས་དང་བློ་གྲོས་མགྲོན་དུ་ཕྱུར་པ་ལས་དོན་མི་འདུག །

ཡང་ཁྱེད་ཀྱི་གསུང་ལས། བྱང་སེམས་སོ་སོ་ཐར་པའི་མདོ་ནས་གསུངས་པའི་ཐུན་མོང་མ་ཡིན་པའི་སོར་སྡོམ་ཞེས་པ་དེ། བྱང་ཆུབ་སེམས་དཔའ་ཉིད་ལ་ཡང་ཐེག་ཆེན་སོ་ཐར་འབོགས་པའི་ཆོ་ག་ཉན་ཐོས་ཀྱི་གཞུང་ནས་བཤད་པ་དང་འདྲ་བ་འགའ་ཞིག་ཡོད་པར་བཤད་པ་ལ་དགོངས་རྒྱུ་ཡིན་ན་ཞེས་སོགས་བྲིས་འདུག་པ། དེའི་ལན་ནི། བྱང་སེམས་སོ་ཐར་གྱི་མདོ་ནས་གསུངས་པའི་སོ་ཐར་འབོགས་པའི་ཆོ་ག་ཉན་ཐོས་ཀྱི་གཞུང་ནས་བཤད་པ་དང་འདྲ་བ་འགའ་ཞིག་ཡོད་པར་བཤད་པ་མེད་པས་དེ་ལ་དགོངས་རྒྱུ་གང་ཡིན་དུ་འདུག །སོ་སོ་ཐར་པ་འབོགས་པ་ཡི། །ཆོ་ག་འགའ་ཞིག་ཡོད་མོད་ཀྱི། །ཞེས་གསུངས་པས་བཤད་པ་ཡིན་ནོ་སྙམ་ན། དེ་ནི་མ་ཡིན་ཏེ། ཆོ་ག་འགའ་ཞིག་ཡོད་མོད། ཅེས་བཤད་པའི་ཆོ་ག་ནི་ཐེག་ཆེན་ཐུན་མོང་མ་ཡིན་པའི་སྐབས་ཡིན་པས་ཉན་ཐོས་ཀྱི་གཞུང་ལས་བཤད་པ་དང་འདྲ་བ་མ་ཡིན་ནོ། །

ཡང་ཁྱེད་ཀྱི་གསུང་ལས། གོང་གི་ཁྱབ་པ་གོ་ཊི་ཀ་ཏུ་ཁས་བླངས་པ་ནི་ཊཱི་ཀྲ་བསྟན་སྒྲོན་ལས། གོ་ཊི་ཀ་གི་ཤོག་བུ་བཅོ་ལྔ་པར་ཁས་བླངས་སོ་ཞེས་གསུངས་འདུག་བྲིས་པ་ནི་ཅི་ཡིན་ཁྱེད་རང་ལ་སྐྱོན་མེད་གསུང་རྒྱུ་ཡིན་ནམ། ཡང་ཁྱོད་ཀྱི་གསུང་ལས། བསམ་པ་ཐེག་ཆེན་སེམས་བསྐྱེད་ཀྱིས་ཟིན་ཅིང་ཆོ་ག་ཉན་ཐོས་ཀྱི་ལུགས་ལྟར་བྱས་པ་ལས་ཐོབ་པའི་དགེ་སློང་གི་སྡོམ་པ་དེ་ཤི་བས་མི་གཏོང་བའི་ཤེས་བྱེད་དུ་གོ་ཊི་ཀ་ཏུ་ཇི་སྲིད་བསྲུང་བའི་འཕེན་སེམས་མ་ཉམས་པ་ཞེས་སོགས་བཀོད་པ་ནི། ནམ་མ་ལངས་པའི་ཉི་འོད་སྤྲོས་པ་སྟེ། བསམ་པ་ཐེག་ཆེན་སེམས་བསྐྱེད་ཀྱིས་ཟིན་ཅིང་སོགས་ཀྱི་ཁྱད་ཆོས་དང་ལྡན་པའི་དགེ་སློང་གི་སྡོམ་པ་དེ་ཤི་བས་མི་གཏོང་བ་ལ་ཤེས་བྱེད་མི་འགོད་དེ། དེ་ཤི་བས་གཏོང་བར་གོ་ཊི་ཀ་ཏུ་བཤད་ཅིང་ས་པཎ་གྱི་དགོངས་པ་

ཡང་ཡིན་པའི་ཕྱིར། དེ་སྐད་དུ། ཐེག་ཆེན་སོ་སོ་ཐར་ཡིན་ཡང་། །དགེ་སློང་སོ་སོ་ཐར་ཡིན་ཡང་། །དགེ་སློང་ལ་སོགས་སྡོམ་པ་ཡི། །ལྟོག་པ་ཤི་བའི་ཆེ་ན་གཏོང་། །ཞེས་གསུངས་སོ། །འདིའི་ལྡོག་པ་ནི་སྡོམ་པའི་ངོ་བོ་རང་ཡིན་ཏེ། ལྡོག་པ་གཏོང་ཡང་ངོ་བོ་མི་གཏོང་བྱས་པས་མི་ཡོང་། དེ་ལྟར་བྱས་ན། ཤི་ཡང་དགེ་སློང་མི་འདོར་ན། །ཞེས་སོགས་དང་། ཤི་འཕོས་ནས་ཀྱང་དགེ་སློང་འགྱུར། །ཞེས་སོགས་ཀྱི་གནོད་བྱེད་མཐའ་དག་འབབ་པར་འགྱུར་བས་བག་ཡོད་པར་བྱོས་ཤིག །

ཡང་རྗེའི་དྲུང་གི་གསུང་ལས། ཇི་སྲིད་འཚོའི་མཐའ་ཅན་གྱི་དབུ་མ་ལུགས་ཀྱི་སེམས་བསྐྱེད་ཀྱི་སྡོམ་པ་དང་། དེས་མཚོན་ཉིན་ཞག་དང་ཟླ་བ་དང་ལོ་ལ་སོགས་པའི་མཐའ་ཅན་གྱི་བྱང་སེམས་སྡོམ་པ་ཡོད་པར་བཤད་པ་དེ་དག་ཀྱང་བྱང་སྡོམ་མཚན་ཉིད་པར་མི་འགྱུར། འགྱུར་ན་དེ་དག་ཐེག་ཆེན་སོ་ཐར་པའི་སྡོམ་པར་འགྱུར་ཏེ། གང་ལ་བྱང་སྡོམ་གྱི་མཚན་ཉིད་ཚང་བ་དེ་ལ་ཐེག་ཆེན་སོ་ཐར་གྱི་མཚན་ཉིད་ཚང་བ་ཀུན་མཁྱེན་རིན་པོ་ཆེའི་བཞེད་པར་སྣང་བའི་ཕྱིར། འདོད་ན། ཟླ་བའི་མཐའ་ཅན་གྱི་སོ་ཐར་སྡོམ་པ་དེ་ཡ་མཚན་ཆེའོ། །ཞེས་བྲིས་འདུག་པའི་ལན་ནི། ཁྱེད་རང་སོ་ཐར་ཞེས་པ་མདོ་རྒྱ་སོགས་འདུལ་བ་རང་རྐང་གི་ལུགས་དེ་མིན་པ་གཞིར་བཞག་མཛད་པས་ཡ་མཚན་ཆེ་བ་དེ་འདྲ་མང་པོ་འབྱུང་། ཀུན་མཁྱེན་རིན་པོ་ཆེས་སྔགས་སྡོམ་ལ་བྱང་སྡོམ་གྱིས་ཁྱབ། བྱང་སྡོམ་ལ་སོ་ཐར་གྱི་སྡོམ་པས་ཁྱབ་པར་བཞེད་པ་ནི་གཞུང་ལུགས་སྤྱི་དང་། ཁྱད་པར་རྗེ་བཙུན་ས་སྐྱ་པའི་ལུགས་མཆོག་ཡིན་ཏེ། རྗེ་བཙུན་གྱི་རྩ་ལྟུང་འགྲེལ་སྤྱོད་དང་། སྡོམ་པ་ཉི་ཤུ་པའི་འགྲེལ་པ་སོགས་ན་གསལ་ལོ། །ཡང་ཁོ་བོས་བསྙེན་གནས་ལེན་མཁན་གྱི་ཁྱིམ་པ་རྡོ་རྗེ་འཛིན་པའི་སྔགས་སྡོམ་དེ་ཇི་སྲིད་མཚོའི་མཐའ་ཅན་ཡིན་ནམ། བྱང་ཆུབ་སྙིང་པོའི་མཐའ་ཅན་ཡིན་དྲིས་པ་ལ། རྗེའི་དྲུང་གི་གསུང་ལས། དེ་བྱང་ཆུབ་སྙིང་པོའི་མཐའ་ཅན་ཡིན་ཞུས་པས་ཚོག་གསུངས་ཐུགས་ཁྲེལ་པོ་རང་གནང་བྱུང་། འོ་ན་ཁྱེད་ཀྱི་དེ་པཎ་ཆེན་གྱི་ལུགས་དང་འགལ་ཏེ། དེ་ལྟ་བུའི་རྡོ་རྗེ་འཛིན་པ་དེ་བྱང་ཆུབ་སྙིང་པོའི་སྡོམ་པ་ལ་གནས་བཞིན་དུ་ཉིན་ཞག་གི་མཐའ་ཅན་གྱི་བསྙེན་གནས་བླངས་ན་གནད་བཅོས་པར་འགྲོ་བར་པཎ་ཆེན་བཞེད་པའི་ཕྱིར་ཏེ། དགེ་སློང་དེ་དགེ་ཚུལ་དགེ་བསྙེན་ལྟ་བུ་ཇི་སྲིད་མཚོའི་མཐའ་ཅན་གྱི་སྡོམ་པ་ལ་གནས་བཞིན་དུ་ཉིན་ཞག་གི་མཐའ་ཅན་གྱི་དེ་བླངས་ན་གནད་བཅོས་པར་འགྲོ་བ་པཎ་ཆེན་བཞེད་པའི་ཕྱིར། ཡང་ཁྱིམ་པ་རྡོ་རྗེ་འཛིན་པའི་རྒྱུད་ཀྱི་སྔགས་སྡོམ་དེ་བྱང་ཆུབ་སྙིང་པོའི་མཐའ་ཅན་ཡིན་ཞེས་ཁྱེད་ཀྱིས་ཐག་བཅད་བྱུང་ཀྱང་། དེ་བྱང་ཆུབ་སྙིང་པོའི་མཐའ་ཅན་གཙོ་ཆེ་བ་ཙམ་ནི་ཡིན། དེར་ཁ་ཚོན་བཅད་པས་མི་ཡོང་སྟེ། ཉན་ཐོས་ལུགས་ཀྱི་ཚོག་ལ་དགེ་བསྙེན་གྱི་སྡོམ་པ་ཐོབ་པའི་ཁྱིམ་པ་རྡོ་རྗེ་འཛིན་པའི་རྒྱུད་ཀྱི་དགེ་བསྙེན་གྱི་སྡོམ་པ་དེ་སྔགས་སྡོམ་ཡིན་པ

གང་ཞིག །དེ་བྱང་ཆུབ་སྙིང་པོའི་མཐའ་ཅན་གྱི་སྡོམ་པ་ཡིན་པའི་ཕྱིར་ཏེ། དེ་ཇི་སྲིད་འཚོའི་མཐའ་ཅན་ཡིན་པའི་ཕྱིར་ཏེ། ཉན་ཐོས་ལུགས་ཀྱི་ཚོག་ལས་ཐོབ་པའི་གདན་ཁྲིམས་བདུན་པོ་གང་རུང་ཡིན་པའི་ཕྱིར།

ཡང་ཁྲིད་ཀྱི་གསུང་ལས། འདིར་གོ་ཊཱི་ཀ་པ་སེམས་ཙམ་ལུགས་ལ་ཐོག་མར་སྨོན་པའི་སྡོམ་པ་བླངས་ནས། དེའི་རྗེས་སུ་འཇུག་སྡོམ་ལེན་ནོ་ཞེས་ཟེར་མོད། དེ་ལྟར་ན་ལུགས་གཉིས་ཀྱི་སེམས་བསྐྱེད་ཀྱི་སྡོམ་པའི་ངོ་བོ་ལ་ཁྱད་པར་མེད་པར་ཐལ་བ་སོགས་ཐལ་བ་གསུམ་ཙམ་ཊཱི་ཀྐ་བསྟན་པའི་སྒྲོན་མེར་གསུངས་སོ་ཞེས་བཀོད་གནང་བ་ལ། ལན་ནི། སྔར་ལན་འདེབས་སུ་སོང་བ་དེས་འཐུས་པ་འདུག །

ཡང་རྗེའི་དྲུང་གི་གསུང་ལས། སྨོན་སེམས་བཏང་ན་བྱང་སྡོམ་གཏོང་བ་ལུགས་གཉིས་ཀ་མཐུན་ཞེས་མདོ་བསྡུད་པ་དྲངས་པ་དེ་ཀ་ཡིན་ཤས་ཆེ། འོན་ཀྱང་སེམས་ཙམ་ལུགས་ལ་སྨོན་སེམས་བཏང་བ་རྩ་ལྟུང་དུ་མི་བཞེད་པ་འདྲ་སྟེ། གསེར་ཐུར་ཆེན་མོ་དང་། དཔག་བསམ་འདོད་འཇོ་ལས་ཤེས་པར་བྱ་ཞེས་བྲིས་འདུག་པ། དེའི་ལན་ཐོག་མར་ཁོ་བོས་མགོ་མཚུངས་ཞིག་དགོས་པ་འདྲ་སྟེ། འོ་ན་སེམས་ཙམ་ལུགས་ལ་སྨོན་སེམས་བཏང་ན་རྩ་ལྟུང་དུ་མི་བཞེད་པ་མ་ཡིན་པར་བཞེད་དགོས་པ་འདྲ་སྟེ། ཀུན་མཁྱེན་རིན་པོ་ཆེའི་སྡོམ་གསུམ་གྱི་སྤྱི་དོན་སོགས་ལས་ཤེས་པར་བྱ་དགོས་པས་སོ། །ཞེས་བརྗོད་ན་གསུང་རྒྱུ་མེད། ཁྱེད་རང་ལྟར་ན་མི་སླ་བའི་བརྟུལ་ཞུགས་འཛིན་དགོས་པར་འགྱུར་རོ། །ལན་དངོས་ནི། སེམས་ཙམ་ལུགས་ལ་སྨོན་སེམས་བཏང་བ་རྩ་ལྟུང་དུ་མི་བཞེད་ན། དེ་ཡན་ལག་གི་ལྟུང་བ་ཡིན་ནམ། ཡིན་ན་ཡན་ལག་གི་ལྟུང་བས་བྱང་སྡོམ་གཏོང་བ་དེ་འདྲ་གང་དུའང་མ་བཤད། སོར་སྡོམ་བྱང་སྡོམ་གཉིས་ལ་ཡང་དེ་བཞིན་ནོ། །སེམས་ཙམ་ལུགས་ལ་དེ་བཏང་བ་དེ་ལྟུང་བ་གང་ཡང་མིན་རང་གསུང་ན། ཉེས་པ་ཆེ་ཤོས་དེ་ལྟུང་བ་མ་ཡིན་ན། ལྟུང་བ་གཞན་རྣམས་ལྟུང་བ་ཡིན་པ་བུད། དེས་ན་སེམས་ཙམ་པའི་ལུགས་ལ་སྨོན་སེམས་བཏང་བ་དེ་སྡོམ་པ་ཉི་ཤུ་པ་ལས་རྩ་ལྟུང་བཞི་གསུངས་པའི་ནང་ཚན་མ་ཡིན་ཡང་། སྡོམ་པའི་གཏོང་བའི་རྒྱུར་གྱུར་པའི་རྩ་ལྟུང་ཆེ་ཤོས་ཡིན་ནོ། །བསྡུད་པ་ལས། སེམས་བསྐྱེད་དེ་ནི་ཡས་ཡམ་པས་ཀྱང་ཤིན་ཏུ་ཕྱི། །ཞེས་པའི་བསྟན་དོན་དེ་སེམས་ཙམ་པས་ཀྱང་ཁས་ལེན་དགོས་པའི་ཕྱིར་དང་། སྤྱོད་འཇུག་ལས། དེ་ནི་བྱང་ཆུབ་སེམས་དཔའ་ལ། །ལྟུང་བའི་ནང་ནས་ལྕི་བ་སྟེ། །འདི་ལྟར་དེ་ནི་བྱུང་གྱུར་ན། །སེམས་ཅན་ཀུན་གྱི་དོན་ལ་དམན། །ཞེས་གསུངས་པས་སྨོན་སེམས་བཏང་བ་ཐེག་པ་ཆེན་པོའི་ལྟུང་བ་ཆེ་ཤོས་སུ་བསྟན་པ་འདི་སེམས་ཙམ་པས་ཀྱང་ཁས་ལེན་རིགས་པའི་ཕྱིར། གཞན་དུ་ན་སེམས་ཙམ་ལུགས་ཀྱི་སེམས་བསྐྱེད་ཀྱི་བརྒྱུད་པ་འཛིན་པའི་ཇོ་བོ་རྗེ་རྗེས་འབྲང་དང་བཅས་པས་ཀྱང་སྤྱོད་འཇུག་གི་ལུང་དོན་འདི་ཞལ་གྱིས་མི་བཞེས་པར་འགྱུར་ཏེ། སེམས་ཙམ་ལུགས་ཀྱི་སེམས་བསྐྱེད་འཆད་པའི་

སྐབས་སུ་སྨོན་སེམས་བཏང་བ་དེ་རྒྱ་ལྕུང་མ་ཡིན་པའི་ཕྱིར། རྟགས་ཁས། འདོད་ན། ཧ་ཅང་ཐལ་ཏེ། ཇོ་བོ་རྗེ་རྗེས་འབྲང་དང་བཅས་པས་བསླབ་བསྟུས་དང་སྤྱོད་འཇུག་གཉིས་ལས་ལྟ་བ་དང་སྤྱོད་པ་གང་བསྟན་པ་ཐམས་ཅད་ཞལ་གྱིས་བཞེས་པས། བཀའ་གདམས་གཞུང་དྲུག་གི་གཙོ་བོ་ཡང་དེ་ཡིན་ནོ། །ཁྱེད་ཀྱི་གསེར་ཐུར་ཆེན་མོ་དང་དཔག་བསམ་འདོད་འཇོ་ལས་ཤེས་པར་བྱ་ཞེས་བྲིས་པ་ནི་ནོར་བ་ཡིན་ནོ། །སེམས་ཙམ་ལུགས་ལ་སྨོན་སེམས་བཏང་བ་རྒྱ་ལྕུང་དུ་མི་བཞེད་པ་གསེར་ཐུར་ཆེན་མོར་གསུངས་ན་དེའི་ཚིག་རིགས་སྟོན་ཅིག །ཡང་པཎ་ཆེན་གྱིས། ཉན་ཐོས་རྣམས་ཀྱི་རྫོགས་བྱང་དུ། །བསྔོ་བ་བྱེད་ན་འཕགས་པ་ཡིས། །ཞེས་སོགས་ཀྱི་དྲི་བ་ལས་འཕྲོས་པའི་རྩོད་པ་དང་རྩོད་ལན་ནི་སྔར་སོང་བ་དེས་འཕུས་པའི་དཔྱད་པ་གསར་པ་མི་སྣང་། ཚིག་གི་ཟུར་འཕྲིས་པའི་རྩེ་རང་འཐེན་རེས་ནི་ཆོས་སུ་མི་འགྲོ་བ་འདྲ། ཡང་གྲངས་ངེས་ཀྱི་སྐབས་སུ་རབ་དབྱེ་ལས། སྔགས་ཀྱི་དབང་བསྐུར་བྱེད་པ་ན། །གྲངས་ངེས་མེད་པར་དབང་བསྐུར་བྱེད། །འདི་ནི་རྡོ་རྗེ་འཆང་གིས་བཀག །ཅེས་དང་། དེའི་ཐད་ཀྱི་ཀུན་མཁྱེན་རིན་པོ་ཆེའི་ས་བཅད་ལས། གྲངས་ངེས་མེད་པའི་དབང་བསྐུར་སློན་བྱེད་ཡིན་པ་དགག་གསུངས་པ་རྣམས་སྐབས་ཐོབ་སྤྱིར་བཏང་གི་དབང་དུ་མཛད་པ་ཡིན་སྙམ་པ་ལ། རྗེའི་དྲུང་གི་གསུང་ལས། དེ་སྐབས་སྤྱིར་བཏང་གི་དབང་དུ་མཛད་པ་ཡིན་ཞེས་ལྷན་ཚུང་གདབ་པར་འདུག་ཅེས་བྲིས་པ་ནི། ཁྱེད་རང་ལྷན་ཚུང་ལ་གོམ་གྲགས་པའི་དབང་གིས་གཞན་གྱི་ལེགས་པར་བཤད་པ་ཡང་ལྷན་ཚུང་དུ་མཐོང་བ་ནི་ལོག་ཤེས་ཡིན་ནོ། །ལན་དངོས་ནི། འདི་ནི་རྡོ་རྗེ་འཆང་གིས་བཀག །ཅེས་པའི་དོན་གྲངས་ངེས་མེད་པར་དབང་བསྐུར་བྱེད་པ་བཀག་ཅེས་པ་སྤྱིར་བཏང་རྒྱུད་ཕལ་ཆེ་བ་ལ་དེ་ལྟར་བཀག་པ་ཡིན། དམིགས་བསལ་ལ་གྲངས་ངེས་མེད་པར་དབང་བསྐུར་བ་ཡོད་པ་ནི་བཀག་ཅེས་པའི་དེ་མ་ཐག་ཏུ། སྤྱོད་པའི་རྒྱུད་ཀྱི་དབང་བསྐུར་ལ༔ །སློབ་མ་གྲངས་ངེས་མེད་པར་གསུངས། །ཞེས་པས་བསྟན། གྲུབ་དོན་སྙིང་པོ་ནི། སྤྱོད་རྒྱུད་ལ་དམིགས་བསལ་དེ་ཡིན་མོད། སྤྱོད་རྒྱུད་ཀྱི་ལྷག་མ་དམིགས་བསལ་མཛད་པའི་བྱ་རྒྱུད། རྣལ་འབྱོར། རྣལ་འབྱོར་བླ་མེད་གསུམ་གྱི་དབང་བསྐུར་བའི་སློབ་མ་ལ། གཅིག་གམ་གསུམ་མམ་ལྔའམ་བདུན་སོགས་ཁ་ཡར་བ་ནས་བཟུང་ཉི་ཤུ་རྩ་ལྔའི་བར་གྱི་གྲངས་ངེས་པ་ཅན་བྱེད་པ་ཡིན་ནོ། །ཞེས་པ་ནི། ལྷག་མ་དམིགས་བསལ་མཛད་པའི། །སློབ་མ་ལ་ནི་གྲངས་ངེས་ཡོད། །ཅེས་པས་བསྟན། གཞུང་ཕལ་ཆེར་དུ། ལྷག་མ་དམིགས་བསལ་མཛད་པ་ཡི། །ཞེས་པ་འབྱུང་ཡང་དེ་མ་དག་པ་ཡིན། གཞུང་ཧོར་སྤར་མར། ལྷག་མ་དམིགས་བསལ་མ་མཛད་པའི། །ཞེས་འདུག་པ་འདི་དག་སྟེ། གཞུང་སྔ་ཕྱི་འབྲེལ་བརྟགས་པས་དེ་ལྟར་དུ་བསལ་བའི་ཕྱིར། དེས་ན་འདིར་དམིགས་བསལ་གསུངས་པའི་སྤྱིར་བཏང་ནི་རྒྱུད་སྡེ་གཞན་གསུམ་གྱི་དབང་གི་སློབ་མ་ལ་གྲངས་ངེས་

ཡོད་པ་དེ་སྤྱི་བཏང་རྒྱ་ཆེ་བ་ཡིན། སྤྱོད་རྒྱུད་ཙམ་གྱིས་དབང་གི་སློབ་མ་ལ་གྲངས་ངེས་པ་མེད་པ་འདི་དམིགས་བསལ་ཡིན་པས། སྤྱིར་བཏང་དམིགས་བསལ་གྱི་རྣམ་དབྱེ་དེ་ལྟར་དུ་ཤེས་དགོས་སོ། །

ཡང་རྗེའི་དྲུང་གི་གསུང་ལས། བྱ་རྒྱུད་དབང་ལ་གྲངས་ངེས་དགོས་པའི་ལུང་། །རྒྱུད་སྡེ་གོང་མ་གཉིས་ལ་འདྲུག་གྱུར་ན། །མངོན་བྱང་ལས་གསུངས་གྲངས་ངེས་མེད་པ་ཡི། །སྤྱོད་རྒྱུད་ལུང་ཡང་གོང་མར་ཅིས་མི་འཇུག །ཅེས་བྲིས་པ་ནི་ས་པཎ་ལ་རྩོད་རྒྱུ་ཡིན་པ་འདུག་པས་གདོན་གྱིས་བནྷམས་པ་སོགས་ཅི་ཡིན་མི་ཤེས། ལན་དངོས་ནི། རྣལ་འབྱོར་དང་རྣལ་འབྱོར་བླ་མེད་གཉིས་སུ་དབང་བསྐུར་བའི་སློབ་མ་ལ་གྲངས་ངེས་དང་། སོ་ཤིང་འདོར་བ་ལ་སོགས་པ་ཚིག་ཟིན་ལ་མ་གསུངས་པ་རྣམས་གསང་བ་སྤྱི་རྒྱུད་ནས་བླངས་ཏེ་སྤྱོད་རྒྱུད་མ་གཏོགས་པའི་རྒྱུད་སྡེ་གཞན་གསུམ་ལ་འཇུག་པ་ཡིན་ནོ། །སྤྱི་རྒྱུད་ཉིད་ལས། གང་དུ་ལས་ནི་ཡོད་གྱུར་ལ། །ལས་ཀྱི་ཚོག་རྣམས་མེད་པ། །དེ་ནི་སྤྱི་ཡི་རྒྱུད་དག་ལས། །གསུངས་པའི་ཆོ་ག་མཁས་པས་བསྟན། །ཞེས་གསུངས་པའི་ཕྱིར། ད་ཁྱེད་ཀྱི་གསུང་རྒྱུ་མངོན་བྱང་ལས་གྲངས་མེད་པར་གསུངས་པའི་སྤྱོད་རྒྱུད་ཀྱི་ལུང་དེ་རྒྱུད་སྡེ་གོང་མ་གཉིས་སུ་འཇུག་པར་ཐལ། སྤྱི་རྒྱུད་ལས་གྲངས་ངེས་ཡོད་པར་གསུངས་པའི་ལུང་དེ་རྒྱུད་སྡེ་གོང་མ་གཉིས་སུ་འཇུག་པའི་ཕྱིར་ཞེས་པར་སོང་འདུག་པ། ཁྱེད་རང་གི་རིགས་ཁྲ་འཁྲིམས་པའི་ཚེ་གསན་ཡོད་དམ། ཙཀྲའི་ཕྱག་རྒྱ་བཅས་ཏེ་འགལ་ཁྱབ་ཟེར་བ་དེ་ཡིན་ནོ། །ཁྱེད་ལ་ཚིགས་འདི་ཐོབ་སྟེ། ས་པཎ་གཞུང་དང་འགལ་བའི་ཚེ༔ །སྐྱོགས་བཤད་ལག་པས་གདོང་བསྒྲིབས་ནས། །ངོ་ཚ་བོར་བའི་གཏམ་སྨྲ་བ། །མཁས་པ་ཀུན་གྱི་མི་ཁྲེལ་ལམ། །ཞེས་བྱའོ། །

ཡང་ཁྱེད་ཀྱི་འབྲུག་པའི་གསུང་རིགས་འདྲ་ཁུར་ནས། སྤྱི་རྒྱུད་ལས་བླ་མེད་ཀྱི་རྒྱུད་ནང་ཕན་ཚུན་དབང་བཙན་པས་དུས་འཁོར་ལས་གྲངས་ངེས་མི་དགོས་པར་གསུངས་པ་དེ་བདེ་ཀྱི་སོགས་ལ་སྦྱར་རིགས་སོ་ཞེས་པ་དང་། གཞན་ཡང་སྔར་སོང་བའི་ཡང་སྐྱོར་ཞེ་སྐྱོར་འདྲ་ལ་སོགས་པ་བྲིས་འདུག་སྟེ། ལན་ནི་སྔར་ལན་འདེབས་སུ་སོང་བ་དེས་འཐུས་འདུག །དཔྱད་རྒྱུ་ལྷག་པོ་མེད་པ་ལ་ཟར་ཟེར་མང་པོས་ཅི་བྱ།

ཡང་རྗེའི་དྲུང་གི་ཡང་ལན་དུ། སྙིང་པོ་སྐལ་ལྡན་གྱི་རིགས་ཅན་ལ་སྤྱོད་རྒྱུད་ཀྱི་དབང་བསྐུར་བ་ལ་བཅུ་ཚན་གྱི་གྲངས་ཚད་བཞག་པ་དང་། ཡང་རྟོར་འཕྲེང་གི་ལུང་དྲངས་ནས་བརྟག་པ་མཐའ་བཟུང་གི་དབང་དུ་བྱས་ཏེ་སྐལ་བ་དང་ལྡན་པའི་སློབ་མ་བརྒྱ་སྟོང་ཡོད་སྲིད་ནའང་དེ་དག་ལ་ཅིག་ཅར་སྤྱོད་རྒྱུད་ཀྱི་དབང་བསྐུར་བ་ལ་བཅུ་ཚན་གྱི་གྲངས་ཚད་གསུངས་པ་དེའི་དམིགས་བསལ་ཡིན་གསུང་རྒྱུའང་འདྲ་བས། དེ་ལྟར་ན་སྤྱིར་བཏང་དམིགས་བསལ་དུ་འགྲོ་མི་འགྲོ་ཅི་ལྟར་ནའང་ཚིག་དེ་ལ་གོ་རྒྱ་གཅིག་ཡོང་ཤས་ཆེ་ཞེས་བྲིས་འདུག་པ་

དེའི་ལན་ནི། སྐལ་ལྡན་ལས་འཕྲོ་ཅན་ཞུང་བས་སྦྱོད་རྒྱུད་ལས་སློབ་མ་བཅུ་ཚན་གྱི་གྲངས་ཚད་གསུངས་པ་ཡིན། སྤྱིར་ནི་མ་ངེས་ཏེ། སློབ་དཔོན་སྙིང་རྗེ་ཆེན་པོ་དང་ལྡན་པས་ཀུན་ལ་ཕན་པར་བྱ་བའི་ཕྱིར་སྐལ་བ་དང་ལྡན་ནམ་མི་ལྡན་ཡང་རུང་སེམས་ཅན་ཚད་མེད་པ་ཡོངས་སུ་བཟུང་བ་ནི་རྣམ་སྣང་མངོན་བྱང་ལས་གསུངས་པ་དེ་ཡིན་མོད། རྡོར་འཕྲེང་གི་དེ་ནི། རྣམ་སྣང་མངོན་བྱང་གི་ལུང་དྲངས་པ་དེའི་སྤྱིར་བཏང་དམིགས་བསལ་གང་དུ་ཡང་འགྲོ་རྒྱུ་མིན། དེས་ན་ཨ་བྷ་ཡ་ཀ་རའི་རྡོར་ཕྲེང་ལས། སྐལ་བ་དང་ལྡན་ན་སྟོང་གི་བར་དུ་བཟུང་བར་བྱའོ། །ཞེས་གསུངས་པ་འདི་སྤྱི་ལྡོག་ནས་བརྟག་པ་མཐའ་བཟུང་བ་ཡིན་ཏེ། སྐལ་བ་དང་ལྡན་པ་ཞེས་བརྟག་པ་མཐའ་བཟུང་ནས། དེ་ལྟ་བུ་བརྒྱ་སྟོང་ལ་སོགས་པ་ཚོགས་ཀྱང་དབང་བསྐུར་བས་ཆོག་པར་གསུངས་པ་ཡིན་པའི་ཕྱིར་ཏེ།

ཡང་རྗེའི་དྲུང་གིས་བླ་མེད་ནང་ཕན་ཚུན་གཅིག་ན་མི་གསལ་ཅིག་ཤོས་ན་གསལ་ན་འོག་མའི་ལུང་གོང་མར་སྦྱོར་བ་ས་འབྲུག་དགོངས་པ་མཐུན་ཞེས་བྲིས་པ་ནི་ཁྱེད་ཀྱི་དགོངས་བཞེད་དུས་འཁོར་བླ་མེད་ཡིན་པས། དུས་འཁོར་ན་གསལ་ཁ་ཡོད་པ་རྣམས་བདེ་ཀྱེ་སོགས་བླ་མེད་གཞན་ལའང་སྦྱོར་རིགས་པས་གསང་བ་སྤྱི་རྒྱུད་སོགས་རྒྱུད་སྡེ་འོག་མ་ནས་ཁ་བསྐངས་ཏེ་བླ་མེད་དུ་སྦྱོར་བ་མི་རིགས་ཞེས་གསུང་རྒྱུར་སྣང་བས། ས་པཎ་གྱི་གཞུང་དང་དངོས་སུ་འགལ་བས་ད་ཕྱིན་འབྲུག་རྒྱང་རང་དུ་ཞལ་གྱིས་བཞེས་ན་ལེགས་སོ། །ཡང་ཀུན་མཁྱེན་འབྲུག་པ་པདྨ་དཀར་པོའི་གསུང་གིས། དུས་འཁོར་འཕྲེང་བའི་དབང་ནི་མང་པོ་ལ། །སྟོན་ཞིང་དེ་སྐད་སློས་ཀྱང་མཛེས་པ་མིན། །ཞེས་སོགས་ལས་འཕྲོས་པའི་རྩོད་པ་རྩོད་ལན་དང་། སྡོམ་གསུམ་དུ། འཕགས་པ་རྣམས་ཀྱི་གང་ཟག་རབ། །ཅེས་པ་ནས། སྟོན་གྱི་ཚིག་འཕགས་པའི་ཡིན། །ཞེས་གསུངས་པ་ལ་འཕྲོས་ནས་སྔགས་ཀྱི་དབང་བསྐུར་བའི་ཚིག་ལ་སྟོན་མཆོག་མེད་ཟེར་བ་སོགས་ཀྱི་རྩོད་པ་དང་རྩོད་ལན་རྣམས་སྟེང་འབེལ་གཏམ་སོགས་སུ་སོང་ཟིན་པས་འདིར་འགོད་རྒྱུ་མ་མཆིས།

ཡང་རྗེའི་དྲུང་གི་གསུང་ལས། རྒྱུད་སྡེ་གཞན་གསུམ་གྱི་སྟ་གོན་གྱི་སློབ་མ་ལ་གྲངས་ངེས་མེད་ན་དབང་བསྐུར་གྱི་སློབ་མ་ལ་ཡང་གྲངས་ངེས་མེད་དགོས་ཏེ་ཞེས་པ་ལ་འདོད་ལན་གནང་བ་དེ་གཞི་མེད་ལ་འདོད་ལན་བཏབ་པར་འདུག་བྲིས་འདུག །ལན་ནི། འདོད་ལན་ཐེབ་པ་ལ་འདོད་ལན་འདེབས་པ་རིགས་པ་སྨྲ་བ་རྣམས་ཀྱི་སྤྱི་ལུགས་ཡིན། འདོད་ལན་བྱས་པ་ལ་ཁྱེད་ལ་གསུང་རྒྱུ་མི་འདུག །ཡང་ཁོ་བོས་སྟ་གོན་གྱི་སློབ་མ་ལ་གྲངས་ངེས་མི་མཛད་ན། དབང་བསྐུར་གྱི་སློབ་མ་ལ་གྲངས་ངེས་མེད་དགོས་ཏེ་ཟེར་ན་ཁྱབ་པ་མ་བྱུང་བྲིས་པ་ལ། ཁྱེད་ཀྱི་གསུང་གིས། རྗེས་འཛིན་ལ་གྲངས་ངེས་མི་མཛད་ན་སྟ་གོན་གྱི་སློབ་མ་གྲངས་ངེས

མེད་པར་འགྱུར་ཏེ་ཞེས་སོགས་བྲིས་པ་ནི། དོན་དུ་མ་སོང་སྟེ་རྗེས་འཛིན་ལ་གྲངས་ངེས་ཡོད་ཀྱང་ཕྱུག་ལེན་ལ་མཛད་མ་ཐུབ་པ་མང་དུ་ཡོད་པའི་ཕྱིར། དེས་ན་མ་མཛད་ན་ཞེས་སྨྲར་བ་ལ་ཁྱབ་པ་མི་འབྱུང་བའི་རྒྱུ་མཚན་དེ་ཡིན། ཡང་ཁོ་བོས། ངོར་ཨེ་ཝྃ་ཆོས་ལྡན་ན་ཚོགས་པ་མང་ཞིང་འཕྲིན་ལས་ཆེས་པས་ཕྱུག་ལེན་ལ་རྗེས་འཛིན་ལ་གྲངས་ངེས་མཛད་མ་ཐུབ་པ་ཡིན། འདུལ་བའི་སྐྱེ་ལ་ཉེས་བྱས་དང་འདྲ་ཞེས་བཀོད་པ་ལ། རྗེའི་དྲུང་གི་གསུང་གིས། ཏེ་ཏེ་ངོར་པའི་དེ་སྐྱེ་ལ་ཉེས་བྱས་དང་། དེའི་ཤུགས་ལ་ས་སྐྱ་རྫོང་པའི་དེ་ཉེས་མེད་ཕུན་ཚོགས་སུ་སོང་བ་འདྲ་བས་ཁྱེད་རང་ཡང་ཉེས་མེད་ཕུན་ཚོགས་དེ་ཀ་མཛད་ན་ལེགས་རྒྱུ་ཡིན་པ་འདྲ། ཁྱེད་ཀྱི་གསུང་ལྟར་ན་མུས་སྲད་པས། རྗེས་འཛིན་གྲངས་ངེས་མེད་པ་དང་། །སྟ་གོན་འབྲེལ་པ་མེད་པ་དང་། །ཞེས་དགག་ཆེན་མཛད་པ་ཡང་ངོར་པ་ལ་སོང་ཤས་ཆེ་འདུག་ཞེས་བྲིས་འདུག་པ་འདི་དག་ནི་ངོར་པ་སྤྱི་དང་ངེད་ལ་ཞལ་ངན་རང་མཛད་པ་ཡིན་འདུག །སྐྱེ་ལ་ཉེས་བྱས་དང་འདྲ་ཞེས་པ་ཡང་། དཔེ་བསྟན་པ་ཙམ་ཡིན། སྐྱེ་ལ་ཉེས་བྱས་ཡིན་བྱས་པ་མེད།

ཡང་རྗེའི་དྲུང་གི་གསུང་ལས། དེས་ན་དེད་ཀྱི་མཐོང་ལམ་ནི། །འཕགས་པ་མིན་ལ་འབྱུང་མི་སྲིད། །ཅེས་གསུངས་པའི་དོན་ལ། ཁྱེད་ཀྱི་འབེལ་གཏམ་དུ། འབྱུང་བའི་སྒྲ་མ་འོངས་པ་ལ་སྦྱར་ན་དོགས་པ་དེ་འབྱུང་ཡང་། འབྱུང་བའི་སྒྲ་ད་ལྟར་འབྱུང་བ་ལ་བྱེད་ཅེས་ལན་བཏབ་འདུག་པས་དེ་ཀ་ཡིན་ཤས་ཆེ་གསུངས་པ་སོགས་བྲིས་སྣང་བ་དེ་ཀས་འཐུས་པ་འདུག །གསུང་རབ་ལས་བཤད་ཚུལ་ལ་ཡང་འཐོབ་ཟིན་པ་ལས་ཐོབ་འགྱུར་དང་། སྐྱེས་ཟིན་པ་ལ་སྐྱེས་འགྱུར་གྱི་སྒྲས་བསྟན་པ་དང་། བསྒྲུབས་ཟིན་པ་ལ་བསྒྲུབ་པའི་སྒྲས་བསྟན་པ་སོགས་སྔར་ལན་འདེབས་སུ་བཤད་པ་ལྟར་ཡིན། དཔལ་ལྡན་ཟླ་བ་གྲགས་པས་དབུ་མ་འཇུག་པར། ཉན་ཐོས་སངས་རྒྱས་འབྲིང་རྣམས་ཐུབ་དབང་སྐྱེས། །ཞེས་གསུངས་ལ། དེའི་དོན་སྦྱོར་བར་བཀོད་ན། ཉན་རང་དགྲ་བཅོམ་པ་ཆོས་ཅན། རང་རྒྱུ་ཐུབ་པའི་དབང་པོའི་གསུངས་ལས་སྐྱེས་ཏེ། ཐུབ་པའི་དབང་པོའི་གསུང་ལ་ཐོས་བསམ་སྒོམ་གསུམ་བྱས་པས་རང་རང་གི་བྱང་ཆུབ་ཡོངས་སུ་རྫོགས་པར་འགྱུར་བའི་ཕྱིར། ཞེས་པ་འདི་དབུ་མ་འཇུག་པའི་ཊཱིཀྐ་ཐམས་ཅད་ན་བཤད་ཅིང་འཇུག་པ་རང་འགྲེལ་གྱི་དགོངས་པ་ཡང་ཡིན་ནོ། །རྒྱུ་མཚན་དེའི་ཕྱིར་ན་རང་རང་གི་བྱང་ཆུབ་ཡོངས་སུ་རྫོགས་པར་འགྱུར་བ་ལ་འགྱུར་གྱི་སྒྲས་བསྟན་པ་ཡིན་པས་རྣམ་དཔྱོད་ཀྱི་མིག་གིས་མདུན་གྱི་མཐོང་ཙམ་མ་ཡིན་པར་གཞུང་ལུགས་ཀུན་ཏུ་ཡངས་པར་ལྟ་དགོས་པ་ཡིན་ནོ། །

བདག་ཉིད་ཆེན་པོའི་དགོངས་པ་ལ་ནི། སྔ་མ་ཁ་ཅིག་གིས་ས་དང་པོའི་ཡོན་ཏན་བརྒྱ་ཕྲག་བཅུ་གཉིས་དང་མི་ལྡན་ཡང་ཐེག་ཆེན་གྱི་མཐོང་ལམ་སྐྱེས་པ་ཡིན་ཟེར་བའི་གྲུབ་མཐའ་ངན་པ་བྱུང་བ་ལུང་རིགས་ཀྱིས

བཀག་ནས། བཀག་པ་དེའི་གྲུབ་དོན་སྙིང་པོ་བསྡུ་བ་ན། དེས་ན་ངེད་ཀྱི་མཐོང་ལམ་ནི། །འཕགས་པ་མིན་ལ་འབྱུང་མི་སྲིད། །ཅེས་གསུངས་ཏེ། དོན་ནི་ཡོན་ཏན་དང་མི་ལྡན་པའི་ཐེག་ཆེན་གྱི་མཐོང་ལམ་བཀག་པ་དེས་ན་ཆོས་ནས་གསུངས་པ་བཞིན་གྱི་ཡོན་ཏན་བརྒྱ་ཕྲག་བཅུ་གཉིས་དང་ལྡན་པའི་མཐོང་ལམ་མཚན་ཉིད་པ་རྒྱུད་ལ་སྐྱེས་པའི་གང་ཟག་ཡིན་ན་འཕགས་པ་ཡིན་པས་ཁྱབ་ཅེས་བསྟན་པ་ཡིན་ནོ། །འཕགས་པའི་ནང་ནས་ཀྱང་ཐེག་ཆེན་འཕགས་པ་ཡིན་ཏེ། སྐབས་འདིར་བསྟན་པའི་མཐོང་ལམ་ས་དང་པོའི་མཐོང་ལམ་ཡིན་པའི་ཕྱིར།

ཡང་རྫེའི་དྲུང་གི་གསུང་ལས། ཕྱི་དང་ནང་གི་རྟེན་འབྲེལ་དང་། །ཞེས་སོགས་ལ་འཕྲོས་པའི་སྐབས་དང་། རྫེས་གནང་དང་བྱིན་རླབས་ཀྱི་རྒྱུན་བཤགས་ལ་བརྟེན་ནས་ཐོས་པའི་སྡོམ་པ་སྐྱེ་བ་དེ་སྔགས་སྡོམ་གྱི་ངོ་བོར་སྐྱེ་མི་སྐྱེ་སོགས་དང་། རིགས་ལྔ་སྤྱི་དང་སོ་སོའི་དམ་ཚིག་གི་བླ་མེད་ཀྱི་འཇུག་པའི་སྐབས་སུ་ཐོབ་པ་དང་། རྣལ་འབྱོར་རྒྱུད་ཐུན་མོང་བའི་སྡོམ་པ་སྡོན་འགྲོའི་སྐབས་སུ་འཛིན་ཚུལ་སོགས་དང་། རྟོགས་ལྡན་གྱི་ཐ་སྙད་མདོ་རྒྱུད་ལས་བཤད་ཚུལ་སོགས་ནི་སྔར་མཁས་པ་དགའ་བྱེད་དུ་བྲིས་པ་ཡིན་གསུངས་པ་མཛད་འདུག་པ་ཁྱེད་རང་གི་མཁས་པ་དགའ་བྱེད་ཁྱེད་རང་གི་ངོ་བོར་ཚད་ལྡན་གྱི་གཞུང་དུ་སྣང་བ་དེ་ཀས་ཆོག་པ་འདུག །

ཁོ་བོས་ལན་འདེབས་ཀྱི་སྐབས་སུ་བུམ་དབང་གི་ཆོག་ལ་བརྟེན་ནས་ཐོབ་པའི་སྡོམ་པ་དང་དེའི་བསླབ་བྱར་གྱུར་པའི་དམ་ཚིག་དང་སྡོམ་པ་ལ་ཁྱད་པར་ཆེན་པོ་ཡོད་དེ། གྲུབ་ཆེན་དམན་པའི་ཞབས་ཀྱི། སྡོམ་པ་ཡང་ནི་རྣམ་གཉིས་ཏེ། །ཐུན་མོང་སྡོམ་པར་བསྟན་པ་དང་། །ཐུན་མོང་མ་ཡིན་སྡོམ་པའོ། །ཞེས་གཉིས་སུ་གསུངས་ཤིང་། དེ་གཉིས་ཀྱི་དོན་ལ་ཤཱནྟི་པས། དེ་ཡང་རེ་ཞིག་རྣམ་པ་གཉིས་ཏེ། ལ་ལ་ནི་སྤྱིའི་སྡོམ་པའོ། །ལ་ལ་ནི་སློབ་དཔོན་གྱི་སྡོམ་པའོ། །ཞེས་སོགས་རྒྱས་པར་གསུངས་པ་དང་། དབང་ཆུ་ཆེན་མོར། བུམ་དབང་གི་གསོལ་བཏབ་ལ། མི་ལྡོག་ལྷོར་ལོའི་དབང་བསྐུར་བ། །དམ་པས་བདག་ལ་སྩལ་ནས་ཀྱང་། །ཞེས་སོགས་ཀྱི་མཐར། སངས་རྒྱས་ཀུན་གྱི་དམ་ཚིག་དང་། །སྡོམ་པའང་བླ་ན་མེད་པའང་སྩོལ། །ཞེས་འབྱུང་བ་རྣམ་འབྲེལ་བསྒྲིགས་པའི་ལེགས་བཤད་ཁྱད་པར་བ་ཞིག་འཆད་རྒྱུ་ཡོད་དེ་ཁོ་བོའི་གསང་ཚིག་ཡིན་ཞེས་བྲིས་པ་དེའི་འཆད་རྒྱུ་ནི་འདི་ཡིན་ཏེ། སློབ་མའི་སྒྲུང་གཞི་རྣམ་ཤེས་ཀྱི་ཕུང་པོ་མི་བསྐྱོད་པའི་ངོ་བོར་སྡོམ་པའི་སྡོམ་པ་དེ་མི་བསྐྱོད་པ་ཆུ་དབང་གི་ཆོག་ལ་བརྟེན་ནས་ཐོབ་པའི་སྡོམ་པ་དང་། མི་བསྐྱོད་པ་ཆུ་དབང་གི་ངོ་བོ་ཡང་ཡིན། འོན་ཀྱང་མི་བསྐྱོད་པ་ཆུ་དབང་གི་ཆོག་མ་ཡིན་ཏེ་རྒྱུ་དང་འབྲས་བུའི་ཁྱད་པར་ཡོད་དོ། །རིག་པའི་དབང་ཕྱི་མ་བཞི་ལ་ཡང་དེ་བཞིན་དུ་རིགས་འགྲེ། དེ་ལྟར་ན་སྒྲུང་གཞི་རྣམ་ཤེས་ཀྱི་ཕུང་པོ་སོགས། སྦྱོང་བྱེད་མི་བསྐྱོད་པ་སོགས་དེ་དང་དེའི་ངོ་བོར་སྡོམ་པའི་སྡོམ་པ་རྣམས་རིག་དབང་གི་ཆོག་ལ་བརྟེན་ནས་ཐོབ་པའི་སྡོམ་པ་ཡིན། རིགས་ལྔ་སྤྱིའི་

དམ་ཚིག་གི་ཚུལ་ཁྲིམས་གསུམ་ཕྱེ་བས་བཅུ་བཞི་ནི་རིག་དབང་གི་སྡོམ་པ་དེ་མི་ཉམས་པ་བསྲུང་བའི་བསླབ་བྱར་གྱུར་པའི་དམ་ཚིག་དང་སྡོམ་པ་ཞེས་བྱ་བ་ཡིན། གཞན་དེའི་ཕྱིར་ན་སློབ་མའི་ལུས་ངག་ཡིད་གསུམ་རྡོ་རྗེ་འཆང་གི་སྐུ་གསུང་ཐུགས་སུ་ངོ་སྤྲོད་ཅིང་། ངོ་འཕྲོད་པའི་སྡོམ་པ་དེ་བུམ་དབང་གི་དམ་ཚིག་གསུམ་སྦྱིན་པའི་ཆོ་ག་ལས་ཐོབ་པའི་སྡོམ་པ་དང་། ལུགས་འདིར་རྡོ་རྗེ་སློབ་དཔོན་གྱི་དབང་གི་ངོ་བོ་ཡང་ཡིན། དེའི་རྗེས་སུ་རིགས་ལྔ་སོ་སོའི་དམ་ཚིག་བཅུ་བཞི་གསུངས་པ་ནི་རྡོ་རྗེ་སློབ་དཔོན་གྱི་སྡོམ་པ་དེ་བསྲུང་བའི་ཐབས་སུ་གྱུར་པའི་དམ་ཚིག་དང་སྡོམ་པ་བླ་ན་མེད་པའི་ཁྱད་པར་དུ་འཕགས་པ་ཡིན་པའི་ཕྱིར། རིགས་ལྔ་སྤྱིའི་དམ་ཚིག་ལས་ཁྱད་པར་དུ་འཕགས་པའི་ཕྱིར་ན་སོ་སོའི་དམ་ཚིག་གི་འདི་ལ་ཐུན་མོང་མ་ཡིན་པའི་སྡོམ་པ་ཞེས་ཀྱང་བཤད། རྡོ་རྗེ་སློབ་དཔོན་གྱི་སྡོམ་པ་ཞེས་ཀྱང་བཤད་དེ། སྔར་ལུང་དྲངས་མ་ཐག་པ་དེས་རྟོགས་ནུས་པ་ཡིན། མི་ཟློག་འཁོར་ལོའི་དབང་བསྐུར་བ། །དམ་པས་བདག་ལ་བསྐུལ་ནས་ཀྱང་། །ཞེས་གསུངས་པའི་མི་ལྡོག་འཁོར་ལོའི་དབང་ནི་རྡོ་རྗེ་སློབ་དཔོན་གྱི་དབང་དེ་ཉིད་ཡིན། དེའི་རྗེས་མཐའ་རྟེན་དུ་དཀྱིལ་འཁོར་དང་ལྷའི་དེ་ཁོ་ན་ཉིད་བཤད་པ་དང་། རྗེས་གནང་གི་རིམ་པ་སོགས་ནི། འཁོར་ལོ་ལྷ་ཡི་དེ་ཉིད་དང་། །སློབ་དཔོན་འཕྲིན་ལས་ཡོངས་སུ་གསུངས། །ཞེས་པའི་དོན་ཡིན། དེ་ནས་མཐའ་བརྟེན་དབུགས་དབྱུང་གི་སྐབས་སུ་སྤྱིར་གྱི་རྩ་བའི་དམ་ཚིག་བཅུ་བཞི་དང་། ཇི་སྲིད་བྱང་ཆུབ་སྙིང་པོའི་བར། །ཞེས་པ་ནས། རྟག་ཏུ་སངས་རྒྱས་མཉེས་པར་བྱ། །ཞེས་པའི་སྐབས་སུ་རིགས་ལྔ་སོ་སོའི་དམ་ཚིག་བཅུ་བཞི་ཡང་ཚིབ་ཚགས་ལ་བསྟན་ཡོད་པས་གོང་དུ་སངས་རྒྱས་ཀུན་གྱི་ཞེས་སོགས་ཚིག་རྐང་གཉིས་ཀྱི་གསོལ་བཏབ་ཀྱི་དོན་དེ་དག་དབུགས་དབྱུང་གི་སྐབས་འདིར་ཤེས་པར་བྱ་དགོས་པ་ཡིན་ནོ། །འོན་དབུགས་དབྱུང་འདི་ཤེར་དབང་གི་མཐའ་རྟེན་ན་འདུག་པ་སྙམ་ན། འདི་བབས་བུམ་དབང་གི་མཐའ་རྟེན་ཡིན་ཏེ། མཐའ་རྟེན་བཞི་ཀ་བུམ་དབང་གི་མཐའ་རྟེན་ཡིན་པས་ན་བུམ་དབང་བཅུ་གཅིག་ཏུ་བཤད་པ་ཡིན། ད་ལྟ་དབང་གྲལ་གཅིག་ཉིད་དུ་དབང་བཞི་གཅིག་ཅར་དུ་བསྐུར་བ་ན་དབང་གོང་མ་གསུམ་ལ་ཡང་མཐའ་རྟེན་རེ་སྦྱར་ཏེ། ལུང་བསྟན་གསང་དབང་གི་དང་། དབུགས་དབྱུང་ཤེར་དབང་གི་དང་། གཟེངས་བསྟོད་དབང་བཞི་པའི་མཐའ་རྟེན་དུ་བྱེད་པ་ནི་འཐད་ཅིང་ལེགས་པ་ཡིན་ནོ། །

ཆོས་བཟང་འཆི་མེད་ནོར་འཛིན་ལྷེ་བ་རུ། །སྡོམ་གསུམ་ཡོངས་འདུའི་རྐང་འཐུང་དཔག་བསམ་རྩེར། །ཕན་བདེའི་འབྲས་བུ་ཆགས་པའི་དྲི་བཟང་གིས། །ས་གསུམ་ཡངས་པའི་ཁྱོན་འདི་གང་བར་ཤོག །འདིར་སྨྲས་པ། དགོངས་འགྲེལ་སྒྲོལ་འབྱེད་རྣམས་ཀྱི་བཀྲ་ཚུལ་དང་། །མཁས་པའི་བཞེད་སྲོལ་སོ་སོའི་གྲུབ་མཐའ་ལ། །སྒྲོ་སྐུར་སྤངས་ཏེ་དྲང་ངེས་རྣམས་ཕྱེ་ནས། །ངེས་དོན་གནས་ཀྱི་བདུད་རྩི་འདི་བགྱིས་སོ། །ཚུལ་འདི་འཛམ་

དབྱངས་བླ་མ་ས་སྐྱ་པ། །འཆི་མེད་བཀའ་ཡི་ཅོད་པན་སྤྱི་བོར་ཕྱུ། །གླང་བྱུས་གུས་དང་ལྷག་བསམ་དཀར་བ་ཡི། །རང་གི་བློ་ནུས་སྦྱུད་པས་དག་པར་སྒྲུབ། །དགེ་དེས་གང་ཕྱོགས་བསྟན་པ་རིན་པོ་ཆེ། །ས་སྐྱ་པ་ཞེས་གྲགས་པའི་གདུགས་དཀར་གྱི། །སྲིད་གསུམ་ཡོངས་སུ་ཁྱབ་པའི་གྲིབ་བསིལ་ལ། །སྣོད་བཅུད་མ་ལུས་བདེ་བར་འཚོ་གྱུར་ཅིག །ཁྱད་པར་འཇམ་མགོན་རིགས་ཀྱི་ཐིག་ལེ་མཆོག །ལེགས་བྱས་བྱེ་བས་བསྐྲུན་པའི་རྡོ་རྗེའི་སྐུ། །ངག་གི་དབང་པོ་ཀུན་དགའ་བསོད་ནམས་ཞེས། །བསྐལ་བརྒྱར་བརྟན་བཞུགས་ཀུན་གྱི་རེ་སྐོང་ཤོག །ཙོད་པའི་བཀྲོལ་བ་སྒོམ་བརྩོན་དེ་ཉིད་ཀྱང་། །སྐྱེ་བར་འཇམ་དབྱངས་རྗེས་བཟུང་ཚུལ་ཁྲིམས་གཙང་། །མདོ་རྒྱུད་གཞུང་ལ་བསླབ་སྦྱང་མཐར་ཕྱིན་ནས། །བསྟན་ལ་བྱ་བ་བྱེད་པའི་མཐུ་ལྡན་ཤོག །དེ་ཉིད་འགྲོ་ལ་བྱམས་དང་སྙིང་རྗེའི་དང་། །དོན་དམ་བྱང་སེམས་སྒོམ་པ་ལྷུར་ལེན་པས། །གཉིས་སྣང་འཁྲུལ་པ་གཉིས་མེད་རང་སར་གྲོལ། །གནས་ལུགས་དོན་ལ་རང་དབྱིན་ཚུད་པར་ཤོག །དེ་ཉིད་རིགས་འཛིན་སྔགས་ཀྱི་སྒོར་ཞུགས་ཏེ། །དབང་བསྐུར་བསླབ་པས་རྒྱུད་བསྡམས་དམ་ཚིག་གཙང་། །རིམ་གཉིས་དོན་ལ་བརྟན་པ་ཐོབ་བྱས་ཏེ། །རྡོ་རྗེ་འཆང་དབང་མྱུར་དུ་འགྲུབ་པར་ཤོག །དེ་ལྟར་རྩོད་དང་ལན་གྱི་རིམ་པ་ཡིས། །ཕན་ཚུན་དགེ་བའི་འབྲེལ་པ་བཟང་བཞག་པས། །དགེ་ལེགས་ཆོས་ཀྱི་གཏམ་གྱི་མཛའ་བ་ཡིས། །བདུད་རྩིས་དབང་བསྐུར་སྒྲིབ་ཀུན་དག་གྱུར་ཅིག །བདག་ཉིད་ཆེ་རིང་བདེ་བའི་དཔལ་གྱིས་འཚོ། །མཆོག་གསུམ་ཐུགས་རྗེས་ནམ་ཡང་མི་འདོར་ཞིང་། །བཤད་སྒྲུབ་བསྟན་པ་བགྱི་བ་ལྷུར་ལེན་པས། །རྟག་ཏུ་དལ་བ་དོན་ཡོད་བྱེད་པར་ཤོག །

དེ་ལྟར་མཚན་ཉིད་ཐེག་པའི་ཕྱོགས་ཀྱི་པོད་ཆེན་དྲུག་ལས་བརྩམས་ཏེ་ཁོ་བོས་འབེལ་གཏམ་གྱིས་གླེང་ཙུང་ཟད་བསླངས་བ་ལ། བསྟན་པ་ལ་སྲིད་ཞུ་མཛད་པའི་ཤར་རྒྱལ་མཁར་རྩེའི་ཆོས་རྒྱལ་གྱི་བརྒྱུད་དུ་འཁྲུངས་པ་སྡེ་སྣོད་ལ་སྦྱང་པ་ཕུལ་ཕྱིན་མཛད་པའི་མཁས་པ། ནང་སེམས་ཕྱོགས་ལ་ཡང་ཐུགས་འདྲིས་པར་མཛད་པའི་སྒོམ་བརྩོན་བདུད་འཇོམས་དཔའ་བོས་བརྩོན་པ་མང་དུ་མཛད་ཅིང་ཞར་ལ་ཁོང་རང་གིས་རང་གི་རང་ལུགས་ཀྱང་བཞག་པའི་མཁས་པ་དགའ་བྱེད་བྱ་བ་མཛད། དེ་ལ་ཁོ་བོས་ལན་འདེབས་ཀྱི་རིམ་པ་འཕྲུས་གང་ཆེ་ཕུལ། དེ་ལ་སླར་ཡང་ཡང་ལན་རྩོམ་པ་གནང་འདུག །དེའི་ལན་འདེབས་ངེས་དོན་གཏམ་གྱི་བདུད་རྩི་འདི་ནི། བོད་ཀྱི་རྡོ་རྗེ་གདན་དཔལ་ས་སྐྱ་ནས་མཁྱེན་རབ་ཀྱི་དབང་ཕྱུག་འཇམ་མགོན་གྲུབ་པའི་དཔའ་བོ་ངག་དབང་ཀུན་དགའ་བསོད་ནམས་བཀྲ་ཤིས་གྲགས་པ་རྒྱལ་མཚན་དཔལ་བཟང་པོའི་བཀའ་གནང་བ་ལ་བརྟེན། རྗེ་བཙུན་བླ་མ་རྣམས་ཀྱི་དྲིན་དུ་གྱུར་པ་དགེ་སློང་སྡེ་སྣོད་འཛིན་པ་ངག་དབང་ཆོས་གྲགས་ཀྱིས་ལྕགས་ཕོ་འབྲུག་གི་ལོའི་ཟླ་བ་དྲུག་པའི་ཚེས་ཉེར་གསུམ་གྱི་ཉིན་དཔལ་བཟང་ལྡན་གྱི་བྱ་འདབས་སྦུ་དཀར་བླ་བྲང་ཕྱོགས་ཀྱི་བསྡེ

གནས་སུ་ལེགས་པར་སྦྱར་བའི་ཡི་གེ་པ་ནི་ཉི་ཤར་བ་བསོད་ནམས་ཆོས་སྐྱོང་གིས་གུས་པས་བགྱིས་པ་དགེ་ལེགས་འཕེལ། འདིས་ཀྱང་དཔལ་ས་སྐྱ་པའི་བཤད་སྒྲུབ་ཀྱི་བསྟན་པ་དར་ཞིང་རྒྱས་ལ་མི་ནུབ་པའི་མཆོག་དམ་པར་གྱུར་ཅིག །སརྦ་མངྒ་ལཾ།། །།

༄༅། །རྒྱལ་བའི་བཀའ་དང་དགོངས་འགྲེལ་གྱི་གཞུང་ལུགས་བརྒྱ་ཕྲག་དག་ལ་སྦྱོམ་པ་
གསུམ་གྱི་རབ་ཏུ་དབྱེ་བའི་སྐབས་ལས་བརྩམས་པའི་ལེགས་བཤད་ཀྱི་
གཏམ་དུ་བྱ་བའི་རྒྱ་བོད་ཀྱི་གྲུབ་མཐའ་རྣམ་པར་འབྱེད་པ་
ལུང་རིགས་རྒྱ་མཚོའི་སྙིང་པོ་མཁས་པ་དགའ་བྱེད་
རིན་པོ་ཆེའི་རྒྱན་ཅེས་བྱ་བཞུགས་སོ། །

བདུད་འཇོམས་དཔའ་བོ།

བླ་མ་དང་འཇམ་པའི་དབྱངས་ལ་ཕྱག་འཚལ་ལོ། །སོ་ཐར་ཚུལ་ཁྲིམས་གྲུ་ཛིང་རབ་བཅས་རྣམ་གྲོལ་རིན་ཆེན་གླིང་སོན་ཞིང་། །བྱང་སེམས་བསླབ་པའི་བ་དན་རབ་དཀར་གཞན་ཕན་རླུང་གིས་དལ་བུས་བསྐྱོད། །གསང་སྔགས་སྡོམ་པའི་ཡིད་བཞིན་ནོར་བུ་བདག་གིར་མཛད་ལ་ཤེས་བྱའི་ས། །ཀུན་ལ་དབང་བསྒྱུར་ཤཱཀྱའི་རྒྱལ་པོ་དེད་དཔོན་མཆོག་ལ་གུས་ཕྱག་འཚལ། །མཚན་དཔེ་རྣམ་སྤྲས་ཨིནྡྲ་ནི་ལའི་མདོག །བདེ་ཆེན་ངོ་བོ་ཐབས་ཤེས་རྡོར་དྲིལ་འཛིན། །སྟོང་ཉིད་ལང་ཚོ་སྒེམས་མས་རབ་འཁྱུད་པའི། །ཁ་སྦྱོར་ཡན་ལག་བདུན་ལྡན་དེ་ལ་འདུད། །ལྷ་རན་དྲ་བ་གཅོད་བྱེད་རལ་གྲིའི་གཉེན། །བརྩེ་བའི་སྤྱན་ཡངས་ཕྱག་ན་པདྨ་ཅན། །བདུད་དཔུང་ཚར་གཅོད་མཐུ་སྟོབས་རྡོ་རྗེ་འཛིན། །མཁྱེན་བརྩེ་ནུས་པའི་རྒྱལ་སྲས་རྣམས་ལ་འདུད། །སྒྲུབ་པའི་རིང་ལུགས་དཀྱིལ་འཁོར་ཉ་གང་ཆོས་རྒྱལ་མེས་དབོན་རྣམ་གསུམ་དང་། །གཞོམ་མེད་རྡོ་རྗེ་རི་བོང་གིས་སྤྲས་མཁས་གྲུབ་ཞི་འཚོ་པདྨ་འབྱུང་། །ལེགས་བཤད་བདུད་རྩི་ཕྱོགས་སུ་སྤྲོ་མཛད་ལོ་པཎ་རིམ་པར་བྱོན་ལ་སོགས། །བསྟན་པ་འཛིན་ལ་གཞན་དྲིང་མི་འཇོག་བསྟུགས་འོས་ཟླ་བ་ཡོངས་ལ་འདུད། །རིག་གནས་རྒྱ་མཚོ་ལས་འོང་ཀུན་དགའི་གཉེན། །རྒྱལ་བའི་དགོངས་དོན་གཞུང་ལུགས་འོད་ཟེར་བརྒྱ། །བསྟན་འཛིན་དགེ་འདུན་དུ་མའི་རྣ་རྒྱན་དུ། །སྤྲིན་མཛད་ནམ་མཁའི་ནོར་བུ་རྟག་ཏུ་རྒྱལ། །གང་གི་སྙན་གྲགས་བདུད་རྩིའི་ཆུ་རྒྱུན་ཆེ། །ཀུན་དགའི་གཉེན་དུ་སྤྲིན་མཛད་མཁས་པའི་མཆོག །བསོད་ནམས་བརྒྱ་ཡི་གཞི་བྱིན་སྐྱེ་དགུའི་དཔལ། །ས་སྐྱའི་རྗེ་བཙུན་གང་དེ་སྤྱི་བོས་མཆོད། །འཇམ་པའི་དབྱངས་ལས་གཞན་མིན་མཁྱེན་རབ་ཀྱི། །གོམ་སྟབས་གཅིག་གིས་མ་ལུས་ཤེས་བྱའི་ས། །ཀུན་ལ་འཁོར་ལོས་བསྒྱུར་བའི་པཎྜིཏ། །ཤཱཀྱ་མཆོག་ལྡན་གང་དེ་རྟག་ཏུ་མཆོད། །ཆོས་

ཀུན་འཆད་པའི་སྨྲ་གསང་མཐོན་པོས་ཚངས་པའི་དབྱངས་ལ་ངལ་གསོ་སྦྱིན། །རྩོད་པའི་རྡོ་རྗེ་རྩེ་བརྒྱ་འབར་བས་ལོག་ལྟའི་རི་བོ་མ་ལུས་བཅོམ། །རྩོམ་ལ་ངག་གི་དབང་ཕྱུག་ཇི་ལྟར་གང་གསུང་དབྱངས་ཅན་རྒྱུད་མང་སྒྲ། །སྨྲ་བ་ཀུན་གྱི་གཙུག་གི་ནོར་བུ་གོ་འཕང་རྩེར་འཛེག་པད་དཀར་རྒྱལ། །ཚུལ་ཁྲིམས་ལྷ་ཡི་ཆུ་གཏེར་ལས་འབྲུངས་ཤིང་། །བསྟུ་དངོས་བང་རིམ་མཐྲེན་བརྩེ་ཉི་ཟླས་མཛེས། །སྟོབས་བཅུས་རབ་བརྗིད་གདུལ་བྱ་གླིང་བཞིའི་དབུས། །འཕྲིན་ལས་རིན་ཆེན་མདངས་གསལ་ལྷུན་པོར་འདུད། །སྒྲ་ཚད་སྡེར་མོས་ཕས་རྒོལ་མྱོས་བུམ་འགེམས། །བཟོ་དང་གསོ་རིག་མིག་ཡངས་རི་དྭགས་སྐྱོང་། །སྡེ་སྣོད་རལ་ཆོགས་རྒྱུད་སྡེའི་མཆེ་བ་ཅན། །སྨྲ་བའི་སེང་གེ་གྲུས་པའང་ལས་སུ་བགྱིད། །མདོ་རྒྱུད་རྒྱ་མཚོའི་དཔལ་ལས་ལེགས་བཤད་མཆོག །འཕྲིན་ལས་ཕུན་ཚོགས་བཟང་པོ་ནོར་བུའི་གཏེར། །བློ་གསལ་དོ་ཤལ་རྒྱན་དུ་མཆོག་སྦྱིན་མཛད། །མཁས་པའི་དབང་ཕྱུག་མཆོད་པ་བདག་གི་ལས། །འཇམ་དབྱངས་གཞུང་བརྒྱ་གཞན་དུ་འགྲེལ་བྱེད་པ། །འཕྲོག་ཆོག་བ་ཚའི་ཆུ་ཡིས་ངོམས་མི་འགྱུར། །དེ་ཕྱིར་ཤཱཀྱའི་གསུང་མཆོག་ལུང་གིས་ཕྱུག །ཡན་ལག་བརྒྱད་ལྡན་རིག་པའི་ཆུ་གཏེར་ཅན། །བློ་གཏེར་པདྨ་ཅན་གྱི་མཐྲེན་རབ་བྲུང་། །བགྲོས་པའི་གསུང་གི་རྗེས་འགྲོ་སྒྲ་དབྱངས་མཁན། །རྟོག་དཔྱོད་སྒོ་བརྒྱ་གསེར་གྱི་ཐུར་མ་དང་། །འགྲོགས་པའི་ལེགས་བཤད་སྨྲ་ལ་བདག་ཡིད་སྨོ། །ཆོས་ཚུལ་རྒྱ་མཚོའི་གློང་ཡངས་ཆེ། །བདག་བློའི་ཁྲིན་པས་གཞལ་བ་ཅི། །མཆོག་གིས་བཀའ་ལུང་དབྱར་སྐྱེས་ཟ། །བསྒྲགས་པས་ཆོས་ཀྱི་བྲུ་ཆར་འབེབས། །

འདིར་བཤད་པར་བྱ་བའི་ཆོས་ཚུལ་མཐའ་ཡས་པའི་ནང་ནས་མཆོག་ཏུ་གྱུར་པ་ནི། སྟོན་པ་ཟས་གཙང་སྲས་ཀྱི་རིང་ལུགས་ལ་འཇུག་པའི་སྒོ། ཆོས་དང་ཆོས་མ་ཡིན་པ་རྣམ་པར་འབྱེད་པའི་བསྟན་བཅོས་སྡོམ་པ་གསུམ་གྱི་རབ་ཏུ་དབྱེ་བ་འདི་ཉིད་ཡིན་ལ། དེའི་བརྗོད་བྱའི་གཙོ་བོ་ནི་སྟོན་པས་ཁྲིམས་སུ་བཅས་པ་རྣམ་པ་གསུམ་སྟེ། སོ་སོ་ཐར་པའི་སྡོམ་པ་དང་། བྱང་ཆུབ་སེམས་དཔའི་སྡོམ་པ་དང་། རིག་པ་འཛིན་པའི་སྡོམ་པའོ། །དེ་གསུམ་ཡང་རྗེ་བོ་རྗེ་ལྷ་གཅིག་གིས། དང་པོའི་སྡོམ་པ་ནི་དགྲ་བཅོམ་པ་རྣམས་ཀྱི་རྗེས་སུ་སློབ་པའོ། །བར་མའི་སྡོམ་པ་ནི་སྔོན་གྱི་བྱང་ཆུབ་སེམས་དཔའ་རྣམས་ཀྱི་རྗེས་སུ་སློབ་པའོ། །སྔགས་ཀྱི་སྡོམ་པ་ནི། སངས་རྒྱས་རྣམས་ཀྱི་རྗེས་སུ་སློབ་པའོ། །ཞེས་གསུངས་པ་འདི་ལྟ་བུའི་རྒྱུ་མཚན་གྱིས། ཉན་ཐོས་དང་བྱང་ཆུབ་སེམས་དཔའ་དང་། དེ་བཞིན་གཤེགས་པའི་འདུལ་བ་ཞེས་བསྒྲགས་པ་ཡིན་ཏེ། སྡོམ་གསུམ་རྒྱན་ལས། སོ་སོ་ཐར་དང་དེ་བཞིན་བྱང་ཆུབ་སེམས། །རིག་པ་འཛིན་པ་ཞེས་བྱའི་སྡོམ་པ་གསུམ། །རིམ་པ་བཞིན་དུ་ཉན་ཐོས་བྱང་སེམས་དང་། །དེ་བཞིན་གཤེགས་པའི་འདུལ་བ་ཡིན་པར་བསྒྲགས། །ཞེས་གསུངས་སོ། །དེ་གསུམ་བརྗོད་

བྱའི་གཙོ་བོར་བཏོན་པའི་དབང་དུ་མཛད་ནས། བསྟན་བཅོས་འདིའི་ལེའུ་གྲངས་དང་གོ་རིམ་ཡང་། སོ་ཐར་གྱི་ལེའུ་དང་། བྱང་སེམས་ཀྱི་ལེའུ། སྔགས་ཀྱི་ལེའུ་སྟེ་སྐབས་གསུམ་མོ། །ཡང་ན་བསྟན་ཆོས་ཀྱི་མཚན་ཐོག་མར་བཀོད་པས། བརྗོད་བྱའི་དོན་ལ་སྦྲོ་བ་བསྐྱེད་པ་ནི། སྡོམ་པ་གསུམ་གྱི་རབ་ཏུ་དབྱེ་བ་ཞེས་བྱ་བས་བསྟན་ཏེ། འདི་ལ་སྡེ་སྣོད་གསུམ་དང་། རྒྱུད་སྡེ་བཞིའི་རབ་ཏུ་དབྱེ་བ་ཞེས་པར་འགྱུར་རོ། །ཞེས་བདག་ཅག་གི་འདྲེན་པ་དམ་པ་པཎ་ཆེན་ཆོས་ཀྱི་རྒྱལ་པོས་གསུངས་སོ། །དེའི་ཤེས་བྱེད་སོ་སོར་ཐར་པའི་སྡོམ་པས་མཚོན་ནས་འདུལ་བ་དང་། མངོན་པའི་དོན་གཏན་ལ་འབེབས་ཤིང་། བྱང་སེམས་ཀྱི་སྡོམ་པས་མཚོན་ནས། མདོ་སྡེའི་སྡེ་སྣོད་དང་། སྔགས་ཀྱི་སྡོམ་པས་མཚོན་ནས་རྒྱུད་སྡེ་བཞིའི་དོན་གཏན་ལ་འབེབས་པའི་ཕྱིར་རོ། །གཞུང་གི་ཚད་ནི་ཤོ་ལོ་ཀ་སྟོང་ཡོད་དོ། །ཞེས་རྣམ་བཤད་མཛད་པ་ཀུན་མ་རས་གསུངས་པ་དེ་ཡིན་ནོ། །

བསྟན་བཅོས་འདི་རྩོམ་པ་པོའི་ཆེ་བའི་ཡོན་ཏན་ནི། རྗེ་བཙུན་འཇམ་པའི་དབྱངས་ཀྱི་སྤྲུལ་པར་གདོན་མི་ཟ་བ་ཡིན་ཏེ། རྗེ་བོ་རྗེས་སྐྱ་འཇམ་དབྱངས་བདུན་བརྒྱུད་འབྱུང་བར་ལུང་བསྟན་པ་དང་། ཁ་ཆེ་པཎ་ཆེན་བོད་ལ་འབྱོན་པའི་ཚེ། སིང་ག་ལའི་དགྲ་བཅོམ་པས་མེ་ཏོག་སེར་པོ་གཅིག་བསྐུར་ཏེ། འདི་གང་དུ་ཁ་ཕྱེ་བ་དེར་འཇམ་དབྱངས་ཀྱི་སྤྲུལ་པ་གཅིག་འབྱུང་ངོ་། །ཞེས་གསུངས་པ་ལས། ཕྱིས་ཆོས་རྗེ་དང་མཇལ་བ་ན་ཁ་བྱེ་བ་དང་། ཆོས་རྗེ་ལི་ང་རྩེ་ཁབ་ན་བཞུགས་པ་ན། མི་མང་པོས་རྒྱ་ནག་རི་བོ་རྩེ་ལྔ་ལ་མཇལ་དུ་ཕྱིན་པས། དེ་ནུབ་ཐམས་ཅད་ལ་རྨི་ལམ་མཐུན་པར་ད་ལྟ་རྗེ་བཙུན་འཇམ་དབྱངས་རྩེ་ལྔ་ན་མི་བཞུགས། ལི་ང་རྩེ་ཁབ་ན་ཆོས་གསུངས་གིན་ཡོད་ཟེར་བ་རྨིས་པས། སང་ཐམས་ཅད་ལི་ང་ལ་ཕྱིན་པས། ཆོས་རྗེས་ཆོས་གསུང་བ་མཇལ་བ་དང་། གཞན་ཡང་བོ་དོང་རིན་ཆེན་དང་། ཡར་ལུང་པ་གྲགས་པ་རྒྱལ་མཚན་རྣམས་ཀྱིས་འཇམ་དབྱངས་དངོས་སུ་མཐོང་བ་རྣམ་ཐར་ལས་འབྱུང་ངོ་། །

གཞན་ཡང་ཆོས་རྗེ་པཎྜི་ཏ་འདི་ནི་སྔོན་པ་སྐུ་བལྟམས་ནས་ལོ་སུམ་སྟོང་དང་། སུམ་བརྒྱ་དྲུག་ཅུ་རེ་ལྔ་ལོན་པ་དགེ་བྱེད་ཅེས་པ་ཤུ་ཕོ་སྟག་གི་ལོ་ལ་སྐུ་འཁྲུངས། སྤྱིར་སྡེ་སྣོད་གསུམ་དང་། རྒྱུད་སྡེ་བཞི་དགོངས་འགྲེལ་དང་བཅས་པ་དང་། རིག་གནས་ཆེ་བ་ལྔ། ཆུང་བ་ལྔ། ཕྱི་ནང་གི་རྩིས་ལ་སོགས་པ་མཐའ་དག་ལ་མཁས་པར་མཛད། བྱེ་བྲག་ཏུ་ཡབ་མེས་ཀྱི་གསུང་རབ་མཐའ་དག་ལ་བྱང་ཆུབ་པར་མཛད། དེ་དུས་ཐམས་ཅད་ཀྱི་པཎྜི་ཏའི་མཚན་གསོལ། དེ་ཡང་རིག་གནས་ཐུན་མོང་བ་རྣམས་ལས། སྒྲ་དང་སྙན་ངག་དང་། སྡེབ་སྦྱོར་དང་། མངོན་བརྗོད་དང་ཟློས་གར་རྣམས་ནི་དེ་གོང་བོད་དུ་མ་འགྱུར་བས་རྒྱ་དཔེ་ཉིད་ལ་བསླབ་སྦྱངས་མཐར་ཕྱིན་པ་མཛད། པཎྜི་ཏ་ལ་མ་ལྟོས་པའི་རང་འགྱུར་ཡང་མང་དུ་མཛད། སྒྲ་ཉེར་མཁོ་བསྡུས་པ་དང་།

གསོ་བ་རིག་པའི་བསྟན་བཅོས་དང་། སྦྱོར་མེ་ཏོག་ཆུན་པོ་དང་། སྙན་ངག་མཁས་པའི་ཁ་རྒྱན་དང་། མངོན་བརྗོད་ཚིག་གཏེར་དང་། ཟློས་གར་གྱི་བསྟན་བཅོས་རབ་དགའི་འཇུག་པ་དང་། ལུགས་ཀྱི་བསྟན་བཅོས་ལེགས་པར་བཤད་པ་རིན་པོ་ཆེའི་གཏེར་རྣམས་མཛད། དེ་དག་གི་སྐབས་སུ། སྒྲ་པ་ང་ཡིན་རྟོག་གེ་པ་ང་སྨྲ་བ་ངན་འཛོམས་ང་འདྲ་མེད། །སྡེབ་སྦྱོར་ང་མཁས་སྙན་ངག་ང་ཉིད་མངོན་བརྗོད་འཆད་ལ་འགྲན་མེད་ང་། །དུས་སྦྱོར་ངས་ཤེས་ཕྱི་ནང་ཀུན་རིག་རྣམ་དཔྱོད་བློ་གྲོས་མཚུངས་མེད་ང་། །དེ་འདྲ་གང་ཡིན་ས་སྐྱ་པ་དེ་མཁས་པ་གཞན་དག་གཟུགས་བརྙན་ཡིན། །ཞེས་པ་ རྩ་འགྲེལ་མཛད་དོ། །

དགུང་ལོ་ཉེར་བདུན་པ་ལ་ཁ་ཆེ་པཎ་ཆེན་ལས་རབ་ཏུ་བྱུང་ཞིང་བསྙེན་པར་རྫོགས། མཚན་ཀུན་དགའ་རྒྱལ་མཚན་དཔལ་བཟང་པོ་ཞེས་པ་བཏགས་སོ། །སྤྱིར་རྗེ་འདི་པས་མདོ་སྔགས་གཉིས་ཀྱི་ནང་ནས་སྔགས་གཙོ་བོར་མཛད། སྔགས་ལ་ཡང་ཐོས་བསམ་སྒོམ་གསུམ་གྱི་ནང་ནས་སྒོམ་གཙོ་བོར་མཛད། དེའི་གྲུབ་རྟགས་སུ་རྡོ་རྗེ་ལུས་ཀྱི་གནས་ཚུལ་མངོན་སུམ་དུ་གཟིགས་ནས། དེའི་བསྟན་བཅོས་ཀྱང་མཛད་པ་དང་། གཞན་ཡང་སྨིན་མཚམས་ཀྱི་མཛོད་སྤུ་དུང་ལྟར་འཁྱིལ་བ་དང་། གསང་བའི་གནས་ལྦ་བས་མི་མངོན་པ་དང་། དབུའི་གཙུག་ཏོར་རྣམས་སྐྱེ་བོ་ཕལ་པ་རྣམས་ལ་ཡང་མངོན་དུ་གྱུར་པས་མཁས་བཙུན་བཟང་གསུམ་གྱི་སྙན་པས་སའི་སྟེང་མ་ལུས་པ་ཁྱབ། དེ་སྐབས་སུ་འཕྲོག་བྱེད་དགའ་བོ་སློབ་མའི་ཚོགས་དང་བཅས་པ་ཡང་རིགས་པ་ཡང་དག་གིས་ཕམ་པར་མཛད་ནས། སངས་རྒྱས་ཀྱི་བསྟན་པ་ལ་འཇུག་པར་མཛད། ཡང་ཁ་བ་ཅན་གྱི་ལྗོངས་འདིར་ཚད་མའི་བསྟན་བཅོས་ནི་སྔ་འགྱུར་རྨ་དགེ་བའི་བློ་གྲོས་ཀྱིས་འགྱུར་ཡང་དར་རྒྱས་ཆེར་མ་བྱུང་། དེ་རྗེས་རྔོག་ལོ་ཆེན་པོས། རྣམ་འགྲེལ་རྒྱན་སྟོང་ཕྲག་བཅོ་བརྒྱད་པ་དང་བཅས་པ་བསྒྱུར། སྡེ་བདུན་ག་ལ་རྣམ་བཤད་མཛད། བཤད་ཉན་གྱི་མཐིལ་རྣམ་ངེས་ལ་མཛད། དེའི་དབུ་ཚད་ཀྱི་བཀའ་བབས་ཕྱུང་རིན་ཆེན་གྲགས་ལ་བྱུང་། དེའི་སློབ་མ་རྟོག་སྐྱ་བོ་སོགས་དང་། ཡང་ལོ་ཙྪ་བའི་ཉིང་སློབ་ཕྱ་པ་ཆོས་ཀྱི་སེང་གེ། དེའི་སློབ་མ་སེང་ཆེན་བརྒྱད་སོགས་ཀྱིས་ལོ་བརྒྱ་ཙམ་གྱི་བར་དུ་མདོ་སེམས་ཀྱི་གཞུང་དང་མཐུན་པའི་ཚད་བསྡུས་ཀྱི་བཤད་པ་དར་བར་མཛད། དེ་དག་གི་འཁྲུལ་པ་རྣམས་སུན་འབྱིན་པ་ལ། རྗེ་བཙུན་འདི་ཉིད་ཀྱི་བསྟན་བཅོས་རིགས་པའི་གཏེར་འདི་མཛད། ཇི་སྐད་དུ། ཐུབ་པ་སེར་སྐྱ་ཀཎ་མིག་པ་དང་འུག་པའི་བུ། །མཁའ་གོས་ཅན་དང་ཚུར་རོལ་མཛེས་པའི་གཞུང་འཛིན་པ། །ཐོས་སྒྲོག་པ་དང་གངས་རིའི་ཁྲོད་ན་སྨྲ་རྣམས་ཀྱི། །རྟོག་གེའི་ངན་འཛོམས་བསྟན་བཅོས་ཆེན་པོ་འདི་བྱས་སོ། །ཞེས་གསུངས་པས་སོ། །

ཁྱེ་བྲག་ཏུ་བསྟན་བཅོས་འདི་བརྩམས་པའི་ཚུལ་ནི། གངས་རིའི་ཁྲོད་འདིར་ཆོས་ལོག་དུ་མ་འཕེལ་བ་

རྣམས་ཀྱིས་བསྟན་པ་ལ་གནོད་པར་དགོངས་ནས། དེ་དག་སུན་འབྱིན་པའི་ཕྱིར་དུ་བསྟན་བཅོས་འདི་རྩོམ་པར་མཛད་ལ། འདི་ཕྱེད་ཙམ་བརྩམས་ཚར་ནས་ས་སྐྱ་པས་ཆགས་སྡང་གི་བསྟན་བཅོས་བརྩམས་སོ་ཟེར་བ་མང་དུ་བྱུང་། དེ་སྐབས་སུ་བླ་མ་ཟངས་ཚས་འདི་རང་རེའི་འཕྲིན་ལས་ལ་གནོད་པ་འདུག་པས་མི་རྩོམས་པར་ཞུ་ཞུས་པ། ངེད་རང་གིས་བསྟན་པ་ལ་ཕན་པའི་ཕྱིར་དུ་བརྩམས་པ་ཡིན་ཏེ། ད་ཐམས་ཅད་མི་དགའ་ན་བཞག་པ་ལས་འོས་མེད་གསུངས་ནས་བཞག །དེ་སྐབས་སུ་ནུབ་གཅིག་མནལ་ལམ་ན་སྔོན་པའི་སྐྱ་གཅིག་མི་གཙང་བའི་གསེབ་ན་འདུག་པ་དེ་བྱི་དོར་མཛད་པས། མི་མང་པོས་མི་དགའ་བའི་རྣམ་འགྱུར་བྱེད་ཀྱིན་འདུག་ནས་བཞག །སླར་ཡང་མི་གཙང་བས་བྱུག་པ་མང་དུ་སོང་ནས་མནལ་སད་པ་ན་གཞན་གྱི་ངོ་བསྲུང་ལ་བསྟན་བཅོས་བརྩམས་འཕྲོ་ལ་བཞག་ན། སླར་ཡང་ཆོས་ལོག་ཇེ་འཕེལ་ལ་འགྲོ་བར་དགོངས་ནས། སྔར་མི་བརྩམས་པར་ཞལ་གྱིས་བཞེས་པའི་ཉེས་པ། དཀོན་མཆོག་དྲུང་དུ་བཤགས་ནས་བསྟན་བཅོས་ཡོངས་སུ་རྫོགས་པར་བརྩམས་པར་མཛད་དོ། །

འདི་ཉིད་ཀྱི་དགོངས་འགྲེལ་བྱུང་ཚུལ་ལ། འཕེལ་གཏམ་དང་མི་མཐུན་པ་ཆེར་མེད་ལ། འོན་ཀྱང་ཆོས་རྗེ་ས་པཎ་ཉིད་ཀྱི་རང་མཆན་ཡོད་པ་སྡོམ་གསུམ་གྱི་རྣམ་བཤད་མཛད་པ་ཕལ་ཆེར་ཞལ་མཐུན་མོད། དེ་ཆོས་རྗེའི་གསུང་གཙང་མ་ཉིད་དུ་ཡིད་ཆེས་པའི་ཁུངས་ཐུབ་པར་དཀའ་འོ། །སྤྱིར་བསྟན་བཅོས་འདི་ལ་འགྲེལ་པ་ཚད་ཐུབ་པ་བཅུ་བདུན་ཙམ་བྱུང་ཞེས་གྲགས་མོད། དེ་དག་གི་ནང་ནས་གཙོ་བོར་ཊཱི་ཀ་ཆེན་བཞི་ཞེས་གྲགས་པ། ཆོས་རྗེ་བླ་མའི་སློབ་མ་ལྷ་བཙུན་བསམ་ཡས་པ་དང་། སློབ་ཁང་པ་རིན་ཆེན་རྒྱལ་མཚན་གཉིས་ཀྱི་ཊཱི་ཀ་ཆེན་རེ་རེ་དང་། སློབ་ཁང་པའི་སློབ་མ་དགའ་གདོང་པ་ཆོས་རྒྱལ་དཔལ་བཟང་གིས། ཊཱི་ཀྐ་རྒྱས་འབྲིང་བསྡུས་གསུམ་དང་། བཀའ་འགྲེལ་ལ་སོགས་དང་། རྣམ་བཤད་མཛད་པ་ཀུ་མ་ར་ཞེས་པ་མཚན་དངོས་གཞོན་ནུ་སེང་གེས་མཛད་པའི་ཊཱི་ཀ་ཆེན་ཏེ་བཞི་པོ་འདི་ལ་ལེགས་བཤད་གསེར་ཐུར་དུའང་ཚད་ཐུབ་འགྲེལ་ཆེན་བཞི་ཞེས་བྱ་ལ། ཕྱིས་སྟག་ཚང་ལོ་ཙྪ་བས། འདི་ལ་འགྲེལ་པ་ལེགས་པ་ཞིག་མཛད་པ་ནུས་པ་ཤིན་ཏུ་ཆེ་བ་སྣང་ངོ་། །

ཁྱད་པར་དུ་བསྟན་ཆོས་འདི་འཆད་པ་ལ་འགྲན་ཟླ་དང་བྲལ་བ་ལེགས་པར་བཤད་པ་གསེར་གྱི་ཐུར་མ་ཞེས་བྱ་བ་འདིའི་ལོ་རྒྱུས་ཅུང་ཟད་ཅིག་བརྗོད་ན། རྩོམ་པ་པོ་འདི་སློབ་དཔོན་རྟ་དབྱངས་ཀྱི་སྤྲུལ་པ་ཡིན་པ་གྲུབ་པའི་སློབ་དཔོན་ཆེན་པོ་པདྨ་འབྱུང་གནས་ཀྱིས་ལུང་བསྟན་ཞིང་། སྟོན་པ་སྐྱ་བལྟམས་ནས་ལོ་སུམ་སྟོང་དང་དྲུག་བརྒྱ་སུམ་ཅུ་རྩ་བཞི་སོང་ཞིང་། ཆོས་རྗེ་ས་པཎ་སྐུ་བལྟམས་ནས་ལོ་ཉིས་བརྒྱ་དང་ཞེ་དྲུག་སོང་བ་ཕུར་བུ་ཞེས་པ་ས་ཕོ་སྤྲེའུའི་ལོ་ལ་དཔལ་ལྡན་གསང་ཕུའི་བྱང་ཕྱོགས་བང་རིམ་པ་ཞེས་པ་ཆེན་པོའི་རིགས་སུ་སྐྱ

བལྟམས། དགུང་ལོ་བཅུ་པ་ལ་རོང་ཆེན་ཐམས་ཅད་མཁྱེན་པའི་དྲུང་དུ་རབ་ཏུ་བྱུང་ནས། རིག་པའི་གནས་ལྔ་པོ་མཐའ་དག་ལ་མཁས་པར་སྦྱང་། བཅོ་བརྒྱད་པ་ལ་གསང་ཕུའི་སློབ་དཔོན་མཛད། ཉེར་ལྔ་ལ་ངོར་པ་རྡོ་རྗེ་འཆང་གི་དྲུང་དུ་བསྙེན་པར་རྫོགས་ནས། རྒྱུད་གསུམ་མན་ངག་དང་བཅས་པ་གསན་ཞིང་། ཉེར་བརྒྱད་པ་ལ་རྗེ་ངོར་པའི་བཀའ་ལུང་ལ་བརྟེན། དཔལ་ལྡན་ས་སྐྱར་རིག་གནས་མཐའ་དག་གིས་གྲྭ་སྐོར་མཛད། དེ་སྐབས་སུ་དཔལ་ལྡན་ས་སྐྱའི་གནས་དང་གང་ཟག་གི་སྣྲ་ལས་དྲངས་པའི་བསྟོད་པ་དང་། གཞན་ཡང་བླ་མ་དམ་པ་བཅུ་ཕྲག་བཞི་བསྟེན་ནས། མདོ་རྒྱུད་མན་ངག་མཐའ་དག་གསན་ཞིང་ཐུགས་ཉམས་སུ་བཞེས་པས་མཁས་བཙུན་བཟང་གསུམ་གྱི་སྐྱན་པས་སའི་སྟེང་མ་ལུས་པ་ཁྱབ། དེའི་དོན་གྱི་རྒྱ་གར་ལྔོ་ཕྱོགས་ཏ་རི་ཕུ་ལྷུ་ཞེས་པ་ནས་ཀུང་དགེ་སློང་པཎྜི་ཏ་གཉིས་ཀྱི་དུས་འཁོར་གྱི་དབང་ཞུས་ནས་ཐེགས་པ་སོགས་མཐའ་ཡས་སོ། །

མདོར་ན་མཁས་པའི་བྱ་བ་རྣམ་པ་གསུམ་གྱིས་རྒྱལ་བའི་བསྟན་པ་ཉིན་མོ་ལྟར་གསལ་བར་མཛད་པ་ལ་གཟིགས་བསྟོད་པ་དང་གཞན་དག་སྤྲོ་བ་བསྐྱེད་པའི་ཕྱིར་དུ། དེ་སྐད་སྨྲ་བ་ང་ཡིན། ཞེས་སོགས་ང་བརྒྱད་མ་ཡང་གྲྭ་བསྐོར་དུས་དེར་མཛད་དོ། །ཡང་དགུང་ལོ་དྲུག་ཅུ་རེ་བརྒྱད་བཞེས་པའི་ཚེ། དགེ་འདུན་ཕྱེད་དང་ཉིས་སྟོང་ཙམ་གྱི་ཚོགས་དབུ་མཛད་ནས་ཆོས་འཁོར་རྒྱ་ཆེན་པོ་མཛད་ལ། རྫོགས་པ་ནི་ཕྱུ་སྟེ་བཅུ་གཉིས་ཙམ་ལོང་པ་མཛད། བཤད་པ་ནི་དགུང་ལོ་བཅོ་བརྒྱད་ནས་བརྒྱད་ཅུའི་བར་བར་མ་ཆད་པར་མཛད་པས་གངས་ཅན་གྱི་ལྗོངས་འདིར་བཤད་ཉན་གྱི་རྒྱུན་འདི་ལས་རིང་བ་མ་བྱུང་ངོ་། །ཡང་དགུང་ལོ་སུམ་ཅུ་རྩ་བཞི་ཙམ་བཞེས་པའི་ཚེ་མངའ་རིས་སྨད་ཀྱི་སའི་ཐིག་ལེ་ཐུབ་བསྟན་དར་རྒྱས་གླིང་དུ་བསྟན་པའི་སྦྱིན་བདག་ས་སྐྱོང་བཀྲ་ཤིས་མགོན་གྱིས་གདན་དྲངས་ནས་ཆོས་འཁོར་རྒྱ་ཆེན་པོ་བསྐོར་བར་མཛད་ལ། སྐབས་དེ་དག་ཏུ་བསྟན་བཅོས་འདི་ལ་འབེལ་གཏམ་དུ་བྱེད་པ་རྣམས་ནི། སྡོམ་གསུམ་རྒྱུད་ལྡན་གྱི་གསུམ་པོ་ཁྱབ་མཉམ་མི་མཉམ་མ་གཏོགས། གཞུང་གི་དཀྱུས་ལ་ཡོད་པའི་འབེལ་གཏམ་ཙུང་ཟད་ཀྱང་བརྗོད་པའི་ལམ་དུ་མི་འབྱུང་ཞིང་། གལ་ཏེ་ངེས་དོན་གྱི་ཕྱོགས་ཙུང་ཟད་སྨྲ་ན། ཅོང་ཁ་པས་འཛམ་དབྱངས་ལས་གསན་ཟེར་བའི་གསང་ཚིག་རྣམས་ལ་རྗེས་ཟློས་བྱེད་པ་མ་གཏོགས། རང་ལུགས་ཐུབ་པ་མ་བྱུང་བས། སྐབས་དེར་གཞུང་འདིའི་རྗེས་འཇུག་ཏུ་ཁས་འཆེ་བ་རྣམས་ལ་རྣམ་དཔྱོད་བསྐྱེད་པའི་ཆེད་དུ་དྲི་བ་བརྒྱ་དང་བརྒྱད་མཛད་པ་ན་མཁས་རློམ་ཕལ་ཆེར་མི་སྨྲ་བའི་བརྟུལ་ཞུགས་ལ་བཀོད་ཅིང་། ཕྲག་དོག་གི་དུག་ཆུས་མྱོས་པ་འགའ་ཞིག་གིས་ནི་གཞུང་འདི་བཀག་པ་ཡིན་ནོ། །ཞེས་སྨྲ་ སྒྲ་སྒྲོགས་འདོན་པར་བྱེད་དོ། །དེ་དག་ནི་གསུང་རབ་བརྒྱལ་ལན་གྱི་གཏན་ལ་འབེབས་པའི་ཚུལ་རྫོངས་པ་ཡིན་ཏེ། དེ་ལྟར་ན་སློབ་དཔོན་སེང་གེ་བཟང་པོས། དེ་ལྟར་ཕྱག་འཚལ་བ་དང་བསྟོད་པ། ཞེས

སོགས་ཀྱི་གཞུང་དེས་ཀྱང་རྒྱན་གྱི་མཆོད་བརྗོད་བཀག་པར་འགྱུར་རོ། །དེ་མི་འགྱུར་ཏེ་དེ་ནི་མ་ཡིན་ཏེ། ཞེས་སོགས་ཀྱིས་ལན་བཏབ་བོ་ཞེ་ན། དེ་ནི་འདིར་ཡང་མཚུངས་སོ། །ཡང་གཞན་དག་གིས་ནི། རྗེས་འཇུག་འགའ་ཞིག་གིས་དབང་མེད་དུ་བསྒྲུལ་བ་དང་། རང་ཡང་རློམ་པས་ཁེངས་ནས་ཚིག་རྩུབ་ཀྱིས་འཕྲེང་བ་དར་ལ་བརྒྱུས་པའི་ལན་བྱས་ཤིང་། གཞན་ཡང་། འདི་ན་རྣམ་དཔྱོད་དང་ལྡན་པའི་དྲི་བ་འགའ་ཞིག་སྣང་བས། འདི་དག་ལ་ལན་བཏབ་པར་བྱ་སྟེ། ཞེས་སོགས་གསུངས་པ་ཡང་། རྟ་ཐུལ་གྱིས་ནི་ཚངས་པ་ལ། །འབྲུང་ཆེན་གང་དུ་འཛིག་ཅེས་དྲིས། །མེས་པོར་རློམ་པའི་ཁེངས་པ་ཡིས། །བདེན་གཏམ་ལྷུང་ལ་བསྐུར་ཞེས་གྲགས། །ཞེས་པ་དང་མཚུངས་པར་དྲི་བའི་ལན་ཕལ་ཆེར་བཟོ་སྦྱོར་ལུས་པ་དང་། དེང་སང་ནི་དེའི་གསུང་རབ་ལ་བློ་ཁ་ཕྱོགས་པ་རྣམས་ཀྱིས་མ་བཟོད་ནས། འདི་ནི་བདག་ཅག་གི་བླ་མ་དེས་མཛད་པ་མིན་ནོ། །ཞེས་སྨྲེད་པ་བྱེད་པ་དང་། དད་པའི་རྗེས་འབྲང་རྣམ་དབྱེ་མ་ཕྱེད་པ་རྣམས་ནི། འདི་ནི་བདག་ཅག་གི་བླ་མའི་གསུང་ངོ་། །ཞེས་ལུང་ཙམ་རེ་གློག་པ་དང་། འབེལ་གཏམ་དུ་ཡང་། གློ་བོ་མཁན་ཆེན་པས་དྲི་ལན་ལུང་ཚད་སོགས་དྲི་ལན་སྐོར་བཅུ་གཉིས་ཙམ་ཡོད། ཅེས་གསུངས་པ་སོགས་ཀྱང་། དེ་དག་ཏུ་གསེར་ཐུར་གྱི་དྲིས་ལན་དཔྱིས་ཕྱིན་པར་མ་བྱུང་བར་ཚིག་རྩུབ་དང་བཟོ་སྦྱོར་འབའ་ཞིག་ཏུ་ལུས་པས། དེ་དག་ལ་སྐྱབས་འཚོལ་བ་དག་ནི་བྱེ་མ་བཙིར་བ་ལ་མར་རེ་བ་བཞིན་དུ་ངལ་བ་ཙམ་དུ་ཟད་དེ། དེ་ཡང་། གསེར་གྱི་ཐུར་མར། ཚད་ཐུབ་འགྲེལ་ཆེན་བཞི་དང་གཞུང་ཉིད་དུ། །ཚིག་ཟུར་ཇི་བཞིན་མ་ཕྱིན་འདིར་དཔྱད་ཀྱི། །ཚངས་པར་རློམ་པའི་ཅོལ་ཆུང་བགྲང་ཡས་དག །དཔྱད་ཡུལ་མིན་ཕྱིར་བདེ་བར་གཉིད་ཐོམས་ཤིག །ཅེས་གསུངས་ཀྱང་ད་དུང་གཉིད་མ་སྲུགས་པར་འདུག་གོ། །ཡང་མཁས་པ་བློ་བཟུ་བོར་གནས་པ་རྣམས་ཀྱིས་ནི། བསམས་པ་ཇི་བཞིན་མི་ཤེས་ན། །སླར་ཡང་དྲི་པོ་ཉིད་ལ་དྲིས། །ཞེས་གསུངས་པ་གཟིགས་ནས། རྗེ་ཉིད་ལ་གསོལ་བ་བཏབ་པས་དགུང་ལོ་ལྔ་བཅུ་རྩ་བཞི་པ་ལ། ལེགས་བཤད་གསེར་གྱི་ཐུར་མ་མཛད་ནས། བསྟན་བཅོས་འདིའི་རྗེས་འཇུག་ཏུ་ཁས་འཆེ་བ་བློ་གྲོས་ཀྱི་མིག་མ་ལུས་པ་མི་ཤེས་པའི་རབ་རིབ་ཀྱིས་གཡོར་བ་རྣམས་ཀྱིས། རབ་རིབ་བསལ་ནས་གཞུང་གི་དོན་ཉིན་མོ་ལྟར་མཛད་པ་ཡིན་ནོ། །དེ་དག་ནི་ལེགས་པར་བཤད་པའི་རིན་པོ་ཆེའི་གཏེར་ལས། ཤེས་རབ་ལྡན་པས་ཉེས་པ་དག །སེལ་བ་ནུས་ཀྱི་བློན་པོས་མིན། །ནམ་མཁའ་ལྡིང་གིས་དུག་ཅན་སྦྲུལ། །བསད་པར་ནུས་ཀྱི་ཁྭ་ཏས་མིན། །ཞེས་གསུངས་པ་ལྟར་རོ། །འདིར་ནི་དགོས་པའི་དབང་གི་མདོར་བསྡུས་ཙམ་ཞིག་བཀོད་པ་ཡིན་ལ། རྣམ་ཐར་རྒྱས་པ་ནི་སངས་རྒྱས་དཔོན་གྱི་མཛད་པའི་པདྨ་དཀར་པོའི་འཕྲེང་བ་བྱ་བ་དང་། རྣམ་ཐར་མ་ཏི་མ་དང་། ཇོར་རྒྱལ་མ་དང་། ཞབ་མོ་རྣམ་འཐག་སོགས་སུ་ཤེས་པར་བྱ་དགོས་སོ། །གང་གི་མཁྱེན་པའི་ཡེ་ཤེས་ཉི་

མ་ནི། །ཐུབ་བསྟན་ཤར་རིའི་རྩེ་ལ་རབ་ཤར་བས། །ལོག་རྟོག་མུན་པའི་དམག་དཔུང་ཀུན་བཅོམ་ནས། །གསུང་རབ་ཚིག་དོན་པད་ཚལ་རྒྱས་པར་གྱུར། །ཞེས་བར་སྐབས་ཀྱི་ཚིགས་སུ་བཅད་པའོ། །

དེ་དག་གིས་བསྟན་བཅོས་ཀྱི་མཚན་ཐོག་མར་བཀོད་པས། བརྗོད་བྱའི་དོན་ལ་སྤྲོ་བ་བསྐྱེད་པ་དེ་སོང་ནས། དོན་ལྡན་གྱི་བསྟན་བཅོས་དངོས་བཤད་པས། སྐབས་ཀྱི་དོན་ལ་ངེས་པ་སྒྲུབ་པ་ལ་གསུམ་སྟེ། ཐོག་མར་དགེ་བ་གོང་མའི་ཡོན་ཏན་དྲན་པས་བར་ཆད་ཞི་བའི་སླད་དུ་ཕྱག་བྱ་བ། བར་དུ་དགེ་བ་བསྟན་བཅོས་རྩོམས་པའི་རྒྱུ་བསྟན་པའི་སྒོ་ནས་བརྩམས་བྱ་གཞུང་གི་རང་བཞིན་བཤད་པ། མཐའ་མར་དགེ་བ་བཀའ་དྲིན་དྲན་པས་ཕྱག་བྱ་བས་རྗེས་དགའ་བ་བསྒོམ་པའོ། །དང་པོ་ལ། རྩ་བའི་བླ་མ་ལ་ཕྱག་བྱ་བ་དང་། བརྒྱུད་པའི་བླ་མ་ལ་ཕྱག་བྱ་བའོ། །དང་པོ་ལ་ཕྱག་བྱ་བ་དང་དད་པ་བསྐྱེས་པ་གཉིས། དང་པོ་ནི། བླ་མ་དམ་པའི་ཞབས་ལ་གུས་པས་ཕྱག་འཚལ་ལོ། །ཞེས་པས་བསྟན་ཏེ། དེ་ཡང་ཕྱག་འཚལ་བ་ནི། ན་མ་ཞེས་པའི་སྒྲ་ལས་དྲངས་ན་འདུད་པའི་དོན་ཏེ། ཉ་མ་རབ་ཏུ་འདུད་པ་ལའོ་ཞེས་པའི་བྱིངས་ལས་སྒྲུབ་པས་སོ། །བླ་མ་ནི་གུ་རུ་ཞེས་པའི་སྒྲ་ལས་དྲངས་ནས་ཡོན་ཏན་གྱི་འབྱུར་གྱི་ལྕི་བས་ན་བླ་མ་ཞེས་སོ། །དམ་པ་ནི། ཐེག་པ་ཐུན་མོང་བ་ལྟར་ན། དགེ་བ་ལ་འཇུག་པས་ན་དམ་པ་སྟེ། དེ་སྐད་དུ་ཡང་མཛོད་ལས། དམ་པ་དམ་མིན་འཇུག་མི་འཇུག །ཅེས་སོ། །ཐུན་མོང་མ་ཡིན་པ་ལྟར་ན། ཕྱི་སྒྲོ་འདོགས་གཅོད་པའི་བླ་མ། ནང་རང་བྱུང་གི་ཡེ་ཤེས་སྟོན་པའི་བླ་མ། གསང་བ་ལྷན་ཅིག་སྐྱེས་པའི་བླ་མ། མཐར་ཐུག་རྣམ་པར་དག་པའི་དེ་ཁོ་ན་ཉིད་སྟོན་པའི་བླ་མ། ཞེས་པ་ངོ་བོ་གཅིག་ལ་ལྡོག་པས་ཕྱེ་བ་སྟེ།ལམ་འབྲས་བུ་དང་བཅས་པའི་མན་ངག་ལས་འབྱུང་བ་དེ་ཉིད་ཡིན་ནོ། །

གཉིས་པ་ནི། བདེ་གཤེགས་བསྟན་པའི་གསུང་རབ་སེང་གེའི་སྒྲ། །ཞེས་སོགས་ཀྱིས་བསྟན་ཏེ། དེ་ཡང་། བདེ་བར་གཤེགས་པའི་བསྟན་པ་སྡེ་སྣོད་གསུམ་དང་། རྒྱུད་སྡེ་བཞིས་བསྡུས་པའི་གསུང་རབ་ལ་མི་འཇིགས་པའི་སྤོབས་པ་ཐོབ་པས་ན་སེང་གེ་སྟེ། རྒྱུད་བླ་མ་ལས། མི་འཇིགས་ཉིད་ནི་འཁོར་དུ་སེང་གེ་བཞིན། །ཞེས་སོ། །བདུད་དང་བདག་ཏུ་ལྟ་བ་མུ་སྟེགས་པ། །སོགས། ལྟ་བ་ངན་པའི་རི་དྭགས་ཀྱི་ཚོགས་མཐའ་དག་སྐྲག་པར་མཛད་པས་ན་སེང་གེའི་སྒྲ་སྟེ། ཇི་སྐད་དུ། བདག་མེད་སེང་གེའི་སྒྲ་དང་ལྡན། །མུ་སྟེགས་རི་དྭགས་ངན་འཇིགས་བྱེད། །ཅེས་པ་ལྟར་རོ། །འདི་ནི་གཟུགས་ཅན་གྱི་རྒྱན་ཏེ། ཚིག་རྒྱན་གྱི་བསྟན་བཅོས་མེ་ལོང་ལས། དཔེ་ཉིད་སྣང་བ་མིན་པ་ཡིས། །ཕྱེ་བ་དག་ནི་གཟུགས་ཅན་འདོད། །ཅེས་སོ། །དེས་ན་སྐབས་འདི་ཉིད་ཀྱི་ཕྱག་འཚལ་ယུལ་གྱི་བླ་མ་ནི། རྗེ་བཙུན་གྲགས་པ་རྒྱལ་མཚན་ཉིད་ཡིན་ལ། དེ་ཉིད་ལ་མཚུངས་མེད་བླ་མ་ཞེས་བྱ་སྟེ། མདོ་རྒྱུད་ཀྱི་དོན་ལ་ཐོས་བསམ་སྒོམ་གསུམ་གྱི་རིམ་པ་རྣམས་སངས་རྒྱས་ཀྱི་དགོངས་པ་ཇི་ལྟ་བ

བཞིན་དུ་ལེགས་པར་སྐྱབས་པས་སོ། །རྒྱུ་མཚན་དེས་ན་དེ་ལ་བསྟན་བཅོས་སྡོམ་གསུམ་རྩོམ་པ་པོ་ས་པཎ་བདག་ཅག་དང་ཅེས་པའོ། །འདི་དང་རིགས་གཏེར་དུ། འཛམ་མགོན་བླ་མ་ཞེས་པ་དང་། མཁས་པ་འཇུག་པའི་སྒོར། བླ་མ་དང་མགོན་པོ་འཛམ་པའི་དབྱངས། ཞེས་གསུངས་པ་རྣམས་ནི་རྗེ་བཙུན་གྲགས་པ་རྒྱལ་མཚན་ཉིད་ལ་བྱ་དགོས་ཏེ། ཇི་སྐད་དུ། རྗེ་བཙུན་བླ་མ་འཛམ་པའི་དབྱངས་སུ་གཟིགས། །ཅེས་པ་ལྟར་རོ། །

འདིའི་སྐབས་སུ་འཕེལ་གཏམ་ལས། བསྟན་བཅོས་འདིའི་དབུར་མཆོད་བརྗོད་རིམ་པ་གསུམ་བྱུང་བ་འདི་ལ། ཏེ་ཀྐཱ་སྔ་མ་རྣམས་སུ་མཆོད་ཡུལ་འདི་དང་འདི་ཡིན་གྱི་གསལ་ཁ་ཆེར་མི་སྣང་། ཀུན་མཁྱེན་ཆེན་པོས། རང་གི་སྔགས་ཆོས་ནོས་པའི་རྡོ་རྗེ་ཐེག་པའི་བླ་མ་དམ་པ་སྤྱི་དང་། སྡོམ་གསུམ་རིམ་ཅན་དུ་སྟེར་བའི་རྩ་བའི་བླ་མ། རྩོམ་པ་པོ་ཉིད་ལ་སྦྱར་ན་རྗེ་བཙུན་གྲགས་པ་རྒྱལ་མཚན། རྗེས་འཇུག་པ་ལ་སྦྱར་ན་རང་རང་གི་སྡོམ་གསུམ་རིམ་ཅན་དུ་བླངས་པའི་རྩ་བའི་བླ་མ་དང་། སྡོམ་པ་གསུམ་གྱི་བསླབ་པ་འཆའ་བ་པོའི་སྟོན་པ་སངས་རྒྱས་རྣམས་ལ་རིམ་པ་བཞིན་དུ་མཆོད་པར་བརྗོད་པ་ཡིན་གསུངས་པ་ནི་དཔྱོད་ལྡན་གྱི་ཡིད་ལ་ཤིན་ཏུ་འབབ་པའི་ལེགས་བཤད་མཁས་པ་ཚོགས་པའི་དབུས་སུ་དོམ་ཐུབ་པ་ཡིན་ཞེས་བྲིས་འདུག་པ་ཚིག་དེ་ཙམ་ལ་རོམ་རོམ་ཡེར་ཡེར་རང་མཛད་པ་ཐུགས་ཤིན་ཏུ་མད་དེ། (འདི་ནས་ཡིག་འབྲུ་ཁ་ཤས་མ་དཔེ་ལས་མི་གསལ།) དེ་ལྟར་ན། འདིའི་མཆོད་ཡུལ་གསུམ་ཀ་བསྟན་བཅོས་རྩོམ་པ་པོའི་དབང་དུ་བྱས་ན་རྗེ་བཙུན་གྲགས་པ་རྒྱལ་མཚན་དང་། རྗེས་འཇུག་ལ་སྦྱར་ན་རང་རང་གི་རྩ་བའི་བླ་མ་ལ་སྦྱོར་ཞེས་པ་མི་འཐད་དེ། བསྟན་བཅོས་གང་དང་གང་གི་མཆོད་ཡུལ་བསྟན་བཅོས་རྩོམ་པ་པོ་རང་གི་མཆོད་ཡུལ་གྱི་དབང་དུ་བྱེད་པ་གཙོ་ཆེ་ཞིང་། ཁྱད་པར་དུ་ཁྱེད་ལྟར་རྗེས་འཇུག་རང་རང་གི་སྡོམ་གསུམ་རིམ་པར་ནོས་པའི་བླ་མ་ཐམས་ཅད་ལ་སྦྱར་ན། བསྟན་བཅོས་འདིའི་མཆོད་ཡུལ་འདི་ཡིན་གྱི་ངེས་གཟུང་མི་འགྲུབ་པ་ཁོ་ནར་མ་ཟད། བསྟན་བཅོས་ཀྱི་མགོར་བླ་མའི་ཡོན་ཏན་བརྗོད་ནས། དེ་ལྟར་ཡོན་ཏན་དྲན་པའི་སྒོ་ནས། དེ་ལ་བསྟན་བཅོས་རྩོམ་པ་པོ་བདག་ཅག་དད། ཅེས་གཞུང་གི་འབྲུ་བསྣོན་ལ་སྦྱོར་དགོས་རྒྱུ་ལ། དེ་ལྟར་སྦྱོར་རྒྱུ་མ་བྱུང་བས་མི་འཐད་དེ། རྗེས་འཇུག་རྣམས་བསྟན་བཅོས་འདི་རྩོམ་པ་པོ་མ་ཡིན་པའི་ཕྱིར། ཞེས་བརྗོད་ན་ཇི་ལྟར་གསུང་། གཞན་ཡང་འདི་དག་ལ་དཔྱད་པར་བྱ་བ་མང་དུ་ཡོད་ཀྱང་དཀའ་བའི་གནད་མ་ཡིན་ཞིང་། ཡི་གེ་མང་བས་དེ་ཙམ་མིན་ལ། མདོར་ན་འདིའི་གཞུང་ཚིག་དང་པོ་གཉིས་ཀྱིས་བསྟན་པའི་མཆོད་ཡུལ་བསྟན་བཅོས་རྩོམ་པ་པོ་ཉིད་ཀྱི་རྩ་བའི་བླ་མ་རྗེ་བཙུན་གྲགས་པ་རྒྱལ་མཚན་དང་། ཚིག་རྐང་མཐའ་མ་གཉིས་ཀྱིས་སངས་རྒྱས་ལ་འདུད་པར་བསྟན་པས། དེའི་ཤུགས་ལ་བརྒྱུད་པའི་བླ་མ་རྣམས་ལ་ཡང་མཆོད་པར་བརྗོད་པ་མཚོན་པར་ནུས་སོ། །འོན་རྩ་བའི་བླ་མ་ལ་མཆོད་པར་བརྗོད་

པས་བརྒྱུད་པའི་བླ་མ་ཡང་ཅིས་མི་མཆོན་ཞེ་ན། ཤུགས་བསྟན་ལ་མཆོན་པར་ནུས་པ་ཁས་བླངས་པས་ཆོག་གི། ཁྱིད་ལྟར་དངོས་བསྟན་ལ་སྦྱར་ན་གོང་གི་སྐྱོན་དེ་ཉིད་སོན་གནས་སོ། །འདིའི་སྐབས་སུ་ལྟུགས་བཏགས་རམ་འབྱམས་པ་དང་། ཆོས་འཁོར་ལྷུན་པོ་བའི་བླ་མ་འགའ་ཞིག་གིས་བསྟན་བཅོས་འདིའི་མཆོད་ཡུལ་གསུམ་ཀ་རྗེ་བའི་བླ་མ་རྗེ་བཙུན་གྲགས་པ་རྒྱལ་མཚན་ཁོ་ན་ལ་བྱེད་དགོས་ཀྱི་གཞན་ལ་མི་འཐད་དེ། ཞེས་ཟེར་བ་ནི་ཧ་མ་གོ་བའི་གཏམ་སྟེ། དེས་ན་ཡང་དག་པར་རྫོགས་པའི་སངས་རྒྱས་དེ་ཡང་བསྟན་བཅོས་འདིའི་མཆོད་ཡུལ་མ་ཡིན་པར་ཐལ་བ་དང་། དེ་ལ་ཡང་འདོད་ལན་ལས་འོས་མེད་པས། དེ་ལྟར་ན། སྐྱོན་མེད་ཡོན་ཏན་ཀུན་གྱི་མཛོད་མངའ་ནས། །ཞེས་སོགས་ཀྱི་བསྟན་པའི་སྒྲིབ་གཉིས་བག་ཆགས་དང་བཅས་པ་སྤངས་པས་སྐྱོན་མེད་ཅིང་། སྟོབས་སོགས་ཡོན་ཏན་ཀུན་གྱི་མཛོད་མངའ་བའི་འགྲོ་བ་མ་ལུས་པའི་བླ་མ་རྫོགས་པའི་སངས་རྒྱས་ཀྱི་ཞབས་ལ་ཕྱག་འཚལ་ལོ། །ཞེས་བཤད་པ་དེ་མི་འཐད་པར་འགྱུར་བས་མདོན་སུམ་ལ་སྐྱོན་པར་ཟད་དོ། །དེ་ལ་ལན་ལུང་རིགས་སྟེ་ཤེས་བྱེད་རྣམ་དག་འགོད་རྒྱུ་ནི་མེད། འཕེལ་གཏམ་ལས་གསུངས་པ་བཞིན། དབུ་བཙུགས་ཀྱི་རྣམ་ཐར་སྐྱོང་བ་དེ་ཁ་ཁོ་ནས་ལས་གཞན་མ་མཆིས་པས་བདེ་བར་གཉིད་འཆའ་བར་རིགས་སོ། །

གཉིས་པ་ནི། སྐྱོན་མེད་ཡོན་ཏན་ཀུན་གྱི་མཛོད་མངའ་བ། །འགྲོ་བའི་བླ་མའི་ཞབས་ལ་ཕྱག་འཚལ་ལོ། །ཞེས་པས་བསྟན་ཏེ། ཕྱག་འཚལ་ལོ་ཞེས་དྲངས་ནས། གང་ལ་ན་འགྲོ་བ་ཐམས་ཅད་ཀྱི་བླ་མ་སྟོན་པ་སངས་རྒྱས་ཀྱི་ཞབས་ལའོ། །དེ་ལ་ཡོན་ཏན་གྱི་ཁྱད་པར་ཅི་མངའ་ན། སྐྱོན་སྒྲིབ་གཉིས་བག་ཆགས་དང་བཅས་པ་མེད་ཅིང་། སྟོབས་སོགས་ཡོན་ཏན་ཀུན་གྱི་མཛོད་ལ་དབང་འབྱོར་བ་མངའ་བས་སོ། །ཞེས་པའོ། །དེ་ལྟར་ན་བསྟན་བཅོས་རྩོམ་པའི་ཐོག་མར་མཆོད་བརྗོད་མཛད་པའི་དགོས་པ་ནི། རང་ཉིད་དམ་པར་གཏོགས་ཞིང་། བསྟན་བཅོས་རྩོམ་པ་ལ་བར་ཆད་མི་འབྱུང་བའི་ཆེད་དུའོ། །གཉིས་པ་ལ། རྩོམ་པར་དམ་བཅའ་བ། ཇི་ལྟར་བརྩམས་པའི་ཚུལ། རྩོམ་དགོས་པའི་རྒྱུ་མཚན། རྩོམ་པའི་བསྟན་བཅོས་དངོས་བཤད་པ་རྣམས་ལས། དང་པོ་ནི། ནས་ཞེས་པ་འབྱུང་ཁུང་གི་ཚིག་སྟེ། ཕྱག་འཚལ་ནས་ཅི་ཞིག་བྱ་ཞེ་ན། དད་ལྡན་སངས་རྒྱས་གསུངས་བཞིན་སྒྲུབ་འདོད་པ། །དེ་ལ་སྡོམ་གསུམ་དབྱེ་བ་བདག་གིས་བཤད། །ཞེས་པ་སྟེ། སྡོམ་པ་གསུམ་གྱི་རབ་ཏུ་དབྱེ་བ་འདི་རྩོམ་མོ། །གང་གིས་ན་བསྟན་བཅོས་རྩོམ་པ་པོ་བདག་གིས་སོ། །གང་ལ་ན་ཡིད་ཆེས་པ་དང་། དང་བ་དང་། འདོད་པའི་དད་པ་གསུམ་དང་ལྡན་པ། སངས་རྒྱས་ཀྱི་གསུང་བཞིན་སྒྲུབ་པར་འདོད་པ་དེ་ལའོ། །དམ་བཅའ་བའི་དགོས་པ་ནི། རྩོམ་པ་མཐར་ཕྱིན་པའི་ཆེད་དུའོ། །དམ་བཅས་པས་མཐར་ཕྱིན་པའི་ངེས་པ་མེད་དོ་སྙམ་ན། སྐྱེས་བུ་དམ་པ་རྣམས་ནི་རང་གི་དམ་བཅའ་མཐར་ཕྱིན་པར་བྱེད་དོ། །ཤེས་རབ་སྡོང་བུ་ལས། དམ་པས་ཁས

ཆེ་མང་པོ་མི་བྱེད་ལ། །གལ་ཏེ་དཀའ་བས་ཁས་ནི་བླང་གྱུར་ན། །རྡོ་ལ་རི་མོ་བྲིས་པ་ཇི་བཞིན་དུ། །ཤི་ཡང་གཞན་དུ་བྱེད་པར་མི་འགྱུར་རོ། །ཞེས་གསུངས་པའི་ཕྱིར་རོ། །

གཉིས་པ་ནི། བསྟན་བཅོས་རྩོམ་པ་པོ་རིག་པའི་གནས་མཐའ་དག་ལ་མཁས་པར་ཁས་ལེན་ན། བསྟན་བཅོས་འདི་ཚིགས་བཅད་སྡེབ་སྦྱོར་སོགས་ཀྱི་སྒོ་ནས་མི་རྩོམ་པ་ཅིས་ཞེ་ན། དེའི་ལན་ནི། མཁས་རྣམས་དགའ་བའི་སྡེབས་སྦྱོར་ནི། །ཞེས་སོགས་ཤློ་ཀ་གཅིག་གིས་བསྟན། རྒྱ་གར་མཁས་པ་རྣམས་དགའ་བའི་སྡེབས་སྦྱོར་མེ་ཏོག་འཕྲེང་འཛིན་སོགས་དང་། ཚིག་རྒྱན་སོགས་ཀྱི་སྒོ་ནས་བཤད་ན་བོད་ཀྱི་བླུན་པོ་རྣམས་ཀྱིས་གོ་དཀའ་བས། ཚིག་རྒྱན་དང་ཡི་གེ་ལྷུ་ཡང་སྡེབས་པ་ལ་སོགས་པའི་སྦྱོར་བ་སྤངས་ནས་མཁས་རྨོངས་ཀུན་གྱི་གོ་སླ་བའི་ཕྱིར་དུ་བཤད་པ་ཡིན་ཞེས་པ་སྟེ། འདི་ལ་རྣམ་བཤད་མཛད་པ་ཀུ་མ་རས། འདི་རབ་དགའི་སྡེབས་སྦྱོར་དུ་ཡོད་ཅེས་གསུངས་ཀྱང་ཚིག་བར་བདུན་མ་ཡིན་པ་རྒྱུ་མཚན་དུ་མཛད་པས་ངེས་པ་མི་སྣང་ངོ་། །

གསུམ་པ་ནི། འོ་ན་བསྟན་བཅོས་འདིར་ཀྱི་མ་བླུན་པོ་སྙིང་གམ་ཅན། །ཞེས་སོགས། རྩུབ་པའི་ཚིག་མང་དུ་འབྱུང་བས་གཞན་ལ་ཁྲེད་གསོད་ཀྱི་དབང་གིས་བརྩམས་པ་ཡིན་ནམ། ཞེ་ན། དེའི་ལན་ནི། བདག་ནི་སངས་རྒྱས་བསྟན་པ་ལ། །མི་ཕྱེད་པ་ཡི་དད་པ་ཡོད། །འོན་ཀྱང་སངས་རྒྱས་བསྟན་པ་ལ། །འཁྲུལ་པར་སྤྱོད་ལ་བདག་མ་དད། །ཅེས་པས་བསྟན། རྩོམ་པ་པོ་བདག་ནི་སངས་རྒྱས་ཀྱི་བསྟན་པ་ལ་མི་ཕྱེད་པས་ཏེ། རྐྱེན་གྱིས་མི་འཕྲོག་པའི་དད་པ་ཡོད་མོད། འོན་ཀྱང་བསྟན་བཅོས་འདི་བརྩམས་པའི་དགོས་པ་ནི། སངས་རྒྱས་ཀྱི་ལུང་རྟོགས་ཀྱི་བསྟན་པ་ལ་འཁྲུལ་པར་བཟོད་པ་ལ་བདག་མ་དད་པས་འཁྲུལ་པ་དེ་སུན་དབྱུང་བར་བྱ་བའི་ཆེད་ཡིན་ནོ། །ཞེས་པའི་དོན་ཡིན་ལ། འདིར་ཆོས་ལོག་སུན་འབྱིན་པ་ནི། མཁས་པ་རྣམས་ཀྱི་སྤྱི་ལུགས་ཡིན་ཏེ། གཞུང་འདི་ཉིད་ལས། སངས་རྒྱས་འཇིག་རྟེན་བྱོན་པ་དང་། །མཁས་རྣམས་བཤད་པ་བྱེད་པ་ལ། །འབྲས་བུ་རྣམ་གསུམ་འབྱུང་བ་ནི། །སངས་རྒྱས་བསྟན་པའི་སྤྱི་ལུགས་ཡིན། །མ་ཁོལ་གྱིས་ཀྱང་འདི་སྐད་གསུངས། །དཔའ་བོ་ཁྱོད་ཀྱི་བསྟན་པ་ནི། །མུ་སྟེགས་ཐམས་ཅད་སྐྲག་མཛད་ཅིང་། །བདུད་ནི་སེམས་ཁོང་ཚུད་པར་མཛད། །ལྷ་དང་མི་རྣམས་དབུགས་ཀྱང་འབྱིན། །ཞེས་བྱ་དེང་སང་འདི་ན་ཡང་། །མཁས་པ་རྣམས་ཀྱིས་ཆོས་བཤད་ན། །ཆོས་ལོག་སྤྱོད་པ་ཁམ་ཕྱེད་ཅིང་། །བདུད་རིགས་ཐམས་ཅད་ཡི་མུག་གྱུར། །མཁས་པ་ཐམས་ཅད་དགའ་བར་བྱེད། །འདི་འདྲས་བསྟན་པ་འཛིན་པར་ནུས། །ཞེས་གསུངས་པ་ལ།

དེ་ལས་འཕྲོས་པའི་དོན་ཙུང་ཟད་བཤད་ན། ཡང་དག་པ་རྫོགས་པའི་སངས་རྒྱས་ཀྱི་བཀའ་བསྡུས་ཚུལ་ལ། བཅོམ་ལྡན་འདས་མྱ་ངན་ལས་འདས་པའི་འོག་ཏུ་ཆེ་བསྐལ་པ་མང་པོ་ཐུབ་པའི་ལྷ་རྣམས་ཀྱིས་སྟོན་

པའི་གསུང་རབ་ནི་དུད་པ་ཙམ་དུ་གྱུར་ཏེ། དགེ་སློང་དབང་ཡོད་པ་དག་ཀྱང་མྱ་ངན་ལ་འདས་པས་སྡེ་སྣོད་གསུམ་མི་བསྒྲག་གོ། །ཞེས་འཆའ་བ་གསལ་བའི་ཕྱིར། བཀའ་བསྡུ་བ་དང་པོ་བཅས་ཏེ། འདི་ལ་དགོས་པ་དང་། དུས་དང་། གནས་སྐབས་དང་། སྦྱིན་བདག་དང་། འདུས་པའི་ཚོགས་དང་ལྔས་ཤེས་པར་བྱ་བ་ལས། དགོས་པ་ནི། སྟོན་པའི་བཀའ་རྗེས་སུ་སྒྲུབ་པ་དང་། མ་འོངས་པའི་གདུལ་བྱ་ལ་ཕན་པར་བྱ་བ་དང་། བསྟན་པ་ལ་སྒྲོ་སྐུར་གྱི་རྩོད་པ་སྤྲངས་པའོ། །དུས་ནི་སངས་རྒྱས་མྱ་ངན་ལས་འདས་པའི་ཕྱི་དེའི་དབྱར་རོ། །གནས་ནི་རྒྱལ་པོའི་ཁབ་དང་འོད་མའི་ཚལ་ལ་སོགས་པར་སྟོན་སྟོན་པ་བཞུགས་ནས་ཆོས་གསུངས་པའི་རྣམ་ཐར་དྲན་ནས་སྐྱོ་ཞིང་། གཞན་གཡེངས་པ་དང་བཅས་པས། ཤིང་ཏྲ་གྲོ་དྷའི་ཕུག་དབེན་ཞིང་ཉམས་དགའ་བར། སྦྱིན་བདག་ནི་རྒྱལ་པོ་མ་སྐྱེས་སྒྲའོ། །འདུས་པའི་ཚོགས་ནི་འོད་སྲུང་ཆེན་པོས། དགེ་འདུན་བསྡུ་བ་ལ་གང་པོས་བཀོད་དོ། །གང་པོས་རབ་མཐའི་བསམ་གཏན་ལ་བཞུགས་ཏེ། བལྟས་ནས་གཉྫི་བཏུང་པས། བ་ལང་བདག་མ་གཏོགས་པ་འདུས་སོ། །དེ་འབོད་པར་ཕྱིན་པས་སངས་རྒྱས་མྱ་ངན་ལས་འདས་པ་ཐོས་པ་ན། དེ་ཡང་མྱ་ངན་ལས་འདས་སོ། །དེ་ནས་འོད་སྲུང་ཆེན་པོ་ནས། དགེ་སློང་དག་ཉོན་ཅིག །ཇི་ལྟར་དེ་ནི་འཕགས་པའི་ཚུལ་གྱིས་འདས། །གཞན་གྱི་དོན་ནི་རབ་ཞིར་འགྲོ་མི་བྱ། །དེ་བས་ཇི་སྲིད་དགོས་པའི་དོན་བྱ་ཞིང་། །དབང་ཅན་འཚོགས་ནས་དེ་སྲིད་འགྲོ་བར་བྱ། །ཇི་ལྟར་བསོད་ནམས་ལས་ཀྱི་གཞིར་གྱུར་པ། །ཤིར་ཤ་ཀ་ཡི་སེམས་མཆོག་བ་གླང་བདག །དེ་ལྟར་ཁྱེད་ཀྱི་དོན་ནི་མི་བསམ་སྟེ། །འགྲོ་དོན་དགོངས་ཕྱིར་འཚོགས་ནས་བློ་གྲོས་བྱ། །ཞེས་ཁྲིམས་སུ་བཅས་ཏེ་སྨྲས་ནས། ཤིང་ཏྲ་གྲོ་དྷའི་ཕུག་ཏུ་ཕྱིན་ཏེ། དེར་རྒྱལ་པོ་མ་སྐྱེས་སྒྲས་ཡོ་བྱད་ཐམས་ཅད་སྦྱར་ནས། དབྱར་གནས་པར་ཁས་བླངས་ཏེ། དེར་དགྲ་བཅོམ་པ་ལྔ་བརྒྱ་ལ་གཅིག་གིས་མ་ཚང་བས་འོད་སྲུང་ཆེན་པོས་ཀུན་དགའ་བོ་སྐྱོ་བས་འདུལ་བར་ཤེས་ནས། ཉེས་པ་བརྒྱད་བསྒྲགས་ཏེ་བསྐྲད་དོ། །དེས་བྲི་ཛིའི་གྲོང་དུ་སོང་ནས། བྲི་ཛིའི་བུས་གཡོག་བྱས་ཏེ། ཆོས་འཆད་པའི་ཚེ། དེས་མཁན་པོའི་སེམས་ལ་བརྟགས་ནས། གོའུ་ཏ་མ་བག་མེད་མ་མཛད་པར། །ཤིང་དྲུང་འཐིབས་པོ་བརྟེན་ན་མྱ་ངན་འདའ། །ཐུགས་ལ་བཞག་ནས་བསམ་གཏན་མཛོད་ཅིག་དང་། །རིང་པོར་མི་ཐོགས་ཞི་བའི་གནས་ཐོབ་འགྱུར། །དེ་ལྟར་སྤོང་བྱེད་བུ་ཡིས་གདམས་ངག་ལས། ཉིན་མོ་དང་མཚན་མོའི་ཐུན་དང་པོ་ལ། འཆག་པ་དང་འདུག་པས་སེམས་ཀྱི་སྒྲིབ་པ་སྦྱང་སྟེ། གུང་ཐུན་ལ་གཙུག་ལག་ཁང་གི་ཕྱི་རོལ་དུ་རྐང་པ་བཀྲུས་ནས། ནང་དུ་གློ་གཡས་པ་ཕབ་སྟེ། སྔས་ལ་མགོ་མ་བཞག་པ་ཁོ་ནར་དགྲ་བཅོམ་སྟེ། འོད་སྲུང་ལ་སོགས་པ་དགྲ་བཅོམ་པ་རྣམས་ཀྱིས་བསུ་བ་དང་བཅས། ཏྲ་གྲོ་དྷའི་ཕུག་ཏུ་ཕྱིན་ནོ། །དེ་ནས་འོད་སྲུང་གིས། ཕྱི་མའི་དུས་ཀྱི་དགེ་སློང་བརྗེད་ངས་པ་རྣམས་ཀྱི་དོན་དུ་སྤྱ

དྲོ་ཚིགས་བཅད་དང་། ཕྱི་དྲོ་ལྷུག་པར་བགྲོ་ཞིང་། དེ་ཡང་སྔར་མདོ་སྡེ་བསྡུ་བར་བགྲོས་པ་དང་། འོད་སྲུང་གིས་ཀུན་དགའ་བོ་ལ་སྤྲོ་བ་དྲིས། གསོལ་གཉིས་ཀྱིས་ལས་ཀྱི་མདོ་སྡེ་བསྡུ་བར་བསྐོས་ནས། སེང་གེའི་ཁྲི་ལ་དགྲ་བཅོམ་པ་བཞི་བརྒྱ་གོ་དགུས་སྟན་འབྱར་བཏིང་། དེ་ལ་ཀུན་དགའ་བོ་འདུག་སྟེ། འོད་སྲུང་གིས། སྟོན་པ་འཇིག་རྟེན་ཕན་བཞེད་པ། །རྒྱལ་བས་བསྟན་པའི་ཆོས་རྣམས་ཀྱི། །རྣམ་པ་མཆོག་ནི་གང་བཤད་པ། །ཚེ་དང་ལྡན་པ་མདོ་སྡེ་གསུངས། །ཞེས་གསོལ་བ་བཏབ་བོ། །དེ་ནས་ཀུན་དགའ་བོས། སྟོན་པའི་ཡོན་ཏན་དྲན་པས་ཁ་བྱང་ཆུབ་སྙིང་པོར་བལྟས་ཐལ་མོ་སྦྱར་ཏེ། ཆོས་ཡང་དག་པར་སྡུད་པའི་མན་ངག་བཞིན་དུ། འདི་སྐད་བདག་གིས་ཐོས་པ་དུས་གཅིག་ན། བཅོམ་ལྡན་འདས་ཡུལ་ཝ་ར་ཎ་སི་དྲང་སྲོང་ལྷུང་རི་དྭགས་ཀྱི་ནང་ན་བཞུགས་ཏེ། ཞེས་བྱ་བ་ལ་སོགས་པས་བདེན་བཞིའི་ཆོས་ལ་སོགས་པ་མདོ་སྡེར་གཏོགས་པ་ཐམས་ཅད་ལན་གསུམ་དུ་བསྡུས་ཏེ། གསུམ་གྱི་མཐའ་ལ་འཁྲོས་གང་གི་ཚེ་གང་དུ་གང་ལ་བསྟན་པ་ཐམས་ཅད་མ་ལུས་པ་ཞལ་འདོན་དུ་མཛད་པས་བསྡུས་པའོ། །དེའི་རྗེས་སུ་འཕགས་པ་ཉེ་བ་འཁོར་གོང་བཞིན་བཞུགས་པ་ལ། འོད་སྲུང་ཆེན་པོས་སྔ་མ་བཞིན་དུ་ཞུས་པ་དང་། དེས་ཀྱང་འདི་སྐད་བདག་གིས་ཐོས་པ་དུས་གཅིག་ན། ཞེས་པ་ནས། གནས་ཝ་ར་ཎ་སིར་ལྔ་སྡེ་ལ་ཤམ་ཐབས་ཟླུམ་པོར་བགོ་བར་བྱའོ། །ཞེས་བཅས་པ་དང་། བསླབ་གཞི་གཉིས་པ་གནས་དེ་ཉིད་དུ་ལྔ་སྡེ་ལ་ཆོས་གོས་ཟླུམ་པོར་བགོ་བར་བྱའོ། །ཞེས་པ་དང་། བསླབ་གཞི་གསུམ་པ་ཀ་ལན་ཏ་ཀའི་གྲོང་དུ་བཟང་སྦྱིན་ལ་མི་ཚངས་སྤྱོད་ཕམ་པར་བཅས་ནས། ཕམ་པ་དང་ལྷག་མ་དང་མ་ངེས་པ་དང་། སྤང་ལྟུང་དང་། ལྟུང་བྱེད་དང་། སོར་བཤགས་དང་། བསླབ་པ་མང་པོ་དང་། རྩོད་པ་ཞི་བྱེད་དང་། རྗེས་བཅས་དང་། སྤང་གནང་དང་། རབ་བྱུང་དང་། གསོ་སྦྱོང་དང་། དགག་དབྱེ་དང་། ཕྲ་མོ་དང་། གླེང་གཞི་དང་། མོས་པ་ནི་འདིའོ། །ཞེས་འདུལ་བ་བསྡུས་སོ། །དེ་ནས་འོད་སྲུང་གི་མ་མོ་ཞེས་བྱ་བ་ནི། བདག་ཁོ་ནས་བསྡུ་བར་བྱས་ཏེ། གསོལ་གཉིས་ཀྱི་ལས་བྱས་ནས་མ་མོ་ལྟ་བུ་ནི་ཤེས་བྱའི་མཚན་ཉིད་རབ་ཏུ་གསལ་བར་བྱེད་པ་སྟེ། དྲན་པ་ཉེ་བར་གཞག་པ་བཞི་དང་། ཞེས་སོགས་སྔར་བཞིན་མངོན་པ་བསྡུས་སོ། །དེ་ནས་ལྷ་རྣམས་ཀྱི་དགྲ་བཅོམ་པ་ལྔ་བརྒྱས་སྡེ་སྣོད་གསུམ་བསྡུས་ཏེ། ལྷ་འཕེལ། ལྷ་མ་ཡིན་འགྲིབ་བོ། །ཞེས་བསྒྲགས་ཤིང་ལྔ་བརྒྱས་ཡང་དག་པར་བསྡུས་པ་ཞེས་པའི་མིང་དུ་གྱུར་ཏོ། །དེ་ནས་འོད་སྲུང་ཆེན་པོས། ཀྱེ་མ་སྟོབས་བཅུར་མངའ་བའི་གསུང་ནི་ཚད་མེད་པ། །འགྲོ་ལ་ཕན་ཕྱིར་ཆོས་ཀྱི་བསྟན་བཅོས་འདི་བསྡུས་པས། །གང་ན་འཇིག་རྟེན་བློ་ངན་མིན་བྱེད་རྒྱུད་ཟློས་པ། །བློ་གྲོས་རབ་རིབ་བསལ་བས་སྒྲོན་མར་ཡང་དག་ལྡན། །ཞེས་སྨྲས་སོ། །ཐེག་ཆེན་ནི་རྒྱལ་པོའི་ཁབ་ཀྱི་བྷི་མ་ལ་སྭ་བྷཱ་ཝ་ཞེས་པའི་རི་ལ་རྒྱལ་སྲས་འབུམ་ཕྲག་བཅུ་འདུས་ཏེ། ཀུན་ཏུ་བཟང་པོ་དང་།

འཇམ་དཔལ་དང་། གསང་བའི་བདག་པོ་དང་། བྱམས་པ་ལ་སོགས་པ་རྣམས་ཀྱིས་བསྡུས་སོ། །སྔགས་རྣམས་ནི་གཙོ་བོར་ཕྱག་ན་རྡོ་རྗེས་བསྡུས་པ་ཡིན་ནོ། །དེ་ལ་བཀའ་བསྡུ་བ་དང་པོ་ཞེས་གྲགས་ཏེ། བཀའ་འཁོར་བ་བསྡུས་པ་ནི་འདི་ཁོ་ན་ཡིན་ནོ། །ཞེས་རྗེ་པདྨ་དཀར་པོའི་ཆོས་འབྱུང་ལས་གསུངས་སོ། །

བཀའ་བསྡུ་གཉིས་པ་ལ་ཡང་ལྔ་ལས། དགོས་པ་ནི། སྟོན་པའི་བཀའ་རྗེས་སུ་སྒྲུབ་པ་དང་། མ་འོངས་པའི་གདུལ་བྱ་ལ་ཕན་པར་འགྱུར་བ་དང་། བསྟན་པ་ལ་སྒྲོ་སྐུར་གྱི་རྩོད་པ་སྤྲངས་པ་དང་། དགེ་སློང་ལྷ་ཆེན་པོ་བྱ་བའི་རིགས་ལ། དམ་པའི་ཆོས་འདུལ་བ་དང་འགལ་བ་རུང་བ་མ་ཡིན་པའི་གནས་བཞི་བཅུ་བྱ་བ་གསལ་བའི་དོན་དུའོ། །དུས་ནི་སངས་རྒྱས་མྱ་ངན་ལས་འདས་ནས་ལོ་བརྒྱད་ཅུ་ནའོ། །གནས་ནི་གྲོང་ཁྱེར་ཡངས་པ་ཅན་དུའོ། །སྦྱིན་བདག་ནི་ཆོས་རྒྱལ་མྱ་ངན་མེད་པའོ། །འདུས་པའི་ཚོགས་ནི། ཐམས་ཅད་སྐྱོབ་ལ་སོགས་པ་དགྲ་བཅོམ་པ་བདུན་བརྒྱ་འདུས་ནས་ཞལ་འདོན་དུ་མཛད་དོ། །འདི་ལ་བཀའ་བསྡུ་གཉིས་པར་གྲགས་ཀྱང་། འདུལ་བའི་བསླབ་པ་འགའ་ཞིག་གི་ལོག་པར་སྤྱོད་པར་གསལ་བ་ཙམ་མོ། །ཞེས་པདྨ་དཀར་པོའི་ཆོས་འབྱུང་ལས་གསུངས་སོ། །

བཀའ་བསྡུ་གསུམ་པ་ལ་ཡང་ལྔ་ལས། དགོས་པ་ནི་གཞན་རྣམས་གོང་དང་འདྲ་བ་ལས་ཁྱད་པར་ཉན་ཐོས་རྩ་བའི་སྡེ་བཞི་ལས་བཅོ་བརྒྱད་དུ་གྱེས་པ་ན་སོ་སོའི་སྒྲོ་སྐུར་ཞུགས་པ་སྤྲངས་པའི་ཕྱིར་དུའོ། །དུས་ནི་སངས་རྒྱས་མྱ་ངན་ལས་འདས་ནས་ལོ་སུམ་བརྒྱ་ནའོ། །གནས་ནི་ཁ་ཆེའི་ཡུལ་ཀུན་སན་ཞེས་པའི་དགོན་པ་སྲུ་སྦྱིན་བདག་ནི་ཛཱ་ལེན་དྷ་རའི་རྒྱལ་པོ་ཀ་ནི་ཀས་བྱས་པའོ། །འདུས་པའི་ཚོགས་ནི་བྱང་ཆུབ་སེམས་དཔའ་ལྔ་བརྒྱ། དགྲ་བཅོམ་པ་ལྔ་བརྒྱ། སོ་སོའི་སྐྱེ་བོའི་པཎྜི་ཏ་ཉིས་བརྒྱ་ལྔ་བཅུ་འདུས་ནས་ཞལ་འདོན་དུ་མཛད་དོ། །

བསྡུ་བ་གསུམ་པ་འདིའི་སྐབས་སུ་མཐའ་དཔྱོད་ཅུང་ཟད་ཅིག་བརྗོད་ན། གསེར་ཐུར་གྱི་ལེའུ་དང་པོའི་དྲི་བ་ཉེར་དགུ་པར། ཉན་ཐོས་གྱེས་པ་བཅོ་བརྒྱད་ལ། །འདུལ་བ་བཅོ་བརྒྱད་ཡོད་ཅེས་པའི། །ལུང་ཁུངས་གསལ་པོ་གང་ན་ཡོད། །ཅེས་པ་འདི་ལ། འདྲི་བའི་རྒྱུ་མཚན་ནི་གཞུང་དུ་འདུལ་བའི་དབྱེ་བའང་བཅོ་བརྒྱད་ཡོད། ཅེས་པའི་ཐད་དུ། རྣམ་བཤད་མཛད་པ་བསམ་ཡས་པས། འདིར་འདུལ་བ་འཛིན་པ་ཆེན་པོ་འགའ་ཞིག་གི། སྡེ་པ་ཐ་དད་པར་བཀླག་པའི་འཁོར་ལོ་ལས། གནས་བརྟན་པའི་སྡེ་པ་གསུམ་དང་། ཀུན་གྱིས་བཀུར་བའི་སྡེ་པ་གསུམ་ལྟ་བ་མཐུན་པར་བཤད་པས། གྱེས་པ་བཅོ་བརྒྱད་ལ་འདུལ་བའི་དབྱེ་བ་བཅོ་བརྒྱད་མི་རིགས་སོ། །ཞེས་གསུངས་ཀྱང་། འདི་དག་གི་དབྱེ་བ་སྟོན་པའི་གཞུང་ན་མི་འདྲ་བར་སྣང་བས། འདི་ཁོ་ན་བདེན་ལ་གཞན་ནི་མི་རིགས་སོ་ཞེས་དཔྱད་དཀའ་བས་ཆོས་རྗེའི་གསུང་རབ་ལ་ནོར་བའི་གོ་སྐབས་ག་ལ་ཡོད་ཅེས་པ་ཙམ་

ཞིག་འབྱུང་ལ། རྣམ་བཤད་བྱེད་པ་གཞན་ལ་ནི་རྟོག་དཔྱོད་མཛད་པ་འགའ་ཡང་མི་སྣང་ངོ་། །

མ་དྲིས་པའི་ཉེས་པ་ནི། མི་འདྲ་བ་བཅོ་བརྒྱད་ཡོད་ཅེས་པའི་གསུང་འདི་ཙམ་ལ་དད་པས་རྗེས་སུ་འབྲང་ནས། སྡེ་པ་བཅོ་བརྒྱད་པ་ལ་རྩ་བའི་ལུང་སོ་སོར་ཐར་པ་གཉིས་དང་། བཤད་པའི་ལུང་སྡེ་བཞི་དང་། དེའི་དགོངས་པ་འགྲེལ་བའི་བསྟན་བཅོས་ཀྱང་མི་འདྲ་བ་བཅོ་བརྒྱད་ཡོད་པར་ཀུན་གྱི་མཐུན་སྣང་དུ་གྲུབ་པ་ཞིག་གོ་སྙམ་པ་མ་གཏོགས། བསྟན་བཅོས་མཛད་པ་འདི་ཉིད་ཀྱི་ཐུན་མོང་མ་ཡིན་པའི་བཤད་པའོ་སྙམ་པའི་ཐེ་ཚོམ་ཙམ་ཡང་མི་སྣང་ཞིང་། གཞན་དག་གིས་དཔྱད་པ་བཏང་ན་རྒྱུད་འཁྲུགས་པར་བྱེད་པ་དག་སྣང་བའོ། །

གཉིས་པ་དངོས་ལན་གདབ་པ་ལ་གཉིས་ཏེ། སྡེ་པ་བཅོ་བརྒྱད་ལ་འདུལ་བ་བཅོ་བརྒྱད་ཡོད་པའི་ལུང་དང་རིགས་པའི་སྒྲུབ་བྱེད་དོ། །དང་པོ་ནི། མཁྱེན་རབ་དབང་ཕྱུག་བུ་སྟོན་རིན་པོ་ཆེའི་གསུང་ལས། སྡེ་པ་བཅོ་བརྒྱད་པོ་དེ་རྣམས་ལ་འདུལ་བ་དང་མདོ་སྡེའི་ལུང་ཡང་ཐ་དད་དུ་ཡོད་པར་མངོན་ཏེ། འཕགས་པ་ཐོགས་མེད་ཀྱི་ཐེག་བསྡུས་སུ། ཀུན་གཞི་སྒྲུབ་བྱེད་ཀྱི་ལུང་། སྡེ་པ་ཐ་དད་ནས་མི་འདྲ་བ་དྲངས་པའི་ཕྱིར་དང་། ཤར་གྱི་རི་བོའི་སྡེ་པའི་ལུང་དང་། ནུབ་ཀྱི་རི་བོའི་སྡེ་པའི་ལུང་ནས་སྡེ་སྣོད་བདུན་དུ་བཤད། ཅེས་ཟླ་གྲགས་དང་། ལྡན་ཟླ་གཤེགས་པའི་འགྲེལ་པ་ནས་བཤད་པའི་ཕྱིར་དང་། འཕགས་པ་དགེ་འདུན་ཕལ་ཆེན་སྡེ་པའི་འཇིག་རྟེན་ལས་འདས་པར་སྨྲ་བའི་སྡེ་པའི་དགེ་སློང་མའི་རྣམ་འབྱེད་ཀྱི་ལུང་། བདག་གིས་མཐོང་བ་ན་ཡང་གཞི་ཐམས་ཅད་ཡོད་པར་སྨྲ་བའི་ལུང་དང་མི་འདྲ་བར། བྱད་མེད་རབ་བྱུང་བསྙེན་རྫོགས་ཀྱི་ཆོ་ག་ཐམས་ཅད་ཡོད་པར་སྨྲ་བའི་རྣམ་འབྱེད་ཀྱི་སྡོམ་གྱིས་མ་བསྡུས་པ་འགའ་ཞིག་སྣང་བའི་ཕྱིར་རོ། །ཞེས་གསུངས་སོ། །

གཉིས་པ་རིགས་པའི་སྒྲུབ་བྱེད་ནི། སྡེ་པ་བཅོ་བརྒྱད་དུ་གྱེས་པ་ནི། ཆོས་ལུགས་མི་འདྲ་བའི་དབང་གིས་ཡིན་གྱི། ལོངས་སྤྱོད་ཀྱི་དབང་གིས་མ་ཡིན་ལ། ཆོས་ཀྱང་བཀའི་དབང་གིས་ཡིན་གྱི། བསྟན་བཅོས་ཀྱི་དབང་གིས་མ་ཡིན་ཏེ། དེ་ལྟར་དུ་སུས་ཀྱང་བཤད་པ་མི་སྣང་བའི་ཕྱིར། བཀའ་ཡང་འདུལ་བ་ཉིད་གཙོ་ཆེ་བ་ཡིན་ཏེ། དགེ་སློང་གི་དགེ་འདུན་གྱི་སྡེ་ཚན་ཐ་དད་པ་དང་། ཐ་དད་པ་མ་ཡིན་པའི་རྣམ་པར་དབྱེ་བ་ནི་འདུལ་བ་ལས་འབྱུང་བའི་ལས་ཀྱི་རྣམ་པར་གཞག་པ་ལ་རག་ལས་པའི་ཕྱིར་དང་། མདོ་སྡེ་དང་མངོན་པའི་དོན་ལ་མི་མཐུན་པ་དུ་མ་བྱུང་ཡང་འདུལ་བའི་ལས་མཚམས་ཀྱིས་སོ་སོར་མ་ཕྱེ་ན། དགེ་འདུན་གྱི་སྡེ་ཚན་ཐ་དད་དུ་བཞག་པར་མི་នུས་པའི་ཕྱིར། སྡེ་པ་ཐ་དད་བཀླག་པའི་འཁོར་ལོ་ཞེས་བྱ་བའི་བསྟན་བཅོས་ལས། ཡུལ་དོན་སློབ་དཔོན་བྱེ་བྲག་གི། །ཐ་དད་རྣམས་ལ་བཅོ་བརྒྱད་གསུངས། །ཞེས་དང་། དགེ་སློང་གི་ལོ་དྲི་བ་ལས་ཀྱང་། ཤཱཀྱ་སེང་གེའི་བསྟན་པ་ནི་དེ་ལྟར་བྱེ་བྲག་བཅོ་བརྒྱད་དུ་གྱུར་ཀྱང་། འགྲོ་བའི་བླ་མ་དེའི་སྟོན་གྱི་འཕྲིན་ལས

ངེས་པ་ཡིན། ཞེས། བསྟན་པ་བཅོ་བརྒྱད་དུ་གྱེས་པར་བཤད་པ་དང་། རྒྱལ་པོ་ཀྲི་ཀྲིའི་རྨི་ལམ་ལུང་བསྟན་པའི་མདོ་ལས་ཀྱང་དེ་ལྟར་དུ་བཤད་ལ། འདུལ་བ་མི་འདྲ་བཅོ་བརྒྱད་དུ་གྱེས་པ་མ་ཡིན་ན། བསྟན་པ་མི་འདྲ་བ་བཅོ་བརྒྱད་དུ་གྱེས་པའི་མཚན་གཞི་གཟུང་བར་དཀའ་བའི་ཕྱིར་དང་། འོད་ལྡན་ལས། དགྲ་བཅོམ་པ་རྣམས་ཀྱི་ཐ་མལ་པ་དང་། ཟུར་ཆགས་པ་དང་། བར་མར་འདོན་པའི་ཚིག་ལ་མངོན་པར་ཞེན་པ་འདུལ་བའི་དབང་གིས་ཕྱིར་རིམ་གྱི་གཞུང་གཞན་དང་གཞན་དུ་སྒྱུར་ཏེ། རྒྱ་ཆེན་པོའི་སྐད་དུ་སྒྱུར་བའི་མདོ་སྡེ་ལ་སོགས་པ་ལྟ་བུའོ། །དེ་ལྟར་བསྟན་པ་བཅོ་བརྒྱད་ཀྱི་བར་དུ་གྱུར་པ་ཡིན་ནོ། །ཞེས་གསུངས་ལ། དེའི་དོན་ལ་བརྟགས་པ་ན་འདུལ་བ་དང་མདོ་སྡེའི་གཞུང་གཞན་དང་གཞན་དུ་སྒྱུར་བའི་དབང་གིས་བསྟན་པ་མི་འདྲ་བ་བཅོ་བརྒྱད་དུ་གྱེས་པར་བཤད་པའི་ཕྱིར་དང་། གྱེས་པ་བཅུ་བདུན་པོ་ཐམས་ཅད་འདུལ་བ་ལ་སྣང་། མདོ་སྡེ་ལ་འཇུག ། ཆོས་ཉིད་དང་མི་འགལ་བའི་རྟགས་ཀྱིས་སངས་རྒྱས་ཀྱི་བཀའ་ཡིན་པར་སྒྲུབ་པ་དང་། རྒྱལ་པོ་ཀྲི་ཀྲིའི་རྨི་ལམ་ལུང་བསྟན་པའི་མདོ་བཏོན་ནས་བཅུ་བདུན་པོ་སངས་རྒྱས་ཀྱི་བཀར་བསྒྲུབས་སོ། །ཞེས་པ་ནི། འོད་ལྡན་ལ་སོགས་པའི་དགོངས་པས་འགྲུབ་ལ། དེའི་ཚེ་ན་བཀར་སྒྲུབ་རྒྱུ་བཅུ་བདུན་མེད་ན་ནི་སྒྲུབ་མི་དགོས་ཤིང་། ཡོད་ན་འདུལ་བ་མི་འདྲ་བ་བཅོ་བརྒྱད་ཡོད་པ་ལས་འོས་མེད་པའི་ཕྱིར་རོ། །འདིར་བདག་གིས་བསམ་པ་ལ་དགྲ་བཅོམ་པ་རྣམས་ཀྱི་འདུལ་བ་དང་མདོ་སྡེའི་གཞུང་གཞན་དང་གཞན་དུ་སྒྱུར་བའི་དབང་གིས་བསྟན་པ་མི་འདྲ་བ་བཅོ་བརྒྱད་དུ་གྱེས་པ་ཡིན་ན། དེ་དག་ལ་མངོན་པའི་སྡེ་སྣོད་མི་འདྲ་བ་མེད་པ་ཡིན་ནོ་སྙམ་ན། དེ་ཡང་མ་ཡིན་ཏེ། ཁྲི་བྲག་ཏུ་སྨྲ་བ་ལྟར་ན། སྟོན་པས་ཡུལ་དུས་གང་ཟག་སོ་སོ་ལ་མངོན་པའི་སྡེ་སྣོད་ཐོར་བུར་གསུངས་པ་རྣམས་ཤཱ་རིའི་བུ་ལ་སོགས་པ་དགྲ་བཅོམ་པ་བདུན་གྱིས་བསྡུས་པ་ལ། མངོན་པའི་སྡེ་སྣོད་དུ་འདོད་པ་དེ་ལ་ཡང་བསྡུ་བ་གསུམ་པའི་ཚེ་སྡེ་པ་སོ་སོའི་འདོད་པས་མི་འདྲ་བ་མི་འབྱུང་བའི་ཤེས་བྱེད་མེད་ཅིང་། མདོ་སྡེ་པ་ཡན་ཆད་ཀྱིས་འདོད་པ་ལ་སྟོན་པས་མངོན་པའི་སྡེ་སྣོད་ལོགས་སུ་གསུངས་པ་མེད་ཀྱང་། འདུལ་བ་དང་མདོ་སྡེའི་ནང་ནས་ཆོས་རྣམས་ཀྱི་རང་དང་སྤྱིའི་མཚན་ཉིད་བསྟན་པ་རྣམས་མངོན་པའི་སྡེ་སྣོད་དུ་བཞག་དགོས་པས་དེ་ལྟར་ན་འདུལ་བ་དང་མདོ་སྡེའི་གཞུང་གཞན་དང་གཞན་དུ་སྒྱུར་བའི་དབང་གིས་བསྟན་པ་མི་འདྲ་བ་བཅོ་བརྒྱད་དུ་གྱེས་པར་བཤད་པའི་ཤུགས་ལ་མངོན་པའི་གཞུང་ཡང་གཞན་དང་གཞན་དུ་སྒྱུར་བའི་དབང་གི་བཅོ་བརྒྱད་པོ་མི་འདྲ་བར་གྲུབ་བོ་སྙམ་སྟེ། འདི་ནི་བདག་གི་རྣམ་པར་རྟོག་པའོ། །

ཞར་ལ་སྡེ་པ་བཅོ་བརྒྱད་དུ་གྱེས་པ་དེ། བདུད་སྡིག་ཏོ་ཅན་དགེ་སློང་གི་ཆ་བྱད་འཛིན་པ་ཞིག་གི་དགེ་འདུན་གྱི་དབྱེན་བྱས་ནས་ལོ་དྲུག་ཅུ་རྩ་གསུམ་གྱི་བར་དུ་དགེ་འདུན་འཁྲུག་ལོང་དུ་གྱུར་པའི་བཤད་པ་ཞིག

སློབ་དཔོན་ཟླ་གྲགས་མཛད་དོ། །ཞེས་ཀུན་གྱིས་འཆད་ལ། དེ་ལྟར་ཡིན་པ་དེའི་ཚེ་འཕྲུག་ལོང་དེ་ནི་ཆོས་རྣམས་པར་གཏན་ལ་འབེབས་པའི་རྩོད་པ་ཉིད་དུ་རིགས་ཏེ། དམ་པའི་ཆོས་ལས་འབྱུང་བའི་རྩོད་པ་ཞིག་ཡིན་ལ་ཚུལ་ཁྲིམས་གཏན་ལ་འབེབས་པའི་རྩོད་པར་ནི་མ་བཤད་པའི་ཕྱིར། དེ་ལྟ་ཡིན་པ་དེའི་ཚེ་འདུལ་བ་ནས་གསུངས་པའི་ཞི་བྱེད་ཀྱིས་ཞི་བར་མ་བྱས་ན་ནི། བཀའ་བསྡུ་གསུམ་པའི་ཚེ་གྱེས་པ་བཅོ་བརྒྱད་པོ་མཐུན་པའི་དོན་མི་གནས་ལ། ཞི་བར་བྱས་ན་ནི་ཆོས་ཕྱོགས་སུ་ཞི་བ་ལས་འོས་མེད་པས། སྡེ་པ་གཅིག་ཆོས་ཕྱོགས་པ་ཁོ་ན་དང་། གཞན་བཅུ་བདུན་པོ་ཆོས་མ་ཡིན་པ་སྨྲ་བ་དག་ཏུ་ཐལ་བར་འགྱུར་རོ་ཞེས་ཐོལ་ན་ལན་གདབ་པར་དཀའ་བ་ཡིན་མོད། འོན་ཀྱང་དེའི་ལན་ནི་བཅོ་བརྒྱད་པོ་ཐམས་ཅད་ཆོས་སྨྲ་བར་སྒྲུབ་པས་རྩོད་པ་ཞི་བར་བྱས་པ་ཡིན་ནོ། །ཞེས་འདེབས་པ་ལས་འོས་མེད། ཅེས་གསུངས་པ་ལ། གཞན་ཡང་འདི་དག་ལ་དགག་སྒྲུབ་རྒྱས་པ་གསེར་ཐུར་ཉིད་ལས་ཤེས་པར་བྱའོ། །ཡང་འདུལ་བ་ཡི་གེར་བྲི་བ་བཀའ་བསྡུ་གསུམ་པ་ཡིན་ན། བཀའ་བསྡུ་གསུམ་པའི་ཚེ་སྡེ་པ་བཅོ་བརྒྱད་པོའི་འདུལ་བ་མི་འདྲ་བ་ཐམས་ཅད་ཡི་གེར་བྲིས་སམ་སྙམ་ན་འདི་ལ་གསེར་ཐུར་གྱི་དྲི་བ་སུམ་ཅུ་པར། འདུལ་བ་ཡི་གེར་བྲིས་པ་དེ། །བཀའ་བསྡུ་གསུམ་པ་ཡིན་ཞེས་གྲགས། །དུས་དེར་འདུལ་བ་བཅོ་བརྒྱད་པོ། །ཐམས་ཅད་ཡི་གེར་བྲིས་སམ་ཅི། །ཞེས་གསུངས་ལ།

འདི་ལ་ཡང་འདྲི་བའི་བསམ་པ་དང་། དངོས་ལན་གདབ་པ་གཉིས་ལས། དང་པོ་ལ་འདྲི་བའི་རྒྱུ་མཚན་དང་། མ་དྲིས་པའི་ཉེས་པ་གཉིས་ལས། དང་པོ་ནི། སྡེ་པ་བཅོ་བརྒྱད་ཀྱི་མདོ་ལུང་མི་འདྲ་བ་བཅོ་བརྒྱད་ཀྱི་གླེགས་བམ་གྱི་ཡི་གེར་སོ་སོར་བཞུགས་པ་ལྟ་བུར་འཆད་པའི་ཚུལ་ལས་བརྩམས་ཏེའོ། །

གཉིས་པ་ནི། འོན་འདུལ་བ་བཅོ་བརྒྱད་པོ་དེ་བཀའ་བསྡུ་གསུམ་པ་མ་བྱས་པའི་གོང་ནས་གླེགས་བམ་སོ་སོར་གནས་པ་ཡིན་ནམ། བསྡུ་བ་གསུམ་པའི་ཚེ་ཡིན། དང་པོ་མི་འཐད་དེ་སངས་རྒྱས་ཀྱི་གསུང་རབ་གླེགས་བམ་དུ་འབྲི་བ་དེ་བཀའ་བསྡུ་བ་པོའི་ལས་སུ་བཤད་པའི་ཕྱིར། གཉིས་པ་མི་འཐད་དེ་བཀའ་བསྡུ་གསུམ་པ་མཛད་པ་པོ་དེས། འདུལ་བ་མི་འདྲ་བ་བཅོ་བརྒྱད་པོ་དེ་ལེགས་སྦྱར་ལ་སོགས་པའི་སྐད་རིགས་མི་འདྲ་བ་ཐ་དད་དུ་འབྲི་དགོས་ན། སྤྲུལ་པ་བསྟན་ནས་འབྲི་བའི་བཤད་པ་ཡོད་ན་མ་གཏོགས་རང་རྒྱུད་དུ་འབྲི་བར་མི་ནུས་པའི་ཕྱིར་རོ། །

དེ་སྐད་དུ་ཡང་། འགྲེལ་ཆེན་དྲི་མེད་འོད་ལས། འཕགས་པའི་ཡུལ་འདིར་བཅོམ་ལྡན་འདས་ཡོངས་སུ་མྱ་ངན་ལས་འདས་པར་གྱུར་པ་ན། སྟོད་པར་བྱེད་པ་པོ་རྣམས་ཀྱིས་ཐེག་པ་གསུམ་གླེགས་བམ་དུ་བྲིས་ཏེ། དེ་བཞིན་གཤེགས་པའི་རིས་པས་སྡེ་སྣོད་གསུམ་མ་ག་དྷའི་སྐད་ཀྱིས་བྲིས་སོ། །མདོ་ནི་སིནྡྷུའི་སྐད་ཀྱིས། ཕ་རོལ་

ཏུ་ཕྱིན་པའི་ཚུལ་ནི་ལེགས་པར་སྦྱར་བའི་སྐད་ཀྱིས་སོ། །སྔགས་ཀྱི་ཚུལ་ལ་རྒྱུད་དང་རྒྱུད་གཞན་དག་ནི་ལེགས་པར་སྦྱར་བའི་སྐད་དང་། ཐ་མལ་པའི་སྐད་དང་། ཟུར་ཆག་གི་སྐད་དང་། ཀླ་ཀློའི་སྐད་ཀྱིས་ཏེ། དེ་ལྟ་བུ་ལ་སོགས་པ་ཐམས་ཅད་མཁྱེན་པས་བསྟན་པའི་ཆོས་རྣམས་སྡུད་པར་བྱེད་པ་པོ་རྣམས་ཀྱིས་བྲིས་སོ། །ཞེས་གསུངས་པ་ལྟར་རོ། །

གཉིས་པ་དངོས་ལན་གདབ་པ་ནི། བསྡུ་བ་གསུམ་པ་མ་མཛད་པའི་གོང་དུ་འདུལ་བ་མི་འདྲ་བ་བཅོ་བརྒྱད་པོ་ཡུལ་གྱི་སྐད་རིགས་མི་འདྲ་བའི་དབང་གིས་སོ་སོ་ཐ་དད་པར་གྱུར་ཀྱང་གླེགས་བམ་དུ་བཀོད་ཟིན་པ་ནི་མ་ཡིན་ཏེ། སློབ་དཔོན་དགྲ་བཅོམ་པ་སོ་སོའི་ཐུགས་ལ་མ་བརྗེད་པར་གནས་པ་ཡིན་ལ། ཇི་སྲིད་མི་བརྗེད་གཟུངས་ཐོབ་པའི་དགེ་སློང་དག་ཡོད་པ་དེ་སྲིད་དུ་འདུལ་བ་ཡི་གེར་འདྲི་བ་མ་གནང་བའི་ཕྱིར། དེ་སྐད་དུ་མདོ་རྩ་བ་ལས། དྲན་པ་དང་འཛིན་པར་མི་ནུས་པས་འདུལ་བའོ། །དེ་ནི་བྲི་བ་མི་བྱ་བ་ཉིད་ཡིན་ནོ། །འདི་ལ་སོ་སོར་ཐར་པ་ནི་དེ་དང་འདྲའོ། །ཞེས་དང་། འགྲེལ་ཆེན་དྲི་མེད་འོད་ལས། སྔོན་གྱི་དུས་ན་རིག་བྱེད་དང་། གླུ་དང་གྲུབ་པའི་མཐའ་དང་། སྔོན་རབས་ཀྱི་ཆོས་རྣམས་ཀྱི་གླེགས་བམ་ལ་བྲིས་པ་མ་གྱུར་པ་ན་སྡོམ་བརྩོན་རྣམས་ཀྱི་ཁ་ལ་གནས་སོ། །ཞེས་གསུངས་པ་ལྟར་རོ། །

བསྡུ་བ་གསུམ་པའི་ཚེ་ན་བཅོ་བརྒྱད་པོ་ཐམས་ཅད་བཀར་སླེབས་ནས། གཞི་ཐམས་ཅད་ཡོད་པར་སྨྲ་བའི་འདུལ་བ་ཁོ་ན། ལེགས་སྦྱར་གྱི་སྐད་དུ་བྲིས་ནས་གླེགས་བམ་དུ་བཀོད་པ་ཡིན་ཏེ། ཐམས་ཅད་ཡོད་པར་སྨྲ་བའི་འདུལ་བ་ཁོ་ན་སྡེ་པ་གཞན་གྱི་འདུལ་བ་ཐམས་ཅད་ཀྱི་ཕྱི་མོ་ཡིན་པའི་ཕྱིར་དང་། དེ་སྐད་དུ་འོད་ལྡན་ལས་ཐམས་ཅད་ཡོད་པར་སྨྲ་བ་དེ་དག་ནི་གཞི་དང་འདྲ་བ་ཡིན་ཏེ། ལེགས་པར་སྦྱར་བའི་སྐད་དུ་ཐ་སྙད་སྦྱོར་བའི་ཕྱིར་རོ། །འདི་ལྟར་ཡ་རབས་དག་ནི་ལེགས་པར་སྦྱར་བའི་སྐད་དུ་ཐ་སྙད་བརྗོད་པ་ཡིན་ཞེས་ཟེར་བས་སྨྲའི་མཚན་ཉིད་ལ་བརྩོན་པར་བྱེད་པ་འདི་ཡང་ཡ་རབས་ཤེས་པར་བྱ་བའི་ཕྱིར་རོ། །ཡ་རབས་ནི་འཇིག་རྟེན་ན་གཞི་དང་འདྲ་བ་ཡིན་ཏེ། དེ་ལས་འཇིག་རྟེན་གྱི་ཆོས་ལུགས་འབྱུང་བའི་ཕྱིར་རོ། །དེ་ལྟ་བས་ན་ཐམས་ཅད་ཡོད་པར་སྨྲ་བ་ནི་གཞི་ཞེས་བྱའོ། །སྡེ་པ་གཞན་དག་ནི་མ་ཡིན་ཏེ། ཐ་མལ་པ་དང་ཟུར་ཆག་པ་དང་འབྲིང་དུ་འདོན་པའི་ཚིག་གི་ཐ་སྙད་བརྗོད་པའི་ཕྱིར། འདི་སྐད་དུ། སྔོན་ནི་ཐམས་ཅད་ཡོད་པར་སྨྲ་བ་འདི་གཅིག་པུ་ཡོད་པ་ལས། བཅོམ་ལྡན་འདས་ཡོངས་སུ་མྱ་ངན་ལས་འདས་པ་དང་། དེ་ལ་བརྟེན་ནས་སྡེ་པ་གཞན་དག་བྱུང་བ་དེ་དག་གི་གཞིར་གྱུར་པའི་ཕྱིར། གཞི་ཐམས་ཅད་ཡོད་པར་སྨྲ་བ་ཞེས་བྱའོ། །ཞེས་གསུངས་སོ། །དེ་བས་ན་བསྡུ་བ་གསུམ་པ་བྱུང་ཕྱིན་ཆད་སྡེ་པ་སོ་སོ་ན་ཡོད་ཀྱང་འདུལ་བ་གཅིག་ཏུ་བསྡུས་པ་མིན་ནམ་སྙམ་སྙེ་གོང་དུ

བཀོད་པའི་རྟོགས་དཔྱོད་ཞིབ་མོ་དེ་དག་ལ་བརྟགས་ནས་དཔྱད་པར་བྱའོ། །ཞེས་གསུངས་པས། ད་དུང་བློ་གྲོས་དང་ལྡན་པ་དག་ཡོད་ན་བརྟགས་པར་བྱ་དགོས་སོ། །འདི་དག་ལ་ཁུངས་མེད་དོ་སྙམ་ན་མ་ཡིན་ཏེ། སྡོམ་གསུམ་ལས། གལ་ཏེ་སྡེ་པ་གཅིག་བདེན་ཀྱི། །དེ་ལས་གཞན་པ་བརྫུན་ཡིན་ན། །རྒྱལ་པོ་ཀྲི་ཀྲིའི་རྨི་ལམ་ལྟར། །སྡེ་པ་ཐམས་ཅད་བདེན་པར་གསུངས། །འདི་དོན་རྒྱས་པར་སྡེ་པ་ནི། །ཐ་དད་ཀླུག་པའི་འཁོར་ལོ་དང་། །འདུལ་བ་འོད་ལྡན་ལ་སོགས་ལྟོས། །ཞེས་གསུངས་པས་སོ། །

ཡང་བར་སྐབས་སུ། ཐེག་པ་ཆེན་པོའི་ཆོས་ལ་འཕེལ་འགྲིབ་བྱུང་བ་ན། འཕགས་པ་ཐོགས་མེད་ཀྱི་དགའ་ལྡན་ནས། བྱམས་པའི་ཆོས་ལྔ་མི་ཡུལ་དུ་སྤྱན་དྲངས་ནས་ཐེག་པ་ཆེན་པོའི་བསྟན་པ་རྒྱས་པར་མཛད་དོ། །འཕགས་ཡུལ་དུ་བསྟན་པ་ལོ་ཉིས་སྟོང་ཙམ་སོང་ནས། བོད་ཀྱི་ཆོས་རྒྱལ་མེས་དབོན་རྣམ་གསུམ་གྱི་རིང་ལ་བོད་དུ་བསྟན་པ་དར་རྒྱས་སུ་མཛད་པ་ལ་བསྟན་པ་སྔ་དར་ཞེས་བྱ་ལ། སྐབས་དེར་རྒྱ་ནག་མཁན་པོས་ཅིག་ཆར་བའི་ཆོས་ལུགས་བྱུང་བ་རྣམས། མཁས་པའི་དབང་པོ་ཀ་མ་ལ་ཤཱི་ལས་སུན་ཕྱུང་། དེའི་རྗེས་སུ་རྒྱལ་པོ་དར་མས་བསྟན་པ་བསྣུབས་པའི་རྗེས་ནས་ལོ་དྲུག་ཅུ་ཙམ་གྱི་བར་ལ་དབུས་གཙང་དུ་སངས་རྒྱས་ཀྱི་བསྟན་པ་ཉམས་པར་གྱུར་མོད་ཀྱང་། ཕྱིས་སངས་རྒྱས་ཀྱི་བསྟན་པ་དར་ཚུལ་ལ། བསྟན་པའི་མེ་རོ་སླད་ནས་འབར་ཚུལ། སྟོད་ནས་གསོས་ཚུལ། དབུས་གཙང་དུ་འབར་ཚུལ་གསུམ་ལས། དང་པོ་ནི། དར་མས་བསྟན་པ་བསྣུབས་པའི་དུས། གཙང་རབ་གསལ། གཡོ་དགེ་འབྱུང་། སྨད་ཤཱཀྱ་མུ་ནི་དང་གསུམ། ཆུ་བོ་རིར་བསྒོམས་ཤིང་ཡོད་པ་ན། བཙུན་པས་ཁྱི་ར་བྱེད་པར་མཐོང་། གཏམ་དྲིས་པས། རྒྱལ་པོས་བསྟན་པ་བསྣུབས་པར་ཐོས་པས་དངངས་ཏེ། འདུལ་བའི་དཔེ་དྲེའུ་ལ་བཀལ་ནས་མངའ་རིས་སྟོད་དུ་བྲོས། དེ་ནས་གར་ལོག་དང་ཧོར་ཡུལ་རྒྱུད། རིམ་པས་མདོ་ཁམས་སྨད་དུ་བྱོན། དེར་བསྒོམས་ཤིང་བཞུགས་པས། གཙོང་ཁར་སྐྱེས་པ་བོན་གཞོན་ནུ་མུ་ཟུ་གསལ་འབར་ཞེས་བྱ་བ་ཁོང་རྣམས་ལ་དད་ཅིང་། ཆོས་འདུལ་བ་ལ་ལྷག་པར་མོས་ནས་བསྟན་པ་ལ་རབ་ཏུ་བྱུང་བར་ཞུས་ནས་གནང་སྟེ། དེར་གཙང་གི་མཁན་པོ་བྱས། གཡོས་སློབ་དཔོན་བྱས་དགེ་ཚུལ་བསྒྲུབས། མཁན་སློབ་ཀྱི་མཚན་ལས་དྲས་ཏེ། དགེ་བ་རབ་གསལ་དུ་བཏགས། ཕྱིས་ཐུགས་རབ་ཆེ་བས་དགོངས་པ་རབ་གསལ་དུ་གྲགས། དེས་སྐྱེ་རྒྱལ་བའི་གཙུག་ཏོར་ལ་དབུ་ཚད། ནམ་དགའ་ལྡན་བྱང་ཆུབ་ལ་ཡོ་ག་གསན། དེ་ནས་སྟར་གྱི་མཁན་སློབ། སྨར་གྱི་གསང་སྟོན། རྒྱ་ཡི་ཏཱ་ཤང་གཉིས་ཀྱི་ཁ་སྐོང་བྱས་ཏེ། ལྔ་ཚོགས་ཀྱི་དབུས་སུ་བསྙེན་པར་རྫོགས། དེའི་རིང་ལ་མཁན་སློབ་དང་། གོང་སེང་གི་གྲགས་ལ་འདུལ་བ་ལེགས་པར་བསླབས། དེ་ནས་ལོ་ལྔ་ལོན་པ་ན་དབུས་གཙང་ནས་མི་བཅུ་མདོ་ཁམས་སུ་འོང་ནས། གཙང་ལ

བཀའ་དྲིན་ཞུས་པས། བླ་ཆེན་ལ་ཞུས་གསུངས་ནས། བླ་ཆེན་པོས་མཁན་པོ། གཙང་དང་གཡོས་ལས་སློབ་དང་གསང་སྟོན། སྨར་དང་ཧཤང་གིས་ཁ་སྐོང་བྱས་ཏེ། ཐམས་ཅད་ཆིག་རྫོགས་སུ་བྱས་ནས། དེ་རྣམས་ཀྱི་རིམ་པས་དབུས་གཙང་དུ་འདུལ་བ་སོགས་དར་བ་མཛད་པ་ཡིན།

གཉིས་པ་སྟོད་ནས་གསོས་ཚུལ་ནི། སྒྲང་དར་གྱི་སྲས། འོད་སྲུང་དང་། ཡུམ་བརྟན་གཉིས་ལས། འོད་སྲུང་གི་སྲས། དཔལ་འཁོར་བཙན་དང་། དེའི་སྲས་བཀྲ་ཤིས་བརྩེགས་པ་དཔལ་དང་། སྐྱིད་སྡེ་ཉི་མ་མགོན་གཉིས་བྱུང་བའི་ཕྱི་མ་མངའ་རིས་སྟོད་དུ་བྱོན་པས། དེའི་སྲས་གསུམ་བྱུང་བ་ལ་སྟོད་དུ་རྒྱལ་སྲིད་ཞ་ཙམ་ཆགས་ཟེར་ཞིང་། ཡར་ཆེ་རྒྱལ་པོའང་དེ་རྣམས་ལ་ཟེར། སྨད་དུ་བཀྲ་ཤིས་བརྩེགས་པ་བཞུགས། དེ་ལ་སྲས། དཔལ་ལྡེ། འོད་ལྡེ། སྐྱིད་ལྡེ་གསུམ་བྱུང་། དབུས་གཙང་གི་རུ་ལག་བཞི་བསྐྱངས་པས་སྨད་དུ་རྒྱལ་སྲིད་ལྷམ་ཙམ་ཆགས་ཟེར། བཀྲ་ཤིས་མགོན་གྱི་སྲས། འོད་ཀྱི་རྒྱལ་མཚན། དེའི་སྲས་སྲོང་ངེ་དང་། ཁོ་རེ་གཉིས་ལས། སྲོང་ངེས། གུ་གེར་མཐོ་ལྡིང་གསེར་གྱི་གཙུག་ལག་ཁང་བཞེངས། ཕྱིས་བསྙེན་པར་རྫོགས་པའི་མཚན་ལྷ་བླ་མ་ཡེ་ཤེས་འོད་ཅེས་གྲགས། མཚན་ཉིད་ཀྱི་ཐེག་པ་བཀར་ཤེས་ཀྱང་། ཨར་ཆོ་བཀླུ་བཅོ་བརྒྱད་ལ་སོགས་པའི་སྔགས་པ་རྣམས་ཀྱིས་སྦྱོར་སྒྲོལ་བྱས་པས། དེ་དག་བཀའ་ཡིན་མིན་ཐེ་ཚོམ་ཟོས། མངའ་ཞབས་ཀྱི་རྗེ་རིགས་ཀྱི་བུ་ཐམས་ཅད་བསགས་ཏེ། དེ་དག་ལས་བློ་གསལ་བ་ཉེར་གཅིག་རྒྱ་གར་ལ་ལོ་ཙཱ་སློབ་པ་དང་། པཎྜི་ཏ་སྤྱན་འདྲེན་པར་བཏང་ངས་པ་ལས་གཞན་ཕལ་ཆེར་འདས། རིན་ཆེན་བཟང་པོ་དང་། ལེགས་པའི་ཤེས་རབ་གཉིས་ལུས། རིན་ཆེན་བཟང་པོས་ཁ་ཆེ་རིན་ཆེན་རྡོ་རྗེ་ལ་སོགས་པར་ཡོ་ག་དང་། རྡོ་རྗེ་རྣལ་འབྱོར་མས་ལུང་བསྟན་ནས། ནཱ་རོ་པ་ལ་གསང་འདུས་ལུགས་གཉིས་གསན། གཞན་ཡང་ནོར་བུ་གླིང་པ་དང་། མར་མེ་མཛད་བཟང་པོ་སོགས། སྤྱིར་པཎྜི་ཏ་སུམ་ཅུ་རྩ་ལྔ་ལ་མདོ་སྔགས་ཀྱི་ཆོས་མང་དུ་གསན། དགུང་ལོ་སོ་གསུམ་པ་ལ་བོད་དུ་བྱོན། མངའ་རིས་སུ་ཡོ་ག་ཁ་ཆེ་རིན་ཆེན་རྡོ་རྗེ་ལུགས་སོགས་དར་བ་མཛད། བོད་སྤྱི་མཐུན་གྱི་བསོད་ནམས་ལ་གྲུབ་ནས། རྒྱ་གར་ཤར་ཕྱོགས་ཀྱི་པཎྜི་ཏ་སྨྲྀ་ཏ་ཛྙཱ་ན་བོད་དུ་བྱོན། རྒྱལ་བློན་ཆོས་ལ་དགྱེས་པས། བོད་ལ་ཕན་ཐོགས་པ་དགོངས་ནས་མངའ་རིས་སུ་བྱོན། དེར་ལོ་ཙཱ་བས་ཡོ་ག་གསན་པས། སློབ་དཔོན་ཀུན་དགའ་སྙིང་པོའི་གདམས་པ་མ་ནོར་བ་ཞིག་བྱུང་བས་ཤིན་ཏུ་མཉེས་ཏེ། གསེར་མཁར་སྟེར་གང་ཕུལ་བས་མ་བཞེས། ཁྱེད་ནོར་གྱི་འདོད་པ་དང་བྲལ་བ་ཡིན་གསུངས་། དེ་ནས་ཡོ་ག་ཁ་ཆེ་ལུགས་བཞག་ནས། རྒྱ་གར་ཤར་ཕྱོགས་པའི་ལུགས་གཞུང་གདམས་ངག་དང་བཅས་པ་ཉན་དང་བཤད་པ་བྱས་པས་ཡོ་གའི་བདག་པོར་གྱུར། དེ་ཡང་སྐུ་ཚེའི་སྟོད་ལ་ཁ་ཆེ་ལུགས། སྨད་ལ་ཤར་གྱི་ཕྱོགས་པའི་ལུགས་དར་བས། ཡོ་ག་ལ་བོད་འདིར

སྟོད་ལུགས་དང་། སྨད་ལུགས་གཉིས་སུ་གྲགས་སོ། །

དེ་ལ་ལོ་ཆུང་ལེགས་པའི་ཤེས་རབ་སོགས་སློབ་མ་བཞི་ལ་སོགས་པ་མང་དུ་བྱུང་། པཎྜི་ཏ་ཧྨ་ཕ་ལ་དང་མཇལ་ནས། ལྷ་བྲེ་བ་ཕྲག་གཅིག་སྒོམ་པ་སོགས་བྱེ་བ་བདུན་གྱི་དམ་བཅའ་མཛད། འཇམ་དཔལ་དཔའ་བོའི་སྤྲུལ་པར་ཡང་གྲགས། ལོ་ཙྪ་བ་དེས། སྔགས་ལོག་སུན་འབྱིན་མཛད། དེའི་ཚེ་སངས་རྒྱས་སྐར་རྒྱལ་ཞེས་བྱ་བ་བདུད་རིགས་དགེ་སློང་གི་ཆ་བྱད་འཛིན་པ་རྫུ་འཕྲུལ་སྣ་ཚོགས་སྟོན་པ་ཞིག་གིས་ཆོས་ལོག་བཅོས་པར། ལོ་ཙྪ་བ་རིན་ཆེན་བཟང་པོས་ཡི་དམ་ལྷའི་བསྙེན་པ་ཟླ་བ་དྲུག་མཛད་དེ་ཏིང་ངེ་འཛིན་བསྟན་ནས། སངས་རྒྱས་སྐར་རྒྱལ་གྱི་ཆོས་ལོག་སུན་ཕྱུང་སྟེ་སངས་རྒྱས་ཀྱི་བསྟན་པ་དར་བ་མཛད་དོ། །དེ་སྐད་དུ་ཡང་། སྡོམ་གསུམ་ལས། རིན་ཆེན་བཟང་པོ་ཞུགས་པའི་ཚེ། །སངས་རྒྱས་སྐར་རྒྱལ་ཞེས་བྱ་བ། །ཞེས་སོགས་ནས། དེ་ཚེ་རིན་ཆེན་བཟང་པོ་ཡིས། །སྒྲུབ་པ་ཟླ་བ་དྲུག་མཛད་ནས། །ཏིང་འཛིན་བསྟན་ནས་དེ་དྲུང་ཕྱིན། །སངས་རྒྱས་སྐར་རྒྱལ་བར་སྣང་ལ། །སྐྱིལ་ཀྲུང་བཅས་ནས་ཆོས་འཆད་ཚེ། །རིན་ཆེན་བཟང་པོས་གཟིགས་ཙམ་གྱིས། །ས་ལ་ལྷུང་ནས་བརྒྱལ་ཞེས་གྲགས། །ཞེས་སོགས་གསུངས་པ་ལྟར་རོ། །

གཞན་ཡང་། ཁོ་རེའི་སྲས་ལྷ་ལྡེ། དེ་ལ་སྲས་འོད་ལྡེ། བྱང་ཆུབ་འོད། ཞི་བ་འོད་གསུམ་ལས། ལྷ་བླ་མ་ཡེ་ཤེས་འོད། བྱང་ཆུབ་འོད་ལ་ཐུགས་རྗེས་ཆེ། རབ་ཏུ་བྱུང་དུ་བཙུག །དེས་ཀྱང་ལུགས་གཉིས་ཀྱི་སྒོ་ནས་སངས་རྒྱས་བསྟན་པ་བསྐྱངས། ལྷ་བཙུན་བྱང་ཆུབ་འོད་ཀྱིས་གསེར་མང་པོ་བསྐུར་ཏེ། དགེ་བཤེས་གུང་ཐང་པ་ཇོ་བོ་རྗེ་སྤྱན་འདྲེན་པར་བཏང་བས། ནམ་ཞིག་ཇོ་བོ་སྤྱན་འདྲོངས། ཇོ་བོ་རྗེ་བོད་དུ་ཕེབས་ནས་བོད་དུ་སངས་རྒྱས་ཀྱི་བསྟན་པ་ཉིན་མོ་ལྟར་གསལ་བ་མཛད། རྔོག་ལེགས་པའི་བློ་གྲོས། རྔོག་བྱང་ཆུབ་འབྱུང་གནས། འབྲོམ་སྟོན་པ་རྒྱལ་བའི་འབྱུང་གནས་སོགས་སློབ་མ་བཀའ་གདམས་པའི་ཚོགས་མང་དུ་བྱུང་། རྒྱལ་ཚབ་འབྲོམ་སྟོན་པ་ལ་གཏད་པ་སོགས་རྒྱས་པར་ཆོས་འབྱུང་རྣམས་སུ་ཤེས་པར་བྱ་ཞིང་།

གསུམ་པ་དབུས་གཙང་དུ་འབར་ཚུལ་ཀྱང་ཆོས་འབྱུང་སོགས་ལས་ཤེས་པར་བྱའོ། །དེ་ལྟར་ན་སྐབས་དོན་ལོ་ཙྪ་བ་རིན་ཆེན་བཟང་པོས། སངས་རྒྱས་སྐར་རྒྱལ་གྱི་ཆོས་ལོག་དང་། གཞན་ཡང་སྦྱོར་སྒྲོལ་སྦྲ་ཧི་བཞིན་དུ་སྒྲ་བ་སོགས་ཆོས་ལོག་འཕེལ་བ་རྣམས་སུན་ཕྱུང་བས། དེ་ནས་རྗེ་བཙུན་ས་སྐྱ་པ་ཆེན་པོ་བཞུགས་པ་ཡན་ཆད་དུ་ཆོས་ལོག་སྤྱོད་པ་ཉུང་ཞེས་འཆད་དགོས་ཏེ། གཞུང་ལས། ཆོས་ལོག་སྤྱོད་པ་ཉུང་ཞེས་ཐོས། །ཞེས་གསུངས་པའི་ས་མཚམས་དེ། ལོ་ཙྪ་བས་ཆོས་ལོག་སུན་ཕྱུང་བ་ནས། རྗེ་བཙུན་ས་སྐྱ་པ་ཆེན་པོ་བཞུགས་པ་ཡན་ཆད་ལ་བྱེད་དགོས་པའི་ཕྱིར། དེའི་རྗེས་སུ་བཀའ་གདམས་པ་དང་། ཕྱག་རྒྱ་བ་དང་། རྫོགས་ཆེན་པ་

རྣམས་འཁྲུལ་པ་ཅི་རིགས་བྱུང་བ་རྣམས་འགོག་པའི་ཕྱིར་དུ། རྗེ་བཙུན་གྱི་གཞུང་འདི་ཉིད་མཛད་པས། འདི་ཉིད་ལ་བཀའ་བསྡུ་བ་བཞི་པ་ཞེས་ཀྱང་མཁས་པ་རྣམས་གྲགས་སོ། །

དེ་ལྟར་བརྩམས་དགོས་པའི་རྒྱུ་མཚན་བསྟན་ནས། བརྩམས་པའི་བསྟན་བཅོས་དངོས་བཤད་པ་ལ། ལུས་མདོར་བསྟན་པ་དང་། ཡན་ལག་ཚིག་དོན་རྒྱས་པར་བཤད་པ་གཉིས་ལས། དང་པོའི་སྐབས་སུ་འཕེལ་གཏམ་ལས། བརྗོད་བྱའི་དོན་ཚན་བཅུ་གཅིག་ཏུ་བསྡུས་ཏེ་ཞེས་པ་ཙམ་ལས་མ་གསུངས་ཀྱང་། འདིར་ཅུང་ཟད་བརྗོད་པར་བྱ་བ་ལ། དང་པོ་ལུས་རྣམ་པར་གཞག་བསྟན་བཅོས་ཀྱི་དོན་རགས་པ་ལ་ངེས་པ་སྐྱེབ་པ་ནི། སོ་སོར་ཐར་པའི་སྡོམ་པ་དང་། །ཞེས་པ་ནས། རྣམ་པར་དབྱེ་བ་བཤད་ཀྱི་ཉོན། །ཞེས་པའི་བར་གྱི་བསྟན་ལ། དེའི་དོན་སློབ་ཀྱི་སྐྱོན་སོགས་སྤྲངས་ནས་ཉོན་ཅིག །ཅེས་དྲང་ངོ་། །གང་འཆད་ན་སོ་ཐར་གྱི་སྡོམ་པ་སོགས། དོན་ཚན་བཅུ་གཅིག་གོ། །བཅུ་གཅིག་པོ་གང་ཞེ་ན། ཐེག་པ་ཆེ་ཆུང་གི་བསྡུས་པའི་སོ་སོ་ཐར་པའི་སྡོམ་པ་ལུགས་གཉིས་དང་། བྱང་ཆུབ་སེམས་དཔའི་སྡོམ་པ་ཐེག་པ་ཆེན་པོའི་དབུ་སེམས་ཀྱི་ལུགས་གཉིས་དང་། གསང་སྔགས་ཀྱི་དབང་བསྐུར་ཐོབ་པའི་སྔགས་ཀྱི་སྡོམ་པ་གསུམ་ནི་གཞུང་འདིའི་བསྟན་བྱའི་གཙོ་བོ་ཡིན་ལ། སྡོམ་གསུམ་དེ་དག་གི་ཆོ་ག་དང་། སྡོམ་པ་གསུམ་པོ་སོ་སོའི་བསླབ་བྱ་དང་། སེམས་བསྐྱེད་པའི་གནད་བདག་གཞན་བརྗེ་བ་དང་། བསྔོ་བ་དང་སྨོན་ལམ་གྱི་རྣམ་གཞག་དང་། སྟོང་ཉིད་སྙིང་རྗེའི་སྙིང་པོ་ཅན་སྒོམ་པའི་ཚུལ་དང་། དེ་ཡང་སྟེ་ཀུན་རྫོབ་སེམས་བསྐྱེད་སྒོམ་ཚུལ་དང་། ཕྱི་མ་དོན་དམ་སེམས་བསྐྱེད་སྒོམ་ཚུལ། སྔགས་ཀྱི་མཚན་ཉིད་བསྐྱེད་པའི་རིམ་པ་དང་། རྫོགས་པའི་རིམ་པ་གཉིས་ཀྱི་གནད། ཐེག་པ་འོག་མ་ལས་གསང་བའི་ཚིག་དང་། ཡེ་ཤེས་ཕྱག་རྒྱ་ཆེན་པོའི་ངོས་འཛིན་དང་། སྡོམ་གསུམ་ཐུན་མོང་བ་ཕྱི་དང་། གསང་སྔགས་ནང་གི་རྟེན་འབྲེལ་དང་། ས་བཅུ་དང་ལམ་ལྔའི་རྣམ་གཞག་རྣམ་པར་དབྱེ་བ་བཤད་ཀྱིས་ཞེས་པའོ། །

འདིར་ཊཱི་ཀ་བསྟན་པའི་སྒྲོན་མེ་ལས། རྣམ་བཤད་མཛད་པ་ཀུ་མ་ར་འི་བཞེད་པ་དྲངས་པར། བསྟན་བཅོས་འདིའི་ལུས་རྣམ་གཞག་གསུམ་དུ་འགྱུར་ཏེ། དང་པོ་ནི། སོ་སོ་ཐར་པའི་སྡོམ་པ་དང་། །དེ་དག་གི་ནི་ཆོ་ག་དང་། །སོ་སོའི་བསླབ་པར་བྱ་བ་དང་། །ས་དང་ལམ་གྱི་རྣམ་གཞག་གི། །རྣམ་པར་དབྱེ་བ་བཤད་ཀྱིས་ཉོན། །ཞེས་པ་དང་།

གཉིས་པ་ནི། བྱང་ཆུབ་སེམས་དཔའི་སེམས་བསྐྱེད་དང་། །དེ་དག་གིས་ནི་ཆོ་ག་དང་། །སོ་སོའི་བསླབ་པར་བྱ་བ་དང་། །སེམས་བསྐྱེད་པ་ཡི་གནད་རྣམས་དང་། །སྟོང་ཉིད་སྙིང་རྗེའི་སྙིང་པོ་དང་། །ས་དང་ལམ་གྱི་རྣམ་བཞག་གིས། །རྣམ་པར་དབྱེ་བ་བཤད་ཀྱིས་ཉོན། །ཞེས་པ་དང་།

གསུམ་པ་ནི། གསང་སྔགས་ཀྱིས་ནི་དབང་བསྐུར་དང་། །དེ་དག་གི་ནི་ཆོ་ག་དང་། །སོ་སོའི་བསླབ་པར་བྱ་བ་དང་། །རིམ་པ་གཉིས་ཀྱི་གསང་ཚིག་དང་། །ཡེ་ཤེས་ཕྱག་རྒྱ་ཆེན་པོ་དང་། །ཕྱི་དང་ནང་གི་རྟེན་འབྲེལ་དང་། །ས་དང་ལམ་གྱི་རྣམ་བཞག་གི། །རྣམ་པར་དབྱེ་བ་བཤད་ཀྱིས་ཉོན། །ཞེས་འཆད་དེ། ལེགས་པར་སྣང་ངོ་། །ཞེས་གསུངས། ལུས་རྣམ་གཞག་གིས། ཚིག་བཅད་གསུངས་པའི་དགོས་པ་ནི། ཚིག་ཉུང་ངུས་བསྟན་བཅོས་ཀྱི་དོན་རགས་པ་བདེ་བླག་ཏུ་རྟོགས་པར་བྱ་བའི་ཆེད་ཡིན་ནོ། །

གཞུང་འདིས་ནི་བསྟན་བཅོས་འདིའི་དགོས་སོགས་བསྟན་ཏེ། དོན་ཚན་བཅུ་གཅིག་པོ་འདི་བསྟན་བཅོས་ཀྱི་བརྗོད་བྱ། བསྟན་བཅོས་འདི་ལས་དོན་ཚན་བཅུ་གཅིག་པོ་དེ་རྟོགས་པ་དགོས་པ། དེ་ལས་སངས་རྒྱས་ཐོབ་པ་ཉིང་དགོས། དགོས་པ་དེ་གཉིས་ཐབས་བསྟན་བཅོས་འདི་ལས་བྱུང་བས་འབྲེལ་པའོ། །འོ་ན་བསྟན་བཅོས་འདིའི་གདུལ་བྱ་ལ་རིགས་དུ་ཡོད་སྙམ་ན། གདུལ་བྱ་ལ་ལྡོག་པའི་སྒོ་ནས་རིགས་བཞིར་ཡོད་དེ། ངན་འགྲོ་སྤངས་ནས་མངོན་མཐོ་ཐོབ་པར་འདོད་པ་དང་། འཁོར་བ་སྤངས་ནས་དམན་པའི་སངས་རྒྱས་ཐོབ་པར་འདོད་པ་དང་། སྲིད་ཞི་སྤངས་ནས་ཕ་རོལ་ཏུ་ཕྱིན་པའི་བྱང་ཆུབ་ཐོབ་པར་འདོད་པ་དང་། དེའི་གོང་དུ་མཐར་ཐུག་རྡོ་རྗེ་འཛིན་པའི་ས་ཐོབ་པར་འདོད་པའི་གང་ཟག་བཞིར་ཡོད་པས་སོ། །དེའི་རྒྱུ་མཚན་ཡང་། སྡོམ་པ་གསུམ་བསྟན་དགོས་ཀྱི་གང་ཟག་གསུམ་པོ་དེ་ཡང་། དང་པོར་སྡོམ་པའི་སྣོད་དུ་རུང་དགོས་ལ། དེ་ཡང་ངན་སོང་སྤངས་ནས་མངོན་མཐོ་ཐོབ་དགོས་ཤིང་། དེ་ལ་ཡང་མངོན་མཐོའི་ཐབས་བསྟན་དགོས་པའི་ཕྱིར་དང་། གསང་སྔགས་ཉམས་སུ་བླངས་པར་རྡོ་རྗེ་འཆང་གི་གོ་འཕང་མི་ཐོབ་པར་བཞེད་པས་སོ། །

དོན་འདི་ལ། ཏཻ་ཀཱ་འགའ་ཞིག་ཏུ། ངེས་ན་ལས་དང་རྣམ་སྨིན་གྱི། །རྣམ་པར་དབྱེ་བ་བཤད་ཀྱིས་ཉོན། །ཞེས་སོགས་ཀྱི་ལས་འབྲས་ཀྱི་རྣམ་གཞག་བཤད་པ་ཡིན་ཞིང་། བདག་མེད་མའི་བསྟོད་འགྲེལ་དུ། ཕར་ཕྱིན་ཐེག་པ་དང་། གསང་སྔགས་ཀྱི་ཐེག་པས་ཐོབ་པའི་སངས་རྒྱས་གཉིས་ལ། མཚན་བཏགས་ཀྱི་ཁྱད་པར་ཡོད་པར་ཆུ་དང་འོ་མས་བཀྲུས་པའི་སྐྱུ་རུ་རའི་དཔེས་སྒྲུབ་པས་སོ། །ཞེས་གསུངས་ཀྱང་བློ་གྲོས་དང་ལྡན་པ་རྣམས་ཀྱིས་ལེགས་པར་བརྟགས་དགོས་སོ། །

གཉིས་པ་ལ། དངོས་དོན་སྡོམ་གསུམ་གཏན་ལ་དབབ་པ་དང་། ཚིག་དོན་ལ་འཁྲུལ་པ་སྤོང་ཚུལ་གཉིས་ལས། འདི་དག་གིས་སྐབས་སུ། འཕེལ་གཏམ་ལས། སྐབས་གསུམ་དུ་གྲུབ་པར་འཆད་པའི་ཚུལ་ལ། སྡོམ་གསུམ་སོ་སོའི་ངོ་བོ་ནས་སོ་སོའི་བསླབ་བྱའི་བར་ལ་མདོར་རྒྱས་སྤྲོ་ཚུལ་ནི་གོ་སླ་བས་ཀུན་མཐུན་པར་སྣང་། ཞེས་པ་ཙམ་ལས་མ་གསུངས་ཀྱང་། འདིར་ཐོག་མར་ལེའུ་དང་པོའི་སྐབས་སུ། སོ་ཐར་སྡོམ་པའི་རྣམ་

གཞག་ཙམ་ཟད་བཤད་པ་ལ། གཞུང་གི་འབྲུ་བཤད་སོགས་རྒྱས་པར་རྣམ་བཤད་གཞན་ལས་ཤེས་པར་བྱ་བས་འདིར་མ་བཀོད། སྐབས་དོན་སོ་ཐར་སྡོམ་པའི་ངོ་བོ་ནི། ཆོས་འདི་པ་དག་གིས་ལུས་ངག་གང་རུང་དུ་རྟོགས་པའི་ཉེས་སྤྱོད་སྡོམ་པའི་ཚུལ་ཁྲིམས་གང་ཞིག་རྟེན་གྱི་གང་ཟག་ཤི་འཕོས་པས་སྟོངས་པ་དེའོ། །དེ་ཡང་ཟུར་དང་པོས་ཕྱི་རོལ་པའི་ཚུལ་ཁྲིམས་ལས་བཀར་བ་དང་། གཉིས་པས་བྱང་སེམས་ཀྱི་སྡོམ་པ་ལས་བཀར་བ་དང་། གསུམ་པས་བསམ་གཏན་དང་ཟག་མེད་ཀྱི་སྡོམ་པ་ལས་ལོགས་སུ་བཀར་བའོ། །ཟུར་དང་པོ་ནི། མཛོད་འགྲེལ་ལས། སོ་སོར་ཐར་པའི་སྡོམ་པ་ནི། འདི་པ་དག་གིས་འདོད་པ་ན་སྤྱོད་པའི་ཚུལ་ཁྲིམས་སོ། །ཞེས་གསུངས། ཟུར་གཉིས་པ་ནི། འོད་ལྡན་ལས། སོ་སོར་ཐར་པའི་སྡོམ་པ་ལ། ཡིད་ཀྱི་སྡོམ་པ་མེད་པས། ཞེས་གསུངས་ལ། ཟུར་གསུམ་པ་ནི། མཐའ་མ་གཉིས་ནི་སེམས་རྗེས་འབྲང་ཞེས་གསུངས་སོ། །སོ་སོ་ཐར་པའི་སྡོམ་པའི་ངོ་བོ་གཟུགས་དང་སེམས་པ་སོགས་སུ་གྲུབ་མཐའ་སྨྲ་བ་བཞིའི་འདོད་ཚུལ་བདག་གིས་འདུལ་བའི་སྐབས་སུ་བཤད་ཟིན་པས། འདིར་མ་སྤྲོས། དབྱེ་བ་ལ་དངོས་བཏགས་མ་ཕྱེ་ན་རིགས་བརྒྱད་དོ། །འདི་དག་ཀྱང་ཕལ་ཆེར་འདུལ་བའི་སྐབས་སུ་བསྟན་ཟིན་ཏོ། འོ་ན་སོ་སོ་ཐར་པའི་སྡོམ་པ་དེ་ལ། ཉན་ཐོས་ལུགས་ཁོ་ནར་ངེས་སམ། ཞེ་ན། མ་ངེས་ཏེ། དེ་ལ་བསམ་པའི་སྒོ་ནས། ཉན་ཐོས་ཀྱི་ལུགས་དང་ཐེག་པ་ཆེན་པོའི་ལུགས་གཉིས་སུ་ཡོད་པའི་ཕྱིར། ཞེས་འཆད་པ་ལ། སོ་སོར་ཐར་པའི་སྡོམ་པ་ལས། །ཉན་ཐོས་ཐེག་ཆེན་ལུགས་གཉིས་ཡོད། །ཅེས་གསུངས་པས་སོ། །ཉན་ཐོས་ལུགས་ཀྱི་སོ་ཐར་སྡོམ་པའི་ཐོབ་སྟངས་ལུང་དང་སྦྱར་ནས་བཤད་པ་ནི། ཉན་ཐོས་རྣམས་ཀྱི་སྐྱབས་འགྲོ་ནས། ཞེས་སོགས་ཀྱིས་བསྟན་ཏེ། དེས་སོ་ཐར་སྡོམ་པ་ལེན་པའི་དུས་དང་གཏོང་རྒྱུ་བཤད་པའི་ཕྱིར་ཏེ། དེ་ཡང་ཉན་ཐོས་དང་ཐུན་མོང་བའི་འདུལ་བ་ནས་བཤད་པའི་སྐྱབས་འགྲོ་ནས་བསྙེན་གནས་མ་གཏོགས་པ། དགེ་སློང་གི་སྡོམ་པའི་བར་ཇི་སྲིད་འཚོའི་བར་དུ་བླངས་པ་ཡིན་ལ། དེ་ནས་ཤི་བའི་ཚེ་ན་སོ་སོ་ཐར་པའི་སྡོམ་པ་གཏོང་ངོ་། །འདིར་བསྙེན་གནས་ཀྱི་སྡོམ་པ་ནི་ཤི་བ་གཏོང་ཡང་ཇི་སྲིད་འཚོ་བར་མ་ཡིན་ལ། སྐྱབས་འགྲོ་ནི་ཇི་སྲིད་འཚོ་བ་ཡིན་ཀྱང་སྡོམ་པ་མིན་ནོ། །སོ་སོ་ཐར་པའི་སྡོམ་པ་རྣམས་ཀྱི་རྣམ་སྨིན་གྱི་འབྲས་བུ་ནི། ཤི་འཕོས་ནས་ནི་འབྱུང་བ་འགྱུར་ཏེ། དེའི་རྣམ་སྨིན་གྱི་གཙོ་བོ་ནི། འདོད་པའི་ལྷ་ཡིན་པའི་ཕྱིར་རོ། །བཤེས་སྤྲིང་ལས། གསོ་སྦྱོང་འདོད་སྤྱོད་ལྷ་ལུས་ཡིད་འོང་བ། །སྐྱེས་པ་བུད་མེད་དག་ལ་སྩལ་བར་གྱིས། །ཞེས་གསུངས་པས་སོ། །ཞེས་སྟོན་པ་ལ། སྡོམ་པ་རྣམས་ཀྱི་འབྲས་བུ་ནི། །ཚེ་འཕོས་ནས་ནི་འབྱུང་བ་འགྱུར། །ཞེས་པ་དང་། དེའི་ཤུགས་ལ། བྱང་ཆུབ་སེམས་དཔའི་སྡོམ་པ་ནི། །ཤི་འཕོས་ནས་ཀྱང་རྗེས་སུ་འབྲང་། །ཞེས་གསུངས། དེ་ལྟར་དམ་བཅའ་བསྟན་ནས།

དེའི་ཤེས་བྱེད་སྟོན་པ་ནི། དེ་དག་གི་ནི་རྒྱུ་མཚན་ཡང་། །ཉན་ཐོས་སྡོམ་པ་རྣམ་རིག་མིན། །ལུས་ངག་ལས་ནི་སྐྱེ་བར་འདོད། །སྡོམ་པ་གཟུགས་ཅན་ཡིན་པའི་ཕྱིར། །ཤི་བའི་ཚེ་ན་སྡོམ་པ་གཏོང་། །ཞེས་པའི་བར་ཏེ། འདིའི་དོན་སོ་སོར་ཐར་པའི་སྡོམ་པ་ཤི་འཕོས་པས་གཏོང་སྟེ། དེ་དག་གི་རྒྱུ་མཚན་ཡང་། ཉན་ཐོས་ཏེ། བྱེ་བྲག་ཏུ་སྨྲ་བས་ནི། སོ་ཐར་སྡོམ་པའི་ངོ་བོ་རྣམ་པར་རིག་བྱེད་མ་ཡིན་པའི་གཟུགས་སུ་འདོད་ལ། དེ་ཡང་ལུས་ངག་ལས་ནི་སྐྱེ་སྟེ་ལུས་ངག་གི་རིག་བྱེད་ལ་རག་ལས་པར་འདོད་དོ། །

འདིར་འབྲི་ཁུང་པས། སོ་ཐར་སྡོམ་པའི་ངོ་བོ་བྱེ་སྨྲ་དང་མཐུན་པར་ཞལ་གྱིས་བཞེས་ནས། ཤི་འཕོས་པས་མི་གཏོང་ཞེས་གསུངས་པ་ལ། ནང་འགལ་སྟོན་པ་ནི། སོ་ཐར་སྡོམ་པ་ཆོས་ཅན། རྟེན་གྱི་གང་ཟག་གི་ཤི་བའི་ཚེ་ན་སྟོངས་ཏེ། ལུས་ངག་གི་རྗེས་སུ་འབྲང་བའི་གཟུགས་ཅན་དུ་གྲུར་པའི་སྡོམ་པ་ཡིན་པའི་ཕྱིར་རོ། །འདིའི་ཕྱོགས་སྔས་ནི་འབྲི་ཁུང་དགོངས་གཅིག་ཡིན་ཏེ། སྐྱོབ་པ་ཆེན་པོའི་རྡོ་རྗེའི་གསུང་ལ། དགག་སྒྲུབ་ཀྱི་རིམ་པ་རྒྱས་པ། གཞུང་འདི་ཉིད་དང་། དེའི་དགོངས་འགྲེལ་གསེར་ཐུར་དང་། ཊཱི་ཀྐཱ་བསྟན་པའི་སྒྲོན་མེ་སོགས་ལས་རྟོགས་པ་གསལ་ཆེའོ། །

དེ་ཡང་། ཉན་ཐོས་སྡོམ་པ་རྣམ་རིག་མིན། །ཞེས་སོགས་ལས་བརྩམས་པའི་གསེར་ཐུར་གྱི་དྲི་བ་གསུམ་ལས། དྲི་བ་དང་པོ་ནི། ཉན་ཐོས་ལུགས་ལ་སོ་ཐར་གྱི། །སྡོམ་པ་རྣམ་རིག་མིན་པའི་གཟུགས། །ཁ་ནར་བཤད་པ་གང་ན་ཡོད། །ཞེས་གསུངས་པ་ལ། གོ་ཊི་ཀ་ཏུ། ཁ་ནར་བཤད་པ་བསྟན་བཅོས་འདིའི། །ཚིག་ཟིན་དོན་ཐོབ་གང་ན་ཡོད། །ཅེས་ཕར་དྲིའོ། །ཞེས་ལན་མ་མཛད་མོད། དེ་ཡང་དྲི་ལན་ཟློས་སྦྱོར་ཙམ་དུ་ཟད་དེ། འོ་ན་དེ་ལ་འདི་ལྟར་དྲི་སྟེ། ཁ་ནར་བཤད་པ་བསྟན་བཅོས་འདི། །ཉན་ཐོས་སྡོམ་པ་རྣམ་རིག་མིན། །ཞེས་པའི་གཞུང་གི་ཚིག་ཟིན་དང་། དོན་ཐོབ་གཉིས་ཀ་ལ་ཡོད་དོ། །ཞེས་བརྗོད་ན་ཅི་གསུང་། ཚིག་ཟིན་ལ་མ་བསྟན་ནོ་སྙམ་ན་མ་ཡིན་ཏེ། ཉན་ཐོས་སྡོམ་པ་རྣམ་རིག་མིན། །ཞེས་པའི་གཞུང་དེས་ཉན་ཐོས་བྱེ་སྨྲ་བའི་ལུགས་ལ། སོ་ཐར་གྱི་སྡོམ་པ་རིག་བྱེད་མ་ཡིན་པའི་གཟུགས་སུ་ཚིག་ཟིན་ལ་བསྟན་པའི་ཕྱིར་ཏེ། གཞུང་དེས་དེ་ལྟར་དངོས་སུ་བསྟན་པའི་ཕྱིར། དེ་ལ་ཁྱབ་པ་ཡོད་དེ། ཚིག་ཟིན་གྱིས་བསྟན་པ་དང་། དངོས་སུ་བསྟན་པ་ལ་ཁྱད་པར་མེད་པའི་ཕྱིར། གོང་དུ་རྟགས་མ་གྲུབ་ན། དེ་ཡང་མི་འཐད་དེ། གཞུང་དེས་དེ་ལྟར་དངོས་སུ་བསྟན་པ་ཁྱེད་ཀྱིས་ཀྱང་ཞལ་གྱི་བཞེས་པའི་ཕྱིར་རོ། །ཁྱེད་ཀྱི་དྲི་ལན་ལས། ཉན་ཐོས་སྡོམ་པ་རྣམ་རིག་མིན། །ཞེས་པས་བསྟན་ནོ་སྙམ་ན། དེ་ནི་ཚིགས་བཅད་སྦྱར་བདེ་བའི་ཆེད་དུ། རིག་བྱེད་མིན་པ་དངོས་སུ་སྨོས་ནས་ཞེས་བཤད་འདུག་པའི་ཕྱིར། འཁོར་གསུམ་ཞལ་གྱིས་མི་བཞེས་སམ། གཞན་ཡང་ཉན་ཐོས་བྱེ་སྨྲ་བའི་ལུགས་ལ་སོ་ཐར་

སྡོམ་པ་རྣམ་པར་རིག་བྱེད་མ་ཡིན་པའི་གཟུགས་སུ་བཤད་པ་ཚིག་ཟིན་དོན་ཐོབ་གཉིས་ཀ་ལ་བཤད་དེ། དེ་ཡང་། ཉན་ཐོས་སྡོམ་པ་རྣམ་རིག་མིན། །ཞེས་བྱེ་སྨྲའི་ལུགས་ཀྱི་སོར་སྡོམ་རིག་བྱེད་མིན་པའི་གཟུགས་སུ་མཐའ་གཅིག་ཏུ་བསྟན་པས། ཚིག་ཟིན་ལ་བསྟན་པར་གྲུབ་ཅིང་། གཞུང་དེའི་དོན་ཐོབ་ལ་ཡང་གྲུབ་སྟེ། དྲི་བ་དང་པོའི་དངོས་ལན་གདབ་པའི་ཚེ། ཉན་ཐོས་བྱེ་སྨྲའི་ལུགས་ཀྱི་སོ་སོར་ཐར་པའི་སྡོམ་པ་ལ་རིག་བྱེད་མ་ཡིན་པའི་གཟུགས་ཀྱིས་ཁྱབ་པ་ཡིན་ཏེ། ཇི་སྐད་དུ། རྣམ་རིག་མིན་རྣམ་གསུམ་ཞེས་བྱ། །སྡོམ་དང་སྡོམ་པ་མིན་དང་གཞན། །ཞེས་སོགས་འགྲེལ་པ་དང་བཅས་དྲངས་ནས། ལུང་རིགས་ཀྱི་སྒྲུབ་བྱེད་རྒྱས་པར་བཤད་པ་རྣམས་ལས་རྟོགས་པར་བྱ་ཞིང་། གོ་ཏི་ཀ་ཏུ། ཉན་ཐོས་སྡོམ་པ་རྣམ་རིག་མིན། །ཞེས་པའི་སྐབས་སུ། སྡོམ་པའི་ངོ་བོ་ལ་རྣམ་པར་རིག་བྱེད་མ་ཡིན་པ་དང་། ཤུགས་ལ་རིག་བྱེད་ཀྱི་གཟུགས་ཀྱང་ཡོད་པའི་ཤེས་བྱེད་དུ། རྣམ་རིག་མིན་རྣམ་གསུམ་ཞེས་བྱ། །ཞེས་སོགས་དྲངས་པའང་འབྲེལ་མ་ཆགས་ཤིང་། གཞན་ཡང་དྲི་བའི་ལན་མོ་མང་པོ་མཛད་འདུག་ནའང་། དེ་དག་གི་གཞུང་དོན་རྟོགས་པ་ལ་ཕན་པར་དཀའ་བར་འདུག་གོ། །

ཡང་སྐབས་འདིར་རྣམ་རིག་མིན་ཞེས་པའི་དོན་ལ། རྣམ་བཤད་མཛད་པ་བསམ་ཡས་པ། སོ་ཐར་སྡོམ་པའི་ངོ་བོ་ལ་རིག་བྱེད་དང་། རིག་བྱེད་མ་ཡིན་པ་གཉིས་ཀ་ཡོད་པར་འཆད་ལ། སྤྱོས་ཁང་པས་སོ་ཐར་སྡོམ་པ་སྐད་ཅིག་མ་དང་པོ་རིག་བྱེད་ཀྱི་གཟུགས་སུ་སྐྱེ། གཉིས་པ་ཕན་ཆད་རིག་བྱེད་མ་ཡིན་པའི་གཟུགས་སུ་སྐྱེའོ་ཞེས་འཆད་པ་དང་། དགའ་གདོང་པས་རིག་བྱེད་མ་ཡིན་པའི་གཟུགས་གཙོ་ཆེ་ཞེས་འཆད། གོ་ཏི་ཀ་ལས་ནི། དེའི་ལུགས་ལྟར་འཆད་མོད། དེ་དག་འགོག་ཚུལ་རྒྱས་པ་ནི། ལེགས་བཤད་གསེར་ཐུར་ལས་བཤད་ཟིན་པས་དེར་བལྟ་བར་བྱ་ཞིང་། ཡང་རྗེ་པདྨ་དཀར་པོའི་སྡོམ་གསུམ་སྙིང་པོར། དེ་ལྟར་བླངས་པའི་དུས་ཀྱི་སྡོམ། །འཆལ་བའི་ཚུལ་ཁྲིམས་མི་དགེའི་གཟུགས། །དེ་སྤོང་ཚུལ་ཁྲིམས་རྣམ་གཉིས་སོ། །ཞེས་པས། དེ་སྐད་ཅིག་དང་པོ་ལ་རྣམ་པར་རིག་བྱེད་ཀྱི་གཟུགས་དང་། རྣམ་པར་རིག་བྱེད་མ་ཡིན་པའི་གཟུགས་གཉིས་སྐྱེའོ། །ཞེས་སོགས་རྒྱས་པར་གསུངས་པ་ནི། གསེར་ཐུར་དང་མཐུན་པར་སྣང་བར་སེམས་ཏེ། དེ་ཉིད་ལས། དང་པོའི་རྣམ་རིག་རྣམ་རིག་མིན། །ཞེས་པ་རང་འགྲེལ་དང་བཅས་པའི་དོན་ལ། དེ་དུས་ཀྱི་རིག་བྱེད་དང་པོ་ནི། སྦྱོར་བའི་སྐབས་ཡིན་ལ། རིག་བྱེད་མ་ཡིན་པ་དང་པོ་སྦྱོར་བའི་དུས་སུ་འབྱུང་བའི་ངེས་པ་མེད་ཅིང་། དངོས་གཞིའི་དུས་སུ་ནི་ངེས་པར་སྐྱེ་བས་ཁྱབ་པ་དེ་ཉིད་ཀྱི་ཕྱིར། རིག་བྱེད་མ་ཡིན་པའི་གཟུགས་སྐད་ཅིག་དང་པོ་ནི་སོ་སོར་ཐར་པ་དང་དེའི་སྡོམ་པ་གཉིས་ཀ་དང་། དེའི་སྐད་ཅིག་གཉིས་པ་ཕན་ཆད་ནི་སོ་ཐར་གྱི་སྡོམ་པ་ཁོ་ན་དང་། རིགས་བྱེད་ཀྱི་གཟུགས་དང་པོ་ནི། སོ་སོ་ཐར་པ་ཁོ་ན་དང་། དེའི་སྐད་ཅིག་གཉིས་པ་སོགས་ནི་གཉིས་ཀ་མ་ཡིན་པའོ། །

དེ་སྐད་དུ་ཡང་། ཉེར་རྟོགས་རྣམས་ནི་རྣམ་རིག་བྱེད། །རྣམ་རིག་བྱེད་མིན་འགྱུར་བའམ། །མ་ཡིན་ཟློག་པ་འཇུག་ཡིན་ནོ། །ཞེས་སོ། །ཞེས་གསུངས་པས། དེས་ན་སྡོམ་གསུམ་སྙིང་པོར་ཡང་། སྡོམ་པ་བླངས་པའི་དུས་ཀྱི་རིག་བྱེད་དང་པོ་དེ། བར་མའི་ཚུལ་ཁྲིམས་སུ་གསུངས་ཀྱི་སྡོམ་པར་ནི་མ་གསུངས་ལ། དེ་དུས་ཀྱི་རིག་བྱེད་མ་ཡིན་པ་དང་པོ་སོགས་ནི་ཚུལ་ཁྲིམས་དང་སྡོམ་པ་གཉིས་ཀ་རུ་འཆད་པར་སྣང་བས་མཁས་པ་དགོངས་པ་མཐུན་པར་འདྲ་སྟེ། གསེར་ཐུར་ལས། ཡང་དག་པར་བླངས་པའི་ཚུལ་ཁྲིམས་ཀྱི། རིག་བྱེད་དང་པོ་སྡོམ་པས་ཁྱབ་ན་སྦྱོར་བའི་དུས་སུ་སྡོམ་པ་སྐྱེས་པ་ཧ་ཅང་ཐལ་ལོ། །སྡོམ་པ་ཞེས་ཀྱང་བྱ་སྟེ། ཞེས་པར་རིག་བྱེད་ཀྱང་སྤྱོད་ན། སྐད་ཅིག་གཉིས་པ་ཞེས་སོགས་སུའང་དེ་སྤྱོད་པར་མཚུངས་སོ་ཞེས་གསུངས་པའི་ཕྱིར་རོ། །

ཏཻ་ཀཱ་བསྟན་པའི་སྒྲོན་མེ་ལས། འོན་ཀྱང་དེང་སང་། སྡེ་སྣོད་ཀྱི་བསྟན་པ་ནུབ་པ་ལྟ་བུར་གྱུར་པས། རིག་བྱེད་རིག་བྱེད་མ་ཡིན་པ་ཅི་ལ་ཟེར་མི་ཤེས་པ་སྣང་བས། ཅུང་ཟད་བཤད་ན། རིག་བྱེད་ཅེས་བྱ་བ་ནི། རང་གི་ཀུན་སློང་གཞན་ལ་རིག་པར་བྱེད་པ་སྟེ། དེ་ལ་ལུས་ཀྱི་རིག་བྱེད་དང་། ངག་གི་རིག་བྱེད་གཉིས་སོ། །དང་པོ་ནི། བསྙེན་པར་རྫོགས་པའི་སློབ་བྱ། དགེ་འདུན་གྱི་གནས་སུ་ཐལ་མོ་སྦྱར། ཙོག་ཙོག་པུར་འདུག་པའི་སྤྱི་གཙུག་ནས་རྐང་མཐིལ་གྱིས་བར་གྱི། རྟུལ་ཕྲ་རབ་ཀྱི་བཀོད་པ་གསར་དུ་སྐྱེས་པ་ལྟ་བུ་ལ་ལུས་ཀྱི་རིག་བྱེད་ཅེས་བྱ་སྟེ། ཇི་སྐད་དུ། ལུས་རྣམས་རིག་བྱེད་དབྱིབས་སུ་འདོད་ཅེས་གསུངས་སོ། །ངག་གི་རིག་བྱེད་ནི། སློབ་བྱ་དེས་བདག་བསྙེན་པར་རྫོགས་པ་མཛད་དུ་གསོལ། ཞེས་པ་ལྟ་བུའི་ངག་སྒྲ་ལྷང་ལྷང་པོ་དེ་ལ་བྱ་བ་ཡིན་ནོ། །ཇི་སྐད་དུ། ངག་རྣམས་རིག་བྱེད་ནི་ངག་སྒྲ། །ཞེས་གསུངས་པ་ལྟར་རོ། །དེས་ན་མིག་གིས་མཐོང་བཞིན་པའི་ལུས་ཀྱི་དབྱིབས་དང་། རྣ་བས་ཐོས་བཞིན་པའི་ངག་སྒྲ་ལ་སྡོམ་པར་འདོད་པ་ནི་བྱེ་སྨྲའི་གྲུབ་མཐའ་མི་མཁྱེན་པར་ཟད་དོ། །

གཉིས་པ་རིག་བྱེད་མ་ཡིན་པའི་གཟུགས་ནི། རྟུལ་ཕྲན་བསགས་པ་མ་ཡིན་པས། །བསྟན་མེད་ཐོགས་མེད་ཅེས་བྱ། དེ་ཡང་ལུང་མ་བསྟན་གྱིས་སེམས་ཀྱི་རིག་བྱེད་མིན་པ་ཀུན་ནས་སློང་བ་མི་ནུས་པས། དགེ་མི་དགེ་གང་རུང་དུ་ལུང་དུ་བསྟན་པ་གཅིག་དགོས་སོ། །དེས་ན་ལུང་དུ་བསྟན་ཅིང་ཐོགས་པ་མེད་པའི་གཟུགས་ནི་རིག་བྱེད་མ་ཡིན་པའི་གཟུགས་ཀྱི་མཚན་ཉིད་དོ། །དེ་ཙམ་བཤད་མི་དགོས་སོ་སྙམ་ན། དེང་སང་ནི་སྡེ་སྣོད་མི་ཤེས་པར་གཞུང་འདི་ལ་འཇུག་པ་མང་བར་སྣང་བས། དེ་མ་བཤད་ན་རྣམ་རིག་མིན་ཞེས་པའི་དོན་ཤེས་པ་མིན། ཞེས་པར་འཆད་པས་གཞུང་དེ་སྒྲ་ཇི་བཞིན་དུ་ཁས་ལེན་མི་ནུས་འདུག་པའི་ཕྱིར་རོ། །འདིར་རྣམ་བཤད་མཛད་པ་ཀུ་མ་ར་ནི། གཞུང་འདི་སྒྲ་ཇི་བཞིན་དུ་འཆད་དོ། །ཡང་ལུང་གི་ཤེས་བྱེད་ཅུང་ཟད་གོ་བདེ་བར་བཤད་

ན་མཛོད་ཀྱི་རང་འགྲེལ་ལས། སོ་སོ་ཐར་པའི་སྡོམ་པ་ནི། འབྱུང་བ་གཞན་དང་གཞན་དག་རྒྱུར་བྱས་ནས། རིག་བྱེད་མ་ཡིན་པའི་གཟུགས་བདུན་སྐྱེའོ། །ཞེས་དང་། ཡང་། ཤེས་བཞིན་དང་ནི་དྲན་དག་གཉིས། །ཞེས་པའི་སྣ་འགྲེལ་དུ། གང་སྤྱིལ་ལས། ལུས་དང་ངག་གི་སྡོམ་པ་ནི། རིག་བྱེད་མ་ཡིན་པ་ཁོ་ནར་བཤད་ན་ཞེས། ལུས་ངག་གི་རིག་བྱེད་ལ་སྡོམ་པ་མེད་པར་བཤད་པས་སོ། །ཞེས་ལེགས་པར་བཤད་དོ། །དེ་དང་མཐུན་པར་སྡོམ་གསུམ་སྙིང་པོར་ཡང་། ཚིག་བརྗོད་པའི་ངག་གི་དེ་དང་། དགེ་འདུན་གྱི་སྤྱོད་ལམ་གྱི་རྣམ་པར་རིག་བྱེད་གཉིས་ལས་བྱུང་བས་རྣམ་པར་རིག་བྱེད་ཅེས་བྱའོ། །དེ་ལྟ་བུ་མ་ཡིན་པས། གཡེངས་དང་སེམས་མེད་པ་ཡི་ཡང་། །ཞེས་སོགས་དྲངས་ཏེ་རྒྱས་པར་གསུངས་སོ། །

གཞུང་དེ་ཉིད་ལས་འཕྲོས་པའི་དྲི་བ་གཉིས་པ་ནི། ཉན་ཐོས་སོ་ཐར་མཁན་སློབ་ཀྱི། །ལུས་ངག་ལས་ནི་སྐྱེ་ཞེས་པ། །གཞུང་གི་དགོངས་པ་ཡིན་ན་ནི། །སྡོམ་པའི་ཐོབ་རྒྱུ་བཅུ་མེད་དམ། །ཞེས་པའི་ལན་ནི། གོ་ཏི་ཀ་ལས། འདིའི་སྡོམ་པ་སྐབས་ཐོབ་ཀྱི་ད་ལྟར་གྱི་ཆོག་ལས་ཐོབ་པའི་སྡོམ་པ་ལ་འཛུག་སྲིད་པའི་ཕྱིར་རོ། །ཞེས་ཡུ་ཚོམ་དུ་གསུངས་མོད། དེ་ཡང་དྲི་ལན་ཇི་བཞིན་དུ་ཐེབས་པར་མ་མངོན་ཏེ། དེ་ལྟར་ན་འདི་སྐབས་ཀྱི་གཞུང་གི་བསྟན་པའི་སོ་ཐར་སྡོམ་པ་ལ། ད་ལྟར་གྱི་ཆོགས་ཐོབ་པའི་སྡོམ་པ་ཡིན་པས་ཁྱབ་པར་ཞལ་གྱིས་བཞེས་དགོས་པར་འགྱུར་བས་གནོད་དོ། །

དེས་ན་དྲི་བ་གཉིས་པ་དེའི་དངོས་ལན་འདེབས་པའི་ཚེ། བྱེ་སྨྲའི་ལུགས་ཀྱི་སོ་ཐར་གྱི་སྡོམ་པ་རང་གི་ངོ་བོ་རིག་བྱེད་མ་ཡིན་པའི་གཟུགས་དང་ཉེ་བར་ལེན་པའི་རྒྱུ་འབྱུང་བ་བཞི་དང་། ལྷན་ཅིག་བྱེད་པའི་རྐྱེན་ལུས་ངག་གི་རིག་བྱེད་ལས་སྐྱེས་པའི་སྤྱོང་བ་བདུན་པོ་གང་རུང་དུ་འདོད་དོ། །དེས་ན་སྤྱིར་རིག་བྱེད་ལ་རག་མ་ལས་པའི་སོ་སོར་ཐར་པའི་སྡོམ་པ་མེད་ཀྱང་། གཞན་གྱི་རིག་བྱེད་ལ་རག་མ་ལས་པ་ཡོད་པ་ལ་དགོངས་ནས། མཛོད་དུ་སོགས་ཀྱི་སྒྲ་སྨོས་པ་ཡིན་ནོ། །དེའི་ཕྱིར་སོ་ཐར་སྡོམ་པའི་ངོ་བོ་བྱེ་སྨྲའི་ལུགས་ལྟར་ཁས་བླངས་ནས་ཤི་འཕོས་ནས་ཀྱང་རྗེས་སུ་འབྲང་བར་འདོད་པ་ནི་ནང་འགལ་བ་ཡིན་ཏེ། ལུས་ངག་གི་རྗེས་སུ་འབྲང་བའི་གཟུགས་ཅན་ཡིན་ན་རང་གི་རྟེན་ཤི་འཕོས་པའི་འོག་ཏུ་མི་འགྲོ་བས་ཁྱབ་པར་ཕྱིར། ཞེས་འཆད་པ་ནི། ལུས་ངག་ལས་ནི་སྐྱེ་བར་འདོད། །སྡོམ་པ་གཟུགས་ཅན་ཡིན་པའི་ཕྱིར། །ཤི་བའི་ཚེ་ན་སྡོམ་པ་གཏོང་ངས། །ཞེས་པའོ། །ཞེས་གསུངས་ལགས། དེས་ན་སྐབས་འདིར་གཞན་ལུས་ངག་ལས་སྐྱེ་ཞེས་པའི་དོན། ཉེར་ལེན་ལུས་ངག་ལས་སྐྱེ་ཞེས་འཆད་པ་དང་། གོ་ཏི་ཀ་ལས། སློབ་མའི་རྒྱུད་ཀྱི་ལུས་ངག་ལས་སྐྱེ་ཞེས་འཆད་པ་དང་། འགའ་ཞིག་མཁན་སློབ་ཀྱི་ལུས་ངག་ལས་སྐྱེ་ཞེས་འཆད་མོད། དང་པོ་གཉིས་མི་འཐད་དེ། འབྱུང་འགྱུར་དང

འབྱུང་བའི་ཉེར་ལེན་ལས་སྐྱེ་བར་གསུངས་ཀྱི། འབྱུང་འགྱུར་གྱི་ཉེར་ལེན་ལས་སྐྱེ་བར་མ་གསུངས་པའི་ཕྱིར་དང་། གོ་རིཀ་པ་ལྟར། སོ་ཐར་སྡོམ་པ་གང་ཡིན་ཐམས་ཅད་སློབ་མའི་རྒྱུད་ཀྱི་ལུས་ངག་ལས་སྐྱེ་དགོས་ན། ཡང་དག་པར་རྫོགས་པའི་སངས་རྒྱས་རང་བྱུང་གི་བསྙེན་པར་རྫོགས་པའི་སྡོམ་པ་དེ་ཡང་སློབ་མའི་ལུས་ངག་ལ་རག་ལས་པར་འགྱུར་བ་ཧ་ཅང་ཐལ་ལོ། །

ཡང་གསེར་ཐུར་གྱི་དྲི་བ་གསུམ་པ་གཟུགས་ཅན་ཡིན་པའི་རྒྱུ་མཚན་གྱི། ཤི་བས་སྟོངས་ན་ཟག་མེད་དང་། །བསམ་གཏན་གཉིས་ལའང་མི་ཐལ་ལམ། །ཞེས་པའི་ལན། ཀུན་མཁྱེན་གོ་རམས་པའི་དྲི་ལན་འཁྲུལ་སྤོང་ཟེར་བའི་གོ་རིཀ་དུ། ཐལ་བ་དེ་ལ་འདོད་ལན་བཏབ་ནས། བསམ་གཏན་དང་ཟག་མེད་ཀྱི་སྡོམ་པ་ཡང་ཚེ་འདིའི་གཟུགས་ཅན་ཤི་འཕོས་པའི་ཚེ་གཏོང་སྟེ་རྟེན་བོར་བའི་ཕྱིར། གཞན་དུ་ན། སོ་ཐར་གྱི་སྡོམ་པ་ཤི་འཕོས་པས་གཏོང་བའི་སྐྱབ་བྱེད་དུ་རྟེན་བོར་བའི་ཕྱིར་རོ། །ཞེས་བཀོད་པ་ལ་འབྲེལ་ཅི་ཞིག་ཡོད་ཅེས་བཀོད་འདུག་ཀྱང་། འཁྲུལ་སྤོང་མཛད་པ་པོ་རང་ལ་འབྲེལ་མ་བྱུང་བས་འཁྲུལ་ཏེ། འོན་བྱང་སྡོམ་དང་སྔགས་སྡོམ་ཀྱང་ཚེ་འདིའི་གཟུགས་ཅན་ཤི་འཕོས་པ་གཏོང་སྟེ། རྟེན་བོར་བའི་ཕྱིར་རོ། །འདི་ནི་འཕོར་གསུམ་གཙང་མའོ། །

གཞན་ཡང་བསམ་གཏན་ ཟག་མེད་ཀྱི་སྡོམ་པ་རྟེན་གྱི་གང་ཟག་ཤི་འཕོས་པ་མི་གཏོང་ཏེ་སྡོམ་པ་དེ་གཉིས་ནི། སེམས་ཀྱི་རྗེས་འབྲང་གི་སྡོམ་པ་ཡིན་པའི་ཕྱིར་ཏེ། མཛོད་ལས། མཐའ་མ་གཉིས་ནི་སེམས་རྗེས་འབྲང་། །ཞེས་པའི་བསྟན་དོན་གྲུབ་པའི་ཕྱིར། སོ་ཐར་གྱི་སྡོམ་པ་ལ་ནི་མི་མཚུངས་ཏེ། དེ་ནི་ཇི་སྲིད་འཚོ་བའི་བར་དུ་བླངས་པའི་སྡོམ་པ་ཡིན་པའི་ཕྱིར་རོ། །ཅི་སྟེ་རྟེན་བོར་བ་དེ་ཤི་བས་གཏོང་བའི་སྒྲུབ་བྱེད་དུ། བསླབ་པ་ཕུལ་དང་ཤི་འཕོས་དང་། །ཞེས་པའི་སྒྲུབ་བྱེད་དེར་བཀོད་དོ་སྙམ་ན་བདེན་མོད། དེའི་ཞིབ་ཆ་མ་ཤེས་པས་ལན་ཏེ། དེ་ནི་སོ་ཐར་སྡོམ་པ་ལེན་པའི་དུས་སུ་ཇི་སྲིད་འཚོ་བའི་བར་དུ།ཁས་བླངས་པ་གཞིར་བྱས་ནས། ཤི་བས་སྟོངས་ཏེ། རྟེན་བོར་བའི་ཕྱིར། ཞེས་གསུངས་པ་ཡིན་གྱིས། དེའི་རིགས་འགྲེ་ཟག་མེད་དང་བསམ་གཏན་གྱི་སྡོམ་པ་ལའང་བྱེད་པ་དེ་འདུ་ཆོས་མངོན་པ་ལ་འདྲིས་ཆུང་བའི་གཏམ་དུ་ཟད་དོ། །

གཉིས་པ་མི་འཐད་དེ། སྟོན་པ་སངས་རྒྱས་རང་བྱུང་གི་བསྙེན་པར་རྫོགས་པ་དང་། རང་སངས་རྒྱས་མཁན་སློབ་མེད་པའི་བསྙེན་པར་རྫོགས་པ་སོགས། སྟོན་གྱིས་བསྙེན་པར་རྫོགས་པའི་སྡོམ་པ་རྣམས་ཀྱང་མཁན་སློབ་ཀྱིས་ལུས་ངག་གི་རིག་བྱེད་ལས་སྐྱེ་མི་སྲིད་པའི་ཕྱིར་དང་། གསོལ་བཞིའི་ལས་ཀྱི་སྟོན་གྱི་ཚོགས་རབ་བྱུང་བསྙེན་རྫོགས་ཅིག་ཆར་དུ་ཐོབ་པའི་སྡོམ་པའང་། མཁན་སློབ་ཀྱི་ལུས་ངག་གི་རིག་བྱེད་ལས་མི་སྐྱེ་སྟེ། གཞུང་ལས། དེ་ལྟར་སྟོན་གྱི་ཚོགས་རབ་ཏུ་བྱུང་བ་དང་། བསྙེན་པར་རྫོགས་པ་ལ་མཁན་པོ་དང་སློབ་དཔོན་

མེད་པས་ཞེས་གསུངས་པའི་ཕྱིར། མདོར་ན་སོ་ཐར་སྡོམ་པ་ཤི་འཕོས་པས་གཏོང་བ་འདི་ནི། ཆོས་མངོན་པའི་མདོ་ལས་ཀྱང་གསུངས་ཏེ། བསླབ་པ་ཕུལ་དང་ཤི་འཕོས་དང་། །ཞེས་སོགས་ལྟར། བསླབ་པ་ཕུལ་བས་གཏོང་སྟེ། ཡང་དག་པར་བླངས་པ་དང་འགལ་བའི་རིག་བྱེད་རྒྱུད་ལ་སྐྱེས་པའི་ཕྱིར། ཤི་འཕོས་པས་གཏོང་སྟེ། ཇི་སྲིད་འཚོའི་བར་གྱི་སྡོམ་པ་གཞི་ལུས་པ་ལ་རྟེན་པོར་བའི་ཕྱིར། མཚན་གཉིས་ཅིག་ཅར་དུ་བྱུང་བས་གཏོང་སྟེ། རྟེན་ཉམས་པའི་ཕྱིར། དགེ་རྩ་ཆད་པས་སྟོང་སྟེ་གཞི་ཆད་པའི་ཕྱིར། བྱེ་བྲག་ཏུ་བསྙེན་གནས་ཀྱི་སྡོམ་པ་ནི། མཚན་མོ་འདས་པས་གཏོང་སྟེ། ཁས་བླངས་པ་དུས་ལས་འདའ་བའི་ཕྱིར། དེས་ན་གཏོང་རྒྱུ་དེ་དག་གི་སོ་སོར་ཐར་པའི་འདུལ་བ་སྟེ། སྡོམ་པ་གཏོང་ཞེས་པ་དེ་སོ་ཐར་གྱི་གཏོང་རྒྱུ་འཆད་པའི་སྐབས་འདི་ལ་ལུང་ཚད་མ་ཡིན་པའི་ཕྱིར་རོ། །བྱང་ཆུབ་སེམས་ཀྱི་སྡོམ་པ་ནི། ཤི་འཕོས་པས་མི་གཏོང་སྟེ། བྱང་ཆུབ་མ་ཐོབ་ཀྱི་བར་དུ་བླངས་པའི་སྡོམ་པ་ཡིན་པའི་ཕྱིར་རོ། །དེ་སྐད་དུ་ཡང་། འཇམ་དཔལ་གྱི་ཞིང་གི་བཀོད་པའི་མདོ་ལས། བདག་ནི་བྱང་ཆུབ་རིང་ཚུལ་དུ། །འཚང་རྒྱ་མོས་བཞིན་སྒྲོ་བ་མེད། །ཕྱི་མཐའ་ཐུག་གི་བར་དུ་ཡང་། །སེམས་ཅན་གཅིག་ཕྱིར་སྤྱོད་པར་བགྱིས། །ཞེས་སོགས་རྒྱས་པར་གསུངས་པའི་ཕྱིར། འདིར་སྐབས་སུ་ཁ་ཅིག་ཇི་སྲིད་འཚོའི་བར་གྱི་སྡོམ་པ་ཡིན་ན། ཤི་འཕོས་པས་གཏོང་བས་མ་ཁྱབ་སྟེ། ཇི་སྲིད་འཚོའི་སྒྲ་ལ། ལུས་ཇི་སྲིད་འཚོ་བ་དང་། སེམས་ཇི་སྲིད་འཚོ་བ་གཉིས་ཡོད་པ་ལས། འདིར་སེམས་ཇི་སྲིད་འཚོ་བ་ལ་དགོངས་སོ། །ཞེས་འབྲི་ཁུང་པ་ཁ་ཅིག་ཟེར་བ་ཡང་མི་འཐད་དེ། ལུང་རིགས་དང་འགལ་བའི་ཕྱིར་རོ། །ལུང་དང་འགལ་ཏེ། ཇི་སྲིད་འཚོ་ལ་གཉིས་སུ་འབྱེད་པ་དེ་འདྲ། སངས་རྒྱས་མདོ་རྒྱུད་ཀྱི་དགོངས་པ་མ་ཡིན་ཞིང་། རྒྱན་དྲུག་ལ་སོགས་པའི་མཁས་པ་གང་གིས་ཀྱང་མ་བཤད་པའི་ཕྱིར་རོ། །རིགས་པ་དང་ཡང་འགལ་ཏེ། སོ་ཐར་སྡོམ་པ་ཇི་སྲིད་འཚོའི་བར་དུ་གནས་པ་དེ་འདྲ་ཡིན་ན། ཉན་ཐོས་དང་ཐུན་མོང་གི་སོ་ཐར་སྡོམ་པ་དང་། ཐེག་ཆེན་གྱི་བྱང་སེམས་ཀྱི་སྡོམ་པ་ཁྱད་པར་མེད་པར་འགྱུར་བ་དང་། ཉན་ཐོས་དང་ཐུན་མོང་བ་ཇི་སྲིད་འཚོ་བར་གྱི་སྐབས་འགྲོ་དང་། ཐུན་མོང་མ་ཡིན་པ་བྱང་ཆུབ་མ་ཐོབ་ཀྱི་བར་གྱི་སྐྱབས་འགྲོ་གཉིས་སུ་དབྱེར་མི་རུང་བ་ཐལ་བ་དང་། སྡོམ་པ་དེ་གཉིས་འབོགས་པའི་ཆོ་ག་དང་། དེ་གཉིས་མི་ཉམས་པ་བསྲུང་བའི་བསླབ་བྱ་ཡང་གཅིག་ཏུ་ཐལ་བར་འགྱུར་ཏེ། གཉིས་པོ་ཇི་སྲིད་འཚོའི་བར་དུ་མཚུངས་པའི་ཕྱིར་དང་། རྟེན་གྱི་གང་ཟག་ཤི་ཡང་དགེ་སློང་གི་སྡོམ་པ་མི་འདོར་ན། བསླབ་པ་ཕུལ་བ་དང་། མཚན་གཉིས་གཅིག་ཅར་བྱུང་བ་སོགས་གཏོང་རྒྱུ་གཞན་གྱིས་ཀྱང་དགེ་སློང་གི་སྡོམ་པ་གཏོང་མི་སྲིད་པར་འགྱུར་རོ། །

དེའི་ལན་ལ་བཀའ་གདམས་པ་ཁ་ཅིག །འདི་སྐད་དུ་སྨྲ་སྟེ། བསམ་པ་ཐེག་ཆེན་སེམས་བསྐྱེད་ཀྱིས་མ་

ཟིན་པའི་སྡོམ་པ་གལ་ཏེ་གཏོང་ཡང་། བྱང་ཆུབ་མཆོག་ཏུ་སེམས་བསྐྱེད་ཟིན་པའི་སོ་ཐར་སྡོམ་པ་གཏོང་བ་མི་སྲིད་དོ། །དེ་ཡང་མི་འཐད་དེ། དེ་ལྟར་ན་ཇི་སྲིད་འཚོའི་བར་གྱི་སྡོམ་པ་མི་འཐད་པར་ཐལ་བ་ནི། འོན་ཞེས་པ་གཞན་གྱི་འདོད་པ་ཁོང་དུ་ཆུད་པའི་ཚིག་སྟེ། བསམ་པ་ཐེག་ཆེན་སེམས་བསྐྱེད་ཀྱིས་ཟིན་པའི་དགེ་སློང་དང་ལ་སོགས་པ་དགེ་འདུན་དང་། བསྙེན་གནས་ཀྱིས་སྡོམ་པ་རྣམས་བསླབ་པ་ཕུལ་བ་དང་། ཤི་འཕོས་པ་དང་། དགེ་བའི་རྩ་བ་ཆད་པ་དང་སོགས་པས་མཚན་གཉིས་ཅིག་ཆར་དུ་བྱུང་བ་ལ་སོགས་པ་གཏོང་རྒྱུ་ཀུན་གྱིས་མི་གཏོང་བར་འགྱུར་རོ། །ཐེག་ཆེན་སེམས་བསྐྱེད་ཀྱིས་ཟིན་པའི་སྡོམ་པ་ཡིན་པའི་ཕྱིར་རོ། །ཁྱབ་པ་ཁས་བླངས་འདོད་ན། སེམས་བསྐྱེད་ཀྱི་ཟིན་པའི་དགེ་སློང་གི་སྡོམ་པ་ཕུལ་ཡང་བསྲུང་དགོས་པར་འགྱུར་ཏེ། དེ་མ་བཏང་བར་ཡོད་པའི་ཕྱིར། གལ་ཏེ་མ་བསྲུང་ན་ཉམས་པར་འགྱུར་ཏེ། དགེ་སློང་གི་སྡོམ་པ་ཡོད་བཞིན་དུ་མ་བསྲུངས་པའི་ཕྱིར་རོ། །རྟེན་གྱི་གང་ཟག་དེ་ཤི་འཕོས་ནས་ཀྱང་དགེ་སློང་དུ་ཐལ་བར་འགྱུར་ཏེ། དེ་ལ་དགེ་སློང་གི་སྡོམ་པ་མ་གཏོང་བ་ཡོད་པའི་ཕྱིར་རོ། །འདོད་ན། གལ་ཏེ་དགེ་སློང་དེ་ནི་ལྷར་སྐྱེས་ནས་ལྷའི་དགེ་སློང་སྲིད་པར་འགྱུར་ཏེ། ལྷར་སྐྱེས་པའི་ཚེ་དགེ་སློང་གི་སྡོམ་པ་མ་བཏང་བར་ཡོད་པའི་ཕྱིར་རོ། །

འདིར་རྗེ་འབྲི་ཁུང་པ་ཆེན་པོས། ལྷའི་དགེ་སློང་སྲིད་པའི་ཤེས་བྱེད་དུ་དགེ་སློང་ཞིག་ལྷར་སྐྱེས་པ་ན་དགེ་སློང་གི་འདུ་ཤེས་དང་མ་བྲལ་བས་སོ། །ཞེས་གསུང་མོད་དགེ་སློང་གི་འདུ་ཤེས་དང་དང་མ་བྲལ་བ་ཙམ་གྱིས་དགེ་སློང་དུ་མི་འགྲུབ་སྟེ། མ་ཆགས་པ་ལྟུང་བ་ལ་སྦྱོར་ན་ཉེས་བྱས་སོ། །ཞེས་གསུངས་པའི་ཕྱིར་རོ། །ཡང་དེ་འདྲ་དེ་ཕྱི་ནས་མིར་སྐྱེས་ན་ཡང་། བྱིས་པ་ལོ་ཉི་ཤུ་མ་ལོན་པ་ལ་མ་ལོན་པར་འདུ་ཤེས་པའི་ཚེ། སྡོམ་པ་བླངས་མི་དགོས་པར་དགེ་སློང་དུ་ཐལ་བར་འགྱུར་ཏེ། སྔ་མའི་སྡོམ་པ་དེ་མ་བཏང་བས་སོ། །འདོད་ན། དེ་ལ་ལྟུང་བ་བྱུང་བ་སྟེ། རྩ་ལྟུང་ལས་སྨྲར་ན། དེའི་དགེ་སློང་གི་སྡོམ་པ་ཉམས་པར་འགྱུར་ལ། འདོད་ན། དེ་ལོ་ཉི་ཤུ་ལོན་ནས་བསྙེན་པར་རྫོགས་ན་སྡོམ་པ་མི་སྐྱེ་བར་ཐལ་ཏེ། རྩ་ལྟུང་གི་ཉམས་ནས་འཆབ་པའི་སེམས་སྐྱེས་པ་ལ་སླར་ཡང་བླང་དུ་མེད་པའི་ཕྱིར། དེ་སྐད་དུ་ཡང་། ལུང་བཞི་ལས། དེའི་དགེ་སློང་གི་ཚུལ་ཕྱིར་བླང་དུ་མེད་པར་འགྱུར་རོ། །ཞེས་གསུངས་པས་སོ། །འདི་དག་ནི་གཞུང་ལས། ཁ་ཅིག་ཇི་སྲིད་འཚོ་བའི་སྒྲ་ལུས་དང་སེམས་ལ་དགོངས་ཞེས་ཟེར་ཞེས་པའི་ཕྱོགས་སྔ་འགོག་པ་ལ། དེ་འདྲ་སངས་རྒྱས་དགོངས་པ་མིན། །མཁས་པའི་གཞུང་ལས་དེ་མ་བཤད། །ཞེས་པ་ནས། སླར་ཡང་བླང་དུ་མེད་པར་གསུངས། །ཞེས་པའི་བར་གྱིས་བསྟན་ཅིང་། གཞན་ཡང་། ལྷ་དང་བྱིས་པའི་དགེ་སློང་ནི། །འདུལ་བའི་སྡེ་སྣོད་རྣམས་ལས་བཀག །ཞེས་གསུངས་ཏེ། དེའི་དོན་ཡང་། ལྷ་དང་བྱིས་པའི་དགེ་སློང་ནི། འདུལ་བའི་སྡེ་སྣོད་རྣམས་ལས་བཀག་སྟེ། མདོ་

རྩ་བ་ལས། མི་མ་ཡིན་པའི་འགྲོ་བ་པ་དང་། བྱང་གི་སྒྲ་མི་སྙན་པ་གཉིས་ནི། སྡོམ་པའི་ཞིང་མིན་ནོ། །ཞེས་པས། ལྷའི་དགེ་སློང་བཀག་ལ། དེ་ཤེས་ན་ནི་ཞིག་གོ་ཞེས་པས། བྱིས་པའི་དགེ་སློང་བཀག་པའི་ཕྱིར་རོ། །གོང་གི་བཀའ་གདམས་པའི་འདོད་པ་དེ་ལ། ཉིན་ཞག་གཅིག་པའི་སྡོམ་པ་མི་འཐད་པར་ཐལ་ཏེ། སེམས་བསྐྱེད་ལྡན་པས་ཏེ། དེས་ཟིན་པའི་བསྙེན་གནས་ཀྱི་སྡོམ་པ་ཡང་བླངས་པའི་ནང་པར་ཕན་ཆད་ཀྱང་དེ་ཡོད་པར་ཁས་ལེན་དགོས་པའི་ཕྱིར། གང་ཟག་དེས་རྟག་ཏུ་བསྙེན་གནས་བསྲུང་དགོས་པར་འགྱུར་ལ། བསྲུང་བ་དེ་ལྟར་མིན་ན། དེའི་བསྙེན་གནས་ཀྱི་སྡོམ་པ་ཉམས་པར་འགྱུར་ཏེ། སྡོམ་པ་རྒྱུད་ལ་ཡོད་བཞིན་དུ་མ་བསྲུངས་པའི་ཕྱིར། གལ་ཏེ་དེ་ལྟར་མི་འགྱུར་ཏེ། བསྙེན་གནས་དེ་བླངས་པའི་ནང་པར་ཉི་མ་ཤར་བ་ན་གཏོང་པའི་ཕྱིར་སྙམ་ན་ནི། ཐེག་ཆེན་སེམས་བསྐྱེད་ཀྱིས་ཟིན་པའི་སྡོམ་པ་རྒྱུན་དུ་འབྱུང་བ་ཁས་བླངས་པ་དང་དངོས་སུ་འགལ་ལོ༔ །ཞེས་སྨོན་པ་ནི། སེམས་བསྐྱེད་ལྡན་པའི་བསྙེན་གནས་ཀྱང་ཞེས་པ་ནས། སྡོམ་པ་རྒྱུན་དུ་འབྱུང་བ་འགལ་ཞེས་པའི་བར་གསུངས་ཤིང་། དེ་དག་གི་དོན་བསྡུ་བ་ན། རྒྱ་མཚན་དེས་ན། སོ་སོ་ཐར་པའི་སྡོམ་པ་ཤི་ཡང་ཡོད་དོ། །ཞེས་སྒྲུབ་བྱེད་དང་བཅས་ཏེ། ཕྱོགས་སྔ་སྨྲ་བ་པོ་དེ་ཆོས་ཅན། ཁྱོད་ལ་ཐེག་པ་ཆེ་ཆུང་གང་གི་ཡང་སྡེ་སྣོད་ཀྱི་རྣམ་དབྱེ་མེད་པར་ཟད་དེ། སོ་སོ་ཐར་པའི་སྡོམ་པ་ཤི་འཕོས་ནས་ཀྱང་མ་བཏང་བ་ཡོད་དོ། །ཞེས་སྨྲ་བའི་སྐྱེས་བུ་ཡིན་པའི་ཕྱིར། ཞེས་འཆད་པ་ལ། དེས་ན་སོ་སོ་ཐར་པ་ཡི། །སྡོམ་པ་ཤི་ཡང་ཡོད་དོ་ཞེས། །སྨྲ་བའི་སྐྱེས་བུ་དེ་ལ་ནི། །སྡེ་སྣོད་རྣམ་དབྱེ་མེད་པར་ཟད། །ཅེས་གསུངས་སོ། །དེང་སང་ཀུན་མཁྱེན་གོ་བོ་རབ་འབྱམས་པ་རྗེས་འབྲང་དང་བཅས་པས་ནི། རྗེ་བཙུན་ས་པཎ་གྱི་གཞུང་འདི་དག་གིས་བཀག་པའི་ཕྱོགས་སྔ་མ་ལུས་པ་ཁས་བླངས་ནས། ས་སྐྱ་པ་གཙང་མར་ཁས་ལེན་པ་ནི། རང་ཚིག་སྔ་ཕྱི་འགལ་བས་ཆེས་ཆེར་ངོ་མཚར་ཆེ་སྟེ། འདི་ལྟར་ཐོག་མར་གསོལ་བཞིའི་ཆོ་གས་བསྙེན་པར་རྫོགས་ནས། དེའི་རྗེས་སུ་བྱང་སེམས་ཀྱི་སྡོམ་པ་བླངས་པའི་དགེ་སློང་གི་སྡོམ་པ་དེ་ཆོས་ཅན། ཤི་འཕོས་པས་མི་གཏོང་བར་ཐལ། བྱང་སེམས་ཀྱི་སྡོམ་པ་ཡིན་པའི་ཕྱིར། ཁྱབ་པ། དེས་ན་ཇི་སྲིད་སེམས་མ་ཉམས། །ཞེས་པའི་གོ་ཏེ་ཀ་དུ་ཁས་བླངས་ཤིང་། གཞུང་གིས་ཀྱང་གྲུབ་བོ་རྟགས་ཁས་བླངས་ཏེ། བྱང་སེམས་ཀྱི་སྡོམ་པར་གནས་གྱུར་པའི་ཕྱིར་རོ། །གསུམ་ཀར་ཁས་བླངས་སོ། །རྩ་བར་འདོད་ཟེར་ན། འོན་སེམས་བསྐྱེད་ཀྱིས་ཟིན་པའི། །དགེ་སློང་ལ་སོགས་སྡོམ་པ་རྣམས། །བསླབ་པ་ཕུལ་དང་ཤི་འཕོས་དང་། །རྩ་བ་ཆད་པ་ལ་སོགས་པ། །གཏོང་རྒྱུ་ཀུན་གྱིས་མི་གཏོང་འགྱུར། །ཞེས་པ་ལ། འདོད་ལན་འདེབས་སམ། མི་སྨྲ་བའི་བརྟུལ་ཞུགས་འཛིན། དང་པོ་ལྟར་ན། གཞུང་ནས་གསུངས་པའི་ཐལ་འགྱུར་དབང་པོའི་རྡོ་རྗེས་ངན་རྟོག་གི་བྲག་རི་ཕྱེ་མར་འཐག་པར་བྱ་བ་ནི། དེ་འདྲའི་དགེ་སློང་གི་བསླབ་

པ་ཕུལ་ཡང་བསྲུང་དགོས་པར་འགྱུར་ཏེ། བསླབ་པ་ཕུལ་ཡང་སྡོམ་པ་མ་བཏང་བ་ཡོད་པའི་ཕྱིར། རྟགས་ཁས་བླངས། ཁྱབ་པ་ཚད་མས་གྲུབ། དམ་བཅའ་ལ་ཚད་མའི་བསལ་བ་ཞུགས་པ་སྟེ། འཁོར་གསུམ་ཚང་བའི་ཐལ་འགྱུར་དང་པོའོ། །

ཡང་དེས་དགེ་སློང་གི་བསླབ་པ་མ་བསྲུང་ན་ཉམས་པར་འགྱུར་ཏེ། དེ་ལ་དགེ་སློང་གི་བསླབ་པ་ཕུལ་ཡང་རྒྱུད་ལ་ཡོད་པའི་ཕྱིར། འཁོར་གསུམ་ཚང་བ་གཉིས་པའོ། །ཡང་དེ་འདྲའི་དགེ་སློང་གི་དེ་ཤི་འཕོས་ནས་དགེ་སློང་དུ་ཐལ། དེའི་རྒྱུད་ལ་ཤི་ནས་ཀྱང་དགེ་སློང་གི་སྡོམ་པ་མ་བཏང་བ་ཡོད་པའི་ཕྱིར། གནམ་ལྕགས་འབར་བ་གསུམ་པའོ། །ཡང་དགེ་སློང་དེ་ལྷར་སྐྱེས་པའི་ཚེ། ལྷའི་དགེ་སློང་སྲིད་པར་ཐལ། ལྷར་སྐྱེས་པའི་ཚེ་སྡོམ་པ་དེ་མ་བཏང་བ་ཡོད་པའི་ཕྱིར། དབང་པོའི་རྡོ་རྗེ་བཞི་པའོ། །ཡང་ཤི་ནས་མིར་སྐྱེས་པ་ན། བྱིས་པ་བཙས་མ་ཐག་པའི་དགེ་སློང་དུ་ཐལ། དེའི་རྒྱུད་ལ་དགེ་སློང་གི་སྡོམ་པ་ཡོད་པའི་ཕྱིར། འཁོར་གསུམ་ཚང་བའི་ཐལ་འགྱུར་ལྔ་པའོ། །

ཡང་ལྷ་དང་བྱིས་པའི་དགེ་སློང་འདུལ་བའི་སོ་སྡོད་ལས་བཀག་ཀྱང་། སྡོམ་གསུམ་གྱི་ལུགས་ལ་ཡོད་དོ༑ ༑ཞེ་ན། འོ་ན་སོ་སོ་ཐར་པ་འདུལ་བཞིན། ཞེས་གསུངས་པ་མིན་ནམ། དྲན་པ་ཉེ་བར་ཞོག་ཅིག ༑གཞན་ཡང་ཁྱེད་ཅག་འཁོར་དང་བཅས་པ་ཆོས་ཅན། སོ་སྡོད་ཀྱི་རྣམ་དབྱེ་ལ་མི་མཁས་པར་ཟད་དེ། སོ་སོ་ཐར་པའི་སྡོམ་པ་རྟེན་གྱི་གང་ཟག་ཤི་འཕོས་ནས་ཀྱང་ཡོད་དོ། །ཅེས་སྨྲ་བའི་སྐྱེས་བུ་ཡིན་པའི་ཕྱིར་རོ། །འདིས་རྟགས་ཁས་བླངས། ཁྱབ་པ་གཞུང་གིས་འགྲུབ། འདོད་པ་ལས་འོས་མི་འདུག་པས། ད་ཕྱིན་ཆད་མདོ་སྔགས་ཀྱི་བདག་པོ་ཁས་མ་ལེན་ཅིག ༑དེས་ན་མི་སྨྲ་བའི་བརྟུལ་ཞུགས་ལ་གནས་ན་མཛེས་སོ། །གལ་ཏེ་དེ་ལ་ཡང་སྨྲ་རྒྱུ་ཡོད་དེ། ཁྱབ་པ་དེ་དག་ཐེག་ཆེན་སོ་ཐར་ལ་དགོངས་སོ། །ཞེ་ན། དེ་ནི་མིན་ཏེ། གོང་དུ། འོ་ན་སེམས་བསྐྱེད་ཀྱིས་ཟིན་པའི། །ཞེས། ཐེག་ཆེན་སེམས་བསྐྱེད་ཀྱིས་ཟིན་པའི་སྡོམ་པ་ཆོས་ཅན་དུ་བཟུང་ནས་ཐལ་བ་དེ་དག་འཕང་བ་མིན་ནམ། ཡང་ཐེག་ཆེན་སེམས་བསྐྱེད་ཀྱིས་ཟིན་པའི་སོ་ཐར་དེ་ཐེག་དམན་སོ་ཐར་ཡིན་ན། དེ་བས་ཆེས་འདི་ངོ་མཚར་ཆེའོ། །ཡང་འདི་པས། སོ་སོ་ཐར་པའི་སྡོམ་པ་ཤི་འཕོས་པས་གཏོང་བར་གཞུང་ལས་བཤད་བཞིན་དུ་ཁས་མི་ལེན་ལ། བསམ་གཏན་དང་ཟག་མེད་ཀྱི་སྡོམ་པ་ཤི་འཕོས་པས་གཏོང་བར་ཁས་ལེན་པ་ནི། ཅིར་འགྱུར་བརྟགས་དགོས་སོ། །ཞེས་ཏཱི་ཀཱ་བསྟན་པའི་སྒྲོན་མེ་ལས་གསུངས་སོ། །

ཡང་བསྙེན་གནས་ཀྱི་སྐབས་སུ། བྱེ་སྨྲའི་ལུགས་ལ་བསྙེན་གནས་ཀྱི་ཞེས་སོགས་ལས་བརྩམས་པའི་གསེར་ཐུར་གྱི་དྲི་བ་ལྟ་བར། བྱེ་སྨྲའི་བསྙེན་གནས་དགེ་སློང་ལས། །ལེན་པའི་དམིགས་བསལ་ག་ན་ཡོད། །

འདུལ་བའི་ལུགས་ཀྱིས་བསྙེན་གནས་ཀྱི། །ཆོ་ག་གསལ་པོ་ག་ན་བཞུགས། །ཞེས་གསུངས་ལ། འདིའི་དོན་རྒྱས་པར་གསེར་ཐུར་ཉིད་ལས་ཤེས་པར་བྱ་ཞིང་། འདིར་གོ་བདེར་མདོར་བསྡུས་ཙམ་བརྗོད་ན། གཞུང་འདི་དག་གིས། བསྙེན་གནས་ཀྱི་རྣམ་གཞག་སྟོན་ཚུལ་ལ། བྱེ་སྨྲའི་ལུགས་ལ་བསྙེན་གནས་ཀྱང་། །ཞེས་སོགས་ཀྱི་དོན་ལ། དེ་ཡང་འདིར་བྱེ་བྲག་སྨྲ་བ་སྟེ། འདུལ་བ་ནས་བཤད་པའི་བསྙེན་གནས་ཀྱི་སྡོམ་པ་དེ། ཡུལ་དགེ་སློང་ཞིག་ལས་ལེན་དགོས་ཏེ། མཛོད་ལས། སོ་སོར་ཐར་ཞེས་པ། གཞན་གྱི་རྣམ་རིག་བྱེད། ཅེས་གསུངས་ལ། གཞན་དེ་ཡང་། དགེ་སློང་ལས་གཞན་ལ་མ་གསུངས་པའི་ཕྱིར་དང་། ཡང་སོ་ཐར་རིགས་བརྒྱད་ཀྱི་མ་ཐ་ཡོངས་རྫོགས་དགེ་བསྙེན་ཡིན་ལ། དེ་ཡང་དགེ་སློང་ལས་ལེན་དགོས་པར་གསུངས་པའི་ཕྱིར་ཏེ། རང་གི་དགེ་བསྙེན་ཉིད་དུ་ཉེ་བར་བསྒྲུབས་ནས། ཞེས་བཤད་པའི་ཕྱིར། རྣམ་བཤད་མཛད་པ་སྔ་མ་རྣམས་ཀྱིས་ནི། འདིའི་ལུང་ཇི་ལྟ་བ་བཞིན་མ་རྙེད་པར་སྣང་ངོ་། །

ཡང་འདིར་བུ་སྟོན་རིན་པོ་ཆེ་ནས། འདུལ་བའི་བསྙེན་གནས་དགེ་སློང་ལས་ལེན་པའི་ངེས་པ་མི་སྣང་སྟེ། ལུང་ལས་ཁྱིམ་བདག་མགོན་མེད་ཟས་སྦྱིན་གྱིས་གཞན་ལ་བསྙེན་གནས་ཡོག་པར་བཤད་པའི་ཕྱིར། ཞེས་གསུངས་པ་ལ། དེ་ལ་རྣམ་བཤད་མཛད་པ་སྔ་མ་རྣམས་ཀྱིས་ལན་འདེབས་རྒྱ་མི་སྣང་ཞིང་། ལེགས་བཤད་གསེར་གྱི་ཐུར་མ་ལས། དེ་ནི་བསྙེན་གནས་ཙམ་མམ་ལེགས་སྤྱད་ཙམ་ལ་དགོངས་པ་མིན་ཏེ། མཛོད་འགྲེལ་ལས། གཞན་ལས་ནོས་པ་ནི་ལེགས་པར་སྤྱད་པ་ཙམ་དུ་འགྱུར་གྱི་བསྙེན་གནས་ཀྱི་སྡོམ་པ་ནི་མིན་ནོ། །ཞེས་གསུངས་པས་སོ། །ཞེས་པས། ལན་ལེགས་པར་བཏབ་བོ། །གང་ལ་སྐྱེ་བའི་རྟེན་གྱི་གང་ཟག་ནི། གླིང་གསུམ་གྱི་སྐྱེས་པ་དང་། བུད་མེད་གང་རུང་དུ་ངེས་ཏེ། དེ་ལས་གཞན་པའི་འགྲོ་བ་ལ་བསྙེན་གནས་ཀྱི་སྡོམ་པ་སྐྱེ་བ་བཀག་པའི་ཕྱིར་རོ། །དེ་ཡང་མཛོད་ལས། ཟ་མ་མ་ནིང་སྨྲ་མི་སྨན། །མཚན་གཉིས་མ་གཏོགས་མི་རྣམས་ལ། །ཞེས་བཤད་དོ། །འདིའི་སྔགས་ཚིགས་སམ་ཚིག་ནི། ལུང་ལས་དངོས་སུ་མ་གསུངས་ཀྱང་། རྟང་མཐུན་སྦྱར་བས་ཆོག་སྟེ། དཔེར་ན་དགེ་ཚུལ་གྱི་གསོ་སྦྱོང་གིས་སྔགས་ཚིག་བཞིན་ནོ། །

ཇི་ལྟར་ལེན་པའི་ཚུལ་ནི། མཛོད་ལས། དམའ་བར་འདུག་སྨྲས་བཟླས་པ་ཡི། །མི་བརྒྱན་ནམ་ནི་ལང་བར་དུ། །བསྙེན་གནས་ཡན་ལག་ཚང་བར་ནི། །ནང་པར་གཞན་ལས་ནོད་པར་བྱ། །ཞེས་གསུངས་སོ། །དེའི་དོན་ནི། ནོད་པ་པོ་གདན་དམའ་བ་ལ་འདུག་ཅིང་། འཕོག་པ་པོའི་རྗེས་ཟློས་ལན་གསུམ་བྱེད་པ་དང་། རྒྱན་གསར་པ་མི་གདགས། དེ་ཡང་ཆོག་སྐྱབས་འགྲོ་བཅས་མས་བྱེད་དུ་བྱེད་དགོས་ཏེ། སྐྱབས་སུམ་སོང་བ་ལ་མེད། །ཞེས་གསུངས་སོ། །ཁས་ལེན་ལན་གསུམ་བྱ་དགོས་ཏེ། དགེ་བསྙེན་གྱི་ཆོ་ག་བཞིན་ནོ། །བསླབ་པ་བརྗོད་པ་

ནི་གཅིག་ཁོ་ནའོ། །དུས་ནི་སང་ཉི་མ་མ་ཤར་བར་དུའོ། །ནང་པར། ཞེས་པ་ནི། ཟན་མ་ཟོས་པའི་གོང་དུའོ། ། དམིགས་བསལ་ནི། གང་གི་དུས་རྟག་ཏུ་ཆོས་བརྒྱད་སོགས་ལ། བསྙེན་གནས་དམ་པ་དེས། ཟན་ཟོས་ནས་ཀྱང་བསྲུངས་པས་ཆོག་གོ། །ཅིའི་ཕྱིར་བསྙེན་གནས་ཞེས་བྱ་ཞེ་ན། དགྲ་བཅོམ་པ་ལ་ཉེ་བར་གནས་པས་ན་བསྙེན་གནས་སོ། །དེ་ཡང་རྒྱ་མཐུན་གྱི་འབྲས་བུ་འདོད་པའི་ལྷ་དང་། བྲལ་བའི་འབྲས་བུ་སངས་རྒྱས་ཐོབ་པར་གསུངས་ཏེ། བྱམས་པ་ལུང་བསྟན་པའི་མདོ་ལས། ལྷའི་དབང་པོ་བརྒྱ་བྱིན་གྱིས། །ཟླ་བ་ཡར་གྱི་ཆོས་བརྒྱད་དང་། །ཆོ་འཕྲུལ་གྱི་ནི་ཡར་ངོ་ལ། །བསྙེན་གནས་ཡན་ལག་བརྒྱད་བསྲུང་ན། །དེ་ནི་ང་དང་འདྲ་བར་འགྱུར། །ཞེས་སྨྲས་པ་དང་། གཽ་ཤི་ཁྱོད་དེ་སྐད་མ་ཟེར་ཅིག །ཟླ་བ་ཡར་གྱི་ཆོས་བརྒྱད་དང་། །ཆོ་འཕྲུལ་གྱི་ནི་ཡར་ངོ་ལ། །བསྙེན་གནས་ཡན་ལག་བརྒྱད་བསྲུང་ན། །དེ་ནི་ང་དང་འདྲ་བར་འགྱུར། །ཞེས་སོ། མདོ་སྡེ་པ་སྟེ། མདོ་སྡེ་ནས་བཤད་པའི་ལུགས་ནི། གཞུང་ལས། མདོ་སྡེ་པ་རྣམས་དུད་འགྲོ་སོགས། །འགྲོ་བ་གཞན་ལའང་སྐྱེ་བར་བཤད། །ཅེས་སོགས་ཀྱིས་བསྟན་ལ། གཞུང་འདི་ལས་བརྩམས་པའི་རྣམ་བཤད་མཛད་པ་རྣམས་ལ་དྲི་བ་ནི་གསེར་ཐུར་གྱི་ལེའུ་དང་པོའི་དྲི་བ་དྲུག་པར། དུད་འགྲོ་སོ་སོ་ཐར་པ་ཡི། །སྡོམ་པའི་རྟེན་དུ་ཁས་ལེན་པའི། །ཉན་ཐོས་སྡེ་པ་ཡོད་དམ་ཅི། །ཞེས་གསུངས་ལ། དེ་ལྟར་ཁས་ལེན་པ་དེ། གྲུབ་མཐའ་སྨྲ་བ་བཞིའི་ཡ་གྱལ་དུ་གྱུར་པའི་མདོ་སྡེ་པ་ནི་མ་ཡིན་ཏེ། དེས་ནི་སོ་ཐར་སྡོམ་པའི་རྣམ་གཞག །འདུལ་བ་དང་མི་འགལ་བ་ཁས་ལེན་ལ། འདུལ་བ་ལས་ནི་མི་མ་ཡིན་པའི་འགྲོ་བ་པ་དང་བྱང་གི་སྒྲ་མི་སྙན་པ། སོ་ཐར་སྡོམ་པ་སྐྱེ་བའི་བར་ཆད་ཅན་དུ་གསུངས་ལ། དེས་ན་འདི་སྐབས་ཀྱི་མདོ་སྡེ་པ་ཞེས་པ་ཐེག་པ་ཆེ་ཆུང་གི་མདོ་སྡེ་སྒྲ་ཇི་བཞིན་པར་ཁས་ལེན་པ་དག་ལ་ཟེར་བ་ཡིན་ཏེ། སྐྱེས་པ་རབ་ཀྱི་སྡེ་ལས། རི་བོང་དང་སྤྲེའུ་ལ་སོགས་པ་གསོ་སྦྱོང་ལ་གནས་པར་བཤད་པ་དང་། མདོ་སྡེ་མཛངས་བླུན་ན། ཀླུ་ཞིག་གིས་བསྙེན་གནས་ཀྱི་ཡི་གེ་ཙམ་ལ་བརྟེན་ནས། གསོ་སྦྱོང་བླངས་པར་བཤད་པ་དང་། ཁྱིམ་བདག་མགོན་མེད་ཟས་སྦྱིན་གྱིས་ཀྱང་། མདོ་སྡེའི་ལུང་ལ་བརྟེན་ནས་གཞན་ལ་བསྙེན་གནས་སྟེར་བར་མཛད་པ་ཡིན་ནོ། །དེ་དག་ནི་བར་མ་དགེ་བ་ཙམ་ཡིན་གྱིས། སྡོམ་པར་བཞེད་པའི་ཚད་ལྡན་སུ་ཡང་མེད་དོ་ཞེས་གསུངས། གནས་འཇོག་གི་མདོ་ལས། དགེ་སློང་དམ་བྲམ་ཟེའམ་ཁྱིམ་པའམ་རབ་ཏུ་བྱུང་བ་ཚིག་ཤེས་པ་གཅིག་གི་མདུན་དུ་འདུག་སྟེ། ཞེས་ཀྱང་གསུངས་ལ། དེ་ལྟར་ན་གཞུང་འདི་ལྟར་འདོན་ཏེ། འདུལ་བར་བསྙེན་གནས་དགེ་སློང་ལས། །ལེན་ཞིང་མི་ཡི་རྟེན་དུ་བཤད། །མདོ་སྡེ་ལས་ནི་དུད་འགྲོ་སོགས། །འགྲོ་བ་གཞན་ལའང་སྐྱེ་བར་བཤད། །ཅེས་སྟོན་ན་འགྲུབ་པ་མེད་དོ། །ཞེས་གསུངས་སོ༑ །གཞུང་འདོན་ཚུལ་འདི་ལྟར་སྒྱུར་བ་ལ། བླུན་པོ་འགའ་ཞིག །གཞུང་གི་འགྱུར་བཅོས་སོ། །ཞེས་གྲོལ་བ་ནི།

མཁས་པ་ལ་སྒྲོག་མི་ཤེས་པ་ཡིན་ཏེ། འགྱུར་བཅོས་པ་དང་། གཞུང་བཅོས་པའི་ཁྱད་པར་ཡང་མ་ཤེས་པས་སོ། །ཉན་ཐོས་ཀྱི་འདུལ་བ་ནས་བཤད་པའི་བསྙེན་གནས་དང་། ཐེག་ཆེན་ཐུན་མོང་མ་ཡིན་པའི་བསྙེན་གནས་ཀྱི་ཆོ་ག་ལ་ཁྱད་པར་ཡོད་དེ། ཉན་ཐོས་ཏེ་འདུལ་བ་ནས་བཤད་པའི་བསྙེན་གནས་ཀྱི་ཆོ་ག་ཡང་སྐྱབས་སུ་འགྲོ་བ་རྫོམ་བྱེད་དུ་བྱས་པའི་ཚུལ་གྱིས་འབོགས་ཏེ། སྐྱབས་སུ་མ་སོང་བ་ལ་མེད། །ཅེས་དང་། དོན་ཡོད་ཞགས་པའི་རྟོགས་པ་ཆེ་བ་ཆོ་ག་ཞིབ་མོ་ལས། བསྙེན་གནས་རང་གི་བླངས་པའི་ཆོ་ག །སེམས་བསྐྱེད་ལེན་པ་དང་འདྲ་བར་གསུངས་པ་དེའོ། །འདི་ཡང་རབ་བྱུང་སྡོམ་ལྡན་གྱི་ལེན་དུ་རུང་བ་ནི་མིན་ཏེ། སྨན་བླ་དང་དྲི་མེད་ཀྱི་ཆོ་ག་ལས། ཁྱིམ་པ་ཞིག་ཡིན་ན་བསྙེན་གནས་ཀྱི་ཁྲིམས་གཟུང་། ཞེས་གསུངས་པའི་ཕྱིར། སྐབས་འདིའི་དཀའ་གནོད་པའི་རྣམ་བཤད་ལས། དེས་དེ་ལེན་དུ་རུང་བའི་ཤེས་བྱེད་དུ་དོན་ཞགས་ཆོ་ག་ལས། དགེ་བསྙེན་ནམ། དགེ་ཚུལ་ལམ། དགེ་སློང་གི་དཀོན་མཆོག་གི་རྟེན་གྱི་དྲུང་དུ་བསྟུང་བར་གནས་པར་བྱེད་པ་བཤད་དོ། །ཞེས་གསུངས་པ་ནི། བསྙེན་གནས་སྟུང་གནས་གཅིག་ཏུ་འཁྲུལ་བར་ཟད་དོ། །གཞན་གྱི་འཁྲུལ་པ་དགག་པ་ལ་བསྙེན་གནས་འབུལ་བ་དང་། འཚོལ་བ་བཀག་པའི་སྒོ་ནས་གཏོང་ཚུལ་ལ་འཁྲུལ་པ་བཀག་པ་དང་། ལྷ་སྒོམ་ཐ་དད་བཀག་པའི་སྒོ་ནས་ལེན་ཚུལ་ལ་འཁྲུལ་པ་དགག་པ་རྒྱས་པར་གསེར་ཐུར་སོགས་ལས་ཤེས་པར་བྱ་ཞིང་། འདིར་མདོར་བསྡུས་ཙམ་བརྗོད་ན། འབུལ་བ་དགག་པ་ནི། དགོངས་གཅིག་རྡོ་རྗེའི་གསུངས། བསྙེན་གནས་མཚན་མོ་འདས་པས་མི་སྟོངས་པ་ཡང་ཡོད་དེ། རྡོ་བོ་རྗེའི་ཕྱག་བཞེས་བཞིན་ནོ། །ཞེས་སོགས་གསུངས་པ་དང་། བཀའ་གདམས་པའམ། ཕྱག་རྒྱ་བ་ལ་ལ་བསྙེན་གནས་བསྲུངས་པ་ཡིན་ན་ནང་པར་བསྙེན་གནས་གཞན་ལ་འབུལ་དགོས་ཏེ་མ་ཕུལ་ན་ཉམས་པར་འགྱུར་རོ། །ཞེ་ན་མི་འཐད་དེ། བསྙེན་གནས་དེ་མཚན་མོ་འདས་པས་གཏོང་བའི་ཕྱིར་རོ། །མདོ་སྡེ་པ་སྟེ། མདོ་སྡེ་ལས་གསུངས་པའི་ལུགས་བཞིན་དུ། ཟླ་བ་བྱུང་ངོ་ཅོག་གི་ཚེས་བརྒྱད་སོགས་ལ་བསྙེན་གནས་སྡོམ་པ་བླངས་ནས་ནམ་བསྲུང་བར་འདོད་པའི་ཉིན་པར་གྱི་ཚེ་ལེན་ན་ཡང་དེའི་ནང་པར་འབུལ་བ་མི་དགོས་ཏེ། དེའི་ནང་པར་སྔ་ཚེས་དགུ་ལ་སོགས་ལ་བསྲུང་བའི་བསམ་པ་མེད་པའི་ཕྱིར་སྡོམ་པ་གཏོང་བ་དེའི་ཕྱིར་ནའོ། །ཡང་མདོ་སྡེ་པའི་གྲུབ་མཐའ་ལ་སྦྱོར་ན། མདོ་སྡེ་པའི་ལུགས་བཞིན་དུ་ཞག་ལྔའམ་བཅུ་ལ་སོགས་པ་ཇི་ལྟར་འདོད་པ་བཞིན་དུ་ལེན་ན་ཡང་། བསྲུང་ཟིན་པའི་ནང་པར་ཆོས་བཅུ་གཅིག་ལ་སོགས་པ་ལ་བསྲུང་བའི་བསམ་པ་མེད་པའི་ཕྱིར་ན་སྡོམ་པ་གཏོང་ལ། དེའི་ཕྱིར་ན་བསྲུང་བཞིན་པའི་ཕྱི་ཉིན་སྡོམ་པ་འབུལ་མི་དགོས་སོ། །དེ་བཞིན་དུ་མཛོད་འགྲེལ་ལས། ཡང་ཉིན་ཞག་གི་འོག་ཞག་ལྔའམ་བཅུ་ཡང་རུང་སྟེ། བསྙེན་གནས་ཀྱི་སྡོམ་པ་ཡང་དག་པར་བླངས་པའི་བསྙེན་གནས་ཀྱི་སྡོམ་

པ་མང་པོ་སྐྱེ་བ་ལ་སུ་ཞིག་གེགས་བྱེད། ཅེས་གསུངས་པའི་དོན་ཏེ། འདི་ནི་ཁོ་བོའི་བླ་མ་ཁོ་ནའི་ལེགས་བཤད་ཡིན་གྱིས་གཞན་གྱིས་ནི་མ་རྟོགས་སོ། །

གཉིས་པ་འཚོལ་བ་དགག་པ་ནི། འདོད་ཡོན་ལ་སྲེད་པ་ཆེ་བ་ལ་ལ་དག་ཆང་འཐུང་བའི་ཚེ། བསླེན་གནས་འཚོལ་བ་ཡིན་ནོ། །ཞེས་ཟེར་བ་ཐོས་སོ། །དེ་ནི་མི་འཐད་དེ། བསླེན་གནས་འཚོལ་བ་འདི་འདྲ་མདོ་རྒྱུད་གང་ནས་ཀྱང་མ་བཤད་པའི་ཕྱིར་རོ། །

གཉིས་པ་ལྷ་སྒོམ་ཐ་དད་བཀག་པའི་སྒོ་ནས་ལེན་ཚུལ་ལ་འཁྲུལ་པ་དགག་པ་ལ་གཉིས་ལས། འདུལ་བའི་ལུགས་ཀྱི་བསླེན་གནས་ལ་ལྷ་སྒོམ་པ་མེད་མི་རུང་གི་ཡན་ལག་ཏུ་མི་དགོས་པ་བསྟན་པའི་ཕྱོགས་སྔ་མ་ནི། བྱ་ཡུལ་བ་ཁ་ཅིག་བསླེན་གནས་འབོགས་པའི་ཚེ་ཉ་ལ་སངས་རྒྱས་སྣང་བ་མཐའ་ཡས་དང་། གནམ་སྟོང་ལ་སྨན་བླ། ཆོས་བརྒྱད་ལ་ཤཱཀྱ་ཐུབ་པ་ལྷ་བུ་ལྷ་སྒོམ་ཐ་དད་མ་བྱས་ན་བསླེན་གནས་བསྲུང་དུ་མི་འདོད། ཅེས་ཟེར་རོ། །དེ་ནི་མི་འཐད་པས་རེ་ཞིག་བརྟགས་པར་བྱ་སྟེ། ལྷ་སྒོམ་ཐ་དད་དེ་ལྟ་བུ་མ་བྱས་ཀྱང་བསླེན་གནས་ཉམས་པའི་སྐྱོན་དུ་འགྱུར་བ་མེད་དེ། བསླེན་གནས་ནི་སོ་སོར་ཐར་པའི་འདུལ་བའི་ལུགས་ཡིན་ལ། དེ་ཡང་གཙོ་ཆེར་ཉན་ཐོས་ཀྱི་གཞུང་ལུགས་ཡིན་ཞིང་། ཡི་དམ་གྱི་ལྷ་སྒོམ་པ་དང་། དེའི་སྔགས་བཟླས་པ་ནི་གསང་སྔགས་པའི་གདམས་ངག་ཡིན་གྱི། ཉན་ཐོས་ཀྱི་གཞུང་ལས་བཤད་པ་མེད་པ་དེས་ནའོ། །འོན་ལུང་སྨན་གྱི་གཞི་ལས། དགེ་སློང་ས་རིའི་བུག་ཞི་བའི་ཕྱིར་དུ་རྨ་བྱ་ཆེན་མོའི་རིགས་སྔགས་གསུངས་པ་དང་། ཡང་ཡངས་པ་ཅན་དུ་ཡམས་ནད་ཞི་བའི་ཕྱིར་དུ་ཡངས་པ་ཅན་གྱི་གྲོང་ཁྱེར་འཇུག་པའི་གཟུངས་གསུངས་པ་དང་། གནས་མལ་གྱི་གཞི་ཕྲན་ཚེགས་ལས་གསང་སྔགས་ཕན་པར་བྱེད་པ་གཟུང་བར་བྱའོ། །སྨྲ་བར་བྱའོ། །ཞེས་གསུངས་པ་དང་འགལ་ལོ་སྙམ་ན། དེ་ནི་ནད་ལ་སོགས་པ་ཞི་བའི་ཐབས་སུ་སྔགས་ཀྱི་ཡིག་འབྲུ་ཙམ་བཟླ་བར་གསུངས་ཀྱི། ཡི་དམ་གྱི་ལྷ་སྒོམ་པ་དང་དེའི་སྔགས་བཟླ་བ་སོགས་མ་གསུངས་པས་སྐྱོན་མེད་དོ། །

གཉིས་པ་གསང་སྔགས་ལུགས་ཀྱི་བསླེན་གནས་ལ་ལྷ་སྒོམ་པ་མེད་མི་རུང་གི་ཡན་ལག་ཏུ་མི་དགོས་ཀྱང་ཡི་དམ་བསྒོམ་པ་བསོད་ནམས་ཆེ་བ་བསྟན་པ་ནི། འོན་ཀྱང་གསང་སྔགས་ལུགས་བྱེད་ན་ཡི་དམ་བསྒོམ་པ་བསོད་ནམས་ཆེ་ཞེས་པ་འདིས་བསྟན་ལ། གཞུང་འདི་ལས་བརྩམས་པའི་ཕྱིར་གསེར་ཐུར་གྱི་ལེའུ་དང་པོའི་དྲི་བ་བརྒྱད་པ་ནི། གསང་སྔགས་ལུགས་ཀྱི་བསླེན་གནས་ལ། །ཡི་དམ་བསྒོམ་པ་མཆོག་ཡིན་ན། །ལྷ་དེ་བདག་མདུན་གང་ཡིན་བརྟགས། །བདག་བསྐྱེད་ཡིན་ན་བྱ་རྒྱུད་ཀྱིས། །རང་རྐང་བདག་བསྐྱེད་མེད་པ་ཅི། །མདུན་བསྐྱེད་ཡིན་ན་རྣམ་རྒྱལ་སོགས། །མ་བསྐྱེད་གོང་དུ་གསོ་སྦྱོང་གི། །སྡོམ་པ་ལེན་པ་མཛད་དེ་ཅི། །ཞེས

གསུངས་ལ། གཞུང་དེའི་དོན་ལ་འོ་ན་ཡི་དམ་གྱི་ལྷ་སྒོམ་པ་དང་བསྙེན་གནས་བསྲུང་བ་འགལ་ལོ་སྙམ་ན་མི་འགལ་ཏེ། འོན་ཀྱང་གསང་སྔགས་ལུགས་ཏེ། ཁྱིམ་པ་རྡོ་རྗེ་འཛིན་པ་ལྷ་བུའི་ཡི་དམ་གྱི་ལྷ་སྒོམ་པའི་ངང་ནས་བསྙེན་གནས་བསྲུང་བར་བྱས་ན། དམན་པའི་སེམས་བསྐྱེད་ལ་གནས་པའི་བསྙེན་གནས་ལས་བསོད་ནམས་ཆེ་བའི་ཕྱིར་རོ། །དེས་ན་གསེར་ཐུར་གྱི་དྲི་བ་དེའི་ལན་ལ། ཀུན་མཁྱེན་གོ་བོ་རབ་འབྱམས་པའི་གསུང་གི། འདིར་གསང་སྔགས་ཀྱི་བསྙེན་གནས་ལ་འཆད་རྒྱུ་མིན་པས། གཞུང་གི་དགོངས་པ་མ་ལོན་པ་དང་། ལྷ་དེ་བདག་མདུན་གང་ཡིན་བརྟགས། །ཅེས་པའི་དྲི་བ་ཐུག་མེད་ཡིན་ཏེ། དེ་ལྟར་ན་བསྙེན་གནས་པས་དགེ་འདུན་ལ་བསྙེན་བཀུར་བྱས་པ་བསོད་ནམས་ཆེ། ཞེས་སྨྲས་པ་ལ། དེ་གདན་ནོན་ཡིན་ནམ་མང་ཇ་ཡིན། ཇ་དེ་རྒྱ་ཇ་ཡིན་ནམ། ཁམ་ཇ་ཡིན། མར་དེ་འབྲི་མར་ཡིན་ནམ། བ་མར་ཡིན། ཞེས་འདྲི་དགོས་པར་ཐལ་བ་དང་། ཡང་། བདག་བསྐྱེད་ཡིན་ན་བྱ་རྒྱུད་ཀྱི། །རང་རྐང་བདག་བསྐྱེད་མེད་པ་ཅི། །ཞེས་པ་ལ། འོ་ན་བདེ་དགྱེས་སོགས་ཀྱི་བསྐྱེད་རྫོགས་ཀྱི་ཉམས་ལེན་ཆོས་ཅན། བྱ་རྒྱུད་རང་རྐང་ལ་ཡོད་པར་ཐལ། བྱ་རྒྱུད་ཀྱི་བསྙེན་གནས་པས་བསྒོམ་ན་བསོད་ནམས་ཆེ་བའི་ཕྱིར། མདུན་བསྐྱེད་ཡིན་ན་རྣམ་རྒྱལ་སོགས། །མ་བསྐྱེད་གོང་དུ་གསོ་སྦྱོང་གི། །སྡོམ་པ་ལེན་པར་མཛད་དེ་ཅི། །ཞེས་པའི་ལན་ཐོག་མར་གསོ་སྦྱོང་བླངས་ནས་རྣམ་རྒྱལ་བསྒོམ་པ་དེ་ཉིད་ཡིན་པས། འདྲི་རྒྱུ་ཅི་ཡོད། ཞེས་གྱ་རྗེས་སུ་སྨྲ་བར་བྱེད་དོ། །

འདི་མི་འཐད་པ་ལ་གསུམ་སྟེ། དྲི་བའི་བསམ་པ་མ་ལོངས་པའི་ཉེས་པ་དང་། ཁས་ལེན་མེད་པའི་ཐལ་འགྱུར་འཕང་པའི་ཉེས་པ། མ་གྲུབ་པ་སྒྲུབ་བྱེད་དུ་བཀོད་པའི་ཉེས་པ་གསུམ་ལས། དང་པོ་ནི། དྲི་བ་འདི་དག་ནི། འོན་ཀྱང་གསང་སྔགས་ལུགས་བྱེད་ན། །ཞེས་པའི་དོན། བསམ་ཡས་པའི་ཊཱི་ཀཱ་ལས། དོན་ཞགས་ནས་གསུངས་པའི་ལུགས་བཞིན་བྱེད་ན་ཞེས་བཤད་པ་དང་། དེང་སང་ཕྱག་ལེན་པ་རྣམས་ནི། ཐོ་རངས་གི་དུས་སུ་གསོ་སྦྱོང་བླངས་ན། དེ་རྗེས་སུ་ལྷ་བསྐྱེད་པར་བྱེད་པ་དེ་དག་ལ་འདྲི་བ་ཡིན་གྱིས། ཁྱེད་ལ་འདྲི་བ་མིན་པས་ཁྱེད་རང་མནལ་མཛད་ན་ལེགས་སོ། །ལུགས་སྔ་མ་ལ་སྐྱོན་དེ་དག་འཇུག་པའི་རྒྱུ་མཚན་ནི་དོན་ཞགས་ཀྱི་ལུགས་ལས་བསྙེན་གནས་པས་ལྷ་སྒོམ་པ་དེ་དག་བདག་བསྐྱེད་ཡིན་ན་བྱ་རྒྱུད་རང་རྐང་ལ་བདག་བསྐྱེད་ཡོད་པར་འགྱུར་ལ། དེ་མདུན་བསྐྱེད་ཡིན་པ་ལས་འོས་མེད་པས་སྐྱོན་མི་འཇུག་གོ་སྙམ་ན། གཞུང་དུ་ནི་བསྙེན་གནས་བསྒོམ་པའི་ཚེ་གའི་ཡན་ལག་ཏུ་ལྷ་སྒོམ་པ་དགོས་མི་དགོས་རྩོད་གཞི་ཡིན་ལ། དེང་སང་གི་བསྙེན་གནས་བླངས་ཟིན་ནས་ལྷ་སྒོམ་པ་འདི་དང་ཇི་ལྟར་འབྲེལ་ཞེས་པ་ཡིན་ནོ། །

གཉིས་པ་ཐལ་འགྱུར་དེའི་ཁྱབ་པ་ངེད་ཀྱི་ནི་ཁྲང་ས་པ་མེད་ལ། ཚད་མས་གྲུབ་པ་ཡིན་ན། ཁྱེད་རང་ལ་

ཡང་དེར་ཐལ། དེ་ཕྱིར་ཞེས་བརྗོད་ན། འཁོར་གསུམ་མོ། །དེས་ན་ཁས་ལེན་མེད་པའི་ཐལ་འགྱུར་དེ་ལྟ་བུ་ནི་ཚིག་ཙམ་དུ་ཟད་དོ། །ཡང་མདུན་བསྐྱེད་ཡིན་ན་ཞེས་སོགས་ཀྱི་ལན་ནི། རྣམ་རྒྱལ་སོགས་མ་བསྐྱེད་གོང་དུ་གསོ་སྦྱོང་ལེན་པ་དེ། དེ་ཉིད་ཀྱི་སྒྲུབ་བྱེད་ཡིན་ནོ། །ཞེས་ཟེར་བ་ནི། ང་ལ་སྒྲ་རྒྱུ་མེད་དོ་ཞེས་པ་ཡིན་ནོ། །དཔེར་ན་དམུས་ལོང་ལ་གཟུགས་ལེགས་ཉེས་དྲིས་པ་བཞིན་ནོ། །ཞེས་པ་འདི་དག་ཏ྄ེཀྐ་བསྟན་པའི་སྒྲོན་མེ་ལས་གསུངས་པས་ལེགས་བཤད་དོ། །

ཡང་སོ་སོར་ཐར་པ་དེ་ལ་ལུགས་གཉིས་ལས་དང་པོ་བཤད་ཟིན་ལ། གཉིས་པ་ཐེག་ཆེན་སོ་ཐར་བཤད་ཀྱི་ཉོན་ཅིག །ཅེས་གདམས་པ་ནི། གཞུང་ལས། ཐེག་པ་ཆེན་པོ་ལས་བྱུང་བའི། །སོ་སོར་ཐར་པ་བཤད་ཀྱི་ཉོན། །ཞེས་སོགས་ནས། སོ་སོ་སྐྱེ་བོས་བྱར་མི་རུང་། ཞེས་པའི་བར་གྱིས་བསྟན་ལ། དངོས་ཀྱི་དོན་ནི། བྱང་ཆུབ་སེམས་དཔའ་ཉིད་ལ་ཡང་། ཐེག་ཆེན་སོ་ཐར་འབོགས་པའི་ཆོ་ག །ཉན་ཐོས་ཀྱི་གཞུང་ལས་བཤད་པ་དང་འདྲ་བ་འགའ་ཞིག་ཡོད་མོད་ཀྱིས། དེའི་ཆོ་ག་ཕལ་ཆེར། དེང་སང་དུས་སུ་ནུབ་ལ། འོན་ཀྱང་གསོ་སྦྱོང་རང་གིས་བླང་བ་དང་སོགས་པའི་སྨྲས་བསྔུས་པ་ཇི་སྲིད་འཚོའི་བར་ཚངས་པར་སྤྱོད་པ་དང་། སྐྱབས་སུ་འགྲོ་བ་ལྟ་བུའི་ཆོ་གའམ་ལག་ལེན་འགའ་ཞིག་ཡོད་དེ། དཀོན་མཆོག་བརྩེགས་པའི་མདོ་ལས། རྒྱལ་པོའི་བུ་སྙིང་རྗེ་ཆེར་སེམས་ཀྱིས། རབ་བྱུང་ཡོན་ཏན་དུ་མ་བསྔགས་པ་ཞེས། །དེ་བཞིན་གཤེགས་རྣམས་ཀྱིས་གསུངས་མོད་ཀྱིས། །དེ་ལྟ་ལགས་ཀྱང་སྙིང་རྗེར་གྱུར་པས་ན། །འགྲོ་ལ་ཕན་ཕྱིར་རྒྱལ་སྲིད་བདག་གིས་སྤྲུབས། །ཇི་སྲིད་འཚོ་བར་བདག་གི་ཚངས་སྤྱོད་ཅིང་། །གསོ་སྦྱོང་ཡན་ལག་བརྒྱད་པ་བླང་བར་བྱ། །ཞེས་གསུངས་སོ། །དེས་ན་བསྙེན་གནས་ཀྱི་ཆོ་ག་ཐེག་ཆེན་ཐུན་མོང་མ་ཡིན་པའི་གཞུང་བཞིན་བྱར་རུང་བ་བསྟན་པ་ཡིན་ལ། དགེ་སློང་ལ་ཐེག་ཆེན་ཐུན་མོང་མ་ཡིན་པའི་ཆོ་ག་ད་ལྟ་བྱར་མི་རུང་སྟེ། དཀོན་མཆོག་བརྩེགས་པ་ལས། རྒྱལ་སྲས་བྱམས་པ་དང་། འཇམ་དབྱངས་ཏེ། བློ་གྲོས་རྣམ་དག་ལ་སོགས་པ་ཁྱིམ་པའི་ཆ་ལུགས་ཅན་གྱི། བདག་ཉིད་ཆེན་པོ་འགའ་ཞིག་གི་མཁན་པོ་མཛད་ནས། འགྲོ་བ་མང་པོ་ལ་བསྙེན་པར་རྫོགས་པར་མཛད་དོ། །ཞེས་པའི་ཚིག་འབྲུ་ཙམ་ཞིག་གསུངས་མོད་ཀྱི། འོན་ཀྱང་ཆོ་ག་འདི་ལྟ་བུ་ཞིག་མཛད་དེ། ཞེས། བསྙེན་རྫོགས་དེའི་ཆོ་ག་མདོ་ལས་གསུངས་པ་ངེས་མ་མཐོང་བའི་ཕྱིར། དེ་ཡང་དྲག་ཤུལ་ཅན་གྱི་ཞུས་པ་ལས། བཅོམ་ལྡན་འདས་ཀྱི་ཁྱིམ་པ་དང་རབ་ཏུ་བྱུང་བའི་ཉེས་དམིགས་དང་ཕན་ཡོན་གསུངས་པ་ན་ཁྱིམ་བདག་མང་པོས། བཅོམ་ལྡན་འདས་བདག་ཅག་རྣམས་རབ་ཏུ་བྱུང་སྟེ། ལེགས་པར་བཤད་པའི་ཆོས་འདུལ་བ་ལ་བསྙེན་པར་རྫོགས་པ་མཛད་དུ་གསོལ། ཞེས་ཞུས་པས། བཅོམ་ལྡན་འདས་ཀྱིས་བྱང་ཆུབ་སེམས་དཔའ་བྱམས་པ་དང་། བྱང་ཆུབ

སེམས་དཔའ་བློ་གྲོས་ཤིན་ཏུ་རྣམ་དག་ལ་བཀའ་སྩལ་པ། སྐྱེས་བུ་དམ་པ་ཁྱེད་གཉིས་ཀྱིས། ཁྱིམ་བདག་འདི་རྣམས་རབ་ཏུ་བྱུང་སྟེ་བསྙེན་པར་རྫོགས་པར་གྱིས་ཤིག །ཅེས་གསུངས་ནས། བྱམས་པས་ནི་ཁྱིམ་བདག་དགུ་སྟོང་། བློ་གྲོས་ཤིན་ཏུ་རྣམ་པར་དག་པས་བདུན་སྟོང་རབ་ཏུ་བྱུང་ངོ་། །ཞེས་གསུངས་པ་ལྟ་བུའོ། །

རྣམ་པར་གཏན་ལ་དབབ་པ་བསྡུ་བ་ལས་ནི། ལ་ལ་རང་ཁོ་ནས་ལེན་པ་བྱེད་དོ། །དགེ་སློང་གི་སྡོམ་པ་ནི་མ་གཏོགས་སོ། །ཞེས་གསུང་པས། དགེ་བསྙེན་དང་དགེ་ཚུལ་ཡང་རང་གིས་ལེན་པ་གཅིག་བཤད་དོ། །དེས་ན་ཁྱིམ་པའི་ཆ་ལུགས་ཅན་གྱི་བསྙེན་པར་རྫོགས་པའི་མཁན་པོ་མཛད་པ་འདི་འདྲ་སྟོན་གྱི་ཚིག་སྟེ། འཕགས་པ་རྣམས་ཀྱི་སྤྱོད་ཡུལ་ཡིན་གྱིས། ད་ལྟ་སོ་སོའི་སྐྱེ་བོས་བྱར་མི་རུང་ངོ་། །དེ་དག་ནི་དང་པོར་ལེན་ཚུལ་དེ་བསྟན་ནས་བསམ་པའི་ཁྱད་པར་དམིགས་ཀྱིས་བསལ་ཏེ། རང་ལུགས་ཀྱི་ཐེག་ཆེན་སོ་ཐར་ལེན་པའི་ཆོ་ག་ངོས་གཟུང་བ་ནི། འོ་ན་ད་ལྟ་ཐེག་ཆེན་སོ་ཐར་ལེན་པའི་ཆོ་ག་མེད་དམ་ཞེ་ན། དེའི་ལན་བསྟན་པ་ལ། དེས་ན་ད་ལྟའི་ཆོ་ག་ནི། །བསམ་པ་སེམས་བསྐྱེད་ཀྱིས་ཟིན་པའི། །ཆོ་ག་ཉན་ཐོས་ལུགས་བཞིན་གྱི། །སོ་སོ་ཐར་པ་རིགས་བརྒྱད་པོ། །བྱང་སེམས་སོ་སོ་ཐར་པར་འགྱུར། །ཞེས་གསུངས་ལ། དེའི་དོན་ནི་ད་ལྟ་ཐེག་ཆེན་སོ་ཐར་ལེན་པའི་ཆོ་ག་མེད་པ་མ་ཡིན་ཏེ། ད་ལྟའི་ཆོ་ག་ནི་བསམ་པ་ཐེག་ཆེན་སེམས་བསྐྱེད་ཀྱིས་ཟིན་པའི་སྒོ་ནས་ཆོ་ག་ནས་ཉན་ཐོས་ཀྱི་འདུལ་བ་ལས་འབྱུང་བའི་ལུགས་བཞིན་གྱིས་ཤིག་སྟེ། དེ་ལྟར་བྱས་པས་སྡོམ་པ་ཐོབ་པའི་ཕྱིར་ཏེ། སྟོན་ཚོག་དེ་ད་ལྟ་མི་རུང་བ་དེས་ནའོ། །ཆོ་ག་དེ་ལྟར་བྱས་ན་སོ་སོ་ཐར་པ་རིགས་བརྒྱད་པོ་དེ་བྱང་སེམས་སོ་སོ་ཐར་པར་འགྱུར་རོ། །དེའི་ཤེས་བྱེད་བསམ་པ་ཐེག་ཆེན་སེམས་བསྐྱེད་ཀྱིས་ཟིན་པའི་སོ་ཐར་སྡོམ་པ་ཡིན་པས་སོ། །དེས་ན་གཞུང་འདིས་ནི། ཐེག་ཆེན་སོ་ཐར་དུ་གྱུར་པའི་བསྙེན་གནས་ཀྱང་ད་ལྟར་གྱི་དུས་སུ་འདུལ་བ་ནས་བཤད་པའི་ཆོག་ས་ལེན་དགོས་པར་བསྟན་ཏོ། །འོ་ན་གོང་དུ། ཆོ་གའི་ལག་ལེན་འགའ་ཞིག་ཡོད་ཅེས་གསུངས་པ་དེ་ཅིས་ཞེ་ན། དེ་ནི་སྟོན་ཚོག་གི་དབང་དུ་བྱས་པར་གསལ་ལོ། །དེ་ལྟར་བཤད་ན། སོ་སོ་ཐར་པ་འདུལ་བ་བཞིན། །ཞེས་གསུངས་པ་དེ་ཡང་ལེགས་པར་འགྲོར་བ་འགྱུར་རོ། །

བར་དུ་བསྲུང་ཚུལ་ནི། དེ་ནས་བྱང་ཆུབ་སེམས་དཔའ་ཡི། །ཞེས་སོགས་ནས། དེ་འདྲའི་རྣམ་དབྱེ་ཤེས་པར་བྱ། །ཞེས་པའི་བར་གྱིས་བསྟན་ཏེ། སོ་ཐར་གཉིས་ཀུན་སློང་མི་འདྲ་བ་དེས་ན། བྱང་ཆུབ་སེམས་དཔའི་སོ་སོ་ཐར་པའི་བསླབ་བྱའི་ཁྱད་པར་ཉན་ཐོས་དང་མི་འདྲ་བ་ཅུང་ཟད་བཤད་ཀྱི་ཉོན་ཅིག་ཅེས་གདམས་ནས། བྱང་ཆུབ་སེམས་དཔའི་སོ་ཐར་འདི་སྡིག་ཏོ་མི་དགེ་བའི་ཕྱོགས་རང་བཞིན་གྱི་ཁ་ན་མ་ཐོ་བ་རྣམས་ནི་གཙོ་ཆེར་ཉན་ཐོས་ལུགས་བཞིན་བསྲུང་དགོས་ལ། གཙོ་ཆེར་ཅེས་པས་བརྩེ་བ་ཁོ་ནས་མི་ཚངས་པར་སྤྱོད་པ་གནང་བ

རྣམས་ནི་མ་གཏོགས་སོ། །འདོད་པས་དབེན་པའི་ལྟུང་བ་བཅས་པའི་ཁ་ན་མ་ཐོ་བ་རྣམས་འགའ་ཞིག་ནི། བྱང་ཆུབ་སེམས་དཔའི་ལུགས་བཞིན་བསྲུང་དགོས་ལ། འཇིག་རྟེན་མ་དད་གྱུར་པའི་ཆ་ཐེག་པ་ཆེ་ཆུང་གཉིས་ཀ་མཐུན་པ་རྣམས་འབད་པས་བསྲུང་དགོས་ཏེ། འདུལ་བ་ལས་ཁྱིམ་སུན་འབྱིན་པ་ལ་ལྟུང་བ་ལྕི་བར་བཅས་ཤིང་། སྤྱོད་འཇུག་ལས་ཀྱང་། འཇིག་རྟེན་མ་དད་གྱུར་པའི་ཆ། །མཐོང་དང་དྲིས་པས་སྤང་བར་བྱ། །ཞེས་གསུངས་སོ༑ ༑འཇིག་རྟེན་པ་བསྟན་པ་ལ་འཇུག་པའི་རྒྱུར་གྱུར་ན། ཐེག་ཆེན་སོ་སོ་ཐར་པ་ལ་གནང་སྟེ། སྤྱོད་འཇུག་ལས། ཐུགས་རྗེ་མངའ་བ་རིང་གཟིགས་ནས། །བཀག་པ་རྣམས་ཀྱང་དེ་ལ་གནང་། །ཞེས་གསུངས་པས་སོ། ། དཔེར་ན་ཉན་ཐོས་དགེ་སློང་ནི་གསེར་དངུལ་ལེན་པ་ཐུབ་པས་སྤང་ལྟུང་དུ་བཅས་པས་བཀག་ལ། བྱང་ཆུབ་སེམས་དཔའི་དགེ་སློང་ལ་གཞན་དོན་དུ་འགྱུར་ན། གསེར་དངུལ་ལེན་པ་ལ་ལྟུང་བ་མེད་དེ། བྱང་ས་ལས། གསེར་དངུལ་སྲང་ཕྱེད་པ་འབུམ་ལས་ལྷག་པ་ཡང་བདག་གིར་བྱས་སོ། །ཞེས་གསུང་པས་སོ། །ཡང་ཉན་ཐོས་ནི་སེམས་ཅན་གྱི་དོན་ཡིན་ཡང་འདོད་ཆེན་པ་ལ་ལྟུང་བ་འབྱུང་སྟེ། འཚོ་བར་བྱེད་པ་ལྷག་པ་ཁམ་གཅིག་ཙམ་ལེན་པ་དང་། ཟ་བ་ནི་དད་པས་བྱིན་པ་ཆུད་ཟོས་པ་ཡིན་ནོ། །ཞེས་གསུངས་པའོ། །ཐེག་ཆེན་པ་ནི། གཞན་གྱི་དོན་ཡིན་ན། འདོད་ཆེན་པ་ལ་ལྟུང་བ་མེད་དེ། བྱང་ས་ལས། འདི་ལྟར་བྱང་ཆུབ་སེམས་དཔའ་གཞན་དག་གི་དོན་དུ། གོས་བརྒྱ་རྙེད་དང་སྟོང་རྙེད་དང་། ཉི་དུར་མི་འོང་བའི་བྲམ་ཟེར་དང་། ཁྱིམ་བདག་རྣམས་ལས་སློང་བར་བྱས་ཏེ། ཞེས་གསུངས་པས་སོ། །དེ་དག་གི་བསྡུ་བ་ནི། སོ་སོ་ཐར་པ་ལུགས་གཉིས་པོའི་བསླབ་བྱ་མི་འདྲ་བར་དེ་འདྲའི་རྣམ་དབྱེ་ཤེས་པར་བྱ་སྟེ། སྡེ་མ་འདུལ་བ་ནས་བཤད་པ་བཞིན་ཤེས་པར་བྱ་དགོས་པ་ལ། ཕྱི་མ་དཀོན་བརྩེགས་ཀྱི་ཉེ་བ་འཁོར་གྱི་ཞུས་པ་ལས་གསུངས་པ་ལྟར་ཤེས་དགོས་པའི་ཕྱིར། འོན་ཐེག་ཆེན་སོ་ཐར་དེ་ཐེག་ཆེན་སེམས་བསྐྱེད་ཀྱིས་ཟིན་པས་ཤི་འཕོས་པས་མི་གཏོང་ངམ། ཞེ་ན། དེའི་ལན་འཆད་པ་ནི། ཐེག་ཆེན་སོ་ཐར་ཡིན་ཡང་། དགེ་སློང་ལ་སོགས་སྡོམ་པ་ཡི། །ལྡོག་པ་ཤི་བའི་ཚེ་ན་གཏོང་། །བྱང་ཆུབ་སེམས་ཀྱི་ལྡོག་པ་དང་། །དེ་ཡི་འབྲས་བུ་ཤི་ཡང་འབྱུང་། །ཞེས་པའི་བར་གྱིས་བསྟན་ཏེ། དེའི་དོན་ནི་ཐེག་ཆེན་སོ་སོར་ཐར་པ་ཡིན་ཡང་། དེར་གྱུར་པའི་དགེ་སློང་ལ་སོགས་པ་སྡོམ་པའི་རིགས་བརྒྱད་ཀྱི་ལྡོག་པ་སྟེ། སོ་ཐར་སྡོམ་པ་ཡིན་པའི་ཆ་དེ་ཤི་བའི་ཚེ་ན་གཏོང་སྟེ། ཆོ་ག་ཉན་ཐོས་ཀྱི་ལུགས་ལྟར་བྱས་པ་ལས་ཐོབ་པའི་སོ་ཐར་སྡོམ་པ་ཡིན་པའི་ཕྱིར། བྱང་སེམས་ཀྱི་ལྡོག་པ་སྟེ། བྱང་སེམས་ཀྱི་སྡོམ་པ་ཤི་འཕོས་པས་མི་གཏོང་སྟེ། བྱང་ཆུབ་མ་ཐོབ་བར་དུ་བླངས་པའི་སྡོམ་པ་ཡིན་པའི་ཕྱིར་དང་། དེའི་འབྲས་བུ་ཤི་ནས་ཀྱང་འབྱུང་སྟེ། རྫོགས་བྱང་དུ་བསྔོས་པའི་དགེ་རྩ་ཡིན་པའི་ཕྱིར། དེ་སྐད་དུ། སྤྱོད་འཇུག་ལས། བྱང་ཆུབ་སེམས་ཀྱི་ལྗོན་ཤིང་རྟག་པར་ཡང་། །

འབྲས་བུ་འབྱིན་པས་མི་ཟད་འཕེལ་བར་འགྱུར། །ཞེས་གསུངས་པས་སོ། །

སྐབས་འདིར་གོ་ཏེ་ཀ་ལས། ཐེག་ཆེན་སོ་ཐར་དུ་གྱུར་པའི་དགེ་སློང་གི་སྡོམ་པའི་ངོ་བོ་ནི་ཤི་འཕོས་པས་མི་གཏོང་ན། ཤིའང་དགེ་སློང་མི་འདོར་ན། །ཞེས་སོགས་ཀྱི་གནོད་པ་མཐའ་དག་འབབ་པར་འགྱུར་རོ། །ཞེས་གསུངས་ན། དེ་ནི་ཁྱེད་ཀྱི་ལེགས་པར་བཤད་པ་ཡིན་དུ་ཆུག །ཁྱེད་རང་ལ་ནང་འགལ་འདི་ལྟར་འབྱུང་སྟེ། སུམ་ལྡན་དགེ་སློང་གི་རྒྱུད་ཀྱི་དགེ་སློང་གི་སྡོམ་པའི་ངོ་བོ་ཤི་འཕོས་པས་གཏོང་མི་གཏོང་། ཕྱི་མ་ལྟར་ན་དངོས་འགལ། གཏོང་ན་དེ་ཆོས་ཅན། ཤི་འཕོས་པས་མི་གཏོང་བར་ཐལ། བྱང་སེམས་ཀྱི་སྡོམ་པ་ཡིན་པའི་ཕྱིར། གཉིས་ཀར་དངོས་འགལ། རྟགས་སྤྱི་དོན་དུ་ཁས་བླངས་སོ། །

དེ་རྣམས་ཀྱིས་སོ་སོར་ཐར་པའི་སྡོམ་པའི་རྣམ་གཞག་བསྟན་ནས་སྡོམ་པ་ལ་གནས་ནས། སྤང་བླང་ཇི་ལྟར་བྱ་བའི་ཚུལ་ལ་རང་བཞིན་གྱི་དགེ་མི་དགེ་མངོན་པའི་ལུགས་བཞིན་ཡིན་པར་བསྟན་པ་དང་། བཅས་པའི་སྤང་བླང་འདུལ་བ་བཞིན་ཡིན་པར་བསྟན་པ་སོགས་རྒྱས་པར་གཞུང་ཏེ་ཀ་དང་མཐའ་ཆོད་གསེར་ཐུར་རྣམས་ལས་ཤེས་པར་བྱ་ཞིང་། འདིར་ཅུང་ཟད་ཅིག་བཤད་ན། གཞུང་ལས། དེས་ན་ལས་དང་རྣམ་སྨིན་གྱི། །རྣམ་པར་དབྱེ་བ་བཤད་ཀྱིས་ཉོན། །ཞེས་པ་སྟེ། སྡོམ་པ་ཐོབ་པ་དེ་ནས། ལས་དགེ་སྡིག་དང་། འབྲས་བུ་བདེ་སྡུག་སོགས་ཀྱི་རྣམ་པར་དབྱེ་བ་བཤད་ཀྱིས་ཉོན་ཞིག་སྟེ། སྡོམ་པ་ལ་གནས་ནས་ཆོས་དགེ་སྡིག་གིས་བླང་དོར་ལ་འབད་དགོས་པའི་ཕྱིར། ཞེས་པ་ཡིན་ལ། ལས་དེ་ཡང་མདོར་བསྡུ་ན་དགེ་བའི་ལས་དང་། མི་དགེ་བའི་ལས། ལུང་མ་བསྟན་གསུམ་དུ་ངེས་པ་ཡིན་ནོ། །ཞེས་བདུད་བཞི་ལས་རྒྱལ་བའི་མདོ་ལས་གསུངས། མཛོད་འགྲེལ་དུ། མདོ་དྲངས་པ་ལས། ལས་ནི་གསུམ་སྟེ། དགེ་བའི་ལས་དང་ཞེས་སོགས་གསུངས་ཏེ། གཞུང་འདི་ཉིད་ལས། ལས་ལ་དགེ་སྡིག་ལུང་མ་བསྟན། །ཡིན་ཞེས་རྒྱལ་བའི་མདོ་ལས་གསུང་། །ཞེས་སོ། །དེ་ཡང་ཟག་བཅས་ཀྱི་དགེ་བ་ལེགས་པར་སྤྱད་པ་དེས་མཐོ་རིས་ཀྱི་རྟེན་ལ་རྣམ་སྨིན་བདེ་བ་བསྐྱེད་པ་སོགས་བསྟན་པ་ནི། གཞུང་ལས། དགེ་བ་ལེགས་པར་སྤྱད་པ་སྟེ། །ཞེས་སོགས་རྒྱས་པར་གསུངས་པའི་ཕྱིར་རོ། །

དེས་ན་སྐབས་སུ་བབ་པ་འཕེལ་གཏམ་ནས་བཤད་པའི་དོན་ལ་བརྟགས་པ་ནི། སྤྱིར་པོད་ཆེན་དྲུག་གའི་སྐབས་སུ་སྔ་ཕྱིའི་གོ་རིམ་ངེས་པ་མེད་པ་གང་ཐོད་ཐོད་དུ་བཤད་པར་མཛད་ལ། རྒྱུ་མཚན་དེས་ན་བདག་གིས་འདི་དག་ཏུ་ཡང་། སྔ་ཕྱིའི་ངེས་པ་ཆེར་མེད་པ་བང་བསྐྲམ་འཕྲོང་བསྐྲམ་གྱི་རྣམ་པར་བཤད་ཅིང་། སྡོམ་གསུམ་གྱི་སྐབས་སུ་ཡང་། ལེའུ་གསུམ་པོའི་བཤད་པ་སོ་སོར་མ་ངེས་པ་གང་ཐོན་དུ་བཤད་འདུག་རུང་། གཞུང་སོ་སོའི་བཤད་པ་ལེའུའི་སྐབས་དང་བསྟུན་ནས་བཤད་ན་ལེགས་པ་ཙམ་དུ་སྣང་བས།

དེ་ལ་ཐོག་མར་འཕེལ་གཏམ་དུ། གཞུང་འདིའི་བསྟན་བཅོས་ལུས་ཀྱི་སྐབས་སུ། པཎ་ཆེན་རིན་པོ་ཆེ་ནས་དོགས་གནས་བརྒྱ་དང་བརྒྱད་བཀོད་པའི་དྲི་བ་མཛད་པ། ཞེས་གསུངས་འདུག་པ་བསྟན་བཅོས་ལུས་ཀྱི་སྐབས་ཞེས་པ་དེ། བསྟན་བཅོས་ཀྱི་ལུས་ཡོངས་སུ་རྫོགས་པ་ལ་ཟེར་རམ། ལུས་མདོར་བསྟན་དང་། ཡན་ལག་རྒྱས་བཤད་གཉིས་ཀྱི་ལྷུས་ཕྱེ་བའི་ལུས་རྣམ་གཞག་ལ་ཟེར། དང་པོ་ལྟར་ན། གཞུང་འདིའི་དོགས་གནས་བརྒྱ་དང་བརྒྱད་ལ་དྲི་བ་ཡིན་གྱི་གཞུང་ཡོངས་རྫོགས་ལ་དྲི་བ་མེད་མོད། འོན་ཀྱང་བསྟན་བཅོས་ཀྱི་ལུས་ཞེས་པ་བསྟན་བཅོས་འདིའི་གཞུང་སྤྱི་ལ་སྦྱོར་བ་འགལ་བ་མེད་པ་ཙམ་ཡིན་དུ་ཆུག །གཉིས་པ་ལྟར་ན་དྲི་བ་བརྒྱ་དང་བརྒྱད་པོ་དེ། སྡོམ་གསུམ་གྱི་དོགས་གནས་ཡོད་པའི་གཞུང་ཡོངས་རྫོགས་ཀྱི་རྒྱས་བཤད་ལས་བརྩམས་པའི་དྲི་བ་ཡིན་གྱི། ལུས་མདོར་བསྟན་གྱི་སྐབས་སུ་དྲི་བ་དེ་དག་མ་གསུངས་པའི་ཕྱིར། ཚིག་དེ་ཡང་རྣམ་དཔྱད་མ་ཆགས་པ་ཙམ་དུ་ཟད་དོ། །

ཡང་དེའི་འཕྲོས་ལས། ཀུན་མཁྱེན་ཆེན་པོའི་གཟིགས་ལམ་དུ་ཕེབས་པ་ན། གསུང་ལས་དོགས་པ་ཞུགས་སའི་དྲི་བ་ཞིག་འདུག་ཅིང་རྣམ་དཔྱོད་དང་ལྡན་པ་དག་གི་དོགས་པ་སེལ་དགོས་པའི་དཔྱོད་ལྡན་གྱི་དྲི་བ་ཡང་འགའ་ཞིག་འདུག་མོད་ཀྱི། ཕལ་ཆེར་ནི་ཚིག་ལ་འཁྲིས་པ་ཙམ་དང་ཞེས་སོགས་གསུང་འདུག་པ་ཡིན་ཞེས་དྲིས་འདུག་པ། དེ་དག་ནི་སྔོན་དགེ་སློང་ཧ་ཐུལ་གྱི་ཚངས་པ་ལ། འབྱུང་བ་ཆེན་པོ་བཞི་གང་ནས་བྱུང་། གང་དུ་འཇིག་ཅེས་དྲིས་པ་ལ། ཚངས་པས་ང་ནི་འཇིག་རྟེན་གྱི་མེས་པོ་ཚངས་པའོ། །ཞེས་སྨྲས་པ་དང་མཚུངས་པར་གོང་དུ་བཤད་ཟིན་ཏོ། །

དེས་ན་འདིར་འཕེལ་གཏམ་མཛད་པ་ལ། བསྟུས་བརྗོད་ཀྱི་རྒྱན་འདི་འབུལ་བར་བྱ་སྟེ། གླིང་བཞི་ཀུན་ཏུ་རྒྱུ་བ་བསིལ་ཟེར་ཅན། །ཕྱོགས་ཀུན་བདུད་རྩིའི་འོད་དཀར་འགྱེད་པ་དེར། །འཕྲན་འདོད་ཆུ་ནང་ལྷ་བའི་གཟུགས་བརྙན་ལ། །ངོ་མཚར་མཆོག་ཏུ་བྱེད་པ་གད་མོའི་གནས། །ཞེས་བར་སྐབས་ཀྱི་ཚིགས་སུ་བཅད་པའོ། །

དེ་ལ་འཕེལ་གཏམ་ལས། དོགས་པ་ཞུགས་སའི་དྲི་བ་བཞི་ལས། དང་པོ་ནི། གཞུང་དུ། དེ་ཡང་བསྔོ་རྒྱུའི་དགེ་བ་དང་། །ཞེས་སོགས་དྲངས་ནས། ཞེས། རིན་ཆེན་འཕྲེང་བའི་ལུང་ཚད་མར་དྲངས་པ་དེ་ལ། པཎ་ཆེན་གྱིས་ཆགས་སྡང་རྨོངས་གསུམ་གྱི་བསྐྱེད་པའི་ལས་ཡིན་ན། མི་དགེ་བ་ཡིན་པས་ཁྱབ་པ། གཞུང་གི་དོན་ཡིན་གྱིས། སྤྱིར་གཏི་མུག་གིས་ཀུན་ནས་བསླངས་པའི་ལས་མི་དགེ་བས་མ་ཁྱབ་སྟེ། མདོ་ལས། མ་རིག་པའི་རྐྱེན་གྱི་འདུ་བྱེད། ཅེས་སོགས། པཎ་ཆེན་རིན་པོ་ཆེའི་བཞེད་པ་དྲངས་པ་ནས། འདིར་མ་སྤྲོས་སོ། །ཞེས་པའི་བར་ལ་བརྟག་པ་ནི།

སྤྱིར་ཀུན་མཁྱེན་གོ་བོ་རབ་འབྱམས་པ་རྗེས་འབྲང་དང་བཅས་པས། གསེར་ཐུར་ལ་ཞེ་སྡང་བའི་ཚིག་གིས་དོགས་པ་ཞུགས་སའི་དྲི་བ་བཞི་ཞེས་དྲི་བ་གཞན་རྣམས་རླུང་ལ་བསྐུར་བའི་ཁུངས་སུ་བྱས་མོད། དེ་དག་ནི་གཡོ་ཆེན་དྲང་པོར་སྨྲ་བའི་གནམ་སྟེ། དད་པའི་རྗེས་འབྲང་དག །ལས་འབྲས་ཀྱི་དོན་སོམ་ལ་ངག་ཡོད་པར་ཐོས་ཤིག །དང་པོ་སྤྱི་དོན་ལ། དེ་ཡང་བསྔོ་རྒྱུའི་དགེ་བ་དང་། ཞེས་སོགས་ནས། མཁས་པ་རྣམས་ཀྱིས་དཔྱད་པར་བྱ། །ཞེས་པའི་བར་གྱི་དོན་ལ། དགེ་སྡིག་གི་རྣམ་གཞག་བཤད་ཀྱིས་ཉོན་ཞིག་སྟེ། རྒྱལ་པོ་ལ་གདམས་དུ་བྱ་བ། རིན་པོ་ཆེའི་འཕྲེང་བར། འདོད་པའི་འདོད་ཆགས་དང་ཞེ་སྡང་དང་གཏི་མུག་གསུམ་པོ་དེས་བསྐྱེད་ཅིང་ཀུན་ནས་སློང་བའི་ལས་ལ་ནི། མི་དགེ་བ་དང་། མ་ཆགས་པ་དང་། ཞེ་སྡང་མེད་པ་དང་། གཏི་མུག་མེད་པའི་དགེ་རྩ་གསུམ་གྱིས་བསྐྱེད་ཅིང་ཀུན་ནས་སློང་བའི་ལས་ནི་དགེ་བའོ། །ཞེས་གསུངས་པའི་དགོངས་པ་ཤེས་ནས་ནི། མཁས་པ་རྣམས་ཀྱིས་དཔྱད་པར་བྱ་དགོས་ཏེ། དཔྱད་པ་ན་འདུས་མ་བྱས་བསྔོ་རྒྱུའི་དགེ་རྩར་འགྱུར་བའི་སྐབས་མི་སྲིད་པའི་ཕྱིར་རོ། །འདི་དག་ཀྱང་རྟེན་འདོད་ཁམས་པའི་དབང་དུ་བྱས་པ་དང་། དུས་ཀྱི་ཀུན་སློང་གཙོ་ཆེ་བའི་དབང་དུ་བྱས་ཀྱིས་དེ་ལས་གཞན་དུ་ན། བདེ་འགྲོ་འཕེན་བྱེད་ཀྱི་ལས་རྣམས་ཀྱང་མ་རིག་པས་ཀུན་ནས་སློང་བ་ཡིན་པས་མི་དགེ་བར་ཐལ་བར་འགྱུར་རོ། །འདིར་དུས་ཀྱི་ཀུན་སློང་གཙོ་ཆེ་བ་ནི། ལས་ཀྱི་ངོ་བོ་སེམས་པར་འཆད་པའི་དབང་དུ་བྱས་ལ། མདོན་པ་འོག་མར་ནི། ལས་ལམ་དངོས་གཞི་རིག་བྱེད་མིན་པའི་གཟུགས་སུ་འདོད་པའི་དབང་དུ་བྱས་ནས་རྒྱུའི་ཀུན་སློང་གཙོ་ཆེ་བར་བཤད་དོ། །འཐེལ་གདམས་ཀྱི། དོན་དེ་ལ་འདི་ཙམ་གྱི་མཐའ་ཆོད་པར་ནུས་མོད། འོན་ཀྱང་མཐའ་ཆོད་ཙུང་ཟད་རྒྱས་པར་བཤད་ན། ལེགས་བཤད་གསེར་ཐུར་ལེའུ་དང་པོའི་དྲི་བ་ཉེར་དྲུག་པར། ཆགས་སྡང་རྨོངས་གསུམ་གྱིས་བསྐྱེད་པའི། །ལས་ཀུན་མི་དགེ་བ་ཡིན་ན། །ཟག་བཅས་དགེ་བ་གཏི་མུག་གི། །ཀུན་སློང་དག་ལས་འབྱུང་དེ་ཅིས། །དགེ་རྩ་གསུམ་གྱི་ཀུན་སློང་བའི། །ལས་ཀུན་དགེ་བ་ཡིན་ན་ནི། །རྒྱུ་ཡི་ཀུན་སློང་དགེ་བ་ཡིས། །སློང་ཡང་དུས་ཀྱིས་ཀུན་སློང་ནི། །ཉོན་མོངས་ཅན་དང་མཚུངས་ལྡན་པའི། །མི་དགེ་བ་དེ་ཅི་ཞིག་ཡིན། །དེ་འདྲ་མེད་ན་དེད་དཔོན་གྱིས། །ཚོང་དཔོན་གཡོ་ཅན་བསད་དེ་ཅི། །ཞེས་གསུངས་ལ།

འདི་ལ་གཉིས་ལས། དང་པོ་ལ་འདྲི་དགོས་པའི་རྒྱུ་མཚན་ནི། བསྟན་བཅོས་འདིའི་རྣམ་བཤད་མཛད་པ་པོ་ཀུན་གྱིས་ཞིབ་ཆ་གང་ཡང་མེད་པར་ཀུན་སློང་དུག་གསུམ་གང་རུང་གིས་ཀུན་ནས་བསླངས་པའི་ལས་ཐམས་ཅད་མི་དགེ་བ་དང་། ཀུན་སློང་དགེ་རྩ་གསུམ་པོ་གང་རུང་གི་ཀུན་ནས་བསླངས་པའི་ལས་ཐམས་ཅད་དགེ་བའི་ལས་སུ་འཆད་པར་གནང་བའི་རྒྱུ་མཚན་གྱིས་སོ། །མ་དྲིས་པའི་སྐྱོན་ནི། ཀུན་སློང་དུག་གསུམ་གང་

རྟུང་གིས་ཀུན་ནས་སློང་བའི་བསོད་ནམས་ཀྱི་ལས་དང་། མི་གཡོ་བའི་ལས་མེད་པར་འགྱུར་ལ། དེ་ལྟར་ན་ཟག་པ་དང་བཅས་པའི་དགེ་བའི་ལས་ཀྱི་རྣམ་སྨིན་བདེ་འགྲོ་འཕེན་པ་མེད་པར་འགྱུར་བ་དང་། མ་རིག་པའི་རྐྱེན་གྱིས་འདུ་བྱེད་འབྱུང་བར་གསུང་བ་དེ། ངན་འགྲོ་ཁོ་ནའི་རྟེན་གྱིས་དབང་དུ་བྱས་པར་འགྱུར་བ་དང་། སྲིད་ལེན་གང་རྟུང་གིས་ཀུན་ནས་བསླངས་པའི་ལས་དགེ་བ་མི་སྲིད་པར་ཁས་ལེན་དགོས་པ་དེའི་ཚེ་འགྲུབ་བྱེད་ཀྱི་ལས་དགེ་བ་མི་སྲིད་པ་ཉིད་དུ་འགྱུར་བ་དང་། ཐེག་པ་ཆེན་པོའི་ཆོས་མངོན་པ་ལས། ལས་དཀར་ནག་ཏུ་གྱུར་པས། རྣམ་པར་སྨིན་པ་དཀར་ནག་དུ་འགྱུར་བ་ཞེས་བྱ་བ་ཞིག་གསུངས་པ་དེ་ཡང་མི་འཐད་པ་འགྱུར་ཏེ། ལས་དེའི་ཀུན་སློང་དཀར་པོ་ཞིག་ཡོད་ན། ལས་དེ་དཀར་པོ་མིན་པས་ཁྱབ་པ་དང་། ལས་དེའི་ཀུན་སློང་ནག་པོ་ཡོད་ན། ལས་དེ་ནག་པོ་ཡིན་པས་ཁྱབ་པའི་ཕྱིར་ཞེས་བྱ་བའི་རྒོལ་བ་འདི་འཇུག་གོ། །ཞེས་གསུངས་ནས། གཉིས་པ་དེའི་དོན་ལན་བཏབ་པ་ནི། དབུ་མ་རིན་པོ་ཆེའི་འཕྲེང་བ་ལས། འདོད་ཆགས་ཞེ་སྡང་གཏི་མུག་གསུམ། །དེས་བསྐྱེད་ལས་ནི་མི་དགེ་བར། །ཞེས་གསུངས་པ་དེ་ནི་རྟེན་གྱི་གང་ཟག་འདོད་ཁམས་པ་དང་། ཀུན་སློང་གིས་ཁྱད་པར་གཉིས་ཀྱི་ནང་ནས་དུས་ཀྱི་ཀུན་སློང་ལ་དགོངས་པ་ཡིན་ཏེ། འདོད་ཁམས་ཀྱི་རྟེན་དེ་ལ་དུས་ཀྱི་ཀུན་སློང་དུག་གསུམ་གང་རྟུང་གིས་ཀུན་ནས་བསླངས་པའི་ལས་ཡིན་ན། མི་དགེ་བ་ཡིན་པས་ཁྱབ་པའི་ཕྱིར། དེ་ལྟར་ཡིན་པར་རྒྱུའི་ཀུན་སློང་ཙམ་གྱིས་གོ་ཆོད་པ་དང་། རྟེན་གྱི་ཁྱད་པར་མ་གཟུང་ན། ཁམས་གོང་མའི་རྟེན་ལ་དགེ་བ་མངོན་འགྱུར་དུ་ལྡན་པའི་ལྡན་པ་ཡོད་པར་འགྱུར་ཏེ། མ་རིག་པ་དང་འདོད་ཆགས་དུས་ཀྱི་ཀུན་སློང་དུ་ཡོད་པའི་ལས་གང་ཡིན་མི་དགེ་བར་འཇོག་པའི་ཕྱིར། ཡང་རྒྱུའི་ཀུན་སློང་ཆགས་སྡང་རྨོངས་གསུམ་གང་རྟུང་གིས་བྱས་ཀྱང་དུས་ཀྱི་ཀུན་སློང་དགེ་བའི་རྩ་བ་གསུམ་དང་མཚུངས་ལྡན་དུ་བྱུང་བའི་དགེ་བ་མི་སྲིད་པར་འགྱུར་ཏེ། རྒྱུའི་ཀུན་སློང་ཁོ་ན་དབང་བཙན་པའི་ཕྱིར། འདོད་ན། གསོད་པའི་ཕྱིར་སྦྱིན་པ་གཏོང་བ་སོགས་མི་སྲིད་པར་འགྱུར་རོ། །

འདིའི་སྐབས་སུ། ཀུན་མཁྱེན་གོ་བའི་དྲི་ལན་ལས། འདྲི་བ་པོའི་བསམ་པ་བླང་བ་དང་། ཡོངས་སུ་གྲགས་པའི་གནམ་ལན་དུ་མི་འགྱུར་བ་དང་། གཞན་གྱི་ལན་བསྟན་པའི་སྒོ་ནས་གསུང་རབ་སྤྱི་ལ་དོགས་པ་ཆོད་པ་གསུམ་གྱིས་ཤེས་པར་བྱ་བ་ལས། ཞེས་གསེར་ཐུར་གྱི་ལད་མོ་མཛད་ནས། དང་པོའི་སྐབས་སུ་བསྟན་བཅོས་འདི་ར་མ་ཟད་གསུང་རབ་སྤྱི་ལ་དོགས་པ་འདི་དཔྱོད་དགོས་པས་རྣམ་དཔྱོད་དང་ལྡན་པའི་དྲི་བའོ། །ཞེས་པ་དང་། གཉིས་པའི་སྐབས་སུ་དིང་སང་ལུང་ཆོས་པ་རྣམས་ལ་དེ་འདྲའི་མ་རིག་པ་དེ་འདུ་བྱེད་ཀྱི་ཀུན་སློང་དུ་བྱས་ནས་ཞེས་སོགས་གསུངས་ཏེ། རྒྱུ་དུས་ཀྱི་ཀུན་སློང་མ་རིག་པ་ཡིན་ན། ལས་དེ་མི་དགེ་བ་ཡིན་

དགོས་པ་དང་། ཀུན་སློང་གཉིས་པོ་གང་རུང་གཅིག་མ་རིག་པ་ཡིན་ན། ཅིག་ཤོས་དགེ་བ་ཡིན་ཀྱང་ལས་དེ་འདྲེས་མར་འགྱུར་བ་ཞལ་གྱིས་བཞེས་པས་ནང་འགལ་ཏེ། འདི་ལྟར། འོན་རྒྱུ་དུས་ཀྱི་མ་རིག་པས་ཀུན་ནས་བསླངས་པའི་ལས་ཡིན་ན། མི་དགེ་བ་ཡིན་པས་ཁྱབ་པར་ཐལ། རྒྱུ་དུས་ཀྱི་ཀུན་སློང་མ་རིག་པས་ཀུན་ནས་བསླངས་པའི་ལས་དགེ་བ་ཁས་མི་ལེན་པའི་ཕྱིར། མ་གྲུབ་ན། རྒྱུ་དུས་ཀྱི་མ་རིག་པས་ཀུན་ནས་བསླངས་པའི་ལས་དགེ་བ་དེ་ཆོས་ཅན། དགེ་བ་མ་ཡིན་པར་ཐལ། མི་དགེ་བ་ཡིན་པའི་ཕྱིར། མ་གྲུབ་ན། དེ་དོན་ལས་མི་དགེ་བ་ཡིན་པར་ཐལ། ཁྱོད་ཀྱི་རྒྱུ་དུས་ཀྱི་ཀུན་སློང་མ་རིག་པ་ཡིན་པའི་ཕྱིར། གསུམ་ཀ་ཞལ་གྱིས་བཞེས་སོ། །ཡང་དེ་འདྲ་དེ་ཆོས་ཅན། ཁྱོད་ཀྱི་ཀུན་སློང་རྒྱུ་དུས་གང་རུང་གཅིག་མ་རིག་པ་ཡིན་པར་ཐལ། ཁྱོད་ཀྱི་རྒྱུའི་ཀུན་སློང་མ་རིག་པ་ཡིན་པའི་ཕྱིར། རྟགས་ཁས་བླངས་ཁྱབ་པ་ཚད་མས་གྲུབ། འདོད་པ་ལས་འོས་མེད་པས། དེ་ཆོས་ཅན་དགེ་མི་དགེ་འདྲེས་མའི་ལས་ཡིན་པར་ཐལ། ཁྱོད་ཀྱི་ཀུན་སློང་རྒྱུ་དུས་གང་རུང་གཅིག་མ་རིག་པ་ཡིན་པའི་ཕྱིར། རྟགས་ཁྱབ་ཁས། འདོད་ན། དེ་ཆོས་ཅན། དགེ་མི་དགེ་འདྲེས་མའི་ལས་མ་ཡིན་པར་ཐལ། དགེ་བ་ཡིན་པའི་ཕྱིར། འཁོར་གསུམ་ཚང་བ་འདི་འཁྲུལ་སྤོང་མཛད་པ་པོ་ལ་འབུལ་ལོ། །

གསུམ་པའི་སྐབས་སུ་མདོར་ན་འདུ་བྱེད་ཀྱི་རྐྱེན་གྱིས་མ་རིག་པ་དང་། འདུ་བྱེད་ཀྱི་ཀུན་སློང་མ་རིག་པ་གཉིས་དོན་མི་གཅིག་སྟེ། སྔ་མ་ནི་ངར་འཛིན་ལྷན་སྐྱེས་དེ་དང་མཚུངས་ལྡན་གྱི་མ་རིག་པ་ཡིན་པས། དེ་ཁོ་ན་ཉིད་ལ་རྨོངས་པའི་མ་རིག་པ་ཡིན་ལ། ཕྱི་མ་ནི་སྔར་བཤད་པ་ལྟར་གྱི་གཏི་མུག་ཡིན་པས་ལས་རྒྱུ་འབྲས་ལ་རྨོངས་པའི་མ་རིག་པ་ཡིན་པའི་ཕྱིར་རོ། །ཞེས་གསུངས་པས། ཀུན་མཁྱེན་གོ་བོ་རབ་འབྱམས་པ་མཁས་པ་ཆེན་པོ་བླ་ན་མེད་པ་ཡིན་པས་གསུང་དེ་དག་ལ་ཡང་རྗེས་སུ་ཡི་རང་མོད། འོན་ཀྱང་དེ་ལྟར་ན། དེ་ཁོ་ན་ཉིད་ལ་རྨོངས་པའི་མ་རིག་པ་ལས་ཟག་བཅས་ཀྱི་དགེ་བ་བྱུང་བ་དང་། ལས་འབྲས་ལ་རྨོངས་པའི་མ་རིག་པ་ལས་མི་དགེ་བ་ཁོ་ན་འབྱུང་བར་ཁས་ལེན་དགོས་པ་འདྲ་ལ། ཁྱད་པར་རྒྱུ་དུས་ཀྱི་ཀུན་སློང་གཉིས་ཀྱི་དབྱེ་བ་འཆད་དགོས་ཤིང་དེ་གཉིས་གང་གཙོ་ཆེ་བ་བརྟག་དགོས་པ་འདྲ་བས་མཁས་པ་རྣམས་ཀྱིས་རྟོགས་པར་བྱའོ། །

ཡང་དགེ་རྩ་གསུམ་གྱིས་ཀུན་བསླངས་པའི་ཞེས་སོགས་ཀྱི་ལན་ལ། གསེར་ཐུར་ལས། གོང་གི་འགྲོ་དེ་ཉིད་དུ། རིན་ཆེན་འཕྲེང་བ་ལས། མ་ཆགས་མི་སྡང་གཏི་མུག་མེད། །དེས་བསྐྱེད་ལས་ཀྱང་དགེ་བའོ། །ཞེས་གསུངས་པ་ཡང་། དུས་ཀྱི་ཀུན་སློང་ལ་དགོངས་པ་ཡིན་ནོ། །དེ་ལ་དེས་ཁྱབ་པའི་ཕྱིར་དང་། རྒྱུའི་ཀུན་སློང་ཙམ་གྱིས་ཆོག་ན། སྙིང་རྗེས་ཀུན་ནས་བསླངས་པའི་སྲོག་གཅོད་ཀྱི་ལས་མི་སྲིད་པར་ཐལ་བའི་ཕྱིར། ཀུན་སློང་གཉིས་པོའི་ཁྱད་པར་ནི། ལས་དེ་ཐོག་མར་ཀུན་ནས་སློང་བྱེད་དང་། དེའི་འོག་ཏུ་ལས་དེ་དང་ལྷན་ཅིག

མཚུངས་པར་ལྡན་པའོ། །ཞེས་གསུངས་ཤིང་། འདི་ནི་ཐེག་པ་ཆེན་པོ་པ་དག་གི་ལུགས་ཡིན་ལ། བྱེ་སྨྲ་ལྟར་ན། ཇི་སྐད་དུ། ཀུན་སློང་རྣམ་གཉིས་རྒྱུ་དང་ནི། །དེ་ཡི་དུས་ཀྱི་སློང་ཞེས་བྱ། །གཉིས་ལས་དང་པོ་རབ་འཇུག་བྱེད། ། གཉིས་པ་རྗེས་སུ་འཇུག་བྱེད་ཡིན། །ཞེས་དང་། རབ་ཏུ་འཇུག་བྱེད་དགེ་སོགས་ལས། །རྗེས་འཇུག་བྱེད་ཀྱང་རྣམ་གསུམ་འགྱུར། །ཞེས་གསུངས་ལ། ལུགས་འདི་ལ་ནི་རྒྱུའི་ཀུན་སློང་གཙོ་ཆེ་བར་བཤད་དོ། །དེའི་དོན་ཡང་། ལུས་ངག་གི་དགེ་བ་དང་། མི་དགེ་བ་བདུན་པོ་ལ། རྣམ་པར་རིག་བྱེད་མ་ཡིན་པའི་གཟུགས་ཡོད་པའི་དབང་དུ་བྱས་པ་ཡིན་ལ། རྣམ་པར་རིག་བྱེད་པ་སེམས་པའི་ལས་ལ་ནི། དུས་ཀྱི་ཀུན་སློང་ཉིད་གཙོ་ཆེ་བར་བཞག་དགོས་ཏེ། ཇི་སྐད་དུ། འདོད་པ་ན་ཡང་སྒྲིབ་པ་མེད། །གང་གི་ཕྱིར་ན་ཀུན་སློང་མེད། །ཅེས་གསུངས་པ་ལྟར་རོ། །ཞེས་པ་འདི་དག་མཁས་པའི་ལེགས་བཤད་བླ་ན་མེད་པ་ཡིན་ནོ། །

དེའི་འགྲེལ་ལས། དགེ་བསྙེན་དགེ་ཚུལ་སྡོམ་བརྩོན་ལའང་ཞེས་པར་ལྟུང་བ་ཐམས་ཅད་ལ། སྡིག་པས་ཁྱབ་པར་གསུངས་པ་དང་། རྗེ་བཙུན་ཆེན་པོས་བཅས་ལྟུང་དག །ལུང་མ་བསྟན་དུ་བཤད་པ་ཅི། །ཞེས་པའི་གསེར་ཐུར་གྱི་དྲི་བ་འདིའི་དོན། འདྲི་བའི་རྒྱུ་མཚན་ནི། འདིའི་ཐད་དུ་རྣམ་བཤད་མཛད་པ་ཀུན་གྱིས་སྡིག་པ་དང་ལྟུང་བའི་ཁྱད་པར་ཞིབ་ཏུ་མ་ཕྱེ་བར་ཤ་སྟག་ཏུ་སྣང་ཞིང་། དེ་ཡང་ལྟུང་བ་གང་ཡིན་ལ་སྡིག་པས་ཁྱབ་པ་ལྟ་བུར་བཤད་སྣང་བའི་རྒྱུ་མཚན་གྱིས་སོ། །མ་དྲིས་པའི་ཉེས་པ་ནི། བསྟན་བཅོས་མཛད་པ་པོ་འདི་ཉིད་ཀྱིས། སེམས་བསྐྱེད་ཆེན་མོའི་ནང་དུ། བཅས་ལྟུང་དང་དགེ་བ་གཞི་མཐུན་བཤད་པ་དང་། རྩ་ལྟུང་འབྲུལ་སྤོང་ལས། ལུས་ངག་གི་ལས་ཐམས་ཅད་ལུང་མ་བསྟན་ནོ། །ཞེས་བཅས་ལྡང་གི་ལྟུང་བ་མཐའ་དག་ལ་ལུང་མ་བསྟན་གྱིས་ཁྱབ་པ་ལྟ་བུའི་བཤད་པ་ཡང་མཛད་མོད། དོན་ལ་གནས་པ་ནི། བཅས་ལྡང་གི་ལྟུང་བ་ལ་སྡིག་པས་མ་ཁྱབ་སྟེ། སྡིག་པ་ལ་ནི་ཀུན་སློང་ཉོན་མོངས་པ་ཅན་ངེས་པར་དགོས་ལ། བཅས་ལྡང་གི་ལྟུང་བ་ལ་དེ་མི་དགོས་པར་སེམས་ལུང་མ་བསྟན་གྱིས་ཀུན་སློང་བྱེད་པ་ཡང་སྲིད་པའི་ཕྱིར། དེ་སྐད་དུ་ཡང་། མཛོད་འགྲེལ་ལས། ཇི་ལྟར་ན་མྱོས་པར་འགྱུར་བ་འཐུང་བ་བཅས་པའི་ཁ་ན་མ་ཐོ་བར་ཤེས། ཅེ་ན། རང་བཞིན་གྱིས་ཁ་ན་མ་ཐོ་བའི་མཚན་ཉིད་མེད་པའི་ཕྱིར། རང་བཞིན་གྱིས་ཁ་ན་མ་ཐོ་བ་ནི་སེམས་ཉོན་མོངས་པ་ཅན་ཁོ་ནས་སྤྱོད་པ་ཡིན་ན། ཆང་ནི་ཇི་སྲིད་མྱོས་པར་མི་འགྱུར་བར། གཉེན་པོའི་བློ་ཁོ་ནས་བཏུང་བར་ནུས་སོ། །ཞེས་དང་། གང་མྱོས་པར་མི་འགྱུར་བ་དྲོད་རིག་པས་འཐུང་བ་དེ་ནི། ཉོན་མོངས་མ་ཅན་མ་ཡིན་ནོ། །ཞེས་གསུངས་པ་དང་། བཅས་ལྡང་གི་ལྟུང་བ་རྣམས་ཀྱིས་ཡན་ལག་གི་ལྷེ་བ་རྣམ་པར་གཞག་པ་ལ་བལྟས་པས་ཀྱང་ཤེས་པར་འགྱུར་རོ༔ ༔ཞེས་གསུངས་པ་ལ།

ཀུན་མཁྱེན་གོ་བའི་དྲི་ལན་དུ། འགྲེལ་གཞིའི་ལུང་ནི་རྩ་ལྟུང་འགྲེལ་སྟོང་ལས། ཁ་ན་མ་ཐོ་ནི་གཉིས་ཏེ། རང་བཞིན་གྱིས་དང་། བཅས་པའི་ཁ་ན་མ་ཐོབ་བའོ། །ཞེས་སོགས་དྲངས་ནས། ལུང་དེའི་དོན་འཆད་པ་ན། རྗེ་བཙུན་གྱི་གསུང་དེའི་དགོངས་པ་ཡིད་མི་དགེ་བ་དང་ལྡན་པའི་ལུས་ངག་གི་ལས་ཐམས་ཅད་ལྟུང་བ་དང་། ཡིད་མི་དགེ་བ་དང་མི་ལྡན་པའི་ལུས་ངག་གི་ལས་ཕལ་ཆེར་ལུང་མ་བསྟན་དུ་གསུངས་ཤིང་། ཐེག་པ་ཆེན་པོ་ལ་བཅས་པའི་ལྟུང་བར་འགྱུར་བ་ལ་ཡང་། ཡིད་མི་དགེ་བ་དང་ལྡན་དགོས་པར་གསུངས་པས། བཅས་ལྟུང་མི་དགེ་བར་བཞེད་པར་བསལ་ཏེ། ཡིད་མི་དགེ་བ་དང་ལྡན་པའི་ལུས་ངག་གི་ལས་ཡིན་པའི་ཕྱིར་རོ། །ཞེས་པ་ནས། དེ་ལས་གཞན་དུ་རྗེ་བཙུན་གྱིས། བཅས་ལྟུང་ལུང་མ་བསྟན་དུ་གསུངས་པའི་ལུང་གསལ་པོ་ཡོད་ན་སྟོན་པའི་དུས་ལ་བབ་བོ། །ཞེས་གསུངས་པ་ཙམ་ལས། སྐབས་དོན་བཅས་རང་དང་སྡིག་ལྟུང་གིས་ཁྱད་པར་གསལ་བ་གཅིག་མ་གསུངས་པ་འདུག་མོད། པཎ་ཆེན་ཆོས་ཀྱི་རྒྱལ་པོའི་ལེགས་བཤད་གསེར་ཐུར་གྱིས།དེའི་དངོས་ལན་གདབ་པའི་ཚེ། འདིར་བཅས་རང་དང་སྡིག་ལྟུང་ལ་ཁྱད་པར་མ་ཕྱེ་བ་ལྷ་བུར་བཤད་པ་དེ་ནི། ཕྱོགས་སྔ་མའི་འདོད་པ་གཞིར་བཞག་པ་ཡིན་ཏེ། ཇི་སྐད་དུ། དགོངས་གཅིག་ལས། རྡོ་རྗེའི་གསུང་། སྤྱིར་བཀག་པ་ཐམས་ཅད་ཡེ་བཀག །གནང་བ་ཐམས་ཅད་ཡེ་གནང་ཡིན་བྱ་བ་འདི་ཞུགས་ཞེས་དང་། ཞལ་སྔ་ནས། བཅས་པ་དང་རང་བཞིན་ཁ་ན་མ་ཐོ་བ་གཅིག་པའི་ཕྱིར་དང་། བཅས་པ་ཐམས་ཅད་འགྲོ་བ་སྤྱི་ལ་བཅས་པའི་གནད་ཀྱིས། སྡིག་ལྟུང་ཡང་ཐ་དད་མེད་ཅིང་གཅིག་པ་ཡིན་ཏེ། སྡིག་པས་ཀྱང་ངན་སོང་གསུམ་དུ་འགྲོ། ལྟུང་བས་ཀྱང་ངན་སོང་གསུམ་དུ་འགྲོ་བས་ཁྱབ་པར་མེད་དེ། ལུང་རྣམས་འབྱེད་ལས། ལྟུང་བ་ལྟུང་བ་ཞེས་བྱ་བ་ནི། སེམས་ཅན་དམྱལ་བ་དང་། དུད་འགྲོའི་སྐྱེ་གནས། གཤིན་རྗེའི་འཇིག་རྟེན་དུ་ལྟུང་བར་བྱེད་པས་ན་ལྟུང་བའོ། །ཞེས་གསུངས་སོ། །ཞེས་འབྱུང་བ་ཡིན་ནོ། །

མདོར་བསྡུ་ན། ཡེ་དགག་ཡེ་གནང་འགོག་པའི་སྐབས་སུ། གསེར་ཐུར་ལས། དེ་དག་ལ་འདི་སྐད་ཅེས། དང་པོ་ལྟུང་བ་མེད་པ་ལ། །ཐུབ་པས་ལྟུང་བ་འཆའ་ན་ནི། །སྡུག་བསྔལ་ཀུན་གྱི་བྱེད་པ་པོ། །སངས་རྒྱས་ཡིན་པར་འགྱུར་ཞེ་ན། །འདི་ཡི་ལན་ལ་མགོ་བསྒྲེ་བ། །ཁྱེད་ཀྱང་མུ་སྟེགས་འགའ་ཞིག་ལྟར། །ངོ་བོ་ཉིད་རྒྱུར་སྨྲ་བར་འགྱུར། །ཁྲིམ་པ་རང་གིས་མ་བྱས་ཀྱང་། །དགེ་སློང་གིས་ནི་བྱ་བ་རྣམས། །མ་བྱས་སྡིག་པར་འགྱུར་ཕྱིར་རོ༑ ༑གཉིས་པ་དངོས་པོའི་ལན་ལ་ནི། བཅས་ལྟུང་ལས་བྱུང་སྡུག་བསྔལ་དང་། །དེ་བསྲུང་པ་ལས་བྱུང་བ་ཡི། ། བདེ་བའི་བྱེད་པོ་རྫོགས་སངས་རྒྱས། །མིན་ཀྱང་བསླབ་པ་འཆའ་བ་ཡི། །བྱེད་པོ་སངས་རྒྱས་ཡིན་པར་གསུངས། །བཅས་པ་དགེ་དང་བཅས་འགལ་ཙམ། །སྡིག་པ་མིན་ཡང་ཚུལ་ཁྲིམས་ལ། །གུས་པའི་རྒྱུ་རུ

གསུངས་པར་ཟད། །ལུས་དང་ངག་གི་བཅས་པ་རྣམས། །བསྲུང་པས་དེ་ཡི་ཀུན་སློང་གི། །ཉོན་མོངས་གསུམ་པོ་འགག་པར་འགྱུར། །དེ་ནས་སྡུག་བསྔལ་འགག་པ་ཡི། །བྱང་ཆུབ་ཐོབ་པའི་བསྐལ་ལྡན་འགྱུར། །རྫོགས་སངས་རྒྱས་རྣམས་མ་བྱོན་ཀྱང་། །སྡིག་པའི་ལས་རྣམས་བྱེད་པོ་དང་། །དེ་ཡི་འབྲས་བུ་སྨྱོང་བ་པོ། །རྒྱ་མཚོ་ཇི་བཞིན་ངང་གིས་ཁེང་། །རྫོགས་སངས་རྒྱས་ཀྱི་དམ་པའི་ཆོས། །སྟོན་པ་མེད་ན་དགེ་བའི་ལས། །བྱེད་པོས་དབེན་ཕྱིར་དེ་འབྲས་མེད། །དེ་ཕྱིར་ཕན་དང་བདེ་བ་ཡིས། །ལམ་སྟོན་བྱེད་པོ་རྫོགས་སངས་རྒྱས། །ཡིན་ཕྱིར་བདེ་བའི་བྱེད་པ་པོ། །རྫོགས་སངས་རྒྱས་ཡིན་སྡིག་པའི་མིན། །དེ་ལྟ་ན་ཡང་སེམས་ཅན་ལ། །སངས་རྒྱས་ལེགས་མཛད་སྨིན་མིན་ཕྱིར། །དབང་ཕྱུག་བདེ་བའི་བྱེད་པ་པོ། །འདོད་དང་མཚུངས་པ་མ་ཡིན་ནོ། །ཞེས་གདོན་ན། ཡེ་བཀག་དང་ཡེ་གནང་འགོག་པའི་སྐབས་ཀྱི་གཞུང་དོན་མ་ལུས་པ་དཔྱིས་ཕྱིན་པ་ཉིད་དུ་འཆད་ཤེས་པ་འགྱུར་རོ། །ཞེས་ལེགས་བཤད་གསེར་ཐུར་ལས་བཤད་དོ། །

དེ་ལྟར་ན། སོ་སྡོད་ལ་ཐོས་བསམ་བྱེད་པ། སངས་རྒྱས་ཀྱི་བསྟན་པ་ཡིན་པར་བསྟན་པས་མཇུག་བསྡུ་བ་ནི། སངས་རྒྱས་ཀྱི་གསུང་རབ་དང་། རྒྱ་བོད་ཀྱི་མཁས་པ་རྣམས་ཀྱི་བསྟན་བཅོས་ཀྱི་ཚིག་དོན་ལ་བྱིན་རླབས་ཡོད་དེ། ཚིག་ཐོས་པས་རིགས་སད་པར་བྱེད་ལ། དོན་ཉམས་སུ་བླངས་པས་འཁོར་བ་ལས་གྲོལ་བར་བྱེད་པས་སོ། །ཞེས་སྟོན་པ་ལ། དེས་ན་སངས་རྒྱས་གསུང་རབ་དང་། །མཁས་པ་རྣམས་ཀྱིས་བསྟན་བཅོས་ཀྱི། །ཚིག་དོན་ལ་ནི་བྱིན་རླབས་ཡོད། །ཅེས་པ་དང་། ཐོས་བསམ་སྒོམ་གསུམ་བྱེད་པའི་ཚུལ་ནི། འདི་འདྲ་ཉན་བཤད་བྱེད་པ་ལ། །ཐོས་པ་ཞེས་ནི་བརྗོད་པ་ཡིན། །དེ་དོན་དཔྱོད་པ་བསམ་པ་ཡིན། །ནན་ཏན་གྱིས་ནི་དེ་སྒྲུབ་པ། །སྒོམ་པ་ཡིན་པར་ཤེས་པར་བྱ། །ཞེས་དང་། ཐོས་བསམ་སྒོམ་གསུམ་དེ་ལྟར་བྱ་དགོས་ཤིང་།

དེ་ལྟར་བྱེད་པ་དེ་སངས་རྒྱས་ཀྱི་བསྟན་པ་ཡིན་པར་བསྟན་པ་ནི། ཐོས་བསམ་སྒོམ་གསུམ་དེ་ལྟར་གྱིས། །འདི་ནི་སངས་རྒྱས་བསྟན་པ་ཡིན། །ཞེས་གསུངས་པ་ཡིན་ནོ། །དེ་ཡང་ཐུབ་པ་དགོངས་གསལ་ལས། མདོར་ན་སངས་རྒྱས་ཀྱི་གསུང་། སྟོད་པ་པོས་བསྡུས། གྲུབ་ཐོབ་རྣམས་ཀྱིས་བསྒོམ། པཎྜི་ཏས་བཤད། ལོ་ཙཱ་བས་བསྒྱུར། མཁས་པ་རྣམས་ལ་གྲགས་པ་གཅིག་སངས་རྒྱས་ཀྱི་བསྟན་པ་ཡིན་པས། དེ་ལ་ཉན་བཤད་སྒོམ་སྒྲུབ་བྱེད་དགོས་སོ། །ཞེས་གསུངས་པའི་ཕྱིར་རོ། །དེ་རྣམས་ཀྱིས་སོ་ཐར་ལེའུ་འདུལ་བ་བཞིན་བཤད་པའི་སྐབས་ལས་བརྩམས་ཏེ། མཁས་པ་རྣམས་ལ་ལེགས་བཤད་ཀྱིས་གཏམ་དུ་བྱ་བ་རགས་པ་ཙམ་བརྗོད་ཟིན་ནས།

༄ ལེའུ་གཉིས་པ། བྱང་སེམས་སྡོམ་པ་མདོ་སྡེ་བཞིན་བཤད་པའི་སྐབས་ལས་འཕྲོས་པའི་ཚིག་དོན་སྐབས་ཇི་ལྟར་བབ་པ་མདོ་ཙམ་བརྗོད་པ་ལ། ཐོག་མར་བྱང་སེམས་སྡོམ་པའི་ངོ་བོ་དང་དབྱེ་བ་བཤད་པ་

མཚམས་སྦྱར་བ་ལ་བྱང་ཆུབ་སེམས་དཔའི་སྡོམ་པའི་ངོ་བོ་ནི། སྒོ་གསུམ་གྱི་ཉེས་པ་ལ་མ་ལུས་པ་སྡོམ་པར་བྱེད་པའི་ཚུལ་ཁྲིམས་ཏེ། སྡོམ་གསུམ་རྒྱན་ལས། སྒོ་གསུམ་ཉེས་པ་མ་ལུས་སྡོམ་བྱེད་པའི། །ཚུལ་ཁྲིམས་བྱང་སྡོམ་ཞེས་གསུངས་ལ། སྒོ་གསུམ་ནི། ལུས་དང་། ངག་དང་། ཡིད་གསུམ་མོ། །ཉེས་པ་ནི། སེམས་ཅན་མི་ཕན་པའི་སྤྱོད་པའོ། །སྡོམ་པའི་ཚུལ་ཁྲིམས་ནི་དེའི་གཉེན་པོ་དང་ལེགས་པར་སྤྱད་པ་ཡིན་པས་སོ། །དེ་ཡང་བྱང་སར། སེམས་ཅན་ཐམས་ཅད་ལ་ཉེས་པར་སྤྱོད་པ་རྣམས་ཐམས་ཅད་ཀྱིས་གཉེན་པོར་གྱུར་པ་ཡིན་ནོ། །ཞེས་དང་། སྡོམ་པ་ཉི་ཤུ་པ་ལས། གཞན་རྣམས་དང་ནི་བདག་ལ་ཡང་། །སྡུག་བསྔལ་ཡིན་ཡང་གང་ཕན་དང་། །ཕན་དང་བདེ་བ་རྣམས་བྱ་སྟེ། །བདེ་ཡང་མི་ཕན་མི་བྱའོ། །ཞེས་འབྱུང་བ་དང་། སྤྱོད་འཇུག་ལས་ཀྱང་། སྤོང་བའི་སེམས་ནི་ཐོབ་པ་ལས། །ཚུལ་ཁྲིམས་ཕ་རོལ་ཕྱིན་པར་བཤད། །ཅེས་དང་། གཙོ་ཆེར་གཞན་གྱིས་དོན་བསམ་མོ། །ཞེས་འབྱུང་བས་སོ། །ཐེག་པ་འདིར་སེམས་གཙོ་བས་ཡིད་ཀྱིས་དེ་མི་བྱེད་པར་དམ་བཅས་པ་ཙམ་གྱིས་སྡོམ་པར་བཞག་ལ། དངོས་སུ་ནི། ལས་དང་པོ་པས་རང་གི་ནུས་པ་དང་བསྟུན་ནས་དང་དུ་ལེན་དགོས་པའི་ཕྱིར། ཇི་ཙམ་བཟོད་པ་ལ་བསླབས་ནས། མཐར་ཐམས་ཅད་ལ་བསླབ་པར་བྱའོ། །དེའི་ཕྱིར་གཏན་ལ་དབབ་པ་བསྡུ་བར་སྡོམ་པ་བརྒྱ་ལ་སོགས་པར་དབྱེ་ལ། དབྱེ་བ་དེ་ཡང་འདིར་བསྟན་གྱི་མཚན་ཉིད་དང་མི་མཐུན་པ་མ་ཡིན་ནོ། །ཞེས་རྗེ་པདྨ་དཀར་པོས་སྡོམ་གསུམ་སྙིང་པོ་ལས་གསུངས་སོ། །

སེམས་བསྐྱེད་དེའི་དབྱེ་བ་ནི། སྡོམ་གསུམ་ལས། སེམས་བསྐྱེད་ལ་ནི་ཉན་ཐོས་དང་། །ཐེག་པ་ཆེན་པོའི་ལུགས་གཉིས་ཡོད། །ཅེས་གཉིས་སུ་དབྱེ་བ་དང་། དང་པོ་ཉན་ཐོས་ལུགས་ཀྱི་སེམས་བསྐྱེད་ཀྱི་དབྱེ་བ་སྟོན་པ་ན། ཉན་ཐོས་རྣམས་ལ་སེམས་བསྐྱེད་གསུམ། །དགྲ་བཅོམ་རང་རྒྱལ་སངས་རྒྱས་སོ། །ཞེས་གསུངས་པས་སོ། །དེ་ཡང་སྨྲས་བརྗོད་རིགས་ཙམ་མམ་དངོས་བཏགས་མ་ཕྱེ་བའི་སྒོ་ནས་དབྱེ་བ་ལ་དགོངས་ཏེ། དབྱེ་བ་མཚན་ཉིད་པ་མ་ཡིན་ནོ། །དེ་ལྟར་ཡང་སྡོམ་གསུམ་སྙིང་པོ་ལ། འགའ་ཞིག་ཉན་ཐོས་རྣམས་ལ་སེམས་བསྐྱེད་གསུམ། དགྲ་བཅོམ་རང་རྒྱལ་སངས་རྒྱས་སོ། །ཟེར་བ་ནི་ཉན་ཐོས་ཀྱི་ལུང་འགའ་ལས། ལ་ལ་ནི་ཉན་ཐོས་ཀྱི་བྱང་ཆུབ་ཏུ་སེམས་བསྐྱེད་དོ། །ལ་ལ་ནི་རང་སངས་རྒྱས་སུ། ལ་ལ་ནི་ཡང་དག་པ་རྫོགས་པའི་སངས་རྒྱས་སུ་སེམས་བསྐྱེད་དོ། །ཞེས་འབྱུང་བ་ལ་བསམ་པར་སྣང་མོད། རང་ཉིད་རྫོགས་པའི་སངས་རྒྱས་ཐོབ་པར་འདོད་པ་དེར་འཆད་པ་ཤིན་ཏུ་མི་རིགས་ཏེ། བདག་མངོན་པར་རྫོགས་པ་སངས་རྒྱ་བར་གྱུར་ཅིག་སྙམ་ན་ནི། དེ་ཀ་ཐེག་ཆེན་གྱི་སྨོན་པ་སེམས་བསྐྱེད་དུ། ལུགས་གཉིས་ཀས་བཤད་དེ། ཀུན་ལས་བཏུས་སུ། སེམས་བསྐྱེད་པ་ནི་རྣམ་པ་གཉིས་ཏེ། ཁྱད་པར་ཅན་མ་ཡིན་པ་དང་། ཁྱད་པར་དུ་འཕགས་པའོ། །དེ་ལ་ཁྱད་པར་ཅན་མ་

ཡིན་པ་ནི། ཀྱེ་མ་ཧོ། བདག་བླ་ན་མེད་པ་རྫོགས་པའི་བྱང་ཆུབ་ཏུ་མངོན་པར་རྫོགས་པ་སངས་རྒྱས་པར་ཤོག་ཅིག་སྙམ་པའོ། །ཞེས་དང་།བསླབ་བཏུས་ལས་ཀྱང་། བྱང་ཆུབ་སྨོན་པའི་སེམས་ནི་སངས་རྒྱས་སུ་འགྱུར་བར་བྱའོ། །ཞེས་སྨོན་པ་ལས་སྐྱེས་པ་ཡིན་ཏེ། དཔའ་བར་འགྲོ་བའི་མདོ་ལས། གཡོ་བྱས་ཏེ། བྱང་ཆུབ་ཏུ་སེམས་སྐྱེད་པ་ཡང་སངས་རྒྱས་ཀྱི་རྒྱུར་གསུངས་ན། དགེ་བ་སྣ་འགའ་བྱས་ཏེ་སེམས་བསྐྱེད་ན་ལྟ་ཅི་སྨོས། ཞེས་གསུངས་ལ། དེ་དག་རང་གི་སྡེ་སྣོད་དུའང་། སངས་རྒྱས་སུ་སེམས་བསྐྱེད་པ་དེ། སངས་རྒྱས་སུ་ལུང་བསྟན་གྱིས། ཉན་ཐོས་སུ་ལུང་མ་བསྟན་པས་སོ། །ཞེས་གསུངས་པས། དེས་ན་ཉན་ཐོས་ཀྱི་འདུལ་བ་དེ་དག་ཏུ། ཐེག་པ་ཐུན་མོང་གི་དབང་དུ་མཛད་ནས། བྱང་ཆུབ་གསུམ་པོ་གང་དུ་སེམས་བསྐྱེད་ཀྱང་། གོ་ཆོད་པ་ཙམ་དུ་བཤད་པ་ལ་དགོངས་ནས། སྡོམ་གསུམ་མཛད་པ་པོས་ཀྱང་སེམས་བསྐྱེད་སྣ་ཡངས་པའི་དབང་དུ་མཛད་པ་ཡིན་ནོ། །ཞེས་འཆད་པ་ལས་འོས་མེད་པ་ཡིན་ནོ། །

འདིའི་ཐད་དུ་རྣམ་བཤད་མཛད་པ་ཀུ་མ་ར་ནི། ཉན་ཐོས་རང་རྒྱུད་པའི་སེམས་བསྐྱེད་ལ། རིགས་ངེས་མ་ངེས་ཀྱི་སྒོ་ནས་གསུམ་འབྱེད་མོད། དེ་ལྟར་ན་གཞན་གཉིས་ལ་ཡང་གསུམ་དུ་འབྱེད་པར་མཚུངས་སོ། །ཞེས་བསྟན་པའི་སྒྲོན་མེར་བཤད། ཉན་ཐོས་རྣམས་ལ་སེམས་སྐྱེད་གསུམ། །ཞེས་པའི་འབྲུ་བསྣོན་པའི་ཚེ། ཉན་ཐོས་ཀྱི་གཞུང་ནས་བཤད་པ་ལ། སེམས་བསྐྱེད་གསུམ་སྟེ་ཞེས་འཆད་དགོས་ལ། ཉན་ཐོས་ཀྱི་བསྟན་པ་གཞུང་ཇི་ལྟ་བ་བཞིན་ཉམས་སུ་ལེན་པ་ནི། དེང་སང་ཕལ་ཆེར་ནུབ་པས་ན། དེའི་སེམས་བསྐྱེད་ཀྱི་ཆོ་ག་སྤྱོད་པ་ཉུང་བའོ།། ཞེས་པ་ལ། ཉན་ཐོས་བསྟན་པ་ནུབ་པས་ན། །དེ་ཡི་ཆོ་ག་སྤྱོད་པ་ཉུང་། །ཞེས་བཤད་ནས། དེས་ན་ཐེག་པ་ཆེན་པོའི་སེམས་བསྐྱེད་ཀྱི་དབྱེ་བ་བསྟན་པ་ལ། གཞུང་ལས། ཐེག་པ་ཆེན་པོའི་སེམས་བསྐྱེད་ལ། །དབུ་མ་སེམས་ཙམ་རྣམ་པ་གཉིས། །ཞེས་པ་འདི་བྱུང་ལ། དེའི་དོན་ཡང་། ཐེག་པ་ཆེན་པོའི་སེམས་བསྐྱེད་ཀྱི་སྡོམ་པ་དེ་ལ་རྣམ་པ་གཉིས་སུ་ཡོད་དེ། དབུ་མ་ལུགས་ཀྱི་སེམས་བསྐྱེད་ཀྱི་སྡོམ་པ་དང་། སེམས་ཙམ་ལུགས་ཀྱི་སེམས་བསྐྱེད་སྡོམ་པ་གཉིས་སུ་ཡོད་པའི་ཕྱིར། དེ་ཡང་། དང་པོ་ནི། ནམ་མཁའི་སྙིང་པོའི་མདོའི་རྗེས་སུ་འབྲང་སྟེ། རྗེ་བཙུན་འཇམ་པའི་དབྱངས་ནས་རྒྱལ་སྲས་ཞི་བ་ལྷ་དང་། སློབ་དཔོན་ཛེ་ཏ་རི་དང་། ཇོ་བོ་ཨ་ཏི་ཤ་ལ་སོགས་པའི་ཕྱག་ལེན། དཔལ་ལྡན་ས་སྐྱ་པའི་ཕྱག་བཞེས་སུ་མཛད་པ་འདི་ཡིན་ལ། གཞུང་ནི་བསླབ་བཏུས་དང་། སྤྱོད་འཇུག་དང་། ཡི་དམ་བླང་བའི་ཆོ་ག་རྣམས་ལས་གསུངས་པའོ། །

གཉིས་པ་ནི་བྱང་ཆུབ་སེམས་དཔའི་སྡེ་སྣོད་འགའ་ཞིག་གི་རྗེས་སུ་འབྲང་ནས། རྗེ་བཙུན་བྱམས་པ་ནས་འཕགས་པ་ཐོགས་མེད་ལས་བརྒྱུད་དེ། སློབ་དཔོན་ཙནྡྲ་གོ་མིའི་རྗེས་སུ་འབྲང་ནས། ཇོ་བོ་རྗེའི་ཕྱག་ལེན་

དགེ་བའི་བཤེས་གཉེན་བཀའ་གདམས་པ་ལ་སོགས་པས་མཛད་པ་འདི་ཡིན་ནོ། །སྡོམ་པ་གསུམ་སྙིང་པོ་བསྟན་པར། ཐེག་ཆེན་སེམས་བསྐྱེད་ཀྱི་དབྱེ་བ་ལ། ངོ་བོའི་སྒོ་ནས་སྨོན་པ་དང་འཇུག་པ་གཉིས་ཏེ། བྱང་ཆུབ་སེམས་ནི་མདོར་བསྡུ་ན། །ཞེས་སོགས་དང་། དེ་གཉིས་ཀྱི་ཁྱད་པར་ཡང་། འགྲོ་བར་འདོད་དང་འགྲོ་བ་ཡིས། །ཞེས་སོགས་ཀྱིས་བཤད་ལ། འཆད་ཚུལ་གྱི་སྒོ་ནས་དབྱེ་བ་ནི། ཤིང་རྟ་ཆེན་པོའི་སྲོལ་གཉིས་ཏེ། རྒྱ་ཆེན་སྤྱོད་པའི་ཕྱོགས་དང་། ཟབ་མོ་ལྟ་བའི་ཕྱོགས་རྣམ་པ་གཉིས་སུ་འོང་བའི་རྒྱུ་མཚན་ཡང་།ཇོ་བོས་དེ་ལ་རེ་ཞིག་སྒྲུབ་པ་པོ་ནི་རྣམ་པ་གཉིས་ཏེ། ཟབ་མོ་ལ་མོས་པ་དང་། རྒྱ་ཆེ་བ་ལ་མོས་པའོ། །དེ་ཡང་སྤྱོད་པ་གཉིས་ལ་གནས་པ་ནི༑ ༑ཐེག་པ་མཆོག་ལ་ཞུགས་པ་ཡིན། །ཞེས་གསུངས་སོ། །ཟབ་མོ་ལ་མོས་པ་རྣམས་ནི། ཇི་ལྟ་བུ་ཞེ་ན། བདེན་པ་འབའ་ཞིག་ལ་མོས་པའི་སྤྱོད་པས་འབྲས་བུ་སྒྲུབ་པར་བྱེད་པ་སྟེ། དེ་ཡང་སྟོང་པ་ཉིད་ལ་གཞོལ་བའི་བསམ་པས་སྒྲུབ་པར་བྱའོ། །ཞེས་གསུངས་སོ། །རྒྱ་ཆེ་བ་ལ་མོས་པ་རྣམས་ནི་གཉིས་ཏེ། བསམ་པ་རྒྱ་ཆེ་བ་མོས་པ་དང་། སྤྱོད་པ་རྒྱ་ཆེ་བ་ལ་མོས་པའོ། །བསམ་པ་རྒྱ་ཆེ་བ་ལ་མོས་པ་ནི། ཇི་ལྟར་ཞེ་ན། སེམས་ཅན་གྱི་ཁམས་མ་ལུས་པ་ཉོན་མོངས་པའི་རྒྱ་མཚོ་ལས་བསྒྲལ་བར་སྲིད་པ་སྟེ། དངོས་སུ་ན། སྨོན་པ་བྱང་ཆུབ་ཀྱི་སེམས་སོ༑ ༑སྤྱོད་པ་རྒྱ་ཆེ་བ་ལ་མོས་པ་ཇི་ལྟར་ཞེ་ན། དེའི་དོན་དུ་དྲི་མ་མེད་པའི་སྤྱོད་པ་སྣ་ཚོགས་ལ་འཇུག་སྟེ། དངོས་སུ་འཇུག་པ་བྱང་ཆུབ་ཀྱི་སེམས་སོ། །ཞེས་གསུངས་པས། དོན་དམ་པ་སྙིང་པོ་ལ་མོས་པ་དང་། རྒྱ་ཆེ་བ་ཀུན་རྫོབ་སྒྱུ་མ་ལྟ་བུ་ཡི་མངོན་པར་རྟོགས་པ་ལ་མོས་པ་སྟེ། ཤར་ཕྱིན་འཆད་པའི་ཚུལ་གཉིས་འོང་བའང་རྒྱུ་མཚན་འདི་ལྟ་བུ་ལས་ཤེས་པར་བྱ་དགོས་སོ། །ཞེས་དང་། གཞན་ཡང་དེ་ཉིད་ལས། གཞན་དག་དང་པོ་ལ་དབུ་མ་དང་། ཕྱི་མ་ལ་སེམས་ཙམ་པའི་ཐ་སྙད་བྱ་མོད། ཕྱི་མས་ནི་སེམས་ཙམ་པའི་གཞུང་མང་དུ་མཛད་མོད་ཀྱང་། དེ་དག་ནི་ཙུང་འདུལ་བའི་ངོར་ཡིན་ཞིང་། དོན་དབུ་མ་པ་དེའི་ནང་ནས་དབུ་མ་སྒྱུ་མ་ལྟ་བུ་ཞེས་བྱ་སྟེ། འཕགས་སེང་གཉིས་ཀྱང་དེའོ། །ཞེས་ཤེས་པར་བྱའོ། །དེ་ལས་ཀུན་རྫོབ་སྒྱུ་མ་ལྟ་བུའི་ལམ་དེ་དང་པོར་བསྟན་པ་ནི་རྒྱ་ཆེ་ལ། སྙིང་པོ་དོན་སྟོན་པ་ནི་བསྡུས་ཤིང་ཟབ་པས་ཕྱི་མར་བསྟན་ཏོ། །ཞེས་སྟོན་འདོད་པ་གཞན་ལས་ཁྱད་པར་དུ་བྱས་སོ། །ཞེས་ལེགས་པར་བཤད་པའི་ཕྱིར་རོ། །

གཉིས་པ་ཐེག་ཆེན་ལུགས་གཉིས་ཀྱིས། ཐུགས་བསྐྱེད་ཚུལ་མ་འདྲེས་པའི་ཚུལ་གྱིས་རྒྱས་པར་བཤད་པ་ལ། དབུ་སེམས་ཀྱི་ལུགས་གཉིས་སོ་སོར་ངེས་པའི་ཤེས་བྱེད་དགོད་པ་ནི། གཞུང་ལས། དེ་ཉིད་ལྟ་བ་ཐ་དད་པས། །ཆོག་ཡང་ནི་ཐ་དད་ཡིན། །ཞེས་གསུངས་པའི་དོན་ནི། དབུ་སེམས་དེ་ཉིད་ལྟ་བ་གོང་འོག་ཐ་དད་པས། དེ་དང་ཟུང་དུ་སྦྲེལ་རྒྱུའི་སེམས་བསྐྱེད་ཀྱི་ཆོག་ཡང་ནི་ཐ་དད་པ་ཡིན་ཏེ། དེ་ཡང་སེམས་ཙམ་ལུགས་ཀྱི་

སེམས་བསྐྱེད་ཀྱི་སྡོམ་པ་ཡིན་ན། འཇུག་པ་སེམས་བསྐྱེད་ཀྱི་སྡོམ་པ་མིན་དགོས་ལ། དབུ་མ་ལུགས་ལ་ནི་སྨོན་འཇུག་གཉིས་ཀའི་སྡོམ་པ་སྲིད་ཅིང་། སེམས་ཙམ་གྱི་ལྟ་བ་ནི། འཇུག་སྡོམ་དང་ཟུང་དུ་མ་འབྲེལ་ན་དམན་པར་ལྷུང་སྲིད་ལ། ཅིག་ཤོས་དབུ་མའི་ལྟ་བ་ནི། སྨོན་པའི་སྡོམ་པ་ཙམ་དང་འབྲེལ་བས་ཀྱང་དམན་པར་མི་ལྟུང་སྟེ། སྤྲོས་མེད་རྡོ་རྗེའི་ཚིག་རྐང་ལས། །ཆོས་ཀུན་སྟོང་ཉིད་རྟོགས་པ་ནས། །འགྲོ་ལ་སྙིང་རྗེ་རྒྱུན་མི་འཆད། །ཅེས་གསུངས་པས་སོ། །འདི་ནི་ཁོ་བོའི་བློ་མ་འབབ་ཞིག་གི་ལེགས་པར་བཤད་པ་སྟེ། རྣམ་བཤད་མཛད་པ་གཞན་སུས་ཀྱང་མ་བཤད་དོ། །དེ་ལྟར་འཆད་ཤེས་ན་ཅོང་ཁ་པས། གཞུང་འདི་ལ་སྐྱོན་བརྗོད་པ་དེ་དག་མི་འཇུག་པར་འགྱུར་བོ། །

འདིར་ཅུང་ཟད་དཔྱད་རྒྱུ་ལ། སྨོན་སེམས་ཀྱི་སྡོམ་པ་ཁས་བླང་ན། སྨོན་འཇུག་གི་ཁྱད་པར་བྱང་སེམས་ཀྱི་སྡོམ་པའི་གྲོགས་ཀྱིས་ཟིན་མ་ཟིན་གྱི་སྒོ་ནས་དབྱེ་བ་འགལ་ཏེ། དེ་གཉིས་ཀྱི་ཁྱད་པར་འཆད་པ་ལ། སྤྱོད་འཇུག་ལས། འགྲོ་བར་འདོད་དང་འགྲོ་བ་ཡི། །བྱེ་བྲག་རིམ་བཞིན་ཤེས་པར་བྱ། །དེ་བཞིན་མཁས་པས་འདི་གཉིས་ཀྱི། །བྱེ་བྲག་རིམ་བཞིན་ཤེས་པར་བྱ། །ཞེས་པས་བསྟན་པའི་ལམ་ལ་འགྲོ་འོ་སྙམ་པ་ལྟ་བུ་སྨོན་པ། ལམ་ལ་ཞུགས་པ་ལྟ་བུ་འཇུག་པར་བཤད་ཅིང་། རྒྱུ་མཚན་དེའི་ཕྱིར། བོད་ཀྱི་དགེ་བའི་བཤེས་གཉེན་རྣམས་ཀྱིས། དེ་གཉིས་རིམ་པ་བཞིན། བསླབ་པའི་གྲོགས་ཀྱིས་མ་ཟིན་པ་དང་། ཟིན་པ་ཞེས་གསུངས་པས། བློ་གྲོས་དང་ལྡན་པ་རྣམས་ཀྱིས་དཔྱད་པར་བྱའོ། །

གཞུང་འདིའི་སྐབས་སུ། སྡོམ་གསུམ་སྙིང་པོ་བསྟན་པར། དབུ་སེམས་གཉིས་ལྟ་བ་ཐ་དད་པས་ཆོ་ག་ཐ་དད་ཡིན་པར་སྒྲུབ་མི་རིགས་པར་གསུངས་ཏེ། རིགས་ན་རང་ཉིད་ད་ལྟ་ཐེག་ཆེན་གྱིས་དགེ་སློང་སྒྲུབ་པ་ལ། ཆོ་ག་ཉན་ཐོས་ཀྱི་དེ་གར་འདོད་པ་དང་འགལ་ལོ་ཞེས་གསུངས་ཤིང་། ལུགས་གཉིས་སེམས་བསྐྱེད་སྒྲུབ་ཚུལ་མཐུན་པར་བཤད་དེ། དེའི་ཤེས་བྱེད་དུ། བྱང་སའི་ལུང་འཇུག་པ་ལེན་པའི་ཚིག་ཏུའང་། བྱང་ཆུབ་སེམས་དཔའི་བསླབ་པའི་གཞི་ཐམས་ཅད་དང་ཞེས་སོགས་ནས། བདག་གི་བླང་ངོ་ཞེས་པའི་བར་དང་། སྤྱོད་འཇུག་གིས། ཇི་ལྟར་སྔོན་གྱི་བདེ་གཤེགས་ཀྱིས། །ཞེས་སོགས་ནས་རིམ་པ་བཞིན་དུ་བསླབ་པར་བགྱིའོ། །ཞེས་པའི་བར་གྱི་དོན་ལ་ཁྱད་པར་ཅི་ཡང་མ་བྱུང་བར་བཤད་ཅིང་། གནས་སྐབས་ཁྱད་པར་རེ་རེ་ཙམ། བྱང་ས་དང་། རྡོ་བོའི་ཆོ་ག་ལུགས་མཐུན་པ་ཡིན་ཀྱང་། འདི་ལ་སྨོན་པ་དང་པོར་བླང་། ཕྱིས་འཇུག་པ་ལེན་པའི་ཆོ་ག་རྒྱས་པས་དང་། བསླབ་བཏུས་སྤྱོད་འཇུག་ཏུ་གསུངས་པ་དང་། དེར་ཁུངས་སུ་དྲངས་པའི་འཇམ་དཔལ་རྒྱལ་པོ་ནམ་མཁར་གྱུར་པས་ཐུགས་བསྐྱེད་པ་མི་འདྲ། དེས་མཆོན་སེམས་བསྐྱེད་པའི་ཆོ་ག་ནི་རྣམ་གྲངས་ཤིན་ཏུ་མང་ཞེས

གསུངས་པ་དང་། ཡང་ལུགས་གཉིས་པོ་དེར་སྨོན་པ་མི་ལྡན་ན། སྨོན་འཇུག་གཉིས་ཅིག་ཆར་སྐྱེ་བ་ཡང་མཐུན་པར་བཤད་དེ། བྱང་སར། སྨོན་སེམས་འཇུག་པར་བསྡུས་པས་དང་། དེའི་ལུང་ཁུངས་ཀྱང་། འདི་ལྟ་སྟེ། བཛྲ་དང་ཐ་སྙད་ཀྱི་ཚུལ་གྱི་བྱང་ཆུབ་སེམས་དཔའ་ཞེས་བྱ་བའི་གྲངས་སུ་ཡང་འགྲོ་བ་ཡིན་ཏེ། དེ་ལྟ་བས་ན་སེམས་བསྐྱེད་པ་དེ་ནི་འཇུག་པར་འདུ་བ་ཡིན་ནོ། །ཞེས་བཤད་པ་དེ་དག་ནི། ལུགས་གཉིས་ཀྱི་ཁྱད་པར་ཆོ་གའི་སྒོ་ནས་དབྱེ་བར་མི་ནུས་པ་བཤད་པ་འདྲ་བས། འདི་དག་ལ་དེང་སང་མཁས་པར་ཁས་འཆེ་བ་དག་ཇི་ལྟར་གསུང་གི་ཡོད། འདི་སྐབས་སུ་གསེར་ཐུར་ལས། ཐེག་པ་ཆེན་པོའི་སེམས་བསྐྱེད་ལ། དབུ་མ་སེམས་ཙམ་ལུགས་གཉིས་སུ། །ངེས་ཤིང་ལེན་པའི་ཆོ་ག་དང་། །ལྷུང་བ་ཕྱིར་བཅོས་ལ་སོགས་པ། །སོ་སོར་ངེས་ན་རྒྱུད་སྡེ་ལས། །གསུངས་པའི་སེམས་བསྐྱེད་ཆོ་ག་དེ། །གཉིས་པོ་གང་གི་ལུགས་དང་མཐུན། །ཞེས་གསུངས་པ་འདིའི་དོན། མདོར་བསྡུས་ན། ཕྱིར་ཡན་ལག་བདུན་པ་སྔོན་དུ་སོང་ཞིང་། དངོས་བཞིའི་དུས་སུ་སྨོན་འཇུག་ཆབ་གཅིག་ཏུ་ལེན་པ་ཞིག་སྣང་ན། དབུ་མའི་ལུགས་དང་དེ་སྔོན་དུ་མ་སོང་བར་དངོས་གཞིའི་དུས་སུ་འཇུག་སྡོམ་རྐྱང་པ་ལེན་པ་ཞིག་སྣང་ན་སེམས་ཙམ་ལུགས་ཞེས་བྱ་ལ། དེ་ཡང་། དཀོན་མཆོག་གསུམ་ལ་བདག་སྐྱབས་མཆི། །ཞེས་སོགས་ཤློ་ཀ་གསུམ་གྱིས་སེམས་བསྐྱེད་ཀྱི་སྡོམ་པ་ལེན་པར་ཚད་ལྡན་གྱི་རྒྱ་གཞུང་དུག་ཙམ་ནས་གསུངས་པ་ལྟར་ན། དེ་དབུ་མའི་ལུགས་དང་མཐུན་པ་ངེས་སོ། །ཡང་རྣམ་སྣང་མངོན་བྱང་དང་དམ་ཚིག་གསུམ་བཀོད་སོགས་ལས། བདག་འབུལ་བའི་སྡོམ་པ་དང་། དུས་གསུམ་དུ་སྒྲིབ་པ་མེད་པའི་སྡོམ་པ་ལེན་པའི་ཆོ་ག་གསུངས་པ་ནི་སྔགས་ཀྱི་ཐུན་མོང་མ་ཡིན་པའི་ལུགས་ཏེ། སྡོམ་པ་དེ་དག་ཀྱང་དོན་དམ་སེམས་བསྐྱེད་ཀྱི་སྡོམ་པ་ཡིན་ལ། འདིར་ལུགས་གཉིས་སུ་ངེས་པ་ནི་ཀུན་རྫོབ་སེམས་བསྐྱེད་ཀྱི་དབང་དུ་བྱས་པའོ། །

དེས་ན་དོན་དམ་སེམས་བསྐྱེད་ཆོ་གས་ལེན་པ་ཞིག་བཤད་པར་སྣང་སྟེ། སྡོམ་གསུམ་སྙིང་བསྟན་ལས། དོན་དམ་སེམས་བསྐྱེད་ལེན་པའི་ཆོ་ག་ཡང་། ཀླུ་སྒྲུབ་ཀྱིས་གསུངས་ཤིང་། རྣམ་སྣང་མངོན་བྱང་གི་ལུང་དུ་ཤིན་ཏུ་གསལ་བས་དེ་མི་རིགས་ཞེས་དགག་པ་ནི་དེར་ཟད་ལ། སློབ་དཔོན་ཇི་ལྟར་སེང་གེ་བཟང་པོས། འགྲེལ་ཆེན་དུ་རིགས་ལ་སོགས་པའི་ནུས་པས་བྱང་ཆུབ་སེམས་དཔའི་སྡོམ་པ་ཡང་དག་པར་བླངས་པ་ལ་སོགས་པས་སྟོང་པ་དང་སྙིང་རྗེའི་སྙིང་པོ་ཅན་གྱི་སེམས་བསྐྱེད་དོ། །ཞེས་གསུངས་སོ། །ཞེས་པའི་སྟོང་ཉིད་སྙིང་རྗེ་སྙིང་པོ་ཅན་གྱི་སེམས་བསྐྱེད་དེ། དོན་དམ་སེམས་བསྐྱེད་ལ་འཆད་དགོས་པར་བཤད་པ་སྣང་བས་སོ། །འོན་ཀྱང་སྡོམ་གསུམ་གྱི་གཞུང་འདིའི་དངོས་བསྟན་ལ། དོན་དམ་སེམས་བསྐྱེད་ཆོ་གས་ལེན་པ་མ་བཤད་དེ། ཇི་སྐད་དུ། དོན་དམ་སེམས་བསྐྱེད་ཞེས་བྱ་བ། །བསྒོམ་པའི་སྟོབས་ཀྱིས་སྐྱེས་མོད་ཀྱིས། །ཆོ་གའི་སྒོ་ནས་འདི་མི་སྐྱེས། །

གལ་ཏེ་ཆོགས་སྐྱེས་ན་ནི། །བཟླས་པས་བྱུང་བའི་སེམས་སྐྱེད་འགྱུར། །ཞེས་གསུངས་པའི་ཕྱིར་རོ། །

དེས་ན་སྡོམ་གསུམ་གྱི་གཞུང་འདི་རང་གིས་དབང་དུ་བྱས་ན། ལུགས་དེ་གཉིས་ཀྱི་ཆོ་ག་ཐ་དད་པའི་ཚུལ་ནི་འདི་ལྟར་བཤད་དགོས་ཏེ། དབུ་མའི་ལུགས་ལ་སྦྱོར་བའི་དུས་སུ་ཡན་ལག་བདུན་པ་སྔོན་དུ་འགྲོ་དགོས་ལ་གཅིག་ཤོས་ལ་མི་དགོས། སེམས་ཙམ་ལུགས་ལ་སྦྱོར་བའི་དུས་སུ་བར་ཆད་འདྲི་བ་སྔོན་དུ་འགྲོ་དགོས། ཅིག་ཤོས་ལ་མི་དགོས། དངོས་གཞི་ལ། དབུ་མའི་ལུགས་ལ་སྨོན་འཇུག་གི་སྡོམ་པ་ཆབས་གཅིག་ཏུ་ལེན་ལ། སེམས་ཙམ་ལུགས་ལ་འཇུག་པའི་སྡོམ་པ་ཁོ་ན་ལེན་པར་བྱེད་དོ། །མཇུག་གི་ཆོ་ག་ལ་དབུ་མ་ལུགས་ལ་རང་གཞན་དགའ་བ་བསྒོམ་པ་དང་། གཞན་དགའ་བ་བསྒོམ་དུ་གཞུག་པ་རྣམས་བྱེད་ལ། སེམས་ཙམ་ལུགས་ལ་མཁྱེན་པར་གསོལ་བ་ཙམ་ཞིག་མཛད་དོ། །འདིར་གོ་རིམ་ལ་སེམས་ཙམ་ལུགས་ལ་ཐོག་མར་སྨོན་པའི་སྡོམ་པ་བླངས་ནས། དེའི་རྗེས་སུ་འཇུག་སྡོམ་ལེན་ནོ་ཞེས་ཟེར་མོད། དེ་ལྟར་ན། ལུགས་གཉིས་ཀྱི་སེམས་བསྐྱེད་ཀྱི་སྡོམ་པའི་ངོ་བོ་ལ་ཁྱད་པར་མེད་པར་ཐལ་བ་དང་། སེམས་ཙམ་པས་སྨོན་སེམས་གཏོང་བ་རྩ་ལྟུང་དུ་བཞེད་པར་ཐལ་བ་དང་། ལྟ་བ་ཐ་དད་པས་ཆོ་ག་ཐ་དད་དུ་འཇོག་པ་ལ་འབྲེལ་མེད་པར་འགྱུར་བས། ཅོང་ཁ་པའི་རྗེས་སུ་འཇུག་པ་གསལ་ཏོ། །ཞེས་ཏི་ཀྐ་བསྟན་པའི་སྒྲོན་མེར་གསུངས་སོ། །

གང་ལས་བླངས་བའི་ཡུལ་མི་འདྲ་བ་ནི། སེམས་ཙམ་པའི་ལུགས་ལ། བླ་མ་སྡོམ་ལ་གནས་ཤིང་མཁས། །ནུས་དང་ལྡན་ལ་བླངས་བར་བྱ། །ཞེས་པའི་ཁྱད་ཆོས་དང་ལྡན་པ་དགོས་ལ། ནུས་དང་ལྡན་པ་ཞེས་པའི་དོན་ནི་ཆོགའི་སྐབས་སུ། ཕྱོགས་བཅུའི་སངས་རྒྱས་ལ་ཕྱག་འཚལ་བ་དང་། མེ་ཏོག་འཐོར་བ་ལ་སོགས་པའི་ཆོ་ག །རྒྱས་པ་དང་ན་བ་ལ་སོགས་པའི་དབང་གིས་མི་ནུས་པ་མིན་པའོ། །དབུ་མའི་ལུགས་ནི། སྤྱོད་འཇུག་ལས། རྟག་པར་དགེ་བའི་བཤེས་གཉེན་ནི། །ཐེག་ཆེན་དོན་ལ་མཁས་པ་དང་། །བྱང་ཆུབ་སེམས་དཔའི་བརྟུལ་ཞུགས་མཆོག །ཅེས་སོ། །རྒྱུད་པེ་ལས། བརྟུལ་ཞུགས་འཛིན། ཅེས་པར་ཡོད་དོ་གསུངས། སྲོག་གི་ཕྱིར་ཡང་མི་གཏོང་ཞེས་པ་ནི། གོང་གི་མཚན་ཉིད་དེ་དག་ལྡན་པ་དེ། སྲོག་གི་ཕྱིར་ཡང་མི་སྤང་ངས། ཞེས་པའི་དོན་ནོ། །དམིགས་བསལ་ནི། ལུགས་གཉིས་ཀ་ལ་ཡང་སྐུ་གཟུགས་སམ་རྒྱལ་བ་སྲས་བཅས་པ་ལ་བསམས་ཏེ་བླང་དུ་རུང་བར་གསུངས་སོ། །གང་གིས་ལེན་པའི་གང་ཟག་གི་ཁྱད་པར་ནི། དབུ་མའི་ལུགས་ནི་སྡོམ་མིན་སོགས་འགྲོ་བ་ཀུན་ལ་སྐྱེ་རུང་ལ། སེམས་ཙམ་ལུགས་ལ་ནི་སོ་ཐར་རིགས་བདུན་གང་རུང་དང་ལྡན་པ་བྱང་ཆུབ་སེམས་དཔའི་སྡེ་སྣོད་ལ་མཁས་པ་བྱང་ཆུབ་མཆོག་ཏུ་སེམས་བསྐྱེད་པ་གཅིག་དགོས། འོན་དབུ་མའི་ལུགས་ལ་དངོས་གཞིའི་དུས་སུ་སྨོན་འཇུག་ཆབས་གཅིག་ཏུ་ལེན་པས་ཁྱབ་བམ་ཞེ་ན་མིན་ཏེ། ཇི་ཙམ་བསྲུང་བ་ནུས

པ་དེ་ཙམ་ཞིག་བླངས་ནས་བསྲུང་བས་ཆོག་པར་གསུངས་པའི་ཕྱིར་ཏེ། བསླབ་བཏུས་ལས། དེ་ཡང་བསླབ་པ་གཅིག་བསྒྲུབ་ན། བསླབ་པ་གཞན་བསྲུང་བ་མ་ནུས་ཀྱང་ལྟུང་བར་མི་འགྱུར་ཏེ། བློ་གྲོས་མི་ཟད་པས་ཞུས་པའི་མདོ་ལས། སྨིན་པའི་དུས་སུ་ཚུལ་ཁྲིམས་ལ་བཏུལ་བ་བཏང་སྙོམས་ལ་སོགས་པ་རྒྱ་ཆེར་གསུངས་པ་ཡིན་ནོ༔ ༔ཞེས་དང་། བསླབ་པ་འདིའི་ནང་ནས་གང་ཡང་རུང་བ་བསྒྲུབ་པར་འདོད་པས་ཡང་དག་པ་ལེན་པར་བྱེད་དོ༔ ༔ཞེས་དང་། སྡོམ་པ་བདག་ཉིད་ཀྱི་སྟོབས་དང་སྦྱར་ཏེ་བླངས་ནས་སྡོམ་པ་གཟུང་བར་བྱའོ། །ཞེས་གསུངས་པ་ཡིན་ནོ། །

འདི་སྐབས་སུ་སྨོན་འཇུག་གཉིས་བླང་ནས་མི་ཉམས་པ་བསྲུང་བའི་ཐབས་ལ་གཉིས་ལས། དང་པོ་ལ། སྡོམ་གསུམ་སྙིང་པོ་བསྟན་པ་ལས། སྨོན་པ་ལ་སེམས་ཅན་བློས་མི་གཏོང་བ་དང་། སེམས་དེའི་ཕན་ཡོན་དྲན་པར་བྱ་བ་དང་། ཚོགས་གཉིས་བསགས་པར་བྱ་བ་དང་། ཡང་དང་ཡང་དུ་སྨོན་པའི་སེམས་དེ་སྦྱངས་བ་དང་། དཀར་པོའི་ཆོས་བཞི་བླངས། ནག་པོའི་ཆོས་བཞི་སྤོང་བ་རྣམས་སོ། །དཀར་པོའི་ཆོས་བཞི་ནི། སྲོག་གི་ཕྱིར་ཡང་རྫུན་མི་སྨྲ་བ་དང་། སེམས་ཅན་ཐམས་ཅད་ལྷག་པའི་བསམ་པ་རྣམ་པར་དག་པས་གནས་པར་བྱ་ཡི། གཡོ་སྒྱུས་མ་ཡིན་པ་དང་། སེམས་བསྐྱེད་པའི་སྟོན་པ་ལ་བྱང་ཆུབ་སེམས་དཔའི་འདུ་ཤེས་བསྐྱེད་ཅིང་ཕྱོགས་བཅུར་ཡང་དག་པའི་ཡོན་ཏན་བརྗོད་པར་བྱ་བ་དང་། སེམས་ཅན་འགའ་ཞིག་གི་དགེ་བ་ལ་འགོད་པ་ཡང་བླ་ན་མེད་པ་ཡང་དག་པར་རྫོགས་པའི་བྱང་ཆུབ་ལ་འགོད་ཀྱི། ཉན་ཐོས་རང་རྒྱལ་ལ་མ་ཡིན་པ་རྣམས་སོ། །ནག་པོའི་ཆོས་བཞི་ནི། བླ་མ་དང་མཆོད་པར་འོས་པ་བསླུ་བ་དང་། གཞན་འགྱོད་པའི་གནས་མ་ཡིན་པ་ལ་འགྱོད་པ་སྐྱེས་པ་དང་། སེམས་བསྐྱེད་པའི་བྱང་ཆུབ་སེམས་དཔའ་ལ་ཞེ་སྡང་གི་ཚིགས་སུ་བཅད་པ་དང་། སེམས་ཅན་ཐམས་ཅད་ལ་གཡོ་དང་སྒྱུས་གཅོད་པའོ། །

གཉིས་པ་འཇུག་པའི་བསླབ་བྱ་ལ་གཉིས་ལས། ཕྱི་མ་ལྟུང་བའི་རྣམ་གཞག་ནི་འོག་ཏུ་འབྱུང་ལ། དང་པོ་བསླབ་པ་ཡོངས་སུ་སྦྱོང་བ་ནི། ཇི་སྐད་བསྟན་པའི་ཚུལ་ཁྲིམས་དེ་ཐམས་ཅད་ནི། སྡོམ་པའི་ཚུལ་ཁྲིམས་དང་། དགེ་བ་ཆོས་སྡུད་ཀྱི་ཚུལ་ཁྲིམས་དང་། སེམས་ཅན་གྱི་དོན་བྱ་བའི་ཚུལ་ཁྲིམས་དང་རྣམ་པ་གསུམ་གྱིས་བསྡུས་པར་རིག་པར་བྱའོ། །དེ་ལྟར་གསུམ་དུ་ངེས་པ་ཡང་རིམ་པ་བཞིན། བྱང་སར། བྱང་ཆུབ་སེམས་དཔའི་བྱ་བ་ཐམས་ཅད་ནི་འདི་དག་ཏུ་ཟད་དེ། འདི་ལྟར་ཏེ། ཚེ་འདི་ལ་བདེ་བར་གནས་པའི་ཕྱིར། སེམས་གནས་པ་དང་། ལུས་དང་སེམས་དུབ་པ་མེད་པར་སངས་རྒྱས་ཀྱི་ཡོངས་སུ་སྨིན་པར་བྱ་བ་དང་། སེམས་ཅན་ཡོངས་སུ་སྨིན་པར་བྱ་བ་ཡིན་ཏེ། བྱང་ཆུབ་སེམས་དཔའི་ཚུལ་ཁྲིམས་ནི་དེ་དག་ཏུ་ཟད་དོ། །བྱང་ཆུབ་སེམས་དཔའི་ཚུལ་

ཁྲིམས་ཀྱི་ཕན་ཡོན་ཡང་དེ་དག་ཏུ་ཟད་དོ། །བྱང་ཆུབ་སེམས་དཔའི་ཚུལ་ཁྲིམས་ཀྱི་བྱ་བ་ཡང་དེ་དག་ཏུ་ཟད་དོ། །དེ་ལས་གོང་ན་ཡང་མེད་དོ། །དེ་ལས་ལྷག་པ་ཡང་མེད་དེ། དེ་ལས་འདས་པའི་བྱང་ཆུབ་སེམས་དཔའ་བྱང་ཆུབ་ཆེན་པོ་འདོད་པ་རྣམས་ཀྱིས་ཀྱང་བསླབས་སོ། །མ་འོངས་པ་རྣམས་ཀྱིས་ཀྱང་སློབ་པར་འགྱུར་ཏེ། ད་ལྟ་ཕྱོགས་བཅུ་འཇིག་རྟེན་གྱི་ཁམས་མཐའ་ཡས་མུ་མེད་པ་དག་ན་གནས་པ་དག་ཀྱང་སློབ་བོ། །ཞེས་དང་པོ་ནི། ཐེག་ཆེན་འདི་ཁའི་སོར་སྡོམ་སྟར་ཐེག་དམན་གྱི་སྡོམ་པར་ལྟར་པ་ཡང་། སེམས་བསྐྱེད་སྐྱེས་ནས་འདིའི་སྡོམ་པར་འགྱུར་བ་བསླབ་པར་བྱ་བའང་། ཐུགས་རྗེ་མངའ་བས་རིང་གཟིགས་ནས། །བཀག་པ་རྣམས་ཀྱང་དེ་ལ་གནང་། །ཞེས་པ་ལྟར། གཞན་དོན་དུ་འགྱུར་ན་སོ་ཐར་གྱི་ཁྲིམས་ཐམས་ཅད་བག་ཡངས་སུ་སྤྱད་པས་ཆོག །འོན་ཀྱང་དགེ་སློང་ལ་མི་ཚངས་སྤྱོད་བྱ་བར། བྱང་ས་ལས་མ་གནང་། རབ་ཏུ་བྱུང་བའི་རྟགས་ཕྱུལ་ནས་བྱ་བར་སྤྱོད་འཇུག་ཏུ་འབྱུང་ངོ་། །དེ་ནི་རྡོ་རྗེ་ཐེག་པར། དགེ་སློང་ལ་དབང་གོང་མ་ཚིག་གིས་བསྐུར་བར་གསུངས་པ། དོན་མཐོན་ཤེས་མ་ཐོབ་ཚུན་ཕམ་པ་བཞི་ལྟ་བུའི་གཞི་སྤྱད་པས། གཞན་དོན་དུ་འགྲོ་མི་འགྲོ་མི་ཤེས། དཔེར་ན། སྟར་གཏུམ་པོ་མྱ་ངན་མེད་པ། ཕྱིས་ཆོས་རྒྱལ་མྱ་ངན་མེད་དུ་སོང་བ་དང་འདྲའོ། །མངོན་ཤེས་ཐོབ་ནས་ལྟུང་བ་འཇུག་པ་རང་འགྲེལ་དུ་སྤོང་བ་བདུན་པ་གཟུང་ལ་བྱང་སར་ཡང་། སྤོང་བ་བདུན་པ་ལས་མང་བར་མ་བསྟན་པས་ཡིད་ཀྱི་གསུམ་ཚུལ་ཁྲིམས་ལྷག་མ་གཉིས་ལ་ལྟོས་པར་སོང་སྟེ། བརྟབ་སེམས་ཐབས་ཀྱི་མི་མཐུན་ཕྱོགས། ལོག་ལྟ་ཤེས་རབ་ཀྱི་མི་མཐུན་ཕྱོགས། གནོད་སེམས་སེམས་ཅན་གྱི་དོན་བྱ་བའི་མི་མཐུན་ཕྱོགས་ཡིན་པས་སོ། །དེ་བས་ན་ཉེས་སྤྱོད་སྡོམ་པའི་ཚུལ་ཁྲིམས་སོ། །སོ་ཐར་གྱི་སྐྱབས་གསུམ་འཛིན་པ་ནས་དགེ་སློང་གི་བར་བསྙེན་གནས་མི་ཐེ་བ་རྣམས་སོ། །འདི་ལྟ་བུའི་དགེ་སློང་ནི་ཤི་ཡང་དོན་སྤོང་བ་བདུན་པོ་མི་གཏོང་། ཐ་སྙད་དགེ་སློང་གི་མིང་དེ་གཏོང་བས་འཁོར་བཅས་རྐྱང་རྣམས་དེ་ལ་ལྟོས་པས་དེའི་བསྲུང་སྡོམ་མི་དགོས་ཏེ། བརྟུལ་ཞུགས་ཀྱི་སྤྱོད་པ་ལ་ཞུགས་པའི་སློབ་དཔོན་ས་ར་ཧ་དང་། བི་རྐྵ་པ་ལྟ་བུའོ། །ཞེས་གསུངས།

གཉིས་པ་ནི། ཇོ་བོས་དེ་བས་ན་སེམས་དང་པོར་བསྐྱེད་པའི་མི། སྒྲུབ་པ་ལ་གནས་པར་བྱེད་དེ། དེ་ཡང་། ཇི་སྐད་དུ།ཐམས་ཅད་མཁྱེན་པའི་རྒྱུ་བྱང་ཆུབ་ཀྱི་སེམས་ཡིན་ནོ། །ཞེས་གསུངས་སོ། །དེའི་འོག་ཏུ་དེ་བསྟན་ཞིང་བླན་པར་བྱེད་དེ། སྙིང་རྗེ་ཆེན་པོ་ལ་གནས་པར་བྱའོ། །དེ་ཡང་སྙིང་རྗེའི་རྩ་བ་ལས་བྱུང་བ་ཡིན་ནོ། །ཞེས་སོ། །དེའི་འོག་ཏུ་ཟིལ་གྱིས་གནོན་པའི་ལམ་ལ་གནས་པ་བྱ་སྟེ། དེ་ཡང་ཐབས་ཀྱི་མཐར་ཕྱིན་པ་ཡིན། ཞེས་གསུངས་སོ། །ཟིལ་གྱིས་གནོན་པའི་ལམ་ནི་མང་བ་ཉིད་དེ། ཐེག་པ་ཆེན་པོའི་སྤྱོད་པ་མཐའ་ཡས་པའི་

ཕྱིར་རོ། །འོན་ཀྱང་མདོར་བསྡུ་ན་གཉིས་ཏེ། བསོད་ནམས་ཀྱི་ཚོགས་དང་ཡེ་ཤེས་གཉིས་ཡིན་ཏེ། ཞེས་གསུངས་སོ། །དེ་ལ་བསོད་ནམས་ཀྱི་ཚོགས་ནི་གསུམ་སྟེ། སྦྱིན་པ་དང་ཚུལ་ཁྲིམས་དང་། བཟོད་པ་སྟེ་གསུམ་ཡིན་ནོ། །ཡེ་ཤེས་ཀྱི་ཚོགས་ནི་གཉིས་ཏེ། ཏིང་འཛིན་དང་ཤེས་རབ་བོ། །དེ་ཡང་ཇི་སྐད་དུ། བསོད་ནམས་རྒྱུ་ནི་གསུམ་ཡིན་ཏེ། །ཚིམ་བྱེད་དྲི་སྤངས་ཤེས་པའོ། །རྩེ་གཅིག་བློ་ནི་ཡེ་ཤེས་རྒྱུ། །སླ་བའི་སེང་གེ་དེ་སྐད་གསུངས། །ཞེས་པའོ། །བརྩོན་འགྲུས་ནི་གཉིས་ཀའི་གྲོགས་སོ། །ཞེས་གསུངས་པ་སྟེ། རྒྱས་པར་ཐར་པ་རིན་པོ་ཆེ་རྒྱན་དུ། དཔལ་ཟླ་འོད་གཞོན་ནུས་བཀའ་སྩལ་པ་ལྟར་རོ། །ཚུལ་ཁྲིམས་རྣམ་པ་གསུམ་དུ་བཞག་པ་འདི་ནི་རྒྱ་ཆེན་སྤྱོད་པའི་ཕྱོགས་ཀྱི་གཙོ་བོར་བཏོན་ལ། ཟབ་མོ་ལྟ་བའི་གཞུང་བསླབ་བཏུས་ལས། གང་གི་ལྟུང་བར་མི་འགྱུར་བའི། །གནས་ཀྱི་གནས་རྣམས་འདི་རིག་བྱ། །བདག་གི་ལུས་དང་ལོངས་སྤྱོད་དང་། །དགེ་བ་དུས་གསུམ་སྐྱེས་པ་རྣམས། །སེམས་ཅན་ཀུན་ལ་བཏང་བ་དང་། །དེ་སྲུང་དག་པ་སྤྱང་བའོ། །ཞེས། ལས་དང་པོ་པའི་གནས་སྐབས་རྒྱས་པར་བསྟན་ལ་གཉིས་ཀ་མཐུན་པ་སེམས་སྟོང་པ་སྙིང་རྗེའི་སྙིང་པོ་ཅན་དུ་བསྐྱེད་པས། ལམ་དུས་སུ་བྱང་ཆུབ་སེམས་སྙིང་རྗེ་ལས་ཐམས་ཅད་བྱས་ནས་ཕྱིས་ཤེས་རབ་ཀྱིས་ཡོངས་སུ་སྦྱོང་ངོ་། །དེ་བས་ན་སྙིང་རྗེས་ནི་སྒྲུབ་པར་བྱེད་དོ། །ཤེས་རབ་ཀྱིས་ནི་དག་པར་བྱེད་དོ། །སྙིང་རྗེས་ནི་ལས་ཐམས་ཅད་སེམས་ཀྱི་དོན་དུ་བྱ་བའི་ཕྱིར་བསོད་ནམས་ཀྱི་ཚོགས་སུ་བགྲང་ངོ་། །ཤེས་རབ་ཀྱིས་ནི་བྱང་ཆུབ་ཀྱི་དོན་གྱི་ཕྱིར་བྱས་པས་ཡེ་ཤེས་ཀྱི་ཚོགས་སུའོ། །དེ་བས་ན་ཀུན་རྫོབ་འཛིན་པའི་སྙིང་རྗེ་དང་། དོན་དམ་འཛིན་པའི་ཤེས་རབ་ལ་གནས་ཏེ། གཅིག་གི་གྲོགས་གཅིག་གིས་བྱས་པ་ལ་སྒྱུ་མ་ཙམ་དུ་ཅིག་ཆར་འཇུག་ཅིང་སྒྲུབ་པོ། །དེ་ནི་འབྲས་བུ་དུས་སུ་ཤེས་རབ་ཀྱིས་མངོན་པར་སངས་རྒྱས་པ་དང་། སྙིང་རྗེས་ཆོས་ཀྱི་འཁོར་ལོ་བསྐོར་བས་སོགས་གཞན་དོན་མཛད་པ་རྣམས་སོ། །

གསུམ་པ་ནི་མདོར་བསྡུ་ན་བདག་དང་གཞན་མཉམ་པ་དང་། བདག་བས་གཞན་ལྷག་པར་བལྟས་ཏེ། བདག་གཞན་བརྗེ་བ་གཉིས་སུ་འདུ་ལ། །ཁ་ཅིག་བརྗེ་བའི་བྱང་ཆུབ་སེམས་བསྒོམ་དུ་མི་རུང་ཞེས་སྨྲ། ཞེས་སྨྲ་བའི་ཁུངས་ནི་རྗེ་སློབ་པ་ཆེན་པོས། བདག་གཞན་བརྗེ་བ་ཉེས་པར་འགྱུར་བའི་སྐབས་སྲིད་བྱ་བའི་རྡོ་རྗེའི་གསུང་འདི་ལུགས་ཞེས་པ་དེ་ལ་ཟེར་བ་འདུག་སྟེ། འདི་ནི་སྲིད་མཐའ་གཟུང་བ་སྟེ། དེ་ནི་བྱང་ཆུབ་སེམས་དཔའི་སྡེ་སྣོད་དུ། ལས་དང་པོ་པས་སྒྲུབ་པ་མི་ནུས་པ་སྒྲུབ་པ་ལྟུང་བར་གསུང་བ་དང་གནད་གཅིག །བདག་གཞན་བརྗེ་བའི་བྱང་ཆུབ་སེམས། །དགེ་བ་ཡིན་ནམ་སྡིག་ཡིན་བརྟགས། །སོགས་ཀྱི་སྐྱོན་ཐམས་ཅད་ནི་བདག་གཞན་བརྗེ་མི་རུང་ཟེར་ཁས་བླངས་འདུག་གོ་སྙམ་བྱས་ནས་བཏང་བས་ཕྱོགས་སྔ་མ་ལོན་སྐྱོན་གཏོང་ན། སྲིད་མཐའ

འགོག་པའི་རིགས་པ་དགོས་ལ་དེ་ཡོད་ན་འགྲོ་བར་སྣང་ངོ་། །དེ་ལྟ་བུ་བསླབ་པ་སྦྱོང་བ་མདོར་བསྡུས་ཡིན་མོད། རྒྱས་པ་ཤིང་རྟ་ཆེན་པོའི་སྒྲོལ་གྱིས་ཤེར་ཕྱིན་དངོས་བསྟན་དུ་བཀྲལ་བ་དང་། སྦས་དོན་དུ་བཀྲལ་བའི་གཞུང་ལུགས་སུ་ཇི་སྐད་བཤད་པའོ། །ཞེས་བཤད་པས། རྗེ་པཎྜ་དཀར་པོའི་གསུང་འདི་དག་ནི་མཁས་པའི་ལེགས་བཤད་བླ་ན་མེད་པའོ། །

ཡང་སྡོམ་གསུམ་གྱི་གཞུང་ལས། ལྡུང་བ་དང་ནི་ཕྱིར་བཅོས་དང་། །བསླབ་པ་བྱ་བའང་སོ་སོར་ཡོད། །ཅེས་པའི་ལྟུང་བ་དང་ནི་ཞེས་པས་ལྟུང་བའི་རྣམ་གཞག་ཀྱང་ཐ་དད་དུ་ཡོད་པ་བསྟན་ཏེ། སེམས་ཙམ་ལུགས་ལ་ནི། བྱང་ས་ལས། བསམ་པ་འདྲ་བའི་ཆོས་བཞི། ཉེས་བྱས་བཞི་བཅུ་རྩ་གསུམ་མོ། །དང་པོ་ནི། རྙེད་དང་བཀུར་སྟི་ཆགས་པ་ཡི། །ཞེས་པ་ནས། དམ་ཆོས་འདྲར་སྣང་སྟོན་པའོ། །ཞེས་པའི་བར་རོ། །དེ་ལ་དང་པོ་གཉིས་ཆགས་པས་ཀུན་ནས་བསླངས་པས་དང་། གསུམ་པ་ཞེ་སྡང་གིས་ཀུན་ནས་བསླངས་པ། བཞི་པ་གཏི་མུག་གིས་ཀུན་ནས་བསླངས་པའོ། །གཉིས་པ་ཉེས་བྱས་ནི། དཀོན་མཆོག་གསུམ་ལ་གསུམ་མི་མཆོད། །ཞེས་པ་ནས། རྫུ་འཕྲུལ་སྡིག་ལས་གསོད་མི་བྱེད། །ཅེས་པའི་བར་གྱིས་བསྟན་ལ། གྲངས་འདྲེན་ཚུལ་ཞེ་དྲུག་དང་། ཞེ་ལྔ་དང་། ཞེ་བཞི། ཞེ་གསུམ་དུ་འཆད་པ་ཅི་རིགས་སུ་སྣང་ཡང་། དངོས་བསྟན་ཞེ་གསུམ་ལས་མི་སྣང་བས་འདིར་ནི་དེའི་དབང་དུ་བྱས་སོ། །མཚན་གཞི་རེ་རེ་ལའང་ཉོན་མོངས་པའི་ཉེས་པ་དང་། ཉོན་མོངས་མེད་པའི་ཉེས་པ་དང་། ཉེས་མེད་དེ་གསུམ་གསུམ་ཡིན་ལ། ཉེས་མེད་ནི། ཇི་སྐད་དུ། སྙིང་རྗེ་ལྡན་ཞིང་བྱམས་ཕྱིར་དང་། །སེམས་དགེ་བ་ལ་ཉེས་པ་མེད། །ཅེས་སོ། །འདི་དག་གི་སྡོམ་ཚིག་རྒྱས་པ་བྱང་ས་དང་། དེའི་ལུང་ཊཱི་ཀཱ་བསྟན་པའི་སྒྲོན་མེར་དྲངས་པ་ལས་ཀྱང་ཤེས་དགོས་སོ། །དབུ་མ་ལུགས་ནི། ནམ་མཁའི་སྙིང་པོའི་མདོ་ལས། བྱང་ཆུབ་སེམས་དཔའ་རྒྱལ་པོ་ལ་ལྔ། བློན་པོ་ལ་ལྔ། ལས་དང་པོ་ལ་བརྒྱད་དེ་བཅོ་བརྒྱད། ཐབས་ལ་མཁས་པའི་མདོ་ལས། ཐུན་མོང་དུ་སློན་སེམས་བཏང་བའི་རྩ་ལྟུང་གཅིག་སྟེ་བཅུ་དགུའོ། །ཞེས་སྔ་རབས་པ་རྣམས་གསུང་ངོ་། །

དེ་དག་ཀྱང་རྫས་ཀྱི་སྒོ་ནས་བཅུ་བཞིར་པར་འདུས་ཏེ། རྒྱལ་བློན་ཐུན་མོང་དུ་བཞི། ཐུན་མོང་མིན་པ་རེ་རེ་སྟེ་དྲུག །ལས་དང་པོ་པ་ལ་བརྒྱད་དོ། །ཞེས་བྱ་བ་ནི་ནམ་མཁའི་སྙིང་པོའི་མདོ་ལས་གསུངས་པའི་དབང་དུ་བྱས་ལ། ཐབས་ལ་མཁས་པའི་མདོ་ལས་གསུངས་པ་གཅིག་བསྣན་བཅོ་ལྔའོ། །དེ་དག་བསླབ་བཏུས་ལས། ཚིགས་བཅད་དུ་གསུངས་པ་ནི། དཀོན་མཆོག་གསུམ་གྱི་དཀོར་འཕྲོགས་པ། །ཕམ་པ་པ་ཡི་ལྟུང་བ་འདོད། །ཞེས་པ་ནས། ཆོས་ལྟར་བཅོས་པ་བརྗོད་པའོ། །ཞེས་པའི་བར་གསུང་ལ། དེ་ཉིད་བསྟན་པའི་སྒྲོན་མེར་ཁུངས

སུ་ཡང་དྲངས་ལ་དེ་དག་གི་དོན་མདོར་བསྡུ་ན། དཀོན་མཆོག་གསུམ་གྱི་དཀོར་འཕྲོག་པ། །ནས། མཚམས་མེད་ལྔ་པོ་བྱེད་པ། ཞེས་པའི་བར་བཞི་ནི་རྒྱལ་བློན་ཐུན་མོང་བ་དང་། ལོག་པར་ལྟ་བ་འཛིན་པ་རྒྱལ་པོའི་ཐུན་མོང་མ་ཡིན་པར་བཤད། གྲོང་ལ་སོགས་པ་འཇོམས་པ་བློན་པོའི་ཐུན་མོང་མ་ཡིན་པ་དང་། བློ་སྦྱངས་མ་བྱས།ཞེས་པ་ནས། ཡང་དག་པ་འཛོག་གི་ལོངས་སྤྱོད་ཁ་ཏོན་པ་ལ་སྦྱིན་པའི་བར་བརྒྱད་བཤད་པ། ལས་དང་པོ་པའི་དང་། དེ་ནས་བྱང་ཆུབ་ཀྱི་སེམས་འདོར་བ། ཅེས་པ་ཐབས་ལ་མཁས་པའི་མདོ་ནས་གསུངས། ཆགས་དང་སེར་སྣ། ཞེས་སོགས་གསུམ་བྱང་ས་ནས་གསུངས་ཏེ། འགའ་ཞིག་གི་ལུགས་གནས་པ་བྱ་བའི་ཕྱིར། ཞེས་པས་བསྟན་ནོ། །དེས་ན་བྱང་ས་ནས་གསུངས་པ་དེ་དག་བསླབ་བཏུས་ནས་གསུངས་པར་འདུ་ཡང་། བསླབ་བཏུས་ནས་གསུངས་པ་ནི། བྱང་ས་ནས་གསུངས་པར་མ་འདུས་ཏེ། དཔེར་ན་སྨོན་སེམས་གཏོང་བ་དེ་བྱང་སར་རྩ་ལྟུང་དུ་མི་འཆད་པ་བཞིན་ནོ། །

ཡང་འདིར་རྣམ་བཤད་མཛད་པ་སྤྱོས་ཁང་པ་དང་། ཀུ་མ་ར་གཉིས་ཀྱིས་བྱང་ས་ནས་བཤད་པའི་བཞི་པོ་དེར་བསླབ་བཏུས་ནས་བཤད་པ་རྣམས་འདུས་པའི་ཤེས་བྱེད་དུ། ཨ་ཀ་ཤ་གརྦ་འི་ལུང་འདྲེན་པ་ནི་མི་འཐད་དེ། ལུགས་དེ་ནི་གཞུང་འདིའི་ཕྱོགས་སྔའི་གཙོ་བོ་ཡིན་པའི་ཕྱིར། རྗེ་བཙུན་གྱི་སྡོམ་པ་ཉི་ཤུ་ པའི་རྣམ་བཤད་ལས་ཀྱང་། དེ་བཞི་པོར་འདུས་སམ་སྙམ་ན་འགའ་ཞིག་གིས་བསྡུས་པར་སྣང་ཡང་མི་འདུས་ཏེ།མདོ་ཐ་དད་ཀྱི་དགོངས་པ་ཡིན་ནོ། །ཞེས་གསུངས་པའི་ཕྱིར་རོ། །འདི་དག་གི་སྐབས་སུ། སྡོམ་གསུམ་སྙིང་པོ་བསྟན་པ་ལས། གཉིས་པ་མི་མཐུན་ཕྱོགས་ལྟུང་བར་འགྱུར་བའི་གནས་བཤད་པ་ལས་བྱང་སར་བཞིར་གསུངས། དེ་ཀ་བསླབ་བཏུས་སུ་དྲངས་པ་དེ་རྣམས་ནི། རྙེད་པ་དང་བཀུར་སྟི་ལ་ལྷག་པར་ཞེན་པའི་བློས་བདག་ལ་བསྟོད། གཞན་ལ་སྨོད་པ་དང་། སེར་སྣས་ཟང་ཟིང་དང་ཆོས་མི་སྟེར་བ་དང་། ཁྲོ་བས་གཞན་ལ་འཚེ་བཤད་སྦྱངས་བྱས་ཀྱང་མི་ཟློག་པ་དང་། གཡོ་བས་རྒྱུགས་ཀྱི་ཆོས་ལྟར་བཅོས་པ་ལ་མོས་པར་སྟོན་པ་དེ་བཞིན་ནོ། །སྤྱོད་མ་ཐག་ཏུ་རྩ་བའི་ལྟུང་བ་བྱུང་བ་ཡིན་ཀྱང་། ཕས་ཕམ་པ་མ་ཡིན་ཏེ། དེ་ནི་ཀུན་དཀྲིས་ཆེན་པོས་སྤྱད་པ་ལ་བྱ་བ་ཡིན་ལ། ཀུན་དཀྲིས་ཆེན་པོ་ཡང་བག་མེད་པའི་གནས་སྐབས་ཁོ་ན་ལ་བྱའོ། །

ཡན་ལག་གི་ལྟུང་བ་ནི་བཞི་བཅུ་རྩ་དྲུག་སྟེ། དཀོན་མཆོག་གསུམ་མི་མཆོད་པ་ནས། རང་རྫུ་འཕྲུལ་དང་ལྡན་ལ། གཞན་དེ་བསྒྲག་པ་འོས་ན་མི་བྱེད་པའི་བར་བཞི་དྲུག་གསུངས་ནས། མདོར་བསྡུ་ན་བྱང་ས་ལས། བཅོམ་ལྡན་འདས་ཀྱིས་བྱང་ཆུབ་སེམས་དཔའི་ཉེས་པ་ནི་ཕལ་ཆེར་ཞེ་སྡང་ལས་བྱུང་གིས། འདོད་ཆགས་ལས་འབྱུང་བ་ནི་མ་ཡིན་པར་རིག་པར་བྱའོ། །ཞེས་གསུངས་པ་དེ་ལ་དགོངས་པ་ནི་འདི་ཡིན་པར་ལྟ་བར་བྱ་སྟེ།

བྱང་ཆུབ་སེམས་དཔའ་སེམས་ཅན་ལས་རྗེས་སུ་ཆགས་ཤིང་སེམས་ཅན་ལ་བྱམས་པའི་དབང་དུ་བྱས་ནས། གང་ཅི་སྤྱོད་ཀྱང་རུང་དེ་ཐམས་ཅད་བྱང་ཆུབ་སེམས་དཔའི་བྱ་བ་ཡིན་ཏེ་མི་བྱ་བ་མ་ཡིན་ལ། བྱ་བར་རིག་པར་བྱེད་པ་ནི་ཉེས་པར་འགྱུར་བ་མི་རིགས་སོ། །བྱང་ཆུབ་སེམས་དཔའ་སེམས་ཅན་རྣམས་ལ་སྡང་བ་ནི། བདག་དང་གཞན་རྣམས་ལ་ཕན་པ་སྤྱོད་པ་མ་ཡིན་ལ། དེ་ཡང་བྱང་ཆུབ་སེམས་དཔའི་བྱ་བ་མ་ཡིན་ཏེ། དེ་ལྟར་བྱ་བ་མ་ཡིན་པ་བྱེད་པ་ནི་ཉེས་པར་འགྱུར་བ་རིགས་སོ། །ཞེས་གསུངས་སོ། །ཞེས་བྱ་བ་ནས་བཤད་པ་ལྟར། སེམས་ཙམ་ལུགས་ཀྱི་ལྟུང་བའི་རྣམ་གཞག་གཙོ་ཆེར་གསུངས་ནས། དབུ་མའི་ལུགས་འཆད་པ་ན། དེ་ཉིད་ལས། བསླབ་བཏུས་རང་དུ། དེ་སྐྱེད་དུ་ནམ་མཁའི་སྙིང་པོ་མདོ་ནས། རྒྱལ་པོ་རྒྱལ་རིགས་སྤྱི་བོ་ནས་དབང་བསྐུར་བ་ཐོབ་པ་རྣམས་ལ་གཙོ་བོར་འབྱུང་བ་ལྔ། བློན་པོའི་ལྔ། གང་ཟག་ཕལ་པའི་བརྒྱད་དེ་བཅོ་བརྒྱད། བློན་པོའི་རྣམས་གཅིག་ཏུ་བསྡུས་པས་བཅུ་བཞི་གསུང་ཏེ། དང་པོ་གསུམ་གྱི་དཀོར་འཕྲོག་པ་དང་། ཆོས་སྤོང་བ་དང་། ཚུལ་ཁྲིམས་དང་ལྡན་པའམ། ཚུལ་ཁྲིམས་འཆལ་བ་རྣམས་ལ་འཕྲོག་པ་ལ་སོགས་པ་དང་མཚམས་མེད་པའི་ལས་བྱེད་པ་དང་། ལོག་པར་ལྟ་བ་དེ་ལྔའོ། །

གཉིས་པ་ནི། གྲོང་དང་གྲོང་ཁྱེར་དང་ལྗོངས་དང་གྲོང་རྡལ་དང་། ཡུལ་འཁོར་འཇོམས་པ་ལྔའོ། །འོན་གོང་དུ་རྒྱལ་བློན་གཉིས་ཐུན་མོང་བ་བཞི་དང་ཐུན་མོང་མ་ཡིན་པ་རེ་རེ་སྟེ་དྲུག་ཏུ་བཤད་པ་དང་། འདིར་རྒྱལ་པོ་ལ་ལྔ་དང་བློན་པོའི་ལྔ་གཅིག་ཏུ་འདུས་པ་འགལ་ལོ་སྙམ་ན་མི་འགལ་ཏེ། འདིར་རྒྱལ་པོ་ལ་གཙོ་བོར་འབྱུང་བ་ཞེས་པའི་ཚིག་གི་ནུས་པ་ལས་རྒྱལ་པོ་ལ་འབྱུང་བའི་ལྟུང་བ། དང་པོ་བཞི་བློན་པོ་ལ་འབྱུང་བ་མ་བཀག་པས་དེ་བཞི་རྒྱལ་བློན་ཐུན་མོང་བ་དང་། ཡང་འདིར་བློན་པོའི་ལྟུང་བ་གྲོང་ཁྱེར་འཇོམས་པ་སོགས་ཕྱི་མ་བཞི་པོ། དང་པོ་གྲོང་འཇོམས་པ་གཅིག་པོ་དེར་བསྡུས་པ་དང་། གྲོང་འཇོམས་པ་དེ་བློན་པོའི་ཐུན་མོང་མ་ཡིན་པར་གྲུབ་པའི་ཤུགས་ལ། རྒྱལ་པོ་ལ་འབྱུང་བ་ལྔའི་ནང་གི་ཕྱི་མ་ལོག་པར་ལྟ་བ་དེ་རྒྱལ་པོའི་ཐུན་མོང་མ་ཡིན་པར་གྲུབ་པས་སྔ་ཕྱིའི་བཤད་པ་འགལ་བ་མེད་དོ། །འོན་གོང་དུ་གྲོང་འཇོམས་ལ་གྲོང་ཁྱེར་འཇོམས་པ་ལ་སོགས་པའི་ཡན་ལག་གི་དབྱེ་བ་བཤད་ན་གྲངས་འཚོལ་བར་འགྱུར་བ་ལ་མ་བཤད་ན་འདི་དང་འགལ་ལོ་སྙམ་ན་སྐྱོན་མེད་དེ། གྲོང་འཇོམས་པ་ལས་ཕྱེ་བའི་ཡན་ལག་གི་དབྱེ་བ་དེ་ནི་རྣམ་གྲངས་ཡིན་པས་དོན་ལ་གྲོང་འཇོམས་པ་གཅིག་པོ་འདུ་བའི་ཕྱིར་རོ། །

གསུམ་པ་གང་ཟག་ཕལ་པ་ལས་འབྱུང་བ་ནི། དེ་ཉིད་ལས། བློ་ཆུང་བ་ལ་སྟོང་པ་ཉིད་བརྗོད་པ་དང་རྫོགས་པའི་བྱང་ཆུབ་ལས་ཕྱིར་ཟློག་པ་དང་། སོ་སོར་ཐར་པ་སྤྲངས་པ་དང་། ཉན་ཐོས་ཀྱི་ཐེག་པ་སྤྲངས་ནས

ཐེག་ཆེན་ལ་སྦྱོར་བ་ཕྲག་དོག་པས་བདག་བསྟོད་གཞན་སྨོད་པ་དང་། རྙེད་པ་དང་བསྐུར་སྟིའི་ཆེད་དུ་བདག་ཆོང་བ་དང་། དགེ་སློང་ལ་ཆད་པས་གཅོད་དུ་འཇུག་པའི་ཕྱིར་སྒྲོག་འབུལ་དང་། ཞི་གནས་འདོར་ཅིང་སྤྱོང་བ་པའི་ལོངས་སྤྱོད་ཀློག་པའི་ཆེད་དུ་བྱིན་པ་བརྒྱད་དོ། །ལུགས་གཉིས་ཀར་སྨོན་སེམས་གཏོང་བའི་རྒྱུར་ཉན་ཐོས་སམ་རང་རྒྱལ་དུ་སེམས་བསྐྱེད་པ་གསུངས་ཏེ། སེམས་བསྐྱེད་དེ་ནི་ཕས་ཕམ་པས་ཀྱང་ཤིན་ཏུ་ལྕི་ཞེས་པའོ། །གཞན་རྣམས་ཀྱི་འཇུག་སྡོམ་གཏོང་སྨོན་པ་མི་གཏོང་། ཡན་ལག་གི་ཉེས་པ་འདི་ཙམ་ཞེས་མ་གསུངས་ཏེ། མདོར་བསྡུས་པ་ཁོ་ན་ལས་རིག་པར་བྱའོ། །ཞེས་གསུངས་ཤིང་། བསླབ་བཏུས་རང་འགྲེལ་ཁུངས་སུ་འདྲེན་པ་མཛད་ནས་ལྟུང་བའི་རྣམ་གཞག་གཞན་ཡང་གསུངས་ཤིང་། ལྟུང་བ་དང་ལྟུང་མེད་དང་། ལྟུང་བའི་གཟུགས་བརྙན་དང་། ལྟུང་བ་མེད་པའི་གཟུགས་བརྙན་སོགས་ཀྱི་རྣམ་གཞག་ཀྱང་གསུངས་སོ། །འདི་ནི་སྡོམ་གསུམ་ཉིད་ལས་ཀྱང་། འོན་ཀྱང་ཐེག་ཆེན་ཀུན་མཐུན་པར། །ལྟུང་བའི་རྣམ་གཞག་མུ་བཞི་གསུངས། །ལྟུང་མེད་ལྟུང་དང་ལྟུང་བ་ཡི། །གཟུགས་བརྙན་ལྟུང་བ་མེད་པ་ཡི། །གཟུགས་བརྙན་ཞེས་བྱ་རྣམ་པ་བཞི། །བསམ་པ་དག་པའི་སྦྱིན་པ་སོགས། །རྣམ་པ་ཀུན་ཏུ་ལྟུང་བ་མེད། །ཞེས་སོགས་གསུངས་པ་དང་དགོངས་པ་མཐུན་པར་སྣང་ངོ་། །ཡང་གཞུང་ལས། ཕྱིར་བཅོས་དང་ནི་ཞེས་པས་ལུགས་གཉིས་པོ་དེ་ལ། ཕྱིར་བཅོས་པའི་ཚུལ་ཡང་། ཐ་དད་དུ་ཡོད་པར་བསྟན་ཏེ། སེམས་ཙམ་པ་ལྟར་ན་ཀུན་དཀྲིས་ཆེན་པོས་ཀུན་ནས་བསླངས་པའི་རྩ་བའི་ལྟུང་བ་དང་། བྱང་ཆུབ་ཀྱི་སེམས་བཏང་བ་རྣམས་བྱུང་ན་སྡོམ་པ་གཏོང་བས་སྡོམ་པ་སླར་བླང་དགོས་ལ། ཟག་པ་འབྲིང་གིས་ཀུན་ནས་བསླངས་པའི་རྩ་ལྟུང་བྱུང་ན་གསུམ་ལ་བཤགས་པ་དང་། ཟག་པ་ཆུང་ངུས་ཀུན་ནས་བསླངས་པའི་རྩ་ལྟུང་དང་། ཉོན་མོངས་པ་ཅན་གྱི་ཉེས་བྱས་ནི། ཕྱིས་མི་བྱ་བའི་སེམས་ཀྱི་འདག་གོ། །དེ་ཡང་། སྡོམ་པ་སླར་ཡང་བླང་བར་བྱ། །ཟག་པ་འབྲིང་གི་གསུམ་ལ་བཤགས། །གཅིག་གི་མདུན་དུ་ལྷག་མ་རྣམས། །ཉོན་མོངས་མི་མོང་བདག་སེམས་བཞིན། །ཞེས་གསུངས་སོ། །

དབུ་མ་པ་ལྟར་ན། བསླབ་བཏུས་ལས། རྨི་ལམ་འཕགས་པ་ནམ་སྙིང་པོའི། །མདུན་དུ་འདུག་སྟེ་བཤགས་པར་བྱ། །ཞེས་དང་། སྤྱོད་འཇུག་ལས། ཉིན་དང་མཚན་མོ་ལན་གསུམ་དུ། །ཕུང་པོ་གསུམ་པ་འདོན་བྱ་ཞིང་། །རྒྱལ་དང་བྱང་ཆུབ་སེམས་བརྟེན་པས། །ལྟུང་བའི་ལྷག་མ་དེ་ཞི་བྱ། །ཞེས་གསུངས་པ་ལྟར་རོ། ། སྡོམ་གསུམ་སྙིང་པོ་བསྟན་པ་ལས། ཕྱིར་བཅོས་པ་ནི་ཕམ་པ་བྱུང་ན་འཆབ་སེམས་སྐྱེས་ཀྱང་སོ་ཐར་དང་མི་འདྲ། སྡིག་པ་སྟོབས་རྣམ་པ་བཞིས་བཤགས་ཤིང་སླར་ལེན། ཀུན་དཀྲིས་འབྲིང་གི་བཅས་པ་གསུམ་གྱི་མདུན་དུ། ཆུང་ངུས་གཅིག་གི་མདུན་དུ་བཤགས་པར་བྱ། ངེས་འདག་པར་བྱང་ས་ལས་སོ། །ཞེས་སེམས་ཙམ་ལུགས་

དང་། དབུ་མ་ལུགས་ནི། དེ་ཉིད་དུ་བསླབ་བཏུས་ལས། ལྷའི་བུ་སྐྱ་རེངས་ལ་གསོལ་བ་བཏབ་སྟེ། བྱང་ཆུབ་སེམས་དཔའ་ནམ་མཁའི་སྙིང་པོས། དེ་མདུན་དུ་འདུག་ནས་འཆགས་སུ་འཇུག་པར་གསུངས་ལ། དོན་དུ་གཉིས་ཀ་སྟོབས་རྣམ་པ་བཞིའི་བཤགས་པས་འདག་པར་མཐུན་པས། ཕུང་པོ་གསུམ་པའི་མདོ་འདོན་པ་ལ་སོགས་པ་ལ་འབད་པར་བྱའོ། །ཞེས་གསུངས་སོ། །

ཡང་། བསླབ་པར་བྱ་བའང་སོ་སོར་ཡོད། །ཅེས་པས། ལུགས་གཉིས་པོ་དེའི་བསླབ་པར་བྱ་བའང་སོ་སོར་ཡོད་པ་བསྟན་ཏེ། དབུ་མ་ལུགས་ལ་ནི། སྨོན་འཇུག་གཉིས་ཀའི་བསླབ་བྱ་སློབ་པ་དང་། སྨོན་པ་རྐྱང་པའི་བསླབ་བྱ་ལ་སློབ་པ་སོགས་ཇི་ཙམ་སྲུབ་པར་ནུས་པ་ཙམ་ལ་སློབ་པར་གསུངས་ལ། སེམས་ཙམ་ལུགས་ལ་ནི། འཇུག་པ་སེམས་བསྐྱེད་ཀྱི་སྡོམ་པ་ཡོངས་སུ་རྫོགས་པའི་བསླབ་བྱ་ལ་སློབ་པར་གསུངས་ཀྱིས། ཇི་ཙམ་སྲུབ་ནུས་པ་ཙམ་ལ་བསླབས་པས་ཆོག་པར་མ་གསུངས་སོ། །འདིར་བསླབ་པར་བྱ་བ་སོ་སོར་ཡོད་ཚུལ་ལ། དགའ་གདོང་པ་ནི། གཞུང་རྫེན་པར་འཛོག་པ་ལས་གཞན་མི་སྣང་། བསམ་ཡས་པ། བསླབ་པར་བྱ་བ་སོ་སོར་ཡོད་དེ་སྤྱང་བྱ་ཐ་དད་པའི་ཕྱིར། ཞེས་གསུངས། གོ་ཊཱི་ཀ་ལས། དབུ་མའི་ལུགས་ལ་སྤྱོད་འཇུག་ཏུ། །རྐང་པ་བརྒྱད་སྟེ་མི་འདུག་ཅིང་། །ཞེས་གསུངས། སེམས་ཙམ་པའི་སྡོམ་པ་ཉི་ཤུ་པར། ཉེས་བྱས་བཞི་བཅུ་རྩ་གཉིས་གསུངས་པས་སོ། །ཞེས་གསུངས་ནང་། ལུགས་སྔ་མས་བསླབ་བྱ་ཐ་དད་དུ་མི་འགྲུབ་སྟེ། སེམས་ཙམ་ལུགས་ལ། རྐང་པ་བརྒྱད་སྟེ་འདུག་པར་མ་གསུངས་པས་སོ། །ལུང་ཕྱི་མ་ཚིག་ལ་སྐྱོན་ཆགས་ཏེ། ཉེས་བྱས་བཞི་བཅུ་རྩ་གཉིས་སྤྱང་བྱ་ཡིན་གྱིས་བསླབ་བྱ་མིན་པས་སོ། །

དེའི་འགྲོས་ལས། སེམས་ཙམ་ལུགས་ཀྱི་སེམས་བསྐྱེད། སྐྱེ་བོ་ཕལ་པོ་ཆེ་ལ་བྱས་ཀྱང་མི་སྐྱེ་བ་བསྟན་པ་ནི། སེམས་ཙམ་པ་ཡི་སེམས་བསྐྱེད་ནི། །བོད་ལ་བྱེད་པ་མང་མོད་ཀྱི། །དེ་ནི་སུ་ཡང་རུང་བ་ཡི། །གང་ཟག་རྣམས་ལ་བྱར་མི་རུང་། །ཞེས་གསུངས་ཏེ། སེམས་ཙམ་པའི་སེམས་བསྐྱེད་ཀྱི་སྡོམ་པ་ལེན་པའི་ཆོ་ག་འདི། དེང་སང་བོད་འདི་ན་བྱེད་པ་མང་མོད་ཀྱིས། དེ་ནི་སུ་ཡང་རུང་བ་ཡིས། གང་ཟག་སོ་ཐར་སྡོམ་པ་རིགས་བདུན་པོ་གང་རུང་དང་མི་ལྡན་པ་དང་། ལྡན་ཡང་ཐེག་ཆེན་གྱི་སྡེ་སྣོད་མི་ཤེས་པ་དང་། ཤེས་ཀྱང་བྱང་ཆུབ་ཏུ་སེམས་མ་བསྐྱེད་པ་རྣམས་ལ་བྱར་མི་རུང་སྟེ། དེ་ལྟར་ཚད་ལྡན་གྱི་གཞུང་ལས་མི་འབྱུང་བའི་ཕྱིར་རོ། །རོང་པ་ཕྱག་སོར་བ་ལ་སོགས་ལ་ལ། སྐྱེ་བོ་གླང་ཐང་པ་ཟེར་བ་འགའ་ཞིག་གིས། རྨི་ལམ་དུ་རྗེ་བཙུན་བྱམས་པ་ཁྲི་མཐོན་པོ་ལ་བཞུགས་ནས། ཁྲིམ་ཆེན་པོ་ལ་སེམས་བསྐྱེད་བྱེད་པ་དམིགས་པ་དེའི་རྗེས་སུ་འབྲང་ནས། སེམས་ཅན་ཀུན་ལ་སེམས་ཙམ་ལུགས་ཀྱི་སེམས་སྐྱེད་ཀྱི་སྡོམ་པ་འབོགས་པའི་ཆོ་ག་བྱེད་དེ། རྨི་ལམ་དེ་བདུད་ཀྱིས་བྱིན་

སྐབས་མིན་ན་རུང་ཡང་། དེ་བདུད་ཀྱིས་བྱིན་རླབས་ཡིན་པ་སྟེ། མདོ་རྒྱུད་དང་མི་མཐུན་པའི་ལམ་སྟོན་པས་སོ། །ཞེས་འཆད་པ་ལ། ལ་ལ་སྐྱེ་བོ་འགག་ཞིག་གི་རྨི་ལམ་དེ་ཡི་རྗེས་འབྲངས་ནས། ཞེས་སོགས་གསུངས་ཏེ། མདོ་ལས། བདུད་སྡིག་ཅན་སངས་རྒྱས་ཀྱི་ཆ་ལུགས་སུ་བྱས་ནས་སྟོན་པར་འགྱུར་རོ། །ཞེས་གསུངས་པ་དགོངས་པར་སྣང་ངོ་། །དེས་ན་འདི་འདྲའི་ལུགས་དེ་སངས་རྒྱས་ཀྱི་བསྟན་པ་མིན་ཏེ། བྱང་ཆུབ་སེམས་དཔའི་ས་དང་ནི། དཔལ་མར་མེ་མཛད་ཀྱིས་བྱང་ཆུབ་ལམ་སྒྲོན་ལས་ཀྱང་། སོ་ཐར་སྡོམ་པ་དང་མི་ལྡན་པ་ལ། སེམས་ཙམ་ལུགས་ཀྱི་སེམས་བསྐྱེད་འདི་བཀག་པའི་ཕྱིར་ཏེ། ཇི་སྐད་དུ། སོ་སོར་ཐར་པ་རིགས་བདུན་གྱིས། །རྟག་ཏུ་སྡོམ་གཞན་ལྡན་པ་ལ། །བྱང་ཆུབ་སེམས་པའི་སྡོམ་པ་ཡི། །སྐལ་བ་ཡོད་ཀྱི་གཞན་དུ་མིན། །ཞེས་དང་། འདིའི་སེམས་བསྐྱེད་ཀྱི་ཆོ་ག་ལས་ཀྱང་། རིགས་ཀྱི་བུ་ཁྱོད་བྱང་ཆུབ་སེམས་དཔའ་ཡིན་ནམ། བྱང་ཆུབ་སེམས་དཔའི་སྡེ་སྣོད་ཀྱི་མ་མོ་ལ་བསླབས་སམ། ཞེས་སོགས་ཀྱི་བྱང་ཆུབ་སེམས་དཔའི་སྡེ་སྣོད་མི་ཤེས་པ་སོགས་ལ། སེམས་བསྐྱེད་ཀྱི་ཆོ་ག་འདིར་བྱར་མི་རུང་བ་གསལ་བའི་ཕྱིར། ཞེས་འཆད་པ་ལ། བྱང་ཆུབ་སེམས་དཔའི་ས་དང་ནི། །མར་མེ་མཛད་ཀྱིས་བཀག་ཕྱིར་དང་། །ཞེས་སོགས་སློ་ཀ་གཅིག་དང་། རོང་པ་ཕྱུག་སོར་བའི་རྗེས་འབྲང་ཁ་ཅིག །སློབ་དཔོན་སྡིག་ཅན་ཡིན་ཡང་། སེམས་བསྐྱེད་ཀྱི་ཆོ་གའི་གྲལ་དེར་འཚོགས་པ་ཐམས་ཅད་ནི། སོ་ཐར་སྡོམ་པ་ཅན་དང་། བྱང་ཆུབ་སེམས་དཔའི་སྡེ་སྣོད་ལ་མཁས་པ་ཤ་སྟག་ཡིན་ནོ་ལོ། །ཞེས་དེ་དག་ལ་མ་རངས་པའི་ཚིག་ཏུ་གསུངས་ཏེ། གལ་ཏེ་འདི་འདྲའི་ཚིག་བདེན་ན། དེ་ལས་མི་བདེན་པ་གཞན་ཅི་ཞིག་ཡོད་དེ། མིའི་རང་བཞིན་བསླུ་བ་ཡིན་ནོ། །ཞེས་པ་ཡང་བདེན་པར་འགྱུར་རོ། །

དེས་ན་མདོ་ལ་སོགས་པ་གསུང་རབ་ཀྱི་ཆོས་ཀྱི་རྗེས་སུ་འབྲང་བའི་མཁས་པ་རྣམས་ཀྱིས་སླན་ཆད་འདི་སྤོངས་ཤིག །ཅེས་གདམས་པ་ནི། ཁ་ཅིག་བླུན་པོ་ཞེས་སོགས་ནས། མཁས་པ་རྣམས་ཀྱིས་ལུགས་འདི་སྤོངས། །ཞེས་པའི་བར་གསུངས་པ་ཡིན་ནོ། །འདིའི་སྐབས་སུ་དོགས་པ་འདི་སྣང་སྟེ། སེམས་ཙམ་ལུགས་ཀྱི་སེམས་བསྐྱེད་ཀྱི་སྡོམ་པ་ལྷའི་རྟེན་ལ་སྐྱེ་བ་ཡོད་དམ་མེད། མེད་ན་ཧ་ཅང་ཐལ་ལ། ཡོད་ན་སེམས་ཙམ་ལུགས་ལ་སོ་ཐར་སྡོམ་པ་དང་ལྡན་པ་རྟེན་དུ་དགོས་པར་བཤད་པ་དང་འགལ་ཏེ། ལྷ་དེ་སོ་ཐར་སྡོམ་པའི་རྟེན་དུ་བཀག་པའི་ཕྱིར་ཏེ། གླིང་གསུམ་སྐྱེས་པ་བུད་མེད་ལས། །འགྲོ་བ་གཞན་ལ་སྡོམ་པ་བཀག །ཅེས་བཤད་པའི་ཕྱིར་རོ། །དེས་ན་སེམས་ཙམ་ལུགས་ལ་སོ་ཐར་སྡོམ་པ་རྟེན་དུ་དགོས་པར་བཤད་པ་དེ་འདོད་པའི་མིའི་རྟེན་ཅན་གྱི་དབང་དུ་བྱས་སོ་སྙམ་མོ། །དབུ་མའི་ལུགས་ཀྱིས་སེམས་བསྐྱེད་ཀྱི་ཆོ་ག་སྐྱེ་བོ་ཕལ་པོ་ཆེ་ལ་བྱས་ན་སྐྱེ་བར་བསྟན་པ་ལ། དམ་བཅའ་དང་དེའི་སྒྲུབ་བྱེད་གཉིས་ལས། དང་པོ་ནི། གཞུང་ལས། དབུ་མ་ལུགས་ཀྱི་

སེམས་བསྐྱེད་འདི། །སེམས་ཅན་ཀུན་གྱིས་ལེགས་ཐོབ་ན། །རྫོགས་སངས་རྒྱས་ཀྱི་རྒྱུར་འགྱུར་ཞེས། །མདོ་དང་བསྟན་བཅོས་རྣམས་ལས་གསུངས། །ཞེས་པས་བསྟན་ཏེ། དེའི་དོན་ནི། དབུ་མའི་ལུགས་ཀྱི་སེམས་བསྐྱེད་ཀྱི་སྡོམ་པ་ནི། སེམས་ཅན་བརྡ་ཤེས་ཤིང་ལེན་འདོད་ཡོད་པ་ཀུན་གྱིས་ལེགས་པར་ཐོབ་ན་རྫོགས་སངས་རྒྱས་ཀྱི་རྒྱུར་འགྱུར་རོ། །ཞེས་མདོ་དང་ཚད་ལྡན་གྱི་བསྟན་བཅོས་ལས་བཤད་ཅེས་པའི་དོན་ཡིན་ལ།

གཉིས་པ་དེའི་སྒྲུབ་བྱེད་ལ། ལུང་གི་སྒྲུབ་བྱེད་ཁ་འཕངས་པ་ནི། ལུང་དེ་མང་ཡང་། སྡོང་པོ་བཀོད་པ་ལས། འཕགས་པ་འཇམ་དཔལ་གྱིས། གྲོང་ཁྱེར་སྐྱིད་པའི་འབྱུང་གནས་ཀྱི་ཤར་ཕྱོགས་སུ། ནགས་ཚལ་སྣ་ཚོགས་ཀྱིས་རྒྱན་ཞེས་པར་ཆོས་ཀྱི་དབྱིངས་ཀྱི་ཚུལ་སྣང་བ་ཞེས་པའི་ཆོས་ཀྱི་རྣམ་གྲངས་བསྟན་པས་རྒྱ་མཚོའི་ཀླུ་སྟོང་ཕྲག་བཅུ་བླ་ན་མེད་པའི་བྱང་ཆུབ་ཏུ་ངེས་པར་འགྱུར་རོ། །ཞེས་དང་། བསྐལ་པ་བཟང་པོའི་མདོ་ལས། རྒྱལ་བ་ཕན་བཞེད་གྲོང་དཔོན་གྱུར་པའི་ཚེ། །དེ་བཞིན་གཤེགས་པ་བསོད་ནམས་འོད་དེ་ལ། །ཉིན་གཅིག་སྲོག་གཅོད་སྡོམ་པ་བླངས་ནས་ཀྱང་། །དང་པོར་བྱང་ཆུབ་མཆོག་ཏུ་ཐུགས་བསྐྱེད་དོ། །ཞེས་དང་། ནམ་མཁའི་སྙིང་པོའི་མདོ་ལས། བྱང་ཆུབ་སེམས་དཔའ་རྒྱལ་པོ་དང་། བློན་པོ་ལ་འབྱུང་བའི་ལྟུང་བ་གསུངས་པ་དང་། དཀོན་བརྩེགས་གཙུག་ན་རིན་པོ་ཆེས་ཞུས་པ་ལས། ཤེས་རབ་ཕྱིན་ཕ་རོལ་ཏུ་ཕྱིན་པའི་སྤྱོད་པ་ཡོངས་སུ་དག་པ་འདི་བསྟན་པ་ན་འཁོར་དེའི་ནང་ནས། ལྷ་དང་། མིའི་སྲོག་ཆགས་ཁྲི་ཉིས་སྟོང་བླ་ན་མེད་པ་ཡང་དག་པར་རྫོགས་པའི་བྱང་ཆུབ་ཏུ་སེམས་བསྐྱེད་དོ། །ཞེས་གསུངས་པ་དང་། རྒྱལ་པོ་ལ་གདམས་པའི་མདོ་ལས། རྒྱལ་པོ་ཆེན་པོ་འདི་ལྟར། ཞེས་སོགས་ནས། རྒྱལ་པོའི་བྱ་བ་ཡང་ཡོངས་སུ་ཉམས་པར་མི་འགྱུར་ཞིང་། བྱང་ཆུབ་ཀྱི་ཚོགས་ཀྱང་ཡོངས་སུ་རྫོགས་པར་འགྱུར་རོ། །ཞེས་པའི་བར་དང་། སོགས་པའི་སྐྲུས་ཀླུའི་རྒྱལ་པོ་རྒྱ་མཚོས་ཞུས་པ་ལས། ཀླུ་ཁྲི་ཉིས་སྟོང་གི་བྱང་ཆུབ་ཏུ་སེམས་བསྐྱེད་པར་བཤད་པ་རྣམས་ནི། མདོའི་ལུང་གི་སྒྲུབ་བྱེད་དང་། བསྟན་བཅོས་ཀྱི་ལུང་གི་སྒྲུབ་བྱེད་ནི། ཀླུ་སྒྲུབ་ཀྱི་མདོ་ཀུན་བཏུས་དང་། རིན་ཆེན་འཕྲེང་བར། བྱང་ཆུབ་སེམས་དཔའ་རྒྱལ་པོའི་བསླབ་བྱ་གསུངས་པ་དང་། རྒྱལ་སྲས་ཞི་བ་ལྷས། བྱང་ཆུབ་སེམས་དཔའི་སྤྱོད་པ་ལ་འཇུག་པ་དང་། སོགས་པ་ཛེ་ཏ་རིས་མཛད་པའི། ཡི་དམ་བླང་བའི་ཚིག་ལས། རང་གི་ཇི་ལྟར་ནུས་པ་བཞིན་བསླབ་པར་གསུངས་ཤིང་། དེ་ཙམ་ནི་སྡིག་ཅན་གྱིས་ཀྱང་སྒྲུབ་ནུས་པ་གསུངས་སོ། །ཞེས་སྟོན་པ་ལ། དེ་ཡང་སྡོང་པོ་བཀོད་པ་ལས། ཞེས་སོགས་ནས། བསྟན་བཅོས་ལ་སོགས་པ་རྣམས་ལས་གསུངས། ཞེས་པའི་བར་གྱིས་བསྟན་ལ།

གཉིས་པ་རིག་པའི་སྒྲུབ་བྱེད་དཔེ་དང་སྦྱར་བ་ནི། གཞུང་ལས། ཇི་ལྟར་ནས་ཀྱི་ས་བོན་ནི། །ཞེས་

སོགས་ནས། སྡིག་པ་ཡོད་མེད་ཀུན་ལ་སྐྱེ། །ཞེས་པའི་བར་གྱིས་བསྟན་ཏོ། །འདི་དག་གི་སྐབས་སུ། སྡོམ་གསུམ་སྙིང་པོ་བསྟན་པ་ལས་གསུངས་ཚུལ་གྱིས་དབང་དུ་བྱས་ནས། སེམས་ཙམ་པ་ཡི་སེམས་བསྐྱེད་ནི། །ཞེས་སོགས་དང་། ཅི་སྟེ་སེམས་ཅན་ཐམས་ཅད་ལ། །སངས་རྒྱས་ས་བོན་འཛོག་འདོད་ན། །ཆོ་ག་འཁྲུལ་པ་མེད་པ་ཡིས། །དབུ་མ་པ་ཡི་གཞུང་བཞིན་གྱིས། །ཞེས་གསུངས་པ་འདི་ལ་སེམས་ཙམ་པའི་རྗེས་སུ་སོ་ཐར་སྡོམ་པ་དགོས། དབུ་མའི་རྗེས་སུ་དེ་མི་དགོས་སྙམ་པར་འདུག་སྟེ། ཐེག་ཆེན་གྱི་རིགས་ཅན་སྐྱབས་སུ་འགྲོ་བ་ཉི་ཚེ་བྱས་པ་ལ་ཡང་སོ་ཐར་སྐྱེ། དེ་ཡང་འདིའི་རྗེས་སུ་བྱང་སའི་འགྲེལ་པ་རྒྱ་མཚོའི་སྤྲིན་དུ་གསུངས་བྱུང་ལ། ཉན་རང་ངམ་ལོག་སྲེད་ཅན་དུ་རེ་ཞིག་པའི་རིགས་ངེས་པ་རྣམས་ནི་དེ་ཉིད་ཀྱིས་མ་བརྟུལ་བར་ཐེག་ཆེན་གྱི་སྣོད་དུ་དབུ་མ་པའང་མི་བཞེད། དེ་ལ་དབུ་མ་ལུགས་ཀྱི་སེམས་བསྐྱེད་ཆོ་ག་འཁྲུལ་མེད་མཛད་ཀྱང་། མི་སྐྱེ་བའི་ཁར་གདུལ་བྱ་དེ་ཉམས་པའི་རྒྱུར་འགྱུར་ཏེ། ཇི་ལྟར་སངས་རྒྱས་སེམས་ཅན་ལས། །ཇི་ཙམ་བཟོད་པའི་ཆོས་སྟོན་ཏོ། །ཉམས་པར་གྱུར་པ་དམ་ཆོས་ཀྱི། །སྣོད་ནི་ནམ་ཡང་མ་ཡིན་ནོ། །ཞེས་བཤད་པའི་ཕྱིར་རོ། །ཟླ་བ་གྲགས་པས། སྡོམ་པ་ཀུན་ལ་ཡོད་མོད་ཀྱིས་ཀྱང་། སྣོད་ལ་གང་སངས་རྒྱས་འདོད་པ་དེ་ཀས་སྐྱབས་སུ་སོང་བ་ཡང་སྒྲུབ་ནུས་ཏེ། བསྙེན་པར་རྫོགས་འདོད་ལ་བསྟན་པ་ཇི་ལྟ་བས་སོ། །ཞེས་གསུངས་པ་འདི་དག་ལ། སྡོམ་གསུམ་གྱི་འཆད་ཉན་པ་དང་། ས་སྐྱ་པ་གཙང་མར་སློམ་པ་དག་ཇི་ལྟར་གསུང་གི་ཡོད། རང་གི་གོ་བ་ལ། རྒྱལ་བ་ཕན་བཞེད་གྲོང་དཔོན་གྱུར་པའི་ཚེ། དེ་བཞིན་གཤེགས་པ་བསོད་ནམས་པ་འོད་ཅེས་བྱ་བ་དེ་ལ་ཉིན་གཅིག་གི་བར་སྲོག་གཅོད་ཙམ་སྤོང་བའི་སྡོམ་པ་བླངས་ནས་སེམས་བསྐྱེད་ཀྱི་ཆོ་ག་མཛད་པ་དེའི་ཉིན་གཅིག་ཙམ་སྲོག་གཅོད་ཁོན་སྤོང་བ་དེ་སོ་ཐར་སྡོམ་པར་ཁས་བླངས་ན། དབུ་མ་ལུགས་ཀྱི་སེམས་བསྐྱེད་ཀྱི་སྡོམ་པའི་རྗེས་སུ་སོ་ཐར་ལེན་པར་བཤད་པར་སོང་ནས། དེ་ནི་སོ་ཐར་སྡོམ་པ་མ་ཡིན་ཏེ། དེའི་རྒྱུ་མཚན། དབུ་མ་ལུགས་ཀྱིས་ཤེས་བྱེད་དེ། སེམས་ཙམ་ལུགས་ལ་མཚུངས་པའི་རྩོད་སྤང་གི་སྐབས་སུ། གལ་ཏེ་མདོ་ལས་བཤད་པ་ཡི། །གཞུང་དེ་སེམས་ཙམ་པ་ཡི་ཡང་། །སེམས་བསྐྱེད་ལུང་དུ་ཅི་འགལ་ཞེས། །སྙམ་ནའང་། ཞེས་པ་དེ་འགོག་པ་ལ་དེ་ནི་འཁྲུལ་པ་ཡིན། རྒྱལ་བ་ཕན་བཞེད་ཉིན་གཅིག་གི། །སྲོག་གཅོད་སྡོམ་པ་བླངས་པ་ལ། །བྱང་ཆུབ་སེམས་དཔའི་སེམས་བསྐྱེད་མཛད། །དེ་ནི་སོ་སོ་ཐར་པ་མིན། །དེ་ལ་སོགས་པའི་འཐད་པ་རྣམས། །དབུ་མའི་ལུགས་ལ་འཐད་མོད་ཀྱིས། །སེམས་ཙམ་པ་ཡི་ལུགས་ལ་མིན། །ཞེས་པའི་དོན། གལ་ཏེ་སྔར་དྲངས་པའི་མདོ་དེ་དག་ལས་བཤད་པའི་གཞུང་དེ་སེམས་ཙམ་པའི་ཡང་སེམས་བསྐྱེད་ཀྱིས་སྡོམ་པ་སྐྱེ་བའི་ལུང་དུ་ཅི་འགལ་ཏེ་མི་འགལ་ལོ་སྙམ་ན། དེ་ནི་ལུང་གི་དོན་ལ་འཁྲུལ་པ་ཡིན་ཏེ། རྒྱལ་བ་ཕན་བཞེད་འདིས། སྔོན་གྲོང་

དཔོན་དུ་གྱུར་པའི་ཚེ། དེ་བཞིན་གཤེགས་པ་བསོད་ནམས་འོད་ཅེས་བྱ་བ་དེ་ལ། ཉིན་གཅིག་གི་བར་སྲོག་གཅོད་ཙམ་སྤོང་བའི་སྡོམ་པ་བླངས་ནས། སེམས་བསྐྱེད་ཀྱི་སྡོམ་པ་ལེན་པའི་ཚིག་མཛད་ལ། ཉིན་གཅིག་ཙམ་སྲོག་གཅོད་ཁོ་ན་སྤོང་བ་དེ་ནི་སོ་སོ་ཐར་པའི་སྡོམ་པ་མ་ཡིན་པའི་ཕྱིར་རོ། །མདོ་ནི་གོང་དུ་དྲངས་ཟིན་ནོ། །དེ་ལ་སོགས་པ་གོང་དུ་དྲངས་པའི་འཐད་པ་རྣམས་དབུ་མ་ལུགས་ལ་སྦྱོར་བ་འཐད་མོད་ཀྱིས། སེམས་ཙམ་པའི་ལུགས་ལ་སྦྱོར་བ་འཐད་པ་མ་ཡིན་ནོ། །དེའི་ཤེས་བྱེད། སེམས་ཙམ་ལུགས་ཀྱི་སེམས་བསྐྱེད་ཀྱི་སྡོམ་པ་སྐྱེ་བའི་རྟེན་དུ་སོ་སོ་ཐར་པའི་སྡོམ་ལྡན་དགོས་ཀྱི། དབུ་མ་ལུགས་ལ་མི་དགོས་པས་སོ། །ཞེས་བཤད་པའི་ཤུགས་ལ་ཤེས་སམ་སྙམ་སྟེ། ཐེག་ཆེན་གྱིས་རིགས་ཅན་སྐྱབས་སུ་འགྲོ་བ་ཉི་ཚེ་བྱས་པ་ལ་ཡང་སོ་ཐར་སྐྱེ། དེ་ཡང་འདིའི་རྟེན་དུ་ཞེས་སོགས་གསུངས་པ་དེ་རྒྱལ་བ་ཕན་བཞིད་གྲོང་དཔོན་གྱུར་པའི་ཚེ། ཞེས་སོགས་ལ་དགོངས་པ་མིན་ན་མཁས་པའི་དགོངས་བཞེད་རྒྱ་ཆེ་བ་གཞན་ཡང་ཡོད་སྲིད་པས། དེའི་ཚེ་ལུང་གོང་གི་དེ་དག་གིས་ཀྱང་རྟོགས་པར་དཀའ་ལ། གང་ལྟར་ཡང་རྗེ་བཙུན་ས་སྐྱ་པཎྜི་ཏ་དང་། གནས་ལྔ་རིག་པའི་པཎྜི་ཏ་རྗེ་བཙུན་པདྨ་དཀར་པོའི་གསུང་རབ་རྒྱལ་བའི་བཀའ་དང་མཚུངས་པ་དེ་དག །བདག་བློ་དམན་པ་སྲིན་བུ་མེ་ཁྱེར་ལྟ་བུས་ཆ་ཙམ་ཡང་རྟོགས་པར་ག་ལ་ནུས་ཏེ། དེ་དག་ལ་ཡིད་དང་བ་དང་། དད་པའི་སྒོ་ནས་རྗེས་སུ་ཡི་རང་བའི་ཚུལ་གྱིས་ཐོས་བསམ་དུ་བྱ་ཞིང་དེ་དག་ལ་ཡིད་གཏོད་པ་ལས་གཞན་གྱིས་སྤྲོས་པ་མ་མཆིས་སོ། །

ཡང་འགའ་ཞིག་བཤད་པ་དེ་དག་གིས་གཞུང་འདི་བཀག་གོ་སྙམ་པ་བྱེད་སྲིད་མོད། དེ་ནི་མ་ཡིན་ཏེ། དགེ་སློང་དག་གམ་མཁས་རྣམས་ཀྱིས། །བསྲེགས་བཅད་བདར་བའི་གསེར་བཞིན་དུ། །ལེགས་པར་བརྟགས་ལ་ང་ཡི་བཀའ། །བླང་བར་བྱ་ཡི་གུས་ཕྱིར་མིན། །ཞེས་གསུངས་པ་ལྟར། རྗེ་པདྨ་དཀར་པོའི་གསུང་དེ་དག །རྗེ་བཙུན་གྱིས་གསུང་རབ་ཀྱི་དགོངས་དོན་རྗེས་འཇུག་རྣམས་ཀྱིས་དཔྱིས་ཕྱིན་པར་རྟོགས་པའི་ཕྱིར་གསུངས་པ་ཡིན་པས། གཞན་དག་བློ་གཟུ་བོར་གནས་པའི་སྒོ་ནས་དེ་དག་ལ་ཐོས་བསམ་དུ་བྱས་ན་བློ་གྲོས་འཕེལ་བའི་རྒྱུར་འགྱུར་རོ། །ཅི་སྟེ་དད་དུང་ཕྲག་དོག་གི་དབང་གིས་བློ་ནུབ་དུས་བརྟན་པར་གྱུར་ན། དེ་ལ་ཁོ་བོས་འདི་ལྟར་བརྗོད་པར་བྱ་སྟེ། འོན་སྡོམ་གསུམ་གྱི་གཞུང་དུ། སེམས་ཙམ་ལུགས་ཀྱི་སེམས་བསྐྱེད་ཀྱི་སྡོམ་པའི་རྟེན་དུ་སོ་ཐར་རིགས་བདུན་གང་རུང་དང་ལྡན་པ་དགོས་པར་བཤད་ལ། རྗེ་བཙུན་གྱི་སྡོམ་པ་ཉི་ཤུ་པའི་རྣམ་བཤད་ལས་དེ་མི་དགོས་པར་བཤད་པས། དེས་ན་དེས་ཀྱང་སྡོམ་གསུམ་གྱི་གཞུང་བཀག་པར་ཐལ་བས། མི་སྨྲ་བའི་བརྟུལ་ཞུགས་འཛིན་དགོས་པར་འགྱུར་རོ། །དེས་ན་མཁས་པར་རློམ་པ་དག་ཅོལ་མ་ཆུང་བར་བདེ་བར་གཉིད་ལོག་ཤིག །

ཡང་དོགས་པའི་གནས་དཔྱོད་དགོས་པ་གལ་ཆེ་བ་འདི་ལྟར་སྣང་སྟེ། སྡོམ་གསུམ་དུ། དབུ་མ་ལུགས་ཀྱི་སེམས་བསྐྱེད་སེམས་ཅན་ཀུན་ལ་སྐྱེ་བར་བཤད་པ་ལ། རྣམ་བཤད་མཛད་པ་སོགས་ཕལ་ཆེར་གྱིས་དངོས་བསྟན་དེ་བཞི་ལས་དཔྱད་པ་ཆེར་མ་མཛད་མོད། སྡོམ་གསུམ་སྙིང་པོ་བསྟན་པར། དབུ་མའི་སེམས་བསྐྱེད་ཀྱང་སྡིག་པ་ཡོད་མེད་ཀུན་ལ་སྐྱེ་ན་སྡིག་པ་ཀུན་ཏུ་དཀྲིས་པ་ལ་དེ་སྐྱེ་བར་མི་རིགས་ཏེ། མུན་པ་མཐོན་གྱུར་ལ་སྣང་བ་བཞིན། དབང་དང་ལྡན་པའམ་ས་བོན་དང་ལྡན་པའོ། །ཞེ་ན་ནི་དེ་ལྟ་བུ་ལ་སེམས་ཙམ་པའི་སེམས་བསྐྱེད་ཀྱང་སྐྱེ་བ་ལས་འོས་མེད། མི་སྐྱེ་ན་ནི་དེ་དག་གི་སེམས་བསྐྱེད་འཕགས་པ་ཁོ་ན་ལ་སྐྱེ་བའི་ལུང་རིགས་ཞུའོ། །

གཞན་ཡང་ཉན་ཐོས་སུ་རིགས་རེ་ཞིག་ངེས་པ་དེ་ལ། དབུ་མ་ལུགས་ཀྱི་སེམས་བསྐྱེད་བྱིན་ན། དེ་ནི་བསླབ་བཏུས་ལས། སྔར་བ་པོ་ལ་ཉན་ཐོས་ཀྱི་ཐེག་པ་སྤང་ནས་འདིར་སྦྱོར་ཞེས་པའི་རྩ་ལྟུང་དེ་འབྱུང་བར་གསུངས་པས་ཐམས་ཅད་ལ་དབུ་མ་ལུགས་ཀྱིས་སེམས་བསྐྱེད་རུང་ངོ་དགོངས་པ་ཡང་དེ་ར་ཟད་དོ་ཞེས་གསུངས་པས། ཀུན་དཀྲིས་ཀྱི་ལྟུང་བ་དང་ལྡན་པ་ལ། དབུ་མ་ལུགས་ཀྱི་སེམས་བསྐྱེད་ཀྱི་སྡོམ་པ་སྐྱེ་མི་སྐྱེ་དང་། ཉན་ཐོས་སུ་རིགས་རེ་ཞིག་ངེས་པ་དང་། ལོག་སྲེད་ཅན་དུ་རེ་ཞིག་རིགས་ངེས་པ་རྣམས་ལ། དབུ་མ་ལུགས་ཀྱི་སེམས་བསྐྱེད་ཀྱི་སྡོམ་པ་སྐྱེ་མི་སྐྱེ་དང་། སྔར་བ་པོ་ལ་ལྟུང་བ་འབྱུང་མི་འབྱུང་སོགས་དཔྱད་པར་བྱ་དགོས་ཏེ། འདི་དག་ལ་རང་གི་གོ་ཡུལ་ཙམ་བཤད་པར་ནུས་མོད། འོན་ཀྱང་དེང་སང་སྡོམ་གསུམ་གྱི་འཆད་ཉན་མཛད་པ་རྣམས་ཇི་ལྟར་གསུང་གི་ཡོད། ཡང་གཞུང་ལས། དེས་ན་སེམས་ཙམ་པ་ཡི་ལུགས། །ཞེས་སོགས་ཀྱིས། སེམས་ཙམ་ལུགས་ཀྱི་སེམས་བསྐྱེད་ལེན་ཚུལ་དང་། ཅི་སྟེ་སེམས་ཅན་ཐམས་ཅད་ལ། །ཞེས་སོགས་ཀྱིས་དབུ་མ་ལུགས་ཀྱི་སེམས་བསྐྱེད་ལེན་ཚུལ་དང་། གཞན་ཡང་། དོན་དམ་སེམས་བསྐྱེད་ཞེས་བྱ་བ་ཞེས་སོགས་དང་། དེ་ནི་ཀུན་རྫོབ་བྱང་ཆུབ་སེམས། །ཆོ་གའི་སྒོ་ནས་བསྐྱེད་ནུས་ཀྱིས། །ཞེས་སོགས་ཀྱི་བསྟན་པའི་ཀུན་རྫོབ་དང་། དོན་དམ་སེམས་བསྐྱེད་སོགས་ཀྱི་རྣམ་གཞག་ནི། གསེར་ཐུར་དང་ཊཱིཀྐ་ལས་ཤེས་པར་བྱ་སྟེ། འདིར་ཡི་གེ་མང་བས་མ་བྲིས། དེ་ལྟར་གཞུང་གི་དཀྱུས་ཉིད་མདོ་ཙམ་བཤད་ནས།

ད་ནི་སྐབས་དོན་བརྗོད་པར་བྱ་སྟེ། འབེལ་གཏམ་ལས། སེམས་བསྐྱེད་པ་ཡི་གནད་རྣམས་དང་། །ཞེས་གསུངས་པ་དེའི་རྒྱས་བཤད་སྐབས་གཉིས་ཀར་བྱུང་བ་སྐབས་སུ་བབ། དེ་ལ་དཀའ་གདོང་ཊཱི་ཀ་ཆེན་ལས། བདག་གཞན་བརྗེ་བའི་བྱང་ཆུབ་ཀྱི་སེམས་བསྒོམ་དུ་མི་རུང་བར་འདོད་པ་བཀག་ནས། དེ་བསྒོམ་པ་སངས་རྒྱས་ཀྱི་བསྟན་པའི་སྙིང་པོ་ཡིན་པར་གསུངས་པའི་སྐབས་རྣམས། སེམས་བསྐྱེད་པའི་གནད་ཀྱི་རྒྱས་བཤད་

ཡིན་གསུང་བ་ནི། བདག་ཉིད་ཆེན་པོའི་དགོངས་པར། ཇི་ལྟར་འགྲོ་བཏགས་པར་བྱ་སྟེ། ཞེས་དྲིས་ནས། དེ་མི་འགྲོ་བའི་ཤེས་བྱེད་དུ། བདག་གཞན་མཉམ་པ་དང་། བརྗེ་བའི་བྱང་ཆུབ་ཀྱི་སེམས་བསྒོམ་པ་རྣམས་ནི། སོ་སོའི་བསླབ་པར་བྱ་བ་དང་། ཞེས་པའི་སྐབས་ཀྱི་བྱང་སྡོམ་གྱི་བསླབ་བྱ་ལ། དགག་སྒྲུབ་གཉིས་སུ་གསུངས་པའི། སྒྲུབ་པའི་བསླབ་བྱ་ཡིན་ཏེ། གཞུང་ཉིད་དུ།བྱང་ཆུབ་སེམས་ཀྱི་བསླབ་པ་ལ། །བདག་གཞན་མཉམ་བརྗེས་གཉིས་སུ་གསུངས། །ཞེས་དང་། སེམས་བསྐྱེད་ཀྱི་ནི་བསླབ་བྱའི་མཆོག །བདག་གཞན་བརྗེ་བའི་བྱང་ཆུབ་སེམས། །ཞེས་གསུངས་འདུག་པའི་ཕྱིར་རོ། །ཞེས་དགག་པར་བྱས་མོད། རྒྱས་པར་བསྟན་མ་བསྟན་གྱིས་དོན་ལ་དེ་ཙམ་ཡིན་དུ་ཆུག་ཀྱང་། ཚིག་ལ་སྐྱོན་ཆགས་ཏེ། བྱང་ཆུབ་སེམས་ཀྱི་བསླབ་བྱ་ལ། དགག་སྒྲུབ་གཉིས་སུ་འབྱེད་ན། སྲུང་བྱ་དེ་བསླབ་བྱ་ཡིན་པར་ཐལ་བས་སོ། །

འབེལ་གཏམ་རང་གི་རང་ལུགས་ལ། དེས་ན་སེམས་བསྐྱེད་ཀྱི་གནད་ཀྱིས་རྒྱས་བཤད་ནི། བྱང་ཆུབ་སེམས་ཀྱི་གནད་འཆུགས་ན། །ཆོས་གཞན་གྱི་ནི་སངས་མི་རྒྱ། །སྟོང་ཉིད་ཉན་ཐོས་རྣམས་ཀྱང་བསྒོམ། །ཞེས་སོགས་དྲངས་པ་ན། གནད་མ་འཁྲུལ་བ་སྒྲུབ་ཚུལ་གོ་ནུས་པ་ཡིན་ནོ། །ཞེས་པའི་བར་དང་། སྟོང་ཉིད་སྙིང་རྗེའི་སྙིང་པོ་ཅན་ནི། སྐབས་གསུམ་དུ་ཅི་རིགས་པ་སྟོན་གསུངས་པ་ནི། ཞེས་པ་ནས། འདིའི་རྒྱས་བཤད་ཀྱི་གཞུང་སྐབས་གསུམ་པ་ཉིད་དུ་འབྱུང་ངོ་། །ཞེས་པའི་བར་དང་། སྤྱི་བབས་སྟོང་ཉིད་སྙིང་རྗེའི་སྙིང་པོ་ཅན་དེ། ཕ་རོལ་ཏུ་ཕྱིན་པའི་ཉམས་ལེན་གྱི་གཙོ་བོ་ཡིན་ཏེ། ཞེས་སོགས་མདོར་རྒྱས་སྟོན་ཚུལ་ཙམ་བཤད་པ་ལས་ཞིབ་པར་མ་གསུངས་མོད།

འདི་དག་གི་དོན་ལ་འདིར་ཅུང་ཟད་སྤྲོས་ཏེ་བཤད་ན། ཉམས་ལེན་གྱི་གནད་མ་འཁྲུལ་བ་དགག་པ་ལས་འཕྲོས་ནས། གཞུང་ལས། བྱང་ཆུབ་སེམས་ཀྱི་བསླབ་པ་ལ། །བདག་གཞན་མཉམ་བརྗེས་གཉིས་སུ་གསུངས། །ཞེས་པའི་དོན། བྱང་ཆུབ་སེམས་ཀྱི་བསླབ་བྱ་ལ། དང་པོར་བདག་གཞན་མཉམ་པར་བསྒོམ་པ་དང་། བདག་གཞན་བརྗེ་བ་བསྒོམ་པའི་ཚུལ་གཉིས་གསུངས་ཏེ། བདག་དང་གཞན་དུ་མཉམ་པ་ནི། །དང་པོ་ཉིད་དུ་འབད་དེ་བསྒོམས། །བདེ་དང་སྡུག་བསྔལ་མཉམ་པས་ན། །ཐམས་ཅད་བདག་བཞིན་བསྲུང་བར་བྱ། །དེ་ནས་བདག་གཞན་བརྗེ་བ་ནི། །བདག་བདེ་གཞན་གྱི་ཞེས་སོགས་འཆད་པར་འགྱུར་བ་རྣམས་ཡིན་ལ། དེ་ཡང་གོང་དུ་སྡོམ་གསུམ་སྙིང་བསྟན་ནས་བཤད་པ་ལྟར། འཇུག་པ་བྱང་ཆུབ་སེམས་ཀྱི་བསླབ་བྱ་ལ་གསུམ་དུ་གསུངས་པའི། སེམས་ཅན་གྱི་དོན་བྱ་བའི་ཚུལ་ཁྲིམས་བསླབ་བྱ་ལ། བདག་གཞན་མཉམ་པ་དང་། བདག་གཞན་བརྗེ་བ་གཉིས་སུ་འདུས་པར་བཤད་པ་དང་དོན་གཅིག་གོ། །

དེ་ལ་ཕྱོགས་སྔའི་འདོད་པ་བརྗོད་པ་ནི། ཁ་ཅིག་བརྗེ་བའི་བྱང་ཆུབ་སེམས། །བསྒོམ་དུ་མི་རུང་ཞེས་སྨྲ། །ཞེས་སོགས་གསུངས་པའི་སྨྲ་བའི་ཁུངས་ནི། རྗེ་སྐྱོབ་པ་ཆེན་པོའི་གསུང་དེ་རྣམས་ལ་དགོངས་པ་སོགས། སྡོམ་གསུམ་སྙིང་པོ་བསྟན་པར་གསུངས་པ་དེ་ཀ་ཡིན་མོད། རྣམ་བཤད་མཛད་པ་ཕལ་ཆེར་གྱིས། ཕྱོགས་སྔ་ལ་ཞིབ་ཏུ་མ་བརྟགས་པ། བདག་གཞན་བརྗེ་བ་རྣམ་པ་ཐམས་ཅད་དུ། བསྒོམ་དུ་མི་རུང་བར་ལྟ་བུའི་བཤད་པ་བྱས་པ་ནི། ཕྱོགས་སྔའི་ནམ་མ་ལངས་པའོ། །འོན་གཞུང་ཉིད་དུ་དེ་ལས་མི་འབྱུང་ངོ་སྙམ་ན། ཚིགས་བཅད་སྦྱར་བདེ་བའི་དབང་དུ་བྱས་ལ། དེ་ཙམ་གྱིས་ཚོག་ན་ཏེ་ཀ་བརྩམས་པ་ཡང་དོན་མེད་དོ། །ཞེས་བསྟན་པའི་སྒྲོན་མེར་གསུངས་ལ། དེས་ན་འབྲི་ཁུང་པ་ཁ་ཅིག་བདག་གཞན་བརྗེ་བའི་བྱང་ཆུབ་ཀྱི་སེམས། ས་བདུན་པ་མན་ཆད་དུ་བསྒོམ་དུ་མི་རུང་། ཞེས་སུ་སྨྲ་སྟེ། ལམ་སྦྱོབ་པའི་ཐབས་ལ་མི་མཁས་པས་ནོར་ས་ཆེན་པོའི་ཆོས་ཡིན་ནོ་ལོ། །ཞེས་པ་ལ། དེ་ནས་འདི་འདྲའི་བྱང་ཆུབ་སེམས། །སྒོམ་པ་དེ་དག་ཐབས་མི་མཁས། །ནོར་ས་ཆེན་པོའི་ཆོས་ཡིན་ལོ། །ཞེས་པའི་བར་གྱིས་བསྟན་ཏེ། ལོ་ཞེས་པ་ནི། དེ་དག་ལ་མ་རངས་པའི་ཚིག་ཏུ་གསུངས་སོ།། །

དེ་སུན་འབྱིན་པ་ལ་ལུང་རིགས་དང་འགལ་བ་དང་། དེས་གྲུབ་པའི་དོན་བསྟན་པ་གཉིས་ལས། དང་པོ་ལ། རིགས་པ་དང་འགལ་བ་དང་། ལུང་དང་འགལ་བ་གཉིས་ལས། དང་པོ་ནི། གཞུང་ལས། དེ་དོན་འདི་ལྟར་བསམ་པ་བྱ། །བདག་གཞན་བརྗེ་བའི་བྱང་ཆུབ་སེམས། །དགེ་བ་ཡིན་ནམ་སྡིག་ཡིན་བརྟགས། །ཅེས་སོགས་ནས། ཐབས་ལ་བསླུ་བའི་བདུད་ཡོད་ཅེས། །རྒྱལ་བས་གསུངས་པ་དྲན་པར་བྱ། །ཞེས་པའི་བར་གྱིས་བསྟན་ཏེ། དེའི་དོན་འདི་ལྟར་བསམ་བཞིན་བརྟགས་པར་བྱ་སྟེ། ས་བདུན་པ་མན་ཆད་དུ་བསྒོམ་པའི་བདག་གཞན་བརྗེ་བའི་བྱང་ཆུབ་ཀྱི་སེམས་དེ་དགེ་བ་ཡིན་ནམ་སྡིག་པ་ཡིན། ཞེས་བརྟགས་པར་བྱའོ། །གལ་ཏེ་དགེ་བ་ཡིན་ན་ནི། དེ་ལས་རྟག་ཏུ་སྡུག་བསྔལ་འབྱུང་བ་འགལ་ལོ། །གལ་ཏེ་སྡིག་པ་ཡིན་ན། དུག་གསུམ་གང་རུང་གི་བསྐྱེད་པའི་ལས་སུ་ཐལ་བར་འགྱུར་རོ། །དེས་ན་བདག་གཞན་བརྗེ་བ་དུག་གསུམ་གྱིས་བསྐྱེད་པ་མིན་པས་དེ་ལས་སྡུག་བསྔལ་ག་ལ་འབྱུང་སྟེ་མི་འབྱུང་ངོ་། །སྨོན་ལམ་མཐའ་བཙན་པའི་ཁྱབ་པ་ཡང་མེད་དེ། བྱང་ཆུབ་སེམས་དཔའི་བློ་སྦྱོངས་པའི་གནས་མིན་པའི་སྨོན་ལམ་འགའ་ཞིག་མཐའ་མི་བཙན་པའི་ཕྱིར། གལ་ཏེ་སྨོན་ལམ་བཏབ་པ་ཐམས་ཅད་མཐའ་བཙན་ན། དེ་ལ་སྟོན་མཛའ་བོའི་བུ་རྒྱུན་དུ་ཀླད་ནད་ཆེན་པོར་འགྱུར་ཏེ། དེས་སེམས་ཅན་ཐམས་ཅད་ཀྱི་ཀླད་ནས་བདག་ལ་སྨིན་པར་གྱུར་ཅིག །ཅེས་སྨོན་ལམ་བཏབ་པས་སོ། །འདིའི་ལོ་རྒྱུས་ཀྱང་། གང་པོའི་རྟོགས་བརྗོད་ལས་གསུངས་པ་ལྟར་རོ། །གཞན་ཡང་དུས་གསུམ་སངས་རྒྱས་ཐམས་ཅད་ཀྱང་།

བདག་གཞན་བརྗེ་བ་བསྒོམ་པ་ནི། རྟག་ཏུ་སྡུག་བསྔལ་ཐོབ་པར་ཐལ་བར་འཕངས་སོ། །དེ་ལ་ཁ་ཅིག་ཐལ་འགྱུར་འདིས་མི་གནོད་དེ། ས་བརྒྱད་པ་ཡན་ཆད་དུ་སྡུག་བསྔལ་གྱིས་མི་གདུང་ངོ་སྙམ་ན། དེས་ཉེས་པ་དེ་སྤོང་མི་ནུས་ཏེ། སྨོན་ལམ་ཐམས་ཅད་མཐའ་བརྟན་པར་ཁས་བླང་བའི་ཕྱིར་རོ། །བརྗེས་པའི་སེམས་ཅན་དེ་དག་ཀུན་ལ་སྡུག་བསྔལ་འབྱུང་བ་མི་སྲིད་པར་འགྱུར་རོ། །དེའི་རྒྱུ་མཚན་སྨོན་ལམ་ཐམས་ཅད་མཐའ་བརྟན་པས་སོ༔ །དེས་ན་འཕགས་པ་བརྒྱད་སྟོང་པ་ལས། གང་ཤེས་རབ་ཀྱི་ཕ་རོལ་དུ་ཕྱིན་པ་འདི་མི་གཟུང་བར་སེམས་པ་དང་། ཞེས་པ་ནས། བདུད་ཀྱི་བྱིན་གྱིས་བརླབས་པ་ལགས་པ་དང་། ཞེས་གསུངས་པ་ལྟར། གསང་ཚིག་དེ་དག་བདུད་ཀྱི་ལས་ཡིན་པར་རྒྱལ་བས་གསུངས་པ་དྲན་པར་གྱིས་ཤིག །ཅེས་སྟོན་པ་ནི། དེས་ན་འདི་འདྲའི་གསང་ཚིག་ནི། །ཞེས་སོགས་གསུང་ངོ་། །

གཉིས་པ་ལུང་གི་གནོད་བྱེད་ནི། ས་བདུན་པ་མན་ཆད་དུ། བདག་གཞན་བརྗེ་བ་སྒོམ་དགོས་ཏེ། བདག་གཞན་བརྗེ་བ་ནི། སངས་རྒྱས་བསྟན་པའི་སྙིང་པོ་ཡིན་པའི་ཕྱིར་རོ། །ཞེས་སྟོན་པ་ནི། བདག་གཞན་བརྗེ་བ་སངས་རྒྱས་ཀྱི། །བསྟན་པའི་སྙིང་པོ་ཡིན་པར་གསུངས། ཞེས་པ་དང་། ཇི་ལྟར་གསུངས་ན། འཕགས་པ་ཀླུ་སྒྲུབ་སྐྱོབ་ཉིད་ཀྱི། །ཞེས་པ་ནས། ཕན་འདོགས་ཉིད་ནི་དེ་འདྲའོ། །ཞེས་པའི་བར་དང་། རྒྱུད་མཆོག་རྡོ་རྗེ་རྩེ་མོ་དང་། །སྤྱོད་འཇུག་ལས་ཀྱང་འདི་སྐད་གསུངས། །ཞེས་སོགས་ནས། ཆོས་ཀྱི་སྙིང་པོར་འདི་གསུངས་སོ༔ །ཞེས་པའི་བར་དང་། གཞན་ཡང་སྤྱོད་འཇུག་དང་། གསང་ཆེན་ཐབས་ལ་མཁས་པའི་མདོ་དང་། བྱང་ཆུབ་སེམས་འགྲེལ་སོགས་ལས་གསུངས། ཞེས་པའོ། །

གསུམ་པ་དོན་བསྡུ་ནི། བདག་གཞན་བརྗེ་བ་ཤེས་ནས་བསྒོམ་པ་དེ་ནི་མྱུར་དུ་མངོན་པར་རྫོགས་པར་འཚང་རྒྱ་ལ། འཚང་མ་རྒྱས་པར་དུ་འཇིག་རྟེན་གྱི་ཕུན་སུམ་ཚོགས་པ། ཚངས་པ་དང་། བརྒྱ་བྱིན་དང་། འཁོར་ལོས་བསྒྱུར་བའི་རྒྱལ་པོ་ལ་སོགས་པ་འབྱུང་བར་འགྱུར་རོ། །ཞེས་སྟོན་པ་ལ། དེས་ན་བདག་གཞན་བརྗེ་བ་ཤེས། །ཞེས་པ་ནས། ཕུན་སུམ་ཚོགས་པར་འབྱུང་བ་འགྱུར། །ཞེས་པའི་བར་གྱིས་བསྟན་པ་ཡིན་ནོ། །

ཐབས་གཞན་དང་འབྲེལ་བའི་ཤེས་རབ་ཀྱི་རྫོགས་བྱང་མི་ཐོབ་པར་བསྟན་པ་ལ། སྟོང་པ་ཉིད་རྟོགས་པའི་ཤེས་རབ་ཀྱང་པས་རྫོགས་བྱང་མི་ཐོབ་པར་བསྟན་པ་ནི། གཞུང་ལས། བྱང་ཆུབ་སེམས་ཀྱི་གནད་འཆུགས་ན། །ཆོས་གཞན་གྱིས་ནི་འཚང་མི་རྒྱ། །སྟོང་ཉིད་ཉན་ཐོས་རྣམས་ཀྱང་བསྒོམ། །དེ་ཡི་འབྲས་བུ་འགོག་པ་ཐོབ། །ཞེས་པ་སྟེ། དེའི་དོན་ནི་བྱང་ཆུབ་སེམས་ཀྱི་གནད། བདག་གཞན་མཉམ་བརྗེ་གཉིས་འཆུགས་ན། ཆོས་གཞན་སྟོང་ཉིད་བསྒོམ་པ་དང་། ལྷ་བསྒོམ་པ་སྔགས་བཟླ་བ་སོགས་གང་གིས་ཀྱང་འཚང་མི་

རྒྱ་སྟེ། བསམ་གཏན་གྱི་སྙོམས་པ་ལྔ་བུ་ཚུལ་ཁྲིམས་དང་། འཇིག་རྟེན་པའི་ཏིང་ངེ་འཛིན་དང་། ལྔ་སྒོམ་པ་སྤྱོགས་བཟླས་པ་སོགས་ནི་ཕྱི་རོལ་པ་ལ་ཡང་ཡོད་ལ། གང་ཟག་གིས་བདག་གི་སྟོང་པའི་སྟོང་པ་ཉིད་ནི་ཉན་ཐོས་རྣམས་ཀྱང་བསྒོམ། དེའི་འབྲས་བུ་ལྷག་བཅས་དང་ལྷག་མེད་ཀྱི་འགོག་པ་མྱ་ངན་ལས་འདས་པ་ཐོབ་སྟེ། ཇོ་བོ་རྗེས་མཛད་པའི་ཆོས་ཀྱི་དབྱིངས་སུ་ལྟ་བའི་གླུ་ལས། སྡུག་བསྔལ་ཉེར་ལེན་ཕུང་པོ་དང་། །ཀུན་འབྱུང་ལས་དང་ཉོན་མོངས་སོགས། །འགོག་པ་མྱ་ངན་འདས་པ་གཉིས། །ལམ་ནི་ཕྱོགས་མཐུན་སོ་བདུན་ནོ། །ཞེས་གསུངས་སོ། །འདིར་དབུ་མ་ཐལ་འགྱུར་བ་ལྟར་ན་ཉན་རང་འཕགས་པས། ཆོས་ཀྱི་བདག་མེད་རྟོགས་པར་འདོད་ཀྱང་གཞུང་འདི་ནི་དབུ་མ་རང་རྒྱུད་པ་དང་མཐུན་པར་མཛད་དོ། །མངོན་པར་རྟོགས་པའི་རྒྱན་ལྟར་ན། རང་རྒྱལ་འཕགས་པ་ལ་གཟུང་བ་ཆོས་ཀྱི་བདག་མེད་རྟོགས་ཡོད་པར་བཤད་དོ། །

ཡང་སྐབས་འདིར་གོ་ཏི་ཀ་ལས། ཉན་ཐོས་ལ་ཆོས་ཀྱི་བདག་འཛིན་ཙུང་ཟད་ཀྱང་སྤངས་པ་མེད་དོ། །ཞེས་བྱ་བ་ནི་མི་འཐད་དེ། རགས་པ་ལ་བདེན་པར་འཛིན་པ་སྤངས་པ་ཡོད་པའི་ཕྱིར་དང་། ཕུང་པོ་ལ་རིལ་པོར་འཛིན་པ་སྤངས་པ་ཡོད་པའི་ཕྱིར། སྟོང་ཉིད་རྟོགས་པའི་ཤེས་རབ་བསྒོ་བ་དང་བྲུང་དུ་སྦྲེལ་བས་ཀྱང་རྫོགས་བྱང་མི་ཐོབ་པར་བསྟན་པ་ནི། སྟོང་ཉིད་རྟོགས་པའི་ཤེས་རབ་རྐྱང་པས་རྫོགས་བྱང་མི་ཐོབ་མོད། རྫོགས་བྱང་བསྒོ་བ་དང་སྦྲེལ་བས་སངས་རྒྱས་ཐོབ་པོ་སྙམ་ན། དེའི་ལན་ནི། སོ་སོ་ཐར་པའི་མདོ་བཞིན་དུ། །བསྔོ་བ་ཉན་ཐོས་རྣམས་ཀྱང་བྱེད། །འདུལ་བ་ལུང་ལ་སོགས་པ་སུ། །སྟོང་པ་ཉིད་དང་སྐྱེ་མེད་དང་། །ཞེས་སོགས་ཀྱིས་བསྟན་ཏེ། དེ་དག་གི་དོན་ནི། དེ་ཙམ་གྱིས་ཐོབ་པར་མི་ནུས་ཏེ། སོ་སོར་ཐར་པའི་མདོ་ལས་གསུངས་པ་བཞིན་དུ་དགེ་རྩ་རྫོགས་བྱང་དུ་བསྔོ་བ་ཉན་ཐོས་རྣམས་ཀྱང་བྱེད་དེ། སོ་སོར་ཐར་པ་བཏོན་པ་ཡིས། །དགེ་བ་བདག་གི་གང་ཐོབ་པ། །དེ་ཡིས་སྐྱེ་བོ་ཐམས་ཅད་ཀྱིས། །ཐུབ་དབང་གོ་འཕང་ཐོབ་པར་ཤོག །ཞེས་གསུངས་སོ། །ཡང་འདུལ་བ་ལུང་དང་ལ་སོགས་པ། ལས་བརྒྱ་པ་སོགས་སུ། སྟོང་པ་ཉིད་དང་། སྐྱེ་བ་མེད་པ་དང་། ནམ་མཁའ་དང་ལག་མཐིལ་མཉམ་པ་སོགས་ཆོས་ཀུན་མཉམ་པ་ཉིད་དུ་རྟོགས་པའི་རྣམ་གཞག་ཀྱང་གསུངས་ཏེ། བཅོམ་ལྡན་དངོས་དང་དངོས་མེད་པ། །མཁྱེན་པས་ཀཱ་ཏྱཱ་ཡ་ན་ཡི། །གདམས་ངག་ལས་ནི་ཡོད་པ་དང་། །མེད་པ་གཉིས་ཀ་དགག་པར་མཛད། །ཅེས་ལུང་ཕྲན་ཚེགས་ཀྱིས། ཀཱ་ཏྱཱ་ཡ་ནའི་གདམས་ངག་ལས། ཆོས་ཐམས་ཅད་ཡོད་མེད་ཀྱི་མཐའ་དང་བྲལ་བར་ཡང་གསུངས་པས་སོ། །མདོ་འདི་ནི། སློབ་དཔོན་ཟླ་བ་གྲགས་པས། ཉན་རང་འཕགས་པ་ལ། ཆོས་ཀྱི་བདག་མེད་རྟོགས་པ་ཡོད་པའི་སྒྲུབ་བྱེད་དུ་དྲངས་སོ། །གཞན་ཡང་ཉན་ཐོས་ཀྱིས་གཞུང་ལས། དགེ་རྩ་རྫོགས་བྱང་དུ་བསྔོ་བ་ཡང་གསུངས་པ་ཡོད་དེ། ཐམས་ཅད་

སྒྲོལ་གྱི་སྐྱེས་རབས་ལས། བདག་གིས་བྲམ་ཟེ་འདོད་པ་ལ། །དགའ་བས་ཤིང་རྟ་འདི་བཏང་བས། །དངོས་པོ་ཐམས་ཅད་བཏང་ནས་ནི། །རྫོགས་པའི་བྱང་ཆུབ་ཐོབ་པར་ཤོག །ཅེས་དང་། དེ་ལ་སོགས་པའི་བསྔོ་བ་མང་དུ་གསུངས་པའི་ཕྱིར། འདིར་སོགས་ཀྱི་སྒྲས་བསྡུས་པ་ནི། བྱམས་པའི་སྟོབས་ཀྱི་སྐྱེས་རབས་ལས། དགེ་བ་རྒྱ་ཆེན་གྱུར་པ་འདི་ཡི་ནི། །ཞེས་སོགས་བསྔོ་བའང་མང་དུ་གསུངས་སོ། །{འདི་ལས་འབྲུ་ཁ་ཤས་ཆད}ཀྱང་དེ་ཙམ་གྱིས་རྫོགས་པའི་བྱང་ཆུབ་སྒྲུབ་པར་མི་ནུས་ཏེ། ཐབས་ལ་མཁས་པའི་ཁྱད་པར་ཕར་ཕྱིན་ཐེག་པའི་ལུགས་ཀྱིས། བསྐལ་པ་གྲངས་མེད་གསུམ་དུ་སྟོང་ཉིད་སྙིང་རྗེའི་སྙིང་པོ་ཅན་གྱིས་སེམས་བསྐྱེད་བསྒོམ་པ་དང་། གསང་སྔགས་ཀྱིས་དབང་དང་རིམ་པ་གཉིས་ལ་སློབ་པ་ལྟ་བུ་འགའ་ཞིག་མ་གསུངས་ཤིང་སློབ་མི་ནུས་པས་སོ། །འདིའི་སྐབས་སུ། འབེལ་གཏམ་ལས། དོགས་པ་གཉིས་པ་ནི། སྐབས་གཉིས་པར། སོ་སོར་ཐར་པའི་མདོ་བཞིན་དུ། །བསྔོ་བ་ཉན་ཐོས་རྣམས་ཀྱང་བྱེད། །ཅེས་དང་། ཐམས་ཅད་སྒྲོལ་གྱི་སྐྱེས་རབས་ལས། བསྔོ་བ་བཤད་དེ་ཉན་ཐོས་ཀྱིས། །བསྔོ་བ་ཡིན་པར་བཞེད་དམ་ཅི། །ཞེས་དྲིས་པ་འདི་ཡིན་ལ། ཞེས་བཀོད་ནས། དེའི་ལན་ལ་{འདི་ལས་འབྲུ་ཁ་ཤས་ཆད}ནི་ཀླུ་སྒྲུབ་ཀྱིས་རིན་ཆེན་འཕྲེང་བ་ལས། ཉན་ཐོས་ཐེག་པ་དེ་ལས་ནི། །ཞེས་སོགས་ཀྱི་དོན། སྤྱིར་ཉན་ཐོས་ཀྱིས་ཐེག་པའི་གཞུང་ལས། བྱང་ཆུབ་སེམས་དཔའི་སྨོན་ལམ་སོགས་མ་བཤད། ཅེས་པའི་དོན་དུ་མི་འཆད་ལ། མི་དམིགས་པའི་རྣམ་པ་ཅན་གྱིས། ཤེས་རབ་ཁྱད་པར་ཅན་གྱིས་ཟིན་པའི་བྱང་ཆུབ་སེམས་དཔའི་སྨོན་ལམ་དང་། སྤྱོད་པ་སོགས་ཉན་ཐོས་ཀྱི་སྡེ་སྣོད་ལས་མ་བཤད་ལ། ཞེས་སོགས་དང་། འདིའི་སྐབས་དོན་སྙིང་པོ། ཐེག་ཆེན་བཀའ་སྒྲུབ་ཀྱི་སྐབས་ཡིན་ཏེ། ཞེས་སོགས་སྤྲོས་པ་དང་བཅས་མཛད་མོད། དེ་དག་ནི་གཞན་ལ་སྐྱུ་དབང་སྤྱོད་ཀྱིས་རྟོག་བཙོས་ཁོ་ན་མཛད་པར་འདུག་སྟེ། གསེར་ཐུར་གྱི་དྲི་ལན་དུ་ཕྱོགས་ཙམ་ཡང་མ་ཕྱིན་པ་འདུག །ཁྱད་པར་རིན་ཆེན་འཕྲེང་བའི་ལུང་། །ཉན་ཐོས་ཐེག་པ་དེ་ལས་ནི། །ཞེས་སོགས་ཀྱི་ལུང་དོན་འཆད་ཚུལ་དང་། དེ་ཡང་ཉན་ཐོས་ཀྱི་གཞུང་རྣམས་ལས། ཐེག་པ་གསུམ་ཀའི་ལམ་འབྱུང་བའི། ཐེག་ཆེན་གྱི་ལམ་སྟོན་པའི་སྐབས་རྣམས་ལ་ཐེག་ཆེན་གྱི་སྡེ་སྣོད་ཅེས་བྱ་ཞིང་། ཞེས་སོགས་ཀྱི་སྒྲུབ་བྱེད་བཀོད་པའང་འཐད་པར་མ་མཐོང་ཏེ། འོ་ན་ཐེག་ཆེན་གྱི་ལམ་སྟོན་པའི་ཉན་ཐོས་ཀྱི་སྡེ་སྣོད་མེད་པར་ཐལ། ཉན་ཐོས་ཀྱི་སྡེ་སྣོད་དུ་ཐེག་ཆེན་གྱི་ལམ་སྟོན་པའི་སྐབས་དེ་ནི་ཐེག་ཆེན་གྱི་སྡེ་སྣོད་དུ་ཞལ་གྱིས་བཞེས་ཚར། དེ་ལས་གཞན་པའི་ཐེག་ཆེན་གྱི་ལམ་གྱི་རྣམ་བཞག་སྟོན་པའི་ཉན་ཐོས་ཀྱི་སྡེ་སྣོད་དངོས་འཛིན་རྒྱུ་མེད་པའི་ཕྱིར། ཞེས་ཞུས་བྱུང་ན་ཇི་ལྟར་གསུང་། གཞན་ཡང་ལུང་དོན་དེ་ནི་རང་བཟོ་ཁོ་ན་ཡིན་པས། དེ་ལྟར་ན་ཁྱེད་ཀྱིས་དེ་ལ་ལུང་རིགས་ཀྱི་ཤེས་བྱེད་འབྲེལ་ཆགས་པ་གཅིག་ལ་བྱུང་མོད། དེ་ལ་ཤེས་བྱེད་ཡོད་

པའི་དབང་དུ་བཏང་ན་ཡང་། རིན་ཆེན་འཕྲེང་བའི་ལུང་དེ། བྱང་ཆུབ་སེམས་དཔའི་ཐེག་པའི་དབང་དུ་བྱས་པར་སོང་ལ། དེ་ནི་མི་འཐད་དེ། ལུང་དེའི་དོན་ཉན་ཐོས་ཀྱི་ཐེག་པ་ཉིད་ཀྱི་དབང་དུ་བྱས་པ་བཤད་པའི་ཕྱིར། དེའི་རྒྱུ་མཚན་རྒྱས་པར་གསེར་ཐུགས་ལས། ཉོན་ཐོས་རྣམས་ཀྱི་རྫོགས་བྱང་དུ། །བསྔོ་བ་བྱས་ན་འཕགས་པ་ཡིས། །ཉན་ཐོས་ཐེག་པ་དེ་ལ་ནི། །སྤྱོད་པ་ཡོངས་བསྔོ་མ་བཤད་ཅེས། །བྱ་བའི་དགོངས་པ་གང་དུ་སྨྲ། །ཞེས་པ་འདིས་བསྟན་ལ། འདི་ལྟར་རྣམས་བཤད་མཛད་པ་རྣམས་ལ་འདྲི་དགོས་པའི་རྒྱུ་མཚན་ནི། གཞུང་གི་དངོས་བསྟན་ལ། སྟོང་པ་ཉིད་ཀྱི་ལྟ་བ་དང་། དགེ་བའི་རྩ་བ་རྫོགས་པའི་བྱང་ཆུབ་ཏུ་བསྔོ་བ་ནི། ཉན་ཐོས་ལའང་ཡོད་མོད། དེ་ལྟ་ནའང་བདག་གཞན་བརྗེ་བའི་ལམ་མེད་པས། ཉན་ཐོས་ཀྱི་ལམ་གྱིས་འཚང་རྒྱ་བ་མི་ནུས་སོ། །ཞེས་བྱ་བའི་དོན་དུ་འཆད་པ་མང་བའི་རྒྱུ་མཚན་གྱིས་སོ། །

མ་དྲིས་པའི་སྐྱོན་ནི། ཉན་ཐོས་ཀྱི་སྡེ་སྣོད་ལས། དགེ་རྩ་རྫོགས་བྱང་དུ་བསྔོ་བར་བཤད་པ་དེ། ཉན་ཐོས་ཀྱི་ཐེག་པའི་དབང་དུ་བྱས་སམ། བྱང་ཆུབ་སེམས་དཔའི་ཐེག་པའི་དབང་དུ་བྱས། དང་པོ་ལྟར་ན། ཁྱེད་རང་གིས་རིན་ཆེན་འཕྲེང་བའི། ཉན་ཐོས་ཐེག་པ་དེ་ལས་ནི། །ཞེས་སོགས་ཀྱི་ལུང་དོན་དང་འགལ་ཞིང་། ཉན་ཐོས་ཀྱི་ཐེག་པ་པར་ངེས་པ་རྣམས་ནི། རང་གིས་བསགས་པའི་དགེ་རྩ་རྫོགས་པའི་བྱང་ཆུབ་བསྔོ་བ་དོན་མེད་དོ། །ཞེས་པའི་རིགས་པས་མི་གནོད་དམ། གཉིས་པ་ལྟར་ན་ཉན་ཐོས་ཀྱི་ལམ་དུ། བྱང་ཆུབ་སེམས་དཔའི་སེམས་བསྐྱེད་ཀྱི་བསླབ་བྱར་གྱུར་པའི་བདག་གཞན་བརྗེ་བ་མ་བསྟན་ཞེས་པར་སོང་བས། ཉན་ཐོས་ཀྱི་སྡེ་སྣོད་དུ། བྱང་ཆུབ་སེམས་དཔས་བདག་ལས་གཞན་གཅེས་པར་བཟུང་བའི་སྐྱེས་པ་རབས་ཀྱི་སྡེ་ཚན་མང་དུ་གསུངས་པ་རྣམས་དང་འགལ་ཏེ། དཔེར་ན་འདུལ་བའི་ལུང་དུ། བྱང་ཆུབ་སེམས་དཔའི་སྐྱེས་རབས་ལས་མང་དུ་གསུངས་པ་བཞིན་ནོ། །

དེའི་དངོས་ལན་གདབ་པ་ལ། རིན་ཆེན་འཕྲེང་བའི་ལུང་དོན་བཤད་པ་དང་། དེ་དང་སོ་ཐར་གྱི་མདོའི་བསྔོ་བ་མི་འགལ་བའི་ཚུལ་གཉིས་ལས། དང་པོ་ནི། ལུང་དེའི་དོན་ཉན་ཐོས་ཀྱི་ཐེག་པ་པ་ཉིད་ཀྱི་དབང་དུ་བྱས་པ་ཡིན་ཏེ། བྱང་ཆུབ་སེམས་དཔར་ག་ལ་འགྱུར། །ཞེས་པའི་ལུང་དང་འབྲེལ་བས་སོ། །ཞེས་གསུངས་པས། ཁྱེད་ཀྱི་ལུང་དོན་དེ་ནི་ཕྱིན་ཅི་ལོག་ཏུ་སོང་སྟེ། མཁས་པ་རྣམས་ཀྱིས་བཞད་གད་ཀྱི་གནས་སོ། །དེ་ཡང་། ཡོངས་བསྔོ་ཞེས་པས། སྨོན་སེམས་དང་། སྤྱོད་པ་ཞེས་པས་མཇུག་སྡོམ་དང་། སྨོན་ལམ་ཞེས་པས་གཟུགས་སྐུ་གཉིས་ལས་གཞན་དོན་འབད་མེད་ལྷུན་གྲུབ་ཏུ་འབྱུང་བའི་སྨོན་ལམ་འདེབས་པ་རྣམས། གནས་སྐབས་ཉན་ཐོས་ཀྱི་ཐེག་པར་རིགས་ངེས་པ་རྣམས་ལ་མེད་པའི་ཕྱིར། བྱང་ཆུབ་སེམས་དཔར་མི་འཇོག་ཅེས་པའི་དོན་

ནོ༑ ༑

གཉིས་པ་ནི། སོ་ཐར་གྱི་མདོ་ལས། སོ་སོ་ཐར་པ་བཏོན་པ་ཡི། །ཞེས་སོགས་ཀྱི་བསྟན་བྱའི་བསྔོ་བ་དེ་ནི། རིན་ཆེན་འཕྲེང་བར་བཤད་མ་ཐག་པའི་བསྔོ་བ་དེ་དང་། དོན་གཅིག་པ་མ་ཡིན་ཏེ། དེ་ནི་ཡན་ལག་བདུན་པའི་ཟླས་ཕྱེ་བའི་བསྔོ་བ་མིང་ཙམ། སྨོན་པ་བྱང་ཆུབ་ཀྱི་མཆོག་ཏུ་སེམས་བསྐྱེད་པ་དེ་ཡིན་ལ། འདི་ནི་འགྲོ་བ་གཞན་ཐམས་ཅད་ཀྱིས་ཐུབ་དབང་གི་གོ་འཕང་ཐོབ་པར་སྨོན་ལམ་འདེབས་པ་ཡིན་པས་སོ། །ཡང་ན། ཉན་ཐོས་ཀྱི་སྡེ་སྣོད་དུ། བྱང་ཆུབ་སེམས་དཔའི་ལམ་གྱིས་རྣམ་གཞག་སྟོན་པ་ན་སྟོང་པ་ཉིད་ཀྱི་ལྟ་བ་དང་། སྨོན་པ་སེམས་བསྐྱེད་ཙམ་བསྟན་ཀྱང་། འཇུག་པ་སེམས་བསྐྱེད་ཀྱི་བསླབ་བྱ་རྫོགས་པར་བསྟན་པ་མེད་པའི་རྒྱུ་མཚན་གྱིས། ཉན་ཐོས་ཀྱི་སྡེ་སྣོད་དུ་རྫོགས་པའི་བྱང་ཆུབ་ཀྱི་ལམ་ཆ་ཚང་བ་མ་བསྟན་པར་འཆད་དགོས་པ་ཡིན་ཏེ། ཉན་ཐོས་ཀྱི་སྡེ་སྣོད་དུ་ཆོས་ཀྱི་བདག་མེད་བསྟན་ན། ཐེག་པ་ཆེན་པོ་བསྟན་པ་དོན་མེད་དུ་ཐལ་བའི་རྩོད་ལན་དུ། སློབ་དཔོན་ཟླ་བ་གྲགས་པས། རིན་ཆེན་འཕྲེང་བའི་ལུང་སྨྲ་མ་དེ་དྲངས་པས་སོ། །

གཞུང་འདིའི་ཕྱོགས་སྔ་མཁན་པོ་ལྟར་ན། ཉན་ཐོས་ཀྱི་སྡེ་སྣོད་དུ་སངས་རྒྱས་ཀྱི་ལམ་ཆ་ཚང་བ་ཞིག་བསྟན་པར་ཐལ། དེར་སྟོང་ཉིད་ཀྱི་ལྟ་བ་དང་སྨོན་སེམས་ནི་བསྟན། འཇུག་སྡོམ་གྱི་བསླབ་བྱའི་གཙོ་བོ་བདག་གཞན་བརྗེ་བ་ནི། ཇི་སྲིད་ས་བརྒྱད་པ་མངོན་དུ་མ་བྱས་པ་དེ་སྲིད་དུ་སློམ་དུ་མི་རུང་བའི་ཕྱིར། འདོད་ན། ཐེག་པ་ཆེན་པོ་བཀར་སྒྲུབ་པའི་གཞུང་གི་ཚིགས་དང་འགལ་ལོ། །ཞེས་བྱ་བའི་དོན་ནོ། །ཡང་ཐམས་ཅད་སྒྲོལ་གྱི་སྐྱེས་རབས་ལས། བདག་གི་བྲམ་ཟེ་འདོད་པ་ལ། །ཞེས་སོགས་བསྔོ་བ་བཤད་པ་དེ་ལས་འཕྲོས་ནས། ཉན་ཐོས་བསྔོ་བ་ཡིན་བཞེད་དམ། །ཞེས་པའི་དྲི་བ་འདི་ལ། འདྲི་བའི་རྒྱུ་མཚན་ནི། ཇི་སྐད་དུ། དེ་སོགས་བསྔོ་བའང་མང་དུ་གསུངས། །འོན་ཀྱང་ཐབས་ལ་མཁས་པ་ཡི། །ཁྱད་པར་འགའ་ཞིག་མ་གསུངས་པས། །རྫོགས་པའི་སངས་རྒྱས་སྒྲུབ་མི་ནུས། །ཞེས་པའི་དངོས་བསྟན། ཉན་ཐོས་ལ་སྟོང་ཉིད་ཀྱི་ལྟ་བ་དང་། དགེ་རྩ་རྫོགས་བྱང་དུ་བསྔོ་བ་ཡོད་པའི་ཤེས་བྱེད་དུ། ཐམས་ཅད་སྒྲོལ་གྱི་སྐྱེས་རབས་ཀྱི་ལུང་དེ་དྲངས་ནས། འོན་ཀྱང་བདག་གཞན་བརྗེ་བའི་ལམ་མེད་པའི་རྒྱུ་མཚན་གྱིས། རྫོགས་པའི་བྱང་ཆུབ་སྒྲུབ་མི་ནུས་སོ། །ཞེས་བྱ་བའི་དོན་དུ་བཤད་པ་ལྟ་བུར་སྣང་བའི་རྒྱུ་མཚན་གྱིས་སོ། །མ་དྲིས་ན་གཞུང་ཆུད་འཛའ་བའི་ཉེས་པ་ནི། དེ་ལྟར་ན། ཇི་སྐད་དུ། བདག་གིས་བྲམ་ཟེ་འདོད་པ་ལ། །དགའ་བའི་ཤིང་རྟ་འདི་བཏང་བས། །དངོས་པོ་ཐམས་ཅད་བཏང་ནས་ནི། །རྫོགས་པའི་བྱང་ཆུབ་ཐོབ་པར་ཤོག །ཅེས་པའི་སྨོན་ལམ་འདི། ཉན་ཐོས་ཀྱི་ཐེག་པས་བཏབ་པའི་སྨོན་ལམ་དུ་འགྱུར་རོ། །དེ་འདོད་ན་བྱང་ཆུབ་སེམས་དཔའི་སྐྱེས་རབས་སུ་བཤད་པ་དང་འགལ་ལོ་སྙམ་པའི་

དོགས་པ་འདི་འབྱུང་ངོ་། །དངོས་ལན་ནི། སྔ་མ་བཞིན་དུ་ལྟ་བར་བྱ་སྟེ། འདི་བྱང་ཆུབ་སེམས་དཔས་བཏབ་པའི་སྨོན་ལམ་ཡིན་ཀྱང་། དེ་གང་དུ་འབྱུང་བ་ནི་ཉན་ཐོས་ཀྱི་སྡེ་སྣོད་ཡིན་ལ། དེའི་ཚེ་ན་འདི་ལྟར། ཉན་ཐོས་ཀྱི་སྡེ་སྣོད་ལས་ཀྱང་། བྱང་ཆུབ་སེམས་དཔའི་ཐབས་ཀྱི་ཆ་ཚང་བར་བསྟན་པ་ཉིད་དུ་ཐལ་བར་འགྱུར་ཏེ། དེར་སྨོན་པ་སེམས་བསྐྱེད་ནི་དྲངས་མ་དག་པའི་ལུང་གིས་བསྟན་ལ།

འཇུག་སྡོམ་གྱི་བསླབ་བྱའི་གཙོ་བོ་བདག་གཞན་བརྗེ་བ་ནི། ཇི་སྲིད་ས་བརྒྱད་པ་མངོན་དུ་མ་བྱས་པ་དེ་སྲིད་དུ་བྱང་ཆུབ་སེམས་དཔའི་ལམ་དུ་མི་འགྱུར་བའི་ཕྱིར་རོ། །དེ་འདོད་ན་བྱང་ཆུབ་སེམས་དཔའི་སྤྱོད་པ་རླབས་པོ་ཆེ་མ་ལུས་པ་བདེ་བླག་ཏུ་རྫོགས་པའི་ཆེད་དུ་ཐེག་པ་ཆེན་པོ་བསྟན་པ་དོན་མེད་པ་འགྱུར་རོ། །ཞེས་པའི་དོན་དུ་འཆད་དགོས་སོ། །རྒྱུ་མཚན་དེ་དག་གི་ཕྱིར་ན་སྟོང་ཉིད་རྟོགས་པའི་ཤེས་རབ་དང་། ཐེག་ཆེན་སེམས་བསྐྱེད་དུ་ཟུང་དུ་སྦྲེལ་དགོས་པར་བསྟན་པ་ནི། གཞུང་ལས། དེ་ཕྱིར་ཐབས་མཁས་ཤེས་རབ་ཉིད། །སངས་རྒྱས་རྒྱུ་ཡི་གཙོ་བོ་ཡིན། །ཞེས་པས་བསྟན་ཏེ། དེའི་དོན་ནི་ཐབས་ལ་མཁས་པ་བརྩེ་བ་སྙིང་རྗེ་ཆེན་པོ་དང་། ཐེག་ཆེན་སེམས་བསྐྱེད་དང་། སྤྲོས་བྲལ་མངོན་སུམ་དུ་རྟོགས་པའི་ཤེས་རབ་ཟུང་དུ་སྦྲེལ་བ་ཉིད་སངས་རྒྱས་ཀྱི་རྒྱུའི་གཙོ་བོ་ཡིན་ཏེ། སངས་རྒྱས་ནི་མི་གནས་པའི་མྱ་ངན་ལས་འདས་པ་ཡིན་ལ། དེ་ཐོབ་པ་ལ། ཤེས་པས་སྲིད་ལ་མི་གནས་ཤིང་། །སྙིང་རྗེས་ཞི་ལ་མི་གནས་དང་། །ཞེས་པའི་ལམ་དེ་ཉམས་སུ་ལེན་དགོས་པའི་ཕྱིར། དེ་ནས་སངས་རྒྱས་དགོངས་པ་མི་ཤེས་པར། །ཞེས་པས། མ་དག་པ་རྣ་ཤེས་པར་གྱིས། །ཞེས་པའི་བར་གྱིས་གཞུང་རྣམས་ཀྱིས་ཐབས་ལྟར་སྣང་ལ་ཡང་དག་ཏུ་འཁྲུལ་པ་དགག་ཚུལ་བསྟན་ཏེ།

སྦྱིན་པ་དང་ཚུལ་ཁྲིམས་སོགས་ལྟར་སྣང་དང་། དད་སོགས་ལྟར་སྣང་སོགས་ལུང་རིགས་ཀྱིས་སུན་ཕྱུང་ནས། གསུང་རབ་དང་མཐུན་པའི་ཐོས་བསམ་སྒོམ་གསུམ་སངས་རྒྱས་ཀྱི་བསྟན་པ་ཡིན་པར་བསྟན་པས་འཇུག་བསྡུ་བ་ནི། དེ་དག་གི་དོན་མདོར་བསྡུ་ན། སངས་རྒྱས་ཀྱི་གསུང་རབ་དང་མཐུན་པའི་ཐོས་བསམ་སྒོམ་གསུམ་བསམ་པ་དག་པ་སྟེ། སངས་རྒྱས་ཐོབ་འདོད་ཀྱི་སྒྲུབ་པར་བྱས་ན། སངས་རྒྱས་ཀྱི་བསྟན་པ་ཡིན་པར་ཤེས་པར་བྱ་སྟེ། སློབ་དཔོན་དབྱིག་གཉེན་གྱིས། ཚུལ་གནས་ཐོས་དང་བསམ་ལྡན་པས། །སྒོམ་པ་ལ་ནི་རབ་ཏུ་སྦྱོར། །ཞེས་བྱ་བ་ལྟར། གཞི་ཚུལ་ཁྲིམས་རྣམ་པ་དག་པ་ལ་གནས་ནས། ཀློག་པ་ཐོས་བསམ་གྱི་འཁོར་ལོ་ཚུལ་བཞིན་དུ་སྒྲུབས་པས། ལུང་གི་བསྟན་པར་རྒྱས་པར་བྱེད་ལ། སྒྲུབ་པ་བསམ་གཏན་གྱི་འཁོར་ལོ་ཚུལ་བཞིན་དུ་སྒྲུབས་པས། རྟོགས་པའི་བསྟན་པ་རྒྱས་པར་བྱེད་པའི་ཕྱིར། ཞེས་སྟོན་པ་ལ།མདོར་ན་སངས་རྒྱས་གསུང་རབ་དང་། །མཐུན་པའི་ཐོས་བསམ་བསྒོམ་པ་གསུམ། །བསམ་པ་དག་པས་སྒྲུབ་བྱེད་ན། །སངས་རྒྱས་

བསྟན་པར་ཤེས་པར་བྱ། །ཞེས་གསུངས་པའི་ཕྱིར། དེ་རྣམས་ཀྱིས་ལེའུ་གཉིས་པ་བྱང་ཆུབ་སེམས་དཔའི་སྡོམ་པ་མདོ་སྡེ་བཞིན་བཤད་པའི་སྐབས་ལས་བརྩམས་ཏེ། མཁས་པ་རྣམས་ལ་ལེགས་བཤད་ཀྱི་གཏམ་དུ་བྱ་བ་ལ་མདོར་བསྡུས་པ་ཙམ་བསྟན་ཟིན་ཏོ།། །།

ད་ནི་ལེའུ་གསུམ་པ་སྔགས་ཀྱི་སྡོམ་པ་རིག་པ་འཛིན་པའི་སྡེ་སྣོད་དམ། དེ་བཞིན་གཤེགས་པའི་འདུལ་བའམ། གསང་སྔགས་ཀྱི་རྒྱུད་སྡེ་བཞིན་བཤད་པ་ལ། སྨིན་གྲོལ་གཉིས་ལ་འབད་དགོས་པར་བསྟན་པས་མཚམས་སྦྱར་བ་དང་། གཞི་ལམ་འབྲས་གསུམ་གྱི་རྣམ་གཞག་ལ་འཁྲུལ་པ་འགོག་ཚུལ་རྒྱས་པར་བཤད་པ་དང་། ས་ལམ་གྱི་རྣམ་གཞག་ལ་འཁྲུལ་པ་བཀག་པས་མཇུག་བསྡུ་བ་དང་གསུམ་གྱིས་ཤེས་པར་བྱ་ལ། དང་པོ་ལ། སྤྱི་དོན་གྱི་སྒོ་ནས་མཐའ་དཔྱོད་ཙུང་ཟད་བཤད་པ་དང་། གཞུང་དོན་དངོས་བཤད་པ་གཉིས་ལས། དང་པོ་ལ། ཐེག་པ་སྤྱིའི་རྣམ་པར་གཞག་པ་དང་། བྱེ་བྲག་ཏུ་སྔགས་ཀྱི་ཐེག་པ་རྣམ་པར་གཞག་པ་གཉིས་ལས།

དང་པོ་ནི། ཐེག་པ་ནི་བགྲོད་པས་ན་ཐེག་པ་ཞེས་བྱ་བ་ཡིན་ཞིང་། དེ་ལ་ལྡན་ཀར་བཤེགས་པ་ལས། ལྷའི་ཐེག་པ་དང་། ཚངས་པའི་ཐེག་པ་དང་། ཉན་ཐོས་དང་རང་སངས་རྒྱས་དང་སངས་རྒྱས་ཀྱི་ཐེག་པ་སྟེ། ཐེག་པ་ལྔར་གསུངས་ལ། རིན་ཆེན་འཕྲེང་བར། མངོན་པར་མཐོ་བ་དང་། ངེས་པར་ལེགས་པའི་ཐེག་པ་གཉིས་སུ་གསུངས། འོན་རྡོ་རྗེ་སྙིང་འགྲེལ་ལས། ཉན་ཐོས་རང་སངས་རྒྱས་དང་འདིར། །ཐེག་པ་ཆེན་པོ་གསུམ་པ་སྟེ། །སངས་རྒྱས་ས་ལ་བཞི་པ་དང་། །ལྔ་པ་ཐུབ་པའི་དགོངས་པ་མིན། །ཞེས་གསུངས་པ་དང་མི་འགལ་ལམ་ཞེ་ན། སྐྱོན་མེད་དེ། དེར་ཐེག་པ་བཞི་པ་མེད་པར་གསུངས་པ་ནི། རྣམ་པར་གྲོལ་བའི་ཐེག་པའི་དབང་དུ་བྱས་པས་སོ༔ །དེ་ལ་ལྷའི་ཐེག་པ་ནི། བསམ་གཏན་གྱིས་མ་ཟིན་པའི་དགེ་བ་བཅུའི་ལས་ལམ་ལ་བྱ་ལ། འདིས་གོ་འཕང་ཇི་ཙམ་དུ་བགྲོད་པ་ནི། འདོད་པའི་ལྷ་དང་མིའི་མཐར་ཐུག་པ་བགྲོད་པས་ལྷའི་ཐེག་པ་ཞེས་གཙོ་བོའི་སྒྲས་བསྟན་པ་ཡིན་ནོ། །ཚངས་པའི་ཐེག་པ་ནི་བསམ་གཏན་དང་གཟུགས་མེད་པའི་སྙོམས་འཇུག་རྣམས་ལ་བྱ་སྟེ། ཚངས་པ་ནི་ཚངས་རིགས་ལ་སོགས་པ་གསུམ་ཁོ་ན་ལ་བྱ་བ་མ་ཡིན་གྱིས། ཁམས་གོང་མ་ཐམས་ཅད་ལ་བྱ་ལ། མངོན་པའི་གཞུང་ལས། གཟུགས་ཁམས་གནས་རིགས་བཅུ་བདུན་དུ་བཤད་ཀྱང་། དུས་ཀྱི་འཁོར་ལོ་ལས། གཟུགས་ཀྱི་གནས་བཅུ་དྲུག །གཟུགས་མེད་ཀྱི་གནས་བཞི་སྟེ་གནས་ཉི་ཤུ་བཤད་པ་དེ་རྣམས་སུ་བགྲོད་པར་བྱེད་པའི་ཐེག་པ་ཡིན་པས་སོ། །དུས་འཁོར་དུ། ཟད་པར་ས་ནས་ནམ་མཁའི་བར། ཟད་པར་རེ་རེས་ཚངས་རིས་ནས་སྲིད་རྩེའི་བར་གྱིས་གནས་བཞི་བཞིར་སྐྱེ་བར་བཤད་པ་ནི། ཆོས་མངོན་པ་རྣམས་སུམ་གྲགས་པའི་ཁྱད་པར་བའོ། །ལྷ་དང་ཚངས་པའི་ཐེག་པ་གཉིས་ཀྱི་ས་བགྲོད་པར་བྱེད་པ་པོའི་རྟེན་གྱི་གང་ཟག

ལ་ཕྱི་རོལ་པ་དང་ནང་པ་གཉིས་ཀ་ཡོད་པས། སློབ་དཔོན་དཔའ་བོས། ཁྱེད་ཀྱི་བསྟན་ལས་ཕྱིར་ཕྱོགས་པའི། །སྐྱེ་བོ་མ་རིག་གིས་ལྡོངས་པ། །སྲིད་རྩེའི་བར་དུ་སོང་ནས་ཀྱང་། །སྡུག་བསྔལ་ཡང་འབྱུང་སྲིད་པ་སྒྲུབ། །ཅེས་དང་། དཀོན་མཆོག་གསུམ་ལ་སྐྱབས་སུ་འཛིན་ཡང་། ཐར་པ་དོན་གཉེར་གྱིས་བློ་ཁྱད་པར་ཅན་མེད་པའི་སྐྱེས་བུ་རྣམས་ཀྱིས་དབང་དུ་མཛད་ནས། རྒྱུད་བླ་མ་ལས། བྱེད་གསུམ་ལ། མོས་པ་རྣམས་ཀྱི་དབང་བྱས་ནས། །སྐྱབས་གསུམ་རྣམ་པར་གཞག་པ་ཡིན། །ཞེས་གསུངས་སོ། །

ཉན་ཐོས་ཀྱི་ཐེག་པ་ནི། མངོན་རྟོགས་རྒྱན་དུ། ལམ་ཤེས་ཉིད་ཀྱིས་ཚུལ་ལ་ནི། །འཕགས་པའི་བདེན་པ་བཞི་དག་གི། །རྣམ་པར་མི་སྨིན་སྒོ་ནས་ནི། །ཉན་ཐོས་ལམ་ནི་ཤེས་པར་བྱ། །ཞེས་པའི་ཤུགས་ལ་བསྟན་པ་ཡིན་ལ། རང་རྒྱལ་གྱི་ཐེག་པ་ནི། དེ་ཉིད་ལས། གཟུངས་དོན་རྟོག་པ་སྤོང་ཕྱིར་དང་། །འཛིན་པ་མི་སྤོང་ཕྱིར་དང་ནི། །རྟེན་གྱི་བསེ་རུ་ལྟ་བུའི་ལམ། །ཡང་དག་བསྡུས་པར་ཤེས་པར་བྱ། །ཞེས་པས་བསྟན་པ་ཡིན་ནོ། །སངས་རྒྱས་ཀྱི་ཐེག་པ་ལ། རྒྱུ་ཕ་རོལ་དུ་ཕྱིན་པའི་ཐེག་པ་དང་། འབྲས་བུ་སྔགས་ཀྱི་ཐེག་པ་གཉིས་སུ་གསུངས་ཏེ། རྒྱ་ལ་མོས་པའི་རྒྱུ་ཆོས་ཀྱིས། །འཁོར་ལོ་རབ་ཏུ་བསྐོར་བྱས་ནས། །རྡོ་རྗེ་ཐེག་པའི་ཉེ་ལམ་ཞིག །མ་འོངས་དུས་ན་འབྱུང་བར་འགྱུར། །ཞེས་གསུངས་སོ། །

དེ་ལ་ཕ་རོལ་དུ་ཕྱིན་པའི་ཐེག་པ་དང་། སྔགས་ཀྱི་ཐེག་པའི་ཁྱད་པར་ནི། ཚུལ་གསུམ་སྒྲོན་མེ། རྒྱུད་ཀྱི་ལུང་དྲངས་པ་ལས། དོན་གཅིག་ན་ཡང་མ་རྨོངས་དང་། །ཐབས་མང་དཀའ་བ་མེད་པ་དང་། །དབང་པོ་རྣོན་པོའི་དབང་བྱས་ནས། །སྔགས་ཀྱི་ཐེག་པ་ཁྱད་པར་འཕགས། །ཞེས་གསུངས་ལ། དེ་ལ་དོན་གཅིག་པ་ནི། གནས་སྐབས་ཀྱི་ལྟ་བ་གཅིག་པ་དང་། མཐར་ཐུག་འབྲས་བུ་གཅིག་པའོ། །མ་རྨོངས་པ་ནི་ཐབས་ལ་མཁས་པ་སྟེ། ཀྱེ་རྡོ་རྗེ་ལས། སྐྱེ་བོ་མི་ཟད་པ་ཡིན་ལས། །གང་དང་གང་གིས་འཆིང་འགྱུར་པ། །ཐབས་དང་བཅས་ན་དེ་ཉིད་ཀྱིས། །སྲིད་པའི་འཆིང་བ་ལས་གྲོལ་འགྱུར། །ཞེས་གསུངས། དཀའ་བ་མེད་པ་ནི་ལམ་སླ་བ་སྟེ། སམྦུ་ཊ་ལས། འདོད་པའི་ཡོན་ཏན་ཐམས་ཅད་ལ། །ཅི་འདོད་པར་ནི་བརྟེན་བཞིན་དུ། །རང་གི་ལྷག་པའི་སྦྱོར་བ་ཡིས། །བདག་དང་གཞན་ལ་མཆོད་པར་བྱ། །ཞེས་གསུངས། དབང་པོ་རྣོན་པོ་ནི། དབང་པོ་གསལ་ཞིང་སྨྱུར་བས་ཚེ་འདི་ཉིད་ལ་སངས་རྒྱས་ཐོབ་པ་ཡིན་ཏེ། གསང་བ་འདུས་པ་ལས། འདི་ནི་དེ་བཞིན་གཤེགས་པའི་སྐུ། །ཆོས་འཛིན་མཆོག་གི་གསུང་དང་ནི། །རྡོ་རྗེ་འཛིན་པའི་ཐུགས་དག་ཀྱང་། །ཚེ་འདི་ཉིད་ལ་སྟེར་བ་བྱེད། །ཅེས་གསུངས། སློབ་དཔོན་ཛྙཱ་ན་ཤྲཱི་ནི། སྔགས་ཀྱི་ཐེག་པ་དེ། ཕར་ཕྱིན་གྱི་ཐེག་པ་ལས། ཁྱད་པར་བཅུ་གཅིག་གི་སྒོ་ནས་ཁྱད་པར་འཕགས་སོ། །ཞེས་གསུང་ངོ། །

གཉིས་པ་གསང་སྔགས་རྡོ་རྗེ་ཐེག་པ་བྱེ་བྲག་ཏུ་བཤད་པ་ལ། གསང་ཞེས་པ་ནི། ཕྱི་རོལ་པ་དང་ཉན་རང་ལ་སོགས་པ་ཐེག་པ་དམན་པ་རྣམས་ལ་གསང་བས་ཏེ། གསང་སྔགས་གསང་ཞེས་བྱ་བ་ནི། །ཆོས་ལ་སྐྱོན་ཡོད་མ་ཡིན་ཏེ། །བློ་ཆུང་ཐེག་པ་དམན་ལ་གསང་། །ཞེས་སོ། །ཡང་ན་གསང་སྔགས་ནི། གསང་བཞིན་སྤྲས་པས་འགྲུབ་ལ། སྣོད་མ་ཡིན་པ་རྣམས་ཀྱི་སྤྱོད་ཡུལ་མ་ཡིན་པས་ན་གསང་བའོ། །ཅིའི་ཕྱིར་སྔགས་ཞེས་བྱ་ཞེ་ན། མནྟྲ་ཞེས་པའི་སྒྲ་ལས་དྲངས་ན། མ་ན་ནི་ཡིད་ཡིན་ལ། ཏ་ར་ནི་སྐྱོབ་པ་ཡིན་པས། ཡིད་མཚན་མ་དང་རྣམ་པར་རྟོག་པ་ལས་སྐྱོབ་པ་ན་སྔགས་ཞེས་བྱའོ། །ཅིའི་ཕྱིར་རྡོ་རྗེ་ཞེས་བྱ་ཞེ་ན། རྡོ་རྗེ་ནི་རྣམ་པར་རྟོག་པས་མི་ཕྱེད་པས་ན་རྡོ་རྗེ་ཞེས་བྱ་སྟེ། རྡོ་རྗེ་རིན་པོ་ཆེ་དེ་རྫས་གཞན་གྱིས་མི་ཕྱེད་པ་བཞིན་ནོ། །དེ་ཡང་སྟོང་པ་ཉིད་ལ་བྱ་དགོས་ཏེ། རྡོ་རྗེ་རྩེ་མོ་ལས། སྲ་ཞིང་སྙིང་པོ་ཁོང་སྟོང་མེད། །བཅད་དང་གཞིག་པར་བྱ་བ་མེད། །སྲེག་པར་བྱར་མེད་འཇིག་པ་མེད། །སྟོང་ཉིད་རྡོ་རྗེ་བརྗོད་པར་བྱ། །ཞེས་གསུངས་པས་སོ། །འདིར་སྟོང་པ་ཉིད་ཀྱི་དོན་འཛིན་ནི། སེམས་ཀྱི་རྡོ་རྗེ་ཞེས་པ་སེམས་རང་བཞིན་གྱི་འོད་གསལ་བ་ལ་བྱ་དགོས་ལ། དེ་ཉིད་དབང་དང་བྱིན་རླབས་ཀྱིས་ངོ་འཕྲོད་པར་བྱས་ནས་མི་ཉམས་པར་འཛིན་པ་ལ། རིག་པ་འཛིན་པ་ཞེས་བྱའོ། །དེ་ལྟར་ན། སྟོང་ཉིད་དེ་དངོས་པོར་ཁས་ལེན་ན། རིག་ལམ་ལས་འདས་སོ། །ཞེ་ན། འོ་ན་དུས་ཀྱི་འཁོར་ལོ་ལས། སྲིད་གསུམ་སྐྱེ་འཇིག་མེད་པའི་དངོས། །ཤེས་དང་ཤེས་བྱ་གཅིག་པའི་སྐུ། །དཔལ་ལྡན་དུས་འཁོར་ལ་ཕྱག་འཚལ། །ཞེས་གསུངས་པ་དང་། ཀྱེ་རྡོ་རྗེའི་བསྟོད་པ་ཉི་ཤུ་པ་ལས། ཐམས་ཅད་དངོས་པོའི་རང་བཞིན་མཆོག །གདོད་ནས་ཐམས་ཅད་བདག་ཉིད་གནས། །ཞེས། སྐྱེ་འཇིག་མེད་པའི་དངོས་པོ་གསུངས་པ་རྣམས་ཀྱང་། རིག་ལམ་ལས་འདས་པར་འགྱུར་རོ། །འདི་ལྟ་བུའི་ངེས་དོན་ངོས་ཟིན་པ་ནི་དིང་སང་གི་སྔགས་པ་ཕལ་ཆེར་ལ་མི་སྣང་ངོ་། །ཐེག་པ་ནི། ཡ་ན་ཞེས་པའི་སྒྲ་ལས་དྲངས་ན། བགྲོད་པས་ན་ཐེག་པ་ཞེས་བྱའོ། །དེ་ལ་ཡང་། འདིས་བགྲོད་པས་ན་རྒྱུའི་ཐེག་པ་དང་། འདིར་བགྲོད་པས་ན་འབྲས་བུའི་ཐེག་པའོ། །དེ་སྐད་དུ་ཡང་། སློབ་དཔོན་ཤྲདྡྷཱ་ཀ་རས། གསང་སྔགས་འབྲས་བུ་རྡོ་རྗེའི་ཐེག་པ་ལ་ནི་འཇུག་པའི་སྒོ་བཞི་སྟེ། བྱ་བའི་རྒྱུད་དང་། སྤྱོད་པའི་རྒྱུད་དང་། རྣལ་འབྱོར་གྱི་རྒྱུད་དང་། རྣལ་འབྱོར་ཆེན་པོའི་རྒྱུད་ཅེས་སྤྱིར་གྲགས་པ་ཡིན་ནོ། །དེ་དག་ཀྱང་གསང་བཞིན་སྤྲས་པ་འགྲུབ་ལ། སྣོད་མ་ཡིན་པ་རྣམས་ཀྱིས་སྤྱོད་ཡུལ་མ་ཡིན་པས་ན་གསང་བའོ། །ད་ནི་སྔགས་ཀྱི་ཐེག་པ་ཞེས་ཀྱང་བྱ་སྟེ། སྔགས་དང་ཕྱག་རྒྱའི་སྒོ་ནས་དངོས་གྲུབ་རྣམས་འགྲུབ་པའི་ཕྱིར་དང་།དེ་ཡིས་ཡིད་སྐྱོབ་པར་བྱེད་ཅིང་འཁོར་བའི་སྡུག་བསྔལ་ལས་དཀའ་བ་མེད་པར་མྱུར་དུ་སྒྲོལ་བའི་ཕྱིར་དང་། ཉན་ཐོས་ལ་སོགས་པ་བློ་དམན་པ་རྣམས་སྐྲག་པར་བྱེད་པའི་ཕྱིར་དང་། སངས་རྒྱས་བྱང་ཆུབ་སེམས་དཔའ་རྣམས་ཀྱིས་

བསྐོད་ཅིང་བཀུར་ལ་བསྟགས་པའི་ཕྱིར་དང་། དེ་ཁོ་ན་ཉིད་ཀྱིས་དོན་ཕྱིན་ཅི་མ་ལོག་པ་སྟོན་པའི་ཕྱིར་སྟགས་སོ། །དེ་ནི་སྐུ་དང་ལོངས་སྤྱོད་དང་གནས་དང་མཛད་པ་ཡོངས་སུ་དག་པའི་ཚུལ་གྱིས་འཇུག་པས་ན་འབྲས་བུ་སྟེ། ལམ་ཐམས་ཅད་ཀྱི་འབྲས་བུ་ཕྱུག་རྒྱ་ཆེན་པོའི་དངོས་གྲུབ་ཡིན་པའི་ཕྱིར་རོ། །དེ་ཉིད་ནི་འཆི་བ་མེད་ཅིང་། ཡང་དག་པའི་དོན་ཐོགས་པ་མེད་པར་ཐོབ་པར་བྱེད་པས་ན་རྡོ་རྗེའོ། །དེ་ནི་ཐེག་པ་ཡང་ཡིན་ཏེ། ལམ་དེས་དཀའ་བ་མེད་པར། མྱུར་དུ་ཡིད་ལ་བྱེད་པའི་ཕྱིར་རོ། །དེ་ཡང་ཇི་སྐད་དུ། གསང་བས་འགྲུབ་ཕྱིར་གསང་སྟགས་ཏེ། །རྡོ་རྗེ་ཐེག་པ་འབྲས་བུ་ཆེ། །ཞེས་གསུངས་པ་ཡིན་ཏེ། འདི་ལ་རྒྱུད་སྡེའི་སྒོ་ནས་དབྱེ་ན། དབྱེ་བཞི་དང་། དབྱེ་ངོ་གཉིས་ལས། དབྱེ་གཞི་ནི། ཏནྟྲ་ཞེས་པའི་སྒྲ་ལས་དྲངས་ན། རྒྱུན་ཆགས་པས་ན་རྒྱུད་ཅེས་བྱའོ། ། དེ་ལ་བརྗོད་བྱ་དོན་གྱིས་རྒྱུད་དང་། རྗོད་བྱེད་ཚིག་གི་རྒྱུད་གཉིས་སོ། །བརྗོད་བྱ་དོན་གྱི་རྒྱུད་ནི། གཞི་ལམ་འབྲས་བུའི་གནས་སྐབས་ཐམས་ཅད་དུ་ཁྱབ་བྱེད་དུ་འཇུག་པའི་གཟུང་འཛིན་གཉིས་སུ་མེད་པའི་ཡེ་ཤེས་ལ་བྱ་སྟེ། རྗེ་བཙུན་གྱིས། ཀྱེ་རྡོ་རྗེ་དེ་གཉིས་མེད། ཡེ་ཤེས་ཞེས་གསུངས་པས་སོ། །རྗོད་བྱེད་ཚིག་གི་རྒྱུད་ལ་མཚན་ཉིད་ནི། བརྗོད་བྱ་དོན་གྱི་རྒྱུད་དེ་ཉིད། བརྗོད་བྱར་སྟོན་པའི་མིང་ཚིག་ཡི་གེའི་ཚོགས་སུ་སྣང་བའི་རྣམ་རིག་ཞེས། རྗེ་བཙུན་རྩེ་མོས། རྒྱུད་སྡེ་སྤྱིའི་རྣམ་གཞག་ལས་གསུངས་ཀྱང་། དིང་སང་རང་ཕྱོགས་པར་ཁས་ལེན་པ་ཕལ་ཆེ་བ་ལུང་ལ་བདེན་པས་ཁྱབ་བོ། །ཞེས་བྲག་ཆ་ལྟར་སྒྲོག་པར་བྱེད་ལ། རྣམ་དབྱེ་མ་ཕྱེད་པ་འགའ་ཞིག་གི་ནི། ལུང་དེ་སྒྲ་ཡང་ཡིན་ལ་ཤེས་པ་ཡང་ཡིན་ནོ། །ཞེས་ཨུ་ཚུགས་ཀྱི་རྣམ་ཐར་སྒྲོང་བ་བྱེད་དོ། །

གཉིས་པ་དབྱེ་ངོ་ལ། དུས་ཀྱི་འཁོར་ལོ་ལྟར་ན། རྒྱུད་སྡེ་སྟོང་ཕྲག་བདུན་ཅུ་རྩ་གཉིས་ཡིན་པར་འཆད་ལ། ཡེ་ཤེས་རྡོ་རྗེ་ཀུན་ལས་བཏུས་པའི་རྒྱུད་ལས། ཀ་ལི་སུམ་ཅུ་རྩ་བཞི་མིང་གིས་མཐའ་རྟེན་དུ་བྱས་པའི་རྒྱུད་སྡེ་སྟོང་ཕྲག་སུམ་ཅུ་དང་བཞི་ཡིན་པར་གསུངས་ཤིང་། འདིར་གྲགས་ཆེ་བའི་དབང་དུ་བྱས་ན། བྱ་རྒྱུད་སྤྱོད་རྒྱུད་རྣལ་འབྱོར་རྒྱུད།རྣལ་འབྱོར་བླ་ན་མེད་པའི་རྒྱུད་བཞི་ཡིན་ལ། ཡང་ན་རྟོགས་པའི་རྒྱུད་ལྟ་འམ། རྣལ་འབྱོར་གསང་མཐའི་རྒྱུད་དང་དྲུག་ཏུ་ཕྱེ་བའང་ཡོད་དེ། རྟོགས་པའི་རྒྱུད་ནི། བྱ་རྒྱུད་ལས་ཕྱེ་བ་དང་། རྣལ་འབྱོར་གསང་མཐའི་རྒྱུད་ནི་བླ་མེད་ལས་ཕྱེ་བས། དོན་ལ་རྒྱུད་སྡེ་བཞིར་འདུས་པ་ཡིན་ནོ། །རྒྱུད་སྡེ་དེ་དག་གི་གཞུང་ཚད་ཀྱང་། ཡེ་ཤེས་རྡོ་རྗེ་ཀུན་ལས་བཏུས་པ་ལས། རྣལ་འབྱོར་ཆེན་པོའི་རྒྱུད་ཀྱི་མིང་། །སྟོང་ཕྲག་བཅུ་གཉིས་ཞེས་བྱ་སྟེ། །རྒྱས་པར་བྱ་བ་གྲངས་མེད་དོ། །གཉིས་ཀའི་རྒྱུད་སྟོང་ཕྲག་དྲུག་གོ། །སྤྱོད་པའི་རྒྱུད་སྟོང་ཕྲག་བརྒྱད་དོ། །བྱ་བའི་རྒྱུད་སྟོང་ཕྲག་བཞིའོ། །རྟོགས་པའི་རྒྱུད་སྟོང་ཕྲག་བཞིའོ། །ཞེས་གསུངས་སོ། །གཞན་ཡང་རྣལ་འབྱོར་བླ་མེད་ཀྱི་གཞུང་ཚད་ནི། ཕ་རྒྱུད་བྱེ་བ་ཕྲག་དྲུག་དང་། མ་རྒྱུད་བྱེ་བ་ཕྲག་བཅུ་དྲུག་ཡོད་པར

བཤད་དེ། སྡོམ་འབྱུང་དུ། རྣལ་འབྱོར་རྒྱུད་རྣམས་ཀྱི་ནི་ཚད། །ཁྲི་བ་ཕྲག་ནི་དྲུག་ཏུ་ངེས། །དེ་ནི་རྣལ་འབྱོར་མ་རྒྱུད་གྲངས། །ཁྲི་བ་ཕྲག་ནི་བཅུ་དྲུག་གྲགས། །ཞེས་སོ། །དེའི་ནང་ནས་ཕ་རྒྱུད་ཀྱི་དབྱེ་བ་དང་གཞུང་ཚད་ལ། རྡོ་རྗེ་སྙིང་པོ་རྒྱན་གྱི་རྒྱུད་ལས། གསང་བ་འདུས་པ་སྟོང་ཕྲག་གཅིག །རྡོ་རྗེ་འཕྲེང་བ་འབུམ་ཕྲག་གསུམ། ། དགོངས་པ་ལུང་བསྟན་སྟོང་ཕྲག་བཞི། །ལྷ་མོ་བཞི་ཞུས་བརྒྱ་བདུན་ཅུ། །ཞེས་སོགས་གསལ་བར་གསུང་ལ། མ་རྒྱུད་ལ། གུར་ལས། མཁའ་འགྲོ་སྡེ་དང་རྒྱ་མཚོ་སྡེ་དང་ནམ་མཁའ་དང་། །གསེར་གྱིས་ཆར་པ་དང་ནི་དགའ་ཆེན་ཟ་ནུས་དང་། །སྡེ་ཆེན་སྙིག་པ་དང་ནི་གསང་བའི་ཡིད་སྡེ་དང་། །རྒྱུད་སྡེ་རྣམ་ལ་ཕན་པའི་རྡོ་རྗེ་མཁའ་འགྲོ་དང་། །སངས་རྒྱས་ཐམས་ཅད་དགྱེས་པའི་རྡོ་རྗེའི་དཀྱིལ་འཁོར་དང་། །གསང་བའི་མཛོད་དང་རྡོ་རྗེ་བདུད་རྩི་ལས་བྱུང་དང་། །འཁོར་ལོ་བདེ་མཆོག་གུར་དང་ཕྱན་སུམ་ཚོགས་པ་རྣམས། །རྣལ་འབྱོར་མ་ཡི་རྒྱུད་ནི་གྲུབ་པར་གྲགས་པ་ཡིན། །ཞེས་རྒྱུད་ཀྱི་སྡེ་ཚན་བཅུ་བཞི་གསུངས་སོ། །

དེ་ལྟར་རྒྱུད་སྡེ་བཞི་པོ་དེ་ལ། དབང་གི་སྒོ་ནས་ཕྱེ་བ་དང་། ལམ་གྱི་སྒོ་ནས་ཕྱེ་བ་གཉིས་ལས། དབང་གི་སྒོ་ནས་བཞིར་ཕྱེ་བ་ཡིན་ཏེ། ཡེ་ཤེས་ཐིག་ལེའི་རྒྱུད་ལས། ཆུ་དང་ཅོད་པན་གྱི་ནི་དབང་། །བྱ་བའི་རྒྱུད་ལས་རབ་ཏུ་གྲགས། །རྡོ་རྗེ་དྲིལ་བུ་མིང་གི་དབང་། །སྤྱོད་པའི་རྒྱུད་ལ་བཤད་པ་ཡིན། །ཕྱིར་མི་ལྡོག་པ་སློབ་དཔོན་དབང་། །རྣལ་འབྱོར་རྒྱུད་ལས་རབ་ཏུ་གསལ། །བུམ་པ་གསང་བ་ཤེས་རབ་དབང་། །བཞི་པ་བླ་ན་མེད་པའོ། ། ཞེས་གསུངས་སོ། །ལམ་གྱི་སྒོ་ནས་དབྱེ་བ་ནི། བྱ་བའི་རྒྱུད་དུ་རྗེ་འབངས་ལྟ་བུའི་ཚུལ་གྱིས་དངོས་གྲུབ་ལེན་པ་དང་། སྤྱོད་པའི་རྒྱུད་དུ་གྲོགས་པོ་ལྟ་བུའི་ཚུལ་གྱིས་དངོས་གྲུབ་ལེན་པ་དང་། རྣལ་འབྱོར་རྒྱུད་དུ་ཡེ་ཤེས་པ་དགུག་གཞུག་བྱས་ནས། སླར་གཤེགས་སུ་གསོལ་བ་དང་། རྣལ་འབྱོར་ཆེན་པོར་ནི། ཡེ་ཤེས་པ་གཤེགས་སུ་མི་གསོལ་བ་མཉམ་རྗེས་ཐམས་ཅད་དུ་ལྷག་པའི་ལྷའི་ང་རྒྱལ་དང་མ་བྲལ་བ་སྤྱོད་པའོ། །དྲང་ངེས་ཀྱི་སྒོ་ནས་དབྱེ་བ་ལ། ཕྱི་རོལ་པའི་གང་ཟག་བཞི་རྗེས་སུ་གཟུང་བར་བྱ་བའི་ཕྱིར་རྒྱུད་སྡེ་བཞིར་ངེས་ལ། དེ་ཡང་། འདོད་ཆགས་ཅན་ལྷ་ཆེན་པོའི་རྗེས་སུ་འབྲང་ནས། འདོད་ཆགས་ཚོས་སུ་སླ་བ་སྟེ། དེ་རྗེས་སུ་གཟུང་བའི་ཕྱིར། རྣལ་འབྱོར་བླ་ན་མེད་པའི་རྒྱུད་གསུངས་ཏེ། དེ་སྐད་དུ་ཡང་། གསང་བ་འདུས་པ་ལས། བུད་མེད་གཟུགས་བཟང་མདངས་བཟང་བ། །ལོ་གྲངས་བཅུ་དྲུག་ལོན་པ་ལ། །ཁྲིན་གྱིས་བརླབས་ཀྱིས་གནས་གསུམ་གྱི། །དབེན་པར་མཆོད་པ་རབ་ཏུ་བརྩམས། །ཞེས་གསུངས་སོ། །ཞེ་སྡང་ཅན་ཁྱབ་འཇུག་གི་རྗེས་སུ་འབྲང་ནས། འཚེ་བ་ཚོས་སུ་སླ་བ་རྣམས་རྗེས་སུ་གཟུང་བའི་ཕྱིར་སྤྱོད་པའི་རྒྱུད་གསུངས་ཏེ། རྣམ་སྣང་མངོན་བྱང་ལས། ཨེ་མ་ཧོ་གསོད་པ་འདི་ནི་བཟང་། །བསད་པས་བྱང་ཆུབ་ཐོབ་པར་བྱེད། །ཅེས་གསུངས་སོ། །གཏི་མུག་ཅན་ཚངས་པའི་རྗེས

སུ་འབྲང་ནས། གཙང་སྦྲ་ཆོས་སུ་སྨྲ་བ་རྣམས་རྗེས་སུ་གཟུང་བའི་ཕྱིར་བྱ་བའི་རྒྱུད་གསུངས་ཏེ། ལེགས་པར་གྲུབ་པ་ལས། ཁྲུས་བྱས་གཙང་ཞིང་བཟུང་བྱས་ཏེ། །བཀྲ་ཤིས་ཡར་ངོར་དག་བྱས་ནས། །སྒྲུབ་པའི་རྫས་ནི་ཡོངས་སུ་བཟུང་། །ཞེས་གསུངས་སོ། །གསུམ་ཀ་ཆོས་སུ་སྨྲ་བ་རྗེས་སུ་བཟུང་བའི་ཆེད་དུ་རྣལ་འབྱོར་རྒྱུད་གསུངས་ཏེ།སཾ་པྲ་ཏ་ལས། འདོད་ཆགས་ཅན་གྱི་དོན་དུ་རྡོ་རྗེ་དབྱིངས་ཀྱི་དུམ་བུ། ཞེ་སྡང་ཅན་གྱི་དོན་དུ་ཁམས་གསུམ་རྣམ་རྒྱལ། གཏི་མུག་ཅན་གྱི་དོན་དུ་འགྲོ་འདུལ། སེར་སྣ་ཅན་གྱི་དོན་དུ་ཐམས་ཅད་གྲུབ་པའི་དུམ་བུ་གསུངས་སོ།།འདོད་ཁམས་ཀྱི་གང་ཟག་རིགས་བཞི་རྗེས་སུ་གཟུང་བའི་ཕྱིར་དུ། རྒྱུད་སྡེ་བཞིར་གསུངས་ཏེ། དེ་ཡང་གཞན་འཕྲུལ་དབང་བྱེད་པ་ལ་རྒོད་པས་ཚིམ་པའི་འདོད་ཆགས་ཏེ། དེའི་གཉེན་པོར་བྱ་བའི་རྒྱུད། འཕྲུལ་དགའ་བ་ལ་བལྟས་པས་ཚིམས་པའི་འདོད་ཆགས་ཏེ། དེའི་གཉེན་པོར་སྤྱོད་པའི་རྒྱུད། དགའ་ལྡན་པ་ལ། ལག་བཅང་གིས་ཚིམས་པའི་འདོད་ཆགས་ཏེ། དེའི་གཉེན་པོར་རྣལ་འབྱོར་རྒྱུད། སུམ་ཅུ་རྩ་གསུམ་པ་མན་ཆད་ལ། གཉིས་སྦྱོར་གྱིས་ཚིམས་པའི་འདོད་ཆགས་ཏེ། དེའི་གཉེན་པོར་རྣལ་འབྱོར་བླ་མེད་ཀྱི་རྒྱུད་གསུངས་ཏེ། སམྦུ་ཊི་ལས། རྒོད་དང་ལྟ་དང་ལག་བཅང་དང་། །གཉིས་གཉིས་འཁྲུད་པའི་བྱེ་བྲག་གི། །སྲིན་འབུའི་ཚུལ་གྱི་རྒྱུད་བཞིར་གནས། ཞེས་གསུངས་ཏེ། སྲིན་འབུའི་ཚུལ་ཞེས་པའང་། ཤིང་ལ་གནས་པའི་སྲིན་འབུས་ཤིང་ལ་ལོངས་སྤྱོད་བཞིན་དུ་ཤིང་ཟད་པར་བྱེད་པ་བཞིན་འདི་དག་གིས་ཀྱང་། ཉོན་མོངས་པ་ལམ་དུ་ཁྱེར་བཞིན་དུ་ཉོན་མོངས་པ་རྣམས་ཟད་པར་བྱེད་པའི་དོན་ནོ། །སོ་སོའི་སྒྲ་བཤད་པ་ནི། ཕྱི་ལུས་ངག་གི་བྱ་བ་གཙོ་བོར་སྟོན་པས་ན་བྱ་བའི་རྒྱུད། དེ་ལ་བྱ་བའི་སྤྱིའི་རྒྱུད་དང་སོ་སོའི་རྒྱུད་གཉིས་སུ་ཡོད་ལ། སྤྱིའི་རྒྱུད་ནི་སྤྱངས་བཟང་ལེགས་གྲུབ། བསམ་གཏན་ཕྱི་མ་སྟེ་བྱ་བ་སྤྱིའི་རྒྱུད་ཆེན་གསུམ་མམ་གསང་བ་སྤྱི་རྒྱུད་དང་བཞིའོ། །སོ་སོའི་རྒྱུད་ལ། འཇིག་རྟེན་པའི་རིགས་གསུམ། འཇིག་རྟེན་ལས་འདས་པའི་རིགས་གསུམ་སྟེ། རྒྱུད་སྡེ་སྒོ་དྲུག་ཏུ་ཡོད་པར་བཤད། འཇིག་རྟེན་པའི་རིགས་གསུམ་ནི། ནོར་བུའི་རིགས་དང་། ལྷ་རྟེན་གྱི་རིགས་དང་། འཇིག་རྟེན་པའི་རིགས་ཉིད་དང་གསུམ་མོ། །འཇིག་རྟེན་ལས་འདས་པའི་རིགས་གསུམ་ནི། པདྨའི་རིགས། རྡོ་རྗེའི་རིགས། དེ་བཞིན་གཤེགས་པའི་རིགས་དང་གསུམ་མོ། །པདྨའི་རིགས་ནི་དོན་ཡོད་ཞགས་པ་ལྟ་བུ། རྡོ་རྗེའི་རིགས་ནི་དམ་ཚིག་གསུམ་བཀོད་ལྟ་བུ། དེ་བཞིན་གཤེགས་པའི་རིགས་ནི་ལེགས་པར་གྲུབ་པ་ལྟ་བུའོ། །ཕྱི་ལུས་ངག་གི་བྱ་བ་དང་། ནང་ཏིང་ངེ་འཛིན་གྱི་རྣལ་འབྱོར་ཆ་མཉམ་དུ་སྤྱོད་པས་སྤྱོད་རྒྱུད་ཅེས་བྱ་སྟེ། གཉིས་ཀའི་རྒྱུད་ཅེས་པའང་འདི་ཉིད་ལས་ཕྱེ་བ་འདྲའོ། །དེ་ལྟར་ན་སྤྱོད་རྒྱུད་ནི་ཕྱག་ན་རྡོ་རྗེ་དབང་བསྐུར་བའི་རྒྱུད་ལྟ་བུའོ། །ནང་ཏིང་ངེ་འཛིན་གྱི་རྣལ་འབྱོར་གཙོ་བོར་སྟོན་པས་ན་རྣལ་འབྱོར་རྒྱུད་ཅེས

བྱའོ། །དེ་ནི་དེ་ཉིད་འདུས་པ་ལ་སོགས་པ་ལྟ་བུའོ། །ཐབས་དང་ཤེས་རབ་ཟུང་དུ་འཇུག་པ་སྟོན་པས་ན་རྣལ་འབྱོར་བླ་ན་མེད་པའི་རྒྱུད་ཅེས་བྱའོ། །དེ་ལ་ཐབས་གཙོ་བོར་སྟོན་པ་ནི་ཕ་རྒྱུད་གསང་བ་འདུས་པ་ལྟ་བུ། ཤེས་རབ་གཙོ་བོ་སྟོན་པ་མ་རྒྱུད་འཁོར་ལོ་བདེ་མཆོག་དང་། ཐབས་ཤེས་ཟུང་འཇུག་ཏུ་སྟོན་པ་གཉིས་སུ་མེད་པའི་རྒྱུད་དུས་ཀྱི་འཁོར་ལོ་ལྟ་བུའོ། །འདི་ལ་ཡང་དྲང་དོན་གྱི་དབང་དུ་བྱས་ཏེ། ངེས་དོན་དུ་ནི། དེ་ཡང་བླ་མེད་ཀྱི་ཐམས་ཅད་གཉིས་མེད་རྒྱུད་དུ་འདུས་པས། གཉིས་མེད་ཀྱི་རྒྱུད་ཅེས་ལོགས་སུ་མི་འཆད་དོ། །རྒྱུད་སྡེ་དེ་དག་གི་ཉམས་ལེན་གྱི་གཙོ་བོ་ནི་རིག་པ་འཛིན་པ་སྔགས་ཀྱི་སྡོམ་པ་ཡིན་ལ།

དེ་ཡང་སྨིན་བྱེད་ཀྱི་དབང་ལ་རག་པས་སྨིན་བྱེད་དབང་གི་རྣམ་པར་གཞག་པ་ཅུང་ཟད་ཞིག་བརྗོད་ན། བྱ་བའི་རྒྱུད་ལ། ཆུ་དང་ཅོད་པན་གྱི་དབང་སྟེ། ཡེ་ཤེས་ཐིག་ལེར། ཆུའི་དབང་བསྐུར་ཅོད་པན་དག །བྱ་བའི་རྒྱུད་ལས་རབ་ཏུ་གྲགས། །ཞེས་བཤད་པའང་། རྒྱུད་སྡེ་གོང་མའི་ཆུ་ཅོད་པན་གཉིས་དང་ཕྱོགས་མཚུངས་པའི་བྱ་རྒྱུད་རང་རྐང་གསང་བ་སྤྱི་རྒྱུད་ལས་གསུངས་པ་ལྟར། སྔགས་དང་ཕྱག་རྒྱའི་དབང་དུ་གྲགས་པ་དེ་གཉིས་ཡིན་ལ། སྤྱོད་རྒྱུད་ལ་དེའི་སྟེང་དུ་རྡོ་རྗེ་དྲིལ་བུ་མིང་དབང་སྟེ། རྡོ་རྗེ་དྲིལ་བུ་དེ་བཞིན་མིང་། །སྤྱོད་པའི་རྒྱུད་ལས་རབ་ཏུ་གསལ། །ཞེས་པ་ནི། རྣལ་འབྱོར་ཕྱི་ནང་གཉིས་ཀྱི་དབང་ལ། རྡོ་རྗེ་དྲིལ་བུའི་དབང་ཡོད་མོད། སྤྱོད་རྒྱུད་ལ། རྡོར་དྲིལ་ངེས་པ་ཅན་གྱི་དབང་མེད་ཀྱང་། རྡོ་རྗེ་དྲིལ་བུ་གཉིས་ཀ་ཕྱག་མཚན་གྱི་དབང་ཡིན་པ་བཞིན་དུ། རྒྱུད་དེར་ཡང་ཇི་ལྟར་འོས་པའི་ཕྱག་མཚན་གྱི་དབང་ཡོད་པས། དེ་དང་ཕྱོགས་མཚུངས་ཙམ་ལ་དགོངས་པ་ཡིན་ཞིང་། སྤྱིར་སྤྱོད་རྒྱུད་ཀྱི་དབང་ཡིན་ཚད་ལ་ཕྱག་མཚན་དང་མིང་དབང་ཡོད་པའི་ངེས་པ་མེད་དེ། རྣམ་སྣང་མངོན་བྱང་ལས། ཆུ་དབང་དང་མིག་ཐུར་དང་། མེ་ལོང་དང་། ཆོས་བཤད་ལས་མ་གསུངས་ཤིང་། ཕྱག་ན་རྡོ་རྗེར་དབང་བསྐུར་བའི་རྒྱུད་ལས། ཆུའི་ཅོད་པན། རྡོ་རྗེ་མིང་དབང་སྟེ་བཞི་པོ་གསུངས་པར། སྡོམ་གསུམ་སྙིང་པོ་བསྟན་པ་ལས་བཤད་ལ། ངན་སོང་སྦྱོང་རྒྱུད་ལྟ་བུ་དང་ལྟ་རྣལ་འབྱོར་རྒྱུད་ཁོ་ནར་གྲགས་ཤིང་། བླ་མ་རྣམས་ཀྱི་རྣལ་འབྱོར་རྒྱུད་དུ་བཀྲལ་བ་ཡིན་གྱིས། རྒྱུད་ཀྱི་ངོ་བོ་ལ་བལྟས་ན་སྤྱོད་རྒྱུད་དུ་གསལ་བས། རྒྱུད་འདི་ལས་ཀྱང་། དབང་གི་དངོས་གཞི་དེ་དག་དང་གྲུང་མཐུན་པར་བྱུང་བས། སྤྱོད་རྒྱུད་ཀྱི་ནང་ཚན་འགའ་ཞིག་ལས་རིགས་པའི་དབང་ལྔའི་དོད་ཙམ་ཡོད་པར་སྟོན་པའོ། །རྣལ་འབྱོར་རྒྱུད་ལ་ཆུ་དབང་སོགས་ལྔ་དང་རྡོ་རྗེ་བརྟུལ་ཞུགས་སམ་འཕྲིན་ལས་ཀྱི་དབང་དང་། རྡོ་རྗེ་སློབ་དཔོན་གྱི་དབང་ཐུན་མོང་བ་དམ་ཚིག་གསུམ་སྦྱིན་པ། གསང་དབང་གི་མིང་ཅན་དང་བཅས་པའོ། །དེ་ལྟར་ཡང་། ཕྱིར་མི་ལྡོག་པ་ཡི་ནི་དབང་། །རྣལ་འབྱོར་རྒྱུད་དུ་གསལ་བ་བྱས། །དེ་ནི་དྲུག་གི་བྱེ་བྲག་དབང་། །དེ་ནི་སློབ་དཔོན་དབང་ཞེས་བྱ། །ཞེས་འབྱུང་བས།

རྣལ་འབྱོར་རྒྱུད་ལ། རྡོ་རྗེ་སློབ་དཔོན་གྱི་དབང་གི་ནང་ཚན་ཆོ་གའི་ཡན་ལག་དྲུག་གི་ཕྱེ་བའི་དབང་ཡོད་པར་མ་ཟད། གསང་དབང་གི་མིང་ཙམ་ཞིག་ཀྱང་ཡོད་པར་བཤད་མོད། ཐུན་མོང་མ་ཡིན་པའི་བུམ་དབང་དང་། གསང་དབང་མེད་པའི་ཕྱིར་རོ། །ཐུན་མོང་མ་ཡིན་པའི་དབང་བཞི་པོ་བླ་མེད་ཀྱི་ཁྱད་ཆོས་སུ་བཤད་པ་དང་མི་འགལ་ལོ། །རྣལ་འབྱོར་རྒྱུད་ཀྱི་སློབ་དཔོན་གྱི་དབང་དེ་ལ། རྒྱུད་དེ་ཉིད་རང་གི་ལུགས་ཀྱི་དམ་ཚིག་གསུམ་སྦྱིན་པ་ཡོད་ཀྱང་། སྤྱིར་བླ་མེད་ཀྱི་དམ་ཚིག་གསུམ་དང་ཁྱད་ཆེ་ཞིང་། རྡོ་དྲིལ་གྱི་དམ་ཚིག་གཉིས་ཕྱོགས་མཐུན་རྫུང་ཙམ་ཡིན་ཀྱང་སྔོན་ཕྱག་རྒྱ་སྐུའི་དམ་ཚིག་ལ་ཁྱད་པར་ཤིན་ཏུ་ཆེའོ། །

དེ་ལྟ་ན། སྤྱོད་རྒྱུད་ཀྱི་ཆུ་དབང་སོགས་ལྔ་དང་། རྣལ་འབྱོར་རྒྱུད་ཀྱི་དེ་ལྔ་དང་། བླ་མེད་ཀྱི་རིག་པའི་དབང་ལྔ་ལ་མིང་མཚུངས་པ་དང་། དབང་རྫས་ཕྱོགས་མཐུན་པ་དང་།རྣལ་འབྱོར་ཕྱི་ནང་གཉིས་ལ་ཆོ་གའི་ཚིག་རིས་ཕྱོགས་མཚུངས་ཙམ་ཡོད་ཀྱང་དོན་མི་འདྲ་བཤིན་ཏུ་ཆེ་བས། བླ་མེད་ཀྱི་དབང་བཞི་དང་ནོར་སླ་བར་ནི་མི་འགྱུར་ལ། སྤྱིར་བུམ་དབང་ཙམ་ནི་བྱ་སྤྱོད་རྣལ་འབྱོར་རྒྱུད་གསུམ་ལ་ཡོད་པར་བརྗོད་ཀྱང་མི་འགལ་ཏེ། དེ་དག་ཏུ་ཡང་བུམ་པས་དབང་བསྐུར་བ་ཡང་དང་ཡང་དུ་གསུངས་པའི་ཕྱིར། རྣལ་འབྱོར་བླ་མེད་ལ་རིག་པའི་དབང་ལྔ། རྡོ་རྗེ་བརྟུལ་ཞུགས་ཀྱི་དབང་སྟེ་སློབ་མའི་དབང་དྲུག །རྡོ་རྗེ་སློབ་དཔོན་གྱི་དབང་དང་བདུན། རྗེས་གནང་། ལུང་བསྟན། དབུགས་དབྱུང་གཟེང་བསྟོད་དེ། མཐའ་རྟེན་བཞི་དང་བཅས་པའི་བུམ་དབང་བཅུ་གཅིག །གཙོ་བོའི་སྒྲས་བསྟན་པ་དང་། དེ་ནས་བཅུ་གཉིས་པ་གསང་བའི་དབང་དང་། བཅུ་གསུམ་པ་ཤེས་རབ་ཡེ་ཤེས་ཀྱི་དབང་དང་། བཅུ་བཞི་པ་དབང་བཞི་པ་སྟེ། དབང་བསྐུར་བཅུ་བཞི་གསུངས་པ་ཡིན་ཏེ། རྡོ་རྗེ་འཕྲེང་བ་ལས། དང་པོའི་དབང་ནི་གཙོ་བོ་སྟེ། །གཉིས་པ་གསང་བའི་མིང་ཅན་ནོ། །གསུམ་པ་ཀུན་ནས་སྦྱོར་བས་ཏེ། །བཞི་པའི་དོན་ནི་དམ་པའོ། །གཙོ་བོའི་དབྱེ་བས་བཅུ་གཅིག་སྟེ། །བཅུ་གཉིས་པ་ནི་གསང་བའོ། །བཅུ་གསུམ་པ་ནི་ཡང་དག་བརྗོད། །བཅུ་བཞི་པ་ནི་དོན་དམ་སྟེ། །ཞེས་རྒྱུད་ནས་བཤད་པ་ལ་ཡིད་ཆེས་ཁོན་བྱེད་པ་ལས་གཞན་དུ་མི་རུང་བས་སོ། །བུམ་དབང་གི་དབྱེ་བའི་ནང་ཚན་གྱི་རྗེས་གནང་སོགས་མཐའ་རྟེན་བཞི་པོ་དེ། དཀྱིལ་ཆོག་སྤྱི་ལ་གྲགས་པ་ལྟར་ན་ཆོ་ག་དེ་རྣམས་ཉིད་ཀྱི་རང་ངོས་ནས། བུམ་དབང་ཉིད་ཀྱི་ཆོ་གའི་ཡན་ལག་ཡིན་དགོས་པ་དྲངས་མ་དག་པའི་ལུང་ལས་གསལ་ལ། ཡང་རྣམ་པ་གཅིག་ཏུ་ན། ལུང་བསྟན་དབུགས་དབྱུང་གཟེངས་སྟོད་གསུམ་པོ། གསང་བ་ཤེས་རབ་བཞི་པ་གསུམ་གྱི་མཐའ་རྟེན་དུ་སྦྱོར་བ་འདི། དཀྱིལ་ཆོག་རིན་ཆེན་འབར་བ་ནས་བཤད་པ་ཙམ་མ་གཏོགས། གཞན་རྒྱ་གར་བའི་ཁུངས་གསལ་པོ་མེད། བོད་ཀྱི་བླ་ཆེན་འབྲོག་མིའི་མན་ངག་ལས་ནི་འབྱུང་ངོ་། །

དེ་རྣམས་ཀྱི་ངོ་བོའི་སྒོ་ནས་བུམ་དབང་གི་མཐའ་རྟེན་ཡིན་མོད་ཀྱང་། བུམ་དབང་ནི་ཀུན་གྱི་ཐུན་མོང་བ་ཡིན་པའི་ཕྱིར། དབང་གོང་མ་རྣམས་ཀྱི་མཐའ་རྟེན་དུ་སྦྱར་ཀྱང་མི་འགལ་ཏེ། དཔེར་ན་གྲོང་པའི་གཡོག་པོ་རྣམས་རྒྱལ་པོའི་ཡང་གཡོག་ཏུ་འགྱུར་བ་བཞིན་ནོ། །དེས་ན་ལུང་བསྟན་གསང་དབང་གི་ཆོ་གའི་ཡན་ལག་མ་ཡིན་ཀྱང་། གསང་དབང་ངག་དག་བྱེད་ཡིན་ཞིང་།ལུང་སྟོན་པ་ཡང་ངག་གི་བྱ་བ་ཡིན་པའི་ཕྱིར། རིགས་མཐུན་པའི་སྒོ་ནས་དེའི་མཐའ་རྟེན་དུ་བླ་ཐབས་སུ་སྦྱར་ནས་བྱེད་པ་སོགས་གཞན་གཉིས་ལའང་རིགས་འགྲེ་སྟེ། ཆོས་མཐུན་སྦྱར་ནས་སྐབས་དེ་དང་དེར་བྱེད་པ་ཙམ་ཡིན་གྱིས། གཞན་དུ་ན། དེ་དག་གོང་མ་གསུམ་གྱི་ཡན་ལག་ཁོ་ན་ཡིན་ན། ཀྱཻ་རྡོར་མན་ངག་ལུགས་ལྔ་བུ་ལ། དབང་བཞི་ནུབ་སོ་སོར་བསྐུར་བའི་ཚེ། བུམ་དབང་གི་མཐའ་རྟེན་དུ་དེ་རྣམས་སྦྱོར་དགོས་པ། སློབ་དཔོན་བསོད་ནམས་རྩེ་མོའི་དབང་ཆུ་ཆེན་མོ་ལས་གསལ་བར་བཤད་པ་དང་འགལ་བར་འགྱུར་ཏེ། གོང་མ་གསུམ་གྱི་ཐུན་མོང་མ་ཡིན་པའི་ཡན་ལག་དེ་བུམ་དབང་གི་མཐའ་རྟེན་དུ་སྦྱོར་བ་ག་ལ་འཐད་དེ་མི་འཐད་པའི་ཕྱིར་རོ། །རིག་པའི་དབང་ལྔ་པོ་དེ་ཡང་། དུས་འཁོར་དང་། སེམས་འགྲེལ་བསྐོར་གསུམ་ལྷ་བུ་ནས་གསུངས་པའི་རྣམ་གཞག་རྣམས་བོར་ནས། གཞན་སྤྱི་ཁྲབ་འདི་རྣམས་ཀྱི་ལུགས་ལྟར་བྱས་ན། རིག་པའི་དབང་ལྔ་བུམ་དབང་ངེས་པར་ཡིན་དགོས་ལ། རིག་པའི་དབང་ལྔར་སོང་བའི་ཆུ་ཅོད་པན་སོགས་བླ་མེད་ཀྱི་ཁྲད་ཆོས་ཡིན་པ་དང་། སྤྱོད་རྒྱུད་དང་རྣལ་འབྱོར་རྒྱུད་ན་ཡོད་པའི་ཆུ་ཅོད་པན་རྡོར་དྲིལ་མིང་སོགས་ལ་རིག་པའི་དབང་གི་ཐ་སྙད་མི་འཇོག་སྟེ།དེའི་རྒྱུ་མཚན། སྦྱང་བྱ་ཕུང་པོ་ལྔ་འམ་རྣམ་ཤེས་ཚོགས་བརྒྱད། སྦྱོང་བྱེད་རྒྱལ་བ་རིགས་ལྔའམ་རིགས་དང་དོན་མཚུངས་པའི་ལྷའི་རྣམ་གཞག་དང་སྦྱོར་ཞིང་། མ་རིག་པ་ལྔ་སྦྱོང་། རིག་པའི་ཡེ་ཤེས་ལྔ་བསྐྱེད་ཞེས་པའི་སྒྲ་བཤད་དང་། རིགས་པའི་ལྷ་མོས་དབང་བསྐུར་བའི་དོན་རྣམས་བླ་མེད་ཁོ་ན་ལས་གཞན་དེ་དག་ལ་མི་ཚང་བའི་ཕྱིར་རོ། །ཡང་སྤྱིར་བླ་མེད་ཀྱི་བུམ་དབང་ཐམས་ཅད་ལ་སློབ་དཔོན་གྱི་དབང་གི་སྒྲས་བསྟན་པ་ཡང་ཡོད་དེ། གོང་དུ་དྲངས་པའི་གཙོ་བོའི་དབྱེ་བ་བཅུ་གཅིག་ཅེས་པའི། གཙོ་བོ་ནི་སློབ་དཔོན་གྱི་མིང་ཡིན་པའི་ཕྱིར་དང་།བརྟག་གཉིས་ཀྱི་དངོས་བསྟན་སྒྲ་ཇི་བཞིན་པ་ཡང་། བུམ་དབང་ཐམས་ཅད་ལ་སློབ་དཔོན་གྱི་དབང་དུ་མིང་འདོགས་པར་དགོངས་པར་འདུ་བའི་ཕྱིར། ཡང་དེ་ར་མ་ཟད་དཀྱིལ་ཆོག་ཕལ་ཆེ་བའི་དབང་དུ་བྱས་ན། དམ་ཚིག་གསུམ་སྦྱིན་པ་སློབ་དཔོན་གྱི་དབང་ཡིན་ཀྱང་མཐའ་གཅིག་ཏུ་ངེས་པ་མེད་དེ། རྒྱ་བོད་གཉིས་ཀར་དུ་མཁས་མཆོག་རྣམས་ལ་ཤིན་ཏུ་གྲགས་ཆེ་བའི་དཀྱིལ་འཁོར་གྱི་ཆོ་ག་བཞི་བརྒྱ་ལྔ་བཅུ་པའམ། འཇིག་རྟེན་སྣང་བྱེད་ཅེས་བྱ་བའི་རྗེས་འབྲང་དང་བཅས་པ་ལས། དམ་ཚིག་གསུམ་སྦྱིན་པ་དབང་གོང་ཆེན་དང་སློབ་མའི་དབང་དུ་བཤད་ནས། སློབ་དཔོན་གྱི་

དབང་གཞན་ཞིག་གསུངས་སོ། །ཞེས་ཀྱང་བཤད་པས་སོ། །དུས་ཀྱི་འཁོར་ལོ་ལས་ནི། བྱིས་པ་འཇུག་པའི་དབང་བདུན་ཏེ། འཇིག་རྟེན་པའི་བུམ་དབང་དང་། འཇིག་རྟེན་ལས་འདས་པའི་དབང་ལ། མཆོག་དབང་གོང་མ་གསུམ་དང་། བདག་པོ་ཆེན་པོའི་དབང་དང་བཅུ་གཅིག་གམ་བཅུ་གཉིས་སུ་གསུངས་ཏེ། །དང་པོའི་སངས་རྒྱས་ལས། ཆུ་དང་ཅོད་པན་དར་དང་ནི། །རྡོ་རྗེ་དྲིལ་བུ་བརྟུལ་ཞུགས་ཆེ། །མིང་རྒྱལ་དབང་རྣམ་པ་བདུན། །བུམ་པ་གསང་བའི་དབང་དང་ནི། །ཤེས་རབ་ཡེ་ཤེས་ཞེས་བྱ་དང་། །དེ་ནས་ཤེས་རབ་ཆེན་པོ་ཡི། །ཡེ་ཤེས་ཞེས་བྱ་བརྗོད་པ་དག །ཅེས་གསུངས། དེ་དག་གི་རྣམ་གཞག་རྒྱས་པར་འདིར་མ་སྤྲོས། དེས་ན། དབང་བཞི་ནི་རྣལ་འབྱོར་བླ་མེད་ཀྱི་ཁྱད་ཆོས་ཡིན་ལ། དེ་ལྟར་འཆད་པའི་དོན་ཡང་དབང་བཞི་པོ་རེ་རེ་ནས། བླ་མེད་ཁོ་ནའི་ཆད་ཆོས་ཡིན་ཞེས་འཆད་མི་དགོས་ཀྱིས། རྒྱུད་དེ་དང་དེ་ལ་དབང་བཞི་ཚང་བར་སྟོན་པ་ནི་བླ་མེད་ཀྱི་ཁྱད་ཆོས་ཡིན། ཞེས་པའི་དོན་ཏེ། དཔེར་ན་སྟོང་ཉིད་བཅུ་དྲུག་གི་རྣམ་གཞག་ཐེག་ཆེན་གྱི་ཁྱད་ཆོས་ཡིན་ཡང་། སྟོང་ཉིད་དང་པོ་བཞི་ཉན་ཐོས་ཀྱི་ཐེག་པ་ནས་ཀྱང་བཤད་པ་ལྟ་བུས་མཚོན་ནོ། །

སྨིན་དབང་གི་དོན་ནི། ཨ་བྷི་ཥིཉྩ་ཞེས་པའི་སྒྲ་ལས་དྲངས་ན། སེམས་ཀྱི་དྲི་མ་འབྲུད་པར་བྱེད་པས་ན་དབང་ཞེས་བྱའོ། །བསྐུར་བ་སྦྱིན་པ་སྟེ། དབང་དེ་དོན་དུ་གཉེར་བའི་སློབ་མ་སྐལ་བ་དང་ལྡན་པའོ། །དེ་ཡང་དབང་བསྐུར་བའི་དོན། དྲི་མ་འབྲུད་པ་ལ་འཇོག་པའི་ཤེས་བྱེད། དབང་བསྐུར་བས་ཡེ་ཤེས་སྐྱེས་ན་ལྟ་ཅི་སྨོས། དབང་གི་ཡེ་ཤེས་མ་སྐྱེས་ཀྱང་དཔོན་སློབ་གཉིས་ཀར་གྱིས་སེམས་མ་ཡེངས་པར་སྔགས་དང་ཕྱག་རྒྱ་ཏིང་ངེ་འཛིན་གསུམ་འཛོམ་པའི་དབང་ཆོག་བྱས་ན་དྲི་མ་འབྲུད་པའི་ས་སྣད་ཐོབ་སྟེ། སྔགས་ཀྱི་སྡོམ་པ་ཐོབ་པའི་ཕྱིར་རོ༑ ༑དཔེར་ན་དགེ་སློང་གི་སྡོམ་པ་ཐོབ་པའི་རྒྱུ་ཚོགས་ཚངས་པ་ལ། གསོལ་གཞིའི་ལས་ཀྱི་ཆོ་ག་བྱས་ན་བསྒོམ་སྟོབས་ཀྱིས་ཡེ་ཤེས་མ་སྐྱེས་ཀྱང་ཚུལ་འཆལ་གྱི་རྒྱུན་སྤོང་བའི་གནས་སྐབས་ཐོབ་སྟེ། དེའི་གཉེན་པོ་དགེ་སློང་གིས་སྡོམ་པ་སྐྱེས་པའི་ཕྱིར་རོ། །

གང་གིས་དབང་བསྐུར་བའི་བླ་མའི་མཚན་ཉིད་ནི། རྡོ་རྗེ་སློབ་དཔོན་མཚན་ཉིད་དང་ལྡན་པས་ཏེ། མཚན་ཉིད་ནི། རྩ་རྒྱུད་དམ་པ་དང་པོ་ལས། བརྟན་ཞིང་དུལ་ལ་བློ་གྲོས་ལྡན། །བཟོད་ལྡན་དྲངས་ལ་གཡོ་རྒྱུ་མེད། །སྔགས་དང་རྒྱུད་ཀྱི་སྦྱོར་བ་ཤེས། །སྙིང་རྗེར་ལྡན་ཞིང་བསྟན་བཅོས་མཁས། །དེ་ཉིད་བཅུ་ནི་ཡོངས་ཤེས་ལ། །དཀྱིལ་འཁོར་བྲི་བའི་ལས་ལ་མཁས། །སྔགས་བཤད་པ་ཡི་སྦྱོར་བ་ཤེས། །ཞེས་གསུངས་པ་ལྟར་རོ༑ ༑གང་ལ་བསྐུར་བའི་སློབ་མའི་མཚན་ཉིད་ནི། བླ་མར་དད་ཅིང་རིགས་བརྩུན་པ། །དེ་ཉིད་དཀོན་མཆོག་གསུམ་ལ་དད། །བཟོད་དང་ལྡན་ཞིང་སེར་སྣ་མེད། །ཟབ་མོ་ཡི་ནི་བློ་དང་ལྡན། །སྤྲོ་བ་ཆེ་ཞིང་ཚུལ་ཁྲིམས

ལྡན། །དབང་དང་ཡི་དམ་ལྡན་པ་ཡིན། །ཞེས་གསུངས་པ་ལྟར་རོ། །གང་ཞིག་བསྐུར་བར་བྱ་བའི་དབང་ལ། འདིར་གསང་སྔགས་བླ་མེད་ཀྱི་དབང་དུ་བྱས་ན། བུམ་དབང་། གསང་དབང་། ཤེས་རབ་ཡེ་ཤེས་ཀྱི་དབང་། དབང་བཞི་པ་རྣམས་སོ། །

གང་དུ་བསྐུར་བ་ནི། བརྗོད་བྱ་དོན་གྱི་རྒྱུད་ལ་གསུམ་དུ་ཕྱེ་བའི། ཀུན་གཞི་རྒྱུའི་རྒྱུད་ཅེས་བྱ་བ་ཞིང་ས་ཤིན་ཏུ་གཤིན་པ་དང་འདྲ་བ་དེ་ འོ། །དེའི་ངོས་འཛིན་ནི་ར་ནི་གནས་རིགས་སམ། ཐོས་པའི་བག་ཆགས་སམ། ཁམས་བདེ་བར་གཤེགས་པའི་སྙིང་པོ་ཞེས་པ། གཞི་དུས་ཀྱི་གཟུང་འཛིན་གཉིས་སུ་མེད་པའི་ཡེ་ཤེས་ལ་བྱ་དགོས་ཏེ། རྗེ་བཙུན་བསོད་ནམས་རྩེ་མོས། རྒྱུད་སྡེ་སྤྱིའི་རྣམ་པར་གཞག་པ་ལས། ལུས་ལ་བུམ་པའི་དབང་བསྐུར། ཞེས་པའི་དོན་འཆད་པ་ན། ལུས་ལ་ཞེས་པ། སྣང་གཞིའམ་རྒྱུའི་རྒྱུད། ཅེས་གསུངས། དེའི་དོན་ཡང་རྒྱུའི་རྒྱུད་དེ་ལ་རྫས་ཐ་དད་པ་མེད་ཀྱང་། སེམས་ཀྱི་རྡོ་རྗེའམ་གཞི་དུས་ཀྱི་ཆོས་དབྱིངས་ཡེ་ཤེས་གཅིག་པུ་ལ་ལྡོག་པས་ཕྱེ་ན། བུམ་དབང་སྐུ་རྡོ་རྗེ་ལ་བསྐུར་བ་དང་། གསང་དབང་གསུང་རྡོ་རྗེ་དང་། ཤེས་རབ་ཡེ་ཤེས་ཐུགས་རྡོ་རྗེ་དང་། དབང་བཞི་པ་ཡེ་ཤེས་རྡོ་རྗེའམ་གསུམ་ཀ་ལ་ཁྱབ་བྱེད་དུ་བསྐུར་བས་དྲི་མ་རྣམ་པ་བཞི་འབྱུད་པར་བྱེད་ཅིང་།རྒྱུ་རྒྱུད་ས་བོན་དང་འདྲ་བ་དེ་ལ། དབང་བསྐུར་སོ་སོས་ཆར་དང་འདྲ་བ་དེ་སྦྱིན་པས། སྐུ་བཞིའི་ས་བོན་ནུས་པ་མཐུ་ཅན་དུ་བྱེད་པ་ཡིན་ནོ། །ཇི་ལྟར་བྱེད་པའི་ཚུལ་གཅིག་ལ་དཔེར་མཚོན་ན་གཉེན་པོ་རིག་པ་ཡེ་ཤེས་ཀྱི་དབང་ལྔ་དང་། སྤང་བྱ་ཟག་བཅས་ཀྱི་ཕུང་པོ་ལྔ་སེམས་རྒྱུད་གཅིག་གི་སྟེང་དུ་ལྷན་ཅིག་ཏུ་གནས་ནས་ནུས་པ་འགྲན་པའི་ཚེ། ཇི་སྐད་དུ། བློ་ནི་དེ་ར་ཕྱོགས་འཛིན་ཕྱིར་རོ། །ཞེས་པ་ལྟར། སེམས་རྒྱུད་ལྷན་ཅིག་སྐྱེས་པས་དེའི་གཉེན་པོ་གཟུང་ནས། སྤང་བྱ་སུན་འབྱིན་པར་བྱེད་པ་ཡིན་ནོ། །དབང་བསྐུར་བའི་དགོས་པ་ནི། དངོས་གྲུ་རྣམ་གཉིས་སྒྲུབ་པའི་ཕྱིར་ཡིན་ལ། དེ་ཡང་བུམ་པའི་དབང་བསྐུར་བས་ནི། ལམ་བསྐྱེད་པའི་རིམ་པ་བསྒོམ་པ་ལ་དབང་བྱེད། གསང་བའི་དབང་བསྐུར་བས་ནི། ལམ་གཏུམ་མོའམ་ཙནྡ་ལི་བསྒོམ་པ་ལ་དབང་བྱེད། ཤེས་རབ་ཡེ་ཤེས་ཀྱི་དབང་བསྐུར་བས་ནི། དཀྱིལ་འཁོར་གྱི་འཁོར་ལོ་བསྒོམ་པའམ། ཕོ་ཉའི་ལམ་བསྒོམ་པ་ལ་དབང་བྱེད། དབང་བཞི་པ་བསྐུར་བས་ནི། ལམ་རྡོ་རྗེའི་ཐ་རླབས་སམ་ལམ་ཕྱག་རྒྱ་ཆེན་པོ་བསྒོམ་པ་ལ་དབང་བྱེད་པ་ཡིན་ནོ། །

དབང་དེ་ལས་ཐོབ་པའི་སྔགས་ཀྱི་སྡོམ་པ་རྣམ་པར་གཞག་པ་ལ་བཞེད་པའི་རྣམ་གྲངས་བཀོད་པ་དང་། མི་འཐད་པའི་ཕྱོགས་དགག་པ་དང་། རང་ལུགས་བཞག་པ་གསུམ་ལས། དང་པོ་ནི། པཎྜི་ཏ་བི་བྷུ་ཏི་ཙནྡྲའི་སྡོམ་གསུམ་འོད་འཕྲེང་ལས། བླ་མ་གོ་ཆ་ཚད་ལྡན་པས། །ནམ་མཁའ་ཇི་སྲིད་གནས་བར་དུ། །ལྷན་སྐྱེས་ཡེ་

ཤེས་བརྗོད་དོན་འཕྲོད། །རྣམ་རྟོག་དྲི་མ་ཀུན་ལས་སྡོམ། །རིག་འཛིན་སྔགས་ཀྱི་སྡོམ་པའོ། །ཞེས་བཤད། ཆོས་རྗེ་བླ་མ་དམ་པའི་ཉི་མའི་འོད་ཟེར་ལས་ནི། གང་ཟག་སློབ་པ་ལམ་གྱིས་བསྡུས་པའི་རིག་པ་འཛིན་པའི་རྩུལ་ཁྲིམས། ཞེས་གསུངས། ལྷ་བཙུན་བསམ་ཡས་པས། མཆོག་ཏུ་མི་འགྱུར་བའི་བདེ་བ་སྒྲུབ་པའི་མི་མཐུན་ཕྱོགས་མཐའ་དག་སྤོང་བའི་སེམས་པ་ས་བོན་དང་བཅས་པའོ། །ཞེས་གསུངས། རྣམ་བཤད་མཛད་པ་ཀུ་མ་ར་ནི། མཚན་མ་དང་རྣམ་པར་རྟོག་པ་སྡོམ་པ་ཞེས་གསུངས། ཀུན་མཁྱེན་གོ་རམས་པའི་སྤྱི་དོན་ལས། ཡིད་མཚན་རྟོག་ལས་སྐྱོབ་པའི་ཐབས་ཁྱད་པར་ཅན་གང་ཞིག །མི་མཐུན་ཕྱོགས་སྤོང་བའི་སེམས་པ་མཚུངས་ལྡན་དང་བཅས་པ་ཞེས་གསུངས་ཤིང་། དེ་ལ་ཐོབ་དུས་ཀྱི་སྒོ་ནས་དབྱེ་ན། སྔ་གོན་གྱི་སྐབས་སུ་ཐོབ་པ། འཇུག་པའི་སྐབས་སུ་ཐོབ་པ། དངོས་གཞིའི་སྐབས་སུ་ཐོབ་པའོ། །དང་པོ་ནི། སོ་ཐར་དང་བྱང་སེམས། རྒྱུན་བཤགས་ཀྱི་སྐབས་སུ་ཐོབ་པ་དང་། སྔགས་སྡོམ་རང་ཐོག་ནས་གནས་གསུམ་བྱིན་གྱིས་བརླབས་པའི་སྐབས་སུ་ཐོབ་པའོ། །

གཉིས་པ་འཇུག་པའི་སྐབས་སུ་ཐོབ་པ་ལ། ཕྱི་འཇུག་གི་འདོད་པ་འདྲི་བའི་ལན་དང་། ཟླ་བ་རྡོ་རྗེའི་ངོ་འཕྲོད་པའི་སྐབས་སུ་ཐོབ་པ་དང་། ནང་འཇུག་གི་དམ་བཞག་དང་། ཡེ་ཤེས་དབབ་པ་དང་། དཀྱིལ་འཁོར་གྱི་ལྷ་ངོ་བསྟན་པའི་སྐབས་སུ་ཐོབ་པའོ། །ཞེས་སོགས་སྦྲས་པ་དང་བཅས་ཏེ་འཆད་དོ། །

གཉིས་པ་མི་འཐད་པའི་མཐའ་དགག་པ་ནི། ལུགས་ཕྱི་མ་ལ་ཅུང་ཟད་དཔྱད་པར་བྱ་སྟེ། འོ་ན་དང་པོ་ཉིད་ནས། ཕྱག་རྒྱ་ཆེན་པོའི་མཆོག་གི་དངོས་གྲུབ་ཐོབ་པའི་དོན་དུ་དབང་བསྐུར་ཞུ་ཟེར་བ་ལ། དང་པོ་ནས། དབང་བསྐུར་བྱས་པའི་ཚེ་ན་དེས་ཐོག་མར་སོ་ཐར་དང་། དེའི་རྗེས་སུ་བྱང་སེམས་ཀྱི་སྡོམ་པ་དང་། དེར་རྗེས་སྔགས་སྡོམ་ཐོབ་པ་ཡིན་པར་ལ། སོ་ཐར་དང་བྱང་སེམས་རྒྱུན་བཤགས་ཀྱི་སྐབས་སུ་ཐོབ། སྔགས་སྡོམ་གནས་གསུམ་བྱིན་གྱིས་རློབས་པ་དང་། འཇུག་པ་དང་། དངོས་གཞི་སྐབས་སུ་ཐོབ་པའི་ཕྱིར། འདོད་ན་དངོས་སུ་འགལ་ཏེ། དེ་འདྲ་དེ་སོ་ཐར་དང་བྱང་སེམས་སྔོན་དུ་མ་སོང་བར་སྔགས་སྡོམ་ཐོབ་པ་ཡིན་པའི་ཕྱིར། རྟགས་ཁས་བླངས་ཏེ། སྤྱི་དོན་པར་མའི་ཤོག་བུ་ཞེ་བདུན་པར། དང་པོ་ཉིད་ནས་སྡོམ་པ་འོག་མ་གཉིས་གང་ཡང་སྔོན་དུ་མ་སོང་བར་སྔགས་སྡོམ་བླངས་པ་ནི། རྗེ་བཙུན་རྩེ་མོས། དབང་གི་ཆུ་བོ་ལས། དང་པོ་ཉིད་ནས་ཕྱག་རྒྱ་ཆེན་པོ་མཆོག་གི་དངོས་གྲུབ་ཀྱི་དོན་དུ་དབང་བསྐུར་ཞུ་ཟེར་ན། དང་པོ་ནས་དབང་བསྐུར་བྱེད་པར་གསུངས་པས་འགྲུབ་བོ། །ཞེས་པས་སོ། །གལ་ཏེ་རྒྱུན་བཤགས་སྐབས་སུ་ཐོབ་པའི་སོ་ཐར་དང་བྱང་སེམས་སོགས་སྔགས་སྡོམ་པ་ཡིན་པར་ཁས་ལེན་ཞེ་ན། སྔགས་སྡོམ་རང་ཐོག་ནས་གནས་གསུམ་བྱིན་གྱིས་བརླབས་པ་ནས་ཐོབ་པའི་མགོ་བརྩམས་པ་ཡིན་ནོ། །ཞེས་པ་དང་། རང་ཚིག་འགལ་ཞིང་གཞན་ཡང་གནས་གསུམ་

བྱིན་རླབས་ཙམ་ནས་སྔགས་སྡོམ་ཐོབ་ན། དབང་བསྐུར་མ་ཐོབ་གོང་དུ་སྔགས་སྡོམ་ཐོབ་པ་ཡོད་པར་འགྱུར་ལ། དེ་ལྟར་ན་གཞུང་འདིས་གང་བཀག་པ་དེ་ཉིད་ཁས་བླངས་ནས། ཁོ་བོ་ནི་ལུགས་འདི་ལ་མི་འཕྲོག་པའི་སྒོབས་པ་ཐོབ་བོ། །ཅེས་ཟེར་བ་ནི་ངོ་མཚར་ཆེ་སྟེ། གཞུང་ལས་ནི། རིག་འཛིན་སྔགས་ཀྱི་སྡོམ་པ་ཡང་། །དབང་བསྐུར་མེད་པ་ཐོབ་མི་ནུས། །ཞེས་གསུངས་པ་དང་དངོས་སུ་འགལ་བས་སོ། །

གཞན་ཡང་བྱང་སེམས་ཀྱི་སྡོམ་པ་མ་བླངས་པར། སྔགས་སྡོམ་བླངས་པ་མེད་པར་ཐལ། སྔགས་སྡོམ་དེ་བྱང་སེམས་ཀྱི་སྡོམ་པ་ཡིན་པའི་ཕྱིར། འདོད་ན་དངོས་སུ་འགལ་ཏེ། སྡོམ་པ་བར་མ་མ་བླང་བར་སྔགས་སྡོམ་ཐོབ་པ་ནི། ཞེས་བཤད་པ་ཡང་བསམ་དགོས་སོ། །ཡང་གནས་གྱུར་གྱི་དོན་འཆད་པ་ན། འདི་སྐད་ཅེས། སྤྱིར་སོ་ཐར་ཙམ་བྱང་སྡོམ་དུ་གནས་གྱུར་པ་ནི་མེད་དེ། སྔགས་སྡོམ་ཡང་སྡོམ་པ་དེ་དག་གི་བྱེ་བྲག་ཡིན་པའི་ཕྱིར་རོ། །ཞེས་ཟེར་མོད། འོན་སྔར་སོ་ཐར་སྡོམ་པ་བླངས་ནས། ཕྱིས་བྱང་སེམས་ཀྱི་སྡོམ་པ་ཐོབ་པའི་ཚེ། སྔར་གྱི་སོ་ཐར་དེ་བྱང་སྡོམ་དུ་གནས་གྱུར་པ་ཡོད་དམ་མེད། མེད་ན་རྗེ་བཙུན་གྱིས། སྡོམ་པ་ཉི་ཤུ་པའི་ཊཱིཀར། སྔར་སོ་སོར་ཐར་པ་ཐོབ་ནས། ཕྱིས་བྱང་ཆུབ་སེམས་དཔའི་སྡོམ་པ་ཐོབ་པའི་དུས། སྔར་གྱི་དེ་བྱང་ཆུབ་སེམས་དཔའི་སྡོམ་པར་གནས་གྱུར་ལ། ཞེས་གསུངས་པ་དང་འགལ་ལོ། །གལ་ཏེ་ཡོད་ན། དེ་མེད་པར་ཐལ། སོ་ཐར་སྡོམ་པ་བྱང་སྡོམ་དུ་གནས་གྱུར་པ་མེད་པའི་ཕྱིར་ཏེ། བྱང་སྡོམ་དེ་སོ་ཐར་སྡོམ་པའི་བྱེ་བྲག་ཡིན་པའི་ཕྱིར། གསུམ་ཀར་ཁས་བླངས། གཞན་ཡང་སུམ་ལྡན་དགེ་སློང་གི་རྒྱུད་ཀྱི་སྡོམ་གསུམ་ཡིན་ཁྱབ་མཉམ་ཡིན་ན། ཁྱེད་རང་གི་དགེ་སློང་གི་སྡོམ་པ་དེ་གསོལ་གཞིའི་ཆོ་གས་ཐོབ་བམ་མ་ཐོབ། ཐོབ་ན་དེ་ཆོས་ཅན། གསོལ་གཞིའི་ཆོ་གས་ཐོབ་པ་མ་ཡིན་པར་ཐལ། སྔགས་སྡོམ་ཡིན་པའི་ཕྱིར། ཁྱབ་པ་མེད་ན། གསོལ་གཞིའི་ཆོ་གས་སྔགས་སྡོམ་ལེན་པ་ཆེས་ངོ་མཚར་ཆེའོ། །གཞན་ཡང་དེ་ཆོས་ཅན། སྨོན་སེམས་གཏོང་བས་ཁྱོད་གཏོང་བར་ཐལ། བྱང་སྡོམ་ཡིན་པའི་ཕྱིར། མ་ཁྱབ་ན། སྨོན་སེམས་གཏོང་ནས་བྱང་སེམས་ཀྱི་སྡོམ་པ་མ་གཏོང་བ་ཡང་ངོ་མཚར་ཆེའོ། །ཡང་དེ་ཆོས་ཅན། བུད་མེད་ལ་སྨོད་པའི་རྩ་ལྟུང་གིས་ཁྱོད་གཏོང་བར་ཐལ། ཁྱོད་སྔགས་སྡོམ་ཡིན་པའི་ཕྱིར། འདོད་ན་སྤྱི་དོན་དང་དངོས་སུ་འགལ། མ་ཁྱབ་ན། སྔགས་སྡོམ་གྱི་གཏོང་རྒྱུ་བྱུང་ཡང་། མི་གཏོང་བའི་སྔགས་སྡོམ་ཡང་ངོ་མཚར་རོ། །གཞན་ཡང་གསོལ་གཞིའི་ཆོ་གས་དགེ་སློང་གི་སྡོམ་པ་ནོས། དེ་རྗེས་དབུ་སེམས་གང་རུང་གི་ཆོ་གས་བྱང་སྡོམ་ནོས། དེ་རྗེས་དབང་གི་ཆོ་གས་སྔགས་སྡོམ་བླངས་པའི་དུས་ཀྱི་དགེ་སློང་གི་རྒྱུད་ཀྱི་སྡོམ་པ་གསུམ་པོ་དེ། སྔགས་སྡོམ་གྱི་ངོ་བོར་གཅིག་གམ་མི་གཅིག །གཉིས་པ་ལྟར་ན་དངོས་སུ་འགལ། དང་པོ་ལྟར་ན་དེ་གསུམ་ཆོས་ཅན། སྔགས་ཀྱི་རྩ་ལྟུང་བྱུང་བའི་ཚེ་ངར་གཏོང་བར་ཐལ། སྔགས་སྡོམ

གཅིག་པོ་ལ་ལྟོག་པས་ཕྱེ་བ་ཙམ་ཡིན་པའི་ཕྱིར། འདིའི་ཁྱབ་པ་ནི། སྤྱི་དོན་གྱི་ཞོག་བུ་ང་གཅིག་པར་ཁས་བླངས་པ་དང་། གསལ་བ་སྤྱི་དོན་དུ་ཁས་བླངས་པ་དང་། རྟགས་དངོས་འགལ་ཡིན་པས་འགལ་བ་མང་དུ་ཡོད་པར། བསྟན་པའི་སྒྲོན་མེར་བཤད་ལ། རྒྱས་པར་རྗེ་བླ་མས་མཛད་པའི་ཐལ་འཕྲེང་དུ་ལེགས་པར་བཀག་ཟིན་པས་དེ་དག་ཏུ་ཤེས་པར་བྱའོ། །

གསུམ་པ་རང་ལུགས་བཞག་པ་ནི། སྡོམ་གསུམ་རྒྱན་ལས། ལུས་ངག་ཡིད་གསུམ་ཐབས་ཤེས་ཀྱིས་ཟིན་པར། །བསྡམས་པའི་ཚུལ་ཁྲིམས་སྔགས་སྡོམ། ཞེས་གསུངས་པ་ལྟར། སྡོམ་གསུམ་སྙིང་པོ་བསྟན་པ་ལས།གསུམ་པ་རིག་པ་འཛིན་པ་སྔགས་ཀྱི་སྡོམ་པ་ལ། མཚན་ཉིད་ནི། ལུས་ངག་ཡིད་གསུམ་ཐབས་ཤེས་ཟབ་མོའི་བདག་ཉིད་ཅན་དུ་བསྡམས་པའི་ཚུལ་ཁྲིམས་སོ། །ཞེས་གསུངས་པས་སོ། །ཡང་ན། རང་ཐོབ་བྱེད་དབང་གི་ཆོ་ག་ལས་བྱུང་བའི་ཡེ་ཤེས་སམ། ཡེ་ཤེས་དེའི་དམ་ཚིག་གི་བསྡུས་པའི་སེམས་དཔའམ་ས་བོན་དང་བཅས་པའོ། །དེ་ལ་རྒྱུད་སྡེའི་སྒོ་ནས་དབྱེ་བ་ནི། རྒྱུད་སྡེ་བཞིའི་བྱེ་བྲག་གི། དམ་ཚིག་གམ་སྡོམ་པ་ཡང་བཞིར་ཆེ་བ་ཡིན་ཏེ། སྡོམ་གསུམ་རྒྱན་ལས། དབྱེ་བ་ནི། བྱ་སྤྱོད་རྣལ་འབྱོར་བླ་མེད་རྒྱུད་གསུངས་བཞི། །ཞེས་སོ། །འདིར་དམ་ཚིག་དང་སྡོམ་པ་ཡང་། རྒྱལ་དབང་རྗེས། མི་མཐུན་ཕྱོགས་སྡོམ་པའི་ཆ་ན་སྡོམ་པ་དང་། མཐུན་ཕྱོགས་མི་འདའ་བའི་ཆ་ནས་དམ་ཚིག །ཅེས་གསུངས་པའང་ལེགས་བཤད་དོ། །དེ་ལྟ་ན། སྔགས་སྡོམ་དེ་དག་ལ་ཡང་། ཀུན་རྫོབ་དམ་ཚིག་གི་སྡོམ་པ་དང་། དོན་དམ་བདེ་ཆེན་གྱི་སྡོམ་པ་གཉིས་གཉིས་སུ་འབྱེད་ལ། དང་པོ་རྣམས་རྣམ་ཤེས་ཀྱི་དབང་དུ་བྱས་པ་ཡིན་ལ། ཕྱི་མ་རྣམས་ཡེ་ཤེས་ཀྱི་དབང་དུ་བྱས་པ་ཡིན་ནོ། །འདི་ལ་ཁ་ཅིག །ངེས་དོན་དམ་པའི་སྡོམ་པ་ཞེས་པ་རང་བཟོ་ཁོ་ན་ཡིན་གྱིས། ལུང་གི་ཁུངས་མེད་དོ། །ཞེས་ཟེར་བ་འདི་དག་ནི་རྒྱུད་དོན་ལ་ལེགས་པར་མ་སྦྱང་ཞིང་། ངེས་དོན་ཟབ་མོ་ལ་བློ་ཁ་མ་ཕྱོགས་པ་ཡིན་ཏེ། ཐབས་ཤེས་ཟབ་མོའི་བདག་ཉིད་དུ་བསྡམས་ཞེས་པའི་དོན་ཡང་། སྒོ་གསུམ་ཐབས་དང་ཤེས་རབ་མི་ཕྱེད་པ་ལ་སྦྱོར་བའི་དོན་ཡིན་ཞིང་། དེ་ཡིད་སྐྱོབས་པ་སྟེ། སྔགས་ཞེས་བྱ་བ་ཡང་དེ་ཉིད་ཀྱིས་ཡིན་པས། འདུས་པར། མ་ན་ཡིད་ཅེས་བྱ་བ་སྟེ། །ཏྲ་ནི་སྐྱོབས་པར་བྱེད་པའི་དོན། །གང་བཤད་དམ་ཚིག་སྡོམ་པ་ཉིད། །ཅེས་འབྱུང་བས་དང་། དགྱེས་པ་རྡོ་རྗེ་ལས། རྡོ་རྗེ་སྙིང་པོས་གསོལ་པ། སྡོམ་པ་ཞེས་བྱ་གང་གི་དང་། །དམ་ཚིག་གང་གི་གནས་པར་བགྱི། །ཞེས་དྲི་བའི་ལན་དུ། སངས་རྒྱས་ཀུན་གྱི་སྡོམ་པ་ནི། །ཨེ་ཝཾ་རྣམ་པར་ཡང་དག་གནས། །དབང་ལས་ཡང་དག་ཤེས་པར་འགྱུར། །ཞེས་དང་། ཨེ་ཝཾ་གི་རྣམ་པ་དེ་ཡང་། ཨེ་ཡི་ཆ་བྱད་བཟང་པོ་གང་། །དབུས་སུ་ཝཾ་གི་རྣམ་པར་བརྒྱན། །བདེ་བ་ཐམས་ཅད་ཀྱིས་ནི་གནས། །ཞེས་གསུངས་པ་སྟེ། ཐེག་ཆེན་ཐམས་ཅད་ལས་སྟོང་པ་ཉིད་

སྙིང་རྗེའི་སྙིང་པོ་ཅན། ཞེས་བཤད་པ་དེ་ཀ་ཡིན་པར་བཤད་པའི་ཕྱིར་དང་། རྡོ་རྗེ་གུར་ལས་ཀྱང་། དེ་ཕྱིར་དཀྱིལ་འཁོར་འཁོར་ལོ་ཞེས། །ཐབས་ནི་བདེ་བའི་སྡོམ་པ་སྟེ། །ཞེས་གསུངས་པའི་ཕྱིར། དེ་ལས་གཞན་དུ། སྡོམ་པ་ལ་སྤྱོང་སེམས་ཀྱིས་ཁྱབ་ན། འཁོར་ལོ་སྡོམ་པ་ཡང་སྤྱོང་སེམས་སུ་འགྱུར་ལ། འདོད་མི་ནུས་ཏེ། དེ་བདེ་བ་མཆོག་ཏུ་བཤད་པའི་ཕྱིར་དང་། སེམས་སེམས་བྱུང་རྣམས་ནི་ཡང་དག་མིང་འདོགས་སུ་བཤད་པའི་ཕྱིར་རོ། །གཞན་ཡང་ངེས་དོན་གྱི་སྡོམ་པ་ཁས་ལེན་དགོས་ཏེ། སྤྱིར་སྔགས་ཀྱི་ཀུན་སྤྱོད་མཐའ་དག་ཆོས་ཀྱི་དབྱིངས་ཀྱི་ཡེ་ཤེས་ལས་བསྒྲུབ་དགོས་པར་གསུངས་པའི་ཕྱིར་ཏེ། དེ་སྐད་དུ་ཡང་། དཔལ་དུས་ཀྱི་འཁོར་ལོ་ལས། དེ་ཕྱིར་རྒྱལ་པོ་རང་སེམས་དྲི་མ་རྣམ་པར་བྲལ་བ་དག་ལས་ལྷ་དང་སྔགས་ནི་བསྒྲུབ་པར་བྱ། །ཞེས་དང་། དགྱེས་པ་རྡོ་རྗེ་ལས། སྒོམ་མེད་བསྒོམ་པ་པོ་ཡང་མེད། །ལྷ་མེད་སྔགས་ཀྱང་ཡོད་མ་ཡིན། །སྤྲོས་པ་མེད་པའི་རང་བཞིན་ལ། །ལྷ་དང་སྔགས་ནི་ཡང་དག་གནས། །ཞེས་གསུངས་ལ། མདོར་ན་གསང་སྔགས་རྡོ་རྗེའི་ཐེག་པ་པ་རྣམས་ནི། ཉོན་མོངས་པ་ལམ་དུ་འཁྱེར་བ་མཐུན་ཞིང་། ལམ་དུ་བྱེད་པའི་ཚུལ་ལ། དང་པོ་བྱ་རྒྱུད་ནས་རྣལ་འབྱོར་ཆེན་པོའི་མི་ཟབ་པའི་བསྐྱེད་རིམ་གྱི་ཉམས་ལེན་ཡན་དུ་བསྒྱུར་བ། དེ་ནས་རང་བཞིན་ཡོངས་སུ་ཤེས་པས་སྤྱོད་ལ། དེ་བླ་མེད་ཀྱི་ཉམས་ལེན་གཙོ་བོ་ཡིན་པས་ན། མཚན་ཉིད་ཀྱི་ཐེག་པ་མན་ཆད་སྤང་བྱ་སྤོང་བའི་ལམ་དང་། རྡོ་རྗེ་ཐེག་པ་རྒྱུད་སྡེ་ཕྱི་མ་རྣམས་ལ་བསྒྱུར་བ་དང་། ནང་མ་ལ་རང་བཞིན་ཡོངས་སུ་ཤེས་པའི་ལམ་ཞེས། རྗེ་བཙུན་མར་པ་ལོ་ཙྪ་གསུངས་ཤིང་། རྒྱུད་སྡེ་ལེགས་པར་ཤེས་པ་གཞན་དག་ཀྱང་སྒྲོག་སྟེ། རྒྱུད་དོན་ལེགས་པ་མི་ཤེས་ཤིང་ངེས་དོན་ལ་བློ་ཁ་མ་ཕྱོགས་པ་དག་གིས་འདི་དག་རྟོགས་པར་དཀའོ། །དེ་ལྟར་ན་རྒྱུད་སྡེ་བཞི་པོ་སོ་སོ་ལས་སྡོམ་པའི་ངོ་བོ་དང་། དམ་ཚིག་དང་དབང་ལ་སོགས་པའི་སྒོ་ནས་དབྱེ་བ་དང་། བསླབ་པ་ཡོངས་སུ་སྤྱོང་བའི་ཚུལ་ལ་སོགས་པ་མི་འདྲ་བ་གསུངས་ཏེ། དེ་ལ་བྱ་རྒྱུད་ཀྱི་སྡོམ་པའི་ངོ་བོ་ནི། སྡོམ་གསུམ་སྙིང་པོ་བསྟན་པ་ལས། ལུས་ངག་ཡིད་གསུམ་བྱ་བའི་རྒྱུད་ཀྱི་ཐབས་ཤེས་ཟབ་མོའི་བདག་ཉིད་ཅན་དུ་བསྡམས་པའི་ཚུལ་ཁྲིམས། ཞེས་གསུངས། ཡང་ན། རང་ཐོབ་བྱེད་བྱ་རྒྱུད་ཀྱི་དབང་གི་ཆོ་ག་ལས་བྱུང་ཞིང་། རྐོད་པས་ཆེམས་པའི་ཆགས་པ་ལམ་དུ་བྱེད་པའི་བདེ་བ་ཆེན་པོའི་ཡེ་ཤེས། ཡེ་ཤེས་དེའི་དམ་ཚིག་གིས་བསྡུས་པའི་སེམས་དཔའ་གང་རུང་ངོ། །

དེ་ལ་དབྱེ་ན། དེ་ཉིད་ལས་འཇུག་པའི་དམ་ཚིག་གི། གནས་པའི་དམ་ཚིག་གི། ལྡང་བའི་དམ་ཚིག་གི་གསུམ། དེ་དག་ཀྱང་ཕྱག་རྡོར་དབང་བསྐུར་ལས། ཚུལ་ཁྲིམས་བརྟུལ་ཞུགས་སྤྱད་པ་སྤྱོད་པའི་མིང་ཅན་དུ་གསུངས་པ་སྟེ། ལེན་པའི་ཆོ་ག །རིགས་གཏད། རྗེས་གནང་དབང་། རིགས་གཏད་ནི། བཟླས་ལུང་འབོགས

པ་ཙམ་སྟེ། སློབ་དཔོན་པདྨའི་རྣམ་འཛོམས་འགྲེལ་པར་གསུངས། རྗེས་གནང་ནི་ལེགས་གྲུབ་ལས། གཞན་གྱིས་རྗེས་སུ་མ་གནང་བར། །གསང་སྔགས་གཟུང་བར་མི་བྱ་སྟེ། །ཞེས་པའི་ལུང་གི་ལྡོག་པས་བསྟན་ནོ། ། དབང་ནི་གསང་བ་སྤྱི་རྒྱུད་ལས། ལྷ་ཡི་རིགས་རྣམས་མཐོང་བ་ལ། །དབང་བསྐུར་བ་ནི་རྣམས་པ་བཞི། །ཞེས་པས་སྟོན། དེའི་དང་པོས་འཇུག་སྡོམ་ཙམ་དང་། གཉིས་པ་དེ་དང་གནས་པ་གཉིས་ཀ་དང་། གསུམ་པའི་དབང་དང་པོ་གཉིས་ཀྱིས་གསུམ་ཀ་དེ་ཡང་དེ་བཞིན་གཤེགས་པའི་རིགས་ཀྱི་དཀྱིལ་འཁོར་དུ་ཐམས་ཅད་རྫོགས་པ་དང་། སྤྱན་རས་གཟིགས་དང་། ཕྱག་ན་རྡོ་རྗེའི་རིགས་ལས་ཐམས་ཅད་ཀྱི་སློབ་དཔོན་མི་རུང་བས་མ་རྫོགས་པ་ཞེས་བྱའོ། །རྫོགས་མ་རྫོགས་ཀྱི་སྐད་ཀྱང་ལྡང་བའི་དམ་ཚིག་ཁོ་ན་ལས་འབྱེད་དེ། ཐམས་ཅད་ཀྱིས་བཟླས་བརྗོད་སྦྱིན་སྲེག་དབང་ལ་སོགས་པ་ཐམས་ཅད་བྱར་རུང་མི་རུང་གི་སྒོ་ནས་སོ། །ཞེས་གསུངས། དེ་ལྟར་ན་བྱ་བའི་རྒྱུད་ལ་དབང་བསྐུར་བཞི་གསུངས་པ་ནི། རྡོ་རྗེ་སློབ་དཔོན་གྱིས་གོ་འཕང་བསྒྲུབ་པའི་ཕྱིར་དུ། ཆུ་དང་ཅོད་པན་གྱི་དབང་། རིགས་སྔགས་བསྒྲུབ་པའི་ཕྱིར་དུ་སྔགས་ཀྱི་བཟླས་ལུང་། བགེགས་འཛོམས་པའི་ཕྱིར་དུ་ཐབས་བཀྲུས་སྲུང་གསུམ། དཔལ་འབྱོར་རྒྱས་པའི་ཕྱིར་དུ་བཀྲ་ཤིས་པའི་རྫས་བརྒྱད་སྦྱིན་པར་བཤད་པ། དེ་ཉིད་ལ་བྱ་དགོས་པ་འདྲ་སྟེ། གསང་བ་སྤྱིའི་རྒྱུད་ལས། དབང་བསྐུར་བ་ནི་རྣམ་པ་བཞི། །སློབ་དཔོན་རྣམ་པར་མཁས་པ་ཡི། །དེ་དག་ཤེས་ནས་ཅི་རིགས་སྦྱད། །སློབ་དཔོན་གོ་འཕང་སྒྲུབ་པའི་ཕྱིར། །དང་པོ་ཡོངས་སུ་བསྒྲགས་པ་ཡིན། །རིག་སྔགས་རྣམས་ནི་སྒྲུབ་པའི་ཕྱིར། །གཉིས་པ་ལེགས་པར་བཤད་པ་ཡིན། །བགེགས་རྣམས་འཛོམས་པར་བྱ་བའི་ཕྱིར། །གསུམ་པ་ཡོངས་སུ་བསྒྲགས་པ་ཡིན། །བཞི་པ་འབྱོར་པ་ཐོབ་བྱའི་ཕྱིར། །ཚིག་རྒྱས་པ་དེར་བཤད་དོ། །ཞེས་གསུངས་པས་སོ། །

བསླབ་པའི་གཞི་ཡོངས་སུ་སྐྱོང་བའི་ཚུལ་ལ། བསླབ་པར་བྱ་བའི་དམ་ཚིག་སུམ་ཅུ། བསྲུང་བར་བྱ་བའི་རྩ་ལྟུང་བཅུ་དྲུག །ཉམས་ན་ཕྱིར་འཚོས་པའི་ཚུལ་ལས། དང་པོ་ནི། དཀོན་མཆོག་གསུམ་ལ་དད་པ་རབ་ཏུ་བསྐྱེད་པ་དང་། གསང་སྔགས་རིགས་སྔགས་གཟུངས་སྔགས་ཀྱི་ཚོགས་ལ་དད་པ་དང་། ཐེག་ཆེན་ལ་ཁྲུད་པར་དུ་མོས་པ་དང་། བླ་མ་ལ་སོགས་པ་ཞིང་མཆོག་ལ་གུས་པར་བྱ་བའི་དམ་ཚིག་དང་། ལྷ་ལ་དུས་མཚམས་སུ་མཆོད་པ་དང་། གློ་བུར་བ་མཆོད་པ་དང་། བསོད་ནམས་བསགས་པ་དང་། བཟླས་བརྗོད་སོགས་སྔགས་ཀྱི་སྤྱོད་པ་ལ་བརྩོན་པ་དང་། རང་རིགས་ཀྱི་དམ་ཚིག་ལྷག་པར་བརྟན་པ་དང་། རྒྱུད་བླང་ཞིང་རྟོགས་པར་བྱ་བ་དང་། སྒོ་གསུམ་ཉེ་བར་ཞི་བར་བྱ་བ་དང་། ཁྲུས་དང་གཙང་སྦྲ་བྱ་བ་སྟེ་རྒྱུད་རྣམས་སུ་སྒྲུབ་ཚིག་གི་གསུངས་པ་དང་། ཡོན་ཏན་གྱི་ཞིང་ལ་ཁྲོ་བ་སྤང་བ། གཞན་གཞུང་མི་མཆོད་པ་དང་། སྔགས་རང་སོར་མི་བྱ་བ་དང་། རྗེས་

སྲུ་མ་གནང་བར་མི་ལེན་པ་དང་། ཀུན་སློང་ལོག་པས་ལས་སྤྱོར་སྤྱང་བ་དང་། ལས་སྤྱད་པ་གཞན་དུ་མི་བསྒྱུར་བ་དང་། དམ་ཚིག་མེད་པ་ལ་སྔགས་མི་སྦྱིན་པ་དང་། མི་འགོག་པ་དང་། ཟས་དང་སྤྱོད་ལམ་མ་གདམས་པར་མི་བྱ་བ་དང་། མ་གནང་བ་མི་ཟ་བ་དང་། བྱམས་པ་མི་གཏོང་བ་དང་། བཟླས་དུས་གཞན་ལ་མི་སྨྲ་བ་སོགས། སྤྱོར་བ་དང་འབྲེལ་བའི་དང་། ཁྲོས་ནས་དྲག་ཤུལ་མི་བརྗོད་པ་དང་། བདག་མི་བསྟོས་པ་དང་། གཞན་སྲུན་མི་འབྱིན་པ་དང་། གནས་ངན་ལེན་རྣམས་སྤོང་བ་དང་། སེར་སྣ་དང་། གཡེར་བག་གི་སྤྱོད་ལམ་སྤང་བ་དང་། བག་མ་བསྡམས་པའི་སྤྱོད་པ་སྤང་བ་སྟེ། ཐམས་ཅད་དུ་དགག་ཚིག་གིས་གསུངས་པ་བཅོ་བརྒྱད་དོ། །དེ་དག་ལས་ཉམས་ན་ཡན་ལག་གི་ལྟུང་བར་འགྱུར་རོ། །

གཉིས་པ་བསྲུང་བར་བྱ་བའི་རྩ་ལྟུང་བཅུ་དྲུག་ནི། ཚད་པར་ལྟ་བ་དང་། དཀོན་མཆོག་གསུམ་སྤོང་བ་དང་། ཀུན་རྫོབ་སེམས་བསྐྱེད་སྤོང་བ་དང་། དབང་བསྐུར་སྤོང་བ་དང་། བླ་མ་ལ་འཕྱ་བ་ལྟ་འཇམ་དཔལ་རྩ་རྒྱུད་ལས་བཤད། ཕྱི་མ་གཉིས་སྔགས་སྡོམ་རང་གི་ཐུན་མོང་མ་ཡིན་པ་ཡིན། དགྲ་བཅོམ་པ་གསོད་པ་དང་། ཕ་གསོད་པ་དང་། མ་གསོད་པ་དང་། འཁོར་ལོའི་དབྱེན་བྱེད་པ་དང་། དེ་བཞིན་གཤེགས་པ་ལ་ཞེ་སྡང་གིས་སྐུ་ལ་མཚལ་འབྱིན་པ་སྟེ་མཚམས་མེད་པ་ལྔ། བྱང་ཆུབ་སེམས་དཔའ་གསོད་པ། ཉན་རང་སློབ་པ་གསོད་པ། མ་སྲུན་འབྱིན་པ། དགེ་འདུན་གྱི་རྐྱེན་པ་འཕྲོག་པ། མཆོད་རྟེན་འཇིག་པ་སྟེ། གོང་མ་ལྔ་དང་། རིམ་པ་ཇི་ལྟ་བས་ཉེ་བས་ཉེ་བའི་མཚམས་མེད་ལྔ། སྔོན་དུ་རྒྱུའི་དཀོན་མཆོག་གསུམ་ལ་གནོད་པ་བྱེད་པ་རྣམས་དཔུང་བཟང་གིས་ཞུས་པ་ལས་བཤད་པས་བཅུ་དྲུག་གོ། །དེ་ལས་ལོག་པ་ནི་གཞིའི་དམ་ཚིག །དམ་ཚིག་སུམ་ཅུ་ཐུན་མོང་གི་དམ་ཚིག །རིགས་སོ་སོ་དང་། ལས་སོ་སོ་བ་ལ་བཅས་པ་བྱེ་བྲག་གི་དམ་ཚིག །ཡུལ་དུས་ལ་ལར་བསྟན་པར་ལྷག་པའི་དམ་ཚིག་སྟེ། ཕྱི་མ་གསུམ་ཡན་ལག་གི་དམ་ཚིག་ཏུ་འཇམ་དཔལ་རྩ་རྒྱུད་དུ་གསུངས་སོ། །

གསུམ་པ་ཉམས་ན་ཕྱིར་འཆོས་པ་ནི། རྩ་བའི་ལྟུང་བ་བྱུང་ན། རང་རིགས་ཀྱི་སྙིང་པོ་འབུམ་བཟླ་བ་དང་། མེས་སྦྱོངས་པར་བྱེད་པའི་སྙིང་པོ་སྟོང་བཟླ་བ་དང་། ཞི་བའི་སྦྱིན་སྲེག་དང་། དཀྱིལ་འཁོར་དུ་ཞུགས་ཏེ་དབང་བླངས་ནས་དག་པར་བྱེད་དོ། །

སྤྱོད་པའི་རྒྱུད་ཀྱི་སྔགས་སྡོམ་གྱི་མཚན་ཉིད་ནི། ལུས་ངག་ཡིད་སྤྱོད་པའི་རྒྱུད་ཀྱི་ཐབས་ཤེས་ཟབ་མོའི་བདག་ཉིད་དུ་བསྡམས་པའི་ཚུལ་ཁྲིམས་སམ། ཡང་ན་རང་ཐོབ་བྱེད་སྤྱོད་རྒྱུད་ཀྱི་དབང་གི་ཆོ་ག་ལ་བྱུང་ཞིང་། བལྟས་པས་ཚིམས་པའི་ཆགས་པ་ལམ་དུ་བྱེད་པའི་བདེ་བ་ཆེན་པོའི་ཡེ་ཤེས་སམ་དེའི་དམ་ཚིག་གི་བསྡུས་པའི་སེམས་པ་གང་རུང་ངོ་། །དབྱེ་བ་ནི། འདུས་མ་བྱས་པ་དང་། འདུས་བྱས་པའི་བསླབ་པ་གཉིས། དང་པོ་ནི།

དོན་དམ་སེམས་བསྐྱེད་ལ་གནས་པ་སྟེ། དེ་ཡང་ཁྱད་པར་གསུམ་དུ་བཤད་དེ། སྐུ་གསུང་ཐུགས་མི་ཟད་པ་བརྒྱན་གྱིས་འཁོར་ལོའི་བདག་ཉིད་ཀྱིའོ། །

ལེན་པའི་ཆོ་ག་ལས་དང་། བྱ་བ་སྤྱང་བ་ཕྱག་རྒྱའི་དབང་དང་། དེ་གཉིས་དྲིས་པར་ལས་དང་བྱ་བས་དང་། གསང་བའི་དཀྱིལ་འཁོར་དུ། ཡིད་ཀྱིས་བསྐུར་བ་གསུམ། བསྐུར་བྱའི་དབང་ནི། ཆུ་དབང་། མིག་ཐུར། མེ་ལོང་། ཆོས་འཆད་པ་བཞི་སྟེ། རྣམ་སྣང་མངོན་བྱང་ལས། དེ་ཙམ་ལས་མ་བྱུང་། ཡེ་ཤེས་ཐིག་ལེར། ཆུ་ཅོད་པན། རྡོར་དྲིལ། མིང་དབང་ཀུན་གསུངས། དེ་ཡང་། ཆུ་དབང་གི་མཐར། དམ་ཚིག་སྦྱིན་པ་ནི། སྒྲུབ་པ་པོར་རུང་བ་ཙམ་སྟེ། འདིར་བསྟན་གྱི་སྔགས་སྡོམ་མ་རྫོགས། བཞི་པའི་མཐར་སྦྱིན་པར་གསུངས་པ་ལས་རྫོགས་པར་འགྱུར་བ་སྟེ། སྒྲུབ་པ་པོ་དང་སློབ་དཔོན་རང་གཉིས་ཀར་བྱེད་མི་བྱེད་ཀྱིས་སོ། །

ཇི་ལྟར་བསྲུང་བའི་ཚུལ་ལ། བསླབ་པར་བྱ་བའི་དམ་ཚིག་གསུམ། བསྲུང་བར་བྱ་བའི་རྩ་ལྟུང་གཉིས་ལས། དང་པོ་ནི། འདུས་བྱས་པའི་ཚུལ་ཁྲིམས། འཇུག་གནས་ལྟང་བའི་དམ་ཚིག་ཏུ་ཕྱེ་བ་དག་གོ། །

གཉིས་པ་ལ་རབ་ཏུ་བྱུང་བའི་དབང་དུ་བྱས་པ་དང་། ཁྱིམ་པའི་དབང་དུ་བྱས་པ། ཐུན་མོང་དུ་འཇུག་པ། དང་པོ་གནས་ངན་ལེན་དུ་གྱུར་པའི་མི་དགེ་བ་བཅུ། གནས་ངན་ལེན་ཞེས་བྱ་བ་ཡང་། ཐབས་སུ་མི་འགྱུར་བ་བག་མེད་པ་ཉིད་ཀྱི་སྤྱད་པ། གཉིས་པ་ལ་ལུས་ཀྱི་གསུམ། ངག་གི་བརྫུན། ཡིད་ཀྱི་ལོག་ལྟ། གསུམ་པ་ནི་དམ་པའི་ཆོས་སྤོང་བ། བྱང་སེམས་གཏོང་བ། སེར་སྣ་བྱེད་པ། སེམས་ཅན་ལ་གནོད་པ་བྱེད་པ་བཞིའོ། །འདིའི་བྱང་སེམས་ནི་སྔགས་སྡོམ་ལ་བྱེད་དགོས་ཏེ། དེ་དོན་དམ་སེམས་བསྐྱེད། དེ་ཆོགས་ལེན་པར་བཤད་པས་སོ། །ཞེས་གསུངས་ལ། དེ་ཡང་རྣམ་སྣང་མངོན་བྱང་དང་། ཚིག་གསུམ་བཀོད་ལས། སེམས་བསྐྱེད་ཀྱི་སྡོམ་པ་འཛིན་པའི་ཆོ་ག་གསུངས་པ་དེ་ནི། དོན་དམ་པའི་བྱང་ཆུབ་ཀྱི་སེམས་བསྐྱེད་པའི་ཆོ་ག་ཡིན་པར་བཤད་པ་ལ། དགོངས་གཞི་སྡོམ་གསུམ་འདིར། ཐེག་པ་ཆེན་པོའི་སེམས་བསྐྱེད་ཀྱི་ཆོ་ག་ལ། དབུ་སེམས་ཀྱི་ལུགས་གཉིས་སུ་ངེས་པ་ལྟ་བུར་བཤད་པ་དེ་ནི་ཀུན་རྫོབ་སེམས་བསྐྱེད་ཀྱི་ནའི་དབང་དུ་བྱས་པར་བཤད་པས། མཁས་པའི་དགོངས་པ་གྲུང་འགྲིག་པས་འགལ་བ་མེད་དོ། །ཕྱིར་འཚོས་པ་ནི། རང་རིགས་ཀྱི་སྙིང་པོ་འབུམ་བཟླ་བ་དང་། སྦྱིན་སྲེག་དབང་ནོད་པའོ། །

གསུམ་པ་རྣལ་འབྱོར་རྒྱུད་ཀྱི་སྔགས་སྡོམ་གྱི་མཚན་ཉིད་ནི། ལུས་ངག་ཡིད་གསུམ་རྣལ་འབྱོར་རྒྱུད་ཀྱི་ཐབས་ཤེས་ཟབ་མོའི་བདག་ཉིད་དུ་བསྡམས་པའི་ཚུལ་ཁྲིམས་སམ། ཡང་ན་རང་ཐོབ་བྱེད་རྣལ་འབྱོར་རྒྱུད་ཀྱི་དབང་གི་ཆོ་ག་ལས་བྱུང་ཞིང་། ལག་བཅང་གིས་ཚིམས་པའི་ཆགས་པ་ལམ་དུ་བྱེད་པའི་བདེ་བ་ཆེན་པོའི་ཡེ་

ཤེས་སམ། ཡེ་ཤེས་དེའི་དམ་ཚིག་གི་བསྡུས་པའི་སེམས་པ་གང་རུང་ངོ་། །རྣམ་པར་དབྱེ་བ་ནི་རིགས་ལྔའི་སྡོམ་པའོ། །ལེན་པའི་ཆོ་ག་ནི།རང་གི་ངོ་བོ་དབང་དུས་སུ་ཐོབ་ལ། དབང་ཡང་ཆུ་དབང་སོགས་ལྔ་དང་། ཕྱིར་མི་ལྡོག་པའི་དབང་། རྗེས་གནང་། ལུང་བསྟན། དབུགས་དབྱུང་། གཟེངས་བསྟོད་དྲུག །སློབ་དཔོན་གྱི་དབང་ཡིན་པས་དེ་དག་ལས་སོ། །

ཇི་ལྟར་བསྲུང་བའི་ཚུལ་ལ། རིགས་ཀྱི་རྗེས་སུ་མཐུན་པའི་དམ་ཚིག །དེའི་མི་མཐུན་ཕྱོགས་ཀྱི་ལྟུང་བ། ཉམས་སུ་བླང་བའི་དམ་ཚིག་གསུམ་ལས། དང་པོ་ནི། རྡོ་རྗེ་རྩེ་མོ་ལས་གསུངས་པ། རྣམ་པར་སྣང་མཛད་རིགས་ཀྱི་དམ་ཚིག །དཀོན་མཆོག་གསུམ་ལ་སྐྱབས་སུ་འགྲོ་བ་སྟེ། མི་བསྐྱོད་པའི་རིགས་ལ་རྡོ་རྗེ་དྲིལ་བུ་ཕྱག་རྒྱ་སློབ་དཔོན་བཟུང་བ་བཞི། རིན་འབྱུང་གི་རིགས་ལ་ཞག་རེ་རེར་ལན་དྲུག་ཏུ་ཆོས་ཟང་ཟིང་མི་འཇིགས་སྐྱབས་བྱམས་པའི་སྦྱིན་པ་བཞི། སྣང་བ་མཐའ་ཡས་ཀྱི་རིགས་ལ་ཕྱི་བྱ་སྤྱོད་གསང་བ་རྣལ་འབྱོར་ཐེག་པ་གསུམ་འཛིན་པ་སྟེ་གསུམ། དོན་གྲུབ་ཀྱི་རིགས་ལ་སྡོམ་པ་འཛིན་པ་དང་མཆོད་པ་གཉིས། འདིར་སྡོམ་པ་འཛིན་པ་ནི་སོ་ཐར་དང་བྱང་སྡོམ། བྱ་སྤྱོད་ལ་སོགས་པ་ནས་འབྱུང་བའི་དོན་དམ་སེམས་བསྐྱེད་ཀྱི་སྡོམ་པ་རྣམས་ཡིན་གྱིས། རིགས་ལྔའི་སྡོམ་པ་དག་ནི་མ་ཡིན་ཏེ། ཡིན་ན་དུམ་བུ་བཞི་པའི་རྡོ་རྗེ་སློབ་དཔོན། ཐམས་ཅད་ཀྱི་རྡོ་རྗེ་སློབ་དཔོན་དུ་འགྱུར་བར་ཐལ་བས་སོ། །

གཉིས་པ་ནི། རྡོ་རྗེ་རྩེ་མོར། དེ་ལས་གཞན་པ་བཅུ་བཞི་ནི། །ཕས་ཕམ་པར་ནི་རབ་ཏུ་བཤད། །ཅེས་གསུངས་པས། དངོས་སུ་བླངས་བའི་དམ་ཚིག་བཅུ་བཞི་པོ་ལས་གཞན་པ་བཅུ་བཞི་ནི། ཕས་ཕམ་པ་ཞེས་བྱའོ། །དེ་ཡང་དཀོན་མཆོག་གསུམ་ལ་སྐྱབས་སུ་མི་འགྲོ་བ་ལྟ་བུས་དེར་འགྱུར་རམ། ཞེ་ན། དེ་ཙམ་གྱིས་དེར་མི་འགྱུར་ཏེ། སྤང་ཞིང་དོར་བར་མི་བྱའོ། །ཞེས་པས། དེ་ལས་དེར་འགྱུར་བ་ཡིན་ནོ། །ཞེས་བསམས་པས། དཀོན་མཆོག་གསུམ་སྤོང་བས་གཅིག་རྡོ་རྗེ་དྲིལ་བུ་ཕྱག་རྒྱ་སློབ་དཔོན་སྤོང་བས་བཞི། ཕྱི་དང་གསང་བ་ཐེག་གསུམ་སྤོང་བས་གསུམ། སྡོམ་པ་འཛིན་པ་དང་། མཆོད་པ་སྤོང་བ་གཉིས་ཏེ་བཅུ་བཞིའོ། །འདི་ལ་མི་མཐུན་པ་མང་བས། འདི་ཀུན་དགའ་སྙིང་པོས་དེ་ཉིད་འདུས་པའི་དུམ་བུ་དང་པོའི་འགྲེལ་པར། དེ་བཞིན་གཤེགས་པ་ཐམས་ཅད་ཀྱི་ཚུལ་ཁྲིམས་ནི། ཇི་ལྟར་དུས་གསུམ་མགོན་པོ་རྣམས། །བྱང་ཆུབ་ཏུ་ནི་ངེས་མཛད་པ། །ཞེས་བྱ་བ་ལ་སོགས་པར་ཕས་ཕམ་བཅུ་བཞི་ལས་ལྡོག་པའི་མཚན་ཉིད་ཅན་ནོ། །ཞེས་དང་། དཔལ་མཆོག་དུམ་བུ་གཉིས་པའི་འགྲེལ་ཆེན་ལས་ཀྱང་། བསམ་པ་ཙམ་གྱིས་འདི་དག་ཐམས་ཅད་འགྲུབ་པ་ཡིན་ཏེ། ཕྱག་རྒྱ་ལ་སོགས་པ་འདི་དག་གིས་ཅི་ཞིག་བྱ། ཞེས་བྱ་བས། འདི་ཡོངས་སུ་སྤང་ན་ཕམ་པར་འགྱུར་རོ། །ཞེས་དང་། བུ་

སྔོན་གྱི་སྤྱི་རྣམས་སུ་འདི་གཉིས་དྲངས་པ་ནས། ལུགས་འདི་བསྒྲུབ་པར་མཛད་པས་དེའི་རྗེས་སུ་འབྲང་ངོ་། །དཀོན་མཆོག་གསུམ་མ་སྤངས་ཀྱང་། བག་མེད་པས་སྐྱབས་སུ་མི་འགྲོ་བ་ལྷ་བུ་སོགས་ཡན་ལག་གི་ལྟུང་བ་དང་། རྡོ་རྗེ་རྩེ་མོ་དང་། རྫོགས་པ་ཐམས་ཅད་བསྡུས་པ་དང་། དཔལ་མཆོག་ལ་སོགས་པ་ཤིན་ཏུ་མང་པོར་གསུངས་པ་རྣམས་ནི། རྗེས་སུ་མཐུན་པའི་དམ་ཚིག་དང་། ལྡོག་པ་པ་དང་། ཡན་ལག་གི་ལྟུང་བ་ཅི་རིགས་པ་ཞེས་བྱའོ། །

གསུམ་པ་ཉམས་སུ་བླང་བའི་དམ་ཚིག་ནི། སྐུ་གསུང་ཐུགས་ཀྱི་གསང་བ་གསུམ། རྡོར་སེམས་ཀྱི་དང་། འདོད་ཆགས་ཆེན་པོ་ལ་སྙོམས་པར་འཇུག་པ་དེ་བཞིན་གཤེགས་པའི་རིགས་དང་། དེ་བཞིན་གདུག་པའི་སྐྱེ་བོ་སྡིག་པའི་ཁྲོ་བོར་སྟོན་པ་རྣམས་རྡོ་རྗེ་རིགས་དང་། ལས་ཐམས་ཅད་རང་བཞིན་དག་པར་སྤྱོད་པ་པདྨ་དང་། འདོད་པ་ཐམས་ཅད་སྦྱིན་པ་རིན་ཆེ་སྟེ། དུམ་བུ་རང་རང་གི་གཞུང་ལས་བཤད་པ་རྣམས་སོ། །ཉམས་ན་ཕྱིར་འཆོས་པ་ནི། བཟླས་པ་སྦྱིན་སྲེག་དབང་ནོད་པ་སོགས་སོ། །

བཞི་པ་རྣལ་འབྱོར་ཆེན་པོའི་རྒྱུད་ཀྱི་སྡོམ་པ་ལ་མཚན་ཉིད་ནི། ལུས་ངག་ཡིད་གསུམ་རྣལ་འབྱོར་ཆེན་པོའི་རྒྱུད་ཀྱིས་ཐབས་ཤེས་ཟབ་མོའི་བདག་ཉིད་དུ་བསྡམས་པའི་ཚུལ་ཁྲིམས་སམ། ཡང་ན་རང་ཐོབ་བྱེད་བླ་མེད་ཀྱི་དབང་གི་ཆོ་ག་ལས་བྱུང་ཞིང་། དབང་པོ་གཉིས་སྦྱོར་གྱིས་ཚིམས་པའི་ཆགས་པ་ལམ་དུ་བྱེད་པའི་བདེ་བ་ཆེན་པོའི་ཡེ་ཤེས་སམ་ཡེ་ཤེས་དེའི་དམ་ཚིག་གི་བསྡུས་པའི་སེམས་པ་གང་རུང་ངོ་། །དབྱེ་བ་ནི། བུམ་དབང་གི་ངོ་བོར་གྱུར་པའི་སྔགས་སྡོམ་དང་། གསང་དབང་གི་ཤེས་རབ་ཡེ་ཤེས་ཀྱི། ཤེས་རབ་ཡེ་ཤེས་ཆེན་པོའི་དབང་གི་ངོ་བོར་གྱུར་པའི་འམ། ཕྱི་མ་གཉིས་ལ། དབང་གསུམ་པའི་དང་། དབང་བཞི་པའི་ངོ་བོར་གྱུར་པ་ཞེས་གདམས་པའོ། །དེ་དག་གི་འཇོག་བྱེད་ཀྱང་ལུས་ངག་ཡིད་གསུམ་བསྐྱེད་རིམ་གྱི་ཐབས་ཤེས་ཟབ་མོའི་བདག་ཉིད་དུ་བསྡམས་པའི་ཚུལ་ཁྲིམས་དང་། ཐོག་མཐའ་འདྲ་བ་ལ་རྫོགས་རིམ་མཚན་མ་དང་བཅས་པའི་ཐབས་ཤེས། མཚོན་བྱེད་དཔེའི་ཐབས་ཤེས། མཚོན་བྱ་དོན་གྱི་ཐབས་ཤེས་སོ། །དེ་ཡང་། བུམ་པའི་དབང་ནི།ལུས་དག་པ་དང་སྤྲུལ་སྐུ་མངོན་དུ་བྱེད་པས་ཕུང་ཁམས་སྐྱེ་མཆེད་ལྷར་ངོ་སྤྲོད་པ་ལས་བྱུང་བའི་རིགས་ལྔའམ་དྲུག་གི་དམ་ཚིག་དག་འཛིན་པའོ། །གསང་དབང་དུ་ནི་ངག་རླུང་དག་པ་དང་ལོངས་སྐུ་མངོན་དུ་བྱེད་པའི་ངེས་པས། རྩ་བ་ཡན་ལག་གི་རླུང་བཅུ་དབུ་མར་སྡོམ་པ་ཉིད་ཡིན་ནོ། །འདིར་ཕྱི་ནང་གི་རྟེན་འབྲེལ་ལས། ཕྱི་ནང་གསང་བའི་ཤ་ལྔ་བདུད་རྩི་ལྔ་བསྟེན་པ་ཡན་ལག་དང་བཅས་པའི་དམ་ཚིག་ཏུ་འགྱུར་རོ། །ཤེས་རབ་ཡེ་ཤེས་སུ་ཡིད་ཐིག་ལེ་དག་པ་དང་། ཆོས་སྐུ་མངོན་དུ་བྱེད་པའི་ངེས་པ་ཁམས་འཛག་པ་ཕྱི་ནང་གསང་བའི་

བདག་ཉིད་ཅན་དུ་བསྡུམས་པ་སྟེ། གཙོ་བོར་ཕྱག་རྒྱ་གསུམ་དང་འབྲེལ་བའི་དམ་ཚིག་རྣམས་སོ། །

བཞི་པར་ཡེ་ཤེས་དག་པ་དང་། ངོ་བོ་ཉིད་ཀྱི་སྐུ་གཞི་འབྲས་དབྱེར་མེད་མངོན་དུ་བྱེད་པའི་ངེས་པ་གཞི་ལས་གཞན་དུ་གྱུར་པའི་སེམས་ཀྱི་འཕོ་བའམ་འཛག་པའམ་གཡོ་བ་དག་བསྡམས་པའོ། །འདི་རྩ་རླུང་ཁམས་སེམས་ཀྱི་མཚན་ཉིད་ཅན་གྱིས་སྡོམ་པ་རྣམས་ལས་ཀྱང་བསྡམས་པར་བྱ་དགོས་ཏེ། གང་དུ་བསྡམ་བྱ་སྡོམ་བྱེད་ཕྲ་རགས་དེ་ཐམས་ཅད་ཀྱང་གཞིའི་གནས་ཚུལ་ལས་གཞན་དུ་གྱུར་པ་ཁོ་ན་ཡིན་པས་སོ། །དེ་བས་ན་མ་བཅོས་པ་ཉིད་དམ་ཚིག་ཐམས་ཅད་ཀྱི་རྩ་བ་དང་། འདི་ལ་དྲངས་པའི་ཐབས་སུ་སྡོམ་པའི་རིམ་པ་ཇི་སྙེད་པ་དག་བྱུང་ཞིང་། སེམས་ཅན་གྱི་རྣམ་པར་རྟོག་པ་དེ་སྙེད་སོ་སོ་ལ་ལྟོས་ནས་སྡོམ་པ་རེ་རེར་ཡང་འགྱུར་བས། ས་མ་ཡ་འབུམ་སྡེ་ཞེས་རིག་པ་འཛིན་པའི་སྡེ་སྣོད་ལ་གྲགས་པ་ཡིན་ནོ། །

དེ་དག་གང་ལས་ལེན་པའི་ཆོ་ག་ནི། བུམ་དབང་དང་། གསང་དབང་དང་། དབང་གསུམ་པ་དང་། དབང་བཞི་པ་ཞེས་བཞག་པའི་ཐབས་བསྡུས་པའམ་འབྲིང་ངམ། རྒྱས་པར་མོས་པ་དང་མཐུན་པ་ཁོ་ནས་ཐོབ་སྟེ། ཐོབ་པ་འདི་ཁ་དབང་། འདི་ཁ་སྡོམ་པ། འདི་ཁ་ཉམས་ལེན་ཞེས་བྱའོ། །འདི་ཡང་སྔ་གོན་གྱི་དུས་སུ་ཐོབ་པ་རྣམས་སྨིན་པ་དང་། འཇུག་པའི་དུས་སུ་ཐོབ་པ་ལ་འཇུག་པའི་ཐ་སྙད་བྱས་ཀྱི། སྡོམ་པ་རང་གི་ངོ་བོ་ནི། དབང་གི་དངོས་གཞི་ལ་སྟེ། དུས་དེར་དབང་ཐོབ་པའི་བརྡ་སྦྱོད་པས་སོ། །

ཇི་ལྟར་བསྲུང་བའི་ཚུལ་ལ། བསྲུང་བྱ་རྩ་ལྟུང་བཅུ་བཞི་ཡན་ལག་དང་བཅས་པ། སྒྲུབ་བྱ་རིགས་དྲུག་གི་དམ་ཚིག །ཉམས་སུ་བླང་བ་དང་འབྲེལ་བའི་དམ་ཚིག །ཉམས་ན་ཕྱིར་འཆོས་པ་དང་བཞི་ལས། དང་པོ་ལ་རྩ་བའི་ལྟུང་བ་དང་། ཡན་ལག་གི་ལྟུང་བ་གཉིས། དེ་ཡང་རྩ་བའི་ལྟུང་བ་ཞེས་པའི་མཚན་དོན་ལ། རང་ལུགས་བཞག་པ་དང་། གཞན་ལུགས་དགག་པ་གཉིས་ལས། དང་པོ་ནི། ཇི་སྐད་དུ། རྗེ་བཙུན་རིན་པོ་ཆེ་གྲགས་པ་རྒྱལ་མཚན་གྱིས་རྩ་ལྟུང་འགྲེལ་སྒྲོང་ལས། དེ་ལ་རྩ་བ་ཞེས་བྱ་བ། བསྲུང་ན་དངོས་གྲུབ་ཐམས་ཅད་ཀྱི་རྩ་བ་ཡིན་ལ། མ་བསྲུང་ན་ཉེས་པ་ཐམས་ཅད་ཀྱི་རྩ་བ་ཡིན་པས་ན། རྩ་བའི་ལྟུང་བ་ཞེས་སྨོས་ཏེ། བཅུ་བཞི་པོ་དག་གི་ནང་ནས། གང་ཡང་རུང་བ་གཅིག་ཉམས་ཀྱང་དམ་ཚིག་ཐམས་ཅད་མཐར་གཏུགས་ནས་འབྲས་བུ་འགྲུབ་པའི་སྐལ་བ་མེད་པ་སྟེ། དཔེར་ན་ཤིང་སྡོང་པོ་ཆེན་པོའི་ལོ་མ་དང་ཡལ་ག་ལ་སོགས་པ་ཕྲ་མོ་གང་བཅད་ཀྱང་། རྩ་བ་ནས་སྐམ་པར་མི་ནུས་ལ། རྩ་བ་བཅད་ན་མ་ལུས་པ་སྐམ་པ་བཞིན་དུ། ཡན་ལག་གི་ལྟུང་བ་ཕྲ་མོ་དག་ཀུན་ཏུ་བཅད་ཀྱང་འབྲས་བུ་ཐམས་ཅད་མི་འགྲུབ་པ་མ་ཡིན་ཞིང་། རྩ་བའི་ལྟུང་བ་ཀུན་ཏུ་བཅད་ན་འབྲས་བུ་ཐམས་ཅད་མི་འགྲུབ་པ་ཡིན་ནོ། །དེའང་གང་གི་རྩ་བའི་ལྟུང་བ་ཡིན་ཞེ་ན། རྡོ་རྗེ་ཐེག་པའི་དཀྱིལ་

འཁོར་དུ་དབང་ཐོབ་པ་དག་གིས་རྒྱ་བའི་ལྟུང་བ་ཡིན་ཏེ། གཞན་གྱིས་ནི་སྐབས་མིན་ཞེས་གསུངས།

དེ་ལ་རྒོལ་བ་ནི་གཉིས་ལས། དང་པོ་ནི། རྒྱ་ལྟུང་གི་རྣམ་བཤད་དངོས་གྲུབ་ཀྱི་སྙེ་མ་ཞེས་བྱ་བ་མཛད་པ་པོ་ན་རེ། ལུགས་དེ་མི་འཐད་དེ། དངོས་གྲུབ་ཀྱི་རྒྱ་བར་སོང་བས་ལྟུང་བའི་རྒྱ་བར་འགྲོ་མི་དགོས་པའི་ཕྱིར་དང་། འདིར་ནི་ལྟུང་བའི་རྒྱ་བ་ངོས་འཛིན་དགོས་པ་ཡིན་ཏེ། རྣམ་སྣང་མངོན་བྱང་དང་། ནམ་སྙིང་གི་མདོར། ལྟུང་བའི་རྒྱ་བ་ཞེས་བསྒྱུར་བས་སོ། །ཞེས་དགག་པ་བརྗོད་ནས། དེ་རང་ལུགས་ནི། ལྟུང་བའི་མཐར་ཐུག་ཤོས་ཡིན་པས་དེ་ཞེས་བྱའོ། །ཞེས་གསུངས་སོ། །

དེ་མི་འཐད་པ་ལ་གསུམ་སྟེ། ཕྱོགས་སྔའི་དོན་མ་ཤེས་པ་དང་། དེས་ན་རྒོལ་བ་དེ་མི་འཇུག་པ་དང་། རྒྱ་ལྟུང་གི་སྒྲ་དོན་མ་ནོར་བ་བཤད་པ་གསུམ་ལས། དང་པོ་དངོས་གྲུབ་ཀྱི་རྒྱ་བ་ཡིན་པས། ལྟུང་བའི་རྒྱ་བ་ཡིན། ཞེས་པ་ནི་ནན་གྱིས་ཁྱོད་འདི་འདོད། ཅེས་པ་ཞེས་འབྱུང་བ་ལྟར་ཁས་བླངས་མེད་པའི་རྒོལ་མ་ཡིན་པས་སྤྱིར་ཡང་མི་རུང་སྟེ། བསྲུང་ན་དངོས་གྲུབ་ཀྱི་རྒྱ་བར་འགྱུར་བ་སྟེ། མ་བསྲུང་ན་ཉེས་པའི་རྒྱ་བ་ཡིན། ཞེས། ངེས་གཟུང་ཅན་གྱིས་ཚིག་ནི་སོ་སོར་སྐྱོས་པ་ལ་རྣམ་བཅད་སོ་སོར་མཐོང་བའི་ཕྱིར། ཁྱེད་རང་ཡང་རྒྱ་ལྟུང་དང་པོ་བསྲུང་ན་དངོས་གྲུབ་ཀྱི་རྒྱ་བ་དང་། མ་བསྲུང་ན་ཉེས་པའི་རྒྱ་བར་མི་འདོད་དམ། འདོད་ན་དངོས་གྲུབ་ཀྱི་རྒྱ་བ་ཉེས་པའི་རྒྱ་བར་ཁས་བླངས་པ་མིན་ནམ། དངོས་གྲུབ་ཀྱི་རྒྱ་བ་ཉེས་པའི་རྒྱ་བར་ཐལ། བསྲུང་ན་དངོས་གྲུབ་ཀྱི་རྒྱ་བ་ཡིན་པའི་རྒྱུ་མཚན་གྱིས། མ་བསྲུང་ན་ཉེས་པའི་རྒྱ་བར་འགྱུར་བའི་ཕྱིར། ཞེས་པ་ནི་འགལ་བའི་གཏན་ཚིགས་ཏེ། ཕྱོགས་ཆོས་གྲུབ་ཅིང་ཁྱབ་པ་ཕྱིན་ཅི་ལོག་ཏུ་ཁྱེད་རང་གི་ཚད་མས་ངེས་པའི་ཕྱིར། ཡང་ཕྱོགས་སྔ་མ་མི་འཐད་དེ། བསྲུང་བ་དངོས་གྲུབ་ཀྱི་རྒྱ་བར་སོང་བས། ལྟུང་བའི་རྒྱ་བར་འགྲོ་མི་དགོས་པའི་ཕྱིར། ཞེས་པའི་ཚུལ་གྱིས་འཕེན་ན་ནི། ཕྱོགས་སྔ་མ་ལྟར་ན་ཁྱབ་པ་འགལ་བ་དང་། ཕྱི་མ་ལྟར་ན་མ་ངེས་པ་ཡིན་ཏེ། འདི་ལྟར་རྒྱ་ལྟུང་དང་པོ་ཆོས་ཅན། བསྲུང་ན་དངོས་གྲུབ་ཀྱི་རྒྱ་བ་ཡིན་ལ། མ་བསྲུང་ན་ཉེས་པའི་རྒྱ་བ་ཡིན་པས། ལྟུང་བའི་རྒྱ་བར་འཇོག་པར་མི་འཐད་པ་ཐལ།བསྲུང་ན་དངོས་གྲུབ་ཀྱི་རྒྱ་བར་སོང་བས། ལྟུང་བའི་རྒྱ་བར་འགྲོ་མི་དགོས་པའི་ཕྱིར། འདོད་ནུས་པ་མིན་ཏེ། ཉེས་པ་ཐམས་ཅད་ཀྱི་རྒྱ་བ་ཡིན་ན། ལྟུང་བའི་རྒྱ་བ་མ་ཡིན་པར་འགལ་བས་སོ། །ཁྱེད་ཉིད་ལ་ནང་འགལ་བ་འདི་ལྟར། རྒྱ་ལྟུང་གི་སྒྲ་བཤད་བྱེད་པ་ན་ལྟུང་བའི་རྒྱ་བ་ངོས་འཛིན་རྒྱུ་ཡིན་པར་འཆད་པ་དང་། ལྟུང་བའི་མཐར་ཐུག་ཤོས་ཡིན་པས་རྒྱ་ལྟུང་ངོ་། །ཞེས་འཆད་པ་ཡང་ནང་འགལ་བ་ཡིན་ཏེ། ཁྱེད་རང་ལྟར་ན། ལྟུང་བའི་མཐར་ཐུག་ཤོས་དེའི་ཡང་རྒྱ་བར་གྱུར་པས་ན། རྒྱ་བའི་ལྟུང་བ་ཞེས་འཆད་དགོས་པའི་ཕྱིར་དང་། ཡན་ལག་གི་ལྟུང་བ་དང་། སྡོམ་པོ་སོགས་ཀྱི་རྒྱ་བ་ཡིན་པས་ལྟུང་

བའི་རྒྱ་བ་ཞེས་འཆད་ན་ནི། དེ་ལ་ལྟུང་བའི་མཐར་ཐུག་པར་གྱུར་པ་མི་དགོས་པའི་ཕྱིར་དང་། རྩ་ལྟུང་གི་ཡན་ལག་ཡིན་པས། ཡན་ལག་གི་ལྟུང་བ་ཞེས་འཆད་དགོས་པར་མཚུངས་པས། རྟོག་པ་ཕན་ཚུན་བརྟེན་པར་ཐལ་བའི་ཕྱིར་རོ། །

གསུམ་པ་ནི། འདིར་ལྟུང་བའི་རྒྱ་བ་ངོས་གཟུང་ནས་རྩ་ལྟུང་གི་སྒྲ་བཤད་བྱེད་པ་མིན་ཏེ། ཡིན་ན་དེའི་རྒྱ་བ་ནི་བདག་ཏུ་སྨྲོངས་པའི་མ་རིག་པ་ཉིད་ཡིན་པས། དེ་ངོས་གཟུང་བའི་སྒོ་ནས་རྩ་ལྟུང་གི་སྒྲ་འཆད་དགོས་པར་ཐལ་བའི་ཕྱིར་རོ། །འོན་ཅིའི་ཞེ་ན། རྡོ་རྗེ་ཐེག་པའི་རྒྱ་བ་འཛོམས་པའི་ལྟུང་བ་ཡིན་པས་ན། རྡོ་རྗེ་ཐེག་པའི་རྒྱ་བའི་ལྟུང་བ་ཞེས་བྱ་སྟེ། དགེ་སློང་གི་དངོས་པོ་འཛོམས་པའི་ལྟུང་བ་ལ་དགེ་སློང་གི་ལྟུང་བ་ཞེས་བརྗོད་པ་བཞིན་ནོ། །རྡོ་རྗེ་ཐེག་པའི་རྒྱ་བ་གང་ཞེ་ན། དེའི་སྡོམ་པ་གང་ཡིན་པ་དེའོ། །དེ་མ་བསྲུང་ན་རྒྱ་བའི་ལྟུང་བར་འགྱུར་པ་ཡིན་ཏེ། དེ་མ་བསྲུང་བའི་ཡིད་ཀྱིས་ལས་དེ། དེ་བསྲུང་བའི་སེམས་པའི་ལས་དེའི་དངོས་ཀྱི་འགལ་ཟླ་གང་ཞིག་དེ་བསྲུང་བའི་སེམས་པ་དེ། དེའི་དངོས་གྲུབ་ཀྱི་རྒྱ་བ་ཡིན་པའི་ཕྱིར། རྒོལ་བ་གཉིས་པ་ནི་སྟུགས་ཀྱི་འདུལ་བ་ཞེས་བྱ་བའི་བསྟན་བཅོས་མཛད་པ་པོ་ན་རེ། ལྟུང་བའི་རྒྱ་བ་འབྲུ་བསྒྲོན་པ་ན། བསྲུང་ན་དངོས་གྲུབ་ཀྱི་རྒྱ་བ་ཞེས་པའི་ཚིག་ནི། དོན་མེད་པ་སྟེ། སྒྲུབ་བྱ་དང་མ་འབྲེལ་བའི་ཕྱིར། མ་བསྲུང་ན་ཉེས་པའི་རྒྱ་བ་ཡིན། ཞེས་པ་ཡང་། རྩ་ལྟུང་མ་བསྲུངས་པ་ཉིད་ལྟུང་བའི་རྒྱ་བ་ཡིན་ཞེས་པར་སོང་བས། ལྟུང་བའི་རྒྱ་བ་ཞེས་པའི་དོན་ལ་གོ་བ་བསྐྱེད་མ་ནུས་སོ། །ཞེས་རྒོལ་བར་བྱེད་དོ། །

དེ་མི་འཐད་པ་ལ་ཚིག་སྔ་མ་ལ་དོན་ཡོད་པའི་ཤེས་བྱེད། རྩ་ལྟུང་མ་བསྲུང་བ་རྩ་བའི་ངོས་འཛིན་དུ་མི་བཞེད་པ། ཕྱོགས་ཕྱི་མ་ཉིད་ཀྱིས་རྩ་ལྟུང་གི་སྒྲ་བཤད་མི་འཐད་པའོ། །དང་པོ་ནི། བསྲུངས་པ་དངོས་གྲུབ་ཀྱི་རྒྱ་བ་ཡིན་པའི་རྒྱུ་མཚན་གྱིས། རྒྱ་བ་དེ་གཅོད་བྱེད་ཀྱི་ཉེས་པ་ལ་རྒྱ་བའི་ལྟུང་བ་ཞེས་འཆད་པ་ནི་ཤིན་ཏུ་འབྲེལ་ཏེ། ལྗོན་ཤིང་གི་རྒྱ་བ་ངོས་གཟུང་ནས། དེ་གཅོད་བྱེད་ལ་ལྗོན་ཤིང་གི་རྒྱ་བའི་སྒྲ་ཞེས་བརྗོད་ན་འབྲེལ་བ་བཞིན་ནོ། །གཉིས་པ་ནི། ཕྱོགས་སྔ་མས། རྩ་ལྟུང་མ་བསྲུངས་པ་ལ་རྩ་བའི་ངོས་འཛིན་དུ་འཆད་པ་མིན་ཏེ། མ་བསྲུངས་པ་དེའི་དངོས་ཀྱི་འགལ་བ་མི་མཐུན་ཕྱོགས་ལ་རྩ་བར་བཤད་ཟིན་པ་དེ་ཉིད་ཀྱིས་ཕྱིར་རོ། །

གསུམ་པ་ནི་ཕྱོགས་ཕྱི་མས་རྩ་བ་ཡང་ཡིན། སྔན་ཡང་ཡིན་པས། རྩ་བའི་སྔན་དུ་འཛོག་པ་བཞིན་དུ། རྩ་བ་ཡང་ཡིན་ལྟུང་བ་ཡང་ཡིན་པས་རྩ་བའི་ལྟུང་བའོ། །ཞེས་ཟེར་བ་ནི་མ་གྲུབ་པ་ཉིད་སྒྲུབ་བྱེད་དུ་བཀོད་པ་ཡིན་ཏེ། དཏུང་སུའི་རྩ་བ་ཡིན་ཞེས་འདྲི་དགོས་པའི་ཕྱིར། དེ་ལ་འདི་སྐད་དུ། ཕྱི་མོ་ལ་རྩ་བར་བྱས་པ་སྟེ། མ་མོ་དང་རྩ་ལག་ཏུ་རྟོགས་པའི་ལུས་དང་ཡན་ལག་གི་ཁྱད་པར་རོ། །ཞེས་ཀྱང་སླུས་ཟིན་པ་མིན་ནམ་ཞེས། དེ་

ལྟར་ན་ཡན་ལག་གི་རྩ་བའི་ལྟུང་བ་ཡིན་པས་རྩ་བའི་ལྟུང་བ་ཞེས་པར་སོང་ལ། དེ་ལ་ནི་ཁྱེད་རང་ཉིད་ཀྱིས་རྟོགས་པ་ཕན་ཚུན་བརྟེན་པའི་ཉེས་པ་བརྗོད་ཟིན་པའི་ཕྱིར་དང་། ཡན་ལག་གི་ལྟུང་བ་གང་ཡིན་རང་རྒྱུད་རྩ་བའི་ལྟུང་བ་ལས་བྱུང་བར་མ་ངེས་པས། ཕྱི་མོར་མི་འཐད་དོ། །དེས་ན་ཁོ་བོ་ཅག་ནི། དངོས་གྲུབ་ཀྱི་རྩ་བ་ཉམས་པར་བྱེད་པ་ལ།རྩ་བའི་ལྟུང་བ་ཞེས་འདོག་པ་དེ་བཞིན་དུ། དངོས་གྲུབ་ཀྱི་ཡན་ལག་ཉམས་པར་བྱེད་པ་ལ། ཡན་ལག་གི་ལྟུང་བ་ཞེས་སྒྲ་འཆད་པ་ཡིན་གྱིས། རྩ་ལྟུང་གི་ཡན་ལག་ཡིན་པས་ཡན་ལག་གི་ལྟུང་བ་ཞེས་ཤེས་བྱེད་མང་པོ་དང་བཅས་ཏེ་འཆད་པ་ནི། དོན་མེད་པའི་ཚིག་གིས་སྒྲོས་པ་མང་པོ་ལྟར་བྱས་པ་ཙམ་དུ་ཟད་དོ། །

གཞན་ཡང་རྩ་ལྟུང་དང་པོའི་ཡུལ་འཆད་པ་ན། འཁྲུལ་སྤོང་ལས། རྒྱུད་རྒྱས་པའི་ལུང་དགྲ་ནག་གི་འགྲེལ་པ་ལྷན་ཅིག་སྐྱེས་པའི་སྣང་བར་དྲངས་པ་ལས། དམ་ཚིག་སློག་པ་སྦྱིན་པ་དང་། །འཆད་བྱེད་མན་ངག་སྟོན་པ་དང་། །དབང་བསྐུར་བ་དང་ལས་བྱེད་དང་། །དེ་རྣམས་སློབ་དཔོན་ཞེས་བཤད་དོ། །དེ་ལ་དང་པོ་ནི། བསླབ་བྱ་སྟོན་པ། གཉིས་པ་ནི་བཟླས་པའི་ལུང་འབོགས་པ། གསུམ་པ་ནི་གཞུང་འཆད་པ། བཞི་པ་ནི་མན་ངག་སྟོན་པ། ལྔ་པ་ནི་དབང་བསྐུར་བ། དྲུག་པ་ནི་རབ་གནས་སོགས་བྱེད་པ་དང་། དབང་གི་ལས་ཀྱིས་སློབ་དཔོན་ཀུང་གཟུང་ངོ་། །ཞེས་གསུངས་པ་འདི་ལ་རྩོལ་བ་དེ་དག་གི་རྗེས་སུ་འབྲང་བ་དག་ན་རེ། ལུང་དེ་རྩ་ལྟུང་གི་ཡུལ་ལ་སློབ་དཔོན་དྲུག་ཏུ་བསྟན་པ་ནི་མིན་ཏེ། དགྲ་ནག་གི་དཀའ་འགྲེལ་རིན་ཆེན་སྒྲོན་མ་ལས། སྤྱིར་དབང་བསྐུར་བ་འབའ་ཞིག །སློབ་དཔོན་ཡིན་ནམ། ཞེ་ན། སློབ་དཔོན་ཡང་གང་གིས་དབང་བསྐུར་བ་དང་། རྒྱུད་བསྟན་པ་དང་། གང་གིས་འཐད་ནས་ལས་ཀྱི་མན་ངག་ནོས་པ། དེ་ཡང་སློབ་དཔོན་ཡིན་ཏེ། གསུམ་པོ་འདི་དག་ཀུང་ཕྲ་དོག་མེད་ཅིང་ཕན་པར་འདོད་པ་ནི་སློབ་དཔོན་ཡིན་ཏེ། ཞེས་བཤད་པས་གཟུང་ལ། དེ་བས་ན། གང་ཞིག་དམ་ཚིས་གློག་པ་དང་། །འཆད་དང་མན་ངག་སྟོན་པ་དང་། །དབང་བསྐུར་བ་དང་ལས་བྱེད་པ། །སློབ་དཔོན་ཞེས་ནི་བྱ་བ་ཡིན། །ཞེས་སློབ་དཔོན་གསུམ་དུ་བཤད་ཀྱིས། དྲུག་གི་དབྱེ་བ་མི་གསལ་བའི་ཕྱིར་དང་། སློབ་དཔོན་གསུམ་གྱིས་དབྱེ་བ་བསྟན་པའི་ལུངས་ཀུང་ཀོ་ས་ལའི་རྒྱན་ན་ཡོད་དོ། །ཞེས་རྩོལ་བ་དེ་དག་ནི་རྣམ་པར་མ་བརྟགས་པ་སྟེ། དེའི་ལན་ནི་འདི་ལྟར། སྤྱིར་སློབ་དཔོན་དྲུག་གི་དབྱེ་བ་མི་འགལ་བ་དང་། རྩ་ལྟུང་གིས་ཡུལ་གྱི་སློབ་དཔོན་གསུམ་དུ་བསྡུ་བར། རྗེ་བཙུན་གྱིས་ཀུང་བཞེད་པའོ། །དངོས་པོ་ནི། སློབ་དཔོན་ལྔ་ནི་ཁྱེད་རང་གི་དྲངས་པའི་ལུང་དེ་ཉིད་དུ་ཡང་གསལ་བ་དང་། བཟླས་པའི་ལུང་སྦྱིན་པའམ་རྗེས་སུ་གནང་བ་སྟེར་བའི་སློབ་དཔོན་ནི་ངེས་པར་ཁས་ལེན་དགོས་པའི་ཕྱིར་དང་། སློབ་དཔོན་ཡེ་ཤེས་རྡོ་རྗེས་ཀུང་། སློབ་དཔོན་ནི་དབང་བསྐུར་བ་དང་ཆོས་སྟོན་པ་གཉིས་དང་། ལས་ཀྱིས་དང་རྡོ་རྗེ་སློབ་དཔོན་དང་། གསང་བ་ལ་

སོགས་ལྔའོ། །ཞེས་ཀྱང་གསུངས་པ་ལྟར་རོ། །

གཉིས་པ་ནི་འགྲེལ་སྟོང་ལས། དེ་དག་ཀྱང་མདོར་བསྟན་ན། སྒྲུ་ལུས་ངག་གི་བླ་མ་རྡོ་རྗེ་སློབ་དཔོན་དང་། འབྲས་བུ་སེམས་ཀྱི་བླ་མ་རྡོ་རྗེ་སློབ་དཔོན་ཞེས་ཀྱང་བྱ། དབང་ཐོབ་པ་དང་རྒྱུད་ཐོས་པ་དང་། མན་ངག་ཐོབ་པ་སྟེ། གསུམ་ལྡན་ནམ། གཉིས་ལྡན་ནམ། གཅིག་ལྡན་ཏེ། དེ་ལ་གསུམ་ལྡན་མིན་ཡང་གང་ལ་དབང་ཐོབ་པ་ནི་ཡུལ་ཙུང་ཟད་ལྷི་བའམ། ཞེས་གསུང་པས་འགྲུབ་བོ། །

གཞན་ཡང་རྩ་ལྟུང་གི་ངོ་བོ་འཆད་པའི་སྐབས་སུ། གཉིས་པ་བདེ་གཤེགས་བཀའ་འདས་ཀྱི་ལྟུང་བའི་དོན་བཤད་པ་ན། ཁ་ཅིག་བདེ་བར་གཤེགས་པའི་བཀའ་ནི། གོང་འོག་ནས་འབྱུང་བའི་ལྟུང་བ་རྣམས་ཡིན་ནོ། །ཟེར་བ་ནི་མི་འཐད་དེ། དེ་ལྟར་ན་ལྟུང་བ་གཉིས་པའི་ཁོངས་སུ་ཐམས་ཅད་འདུས་པར་ཐལ་བ་དང་། ལྟུང་བ་གཞན་བརྗོད་པ་དོན་མེད་དུ་འགྱུར་རོ། །དེ་ལྟར་ན་ལྟུང་བ་གཉིས་པའི་ངོ་བོ་ནི། རིག་པ་འཛིན་པའི་སྡོམ་ལྡན་གྱི་ཐུན་མོང་གི་རྩ་བའི་ལྟུང་བ་བརྒྱད་པོ་གང་རུང་སྤྱོད་པའི་ཚེ། རྩ་ལྟུང་བརྒྱད་པོའི་རང་ཐོག་ནས་རྡོ་རྗེ་ཐེག་པའི་རྩ་ལྟུང་གཉིས་པར་འཆད་པ་མིན་ཀྱང་། དེ་དུས་ཀྱི་རྩ་ལྟུང་བརྒྱད་པོའི་བཅས་པ་ལ་ཁྱད་དུ་གསོད་པའི་བློ་དེ་ཉིད་རྩ་ལྟུང་གཉིས་པར་བཞེད་པ། འགྲེལ་སྟོང་གི་དགོངས་པར་སྣང་ལ། དེ་ལྟར་ན་རྩ་བའི་ལྟུང་བ་གཅིག་པོ་དེ་ཉིད་ཀྱང་དགུར་འགྱུར་རོ། །ཞེས་ཟེར་བ་དང་། ཉན་ཐོས་དང་ཐུན་མོང་བའི་ཕམ་པ་བཞི་དང་། བྱང་སེམས་དང་ཐུན་མོང་བའི་ཕམ་པ་ལྔ་བུའི་ཆོས་བཞི་སྤྱོད་པས་གསང་སྔགས་ཀྱི་ལྟུང་བར་ཇི་ལྟར་འགྱུར། ཞེས་སོགས་རྐྱལ་བ་དག་ལ་ས་སྐྱ་པའི་གྲུབ་མཐའི་ཞལ་འཛིན་དུ་ཁས་འཆེ་བ་དག་ཇི་ལྟར་གསུང་གི་ཡོད། གང་ལྟར་ན་འང་རྗེ་བཙུན་རིན་པོ་ཆེ་གྲགས་པ་རྒྱལ་མཚན་གྱིས་མཛད་པའི་རྩ་ལྟུང་འགྲེལ་སྟོང་ལ། ཕྱོགས་ཕྱི་མ་སྣེ་མ་མཁན་པོ་དང་། སྔགས་འདུལ་མཁན་པོ་རྣམས་ཀྱི་སྨྲ་བ་ངན་པ་དེ་དག་འཛོམས་པར་བྱེད་པ་རྡོ་རྗེའི་ཐོག་ལྟ་བུ་ནི། པཎྜི་ཏ་ཆེན་པོ་རྒྱལ་བ་ཤཱཀྱ་མཆོག་ལྡན་གྱིས་མཛད་པའི་འགྲེལ་སྟོང་གི་དགག་ལན་རྣམ་པར་ངེས་པ་དམ་ཚིག་རབ་ཏུ་གསལ་བ་ཞེས་བྱ་བའི་བསྟན་བཅོས་ཚད་ལྡན་དེ་ཉིད་ལས་རྟོགས་པར་བྱ་ཡི། གཞན་རྗེ་བཙུན་གྱི་གསུང་གི་རྗེས་སུ་འབྲང་བར་རློམ་པ་ཁས་འཆེ་བ་དག་ཀྱང་མི་སླུ་བའི་བརྟུལ་ཞུགས་ཀྱིས་གནས་པ་ལས་གཞན་མཆིས་སོ༔ །མདོར་ན་རྩ་ལྟུང་བཅུ་བཞི་པོའི་རྣམ་གཞག །སྡོམ་གསུམ་རྒྱན་ལས། སློབ་དཔོན་བརྙས་དང་བཀའ་འདས་སྐྱོན་ལ་ཁྲོ། །བྱམས་སྤང་བྱང་སེམས་སྤོང་དང་ཆོས་ལ་དམོད། །གསང་སྒྲོག་ཕུང་པོ་བརྙས་དང་སོམ་ཉི་ཟ༔ །སྡུག་ལ་བྱམས་ལྡན་དེར་གདོགས་སེམས་སུན་འབྱིན། །བླ་མར་དམན་འཛིན་ཚུལ་གྱིས་བརྙས་པའོ། །

གཉིས་པ་བདེ་གཤེགས་བཀའ་འདས་ཀྱི་རྩ་ལྟུང་ནི། སོ་ཐར་བྱང་སེམས་སྔགས་ཀྱི་བསླབ་བྱ་རྣམས་ལ་

མ་གྲུབ་ཤིང་། ཁྱད་དུ་བསད་པའི་ཚུལ་གྱིས་འདས་པའོ། །དེ་ཡང་དགེ་སློང་རྡོ་རྗེ་འཛིན་པས། སོ་ཐར་ལ་ལྟོས་པའི་ཕམ་པ་བཞི་དང་། བྱང་སེམས་ཀྱི་རྩ་ལྟུང་བཞི་ནི། ཉན་བཞིན་ཤེས་ཤིང་སྤྱད་པ་ཙམ་གྱིས་བདེ་གཤེགས་བཀའ་འདས་སུ་འགྱུར་ལ། ཉན་ཤེས་བཞིན་གྱིས་མ་ཟིན་པར་བག་མེད་པར་སྤྱད་ན་ཡན་ལག་གི་ཉེས་པ་བཅས་གཞན་ལ་ཕན་པར་འདོད་པའི་བསམ་པས་སྤྱད་ན་ལྟུང་བའི་གཟུགས་བརྙན་ལྟ་བུའོ། །

གསུམ་པ་རྡོ་རྗེ་ཡུན་ལ་ཁྲོས་པའི་རྩ་ལྟུང་ནི། རྡོ་རྗེ་ཐེག་པའི་དབང་ཐོབ་ཅིང་དམ་ཚིག་དང་སྡོམ་པར་ལྡན་པ་ནི་རྡོ་རྗེའི་སྤུན་ཡིན་ལ། དེ་ཉིད་ལ་དགྲར་འཛིན་པའི་སྒོ་ནས་བསམ་པས་ཁྲོ་བར་བྱེད་པའོ། །

བཞི་པ་སེམས་ཅན་ལ་བྱམས་པ་སྤོང་བར་བྱེད་པའི་རྩ་ལྟུང་ནི། ཡུལ་སེམས་ཅན་གང་ཡང་རུང་བ་ལ། བདེ་བ་དང་བྲལ་ཞིང་སྡུག་བསྔལ་དང་འཕྲད་པར་གྱུར་ན་ཅི་མ་རུང་སྙམ་དུ་ཞེ་དགའ་པ་ནས་འདོད་ཅིང་འཛིན་པའོ། །

ལྔ་པ་བྱང་ཆུབ་ཀྱི་སེམས་ཀྱི་སྤོང་བའི་རྩ་ལྟུང་ནི། སེམས་ཅན་ཐམས་ཅད་ཀྱི་དོན་དུ་རྫོགས་པའི་བྱང་ཆུབ་དོན་དུ་གཉེར་བའི་སྨོན་པའི་སེམས་འདོར་བ་བྱེད་པའམ། ཀུན་རྫོབ་ལྟ་བུའི་བྱང་ཆུབ་ཀྱི་སེམས་སྤོང་བའོ། །

དྲུག་པ་དམ་པའི་ཆོས་ལ་དམོད་པར་བྱེད་པའི་རྩ་ལྟུང་ནི། རྡོ་རྗེ་ཐེག་པའི་ཆོས་དང་། ཕར་ཕྱིན་ཐེག་པ་རང་དམ་གཞན་གྱི་གྲུབ་པའི་མཐའ་འམ་བཞི་ལམ་འབྲས་བུའི་ཆོས་ལ་ཀུན་ནས་མནར་སེམས་པའི་སྒོ་ནས་དམོད་པར་བྱེད་པའོ། །

བདུན་པ་གསང་བ་སྒྲོགས་པའི་རྩ་ལྟུང་ནི། དབང་གིས་མ་སྨིན་པ་དང་། སྨིན་ཀྱང་མ་དད་པ་དང་། དད་ཀྱང་རྩ་བའི་ལྟུང་བ་བྱུང་བ་ལ་སྔགས་ཀྱི་སྤྱོད་པ་ཐུན་མོང་མ་ཡིན་པ་རྣམས་སྟོན་ཞིང་འཆད་པར་བྱེད་པའོ། །དེ་ཡང་གསང་བར་བྱེད་པ་ལ། གསང་བའི་རྫས། གསང་བའི་སྤྱོད་པ། གསང་བའི་ཆོས་དང་གསུམ། དང་པོ་ནི། རྣལ་འབྱོར་པ་རང་གི་དམ་ཚིག་གི་རྫས་སུ་བྱིན་གྱིས་བརླབས་པའི་རྒྱུད་ཀྱི་གླེགས་བམ། ཁྲིས་སྐུ། ཙང་ཏེའུ། ཁ་ཊྭཱཾ་ག །ཐོད་པ་རུས་པའི་རྒྱན་དྲུག་མི་ལྤགས་ཀྱི་གཡང་གཞི་ལ་སོགས་པའོ། །གཉིས་པ་ནི་ཚོགས་ཀྱི་འཁོར་ལ་སོགས་པའོ། །གསུམ་པ་ནི་རྡོ་རྗེ་ཐེག་པའི་ཟབ་པ་དང་རྒྱ་ཆེ་བའི་གསུང་རབ་བོ། །

བརྒྱད་པ་རང་ལུས་ལ་སྨོད་པའི་རྩ་ལྟུང་ནི། རང་གི་ཕུང་ཁམས་སྐྱེ་མཆེད་དག་པ་ལྷའི་རང་བཞིན་ཡིན་པ་ལ་གནོད་བྱེད་ཀྱི་དགྲ་ལྟ་བུར་གཟུང་ནས་ཀུན་ནས་མནར་སེམས་པའི་སྒོ་ནས་སྨོད་པར་བྱེད་པའོ། །

དགུ་པ་ཆོས་ཟབ་མོ་ལ་སོམ་ཉི་ཟ་བའི་རྩ་ལྟུང་ནི། ཆོས་ཐམས་ཅད་ལྟ་སོ་སོའི་དག་པ། དེ་བཞིན་ཉིད་ཀྱི་དག་པ། རང་རིག་པའི་དག་པ་གསུམ་གྱི་རང་བཞིན་དུ་བསྟན་པ་ལ། དེ་དག་དེ་ལྟར་མ་ཡིན་ནོ་སྙམ་དུ་ལོག་

པའི་ཐེ་ཚོམ་གྱི་སྒོ་ནས་དམོད་པར་བྱེད་པའོ། །

བཅུ་པ་གདུག་པ་ཅན་ལ་བྱམས་པའི་རྒྱ་ལྟུང་ནི། རང་གི་རྒྱ་བའི་བླ་མ་ལ་དམོད་པར་བྱེད་པ་དང་། སངས་རྒྱས་ཀྱི་བསྟན་པ་སྤྱི་ལ་གནོད་པ་དང་། སེམས་ཅན་མང་པོ་ལ་འཚེ་བར་བྱེད་པ་ནི་གདུག་པ་ཅན་ཡིན་ལ། དེ་རང་གི་མཛའ་བོར་བསྟེན་པའི་སྒོ་ནས་ལུས་ངག་གི་སྒྱུར་བས་བྱམས་པར་བྱེད་པ་དང་། བདག་ལ་དེ་སྒྲོལ་བའི་ནུས་པ་ཡོད་བཞིན་དུ་མི་སྒྲོལ་བ་ལྟ་བུའོ། །དེ་ཡང་འདི་དག་ལ་ཡིད་ཀྱི་བྱམས་པ་ནི་འདོར་བར་མི་བྱ་སྟེ། སེམས་ཅན་ལ་བྱམས་པ་སྤོང་བའི་རྒྱ་ལྟུང་དུ་འགྱུར་བར་གསུངས་པའི་ཕྱིར་རོ། །

བཅུ་གཅིག་པ་མཚན་འཛིན་གྱི་རྣམ་པར་རྟོག་པའི་རྒྱ་ལྟུང་ནི། ཆོས་ཐམས་ཅད་བདེན་མེད་སྤྲོས་བྲལ་གྱི་རང་བཞིན་དུ་བསྟན་པ་ན། བདེན་མེད་ལ་བདེན་པར་འཛིན་པའི་ཚུལ་གྱིས་ཞེན་པའོ། །

བཅུ་གཉིས་པ་དད་ལྡན་སུན་འབྱིན་པའི་རྒྱ་ལྟུང་ནི། སྤྱིར་བླ་མ་དཀོན་མཆོག་སོགས་ལ་དད་པའི་གང་ཟག་ལུས་ངག་གི་སུན་ཕྱུང་བ་སྟེ། མ་དད་ཅིང་སྐྱོ་བར་བྱེད་པའོ། །

བཅུ་གསུམ་པ་དམ་ཚིག་གི་རྫས་ལ་མ་བསྟེན་པའི་རྒྱ་ལྟུང་ནི། ཚོགས་འཁོར་ལ་སོགས་པའི་དུས་སུ་དམ་ཚིག་གི་རྫས་ཤ་ཆེན་དང་། བདུད་རྩི་ལ་སོགས་པ་ལ་སྨྱུག་བྲོ་བའི་བསམ་པའམ། ཚུལ་ཆོས་ཀྱིས་བསམ་པས་མི་བསྟེན་ཅིང་སྨོད་པར་བྱེད་པའོ། །

བཅུ་བཞི་པ། བུད་མེད་ལ་སྨོད་པའི་རྒྱ་ལྟུང་ནི། བུད་མེད་ཀྱི་ལུས་འདི་དག་ནི་སྐྱེས་པ་ལས་ཆེས་དམན་པ་མི་གཙང་བ་མཐའ་དག་གི་སྣོད་དུ་གྱུར་པ་སྟེ། འདི་ལ་སྐྱེས་པའི་ལུས་ཀྱང་དཀོན་ན་བྱང་ཆུབ་ལྟ་ག་ལ་ཡོད། ཅེས་པའི་ཚུལ་གྱིས་བུད་མེད་ཀྱི་ངོས་ནས་བཀར་ཏེ་སྨོད་པའོ། །དེ་དག་ལ་ཡུལ་གྱིས་དང་། བསམ་པའི་དང་། སྦྱོར་བའི་དང་། དུས་ཀྱི་དང་། ཉེས་པའི་དང་། ལན་གྲངས་སྤྱི་བྱེ་བྲག་སྟེ། སྒོ་དྲུག་གི་བསྒྱུར་བས་ལྟུང་བ་བརྒྱད་ཅུ་རྩ་བཞི། དེ་དག་ལྷི་འབྲིང་ཡང་གསུམ་གྱིས་བསྒྱུར་བས་ཉིས་བརྒྱ་ལྔ་བཅུ་རྩ་གཉིས་སོ། །ཡུལ་བསམ་སྦྱོར་བ་མཐར་ཐུག་གི་ཤན་འབྱེད་བ་སོ་སོའི་ཆར་གཏོགས་ལ། ཕམ་པ་དང་ལྟུང་བར་གྱུར་པ་སྦོམ་པོའོ། །ལྷི་བ་དང་སྦོམ་པོ་ཡན་ལག་དང་། ཉིས་བཅས་ཕྲ་མོ་སྟེ་ལྔ་ནི་ཡན་ལག་ཏུ་གཏོགས་སོ། །རང་དབང་ཉམས་པ་དང་། དབང་ཐོབ་པ་ལས་ཉམས་པ་དང་། ནུས་པ་རྙེད་པ་དང་། གཞན་དོན་དུ་འགྱུར་བ་དང་། སྐྱེ་བ་མེད་པ་བརྟན་པར་བྱ་བའི་ཆེད་དང་། རྒྱུད་ལས་གནང་བའི་སྐབས་དང་། བླ་མ་ལ་སོགས་པའི་ལུང་ཐོབ་པ་དང་། སྲོག་གི་བར་ཆད་དུ་གྱུར་པའི་དུས་སྐྱུད་པ་རྣམས་ཉེས་མེད་དོ། །

འོ་ན་དེ་དག་ཐུམ་དབང་གི་དུས་སུ་བསྒྲགས་པས། ཐམས་ཅད་ཐུམ་དབང་ལ་བལྟོས་པའི་རྒྱ་ལྟུང་དུ

སོང་ངོ་སྙམ་ན་མ་ཡིན་ཏེ། བུམ་དབང་གི་དུས་སུ་བསྒྲགས་པ་ནི། བྱང་ཆུབ་སེམས་དཔའི་སྡོམ་པ་ལེན་པའི་སྔོན་དུ་བསླབ་པའི་གནས་བརྗོད་པ་ལྟ་བུ་ཡིན་གྱིས། གཞན་སོ་སོའི་བརྗོད་ཚུལ་ནི་བརྒྱད་པ་བུམ་དབང་གི་མི་མཐུན་ཕྱོགས། དགུ་པ་གསང་དབང་། བཅུ་པ་ཤེར་དབང་། བཅུ་བཞི་པ་བཞི་པའི། དང་པོ་གསུམ་སྐྱབས་སུ་འགྲོ་བའི། བཞི་པ་དང་ལྔ་པ་བྱང་ཆུབ་ཏུ་སེམས་བསྐྱེད་པའི། དྲུག་པ་སྦྱིའི། བདུན་པ་དམ་ཚིག་རང་གི། ལྷག་མ་གསུམ་སྤྱོད་པའི་མི་མཐུན་ཕྱོགས་སུ་བཤད་པས་སོ། །ཕས་ཕམ་པ་དང་ལྟུང་བར་འགྱུར་མི་འགྱུར་དབང་སོ་སོ་ལ་ལྟོས་ལ། བུམ་དབང་དུ་ཡང་དེ་དག་ལས་ལོག་པར་ནི་བྱ་དགོས་པ་ཉིད་དོ། །གཉིས་པ་ཡན་ལག་ལ་རིགས་མ་བསྟེན་པ་ལ་དགའ་བ་དང་། ཚོགས་འཁོར་གྱི་ནང་དུ་རྩོད་པ་དང་། རིགས་མའི་བདུད་རྩི་ལེན་པ་དང་། གསང་ཆོས་གཞན་ལ་མི་སྟོན་པ་དང་། དད་པས་དྲིས་པའི་ལན་གཞན་སྟོན་པ་དང་། ཉན་ཐོས་ནང་དུ་ཞག་བདུན་འདུག་པ་དང་། སྔགས་པར་སླུ་བ་དང་། སྣོད་མིན་ལ་བཤད་པ་སྟེ་བརྒྱད་དོ། །གཞན་ཡང་ཉེར་བརྒྱད་དང་བཞིར་བཤད་པ་དག་ཀྱང་ངོ་། །

གཉིས་པ་སྒྲུབ་བྱ་རིགས་དྲུག་གི་དམ་ཚིག་ནི་སྟར་བཤད་པའི་རྩ་མོ་ལྟར་རམ། ལྷག་པར་དུས་ཀྱི་འཁོར་ལོ་ནས། དྲང་ངེས་མ་ཕྱེ་བར་གསུངས་པ། ཕྱེ་སྟེ་བཤད་པ་གཉིས་བྱུང་བའི། དང་པོ་རྡོ་རྗེའི་རིགས་ལ། རྡོ་རྗེ་དྲིལ་བུ་ཕྱག་རྒྱ་བླ་མ་བཟུང་བ། རིན་པོ་ཆེ་ལ་སྦྱིན་པ་རྣམ་སྣང་གི་རིགས་ལ་རྒྱལ་བ་མཆོག་གི་དམ་ཚིག་བསྐྱང་བ། དོན་གྲུབ་ལ་མཆོད་པ། པདྨའི་རིགས་ལ་སྡོམ་པ། རྡོ་རྗེ་སེམས་པའི་རིགས་ལ་སེམས་སྐྱེད་དོ། །གཉིས་པ་ནི། སྲོག་གཅོད་པ། རྫུན་སྨྲ་བ། མ་བྱིན་པ་ལེན་པ། གཞན་གྱི་བུད་མེད་འཕྲོག་པ། བདུད་རྩི་ལྔ་བསྟེན་པ། པད་མར་མི་དམད་པ་དྲུག །རྡོ་རྗེ། རལ་གྲི། རིན་པོ་ཆེ། པདྨ། འཁོར་ལོ། གྲི་གུག །རིགས་ཀྱི་དམ་ཚིག་ཏུ་གསུངས་པ་རྣམས་སོ། །

གསུམ་པ་ཉམས་སུ་བླང་བ་དང་འབྲེལ་བའི་དམ་ཚིག་ལ། ཟ་བྱད་ཀྱི་དམ་ཚིག །ལོངས་སྤྱོད་ཀྱི་དམ་ཚིག །མཉམ་བཞག་གི་དམ་ཚིག །རྗེས་སྤྱོད་ཀྱི་དམ་ཚིག་བཞིའོ། །ཕྱིར་འཚོས་པ་ནི་ཉི་ཤུ་རྩ་ལྔ། སྙིང་པོ་རྒྱན་ལས་བཤད་པ་ལྟར་རམ། དཔལ་དུས་ཀྱི་འཁོར་ལོ་ནས།དབང་བདུན་ཙམ་ཐོབ་པ་ལ། རྩ་ལྟུང་བྱུང་ན། ལྷ་གྲངས་པ་རེ་རེར། བཟླས་བརྗོད་སུམ་ཁྲི་དྲུག་སྟོང་བྱ་བ་དང་། ཕྱིས་བསྐྱམས་པ་དང་། བུམ་པ་དང་། གསང་བའི་དབང་བསྐུར་ཐོབ་པ་ལ་བྱུང་ན་འཆད་པའི་ལས་དང་། དཀྱིལ་འཁོར་དུ་གཞུག་ནས་སླར་ནོད། དབང་གོང་མ་གཉིས་ལ་ཚོགས་བསགས་པ་དང་། སྡིག་བཤགས་ལྷག་པར་སོ་སོ་རང་རིག་པའི་སྟོབས་ཀྱིས་སྦྱངས་པས་སོ། །

མ་བསྡུངས་པའི་ཉེས་དམིགས་ནི། དམ་ཚིག་ཉམས་པས་དཀྱིལ་འཁོར་དུ། །དབང་བསྐུར་དངོས་གྲུབ་

ཐོབ་མི་འགྱུར། །ཞེས་པའོ། །ཕན་ཡོན་ནི། ཚེ་གཅིག་ལ་མངོན་པར་རྫོགས་པ་སངས་རྒྱ་བ་སྟེ། ཕ་རྒྱུད་ལས་རིགས་པའི་སྐྱེས་བུ། མ་རྒྱུད་ལས་རིགས་མའི་སྐྱེས་བུ། དོན་ཟུང་འཇུག་མ་ནིང་གི་གོ་འཕང་ཞེས་བཞག་པ་ཁ་སྦྱོར་ཡན་ལག་བདུན་དང་ལྡན་པའི་རྡོ་རྗེ་འཆང་ཆེན་པོ་ཐོབ་པའོ། །ཞེས་ལེགས་པར་བཤད་པས་སོ། །

རྟོད་བྲལ་ཤཱཀྱའི་རིང་ལུགས་མདོ་རྒྱུད་ཀྱིས། །རྒྱ་མཚོ་ལས་འོང་བློ་གྲོས་བསིལ་ཟེར་ཅན། །གཞུང་ལུགས་བདུད་རྩི་མཆོག་གི་འོད་བརྒྱ་ལྡན། །བློ་གསལ་ཀུ་མུད་སྐྱོང་ལ་འགྲན་བྲལ་དང་། །མཁྱེན་རབ་འདམ་དབྱངས་དགེས་པའི་ཉིན་བྱེད་ལས། །མདོ་དང་རྒྱུད་སྡེའི་པད་དཀར་ཡངས་པའི་སྡེ། །ལུང་རིགས་སྦྲང་རྩིའི་སྙིང་པོ་བློ་གསལ་གྱི། །བུང་བའི་དགའ་སྟོན་ལེགས་བཤད་འདི་འཕྲོས་སོ། །

གཉིས་པ་གཞུང་དོན་ནི། རྡོ་རྗེ་ཐེག་པའི་ལམ་ཞུགས་ཏེ། །མྱུར་དུ་སངས་རྒྱས་ཐོབ་འདོད་ན། །སྨིན་གྲོལ་གཉིས་ལ་འབད་པར་བྱ། །ཞེས་སོགས་ནས། དེ་ཡི་སྡོམ་པ་གསུམ་ལྡན་འགྱུར། །ཞེས་པའི་བར་གྱིས་བསྟན་ལ། དེའི་དོན་ནི། གསང་སྔགས་བླ་མེད་རྡོ་རྗེ་ཐེག་པའི་ལམ་དུ་ཞུགས་པའི་གང་ཟག་དེ་ཆོས་ཅན། སྨིན་བྱེད་ཀྱི་དབང་བཞི་དང་། གྲོལ་བྱེད་ལམ་རིམ་པ་གཉིས་ལ་འབད་དགོས་ཏེ། ཁྱོད་མྱུར་དུ་ཚེ་འདི་ཉིད་ལ་སངས་རྒྱས་ཐོབ་པར་འདོད་པའི་གང་ཟག་ཡིན་པས་སོ། །ཡང་ན་རྡོ་རྗེ་ཐེག་པའི་ལམ་དུ་ཞུགས་པའི་གང་ཟག་དེ་ཆོས་ཅན། ཁྱོད་ཀྱི་སྨིན་བྱེད་ཀྱི་དབང་དང་གྲོལ་བྱེད་ཀྱི་ལམ་ལ་འབད་པར་བྱ་དགོས་ཏེ། ཁྱོད་མྱུར་དུ་ཚེ་འདི་ཉིད་དམ། བར་དོའམ། ཚེ་གསུམ་མམ། སྐྱེ་བ་བཅུ་དྲུག་ཙུན་ཆད་ནས་སངས་རྒྱས་ཐོབ་པར་འདོད་པའི་ཕྱིར། བཤད་ཚུལ་ཕྱི་མ་འདི་ལྟར་ན། རྒྱུད་སྡེ་བཞི་ཀར་ལ་སྦྱར་དུ་རུང་སྟེ། སྨིན་བྱེད་ཀྱི་དབང་དང་གྲོལ་བྱེད་ཀྱི་ལམ་རྒྱུད་སྡེ་བཞི་ཀར་ནས་བཤད་པ་ལ་མཐུན་ཞིང་། གང་ཟག་གི་དབང་པོའི་རིམ་པས། བྱ་རྒྱུད་ནས་སྐྱེ་བ་བཅུ་དྲུག་དང་། སྤྱོད་རྒྱུད་ནས་ཚེ་གསུམ་དང་། རྣལ་འབྱོར་རྒྱུད་ནས་བར་དོ་དང་། གསང་སྔགས་བླ་མེད་ནས་ཚེ་གཅིག་ལ་སངས་རྒྱས་འགྲུབ་པར་བཤད་པའི་ཕྱིར། གཞུང་འདི་རང་གི་དངོས་བསྟན་ལྟར་ན། བླ་མེད་ཁོན་ལ་སྦྱོར་བ་གོང་དེ་མ་ཐག་ཏུ་བཤད་པ་ལྟར་ལེགས་པར་མངོན་ཏེ། གཞུང་འདིའི་དངོས་བསྟན་གྱི་སྨིན་བྱེད་ཀྱི་དབང་དེ། དབང་བཞི་དང་། གྲོལ་བྱེད་ཀྱི་ལམ་དེ། ལམ་རིམ་པ་གཉིས་ལ་འཆད་དགོས་པ་གང་ཞིག །དབང་བཞི་དང་། རིམ་པ་གཉིས་པོ་དེ་ཡང་། རྣལ་འབྱོར་བླ་མེད་ཀྱི་ཁྱད་ཆོས་སུ་བཤད་པའི་ཕྱིར་ཏེ། དབང་བཞི་དང་ནི་རིམ་པ་གཉིས། །རྣལ་འབྱོར་ཆེན་པོའི་ཁྱད་ཆོས་ཡིན། །ཞེས་གསུངས་པའི་ཕྱིར། འོན་གཞུང་འདི་ཉིད་ལས། དབང་དང་རིམ་གཉིས་མི་ལྡན་པའི། །རྡོ་རྗེ་ཐེག་པའི་བསྟན་པ་མིན། །ཞེས། དབང་བཞི་དང་རིམ་པ་གཉིས་དང་མི་ལྡན་ན། རྡོ་རྗེ་ཐེག་པའི་བསྟན་པ་མ་ཡིན་པར་བཤད་པ་དང་འགལ་ལོ། །ཞེ་ན། གཞུང་གཉིས་

པོ་དེ་ལ་འགལ་འདུ་མེད་དེ། དབང་བཞི་དང་རིམ་པ་གཉིས་དང་མི་ལྡན་ན། བླ་མེད་རྡོ་རྗེ་ཐེག་པའི་བསྟན་པ་མིན། ཞེས་འཆད་དགོས་པའི་ཕྱིར་རོ། །སྨིན་པར་བྱེད་པའི་དབང་བསྐུར་ཡང་། འདི་ལྟར་བླང་དགོས་ཏེ། བླ་མ་རྡོ་རྗེ་འཆང་ནས་རྩ་བའི་བླ་མའི་བར་བྱིན་རླབས་ཀྱི་བརྒྱུད་པ་མ་ཉམས་ཤིང་། དབང་གི་ཆུ་བོ་མ་ནུབ་པ། དམ་ཚིག་གི་སར་ག་མ་ལོག་པ། མོས་གུས་ཀྱི་བསམ་པ་ཚིམས་པ་སྟེ། སྔན་རྒྱུད་བཞི་ལྡན་སྤྱོར་དངོས་རྗེས་གསུམ་གྱི་ཆོ་ག་འཁྲུགས་པར་མ་གྱུར་པ་དང་། སློབ་མའི་རྒྱུད་ལ་ཕྱི་ནང་གི་མཚོན་པའི་རྟེན་འབྲེལ་འགྲིག་པར་མཁྱེན་ཅིང་། སྐུ་བཞིའི་ས་བོན་རང་བཞིན་ལྷན་ཅིག་སྐྱེས་པའི་ཡེ་ཤེས་གདོད་མ་ནས་ཡོད་པ། གསོས་འདེབས་ནུས་པ། སངས་རྒྱས་ཀྱི་གསུང་བཞིན་དུ་མཛད་ནུས་པའི་བླ་མ་ལ་ལུས་ལོངས་སྤྱོད་འབུལ་བའི་ཐབས་ཀྱིས་བཙལ་ལ། སྡོམ་པ་སྔ་མ་གཉིས་ཐོབ་པའི་སྟེང་དུ་དབང་བཞི་བླངས་པས། དེས་སྡོམ་པ་གསུམ་ཡོངས་སུ་རྫོགས་པ་དང་ལྡན་པར་འགྱུར་བའི་ཕྱིར། འདིར་རྣམ་བཤད་མཛད་པ་བསམ་ཡས་པས། སྡོམ་པ་སྔ་མ་གཉིས་སྔོན་དུ་སོང་བའི་དབང་དུ་བྱས་པའམ། ཡང་ན་གཞན་ལ་གནོད་པ་གཞི་བཅས་སྤོང་བ་ཙམ་སོ་ཐར་དུ་བཞེད་པའོ། །ཞེས་བཤད། དགའ་གདོང་པ་དང་། ཀུ་མ་རས་དཔྱད་པ་མེད་མོད། གོ་ཊི་ཀ་ཏུ། སྐལ་ལྡན་ཅིག་ཆར་བ་ལ། དབང་བཞི་བླངས་པ་ཙམ་གྱི་སྡོམ་པ་གསུམ་ལྡན་དུ་འགྱུར་གསུང་བ་དེ་ལ། མི་འཐད་པའི་ཚུལ་ནི་གོང་འོག་འདི་དག་ཏུ་ཤེས་པར་འགྱུར་ལ། ཡང་ཁ་ཅིག་དབང་གོང་མ་ལས་ཐོབ་པའི་སྡོམ་པ་ཁས་མི་ལེན་པ་ལ་ཡང་། གཞུང་འདི་ཉིད་ཀྱིས་གནོད་པར་འགྱུར་རོ། །

འདི་སྐབས་ལེགས་བཤད་གསེར་ཐུར་ལས། དབང་བཞི་བླངས་པས་སྡོམ་པ་གསུམ། །ཐོབ་པར་འགྱུར་ན་དབང་གོང་ལས། །ཐོབ་པའི་གསང་སྔགས་སྡོམ་པ་དང་། །དབང་ལས་ཐོབ་པའི་སོ་ཐར་དང་། །སེམས་བསྐྱེད་སྡོམ་པ་བཞེད་ལགས་སམ། ཞེས། རྣམ་བཤད་མཛད་པ་རྣམས་ལ་དྲི་བར་མཛད་ནས། དེའི་དངོས་ལན་གདབ་པའི་ཚེ། དེ་ཡི་སྡོམ་པ་གསུམ་ལྡན་འགྱུར། །ཞེས་པ། དབང་བཞི་རྫོགས་པ་དེ། སྡོམ་པ་གསུམ་ཀ་ཡོངས་སུ་རྫོགས་པའི་ཐོབ་རྒྱུར་བསྟན་པ་ཡིན་ལ། དེ་ཙམ་གྱི་སྡོམ་པ་དང་པོ་གཉིས་ཀྱི་ཐོབ་རྒྱུར་འགྲོ་བ་མ་ཡིན་ཏེ། སྡོམ་པ་དང་པོ་གཉིས་ཀྱི་ཐོབ་རྒྱུ་ལེའུ་དང་པོ་གཉིས་སུ་བསྟན་ཟིན་པ་དེ་གཞིར་བཞག་ནས། དེའི་སྟེང་དུ་དབང་བཞི་བླངས་པ་ནས་སྔགས་ཀྱི་སྡོམ་པ་ཡོངས་སུ་རྫོགས་པ་ཐོབ་པས་སྡོམ་པ་གསུམ་ལྡན་དུ་འགྱུར་ཞེས་བྱ་བའི་དོན་ཡིན་པས་སོ། །ཞེས་སོགས་རྒྱས་པར་གསུངས་སོ། །

གཉིས་པ་ནི། གཞི་ལམ་འབྲས་གསུམ་གྱི་རྣམ་གཞག་ལ། འཁྲུལ་པ་འགོག་ཚུལ་ལ་གསུམ་ལས། དང་པོ་ནི། གཞི་དུས་སུ་སྨིན་བྱེད་ཀྱི་དབང་འཁྲུལ་པ་དགག །ལམ་དུས་སུ་གྲོལ་བྱེད་ཀྱི་ལམ་ལ་འཁྲུལ་པ་དགག །

གྲུབ་པ་འབྲས་བུའི་རྣམ་གཞག་ལ་འཁྲུལ་པ་དགག་པའོ། །དང་པོ་ལ། སྐབས་སུ་གང་འབབ་ནས་བརྗོད་པར་བྱ་སྟེ། དེ་ཡང་བྱིན་རླབས་དབང་བསྐུར་ཡིན་པར་ཁས་བླངས་ནས། དེས་ཆོས་སྒོ་འབྱེད་པར་འདོད་པ་དགག་པ་ལ། ཕྱོགས་སྔ་མ་ནི། དེང་སང་ཇོ་རྗེ་ཕག་མོ་ཡིས། །བྱིན་རླབས་དབང་བསྐུར་ཡིན་ཞེས་ཟེར། །འདི་ཡི་ཆོས་ཀྱི་སྒོ་ཕྱེ་ནས། །གཏུམ་མོ་ལ་སོགས་བསྒོམ་པར་མཐོང་། །ཞེས་པ་སྟེ། འདི་ལ་རྣམ་བཤད་མཛད་པ་དགའ་གདོང་པས། རྗེ་དྭགས་པོ་ལྷ་རྗེའི་སྐུ་ཚེའི་སྟོད་ལ་དབང་བསྐུར་གཞན་དུ་ཞུ་རུ་བཏང་ནས། ཁྲིད་དང་ཟབ་ལམ་སྟེར་བ་ལ་ཕྱིས་དབང་བསྐུར་ཞུ་རུ་བཏང་བ་རྣམས། དེར་བསྡད་ནས་ལོག་མ་བྱུང་བ་ལ་ངེད་རང་ལ་ཡང་དབང་ཤེས་པ་ཞིག་མཁོ་བ་འདུག་སྟེ་གསུང་། གོང་ནེ་རུ་པ་ན་རེ། ཕག་མོའི་དབང་ཞིག་ངས་ཤེས་ཞུས་པས། འོ་ན་དེས་ཆོག་གསུངས་པས། དེ་ནས་ཆོས་སྒོ་འབྱེད་པའི་སྲོལ་བྱུང་ལ། ཞེས་ཟེར་བ་རྣམས་བརྒྱུད་པ་གཞན་ལ་སྣང་ཤུགས་ཀྱི་སྒོ་ནས་གྱ་ཅོམ་དུ་སྨྲ་བར་ཟད་དེ། སྤྱིར་རྣམ་བཤད་བྱེད་པ་དེ་རང་གི་གོང་ནེ་རུ་པ་རྩད་མ་ཆོད་དེ། གོང་ནེ་རུ་པ་ནི་ཁྲུང་པོ་རྣལ་འབྱོར་གྱི་ཕྱག་ཆེན་གསན་ཡུལ་གྱི་བླ་མ་ཞིག་ཡིན་པར་མངོན་ལ། དེ་ནི་རྗེ་དྭགས་པོ་རིན་པོ་ཆེ་དང་དུས་ཡང་མི་མཚུངས་ཤིང་། ཁྱད་པར་ངེད་རང་ལ་ཡང་དབང་ཤེས་པ་ཁ་ཅིག་མཁོ་བར་འདུག་སྟེ། ཞེས་པའི་ཚིག་དེ་ནི་སྐྱེས་ཆེན་དམ་པ་ལ་བསྐུར་བ་བཏབ་པས། འདི་འདྲའི་ཚིག་ལ་རྣ་བ་གཏོད་པར་མི་བྱ་མོད། འོན་ཀྱང་དེ་མི་འཐད་པའི་རྒྱུ་མཚན་བཤད་དགོས་པས། དེས་ན་རྗེ་དྭགས་པོ་ལྷ་རྗེ་ལ་དབང་བསྐུར་རྒྱུ་མེད་ཟེར་བ་ནི་ཆེས་ཧ་ཅེ་སྟེ། རྗེ་འདི་ཉིད་ནི་སྐུ་སྐྱེ་བ་ཐོག་མ་མེད་པ་ནས་བྱང་ཆུབ་སེམས་དཔའི་སྤྱོད་པ་རླབས་པོ་ཆེ་སྤྱད་དེ། དེ་ཡང་མདོ་ཏིང་ངེ་འཛིན་རྒྱལ་པོ་ལེའུ་སུམ་ཅུ་རྩ་དྲུག་པ་ནས། བཅོམ་ལྡན་འདས་ཀྱི་བཀའ་སྩལ་པ། ཀུན་དགའ་བོ་སྔོན་བྱུང་འདས་པའི་དུས་ན། བསྐལ་པ་གྲངས་མེད་པ་པས། ཆེས་གྲངས་མེད། ཚད་མེད་པ་བསམ་གྱིས་མི་ཁྱབ། གཞལ་དུ་མེད་པ་མཚུངས་པ་མེད་པར་གྱུར་པ། དེའི་ཚེ་དེའི་དུས་ན། བཅོམ་ལྡན་འདས་དེ་བཞིན་གཤེགས་པ་རིན་པོ་ཆེ་པདྨའི་ཟླ་བ་རྣམ་པར་དག་པ་མངོན་པར་འཕགས་པའི་རྒྱལ་པོ་ཞེས་བྱ་བ་འཇིག་རྟེན་དུ་བྱུང་ངོ་། །ཞེས་སོགས་དང་།གཞན་ཡང་བཅོམ་ལྡན་འདས་ཀྱི་དྲུང་དུ། བྱང་ཆུབ་སེམས་དཔའ་ཟླ་བ་འོད་གཞོན་ནུ་གྱུར་པ་སོགས་སྔོན་བྱུང་གི་རྣམ་པར་ཐར་པ་བསམ་གྱིས་མི་ཁྱབ་ཅིང་། སྐུ་སྐྱེ་བ་དེ་ཉིད་ལའང་། ལྷག་པའི་ཚུལ་ཁྲིམས་དང་། ཏིང་ངེ་འཛིན་དང་། ཤེས་རབ་ལ་སོགས་པ། མདོར་ན་ལུང་དང་རྟོགས་པའི་ཡོན་ཏན་བསམ་གྱིས་མི་ཁྱབ་པ་མངའ་བ།སངས་རྒྱས་ཀྱི་བསྟན་པ་ལ་བྱ་བ་བྱེད་པ་ལ་ཆེས་དཔའ་བ། སྙིང་པོ་དོན་གྱི་བརྒྱུད་ཆེན་པོ་དེ་དག་ལ་སྐུར་པ་འདེབས་པ་དག་ནི། རང་དན་འགྲོར་འགྲོ་བའི་ལས་ལ་གཞོལ་བས་རྒྱངས་རིང་དུ་དོར་བ་བྱ་དགོས་ལ། ཁྱད་པར་རྗེ་དྭགས་པོ་རང་གི་ཡང་དབང་མ་གསན་སྙམ་པ་དང་། གཞན་ལ་ཡང་

དབང་བསྐུར་རྒྱུ་མེད་སྐམ་པའི་ལོག་པར་རྟོག་པ་འབའ་ཞིག་སྟེ། ནམ་ཡང་འཐད་པར་མ་མཐོང་ངོ། དེའི་རྒྱུ་མཚན་ཡང་རྗེ་དྭགས་པོ་པས། དཔལ་རྣལ་འབྱོར་དབང་ཕྱུག་མི་ལའི་དྲུང་དུ་ཁྲིད་ཞུས་པའི་དུས་སུ་ཁྲིད་ལ་དབང་བསྐུར་གྱི་མདོ་ཡོད་དམ་གསུང་བ་ལ། དགེ་བཤེས་མར་ཡུལ་བློ་ལྡན་ཤེས་རབ་ལ། གསང་འདུས་ཀྱི་དབང་རྫོགས་པར་ཞུས། དགྱེས་རྡོར་གྱི་གཉིས། བདག་མེད་མས་གསུམ། རྡོ་བོ་ལུགས་ཀྱི་བདེ་མཆོག་ལུ་ཧི་པའི་བཀའ། ཕག་མོ་རིན་ཆེན་རྒྱན་དྲུག་མའི་བྱིན་རླབས་སོགས་གཞན་ཡང་བླ་མ་མང་པོ་ལ་དབང་བསྐུར་དང་བྱིན་རླབས། རིགས་གཏད་ཀྱི་ཆོ་ག་མང་དུ་ཐོབ་ལགས་ཞུས་པས། རྗེ་བཙུན་གྱི་ཞལ་ནས། སྔར་གྱི་དབང་བསྐུར་རྣམས་ཀྱི་གོ་མི་ཆོད་པ་མིན་ཏེ། རྟེན་འབྲེལ་གྱིས་རང་ལུགས་ཀྱི་དབང་དང་བྱིན་རླབས་བྱ་དགོས་གསུངས་ནས། དཔལ་མཁའ་འགྲོ་སྙན་རྒྱུད་ཀྱི་སྨིན་བྱེད་ཀྱི་དབང་ཡབ་བཀའ་འབྲིང་པོ་འཁོར་ལོ་སྡོམ་པ་ལྷ་བཅུ་ཅམ་གྱི་དཀྱིལ་འཁོར་དུ་དབང་བསྐུར་བ་དང་། སིནྡྷུ་རའི་དཀྱིལ་འཁོར་ལ་བརྟེན་ནས་རྡོ་རྗེ་རྣལ་འབྱོར་མའི་བྱིན་རླབས་མཛད་དེ། ཁྲིད་གནང་བས་ཕྱག་རྒྱ་ཆེན་པོའི་རྟོགས་པ་ཉི་མ་ཤར་བ་ལྟ་བུར་གྱུར་པས། ཀུན་སློངས་གར་སོང་མེད་པར་བརླག་སྟེ། ཐུབ་པའི་རྒྱལ་ཚབ་ཆེན་པོར་གྱུར་པའི་སྐྱེས་ཆེན་དམ་པ་དེ་དག་ལ་ཞེ་སྡང་བའི་ཚིག་སྨྲ་བ་ནི། ཐེག་པ་ཆེན་པོའི་ཆོས་དང་གང་ཟག་ལ་བསྐུར་བ་བཏབ་པས་མི་བཟད་པའི་ལས་སོག་པའི་བརྟུལ་ཞུགས་ཅན་པར་གྱུར་པ་དེ་དག་ནི་རིང་དུ་དོར་བར་རིགས་སོ། །

དེས་ན་འདིའི་ཕྱོགས་སྔ་ནི། རྗེ་དྭགས་པ་པོའི་རྗེས་འབྲང་ཁ་ཅིག་མར་པ་ནས་བརྒྱུད་པའི་རྡོ་རྗེ་ཕག་མོ་ལྷ་ལྔའི་བྱིན་རླབས་དེ་ཉིད་སློབ་མ་མ་སྨིན་པ་སྨིན་པར་བྱེད་པའི་དབང་བསྐུར་ཡིན་ཞེས་ཟེར་ཞིང་། དེ་ཡི་གསང་སྔགས་ཟབ་མོ་ཉན་པའི་ཆོས་ཀྱི་སྒོ་ཕྱེ་ནས། གཏུམ་མོ་ལ་སོགས་པའི་ནཱ་རོའི་ཆོས་དྲུག་བསྒོམ་པར་མཐོང་ངོ་ཞེས་པ་དེ་ཡིན་ལ། དེ་དགག་པ་ནི། འདི་འདྲ་རྒྱུད་སྡེ་ལས་མ་གསུངས། །བསྟན་བཅོས་རྣམས་ལས་བཤད་པ་མེད། །རྡོ་རྗེ་ཕག་མོ་ཉིད་ལས་ཀྱང་། །དབང་བསྐུར་ཐོབ་ཅིང་དམ་ཚིག་ལྡན། །དེ་ལ་བྱིན་རླབས་ཞེས་གསུངས་སོ། །དབང་བསྐུར་མེད་ལ་བྱིན་རླབས་བཀག །ཅེས་པ་ནས། སླས་ན་དམ་ཚིག་ཉམས་ཞེས་གསུངས། ། ཞེས་པའི་བར་གྱིས་བསྟན་ཏེ། འདིའི་དོན་མདོར་བསྟན་ན། དཔེར་ན་མུ་ཟེ་ཐོག་མར་མ་བརྟེན་པར་དཪུལ་ཆུ་ཟོས་ན་འཆི་བ་བཞིན་དུ། དེ་ནི་ཐོག་མར་དབང་བསྐུར་བླངས་པ་ལ། དེ་ལ་རྡོ་རྗེ་ཕག་མོ་སྨྲིན་པ་སྟེ་བྱིན་རླབས་བྱ་དགོས་པ་དང་། ཡང་དབང་བསྐུར་མ་ཐོབ་པ་ལ་བྱིན་རླབས་བྱས་ན་དམ་ཚིག་ཉམས་པར་ཐུབ་པས་གསུངས་ཤིང་། དེར་མ་ཟད་རྡོ་རྗེ་ཕག་མོའི་བྱིན་རླབས་འདི་ནི། སྨིན་ཟིན་གྲོལ་བར་བྱེད་པ་ཙམ་ཡིན་ལ་མ་སྨིན་པ་སྨིན་པར་བྱེད་པ་མ་ཡིན་ཏེ། རྡོ་རྗེ་ཕག་མོའི་བྱིན་རླབས་ཙམ་ལ་སྡོམ་པ་གསུམ་ལྡན་བྱར་མི་རུང་ཞིང་། ཕྱི་ནང་

སོགས་ཀྱི་རྟེན་འབྲེལ་འགྲིག་པ་མི་འགྱུར་ལ། སྐུ་བཞིའི་ས་བོན་ཐེབས་མི་ནུས་པ་དེའི་ཕྱིར་རོ། །དེའི་ཤེས་བྱེད་སྨྲངས་གཞི་སྦྱོང་བྱེད་ངོ་འཕྲོད་པའི་ཚིགའི་ཡན་ལག་མ་ཚང་བས་སོ། །རྒྱུ་མཚན་དེས་ན་ཐུབ་པས་དེ་ཉིད་འདུས་པ་ལ་སོགས་པའི་རྒྱུད་སྡེ་ལས། དཀྱིལ་འཁོར་ཆེན་པོ་མ་མཐོང་བའི། །མདུན་དུ་འདི་ནི་མ་སྨྲ་ཞིག །ཞེས་སོགས་གསུངས་པའི་ཕྱིར། ཞེས་པའི་དོན་ཡིན་ལ། མར་པ་ནས་བརྒྱུད་པའི་རྣལ་འབྱོར་མའི་བྱིན་རླབས་ལྷད་མ་ཞུགས་པ་དེ་ལ་ཕྱིས་འགའ་ཞིག་གིས་ལྷད་ཅན་གྱི་ཚིག་སྦྱར་ནས་སྨིན་བྱེད་ཀྱི་དབང་དུ་འདོད་པ་དགག་པ་ཡང་གཉིས་ལས། དང་པོ་ཕྱག་རྒྱ་བ་འགའ་ཞིག་གི། ཕག་མགོ་གྲི་གུག་མདའ་གཞུ་སོགས་བཙ་བཞིའི་དབང་གསུངས་པ་དེ་ཉིད་སྨིན་བྱེད་འདོད་པའི་ཕྱོགས་སྔ་སྟོན་པ་ནི། འགའ་ཞིག་འདི་ལའང་ཕག་མགོ་ལས། །སོགས་པའི་དབང་བསྐུར་ཡོད་ཅེས་ཟེར། །ཞེས་པས་བསྟན་ལ། དེའི་ཡང་ཁུངས་ནི་སྔན་རྒྱུད་ལས། ལྷ་མོ་བཅོ་ལྔའི་དབང་བཞི་བཙ་ཡི་མཆོན། །གསུངས་པ་ལ་ཐུག་པ་འདྲའོ། །དེ་འགོག་པ་ནི། དེ་འདྲའི་དབང་བསྐུར་ཉིད་མ་ཡིན། ཞེས་པ་ནས། རྗེས་གནང་ཡིན་གྱིས་དབང་བསྐུར་མིན། །ཞེས་པའི་བར་དང་། ཡང་། གཉིས་པ་རྒྱ་ལོའི་སློབ་མ་སྔགས་ཆུང་བ་སོགས་འགའ་ཞིག་གི། མར་པ་ནས་བརྒྱུད་པའི་ཕག་མོའི་བྱིན་རླབས་ལ། སྔགས་སྡོམ་འབོགས་པའི་ཚིག་སོགས་སྦྱར་ནས་རང་བཟོའི་ཚིག་སྨིན་བྱེད་དུ་འདོད་པའི་ཕྱོགས་སྔ་སྟོན་པ་ནི། ལ་ལ་རྡོ་རྗེ་ཕག་མོ་ལ། ཞེས་སོགས་དང་། དེ་འགོག་པ་ནི། རང་བཟོ་ཚིག་ར་འགྱུར་མི་སྲིད། །ཅེས་པ་ནས། གྲུབ་པ་ནམ་ཡང་མེད་པར་གསུངས། །ཞེས་པའི་བར་གྱི་བསྟན་ཏེ། འདི་དག་གི་དོན་རྒྱས་པར་གཞུང་ཊཱི་ཀ་རྣམས་ལས་ཤེས་པར་བྱ་དགོས་སོ། །

པཎ་ཆེན་ཆོས་ཀྱི་རྒྱལ་པོའི་ལེགས་བཤད་གསེར་ཐུར་ལས།རྡོ་རྗེ་ཕག་མོ་འགའ་ཞིག་གིས། །དབང་བཞི་ཚད་ལྡན་གཞུང་ལས་བཤད། །དེ་དག་སྨིན་བྱེད་དབང་བསྐུར་དུ། །རུང་ངམ་མི་རུང་གང་ཡིན་དྲི། །ཞེས་གསུངས་པའི་རང་ལན་དངོས་ནི། སྤྱིར་རྡོ་རྗེ་རྣལ་འབྱོར་མའི་ལྷ་གྲངས་མང་ཉུང་གི་དཀྱིལ་འཁོར་དང་། དེའི་ཚིག་སྦྱིར་ཡོད་མེད་དང་། ཡོད་ཀྱང་དེའི་ཚིག་དེ་ངེས་ལག་ལེན་དུ་བྱེད་པ་ཡོད་མེད་ཀྱི་དཔྱད་པ་བོར་ནས། བསྟན་བཅོས་འདི་བརྩམས་པའི་ཕྱོགས་སྔ་མར་འཛིན་པ་ནི། རྗེ་དྭགས་པོ་ལྷ་རྗེའི་བཀའ་རྒྱུད་འཛིན་པ་རྣམས། མར་པ་ལོ་ཙྪ་ནས་བརྒྱུད་པའི་རྡོ་རྗེ་ཕག་མོ་ལྷ་ལྔའི་བྱིན་རླབས་ཙམ་ཞིག །སྨིན་སྔགས་ལ་འཇུག་མ་མྱོང་བའི་གང་ཟག་གིས། གསང་སྔགས་ཟབ་མོ་ཉམས་སུ་ལེན་པའི་ཆོས་ཀྱི་སྒོར་མཛད་པ་རྣམས་འགོག་པ་ཡིན་པར་བཤད་ལ། དེ་འགོག་པའི་ཚུལ་གོང་མ་དེ་དག་ཏུ་བཤད་ཟིན་ཏོ། །དེ་ལྟ་ན་ཡང་།རྡོ་རྡོ་རྗེ་ཕག་མོ་ལ་དབང་གི་ཆོ་ག་མེད་པ་མིན་ཏེ། ཕག་མོ་ལྷ་བཅུ་གསུམ་མའི་དཀྱིལ་འཁོར་གྱི་ཆོ་ག་རིགས་ལྡན་ཁྲབ་འཇུག་སྲས་པས་མཛད་

པ་དང་། ཕག་མོ་ལྷ་སོ་བདུན་མའི་སྒྲུབ་ཐབས་སློབ་དཔོན་བདེ་བའི་འབྱུང་གནས་སྦས་པས་མཛད་པ་སོགས་མང་དུ་ཡོད་པ་གསེར་ཐུར་ཉིད་དུ་གསལ་ལ། འོ་ན་རྡོ་རྗེ་ཕག་མོའི་བྱིན་རླབས་ལ་སྡོམ་པ་མི་ཐོབ་ན། རང་ལུགས་ཀྱི་རྡོ་རྗེ་རྣལ་འབྱོར་མའི་བྱིན་རླབས་ལ་སྡོམ་གཟུང་གི་ཆོག་དགོས་པ་མེད་པར་འགྱུར་རོ། །ཞེ་ན། དེ་ནི་སྡོམ་པ་མ་ཐོབ་པར་བྱེད་པ་མིན་ཀྱང་གཟུང་ཟིན་གསལ་ན། བྱིན་རླབས་ཆགས་པའི་དགོས་པ་ཡོད་དོ། །ཡང་འདིར་བྱིན་རླབས་ཆོས་སྒོ་ཡིན་པ་བཀག་པ་ལྟ་བུར་སྣང་བ་ནི། དེ་སྨིན་བྱེད་ཀྱི་དབང་ཡིན་པ་བཀག་པ་ཡིན་གྱིས། ཆོས་སྒོའི་དོན་ཙམ་ནི་ཁས་ལེན་དགོས་ཏེ། དཔེར་ན་རྩ་དབུ་མའི་རྫོགས་རིམ་ཉན་པའི་སྔ་སྲོལ་དུ། རྡོ་རྗེ་རྣལ་འབྱོར་མའི་བྱིན་རླབས་ငེས་པར་སྔོན་དུ་འགྲོ་དགོས་པ་བཞིན་དང་། ཡང་རྗེ་བཙུན་རྩེ་མོས་ནི། རང་ལུགས་ལ་ཡང་ཆོས་སྒོའི་ཐ་སྙད་གསུངས་འདུག་གོ། །

གོང་གི་ཕྱོགས་སྔ་མ་དེ་དག་ལ་གནོད་བྱེད་རྒྱས་པར་བརྗོད་པ་ལ་གཉིས་ལས། དང་པོ་ད་ལྟར་གྱི་དུས་སུ་སྔོན་གྱི་ཚོགས་སོ་ཐར་གྱི་ཆོས་སྒོ་འབྱེད་པར་ཐལ་བའི་མཚུངས་པ་ནི། གཞན་ཡང་ཕག་མོའི་བྱིན་རླབས་ལས། གསང་སྔགས་ཆོས་སྒོར་བྱེད་པ་ནི། །རྒྱུད་སྡེ་གང་ནའང་བཤད་པ་མེད། །དེ་བས་དགེ་སློང་བྱེད་པ་ལ། །རང་བྱུང་གི་བསྙེན་རྫོགས་པ་དང་། །ཞེས་སོགས་ནས། གཟུགས་བརྙན་ཙམ་ཡང་མི་སྣང་ངོ་། །ཞེས་པའི་བར་གྱི་བསྟན་ཏེ། ཡི་གེ་མང་བས་འདིར་མ་སྤྲོས་སོ། །

དེ་ནས། སློབ་མའི་གྲངས་ལ་འབྲུལ་པ་དགག་པ་ལ་དབང་གི་སློབ་མ་ལ་གྲངས་ངེས་མི་དགོས་ན། བསྙེན་རྫོགས་ཀྱི་སློབ་མ་ལ་ཡང་གྲངས་ངེས་མི་དགོས་པར་ཐལ་བ། དབང་གི་སློབ་མ་ལ་གྲངས་ངེས་དགོས་པའི་ལུང་རིགས་བཤད་པ། ལུང་དོན་དེ་ལ་ལོག་རྟོག་དགག་པའོ། །དང་པོ་ནི། གཞུང་ལས། བླུན་པོ་སྙིང་ཕོད་ཅན་གྱིས་ཀྱང་། །ཞེས་སོགས་ནས། འདི་ནི་རྡོ་རྗེ་འཆང་གིས་བཀག །ཅེས་པའི་བར་གྱིས་བསྟན་ཏེ། དེའི་དོན་ནི་བླུན་པོ་སྙིང་ཕོད་ཅན་གྱིས་ཀྱང་། འདུལ་བའི་ཆོ་ག་རྒྱལ་མ་ནུས་ཏེ། དཔེར་ན་རབ་བྱུང་གང་ཟག་བསྙེན་པར་རྫོགས་པའི་ཚེ། མཚམས་ན་ང་གཅིག་ཏུ་གསུམ་ལས་མང་བ་ཅིག་ཆར་འཇུག་མི་ནུས་པའི་ཕྱིར་ཏེ། དུ་མ་མཁན་པོ་གཅིག་པ་གསུམ་མན་ཆད། །ཅེས་གསུངས་པས་སོ། །ས་བཅད་དང་འདི་འགྲིག་པར་སྣང་ལ། ཡང་ན་རབ་བྱུང་ཞུ་བའི་ཚེ་གསུམ་ལས་མང་བ་འཇུག་མི་ནུས། ཞེས་སྦྱར་བར་བྱ་སྟེ། བར་མ་རབ་བྱུང་དངོས་གཞིའི་ལས་ནི། གང་ཟག་རྐྱང་པའི་ལས་ཡིན་པས་ཚོགས་ཀྱིས་མི་བྱའོ། །ཞེས་པ་ལྟ་བུའི་དགག་ཆ་མེད་པའི་ཕྱིར་རོ། །གསང་སྔགས་ཆོ་ག་ཕལ་ཆེར་ཐམས་ཅད་ལ་བླུན་པོ་རྣམས་ཀྱི་རང་བཟོར་སྤྱོད་པས། སྔགས་ཀྱི་དབང་བསྐུར་བྱེད་པ་ཐམས་ཅད་ལ་གྲངས་མེད་པར་དབང་བསྐུར་བྱེད་པ་འདི་ནི་མི་འཐད་དེ། རྡོ་རྗེ་འཆང་གི་རྒྱུད་ལས་

བཀག་པའོ། །ཞེས་པའོ། །

གཉིས་པ་ནི། སྤྱོད་པའི་རྒྱུད་ཀྱི་དབང་བསྐུར་ལ། །སློབ་མ་གྲངས་ངེས་མེད་པར་གསུངས། །ལྷག་མ་དམིགས་བསལ་མཛད་པ་ཡི། །སློབ་མ་ལ་ནི་གྲངས་ངེས་ཡོད། །ཅེས་སོགས་ནས། འདི་ནི་ཀུན་ལ་འཇུག་པ་ཡིན། །ཞེས་པའི་བར་གྱིས་བསྟན་ཏེ། དེའི་དོན་ཡང་། སྤྱོད་པའི་རྒྱུད་ཀྱི་དབང་བསྐུར་གྱི་སློབ་མ་རྗེས་བཟུང་ལ་གྲངས་ངེས་མི་མཛད་པའི་རྒྱུ་མཚན་ནི། རྣམ་སྣང་མངོན་བྱང་ལས། འོན་ཀྱང་སློབ་དཔོན་སྙིང་རྗེ་ཆེན་པོ་དང་ལྡན་པས་སེམས་ཅན་གྱི་ཁམས་མ་ལུས་པ་བསྒྲལ་བར་དམ་བཅའ་བོ་ནར་བྱ་སྟེ། དེས་བྱང་ཆུབ་ཀྱི་རྒྱུར་འགྱུར་བར་བྱ་བའི་ཕྱིར། སེམས་ཅན་ཚད་མེད་པ་ཡོངས་སུ་གཟུང་བར་བྱའོ། །ཞེས་གསུངས་པ་དེ་ཉིད་ཡིན་ལ། ཊཱི་ཀཱ་སྔ་མ་རྣམས་ཀྱིས་བཅུ་འམ་བརྒྱད་དམ་བདུན་ནམ་ལྔ་གཅིག་གཉིས་བཞི་ལས་ལྷག་ཀྱང་རུང་། དཔྱད་མི་དགོས་པར་གཟུང་བར་བྱ། ཞེས་པ་དེ་འདྲེན་མོད། དེ་ནི་ཁ་འཆམས་དང་ཁ་ཡར་གྱི་གྲངས་མང་ཀྱང་། བཅུ་ཚུན་ཆད་ཀྱི་གྲངས་བྱས་ལ། དེ་ཡང་དབང་བསྐུར་དངོས་གཞིའི་དབང་དུ་བྱས་པར་གསལ་ལོ། །གལ་ཏེ་བཅུ་ཚུན་ཆད་གསུངས་པ་དེ། མཚོན་བྱེད་ཙམ་ཡིན་ནོ་སྙམ་ན། དེ་ཡང་མིན་ཏེ། དེའི་རྗེས་སུ་གྲངས་ཀྱི་ཚད་འདི་བྱས་སོ། །ཞེས་གསུངས། ལྷག་མ་དམིགས་བསལ་མཛད་པའི་རྒྱུད་སྡེ་གཞན་གསུམ་གྱི་སློབ་མ་རྗེས་བཟུང་ལ་གྲངས་ངེས་ཡོད་པའི་ཤེས་བྱེད་ནི། གསང་བ་སྤྱི་རྒྱུད་ལས། མཁས་པས་སློབ་མ་གཅིག་གམ་གསུམ། །ལྔ་འམ་ཡང་ན་བདུན་དག་གམ། །ཤུ་ཉི་ཙ་ནི་ལྔ་ཡི་བར། །གཟུང་དུ་མ་གྱུར་སློབ་མ་བཟུང་། །དེ་བས་ལྷག་པའི་སློབ་མ་ནི༑ ༑ཡོངས་སུ་གཟུང་བར་མི་ཤེས་སོ། །ཞེས་གསུངས་པ་འདི་ཉིད་ཡིན་ལ། འདི་ནི་སྤྱོད་རྒྱུད་ཀྱི་ལྷག་མ་རྒྱུད་སྡེ་གསུམ་པོ་ཀུན་ལ་ཤེས་བྱེད་དུ་འཇུག་པ་ཡིན་ནོ། །འདི་ར་ལྷ་བཙུན་བསམ་ཡས་པའི་ཊཱི་ཀར། ལྷག་མ་དམིགས་བསལ་མཛད་པའི་ཞེས་པ་ལེགས་པར་མངོན་ནོ། །གཅིག་ནས་ཉི་ཤུ་རྩ་ལྔའི་བར་གསུངས་པ་དེ་ཡང་། སློབ་མ་རྗེས་བཟུང་གི་གྲངས་ངེས་ཡིན་གྱིས། དབང་བསྐུར་དངོས་གཞིའི་ཚེ་ནི་དཀྱིལ་འཁོར་གཅིག་ཏུ་དབང་རྫས་གཅིག་གིས་སློབ་མ་གཅིག་ལས་ལྷག་པ་ལ་ཅིག་ཆར་བསྐུར་བར་མ་གསུངས་ཏེ། མཁས་པས་ཅིག་ཆར་སློབ་མ་གཉིས། །དབང་བསྐུར་བ་ནི་ཡོངས་མི་བྱ། །ཞེས་དང་། སློབ་མ་རེ་རེ་ནས་བཀུག་སྟེ། བསང་གཏོར་སྔ་མ་བཞིན་བྱས་ལ། ཞེས་གསུངས་པས་སོ། །དབང་རྫས་དུ་མ་ཡོད་ན། དཀྱིལ་འཁོར་གཅིག་ཏུ་ཡང་སློབ་མ་དུ་མ་ཅིག་ཆར་དུ་དབང་བསྐུར་བས་ཆོག་པར་མངོན་ཏེ། གཉིས་སམ་གསུམ་མམ་བཞི་ཡང་རུང་། །བླ་མས་དབང་བསྐུར་བྱ་བ་ནི། །ཡོ་བྱད་གསར་པ་གཞན་རྣམས་ཀྱི། །ཐམས་ཅད་སོ་སོ་སོ་སོར་བྱ། །ཞེས་གསུངས། འོན་དེང་སང་བླ་མ་རྣམས་ཀྱིས་སློབ་མ་རྗེས་འཛིན་ལ་གྲངས་ངེས་མི་མཛད་པ་ཅི། ཞེ་ན། དེ་ནི་སློབ་དཔོན་སྙིང་རྗེ་ཆེན

པོ་དང་ལྡན་པས་བྱང་ཆུབ་ཀྱི་སེམས་ཀྱི་རྒྱུར་འགྱུར་བའི་དགོས་པ་ཁྱད་པར་ཅན་ལ་དགོངས་པའོ། །ཞེས་སྤྱོད་རྒྱུད་ཀྱི་ལུང་དེ་ཉིད་ལ་ཐུགས་རྗེ་གཏད་པར་སྣང་ངོ་། །རྒྱས་པར་ནི། གསེར་ཐུར་ལས་ཤེས་པར་བྱའོ། །དེར་ལུང་གི་ཤེས་བྱེད་བསྟན་པ། རིག་པའི་ཤེས་བྱེད་ནི། དེ་བས་ལྷག་པའི་སློབ་མ་ལ། །ཆོ་ག་ཡོངས་སུ་རྫོགས་པ་ནི༑ ༑ཞེས་པ་ནས། མཆོད་ནས་གཤེགས་སུ་གསོལ་བར་ཤིས། །ཞེས་པའི་བར་ཏེ། ཉེར་ལྔ་དེ་བས་ལྷག་པའི་སློབ་མ་ལ་དབང་བསྐུར་དངོས་གཞིའི་ཆོ་ག་ཡོངས་སུ་རྫོགས་པ་ནི་མཚན་མོ་གཅིག་ལ་ཚར་བ་མི་ནུས་ཤིང་། དེའི་མཚན་མོ་མ་ཚར་ན། ཆོ་ག་ཉམས་པར་འགྱུར་བ་གསུངས་པའི་རྒྱུ་མཚན་གྱིས་ཏེ། དེ་ཡང་གསང་བ་སྤྱི་རྒྱུད་ལས། ལྷ་ཡང་ཉི་མ་ནུབ་པ་ན། །ངེས་པར་བྱིན་གྱིས་རླབས་ཀྱིས་འདུ། །ཉི་མ་ཤར་བ་གྱུར་པ་ན། །མཆོད་ནས་གཤེགས་སུ་གསོལ་བར་ཤིས། །ཞེས་བྱ་བའི་ཕྱིར། འདིར་ལྷ་ཞེས་པ་ནི། གང་དུ་དབང་བསྐུར་བའི་དཀྱིལ་འཁོར་དུ་སྤྱན་དྲངས་པའི་ཡེ་ཤེས་ཀྱི་ལྷ་དང་། གང་གི་དབང་བསྐུར་བྱེད་ནམ་མཁའི་ལྷ་ལྷ་བུ་ལ་བྱེད་པ་ནི་མིན་ཏེ། ཡིན་ན་རས་བྲིས་ཀྱི་དཀྱིལ་འཁོར་དང་། གཟུགས་སྐུ་སོགས་ལ་རབ་ཏུ་གནས་པའི་ལྷ་ཡང་། ཉི་མ་མ་ཤར་གོང་དུ་གཤེགས་དགོས་པར་ཐལ་བའི་ཕྱིར་དང་། སྐྲབ་ཅིང་མཆོད་པ་གཅིག་ལ་ཉི་མ་མང་པོ་ཐོགས་པ། དཔལ་མཆོག་དང་། རྩེ་མོ་རིས་བསྡུས་ལྷ་བུ་དང་། སློབ་མ་རྣམས་རྡོ་རྗེ་སློབ་དཔོན་དུ་དབང་བསྐུར་བའི་གནད་ཀྱི་དབང་ཚར་གཅིག་ལ་ཞག་མང་པོ་ཐོགས་ཏེ། དེ་དག་ལ་ཧ་ཅང་ཐལ་བའི་ཕྱིར་རོ། །འོ་ན་ཅི་ཞེ་ན། སློབ་དཔོན་གྱི་དཀྱིལ་འཁོར་ཁང་པའི་གནས་དེར་ངེས་པར་སྤྱན་འདྲེན་དགོས་པ་མིན་ཞིང་། བྱིན་རླབས་ཀྱི་སྟོབས་ཀྱིས་ངེས་པར་མཚན་མོའི་དུས་ཁོ་ན་འདུ་བའི་དཔའ་བོ་དང་རྣལ་འབྱོར་མའི་ལྷ་ཚོགས། རྫས་ཀྱི་ཆོ་གའི་དུས་ཀྱི་གཏོར་མ་ལ་སོགས་པས་མཆོད་པའི་དུས་སུ་གྱུར་པ་རྣམས་དང་། རྒྱལ་ཆེན་རིགས་བཞི་དང་སུམ་ཅུ་རྩ་གསུམ་པའི་ལྷ་ལ་སོགས་པ་འཛམ་བུའི་གླིང་དུ་མཚན་མོ་ཁོ་ན་འོང་བཞིན་ཆོས་སྣན་པ་སྨྲིན་པ་བྱུང་ན། མཚན་ཐོག་ཏུ་འབོད་པ་རྣམས་ལ་བྱ་དགོས་ཏེ། གསང་བའི་སྤྱིའི་རྒྱུད་ཀྱི་ལུང་དྲངས་མ་ཐག་པའི་འགྲེ་ལས། གཞན་ཡང་གང་དག་གསང་སྔགས་ལྷ། །ལྷ་དང་འཇིག་རྟེན་སྐྱོང་བ་དང་། །འབྱུང་པོ་བྱང་ཆུབ་བརྟན་གནས་དང་། །སེམས་ཅན་བསྟན་ལ་མངོན་དགའ་བ། །ཞེས་པ་ནས། དཀྱིལ་འཁོར་དང་བཅས་ཐམས་ཅད་ནི། ཉེ་བར་འཁྱོན་པར་མཛད་པའི་རིགས། །ཞེས་དང་། ཆོས་གྲགས་ཀྱི་མདོ་ལས། ལྷ་དང་ལྷ་མིའམ་ཅིའི་དབང་པོ་དང་། ཞེས་སོགས་དང་། འདུལ་བ་ནས་ཀྱང་། ཆོས་བརྒྱད་བཅུ་བཞི་བཙོ་ལྔ་རྣམས་ལ། ནུབ་མོ་ལྷ་རྣམས་འདུ་བར་གསུངས་པ་རྣམས་སོ༑ ༑འདི་དག་ཀྱང་ཁོ་བོའི་བླ་མ་ཁོ་ནའི་ལེགས་བཤད་ཡིན་གྱིས། རྣམ་བཤད་མཛད་པ་སྔ་མ་ཕལ་ཆེ་བ་ལ་མི་སྣང་ཞིང་། དེང་སང་སྡོམ་གསུམ་ལ་མཁས་པ་རློམ་པར་གྲགས་ཆེ་བ་དག་ལ་ཡང་། གཞུང་དོན་གྱི་སྐབས་སུ་ཅི་

ཡང་མི་སྣང་ངོ་། །གོ་ཏི་ཀ་ལས། སློབ་མ་གྲངས་ངེས་མེད་པའི་དབང་བསྐུར་ཐམས་ཅད་སྨིན་བྱེད་དུ་མི་རུང་བའི་ས་བཅད་མཛད་ནས། སྤྱོད་རྒྱུད་ཀྱི་དབང་གི་སློབ་མ་ལ་གྲངས་ངེས་མི་དགོས་གསུངས་པ་ཡང་ནང་འགལ་ལོ༑ ༑

གསུམ་པ་ནི། གཞུང་ལས། འདི་ནི་བྱ་བའི་རྒྱུད་ཡིན་པས། །གཞན་གྱི་ཚིག་མིན་སྙམ་ན། །གཞན་རྣམས་ཀུན་ལའང་འདི་འཇུག་པར། །སྤྱི་རྒྱུད་ཉིད་ལས་འདི་སྐད་གསུངས། །ཞེས་པ་ནས། རྒྱུད་རྣམ་ཀུན་ལ་འཇུག་པ་ཡིན། །ཞེས་པའི་བར་གྱིས་བསྟན་ཏེ། དེའི་དོན་ཡང་མདོར་བསྡུ་ན། གལ་ཏེ་གསང་བ་སྤྱི་རྒྱུད་འདི་ནི། བྱ་བའི་རྒྱུད་ཡིན་པས་རྒྱུད་སྡེ་གཞན་རྣལ་འབྱོར་གོང་འོག་གཉིས་ཀྱི་ཚིག་མིན་ནོ་སྙམ་ན། སྤྱོད་རྒྱུད་མ་གཏོགས་གཞན་རྣམས་ཀུན་ལ་འདི་འཇུག་པར། སྤྱི་རྒྱུད་ཉིད་ལས། འདི་སྐད་གསུངས་ཏེ། གང་དུ་ལས་ནི་ཡོད་གྱུར་ལ། ། ལས་ཀྱི་ཚིག་རྣམས་བཤད་པ། །དེར་ནི་ཕྱིའི་རྒྱུད་དག་ལས། །གསུངས་པའི་ཚིག་མཁས་པས་བསྣེན། །དེ་སྐད་གསུངས་པའི་ཕྱིར་ན་ཚིག་འདི་ནི། རྒྱུད་གསུམ་ཀུན་ལ་འཇུག་པ་ཡིན་ནོ། །ཞེས་གཞུང་གི་དངོས་བསྟན་དེ་ལྟར་དུ་འཆད་དགོས་སོ། །

ཁྱད་པར་སྐབས་དོན་འདི་བརྗོད་པར་བྱ་སྟེ། འཐིལ་གཏམ་མཛད་པས་དབང་བསྐུར་གྱི་སློབ་མའི་གྲངས་ངེས་ཀྱི་དོགས་དཔྱོད། གཞུང་གི་གོ་རིམ་དང་བསྟུན་ན་དབང་བསྐུར་མུ་བཞིའི་དོགས་དཔྱོད་ཀྱི་གོང་དུ་དགོས་རྒྱུ་ཡིན་འདུག་ནའང་། གོ་རིམ་ངེས་པ་མ་མཛད་པ་དེའི་འོག་ཏུ་བཤད་འདུག་མོད། གང་ལྟར་འདིར་བླང་ནས་དེ་དག་ལ་བརྟགས་པར་བྱ་སྟེ། དེ་ཡང་འཐིལ་གཏམ་ལས། དེ་ལྟར་དབང་བསྐུར་བའི་སློབ་མ་ལ་གྲངས་ངེས་དགོས་མི་དགོས་ཀྱི་རྣམ་དབྱེ་སྟོན་ལ། ཞེས་སོགས་ནས། རྣམ་དབྱེ་མདོ་ཙམ་བསྟན་པ་ཡིན་ལ། ཞེས་པའི་བར་གསུངས་པ་ལ།

འདི་སྐད་བརྗོད་པར་བྱ་སྟེ། སློབ་མ་གྲངས་ངེས་མེད་པར་དབང་བསྐུར་བ། །སྨིན་བྱེད་དབང་བསྐུར་མིན་ན་སྤྱོད་རྒྱུད་ཀྱི། །རྣམ་སྣང་མངོན་བྱང་ལས་གསུངས་གྲངས་མེད་པར། །དབང་བསྐུར་བྱེད་པ་སྨིན་བྱེད་མིན་པར་འགྱུར། །སྤྱོད་རྒྱུད་དབང་ལ་གྲངས་ངེས་མེད་ཟེར་བའང་། །བརྟགས་ན་དེ་ལ་ཁ་འབྲུམས་ཁ་ཡར་གྱི། །ངེས་པ་མེད་མོད་གྲངས་མེད་མ་ཡིན་ཏེ། །སློབ་མ་བཅུ་ལས་ལྷག་པ་བཀག་ཕྱིར་རོ། །བཅུ་ཚུན་གསུངས་པ་མཚོན་བྱེད་ཙམ་ཡིན་གྱི། །དེ་ཉིད་གྲངས་ངེས་མིན་ན་མངོན་བྱང་ལས། །དེ་རྣམས་དོན་ཕྱིར་གྲངས་ཚད་འདི་བྱས་སོ། །ཞེས་གསུངས་པའང་ཁས་ལེན་ནུས་མ་ཡིན། །དེ་ལྟ་ན་ཡང་སྤྱོད་རྒྱུད་རྗེས་བཟུང་གི། །སློབ་མར་གྲངས་ངེས་མེད་པའི་ཤེས་བྱེད་དུ། །རྒྱུད་ལས་སློབ་དཔོན་སྙིང་རྗེ་ཆེན་པོ་ཡི། །སློབ་མ་ཚད་མེད་བཟུང་ཞེས

གསལ་བར་བཤད། །ལྷག་མ་རྒྱུད་ཀུན་རྗེས་འཛིན་གྲངས་ངེས་གསུངས། །གསང་བ་སྤྱི་རྒྱུད་ཁུངས་སུ་དྲངས་པ་ཡི། །བྱ་བ་རྣལ་འབྱོར་གོང་འོག་རྒྱུད་གསུམ་ཀུན། །དབང་གི་སློབ་མར་གྲངས་ངེས་དགོས་གྱུར་ན། །འཇམ་དབྱངས་གྲགས་པས་དཔལ་ལྡན་དུས་འཁོར་དབང་། །ཚངས་པའི་དྲང་སྲོང་བྱེ་བ་ཕྲག་ཕྱེད་བཞིར། །དུས་གཅིག་བསྐུར་བ་ཚད་ལྡན་མིན་འགྱུར་ཞིང་། །ཨ་ནྡྲ་ཀ་རས་འཕྲེང་བའི་དབང་བསྐུར་ལ། །གྲངས་ངེས་མེད་པ་དིང་སངའང་མཛད་མིན་ནམ། །རྒྱུད་སྡེ་གོང་མར་གྲངས་ངེས་དགོས་པ་ཡི། །ཤེས་བྱེད་སྤྱི་རྒྱུད་ཡིན་ན་རྒྱུད་དེ་ནི༑ །བྱ་བའི་རྒྱུད་ཆེན་ཡིན་པར་བཞེད་མིན་ནམ། །བྱ་རྒྱུད་གོང་མའི་ཁུངས་སུ་འགྲོ་བ་དཀའ། །སྤྱི་རྒྱུད་ལས་གསུངས་ཉེར་ལྔའི་གྲངས་བཤད་པས། །རྒྱུད་གསུམ་ཀུན་ལ་འཇུག་པའི་ཤེས་བྱེད་དུ། །གོང་མར་དབང་བསྐུར་གསུངས་ཀྱང་དེའི་གྲངས་ངེས། །མ་གསུངས་པ་ཉིད་བཀོད་པའང་ཚིག་ཙ་ཟད། །བྱ་རྒྱུད་དབང་ལ་གྲངས་ངེས་དགོས་པའི་ལུང་། །རྒྱུད་སྡེ་གོང་མ་གཉིས་ལ་འཇུག་གྱུར་ན། །མངོན་བྱང་ལས་གསུངས་གྲངས་ངེས་མེད་པ་ཡི། །སྤྱོད་རྒྱུད་ལུང་ཡང་གོང་མར་ཅིས་མི་འཇུག །སྤྱི་རྒྱུད་ཡིན་ཕྱིར་དེ་དང་མི་མཚུངས་ཞེས། །ཟེར་ན་ལམ་འབྲས་སློབ་མ་རྗེས་འཛིན་དུས། །གྲངས་ངེས་མེད་པར་མཛད་པའི་རྒྱུ་མཚན་དུ། །རྣམ་སྣང་མངོན་བྱང་ལུང་འདྲེན་དེ་ཡང་ནི། །སོ་ཤིང་དོར་སོགས་བྱ་བའི་རྒྱུད་ཉིད་ལས། །གསུངས་ཀྱི་རྒྱུད་སྡེ་གོང་མར་མེད་གྱུར་ན། །སོ་ཤིང་ཁྱེར་ཆུ་བསྲུང་སྐུད་ཀུ་ཤ་སྦྱིན། །རིམ་བཞིན་དབང་བཞིའི་སྔ་གོན་མིན་པར་འགྱུར། །ནང་འཇུག་དངོས་གཞིའི་ཡེ་ཤེས་དབབ་པ་ཡང་། །བླ་མེད་རྒྱུད་ལས་མ་གསུངས་རྣལ་འབྱོར་རྒྱུད། །ཉིད་ལས་གསུངས་པའི་རྒྱུད་ལུང་གསལ་པོ་གང་། །ཡེ་ཤེས་དབབ་སོགས་བླ་མེད་ལས་ཟབ་འགྱུར། །སྤྱི་རྒྱུད་གྲངས་ངེས་རྒྱུད་གསུམ་ལ་སྦྱོར་བའི། །ཤེས་བྱེད་དེ་ཉིད་འདུས་པའི་ལུང་དང་ནི། །དགེས་རྡོར་ཙ་རྒྱུད་སློབ་དཔོན་གོང་ཀ་ནའི། །བཤད་ཚུལ་ལུང་ཚིག་དྲངས་མོད་ལུང་དེའི་དོན། །སྤྱིར་གྱི་བླ་མེད་ཕན་ཚུན་བརྟེན་པ་དང་། །དེར་མི་གསལ་ན་འོག་མས་རིམ་བཞིན་གྱི། །ཁ་འགེང་ལ་དགོངས་བཤད་པ་ཡིན་མོད་ཀྱི། །གོང་མར་གསལ་ཁ་ཡོད་བཞིན་འོག་མའི་ལུང་། །གོང་མར་སྦྱོར་བ་ནམ་ཡང་མི་འཐད་ཅིང་། །རྣམ་པ་ཀུན་དུ་ལུང་ཚིག་དེ་དག་ནི། །ཀུན་ལ་སྦྱོར་ན་དེ་ཉིད་སྤྱོད་རྒྱུད་ལའང་། །ལུང་དུ་མི་འཇུག་ཤེས་བྱེད་ཡོད་མ་ཡིན། །ཞེས་ཀྱང་སྨྲ་རོ། །དེས་ན་འབེལ་གཏམ་མཛད་པ་ལ་སྟོན་ངག་དྲང་སྲོང་ཨ་ཀ་སྨྲ་ཡའི་གཏམ་རྒྱུད་ལ་སྦྱར་བ་ནི་འབུལ་བར་བྱ་སྟེ། རྒྱུད་དོན་གྲངས་ངེས་འབྱེད་ཅེས་ཆེར་རློམ་པའི། །སློ་མཁས་ལྷ་མིན་ཕ་རོལ་འགྲོན་གྱི་ཟློལ། །ང་རྒྱལ་ལྟོ་བར་རྒྱུ་ཡང་མ་ཚིམས་ནས། །འཁྲོག་ཚིག་རྒྱ་མཚོ་འཕྱུང་བ་ངལ་གྱུར་ཏམ། །ཞེས་བར་སྐབས་ཀྱི་ཚིགས་སུ་བཅད་པའོ། །

ཡང་འབེལ་གཏམ་ལས། ད་ནི་པཎ་ཆེན་རིན་པོ་ཆེའི་བཞེད་པ་བསྟན་པའི་སྒོ་ནས། གཞུང་འདིར།

གཞུང་བཅོས་པ་སོགས་ཀྱི་རྩོད་པ་ཟློག་པར་བྱ་སྟེ། མཁས་པས་སློབ་མ་གཅིག་གམ་གསུམ། །ཞེས་སོགས་དྲངས་པ་འདི་ལ། གསེར་ཐུར་དུ། གསང་བ་སྤྱི་རྒྱུད་དག་ལས་ནི། དཀྱིལ་འཁོར་དག་ཏུ་དབང་བསྐུར་བའི། །སློབ་མ་གཉིས་དང་བཞི་ལ་སོགས། །ཟུང་དུ་བཤད་པ་འགའ་ཞིག་ཡོད། །ཅེས་ཚུར་རྩོད་པ་མཛད་ལ། དེ་ནི་ས་པཎ་ལ་མ་སོང་རྡོ་རྗེ་འཆང་ལ་རྩོད་པར་སོང་སྟེ། ཞེས་བཀོད་པ་ནི་མཁས་པ་རྣམས་ཀྱིས་བཞད་གད་ཀྱི་གནས་ཏེ། དེ་ཡང་ས་པཎ་ལ་མ་སོང་བྱས་པས། དེའི་ཚིག་ཕྱི་མའི་འཕྲོས་ལ་བརྟགས་ན། རྡོ་རྗེ་འཆང་ལ་རྩོད་པ་སོང་ཟེར་བར་འགྲོ་ལ། ཡང་རྡོ་རྗེ་འཆང་ལ་རྩོད་པ་སོང་ཞེས་པའི་སྔ་མའི་འགྲོས་ལ་བལྟས་ན། ས་པཎ་ལ་རྩོད་པར་མ་སོང་ཞེས་པར་འགྲོ་བས། པཎ་ཆེན་གྱིས་ཚུར་རྩོད་པ་མཛད་ཟེར་བ་དང་། ས་པཎ་ལ་རྩོད་པར་མ་སོང་ཞེས་པ་ཡང་རང་ཚིག་སྔ་ཕྱི་འགལ། རྩོད་པ་སོང་བ་ལ་བྱེད་ན། རྩོད་པ་བྱས་ཕྱིན་ཆད་པ་ལས་རྒྱལ་བ་ཀུན་འདོད་མེད། དེས་ན་རྡོ་རྗེ་འཆང་ལ་རྩོད་པ་སོང་བས་གོ་ཆོད་པའི་མཆོག་ཡིན་པ་གདའའོ། །ཞེས་ཞུས་ན་ཁྱེད་ཐུགས་མི་ཚིག་ལས་ཆེ། ཚིག་ན་ཉམས་ལྷན་ཞུས་པ་ཡིན་ནང་བཟོད་པར་བཞེས། དོན་ལ་ལུང་ཁུངས་གསང་བ་སྤྱི་རྒྱུད་ཀྱིས། །མཁས་པས་ཅིག་ཆར་སློབ་མ་གཉིས། །དབང་བསྐུར་བ་ནི་ཡོངས་མི་བྱ། །ཞེས་སོགས་དང་། མཁས་པས་སློབ་མ་གཅིག་གམ་གསུམ། །ཞེས་སོགས། སྤྱི་རྒྱུད་ཀྱི་ལུང་དེ་གཉིས་ལ་འགལ་འདུའི་རྩོད་པ་བཏང་འདུག་གསུངས་པ་ཡང་། རང་གི་ལུང་དོན་ཇི་བཞིན་འཆད་མ་ཤེས་པ་གཞན་ལ་ལབ་རིངས་པར་འདུག་སྟེ། སྤྱི་རྒྱུད་ཀྱི་ལུང་ལ་འགལ་འདུ་ཡོད་ན་ཏ་ཙང་ཐལ་བས། ལུང་དོན་འཆད་མ་ཤེས་པས་ལན་པར་འདུག །དེའི་དོན་ནི་གོང་དུ་རྒྱས་པར་བཤད་ཟིན་པ་ལྟར། སྔོན་པོ། མཁས་པས་སློབ་མ་གཅིག་གམ་གསུམ། །ཞེས་སོགས་ཉི་ཤུ་རྩ་ལྔའི་བར་གསུངས་པ་དེ་ནི་སློབ་མ་རྗེས་བཟུང་གི་གྲངས་ངེས་ཀྱི་དབང་དུ་བྱས་པ་དང་། མཁས་པས་ཅིག་ཆར་སློབ་མ་གཉིས། །དབང་བསྐུར་བ་ནི་ཡོངས་མི་བྱ། །ཞེས་པ་ནི། དབང་བསྐུར་དངོས་གཞིའི་ཚེ། དཀྱིལ་འཁོར་གཅིག་ཏུ་དབང་རྫས་གཅིག་གིས་སློབ་མ་གཅིག་ལས་ལྷག་པ་ལ་ཅིག་ཆར་བསྐུར་བར་མ་གསུངས་ཞེས་པའི་དོན་ཡིན་པས་སོ། །ཡང་ལུང་དོན་དེ་དག་མི་འཐད་ན། ཁྱེད་རང་གི་སློབ་མ་སྟོད་རུང་ཉེར་ལྔ་མན་གྱིས་བཟུང་དུ་མ་གྲུབ་པ་ལ་རྗེས་འཛིན་དུས་གཅིག་ལ་བྱས་ནས། ཞེས་སྨྲས་མ་ཐག་པ་དེ་ཆུ་དོང་ལ་མི་འབོ་འམ། གཉིས་སམ་གསུམ་མམ་བཞི་གང་རུང་། །ཡོ་བྱད་གསར་པ་གཞན་རྣམས་ཀྱིས། །ཐམས་ཅད་སོ་སོ་སོ་སོར་བྱ། །ཞེས་པའི་དོན། ཆུ་དང་ཅོད་པན་གྱི་དབང་ཙམ་སྟེ་ཅིག་ལ་བྱས་ནས། སླར་ཡང་རིགས་ལྔའི་སྒྲུབ་པའི་དཀྱིལ་འཁོར་དུ་དབང་བསྐུར་ན། གཞན་རྣམས་བཏང་ནས་སློབ་མ་གཅིག་ཁོ་ན་ལ་བྱ་བ་ཡིན་གྱིས། གཞན་རྣམས་ལ་མི་བྱ། ཞེས་ཟེར་བ་དེ་ནི་ཁྱེད་རང་གིས་དྲངས་པའི་གཞུང་དེ་ཉིད་དང་འགལ་ཏེ། གཞུང་དེར་དབང་རྫས་དུ་མ་ཡོད་ན

དཀྱིལ་འཁོར་གཅིག་ཏུ་ཡང་སློབ་མ་དུ་མ་ལ་ཅིག་ཆར་དུ་དབང་བསྐུར་བས་ཆོག་པ་དང་། དེའི་གྲངས་ལ་ཡང་གཉིས་སམ་གསུམ་མམ་བཞི་ཡང་རུང་བ་བཤད་པ་ལ་བསྐྱོན་མི་ནུས་པའི་ཕྱིར། ཡང་འབེལ་གཏམ་གྱི་འགྲོ་དེ་ཉིད་ལས། གལ་ཏེ་སློབ་མ་གཉིས་སམ་གསུམ་མམ་བཞི་ལ་སོགས་པ་གང་ཡང་རུང་བ་ཡོད་ན་སྔ་མ་དེ་ལ་དབང་བསྐུར་ཆར་བ་དང་། གཞན་རྣམས་རིམ་པ་བཞིན་དུ་པོས་ལ་དབང་བསྐུར་ཡིན་ཏེ། དེའི་ཚུལ་ཡང་རེ་རེ་ལ་ཡང་སྟོན་དུ་མཆོད་པའི་ཡོ་བྱད་སྟེང་པ་རྣམས་སྤྱོས་ཤིང་། གསར་པ་རྣམས་བཤམས་ཏེ། བླ་མས་ཀྱང་མདུན་བསྐྱེད་བསྒྲུབ་མཆོད་བདག་འཇུག་ཚུལ་བཞིན་དུ་བཏང་ལ། དབང་བསྐུར་བའི་ཆོག་ཐམས་ཅད་སློབ་མ་སོ་སོ་སྟེ། རེ་རེ་ལ་སོ་སོ་བྱ་བ་རྒྱུད་གྱི་དོན་ཡིན་ཏེ། ཆིག་འབྲུ་མྱུང་པས་གསལ་ལོ། །ཞེས་སྨྲས་པ་ལ་ཡང་དཔྱད་པ་འདི་འཇུག་སྟེ། སྤྲུལ་པའི་གང་ཟག་ལྷ་བུའི་དབང་དུ་བྱས་ན་མཐའ་གཅིག་ཏུ་མ་ངེས་མོད། ཁྱེད་ཀྱིས་བཞེད་པ་ལྟར་སོ་སོའི་སྐྱེ་བོའི་རྡོ་རྗེ་སློབ་དཔོན་གྱི་དབང་དུ་བྱས་ན། སློབ་མ་སྟོད་རུང་ཉེར་ལྔ་མན་གྱི་ཟུང་དུ་མ་གྱུར་པ་ལ་རྗེས་འཛིན་དུས་གཅིག་ལ་བྱས་ནས་དབང་བསྐུར་བ་ན་འཇུག་པ་ཡིན་ནམ། ཀུན་མཁྱེན་གྱི་དགོངས་པ་ལྟར་ན། ཆུ་དང་ཅོད་པན་གྱི་དབང་ཚུན་སྟེབས་གཅིག་ལ་བྱས་ནས། རིགས་ལྔའི་བསྒྲུབ་པའི་དཀྱིལ་འཁོར་དུ་དབང་བསྐུར་བ་ན། གཞན་རྣམས་བཏང་ནས་སློབ་མ་གཅིག་ཁོ་ན་ལ་བྱ་བར་བཤད་པས། སྟོད་རུང་ཉེར་ལྔའི་ནང་ནས་གཅིག་ཁོ་ནས་དབང་བསྐུར་ཡོངས་སུ་རྫོགས་པ་ཐོབ་ལ། དེ་ལྟག་གཞན་རྣམས་ཀྱི་བླ་མེད་དཀྱིལ་འཁོར་དུ་དབང་ཞུས་པ་ལ། ཆུ་དང་ཅོད་པན་གྱི་དབང་ཚུན་ལས་དབང་གོང་མ་ལྔ་ཤོག །རྡོ་རྗེ་སློབ་དཔོན་གྱི་དབང་ཡང་མི་ཐོབ་པ་འདུག་པས། དེ་འདྲའི་དབང་གིས་བླ་མེད་ཀྱི་སྨིན་བྱེད་ཀྱི་དབང་གི་གོ་མི་ཆོད་དེ། ཆུ་དང་ཅོད་པན་གྱི་དབང་ཙམ་ནི་བྱ་རྒྱུད་ལ་ཡང་གསུངས་པའི་ཕྱིར། ཡང་འོས་སུ་གྱུར་པའི་སློབ་མ་གཉིས་གསུམ་བཞིའི་བར་དུ་རུང་བར་བཤད་ཡོད་ལོས་གསུང་ནའང་། དེ་ལ་ཡང་སྔ་མའི་རིགས་པ་དེ་ཁ་འཇུག་སྟེ། སྟོད་རུང་ཉེར་ལྔའི་ནང་ནས་གཉིས་གསུམ་བཞིས་དབང་རྫོགས་པར་ཐོབ་ལ། དེ་ལྟག་ཉེར་གཅིག་པོས་ཆུ་དབང་ཅོད་པན་ཚུན་ལས་མ་ཐོབ་པའི་ཕྱིར། ཅི་སྟེ་ཉེར་ལྔ་པོ་ཐམས་ཅད་ལ་རིགས་ལྔའི་སྒྲུབ་པའི་དཀྱིལ་འཁོར་དུ་རིམ་བཞིན་བསྐུར་རྒྱུ་ཡིན་ཟེར་ན། ཁྱེད་ཀྱིས་བཤད་པའི་རིམ་པ་དེ་ལྟ་བུས་ནི་ཉེར་ལྔ་པོ་ལ་དབང་བསྐུར་རྫོགས་པ་ལ་ཞག་དུ་མའི་བར་འགོར་ཞིང་། ཁྱད་པར་མཁས་པས་སློབ་མ་གཅིག་གི་གསུམ། ཞེས་སོགས་ཉེར་ལྔའི་གྲངས་དང་། གཉིས་སམ་གསུམ་མམ་བཞི་ཡང་རུང་། །ཞེས་པའི་གྲངས་ལ་ཁྱད་པར་འབྱེད་རྒྱུ་ཅི་ཡང་མ་བྱུང་བའི་ཕྱིར། གཞན་ཡང་དབང་བསྐུར་བའི་ཚེ་སློབ་མ་བཞི་ཡན་ལ་བསྐུར་བའི་དབང་དུ་བྱས་ན་ཡང་། རྗེས་འཛིན་ནས་འཇུག་པ་ཡན་ནམ། ཆུ་ཅོད་པན་ཚུན་སྟེབས་གཅིག་ལ་བྱས་ནས། དེ་ནས་བཞི་པོ་སོ་སོ་ལ་རིགས་ལྔའི་

བསྒྲུབ་པའི་དཀྱིལ་འཁོར་དུ་དབང་བསྐུར་བ་མཚན་ཐོག་གཅིག་ལ་མི་རྫོགས་ཏེ། རེ་རེ་ལ་ཡང་སྔོན་དུ་མཆོད་པའི་ཡོ་བྱད་རྙིང་པ་རྣམས་སྤོ་ཞིང་གསར་པ་རྣམས་བཤམ་པ་དང་། བླ་མས་ཀྱང་མདུན་བསྐྱེད་སྒྲུབ་མཆོད་བདག་འཇུག་ཚུལ་བཞིན་དུ་བཏང་ལ། དབང་བསྐུར་བའི་ཚོ་ག་ཐམས་ཅད་སློབ་མ་སོ་སོ་ལ་བྱ་བ་ཚར་བཞི་མཚན་ཐོག་གཅིག་ལ་བྱ་མི་ནུས་པ་མངོན་སུམ་གྱིས་གྲུབ་པའི་ཕྱིར། ཅི་སྟེ་དེའི་ཉིན་མོ་ནས་བརྩམས་ཏེ་བྱེད་ཟེར་ན། དབང་བསྐུར་སོགས་མཚན་མོ་གཅིག་ལ་གྲུབ་དགོས་པ། ལྷ་ཡང་ཉི་མ་ནུབ་པ་ནས། །ངེས་པར་བྱིན་གྱིས་བརླབས་ཀྱི་འདུ། །ཞེས་སོགས་ཁུངས་སུ་དྲངས་ནས་བཤད་པ་དང་དངོས་སུ་འགལ་ལོ། །

དེས་ན་རང་ལུགས་པཎ་ཆེན་ཆོས་ཀྱི་རྒྱལ་པོའི་བཞེད་པ་ལ། གསེར་ཐུར་ལས། གསང་བ་སྤྱི་རྒྱུད་དག་ལས་ནི། །དཀྱིལ་འཁོར་དག་ཏུ་དབང་བསྐུར་བའི། །སློབ་མ་གཉིས་དང་བཞི་ལ་སོགས། །བཟུང་དུ་བཤད་པ་འགའ་ཞིག་ཡོད། །ཞེས་རྣམ་བཤད་མཛད་པ་རྣམས་ལ་དྲི་བར་མཛད་ནས། དེའི་དངོས་ལན་གདབ་པའི་ཚེ། གསང་བ་སྤྱི་རྒྱུད་ཀྱི་དགོངས་པ་ནི། སློབ་མ་རྗེས་འཛིན་དང་། སྐུ་གོན་གྱི་དུས་སུ་ཉེར་ལྔ་མན་ཆད་ཀྱི་གྲངས་ཁ་ཡར་བ་ཇི་ཙམ་ཡོད་པ་དེ་ཐབས་གཅིག་ཚོགས་པ་ལ་རྗེས་འཛིན་དང་སྐུ་གོན་གྱི་ཚོ་ག་ཡོངས་སུ་རྫོགས་པར་བྱས་ནས་དབང་བསྐུར་དངོས་གཞིའི་ཚོ་ག་ནི་སློབ་མ་རེ་རེ་ནས་བྱ་བར་གསུངས་པ་ཡིན་ཏེ། སྤྱི་རྒྱུད་ཉིད་ལས། བློ་དང་ལྡན་པས་ཚོ་ག་འདི། །སློབ་མ་རྣམས་ནི་ལེགས་པར་བཟུང་། །སློབ་མ་རེ་རེ་ནས་བཀུག་སྟེ། །བསང་གཏོར་སྔ་མ་བཞིན་བྱས་ལ། །ཞེས་དང་། སློབ་མ་གཅིག་ནས་བཀུག་ནས་ནི། །ཚོ་ག་བཞིན་དུ་ཡོན་ཕུལ་ཏེ། །ཚོ་གཤེས་པས་བསང་གཏོར་བྱ། །ཞེས་དང་། མཁས་པས་ཅིག་ཆར་སློབ་མ་ནི། །དབང་བསྐུར་བ་ནི་ཡོངས་མི་བྱ༑ ༑ཞེས་གསུངས་སོ། །དེ་ཡང་དབང་བསྐུར་དངོས་གཞིའི་དུས་སུ། སློབ་མ་གཉིས་སམ་བཞི་དུས་གཅིག་ཏུ་གྲལ་ལ་འདུག་ཏུ་མི་རུང་བ་ནི་མ་ཡིན་མོད། དབང་རྫས་གཅིག་ཉིད་ཀྱིས་སློབ་མ་གཉིས་ལ་སོགས་པ། དུས་ཅིག་ཆར་དུ་དབང་བསྐུར་དུ་རུང་བ་ནི་མ་ཡིན་ནོ། །ཞེས་ཤེས་པར་བྱ་བའི་ཕྱིར་དུ། དེ་ཉིད་ལས་གཉིས་སམ་ཞེས་པ་ནས། ཐམས་ཅད་སོ་སོ་སོ་སོར་བྱ། །ཞེས་པའི་བར་གསུངས་པས་སོ། །དོན་དེ་ལ་རྗེས་སུ་དཔག་ན། དབང་དེ་ལ་དགོས་པའི་དབང་གི་ཡོ་བྱད་ཆ་གཅིག་ལས་མེད་ན། སློབ་མ་རྣམས་རིམ་གྱི་དབང་བསྐུར་བ་དང་། སློབ་མའི་གྲངས་དང་མཉམ་པའི་དབང་རྫས་ཡོད་ན་ཅིག་ཆར་དུ་དབང་བསྐུར་བ་ཆོག་པ་ལྟ་བུར་མངོན་ནོ། །ཞེས་གསུངས་པ་ཡིན་ནོ། །

ཡང་འདི་ལ་འཐེལ་གཏམ་ལས། པཎ་ཆེན་གྱི་ཡོ་བྱད་གསར་པའི་དོན། དབང་རྫས་ཀྱི་ཡོ་བྱད་ལ་བཤད་སྣང་ཡང་དེ་ནི་མ་ཡིན་ཏེ། སློབ་མ་སྔ་ཕྱི་ལ་དབང་རྫས་ཐ་དད་དགོས་པའི་ཤེས་བྱེད་མེད་པའི་ཕྱིར།

གཞན་དུ་ན་ད་ལྟ་དབང་རྫས་བུམ་ཆུ་གཅིག་ཉིད་ནས། སློབ་མ་ཀུན་ལ་སྐྱེར་བ་ཕྱིད་རང་ཡང་མཛད། བླ་མ་གོང་མ་རྣམས་ཀྱང་མཛད་པ་སོགས་སྤུན་དབྱུང་རིགས་སམ། ཞེས་བྲིས་པ་ཡང་རའི་འུར་རྫོ་ར་ལ་འཁོར་ཏེ། སློབ་མ་སྤྱི་ཕྱི་ལ་དབང་རྫས་ཐ་དད་དགོས་པའི་ཤེས་བྱེད་མེད་ན་ཕྱིད་རང་ལུགས་ཀྱི་སློབ་མ་རེ་རེ་ལ། སྔོན་དུ་མཆོད་པའི་ཡོ་བྱད་རྙིང་པ་རྣམས་སྤྲངས་ཤིང་གསར་པ་རྣམས་བཤམས་དགོས་པ་ལ་ཡང་། ཤེས་བྱེད་མེད་པར་མཚུངས་ཏེ། ཤེས་བྱེད་རྣམ་དག་ཡོད་ན་སྟོན་ཅིག །ཡོ་བྱད་གསར་པའི་དོན་ཡང་། དབང་རྫས་ཀྱི་ཡོ་བྱད་ལ་མི་བྱེད་པར་མཆོད་པ་གསར་པ་ཁོ་ན་ལ་བྱེད་པའི་ཤེས་བྱེད་ཀྱི་ལུང་རིགས་གང་ཡོད། དབང་རྫས་བུམ་ཆུ་གཅིག་ཉིད་ནས་སློབ་མ་ཀུན་ལ་སྐྱེར་བ་བླ་མ་གོང་མ་རྣམས་ཀྱིས་མཛད་སྲོལ་ཡོད་པར་མ་ཟད། ཕྱིད་རང་ཀྱང་མཛད་ཀྱི་ལོས་ཡོད། དེས་ན་ཕྱིད་རང་ཡང་སྤུན་དབྱུང་བར་རིགས་སོ། །སྐྲ་མཁས་མ་ཏཀ་ཡི་རལ་པའི་ཁྲོད། །ཉེར་སེམ་སླར་ཡང་དྲང་སྲོང་ཇ་ཧྣུའི་བུ། །ཀེ་ལཤ་ལྡོངས་རྒྱུ་བ་རྒྱུན་གསུམ་ཅན། །ཧུ་རུ་ཀ་ཧྲ་ཡི་ཡིད་གསོས་གྱུར། །

ཡང་འབེལ་གཏམ་ལས། པཎ་ཆེན་གྱིས། སྤྱོད་པའི་རྒྱུད་ཀྱི་དབང་བསྐུར་ལ། །སློབ་མ་གྲངས་ངེས་མེད་གྱུར་ན། །གཅིག་ནས་བཅུའི་བར་དག་གིས། །གྲངས་ངེས་མཛད་པ་ཇི་ལྟར་ཡིན། །ཞེས། གསེར་ཐུར་གྱི་དྲི་བ་དྲངས་ནས་དེའི་བཞེད་ཚུལ་དང་། དེ་ལ་གནོད་བྱེད་བརྗོད་པ་ནི། རྣམ་སྣང་མངོན་བྱང་ལས། སློབ་མ་དད་ཅིང་རིགས་བཙུན་པ། །ཞེས་སོགས་དང་། དེ་དང་འབྲེལ་ཆགས་སུ། གསང་བའི་བདག་པོ་གང་དག་གིས། །ཞེས་སོགས་ཀྱི་ལུང་དེ་དག་ས་པཎ་གྱིས་མ་གཟིགས་འདུག་སྙམ་ནས། པཎ་ཆེན་གྱིས། སྤྱོད་པའི་རྒྱུད་ཀྱི་དབང་བསྐུར་ལ། །སློབ་མ་རྗེས་འཛིན་གྲངས་ངེས་མེད། །ཅེས་གཞུང་བཅོས་པས་ཀྱང་ས་པཎ་གྱིས་མ་གཟིགས་པ་མིན། ཞེས་སོགས། ཚིག་རྩུབ་ལ་དོན་ཆུང་བ་ཞིག་བཀོད་འདུག་པ། བདག་ཉིད་ཆེན་པོ་ས་པཎ་གྱིས་ལུང་དེ་དག་མ་གཟིགས་པ་ག་ལ་སྲིད་ཅིང་། མ་གཟིགས་སྙམ་པའི་ལོག་རྟོག་ཡང་ཅི་ལ་ཡོད། པཎ་ཆེན་གྱིས་མ་གོ་བ་འདུག་ཟེར་བ་མང་། པཎ་ཆེན་གྱིས་མ་དགོངས་པ་ག་ལ་ཡིན། ཕྱིད་རང་གི་མ་དགོངས་པ་ཡིན་ནམ། དགོངས་ཀྱང་མ་དགོངས་པ་ལྟར་མཛད་པ་ལོས་ཡིན། གསེར་ཐུར་གྱི་དྲི་བ། སྤྱོད་པའི་རྒྱུད་ཀྱི་དབང་བསྐུར་ལ། །ཞེས་སོགས་ཀྱི་དོན་ལ། འདྲི་བའི་རྒྱུ་མཚན་ནི། རྣམ་སྣང་མངོན་བྱང་ལས། སློབ་མ་དད་ཅིང་རིགས་བཙུན་པ། །དེ་བཞིན་དཀོན་མཆོག་གསུམ་ལ་དད། །ཟབ་མོ་ཡི་ནི་བློ་དང་ལྡན། །སྦྲོ་བ་ཆེ་ཞིང་ཚུལ་ཁྲིམས་ལྡན། །བཟོད་དང་ལྡན་ཞིང་སེར་སྣ་མེད། །དཔའ་ལ་ཡིད་རབ་བརྟན་པ་ནི། །བཅུའམ་བརྒྱད་དམ་བདུན་ནམ་ལྔ། །གཅིག་གཉིས་བཞི་ལས་ལྷག་ཀྱང་རུང་། །དཔྱད་མི་དགོས་པར་བཟུང་བར་བྱ། །ཞེས་བཅུ་ཚུན་ཆད་ལ་ཟུང་དུ་མ་གྱུར་པའི་ངེས་པ་མ་མཛད་མོད། བཅུ་ལས་ལྷག་པ་མ་བཤད་པ་ཇི་ལྟར་ཡིན་སྙམ་པ་དང་།

བཅུ་ཚུན་ཆད་མཚོན་བྱེད་ཙམ་ཡིན་གྱིས། དེ་བས་གྲངས་མང་བ་ཡང་རྒྱུད་དེའི་དགོངས་པ་ལ་ཡོད་དམ་སྙམ་ན། དེ་ཡང་ཡིན་པའི་ངེས་པ་མི་སྣང་སྟེ།ལུང་དྲངས་མ་ཐག་པ་དེ་དང་འབྲེལ་ཆགས་སུ་འདི་སྐད་ཅེས། གསང་བའི་བདག་པོ་གང་དག་གིས། སྔོན་ཐེག་པ་ཆེན་པོ་གསང་སྔགས་སྤྱོད་པའི་ཚུལ་སྒོ་མཐའ་ཡས་པ་སྒྲུབ་པ་ལ་གོམས་པ་བྱ་བ་དེ་དག་ནི་རྡོ་རྗེ་སེམས་དཔའ་ཡིན་ཏེ། དེ་རྣམས་ཉིད་ཀྱི་དོན་གྱི་ཕྱིར་གྲངས་ཀྱི་ཚད་འདི་བྱས་སོ། །ཞེས་གསུངས་པ་ཡིན་ལ། དེའི་དངོས་ལན་གདབ་པ་ནི། སྤྱོད་པའི་རྒྱུད་ཀྱི་དབང་བསྐུར་ལ། །སློབ་མ་ཁ་འཆམ་ཁ་ཡར་གྱི། །ངེས་པ་མེད་མོད་གྲངས་མེད་མིན། །བཅུ་ལས་ལྷག་པ་བཀག་ཕྱིར་རོ། །དེ་ལྟ་ན་ཡང་རྗེས་བཟུང་གིས། །སློབ་མའི་གྲངས་ལ་ངེས་པ་མེད། །སློབ་དཔོན་སྙིང་རྗེ་ཆེན་པོ་ཡི། །ཚད་མེད་བཟུང་ཞེས་གསུང་ཕྱིར་རོ། །ཞེས་ལན་གདབ་པ་དང་། དེ་ལྟར་ན་གཞུང་འདི་ལྟར་སྟོན་ན་བདེ་བ་ཡིན་ཏེ། སྤྱོད་པའི་རྒྱུད་ཀྱི་དབང་བསྐུར་ལས། །སློབ་མ་རྗེས་བཟུང་གྲངས་ངེས་མེད། །ལྷག་མ་དམིགས་གསལ་མཛད་པ་ཡི། །ཞེས་སོགས་སྒྱུར་ཞེས་པ་དང་། སྤྱི་རྒྱུད་དང་མངོན་བྱང་ལ་རྗེས་འཛིན་གྱི་སློབ་མ་ལ་གྲངས་ངེས་ཡོད་མེད་ཀྱི་ཁྱད་པར་ནི། བརྟགས་ནས་རྗེས་སུ་འཛིན་པ་དང་། རྗེས་སུ་བཟུང་ནས་བརྟགས་པའི་ཁྱད་པར་མིན་པ་སྣང་ངོ་། །

དཀྱིལ་འཁོར་དུ་འཇུག་པ་ཙམ་ལ་ནི། བརྟགས་མི་དགོས་པར་གྲངས་མེད་རྗེས་སུ་བཟུང་བས་ཆོག་པ་ཡིན་ཏེ། དེ་ཉིད་བསྡུས་པ་ལས། དཀྱིལ་འཁོར་ཆེན་པོ་འདིར་འཇུག་པ་ལ། སྣོད་དུ་གྱུར་པ་དང་མ་གྱུར་པ་བརྟགས་མི་འཚལ་ལོ། །ཞེས་གསུངས་པས་སོ། །ཞེས་ལེགས་པར་བཤད་པས། མདོར་ན་ཁྱེད་ཀྱིས་པཎ་ཆེན་རིན་པོ་ཆེ་ལ་སྐབས་འདིར་དགག་པ་དེ་ཡང་། མཁས་རློམ་འགའི་རྗེས་ཟློས་སུ་འདུག་སྟེ།དེ་ཡང་འཕེལ་གཏམ་དུ། བཅུའམ་བརྒྱད་དམ་བདུན་ནམ་ལྔ་ཞེས་པ་དེ་ནི་བཅུ་ཚུན་གྱི་སློབ་མའི་གྲངས་ངེས་བསྟན་པ་ག་ལ་ཡིན། དེ་ནི་སྐྱེ་བ་སྔ་མ་གསང་སྔགས་ཀྱི་ལམ་ལ་གོམས་པ་རྒྱ་ཆེན་པོ་བསྒོམས་པ་སྔོན་དུ་སོང་བའི་སྐལ་ལྡན་ལས་འགྲོ་ཅན་གྱི་སློབ་མ་འགའ་རེའི་དབང་དུ་བྱས་པ་ཡིན་ཞིང་། སྐལ་བར་ལྡན་པའི་སློབ་མ་ཞུང་མཐའ་བཅུའི་དབང་དུ་བྱས་ཏེ། སྐལ་ལྡན་དེ་རྣམས་ཀྱི་དོན་གྱི་ཕྱིར། གཅིག་གཉིས་ནས་བཅུའི་བར་དབང་བསྐུར་བའི་སློབ་མའི་གྲངས་ཀྱི་དཔེར་བརྗོད་དུ་སྨོས་ཏེ་ཚད་བཞག་པ་ཡིན་གྱི། སྤྱིར་སྤྱོད་རྒྱུད་ཀྱི་དབང་བསྐུར་གྱི་སློབ་མའི་གྲངས་ངེས་བསྟན་པ་ག་ལ་ཡིན། དཔེར་ན་འཇིག་རྟེན་ན་དངོས་པོ་གང་དང་གང་གི་ཚད་འཛོག་པ་ན་དེའི་ཆ་ཤས་སམ་མཚན་གཞི་གཅིག་ལ་འཛོག་པ་དང་མཚུངས་སོ། །

ཡང་བརྟག་པ་མཐར་བཟུང་གི་དབང་དུ་བྱས་ཏེ། སྐལ་བ་དང་ལྡན་པའི་སློབ་མ་བརྒྱ་སྟོང་ཡོད་སྲིད་ནའང་། དེ་དག་ལ་ཅིག་ཅར་སྤྱོད་རྒྱུད་ཀྱི་དབང་བསྐུར་བས་ཆོག་སྟེ། སློབ་དཔོན་ཨ་བྷྱ་ཀ་རས། དཀྱིལ་ཆོག

རྡོ་རྗེ་འཕྲེང་བ་ལས། སྐལ་བ་དང་ལྡན་ན་སྟོང་བར་དུ་ཡང་བཟུང་བ་བྱའོ། །ཞེས་གསུངས་པ་ལྟར་རོ། །ཞེས་བཀོད་མོད། དེ་ལ་ལུང་དང་འགལ་བ་དང་། རིག་པ་དང་འགལ་བ་དང་། ཁས་བླང་ནང་འགལ་བའི་གནོད་བྱེད་བསྟན་པའི་སྒོ་ནས། ལན་གདབ་པར་བྱ་སྟེ། དེ་ཡང་འདི་ལྟར་ཁྱེད་ཀྱིས། བཅུ་འམ་བརྒྱད་དམ་བདུན་ནམ་ལྔ་ཞེས་པ་དེས། སྐལ་བར་ལྡན་པའི་རིགས་ཅན་ཉུང་ཐ་བཅུའི་དབང་དུ་བྱས་ཀྱི། བཅུ་ཚན་གྱི་སློབ་མའི་གྲངས་ངེས་བསྟན་པ་མིན་ཞེས་པ་མི་མཐད་དེ། རྣམ་སྣང་མངོན་བྱང་གི་ལུང་དྲངས་མ་ཐག་པ་དེའི་འགྲེལ་ཆགས་སུ། གསང་བའི་བདག་པོ་སྔོན་ཐེག་པ་ཆེན་པོ་གསང་སྔགས་སྤྱོད་པའི་ཚུལ་སྒོ་མཐའ་ཡས་སྒྲུབ་པ་ལ་གོམས་པར་བྱས་པ་དེ་དག་ནི་རྡོ་རྗེ་སེམས་དཔའ་ཡིན་ཏེ། དེ་རྣམས་ཉིད་ཀྱི་དོན་གྱི་ཕྱིར་གྲངས་ཀྱི་ཚད་འདི་བྱས་སོ། །ཞེས་བཅུ་ཚན་གྱི་གྲངས་ངེས་གསུངས་པ་དང་དངོས་སུ་འགལ་བའི་ཕྱིར།

གཉིས་པ་རིག་པ་དང་འགལ་བ་ནི། ཁྱེད་ཀྱི་འདོད་པ་གཅིག་གཉིས་ནས་བཅུའི་བར་དེ་དབང་བསྐུར་བའི་སློབ་མའི་གྲངས་ཀྱི་དཔེར་བརྗོད་དམ་ཚད་བཞག་པ་ཡིན་གྱིས། སྤྱོད་རྒྱུད་ཀྱི་སློབ་མའི་གྲངས་ངེས་བསྟན་པ་ག་ལ་ཡིན། ཞེས་དཔེ་དང་བཅས་བརྗོད་པ་ཡང་མི་འཐད་དེ། སྤྱིར་གྱི་གྲངས་ངེས་ཀྱི་ཚད་བཞག་པ་དེ་ག་གྲངས་ཀྱི་ངེས་པ་བསྟན་པ་ཡིན་མོད། ཁྱེད་ཀྱི་རིག་པ་དེ་ནི་སྤྱོད་རྒྱུད་ལ་གྲངས་ངེས་མེད་པའི་ཤེས་བྱེད་དུ་མི་འགྲོ་སྟེ། རིམ་པ་དེ་ཉིད་ནི་གསང་བ་སྤྱི་རྒྱུད་ལ་ཡང་མཚུངས་པའི་ཕྱིར། དེའི་རྒྱུ་མཚན་སྤྱི་རྒྱུད་ལས། གཅིག་ནས་ཉེར་ལྔའི་བར་གྱི་གྲངས་གསུངས་པ་དེ་ཡང་གྲངས་ངེས་བསྟན་པ་མིན་པར་འགྱུར་ཏེ། དེ་ཡང་དཔེར་བརྗོད་དམ་གྲངས་ཀྱི་ཚད་བཞག་པ་ཡིན་གྱིས་དབང་བསྐུར་གྱི་སློབ་མའི་གྲངས་ངེས་བསྟན་པ་ག་ལ་ཡིན། ཞེས་པའི་རིག་པ་དེ་ཉིད་འཇུག་པའི་ཕྱིར། དེའི་རྒྱུ་མཚན་ཡང་ཡོད་དེ། སྤྱོད་རྒྱུད་ལས་བཅུ་ཚན་གྱི་གྲངས་གསུངས་པ་དང་། སྤྱི་རྒྱུད་ལས་ཉེར་ལྔ་ཚན་གྱི་གྲངས་ངེས་གསུངས་པ་གཉིས་ལ་ཁ་འཆམ་རུང་མི་རུང་གི་ཁྱད་པར་དང་། གྲངས་མང་ཉུང་ཙམ་མ་གཏོགས། གཉིས་པོ་གྲངས་ཚད་ཡིན་མིན་ལ་ཁྱད་པར་ཅི་ཡང་མེད་པའི་ཕྱིར།

གསུམ་པ་ཁས་བླངས་ནང་འགལ་བ་ནི། ཁྱེད་རང་ལྟར་ན། བཅུའམ་བརྒྱད་དམ་བདུན་ནམ་ལྔ་ཞེས་པའི་དོན། སྐལ་བར་ལྡན་པའི་རིགས་ཅན་ལ་སྤྱོད་རྒྱུད་ཀྱི་དབང་བསྐུར་བ་ལ་བཅུ་ཚན་གྱི་གྲངས་ཚད་བཞག་ནས། དེ་ཡང་སྐལ་ལྡན་ལས་འཕྲོ་ཅན་འགའ་རེའི་དབང་དུ་བྱས་པ་ཡིན། ཞེས་བཤད་པ་དང་སྐལ་བ་དང་ལྡན་ན་སྟོང་བར་དུ་ཡང་བཟུང་བར་བྱའོ། །ཞེས་ཨ་བྷ་ཡ་ཀ་རའི་ལུང་དྲངས་ནས། སྐལ་བ་དང་ལྡན་པའི་སློབ་མ་བརྒྱ་སྟོང་ཡོད་སྲིད་ནའང་དེ་དག་ལ་ཅིག་ཆར་སྤྱོད་རྒྱུད་ཀྱི་དབང་བསྐུར་བས་ཆོག་པ་བཤད་པ་གཉིས་སྔ་ཕྱི

ནང་འགལ་ཏེ། སྐལ་བ་དང་ལྡན་པའི་སློབ་མ་བརྒྱ་སྟོང་ལ་ཅིག་ཆར་སྤྱོད་རྒྱུད་ཀྱི་དབང་བསྐུར་བས་ཆོག་པ་དང་། བཅུ་འམ་བརྒྱད་དམ་བདུན་ནམ་ལྔ། །ཞེས་པ་དེ་སྐལ་ལྡན་ལས་འཕྲོ་ཅན་གྱི་སློབ་མ་འགའ་རེའི་དབང་དུ་བྱས་ནས། སྤྱོད་རྒྱུད་ཀྱི་དབང་བསྐུར་བའི་ཚེ། སྐལ་བར་ལྡན་པའི་རིགས་ཅན་གྱི་སློབ་མ་བཅུ་ཚུན་ལ་སྤྱོད་རྒྱུད་ཀྱི་དབང་བསྐུར་གྱི་གྲངས་ཚད་བཤད་པ་གཉིས་ལ་འགལ་འདུ་འབྱུང་བའི་ཕྱིར། དེས་ན་གོང་དུ་བཤད་པ་ལྟར། བཅུའམ་བརྒྱད་དམ་བདུན་ནམ་ལྔ། །གཅིག་གཉིས་བཞི་ལས་ལྷག་ཀྱང་རུང་། །དཔྱད་མི་དགོས་པར་བཟུང་བར་བྱ། །ཞེས་པའི་དོན། སྤྱོད་པའི་རྒྱུད་ཀྱི་དབང་བསྐུར། སློབ་མ་ཁ་འཆམ་ཁ་ཡར་གྱི་ངེས་པ་མེད་ཀྱང་། བཅུ་ལས་ལྷག་པ་བཀག་པས་གྲངས་མེད་མ་ཡིན་པ་དང་། ཨ་བྷ་ཡ་ཀ་རའི་འཕྲེང་བའི་ལུང་གི་དོན་ཡང་། རྣམ་སྣང་མངོན་བྱང་གི། འོན་ཀྱང་སློབ་དཔོན་སྙིང་རྗེ་ཆེན་པོ་དང་ལྡན་པས། ཞེས་སོགས་དང་མཐུན་པར་སྤྱོད་རྒྱུད་ཀྱི་སློབ་མ་རྗེས་བཟུང་གི་གྲངས་ལ་ངེས་པ་མེད་པར་བཤད་དགོས་པའམ། ཡང་ན་འཕྲེང་བ་མཁན་པོའི་ལུགས་དེ་ནི་རྡོ་རྗེ་འཕྲེང་བའི་དབང་བསྐུར་གྱི་སློབ་མ་ལ་གྲངས་ངེས་མེད་པར་མཛད་པའི་ཞེས་བྱེད་དུ་སྣང་ངོ་། །

ཡང་འབེལ་གཏམ་ལས། དེ་ལྟར་སྤྱོད་རྒྱུད་ཀྱི་དབང་བསྐུར་ཡུལ་གྱི་སློབ་མ་དེ་ལ་ཞེས་པ་ནས། དང་པོ་དེའི་ལན་ཕལ་ཆེར་ནི། རང་ལུགས་ཀྱི་བརྡ་ཆད་བཤད་པ་དེ་དག་གི་ཐེབས་ལ། ཞེས་བཀོད་པ་ཡང་། ཚངས་པའི་ཐྲོལ་གྱི་ཚིག་དབྱངས་སུ་ལེན་པ་ཉིད་དོ། །ཡང་འབེལ་གཏམ་ལས། དུས་འཁོར་འགྲེལ་ཆེན་དུ། ཞེས་སོགས་གསུངས་པའི་ལན་ནི། སྡོམ་གསུམ་ལས། འཕགས་པ་རྣམས་ཀྱི་གང་ཟག་ལ། །སྤྲུལ་པ་ཡི་ནི་དཀྱིལ་འཁོར་དུ། །དབང་བསྐུར་མཛད་ཅེས་གསུངས་པ་ནི། །སྔོན་གྱི་ཚིག་འཕགས་པའི་ཡིན། །ཞེས་པའི་དོན་སྟོན་སྟོན་པ་ཉིད་ཀྱིས་ཟླ་བཟང་འཁོར་དང་བཅས་པ་ལ་དཔལ་ལྡན་རྒྱུ་སྐར་གྱི་དཀྱིལ་འཁོར་དུ་དབང་བསྐུར་བ་དང་། ཨོ་ཊི་ཡ་ནའི་རྒྱལ་པོ་ཨིནྡྲ་བྷུ་ཏི་འཁོར་བཅས་གསང་འདུས་ཀྱི་དཀྱིལ་འཁོར་དུ་དབང་བསྐུར་བ་སོགས་དཔེར་མཚོན་ནས་ཏིང་ངེ་འཛིན་གྱི་དཀྱིལ་འཁོར་མངོན་སུམ་དུ་སྤྲུལ་པ་དམིགས་ཀྱིས་བསལ་བ་ལ། སྔོན་གྱི་ཚིག་འཕགས་པའི་ཡིན། །ཞེས་གསུངས་པ་ཡིན་གྱི། དཀྱིལ་ཆོག་དེ་ཡང་མདོ་ལུགས་ནས་གསུངས་པའི་སྔོན་ཆོག་དང་ཆོག་གི་རྣམ་ཕྱེ་བ་ནི་མ་ཡིན་ཏེ། ཡིན་ན་སྟོན་སྟོན་པ་བཞུགས་པའི་དུས་མདོ་ལུགས་ལ་སྔོན་ཆོག་དང་ཆོག་གི་དབྱེ་བ་གསུངས་པ་ཇི་བཞིན། སྔགས་ཀྱི་དབང་བསྐུར་གྱི་ཆོག་ལ་ཡང་གསུངས་དགོས་པ་ལས། སྟོན་སྟོན་པ་བཞུགས་པའི་དུས་སྔགས་ཀྱི་ཆོག་ལ་སྔོན་ཆོག་དང་ཆོག་གི་དབྱེ་བ་གསུངས་པ་མཁས་པ་རྣམས་ལ་མ་གྲགས་པས་དིང་སང་ཁ་ཅིག །མདོ་ལུགས་ཀྱི་རིགས་འགྲེ་བྱས་ནས། སྔགས་ཀྱི་ཆོག་ལ་ཡང་སྔོན་ཆོག་དང་དཆོག་ཏུ་བྱེད་པ་རྗེ་བཙུན་གྱི་དགོངས་པ་ཡིན་ཟེར་བ་ཡང་རྣམ་པར་མ་བརྟགས་ལ། ཡང་རྒྱལ་པོ་འཇམ་དཔལ

གྲགས་པས། ཚངས་པའི་དྲང་སྲོང་བྱེ་བ་ཕྲག་ཕྱེད་དང་བཞི་ལ་དུས་གཅིག་ཏུ་དབང་བསྐུར་བ་དེ་སྤྲུལ་པའི་དཀྱིལ་འཁོར་དུ་དབང་བསྐུར་བ་ཡིན་ནམ་མིན་ཡིན་ན་དུས་འཁོར་འགྲེལ་ཆེན་ལས་རྒྱལ་པོ་འཇམ་དཔལ་གྲགས། དྲང་སྲོང་བྱེ་བ་ཕྲག་ཕྱེད་དང་བཞི་ལ། དུས་ཀྱི་འཁོར་ལོའི་བློས་བསླང་གི་དཀྱིལ་འཁོར་གཞལ་མེད་ཁང་དུ་གྲུབ་ཟིན་པ་དག་ཏུ། སློབ་བྱེད་ཀྱི་དབང་བསྐུར་བར་གསུངས་ཤིང་། རིགས་ལྡན་གྱི་རྒྱལ་པོ་ཕྱི་མ་རྣམས་ཀྱིས་ཀྱང་དེ་ཉིད་དུ་དབང་བསྐུར་བ་གསུངས་པ་དེ་དག་ཀྱང་སྤྲུལ་པའི་དཀྱིལ་འཁོར་དུ་དབང་བསྐུར་བ་ཡིན་པར་ཁས་ལེན་དགོས་ལ། དེས་ན་རིགས་ལྡན་གྱི་བློས་བསླང་གི་དཀྱིལ་འཁོར་དུ་འཕགས་པས་མཛད་པའི་ཆོ་ག་རྒྱས་པ་ཉིད་ཀྱི་དབང་བསྐུར་བར་བཤད་པ་ཡང་ཇི་ལྟར་ཁས་ལེན་ཞིང་། ཅི་སྟེ་རྒྱས་པ་འཕགས་པས་མཛད་པ་སོ་སྐྱེས་བྱེད་མི་རུང་ཞེས་མ་གསུངས་ལ། དེ་སྤྲུལ་པའི་དཀྱིལ་འཁོར་དུ་ཁས་ལེན་ན། ཤིང་ཕོ་བྱི་བའི་ལོ་གཤིན་རྗེ་གཤེད་ཀྱི་སྤྲུལ་པ་རྣམ་གནོན་གྱི་སྤྲུལ་པ་བསྟུས་ནས། ས་སྐྱིང་གི་སྤྲུལ་པ་རིགས་ལྡན་སྟོབས་པོ་ཆེས་ཤམྦྷ་ལའི་ཁྲི་ཐོག་ཏུ་ཆོས་སྟོན་པའི་མགོ་ཟུག་སྟེ། ད་ལྟའི་དངོས་པོ་ཞེས་པ་ཤིང་ཕོ་ཁྱི་ཡན་ལ་འདས་ལོ་མཁའ་ཟླ་སོང་ཞིང་། གང་ནའང་ད་ལྟ་ཤམ་ཟླ་ལར་རིགས་ལྡན་སྟོབས་པོ་ཆེས་ཆོས་སྟོན་པའི་སྐབས་ཡིན་པས། དེ་ལྟ་ན་རིགས་ལྡན་སྟོབས་པོ་ཆེས། དུས་ཀྱི་འཁོར་ལོའི་བློས་བསླང་གི་དཀྱིལ་འཁོར་གཞལ་མེད་ཁང་དུ་སློབ་བྱེད་ཀྱི་དབང་བསྐུར་མཛད་པ་དེ་ཡང་སྤྲུལ་པའི་དཀྱིལ་འཁོར་དུ་དབང་བསྐུར་བ་ཡིན་པ་ཁས་ལེན་དགོས་པ། དེས་ན་ཁྱེད་རང་གི་འབེལ་གཏམ་དུ། སྟོན་བྱུང་བའི་རྒྱུ་མཚན་གྱི་ད་ལྟའི་རྗེས་འཇུག་གི་བྱར་རུང་ན། ཞེས་སོགས་ནས། ད་ལྟ་སྤྲུལ་པའི་དཀྱིལ་འཁོར་དུ། དབང་བསྐུར་ཅིས་མི་བྱེད། ཅེས་དིང་སང་སྤྲུལ་པའི་དཀྱིལ་འཁོར་དུ་དབང་བསྐུར་བ་མི་རུང་བ་ལྟར་བཤད་པའི་དམ་བཅའ་ཉམས། ཅི་སྟེ་དེ་དག་རྗེས་འཇུག་གི་དབང་དུ་བྱས་པ་ཡིན་སྙམ་ན། རིགས་ལྡན་སྟོབས་པོ་ཆེ་སོགས་རིགས་ལྡན་ཕྱི་མ་ཕྱི་མ་རྣམས་རིགས་ལྡན་རྣམ་གནོན་ཡན་སོགས། སྔ་མ་སྔ་མ་རྣམས་ཀྱིས་རྗེས་འཇུག་གི་རྗེས་སྐྱོང་དུ་ཅིའི་ཕྱིར་ཁས་མི་ལེན། ཡང་རྒྱལ་པོ་འཇམ་དཔལ་གྲགས་པས། ཚངས་པའི་དྲང་སྲོང་བྱེ་བ་ཕྲག་ཕྱེད་དང་བཞི་ལ་དབང་བསྐུར་བ་དེ་སྟོན་གྱི་གང་ཟག་འཕགས་པའི་དབང་དུ་བྱས་པས་སྤྲུལ་པའི་དཀྱིལ་འཁོར་དུ་དབང་བསྐུར་ཡིན་ལ། སྟོབས་པོ་ཆེ་ནི་ད་ལྟར་གྱི་དུས་ཡིན་པས་དེ་དང་མི་མཚུངས་སོ་སྙམ་ན། དེ་ཡང་མི་འཐད་དེ། དུས་ཀྱི་ཁྱད་པར་ཁོ་ན་ལ་བྱས་ནས། སྟོན་སྤྲུལ་པའི་དཀྱིལ་འཁོར་དུ་དབང་བསྐུར་བ་ཅེས་པ་འཇམ་དཔལ་གྲགས་པས་བློས་བསླང་ངམ་སྤྲུལ་པའི་དཀྱིལ་འཁོར་དུ་དབང་བསྐུར་ཡན་ཁོན་ལ་བྱེད་ན། རྣལ་འབྱོར་དབང་ཕྱུག་བིརྺ་པ་ལ་བདག་མེད་མས་སྤྲུལ་པའི་དཀྱིལ་འཁོར་དུ་དབང་བསྐུར་བ་བཤད་པའང་མི་འཐད་པར་འགྱུར་ལ། ཡང་སྟོན་ཞེས་པ་འཕགས་པའི་གང་ཟག་གི་སྤྲུལ་

པའི་དཀྱིལ་འཁོར་དུ་དབང་བསྐུར་བ་ལ་བྱེད་ན། རིགས་ལྡན་སྟོབས་པོ་ཆེ་སོགས་ཆོས་རྒྱལ་རིགས་ལྡན་རྣམས་འཕགས་པའི་གང་ཟག་ཡིན་པས་དེ་དག་གི་སྤྲུལ་པའི་དཀྱིལ་འཁོར་དུ་དབང་བསྐུར་བ་ཅིའི་ཕྱིར་དགག་ནུས་ཏེ་མི་ནུས་པའི་ཕྱིར། ཡང་འཇམ་དཔལ་གྲགས་པས་བློས་བསླང་གི་དཀྱིལ་འཁོར་དུ་དབང་བསྐུར་བ་དེ་སྤྲུལ་པའི་དཀྱིལ་འཁོར་དུ་དབང་བསྐུར་བ་མིན་ན། དེ་དག་སྤྲུལ་པ་ཡི་ནི་དཀྱིལ་འཁོར་དུ། ཞེས་སོགས་ཀྱི་དོན་དུ་འདྲེན་པའང་འབྲེལ་མ་ཆགས་པས། པཎ་ཆེན་རིན་པོ་ཆེའི་རྗེས་འབྲང་དང་བཅས་པ་ལ་ཟློན་མཛོད་ཅིག ། ཅེས་སྨྲ་རི་མཛད་འདུག་ཀྱང་། ལུང་རིགས་ཟླ་འི་རི་བོ་བསྒྲིལ་བ་ལྟར་བཀོད་པ་འདི་དག་གི་ཁྱེད་རང་ཟློན་མཛད་དགོས་པ་ལ་བཀོད་པར་མཆིས་སོ། །ཡང་མདོ་སྡེ་དཀོན་བརྩེགས་ལས། ཞེས་སོགས་ཀྱི་དོན་ནི། ཁོ་བོས་བྱང་སེམས་ཀྱི་ལེའུར་བཤད་ཟིན་ཡང་འབེལ་གཏམ་དུ། སྟོན་པ་སངས་རྒྱས་རང་བྱུང་གི་བསྙེན་པར་རྫོགས་པ་དང་། ཤཱ་རིའི་བུ་རྩུར་ཤོག་གི་བསྙེན་པར་རྫོགས་པ་སོགས་གསོལ་གཞིའི་ཆོ་ག་ལ་མ་ལྟོས་པའི་བསྙེན་པར་རྫོགས་པའི་ཚུལ་མང་དུ་གསུངས་པས་དེ་དག་ཀྱང་དེར་སང་ཅེས་མི་བྱེད་དེ་བྱེད་རིགས་པར་འགྱུར་བ་སོགས་གནོད་བྱེད་ཀྱི་རིག་པ་ཟླ་འི་རི་བོ་བསྒྲིལ་བ་ལྟར་མཐའ་ཡས་འབྱུང་བས་ཟློན་མཛོད་ཅིག །ཟེར་བ་དེ་ནི་ཞལ་ཤོབ་ཁོ་ནར་བརྫ་སྟེ། འོ་ན་རང་བྱུང་སོགས་དེ་དག་སྔོན་ཆོག་ཡིན་ན་ཁྱེད་རང་གི་ཞལ་བླངས་དང་འགལ་ཞིང་གཞུང་དང་ཡང་མ་མཐུན། མིན་ན་དེ་དག་ལ་འདི་རྣམས་སྔོན་གྱི་ཆོ་གར་བཤད། ཅེས་སྔོན་ཆོག་གི་སྐབས་བསྟན་འདུག་པ་ཇི་ལྟར་གསུངས། ཞེས་ཞུས་བྱུང་ན་དབུ་གུག་གུག་པ་ལས་གཞན་གསུང་རྒྱུ་མི་འབྱུང་ངོ་། །ཡང་འབེལ་གཏམ་ལས་ཚིགས་བཅད་གཉིས་པའི་ལན་ནི། བྱ་རྒྱུད་ཀྱི་དབང་ལ་གྲངས་ངེས་བྱེད་ན་དེའི་རིགས་གཏད་དང་རྗེས་གནང་ལ་ཡང་གྲངས་ངེས་དགོས་ཟེར་བ་འདི་འདྲ་སུ་ལ་ཟེར་རྒྱུ་ཡིན། ཡར་རྡོ་རྗེ་འཆང་ལ་ཞུས་མཛོད་ཅེས་སོགས་ནས་ཁྱེད་ནི་སྔ་ཕྱི་བར་ཀུན་དུ། ས་པཎ་ལ་ཨབ་ཅི་དང་། ཆས་ཆོད་རེག་བོར་ཀྱང་མཛད་ཀྱིན་འདུག་པས་ཞུ་དགོས་བྱུང་བ་ལགས་སོ། །

དོན་ལ་པཎ་ཆེན་ཁྱེད་རང་གིས། ས་པཎ་དང་མི་མཐུན་པའི་གྲུབ་མཐའ་གསར་བཙུགས་མང་པོ་མཛད་གདའ། མཁྱེན་པའི་སྤྱན་ལྡན་ཁྱེད་རང་གིས་དགོངས་ལོས་ཡོད། ཅེས་པའི་བར་གྱི་ལན་ནི། ཚིགས་བཅད་གཉིས་པ་དེ་གང་ལ་ངོས་འཛིན། དེའི་དོན་ལ་དཔག་ན། རྗེ་པདྨ་དཀར་པོའི་གསུང་གིས། བྱ་བའི་རྒྱུད་ལ་བཀག་ནའང་དེ་ཉིད་ཀྱི། རིགས་གཏད་རྗེས་གནང་ཁྲིམ་ལ་བྱེད་པའང་འགལ། ཞེས་གསུངས་པ་ལ་དགོངས་ན། དེ་བརྟག་གཉིས་ཀྱི་དྲི་བའི་ཚིགས་བཅད་གཉིས་པ་ཡིན་མོད། འོན་ཀྱང་འདིའི་དོན་འོག་ཏུ་འབྱུང་བར་འགྱུར། ཡང་ཚིགས་བཅད་གཉིས་པའི་ལན་ཟེར་བ་འདི། པཎ་ཆེན་རིན་པོ་ཆེ་ལ་དགག་པའི་སྐབས་དང་གསེར་ཐུར་གྱི་

འཕྲོས་ལས་བྱུང་བས། གསེར་ཐུར་གྱི་ཆོག་བཅད་གཉིས་པ་ཞིག་ལ་བྱེད་ན། གསེར་ཐུར་གྱི་ཆོག་བཅད་མང་བས་གང་ལ་བྱེད་ཐེང་དཀའ་མོད། འོན་ཀྱང་གོང་འོག་གི་འབྲེལ་ལ་ལྟོས་ན། སྤྱོད་པའི་རྒྱུད་ཀྱི་དབང་བསྐུར་ལ། །ཞེས་སོགས་ཀྱི་རྗེས་དེ་མ་ཐག་ཏུ་བྱུང་བའི། གསང་བ་སྤྱི་རྒྱུད་ལུང་གི་ནི། །ཞེས་སོགས་ཀྱི་ཤོ་ལོ་ཀ་དེའི་ལན་དུ་འདུག་པས། དེ་ལྟར་ན། གསེར་ཐུར་ལས། གསང་བ་སྤྱི་རྒྱུད་ལུང་གི་ནི། །རྗེས་བཟུང་ཚོགས་སློབ་མ་རྣམས། །རྗེས་འཛིན་དུས་ཀྱི་སློབ་མ་ཡི། །གྲངས་ངེས་བསྟན་པ་མ་ཡིན་ནམ། །ཞེས་པ་འདིའི་དོན། པཎ་ཆེན་གྱི་དགོངས་བཞེད་ལྟར་བཀོད་ནས། ཁྱེད་ཀྱི་རྩོད་པ་དེ་དག་ཟློག་པར་བྱ་སྟེ། གསེར་ཐུར་གྱི་དྲི་བ་དེ་ལ། འདྲི་བའི་རྒྱུ་མཚན་ནི།དབང་བསྐུར་གྱི་ཕྱག་ལེན་མཛད་པ་རྣམས་སློབ་མ་རྗེས་འཛིན་གྱི་དུས་ཀྱི་སློབ་མ་ལ་གྲངས་ངེས་མི་མཛད་པར། སློབ་མ་སྔ་གོན་དུ་གནས་པ་ཕན་ཆད་དུ་གྲངས་ངེས་མཛད་པ་གསང་བ་སྤྱི་རྒྱུད་ཀྱི་ལུང་དེའི་དགོངས་པར་འཆད་མོད། ལུང་དེ་ནི་སློབ་མ་རྗེས་འཛིན་གྱི་གྲངས་ངེས་བསྟན་པར་སྣང་སྟེ། ཇི་སྐད་དུ། བཟུང་དུ་མ་གྱུར་སློབ་མ་བཟུང་། །ཞེས་པ་དང་། ཡོངས་སུ་བཟུང་བ་མི་ཤེས་སོ། །ཞེས་རྗེས་འཛིན་གྱི་ཚིག་གསལ་པོར་བྱུང་བ་དང་། དབང་བསྐུར་གྱི་དབང་དུ་བྱས་ནས་གོང་དུ་དྲངས་པའི་ལུང་དེ་དག་གསུངས་པའི་ཕྱིར་དང་། དོན་དེ་ཉིད་བླ་མ་གོང་མའི་བཞེད་པ་ཡིན་ཏེ། རྗེ་བཙུན་གྱི་དབང་ཆུ་ལས། མཚན་ཉིད་དང་ལྡན་པའི་སློབ་མ་གཅིག་ནས་ཉེར་ལྔའི་བར་གྲངས་ཁ་ཡར་བཟུང་བ་བྱ་ཡི། ཁ་འཆམ་དང་དེ་ལས་ལྷག་པ་དཀྱིལ་འཁོར་གཅིག་ཏུ་མི་བཟུང་སྟེ། དེ་སྐད་དུ་ཡང་སྤྱི་རྒྱུད་ལས། མཁས་པས་སློབ་མ་གཅིག་གམ་གསུམ། །ལྔའམ་ཡང་ན་བདུན་དག་གིས། །ཉི་ཤུ་རྩ་ནི་ལྔ་ཡི་བར། །ཟུང་དུ་མ་གྱུར་སློབ་མ་བཟུང་། །དེ་བས་ལྷག་པའི་སློབ་མ་ནི༑ ༑ཡོངས་སུ་བཟུང་བ་མི་ཤེས་སོ། །ཞེས་གསུངས་པས་སོ། །ཞེས་སློབ་མ་རྗེས་འཛིན་གྱི་སྐབས་སུ་བཤད་པའི་ཕྱིར་སྙམ་དུ་དོགས་པའི་ཀློལ་བ་དག་འབྱུང་བར་འགྱུར་རོ། །ཞེས་གསུངས་ནས།

དེའི་དངོས་ལན་གདབ་པ་ནི། གསང་བ་སྤྱི་རྒྱུད་དུ། སློབ་མ་རྗེས་འཛིན་གྱི་སློབ་མའི་གྲངས་ལ། ཉི་ཤུ་རྩ་ལྔ་མན་ཆད་ཀྱི་གྲངས་ངེས་མཛད་པ་དེ། དབང་གི་ཆུ་བོའི་དགོངས་པ་ཡིན་པ་གདོན་མི་ཟ་ཡང་། བླ་མ་རྣམས་ཕྱག་ལེན་དུ་མཛད་པ་དེ་ནི། རྣམ་སྣང་མངོན་བྱང་ནས་གསུངས་པ་ལྟར། བྱང་ཆུབ་ཀྱི་སེམས་ཀྱི་རྒྱུར་འགྱུར་བའི་དགོས་པ་ཁྱད་པར་ཅན་ལ་དགོངས་ནས་གྲངས་ངེས་མ་མཛད་པའམ། རྟུལ་ཆེན་གྱི་ དཀྱིལ་འཁོར་དུ་སྒྲུབ་ཅིང་མཆོད་པ་དང་། བདག་ཉིད་འཇུག་ཅིང་དབང་བླང་བའི་ཆོ་ག་ཚར་གཅིག་ལས་མི་མཛད་པའི་དབང་དུ་བྱས་ནས། རྗེས་བཟུང་གི་གྲངས་ཉེར་ལྔ་ལས་མ་བཤད་དོ། །ཞེས་ཀྱང་བསམས་པར་བྱའོ། །མདོར་ན་བྱ་སྤྱོད་གཉིས་ཀར་དུ། སློབ་མ་དབང་བསྐུར་གྱི་དུས་ཀྱི་སློབ་མ་ལ་གྲངས་ངེས་ཡོད་པར་གྲུབ་ཅིང་། དེའི་

རིག་པས་རྣལ་འབྱོར་གོང་མ་གཉིས་ཀྱི་དབང་བསྐུར་གྱི་སློབ་མ་ལ་གྲངས་ངེས་ཡོད་པ་ཉིད་དུ་ཡང་གྲུབ་པར་དྭ་རི་ཀཱ་པ་ལ་སོགས་པའི་ཚད་ལྡན་མང་པོས་བཤད་པར་སྣང་ཞིང་། དཀྱིལ་ཆོག་རྡོ་རྗེ་འཕྲེང་བ་ལས། སྐལ་བ་དང་ལྡན་ན་སྟོང་གི་བར་དུ་ཡང་བཟུང་བར་བྱའོ། །ཞེས་གསུངས་པ་ཡང་ལེགས་པར་བརྟགས་ན་རྗེས་བཟུང་གི་དུས་ཀྱི་གྲངས་བཤད་པ་མིན་ལ། དེ་ཙམ་གྱི་དབང་བསྐུར་བའི་དུས་ཀྱི་གྲངས་སུ་མི་འགྲུབ་པའི་ཕྱིར་ན། ཇི་སྐད་དུ། བླུན་པོ་སྙིང་ཡོད་ཅན་གྱིས་ཀྱང་། །འདུལ་བའི་ཆོག་བཀྲལ་མི་ནུས། །གསང་སྔགས་ཆོག་ཐམས་ཅད་ལ༑ །བླུན་པོ་རྣམས་ཀྱིས་རང་བཟོར་སྦྱོད། །དཔེར་ན་རབ་བྱུང་གང་ཟག་ནི། །གསུམ་བས་མང་ལ་འཛུག་མི་ནུས། །སྔགས་ཀྱིས་དབང་བསྐུར་བྱེད་པ་ནི། །གྲངས་ངེས་མེད་པར་དབང་བསྐུར་བྱེད། །འདི་ནི་རྡོ་རྗེ་འཆང་གི་བཀག །ཅེས་བྱ་བ་དེ་ལེགས་པར་གྲུབ་པ་ཡིན་ནོ། །ཞེས་གསུངས་པ་ཡིན་ལ།

ཡང་ཁྲིད་ཀྱིས་འབེལ་གཏམ་དུ། པཎ་ཆེན་གྱིས། བྱ་རྒྱུད་ཀྱི་དབང་ལ་གྲངས་ངེས་བྱེད་ན། དེའི་རིགས་གཏད་རྗེས་གནང་ལ་ཡང་གྲངས་ངེས་དགོས་ཟེར་བ་འདི་འདྲ་སྣུ་ལ་ཟེར་རྒྱུ་ཟེར་ཡིན་གསུངས་པ་དེ། སྐབས་འདིའི་གསེར་ཐུར་དུ་མ་གསུངས་མོད། ཡང་གསེར་ཐུར་གྱི་གོང་གི་འཕྲོས་དེ་ཉིད་ལས། འཆད་ཚུལ་དེ་ལས་གཞན་དུ་བཤད་ན། སློབ་མ་ལ་གྲངས་ངེས་མེད་པར་དབང་བསྐུར་བྱེད་པ་དག་གིས། འདི་སྐད་ཅེས་རྒོལ་བར་འགྱུར་ཏེ། བྱ་བའི་རྒྱུད་ཀྱི་རིག་པ་ཡི། །རྒྱུད་སྡེ་གོང་མའི་དབང་བསྐུར་གྱི། །སློབ་མའི་གྲངས་ངེས་འགྲུབ་གྱུར་ན༑ །སྤྱོད་པའི་རྒྱུད་ཀྱི་རིག་པ་ཡིས། །གྲངས་ངེས་མེད་པར་ཅིས་མི་འགྲུབ། །སྤྱི་རྒྱུད་མིན་པས་མི་མཚུངས་ན། །ཀུན་གྱི་སྤྱི་རྒྱུད་ཡིན་པར་དཀའ། །ཞེས་རྒོལ་བར་འགྱུར་རོ། །ཞེས་གསུངས་པ་དེ་ལ་དགོངས་པ་སྟོན་བསྒྲུས་ཀྱི་འདི་འདྲ་སྣུ་ལ་ཟེར་རྒྱུ་ཡིན། ཞེས་གསུང་ཐལ་བ་ཡིན་ནོ། །

པཎ་ཆེན་གྱི་གསུང་དེའི་དོན་ནི། བྱ་རྒྱུད་ལས། དབང་གི་སློབ་མའི་གྲངས་ངེས་བཤད་པའི་རིག་པས། རྒྱུད་སྡེ་གོང་མའི་དབང་བསྐུར་གྱི་སློབ་མའི་གྲངས་ངེས་འགྲུབ་ན། སྤྱོད་རྒྱུད་ལས་གྲངས་ངེས་མེད་པར་བཤད་པའི་རིགས་པས། རྒྱུད་སྡེ་གོང་མའི་དབང་གི་སློབ་མ་ལ་གྲངས་ངེས་མེད་པའི་ཤེས་བྱེད་དུ་ཅིས་མི་མཚུངས། གསང་བ་སྤྱི་རྒྱུད་དེ། སྤྱི་རྒྱུད་ཡིན་པས་མི་མཚུངས་སྙམ་ན། གསང་བ་སྤྱི་རྒྱུད་དེ་ཡང་། རྒྱུད་ཀུན་གྱི་སྤྱི་རྒྱུད་ཡིན་པར་དཀའའོ། །ཞེས་པའི་དོན་ཡིན། འོན་ཀྱང་པ་ཕྱི་མ་གཉིས་ཀྱིས་བསྟན་པའི་ཉེས་པ་དེ་ཁྲིད་ཀྱིས་ཀྱང་སྤོང་བར་མི་ནུས་སོ། །ཞེ་ན། གསང་བ་སྤྱི་རྒྱུད་དེ་རྒྱུད་ཀུན་གྱི་སྤྱི་རྒྱུད་མ་ཡིན་ཀྱང་། དེ་ནས་བཤད་པའི་སློབ་མའི་གྲངས་ངེས་དེ། ཚད་ལྡན་མང་པོས་རྒྱུད་གཞན་ལའང་སྦྱར་ལ། རྗེས་བཟུང་མ་གཏོགས་དབང་བསྐུར་གྱི་སློབ་མ་ལ་གྲངས་ངེས་མེད་དེ།ཞེས། སྟོན་བྱེད་ཀྱི་རྒྱུད་ལུང་ཡོད་ན་དང་དུ་ལེན། དབང་གི་སློབ་མ་ལ་གྲངས

ངེས་མི་དགོས་པའི་ཤེས་བྱེད་དུ་བྲང་སྟོང་བྱེ་བ་ཕྲག་ལ་སོགས་པ་དུས་གཅིག་ཏུ་དབང་བསྐུར་བ་དེ་འདྲེན་ན། དེ་ནི་སྔོན་གྱི་ཆོ་གའི་དབང་དུ་མཛད་པ་ཡིན་ནོ། །ཞེས་འཆད་པ་ལ། གསེར་ཐུར་གྱི་འཕྲོས་དེ་ཉིད་ལས། ཀུན་གྱི་སྤྱི་རྒྱུད་མ་ཡིན་ཀྱང་། །དེ་ཡི་སློབ་མའི་གྲངས་ངེས་ནི། །ཚད་ལྡན་མང་པོས་གཞན་ལའང་སྦྱར། །རྗེས་བཟུང་མ་གཏོགས་དབང་བསྐུར་གྱི། །སློབ་མ་གྲངས་ངེས་མེད་དོ་ཅེས། །སྔོན་བྱེད་ཡོད་ན་དང་དུ་ལེན། །བྲང་སྟོང་བྱེ་བ་ཕྲག་ལ་སོགས། །སྔོན་གྱི་ཆོ་གའི་དབང་དུ་མཛད། །ཅེས་རྒོལ་བ་དེ་དག་གི་ལན་དུ་གསུངས་པ་ཡིན་ནོ། །

ཡང་རྗེ་བཙུན་གྱིས། ན្លན་པོ་སྙིང་པོད་ཅན་གྱིས་ཀྱང་། །ཞེས་པ་ནས། འདི་ནི་རྡོ་རྗེ་འཆང་གིས་བཀག ། ཅེས་གསུངས་པ་ལ། འབེལ་གཏམ་དུ། འོན་ཀྱང་བླ་མ་མཚན་ཉིད་དང་ལྡན་པས། བྱང་ཆུབ་ཀྱི་སེམས་ཀྱིས་ཟིན་པའི་སྒོ་ནས་བརྒྱ་ལ་སོགས་པ་མང་པོ་ལ། དབང་བསྐུར་ན་ཡང་དབང་བསྐུར་མཚན་ཉིད་པར་འགྲོ་སྟེ། ཉེར་ལྔ་ལས་ལྷག་པ་བརྒྱ་ལ་སོགས་པ་ལ་དབང་བསྐུར་བའི་ཚེ་ན། ལས་མི་ཆགས་པ་མ་ཡིན་པའི་ཕྱིར་ཏེ། མང་པོ་ལ་དབང་བསྐུར་བ་ལས་མི་ཆགས་པ་རྒྱུད་ལས་གསུངས་པ་མེད་ལ། འདུལ་བ་ལ་སྒྲུབ་བྱ་གསུམ་ལས་མང་བ་ལ་མི་རུང་བའི་ཤེས་བྱེད་དུ་ལས་མི་ཆགས་པར་བཀོད་འདུག་པ་དང་། སྔགས་ཀྱི་ཚུལ་འདི་མི་འདྲ་བར་འཆད་དོ། །ཞེས་གོང་དུ་གསུངས་པ་ཡང་མཁྱེན་པའི་སྤྱན་ལྡན་ཁྱེད་རང་གི་ཐུགས་ལ་གསལ་མོད། དེ་ནི་གསང་བ་སྤྱི་རྒྱུད་དང་། ཁྱད་པར་རྗེ་བཙུན་ས་པཎ་གྱི་གསུང་ལ་རེག་གཙོད་ཁོ་ནར་སྣང་སྟེ། ཁྱེད་རང་གིས་རྗེ་བཙུན་ས་པཎ་གྱི་གསུང་ལ་རེག་གཙོད་མཛད་ནས། པཎ་ཆེན་རིན་པོ་ཆེ་ལ་བཀའ་བསྐྱོན་དེ་མི་འགྲོ། ཁྱེད་ཀྱིས་དེ་ནི་རྗེ་བཙུན་གྱི་གསུང་དང་མ་མཐུན་ཏེ། རྗེ་བཙུན་གྱིས། དཔེར་ན་རབ་བྱུང་གང་ཟག་ནི། །གསུམ་ལས་མང་བ་འཛུག་མི་ནུས། །སྔགས་ཀྱི་དབང་བསྐུར་བྱེད་པ་ནི། །གྲངས་ངེས་མེད་པར་དབང་བསྐུར་བྱེད། །འདི་ནི་རྡོ་རྗེ་འཆང་གི་བཀག །ཞེས་བསྒྲིལ་ནས་གསུངས་པ་འདི་ལ། འབྲེལ་ཞིག་འདུག་པའི་ཕྱིར་དང་། པཎ་ཆེན་རིན་པོ་ཆེའི་གསེར་ཐུར་གྱི་འཕྲོས་དེ་ཉིད་ལས། རབ་བྱུང་གསུམ་ལས་མི་འཛུག་པ། །དགེ་བསྙེན་རབ་བྱུང་དགེ་ཚུལ་རྣམས། །ཚོགས་ལ་མི་ཆགས་པ་མ་ཡི་མིན། །ཞུ་བར་བྱེད་པའི་ལས་ལ་དགོངས། །ཞེས་གསུངས་པ་ཡང་དཔྱོད་ལྡན་རྣམས་ཀྱིས་ལེགས་པར་རྟོགས་དགོས་སོ། །ཡང་འབེལ་གཏམ་གྱི་འཕྲོས་དེ་ལས། དབང་བསྐུར་དང་རིགས་གཏད་རྗེས་གནང་རྣམས་དོན་ལ་ཁྱད་པར་མེད་དོ་སྙམ་པ་དེ། ཁྱེད་རང་ལམ་གྱི་རྩ་བ་དབང་བསྐུར་ལ་ཆས་ཆོད་རས་པོར་མཛད་པ་དེའི་སྐྱོན་ཡིན་ཏེ། ཁྱེད་རང་བྱིན་རླབས་ཡང་སྨིན་བྱེད་ཡིན་ཟེར་བ་གྲུབ་མཐར་སྣང་ཞིང་། དེ་སྨིན་བྱེད་ཡིན་ན་རྗེས་གནང་རིགས་གཏད་ཀྱང་ཅིའི་ཕྱིར་སྨིན་བྱེད་མ་ཡིན། རྣམ་པ་ཀུན་དུ་མཚུངས་ཏེ། ཞེས་རིགས་གཏད་ཀྱང་སྨིན་བྱེད་ཡིན་གསུང་ལ་ཁད་ཁད་པ་གཅིག་ལ་ཐུགས་བསམ་གཅིག

མཐོང་ནས། བྱིན་རླབས་དང་རྗེས་གནང་རྒྱས་པའི་རིགས་རྣམས་ལ་དགོས་ནུས་ཁྱད་པར་ཆེར་མི་འདུག་པའི་ཕྱིར་རོ། །ཞེས་པའི་བར་གསུངས་པ། དེའི་ལན་ནི་དེ་ལྟར་ན་བྱིན་རླབས་དང་རྗེས་གནང་རིགས་གཏད་རྣམས། རྣམས་པ་ཀུན་དུ་མཚུངས་པར་ཁས་བླངས་པས། བྱིན་རླབས་དང་རྗེས་གནང་སྨིན་བྱེད་མ་ཡིན་པར་ཆ་ཞོག་ལ། རིགས་གཏད་ཀྱང་སྨིན་བྱེད་མ་ཡིན་པར་འགྱུར། དེ་ལྟར་ན་ཁྱེད་རང་གི་རིགས་གཏད་ལ་དབང་དང་རྗེས་གནང་གཉིས་སུ་ཕྱེ་ནས་དང་པོ་དེ་ངོས་འཛིན་པ་ན། གཟུངས་གྲྭ་ལྔའི་དབང་། གཙུག་ཏོར་དྲི་མེད་ཀྱི་དབང་། རིགས་གསུམ་སྤྱིའི་དབང་ལ་སོགས་པ། བྱ་རྒྱུད་རང་གང་གི་དབང་དུ་བཤད་པ་རྣམས་ཀྱང་། སྨིན་བྱེད་མ་ཡིན་པར་འགྱུར་ལ། ཅི་སྟེ་བླ་མེད་ཀྱི་དབང་བཀོན་སྨིན་བྱེད་ཡིན། གཞན་རྣམས་མིན་ན་རྒྱུད་སྡེ་འོག་མ་རང་རང་གི་ལམ་བསྒོམས་པའི་སྣོད་རུང་དུ་རང་རང་གི་དབང་གསུངས་པ་ཡང་དོན་མེད་པར་འགྱུར་རོ། །དེར་མ་ཟད་དེ་ལ་རིགས་གཏད་ཟེར་བའི་རྒྱུ་མཚན་ཁྱེད་རང་གིས་བཀོད་པར། གཟུངས་གྲྭ་ལྔ་ལྟ་བུ་ལ་མཚོན་ན་ལྷ་ལྔ་བསྐྱེད་པའི་བུམ་པ་སློབ་མའི་སྤྱི་བོར་བཞག་སྟེ། ལྷའི་མངོན་རྟོགས་བརྗོད། གཟུངས་རྣམས་བཟླས་ཤིང་བུམ་ཆུ་སྟེར་བར་བྱེད། དེ་ཚེ་ན་རིག་པ་ནི་ལྷ་དེ་ཡིན་ལ། ལྷའི་བསྐྱེད་ཚིག་དང་སྔགས་བཟླས་པ་སློབ་མ་ལ་གཏད་པའམ། བྱིན་པས་ན་རིགས་གཏད་ཅེས་བྱའོ། །ཞེས་འོག་ཏུ་བྲིས་འདུག་པ། འོན་ལྷ་ལྔ་བསྐྱེད་པའི་བུམ་པ་སློབ་མའི་སྤྱི་བོར་བཞག་སྟེ། ལྷའི་མངོན་རྟོགས་བརྗོད་གསུང་བ་དེ་དུས་ལྷའི་མངོན་རྟོགས་བརྗོད་པ་གནང་གི་ཡོད་དམ། དེ་ལ་དགོས་པ་ཅི་ཡོད། གང་ནའང་ཁྱེད་རང་གི་རིགས་གཏད་ཀྱི་སྒྲ་བཤད་དེ་ཁྱེད་རང་ལ་གནོད་བྱེད་དུ་འགྲོ་བ་འདི་ལྟར། དེ་ལྟར་ན་བླ་མེད་ཀྱི་དབང་རྣམས་ཀྱང་རིགས་གཏད་དུ་འགྱུར་ཏེ། ཀྱེ་རྡོ་རྗེ་ལྟ་བུ་ལ་མཚོན་ན་ལྷ་དགུ་བསྐྱེད་པའི་བུམ་པ་སློབ་མའི་སྤྱི་བོར་བཞག་པ་དང་སྔགས་བརྗོད་ཅིང་བུམ་ཆུ་སྟེར་བ་སོགས་མཚུངས་པས། དེའི་ཚེ་ན་རིག་པ་ནི་ལྷ་དེ་ཡིན་ལ། ལྷའི་བསྐྱེད་ཚིག་གི་སྒོ་ནས། དཀྱིལ་འཁོར་གྱི་ལྷ་ངོ་བསྟན་པ་དང་། དབང་སོགས་ཀྱི་སྒོ་ནས་དབང་རྫས་སློབ་མ་ལ་གཏད་པའམ་བྱིན་པས་ན་རིགས་གཏད་ཅེས། ཅིའི་ཕྱིར་མི་མཚུངས་ཏེ་མཚུངས་པའི་ཕྱིར། དེས་ན་ཁྱེད་རང་དབང་དུ་གྱུར་པའི་རིགས་གཏད་ཞལ་གྱིས་བཞེས་ཕྱིན། བྱིན་རླབས་རིགས་གཏད་རྗེས་གནང་རྣམས་རྣམ་པ་ཀུན་ཏུ་མཚུངས་ཞེས་པའང་ནང་འགལ་ལོ། །ཡང་བྱིན་རླབས་དང་རྗེས་གནང་རྒྱས་པའི་རིགས་རྣམས་ལ་དགོས་ནུས་ཁྱད་པར་ཆེར་མེད་ན། རྩ་དབུ་མའི་རྟོགས་རིམ་དང་། ཤིན་ཏུ་སྤྲོས་མེད་དང་། བསམ་གྱིས་མི་ཁྱབ་པ་དང་། ཕྱག་རྒྱ་ཆེན་པོ་ཡི་གེ་མེད་པ་དང་། བདེ་མཆོག་དཀར་པོའི་ཁྲིད་ལ་སོགས་པ་གདམས་པ་མང་པོ་ལ་རང་རང་གི་ལུགས་ཀྱི་བྱིན་རླབས་རེ་རེ་ངེས་པར་སྔོན་དུ་འགྲོ་དགོས་ཀྱིན་འདུག་པས། དེ་དག་དང་རྗེས་གནང་ལ་ཁྱད་པར་ཡོད་དམ་མེད། ཡོད་ན་ཁྱེད་ཀྱིས་ཞལ་བླངས

ཉམས། མེད་ན་ཁྲིད་དེ་དག་ལ་བྱིན་རླབས་ངེས་པར་སྔོན་དུ་འགྲོ་དགོས་པའི་ངེས་པ་ཡང་མེད་དེ། དེ་དག་ལ་བྱིན་རླབས་སམ་རྗེས་གནང་གང་བྱས་ཀྱང་དགོས་ནུས་མཚུངས་པའི་ཕྱིར། ཡང་ཁྱད་པར་ཆེར་མེད་བྱས་པ་ཡིན་གསུངས་ན། ལྷན་པ་དབུས་ཕྲུག་རང་གི་ལེགས་པོ་བྱུང་གདའོ། །

ཡང་འབེལ་གཏམ་ལས། དེས་ན་རྗེས་གནང་ལ་དབང་གི་མཐར་རྟེན་དུ་བྱེད་པའི་རྗེས་གནང་དང་། དབང་ལས་ལོགས་སུ་སྐུ་གསུང་ཐུགས་ཀྱི་རྗེས་གནང་བྱེད་པ་གཉིས་ལས། དང་པོ་ནི། ལྷ་མཆོད་པ་དང་ཞེས་སོགས་གསུངས་པ་དེ་མཐུན་པ་ཙམ་སྟེ། དེ་ནི་བུམ་དབང་གི་མཐའ་རྟེན། ཀྱེ་རྡོ་རྗེ་ལྷ་བུའི་དབང་དུ་བྱས་ན། དེང་ནས་བཟུམས་ཏེ་རྫོགས་སངས་རྒྱས། །ཞེས་པ་ནས། བྱང་ཆུབ་ལུས་ཅན་རྣམས་ལ་དགོས། །ལྷ་ཞེས་པའི་བར། མཆོད་པའི་རྗེས་གནང་དང་། ཇི་ལྟར་མིག་མཁན་རྒྱལ་པོ་ཡི། །ཞེས་པ་ནས། ཧཱུྃཿཅེས་པའི་བར། མིག་ཐུར་གྱི་རྗེས་གནང་དང་། ཆོས་རྣམས་གཟུགས་བརྙན་ལྟ་བུ་སྟེ། །ཞེས་སོགས་ཀྱི་མེ་ལོང་དང་། ཨཿཐམས་ཅད་ནམ་མཁའི་མཚན་ཉིད་དེ། ཅེས་སོགས་ཀྱི་དྲིལ་བུ་དང་བཅས། ཧོཿདེ་བཞིན་གཤེགས་པ།ཞེས་སོགས་ཀྱི་མདའ་གཞུ་དང་། ཨོཾ་བཛྲ་སཏྭ་ཨཿ རྡོ་རྗེ་སེམས་དཔའ་མེ་ལོང་ལྟར། །ཞེས་སོགས་ཀྱིས། མེ་ལོང་གཉིས་པ་དང་། བཛྲ་ཧེ་རུ་ཀཾ། ནས། དེང་ནས་བཟུམས་ཏེ་སེམས་བསྐྱེད་པ། །ཞེས་སོགས་ཀྱིས། འཁོར་ལོ་དུང་དྲིལ་པོ་ཏི་བཟུང་བ། ཆོས་བཤད་པ། སེམས་ཅན་ཀུན་ལ་ཐམས་ཅད་དུ། །ཞེས་སོགས། རིགས་ལྔའི་སློབ་བཤད་ཀྱི་རྗེས་གནང་རྣམས་གསུང་བཞིན། དཀྱིལ་མཆོག་གཞན་ལས་ནི། ཐུན་མོང་གི་གྲུབ་ཆེན་བརྒྱད་དང་། འཕྲིན་ལས་བཞིའི་རྗེས་སུ་གནང་བ་སོགས་ཀྱང་བཤད་དོ། །རྗེས་གནང་ལོགས་པ་ནི། དེང་སང་སྒྲུབ་ཐབས་བརྒྱ་རྩ་དང་རྒྱ་མཚོ་སོགས་སློབ་མ་དུ་མ་ཚོགས་པའི་ཁྲོམ་ལའང་བྱེད་པ་འདི་ཡིན་པ་ལ། སྤྱིར་མི་མཐུན་པ་ཆེར་མེད་མོད། འོན་ཀྱང་རྗེས་གནང་དེ་དག་ཉན་པའི་སྣོད་རུང་ལ་དབང་ཐོབ་པ་ཞིག་མཐའ་གཅིག་ཏུ་མི་དགོས་ན་ཅང་མི་ཞུ། དགོས་ན་སྒྲུབ་ཐབས་བརྒྱ་རྩ་རྒྱ་མཚོ་ལ་སོགས་ཁྲོམ་ལ་བསྒྱུར་བའི་ཚེ། སྔོན་དུ་བྱ་རྒྱུད་ཀྱི་དབང་ངམ་དབང་གང་རིགས་གཅིག་བསྐུར། དེ་ནས་སློབ་མ་ཐམས་ཅད་བསགས་ནས་རྗེས་གནང་དེ་དག་མཛད་ཀྱིན་ཡོད་ན་དེས་ཆོག་པ་གདའ་སྟེ། དེ་རང་གི་ངེས་པ་ཡང་མཛད་མི་བདེ་བ་འདྲའོ། །ཡང་འབེལ་གཏམ་ལས། འདི་ལ་ཁྱེད་དབང་ཐོབ་པ་ཡང་། ཞེས་སོགས་ཀྱི་ལན་ནི། ཁྱེད་ཀྱིས་རྣམ་སྣང་མངོན་བྱང་གི་ལུང་། སློབ་མ་དད་ཅིང་རིགས་བཙུན་པ། །ཞེས་པ་ནས། གྲངས་ཀྱི་ཚད་འདི་བྱས་སོ། །ཞེས་པའི་བར་དེ། སྐལ་བ་དང་ལྡན་པའི་རིགས་ཅན་ཞུང་ཤས་ལ་སྦྱར་བ་དང་། ཡང་རྣམ་སྣང་མངོན་བྱང་གི་ལུང་། འོན་ཀྱང་སློབ་དཔོན་སྙིང་རྗེ་ཆེན་པོ་དང་ལྡན་པ། ཞེས་པ་ནས། སེམས་ཅན་ཚད་མེད་པ་རྣམས་ཡོངས་སུ་བཟུང་བར་བྱའོ། །ཞེས་པའི་བར་རོ། །

སྔོན་སྦྱངས་པ་མ་བྱས་པའི་རིགས་ཅན་དབང་བསྐུར་བའི་སྣོད་རུང་ཙམ་དུ་གྱུར་པ་ལ་སྦྱར་ཞིང་། དེ་དག་གི་རྒྱུ་མཚན་དུ། སྐལ་ལྡན་ལས་འགྲོ་ཅན་གྱི་དབང་དུ་བྱས་ནས་ཉུང་ཤས་ཞེས་སྨོས་ཏེ། གྲངས་ཀྱི་ཚད་ནི་འདི་བྱས་སོ༔ །ཞེས་རྣམ་པར་དག་པ་གཅིག་བརྗོད་ནས། ཡང་སློབ་མ་མཐའ་ཡས་པ་ལ་བསྐུར་བའི་དབང་དུ་བྱས་ཏེ། རྣམ་པར་གཞག་པ་གཉིས་པ་བརྗོད་པ། ཞེས་གསུངས་ནས། འོན་ཀྱང་སློབ་དཔོན་སྙིང་རྗེ་ཆེན་པོ་ཞེས་པ་ནས། ཚད་མེད་པ་རྣམས་ཡོངས་སུ་བཟུང་བར་བྱའོ། །ཞེས་པའི་བར་གསུངས་པ་ཡིན་ཏེ། འོན་ཀྱང་ཞེས་པའི་ཚིག་ནུས་མྱུར་དགོས་སོ། །ཞེས་མཛད་འདུག་པ་ལུང་གི་སྦྱོར་ཚུལ་དེ་དག་ནི། པཎ་ཆེན་རིན་པོ་ཆེའི་གསུང་གི་རྗེས་འབྲང་དུ་ཡོང་མོད། འོན་ཀྱང་ཁྱེད་རང་གི་གསུང་སྔ་ཕྱི་དེ་དག་མ་མཚུངས་ཏེ། རྣམ་སྣང་མངོན་བྱང་གི་ལུང་། སློབ་མ་དག་ཅིང་རིགས་བཙུན་པ། །ཞེས་སོགས་ནས། བཅུའམ་བརྒྱད་དམ་བདུན་ནམ་ལྔ། །གཅིག་གཉིས་བཞི་ལས་ལྷག་ཀྱང་རུང་། །དཔྱད་མི་དགོས་པར་བཟུང་བར་བྱ། །ཞེས་པ་དང་། དེ་དང་འབྲེལ་ཆགས་སུ་གསང་བའི་བདག་པོ། ཞེས་སོགས་ནས། གྲངས་ཀྱི་ཚད་འདི་བྱས་སོ། །ཞེས་པའི་བར་གྱི་ལུང་དེ་དོན་གཅིག་པ་ཁྱེད་རང་ཡང་འདོད་རྒྱུར་འདུག་པས། དེ་ལྟར་ན་གྲངས་ཀྱི་ཚད་འདི་བྱས་སོ། །ཞེས་པ་དེ་ཀ །བཅུའམ་བརྒྱད་དམ། ཞེས་སོགས་ཀྱི་གྲངས་ཚད་བསྟན་པར་ཞལ་གྱིས་བཞེས་པར་སོང་ལ། དེས་ན་དེས་སྤྱོད་རྒྱུད་ཀྱི་དབང་བསྐུར་གྱི་སློབ་མ་ལ་གྲངས་ངེས་བསྟན་པར་གྲུབ་པས། ད་ཕྱིན་ཆད་ནས་ཁྱེད་རང་རྣམས་པཎ་ཆེན་ཆོས་ཀྱི་རྒྱལ་པོའི་གསུང་གི་རྗེས་སུ་འབྲང་བར་རིགས་སོ། །

སྔར་བཤད་པ་ལྟར། ཡང་ལུང་སྔ་མ་དེ་སྐལ་ལྡན་ལས་འཕྲོས་ལས་ཅན་གྱི་སློབ་མ་ཉུང་ཤས་ཀྱི་དབང་དུ་བྱས་ཏེ། དེ་ལ་སློབ་མ་བཅུ་ལས་ལྷག་པ་མི་རུང་ངོ་གསུང་ན་དེས་སྤྱོད་རྒྱུད་ཀྱི་དབང་གི་སློབ་མའི་གྲངས་བཟུང་བ། པཎ་ཆེན་རིན་པོ་ཆེའི་དགོངས་བཞེད་དང་མཐུན་བྱུང་བས་མགོ་ལོ་བཤགས་སོ། །ཡང་ཞལ་བླང་ན་འཕོས་ནས་འགྱུར་ཏེ། བཅུ་ཚུན་བཤད་པ་དེ་ཚད་དམ། མཚན་གཞི་བཟུང་བ་མིན་གྱི། དེ་ལས་ལྷག་པ་ཡང་རུང་བར་བཤད་ཡོད་གསུང་ན། བཅུའམ་བརྒྱད་དམ་ཞེས་སོགས་ཀྱི་ལུང་དེ་སྐལ་ལྡན་ལས་འགྲོ་ཅན་གྱི་སློབ་མ་ཉུང་ཤས་ཀྱི་དབང་དུ་མཛད་པ་ལ་འབྲེལ་མ་བྱུང་སྟེ། དེ་ལ་བཅུ་ལས་ལྷག་པ་ཡང་རུང་བ་ཞལ་གྱི་བཞེས་པའི་ཕྱིར་རོ། །ཅི་སྟེ་སྐལ་བར་ལྡན་པའི་སློབ་མ་བརྒྱ་སྟོང་སོགས་ཡོད་སྲིད་ནའང་དེ་དག་ལ་ཅིག་ཆར་དུ། སྤྱོད་རྒྱུད་ཀྱི་དབང་བསྐུར་བས་ཆོག་པ། ཨ་བྷྱ་ཀ་རའི་ལུང་དྲངས་ནས་བཤད་པ་གོང་དུ་གསལ་བར་ཡོད་དོ་གསུང་ན། དེ་ལྟར་ན་གོང་འོག་འདི་དག་ཏུ་བཅུའམ་ཞེས་སོགས་བཅུ་ཚུན་སྐལ་ལྡན་ལས་འགྲོ་ཅན་ཉུང་ཤས་ལ་བཀར་ནས་བཤད་པ་ཡང་འབྲེལ་མེད་པར་དང་། འོན་ཀྱང་སློབ་དཔོན་སྙིང་རྗེ་ཆེན་པོ་དང་ལྡན་པ་ཞེས་སོགས་སྔོན་

སྤྱངས་པ་མ་བྱས་པའི་རིགས་ཅན་དབང་བསྐུར་བའི་སྣོད་རུང་ཙམ་དུ་གྱུར་པ་མཐའ་ཡས་པ་ལ་བཤད་པ་དག་ཀྱང་བཅུའམ་ཞེས་སོགས་ཀྱི་དོན་དང་ཁྱད་པར་མེད་པར་སོང་བས། འོན་ཀྱང་ཞེས་པའི་ཚིག་ནུས་ཁྱེད་རང་གི་མ་མྱོང་པར་སོང་བ་འདྲ། འོན་ཀྱང་ཁྱེད་ཀྱིས་འདི་སྐབས་ཀྱི་གསུང་གོང་འོག་ལ་བལྟས་ན། སྐུ་དབང་སྦྱོད་སྟེ་ཁྱེད་རང་གསུང་བ་ལྟར་ཆོས་ཐོག་ཏུ་བསྐྱེ་ཁྱི་ཉལ་བྱེད། ཅེས་པའི་དཔེ་ཡང་དེར་གདའོ། །

ཡང་རྣམ་སྣང་གི་ལུང་ཕྱི་མ། འོན་ཀྱང་སློབ་དཔོན་སྙིང་རྗེ་ཆེན་པོ་དང་ལྡན་པས། ཞེས་སོགས་ནས། སེམས་ཅན་ཚད་མེད་པར་ཡོངས་སུ་བཟུང་བར་བྱའོ། །ཞེས་པའི་བར་གྱི་ལུང་དེ་སྐལ་ལྡན་ལས་འགྲོ་ཅན་མིན་པའི་སློབ་མའི་མཐས་ཐུག་པ་ལ་སྦྱར་བ་དང་། སྦྱོད་པའི་རྒྱུད་ཀྱི་དབང་བསྐུར་ལ་ཞེས་སོགས་ཀྱི་ལུང་ཁུངས་ཡང་འདི་ཉིད་ཡིན་གསུང་བ་ལ་སྡོམ་གསུམ་གྱི་གཞུང་། སྤྱོད་པའི་རྒྱུད་ཀྱི་དབང་བསྐུར་ལ། །སློབ་མ་གྲངས་ངེས་མེད་པར་གསུངས་པ་དང་། དེ་ལ་པཎ་ཆེན་གྱི་གཞུང་བཅོས་མཛད་པར། སྤྱོད་པའི་རྒྱུད་ཀྱི་དབང་བསྐུར་ལ༔ །སློབ་མ་རྗེས་བཟུང་གྲངས་ངེས་མེད། །གཉིས་པོ་དགོངས་དོན་གཅིག་ཏུ་འབབ་པས། འདི་ནི་པཎ་ཆེན་རིན་པོ་ཆེས་རྗེ་བཙུན་ས་པཎ་གྱི་དགོངས་པ་བླངས་པ་ཡིན་མོད་ཀྱང་། ལ་ལ་དག་རྗེ་བཙུན་གྱི་གཞུང་ལ་བཅོས་བྱས་སོ་ཟེར། མ་རེངས་པའི་ཚིག་ཏུ་བརྗོད་པ་དག་ནི་མ་གོ་བའི་གཏམ་དུ་ཟད་ཅིང་། སྙིང་པོ་རྗེ་བཙུན་ཡབ་སྲས་ཀྱི་གཞུང་གཉིས་པོ་དེ་དག་གི་ལུང་ཁུངས་ནི། རྣམ་སྣང་མངོན་བྱང་གི། འོན་ཀྱང་སློབ་དཔོན་སྙིང་པོ་ཆེན་པོ་དང་ལྡན་པས་ཞེས་སོགས་ལ་སྦྱོར་བ་གོང་དུ་བཤད་ཟིན་པ་དེ་ཡིན།

རྣམ་སྣང་མངོན་བྱང་གི་ལུང་ཕྱི་མ་དེ། སྤྱོད་རྒྱུད་ཀྱི་སློབ་མ་རྗེས་བཟུང་ལ་གྲངས་ངེས་མེད་པའི་ལུང་གི་ཤེས་བྱེད་དུ་སྦྱར་བར་ཆས་ཆོད་མཛད་པར་འདུག་སྟེ། དེས་ན་ཁྱེད་རང་ཀྱང་སྤྱོད་རྒྱུད་ལས་རྒྱུད་སྡེ་གོང་དུ་གྱུར་པའི། ཀྱེ་རྡོ་རྗེ་ལྟ་བུའི་སློབ་མ་རྗེས་འཛིན་ལ་ཡང་གྲངས་ངེས་མི་དགོས་པའི་ཤེས་བྱེད་དུ། རྣམ་སྣང་མངོན་བྱང་གི་ལུང་ཕྱི་མ་དེ་འདྲེན་པར་མི་མཛད་དམ། མཛད་ན་དེ་ལ་ཡང་ཆས་ཆོད་མཛད་པར་རིགས་སམ། ལར་རང་རྗེ་བཙུན་གྱི་དབང་ཆུ་ལས། སློབ་མ་རྗེས་འཛིན་ལ་གྲངས་ངེས་བཤད་བཞིན་དུ། དིང་སང་གི་རྗེས་འཇུག་ལམ་འབྲས་འཆད་པ་པོ་རྣམས་ཟེར་ཡང་བ་ཁོ་ནའི་ཆེད་དུ། སློབ་མ་རྗེས་འཛིན་ལ་གྲངས་ངེས་མེད་པ་ཕྱག་ལེན་རང་ལ་མཛད་པ་འདི་ཡང་ཡ་མཚན་ནོ། །རྒྱུད་དེ་ཀས་སློབ་མ་རྗེས་བཟུང་ལ་གྲངས་ངེས་མེད་པར་བསྟན་པ་ཡིན་ནོ་གསུང་ན་དེ་ལྟར་ཁས་བླང་ནས་རྒྱུད་དེས། སྤྱོད་རྒྱུད་ཀྱི་སློབ་མ་རྗེས་བཟུང་ལ། གྲངས་ངེས་མེད་པར་སྟོན་བྱེད་དུ་བཤད་པ་ལ་ཆས་ཆོད་མཛད་པ་ཡང་འབྲེལ་མེད་པར་སོང་བསཤིན་ཏུ་ངོ་མཚར་ཆེའོ། །ཡང་འཕེལ་གཏམ་གྱི་འཁྲོས་དེ་ལས། པཎ་ཆེན་གྱི་རྣམ་གཞག་སྐྱ་མ་དེ་རང་ལ་ཐུགས་རྩེ་གཏད་ནས་གཞུང་བཅོས་ཚུལ་

དང་། རང་གི་བཙུ་རྩུན་གྱི་གྲངས་ངེས་བཤད་པ་དེ། སེམས་ཅན་ཚད་མེད་པ་རྣམས་ཡོངས་སུ་བཟུང་བར་བྱའོ། །ཞེས་པའི་ལུང་འགལ་འདུ་བྱུང་བ་མཁྱེན་ནས། ཕྱི་མ་འདི་སློབ་མ་རྗེས་བཟུང་ཡིན། དབང་བསྐུར་དུས་ཀྱི་སློབ་མ་བསྟན་པ་མིན། ཞེས་གསུངས་པ་སྣང་ངོ་། །ཞེས་བཀོད་ནས་དེ་ལ་སྐྱོན་བརྗོད་པ་ན། འོ་ན་བཙུའམ་བརྒྱད་དམ་བདུན་ནམ་ལྔ་ཞེས་སོགས་ཀྱང་སློབ་མ་རྗེས་བཟུང་གི་སྐབས་ཙམ་ཡིན་པར་འགྱུར་ཏེ། དེའི་འཇུག་ཏུ་དཔྱད་མི་དགོས་པར་བཟུང་བར་བྱ། ཞེས་གསུངས་འདུག་པའི་ཕྱིར། ཞེས་བརྗོད་འདུག་པ་པཎ་ཆེན་ལ་མ་སོང་ཁྱེད་རང་ལ་སོང་སྟེ། དེར་ཐལ། དེའི་དཀྱིལ་འཁོར། དེད་ཀྱི་བཀོད་པ་མན། དེའི་རྟགས་ཆོས་ཁྱབ་པ་གསུམ་ཀ་ཁྱེད་རང་གི་ཞལ་གྱིས་བཞེས་དགོས་པས། འཁོར་གསུམ་འདི་ཁྱེད་རང་གིས་བཙོས་ པ་ལ། དེད་ཀྱི་གསེར་ཞོག་རྒྱག་བཙུག་ནས་ཕྱུལ་ཡོད་པས་དགེས་པར་གྱུར་ཅིག །

དེར་མ་ཟད་བཙུའམ་བརྒྱད་དམ་བདུན་ནམ་ལྔ་ཞེས་སོགས་དང་། དཔྱད་མི་དགོས་པར་བཟུང་བར་བྱ། གཉིས་པ་བསྒྲིལ་ནས་མི་འཆད་ན་ཁྱེད་རང་ལ་མི་འདོད་པ་འབྱུང་སྟེ་ཐུགས་བསམ་མཛོད་གཅིག །ལར་རྣམ་སྣང་མངོན་བྱང་གི་བཙུའམ་ཞེས་སོགས་དང་། དཔྱད་མི་དགོས་པ་ཞེས་སོགས། ཚིག་གོང་འོག་གི་འབྲེལ་བསྒྲིག་པའི་གོ་བ་སྟལ་མ་ཞིག་ཁྱེད་རང་གིས་ཀྱང་མ་ཐེབས་པ་འདྲ་ལ། དཔྱད་མི་དགོས་པ་བཟུང་བར་བྱ་ཞེས་པའི་དོན་གང་ཡིན། དེའི་དོན་གཅིག་གཉིས་ནས་བཙུའི་བར་གྲངས་བཟུང་བ་དེ་ལ་ཁ་ཆམ་དང་ཁ་ཡར་གྱི་དཔྱད་པ་མི་དགོས་པ་བཟུང་བར་བྱ་བ་ལ་འཆད་ན་ནི། དེད་ཀྱི་རྗེས་འཇུག་ཏུ་འདུག་སྟེ། དེ་འདྲ་ག་ལ་བཞེད་དཔྱད་མི་དགོས་པ་ཞེས་པའི་དོན་དེ། སློབ་མ་རྗེས་བཟུང་གི་སྐབས་ཙམ་ལ་བྱ་བ། ཁྱེད་རང་གི་གོང་གི་གསུང་དེ་ལ་དཔག་ན་དེ་ལྟར་བཞེད་རྒྱུར་འདུག་པས། དེ་ནས་བཙུའམ་བརྒྱད་དམ་བདུན་ནམ་ལྔ། །གཅིག་གཉིས་བཞི་ལས་ལྷག་ཀྱང་རུང་། །ཞེས་པ་དང་། དཔྱད་མི་དགོས་པར་བཟུང་བར་བྱ། །ཞེས་བསྒྲིལ་ནས་གསུངས་པ་ལ་འབྲེལ་མེད་པར་འགྱུར་ཞིང་། ཚིག་དོན་གོང་འོག་ཀྱང་མི་གཅིག་པར་འཆད་དགོས་པར་འགྱུར་བས། ཁྱེད་ཀྱི་གོ་བ་དེ་ནི། ཨོཾ་མ་ཧེ་པདྨེ་ཧཱུྃ་ངོ་། །

ཡང་པཎ་ཆེན་རིན་པོ་ཆེས། རྣམ་གཞག་སྤྱི་མ་དེ་རང་ལ་ཐུགས་རྩེ་གཏད་ནས་གཞུང་བཙོས་མཛད་པ་ག་ལ་ཡིན། པཎ་ཆེན་རིན་པོ་ཆེ་རྒྱུད་དོན་འཆད་པ་ལ་མཁས་པས། བཙུའམ་བརྒྱད་དམ་བདུན་ནམ་ལྔ། །དཔྱད་མི་དགོས་པར་བཟུང་བར་བྱ། །ཞེས་པའི་བར་དང་། དེ་དང་འབྲེལ་ཆགས་སུ། གང་དག་གསང་བའི་བདག་པོ་ཞེས་པ་ནས། གྲངས་ཀྱི་ཚད་འདི་བྱས་སོ། །ཞེས་པའི་བར་གྱི་རྒྱུད་དོན་ལ་དགོངས་ནས། སྤྱོད་རྒྱུད་ཀྱི་དབང་གི་སློབ་མ་ལ་བཙུ་རྩུན་གྱི་གྲངས་ངེས་བཤད་ནས། དེའི་རྗེས་སུ་འོན་ཀྱང་སློབ་དཔོན་སླིང་རྗེ་ཆེན་པོ་

དང་ལྡན་པས། ཞེས་པ་ནས། སེམས་ཅན་ཚད་མེད་པ་ཡོངས་སུ་བཟུང་བར་བྱའོ། །ཞེས་པའི་བར་གྱི་རྒྱུད་དོན་ལ་དགོངས་ནས། སྤྱོད་པའི་རྒྱུད་ཀྱི་རྗེས་འཛིན་གྱི་སློབ་མ་ལ་གྲངས་ངེས་མེད་པར་བཤད་པ་དེ། རྗེ་བཙུན་ས་པཎ་གྱི་དགོངས་པ་ཡིན་པས། དེས་ན་གཞུང་འདི་ལྟར་སྟོན་ན་བདེ་བ་ཡིན་ཏེ། སྤྱོད་པའི་རྒྱུད་ཀྱི་དབང་བསྐུར་ལ༑ །སློབ་མ་རྗེས་བཟུང་གྲངས་ངེས་མེད། །ལྷག་མ་དམིགས་བསལ་མཛད་པ་ཡིན། །ཞེས་སོགས་གསུངས་པ་གོང་དུ་ཡང་བཤད་ཟིན། རང་གི་བཙུན་ཚུན་གྱི་གྲངས་ངེས་བཤད་པ་དེ་དང་། སེམས་ཅན་ཚད་མེད་པ་ཞེས་སོགས་ལུང་འགལ་འདུ་བྱུང་བར་མཐྱེན་ནས། ཞེས་སོགས་ཀྱི་དགག་པ་ཡང་རྣམ་པར་མ་བརྟགས་པ་སྟེ། པཎ་ཆེན་གྱི་དགོངས་བཞེད། བཙུ་ཚུན་གྱི་གྲངས་ངེས་བཤད་པ་དེ། སྤྱོད་རྒྱུད་ཀྱི་དབང་གི་སློབ་མའི་གྲངས་ངེས་དང་། སེམས་ཅན་ཚད་མེད་པ་རྣམས་ཡོངས་སུ་བཟུང་བར་བྱའོ། །ཞེས་པ། སྤྱོད་རྒྱུད་ཀྱི་སློབ་མ་རྗེས་བཟུང་ལ་གྲངས་ངེས་མེད་པར་བཤད་པ་ལ་བཞེད་པས། པཎ་ཆེན་ལ་ལུང་འགལ་འདུ་ག་ལ་ཡོང་། ཡང་རྒྱུད་སྡེའི་གོང་འོག་ལ་འགལ་འདུ་ཡོད་གསུངས་ན། སངས་རྒྱས་ཀྱི་གསུངས་པའི་རྒྱུད་ལ་འགལ་འདུ་ག་ལ་ཡོད། ངེད་ནི་དེ་འདྲ་མི་འདོད། ཁྱེད་རང་ལ་ཐུགས་དོགས་བྱུང་ན་ཁྱེད་རང་གསུངས་པ་ལྟར་རྡོ་རྗེ་འཆང་ལ་ཞུ་བའི་དབང་ཡོད་ན་ཞུས་མཛོད།

ཡང་འཐེལ་གཏམ་ལས། བབས་ལུང་གི་དོན་དེ་རྗེས་བཟུང་གི་སྐབས་ཡིན་ཡང་། དེས་དབང་བསྐུར་གྱི་སློབ་མའི་གྲངས་ཀྱང་འགྲུབ་པ་ཡིན་ཏེ། དབང་བསྐུར་གྱི་སློབ་མའི་གྲངས་སྔ་གོན་གྱི་དུས་ཀྱི་གྲངས་ལ་ལྟོས། སྔ་གོན་གྱི་དེ་རྗེས་འཛིན་གྱི་གྲངས་ལ་ལྟོས་པའི་ཕྱིར། ཞེས་བཀོད་པ་ཡང་ཁས་བླང་ནང་འགལ་བ་ཡིན་ཏེ། ལུང་གི་དོན་དེ་སྤྱོད་རྒྱུད་རང་གི་དབང་དུ་བྱས་ནས་དེ་ལྟར་གསུངས་རྒྱུ་ཡིན་ན། དེ་རྗེས་བཟུང་གི་སྐབས་ཡིན་ན་ཡང་། དེས་དབང་བསྐུར་གྱི་སློབ་མའི་གྲངས་འགྲུབ་པར་བཤད་པ་ཉིད་ཀྱིས། སྤྱོད་རྒྱུད་ཀྱི་དབང་བསྐུར་གྱི་སློབ་མ་ལ་གྲངས་ངེས་ཡོད་པར་གྲུབ་པས་དངོས་སུ་འགལ། ཡང་ལུང་དོན་དེ་རྒྱུད་གོང་མའི་དབང་དུ་བྱས་ནས་རྒྱུ་མཚན་དེ་ལྟར་འགོད་རྒྱུ་ཡིན་ན་ཡང་། སྤྱོད་རྒྱུད་ཀྱི་ལུང་དེ་རྒྱུད་སྡེ་གོང་མ་ལ་རྒྱས་འགེབས་སུ་སྦྱོར་བར་བཞེད་དམ། དེར་མ་ཟད་དབང་བསྐུར་གྱི་སློབ་མའི་གྲངས་སྔ་གོན་གྱི་དུས་ཀྱི་གྲངས་ལ་ལྟོས་པ་ཙ་ཞོག །སྔ་གོན་གྱི་དུས་ཀྱི་གྲངས་རྗེས་འཛིན་གྱི་གྲངས་ལ་ལྟོས་ན། སྔ་གོན་གྱི་དུས་ཀྱི་སློབ་མ་ལ་གྲངས་ངེས་མེད་པའམ། ཡང་ན་རྗེས་འཛིན་གྱི་སློབ་མ་ལ་གྲངས་ངེས་ཡོད་པ་གང་རུང་གཅིག་ལས་མ་འདས་ཤིང་། དེ་དག་ལྟོས་ལ་ལྟོས་ཚིག་ཏུ་བཞག་པས། སྔ་གོན་གྱི་སློབ་མ་ལ་གྲངས་ངེས་མེད་ན་དབང་བསྐུར་གྱི་སློབ་མ་ལ་ཡང་གྲངས་ངེས་མེད་དགོས་ཏེ། དབང་བསྐུར་གྱི་སློབ་མའི་གྲངས། སྔ་གོན་གྱི་དུས་ཀྱི་གྲངས་ལ་ལྟོས་པའི་ཕྱིར་དང་། རྗེས་འཛིན་

ལ་གྲངས་ངེས་མི་མཛད་ན། སྔ་གོན་གྱི་སློབ་མ་ལ་ཡང་གྲངས་ངེས་མེད་པར་འགྱུར་ཏེ། སྔ་གོན་གྱི་དུས་ཀྱི་སློབ་མའི་གྲངས་དེ། རྗེས་འཛིན་གྱི་གྲངས་ལ་ལྟོས་པའི་ཕྱིར། ཁོ་བོའི་ལུང་རིགས་འདི་དག་ནི། ཁྱེད་ཀྱི་གྲུབ་མཐའ་ལ་འཁོར་གསུམ་གྱི་འཕྲེང་བ་མི་ཟད་པར་གྱུར་ཏོ། །

ཡང་འབེལ་གཏམ་ལས། རྗེ་བཙུན་གྱི་དབང་ཆུ་ཆེན་མོ་ལས་ཀྱང་། ཉི་ཤུ་རྩ་ལྔ་ཚུན་ལ་ཁ་ཡར་བའི་གྲངས་འདི། རྗེས་འཛིན་གྱི་ཆོ་གའི་སྐབས་སུ་བཤད་ནས་དེའི་རྒྱབ་རྟེན་དུ། མཁས་པས་སློབ་མ་གཅིག་གམ་གསུམ། །ཞེས་སོགས་འདྲེན་པར་མཛད་པ་ཡིན། །ཞེས་བཀོད་པ་འདི་ནི། པཎ་ཆེན་རིན་པོ་ཆེས། དོགས་པའི་རྒོལ་བ་དག་འབྱུང་ཞེས་ལུང་བསྟན་པ་དེར་འདུག །གསང་བ་སྤྱི་རྒྱུད་དུ་སློབ་མ་རྗེས་འཛིན་གྱི་སློབ་མའི་གྲངས་ལ། ཉི་ཤུ་རྩ་ལྔ་མན་ཆད་ཀྱི་གྲངས་ངེས་མཛད་པ་དེ། དབང་གི་ཆུ་བོའི་དགོངས་པ་ཡིན་ཡང་། བླ་མ་རྣམས་ཕྱག་ལེན་དུ་མཛད་པ་དེ་ནི་རྣམ་སྣང་མངོན་བྱང་ནས་གསུངས་པ་ལྟར། བྱང་ཆུབ་ཀྱི་སེམས་ཀྱི་རྒྱུར་འགྱུར་བའི་དགོས་པ་ཁྱད་པར་ཅན་ལ་དགོངས་པའམ། ཡང་ན་རྗེ་བཙུན་གྱི་ དཀྱིལ་འཁོར་གཅིག་ཏུ་སྒྲུབ་ཅིང་མཆོད་པ་དང་། བདག་ཉིད་འཇུག་ཅིང་དབང་བླང་བའི་ཆོ་ག་ཚར་གཅིག་ལས་མི་མཛད་པའི་དབང་དུ་བྱས་པ། གོང་དུ་བཤད་པ་ལས་ཤེས་ལ། ཡང་འབེལ་གཏམ་ལས། ད་ལྟའི་ལམ་འབྲས་པ་ཕལ་ཆེ་བ་སློབ་མ་རྗེས་འཛིན་སྟེབས་གཅིག་ལ་བྱེད་པ་ནི། ཕྱིས་སུ་ཕྱག་ལེན་ཟོར་ཡང་ལ་སོང་བའི་སྐྱོན་དུ་བྱེད་དགོས། དོན་གྱི་འགལ་བ་ཆེར་མེད་གསུངས་པའང་། རྗེས་འཛིན་གྱི་སློབ་མ་ལ་ཉེར་ལྔའི་གྲངས་ངེས་གསུངས་པ། རྗེ་བཙུན་གྱི་དབང་ཆུའི་དགོངས་པ་ཡིན་ནའང་། དེང་སང་ཕྱག་ལེན་ལ་རྣམ་སྣང་མངོན་བྱང་གི་དགོངས་པ་ལྟར། བྱང་ཆུབ་ཀྱི་སེམས་ཀྱི་རྒྱུར་འགྱུར་བའི་དགོས་པ་ཁྱད་པར་ཅན་ལ་དགོངས་ནས་སློབ་མ་རྗེས་འཛིན་ལ་གྲངས་ངེས་མ་མཛད་པ་ཡིན་གསུང་ན། དེ་པཎ་ཆེན་རིན་པོ་ཆེའི་དགོངས་བཞེད་དུ་སོང་བས། དེ་ལྟར་གསུང་སྙིང་མ་འདོད་པར། ཕྱག་ལེན་ཟོར་ཡང་ལ་དགོངས་པར་འཆད་པ་དེ་ནི་རྒྱབ་རྟེན་གྱི་ལུང་མེད་པར། ཟོར་ཡང་ཁོ་ནའི་ཆེད་དུ། རྗེ་བཙུན་གྱི་དབང་ཆུ་ལ་རེག་གཙོད་མཛད་པའི་སྐྱོན་དུ་སོང་གདའ་ཡང་གདའ་སྟེ། ཁྱེད་རང་གི་ཡང་ཞལ་གྱིས་བཞེས་འདུག་གོ། །

ཁྱེད་ཀྱིས་སྐབས་འདིར་པཎ་ཆེན་རིན་པོ་ཆེ་ལ། བསྟུས་བརྗོད་ཀྱི་རྒྱན་འདི་འབུལ་བར་མཛད་པ་ནི། སྤྱར་སྐན་ངག་པ་སུ་ལ་ཡང་མ་གྲགས་པའི་ཁྱད་ཆོས་སུ་གདའ་སྟེ། པཎ་ཆེན་ཏཱང་དྲུག་གམ་བྱུང་བའི་ངོ་བོར་བཀོད་ནས། བྱུང་བས་ཟླ་བ་དེ་བཟའ་སྐམ་པ་བྱེད་དེ། དེ་ཡང་བྱུང་བ་སྟེ་པཎ་ཆེན་རང་གིས་རང་མཐོང་ཙམ་དུ་ཟད་དོ། །ཅེས་བཀའ་བཀྱོན་གནང་རྒྱུར་འདུག་སྟེ། བྱུང་བའམ་སྦྲང་མས་ཟླ་བ་བཟའ་བའི་དཔེ་སྦྱར་བ་འདི

འདྲ། སྐད་ངག་གི་དོན་རྒྱན་སོ་ལྔ་དང་སྒྲ་རྒྱན་སོགས་གང་ནའང་མེད། སྒྲ་དང་མངོན་བརྗོད་དང་སྡེབ་སྦྱོར་རིག་བྱེད་ཀྱི་གཏམ་རྒྱུད་སོགས་ལ་ཡང་མི་འབྱུང་། རྒྱ་ལ། སྐད་ངག་མཁན་ལ་བཀག་པ་མེད། །བྱི་བ་ལ་ནི་གླང་ཆེན་དཔེ། །ཕྲུག་པོ་ལ་ནི་རྣམ་ཐོས་བུ། །ཞེས་སོགས་ཀྱི་ལུང་འདྲེན་མཛད་ཤས་ཆེ་སྟེ། སྐད་ངག་དེའི་ཚིག་ལ་མྱངས་ན། ཁྱེད་ཀྱི་ཐུགས་འདོད་མ་འགྲུབ་པ་གདའ་སྟེ། བྱང་བས་ཟླ་བ་བཟའ་གསུང་རྒྱུ་ལ་ནམ་མཁའི་ཡི་ཟླ་བ་བསིལ་ཟེར་འཕྲོ་བ་བཟའ་ཟེར་བར་སོང་གདའ་བས། ད་ཕྱིན་ཆད་སྐད་ངག་རྩོམས་པ་ལ་ཐུགས་ཟློན་སྦྱོར་གྱིན་མཛད་དགོས་པ་གདའ་སྟེ། ཉམས་མཚར་ཞུས་པ་ཡིན་པས་བཟོད་པར་བཞེས་ཤིག །འོན་ཀྱང་ཁྱེད་ཀྱི་སྐད་ངག་ཁྱད་པར་ཅན་ཤློ་ཀ་གཅིག་པོ་དེ་ལ། བདག་གིས་འགྲེལ་པ་ཡང་ཅུང་ཟད་གཅིག་བྱས་ཡོད་པས་ཐུགས་དགྱེས་དགྱེས་རང་མཛད་རིགས་པ་ཡོད་དོ། །

གཞན་ཡང་འབེལ་གཏམ་དུ། པཎ་ཆེན་རིན་པོ་ཆེ་ལ། མཁྱེན་པའི་སྤྱན་ལྡན་ཁྱེད་རང་གི་དགོངས་ལོས་ཡོད་ཅེས་ལྷན་པ་རྐྱང་མཛད་འདུག་ནའང་། ངན་ཚིག་བརྗོད་པའི་ལན་ལ་ངག་ཚིག་ངན་མི་ཞུ་སྟེ། ཆུ་ལན་ཚང་གིས་འཇལ་བའི་དཔེས། དགོང་ཇ་བུ་རམ་དང་བཅས་ནས་སྐད་སྙན་འདི་འབུལ་ལོ། །བུ་རམ་ཤིང་ཤུན་ཚིག་གི་སྨྲན་པ་ཡིས། །མཁས་པའི་དགོངས་དོན་བུ་རམ་རོ་མི་མྱོང་། །ངེས་བཟང་བུ་རམ་རོ་ནི་མྱང་འདོད་ན། །མཁས་གྲུབ་བཞེད་སྲོལ་བུ་རམ་སྙིང་པོ་བསྟེན། །ཞེས་བར་སྐབས་ཀྱི་ཚིགས་སུ་བཅད་པའོ། །ཡང་གོང་གི་དེ་དག་ཉམས་ལྡན་ཙམ་དུ་གསུང་བ་ལོས་ཡིན་པས། དེས་ན་ཁྱེད་ལ་དོན་གྱི་སྐད་ངག་འདི་འབུལ་བར་བྱ་སྟེ། ཤ་གི་ནྲ་ཡི་མཁྱེན་པའི་རྗེས་འགྲོ་མཁན། །ཤཱཀྱ་སེང་གེའི་ཆོས་ཀྱི་མཛོད་འཛིན་ལ། །པཎ་ཆེན་རིན་པོ་ཆེ། པདྨ་དཀར་པོ། བཤེས་གཉེན་ཉིད་དུ་གིཏཱ་ར་བརྗོད་དེའི་གཏམ། །སྨྲ་མཁས་འགའ་ཡི་གསོས་སུ་ཨཱཿཧཱུྃ། །ཞེས་པ་ཡང་བར་སྐབས་ཀྱི་ཚིགས་སུ་བཅད་པའོ། །

ཡང་འབེལ་གཏམ་ལས། སྤྲུལ་སྐུ་པདྨ་དཀར་པོས་བརྟག་གཉིས་འཆད་པ་པོ་རྣམས་ལ་དྲི་བ། སྟོང་རྫུང་གང་ཟག་ཉེར་ལྔ་ལས་གཞན་པ། ཞེས་སོགས་དྲངས་ནས། དེའི་ལན། བརྒྱ་རྩ་ལྔ་བུ་ལ་མཆོན་ན་ཞེས་སོགས་ཀྱི་ལན་ནི། སྤྱིར་ཐམས་ཅད་གཟིགས་པ་ཆེན་པོ་རྗེ་པདྨ་དཀར་པོའི་བརྟག་གཉིས་འཆད་པ་རྣམས་ལ་དྲི་བ་ལས། སྟོང་རྫུང་གང་ཟག་ཉེར་ལྔ་ལས་གཞན་པ། །འཇུག་པ་བླ་མེད་རྒྱུད་སྡེ་གང་དུ་བཀག །ཅེས་དྲི་བར་སྣང་བ་ལ་ཆོས་རྗེ་ན་ལེནྡྲ་པ་སྟོང་ར་བས། བླ་མེད་རྒྱུད་ལས་ཉེར་ལྔ་ལས་ལྷག་པ་རྣམ་པ་ཀུན་དུ་རང་བཀག་པ་མེད། ཅེས་པ་བབ་ཆོལ་དུ་སོང་སྟེ། བླ་མེད་ཀྱི་རྒྱུད་དང་རྒྱ་གཞུང་ཚད་ལྡན་གང་དུ་ཡང་། བླ་མེད་ཀྱི་དབང་ལ་གྲངས་ངེས་བཤད་པ་གར་ཡོད་དེ། ཡོད་ན་སྟོན་པར་རིགས་སོ། །དེས་ན་རྗེ་བཙུན་གྱི་དགོངས་པ་ཡང་བླ་མེད་ཀྱི་རྒྱུད་

ལས་དབང་གི་སློབ་མའི་གྲངས་ངེས་བཤད་པར་མི་བཞེད་པ་འདྲ། རྗེ་བཙུན་གྱི་བཞེད་པ་སྤྱོད་རྒྱུད་མ་གཏོགས་པ། ལྷག་མ་རྒྱུད་སྡེ་གསུམ་པོའི་དབང་གི་སློབ་མ་ལ་གྲངས་ངེས་དགོས་པའི་ལུང་ཁུངས་སུ། གསང་བ་སྤྱི་རྒྱུད་ཀྱི། མཁས་པས་སློབ་མ་གཅིག་གམ་གསུམ། །ཞེས་སོགས་འདྲེན་པར་མཛད་པ། དེ་ཡང་མཁས་པ་ཡོངས་ལ་གྲགས་པ་དེ་ཡིན་མོད།རྗེ་པདྨ་དཀར་པོའི་བཞེད་པས། གསང་བ་སྤྱི་རྒྱུད་ནས་གྲངས་ངེས་གསུངས་པ་དམིགས་བསལ་མ་གཏོགས། རྒྱུད་སྡེ་སྤྱི་ཁྱབ་ཏུ་མི་བཞེད་པ་འདྲ་སྟེ། ཡང་ལན་མཁས་པ་དགའ་བའི་གཏམ་མམ། ཀ་ཤི་ཀ་ཞེས་པ་ལས། གསང་བ་སྤྱི་རྒྱུད་ཀྱི་མིང་གི་འཕྲུལ་ནས། དེ་རྒྱུད་སྡེ་གཞན་གསུམ་གྱི་འང་མཚང་བ་ཁ་སྐོང་བ་ཡིན་ནོ་སྙམ་མོ། །

དེ་ལྟར་ན་འདིར་རྣལ་འབྱོར་ཆེན་པོ་ལ་སོགས་པ་རྒྱུད་སྡེ་གོང་མའི་བརྗོད་ཆད་ཟུར་ཙམ་ཞིག་བྱུང་ན་ཡིན་དུ་ཆུག་སྟེ།ཅི་ཡང་མ་བྱུང་བས་ཐམས་ཅད་ཀྱི་སྤྱི་རྒྱུད་མིན་པར་རིག་པས་གྲུབ། ཅེས་གསུངས་ཤིང་། བྱ་བའི་རྒྱུད་འདིའི་ལུང་ཀུན་ལ་སྦྱོར་དུ་རུང་བ་ལ། རྣམ་སྣང་མངོན་བྱང་གི་ལུང་དེ་ཀུན་ལ་སྦྱོར་དུ་མི་རུང་བ་ཅི་ལྟར་ཏེ། འཐད་ལྡན་གྱི་རིགས་པས་བརྟགས་ན། བྱ་རྒྱུད་ལས་སྤྱོད་རྒྱུད་ཞུལ་དུ་གྱུར་པ་ཡིན་པས་དེ་དབང་བཙན་པར་བྱེད་དགོས་སོ། །ཞེས་དགོངས་པར་སྣང་ངོ་། །ཆོས་རྗེ་སྟོང་ར་བས་གསང་བ་སྤྱི་རྒྱུད་ཀྱི་ལུང་དེ། རྒྱུད་སྡེ་བཞི་ལ་སྦྱོར་ཟེར་བའང་མ་གོ་བའི་གཏམ་སྟེ། རྗེ་བཙུན་ས་པཎ་གྱིས། སྤྱོད་པའི་རྒྱུད་ཀྱི་དབང་བསྐུར་ལ། །སློབ་མ་གྲངས་ངེས་མེད་པར་གསུངས། །ཞེས་པའི་ཚིག་དོན་ཀྱང་མ་གོ་བར་སྣང་བས། རྒྱུད་དང་རྗེ་བཙུན་གྱི་གསུང་ལ་འགྲིས་ཆུང་བས་ལན་པར་འདུག་གོ། །བླ་མེད་ཀྱི་རྒྱུད་ལས་ཉེར་ལྔའི་གྲངས་ངེས་མ་བཤད་པ་རྗེ་བཙུན་དང་། རྗེ་པདྨ་དཀར་པོ་གཉིས་དགོངས་པ་མཐུན་ལ། དེས་ན་བླ་མེད་ཀྱི་རྒྱུད་ལས། ཉེར་ལྔ་ལས་ལྷག་པ་མ་བཀག་པ་མ་ཟད། དུས་ཀྱི་འཁོར་ལོ་ལས། སློབ་མ་གྲངས་མེད་ལ་དབང་བསྐུར་བ་བཤད་པ་ཡང་མིན་ནམ། ཞེས་དྲི་བ་ལ། བྱ་བའི་རྒྱུད་ལས་སྐབས་འདིར་བཙན་པའི་ལུང་། །དཔལ་ལྡན་དུས་ཀྱི་འཁོར་ལོ་སྣང་མིན་ནམ། །ཞེས་གསུངས་པ་སྟེ། དེའི་ལན་ལ་ཆོས་རྗེ་སྟོང་ར་བས། དེ་ལ་བྱ་བའི་རྒྱུད་ལས་བཙན་པའི་ལུང་། དཔལ་ལྡན་དུས་འཁོར་དུ་རུང་བའང་ཡོད། མི་རུང་བ་ཡང་ཡོད། ཅེས་བབ་ཆོལ་དུ་སྨྲ་སྟེ། དེས་ན་དུས་འཁོར་ལས། སློབ་མ་མང་པོ་ལ་དབང་བསྐུར་མི་རུང་བ་བཤད་པ་ཅི་ཡོད། ཆོས་ཀྱི་རྒྱལ་པོ་རབ་མཛེས་ཀུན་དགའི་ཞབས་ཞེས་དང་། ངོར་པའི་མཁས་པ་དག །དུས་འཁོར་དབང་ལ་གྲངས་ངེས་པ་མི་མཛད་པ་ཁྱེད་ཀྱིས་དགག་པར་ནུས་སམ། གཞན་ཡང་སོ་སྐྱེ་ལ་སྦྱིར་བཏང་དང་དམིགས་བསལ་གཉིས་སུ་བྱས་ནས། དམིགས་བསལ་ཤཱཀྱ་ལར། ཆོས་རྒྱལ་འཛམ་དཔལ་གྲགས་པས། ཉི་མའི་ཤིང་རྟ་སོགས་དྲང་སྲོང་བྱེ་བ་ཕྲག་བརྒྱ་ལ་དབང་བསྐུར་བ་ཞེས་

སོགས་བཀོད་པ་ནི། མཁས་པ་དག་གིས་གད་མོའི་གནས་ཏེ། སོ་སྐྱེའི་དམིགས་བསལ་དུ། ཆོས་རྒྱལ་འཇམ་དཔལ་གྲགས་པ་བཀོད་འདུག་པས་སོ། །ཡང་དེའི་ཤེས་བྱེད་སློབ་དཔོན་སར་གནས་ཡིན་པའི་ཁོངས་སུ་འདུ་བ་ལ་དགོངས་ཟེར་བའང་གྱ་ཚོམས་སུ་སྨྲ་བ་སྟེ། ཆོས་རྒྱལ་འཇམ་དཔལ་གྲགས་པ་སར་གནས་ཡིན་པའི་ཁོངས་སུ། ཉི་མའི་ཤིང་རྟ་སོགས་དྲང་སྲོང་བྱེ་བ་ཕྲག་བརྒྱ་པོའང་སར་གནས་ཡིན་ཟེར་བར་ཁས་ལེན་ནུས་སམ། དེས་ན་རང་ལུགས་ཀྱང་ལན་ཀ་ཤི་ཀ་ལས། སྔགས་ཀྱི་དབང་བསྐུར་བྱེད་པ་ན། །གྲངས་ངེས་མེད་པར་དབང་བསྐུར་བྱེད། །འདི་ནི་རྡོ་རྗེ་འཆང་གིས་བཀག །ཅེས་སྨྲ་རྗེ་བཞིན་པ་ཡིན་ན། ཆོས་རྒྱལ་འཇམ་དཔལ་གྲགས་པས། ཚངས་པའི་དྲང་སྲོང་བྱེ་བ་ཕྲག་ཕྱེད་དང་བཞི་ལ་དབང་ཚར་གཅིག་གི་བསྐུར་བ་འགྲེལ་ཆེན་དུ་དངོས་བསྟན་དུ་བྱུང་བ་སྟོན་པ་ལ་མ་རྩིས་པར་སོང་། དེ་ལྟར་ན་རྡོ་བོས་བཀག་པ་དཔྱད་པར་འགྱུར་བའི་ཕྱིར། ཞེས་སོགས་འདྲེན་པར་མཛད་ནས། དེར་སློད་དང་ལྡན་པ་མང་པོ་ལ་བསྐུར་བ་དངོས་སུ་གསུངས་པ་ལུང་གི་གོ་མི་ཆོད་ན་གཞན་ལུང་ཅི་དྲངས་ཀྱང་། དེ་དང་འདྲ་བར་ཟད་ལ་ཞེས་གསུངས་ཤིང་། གཞན་ཡང་འདུལ་བའི་བཅས་པ་ལ། སྟོན་པ་དང་འཕགས་པ་རྣམས་ཀྱང་མི་འདའ་ལ། དེ་ནི་འདིར་ཡང་བཅས་པ་ཡིན་ན། དེ་བཅས་ནས་སྟོན་པ་དང་འཕགས་པ་རྣམས་ཀྱང་འདའ་བར་ཇི་ལྟར་མཛད། བཅས་པ་མ་ཡིན་པས་སྟོན་པ་ཉིད་ཀྱི། ཟླ་བཟང་འཁོར་དང་བཅས་པ་དཔལ་ལྡན་རྒྱུ་སྐར་གྱི་དཀྱིལ་འཁོར་དུ་དབང་བསྐུར་དང་། ཨོ་ཊི་ཡ་ཎའི་རྒྱལ་པོ་ཨིནྡྲ་བྷུ་ཏི་འཁོར་བཅས་གསང་འདུས་ཀྱི་ དཀྱིལ་འཁོར་དུ་དབང་བསྐུར་བ་དང་། ཆོས་ཀྱི་རྒྱལ་པོ་ འཇམ་དཔལ་གྲགས་པས་མཛད་པ་སོགས་གནོད་པ་རྫ་རི་ཉིལ་བ་ལྟ་བུ་སྣང་བས་སོ། །ཞེས་པ་དང་། སྡོམ་གསུམ་མཛད་པས། འཕགས་པ་རྣམས་ཀྱིས་གང་ཟག་རབ། །སྤྲུལ་པ་ཡི་ནི་དཀྱིལ་འཁོར་དུ། །དབང་བསྐུར་མཛད་ཅེས་གསུངས་པ་ནི། །སྟོན་གྱི་ཆོ་ག་འཕགས་པའི་ཡིན། །ཞེས་ཏེ་ང་དེ་འཛིན་གྱི་དཀྱིལ་འཁོར་མངོན་སུམ་དུ་སྤྲུལ་པ་དམིགས་ཀྱིས་བསལ་ནས། སྟོན་གྱི་ཆོ་ག་ཞེས་གསུངས་པ་མ་གཏོགས། དཀྱིལ་འཁོར་གྱི་ཆོ་ག་རྒྱས་པ་འཕགས་པས་མཛད་པ། སོ་སྐྱེས་བྱེད་མི་རུང་ཞེས་མ་གསུངས། ཞེས་སོགས་ལེགས་པར་བཤད་པས། འདི་དག་གི་དོན་རྒྱས་པར་རྟོགས་པར་འདོད་ན་དེ་ཉིད་དུ་ལྟ་བར་བྱོས་ཤིག །

དེ་ལྟར་ན་དུས་ཀྱི་འཁོར་ལོའི་དབང་སོགས་སློབ་མ་གྲངས་མེད་ལ་བསྐུར་བ། སྐབས་འདིར་བྱ་བའི་རྒྱུད་ལས་བཙན་པའི་ལུང་། དཔལ་ལྡན་དུས་ཀྱི་འཁོར་ལོའི་ལུང་ལས་གྲུབ་པ་དེ་ཡིན་མོད། ཅི་སྟེ་ཉེར་ལྡེ་ལས་ལྷག་པ་བྱ་རྒྱུད་ཉིད་ལས་བཀག་གོ་སྙམ་ན། དེ་ལ་དྲི་བ་ནི། བྱ་བའི་རྒྱུད་ལས་བཀག་ནའང་དེ་ཉིད་ཀྱིས། རིགས་གཏད་རྗེས་གནང་ཁྲིམས་ལ་བྱེད་པའང་འགལ་ལོ། །སྐབས་འདིའི་རྗེས་གནང་དབང་ལ་དགོས་པའི་ཁྱད་

ཅི་ཡང་མ་མཐོང་ཚིག་ལ་རྩོད་པས་ཅི། ཞེས་གསུངས་ཏེ། ཆོས་རྗེ་སྟོང་ར་བའི་ལན་དུ། བྱ་བའི་རྒྱུད་ལས་དབང་ལ་སྒྲུབ་བྱ་ཉེར་ལྔ་ལས་ལྷག་པ་བཀག་ན། དེ་ཉིད་རིགས་གདན་རྗེས་གནང་སོགས་ལ་སྦྱོར་བ་རྒྱ་བོད་མཁས་པ་སྤྱིའི་ལུགས་ཡིན། ཞེས་ཐོར་སྦྱོར་དུ་སྨྲ་བ་ལས་ནུས་པ་གང་ཡང་མ་བྱུང་།

སྐབས་འདིར་འཕྲོས་གནམ་མཛད་པ་པོའི་གསུང་ལ། དཔྱད་པར་བྱ་བ་འདི་ཡོད་དེ། །སྦྱོར་སྒྲུབ་ཐབས་བརྒྱ་རྩ་ལྔ་བུ་ལ་མཆོན་ན་བླ་མེད་ཀྱི་དཀྱིལ་འཁོར་གྱི་གཙོ་བོའི་ལྷ་ཡང་འགའ་ཡར་འདུག་པ་ནས། སྔོན་དུ་བླ་མེད་ཀྱི་དབང་ཐོབ་པ་གཅིག་གིས་ཡོངས་རྫོགས་ཞུ་བ་ཡིན། ཞེས་དེ་དག་ལ་དབང་སྔོན་དུ་འགྲོ་དགོས་པར་བཤད་པ་དང་། དེ་བཞིན་དུ་རྒྱུད་སྡེ་འོག་མའི་དབང་ཐོབ་ན་ཡང་། འོག་མ་ནས་བཤད་པའི་ལྷའི་རྗེས་གནང་རྣམས་ཞུས་པས་ཆོག་གསུངས་པའི་ཤུགས་ལ་དེ་དག་གི་དབང་མ་ཐོབ་ན། དེ་ནས་བཤད་པའི་རྗེས་གནང་ཞུས་པས་མི་ཆོག་ཞེས་པ་སྦྱོར་བཏང་ལ་སོང་མོད། འདི་དག་ལ་གོང་དུ་ཡང་དཔྱད་པ་མདོ་ཙམ་བྱས་ཟིན་ཅིང་། ཁྱད་པར། ཡང་ལན་ཀ་ཤི་ཀའི་དགོངས་པས་ཚིགས་བཅད་གསུམ་པའི་དུས་སུ་རྗེས་གནང་ནི། དེ་ལྟ་བུའི་སྨིན་བྱེད་ཐོབ་ནས་ལྷ་དེ་དང་དེའི་སྐུ་གསུང་ཐུགས་ཀྱི་བྱིན་རླབས་ཞུགས་པར་བྱས་ནས། ལྷ་དེ་དང་དེའི་བསྒོམ་བཟླས་ལ་སོགས་པ་བྱེད་པ་ལ་བྱིན་རླབས་དང་ལྡན་པའི་དགོས་པ་ཡོད་པས་སོ། །ཞེས་པའང་རྗེས་གནང་ཐམས་ཅད་ཀྱི་སྔོན་དུ་སྨིན་བྱེད་གཅིག་འགྲོ་དགོས་པར་སྣང་ལ། དེ་ལྟ་ན་སྨིན་བྱེད་ཀྱི་དབང་གི་དམའ་ཤོས་བུམ་དབང་ཡིན་པས། བྱ་རྒྱུད་ཀྱི་རྗེས་གནང་ཐམས་ཅད་ཀྱི་སྔོན་དུ་བུམ་དབང་བསྐུར་དགོས་པ་ཡ་མཚན་ཅན་གྱི་གནམ་དུ་འདུག་གོ། །ཆུ་ལ་སོགས་པའི་དབང་ཙམ་སྨིན་བྱེད་ཚད་ཐུབ་ཏུ་སུས་བཞེད། དེ་ཙམ་གྱིས་དབང་བསྐུར་ནའང་དབང་དེས་སྐུ་གསུང་ཐུགས་ཀྱི་བྱིན་རླབས་འཇུག་མ་ནུས་པར་རྗེས་གནང་བྱ་དགོས་ན་ནི་དབང་ལས་རྗེས་གནང་ཕུལ་དུ་འགྱུར་བའོ། །འཇུག་ནུས་ན་ནི་དབང་ལས་རྗེས་གནང་གུད་དུ་ཕྱེ་ནས་ཅི་བྱ། ལར་སྒྲུབ་པའི་ཐབས་བརྒྱ་རྩ་རྒྱ་མཚོ་ལ་སོགས་པ་ཁྲིམ་ལ་བསྐུར་བའི་ཚེ། སྔོན་དུ་བྱ་རྒྱུད་ཀྱི་དབང་གཅིག་བསྐུར། དེ་ནས་སློབ་མ་ཐམས་ཅད་བསགས་ནས་རྗེས་གནང་དེ་དག་མཛད་ཀྱི་ཡོད་ན་ཁོ་བོ་ཧི་ལྟར་སྨྲ། དེ་མཛད་ཀྱི་མི་འདུག་པས། ལེགས་པར་གྲུབ་པར་ཡན་ཆད་དུ། །རང་གིས་དབང་བསྐུར་མ་ཐོབ་ན། །སེམས་བསྐྱེད་ཐོབ་ཀྱང་གསང་སྔགས་བཀག །དེ་ཡང་ལེགས་པར་གྲུབ་པ་ལས། །དབང་བསྐུར་མ་བྱས་པ་དག་ལ། །ཚིག་ཤེས་པས་སྔགས་མི་སྦྱིན། །ཞེས་སྡོམ་གསུམ་དུ་འབྱུང་བ་དང་འགལ་ལོ་ཞེས་སྨྲས་སོ། །ཞེས་གསུངས་པའི་ལུང་རིགས་སེང་གེའི་སྒྲས་རྐྱལ་ངན་གླང་པོའི་ཀླད་པ་འགེམས་པར་བྱེད་པ་འདི་དག་ནི་ཁྱེད་ཉིད་ལ་འཇུག་པར་མི་འགྱུར་རམ། དེ་བཞིན་དུ་བླ་མེད་ཀྱི་རྗེས་གནང་སོགས་ལའང་། དེའི་དབང་སྔོན་དུ་འགྲོ་མི་དགོས་ན་དངོས་སུ་འགལ་ཞིང་།

ལྷག་མ་རྒྱུད་སྡེ་གསུམ་པོ་ལ། དབང་བསྐུར་ཐོབ་པ་མ་གཏོགས་པ། །སེམས་བསྐྱེད་ཙམ་ལ་རྟེན་པ་ཡི། །ཡི་དམ་བསྒོམ་པ་གསུངས་པ་མེད། །ཞེས་པ་དང་ཡང་འགལ། དབང་སྔོན་དུ་འགྲོ་དགོས་ན། སྒྲུབ་ཐབས་བརྒྱ་རྩ་ལྔ་བུའི་བླ་མེད་ཀྱི་དཀྱིལ་འཁོར་གྱི་ལྷའི་གཙོ་བོའི་རྗེས་གནང་རྣམས་གནང་བའི་ཚེ་ཡང་སྔོན་དུ་བླ་མེད་ཀྱི་དབང་ཞིག་གནང་ནས་དེའི་རྗེས་སུ་རྗེས་གནང་དེ་དག་མཛད་ཀྱིན་ཡོད་དམ། མདོར་ན་རིག་པ་འདི་ཀུན་འདི་དག་ལ་འཇུག་པ་འདྲའོ། །

འོན་ཀྱང་འབེལ་གཏམ་ལས། དབང་བསྐུར་ཡེ་མ་ཐོབ་ནའང་གཟུངས་གྲྭ་ལྔ་ལ་སོགས་པ་བྱ་རྒྱུད་ཀྱི་ལྷ་འགའ་རེའི་རྗེས་གནང་ཞུས་པས་ཆོག་སྟེ། རབ་དབྱེ་ལས། བྱ་བའི་རྒྱུད་ལ་རྣམ་གསུམ་ཡོད། །ཅེས་སོགས་དྲངས་ནས། འདི་ཁྱེད་རང་ཡང་ལུང་དུ་འདྲེན་གྱིས་འདུག་པ། ངེད་ཅག་རྣམས་ཀྱང་དེ་ཀ་བཞིན་འདྲེན་པས་མཐུན་པར་སྣང་ཞེས་ཞིབ་ཆ་མཛད་འདུག་མོད། དབང་བསྐུར་ཡེ་མ་ཐོབ་ནའང་གཟུངས་གྲྭ་ལྔ་ལ་སོགས་པའི་བྱ་རྒྱུད་ཀྱི་ལྷ་འགའ་རེའི་རྗེས་གནང་ཞུས་ཆོག་པའི་དམིགས་བསལ་ཙམ་གྱིས་ཆོག་ན། དམ་ཚིག་གསུམ་བཀོད་ལ་སོགས་པ་ཞེས་སོགས་ཀྱི་དོན་ལ་ཇི་ལྟར་གསུངས། དེས་ན། བྱ་བའི་རྒྱུད་ལ་རྣམ་གསུམ་ཡོད། །ཅེས་སོགས་ཀྱི་གཞུང་འདིའི་དོན་ཅུང་ཟད་སྤྲོས་ཏེ་བཤད་ན། དེ་ཡང་། བྱ་བའི་རྒྱུད་ལ་རྣམ་གསུམ་ཡོད། །དོན་ཡོད་ཞགས་སོགས་འགའ་ཞིག་ལ། །དབང་བསྐུར་སེམས་བསྐྱེད་མ་ཐོབ་ཀྱང་། །སྟོང་གནས་ལ་སོགས་བྱེད་ནུས་ན། །གང་ཟག་ཀུན་གྱིས་སྒྲུབ་པར་གསུངས། །ཞེས་པའི་དོན། བྱ་བའི་རྒྱུད་ལ་འཇིག་རྟེན་ལས་འདས་པའི་རིགས་གསུམ་ཡོད་པ་ལས། དོན་ཡོད་ཞགས་པ་དང་སོགས་པས་གཙུག་ཏོར་རྣམས་རྒྱལ་སོགས། པདྨའི་རིགས་འགའ་ཞིག་ལས། དབང་བསྐུར་དང་འཇུག་པ་སེམས་བསྐྱེད་མ་ཐོབ་ཀྱང་། བསྙུང་གནས་དང་བཟླས་བརྗོད་ལ་སོགས་པ་བྱེད་ནུས་ན། གང་ཟག་ཀུན་གྱིས་སྒྲུབ་པར་གསུངས་ཏེ། ཇི་སྐད་དུ། དོན་ཡོད་ཞགས་པ་ཞེས་བྱ་བའི་ཆོས་ཀྱི་རྣམ་གྲངས་འདི། སེམས་ཅན་རྣམས་ལ་ནུས་སམ་མི་ནུས། ཤེས་པར་བྱས་ནས་ཉན་དུ་གཞུག་པར་བྱའོ། །ཞེས་དང་། དུད་འགྲོའི་རྣ་ལམ་དུ་ཡང་སྒྲོགས་ཤིག །ཅེས་སོ། །དོ་བསྒོར་བའི་དྲི་ལན་ལས་ནི་སེམས་བསྐྱེད་ཐོབ་དགོས་པར་བཤད་དོ། །ཡང་། དམ་ཚིག་གསུམ་བཀོད་ལ་སོགས་པ། །འཇུག་པ་སེམས་བསྐྱེད་ཐོབ་ནས་ནི། །འཕྲིན་ལས་འགའ་ཞིག་སྒྲུབ་པའི་ཕྱིར། །ཆོག་ཤེས་ན་སྒྲུབ་པར་སྣང་། །ཞེས་པའི་དོན་ནི། དམ་ཚིག་གསུམ་བཀོད་དང་སོགས་པས་མི་གཡོ་བའི་རྟོགས་པ་སོགས། རྡོ་རྗེའི་རིགས་རྣམས་ལ། འཇུག་སེམས་བསྐྱེད་ཐོབ་ནས་ནི། །ཞི་རྒྱས་ལ་སོགས་པའི་ལས་འགའ་ཞིག་སྒྲུབ་པའི་ཕྱིར། ཆོག་ཤེས་ན་སྒྲུབ་པར་སྣང་སྟེ། བསླབ་བཏུས་ལས། དམ་ཚིག་གསུམ་གྱི་བཟླས་ཕྱེད་པ། །ཁྲུས་མ་བྱས་ཀྱང་ཉེས་མེད་དོ། །ཞེས་དང་། མོས་པས

སྤྱོད་པའི་བསླབ་པའི་གཞི་དག་ལས་མི་གཡོ་བ་དང་། ཐ་ཚམ་མེད་ན་མངོན་དང་ཚུལ་ཅན་པར་གྱུར་ཀྱང་འགྲུབ་བོ༔ ༔ཞེས་སོ། །

ཡང་། ལེགས་པར་གྲུབ་པར་ཡན་ཆད་དུ། །རང་གིས་དབང་བསྐུར་མ་ཐོབ་ན། །སེམས་བསྐྱེད་ཐོབ་ཀྱང་གསང་སྔགས་བཀག །ཞེས་སོགས་ཀྱི་དོན་ནི། ལེགས་པར་གྲུབ་པ་དང་། དཔུང་བཟང་སོགས་ཡན་ཆད་དེ་བཞིན་གཤེགས་པའི་རིགས་རྣམས་སུ། རང་ཉིད་དབང་བསྐུར་མ་ཐོབ་ན། སེམས་བསྐྱེད་ཐོབ་ཀྱང་གསང་སྔགས་བསྒོམ་པ་བཀག་སྟེ། དེ་ཡང་ལེགས་པར་གྲུབ་པ་ལས། དབང་བསྐུར་མ་བྱས་པ་དག་ལ། །ཆོ་ག་ཤེས་པས་སྔགས་མི་སྦྱིན། །ཞེས་པ་དང་། དཔུང་བཟང་ལས། གང་དག་རིགས་དང་ཆོ་ག་ཀུན་མེད་པ། །གང་དག་དཀྱིལ་འཁོར་དུ་ནི་མ་ཞུགས་དང་། །གང་དག་བྱང་ཆུབ་སེམས་ནི་མ་བསྐྱེད་པ། །ང་ཡི་གསང་སྔགས་བཟླས་ན་ཕུང་བར་འགྱུར། །ཞེས་སོགས་རྒྱས་པར་གསུངས་ལ། དེའི་ལྷག་མ་རྒྱུད་སྡེ་གོང་མ་གསུམ་པོ་ལ་དབང་བསྐུར་ཐོབ་པ་མ་གཏོགས་པ་སེམས་བསྐྱེད་ཙམ་ལ་བརྟེན་པའི་ཡི་དམ་གྱི་ལྷ་བསྒོམ་པ་གསུངས་པ་མེད་དོ། །ཞེས་པའི་དོན་བསྡུ་འཆད་པ་ན། ལྷག་མ་རྒྱུད་སྡེ་གསུམ་པོ་ལ། །དབང་བསྐུར་ཐོབ་པ་མ་གཏོགས་པ། །སེམས་བསྐྱེད་ཙམ་ལ་བརྟེན་པ་ཡི། །ཡི་དམ་བསྒོམ་པ་གསུངས་པ་མེད། །ཅེས་གསུངས་པས། ཡང་ལན་ཀ་ཤི་ཀ་ལས། དབང་བསྐུར་ནི་ཉམས་ལེན་ལ་སྔོན་རུང་བྱེད་ལ། ཞེས་བྱེ་བྲག་ཏུ་བཀར་བས། རྗེས་གནང་གི་མི་ནུས་པར་ཤུགས་ལ་སོང་བ། དེ་ལྟ་ན།དོན་ཡོད་ཞགས་སོགས་འགག་ཞིག་ལ། །ཞེས་སོགས་དང་། དམ་ཚིག་གསུམ་བཀོད་ལ་སོགས་པ། །ཞེས་སོགས་གསུངས་པ། སྔོན་དུ་མི་རུང་བཞིན་དུ་བྱེད་པ་སོང་ངོ་། །ཞེས་གསུངས་ལ། དོན་ཡོད་ཞགས་པ་སོགས་དང་། དམ་ཚིག་གསུམ་བཀོད་སོགས་ཀྱི་རྗེས་གནང་དེ་དག་གིས་ཀྱང་བསྙུང་གནས་སོགས་དང་ཞི་རྒྱས་སོགས་འཕྲིན་ལས་སྒྲུབ་པའི་ལམ་ཉམས་ལེན་ལ་ནི་སྔོན་རུང་དུ་བྱེད་པར་ཁས་ལེན་དགོས་པ་འདྲ་སྟེ། དཔྱོད་ལྡན་དག་གིས་རྟོགས་པར་བྱ་དགོས་ཤིང་། གཞན་ཡང་སྤྱི་རྒྱུད་དུ། དམ་ཚིག་མེད་པ་རྣམས་ལ་ནི། །གསང་སྔགས་ཕྱག་རྒྱ་མི་སྦྱིན་ནོ། །ཞེས་གསུངས་པ་དང་། དོན་ཡོད་ཞགས་པ་སོགས་འགྲུབ་པར་བཤད་པས། སྦྱིན་དུ་རུང་བའི་འགལ་བ་གང་གིས་སྤོངས། །ཞེས་གསུངས་པའང་། བློ་གྲོས་དང་ལྡན་པ་དག་ཡོད་ན་རྟོགས་པར་བྱ་དགོས་པའི་གནས་སོ། །

ཡང་འབེལ་གཏམ་ལས། རིགས་གཏད་ལ་དབང་དང་རྗེས་གནང་གཉིས་སུ་ཕྱེ་ནས། དེའི་དང་པོ། གཟུངས་གྲྭ་ལྔའི་དབང་སོགས་ལ་ངོས་བཟུང་ནས། དེ་དག་ལ་རིགས་གཏད་ཟེར་བའི་རྒྱུ་མཚན་མཚོན་བྱེད་དུ་བཀོད་པ་རྣམས་ལ་རང་གི་གོ་ཡུལ་གྱི་དཔྱད་པ་མདོ་ཙམ་གོང་དུ་བརྗོད་ཟིན། གཉིས་པ་རྗེས་གནང་དུ་གྱུར་

པའི་རིགས་གཏད་ནི་བླ་མེད་ན་ཡང་། སློབ་མ་ཡི་དམ་དུ་བསྐྱེད་ནས། དེ་ལ་ཆོས་སྐྱོང་གི་སྐུ་གསུང་ཐུགས་ཀྱི་རྗེས་གནང་སྟེར་བ་ཡང་རིགས་གཏད་ཡིན་ཞེས་གསུང་བ་དེ་དག་རྗེས་གནང་དུ་འདོག་པ་མཐུན་མོད། དེ་རིགས་གཏད་དུ་འདོག་པའི་རྒྱུ་མཚན་གོང་གི་དེ་ཀས་མཚོན་རྒྱུ་ཡིན་ནམ་རྒྱུ་མཚན་གཞན་ཞིག་ཡོད། རིགས་གཏད་ཀྱི་དོན་ལ་ཆོས་རྗེ་སྡོང་ར་བས། ལྷ་དེའི་རིགས་པའི་ཡེ་ཤེས་རྒྱུད་ལ་སྦྱོར་བའི་ཆོ་ག་ཙམ་ཡིན། ཞེས་གསུངས་པར་མཛད་འདུག་པས། དེ་ཁ་འདྲ་ཞིག་བཞེད་རྒྱུ་ཡིན་ནམ། དེ་ཡང་ཙམ་སྒྲ་ལ་འཕྲས་པ་ཙམ་མ་གཏོགས། གཞན་མ་བླ་མེད་ཀྱི་དབང་ཆོག་སོགས་ཀྱང་དེར་ཐལ་བ་འདྲ། ཁྱད་པར་དུ་ཆོས་སྐྱོང་གི་སྐུ་གསུང་ཐུགས་ཀྱི་རྗེས་གནང་སོགས་རིགས་གཏད་ཡིན་དུ་ཆུག་ཀྱང་། དབང་ཐོབ་པའི་རྗེས་སུ་སྐུ་གསུང་ཐུགས་ཀྱི་རྗེས་གནང་དེ་དག་བྱས་པའི་དགོས་པའི་གཙོ་བོ་གང་ལ་དབང་བསྐུར་བའི་བྱིན་རླབས་ཀྱི་རྒྱུད་དེ་ཉིད་གོང་འཕེལ་དུ་བྱེད་པ་ལ་ནི་མི་བཞེད་ལགས་སམ། དབང་གིས་གདུལ་བྱའི་རྒྱུད་ལ་ལྷའི་སྐུ་གསུང་ཐུགས་ཀྱི་བྱིན་རླབས་འཇུག་མ་ནུས་པར་རྗེས་གནང་བྱ་དགོས་ན་ནི། དབང་ལས་རྗེས་གནང་ཕུལ་དུ་ཕྱུང་བའི་རིག་པ་དེ་འདིར་ཡང་འཇུག་པ་འདྲ་ཞིང་། ཆོས་རྗེ་སྡོང་ར་བའི་དྲི་ལན་དུ། རྗེས་གནང་སོགས་ཕྱི་མ་རྣམས་ལ་སློབ་མའི་གྲངས་ངེས་མི་དགོས་པ་ནི། སྤྱང་གཞི་སྦྱོང་བྱེད་ཁྱད་པར་ལྷག་པོ་བ་མེད་ཅིང་། ཆོ་ག་རྫོགས་མ་རྫོགས་ཐོབ་ཐང་མེད་པས་གྲངས་ངེས་མི་དགོས་པ་ཕྱག་ལེན་དང་། མཐོང་བ་བརྒྱུད་པ་སངས་རྒྱས་ནས་ད་ལྟའི་བར་དུ་ཡོད་དེ་ཞེས་གསུངས་ལ། འབེལ་གཏམ་དུ་ནི། ལམ་ཟབ་མོ་བླ་མའི་བྱིན་རླབས་ཀྱིས། །བཀའ་སོགས་རྗེས་གནང་ཁྱད་པར་ཅན་འགའ་ཞིག་དང་། རིགས་གཏད་སྔོན་པོ་རྣམས་ཀྱང་གྲངས་ངེས་ཀྱིས་བསྡམས་ནས་ཕྱག་ལེན་འཚོལ་མི་འགྲོ་ཞིང་། ཆོས་ལ་གཅེས་སྤྲས་སུ་འགྲོ་བ་ཡིན་ཏེ། ས་སྐྱ་པའི་རྗེས་འཇུག་རྣམས་ད་ལྟ་ཡང་ཕྱག་ལེན་འདི་བཞིན་དུ་མཛད་དོ། །ཞེས་གསུངས་པ་དང་དེ་གཉིས་མཐུན་མ་བྱུང་སྟེ། ལམ་འབྲས་ཀྱི་རྗེས་འཇུག་སྣང་གསུམ་དུའང་ཕྱག་ལེན་དང་གྲུབ་མཐའ་མི་མཐུན་པར་ཡོད་པ་འདྲའོ། །གཞན་ཡང་འབེལ་གཏམ་དུ། གཙོ་བོ་རང་ནི་བྱ་རྒྱུད་ཀྱི་ལྷ་ལ་རིགས་གཏད་རྒྱང་པའི་ངོས་འཛིན་དང་། ད་ལྟ་འགའ་ཞིག་རིགས་གཏད་རྒྱང་པ་དགོས་པ་རྣམས་ལ་ཡང་། དེ་དོར་ནས་སྒྲུབ་ཐབས་བརྒྱ་རྩའི་ཚིགས་སྦྱོར་བ་སོགས་མི་འཐད་པའི་ཚུལ་གསུངས་པ་རྣམས་ནི་གོ་སླ་བས་འདིར་བཏང་སྙོམས་སུ་བཞག་གོ། །

ཡང་འབེལ་གཏམ་ལས། ཚིགས་བཅད་གསུམ་པའི་མན་ནི། བདག་ཉིད་ཆེན་པོས། དེ་བས་ལྷག་པའི་སློབ་མ་ལ། ཞེས་སོགས་ལུང་འདྲེན་དང་བཅས་པའི་དོན་ནི། བརྟག་གཉིས་ལས། མཚན་མོ་སྐྱེ་བོ་མེད་ཁྱིམ་དུ། །ཞེས་སོགས་དང་། རྡོ་རྗེ་མཁའ་འགྲོ་སོགས་ཀྱི་ལུང་དྲངས་པ་ནས། དེ་ཡང་མཚན་མོ་དེའི་ནང་དུ་ཚར་ན་ལེགས

པ་དང་། ཞེས་པའི་བར་གྱི་ལན་ནི། གོང་དུ་སློབ་མ་སྨོད་རུང་ཉེར་ལྔ་མན་གྱི་བཟུང་དུ་མ་གྱུར་པ་ལ་རྗེས་འཛིན་དུས་གཅིག་ལ་བྱས་ནས་དབང་བསྐུར་ན་འཇུག་པ་ཡན་ནམ། ཀུན་མཁྱེན་གྱི་དགོངས་པ་ལྟར་ན། ཞེས་སོགས་ཀྱི་ལན་གྱི་སྐབས་སུ། དགག་བཞག་རྒྱས་པར་བརྗོད་ཟིན་པ། དེ་ཉིད་ཀྱི་དོན་ཚང་བ་ཡོད་པས་དེར་རྟོགས་པར་བྱ་ཞིང་། དེ་སྐབས་ཀྱི་རིག་པ་དེ་དག་སྐབས་འདིར་ཡང་འཇུག་པར་འགྱུར་རོ། །

ཡང་འབེལ་གཏམ་ལས། རྣལ་འབྱོར་རྒྱུད་ཕལ་ཆེར་ལ་དབང་གི་བབས་བླ་མེད་ལས། སྒྲུབ་མཆོད་ཀྱི་ཆོ་ག་ཚོགས་ཆེ་བར་བཞུགས་པ་དང་། ཁྱད་པར་བསྡུས་རྒྱུད་ཀྱི། དཔལ་ལྡན་ཤེས་རབ་ནུ་མ་ལ་ཡང་དང་པོ་རིག་པ་གང་ཡིན་བུམ་པའི་དབང་ནི་དེ་ཉིད་དོ། །ཞེས་དྲངས་ནས། དེ་བཞིན་དུ། བླ་མེད་སྤྱིའི་དབང་གོང་མ་གསུམ་དང་། དུས་འཁོར་གྱི་དབང་གོང་མ་གསུམ་ལ་ཡང་བབས་མི་འདྲ་བའི་ཁྱད་པར་ཆེན་པོ་ཡོད་པ་དང་། དེ་ཡང་བདེ་མཆོག་ལྷ་བུ་དང་། དུས་འཁོར་གཉིས་ཀའི་དབང་ཐོབ་པ་གཅིག་གིས་ཁྱད་པར་ཅི་འདུག་ལྟས་ན་ཤེས་ཟེར་བ་དང་། ཡང་ལམ་གྱི་སྐབས་སུ་བླ་མེད་སྤྱི་སྒྲུབས་རྣམས་ལ་མངལ་ནས་དཀྱིལ་འཁོར་སྒྲོ་བ་ལན་རེ་ལས་མེད་ལ། དུས་འཁོར་གྱི་སྒྲུབ་ཐབས་རྣམས་ལ་མངལ་ནས་དཀྱིལ་འཁོར་ལན་གཉིས་སྒྲོ་བ་སོགས་བསྐྱེད་རྫོགས་ཀུན་ལ་ལམ་གྱི་བབས་མི་འདྲ་བའི་ཁྱད་པར་ཆེན་པོ་ཡོད་དོ། །ཞེས་གསུངས་པ་འདི་དག་ལ་ལན་སྦྲོས་པས་ཆོག་མོད། ཡི་གེ་མང་བས་དང་གསུང་དེ་དག་ཀྱང་ན་ཡམས་ཀྱི་བཤད་པ་ཙམ་དུ་མཛད་པ་ལས། ཚིག་བཅད་གསུམ་པའི་ལན་དུ་དང་པོ་ཐོགས་པར་མ་གྱུར་པས་སོ། །

ཡང་འབེལ་གཏམ་གྱི། དེའི་འཕྲོས་དེ་ལས། དེ་སྐབས་བླ་མེད་སྤྱི་ལ་རྒྱུད་སྡེ་འོག་མའི་ལུང་ལས། དུས་འཁོར་གྱི་ལུང་བཙན་རྒྱུ་མེད། ཁྱེད་ཀྱིས་དགོངས་པ་ལ་བླ་མེད་ནང་ཕན་ཚུན་ཡིན་པས་བཙན་ནོ་བསམ་པ་དེ། ཞར་བས་ལྷ་ལུགས་དང་མཚུངས་ཟེར་བ་དེ་དག་སྐྱེས་བུ་དམ་པ་མཚན་དཔེས་བརྒྱན་པ་ཆོས་ཀུན་གཟིགས་པའི་སྤྱན་ལྡན་མཆོག་ཏུ་གྱུར་པ་ལ།ཁྱེད་རང་ཀུང་སྐྱེས་བུ་དམ་པར་གྱུར་པ་ཡིན་པས། དེ་འདྲའི་ངན་བརྗོད་མཛད་པ་མི་རིགས་པ་འདྲ། ཅི་སྟེ་མི་གསན་ན། ཞ་རའི་ཧོད་འབྲོག་ཟེར་བའི་དཔེ་དེ་ཁྱེད་རང་ལ་བྱུང་འདུག་སྟེ། བླ་མེད་ནང་ཕན་ཚུན་ལ་བརྟེན། དེར་མི་གསལ་ན་རྣལ་འབྱོར་རྒྱུད་སོགས་འོག་མ་རིམ་པས་ཁ་འགེངས་དགོས་པ་བདེན་མོད་ཀྱང་གོང་མ་དེ་དག་ཏུ་གསལ་ཁ་ཡོད་བཞིན་པ་གཅིག་བཞག །འོག་མའི་ལུང་སྒྲོར་བ་ནམ་ཡང་འཐད་པ་མིན་នོ། །ཞེས། ཡང་ལན་ཀ་ཤི་ཀར་གསུང་ཟིན་པའི་ཕྱིར་དང་། ཅི་སྟེ་འབེལ་གཏམ་གྱི་འཕྲོས་དེ་ལས། དེ་བཞིན་དུ་བླ་མེད་སྤྱི་ལ་ཆོ་ག་ཁ་སྐོང་དགོས་པ་རྣམས་ཀྱང་། རྒྱུད་སྡེ་འོག་མ་ནས་ལེན་པ་རྒྱུད་ཉིད་ལ་གསུངས་པས་དེ་བཞིན་འཐད་གསུང་བ་ཡང་། གསང་བ་སྤྱིའི་རྒྱུད་དང་། དེ་ཉིད་འདུས་པ། རྩ་རྒྱུད་སློབ་དཔོན་

གོང་ཀ་ནའི་ལུང་སོགས་ལ་ཐུགས་རྩེ་གཏད་པར་སྣང་སྟེ། རྒྱུད་ལུང་དེ་དག་གི་དོན་ཡང་སྤྱིར་བླ་མེད་ནང་ཕན་ཚུན་ལ་བརྟེན་པ་དང་། དེར་མི་གསལ་ན་རྒྱུད་སྡེ་འོག་མ་རིམ་པས་ཁ་འགེངས་དགོས་པ་ལ་དགོངས་པ་ཡིན་གྱིས། བླ་མེད་ལྷ་བུ་རྒྱུད་སྡེ་གོང་མར་གསལ་ཁ་ཡོད་བཞིན་དུ། འོག་མའི་ལུང་སྦྱོར་དགོས་པ་བཤད་པ་མིན་པ། ཀཱཤི་ཀའི་ཡང་ལན་དུ་གསུངས་པ་ལྟར། ཕོ་བོས་ཀྱང་གོང་དུ་བརྗོད་ཟིན་པ་དེ་ཉིད་འཐད་པར་སྣང་ངོ་། །ཡང་འབེལ་གཏམ་གྱི་འཕྲོས་དེ་ལས། དུས་འཁོར་ནས་རྒྱས་འགེབས་པ་ལ་ལུང་གི་ཟིན་དགོས་ཡང་མེད་ཅིང་གསུང་བ་དེ། ཁྱེད་རང་ཀྱང་དུས་འཁོར་གྱི་དབང་ལ་གྲངས་ངེས་མི་མཛད་པར་བསྐུར་བ་དེ་ལ་རྒྱུད་པ་གོང་མའི་ཕྱག་ལེན་དང་། རྒྱུད་འགྲེལ་ཚད་ལྡན་སོགས་ཀྱི་ལུང་གི་ཁུངས་མེད་པའམ་ཡོད་ཀྱང་ཁུངས་དེ་དག་གི་དགོས་པ་མེད་གསུང་རྒྱུ་ལོས་ཡིན། ཡང་དེ་ཁའི་འཕྲོས་ལས། སྔར་བཤད་པ་ལྟར། དུས་འཁོར་དང་བླ་མེད་གཉིས་ལམ་སྒྲོལ་ཐ་དད་པ་རེ་ཡིན་པས་མ་འདྲེས་པའི་རྣམ་དབྱེ་ཤེས་པར་བྱའོ། །ཞེས་གསུངས་པ་ནི་ཡིག་མཁན་གྱི་ཡི་གེ་མ་དག་པ་ཡིན་ན་ཐུགས་མད། གཞན་མ་བླ་མེད་ཀྱི་དུས་འཁོར་དང་། བདེ་དགྱེས་སོགས་ལ་དབང་དང་ལམ་གྱི་རྒྱས་བསྡུས་མི་འདྲ་བའི་ཁྱད་པར་ཡོད་ཀྱང་། ཁྱེད་ལྟར་དུས་འཁོར་དང་བླ་མེད་གཉིས་ལམ་གྱི་སྒྲོལ་ཐ་དད་པ་རེ་ཡིན་གསུངས་པ་རྣམ་པར་མ་བརྟགས་ཏེ། དུས་འཁོར་བླ་མེད་ལས་ཐ་དད་དུ་ཕྱེ་བར་སོང་བས། དེས་ན་རྒྱུད་སྡེ་གང་དུ་འཛོག་བསམ་དགོས་སོ། །

འབེལ་གཏམ་དུ། ཚིག་དངོས་གཞི་མཚན་མོ་གཅིག་ལ་ཚར་བ་དགོས་པའི་ཤེས་བྱེད་བཀོད་པའི་བཞེད་འདོད། བརྟག་གཉིས་ཀྱི་དྲི་བ་ཚིགས་བཅད་བཞི་པའི་དོན་ལ་ཐུགས་མ་རེངས་པར་བཀོད་པར་འདུག་མོད། ཚིགས་བཅད་བཞི་པར། རིག་པ་ཚིག་རྫོགས་པར་མི་འགྱུར་ལོ། །དུས་འཁོར་འཕྲེང་བའི་དབང་ཉིད་མང་པོ་ལ༑ ༑བརྟེན་ཞིང་དེ་སྐད་སྨྲས་ཀྱང་མཛེས་པ་མིན། །བདེ་དགྱེས་ཞུང་བ་མཐོན་སུམ་ཉིད་ཀྱི་གྲུབ། །ཞེས་གསུངས་པ་འདི་ཡིན་པས། འདིའི་དོན་ལ་ཆོས་རྗེ་སྟོང་ར་བའི་དྲི་ལན་དུ། སློབ་དཔོན་སོ་སྐྱེས་སློབ་མའི་སྐྱང་གཞི་སྦྱོང་བྱེད་ཚིག་རྫོགས་མ་རྫོགས་སོགས་དང་། ཏིང་ངེ་འཛིན་རྒྱ་ཆེ་ཆུང་གི་གདན་ཚོགས་ལ་དཔག་དགོས་པའི་ཤེས་བྱེད་བཀོད་ནས། གྲངས་ཉེར་ལྔ་ལས་མང་བར་མི་རུང་བར་རྒྱུད་སྡེ་བཞི་གར་གྱི་འགྲེལ་པར་བཤད་ཟེར་བ་ཡང་ནོར་རྟེ། སྤྱོད་རྒྱུད་ལས་ཉེར་ལྔའི་གྲངས་མ་བཤད་པ། རྒྱུད་དང་རྗེ་བཙུན་གྱི་དགོངས་པར་གསལ་ཞིང་། བླ་མེད་ལས་ཀྱང་། ཉེར་ལྔའི་གྲངས་སོགས་མ་བཤད་ལ། བླ་མེད་སོགས་རྒྱུད་སྡེ་གཞན་གསུམ་གྱི་དབང་གི་སློབ་མར། ཉེར་ལྔའི་གྲངས་ངེས་དགོས་པའི་ཤེས་བྱེད་དུ། སྡོམ་གསུམ་མཛད་པས། གསང་བ་སྤྱི་རྒྱུད་ཉིད་འདྲེན་པར་མཛད་འདུག་པའི་ཕྱིར་དང་། ཚིག་མི་རྫོགས་པས་གྲངས་ངེས་རྩེ་དགོས་བྱུང་ན། རྣལ་

འཁོར་ཆེན་པོའི་ཚིག་རྒྱས་པ་རྣམས་ལ་སློབ་མ་གཉིས་ཙམ་ལས་ལྷག་པ་ཡང་འཇུག་རྒྱུ་མི་རུང་སྟེ། ཀྱེ་རྡོར་གྱིས་དབང་ཚིག་ལས། དེ་དག་ཆེ་ཆེས་མང་བས་ཐམས་ཅད་དུ་ཉེར་ལྔའི་གྲངས་ངེས་བྱས་པ་ནོང་པར་འགྱུར་རོ། །དེས་ན། ཡང་ལན་ཀ་ཤི་ཀའི་དགོངས་པ་ཚིགས་བཅད་བཞི་པའི་དུས། དེ་ལས་ལྷག་པའི་སློབ་མ་ལ། །ཚིག་ཡོངས་སུ་རྫོགས་པ་ནི། །མཚན་མོ་གཅིག་ལ་མཚར་མི་ནུས། །དེ་ཡི་མཚན་མོ་མ་ཚར་ན། །ཚིག་ཉམས་པར་འགྱུར་བ་ཡིན། །ཞེས་གསུངས་པས། འགའ་ཞིག་གི་ཚིག་མི་ཚར་བའི་རིག་པས་ཉེར་ལྔ་ལས་མང་དུ་མི་བཏུབ་པའི་གྲངས་ངེས་བཅད་དོ། །ཞེས་ཟེར་བའང་སྣང་བས། དེ་ལྟར་ན་དུས་འཁོར་ཚིག་རྒྱས་པས། དེར་འཇུག་པའི་གདུལ་བྱ་བཅུ་ཙམ་ལ་མང་མཐའ་བྱེད་དགོས་ལ། རྡོ་རྗེ་རྩེ་མོ་ལ་སོགས་པ་བསྙུར་བའི་ཚེ་གཅིག་ཙམ་ལས་བཟུང་དུ་མི་བཏུབ་སྟེ། བདེ་དགྱེས་དང་དེ་དག་ཚིག་བསྡུས་རྒྱས་ཤིན་ཏུ་ཆེ་བས་སོ། །ཡང་བྱ་རྒྱུད་ཀྱི་དབང་བདེ་བ་རྣམས་ལ་སུམ་ཅུ་ལས་བརྒལ་བ་ཡང་རུང་སྟེ། ཚིག་མཚན་མོ་གཅིག་ལ་མ་ཚར་བས་སོ། །

དུས་འཁོར་མང་པོ་ལ་བསྐུར་བ་དག་ལ་ནི། དེའི་ཚིག་རྫོགས་པར་བདེ་དགྱེས་བསྡུས་པ་མི་རྫོགས་པ་ནི་ཡ་མཚན་ནོ་ཞེས་སོ། །དེ་བས་ན་གྲངས་ངེས་རིག་པ་དེས་བཞག་པ་ནི་དཔྱད་བཟོད་པ་མ་ཡིན་ནོ། །ཞེས་ལེགས་པར་བཤད་ལ། ཁྱེད་ཀྱི་རྗེ་པདྨ་དཀར་པོ་ལ། མི་ཆོས་སྣང་ངོར་ཞེས་སོགས་འགྲན་འདོད་ཀྱི་ཚིག་དང་། ཉམས་ལྡན་གྱི་རྒྱན་དུ་བྱས་ཟེར་བའི་སྐན་ངག་གི་དམད་པ་ལྟར་མཛད་མོད། དེའི་ལན་དུ། ཁྱེད་ཀྱི་སྐན་ངག་ཆུ་ཤིང་གི་སྙིང་པོ་ལྟར་དེ་ལས་ནུས་པ་མི་ཞན་པའི་སྐན་ངག་བརྗོད་པར་སླ་མོད། ངན་བརྗོད་ཀྱི་ལན་དུ་ཚིག་ངན་བརྗོད་པ་སྐབས་སུ་མ་བབ་ལ། འོན་ཀྱང་གཞན་གད་ཉམས་ལྡན་ནི་འབྱུལ་བར་བྱ་སྟེ།། །།

འགྲན་འདོད་ཕྱེ་མ་ལེབ་ཀྱི་གཞོག་བརྒྱང་གི། །མཁས་གྲུབ་རྒྱ་མཚོ་དང་ནི་རི་རབ་ལྟར། །རང་བཟོས་བཏགས་པའི་ཚིག་གིས་སྤྲོར་བ་ཡིས། །ངེས་བཟང་ཟབ་དང་རྒྱ་ཆེའི་ཆོས་ལ་ཡང་། །སཏྭ་ནའི་གསུང་ལ་གཟུ་ལུམ་གྱིས། །ཧོ་གུཎྜ་ཏེ་མོད་ཀྱང་དེའི་ལན་དུ། །ཕུཧཱུ་ལྷ་བུར་བླ་ཡང་མཁས་པའི་གསུང་། །སམུདྲ་མ་པི་པི་ཕ་ནི་ཅེས། །མཁས་གསུང་ཟབ་རྒྱས་འབེན་གང་མ་མཐོང་བའི། །སྣ་ཚོགས་ཟོལ་སྦྱོར་ཚིག་གི་མདའ་འཕང་པ། །བླུན་པོའི་ཁྲོམ་རྣམས་ངོ་མཚར་བསྐྱེད་མོད་ཀྱང་། །དཔྱོད་ལྡན་འཕོང་མཁས་ཁྲེལ་བའི་རྒྱུ་མིན་ནམ། །ཞེས་བར་གྱི་སྐབས་ཀྱི་ཚིགས་སུ་བཅད་པའོ། །

དབང་པོའི་རིམ་པས་དབང་དང་བྱིན་རླབས་གང་ཡང་རུང་བས་ཆོག་པར་འདོད་པ་དགག་པ་ལ་འཕྲོས་ནས། ཁ་ཅིག་གང་ཟག་དབང་པོ་རབ་ཀྱི་སྨིན་བྱེད་ཕག་མོའི་བྱིན་རླབས་ཡིན་ཞིང་། འབྲིང་དང་ཐ་མ་དག་ལ་དབང་བསྐུར་གྱི་ཆོ་ག་དགོས་ཞེས་ཟེར་བ། དེ་དག་མི་འཐད་པར་སྟོན་པ་ནི། གཞུང་ལས། གང་ཟག་རབ་

འབྲིང་གསུམ་ཀ་ལ། །ཕག་མོའི་བྱིན་རླབས་སྨིན་བྱེད་དུ། །རྒྱུད་སྡེ་ཀུན་ལས་གསུངས་པ་མེད། །འཕགས་པ་རྣམས་ཀྱི་གང་ཟག་རབ། །སྤྲུལ་པ་ཡི་ནི་དཀྱིལ་འཁོར་དུ། །དབང་བསྐུར་མཛད་ཅེས་གསུངས་པ་ནི། །སྔོན་གྱི་ཆོ་ག་འཕགས་པའི་ཡིན། །ཞེས་གསུངས་ནས།

དེས་ན་དེང་སང་གི་དུས། དབང་གང་དུ་བསྐུར་བའི་དཀྱིལ་འཁོར་གྱི་རྣམ་གཞག་སྟོན་པ་ནི། དེང་སང་གང་ཟག་རབ་འབྲིང་ཀུན། །རྡུལ་ཚོན་གྱི་ནི་དཀྱིལ་འཁོར་དུ། །དབང་བསྐུར་བྱ་བ་གསུངས་མོད་ཀྱི། །གཞན་གྱི་སྨིན་བྱེད་རྒྱུད་ལས་བཀག །ཅེས་བྱ་སྟེ། དེའི་དོན་དེང་སང་གི་དུས་གང་ཟག་དབང་པོ་རབ་འབྲིང་ཐ་མ་གསུམ་ཀ །སྤྱིར་བཏང་ལ། རྡུལ་ཚོན་གྱི་ནི་དཀྱིལ་འཁོར་དུ། །དང་པོར་དབང་བསྐུར་གྱི་སྨིན་པར་བྱ་བ་གསུངས་མོད་ཀྱི། དེ་ལས་གཞན་ཕག་མོའི་བྱིན་རླབས་དང་། སྤྲུལ་པའི་དཀྱིལ་འཁོར་དང་། ཏིང་ངེ་འཛིན་གྱི་དཀྱིལ་འཁོར་དང་། གཏོར་མའི་དབང་བསྐུར་དང་། མེ་ཏོག་ཚོམ་བུའི་དཀྱིལ་འཁོར་སོགས་སུ་སྨིན་བྱེད་ཀྱི་དབང་བསྐུར་བ་བྱ་བ་མ་ཡིན་ཏེ། དེ་ལྟར་བྱ་བ་རྒྱུད་ལས་བཀག་པའི་ཕྱིར། ཇི་ལྟར་གསུངས་ཞེ་ན། རྒྱུད་བརྟག་གཉིས་པ་ལས། དང་པོར་ས་གཞི་ཡོངས་སུ་བཟུང་། །གཉིས་པ་སྟ་གོན་གནས་པ་སྟེ། །ཐུབ་གསུམ་བར་ནི་འཇུག་པ་ཡིན། །ཞེས་དང་། རྒྱུད་འགྲེལ་ལས་ཀྱང་། ས་དང་པོའི་རྡོ་རྗེ་སློབ་དཔོན་གྱིས། གྲངས་ཀྱི་བསྙེན་པ་ཇི་ལྟར་བྱ་བ་དང་། ས་སྦྱང་བ་སོགས་ཀྱི་ཆོ་ག་གསུངས་ཏེ། གཞན་སྤྲུལ་པའི་དཀྱིལ་འཁོར་ལ་སོགས་མ་གསུངས་པས་སོ། །རྗེ་བཙུན་གྱིས་དབང་གི་ཆུ་བོ་ལས། ཕྱི་དཀྱིལ་འཁོར་བྲིས་སྐུ་ལ་བརྟེན་པ་དང་། རྡུལ་ཚོན་བྲི་བའི་ལུགས་གཉིས་ལས། བྲིས་སྐུ་ལ་བརྟེན་པའི་ལུགས་ནི། དེའི་ཉིན་མོ་ཇི་ལྟར་བདེ་བར་གནས་ཏེ། ལྟའི་དཀྱིལ་འཁོར་བསྒོམ་པ་ལ་སོགས་པས་དུས་འདའ་བར་བྱའོ། །རས་བྲིས་ཀྱི་དཀྱིལ་འཁོར་ལ་བརྟེན་པའི་ལུགས་འདི་ནི། བདེ་མཆོག་ཨ་བྷི་དྷ་ན་ལས་གསུངས་པ་ལ་བརྟེན་ཏེ། སློབ་དཔོན་རྡོ་རྗེ་དྲིལ་བུ་པ་དང་། སློབ་དཔོན་དགའ་རབ་རྡོ་རྗེ་ལ་སོགས་པས་གསུངས་ལ། དེང་སང་རྒྱ་གར་གྱི་ཡུལ་ན་ཡང་། ཆོ་ག་ཕལ་ཆེར་འདི་ལ་བྱེད་དོ། །བླ་མ་གོང་མ་རྣམས་ཀྱང་སྐབས་སུ་ཕྲུག་ལེན་འདི་ལ་མཛད་པས་ལུགས་འདི་ཧ་ཅང་མི་ལེགས་པ་མིན་ནོ། །ཞེས་གསུངས་པས་སོ། །

ཡང་སློབ་དཔོན་རྡོ་རྗེ་དྲིལ་བུ་པའི་ལུགས་ཀྱི་ནི། ལུས་དཀྱིལ་གྱི་དབང་གི་ཆོ་ག་དེ། གང་ལ་བྱ་བའི་ཡུལ། གང་ཟག་དབང་པོ་རབ་དེའི་སྨིན་བྱེད་དུ་འཆད་དགོས་ཏེ། ཇི་སྐད་དུ། འགྲོ་བ་འདི་དག་རང་བཞིན་གྱི། །གྲུབ་པའི་དཀྱིལ་འཁོར་གཉིས་མེད་པའོ། །བཅོས་མ་གཉིས་ཀྱི་ངོ་བོ་གང་། །དེ་ནི་གདུལ་བྱའི་དབང་ལས་འདོད། །མཁས་པའི་སྒྲུབ་བྱེད་དེ་མིན་ཏེ། །ཡང་དག་དོན་མཐོང་གྲོལ་ཕྱིར་རོ། །ཞེས་གསུངས་པས་སོ། །འོན་

དེང་སང་ཕྱི་དཀྱིལ་སྔོན་དུ་འགྲོ་དགོས་པའི་ཕྱག་ལེན་མཛད་པ་དང་འགལ་ལོ། །ཞེ་ན། དེའི་གང་ཟག་གི་དབང་པོའི་རིམ་པ་བརྟག་དཀའ་བས་རྒྱ་བཏྟན་པ་ཙམ་ལ་དགོངས་པའོ། །འོན་གཞན་གྱི་སྨིན་བྱེད་རྒྱུད་ལས་བཀག །ཅེས་པ་དང་འགལ་ལོ་ཞེ་ན། གཞན་ཞེས་པ་སྤྲུལ་པའི་དཀྱིལ་འཁོར་སོགས་ལ་དགོངས་པ་ཡིན་ཏེ། ཕྱོགས་བཅུའི་སངས་རྒྱས་ཀྱི་ཞུ་འཕྲིན་ལས། ཁ་ཅིག་ཕག་མོའི་བྱིན་རླབས་དང་། །ཉིང་འཛིན་གྱི་ནི་དཀྱིལ་འཁོར་དང་། །གཏོར་མའི་དབང་བསྐུར་ལ་སོགས་པ། །བརྫུན་མས་སྤྲུར་བའི་ཚིག་ལ། །སློབ་དཔོན་འཇུག་པ་སློས་ཅི་དགོས། །སྡེ་སྣོད་འཛིན་པར་རློམ་པ་ཡི། །སྙིང་མེད་རྣམས་ཀྱང་འདི་ལ་དད། །གལ་ཏེ་འདི་འདྲ་ཆོས་ཡིན་ན། །དེ་ལས་གཞན་མིན་གང་ཞིག་ལགས། །ཞེས་གསུངས་སོ། །

འདི་ལྟར་འཆད་མཁས་པ་ལ་བརྟེན་ནས། བསམ་ཡས་པའི་ཏེ་ཀྐཱ་ར། གཞན་ཞེས་པ་ལུས་དཀྱིལ་ལ་ངོས་བཟུང་བ་དང་། ཀུ་མ་རའི་རྣམ་བཤད་ལས། རྡུལ་ཚོན་ལས་གཞན་མངོན་སྤྱོད་བླ་མས་བཀག །ཅེས་པ་དང་། ཀུན་མཁྱེན་གོ་བོ་རབ་འབྱམས་པའི་སྤྱི་དོན་དུ། གཞུང་འདིའི་དགོངས་པ་ལ། དང་པོ་རྡུལ་ཚོན་གྱི་དཀྱིལ་འཁོར་ངེས་པར་དགོས་པ་དང་། རྗེ་བཙུན་སྐུ་མཆེད་ཀྱི་ལུགས་ལ། རས་བྲིས་སུ་ཡང་དང་པོར་དབང་བསྐུར་བ་ཡོད་དོ། །ཞེས་འགལ་བ་ཅན་དུ་འཆད་ཅིང་། དང་པོར་རྡུལ་ཚོན་གྱི་ དཀྱིལ་འཁོར་ངེས་པར་དགོས་པའི་ཤེས་བྱེད་དུ། ནཱ་རོ་འགྲེལ་ཆེན་ལས། དབང་བསྐུར་བ་བདུན་པོ་འདི་རྣམས་རྗེ་བཙུན་གྱི་དཀྱིལ་འཁོར་རྣམ་པར་སྤྲངས་ནས། གཞན་རས་བྲིས་ལ་སོགས་པར་བྱ་བ་མིན་ནོ། །ཞེས་འདྲེན་ནོ། །

ལུགས་དང་པོ་ནི། སློབ་དཔོན་རྡོ་རྗེ་དྲིལ་བུ་པའི་གཞུང་གོང་དུ་དྲངས་པ་དང་འགལ། ལུགས་གཉིས་པ་དབང་གི་ཆུ་བོ་དང་འགལ། ལུགས་གསུམ་པ་ལ། ལུགས་གཉིས་པོ་གང་རུང་གཅིག་འདོར་དགོས་པའམ། འགལ་འདུ་ཁས་ལེན་པ་གང་རུང་ལས་མ་འདས་སོ། །འོན་ཁྱོད་རང་ཡང་གང་རུང་གཅིག་འདོར་དགོས་པར་འགྱུར་རོ་སྙམ་ན། ཁོ་བོས་ནི། སྤྱིར་བཏང་ལ་རྡུལ་ཚོན་དང་། དམིགས་གསལ་ལ་རས་བྲིས་ཀྱི་ཆོག་པར་བཤད་ཟིན་ཅིང་། དེ་ཉིད་ལེགས་པ་ཡང་ཡིན་ཏེ། སློབ་དཔོན་ཛྙཱ་ན་སེ་ནས། རྡུལ་ཚོན་བྲི་བར་མ་ནུས་ན། །དལ་དང་བཉམ་པའི་རས་ལ་ནི། །ངེས་པར་བཅོམ་ལྡན་ཧེ་རུ་ཀ །ཕྱག་རྒྱའི་ཚོགས་དང་བཅས་པ་བྲིས། ཞེས་སོ། །

ཡང་སྨིན་བྱེད་ཀྱི་དབང་ལ་རྡུལ་ཚོན་ཁོ་ན་དགོས་པའི་ཤེས་བྱེད་དུ། ནཱ་རོ་འགྲེལ་ཆེན་གྱི་ལུང་དེ་ཡང་མ་འབྲེལ་ཏེ། འཇིག་རྟེན་པའི་དངོས་གྲུབ་ཀྱི་སླད་དུ། བྱིས་འཇུག་གི་དབང་བདུན། རྡུལ་ཚོན་གྱི་དཀྱིལ་འཁོར་དུ་བསྐུར་བ་དང་། འཇིག་རྟེན་ལས་འདས་པའི་དངོས་གྲུབ་ཀྱི་སླད་དུ། མཆོག་གི་དཀྱིལ་འཁོར་གསུམ་པོ་གང་རུང་དུ་དབང་བསྐུར་བ་ཞེས་པའི་ཐ་སྙད་དུས་འཁོར་ལས་འབྱུང་ལ། དེ་ཡང་ཕྱི་མ་སྨིན་བྱེད་ཀྱི་གཙོ་བོ་ཡིན་

ཞིང་། དེ་ལ་རྟུལ་ཞུགས་ཀྱི་དཀྱིལ་འཁོར་བྲི་བ་མེད་པར་བཤད་པའི་ཕྱིར་ཏེ། ཇི་སྐད་དུ། དུས་འཁོར་རྩ་རྒྱུད་ལས། ལུས་ཀྱི་དབང་པོ་རྡུ་ག་སེམས། །སྐུ་གསུང་ཐུགས་ཀྱི་རང་བཞིན་ལས། །དེ་ལ་རྣམ་གསུམ་དུ་འགྱུར་བ་དང་། །གཞན་པ་ཆོན་ལྷ་ལྡན་པས་མིན། །ཞེས་དང་། འགྲེལ་ཆེན་ལས། དོན་དམ་པའི་བདེན་པ་ལ། རྟུལ་ཞུགས་ཀྱི་དཀྱིལ་འཁོར་བྲི་བ་མེད་དེ། བཅོམ་ལྡན་འདས་ཀྱིས་བཀག་པའི་ཕྱིར། ཞེས་གསུངས་པས་སོ། །སྐབས་འདིར་འཕེལ་གཏམ་དུ། དོགས་གནས་ཆེ་བའི་དྲི་བ་བཞི་པ་ཞེས་པ་ནས། པཎ་ཆེན་རིན་པོ་ཆེའི་དྲི་བ་དེའི་ལན་དུ། ཀུན་རྒྱན་གྱི་དགོངས་པ་བཀོད་པ་ནི། གཞུང་འདིའི་ལམ་གྱི་རིམ་པ་ཐམས་ཅད་པིཀྲ་པའི་དགོངས་པ་གཞིར་བཞག་ནས་དེའི་དབང་དུ་བྱས་ཏེ། ལས་དང་པོ་པ་སྔར་མ་སྨིན་པ་གསར་དུ་སྨིན་པར་བྱེད་པ་ལ་དབང་གི་མངོན་པར་རྟོགས་པ་བདུན་ལྡན་དགོན་ལ། དེ་ལ་རྟུལ་ཞུགས་དགོས་པ་གཞིར་བཞག་པས། གཞུང་གི་དོན་དེ་ལྟར་ཡིན། སྤྱིར་ནི་རས་བྲིས་ཀྱི་དཀྱིལ་འཁོར་དུ་ཡང་། སྨིན་བྱེད་ཀྱི་དབང་བསྐུར་དུ་རུང་སྟེ། གང་དུ་དབང་བསྐུར་བའི་དཔལ། བརྒྱད་དང་དྲུག་ལ་སོགས་པའི་ནང་ནས་རས་བྲིས་འདུག་པ་དང་། ཞེས་སོགས་ནས། དེས་ན་ལས་དང་པོ་པ་ཞིག་ལ། འཁོར་ལོ་སྡོམ་པའི་རས་བྲིས་ཀྱི་དཀྱིལ་འཁོར་དུ་དབང་བསྐུར་ནས། ཕག་མོའི་བྱིན་རླབས་བྱས་པ་ལ། གཞུང་འདི་དང་ཡང་འགལ་བ་མེད་ཅིང་འཐད་པར་གསུངས་ཞེས་པའི་བར་གྱི་ལན་ནི། སྤྱིར་ཀུན་མཁྱེན་གོ་རམས་པའི་སྡོམ་གསུམ་གྱི་སྤྱི་དོན་ལས་གསུངས་པའི། གཞུང་འདིའི་ཐད་ཀྱི་རྣམ་གཞག་ལའང་། འཐད་མི་འཐད་ཀྱི་དཔྱད་པ་གོང་དེ་མ་ཐག་ཏུ་མདོ་ཙམ་ཞིག་བྱས་ཟིན་མོད། འདི་དག་ཀྱང་ཞལ་བླང་སྔ་ཕྱི་འགལ་བ་གོང་དང་མཚུངས་ཏེ། འོན་སྔར་སྔགས་ཀྱི་དཀྱིལ་འཁོར་དུ་འཇུག་མ་མྱོང་བའི་ལས་དང་པོ་པ་ཞིག་ལ། འཁོར་ལོ་སྡོམ་པའི་རས་བྲིས་ཀྱི་དཀྱིལ་འཁོར་དུ་སྨིན་བྱེད་ཀྱི་དབང་བསྐུར་བ་ཞིག་ཡོད་པར་ཐལ། ལས་དང་པོ་པ་ཞིག་ལ། འཁོར་ལོ་སྡོམ་པའི་རས་བྲིས་ཀྱི་དཀྱིལ་འཁོར་དུ་དབང་བསྐུར་ནས། ཕག་མོའི་བྱིན་རླབས་མཛད་པ་ཞིག་ཡོད་པའི་ཕྱིར། རྟགས་ཁས། ཁྱབ་སྟེ། འདི་སྐབས་ཀྱི་ལས་དང་པོ་པ་དེ། སྔར་སྔགས་ཀྱི་དཀྱིལ་འཁོར་དུ་འཇུག་མ་མྱོང་བའི་གང་ཟག་ཞིག་ལ་བྱེད་དགོས་པའི་ཕྱིར། འདོད་ལན་ལས་འོས་མེད་པས། འོ་ན་ལས་དང་པོ་པ་སྔར་མ་སྨིན་པ་གསར་དུ་སྨིན་པར་བྱེད་པ་ལ། འཁོར་ལོ་སྡོམ་པའི་རས་བྲིས་ཀྱི་ དཀྱིལ་འཁོར་དུ་དབང་བསྐུར་བ་ཞིག་ཡོད་པར་ཐལ། འདོད་པའི་ཕྱིར། འདོད་ན། དེ་མེད་པར་ཐལ། ལས་དང་པོ་པ་སྔར་མ་སྨིན་པ་གསར་དུ་སྨིན་པར་བྱེད་པ་ལ་རྟུལ་ཞུགས་ཀྱི་དཀྱིལ་འཁོར་ངེས་པར་དགོས་པའི་ཕྱིར་ཏེ། ལས་དང་པོ་པ་སྔར་མ་སྨིན་པ་གསར་དུ་སྨིན་པར་བྱེད་པ་ལ་དབང་གི་མངོན་པར་རྟོགས་པ་བདུན་ལྡན་དགོས་ལ། དེ་ལ་རྟུལ་ཞུགས་དགོས་པ་གཞིར་བཞག་པ་དང་། གཞུང་དོན་དེ་ལྟར་ཡིན་པ་ཞལ་བླང་ཡིན་པའི་ཕྱིར། འདི་ནི་

ལན་གྱིས་ཟློག་པར་མི་ནུས་པའི་འཁོར་གསུམ་མོ། །

ཡང་འབེལ་གཏམ་དུ། པཎ་ཆེན་གྱི་གསེར་ཐུར་ཆེན་མོར། སྤྲུལ་པའི་དཀྱིལ་འཁོར་ལ་སོགས་པ། །གཞན་གྱི་སྨིན་བྱེད་རྒྱུད་ལས་བཀག །ཅེས་པའི་འཐད་པ་གསུངས་པ་དང་། རྗེ་བཙུན་གྱིས་རྩ་ལྟུང་འགྲུལ་སྤོང་གི་མཇུག་ན། དེང་སང་སྤྲུལ་པའི་དཀྱིལ་འཁོར་དུ་དབང་བསྐུར་བ་བཤད་པ་མེད་པའི་ཕྱིར། ཞེས་བཤད་པ་དགོངས་པ་རེ་མཐུན་ཡིན་ཟེར་བ་གསུངས་འདུག་པ། པཎ་ཆེན་གྱི་གསུང་དེ་རྗེ་བཙུན་གྱི་དགོངས་པ་དང་མཐུན་ཞིང་། དེ་ལྟར་ཁྱེད་རང་གིས་ཀྱང་ཞལ་གྱིས་བཞེས་འདུག་པས་ཅང་མི་ཞུ། གཞན་གྱི་སྨིན་བྱེད་རྒྱུད་ལས་བཀག །ཞེས་པ་དེ། རང་མཚན་དུ་རྡོ་རྗེ་ཕག་མོ་ལ་སོགས་པ་ལ་བཤད་གསུངས་པ་དེ་ཉིད། ཁ་ཅིག་གང་ཟག་དབང་པོ་རབ། །སྨིན་བྱེད་ཕག་མོའི་བྱིན་རླབས་ཡིན། །ཞེས་སོགས་ཀྱི་ཕྱོགས་སྔ་དང་འགྲིག་མོད། དེ་ཁོན་ལ་བྱ་བ་མ་ཡིན་ཏེ། དེའི་སོགས་ཁོངས་ནས་སྤྲུལ་པའི་དཀྱིལ་འཁོར་དང་། ཏིང་ངེ་འཛིན་གྱི་དཀྱིལ་འཁོར་དང་། གཏོར་མའི་དབང་བསྐུར་དང་། ཆོམ་བུའི་དཀྱིལ་འཁོར་ཀྱང་འགོག་དགོས་པའི་ཕྱིར།

ཡང་འབེལ་གཏམ་དུ། དོན་ནི་འདི་ཡིན་ཏེ། སོ་སོ་སྐྱེ་བོའི་རྡོ་རྗེ་སློབ་དཔོན་ཞེས་སོགས་ནས། ཕྱག་ལེན་ཟེར་ཡངས་སུ་སོང་བར་དགོངས་སོ། །ཞེས་པའི་བར་གྱི་དགོངས་དོན་རྫུལ་ཚོན་གྱི་དཀྱིལ་འཁོར་དགོས་པ་སྐྱིར་བཏང་དང་། རས་བྲིས་ཀྱི་དཀྱིལ་འཁོར་དམིགས་གསལ་དུ་སྦྱར་འདུག་པ་དང་། ཀུན་མཁྱེན་གྱི་དགོངས་པས་སོ། །རྫུལ་ཚོན་དགོས་པ་པི་ཀླ་པའི་མན་ངག་གི་ལུགས་ཁོ་ན་ལ་སྦྱར་བ་དམིགས་བསལ་དུ་གསུངས་པར་འདྲ་བས། ཁྱེད་རང་གི་བླ་མའི་གྲུབ་མཐའ་དང་མ་མཐུན་པར་འདྲ་ཞིང་། པཎ་ཆེན་རིན་པོ་ཆེ་རྗེས་འབྲང་དང་བཅས་པའི་ལུགས་སུ་ཞུགས་པར་སོང་ལ། ཁྱད་པར་རྗེ་བཙུན་གྱི་དབང་ཆུར། རས་བྲིས་ལ་ལུགས་ནི་ཧ་ཅང་མི་ལེགས་པར་ཡང་མ་ཡིན་ནོ། །ཞེས་གསུངས་པ་ལ། འབེལ་གཏམ་དུ། རས་བྲིས་ཙམ་ལ་བརྟེན་པ་ནི་གོ་ནི་ཆོད། ཅེས་པ་ནས། རྫུང་ཟད་མི་ལེགས་པའི་ཆ་ཡོད་པར་བསྟན། ཅེས་སོགས་དང་། ཕྱག་ལེན་ཟེར་ཡངས་སུ་སོང་བར་དགོངས་སོ། །ཞེས་གསུངས་པ་རྣམས་ནི། རྗེ་བཙུན་གྱི་གསུང་ལ་རེག་གཙོད་དུ་སོང་བ་མིན་ནམ། འདིའི་གཞུང་ཁྲི་པར་སོགས་སུ་འདོན་ཚུལ་མི་གཅིག་པ་ཡོད་ཚུལ་གསུང་བ་གོ་སླ་བས་འདིར་མ་དཔྱད། དེང་སང་གང་ཟག་རབ་འབྲིང་ཀུན། །ཞེས་སོགས་ཀྱི་སྐབས་སུ། པཎ་ཆེན་རིན་པོ་ཆེའི་གསེར་ཐུར་ཆེན་མོར། རྫུལ་ཚོན་མིན་པར་སྨིན་བྱེད་ཀྱི། །དབང་བསྐུར་དེང་སང་མི་རུང་ན། །འཁོར་ལོ་སྡོམ་པའི་རས་བྲིས་ཀྱི། །དཀྱིལ་འཁོར་དག་ཏུ་དབང་བསྐུར་ནས། །ཕག་མོའི་བྱིན་རླབས་མཛད་དེ་ཅི། །ཞེས་གསུངས་པ་འདི་ལ་འདྲི་དགོས་པའི་རྒྱུ་མཚན་སོགས་རྒྱས་པ་ནི། གསེར་ཐུར་ཉིད་ལས་ཤེས་དགོས་ལ། དངོས

ལན་གྱི་དགོངས་དོན་ཅུང་ཟད་བརྗོད་ན། གཞན་གྱི་སྨིན་བྱེད་རྒྱུད་ལས་བཀག །ཅེས་པ་ལ། འཆད་ཚུལ་གཉིས་ཀྱི་དང་པོ་ནི། གཞན་ཞེས་པ་རྡུལ་ཚོན་ལས་གཞན་ལ་བྱ་བ་མ་ཡིན་ཏེ།ཕག་མོའི་བྱིན་རླབས་དང་། སྤྲུལ་པའི་དཀྱིལ་འཁོར་དང་། ཏིང་ངེ་འཛིན་དང་གཏོར་མའི་དབང་བསྐུར་སོགས་ལ་འཆད་པར་སྐབས་ཐོབ་ཀྱི་ཤེས་པའི་ཕྱིར་ཞེས་དགོངས་པ་དང་། འཆད་ཚུལ་གཉིས་པ་ནི། གཞན་གྱི་སྨིན་བྱེད་རྒྱུད་ལས་བཀག །ཅེས་པའི་དོན་འདི་ལྟར་བཤད་པར་བྱ་སྟེ། དེང་སང་གང་ཟག་རབ་འབྲིང་ཀུན། །རྡུལ་ཚོན་གྱི་ནི་དཀྱིལ་འཁོར་དུ། ། དབང་བསྐུར་བྱ་བར་གསུངས་མོད་ཀྱི། །སྤྲུལ་པའི་དཀྱིལ་འཁོར་ལ་སོགས་པ། །གཞན་གྱིས་སྨིན་བྱེད་རྒྱུད་ལས་བཀག །ཅེས་སྟོན་ན་སྟ་མའི་འཕྲོས་དང་འགྲིག་པར་འགྱུར་རོ། །མདོར་ན་ལུས་དཀྱིལ་དང་རས་བྲིས་དང་། གཞལ་མེད་ཁང་པར་དབང་བསྐུར་བ་དང་། ཆོམ་བུའི་དཀྱིལ་འཁོར་དུ་དབང་བསྐུར་བ་རྣམས་ནི། དམིགས་གསལ་གྱི་བཤད་པ་ཡིན་གྱི། སྤྱིར་བཏང་དུ་སློབ་མ་སྨིན་བྱེད་ཀྱི་དབང་ནི། རྡུལ་ཚོན་གྱི་དཀྱིལ་འཁོར་ཉིད་དུ་བསྐུར་དགོས་པ་ཡིན་ཏེ། རྒྱུད་སྡེ་ཀུན་ལས་དེ་ལྟར་གསུངས་པའི་ཕྱིར་དང་། ཇི་སྐད་དུ། འདུལ་བ་ལས། ཚོ་ག་བཙན་པོ་དག་ཡོད་ན་བག་ཡངས་སུ་བྱ་བ་ལ་བརྟེན་པར་མི་བྱའོ། །ཞེས་བཤད་པ་དང་ཆ་མཐུན་པར། སྤྱིར་བཏང་སྒྲུབ་པའི་ནུས་པ་ཡོད་བཞིན་དུ། དམིགས་བསལ་ལ་བརྟེན་པར་མི་རིགས་པའི་ཕྱིར་དང་། སོ་སོ་སྐྱེ་བོའི་རྡོ་རྗེ་སློབ་དཔོན། སློབ་མའི་སེམས་རྒྱུད་མི་རྟོགས་པ་རྣམས་ཀྱི་སྐལ་དམན་རིམ་གྱིས་འཇུག་པའི་ཚུལ་ལ་བརྟེན་དགོས་པའི་ཕྱིར། ཞེས་ལེགས་པར་བཤད་པ་དེས་གཞུང་དོན་དཔྱིས་ཕྱིན་པར་རྟོགས་པར་འགྱུར་ལ། མཐའ་ཆོད་གཞན་ཡང་ཅུང་ཟད་བརྗོད་ན། འདི་ལ་རྒྱལ་དབང་ཐམས་ཅད་མཁྱེན་པའི་གསུང་གི། མཆོག་དབང་གསུམ་ལ་དཀྱིལ་འཁོར་བསྒོམས་པས་རུང་། །བུམ་པའི་དབང་ལ་དེ་ལྟ་མ་ཡིན་པའི། །རྒྱུད་ལུང་སྐྱེ་ཡོད་མེད་ན་སྨིན་བྱེད་དབང་། །རྡུལ་ཚོན་ཉིད་དུ་བསྐུར་ཞེས་སྨྲས་ཀྱང་ཅི། །ཞེས་སོགས་ཀྱི་དོན་རྒྱས་པ་ནི་ཡི་གེ་མང་བས་མ་སྤྲོས་ཤིང་། སྙིང་པོ་སྨིན་བྱེད་ཀྱི་བུམ་དབང་རྡུལ་ཚོན་དུ་བསྐུར་དགོས་པ་དང་མི་དགོས་པ་གཉིས་ཀ་ཡོད་པ་དང་། མངོན་བརྗོད་བླ་མའི་དགོངས་པ་དང་གྲུབ་ཐོབ་གོང་མའི་ཕྱག་བཞེས་ལ་ཡང་། སྐབས་རེ་ན་ཡོད་འདུག་པས་མཐའ་གཅིག་ཏུ་མི་རུང་བ་མ་ཡིན་མོད། ཅེས་གསུངས་པ་དང་། དེས་ན་སྨིན་བྱེད་ཀྱི་དབང་བཞི་ལ་རྡུལ་ཚོན་ངེས་པར་མི་དགོས་པར། དུས་འཁོར་དང་རྒྱུད་འདི་ཉིད་ཀྱི་ལུང་གི་གྲུབ། སྨིན་བྱེད་ལ་རྡུལ་ཚོན་གྱི་དཀྱིལ་འཁོར་མཐའ་གཅིག་ཏུ་དགོས་པར་གསུངས་པ་དང་། དེ་ལས་གཞན་རྒྱུད་ལས་བཀག་གསུངས་པའི་རྒྱུད་དེ་གང་ལ་ངོས་འཛིན་ཞེས་གསུངས་ཤིང་། དབང་གི་བབས་མི་འདྲ་བ་སྣ་ཚོགས་གདུལ་བྱ་སྣ་ཚོགས་པས་ཏིང་ངེ་འཛིན་གྱི་དབང་ཡང་སྨིན་བྱེད་དུ་བཞག་ཆོག་པའི་སྐབས་སྲིད་པར་འགྱུར་རོ། །

ཞེས་གསུངས་པ་ལ། དེ་བཞིན་དུ་རྗེ་རྡོ་རྗེ་འཆང་ལྷ་རྩེ་བ་ཆེན་པོས། ཕྱག་རྒྱ་ཆེན་པོའི་དབང་བསྐུར་བས། །ཇི་ལྟར་བཤད་པའི་བདེ་ཆེན་པོ། །དེ་ཡི་འདི་ནི་བྱིན་རླབས་ཏེ། །གཞན་ལས་དཀྱིལ་འཁོར་འབྱུང་བ་མེད། །ཅེས་པས་འདི་ལྷ་བུའི་དབང་ཐོབ་ནས། བདག་གིས་དབང་མ་ཐོབ་སྙམ་རྡུལ་ཚོན་གྱི་དཀྱིལ་འཁོར་སོགས་སུ་ཆེད་གཉེར་གྱི་མགོ་ཞར་ཞར་འཇུག་མི་དགོས། དེས་ན། རྡོ་རྗེ་ཡེ་ཤེས་དབང་ཐོབ་ནས། །བྲིས་པའི་དཀྱིལ་འཁོར་སོགས་འཇུག་པ། །ཞེས་པའི་ཨིནྡྲ་བྷཱུ་ཏིའི་བཀའ་བསྒྲོན་དེ་ཡང་འཕོག་ཉེའོ་གསུངས་པ་དང་། ངེས་པར་རྡུལ་ཚོན་གྱི་དཀྱིལ་འཁོར་དུ་དབང་བསྐུར་དགོས་གསུངས་པ་ཡང་། རྗེ་བཙུན་ས་པཎ་གྱིས། དེ་ང་སང་གང་ཟག་རབ་འབྲིང་ཀུན། །ཞེས་སོགས་གསུངས་པའི་ཚིག་ལ་ཞེན་པས་ལན་པར་འདུག །རང་ལུགས་སྨིན་བྱེད་ཀྱི་དབང་ཡིན་ན། ངེས་པ་ཁོ་ནར་རྡུལ་ཚོན་གྱི་དཀྱིལ་འཁོར་དུ་བསྐུར་མི་དགོས། ཡང་རྣམ་པ་ཐམས་ཅད་དུ་མི་དགོས་ཀྱང་མི་ཟེར། སྤྲོས་པ་ལ་དགའ་བའི་རིགས་ལ། རྡུལ་ཚོན་ལ་བརྟེན་ནས་བསྐུར་ན་ཁོ་དེས་མགུ་འགྲོ་བ་ཡིན། སྤྲོས་པ་འབྲིང་ལ་རས་བྲིས་དང་ཚོམ་བུ་ལ་བརྟེན་ནས་བསྐུར། སྤྲོས་པ་ཆུང་བ་ལ་ལུས་དཀྱིལ་དང་། སློབ་དཔོན་གྱིས་མངོན་པར་རྟོགས་པ་བསྒོམས་པའི་དཀྱིལ་འཁོར་དང་། སློབ་དཔོན་ཨིནྡྲ་བྷཱུ་ཏིས། རྡོ་རྗེ་ཡེ་ཤེས་ཀྱི་དབང་གསུངས་པ། འོད་ཟེར་སྤྲོ་བསྡུ་ཙམ་གྱིས་ཚོག་པའང་ཡོད་ཅེས་ལེགས་པར་གསུངས་པ་ལ། གཞན་ཡང་སྤྱིར་རྡུལ་ཚོན་དང་རས་བྲིས་ཀྱི་དཀྱིལ་འཁོར་ནི་བུམ་དབང་གི་དཀྱིལ་འཁོར་དུ་བྱེད་དགོས་ཏེ། གཞན་གསང་དབང་སོགས་དབང་གོང་མ་གསུམ་ལ་བླ་མེད་སྤྱི་ལ། ཀུན་རྫོབ་བྱང་ཆུབ་སེམས་ཀྱི་དཀྱིལ་འཁོར་དང་། ཕྱག་རྒྱ་བྷ་གའི་དཀྱིལ་འཁོར་དང་། དོན་དམ་བྱང་ཆུབ་སེམས་ཀྱི་དཀྱིལ་འཁོར་རིམ་བཞིན་སོ་སོར་གསུངས་པའི་ཕྱིར། འོན་བུམ་དབང་གི་དཀྱིལ་འཁོར་ལ་རྡུལ་ཚོན་དང་རས་བྲིས་གཉིས་སུ་ངེས་སམ་སྙམ་ན་མ་ངེས་ཏེ། བླ་མེད་སྤྱི། བདེ་དགྱེས་སོགས་ལས། ལམ་དབང་བསྐུར་དུས་ཀྱི་བུམ་དབང་བླ་མའི་ལུས་ཀྱི་དཀྱིལ་འཁོར་དུ་བསྐུར་བར་གསུངས་པའི་ཕྱིར་དང་། དཔལ་ལྡན་དུས་ཀྱི་འཁོར་ལོ་ལས་ཀྱང་། བུམ་དབང་དེ་རྡུལ་ཚོན་དང་མ་འབྲེལ་བར། དབང་མདོར་བསྟན་ལས། ལུས་ཀྱི་དབང་པོ་བྷ་ག་སེམས། །ཞེས་སོགས་ཀྱི་ལུས་ཀྱི་དབང་པོའམ། དཀར་འཛིན་ནུ་མའི་དཀྱིལ་འཁོར་དུ་བསྐུར་བར་གསུངས་པའི་ཕྱིར་དང་། བསྡུས་རྒྱུད་ལས་ཀྱང་། གོང་ཆུ་དབང་གི་དབང་བཞིའི་རྣམ་གཞག་སྟོན་པ་ན། དཔལ་ལྡན་ཤེས་རབ་ནུ་མ་ལ་ཡང་དང་པོར་རེག་པ་གང་ཡིན་བུམ་པའི་དབང་ནི་དེ་ཉིད་དོ། །གསང་བ་དག་ལས་རི་བོང་འཛིན་པ་མྱང་བ་དང་ནི་ལྟ་བ་དག་གི་གསང་བའི་དབང་དུ་འགྱུར། །ཤེས་རབ་ཡེ་ཤེས་དབང་ལ་མཐའ་དག་རྒྱལ་བའི་རིགས་ཀྱི་ཡན་ལག་ཞལ་གྱི་སྦྱང་བ་བྱས་ནས་ནི། །རྒྱལ་བ་དག་ཀྱང་འདིར་ནི་བླ་མས་དབང་པོར་བྱས་ནས་སློབ་མ་ལ་ནི་ཕྱག་རྒྱ་སྦྱིན་པར་བྱ། །

ཞེས་པའི་ཚུལ་གྱིས་གསུངས་པ་དང་དབང་ཆེན་པོའི་དབང་དམ་གོང་ཆེན་ནི། །རྒྱན་རྣམས་ཐམས་ཅད་དང་ལྡན་ལུ་མའི་གསེར་དང་མཚུངས་ཤིང་བཅུ་གཉིས་ལོ་ལོན་མཛེས་པའི་བུ་མོ་ནི། །ཁྲག་དང་ལྡན་ལ་ཤེས་རབ་ཐབས་ཀྱི་བདག་ཉིད་དག་གི་རང་གི་རྡོ་རྗེ་ནོར་བུས་འདོད་སྤྱད་ནས། །ས་བོན་དང་བཅས་རྡོ་རྗེ་དག་ཀྱང་སློབ་མ་དག་པར་ཤེས་ན་ཁ་རུ་འཕང་བར་བྱས་ནས་ནི། །ཕྱི་ནས་རང་གི་ཕྱག་རྒྱ་སྦྱིན་བྱ་དེ་ནས་སླར་ཡང་གཞན་ནི་དུ་བའི་ལམ་སོགས་ལྡན་པའོ། །ཞེས་གསུངས་པའི་ཕྱིར་རོ། །གཞན་ཡང་བུམ་དབང་གང་དུ་བསྐུར་བའི་ཕྱི་དབྱིབས་ཀྱི་ དཀྱིལ་འཁོར་ལ་དྲུག་ཏུ་ཕྱེ་བ་བདེ་མཆོག་ཨ་བྷི་དྷ་ནའི་ལུང་། ཡི་གེའི་ དཀྱིལ་འཁོར་དང་པོ་སྟེ། ཞེས་སོགས་ཀྱི་བསྟན་པ། དེ་ཡང་རྟུལ་ཚོན་ཁོ་ནའི་དབང་དུ་བྱས་པ་མིན་ཏེ། དང་པོ་ལྡེ་པ་ལ་ཡང་རྡུལ་ཚོན་རས་བྲིས་སོགས་སྣ་ཚོགས་འབྱུང་བ་ལགས་ཤིང་། དྲུག་པ་ཚོགས་ཀྱི་དཀྱིལ་འཁོར་ནི། གཞན་ཡང་ཁང་ཁང་པ་དངོས་སུ་བླང་པའམ། ཆུ་ཚོན་གྱི་ས་གཞི་ལ་བྲིས་ནས། ལྷ་སོ་སོའི་གནས་སུ་དཔའ་བོ་དཔའ་མོ་དངོས་སུ་འགོད་པ་སྟེ། དཔེར་ན་དགྱེས་རྡོར་ལྷ་བུ་ལ་མཆོན་ན་དབང་བསྐུར་བའི་སློབ་དཔོན་ཉིད་གཙོ་བོའི་གནས་སུ་འདུག །གཞན་སྔགས་ཀྱི་སྤྱོད་པ་ཅན་གྱི་བུད་མེད་དགུ་ཡང་ལྷ་མོ་དགུའི་གནས་སུ་བཞག །ལྷའི་ཆས་སུ་བཅུག་ནས་བདག་བསྐྱེད་གཙོ་བོར་བྱས་པའི་ཚོགས་འཁོར་གྱི་ཆོ་གས་དཀྱིལ་འཁོར་སྒྲུབ་པ་ཡིན་པས་ཚོགས་ཀྱི་དཀྱིལ་འཁོར་ཞེས་བྱ་བ་ཡིན་ནོ། །ཞེས་ཀྱང་བཤད་འདུག་པས་སོ། །

ཡང་རས་བྲིས་ཀྱི་དཀྱིལ་འཁོར་དུ་སྨིན་བྱེད་དབང་བསྐུར་དུ་རུང་ནའང་། མ་སྨིན་པ་སྨིན་པར་བྱེད་པའི་དབང་བསྐུར་བ་ལ་རྡུལ་ཚོན་ངེས་པར་དགོས་ཤིང་། རས་བྲིས་ཀྱི་དཀྱིལ་འཁོར་དུ་མ་སྨིན་པ་སྨིན་བྱེད་ཀྱི་དབང་བསྐུར་བའི་ཁུངས་གསལ་པོ་མེད་པས་སོ་སྙམ་ན་མེད་པ་ཡིན་ཏེ། རྗེ་བཙུན་ཐམས་ཅད་མཁྱེན་པའི་གསུང་གིས། དེ་ལྟ་བུའི་ཁུངས་ཤིན་ཏུ་གསལ་བ་མི་གཡོ་བ་རྣལ་འབྱོར་བླ་ན་མེད་པའི་རྒྱུད་ན་ཡོད་པར་གསུང་ལ། རྒྱུད་དེ་ཡང་ཐོག་མར་རོང་པ་ཤེས་སེང་གེས་བསྒྱུལ་ནས། ཡར་ལུང་ལོ་ཙྪ་བ་གྲགས་པ་རྒྱལ་མཚན་གྱིས་བསྒྱུར་ཞིང་འགྱུར་བྱེད་པ་ཡང་ས་སྐྱ་རང་ཡིན། ཕྱིས་པཎྜི་ཏ་ནགས་རིན་གྱི་བར་དུ་ལོ་པཎ་གཞན་དང་གཞན་འགའ་རེས་འགྱུར་བཅོས་ཙུང་ཟད་ཙམ་བྱས་འདུག །རྒྱུད་དེ་ལས། དང་པོར་རྡུལ་ཚོན་གྱི་དཀྱིལ་འཁོར་འབྲི་ཚུལ་རྒྱས་པར་བཤད་ནས། དེ་རྗེས། ཡང་ན་དཀྱིལ་འཁོར་བྲི་བྱ་བ། །རས་བྲིས་ཚུལ་དུ་བྲི་བར་བྱ། །དཀྱིལ་འཁོར་སྟར་བཞིན་བྲིས་བྱས་ནས། །དབུས་སུ་མི་གཡོ་མཐིང་ནག་བྲིས། །ཞེས་པ་ལ་སོགས་པ་རས་བྲིས་རྒྱས་པར་གསུངས་ན། དེ་དང་འབྲེལ་བ་ཉིད་དུ། སློབ་མ་དབང་བསྐུར་གྱི་ཆོ་ག་རྒྱས་པར་བཤད། སྡོམ་གསུམ་རབ་དབྱེ་མཛད་པ་པོ་ཆོས་རྗེ་པཎྜི་ཏའི་དུས་ན་རྒྱུད་འདི་མ་འགྱུར་བས་ལན། གཞན་གྱི་སྨིན་བྱེད་རྒྱུད་ལས་བཀག །

ཅེས་གསུངས་གསལ་པོར་བྱོན་གདའ། དེར་མ་ཟད་ཉིད་དེ་འཛིན་གྱི་དཀྱིལ་འཁོར་དུ་མ་སྨིན་པ་སྨིན་བྱེད་ཀྱི་དབང་བསྐུར་བའི་ཁུངས་ཀྱང་འགའ་ཞིག་ན་སྣང་ངོ་། །ཞེས་གསུངས་འདུག་པས་སོ། །

དབང་མ་བསྐུར་ཀྱང་ཐོབ་པར་འདོད་པ་དགག་པ་ལས་འཕྲོས་ནས། དབང་བསྐུར་མུ་བཞིར་འདོད་པ་དགག་པའི་ཕྱོགས་སྔ་མ་ནི། ལ་ལ་དབང་བསྐུར་མུ་བཞི་འདོད། །དབང་བསྐུར་བྱས་ཀྱང་མ་ཐོབ་དང་། །མ་བྱས་ཀྱང་ནི་ཐོབ་པ་དང་། །བྱས་ན་ཐོབ་ལ་མ་བྱས་ན། །མི་ཐོབ་པ་དང་རྣམ་བཞིར་འདོད། །ཞེས་པས་བསྟན་ཏེ། འགའ་ཞིག་གིས། དབང་བསྐུར་མུ་བཞི་དེ་ཡང་། དབང་བསྐུར་རྒྱལ་པོ་ཞེས་བྱ་བའི་རྒྱུད་ལས་གསུངས་སོ། །ཞེས་ཟེར་དེ་དགག་པ་ནི། འདི་འདྲ་གང་ནའང་བཤད་པ་མེད། །བསྟན་པ་དཀྲུགས་པའི་སྐད་ཀར་ཟད། །ཅེས་པ་ནས། བདུད་ཀྱི་གསང་ཚིག་ཡིན་པར་དོགས། །ཞེས་སོགས་ཀྱིས་བསྟན་ཏེ། དེའི་དོན་ནི་དབང་བསྐུར་མུ་བཞི་འདི་འདྲ་རྒྱུད་རྣམ་དག་གང་ནས་ཀྱང་བཤད་པ་མེད་པས་བསྟན་པ་དཀྲུག་པའི་སྐད་ཀར་ཟད་ལ། འོན་ཀྱང་འདི་ལ་ཙུང་ཟད་བརྟག་པར་བྱ་སྟེ། དབང་བསྐུར་ལ་མུ་བཞི་བརྩི་བ་དེ་ལྟར་ན་སོ་སོར་ཐར་པའི་སྡོམ་པ་དང་། བྱང་ཆུབ་སེམས་དཔའི་སེམས་བསྐྱེད་ལའང་མུ་བཞི་ཅིའི་ཕྱིར་མི་བརྩི་སྟེ་བརྩི་རིགས་པར་འགྱུར་ལ། དེ་བཞིན་དུ་སྒོམ་ལའང་ཅེས་མི་མཚུངས་ཏེ་མཚུངས་པར་འགྱུར། དེ་ལྟར་ན་དབང་ལ་མུ་བཞི་བརྩི་བས། དབང་མ་བསྐུར་ཀྱང་ཐོབ་པ་ཞིག་ན། དབང་བསྐུར་མཐའ་གཅིག་ཏུ་མི་དགོས་པར་འདོད་པ་བཞིན། སྒོམ་ལ་ཡང་མཚུངས་པས་དོར་བར་བྱོསཤིག །ཅེས་པའི་དོན་ཡིན་ལ། འདི་དག་གི་དོན་རྒྱས་པར་གཞུང་འགྲེལ་ཉིད་ལས་ཤེས་པར་བྱ་དགོསཤིང་། མདོར་ན་དབང་བསྐུར་མུ་བཞི་འདོད་པ་དགག་པ་ཡང་། དབང་མ་བསྐུར་ཀྱང་ཐོབ་པ་ཉིད་ལ་རྩོད་གཞིར་སོང་བ་ཡིན་ཏེ། གཞན་དབང་བསྐུར་བྱས་ཀྱང་མ་ཐོབ་པ་དང་། བྱས་ན་ཐོབ་པ་དང་མ་བྱས་ན་མི་ཐོབ་པའི་མུ་གསུམ་ནི། སྡོམ་གསུམ་མཛད་པ་པོའི་ལུགས་ལའང་ཁས་ལེན་དགོས་པའི་ཕྱིར། དེས་ན་རྩོད་གཞིར་གྱུར་པའི་དབང་མ་བསྐུར་ཀྱང་ཐོབ་པ་ཞེས་པ་འདི། ཚེ་འདིར་དབང་མ་བསྐུར་ཀྱང་ཐོབ་པ་ལ་བྱེད་ན། འགོག་པར་མི་ནུས་པ་འདྲ་སྟེ། རྒྱུད་ལས། དབང་བསྐུར་ཡང་དག་སྔོན་ལྡན་ན། །སྐྱེ་ཞིང་སྐྱེ་བར་དབང་བསྐུར་འགྱུར། །དེ་ཡི་སྐྱེ་བ་བདུན་ལ་ནི། །མ་བསྒོམས་པ་ཡང་དངོས་གྲུབ་ཐོབ། །ཞེས་གསུངས་པསཤེས་ལ། སྐབས་འདིར་ཟེར་བ། གསེར་ཐུར་གྱི་དྲི་བ་དང་པོ་གསུམ་པོའི་སྐབས་དང་། ཁྱད་པར་དྲི་བ་གསུམ་པའི་སྐབས་ཀྱི་གཞུང་ལ། མཐའ་མ་གཉིས་ནི་སེམས་རྗེས་འབྲང་ཞེས་དང་། སེམས་ལས་བྱུང་དང་སྡོམ་གཉིས་དང་། །ཞེས་པས་བསམ་གཏན་དང་ཟག་མེད་ཀྱི་སྡོམ་པ་གཉིས་པོ་དེ། སེམས་དང་ལྷན་ཅིག་འབྱུང་བའི་རྒྱུ་འབྲས་སུ་བཤད་པ་སོགས་ལ་འཁྲུལ་པ་ཡིན། ཞེས་གསུང་རྒྱུར་འདུ་ལ། སྐབས་དོན་བརྟག་གཉིས་ཀྱི་དྲི་བ་དེ་ལ།

འབེལ་གཏམ་དུ་ལན་བཏབ་པ་ནི། སྔགས་སྡོམ་སྤྱི་ཙམ་པ་སེམས་ཀྱི་རྗེས་འབྲང་ཡིན་པ་རང་ཡང་བསྒྲུབ་དཀའ་སྟེ། སྔགས་སྡོམ་ཐམས་ཅད་སེམས་དང་སེམས་བྱུང་གང་རུང་དུ་ངེས་པ་ལས། སེམས་བྱུང་ནི་སེམས་ཀྱི་རྗེས་འབྲང་ཡིན་ཀྱང་། སྔགས་སྡོམ་དུ་གྱུར་པའི་གཙོ་སེམས་རྣམས་སེམས་ཀྱི་རྗེས་འབྲང་མ་ཡིན་པའི་ཕྱིར་ཏེ། དེ་རྣམས་སེམས་ཀྱི་འཁོར་མ་ཡིན་པའི་ཕྱིར། དེས་ན་སེམས་ཀྱི་རྗེས་འབྲང་དང་། སེམས་ཀྱི་རྗེས་འཇུག་དང་གཙོ་སེམས་ཀྱི་འཁོར་རྣམས་དོན་གཅིག་པའི་ཤེས་བྱེད་མཛོད་ཀྱི་གཞུང་སོགས་འདྲེན་པར་མཛད་མོད། དེ་ལ་ཐོག་མར་འདི་ཞུ་བར་བྱ་སྟེ། སངས་རྒྱས་རྡོ་རྗེ་འཆང་གི་ཐུགས་རྒྱུད་ལ་སྔགས་སྡོམ་ཡོད་དམ་མེད། མེད་ན། སངས་རྒྱས་ཀུན་གྱི་སྡོམ་པ་ནི། །ཨེ་ཝཾ་རྣམ་པར་རབ་ཏུ་གནས། །ཞེས་པ་དང་འགལ། ཡོད་ན་སྔགས་སྡོམ་ཐམས་ཅད་སེམས་སེམས་བྱུང་གང་རུང་དུ་ངེས་པར་ཞལ་གྱི་བཞེས་ཟིན་པས། དེས་ན་སངས་རྒྱས་རྡོ་རྗེ་འཆང་གི་ཐུགས་རྒྱུད་ལ། སེམས་སེམས་བྱུང་གི་དབྱེ་བ་སོགས་གཉིས་སྣང་གི་ཆོས་ཡོད་པར་འགྱུར་ལ། དེས་ན་སངས་རྒྱས་ཀྱི་སར། སེམས་སེམས་བྱུང་སོགས་གཟུང་འཛིན་གཉིས་སྣང་གིས་བསྡུས་པའི་ཆོས་ཐམས་ཅད་གནས་གྱུར་པར་བཤད་པ་ཡང་མི་འཐད་པར་འགྱུར་རོ། །

ཡང་འབེལ་གཏམ་གྱི་འཕྲོས་དེ་ལས། དེ་ལྟར་ན་སེམས་ཀྱི་རྗེས་འབྲང་ཡིན་ནའི་འཕོས་ནས་ཀྱང་རྗེས་སུ་འབྲང་པ་དང་། དེ་མིན་ནའི་འཕོས་ནས་རྗེས་སུ་མི་འབྲང་བའི་རྣམ་གཞག་མི་རུང་སྟེ། ཞེས་སོགས་ཤེས་བྱེད་དང་བཅས་བཀོད་པ། སྤྱིར་སེམས་ཀྱི་རྗེས་འབྲངས་ཀྱི་སྡོམ་པ་རྟེན་གྱི་གང་ཟག་འཕོས་ནས་ཀྱང་རྗེས་སུ་འབྲང་བས་ཁྱབ་པར་ཁས་བླངས་ན་སྔོན་དང་པོ་དེ་འདྲ་མོད་ཀྱང་། དེ་འདྲ་ཁས་ལེན་དགོས་མེད་དེ། སྔགས་སྡོམ་རྒྱུད་ལྡན་གྱི་རིགས་པ་འཛིན་པ་གཅིག་ལ་རྩ་ལྟུང་བྱུང་བའི་ཚེ་དེ་ཚེ་མ་འཕོས་ཀྱང་དེའི་རྒྱུད་ཀྱི་སྔགས་སྡོམ་གཏོང་ཏེ། དེའི་ཚེ་སྔགས་སྡོམ་གྱི་གཏོང་རྒྱུ་བྱུང་བས་གཏོང་བར་རེད་ཀྱང་ཁས་ལེན་པའི་ཕྱིར། དཔེར་ན་བསམ་ཟག་གི་སྡོམ་པ་གཉིས་སེམས་ཀྱི་རྗེས་འབྲང་ཡིན་ཀྱང་མཐའ་གཅིག་ཏུ་ཚེ་འཕོས་ནས་ཀྱང་རྗེས་སུ་འབྲང་བས་མ་ཁྱབ་སྟེ། བསམ་གཏན་རྟོགས་པའི་དགེ་བ་ནི། །ས་འཕོས་སྐམ་པ་དག་གིས་གཏོང་། །ཞེས་དང་། འཕགས་པ། འབྲས་བུ་ཐོབ་སྤྱང་ཉམས་པ་ལས། །ཞེས་གཉིས་པོའི་གཏོང་ཚུལ་བཤད་པ་ལས། གཏོང་རྒྱུ་དེ་དག་བྱུང་ན། རྟེན་གྱི་གང་ཟག་ཚེ་མ་འཕོས་ཀྱང་སྡོམ་པ་དེ་དག་གཏོང་བའི་ཕྱིར། དེའི་ཤུགས་ལ་སྡོམ་པའི་གཏོང་རྒྱུ་མ་བྱུང་ན་སེམས་ཀྱི་རྗེས་འབྲང་ཡིན་པས་ཤི་འཕོས་ནས་ཀྱང་རྗེས་སུ་འབྲང་བར་ཁས་ལེན་དགོས་པས་སོ། །

ཡང་རིག་པ་འཛིན་པ་དེ་འཆི་འཕོ་བའི་ཚེ་སྔགས་ཀྱི་ཉམས་ལེན་གྱི་རྒྱུན་བརྟན་པོ་ཡོད་ཅིང་། རྩ་ལྟུང་མ་

བྱུང་ན་ཤི་འཕོས་ནས་ཀྱང་སྡིགས་སྡོམ་རྗེས་སུ་འབྲང་སྟེ། ཤི་འཕོས་ནས་ཀྱང་དེའི་རྒྱུད་ལ་སྡིགས་སྡོམ་ཡོད་པ་རེད་ཀྱང་ཁས་ལེན་པས། ཁྱེད་ཀྱི་རིག་པ་དེ་དག་རེད་ལ་ཅིའི་ཕྱིར་འཇུག་སྟེ། ཕྱོགས་སྔའི་སྨྲ་རིས་ཀྱང་མཐོང་གདའོ། །མདོར་ན་བརྟག་གཉིས་ཀྱི་དྲི་བ་དེ་ལ་ཐུགས་མ་རེངས་པའི་སྡིགས་སྡོམ་ལ་སེམས་ཀྱི་རྗེས་འབྲང་གིས་མ་ཁྱབ་པའི་སྐྱོབ་བྱེད་མང་པོ་དེ་དག་ལ་མགོ་མཚུངས་ཀྱི་ལན་འདི་འབུལ་བར་བྱ་སྟེ། འོན་ཇི་སྲིད་འཚོ་བར་གྱི་སྡོམ་པ་དང་། སེམས་ཀྱི་རྗེས་འབྲང་གི་སྡོམ་པའི་གཞི་མཐུན་མི་སྲིད་པར་ཐལ། ཇི་སྲིད་འཚོ་བར་གྱི་སྡོམ་པ་ཡིན་ན་རྟེན་གྱི་གང་ཟག་ཤི་འཕོས་པས་གཏོང་བས་ཁྱབ་པ་གང་ཞིག །གཅིག་ཤོས་ལ་དེས་མི་གཏོང་བས་ཁྱབ་པའི་ཕྱིར། འདོད་ན། སོ་ཐར་སྡོམ་པ་དེ་ཉན་ཐོས་བྱེ་སྨྲ་ལྟར་ན་གཟུགས་སུ་བཤད་མོད། མདོ་སྡེ་པ་ཡན་གྱི་ལུགས་ལ་དེའི་ངོ་བོ་སེམས་སུ་འདོད་པ་ཁས་ལེན་དགོས་ལ། དེའི་ཚེ་སོ་ཐར་སྡོམ་པར་གྱུར་པའི་གཙོ་བོ་སེམས་དང་། དེར་གྱུར་པའི་སེམས་བྱུང་གཉིས་ཀ་ཞལ་གྱིས་བཞེས་དགོས་ཏེ། དེའི་ཚེ་སོར་སྡོམ་དེ་གཙོ་བོ་སེམས་སུ་བཤད་པ་གང་ཞིག །སྡིགས་སྡོམ་དུ་གྱུར་པའི་གཙོ་སེམས་དང་། དེའི་འཁོར་སེམས་བྱུང་གཉིས་ཀ་ཡང་སྡིགས་སྡོམ་དུ་ཞལ་གྱི་བཞེས་པ་མཚུངས་པའི་ཕྱིར། འདོད་ན་བཅས་ལྡན་དགེ་སློང་གི་རྒྱུད་ཀྱི་གཙོ་སེམས་ཀྱི་འཁོར་དུ་བྱུང་བའི་སེམས་བྱུང་གི་ངོ་བོ་གྱུར་པའི་སོ་ཐར་སྡོམ་པ་ཡོད་པར་ཐལ། འདོད་པའི་ཕྱིར། འདོད་ན། དེ་ཆོས་ཅན། གཙོ་བོ་སེམས་ཀྱི་རྗེས་འབྲང་ཡིན་པར་ཐལ། གཙོ་བོ་སེམས་ཀྱི་འཁོར་དུ་བྱུང་བའི་ཕྱིར། ཁྱབ་པ་ནི་སེམས་ཀྱི་རྗེས་འབྲང་དང་། སེམས་ཀྱི་རྗེས་འཇུག་དང་། གཙོ་སེམས་ཀྱི་འཁོར་རྣམས་དོན་གཅིག་ཏུ་ཞལ་གྱིས་བཞེས་པས་གྲུབ། འདོད་ན། དེ་ཆོས་ཅན་སེམས་ཀྱི་རྗེས་འབྲང་ཡིན་པར་ཐལ། གཙོ་བོ་སེམས་ཀྱི་འཁོར་ཡིན་པའི་ཕྱིར། ཁྱབ་པ་སོང་། འདོད་ན། དེ་ཆོས་ཅན། ཇི་སྲིད་འཚོ་བར་གྱི་སྡོམ་པ་ཡིན་པར་ཐལ། ཉིན་ཞག་གི་སྡོམ་པ་མ་ཡིན་པའི་ཐེག་དམན་སོ་ཐར་སྡོམ་པ་ཡིན་པའི་ཕྱིར། འདོད་ན། བཅས་ལྡན་དགེ་སློང་གི་རྒྱུད་ཀྱི་གཙོ་སེམས་ཀྱི་འཁོར་དུ་བྱུང་བའི་སེམས་བྱུང་དུ་གྱུར་པའི་སོར་སྡོམ་དེ་ཆོས་ཅན། ཇི་སྲིད་འཚོ་བར་གྱི་སྡོམ་པ་མ་ཡིན་པར་ཐལ། སེམས་ཀྱི་རྗེས་འབྲང་གི་སྡོམ་པ་ཡིན་པའི་ཕྱིར། དེས་ན་ལན་གྱིས་ཟློག་པར་མི་ནུས་པའི་འཁོར་གསུམ་འདི་ནི། འབེལ་གཏམ་མཛད་པ་པོ་ལ་འབུལ་ལོ། །

ཡང་འབེལ་གཏམ་ལས། བཀའ་བརྒྱུད་པ་འགའ་ཞིག་གིས། དབང་བསྐུར་མ་བཞི་བཅོས་ནས་དབང་བསྐུར་མ་བྱས་ཀྱང་ཐོབ་པ། ཞེས་སོགས་དང་། སྐྱེ་བ་སྔ་མ་ནས་ཐོབ་ཟིན་པའི་སྡིགས་སྡོམ་གྱི་རྒྱུན་ད་ལྟ་གནས་ནས་ཡོད་པ། དེ་འདྲ་ལུགས་འདིར་ཡང་མི་དགག་སྟེ། ཞེས་སོགས་ནས། མཐོ་དམན་ཀུན་ལ་ཕན་ཆེ་བའི་ཕྱིར་རོ༑ ༑ཞེས་པའི་བར་གྱི་ལན་ལ། འདི་ཞུ་སྟེ། དབང་བསྐུར་མ་བྱས་ཀྱང་ཐོབ་པ་དེ་མཐའ་གཅིག་ཏུ་དགག་པར

མི་ནུས་པ་འདྲ་ལ། དེའི་རྒྱུ་མཚན། སྔོན་གྱི་གྲུབ་ཆེན་རོལ་པ་མོ་དང་། གོ་རཀྵ་ལ་སོགས་པ་ཚེ་འདིར་དབང་བསྐུར་མ་ཞུས་པར་གྲོལ་བར། འཕེལ་གཏམ་མཛད་པ་ཉིད་ཀྱི་ཞལ་གྱིས་བཞེས་པས། ངེད་ལ་དེ་ཁས་ཆོག་པར་བྱུང་སྟེ། དབང་བསྐུར་མ་ཐོབ་པར་སྔགས་ཀྱི་སྒོར་ཞུགས་པས་གྲོལ་བར་བྱུང་བས་སོ། །

ཡང་ཚེ་འདིར་དབང་མ་བསྐུར་བ་ཐོབ་པ་ཞིག་ཡོད་ཀྱང་། དིང་སང་དེ་དག་ལ་དབང་མ་བསྐུར་ན་དངོས་གྲུབ་མི་ཐོབ་གསུང་རྒྱུ་ཡིན་ན། དེ་ཡང་འཐད་པར་མ་གོ་སྟེ། རྗེ་པདྨ་དཀར་པོས། བརྟག་གཉིས་འཆད་པ་རྣམས་ལ་དྲི་བའི་གསུང་གིས། དབང་མ་བསྐུར་ཀྱང་དངོས་གྲུབ་མི་འབྱུང་ན། །ལྷན་ཅིག་སྐྱེས་གྲུབ་འཕེལ་བར་བྱུང་བའི་གཏམ། །རོལ་པ་མོ་དང་གཞན་ཡང་གོ་རཀྵ། །དབང་བསྐུར་སུ་ལ་ཞུས་ཏེ་གསལ་བར་སྨྲོས། །ཞེས་པ་འདི་གནོད་བྱེད་དུ་འཇུག་སྟེ། ཚེ་འདིར་དབང་མ་བསྐུར་ཀྱང་། སྐྱེ་བ་སྔོན་མར་དབང་བསྐུར་ཐོབ་པའི་རྒྱུན་མ་ཉམས་པ་ལ། ཚེ་འདིར་གསང་སྔགས་ཀྱི་ལམ་ཉམས་སུ་བླངས་པས་སྔགས་ཀྱི་དངོས་གྲུབ་ཐོབ་པའི་དཔེར་བརྗོད་དུ། རོལ་པ་མོ་དང་གོ་རཀྵ་སོགས་བཀོད་པ་ཡང་མི་འཐད་པར་འགྱུར་བའི་ཕྱིར་རོ། །འདི་ལ་ཆོས་རྗེ་སྟོང་ར་པའི་དྲི་ལན་དུ། སྤྱིར་དངོས་གྲུབ་འབྱུང་ན་དབང་བསྐུར་ལས་འབྱུང་བས་ཀྱང་མ་ཁྱབ། མ་བྱུང་བས་ཀྱང་མ་ཁྱབ་ཅེས་སོགས་དང་། རོལ་པ་མོ་དང་གོ་རཀྵ་ཡང་དངོས་གྲུབ་ཐོབ་པ་ཡིན། དེ་ཡང་སྔགས་ལ་བརྟེན་ནས་ཐོབ་སྟེ། བླ་མ་རྟོག་མེད་ཞབས་ཀྱིས་རོལ་པ་མོ་ལ་གསང་སྔགས་བསྟན་ནས་ལྷ་བ་ཀྲུང་པས་གྲོལ་ཟེར། གོ་རཀྵ་ཡང་གཤིན་རྗེ་གཤེད་ཀྱི་རྣལ་འབྱོར་པ་དང་མཇལ་ནས་རྡོ་རྗེ་ཐེག་པ་ལ་ཞུགས་ཏེ་ཀླུང་གི་རྣལ་འབྱོར་ཁོ་ནས་གྲོལ་ཟེར་བ་ལ། དེ་གཉིས་ཐབས་ཕྱོགས་རེས་གྲོལ་བར་མི་འཐད་ཅེས་ས་པཎྜི་ཏས་དགག་པ་མཛད་པས་ངེས་པར་མཛོད་ཅིག །ཅེས་གསུངས་པ་བྲིས་མོད། རོལ་པ་མོ་དང་གོ་རཀྵ་གཉིས་ཀྱི་གཏམ། ཁྱེད་ཀྱིས་སླས་པ་དེ་བོད་ཀྱི་སྒྲུར་བ་མ་གཏོགས། རྒྱ་གཞུང་དུ་བྱུང་བ་དང་མ་མཐུན་ཞེས་མཁས་པ་དག་གསུང་ལ། ཡང་གཏམ་དེ་གཉིས་ཚད་ལྡན་དུ་བཞེད་ན་དབང་མ་བསྐུར་བར་གྲོལ་བ་ཡང་འཐད་པར་སོང་སྟེ། རོལ་པ་མོ་ལྟ་བ་ཀྲུང་པས་གྲོལ་བ་དང་། གོ་རཀྵ་ཀླུང་གི་རྣལ་འབྱོར་ཁོ་ནས་གྲོལ་བ་ཁྱེད་རང་གི་ལུགས་ཡིན་པའི་ཕྱིར། ཡང་དེ་ལྟར་ཞལ་གྱིས་བཞེས་པ་དང་། དེ་གཉིས་ཐབས་ཕྱོགས་རེས་གྲོལ་བ་མི་འཐད་གསུང་བ་ཡང་ཁས་བླངས་སྟ་ཕྱི་འགལ་བར་སོང་མོད། ཐབས་ཕྱོགས་རེས་གྲོལ་བ་མི་འཐད་པར་ས་པཎ་གྱིས་དགག་པར་མཛད་ཟེར་བ་དེ། གཞུང་ལས། ལྟ་བ་རྟོགས་པ་ཀླུ་སྒྲུབ་གྲོལ། །ཞེས་པ་ནས། འདི་འདྲའི་ཐར་ལམ་སྣ་ཚོགས་ལ། །སྐྱུར་པ་གདབ་ཏུ་མི་རུང་ཟེར། །ཞེས་པའི་བར་གྱིས་ཕྱོགས་སྔའི་འདོད་པ་བསྟན་པ་ལ་ཟེར་བར་འདུག་མོད། སྡོམ་གསུམ་མཛད་པའི་དགོངས་པ། འདི་ཡང་ལེགས་པར་བཤད་ཀྱི་ཉོན། །ཞེས་སོགས་ཀྱི་དོན། གྲུབ་ཐོབ་ཐམས་ཅད་

ཀྱང་ཕྱོགས་རེའི་ཐབས་ཀྱི་གྲོལ་བར་མ་ཡིན་གྱིས་དབང་དང་རིམ་གཉིས་ལས་བྱུང་བའི་ཡེ་ཤེས་སྐྱེས་པས་གྲོལ་བར་བཤད་པ་ཡིན་ལ། རོལ་པ་མོ་དང་གོ་རཀྐ་ལ་སོགས་པའི་གྲུབ་ཆེན་དེ་དག་དབང་དང་རིམ་གཉིས་ལས་བྱུང་བའི་ཡེ་ཤེས་སྐྱེས་པས་གྲོལ་བར་མིན་ཞེས་ནི་མ་གསུང་ལ། ཙི་སྟེ། རླུང་གི་སྟོབས་ཀྱིས་གོ་རཀྐ་ཞེས་པ་ཕྱོགས་རེ་བར་བཤད་དོ་སྙམ་ན། དེ་ཡང་མིན་ཏེ། དེ་ལྟར་ན་སྦྱོད་པའི་སྟོབས་ཀྱིས་ནག་པོ་པ་ཞེས་སོགས་ཀྱང་ཕྱོགས་རེ་བར་བཤད་པས། དབང་དང་རིམ་གཉིས་ལས་བྱུང་བའི་ཡེ་ཤེས་སྐྱེས་པས་གྲོལ་བར་མིན་ཞེས་ཟེར་དགོས་པར་སོང་བས་སོ། །མི་མཚུངས་ཏེ། རོལ་པ་མོ་དང་གོ་རཀྐ་སོགས་དབང་མ་བསྐུར་བར་གསང་སྔགས་བསྒོམས་པས་གྲོལ་བར་འདོད་པ་དེ་དགག་པ་ཡིན་ཟེར་ན། དེ་ཡང་མི་འཐད་དེ། དེས་ན་དེ་གཉིས་བླ་མ་རྣོག་མེད་ཞབས་དང་གཤིན་རྗེ་གཤེད་ཀྱི་རྣལ་འབྱོར་པ་ལ་བསྙེན་ནས་གསང་སྔགས་བསྒོམས་པས་གྲོལ་ཟེར་བ་ཡང་རྫུན་ཙམ་དུ་ཟད་པས་སོ། །གཏན་ནས་དབང་མ་ཐོབ་པ་ཡང་མ་ཡིན་ཏེ། སྐྱེ་བ་སྔ་མར་དབང་ཚད་ལྡན་ཐོབ་པའི་རྒྱུན་མ་ཉམས་པར་ཡོད་པ་ལ་དགོངས་པའི་ཕྱིར་ཏེ། དེ་མིན་ན། དེ་གཉིས་དབང་མ་ཐོབ་པ་དང་། གསང་སྔགས་ཀྱིས་གྲོལ་བར་ཁས་བླངས་ནང་འགལ་བས་སོ། །ཁ་ཅིག་འཁྲུལ་དང་མ་འཁྲུལ་མེད། །ཅེས་སོགས་ཀྱི་ཕྱོགས་སྔ་དང་དེ་འགོག་ཚུལ། འདི་ཡང་ལེགས་པར་བཤད་ཀྱིས་ཉོན། ཞེས་སོགས་ཀྱི་དགོངས་དོན་ཀྱང་འདིར་སྤྲོས་པས་ཆོག་མོད། ཡི་གེ་མང་བས། གཞུང་འགྲེལ་རྣམས་ལས་ལྟ་བར་བྱོས་ཤིག །མདོར་ན། ཡང་ལན་ཀ་ཤི་ཀར་ཚིགས་བཅད་བཅུ་གཅིག་པའི་སྐབས་སུ། ཕྱོགས་སྔའི་འདོད་པ། རླུང་གི་རྣལ་འབྱོར་སོགས་བསྒོམས་པའི་སྔོན་དུ་དབང་ཞུས་པའི་གསལ་ཁ་མི་འབྱུང་བ་ནི། རང་ཉིད་གང་ལས་གྲོལ་བའི་ལམ་གྱི་གཙོ་བོ་མ་གཏོགས། རྣམ་ཐར་རྒྱས་པར་མ་བཤད་པ་ཡིན་མོད། ཅེས་པ་འཐད་པ་མིན་ཏེ། ལྷ་མོ་དཔལ་མོས་མཛད་པའི་འགྲེལ་པ་དེར། དྲང་སྲོང་འགྲོ་བ་དབུགས་འབྱིན་གྱིས། རྒྱལ་པོའི་བུ་མོ་རོལ་པ་མོ་རྗེས་སུ་འཛིན་པ་ལ་ཡང་། དབང་བསྐུར་བའི་ལོ་རྒྱུས་མི་སྣང་། རོལ་པ་མོས་དཔའ་བོ་རྡོ་རྗེ་དང་། འདུན་ན་འདོན་དམ་ཚིག་རྡོ་རྗེ་དང་། དེས་པདྨ་མཉྫུ་དང་། དེས་ལྷན་ཅིག་སྐྱེས་པའི་རྡོ་རྗེའི་བར་དུ། སྐད་ཅིག་རེ་རེས་གྲོལ་བ་ཡིན་ལ། དེ་ནས་དགའ་བའི་རྡོ་རྗེ་ཞེས་བྱ་བ་ལ། དཀྱིལ་འཁོར་སྔོན་དུ་འགྲོ་བས་མངོན་པར་དབང་བསྐུར་བ་བླངས་ནས་ཐ་ག་པ་དེ་མཚན་མ་མེད་པའི་གནས་ལ་གནས་པ་སངས་རྒྱས་ཐམས་ཅད་ཀྱི་ཡུལ་ལ་འཇུག་པ་ཡང་དག་པ་ཐོབ་ཅིང་། ཞེས་ཇི་ལྟར་བསྐུར་བ་ལ་བསྐུར་བ་སློས་འདུག་པས་རྒྱས་པར་མ་བསྟན་པ་ལ་ག་ཡིན། ཞེས་གསུངས་ཤིང་། རྡོ་རྗེ་མཁའ་འགྲོ་ལས། དབང་བསྐུར་ནས་ནི་དེ་ཉིད་བསྟན། །གཞན་དུ་ན་ནི་དངོས་གྲུབ་དག །ཤིན་ཏུ་རིང་བར་འགྱུར་རོ་ཞེས། །རྡོ་རྗེ་འཛིན་པ་ཉིད་ཀྱིས་གསུངས། །ཞེས་དང་། གང་ཞིག་རྒྱུད་ལུང་ང་རྒྱལ་

གྱིས། །དབང་བསྐུར་མེད་པ་འཆད་བྱེད་པ། །སློབ་དཔོན་སློབ་མ་ཤི་མ་ཐག །དངོས་གྲུབ་ཐོབ་ཀྱང་དམྱལ་བར་སྐྱེ། །ཞེས་གསུངས་པས་ནི་མི་གནོད་དེ། ལུང་འདི་རིགས་དབང་དོ་གལ་དུ་འཛིན་པ་ལ་དགོངས་ནས་གསུངས་པ་སྟེ། ཕྱིར་ཐུན་མོང་གི་བསྟན་པ་ལ་གྲགས་པ། བརྗོད་བྱེད་གཙོ་བོར་གྱུར་པ་སྒྲ་ཇི་བཞིན་པ་དང་། སྒྲ་བཞིན་པ་མ་ཡིན་པ་གཉིས་བརྗོད་གཞི་གཙོ་བ་དགོངས་པ་ཅན་དང་དགོངས་པ་ཅན་མ་ཡིན་པ། བརྗོད་དོན་གཙོ་བ་དྲང་དོན་དང་ངེས་དོན་རྣམས་སོ། །

གཉིས་པ་ལ་བརྡ་གཙོ་བོར་གྱུར་པ་དང་། ཡི་གེ་གཙོ་བོར་གྱུར་པ་གཉིས། གསུམ་པ་ལ་གཞུག་པ་འདེམས་དགོངས། ཚད་ཉིད་ལ་འདེམས་དགོངས། བསྒྱུར་བ་ལ་འདེམས་དགོངས། གཉེན་པོ་ལ་འདེམས་དགོངས་བཞིའོ། །དེ་དག་བསྟན་པ་སྤྱིའི་ཕྱག་རྒྱ་ཡིན་ལ། རྒྱུད་སྡེ་ཐུན་མོང་མ་ཡིན་པ་ལ་ཡི་གེའི་དོན། སྤྱིའི་དོན་དྲང་དོན་གཙོ་ཆེ་བ། སྦས་པ་དང་། མཐར་ཐུག་གཉིས། ངེས་དོན་ནི། མཐའ་དྲུག་ལ་ཚུལ་བཞི། གཞུག་པ་ལ་ཐུན་མོང་གཙོ་ཆེ་བ། བཤད་པ་བཞི་གཞུག་པ། ཐུན་མོང་མ་ཡིན་པར་གཙོ་ཆེ་བ་གཉིས་ངེས་པར་ཤེས་དགོས་པས། ལུང་དྲངས་པ་རང་གི་གནོད་པ་མ་ཡིན་ནོ། །མདོར་ན་དབང་མ་ཐོབ་པ་ལ་མཆོག་ཐོབ་པ་མེད་ལ། དབང་ཐོབ་པ་ལ་ཚོགས་བསྐུར་དགོས་པའི་ངེས་པ་མེད་པར། དཔལ་ཕག་མོ་གྲུབ་པ་དང་། ཞང་ཚལ་པ་སོགས་ཀྱི་གྲུབ་མཐའ་ལས་འབྱུང་བ་རྒྱུད་དོན་དགོངས་པའོ། །ཞེས་ལེགས་པར་བཤད་པས་སོ། །ཡང་། ཚེ་འདིར་དབང་མ་བསྐུར་ཀྱང་ཐོབ་པ་ཞིག །མེད་ན་སྔགས་སྡོམ་སེམས་རྗེས་འབྲང་བ་ཅི། །ཡོད་ན་ཁས་བླངས་མཐུན་ཕྱིར་འགའ་ཞིག་གི། །བསྟན་རྩིས་རང་མགོར་བློག་པར་མ་ཡིན་ནམ། །ཞེས་པའི་དོན་བཤད་པའི་སྒོ་ནས། འབེལ་གཏམ་གྱི་གསུང་དེ་དག་ལ་རྣལ་མའི་ལན་གདབ་པར་བྱ་སྟེ། ཡང་ལན་ཀ་ཤི་ཀའི་དགོངས་པས་ཚིགས་བཅད་བཅུ་གཉིས་པའི་སྐབས། ཕྱོགས་སྔ་ཚེ་འདིར་དབང་མ་བསྐུར་བ། ཚེ་རབས་སྔ་མ་ནས་ཐོབ་པ་དེ་དབང་ཐོབ་པ་ཡིན་ཀྱང་། ཚེ་འདིར་དབང་ཐོབ་པ་མ་ཡིན་ནོ། །ཚེ་རབས་སྔ་མ་ནས་དབང་ཐོབ་ཟིན་པའི་ཕྱིར། ཞེས་བྱས་སོ། །འོན་སྔ་མ་དབང་ཐོབ་ལ། ཚེ་འདིར་ཡང་དབང་ཐོབ་པའི་གང་ཟག་ཆོས་ཅན། དེར་ཐལ། དེའི་ཕྱིར་གསུངས་པ་འདི་ཡང་ཕྱོགས་སྔ་མ་དེ་ལ་འཁོར་གསུམ་ཚང་བ་ཡིན་ལ། དེར་མ་ཟད་དེ་ཉིད་ཀྱི་འཕྲོས་ལས། ལར་ཡང་ཚེ་འདིར་དབང་མ་བསྐུར་བ་ཚེ་རབས་སྔ་མའི་སྔགས་སྡོམ་རྫོགས་པར་ཐོབ་པ་ལ་མ་ཉམས་པ་ཆོས་ཅན། ཚེ་འདིར་དབང་ཐོབ་པ་ཡིན་པར་ཐལ། ཚེ་འདིར་དབང་གི་སྨིན་པའི་གང་ཟག་ཡིན་པའི་ཕྱིར། ཁྱབ་པ་མེད་ན་ནི། དབང་གིས་སྨིན་ལ་དབང་མ་ཐོབ་པར་ལུང་དང་འགལ། རྟགས་མ་གྲུབ་ན་ནི་དེར་ཐལ། སྔགས་སྡོམ་རྫོགས་པར་ཐོབ་ལ་མ་ཉམས་པའི་གང་ཟག་ཡིན་པའི་ཕྱིར། ཞེས་འཁོར་གསུམ་ལན་གྱིས་བློག་པར་མི་

ནུས་པའི་རིག་པ་དང་། ཡང་དེ་ཉིད་ལས། དེ་ཡང་ཕ་རོལ་ཕྱིན་པ་ལས། །སེམས་བསྐྱེད་ལས་གཞན་ཆོས་མེད་དོ༑ །རྡོ་རྗེ་ཐེག་པའི་སྐོར་ཞུགས་ནས། །དབང་བསྐུར་ལས་གཞན་ཆོས་མེད་དོ། །ཞེས་གསུངས་པ་ནི་ཁས་ལེན་པར་ནུས་ན། བསྐྱེད་རྫོགས་གང་ཐོབ་ཀྱང་དབང་ཐོབ་པར་སོང་སྟེ། དེ་ཁ་དབང་བསྐུར་ཡིན་པའི་ཕྱིར་རོ། །གལ་ཏེ་མི་ནུས་ན་ནི། ཕུང་པོ་ཁམས་དང་སྐྱེ་མཆེད་ལ། །སངས་རྒྱས་ས་བོན་བཏབ་ནས་ནི། །ཚེ་འདིར་སངས་རྒྱས་བྱེད་པ་ཡི། །ཐབས་ལ་དབང་བསྐུར་ཞེས་སུ་བཏགས། །ཞེས་གསུངས་པ་ཡང་ཁས་ལེན་མི་ནུས་པར་འགྱུར་རོ། །ཞེས་ལུང་གི་སྒྲུབ་བྱེད་སོགས་ཚད་ལྡན་གྱིས་ལུང་རིགས་མཐའ་ཡས་པ་གསུངས་ཤིང་། རྗེ་རྡོ་རྗེ་འཆང་ལྷ་རྩེ་པ་ཆེན་པོས་ཀྱང་། བྱིན་རླབས་འཕོ་བའི་དབང་དང་། བསྐུར་དུ་རྡུལ་ཙམ་མེད་པ་ལ། །གཡེངས་སུ་སྐད་ཅིག་མེད་པའི་དབང་། །ཞེས་སྔན་རྒྱུད་ནས་གསུང་ཚུལ་དང་། ཚར་གསུམ་ཁྲུག་པ་དབང་གི་ལམ། །ཞེས་པའི་དོན་ལ། ཚར་གསུམ་ནི་རྒྱུ་དབང་ལམ་དབང་འབྲས་དབང་གསུམ་ལ་བཞག །ཁྲུག་པ་ནི་ལེན་པའི་ཚོག་ཡང་དབང་། བསྲུང་བྱའི་དམ་ཚིག་ཡང་དབང་། ཉམས་ན་ཕྱིར་བཅོས་ཀྱང་དབང་། དེ་ལྟར་ཡང་ཡང་གདབ་ར་པའི་དོན་ཏེ། རྡོ་རྗེ་ཐེག་པའི་སྐོར་ཞུགས་ནས། །དབང་བསྐུར་ལས་གཞན་ཆོས་གཞན་མེད་དོ། །གསུངས་པའི་ལུང་དོན་གྲུབ་གསུང་བ་འདི་དག །བདག་ཉིད་ཆེན་པོ་རྗེ་བཙུན་ས་སྐྱ་པཎྜི་ཏའི་དགོངས་པར་སོང་མོད། འོན་ཀྱང་དེང་སང་ནི་དེ་དག་ལས་འགལ་བ་བྱེད་པ་དག་ནི། བློ་གཟུ་བོར་མི་གནས་པ་རྟགས་སུ་བཀོད་པ་ཉིད་དོ། །ལུང་གི་ཞོ་འཐུང་དྲང་སྲོང་རིག་པ་ལས། །སྒྲུབ་པའི་ལེགས་བཤད་རྩེ་བརྒྱ་འབར་བ་ཡིས། །ཕས་རྒོལ་རི་བོའི་གློས་གར་གཞོམ་པ་ལ། །རྣམ་དཔྱོད་ལྡན་པ་ལྷ་དབང་མིན་པ་སུ། །རྒྱལ་བའི་རྒྱུད་གཞུང་མཐའ་ཡངས་མི་འཚལ་བས། །ཟབ་རྒྱས་ཇི་བཞིན་བྱིས་བློས་ག་ལ་རྟོགས། །མཁས་པའི་གསུང་གི་རྗེས་འགྲོ་བློ་གྲོས་ཀྱིས། །མིག་ཡངས་ཤེས་བྱའི་ཕྱོགས་ལ་བལྟ་བར་བརྩོན། ཞེས་ཀྱང་སྨྲས་སོ། །

ཡང་འབེལ་གཏམ་དུ། སྐབས་གསུམ་པར། དགེ་སློང་སྡོམ་པ་མ་ཐོབ་པར། །མཁན་སློབ་ལ་སོགས་བྱེད་པ་ནི། །གསང་སྔགས་མེད་པར་སྒྲུབ་བདུག་གི། །མགོ་ལས་རིན་ཆེན་ལེན་པར་ལྟར། །ཞེས་སོགས་ཀྱི་ཐད་དུ་པཎ་ཆེན་གྱིས། དགེ་སློང་སྡོམ་པ་མ་ཐོབ་པར། །མཁན་སློབ་བྱས་པ་ཆོག་པ་ཞིག །འདུལ་བའི་གཞི་དང་ལུང་དག་ཏུ། །གསལ་བར་གསུངས་པར་མ་ཡིན་ནམ། །ཞེས་བྲིས་པ་འདི་ཡིན་ལ། ལན་ནི་བྱེད་པ་པོ་མཁན་སློབ་ཀྱི། ཞེས་སོགས་ནས། སྡོམ་པ་སྐྱེ་བར་སྲིད་ཀྱང་། ཞེས་པའི་བར་གྱི་དོན་ལ། མདོར་བསྟན། གསེར་ཐུར་གྱི་དྲི་བ་དེའི་དོན་ནི། དངོས་ལན་གདབ་པའི་དགོངས་པ་ལྟར་ན། མདོ་རྩ་ལས། དེ་བསྙེན་པར་མ་རྫོགས་པ་ཉིད་ལ་ཡང་ངོ་། །ཞེས་པ་དང་། བསྙེན་པར་མ་རྫོགས་པས་མཁན་པོ་མི་རུང་བ་མ་ཡིན་ནོ། །ཞེས་

དང་། གཞན་ཡང་ལུང་ཞུ་བའི་ཚིག་དེ་དག་ནི། དགེ་སློང་མ་ཡིན་པ་ལ་དགེ་སློང་དུ་འདུ་ཤེས་ཏེ། མཁན་པོ་མཛད་པའི་དབང་དུ་བྱས་པ་ཡིན་ལ། གཞུང་འདིར། དགེ་སློང་སྡོམ་པ་མ་ཐོབ་པར། །ཞེས་སོགས་ཀྱི་དགོངས་དོན་ནི། བསྙེན་པར་མ་རྫོགས་པ་ལ་མ་རྫོགས་པ་ཉིད་དུ་འདུ་ཤེས་པས། མཁན་པོ་མི་རུང་བའི་དབང་དུ་མཛད་པ་ཡིན་པ་དང་། བསྟན་བཅོས་འདིར་བཤད་པ་དེ་ནི། བསྙེན་པར་མ་རྫོགས་པ་ལས་ཀྱི་ཁ་སྐོང་དུ་མི་རུང་བའི་དོན་ཡིན་ཞིང་། གང་ཞིག་ཁ་སྐོང་དུ་མི་རུང་བ་དེ་ནི། ལས་བྱེད་པ་པོ་འགྱུར་བ་གཅིག་སྲིད་ཀྱང་། ལས་ཀྱི་སློབ་དཔོན་དུ་ནི་ནམ་ཡང་མི་རུང་བའི་ཕྱིར། དེ་སྐད་དུ་ཡང་འདུལ་བའི་མདོར། །དེ་དག་ནི་བྱེད་པ་པོ་མ་ཡིན་ནོ། །ཞེས་དང་། འདུལ་བའི་རྣམས་བཤད་མཛད་པ་དག་གིས་ཀྱང་། ལས་ཀྱི་སློབ་དཔོན་དུ་རུང་བ་ལ་ཁ་སྐོང་གི་ཆོས་དང་ལྡན་པ་ཡན་ལག་ཏུ་དགོས་པར་བཤད་པའི་དོན་ཡིན་ཞིང་། ལུང་ལས་གསུངས་པ་དེ་ནི་ལས་བྱེད་པ་པོའི་དགེ་སློང་གིས་ཤེན་ཏུ་འཕོངས་པར་གྱུར་པའི་ཚེ། ཐུགས་ཆོག་བློ་ལ་གཟུང་ན་དགེ་འདུན་ལ་བརྗོད་སྦྱོར་པར་ནུས་པའི་བསྙེན་པར་མ་རྫོགས་པ་དེ་དང་དེ་དག་གིས་ཀྱང་ཁ་སྐོང་དུ་མ་གྱུར་པའི་ཚུལ་གྱིས་མཚམས་གཞན་ན་འདུག་པའམ། འབྲིང་བའི་སྤྱོད་ལམ་ལྟ་བུས། བསྒྲུབ་བྱ་བསྙེན་པར་རྫོགས་དུས་ཀྱི་ཁ་སྐོང་གྲངས་ཚང་བ་ལ་ཐུགས་ཀྱི་ཆོ་ག་དེ་བརྗོད་སྦྱོར་པ་ལས་བསྒྲུབ་བྱ་དང་། ཁ་སྐོང་གི་དགེ་སློང་གི་དགེ་འདུན་རྣམས་ཀྱིས་ལས་དེ་ཉམས་སུ་མྱོང་བར་གྱུར་པའི་ཚེ། བསྒྲུབ་བྱའི་རྒྱུད་ལ་བསྙེན་རྫོགས་ཀྱི་སྡོམ་པ་སྐྱེ་བ་ལ་དགོངས་པ། ཞུ་བ་མང་ཐོས་ལས་གསུངས་པར་བཤད་ལ། རྒྱས་པར་གསེར་ཐུར་སོགས་ལས་ཤེས་པར་བྱ་ཞིང་། འོན་ཀྱང་སྡོམ་པ་དང་མི་ལྡན་པས་གཞན་ལ་སྡོམ་པ་འབོགས་ཆོག་བྱེད་པ་སོགས་བསྟན་པ་དང་རང་གཞན་ཀུན་ལ་གནོད་པས་རྒྱང་རིང་དུ་སྤང་བར་བྱ་དགོས་པ་འཐེལ་གཏམ་དང་མཐུན་ནོ། །

ཡང་འཐེལ་གཏམ་དུ། སྟོང་ཉིད་སྙིང་རྗེའི་སྙིང་པོ་དང་། །ཞེས་པའི་རྒྱས་བཤད་སྐབས་གསུམ་པར་འབྱུང་བའི་ཤེས་བྱེད་དུ། ཕྱག་རྒྱ་བ་འགའ་ཞིག་སྙིང་རྗེ་དང་བྲལ་བའི་སེམས་སྟོང་རྐྱང་དུ་བསྒོམས་པ་ཙམ་གྱིས་དཀར་པོ་ཆིག་ཐུབ་ལ་བརྟེན་ནས་འཚང་རྒྱ་བར་འདོད་པ་དགག་པའི་གནད་ཀྱི་དོན་བསྡུ་བ་ན། འདི་གསུངས་ཏེ། ཆོས་རྣམས་ཀུན་གྱི་རྩ་བ་ནི། །ཞེས་སོགས་དྲངས་ནས། གཞུང་གོང་འོག་དེ་དང་དེ་མདོར་བསྟན་རྒྱས་བཤད་དུ་སྦྱོར་བར་བྱེད་མོད། གཞུང་འདིར་ཤེས་རབ་སྟོང་པ་ཉིད་དང་། ཐབས་སྙིང་རྗེ་ཆེན་པོ་ཟུང་འཇུག་ཏུ་བསྒོམ་པ་ཐེག་པ་ཆེན་པོའི་ལམ་གྱི་རྩ་བར་མདོ་རྒྱུད་ཀུན་ལས་གསུངས་པར། ཆོས་རྣམས་ཀུན་གྱི་རྩ་བ་ནི། །ཞེས་སོགས་ཀྱིས་བསྟན་ཞིང་། དེ་ལས་འཕྲོས་ནས། ལ་ལ་སྤྲོས་བྲལ་རྐྱང་པ་ནི། །དཀར་པོ་ཆིག་ཐུབ་ཡིན་ཞེས་ཟེར། །འདི་ཡང་གནད་རྣམས་བཅོས་པར་དོགས། །ཞེས་པས་སྟོང་རྐྱང་བསྒོམས་པ་ཙམ། དཀར་པོ་ཆིག་ཐུབ་

ཏུ་འདོད་པ་དེ་འགོག་མོད། དེ་ནི་དཀར་བརྒྱུད་རིན་པོ་ཆེས་བཞེད་པའི་དཀར་པོ་ཆིག་ཐུབ་མཚན་ཉིད་པ་དེ་མ་ཡིན་ལ། དེའི་རྒྱུ་མཚན་ཡང་དཀར་པོ་ཆིག་ཐུབ་ཅེས་པའི་མིང་འདོགས་པ་ཡང་། རྗེ་དྭགས་པོ་རིན་པོ་ཆེའི་བཞེད་པ་ཡིན་པར་བཤད་དེ། དགོངས་གཅིག་ལས་རྗེ་དྭགས་པོ་པས། སྨན་ལ་དཔེར་མཛད་ནས་ངའི་སེམས་ཉིད་རྟོགས་པ་ནི། སྨན་དཀར་པོ་ཆིག་ཐུབ་དང་འདྲ་ཞེས་གསུང་བ་དེ་ཡིན་ལ། སེམས་ཉིད་རྟོགས་པ་དེ་ཉིད་སྟོང་རྐྱང་མ་ཡིན་ཏེ། དེ་ཉིད་སྟོང་ཉིད་སྙིང་རྗེའི་སྙིང་པོ་ཅན་ནམ། སངས་རྒྱས་ཀྱི་སར་བགྲོད་པའི་ལམ་མཚན་ཉིད་པར་བཞག་དགོས་ཏེ། མདོ་ལས། སེམས་རྟོགས་ན་སངས་རྒྱས་ཡིན་པས། སངས་རྒྱས་གཞན་དུ་མི་འཚོལ་བའི་འདུ་ཤེས་རབ་ཏུ་བསྒོམས་པར་བྱའོ། །ཞེས་དང་། རྡོ་རྗེ་སྤྱོད་པ་བྱང་ཆུབ་ཀྱི་ལམ་གྱི་བསྒྲེ་བ་ལས། སེམས་ཉིད་ཤེས་ན་ཆོས་ཉིད་ཤེས། །ཆོས་ཉིད་ནམ་མཁའི་མཐའ་དང་མཉམ། །ཆོས་ཉིད་ཤེས་ན་བྱང་ཆུབ་ལམ། །ཞེས་དང་། རྒྱུད་ལས། སྒོམ་མེད་བསྒོམ་པ་པོ་ཡང་མེད། །ལྷ་མེད་སྔགས་ཀྱང་ཡོད་མ་ཡིན། །སྤྲོས་པ་མེད་པའི་རང་བཞིན་ལ། །ལྷ་དང་སྔགས་ནི་ཡང་དག་གནས། །ཞེས་གསུངས་པའི་ཕྱིར། མཉམ་མེད་ལྷ་རྗེ་བ་ཆེན་པོའི་གསུང་ལས། གནས་ལུགས་ངོ་སྤྲོད་པ་ལ་རྫོགས་ཆེན་པ་དང་། དབུ་མ་པ་དང་། བཀའ་བརྒྱུད་པའི་བཞེད་པ་སོ་སོར་གསུངས་ནས། མ་རིག་པ་རིམ་པས་སངས་ནས་སེམས་ཉིད་སངས་རྒྱས་སུ་མཐོང་ཙ་ན། གསུམ་ཀ་བདེན་པར་འདུག་སྟེ། ཐབས་ལ་ཕྱུག་ཆེན་པ་མཁས་པར་འདུག །ཅེས་གསུངས་ཏེ། འདིར་རྒྱས་པར་མ་སྤྲོས་སོ། །

གཉིས་པ་གྲོལ་བྱེད་ལམ་ལ་འཁྲུལ་པ་དགག་པ་ལ་འཕྲོས་ནས། དེ་ཡང་། རྣམ་བཤད་འགའ་ཞིག་ཏུ། ཁ་ཅིག་གསང་སྔགས་གསང་བ་ལ། །ཞེས་སོགས་ཀྱི་སྐབས་སུ། གསང་སྔགས་རྙིང་མ་ཁ་ཅིག །གང་ཟག་གསང་སྔགས་ཀྱི་སྣོད་དུ་མི་རུང་བ་རྣམས་ནི། སྔགས་དོན་མི་གོ་བས་གསང་བསྒྲགས་ཀྱི་ཉེས་པ་མི་འབྱུང་བ་སྟེ། ཡེ་གསང་ཞེས་བྱ་བའི་ཐབས་ཀྱིས་བར་དུ་ཆོད་པའི་ཕྱིར་རོ། །སྔགས་གོ་བ་ནི་སྣོད་ལྡན་ཡིན་པས་དེ་ལ་གསང་བ་བསྒྲགས་པའི་ཉེས་པ་མི་འབྱུང་ངོ་། །ཞེས་ཟེར་བ་དེ་དགག་པ་ལ། འདི་ཡང་ཙུང་ཟད་བརྟག་པར་བྱ་ཞེས་སོགས་ཏེ། དེའི་དོན། འདི་ཡང་ཙུང་ཟད་བརྟག་པར་བྱ་སྟེ། ཡེ་གསང་ཞེས་བྱ་བའི་དོན་ཅི་ཞིག་ཡིན་དྲིས་ནས། གལ་ཏེ་དེས་གོ་བ་མེད་པ་ལ་ཟེར་ན། གོ་བའི་གང་ཟག་ལ་བཤད་ནའང་། གསང་སྒྲོགས་ཀྱི་ལྟུང་བར་འགྱུར་ཏེ། དེ་ལ་ཡེ་གསང་མིན་པའི་ཕྱིར། ཁྱབ་པ་ནི། དེ་ལ་ཡེ་གསང་མིན་ན་ལྟུང་བ་འབྱུང་བར་ཁས་བླངས་པས་སོ། །ཞེས་པ་དང་། གཞན་ཡང་། ཆོས་ལ་གསང་དང་མི་གསང་བའི། །ལུགས་གཉིས་རྒྱལ་བ་རྣམས་ཀྱིས་གསུངས། །དེས་ན་ཡེ་གསང་ཞེས་བྱ་བ། །འདི་ཡང་བསྟན་ལ་གནོད་ཅིག་ཡིན། །ཞེས་པའི་བར་གྱི་གཞུང་འདི་དག་ནས

མགོ་བརྩམས་ཏེ། ལུས་རྣམ་གཞག་གི་སྐབས་ཀྱི། རིམ་པ་གཉིས་ཀྱི་གསང་ཚིག་དང་། །ཞེས་པའི་རྒྱས་བཤད་དུ་འཆད་ལ། ཡང་ཊཱི་ཀཱ་བསྟན་པའི་སྐྲོན་མེར། གྲོལ་བྱེད་ལམ་ལ་འཁྲུལ་པ་དག་པ་ལ། །བརྟན་པ་མ་ཐོབ་པ་ཐོབ་ཕྱིར་སྒོམ་པའི་ལམ་ལ་འཁྲུལ་པ་དགག་པ་དང་། བརྟན་པ་ཐོབ་ནས་བརྟུལ་ཞུགས་སྤྱོད་པའི་གནས་མ་འཁྲུལ་པ་དགག་པ་གཉིས་སུ་མཛད་ནས། དང་པོའི་སྐབས་སུ་ཕྱོགས་རེའི་སྟོབས་ཀྱིས་གྲོལ་བར་འདོད་པའི་ལུགས་དགག་པ་ལ། ཕྱོགས་སྔའི་འདོད་པ་བརྗོད་པ་ནི། རྫོགས་ཆེན་པ་དང་། ཨ་མ་ན་སི་བ་ཁ་ཅིག །ལམ་ལ་འཁྲུལ་མ་འཁྲུལ་གྱི་དབྱེ་བ་མེད་ཅིང་། གྲོལ་བའི་ཐབས་ལ་ཡང་མཐའ་གཅིག་ཏུ་ངེས་པ་མེད་དོ། །ཞེས་པའི་དམ་བཅའ་སྟོན་པ་ལ། ཁ་ཅིག་འཁྲུལ་དང་མ་འཁྲུལ་མེད། །ཐབས་ལམ་གཅིག་ཏུ་ངེས་པ་མེད། །ཅེས་པས་བསྟན་ནས། དེའི་ཤེས་བྱེད་སྟོན་པ་ལ། ལྷ་བ་རྫོགས་པས་ཀླུ་སྒྲུབ་གྲོལ། །པདྨ་འབྱུང་གནས་བསྐྱེད་རིམ་གྱིས། །ཞེས་སོགས་ནས། རྟེན་འབྲེལ་ཐམས་ཅད་ཚོགས་པ་ལས། །བིརྺ་པ་ལ་གྲུབ་ཐོབ་འབྱུང་། །འདི་འདྲའི་ཐབས་ལམ་སྣ་ཚོགས་ལ། །སྐྱུར་པ་བཏབ་ཏུ་མི་རུང་ཟེར། །ཞེས་པའི་བར་དང་། དེ་དགག་པ་ལ་ཐབས་ཕྱོགས་རེ་བས་གྲོལ་བར་འདོད་པ་དགག་པ་ནི། དོན་འདི་ཡང་ལེགས་པར་དཔྱད་ཀྱི་ཉོན་ཅིག །གྲུབ་ཐོབ་ཐམས་ཅད་ལྟ་བ་རྐྱང་པ་ཕྱོགས་རེའི་སྟོབས་ཀྱིས་གྲོལ་བ་མིན་ཏེ། ཐབས་ཤེས་ཟུང་དུ་འཇུག་པ་མིན་པའི་སངས་རྒྱས་སྒྲུབ་པའི་ཐབས་གཞན་མེད་པའི་ཕྱིར། འོན་གང་གིས་གྲོལ་ཞེ་ན། དབང་དང་རིམ་གཉིས་ལས་བྱུང་བའི་ཡེ་ཤེས་ཕྱག་རྒྱ་ཆེན་པོ་སྐྱེས་པས་གྲོལ་བ་ཡིན་ཏེ། ཡང་དག་ཉིད་ལ་ཡང་དག་ལྟ། །ཡང་དག་མཐོང་ན་རྣམ་གྲོལ། །ཞེས་གསུངས་པ་ལྟར་རོ། །

དེས་ན་ལྟ་བ་དང་བསྐྱེད་རིམ། གཏུམ་མོ་དང་བྱིན་རླབས་སོགས་པས་སྤྱོད་པ་དང་། དཀའ་ཐུབ་སོགས་དེ་དག་རྐྱང་པས་གྲོལ་བ་མིན་ཏེ། དབང་སྟོན་དུ་མ་སོང་བར་སྔགས་ཀྱི་ལྟ་བ་དང་གཏུམ་མོ་སོགས་བསྒོམ་དུ་མི་རུང་བའི་ཕྱིར། ཞེས་སྟོན་པ་ལ། འདི་ཡང་ལེགས་པར་བཤད་ཀྱིས་ཉོན། །ཞེས་པ་ནས། ཡེ་ཤེས་སྐྱེས་པས་གྲོལ་བ་ཡིན། །ཞེས་པའི་བར་དང་། དེ་དག་རྒྱས་པར་བཤད་པ་ནི། ལྟ་བ་དང་ནི་བསྐྱེད་རིམ་དང་། །ཞེས་སོགས་ནས། ཕྱག་རྒྱ་ཆེན་པོ་དེའི་ཡེ་ཤེས། །ཞེས་པའི་བར་དང་། རིམ་གཉིས་ཀྱི་བོགས་འདོན་པའི་སྤྱོད་པ་ལ། སྤྲོས་བཅས་དང་སྤྲོས་མེད་ཤིན་ཏུ་སྤྲོས་མེད་གསུམ་གྱི་རྣམ་གཞག་སྟོན་པ་ན། དེ་ཡི་སྤྲོས་བཅས་སྤྱོད་པ་ནི། །ཞེས་པ་ནས། ཀུན་ཏུ་བཟང་པོའི་སྤྱོད་པར་བཤད། །ཅེས་པའི་བར་དང་། དེས་ན་རྒྱུ་རྐྱེན་མ་ཚོགས་པར་སངས་རྒྱས་ཀྱི་འབྲས་བུ་མི་འབྱུང་མོད། འོན་ཀྱང་རྟེན་འབྲེལ་གྱི་ཁྱད་པར་ལས་འཕགས་པའི་ཡེ་ཤེས་སྐྱེ་བའི་སྣ་འདྲེན། ཆོས་ཉན་པ་དང་བསྐྱེད་རིམ་སོགས་ཐབས་ཀྱི་དབྱེ་བས་བྱེད་པར་གསུངས་པ་ནི། དེས་ན་རྒྱུ་རྐྱེན་མ་

ཚོགས་པར། །ཞེས་པ་ནས། འོན་ཀྱང་རེ་རེས་འཚང་རྒྱ་བ། །འདོད་ན་ཤིན་ཏུ་འཁྲུལ་པར་བཤད། །ཅེས་པའི་བར་གྱིས་བསྟན་ལ། དེས་ན་དབང་དང་རིམ་གཉིས་ལ་འབད་དགོས་པར་བསྟན་པས། དོན་བསྡུ་བ་ནི། དེས་ན་སྨིན་བྱེད་དབང་དང་ནི། །རིམ་པ་གཉིས་ལ་འབད་པར་གྱིས། །ཞེས་པ་དང་། དེ་ནས་ཐབས་ལམ་མཐའ་གཅིག་ཏུ་ངེས་པའི་དོན། སོ་སོ་དགག་པ་ལ་དཔེའི་སྒོ་ནས་མདོར་བསྟན་པ་ནི། སོ་ནམ་ཚུལ་བཞིན་བྱས་པ་ཡིས། །ལོ་ཏོག་རིམ་གྱིས་སྨིན་པ་ལྟར། །ཞེས་སོགས་དང་། དོན་གྱི་སྒོ་ནས་རྒྱས་པར་བསྟན་པ་ནི། སྟོང་ཉིད་སྙིང་རྗེ་སོགས་བསྒོམ་དང་། །ཞེས་པ་ནས། ས་བཅུའི་མཐའ་མར་བདུད་བཏུལ་ནས། །རྫོགས་པའི་སངས་རྒྱས་ཐོབ་པར་གསུངས། །ཞེས་པའི་བར་གྱིས། ཕར་ཕྱིན་ཐེག་པའི་གཞུང་བཞིན་སྒྲུབ་པ་ལ། ཐབས་ཤེས་ཟུང་འབྲེལ་དུ་དགོས་པ་བསྟན་པ་དང་། སྔགས་ཀྱི་ཐེག་པའི་གཞུང་བཞིན་སྒྲུབ་པ་ལ། དབང་དང་རིམ་གཉིས་ཟུང་འབྲེལ་དུ་དགོས་པར་བསྟན་པ་ནི། ཕ་རོལ་ཕྱིན་གཞུང་མི་ནུས་པ། །གལ་ཏེ་གསང་སྔགས་བསྒོམ་འདོད་ན། །ནོར་བ་མེད་པའི་དབང་བཞི་ལོངས། །འཁྲུལ་པ་མེད་པའི་རིམ་གཉིས་བསྒོམ། །ཞེས་པ་ནས། བཅུ་གསུམ་པ་ནི་ཐོབ་པར་འགྱུར། །ཞེས་པའི་བར་གྱིས་བསྟན་པ་ཡིན་ནོ། །

འདི་དག་གི་སྐབས་སུ་གསེར་ཐུར་ལས། ཕར་ཕྱིན་ཐེག་པས་འཚང་རྒྱ་བ། །སྔགས་ཀྱི་ཐེག་པའི་ཉེ་ལམ་ལ། །ལྟོས་པར་བཞེད་ན་འདི་ཉིད་ལས། །གལ་ཏེ་འདི་བཞིན་སྒྲུབ་འདོད་ན། །གཏུམ་མོ་ལ་སོགས་ཐབས་ལམ་བྲལ། །ཕྱག་རྒྱ་ཆེན་པོའི་ཐ་སྙད་མེད། །ཅེས་སོགས་གསུངས་པ་ཅི་ལ་དགོངས། །མི་ལྟོས་ན་ནི་བདག་མེད་མའི། །བསྟོད་པའི་འགྲེལ་པར་གསུང་དེ་ཅི། །ཞེས་པ་དང་། དེ་ལ་འདྲི་བའི་རྒྱུ་མཚན་ནི། རྫོགས་པའི་སངས་རྒྱས་ལམ་པོ་ཆེ། །ཅོད་པ་ཀུན་ལས་གྲོལ་བའི་ཆོས། །མཁས་པ་རྣམས་ཀྱི་གྲུས་པས་བསྟེན། གལ་ཏེ་འདི་བཞིན་སྒྲུབ་འདོད་ན། །རྡོ་རྗེ་ཕག་མོའི་བྱིན་རླབས་མེད། །ལྷན་སྐྱེས་ལ་སོགས་འདིར་མི་བསྒོམ། །ཞེས་སོགས་ནས། རྫོགས་པའི་སངས་རྒྱས་ཐོབ་པར་གསུངས། །ཞེས་པའི་བར་གྱི་དངོས་བསྟན་ལ་ཕར་ཕྱིན་ཐེག་པ་རྐྱང་པས་རྫོགས་པའི་སངས་རྒྱས་ཐོབ་པར་བཤད་པ་ལྟ་བུ་གཅིག་སྣང་བས་དང་། མ་དྲིས་པའི་ཉེས་པ་ནི། སྔགས་ཀྱི་ཉེ་ལམ་ལ་མ་ལྟོས་པར་ཕར་ཕྱིན་ཐེག་པ་རྐྱང་པས་སངས་རྒྱས་མི་ཐོབ་ན། བསྟན་བཅོས་འདིའི་དངོས་བསྟན་དང་འགལ། ཐོབ་ན་རྗེ་བཙུན་འདི་ཉིད་ཀྱིས་མཛད་པའི་བདག་མེད་མའི་བསྟོད་འགྲེལ་དུ། རྒྱུ་ལ་ཁྱད་པར་ཡོད་ན་འབྲས་བུ་ལ་ཁྱད་པར་འབྱུང་བ་རིགས་ཏེ། ཀོ་ཊ་ཁ་དང་ས་ལུ་བ་བཞིན་ནོ། །ཞེས་དང་། འོ་མས་བགྲུས་པའི་སྙུ་རུ་ར་དང་། ཆུས་བགྲུས་པའི་སྙུ་རུ་ར་དཔེར་བཞག་ནས། ཐེག་པ་ཆེན་པོའི་ཚུལ་གཉིས་ཀྱིས་སངས་རྒྱས་གཉིས་ལ་བཟང་ངན་གྱི་ཁྱད་པར་ཡོད་པ་བཤད་པ་དང་འགལ་ལོ་སྙམ་དུ་དོགས་པ་འདི་

འབྱུང་བར་འགྱུར་རོ། །ཞེས་གསུངས་ནས། དངོས་ལན་གདབ་པ་ལ་རང་ལན་དང་། ཡོངས་གྲགས་ཀྱི་ལན་གཉིས་ཡོད་ནའང་། རང་ལན་བསྡུས་པ་ནི། བསྟན་བཅོས་འདིར་དངོས་བསྟན་ལ་བཤད་པ། དེ་ནི་ཕར་ཕྱིན་པའི་ཐེག་པའི་རང་ལུགས་ལ་གནས་པའི་དབང་དུ་མཛད་ནས་བཤད་པ་ཡིན་ཏེ། ལུགས་དེར་ནི་ས་བཅུ་པའི་རྒྱུན་གྱི་ཐ་མའི་ཡེ་ཤེས་ཀྱིས་གཞོམ་པར་མི་នུས་པའི་སྤང་བྱ་མི་སྲིད་པའི་ཕྱིར་རོ། །བདག་མེད་མའི་སྟོད་འགྲེལ་དུ་གསུངས་པ་དེ་ནི་ཚུལ་ཆེན་གྱི་ལུགས་ལ་གནས་ནས་གསུངས་པ་ཡིན་ཏེ། ལུགས་དེ་ལ་ནི་ས་བཅུ་རྒྱུན་གྱི་ཐ་མའི་ཡེ་ཤེས་ཀྱིས་གཞོམ་པར་མི་ནུས་པའི་སྤང་བྱ་ཞིག་སྲིད་པའི་ཕྱིར། དེ་གང་ཞེ་ན་འཕོ་བའི་བག་ཆགས། དེ་སྤོང་བྱེད་ཀྱི་གཉེན་པོ་ནི་བདེ་བ་ཆེན་པོའི་ཡེ་ཤེས། དེ་ཐོབ་བྱེད་ཀྱི་རྒྱུ་ནི། སྔགས་ཀྱི་ཉེ་རྒྱུ་ཞེས་ཡོངས་སུ་གྲགས་པ་དེ་ཉིད་དང་། དེ་ལས་དེ་འབྱུང་ཚུལ་ནི་བུམ་དབང་གི་བསྒོམ་བྱ་བསྐྱེད་པའི་རིམ་པ་ལེགས་པར་སྦྱངས་པའི་རྗེན་ལ་གསང་དབང་གི་བསྒོམ་བྱ་རང་བྱིན་གྱིས་བརླབས་པའི་རིམ་པ་བྱང་ཆུབ་པར་བྱས་ནས། དབང་གསུམ་པའི་ཉམས་སུ་བླང་བྱ་ལས་ཀྱི་དང་། ཡེ་ཤེས་ཀྱི་དང་། ཕྱག་རྒྱ་ཆེན་པོ་སྟེ་རྣམ་པ་གསུམ་ལ་རིམ་གྱིས་གོམས་པར་བྱས་པས་མཚོན་བྱེད་དཔེ་དང་། མཚོན་བྱ་དོན་གྱི་རིམ་པས་བདེ་ཆེན་གྱི་ཡེ་ཤེས་འདྲེན་པར་བྱེད་ལ། ཡེ་ཤེས་དེས་ཕར་ཕྱིན་ཐེག་པ་ལ་གྲགས་པའི་ས་བཅུ་རྒྱུན་མཐའི་འཇུག་ཐོགས་སུ་སྔགས་ཀྱི་ཐེག་པའི་གཞུང་ནས་བཤད་པའི་ཐུན་མོང་མ་ཡིན་པའི་སྤང་བྱ་འཕོ་བའི་བག་ཆགས་ཞེས་བྱ་བ་དེ་ཡང་དག་པར་བཅོམ་ནས། ཡན་ལག་བདུན་ལྡན་གྱི་ལོངས་སྤྱོད་རྫོགས་པའི་སྐུ་མངོན་དུ་བྱས་པའི་ས་དེ་ལ་ནི་བཅུ་གསུམ་རྡོ་རྗེ་འཛིན་པའི་ས་ཞེས་བརྗོད་དོ། །ཞེས་ལེགས་པར་གསུངས་པས་སོ། །

དེས་ན་རིམ་པ་གཉིས་ཀྱི་གསང་ཚིག་དང་། །ཞེས་པའི་རྒྱས་བཤད། ཁ་ཅིག་འབྲུལ་དང་མ་འབྲུལ་མེད། །ཅེས་སོགས་ནས། འདོད་ན་ཤིན་ཏུ་འབྲུལ་པར་བཤད། །ཅེས་པའི་བར་དང་། ཐེག་པ་གསུམ་ཀའི་ཆོས་ཀྱི་གནད་སྟོན་པའི་ཞར་ལ་འཕྲོས་དོན་གྱི་ཚུལ་དུ། སྡོམ་པ་གསུམ་དང་ལྡན་པ་ཡི། །རིམ་གཉིས་ཟབ་མོའི་གནད་ཤེས་ན། །ཞེས་སོགས་ཚིག་རྐང་དྲུག་དང་། བསྐྱེད་རིམ་དང་གཏུམ་མོའི་གནད་ལ་ཆེད་དུ་དགོངས་ནས། རྒྱ་ལའམ་བསྐྱེད་རིམ་བསྒོམ་ན་ཡང་། ཞེས་སོགས་དང་། གཏུམ་མོ་བསྒོམ་པ་ཕལ་ཆེར་ཡང་། །ཞེས་སོགས་ཀྱི་བསྟན་པ་རྣམས་ནི་འཐེལ་གཏམ་དང་མཐུན་པར་བྱུང་ལ།

ཡང་ལྟ་བ་ཕྱག་རྒྱ་ཆེན་པོ་ལ་འབྲུལ་པ་དགག་པ་ལ་འཕྲོས་ནས། གཞན་ལུགས་དགག་པ་ནི། ཕྱག་རྒྱ་ཆེན་པོ་བསྒོམ་པ་ན། །རྟོག་པ་ཁ་ཚོམ་ཉིད་བསྒོམ་གྱི། །རིམ་གཉིས་ལས་བྱུང་ཡེ་ཤེས་ལ། །ཕྱག་རྒྱ་ཆེན་པོར་མི་ཤེས་སོ། །བླུན་པོས་ཕྱག་རྒྱ་ཆེ་བསྒོམས་པ། །ཞེས་སོགས་ཀྱི་དོན་གསེར་ཐུར་དང་རྣམ་བཤད་ཚད་ལྡན་སོགས་

ལས་ཤེས་ཤིང་། བཀའ་བརྒྱུད་རིན་པོ་ཆེ་བཞེད་པའི་ཕྱག་རྒྱ་ཆེན་པོའི་རྣམ་གཞག །རྒྱལ་དབང་པདྨ་དཀར་པོའི་ཕྱག་ཆེན་གན་མཛོད་དང་། དོན་དམ་མཛུབ་ཚུགས་སོགས་ལས་རྟོགས་པར་བྱ་ཞིང་། དེ་དག་ལ་ཕྱིས་ཀྱི་མཁས་པ་དག་གི་ལན་དང་། དེའི་ཡང་ལན་སླར་ཡང་མཁས་པ་དག་གིས་བློ་གྲོས་ཀྱི་རྩལ་ནས་བརྟོན་པའི་དྲི་ལན་སྲིད་གསུམ་རྣམ་རྒྱལ་སོགས་ལས་རྒྱས་པར་བཤད་པ་དང་། འདིར་ཡི་གེ་མང་བས་མ་བྲིས་སོ། །

སྡོམ་གསུམ་མཛད་པ་པོ་རང་ལུགས་ཀྱི་ཕྱག་རྒྱ་ཆེན་པོ་ངོས་འཛིན་པ་ནི། ངེད་ཀྱི་ཕྱག་རྒྱ་ཆེན་པོ་ནི། །དབང་ལས་བྱུང་བའི་ཡེ་ཤེས་དང་། །རིམ་པ་གཉིས་ཀྱི་ཏིང་འཛིན་ལས། །བྱུང་བའི་རང་བྱུང་ཡེ་ཤེས་ཡིན། །ཞེས་པ་སྟེ། དེའི་དོན་ནི། ངེད་ཀྱི་ཕྱག་རྒྱ་ཆེན་པོ་ནི་རྒྱུ་དུས་སུ་དབང་བསྐུར་བ་ལས་བྱུང་བའི་ཡེ་ཤེས་དང་། རིམ་པ་གཉིས་ཀྱི་ཏིང་ངེ་འཛིན་བསྒོམ་པ་ལས་བྱུང་བའི་རང་བྱུང་གི་ཡེ་ཤེས་ཡིན་ལ། འདི་ཡང་ཆོས་མཆོག་གི་མཇུག་ཐོག་ཏུ་བྱུང་བའི་མཚོན་བྱ་དོན་གྱི་ཡེ་ཤེས་ཏེ། གཞན་གྱི་བསྟན་པ་ལ་མི་ལྟོས་པས་ན་རང་བྱུང་ངོ་། །དེ་ཡང་མཚོན་བྱ་དོན་གྱི་ཡེ་ཤེས་ལ་རང་བཞིན་ལྷན་སྐྱེས་དང་། མཚོན་བྱེད་དཔེའི་ཡེ་ཤེས་ལ། ཞུ་བདེ་ལྷན་སྐྱེས་ཞེས་བྱའོ། །ཞེས་པའི་དོན་ཡིན་ལ། དེས་ན་ལུས་རྣམ་གཞག་གི་སྐབས་སུ། ཡེ་ཤེས་ཕྱག་རྒྱ་ཆེན་པོ་དང་། །ཞེས་གསུངས་པ་རྒྱས་བཤད་དུ། ཕྱག་རྒྱ་ཆེན་པོ་བསྒོམ་ན་ཡང་། །ཞེས་པ་ནས། དེས་ན་ངེད་ཀྱི་མཐོང་ལམ་ནི། །འཕགས་པ་མིན་ལ་འབྱུང་མི་སྲིད། །ཅེས་པའི་བར་གྱི་བསྟན་པ་འབེལ་གཏམ་དང་མཐུན་པར་འབྱུང་མོད། ཡང་འབེལ་གཏམ་དུ། འདི་ལ་འཁྲུག་ཕྱོགས་པ་འགས། ཚིག་ལ་འཁྲིས་ནས། མཐོང་ལམ་འཕགས་པ་མ་ཡིན་པ་ལ་འབྱུང་སྟེ། སོ་སོའི་སྐྱེ་བོའི་རྟེན་ལ་མཐོང་ལམ་གསར་དུ་སྐྱེ་བས་ན། དེ་ཁ་འབྱུང་བར་སོང་འདུག་པའི་ཕྱིར། དེས་ན། འཕགས་པ་མན་ལ་ལྡན་མི་སྲིད། །ཅེས་སམ། ཡོད་མི་སྲིད་ཅེས་འདོད་པ་བསྒྱུར་ན་ལེགས་ཟེར་མཁན་ཡང་ཡོད་འདུག་པ་འདི་ལ་བློ་གྲོས་དང་ལྡན་པ་དག་གིས་བློས་དཔྱད་པའི་ལན་ཅི་འདྲ་འདེབས་རྒྱུ་ཡོད་གསུང་བ་དང་། འབེལ་གཏམ་རང་ལུགས་ཀྱི་ལན། འདིའི་འབྱུང་བའི་སྒྲ་མ་འོངས་པ་ལ་སྦྱར་ན་དོགས་པ་དེ་འབྱུང་ཡང་། འབྱུང་བའི་སྒྲ་ད་ལྟར་འབྱུང་བ་ལ་བྱེད་དོ། །ཞེས་གསུངས་འདུག་ཀྱང་ལན་འདིས་རྩོད་པ་དེ་མི་ཁེགས་པ་འདྲ་སྟེ། ད་ལྟར་གསར་དུ་སྐྱེ་བའམ་འབྱུང་བ་དེ་སོ་སྐྱེའི་རྟེན་ལ་སྐྱེ་བ་ལས་འོས་མེད་པའི་ཕྱིར་ཏེ། འཕགས་པའི་རྟེན་ལ་མཐོང་ལམ་གསར་དུ་སྐྱེ་བ་མི་སྲིད་པའི་ཕྱིར། ཅི་སྟེ། འཕགས་པ་ཕུང་གསུམ་པ་བཞེད་ན་ཅི། དེ་ལས་གཞན་མི་སྲིད་པས་སོ། །དེས་ན་དབང་དུས་སུ་སྐྱེ་བའི་མཐོང་ལམ་གོ་ཆོད་པོ་ཞིག་ཞལ་གྱིས་བཞེས་སམ་མི་བཞེས། ཞེ་ན། རྗེ་བོ་ནཱ་རོ་ཏ་པ་ནི། །དབང་བསྐུར་དུས་སུ་མཐོང་ལམ་སྐྱེ། །དེ་ནི་སྐད་ཅིག་དེ་ལ་འགག །ཅེས་དང་། འདི་ནི་དཔེའི་ཡེ་ཤེས་ལ། །མཐོང་བའི་ལམ་དུ་བཏགས་པར་ཟད། །ཅེས། དབང་དུས་ཀྱི་མཐོང་

ལམ་དེ་ནི་དཔེའི་ཡེ་ཤེས་ལ་མཐོང་ལམ་དུ་བཏགས་པར་གསུངས་པ་དང་། འགལ་སྤོང་ཇི་ལྟར་ལ། མེད་ན་དབང་དུས་སུ་སྐྱེས་པའི་འཕགས་པའི་ལམ་མེད་པར་འགྱུར་ཏེ། དབང་དུས་སྐྱེས་པའི་མཐོང་ལམ་མེད་པ་གང་ཞིག །མཐོང་ལམ་མ་སྐྱེས་པར་སྒོམ་ལམ་དང་མི་སློབ་ལམ་སོགས་འབྱུང་བ་མི་སྲིད་པའི་ཕྱིར། ངེད་ཀྱི་ཕྱག་རྒྱ་ཆེན་པོ་ནི། །དབང་ལས་བྱུང་བའི་ཡེ་ཤེས་དང་། །ཞེས་སོགས་གསུངས་པ་དང་། ཆོས་མཆོག་རྗེས་ཀྱི་མཐོང་ལམ་ནི། །འགག་པ་མེད་ཅེས་གསུངས་པར་གྲགས། །ཞེས་པའི་ཆོས་མཆོག་རྗེས་ཀྱི་མཐོང་ལམ་དེ་ཡང་དབང་ལས་བྱུང་བར་གསུངས་པ་དང་འགལ་བར་འགྱུར་བའི་ཕྱིར། ཅེ་ན། དེ་དག་དབང་ལས་བྱུང་ཡང་། དབང་དུས་སུ་བྱུང་བ་མིན་ནོ་སྙམ་ན། དེ་ལྟར་ན་དབང་དུས་སུ་མཐོང་ལམ་སྐྱེ་བ་མི་སྲིད་པར་ཞལ་གྱིས་བཞེས་པར་སོང་བས། དབང་དུས་སུ་མཚོན་བྱ་དོན་གྱི་ཡེ་ཤེས་སྐྱེ་བ་ཡང་མི་འཐད་པར་འགྱུར་རོ། །ཡང་འབེལ་གཏམ་གྱི་འཕྲོས་དེ་ལས། འདི་འདྲའི་རིགས་འཛུག་པ་རང་འགྲེལ་དུ། ཉན་རང་དགྲ་བཅོམ་ཐུབ་དབང་གི་གསུང་ལས་སྐྱེས་པ་སོགས་ལའང་སྐྱོན་དེ་འཛུག་རིག་པར་འགྱུར་རོ། །ཞེས་གསུངས་པ་ལ་སྤྲོས་པས་ཆོག་མོད། ཡི་གེ་མང་བས་དང་གོ་སླ་བས་འདིར་བཏང་སྙོམས་སུ་བཞག་གོ། །

གཉིས་པ་བརྟན་པ་ཐོབ་ནས་བསྒོམ་པའི་ལམ་ལ་འཁྲུལ་པ་དགག་པ་ལ་འཕྲོས་ནས། བརྟུལ་ཞུགས་སྤྱོད་པའི་གནས་ཀྱི་རྣམ་གཞག་ལ། ཡུལ་དུས་དང་། རྟེན་རྫས་བཟུང་སྟེ་བསྟན་པ་ནི། དབང་བཞི་ཡོངས་སུ་རྫོགས་པ་དང་། །དང་པོར་རང་གི་ཁྱིམ་དུ་བསྒོམ། །བརྟན་པ་ཐོབ་ནས་དུར་ཁྲོད་སོགས། །བརྟན་པ་ཆེན་པོ་ཐོབ་ནས་ནི། །ལུས་དང་ངག་གི་བརྡ་རྣམས་ལ། །ལེགས་པར་སྦྱང་ཞིང་དེ་ཉིད་རྟོགས། །ས་རྣམས་བགྲོད་པར་བྱ་བ་དང་། །ཡུལ་རྣམས་དབང་དུ་བསྡུ་བའི་ཕྱིར། །གནས་དང་ཉེ་བའི་གནས་ལ་སོགས། །ཡུལ་ཆེན་སུམ་ཅུ་སོ་བདུན་དུ། །རིག་པ་བརྟུལ་ཞུགས་སྤྱོད་ཕྱིར་རྒྱུ། །ཞེས་པ་སྟེ། དེའི་དོན་ནི། དབང་བཞི་ཡོངས་སུ་རྫོགས་པར་ཐོབ་ནས། དང་པོར་རང་གི་ཁྱིམ་དུ་བསྒོམས་ཏེ། བརྟག་གཉིས་ལས། དང་པོ་གོམས་པར་བྱེད་དུས་ཀྱི། །གནས་ནི་གང་དུ་བསྟགས་པའི་སེམས། །གཅིག་ཏུ་མཉམ་བཞག་འགྲུབ་འགྱུར་བའི། །གནས་ནི་བཟང་པོ་ངེས་པར་བརྟག །རང་གི་ཁྱིམ་དུ་མཚན་དུས་སུ། །རྣལ་འབྱོར་མ་བསྒོམ་ཤེས་རབ་ཅན། །ཞེས་གསུངས་པའི་ཕྱིར། བསྐྱེད་རྫོགས་ལ་བརྟན་པ་ཅུང་ཟད་ཐོབ་ཅིང་དྲོད་ཆུང་དུ་སྐྱེས་ནས། མཚན་མོ་དུར་ཁྲོད་ཤིང་དྲུང་ལ་སོགས་པ་འཇིགས་པའི་གནས་སུ་བསྒོམས་ཏེ། དེ་ཉིད་ལས། ཤིང་གཅིག་དང་ནི་དུར་ཁྲོད་དམ། །ཡང་ན་དབེན་པའི་བས་མཐའ་རུ། །བསྒོམ་པ་བཟང་བར་བརྗོད་པར་བྱ། །ཞེས་སོ། །དྲོད་འབྲིང་ཐོབ་ནས། ཀུན་འདར་གྱི་གསང་སྤྱོད་བྱ། བརྟན་པ་ཆེན་པོ་ཐོབ་ཅིང་དྲོད་ཆེན་པོ་སྐྱེས་ནས། ཀྱཻ་རྡོ་རྗེ་ལས། གང་གི་སོར་མོ་གཅིག་སྟོན་ན། །

གཉིས་ཀྱི་ལེགས་པར་འོང་བ་ཡིན། །ཞེས་སོགས་ལུགས་ཀྱི་བརྡ་དང་། བརྡ་ཞེས་བྱ་བ་སྐྱེས་བུར་བཤད། །ཊི་ཞེས་བྱ་བ་བུད་མེད་ཡིན། །ཞེས་སོགས་ངག་གི་བརྡ་རྣམས་ལ་ལེགས་པར་སྦྱང་ཞིང་། དེ་ཁོན་ཉིད་ཀྱང་རྟོགས་པ་ན། དགོས་པ་རྣམས་བསྒྲོད་པར་བྱ་བ་དང་། ཡུལ་དེ་དག་ན་གནས་པའི་མཁའ་འགྲོ་མ་རྣམས་དབང་དུ་བསྡུད་པའི་ཕྱིར། བགྲོད་པར་བྱ་བའི་ཡུལ། གནས་དང་ཉེ་བའི་གནས། ཞིང་དང་ཉེ་བའི་ཞིང་ལ་སོགས་པ། ཡུལ་ཆེན་སུམ་ཅུ་སོ་བདུན་དུ་བདེ་བ་ཆེན་པོའི་ཡེ་ཤེས་ནི་མ་རིག་པའི་གཉེན་པོ་ཡིན་པས་རིག་པ་སྟེ། དེ་ཐོབ་པར་མཚོན་བྱེད་ཀྱི་རུས་རྒྱན་ཐོགས་པ་ལ་སོགས་པའི་བརྟུལ་ཞུགས་སྤྱོད་ཕྱིར་དུ་རྒྱུ་བར་བྱའོ། །ཞེས་པའི་དོན་ཡིན་ལ།

འདིའི་སྐབས་སུ་རྗེ་བླ་མས། གསེར་ཐུར་ཆེན་མོར། ཕྱི་རོལ་ཡུལ་ཆེན་སོ་བདུན་ཞེས། །བྱ་བ་རྒྱུད་གཞུང་གང་ལས་བཤད། །འཛམ་གླིང་ཙམ་པོ་ཡུལ་ཆེན་དུ། །ཁས་ལེན་ནུས་ན་རང་ལ་ཡང་། །མི་འདོད་པ་དག་མི་འབྱུང་ངམ། །ཞེས་གསུངས་པ་འདིའི་དོན་ལ་གཞན་ལུགས་དགག་པ་ནི། དེ་ཡང་ལྷ་བཙུན་བསམ་ཡས་པས། དཀྱིལ་འཁོར་གྱི་རྩ་བས་ཟིན་པའི་སུམ་ཅུ་རྩ་གཉིས་ཀྱི་སྟེང་དུ་གླིང་བཞི་དང་བཞི་པོ་གཅིག་ཏུ་བསྡོམས་པ་སྟེ་ལྔ་བསྣན་པས་སོ་བདུན་ནོ། །ཞེས་རྗེ་བཙུན་ཆེན་པོས་ཨིནྡྲ་བྷུ་ཏིའི་ལམ་བསྐོར་དུ་བཤད་དེ། ཕྱི་རོལ་ན་རེ་རེ་ནས་སོ་སོར་བགྲང་དུ་མེད་ཀྱང་། ནང་གི་དག་པ་སྦྱར་བས་སོ་བདུན་བཞེད་པར་མངོན་ནོ། །ཞེས་འཆད། སློབ་ཁང་པ་གནས་ཆེན་སུམ་ཅུ་རྩ་བདུན་ནི་རྒྱུད་དུ་གསལ་བར་གསུངས་པའི་སུམ་ཅུ་རྩ་གཉིས་ཀྱི་སྟེང་དུ་ལུས་ལ་སྦྲས་པའི་རྩ་རྣམས་ཕྱི་རོལ་དུ་གླིང་བཞི་ལྷུན་པོ་དང་བཅས་པས་སོ་བདུན་ནོ། །ཞེས་བླ་མ་གོང་མ་རྣམས་གསུང་ངོ། །ཞེས་འཆད། ཀུ་མ་ར་ནི། གནས་ནི་ཛ་ལནྡྷ་ར་རར་བཤད། །ཅེས་བཤད་པ་རྣམས་ཡུལ་སོ་བདུན། བྱང་ཆུབ་ཀྱི་ཕྱོགས་ཀྱི་ཆོས་སོ་བདུན། རྩ་སུམ་ཅུ་སོ་བདུན་རྣམས་ནི། ཕྱིའི་གནས་འཛམ་བུའི་གླིང་ན་གནས། ནང་རང་གི་སྐྱེ་བོ་ནས་རྐང་མཐིལ་གྱི་བར་ན་གནས་ཏེ། ཞེས་འཆད། དགའ་གདོང་པ་བདེ་མཆོག་ལས་གསུངས་པའི་ཡུལ་ཉེ་ཤུ་རྩ་བཞི་དང་། དེའི་སྟེང་དུ་སྙིང་ཁར་པདྨ་འདབ་བརྒྱད་རིམ་པ་གཉིས་ཡོད་པའི་ནང་མའི་ཕྱོགས་བཞི་དང་དབུས་དང་བཅས་པ་ལྔ། ཕྱི་མའི་ཕྱོགས་མཚམས་བརྒྱད་དང་བཅས་པས་སོ་བདུན་ཞེས་བྱའོ། །ནང་ན་ཡུལ་སོ་བདུན་ཡོད་པ་ལྟར། ཕྱི་ན་ཡང་ཙཱ་རི་ཏྲ་སོགས་སོ་བདུན་ཡོད་པར་ཤེས་པར་བྱའོ། །ཕྱོགས་བཅུའི་སངས་རྒྱས་ཀྱི་ཞུ་འཕྲིན་ལས། ཨུ་རྒྱན་ཛ་ལནྡྷ་ར་དང་། །ཞེས་སོགས་གསུངས་པ་དང་ཆ་འདྲའོ། །ཞེས་གསུངས་ཤིང་། ན་ཡམས་གཅིག་ལ་བསམ་ཡས་པ་དང་མཐུན་པར་འཆད་དོ། །གོ་ཏི་ཀ་ལས། གནས་དང་ཉེ་བའི་གནས་ལ་སོགས་པ་བཅུ་གཉིས་ལས་ཕྱེ་བའི་སུམ་ཅུ་རྩ་གཉིས་ཀྱི་སྟེང་དུ། གླིང་བཞི་དང་བཞི་པོ་གཅིག་ཏུ་སྡོམ་པ་སྟེ

སུམ་ཅུ་སོ་བདུན་ནོ། །ཞེས་པ་ནི། དགའ་གདོང་པའི་ཊཱི་ཀཱའི་ནང་ཡམས་ཇི་ལྟ་བ་བཞིན་བྲིས་སོ། །

ལུགས་དང་པོ་མི་འཐད་དེ། ཕྱི་རོལ་ན་ཡུལ་སོ་བདུན་མེད་ན། བསྟན་བཅོས་འདི་ཉིད་ཀྱི་རྩ་བ་དང་འགལ་བ་དང་། གླིང་བཞི་ཡུལ་ཆེན་དུ་འཛོག་པ་རྗེ་བཙུན་གྱི་ལུགས་ཡིན་པ་ཁྱེད་རང་གིས་བཤད་པའི་ལུང་དང་འགལ་བའི་ཕྱིར་རོ། །ལུགས་གཉིས་པ་མི་འཐད་དེ། སོ་བདུན་པོ་རེ་རེ་ནས་བགྲང་རྒྱུ་མ་བྱུང་བ་དང་། ལུས་ལ་སྦྱས་པའི་རྩ་ཞེས་པ་ཡི་གེའི་དོན་ལ་མ་ཞུགས་ཏེ། སྦྱས་པའི་དོན་ནི་རྒྱུད་དུ་གསལ་བར་མ་བསྟན་པ་ལ་འཆད་དགོས་ཀྱི། ལུས་ལ་སྦྱས་པའི་དོན་ལ་འཆད་པ་ཚད་ལྡན་གྱི་ལུགས་མ་ཡིན་པའི་ཕྱིར་ཏེ། རྡོ་རྗེ་མཁའ་འགྲོ་ལས། རྒྱུད་དུ་སྦྱས་པ་ངེས་པར་བྱ། །ཞེས་སོ། །ཀུ་མ་རའི་ལུགས་དེ་ཡང་མི་འཐད་དེ། ཀྱེ་རྡོ་རྗེའི་རྒྱུད་ནི། ཡུལ་སུམ་ཅུ་སོ་བདུན་བགྲང་བ་མེད་པའི་ཕྱིར་དང་། དེའི་སྟེང་དུ་བསྒོན་རྒྱུ་གང་ཡིན་གསལ་བར་མ་བཤད་པའི་ཕྱིར། དགའ་གདོང་པའི་ལུགས་དེ་ཡང་འཐད་པ་མ་ཡིན་ཏེ། ནང་ན་སྙིང་ཁའི་རྩ་འདབ་བཅུ་གཉིས་གནས་པ་དང་མཐུན་པར་ཕྱི་རོལ་ན་གནས་ཆེན་བཅུ་གཉིས་ཡོད་དུ་ཆུག་ཀྱང་། དེའི་ཤེས་བྱེད་དུ་གཞུང་འཕྲིན་གྱི་ལུང་དེ་མ་འབྲེལ་བ་ཡིན་ཏེ། ལུང་དེ་ནི་སྔོན་བསྟན་པ་གང་དུ་བྱུང་བའི་ཡུལ་ངོས་འཛིན་པ་ཡིན་གྱིས། དཔའ་བོ་དང་རྣལ་འབྱོར་མ་འདུ་བའི་གནས་ཆེན་ངོས་འཛིན་པ་མིན་པའི་ཕྱིར་དང་། ལུང་དེར་ནི། ཧོར་དང་ཧོར་ཆེན་པོ་དང་། རྒྱ་ནག་དང་རྒྱ་ནག་ཆེན་པོ་རྣམས་ཀྱང་བགྲང་བའི་ཕྱིར་རོ། །

ཡང་གོ་ཊེ་ཀ་ཏུ། གླིང་བཞི་པོ་གནས་ཆེན་དུ་ཁས་ལེན་པ་སྔོན་མ་འགའ་ཞིག་རྗེས་བློས་མཛད་པར་འདུག་མོད། འཐད་པ་ནི་མིན་ཏེ། བསྟན་ཆོས་འདིའི་རང་ལུགས་དང་མ་མཐུན་པའི་ཕྱིར། འདིར་ནི་རིམ་པ་གཉིས་ལ་བརྟེན་པ་མ་ཐོབ་ཀྱི་བར་དུ། རང་གི་ཁྱིམ་དུ་བསྒོམ་པ་དང་། དེ་ནས་བརྟུལ་ཞུགས་སྤྱོད་པ་ལ་འཇུག་པ་སྐབས་སུ་བབ་པའི་ཚེ། ཡུལ་ཆེན་རྣམས་སུ་རྒྱུ་བར་གསུངས་ལ། དང་པོར་གང་དུ་བསྒོམ་པའི་གནས་དེ་ཉིད་ཡུལ་ཆེན་ཡིན་ན། ཡུལ་ཆེན་གཞན་དུ་འགྲོ་བ་དོན་མེད་པའི་ཕྱིར་དང་། དོན་ཡོད་ནའང་གང་དུ་ཕྱིན་ཀྱང་ཡུལ་ཆེན་ལས་མ་འདས་པས། ཨུ་ཊི་ཡ་ན་ལ་སོགས་པའི་ངེས་བཟུང་མི་དགོས་པར་ཐལ་བ་དང་། འཛམ་གླིང་ཙམ་པོ་ཡུལ་ཆེན་ཡིན་ན། འཛམ་གླིང་གི་ཕྱོགས་ཐམས་ཅད་དེར་ཁས་ལེན་ནམ། གནས་ཀྱི་ཁྱད་པར་རེ་རེ་ཞིག་དེར་ཁས་ལེན། དང་པོ་ལྟར་ན་རྒྱུད་གཞུང་ཐམས་ཅད་དང་མ་མཐུན། གཉིས་པ་ལྟར་ན་ཨུ་རྒྱན་ལ་སོགས་པའི་གནས་ཆེན་གྱི་ཁྱད་པར་སུམ་ཅུ་རྩ་གཉིས་པོ་དེ་དག་ཉིད་དམ། དེར་མ་འདུས་པ་གཞན་ཞིག་ཡོད་པ་ཡིན། དང་པོ་ལྟར་ན་ཕུང་པོ་བདུན་གྱི་གྲངས་ལ་མ་ཕན། གཉིས་པ་ལྟར་ན་གནས་དེ་ཉིད་ངོས་བཟུང་ནས་བགྲང་བར་རིགས་ཀྱི། བརྩམས་བློག་ནས་བགྲང་བ་མི་རིགས་སོ། །ཡང་དུས་ཀྱི་འཁོར་ལོའི་འགྲེལ་ཆེན་ལས། གླིང་བཞི

གནས་སུ་བཤད་པ་ཡོད་ཀྱང་། དེས་ནི་འདི་ལ་མི་ཕན་ཏེ། དེར་ནི་རྟེན་དཀྱིལ་འཁོར་གྱི་ཕྱོགས་བཞི་དང་མཚམས་བཞིར་ཕྱེ་ནས་གནས་ལ་སོགས་པའི་དབྱེ་བ་བཞི་བཅུ་རྩ་བརྒྱད་འཆད་པའི་སྐབས་ཡིན་པའི་ཕྱིར་དང་། དེར་ནི་འཕགས་པའི་འཇིག་རྟེན་གྱི་ཁམས་ནང་གི་ལུས་འདོམ་གང་གྲུ་བཞི་དང་། ཕྱི་ནང་སྦྱོར་བའི་དབང་དུ་བྱས་པ་ཡིན་གྱི། སྤྱོད་པ་ལ་རྒྱུ་བའི་ཡུལ་གྱི་དབང་དུ་བྱས་པ་མིན་པའི་ཕྱིར། གཞན་ཡང་འཛམ་བུ་གླིང་གི་གནས་ཐམས་ཅད་གནས་ཆེན་ཡིན་ན། ཙཱ་རི་དང་ཏི་སེ་དང་མ་ཕམ་སོགས་གནས་ཆེན་མིན་པར་ཁས་བླང་བ་དང་ཡང་འགལ་ལོ། །

དེས་ན་རང་ལུགས་ནི། ཀྱེ་རྡོ་རྗེ་ལས། ཀྱེ་བཅོམ་ལྡན་འདས། གནས་ལ་སོགས་པ་གང་ལགས། བཅོམ་ལྡན་འདས་ཀྱིས་བཀའ་བསྩལ་པ། གནས་ནི་ཛ་ལནྡྷ་རར་བཤད། །ཅེས་པ་ནས། ཉེ་བའི་དུར་ཁྲོད་བརྗོད་པར་བྱ། །ཞེས་པའི་བར་སུམ་ཅུ་རྩ་གཉིས་ཀྱི་སྟེང་དུ་འདུ་བ་དང་ཉེ་བའི་འདུ་བ་གཉིས་ཀྱིས་དབྱེ་བའི་ཡ་གྱལ་གཉིས་གཉིས་ཡོད་པས་བཞི་དང་། མི་སློབ་པའི་ཕྱི་རོལ་གྱི་གནས་རྡོ་རྗེ་གདན་དང་འོག་མིན་གྱི་གནས་གང་རུང་གཅིག་སྟེ་སུམ་ཅུ་རྩ་བདུན་ནོ། །འོན་ཡ་གྱལ་བཞི་པོ་དེ་གང་ཞེ་ན། ཕྱག་ཆེན་ཐིག་ལེ་ལས། འདུ་བ་ལ། ཀཱཉྩི་ཏ་པ་ཊ་ཀ་དང་། གསེར་གླིང་གཉིས་དང་། ཉེ་བའི་འདུ་བ་ལ། ཀོངྐ་ན་དང་འབིག་བྱེད་གཉིས་ཏེ་བཞིར་བཤད། དེའི་སྟེང་དུ་གང་དུ་སངས་རྒྱ་བའི་གནས་དང་ལྔ་བསྣན་ནས་སོ་བདུན་ནོ། །བདེ་མཆོག་ནས་གསུངས་པའི། པུལླི་ར་མ་ཡ་ནས། ཀུ་ལུ་ཏའི་བར། གནས་ཉེར་བཞི་པོའི་སྟེང་དུ་ སྒོ་མཚམས་བརྒྱད་ཀྱི་གནས་དུར་ཁྲོད་བརྒྱད་དང་། བདེ་ཆེན་འཁོར་ལོའི་ལྷ་མོ་ལྔའི་གནས་རྡོ་རྗེ་གདན་དང་དེའི་ཕྱོགས་བཞི་ན་གནས་བཞི་ཡོད་པར་བཤད་པས་ལྔ་སྟེ་སོ་བདུན་ནོ། །དེ་ཡང་ཇི་སྐད་དུ། ཧེ་རུ་ཀ་དཔལ་རྒྱལ་ཉིད་ཀྱི། །འཁོར་ལོ་བྱས་གང་ཕྱི་མའི་ཡུལ། །ཉེར་བཞི་གྲགས་དང་དུར་ཁྲོད་བརྒྱད། །རྡོ་རྗེ་གདན་དང་དེ་ཕྱོགས་བཞི། །བགྲངས་པས་སུམ་ཅུ་རྩ་བདུན་ནོ། །ཞེས་གསུངས་པས་སོ། །དེ་ལྟར་འཇོག་བྱེད་ནི། སྦྱང་གཞི་སྦྱོང་བྱེད་གསུམ་དུ་དབྱེ་བས་སོ་བདུན་བཞག་པ་ཡིན་ཏེ། སྦྱང་བྱ་ལ་ཕུང་པོ་ལྔ་ནས་ཉོན་མོངས་པ་ལྔའི་བར་སོ་བདུན། སྦྱོང་བྱེད་ལམ་ལ་ཐུན་མོང་བ་བྱང་ཕྱོགས་སོ་བདུན། ཐུན་མོང་མ་ཡིན་པ་སྔགས་ཀྱི་ལམ་ལ་བསྐྱེད་རིམ་གྱི་དབང་དུ་བྱས་པ་ལ་རྟེན་གཞལ་ཡས་ཁང་གི་དབང་དུ་བྱས་པ་ནི། ཐམས་ཅད་གསང་བ་ལས། དྲན་པ་ཉེར་གཞག་བཞི་པོ་ནི། །ཁ་ཁྱེར་བཞིར་ནི་བརྗོད་པ་ཡིན། །ཞེས་སོགས་སོ་བདུན་ནོ། །བརྟེན་པ་ལྷའི་དབང་དུ་བྱས་པ་ནི། རིགས་ལྔ་ནས་མཐོན་བྱང་ལྔའི་བར་སོ་བདུན་ནོ། །རྫོགས་རིམ་གྱི་དབང་དུ་བྱས་པ་ལ་རྟེན་དཀྱིལ་འཁོར་བཞིའི་དབང་དུ་བྱས་པ་ལ། མི་ཕྱེད་མ་ལ་སོགས་པའི་སོ་གཉིས་ཀྱི་སྟེང་དུ་སྣས་པའི་རྩ་ལྔ་བསྣན་པས་སོ་བདུན། ཕུ་རྡྷ་ལ་སོགས་པའི་ཡི་གེ

ཉེར་བཞིའི་སྟེང་དུ་ཧཱུྃ་རིང་པོ་བརྒྱད་དང་ཧཱུྃ་ནས་ཧཱུྃ་གི་བར་ཡི་གེ་ལྔ་བསྟན་པས་སོ་བདུན། དེ་དག་གི་ནང་ན་གནས་པའི་ཁམས་སོ་བདུན། དེ་དག་ལ་དབང་བསྐུར་བའི་རླུང་སྙིང་པོ་ཡེ་ཤེས་ཀྱི་རླུང་གི་དཀྱིལ་འཁོར་སོ་བདུན་རྣམས་སོ། །བརྟེན་པ་ཡེ་ཤེས་ཀྱི་དབང་དུ་བྱས་པ་ལ་མཚོན་བྱེད་དཔེའི་ཡེ་ཤེས་སོ་བདུན་དང་། མཚོན་བྱ་དོན་གྱི་ཡེ་ཤེས་སོ་བདུན་ནོ། །

རྒྱས་པ་ནི་གསེར་ཐུར་དང་། ཊཱིཀྐཱ་བསྟན་པའི་སྒྲོན་མེ་ལས་ཤེས་པར་བྱ་ཞིང་། འདི་དག་ནི་བདག་ཅག་གི་རྗེ་བླ་མ་ཁོ་ནའི་ལེགས་བཤད་དོ། །འདི་དག་གི་སྐབས་སུ། འཕེལ་གཏམ་དུ། ཕྱི་དང་ནང་གི་རྟེན་འབྲེལ་དང་། །ཞེས་པའི་རྒྱས་བཤད་ནི། ཞེས་པ་ནས། བསམ་བྱུང་གི་ཤེས་རབ་ཀྱི་གོ་བ་མྱང་བས་ཚུལ་བཞིན་དུ་རྟོགས་པར་འགྱུར་བ་ཡིན་ནོ། །ཞེས་པའི་བར་གྱི་དོན་ལ། ཁ་ཅིག་ས་ལམ་མི་བགྲོད་པར། །རྫོགས་སངས་རྒྱ་བར་འདོད་པ་དང་། །ཧི་སི་ལ་སོགས་བསྐོར་བ་དང་། །རྩ་མདུད་མེད་སོགས་འདོད་པ་ཡང་། །རྒྱུད་སྡེའི་དགོངས་པ་མ་ཤེས་པས། །དེ་དག་ཤིན་ཏུ་འགལ་བ་ཡིན། །ཞེས་པའི་དོན། ཁ་ཅིག་ཕྱག་རྒྱ་ཆེན་པོ་ཅིག་ཆོད་ལས། ས་ལམ་བཅུ་བའི་རྨོངས་པ་འཁྲུལ། །ཞེས་པ་ལ་བརྟེན་ནས་ས་ལམ་བགྲོད་མི་དགོས་པར་རྫོགས་པའི་སངས་རྒྱས་ཐོབ་པར་འདོད་པ་དང་། ཏི་སེ་དང་ཙཱ་རི་ལ་སོགས་པ་ཡུལ་ཆེན་ཡིན་ཞེས་ཟེར་ཞིང་བསྐོར་བ་དང་། ལུས་ལ་རྩའི་མདུད་པ་མེད་པ་དང་སོགས་པས་བསྒོམས་ཀྱང་དེ་གྲོལ་བར་མི་འདོད་པ་དེ་དག་ནི། རྒྱུད་སྡེའི་དགོངས་པ་ལེགས་པར་མི་ཤེས་པ་ཕན་ཚུན་ཤིན་ཏུ་འགལ་བ་ཡིན་ནོ། །དེ་མི་འཐད་པའི་རྒྱུ་མཚན་སྟོན་པ་ན། ཕྱི་རུ་ཡུལ་རྣམས་བགྲོད་པ་དང་། །ནང་དུ་རྩ་མདུད་གྲོལ་བ་ནི། །ས་བཅུ་ལ་སོགས་བགྲོད་པ་ཡི། །རྟེན་འབྲེལ་ཉིད་ཀྱིས་འབྱུང་བ་ཡི། །འདི་དོན་རྣལ་འབྱོར་ཆེན་པོ་ཡིས། །རྒྱུད་ཀྱི་ས་ལམ་སྐབས་སུ་ལྟོས། །དེས་ན་ས་ལམ་མི་བགྲོད་པའི། །ཡུལ་སོགས་བགྲོད་པ་བཞད་གད་གནས། །ཞེས་པའི་བར་གྱི་བསྟན་ཏེ། དེའི་དོན་གསང་སྔགས་ཀྱི་རྣལ་འབྱོར་པས། ཕྱི་རུ་ཛཱ་ལནྡྷ་ར་ལ་སོགས་པའི་ཡུལ་རྣམས་བགྲོད་པ་དང་། ནང་དུ་ལུས་ཀྱི་སྤྱི་གཙུག་ལ་སོགས་པའི་རྩ་མདུད་གྲོལ་ཏེ་སྙིམ་བྲལ་དུ་གྱུར་པ་ནི་ཆོས་ཅན། ས་ལམ་གྱི་རིམ་པ་ལ་མ་ལྟོས་པར་ཡུལ་བགྲོད་པ་ཙམ་གྱིས་འབྱུང་བ་མ་ཡིན་པར་ཐལ། རྣལ་འབྱོར་པ་རང་གི་ལུས་དེར་གནས་པའི་རླུང་གི་ཁམས་ལ་སོགས་པ་ཕྱིར་འཕོ་བ་མེད་པའི་བདེ་ཆེན་ས་བཅུའི་རིམ་པ་ལ་སོགས་པ་བགྲོད་པའི་རྟེན་འབྲེལ་ཉིད་ཀྱི་འབྱུང་བ་ཡིན་པའི་ཕྱིར་རོ། །དེ་བས་ན་རོ་རྐྱང་དབུ་མ་ལ་སོགས་པའི་རྩ་དང་། དེ་དག་ནས་རྒྱུ་བའི་རླུང་དང་། དེ་དག་ནས་འབབ་པའི་ཁམས་དཀར་དམར་དང་། དེ་དག་ཏུ་གནས་པར་ཡུལ་བགྲོད་པ་ཙམ་གྱིས་མ་ཡིན་པར་ཐལ། རྣལ་འབྱོར་པ་རང་གི་ལུས་དེར་གནས་པའི་རླུང་གི་ཁམས་ལ་སོགས་པ་ཕྱིའི་ཡི་གེ་སྟེ། རྟེན་དཀྱིལ་

འཁོར་ཆེན་པོ་བཞི་ཡོད་དགོས་པའི་ཕྱིར་ཏེ། མེད་ན་རྣལ་འབྱོར་པའི་ལུས་ལ་བརྟེན་ནས་ས་ལམ་བགྲོད་པ་མེད་དགོས་པ་ལས་ཡོད་པར་བཤད་པའི་ཕྱིར་དང་། རྫོགས་རིམ་བསྒོམ་པའང་རྟེན་དེ་དག་ལ་བརྟེན་ནས་ཉམས་སུ་ལེན་དགོས་པའི་ཕྱིར་དང་། རྩ་དབུ་མ་ལ་བརྟེན་ནས་ཁམས་འཕོ་བའི་བག་ཆགས་འགྲུབ་དགོས་པས་དབུ་མ་མེད་ན་འཁོར་བ་མི་འགྲུབ་ལ་དེ་ལ་བརྟེན་ནས་འཕོ་མེད་ཀྱི་བདེ་ཆེན་ཐོབ་དགོས་པས་དེ་མེད་ན་མཐར་ཐུག་གི་སངས་རྒྱས་མེད་དགོས་སོ། །དེ་ལ་དགོངས་ནས་རྣལ་འབྱོར་ཆེན་པོའི་ལམ་གྱི་རྟེན་གང་ཟག་ལ་གཙོ་བོར་ཁམས་དྲུག་ལྡན་དགོས་པར་རྣལ་འབྱོར་ཆེན་པོའི་རྒྱུད་སྡེ་དཔལ་ལྡན་དུས་ཀྱི་འཁོར་ལོ་དང་། ཀྱེ་རྡོ་རྗེ་ལ་སོགས་པར་གསུངས་སོ། །རྩ་བའི་མདུད་པ་ཞེས་པའང་རྡོ་རྗེ་མཁའ་འགྲོའི་འགྲེལ་པར། ཆོས་ཀྱི་འབྱུང་གནས་ཀྱི་ནང་དུ་སྣ་ཚོགས་མདུད་པའི་འཆར་བ་ཆེན་པོར་པདྨའི་སྟེང་དུ་ཟླ་བ་ལ་བསྒོམ་པར་བྱའོ། །ཞེས་འགྲེལ་ཏོ། །སྣ་ཚོགས་མདུད་པ་ཞེས་བྱ་བ་ནི། དེའི་དབུས་ཏེ་རྩ་གཅིག་པོ་དེ་ཉིད་ཀྱིས་གཡས་དང་གཡོན་གྱི་ཆ་གཉིས་སུ་ཕྱེས་པ་ལ། གཡས་ཀྱི་ཆ་ལ་གནས་པ་ནི་གཡོན་ཕྱོགས་ནས་བསྐོར་ལ་སྟེང་དུ་རྒྱུ་ལ། གཡོན་ནས་གནས་པ་དེ་ཡང་གཡས་ཕྱོགས་ནས་བསྐོར་ཏེ། དེ་བཞིན་དུ་རྒྱུའོ། །དེ་ལྟར་འོག་ཏུ་རྒྱུ་བའི་རྩ་གཉིས་ཀྱང་ཕན་ཚུན་དུ་བསྐོར་ནས་རྒྱུ་སྟེ། དེ་ལྟར་ཀུན་དུ་འཁྱིལ་བའི་རྩའི་གནས་དེ་ནི་སྣ་ཚོགས་མདུད་པའོ། །དེ་ཉིད་འཆར་བ་ཆེན་པོས་ཏེ། སེམས་ཅན་ཐམས་ཅད་འབྱུང་བར་བྱེད་པའི་ཕྱིར་རོ། །ཞེས་སོགས་ཀྱིས་གསལ་བར་བསྟན་ལ། དེ་བཞིན་དུ་ཡི་གེ་སོགས་ཀྱང་གསལ་བར་བཤད་དོ། །མདོར་ན་རྡོ་རྗེ་འཆང་གི་གོ་འཕང་ཐོབ་པར་འདོད་པ་དག་གིས་ནི་རྣལ་འབྱོར་ཆེན་པོའི་རྒྱུད་ཀྱི་ས་ལམ་སྟོན་པའི་སྐབས་སུ་ལྟོས་ཤིག་སྟེ། རྣལ་འབྱོར་མ་ཡི་ཀླུ་ཀློའི་སྐད། །ཕྱུ་ལ་སོགས་པ་ཅི་གསུངས་པ། །ཕྱི་དང་ནང་དུ་ཡང་དག་བསམ། །ཞེས་སོགས་གསུངས་པས། དེས་ན་ས་ལམ་མི་བགྲོད་པར། །གནས་དང་ཡུལ་ཆེན་སོགས་སུ་རྒྱུ། །ཟེར་བའང་མཁས་པའི་བཞད་གད་ཀྱི་གནས་ཡིན་ནོ། །ཞེས་པའོ། །

གསང་སྔགས་ཟབ་མོ་བསྒོམ་པར་འདོད་པ་དག་གི་ཁམས་དྲུག་དང་ལྡན་པའི་ལུས་འདི་ལ་གཅེས་པར་བྱ་དགོས་པ་ཡང་། དུས་ཀྱི་འཁོར་ལོའི་རྒྱུད་ལས། དང་པོར་མཐའ་དག་རྒྱལ་བའི་ལུས་ནི་དངོས་གྲུབ་རྒྱུ་རུ་བསྟགས་པ་དག་གིས་ཡང་དག་བསྲུང་བར་བྱ། ལུས་མེད་ན་ནི་དངོས་གྲུབ་མེད་ཅིང་སྐྱེ་བ་འདི་ལ་མཆོག་གི་བདེ་བ་ཐོབ་པར་འགྱུར་བའང་མེད། དེ་ཕྱིར་ལུས་ཀྱི་དོན་གྱི་རྒྱུར་ནི་ཉིན་ཞག་དུས་སུ་རྩ་བའི་སྦྱོར་བ་བསྒོམ་པར་བྱ། ཞེས་སོགས་རྒྱས་པར་གསུངས་པས་སོ། །ཡང་འབེལ་གཏམ་གྱི་དགོངས་པ། དབང་དུས་ཀྱི་རྟེན་འབྲེལ་དེ་འདིའི་དངོས་བསྟན་གྱི་རྟེན་འབྲེལ་དུ་མི་བཞེད་པ་འདྲ་ནའང་། དེས་ན། ཕྱི་ནང་རྟེན་འབྲེལ་བསྒྲིག

མཁྱེན་ཅིང་། །ཞེས་རྡོ་རྗེ་སློབ་དཔོན་གྱིས་དབང་དུས་སུ་སློབ་མ་ལ་ཕྱི་ནང་གི་རྟེན་འབྲེལ་བསྒྲིགས་པའི་རྟེན་འབྲེལ་དེ། འདི་སྐབས་ཀྱི་རྟེན་འབྲེལ་མ་ཡིན་པར་འགྱུར་ལ། དེས་ན། སྐུ་བཞིའི་ས་བོན་ཐེབས་ནུས་པ། །ཞེས་སློབ་དཔོན་གྱིས་སློབ་མའི་སེམས་རྒྱུད་ལ་སྐུ་བཞིའི་ས་བོན་དབང་དུས་སུ་ཐེབས་པར་བཤད་པའི་ས་བོན་དེ་ཡང་། སྐུ་བཞིའི་ས་བོན་མ་ཡིན་པར་འགྱུར་སྙམ་མོ། །

གཞན་ཡང་འབེལ་གཏམ་གྱིས་ཕྱི་ནང་གི་རྟེན་འབྲེལ་ངོས་འཛིན་ཚུལ་དང་ཤེས་བྱེད་བཀོད་པ་རྣམས་ལ་བརྟག་པར་བྱ་སྟེ། འབེལ་གཏམ་ལས། འདི་སྐབས་ཀྱི་ཕྱི་ནང་རྟེན་འབྲེལ་རྒྱུད་ལ་སྐྱེས་པ་དེ་མ་མཐའ་ས་དང་པོའི་རྟོགས་པ་སྐྱེས་པ་ནས་འཛོག་དགོས་པ་འདྲ་སྟེ། རྡོར་འཕྲེང་གི་རྟོགས་པ་ཐོབ་པ་གཅིག་གིས། ཐུལླི་ར་མ་ཡ་ལ་སོགས་པའི་ཡུལ་ཉེར་བཞིར་སྤྱོད་པ་ལ་རྒྱུས་པ་ལས། སྤྱི་བོ་ལ་སོགས་པ་ནང་གི་ཡུལ་ཉེར་བཞིའི་རླུང་སེམས་དབུ་མར་ཐིམ་སྟེ། ས་དང་པོའི་རྟོགས་པ་སྐྱེས་པ་ནི་སྐབས་འདིའི་ཕྱིའི་རྟེན་འབྲེལ་དང་། ནང་གི་ཡུལ་ཉེར་བཞིའི་རླུང་སེམས་དབུ་མར་འདུས་པ་ལས། ཕྱིའི་ཡུལ་ཉེར་བཞིའི་དཔའ་བོ་དང་། རྣལ་འབྱོར་མ་རྣམས་སྒྲུབ་པ་པོའི་དབང་དུ་གྱུར་པ་ནི་ནང་གི་རྟེན་འབྲེལ་ཡིན་ཏེ། རིམ་པ་བཞིན་ཕྱི་ལ་བརྟེན་ནས་བྱུང་བའི་རྟེན་འབྲེལ་ལ་ཕྱིའི་རྟེན་འབྲེལ་དང་། ནང་ལ་བརྟེན་ནས་བྱུང་བའི་རྟེན་འབྲེལ་ལ་ནང་གི་རྟེན་འབྲེལ་དུ་ཐ་སྙད་བཞག་པ་འདྲ་སྙམ་དུ་སེམས་ཞེས་གསུངས་འདུག་ཅིང་། དེ་ལྟར་ན་རྡོར་འཕྲེང་གི་རྟོགས་པ་ཐོབ་པའི་རྣལ་འབྱོར་པའི་རྒྱུད་ལ་ས་དང་པོའི་རྟོགས་པ་སྐྱེས་པ་དེ། ཕྱིའི་ཡུལ་ཉེར་བཞི་ལ་སོགས་པ་བགྲོད་པ་ལ་བརྟེན་ནས་བྱུང་བས། ཕྱི་ལ་བརྟེན་ནས་བྱུང་བའི་རྟེན་འབྲེལ་ཡིན་གྱིས། ཕྱིའི་རྟེན་འབྲེལ་མ་ཡིན་ཏེ། དེ་ནི་རྣལ་འབྱོར་པ་དེའི་ནང་གི་ཡོན་ཏན་ནམ། ནང་སེམས་ཀྱི་རྟེན་འབྲེལ་ཡིན་པའི་ཕྱིར་རོ། །དེ་བཞིན་དུ་གཅིག་ཤོས་ལ་ཡང་འགྲེ་སྟེ་ཕྱི་ནང་གི་རྟེན་འབྲེལ་གྱི་གོ་བ་འབེལ་གཏམ་དུ་གསུངས་པ་དེ་ནི། བར་གྱི་ཚིག་མི་མངོན་པར་བྱས་པར་སོང་གི། དེ་དག་ངོ་ཐོག་ནས་ཕྱི་ནང་སོ་སོའི་རྟེན་འབྲེལ་དུ་བཞག་དཀའ་འོ། །ཡང་འབེལ་གཏམ་ལས། སྔགས་ཀྱི་སྡོམ་པའི་ཐོབ་མཚམས་ཇི་ལྟ་བུ་སྙམ་ན་ཞེས་སོགས་ཀྱི་དོན་ལ། བླ་མ་བཙལ་ལ་དབང་བཞི་བླངས། །དེ་ཡི་སྡོམ་པ་གསུམ་ལྡན་འགྱུར། །ཞེས་པས། བླ་མེད་ཀྱི་སྔགས་སྡོམ་གྱི་ཐོབ་མཚམས་བསྟན་པར་མཐུན་མོད། འདི་ལ་བོ་དོང་པཎ་ཆེན་གྱིས་སོ་ཐར་དང་བྱང་སྡོམ་ལེགས་སུ་ལེན་པའི་དངོས་གཞིའི་ཚིག་ལ་ཡང་རྗེས་ཟློས་ལན་གསུམ་བྱེད་པ་ལས་མེད་ཅིང་། སྔགས་ཀྱི་དབང་དུས་སུ་ཡང་རིགས་ལྔའི་སྡོམ་བཟུང་ལན་གསུམ་གྱིས་རྗེས་ཟློས་ཚར་བ་ན། སྔགས་སྡོམ་རྫོགས་པར་ཐོབ་ཟེར་བ་ལ། འབེལ་གཏམ་དུ། ལྷམ་དཔེ་ཞྭ་ལ་བཀབ་པ་ཡིན་ཞེས་དགག་པ་མཛད་པ། དེའི་ཤེས་བྱེད་དུ་སོ་ཐར་གྱི་དགེ་བསྙེན་དགེ་ཚུལ་དང་། ཁྱད་པར་རྡོ་རྗེ་རྩེ་མོ་ལྟ་བུའི་

ཞེས་སོགས་ནས། གཞན་དུ་ལོག་པར་མ་རྟོགས་ཅིག །ཅེས་པའི་བར་གསུངས་པ་རྣམས་ནི། བདག་གིས་གོང་དུ་དགག་བཞག་ལེགས་པར་བསྟན་ཟིན་པའི་ཁོང་ལས་རྟོགས་པར་འགྱུར་ལ། འོན་ཀྱང་བོ་དོང་པཎ་ཆེན་གྱི་གསུང་དེ་འཐད་པ་ནི་མ་གོ་སྟེ། ལུགས་དེ་ལ་དབང་བཞི་སོ་སོ་ལས་སྡུགས་སྡོམ་གསར་ཐོབ་མེད་པར་འགྱུར་བས་སོ། །

ཡང་དུས་འཁོར་དང་འཕྲེང་བའི་དབང་། ས་སྐྱ་པའི་རྗེས་འཇུག་དག་གིས་ཀྱང་གྲངས་ངེས་མེད་པར་མང་པོ་ལ། འཕྲེང་བ་མཁན་པོས་མཛད་པའི་ལུགས་བཞིན་སྟོན་པ་ཡོད་གསུངས་པ་དང་། ས་པཎ་གྱི་གྲངས་ངེས་མེད་པ་ལ་དེ་དག་གིས་དབང་བསྐུར་མ་མཛད་གསུངས་པའང་འགལ་བ་འདྲ་སྟེ། རྗེ་ས་པཎ་གྱིས་དུས་འཁོར་འཕྲེང་བའི་དབང་སོགས་ལའང་གྲངས་ངེས་པར་མཛད་ན་དེང་སང་གི་ས་སྐྱ་པའི་རྗེས་འཇུག་རྣམས་ཀྱང་། དབང་དེ་དག་ལ་གྲངས་ངེས་པར་མཛད་དགོས་པ་ལས་གྲངས་ངེས་མི་མཛད་པ་འདུག་པའི་ཕྱིར་རོ། །དུས་འཁོར་གྱི་འགྲོས་བླ་མེད་སྤྱི་ལ་སྦྱོར་བ་སྐབས་སུ་མ་བབས་གསུངས་པའང་མཐའ་གཅིག་ཏུ་མ་ངེས་ཏེ། དུས་འཁོར་གྱི་དབང་བདུན་གྱི་འགྲོས་རྩ་རྒྱུད་བརྟག་པ་གཉིས་པ་ལ་སྦྱར་བའང་ཡོད་པའི་ཕྱིར་ཏེ། རྩ་རྒྱུད་འདི་ཀའི་རྡོ་རྗེ་སྙིང་འགྲེལ་དུ་ཡང་། དབང་བདུན་དུས་འཁོར་ཇི་ལྟ་བར་གསུངས་པའི་ཕྱིར་ཏེ། བྱིས་པ་བསྐྱེད་པ་མ་ཡི་ནི། །ཆུ་ཡི་འབྲུད་བྱེད་དབང་བསྐུར་རོ། །ཞེས་པ་ནས། རྣམ་པ་བདུན་པོ་འདི་ཉིད་འདི། །དབང་བདུན་དུ་ནི་རབ་ཏུ་བཤད། །ཅེས་འབྱུང་བས་སོ། །

ཡང་དེ་ལས་འཕྲོས་ནས། དུས་འཁོར་གྱི་བྱི་འཇུག་གི་དབང་བདུན་བུམ་དབང་དུ་གཏན་ནས་མི་བཞེད་གསུངས་པ་ལའང་དཔྱད་པར་བྱ་སྟེ། དེ་ལྟར་ན། དུས་ཀྱི་འཁོར་ལོ་ལས། རྟུལ་ཚོན་གྱི་དཀྱིལ་འཁོར་དུ་བུམ་དབང་བསྐུར་བའི་རྣམ་གཞག་མ་བསྟན་པར་འགྱུར་ཏེ། དབང་བསྐུར་བདུན་པོ་འདི་དག་ནི། །དཀྱིལ་འཁོར་བཞེངས་ནས་རབ་བྱིན་བྱ། །ཞེས་པས་བསྟན་པའི་བྱི་འཇུག་གི་དབང་བདུན་པོ་ནི་བུམ་དབང་དུ་མི་བཞེད། མཆོག་དབང་གོང་མ་གསུམ་གྱི་ནང་ཚན་དུ་གྱུར་པའི་བུམ་དབང་དེ་ནི་རྟུལ་ཚོན་གྱི་དཀྱིལ་འཁོར་དུ་བསྐུར་བ་བཀག་པའི་ཕྱིར་ཏེ། རྡོ་རྗེའི་ཐིག་ནི་གདབ་པ་དང་། །རྟུལ་ཚོན་དག་ཀྱང་གདབ་པ་ཉིད། །མི་བྱ་སྡུགས་ཀྱི་དེ་ཉིད་ཀྱི། །བྱས་ན་བྱང་ཆུབ་ཐོབ་པར་དཀའ། །ཞེས་གསུངས་པའི་ཕྱིར། དེས་ན་དུས་འཁོར་ལས། བུམ་དབང་ལ་འཇིག་རྟེན་དང་འཇིག་རྟེན་ལས་འདས་པ་གཉིས་སུ་བཤད་ནས། དང་པོ་བྱིས་པ་འཇུག་པའི་དབང་བདུན་དང་། གཉིས་པ་མཆོག་དབང་དུ་གྱུར་པའི་བུམ་དབང་ལ་བྱེད་དགོས་པ་འདྲ་སྟེ། བྱི་འཇུག་གི་དབང་བདུན་བུམ་དབང་དུ་མི་འདོག་པའིཤེས་བྱེད་ཀྱི་རྒྱུད་ལུང་གསལ་པོ་ཡོད་ན་སྟོན་པར་རིགས་སོ། །དུས་འཁོར་བ་དག

གཙོ་བོར་བུམ་དབང་གི་འཇོག་བཞིའི་བུམ་པ་ཡང་རྣམ་རྒྱལ་བུམ་པ་སོགས་ལ་མི་བྱེད་པ་ཡང་དབང་གོང་མའི་བུམ་དབང་གི་དབང་དུ་བྱས་པ་འདྲ་ལ།

ཡང་འབེལ་གཏམ་དུ། ས་སྐྱ་པའི་བསྟན་འཛིན་ངོར་རྫོང་གཉིས་སུ་གྲགས་པའི་ཞེས་སོགས་ནས། མ་འབྲུལ་བ་དང་མི་བསླུ་བ་སླུབ་པ་ཡིན་ནོ། །ཞེས་པའི་བར་དང་། ཆོས་རྗེ་རྫོང་པ་ཀུན་དགའ་རྒྱལ་མཚན་གྱིས། སྔགས་སྡོམ་ལ་སྐྱེས་པ་ཙམ་གྱི་སྔགས་སྡོམ་དང་ཐོབ་པའི་སྔགས་སྡོམ་གཉིས་སུ་དབྱེ་བ་མཛད་པ་དང་། དེའི་ཤེས་བྱེད་དུ། སཔཎ་གྱི་འཕྲིན་ཡིག་ལས། བླ་ན་མེད་པའི་སྐྱབས་འགྲོ་དང་སེམས་བསྐྱེད་ལ་བརྟེན་ནས་རིག་འཛིན་སྔགས་ཀྱི་སྡོམ་པ་སྐྱེ་བ་དེ་དབང་གི་དུས་སུ་ཐོབ་ཀྱིས་གཞན་དུ་ཐོབ་པ་གསུང་བ་མ་མཐོང་། ཞེས་ལུང་དུ་འདྲེན་པར་མཛད་པ་ལ། འབེལ་གཏམ་དུ་དགག་པར་མཛད་མོད། དེ་ཡང་མཐའ་གཅིག་ཏུ་དགག་པ་མི་ནུས་པ་འདྲ་སྟེ། སྔ་གོན་དང་འཇུག་པའི་གནས་སྐབས་སུ་སྐྱེས་པའི་སྔགས་སྡོམ་ཡོད་པར། འབེལ་གཏམ་རང་ལུགས་ལ་ཡང་ཞལ་གྱིས་བཞེས་དགོས་ཤིང་རྫོང་པའི་བཞེད་པས་སྐྱེས་པ་ཙམ་གྱི་སྔགས་སྡོམ་ཞེས་པ་སྔ་གོན་དང་འཇུག་པའི་སྐབས་སུ་སྐྱེས་པའི་སྔགས་སྡོམ་དང་ཐོབ་པའི་སྔགས་སྡོམ་ཞེས་པ་དབང་གི་དངོས་གཞིའི་སྐབས་སུ་ཐོབ་པ་ལ་མཛད་པས་ཇི་ལྟར་འགལ། ཁྱད་པར་འབེལ་གཏམ་དུ། འཕྲིན་ཡིག་གི་ལུང་དོན། གུར་ནས་འབྱུང་བའི་རྒྱུན་བཤགས་ལྷ་བུའི་རྗེས་ཟློས་ལན་གསུམ་བྱས་པ་ལ་བརྟེན་ནས། སྐྱབས་འགྲོ་སེམས་བསྐྱེད་བྱེད་པའི་སྐབས་སུ་སོ་ཐར་དང་བྱང་སྡོམ་སྐྱེས་པ་དེ། སྡོམ་པ་འོག་མ་རང་རྒྱུད་མ་ཡིན་པར་སྔགས་སྡོམ་གྱི་ངོ་བོར་སྐྱེས་པ་ཡིན་ཏེ། དབང་བསྐུར་གྱི་ཆོག་ལས་ཐོབ་པའི་སྡོམ་པ་ཡིན་པའི་ཕྱིར། འོན་ཀྱང་དེ་ལྟར་སྐྱེ་བ་དེ་དབང་དུས་སུ་ཡིན་གྱིས་རྗེས་གནང་ཙམ་དང་བྱིན་རླབས་སོགས་ཀྱི་དུས་སུ། རྒྱུན་བཤགས་ལ་བརྟེན་ནས་སྡོམ་པ་སྐྱེ་བ་དེ་སྔགས་སྡོམ་གྱི་ངོ་བོར་སྐྱེ་བར་གསུངས་པ་མ་མཐོང་། ཞེས་འཆད་པ་འདི་དག་ལ་ནི། དབང་ལས་ཐོབ་པའི་སོ་ཐར་དང་། །སེམས་བསྐྱེད་སྡོམ་པ་བཞེད་ལགས་སམ། །ཞེས་པའི་སོ་ཐར་གྱི་སྡོམ་པ་དང་། སེམས་བསྐྱེད་ཀྱི་སྡོམ་པ་གཉིས། སྤྱིར་དབང་ཆོག་དང་། བྱེ་བྲག་ཏུ་བླ་མེད་ཀྱི་དབང་བསྐུར་ལས་ཐོབ་པར་འགྱུར་བའི་གནོད་བྱེད་དེ་འཇུག་པར་མཐོང་ཞིང་། ཡང་རྗེས་གནང་དང་བྱིན་རླབས་ལ་སོགས་པའི་དུས་སུ་རྒྱུན་བཤགས་ལ་བརྟེན་ནས་སྡོམ་པ་སྐྱེ་བ་དེ། སྔགས་སྡོམ་གྱི་ངོ་བོར་མི་སྐྱེ་ན་རྣལ་འབྱོར་མའི་བྱིན་རླབས་དུས་ཀྱི་རྒྱུན་བཤགས་རིགས་ལྔའི་སྡོམ་བཟུང་སོགས་ཀྱི་སྡོམ་པ་དེ་སྔགས་སྡོམ་མ་ཡིན་པར་འགྱུར་རོ། །

ཡང་འབེལ་གཏམ་དུ། ངོར་ཆེན་དང་ཀུན་མཁྱེན་སོགས་ཀྱི་བཞེད་པ་བུམ་དབང་རྫོགས་པའི་ཚེ་རིགས་ལྔའི་སྡོམ་པ་རྫོགས་པར་ཐོབ་པ་དང་། དེ་ཡང་བླ་མེད་ཀྱི་སློབ་མའི་རིགས་ལྔའི་དབང་ལ་བརྟེན་ནས་རིགས་ལྔ་

སྤྱིའི་དམ་ཚིག་དང་། རྡོ་རྗེ་སློབ་དཔོན་གྱི་དབང་ལ་བརྟེན་ནས་རིགས་ལྔ་སོ་སོའི་དམ་ཚིག་རྣམས་ཐོབ་གསུང་བ་དང་དེའི་ཤེས་བྱེད་དུ། སངས་རྒྱས་ཀུན་གྱི་དམ་ཚིག་དང་། །སྡོམ་པའང་བླ་ན་མེད་པ་སྩོལ། །ཞེས་པ་དང་། དབང་ཆུ་ལས། དེ་ལྟར་དེ་དག་གི་ནི་དམ་ཚིག་དང་སྡོམ་པ་མཐའ་དག་བསྟུས་པ་ཡིན་པས། ཞེས་འདྲེན་པར་མཛད་ལ། དེ་ཡང་མི་འཐད་པ་འདྲ་སྟེ། འོན་རིགས་ལྔ་སྤྱི་དང་བྱེ་བྲག་གི་སྡོམ་པ་ཐོབ་པ་དེ། བུམ་དབང་ཐོབ་པ་ལ་རག་པ་ལས་པར་ཐལ་ལོ། །དེ་ཡང་འདོད་མི་នុས་ཏེ། བླ་མེད་ཀྱི་དཀྱིལ་འཁོར་གྱི་འཇུག་པའི་སྐབས་སུ་རིགས་ལྔ་སྤྱི་དང་སོ་སོའི་དམ་ཚིག་དང་སྡོམ་པ་ཐོབ་ཟིན་པའི་ཕྱིར། ཅི་སྟེ་དེར་རྫོགས་པར་མ་ཐོབ་བོ། །ཞེ་ན། རྫོགས་པའི་དོན་རིགས་ལྔའི་དམ་ཚིག་དང་སྡོམ་པ་བསྲུང་བར་ཁས་བླང་བའི་ཚིག །གཙོ་བོས་ཇི་ལྟར་བཀའ་སྩལ་པ། །ཞེས་སོགས། རྫོགས་པ་ལ་བྱེད་ན། དེ་མ་རྫོགས་པ་རང་གི་རིགས་ལྔའི་སྡོམ་པ་རྫོགས་པར་མ་ཐོབ་ཅེས་པའང་ཚིག་ཙམ་དུ་ཟད་ལ། གཞན་ཡང་བུམ་དབང་གི་སྡོམ་པ་འཛིན་པ་ལ། རྣལ་འབྱོར་རྒྱུད་དང་ཐུན་མོང་གི་སྡོམ་པ་དབང་གི་སྔོན་འགྲོའི་སྐབས་སུ་འཛིན་པ་དང་། ཐུན་མོང་མ་ཡིན་པ་བུམ་དབང་གི་སྡོམ་པ་མཐའ་རྟེན་གྱི་སྐབས་སུ་ལེན་པ་གཉིས་ཀྱིས་ཁྱད་པར་ཕྱེད་དགོས་པས། གསེར་ཐུར་ལས་ཤེས་དགོས་ཤིང་། དབང་ཆུའི་ལུང་དོན་ཀྱང་དེས་རྟོགས་པར་འགྱུར་རོ། །རྗེ་མུས་པ་ཆེན་པོའི་བཞེད་པས། བུམ་དབང་རྫོགས་པའི་ཚེ་ན། སྔགས་སྡོམ་རྫོགས་པར་ཐོབ་པར་བཞེད་ལ། དེ་ཉིད་དེའི་བཞེད་པ་ཡིན་པར། ཡང་ལན་ཀ་ཤི་ཀ་ལས་ཀྱང་གསུངས་ཤིང་། རྗེ་མུས་ཆེན་གྱི་བཞེད་པ་དེ་ལ་བརྟེན་ནས། མུས་སངས་རྒྱས་དཔལ་བཟང་སོགས་དང་། བདག་ཆེན་རྡོ་རྗེ་འཆང་གིས། དམ་ཚིག་རབ་གསལ་དུ། འདི་ལ་རྩལ་བཏོན་གྱི་སླུབ་བྱེད་འགོད་པར་མཛད་པ་དང་། གཞན་ཡང་རྒྱལ་བ་བྱམས་ཆེན་རབ་འབྱམས་པ་སངས་རྒྱས་འཕེལ་དང་། དེ་ནས་གྱིས་པའི་སྐྱིད་ཚལ་གོང་འོག །མཉན་ཡོད་བྱ་གཤོང་། ཆོས་འཁོར་ལྷུན་པོ་བ་རྣམས་མགྲིན་གཅིག་ཏུ་བཞེད། ཞེས་འཕེལ་གཏམ་དུ་ཡང་གསུངས་མོད། དེ་དག་ནི་སྔགས་སྡོམ་གྱི་ངོས་འཛིན་རྒྱ་ཆུང་བ་ཡིན་ཏེ། དེ་ལྟ་ན་ཆོས་རྗེ་པཎྜིཏས། བླ་མ་བཅལ་ལ་དབང་བཞི་བླང་། །དེ་ཡི་སྡོམ་པ་གསུམ་ལྡན་འགྱུར། །ཞེས་གསུངས་པའང་དོན་མེད་པར་འགྱུར་ཏེ། ཁྱེད་ལྟར་ན། བླ་མ་བཅལ་ལ་བུམ་དབང་བླང་། །དེ་ཡི་སྡོམ་པ་གསུམ་ལྡན་འགྱུར། །ཞེས་བྱས་པས་ཆོག་པའི་ཕྱིར་དང་། དབང་གོང་མ་ལས་ཐོབ་པའི་སྡོམ་པ་ཡང་ངེས་པར་ཁས་ལེན་དགོས་ཏེ། བླ་མ་གོང་མའི་གསུང་གི་བླ་མེད་ཀྱི་སྡོམ་པ་ལ། ལུས་ངག་ཡིད་གསུམ་དང་འབྲེལ་བའི་སྡོམ་པ་གསུམ། གང་ཟག་དང་སྦྲེལ་བའི་སྡོམ་པ་གསུམ། དབང་དང་འབྲེལ་བའི་སྡོམ་བཞིར་བཤད་པའི་ཕྱིར་དང་། འདི་དག་གི་དབྱེ་བ་རྒྱས་པར་གསེར་ཐུར་ལས་ཤེས་པར་བྱའོ། །

དེ་ལྟར་ན་རང་ལུགས་པཎ་ཆེན་ཆོས་ཀྱི་རྒྱལ་པོའི་བཞེད་པས། སྔགས་སྡོམ་སྐྱེ་བའི་ཐོག་མ་ནི། སློབ་མའི་ལུས་ངག་ཡིད་གསུམ་རྡོ་རྗེ་གསུམ་དུ་བྱིན་གྱིས་རླབས་པའི་དུས་དེ་ནས་མགོ་བཟུང་བ་ཡིན་ལ། སྐྱེས་ཟིན་པའི་མཐའ་ནི་རྒྱུད་སྡེ་རང་རང་གི་དབང་གི་མཐའ་རྟེན་རྫོགས་ཟིན་པའི་དུས་དེ་ཁོ་ན་དང་། བླ་མེད་ཀྱི་དབང་དུ་བྱས་ན་དབང་བཞིའི་མཐའ་རྟེན་རྫོགས་ཟིན་པའི་དུས་དེ་ཁོ་ནའོ། །

སྤྱིར་སྔགས་ཀྱི་སྡོམ་པ་ཞེས་བྱ་བའི་དོན་ནི། རིག་པ་འཛིན་པའི་སྡོམ་པ་ཞེས་བྱ་བ་ཡིན་ལ། དེར་འཛིན་རྒྱུའི་རིག་པ་ནི་གཟུང་འཛིན་གཉིས་མེད་ཀྱི་ཡེ་ཤེས་སོ། །འདི་ཡང་སྔར་མེད་གསར་དུ་བསྐྱེད་དགོས་པ་མ་ཡིན་གྱི། གཞི་གདོད་མ་ནས་གྲུབ་ཟིན་དེ་ཉིད་གསལ་བཏབ་པའི་སྒོ་ནས་འཛིན་པ་ཡིན་ལ། དེ་འཛིན་པར་བྱེད་པའི་ཐབས་ནི། ཕ་རོལ་ཏུ་ཕྱིན་པའི་ཐེག་པ་ལ་ཡང་ཡོད་མོད་ཀྱི། ཐབས་དེ་ལ་སྡོམ་པར་འཇོག་པ་ནི། སྔགས་ཀྱི་ཐེག་པའི་ཁྱད་ཆོས་ཏེ། ཇི་སྐད་དུ་རྡོ་རྗེ་གུར་ལས། དེ་ཕྱིར་དཀྱིལ་འཁོར་འཁོར་ལོ་ཞེས། །ཐབས་ནི་བདེ་བའི་སྡོམ་པ་སྟེ། །ཞེས་གསུངས་པ་ལྟར་རོ། །

ཡང་རྗེ་པདྨ་དཀར་པོའི་བཞེད་པ། ཡང་ལན་ཀ་ཤི་ཀའི་དགོངས་པས། རྗེ་བཙུན་ཐམས་ཅད་མཁྱེན་པ་ཀུན་དགའ་རྣམ་རྒྱལ་དཔལ་བཟང་པོའི་ཞལ་སྔ་ནས། དབང་བཞི་ཡོངས་སུ་རྫོགས་པའི་ཚེ་སྔགས་སྡོམ་རྫོགས་པར་ཐོབ་གསུང་བ་ནི་ལུང་རིགས་དང་མཐུན་པར་མཐོང་ནས་འདིའི་རྗེས་སུ་འབྲང་ངོ་ཞེས་བྱས་པ་ནི། བླ་མ་དང་གྲུབ་མཐའ་ཐམས་ཅད་ཚད་མར་སྣང་བས། ལེགས་སོ་ལེགས་སོ། དེ་དེ་བཞིན་ནོ། །ཞེས་བྱའོ། །ཞེས་གསུངས་པས། འདི་ཡང་པཎ་ཆེན་ཆོས་ཀྱི་རྒྱལ་པོའི་དགོངས་པ་དང་མཐུན་པར་བྱུང་ལ། སྡོམ་བཟུང་གི་སྐབས་སུ་ཐོབ་པ་པཎ་ཆེན་ཕྱོགས་ལས་རྣམ་རྒྱལ་གྱིས་བཞེད་པ་དང་། བུམ་དབང་དུ་སྔགས་སྡོམ་རྫོགས་པར། མུས་ཆེན་གྱིས་བཞེད་པའི་གྲུབ་མཐའ་སྟེ། དེ་དག་ཡེ་ཤེས་ཐིག་ལེ་ལས། ཆུའི་དབང་དང་ཅོད་པན་དབང་། ཞེས་སོགས་ཀྱི་ལུང་སྒྲ་ཇི་བཞིན་པ་ཞལ་གྱིས་བཞེས་པས། རྣལ་འབྱོར་གྱི་རྒྱུད་དང་བླ་མེད་ཀྱི་སྔགས་སྡོམ་དབྱེར་མེད་པར་འགྱུར་ཏེ། ཞེས་སོགས་ཤེས་བྱེད་དང་བཅས་པ་ལེགས་པར་གསུངས་པས་རྒྱས་པར་དེ་ཉིད་དུ་རྟོགས་པར་གྱིས་ཤིག །ཡང་འབེལ་གཏམ་ལས། དོགས་པ་འདི་སེལ་དགོས་ཏེ། དབང་གོང་མར་བུམ་དབང་གི་སྐབས་སུ་ཐོབ་པའི་སྡོམ་པ་དང་རིགས་མི་འདྲ་བའི་སྡོམ་པ་གསར་ཐོབ་ཡོད་མོད། གོང་མ་གསུམ་ལ་སོ་སོར་སྔར་མ་ཐོབ་པ་དང་། རིགས་མི་འདྲ་བའི་སྡོམ་པ་གསར་ཐོབ་རེ་རེ་ཡོད་དམ་མེད། ཅེས་སོགས་དང་། འབེལ་གཏམ་རང་ལུགས་གསང་དབང་གི་ཚེ། ཡི་གེའི་དཀྱིལ་འཁོར་ལ་གསང་དབང་གི་ཚོགས་ལོངས་སྐུའི་ས་བོན་གསར་དུ་ཐེབས་པས་ས་བོན་དེ་ཉིད་རྫོགས་རིམ་གྱི་སྡོམ་པའི་ངོ་བོར་སྐྱེ། ཞེས་སོགས་དང་། སྤྱང་གཞིའི་

དབང་དུ་བྱས་པ་ལ་ཡང་དབང་གོང་མ་གསུམ་གྱི་སྐབས་སུ་གྱ་ནོམ་ལྟར་ཞན་གྱི་རྣམ་རྟོག་སྤྱོང་སེམས་གསར་ཐོབ་རེ་ཡོད་པ་ཤེས་པར་བྱ། ཞེས་པའི་དོན་ལ་འདི་ཞུ་སྟེ། བླ་མེད་ཀྱི་སྔགས་སྡོམ་རྫོགས་པ་ལ་དབང་བཞི་རྫོགས་པ་བླང་དགོས་པ་རང་ལུགས་ཡིན་མོད། སྔགས་སྡོམ་རྫོགས་པ་ལ་བསྐྱེད་རིམ་དང་རྫོགས་རིམ་གྱིས་སྡོམ་པ་གཉིས་ཀ་ཚང་དགོས་སམ་མི་དགོས། མི་དགོས་ན་དབང་གོང་མ་ལ་ལྟོས་པའི་རྫོགས་རིམ་གྱི་སྡོམ་པ་མི་བཞེད་པར་སོང་བ་འདྲ་བས་དེ་ལ་ལྟོས་པའི་སྡོམ་པ་དེ། བསྐྱེད་རིམ་གྱི་སྡོམ་པ་ལས་མ་འདས་པ་འདྲ་ཞིང་། གཉིས་ཀ་ཚང་དགོས་ན་བུམ་དབང་ལ་ལྟོས་པའི་སྔགས་སྡོམ་དེ་བསྐྱེད་རིམ་གྱི་སྡོམ་པ་དང་། དབང་གོང་མ་གསུམ་ལ་ལྟོས་པའི་སྡོམ་པ་དེ། རྫོགས་རིམ་གྱི་སྡོམ་པར་བཞེད་དགོས་ཏེ། བུམ་དབང་ལ་ལྟོས་པའི་ལམ་དེ་བསྐྱེད་རིམ་གྱི་ལམ་དང་། དབང་གོང་མ་གསུམ་ལ་ལྟོས་པའི་ལམ་དེ། རྫོགས་རིམ་གྱི་ལམ་དུ་འཇོག་དགོས་པས་སོ་སྙམ་པ་དག་འབྱུང་ལ། དེ་ཡང་འདོད་ན། རྫོགས་རིམ་སྡོམ་པ་ཞེས་བྱ་བ། །བསྒོམ་པའི་སྟོབས་ཀྱིས་ཐོབ་མོད་ཀྱི། །དབང་ཆོག་ལས་ཐོབ་གསུང་པ་མེད། །ཅེས་པའི་ཉེས་པ་དེ་རེག་ཉེ་བས། དེའི་ཉེས་སྤོང་ཇི་ལྟ་བུ༑ ༑འོན་ཀྱང་དབང་གོང་མ་གསུམ་ལ་ལྟོས་པའི་སྔགས་སྡོམ་དེ་རྫོགས་རིམ་གྱི་སྡོམ་པར་འཇོག་པ་ན། རྫོགས་རིམ་གྱི་སྡོམ་པ་དེའི་ངོ་བོ་ཇི་ལྟ་བུ། དེ་ཡང་རང་ལུགས་བུམ་དབང་གི་དང་། དབང་གོང་མ་ལས་བྱུང་བའི་སྡོམ་པ་གཉིས་པོའི་ཁྱད་པར་བདེ་ཆེན་གྱིས་ཡེ་ཤེས་སྔོན་དུ་མ་གྱུར་པ་འཛིན་པའི་སྡོམ་པ་དང་། སྔོན་དུ་གྱུར་ཟིན་པའི་དབྱེ་བས་རབ་ཏུ་ཕྱེ་བ་ཡིན་ལ། ཚིག་དེ་གཉིས་པོའི་ཁྱད་པར་ཡང་ཡེ་ཤེས་དེ་རྒྱུད་ལས་འདྲེན་པ་དང་། དངོས་སུ་འདྲེན་པའི་ཁྱད་པར་གྱི་བཤད་ལ། དང་པོ་ནི་གོང་དང་བཤད་པའི་རྣལ་འབྱོར་རྒྱུད་དང་ཐུན་མོང་བའི་སྡོམ་པ་དབང་གི་སྔོན་འགྲོའི་སྐབས་སུ་འཛིན་པ་དང་། ཐུན་མོང་མ་ཡིན་པའི་བུམ་དབང་གི་སྡོམ་པ་མཐའ་དག་ནི་གནས་སྐབས་ལེན་པ་སྟེ་འདི་ཡང་རྒྱས་པར་གསེར་ཐུར་ལས་ཤེས་པར་བྱའོ། །

གཉིས་པ་དེ་བུམ་དབང་དང་གསང་དབང་གི་བསྒོམ་བྱ་ལ་བརྟེན་པ་ཐོབ་པའི་སློབ་མ་ལ་དབང་བསྐུར་བྱ་བའི་དབང་གསུམ་པའི་ཚིག་གང་དང་གང་ཡིན་པ་དེ་ཉིད་ལ་ཤད་ནས། དེ་ནི་རྫོགས་རིམ་གྱི་སྡོམ་པ་དེ་ཐོབ་པར་བྱེད་པའི་ཚིག་ཡིན་ལ། དེ་ལས་སྐྱེས་པའི་ཡེ་ཤེས་ཕ་རོལ་ཏུ་ཕྱིན་པའི་ཐེག་པ་ལྟ་ཞིག །བསྐྱེད་རིམ་པ་མན་ཆད་ཀྱིས་རྟོགས་པའི་བདེ་བ་ཆེན་པོའི་ཡེ་ཤེས་མངོན་དུ་གྱུར་པ་དེ་ལ་སྡོམ་པ་ཞེས་བྱ་བའི་མིང་གི་འདོགས་པ་ནི། རྒྱུད་གཞུང་གི་དགོངས་བསྟན་ཡིན་ལ། ཐ་སྙད་སྦྱར་བདེ་བའི་དབང་དུ་བྱས་ནས་རྫོགས་རིམ་གྱི་སྡོམ་པའི་ངོ་བོ་ཡང་། བདེ་ཆེན་གྱི་ཡེ་ཤེས་མ་སྐྱེས་པ་སྐྱེས་པའི་ཕྱིར་དུ་འམ། སྐྱེས་ཟིན་གྱི་ཡེ་ཤེས་དེས་བྱིན་གྱིས་བརླབས་ནས། གསང་སྔགས་ཀྱི་ཀུན་སྤྱོད་མཐའ་དག་ཉམས་སུ་ལེན་པར་བྱེད་པའི་སེམས་དཔའ་ས་བོན་དང་བཅས

པའོ། །དེ་སྐད་དུ་ཡང་། གཞན་གྱི་བརྗོད་མིན་ལྷན་ཅིག་སྐྱེས། །གང་དུ་ཡང་ནི་མི་རྙེད་དེ། །བླ་མའི་དུས་ཐབས་བརྟེན་པ་དང་། །བདག་གི་བསོད་ནམས་ལས་ཤེས་བྱ། །ཞེས་དང་། བརྟགས་པ་ཕྱི་མ་རྣམས་སུ་ཡང་། །ཐོས་པའི་ཕ་རོལ་སོན་གྱུར་ཀྱང་། །བདག་བྱིན་རླབས་ལས་ཕྱིར་ཕྱོགས་པས། །དེ་ཡི་དེ་ཉིད་མཐོང་མི་འགྱུར། །ཞེས་གསུངས་སོ། །དེ་ལྟ་བུའི་ཡེ་ཤེས་དེ་བླ་མའི་དུས་ཐབས་བརྟེན་ནས། ཇི་ལྟར་བསྐྱེད་པའི་རིམ་པ་འཆད་པ་ནི། རྒྱུད་ལས། སྡོམ་པ་དང་ནི་དབང་དང་ཡང་། །དེ་བཞིན་དགོངས་པའི་སྐད་ཉིད་དང་། །དགའ་དང་སྐད་ཅིག་དབྱེ་བ་དང་། །ཞེས་པ་ནས། ཨེ་ཝཾ་ཆ་བྱད་བཟང་པོ་གང་། །དབུས་སུ་ཐིམ་གིས་རྣམ་པར་བརྒྱན། །བདེ་བ་ཐམས་ཅད་ཀྱི་ནི་གནས། །སངས་རྒྱས་རིན་ཆེན་ཟ་མ་ཏོག །སྐད་ཅིག་དབྱེ་བས་ཕྱེ་བ་ཉིད། །ཞེས་སོགས་རྒྱས་པར་གསུངས་སོ། །དེ་ཡང་དབང་གསུམ་པ་ལས་དངོས་སུ་སྐྱེས་པའི་ཡེ་ཤེས་ནི། མཚོན་བྱེད་དཔེའི་ཡེ་ཤེས་ཡིན་ལ། དེའི་རྒྱུན་གོམས་པར་བྱས་པ་ལ། མཚོན་བྱ་དོན་གྱི་ཡེ་ཤེས་སུ་འགྱུར་བ་ཡིན་པ་དེའི་ཚེ། གོམས་བྱེད་ཀྱི་རྣལ་འབྱོར་ནི་དབང་བཞི་པ་ལས་སྐྱེས་པའི་ཡེ་ཤེས་ལ་བྱ་དགོས་པ་ཡིན་ཏེ། དབང་གསུམ་པར་སྐྱེས་པའི་ཡུལ་ཅན་བདེ་བ་ཆེན་པོ་དེ་དབང་བཞི་པ་བསྐུར་བྱེད་ཀྱི་ཚིག་དང་ཕྲད་པ་ན་དེ་ཡུལ་སྟོང་པའི་མཐའ་ཐམས་ཅད་དང་བྲལ་བར་མཐོང་བ་ཡིན་ཞིང་། དེའི་རིགས་རྒྱུན་གོམས་པར་བྱས་པས་མཚོན་བྱ་དོན་གྱི་ཡེ་ཤེས་མངོན་དུ་འགྱུར་བ་ཡིན་ལ། དེ་ལ་ནི་ཕྱག་རྒྱ་ཆེན་པོ་མཆོག་གི་དངོས་གྲུབ་ཅེས་ཀྱང་བྱའོ། །ཡེ་ཤེས་དེ་གཉིས་ཀ་ལ་ཡང་སྟོམ་པ་ཞེས་བྱ་བའི་ཐ་སྙད་ནི་དངོས་མེད་དུ་འཇུག་པར་རྒྱུད་འགྲེལ་ནས་ཤིན་ཏུ་གསལ་ལོ། །དབང་གསུམ་པའི་དུས་སུ་ཐོག་མར་སྐྱེས་པ་དེ་དང་དེའི་རྒྱུན་གོམས་པར་བྱས་པའི་ཡེ་ཤེས་གཉིས་ཀ་ཡང་དོན་གྱི་ཡེ་ཤེས་དངོས་ཡིན་པར་བླ་མ་རྗེ་བ་རྣམས་བཞེད་དེ། དེའི་ཤེས་བྱེད་དུ། སློབ་མ་སྙིང་རྗེ་ཅན་མཐོང་ནས། །རྡོ་རྗེ་ཅན་གྱི་འདི་ཞེས་སྨྲ། །འདི་ཉིད་ཡེ་ཤེས་ཆེན་པོ་ཉིད། །ཐམས་ཅད་ལུས་ལ་རྣམ་པར་གནས། །ཞེས་སོགས་འདྲེན་པར་མཛད་ལ། ས་སྐྱ་པ་རྣམས་ཀྱིས་བཞེད་པ་དབང་དུས་སུ་མངོན་དུ་གྱུར་པའི་གཟུང་འཛིན་གཉིས་མེད་ཀྱི་ཡེ་ཤེས་ཞིག་སྐྱེས་པ་དེ་སངས་རྒྱས་ཀྱིས་ཡེ་ཤེས་དང་འདྲ་བའི་དོན་གྱིས་ན། དེའི་ཡེ་ཤེས་ཞེས་བྱ་ཡི། སངས་རྒྱས་ཀྱི་ཡེ་ཤེས་དངོས་མིན་ཞེས་འཆད་དེ། དེའི་ཤེས་བྱེད་དུ། ཀུན་མཁྱེན་ཡེ་ཤེས་དེ་ལྟ་བུ། །ཞེས་དང་། གང་ཕྱིར་འབྱུང་བ་ཆེ་བདེ་བ། །དེ་ཡི་བདེ་བ་བདེ་ཆེན་མིན། །ཞེས་དང་། ཡེ་ཤེས་གྲུབ་པ་སོགས་ཀྱི་ལུང་མང་དུ་འདྲེན་པར་མཛད་དོ། །

མདོར་ན་དབང་བཞི་ཀར་ལ་སྡོམ་པ་གསར་ཐོབ་རེ་རེ་ངེས་པར་ཁས་ལེན་དགོས་ཏེ། བླ་མེད་ཀྱི་སྡགས་སྡོམ་རྫོགས་པ་ལ་དབང་བཞི་རྫོགས་པར་ཐོབ་དགོས་པ་རང་ལུགས་ཡིན་པའི་ཕྱིར་དང་། དུས་འཁོར་ལས

ཀྱང་། དབང་བཞི་པོ་རེ་རེ་ཐོབ་པ་ལས། སྔགས་ཀྱི་ཚུལ་ལ་དགེ་བསྙེན་དགེ་ཚུལ་དགེ་སློང་སྐྱེ་དགུའི་བདག་པོ་ཆེན་པོར་འགྱུར་བ་སོགས་བཤད་པ་ལས་ཀྱང་ཤེས་པའི་ཕྱིར་རོ། །དབང་གོང་མ་གསུམ་ལ་གྱུ་ནོམ་ལྷ་ཞན་གྱིས་རྣམ་གཞག་སྡོང་སེམས་གསར་ཐོབ་རེ་ཡོད་པ་མི་འགལ་བ་ཙམ་ཡིན་མོད། འདི་དག་ལ་དཔྱད་པར་བྱ་བ་ཡོད་ཀྱང་ཡི་གེ་མང་པས་མ་བྲིས། ཡང་འབེལ་གཏམ་ལས། ཀུན་མཁྱེན་གོ་རམ་པའི་བཞེད་པས། དམིགས་པ་ཙམ་ཡང་འཛིན་མི་ཤེས་པར་དབང་གྲལ་དུ་བསྡད་པ་ཙམ་གྱིས་དབང་དང་སྡོམ་པ་ཐོབ་པར་སྨྲ་བ་དེ་དག་ནི། །ཁ་ཅིག་བླུན་པོ་སྡིག་པ་ཅན། །ཡིན་ཡང་དེར་འཚོགས་ཐམས་ཅད་ནི། །ཞེས་སོགས་ཀྱིས་ཕྱོགས་སྔ་སྨྲ་བ་དང་ཁྱད་པར་མེད་གསུངས་པ་ལ། དེ་ནི་ཕུག་ལེན་དོག་ཕྱོགས་ནས་བཀག་པ་ཡིན་གྱིས། དོན་ལ་དམིགས་པ་འཛིན་མི་ཤེས་ཀྱང་། བླ་མས་ཚིག་བརྗོད་པའི་མཐུ་ལས། ལས་འཕྲོ་ཅན་འགག་ཞིག་ལ་སྔགས་སྡོམ་སྐྱེ་བ་སྲིད་པ་སོགས་དང་། དེའི་དཔེར། རྟེན་ལ་རབ་གནས་བྱེད་པའི་ཚེ། རྟེན་དེས་དམིགས་པ་འཛིན་མི་ཤེས་ཀྱང་ལྷར་བསྐྱེད་པ་དང་། ཡེ་ཤེས་བསྟིམ་པ་སོགས་ཀྱིས་རབ་གནས་ཆགས་པ་སོགས་ཀྱིས་ལུང་དུ། ལྷ་ལ་རབ་ཏུ་གནས་པ་དང་། །མི་ལ་དབང་བསྐུར་བྱ་བ་སོགས། །ཞེས་འདྲེན་པའང་མ་འབྲེལ་ཞིང་། དེ་གཉིས་མཚུངས་པར་བཤད་ནས། འདི་ལ་འཁྲུལ་པ་མེད་གསུང་ནའང་། འཁྲུལ་ཏེ། རྟེན་ཚོན་ཆ་ག་ལ་བསྙེན་ནས་དབང་བསྐུར་བའི་ཚེ་དམིགས་པ་འཛིན་མི་ཤེས་པ་སོགས་ལ། དབང་གི་བརྡ་དོན་མི་འཕྲོད་པས། དེའི་ཚེ་དབང་བསྐུར་ཀྱང་མ་ཐོབ་པ་ཞེས་བྱ་བ་དེ་ཡིན་གྱིས། དབང་དང་སྡོམ་པ་ཐོབ་པ་ནི་མ་ཡིན་པས། མི་འཐད་ལ། དེའི་ཤེས་བྱེད་ཀྱང་མི་འཐད་དེ། བསྙེན་སོགས་དག་པར་མ་བྱས་པ། །དཀྱིལ་འཁོར་ལས་ལ་འཇུག་མི་བྱ། །ཞེས་དང་། ལྷ་ལ་རབ་ཏུ་གནས་པ་དང་། །མི་ལ་དབང་བསྐུར་བྱ་བ་སོགས། །རྡོ་རྗེ་སློབ་དཔོན་ཁོ་ནའི་ལས། །ཉིད་ཡིན་གཞན་གྱིས་བྱར་མི་རུང་། །ཞེས་པའི་དོན་རྡོ་རྗེ་སློབ་དཔོན་ལས་སོགས་བསྟན་པ་ཡིན་གྱི། དེ་གཉིས་མཚུངས་པར་བསྟན་པ་མ་ཡིན་ཞིང་། དེ་གཉིས་དཔེ་དོན་མཚུངས་པ་ཡང་མ་ཡིན་ཏེ། མི་ལ་དབང་བསྐུར་བྱ་བ་ལ་དབང་གི་བརྡ་དོན་འཕྲོད་མི་འཕྲོད་དང་། དམིགས་པ་འཛིན་ཤེས་མི་ཤེས་སོགས་འབྱུང་གིས། ལྷ་ལ་རབ་ཏུ་གནས་པ་ལ་དམིགས་པ་འཛིན་ཤེས་མི་ཤེས་དང་བརྡ་དོན་འཕྲོད་མི་འཕྲོད་སོགས་མ་བཤད་པའི་ཕྱིར་རོ། །

དྲུག་པ་འབྲས་བུའི་རྣམ་གཞག་ལ། འཁྲུལ་པ་དགག་པ་ལ་འཁྲོས་ནས། གྲུབ་ཐོབ་དང་རྟོགས་ལྡན་བཟང་ངན་ལ་འཁྲུལ་པ་དགག་པའི་ཕྱོགས་སྔ་ནི། ལ་ལས་གྲུབ་ཐོབ་ངན་ཞེས་ཟེར། །རྟོགས་ལྡན་བཟང་བ་ཡིན་នོ་ལོ། །གྲུབ་ཐོབ་བརྒྱད་ཅུའི་ནང་ན་ཡང་། །རྟོགས་ལྡན་མེད་ཅེས་ཟེར་བ་ཐོས། །དེ་དང་དེ་འགོག་པ་ནི། འདི་འདྲ་འཕགས་པའི་གང་ཟག་དང་། །བླ་མ་རྣམས་ལ་བསྐུར་འདེབས་ཡིན། །ཞེས་སོགས་དང་། སྡོམ་

གསུམ་མཛད་པ་རང་ལུགས་ཀྱི་བཞེད་པ་ནི། དེ་ཡི་འཐད་པ་བཤད་ཀྱིས་ཉོན། །གྲུབ་ཐོབ་ཆུང་ངུ་མཐོང་ལམ་ཡིན། །གྲུབ་པ་འབྲིང་པོ་ས་བརྒྱད་པ། །གྲུབ་པ་ཆེན་པོ་སངས་རྒྱས་ས། །ཞེས་པ་ནས། ལམ་འབྲས་ལས་ཀྱང་དེ་སྐད་གསུངས། །དེད་ཀྱི་གྲུབ་ཐོབ་དེ་འདྲ་ཡིན། །ཞེས་པའི་བར་དང་། རྟོགས་ལྡན་མཚན་ཉིད་འདི་ཡིན་ཞེས། །མདོ་རྒྱུད་ཀུན་ལས་གསུངས་པ་མེད། །དེས་ན་རྟོགས་ལྡན་བླུན་པོ་ལ། །གྲགས་ཀྱི་མཁས་པ་རྣམས་ལ་མིན། །ཞེས་གསུངས་པ་རྣམས་ཀྱིས་བསྟན་པ་ཡིན་ལ། རྗེ་བཙུན་གྱི་གསུང་འདི་དག་ལ་བརྟེན་ནས། དེང་སང་གཞན་དག་རྟོགས་ལྡན་ཞེས་བྱ་བ། མདོ་རྒྱུད་གང་ནས་ཀྱང་མ་བཤད་ཅེས་ལྷུང་ལྷུར་སྒྲོགས་པར་བྱེད་ཀྱང་། རྗེ་བཙུན་གྱི་གསུང་དེ་གླིང་བས་གཞན་དག་གིས་མ་གོ་བ་བདེན་མོད། རྗེ་བཙུན་གྱིས་དགོངས་པ། གྲུབ་ཐོབ་ལས་རྟོགས་ལྡན་བཟང་བར་འདོད་པ་འགོག་པའི་ཤེས་བྱེད་དུ་དེ་དག་གསུངས་པ་ཡིན་གྱིས། རྟོགས་ལྡན་དང་གྲུབ་ཐོབ་འགལ་བ་ལྟ་བུར་གསུངས་པ་མ་ཡིན་ཏེ། རྟོགས་ལྡན་ཞེས་བྱ་བའི་ཐ་སྙད་ཀྱང་།མདོ་རྒྱུད་ལས་གསུངས་པའི་ཕྱིར་ཏེ། དེ་མཉམ་མེད་ལྷ་རྗེ་བ་ཆེན་པོའི་གསུང་གི་བྱ་རྒྱུད་སྒོ་མཐའ་ཡས་པའི་གཟུངས་ལས། དྲན་དང་བློ་གྲོས་རྟོགས་ལྡན་འགྱུར། །ཞེས་དང་། ཏིང་ངེ་འཛིན་རྒྱལ་པོའི་མདོ་ལས། ཏིང་འཛིན་མཆོག་འདི་མི་གང་འཛིན་པ་ནི། །དེ་དག་དྲན་དང་ལྡན་ཞིང་བློ་གྲོས་ལྡན། །རྟོགས་ལྡན་ཡེ་ཤེས་འཕགས་པ་ཐོས་པ་འཛིན། །དེ་དག་སྤོབས་པ་དག་ཀྱང་རྒྱ་ཆེར་འགྱུར། །ཞེས་སོགས་ལུང་གསལ་ལ་མང་བ་འདུག་མོད། རྗེ་འཇམ་པའི་དབྱངས་ཀྱི་གསུང་དེ། བཀའ་བརྒྱུད་པ་གཙོ་ཆེ་སྐད་ཟེར་རམ་དགོངས་པའི་དགོངས་པ་ཅན་གྱིས་གསུང་ལོས་ཡིན། ཡང་སྙིང་མའི་བཀའ་བརྒྱུད་གསང་འདུས་ཀྱི་རྒྱུད་ལེའུ་ཉེར་བདུན་པ་ལས། སྤྲོས་མེད་དོན་གྱི་རབ་གནས་ནི། །བསྙེན་སྒྲུབས་རྟོགས་ལྡན་རྣལ་འབྱོར་པས། །གཟིགས་པས་རབ་ཏུ་གནས་པ་ཆགས། །ཞེས་རྟོགས་ལྡན་ལ་དེ་འདྲའི་མཐོང་ཆེ་བ་འདུག །སློབ་དཔོན་པདྨ་འབྱུལ་མེད་ཚད་མའི་སྐྱེས་བུ་ཡིན་ཨང་། ཞེས་གསུངས་འདུག་ལ། རྗེ་པདྨ་དཀར་པོས་ཕྱག་ཆེན་རྣམ་བཤད་དུའང་། འདི་ལ་སྒྲ་སྒྲུབ་སོགས་ཤེས་བྱེད་ལེགས་གསུངས་སོ། །ཡང་ཉམས་རྟོགས་གོ་བ་གསུམ་ལ་འབྲུལ་པ་དགག་པ་སོགས་ནི། ལ་ལ་ཉམས་དང་གོ་བ་དང་། །རྟོགས་པ་ཞེས་བྱ་རྣམ་པ་གསུམ། །ཞེས་སོགས་དང་། དེ་འགོག་པ་ལ། འདི་ཡང་རེ་ཞིག་བརྟག་པར་བྱ། །ཞེས་སོགས་གསུངས་པ་རྣམས་ནི་གཞུང་ཉིད་ལས་ཤེས་པར་བྱའོ། །

བསྟན་པ་ལ་ཕྱི་དོར་བྱེད་པ་བསྟན་འཛིན་གྱི་སྲི་ལུགས་ཡིན་པར་བསྟན་པ་ནི། སངས་རྒྱས་འཇིག་རྟེན་དུ་བྱོན་པ་དང་མཁས་པ་རྣམས་སྡེ་སྣོད་ཀྱི་བཤད་པ་བྱེད་པ་ལ། འབྲས་བུ་ཆོས་ལོག་སུན་འབྱིན་པ་དང་། བདུད་ཡིད་སྨུག་པ་དང་། མཁས་པ་རྣམས་དགའ་བ་བསྐྱེད་པ་སྟེ་རྣམ་པ་གསུམ་འབྱུང་བ་འདི། སངས་རྒྱས

བསྟན་པའི་སྤྱི་ལུགས་ཡིན་པར་སྟོན་པ་ལ། སངས་རྒྱས་འཇིག་རྟེན་བྱོན་པ་དང་། །མཁས་རྣམས་བཤད་པ་བྱེད་པ་ལ། །འབྲས་བུ་རྣམ་གསུམ་འབྱུང་བ་ནི། །སངས་རྒྱས་བསྟན་པའི་སྤྱི་ལུགས་ཡིན། །ཞེས་པ་དང་། བསྟན་ཆོས་བརྩམས་པའི་རྒྱུ་མི་ཤེས་པ་དང་། ཕྲག་དོག་མིན་པར་བསྟན་པ་ནི། བདག་གིས་སྒྲ་དང་ཚད་མ་བསླབས། །ཞེས་པ་ནས། བློ་ལྡན་རྣམས་ཀྱིས་འདི་ལྟར་བཟུང་། །ཞེས་པའི་བར་དང་། དེས་ན་བསྟན་བཅོས་ཉི་མ་དང་མཚུངས་པ་བསྟན་པ་ལ། ངོ་བོ་ཉི་མ་དང་མཚུངས་པར་བསྟན་པ་ནི། ཐུབ་པའི་བསྟན་པ་རིན་ཆེན་གཞལ་མེད་ཁང་། །ལོག་ལྟའི་མུན་ནག་ཚང་ཚིང་རྣམ་པར་བསལ། །བློ་བསལ་བློ་ཡི་པདྨོ་ཁ་འབྱེད་པ། །བསྟན་བཅོས་ཉི་མའི་སྣང་བ་འདི་ཤར་རོ། །ཞེས་པ་དང་། བྱེད་ལས་ཉི་མ་དང་མཚུངས་པར་བསྟན་པ་ནི། རྒྱལ་བ་ཀུན་གྱིས་དགོངས་པ་འདི་ཡིན་ཞེས། །འགྲོ་ལ་ཕན་པའི་བསམ་པས་བདག་གིས་བཤད། །མཁས་པ་ཀུན་གྱི་དགོངས་པ་འདི་ཡིན་མོད། །ད་དུང་བླུན་པོ་རྣམས་ཀྱི་རྟོགས་པར་དཀའ། །ཞེས་དང་། ཀུན་དགའི་ཉི་མས་སངས་རྒྱས་བསྟན་པ་ཡི། །པདྨོ་རྣམ་པར་ཕྱེ་བ་ལས་བྱུང་བའི། །དམ་པའི་སྦྲང་རྩིས་འགྲོ་བའི་བུང་བ་ཀུན། །རྒྱུན་དུ་བདེ་བའི་དགའ་སྟོན་འགྱེད་པར་ཤོག །ཅེས་པ་རྣམས་ཡིན་ལ།

གསུམ་པ་མཐའ་མར་དགེ་བ་བཀའ་དྲིན་དྲན་པའི་ཕྱག་བྱས་པའི་སྒོ་ནས། རྗེས་དགའ་བ་བསྔོམ་པ་ནི། གང་གི་ཐུགས་རྗེས་ཉེར་བཟུང་ནས། །ལོག་པའི་ཆོས་རྣམས་སྤངས་ནས་ཀྱང་། །སངས་རྒྱས་བསྟན་དང་ལེགས་སྦྱོར་པའི། །འཇམ་མགོན་བླ་མ་དེ་ལ་འདུད། །ཅེས་པ་དང་།

རྩོམ་པའི་ཕན་ཡོན་བསྟན་པའི་སྒོ་ནས་མཇུག་ཤེས་པ་བརྗོད་པ་ནི། སྡོམ་པ་གསུམ་གྱི་རབ་ཏུ་དབྱེ་བ་ཞེས་སོགས་ཀྱིས་བསྟན་ཏེ། འདི་ལྟར་བརྩམས་པའི་དགེ་བས་དྲི་མ་མེད་པའི་ཐུབ་པའི་བསྟན་པ་དམ་པའི་ཆོས་ཕྱོགས་བཅུར་རྒྱས་པར་གྱུར་ཅིག །ཅེས་ཤེས་པ་བརྗོད་པའོ། །

རྒྱལ་བའི་དགོངས་དོན་མདོ་སྔགས་ཆུ་བོ་ཆེ། །བདག་ཅག་བྱིས་བློའི་རྫིང་བུར་ག་ལ་ཆུད། །འོན་ཀྱང་དཀར་པོའི་ས་བོན་སྨིལ་བའི་ཕྱིར། །ལེགས་བཤད་ལྷ་ཡི་ཆུ་རྒྱུན་འདི་བརྩམས་སོ། །འདི་སྦྱར་དགེ་བ་གངས་རིའི་ཆུ་རྒྱུན་གྱིས། །མི་ཤེས་སྒྲིབ་པའི་དྲི་མ་ཀུན་དག་ནས། །ཕན་བདེ་འཆི་མེད་བདུད་རྩིའི་གྲུ་ཆར་གྱིས། །ཐུབ་བསྟན་ལོ་ཏོག་རྟག་ཏུ་རྒྱས་བྱེད་ཤོག །རྒྱལ་བའི་སྡེ་སྣོད་གསུམ་དང་རྒྱུད་སྡེ་བཞི། །ཟབ་དང་རྒྱ་ཆེའི་ཚིག་དོན་རྒྱ་མཚོ་ལས། །སྡོམ་གསུམ་བསམ་འཕེལ་ནོར་བུའི་ཚོགས་ལྡན་པ། །རིགས་ཀུན་བདག་པོའི་དེད་དཔོན་དྲུག་པར་དགེ། །

དེ་ལྟར་རྒྱལ་བའི་བཀའ་དང་དགོངས་འགྲེལ་གྱི་གཞུང་ལུགས་བརྒྱ་ཕྲག་དག་ལས་སྡོམ་པ་གསུམ་གྱི་

རབ་ཏུ་དབྱེ་བའི་སྐབས་ལས་བརྩམས་པའི་ལེགས་བཤད་ཀྱི་གཏམ་དུ་བྱ་བ་རྒྱ་བོད་ཀྱི་གྲུབ་མཐའ་རྣམ་པར་འབྱེད་པ་ལུང་རིག་རྒྱ་མཚོའི་སྙིང་པོ་མཁས་པ་དགའ་བྱེད་རིན་པོ་ཆེའི་རྒྱན་དྲུག་པར་བཀོད་པ་བསྟན་ཟིན་ཏོ། །

དེ་ལྟར་ཕར་ཚད་ལ་སོགས་པའི་པོད་ཆེན་དྲུག་དང་གཞན་ཡང་གཞུང་ལུགས་བརྒྱ་ཕྲག་དག་ལས་བརྩམས་པའི་རྒྱ་བོད་ཀྱི་བཤད་སྲོལ་རྣམས་ནི་བདག་ཅག་བྱིས་པའི་བློས་དེ་དག་གི་གསུང་རབ་ཀྱི་གྲངས་བགྲང་བ་ཙམ་ཡང་མི་ནུས་ན་ཚིག་དོན་རྟོགས་པ་ག་ལ་ནུས་ཏེ། བདག་ཅག་བློ་གྲོས་ཀྱི་མཐུ་ཆུང་ཞིང་བརྩོན་པ་ཞན་པའི་ཕྱིར་རོ། །

འདིར་སྨྲས་པ། རིགས་གནས་ཀུན་ལ་ལྟ་བའི་མིག་ཡངས་པོ། །ཤེས་བྱའི་རང་གཟུགས་མཚར་པོ་ལེགས་བཤད་གཏམ། །རྣམ་དཔྱོད་རྒྱན་ལྡན་ཤེལ་གྱི་དཔལ་བེའུར། །ཤར་བའི་ལུང་རིགས་ཐུབ་བསྟན་རྒྱན་དུ་མཛེས། །གཟུ་བོར་གནས་པའི་དོན་གཉེར་རྐང་དྲུག་པ། །མང་ཐོས་སྦྲང་རྩིའི་སྙིང་པོ་འདི་བསྟེན་ལ། །ལེགས་བཤད་སླུ་དབྱངས་ད་དིར་སྒྲོགས་བྱེད་ན། །མཁས་པའི་སྐྱིད་ཚལ་མཛེས་པའང་ཅིས་མི་ཐོབ། །དེ་ཕྱིར་ཐུབ་པའི་བསྟན་དང་དེ་འཛིན་གྱི། །དམ་པའི་བཤེས་གཉེན་མཁས་གྲུབ་ཉེར་བསྟེན་ལ། །ཚུལ་གནས་ཐོས་བསམ་སྒོམ་ལ་ནག་དུས་ན། །མངོན་མཐོ་ངེས་ལེགས་བྱང་ཆུབ་མྱུར་ཐོབ་སླམ། །དགའ་བའི་མང་ཐོས་སྤྲིན་སྟོན་འཛུམ་རོལ་ནས། །ལུང་རིགས་དགའ་ཆར་ཆུ་རྒྱུན་བསྙུན་པ་འདི། །ལེགས་བཤད་དབྱར་གྱི་རྔ་དབྱངས་དང་འགྲོགས་པས། །རྒྱལ་བསྟན་ཕན་བདེའི་ལོ་ཏོག་རྟག་རྒྱས་ཤོག །ཐུབ་བསྟན་འཆི་མེད་ཡུལ་ལས་འོངས་པའི་གཞུང་ལུགས་སྡེ་སྣོད་རྒྱུན་གསུམ་ཅན། །རྒྱུད་སྡེའི་ཆུ་བོ་བཞི་ཡི་ཉེར་མཛེས་མང་ཐོས་ཆུ་རྒྱུན་གྲངས་མེད་པ། །རྒྱལ་དང་རྒྱལ་སྲས་གསུང་རབ་ཟབ་རྒྱས་གངས་ཆེན་མཚོ་ནི་བྱིས་པའི་བློས། །གཏིང་མཐའ་ནམ་ཡང་དཔོག་པར་ཅི་ནུས་འོན་ཀྱང་དཀར་པོའི་ས་བོན་ཙམ། །བདག་ཅག་བྱིས་པའི་བློ་ཡི་མེ་ལོང་དུ། །གསུང་རབ་ཀུན་གསལ་ལང་ཚོ་ཅི་ལ་འཆར། །དེ་ཕྱིར་ནོངས་པའི་ཚོགས་རྣམས་མཆོག་གསུམ་གྱི། །སྤྱན་སྔར་ཐོག་མེད་སྡིག་དང་ལྷན་ཅིག་བཤགས། །འདིར་འབད་དགེ་བ་གངས་རིའི་ས་འཛིན་སྤོ། །རྣམ་དཀར་ཟླ་བའི་འོད་ཀྱིས་བྲུགས་པ་ཡི། །བསིལ་ཟེར་འོད་བརྒྱའི་སྣང་བས་མུན་བཅོམ་ནས། །རྒྱལ་བསྟན་ཀུ་མུད་རྒྱས་པའི་དཔལ་གྱུར་ཅིག །གཞན་ཡང་འདི་སྲུར་དགེ་བའི་ཤིང་རྟ་ཡིས། །ཉེར་དྲངས་ཉི་གཞོན་ས་འཛིན་དཀར་པོའི་རྩེར། །ཤར་བའི་མཐུ་ཡིས་སྲིད་གསུམ་མུན་བཅོམ་ནས། །ཐུབ་བསྟན་རིན་ཆེན་པདྨོ་རྒྱས་བྱེད་ཤོག །མང་ཐོས་གྲུ་རྫིང་རབ་བཅས་རིག་གྲོལ་གྱི། །སྣན་གྲགས་བ་དན་དཀར་དང་ལྷན་ཅིག་ཏུ། །གྲུབ་མཐའ་རྒྱ་མཚོ་བརྒྱལ་བའི་དེད་དཔོན་གྱི། །ལེགས་བཤད་ནོར་བུས་བསྟན་པ་རྒྱས་བྱེད་ཤོག །ཐུབ་བསྟན་རྒྱ་མཚོའི་སྙིང་པོ་ལེགས་བཤད་དབྱིག །ཡོག་

རྟོག་འདམ་ལས་ཕྱུང་སྙེ་ལུང་རིགས་རྒྱུས། །ལེགས་པར་སྤྲུང་པ་བཤད་སྒྲུབ་རྒྱལ་མཚན་རྩེར། །མཆོད་པའི་སྤྲིན་གྱིས་མཆོད་འོས་རྒྱ་མཚོ་མཆོད། །འདི་སོགས་རྣམ་དཀར་དགེ་བ་ལེགས་བྱས་ཚོགས། །མཐའ་ཡས་མཁའ་ཁྱབ་ནམ་མཁའི་མཛོད་ཆེན་པོས། །ཕན་བདེ་ཀུན་གྱི་འབྱུང་གནས་ཐུབ་པའི་བསྟན། །གསལ་བར་མཛད་པའི་དཔལ་དུ་གྱུར་བྱེད་ཤོག །

ཅེས་པ་འདི་ནི་བོད་ཀྱི་རྡོ་རྗེ་གདན་དཔལ་ས་སྐྱའི་ཆོས་གྲྭ་ཆེན་པོ་ནས་རྗེ་བཙུན་གོང་མ་བདག་ཆེན་སྔགས་འཆང་ཐམས་ཅད་མཁྱེན་པ་མཁས་པ་དང་གྲུབ་པ་ཀུན་གྱི་གཙུག་རྒྱན་འཇམ་པའི་དབྱངས་ཀུན་དགའ་བསོད་ནམས་བཀྲ་ཤིས་གྲགས་པའི་རྒྱལ་མཚན་དཔལ་བཟང་པོའི་བཀའ་སྩལ་དབྱར་སྐྱེས་ཟླ་བ་ཆེ་བསྩལ་ཞིང་། ཐུབ་པའི་བསྟན་ལ་ཆོས་ཀྱི་རྗེས་སུ་འབྲང་བའི་བློ་གྲོས་ཅན་དུ་མས་བསྐུལ་བས་ཀྱང་མཚམས་སྦྱར་ཏེ། ཀུན་མཁྱེན་པདྨ་དཀར་པོའི་ཞབས་པད་སྤྱི་བོར་བསྟེན་པའི་མཐུ་ཡིས་གཞུང་ལུགས་ལ་བློའི་སྣང་བ་ཅུང་ཟད་ཐོབ་པ་དང་། མདོ་སྔགས་སྤྱི་དང་ཁྱད་པར་པཎྜི་ཏ་ཆེན་པོ་རྒྱལ་བ་ཤཱཀྱ་མཆོག་ལྡན་གྱི་གསུང་རབ་མང་དུ་ཐོས་ཤིང་། གཞན་ཡང་རྗེ་བཙུན་ས་སྐྱ་པ་སྔགས་འཆང་བླ་མ་ཐམས་ཅད་མཁྱེན་པ་འཇམ་དབྱངས་ཀུན་དགའ་བསོད་ནམས་བཀྲ་ཤིས་གྲགས་པ་རྒྱལ་མཚན་དཔལ་བཟང་པོ་དང་། རྗེ་བཙུན་ཐམས་ཅད་མཁྱེན་པ་ཀུན་དགའ་སྙིང་པོ། གྲུབ་པའི་དབང་ཕྱུག་རྡོ་རྗེ་འཆང་། མཉམ་མེད་ལྷ་རྩེ་བ་ཆེན་པོའི་བཀའ་དྲིན་ལས་ངེས་པའི་དོན་ལ་བློ་ཁ་ཅུང་ཟད་ཕྱོགས་པ། ཀུ་ས་ལི་པ་ཐེག་པ་མཆོག་གི་རྣལ་འབྱོར་པ་གསུམ་ལྡན་དགེ་སློང་རྡོ་རྗེ་འཛིན་པ་བདུད་འཇོམ་དཔའ་བོས། གདན་ས་ལྷུན་འགྲུབ་སྟག་རྩེར་རྩོམ་པའི་མགོ་བརྩམས་ཏེ། རང་ལོ་གསུམ་པ་དངོས་པོ་ཞེས་པ་ཤིང་ཕོ་ཁྱིའི་ལོའི་ཧོར་ཟླ་བཞི་པའི་དཀར་ཕྱོགས་ཀྱི་དགའ་བ་གཉིས་པ་རྒྱལ་ཕྱུར་འཛོམས་པའི་ཉིན་ཕུ་སྨར་བྱང་ཆུབ་སྙིང་པོའི་ཕོ་བྲང་དུ་ལེགས་པར་བགྱིས་པ། འདི་ལ་གལ་ཏེ་ནོངས་པའི་ཚོགས་མཆིས་ན་བླ་མ་དང་མཁས་པའི་ཚོགས་ལ་བཟོད་པར་གསོལ་ཞིང་། རྣམ་པར་དཀར་བའི་དགེ་བས་ཐུབ་པའི་བསྟན་པ་ཡུན་དུ་གནས་པ་དང་གོང་དུ་འཕེལ་བའི་རྒྱུར་གྱུར་ཅིག །ཡི་གེ་པ་ནི་ནང་གི་རྣལ་འབྱོར་གྱིས་སྔོབས་རྒྱས་པ་མི་ཕམ་འཕྲིན་ལས་རྡོ་རྗེས་བྲིས་པ་འདི་བྲིས་དགེ་བས་བསྟན་པ་དང་སེམས་ཅན་ལ་ཕན་པ་རྒྱ་ཆེན་པོ་འབྱུང་བར་གྱུར་ཅིག །གཅིག་ཞུས་དག །མངྒ་ལཾ།། །།

༄༅། །རྒྱལ་བའི་བཀའ་དང་དགོངས་འགྲེལ་གྱི་གཞུང་ལུགས་བརྒྱ་ཕྲག་དག་ལས་བཏུམས་པའི་གཏམ་དུ་བྱ་བ་རྒྱ་བོད་ཀྱི་གྲུབ་མཐའ་རྣམ་པར་འབྱེད་པ་ལུང་རིགས་རྒྱ་མཚོའི་སྙིང་པོ་མཁས་པ་དགའ་བྱེད་རིན་པོ་ཆེའི་རྒྱན་ལས་འཕྲོས་པའི་ཡང་ལན་ལེགས་པར་བཤད་པ་ཐུབ་བསྟན་ཀུན་ཏུ་གསལ་བའི་ཉི་མ་ཞེས་བྱ་བ་ལས་སྡོམ་གསུམ་སྐོར་བཞུགས་སོ། །

བདུད་འཇོམས་དཔའ་བོ།

ན་མོ་མཉྫུ་ཤྲཱི་ཡེ། ཤེས་བྱའི་ཆོས་ཀུན་སྒྲ་ལ་འཇམ་དབྱངས་བཞིན། །ཆོས་དང་ཆོས་མིན་འབད་པའི་སྤྲོབས་པ་ཅན། །མཁས་པ་དགའ་བའི་ལེགས་བཤད་ནོར་བུས་མཛེས། །ཆོས་ཀྱི་རྒྱལ་མཚན་འཛིན་དེས་བདག་སྐྱོངས་ཤིག །དྲུག་པ་སྡོམ་པ་གསུམ་གྱི་རབ་ཏུ་དབྱེ་བ་ལས་འཕྲོས་པའི་ཡང་ལན་གྱི་རིམ་པ་ནི་གཞུང་ལས། ལུས་ངག་ལས་ནི་སྐྱེ་བར་འདོད། །ཅེས་པའི་ཐད་དུ་པཎ་ཆེན་རིན་པོ་ཆེའི་ལེགས་བཤད་གསེར་ཐུར་གྱི་ལེའུ་དང་པོ་ལས། ཉན་ཐོས་སོ་ཐར་མཁས་སློབ་ཀྱི། །ལུས་ངག་ལས་ནི་སྐྱེ་ཞེས་པ། །གཞུང་གི་དགོངས་པ་ཡིན་ན་ནི། །སྡོམ་པའི་ཐོབ་རྒྱུ་བཅུ་མེད་དམ། །ཞེས་དྲི་བ་མཛད་པའི་ལན་ལ་ཀུན་མཁྱེན་རིན་པོ་ཆེས་དེ་གཞུང་གི་དགོངས་པ་ཡིན་ནའང་། ཐོབ་རྒྱུ་བཅུ་གསུངས་པ་དང་མི་འགལ་ཏེ། འདིའི་སྡོམ་པ་སྐབས་ཐོབ་ཀྱིས་ད་ལྟར་གྱི་ཆོ་ག་ལས་ཐོབ་པའི་སྡོམ་པ་ལ་འཇུག་པའི་ཕྱིར་རོ་གསུངས་པ་ལ། ཁོ་བོས་མཁས་པ་དགའ་བྱེད་དུ་དེ་ནི་གྲུ་ཆོམ་དུ་གསུངས་སོང་། ལན་འཛིན་དུ་མ་ཐེབས་ཏེ་དེ་ལྟ་ན་འདི་སྐབས་ཀྱི་གཞུང་གིས་བསྟན་པའི་སོ་ཐར་སྡོམ་པ་ལ་ད་ལྟར་གྱི་ཆོགས་ཐོབ་པའི་སྡོམ་པ་ཡིན་པས་ཁྱབ་པ་ཞལ་གྱིས་བཞེས་དགོས་པར་འགྱུར་བས་གནོད་དེ་ཞེས་སོགས་བྲིས་པ་ལ། སླར་དགག་ལན་དུ་ཁྱེད་ལ་ཀུན་མཁྱེན་གྱི་གྲུབ་མཐའ་རྒྱུས་མེད་པས་འཁྱུང་མོ་ལྟག་ཏུ་སོང་། ཁོ་བོ་ཅག་ནི་ཁྱེད་ཀྱིས་ཁྱབ་པར་བཞེད་དགོས་པར་འགྱུར་ཟེར་བ་དེ་ལ་འདོད་ཐོག་ཏུ་བྱེད་པ་ཡིན་བྲིས་སྣང་བ། ཁོ་བོས་ཀུང་ཀུན་མཁྱེན་རིན་པོ་ཆེའི་སྡོམ་གསུམ་འཁྲུལ་སྤོང་སོགས་ཡིག་ཆ་འགའ་ལ་ལྟ་རྟོག་འདྲ་བྱེད་མྱོང་ནའང་བདག་གིས་ཀུན་མཁྱེན་གྱི་དགོངས་པ་ག་ལ་ལོངས་པས་ཀུན་མཁྱེན་གྱི་གྲུབ་མཐའ་རྒྱུས་མེད་གསུང་བ་ཐུགས་མད་རིགས་སུ་འདུག །དེད་ཀྱི་བཀོད་པ་དེ་ལ་འདོད་ཐོག་ཏུ་བྱེད་གསུང་བའང་སྡོམ་གསུམ

འབྲུལ་སྤོང་སོགས་ནས་གསུངས་འདུག་པས་ཁྱེད་རང་གི་གྲུབ་མཐའ་འདུག །

ཡང་ཁྱེད་ཀྱི་དགག་ལན་དུ་དེ་ལས་ཁྱེད་རང་གིས་སྤྱིར་རིག་བྱེད་ལ་རག་མ་ལས་པའི་སོ་སོར་ཐར་པའི་སྡོམ་པ་མེད་ཀྱང་། གཞན་གྱི་རིག་བྱེད་ལ་རག་མ་ལས་པ་ཡོད་པ་ལ་དགོངས་ནས་མཛོད་དུ་སོགས་ཀྱི་སྒྲ་སྨོས་པ་ཡིན་ནོ་ཞེས་བཤད་པ་ནི་གྱ་ཚོམ་ཆེན་པོར་སྣང་སྟེ། སོགས་སྒྲས་བསྟན་པ་རྣམ་གཞན་གྱི་རིག་བྱེད་ལ་རག་མ་ལས་ན་ཚུར་ཤོག་གི་བསྙེན་རྫོགས་སོགས་མི་འཐད་པར་འགྱུར་ཏེ་ཞེས་པ་ནས། འདྲེན་པ་རང་རྒྱལ་རང་བྱུང་གིའོ་ཞེས་གསུངས་པའི་ཕྱིར་ཞེས་པའི་བར་བྲིས་པ་ནི་ཐེད་ཀྱི་འདོད་པ་མ་ཡོངས་པའི་དགག་པ་ལྟར་སྣང་དུ་འདུག །སོགས་སྒྲས་བསྟན་པ་ཐམས་ཅད་གཞན་གྱི་རིག་བྱེད་ལ་རག་མ་ལས་ཟེར་རྒྱུ་ཡིན་དོགས་མེད། གཞན་ཡང་ཁྱེད་ཀྱིས་གསུང་གིས་སྤྱིར་རིག་བྱེད་ལ་རག་མ་ལས་པའི་སྡོམ་པའང་ཡོད་དེ་ཞེས་པ་ནས། རང་རང་གི་བྱང་ཆུབ་བརྙེས་པའི་སྟོབས་ཀྱིས་ཐོབ་པའི་ཕྱིར་ཏེ་ཞེས་པའི་བར་ཤེས་བྱེད་བཀོད་པ་དེ་ལའང་དཔྱད་པར་བྱ་བ་འདི་ཡོད་དེ། ཁྱེད་རང་ལྟར་ན་ཇི་ལྟར་གནས་པ་མཁྱེན་པ་ན། འདྲེན་པ་རང་རྒྱལ་རང་བྱུང་གིའོ་ཞེས་པས་བསྟན་པའི་བསྙེན་པར་རྫོགས་པ་གཉིས་ཡོད་དེ་ལུས་ངག་གི་རིག་བྱེད་ལ་རག་མ་ལས་པ་དང་། གཞན་ཚུར་ཤོག་དང་ཡེ་ཤེས་ཁོང་ཆུད་ཀྱི་བསྙེན་རྫོགས་སོགས་གཞན་གྱིས་རིག་བྱེད་ལ་རག་མ་ལས་པར་ཁས་བླངས་པར་སོང་བས། འོ་ན་ཡེ་ཤེས་ཁོང་ཆུད་ཀྱི་བསྙེན་པར་རྫོགས་པ་དེའང་རིག་བྱེད་ལ་རག་མ་ལས་པར་འགྱུར་ཏེ། རང་རང་གི་ཡེ་ཤེས་བརྙེས་པའི་སྟོབས་ཀྱིས་ཐོབ་པའི་ཕྱིར། ཁྱབ་པ་མཚུངས་སོ། །

གཞན་ཡང་ཁྱེད་རང་ལྟར་ན་རང་རྒྱལ་རང་བྱུང་གི་བསྙེན་པར་རྫོགས་པའི་སྡོམ་པ་དེ་ཐེག་ཆེན་ལུགས་ཀྱི་སོ་ཐར་སྡོམ་པར་ནི་མི་རུང་སྟེ་བསམ་པ་ཐེག་ཆེན་སེམས་བསྐྱེད་ཀྱིས་མ་ཟིན་པའི་ཕྱིར། དེས་ན་ཉན་ཐོས་ལུགས་ཀྱི་སོ་ཐར་སྡོམ་པ་ལས་འོས་མེད་དེ་འདི་སྐབས་ཀྱི་སོ་ཐར་སྡོམ་པ་དེ་ལ་ཉན་ཐོས་ཐེག་ཆེན་ལུགས་གཉིས་ལས་གཞན་མ་བཤད་པའི་ཕྱིར། འདོད་ལན་ལས་འོས་མེད་པས། དེས་ན་དེ་འདྲ་དེ་ལུས་ངག་གི་རིག་བྱེད་ལ་རག་མ་ལས་པ་མི་འགྲུབ་སྟེ་དེ་ལུས་ངག་གི་ལས་ཀྱི་རང་བཞིན་ཡིན་དགོས་པའི་ཕྱིར་ཏེ། ཀུན་མཁྱེན་གྱི་སྡོམ་གསུམ་འབྲུལ་སྤོང་ལས་ཉན་ཐོས་པའི་ལུགས་ལ་སྡོམ་པ་ཡིན་ན་ལུས་ངག་གི་ལས་ཀྱི་རང་བཞིན་ཡིན་དགོས་པར་འདོད་པའི་ཕྱིར་ཏེ་མཛོད་ལས། ལས་ནི་སེམས་དཔའ་དང་དེས་བྱས། །ཞེས་སོགས་དྲངས་ནས་རིག་བྱེད་དང་རིག་བྱེད་མ་ཡིན་པའི་གཟུགས་གཉིས་ཀའང་ལུས་ངག་གི་ལས་ཀྱི་རང་བཞིན་དུ་གསུངས་པའི་ཕྱིར་རོ་ཞེས་ཀུན་མཁྱེན་རིན་པོ་ཆེས་བཤད་པ་དེ་ཁྱེད་ཀྱིས་ཞལ་གྱིས་བཞེས་དགོས་པའི་ཕྱིར།

ཁོ་བོས་མཁས་པ་དཀའ་བྱེད་དུ་སྤྱིར་རིག་བྱེད་ལ་རག་མ་ལས་པའི་སོ་ཐར་སྡོམ་པ་མེད་ཀྱང་ཞེས

སོགས་བཤད་པ་དེ་ནི་གཙོ་ཆེ་བའི་དབང་དུ་བཤད་པ་ཡིན་ལ། དེ་བས་ཁྱེད་རང་གིས་ཆོས་ཉིད་ཀྱིས་ཐོབ་པའི་སོ་ཐར་ཞེས་སོགས་དང་། རང་བྱུང་གི་བསྙེན་རྫོགས་རྣམས་ཀྱང་ཞེས་སོགས་སོ་སོར་ཕྱེ་ནས། སྟོན་པ་སངས་རྒྱས་རང་བྱུང་གི་བསྙེན་པར་རྫོགས་པ་མ་ཡིན་པར་བཤད་པ་ལྟ་བུ་ནི་ཁྱེད་རང་གིས་དྲངས་པའི་འདྲེན་པ་རང་རྒྱལ་རང་བྱུང་གིའོ་ཞེས་པ་དང་འགལ་བས་སོགས། ཡང་གསེར་ཐུར་གྱི་དྲི་བ་གསུམ་པ་གཟུགས་བརྙན་ཡིན་པའི་རྒྱུ་མཚན་གྱིས་ཞེས་སོགས་གསུངས་པ་ལ། ཀུན་མཁྱེན་གྱི་འབྲུལ་སྤོང་དུ་བསམ་གཏན་དང་གཟུགས་མེད་ཀྱི་སྡོམ་པའང་ཞེས་པ་ནས། རྟེན་པོར་བའི་ཕྱིར་རོ་ཞེས་སོགས་ཀྱི་བར་གསུངས་པ་ལ་ཁོ་བོས་མཁས་པ་དགའ་བྱེད་དུ། འོ་ན་བྱང་སྡོམ་དང་སྔགས་སྡོམ་ཡང་ཚེ་འདིའི་གཟུགས་ཅན་འཆི་འཕོས་པས་སྟོང་སྟེ་རྟེན་པོར་བའི་ཕྱིར་རོ། །འདི་ནི་འཁོར་གསུམ་གཙང་མའོ་བྲིས་པ་ལ་དགག་ལན་དུ། ཚིག་འབྲེལ་མང་པོ་གསུངས་ནས། ད་ལན་དངོས་ནི་བྱང་སྡོམ་དང་སྔགས་སྡོམ་ལས་གྱུར་པའི་གཟུགས་ཅན་གྱི་རི་བོང་གི་རྭ་དང་མཚུངས་པས་སོགས་བྲིས་སྣང་བའི། སྔར་ཀུན་མཁྱེན་རིན་པོ་ཆེའི་གསུང་གིས་བསམ་གཏན་དང་ཟག་མེད་ཀྱི་སྡོམ་པའང་ཚེ་འདིའི་གཟུགས་བརྙན་འཆི་འཕོས་པས་སྟོང་སྟེ་རྟེན་པོར་བའི་ཕྱིར་ཞེས་གསུངས་པ་ལ་ཁྱབ་མཐའ་རང་ནི་ཁས་ལེན་མི་ནུས་པ་འདྲ་སྟེ། བསམ་གཏན་དང་ཟག་མེད་ཀྱི་སྡོམ་པ་གཉིས་རྟེན་པོར་བ་རང་གི་མི་སྟོང་བའི་ཕྱིར་ཏེ། དེ་གཉིས་སེམས་ཀྱི་རྗེས་འབྲང་ཡིན་པའི་ཕྱིར། གཞན་ཡང་ཀུན་མཁྱེན་གྱི་འབྲུལ་སྤོང་གི་ཁྱབ་པ་དེ་དགག་ལན་མཛད་པ་ཁྱེད་རང་ལ་དེར་ཐལ། དེའི་ཕྱིར། འདིའི་ཤེས་བྱེད་འོག་ཏུ་སྟོན། ཁོ་བོས་མཁས་པ་དགའ་བྱེད་དུ་བཀོད་པ་དེ་ཀུན་མཁྱེན་རིན་པོ་ཆེའི་འབྲུལ་སྤོང་གི་ཁྱབ་པ་དེ་ལ་ཐལ་བར་འཕངས་པ་ཡིན་གྱི། དེ་རང་ལུགས་སུ་ཁས་བླངས་པ་ག་ལ་ཡིན། དེས་ན་ཁོ་བོས་བྱང་སྡོམ་དང་སྔགས་སྡོམ་དུ་གྱུར་པའི་གཟུགས་ཅན་དེ་འདྲ་ཁས་བླངས་པ་མེད་པས། དགག་ལན་དུ་བསམ་གཏན་དང་ཟག་མེད་ཀྱི་སྡོམ་པར་གྱུར་པའི་གཟུགས་ཅན་དེ་ཉིད་རི་བོང་གི་རྭ་དང་མཚུངས་པ་བྲིས་པ་ནི་གཞི་མེད་ཀྱི་ཐལ་བར་འདུག་ཅིང་། དེར་མ་ཟད་སྡོམ་པ་གོང་མ་གཉིས་གང་རུང་དུ་གྱུར་པའི་གཟུགས་བརྙན་དེ་འདྲ་གསེར་ཐུར་ཆེན་པོར་གསུངས་ཞེས་ངེད་ཀྱིས་ནམ་ཡང་ཞུས་པ་མེད་ན་འང་། དགག་ལན་དུ་དེ་འདྲ་ཁྱེད་ཀྱིས་གང་ནས་རྙེད་དམ། གསེར་ཐུར་ཆེན་པོར་མ་གསུངས་འདུག་པས་རྟོག་བཟོ་ཁོ་ནའོ་བྲིས་སྣང་བ་ནི་རིང་བོང་གི་ཅལ་དང་མཚུངས་ཏེ་དོན་མེད་དོ། །

ཡང་ཁོ་བོས་མཁས་པ་དགའ་བྱེད་དུ། ཐ་མ་གཉིས་ནི་སེམས་རྗེས་འབྲང་། །ཞེས་པའི་གཞུང་དྲངས་ནས་བསམ་གཏན་དང་ཟག་མེད་ཀྱི་སྡོམ་པ་གཉིས་སེམས་ཀྱི་རྗེས་འབྲང་ཡིན་པའི་ཕྱིར་ན་ཤི་འཕོས་པས་མི་སྟོང་པ་ཡིན་ཞེས་བཤད་པ་ལ། དགག་ལན་དུ་བབས་སྡོམ་པ་དེ་གཉིས་ཤི་འཕོས་པ་རང་གིས་མི་སྟོང་ཡང་།

སྐྲུབ་བྱེད་དེ་ལ་འབྲེལ་ཆེར་མ་བྱུང་སྟེ་ཞེས་སོགས་བྲིས་གནང་བ། ངེད་ཀྱིས་བལྟས་ན་འབྲེལ་ཁྱེད་རང་གི་དེ་ལ་ཆེར་མ་བྱུང་སྟེ། ཁྱེད་ཀྱི་གསུང་དེ་ནི་ཀུན་མཁྱེན་བླ་མའི་གསུང་དེ་དང་མ་མཐུན་པའི་ཕྱིར་ཏེ། གོང་དུ་འདིའི་ཤེས་བྱེད་འོག་ཏུ་སྟོན་ཞེས་པའི་ཤེས་བྱེད་ནི་དེ་ལྟར་ཀུན་མཁྱེན་གྱི་གསུང་གི་ཁྱབ་པ་དེ། དགག་ལན་མཛད་པ་ཁྱེད་ལ་དེར་ཐལ། དེའི་ཕྱིར་ཞུས་ན་ཁྱེད་ཀྱིས་དེའི་ཁྱབ་པ་ཞལ་གྱིས་བཞེས་མི་ནུས་ཏེ། ཁྱེད་ཀྱིས་ནི་བསམ་གཏན་དང་ཟག་མེད་ཀྱི་སྡོམ་པ་གཉིས་ཤི་འཕོས་པ་རང་གིས་མི་སྟོང་པ་ཞལ་གྱིས་བཞེས་པའི་ཕྱིར་ཏེ། ཁྱེད་རང་གི་དགག་ལན་དུ་དེ་ལྟར་གསུངས་པ་ལ་སྐྱོན་མི་ནུས་པའི་ཕྱིར། དེས་ན་ཁྱེད་རང་གི་བླ་མའི་གྲུབ་མཐའ་དང་འགལ། ཡང་མཁས་པ་དགའ་བྱེད་དུ་ཀུན་མཁྱེན་རྗེས་འབྲངས་དང་བཅས་པ་ལ་རིགས་པ་འདི་ལྟར་འཕངས་ཏེ་ཞེས་སོགས་བྲིས་པ་རིགས་པ་རྣམས་ནི་ངེད་རང་གི་དེ་ཀར་གྲུབ་མོད། འོན་ཀྱང་ཀུན་མཁྱེན་རིན་པོ་ཆེ་སར་གནས་ཀྱི་བྱང་ཆུབ་སེམས་དཔར་བཞུགས་པ་ལ་བདག་ཀྱང་མ་རིག་པས་བསྒྲིབས་པས་ཡུལ་གཉན་པོ་ལ་སྐྱུར་པར་སོང་ཤས་ཆེ་བས་མཐོལ་ཞིང་བཤགས་པ་དང་ཕྱིན་ཆད་སྡོམ་པ་སོགས་ནི། བདག་ཅག་མ་རིག་དབང་གིས་བསྒྲིབས་གྱུར་པས། །ངག་འཁྲུལ་ལ་སོགས་ཐར་པའི་གེགས་བྱེད་པ། །ཅི་བགྱིས་ཀུན་མཁྱེན་བླ་མར་མཐོལ་ཞིང་བཤགས། །རྣམ་སྨིན་འབྲས་བུ་མྱོང་བར་མ་གྱུར་ཅིག །ཅེས་སྔོན་ཆད་འགྱོད་སེམས་དང་། ཕྱིན་ཆད་སྡོམ་སེམས་སོགས་སྟོབས་བཞི་ཚང་བའི་སྒོ་ནས་བཤགས།

ད་ནི་མཁས་པ་ཁྱེད་ཀྱི་ཡང་ལན་དངོས་ནི་མཁས་པ་དགའ་བྱེད་ལས། ཤི་འཕོས་པས་མི་སྟོང་པར་ཐལ། བྱང་སེམས་ཀྱི་སྡོམ་པ་ཡིན་པའི་ཕྱིར། ཁྱབ་པ། དེས་ན་ཇི་སྲིད་སེམས་མ་ཉམས་ཞེས་པའི་གོ་ཏེ་ཀ་ཏུ་ཞལ་གྱིས་བཞེས་ཤིང་། གཞུང་གིས་ཀྱང་གྲུབ་པོ་ཞེས་ངེད་ཀྱིས་སླས་པ་ལ། ཁྱེད་ཀྱི་དགག་ལན་དུ་ཁྱབ་ཆེན་དེ་འདྲ་བཅས་ནས་ཞེས་སོགས་དང་སེམས་ལས་སྐྱེས་ཕྱིར་ཞེས་སོགས་ཀྱི་དོན་ནི་ཐེག་ཆེན་ཐུན་མོང་མ་ཡིན་པའི་བྱང་སེམས་སུ་སོ་ཐར་སེམས་ཇི་སྲིད་གནས་ཀྱི་བར་དུའམ་བྱང་ཆུབ་སྙིང་པོའི་བར་དུ་བླངས་པ་ལས་སྐྱེས་པ་རྣམས་བྱང་ཆུབ་སྙིང་པོའི་མཐའ་ཅན་ཡིན་པས་ཤི་འཕོས་པས་མི་སྟོང་ཞེས་པའི་དོན་ཡིན། དེའི་རྒྱུ་མཚན་ཡང་སྟོན་དུས་ཁ་ཅིག་བྱང་སེམས་སོ་སོ་ཐར་པའི་མདོ་ནས་གསུངས་པའི་ཐུན་མོང་མ་ཡིན་པའི་སོར་སྡོམ་རྣམས་གཟུགས་ཅན་ཡིན་ཟེར་བ་བྱུང་བས་དེ་འགོག་པའི་ཕྱིར་དུ། བྱང་ཆུབ་སེམས་དཔའི་སྡོམ་པ་ནི། །ཞེས་སོགས་གཞུང་འདི་དག་གསུངས་པ་ཡིན་ཞེས་སོགས་བྲིས་གནང་བའང་འཐད་པར་མ་མཐོང་ཏེ། ཐེག་ཆེན་ཐུན་མོང་མ་ཡིན་པའི་བྱང་སེམས་སོ་ཐར་དང་། བྱང་སེམས་སོ་སོར་ཐར་པའི་མདོ་ནས་གསུངས་པའི་ཐུན་མོང་མ་ཡིན་པའི་གཉིས་པར་ཞལ་གྱིས་བཞེས་པ་གཞིར་བཅས་སམ། དེ་ལྟར་ན་ཐེག་ཆེན་ཐུན་མོང་མ་ཡིན་པའི་སོ་ཐར་གྱི་སྡོམ

པ་དེ་སོ་ཐར་གྱི་སྡོམ་པ་ཡིན་ནམ་མིན། མིན་ན་ཐེག་ཆེན་སོ་ཐར་གྱི་སྡོམ་པ་ཡོད་པར་གསུངས་པ་དང་འགལ། ཡིན་ན་དེ་འདྲའི་སོ་སོར་ཐར་པའི་སྡོམ་པ་དེ་རྟེན་གྱི་གང་ཟག་ཤི་འཕོས་པས་མི་སྟོང་པ་དང་། བྱང་ཆུབ་བར་དུ་ལེན་པ་སོགས་ནི་ཇོ་བཙུན་གྱི་གཞུང་དང་མ་མཐུན་ཏེ་རབ་དབྱེ་ལས། དེས་ན་སོ་སོ་ཐར་པ་ནི། །བྱང་ཆུབ་བར་དུ་བླངས་གྱུར་ན། །འདི་ཡི་ཚིག་ངེས་པར་འཛིག །ཞེས་དང་། དེས་ན་སོ་སོ་ཐར་པ་ཡི། །སྡོམ་པ་ཤི་ཡང་ཡོད་དོ་ཞེས། །སླུ་བའི་སྐྱེས་བུ་དེ་ལ་ནི། །སྡེ་སྣོད་རྣམ་དབྱེ་མེད་པར་ཟད། །ཅེས་གསུངས་པའི་ཕྱིར་དང་། རྒྱས་པར་མཁས་པ་དགའ་བྱེད་དུ་བཤད་ཟིན་པའི་ཕྱིར།

ཡང་ཁྱེད་ཀྱི་བྱང་སེམས་སོ་སོ་ཐར་པའི་མདོ་ནས་གསུངས་པའི་ཐུན་མོང་མ་ཡིན་པའི་སོར་སྡོམ་ཞེས་གསུངས་པ་དེ་བྱང་ཆུབ་སེམས་དཔའ་ཉིད་ལ་ཡང་ཐེག་ཆེན་སོ་ཐར་འབོགས་པའི་ཆོ་ག་ཉན་ཐོས་ཀྱི་གཞུང་ལས་བཤད་པ་དང་འདྲ་བ་འགའ་ཞིག་ཡོད་པར་བཤད་པ་ལ་དགོངས་རྒྱུ་ཡིན་ན་ནི་དེང་སང་དེའི་ཆོགས་སོར་སྡོམ་ལེན་པའི་རྣམ་གཞག་དཀའ་བ་འདྲ་སྟེ། དེའི་ཆོ་ག་ཕལ་ཆེར་དེང་སང་ནུབ་པར་བཤད་པའི་ཕྱིར་དང་། དེས་ན་ཐེག་ཆེན་སོ་སོ་ཐར་པའི་སྡོམ་པའང་ཆོ་ག་ཉན་ཐོས་ཀྱི་ལུགས་བཞིན་ལེན་དགོས་པར་བཤད་པའི་ཕྱིར། རབ་དབྱེར། ཆོ་ག་ཉན་ཐོས་ལུགས་བཞིན་གྱིས། །ཞེས་བཤད་པའི་ཕྱིར།

ཡང་དགག་ལན་དུ་གོང་གི་ཁྱབ་པ་གོ་ཏེ་ཀ་ཁྲ་ཁས་བླངས་ཟེར་བའང་ཞེས་སོགས་བྲིས་གནང་ཡང་དེས་ཁྱེད་ཀྱི་འདོད་པ་དེ་མི་འགྲུབ་སྟེ། ཏཱིཀྐ་བསྟན་སྒྲོན་ལས་ཁྱབ་པ་ནི་ཁྱེད་རང་གི་ཊཱི་ཀའི་ཤོག་བུ་བཅོ་ལྔ་པར་དེ་ལྟ་བུའི་སོ་སོ་ཐར་པ་ནི་སྡོམ་པ་གཞན་གཉིས་མ་བཏང་གི་བར་དུ་ཡོད་པའི་ཕྱིར་ཞེས་ཁས་བླངས་སོ་ཞེས་གསུངས་འདུག་པ་དང་། དེར་མ་ཟད་བསམ་པ་ཐེག་ཆེན་སེམས་བསྐྱེད་ཀྱིས་ཟིན་ཅིང་ཆོ་ག་ཉན་ཐོས་ཀྱི་ལུགས་ལྟར་བྱས་པ་ལས་ཐོབ་པའི་དགེ་སློང་གི་སྡོམ་པ་དེ་ཤི་བས་མི་སྟོང་པའི་ཤེས་བྱེད་དུ་ཇི་སྲིད་བསྲུང་སེམས་མ་ཉམས་ཀྱི་བར་དུ་ཡོད་པ་དང་། དེའི་ཤེས་བྱེད་བྱང་སེམས་ཀྱི་སྡོམ་པ་ཡིན་པའི་ཕྱིར་ཞེས་བཀོད་པར་སོང་བས་ཁྱེད་རང་གིས་དྲངས་པའི་སེམས་ལས་སྐྱེས་ཕྱིར་ཞེས་སོགས་ཀྱི་ཐད་ཀྱི་གོ་ཊཱི་ཀ་ཏུ་ཇི་སྲིད་སྲུང་བའི་འཕེན་སེམས་མ་ཉམས་པའམ་ཞེས་སོགས་ནས། བྱང་ཆུབ་སྙིང་པོའི་བར་སོགས་འཕེན་སེམས་ཇི་ལྟར་འདོད་པ་ལས་སྐྱེས་པའི་ཕྱིར་ཞེས་གསུངས་པ་དེས་གསལ་བར་འཐོན་པ་དང་། གཞན་ཡང་ཁྱེད་ཀྱི་གསུང་ལས་དེ་ལས་གཞན་དུ་ཁྱབ་ཆེན་དེ་འདྲ་དངོས་ཤུགས་གང་ལའང་ཞལ་གྱིས་བཞེས་པ་མེད་དོ་བྲིས་སྣང་བའང་ཁྱེད་རང་གི་བརྗོད་འདོད་ཀྱི་དབང་ལས་བྱུང་རྒྱལ་དུ་སྨྲས་པར་ཟད་དོ། །

ཡང་ཁྱེད་ཀྱི་དགག་ལན་དུ་ཁྱབ་ཆེན་ཇི་ལྟར་ཡིན་ནའང་གསན་ཅིག །ཇི་སྲིད་འཚོའི་མཐའ་ཅན་གྱི་དབུ་

མ་ལུགས་ཀྱི་སེམས་བསྐྱེད་ཀྱི་སྡོམ་པ་ཆོས་ཅན། དེར་ཐལ། དེའི་ཕྱིར། དེ་མེད་དོ་ཞེར་ན་བསླབ་བཏུས་ལས་ཞེས་སོགས་སྡོམ་པ་བདག་ཉིད་ཀྱི་སྟོབས་དང་སྦྱར་ནས་བླང་བར་བྱ་སྟེ་ཞེས་གསུངས་པའི་དོན་ཇི་ལྟར་འཆད་སེམས་མཛོད་སོགས་ནས། མིན་པར་གསུངས་པ་ཡིན་ནོའི་བར་བྲིས་གནང་བ་དེ་ལ་ཁྱབ་ཆེན་ཡིན་རྒྱུ་མེད། བསླབ་བཏུས་སོགས་ཀྱི་དོན་དེ་དག་གོ་ཡུལ་དུ་ཆགས་ནས་མཁས་པ་དགའ་བྱེད་དུའང་བཤད་ཟིན་པས་བསམ་མནོ་སྟོང་དགོས་ཡང་མེད། དེ་བས་ཁྱེད་རང་ཇི་སྲིད་འཚོའི་མཐའ་ཅན་གྱི་དབུ་མ་ལུགས་ཀྱི་སེམས་བསྐྱེད་ཀྱི་སྡོམ་པ་ཡོད་པར་ཞལ་གྱིས་བཞེས་པ་ཡ་མཚན་ཆེ་སྟེ། ཁྱེད་རང་བྱང་སྡོམ་མཚན་ཉིད་པར་མི་བཞེད་ན་ནི་དེད་ལ་གནོད་པ་དེ་མི་འདུག་ལ། མཚན་ཉིད་པར་བཞེད་ན་དེ་ལ་བྱང་སེམས་ཀྱི་སྡོམ་པའི་མཚན་ཉིད་ཚང་བ་གཞིར་བཅས་པས། དེ་ལ་ཐེག་ཆེན་སོ་ཐར་གྱི་མཚན་ཉིད་ཀྱང་ཚང་དགོས་ཏེ། ཀུན་མཁྱེན་གྱིས་མཛད་པའི་སྤྱི་དོན་ལས། གང་ལ་ཐེག་ཆེན་སོ་ཐར་གྱི་མཚན་ཉིད་ཚང་བ་དེ་ལ་བྱང་སེམས་ཀྱི་སྡོམ་པའི་མཚན་ཉིད་ཚང་ལ། གང་ལ་བྱང་སེམས་ཀྱི་སྡོམ་པའི་མཚན་ཉིད་ཚང་བ་དེ་ལ་ཐེག་ཆེན་སོ་ཐར་གྱི་མཚན་ཉིད་ཚང་བའི་ཕྱིར་ཏེ་ཞེས་སོགས་གསུངས་པས་སོ། །འདོད་ན་སོར་སྡོམ་བྱང་ཆུབ་བར་དུ་ལེན་པ་རྗེ་བཙུན་ས་པཎ་གྱི་གཞུང་དང་འགལ་ལོ༔ ༔དེས་ན་ཇི་སྲིད་མཚོའི་མཐའ་ཅན་གྱི་དབུ་མ་ལུགས་ཀྱི་སེམས་བསྐྱེད་ཀྱི་སྡོམ་པ་དང་། དེས་མཚོན་ཞིན་ཞག་དང་ཟླ་བ་དང་ལོ་ལ་སོགས་པའི་མཐའ་ཅན་གྱི་སྡོམ་པ་ཡོད་པར་བཤད་པ་དེ་དག་ཀྱང་བྱང་སྡོམ་མཚན་ཉིད་པར་ཇི་ལྟར་འགྱུར་རམ་སེམས་མཛོད། བསླབ་བཏུས་ཀྱི་ལུང་དེས་ནི་ཁྱེད་ཀྱི་འདོད་པ་དེ་མི་འགྲུབ་སྟེ། ལུང་དེའི་དོན་ནི་སྤྱིར་དབུ་མ་ལུགས་ཀྱི་སེམས་བསྐྱེད་ལ་སྨོན་འཇུག་གཉིས་ཀ་སྐབས་གཅིག་ཏུ་ལེན་དགོས་ཀྱང་། མཐའ་གཅིག་ཏུ་དེ་ལྟར་དགོས་པའི་ངེས་པའང་མེད་དེ། ཇི་ཙམ་བསྲུང་ནུས་པ་དེ་ཙམ་ཞིག་བླངས་ནས་དེ་ལ་བསླབས་ཆོག་པའི་དོན་དུ་གསུངས་པའི་ཕྱིར་ཏེ། ཇི་སྐད་དུ་དེ་ལའང་བསླབ་གཅིག་སླུབ་པ་ན་བསླབ་པ་གཞན་བསྲུང་མ་ནུས་ཀྱང་ལྟུང་བར་མི་འགྱུར་ཏེ། དེ་སྐད་དུ་བློ་གྲོས་མི་ཟད་པའི་མདོ་ལས་སྦྱིན་པའི་དུས་ན་ཚུལ་ཁྲིམས་ལ་བརྟུལ་བ། བཏང་སྙོམས་ལ་སོགས་པ་རྒྱ་ཆེར་གསུངས་པ་ཡིན་ནོ་ཞེས་དང་། དེ་བས་ན་བྱང་ཆུབ་སེམས་དཔའ་རྣམས་དེ་བཞིན་གཤེགས་པའི་སྤྱན་སྔར་ཞེས་སོགས་དང་། སྡོམ་པ་བདག་ཉིད་ཀྱི་སྟོབས་དང་ཡང་སྦྱར་ཏེ་བདག་ཉིད་ཀྱིས་བླངས་ནས་སྡོམ་པ་བཟུང་བར་བྱའོ་ཞེས་གསུངས་པའི་ཕྱིར། དེ་ལྟ་ན་དབུ་སེམས་གཉིས་ལས་དབུ་མ་ལུགས་ནི་ཁྱེད་རང་གསུང་བ་ལྟར་ཕྱག་ལེན་གྱི་ཚོ་ག་འཁྲོལ་ཆགས་པས་དབུ་མའི་ལུགས་ཀྱི་འཇུག་སྡོམ་ལའང་དངོས་བཏགས་མ་ཕྱེ་བའི་དབང་དུ་བྱས་ནས། སྲོག་གཅོད་སོགས་སྤོང་བ། སྦྱིན་པ་ཙམ་བསྒྲུབ་པ་དང་། སེམས་ཅན་ཉི་ཚེ་བའི་དོན་བྱེད་པ་ལྟ་བུ་ཉི་ཚེ་བའི་ཚུལ་ཁྲིམས་ཀྱང་བཤད་ལ། སེམས

ཅམ་ལུགས་ལ་དེ་ལྟ་བུའི་བཤད་པ་མེད་པས་ཞེས་སོགས་གསུང་བ་ནི་གསེར་ཐུར་ཆེན་མོའི་དགོངས་པར་སྣང་ལ༑ མདོར་ན་ཁྱེད་ཀྱི་ཇི་སྲིད་འཚོའི་མཐའ་ཅན་གྱི་དབུ་མ་ལུགས་ཀྱི་སེམས་བསྐྱེད་ཀྱི་སྡོམ་པ་དེ་འདྲ་ཡོད་ནའང་བྱང་སྡོམ་མཚན་ཉིད་པ་མ་ཡིན་པས་ཁྱེད་ཀྱི་དེ་ཆོས་ཅན་དུ་བཟུང་ནས་དེད་ལ་དེར་ཐལ། དེའི་ཕྱིར་ཞེས་ཐལ་བར་འཕངས་པ་ལ་ཁོ་བོས་རྟགས་མ་གྲུབ་ཀྱི་ལན་ཐེབས་པར་འདུག་པས་ཁྱེད་ཀྱི་དེ་ལ་ནུས་པ་མ་བྱུང་ངོ༌། །གཞན་ཡང་ཁྱེད་ལྟར་ན་ལོ་དང་ཟླ་བའི་མཐའ་ཅན་གྱི་བྱང་སེམས་ཀྱི་སྡོམ་པ་ཡོད་པར་སྡོམ་པ་བདག་ཉིད་ཀྱི་སྟོབས་དང་སྦྱར་ཏེ་ཞེས་སོགས་ཀྱི་དོན་དུ་ཞལ་གྱིས་བཞེས་པས། དེས་ན་ལོ་དང་ཟླ་བའི་མཐའ་ཅན་གྱི་བྱང་སྡོམ་དེའང་ཐེག་ཆེན་སོ་སོ་ཐར་པའི་སྡོམ་པར་འགྱུར་ཏེ། དེ་ལ་བྱང་ཆུབ་སེམས་དཔའི་སྡོམ་པའི་མཚན་ཉིད་ཚང་བ་གང་ཞིག །གང་ལ་བྱང་སྡོམ་གྱི་མཚན་ཉིད་ཚང་བ་དེ་ལ་ཐེག་ཆེན་སོ་ཐར་གྱི་མཚན་ཉིད་ཚང་བ་དང༌། གཅིག་ཤོས་ལའང་དེ་བཞིན་དུ་སྦྱོར་བ་ཀུན་མཁྱེན་རིན་པོ་ཆེའི་བཞེད་པར་སྣང་བའི་ཕྱིར། འདོད་ན། ཟླ་བའི་མཐའ་ཅན་གྱི་སོ་ཐར་སྡོམ་པ་དེ་ཡ་མཚན་ཆེའོ། །ཡང་ཁོ་བོས་མཁས་པ་དགའ་བྱེད་དུ་ཁྱིམ་པ་རྡོ་རྗེ་འཛིན་པ་ལྟ་བུས་ཡི་དམ་གྱི་ལྷ་སྒོམ་པའི་ངང་ནས་བསྙེན་ནས་བསྲུང་བ་བྱས་ནས་ཞེས་སོགས་བཀོད་པ་ལ། དགག་ལན་དུ་འོན་ཀྱང་སྔགས་ལུགས་བྱེད་ན་ཡི་དམ་སྒོམ་པ་བསོད་ནམས་ཆེ་ཞེས་པའི་དོན་དུ་བཤད་འདུག་པ་འདིའང་ཁྱེད་ཀྱི་པཎ་ཆེན་གྱི་གྲུབ་མཐའ་སྐྱོང་བའི་ཁྲུང་བྱས་ནས་ཁྱིམ་པ་རྡོ་རྗེ་འཛིན་པ་ལ་ཆེད་དུ་བཀར་བ་ཡིན་པ་འདྲ་ཞེས་པ་ནས། ཇི་སྲིད་འཚོའི་མཐའ་ཅན་གྱི་སྡོམ་པ་ལ་གནས་བཞིན་དུ་ཉིན་ཁག་གཅིག་གི་སྡོམ་པ་བླངས་ན་གནང་བཅོས་པར་འགྲོ་བ་པཎ་ཆེན་གྱི་བཞེད་པར་འདུག་པས་སོ་ཞེས་པའི་བར་དེད་ཀྱི་དེ་པཎ་ཆེན་གྱི་བཞེད་པ་དང་འགལ་ཚུལ་བྲིས་མོད། ཁོ་བོའི་འདོད་པ་དེ་པཎ་ཆེན་གྱི་བཞེད་པ་དང་འགལ་བ་མེད་དེ་སྐབས་འདིར་ཁྱིམ་པ་རྡོ་རྗེ་འཛིན་པ་མཚན་གཞིར་བཟུང་བས་དེ་ལ་ཆེད་དུ་བཀར་བ་རང་དུ་ག་ལ་འགྲོ། ཡང་འདི་དེད་ཀྱི་རྟོག་བཟོ་ཡིན་སྙམ་ན་མ་ཡིན་ཏེ། གསེར་ཐུར་ལས་འོན་ཀྱང་རང་ཉིད་ལྷག་པའི་ལྷར་སྒོམ་བཞིན་པའི་ངང་ནས་བསྙེན་གནས་ལེན་པ་དང་བསྲུང་དུ་མི་འདོད་དམ་ཞེ་ན། མ་ཡིན་ཏེ་ཁྱིམ་པ་རྡོ་རྗེ་འཛིན་པ་གསང་སྔགས་ཀྱི་ལུགས་ལ་གནས་ནས་གསོ་སྦྱོང་ལེན་པར་བྱེད་ན་ཞེས་སོགས་གསུངས་པའི་ཕྱིར། ཁྱད་པར་ཁྱེད་ཀྱི་གསུང་གིས་བསྙེན་གནས་ལེན་མཁན་གྱི་ཁྱིམ་པ་རྡོ་རྗེ་འཛིན་པའི་རྒྱུད་ཀྱི་སྔགས་སྡོམ་དེ་ཇི་སྲིད་འཚོའི་མཐའ་ཅན་ཡིན་ནམ། བྱང་ཆུབ་སྙིང་པོའི་མཐའ་ཅན་ཡིན་བྲིས་གནང་བ་དེ་བྱང་ཆུབ་སྙིང་པོའི་མཐའ་ཅན་ཡིན་ཞུས་པས་ཆོག །

ཡང་ཁྱེད་ཀྱི་གསུང་གིས་གང་ལྟར་ཡང་དེས་ཉིན་ཞག་གཅིག་པའི་མཐའ་ཅན་གྱི་བསྙེན་གནས་ལེན་པ་དེ་པཎ་ཆེན་གྱི་ལུགས་ལ་མི་བཞེད་པའི་ཕྱིར་བྲིས་གནང་བ། དེད་ཀྱིས་ཁྱིམ་པ་རྡོ་རྗེ་འཛིན་པ་དེའི་རྒྱུད་ལ་ཇི་

སྲིད་འཚོའི་མཐའ་ཅན་གྱི་སྡོམ་པ་ཡོད་པར་ཁས་མ་བླངས་པས་ཁྱེད་ཀྱི་དགག་པ་དེ་ལ་ནུས་པ་གང་ཡང་མ་བྱུང་ངོ་༎ ༎

ཡང་ཁྱེད་ཀྱི་འབེལ་གཏམ་དུ་བསྟན་བཅོས་ལུས་ཀྱི་སྐབས་སུ་ཞེས་སོགས་གསུངས་པ་ལ་མཁས་པ་དགའ་བྱེད་དུ་བསྟན་བཅོས་ལུས་དེ་ལུས་ཡོངས་རྫོགས་ལ་ཟེར་རམ། ལུས་མདོར་བསྟན་ཙམ་ལ་ཟེར་དྲིས་པ་ལ༑ དགག་ལན་དུ་གཡས་ཆུང་གསུང་བ་ཙམ་མ་གཏོགས་ལན་མི་འདུག་པས་ཡང་ལན་གྱི་སྤྲོས་པའང་མ་དགོས། ཡང་ཁོ་བོའི་མཁས་པ་དགའ་བྱེད་དུ་འདི་ར་གོ་ཊཱི་ཀ་པས་སེམས་ཙམ་ལུགས་ལ་ཐོག་མར་སློན་པའི་སྡོམ་པ་བླངས་ནས་དེའི་རྗེས་སུ་འཇུག་སྡོམ་ལེན་ནོ་ཞེས་ཟེར་མོད། དེ་ལྟ་ན་ལུགས་གཉིས་ཀྱི་སེམས་བསྐྱེད་ཀྱི་སྡོམ་པའི་ངོ་བོ་ལའང་ཁྱད་པར་མེད་པར་ཐལ་བ་དང་ཞེས་སོགས་ཐལ་བ་གསུམ་འཕངས་པ་དེ་ཊཱི་ཀྐ་བསྟན་པའི་སྐྲོན་མར་གསུངས་སོ་བཀོད་པ་ལ། དགག་ལན་དུ་བསྟན་སྐྲོན་གྱི་ཚིག་རིགས་མ་འཁྲུགས་པ་ནི་མིན་པར་འདུག་ཅེས་པ་ནས། ཅི་སྟེ་འཇུག་ན་ཐལ་བ་དང་པོ་དེ་རྫོ་བོ་རྗེ་དང་ས་པཎ་གཉིས་ཀ་ལ་དང་། གསུམ་པ་དེ་ས་པཎ་ཉིད་ལ་འཕངས་པར་འདུག་པས་དེ་འདྲའི་རིགས་ལ་ཞུ་ངོ་མི་ཤེས་ཞེས་པའི་བར་བྲིས་གནང་བ། རྫོ་བོ་རྗེ་དང་ས་པཎ་གཉིས་ཅར་གྱིས་དབུ་སེམས་ཀྱི་ཁྱད་པར་ལོས་བཞེད། ཁྱད་པར་རྗེ་བཙུན་ས་པཎ་གྱིས། ཐེག་པ་ཆེན་པོའི་སེམས་བསྐྱེད་ལ། །དབུ་མ་སེམས་ཙམ་ལུགས་གཉིས་ཡོད། །ཅེས་སོགས་ཀྱི་སྒོ་ནས་དབུ་སེམས་གཉིས་ཀྱི་ཁྱད་པར་ལེགས་པར་བཤད་ཟིན་པ་ལ་ཐལ་བ་དང་པོ་དེ་ག་ལ་འགྲོ། ཐལ་བ་གསུམ་པ་དེ་ས་པཎ་ཉིད་ལ་འཕངས་པར་སོང་འདུག་གསུང་བའང་མི་རིགས་ཏེ་དབུ་སེམས་གཉིས་ལྟ་བ་ཐ་དད་པའི་སྒོ་ནས་འབྱེད་པས་དེའི་ཚིག་ཡང་ཐ་དད་པར་འཇོག་པ། དེ་གཉིས་ལྟ་བ་ཐ་དད་པས། །ཚིག་ཡང་ནི་ཐ་དད་ཡིན། །ཞེས་པའི་དོན་དུ་ཁྱེད་རང་ཞལ་གྱིས་བཞེས་ན་དེ་ས་པཎ་གྱི་དགོངས་པར་མ་སོང་སྟེ་ས་པཎ་གྱིས་དེ་ལྟར་མི་བཞེད་པའི་ཕྱིར་དང་། དེའི་རྒྱུ་མཚན་ཇི་སྐད་དུ། དེ་གཉིས་ལྟ་བ་ཐ་དད་པས། །ཚིག་ཡང་ནི་ཐ་དད་ཡིན། །ཞེས་པའི་དགོངས་དོན་པཎ་ཆེན་རིན་པོ་ཆེའི་གསེར་ཐུར་ཆེན་མོར་སེམས་བསྐྱེད་གཉིས་པོའི་ཁྱད་པར་ལྟ་བས་འབྱེད་ཅེས་པའི་དོན་མ་ཡིན་གྱི། འོན་ཅི་ཞེ་ན། དབུ་སེམས་གཉིས་ལ་ལྟ་བ་གོང་འོག་གི་ཁྱད་པར་ཡོད་པས་གྲུབ་མཐའ་མི་མཐུན་པ་སོ་སོ་བ་གཉིས་ཡིན་ལ། དེའི་རྒྱུ་མཚན་གྱིས་ལྟ་བ་དང་ཟུང་དུ་སྦྲེལ་རྒྱུའི་སྤྱོད་པ་སེམས་བསྐྱེད་ཀྱི་སྡོམ་པའི་ཉམས་ལེན་ལའང་མི་འདྲ་བའི་ཁྱད་པར་ནི་ཤིན་ཏུ་ཆེ་བ་ཡིན་ཏེ་ཞེས་སོགས་ལེགས་པར་བཤད་པས། ཁྱེད་ཀྱི་དེ་རྗེ་བཙུན་ས་པཎ་གྱི་དགོངས་པར་མ་སོང་བ་འདྲའོ། །འདིའི་སྐབས་གོ་ཊེ་ཀ་གི་དོན་རྣམས་ལ་ཆེར་གསལ་མ་མཛད་པ་འདུག་པ་དང་། དེ་འདྲའི་རིགས་ལ་ཞུ་ངོ་མི་ཤེས་གསུང་བ་ནས་ཡང་ལན

ཡང་འབྲུལ་ངོ་མ་ཤེས་སོ། །

ཡང་ཁྱེད་ཀྱི་གསུང་གིས་ཐལ་བ་གཉིས་པ་ལ་འདོད་དེ་སྨོན་སེམས་བཏང་ན་བྱང་སྡོམ་གཏོང་བ་ལུགས་གཉིས་ཀ་མཐུན་ཞེས་མདོ་སྡུད་པ་སོགས་དྲངས་འདུག་པས་སྡུད་པ་རིན་པོ་ཆེའི་དགོངས་དོན་དེ་ཀ་ཡིན་ཤས་ཆེ། འོན་ཀྱང་སེམས་ཙམ་ལུགས་ལ་སྨོན་སེམས་བཏང་བ་རྩ་ལྟུང་དུ་མི་བཞེད་པ་འདྲ་སྟེ། འདི་དག་མཁས་པ་དགའ་བྱེད་དུའང་མདོ་ཙམ་བཤད་ཡོད་ཅིང་། རྒྱས་པར་གསེར་ཐུར་ཆེན་པོ་དང་དཔག་བསམ་འདོད་འཇོ་ལས་ཤེས་པར་བྱ་དགོས་པས་འདིར་མ་སྤྲོས། ཡང་སྐབས་གཉིས་པར་པཎ་ཆེན་རིན་པོ་ཆེས་ཉན་ཐོས་རྣམས་ཀྱིས་རྫོགས་བྱང་དུ་ཅེས་པ་ནས། ཞེས་གསུངས་པ་དེ་ཅི་ལ་དགོངས། ཞེས་པའི་བར་བཀའ་སྐྱོན་བ་ལ། ཁྱེད་ཀྱི་འབེལ་གཏམ་དུ་ཀུན་མཁྱེན་རིན་པོ་ཆེའི་གསུང་ལས་ཇི་ལྟར་འབྱུང་བ་བཞིན་དུ་མི་དམིགས་པའི་རྣམ་པ་ཅན་གྱི་ཤེས་རབ་ཀྱིས་རྒྱས་ཟིན་པའི་བྱང་ཆུབ་སེམས་དཔའི་སྨོན་ལམ་དང་སྤྱོད་པ་སོགས་ཉན་ཐོས་ཀྱི་སྡེ་སྣོད་ལས་མ་བཤད་པས་ཅེས་པ་ནས། ཀླུ་སྒྲུབ་ཀྱིས། ཉན་ཐོས་ཐེག་པ་དེ་ལས་ནི། །ཞེས་སོགས་གསུངས་པ་ཡིན་གྱི་བར་བྲིས་གནང་བ་ལ། ཁོ་བོས་མཁས་པ་དགའ་བྱེད་དུ་དེ་དག་ནི་གཞན་ལ་སྐྱུ་དབང་སྤྱོད་ཀྱིས་རྟོག་བཙོས་ཁོ་ན་མཛད་པར་འདུག་སྟེ། གསེར་ཐུར་གྱི་དྲིས་ལན་གྱི་ཕྱོགས་ཙམ་དུའང་མ་ཕྱིན་པ་འདུག་ཅེས་སོགས་དང་། སྐབས་དོན་སྙིང་པོ་ལ་འོ་ན་ཐེག་ཆེན་གྱི་ལམ་སྟོན་པའི་ཉན་ཐོས་ཀྱི་སྡེ་སྣོད་མེད་པར་ཐལ། ཉན་ཐོས་ཀྱི་སྡེ་སྣོད་དུ་ཐེག་ཆེན་གྱི་ལམ་སྟོན་པའི་སྐབས་དེ་ནི་ཐེག་དམན་གྱི་སྡེ་སྣོད་དུ་ཞལ་གྱིས་བཞེས་ཚར། དེ་ལས་གཞན་པའི་ཐེག་ཆེན་གྱི་ལམ་གྱི་རྣམ་གཞག་སྟོན་པའི་ཉན་ཐོས་ཀྱི་སྡེ་སྣོད་ངོས་འཛིན་རྒྱུ་མེད་པའི་ཕྱིར་ཞེས་སོགས་དང་། ཁྱེད་ཀྱི་དེ་དག་ལ་ཤེས་བྱེད་ཡོད་པའི་དབང་དུ་བཏང་ནའང་། རིན་ཆེན་འཕྲེང་བའི་ལུང་དེ་བྱང་ཆུབ་སེམས་དཔའི་ཐེག་པའི་དབང་དུ་བྱས་པར་སོང་ལ། དེ་ནི་མི་འཐད་དེ་ཞེས་སོགས་རྒྱུ་མཚན་དང་བཅས་པ་རྒྱས་པར་བཤད་པ་ལ། དགག་ལན་དུ་ཞེས་སོགས་བྲིས་སྣང་བ་ནི་འབྲེལ་ཡང་མི་འདུག་སྟེ་ཞལ་གྱིས་བཞེས་ཟེར་བ་དེ་ཀ་རྣམ་གཏམ་ཡིན། ཁོ་བོས་དེ་འདྲ་ཁས་བླངས་པ་མེད། ཁོ་བོས་ནི་ཉན་ཐོས་སྡེ་པ་དག་གིས་དེ་ལྟར་དུ་འདོད་པ་ལ་དེ་འགོག་པར་བཞེད་ནས་ཀླུ་སྒྲུབ་ཀྱིས་དེ་གསུངས་པ་ཡིན་ཞེས་སོགས་ནས། བདག་ལ་བསྟོད་པའི་རྒྱན་ཞིག་བཀའ་སྐྱོན་གྱི་ཚུལ་རྫོམ་པ་དང་བཅས་པའི་བར་བྲིས་གནང་བ། ཉན་ཐོས་ཀྱི་སྡེ་སྣོད་དུ་ཐེག་ཆེན་གྱི་ལམ་སྟོན་པའི་སྐབས་དེ་ནི་ཐེག་ཆེན་གྱི་སྡེ་སྣོད་དུ་ཞལ་གྱིས་བཞེས་ཚར་ཞེས་པ་དེ་བདག་གི་རྣམ་གཏམ་མིན། མཁས་པ་ཁྱེད་རང་གི་འབེལ་གཏམ་གྱི་གསུང་ལས། དེའང་ཉན་ཐོས་ཀྱི་གཞུང་རྣམས་ལས་ཐེག་པ་གསུམ་ཀའི་ལམ་འབྱུང་བའི་ཐེག་ཆེན་གྱི་ལམ་སྟོན་པའི་སྐབས་རྣམས་ལ་ཐེག་ཆེན་སྡེ་སྣོད་ཅེས་བྱ་ཞིང་

གསུངས་འདུག་པ་ལ་བསམས་ནས་ཞུས་པ་ཡིན་མོད། དགག་ལན་དུ་ཁོ་བོས་དེ་འདྲ་ཁས་བླངས་པ་མེད་གསུང་བ་ཟློལ་འགྲོས་སུ་འདུག་སྟེ་བཏང་སྙོམས་སུ་བཞག །

ཡང་ཁྱེད་ཀྱི་གསུང་ལས་རིན་ཆེན་ཕྲེང་བའི་ལུང་དེ་བྱང་ཆུབ་སེམས་དཔའི་དབང་དུ་བྱས་འདུག་ཟེར་བའང་འབྲེལ་མེད་སྨུམ་སྨུམ་ཅིའི་ཕྱིར་གསུངས་པ་དེར་འདུག་ཟེར་གནང་བ། ཁྱེད་རང་གི་འབེལ་གཏམ་ལས་རིན་ཆེན་ཕྲེང་བའི་ལུང་དེའི་དོན་དེ་ལྟར་དུ་བཤད་པར་གསལ་ནའང་། ཀླན་ཀ་ཞུས་པ་ལ་དགོས་པ་མེད་པས་འདིར་ཡང་ལན་དེ་ཙམ་མོ། །ཡང་ཀུན་མཁྱེན་རིན་པོ་ཆེའི་སྡོམ་གསུམ་གྱི་སྤྱི་དོན་ལས་སྔགས་སྡོམ་གྱི་མཚན་ཉིད་དང་དབྱེ་བ་སོགས་གསུངས་པ་ལ་འཕྲོས་ནས་པཎ་ཆེན་དོན་ཡོད་གྲུབ་པའི་སྡོམ་གསུམ་གྱི་ཊཱིཀྐ་བསྟན་པའི་སྒྲོན་མེ་ལས་གསུངས་པ་ཡིན་ཞུས་པས་དེ་དག་རིགས་པའི་ཕྲེང་བ་ལུང་རིགས་དང་མཐུན་པ་མང་དུ་གསུངས་པ་རྣམས་བཀོད་པ་ལ། དགག་ལན་དུ་འདི་དག་དཔྱད་རྒྱུ་ཡོད་ངེས་ཤེས་ཀྱང་འདུག །ལན་ཕྱུལ་ཡང་ལ་ལར་ལན་བདེ་བར་སྣང་། འགའ་ཞིག་འབྱུལ་དཀའང་འདུག །ད་ལྟ་ནི་ཁྱེད་ཀྱི་གསུང་གི་བང་མཛོད་ལས་བྱོན་པའི་ལུང་རིགས་ཀྱི་དཔྱད་དོན་རྒོལ་བའི་འདོད་པ་མ་ལོངས་པར་ལོང་བའི་མཁར་དབང་ཕྱུག་གི་འབྲེལ་མེད་དང་། འབྲེལ་ཡོད་ལ་མེད་ཀྱི་སེ་མོ་དོའི་ཕྲེང་པོ་ལ་ལན་ཐེབས་དཀའ་བས་དོན་གྱི་ཁུངས་སུ་བྱས་ཏེ་དེ་དག་ལ་ཞུ་ལན་གྱི་རྣམ་པ་མ་སྦྱོར་ཟེར་གནང་བ། བདག་གི་དེ་དག་ལ་འབྲེལ་ཡོད་མེད་ཅི་ལྟར་ནའང་ཊཱིཀྐ་བསྟན་སྒྲོན་གྱི་གསུང་དེ་དག་ལ་དགག་ལན་གྱི་རིམ་པ་མ་གནང་འདུག་པས། ཡང་ལན་ཡང་ཞུ་རྫོ་མི་ཤེས་འདུག་པའི་བཏང་སྙོམས་སུ་བཞུགས་སུ་གསོལ་བ་རང་ལེགས་པར་འདུག །ཡང་ཁོ་བོའི་མཁས་པ་དགའ་བྱེད་ལས་གོ་ཏེ་ཀ་ན་སློབ་མ་གྲངས་ངེས་མེད་པའི་དབང་བསྐུར་ཐམས་ཅད་སྨིན་བྱེད་དུ་མི་རུང་བའི་ས་བཅད་མཛད་ནས་ཞེས་སོགས་ཟེར་བ་ལ། དགག་ལན་དུ་ས་བཅད་ལ་ཐམས་ཅད་ཅེས་པའི་ཚིག་མེད་བཞིན་དུ་ཞེས་པ་ནས། ཐབས་རྫུང་པ་ཡིན་ཞེས་པའི་བར་དང་། ཀུན་མཁྱེན་རིན་པོ་ཆེས་གྲངས་ངེས་མེད་པའི་དབང་བསྐུར་སྨིན་བྱེད་ཡིན་པ་དགག་གསུངས་མོད། དེའང་སྐབས་ཐོབ་སྤྱིར་བཏང་གི་དབང་དུ་མཛད་སོགས་ཟེར་གནང་བ། ཀུན་མཁྱེན་གྱི་བཞེད་པ་དང་བསྟུན་ན་བདག་གི་དེ་ལའང་ཚིག་དག་མ་དག་ཕྲན་བུ་བྱུང་ཡོད་ཤས་ཆེ་མོད། དེ་སྐབས་སྤྱིར་བཏང་གི་དབང་དུ་མཛད་པ་ཡིན་ཞེས་ལྷན་ཆུང་གདབ་པར་འདུག །

ཡང་ཁྱེད་ཀྱི་གསུང་ལས་གཞན་དུ་ན་ཁྱེད་ཀྱི་གཞུང་འདིར་ཡང་། སྔགས་ཀྱི་དབང་བསྐུར་བྱེད་པ་ན། །སོགས་དང་། སྤྱོད་པའི་རྒྱུད་ཀྱི་དབང་བསྐུར་ལ། །སོགས་ལ་ནང་འགལ་སྐྱབ་རིགས་པར་འགྱུར་བས་ཏ་ཙང་ཐལ་ལོ་ཟེར་གནང་བ། ཁྱེད་རང་གི་གསུང་དེ་ནི་རྗེ་བཙུན་ས་པཎ་ལ་དགག་པར་འདུག་པས་འདི་རིགས་ལ་ཞུ་རྫོ་མི་

ཤེས་ཀྱང་། ཁོ་བོའི་མཁས་པ་དགའ་བྱེད་ལས་སློབ་མ་གྲངས་ངེས་མེད་པར་དབང་བསྐུར་བ་སྨིན་བྱེད་དབང་བསྐུར་མིན་ན་སྤྱོད་རྒྱུད་ཀྱི་རྣམ་སྣང་མངོན་བྱང་ལས་གསུངས་གྲངས་ངེད་མེད་པར་དབང་བསྐུར་བྱེད་པ་སྨིན་བྱེད་མིན་པར་འགྱུར་ཞེས་སོགས་བྲིས་པའི་ལན། དགག་ལན་དུ་བཤད་ཟིན་མ་ཐག་པ་དེས་རྟོགས་ནུས་བྲིས་གནང་བ། དེས་རྟོགས་ནུས་མི་ནུས་ཇི་ལྟར་ན་གོང་གིས་དེས་རྟོགས་ནུས་པར་ཆ་ཞོག །ཡང་ཁོ་བོའི་མཁས་པ་དགའ་བྱེད་ལས་སྤྱོད་རྒྱུད་དབང་ལ་ཁ་ཆམ་ཁ་ཡར་གྲངས་ངེས་མེད། སྤྱིར་གྲངས་ངེས་མེད་པ་མ་ཡིན་ཏེ་ཞེས་སོགས་བྲིས་པ་ལ། དགག་ལན་དུ་སྤྱོད་པའི་རྒྱུད་ཀྱི་དབང་བསྐུར་ལ། སློབ་མ་གྲངས་ངེས་མེད་པར་གསུངས་པ་དང་དངོས་སུ་འགལ་འདུག །འོན་ཀྱང་པཎ་ཆེན་རིན་པོ་ཆེའི་བཞེད་པ་དངོས་སུ་འདུག་པས་གྲུབ་མཐའ་གྱིས་པ་ཡིན་བྲིས་གནང་བ། སྤྱོད་རྒྱུད་དབང་ལ་ཁ་ཆམ་ཁ་ཡར་གྱི་གྲངས་ངེས་མེད་མོད། སྤྱིར་གྲངས་ངེས་མེད་པ་མ་ཡིན་ཏེ། སློབ་མ་བཅུ་ལས་ལྷག་པ་ལ་སྤྱོད་རྒྱུད་ཀྱི་དབང་བསྐུར་ལ་བཀག་པའི་ཕྱིར་ཞེས་པ་དང་། སྤྱོད་པའི་རྒྱུད་ཀྱི་དབང་བསྐུར་ལ། སློབ་མ་གྲངས་ངེས་མེད་པར་གསུངས་པ་དང་དངོས་སུ་འགལ་གསུང་བ་མི་མཛད་དེ། གཞུང་དེའི་དགོངས་པ་སྤྱོད་རྒྱུད་དབང་ལ་ཁ་ཆམ་ཁ་ཡར་གྱི་གྲངས་ངེད་མེད་པ་དང་དགོངས་པ་འགལ་བ་མེད་དེ། གསེར་ཐུར་ཆེན་མོ་ལས། སྤྱོད་པའི་རྒྱུད་ཀྱི་དབང་བསྐུར་ལས། །སློབ་མ་གྲངས་ངེས་མེད་གྱུར་ན། །གཅིག་ནས་བཅུ་ཡི་བར་དག་གི། །གྲངས་ངེས་མཛད་པ་ཇི་ལྟར་ཡིན། །ཞེས་པའི་རྣམ་པར་བཞག་པ་གཉིས་པའི་ལན་དུ། སྤྱོད་པའི་རྒྱུད་ཀྱི་དབང་བསྐུར་ལ། །སློབ་མ་ཁ་ཆམ་ཁ་ཡར་གྱི། །ངེས་པ་མེད་མོད་གྲངས་མེད་མིན། །བཅུ་ལས་ལྷག་པ་བཀག་ཕྱིར་རོ། །ཞེས་གསུངས་པའི་ཕྱིར།

ཡང་དགག་ལན་དུ་མངོན་བྱུས་ལས་སེམས་ཅན་ཚད་མེད་པ་ཡོངས་སུ་བཟུང་བར་བྱའོ་ཞེས་གསུངས་པ་ཇེ་བཟུང་གི་སྐབས་ཡིན་ཤས་ཆེའང་། དེས་དོན་གྱི་དབང་བསྐུར་དུས་ཀྱི་སློབ་མ་ལའང་གྲངས་ངེས་མི་དགོས་པར་བསྟན་པ་ཡིན། དཔེར་ན་རྡོ་རྗེ་འཕྲེང་བའི་དཀྱིལ་ཆོག་ཏུ་ཞེས་སོགས་སྨོས་པ་ཁྱེད་རང་གི་གྲུབ་མཐའ་ཡིན་ཤས་ཆེ། ཁོ་བོའི་ལུགས་ལ་དེ་ལྟར་མི་འཆད་དེ། སྤྱོད་རྒྱུད་ལས་སློབ་མ་རྗེས་བཟུང་ལ་གྲངས་ངེས་མེད་པ་དེ་སྤྱོད་རྒྱུད་ཀྱི་དབང་བསྐུར་དངོས་གཞི་ལའང་གྲངས་ངེས་མེད་པར་བསྟན་པ་མི་འགྲུབ་པའི་ཕྱིར་ཏེ། པཎ་ཆེན་རིན་པོ་ཆེའི་བཞེད་པས་སྤྱོད་རྒྱུད་ཀྱི་དབང་བསྐུར་ལ་བཅུ་ལས་ལྷག་པ་བཀག་པའི་རྒྱུ་མཚན་གྱིས་གྲངས་ངེས་མེད་པ་མ་ཡིན་པར་བཤད་མ་ཐག་པ་དང་། གསེར་ཐུར་གྱི་གོང་གི་དེའི་འཕྲོས་དེ་ཉིད་ལས། དེ་ལྟའང་རྗེས་བཟང་གི་སློབ་མའི་གྲངས་ལ་ངེས་པ་མེད་ཅེས་གསུངས་པས་སོ། །ཁྱེད་ཀྱི་གསུང་གིས་ས་པཎ་གྱི་བཞེད་པ་ལྟར་ན་འཕྲེང་བ་ལའང་སྤྱོད་རྒྱུད་ཀྱི་དབང་ལ་མ་གཏོགས་དབང་གཞན་རྣམས་བསྐུར་བའི་སློབ་མ་ལ་

གྲངས་ངེས་བྱེད་པ་གཞིར་བཅས་ཡིན་ཞེས་འོལ་ཚོད་མཛད་འདུག་པ། ཁྱེད་རང་རྡོ་རྗེ་ཕྲེང་བའི་དབང་བསྐུར་དུས་ཀྱང་གྲངས་ངེས་མཛད་ནས་གནང་གི་ཡོད་པ་གཞིར་བཅས། དེའི་གོང་གི་ལམ་འབྲས་དང་རིགས་ལྡན་སོགས་ལས་འཕྲོས་པའི་གསུང་རྣམས་ནི་མཁས་པ་དགའ་བྱེད་དུ་ཚིགས་བཅད་གཉིས་བྲིས་ཡོད་པའི་ལན་གྱིས་རྣམ་པར་འདུག་པས་འདིར་བཏང་སྙོམས་སུ་བཞག་གོ། །ཡང་ཁོ་བོས་མཁས་པ་དགའ་བྱེད་དུ་སྤྱི་རྒྱུད་ཀྱི་དབང་ལ་གྲངས་ངེས་བསྟན་པ་དེ་རྒྱུད་སྡེ་གོང་མ་གཉིས་ལ་འཇུག་ན། མདོན་བྱང་ལས་གྲངས་ངེས་མེད་པར་གསུངས་པའི་སྤྱོད་རྒྱུད་ཀྱི་ལུང་ཡང་གོང་མ་གཉིས་ལ་ཅིའི་ཕྱིར་མི་འཇུག་ཅེས་སོགས་བྲིས་པར་དགག་ལན་དུ། ཁྱེད་ཀྱི་དཔལ་ལྡན་ས་སྐྱ་པའི་རྗེས་འཛིན་དང་བཅས་པ་འགོག་སྐྱིང་འདོད་འདུག་པས་ཅི་ཡིན་མི་ཤེས་བྲིས་གནང་བ། སྐབས་འདིར་ཡང་སྤྱོད་རྒྱུད་ཀྱི་དབང་བསྐུར་ལ་གྲངས་ངེས་མེད་པ་ས་སྐྱ་པའི་བསྟན་འཛིན་ཐམས་ཅད་ཞལ་མཐུན་ན་ཁྱེད་ཀྱི་གསུང་དེ་མེད་ཤེས་ཆེ་ནའང་། ས་སྐྱ་པའི་བསྟན་འཛིན་གོ་ཤཱཀ་རྣམ་གཉིས་ལས་པཎ་ཆེན་ཤཱཀྱ་མཆོག་ལྡན་དྲི་མེད་ལེགས་པའི་བློ་གྲོས་ཀྱི་དགོངས་པ་གོང་དུ་བཤད་པ་ལྟར་གསེར་ཐུར་ལས་སྤྱོད་རྒྱུད་ཀྱི་དབང་བསྐུར་ལ་གྲངས་ངེས་ཡོད་པར་གསུངས་པས་དེད་ཀྱིས་བརྗོད་པའི་སྐྱོན་དེ་ག་ལ་འཇུག །ཡང་ཀུན་མཁྱེན་རིན་པོ་ཆེ་དང་མཁས་པ་ཁྱེད་ཀྱི་དགོངས་བཞེད་ལྟར་ན་སྤྱོད་རྒྱུད་དབང་བསྐུར་ལ་གྲངས་ངེས་མི་མཛད་པས་ཁོ་བོས་མཁས་པ་དགའ་བྱེད་དུ་བྱ་རྒྱུད་དབང་ལ་གྲངས་ངེས་དགོས་པའི་ལུང་། རྒྱུད་སྡེ་གོང་མ་གཉིས་ལ་འཇུག་གྱུར་ན། །མངོན་བྱང་ལས་གསུངས་གྲངས་ངེས་མེད་པ་ཡི། །སྤྱོད་རྒྱུད་ལུང་ཡང་གོང་མར་ཅིས་མི་འཇུག །ཅེས་བྲིས་པའི་ཉེས་པ་དེ་དེར་རིག་གམ་སྙམ་ནའང་། དགག་ལན་དུ་ཅི་ཡིན་མི་ཤེས་བྲིས་གནང་བས་བཏང་སྙོམས་སུ་བཞག །གཞན་ཡང་ཁོ་བོས། སོ་ཤིང་འདོར་སོགས་བྱ་བའི་རྒྱུད་ཉིད་ལས། །གསུང་གི་རྒྱུད་སྡེ་གོང་མར་མེད་གྱུར་ན། །སོ་ཤིང་ཕྱོར་ཆུ་བསྲུང་སྐུད་ཀུ་ཤ་བྱིན། །རིམ་བཞིན་དབང་བཞིའི་སྔ་གོན་མེད་པར་འགྱུར། །ཞེས་པའི་དགག་ལན་དུ་སོ་ཤིང་འདོར་བ་སོགས་རྒྱུད་སྡེ་གོང་མའི་དབང་ལ་མེད་བྱས་པ་མིན། གོང་མར་ཚིག་ཟིན་ལ་མ་གསུངས་པ་སྤྱི་རྒྱུད་ནས་ཡར་ཁ་བཀང་སྟེ་བྱེད་པ་ཡིན་ཞེས་སོགས་བྲིས་གནང་བ་དེ་ཀ་གསུང་དགོས་ཤས་ཆེ། ཡང་ཁོ་བོས། ནང་འཇུག་དངོས་གཞི་ཡེ་ཤེས་དབབ་པ་ཡང་། །བླ་མེད་རྒྱུད་ལས་མ་གསུངས་རྣལ་འབྱོར་རྒྱུད། །ཉིད་ལས་གསུངས་པའི་རྒྱུད་ལུང་གསལ་པོ་གང་། །ཡེ་ཤེས་དབབ་སོགས་བླ་མེད་ལས་ཟབ་འགྱུར། །ཞེས་པའི་དགག་ལན་དུ། ནང་འཇུག་དངོས་གཞིའི་ཡེ་ཤེས་དབབ་པ་ནི། །ཞེས་པ་ནས། རྗེ་བཙུན་རིན་པོ་ཆེའི་མངོན་རྟོགས་ལྗོན་ཤིང་སོགས་སུ། མང་དུ་རབ་ཏུ་བརྗོད་པས་ཅི། །ཇི་ལྟར་དེ་ཉིད་འདུས་པ་ཡི༑ ༑ཞེས་སོགས་འདྲེན་པར་མཛད་འདུག་པས། རྗེ་བཙུན་གྱི་དགོངས་པ་ལྟར་པཎ་ཆེན་གྱི་གསེར་ཐུར་ལས

ཀྱང་བཤད་སྣང་བ་དེར་འདུག་པས་འཐད་པ་ལོས་ཡིན།

ཡང་ཁྱེད་ཀྱི་གསུང་ལས་ཁོ་བོས་བླ་མེད་ནང་ཕན་ཚུན་གཅིག་ན་མི་གསལ་གཅིག་ཤོས་ན་གསལ་ན་ཞེས་སོགས་སྨྲ་བ་ནི་ཀུན་མཁྱེན་འབྲུག་པ་པདྨ་དཀར་པོའི་གྲུབ་མཐའ་ཡིན་ཞིང་ས་ལུགས་དང་ཡེ་མི་གཅིག །ཁྱེད་རང་ས་འབྲུག་གི་གྲུབ་མཐའ་མ་འདྲེས་པ་ཐམས་ཅད་ཐད་སོ་ཐད་སོར་སྐྱོང་ས་སོགས་བྲིས་གནང་བ། རྗེ་པདྨ་དཀར་པོའི་དགོངས་པར་སོང་ཤས་ཆེ། ས་ལུགས་དང་ཡེ་མི་གཅིག་གསུང་བ་དོགས་པ་སྟོན་བསྒུས་དང་འོལ་ཚོད་དུ་འདུག་སྟེ། ཁྱེད་རང་ལྟར་ན་ས་ལུགས་ལའང་རྒྱུད་སྡེ་གོང་མར་གསལ་ཁ་ཡོད་བཞིན་དུ་འོག་མའི་ལུགས་གོང་མར་སྦྱོར་བ་འཐད་རྒྱུ་ཡིན་ནམ། མིན་ཏེ་གོང་མར་གསལ་ཁ་ཡོད་བཞིན་དུ་འོག་མའི་ལུང་གོང་མར་མི་སྦྱོར་བ་ས་འབྲུག་དགོངས་པ་མཐུན། སྦྱིར་ས་འབྲུག་དགོངས་པ་མཐུན་པ་རྣམས་ཕྱོགས་མཐུན་པར་བཤད་ཀྱང་འགལ་བ་མེད་པ་འདྲ། ཡང་དགོངས་པ་མི་མཐུན་པ་གྲུབ་མཐའ་སོ་སོ་བ་རྣམས་ཐད་སོ་ཐད་སོར་བསྐྱང་བ་མ་གཏོགས་བསྲེ་བསླད་ཡེ་བྱས་པ་མེད་ལགས།

བདག་ཉིད་ཆེན་པོ་རྗེ་བཙུན་ས་སྐྱ་པཎྜི་ཏའི་སྡོམ་གསུམ་སོགས་ཀྱི་དགོངས་པའང་རྗེ་བཙུན་ཉིད་ཀྱི་དགོངས་པ་ཐད་སོར་བཞག་ནས་གསེར་ཐུར་དང་བསྟན་སྙིང་སོགས་ཀྱི་ལེགས་བཤད་ལུང་རིགས་ཀྱིས་བརྒྱན་ཏེ་བཤད་པ་མ་གཏོགས་རྗེ་འབྲི་ཁུང་པ། དེའི་རྗེས་འཇུག་གི་གསུང་སོགས་བསྲེས་ནས་བཤད་པ་མེད་པས་ཁོ་བོའི་མཁས་པ་དགའ་བྱེད་དུ་སྡོམ་གསུམ་གྱི་གཞུང་དོན་བཤད་པ་རྣམས་ལ་ད་དུང་ཐུགས་རྟོགས་བཙུག་པས་འཐུས་པ་ཡོད། ཡང་ཀུན་མཁྱེན་འབྲུག་པ་པདྨ་དཀར་པོའི་དགོངས་དོན་གྱི་གྲུབ་མཐའ་ས་ལུགས་དང་དགོངས་བཞེད་མི་གཅིག་པ་རྣམས་ཀུན་མཁྱེན་འབྲུག་པའི་གསུང་གི་སྡོམ་གསུམ་སྙིང་བསྟན་དང་། བརྟག་གཉིས་འཆད་པ་རྣམས་ལ་དྲི་བ་མཛད་པ་དང་། དེའི་ཡང་ལན་ཀ་ཤི་ཀ་རྣམས་ལས་ཇི་ལྟར་གསུངས་པ་བཞིན་ཐད་སོར་བཞག་པ་མ་གཏོགས་རབ་དབྱེའི་གཞུང་སོགས་དང་བསྲེས་པ་ཡེ་མེད། གང་ན་འདི་སྐབས་ཀྱི་ཚིགས་བཅད་དེ་རྣམས་ནི་ཁྱེད་རང་གི་འབེལ་གཏམ་གྱི་གསུང་ལ་དཔགས་པའི་ཁོ་བོ་རང་གིས་ཚིགས་བཅད་དུ་སྤེལ་བ་ཡིན་ནོ། །ཡང་ཁོ་བོའི་མཁས་པ་དགའ་བྱེད་དུ་འབེལ་གཏམ་ལས་སྤྱི་རྒྱུད་ཀྱི་ལུང་དེ་ཉིད་ལ་འགལ་འདུའི་རྩོད་པ་བཏང་འདུག་གསུང་བའང་། རང་གི་ལུང་དོན་འཆད་མ་ཤེས་པ་ཡིན་ཞེས་པ་ནས། དབང་བསྐུར་དངོས་གཞིའི་ཚེ་དཀྱིལ་འཁོར་གཅིག་དབང་རྫས་གཅིག་གིས་སློབ་མ་གཅིག་ལས་ལྷག་པ་ལ་ཅིག་ཅར་བསྐུར་བར་མ་གསུངས་ཞེས་པའི་དོན་ཡིན་བྲིས་པ་ལ། དགག་ལན་དུ་སྤྱི་རྒྱུད་ཀྱི་ལུང་དེ་ཉིད་ལ་འགལ་འདུ་ཡོད་ན་ཏ་ཙང་ལོས་ཐལ། ཁོ་བོས་ནི་འགལ་འདུའི་རྩོད་པ་བཏང་འདུག་བྱས་པ་ཡིན་སོགས་དང་། འགལ་འདུ་བཏང

འདུག་ཟེར་བའི་རྒྱུ་མཚན་ནི་སྤྱི་རྒྱུད་ལས་མཁས་པས་སློབ་མ་གཅིག་གམ་གསུམ་ཞེས་སོགས་སློབ་མའི་གྲངས་ཁ་ཡར་བ་གསུངས་བཞིན་དུ། ཡང་སྤྱི་རྒྱུད་ལས་གཉིས་སམ་གསུམ་མམ་བཞིའང་རུང་ཞེས་པ་ལ་ཐུགས་རྩེ་གཏད་ནས་སློབ་མ་གཉིས་དང་བཞི་ལ་སོགས། ཟུར་དུ་བཤད་པ་འགའ་ཞིག་ཡོད་གསུངས་ཙ་ན་ཞེས་པ་ནས། སློབ་མ་རེ་རེ་ནས་བཀུག་ དེ། །ཚིག་བཞིན་དུ་བསང་གཏོར་བྱ། །ཞེས་གསུངས་པའི་དོན་ཇི་ལྟར་འཆད། འཆད་རྒྱུ་མེད་པའི་བར་བྲིས་གནང་བ་མཁས་པ་ཁྱེད་ཀྱིས་གསང་བ་སྤྱི་རྒྱུད་ཀྱི་ལུང་། གཉིས་སམ་གསུམ་མམ་བཞིའང་རུང་ཞེས་པའི་དོན་ཡང་དབང་བསྐུར་དངོས་གཞིའི་དུས་སུ་སློབ་མ་གཉིས་ལ་སོགས་པ་གྲལ་དུ་ལྡན་ཅིག་འདུག་ཏུ་མི་རུང་བ་དང་། གྲངས་ཁ་ཡར་བ་ཉིཤུ་རྩ་ལྔ་སོགས་ལ་དབང་གྲལ་གཅིག་ཏུ་ཆུ་ཅོད་པན་གཉིས་དབང་བསྐེབས་ལ་བསྐུར་ནས། དེ་ཚར་བ་དང་དེ་རྣམས་ཀྱི་ནང་ནས་རྡོ་རྗེ་སློབ་དཔོན་གྱི་འོས་སུ་གྱུར་པ་གཅིག་ལས་མེད་ན་སོ་སོར་བྱ་མི་དགོས། འོས་དུ་གྱུར་པ་གཉིས་སོགས་པའི་གྲངས་ཁ་ཚམ་ཁ་ཡར་གང་ཡོད་ཀྱང་རུང་རེ་རེ་ནས་བོས་ལ་དབང་སྐྱེགས་ཀྱི་སྟེང་དུ་བཞག་ལ་ཆུ་དབང་རྒྱས་པར་བསྐུར་ཏེ་རྡོ་རྗེ་སློབ་དཔོན་དུ་མངའ་གསོལ་ཏེ་ཞེས་སོགས་གསང་བ་སྤྱི་རྒྱུད་ཀྱི་ལུང་དེའི་དོན་དུ་འཆད་པ་ནི་ལུང་དོན་མ་འཁྲུར་བ་འདྲ་སྟེ། སྤྱི་རྒྱུད་ཀྱི་ལུང་དེའི་དོན་རྡོ་རྗེ་སློབ་དཔོན་གྱི་འོས་སུ་གྱུར་པ་ལ་སྦྱར་བའི་ཚེ་ནའང་གཉིས་ལ་སོགས་པ་རུང་ན་དེའི་དོན་དུ་འགྲོ་ཤས་ཆེ་ནའང་། དེ་བཞིན་མི་རུང་བར་རེ་རེ་ནས་བསྐུར་དགོས་པར་བཤད་པས་སོ་སྙམ་མོ། །

ཡང་ཁྱེད་ཀྱིས་གསུང་གིས་སློབ་མ་རེ་རེ་ནས་བཀུག་སྟེ་ཞེས་སོགས་ཀྱི་དོན་འཆད་རྒྱུ་མེད་གསུང་བའང་མི་མད་དེ་འདི་དག་གི་དོན་ལ་ཁོ་བོས་མཁས་པ་དགའ་བྱེད་དུ་བཤད་ཟིན་པ་རྣམས་ལ་གཟིགས་རྟོག་ཆེར་མ་གནང་བ་ལོས་ཡིན། མདོར་ན་པཎ་ཆེན་ཆོས་ཀྱི་རྒྱལ་པོའི་གསེར་ཐུར་ལེའུ་གསུམ་པའི་དྲི་བ་དྲུག་པར། གསང་བ་སྤྱི་རྒྱུད་དག་ལས་ནི། །དཀྱིལ་འཁོར་དག་ཏུ་དབང་བསྐུར་བའི། །སློབ་མ་གཉིས་དང་བཞི་ལ་སོགས། །ཟུང་དུ་བཤད་པ་འགའ་ཞིག་ཡོད། །ཅེས་གསུངས་པའི་དངོས་ལན་དུ་གསང་བ་སྤྱི་རྒྱུད་ཀྱི་དགོངས་པ་ནི་སློབ་མ་རྗེས་འཛིན་དང་སྐྱ་གོན་གྱི་དུས་སུ་ཉེར་ལྔ་མན་འཆད་ཀྱི་གྲངས་ཁ་ཡར་བ་ཇི་ཙམ་ཡོད་པ་དེ་ཐབས་གཅིག་ཏུ་ཚོགས་པ་ལ་རྗེས་འཛིན་དང་སྐྱ་གོན་གྱི་ཆོ་ག་ཡོངས་སུ་རྫོགས་པར་བྱས་ནས། དབང་བསྐུར་དངོས་གཞིའི་ཆོ་ག་ནི་སློབ་མ་རེ་རེ་ནས་བྱ་བར་གསུངས་པ་ཡིན་ཏེ། སྤྱི་རྒྱུད་ཉིད་ལས། བློ་དང་ལྡན་པས་ཆོག་འདིས། །སློབ་མ་རྣམས་ནི་ལེགས་པར་བཟུང་། །སློབ་མ་རེ་རེ་ནས་བཀུག་ཏེ། །བསང་གཏོར་བྱ་བ་བཞིན་བྱས་ལ། །ཞེས་དང་། སློབ་མ་གཅིག་ནས་བཀུག་ནས་ནི། །ཚིག་བཞིན་དུ་ཡོན་ཕུལ་ཏེ། །ཚིག་ཤེས་པས་བསང་གཏོར་བྱ། །ཞེས་དང་། མཁས་པས་ཅིག་ཅར་སློབ་མ་གཉིས། །དབང་བསྐུར་བ་ནི་ཡོངས་མི་བྱ། །ཞེས་གསུངས་སོ། །དེའང་

དབང་བསྐུར་དངོས་གཞིའི་དུས་སུ་སློབ་མ་གཉིས་སམ་བཞི་དུས་གཅིག་ཏུ་གྲལ་ལ་འདུག་ཏུ་མི་རུང་བ་ནི་མ་ཡིན་མོད། དབང་རྫས་གཅིག་ཉིད་ཀྱིས་སློབ་མ་གཉིས་ལ་སོགས་པར་དུས་ཅིག་ཅར་དུ་དབང་བསྐུར་བ་རུང་བ་ནི་མ་ཡིན་ནོ་ཞེས་བཤད་པར་བྱ་བའི་ཕྱིར་དུ། དེ་ཉིད་ལས། གཉིས་སམ་ཞེས་པ་ནས། ཐམས་ཅད་སོ་སོ་སོ་སོར་བྱ། །ཞེས་པའི་བར་གསུངས་པས་སོ་ཞེས་བཤད་པ་ཁོ་བོའི་རྟོག་བཟོ་བྱས་པ་མིན་ཞིང་།

ཡང་ཁྱེད་ཀྱི་དགག་ལན་དུ་སློབ་མ་གཅིག་གམ་གཉིས་ལ་སོགས་པའི་གྲངས་ཁ་ཡར་བ་གསུངས་པ་དེ་ཁས་ལེན་ནམ། གཉིས་དང་བཞི་ལ་སོགས་པའི་ཁ་ཆམ་གསུངས་པ་དེ་ཁས་ལེན་བྲིས་གནང་བའང་། གསེར་ཐུར་གྱི་གསུང་ཕྱི་མ་དེ་གཉིས་ལས་རྟོགས་པར་ནུས་སོ། །ཁྱེད་ཀྱི་དགག་ལན་དུ། མཁས་པས་ཅིག་ཅར་སློབ་མ་གཉིས། །དབང་བསྐུར་བ་ནི་ཡོངས་མི་བྱ། །ཞེས་པའི་དོན་ལའང་ཁྱེད་ཀྱི་འབྲུ་སྐྱུག་སྐྱོག་དེ་འདྲས་ནི་རྒྱུད་གཞུང་ཆུད་རང་གསན་ནའང་ཞེས་སོགས་བྲིས་གནང་བ། རྒྱུད་དོན་བཤད་པ་དེ་འབྲུ་སྐྱོག་མིན། དེ་ལྟར་ཡིག་ལམ་ལ་བཀོད་པ་དེས་རྒྱུད་གཞུང་ཆུད་གསན་པ་མེད་དེ། དེ་ལྟར་བཤད་པ་དེ་གསེར་ཐུར་གྱི་གསུང་དྲངས་མ་ཐག་པ་དེའི་དགོངས་པར་སྣང་བའི་ཕྱིར། ཡང་ཁྱེད་ཀྱིས་གསུང་གིས་རྒྱུད་དེའི་དོན་བྱ་རྒྱུད་ལ་ཆུ་དབང་རྒྱས་པའི་སྒོ་ནས་སློབ་དཔོན་གྱི་འོས་སུ་གྱུར་པ་ལ་ལོགས་སུ་བསྐུར་བ་དེ་རྗེ་བཙུན་རིན་པོ་ཆེའི་རིགས་གསུམ་སྤྱིའི་ཆོ་ག་ན་ཡོད་སོགས་གསུང་བ་ནི་འཐད་པ་ལོས་ཡིན། ཡང་པཎ་ཆེན་རིན་པོ་ཆེའི་གསེར་ཐུར་ལས། སྤྱོད་པའི་རྒྱུད་ཀྱི་དབང་བསྐུར་ལ། །སློབ་མ་གྲངས་ངེས་མེད་གྱུར་ན། །གཅིག་ནས་བརྒྱ་ཡི་བར་དག་གི། །གྲངས་ངེས་མཛད་པ་ཧེ་ལྟར་ཡིན། །ཞེས་པ་ནས། དེ་ལྟར་ན་སྤྱོད་པའི་རྒྱུད་ཀྱི་དབང་བསྐུར་ལ། སློབ་མ་རྗེས་འཛིན་གྲངས་ངེས་མེད། །ཅེས་གཞུང་བཙོས་ན་ལེགས་ཤིང་བདེ་བ་ཡིན་ཞེས་གསུངས་པ་ལ། ཁྱེད་ཀྱིས་འཕེལ་གདམ་དུ་མདོན་བྱང་གི་ལུང་དྲངས་ཀྱི་ཚད་འདི་བྱས་སོ་ཞེས་པ་ནས། སེམས་ཅན་ཚད་མེད་པ་ཡོངས་སུ་བཟུང་བར་བྱའོ་ཞེས་པའི་བར་དྲངས་ནས་དཔྱད་པ་མཛད་པ་ལ། ཁོ་བོས་མཁས་པ་དགའ་བྱེད་དུ་སྤྱི་རྒྱུད་དང་མདོན་བྱང་ལས་རྗེས་འཛིན་གྱི་སློབ་མ་ལ་གྲངས་ངེས་ཡོད་མེད་ཀྱི་ཁྱད་པར་ནི་བརྟགས་ནས་རྗེས་འཛིན་པ་དང་། རྗེས་སུ་བཟུང་ནས་རྟག་པའི་ཁྱད་པར་ཡིན་ཞེས་སོགས་བྲིས་པ་ལ། དགག་ལན་དུ་གསུང་སྒྲ་མ་དེར་རྗེས་སུ་བཟུང་ནས་རྟག་པར་བཤད་པ་ནི་ཡི་གེ་མ་དག་པ་ལོས་ཡིན་ནམ་ཞེས་སོགས་བྲིས་གནང་བ་དེ་ཡི་གེ་མ་དག་པ་མིན། ཚིག་གཉིས་པོ་དེ་གསེར་ཐུར་གྱི་གསུང་དངོས་ཡིན་པས་འགྲུལ་པ་མི་སྣང་། ཁྱེད་ཀྱི་གསུང་གི་དེ་ལ་བརྟགས་ནས་རྗེས་སུ་འཛིན་པ་དང་། མ་བརྟགས་པར་རྗེས་སུ་བཟུང་བའི་ཁྱད་པར་ཡིན་གསུང་ན་ནི་ཚིག་དེ་ལ་འབྲེལ་ཅིག་ཡོང་ངོ་ཞེས་བྲིས་པའང་གསེར་ཐུར་གྱི་གསུང་དེ་དང་དེ་གཉིས་དོན་འདྲ། ཡང་ཁོ་བོས་མཁས་པ

དཀའ་བྱེད་དུ་འབེལ་གཏམ་གྱི་ཞལ་བླངས་དེ་ལ་ལུང་རིགས་ཁས་བླངས་འགལ་བའི་གནོད་བྱེད་གསུམ་བསྟན་པའི་ལུང་དང་འགལ་བ་མངོན་བྱང་གི་ལུང་དྲངས་པ་སོགས་ལ་ལུང་དེའི་དགོངས་དོན་རང་ལུགས་སོགས་ཀྱང་ཁོ་བོས་མཁས་པ་དཀའ་བྱེད་དུ་མདོ་ཙམ་བཀོད་ཟིན་ཅིང་། འདིར་ཡང་ལུང་དེ་དག་གི་དོན་རྒྱས་པ་ཙམ་སྤྲོ་ནུས་མོད། ཡི་གེས་བསྲུན་པ་ནས་འདིར་མ་སྤྲོས་སོ། །

རིགས་པ་དང་འགལ་བའི་གནོད་བྱེད་འཕངས་པ་ལ་དགག་ལན་དུ། བཟང་པོ་བྱུང་། ལན་གྱི་གྲངས་ཚད་ཡིན་མིན་ལ། །ཁྱད་པར་ཅི་ཡང་ཡོད་དེ་ལ། །ཨཱ། སྤྱི་རྒྱུད་ཀྱི་དེ་ནི་སྤྱིར་གྱི་དབང་བསྐུར་གྱི་སློབ་མའི་གྲངས་ཚད་ཡིན་ཞིང་། སྤྱོད་རྒྱུད་ཀྱི་དེ་ནི་བསྐལ་བར་ལྡན་པའི་ཉུང་མཐའི་དབང་དུ་བྱས་པའི་གྲངས་ཚད་ཡིན་གྱི༑ སྤྱོད་རྒྱུད་ཀྱི་དབང་གི་སློབ་མའི་གྲངས་ཚད་མ་ཡིན་པའི་ཕྱིར་སོགས་བྲིས་གནང་བ་ལའང་སྔར་གྱི་འགལ་བ་དེ་ཁ་སོན་གནས་ཏེ། སྤྱོད་རྒྱུད་ཀྱི་སྐལ་བར་ལྡན་པ་ཉུང་མཐའི་དབང་དུ་བྱས་པའི་གྲངས་ཚད་དུ་སོང་བས་གནོད་ཅིང་། ཡང་དེ་ཉུང་མཐའི་གྲངས་ངེས་ཡིན་གྱི། སྤྱིར་གྲངས་ངེས་མིན་ནོ་སྙམ་ན་ཉུང་མཐའི་གྲངས་ངེས་ཀྱིས་གོ་མི་ཆོད་པར་ཐལ་བ་དང་། ཕྲེང་བའི་ལུང་གིས་སྐལ་ལྡན་གྱི་སློབ་མ་བརྒྱ་སྟོང་ལ་དུས་ཅིག་ཅར་སྤྱོད་རྒྱུད་ཀྱིས་དབང་བསྐུར་བས་ཆོག་པར་བཤད་པ་དེས་གནོད་པ་སོགས་འདི་དག་ཀྱང་མཁས་པ་དཀའ་བྱེད་དུ་རྒྱས་པར་བཤད་ཟིན་པས་འདིར་དེ་ཙམ་མོ། །

ཡང་གསུམ་པ་ཁས་བླངས་པ་འགལ་བ་ཐལ་བར་འཕངས་པ་ལ། དགག་ལན་དུ་འགལ་འདུག་སྙམ་པའི་དཔྱོད་པ་འཇུག་ཤས་ཆེ། ཁོ་བོས་ནི་ཡང་བརྟག་པ་མཐའ་བཟུང་གི་དབང་དུ་བྱས་ཏེ་ཞེས་སོགས་གསུངས་འདུག་མོད། གསུང་དེ་འཕྲོས་ལས་དེ་ནི་དེའི་དོན་གྱི་དམིགས་བསལ་མིན་ཞེས་གསུངས་པ་ལ་ནི་གོ་བ་རྙེད་རྒྱུ་ཆེར་མ་བྱུང་། གང་ནའང་དེའི་འཕྲོས་ནས་དེས་ན་ཁྱེད་ཀྱིས་བརྟག་པ་མཐའ་བཟུང་གི་དབང་དུ་བྱས་ཏེ་ཞེས་པའི་ཚིག་འདི་སྐབས་ཤིང་གཞི་མེད་ལ་ནང་འགལ་བསྟན་འདུག་པ་སྟོན་པ་བཟང་། མཚན་ཉིད་པའི་རིགས་པ་ལ་ཀུན་འབྱུང་ཟེར་བ་ཅིག་ཡོང་བ་དེ་རིགས་ཡིན་སོགས་བྲིས་གནང་བའང་། ཡང་ལན་ནི་སྙིང་པོ་སྐལ་ལྡན་གྱི་རིགས་ཅན་ལ་སྤྱོད་རྒྱུད་ཀྱི་དབང་བསྐུར་བ་ལ་བཅུ་ཚན་གྱི་གྲངས་ཚད་བཞག་པ་དང་། ཡང་རྡོར་འཕྲེང་གི་ལུང་དྲངས་ནས་སྐལ་ལྡན་སློབ་མ་བརྒྱ་སྟོང་ཡོད་ནའང་ཅིག་ཅར་སྤྱོད་རྒྱུད་ཀྱི་དབང་བསྐུར་བས་ཆོག་པར་བཤད་པ་གཉིས་ཀ་བརྟག་པ་མཐའ་བཟུང་གི་དབང་དུ་མཛད་པ་ཡིན་ན་ནི་སྔར་ནང་འགལ་སོན་གནས་ལ། ཡང་སྐལ་ལྡན་གྱི་སློབ་མ་བརྒྱ་སྟོང་ལ་ཅིག་ཅར་སྤྱོད་རྒྱུད་ཀྱི་དབང་བསྐུར་བ་བརྟག་པ་མཐའ་བཟུང་གི་དབང་དུ་བྱས་པ་དེ་སྔར་སྐལ་ལྡན་ལ་སྤྱོད་རྒྱུད་ཀྱི་དབང་བསྐུར་བ་ལ་བཅུ་ཚན་གྱི་གྲངས་ཚད་གསུངས་པ་དེའི་དམིགས་བསལ་

ཡིན་གསུང་རྒྱུའང་འདྲ་བས། དེ་ལྟར་ན་སྤྱིར་བཏང་དམིགས་བསལ་དུ་འགྲོ་མི་འགྲོ་ཅི་ལྟར་ནའང་ཚིག་དེ་ལ་གོ་རྒྱུ་གཅིག་ཡོང་ཤེས་ཆེ། གཞན་ཡང་འདི་དག་ལ་ཞུ་རྒྱུ་འདྲ་མི་ཉུང་ཙམ་འབྱོར་པ་འདུག་ནའང་ཡི་གེ་མང་བ་དང་། མཁས་པ་དགའ་བྱེད་དུའང་བཤད་ཟིན་པ་དེར་མདོ་ཙམ་འཕྲུས་པར་སྣང་བས་འདིར་ཡང་ལན་དེ་ཙམ་མོ༔ ༔

ཡང་ཀུན་མཁྱེན་འབྲུག་པ་པདྨ་དཀར་པོའི་གསུང་གིས། དུས་འཁོར་ཕྲེང་བའི་དབང་ནི་མང་པོ་ལ། །སྟོན་ཞིང་དེ་སྐད་སྨྲས་ཀྱང་མཛེས་པ་མིན། །ཞེས་གསུངས་པའི་ཐད་ཀྱི་འབེལ་གཏམ་དུ་དུས་འཁོར་འགྲེལ་ཆེན་དུ་རྒྱལ་པོ་འཇམ་དཔལ་གྲགས་པས་ཚངས་པའི་དྲང་སྲོང་བྱེ་བ་ཕྲག་ཕྱེད་བཞི་ལ་དབང་བསྐུར་བར་བཤད་ཅེས་པ་ནས། དེང་སང་གི་སོ་སོ་སྐྱེ་བོའི་བྱུར་མི་རུང་ཞེས་པའི་བར་བྲིས་གནང་བ་ལ། ཁོ་བོས་མཁས་པ་དགའ་བྱེད་དུ་སྡོམ་གསུམ་ལས། འཕགས་པ་རྣམས་ཀྱིས་གང་ཟག་རབ། །ཅེས་སོགས་ཀྱི་དོན་སྟོན་སྟོན་པ་ཉིད་ཀྱིས་ཟླ་བཟང་འཁོར་དང་བཅས་པ་ལ་དཔལ་ལྡན་རྒྱུ་སྐར་གྱི་དཀྱིལ་དུ་དབང་བསྐུར་བ་སོགས་དཔེར་མཚོན་ནས། ཧིང་ངེ་འཛིན་གྱི་དཀྱིལ་འཁོར་མངོན་སུམ་དུ་སྤྲུལ་བ་དམིགས་ཏེ་གསལ་བ་ལ། སྟོན་གྱི་ཚིག་འཕགས་པའི་ཡིན། །ཞེས་གསུངས་པ་ཡིན་གྱི་ཞེས་སོགས་དང་། དཀྱིལ་ཆོག་དེའང་མདོ་ལུགས་ནས་གསུངས་པའི་སྟོན་ཚིག་དཚིག་གི་ཟླས་ཕྱེ་བ་ལྟ་བུ་ནི་མ་ཡིན་ཏེ། ཡིན་ན་སྟོན་སྟོན་པ་བཞུགས་པའི་དུས་མདོ་ལུགས་ལ་སྟོན་ཚིག་དཚིག་གི་དབྱེ་བ་གསུངས་པ་ཇི་བཞིན་སྔགས་ཀྱི་དབང་བསྐུར་གྱི་ཆོ་ག་ལའང་གསུང་དགོས་པ་ལས། སྟོན་སྟོན་པ་བཞུགས་པའི་དུས་སྔགས་ཀྱི་ཆོ་ག་ལ་སྟོན་ཚིག་དཚིག་གི་དབྱེ་བ་གསུངས་པ་མཁས་པ་རྣམས་ལ་མ་གྲགས་པས། དེང་སང་ཁ་ཅིག་མདོ་ལུགས་ཀྱི་རིགས་འགྲེ་བྱས་ནས་སྔགས་ཀྱི་ཆོ་ག་ལའང་སྟོན་ཚིག་དཚིག་ཏུ་བྱེད་པ་ རྗེ་བཙུན་གྱི་དགོངས་པ་ཡིན་ཟེར་བའང་རྣམ་པར་མ་བརྟགས་ལ་ཞེས་བཀོད་པ་ལ་མཁས་པ་ཁྱེད་ཀྱི་དགག་ལན་དུ་དེད་ཀྱི་འདོད་པ་བཀོད་པ་དེ་དག་ནི་ཁོ་བོའི་མཁས་པ་དགའ་བྱེད་ཀྱི་ཚིག་རིགས་ཇི་བཞིན་པ་རང་ནི་འདྲི་བ་མ་མཛད་པ་འདུག་མོད། གང་ན་ཁྱེད་ཀྱི་གསུང་གིས་སྡོམ་གསུམ་རྒྱན་ལས། འགའ་ཞིག་སྔགས་ལ་སྟོན་ཚིག་དཚིག་བྱེད། །རྒྱུ་དང་འཕགས་སྤྲུལ་གཞུང་ལས་དེ་མ་བཤད། །ཅེས་གསུངས་པ་དེ་སྐྱོང་བར་བཞེད་ནས་ས་ལུགས་པ་དགག་པར་གནང་བྲིས་པ་ནི་མིང་ཕལ་པའི་དཔེན་མཆུ་བསྒྲིགས་པ་ཟེར་བ་དེ་རིགས་སུ་སྣང་། དེད་ཀྱིས་ནི་སྐབས་འདིར་སྡོམ་གསུམ་རྒྱན་གྱི་ལུང་དེ་དྲངས་པའང་མེད། སྤྱིར་སྔགས་ཀྱི་ཆོ་ག་ལ་སྟོན་ཚིག་དཚིག་གི་དབྱེ་བ་མི་བྱེད་པ་གཞུང་དེའི་དགོངས་པར་སོང་ཤས་ཆེ། ཁོ་བོས་མཁས་པ་དགའ་བྱེད་དུ་ནི་སྟོན་སྟོན་པ་བཞུགས་པའི་དུས་སྔགས་ཀྱི་ཆོ་ག་ལ་སྟོན་ཚིག་དཚིག་གི་དབྱེ་བ་གསུངས་པ་མཁས་པ་རྣམས

ལ་མ་གྲགས་ཞུས་པ་ཡིན། སྔོན་སྨོན་པ་བཞུགས་དུས་མདོ་ལུགས་ལ་སྔོན་ཚོག་དཀོན་ཚོག་གི་དབྱེ་བ་གསུངས་པ་བཞིན་དུ་སྔགས་ཀྱི་དབང་བསྐུར་གྱི་ཆོ་ག་ལའང་སྔོན་ཆོག་དཀོན་ཆོག་གི་དབྱེ་བ་གསུངས་པའི་མདོ་རྒྱུད་ཀྱི་ལུང་གསལ་པོ་ཡོད་ན་སྔོན་རིགས་པ་ལས་སྨོན་རྒྱུ་མེད་དོ། །དེ་ར་མ་ཟད་མདོ་ལུགས་ཀྱི་རིགས་འགྲེ་བྱས་ནས་སྔགས་ཀྱི་ཆོ་ག་ལའང་སྔོན་ཆོག་དཀོན་ཆོག་བྱེད་པ་རྗེ་བཙུན་གྱི་དགོངས་པ་ཡིན་ཟེར་བའང་། སྔོན་གྱི་ཆོ་ག་འཕགས་པའི་ཡིན། །ཞེས་པས་བསྟན་པ་ཡིན་གསུང་ནའང་དེར་སྔོན་ཆོག་ཅེས་པ་ཞིག་ཚིག་ཟིན་ལ་བྱུང་མོད་ཀྱང་། དཀོན་ཆོག་ཞེས་པའི་ཚིག་གིས་དངོས་སུ་ཟིན་པ་མེད་ཅིང་། དེ་ལས་གཞན་པའི་སྔགས་ཀྱི་ཆོ་ག་ལ་སྔོན་ཆོག་དཀོན་ཆོག་གི་དབྱེ་བ་གསུངས་པའི་རྗེ་བཙུན་གྱི་གསུང་གསལ་པོ་ཡོད་ན་སྨོན་པར་རིགས་པ་ལས་སྨོན་རྒྱུ་མེད་དོ། །

ཡང་ཁོ་བོའི་མཁས་པ་དགའ་བྱེད་ལས་འཇམ་དཔལ་གྲགས་པས་དུར་སྲོང་བྱེ་བ་ཕྲག་ཕྱེད་དང་བཞི་ལ་དུས་གཅིག་ལ་དབང་བསྐུར་བ་དེ་སྤྲུལ་པའི་དཀྱིལ་དུ་དབང་བསྐུར་བ་ཡིན་ནམ་མིན་བྲིས་པ་ནས། དེང་སང་སྤྲུལ་པའི་དཀྱིལ་དུ་དབང་བསྐུར་བ་མི་རུང་བ་ལྟར་བཤད་པའི་དམ་བཅའ་ཉམས་ཞེས་པའི་བར་བྲིས་པར། སླར་དགག་ལན་དུ་ཁྱེད་ཀྱི་འདོད་པ་ལྟར་ན་ཞེས་པ་ནས། ལྟར་དེ་མཐེན་ཆ་ཡིན་ནམ་ཁོ་བོས་ནི་སྔོན་གྱི་དེ་དག་དེང་སང་གི་སོ་སོ་སྐྱེ་བོས་བྱར་མི་རུང་བྱས་པ་ཡིན་ཏེ་ཞེས་སོགས་བྲིས་གནང་བ་ནི། ཚིག་དེ་དག་ལ་ལྟར་ཞེས་པ་ཡོད་མེད་ལ་མ་ལྟོས་ཀྱང་ཚིག་གྲོགས་ལ་དེ་ལྟར་འཁོད་པ་མཐེན་ཆ་ཡིན་མིན་མཁས་པ་ཁྱེད་རང་གིས་དགོངས་པར་རག་ལས་པར་འདུག །ཁྱེད་ཀྱི་གསུང་དེང་སང་སྤྲུལ་པའི་དཀྱིལ་དུ་དབང་བསྐུར་བ་མེད་ཅེས་པའམ། གདན་ནས་མི་རུང་སྨྲས་པ་མེད་གསུང་བ་ལའང་ཁྱེད་རང་གི་འབེལ་གཏམ་གྱི་གསུང་གིས་སྔོན་བྱུང་བའི་རྒྱུ་མཚན་གྱིས་ད་ལྟའི་རྗེས་འཇུག་གིས་བྱར་རུང་ན་སྔོན་རྣལ་འབྱོར་དབང་ཕྱུག་བི་རྒྷ་པ་ལ་བདག་མེད་མས་སྤྲུལ་པའི་དཀྱིལ་དུ་དབང་བསྐུར་འདུག་པས་ན་བི་རྒྷ་པའི་རྗེས་འཇུག་རྣམས་ད་ལྟ་སྤྲུལ་པའི་དཀྱིལ་དུ་དབང་བསྐུར་ཅིས་མི་བྱེད་ཅེས་ཐང་བརྡལ་ནས་བཤད་པ་དེས་གནོད་པར་སོང་།

ཡང་ཁྱེད་ཀྱི་གསུང་དེའི་འཕྲོས་ལས་ཞེས་བཤད་པའི་རྗེས་འཇུག་དག་ནི་ཚིག་གྲོགས་སྟ་མ་དེར་དེང་སེང་གི་སོ་སོ་སྐྱེ་བོས་བྱར་མི་རུང་ཞེས་བཤད་པའི་ཚིག་གི་འགྲོས་ལས་ཞེས་སོགས་བྲིས་གནང་བའང་ཁྱེད་རང་གི་འབེལ་གཏམ་གྱི་གསུང་དེ་ལ་ལྟན་ཚུང་ལེགས་པོ་ཐེབས་གདའ། དེའི་འཕྲོས་ཀྱི་གསུང་རྣམས་ལ་ནི་འདི་དང་གོང་གི་གསུང་འགལ་ཞིག་ཏུ་ཁྱེད་འཚོལ་བྱུང་གསུང་བ་འདུག་ནའང་། ཁོ་བོ་འཚོལ་བའི་རྒྱུ་མཚན་མེད་མོད་ཀྱང་། གང་ནའང་འདིའི་ཐད་ཀྱི་ཁྱེད་རང་གི་གསུང་རྣམས་ཀྱང་བྱི་བླའི་མཇུག་མ་ལ་ཤོག་ཚལ་བཏགས་པ་བཞིན་ལྷོར་བར་འདུག་པས། དེ་ལས་སྤྲོས་པའི་ཡང་ལན་དགོས་རྒྱུ་ཆེར་མི་འདུག་པས་སོགས།

ཡང་ཁྱེད་ཀྱི་འབེལ་གཏམ་དུ་སྟོན་གྱི་དེ་དེང་སང་གི་སོ་སྐྱེས་བྱར་རུང་ན་རང་བྱུང་དང་ཚུར་ཤོག་གི་བསྙེན་རྫོགས་ཞེས་གསུངས་པར་མཁས་པ་དགའ་བྱེད་དུ། འོན་རང་བྱུང་སོགས་དེ་དག་སྟོན་ཆོག་ཡིན་ན་ཁྱེད་རང་གི་ཁས་བླངས་པ་དང་འགལ་ཞིང་གཞུང་དང་ཡང་མ་མཐུན། མིན་ན་དེ་དག་ལ་འདི་རྣམས་སྟོན་གྱི་ཆོག་ར་བཤད་ཅེས་སྟོན་ཆོག་གི་སྐབས་བསྟན་འདུག་པ་ཇི་ལྟར་གསུང་ཞེས་ཞུས་བྱུང་ན་དབུ་གུག་གུག་པ་ལས་གསུང་རྒྱུ་མི་འབྱུང་ངོ་བྲིས་པ་ལ། དགག་ལན་དུ་འདི་ལན་དགོས་རྒྱུ་ཆེར་མི་འདུག །བཞད་ཆ་དེ་ཀ་གུ་ཡངས་བྲིས་གནང་བས་འདི་ལ་ཡང་ལན་གྱི་སྒྲོས་པའང་གཞན་མ་དགོས་པས་བཞད་ཆ་དེ་ཀ་གུ་ཡངས་སུ་མཛད་དོ། །འོན་ཀྱང་ཁྱེད་ཀྱི་གསུང་གིས་ཀུན་མཁྱེན་རིན་པོ་ཆེའི་རྗེས་འབྲང་དག་རང་བྱུང་སོགས་དེ་དག་སྟོན་ཆོག་མཚན་ཉིད་པར་བཞེད་གསུང་བའང་གྲུབ་མཐའ་ཡིན་ཤས་ཆེ། འདི་དག་ལ་ཞུ་རྒྱུ་འདྲ་འགྱུར་པ་འདུག་ནའང་མཁས་པ་དགའ་བྱེད་དུ་འང་རྒྱས་པ་ཙམ་བཤད་ཟིན་པས་འདིར་མ་སྤྲོས་སོ། །

ཡང་ཁྱེད་ཀྱི་འབེལ་གཏམ་དུ་ཚིགས་བཅད་གཉིས་པའི་ལན་གྱི་བྲ་རྒྱུད་ཀྱི་དབང་ལ་གྲངས་ངེས་བྱེད་ན་དེའི་རིགས་གཏད་རྗེས་གནང་ལའང་གྲངས་ངེས་དགོས་སོ་ཟེར་བ་འདི་འདྲ་སུ་ལ་ཟེར་རྒྱུ་ཡིན། ཡར་རྡོ་རྗེ་འཆང་ལ་ཞུས་མཛད་དོ། །དབང་བསྐུར་དང་རིགས་གཏད་རྗེས་གནང་རྣམས་དོན་ལ་ཁྱད་པར་མེད་དོ་སྙམ་པ་དེ་ཁྱེད་རང་ལམ་གྱི་རྩ་བ་དབང་བསྐུར་ལ་ཆས་ཆོད་རས་བོར་མཛད་པ་དེའི་སྐྱོན་ཡིན་ཏེ་ཞེས་པ་ནས། འོན་ཀྱང་ཞེས་པའི་ཚིག་ནུས་ཀྱང་དགོས་ཞེས་པའི་བར་པཎ་ཆེན་གྱི་རྣམ་གཞག་འཇུག་རྒྱུ་ཡིན། ཞེས་པ་དེའི་རྗེས་སུ་སྔ་མ་དེ་རང་ལ་ཐུགས་རྩེ་གཏད་ནས་ཞེས་པ་ནས་བརྩམས་ཏེ། ཁྱེད་ནི་སྔ་ཕྱི་བར་ཀུན་ཏུས་པཎ་ལ་ཨའུ་རྩེ་དང་ཆས་ཆོད་རས་བོར་ཀྱང་མཛད་ཀྱིན་འདུག་པས་ཞུ་དགོས་བྱུང་བ་ལགས་སོ། །དོན་ལ་པཎ་ཆེན་ཁྱེད་རང་གིས་རྣམ་སྣང་མདོན་བྱང་གི་ལུང་དྲངས་པ་དེ་ལའང་ཚིག་སྔ་ཕྱིར་འབྲེལ་བསྒྲིགས་པའི་གོ་བ་རྣལ་མ་ཞིག་མ་ཐེབས་འདུག་པས། དེ་མ་ཐེབས་པས་སྐྱོག་བཤད་འདྲ་མཛད་ནས་ས་པཎ་དང་མི་མཐུན་པའི་གྲུབ་མཐའ་གསར་འཛུགས་མང་པོ་མཛད་གདའ་བ་མཁྱེན་པའི་སྤྱན་ལྡན་ཁྱེད་རང་གིས་དགོངས་ལོས་ཡོད་ཅེས་པའི་བར་ཁྱེད་ཀྱི་འདོད་པ་འདྲི་རྒྱུ་ཡིན་ཅིང་། དེ་ལྟར་བྲིས་སྣང་བ་ལ་ཁོ་བོས་མཁས་པ་དགའ་བྱེད་དུ། སྐབས་འདིར་གསེར་ཐུར་དུ་ནི་མ་གསུངས་མོད་ཅེས་སོགས་ནས། ཁྱེད་ཀྱི་པཎ་ཆེན་ལ་བསྟོད་པ་མཛད་པ་དེ་ལ་ངེད་ཀྱིས་འགྲེལ་པ་ཙུང་ཟད་ཅིག་བྱས་ཡོད་ཞུས་པའི་ཉམས་ལྡན་དང་། མཁས་པ་ཁྱེད་རང་ལ་དོན་གྱི་སྣན་ངག་ཚྭ་ཀ་གཅིག་ཕུལ་བའི་བར་བྲིས་པར། ཁྱེད་ཀྱིས་དགག་ལན་དུ་ཕྱོགས་སྔ་ཕྱི་དག་སྤྱོལ་ནས་བྲིས། ད་ལན་ཡང་ཁྱེད་ཐུགས་རིག་ལེགས་པོ་འཚོལ་བྱུང་སོགས་དང་། ཚིགས་བཅད་གཉིས་པ་དེ་གང་ལ་དོས་འཛིན་གསུང་བ་ནི

གཏམ་འདོད་ཡིན་ནམ། གཞན་ནི་མི་སྲིད། དེའི་གོང་གི་ཚིགས་བཅད་དང་པོ་གང་ནས་ཡིན་ལ་རག་ལས། པཎ་ཆེན་ལ་དོགས་པ་མ་མཛད་པཎ་ཆེན་ལ་ཡིན་པའི་དབང་དུ་བྱས་ན་དེའི་ལན་བཏབ་པ་རྣམས་ཀྱང་འབེན་མེད་ཀྱི་མདའ་འཕེན་དུ་སོང་བྲིས་གནང་བ། འདི་སྐབས་ངེད་ཀྱི་མཁས་པ་དགའ་བྱེད་དུ་ཁྱེད་ཀྱི་འབེལ་གཏམ་གྱི་བཞེད་པ་བཀོད་པ་དེ་ལ་ཕྱོགས་སྔ་ཕྱི་མོས་སམ་ཚོད་ལ་མ་ཚོད་ཀྱི་ལྷག་ཆད་ཐུན་བུ་ཞིག་བྱུང་འདུག །འོན་ཀྱང་ཁྱེད་ཀྱི་འབེལ་གཏམ་གྱི་འདི་སྐབས་སུ་ཚིགས་བཅད་འདི་དང་འདི་ཞེས་མེད་པའི་སྦྲོམ་ཡོར་དུ་ཚིགས་བཅད་དང་པོའི་ལན་དང་། གཉིས་པའི་ལན་དང་ཞེས་བྲིས་པ་ནི་ལོང་བའི་མཁར་དབྱུག་དང་འདྲ་སྟེ་ཚིགས་བཅད་དང་པོ་དེ་གང་ཡིན་ངེས་པ་མེད་པའི་ཚིགས་བཅད་གཉིས་པ་གང་ཡིན་སུས་ངོ་ཤེས། གོང་པོའི་ཕ་ཡུལ་བཤད་པའི་དཔེ་དེར་གདའ། ཡང་ན་ནི་ཁྱེད་ཀྱི་འདི་སྐབས་ཀྱི་གསུང་འདི་ལ་མངོན་ཤེས་ཡོད་པ་ཞིག་གིས་ལྟ་དགོས་པ་འདུག །གཞན་ཤེས་རིགས་སུ་མི་འདུག །ཁོ་བོས་ཀྱང་ཁྱེད་ཀྱི་འབེལ་གཏམ་གྱི་གསུང་ཚིག་ཆད་གཉིས་པ་གསུང་བ་དེ་གང་ལ་གསུང་རྒྱུ་ཡིན་དོགས་པ་བྱུང་བ་ནས་ཚིགས་བཅད་གཉིས་པ་དེ་གང་ལ་ངོས་འཛིན་ཞུས་པ་ཡིན། ཡང་ཁྱེད་རང་གི་དགག་ལན་དུ་འབེལ་གཏམ་གྱི་ཚིགས་རིགས་བཀོད་པ་ལ་ཚིགས་བཅད་གཉིས་པའི་ལན་ནི་ཞེས་པའི་སྐབས་ཀྱི་ཚིགས་བཅད་གཉིས་པ་ཞེས་པའི་ཐད་དུ་བྱ་བའི་རྒྱུད་ལས་བཀག་ན། དེ་ཉིད་ཀྱི་སོགས་ཡིག་ཆུང་ལ་རྒྱབ་འདུག་པ་དེ་ལ་དགོངས་རྒྱུ་ཡིན་ན་ནི་ཁོ་བོས་ཕྱོགས་སྔ་ཕྱི་སྤྱིལ་བར་མ་སོང་། མཁས་པ་ཁྱེད་རང་གི་འབེལ་གཏམ་གྱི་འདི་སྐབས་ཚིག་བཅད་དང་པོ་དང་གཉིས་པ་ཞེས་པ་སྦྲོམ་ཡོར་དུ་སོང་བ་དང་ཕྱོགས་སྔ་ཕྱིའང་སྤྲོལ་འགྲོས་སུ་ཁྱེད་རང་གིས་མཛད་པ་ནས། ངེད་ཀྱི་དེ་ལའང་ཚིག་གི་ཁྱིམ་ཆོས་དེའི་སྟབས་མཚམས་ཚོད་ཤོས་རང་མ་བྱུང་འདུག་ནའང་། ཁྱེད་རང་གསུང་བ་ལྟར་ཤ་ཟན་གྱི་སྨྱུང་གི །རྒྱུ་འཕྲུང་གི་ཕའི་དཔེར་བྱུང་གདའོ། །ཁོ་བོ་ལ་རིག་པ་འཚོལ་བྱུང་ཐུགས་དྲན་བསྐྱེན་མཛོད་སོགས་ཡང་ཡང་བཀའ་སྐྱོན་པར་མཛད་འདུག་ན། ཁོ་བོ་ནི་རིག་པ་འཚོལ་བའི་རྒྱུ་མཚན་མེད་དེ། བླ་མ་དམ་པ་མཉམ་མེད་ལྷ་རྗེ་བ་ཆེན་པོའི་བཀའ་དྲིན་ལས་སེམས་ལྷན་སྐྱེས་ཀྱི་རང་ངོ་འཕྲོད་པའི་ཁྱུལ་ཅིག་ལ་སོགས། ཐུགས་དྲན་རྟེན་མཛོད་གསུང་བའང་དྲན་པ་མ་ཡེངས་ཙམ་བྱུང་ཚད་ཀྱི་སྐྱོང་བའི་ཁྱུལ་ཡང་ཡིན། དེ་བས་ཁྱེད་རང་གི་འབེལ་གཏམ་གྱི་གསུང་དེ་ལ་ཐུགས་ཟོན་སྐྱོང་མཛོད། གཞན་འདི་དག་གི་ལུང་རིགས་ཀྱི་ཕྱོགས་ལ་དགག་ལན་གང་ཡང་མི་འདུག་པས། ཡང་ལན་ལུང་རིགས་ཀྱི་སྦྲོས་པའང་དེ་ཀར་འདུག་གོ། །

ཡང་མཁས་པ་ཁྱོད་ཀྱིས་འབེལ་གཏམ་དུ་འོན་ཀྱང་བླ་མ་མཚན་ཉིད་དང་ལྡན་པས་བྱང་ཆུབ་ཀྱི་སེམས་ཀྱིས་ཟིན་པའི་སྒོ་ནས་བརྒྱ་ལ་སོགས་མང་པོ་ལ་དབང་བསྐུར་ནའང་དབང་བསྐུར་མཚན་ཉིད་པར་འགྲོ་སྟེ

ཞེས་སོགས་བཀོད་སྣང་བ་ལ། ཁོ་བོས་མཁས་པ་དགའ་བྱེད་དུ་དེ་ནི་གསང་བ་སྤྱི་རྒྱུད་དང་། ཁྱད་པར་རྡོ་བཙུན་ས་པཎ་གྱི་གསུང་ལ་རེག་གཅོད་ཁོ་ནར་སྣང་སྟེ། དཔེར་ན་རབ་བྱུང་གང་ཟག་ནི། །གསུམ་ལས་མང་བ་འཛུག་མི་ནུས། །སྔགས་ཀྱི་དབང་བསྐུར་བྱེད་པ་ན། །གྲངས་ངེས་མེད་པར་དབང་བསྐུར་བྱེད། །འདི་ནི་རྡོ་རྗེ་འཆང་གིས་བཀག །ཅེས་སྤྲོལ་ནས་གསུངས་པ་འདི་ལ་འབྲེལ་ཞིག་འདུག་པའི་ཕྱིར་ཞེས་སོགས་བྲིས་པ་ལ། ཁྱེད་ཀྱི་དགག་ལན་དུ་དེ་ལ་ཀུན་གྱིས་རྩེ་ན་འབྲེལ་ལོས་ཡོད། འོ་ན་ཁྱེད་རང་བསྒྲུབ་བྱ་རབ་བྱུང་གསུམ་ལས་མང་བ་འཛུག་མི་ནུས་པ་དེ་ཁས་ལེན་ནུས་སམ་མནོ་བསམ་མཛོད་བྲིས་གནང་བ། ཚིག་དང་པོ་དེ་ཕྲེང་བ་མཁན་པོས་དབང་གི་གྲངས་ངེས་ལ་མ་རྩིས་གསུང་རྒྱུ་ལོས་ཡིན། ཚིག་གཉིས་པ་དེ་ཁྱེད་ཀྱི་དགོངས་པ་ལ་དེང་གྱིས་རབ་བྱུང་ཐག་རྒྱ་མ་སོགས་བྱེད་ཀྱི་ཡོད་དགོངས་པར་འདུག་ནའང་། དེ་ཁྱེད་ཀྱིས་འོད་གསལ་ལ་གཟིགས་པ་ཡིན་ནམ། དེང་ཀྱིས་ནི་རབ་བྱུང་སྒྲུབ་མཁན་ཕྲན་བུ་བྱུང་བ་རྣམས་ལའང་གསུམ་ལས་མང་བ་ཕྱུག་ལེན་ལ་བྱེད་ཀྱི་མི་བདོག །དེས་ན་བསྒྲུབ་བྱ་རབ་བྱུང་གསུམ་ལས་མང་བ་འཛུག་མི་ནུས་པ་དེ་ཁས་ལེན་ནུས་ཞུས་པས་ཆོག་པར་འདུག །

ཡང་ཁྱེད་ཀྱི་གསུང་དེའི་འཕྲོས་ལས། འདི་ནི་རྡོ་རྗེ་འཆང་གིས་བཀག །ཅེས་པ་དེའང་སྤྱིར་བཏང་ཐལ་ཆེ་བའི་དབང་དུ་མཛད་པ་དེའང་ས་པཎ་རང་གིས་དགོངས་པ་ཡིན་ཏེ་ཞེས་སོགས་དང་། དེས་ན། ལྷག་མ་དམིགས་བསལ་མཛད་པ་ཡི། །ཞེས་པ་མ་དག་སྟེ་ཞེས་པ་ནས། དེ་པ་གོ་ན་ཐུགས་བསྐྱེད་མཛོད། །ཀྱི་བར་བྲིས་གནང་བ། བདག་ལ་བློ་བསྐྱེད་ཧ་ལྟར་ཡོང་མི་ཤེས་འདུག །བདག་ལ་མངོན་ཤེས་མེད་ཀྱང་རིག་ཤེས་ཡོད་པས་ཁྱེད་ཀྱི་དགོངས་པ། ལྷག་མ་དམིགས་བསལ་མཛད་པ་ཡི། །ཞེས་སོགས། དམིགས་བསལ་བྱས་པའི་ལྷག་མ་ཡི། །སློབ་མ་ལ་ནི་གྲངས་ངེས་ཡོད། །ཅེས་པའི་གཞུང་དུ་བསྒྱུར་རྒྱུར་འདུག་པ་པཎ་ཆེན་རིན་པོ་ཆེ་ལ་རྗེ་བཙུན་ས་པཎ་གྱི་གཞུང་ལ་བསྒྱུར་བཀོད་མང་པོ་བྱས་ཞེས་སྐུར་པ་ལས་མེད་པའི། ཁྱེད་རང་གིས་ས་པཎ་གྱི་གཞུང་ལ་མ་དག་ཅེས་པ་དང་བསྒྱུར་བཀོད་ཀྱང་མཛད་པ་ཁྱེད་རང་ས་སྐྱ་པའི་བསྟན་འཛིན་སྐྱ་དཔང་བཙན་པ་མ་གཏོགས་ཏ་ཙང་ཐལ་ཆེས་སོ་སྙམ་མོ། །

ཡང་དགག་ལན་དུ་གོང་གི་སྐབས་དོན་སློབ་མ་བརྒྱ་ལ་སོགས་པ་མང་པོ་ལ་དབང་བསྐུར་ནའང་དབང་བསྐུར་མཚན་ཉིད་པར་འགྲོ་བ་ནི་ཞེས་པ་ནས། བརྒྱ་འབའ་ཞིག་གི་མིག་ལྟར་འཁྲུལ་ཆགས་པ་ཞེས་པའི་བར་ལ༑ རྡོ་རྗེ་ཕྲེང་བའི་དབང་མང་པོ་ལ་སྟབས་གཅིག་ཏུ་སྣང་བའི་ཕྱག་ལེན་སུས་འགོག །གཞན་འདི་དག་ལ་ཞུ་རྒྱུ་འདྲ་ལོས་འཁོར་ཏེ་མཁས་པ་དགའ་བྱེད་འདིར་ཡང་བཤད་པའི་ཁོངས་ལས་རྟོགས་པར་ནུས་ཤིང་འདིར་ཡི་

གེས་ཀྱང་ སྨྲུན་པས་དེ་ཙམ་མོ། །ཡང་འཐེལ་གདམ་དུ་དབང་བསྐུར་དང་རིག་གཏད་རྗེས་གནང་རྣམས་དོན་ལ་ཁྱད་པར་མེད་དོ་སྙམ་པ་དེ་ཁྱེད་རང་ལམ་གྱི་རྩ་བ་དབང་བསྐུར་ལ་ཕྱག་རྒྱས་ཆོད་རས་བོར་མཛད་པ་དེའི་སྐྱོན་ཡིན་ཏེ་ཞེས་པ་ནས། རྣམ་པ་ཀུན་ཏུ་མཚུངས་ཏེ་ཞེས་པའི་བར་གསུངས་པ་ལ། ཁོ་བོའི་མཁས་པ་དགའ་བྱེད་ལས་རིག་གཏད་ཀྱང་སྨིན་བྱེད་ཡིན་གསུང་ལ་ཁད་ཁད་པ་གཅིག་ལ་ཐུགས་བསམ་ཞིག་མཐོངས་ནས་ཞེས་སོགས་བྲིས་པ་ལ་དགག་ལན་དུ་གཞི་མེད་ཀྱི་ལོབ་ཤོ་གཡས་རྒྱང་འདུག །འདི་ནས་བཟུང་མང་རབ་ཅིག་ལ་ལན་མི་དགོས་པར་འདུག །ཡང་ཡང་བཟློས་པ་མང་ཞིང་དཔྱད་དགོས་ངེས་ཤེས་པ་རང་མི་འདུག་བྲིས་གནང་བ༑ འཐེལ་གདམ་སོགས་སུའང་ཟློས་པ་ཕྲན་བུ་འདུག་མོད། གང་ནའང་འདི་ངེད་ལ་གསུང་རྒྱུར་འདུག་པས་སོ་སོ་སྐྱེ་བོའི་བསྟན་བཅོས་ལ་ཕྲན་བུ་བཟློས་པ་དང་མ་དག་པའི་ཆཤས་འགའ་རེ་འབྱུང་བ་གཞིར་བཅས། མཆོག་གི་ཉིན་བྱེད་དབང་པོས་ཁ་ཕྱེ་བའི། །བདག་བློའི་མེ་ཏོག་བཀྲ་ཧཱི་ཕ་ཀ །དཔྱོད་ལྡན་དགའ་བའི་ཚལ་དུ་འཕྲུངས་མོད་ཀྱང་། །ཕྱོགས་འཛིན་བུང་བས་ངོ་མཚར་འཛིན་པའང་ཅི། །ཞེས་ཀྱང་སླས་སོ། །དེ་ལས་གཞན་པའི་ཡང་ལན་གྱི་སྨྲོས་པ་ནི་སྐབས་འདིར་གཞི་མེད་དུ་འདུག་པས་སྨྲོས་མ་དགོས་སོ། །ཡང་འཐེལ་གདམ་དུ་བབས་ལུང་གི་སྐབས་དེ་རྗེས་བཟུང་གི་སྐབས་ཡིན་ནའང་། དེས་སྤྱི་རྒྱུད་ཀྱི་དབང་ལ་གྲངས་ངེས་མི་འགྲུབ་སྟེ་ཞེས་སོགས་དང་། རྒྱུད་སྡེ་གཞན་གསུམ་རྗེས་འཛིན་གྱི་སློབ་མ་ལ་གྲངས་ངེས་བྱེད་པས། དེས་དབང་བསྐུར་གྱི་སློབ་མའི་གྲངས་ཡང་འགྲུབ་པ་ཡིན་ཏེ་ཞེས་སོགས་བྲིས་གནང་བར། ཁོ་བོས་མཁས་པ་དགའ་བྱེད་དུ་དེ་ནི་ཁས་བླངས་ནང་འགལ་བ་ཡིན་ཏེ་ལུང་གི་དོན་དེ་སྤྱོད་རྒྱུད་རང་ཉིད་དབང་དུ་བྱས་ནས་དེ་ལྟར་གསུང་རྒྱུ་ཡིན་ན་ཞེས་སོགས་བྲིས་པར། དགག་ལན་དུ་སྤྱོད་རྒྱུད་ཀྱི་དབང་གི་སློབ་མ་ལ་གྲངས་ངེས་མེད་པ་དང་། རྒྱུད་སྡེ་གཞན་གསུམ་གྱི་སློབ་མ་ལ་གྲངས་ངེས་ཡོད་པར་སྒྲུབ་པ་སྐབས་དོན་གྱི་གཙོ་བོ་ཡིན་པས་ཁྱེད་ཀྱིས་བཀོད་པ་དེ་འདྲ་ཅི་ལ་ཟེར། ལྷག་ཆད་བྱུང་བའི་ཡི་གེ་མ་དག་པ་གཟིགས་པ་ཡིན་ནམ། ཚིག་འགག་མ་རྣམས་ཀྱི་འབྲེལ་ལའང་གཟིགས་མཛོད་བྲིས་གནང་བ། ཁོ་བོས་འཐེལ་གདམ་གྱི་གསུང་དེ་དག་ལ་གཞིག་འཇུག་ལེགས་པར་བྱས་ལགས་པ་ལྷག་ཆད་བྱུང་བའི་ཡི་གེ་མ་དག་པ་མཐོང་བར་མི་འདུག་ཏེ། དེའི་རྒྱུ་མཚན་འཐེལ་གདམ་གྱི་གསུང་དེད་ཀྱིས་བྲིས་པ་དེ་ག་ཧི་བཞིན་ཁྱེད་རང་གི་དགག་ལན་དུའང་ཁོ་བོས་འཐེལ་གདམ་དུ་ཞེས་དེ་ཀ་སྦྲ་ཧི་བཞིན་དུ་འབྲི་བར་མཛད་འདུག་པའི་ཕྱིར་རོ། །

གཞན་ཡང་ཁྱེད་ཀྱི་འཐེལ་གདམ་གྱི་གསུང་དེ་དག་ལ་ཁོ་བོས་མཁས་པ་དགའ་བྱེད་དུ་དེ་དག་བལྟོས་པ་བལྟོས་མཆོག་ཏུ་བཞག་པས་སྟ་གོན་གྱི་སློབ་མ་ལ་གྲངས་ངེས་མེད་ན། དབང་བསྐུར་གྱི་སློབ་མ་ལའང་

གྲངས་ངེས་མེད་དགོས་ཏེ། དབང་བསྐུར་གྱི་སློབ་མའི་གྲངས་སྔ་གོན་གྱི་སློབ་མའི་གྲངས་ལ་ལྟོས་པའི་ཕྱིར་དང་། རྗེས་འཛིན་ལ་གྲངས་ངེས་མི་མཛད་ན་སྔ་གོན་གྱི་སློབ་མ་ལའང་གྲངས་ངེས་མེད་པར་འགྱུར་ཏེ། སྔ་གོན་གྱི་དུས་ཀྱི་སློབ་མའི་གྲངས་དེ་རྗེས་འཛིན་གྱི་གྲངས་ལ་བལྟོས་པའི་ཕྱིར། འཁོར་གསུམ་གྱི་ཕྲེང་བ་མི་ཟད་པར་འགྱུར་ཏོ་ཞེས་ཟེར་བར། དགག་ལན་དུ་རྗེ་རྗེ་དེང་སང་ཕྱུ་དམར་བྱང་ཆུབ་སྙིང་པོའི་ཕོ་བྲང་ན་འཁོར་གསུམ་གྱི་གཏེར་ཆེན་པོ་ཞིག་བརྙེལ་ཡོད་པ་འདྲ། ཤོག་བུའི་ལོགས་ལའང་ཤོམ་ཐུབ་ཚད་འདུག །དགའ་རབ་བྱུང་གསུང་ཟེར་ནས། དགག་ལན་དངོས་ལ་དེ་ལྟར་བལྟོས་པའི་ཕྱིར་ན་སློབ་མ་རྗེས་བཟུང་ལ་གྲངས་ངེས་ཡོད་དྲུས་པ་ཡིན། དེ་མེད་ན་ཞེས་སོགས་ཟེར་ན་འདོད་ལན་ཐེབས། གྲངས་ངེས་མི་མཛད་ན་ཞེས་སོགས་ཟེར་ན་ཁྱབ་པ་མ་བྱུང་ཟེར་གནང་བ། ཁྱེད་ཀྱི་དགོངས་པ་དབང་བསྐུར་གྱི་སློབ་མའི་གྲངས་སྔ་གོན་གྱི་སློབ་མའི་གྲངས་ལ་བལྟོས་པའི་ཕྱིར་ན། སློབ་མ་རྗེས་འཛིན་ལ་གྲངས་ངེས་ཡོད་དྲུས་པ་ཡིན་གསུང་བ་དེ་སྤྱོད་རྒྱུད་མ་གཏོགས་པའི་རྒྱུད་སྡེ་གཞན་གསུམ་གྱི་དབང་དུ་མཛད་པ་གཞིར་བཅས་པས། དེས་ན་ཁྱེད་རང་ལམ་འབྲས་ཀྱི་སློབ་མ་རྗེས་འཛིན་ལ་གྲངས་ངེས་མི་མཛད་པས་ཁྱེད་རང་གི་ཞལ་བླང་དེའང་མི་འགྲུབ་བམ་སྙམ་པ་དང་།

གཞན་ཡང་ཁྱེད་ཀྱི་གསུང་གིས་སྤྱོད་རྒྱུད་ཀྱི་སློབ་མ་རྗེས་བཟུང་ལ་གྲངས་ངེས་མེད་པ་དེས་སྤྱོད་རྒྱུད་ཀྱི་དབང་ལ་གྲངས་ངེས་མི་དགོས་པ་འགྲུབ་ཏེ། རྗེས་བཟུང་གི་སློབ་མ་ལ་གྲངས་ངེས་མེད་ན་སྔ་གོན་གྱི་དུས་སུའང་དེ་ལ་གྲངས་ངེས་མེད་དེ། དེ་མེད་ན་དངོས་གཞིའི་དུས་སུའང་གྲངས་ངེས་མི་དགོས་པའི་ཕྱིར་ཞེས་པ་དེའང་། ཁྱེད་རང་ལམ་འབྲས་ཀྱི་སློབ་མ་རྗེས་འཛིན་ལ་གྲངས་ངེས་མི་མཛད་པ་དེ་ལ་ཁྱབ་ཆེས་པའི་སྐྱོན་དུ་འཇུག་གོ་སྙམ་མོ། །

ཡང་ཁྱེད་ཀྱི་གསུང་གིས་དེ་མེད་ན་ཞེས་སོགས་ཟེར་ན་འདོད་ལན་ཐེབས་ཟེར་གནང་བ་དེ་སྔ་གོན་གྱི་སློབ་མ་ལ་གྲངས་ངེས་མེད་ན་དབང་བསྐུར་གྱི་སློབ་མ་ལའང་གྲངས་ངེས་མེད་དགོས་ཏེ་ཞེས་པ་ལ་འདོད་ལན་འདེབས་རྒྱུ་ཡིན་ན་དེ་སྤྱོད་རྒྱུད་ཀྱི་དབང་དུ་བྱས་སམ། རྒྱུད་སྡེ་གཞན་གསུམ་གྱི་དབང་དུ་བྱས། དང་པོ་ལྟར་ན་འདོད་ལན་རང་ཐེབས་ཤས་ཆེ་ནའང་གོ་མི་འགྲིག་ཏེ། རྣམ་གཞག་ཕྱི་མ་འདི་ནི་མཁས་པ་ཁྱེད་རང་གིས་རྒྱུད་སྡེ་གཞན་གསུམ་གྱི་རྗེས་འཛིན་གྱི་སློབ་མ་ལ་གྲངས་ངེས་བཤད་པས་ཞེས་སོགས་ཤེས་བྱེད་བཀོད་པ་དེ་ལ་ངེད་ཀྱིས་དཔྱད་པ་ཞུས་པ་ཡིན་གྱི། འདི་སྤྱོད་རྒྱུད་ཀྱི་ཕྱོགས་དེ་ལ་ཞུས་པ་མིན་པས་སོ། །གཉིས་པ་ལྟར་ན་ཁྱེད་རང་གིས་རྒྱུད་སྡེ་གཞན་གསུམ་གྱི་རྗེས་འཛིན་དང་དངོས་གཞི་སྔ་གོན་རྣམས་ལ་གྲངས་ཡོད་པར་འཆད་པ་དང་། དབང་བསྐུར་གྱི་སློབ་མའི་གྲངས་དེའང་སྔ་གོན་གྱི་དུས་ཀྱི་གྲངས་ལ་བལྟོས་པ་སོགས་དེ་དག་བལྟོས་པ

བལྟོས་ཚོག་ཏུ་བཞག་འདུག་པས་རྒྱུད་སྡེ་གཞན་གསུམ་གྱི་སྔ་གོན་གྱི་སློབ་མ་ལ་གྲངས་ངེས་མེད་ན་དབང་བསྐུར་གྱི་སློབ་མ་ལའང་གྲངས་ངེས་མེད་དགོས་ཏེ་ཞེས་པ་ལ་འདོད་ལན་གནང་བ་དེ་གཞི་མེད་ལ་འདོད་ལན་གདབ་པར་འདུག །

ཡང་ཁྱེད་ཀྱི་གསུང་གིས་གྲངས་ངེས་མི་མཛད་ན་ཞེས་སོགས་ཟེར་ན་ཁྱབ་པ་མ་བྱུང་ཟེར་གནང་བའང་། རྗེས་འཛིན་ལ་གྲངས་ངེས་མི་མཛད་ན་སྔ་གོན་གྱི་སློབ་མ་ལའང་གྲངས་ངེས་མེད་པར་འགྱུར་ཏེ། སྔ་གོན་གྱི་དུས་ཀྱི་གྲངས་དེ་རྗེས་འཛིན་གྱི་གྲངས་ལ་བལྟོས་པའི་ཕྱིར་ཞེས་པ་ལ་ཁྱབ་པ་མེད་ལན་གནང་རྒྱུར་འདུག་ནའང་འགལ་ཏེ། འོ་ན་གསན་ཅིག་གཏན་ཚིགས་དེའི་བསལ་བ་ཞལ་གྱིས་མ་བཞེས་པས། རྗེས་འཛིན་ལ་གྲངས་ངེས་མི་མཛད་ན་སྔ་གོན་གྱི་སློབ་མ་ལའང་གྲངས་ངེས་མེད་པར་མི་འགྱུར་བ་ཁས་བླངས་པར་སོང་བ་དང་། གཏན་ཚིགས་དེའི་རྟགས་ཞལ་གྱིས་བཞེས་པས་སྔ་གོན་གྱི་དུས་ཀྱི་སློབ་མའི་གྲངས་དེ་རྗེས་འཛིན་གྱི་སློབ་མའི་གྲངས་ལ་བལྟོས་པར་ཁས་བླངས་པར་སོང་བ་གང་ཞིག །ཁྱེད་རང་རྒྱུད་སྡེ་གཞན་གསུམ་གྱི་ནང་ཚན་ལམ་འབྲས་ཀྱི་སློབ་མ་རྗེས་འཛིན་ལ་གྲངས་ངེས་མི་མཛད་པའི་ཕྱིར། དེས་ན་འཁོར་གསུམ་གྱི་བསྣུན་ཁ་ལ་མང་པོས་འགལ་ཡང་བྱུང་བས་ཧེ་ཧེ། དེང་སང་ཕོ་བྲང་བྱང་ཆུབ་སྙིང་པོའི་ཕོ་བྲང་དུ་འཁོར་གསུམ་གྱི་གཏེར་ཆེན་པོ་ཞིག་བརྙོལ་འདྲ་བ་རང་བྱུང་།

ཡང་ཁྱེད་ཀྱི་གསུང་ལས་ཕྱག་ལེན་ལ་མཛད་ཐུབ་མ་ཐུབ་ནི་ཅི་རིགས་ཡོད་དེ། ས་སྐྱ་རྗོང་པ་སོགས་ད་ལྟའང་ལམ་འབྲས་སོགས་ཀྱི་སྐབས་ཕལ་ཆེར་ལ་སློབ་མ་རྗེས་འཛིན་ལ་གྲངས་ངེས་བྱེད་སོགས་དང་། ངོར་ཨེ་ཝཾ་ཆོས་ལྡན་ན་ཚོགས་པ་མང་ཞིང་ཕྲིན་ལས་ཆེས་པས་ཕྱག་ལེན་དེ་ལྟར་མཛད་མ་ཐུབ་པ་ཡིན། འདུལ་བའི་སྐྱེ་ལ་ཉེས་བྱས་དང་འདྲ་ཞེས་སོགས་བཀོད་སྣང་བ་ཧེ་ཧེ། ངོར་པའི་དེ་སྐྱེ་ལ་ཉེས་བྱས་དང་། དེའི་ཤུགས་ལ་ས་སྐྱ་རྗོང་པའི་དེ་ཉེས་མེད་ཕུན་སུམ་ཚོགས་སུ་སོང་བ་འདྲ་བས་མཁས་པ་ཁྱེད་རང་ཡང་ཉེས་མེད་ཕུན་སུམ་ཚོགས་པ་དེ་ཀ་མཛད་ན་ལེགས་རྒྱུ་ཡིན་པ་འདྲ། ཁྱེད་ཀྱི་གསུང་གིས་དེ་ལ་བརྟེན་མུས་སྲད་པ་རྡོ་རྗེ་རྒྱལ་མཚན་གྱིས་ངོར་པ་ལ་དགག་ཆེན་བརྒྱད་ཀྱི་ནང་དུའང་རྗེས་འཛིན་གྲངས་ངེས་མེད་པ་དང་། སྔ་གོན་འབྲེལ་པ་མེད་པ་དང་ཞེས་གསུངས་ཟེར་གནང་བ་དེ་ངོར་པ་ལ་སོང་ཤས་ཆེ་འདུག །ཁྱེད་ཀྱི་གསུང་གིས་དེ་ལྟ་ན་འཇམ་དབྱངས་སཔཎ་གྱིས། སྦྱིར་བཏང་བ་ལ་དམིགས་ཀྱི་བསལ། །བསྟན་བཅོས་ཀུན་ལ་མཁོ་བ་ཡིན། །ཞེས་གསུངས་པའི་གནད་འདི་བཟུང་ནས་ཕྱོགས་གཅིག་ལ་ཨ་མ་མཐས་པར་བྱེད་པ་གལ་ཆེ་བ་ཡིན་ཟེར་སྣང་བ་དེ་ཅིས་ཀྱང་ཡིན། རྗེ་བཙུན་འཇམ་དབྱངས་ཀྱི་གསུང་དེ་ཁོ་བོས་ཀྱང་མཆོག་ཏུ་བཟང་བ་གཞིར་བཅས། དེད་ཀྱི་སྤྱིར་བཏང

དམིགས་བསལ་ལ་མི་འཐད་ཞུས་པའང་མེད་ཅིང་། ཨ་མཐས་པའང་བྱེད་ཀྱིན་མི་བདོག་གོ། །ཡང་མཁས་པ་ཁྱེད་ཀྱི་གསུང་གིས་སྐབས་འདིར་ཁོ་བོས་པཎ་ཆེན་རིན་པོ་ཆེ་ལ་བསྟུས་བརྗོད་ཀྱི་རྒྱན་ཕུལ་བ་དེ་ཉེས་པ་ཆེས་འདུག་པས། དེ་ཕྱིས་ནས་ད་ཆ་རང་ཉིད་ལ། ཟླ་བས་འཛིག་རྟེན་ཐམས་ཅད་ཡོངས་བསལ་ལ། །ཞེས་སོགས་ཤློ་ཀ་གཅིག་གནང་འདུག་པ་ཁྱེད་རང་དགོངས་པ་གཙོ་བར་འདུག །ཁོ་བོས་མཁས་པ་དགའ་བྱེད་དུ་ཁྱེད་ཀྱི་གསུང་ལ་སྤྲར་སྐན་ངག་པ་སུ་ལའང་མ་གྲགས་པའི་ཁྱད་ཆོས་སུ་གདའ་སྙེ་ཞེས་པ་ནས། འགྲེལ་པའང་ཅུང་ཟད་བྱུས་ཡོད་ཞུས་པ་སོགས་དོན་རང་གིས་ཞུས་པ་མིན་ནའང་། བདག་གིས་ཁོག་ངན་དཔེ་མེད་ཅིག་ཞུས་པར་དགོངས་འདུག་པས། དེ་ལྟར་དགོངས་ཕྱིན་བདག་གི་དེ་སྡིག་ཆེ་བར་སོང་ཤས་ཆེ་བས་མཐོལ་ཞིང་བཤགས་ལ༔ དེར་མ་ཟད་མཁས་པ་དགའ་བྱེད་དུ་དྲང་སྲོང་ཨ་ག་སྟྱའི་གཏམ་རྒྱུད་ལ་སྦྱར་བའི་ཚིག་ཤློ་ཀ་གཅིག་ཁྱེད་ལ་ཕུལ་བ་དེའང་གཙང་སེང་ཕྱིས་ནས་མདོར་ན་ཀུན་མཁྱེན་བླ་མ་དང་། མཁས་པ་ཁྱེད་ཀྱི་སྐུ་གསུང་ཐུགས་ཟུར་ལ་ཡོག་པ་རྣམས་འགྱོད་པས་མཐོལ་ཞིང་བཤགས་ལ་ཕྱིན་ཆད་སྡོམ་པར་བགྱིད་པས་བཟོད་པར་བཞེས་ཤིག །

ཡང་ཁྱེད་ཀྱི་དགག་ལན་དུ་གང་ལྟར་པཎ་ཆེན་གྱི་སྐུ་ཆེ་བའི་རྣམ་ཐར་བསམ་གྱིས་མི་ཁྱབ་པ་རྣམས་ཡང་ཡང་ཐོས་པས་ཞེས་དང་། ས་པཎ་གྱི་གསུང་དང་མི་མཐུན་པ་འགའ་རེ་སྣང་བས་ཞེས་པ་ནས་མཐོལ་བཤགས་ཀྱི་ཚིགས་བཅད་གསུངས་པ་ཡན་ལ་ལན་མི་དགོས་པར་འདུག །

ཡང་ཁྱེད་ཀྱི་དགག་ལན་ལས་ད་ནི་སྤྲུལ་སྐུ་པདྨ་དཀར་པོས་བརྟག་གཉིས་འཆད་པ་རྣམས་ལ་དྲི་བར་སྒོད་རུང་གང་ཟག་ཉེར་ལྔ་ལས་གཞན་པ་ཞེས་སོགས་དང་འབྲེལ་བའི་མཐའ་དཔྱོད་རྣམས་ནི་ཁོ་བོ་རང་གི་འབེལ་གཏམ་དུ་བཤད་པ་དེ་རྣམས་ཀྱིས་འཐུས་འདུག་པས་སློ་དགོས་རྒྱུ་མི་འདུག་བྲིས་གནང་བ་དེས་འཐུས་མི་འཐུས་ཅི་ལྟར་ནའང་བཏང་སྙོམས་སུ་བཞག །ཡང་ད་དུང་དེའི་འཕྲོས་ལས་འདིའི་གོང་དུའང་ཁྱེད་རང་གིས་པཎ་ཆེན་རིན་པོ་ཆེའི་བཞེད་པའི་སྐབས་དང་། ཀུན་མཁྱེན་འབྲུག་པའི་བཞེད་པའི་སྐབས་གཉིས་གཅིག་ཏུ་བསྲེས་ནས་ཚིགས་བཅད་དང་པོ་དང་གཉིས་པ་ཟེར་བ་གང་ཡིན་དོན་མ་ཟིན་པར་དབུ་རིལ་རིལ་མཛད་པའི་སྐབས་དེར་ཡང་ཅུང་ཟད་སོང་བྲིས་གནང་བ། ཁྱད་གཞི་མེད་པའི་ཁྱད་ཆོས་མི་ཡོང་ལ། ཁྱད་གཞི་ཁྱེད་རང་གི་འབེལ་གཏམ་ལ་དེ་གཉིས་ར་གཅིག་ཏུ་བསྲེས་ནས་བྲིས་པ་དང་། ཁྱེད་ཆོས་དེད་ཀྱི་མཁས་པ་དགའ་བྱེད་དུའང་དེ་གཉིས་བསྲེས་ནས་འདྲ་བ་ལས་འོས་མ་བྱུང་། དེ་སྐབས་ཀྱི་ཚིགས་བཅད་དང་པོ་དང་གཉིས་པ་ལ་ཁྱེད་རང་གིས་ཀྱང་ཚིགས་བཅད་འདི་དང་འདི་ཞེས་པའི་དོན་བཟུང་མེད་པར་བྱུང་རྒྱལ་དུ་བྲིས་འདུག་པ། ཚིགས་བཅད་གཉིས་མང་བ་དང་དོགས་པ་བྱུང་ནས་ཚིགས་བཅད་གཉིས་པ་དེ་གང་ལ་དོན་འཛིན་ཅིས་ཀྱང་

ཞུས་པ་ཡིན། ངེད་ཀྱི་དེ་ལའང་འདི་སྐབས་ལྷག་ཆད་ཅུང་ཟད་བྱུང་འདུག་པ་གོང་དུ་ལེགས་པར་ཕབ་ཟིན་པས་ངེས་འཐུས་པ་ཡོད་ཅིང་། གཞན་འདི་དག་ལའང་ཡང་ལན་མི་དགོས་པར་འདུག །

ཡང་ཁྱེད་ཀྱི་གསུང་གི་འཕྲོས་དེ་ལས་འོག་ཏུ་ཁྱེད་རང་གིས་སྔགས་སྡོམ་སེམས་ཀྱི་རྗེས་འབྲང་ཡིན་པར་སྒྲུབ་པའི་ལུང་ཞིག་བྱས་འདུག་ཀྱང་གཞི་ནས་དེ་བཟང་དུ་རང་མ་བྱུང་འདུག་པས་དེ་སྒྲུབ་མི་ཐུབ་ཟེར་བ་དེ་སྔགས་སྡོམ་སེམས་ཀྱི་རྗེས་འབྲང་ཡིན་པ་སྒྲུབ་མི་ཐུབ་གསུང་རྒྱུ་ཡིན་ན། དེ་དེར་སྒྲུབ་མི་ཐུབ་ན་ཁྱེད་རང་ལའང་གནོད། ཡང་དེས་སྒྲུབ་མི་ཐུབ་ཞེས་པ་དེའི་མཐའ་རྟེན་ལས་ཞིག་ཡོད་པའི་དབང་དུ་བྱས་ནས་གསུང་རྒྱུ་ཡིན་ན་ངེད་ཀྱི་སྒྲུབ་བྱེད་དེས་དེ་ལྟར་སྒྲུབ་མི་ཐུབ་གསུང་རྒྱུར་འདུག་པས་དེས་དེ་ལྟར་སྒྲུབ་མི་ཐུབ་པའང་མིན་ཞིང་། དེ་གཅིག་པུར་མ་ཟད་སྔགས་སྡོམ་སེམས་ཀྱི་རྗེས་འབྲང་ཡིན་པར་བསྒྲུབ་པའི་ལུང་རིགས་ཀྱི་སྒྲུབ་བྱེད་གཞན་ཡང་མང་པོ་ཡོད་པས་འགོད་དགོས་ན་བཀོད་པས་ཆོག་ཏེ་ཡི་གེས་བསྲུན་པ་དང་མཁས་པ་གོང་མ་རྣམས་ཀྱིས་ལེགས་པར་བཀྲལ་ཟིན་པས་ངེད་ཀྱིས་སྤྲོས་པ་ལ་དགོས་པ་ལྷག་པོའང་མེད་པས་བཏང་སྙོམས་སུ་བཞག་པ་ལེགས་པར་འདུག་ཅིང་། ཁྱད་པར་འདི་དག་ལ་བླ་མ་དམ་པའི་གསུང་གི་གསང་ཚིག་འདྲའང་ཞུ་རྒྱུ་ཡོད་དེ། དེ་དག་འདིར་མ་སྤྲོས་པས་དེ་ཙམ་མོ། །ཡང་ངེད་ཀྱི་མཁས་པ་དགའ་བྱེད་ལས་ཁྱེད་ཀྱི་སྙན་ངག་ཀུ་ཤིང་གི་སྙིང་པོ་ལྟར་ཞེས་པ་ནས། འགྲན་འདོད་ཕྱེ་མ་ལེབ་ཀྱི་གཤོག་རྒྱངས་ཀྱིས། །མཁས་གྲུབ་རྒྱ་མཚོ་དང་ནི་རི་རབ་ལྟར། །ཞེས་སོགས་བྲིས་པ་ལ། དགག་ལན་དུ་དེའི་དང་པོ་དང་གཉིས་པ་མ་འབྲེལ་ཞེས་སོགས་ཀྱི་སྐྱོན་བརྗོད་གནང་འདུག་ནའང་། སྐྱོན་དེ་དག་འགྲོ་མི་འགྲོ་རང་ནི་མི་ཤེས་འདུག་པས་འདི་དག་ལའང་ཡང་ལན་མ་ཞུས་པས་ཆོག་པ་འདུག །

ཡང་དགག་ལན་དུ་ཁྱེད་ཀྱི་ཕར་ཕྱིན་གྱི་དབང་བསྒྱུར་ཀུན་མཁྱེན་རོང་སྟོན་ཆེན་པོའི་མཆོད་བརྗོད་ལ་ཤཱཀྱའི་བསྟན་པ་འབོད་གྲོགས་ཡུལ་གྲུ་ཆེར་ཞེས་བྲིས་འདུག་པ་ཞེས་པ་ནས། འདི་བཅོས་ཞིག་མཛོད་ཀྱི་བར་གསུང་བ་སྤྱི་བབས་སྙན་དངགས་མཁན་ལ་བཀག་པ་མེད་ཟེར་བ་ནས་མཐའ་གཅིག་ཏུ་འགལ་བ་མེད་ནའང་ཁྱེད་གསུང་བ་དེ་ཐུགས་དག་སྙམ་པས། ཤཱཀྱའི་བསྟན་པ་འཆི་མེད་ཡུལ་གྲུ་ཆེར་ཞེས་པར་བསྒྱུར་ཡོད།

ཡང་དགག་ལན་དུ་བབས་ཁྱེད་ཀྱི་སྙན་ངག་ཐམས་ཅད་ལེགས་མཉམ་འདུག་ཅེས་པ་དང་། སྐབས་འདིར་འཛམ་བུའི་འབེལ་གཏམ་ལ་སྐྱོན་འཚོལ་ས་ཀྲད་ཀོ་ཀྲད་བྱེད་པ་ལས། སྐབས་གསུམ་པ་ནི་སྔགས་དང་འབྲེལ་བས་ཞེས་སོགས་ནས། བཞེད་ཚུལ་རྒྱ་མཚོའི་རླབས་ཀྱི་ཕྲེང་བ་ལྟ་བུ་བཀོད་ན་ཅིའང་མཛེས་ཤིང་ཐམས་ཅད་ལ་ཕན་པའི་ཡིག་འཛིན་ཏུ་འགྲོ། ཁྱེད་རང་བསྟན་བཅོས་འདིའི་མཚན་དོན་དང་མཐུན་པ་ཞིག་ཡོད་ཞེས

བསླབ་དོན་བཅེ་བས་བསྐྱངས་འདུག་ནའང་། མཁས་པ་ཁྱེད་ཀྱི་འབེལ་གཏམ་གྱི་གསུང་ལ་དོགས་གཅོད་ཞུས་པའི་མཁས་པ་དགའ་བྱེད་དུ་མིང་བཏགས་པ་དང་། ཡང་ལན་སོགས་ཕྲན་བུ་འདི་དག་ནི་བླ་མའི་བཀའ་སྒྲུབ་པར་འདུག །གཞན་མ་བཅོམ་ལྡན་འདས་ཀྱིས་མདོ་ཉིད་ལས། བུ་རམ་ཤིང་ཤུན་སྙིང་པོ་ཅི་ཡང་མེད། །དགའ་བར་བྱ་བའི་རོ་ནི་ནང་ན་འདུག །ཤུན་པ་ཟོས་པའི་མི་ཡི་བུ་རམ་རོ། །ཞིམ་པོ་རྙེད་པར་འགྱུར་བ་མ་ཡིན་ནོ། །ཞེས་དང་། བཀའ་གདམས་པའི་དགེ་བའི་བཤེས་གཉེན་འགའ་ཞིག་གསུང་ལས། སྔ་མ་གང་བྱས་ད་ལྟའི་ལུས་ལ་ལྟོས། །ཕྱི་མ་གང་བྱེད་རང་གི་སེམས་ལ་དྲིས། །ཞེས་པ་སོགས་བློ་ལ་འཇོམ་པར་ཤར་བས་ད་ལྟ་ལོ་གྲངས་ཀྱང་མཐོན་པོར་སླེབ། འདི་ཙམ་བསྡོད་ཀྱི་དུས་བཏབ་རྒྱུའང་མེད་པས་སེམས་ལ་གདེང་ཐོབ་པའང་ཤིན་ཏུ་དཀའ་ནའང་རྟོགས་པ་ནམ་མཁའ་ལྟ་བུ་ལ། ཆོས་སྤྱོད་སྒྱུ་མ་ལྟ་བུའི་བྱེད་ལམ་ལ་རིངས་པ་དང་། དེ་ལས་གཞན་བདག་གང་སྒྲིར་མཐུ་ཆུང་བ་ནས་ཀུན་ལ་ཕན་པའི་རིན་མཆོག་སོགས་འབྱུང་བར་དཀའ་བས། དེ་རིགས་ཀྱི་གྲོས་བཤམས་བཏང་སྒོམས་སུ་བཞུགས་པར་གསོལ་བ་རང་ལེགས་པ་འདུག་ཅིང་། འོན་ཀྱང་མ་འོངས་པ་ན་ཐམས་ཅད་མཁྱེན་པའི་རྟེན་འབྲེལ་འགྲིག་པ་ཅིས་ཀྱང་སྨོན་པ་ཡིན་ནོ། །

ཡང་དགག་ལན་གྱི་དེའི་འཕྲོས་བར་གྱི་གསུང་དེ་རྣམས་ལ་ཡང་ལན་དགོས་རྒྱུར་མི་འདུག །ཡང་དགག་ལན་དུ་སྡོམ་གསུམ་ལས། དེས་ན་དེད་ཀྱི་མཐོང་ལམ་ནི། །འཕགས་པ་མིན་ལ་འབྱུང་མི་སྲིད། །ཅེས་གསུངས་པའི་དོན་ལ་ཁྱེད་ཀྱི་འབེལ་གཏམ་དུ་འབྱུང་བའི་སྒྲ་མ་འོངས་པ་ལ་སྦྱར་ན་དོགས་པ་དེ་འབྱུང་ཡང་། འབྱུང་བའི་སྒྲ་དེ་ད་ལྟར་བྱུང་བ་ལ་བྱེད་ཅེས་བྲིས་སྣང་བ་ལ། ཁོ་བོས་མཁས་པ་དགའ་བྱེད་དུ་ལན་འདེབས་རྩོད་པ་དེ་མི་ཁེགས་པ་འདྲ་སྟེ། ད་ལྟ་གསར་དུ་སྐྱེ་བའམ་འབྱུང་བ་དེ་སོ་སྐྱེའི་རྟེན་ལ་སྐྱེ་བ་ལས་འོས་མེད་པའི་ཕྱིར། ཅི་སྟེ་འཕགས་པ་ཕྱུང་གསུམ་པ་བཞེད་ན་ཅི། དེ་ལས་གཞན་མི་སྲིད་པས་སོ། །ཞེས་སོགས་རྒྱས་པར་བྲིས་པ་ལ་ཁྱེད་ཀྱི་དགག་ལན་དུ་ཡི་གེ་མ་དག་པ་ཞིག་གཟིགས་པ་འདྲ། འབྱུང་བའི་སྒྲ་འབྱུང་བ་ལ་བྱེད་དོ་བྲིས་པ་ལ་འབྲེལ་མེད། ད་ལྟར་གནས་གཞན་འདྲ་སོགས་བྲིས་གནང་བ་དེད་ཀྱིས་ནི་དེ་འདྲ་བྲིས་པ་མེད། ད་ལྟར་ཞེས་པ་ཁྱེད་རང་གི་ཕྱོགས་སྔའི་རྩོད་སྤོང་དུ་བསྟན་པར་འདུག །གསུང་རབ་ལས་བཤད་ཚུལ་ཐོབ་ཟིན་པ་ལ་ཐོབ་འགྱུར་དང་། སྐྱེས་ཟིན་ལ་སྐྱེ་འགྱུར་གྱི་སྒྲས་བསྟན་པ་མང་། མཐའ་གཅིག་ཏུ་མ་བཀག་ཤས་ཆེ། རྫོགས་པའི་མདུག་གི་སྒྲུབ་པའི་སྒྲའང་བསྒྲུབ་པ་དང་བསྒྲུབས་ཟིན་གཉིས་ཀ་ལ་འཇུག་པར་ས་པཎ་གྱིས་སེམས་བསྐྱེད་ཆེན་མོར་གསུངས་པར་དེ་ཁ་ཡོད་ཤས་ཆེ། སྡོམ་གསུམ་གྱི་དེའང་བྱུང་ལ་འབྱུང་གིས་སྒྲས་བསྟན་པ་ཡིན་ནོ་གསུང་བའང་དེ་ཀ་ཡིན་ཤས་ཆེ་བས་ཡང་ལན་སྤྲོས་པའང་དེ་ཙམ་ལས་གཞན་མི་དགོས་པ་མཆིས་སོ། །

ཡང་དགག་ལན་གྱི། ཕྱི་དང་ནང་གི་རྟེན་འབྲེལ་དང་། །ཞེས་སོགས་ལ་འཕྲོས་པའི་སྐབས་དང་། རྗེས་གནང་བྱིན་རླབས་ཀྱི་རྒྱུན་བཤགས་ལ་བརྟེན་ནས་ཐོབ་པའི་སྡོམ་པ་སྐྱེ་བ་དེ་སྔགས་སྡོམ་གྱི་ངོ་བོར་སྐྱེ་མི་སྐྱེ་སོགས་དང་། རིགས་ལྔ་སྤྱི་དང་སོ་སོའི་དམ་ཚིག་བླ་མེད་ཀྱི་འཇུག་པའི་སྐབས་སུ་ཐོབ་པ་དང་། རྣལ་འབྱོར་རྒྱུད་དང་ཐུན་མོང་གི་སྡོམ་པ་སྡོན་འགྲོའི་སྐབས་སུ་འཛིན་ཚུལ་སོགས་དང་། རྟོགས་ལྡན་གྱི་ཐ་སྙད་མདོ་རྒྱུད་ལས་བཤད་ཚུལ་སོགས་ནི་སྔར་མཁས་པ་དགའ་བྱེད་དུ་བྲིས་པ་དེ་ཙམ་ལས་གཞན་པའི་ཡང་ལན་མི་དགོས་པར་མཐོང་ནས་འདིར་དེ་ལྟ་བུའི་སྤྲོས་པ་མ་བྱས་པ་ལེགས་པས་རེ་ཞིག་དེ་ཙམ་དུ་མཆིས་སོ། །

འདིར་སྨྲས་པ། ལྷག་བསམ་རྣམ་དག་མེ་ཤེལ་ཁམས་ལས་གྲུབ། །ཡང་དག་ལུང་དང་རིགས་པའི་དཀྱིལ་འཁོར་རྒྱས། །རྣམ་དཔྱོད་ཞིབ་མོའི་ཤིང་རྟས་ལེགས་དྲངས་པའི། །གཏམ་འདི་ཐུབ་བསྟན་ཀུན་གསལ་ཉི་མ་ཡིན། །བསྟན་བཅོས་འདི་ནི་དཔལ་ལྡན་ས་སྐྱ་པ། །ལྔ་རིག་པཎ་ཆེན་སྔགས་འཆང་ཐམས་ཅད་མཁྱེན། །ཀུན་དགའི་མཚན་འཆང་ཁྱབ་བདག་བཀའི་ཅོད་པན། །སྤྱི་བོར་བཅིངས་ཏེ་གུས་པ་ཆེན་པོས་བསྒྲུབས། །ལེགས་བཤད་འདི་ནི་པཎ་ཆེན་ཤཱཀྱའི་མཚན། །ཀུན་མཁྱེན་མཚན་དོན་ལྡན་པའི་པད་དཀར་དང་། །མཉམ་མེད་གྲུབ་པའི་དབང་ཕྱུག་ལྷ་རྩེ་བ། །རྣམ་གསུམ་གསུང་ལས་སྐྱེས་པའི་སྟོམ་བརྩོན་གང་། །ཕྱོགས་བྲལ་དད་པའི་བློ་ཅན་རྡོ་རྗེ་འཛིན། །བདུད་འཇོམས་དཔའ་བོས་བྱི་ལོ་གྲོང་བཞིན་གྱི། །ཟླ་བའི་དཀར་ཕྱོགས་དགའ་བ་གསུམ་པའི་ཚེས། །རྒྱལ་ཕུར་འཇོམ་པའི་ཉིན་ལ་ཕུ་དམར་གྱི། །བྱང་ཆུབ་སྙིང་པོའི་ཕོ་བྲང་ཆེན་པོ་དེར། །ལེགས་པར་བརྩམས་པའི་དགེ་དང་དགེ་གཞན་གྱིས། །བསྟན་འཛིན་བླ་མ་སྐལ་བརྒྱར་ཞབས་བརྟན་ཅིང་། །ཐུགས་ཀྱི་བཞེད་པ་མ་ལུས་མཐར་ཕྱིན་ཤོག །

ཅེས་པ་འདི་ནི་བོད་ཀྱི་རྡོ་རྗེ་གདན་དཔལ་ས་སྐྱའི་ཆོས་གྲྭ་ཆེན་པོ་ནས་རྗེ་བཙུན་གོང་མ་བདག་ཆེན་སྔགས་འཆང་ཐམས་ཅད་མཁྱེན་པ་མཁས་གྲུབ་ཀུན་གྱི་གཙུག་རྒྱན་འཇམ་པའི་དབྱངས་ངག་དབང་ཀུན་དགའ་བསོད་ནམས་གྲགས་པ་རྒྱལ་མཚན་དཔལ་བཟང་པོས་བཀའ་སྩལ་དབྱར་སྐྱེས་ཀྱི་ཟ་བོ་ཆེ་སྩལ་ཅིང་། ཐུབ་པའི་བསྟན་པ་ལ་ཆོས་ཀྱི་རྗེས་སུ་འབྲངས་པའི་བློ་གྲོས་ཅན་དུ་མས་བསྐུལ་བས་ཀྱང་མཚམས་སྦྱར་ཏེ་ཀུན་མཁྱེན་པདྨ་དཀར་པོའི་ཞབས་པད་སྤྱི་བོར་བསྟེན་པའི་མཐུ་ཡིས་གཞུང་ལུགས་ལ་བློ་ཡི་སྣང་བ་ཅུང་ཟད་ཐོབ་པ་དང་། མདོ་སྔགས་སྤྱི་དང་ཁྱད་པར་པཎྜི་ཏ་ཆེན་པོ་རྒྱལ་བ་ཤཱཀྱ་མཆོག་ལྡན་གྱི་གསུང་རབ་མང་དུ་ཐོས། གཞན་ཡང་རྗེ་བཙུན་ས་སྐྱ་པ་སྔགས་འཆང་ཐམས་ཅད་མཁྱེན་པ་ངག་དབང་ཀུན་དགའི་མཚན་ཅན་དང་། རྗེ་ངོ་ནང་པ་ཆེན་པོ་སྤྲུལ་པའི་སྐུ་ཀུན་དགའ་སྙིང་པོ། གྲུབ་པའི་དབང་ཕྱུག་རྡོ་རྗེ་འཆང་མཉམ་མེད་ལྷ་རྩེ་བ་ཆེན་

པོ་རྣམས་ཀྱི་བཀའ་དྲིན་ལས་ཐ་སྙད་ངེས་པའི་དོན་ལ་བློ་ཁ་ཙམ་ཟད་ཕྱོགས་པ། ཀུ་ས་ལི་པ་ཐེག་པ་མཆོག་གི་རྣལ་འབྱོར་པ་གསུམ་ལྡན་དགེ་སློང་རྡོ་རྗེ་འཛིན་པ་བདུད་འཇོམས་དཔའ་བོ་ཞེས་བགྱི་བས་རང་ལོ་ང་ལྔ་ལོན་པ་བྲི་ལོ་ཟླ་བ་བདུན་པ་ལ་ལེགས་པར་གྲུབ་པར་བགྱིས་པ་འདི་ལ་ནོངས་པའི་ཆ་མཆིས་པ་རྣམས་བླ་མ་དང་མཁས་པའི་ཚོགས་ལ་བཟོད་པར་གསོལ་ཞིང་། འདི་ཉིད་རྫོགས་པར་བགྱིས་པའི་དགེ་བས་རྩོམ་པ་པོའི་འདི་དང་ཕྱི་མའི་ཡིད་ལ་རེ་བའི་དོན་ཐམས་ཅད་འབད་མེད་དུ་གྲུབ་ཅིང་རང་དང་གཞན་གྱི་དོན་གཉིས་ཕུན་སུམ་ཚོགས་པའི་རྒྱུར་གྱུར་ཅིག །མངྒ་ལཾ།། །།

སམྦྲརཏྣཡཱཧཾཔྲཛྙེདནུཔབྲཱིཧྲིཔིཀརཎིསྨ།
༄༅། །སྡོམ་པ་གསུམ་གྱི་རབ་ཏུ་དབྱེ་བའི་མཆན་འགྲེལ་བཞུགས་སོ། །

བྱམས་པ་སངས་རྒྱས་བསྟན་འཛིན།

སྡོམ་པ་གསུམ་གྱི་རབ་ཏུ་དབྱེ་བ་ཞེས་བྱ་བ། དེ་ཡང་བརྗོད་བྱ་སྡོམ་པའི་སྐད་དོད་སཾ་ཝ་རའི་སྒྲ་ལས་སྡོམ་པའི་མི་མཐུན་པའི་ཕྱོགས་བསྡམས་ནས་གཉེན་པོ་མཆོག་ཏུ་གྱུར་པ་སྒྲུབ་པས་སམ། ཉེས་ལྟུང་དག་ནས་འབྲས་བུ་མཆོག་ཏུ་གྱུར་པ་མངོན་དུ་བྱེད་པའི་ཕྱིར། ཐེག་དམན་གྱི་གཞུང་ནས་བསྟན་པ་སོགས་སོ་བྱང་སྔགས་གསུམ་གྱི་སྡོམ་པ་གསུམ་པོ་དེ་བྱེད་ལས་དེ་གསུམ་གྱི་ལེན་པའི་ཆོ་ག་བསྲུང་བའི་བསླབ་བྱ། འཐོབ་བྱའི་འབྲས་བུ་འབྱིན་ཚུལ་རྣམས་ལ་འཁྲུལ་པ་དགག་ཅིང་མ་འཁྲུལ་པ་སྒྲུབ་པའི་རབ་ཏུ་དབྱེ་བ་སྟོན་པས་དེ་སྐད་ཅེས་བྱ་བའོ། །རང་གཞན་ལ་བླང་དོར་མ་ནོར་བ་སྟོན་པ་ལ་བཀའ་དྲིན་ཆེ་བའི་ཕྱིར་གུ་རུའི་སྒྲ་ལས་ཡོན་ཏན་གྱི་འབྱུར་གྱི་ལྟེ་ཞིང་། ཐེག་གསུམ་སོ་སོའི་གཞུང་ནས་བཤད་པའི་མཚན་ཉིད་རྣམས་དང་ལྡན་པའི་**བླ་མ་དམ་པའི་ཞབས་ལ་གུས་པས་ཕྱག་འཚལ་ལོ།** །**བདེ་**བར་**གཤེགས་**པའི་**བསྟན་**པ་རིན་པོ་ཆེ་སྡེ་སྣོད་གསུམ་དང་རྒྱུད་སྡེ་བཞིའི་བསྡུས་**པའི་གསུང་རབ་**ལ་བློ་གྲོས་ཀྱི་ལུས་སྟོབས་རྒྱས་པའི་**སེང་གེའི་སྒྲ་**དབྱངས་དང་འདྲ་བའི་གསུང་དེས་ཆོས་ལོག་སྨྲ་བའི་**ལྟ་གྲུབ་ངན་**པ་བསྒྲགས་པའི་**རི་དྭགས་མཐའ་དག་**ཞིལ་གྱིས་མནན་ཏེ་**སྐྲག་པར་མཛད་**ཅིང་རང་གི་བཤད་སྒྲུབ་ཀྱི་བསྟུས་པའི་ཉམས་ལེན་ཐམས་ཅད་**སངས་རྒྱས་ཀྱི་དགོངས་པ་ཇི་**ལྟ་**བ་བཞིན་ལེགས་**པར་**སྒྲུབ་པ་**རང་ལ་སྡོམ་པ་གསུམ་གྱི་བཀའ་དྲིན་དངོས་སུ་སྩོལ་ཞིང་སྐྱེར་བར་མཛད་པས་གཞན་དང་**མཚུངས་**པ་**མེད་**པའི་རྗེ་བཙུན་**བླ་མ་**གྲགས་པ་རྒྱལ་མཚན་**དེ་ལ་བདག་ཅག་དད་**དོ། །སྒྲིབ་གཉིས་བག་ཆགས་དང་བཅས་པའི་**སྐྱོན་མེད་**པའི་སྤངས་པ་ཕུན་སུམ་ཚོགས་པ་དང་། ཐུན་མོང་དང་ཐུན་མོང་མིན་པའི་**ཡོན་ཏན་ཀུན་གྱི་མཛོད་མངའ་བའི་**རྟོགས་པ་ཕུན་སུམ་ཚོགས་པ་དང་། གདུལ་བྱ་རྣམས་སྐལ་བ་བཞིན་སྡོམ་པ་གསུམ་ལ་འགོད་པའི་ཕྲིན་ལས་ཕུན་ཚོགས་མངའ་བའི་**འགྲོ་བའི་བླ་མའི་ཞབས་ལ་**སྡོམ་གསུམ་གྱི་བསླབ་པ་འཆལ་བ་པོ་དང་། དངོས་གྲུབ་སྟེར་བའི་སྔགས་སྐྱོར་བྱེད་པོ་སངས་རྒྱས་ཉག་གཅིག་ཡིན་པ་ལ་**ཕྱག་འཚལ་ལོ་ནས།** དེ་ལྟར་ཡུལ་ཁྱད་པར་ཅན་ལ་མཆོད་པ་བརྗོད་ནས་ལས་སུ་བྱ་བ་ཅི་བྱེད་ཅེ་ན། རིན་ཕྲེང་ལས། འདུན་དང་ཞེ་སྡང་འཇིགས་པ་དང་། །རྨོངས་པ་གང་གི་ཆོས་མི་འདའ། །དེ་ནི་དད་པ་ཅན་ཞེས་བྱ། །ཞེས་པ་ལྟར་འགྲོ་བ་བཞིའི་ཆོས་ལས་མི་འདའ་བའི་**དད་**པ་དང་**ལྡན་**ཞིང་སྡོམ་པ་གསུམ་གྱི་བཤད་པ་དང་སྒྲུབ་པའི་ཉམས་ལེན་ཐམས་ཅད་**སངས་རྒྱས་ཀྱི་གསུང་བཞིན་དུ་བསྒྲུབ་**པར་**འདོད་**པའི་གདུལ་བྱ་དོན་གཉེར་ཅན་**དེ་ལ་སྡོམ་པ་གསུམ་**གྱི་བླང་དོར་གྱི་**དབྱེ་བ་**ས་སྐྱ་པཎྜི་ཏ་**བདག་གིས་བཤད་**པར་བྱ་སྟེ་དེ་ལྟར་བཤད་པས་བསྟན་འགྲོར་ཕན་དེས་པས་སོ། །ཚིག་རྒྱན་མངོན་བརྗོད་སོགས་ཀྱིས་གཙོ་བོར་བཅིངས་པ་**མཁས་པ་རྣམས་དགའ་བའི་སྡེབ་སྦྱོར་ནི། །བློན་པོ་རྣམས་ཀྱིས་གོ་དཀའ་བས་**སྐབས་འདིར་ཚིག་སྦྱོར་ནི།

དེ་ལྟ་བུའི་ཚིག་གི་སྦྱོར་བ་སྤངས་ནས་ཀྱང་། མཁས་རློམ་ཀུན་གྱི་གོ་བར་བྱ་བའི་ཕྱིར་དུ་བཤད་དེ་བསྟན་བཅོས་འདི་མཁས་བླུན་ཀུན་གྱི་བསྟན་པའི་ཉམས་ལེན་མ་འཁྲུལ་བར་ཤེས་པའི་ཆེད་དུ་བརྩམས་པ་ཡིན་པའི་ཕྱིར་རོ། །

ས་སྐྱ་པཎྜི་ཏ་བདག་ནི་སངས་རྒྱས་ཀྱི་བསྟན་པ་དང་བསྟན་པ་ཚུལ་བཞིན་འཛིན་པར་བྱེད་པ་ལ་མི་ཕྱེད་པ་ཡི་དད་པ་ཡོད་པས་ན་གཞན་ལ་ཟུར་ཟ་བའི་ཕྱིར་མ་ཡིན་མོད་འོན་ཀྱང་སངས་རྒྱས་ཀྱི་བསྟན་པའི་ཉམས་ལེན་མ་འཁྲུལ་པ་མི་ཉམས་པ་ལ་ལྷག་བསམ་དང་འཁྲུལ་པར་སྤྱོད་པས་རང་གཞན་ཕུང་བར་བྱེད་པ་ལ་བདག་མ་དད་པས་དེ་དག་ལ་སྙིང་རྗེས་ཀུན་ནས་བླངས་ཏེ་བསྟན་པའི་བྱི་དོར་གྱི་ཕྱིར་བརྩམས་པ་ཡིན་པས་སོ། །བཤད་ཅེས་པ་ལས་འཕྲོས་བཤད་བྱ་དེ་གང་ཞེ་ན། སོ་སོར་ཐར་པའི་སྡོམ་པ་ལུགས་གཉིས་པོ་དང་། བྱང་ཆུབ་སེམས་དཔའི་སེམས་བསྐྱེད་དབུ་སེམས་ཀྱི་ལུགས་གཉིས་དང་། གསང་སྔགས་ཀྱི་ནི་བླ་མེད་སོགས་རྒྱུད་སྡེ་བཞིའི་དབང་བསྐུར་དང་། གསུམ་པོ་དེ་དག་གི་ནི་དང་པོར་ཐོབ་བྱེད་ཆོ་ག་དང་། བར་དུ་སོ་སོའི་བསླབ་པར་བྱ་བ་དང་། ལས་འབྲས་ཀྱི་རྣམ་བཞག་སོ་ཐར་ལས་འཕྲོས་པ་དང་། སེམས་བསྐྱེད་ལས་འཕྲོས་པ་སེམས་བསྐྱེད་པ་ཡི་བསླབ་བྱ་བདག་གཞན་བརྗེ་བའི་གནད་རྣམས་དང་། སྟོང་ཉིད་སྙིང་རྗེའི་སྙིང་པོ་ཅན་སོགས་དང་། གསུམ་པ་ལས་འཕྲོས་པ་གསང་སྔགས་དང་འབྲེལ་བའི་རིམ་པ་གཉིས་ཀྱི་གསང་ཚིག་དེ་དག་འདིར་མདོ་ཙམ་ཞིག་བསྟན་རྒྱས་པ་གཞན་དུ་བཤད་པ་དང་། དབང་དང་རིམ་གཉིས་ལས་བྱུང་བའི་ཡེ་ཤེས་ཕྱག་རྒྱ་ཆེན་པོ་དང་། ཕྱག་ཆེན་སྐྱེ་བའི་ཐབས་ཕྱི་དང་ནང་གི་རྟེན་འབྲེལ་བསྒྲིགས་ནས་སྤྱོད་པ་བྱེད་ཚུལ་དང་། རྟེན་འབྲེལ་དེ་ལ་བརྟེན་ནས་ས་དང་ལམ་གྱི་རྣམ་གཞག་འཕྲོས་དོན་དང་བཅས་པ་དག་གི་འཁྲུལ་པ་བཀག་ནས་མ་འཁྲུལ་བར་བསྒྲུབ་པའི་རྣམ་པར་དབྱེ་བ་སྐབས་གསུམ་དུ་བསྡུས་ནས་བཤད་ཀྱིས་ཉོན་ཅིག་ཅེས་པའོ། །

སོ་སོར་ཐར་པའི་སྡོམ་པ་ནི་ལེན་བྱེད་ཆོ་ག་དེ་ལ། མངོན་འདུལ་སོགས་ཉན་ཐོས་ཀྱི་གཞུང་ནས་དང་། །ཐེག་ཆེན་གྱི་གཞུང་ལུགས་ནས་འབྱུང་བ་ལྟར་ལེན་ཚུལ་སོ་སོར་ཡོད་པས་གཉིས་སུ་ཡོད་དོ། །ཉན་ཐོས་རྣམས་ཀྱི་སྐྱབས་འགྲོ་རྫོགས་བྱེད་དུ་བྱས་པའི་དགེ་བསྙེན་པ་མ་ནས་བཟུང་སྟེ་དགེ་སློང་གི་ནི་སྡོམ་པའི་བར་གྱི་སོ་ཐར་རིགས་བདུན་པོ་ནི་ལེན་པའི་དུས་ཡོད་དེ་བདག་ཇི་སྲིད་འཚོ་ཡི་བར་དུ་ལེན་པ་ཡིན་པས་སོ། །དེ་ལྟའི་རིགས་བདུན་པོ་དེ་གཏོང་བའི་དུས་ཀྱང་ཡོད་དེ་རྟེན་གྱི་གང་ཟག་ཤི་བའི་ཚེ་ན་རྒྱུ་གཞན་ལ་མ་ལྟོས་པར་སྡོམ་པ་རང་བཞིན་གྱིས་གཏོང་བས་སོ། །སྡོམ་པ་རྣམས་ཀྱི་རྣམ་སྨིན་གྱི་འབྲས་བུ་ནི་ཚེ་འཕོས་ནས་ནི་འབྱུང་བར་འགྱུར་ཏེ་ཚེ་འདིར་ཚུལ་ཁྲིམས་རྣམ་དག་བསྲུངས་པ་ནི་ཕྱི་མ་མཐོ་རིས་ཀྱི་རྟེན་ཐོབ་བྱེད་ཀྱི་གཙོ་བོ་ཡིན་པའི་ཕྱིར། ཁྱབ་སྟེ། མཛོད་ལས། མཐོ་རིས་དོན་དུ་ཚུལ་ཁྲིམས་དང་། །འབྲེལ་བའི་དོན་དུ་སྒོམ་གཙོའི་ཕྱིར། །ཞེས་གསུངས་སོ། །འོན་ཀྱང་ཐེག་ཆེན་བྱང་ཆུབ་སེམས་དཔའི་སོ་ཐར་སྡོམ་པ་ནི། དེ་དང་མི་མཚུངས་པ་ཤི་འཕོས་པའི་ཚེ་མི་གཏོང་སྟེ་རྟེན་གྱི་གང་ཟག་ཤི་འཕོས་ནས་ཀྱང་རྗེས་སུ་འབྲང་བའི་སྡོམ་པ་ཡིན་པའི་ཕྱིར། དེ་དག་གི་ནི་རྒྱུ་མཚན་ཡང་རིམ་བཞིན་ཉན་ཐོས་སོ་ཐར་སྡོམ་པ་རིགས་བདུན་པོ་ནི་རྣམ་པར་རིག་བྱེད་མིན་པ། ལུས་ངག་གི་ལས་གཟུགས་ཅན་ཉེར་ལེན་གྱི་རྒྱུར་བྱས་པ་ལས་བསྒྲུབ་བྱའི་ལུས་ངག་གི་ངོར་ནི་སྐྱེ་བར་འདོད་པས། སྡོམ་པ་གཟུགས་ཅན་ཡིན་པའི་ཕྱིར་རྟེན་གྱིས་གང་ཟག་ཤི

འཕོས་པའི་ཚེ་ན་སྡོམ་པ་གཏོང་ངོ་ཞེས་པའི་དམ་བཅའ་གྲུབ་བོ། །ཐེག་དམན་སོ་ཐར་རྟེན་ཤི་བའི་ཚེ་གཏོང་བ་འདི་ནི་རིགས་པས་གྲུབ་པར་མ་ཟད་ལུང་གིས་ཀྱང་གྲུབ་སྟེ་ཆོས་མངོན་པའི་མཛོད་ལས་ཀྱང་བསླབ་པ་ཕུལ་དང་ཤི་འཕོས་དང་། ཕོ་མོའི་མཚན་ལེན་གཉིས་དག་ནི་བྱུང་བ་དང་། ཡོག་ལྷ་སྐྱེས་པས་རྩ་བ་ཆད་པ་ལས་རིགས་བརྒྱད་ཆར་དང་མཚན་འདས་པ་ལས་བསྙེན་གནས་ཏེ་སོ་སོར་ཐར་པའི་འདུལ་བ་གཏོང་ཞེས་གསུངས་པ་ཉན་ཐོས་སོ་ཐར་འདི་ལ་རང་གི་ལུང་ཚད་མ་ཡིན་པས་སོ། །

བྱང་ཆུབ་སེམས་དཔའི་སོ་སོར་ཐར་པའི་སྡོམ་པ་ནི་རང་གི་ཉེར་ལེན་སེམས་ལས་སྐྱེས་པའི་ཕྱིར་གཟུགས་ཅན་མིན་པས་བྱང་ཆུབ་སྙིང་པོའི་མཐའ་ཅན་ཡིན་ནོ་དེས་ན་ཇི་སྲིད་སེམས་མ་ཉམས་པ་དེ་ཡི་བར་དུ་སྡོམ་པ་ཡོད། མདོ་རྒྱུད་བསྟན་བཅོས་ཐམས་ཅད་ཀྱི་དགོངས་པ་ཡང་ནི་འདི་ཉིད་ཡིན་ནོ། །འབྲི་ཁུང་པ་ཁ་ཅིག་ཐེག་དམན་སོ་ཐར་ཇི་སྲིད་འཚོ་བའི་མཐའ་ཅན་ཡིན་ཡང་ཤི་བའི་ཚེ་གཏོང་བའི་ཁྱབ་པ་མ་ངེས་ཏེ་ཇི་སྲིད་འཚོ་བའི་སྒྲ་ལུས་དང་སེམས་ཇི་སྲིད་འཚོ་བ་གཉིས་སུ་ཕྱེ་ནས་འདིར་ཐེག་དམན་སོ་ཐར་བྱང་ཆུབ་བར་དུ་ལེན་པ་ཕྱི་མ་ལ་དགོངས་པ་ཡིན་ཞིང་འདི་ནི་ཐབས་མཁས་པའི་གཡོ་སྒྱུ་ཡིན་པས་སེམས་བསྐྱེད་ཀྱི་ཐབས་མར་བྱ་བ་ཡིན་ཞེས་ཟེར་རོ། །དེ་འདྲ་འདི་ནི་མི་འཐད་དེ་སངས་རྒྱས་ཀྱི་མདོ་རྒྱུད་ཀྱི་དགོངས་པ་མིན་ཞིང་། མཁས་པ་རྒྱན་དྲུག་མཆོག་གཉིས་ལ་སོགས་པའི་གཞུང་ལས་དེ་འདྲ་མ་བཤད་པས་སྒྲུབ་བྱེད་མེད་དོ། །གལ་ཏེ་ཉན་ཐོས་སོ་ཐར་བྱང་ཆུབ་སྙིང་པོའི་བར་དུ་ལེན་པ་དེ་དེ་ལྟ་ཡིན་ན་དེ་གང་ཞིག་ཉན་ཐོས་ལུགས་ཀྱི་སོ་ཐར་སྡོམ་པ་དང་། །ཐེག་ཆེན་ལུགས་ཀྱི་སོ་ཐར་སྡོམ་པ་གཉིས་པོ་དེ་ཁྱད་པ་མེད་པར་འགྱུར་ཏེ་དེ་དག་གཉིས་གཏོང་བའི་དུས་ལ་ཁྱད་པར་མེད་པའི་ཕྱིར་རོ། །ཇི་སྲིད་འཚོའི་བར་དུ་སྐྱབས་སུ་འགྲོ་བ་ཐུན་མོང་བ་དང་བྱང་ཆུབ་སྙིང་པོའི་བར་དུ་སྐྱབས་སུ་འགྲོ་བ་ཐུན་མོང་མ་ཡིན་པའི། སྐྱབས་འགྲོ་གཉིས་སུ་དབྱེ་བ་དེ་དབྱེར་མི་རུང་བར་འགྱུར་ཏེ་ཉན་ཐོས་དང་བྱང་ཆུབ་སེམས་དཔའི་སྡོམ་པ་གཉིས་ཀ་ཇི་སྲིད་སངས་རྒྱས་མ་ཐོབ་ཀྱི་བར་དུ་ལེན་པར་མཚུངས་པའི་ཕྱིར་རོ། །སྔ་ཕྱི་གཉིས་ཆར་འདོད་ན། སྡོམ་པ་དེ་གཉིས་འཐོབ་པའི་ཚོ་ག་དང་། དེ་ཡི་བསླབ་བྱ་འང་ཁྱད་པ་མེད་པར་གཅིག་ཏུ་འགྱུར་ཏེ་འདོད་པ་དེའི་ཕྱིར། དགེ་སློང་གི་སྡོམ་པ་རྒྱུད་ལྡན་དེ་ཤི་ཡང་དགེ་སློང་གི་སྡོམ་པ་དེ་མི་འདོར་ན་དེའི་ཕྱིར་བསླབ་པ་ཕུལ་བ་དང་མཚན་གཉིས་སུ་གྱུར་པ་ལ་སོགས་པ་སྡོམ་པ་གཏོང་རྒྱུ་གཞན་གྱིས་ཀྱང་དེའི་ལུགས་ཀྱི་སྡོམ་པ་གཏོང་བ་མི་སྲིད་པ་ཐལ་བར་འགྱུར་རོ། །འདོད་མི་ནུས་ཏེ་དེ་དག་འདིའི་ལུགས་ཀྱི་སྡོམ་པ་གཏོང་རྒྱུ་གསུངས་པ་དང་འགལ་ལོ། །དེ་ལ་རྗེས་འབྲང་ཁ་ཅིག་འདི་སྐད་དུ་སྔར་གྱི་ཐལ་པ་དེ་ལ་ཕྱི་ནས་ལེན་འདེབས་པ་ཡིན་ཏེ། ཐེག་ཆེན་སེམས་བསྐྱེད་ཀྱིས་ཟིན་པའི་དགེ་སློང་གི་སྡོམ་པ་གལ་ཏེ་གཏོང་རྒྱུ་དག་གིས་གཏོང་ན་ཡང་བསམ་པ་བྱང་ཆུབ་སེམས་ཀྱིས་ཟིན་པ་ཡི་དགེ་སློང་གི་སྡོམ་པ་དེ་བྱང་ཆུབ་མ་ཐོབ་ཀྱི་བར་དུ་བསྲུང་སེམས་ཡོད་པས་ཤི་འཕོས་པའི་ཚེ་གཏོང་བ་མི་སྲིད་ལོ། །འོན་ཐེག་ཆེན་སེམས་བསྐྱེད་ཀྱིས་ཟིན་པའི་དགེ་སློང་ལ་སོགས་པའི་སྡོམ་པ་རིགས་བདུན་པོ་རྣམས། བསླབ་པ་ཕུལ་དང་ཤི་འཕོས་དང་རྩ་བ་ཆད་པ་ལ་སོགས་པ། སྡོམ་པ་གཏོང་རྒྱུ་བཤད་པ་ཀུན་གྱིས་མི་གཏོང་བར་འགྱུར་ཏེ་སེམས་བསྐྱེད་ཀྱིས་ཟིན་པའི་གནད་ཀྱིས་ཤི་འཕོས་ཀྱང་མི་གཏོང་བར་ཁས་བླང་བའི་ཕྱིར། དེ་ལ་འདོད་ན་འོན་གཏོང་རྒྱུས་མི་གཏོང་བ་དེ་ལྟར་ཡིན་ན་དེ་གང་ཞིག་སེམས་བསྐྱེད་ཀྱིས་ཟིན་པའི་དགེ་སློང

གི་སྡོམ་ལྡན་དེས་དགེ་སློང་གི་སྡོམ་པ་ཕུལ་ཡང་བསྲུང་དགོས་པར་འགྱུར་ཏེ་སྡོམ་པ་ཡོད་བཞིན་དུ་མ་བསྲུངས་ན་དགེ་སློང་གི་སྡོམ་པ་ཉམས་པར་འགྱུར་བའི་ཕྱིར་རོ། །སེམས་བསྐྱེད་ལྡན་པའི་དགེ་སློང་དེ་ཤི་འཕོས་ནས་གང་དུ་སྐྱེས་ཀྱང་དགེ་སློང་དུ་འགྱུར་བར་ཐལ། དེའི་སྡོམ་པ་ཤི་འཕོས་པས་མི་གཏོང་བའི་ཕྱིར་རོ། །དེ་འདོད་ན་གལ་ཏེ་དེ་འདྲའི་དགེ་སློང་དེ་ནི་ཤི་ནས་ལྷར་སྐྱེས་ན་ལྷ་ཡི་དགེ་སློང་སྲིད་པར་འགྱུར་ཏེ་དགེ་སློང་གི་སྡོམ་པ་དང་ལྡན་པའི་ལྷ་ཡིན་པའི་ཕྱིར། གལ་ཏེ་དེ་ཆོས་ཅན་མིར་སྐྱེས་ན་ཡང་བྱིས་པ་ཆུང་དུ་སྐྱེས་མ་ཐག་པ་ལ་བླང་མི་དགོས་པར་དགེ་སློང་དུ་འགྱུར་བར་ཐལ་དགེ་སློང་གི་སྡོམ་པ་ལྡན་པའི་བྱིས་པ་ཡིན་པའི་ཕྱིར། དེ་ལྟའི་བྱིས་པ་དེ་ལ་སྲོག་གཅོད་སོགས་ཀྱི་ལྟུང་བ་བྱུང་གྱུར་ན་དགེ་སློང་གི་སྡོམ་པ་རྣམ་དག་ལས་ཉམས་པར་འགྱུར་བར་ཐལ་གཏོང་རྒྱུ་བྱུང་བའི་ཕྱིར། ཉམས་ནས་གསང་འདོད་ཀྱི་འཆབ་སེམས་སྐྱེས་པ་ན་རྟེན་དེ་ལ། སླར་ཡང་དགེ་སློང་གི་སྡོམ་པ་བླང་དུ་མེད་པར་འགྱུར་བར་ཐལ་ཕམ་པ་འཆབ་བཅས་བྱུང་བའི་ཕྱིར། ཁྱབ་སྟེ། འདུལ་བ་ལུང་ལས་དེ་གསོར་མི་རུང་བ་ཤིང་ཏ་ལའི་མགོ་བོ་བཅད་པའི་དཔེས་གསུངས་པས་སོ། །སྔ་མ་ལྟ་བྱིས་ཐལ་པ་གཉིས་པོ་དེ་ལ་འདོད་མི་ནུས་ཏེ། ལྷ་དང་བྱིས་པའི་དགེ་སློང་ནི། །འདུལ་བའི་སྡེ་སྣོད་མདོ་རྩ་དང་ལས་གཞི་རྣམས་ལས་རིམ་བཞིན་མི་མ་ཡིན་པའི་འགྲོ་བ་སོགས་དང་། ཉི་ཤུ་མ་ལོན་པ་སོགས་ཀྱིས་བཀག་པས་སོ། །ཐེག་ཆེན་སེམས་བསྐྱེད་ལྡན་པའི་བསྙེན་གནས་ཀྱི་སྡོམ་པ་དེ་ཉིད་ཀྱང་བྱང་ཆུབ་སྙིང་པོའི་མཐའ་ཅན་ཡིན་པས། དེ་བསྲུང་བའི་ནངས་པར་ཕན་ཆད་ཡོད་པའི་ཕྱིར། རྟག་ཏུ་བསྙེན་གནས་བསྲུང་དགོས་པར་འགྱུར་རོ། །དེ་ལྟ་ཡོད་བཞིན་དུ་བསྲུང་བར་མིན་ན་དེ་དག་གི་སྡོམ་པ་ནི་ཡོད་ལ་བསྲུངས་པ་ནི་མིན་པས་བསྙེན་གནས་ཉམས་པར་འགྱུར་རོ། །གལ་ཏེ་ཁྱབ་པ་མ་ངེས་ནས་ནངས་པར་ནམ་ལངས་ནས་བསྙེན་གནས་ཀྱི་སྡོམ་པ་གཏོང་ན་ནི། །དགེ་སློང་དགེ་ཚུལ་ཡང་ཤི་ཚམ་ནས་སྡོམ་པ་གཏོང་བ་རིགས་པ་མཚུངས་པས། ཐེག་ཆེན་སེམས་བསྐྱེད་ཀྱིས་ཟིན་པའི་སྡོམ་པ་རྒྱུན་དུ་འབྱུང་བ་ཁས་བླངས་པ་དེ་འགལ་བར་འགྱུར་ཏེ་སེམས་བསྐྱེད་ཀྱིས་ཟིན་པའི་བསྙེན་གནས་མཚན་མོ་འདས་པས་གཏོང་བའི་ཕྱིར་རོ། །ཉན་ཐོས་ཀྱི་གཞུང་ནས་བཤད་པའི་སོ་ཐར་རིགས་བདུན་བྱང་ཆུབ་སྙིང་པོའི་བར་དུ་ལེན་པ་ལ་གནོད་བྱེད་ཡོད་པ་དེས་ན་ཉན་ཐོས་སོ་སོར་ཐར་པ་ཡི། །སྡོམ་པ་རྟེན་གྱི་གང་ཟག་ཤི་ཡང་ཡོད་དོ་ཞེས། །སྨྲ་བའི་སྐྱེས་བུ་འཕྲི་ཁུང་བ་དེ་ལ་ནི་ཉན་ཐོས་དང་ཐེག་ཆེན་གཉིས་ཀྱི་སྡེ་སྣོད་ཀྱི་རྣམ་པར་དབྱེ་བ་ཤེས་པ་མེད་པར་ཟད་དེ། མདོ་ལས། ཇི་སྲིད་འཚོ་དང་ཉིན་ཞག་ཏུ། །སྡོམ་པ་ཡང་དག་བླང་བར་བྱ། །ཞེས་དང་། ཞི་ལྷས། བྱང་ཆུབ་སྙིང་པོར་མཆིས་ཀྱི་བར། ཞེས་དང་། དེ་སྲིད་བྱང་ཆུབ་སྙིང་པོའི་བར། །ཇི་ལྟར་དུས་གསུམ་མགོན་པོ་རྣམས། ཞེས་སོགས་གསུངས་པ་ལྟར་གནད་སོ་སོའོ། །

བྱེ་བྲག་སྨྲ་བའི་རིགས་བདུན་མ་ཟད་བསྙེན་གནས་ཀྱང་། དགེ་སློང་ལས་ལེན་ཏེ་གཞན་གྱི་རྣམ་རིགས་བྱེད་སོགས་ཀྱི། ། ཞེས་པའི་མཛོད་འགྲེལ་ལས། སོ་སོར་ཐར་པའི་སྡོམ་པ་དེ་ཡང་། དགེ་འདུན་ནམ་གང་ཟག་ལས་ཏེ། ཞེས་དང་། འདུལ་བར། བསྙེན་པར་མ་རྫོགས་པ་ནི་བསྙེན་པར་རྫོགས་པའི་དགེ་འདུན་གྱིས་ཡོངས་སུ་བཟུང་བ་ཙམ་མོ། །ཞེས་སོགས་གསུངས་པས་སོ། །བརྒྱད་པོའི་རྟེན་གྱི་གང་ཟག་ནི་གླིང་གསུམ་གྱི་སྐྱེས་པ་དང་བུད་མེད་གང་རུང་ལས་འགྲོ་བ་གཞན་ཟ་མ་མ་ནིང་སོགས་ལ་སྡོམ་པ་བཀག་ཏེ། མཛོད་ལས། ཟ་མ་མ་ནིང་སྨྲ་མི་སྟུན། །

མཚན་གཉིས་མ་གཏོགས་མི་རྣམས་ལ། །སྡོམ་མིན་སྡོམ་པའང་དེ་བཞིན་ལ། །ཞེས་སོ། །མདོ་སྡེ་པ་རྣམས་དུད་འགྲོ་རི་བོང་དང་ཀླུ་ལ་སོགས་རིགས་དྲུག་གི་འགྲོ་བ་གཞན་ལའང་བསྙེན་གནས་སྐྱེ་བར་བཤད་དེ། འདུལ་བ་ལུང་ལས། ཀླུ་གཞོན་ནུ་ཙམ་པས་དུས་བཟང་ལ་ལེན་པར་གསུངས་པ་དང་། རྒྱ་མཚོའི་ཀླུ་དུས་བཟང་ལ་འོངས་ཏེ་བསྙེན་གནས་བསྲུང་བ་གསུངས་པ་རྣམས་སྒྲ་ཇི་བཞིན་པར་ཁས་ལེན་པས་སོ། །བླང་བའི་ཡུལ་ཡང་དགེ་བསྙེན་ལ་སོགས་པ་ཚིག་ཤེས་པ་གང་ཡང་རུང་བ་ལས་བླང་བར་གནས་འཇོག་གིས་ཞུས་པའི་མདོ་ལས་གསུངས་ཏེ་དགེ་སློང་ངམ་བྲམ་ཟེའམ་རབ་ཏུ་བྱུང་བ་ཚིག་ཤེས་པ་ཞིག་གིས་གམ་དུ་སོང་སྟེ་ཞེས་སོགས་དང་། འདུལ་བ་ལུང་ལས་ཀྱང་། མགོན་མེད་ཟས་སྦྱིན་གྱིས་འགྲོ་མང་ལ་འབོགས་པར་གསུངས་པས་སོ། །ཉན་ཐོས་རྣམས་ཀྱི་བསྙེན་གནས་འབོག་བྱེད་ཀྱི་ཚིག་ཡང་སྐྱབས་སུ་འགྲོ་བ་རྗོམ་བྱེད་དུ་བྱས་པའི་ཚུལ་གྱིས་འབོགས་སོ། །དོན་ཡོད་ཞགས་པའི་རྟོགས་པ་ལས་གསུངས་པའི་བསྙེན་གནས་ནི་ལེན་ཡུལ་རྟེན་གྱི་དྲུང་དུ་རང་གིས་ལེན་པ་ཡི་ཚིག་ཐེག་ཆེན་སེམས་བསྐྱེད་ལེན་པའི་ཚིག་དང་ཆ་འདྲ་བར་གསུངས་སོ། །རྒྱུ་མཚན་དེས་ན་ཉན་ཐོས་དང་ཐེག་ཆེན་ལུགས་ཀྱི་བསྙེན་གནས་དུས་ཉིན་ཞག་གི་མཐའ་ཅན་དུ་མཚུངས་ཀྱང་འབོག་བྱེད་ཀྱི་ཚིག་ལ་ཁྱད་པར་ཡོད་དོ། །བཀའ་གདམས་པ་ལ་ལ་བསྙེན་གནས་ཉིན་པར་བསྲུངས་པ་ཡི། །སང་ནངས་པར་བསྙེན་གནས་དེ་གཞན་ལ་འབུལ་དགོས་ཏེ་མ་ཕུལ་བར་དེ་དང་འགལ་བའི་ཉེས་པ་བྱས་ན་དེ་ཉམས་པར་འགྱུར་བའི་སྐྱོན་ཡོད་པའི་ཕྱིར་ཞེས་ཟེར་རོ། །ཉིན་ཞག་གཅིག་ལས་ལྷག་པ་བསྲུངས་པར་ཁས་བླངས་པ་མེད་པས་བསྙེན་གནས་ཉིན་ཞག་གཅིག་བསྲུངས་པའི་མཚན་མོ་འདས་པ་སྐྱ་རེངས་ཤར་བ་ན་གཏོང་བའི་ཕྱིར་བསྙེན་གནས་ཉིན་ཞག་གཅིག་པ་འདི་ལ་སང་ནངས་པར་གཞན་ལ་འབུལ་མི་དགོས་སོ། །གལ་ཏེ་མདོ་སྡེ་པ་ཡན་ཆད་ཀྱི་ལན་ཅིག་སློབ་དཔོན་ལས་བླངས་ནས་ཕྱིས་ནམ་འདོད་ཙམ་ན་བསྲུངས་པས་ཆོག་སྟེ། སྤྱོད་འཇུག་ལས། སྤོང་བའི་སེམས་ནི་ཐོབ་པ་ལས། ཚུལ་ཁྲིམས་ཕ་རོལ་ཕྱིན་པར་བཤད། ཅེས་པ་ཡི་ལུགས་བཞིན་དུ་ཇི་ལྟར་འདོད་པའི་ཚེ་ལེན་ན་ཡང་། ནངས་པར་ཕན་ཆད་བསྙེན་གནས་ཀྱི་སྡོམ་པ་དེ་བསྲུང་བ་ཡི་བསམ་པ་མེད་པའི་ཕྱིར་ནམ་བསྲུངས་པ་དེའི་མཚན་མོ་འདས་པ་ན་མ་ཕུལ་ཡང་སྡོམ་པ་གཏོང་བར་ངེས་པ་དེ་ཡི་ཕྱིར་ན་ནངས་པར་གཞན་ལ་འབུལ་མི་དགོས་སོ། །ཆོས་རྒྱུས་ཆུང་བ་ལ་ལ་བསྙེན་གནས་བསྲུངས་ཚར་བའི་རྗེས་སུ་སླར་ལེན་པའི་ཕྱིར་གཞན་ལ་འཚོལ་བར་བྱ་དགོས་ཏེ། མ་བཙལ་སླར་ལེན་དུ་མེད་པའི་ཕྱིར་ཞེས་ཟེར་བ་ཐོས་སོ། །འདི་ནི་མི་འཐད་དེ་དེ་འདྲ་བཀའ་བསྟན་གང་ནའང་བཤད་པ་མེད་པས་སོ། །

བྱ་ཡུལ་བ་ཁ་ཅིག་བསྙེན་གནས་འབོགས་པའི་ཚེ། ཉ་ལ་ཤཱཀྱ་ཐུབ་པ་དང་། གནམ་སྟོང་ལ་སྣང་བ་མཐའ་ཡས་དང་། ཆོས་བརྒྱད་ལ་སྨན་ལྷ་སྟེ་ལྷ་བསྒོམ་བཟླས་རྣམས་ཐ་དད་པར་བྱ་དགོས་ཏེ་མ་བྱས་ན་དེ་དང་དེར་བསྙེན་གནས་བསྲུང་དུ་མི་འདོད་པའི་ཕྱིར་ཞེས་ཟེར་རོ། །བསྙེན་གནས་བསྲུང་བ་ན་ལྷ་བསྒོམ་ཐ་དད་དགོས་ཞེས་པ་འདི་ལ་ཡང་རེ་ཞིག་བརྟག་པར་བྱ་སྟེ་དེ་ལ་ལྷ་སྒོམ་ཐ་དད་ངེས་པར་དགོས་པ་མི་འཐད་ཀྱང་བྱས་པ་ལའང་འགལ་བ་མེད་པས་སོ། །བསྙེན་གནས་ནི་སྡོམ་པ་གསུམ་གྱི་ནང་ནས་སོ་སོར་ཐར་པའི་ལུགས་ཡིན་ཞིང་དེ་ཡང་གཙོ་ཆེར་ཉན་ཐོས་ཀྱི་གཞུང་ལུགས་ནས་བཤད་པའི་ཉམས་ལེན་ཡིན། ཡི་དམ་ལྷ་ཡི་སྐུ་བསྒོམ་པ་དང་སྔགས་བཟླས་པ་ནི། གསང་སྔགས་པ་ཡིས་རྒྱུད་ནས་བཤད་པའི་གདམས་ངག་ཡིན་པས། ཉན་ཐོས་ཀྱི་གཞུང་ལས་བཤད་

པ་མེད་དོ། །དེས་ན་དུས་དེ་དང་དེར་ལྷ་བསྒོམ་ཐ་དད་མ་བྱས་ཀྱང་། བསྙེན་གནས་ཉམས་པར་འགྱུར་བའི་སྐྱོན་མེད་དོ། ། བསྙེན་གནས་གཙོ་ཆེར་ཉན་ཐོས་ཀྱི་གཞུང་ལུགས་ནས་བཤད་པ་ཡིན་མོད་འོན་ཀྱང་བསྙེན་གནས་དེ་གསང་སྔགས་ཀྱི་ལུགས་དོན་ཞགས་རྟོགས་པ་ནས་གསུངས་པ་ལྟར་བྱེད་ན། སྡོམ་པའི་རྟེན་ལ་ཡི་དམ་བསྒོམ་པ་དང་འབྲེལ་ན་བསོད་ནམས་ཆེ་སྟེ་རྒྱུད་སྡེ་ནས་གསུངས་པའི་བསྙེན་གནས་ཀྱི་སྐབས་ཡིན་པས་སོ། །

དེ་ནི་ཐེག་པ་ཆེན་པོ་ལས་བྱུང་བའི་སོ་སོར་ཐར་པ་འོག་ནས་འབྱུང་བ་ལྟར་སྟོན་བྱུང་དང་དུ་ལྟའི་གཉིས་ཀྱིས་སྒོ་ནས་བཤད་ཀྱིས་ཉོན་ཅིག །བྱང་ཆུབ་སེམས་དཔའ་ཉིད་ལ་ཡང་། །ཐེག་དམན་ལ་མ་ལྟོས་པར་སོ་སོར་ཐར་པ་འབོགས་པ་ཡི་ཆོ་གའི་ལག་ལེན་འགའ་ཞིག་ཡོད་དེ་ཆོ་འཕྲུལ་བསྟན་པའི་མདོ་ལས། འགྲོ་ལ་ཕན་ཕྱིར་བདག་གིས་རྒྱལ་སྲིད་སྤྲུབ། །ཇི་སྲིད་འཚོ་བར་བདག་ནི་ཚངས་སྤྱོད་ཅིང་། །གསོ་སྦྱོང་ཡན་ལག་བརྒྱད་པ་བླང་བར་བྱ། །ཞེས་ལྟར་རྒྱལ་པོ་དགེ་བ་བཀོད་པའི་སྲས་སྙིང་རྗེ་ཆེར་སེམས་ཀྱིས་གསོ་སྦྱོང་ཡན་ལག་བརྒྱད་པ་ཇི་སྲིད་འཚོའི་བར་དུ་བླང་བ་གསུངས་པ་དང་འདུལ་ལུང་རྣམ་འབྱེད་སོགས་ལས། དགེ་སློང་ཕ་མ་མ་གཏོགས་རང་གིས་རྟེན་བྱུང་དུ་བླང་བར་གསུངས་པས་སོ། །དེ་ལྟ་མོད་ཀྱི་འོན་ཀྱང་དེ་ཡི་ལག་ལེན་གྱི་ཆོ་ག་ནི་ཕལ་ཆེར་ད་ལྟ་མེད་དེ་དག་སྟོན་པའི་མདོ་ཕལ་ཆེར་ནུབ་པས་སོ། །གསོ་སྦྱོང་རང་གིས་བླང་བ་དང་སོགས་པ་སེམས་བསྐྱེད་པའི་གོང་དུ་སྐྱབས་འགྲོའི་སྡོམ་པ་ལེན་པའི་ཆོ་གའི་ལག་ལེན་འགའ་ཞིག་ཡོད་དེ། དོན་ཞགས་ནས་གསོ་སྦྱོང་རང་གིས་བླང་བ་གསུངས་པ་དང་། སྤྱོད་འཇུག་ལས། སྐྱབས་འགྲོའི་སྡོམ་པ་བྱང་ཆུབ་སྙིང་པོའི་བར་དུ་ལེན་པ་གསུངས་པས་སོ། །ཞེས་བཤད་ཚོད་མཐོང་བ་རྣམས་ཡིན་ནོ། །གཞན་ཡང་མིང་གསལ་ལ་ཆོག་མི་གསལ་བ་ནི། རྒྱལ་སྲས་བྱམས་པ་འཇམ་དབྱངས་ལ་སོགས་པ། བདག་ཉིད་ཆེན་པོ་འགའ་ཞིག་གིས་མཁན་པོ་མཛད་ནས་རིམ་བཞིན་འགྲོ་བ་ཁྱིམ་བདག་དཔལ་སྐྱོང་དང་བདུན་སྐྱོང་མང་པོ་ལ་བསྙེན་པར་རྫོགས་པར་མཛད་དོ་ཞེས་ཚིག་འབྲུ་ཙམ་ཞིག་དཀོན་མཆོག་བརྩེགས་པའི་ཁྱིམ་བདག་དྲག་ཤུལ་ཅན་གྱིས་ཞུས་པར་གསུངས་མོད་ཀྱི་འོན་ཀྱང་བསྙེན་རྫོགས་དེ་ཡི་སྒྲུབ་དངོས་རྗེས་གསུམ་གྱི་འབོགས་པའི་ཆོ་ག་ནི་མདོ་ལས་གསུངས་པ་ངས་མ་མཐོང་ངོ། །གལ་ཏེ་མཐོང་ཡང་མཁན་པོ་དབུ་སྐྲ་རིང་བ་རྒྱན་ཅན། བསླབ་བྱ་ཁྱིམ་པའི་ཆ་ལུགས་སོགས་འདི་འདྲ་སྟོན་གྱི་ཆོ་ག་སྟེ། འཕགས་པ་བྱམས་པ་ལ་སོགས་པ་རྣམས་ཀྱི་སྤྱོད་ཡུལ་ཡིན་པས་དེང་སང་སོ་སོ་སྐྱེས་པོས་བྱར་མི་རུང་ངོ་། །ཐེག་ཆེན་ཐུན་མོང་མིན་པའི་སོ་ཐར་གྱི་ཆོ་ག་ཕལ་ཆེར་ནུབ་ཅིང་། དཀོན་བརྩེགས་ནས་གསུངས་པའི་བསྙེན་རྫོགས་དེང་སང་མི་རུང་བ་དེས་ན་ད་ལྟའི་ཐེག་ཆེན་སོ་ཐར་ལེན་པའི་ཆོ་ག་ནི། བསམ་པ་ཐེག་ཆེན་སེམས་བསྐྱེད་ཀྱིས་ཟིན་པའི་སྒོ་ནས་ཆོ་ག་ཉན་ཐོས་ལུགས་བཞིན་གྱིས་ནས་ལེན་དགོས་ཏེ་ལེན་ཚུལ་དེ་ལྟར་ན་སོ་སོ་ཐར་པ་རིགས་བརྒྱད་པོ་གང་བླངས་ཀྱང་བྱང་སེམས་སོ་སོར་ཐར་པའི་སྡོམ་པར་འགྱུར་པས་སོ། །

ཐེག་ཆེན་སོ་ཐར་གྱི་ཆོ་ག་བསྟན་ཟིན་པའི་རྗེས་དེ་ནས་བྱང་ཆུབ་སེམས་དཔའ་ཡི། སོ་སོར་ཐར་པའི་བསླབ་བྱ་ཡི་ཁྱད་པར་འཆད་འགྱུར་ལྟར་ཅུང་ཟད་བཤད་པར་བྱ་བ་ཡིན་པ་ཉིད་ཀྱིས་ཉོན་ཅིག་ཅེས་གདམས་པའོ། །ཐེག་ཆེན་སོ་ཐར་འདི་ལ་སྲོག་གཅོད་སོགས་སྡིག་ཏོ་མི་དགེའི་ཕྱོགས་ཕལ་ཆེར་ཉན་ཐོས་ལུགས་བཞིན་དུ་བསྲུང་དགོས་ཏེ་བྱང་སེམས་ཀྱི་ཚུལ་ཁྲིམས་གསུམ་ལས་ཉེས་སྤྱོད་

སྤྱོད་པའི་ཚུལ་ཁྲིམས་སྲུང་དགོས་པས་སོ། །རང་འདོད་ཀྱི་འདོད་པས་དབེན་པའི་ལྟུང་བ་འགའ་ཞིག་ནི་གཞན་དོན་ཁྱད་པར་ཅན་གྱི་རྒྱུར་མཐོང་ན་བྱང་ཆུབ་སེམས་དཔའི་ལུགས་བཞིན་དུ་བསྲུང་བས་ཆོག་སྟེ་ཐེག་ཆེན་དགེ་སློང་གི་དོན་དུ་གཉེར་བྱའི་གཙོ་བོ་གཞན་དོན་ཡིན་པའི་ཕྱིར་རོ། །མཚོང་རྒྱུག་སོགས་འཕྲུལ་གྱི་ཀུན་སྤྱོད་འཇིག་རྟེན་མ་དད་འགྱུར་པའི་ཆ་སྤྱོད་ཅིང་གཉིས་ཀ་དང་མཐུན་པ་རྣམས་འབད་པས་བསྲུང་དགོས་ཏེ། གཞན་མ་དད་ཅིང་སྨད་པས་གཉེར་བྱའི་གཙོ་བོ་གཞན་དོན་སྒྲུབ་མི་ནུས་པའི་ཕྱིར་རོ། །འཇིག་རྟེན་པ་རྣམས་ཆོས་ལ་འཇུག་པའི་རྒྱུར་འགྱུར་བ་མཐོང་ན་ཉན་ཐོས་སོ་ཐར་ལ་བཀག་པ་རྣམས་ཀྱང་ཐེག་ཆེན་སོ་སོར་ཐར་པ་ལ་གནང་སྟེ་དཔེར་བརྗོད་འཆད་པར་འགྱུར་བའི་ཕྱིར་དང་། ཞི་ལྷས། ཐུགས་རྗེ་མངའ་བ་རིང་གཟིགས་པས། །བཀག་པ་རྣམས་ཀྱང་དེ་ལ་གནང་། །ཞེས་སོགས་གསུངས་སོ། །གནང་བཀག་ཐ་དད་བའི་མཚན་གཞི་དཔེར་མཚོན་ན་ཉན་ཐོས་ཀྱི་དགེ་སློང་ལ་ནི་གསེར་དངུལ་ལེན་པ་ཐུབ་པས་འདུལ་བར་སྤངས་ལྟུང་དུ་གསུངས་པས་བཀག་གོ། །བྱང་ཆུབ་སེམས་དཔའི་དགེ་སློང་ལ་གཞན་དོན་དུ་འགྱུར་ན་ལྟུང་བ་མེད་དེ་དེ་ལ་ལྟུང་མེད་ཁར་གཞན་དོན་དུ་མི་ལེན་པ་ལྟུང་བར་གསུངས་པའི་ཕྱིར་ཏེ། སྡོམ་པ་ཉི་ཤུ་པར། གསེར་ལ་སོགས་པ་ལེན་མི་བྱེད། །ཅེས་སོགས་གསུངས་པས་སོ། །དེ་གཉིས་ཀྱི་རྒྱུ་མཚན་ཡང་ཉན་ཐོས་པ་རྣམས་སེམས་ཅན་གྱི་དོན་ཡིན་ཡང་། འདོད་ཆེན་པོ་ལ་ལྟུང་བ་འབྱུང་སྟེ་ཉན་ཐོས་ཀྱི་དགེ་འདུན་ནི་འདོད་ཆུང་ཆོག་ཤེས་ཀྱི་དོན་དང་བྱ་མང་བ་སྤང་དགོས་པའི་ཕྱིར་ཏེ། འདུལ་བར་མདོན་མཚན་ཅན་གྱི་སྤང་ལྟུང་དུ་གསུངས་པའི་ཕྱིར་རོ། །ཐེག་པ་ཆེན་པོ་བ་རྣམས་ལ་གཞན་གྱི་དོན་ཡིན་ན། འདོད་ཆེན་ལྟུང་བ་མེད་དེ་བྱང་ས་ལས། གཞན་དོན་དུ་སྤྱུར་ན་གོས་བརྒྱ་སྟོང་རྙེད་ཀྱང་ཅེས་སོགས་གསུངས་པས་སོ། །འདི་གཉིས་ཀྱི་གནང་ཀྱང་སོ་སོའི་གཉེར་བྱའི་གཙོ་བོ་རང་དོན་གཞན་དོན་ལ་གནོད་པ་དང་ཕན་པའི་དབང་གིས་སོ། །སོ་སོར་ཐར་པ་ལུགས་གཉིས་པོ་དེ་ལ་ཐོབ་བྱེད་ཆོག་འཐོབ་བྱའི་ངོ་བོ་གཏོང་ཚུལ་སོགས་དེ་འདྲའི་ཁྱད་པར་ཡོད་པ་དེས་ན་མི་འདྲ་བའི་རྣམ་དབྱེ་ཤེས་པར་བྱའོ། །འོ་ན་བསམ་པ་སེམས་བསྐྱེད་ཀྱིས་ཟིན་པའི་ཆོ་ག་ཉན་ཐོས་ལུགས་བཞིན་བྱས་པ་ལས་ཐོབ་པའི་དགེ་སློང་གི་སྡོམ་པ་དེ་ཆོས་ཅན། རྟེན་ཤི་འཕོས་པའི་ཚེ་གཏོང་དང་མི་གཏོང་གང་རུང་དུ་འགྱུར་ཏེ། དེ་ཐེག་ཆེན་སོ་ཐར་ཡང་ཡིན། ཉན་ཐོས་ལུགས་ཀྱིས་ཆོ་ག་ལས་ཀྱང་ཐོབ་པའི་ཕྱིར་ཞེ་ན། ཐེག་ཆེན་སོ་སོར་ཐར་པ་ཡིན་ཡང་ཆོ་གའི་ཚིག་བརྗོད་ལ་རྟེན་པའི་དགེ་སློང་ལ་སོགས་པའི་སྡོམ་པ་ཡི་ལྡོག་པ་དེ་ཤི་བའི་ཚེ་ན་གཏོང་སྟེ། ཉན་ཐོས་ལུགས་ཀྱི་ཆོ་ག་ལས་ཐོབ་པའི་རྟེན་ཁྲིམས་ཡིན་པའི་ཕྱིར་དང་། དེ་ལས་ལེན་པའི་ཚེ་ཇི་སྲིད་མ་ཤིའི་བར་དུ་བླངས་པའི་སྡོམ་པ་ཡིན་པའི་ཕྱིར་རོ། །དེ་ལྟའི་དགེ་སློང་སོགས་ཀྱི་སྡོམ་པ་ནི་ཐེག་ཆེན་བྱང་ཆུབ་སེམས་ཀྱིས་ཟིན་ཞིང་སེམས་ཀྱི་སྡོམ་པའི་ལྡོག་པ་དང་དེ་ཡི་འབྲས་བུ་ནི་ཤི་ཡང་འབྱུང་སྟེ། རྟེན་ཤི་འཕོས་ནས་ཀྱང་ཕན་སེམས་དང་ལྡན་པའི་ཕྱིར་དང་། ཀུན་སློང་སེམས་ཀྱི་བསླབ་པ་བྱང་ཆུབ་མ་ཐོབ་ཀྱི་བར་དུ་བསྲུང་བར་ཁས་བླང་བའི་སྡོམ་པ་ཡིན་པའི་ཕྱིར་རོ། །

སོ་ཐར་གྱི་ཆོ་ག་གཏོང་ཚུལ་དང་བཅས་པས་རང་གི་ངོ་བོ་བསྟན་ཟིན་པ་དེ་ནས་ལས་དང་རྣམ་སྨིན་གྱི་རྣམ་པར་དབྱེ་བ་ནི་བཤད་ཀྱིས་ཉོན་ཅིག་ཅེས་གདམས་ཏེ་རང་སོ་ཐར་གྱི་བསླབ་བྱ་ལ་སློབ་པ་དང་གཞན་གྱི་འཁྲུལ་པ་འགོག་པ་ལ་འདང་ལས་འབྲས་ཀྱི་རྣམ་དབྱེ་ཤེས་དགོས་པས་སོ། །ལས་ལ་ངོ་བོའི་སྒོ་ནས་གསུམ་དུ་ཡོད་དེ་བླང་བྱ་དགེ་བ་དོར་བྱ་སྡིག་པ་བཏང་སྙོམས་ལུང་མ་བསྟན་དང་གསུམ་ཡིན་ནོ་ཞེས་

རྒྱལ་བས་མདོ་ལས་གསུངས་པས་སོ། །སོ་སོའི་རྣམ་སྨིན་ནི་དགེ་བས་ནི་ལེགས་པར་སྤྱད་པ་སྟེ་དེས་བསྡུས་པའི་ལས་ཡིན་པ་དེས་ན་རྣམ་སྨིན་བདེ་བ་བསྐྱེད་པ་ཡིན་ནོ། །སྡིག་པས་ནི་ཉེས་པར་སྤྱད་པ་སྟེ་དེས་བསྡུས་པའི་ལས་ཡིན་པས་ན་རྣམ་སྨིན་སྡུག་བསྔལ་བསྐྱེད་པར་བྱེད་དོ། །བཏང་སྙོམས་ཀྱིས་ནི་ལེགས་སྤྱད་ཉེས་སྤྱད་གཉིས་ཀ་མ་ཡིན་པས། རྣམ་པར་སྨིན་པའང་གཉིས་ཀ་མིན་ནོ། །དགེ་སྡིག་སོགས་འདི་དག་ནི་རྒྱུ་རྐྱེན་གྱིས་བྱས་པའི་ལས་ཡིན་པས་འདུས་བྱས་ཡིན་པར་ཤེས་པར་བྱའོ། །ཆོས་ཀྱི་དབྱིངས་སྟོང་པ་ཉིད་ནི་འདུས་མ་བྱས་ཡིན་པའི་ཕྱིར་ན་ལས་མ་ཡིན། དེས་ན་དགེ་བ་དང་སྡིག་པའི་ནང་དུ་འདུ་བ་མིན་ནོ། །ལས་དེ་ལ་ནི་ཀུན་སློང་གི་སྒོ་ནས་ཕྱེ་བས་རྣམ་པ་གཉིས་སུ་གསུངས་ཏེ། སེམས་པ་དང་ནི་བསམ་པའི་ལས་གཉིས་ཡིན་པའོ། །དེ་གཉིས་ཀྱི་ངོ་བོ་སོ་སོར་ཡོད་དེ་སེམས་པ་ཡི་ལས་ནི་ཡིད་ཀྱི་ལས་ཡིན་ཏེ་བསམ་པའི་ལས་དེ་ནི་ལུས་ངག་གིའོ་སྟེ། མཛོད་ལས། སེམས་པ་ཡིད་ཀྱི་ལས་ཡིན་ཏེ། །དེས་བསྐྱེད་ལུས་དང་ངག་གི་ལས། ཞེས་གསུངས་སོ། །དེ་ཡང་བྱེ་སྨྲ་རང་ལུགས་ཀྱི་དབང་དུ་བྱས་པས་སོ། ། མདོ་སྡེ་པ་ཡན་གྱི་བཞེད་པ་ནི། རྒྱུའི་ཀུན་སློང་གཙོ་བོར་གྱུར་པའི་སྒོ་ནས་སེམས་པ། དེ་དུས་ཀྱི་ཀུན་སློང་གཙོ་བོར་གྱུར་པའི་སྒོ་ནས་བསམ་པར་འཇོག་པ་ཡིན་ནོ། །ཆོས་ཀྱི་དབྱིངས་ནི་སྟོང་པ་ཉིད་ཡིན་པས་ལས་མ་ཡིན་པའི་ཕྱིར་སེམས་པ་དང་བསམ་པ་གཉིས་ཀ་མིན་པ་དེ་ཕྱིར་དགེ་བ་དང་སྡིག་པ་གཉིས་ཀྱི་ལས་ལ་གྲོལ་བའོ། །གཞན་ཡང་ལས་ལ་བསམ་སྦྱོར་དང་རྣམ་སྨིན་གྱི་སྒོ་ནས་རྣམ་པ་བཞི་རུ་གསུངས་ཏེ། བསམ་སྦྱོར་གཉིས་ཀས་དཀར་བ་ལས་དཀར་རྣམ་སྨིན་དཀར་བ་དང་། གཉིས་ཀས་གནག་པ་ལས་གནག་རྣམ་སྨིན་གནག་པ་དང་། བསམ་པ་གནག་ལ་སྦྱོར་བ་དཀར་བ་ལས་དཀར་རྣམ་སྨིན་གནག་པ་དང་། བསམ་པ་དཀར་ལ་སྦྱོར་བ་གནག་པ་ལས་གནག་རྣམ་སྨིན་དཀར་བའོ། །དེ་དག་གི་དཔེར་བརྗོད་ནི། བསམ་པ་དག་པའི་སྦྱིན་པ་ལ་སོགས་པ་ཕར་ཕྱིན་དྲུག་ནི་བསམ་སྦྱོར་གཉིས་ཀ་དཀར་བའི་ལས་ཡིན་པས་མཁས་པས་སྤྱད་པར་བྱའོ། །རང་ཉིད་བཟའ་བའི་དོན་དུ་སེམས་ཅན་གསོད་པ་ལ་སོགས་པ་མི་དགེ་བ་བཅུ་ནི། བསམ་སྦྱོར་གཉིས་ཀ་གནག་པའི་ལས་ཡིན་པས་མཁས་པས་སྤང་བར་བྱའོ། །སེམས་ཅན་མང་པོ་བསྐྱབ་པའི་ཕྱིར་དུ་གཅིག་ཕན་སེམས་ཀྱི་གསོད་པ་ལ་སོགས་པ་ནི། སྦྱོར་བའི་ལས་གནག་ཀྱང་འབྲས་བུ་རྣམ་སྨིན་དཀར་བའི་ལས་ཡིན་པས་ན་མཁས་པས་སྤྱད་པར་བྱའོ། །དགྲ་གསོད་པའི་ཕྱིར་སྦྱིན་པ་གཏོང་བ་དང་ལྷ་མཆོད་པ་ལ་སོགས་པ་ནི། སྦྱོར་བའི་ལས་དཀར་པོར་སྣང་ཡང་འབྲས་བུ་རྣམ་སྨིན་གནག་པའི་ལས་ཡིན་པས་མཁས་པས་སྤང་བར་བྱའོ། །

གཞན་ཡང་ལས་ལ་ནི་འབྲས་བུ་སྦྱིན་ཚུལ་འཕེན་རྫོགས་ཀྱི་སྒོ་ནས་རྣམ་པ་གཉིས་སུ་གསུངས་ཏེ་རྣམ་སྨིན་གྱི་འབྲས་བུ་གཙོ་ཆེ་བ་འཕེན་བྱེད་ཀྱི་ལས་དང་། བྱེད་བདག་རྒྱུ་མཐུན་གསུམ་གཙོ་ཆེ་རྫོགས་བྱེད་ཀྱི་ལས་གཉིས་ཡིན་པས་སོ། །མཛོད་ལས། གཅིག་གིས་སྐྱེ་བ་གཅིག་འཕེན་ནོ། །ཡོངས་རྫོགས་བྱེད་པ་དུ་མ་ཡིན། ཞེས་སོ། །འཕེན་རྫོགས་ཀྱི་ལས་དེ་དག་ལ་དབྱེ་ན་མུ་བཞི་ཡོད་དེ། འཕེན་བྱེད་དགེ་བས་འཕངས་པ་ལ་རྫོགས་བྱེད་ཀྱང་ནི་དགེ་བས་རྫོགས་པ་མཐོ་རིས་ཐོབ། རྟེན་དེ་ལ་བདེ་བ་མྱོང་བ་ལྟ་བུ་དང་འཕེན་བྱེད་སྡིག་པས་འཕངས་པ་ལ། རྫོགས་བྱེད་ཀྱང་ནི་སྡིག་པས་རྫོགས་པ་ངན་སོང་དུ་སྐྱེས། རྟེན་དེ་ལ་སྡུག་བསྔལ་མྱོང་བ་ལྟ་བུ་དང་། འཕེན་

བྱེད་དགེ་བ་ཡིན་པ་ལ་རྫོགས་བྱེད་སྡིག་པས་རྫོགས་པ། མཐོ་རིས་སུ་སྐྱེས་ཀྱང་རྟེན་དེ་ལ་སྡུག་བསྔལ་མྱོང་བ་ལྟ་བུ་དང་། འཕེན་བྱེད་སྡིག་པ་ཡིན་པ་ལ་རྫོགས་བྱེད་དགེ་བས་རྫོགས་པ་ངན་སོང་དུ་སྐྱེས་ཀྱང་དེར་བདེ་བ་མྱོང་བ་ལྟ་བུ་དང་བཞི་ཡོད་པའི་ཕྱིར་རོ། །མུ་བཞི་པོ་དེ་དག་གི་དཔེར་བརྗོད་ནི་མདོར་བསྡུས་པ་ཙམ་ཞིག་བཤད་པར་བྱ་ཡི་ཡིད་ལ་ཟུངས་ཤིག་སྟེ། ལས་ཀྱིས་འབྲས་བུ་མྱོང་ཚུལ་འདི་ནི་ཤིན་ཏུ་གལ་ཆེ་བ་ཡིན་པས་སོ། །མཐོ་རིས་གསུམ་པོའི་སྐྱེ་བ་འགྲུབ་པ་ནི། དགེ་བའི་ལས་ཀྱི་འཕེན་པ་ཡིན་ཏེ། སྐྱེ་བ་སྔ་མར་ཚུལ་ཁྲིམས་བསྲུང་བ་ལྟ་བུའི་དགེ་ལས་སྟོབས་ཆེན་བསགས་པ་ཞིག་གིས་རྣམ་སྨིན་གྱི་འབྲས་བུ་ཡིན་པའི་ཕྱིར་རོ། །མཐོ་རིས་དེ་དག་ཏུ་ཚེ་རིང་ཞིང་ནད་མེད་ལ་སོགས་བདེ་བ་འབྱུང་བ་ནི། རྫོགས་བྱེད་དགེ་བས་འཕངས་པ་ཡིན་ཏེ། གཙོ་བོ་འཆི་ཀའི་མཚམས་སྦྱོར་དགེ་བས་འཕངས་ཤིང་དགེ་ལས་སྣ་ཚོགས་པའི་བྱེད་འབྲས་སོགས་གསུམ་པོ་གང་རུང་ཡིན་པའི་ཕྱིར་རོ། །ངན་སོང་གསུམ་པོ་གང་རུང་དུ་སྐྱེ་བ་ནི། འཕེན་བྱེད་སྡིག་པ་ཡིན་པར་གསུངས་ཏེ། སྔ་མར་སྡིག་ལས་ཆེ་འབྲིང་ཆུང་གསུམ་གང་རུང་སྤྱད་པའི་རྣམ་སྨིན་གྱི་འབྲས་བུ་ཡིན་པས་སོ། །ངན་སོང་དེ་ཡི་སྡུག་བསྔལ་གྱི་བྱེ་བྲག་ཚ་གྲང་སོགས་ཀུན་རྫོགས་བྱེད་ལས་ནི་སྡིག་པས་རྫོགས་པ་ཡིན་ཏེ། གཙོ་བོ་འཆི་ཀའི་མཚམས་སྦྱོར་མི་དགེ་བས་འཕངས་ཤིང་། སྡིག་པའི་བྱེད་འབྲས་སོགས་གསུམ་པོ་གང་རུང་ཡིན་པས་སོ། །མཐོ་རིས་ཀྱི་སྐྱེ་བ་སྔར་བཤད་ཚུལ་ཁྲིམས་ལྟ་བུའི་དགེ་བས་འཕངས་མོད་ཀྱི་དེ་ཡི་རྟེན་ལ་ནད་དང་གཞན་གྱི་གནོད་པ་སོགས་ཀུན་རྫོགས་བྱེད་སྡིག་པ་ཡིན་པར་གསུངས་ཏེ། གཙོ་བོ་འཆི་ཀའི་མཚམས་སྦྱོར་མི་དགེ་བས་འཕངས་པ་སོགས་སྔ་མ་དེའི་ཕྱིར། ངན་འགྲོའི་སྐྱེ་བ་འཕེན་བྱེད་སྔར་བཤད་སྡིག་པ་ལས་ཆེ་འབྲིང་སོགས་གང་རུང་ཡིན་ཡང་། དེ་ཡི་རྟེན་ལ་ལུས་སེམས་བདེ་བ་གླང་ཆེན་ས་སྲུང་གི་བུ་དང་། འཚོ་བ་ཕྱུལ་ཞིང་དགའ་བདེ་ལ་སྤྱོད་པའི་ཀླུ་ལ་སོགས་པ་ལྟ་བུ་ཡི། གནས་སྐབས་དེ་དགེ་བས་འཕངས་པར་ཆོས་མངོན་པ་དང་། མདོ་སྡེ་དུ་མ་ལས་གསུངས་ཏེ། གཙོ་བོར་འཆི་ཀའི་མཚམས་སྦྱོར་དགེ་བས་འཕངས་པ་བཤད་ཟིན་པ་དེའི་ཕྱིར་རོ། །གཞན་ཡང་ལས་ལ་ནི་དཀར་ནག་གི་སྒོ་ནས་གསུམ་དུ་ཡོད་དེ། རྒྱུ་དུས་ཀུན་སློང་དགེ་བས་བྱས་ཤིང་སྦྱོར་བ་དགེ་བ་འབའ་ཞིག་སྒྲུབ་པ་གཅིག་ཏུ་དཀར་བའི་ལས་དང་། ཀུན་སློང་གཉིས་ཀ་མི་དགེ་བས་སློང་ཞིང་སྦྱོར་བ་མི་དགེ་བ་འབའ་ཞིག་སྒྲུབ་པ་གཅིག་ཏུ་ནག་པ་དང་ལས་རྒྱུན་གཅིག་ལ་ཀུན་སློང་གཉིས་དང་སྦྱོར་བ་ལ་དགེ་སྡིག་སྤེལ་མར་བྱུང་བ་འདྲེན་མའི་ལས་རྣམ་པ་གསུམ་དུ་ཐུབ་པས་གསུངས་པས་སོ། །ལས་གསུམ་པོ་དེས་འབྲས་བུ་བསྐྱེད་ཚུལ་ཐ་དད་ཡོད་དེ། གཅིག་ཏུ་དཀར་བས་བདེ་བ་བསྐྱེད། གཅིག་ཏུ་ནག་པས་སྡུག་བསྔལ་བསྐྱེད། འདྲེན་མའི་ལས་ཀྱིས་བདེ་བ་དང་། སྡུག་བསྔལ་འདྲེན་མ་བསྐྱེད་པར་ཆོས་མངོན་པ་སོགས་ལས་གསུངས་པས་སོ། །བཤད་མ་ཐག་པ་འདི་འདྲའི་ལས་དང་རྣམ་སྨིན་གྱི་རྣམ་པར་དབྱེ་བ་ནི་ཤེས་པར་གྱུར་ན་ཕན་ཡོན་ཆེན་པོ་དང་ལྡན་ཏེ། དེས་མིག་ཕྱེ་ནས་ད་གཟོད་ལས་ཀྱི་རྒྱུ་འབྲས་ལ། ཤིན་ཏུ་མཁས་པ་ཉིད་དུ་འགྱུར་བའི་ཕྱིར་རོ། །

མུ་སྟེགས་གྲངས་ཅན་པ་རྣམས་ནི་དངོས་པོའི་གཤིས་ལ་དགེ་སྡིག་ཡོད་དེ། གཞུང་ལས། དགེ་དང་སྡིག་པ་རྫི་སྙེད་པ། །འཁོར་བ་དང་ནི་གྲོལ་བ་ཡང་། །གཙོ་བོའི་ནང་ན་གནོད་ནས་ཡོད། །འོན་ཀྱང་ཐབས་ཀྱིས་གསལ་བར་འབྱིན། །ཞེས་འབྱུང་བའི་ཕྱིར་ཅེས་ཟེར་བ་དང་། རྒྱུ་ལ་འབྲས་བུ་གནས་པར་ཡང་འདོད་དེ། འོ་མའི་དུས་ན་ཞོ་དང་། །ཞོ་ཡི་དུས་ན་མར་གང་ཞེས། །དྲག་པོ་ལེན་གྱིས་བཤད་པ་སྟེ། །འཕེགས

བྱེད་གནས་པའང་དེ་སྐད་སྨྲ། །ཞེས་སོགས་མང་དུ་བཤད་དོ་ཞེས་འདོད། བོད་ཀྱང་ཞང་གཡུ་བྲག་པ་སོགས་ལ་ལ་དག་གིས་གྲངས་ཅན་པ་དེའི་རྗེས་སུ་འབྲངས་ནས་རྒྱུ་ལ་འབྲས་བུ་གནས་པར་འདོད་དེ། །རྒྱུ་ཡི་དུས་ན་འབྲས་བུ་ཡོད། །ལས་འགྲོ་ཅན་གྱིས་རྟོགས་པར་གྱུར། །ཞེས་དང་། པ་ན་སེ་ཡི་འབྲས་བུ་བཞིན། །རྒྱུ་དང་འབྲས་བུ་དུས་མཚུངས་ཡིན། །ཞེས་བཤད་པའི་ཕྱིར་ཟེར་རོ། །འདི་ནི་མི་འཐད་དེ། སངས་རྒྱས་ཀྱིས་མདོ་རྒྱུད་ཁུངས་མ་ནས་བཤད་པ་མེད་པས་མུ་སྟེགས་ལུགས་ལ་མོས་པའི་བོད་ཀྱིས་རང་བཟོར་སྤྱར་བ་ཡིན་པའི་ཕྱིར་ཡིད་བརྟན་མེད་དོ་ཞེས་རང་མཚན་ལས་སོ། །སངས་རྒྱས་ཕལ་པོ་ཆེ་རྡོ་རྗེ་རྒྱལ་མཚན་གྱི་བསྔོ་བ་དྲུག་པའི་ལེའུ་ལས། །འགྲོ་ཀུན་དགེ་བ་ཇི་སྙེད་ཡོད། །བྱས་དང་བྱེད་འགྱུར་བྱེད་པ་ཞེས། །གསུངས་པའི་དགོངས་པ་འཆད་པ་ལ། །འབྲི་ཁུང་པ་སོགས་ཁ་ཅིག་གྲངས་ཅན་པས་གཙོ་བོ་དོན་དམ་རྟག་ཅིང་བརྟན་པ་རང་བཞིན་དང་ངོ་བོ་གཅིག་པའི་དགེ་བ་ཡོད་པར་འདོད་པའི་ལུགས་བཞིན་དུ་འགྲོ་ཀུན་དགེ་བ་ཇི་སྙེད་ཡོད་ཅེས་པའི་དོན་འབྲི་ཁུང་པ་ཡོད་པའི་དགེ་བ་ནི་གཏོད་ཚང་བ་གནས་པའི་དགེ་བ། སྔག་ལུང་པ་རང་བཞིན་དགེ་བ་ཞེས་བྱ་བ་སེམས་ཅན་ཐམས་ཅད་ལ་གདོད་མ་ནས་རང་བྱུང་དུ་ནི་གྲུབ་པའི་དགེ་བར་འདོད་ཅིང་དེ་ལ་བསྔོ་རྒྱུའི་དགེ་བ་དང་བདེ་གཤེགས་སྙིང་པོ་ཞེས་ཀྱང་ཟེར་རོ། །བསྔོ་རྒྱུའི་དགེ་བ་རྒྱུ་རྐྱེན་གྱིས་མ་བསྐྱེད་པར་དངོས་པོའི་གཞིས་ལ་ཡོད་པར་འདོད་པ་གྲངས་ཅན་པའི་ལུགས་དང་མཚུངས་པ་འདི་ལུང་རིགས་ཀྱིས་བརྟགས་ན་མི་འཐད་པས། ལུང་དང་རིགས་པས་དགག་པར་བྱའོ། །བསྔོ་རྒྱུའི་དགེ་བ་རང་བྱུང་དུ་གྲུབ་ཅིང་བདེ་གཤེགས་སྙིང་པོར་འཛོག་པ་འདི་ནི་ལུང་དང་འགལ་ཏེ། བདེ་གཤེགས་སྙིང་པོ་ཞེས་བྱ་བ་སེམས་ཀྱི་ཆོས་དབྱིངས་གཞན་དུ་འགྱུར་བ་མེད་པ་ཉིད་ལ་གསུངས་པའི་ཕྱིར་དེ་སྐད་དུ་ཡང་རྒྱུད་བླ་མ་ལས་སེམས་ཀྱི་ཆོས་དབྱིངས་ནི་དྲི་མ་གཉིས་ལ་མ་གོས་པ་རང་བཞིན་གྱི་འོད་གསལ་བ་ཡིན་པས་ནམ་མཁའ་བཞིན་དུ་གཞན་དུ་འགྱུར་བ་མེད་པར་གསུངས་པའི་ཕྱིར་ཏེ། དེ་ཉིད་ལས། སེམས་ཀྱི་རང་བཞིན་འོད་གསལ་གང་ཡིན་པ། །དེ་ནི་ནམ་མཁའ་བཞིན་དུ་འགྱུར་མེད་གསུངས། ཞེས་སོ། །དཔལ་འཕྲེང་གིས་ཞུས་པའི་མདོ་ལས་ཀྱང་དེ་བཞིན་གཤེགས་པ་ཡི་སྙིང་པོ་གཞན་དུ་འགྱུར་བ་མེད་པ་ཡིན་ཞེས་བཤད་དེ། དེ་ཉིད་ལས། བཅོམ་ལྡན་འདས་དེ་བཞིན་གཤེགས་པའི་སྙིང་པོ་ལ་ནི་སྐྱེ་བ་འཆི་བ་འགྱུམ་པ་འཆམ་འཕོ་བ་འཆམ་འབྱུང་བ་ཡང་མ་མཆིས་སོ། །བཅོམ་ལྡན་འདས་དེ་བཞིན་གཤེགས་པའི་སྙིང་པོ་ནི་འདུས་བྱས་ཀྱི་མཚན་ཉིད་ཀྱི་ཡུལ་ལས་འདས་པ་ལགས་སོ། །ཞེས་སོགས་གསུངས་སོ། །ཀླུ་སྒྲུབ་ཀྱིས་ཀྱང་དེ་བཞིན་གཤེགས་པའི་སྙིང་པོ་ཆོས་དབྱིངས་འགྱུར་མེད་ཞིག་ལ་བཤད་དེ། དབུ་མ་རྩ་བ་ལས། དེ་བཞིན་གཤེགས་པའི་རང་བཞིན་ནམ་ཆོས་དབྱིངས་གང་ཡིན་པ་དེ་ནི་འགྲོ་བའི་རང་བཞིན་ནམ་ཆོས་དབྱིངས་ཡིན། དེ་བཞིན་གཤེགས་པའི་རང་བཞིན་ནམ་ཆོས་ཉིད་འགྱུར་བ་མེད་པ་བཞིན་དུ་འགྲོ་བ་འདི་ཡི་ཡང་རང་བཞིན་ནམ་ཆོས་ཉིད་འགྱུར་བ་མེད་དོ་ཅེས་གསུངས་པ་ཡང་དོན་སེམས་ཀྱི་ཆོས་དབྱིངས་སངས་རྒྱས་ཀྱི་བར་དུ་འགྱུར་བ་མེད་པའི་དོན་འདི་ཡིན་ནོ། །ཤེས་རབ་ཀྱི་ཕ་རོལ་དུ་ཕྱིན་པ་བརྒྱད་སྟོང་པ་སོགས་ལས་ཀྱང་ཆོས་དབྱིངས་བསྔོ་རྒྱུའི་དགེ་བ་མ་ཡིན་པའི་དོན་གསུངས་ཏེ། ཆོས་ཀྱི་དབྱིངས་ནི་འདས་པ་སོགས་དུས་གསུམ་དང་འདོད་པ་སོགས་ཁམས་གསུམ་དང་ནི་དགེ་བ་དང་སྡིག་པ་ལས་རྣམ་པར་གྲོལ་བ་ཡིན་ནོ་ཞེས་གསུངས་པས་སོ། །དེ་ཡང་བརྒྱད་སྟོང་པར། ཆོས་རྣམས་ཀྱི་ཆོས་ཉིད་གང་ཡིན་དེ་ནི་འདས་པ་ཡང་མ་ཡིན་མ་འོངས་པའང་མ་ཡིན་ད་ལྟ་བྱུང་བ་ཡང་མ་

ཡིན། གང་འདུས་པ་དང་མ་འདོངས་པ་དང་ད་ལྟ་བྱུང་བ་མ་ཡིན་པ་དེ་ནི་དུས་གསུམ་ལས་རྣམ་པར་གྲོལ་བའོ། །གང་དུས་གསུམ་ལས་རྣམ་པར་གྲོལ་བ་དེ་ནི་ཡོངས་སུ་བསྔོ་བ་བྱར་མི་ནུས་ཤིང་དེ་ནི་དམིགས་པ་དང་རྟོགས་པ་དང་རྣམ་པར་ཤེས་པར་བྱ་མ་ཡིན་ནོ་ཞེས་དང་འབུམ་ལས། ཆོས་ཀྱི་དབྱིངས་ནི་འདོད་པའི་ཁམས་དང་གཟུགས་ཀྱི་ཁམས་དང་གཟུགས་མེད་པའི་ཁམས་ཀྱི་ཁོངས་སུ་ཆུད་པ་མ་ཡིན་ཏེ། གང་ཁོངས་སུ་ཆུད་པ་མ་ཡིན་པ་དེ་ནི། འདས་པ་ཡང་མ་ཡིན་མ་འོངས་པ་ཡང་མ་ཡིན་ད་ལྟར་བྱུང་བ་ཡང་མ་ཡིན་ནོ། །ཞེས་དང་། རབ་རྩལ་རྣམ་གནོན་གྱིས་ཞུས་པ་ལས་ཀྱང་། ཟག་པ་དང་བཅས་པ་དང་ཟག་པ་མེད་པའི་ཆོས་སུ་རྟོགས་པ་ཡང་ཞེས་རབ་ཀྱི་ཕ་རོལ་ཏུ་ཕྱིན་པ་མ་ཡིན། དགེ་བ་དང་མི་དགེ་བའི་ཆོས་སུ་གདོགས་པ་ཡང་ཤེས་རབ་ཀྱི་ཕ་རོལ་ཏུ་ཕྱིན་པ་མ་ཡིན། སེམས་ཅན་གྱི་ཁོངས་སུ་གདོགས་པ་ཡང་ཤེས་རབ་ཀྱི་ཕ་རོལ་ཏུ་ཕྱིན་པ་མ་ཡིན་ཞིང་། ཆོས་དེ་དག་ལས་རྣམ་པར་གྲོལ་བ་ཡང་ཤེས་རབ་ཀྱི་ཕ་རོལ་ཏུ་ཕྱིན་པ་མ་ཡིན་པའི་ཕྱིར་རོ། །ཞེས་སོགས་གསུངས་པའི་ཕྱིར་རོ། །ཤེས་བྱེད་ཀྱི་ལུང་དྲངས་ཟིན་པ་**དེས་ན་ཆོས་ཀྱི་དབྱིངས་ལ་ནི་བསྔོ་བ་བྱར་མེད་ཅེས་རྒྱལ་བས་བཤད་**དེ། ཡུམ་ལས། ཆོས་ཀྱི་དབྱིངས་ལ་ཡོངས་སུ་བསྔོ་བ་མེད་དོ། །ཅེས་གསུངས་སོ། །ཆོས་ཀྱི་དབྱིངས་དེ་ནི་རང་གི་ངོ་བོ་དགེ་སྡིག་ལས་འདས་པ་ཡིན་ཏེ། **ཡང་དག་**པར་**སྦྱོར་བ་**སམྦུ་ཊའི་**རྒྱུད་ལས་ཀྱང་**ཆོས་དབྱིངས་**དེ་ཡི་སྡིག་དང་བསོད་ནམས་ཀྱི་ཆ་གཉིས་**ནི་སྤྲོས་པའི་**རྣམ་པར་རྟོག་པ་སྟེ་**རྣམ་རྟོག་ལས་མ་འདས་པས་**མཁས་པས་**གནས་ལུགས་ཀྱི་དོན་བསྒོམ་པའི་ཚེ་སྤྲོས་པའི་མཐའ་**འདི་གཉིས་རྣམ་པར་སྤང་**བར་བྱའོ། །**ཞེས་གསུངས་སོ། །དེ་བཞིན་གསང་འདུས་**ཙ་རྒྱུད་**ལ་སོགས་པའི་རྒྱུད་སྡེ་ཀུན་ལས་**ཆོས་དབྱིངས་དགེ་སྡིག་ལས་འདས་པར་**གསུངས་**ཏེ། གསང་འདུས་ཙ་རྒྱུད་ལས། ཆོས་ཐམས་ཅད་ནམ་མཁའི་རྡོ་རྗེའི་དམ་ཚིག་ཏུ་གསུངས་པའི་ཕྱིར་དང་། གཟུགས་ཀྱི་ཕུང་པོ་མ་ཡིན་ནོ་ཞེས་པ་ནས་འདོད་ཆགས་ཞེ་སྡང་གཏི་མུག་མ་ཡིན་ཆོས་མ་ཡིན་ཆོས་མ་ཡིན་པའང་མ་ཡིན། ཞེས་སོ། །སོགས་པས་འདུས་པ་ཀུའི་རྡོ་རྗེར། བསྒོམ་མེད་བསྒོམ་པ་པོ་ཡང་མེད། །ལྷ་མེད་སྔགས་ཀྱང་ཡོད་མ་ཡིན། །ཞེས་དང་། གུར་ལས། སེམས་པ་མེད་ཅིང་བསྒོམ་པ་མེད། །སྔགས་མེད་ལྷ་ཡང་མེད་པ་སྟེ། །སེམས་ཀྱི་རྡོ་རྗེ་ལས་བྱུང་བ། །འདི་ནི་བྱང་ཆུབ་རིམ་བསྟན་པའོ། །ཞེས་དང་ཕྱག་ན་རྡོ་རྗེ་དབང་བསྐུར་བའི་རྒྱུད་ལས། རིགས་ཀྱི་བུ་ཆོས་ཉིད་གང་ཡིན་པ་དེ་ལ་ནི་གདགས་པའམ་རྣམ་པར་རིག་པ་མེད་ཅིང་མི་དམིགས་ཏེ་ཞེས་པ་ནས་ཡོད་ཅེས་བྱ་བའམ། མེད་ཅེས་བྱ་བའམ། བསོད་ནམས་ཅེས་བྱ་བའམ། བསོད་ནམས་མ་ཡིན་པ་ཞེས་བྱ་བའམ། །འཁོར་བ་ཞེས་བྱ་བའམ། མྱ་ངན་ལས་འདས་པ་ཞེས་བྱ་བའམ། འཆིང་བ་ཞེས་བྱ་བའམ། ཐར་པ་ཞེས་བྱ་བ་མེད་དོ། །ཞེས་སོགས་རྒྱ་ཆེར་གསུངས་སོ། །དེར་མ་ཟད་**འཕགས་པ་ཀླུ་སྒྲུབ་ཉིད་ཀྱིས་ཀྱང་**རྒྱལ་པོ་ལ་**གདམས་ཏུ་བྱ་**བ་**རིན་ཆེན་ཕྲེང་བ་ལས་**ཆོས་དབྱིངས་དགེ་སྡིག་ལས་གྲོལ་བར་གསུངས་ཏེ། **སྡིག་**པ་**དང་བསོད་ནམས་ཀྱི་བྱ་བ་**ལས་**འདས་**ཤིང་སོ་སོའི་སྐྱེ་བོས་བློ་བསམ་བརྗོད་ཡུལ་ལས་འདས་པས་**ཟབ་མོ་**སྟོང་པ་ཉིད་འདི་ནི་སྟོད་མ་ཡིན་པ་རྣམས་ལ་རེ་ཞིག་མི་སྟོན་པས་ཟུར་**དུ་བཀྲོལ་བའི་དོན་དང་ལྡན་**ཞིང་། **མུ་སྟེགས་**སངས་རྒྱས་པ་ལས་**གཞན་དང་རང་ཉིད་ཀྱི་**སྡེ་བ་སེམས་ཙམ་པ་མན་ཆད་ཀྱི་**འང་**རྟོགས་པར་བྱ་བའི་**གནས་མིན་**པས་འཇིགས་ཤིང་**སྐྲག་པས་མ་མྱངས་པ་ཞེས་གསུངས་སོ། །གཞན་ཡང་**རིན་ཕྲེང་**དེ་ཉིད་ལས་**སྟོང་ཉིད་རྟོགས་པའི་**ཤེས་པས་ཡོད་**འཛིན་**དང་མེད་**འཛིན་**ཞི་བའི་ཕྱིར། སྡིག་**པ་**དང་བསོད་ནམས་**ཀྱི་རྣམ་རྟོག་**ལས་འདས་པའི་བློ་དེ་ཡིས་བདེ་འགྲོ་**གསུམ་དང་**ངན་འགྲོ་**གསུམ་**ལས་**ཐར་པ་**དེ་ནི། ཐར་པ་དམ་པར་བཞེད་**དོ་ཅེས་**གསུངས་པ་**འདི་

ཡང་། ཆོས་ཀྱི་དབྱིངས་དགེ་སྡིག་མེད་པའི་ལུང་རྣམ་དག་ཡིན་ནོ། །

སྟོད་ལུང་རྒྱ་དམར་བ་ཁ་ཅིག་ན་རེ། བདེ་གཤེགས་སྙིང་པོ་ནི། བསྔོ་རྒྱུའི་དགེ་བ་ཡིན་ཏེ། བདེ་གཤེགས་སྙིང་པོའི་སྒྲ་འཇུག་ཡུལ་གྱི་དོན་འཛིན་ནི་སྟོང་ཉིད་སྙིང་རྗེའི་སྙིང་པོར་འཇོག་པའི་ཕྱིར་ཞེས་འདོད་དོ། སྟོང་ཉིད་སྙིང་རྗེ་སྙིང་པོ་ཅན་འདི་ནི་བདེ་གཤེགས་སྙིང་པོའི་ཁམས་ཀྱི་དྲི་མ་སྦྱོང་བྱེད་ཡིན་གྱི་ཁམས་དངོས་མིན་ཏེ། དེ་ཉིད་གོམས་པས་ཁམས་ཀྱི་དྲི་མ་སྦྱངས་ཏེ་འབྲས་བུ་སངས་རྒྱས་ཐོབ་པར་འགྱུར་བའི་ཕྱིར། དོན་དེ་སྐད་དུ་ཡང་རྣམ་འགྲེལ་ལས་ཚད་མའི་སྐྱེས་བུའི་སྒྲུབ་བྱེད་གནས་ལུགས་རྟོགས་པའི་ཐུགས་རྗེ་ཆེན་པོ་བསྐལ་པ་གྲངས་མེད་གསུམ་དུ་གོམས་པ་ལས་དོན་གཉིས་ཕུན་སུམ་ཚོགས་པའི་སངས་རྒྱས་འབྱུང་ངོ་ཞེས་གསུངས་པ་དང་། སློབ་དཔོན་ཞི་བའི་ལྷས་བསླབ་བཏུས་ཉིད་ལས་ཀྱང་། སྟོང་ཉིད་སྙིང་རྗེ་སྙིང་པོ་ཅན། བསྒྲེད་ཅིང་གོམས་པས་བསོད་ནམས་མཐར་ཕྱིན་ཏེ་དྲི་མ་དག་ནས་སངས་རྒྱས་ཐོབ་པར་འགྱུར་རོ་ཞེས་གསུངས་པའི་ཕྱིར་དང་། དེ་བཞིན་དུ་བློ་གྲོས་རྒྱ་མཚོས་ཞུས་པའི་མདོ་སྡེ་ལས་རྒྱས་འགྱུར་གྱི་རིགས་སྟོང་ཉིད་རྟོགས་པ་དང་སྙིང་རྗེ་ཆེན་པོ་ཟུང་དུ་འཇུག་པ་དེ་ཉིད་ཀྱིས། རང་བཞིན་གནས་རིགས་ཀྱི་དྲི་མ་སྦྱོང་བར་གསུངས་པ་དང་། གུར་སོགས་ཀྱི་རྒྱུད་ཀུན་ལས་ཀྱང་དེ་སྐད་གསུངས་ཏེ། གུར་ལས། སྟོང་ཉིད་སྙིང་རྗེ་ཐ་དད་མེད། །གང་དུ་སེམས་ནི་རྣམ་བསྒོམ་པ། །དེ་ནི་སངས་རྒྱས་ཆོས་དང་ནི། །དགེ་འདུན་གྱིས་ཀྱང་བསྟེན་པའོ། །ཞེས་དང་། སེམས་ཀྱི་སྒྲིབ་སྦྱོངས་སུ། དཔུལ་ཆུས་རིག་པའི་དྭངས་མ་ནི། །ཇི་ལྟར་སྤྲིན་མེད་གསེར་དུ་འགྱུར། །དེ་བཞིན་ཡང་དག་ཡེ་ཤེས་ཀྱིས། །སྦྱངས་བས་ཉོན་མོངས་ཟད་པར་འགྱུར། ཞེས་སོགས་གསུངས་སོ། །འདིའི་གནད་སྟོང་ཉིད་སྙིང་རྗེ་སྙིང་པོ་ཅན་ལམ་ཡིན་ཞིང་བདེ་གཤེགས་སྙིང་པོ་གཞི་ཡིན་པའི་རྣམ་དབྱེ་ཕྱེའོ། །མདོན་པའི་གཞུང་ཀུན་ལས་བཏུས་པ་ལས་ཉན་ཐོས་མདོ་སྡེ་པ་རྣམས་ཀྱི་གྲུབ་མཐའ་དང་ཐུན་མོང་བའི་རྣམ་གཞག་འཆད་པའི་སྐབས་སུ་ངོ་བོ་ཉིད་ཀྱི་དགེ་བ་ཞེས་བཤད་པ་དད་པ་ལ་སོགས་པ་སེམས་བྱུང་དགེ་བ་བཅུ་གཅིག་པོ་ཁོ་ན་ཡིན་ཞེས་གསུངས་སོ། །དོན་དམ་པའི་དགེ་བ་ཞེས་བཤད་པ་ནི། དེ་བཞིན་ཉིད་ལ་གསུངས་པ་ཡིན་ནོ། །དོན་དམ་པའི་སྡིག་པའམ་མི་དགེ་བ་ནི་འཁོར་བ་ཀུན་ནོ། །ནམ་མཁའ་དང་སོ་སོར་བརྟགས་མིན་གྱི་འགོག་པ་གཉིས་ལ་དོན་དམ་པའི་ལུང་མ་བསྟན་ཞེས་བཤད་པ་ཡིན་ནོ། །དེ་ལྟར་དེ་བཞིན་ཉིད་ལ་དགེ་བ་ཞེས་བཤད་པ་དེ་ནི་བཏགས་པ་ཡིན་ཏེ། དེའི་དགོངས་པ་དཔེ་དང་སྦྱར་ཏེ་འཆད་པ་འདི་ལྟར་ཡིན་པས་སོ། །དེ་ཡང་དཔེར་ན་མི་རྣམས་ལུས་ནད་དང་བྲལ་བ་ནི་ལུས་བདེ་སེམས་མྱ་ངན་མེད་པ་ལ་སེམས་བདེ་ཞེས་ནི་འཇིག་རྟེན་ཟེར་ལ། འདི་དག་སྡུག་བསྔལ་མངོན་གྱུར་བ་མེད་པ་ཙམ་ལས་གཞན་པའི་བདེ་བ་མཚན་ཉིད་པ་མེད་མོད་ཀྱི་འོན་ཀྱང་དེ་འདྲའི་བདེ་བ་དེ་ནི་བཏགས་པ་བ་ཡིན་ཏེ། སྡུག་བསྔལ་མེད་ཙམ་ལ་བདེ་བ་ཡིན་ནོ་ཞེས་ཀུན་ལ་གྲགས་པ་ཙམ་ཡིན་པས་སོ། །དེ་བཞིན་དུ་ཆོས་ཀྱི་དབྱིངས་ལ་ཡང་། སྡིག་པ་མེད་པ་ཙམ་ཞིག་ལས་ལྷག་པའི་འབྲས་བུ་བདེ་བ་བསྐྱེད་ནུས་པའི་དགེ་བ་མེད་མོད་ཀྱི་འོན་ཀྱང་དགོངས་གཞི་སྡིག་པ་མེད་པ་ཙམ་དང་། དགོས་པ་ཞུམ་པ་གཟེངས་བསྟོད་པའི་ཕྱིར་དགེ་བ་ཡིན་ཞེས་མིང་བཏགས་པར་ཙམ་དུ་ཟད་དོ། །བསྟན་བཅོས་ལ་གྲགས་པའི་དཔེ་གཞན་ཡང་མདོན་པའི་གཞུང་རྣམས་ལས། ཟས་ཀྱིས་འགྲངས་པ་དེས་འགྲིག་པ་ལ་སོགས་པས

རེ་ཞིག་མི་འགྲོད་པར་འཛིན་པ་ལ་འདོད་ཆགས་དང་བྲལ་བར་གསུངས་མོད་ཀྱི་འོན་ཀྱང་འདོད་པ་གཏན་ནས་བྲལ་བ་ཡི་འདོད་ཆགས་དང་བྲལ་བ་མཚན་ཉིད་པ་མ་ཡིན་ནོ། །དེ་བཞིན་དུ་ཆོས་ཀྱི་དབྱིངས་ལ་ཡང་། དགེ་བ་ཡིན་ནོ་ཞེས་གསུངས་པར་གྱུར་ཀྱང་། །རང་གི་འབྲས་བུ་བདེ་བ་བསྐྱེད་པ་ཡི་དགེ་བ་བཅུ་ལྟ་བུ་དངོས་ནི་མ་ཡིན་ནོ། །དེ་ལྟར་ལུང་རིགས་དུ་མས་བཀག་ཀྱང་ད་དུང་ངེས་པ་མ་སྐྱེ་ཞིང་བདེན་ཞེན་མི་བཟློག་པར་ཅི་ནས་ཀྱང་ཆོས་དབྱིངས་དགེ་བ་མཚན་ཉིད་པར་འདོད་པ་ཡིན་ན་དེ་ལ་ནི་ཧ་ཅང་ཐལ་བར་འགྱུར་ཏེ། གནོད་བྱེད་ཀྱི་ཚད་མ་ཡོད་པའི་ཕྱིར་ཏེ། འདི་ལྟར། ཆོས་དབྱིངས་དགེ་བར་འདོད་པ་གང་ཞིག་ཆོས་ཀྱི་དབྱིངས་ལས་མ་གཏོགས་པའི་ཆོས་གཞན་མེད་པའི་ཕྱིར་སྲོག་གཅོད་ལྟ་བུའི་སྡིག་པ་དང་ནམ་མཁའ་ལྟ་བུའི་ལུང་མ་བསྟན་གཉིས་པོ་ཡང་ཆོས་ཅན། དགེ་བར་ཐལ་བ་འགྱུར་རོ། །གྲུབ་ཏེ་མདོ་རྒྱན་ལས། ཆོས་ཀྱི་དབྱིངས་ལས་མ་གཏོགས་པའི། །གང་ཕྱིར་ཆོས་མེད་དེ་ཡི་ཕྱིར། །ཅེས་གསུངས་པའི་ཕྱིར་སྡིག་པ་དང་ལུང་མ་བསྟན་གཉིས་དགེ་བ་དེ་ལྟ་འདོད་པ་ཡིན་ན་དེ་གང་ཞིག་སེམས་ཅན་ཀུན་དགེ་བ་དང་བཅས་པ་ཡིན་པས་ངན་འགྲོར་འགྲོ་བ་མི་སྲིད་པ་ཉིད་དོ། །

བཀའ་གདམས་པ་ལ་ལ་དག་བྱམས་པ་དང་སྙིང་རྗེ་ལ་སོགས་པའི་ཕན་སེམས་རྣམས་ནི་ཡུལ་དུས་གང་ཟག་ལ་མ་ལྟོས་པར་གཤིས་ཀྱི་དགེ་བ་ཡིན་ཏེ། གང་ཟག་སུ་ལ་སྐྱེས་ཀྱང་རང་གི་ངང་གིས་དགེ་བར་འགྱུར་བའི་ཕྱིར་ཞེས་ཟེར་རོ། །བྱམས་སྙིང་རྗེ་སོགས་ཕན་སེམས་རྣམས་དགེ་བར་འདོད་པ་འདི་ཡང་དེ་ལྟར་དགེ་བ་ཡིན་པའི་ངེས་པ་མེད་དེ། །མི་མཁས་པ་ཡི་བྱམས་པ་དང་སྙིང་རྗེ་ངན་སོང་གི་རྒྱུར་འགྱུར་བ་ཐུབ་པས་གསུངས་ཏེ། མདོར། ཉི་དུ་ལ་བྱམས་པས་དཀོན་མཆོག་གི་ནོར་ཕྲོགས་ནས་གསོ་བ་དང་། གཞན་གྱི་རླུང་ནད་ཞི་བར་བྱ་བའི་ཕྱིར་དུ་སྲོག་ཆགས་བསད་ནས་སྨེར་བ་ལ་སོགས་པ་ཐབས་མི་མཁས་པའོ། །ཞེས་སོགས་རྒྱ་ཆེར་གསུངས་སོ། །སྤྱིར་བཏང་བྱམས་སྙིང་རྗེ་དགེ་བར་གསུངས་པ་ནི་དེ་དག་སྐྱེས་ཙམ་ལ་དགོངས་པ་མ་ཡིན་ཏེ་ཡུལ་དུས་འཕྲལ་ཕུག་གི་སྤང་བླང་མ་ནོར་བ་ཤེས་པའི་ཐབས་ལ་མཁས་པའི་སྙིང་རྗེ་ལ་དགོངས་ནས་དགེ་བར་གསུངས་པ་ཡིན་པས་སོ། །དེ་ཡང་ཆོས་ཡང་དག་པར་སྡུད་པའི་མདོ་ལས། །ཆོས་གཅིག་ལག་མཐིལ་དུ་མཆིས་ན་སངས་རྒྱས་ཀྱི་ཆོས་ཐམས་ཅད་ལག་མཐིལ་དུ་མཆིས་པར་འགྱུར་རོ། །གཅིག་གང་ཞེ་ན་སྙིང་རྗེ་ཆེན་པོའོ། །ཞེས་སོགས་གསུངས་སོ། །ཆོས་དབྱིངས་དེ་རྡོ་རྗེ་རྒྱལ་མཚན་གྱི་བསྔོ་བའི་མདོ་ནས་བཤད་པའི་ཡོད་དགེ་ཡིན་པ་ལུང་གིས་གཙོ་བོར་བཀག་ཟིན་པ་དེས་ན་མདོ་དོན་ནི་འགྲོ་བ་ཐམས་ཅད་ཀྱིས་རྩོལ་བས་བྱས་པའི་དགེ་བ་ལ་དགོངས་ནས། འགྲོ་ཀུན་དགེ་བ་ཇི་སྙེད་ཡོད་ཅེས་བྱ་བའི་ཚིག་གིས་གསུངས་པ་ཡིན་གྱི་དེ་སྐབས་ཀྱི་ཡོད་པའི་དགེ་བ་ཆོས་དབྱིངས་ལ་འཛོག་པ་མིན་ཏེ། གལ་ཏེ་དེ་སྐབས་ཀྱི་དགེ་བ་ཆོས་ཀྱི་དབྱིངས་ཡིན་ན་འོ་ན་དེ་ཆོས་ཅན། ཇི་སྙེད་ཅེས་བྱ་བའི་སྒྲ་མི་འཐད་པ་དང་། ཡོད་ཅེས་བྱ་བའི་སྒྲ་ཡང་འགལ་བ། འགྲོ་ཀུན་ཞེས་བྱ་བའི་སྒྲ་ཡི་ངེས་བཟུང་མི་འཐད་པ་ཐལ་བ་དང་སྐྱོན་གསུམ་འགྱུར་རོ། །དེ་ཡི་རྒྱུ་མཚན་འདི་ལྟར་ཡིན་ཏེ། དེ་སྐབས་ཀྱི་བསྔོ་རྒྱུའི་དགེ་རྩ་དེ་ལ་ཇི་སྙེད་ཀྱི་སྒྲ་མི་འཇུག་པར་ཐལ་དེ་སྐབས་ཀྱི་དགེ་བ་ཆོས་དབྱིངས་ལ་འཛོག་པ་གང་ཞིག ཇི་སྙེད་ཅེས་བྱ་བའི་སྒྲ་མང་པོ་ཕྱོགས་གཅིག་ཏུ་ཚོགས་པའི་སྒྲ་ཡིན་ཞིང་ཆོས་ཀྱི་དབྱིངས་ལ་མང་ཉུང་མེད་པའི་ཕྱིར་ཏེ། དེ་ནི་མང་ཉུང་ཡོད་མེད་ཀྱི་སྤྲོས་བྲལ་གཅིག་ཉིད་ཡིན་པའི་ཕྱིར་རོ། །བསྔོ་རྒྱུའི

དགེ་རྒྱར་གྱུར་པའི་ཆོས་དབྱིངས་དེ་ལ་ནི་ཆོས་ཅན། ཡོད་པའི་སྒྲ་འཇུག་པ་འགལ་ཏེ་ཇི་སྐད་ཡོད་ཅེས་པའི་ཡོད་ཙམ་ནི་རང་གི་ངོ་བོ་ཡོད་ཙམ་ལ་བྱ་ཞིང་ཆོས་དབྱིངས་ནི་རང་གི་ངོ་བོ་ཉིད་ཀྱི་ཡོད་པ་ཙམ་ཡང་མ་ཡིན་ཏེ། ངོ་བོ་ཡོད་ཙམ་ལ་མི་རྟག་གིས་ཁྱབ་པར་ཆོས་ཀྱི་གྲགས་པས་རྣམ་འགྲེལ་ལས་ལེགས་པར་གསུངས་ཏེ། དེ་ཉིད་ལས། འདིག་པ་ཡོད་ཙམ་འབྲེལ་བ་ཅན། །ཉིད་ཕྱིར་སྒྲ་ནི་མི་རྟག་ཉིད། །ཅེས་གསུངས་པའི་ཕྱིར། དེར་འཐད་ཀླུ་སྒྲུབ་ཀྱིས་ཀྱང་། ཆོས་དབྱིངས་དེ་དངོས་པོར་མེད་པ་བཞེད་དེ། དབུ་མ་རྩ་བ་ལས་གསུངས་པའི་ཕྱིར་ཏེ། གལ་ཏེ་མྱ་ངན་ལས་འདས་པ་དངོས་པོ་ཡིན་ན་དེ་གང་ཞིག །མྱ་ངན་ལས་འདས་པ་དེ་ཆོས་ཅན། ཁྱོད་འདུས་བྱས་སུ་འགྱུར་ཏེ། དངོས་པོ་ཡིན་ལ་འདུས་བྱས་མ་ཡིན་པའི་དངོས་པོ་འགའ་ཡང་ཡུལ་དུས་གང་ནའང་ཡོད་པ་མ་ཡིན་པའི་ཕྱིར། ཁྱབ་སྟེ། མདུན་གྱི་ཐུམ་པ་བཞིན་ནོ། །ཞེས་གསུངས་པ་དང་། གཞན་ཡང་དེ་ཉིད་ལས། གང་དག་གཟུགས་སོགས་ཀྱི་རང་བཞིན་སྟོང་པ་ཉིད་གཞན་དངོས་དང་། རང་གི་ངོ་བོའི་དངོས་པོ་དང་། དངོས་པོ་མེད་པ་ཉིད་དུ་ལྟ་བའམ་འཛིན་པ་ཅན་དེ་དག་ནི་མཐར་ལྟ་བ་ཅན་ལ་གནས་པས་སངས་རྒྱས་ཀྱི་བསྟན་པ་ལ་ཟབ་མོའི་དེ་ཁོ་ན་ཉིད་མཐོང་བ་མ་ཡིན་ནོ་ཞེས་གསུངས་པ་དང་། གཞན་ཡང་དེ་ཉིད་ལས། བཅོམ་ལྡན་འདས་དངོས་པོ་དང་དངོས་པོ་མེད་པ་མཁྱེན་པས་སངས་རྒྱས་ངེས་འཕགས་པ་ཀཱ་ཏྱཱ་ཡ་ནའི་གདམས་ངག་ལས་ནི་ཡོད་པ་དང་མེད་པར་འཛིན་པ་གཉིས་ཀ་བཀག་པར་མཛད་དེ། ཡོད་མེད་ལ་ཞེན་པ་དེས་སྐྱེ་རྒ་ན་འཆི་སོགས་ཀྱི་སྐྱོན་བརྒྱད་དམ་དགུ་ལས་གྲོལ་བར་མི་འགྱུར་བའི་ཕྱིར་ཅེས་གསུངས་པ་དང་། གཞན་ཡང་དེ་ཉིད་ལས་ཆོས་རྣམས་གདོད་མ་ཉིད་ནས་རང་བཞིན་གྱི་ཡོད་ཅེས་བྱ་བ་རྟག་པར་འཛིན་པ་དང་ཀུན་རྫོབ་ཏུ་ཡང་གྲུབ་པ་མེད་ཅེས་བྱ་བ་ཆད་པར་ལྟ་བ་འགྱུར་བ་དེ་ཕྱིར་ཡོད་པར་ལྟ་བ་དང་མེད་པར་ལྟ་བའི་མཐའ་གཉིས་ལ། མཁས་པས་གནས་པར་མི་བྱའོ་ཞེས་གསུངས་པ་ཡང་ཆོས་ཀྱི་དབྱིངས་རང་གི་ངོ་བོས་ཡོད་མེད་གཉིས་ཀ་མིན་པའི་ལུང་དུ་གསལ་བའི་ཕྱིར་རོ། །

ཆོས་དབྱིངས་སྤྲོས་བྲལ་ཡིན་པ་ལུང་དེ་དག་གིས་གསལ་བ་དེས་ན་སངས་རྒྱས་ཀྱི་བསྟན་པའི་སྙིང་པོ་མཐའ་བྲལ་དབུ་མའི་ལྟ་བ་ལ་གུས་པར་བྱེད་ན་ཆོས་ཀྱི་དབྱིངས་ཡོད་མེད་གཉིས་གར་མ་བཟུང་ཞིག་ཅེས་གདམས་ཏེ་ཡོད་མེད་གང་རུང་གཅིག་ཏུ་བཟུང་ན་རྟག་ཆད་ཀྱི་ལྟ་བ་གང་རུང་ཞིག་ཏུ་འགྱུར་བའི་ཕྱིར་རོ། །རིགས་པས་ཀྱང་ནི་ཆོས་དབྱིངས་སྤྲོས་བྲལ་ཡོད་པ་ཙམ་ཡང་མ་ཡིན་པ་འདི་གྲུབ་སྟེ་ཡོད་པ་ཙམ་ལ་དོན་བྱེད་ནུས་པའི་ཁྱབ་པའི་ཕྱིར་རོ། །ཆོས་ཀྱི་དབྱིངས་ལ་བྱ་བྱེད་མེད་དེ། ཆོས་དབྱིངས་དེ་ནི་སྤྲོས་བྲལ་ཡིན་པའི་ཕྱིར་རོ། །གཞན་ཡང་འགྲོ་ཀུན་དགེ་བ་ཇི་སྐྱེད་ཡོད་པ་དང་ཞེས་པའི་ཡོད་པའི་དགེ་བ་ནི། ཆོས་ཉིད་ཡིན་ན་དེ་སྐབས་ཀྱི་བསྔོ་རྒྱུའི་དགེ་བ་ཆོས་ཉིད་ཡིན་པ་གང་ཞིག །འགྲོ་བ་ཀུན་གྱི་དགེ་བ་ཞེས་བྱ་བའི་རིས་བཟུང་གི་སྒྲ་དེ་ཆོས་ཅན་སྨོས་ཅི་དགོས་ཏེ་མི་དགོས་པར་ཐལ། ཐེམ་པོ་དང་ནི་དངོས་མེད་དང་། འཕགས་པའི་ཆོས་ཉིད་ཀྱང་ནི་ཅེས་མི་བསྔོ་སྟེ་ཐམས་ཅད་བསྔོ་རྒྱུའི་དགེ་བ་ཡིན་པའི་ཕྱིར་རོ། །ཁྱབ་སྟེ་དེ་དག་ཀྱང་ཆོས་དབྱིངས་ཡིན་པ་གང་ཞིག་ཆོས་དབྱིངས་ཐམས་ཅད་བསྔོ་རྒྱུ་ཡིན་པའི་ཕྱིར་རོ། །དེས་ན་ཁྱེད་ལྟར་ན་ཆོས་ཀུན་དགེ་བ་ཇི་སྐྱེད་ཡོད་པ་དང་ཞེས་སྨོས་རིགས་པར་འགྱུར་རོ། །ཆོས་དབྱིངས་ཡོད་དགེ་ཡིན་པ་ལ་ལུང་རིགས་ཀྱིས་གནོད་བྱེད་ཡོད་པ་དེས་

ན་རྡོ་རྗེ་རྒྱལ་མཚན་གྱི་གཞུང་དེའི་དགོངས་པ་ནི་ལེགས་པར་བཤད་ཀྱིས་འཆད་འགྱུར་འདི་ལྟར་བཟུང་ཞིག་ཅེས་གདམས་པའོ། །རང་གཞན་འགྲོ་བ་ཀུན་གྱིས་སྒོ་གསུམ་གྱིས་བྱས་པ་ཡི་དགེ་བ་ཕྱོགས་བཅུའི་འཇིག་རྟེན་གྱི་ཁམས་ན་ཇི་སྙེད་ཡོད་པ་ཞེས་བྱ་བའི་སྒྲ་ནི་བསྔོ་རྒྱུའི་དགེ་རྩ་སྤྱིར་བསྟན་པ་ཡིན་ནོ། །སྔར་འདས་དུས་ན་བྱས་པ་དང་མ་འོངས་པར་བྱེད་པར་འགྱུར་བ་དང་། ད་ལྟ་བྱེད་བཞིན་པ་ཞེས་དུས་གསུམ་དུ་སོ་སོར་དབྱེ་བ་དམིགས་བསལ་བསྟན་པ་ཡིན་ནོ། །ཡང་ན་ལུང་དེའི་དོན་ནི་འགྲོ་བ་གཞན་གྱིས་བྱས་པ་ཡིས་དགེ་བ་ཇི་སྙེད་ཡོད་པ་དང་། བསྔོ་བ་པོ་རྡོ་རྗེ་རྒྱལ་མཚན་རང་ཉིད་ཀྱིས་སྔར་བྱས་པ་དང་མ་འོངས་པར་བྱེད་པར་འགྱུར་བ་དང་ད་ལྟ་བྱེད་བཞིན་པ་ཞེས་བཤད་ཀྱང་མདོ་དང་འགལ་བ་མེད་པ་ཡིན་ནོ། །ཡང་ན་འགྲོ་ཀུན་དགེ་བ་ཞེས་སོགས་ཚིག་རྐང་དང་པོས་བསྔོ་རྒྱུའི་དགེ་རྩ་མདོར་བསྟན་པ་དང་། བྱས་དང་བྱེད་འགྱུར་ཞེས་སོགས་ཚིག་རྐང་ཕྱི་མས་དུས་གསུམ་དུ་ཕྱེ་སྟེ་རྒྱས་པར་བཤད་དོ། །འགྲོ་ཀུན་དགེ་བ་ཇི་སྙེད་ཞེས་སོགས་ཀྱི་གཞུང་འདིས་དུས་གསུམ་གྱི་དགེ་བ་ལས་གཞན་པའི་ཆོས་ཉིད་བསྔོ་རྒྱུར་མེད་པ་དཔེ་ཡིས་གྲུབ་སྟེ། དོན་དེ་སྟོག་བཤགས་ལ་འདོན་པ་བསྒྱུར་ན་དཔེར་ན་འགྲོ་བ་ཀུན་གྱི་སྡིག་པ་ཇི་སྙེད་ཡོད་པ་སྔར་བྱས་པ་དང་། མ་འོངས་པར་བྱེད་པར་འགྱུར་བ་དེ་བཞིན་དུ་ད་ལྟ་བྱེད་བཞིན་པ་རྣམས་རྒྱལ་བའི་མདུན་དུ་བཤགས་པར་ཤོག་ཅེས་བྱའི་ཚིག་དང་བརྗོད་ཚུལ་མཚུངས་པ་ཡིན་པ་གང་ཞིག །

བཤགས་རྒྱུའི་སྡིག་པ་འདི་ལའང་དུས་གསུམ་ལས་གཞན་པའི་ཡོད་པའི་གཤགས་རྒྱུའི་སྡིག་པ་གང་ཡང་མེད། དེ་བཞིན་དུ་གཞུང་འདིས་བསྔོ་རྒྱུའི་དགེ་རྩ་ལའང་དུས་གསུམ་ལས་གཞན་པའི་ཡོད་པའི་དགེ་བ་སྲིད་པ་མ་ཡིན་པས་ཆོས་དབྱིངས་བསྔོ་རྒྱུའི་ཡོད་དགེར་འདོད་པའི་ལོག་རྟོག་རང་གྲོལ་ཡིན་ནོ། །གཞུང་དེའི་བསྔོ་རྒྱུའི་དགེ་རྩ་འདུས་བྱས་ཀྱི་དགེ་བ་ཡིན་པ་ནི་ལུང་གིས་ཀྱང་གྲུབ་སྟེ་རྡོ་རྗེ་རྒྱལ་མཚན་ཉིད་ལས་ཀྱང་། ཡོད་པའི་དགེ་བ་ཞེས་བྱ་བ་རྒྱུ་རྐྱེན་གྱིས་བསྐྱབ་པར་གསུངས་པས་སོ། །དེ་ཡང་། ཕྱོགས་བཅུའི་འཇིག་རྟེན་ཀུན་ན་གང་ཡོད་པའི། །དགེ་བ་དེ་དག་ཡང་དག་བསྒྲུབས་པས་ན། །འགྲོ་བ་ཀུན་ལ་ཕན་དང་བདེ་སེམས་ཀྱིས། །ཡེ་ཤེས་མཁས་པ་དེ་དག་ཡོངས་སུ་བསྔོ། །ཞེས་གསུངས་པའི་ཕྱིར་རོ། །ཆོས་དབྱིངས་དེ་མདོ་ནས་བཤད་པའི་བསྔོ་རྒྱུའི་དགེ་བར་བྱས་ནས་ནི་དེ་ལ་བསྔོ་བའི་རྒྱུར་བྱེད་ན་ཆོས་དབྱིངས་དེ་བསྔོ་བས་འགྱུར་རམ་མི་འགྱུར་བསྔོ་བས་འགྱུར་ན་ཆོས་དབྱིངས་དེ་ཆོས་ཅན་འདུས་བྱས་སུ་འགྱུར་རོ། །ཁྱབ་སྟེ། རྒྱུ་རྐྱེན་གྱིས་ཡོངས་སུ་འགྱུར་བ་ནི་འདུས་བྱས་ཀྱི་དོན་ཡིན་པའི་ཕྱིར་རོ། །གལ་ཏེ་མི་འགྱུར་ན་བསྔོ་རྒྱུའི་དགེ་རྩ་གཞན་དུ་མི་འགྱུར་བ་དེའི་ཕྱིར་ཆོས་དབྱིངས་དེ་བསྔོ་བ་དོན་མེད་ཡིན་ནོ། །ཆོས་དབྱིངས་དེ་བསྔོ་བས་གཞན་དུ་འགྱུར་ན་ཧ་ཅང་ཐལ་ཏེ་མདོ་སྡེ་རྣམས་ལས་ཆོས་ཀྱི་དབྱིངས་འགྱུར་བ་མེད་ཅེས་རྒྱལ་བས་མདོ་ལས་གསུངས་པའི་ཕྱིར་ཏེ། དེ་བཞིན་གཤེགས་པ་རྣམས་འཇིག་རྟེན་དུ་བྱོན་ཡང་རུང་མ་བྱོན་ཡང་རུང་སྟེ་ཆོས་རྣམས་ཀྱི་ཆོས་ཉིད་ནི་གནས་པའོ་ཞེས་དང་། ཤེས་རབ་ཀྱི་ཕ་རོལ་ཏུ་ཕྱིན་པ་བསྟན་ཀྱང་མི་འཕེལ་མ་བསྟན་ཀྱང་མི་གྲིབ་བོ། །ཞེས་སོགས་གསུངས་པའི་ཕྱིར་རོ། །རྩ་བའི་ཤེས་རབ་ཉིད་ལས་ཀྱང་། རང་བཞིན་ནམ་ཆོས་ཉིད་རྒྱུ་དང་རྐྱེན་ལས་ནི་འབྱུང་བར་རིགས་པ་མ་ཡིན་ནོ་གལ་ཏེ་འབྱུང་ན་དེའི་ཕྱིར། རྒྱུ་དང་རྐྱེན་ལས་བྱུང་བ་ཡི་རང་བཞིན་ནམ་ཆོས་དབྱིངས་དེ་རྒྱུ་རྐྱེན་གྱིས

བྱས་པ་ཅན་དུ་འགྱུར་རོ། །འདོད་ན། རང་བཞིན་དེ་ཆོས་ཅན་རྒྱུ་རྐྱེན་གྱིས་བྱས་པ་ཅན་ཞེས་བྱར་ཇི་ལྟར་བུར་ན་རུང་བར་འགྱུར་ཏེ་མི་འགྱུར་བ་ཐལ། རང་བཞིན་ཞེས་བྱ་བ་དག་ནི་བཅོས་པ་མིན་པ་དང་། རྒྱུ་རྐྱེན་གཞན་ལ་ལྟོས་པ་མེད་པ་ཡིན་པའི་ཕྱིར་རོ། །ཞེས་གསུངས་པ་དང་། གཞན་ཡང་དེ་ཉིད་ལས། གལ་ཏེ་ཆོས་གང་ཞིག་རང་བཞིན་གྱིས་ཡོད་ན་དེ་འདྲའི་ཆོས་དེ་ནི་གྱིས་མེད་པ་ཉིད་དུ་མི་འགྱུར་རོ། །རང་བཞིན་གཞན་དུ་འགྱུར་བ་ནི་ནམ་ཡང་འཐད་པར་མི་འགྱུར་བའི་ཕྱིར་རོ། །ཁྱབ་སྟེ། མེ་ཡི་ཚ་བ་གྲང་རེག་ཏུ་མི་འགྱུར་བ་བཞིན་ནོ། །བཤད་ཟིན་པ་དེ་ལ་སོགས་པའི་ལུང་རིགས་རྣམས། ཆོས་དབྱིངས་དགེ་བ་མིན་པར་གསུངས་ཤིང་ཡིན་པ་ལ་གནོད་བྱེད་སྟོན་ཏེ། དེ་དག་གི་ཆོས་དབྱིངས་འགྱུར་དུ་མི་རུང་བར་གྲུབ་པའི་ཕྱིར་རོ། །

སླས་པ། གལ་ཏེ་ཆོས་ཀྱི་དབྱིངས་དེ་བཞིན་ཉིད་དེ་བསྔོ་བྱའི་དགེ་བ་མ་ཡིན་དུ་ཆུག་མོད་བྱང་ཆུབ་སེམས་དཔའི་བློ་སྦྱོང་ལ་འདུན་པ་བསྐྱུར་ཏེ་སེམས་ཅན་གྱི་ཆོས་དབྱིངས་སངས་རྒྱས་ཐོབ་པའི་རྒྱུར་གྱུར་ཅིག་སྙམ་དུ་བསྔོས་ཀྱང་ཉེས་པ་མེད་དེ་བློ་སྦྱོང་ལ་དེ་ལྟ་བསྔོ་བ་རྣམ་དག་ཏུ་འགྱུར་བའི་ཕྱིར་ཏེ། མདོ་ལས། དེ་བཞིན་ཉིད་ཀྱི་དང་ཚུལ་ཅི་འདྲ་དང་། །དེ་བཞིན་ཉིད་ཀྱི་རང་བཞིན་ཅི་འདྲ་བ། །དེ་འདྲར་ལས་རྣམས་ཀུན་ཀྱང་རྗེས་སུ་བསྔོ། །ཞེས་གསུངས་པའི་ཕྱིར་སྙམ་ན། ཉེས་པ་མེད་པ་མ་ཡིན་འདི་ལ་ཉེས་པ་ཡོད་དེ་མཐའ་བཞིའི་སྤྲོས་པ་དང་བྲལ་བའི་དམིགས་མེད་ཆོས་དབྱིངས་ལ་དགེ་བར་དམིགས་པའི་མཚན་འཛིན་གྱི་འདུ་ཤེས་ཡོད་པའི་ཕྱིར་དེ་འདྲའི་བསྔོ་བ་དེ་བསྔོ་བ་དུག་དང་བཅས་པར་འགྱུར་བའི་ཕྱིར། གལ་ཏེ་འདི་འདྲའི་བསྔོ་བ་བྱས་པར་གྱུར་ན་དཔེར་ན་སྦལ་བ་རྨ་ཅན་ཅིག་དོང་དུ་ཞུགས་ན་སྦལ་བ་ཐམས་ཅད་འཆི་བ་ཇི་བཞིན་དུ་བསྔོ་བ་ལ་དམིགས་པའི་དུག་གཅིག་ཞུགས་པ་ན་འདུས་བྱས་ཀྱི་དགེ་བ་བསྔོ་བ་རྣམ་དག་གཞན་ཐམས་ཅད་འཇིག་པར་འགྱུར་རོ། །བསྔོ་རྒྱུ་བསྔོ་བོ་བསྔོ་ཡུལ་དང་བཅས་པ་རྣམ་པ་ཆོས་ཉིད་སྤྲོས་བྲལ་དུ་ཤེས་པའི་ངང་ནས་ནི་བསྔོ་རྒྱུ་རང་གཞན་གྱི་དགེ་བ་དུས་གསུམ་དུ་ཇི་སྙེད་བསགས་ཤིང་བྱས་པ་རྣམས། བསྔོ་བའི་གཉེར་བྱའི་དོན་དེ་བཞིན་འགྲུབ་བམ་གལ་ཏེ་མི་འགྲུབ་ཀྱང་ཆེད་དུ་བྱ་བའི་འགྲོ་བའི་མངོན་མཐོ་ངེས་ལེགས་ཀྱི་དོན་དུ་བསྔོ་བྱེད་ན་དེ་འདྲའི་བསྔོ་བ་ནི་བྱང་ཆུབ་སེམས་དཔའི་བློ་སྦྱོང་ཡིན་ཏེ། ཀུན་སློང་བྱང་ཆུབ་ཀྱི་སེམས་དང་ལྟ་བ་སྤྲོས་བྲལ་ལ་བློ་བཞག་པའི་ཤེས་རབ་ཀྱིས་ཟིན་པའི་བསྔོ་བ་ཡིན་པའི་ཕྱིར། ཆོས་ཉིད་བསྔོ་རྒྱུར་བྱེད་པའི་བསྔོ་བ་བྱེད་ན་དེ་ནི་བྱང་ཆུབ་སེམས་དཔའི་བློ་སྦྱོང་དུ་ཡང་མི་རུང་ངོ། །

དེ་ཡི་རྒྱུ་མཚན་འཆད་འགྱུར་འདི་ལྟར་ཡིན་ཏེ། དེ་ཡང་ཆོས་དབྱིངས་དགེ་སྡིག་གི་སྤྲོས་པ་དང་བྲལ་བ་ལ་དགེ་བར་བྱེད་ན་དེ་འདྲའི་བསྔོ་བ་དེ་སྤྲོས་མེད་ལ་སྤྲོས་པར་གཟུང་བའི་བསྔོ་བ་ཡིན་པས་དམིགས་བཅས་ཀྱི་བསྔོ་བར་འགྱུར་བའི་ཕྱིར་ཏེ། དཔེར་ན་དགེ་བ་སོགས་གསུམ་པོ་ལས་ཡིན་ལ་ལས་དེ་བློའི་ཡུལ་དུ་འགྱུར་ཞིང་བློའི་ཡུལ་དུ་བྱས་ན་དམིགས་པར་འགྱུར་བ་བཞིན་ནོ། །འདོད་ན་དམིགས་པ་དང་བཅས་པའི་འདུ་ཤེས་ཀྱིས་ཡོངས་སུ་བཟུང་བའི་བསྔོ་བ་ཡིན་པས་བསྔོ་བ་དེ་དུག་དང་བཅས་པར་འགྱུར་རོ། །ཁྱབ་ཏེ། མདོ་སྡུད་པར་གསུངས་ཞེས་པའི་དོན་ཏེ། དཔེར་ན་དུག་དང་བཅས་པ་ཡི་ཁ་ཟས་བཟང་པོ་ཟ་བར་བྱེད་ན་འཆི་བར་བྱེད་པ་ལྟར། དཀར་པོའི་ཆོས་ལ་མཚན་མར་དམིགས་པ་ཡང་བསྔོ་བའང་བསྔོ་བ་རྣམ་དག་གཞན་འཇིགས་པར་བྱེད་པ་ཁ་ཟས་དུག་ཅན་དེ་དང་འདྲ་བར་

རྒྱལ་བས་གསུངས་ཏེ། སྡུད་པར། གལ་ཏེ་མཚན་མར་བྱེད་ན་དེ་ནི་བསྔོ་མ་ཡིན། །ཅི་སྟེ་མཚན་མ་མེད་ན་བྱང་ཆུབ་བསྔོ་བ་ཡིན། །ཇི་ལྟར་དུག་དང་འདྲེས་པའི་ཁ་ཟས་བཟང་ཟ་བ། །དཀར་པོའི་ཆོས་ལ་དམིགས་པའང་དེ་དང་འདྲ་བར་རྒྱལ་བས་གསུངས། ཞེས་དང་། ཡུམ་ལས་ཀྱང་། དམིགས་པ་དང་བཅས་པའི་འདུ་ཤེས་ཅན་རྣམས་ལ་ཡོངས་སུ་བསྔོ་བ་མེད་དོ། །ཞེས་སོགས་གསུངས་པས་སོ། །ཤེར་ཕྱིན་མངོན་པར་རྟོགས་པའི་རྒྱན་ལས་ཀྱང་། ཡོངས་སུ་བསྔོ་བ་ནི་ཉན་ཐོས་ལས་ཁྱད་པར་དུ་འཕགས་པ་ཅན་དང་། བསྔོ་བ་དེ་ཡི་བྱེད་ལས་རང་གཞན་གཉིས་ཀའི་དོན་བྱེད་པ་མཆོག་ཡིན་ནོ། །བསྔོ་བ་དེ་ནི་འཁོར་གསུམ་དམིགས་སུ་མེད་པར་རྟོགས་པའི་རྣམ་པ་ཅན། བསྔོ་བའི་སེམས་མཐར་འཛིན་གྱི་ཕྱིན་ཅི་མ་ལོག་པའི་མཚན་ཉིད་ཅན་ཡིན་པ་ཉིད་དོ་ཞེས་གསུངས་སོ། །གཞན་ཡང་མདོ་བརྒྱད་སྟོང་པར། །དམིགས་པའི་འདུ་ཤེས་ཅན་ལ་ཡོངས་སུ་བསྔོ་བ་མེད་དོ། །དེ་ཅིའི་ཕྱིར་ཞེ་ན་དམིགས་པའི་དུག་དང་བཅས་པའོ། །ཞེས་དང་། རྒྱུད་ལས། རྣམ་རྟོག་མ་རིག་ཆེན་པོ་འདི། །འཁོར་བའི་རྒྱ་མཚོར་ལྟུང་བྱེད་ཡིན། །མི་རྟོག་ཏིང་འཛིན་ལ་གནས་ན། །མཁའ་བཞིན་དྲི་མ་མེད་པར་འགྱུར། ཞེས་སོ། དེས་ན་བསྔོ་བ་རྣམ་དག་མཚན་འཛིན་གྱི་དམིགས་པ་མེད་པར་དགོས་པ་དང་། དམིགས་པ་ཡོད་ན་བསྔོ་བ་ཕྱིན་ཅི་ལོག་ཡིན་པར། མདོ་རྒྱུད་བསྟན་བཅོས་ཐམས་ཅད་མཐུན་པར་གསུངས་སོ། །

ཀོལ་བ་གང་དག་དམིགས་པ་མེད་པ་ཡི་ཆོས་ཀྱི་དབྱིངས་ལའང་ཡོད་པ་ཡི་བསྔོ་རྒྱུའི་དགེ་བ་ཡིན་ཞེས་དམིགས་པར་བྱེད་པ་དེ་ཡིས་ཆོས་ཅན་གྱི་རྟེན་དུ་གྱུར་པའི་ཆོས་ཉིད་ལ་དམིགས་པ་ཡིན་པས་ན་བཟང་ངན་བདེ་སྡུག་ལ་སོགས་པའི་ཆོས་ཅན་གཞན་དག་ལ་དམིགས་པར་འགྱུར་བ་ལྟ་ཅི་སྨོས་སོ། །དཔེར་ན་བྱི་བས་སྨན་ཁུར་ལ་བརྟུས་པའི་དབྱུག་པ་ཟོས་པར་གྱུར་ན་སྨན་ཁུར་དངོས་ཟོས་པ་སྨོས་ཅི་དགོས་ཏེ་མི་དགོས་པ་བཞིན་ནོ། །གཞན་ཡང་ཁྱོད་ཀྱི་འགྲོ་ཀུན་དགེ་བ་ཇི་སྙེད་ཡོད་པ་ཞེས་སོགས་ཀྱི་སྐབས་སུ་ཆོས་ཉིད་དེ་བཞིན་ཉིད་དེ་བསྔོ་བའི་ཡུལ་དུ་བྱེད་པ་ཆོས་ཉིད་བསྒྱུར་བར་ཁས་བླངས་པ་སྟེ། བསྔོ་བའི་སྐད་དོད་དུ་བ་རི་ཎ་མ། ཞེས་པ་བསྒྱུར་བ་ལ་འཇུག་པའི་ཕྱིར་དང་། འོག་ཏུ་བསྔོ་བའི་ཚིག་བརྗོད་པའི་ཚེ། ཆོས་ཉིད་མི་འགྱུར་བདེན་པའི་བྱིན་རླབས་དང་། ཞེས་སོགས་ཟེར་བ་ཡིན་པས་ལུང་ཚིག་གོང་འོག་གཉིས་པོ་དེ་འགལ་བའི་སྐྱོན་ཡོད་པ་ཡིན་ནོ། །ལུང་རིགས་ཀྱི་གནོད་བྱེད་མཐའ་ཡས་པ་གནས་པ་དེས་ན་ལུང་གི་དོན་དང་གོང་འོག་འགལ་མི་འགལ་སོགས་ནི་ལེགས་པར་སེམས་ལ་སྨོས་ཤིག་ཅེས་གདམས་ཏེ། ཁྱོད་ནི་དོན་འགལ་མ་ཟད་ཚིག་དངོས་སུ་འགལ་བ་འང་སྣང་བས་སོ། །

དེ་དག་གི་རྗེས་སུ་འབྲང་བ་པོ་ལ་ལ་སྔར་བཤད་ལུང་རིགས་དེ་དག་གིས་ངེད་ཀྱི་བདེ་གཤེགས་སྙིང་པོ་བསྔོ་རྒྱུའི་གཞིར་དགོར་འདོད་པ་དེ་ལ་མི་གནོད་དེ། བདེ་གཤེགས་སྙིང་པོའི་སྒྲ་དེ་གཞི་འབྲས་ཀུན་ལ་ཁྱབ་པའི་ཟུང་འཇུག་སེམས་ཀྱི་ཆོས་ཀྱི་དབྱིངས་ལ་མི་ཟེར་བར་དེ་ལས་གཞན་པ་སེམས་ཅན་ཁོ་ནའི་ཁམས་ལ་འདོད་ཅིང་དེ་ཉིད་མདོ་ནས་བཤད་པའི་བསྔོ་རྒྱུའི་དགེ་རྩ་ཡང་ཡིན་པའི་ཕྱིར་ཞེ་ན། སེམས་ཅན་ཁམས་དེ་གང་ཞིག་ཡིན་བརྟག་པར་བྱ་སྟེ། དེ་ལ་དབྱེ་བ་ཡོད་པས་སོ། །དེ་ཡང་ཁམས་དེ་དོན་བྱེད་ནུས་པའི་དངོས་པོ་ཡིན་པ་འམ་དོན་བྱེད་མི་ནུས་པའི་དངོས་མེད་དམ་གཉིས་ཀ་མིན་པར་སྤྲོས་བྲལ་ཞིག་ཡིན་སྨྲ་དགོས་ཏེ། རྣམ་པ་གསུམ་པོ་གང་རུང་ལས་གཞན་མི་སྲིད་པའི་ཕྱིར། དང་པོ་དངོས་པོ་ཡིན་ན་དེའི་ཕྱིར་སེམས་ཅན་གྱི་ཁམས་ཆོས་ཅན། བེམ་པོ་དང་རིག་པ་གང་རུང་ཡིན་པར

ཐལ། དངོས་པོའི་རྗེས་ལ་དེ་གཉིས་སུ་ཁ་ཆོན་ཆོད་པས་སོ། །དང་པོ་ཡིན་ནོ་སྙམ་ན། ཐེམ་པོ་དེ་སེམས་ཅན་གྱི་ཁམས་ཉིད་དུ་འདོད་པ་མི་འཐད་དེ་དེ་ནི་མུ་སྟེགས་བྱེ་བྲག་པ་སོགས་འགའ་ཡི་ལུགས་ཡིན་གྱི་ནང་པ་སངས་རྒྱས་པ་ལ་མེད་པས་སོ། །གཉིས་པ་ལྟར་སེམས་ཅན་གྱི་ཁམས་རིག་པ་ཡིན་ན་དེའི་ཕྱིར་ཁམས་དེ་རྣམ་ཤེས་ཀྱི་ཚོགས་བརྒྱད་འཁོར་བཅས་གང་རུང་ཉིད་ལས་འདའ་བ་མེད་པར་ཐལ་ལོ། །དེ་འདོད་ན་ཚོགས་བརྒྱད་འཁོར་བཅས་འདུས་བྱས་ཡིན་པའི་ཕྱིར་དང་། སེམས་ཅན་གྱི་ཁམས་དེ་ཚོགས་བརྒྱད་འཁོར་བཅས་ཀྱིས་བསྡུས་པ་ཡིན་པས་ན་བདེ་གཤེགས་སྙིང་པོར་མི་འཐད་དེ་དཔལ་ཕྲེང་གི་མདོ་ལས་བདེ་གཤེགས་སྙིང་པོ་ནི་འདུས་མ་བྱས་སུ་གསུངས་པའི་ཕྱིར་རོ། །གོན་རེ། དེ་ཚོགས་བརྒྱད་འཁོར་བཅས་ཀྱི་བསྡུས་པའི་ཕྱིར་ཞེས་པའི་རྟགས་མ་གྲུབ་སྟེ། མདོ་ལས། བདེ་གཤེགས་སྙིང་པོ་འགྲོ་ཀུན་ཡོངས་ལ་ཁྱབ། དྲི་མ་མེད་པའི་ཡིད་ལ་རྣམ་པར་བརྟེན། ཞེས་དང་། རྒྱུད་བླ་མའི་བསྟན་བཅོས་འགའ་ལས་དེ་བཞིན་ལུས་ཅན་ལ་ཡོད་ཟག་པ་མེད་པའི་ཤེས་པ་སྣང་མའི་རྒྱ་དང་འདྲ། ཞེས་སོགས་ཟག་མེད་སེམས་རྒྱུད་ལ་སྙིང་པོ་ཅེས་གསུངས་པའི་ཕྱིར་ཞེན། སྐྱོན་མེད་དེ་ཟག་མེད་ཀྱི་སེམས་རྒྱུད་དེ་ཀུན་གཞིའི་རྣམ་ཤེས་ཀྱི་ཆ་ལས་ས་བོན་རྣམ་སྨིན་ངོ་བོ་གསུམ་ལས་ཕྱི་མ་གསལ་ཆ་ཉིད་ལ་དགོངས་པ་ཡིན་པས་ཚོགས་བརྒྱད་གང་རུང་དུ་འདུས་ཤིང་། དེ་དང་སྙིང་པོ་འགལ་བར་བསྟན་ཟིན་པས་སོ། །གསལ་ཆ་དེ་ལ་ནི་མ་བསྒྲིབས་ལུང་མ་བསྟན་ཡིན་པའི་ཕྱིར་དགེ་བའི་ཐ་སྙད་མེད་དོ། །འོན་ཏེ་ཟག་མེད་སེམས་རྒྱུད་ཅེས་པ་ཀུན་གཞིའི་རྣམ་ཤེས་མིན་པ་ཚོགས་བརྒྱད་ལས་གཞན་དུ་ཡོད་ན་ནི་དེ་གང་ཞིག །རིག་པ་ལ་དབྱེ་བ་དེ་ཚེ་རྣམ་ཤེས་ཚོགས་དགུར་འགྱུར་བར་ཐལ། ཚོགས་བརྒྱད་ཀྱི་སྟེང་དུ་ཟག་མེད་སེམས་རྒྱུད་དང་བཅས་དགུར་འགྱུར་བ་ལས་འོས་མེད་པའི་ཕྱིར་རོ། །འདོད་ན་ལུང་དང་འགལ་ཏེ། ལང་གཤེགས་ལས། རྣམ་པར་ཤེས་པ་བརྒྱད་ཉིད་དང་། ཞེས་གསུངས་པའི་ཕྱིར། དེས་ན་ཚོགས་བརྒྱད་ལས་གཞན་པའི་ཟག་མེད་སེམས་རྒྱུད་ཡོད་པ་ནི་མི་འཐད་དོ། །གཉིས་པ་དངོས་མེད་ཡིན་ན་དེའི་ཕྱིར་དོན་བྱེད་མེད་པས་ཁམས་དེ་ལ་དགེ་སྡིག་འཐད་པ་མ་ཡིན་ནོ། །གསུམ་པ་གལ་ཏེ་སེམས་ཅན་གྱི་ཁམས་དེ་དངོས་དང་། དངོས་མེད་གཉིས་ཀ་མ་ཡིན་པར་སྤྲོས་བྲལ་ཡིན་ན་དེ་གང་ཞིག་སྔར་བླ་སྒྲུབ་ཀྱི་ལུང་དྲངས་ནས་བཤད་པའི་ཆོས་ཀྱི་དབྱིངས་ལས་འདའ་བ་མེད་པས། སྤྲོས་བྲལ་དེ་ལྟར་ཡིན་ན་སེམས་ཅན་གྱི་ཁམས་དེ་ཆོས་ཀྱི་དབྱིངས་སུ་གྲུབ་ཅིང་དེ་དགེ་སྡིག་མེད་པར་སྔར་བཤད་ཟིན་ཏོ། །

འདི་སྙམ་དུ་གལ་ཏེ་ཐེམ་པོའི་ཆོས་ཀྱི་དབྱིངས་བདེ་གཤེགས་སྙིང་པོ་མ་ཡིན་ན་ཡང་སེམས་ཅན་རྣམས་ཀྱི་ཆོས་ཀྱི་དབྱིངས་དེ་བདེ་གཤེགས་སྙིང་པོ་ཡིན་ཏེ་སེམས་ཅན་ཁོ་ནའི་ཁམས་ཞེས་རིགས་བཟུང་གིས་དོན་ཡིན་པའི་ཕྱིར། དེས་ན་སེམས་ཅན་གྱི་ཁམས་བསྔོ་རྒྱུའི་དགེ་བར་གྱུར་པའི་བདེ་གཤེགས་སྙིང་པོར་འདོད་པ་ལ་བརྟག་པ་འདི་རྣམས་མི་འཇུག་གོ་སྙམ་ན། དེ་འདྲའི་རྣམ་དབྱེ་དེ་འཐད་པ་མ་ཡིན་ཏེ་ཆོས་ཀྱི་དབྱིངས་ལ་ནི་བསྔོ་རྒྱུའི་དགེ་བར་གྱུར་པའི་སྙིང་པོ་དང་དེ་མ་ཡིན་པའི་དབྱེ་བ་མེད་པར་རྒྱལ་བས་ཡུམ་ལས་མང་དུ་གསུངས་པས་སོ། །རིགས་པས་ཀྱང་ནི་ཆོས་དབྱིངས་ལ་མི་འདྲ་བའི་དབྱེ་བ་མེད་པ་འདི་གྲུབ་པོ་སྟེ་ཆོས་དབྱིངས་ཐམས་ཅད་དགག་བྱ་སྤྲོས་པ་བཀག་པའི་སྤྲོས་བྲལ་གྱི་དེ་བཞིན་ཉིད་དུ་གཅིག་པའི་ཕྱིར། སྙིང་པོ་བསྔོ་རྒྱུའི་དགེ་ཙམ་མི་རུང་བ་དེས་ན་རྒྱུ་དུས་ཀྱི་དེ་བཞིན་གཤེགས་པ་ཡི་

སྙིང་པོ་དེ་ཐབས་ཀྱིས་ཟིན་པ་དང་མ་ཟིན་པས་སྦྱོར་བྲལ་གྱི་སྙིང་པོ་ཡོད་པ་ཡིན་པའི་ཕྱིར། སེམས་ཅན་རྣམས་ལ་སངས་རྒྱས་དང་འཁོར་བ་གཉིས་ཀ་འབྱུང་བ་འཐད་དོ། །འཕགས་པ་ཀླུ་སྒྲུབ་སློབ་ཉིད་ཀྱིས་གང་ལ་སྟོང་པ་ཉིད་རུང་བ་དེ་ལ་འཆིང་གྲོལ་ཐམས་ཅད་རུང་བ་ཡིན་ཏེ་འཆིང་གྲོལ་གྱི་གཞི་སེམས་གསལ་སྟོང་ཟུང་འཇུག་གི་ཆོས་དབྱིངས་དེ་བདེ་གཤེགས་སྙིང་པོར་འདོད་པ་ཡིན་པའི་གནད་ཀྱིས་ཕྱིར། གང་ལ་སྟོང་ཉིད་མི་རུང་བ་དེ་ལ་ཐམས་ཅད་རུང་བ་མ་ཡིན་ཏེ་བཤད་ཟིན་པ་དེ་མི་འདོད་པའི་ཕྱིར་ཞེས་གསུངས་པ་ཡང་སྙིང་པོ་སྦྱོར་བྲལ་ཡིན་པའི་དོན་འདི་ཡིན་ནོ། །ཐེག་པ་ཆེན་པོ་རྒྱུད་བླ་མར་ཡང་སེམས་ཅན་རྣམས་ལ་བདེ་བར་གཤེགས་པའི་ཁམས་ཡོད་པ་ཉིད་ཀྱི་སྒྲུབ་བྱེད་དུ་ནི། གལ་ཏེ་བདེ་བར་གཤེགས་པའི་ཁམས་གསལ་སྟོང་ཟུང་འཇུག་གི་ཆོས་དབྱིངས་དེ་སེམས་ཅན་ལ་མེད་ན་སྡུག་ལ་སྐྱོ་ཤས་ཀྱིས་སྤོང་འདོད་སྐྱེ་བར་མི་འགྱུར་ཞིང་། མྱ་ངན་འདས་ལ་བློ་ཕྱོགས་པའི་འདོད་པ་དང་། ཐར་བའི་ཐབས་འཚོལ་བའི་དོན་གཉེར་ཐར་བ་མངོན་དུ་བྱེད་པའི་སྨོན་པའང་མེད་པར་འགྱུར་རོ་ཞེས་ཁམས་ཡོད་པའི་སྒྲུབ་བྱེད་ལྡོག་པའི་སྒོ་ནས་གསུངས་པའང་དོན་འདི་ཉིད་དེ། ཟག་བཅས་ཉེ་བར་ལེན་པའི་ཕུང་པོ་ལྔ་སྡུག་བསྔལ་སྦྱོར་བཅས་ཡིན་ཞིང་དེ་སྤངས་པའི་མྱ་ངན་ལས་འདས་པ་སྦྱོར་མེད་ཀྱི་བདེ་བ་ཡིན་པས་ན་བྱ་ཚར་དུ་སྙེག་ཆུ་ཐུར་དུ་འབབ་པ་བཞིན་སེམས་ཅན་ཀྱི་རྒྱུད་ལ་འཁོར་བ་སྤོང་འདོད་སྐྱེས་པ་འདི་འང་སེམས་ནི་ཐར་པ་སྟོང་ཉིད་ལ་དགའ་བ་ཆོས་ཉིད་ཡིན་པས་རང་གནས་སུ་སྙེག་པའི་ཕྱིར། མེ་ཡི་སྒྲུབ་བྱེད་དུ་ཚ་བ་བཀོད་པ་ལྟར། འཁོར་བའི་སྡུག་བསྔལ་ལ་སྐྱོ་ཤས་དང་མྱང་འདས་ལ་དོན་གཉེར་གྱི་བློ་སྐྱེས་པ་དེ་ནི་སེམས་ཅན་གྱི་རྒྱུད་ལ་བདེ་བར་གཤེགས་པའི་ཁམས་ཡོད་པ་ཉིད་ཀྱི་སྒྲུབ་བྱེད་དུ་འཐད་དོ། །སེམས་ཀྱི་རང་བཞིན་ཟུང་འཇུག་སྦྱོར་བྲལ་དེ་སྙིང་པོ་ཡིན་པ་འདིའི་དོན་ཤིན་ཏུ་རྒྱས་པར་བརྒྱད་སྟོང་པའི་ཆོས་འཕགས་ཀྱི་ནི་ལེའུར་ལྟོས་ཤིག་སྟེ། དེར། རིགས་ཀྱི་བུ་སྟོང་པ་ཉིད་སོང་བའམ་འགྲོ་བ་མེད་དེ་སྟོང་པ་ཉིད་གང་ཡིན་པ་དེ་ནི་དེ་བཞིན་གཤེགས་པའོ། །ཞེས་སོགས་གསུངས་སོ།

ཁོ་ན་དེ། སེམས་གསལ་སྟོང་ཟུང་འཇུག་གི་ཆོས་དབྱིངས་དེ་བདེ་གཤེགས་སྙིང་པོ་འཇོག་པར་མི་འཐད་དེ། མདོ་བསྟན་བཅོས་རྣམས་ལས་བདེ་གཤེགས་སྙིང་པོ་སེམས་ཅན་གྱི་རྒྱུད་ལ་རྟག་བརྟན་ཐེར་ཟུག་པ་སྟོབས་སོགས་ཀྱི་ཡོན་ཏན་རང་ཆས་མཚན་དཔེ་གསལ་རྫོགས་སུ་བཤད་པའི་ཕྱིར་ཞེ་ན། སྐྱོན་མེད་དེ། སེམས་ཀྱི་རང་བཞིན་སྦྱོར་བྲལ་སྙིང་པོར་བཞག་པ་དེ་ཙམ་སེམས་ཅན་ལ་ཡོད་མོད་ཀྱི་འོན་ཀྱང་དཔལ་འཕྲེང་དང་གཟུངས་ཀྱི་དབང་ཕྱུག་རྒྱལ་པོའི་མདོ་སྡེ་འགའ་ཞིག་དང་། ཐེག་པ་ཆེན་པོ་རྒྱུད་བླ་མར་གོས་ངན་གྱི་ནང་ན་རིན་ཆེན་གསེར་ལས་གྲུབ་པའི་སངས་རྒྱས་ཀྱི་སྐུ་གཟུགས་ཡོད་པ་ལྟར་སེམས་ཅན་རྣམས་ལ་སྟོབས་སོགས་ཡོན་ཏན་རང་ཆས་སུ་ལྡན་ཞིང་མཚན་དཔེས་བརྒྱན་པའི་སངས་རྒྱས་ཀྱི་སྙིང་པོ་ཡོད་པར་གསུངས་པ་རྣམས་སྒྲ་ཇི་བཞིན་དུ་ཁས་བླང་དུ་མ་ཡིན་པ་དྲང་དོན་དགོངས་པ་ཅན་ཡིན་པར་ཤེས་པར་བྱ་སྟེ་དགོངས་གཞི་དགོས་པ་དངོས་ལ་གནོད་བྱེད་གསུམ་གནས་པའི་ཕྱིར། དེ་ཡི་དགོངས་གཞི་སེམས་ཀྱི་ཆོས་ཉིད་སྦྱོར་བྲལ་སྟོང་པ་ཉིད་སྐྱེ་འགག་དང་བྲལ་བ་རང་བཞིན་གྱི་རྣམ་པར་དག་པ་སེམས་ཅན་ཐམས་ཅད་ཀྱི་རྒྱུད་ལ་ཡོད་པ་ལ་དགོངས་པ་ཡིན། དགོས་པ་རྒྱུད་བླ་མར། སྤྲིན་དང་རྨི་ལམ་སྒྱུ་བཞིན་དེ་དང་དེར། །ཤེས་བྱ་ཐམས་ཅད་རྣམ་ཀུན་སྟོང་པ་ཞེས། །གསུངས་ནས་ཞེས་སོགས་ཚིག་རྐང་བརྒྱད་ཀྱིས་བསྟན་པ་ལྟར་སྐྱོན་ལྔ་

སྤྱང་བའི་ཕྱིར་དུ་གསུངས། དངོས་ལ་གནོད་བྱེད་ཚད་མ་ནི་སྟོབས་སོགས་ཡོན་ཏན་རང་ཆས་སུ་ཡོད་པ་དེ་འདྲའི་སངས་རྒྱས་ཁམས་ཡོད་ན་གནོད་བྱེད་གསུམ་འདུག་སྟེ་མུ་སྟེགས་པས་བདག་རྟག་པ་ཀུན་ལ་ཁྱབ་པའི་གཅིག་པུ་འདོད་པ་དང་མཚུངས་པའི་ཕྱིར་དང་། བདེན་པར་གྲུབ་པའི་དངོས་པོར་ཐལ་བ་འགྱུར་བའི་ཕྱིར་དང་། ངེས་པའི་དོན་གྱི་མདོ་སྡེ་རྣམས་ལས་ཆོས་ཐམས་ཅད་བདེན་སྟོང་དུ་བཤད་པ་དང་རྣམ་པ་ཀུན་ཏུ་འགལ་བའི་ཕྱིར་རོ། །མདོ་ལས། མཚན་དཔེས་བརྒྱན་པའི་སངས་རྒྱས་ཀྱི་སྙིང་པོ་སེམས་ཅན་ལ་ཡོད་པར་གསུངས་པ་དྲང་དོན་ཡིན་པ་འདི་ནི་དོན་ལུང་གིས་ཀྱང་གྲུབ་སྟེ་སངས་རྒྱས་ཕལ་པོ་ཆེའི་དེ་བཞིན་གཤེགས་པ་ཡི་སྙིང་པོའི་ལེའུའི་མདོ་སྡེ་དང་། ལང་ཀར་གཤེགས་པའི་ལེའུ་གཉིས་པར་ལྟོས་ཤིག་སྟེ་བལྟས་པས་ཤེས་པར་འགྱུར་ཏེ། དེ་ཉིད་ལས། འདི་ལྟ་སྟེ། གཏེར་ཆེན་པོའི་སེམས་ཀྱི་ངོ་བོ་ཉིད་ཀྱིས་སེམས་ཅན་མ་ཡིན་པའོ། །ཞེས་སོགས་གསུངས་སོ། །སློབ་དཔོན་ཟླ་བ་གྲགས་པས་ཀྱང་དབུ་མ་ལ་ནི་འཇུག་པའི་བསྟན་བཅོས་ལས། རྣམ་པ་དེ་ལྟའི་མདོ་སྡེ་གཞན་ཡང་ནི། ཞེས་སོགས་ཀྱི་ཐད་དུ་ལང་གཤེགས་ཀྱི་ལུང་དྲངས་ཏེ། བདེ་གཤེགས་སྙིང་པོ་དྲང་དོན་དུ་གསུངས་པ་དེ་ཡང་ཤེས་པར་གྱིས་ཏེ། དེ་ཉིད་ལས། བློ་གྲོས་ཆེན་པོ་དེ་བཞིན་གཤེགས་པ་དགྲ་བཅོམ་པ་ཡང་དག་པར་རྫོགས་པའི་སངས་རྒྱས་རྣམས་ནི་སྟོང་པ་ཉིད་དང་། ཡང་དག་པའི་མཐའ་དང་། མྱ་ངན་ལས་འདས་པ་དང་། །མ་སྐྱེས་པ་དང་། མཚན་མ་མེད་པ་དང་། སྨོན་པ་མེད་པ་ལ་སོགས་པའི་ཚིག་གི་དོན་རྣམས་ལ་དེ་བཞིན་གཤེགས་པའི་སྙིང་པོ་བསྟན་པར་བྱས་ནས་བྱིས་པ་རྣམས་བདག་མེད་པས་འཇིགས་པར་འགྱུར་བའི་གནས་རྣམ་པར་སྤང་བའི་དོན་དུ་དེ་བཞིན་གཤེགས་པའི་སྙིང་པོ་བསྟན་པས་རྣམ་པར་མི་རྟོག་པའི་གནས་སྣང་བ་མེད་པའི་སྤྱོད་ཡུལ་སྟོན་ཏེ༑ ཞེས་བྱ་བ་དང་། བློ་གྲོས་ཆེན་པོ་དེ་ལྟར་དེ་བཞིན་གཤེགས་པ་རྣམས་མུ་སྟེགས་བྱེད་བདག་ཏུ་ཞེས་པ་རྣམས་དྲང་བའི་ཕྱིར་དེ་བཞིན་གཤེགས་པའི་སྙིང་པོ་བསྟན་པས་དེ་བཞིན་གཤེགས་པའི་སྙིང་པོ་སྟོན་ཏོ། །ཞེས་བྱ་བ་ལ་སོགས་རྒྱས་པར་གསུངས་སོ། །སྟོད་འདུལ་བ་དང་བལ་པོའི་འདུལ་འཛིན་པ་འགའ་ཞིག་ཡོན་བསྔོ་བ་བྱེད་པའི་ཚེ་ན་རིལ་པ་སྤྱི་བླུགས་ཀྱི་ཆུ་སྦྲེང་བའི་ལག་ལེན་བྱེད་པ་ཡོད་དེ་ཡོན་བདག་གི་བློས་མཐོང་བར་མཚོན་པའི་ཕྱིར་ཏེ། སྐྱེས་རབས་ལས། དེ་ཡི་སྦྱིན་པའི་མཐུན་དག་གིས། །རིལ་བ་ལས་ནི་ཆུ་བྱུང་ནས། །མིག་ནི་པདྨོ་འདྲ་བ་ལས། །མ་བསྐྲིབ་པར་ཡང་མཆི་མ་བྱུང་། ཞེས་དང་། དེ་ནས་རྒྱལ་བའི་སྲས་གཉིས་ལག་པ་བཅིངས། །བྲམ་ཟེའི་ལག་པར་ཆུ་བླུགས་དེ་ལ་ཕྱིན། །དེ་ཚེ་ས་གཡོས་འདོད་ལྷ་ཕྱིག་ཅན་ནི། །སྙིང་ན་མྱ་ངན་མེ་ཡིས་བསྲེག་པར་འགྱུར། ཞེས་སོགས་གསུངས་པའི་ཕྱིར་ཅེས་ཟེར་བ་གྲག་གོ། །དེ་ལྟའི་ཕྱག་ལེན་འདི་ནི་སངས་རྒྱས་པས་བྱ་མི་རིགས་ཏེ་དེ་ལྟར་ནི་མུ་སྟེགས་རིག་བྱེད་པའི་ལུགས་ཡིན་གྱི་སངས་རྒྱས་པ་ལ་མེད་པས་སོ། །སྐྱེས་རབས་ལས་དེ་ལྟར་གསུངས་པ་ནི་ཡུལ་དེར་རིག་བྱེད་པའི་ལུགས་དར་ཆེ་བས་དེའི་ལག་ལེན་དང་མཐུན་པར་མཛད་པ་ཙམ་ཡིན་ནོ། །དེ་ལྟར་ན་སྐྱེས་རབས་ལས་ཐམས་ཅད་སྒྲོལ་གྱིས་གླང་པོ་བྱིན་པ་ན། བྲམ་ཟེས་ཆུ་སྦྲེང་བ་དེ་ཡང་མུ་སྟེགས་ཀྱི་བྲམ་ཟེ་ཡིན་པ་ངེས་ན་ཡོན་བསྔོ་བ་སོགས་ལག་ལེན་གང་དང་གང་བྱེད་པ་ཐམས་ཅད་ནི་ཀུན་མཁྱེན་སངས་རྒྱས་ཀྱི་གསུང་བཞིན་གྲུབ་པས་བསླབས་པར་རིགས་ཏེ་སངས་རྒྱས་ཀྱི་གསུང་དང་མཐུན་པ་དེ་ལས་བདག་འབྲས་ཐོབ་ཅིང་འཁྲུལ་བ་སྤྱད་ན་བསྟན་པ་འཇིག་པའི་རྒྱུར་འགྱུར་བའི་ཕྱིར་རོ། །

ཁོ་ན་རེ། བསྔོ་བ་ལ་བསྔོ་རྒྱུའི་དགེ་རྩ་བསྔོ་བས་ཁྱད་པར་དུ་འགྱུར་བ་ཞིག་དགོས་ན། བསྔོ་བ་རྣམ་དག་ལ་བསྔོ་བ་པོས་བསྔོས་པ་བཞིན་གྱིས་

འབྲས་བུ་དེས་པར་གྲུབ་པ་ཞིག་དགོས་སོ་སྙམ་ན། དེ་ཡང་ངེས་པ་མེད་དེ་བསྔོ་བ་དེ་ཡང་ཆོས་ཅན། མདོར་བསྡུ་ན་གནས་ཀྱི་བསྔོ་བ་དང་གནས་མ་ཡིན་པའི་བསྔོ་བ་གཉིས་སུ་ཡོད་དེ། གཞན་དོན་དུ་སངས་རྒྱས་ཐོབ་པར་གྱུར་ཅིག་སྙམ་པ་ལྟ་བུའི་གནས་ཀྱི་བསྔོ་བ་བསྔོས་པས་འབྲས་བུ་འགྲུབ་པར་གསུངས། འཁོར་བ་སྟོང་པར་གྱུར་ཅིག་ཅེས་པ་ལྟ་བའི་གནས་མིན་གྱི་བསྔོ་བ་བསྔོས་ཀྱང་འབྲས་བུ་འགྲུབ་པར་མི་འགྱུར་བའི་ཕྱིར། བསྔོ་བ་འདི་དག་གཉིས་ཀ་ཡང་རང་བཟོ་མ་ཡིན་ཏེ། མདོ་ལས་གསུངས་པའི་ཕྱིར། མདོ་གང་ལས་གསུངས་ན། འདི་ལྟར་འཇམ་དཔལ་སངས་རྒྱས་ཀྱི་ཞིང་གི་བཀོད་པ་ལས་ནི་ཀུན་རྫོབ་ཀྱི་ཆོས་རྣམས་ཐམས་ཅད་རྒྱུ་རྐྱེན་ལ་བརྟེན་པ་བཞིན་ཏེ་འདུན་པའི་རྩེ་ལ་རབ་ཏུ་གནས་པ་ཡིན་པས་གང་ཟག་གང་གིས་འདུན་པ་དྲག་པོས་བསྔོ་བ་དང་སྨོན་ལམ་ཅི་བཏབ་པ་དེ་འདྲའི་འབྲས་བུ་ནི་ཐོབ་པར་འགྱུར་རོ་ཞེས་གསུངས་འདི་ནི་གནས་ཀྱི་བསྔོ་བ་ལ་དགོངས་པ་ཡིན་ནོ། །དཀོན་མཆོག་བརྩེགས་པར་བུ་མོ་དྲི་མེད་བྱིན་གྱིས་ཞུས་པའི་མདོར་ཆོས་རྣམས་ཀྱི་རྟེན་འབྲེལ་གྱི་ཆོས་ཉིད་དུ་གྲུབ་པ་འདི་ནི་སྟོང་པར་གྱུར་ཅིག་ཅེས། བསྔོ་བ་ཡིས་མི་འགྱུར་ཏེ་འཁོར་བ་ལ་ཐོག་མཐའ་མེད་པའི་ཕྱིར་རོ། །གལ་ཏེ་དེ་བཞིན་དུ་འགྱུར་ན་ནི་དེའི་ཕྱིར་དང་པོའི་སངས་རྒྱས་རེ་རེས་ཀྱང་འཁོར་བ་སྟོང་པར་གྱུར་ཅིག་ཅེས་སྨོན་ལམ་གཅིག་ཉིད་ཀྱི་བསྔོ་བ་དེང་སང་ཅིས་མི་འགྲུབ་སྟེ་འགྲུབ་རིགས་པར་འགྱུར་རོ་ཅེས་གསུངས་ཏེ། མདོ་ལས། རིགས་ཀྱི་བུ་ཆོས་རྣམས་ཀྱི་ཆོས་ཉིད་ནི་སྨོན་ལམ་གྱི་དབང་གིས་བསྒྱུར་བ་མི་ནུས་སོགས་གལ་ཏེ་ནུས་པར་གྱུར་ན་སེམས་ཅན་མྱ་ངན་ལས་འདའོ་ཞེས་སངས་རྒྱས་རེ་རེའི་དགོངས་པ་དེ་སྨོན་ལམ་གྱི་དབང་གིས་ཇི་ལྟར་ཡང་མི་འགྲུབ་སྟེ་རྣམ་གྲངས་དེས་ན་སྨོན་ལམ་གྱི་དབང་གིས་བསྒྱུར་མི་ནུས་པ་རིག་པར་བྱའོ། །ཞེས་གསུངས་སོ། །བཤད་མ་ཐག་པ་འདི་ནི་གནས་མིན་གྱི་བསྔོ་བ་ཉིད་ལ་དགོངས་པ་ཡིན་ནོ། །

ཆོས་དབྱིངས་དགེ་བ་མ་ཡིན་པ་ལུང་རིགས་ཀྱིས་སྒྲུབ་ཟིན་པ་དེས་ན་བསྔོ་རྒྱུའི་དགེ་བ་དང་བཤགས་པར་བྱ་བའི་སྡིག་པ་ཡང་སྐྱེས་བུས་རྩོལ་བས་བྱས་པའི་དགེ་སྡིག་ཡིན་མོད་ཀྱི་མ་བྱས་པ་ལ་དགེ་སྡིག་མེད་དེ་དགེ་སྡིག་གང་རུང་ཡིན་ན་རང་རྒྱུ་རྩ་བ་གསུམ་གྱིས་ཀུན་ནས་བསླངས་ཏེ་བསྐྱེད་པ་ཞིག་ཡིན་དགོས་པའི་ཕྱིར་ཏེ་དེ་ཡི་རྣམ་གཞག་གམ་རྒྱུ་མཚན་བཤད་ཀྱིས་ཉོན་ཅིག །འདོད་ཆགས་ཞེ་སྡང་གཏི་མུག་གསུམ་པོ་དེས་བསྐྱེད་པའི་ལས་ནི་ཀུན་སློང་མི་དགེ་བའི་རྩ་བ་གསུམ་པོ་གང་རུང་གིས་བསྐྱེད་པའི་ལས་ཡིན་པས་མི་དགེ་བའོ། །མ་ཆགས་ཞེ་སྡང་གཏི་མུག་མེད་པ་གསུམ་པོ་དེས་བསྐྱེད་པའི་ལས་ནི་རང་གིས་ཀུན་སློང་དགེ་བའི་རྩ་བ་དུག་གསུམ་མེད་པའི་སེམས་བྱུང་གིས་བསྐྱེད་པའི་ལས་ཡིན་པས་དགེ་བའོ་ཞེས་རིན་ཆེན་ཕྲེང་བར་གསུངས་པའི་དགོངས་པ་ཤེས་ནས་ནི་སྡེ་སྣོད་ལ་སྦྱངས་པའི་མཁས་པ་རྣམས་ཀྱིས་དཔྱད་པར་བྱའོ། ཁོ་ན་རེ། ཐེག་པ་ཆེ་ཆུང་གང་དུ་འང་དགེ་སྡིག་གི་རྣམ་གཞག་ནི་གཅིག་པ་ཡིན་ཏེ་དུག་གསུམ་གང་རུང་གིས་ཀུན་ནས་སློང་ན་མི་དགེ་བ་དང་མ་ཆགས་པ་སོགས་གསུམ་པོ་གང་རུང་གིས་ཀུན་ནས་བསླང་ན་དགེ་བ་ཡིན་པའི་གནད་ཀྱི་ཕྱིར་ཞེ་ན། ཐེག་པ་ཆེ་ཆུང་གི་དགེ་སྡིག་གི་རྣམ་བཞག་གཅིག་པར་སྨྲ་བ་ནི་མི་འཐད་དེ་འདི་ལྟར་ཉན་ཐོས་ཀྱི་དགེ་བ་ཕལ་ཆེར་ཡང་རང་དོན་ཡིད་བྱེད་དང་འབྲེལ་པ་ཡིན་པས་ན་བྱང་ཆུབ་སེམས་དཔའི་སྡིག་པར་འགྱུར། བྱང་ཆུབ་སེམས་དཔའི་དགེ་བ་འགའ་ཞིག་ཡང་

གནས་སྐབས་སུ་འཁོར་བའི་བྱ་བ་དང་འབྲེལ་བས་ན་ཉན་ཐོས་ཀྱི་སྡིག་ཏུ་འགྱུར་བར་གསུངས་སོ། །དང་པོ་ནི། དེ་ཆོས་ཅན་ཡོད་དེ་བསྐལ་པ་དུ་མར་དགེ་བའི་ལས་ལམ་བཅུ་སྤྱད་ཀྱང་ཉན་ཐོས་ས་རུ་སེམས་བསྐྱེད་ན་བསྐྱེད་མཁན་དེ་བྱང་ཆུབ་སེམས་དཔའི་གང་ཟག་ཡིན་ན་སྡིག་པ་ཤིན་ཏུ་ལྕི་བས་སོ། །སྡུད་པར། གལ་ཏེ་བསྐལ་པར་བྱེ་བར་དགེ་བའི་ལས་ལམ་བཅུ། སྤྱོད་ཀྱང་རང་རྒྱལ་དགྲ་བཅོམ་ཉིད་ལ་འདོད་སྐྱེད་ན། །དེ་ཚེ་ཚུལ་ཁྲིམས་སྐྱོན་བྱུང་ཚུལ་ཁྲིམས་ཉམས་པ་ཡིན། །སེམས་བསྐྱེད་དེ་ནི་ཕམ་པ་བས་ཀྱང་ཤིན་ཏུ་ལྕི་ཞེས་གསུངས། གང་ཟག་དེ་ཉན་ཐོས་ཡིན་ན་དེ་ནི་ཉན་ཐོས་ཀྱི་དགེ་ཆེན་ཡིན་ནོ། །གཉིས་པ་ནི། དེ་ཆོས་ཅན་ཡོད་དེ་འདོད་པའི་ཡོན་ཏན་ལྔ་སྤྱོད་ཀྱང་སྟོང་པ་ཉིད་དང་སྙིང་རྗེ་ཆེན་པོ་སོགས་ཐབས་མཁས་ཀྱི་ཁྱད་པར་བྱང་ཆུབ་སེམས་དང་ལྡན་ན་དེ་ནི་རྒྱལ་སྲས་རྣམས་ཀྱི་དགེ་ཆེན་ཡིན་ཏེ། སྡུད་པར་བྱང་ཆུབ་སེམས་དཔའ་འདོད་པའི་ཡོན་ཏན་ལྔ་སྤྱོད་ཀྱང་། །སངས་རྒྱས་ཆོས་དང་འཕགས་པའི་དགེ་འདུན་སྐྱབས་སོང་སྟེ། །སངས་རྒྱས་བསྒྲུབ་བྱ་སྙམ་དུ་ཀུན་མཁྱེན་ཡིད་བྱེད་ན། །མཁས་པའི་ཚུལ་ཁྲིམས་ཕ་རོལ་ཕྱིན་གནས་རིག་པར་བྱ། །ཞེས་གསུངས་པ་དེ་ནི་ཉན་ཐོས་རྣམས་ཀྱི་སྡིག་པར་གསུངས་སོ། །གཞན་ཡང་བྱང་སེམས་ཀྱི་དགེ་བ་ཉན་ཐོས་ཀྱི་སྡིག་པར་འགྱུར་བ་ཡོད་དེ་གཞན་གྱི་དོན་གྱི་སེམས་བརྟན་པའི་སྒོ་ནས་བཏགས་པ་མཐའ་བཟུང་སྟེ་ཕམ་པ་བཞི་པོ་སྤྱད་ན་ཡང་རྟེན་གྱི་གང་ཟག་བྱང་ཆུབ་སེམས་དཔའི་དགེ་བ་ཡིན་པའི་ཕྱིར་སྟེ་ཐབས་ལ་མཁས་པའི་མདོ་ལས། རིགས་ཀྱི་བུ་ཡོངས་སུ་བཏགས་པར་བཟུང་ནས་གལ་ཏེ་རབ་ཏུ་བྱུང་བའི་བྱང་སེམས་ཀྱི་ལྟུང་བའི་རྩ་བ་བཞི་པོ་ཐམས་ཅད་ལས་འདས་པར་གྱུར་ཀྱང་ཐབས་ལ་མཁས་པ་འདིས་སྤྱོད་པར་བྱེད་ན་བྱང་ཆུབ་སེམས་དཔའི་ལྟུང་བར་མི་འགྱུར་བ་ངས་བཤད་དོ། །ཞེས་གསུངས་སོ་དེ་ཉིད་ཉན་ཐོས་རྣམས་ཀྱི་ཕམ་པའི་སྡིག་པར་འགྱུར་བ་འདུལ་བ་ལས་གསུངས་སོ། །གཞན་ཡང་འཁོར་བའི་འགྲོ་ལ་ཆགས་ཤིང་བསམ་བཞིན་དུ་སྐྱེ་བ་ལེན་པ་ནི་གཞན་དོན་ཡིན་ཡང་ཉན་ཐོས་ཀྱི་སྡིག་པ་ཡིན་དེ་ཉིད་རྒྱལ་སྲས་ཀྱི་དགེ་བ་ཡིན་ཏེ་ཉེ་བ་འཁོར་གྱིས་ཞུས་པའི་མདོ་ལས་ཉེ་བ་འཁོར་འདི་ལ་ཐེག་པ་ཆེན་པོ་ལ་ཡང་དག་པར་ཞུགས་པའི་བྱང་ཆུབ་སེམས་དཔའ་བསྐལ་པ་ཚད་མེད་གྲངས་མེད་པར་སྲིད་པར་སྐྱེ་བ་ལེན་ཀྱང་སེམས་ཡོངས་སུ་མི་སྐྱོ་ཞིང་ཡིད་མི་ཞུམ་པ་དེ་ནི་ཐེག་པ་ཆེན་པོ་ལ་ཡང་དག་པར་ཞུགས་པའི་བྱང་ཆུབ་སེམས་དཔའ་དེའི་ཚུལ་ཁྲིམས་ཡོངས་སུ་དག་པ་ཉིད་ཡིན་ལ་དེ་ནི་ཉན་ཐོས་ཀྱི་ཐེག་པའི་ཚུལ་ཁྲིམས་ཡོངས་སུ་མ་དག་པ་ཉིད་དང་ཤིན་ཏུ་ཆགས་པའི་ཚུལ་ཁྲིམས་ཉིད་ཡིན་ནོ་ཞེས་སོགས་གསུངས་པ་ལྟར་ཤེས་པར་བྱའོ། །

འབྲི་ཁུང་བ་ཁ་ཅིག་དཀར་ནག་ཟང་ཐལ་ཞེས་བྱ་བ་ལས་ནག་པོའི་རྣམ་སྨིན་ནི་སངས་རྒྱས་ཀྱིས་ཀྱང་མྱོང་དགོས་ཏེ་སྟོན་པའི་ཞབས་ལ་སེང་ལྡེང་གི་ཚལ་པ་ཟུག་པ་ལ་སོགས་འདུལ་བ་ལུང་ལས་སྐྱ་ཆེ་སྦྱ་མའི་ལས་ངན་སྨིན་པ་གསུངས་པའི་ཕྱིར་ལས་དཀར་ནག་གིས་འབྲས་བུ་སངས་རྒྱས་ཀྱིས་ལའང་ཟང་ཐལ་དུ་འགྲོ་བ་ཞེས་བྱ་བའི་ཆོས་སྐད་ངོ་མཚར་ཆེ་བ་བོད་འདིར་གྲག་གོ། །འབྲི་ཁུང་བ་དེ་དག་གིས་ནི་དྲང་དོན་གྱི་ལུང་ལ་ངེས་པའི་དོན་དུ་འཛིན་པ་ཡིན་པས་འཁྲུལ་པར་ཟད་དོ། །སྟོན་པ་འདི་ཉིད་སྟོན་སློབ་ལམ་གྱི་ཚེ་དེད་དཔོན་སྙིང་རྗེ་ཆེན་པོར་འཁྲུངས་པ་དེ་ཡིས་བྱང་ཆུབ་ལས་ཕྱིར་མི་ལྡོག་པའི་ཚོང་པ་ལྔ་བརྒྱ་བསྐྱབས་པའི་ཕྱིར་ཚོང་པ་གཡོ་ཅན་མདུང་བསྣུན་ཏེ་གསད་པ་ཡི་ལས་ཀྱིས་རྫོགས་པའི་སངས་རྒྱས་ཀྱི་ཞབས་ལ་སེང་ལྡེང་གི་ཚལ་པ་ཟུག་སྟེ་ཁྲག་རྒྱུན་འབབ་པ་འདི་བྱུང་ངོ་ཞེས་དང་། ཁྲམ་ཟེའི

ཁྱེའུ་བླ་མ་དགའ་སྐྱོར་དུ་གྱུར་པ་ན་སངས་རྒྱས་འོད་སྲུང་ལ་སྐུར་པ་དགེ་སློང་མགོ་རེག་འདི་དག་ལ་བྱང་ཆུབ་ལྟ་ག་ལ་ཡོད་བྱང་ཆུབ་ནི་དགའ་བ་ཡིན་ནོ་ཞེས་སྨྲས་པའི་རྣམ་སྨིན་གྱིས་ད་ལྟ་བྱང་ཆུབ་ཀྱི་ཕྱིར་ལོ་དྲུག་ཏུ་དཀའ་བ་སྤྱད་དགོས་པ་འདི་བྱུང་གསུངས་པ་དང་། བྲམ་ཟེ་འཁོར་ལྔ་བརྒྱའི་སློབ་དཔོན་དུ་གྱུར་པ་ན་སངས་རྒྱས་རྣམ་གཟིགས་ཀྱི་ཉན་ཐོས་རྣམས་ལ་འདི་ཚོ་རྟ་ཆས་རྩུལ་བ་རྐྱེད་རྒྱུ་ཞེས་སྨྲས་པས་གྲོང་ཁྱེར་ཉེན་མོངས་མེད་པའི་ལྷོངས་སུ་དབྱར་ཟླ་བ་གསུམ་རྟ་ཆས་ནས་རྩུལ་བ་གསོལ་བ་དང་། ཡུལ་གྲུ་འཛིན་དུ་སྐྱེས་བུ་གཡོ་ཅན་བདུན་ཅུའི་རྩ་ལག་ཏུ་གྱུར་པའི་ཚེ་སྨད་ཚོང་མ་བཟང་མོ་གསད་པའི་རལ་གྲི་ཁྲག་ཅན་དྲང་སྲོང་མདོག་ནག་གི་དྲུང་དུ་བོར་བའི་ལས་ཀྱིས་བྲམ་ཟེའི་བུ་མོ་དྲེགས་མས་ཤིང་གཞོང་སྟོར་བཙུག་སྟེ་སྐུར་བ་དང་། ད་ལྟར་ལྷ་བྱིན་གྱི་དགེ་འདུན་དབྱེན་གྱི་རྒྱུ་སྔོན་རིག་བྱེད་ཀྱི་ཞང་ཆོས་སུ་གྱུར་པ་ན་སློབ་དཔོན་གྱི་འཁོར་ཕྱེ་སྟེ་བཤད་པའི་ལས་ཀྱིས་སོ་ཞེས་བྱ་བ་ལ་སོགས་པ་ཐུབ་པའི་སྐུ་ཚེ་སྔ་མ་ཡི་ལས་ངན་སྨིན་པར་འདུལ་ལུང་ལས་གསུངས་པ་ནི་དེས་འདུལ་བ་ཡི་སྐྱེ་བོ་ལ་དགོངས་པའི་དབང་གིས་གསུངས་པ་ཡིན་པས་དྲང་དོན་ཡིན་ཏེ་དེའི་རྒྱུ་མཚན་ཡང་ནི་གསང་ཆེན་ཐབས་ལ་མཁས་པའི་མདོ་སྡེ་དེར་ལྟོས་ཤིག་སྟེ་དེ་ནི་ངེས་དོན་གྱི་མདོ་སྡེ་ཡིན་པས་ཡིད་རྟོན་རུང་ཞིང་། འདུལ་ལུང་ཉན་ཐོས་ཀྱི་གཞུང་དྲང་བའི་དོན་ཡིན་པ་ལ་ཡིད་མ་རྟོན་ཏེ་རྟེན་མི་རིགས་པས་སོ། །གལ་ཏེ་རྫོགས་པའི་སངས་རྒྱས་ལ་ལས་ངན་སྨིན་པ་བདེན་ན་ནི་དེ་གང་ཞིག །སྟོན་པ་ཐུབ་པའི་དབང་པོ་དེ་ཆོས་ཅན་བསོད་ནམས་ཡེ་ཤེས་ཚོགས་གཉིས་རྫོགས་པར་བྱས་པ་དོན་མེད་པར་འགྱུར་ཅིང་ཚོགས་གཉིས་རྫོགས་པའི་དགོས་པ་ཡོན་ཏན་རྫོགས་ཤིང་སྤང་བྱ་མཐའ་དག་སྤངས་པའི་ཆེད་ཡིན་པ་གང་ཞིག་ད་དུང་སྤང་བྱ་ལས་ངན་གྱིས་རྣམ་སྨིན་མ་སྤངས་པའི་ཕྱིར། དེ་ཆོས་ཅན། ལྷག་བཅས་མྱང་འདས་ཉན་ཐོས་ཀྱིས་དགྲ་བཅོམ་ཉོན་མོངས་མེད་ཀྱང་རྣམ་སྨིན་གྱི་སྡུག་བསྔལ་དང་ལྡན་པ་དེ་དང་ཡང་འདྲ་བར་འགྱུར་ཏེ་རྣམ་སྨིན་ཟད་པར་སྤངས་ཀྱང་ལས་ངན་གྱིས་རྣམ་སྨིན་གྱི་ལྷག་མ་མྱོང་བ་ཡོད་པའི་ཕྱིར། ཐུབ་པའི་དབང་པོ་དེ་ལ་སྐུ་གསུམ་གྱི་རྣམ་གཞག་བྱར་མི་རུང་བར་ཐལ་བར་འགྱུར་ཏེ།

དེ་ལྟར་ན་སྤྲུལ་གཞིའི་ལོངས་སྐུ་མེད་དགོས་པའི་ཕྱིར་དེ་མེད་ན་དེའི་སྤྲུལ་གཞི་ཆོས་སྐུ་ཡང་མེད་དགོས་པའི་ཕྱིར་རོ། །དེ་ལ་དེ་བདེན་ན་སྐུ་གསུམ་གྱི་རྣམ་བཞག་བྱར་མི་རུང་བ་དེ་ཡི་འཐད་པ་བཤད་ཀྱིས་ཉོན་ཅིག་སྟེ་འཆད་པར་འགྱུར་བས་སོ། །ལམ་ལ་བསླབ་པ་ལས་ཚོགས་གཉིས་རྫོགས་པའི་སངས་རྒྱས་ཆོས་སྐུ་ཐོག་མར་འགྱུར་ཞིང་དེ་གཟུགས་སྐུ་ཐོག་མར་བཞེངས་པའི་སངས་རྒྱས་ནི་འོག་མིན་སྟུག་པོ་བཀོད་པར་ངེས་པ་ལྔ་ལྡན་དུ་སངས་རྒྱས་པའི་ལོངས་སྤྱོད་རྫོགས་པའི་སྐུ་ཉིད་ཡིན་ཏེ་ལང་གཤེགས་ལས། རིན་ཆེན་སྣ་ཚོགས་མཛེས་པ་ཡིས། །འོག་མིན་གནས་ནི་ཉམས་དགའ་བ། །གཙང་མའི་གནས་ནི་སྟེང་བཞུགས་ནས། །ཡང་དག་སངས་རྒྱས་དེར་སངས་རྒྱས། །ཞེས་གསུངས་སོ། །ལོངས་སྐུ་དེ་ཡི་སྤྲུལ་པའི་སྐུ་ཉིད་ནི་གདུལ་བྱ་སྣ་ཚོགས་པ་འདུལ་བའི་ཕྱིར་རྒྱལ་པོ་ཟས་གཙང་མའི་སྲས་སུ་འཁྲུངས་པ་ཡི་ཤཱཀྱ་སེང་གེ་འདི་ཡིན་ཏེ་རྒྱན་སྟུག་པོ་བཀོད་པར། གཙང་མའི་གནས་ནི་སྤངས་པ་ཡི། །འོག་མིན་གནས་མཆོག་ཉམས་དགའ་བར། །ཡང་དག་སངས་རྒྱས་དེར་སངས་རྒྱས། །སྤྲུལ་པ་པོ་གཅིག་འདིར་འཚང་རྒྱ། །ཞེས་སོགས་གསུངས་པ་ཡིན་ནོ། །སྤྲུལ་སྐུ་ཤཱཀྱ་སེངྒེ་འདི་ནི་གདུལ་བྱ་རྣམས་སྨིན་གྲོལ་ལ་དགོས་པའི་ཕྱིར་བྱ་རྒོད་ཕུང་པོ་སོགས་སུ་གཤེགས་པ་དང་དྲི་གཙང་ཁང་གི་ནང་དུ་ཏིང་ངེ་འཛིན་ལ་བཞུགས་པ་དང་འོད་སྲུངས་སོགས་ལ་ཆོས

སྟོན་ཅིག་གསུངས་ནས་སྐུ་མཉེལ་ནས་མནལ་དུ་གཟིམས་པ་དང་། གྲོང་དཔོན་གྱི་བུ་གཅེར་བུ་བ་རལ་གྱི་ཐོགས་པས་ལོ་ཉེས་འདི་ལྷ་བུ་ལ་གོའུ་ཏ་མ་ཁྱོད་འཁོར་མང་པོ་དང་བཅས་གྲོང་དུ་འོང་ནས་ཁྱིམ་རྣམས་ཕུང་བར་བྱེད་དམ་ཟེར་ནས་བཀག་པ་ན་ངས་བསྐལ་པ་དགུ་བཅུ་རྗེས་སུ་དྲན་ཏེ་འགའ་ཞིག་ལའང་གནོད་པའི་ལས་མི་མཁྱེན་ནོ་ཞེས་པའི་གནས་སྐབས་ལྷ་བུ་མུ་གེའི་གྲོང་དུ་གཤེགས་པ་དང་། སྤྲ་ལའི་གྲོང་དུ་བསོད་སྙོམས་ལ་གཤེགས་པའི་ཚེ་ཙུང་ཟད་ཀྱང་མ་རྙེད་ལྷུང་བཟེད་སྟོང་པར་བྱོན་པ་དང་། རྒྱལ་བུ་རྒྱལ་བྱེད་ཀྱི་ཚལ་མགོན་མེད་ཟས་སྦྱིན་གྱི་ཀུན་དགའ་ར་བར་བསོད་སྙོམས་མང་དུ་རྙེད་པ་དང་། ལྷ་བྱིན་སོགས་དགྲ་དང་ཟས་སྦྲ་གཅན་འཛིན་སོགས་ཉེ་དུའི་འབྲེལ་བ་དང་། འཕགས་སྐྱེས་པོས་ཤཱཀྱ་པ་རྣམས་གསད་པའི་ཚེ་ས་ཕྱོགས་ཉམས་མི་དགའ་བར་རྗེ་བའི་རད་རོད་ཅན་དུ་ལོ་འདབ་མེད་པའི་ཤིང་སྐམ་པོ་ལ་བརྟེན་ཏེ་འོ་བརྒྱལ་པོར་གཟིམས་པ་དང་། ཀླུ་ཡི་བརྒྱལ་པོ་མ་དྲོས་པས་གདན་དྲངས་པའི་དུས་ལྷ་བུ་རེས་འགའ་སྟོང་བར་གཤེགས་པ་དང་། གྲོང་ཁྱེར་ཟད་བྱེད་ན་གནས་པའི་མུ་སྟེགས་རྣམས་ཀྱིས་དགེ་སློང་གོའུ་ཏ་མས་སྒྱུ་མ་བསླབ་ནས་འཇིག་རྟེན་བསླུས་སོ། །ཞེས་དང་། འདི་སྐྱེས་ནས་ཞག་བདུན་ན་མ་ཤི་བའི་ངག་བཅག་སྟེ་ཡིད་མི་བདེ་བར་གྱུར་བས་ཕ་མ་ལ་བྱིས་པ་མི་བཟོ་བའོ། །ཞེས་སོགས་གཞན་གྱིས་སྐུར་བ་སྣ་ཚོགས་དང་། གསལ་ལྡན་དུ་ལྷ་ལས་བབས་པ། སེར་སྐྱར་ཡབ་སྲས་མཇལ་བ། ཉན་ཡོད་དུ་ཆོ་འཕྲུལ་ཆེན་པོ་བསྟན་པ་སོགས་རེས་འགའ་སྟན་པའི་བ་དན་སྲིད་པ་གསུམ་དུ་གཡོ་བ་དང་། སྐུ་བདེ་བ་དང་ཐུགས་དགྱེས་པར་སྤྱོད་པ་བར་མར་བཞུགས་པ་སོགས་རྣམ་པ་སྣ་ཚོགས་པ་སྟོན་པ་ནི་སྤྲུལ་པ་ཙམ་ཡིན་གྱི་རང་རྒྱུད་པ་མིན་ཏེ་གདུལ་བྱ་གདུལ་བའི་ཆེད་དུ་སྣང་ཚུལ་སྣ་ཚོགས་པ་བསྟན་པ་ཡིན་པའི་ཕྱིར་རོ། །གལ་ཏེ་བཏགས་པ་མཐའ་བཟུང་དུ་སངས་རྒྱས་དངོས་ལ་ནི་ལས་ངན་སྨིན་པར་འདོད་ན་ཡང་སྤྲུལ་གཞི་ལོངས་སྤྱོད་རྫོགས་པའི་སྐུ་ཉིད་ལ་སེང་ལྡེང་གི་ཚལ་བ་ཟུག་པ་སོགས། སྨིན་པར་རིགས་ཀྱི་དེས་སྤྲུལ་པའི་སྐུ་ཤཱཀྱ་ཐུབ་པ་ལ་སོགས་ལ་སྨིན་པར་འདོད་པ་ནི་མུན་སྤྲུལ་ཡིན་ཏེ་ཤཱཀྱ་ཐུབ་པ་ནི་སྤྲུལ་པ་ཙམ་ཞིག་ཡིན་པའི་ཕྱིར་རོ། །དཔེར་ན་སྒྱུ་མའི་མཁན་པོས་ལས་ངན་བྱེད་ན་ལས་ངན་དེ་ཉིད་ཀྱིས་འབྲས་བུ་བྱེད་པ་པོར་དེ་ལ་ལས་ངན་འབྱུང་གི་དེས་སྤྲུལ་པའི་རྟ་གླང་སོགས་ཀྱི་སྒྱུ་མ་ལ་ནི་མི་འབྱུང་བ་བཞིན་ནོ། །གནོད་བྱེད་བསྟན་ཟིན་པ་དེས་ན་འདུལ་བ་ལུང་ལས་སྟོན་པ་སངས་རྒྱས་ལ་སྐུ་ཚེ་སྔ་མའི་ལས་ངན་སྨིན་པར་གསུངས་པའི་དགོངས་པ་ནི་དྲང་དོན་ཡིན་པར་ཤེས་པར་བྱ་དགོས་སོ། །སངས་རྒྱས་ལ་ལས་ངན་སྨིན་པར་གསུངས་པ་དྲང་དོན་ཡིན་པ་དང་། དྲང་དོན་དེ་ཇི་བཞིན་དུ་ཁས་ལེན་དུ་མི་རུང་བ་འདི་ཡི་ལུང་དང་རིགས་པ་རྣམས་དབྱིག་གཉེན་གྱི་རྣམ་བཤད་རིགས་པ་དང་ནི་ལེགས་ལྡན་འབྱེད་ཀྱི་རྟོག་གེ་འབར་བ་ལ་སོགས་པ་མཁས་པའི་གཞུང་བཞིན་དུ་ཤེས་པར་གྱིས་ཤིག །དེ་ཡང་རྣམ་བཤད་རིགས་པར། ཀུན་ཏུ་སྣང་བའི་མདོ་ལས་ཀྱང་། སྒྲ་ཇི་བཞིན་དུ་འཛིན་ན་ཉེས་པ་ལྔ་ཡོད་དོ། །ལྔ་གང་ཞེ་ན། མི་མོས་པའི་གནས་སུ་འགྱུར་བའི་ཉེས་པ་དང་རྒྱ་བ་ཉམས་པའི་ཉེས་པ་དང་། གཞན་ལ་བསླུ་བར་བྱེད་པའི་ཉེས་པ་དང་། སྟོན་པ་ལ་སྐུར་བ་འདེབས་པའི་ཉེས་པ་དང་། །ཆོས་སྤོང་བར་བྱེད་པའི་ཉེས་པའོ། །ཞེས་དང་། རྟོག་གེ་འབར་བར། ཞིང་འདིར་ཐུབ་པའི་མཛད་པ་དག །གལ་ཏེ་སྤྲུལ་པ་མ་ཡིན་ཞིང་། །མདོ་སོགས་སྒྲ་ནི་ཇི་བཞིན་དུ། ཁས་ལེན་པ་ལ་འགལ་བ་ནི། །རྒྱལ་སྲས་སྲིད་པ་ཐ་མ་པ། །འདོད་པ་བསྟེན་ན་ཚུལ་ཁྲིམས་འཆལ། །དེས་ན་སྦྱིན་པ་སོགས་ཀྱང་མེད། །ཞེས་དང་། གནས་བརྟན་ཆེན་པོ་བ་ཀུ་ལ། །ཁོ་བོ་བསྙེན་པར་རྫོགས་ནས་ལོ། །བརྒྱད་ཅུ་ལོན་ཡང་མགོ་བོ་ཙམ། །ན་བར་

མི་དྲན་གང་ཡིན་པ། །ཨ་རུ་ར་གཅིག་ནད་པ་ལ། །སྨིན་པའི་འབྲས་བུ་ཉིད་ཡིན་ན། །སངས་རྒྱས་སྨིན་པའི་མཐར་སོན་པ། །སྐུ་ལ་ལས་ངན་ལས་བྱུང་བའི། །སྐྱོན་གྱིས་བཏང་བ་ཤིན་ཏུ་འགལ་ཞེས་སོགས་གསུངས་པའི་ཕྱིར་རོ། །འབྲི་ཁུང་པ་ན་རེ། ཐེག་པ་ཆེ་ཆུང་བསླབ་བྱ་ལ་ནི་གང་གཅིག་ལ་བཀག་ན་ཐམས་ཅད་ལ་བཀག་ཅིང་། གཅིག་ལ་གནང་བ་ཐམས་ཅད་གནང་བ་ཡིན་ཏེ་བཀག་པ་ཐམས་ཅད་དངོས་པོའི་གཤིས་ལ་ཡེ་ནས་བཀག་པ་དང་གནང་བ་ཐམས་ཅད་དངོས་པོའི་གཤིས་ལ་ཡེ་ནས་གནང་བ་ཡིན་པའི་ཕྱིར་ཞེས་ཟེར་རོ། །ཡེ་བཀག་ཡེ་གནང་ཞེས་བྱ་བའི་ལུགས་འདི་འང་སངས་རྒྱས་ཀྱི་བསྟན་པ་དང་མཐུན་པ་མིན་ཏེ་སངས་རྒྱས་ཀྱི་གསུང་དང་འགལ་བའི་ཕྱིར།

དེའི་རྒྱུ་མཚན་ཡང་ཉན་ཐོས་རྣམས་དང་ནི་ཐེག་ཆེན་གྱི་བསླབ་བྱ་གནང་བཀག་ཐམས་ཅད་གཅིག་ཏུ་མེད་པ་དེས་ན་ཐེག་ཆེན་ལྟ་བུ་ལ་ལར་གནང་བ་ནི་ཉན་ཐོས་ལྟ་བུ་ལ་ལའི་བཀག་པ་ཉིད་དུ་འགྱུར་ཞིང་ཉན་ཐོས་ནང་ཕན་ཚུན་ལའང་དེ་ལྟར་འགྱུར་ཏེ། གཅིག་ཏུ་མེད་པ་དེ་ཡི་འཐད་པ་ནི་འཆད་འགྱུར་འདི་ལྟར་ཡིན་པས་དཔྱད་གསུམ་རྣམ་དག་གི་ལུང་བཞིན་བཤད་ཀྱིས་ཉོན་ཅེས་གདམས་པའོ། །ཉན་ཐོས་རྩ་བའི་སྡེ་པ་བཞི་དང་དེ་ལས་གྱེས་པ་བཅོ་བརྒྱད་ལ་འདུལ་བ་མི་འདྲ་རྣམ་བཞི་ཡོད་ཅིང་། སྐད་ཀྱང་ཐམས་ཅད་ཡོད་སྨྲའི་མཁན་པོ་རྒྱལ་རིགས་སྒྲ་གཅན་འཛིན་གྱིས་ལེགས་སྦྱར་གྱི་སྐད་དུ་འདོན་པ་དང་། གནས་བརྟན་པའི་མཁན་པོ་བྲམ་རིགས་འོད་སྲུང་ཆེན་པོས་རང་བཞིན་གྱི་སྐད་དུ་དང་། ཕལ་ཆེན་པའི་མཁན་པོ་འདྲེག་མཁན་ཉེ་བ་འཁོར་གྱིས་ཟུར་བཅག་པའི་སྐད་དང་མང་པོས་བཀུར་བའི་མཁན་པོ་ཀཱ་ཏྱཱ་ནས་ཤ་ཟའི་སྐད་དུ་འདོན་པ་ཡིན་ནོ། །གཞན་ཡང་སྣམ་སྦྱར་གྱི་སྣམ་ཕྲན་གྱི་གྲངས་གྲྭ་པའི་རྟགས་མི་འདྲ་བ་སོགས་རྣམ་པ་བཞི་རུ་གནས་པ་ཡིན་ནོ། །དེ་ལས་གྱེས་པ་བཞི་པོ་རིམ་བཞིན་བརྒྱད་དང་། གཉིས་དང་ལྔ་དང་གསུམ་གྱིས་བཅོ་བརྒྱད་ལ་ཛོད་བྱེད་འདུལ་བའི་དབྱེ་བ་དང་འདུལ་ལུང་མི་འདྲ་བ་བཅོ་བརྒྱད་ཡོད་དོ། །ལུང་གིས་བརྗོད་བྱ་དང་པོར་སྡོམ་པ་ལེན་པའི་ཆོ་ག་དང་། བར་དུ་བསྲུང་ཚུལ་དང་ཉམས་ན་ཕྱིར་བཅོས་ཚུལ་དང་གསོ་སྦྱོང་གི་ཚེ་སོ་སོར་ཐར་པའི་མདོ་འདོན་པ་དང་། ཐ་མར་སྡོམ་པ་གཏོང་བའི་ཚུལ་སོགས་ལ་ཉན་ཐོས་སྡེ་པ་ཐམས་ཅད་ཕལ་ཆེར་མི་མཐུན་པས་ན་གཅིག་གིས་བཀག་པ་གཅིག་ལ་གནང་བས་གནང་བཀག་གཅིག་ཏུ་ངེས་པ་མེད་དོ། །གལ་ཏེ་སྡེ་པ་བཞི་འམ་བཅོ་བརྒྱད་ལ་གནང་བཀག་ཐ་དད་ཡོད་པས་ཐེག་པ་ཆེ་ཆུང་གི་གནང་བཀག་ཐ་དད་ཡོད་པ་མི་འགྲུབ་ཏེ་ཉན་ཐོས་སྡེ་པ་གཅིག་བདེན་གྱི་དེ་ལས་གཞན་པ་བརྫུན་ཡིན་ནོ་སྙམ་ན། ཉན་ཐོས་སྡེ་པ་དེ་རྣམས་ལ་བདེན་བརྫུན་འབྱེད་པ་འདི་ནི་འཐད་པ་མིན་ཏེ་རྒྱལ་པོ་ཀྲི་ཀྲིའི་རྨི་ལམ་རས་ཡུག་གཅིག་ལ་བཞི་དང་དེ་ལས་བཅོ་བརྒྱད་དུ་བཤགས་ཏེ་ཐམས་ཅད་ལ་རས་ཡུག་ཆ་ཚང་རེ་ཐོབ་པ་དམིགས་པ་ལྟར་སྡེ་པ་བཅོ་བརྒྱད་པོའི་བསླབ་བྱ་གནང་བཀག་ཐམས་ཅད་བདེན་པར་གསུངས་པས་སོ། །འདི་དོན་རྒྱས་པར་དབྱིག་བཤེས་ཀྱིས་མཛད་པའི་སྡེ་པ་ནི་ཐ་དད་བཀླག་པའི་འཁོར་ལོ་ལས། ཡང་ན་དེའི་དོན་བསྡུས་པ་དུལ་བ་ལྷས་སྡེ་པ་ཐ་དད་བསྟན་པ་བསྡུས་པ་དང་། ཤཱཀྱ་འོད་ཀྱིས་མཛད་པའི་འདུལ་བ་འོད་ལྡན་དང་ལོ་དྲི་བ་ལ་སོགས་པར་ལྟོས་ཤིག་སྟེ། དུལ་བ་ལྷས། ཡུལ་དོན་སློབ་དཔོན་བྱེ་བྲག་གིས། །ཐ་དད་རྣམ་ལ་བཅོ་བརྒྱད་འདོད། །ཞེས་དང་། འོད་ལྡན་ལས། དེ་ལྟ་བས་ན། སྡེ་བ་གཞན་འདོན་པ་དག་ཀྱང་སངས་རྒྱས་ཀྱི་གསུང་ནི་ཡིན་པར་ཐེ་ཚོམ་མེད་པ་ཡིན་ནོ། ཞེས་དང་། ལོ་དྲི་བར། དེ་ལྟར་བྱེ་བྲག་བཅོ་བརྒྱད་དུ། །ཤཱཀྱ་སེངྒེའི་བསྟན་པ་ནི། །ཕྱུར

ཏེ་འགྲོ་བའི་བླ་མ་དེའི། །སྟོན་གྱིས་ཕྲིན་ལས་དབང་གིས་ཡིན། །ཞེས་སོགས་གསུངས་པའི་ཕྱིར་རོ། །

སྐབས་པ་ཚུལ་དེས་ཀྱང་སྡེ་བ་བཅོ་བརྒྱད་ཀྱི་གནང་བཀག་ཐ་དད་དུ་མི་ཐུབ་ཏེ། སྡེ་པ་བཅོ་བརྒྱད་པོ་ཀུན་གྱི་བསླབ་པ་ཡང་ཤེས་ན་གནང་བཀག་གཅིག་ཏུ་འགྱུར་བའི་ཕྱིར་ཞེ་ན། བསླབ་པ་ཤེས་ན་གནང་བཀག་གཅིག་ཏུ་འགྱུར་ཞེས་པ་འདི་ནི་མི་འཐད་དེ་ཤེས་ཀྱང་ཕལ་ཆེར་ལ་མི་མཐུན་པ་ཐ་དད་ཡིན་པའི་ཕྱིར་རོ། །དཔེར་ན་ཐམས་ཅད་ཡོད་སྨྲ་ཡི་མདོ་སྡེ་ལེགས་སྦྱར་གྱི་སྐད་དུ་ཡོད་ཅིང་གནས་བརྟན་པ་དག་ལེགས་སྦྱར་གྱི་སྐད་དུ་མདོ་སྡེ་བཏོན་ན་རང་གི་སྡེ་བ་མིན་པས་རྐང་པ་རེ་ལ་ཉེས་བྱས་རེ་དང་ཚིགས་བཅད་བཏོན་ན་ལྟུང་བ་རྫོགས་པར་བྱེད་དོ། །ཐམས་ཅད་ཡོད་སྨྲ་རང་ཉིད་ཀྱི་ལུགས་ཀྱི་གསོལ་བཞིའི་ཚོགས་སྡོམ་པ་སྐྱེ་ཞིང་ཡོད་སྨྲ་དེ་ཡི་ཆོག་བཞིན་བྱས་ན་སྡེ་བ་གཞན་ཕལ་ཆེན་གྱི་དགེ་སློང་འཛིག་ཅིང་མི་ཐོབ་པ་ཡོད་དེ་རང་གི་ཆོག་མིན་པས་སོ། །ཐམས་ཅད་ཡོད་སྨྲ་སྨིན་མའི་སྲུ་བཞར་ན་ཟེག་ཏུ་མ་གནང་བའི་ཕྱོགས་དྲིག་པས་ལྟུང་བ་ཡིན་ཡང་ཕལ་ཆེན་པ་ལ་སོགས་པའི་སྡེ་བ་འགའ་ཞིག་མ་བཞར་ན་ནི་ལྟུང་བར་འདོད་དོ། །གནས་བརྟན་པ་ལྷ་བུ་ལ་ལ་བུ་རམ་ཕྱི་དྲོ་འགོག་ཅིང་ཁ་ཅིག་ཡོད་སྨྲ་བ་ལྟ་བུ་ལྟུང་བ་མེད་ཅེས་ཟེར་རོ། །ཡོད་སྨྲ་བ་ལ་ལ་ཕྱིན་ལེན་ལག་པ་བཀན་ཏེ་བྱེད་ཅིང་། གནས་བརྟན་པ་ལ་ལ་དེ་ལས་གཞན་དུ་ལག་པ་སྟེང་འོག་སྤྱུར་ཐབས་སུ་བྱེད་དོ། །ཕལ་ཆེན་པ་སོགས་འགའ་ཞིག་ལྟུང་བཟེད་སྟོང་པ་ཕྱིན་ལེན་བྱེད། ལ་ལ་ཡོད་སྨྲ་བས་ཟས་ལ་ཕྱིན་ལེན་བྱ་བར་གསུངས་པས་ལྟུང་བཟེད་ཕྱིན་ལེན་འགོག་གོ། །ཁ་ཅིག་ཡོད་སྨྲ་བ་སོགས་མིར་ཆགས་པ་བཤད་པ་ལ་ཕམ་པར་འདོད་ཅིང་ལ་ལ་གནས་བརྟན་པ་སོགས་ཕམ་པ་མེད་པར་འདོད་དོ། །ལ་ལ་མང་པོས་བཀུར་བའི་སོ་སོར་ཐར་པ་ལ་གླེང་གཞི་ཚིགས་བཅད་གཅིག་ལས་མེད་ཅིང་། ལ་ལ་ཡོད་སྨྲ་དང་གནས་བརྟན་ལ་སོགས་ཀྱི་གླེང་གཞི་ལ་རིང་ཐུང་ལ་སོགས་པ་གཞན་དུ་ཡོད་དོ། ། མདོར་ན་ཕམ་པ་བཞི་པོ་ནས་བརྩམས་ཏེ་བསླབ་པར་བྱ་བ་ཀུན་སྡེ་པ་ཐམས་ཅད་མི་མཐུན་པས་ན་ཡོད་སྨྲ་བ་ལྟ་བུ་གང་གིས་བཀག་པ་ལ་གནས་བརྟན་པ་ལྟ་བུ་གང་ལ་གནང་བར་འགྱུར་ཏེ་ངེས་པ་མེད་དོ། །དེ་ལྟར་མ་ཡིན་ཏེ་ཅིག་ན་སྐྱོན་འདི་ལྟར་ཡོད་དེ། དཔེར་ན་བུ་རམ་ཕྱི་དྲོའི་ཟས་ཡེ་གནང་དུ་བསྟུ་བ་ཡིན་ན་དེ་གང་ཞིག་གནང་བ་བཀག་པའི་ཕྱིར་སྡེ་པ་གཞན་རྣམས་ལོག་པར་སྨྲ་བའི་ལྟུང་བ་དག་དང་བཅས་པར་འགྱུར་རོ། །ཡེ་བཀག་ཏུ་བསྟུ་བ་ཡིན་ན་དེ་གང་ཞིག་བཀག་པ་དེ་བྱས་པའི་ཕྱིར་ཡོད་སྨྲ་ཡི་དགེ་སློང་ཐམས་ཅད་ཕྱི་དྲོ་ཟ་བའི་ལྟུང་བ་ཅན་དུ་འགྱུར་རོ། །བཀག་པ་ཐམས་ཅད་འགྲོ་བ་ཀུན་ལ་ཡེ་ནས་བཀག་པར་ཁས་ལེན་པས་ན་ཕྱིན་ལེན་མ་བྱས་པར་ཟས་ཟ་བ་ཡི་ལྟུང་བ་དེ་མི་སྐྱ་ལའང་འབྱུང་བར་ཐལ་ལོ། །དེ་འདོད་ན་མི་སྐྱའང་དགེ་སློང་ཉིད་དུ་འགྱུར་བས་ཕྱིན་ལེན་མི་ཆགས་པའི་ཕྱིར་ན་མི་སྐྱས་དགེ་སློང་ལ་ཕྱིན་ལེན་བྱས་ན་དེ་འདྲའི་ཟས་དེ་ཡང་ས་རང་བཞིན་དུ་གནས་པའི་དགེ་སློང་གིས་ནི་ས་རང་བཞིན་དུ་གནས་པའི་དགེ་སློང་གཞན་ལའང་ཕྱིན་ལེན་བྱས་པ་མི་ཆགས་པ་ཇི་བཞིན་དུ་དགེ་སློང་གི་བཟའ་བར་རུང་བར་མི་འགྱུར་རོ། །བུ་རམ་དང་ཕྱིན་ལེན་མ་བྱས་པའི་ལྟུང་བ་དེ་བཞིན་དུ་བསླབ་བྱ་ཀུན་ལ་སྦྱར་བར་གྱིས་ཤིག །

འབྲི་ཁུང་པ་ཁ་ཅིག་རབ་ཏུ་བྱུང་བ་དགེ་སློང་སོགས་ལ་བཅས་པའི་ལྟུང་བ་ཇི་སྙེད་འབྱུང་བ་དེ་ཁྱིམ་པ་ནས་ནི་དམྱལ་

བའི་བར་དུད་འགྲོ་ལ་སོགས་པ་ཐམས་ཅད་ལ་ཆོས་གོས་ལྷུང་བཟེད་མེད་པ་དང་དབྱར་གནས་དགག་དབྱེ་བཞག་པ་སོགས་ལྟུང་བ་མཚུངས་པར་འགྱུར་སྟེ་སངས་རྒྱས་ཀྱིས་བཅས་པ་མཛད་པ་ཐམས་ཅད་འགྲོ་བ་སྤྱི་ལ་བཅས་པ་ཡིན་པའི་ཕྱིར་ཏེ་སངས་རྒྱས་ཀྱིས་ཐོག་མར་ཐུགས་བསྐྱེད་པ་བར་དུ་ཚོགས་གཉིས་བསགས་པ་ཐ་མར་ཆོས་འཁོར་བསྐོར་བ་སོགས་རབ་བྱུང་ཁོ་ནའི་དོན་དུ་མ་ཡིན་པར་འགྲོ་བ་ཀུན་གྱིས་དོན་དུ་ཡིན་པའི་ཕྱིར་ཞེས་ཟེར་རོ། །རབ་བྱུང་ལ་བཅས་པ་ཐམས་ཅད་འགྲོ་བ་སྤྱི་ལ་མཚུངས་པར་འགྱུར་ཞེས་ཟེར་བ་འདི་ནི་སངས་རྒྱས་ཀྱི་དགོངས་པ་མིན་ཏེ་རྒྱུ་མཚན་ཅིའི་ཕྱིར་ཞེ་ན་ལྟུང་བ་དེ་བསླབ་པ་བཅས་པ་ཕན་ཆད་འབྱུང་མོད་ཀྱི་བསླབ་པ་མ་བཅས་པ་ལ་དགེ་སློང་ཡིན་ཡང་ལྟུང་བ་མེད་པའི་ཕྱིར་རོ། །མ་བཅས་པ་ལ་འབྱུང་བ་མེད་པ་དེས་ན་ཐུབ་པས་འདུལ་བ་ལུང་ལས་ལས་དང་པོ་བས་ཉེས་པ་བྱས་ཀྱང་ལྟུང་བ་མེད་པར་གསུངས་ཏེ་དགེ་སློང་བཟང་སྦྱིན་གྱིས་མི་ཚངས་སྤྱོད་ཀྱི་ཉེས་པ་བྱས་ཀྱང་དེ་ལ་ལྟུང་བའི་ཐ་སྙད་མི་ཐོབ་པའི་ཕྱིར་རོ། །དེ་ལྟ་མིན་པར་བཅས་མ་བཅས་ཐམས་ཅད་ལ། གལ་ཏེ་ལྟུང་བ་ཀུན་འབྱུང་ན་དེ་གང་ཞིག་འགྲོ་བ་ཀུན་ནི་ལྟུང་བའི་གོང་བུ་དང་བཅས་པ་ཡིན་པས་ཐར་པ་བྱང་ཆུབ་ཐོབ་པ་ལྟ་ཅི་སྨོས། མཐོ་རིས་ལྷ་མིའི་གོ་འཕང་ཀྱང་ནི་འབྱུང་རེ་སྐན་ཏེ་མི་འབྱུང་བར་འགྱུར་རོ། །

གཞན་ཡང་ཉན་ཐོས་ཐེག་ཆེན་གནང་བཀག་མི་གཅིག་ཏེ་ཉན་ཐོས་ལ་ཤའི་ཆེད་དུ་མཐོང་ཐོས་དོགས་པ་སྟེ་རྣམ་གསུམ་དག་པའི་ཤ་བཟའ་རུང་སྟེ། མེ་ཏོག་ཕྲེང་རྒྱུད་ལས། གང་ཕྱིར་ཆེད་དུ་བྱས་པའི་ཤ །མཐོང་བ་ཐོས་སམ་དོགས་པ་ནི། །ནམ་ཡང་ཟ་བར་བྱ་མིན་པས། །འགྲོ་ཀུན་ཕན་པར་བྱེད་པས་གསུངས། །ཞེས་སོ། །གལ་ཏེ་གནང་ལ་མི་ཟ་ན་ལྟས་བྱིན་གྱི་ནི་བརྟུལ་ཞུགས། འོམ་ཤ་དང་ལན་ཚྭ་དང་། །གོས་དང་དགོན་པར་གནས་པའོ། །ཞེས་ལྷ་ཡི་ནང་མཚན་ཤ་མི་ཟ་བའི་བརྟུལ་ཞུགས་སུ་འགྱུར་རོ། །ཐེག་པ་ཆེན་པོ་ལས་ཤ་རྣམས་ཟ་བར་བཀག་སྟེ། ལང་གཤེགས་ལས། གླང་པོའི་རྩལ་དང་སྤྲིན་ཆེན་དང་། །མྱ་ངན་འདས་དང་སོར་ཕྲེང་དང་། །ལང་ཀར་གཤེགས་པའི་མདོ་ལས་ནི། །ངས་ནི་ཤ་རྣམས་རྟག་ཏུ་བཀག །ཅེས་གསུངས་སོ། །གལ་ཏེ་ཟོས་ན་ངན་འགྲོའི་རྒྱུ་རུ་གསུངས་ཏེ་འཇམ་དཔལ་འདོད་པ་མདོར་བསྟན་གྱི་མདོར། ཤ་ཟ་བ་ཡི་མི་གང་ཞིག །དང་པོར་ཡི་དྭགས་འགྲོ་བ་སྟེ། །ཕྱི་ནས་དུ་འབོད་འགྲོ་བ་ཡིན། །ཞེས་དང་། གསོད་པོ་ངོར་ལ་སྲེད་པ་དག །བསྐལ་བ་འབུམ་དུ་འཚེད་པ་སྟེ། །ཟ་པོ་ཤ་ལ་སྲེད་པ་དག །བསྐལ་བ་བྱེ་བར་འཚེད་པ་ཡིན། ཞེས་གསུངས་སོ། །ཉན་ཐོས་ཐེག་ཆེན་གྱི་གནང་བཀག་ཐ་དད་པ་དེ་བཞིན་དུ་ཕ་རོལ་ཕྱིན་པ་དང་། གསང་སྔགས་ཀྱི་ནི་ལྟུང་བ་ལ་གནང་བཀག་འགའ་ཞིག་ཐ་དད་ཡོད་དེ་རྩ་ལྟུང་བརྒྱད་པ་བཅུ་གསུམ་པ་བཅུ་བཞི་པ་རྣམས་སྔགས་ལ་ལྟུང་བར་བཅས་ཤིང་ཕ་རོལ་དུ་ཕྱིན་པ་ལ་མ་བཅས་པའི་ཕྱིར་རོ། །ཚུལ་དེ་འདྲའི་འགལ་བ་ལྟག་སྤྲོད་ལ། ཡེ་བཀག་ཡེ་གནང་ཇི་ལྟར་བརྩི་སྟེ་ཕར་ཕྱིན་ལས་བཀག་ལ་རྡོ་རྗེ་ཐེག་པར་གནང་བ་མཐའ་ཡས་པས་སོ། །ཉན་ཐོས་ནང་ཕན་ཚུན་ཉན་ཐོས་དང་ཐེག་ཆེན་ཁྲིམ་པ་རབ་བྱུང་ཐེག་ཆེན་ནང་ཕན་ཚུན་ལའང་གནང་བཀག་ཐ་དད་ཡོད་པ་དེས་ན་ཡེ་བཀག་ཡེ་གནང་གི་རྣམ་གཞག་ནི་ཕྱོགས་གཅིག་བྱར་མི་རུང་སྟེ་འོག་ནས་འཆད་འགྱུར་གྱི་དཔེས་ཀྱང་རྟོགས་པའི་ཕྱིར། འདི་ལྟར་དཔེར་ན་ཆུ་ལས་སྐྱེས་པའི་པད་མ་དཀར་དམར་ཨུཏྤལ་ལ་དང་ཀུ་མུད་ཏ་ལ་སོགས་པའི་སོ་ནམ་ལ། རྟག་ཏུ་འདམ་དང་ལྡན་ལྡིང་སོགས་བརྟན་ཆེན་པོ་དགོས་སྣན་ཤུ་དག་དང་སྐྱིའུ་ཤེར་ལ་སོགས་པ་ཕ་རོ་ཙུང་ཟད་ཚ་བ་སོགས་དྲོ་བའི་རྫས་ཀྱིས་བསྐོར་ན་སྐྱེའོ། །ཙམ་པ་ཀ་སོགས་མེ་ཏོག་སྐམ་སར་སྐྱེ་བ་དང་གེང་ཤུའི་མེ་

ཏོག་སོགས་ཤིང་ལས་སྐྱེས་པ་གཞན་ལ་རྐྱེན་དེ་འདྲ་མི་དགོས་ཤིང་། ཆུ་ལས་སྐྱེས་པའི་རིགས་ཀྱི་མེ་ཏོག་ལ་སྨམ་ས་དགུ། སྨམ་སར་སྐྱེ་བ་ལ་སྔོན་པ་དགུ། ཡུལ་གྲང་སར་དྲོ་བའི་རྫས་བཏབ་ཀྱང་མི་སྐྱེན། དྲོ་སར་བསིལ་བའི་རྫས་གྲངས་ལ་སྐྱེས་པ་དྲི་ལྡན་ལ་སོགས་པ་སྐྱེ་བ་འཐད་པ་མ་ཡིན་ནོ། །དེས་ན་འཇིག་རྟེན་ལུགས་ཀྱི་སོ་ནམ་སོགས་ཀྱི་མཚོན་པའི་བྱ་བ་གང་ཅིའང་རུང་བ་ནི། རང་རང་ལུགས་བཞིན་བྱས་ན་འགྲུབ་པོ་དེ་ལས་བཟློག་པའི་ལུགས་བྱས་ན་མི་འགྲུབ་གྲུབ་པར་གྱུར་ཀྱང་བཟང་པོ་དཀའ་སྟེ་ཆོས་རྗེ་ཉིད་ཀྱིས་ལེགས་བཤད་ལས། ཏ་ཙང་གཡོ་སྒྱུ་མང་གྲགས་ན། །ཞེས་སོགས་གསུངས་པས་སོ། །དེ་བཞིན་དམ་པའི་ཆོས་ཀྱི་གནང་བཀག་བླང་དོར་ཐམས་ཅད་ཀྱང་། རང་རང་ལུགས་བཞིན་བྱས་ན་འགྲུབ་སྟེ་ལུགས་དེ་དང་དེ་ནས་བཤད་པའི་འབྲས་བུ་གེགས་མེད་དུ་འབྱུང་བས་སོ། །

འཕྲི་ཁྲུང་བ་ན་རེ་གལ་ཏེ་སྡོམ་པ་མ་བླངས་ན་བཅས་འགལ་གྱི་ལྟུང་བའི་ཐ་སྙད་མི་ཐོབ་པ་ཚོད་བདེན་མོད་ཀྱང་རབ་ཏུ་བྱུང་བ་ལ་བཅས་པ་ཡི། བསླབ་འགལ་གྱི་སྡིག་པ་དེ་ཁྱིམ་པ་ལ་ཡང་འབྱུང་སྟེ་བཅས་པ་འགྲོ་བ་སྤྱི་ལ་བཅས་པ་ཡིན་པས་འགྲོ་དྲུག་གིས་བཅས་པ་ལས་འདས་ན་ཉེས་པ་དང་བསྲུང་ན་ཕན་ཡོན་འབྱུང་བའི་ཕྱིར། དཔེར་ན་ཁྲིམ་བདག་རྗེ་མཁན་དགའ་སྐྱོང་གིས་ས་མི་རྐོ་བར་གཞན་གྱིས་རྐོས་པ་དང་གད་ཆད་སོགས་ཀྱིས་ལ་རྗེ་བཞོས། །དེའི་རིན་གྱིས་ཕ་མ་གསོ་བ་དང་སངས་རྒྱས་འོད་སྲུང་ལ་བསྙེན་བཀུར་བྱེད་པས་དེ་ལ་ཐུགས་དགྱེས་པའང་བཅས་པ་བསྲུང་བའི་གནད་ཡིན་པས་སོ་དེ་ལྟ་མིན་པར་བཅས་པའི་སྡིག་པ་རབ་བྱུང་ལ་འབྱུང་ན། མ་བཅས་ན་སྡིག་པར་མི་འགྱུར་བ་ལ་རབ་བྱུང་ལ་ཆེད་དུ་བྱས་ནས་སྡིག་པ་བསྒྲོ་བར་འཇོད་པས་ན་ཐུབ་པ་སངས་རྒྱས་དེ་ཉིད་ཀྱིས་རབ་ཏུ་བྱུང་བ་ལ་སྙིང་ནད་བྱས་པ་ཐལ་བར་འགྱུར་ཞེས་ཟེར་རོ། །འདི་འདྲའི་རིགས་པ་ནི་གཟུ་ལུམས་དང་བླུན་པོའི་ཨུ་ཚུགས་ཀྱི་གཏམ་ཡིན་ཏེ་མ་བརྟགས་པར་སྨྲ་བ་ཁྲེལ་བའི་གནས་ཡིན་པས་སོ། །འདི་ལྟར་དཔེར་མཚོན་ན་འོན་ཞིང་བཟང་པོ་ཡོད་པ་རྣམས་ལ་ཡང་སེར་བ་ལ་སོགས་པའི་འཇིགས་པ་འབྱུང་བར་འགྱུར་གྱི། ཞིང་མེད་པ་རྣམས་ལ་མི་འབྱུང་བས་གང་ཟག་འགའ་ཞིག་གིས་སྔར་ཞིང་མེད་ཅིག་ལ་ཞིང་བཟང་བྱིན་པ་དེའང་སྙིང་ནད་དུ་ཐལ་བར་འགྱུར་རོ། །ཁྱབ་ཏེ། རབ་བྱུང་ལ་བསླབ་པ་བཅས་ཏེ་བཅས་པའི་ཁ་ན་མ་ཐོ་བ་ལྷག་པོར་འབྱུང་བ་དེ་རབ་བྱུང་ལ་སྙིང་ནད་བྱས་པའི་ཕྱིར་རོ། །དཔེ་ལ་མགོ་སྙོམ་པའི་རིགས་པ་བཤད་ཟིན་པ་དེས་ན་མ་འབྲུལ་བའི་གནད་ཞིང་ལ་དགྲ་ཡོད་ཀྱང་ལོ་ཏོག་འབྱུང་བའི་ཕན་ཡོན་ཡོད་པ་དེ་བཞིན་དུ་ཐུབ་པས་རབ་ཏུ་བྱུང་བ་ལ་བཅས་པར་མཛད་པས་ནི་ལྟུང་བའི་འཇིགས་པ་སྲིད་མོད་བཅས་པ་ལ་གནས་ན་ཕན་ཡོན་ཆེ་བས་སྙིང་ནད་དུ་ཐལ་བའི་སྐྱོན་མི་འགྱུར་རོ། །དཔེར་ན་སྤྲང་པོ་རྣམས་ལ་ཉེན་སེར་བ་སོགས་ཀྱིས་མི་འཇིགས་མོད་ཀྱི་ཁེ་འབྲས་བུ་ལོ་ཏོག་འབྱུང་བའི་རེ་བ་མེད་པ་དེ་བཞིན་དུ་ཁྱིམ་པ་རྣམས་ལ་ཡང་བསླབ་པ་མ་བཅས་པས་ལྟུང་བ་མེད་མོད་བསླབ་པ་བསྲུང་བའི་ཕན་ཡོན་དགེ་བ་ཡང་མི་འབྱུང་ངོ་། །གཞན་ཡང་ཁ་ན་མ་ཐོ་བ་ཡིན་ན་རང་བཞིན་གྱི་ཁ་ན་མ་ཐོ་བ་ཡིན་པའི་ཁྱབ་པར་ཐལ། ཁ་ན་མ་ཐོ་བ་ཡིན་ན་བཅས་མ་བཅས་ཀྱི་སེམས་ཅན་ཀུན་ལ་སྡིག་པར་འགྱུར་བའི་ཁྱབ་པའི་ཕྱིར། རྟགས་ཁྱབ་ཁས་འདོད་མི་ནུས་ཏེ། མ་བཅས་པ་ལ་ལྟུང་བ་མེད་པ་དེས་ན་མདོ་དང་བསྟན་བཅོས་ལས་ནི་སྤྱང་བྱ་ལ་རང་བཞིན་གྱི་ཁ་ན་མ་ཐོ་དང་། བཅས་པའི་ཁ་ན་མ་ཐོ་བ།

རྣམ་པ་གཉིས་སུ་བསྡུས་ཏེ་གསུངས་ཏེ་རང་བཞིན་ཁ་ན་མ་ཐོ་བ་སྲོག་གཅོད་པ་ལ་སོགས་པ་སེམས་ཅན་ཀུན་གྱི་སྡིག་པར་འགྱུར། བཅས་པའི་ཁ་ན་མ་ཐོ་བ་ཆོས་གོས་མེད་པ་ལ་སོགས་པ་བཅས་པ་ཕྱིན་ཆད་ལྟུང་བར་འགྱུར་བའི་ཕྱིར་རོ། །དེས་ན་རང་བཞིན་གྱི་ཁ་ན་མ་ཐོ་བ་ཡིན་ན་སེམས་ཅན་ཀུན་གྱི་སྤང་དགོས་ཏེ་དེ་ནི་བྱེད་པ་པོའི་སེམས་ཅན་ཀུན་ལ་སྡིག་པར་འགྱུར་བའི་ཕྱིར། བཅས་པའི་ཁ་ན་མ་ཐོ་བ་ཡིན་ན་རབ་བྱུང་ཁོ་ནས་སྤང་དགོས་ཏེ་བཅས་ཕྱིན་ཆད་ལྟུང་བར་འགྱུར་གྱི་མ་བཅས་པ་ལ་ལྟུང་བར་མི་འགྱུར་བའི་ཕྱིར་རོ། །བཅས་པའི་ཁ་ན་མ་ཐོ་བ་བསླབ་པ་བཅས་པ་ལ་ལྟོས་པ་དེ་ལྟ་མིན་པར་བསླབ་པ་མ་བཅས་ཀྱང་ཅི་ནས་དེ་ལ་སྡིག་པར་འགྱུར་ན་ནི། འོན་རྒྱལ་བ་རིགས་ལྔ་ལ་སོགས་པ་ལོངས་སྤྱོད་རྫོགས་པའི་སྐུ་རྣམས་དང་། ཉེ་བའི་སྲས་བརྒྱད་འཇམ་དཔལ་དང་སྤྱན་རས་གཟིགས་ལ་སོགས་པ་བྱང་ཆུབ་སེམས་དཔའ་ཕལ་ཆེར་ཡང་། དབུ་སྐྲ་ཤིན་ཏུ་རིང་ཞིང་རིན་པོ་ཆེའི་རྒྱན་དང་བཅས་ཁ་དོག་དཀར་དམར་སོགས་སྣ་ཚོགས་པའི་ན་བཟའ་ཅན། རིན་པོ་ཆེ་དང་རལ་གྲི་སོགས་ཕྱག་མཚན་སྣ་ཚོགས་འཛིན་པ་དེ་རྣམས་ཡིན་པ་གང་ཞིག་ཡེ་བཀག་པ་ལ་སྤྱོད་པའི་ཕྱིར། གཤིས་ཀྱི་མི་དགེ་བ་ཅན་དུ་ཐལ་བར་འགྱུར་རོ། །

གཞན་ཡང་རྣལ་འབྱོར་དབང་ཕྱུག་བིརྺ་པ་ཏི་ལོ་ནཱ་རོ་ས་ར་ཧ་ཤ་བ་རི་པ་ལ་སོགས་པ་དགེ་སློང་གི་བརྟུལ་ཞུགས་བོར་བ་ཡི་གྲུབ་ཐོབ་རྣམས་ཀྱང་གཤིས་ཀྱི་སྡིག་པ་ཅན་དུ་འགྱུར་ཏེ་ཡེ་བཀག་པ་ལ་སྤྱོད་པའི་ཕྱིར་ཏེ་དབུ་སྐྲ་རིང་བ་རུས་རྒྱན་ཐོད་པ་འཛིན་པ་སོགས་དང་ལྡན་པ་གང་ཞིག་དེ་རྣམས་ཡེ་བཀག་པ་ལ་སྤྱོད་པའི་ཕྱིར་རོ། །བསྐལ་བ་དགའ་བར་གྱུར་བ་ལ་ལྷས་བལྟས་ཞེས་བྱའི་འཇིག་རྟེན་གྱི་ཁམས་ཀྱིས་གཞི་ཐམས་ཅད་ཙན་དན་སྦྲུལ་སྙིང་འབའ་ཞིག་ཡིན་པས་དེ་ཡིས་སྤོས་ཀྱི་དད་པ་ལྡན་པའི་འཇིག་རྟེན་གྱིས་ཁམས་མཐའ་ཡས་པ་ལ་ཁྱབ་པར་གྱུར་བའི་གནས་དེ་ན་བཞུགས་པའི་དགེ་སློང་ཇི་སྙེད་ཐམས་ཅད་ཀྱང་ཅོད་པན་སོགས་ཀྱི་རྒྱན་དང་བཅས་ཤིང་གོས་དཀར་བ་ཅན་ཡིན་པ་གང་ཞིག་དེ་དག་ཀྱང་ནི་ཡེ་བཀག་པ་ཡིན་པས་གཤིས་ཀྱི་སྡིག་པ་ཅན་དུ་འགྱུར་ཏེ་གཤིས་ཀྱི་མི་དགེ་བ་ལ་སྤྱོད་པའི་ཕྱིར་རོ། །དགེ་བསྙེན་དགེ་ཚུལ་སྡོམ་བརྩོན་རྣམ་པར་དག་པ་ལའང་། སྡིག་པ་མེད་པ་གཏན་སྲིད་པར་མི་འགྱུར་ཏེ། དེ་དག་ལ་ཡང་དགེ་སློང་གི་བྱིན་ལེན་མ་བྱས་ཟ་བ་སོགས་ཀྱི་ལྟུང་བ་ཐམས་ཅད་འབྱུང་བའི་ཕྱིར་ཏེ་ཁྱིམ་པ་ཐ་མལ་པ་ལའང་རབ་ཏུ་བྱུང་ལ་བཅས་པ་ཐམས་ཅད་ཀྱི་སྡིག་པར་འགྱུར་བ་འདོད་པའི་ཕྱིར་རོ། །བསླབ་པ་མ་བཅས་པའི་རྟེན་ལའང་བཅས་པའི་སྡིག་པ་འབྱུང་བ་འདི་འདྲ་གང་དག་སུ་ཟེར་བ་དེ་ཡིས་ནི་རང་གི་རྩ་བ་དང་བརྒྱུད་པའི་བླ་མར་གྱུར་པ་དེ་ཁྱིམ་པའམ་ནི་དགེ་བསྙེན་ནམ་རྣལ་འབྱོར་ས་རུ་གང་བཞུགས་པ། དེ་དག་ཐམས་ཅད་ལ་སྨད་པ་སྟེ། དེ་གསུམ་གང་རུང་གི་ཆ་ལུགས་ལྡན་པ་རྣམས་གཤིས་ཀྱི་མི་དགེ་བ་ལ་སྤྱོད་པར་མཛད་པའི་ཕྱིར་དང་། ལྟུང་བ་ཐམས་ཅད་སྤྱོད་ཕྱིར་རོ། །

རབ་བྱུང་གི་བརྟུལ་ཞུགས་ཡོད་མེད་ལ་གཤིས་ཀྱི་དགེ་སྡིག་ཏུ་མི་འགྱུར་བ་དང་དེར་འདོད་པ་ལ་གནོད་བྱེད་བསྟན་ཟིན་པ་དེས་ན་མདོ་ལས་རབ་བྱུང་གི་བརྟུལ་ཞུགས་ཆ་ལུགས་ཙམ་ལ། དགེ་སྡིག་གཉིས་ཀ་མེད་པར་དོན་གྱི་གསུངས་ཏེ་རིགས་ལྔ་ཉེ་སྲས་སོགས་དང་ཁྱིམ་པ་དང་ཚུལ་འཆལ་དག་གིས་བརྟུལ་ཞུགས་བཟུང་མ་བཟུང་བས་དགེ་སྡིག་ཏུ་མི་འགྱུར་བའི་ཕྱིར་རོ། །འོན་ཀྱང་ཚུལ་ཁྲིམས་དང་ལྡན་པས་བརྟུལ

ཞུགས་འཆང་བ་དེ་ནི་ཞིང་གི་གྲབ་སྐྱོང་བཞིན་རང་རྒྱུད་ཀྱི་ཚུལ་ཁྲིམས་ལ་གུས་པའི་རྒྱུ་རུ་གསུངས་པར་ཟད་དེ་ཏུར་སྡིག་གི་གོས་རྣམས་ནི་ལྷག་པའི་ཚུལ་ཁྲིམས་ཀྱི་བསླབ་པ་རིན་པོ་ཆེའི་ན་བཟའ་ཡིན་པའི་ཕྱིར་རོ། །འདུལ་བསྟོད་ལས། ར་བ་མཚམས་ཀྱི་འོབས་དང་འདྲ་བ་ཡི། །ཟག་པ་ཀུན་གྱི་ཆུ་ལོན་འདུལ་བ་ཡིན། །ཞེས་གསུངས་སོ། །ཁ་ན་མ་ཐོ་བ་ལ་བཅས་རང་གཉིས་ཡོད་པ་དེས་ན་སྤོང་བྱེད་གཉེན་པོ་ལའང་རྒྱུན་སོགས་འདོད་པས་དབེན་པ་རབ་བྱུང་ལ་བཅས་པ་དང་། སྲོག་གཅོད་སོགས་སྡིག་ཏོ་མི་དགེའི་ཆོས་ཀྱིས་ནི་དབེན་པ་ཁྱིམ་པ་དང་རབ་བྱུང་གཉིས་ཀ་ལ་བཀག་པ་ཞེས་བྱ་བ་རྣམ་པ་གཉིས་སུ་གསུངས་སོ། །ཐུབ་པའི་དགོངས་པ་ནི་ཇི་བཞིན་ཟུངས་ཏེ་བཅས་རང་གཉིས་གཅིག་ཡིན་ན་དབེན་པའང་གཅིག་ཁོ་ནར་འགྱུར་བས་སོ། །རབ་བྱུང་གི་རྟགས་ཆ་ལུགས་ཙམ་ལ་གཤིས་ཀྱི་དགེ་བ་མེད་པ་འདི་ནི་ལུང་གིས་ཀྱང་གྲུབ་སྟེ་སྐད་འཚོང་མར་གྱུར་པའི་བུ་མོ་གསེར་མཆོག་འོད་དཔལ་གྱིས། བློ་གྲོས་ཆེན་པོ་འཇམ་དཔལ་གྱིས་སྐྱ་གཟུགས་ཤིན་ཏུ་མཛེས་པ་བསྟན་ཏེ་བཏུལ་ནས་དེའི་ཞབས་ལ་གཏུགས་ཏེ་རབ་ཏུ་འབྱུང་བར་ཞུས་པའི་ཚེ་བུ་མོ་ལུས་རབ་ཏུ་བྱུང་བ་མ་ཡིན་གྱི་སེམས་རབ་ཏུ་བྱུང་བ་ཡིན་ནོ་ཞེས་རྒྱས་པར་གསུངས་ཏེ་ལུས་ཀྱི་རབ་བྱུང་བཀག་ནས་ཀྱང་། སེམས་ཀྱི་རབ་བྱུང་ཐོབ་པར་མཛད་པས་སོ། །གལ་ཏེ་གཤིས་ལ་དགེ་བ་ཡོད་ན་འཇམ་དཔལ་གྱིས་གསེར་མཆོག་འོད་དཔལ་གྱིས་ལུས་ལ་ཏུར་སྡིག་ཅེས་མི་བསྒོན་ཏེ་སྡོམ་པ་མེད་ཀྱང་བཙུན་གཟུགས་ཏེ་ཅིའི་ཕྱིར་མི་བྱེད་དེ་ཏུར་སྡིག་དང་ལྡན་པ་གཤིས་ཀྱི་དགེ་བ་ཡིན་པས་སོ། །

ཆ་ལུགས་ཙམ་ལ་དགེ་བ་མེད་པ་འདི་ནི་ལུང་གཞན་གྱིས་ཀྱང་གྲུབ་ཏེ་དཀོན་མཆོག་བརྩེགས་པའི་འོད་སྲུང་གིས་ཞུས་པའི་མདོ་སྡེ་ལས་ཀྱང་ཚུལ་ཁྲིམས་མ་དག་བཞིན་དུ་དད་ཟས་ཟ་བའི་ཉེས་པ་མཐོང་ནས་རྣལ་འབྱོར་སྤྱོད་པའི་དགེ་སློང་ལྔ་བརྒྱས་ཆོས་གོས་ལྷུང་བཟེད་དང་བཅས་པ་འཕེན་ཏེ་སྡོམ་པ་ཕུལ་ནས་ཁྱིམ་པར་སོང་བ་དེ་ལ་ཐུབ་པས་སྡོམ་པ་སྲུང་བར་མི་ནུས་ན་ཕུལ་བ་ཉིད་ལེགས་ཞེས་གསུངས་ནས་འཕགས་པ་བྱམས་པའི་བསྟན་པ་ལ། འཁོར་འདུས་པ་དང་པོ་ལ་དགྲ་བཅོམ་པ་ཐོབ་པར་དེ་དག་ལུང་བསྟན་པས་སོ། །ཆ་ལུགས་ཙམ་ལ་དགེ་བ་མེད་པ་ལུང་གིས་བསྒྲུབས་ཟིན་པ་དེས་ན་ཉེར་སྤྱོད་ཀྱི་གཉེན་པོར་གྱུར་པའི་སྡོམ་པ་དགེ་བ་ཡིན་གྱི་སྡོམ་པ་དང་མི་ལྡན་པའི་ཆ་ལུགས་ཙམ་ལ་ནི་དགེ་བ་མེད་དེ་སྡོམ་པ་མེད་པའི་ཆ་ལུགས་འཆང་བ་ཀུན་མདོ་དང་བསྟན་བཅོས་རྣམས་ལས་བཀག་པའི་ཕྱིར་ཏེ། འོད་སྲུང་གིས་ཞུས་པའི་མདོ་ལས་ཀྱང་། དཔེར་ན་མི་རོའི་མགོ་ལ་གསེར་གྱིས་ཕྲེང་བ་བཏགས་པ་དེ་བཞིན་དུ་ཚུལ་ཁྲིམས་འཆལ་བ་ཏུར་སྡིག་གྱོན་པ་བལྟའོ། །ཞེས་སོགས་གསུངས་པ་དང་། རྟོག་གེ་འབར་བར། གང་ཞིག་ཏུར་སྡིག་བགོས་ཀྱང་སེམས་ཀྱི་སྐྱོན་མ་སྤང་། །ལག་ཏུ་ལྷུང་བཟེད་ཐོགས་ཀྱང་ཡོན་ཏན་སྣོད་མ་གྱུར། །སྐྲ་དང་ཁ་སྤུ་བྲེག་ཀྱང་དགེ་སློང་ཚུལ་མ་ཞུགས། །རབ་ཏུ་བྱུང་ཀྱང་དངོས་པོ་ཀུན་ལས་ངེས་མ་བྱུང་། །དགེ་སློང་དེ་ནི་དགེ་སློང་མ་ཡིན་ཁྱིམ་པའང་མིན། །དེ་ནི་ཆུ་མེད་ཁྲོན་པ་འམ་རི་མོའི་མར་མེ་བཞིན། །ཞེས་སོགས་གསུངས་པ་དང་། ཆེད་རྗོམ་ལས་ཀྱང་། གང་ཞིག་བསླབ་ལ་མི་གནས་པས། །ཡུལ་འཁོར་བསོད་སྙོམས་སྤྱོད་པ་བས། །ལྕགས་གོང་འབར་བ་བཟོས་པ་སླ། །ཞེས་དང་། བདེ་གཤེགས་རྒྱལ་མཚན་འཆང་བ་ལས། །གཟུ་བོར་ཁྱིམ་པར་གནས་པ་བཟང་། །ཞེས་སོགས་གསུངས་པའི་ཕྱིར་རོ། དེ་ལྟར་མ་ཡིན་པར་བརྟུལ་ཞུགས་ལ་བཅས་པར་མ་ལྟོས་བའི་གཤིས་ལ་གནས་པའི་དགེ་བ་ཡོད་ན་ནི་དེའི་ཕྱིར། སྡོམ་པ་མེད་ཀྱང་འགྲོ་བ་ཀུན་གྱི་རབ་བྱུང་གི་ཆ་ལུགས

ཙམ་རེ་ཅིས་མི་བཟུང་སྙེ་གཟུང་རིགས་པས་སོ། །བཅས་པ་ལ་མ་ལྟོས་པར་བརྟུལ་ཞུགས་ཙམ་ལ་གཞིས་ཀྱི་དགེ་བར་འདོད་པ་འདི་འདྲའི་ཆོས་ལུགས་ནི་སངས་རྒྱས་ཀྱི་བསྟན་པ་མིན་ཏེ་ཁྱིམ་པ་འམ་ཕྱི་རོལ་པའི་ཐུན་མོང་མིན་པའི་ཁ་སྐད་ཡིན་པས་སོ། །

གཞིས་ལ་དགེ་སྡིག་བཀག་པ་དེ་ལ་བསླབ་པ་བཅས་པའི་རྒྱུ་མཚན་མ་གོ་བའི་འཁྲི་ཁྲུང་བ་ཁ་ཅིག་འདི་སྐད་དུ་གལ་ཏེ་གཞིས་ལ་དགེ་བ་དང་། སྡིག་པ་གཉིས་ཀ་མེད་པ་ལ། ཐུབ་པས་ཐོག་མར་ལྟུང་བ་འཆའ་སྙེ་བསྲུང་ན་ཕན་ཡོན་དང་མ་བསྲུང་བས་ཉེས་པར་འགྱུར་ན་ནི་དེ་གང་ཞིག །དབང་ཕྱུག་ལ་སོགས་པ་བཞིན་དུ་བདེ་སྡུག་ཀུན་གྱི་བྱེད་པ་པོ། སངས་རྒྱས་དེ་ཡིན་པར་འགྱུར་རོ་ཞེ་ན། རྩོད་པ་འདི་ཡི་ལན་ལ་རྣམ་གཉིས་ལས། དང་པོ་མགོ་བསྒྲེའི་ལན་ནི་འདི་ལྟར་ཡིན་ཏེ་བཅས་པ་ལ་མི་ལྟོས་པར་གཞིས་ལ་ངོ་བོ་ཉིད་ཀྱི་དགེ་སྡིག་ཡོད་ན་ནི་དེ་གང་ཞིག་ཁྱེད་ཀྱང་མུ་སྟེགས་འགའ་ཞིག་གྲངས་ཅན་པ་དང་ཚད་ལྡན་པ་དག་གི། མ་ལུས་ནུས་པའི་ཚོགས་རྣམས་ཀྱི། །རང་བཞིན་འབའ་ཞིག་ཁོ་ན་ལས། །འབྲས་བུའི་ཁྱད་པར་འཇུག་པ་ནི། དངོས་པོ་དེ་ཡི་རང་བཞིན་ནོ། །གལ་ཏེ་རྒྱུ་ཡི་བདག་ཉིད་ལ། །ཞེས་སོགས་བརྗོད་པ་དང་། །འབྱུང་ལྔ་ཉི་མ་ཟླ་བ་དང་། །ཚྭ་བ་དང་ནི་མངར་ལ་སོགས། །དགེ་དང་སྡིག་པ་ཐམས་ཅད་ཀྱང་། །སུས་ཀྱང་མ་བྱས་ངོ་བོས་གྲུབ། ཅེས་སོགས་སྨྲ་བ་ལྟར་ངོ་བོ་ཉིད་དམ་རང་བཞིན་གཙོ་བོ་རྒྱུར་སྨྲ་བར་འགྱུར་རོ། །

གཉིས་པ་དངོས་པོའི་ལན་ལ་ནི། །བསླབ་པ་གསར་དུ་འཆའ་བ་པོའི་སྟོན་པ་ཐུབ་དབང་དེ་བསླབ་པ་འཆའ་བའི་བྱེད་པོ་ཡིན་ཏེ་གཞིས་ལ་དགེ་བ་དང་སྡིག་པ་ངོ་བོས་མེད་ཅིང་ཡོད་པར་མི་འདོད་ཀྱང་། འབྲས་བུ་བདེ་སྡུག་རང་གི་ལས་ཀྱིས་བྱས་པ་ཡིན་ཞིང་ལུས་ངག་གི་ལས་ཀྱི་བྱེད་པ་པོ་རྩ་བ་སེམས་ཉིད་ཡིན། སེམས་ཉིད་དེ་ནི་དགེ་བ་དང་མི་དགེ་བའི་སྟོབས་ཀྱིས་ལས་ལ་བཟང་ངན་འགྱུར། ལས་བཟང་ངན་དེ་ལས་བདེ་བ་དང་སྡུག་བསྔལ་འབྱུང་། ལས་བཟང་བ་དེ་དག་བླང་ངན་ལ་དོར་བ་བྱེད་པ་ཡི་ཐབས་ནི་སྡོམ་པའི་ཚུལ་ཁྲིམས་ཡིན་ནོ། །བརྟུལ་ཞུགས་སྡོམ་པ་འཛོགས་སྐྲ་བྲེགས་ཆོས་གོས་གྱོན་པ་སོགས་ནི་ཚུལ་ཁྲིམས་བསྲུང་བའི་ཐབས་ཡིན་ཏེ་ཚུལ་ཁྲིམས་མེད་ན་བརྟུལ་ཞུགས་དོན་མེད་པའི་ཕྱིར། ཞིང་མེད་ན་ར་བ་མི་དགོས་པ་བཞིན་ནོ། །ཚུལ་ཁྲིམས་དེ་ལ་བརྟུལ་ཞུགས་གང་ལ་གང་དགོས་པའི་བསླབ་པ་མཐའ་དག་འཆའ་བའི་བྱེད་པ་པོ་ནི་འཇིག་རྟེན་ན་ཁྲིམས་འཆའ་བ་ནི་རྒྱལ་པོས་བྱེད་དགོས་པ་བཞིན་དུ་རྫོགས་པའི་སངས་རྒྱས་ཡིན་ཏེ་དེ་ཉག་གཅིག་གིས་མཁྱེན་པ་ཡིན་པས་སོ། །འོན་ཀྱང་ཐེག་ཆེན་པས་བསླབ་པ་ཕྲན་ཚགས་པ་འགའ་ཞིག་ཆེན་པོ་ལ་གནས་པའི་བྱང་ཆུབ་སེམས་དཔས་ཀྱང་འཆའ་བར་མདོ་རྒྱུད་ལས་གསུངས་སོ། །བསླབ་པ་འཆའ་མཁན་སངས་རྒྱས་ཡིན་པ་དེས་ན་གང་ཟག་གིས་བསམ་པ་ཉོན་མོངས་ཆེ་ཆུང་ལ་སོགས་པའི་ཁྱད་པར་གྱིས། གཉེན་པོ་ཚུལ་ཁྲིམས་ཡང་དགེ་ཚུལ་ལ་སོགས་པའི་བྱེ་བྲག་དུ་མ་ཡོད་དོ། །ཚུལ་ཁྲིམས་དེ་དག་བསྲུང་བ་དེ་ཡི་ཐབས་སུ་བརྟུལ་ཞུགས་དང་འདུལ་བའི་བཅས་པ་མི་འདྲ་བ་མཛད་པའི་རྒྱུ་མཚན་ཡང་སྔ་མ་དེ་ལྟར་ཡིན་ཏེ་སངས་རྒྱས་ཀྱི་མཛད་པ་ཐམས་ཅད་གདུལ་བྱའི་བསམ་པ་དང་བག་ལ་ཉལ་སོགས་པ་དང་མཐུན་པར་མཛད་པའི་ཕྱིར་རོ། །བསླབ་པ་འཆའ་བའི་རྒྱུ་མཚན་དེས་ན་བདེ་དང་སྡུག་བསྔལ་གྱི་བྱེད་པོ་སྟོན་པ་སངས་རྒྱས་མ་ཡིན་ཡང་འཁོར་བའི་རྒྱུ་ལས་ཉོན་སྤོང་པའི་ཐབས་འདུལ་བ་ལུང་ལས། བཅོམ་ལྡན་འདས་བསླབ་པ་འཆའ་བར་བཞེད་ནས། ཞེས་དང་། ཉེས་པ་བྱུང་ཡང

བཅས་མ་བྱུང་ཡང་བཅས་པ་དང་། བཅས་པའི་རྗེས་ལ་བཅས་པ་ལ་སོགས་པས་བསླབ་པ་འཆའ་བ་དང་གསང་སྔགས་ཀྱི་ཚིག་འདི་དང་འདི་ལྟ་བུས་བསྒྲུབ་ན་དངོས་གྲུབ་འདི་དང་འདི་ལྟ་བུ་ཐོབ་པར་འགྱུར་རོ་ཞེས་པ་ལྟ་བུའི་སྔགས་སྒྲོར་བའི་བྱེད་པོ་སངས་རྒྱས་ཡིན་པར་གསུངས་ཏེ། རྣམ་འགྲེལ་ལས། །འགའ་ཡིས་བརྡ་བྱས་ཉིད་ཡིན་ན། །སྔགས་རྣམས་འབྲས་བུ་སྒྲུབ་བྱེད་ཅེང་། །ཅི་སྟེ་དངོས་པོའི་ནུས་ཡིན་ན། །ཁྱད་པར་མེད་ཕྱིར་གཞན་ལས་འགྱུར། །ཞེས་དང་། འབྲས་བུ་འདོད་པ་སྔགས་རྣམས་ནི། །ཐམས་དང་སྐྱེས་བུས་བྱས་བརྗོད་བྱ། །སྐྱེས་བུ་བུད་མེད་སྒྲུབ་བྱེད་ནི། །འདི་ཉིད་ཀྱིས་ནི་བསལ་བ་ཡིན། །ཞེས་སོགས་གསུངས་སོ། །

དམ་ཆོས་འདུལ་བའི་སྐོར་ཞུགས་པའི་རབ་ཏུ་བྱུང་བས་བར་མ་རབ་བྱུང་གི་སྐབས་སུ་ཁྲིམ་པའི་རྟགས་སྤོང་བ་ཁས་བླངས་པ་དང་འགལ་བས་གོས་ཕུ་ཐུང་སྤུ་གུ་ཅན་དང་། རིང་འགག་གོང་བ་ཅན་སྤང་ངོ་། །དགོས་པ་མེད་པའམ་ཡོད་ཀྱང་ རྡ་རྒོད་མ་ལ་ཞོན་པ་དང་ལ་སོགས་པས་གླང་ཆེན་དྲེའུ་མོ་ལ་སོགས་པ་དེ་དག་ལ་ཞོན་པ་སྤང་སྟེ་ཁྲི་གདན་ཆེན་པོར་ཉལ་བའི་ཕྱོགས་མཐུན་གྱི་ལྟུང་བ་ཡིན་པའི་ཕྱིར་དང་། དགེ་སློང་གི་བཟའ་བར་མི་རུང་བའི་ཟས་སྔར་དགེ་སློང་གི་བྱིན་ལེན་མ་བྱས་པར་རེག་པའི་ལག་ཉ་དང་ནི་བླ་གབ་ཉེ་འཁོར་དང་བཅས་པའི་ནང་དུ་མ་རྫོགས་པ་དང་ལྷན་གཅིག་ཏུ་ནུབ་གསུམ་ལས་ལྷག་པར་ཉལ་དུ་མི་རུང་བའི་ནུབ་ཚང་སོགས། འདུལ་བའི་སྤྱོད་པ་མ་ཡིན་པ་བྱས་པ་ཀུན་ལ་ནི་སེམས་གནོང་ཞིང་འགྱོད་པ་ཡི་ཚུལ་གྱིས་ལྟུང་བའི་རིགས་མཐུན་མེད་པའི་དགེ་སློང་གི་དྲུང་དུ་བཤགས་པ་ལེགས་པར་བྱ་སྟེ་དེ་དག་ལྟུང་བ་མེད་དོ་ཞེས་སྨྲ་ན་སངས་རྒྱས་ཀྱི་བསྟན་པ་ལ་གནོད་པ་ཡིན་པས་སོ། །དེས་ན་ཅིས་ཀྱང་བག་ཡོད་པར་བྱའོ། །རབ་ཏུ་བྱུང་བ་ཁྱིམ་པར་འབབ་པ་དང་འབབ་ཏུ་འཇུག་པ་དང་། ཕན་ཚུན་རིས་སུ་བྱེ་ནས་ཆགས་སྡང་གིས་རྩོད་པ་བྱེད་པ་དང་། དམ་ཆོས་གླེགས་བམ་ཉོ་ཚོང་བྱེད་པ་དང་། དགེ་སློང་ནད་པ་མིན་པ་དང་གསང་སྔགས་ཀྱི་ཉམས་ལེན་གྱིས་མ་ཡིན་ཡང་ཟིན་པར་རློམ་ནས་ཕྱི་དྲོ་ཟ་བ་དང་། སྲོག་གི་ཕྱིར་ཡང་མ་སྨྲ་བའི་བག་མེད་ཉེས་ཀུན་རྒྱ་བ་ཆང་འཐུང་བ་དོན་མེད་པར་ས་རྐོ་བ་རྩ་གཅོད་པ་མི་ལ་རེག་པ་ལ་སོགས་པ་དང་། ལུས་ཀྱི་ལྷགས་པ་བཞིན་འབྲལ་མེད་དུ་བཅང་དགོས་པའི་ཆོས་གོས་རྣམ་གསུམ་དང་མིག་བཞིན་དུ་བསྲུང་བའི་གཞི་ལྟུང་བཟེད་དང་ཆེད་དང་ལྡན་པའི་གདིང་བ་འབྲལ་མེད་དུ་དགོས་ཀྱང་མེད་པ་དང་ཆུ་ཚགས་མེད་པ་རྒྱང་གྲགས་འགྲོ་བ་སོགས་ཆོས་དང་འགལ་བའི་སྤྱོད་པ་ཀུན་ལ་བཤགས་པ་ལེགས་པར་བྱ་སྟེ་དེ་དག་ལ་དགོས་པའི་དབང་དམ་ཉམས་ལེན་གཞན་གྱིས་ཟིན་པས་ལྟུང་བ་མེད་ཅེས་སྒྲོགས་པ་དང་། ཕྱོགས་རིས་ཀྱི་རྩོད་པ་བླ་མའི་དང་མཁན་པོ་སོགས་ཀྱི་ཞབས་ཏོག་ཡིན་པ་དང་། དེ་བཞིན་དུ་དམ་ཆོས་ཉོ་ཚོང་སངས་རྒྱས་བསྟན་ལ་ཕན་པ་སོགས་སྨྲ་ན་བསྟན་པ་སྤྱི་ལ་གནོད་ཚབས་ཆེ་བའི་ཕྱིར་བག་ཡོད་བྱའོ། །འདི་དག་ལ་ཉེས་པ་ཆེན་པོ་ཡོད་མོད་རང་གིས་གཉེན་པོ་བསྟེན་པས་བསྒྲུབ་པར་མ་ནུས་ཞེས་པའམ། སྐྱེ་བ་སྔ་མའི་ལས་ངན་གྱིས་བྱ་དགོས་བྱུང་བ་ཡིན་ཞེས་སྨྲ་ན་ནི་རང་ལ་གནོད་ཀྱི་བསྟན་པ་སྤྱི་ལ་གནོད་པ་མིན་ཏེ་བསྟན་པ་ཁྱད་དུ་བསད་པ་མ་ཡིན་པས་སོ། །དེས་ན་གནོད་ཚབས་འབྲིང་ཙམ་དུ་འགྱུར་རོ། །གལ་ཏེ་སྐྱེ་བ་སྔ་མ་ཆོས་དང་མི་མཐུན་པ་འབའ་ཞིག་བྱས་པ་ཡི་ལས་ངན་དུས་སུ་སྨིན་པའི་ཤུགས་ཉིད་ལས་ད་ལྟ་ཆོས་དང་འགལ་བའི་སྤྱོད་པ་འདི་ཀུན་རང་ཉིད་མ་སྒྲོ་བཞིན་དུ་དབང་མེད་དུ་བྱ་དགོས་བྱུང་ན་ཡང་འདི་ནི་མདོ་སྡེ་དང་མི་མཐུན་པས་ཆོས་མིན་ཚུལ་ཁྲིམས་དང་

འགལ་བས་འདུལ་བ་མིན་རྟེན་འབྲེལ་གྱི་ཆོས་ཉིད་དང་འགལ་བས་སངས་རྒྱས་ཀྱི་བསྟན་པའང་མིན་ནོ་ཞེས་གནོང་ཤིང་འགྱོད་པའི་ཚུལ་གྱིས་ལེགས་པར་བཤགས་པ་བྱེད་དགོས་ཏེ་མ་བཤགས་པས་འཕེལ་བར་འགྱུར་ཞིང་བཤགས་པས་ཡངས་པར་འགྱུར་བའི་ཕྱིར་རོ། །མདོར། སྐྱེས་བུ་དམ་པའི་ཚུལ་ནི་གཉིས་ཏེ། ལྟུང་བར་མི་འབྱུང་བར་བྱ་བ་དང་། །བྱུང་བ་ཕྱིར་བཅོས་པར་བྱ་བའོ། །ཞེས་གསུངས་པས་སོ། །ཆོས་དང་མངོན་སུམ་དུ་འགལ་ཡང་བདག་གི་སྤྱོད་པ་འདི་དག་ཆོས་དང་མི་འགལ་ཞིང་སངས་རྒྱས་ཀྱི་བསྟན་པ་ཡིན་ནོ་ཞེས་སྨྲ་བར་མི་བྱ་སྟེ་གལ་ཏེ་སྨྲ་ན་སངས་རྒྱས་བསྟན་ལ་གནོད་པའི་ཕྱིར་རོ། །དེས་ན་བསྟན་པའི་སྒོར་ཞུགས་པ་དག་གིས་ནི་བསླབ་པ་ལ་གཅེས་སྤྲས་ཀྱི་སྒོ་ནས་སངས་རྒྱས་ཀྱི་བསྟན་པ་ལ་ཕན་པ་ཉེ་བར་བསྒྲུབ་པར་བྱའོ། །གལ་ཏེ་མ་ཕན་ཡང་རྣམ་པ་ཀུན་ཏུ་གནོད་པར་མི་བྱ་སྟེ་བསྟན་པའི་སྒོར་ཞུགས་ནས་བསྟན་པ་ལ་གནོད་པ་ནི་ནགས་ན་གནས་པའི་སྤྲེའུའི་རྣམ་ཐར་ཡིན་པའི་ཕྱིར་རོ། །

དགེ་འདུན་གྱི་དབུས་སུ་མདོ་བསྡུས་པ་དག་གིས་མིའི་གྲང་བརྗོད་པ་ལ་སོགས་པའི་ཕྲལ་གྱི་བྱ་བ་ཀུན་འདུལ་བའི་གཞུང་དང་མཐུན་པར་གྱིས་ཏེ་དེ་དག་འདུལ་བ་ནས་གསུངས་པའི་ལག་ལེན་ཡིན་པས་སོ། །བཀའ་གདམས་པ་ཁ་ཅིག་མདོ་བསྡུས་རིང་མོ་ཞེས་བྱ་བ་གཟུང་རྒྱ་མང་བས་དཀའ་ལ་ཆོས་ནས་མ་བཤད་པས་ནོར་བར་བྱེད་པ་མཐོང་སྟེ་ཡང་། ཀྱེ་གསོན་ཅིག་དགེ་འདུན་བཙུན་པ་རྣམས། །ཚངས་པ་རྒྱལ་བྱིན་རྒྱལ་ཆེན་རྣམས། །ཆོས་སྐྱོང་གཙུག་ལག་བསྲུང་མ་དང་། །ལྷ་ཀླུ་ལ་སོགས་སྡེ་བརྒྱད་དང་། །ཆོས་རྒྱལ་རྗེ་བློན་ཡོན་བདག་དང་། །ཕ་མ་མཁན་པོ་སློབ་དཔོན་དང་། །མཐའ་ཡས་སེམས་ཅན་དོན་སླད་དུ། །ཞལ་ནས་གསུངས་པའི་མདོ་བརྗོད་ཞུ། །ཤུ་ཏུ་ལགས་ཞེས་སོགས་ཟེར་ཏེ་འདི་འདྲ་རྒྱ་གར་ན་མེད་ཅིང་བོད་ནའང་སྔ་སྔོན་འཛིན་པ་རྣམས་ལ་མེད་པས་རང་བཟོ་ཡིན་ནོ། །མདོ་བསྡུས་རིང་མོ་ཞེས་བྱ་བ་འདི་ནི་ལག་ལེན་བྱེད་པ་མི་འཐད་དེ་མདོ་རྒྱུད་ཀུན་ལས་འདི་མ་གསུངས་པའི་ཕྱིར་གང་ཞིག་འདི་འདྲའི་རིགས་ཀྱི་ཆོས་འཕེལ་ན་ནི་བསྟན་པའི་རྩ་བ་ནུབ་ཟེར་བ་དེ་ཡིན་པར་འགྱུར་བའི་ཕྱིར་ཏེ་ཆོས་ནས་གསུངས་པ་རྣམས་ནུབ་མ་གསུངས་པ་འཕེལ་བ་ཁོ་ན་ལ་དེར་འཇོག་པའི་ཕྱིར་རོ། །སངས་རྒྱས་ཀྱིས་གསུངས་པའི་ཚིག་ཀུན་ལས་སླ་བར་གྱུར་ཀྱང་མི་བྱེད་ལ་སངས་རྒྱས་ཀྱིས་ནི་མ་གསུངས་པ་དཀའ་ཡང་འབད་ནས་བྱེད་པ་འདི་ནི་མཚར་སྟེ་སངས་རྒྱས་ཀྱི་རྗེས་སུ་འབྲང་ཀྱང་ལག་ལེན་དེའི་གསུངས་དང་མི་མཐུན་པ་བྱེད་པ་འདི་བདུད་ཀྱི་བྱིན་བརླབས་ཡིན་པའི་ཕྱིར་རོ། །གལ་ཏེ་སངས་རྒྱས་ཀྱི་གསུང་དང་མི་མཐུན་ཡང་འདི་འདྲ་བྱས་པ་ལ་སྐྱོན་ཅི་འགྱུར་སྙམ་པའི་ནོར་བ་ལ་བདེན་པར་འདོད་ན་ནི་ལག་ལེན་ཕྱིན་ཅི་ལོག་ལས་ཚིག་སྒྲོ་བོར་བཞག་པས་དགེ་སློང་དུ་འགྱུར་བ་གཏོར་མ་སྒྲོ་བོར་གཞག་པས་དབང་བསྐུར་ཐོབ་པ། དགེ་འདུན་གྱི་དོན་དུ་ཕྱུགས་བསད་པས་བསོད་ནམས་འགྲོ་ཟེར་བ་ལ་སོགས་པ་རང་གང་དྲན་གྱི་ལག་ལེན་བྱེད་པ་གཞན་ཡང་། འཁྲུལ་བ་ཡིན་ནོ་ཞེས་བརྗོད་པར་མི་ནུས་ཏེ་ལུང་དང་འགལ་བའི་ཆོས་ཡིན་པར་གྱུར་པ་དང་། ལུང་མེད་པའི་རང་བཟོར་ཡིན་པ་འདི་དག་ཐམས་ཅད་མཚུངས་པ་གང་ཞིག་ལ་འགའ་ཞིག་བདེན་ལ་འགའ་ཞིག་ནི། རྫུན་པ་ཡིན་ཞེས་དབྱེད་མི་རུང་སྟེ་ཐམས་ཅད་བདེན་རྫུན་མཉམ་པའི་ཕྱིར་རོ། །དེར་མ་ཟད་མུ་སྟེགས་ལ་སོགས་ཆོས་ལོག་སྲོག་བཅད་པས་མཐོ་རིས་ཐོབ་པ་བ་གླང་གི་ཆུ་དང་ལྕི་བ་ཟོས་པས་ལུས་དག་དག་པ། དཀའ་ཐུབ་སྤྱད་པས་སྡིག་པ་འདག་པར་འདོད་པ་ལ་སོགས་པ་དག་ཀྱང་། སུན་དབྱུང་བར་ནི་མི་ནུས་ཏེ་མདོ

བསྐལ་རིང་མོ་དང་ཤེས་བྱེད་ཀྱི་ལུང་རིགས་མེད་པར་མཚུངས་པ་གང་ཞིག་ལ་བདེན་རྫུན་དབྱེ་བ་ནུས་པ་མ་ཡིན་པའི་ཕྱིར་དེས་ན་མདོ་བསྐལ་འདོན་པ་སོགས་ཀྱི་ལག་ལེན་ལུང་བྱ་བའི་ཕུང་པོ་ལས་གསུངས་པ་བཞིན་དུ་བྱའོ། །གསུང་རབ་ཟབ་མོ་ལ་ཐོས་སྒོམ་གྱིས་བག་ཆགས་མེད་ཅིང་མདོ་རྒྱུད་མི་ཤེས་པའི་བླུན་པོ་མཁས་པར་རློམ་པའི་སྐལ་ངན་བཀའ་ཕྱག་པ་ལ་ལ་དག་གིས་རྫོགས་པའི་སངས་རྒྱས་ཀྱི་གསུང་རབ་ཚིག་དོན་ཟབ་མོ་སྟོན་པ་མདོ་རྒྱུད་དང་། པཎྜི་ཏ་ལ་སོགས་པའི་གྲུབ་ཐོབ་རྣམས་ཀྱིས་ལེགས་པར་བཤད་པའི་བསྟན་བཅོས་གྲུབ་པ་སྙེ་བདུན་སྙིང་པོ་སྐོར་དྲུག་ལ་སོགས་པ་དང་མཁས་པ་རྒྱན་དྲུག་མཆོག་གཉིས་ལ་སོགས་པ་རྣམས་ཀྱིས་ཤིན་ཏུ་ལེགས་པར་བཤད་པའི་དམ་ཆོས་རྣམས་ལ་ཐོས་བསམ་བྱེད་པ་ན། དེ་དག་སྐལ་ངན་རྗེས་སུ་བཟུང་བའི་ཚིག་གི་ན་ཡ་ཙམ་ཡིན་པས་ན་ཡང་དག་པའི་དོན་རྟོགས་པ་ལ་དགོས་པ་ཆེར་མེད་པས་དོར་བར་བྱའོ་ཞེས་ཟེར་ཞིང་རྗོད་བྱེད་ཀྱི་ཚིག་ཙམ་ཀྱང་བསྒྲིག་ལེགས་པོ་མི་ཤེས་ན་བརྗོད་བྱའི་དོན་བཟང་པོ་དང་ལྡན་པ་སྨོས་ཀྱང་ཅི་དགོས་པའི་བླུན་པོ་རྣམས་ཀྱི་རང་དགའ་བའི་ཚིག་མཁས་པ་རྣམས་ཀྱིས་གཟིགས་ན་ཁྲེལ་ཞིང་བཞད་གད་བསྐྱེད་པ་ཡི་གནས་འབྲེལ་མེད་སྣ་ཚོགས་བྲིས་པ་ལ་ཐར་པའི་ལམ་དང་གདམས་ངག་ངོ་མཚར་ཅན་སྟོན་པའི་བསྟན་བཅོས་ཡིན་པའི་ཕྱིར་ཞེས་ཉན་བཤད་བྱེད་དོ། །བཀའ་བསྟན་རྣམ་དག་སྤྲང་ནས་ཚིག་དོན་བཟང་པོ་དང་མི་ལྡན་པ་བླུན་པོ་རང་དགའི་བསྟན་བཅོས་ལ་ཉན་བཤད་བྱེད་པ་དེ་བློ་ལྡན་རྣམས་ཀྱི་དོར་བར་བྱ་སྟེ་དེ་ལྟ་བུས་འཇིག་རྟེན་ཐོས་མེད་བླུན་པོ་དགའ་བ་བསྐྱེད་ནུས་ཀྱི་ཐོས་ལྡན་གྱི་མཁས་རྣམས་དགའ་བ་བསྐྱེད་མི་ནུས་པས། དེ་ལ་འབད་རྩོལ་བྱེད་པའི་དུས་དང་ཐོས་བསམ་གྱི་བློ་གྲོས་གཉིས་ཀར་གྲོན་ནམ་ཆུད་ཟོས་ཉིད་དུ་འགྱུར་བས་སོ། །ཀྱེ་མ་ཞེས་ཙུང་ཟད་ཐུགས་སྐྱོ་བའི་ཉམས་སུ་བྱས་ནས་ཕན་བདེའི་འབྱུང་གནས་སངས་རྒྱས་ཀྱི་བསྟན་པ་ནི་གཟུགས་བརྙན་འདི་ལྟར་གྱུར་པ་ད་གཟོད་གོ་སྟེ་བཀའ་བསྟན་རྣམ་དག་དྲི་མེད་རྣམས་བཞི་མདོའི་རྒྱ་བཞིན་དོར་ནས་བླུན་པོའི་བརྫུན་ཚིག་ལ་གུས་པ་ཚད་ཐུབ་ཏུ་འཛིན་ནས་ཉན་བཤད་བྱེད་པ་ཤིན་ཏུ་མང་བས་སོ། །བླུན་པོའི་བརྫུན་ཚིག་ལ་ཉན་བཤད་བྱེད་པ་དོན་མེད་ཡིན་པར་བཤད་ཟིན་པ་དེས་ན་ཐོས་བསམ་སྒོམ་གསུམ་བྱ་བའི་ཡུལ་ནི་སངས་རྒྱས་ཀྱི་གསུང་རབ་མདོ་རྒྱུད་དང་མཁས་པ་རྒྱན་དྲུག་མཆོག་གཉིས་རྨད་བྱུང་གི་སློབ་དཔོན་གཉིས་ལ་སོགས་པ་རྣམས་ཀྱི་བསྟན་བཅོས་ལ་བྱ་དགོས་ཏེ་དེ་རྣམས་ཀྱི་ཚིག་དང་དོན་གཉིས་ལ་ནི་རིམ་བཞིན་དུ་ཐོས་ཤིང་འཛིན་པ་ལའང་བྱང་ཆུབ་ཀྱི་རིགས་རྒྱས་པ་དང་། ཡིད་ལ་སེམས་ཤིང་སྒོམ་པས་འཁོར་བ་ལས་གྲོལ་བར་འགྱུར་བ་སྟེ་དེ་ལྟ་བུའི་བྱིན་བརླབས་ཡོད་པའི་ཕྱིར་ཏེ། བློ་གྲོས་རྒྱ་མཚོས་ཞུས་པའི་མདོར། །དེ་བཞིན་གཤེགས་པའི་དམ་པའི་ཆོས་འཛིན་པ། །རྒྱལ་བ་རྣམས་ཀྱི་ཡོངས་སུ་གཟུང་བར་འགྱུར། །ལྷ་དང་ཀླུ་དང་མི་འམ་ཅི་རྣམས་དང་། །བསོད་ནམས་ཡེ་ཤེས་ཀྱིས་ནི་ཡོངས་སུ་གཟུང་། །ཞེས་དང་། སྐྱེས་རབས་ལས། ཐོས་བྱུང་དམུས་ལོང་སྒྲོམ་པའི་ཚུལ་མ་ཤེས། །ཤེས་རབ་རྒྱས་བྱེད་པ་ནི་ཐོས་པ་ཡིན། །ཐོས་པ་གཏི་མུག་མུན་སེལ་སྒྲོན་མེ་སྟེ། །ཡ་རབ་རྣམས་དང་ཕྲད་ན་སྐྱེས་ཀྱི་མཆོག །ཅེས་དང་། བྱང་ཆུབ་སེམས་དཔའི་སྡེ་སྣོད་ལས། །ཐོས་པས་ཆོས་རྣམས་ཤེས་པར་བྱེད། །ཐོས་པས་སྡིག་ལས་ལྡོག་པར་བྱེད། །ཐོས་པས་དོན་མ་ཡིན་པར་སྤོང་། །ཐོས་པས་ཤེས་རབ་རྣམ་པར་འཕེལ། །ཐོས་པས་མྱ་ངན་འདས་པ་ཐོབ། །ཅེས་སོགས་རྒྱ་ཆེར་གསུངས་པ་དང་། །གཉིས་པའང་། ཡབ་སྲས་མཇལ་བའི་མདོར། གང་གིས་བསྐལ་པ་བཅུའི་བར་དུ་ཉན་ཏེ་གཞན་ལ་བསྟན་པ་བས། གང་གིས་སེ་གོལ་གཏོགས་པ་ཙམ་དུ་འདི་སྒོམ་ན་དེ་ནི་དེ་ལས་བསོད་ནམས་ཆེས་མང་དུ་འཕེལ་ལོ། །ཞེས་དང་།

སྟོང་གསུམ་གང་གི་སེམས་ཅན་གྱིས། །གྲོག་གི་སྦྱིན་པ་བྱིན་པ་བས། །བསམ་གཏན་སྡོམ་པ་ཡོན་ཏན་ཆེ། །ཞེས་སོགས་གསུངས་པའི་ཕྱིར་རོ། །ཚིག་དོན་བྱིན་བརླབས་ཅན་འདི་འདྲའི་བཀའ་དང་བསྟན་བཅོས་རྣམ་དག་ལ་ཉན་བཤད་བྱེད་པ་ལ་ཐོས་པ་ཞེས་ནི་བརྗོད་པ་ཡིན་དེའི་དོན་ལ་རིགས་པས་དཔྱོད་ཅིང་སེམས་པ་ནི་བསམ་པ་ཡིན། ནན་ཏན་གྱིས་ནི་དེ་སྒྲུབ་ཅིང་གོམས་འདྲིས་ཀྱིས་ཉམས་སུ་ལེན་པ་ནི་བསྒོམ་པ་ཡིན་པར་ཤེས་པར་བྱས་ནས་ཐོས་བསམ་སྒོམ་གསུམ་དེ་ལྟར་གྱིས་ཏེ་དེ་ལྟའི་ཚུལ་མཐུན་གྱི་ཐོས་བསམ་བསྒོམ་གསུམ་འདི་ནི་སངས་རྒྱས་ཀྱི་བསྟན་པ་རྣམ་པར་དག་པ་ཡིན་པའི་ཕྱིར་ཏེ་མཛོད་ལས། སྟོན་པའི་དམ་ཆོས་རྣམ་གཉིས་ཏེ། །ལུང་དང་རྟོགས་པའི་བདག་ཉིད་དོ། །དེ་འཛིན་བྱེད་པ་སྨྲ་བྱེད་དང་། །བསྒྲུབ་པར་བྱེད་པ་ཁོ་ན་ཡིན། ཞེས་སོགས་གསུངས་སོ། །སོ་སོར་ཐར་པའི་སྡོམ་པའི་སྐབས་ཏེ་དང་པོའོ།། །།

ༀ སྨྲིར་བྱང་ཆུབ་ཀྱི་སེམས་བསྐྱེད་པ་དེ་ལ་ནི་ཉན་ཐོས་ཀྱི་གཞུང་ལུགས་ནས་བཤད་པ་དང་། ཐེག་པ་ཆེན་པོའི་གཞུང་ལུགས་ནས་བཤད་པ་སོ་སོར་ཡོད་པས་གཉིས་སུ་ཡོད་དོ། །ཉན་ཐོས་རྣམས་ཀྱི་གཞུང་ནས་བཤད་པ་ལྟར་སེམས་བསྐྱེད་འཐོབ་བྱ་བྱང་ཆུབ་ཀྱི་སྒོ་ནས་གསུམ་དུ་ཡོད་དེ་ཉན་ཐོས་དགྲ་བཅོམ་གྱི་ཕྱིར་སེམས་བསྐྱེད་རང་རྒྱལ་དུ་སེམས་བསྐྱེད་སངས་རྒྱས་སུ་སེམས་བསྐྱེད་པ་དག་གསུམ་ཡོད་པས་སོ། །ཁྱབ་སྟེ། འདུལ་བ་ལུང་ལས་ཁ་ཅིག་ནི་ཉན་ཐོས་སུ་སེམས་བསྐྱེད་དོ། །ཞེས་སོགས་གསུངས་པའི་ཕྱིར། ཉན་ཐོས་སྒྲུབ་དུས་ཀྱི་བསྟན་པ་ལོ་སྟོང་ན་ནུབ་པས་ན་དེང་སང་ལུང་དུས་སུ་དེ་དག་མི་སྣང་བའི་ཕྱིར། ཉན་ཐོས་ཀྱི་སེམས་བསྐྱེད་དེ་ཡི་ཆོ་གའི་ལག་ལེན་ནི་དེང་སང་སྤྱོད་པ་ཉུང་ངོ་། །གཉིས་པ་ཐེག་པ་ཆེན་པོའི་སེམས་བསྐྱེད་འདི་ལ་འང་རྗེ་བཙུན་འཇམ་དབྱངས་ནས་བརྒྱུད་དེ་ཀླུ་སྒྲུབ་ཀྱི་རྗེས་སུ་འབྲང་བ་དབུ་མ་ལུགས་དང་། བྱམས་མགོན་ནས་བརྒྱུད་དེ་ཐོགས་མེད་ཀྱི་རྗེས་སུ་འབྲང་བ་སེམས་ཙམ་ལུགས་ཏེ་རྣམ་པ་གཉིས་ཡོད་པས་གཉིས་སུ་ཡོད་དོ། །དབུ་སེམས་དེ་གཉིས་ལྟ་བ་ཐ་དད་པས་དེ་དང་མཐུན་པའི་སྦྱོར་དངོས་རྗེས་ཀྱི་ཆོ་ག་ཡང་ནི་ཐ་དད་ཡིན། རྒྱ་བའི་ལྟུང་བའི་གྲངས་དང་ནི་ལྟུང་བ་དེ་ཕྱིར་བཅོས་ཚུལ་དང་། རྗེས་ཀྱི་བསླབ་པར་བྱ་བའང་སོ་སོར་ཡོད་པ་ཡིན་ནོ། །སེམས་ཙམ་པ་ཡི་ལུགས་ཀྱི་སེམས་བསྐྱེད་ཀྱི་ཆོག་བྱང་ས་ནས་བཤད་པ་ཇོ་བོ་རྗེ་ནས་བརྒྱུད་པའི་ཕྱག་ལེན་འདི་ནི་བོད་ན་བྱེད་པ་མང་མོད་ཀྱི་འོན་ཀྱང་དེ་ནི་ཤན་པ་སོགས་སུ་ཡང་རུང་བ་ཡི་གང་ཟག་རྣམས་ལ་ནི་འཇུག་པ་སེམས་བསྐྱེད་བྱར་མི་རུང་སྟེ་སོ་ཐར་གྱི་སྡོམ་པ་མེད་པ་དང་། བྱང་སེམས་ཀྱི་སྡེ་སྣོད་མི་ཤེས་པ་དང་། ཤེས་ཀྱང་བསླབ་བྱ་ཉམས་འོག་ཏུ་མ་ཚུད་པར་མི་སྐྱེ་བའི་ཕྱིར་རོ། །བཀའ་གདམས་པ་ལ་ལ་དགེ་བཤེས་ཕྱག་སོར་སོགས་སྐྱེ་བོ་འགའ་ཞིག་གི་སྨི་ལམ་གྱི་ནི་རྗེས་སུ་འབྲང་ནས་སོར་སྡོམ་ལྡན་མིན་གྱི་སེམས་ཅན་ཀུན་ལ་སེམས་ཙམ་ལུགས་ཀྱི་འཇུག་པ་སེམས་བསྐྱེད་འབོགས་པར་བྱེད་དོ། །སྨི་ལམ་བདུད་ཀྱི་མིན་ན་རུང་མོད་བྱས་པ་སྲིད་དེ། མདོ་ལས། བདུད་སྡིག་ཅན་སངས་རྒྱས་ཀྱི་ཆ་བྱད་དུ་ཆོས་སྟོན་པར་འགྱུར་རོ། །ཞེས་གསུངས་སོ། །ཐོགས་མེད་ཀྱིས་བྱང་ཆུབ་སེམས་དཔའི་ས་དང་ནི། ངོ་བོ་མར་མེ་མཛད་ཀྱིས་བཀག་པའི་ཕྱིར་ཏེ། བྱང་ས་ལས། རིགས་ཀྱི་བུ་ཁྱོད་བྱང་ཆུབ་སེམས་དཔའ་ཡིན་ནམ་ཞེས་བྱ་བ་ལ་སོགས་པས་བྱང་སེམས་ཀྱི་སྡེ་སྣོད་མི་ཤེས་པ་ལ་འཇུག་པ་སེམས་བསྐྱེད་བཀག་པའི་ཕྱིར་དང་། ཇོ་བོས། སོ་སོར་ཐར་པ་རིགས་བདུན་གྱི། །རྟག་ཏུ་སྡོམ་གཞན་ལྡན་པ་ལ། །བྱང་ཆུབ་

སེམས་དཔའི་སྡོམ་པ་ཡི། །སྐལ་པ་ཡོད་ཀྱི་གཞན་དུ་མིན། །ཞེས་བཤད་པའི་ཕྱིར་རོ། །དེ་ར་མ་ཟད་དཔྱ་འགོག་བྱེད་ཚིག་ལས་ཀྱང་དེ་ལྟར་མངོན་སུམ་དུ་གསལ་བའི་ཕྱིར་དེ་ལྟའི་ལུགས་དེ་ནི་སངས་རྒྱས་ཀྱི་བསྟན་པ་མིན་ནོ། །

བཀའ་གདམས་པ་ཁ་ཅིག་བླུན་པོ་སྡིག་པ་ཅན་ཡིན་ཡང་སེམས་ཙམ་ལུགས་ཀྱི་སེམས་བསྐྱེད་སྐྱེ་བའི་རྟེན་དུ་རུང་སྟེ་སེམས་བསྐྱེད་འབོགས་པའི་གྲལ་འདིར་འཚོགས་པ་ཐམས་ཅད་ནི། སོ་སོར་ཐར་པའི་སྡོམ་པ་ཅན་བྱང་ཆུབ་སེམས་དཔའི་སྡོམ་ལ་མཁས་པ་ཤ་སྟག་ཡིན་པའི་ཕྱིར་ཏེ། དེ་རྣམས་སྐལ་བ་དང་མི་ལྡན་ན་དེར་མི་འོང་བའི་ཕྱིར་རོ། །དེས་ན་འདི་སེམས་ཅན་ཀུན་ལ་བྱེད་པ་འགལ་བ་མིན་ནོ་ཟེར་ལོ། །མེད་པར་མཐོང་བཞིན་དུ་ཡོད་པར་བརྫུན་སྨྲ་བའི་བླུན་ཚིག་འདི་འདྲའི་ཚིག་ལའང་བདེན་པར་འཛིན་པའི་རྗེས་འབྲང་ཡོད་ན་དེ་གང་ཞིག །བདེན་བརྫུན་འབྱེད་ནུས་པའི་བློ་ལྡན་སེམས་ཡོད་རྣམས་ཀྱིས་ནི་འདི་ལ་དཔྱོད་པར་རིགས་ཏེ། གལ་ཏེ་འདི་འདྲ་སྨྲ་བའི་ཚིག་བདེན་ན་དེ་ལས་མི་བདེན་པ་གཞན་ཅི་ཞིག་ཡོད་དེ་མེ་བསིལ་བ་དང་ཆུ་བསྲེག་པ་ཡིན་ཞེས་སོགས་ཕྱིན་ཅི་ལོག་སྨྲ་བ་རྣམས་ཀྱང་སུས་ཁེགས། །གལ་ཏེ་དེ་བདེན་ན་བརྫུན་པ་ཞེས་བྱ་ལ་མི་སྲིད་པ་དེས་ན་དཔང་རྟོན་ཆོས་ཀྱི་རྗེས་སུ་འབྲང་བའི་མཁས་པ་ལུང་རིགས་ཤེས་པ་རྣམས་ཀྱིས་ལུགས་འདི་སྤོང་བར་བྱའོ། །ཐེག་པ་ཆེན་པོ་དབུ་མའི་ལུགས་ཀྱི་སེམས་བསྐྱེད་འདི་སྐྱེས་པའི་རྟེན་དེ་ལྟའི་རིས་པ་ཅན་མི་དགོས་ཏེ་བརྡ་ཤེས་ཤིང་ལེན་འདོད་ཡོད་པའི་སེམས་ཅན་ཀུན་གྱིས་ལེགས་པར་ཐོབ་ན་རྫོགས་སངས་རྒྱས་ཀྱི་རྒྱུར་འགྱུར་རོ་ཞེས་དབུ་མའི་ལུགས་ཀྱི་མདོ་དང་བསྟན་བཅོས་རྣམས་ལས་གསུངས་པས་སོ། །

དེ་ཡང་སྔོན་པོ་བཀོད་པར་འཇམ་དཔལ་གྱིས་ཆོས་གསན་པས་ཀླུ་མཚོའི་ཀླུ་སྟོང་ཕྲག་བཅུས་བླ་མེད་བྱང་ཆུབ་ཏུ་སེམས་བསྐྱེད་པར་གསུངས་པ་དང་། མདོ་སྡེ་བསྐལ་བཟང་ལས་རྒྱལ་བ་ཕན་བཞེད་གྲོང་དཔོན་གྱུར་པའི་ཚེ། །དེ་བཞིན་གཤེགས་པ་བསོད་ནམས་འོད་དེ་ལ། །ཉིན་གཅིག་སྲོག་གཅོད་སྡོམ་པ་བླངས་ནས་ཀྱང་། དང་པོར་བྱང་ཆུབ་མཆོག་ཏུ་སེམས་བསྐྱེད་དོ། །ཞེས་དང་། ནམ་མཁའི་སྙིང་པོར་བྱང་ཆུབ་སེམས་དཔའ་རྒྱལ་པོ་ལ་འབྱུང་བའི་ལྟུང་བ་ལྔ། བློན་པོ་ལ་འབྱུང་བའི་ལྟུང་བ་ལྔ་ལ་སོགས་པ་གསུངས་པ་དང་། དཀོན་མཆོག་བརྩེགས་པའི་གཙུག་ན་རིན་པོ་ཆེའི་ཞུས་པ་ལས། །ཤེས་རབ་ཀྱི་ཕ་རོལ་ཏུ་ཕྱིན་པའི་སྤྱོད་པ་ཡོངས་སུ་དག་པ་འདི་བསྟན་པ་ན་འཁོར་དེའི་ནང་ནས་ལྷ་དང་མིའི་སྲོག་ཆགས་ཁྲི་ཉིས་སྟོང་གིས་བླ་ན་མེད་པ་ཡང་དག་པར་རྫོགས་པའི་བྱང་ཆུབ་ཏུ་སེམས་བསྐྱེད་པར་གསུངས་པ་དང་། རྒྱལ་པོར་གདམས་པ་ཡི་མདོ་སྡེ་ལས་རྒྱལ་པོ་ཆེན་པོ་འདི་ལྟ་སྟེ་ཁྱོད་ནི་བྱ་བ་མང་བ་བྱེད་པ་མང་བ་སྟེ་སོགས་ནས་རྫོགས་པའི་བྱང་ཆུབ་ཏུ་འདོད་པ་ཅེས་སོགས་གསུངས་སོ། །ལ་སོགས་པ་སྟེ་ཀླུའི་རྒྱ་མཚོས་ཞུས་པའི་མདོ་ལས་ཀྱང་ཀླུ་ཁྲི་ཉིས་སྟོང་གི་བྱང་ཆུབ་མཆོག་ཏུ་སེམས་བསྐྱེད་དོ་ཞེས་དང་། ཟ་མ་ཏོག་བཀོད་པར་ཡང་། འཕགས་པ་སྤྱན་རས་གཟིགས་དབང་ཕྱུག་གིས་ངན་སོང་གི་གནས་སུ་བྱོན་ཏེ་ངན་སོང་བ་དེ་དག་བདེན་པ་མཐོང་བ་ལ་བཀོད་དོ། །ཞེས་སོགས་རྒྱ་ཆེར་གསུངས་པས་དེ་རྣམས་སུ་ལྟོས་ཤིག །ལུང་རྒྱས་པར་ཤེས་པར་འདོད་པས་བདག་ཉིད་ཆེན་པོ་ཉིད་ཀྱིས་མཛད་པའི་སེམས་བསྐྱེད་ཀྱི་ལུང་སྦྱོར་ལས་རྟོགས་པར་བྱའོ། །འཕགས་པ་ཀླུ་སྒྲུབ་ཀྱིས་མཛད་པའི་རིན་ཆེན་ཕྲེང་བ་ལས། སེམས་ཅན་ཐམས་ཅད་བྱང་ཆུབ་ཏུ། །སེམས་བསྐྱེད་བཅུག་ཅིང་བརྟེན་བྱས་ན། །རི་དབང་རྒྱལ་པོ་ལྟར་བརྟན་པའི། །བྱང་ཆུབ་སེམས་དང་རྟག་ལྡན་འགྱུར། །ཞེས་དང་། རྒྱལ་སྲས་ཞི་བ་ལྷས་མཛད་པའི་བསྟན་བཅོས་བསླབ་

བཏུས་སུ་དཔལ་འགྲོའི་ལུང་དྲངས་པར། གཡོ་སྒྱུའི་སེམས་བསྐྱེད་པའང་སངས་རྒྱས་ཀྱི་རྒྱུར་གསུངས་ན་དགེ་བ་སྣ་འགའ་བྱས་ཏེ་སེམས་བསྐྱེད་པ་ལྟ་ཅི་སྨོས་ཞེས་དང་། སྤྱོད་འཇུག་ལ་སོགས་པ་རྣམས་ལས་ཀྱང་དེ་བཞིན་དུ་གསུངས་སོ། །སེམས་བསྐྱེད་དེ་གཉིས་ཀྱི་དཔེ་ཇི་ལྟར་ན་འབྲས་ཀྱི་ས་བོན་ནི་ཡུལ་དྲོ་ཞིང་རླན་ཆེ་བར་སྐྱེའི་གྲང་བའི་ཡུལ་དུ་མི་སྐྱེ་བ་དེ་བཞིན་དུ་སེམས་ཙམ་པ་ཡི་ཡང་འཇུག་པ་སེམས་བསྐྱེད་སྡོམ་པ་མེད་པའི་སྡིག་ཅན་ལ་མི་སྐྱེའོ། །ཇི་ལྟར་ནས་ཀྱི་ས་བོན་ནི་གྲང་དྲོ་གང་དུའང་སྐྱེ་བ་ལྟར། དེ་བཞིན་དུ་དབུ་མ་པའི་སེམས་བསྐྱེད་ཀྱང་། ལྷ་ཀླུ་ཤན་པ་སོགས་སྡིག་པ་ཡོད་མེད་ཀུན་ལ་སྐྱེ་བ་ཡིན་ནོ། །གལ་ཏེ་མདོ་བསྟན་བཅོས་ལས་སེམས་ཅན་ཐམས་ཅད་ལ་སེམས་བསྐྱེད་བྱ་བར་བཤད་པ་ཡི་གཞུང་དེ་དབུ་མ་ལུགས་ཁོ་ནར་སྦྱར་བ་མ་ངེས་ཏེ་སེམས་ཙམ་པ་ཡི་ཡང་སེམས་བསྐྱེད་སྐྱེ་བོ་ཀུན་ལ་བྱེད་པའི་ལུང་དུ་སྦྱར་ན་ཅི་འགལ་ཏེ་འགལ་བ་མེད་པའི་ཕྱིར་རོ་ཞེས་སྨྲ་མ་ན། དེ་ལྟར་སྦྱར་བ་དེ་ནི་འཁྲུལ་བ་ཡིན་ཏེ།

སེམས་ཙམ་ལུགས་ཀྱི་སེམས་བསྐྱེད་ཀྱི་རྟེན་ལ་སོ་ཐར་རིས་བདུན་པོ་གང་རུང་དང་ལྡན་པ་དགོས་པ་གང་ཞིག་སྔར་བཤད་པའི་རྒྱལ་བ་ཐན་བཞེད་ཉིན་གཅིག་གི་སྲོག་གཅོད་སྤོང་བའི་སྡོམ་པ་བླངས་པ་ལ་བྱང་ཆུབ་སེམས་དཔའི་སེམས་བསྐྱེད་མཛད་མོད་དེ་ནི་སོ་སོར་ཐར་པ་རིས་བདུན་པོ་གང་རུང་མིན་པའི་ཕྱིར་རོ། །ལུང་དེ་ལ་སོགས་པ་སོར་སྡོམ་དང་མི་ལྡན་པའི་ལྷ་ཀླུ་སོགས་སེམས་ཅན་ཀུན་ལ་སེམས་བསྐྱེད་སྐྱེ་བར་བཤད་པའི་འཐད་པ་རྣམས་དབུ་མའི་ལུགས་ལ་འཐད་མོད་ཀྱི་སེམས་ཙམ་པ་ཡི་ལུགས་ལ་འཐད་པ་མིན་ཏེ་དེའི་ལུགས་ལ་སོར་སྡོམ་ལྡན་པ་ཞིག་དགོས་པ་བཤད་ཟིན་པའི་ཕྱིར་རོ། །སེམས་ཙམ་ལུགས་ཀྱི་སེམས་བསྐྱེད་སྐྱེ་བའི་རྟེན་ངེས་པ་ཅན་ཡིན་པ་དེས་ན་སེམས་ཙམ་པ་ཡི་ལུགས། གལ་ཏེ་སེམས་བསྐྱེད་དེ་ནི་སྐྱེ་བར་འདོད་ན་ཐོག་མར་སོ་སོར་ཐར་པ་རིས་བདུན་པོ་གང་རུང་ལོངས། དེའི་རྗེས་ལ་བྱང་ཆུབ་སེམས་དཔའི་སྡེ་སྣོད་ཀྱི་དགོངས་པ་བྱང་ས་ལྟ་བུ་ལ་སློབ་བསླབ་བྱ་ཉམས་ལེན་དུ་ཚུད་དེ་དང་ཅིང་སྒྲུབ་པར་ནུས་པར་གྱུར་ན་ཕྱིས་ནས་དེའི་ལུགས་ཀྱི་འཇུག་པ་སེམས་བསྐྱེད་ཀྱི་སྡོམ་པ་ལོངས་ཤིག་སྟེ་བྱང་སའི་ཚུལ་ཁྲིམས་ལེའུ་དང་། གནས་བརྟན་བྱང་བཟང་སོགས་ཀྱིས་ལེན་ཚུལ་གྱི་རིམ་པ་དེ་ལྟར་དུ་བཤད་པའི་ཕྱིར། ཅི་སྟེ་སེམས་ཅན་ཐམས་ཅད་ལ་སངས་རྒྱས་ཀྱི་ས་བོན་ཐེག་ཆེན་སེམས་བསྐྱེད་འཛོག་འདོད་ན་ཚུལ་དེ་ནི་སྔོར་དངོས་རྗེས་གསུམ་གྱི་ཆོ་ག་འཁྲུལ་བ་མེད་པ་ཡི་དབུ་མ་པ་ཡི་གཞུང་ཞི་བ་ལྷས་སྤྱོད་འཇུག་དང་། ཇོ་དྲ་རིས་ཡི་དམ་བླངས་པའི་ཆོ་ག་བཞིན་གྱིས་ཏེ་དེ་ནི་བརྡ་འཕྲོད་ཅིང་ལེན་འདོད་ཡོད་པའི་སྐྱེས་པོ་ཀུན་ལ་སྐྱེའོ། །དོན་དམ་སེམས་བསྐྱེད་ཅེས་བྱ་བ་དེ་ཐེག་ཆེན་གྱི་ཚོགས་སྦྱོར་གྱི་གནས་སྐབས་སུ་བསྐལ་པ་གྲངས་མེད་གཅིག་གིས་བར་དུ་ཚོགས་གཉིས་བསགས་ཏེ་ཆོས་ཉིད་དོན་སྤྱིའི་ཚུལ་དུ་བསྒོམས་པའི་སྟོབས་ཀྱིས་མཐོང་ལམ་ཡེ་ཤེས་ཞེས་བྱ་བ་དོན་དམ་སེམས་བསྐྱེད་སྐྱེ་བ་ཡོད་མོད་ཀྱི་ཆོ་གའི་སྒོ་ནས་སེམས་བསྐྱེད་འདི་མི་སྐྱེ་སྟེ་དེ་ལ་ལུང་རིགས་ཀྱིས་གནོད་བྱེད་ཡོད་པའི་ཕྱིར། རྟགས་དེ་མ་གྲུབ་ནས་གལ་ཏེ་དོན་དམ་སེམས་བསྐྱེད་ཆོ་གས་སྐྱེ་ན་སྐྱོན་ཅི་ཡོད་སྙམ་ན་ནི་དེའི་ཕྱིར། དོན་དམ་སེམས་བསྐྱེད་དེ་ཆོས་ཅན། ཆོ་གས་སྐྱེད་དགོས་པ་གང་ཞིག་རགས་པ་བཙ་ལས་བྱུང་བའི་སེམས་བསྐྱེད་དུ་འགྱུར་བར་ཐལ་ལོ། །

འདོད་མི་ནུས་ཏེ་འདི་ནི་དོན་དམ་ཆོས་ཉིད་ཀྱིས་ཐོབ་པ་ཞེས་བྱའི་སེམས་བསྐྱེད་ཡིན་པའི་ཕྱིར་རོ། །དོན་དམ་སེམས་བསྐྱེད་ཆོ་གས་སྐྱེ་བ་འདོད་པ་དེ་ལ་སྒྲུབ་བྱེད་མེད་དེ་འདི་ལ་སྦྱོར་དངོས་རྗེས་གསུམ་གྱི་ཆོ་ག་རྒྱལ་བས་གསུངས་པ་མེད་ཅིང་། ཚད་ལྡན་གྱི་རྗེས་འཇུག་མཁས་པ་ཐམས་ཅད་ཀྱི་འགོག་བྱེད་འདི་མི་མཛད། གལ་ཏེ་མཛད་པ་ཡོད་སྲིད་ཀྱང་དེ་འགོག་བྱེད་ཀྱི་ཆོ་གར་མི་འགྱུར་བའི་ཕྱིར་རོ། །བྱས་ཀྱང་ཆོ་གར་མི་འགྱུར་བ་དེས་ན་དོན་དམ་སེམས་བསྐྱེད་ཆོ་གས་འགོགས་པ། ཆོས་ཉིད་བཟོ་རྒྱུའི་དགེ་རྒྱར་འདོད་པ། ཕག་མགོའི་དབང་བསྒྱུར་བྱེད་པ་འདི་འདྲའི་རིགས་ཅན་ཀུན་ནི། སངས་རྒྱས་བསྟན་པའི་གཟུགས་བརྙན་ཙམ་ཡིན་ཏེ་ཆོས་དང་མི་མཐུན་པར་ཆོས་ལྟར་བཅོས་པ་ཡིན་པའི་ཕྱིར། ཀུན་རྫོབ་དོན་དམ་གྱི་སེམས་བསྐྱེད་འདི་གཉིས་རིམ་བཞིན་ཆོ་གས་སྐྱེ་བ་དང་མི་སྐྱེ་བ་ནི་འཆད་འགྱུར་གྱི་དཔེ་ཡི་སྒོ་ནས་གྲུབ་ཏེ་དཔེར་ན་ཆུ་ལུད་འགྲིམ་པ་ས་བོན་འདེབས་པ་སོགས་སོ་ནམ་ཞིང་པས་དངོས་སུ་བྱར་ནུས་ཀྱི་མྱུ་གུ་སྡོང་བུ་སྙེ་མ་སོགས་ཞིང་ལས་དངོས་སུ་བྱུང་གི་མི་ལས་དངོས་སུ་འབྱུང་བ་མིན་ནོ། །དེ་བཞིན་དུ་ཀུན་རྫོབ་བྱང་ཆུབ་ཀྱི་སེམས་ཆོ་གའི་སྒོ་ནས་བསྐྱེད་ནུས་ཀྱི་དོན་དམ་བྱང་ཆུབ་ཀྱི་སེམས་དང་ནི། ཟག་པ་མེད་པའི་སྡོམ་པ་དང་། བསམ་གཏན་གྱི་ནི་སྡོམ་པ་དང་། སྔགས་འཇུག་ལ་སོགས་པའི་སྡོམ་པ་རྣམས་ངང་གིས་སྐྱེ་ཡི་ཆོ་གས་དངོས་སུ་སྐྱེ་བ་མིན་ནོ། ། དོན་དམ་སེམས་བསྐྱེད་སོགས་བསྒོམས་སྟོབས་ཀྱིས་སྐྱེའི་ཆོ་གས་དངོས་སུ་མི་སྐྱེ་བ་འདི་དག་འཐད་པ་དང་བཅས་པ་མདོ་དང་བསྟན་བཅོས་ཀུན་ལས་འབྱུང་སྟེ་ཀཱ་མ་ལ་ཤཱི་ལའི་སྒོམ་རིམ་དུ་དགོངས་འགྲེལ་གྱི་ལུང་དྲངས་པར། དོན་དམ་པའི་བྱང་ཆུབ་ཀྱི་སེམས་ནི་རླུང་མེད་པའི་མར་མེའི་རྒྱུན་བཞིན་དུ་མི་གཡོ་བའོ། །དེ་འགྲུབ་པ་ནི་རྟག་ཏུ་གུས་པས་ཞི་གནས་དང་། ལྷག་མཐོང་གི་རྣལ་འབྱོར་གོམས་པ་ལས་དེར་འགྱུར་རོ། །ཞེས་སོགས་དང་། བྱང་ཆུབ་སེམས་འགྲེལ་ལས་ཀྱང་། དོན་དམ་པའི་བྱང་ཆུབ་ཀྱི་སེམས་བསྒོམ་པའི་སྟོབས་ཀྱིས་སྐྱེད་པར་བྱ་སྟེ་ཞེས་དང་། མདོ་སྡེ་རྒྱན་ལས་རྫོགས་པའི་སངས་རྒྱས་རབ་བསྙེན་བྱས། །བསོད་ནམས་ཡེ་ཤེས་ཚོགས་རབ་བསགས། །ཆོས་ལ་མི་རྟོག་ཡེ་ཤེས་ནི། །སྐྱེས་ཕྱིར་དེ་ནི་དམ་པར་འདོད། །ཅེས་སོགས་གསུངས་པ་དང་། མཛོད་ལས། བསམ་གཏན་ལས་སྐྱེས་བསམ་གཏན་ནི། །ས་ཉིད་ཀྱིས་ཐོབ་ཟག་མེད་ཀྱི། །འཕགས་དེས་སོ་སོར་ཐར་ཞེས་བྱ། །ཞེས་སོགས་གསུངས་པའི་ཕྱིར་རོ། །སླས་པ། དོན་དམ་སེམས་བསྐྱེད་ཆོ་གས་མི་སྐྱེ་ན་ལུང་དང་འགལ་ལ་ཏེ། སྦྱང་ཀོང་ལས་དོན་དམ་སེམས་བསྐྱེད་བྱ་བར་གསུངས་པའི་ཕྱིར་ཞེས་ཟེར་རོ། །སྦྱང་ཀོང་ཞེས་པ་གནམ་བབས་སུ་བྱུང་བས་རྒྱ་བོད་གཉིས་ཀའི་གཞུང་མ་ཡིན་པས་པཎྜི་ཏ་རྣམས་ཀྱི་རྩིས་མི་བྱེད་ཅིང་། ཅི་སྟེ་རྩིས་སུ་བྱེད་དགོས་ཤིང་དོན་དམ་སེམས་བསྐྱེད་བྱའོ་ཞེས་གལ་ཏེ་བརྒྱ་ལ་སངས་རྒྱས་ཀྱིས་གསུངས་པ་སྲིད་ནའང་དེ་ནི་དམ་བཅའ་ཙམ་ཡིན་གྱི་ཆོ་གས་སྐྱེད་པ་མིན་ཏེ་ཤེས་བྱེད་ནི། །དཔེར་ན་སྦྱིན་པ་གཏོང་བར་བྱ། ཚུལ་ཁྲིམས་དམ་པ་བསྲུང་བར་བྱ། སངས་རྒྱས་ཡོན་ཏན་བསྒྲུབ་པར་བྱ། དེ་ལས་སོགས་པ་སྟེ། སོ་ཐར་ལས། བརྩམ་པར་བྱ་ཞིང་དབྱུང་བར་བྱ། །སངས་རྒྱས་བསྟན་ལ་འཇུག་པར་བྱ། །འདམ་བུའི་ཁྱིམ་ན་གླང་ཆེན་བཞིན། །འཆི་བདག་སྡེ་ནི་གཞོམ་པར་བྱ། །ཞེས་སོགས་གསུངས་པ་ཀུན་དམ་བཅའི་ཚིག་ཙམ་ཉིད་ཡིན་གྱི་ཆོ་གའི་སྒོ་ནས་བསྐྱེད་པ་མིན་པ་དེ་བཞིན་དུ་དོན་དམ་སེམས་བསྐྱེད་ཀྱང་ཡིན་པའི་ཕྱིར། སྦྱང་ཀོང་ཡང་འདྲའོ། །ཅི་སྟེ་དེ་དག་ཆོ་ག་ཡིན་ན་དེ་གང་ཞིག་ཧ་ཅང་ཐལ་བར་འགྱུར་ཞིང་། ཆོ་ག་ཡང་ནི་མཐར་ཐུག་པ་མེད་པར་འགྱུར་ཏེ་ཐུས་ནས་ཆོས་བྱའོ་ཞེས་སོགས་

ལའང་ཆོག་དགོས་པའི་ཕྱིར་དང་། མཚན་བཟང་སོགས་རྣམ་དཀར་གྱི་ཡོན་ཏན་མཐའ་ཡས་ཤིང་དེ་རེ་རེར་ཆོག་དགོས་པའི་ཕྱིར་རོ། །ཀྱེ་མ་འཇིག་རྟེན་བླུན་པོ་འདི་རྣམས་ཀྱིས་རྒྱལ་བས་སོ་ཐར་འདོགས་ཆོག་ཀུན་རྫོབ་སེམས་བསྐྱེད་གསང་སྔགས་ཀྱི་དབང་བསྐུར་རིམ་པ་གཉིས་ལ་སོགས་པ་ཆོག་ངེས་པར་དགོས་པ་གསུངས་པ་ཀུན་བོར་ནས་མ་གསུངས་པ་རྣམས་ནན་གྱིས་འཚང་ཞིང་འཇུག་པ་མདོ་བསྒྲལ་རིང་མོ་སེམས་ཙམ་པའི་སེམས་བསྐྱེད་སྡིག་ཤེས་ཅན་ལ་བྱེད་པ་ཕག་མོའི་དབང་བསྐུར་བྱེད་པ་ལ་སོགས་པ་ནི་འདི་འདྲ་བྱས་ན་མཐོ་དམན་ཅི་འགྱུར་བརྟག་དགོས་ཏེ་བག་ཡོད་ཀྱི་གནས་ཡིན་པས་སོ། །

དཔེར་ན་སྨན་པ་གཡོ་ཅན་ནད་པ་ལ་དགོས་པའི་སྨན་བོར་ནས་མི་དགོས་པའི་སྨན་གཏོང་བ་ནི་ནད་སྨྱུར་དུ་གསོ་བའི་རྟགས་མིན་པར་དོགས་གནས་ཡིན་པ་བཞིན་ནོ། །དེ་ལྟར་སེམས་ཙམ་དབུ་མ་གཉིས་ཆགས་སོགས་རྣམ་གཞག་ཐ་དད་ཡོད་མོད་ཀྱི་འོན་ཀྱང་ཐེག་ཆེན་དབུ་སེམས་ཀུན་མཐུན་པར་ལྟུང་བའི་རྣམ་གཞག་ནི་མུ་བཞི་ཡོད་པར་གསུངས་ཏེ་ལྟུང་མེད་དང་ལྟུང་བ་དང་ལྟུང་བ་ཡི་གཟུགས་བརྙན་དང་ལྟུང་བ་མེད་པ་ཡི་གཟུགས་བརྙན་ཞེས་བྱ་རྣམ་པ་བཞི་ཡོད་པས་སོ། །མཚན་གཞི་དཔེར་མཚོན་ན་གཞན་ཕན་གྱི་བསམ་པ་དག་པའི་སྦྱིན་པ་དང་ཚུལ་ཁྲིམས་ལ་སོགས་པ་རྣམས་ནི་བསམ་སྦྱོར་གཉིས་ཀ་དཀར་བས་བྱང་སེམས་ལ་རྣམ་པ་ཀུན་ཏུ་ལྟུང་བ་མེད་དོ། །བསམ་པ་ངན་པའི་སྲོག་གཅོད་དང་མ་བྱིན་ལེན་པ་ལ་སོགས་པ་རྣམས་ནི་བསམ་སྦྱོར་གཉིས་ཀ་གནག་པས་བྱང་སེམས་ལ་རྣམ་པ་ཀུན་ཏུ་ལྟུང་བར་འགྱུར་རོ། །རང་དོན་གྱི་འཕྲི་བ་མེད་པར་གཞན་ཕན་དགེ་བའི་སེམས་ཀྱིས་མ་རུང་བ་བཤད་པ་གཞན་དོན་དུ་བརྫུན་སྨྲ་བ་ལ་སོགས་ནི་ལྟུང་བར་སྣང་ཡང་བྱང་སེམས་ལ་ལྟུང་བ་མེད་པས་ལྟུང་བའི་གཟུགས་བརྙན་ཡིན་ཞེས་གསུངས་སོ། །གཞན་ལ་གནོད་པར་གྱུར་ན་བརྫུན་མིན་པ་བདེན་པར་སྨྲས་ན་ཡང་དེ་ནི་ལྟུང་མེད་དུ་སྣང་ཡང་དོན་བྱང་སེམས་ལ་ལྟུང་བར་འགྱུར་བས་ལྟུང་བ་མེད་པའི་གཟུགས་བརྙན་ཡིན་ནོ། །

བསླབ་བྱ་ཐམས་ཅད་མདོར་བསྡུ་ན་སེམས་མི་དགེ་བ་སྤྲངས་ནས་སེམས་དགེ་བ་གཅིག་པུ་འདི་ལ་སློབ་པར་བྱ་སྟེ་དེ་ལ་སློབ་པས་བསླབ་བྱ་མཐའ་དག་ལ་བསླབ་པར་འགྱུར་ཏེ་སེམས་ཀྱི་འཕེན་པ་ལས་བཞན་པའི་དགེ་སྡིག་ཡོད་པ་མ་ཡིན་པས་སོ། །ཁྱབ་སྟེ། འཕགས་པ་ལྷ་ཡིས་བཞི་བརྒྱ་པར་གཞན་ཕན་ལྷག་པའི་བསམ་པས་བྱང་ཆུབ་སེམས་དཔའ་ཡི་ལུས་ངག་གི་ལས་དགེ་བའམ་ཡང་ན་མི་དགེ་བར་སྣང་བ་ཐམས་ཅད་ནི་དགེ་བ་ཉིད་དུ་འགྱུར་ཏེ་གང་གི་ཕྱིར་ན་གཞན་ཕན་གྱིས་རྗེས་ཟིན་པ་གང་ཞིག་སེམས་དེ་གཙོ་བོ་ཡིན་པའི་ཕྱིར་ཞེས་གསུངས་པ་དང་རྒྱལ་བའི་མདོ་རྒྱུད་གཞན་ལས་ཀྱང་དགེ་སྡིག་རྣམ་གཞག་དེ་ལྟར་དུ་གསུངས་ཏེ་དཀོན་མཆོག་སྤྲིན་ལས་དགེ་བའི་ལས་ནི་སེམས་ཀྱིས་བསགས་པ་ཡིན་ཞེས་དང་། ཆོས་ཡང་དག་པར་སྡུད་པར། ཆོས་ཐམས་ཅད་ཀྱང་སེམས་ལ་རག་ལས་པ་ཡིན་ནོ་ཞེས་དང་། སློབ་དཔོན་ནག་པོ་པས་དགྲ་ནག་འགྲེལ་པར་རྒྱུད་ལུང་དྲངས་ཏེ། དེའི་ཕྱིར་དམ་པའི་ཞལ་ལས་ནི། །གསུམ་པའི་བྱ་བ་སྡིག་ཀྱང་བྱ། །དམ་པའི་ཞལ་ལས་མ་གསུངས་པའི། །དགེ་བའང་མཁས་པས་སྤང་བར་བྱ། །ཞེས་དང་། ཨཱརྱ་དེ་ཝའི་སེམས་ཀྱི་སྒྲིབ་སྦྱོང་ལས་ཀྱང་། བསམ་པ་བཟང་པོའི་མཆི་ལྷམ་གཉིས། །ཐུབ་པའི་དབུ་ལ་བཞག་པ་དང་། །དེ་ནི་གཞན་གྱིས་བསལ་བྱས་པས། །གཉིས་ཀས་རྒྱལ་སྲིད་ཐོབ་པར་འགྱུར། །དེ་ཕྱིར་

བསམ་པའི་རྒྱ་བ་ལ། །བསོད་ནམས་སྡིག་པ་རྣམ་པར་གནས། །ཞེས་སོགས་གསུངས་སོ། །བསྟན་བཅོས་བཞིས་སྙིང་ལས། །ཕན་པའི་གདམས་ངག་དོན་པོ་འདི་ལགས་ཏེ། ཁྱོད་ཀྱི་ཤུགས་ཡུལ་མཛོད་ཅིག་བཅོམ་ལྡན་གྱིས། །སེམས་ནི་ཆོས་ཀྱི་རྩ་བ་ལེགས་པར་གསུངས། །ཞེས་དང་། བླ་བས་ཀྱང་། འགྲོ་བ་མ་ལུས་ལས་ལས་སྐྱེ་བར་གསུངས། །སེམས་སྤྱངས་ནས་ནི་ལས་ཀྱང་ཡོད་མ་ཡིན། ཞེས་སོགས་གསུངས་པའི་ཕྱིར་རོ། །བྱང་ཆུབ་སེམས་ཀྱི་བསླབ་པར་བྱ་བའི་གཙོ་བོ་དེ་ལ་བདག་གཞན་མཉམ་པ་དང་བརྗེ་བ་སྒོམ་ཚུལ་སོ་སོར་ཡོད་པས་གཉིས་སུ་གསུངས་ཏེ་ཞི་ལྷས། བདག་དང་གཞན་དུ་མཉམ་པ་ནི། །དང་པོ་ཉིད་དུ་འབད་དེ་སྒོམ། །ཞེས་དང་། བདག་དང་གཞན་དུ་བརྗེ་བྱ་བ། །གསང་བའི་དམ་པ་སྤྱད་པར་བྱ། །ཞེས་སོགས་གསུངས་སོ། །འབྲི་ཁུང་པ་ཁ་ཅིག་བདག་གཞན་བརྗེ་བའི་བྱང་ཆུབ་སེམས་དེ་ རི་སྲིད་ས་བརྒྱད་པ་མ་ཐོབ་པ་དེ་སྲིད་དུ་བསྒོམ་དུ་མི་རུང་ཞེས་སུ་སྨྲ་སྟེ་རྗེ་རྗེའི་གསུངས་ལས། སེམས་ཅན་ཀུན་གྱི་སྡུག་བསྔལ་བདག་ལ་སྨིན། །བདག་གིས་དགེ་བས་དེ་ཀུན་བདེ་གྱུར་ཅིག །ཅེས་པ་ལ་སོགས་པའི་བདག་གཞན་བརྗེ་བའི་ཉེས་པར་འགྱུར་བའི་སྐབས་སྲིད་པའི་ཕྱིར། དེ་ཡི་རྒྱུ་མཚན་འདི་སྐད་ལོ། བདག་གི་བདེ་བ་གཞན་ལ་བྱིན་ནས་ནི། གཞན་གྱི་སྡུག་བསྔལ་བདག་གིས་བླངས་པར་གྱུར་ན། ཆོས་རྣམས་ཐམས་ཅད་རྐྱེན་བཞིན་ཏེ། །འདུན་པའི་རྩེ་ལ་རབ་ཏུ་གནས། །ཞེས་སོགས་གསུངས་པས། སྨོན་ལམ་མཐའ་ནི་བཙན་པའི་ཕྱིར་བདག་ནི་རྟག་ཏུ་སྡུག་བསྔལ་དང་ལྡན་པར་འགྱུར་རོ༑ །རང་ཉིད་རྟག་ཏུ་སྡུག་བསྔལ་བར་གྱུར་པ་དེས་ན་རང་གཞན་གྱི་བདེ་སྡུག་འདོར་ལེན་འདི་འདྲའི་བདག་གཞན་བརྗེ་བའི་བྱང་ཆུབ་ཀྱི་སེམས་བསྒོམ་པ་དེ་ཕལ་ཆེ་བ་དག་ནི་ལམ་སླུབ་པའི་ཐབས་མི་མཁས་ཤིང་ནོར་བ་ཆེན་པོའི་ཆོས་ཡིན་ཞེས་ཟེར་རོ་ལོ། །བདག་གཞན་བརྗེ་བ་དེ་སྒོམ་རུང་བ་དང་མི་རུང་བའི་དོན་འདི་ལྟར་བསམ་པར་བྱ་སྟེ་དེས་གནོད་པས་སོ། །དེའང་ཕྱོགས་སྔ་སྨྲ་བ་པོ་ལ་འདི་སྐད་ཅེས་བདག་གཞན་བརྗེ་བའི་བྱང་ཆུབ་ཀྱི་སེམས་དེ་དགེ་བ་ཡིན་ནམ་འོན་ཏེ་སྡིག་པ་ཡིན་ཞེས་བརྟག་ཅིང་དྲི་བར་བྱ་སྟེ། གལ་ཏེ་དགེ་བ་ཡིན་ན་ནི་དེའི་ཕྱིར། བདག་གཞན་བརྗེ་བ་དེ་ལས་ནི་སྡུག་བསྔལ་འབྱུང་བ་འགལ་ལོ། །འོན་ཏེ་སྡིག་པ་ཡིན་ན་དེའི་ཕྱིར། དེ་ཆོས་ཅན། ཁྱོད་འདོད་ཆགས་སོགས་དུག་གསུམ་གྱིས་བསྐྱེད་པའི་ལས་སུ་ཐལ་བར་འགྱུར་རོ། །བརྗེ་བ་དེ་གཞན་ཕན་དགེ་བའི་སེམས་ཀྱིས་བསྐྱེད་པ་ཁོ་ན་ལས་དུག་གསུམ་གྱིས་སྐྱེད་པའི་ལས་མ་ཡིན་པས་ན་དེ་ལས་ནི་སྡུག་བསྔལ་ག་ལ་འབྱུང་སྟེ་འབྱུང་བར་མི་རིགས་པས་སོ། །

གོང་གི་སྨོན་ལམ་མཐའ་བཙན་པའི་ཕྱིར་ཞེས་པའི་རྟགས་དེ་མ་གྲུབ་སྟེ་བྱང་ཆུབ་སེམས་དཔའི་བློ་སྦྱོང་བའི་སྨོན་ལམ་འགའ་ཞིག་མཐའ་མི་བཙན་པའི་ཕྱིར། གལ་ཏེ་ཅིས་ཀྱང་བཙན་ན་དེའི་ཕྱིར། དེར་དཔོན་མཛའ་བོའི་བུ་ནི་རྒྱུན་དུ་གླད་ནད་ཆེན་པོར་འགྱུར་བར་ཐལ། རྟགས་ཁྱབ་ཁས། འདོད་ན་ལུང་དང་འགལ་ལོ། །དེར་མ་ཟད་དུས་གསུམ་སངས་རྒྱས་ཐམས་ཅད་ཀྱང་ཆོས་ཅན། ཁྱོན་བདག་གཞན་བརྗེ་བ་སྒོམ་པའི་ཕྱིར། སྨོན་ལམ་མཐའ་བཙན་པ་གང་ཞིག་རྒྱུན་དུ་སྡུག་བསྔལ་ཐོབ་པར་འགྱུར་རོ༑ །བདག་གཞན་བརྗེས་པའི་ཡུལ་སེམས་ཅན་དེ་དག་ཀུན་ལ་ནི་སྡུག་བསྔལ་འབྱུང་བ་སྲིད་པར་མི་འགྱུར་ཏེ། སྨོན་ལམ་མཐའ་བཙན་པ་གང་ཞིག་དེ་རྣམས་ཀྱི་སྡུག་བསྔལ་སངས་རྒྱས་བྱང་སེམས་ལ་སྨིན་པར་རིགས་པའི་ཕྱིར་རོ། །བདག་གཞན་བརྗེ་བ་སྒོམ་མི་རུང་བ་སྨྲ་བ་ལ་

གནོད་པ་དེ་ལྟར་འབྱུང་བ་དེས་ན་བརྗེ་བའི་བྱང་སེམས་སྒོམ་མི་རུང་ཟེར་བ་འདི་འདྲའི་གསང་ཚིག་ནི་བདུད་ཀྱི་ཡིན་པ་ཕལ་ཆེར་གྱིས་མི་ཤེས་པ་རྗེས་སུ་འབྲང་བ་མང་མོད་ཤེས་ནས་སྤོང་བར་རིགས་སོ། །རྒྱུ་མཚན་ཐབས་ལ་བསླུ་བའི་བདུད་ཡོད་ཅེས་རྒྱལ་བས་མདོ་ལས་བདུད་ཀྱིས་ཐབས་ཕྱིན་ཅི་ལོག་པར་བསྟན་ནས་སེམས་ཅན་རྣམས་འཁོར་བ་ལས་མི་ཐར་བ་བྱེད་པ་ཡོད་ཅེས་སོགས། གསུངས་པའང་འདི་འདྲའི་རིགས་ཅན་ལ་དྲན་པར་བྱ་དགོས་པའི་ཕྱིར་རོ། །བདག་གཞན་བརྗེ་བ་སྒོམ་པ་འདི་ནི་ནོར་བ་ཆེན་པོའི་ཆོས་མ་ཡིན་པར་བྱང་སེམས་ཀྱི་བསླབ་བྱའི་གཙོ་བོ་ཡིན་ཏེ་སངས་རྒྱས་ཀྱིས་བསྟན་པ་ཐེག་པ་ཆེན་པོའི་ཉམས་ལེན་གྱི་སྙིང་པོ་ཡིན་པར་གསུངས་པའི་ཕྱིར། འཕགས་པ་ཀླུ་སྒྲུབ་འགྲོ་བའི་སྐྱོབས་པ་ཉིད་ཀྱིས་རིན་ཆེན་ཕྲེང་བར་སྨོན་ལམ་ཕན་ཡོན་དང་བཅས་པ་འདི་སྐད་གསུངས་ཏེ་བདག་ལ་སེམས་ཅན་དེ་དག་གི་སྡིག་པ་སྨིན་ཅིང་བདག་གི་དགེ་བ་མ་ལུས་པ་སེམས་ཅན་དེར་སྨིན་པར་ཤོག །ཇི་སྲིད་སེམས་ཅན་འགའ་ཞིག་ཀྱང་གང་དུ་འཁོར་བ་ལས་མ་གྲོལ་གྱི་བར་དེ་སྲིད་དུ་དེའི་དོན་བྱ་བའི་ཕྱིར་བླ་ན་མེད་པ་ཡི་བྱང་ཆུབ་ཐོབ་ཀྱང་ཟག་མེད་ཀྱི་བདེ་བ་ལ་མ་ཆགས་པ་འཁོར་བར་གནས་པར་གྱུར་ཅིག །ཅེས་བདག་གཞན་བརྗེ་བའི་སྨོན་ལམ་དེ་སྐད་བརྗོད་པའི་བསོད་ནམས་འདི་གལ་ཏེ་དེ་ནི་མཐོང་རེག་གི་གཟུགས་ཅན་དུ་གྱུར་ན་ཆུ་བོ་གངྒཱའི་ཀླུང་གི་བྱེ་མ་སྙེད་ཀྱི་ནི་གྲངས་མཉམ་པའི་འཇིག་རྟེན་གྱི་ཁམས་སུ་ཤོང་བར་མི་འགྱུར་ཏེ་ཕན་ཡོན་འདི་ནི་རང་བཟོ་མ་ཡིན་པར་བཅོམ་ལྡན་འདས་ཀྱིས་གསུངས་པའི་ཕྱིར་ཏེ་དཔལ་སྦྱིན་གྱིས་ཞུས་པའི་མདོ་ལས། བྱང་ཆུབ་སེམས་ཀྱི་བསོད་ནམས་གང་། །དེ་ལ་གལ་ཏེ་གཟུགས་མཆིས་ན། །ནམ་མཁའི་ཁམས་ནི་ཀུན་གང་སྟེ། །དེ་བས་ཀྱང་ནི་ལྷག་པར་འགྱུར། །ཞེས་སོགས་གསུངས་པའི་ཕྱིར་རོ། །མདོ་ལས་གསུངས་ཀྱང་དྲང་དོན་ཡིན་ནམ་སྙམ་ན། བདག་གཞན་བརྗེ་བའི་དམིགས་ཡུལ་ལ་མུ་དང་ཚད་མེད་ཡིན་པ་བཞིན་དུ། དམིགས་བྱེད་བདག་གཞན་བརྗེ་བའི་སྨོན་ལམ་ལའང་ཕན་ཡོན་མུ་དང་ཚད་མེད་པ་འབྱུང་བའི་ཕྱིར་ཞེས་པའི་གཏན་ཚིགས་ཀྱང་ནི་འདི་ལ་སྣང་བའི་ཕྱིར་ན་ངེས་དོན་ཡིན་ནོ། །དེ་དང་ལ་སོགས་པ་སྟེ། གོམ་པ་བདུན་པོའི་བར་དག་ཏུ། །བསྔོག་པ་ཀུན་གཏོང་སེམས་འཆང་བའི། །བྱང་ཆུབ་སེམས་དཔའ་རྣམས་ཀྱིས་ནི། །བསོད་ནམས་མཁའ་འདྲ་དཔག་མེད་སྐྱེ། །ཞེས་སོགས་ལེགས་པར་གསུངས་སོ། །བདག་གཞན་བརྗེ་བ་བསྟན་པའི་སྙིང་པོ་ཡིན་པ་འདི་ནི་ཞི་བ་ལྷའི་ལུང་གིས་ཀྱང་གྲུབ་སྟེ་སྤྱོད་འཇུག་ལས་ཀྱང་འདི་སྐད་དུ། བདག་གི་བདེ་བ་དང་གཞན་གྱི་སྡུག་བསྔལ་དག་ཡང་དག་བརྗེ་བར་མ་བྱས་ན། མཐར་ཐུག་སངས་རྒྱས་ཉིད་དུ་མི་འགྲུབ་ཅིང་། གནས་སྐབས་འཁོར་བ་ན་ཡང་ལྷ་མིའི་བདེ་བ་མེད་དེ་སྐད་གསུངས་པའང་ལེགས་པ་ཚད་མ་ཡིན་པར་བཟུང་རིགས་པའི་ཕྱིར་རོ། །ལུང་ཚིགས་སྔ་ཕྱི་གཉིས་པོ་རིམ་བཞིན་སྒོམ་པའི་ཕན་ཡོན་དང་མ་སྒོམ་པའི་ཉེས་དམིགས་སྟོན་པར་བྱེད་དོ། །

མདོ་དང་བསྟན་བཅོས་གཞན་ལས་ཀྱང་། ཆོས་ཀྱི་སྙིང་པོར་བདག་གཞན་བརྗེ་བ་འདི་གསུངས་ཏེ་གསང་ཆེན་ཐབས་མཁས་ལས། གཞན་ཡང་བྱང་ཆུབ་སེམས་དཔའ་ཆེན་པོ་ཐབས་ལ་མཁས་པ་ནི་ཞེས་པ་ནས། འདི་ལྟར་སེམས་ཅན་དེ་དག་གི་སྡུག་བསྔལ་གྱི་ཚོར་བ་གང་ཡིན་པ་དེ་དག་ཐམས་ཅད་ནི་བདག་གི་ལུས་ལ་འབབ་པར་གྱུར་ཅིག་ཅེས་དང་། བྱང་ཆུབ་སེམས་འགྲེལ་ལས། །བསམ་གཏན་བདེ་བ་དོར་ནས་ཀྱང་། ། མནར་མེད་པ་ཡང་འཇུག་པར་བྱེད། །འདི་ནི་བོང་མཚར་བསྔགས་འོས་སོ། །ཞེས་དང་། རྡོ་རྗེ་རྩེ་མོ་ལས། སེམས་ཅན་སངས་རྒྱས་མ་ཐོབ་པར། །བདག

འཚང་རྒྱ་བར་མ་གྱུར་ཅིག །ཅེས་པ་ལ་སོགས་པ་གསུངས་སོ། །བདག་གཞན་བརྗེ་བ་སྒོམ་མི་ནུས་པ་ལ་གནོད་བྱེད། སྒོམ་ནུས་པ་ལ་ཤེས་བྱེད་བཤད་ཟིན་པ་དེས་ན་བདག་གཞན་བརྗེ་བ་འདི་ནི་སྒོམ་རིགས་ཏེ་བདག་གཞན་བརྗེ་བ་ཞེ་ཐག་པ་ནས་སྒོམ་ཤེས་པ་དེ་ནི་མཐར་ཐུག་གི་འབྲས་བུ་མྱུར་དུ་རྫོགས་འཚང་རྒྱ། དེ་ཡི་བར་དུའང་འཇིག་རྟེན་གྱི་བདེ་འབྲས་ཕུན་སུམ་ཚོགས་པ་འབྱུང་བར་གསུངས་ཏེ་ཀླུ་སྒྲུབ་ཀྱིས། སེམས་ཅན་ཡོངས་སུ་མ་དོར་བར། །སེམས་ཅན་བརྟེན་ནས་སངས་རྒྱས་ཀྱི། །གོ་འཕང་བླ་མེད་རྙེད་གྱུར་ན། །ལྷ་དང་མི་ཡི་ལོངས་སྤྱོད་གང་། །ཅེས་གསུངས་པའི་ཕྱིར། བླ་མེད་བྱང་ཆུབ་ཐོབ་པས་ཐེག་ཆེན་སེམས་བསྐྱེད་ཀྱི་ཉམས་ལེན་གྱི་གནད་དེ་མ་འཆུག་པ་ཞིག་དགོས་ཏེ་གལ་ཏེ་དེ་འཆུགས་ན་སྟོང་ཉིད་སྒོམ་ལ་གསང་སྔགས་ཀྱི་སྒོམ་བཟླས་སོགས་ཆོས་གཞན་གྱིས་ནི་འཚང་མི་རྒྱ་བའི་ཕྱིར། དཔེར་ན་གང་ཟག་གི་བདག་གི་སྟོང་པའི་སྟོང་པ་ཉིད་ཉན་ཐོས་རྣམས་ཀྱང་བསྒོམ་དེ་ཡི་འབྲས་བུ་འཁོར་བ་སྤངས་པའི་དམན་པའི་འགོག་པ་འམ་མྱང་འདས་ཐོབ། སོ་སོར་ཐར་པའི་མདོ་ལས། སོ་སོར་ཐར་པ་སྟོན་པ་ཡིས། །བསོད་ནམས་གྲུབ་པ་གང་ཡོད་པ། །དེས་ནི་སེམས་ཅན་མ་ལུས་པ། །ཐུབ་དབང་གོ་འཕང་ཐོབ་པར་ཤོག །ཅེས་སོགས་གསུངས་པ་བཞིན་དུ། བསྔོ་བ་ཉན་ཐོས་པ་རྣམས་ཀྱང་བྱེད་མོད་འོན་ཀྱང་རྫོགས་བྱང་བསྒྲུབ་མི་ནུས་པ་ལྟར་རོ། །ཞེས་པ་ལམ་དང་འབྲས་བུས་ཕྱེ་བ་ལས་དང་། །སྡེ་སྣོད་གྲུབ་མཐས་ཕྱེ་བའི་ཉན་ཐོས་ཀྱི་ཐེག་པ་ལས་ནི། འདུལ་བ་ལུང་གིས་ཀཱ་ཏྱཱ་ནི་གདམས་ངག་དང་། མདོ་སྡེ་ལས་བརྒྱ་པ་ལ་སོགས་པ་ཉུ་དགྲ་བཅོམ་ཐོབ་པའི་ཚེ་ཆོས་ཐམས་ཅད་སྟོང་པ་ཉིད་དང་སྐྱེ་བ་མེད་པ་དང་། མཁའ་དང་ལག་མཐིལ་མཉམ་པ་སོགས་ཆོས་ཀུན་མཉམ་ཉིད་རྟོགས་པའང་གསུངས་པའི་ཕྱིར་དང་། འདུལ་བ་ལུང་གི་ཐམས་ཅད་སྒྲོལ་གྱི་སྐྱེས་རབས་ལས། བདག་གིས་བྲམ་ཟེ་ཤིང་རྟ་འདོད་པ་ལ་དགའ་བས་ཤིང་རྟ་འདི་བཏང་བས་ད་དུང་བདག་ཏུ་བཟུང་བའི་དངོས་པོ་ཐམས་ཅད་ལན་དང་རྣམ་སྨིན་ལ་མི་རེ་བ་བཏང་ནས་ནི་གཞན་དོན་དུ་རྫོགས་པའི་བྱང་ཆུབ་ཐོབ་པར་ཤོག་ཅེས་པ་དེ་དང་ལ་སོགས་པ་སྐྱེ་རྒྱལ་པོ་དཔལ་སྡེའི་རྟོགས་བརྗོད་ལས། བྲམ་ཟེ་དམ་པ་གཟུགས་བཟང་བ། །སྡུག་པའི་ཆུང་མ་འདི་ལོངས་ཤིག །སྦྱིན་པ་འདི་ཡི་མྱུར་དུ་ནི། །བྱང་ཆུབ་དམ་པ་ཐོབ་པར་འགྱུར། །ཞེས་སོགས་བསྔོ་བའང་མང་དུ་གསུངས་སོ། །

སྤྱིར་དེ་ལྟར་མང་དུ་གསུངས་མོད་ཀྱི་འོན་ཀྱང་ཉན་ཐོས་ཀྱི་ཐེག་པ་ལས་ནི་ལམ་དེ་ལྟར་ཉམས་སུ་བླངས་ཀྱང་ཐབས་ལ་མཁས་པ་ཡི་ཁྱད་པར་འགའ་ཞིག་མ་གསུངས་པས། རྫོགས་པའི་སངས་རྒྱས་བསྒྲུབ་མི་ནུས་ཏེ་ཕར་ཕྱིན་ཐེག་པའི་ཕྱིན་དྲུག་ལ་སོགས་པའི་ཚོགས་གཉིས་བསགས་པ་མི་དམིགས་པའི་རྣམ་པ་ཅན་གྱི་བསྔོ་བ་སོགས་དང་གསང་སྔགས་ཀྱི་དབང་དང་རིམ་གཉིས་སོགས་དང་བྲལ་བའི་ཕྱིར་ཏེ། སྟོད་པར། ཐབས་མེད་ཤེས་རབ་བྲལ་བས་ཉན་ཐོས་ཉིད་དུ་ལྷུང་། །ཞེས་སོགས་གསུངས་པའི་ཕྱིར། ཐབས་མཁས་ཀྱི་ཁྱད་པར་དང་མི་ལྡན་ན་འཚང་མི་རྒྱ་བ་དེ་ཕྱིར་ཐབས་མཁས་པའི་ཁྱད་པར་དང་ལྡན་པའི་ཤེས་རབ་ཉིད། སངས་རྒྱས་ཀྱི་རྒྱུ་ཡི་གཙོ་བོ་ཡིན་ནོ། །སངས་རྒྱས་ཀྱི་གསུང་རབ་ཀྱི་དགོངས་པ་ཇི་བཞིན་མི་ཤེས་པ་ཆོས་ལྟར་བཅོས་པས་དགེ་བ་ལྟར་སྣང་བ་ནི། དེར་ཤེས་ནས་སྤང་དགོས་ཏེ་རྣམ་དག་ཏུ་འཛིན་པའི་བླུན་པོ་འགའ་ཞིག་ངོ་མཚར་བསྐྱེད་ཀྱི་མཁས་པ་རྣམས་ཁྲེལ་བར་འགྱུར་བའི་གནས་འཆད་འགྱུར་འདི་འདྲ་ཡོད་པས་སོ། །སྨྱོས་བྱེད་ཆང་དང་མི་འཕྲོད་པའི་དུག་དང་རལ་གྱི་སོགས་མཚོན་ཆ་དང་། རང་ལ་མི་དབང་བའི་གཞན་གྱི་ལོངས་སྤྱོད

སྐྱེར་བ་ལ་སོགས་པ་རྣམས་ནི་སྦྱིན་བྱའི་དངོས་པོ་མ་དག་པས་དང་། གསོད་སར་བསད་བྱའི་ཕྱུགས་མ་སྐྱེར་བ་དང་། མཆོག་གི་ནོར་ནི་མཆོག་མིན་ལ་སྐྱེར་བ་དང་ལ་སོགས་པ་སྦྱིན་ཡུལ་རྒྱལ་པོ་དང་བུད་མེད་ཆོམ་རྐུན་སོགས་ཡུལ་སུམ་བཅུ་རྩ་གཉིས་མདོ་ལས་བཀག་པས་ན། མ་དག་པ་ཡི་སྦྱིན་པ་ཡིན་ནོ་ཞེས་དྲང་སྲོང་རྒྱས་པའི་མདོ་ལས་གསུངས་སོ། །སོ་ཐར་སྡོམ་པ་ཇི་སྲིད་འཚོ་བའི་བར་དུ་ལེན་པ་ལ་ཇི་སྲིད་སངས་རྒྱས་ཀྱི་བར་དུ་ལེན་པར་སྨྲ་བས་ཉན་ཐོས་ཀྱི་ནི་སྡོམ་པ་ལ། ཐེག་པ་ཆེན་པོར་འཚོས་པ་དང་། དེ་བཞིན་དུ་ཐེག་ཆེན་གྱི་སྡོམ་པ་སེམས་ལས་སྐྱེ་བ་ལ། ཉན་ཐོས་ལུགས་ལྟར་རིག་མིན་གྱི་གཟུགས་སུ་འདོད་པ་ལྟ་བུ་ཐེག་ཆེན་ཉན་ཐོས་སུ་འཚོས་པ་དེ་དག་ནི་ཚུལ་ཁྲིམས་མ་དག་པ་ཡིན་ནོ། །གཞན་ཡང་རང་ཉིད་ཚུལ་ཁྲིམས་བསྲུང་ན་ཡང་། རང་རྒྱུད་ཀྱི་ཚུལ་ཁྲིམས་ལ་ནི་མཆོག་ཏུ་འཛིན་ཅིང་། གཞན་ལ་ཁྱད་གསོད་བྱེད་པ་ནི། མ་དག་པ་ཡི་ཚུལ་ཁྲིམས་ཡིན་ཏེ། མདོ་ལས། བདག་ནི་ཚུལ་ཁྲིམས་ལྡན་ཞེས་བདག་ལ་སྙེམས། །གཞན་ནི་ཚུལ་ཁྲིམས་འཆལ་ཞེས་གཞན་ལ་བརྙས། །ཞེས་དང་། བླ་བས་ཀྱང་། གལ་ཏེ་དེ་ནི་ཁྲིམས་དག་རང་བཞིན་བལྟ། །དེ་ཕྱིར་དེ་ནི་ཚུལ་ཁྲིམས་དག་མི་འགྱུར། ཞེས་སོགས་གསུངས་སོ། །དཀོན་མཆོག་གསུམ་དང་བླ་མ་ལ་དངོས་སུ་གནོད་ཅིང་རྒྱལ་བའི་བསྟན་པ་འཇིག་པ་ལ་རང་ཉིད་ཁོང་ཁྲོས་ན་ལྡོག་པར་ནུས་བཞིན་དུ་མི་ཁྲོ་བར་བཟོད་པ་བསྒོམ་པར་བྱས་ན་ནི་མ་དག་པའི་བཟོད་པ་ཡིན་པའོ་ཞེས་སྤྱོད་རྒྱུད་ལས་གསུངས་ཏེ། །དཀོན་མཆོག་གསུམ་ལ་གནོད་བྱེད་ལ། །བཟོད་པ་བསྒོམས་པར་མི་བྱ་སྟེ། །བླ་མར་སྨོད་བརྙོན་མཐུང་དང་། །དམ་ཚིག་ལས་ནི་འདའ་བ་དང་། །དེ་སོགས་བྱེད་པ་ཚར་བཅད་ན། །གྲུབ་གྱུར་ཞེས་ནི་ཀུན་རིག་གསུངས། །ཞེས་སོ། །ལོག་པའི་ཆོས་ལ་དགའ་ཞིང་སྤྲོ་བ་དང་། ཐོས་བསམ་སྒོམ་གསུམ་ནོར་བ་ལ་བརྩོན་འགྲུས་ཆེན་པོ་བྱེད་པ་སོགས་མ་དག་པ་ཡི་བརྩོན་འགྲུས་ཡིན་ཏེ། སྤྱོད་འཇུག་ལས། ལེ་ལོ་ངན་ལ་ཞེན་པ་དང་། །སྐྱིད་ལུག་བདག་ཉིད་བརྙས་པའོ། །ཞེས་སོགས་གསུངས་སོ། །ཐབས་མི་མཁས་པར་སྟོང་ཉིད་བསྒོམ་པ་དང་། རྩ་རླུང་སོགས་གནད་འཆུགས་པ་ཡི་ཐབས་ལམ་སོགས་རྣམ་རྟོག་རགས་པ་འགག་ཞིག་འཇིལ་བ་སྟེ་འགག་པ་དང་། སེམས་ནང་གནས་ཀྱི་ཏིང་ངེ་འཛིན་ཕྲ་མོ་བསྐྱེད་པའི་ཐབས་རྣམས་བསྒོམ་པ་དེ་ནི་དད་པ་ཆེན་པོས་བསྒོམས་ན་ཡང་། རྒྱུད་ལས་གསུངས་པའི་ཡང་དག་པའི་ཡེ་ཤེས་མི་སྐྱེ་བས་མ་དག་པ་ཡི་བསྒོམ་པ་ཡིན་ཏེ། རིན་ཆེན་ཕྲེང་བར། ཆོས་འདི་ལོག་པར་ཤེས་གྱུར་ན། །མི་མཁས་དེ་ནི་ཆུད་ཀྱང་འཛའ། །ཞེས་གསུངས་པའི་ཕྱིར། སངས་རྒྱས་གསུང་དང་མི་མཐུན་པའི་རང་བཟོའི་ཚིག་འཆད་པ་དང་རྩོམ་པ་དང་དེ་ལ་ཀླན་ཀ་སྒྲུང་བའི་རྩོད་པ་ལ་མཁས་པར་གྱུར་ཅིང་། འཇིག་རྟེན་གྱི་གཏམ་དང་བཟོ་དང་ཟློས་གར་ལ་སོགས་པའི་བྱ་བ་ཐམས་ཅད་ཤེས་པར་གྱུར་ཀྱང་། མུ་སྟེགས་བྱེད་ཀྱི་ཤེས་རབ་ལྟར་ཡང་དག་པའི་དོན་མཐོང་བ་ལ་སྒྲིབ་པས་མ་དག་པ་ཡི་ཤེས་རབ་ཡིན་ཏེ། འོད་ཟེར་སྐྱེད་པའི་མདོར། ཡང་དག་ཆོས་ནི་སྤོང་བྱེད་ཅིང་། །ཆོས་མ་ཡིན་པར་སྤྱོད་པ་བྱེད། །དེ་ལྟ་བས་ན་རྨོངས་པ་ཡི། །སྐྱེས་བུ་དམན་པ་སྣང་བར་བྱེད། །ཞེས་དང་། ཆོས་རྗེ་ཉིད་ཀྱིས། གཏམ་དང་བཞད་གད་ཤེས་ན་ཡང་། །མཇུག་མ་མེད་པའི་ཁྲི་རྐན་ཡིན། །ཞེས་སོགས་གསུངས་སོ། །

མཚན་ཉིད་མི་ལྡན་ཞིང་བསྒོམས་པའི་གདམས་ངག་འདྲ་མིན་སྣ་ཚོགས་སྟོན་པའི་བླ་མ་ངན་ལ་དད་པ་དང་། ལྟ་སྤྱོད་ཕྱིན་ཅི་ལོག་པའི་

ཆོས་ངན་པ་ལ་མོས་པ་དང་། དམིགས་པ་ཕྱིན་ཅི་ལོག་པའི་བསྒོམ་ངན་པ་ལ་དགའ་བ་ནི་ལམ་གོལ་བར་ལྷུང་བྱེད་ཡིན་པས་མ་དག་པ་ཡི་དད་པ་ཡིན་ཏེ། སློབ་དཔོན་ཤཱནྟི་པས། དད་པ་མེད་པ་གཙོ་བོའི་སྒྲ། །ལྷག་དད་ཤིན་ཏུ་གོལ་བའི་གནས། །ཞེས་གསུངས་སོ། །ནད་པ་ལ་དགའ་བའི་ཁ་ཟས་དཔེར་ན་ཚད་ནད་ཅན་ལ་སྐོམ་པ་སྙིང་རྗེ་ཟེར་ནས་ཆང་སྟེར་བ་དང་། འཁོར་ངན་པར་སྤྱོད་པ་དུས་ངན་གྱི་སེམས་ཅན་སྙིང་རྗེ་ཟེར་ཏེ་ཚར་མི་གཅོད་ཅིང་མི་འཚོས་པ་དང་། སྨིན་བྱེད་ཀྱི་དབང་བསྐུར་མེད་པར་ཆོས་ཟབ་མོ་མ་ཐོབ་པ་འདི་རྣམས་སྙིང་རྗེ་ཟེར་ནས་གསང་སྔགས་ཀྱི་བསྐྱེད་རྫོགས་སྟོན་པ་དང་། ཟབ་མོའི་སྣོད་མིན་པ་ལ་ཟབ་རྒྱའི་ཆོས་འཆད་པ་ལ་སོགས་པ་འདི་ལྟ་བུ་འཕྲུལ་ལ་ཕན་པ་ལྟར་སྣང་ཡང་། ཕྱིས་ནས་རང་གཞན་ལ་གནོད་པ་ཆེར་འགྱུར་བས་སྙིང་རྗེའི་དབང་གིས་བྱེད་ན་ཡང་དེ་ལྟའི་སྙིང་རྗེ་དེ་མ་དག་པ་ཡི་སྙིང་རྗེ་ཡིན་ཏེ་བཞི་པོ་དེ་རིམ་བཞིན། འདུལ་ལུང་ལས། ནད་པ་འཆི་བའི་སེམས་དང་རྗེས་སུ་མཐུན་པར་ཉེ་བར་སྒྲུབ་པར་མི་བྱའོ། །ཞེས་དང་། གུར་ལས། གདུག་ལ་བྱམས་པར་མི་བྱ་ཞིང་། །ཞེས་དང་། རྩ་ལྟུང་བཅུ་བཞིར། ཡོངས་སུ་ མ་སྨིན་སེམས་ཅན་ལ། །གསང་དབང་སྒྲོགས་པ་བདུན་པ་ཡིན། །ཞེས་དང་། རྣམ་བཤད་རིགས་པར། ངརྒྱལ་དང་ནི་མ་དད་དང་། །དོན་དུ་གཉེར་བ་མེད་པ་དང་། །ཕྱི་རོལ་རྣམ་གཡེང་གཡོ་བ་དང་། །སྐྱོ་བ་ཉན་པའི་དྲི་ མ་ཡིན། །ཞེས་སོགས་གསུངས་པའི་ཕྱིར་རོ། །གདུག་པ་ཅན་ལ་ཚེ་རིང་ནད་མེད་སོགས་བྱེད་པའི་བྱམས་པ་དང་། བུ་དང་སློབ་མ་ཕྱིན་ཅི་ལོག་བྱེད་པ་ཐབས་ཀྱི་མི་འཚོས་པ་དང་། སྲུང་བའི་འཁོར་ལོ་བསྒོམ་ན་བདུད་ལ་གནོད་ཟེར་ནས་མི་བསྒོམ་ཞིང་། ཁྲོ་བོའི་བཟླས་པ་བྱས་ན་གནོད་བགེགས་ལ་གནོད་ཟེར་ནས་དེ་འགོག་པ་སོགས་དེ་འདྲའི་རིགས་ཅན་རྣམས་རྒྱུད་སྡེ་ལས་ལྷ་ཁྲོ་བོར་བཞུགས་པ་དང་། སངས་རྒྱས་བདུད་འདུལ་བ་བཤད་པ་སོགས་ཀུན་དང་འགལ་ཞིང་དེ་དག་ལ་བྱམས་པ་མེད་པར་ཐལ་བས་ན། མ་དག་པ་ཡི་བྱམས་པ་ཡིན་ཏེ། འདུལ་བར། མཁན་པོས་མཁན་བུ་ལ་བུའི་འདུ་ཤེས་ཉེ་བར་བཞག་པར་བྱའོ། །ཞེས་དང་། བརྟག་གཉིས་ལས། རྡོ་རྗེ་དེ་ཉིད་ཀྱིས་ནི་རབ་དང་། །གུར་བཅིངས་པ་ཡང་རྣམ་པར་བསྒོམ་པ་ཉིད། །ཞེས་དང་། རྣམ་འཇོམས་ལས། རྡོ་རྗེ་ཁྲོ་བོ་ལས་བྱུང་བ་དང་། ཞེས་དང་། གདོན་ཐམས་ཅད་བནྡྷ་པར་བྱེད་པ། །ཅེས་སོགས་གསུངས་སོ། །ཐབས་ལམ་སྟོན་པའི་སངས་རྒྱས་ཀྱིས་མདོ་རྒྱུད་ཀུན་ལས་མ་གསུངས་ཤིང་། མཁས་པས་རིགས་པས་བསྒྲུབ་པར་མི་នུས་པས་ལྷ་བར་མེ་ཐེ་བོང་ཙམ་གྱི་མེ་བསྒོམ་པས་དྲོད་སྐྱེད་དེ་རས་རྐྱང་ཙམ་གྱི་ཆོག་པར་འཛིན་པ་དང་ཟག་བཅས་ཀྱི་བདེ་བ་སྐྱེད་པ་དང་། རྟོག་པ་ཁ་ཟུམ་གྱི་མི་རྟོག་པ་ལྟར་སྣང་སྐྱེ་བ་ལ་སོགས་དེ་དག་ནི་མུ་སྟེགས་བྱེད་ལའང་ཡོད་པ། ནད་གདོན་ཙུང་ཟད་སེལ་བ་དག་གི་སྒོ་ནས་བླུན་པོ་དག་དགའ་བ་སྐྱེད་ན་ཡང་མུ་སྟེགས་བྱེད་ཀྱི་ན་ར་ས་ཧ་དང་། ཧ་ནུ་མ་ཏ་ལ་སོགས་པའི་དམིགས་པ་འགའ་ཞིག་ལའང་འབྱུང་བ་ཡོད་པའི་ཕྱིར། མ་དག་པ་ཡི་ཐབས་ལམ་ཡིན་ནོ། །འཁོར་བར་སྐྱེ་བའི་རྒྱུ་བདག་ལྟའི་རྩ་བའམ་བདག་འཛིན་མ་ཆོད་ཅིང་། འཁོར་བའི་ཕུན་ཚོགས་དང་ཐར་པ་མྱ་ངན་ལས་འདས་པ་གཉིས་ལ་སྨོན་པ་ཅན། བསྔོ་བྱའི་དགེ་བ་ལ་ནི་ངོ་མཚར་དུ་ལྟ་ཞིང་འཛིན་པ་དེ་ལྟའི་བསྔོ་སྨོན་ནི། ཆོས་དབྱིངས་ཡོད་དགེར་ལྟ་བའི་དུག་ཅན་གང་ཞིག ཆོས་ཀུན་སྤྲོས་བྲལ་ཉིད་དུ་མ་ཤེས་པས་སངས་རྒྱས་ཉིད་དུ་བསྔོ་ན་ཡང་བསྔོ་བ་དེས་སངས་རྒྱས་ཐོབ་པ་མི་སྲིད་པས་མ་དག་པ་ཡི་སྨོན་ལམ་ཡིན་ནོ། །གོང་དུ་སྨོས་པ་དེ་ལ་སོགས་པ་མཐའ་ཡས་པ་རྣམས་ནི་སངས་

རྒྱས་ཀྱི་གསུང་མདོ་སྔགས་དག་གི་གནད་འཆུགས་པས། ཐེག་པ་ཆེན་པོའི་དགེ་བ་བྱེད་པར་སྣང་ན་ཡང་མ་དག་པ་རྣ་ཤེས་པར་བྱས་ལ་སྤོང་བར་གྱིས་ཤིག །ཉམས་ལེན་གྱི་གནད་མདོར་བསྡུ་ན་གཞི་ཚུལ་ཁྲིམས་རྣམ་དག་གནས་ནས་སངས་རྒྱས་ཀྱི་གསུང་རབ་དང་མཐུན་པའི་ཐོས་བསམ་སྒོམ་པ་གསུམ་པོ། ཀུན་སློང་གི་བསམ་པ་རྣམ་པར་དག་པས་བསྒྲུབ་པར་བྱ་སྟེ་དེ་ལྟར་སྒྲུབ་པར་བྱེད་ན། ཐེག་པ་ཆེན་པོའི་སངས་རྒྱས་ཀྱི་བསྟན་པ་ཡིན་པར་མཁས་པ་དག་གི་ཤེས་པར་བྱ་བ་ཡིན་པའི་ཕྱིར་རོ། །མཛོད་ལས། ཚུལ་གནས་ཐོས་དང་བསམ་ལྡན་པས། །བསྒོམ་པ་ལ་ནི་རབ་ཏུ་སྦྱོར། །ཞེས་སོགས་གསུངས་པའི་ཕྱིར་རོ། །བྱང་ཆུབ་སེམས་དཔའི་སྡོམ་པའི་སྐབས་ཏེ་གཉིས་པའོ།། །།

༄ སྔར་བཤད་པའི་སྡོམ་པ་འོག་མ་གཉིས་པོ་སྔོན་དུ་སོང་བའམ་མ་སོང་ཡང་གསང་ཆེན་རྡོ་རྗེ་ཐེག་པའི་ལམ་དུ་བཞུགས་ཏེ་རབ་ཚེ་འདི་འམ་འབྲིང་བར་དོ་ཐ་མའང་སྐྱེ་བ་བདུན་ནམ་བཅུ་དྲུག་ཙམ་མྱུར་དུ་སངས་རྒྱས་ཐོབ་པར་འདོད་ན་དེ་འདྲའི་གདུལ་བྱ་དེས་བླ་མེད་ཀྱི་སྨིན་བྱེད་དབང་དང་གྲོལ་བྱེད་རིམ་པ་གཉིས་ཀྱི་ལམ་ལ་འབད་པར་བྱ་སྟེ་སྨིན་དབང་ཞུས་ནས་གྲོལ་ལམ་ལ་འབད་པ་དེ་མྱུར་དུ་སངས་རྒྱས་ཐོབ་པའི་ཐབས་ཀྱི་གཙོ་བོ་ཡིན་པའི་ཕྱིར་རོ། །འབད་པ་བྱ་རྒྱུའི་སྨིན་པར་བྱེད་པའི་དབང་བསྐུར་ཡང་བྱིན་རླབས་ཕྲ་མོ་རྩོམ་གྱི་མ་ཆོག་པར་མ་ཡིན་པ་རྡོ་རྗེ་འཆང་ནས་རྩ་བའི་བླ་མའི་བར་བླ་མ་བརྒྱུད་པ་རིམ་པར་དབང་གི་ཆུ་བོ་མ་ནུབ་བྱིན་རླབས་ཀྱི་བརྒྱུད་པ་མ་ཉམས་ཤིང་། སྦྱོར་དངོས་རྗེས་གསུམ་ཀྱི་དབང་གི་ཆོ་གའི་ལག་ལེན་རང་བཟོའི་འཁྲུག་པར་མ་གྱུར་པ། ཕྱི་ནང་རྟེན་འབྲེལ་བསྒྲིག་མཁྱེན་ཅིང་། དག་བྱ་དག་བྱེད་ཀྱི་ཚོགས་སློབ་མའི་ཕུང་ཁམས་སྐྱེ་མཆེད་ཆོས་སྐུ་སོགས་སྐུ་བཞིའི་ས་བོན་ཐེབས་ནུས་པ་བཤད་སྒྲུབ་སོགས་སངས་རྒྱས་ཀྱི་གསུང་ཇི་ལྟ་བ་བཞིན་དུ་མཛད་པ་ཡི་ཁྱད་ཆོས་ལྔ་ལྡན་གྱི་བླ་མ་བཙལ་ལ་དེ་ལས་མི་བསྐྱོད་པ་ཆུ་དབང་ནས་རྡོ་རྗེ་སློབ་དཔོན་གྱི་དབང་གི་བར་བདུན་ལ་བུམ་ཆུས་བྱ་བ་འཇུག་པས་བུམ་དབང་དང་། དབང་རྫས་ཀྱིས་བཏགས་པའི་གསང་དབང་། རྟེན་ཤེས་རབ་མས་བཏགས་པའི་ཤེར་དབང་། གྲངས་བཞི་པས་བཏགས་པའི་དབང་བཞི་པ་སྟེ་དེ་ལྟ་བུས་མཐའ་རྟེན་བཅས་བླང་བར་བྱ་དགོས་ཏེ་དབང་བཞི་བླང་བ་དེ་ཡིས་རྟེན་གྱི་གང་ཟག་དེ་སྔར་འོག་མ་གཉིས་སྔོན་སོང་ཡིན་ན་སྔགས་ལམ་དུ་གནས་གྱུར་ཏེ་དེའི་ངོ་བོར་གཅིག་ལྡན་ནམ་མ་སོང་ན་ལྷ་གོན་འཇུག་པ་གནས་གསུམ་བྱིན་རླབས་ནས་བཞི་པའི་བར་རྣམས་སུ་རིམ་བཞིན་ཐོབ་པའི་སྡོམ་པ་གསུམ་ལྡན་དུ་འགྱུར་བའི་ཕྱིར་རོ། །

དེང་སང་གངས་ཁྲོད་འདིར་དྭགས་པོ་ལྷ་རྗེ་ནས་བརྒྱུད་པ་རྣམས་ཀྱིས་རྡོ་རྗེ་ཕག་མོ་ཡི་ལྷ་དང་གཞལ་ཡས་ཁང་བྱིན་རླབས་ཙམ་ལ་ཕག་མོའི་སྨིན་བྱེད་ཀྱི་དབང་བསྐུར་མཚན་ཉིད་པ་ཡིན་པའི་ཕྱིར་ཞེས་ཟེར་ཞིང་། དགེ་བཤེས་ཆོས་སྒོ་བས་ཕག་མོའི་བྱིན་རླབས་འདི་ཡིས་གསང་སྔགས་ཀྱིས་ཆོས་ཀྱི་སྒོ་ཕྱེ་ནས་བདེ་མཆོག་གི་དབང་མ་ཐོབ་བར་ན་རོ་ཆོས་དྲུག་གི་ཁྲིད་བྱས་ནས་གསང་དབང་གི་ལམ་གཏུམ་མོའི་རྣལ་འབྱོར་གསུམ་པའི་ལམ་ཐོད་བརྒལ་ལ་སོགས་པ་རྫོགས་རིམ་བསྒོམ་པ་མཐོང་ངོ་། །ཕག་མོའི་བྱིན་རླབས་བླ་མེད་ཀྱི་སྨིན་བྱེད་ཀྱི་དབང་བསྐུར་དུ་འདོད་པ་འདི་ལ་ནི་སྒྲུབ་བྱེད་ལུང་ཁུངས་མེད་དེ་ཚུལ་འདི་འདྲ་སངས་རྒྱས་ཀྱིས་རྒྱུད་སྡེ་ལས་མ་གསུངས་ཤིང་དགོངས་འགྲེལ་གྱི་བསྟན་བཅོས་རྒྱུད་འགྲེལ་སྒྲུབ་ཐབས་དཀྱིལ་མཆོག་ཚད་ལྡན་རྣམས་ལས་བཤད་པ་མེད་པའི་ཕྱིར་རོ། །གལ་ཏེ་ཕག་མོའི་གཞུང་ལས་གསུངས་སོ་

སྣམ་ན། རང་གང་ལ་རྟེན་པའི་རྡོ་རྗེ་ཕག་མོ་རིན་ཆེན་རྒྱན་གྱི་སྒྲུབ་ཐབས་ཉིད་ལས་ཀྱང་། དབང་བསྐུར་ཐོབ་ཅིང་དམ་ཚིག་ལྡན་པ་དེ་ལ་བྱིན་རླབས་བྱའོ་ཞེས་གསུངས་ཀྱི་དབང་བསྐུར་མེད་ཅིང་དམ་ཚིག་དང་མི་ལྡན་པ་ལ་བྱིན་རླབས་བཀག་སྟེ་དེ་ཉིད་ལས། དབང་བསྐུར་ཐོབ་ཅིང་དམ་ཚིག་དང་ལྡན་པའི་རྣལ་འབྱོར་པ་ལ་རྡོ་རྗེ་རྣལ་འབྱོར་མའི་བྱིན་རླབས་བྱའོ། །ཞེས་སོགས་གསུངས་པའི་ཕྱིར་རོ། ། དཔེར་ན་མུ་ཟེའི་བཅུད་ལེན་རིལ་བུ་དངུལ་ཆུའི་འཇྭ་བྱེད་དུ་བསྟན་པས་ལུས་ཡང་ཞིང་ཟོ་མདོག་བདེ་བ་སོགས་འབྱུང་ངོ་། །དེ་ནས་དངུལ་ཆུའི་བཅུད་ལེན་བཟའ་བར་བྱས་པས་རྒྱས་པ་འཛོམས་ཞེས་ལུས་སྟོབས་རྒྱས་པར་གསུངས་སོ། །མུ་ཟེའི་བཅུད་ལེན་ཐོག་མར་མ་བསྟེན་པར། དངུལ་ཆུ་ཟོས་ན་འཆི་བ་བཞིན། དེ་བཞིན་དུ་ཐོག་མར་བདེ་མཆོག་ལྷ་བུའི་དཀྱིལ་འཁོར་དུ་དབང་བསྐུར་བླང་། དེ་ནས་རྡོ་རྗེ་ཕག་མོའི་བྱིན་རླབས་སྦྱིན་པ་ཡིན་གྱི་དབང་བསྐུར་མེད་པར་བྱིན་བརླབས་ན་བྱེད་པ་པོ་ལ་རྩ་ལྷུང་བདུན་པ་འབྱུང་བས་དམ་ཚིག་ཉམས་པར་ཐལ་བས་གསུངས་ཏེ་ཉེས་དམིགས་ཆེའོ། །རྡོ་རྗེ་ཕག་མོའི་བྱིན་རླབས་ལ་སློབ་མ་དེ་སྡོམ་པ་གསུམ་ལྡན་དུ་བྱར་མི་རུང་། སློབ་མའི་ལུས་དང་ནང་སེམས་ལ་གཞལ་ལས་ཁང་དང་ལྷ་ལ་སོགས་པའི་ཕྱི་ནང་གི་རྟེན་འབྲེལ་འགྲིག་མི་འགྱུར། ཕུང་ཁམས་སྐྱེ་མཆེད་ལ་སྐུ་བཞིའི་ས་བོན་ཐེབས་མི་ནུས་པ་དེ་ཕྱིར་དེ་ལས་སྨིན་བྱེད་དབང་གི་ཕན་ཡོན་རྣམས་མི་འབྱུང་བས་རྡོ་རྗེ་ཕག་མོའི་བྱིན་རླབས་འདི་ནི་བྱིན་རླབས་ཙམ་ཡིན་གྱི་སྨིན་པར་བྱེད་པའི་དབང་བསྐུར་མིན་ནོ། །ཕག་མོའི་བྱིན་རླབས་སྨིན་བྱེད་མིན་པ་དེས་ན་དབང་མ་ཐོབ་པ་ལ་རྡོ་རྗེ་ཕག་མོའི་བྱིན་རླབས་བྱེད་པ་འདི་ནི་ལུང་དང་འགལ་ཏེ་ཐུབ་པས་དེ་ཉིད་འདུས་པ་ལ་སོགས་པའི་རྒྱུད་སྡེ་ལས་དཀྱིལ་འཁོར་ཆེན་པོ་མ་མཐོང་བའི་མདུན་དུ་འདི་ནི་མ་སྨྲ་ཞིག །སྨྲས་ན་དམ་ཚིག་ཉམས་པར་འགྱུར་རོ་ཞེས་གསུངས་སོ། །

ཕྱག་རྒྱ་པ་འགའ་ཞིག་ན་རེ་ཕག་མོའི་བྱིན་རླབས་འདི་ནི་སྨིན་བྱེད་ཀྱི་དབང་བསྐུར་མ་ཡིན་པར་འགྱུར་བའི་སྐྱོན་མེད་དེ་འདི་ལའང་ཕག་མགོ་དང་གྲི་གུག་མདའ་གཞུ་ལ་སོགས་པ་ཕག་མོ་བཙ་བཞིའི་དབང་བསྐུར་ཡོད་པའི་ཕྱིར་ཅེས་ཟེར་རོ། །ཕག་མགོའི་དབང་བསྐུར་བ་ལ་སོགས་པ་དེ་འདྲ་དེ་དབང་བསྐུར་ཉིད་མ་ཡིན་ཏེ་རྒྱུད་སྡེ་ཀུན་ལས་འདི་མ་གསུངས་པའི་ཕྱིར་རོ། །གལ་ཏེ་བརྒྱ་ལ་གསུངས་པ་སྲིད་ཀྱང་དེ་ནི་རྗེས་གནང་ཡིན་གྱི་དབང་བསྐུར་མིན་ཏེ་རྗེས་གནང་ལ་དབང་གི་མིང་བཏགས་པ་ཙམ་ཡིན་པའི་ཕྱིར་རོ། ། ཞང་ཚལ་པ་ལ་ལ་ན་རེ། རྡོ་རྗེ་ཕག་མོའི་བྱིན་རླབས་དེ་ལ་སྔར་གྱི་ཁྱད་ཆོས་གསུམ་པོ་དེ་མ་ཚང་བའི་རྒྱུ་མཚན་གྱིས་སྨིན་བྱེད་ཀྱི་དབང་མ་ཡིན་པའི་སྐྱོན་མེད་དེ་རྡོ་རྗེ་ཕག་མོའི་བྱིན་རླབས་དེ་ལ་མ་རྒྱུད་ནས་གསུངས་པའི་སྟགས་ཀྱི་སྡོམ་པ་འབོགས་པའི་ཆོ་ག་དང་། དཀྱིལ་འཁོར་དང་ནི་དབང་བསྐུར་སོགས་ཀྱི་ཚིག་བསྲེས་པ་སྟེ་སྦྱར་དུ་རུང་བའི་ཕྱིར་ཞེས་རང་བཟོའི་ཆོ་ག་བྱེད་པར་ཐོས་སོ། །རྒྱུད་དང་གྲུབ་པ་ཐོབ་པའི་མན་ངག་གིས་ཕྱེ་བའི་བསྟན་བཅོས་ཚད་ལྡན་གང་ལས་ཀྱང་མ་གསུངས་པའི་སོ་སྐྱེའི་རང་བཟོས་ཚིག་རྣམས་ནི་ཆོ་གར་འགྱུར་མི་སྲིད་དེ་དངོས་གྲུབ་གྲུབ་པའི་ཆོ་ག་སངས་རྒྱས་ཀྱི་སྤྱོད་ཡུལ་ཡིན་པས་སོ། །ཉེས་མེད་ཕྱུན་ཚོགས་ཀྱི་དབང་དུ་བྱས་ཏེ་ཁྲིམས་པ་ལ་སོགས་པས་མཁན་སློབ་ལ་དད་པའི་གང་ཟག་གསོལ་བ་བཞིའི་ཆོ་གའི་ལས་ཀྱི་ལན་མོ་བྱས་ཀྱང་བསྒྲུབ་བྱ་ལ་དགེ་སློང་གི་སྡོམ་པ་མི་འཆགས་པ་ལྟར།

རྡོ་རྗེ་ཕག་མོའི་བྱིན་རླབས་ལ་ཚིག་གཞན་སྦྱར་ནས་རིག་པ་འཛིན་པའི་སྡོམ་པ་ཐོབ་ཀྱང་ནི་སྔགས་ཀྱི་སྡོམ་པ་འཆགས་པར་མི་འགྱུར་ཏེ་འབོགས་པ་པོ་རང་ཉིད་ལ་སྔགས་སྡོམ་མེད་པའི་ཕྱིར་རོ། །མཁན་པོ་དང་བསྒྲུབ་བྱ་དང་དགེ་འདུན་གྱི་མིང་མ་བརྗོད་པ་ལྟ་བུ་ཚིག་ཟུང་ཟད་ཉམས་པ་ལའང་། ཚིག་ཆགས་པར་མ་གསུངས་ཏེ་འདུལ་བར་ཚིག་ལས་འདས་ན་ལས་མི་ཆགས་སོ་ཞེས་གསུངས་པས་དེས་ན། ཕག་མོའི་ཚིག་ཕལ་ཆེར་ཉམས་པ་དང་འབྲེལ་བའི་རང་བཟོའི་ཚིག་དེ་ལ་ཚིག་འཆགས་པར་འགྱུར་རེ་སྐན་ཏེ་མི་འགྱུར་རོ། །རང་བཟོ་ཚིག་ར་མི་འགྱུར་བ་དེས་ན་འཆད་པའི་གནས་སྐབས་སུ་ཙུང་ཟད་ནོར་བར་གྱུར་ཀྱང་བླ་སྟེ་རུང་གི་ལག་ལེན་གྱི་ཆོ་གའི་བྱ་བ་ཆེ་ཆུང་ཐམས་ཅད་ལ་ནི་ནོར་བ་མེད་པར་གལ་ཆེ་སྟེ་སྔན་དཔྱད་ནོར་བས་ནད་པར་མི་ཕན་པའམ་ས་བོན་ནོར་བས་སྟོན་ཐོག་མི་འབྱུང་བ་བཞིན་དུ་ལག་ལེན་གྱི་གནད་འཆུགས་ཤིང་ནོར་བར་གྱུར་པ་ལ་འབྲས་བུ་འགྲུབ་པ་ནམ་ཡང་མེད་པར་གསུངས་ཏེ་གསང་བ་སྤྱི་རྒྱུད་ལས། ཁྱད་པར་ཅན་གྱི་ལས་རྣམས་ལ། །ལྟ་དུས་བྱ་བ་དུས་བཞིན་སྤྱད། །གཞན་དུ་ཆོག་ཉམས་པའི་ཕྱིར། །གྲུབ་པ་ནམ་ཡང་ཡོད་མ་ཡིན། ཞེས་གསུངས་པས་སོ། །

གཞན་ཡང་ཕག་མོའི་བྱིན་རླབས་ལ། གསང་སྔགས་ཀྱི་ལམ་རིམ་གཉིས་ཟབ་མོ་བསྒོམ་པའི་ཆོས་སྐོར་བྱེད་པ་འདི་ནི་མི་འཐད་དེ་རྒྱུད་སྡེ་གང་ནའང་བཤད་པ་མེད་པས་སོ། །དེ་ཆོས་སྐོར་བྱེད་པ་དེ་བས་ནི་དཔེར་ན་དགེ་སློང་བྱེད་པ་ལ་མཁན་སློབ་དང་དགེ་སོགས་མི་དགོས་པར་རང་བྱུང་གི་ནི་བསྙེན་པར་རྫོགས་པ་སངས་རྒྱས་ལྟར་བྱེད་པ་དང་། ལྔ་སྡེ་ལྟར་ཡེ་ཤེས་ཁོང་དུ་ཆུད་པའི་བསྙེན་རྫོགས་དང་། ཆོས་སྦྱིན་མ་ལྟར་འཕྲིན་གྱིས་བསྙེན་པ་རྫོགས་པ་དང་། དེ་བཞིན་དུ་འོད་སྲུང་ཆེན་པོ་ལྟར་སྟོན་པར་ཁས་བླང་དང་། གྲགས་པ་ལ་སོགས་པ་ལྟར་ཚུར་ཤོག་དང་། པོ་ཏ་ལ་ནའི་བུ་ལེགས་སྦྱིན་དྲིས་ལན་བླན་པས་ལ་སོགས་པའི་བསྙེན་རྫོགས་རྣམས་བླང་རིགས་ཏེ་ད་ལྟ་བྱེད་ན་རྡོ་རྗེ་ཕག་མོའི་བྱིན་རླབས་དང་འདི་འདྲའི་ལུགས་ཀྱི་བསྙེན་རྫོགས་འདི་གཉིས་འབྲེལ་པ་ཡིན་པ་མཉམ་པོ་གང་ཞིག་ལ་བསྙེན་རྫོགས་འདི་རྣམས་སྟོན་གྱི་ཆོ་གར་འདུལ་བ་ལུང་ནས་བཤད་པའི་ཕྱིར་རོ། །

བྱིན་རླབས་ཆོས་སྐོར་བྱེད་པ་སོགས་ལག་ལེན་འཚོལ་བ་དེས་ན་ཉན་ཐོས་ཐེག་པ་ནི་དེང་སང་ཇི་ལྟར་ནུབ་ཀྱང་ཆོ་ག་ཆགས་མི་ཆགས་གསུངས་པའི་ལག་ལེན་ལ་བསྟེན་པས་ན་གཟུགས་བརྙན་ཙམ་ཞིག་སྣང་ངོ་། །རྡོ་རྗེ་ཐེག་པའི་བསྟན་པ་ལ་དེང་སང་གཟུགས་བརྙན་ཙམ་ཡང་མི་སྣང་ངོ་། །དེའི་རྒྱུ་མཚན་ལག་ལེན་འཁྲུལ་པ་མང་པོས་སྒྲིབ་པའི་ཕྱིར། ཁྱབ་སྟེ། རྡོ་རྗེ་ཕག་མོའི་བྱིན་རླབས་ལ་སྟོན་ཆོག་ཁ་འཕང་བཤད་པ་མེད་རྡོ་རྗེ་འཆང་གིས་ཀྱང་སྟོན་ཆོག་གི་ཆོ་ག་རྣམས་སྤྲུལ་པའི་དཀྱིལ་འཁོར་དུ་དབང་བསྐུར་བ་གསུངས་པས་སོ། །རྟགས་གྲུབ་སྟེ། དེང་སང་གསང་སྔགས་འཚོལ་བ་སྤྱོད་པའི་བླུན་པོ་སྙིང་ཕོད་ཅན་གྱིས་ཀྱང་འདུལ་བའི་ཆོ་ག་དང་འོལ་སྤྱི་མ་བསྟུན་པར་འདུལ་བའི་ཆོ་ག་ལས་བརྒལ་བའི་རབ་བྱུང་བྱེད་མ་ནུས་པ་ལུང་བཞིན་བྱེད་ཅིང་གསང་སྔགས་ཀྱི་ནི་ཆོ་ག་དབང་དང་རིམ་གཉིས་སོགས་ཐམས་ཅད་ལ་བླུན་པོ་རྣམས་ཀྱིས་བརྒལ་ཏེ་རྒྱུད་སྡེ་ནས་མ་གསུངས་པའི་ཕག་མོའི་བྱིན་རླབས་སོགས་རང་བཟོར་ཀླག་ཆོག་མང་པོར་སྤྱོད་དོ། །དཔེར་ན་རབ་བྱུང་གང་ཟག་ནི་ལུང་ལས། ཚོགས་ཀྱིས་ཚོགས་ལ་ལས་མི་ཆགས། །ཞེས་གསུངས་པ་ལ་བརྟེན་ནས་བསྒྲུབ་བྱ་གསུམ་ལས་མང་བ་འཇུག་མི་ནུས་པ་འདུལ་ཆོག་ལས་བརྒལ་མ་ནུས་པ་ཡིན་ཞིང་། སྔགས་ཀྱི་དབང་བསྐུར་བྱེད་པ་ན་ནི་རྡོ་རྗེ་འཆང་གིས་གཅིག་གམ་ཉི་

ཤུ་རྩ་ལྔའི་བར་ཟུང་དུ་མ་གྱུར་བ་གཟུང་ཞེས་གསུངས་པ་ལ་རྩིས་མེད་པ་རེ་གྲངས་ངེས་མེད་པར་ཇི་ཙམ་ཚོགས་པའི་སློབ་མ་ལ་དབང་བསྐུར་བྱེད་པ་གསང་སྔགས་ཀྱི་ཆོག་ལས་བཀལ་བས་སོ། །སློབ་མ་ལ་གྲངས་ངེས་མེད་པར་དབང་བསྐུར་བྱེད་པ་འདི་ནི་སྤྱིར་བཏང་ལ་མི་འཐད་དེ་སངས་རྒྱས་རྡོ་རྗེ་འཆང་གིས་སྤྱི་རྒྱུད་ལས་བཀག་པས་སོ། །འོན་ཀྱང་སྤྱོད་པའི་རྒྱུད་ཀྱི་དབང་བསྐུར་ལ་དབང་ཟེར་ཡངས་པས་ན་སློབ་མ་གྲངས་ངེས་མེད་པར་གསུངས་ཏེ། རྣམ་སྣང་མངོན་བྱང་ལས། བཅུ་འམ་བརྒྱད་དང་བདུན་ནམ་ལྔ། །གཅིག་གཉིས་བཞི་ལས་ལྷག་ཀྱང་རུང་། །དཔྱད་མི་དགོས་པས་གཟུང་བར་བྱ། །ཞེས་དང་། ཡང་དེ་ཉིད་ལས། དེས་བྱང་ཆུབ་ཀྱི་སེམས་ཀྱི་རྒྱུར་འགྱུར་བར་བྱ་བའི་ཕྱིར་སེམས་ཅན་ཚད་མེད་པ་ཡོངས་སུ་གཟུང་བར་བྱའོ། །ཞེས་སོགས་གསུངས་པས་སོ། །སྤྱོད་རྒྱུད་ཀྱི་ལྷག་མ་དམིགས་བསལ་མཛད་པ་ཡི་རྒྱུད་སྡེ་གཞན་གསུམ་གྱི་དབང་བསྐུར་བའི་སློབ་མ་ལ་ནི་གྲངས་ངེས་ཡོད་དེ་དབང་གི་བབས་ཀྱི་བས་སོ། །

འདི་ནི་གསང་བ་སྤྱི་རྒྱུད་ལས་རྡོ་རྗེ་སློབ་དཔོན་གྱི་དབང་བསྐུར་བའི་ཆོག་ལ་མཁས་པས་སློབ་མ་གཅིག་གམ་གསུམ། ལྔའམ་ཡང་ན་བདུན་དག་གམ། །ཉི་ཤུ་རྩ་ནི་ལྔ་ཡི་བར། །ཟུང་དུ་མ་གྱུར་པའི་སློབ་མ་གཟུང་པ་ཤེས་ཤིང་། དེ་ལས་ལྷག་པའི་སློབ་མ་ནི། ཡོངས་སུ་གཟུང་བ་མི་ཤེས་པས་སོ། །ཞེས་གསུངས་པ་འདི་ནི་སྤྱོད་རྒྱུད་མ་གཏོགས་རྒྱུད་གཞན་ཀུན་ལ་འཇུག་པས་སོ། །ཉི་ཤུ་རྩ་ལྔ་ལས་གྲངས་ལྷག་པར་གཟུང་མི་རུང་བ་དེ་ལ་རྒྱུ་མཚན་ཡོད་དེ་ཉེར་ལྔ་དེ་བས་ལྷག་པའི་སློབ་མ་ལ་ཐིག་ཚོན་བྱིན་རླབས་རྒྱན་དགྲམ་པ་ནས་བཟུང་དཀྱིལ་འཁོར་ཆེན་པོར་དབང་བསྐུར་བའི་ཆོ་ག་ཡོངས་སུ་རྫོགས་པ་ནི་མཚན་མོ་གཅིག་ལ་ཚར་མི་ནུས་ནུབ་དེ་ཡི་མཚན་མོ་མ་ཚར་ན་ཆོ་གའི་དུས་ཉམས་པར་འགྱུར་བར་གསུངས་པའི་ཕྱིར་རོ། །ཇི་ལྟར་ཉམས་པར་འགྱུར་བ་དེ་ཡང་གསང་བ་སྤྱི་རྒྱུད་དེ་ཉིད་ལས་མཚན་མཐའ་ལ་རང་བཞིན་གྱི་འདུ་བའི་དཔའ་བོ་དཔའ་མོ་སོགས་རྣལ་འབྱོར་པ་ལ་སྲུང་སྐྱབ་སྲིད་པ་བྱིན་གྱི་རློབས་པའི་དབང་ཐོབ་པའི་ལྷ་ཡང་ཉི་མ་ནུབ་པ་ན་ངེས་པར་རང་བཞིན་གྱི་འདུས་ནས་བྱིན་གྱིས་རློབས་ཀྱིས་དངོས་གྲུབ་སྟེར་བའི་ཕྱིར་དུ་འདུ་བ་ཡིན་པས་དབང་བསྐུར་བ་གཏོར་མ་སྦྱིན་པ་ལ་སོགས་པ་མཚན་མོའི་དུས་སུ་བྱ་ཞིང་ཉི་མ་ཤར་བར་མ་གྱུར་བར་ཏེ་ཉི་མ་འཆར་ཀའི་གོང་དུ་ལྷ་དེ་དག་ལ་མཆོད་བསྟོད་བཟོད་གསོལ་བྱས་ནས་གཤེགས་སུ་གསོལ་བ་ལས་ཀྱི་རྗེས་མི་མཐོན་པར་བྱ་བར་ཤེས་སོ། །ཞེས་གསུངས་སོ། །ཁོ་ན་རེ་གསང་བ་སྤྱི་རྒྱུད་ལས་སློབ་མའི་གྲངས་ངེས་གསུངས་པ་འདི་ནི་བྱ་བའི་རྒྱུད་ཡིན་པས་རྒྱུད་སྡེ་གཞན་གྱི་ཆོག་ལ་སྦྱར་བར་བྱ་བ་མིན་ནོ་སྙམ་ན། དམིགས་གསལ་ལས་ཆོ་ག་ཟུར་པ་མེད་པའི་རྒྱུད་སྡེ་གཞན་རྣམས་ཀུན་ལ་འང་སྤྱི་རྒྱུད་ནས་གསུངས་པའི་ཆོ་གའི་རྣམ་བཞག་འདི་ནི་འཇུག་པར་འགྱུར་ཏེ་སྤྱི་རྒྱུད་ཉིད་ལས་འཆད་འགྱུར་འདི་སྐད་དུ་གསུངས་པའི་ཕྱིར་ཏེ་རྒྱུད་སྡེ་གང་དུ་དབང་དང་རབ་གནས་ལ་སོགས་པའི་ལས་ནི་ཡོད་པར་གྱུར་ལ་ཇི་ལྟར་བྱ་བའི་ལས་ཀྱི་ཆོ་ག་རྣམས་གསལ་པོར་མེད་པ་དེར་ནི་སྤྱི་ཡི་རྒྱུད་དག་ལས་གསུངས་པའི་ཆོ་ག་མཁས་པས་ཁ་བསྐང་སྟེ་སྦྱར་ནས་བསྟེན་པར་བྱའོ་ཞེས་དེ་སྐད་གསུངས་པའི་ཕྱིར། སྤྱི་རྒྱུད་ལས། སློབ་མ་ལ་གྲངས་ངེས་དགོས་པ་གསུངས་པའི་ཆོ་ག་འདི། དབང་བསྐུར་གསུམ་ལ་གྲངས་ངེས་མ་གསུངས་པའི་རྒྱུད་རྣམས་ཀུན་ལ་འཇུག་མི་འཇུག་གི་དོགས་པ་མེད་པར་འཇུག་པ་ངེས་པ་ལུང་གི་གྲུབ་པ་ཡིན་ནོ། །

དེང་སང་ཕྱག་མོའི་བྱིན་རླབས་སྨིན་བྱེད་དུ་མི་བྱེད་ཅིང་། དབང་བསྐུར་བྱེད་པ་ཁས་ཆེ་བ་ཁ་ཅིག་གིས་ཀྱང་། རྫོགས་སངས་རྒྱས་ཀྱིས་རྒྱུད་སྡེ་ནས་གསུངས་པ་ཡི་དཀྱིལ་འཁོར་ཚོ་ག་རྩལ་ཆོན་ལྷ་བུ་ལ་བརྟེན་ནས་མི་བྱེད་པར་བོན་གྱི་ལུགས་ལྟར་གཡུང་དྲུང་རིས་ཀྱི་དཀྱིལ་འཁོར་དང་ནས་འདྲ་པདྨ་འདབ་བརྒྱད་རས་ལ་སོགས་བྱེད་པ་དེ་དང་དེ་ཉིད་སྨིན་བྱེད་དབང་བསྐུར་ཡིན་པའི་ཕྱིར་ཞེས་ཟེར་བ་ཐོས་སོ། །གཡུང་དྲུང་ནས་འདྲ་སོགས་འདི་འདྲ་དག་ཏུ་དབང་བསྐུར་བ་དེ་ནི་མི་འཐད་དེ་དེ་འདྲར་དབང་བསྐུར་ཡང་སྔགས་ཀྱི་སྡོམ་པ་ཐོབ་པར་མི་འགྱུར་བའི་ཕྱིར་རོ། །

དེ་ཡི་རྒྱུ་མཚན་བཤད་ཀྱིས་ཉོན་ཅིག །ཕྱི་ལུས་ལ་འདོམ་གང་གྲུ་བཞི་སོགས་ཡོད་པ་དང་ནང་ཡིད་ལ་བྱང་ཆུབ་ཕྱོགས་ཀྱི་ཆོས་སུམ་བཅུ་རྩ་བདུན་ཡོད་པ་དག་གི་རྟེན་འབྲེལ་གྱི་སྟོབས་ཀྱིས་དཀྱིལ་འཁོར་ལ་གྲུ་བཞི་སྒོ་བཞི་པ་ལ་སོགས་པ་འབྱུང་བ་ཡིན་པ་ལ། གཡུང་དྲུང་རིས་ལ་སོགས་པའི་དཀྱིལ་འཁོར་འདི་ལ་རྟེན་འབྲེལ་སྒྲིག་མི་ནུས་པའི་ཕྱིར་རོ། །གཡུང་དྲུང་རིས་སོགས་འདི་ལ་ཕྱི་ནང་གི་རྟེན་འབྲེལ་སྒྲིག་མི་ནུས་པ་དེས་ན་དེ་འདྲའི་དཀྱིལ་འཁོར་དུ་དབང་བསྐུར་བ་སོགས་ནི་སངས་རྒྱས་རྣམས་ཀྱིས་བཀག་གོ། །དེང་སང་དབང་བསྐུར་བྱེད་པ་ཕལ་ཆེར་ཡང་། སློབ་མ་བརྒྱ་སྟོང་གྲངས་མེད་ལ། སྤྱིར་དངོས་རྗེས་ཀྱི་ཚོ་ག་རྣམས་དུས་ཅིག་ཅར་ལ་སངས་རྒྱས་ཀྱི་གསུང་བཞིན་མི་ཤེས་པར་སྔ་ཕྱི་འཁྲུགས་ཏེ་མ་འབྲེལ་བ་བྱ་རྒྱུད་སོགས་ལ་དབང་རྫས་ལྟར་བསྐྱེད་པ་ལྟ་བུ་རྒྱུད་བསྟན་དང་འགལ་ཞིང་ཡེ་ཤེས་དབབ་པའི་དམིགས་པ་ནོར་བ་སོགས་ཉམས་པ་ཡི། ཚོ་གའི་གཟུགས་བརྙན་བྱེད་པ་ལ་སྨིན་བྱེད་ཀྱི་དབང་བསྐུར་ཡིན་ཏེ་དེ་དབང་བསྐུར་མཚན་ཉིད་པ་ཡིན་པའི་ཕྱིར་ཞེས་བླུན་པོ་རྣམས་སྨྲའོ། །མ་དག་པའི་དབང་བསྐུར་དེ་ཡི་དུས་སུ་ལུས་ངག་ཡིད་གསུམ་གྱི་རྣམ་པ་འཕར་བ་དང་གཡོ་བ་ཀུ་ཅོ་འདོན་པ་ལ་སོགས་པ་གདོན་གྱིས་བསྒྱུར་བ་ལ་དབང་བསྐུར་རྣམ་དག་གི་བྱིན་རླབས་ཡིན་པར་འཁྲུལ་པ་མང་ངོ་། །ཚུལ་དེ་ནི་སངས་རྒྱས་ཀྱིས་བྱིན་རླབས་མཚན་ཉིད་པ་མ་ཡིན་ཏེ་དཔལ་ལྡན་དམ་པ་དང་པོའི་རྒྱུད་ལས། ཚོ་ག་ཉམས་པའི་བྱིན་རླབས་འཕར་གཡོ་སོགས་ཀུན། བགེགས་ཀྱི་ཡིན་པར་རྒྱལ་བས་ཕྱག་དར་ཁྲོད་ཤ་ལ་འཇུག་པའི་མདོ་སོགས་ལས་གསུངས་སོ། །ཚོ་ག་དག་པར་གྱུར་པ་ལས། སྒོ་གསུམ་བསྒྱུར་བ་སོགས་བྱུང་བ་ནི་སངས་རྒྱས་ཀྱིས་བྱིན་རླབས་ཡིན་ཏེ་རྒྱུད་ལས། །དབང་དང་རྗེས་གནང་ཐོབ་ནས་ནི། །མ་བསྙེན་པར་ཡང་དེ་ལ་ནི། །ལྷ་ནི་འགོ་ཞིང་ཉེ་བར་གནས། །ཅེས་གསུངས་པས་སོ། །ཁ་ཅིག་ན་རེ། སྨིན་བྱེད་ཀྱི་དབང་བསྐུར་ནི་མི་དགོས་ཏེ་དབང་བསྐུར་མེད་ཀྱང་ལམ་ཟབ་མོ་མ་ནོར་བ་བསྒོམས་ཤིང་ཉམས་སུ་བླངས་པས་ན་འབྲས་བུ་སངས་རྒྱས་འགྲུབ་པའི་ཕྱིར་སྙམ་ན། དབང་བསྐུར་མེད་པར་གསང་སྔགས་ཀྱི་ལམ་ཟབ་མོ་བསྒོམས་པ་དེ་ནི་མི་འཐད་དེ་ཚུལ་དེ་ནི་ངན་འགྲོའི་རྒྱུ་རུ་གསུངས་པའི་ཕྱིར་ཏེ།

ཕྱག་རྒྱ་ཆེན་པོ་ཐིག་ལེའི་རྒྱུད་ལས། དབང་མེད་ན་ནི་མཆོག་གི་དངོས་གྲུབ་ཐོབ་པ་མེད་དེ་བྱེ་མ་བཙིར་ཡང་མར་མེད་པ་བཞིན་ནོ། །གང་ཞིག་རྒྱུད་ལུང་ལ་བལྟས་པའི་ཐོས་ཚིག་ཙམ་ཤེས་པའི་ང་རྒྱལ་གྱིས་དབང་བསྐུར་མེད་པར་རྒྱུད་ལ་འཆད་ཉན་བྱེད་པ་ལས་ཚོགས་སྒྲུབ་པ་ན་སློབ་དཔོན་སློབ་མ་ཤི་མ་ཐག་གནས་སྐབས་ཚེ་འདིར་ཆར་འབེབས་པ་བགེགས་བསྲུང་པ

སོགས་ཐུན་མོང་གི་དངོས་གྲུབ་ཐོབ་ཀྱང་ཕྱི་མར་དམྱལ་བར་སྐྱེ་བའི་ཉེས་དམིགས་ཆེ་བ་དེ་བས་ན་དོན་དུ་གཉེར་བའི་འབད་པ་ཐམས་ཅད་ཀྱིས་བླ་མ་ལས་ནི་དབང་ནོད་ཅིང་ཞུ་བར་བྱའོ་ཞེས་གསུངས་ཤིང་དམ་པ་དང་པོ་སོགས་རྒྱུད་སྡེ་གཞན་ལས་ཀྱང་དེ་ལྟར་གསུངས་པའི་ཕྱིར་ལམ་རིམ་གཉིས་ཟབ་མོ་བསྒོམ་པར་འདོད་པས་ཐོག་མར་དབང་བསྐུར་ཞུ་བ་ལ་ནི་འབད་པར་བྱའོ། །དམ་པ་དང་པོ་ལས། དབང་བསྐུར་མེད་པར་སྔགས་འཆད་དང་། །ཟབ་མོའི་དེ་ཉིད་བསྒོམ་བྱེད་པ། །དེ་དོན་ལེགས་པར་ཤེས་ན་ཡང་། །དམྱལ་བར་འགྱུར་གྱི་གྲོལ་བ་མེད། ཅེས་དང་། བཤད་རྒྱུད་རྡོ་རྗེ་ཕྲེང་བ་ལས། དབང་བསྐུར་མེད་པར་རྒྱུད་འཆད་པ། །སློབ་པོས་སྔགས་ཀྱི་དོན་ཤེས་ཀྱང་། །སློབ་དཔོན་སློབ་མ་མཚུངས་པར་ནི། །ཤི་ནས་དུ་འབོད་ཆེན་པོར་ལྟུང་། །ཞེས་པ་ལ་སོགས་པ་གསུངས་སོ། །ཕྱག་རྒྱ་པ་ཁ་ཅིག་གང་ཟག་དབང་པོ་རབ་སྨིན་བྱེད་ཕག་མོའི་བྱིན་རླབས་ཉིད་ཡིན་ཞིང་། འབྲིང་དང་ཐ་མ་དག་ལ་ནི་རྒྱུད་ནས་གསུངས་པའི་དབང་བསྐུར་བའི་ཆོ་ག་དགོས་པ་ཡིན་པས་རྒྱུད་སྡེ་ནས་བཤད་པའི་སྨིན་བྱེད་ཀྱི་དབང་བསྐུར་དེ་ནི་ཅིག་ཏུ་དགོས་པའི་ངེས་པ་མེད་དོ་ཞེས་ཟེར་རོ། །དེ་འདྲའི་དབྱེ་བའི་རྣམ་གཞག་བྱེད་པ་འདི་ནི་མི་འཐད་དེ་གང་ཟག་དབང་པོ་རབ་འབྲིང་གསུམ་ག་ལ་ཕག་མོའི་བྱིན་རླབས་སྨིན་བྱེད་ཉིད་དུ་རྒྱུད་སྡེ་ཀུན་ལས་གསུངས་པ་མེད་པའི་ཕྱིར་རོ། །ཁ་ཅིག་ན་རེ། རྒྱུད་སྡེ་ནས་གསུངས་པའི་སྨིན་བྱེད་ཀྱི་དབང་ནི་དེང་སང་བསྐུར་མི་རུང་སྟེ་དེ་ནི་རྡོ་རྗེ་སློབ་དཔོན་སྤྲུལ་པའི་དཀྱིལ་འཁོར་སྤྲུལ་ནུས་ཤིང་སློབ་མས་ལྟ་ནུས་པའི་ཚེ་བསྐུར་བ་ཡིན་པའི་ཕྱིར་ཞེ་ན། འཕགས་པ་རྡོ་རྗེ་འཆང་ལ་སོགས་པ་རྣམས་ཀྱིས་ཨིནྡྲ་བྷུ་ཏི་ཟླ་བ་བཟང་པོ་ལ་སོགས་པའི་གང་ཟག་རབ་གསང་འདུས་སྤྲུལ་པ་ཡི་ནི་དཀྱིལ་འཁོར་དུ་དབང་བསྐུར་མཛད་ཅེས་དེ་ཉིད་བསྡུས་པ་ལ་སོགས་པའི་རྒྱུད་སྡེ་རྣམས་སུ་གསུངས་པ་རྣམས་ནི་ད་ལྟ་བྱར་མེད་དེ་སྔོན་གྱི་ཆོ་ག་འཕགས་པའི་སྤྱོད་ཡུལ་ཡིན་པ་ལས་སོ་སོ་སྐྱེ་བོས་བྱར་མི་རུང་བས་སོ། །དེས་ན་དེང་སང་སོ་སྐྱེའི་གང་ཟག་རབ་འབྲིང་ཀུན་སོ་སྐྱེའི་རྡོ་རྗེ་སློབ་དཔོན་གྱིས་སྨིན་པར་བྱེད་པ་ལ་ནི་རྡུལ་ཚོན་གྱི་ནི་དཀྱིལ་འཁོར་དུ་དབང་བསྐུར་བྱ་བར་གསུངས་མོད་ཀྱི་སྤྲུལ་པ་དང་ཕག་མོ་ལ་སོགས་པ་གཞན་གྱི་སྨིན་བྱེད་ཀྱི་ཚུལ་རྒྱུད་སྡེ་ལས་ཅི་ཡང་མ་གསུངས་པས་བཀག་སྟེ། སྤྱི་རྒྱུད་ལས། རྣམ་དཔྱོད་དང་པོས་གཞི་གཟུང་། །གཉིས་པ་ལ་ནི་སྔ་གོན་ཏེ། །ནུབ་གསུམ་པ་ལ་འཇུག་པ་ཤེས། །ཞེས་སོགས་གསུངས་པའི་ཕྱིར་རོ། །

གསང་འདུས་སྟོད་ལུགས་པ་ལ་ལ་དག་ཐེག་ཆེན་གྱི་འཇུག་པ་སེམས་བསྐྱེད་ཙམ་བྱས་པ་ལ་སྨིན་བྱེད་མེད་ཀྱང་གསང་སྔགས་བསྒོམ་དུ་རུང་བར་འདོད་པ་ཡིན་རྒྱུ་མཚན་ཐེག་ཆེན་སེམས་བསྐྱེད་འདི་ནི་འཚང་རྒྱ་བའི་ལམ་ཐམས་ཅད་ཀྱི་གཞི་རྟེན་པའི་ཕྱིར་ཅེས་ཟེར་རོ། །འདི་ནི་གསང་སྔགས་ཀྱི་ཐེག་པའི་གློ་ཡངས་པའི་འཁྲུལ་མིག་བྱ་བ་ཡིན་ནོ་ལོ། །སྨིན་བྱེད་མེད་པར་ཐེག་ཆེན་གྱི་འཇུག་སེམས་ཙམ་གྱིས་གསང་སྔགས་བསྒོམ་རུང་འདོད་པ་འདི་ཡང་ཕྱེ་སྟེ་བཤད་ཀྱིས་ཉོན་ཅིག་ཅེས་གདམས་ཏེ་འོག་ནས་རིམ་བཞིན་འབྱུང་བས་སོ། །ཇི་ལྟར་ཞེ་ན། བྱ་བའི་རྒྱུད་ལ་རྣམ་པ་གསུམ་ཡོད་དེ་དབང་བསྐུར་སེམས་བསྐྱེད་མ་ཐོབ་ཀྱང་བསྒོམ་བཟླས་རུང་བ་དང་། འཇུག་པ་སེམས་བསྐྱེད་ཙམ་ཐོབ་ནས་བསྒོམ་དུ་རུང་བ་དང་། རང་གི་དབང་བསྐུར་ཐོབ་ནས་བསྒོམ་དུ་རུང་བ་དང་གསུམ་ཡོད་པའི་ཕྱིར་རོ། །དང་པོ་ནི། དོན་ཡོད་ཞགས་པའི་རྟོགས་པའི་རྒྱུད་བཅུ་གཅིག་ཞལ་གཙུག་ཏོར་རྣམ་རྒྱལ་ལ་སོགས་པ་འགའ་ཞིག་ལ། དབང་བསྐུར་དང་འཇུག་པ་སེམས་བསྐྱེད་མ་ཐོབ་

ཀྱང་མདུན་སྐྱེད་ཀྱི་ལྷ་བསྒོམ་བསྔགས་བཟླ་བ་རུང་སྟེ་སྣང་གནས་གསོ་སྦྱོང་ལ་སོགས་པ་བྱེད་ནུས་ན་གང་ཟག་ཀུན་གྱིས་བསྒྲུབ་ཏུ་རུང་བར་དོན་ཞགས་ལས་གསུངས་པའི་ཕྱིར་ཏེ། དེ་ཉིད་ལས། སེམས་ཅན་རྣམས་ལ་ནུས་སམ་མི་ནུས་དྲིས་ཏེ་སྦྱིན་ཞེས་པ་དང་། དུད་འགྲོའི་རྣ་ལམ་དུ་འང་སྒྲོགས་ཤིག་ཅེས་སོགས་གསུངས་སོ། །མི་གཡོ་བའི་རྟོགས་པ་དམ་ཚིག་གསུམ་བཀོད་ལ་སོགས་པ་ལ་དབང་བསྐུར་མ་ཐོབ་ཀྱང་འཇུག་པ་སེམས་བསྐྱེད་ཐོབ་ནས་ནི་བསྒོམ་བཟླས་ལ་འཇུག་པ་རུང་སྟེ་འཇུག་སེམས་དེ་ཐོབ་ནས་ཞི་དྲག་སོགས་ཕྲིན་ལས་འགའ་ཞིག་བསྒྲུབ་པའི་ཕྱིར་དུ་ཚིག་ཤེས་ན་བསྒྲུབ་པར་དམ་ཚིག་གསུམ་བཀོད་ལས་གནང་བའི་ཕྱིར་ཏེ། དེ་ཉིད་ལས། གང་ཞིག་བྱང་ཆུབ་སེམས་བརྟན་ཞིང་། །བློ་གྲོས་ཆགས་པ་མེད་པ་དག །ཐེ་ཚོམ་དག་ཀྱང་མི་བྱེད་པ། །དེས་ནི་ངེས་པར་འགྲུབ་པར་འགྱུར། །ཞེས་སོགས་གསུངས་པའི་ཕྱིར་རོ། །ལེགས་པར་གྲུབ་པ་ཡན་ཆད་དུ་ནི་བསྒོམ་བཟླས་བྱེད་པ་ལ་དབང་བསྐུར་ངེས་པར་དགོས་པ་གསུངས་ཏེ་རྒྱུད་རང་གི་དབང་བསྐུར་མ་ཐོབ་ན་འཇུག་པ་སེམས་བསྐྱེད་ཐོབ་ཀྱང་གསང་སྔགས་རང་གིས་ཉམས་སུ་ལེན་པ་གཞན་ལ་སྟོན་པ་སོགས་བཀག་པའི་ཕྱིར་ཏེ། དེ་ཡང་ལེགས་པར་གྲུབ་པ་ལས། དབང་བསྐུར་མ་བྱས་ཤིང་མ་ཐོབ་པའི་གང་ཟག་དག་ལ་ཚིག་ཤེས་པའི་སློབ་དཔོན་གྱིས་སྔགས་མི་སྦྱིན་ཞེས་དང་ལ་སོགས་པ་སྟེ་དཔུང་པ་བཟང་པོའི་རྒྱུད་ལས། གང་དག་རིགས་དང་དབང་བསྐུར་ཆོག་མེད། །གང་དག་དཀྱིལ་འཁོར་དུ་ནི་མ་ཞུགས་དང་། གང་དག་བྱང་ཆུབ་སེམས་ནི་མ་བསྐྱེད་པ། །ང་ཡི་གསང་སྔགས་བཟླས་ན་ཕུང་བར་འགྱུར། །ཞེས་སོགས་རྒྱས་པར་གསུངས་པ་ལ་ལྟོས་ཤིག །

ལྟག་མ་རྒྱུད་སྡེ་གོང་མ་གསུམ་པོ་ལ་དེ་ནས་གསུངས་པའི་ལམ་ཉམས་སུ་ལེན་པ་ལ་སྨིན་བྱེད་ཀྱི་དབང་ཐོབ་དགོས་ཏེ་དེ་གསུམ་ལ་དབང་བསྐུར་ཐོབ་པ་མ་གཏོགས་པ། སེམས་བསྐྱེད་ཙམ་ལ་བརྟེན་པ་ཡི་ཡི་དམ་བསྒོམ་པ་དང་སྔགས་བཟླ་བ་གསུངས་པ་མེད་པའི་ཕྱིར་ཏེ། བདེ་མཆོག་ལས། །དཀྱིལ་འཁོར་འདི་ནི་མ་མཐོང་བར། །རྣལ་འབྱོར་པར་ནི་དངོས་གྲུབ་མེད། །མཁའ་ལ་ཁུ་ཚུར་གྱིས་རྡེག་དང་། །སྐོམས་པ་ཕུབ་མ་རྡུང་དང་མཚུངས། །ཞེས་དང་། སྔར་བཤད་ཕྱག་ཆེན་ཐིག་ལེའི་རྒྱུད་ལུང་སོགས་ཀྱིས་གྲུབ་པའོ། །ཐེག་ཆེན་སེམས་བསྐྱེད་དང་ལྡན་ཀྱང་སྤྱོད་རྒྱུད་ཡན་ལ་དབང་མ་ཐོབ་པར་དེའི་ལྷ་བསྒོམ་པ་སྔགས་བཟླ་བ་སོགས་མི་རུང་བ་དེ་ཆོས་ཅན་རྒྱུ་མཚན་ཡོད་དེ་དབང་བསྐུར་བ་ནི་སློབ་མའི་རྒྱུད་ལ་དངོས་གྲུབ་སྨྱུར་དུ་ཐོབ་པའི་ནང་གི་རྟེན་འབྲེལ་སྒྲིག་པ་ཡིན་ཞིང་། སེམས་བསྐྱེད་ལ་ནི་རྟེན་འབྲེལ་སྒྲིག་པ་མེད་པའི་ཕྱིར། སེམས་བསྐྱེད་ཙམ་གྱིས་གསང་སྔགས་བསྒོམ་རུང་མི་རུང་གི་དབྱེ་བ་བཤད་ཟིན་པ་དེས་ན་ཐེག་ཆེན་སེམས་བསྐྱེད་བྱས་ན་ཡང་དབང་བསྐུར་བ་ཐོབ་པར་གསང་སྔགས་ཟབ་མོ་བསྒོམ་པ་ལ་ནི་དམྱལ་བར་སྐྱེ་བ་སོགས་ཀྱི་ཉེས་དམིགས་ཡོད་དེ་ཚུལ་དེ་ལ་ལྟུང་བ་ཡོད་པར་རྒྱལ་བས་རྒྱུད་ལས་གསུངས་པའི་ཕྱིར་ཏེ། དེ་ཉིད་བསྡུས་པ་ལས། །དཀྱིལ་འཁོར་ཆེན་པོ་མ་མཐོང་བ་རྣམས་ཀྱི་མདུན་དུ་མ་སྨྲ་ཤིག་སྨྲས་ན་དམ་ཚིག་ཉམས་པར་འགྱུར་རོ། །ཞེས་སོགས་གསུངས་སོ། །རྒྱུ་མཚན་དེ་ཕྱིར་སྔར་བཤད་རྣམ་དབྱེ་དེ་ཤེས་པར་བྱས་ལ་ཉམས་སུ་ལེན་དགོས་སོ། །ཁ་ཅིག་ན་རེ། རྒྱུད་སྡེ་ནས་གསུངས་པའི་སྨིན་བྱེད་ཀྱི་དབང་བསྐུར་ནི་མེད་ཀྱང་སྐྱོན་མེད་དེ་གཏོར་མ་ལྷར་བསྒོམ་ཞིང་དེ་ཉིད་སྤྱི་བོར་ཐིམ་པ་བསྒོམ་པ་ནི་གཏོར་མའི་སྨིན་བྱེད་ཀྱི་དབང་བསྐུར་ཡིན་པའི་ཕྱིར། དེ་བཞིན་དུ་དམིགས་པས་དབང་བཞི་ལེན་པ་ཏིང་ངེ་འཛིན་གྱིས་སྨིན་བྱེད་ཀྱི་དབང་བསྐུར་ཡིན་ནོ་ཞེས་ཟེར་རོ། །

གཏོར་མ་ལྟར་སྣང་དེ་ཐིམ་པར་བསྒོམ་པའི་དབང་བསྐུར་ཞེས་བྱ་བ་དང་། དམིགས་པས་དབང་བཞི་ལེན་པ་ཏིང་ངེ་འཛིན་གྱི་དབང་བསྐུར་དང་ཨཱ་ལི་ཀཱ་ལིའི་ཡིག་འབྲུ་ཐིམ་པའི་དབང་བསྐུར་ལ་སོགས་པ་ཡང་། མ་སྨིན་པའི་སློབ་མ་སྨིན་བྱེད་ཀྱི་ཆོ་ག་རུ་འཕད་པ་མ་ཡིན་ཏེ་དེ་འདྲ་སྨིན་བྱེད་ཡིན་པ་རྒྱུད་སྡེ་ཀུན་ལས་གསུངས་པ་མེད་པས་སོ། །དབང་བྱེད་ཀྱང་ལག་ལེན་ལ་ཞེ་འཚེར་ཞིང་རྣམ་དབྱེར་འཆུགས་པའི་གསང་འདུས་སྟོད་ལུགས་པ་འགའ་ཞིག་ན་རེ་གསང་སྔགས་ཀྱི་རྫུང་དང་གཏུམ་མོ་སོགས་ད་ལྟ་སྤྱོད་ཅིང་། དབང་བསྐུར་ནི་ཕྱིས་ནས་ཁས་ལེན་པར་བྱེད་དེ་གསང་བ་འདུས་པའི་དབང་སྟོན་ཁ་བྱ་བ་རྒྱུད་དབྱར་ཉན་ནས་དབང་སྟོན་པོ་བྱེད་སླ་བའི་དུས་སུ་ཞུ་བར་ཁས་ལེན་པ་ཡོད་པའི་ཕྱིར་ཞེས་ཟེར་རོ། །གསང་བ་སྔགས་ཀྱི་ཟབ་ལམ་སྔོན་ལ་བསྒོམ་ནས་དབང་བསྐུར་ཕྱིས་སུ་ཞུ་བ་འདི་ཡང་སངས་རྒྱས་ཀྱི་བསྟན་པ་མིན་ཏེ་སྔ་ཕྱི་གོ་ལྡོག་པས་ལག་ལེན་ཕྱིན་ཅི་ལོག་ཡིན་པའི་ཕྱིར་ཁྱིམ་པས་འདུལ་བའི་ལས་གྲལ་བའི་སྐྱོན་བཞིན་ནོ། །

ཚུལ་དེ་ལྟ་བུ་ནི་དཔོན་སློབ་གཉིས་ཆར་ལ་ཉེས་དམིགས་ཆེ་སྟེ། དབང་མ་ཐོབ་པ་ལ་གསང་སྔགས་ཀྱི་ཆོས་བཤད་ན་སྣོད་མིན་པ་ལ་གསང་བ་སྒྲོགས་པའི་སློབ་དཔོན་ལྟུང་བ་ཅན་དུ་འགྱུར་ཞིང་། སློབ་མའང་དབང་བསྐུར་བའི་སྔོན་དུ་ཉམས་པར་འགྱུར་བའི་ཕྱིར། ཉམས་པར་འགྱུར་བ་ནི་ཕྱིས་དམ་པའི་ཆོས་ཀྱི་སྣོད་མིན་ཞེས་ནི་རྒྱལ་བས་གསུངས་ཤིང་། བཞི་བརྒྱ་པར་ཡང་། །ཉམས་པར་འགྱུར་བ་དམ་ཆོས་ཀྱི། །སྣོད་ནི་ཅིས་ཀྱང་མ་ཡིན་ནོ། །ཞེས་གསུངས་སོ། །མདོར་ན་དབང་བསྐུར་བ་ལམ་བསྒོམ་པ་ལ་སོགས་པའི་ཆོས་ཀྱི་ནི་འབྲས་བུ་ངན་སོང་དང་སངས་རྒྱས་ཅི་འགྲུབ་བྱེད་ཡིན་སེམས་རིགས་ཏེ་ཚུལ་དེས་ངན་སོང་དུ་འགྱུར་བ་གང་ཞིག་སངས་རྒྱས་འགྲུབ་པར་བྱེད་འདོད་ན་ཐོག་མར་དབང་ཞུ་བ་སོགས་ཆོས་བཞིན་གྱིས་ཏེ་དེ་ལས་གཞན་པའི་སངས་རྒྱས་ཐོབ་མི་ནུས་པའི་ཕྱིར་རོ། །གཅོད་ཡུལ་བའི་ཕྱག་རྒྱ་བ་ལ་ལ་དག་གིས་དབང་བསྐུར་བ་ནི་ངེས་པར་མི་དགོས་ཏེ་རང་སེམས་ཀྱི་གནས་ལུགས་ཉིད་མ་རྟོགས་ན། དབང་བསྐུར་ཐོབ་ཀྱང་འཁོར་བ་ལས་གྲོལ་བར་མི་ཕན་ཟེར་ཞིང་། གལ་ཏེ་སེམས་ཀྱི་གནས་ལུགས་ཉིད་རྟོགས་པར་གྱུར་ན་དེ་ཉིད་ཀྱིས་གྲོལ་བར་ནུས་པས་དབང་བསྐུར་བྱ་ཡང་མི་དགོས་པའི་ཕྱིར་ཞེས་ཟེར་རོ་ལོ། །འོན་སེམས་ཀྱི་གནས་ལུགས་ཉིད་མ་རྟོགས་ན་རབ་བྱུང་གི་སྡོམ་པ་བསྲུངས་བ་ལ་འབད་པ་དེ་ཉིད་ཀྱང་མི་རིགས་པར་ཐལ་དེ་བསྲུངས་པའི་ཅི་ཞིག་ཕན་ཏེ་མི་ཕན་པའི་ཕྱིར་ཏེ་རྟགས་སྨོས་ལ་དེའི་ཕྱིར། གལ་ཏེ་སེམས་ཉིད་རྟོགས་པར་གྱུར་ན་རབ་བྱུང་གི་སྡོམ་པ་བསྲུངས་པ་དེ་ཡང་དགོས་མེད་དུ་ཐལ། རྒྱུ་མཚན་དེ་བསྲུངས་ཅི་ཞིག་དགོས་ཏེ་མི་དགོས་པའི་ཕྱིར་ཏེ་རྟགས་སྨོས་ལ་དེའི་ཕྱིར། རྡོ་རྗེ་ཕག་མོའི་བྱིན་རླབས་ཀྱང་ཆོས་ཅན། དགོས་པ་མེད་པར་ཐལ། སེམས་ཉིད་རྟོགས་ན་བྱ་ཅི་དགོས་ཏེ་མི་དགོས་པའི་ཕྱིར་རོ། །གལ་ཏེ་སེམས་ཉིད་མ་རྟོགས་ན། བྱིན་རླབས་དེ་བྱས་ཀྱང་མི་རིགས་པར་ཐལ། དེས་ཅི་ཞིག་ཕན་ཏེ་མི་ཕན་པའི་ཕྱིར་རོ། །དེ་བཞིན་དུ་སེམས་བསྐྱེད་པ་དང་རྗེས་གནང་ལ་སོགས་པ་ཆོ་ག་ཀུན་ལ་ནི་ཚུལ་མི་རིགས་པ་དང་དགོས་མེད་འདི་མཚུངས་པར་ཐལ། མཚུངས་ཚུལ་སྔར་བཞིན་ནོ། །

མགོ་བསྒྲེ་ཚུལ་དེས་ན་མཁན་སློབ་ལས་རབ་བྱུང་གི་སྡོམ་པ་ལེན་ཞིང་བསྲུངས་པ་དང་། མ་བཤད་པའི་རྡོ་རྗེ་ཕག་མོའི་བྱིན་རླབས་ཆོས་སྒོ་བ་ལས་ལེན་པ་དང་། སེམས་བསྐྱེད་བྱ་དགོས་ཟེར་ནས་འབད་ནས་བྱེད་བཞིན་དུ་སངས་རྒྱས་ཀྱིས་གསུངས་པའི་དབང་

བསྒྱུར་མི་དགོས་ཞེས་སྨྲ་བ་ནི། གསང་སྔགས་ཟབ་མོ་སྤྱོད་པའི་གསང་ཚིག་ཡིན་ཏེ་སྔགས་ལམ་གྱི་གཙོ་བོ་དབང་བསྐུར་འགོག་པའི་ཚིག་ཡིན་པའི་ཕྱིར་རོ། །དྭགས་པོའི་རྒྱུད་འཛིན་ཁ་ཅིག་ན་རེ་དབང་བཞི་ལེན་པ་ལ་དེའི་སྦྱོར་དངོས་སོགས་ཀྱི་ཆོ་ག་ངེས་པར་མི་དགོས་ཏེ་ཆོ་གའི་ཚིག་མེད་བཞིན་དུ་བླ་མའི་ལུས་ཀྱི་དཀྱིལ་འཁོར་ལས། དབང་བཞི་རྫོགས་པར་དམིགས་པ་ཙམ་གྱིས་ལེན་དུ་རུང་བའི་ཕྱིར་ཏེ་ལུས་བཙུན་མོ་ལྟར་འཁྲིལ་སྙིང་ལ་སྙིང་སྦྲད་དཔྲལ་བར་དཔྲལ་བ་བཏུགས་ཏེ་དུས་དེར་དབང་རྫོགས་སེམས་ལ་བསྐུར་ཆོས་རྫོགས་དོན་གྱི་ངོ་བོ་མཐོང་བའི་ཕྱིར་རོ། །ཞེས་ཟེར་རོ། །འོ་ན་དགེ་ཚུལ་དང་དགེ་སློང་གི་སྡོམ་པ་ཡང་བླ་མའི་སྐུ་ལས་ཅིས་མི་ལེན་ཏེ་མཁན་སློབ་སོགས་ཀྱི་ཆོས་ལས་ལེན་ཅི་དགོས་ཏེ་མི་དགོས་པར་ཐལ་ཚིག་མེད་བཞིན་དུ་བླང་བས་ཆོག་པའི་ཕྱིར་ཏེ་དབང་བཞི་དེ་བཞིན་ཡིན་པའི་ཕྱིར་རོ། །ཐེག་ཆེན་སེམས་བསྐྱེད་ཀྱང་ནི་ཚིག་མེད་པར་བླ་མ་ཡི་སྐུ་ཉིད་ལས་ནི་ཐོབ་པའི་ཕྱིར་ཏེ་དབང་ལ་དེའི་ཕྱིར་ན་སེམས་བསྐྱེད་ལེན་པའི་ཆོ་ག་ཡང་ནི་ཅི་ཞིག་དགོས་ཏེ་མི་དགོས་སོ། །ཧྲི་རྡོ་རྗེ་ཕག་མོའི་བྱིན་རླབས་ཀྱང་ཆོས་ཅན། ཆོ་ག་མེད་པར་བླ་མའི་སྐུ་ལས་ཐོབ་པའི་ཕྱིར་ཏེ་དབང་ལ་དེའི་ཕྱིར་ན་ཆོས་སྒོ་བའི་ཆོ་ག་ལས་བླངས་ཅི་དགོས་ཏེ་མི་དགོས་པས་སོ། །དབང་བཞི་དེ་བཞིན་དུ་སྡོམ་པ་གསུམ་ནས་ཡི་དམ་ཆོས་སྐྱོང་གི་རྗེས་གནང་སོགས་ཀྱི་ཆོ་ག་ཐམས་ཅད་ཀྱང་ཆོ་ག་མེད་པར་དམིགས་པ་ཙམ་གྱིས་བླ་མའི་སྐུ་ལས་བླངས་པས་ཆོག་པར་འགྱུར་བའི་ཕྱིར་ཏེ་དབང་ལ་དེའི་ཕྱིར་ན་ད་ཕྱིན་ཆད་རྫོགས་པའི་སངས་རྒྱས་ཀྱིས་མདོ་རྒྱུད་ལས་གསུངས་པ་ཡི་སྡོམ་པ་གསུམ་འབོགས་ལ་སོགས་པའི་ཆོ་ག་ཟབ་མོ་ཐམས་ཅད་ནི་སྤོངས་རིགས་པར་འགྱུར་རོ། །གལ་ཏེ་ལས་ཀྱི་ཆོ་ག་དང་སེམས་བསྐྱེད་ཀྱི་ཆོ་ག་སོགས་ཟུར་ཟད་ཉམས་པར་གྱུར་ནའང་། སོ་སོར་ཐར་དང་སེམས་བསྐྱེད་ཀྱི་སྡོམ་པ་ཆགས་པར་མི་འགྱུར་ཞིང་། རྡོ་རྗེ་ཕག་མོ་ལ་སོགས་པའི་བྱིན་རླབས་འཇུག་པར་མི་འགྱུར་བས་སོ་བྱང་སོགས་ཀྱི་ཆོ་ག་དེ་དག་དགོས་པ་ཡིན་ན་དེ་གང་ཞིག་རིག་འཛིན་སྔགས་ཀྱི་སྡོམ་པ་འབོག་པའི་ཆོ་ག་དབང་བསྐུར་དེ་ཡང་། ངེས་པར་དགོས་ཏེ་རྒྱུད་སྡེ་ནས་གསུངས་པའི་དབང་བསྐུར་མེད་ན་ཐོབ་མི་ནུས་པའི་ཕྱིར་རོ། །སོ་ཐར་སོགས་ལ་མགོ་མཚུངས་པ་དེས་ན་སོ་ཐར་སེམས་བསྐྱེད་སོགས་ཆོ་ག་གཞན་དག་ལ། འབད་པ་ཆེན་པོ་བྱེད་བཞིན་དུ། དབང་བསྐུར་གྱི་ཆོ་ག་བྱ་མི་དགོས་ཞེས་འདོར་བར་བྱེད་པ་ནི་དབང་བསྐུར་གྱི་ཆོ་ག་ཁྱད་དུ་གསོད་པ་ཐབས་ལ་བསླུ་བའི་བདུད་ཀྱིས་བསླད་པར་ཤེས་ནས་སྤོངས་དགོས་ཏེ་ཐབས་མིན་པ་ཐབས་སུ་སྟོན་པ་ལ་བསླུ་བའི་བདུད་ཡོད་དོ་ཅེས་མདོ་དང་མདོ་རྒྱན་ལས་གསུངས་པ་ལྟར་བཤད་འདིར་ཡང་དྲན་པར་བྱ་དགོས་པའི་ཕྱིར་ཏེ། མདོ་སྡུད་པར། ཆོས་གཏང་ནས་ནི་ཆོས་མིན་བྱ་བ་སྤྱོད་གྱུར་པ། །ལམ་བོར་ལམ་གོལ་འགྲོ་བ་འདི་ནི་བདུད་ཀྱིས་ལས། །ཞེས་དང་། མདོ་རྒྱན་ལས། ཐབས་དང་སྐྱབས་དང་དག་པ་དང་། །ཐེག་ཆེན་ངེས་པར་འབྱུང་བ་ལས། །སེམས་ཅན་རྣམས་ནི་རབ་བསླུ་བའི། །བདུད་ཀྱི་ལས་རྣམས་བཟློག་ཏུ་གསོལ། །ཞེས་སོགས་གསུངས་སོ། །

སོ་བྱང་སོགས་ཀྱི་ཆོ་ག་ལ་འབད་བཞིན་དུ་དབང་བསྐུར་ཉིད་འདོར་བ་ཡིན་པ་དེའི་ཕྱིར་བདེན་པ་གཉིས་སུ་ཡོད་པ་ལས་དམ་པའི་དོན་དུ་ནི། དོན་དམ་པར་ཆོས་རྣམས་ཐམས་ཅད་སྤྲོས་བྲལ་ཡིན་པའི་ཕྱིར། དོན་དམ་དེ་ལ་ཆོ་གའི་བྱ་བ་གང་ཡང་མེད་དེ་དོན་དམ

བར་སངས་རྒྱས་ཉིད་ཀྱང་ཡོད་པ་མིན་ན། ཚིག་གཞན་ལྟ་སློས་ཅི་དགོས་པའི་ཕྱིར་སྔིར་བཏང་རྒྱུ་དང་ལམ་དང་འབྲས་བུ་ཡི་དབྱེ་བ་ཐམས་ཅད་ཀུན་རྫོབ་ཡིན་ཞིང་། སོ་སོར་ཐར་པ་དང་བྱང་ཆུབ་སེམས་བསྐྱེད་དང་། དབང་བསྐུར་ལ་སོགས་པའི་ཚིག་སྡོམ་གསུམ་ལེན་བྱེད་ཀྱི་ཐབས་རྣམས་དང་། བསྐྱེད་རིམ་རླུང་དང་གཏུམ་མོ་ལ་སོགས་པའི་བསྒོམ་པའི་དམིགས་པ་ཇི་སྙེད་དང་། ཕྱི་རོལ་གྱི་ཡུལ་བཀོད་དེ་མཁའ་འགྲོ་དབང་དུ་བསྡུ་ཞིང་ནང་རྡོ་རྗེ་ལུས་ཀྱི་རླུང་སེམས་ཐིམ་ཚུལ་གྱི་རྟེན་འབྲེལ་ཟབ་མོ་ཐམས་ཅད་དང་། གནས་དང་ཉེར་གནས་སོགས་ས་དང་ལམ་གྱི་དབྱེ་བ་དང་། ས་ལམ་དེ་ལ་བརྟེན་ནས་བཅུ་གསུམ་རྫོགས་པའི་སངས་རྒྱས་ཐོབ་པ་ཡང་ནི་ཀུན་རྫོབ་ཏུ་ཡིན་གྱི་དོན་དམ་དུ་མིན་ཏེ་དོན་དམ་དུ་དེ་དག་གང་ཡང་ཡོད་པ་མ་ཡིན་པའི་ཕྱིར་རོ། །

བདེན་གཉིས་དེ་འདྲའི་དབྱེ་བ་ཤེས་ནས་ནི། ཀུན་རྫོབ་ཏུ་ཚིག་བྱེད་ན་མ་འཁྲུལ་བ་ཡང་དག་ལ་ཐམས་ཅད་ནི་གྱིས་ཤིག སྟེ་ཀུན་རྫོབ་ཏུ་ཚིག་ཐམས་ཅད་ཡོད་མཉམ་ཡིན་པའི་ཕྱིར། གལ་ཏེ་དོན་དམ་དུ་ཚིག་བྱེད་པ་མིན་ན་ཚིག་གི་རིགས་ཐམས་ཅད་ནི་དོར་བར་གྱིས་ཤིག་སྟེ་དོན་དམ་དུ་ཚིག་གང་ཡང་ཡོད་པ་མ་ཡིན་པའི་ཕྱིར་རོ། །བདེན་གཉིས་ཀྱི་རྣམ་དབྱེ་དེ་འདྲ་མེད་པར་སོ་ཐར་བྱང་སེམས་ཐེག་མོའི་ཕྱིན་རླབས་ལ་སོགས་པའི་ཚིག་ལ་ལ་བྱེད་དགོས་བཞིན་དུ་དགོས་ངེས་པའི་དབང་བསྐུར་དང་རིམ་གཉིས་ལ་སོགས་པ་ལ་ལའི་ཚིག་མི་དགོས་ཞེས་ཀྱི་ནར་སྨྲ་བ་ནི་རྣམ་དབྱེར་ཤེས་པའི་མཁས་པའི་དབང་པོ་རྣམས་ཀྱིས་བཞད་གད་ཀྱི་གནས་ཡིན་ཞིང་། སངས་རྒྱས་ཀྱི་བསྟན་པའང་དཀྲུགས་པ་ཡིན་ཏེ་དགོས་པ་ལ་མི་དགོས་པ་དང་མི་དགོས་པ་ལ་དགོས་པར་སྨྲ་བའི་ཕྱིར་རོ། །དམ་པའི་ཚོས་ལ་བར་དུ་གཅོད་པའི་བདུད་ཀྱི་བྱིན་རླབས་ཡིན་ནོ་ཞེས་བྱ་བ་ཡུམ་དང་སངས་རྒྱས་ཕལ་པོ་ཆེ་ལས་གསུངས་པའང་ནི་འདི་འདྲའི་རིགས་ཅན་ཡིན་པར་གསུངས་ཏེ་སྡུད་པའི་ལུང་དང་ཡུམ་རྒྱས་པར་ཡང་བདུད་ལས་བཞི་བཅུ་རྩ་དྲུག་ལ་སོགས་པ་གསུངས་ཤིང་ཕལ་པོ་ཆེ་ལས་ཀྱང་རྒྱ་ཆེར་གསུངས་སོ། །

རྒྱུད་སྡེའི་དབང་ལམ་གྱི་རྣམ་དབྱེར་མི་ཤེས་ཤིང་འོག་མའི་ལག་ལེན་བྱེད་པ་ཁ་ཅིག་གིས་བྱ་བའི་རྒྱུད་ལ་སོགས་པ་རྒྱུད་སྡེ་འོག་མ་གསུམ་པོ་ལའང་། གསང་སྔགས་རྡོ་རྗེ་ཐེག་པ་ཡིན་པས་དབང་བཞིའི་ཚིག་དགོས་སོ་ཞེས་བྱེད་པ་དང་། དོན་ཡོད་ཞགས་པ་དང་ཐུགས་རྗེ་ཆེན་པོ་ལ་སོགས་པ་རང་རྐང་པ་ལའང་། རྡོ་རྗེ་ཐེག་པའི་ལམ་ཡིན་པས་རིམ་གཉིས་བསྒོམ་པར་བྱེད་པ་ཐོས་སོ། །རྒྱུད་སྡེ་འོག་མ་གསུམ་པོ་རང་རྐང་པ་ལ་དབང་དང་རིམ་གཉིས་སྦྱར་བ་འདི་ཡང་སངས་རྒྱས་ཀྱི་དགོངས་པ་མིན་ཏེ་དེ་ཡི་རྒྱུ་མཚན་འཆད་འགྱུར་འདི་ལྟར་ཡིན་པའི་ཕྱིར་ཏེ་བྱ་སྤྱོད་རྣལ་འབྱོར་རྒྱུད་གསུམ་གར་བུམ་དབང་སོགས་དབང་བཞི་དང་ནི་སྐྱེ་ཤིད་དང་འཆི་ཤིད་སྦྱོར་བའི་ལམ་རིམ་པ་གཉིས་མེད་པའི་ཕྱིར། གལ་ཏེ་རྟགས་མ་གྲུབ་ནས་ཡོད་ན་དེ་གང་ཞིག །རྒྱུད་སྡེ་འོག་མ་གསུམ་པོ་དེ་དག་ཀྱང་ནི་ཆོས་ཅན། རྣལ་འབྱོར་ཆེན་པོ་ཉིད་དུ་འགྱུར་བར་ཐལ་དབང་བཞི་དང་ནི་རིམ་པ་གཉིས་པོ་རྣམས་རྣལ་འབྱོར་ཆེན་པོ་ཁོ་ནའི་ཁྱད་ཆོས་ཡིན་པའི་ཕྱིར་རོ། །རྒྱུད་སྡེ་འོག་མ་གསུམ་པོ་རང་རྐང་ལ་དབང་བཞི་དང་རིམ་གཉིས་སྦྱོར་བ་འདི་ནི་གྲུབ་མཐའ་གོང་མ་དང་འོག་མའི་རྣམ་དབྱེ་མི་ཕྱེད་ཅིང་རྒྱུད་སྡེ་བཞི་ལ་ཉམས་སུ་ལེན་པའི་རིམ་པ་བཞི་ཡོད་པ་མི་ཤེས་པར་བླ་མེད་ཀྱི་སྨིན་གྲོལ་རྒྱུད་སྡེ་འོག་མར་སྦྱོར་བ་བླུན་པོའི་སྣང་ངོར་རྣམ་གཞག་ལེགས་ལེགས་འདྲ་ན་ཡང་རྣམ་དབྱེར་ཕྱེད་ཤེས་པའི་མཁས་པས་མཐོང་ན་བཞད་གད་ཀྱི་གནས

སུ་འགྱུར་བའི་ཕྱིར། ལྷམ་དཔེ་ཞྭ་མོ་ལ་བཀབ་པ་དང་མཚུངས་པ་ཡིན་ནོ། །

དབང་བཞི་དང་རིམ་གཉིས་རྒྱུད་སྡེ་འོག་མར་སྦྱོར་དུ་མི་རུང་བ་དེས་ན་རྒྱུད་སྡེ་བཞི་པོ་ཡི་དབང་ལ་བབས་མི་འདྲ་བའི་དབྱེ་བ་བཞི་ཡོད་པ་དང་དེའི་རྒྱུ་མཚན་གྱིས་ལམ་གྱི་དབྱེ་བ་ལ་ཡང་བབས་མི་འདྲའི་དབྱེ་བ་རྣམ་པ་བཞི་ཡོད་པ་ཡེ་ཤེས་རྡོ་རྗེ་ཀུན་ལས་བཏུས་པའི་རྒྱུད་ལས་གསུངས་ཤིང་དེ་ལྟར་གསུངས་པ་ལྟར་རྒྱུད་སྡེ་རང་རང་གི་ཆོ་ག་དང་ལམ་གྱི་རིམ་པ་རྣམས་ནི་རྒྱུད་སྡེ་བཞི་པོ་སོ་སོའི་ལུགས་བཞིན་དུ་ཉམས་སུ་བླང་བར་བྱ་སྟེ་དེ་ལྟར་ཉམས་སུ་བླང་བར་བྱས་ན་རྒྱུད་སྡེ་དེ་དང་དེ་ནས་གསུངས་པའི་མཆོག་ཐུན་གྱི་དངོས་གྲུབ་ཐམས་ཅད་འབྱུང་བའི་ཕྱིར་རོ། །དབང་བསྐུར་ལ་བློ་མ་ཕྱོགས་པའི་བཀའ་གདམས་པ་ལ་ལ་ན་རེ། གདུལ་བྱ་འགའ་ཞིག་ལ་དབང་བསྐུར་མ་བྱས་ཀྱང་ནི་སྐྱོན་མེད་དེ་གལ་ཏེ་གསང་སྔགས་ལ་མོས་གུས་ཐོབ་ན་མོས་གུས་དེ་ཉིད་ཆོས་ཀྱི་སྒོ་ཡིན་པས། གསང་སྔགས་བསྒོམ་དུ་རུང་བའི་ཕྱིར་ཞེས་ཟེར་རོ། །འོན་རབ་བྱུང་གི་སྡོམ་པ་མ་ཐོབ་ཀྱང་གདུལ་བྱ་འགའ་ཞིག་གིས་རབ་ཏུ་བྱུང་བ་ལ་མོས་པ་དེ་ཉིད་རབ་བྱུང་གི་སྡོམ་པ་ལེན་པའི་སྒོ་ཡིན་པས་ན། ཁྱབ་པ་དབང་བསྐུར་དང་མཚུངས་པའི་ཕྱིར་རབ་བྱུང་གི་སྡོམ་པ་དེ་བསྲུང་བས་ཆོག་གམ་ཅི་སྟེ་ཆོག་པར་ཐལ་ལོ། །སེམས་བསྐྱེད་ཀྱི་སྡོམ་པ་མ་ཐོབ་ཀྱང་སེམས་བསྐྱེད་པ་ལ་མོས་པ་དེ་ཉིད་བྱང་ཆུབ་སྤྱོད་པའི་སྒོ་ཡིན་པས་ན་ཐེག་ཆེན་སེམས་བསྐྱེད་དེ་བླང་ཡང་ཅི་ཞིག་དགོས་ཏེ་མི་དགོས་པར་ཐལ་ཁྱབ་པ་མཚུངས་སོ། །དེ་བཞིན་འཇིག་རྟེན་པས་སོ་ནམ་མ་བྱས་ཀྱང་ལོ་ཏོག་ལ་ནི་མོས་པ་དེ་ཉིད་བཟའ་རྒྱུ་ཟ་བའི་སྒོ་ཡིན་པས་ན་སོ་ནམ་དེ་ལ་ཡང་ནི་འཇིག་རྟེན་པས་འབད་ཅི་དགོས་ཏེ་མི་དགོས་པར་ཐལ་ལོ། །བོད་བླུན་པོས་རང་བཟོ་འདི་འདྲའི་རིགས་ཀྱི་ཆོས་ལུགས་ཀུན་ནི་རིགས་པ་དེ་འདྲའི་རིགས་ཀྱིས་སུན་དབྱུང་ངོ་། །རྒྱུ་མཚན་རིགས་པ་དེ་ལྟར་མགོ་བསྒྲིམས་ན་ལན་སླ་རྒྱུ་མི་འབྱུང་བ་དངོས་སུ་གསལ་བའི་ཕྱིར་རོ། །རིགས་པ་མགོ་མཚུངས་པ་དེས་ན་ཆོས་ཀྱི་སྒོ་ཞེས་བྱ་བ་རྒྱ་གར་ན་མེད་ཅིང་རྒྱུད་སྡེའི་ཐ་སྙད་ལ་མེད་ཀྱང་བོད་ཀྱི་གསར་དུ་བཟོས་པ་འདི་ཡི་མིང་གིས་འབྲུལ་གཞི་བྱས་ནས་དབང་བསྐུར་ནི་གསང་སྔགས་ཀྱི་ཆོས་ཀྱི་སྒོ་འབྱེད་ཙམ་ཡིན་གྱི་འཚང་རྒྱ་བ་ཡི་གསང་སྔགས་ཀྱི་ཆོས་གཞན་ཞིག །བསྒོམ་རྒྱུ་ལོགས་ན་ཡོད་དོ་ཞེས་བླུན་པོ་རྣམས་ཀྱིས་མུན་བསྒོམ་བྱས་པ་ཡིན་ཏེ་སླབ་བྱེད་མ་མཐོང་ཡང་ཨུ་ཚུགས་ཀྱི་བསྒོམ་བྱས་པས་སོ། །

འོན་དགེ་སློང་གི་སྡོམ་པ་དེ་ཡང་སྡོམ་པ་དོན་གཉེར་གྱི་སྐྱེས་བུ་དགེ་སློང་དུ་བྱེད་པའི་སྒོ་ཙམ་ཡིན་གྱིས་དགེ་སློང་གི་སྡོམ་པའི་ངོ་བོ་ཞིག །གཞན་ནས་ཏེ་ལོགས་ནས་བཙལ་དུ་ཡོད་དམ་ཅི་སྟེ་ཡོད་པར་ཐལ་ཁྱབ་པ་དབང་བསྐུར་དང་མཚུངས་སོ། །དེ་བཞིན་དུ་འཇིག་རྟེན་པས་སོ་ནམ་བྱེད་པ་དེ་ཡང་སྟོན་ཐོག་འབྱུང་བའི་སྒོ་ཙམ་ཡིན་གྱིས་ནས་འབྲུ་སོགས་ཁ་ཟས་འབྱུང་བའི་ཐབས་གཞན་ཞིག་ནི་སྟོན་ཐོག་ལས་གཞན་ལོགས་ནས་བཙལ་དུ་ཡོད་དམ་ཅི་སྟེ་ཡོད་པར་ཐལ་ལོ། །

ཆོས་སྒོའི་མིང་མི་འཐད་པ་དེས་ན་དབང་ལམ་གྱི་གནད་ཇི་ལྟར་ཡིན་པ་མ་ནོར་བའི་སྙིང་གཏམ་ལ་ནི་རྣ་བ་གཏོད་ལ་མཉན་པར་བྱ་སྟེ་འཆད་འགྱུར་འདི་ལྟར་ཡིན་པའི་ཕྱིར། གསང་སྔགས་ཀྱི་དབང་བསྐུར་ནི་གསང་སྔགས་ཀྱི་ཆོས་སྒོ་འབྱེད་བྱེད་ཙམ་མ་ཡིན་ཏེ་གསང་

སྔགས་ཀྱི་ལམ་ནི་ཕྱི་ནང་གི་ཆོས་ལ་སངས་རྒྱས་འབྱུང་བའི་རྟེན་འབྲེལ་ཁྱད་པར་ཅན་ཡོད་དེ་ལམ་དུ་བྱེད་པ་ཡིན་པས་དབང་བསྐུར་ནི་རྟེན་འབྲེལ་མ་ནོར་བ་སྒྲིག་པའི་གདམས་ངག་ཡིན་པའི་ཕྱིར། དཔལ་བརྩེ་བ་ཆེན་པོས་དབང་བཞི་དོ་སྒྲོན་ལས། རྟེན་འབྲེལ་རྩ་བ་དབང་བསྐུར་ཡིན། །རྟེན་འབྲེལ་དབང་ནས་སྒྲིག་དགོས་པས། །ཞེས་སོགས་གསུངས་པས་སོ། །དེ་ཡང་སྣང་གཞི་སློབ་མའི་ཕུང་པོ་ཁམས་དང་སྐྱེ་མཆེད་ལ་རྡོ་རྗེ་སློབ་དཔོན་དག་བྱ་དག་བྱེད་ངོ་སྤྲོད་ཤེས་པས་ཕུང་པོ་ལྔ་སོགས་རྒྱལ་བ་རིགས་ལྔ་རུ་ངོ་སྤྲོད་པའི་ཐབས་ཆུ་དབང་སོགས་ཚོ་གའི་རྟེན་འབྲེལ་ཁྱད་པར་ཅན་གྱིས་རིམ་བཞིན་བསྐུར་བས་སངས་རྒྱས་སྤྲུལ་སྐུ་ལ་སོགས་པའི་སྐུ་བཞིའི་ས་བོན་ལུས་ལྡན་དུ་བཏབ་ནས་ནི་དེའི་རྒྱུན་སྲུངས་བ་ལས་ཚེ་འདིར་རམ་འཆི་ཀ་འབྲིང་བར་དོ་སོགས་སུ་སངས་རྒྱས་ཐོབ་པར་བྱེད་པ་ཡི་ཚུལ་འདི་ནི་དབང་བསྐུར་བའི་རྟེན་འབྲེལ་སྒྲིག་ཚུལ་ཡིན་ཏེ་དེ་འདྲའི་ཐབས་དེ་ལ་དབང་བསྐུར་ཞེས་སུ་བཏགས་པ་ཡིན་པའི་ཕྱིར། དཔེར་ན་སྟོན་ཐོག་འབྱུང་བའི་ཐབས་ལ་སོ་ནམ་བྱེད་པ་བཞིན་ནོ། །རྟེན་འབྲེལ་སྒྲིག་ཚུལ་དེས་ན་དབང་བསྐུར་ནི་ཆོས་སྒོ་ཙམ་མིན་པ་གང་ཟག་དབང་པོ་རབ་ཨིནྡྲ་བྷུ་ཏི་ལྟ་བུ་དབང་བསྐུར་དེ་ཉིད་ཀྱིས་གྲོལ་བར་གསུངས་ཏེ་རྡོ་རྗེ་རྩེ་མོ་ལས། དཀྱིལ་འཁོར་ཆོ་ག་ཇི་ལྟ་བུ། །ཆོ་ག་ཆོས་དང་རྣལ་འབྱོར་ནི། །གསང་བའི་ཐར་པ་ཡང་དག་འབྱུང་། །སྐྱེ་བ་འདི་ཉིད་ཁོ་ན་ལ། །རབ་དགའ་བསྒྲུབ་པར་བྱེད་པའི་མཆོག་ཅེས་སོགས་གསུངས་སོ། །དབང་གིས་གྲོལ་བར་མ་ནུས་པའི་གང་ཟག་འབྲིང་མན་ཆད་གཞན་ལ་དབང་རྒྱུན་དེ་ཉིད་གྲོལ་བྱེད་ལམ་རིམ་གཉིས་ཀྱི་ཚུལ་དུ་བསྒོམ་དགོས་ཏེ་ཇི་སྲིད་མ་གྲོལ་གྱི་བར་དབང་རྒྱུན་དེ་ཉིད་ཉམས་ལེན་དུ་སྐྱོང་དགོས་པས་སོ། །ཅི་སྟེ་བསྒོམ་ཀྱང་དབང་མ་ཐོབ་ན་གསང་སྔགས་ཀྱི་གྲུབ་ཐོབ་མི་འབྱུང་སྟེ་སོ་ནམ་མ་བྱས་པས་སྟོན་ཐོག་མི་འབྱུང་བ་བཞིན་ནོ། །ལམ་བསྒོམ་ཚུལ་དེས་ན་དབང་བསྐུར་ཐོབ་པ་དེ་ཕྱིས་མི་ཉམས་པར་བསྲུང་ཞིང་འཕེལ་བར་བྱེད་པ་ལ་གྲོལ་ལམ་བསྒོམ་པ་ཞེས་སུ་བཏགས་པ་ཡིན་ཏེ་བུམ་དབང་གི་གནས་སྐབས་སུ་ཕུང་ཁམས་སྐྱེ་མཆེད་ལྷར་བསྐྱེད་པས་ཐ་མལ་གྱི་རྣམ་རྟོག་སྦྱོང་བའི་སྡོམ་པ་ཐོབ་པ་དེ་ཉིད་མི་ཉམས་པར་བསྲུངས་ཤིང་བསྒོམས་པ་ལ་བསྐྱེད་རིམ་བསྒོམ་པ་དང་། དབང་གོང་མ་གསུམ་གྱི་གནས་སྐབས་སུ་ངག་ལོངས་སྐུ་ཡི་ཆོས་སྐུ་དེ་གསུམ་དབྱེར་མི་བྱེད་པ་ངོ་བོ་ཉིད་སྐུའི་ས་བོན་བཏབ་པས་གཞོམ་ལྷར་ཞེན་གྱི་རྣམ་རྟོག་སྦྱོང་བའི་སྡོམ་པ་ཐོབ་པ་དེ་ཉིད་མི་ཉམས་པར་བསྲུངས་ཤིང་བསྒོམ་པ་ལ་རྫོགས་རིམ་བསྒོམ་པར་འཇོག་པའི་ཕྱིར་རོ། །དེས་ན་དབང་གིས་ལག་ལེན་མ་ཡིན་པའི་བསྒོམ་བྱ་ལོགས་ན་མེད་པར་ཤེས་པར་བྱའོ། །

རྒྱུ་མཚན་དེའི་ཕྱིར་ཕ་རོལ་ཕྱིན་པ་ལ་སྨོན་འཇུག་གི་སེམས་བསྐྱེད་བླངས་ནས་བསྲུང་བའི་ཐབས་མིན་པའི་ཆོས་སམ་ལམ་གཞན་ལོགས་ན་མེད་པ་ལྟར་རྡོ་རྗེ་ཐེག་པའི་སྒོར་ཞུགས་ནས་ནི་དབང་བསྐུར་གྱི་ནང་དུ་སྔགས་ཀྱི་ལམ་མཐའ་དག་བསྡུས་པ་ཡིན་པས་དབང་བསྐུར་ལས་གཞན་དུ་གྱུར་པའི་ཉམས་ལེན་གྱི་ཆོས་སམ་ལམ་མེད་དོ། །དབང་ལས་གཞན་པའི་ལམ་མེད་པ་དེས་ན་ཐུབ་པས་རྒྱུད་སྡེ་ཐམས་ཅད་ལས་དབང་བསྐུར་ཐོབ་པའི་ཕན་ཡོན་མ་ཐོབ་པའི་ཉེས་དམིགས་སོགས་ཀྱི་སྒོ་ནས་ལམ་གྱི་ནང་ནས་དབང་བསྐུར་ཁོ་ནར་བསྔགས་པ་དང་། ཇི་བཞིན་མཁྱེན་པའི་མཁས་པ་རྣམས་ཅི་ནས་ཀྱང་བདོག་པ་ཐམས་ཅད་བཏང་སྟེ་དབང་བསྐུར་ཞུ་བ་ལ་གཅིག་ཏུ་གུས་པའི་རྒྱུ་མཚན་ཡང་ནི་དེ་ལྟར་ཡིན་ཏེ་དབང་བསྐུར་སྔགས་ལམ་གྱིས་གཙོ་བོ་ཡིན་པའི་ཕྱིར་རོ། །རབ་ཆུང་བའི་རྗེས་འབྲང་ལ་ལ་དག་གིས་དབང་བསྐུར་ལ་ནི་མུ་བཞིར་ཡོད་པ་འདོད་དེ་སྐལ་མེད་ལ་དབང་བསྐུར་བྱས་ཀྱང་མི་ཐོབ་པ་དང་། སྐལ་ལྡན་ལ་མ་བྱས

ཀྱང་ནི་ཐོབ་པ་དང་། སྐལ་འབྲིང་ལ་དབང་བསྐུར་བྱས་ན་ཐོབ་ལ་མ་བྱས་ན་མི་ཐོབ་པ་དང་རྣམ་པ་བཞིར་ཡོད་པའི་ཕྱིར་ཞེས་འདོད་ཅིང་དེ་ཡང་དབང་བསྐུར་རྒྱལ་པོ་ཞེས་པའི་རྒྱུད་ཁུངས་སུ་བྱས་ནས་ལམ་མཆོག་མཐར་ཐུག་ལས། དབང་མ་བསྐུར་བར་ཐོབ་པ་ཡོད། །བསྐུར་ཡང་མ་ཐོབ་ཤིན་ཏུ་མང་། །བསྐུར་ན་ཐོབ་ལ་མ་བསྐུར་ན། །མི་ཐོབ་པ་ཡི་རིགས་ཀྱང་ཡོད། །ཡེ་ནས་དབང་དང་ལྡན་པའང་ཡོད། །དེ་ལྟར་སྣོད་ཀྱི་རིགས་ཤེས་ནས། །སྣོད་དང་འཚམ་པའི་ལག་ལེན་བྱ། །ཞེས་བཤད་པའི་ཕྱིར་ཟེར་རོ། །དབང་བསྐུར་ལ་མུ་བཞི་བརྩི་བ་འདི་འདྲ་ནི་ཁུངས་མའི་རྒྱུད་སྡེ་གང་ནའང་བཤད་པ་མེད་པའི་ཕྱིར། གསང་སྔགས་ཀྱི་བསྟན་པ་དཀྲུགས་པའི་སྐད་ཀར་ཟད་དོ། །སྐད་འདགས་ཟད་མོད་འོན་ཀྱང་འདི་ཡང་ནི་བརྟག་པར་བྱ་སྟེ་ཧ་ཅང་འཕེལ་ན་བསྟན་ལ་གནོད་པའི་ཕྱིར། ཇི་ལྟར་བརྟགས་ན་སོ་སོར་ཐར་པའི་སྡོམ་པ་དང་བྱང་ཆུབ་སེམས་དཔའི་སེམས་བསྐྱེད་ལའང་སྐལ་མེད་ལ་སྡོམ་པ་བླངས་ཀྱང་མི་སྐྱེ་བ་སྐལ་ལྡན་ལ་མ་བླངས་ཀྱང་སྐྱེ་བ་ལ་སོགས་པ་མུ་བཞི་ཅི་ཡི་ཕྱིར་ན་མི་བརྩི། སྟེ་བརྩི་རིགས་པར་ཐལ་མུ་བཞི་ཡོད་པ་མཚུངས་པའི་ཕྱིར་ཏེ་དབང་བསྐུར་ལ་དེའི་ཕྱིར་རོ། །དེ་བཞིན་དུ་བསྒོམ་ལའང་ནི་མུ་བཞི་ཅིས་མི་མཚུངས་ཏེ་མཚུངས་པའི་ཕྱིར་ན་སྐལ་མེད་ལ་བསྒོམས་ཀྱང་མི་སྐྱེ་སྐལ་ལྡན་ལ་མ་བསྒོམས་ཀྱང་སྐྱེབ་ལ་སོགས་པ་མུ་བཞིར་ཡོད་པར་ཐལ་ལོ། །དེས་མུ་བཞིས་རྩིས་ནས་དབང་བསྐུར་མི་ལེན་པ་བཞིན་དུ་སོ་ཐར་སེམས་བསྐྱེད་སོགས་ཀྱང་དེར་འགྱུར་རོ། །དེ་ལྟར་མུ་བཞི་སོ་ཐར་སོགས་ཀུན་ལ་ཡོད་བཞིན་དུ་སོར་བྱང་སོགས་གཞན་ལ་མུ་བཞི་མི་བརྩི་བར་དབང་བསྐུར་ཉིད་ལ་བརྩི་བ་ནི་བདུད་ཀྱི་གསང་སྔགས་སྤོང་པའི་ཚིག་ཡིན་པར་དོགས་ཏེ་བདུད་སྡིག་ཅན་གྱིས་མིའི་འདུ་ཤེས་བསྒྱུར་ནས་གསང་སྔགས་ཀྱི་གནད་ཟབ་མོ་དབང་བསྐུར་ཡོད་པ་དེ་འདོར་བའི་ཕྱིར། དཔེར་ན་སྨན་པ་གཡོ་ཅན་གྱིས་སྨན་བཟང་པོ་ཐམས་ཅད་བསོགས་ཏེ་རྩ་བའི་སྨན་ནི་བོར་ན་ནད་གསོར་མི་རུང་བ་ལྟར་གསང་སྔགས་ཀྱི་ཆོས་བཟང་པོ་གཞན་ཡོད་ཀྱང་རྩ་བ་ལྟ་བུའི་དབང་བསྐུར་བོར་ན་གསོར་མི་རུང་ངོ་། །གལ་ཏེ་དབང་བསྐུར་ལ་མུ་བཞི་ཡོད་དུ་ཆུག་ན་ཡང་སོ་སོའི་མཚན་ཉིད་དེ་ནི་ཤེས་པར་མི་ནུས་ཏེ་ཅི་སྟེ་ཤེས་པར་ནུས་ན་ནི་མུ་བཞི་དེ་ཡི་མཚན་ཉིད་སྨྲ་དགོས་པ་ལས་སྨྲ་མི་ནུས་པས་སོ། །གལ་ཏེ་འོལ་ཚོད་ཀྱིས་སྨྲས་ཀྱང་དེ་ལ་ཡིད་མི་ཆེས་ཏེ་རང་བཟོ་མ་ཡིན་པ་ཁུངས་མའི་ལུང་དང་མཐུན་པ་ཁྱོད་ལ་སྨྲར་མེད་པའི་ཕྱིར་ཏེ་ཁྱེད་ཀྱི་ལུང་དེ་ཁུངས་མ་ནས་བཤད་པ་མེད་པའི་ཕྱིར་ཏེ་དབང་སྐུར་རྒྱལ་པོའི་རྒྱུད་དེ་བོད་ཀྱིས་བྱས་པ་ཡིན་པའི་ཕྱིར་རོ། །གལ་ཏེ་དབང་བསྐུར་ལ་མུ་བཞི་བདེན་པ་སྲིད་ན་ཡང་སྐལ་མེད་སྐལ་ལྡན་གཞན་ལ་དབང་བསྐུར་མི་བྱེད་ཀྱང་དབང་བསྐུར་བྱས་ན་ཐོབ་པའི་གང་ཟག་སྐལ་འབྲིང་དེ་ལ་དབང་བསྐུར་ཅི་ཡི་ཕྱིར་མི་དགོས་ཏེ་དགོས་པར་ཐལ་དེ་ལ་བྱས་ན་ཐོབ་ལ་མ་བྱས་ན་མི་ཐོབ་པ་ཁས་བླང་བའི་ཕྱིར་རོ། །བྱས་ཀྱང་མི་ཐོབ་ལ་མ་བྱས་ཀྱང་ཐོབ་པའི་གང་ཟག་གཞན་ལ་དབང་བསྐུར་མི་དགོས་པས་དེའི་ཕྱིར། བྱས་ན་ཐོབ་ལ་མ་བྱས་ན་མི་ཐོབ་པའི་གང་ཟག་དེ་ལའང་དབང་བསྐུར་མི་དགོས་སོ་ཞེས་སྨྲ་ན། ཤིན་ཏུའང་མི་རིགས་པ་སྟེ་འོན་ནད་མེད་པའི་གང་ཟག་ལ་སྨན་སྦྱོང་བ་སྟེ་མི་དགོས་པས་དེའི་ཕྱིར། གང་ཟག་ནད་པ་ལའང་སྨན་མི་དགོས་ཤིང་སྦྱོང་ངམ་ཅི་སྟེ་སྦྱོང་རིགས་པར་ཐལ་ལོ། །ཁྱབ་ཏེ་དབང་དང་དཔེ་དོན་མཚུངས་པའི་ཕྱིར་རོ། །དབང་བསྐུར་ལ་མུ་བཞི་བརྩི་བ་སོགས་འདི་འདྲའི་ཆོས་ལོག་ཐམས་ཅད་ནི་བདུད་ཀྱི་བྱིན་རླབས་ཡིན་ཞེས་བྱ་སྟེ་བདུད་ཀྱི་ཐབས་སྣ་ཚོགས་ཀྱི་སྒོ་ནས་ལམ་ལོག་པར་སྟོན་པའི་ཕྱིར་དེས་ན་ཤེས

ནས་སྦྱང་བར་བྱའོ། །

སྙིང་མ་བ་ཁ་ཅིག་ན་རེ་སྔིར་གསང་སྔགས་ཐམས་ཅད་གསང་བར་བྱ་བ་ཡིན་པ་ལ་འོན་ཀྱང་ཡེ་གསང་ཞེས་བྱའི་ཐབས་ཀྱིས་བར་དུ་ཆོད་པའི་ཕྱིར། །དབང་བསྐུར་མ་ཐོབ་པ་ལ་གསང་སྔགས་བཤད་ཀྱང་གསང་སྒྲོགས་ཀྱི་ལྟུང་བ་མེད་དོ་ཅེས་ཟེར་རོ། །དབང་མ་ཐོབ་པར་གསང་སྔགས་བཤད་པས་གསང་སྒྲོགས་སུ་མི་འགྱུར་བ་འདི་ཡང་ཙུང་ཟད་བརྟག་པར་བྱ་སྟེ་བསྟན་པ་དང་མི་མཐུན་པའི་ཕྱིར་ཡེ་གསང་ཞེས་བྱའི་དོན་དེ་ཅི་ཞིག་ཡིན་ཞེས་དྲིའོ། །གལ་ཏེ་གསང་སྔགས་ཀྱི་ཚིག་དོན་གོ་བ་མེད་པ་ལ་ཡེ་ནས་གསང་བ་ཡིན་ཟེར་ན་འོ་ན་དབང་མ་ཐོབ་པར་གསང་སྔགས་ཀྱི་ཚིག་དོན་གོ་བའི་གང་ཟག་ལ་ཡེ་གསང་གི་བར་དུ་ཆོད་པ་མིན་པའི་ཕྱིར་ན་གསང་སྒྲོགས་ཀྱི་རྩ་བའི་ལྟུང་བར་འགྱུར་རོ། །གལ་ཏེ་ཁྱོད་ཀྱི་གསང་སྔགས་ནི་དམ་པའི་ཆོས་ཡིན་ཞིང་དམ་པའི་ཆོས་ལ་བདེན་པའི་བྱིན་རླབས་ཡོད་པ་ཡིན་པས་དམ་ཆོས་བདེན་པའི་བྱིན་རླབས་འདི་དབང་གིས་སྨིན་མ་སྨིན་སོགས་གང་ཟག་སུ་ཡིས་ཐོས་ཀྱང་ཕན་ཡོན་ཆེ་བ་དེས་ན་མ་སྨིན་པ་ལ་གསང་བ་སྒྲོགས་ཀྱང་གསང་སྒྲོགས་ཀྱི་ལྟུང་བ་མི་འབྱུང་ངོ་ཞེ་ན། གལ་ཏེ་ཁྱོད་ཀྱིས་དམ་ཆོས་བདེན་པ་རུ་མ་གོ་ལེ་ཚེ་གོ་ན་ཆོས་ནས་འབྱུང་བ་བཞིན་གསང་དགོས་པ་དང་མི་དགོས་པ་གཉིས་སུ་ཕྱེ་ལེན་པར་གྱིས་ཏེ། ཆོས་ལ་སྣོད་མིན་ལ་བསྟན་ན་ལྟུང་བ་འབྱུང་བ་གསང་བ་དང་། དེ་མི་འབྱུང་བ་མི་གསང་དགོས་པའི་ལུགས་གཉིས་རྒྱལ་བ་རྣམས་ཀྱིས་གསུངས་པའི་ཕྱིར་ཏེ། དེ་ཉིད་བསྡུས་པར། དཀྱིལ་འཁོར་ཆེན་པོ་མ་མཐོང་བ་རྣམས་ཀྱི་མདུན་དུ་མ་སྨྲ་ཞིག །ཞེས་དང་། གུར་ལས། སྐལ་མེད་སེམས་ཅན་སྟོན་པ་དང་། ཞེས་སོགས་དང་། ཕར་ཕྱིན་ཐེག་པར་ཡང་། བློ་སྦྱོང་མ་བྱས་སེམས་ཅན་ལ། །སོགས་དང་། མི་གསང་བ་ཡང་། སྙན་གཟིགས་ཀྱི་ཚིག་ར། དུད་འགྲོའི་རྣ་ལམ་དུའང་སྒྲོགས་ཤིག་ཅེས་དང་། ཆོས་ཀྱི་སྡོམ་བཞི་སྟོན་པས་སྒྲོགས་པ་ལ་སོགས་སོ། བརྟགས་ན་མི་འཐད་པ་བཤད་ཟིན་པ་དེས་ན་སྨིན་བྱེད་ཀྱི་སྐབས་སུ་ཆོས་སྒོ་དང་། དམ་ཚིག་གི་སྐབས་སུ་ཡེ་གསང་ཞེས་བྱ་བ་འདི་ཡང་ཆོས་ཁུངས་མ་ནས་བཤད་པ་མེད་པའི་ཕྱིར་ན་འདི་འདྲའི་རིགས་ལ་འཁྲུལ་ནས་འཁྲུལ་བ་མང་དུ་འབྱུང་བའི་ཕྱིར་བསྟན་པ་ལ་གནོད་པའི་ཚིག་ཡིན་ནོ། །

ཨ་མ་ན་སེ་བ་དང་ཕྱག་རྒྱ་བ་ཁ་ཅིག་ན་རེ། སངས་རྒྱས་སྒྲུབ་པའི་ཐབས་ལམ་ལ་འཁྲུལ་དང་མ་འཁྲུལ་བའི་དབྱེ་བ་མེད་ཅིང་། ཐབས་ལམ་གང་གིས་གྲོལ་མཐའ་གཅིག་ཏུ་ངེས་པའང་མེད་དེ་དཔེར་ན་ལྟ་བ་སྟོང་ཉིད་རྟོགས་པ་རྒྱང་པས་འཕགས་པ་ཀླུ་སྒྲུབ་གྲོལ་བ་དང་། པདྨ་འབྱུང་གནས་བསྐྱེད་རིམ་ལ་བརྟེན་པ་ཐོབ་པའི་སྟོབས་ཀྱིས་གྲོལ་བ་དང་། ཉའི་རྒྱུ་ལྟོ་ལ་དགའ་ཐུབ་སྤྱད་པས་ལཱུ་ཧི་པ་གྲོལ། ཙུང་ཟད་མ་རན་པར་སྤྱོད་པའི་སྟོབས་ཀྱིས་ནག་པོ་སྤྱོད་པའི་རྡོ་རྗེ་པ་བར་དོར་གྲོལ། རླུང་སྒོམ་པ་དག་གི་སྟོབས་ཀྱིས་གོ་རཀྵ་བ་གླང་བསྲུང་གྲོལ།གཏུམ་མོ་བསྒོམ་པའི་སྟོབས་ཀྱིས་ཤ་བ་རི་པ་དབང་ཕྱུག་གྲོལ། གནས་ལུགས་ཕྱག་རྒྱ་ཆེན་པོ་རྟོགས་པས་བྲམ་ཟེ་ས་ར་ཧ་གྲོལ། བླ་མའི་བྱིན་རླབས་ཀྱི་སྟོབས་ཀྱིས་ཏོག་ཙེ་བ་གྲོལ། ཟ་ཉལ་འཆག་གསུམ་གྱིས་སྤྲོས་མེད་ཀྱིས་སྤྱོད་པ་དག་གིས་སློབ་དཔོན་ཞི་བ་ལྷ་གྲོལ། །རྒྱལ་པོ་ཨིནྡྲ་བྷཱུ་ཏི་ཕྱག་རྒྱ་དང་ལྡན་ཅིག་རོལ་ཞིང་འདོད་ཡོན་ལ་ལོངས་སྤྱོད་པའི་སྤྲོས་བཅས་ཀྱི་སྟོབས་ཀྱིས་གྲོལ། ཕྱི་ནང་གསང་བའི་རྟེན་འབྲེལ་ཐམས་ཅད་ཚོགས་པ་འམ་ལམ་བྱེད་པ་ལས་རྣལ་འབྱོར་དབང་ཕྱུག་བི་རཱུ་པ་ལ་གྲུབ་ཐོབ

བྱུང་བའི་ཕྱིར། གྲོལ་ལམ་ངེས་པ་མེད་པ་དེས་ན་བཤད་ཟིན་པ་འདི་འདྲའི་ཐབས་ལམ་སྣ་ཚོགས་ལ་འདི་ནོར་དང་འདི་མ་ནོར་གྱི་སྐུར་བ་གདབ་ཏུ་མི་རུང་ཞེས་ཟེར་རོ། །གྲུབ་ཐོབ་རྣམས་རྒྱུ་རྐྱེན་གང་གིས་གྲོལ་བ་འདི་ཡང་ལེགས་པར་བཤད་ཀྱིས་ཉོན་ཅིག་སྟེ་སྒྲོ་སྐུར་སྤངས་པའི་དོན་གཅིག་ཡིན་པའི་ཕྱིར།

ཐབས་དང་ཤེས་རབ་གཉིས་ཚོགས་པ་དེ་མིན་པའི་སངས་རྒྱས་སྒྲུབ་པའི་ཐབས་གཞན་མེད་དེ་སངས་རྒྱས་ནི་སྲིད་ཞི་ལ་མི་གནས་པའི་མྱང་འདས་ཡིན་པ་གང་ཞིག ཐབས་ཀྱིས་མྱང་འདས་ཀྱིས་མཐའ་མནན་ཤེས་རབ་ཀྱིས་འཁོར་བའི་མཐའ་འགོག་པའི་ལམ་ལ་བསླབ་པས་ཐོབ་པར་འགྱུར་བའི་ཕྱིར། སངས་རྒྱས་བསྒྲུབ་པ་ལ་ཐབས་ཤེས་ཚོགས་དགོས་པ་དེས་ན་གོང་དུ་བཤད་པའི་གྲུབ་ཐོབ་ཐམས་ཅད་ཀྱང་། རླུང་དང་གཏུམ་མོ་སོགས་ཕྱོགས་རེའི་ཐབས་ཀྱིས་གྲོལ་བ་མིན་ཏེ། དབང་དང་རིམ་གཉིས་བསྒོམ་པ་ལས་བྱུང་བའི་ཕྱག་ཆེན་ཟུང་འཇུག་གི་ཡེ་ཤེས་སྐྱེས་པས་གྲོལ་བ་ཡིན་པའི་ཕྱིར། སྨིན་གྲོལ་རྫོགས་པའི་ལྟ་བ་དང་ནི་བསྐྱེད་རིམ་དང་། གཏུམ་མོ་དང་ནི་བྱིན་རླབས་སོགས་དེ་དག་རྐྱང་པ་རེ་རེ་བས་ནི་ཀླུ་སྒྲུབ་དང་པདྨ་འབྱུང་གནས་སོགས་གྲོལ་བ་མིན་ཏེ་གྲུབ་ཐོབ་དེ་དག་ནི་སྔོན་དབང་བསྐུར་པ་ཐོབ་པ་ཡི་རྒྱུད་སྨིན་པའི་བྱིན་རླབས་དང་། ཕྱིས་སུ་དབང་དང་འབྲེལ་བའི་རིམ་གཉིས་བསྒོམས་པའི་རྒྱུ་རྐྱེན་ཚང་བའི་རྟེན་འབྲེལ་གྱིས་ནང་ནས་རང་བྱུང་གི་ཡེ་ཤེས་ཀྱི་རྟོགས་པ་ཤར་ནས་གྲོལ་བ་ཡིན་པའི་ཕྱིར་རོ། །ལྟ་བ་དང་བསྐྱེད་རིམ་ལ་སོགས་པའི་ལམ་གྱི་ཡན་ལག་དང་གཙོ་བོ་ཀུན་ནི་རིམ་པ་གཉིས་སུ་འདུས་ཏེ། བསྐྱེད་རིམ་རླུང་དང་གཏུམ་མོ་སོགས་རིམ་པ་གཉིས་ལས་ཐ་དད་མིན་ཏེ་དང་པོ་ནི་དེ་ཉིད་དངོས་ཡིན་བྱིན་རླབས་རིམ་གཉིས་དེ་ལས་བྱུང་བ་འབྲས་བུའི་ཚུལ་ཡིན། ལྟ་བ་རིམ་གཉིས་དེ་ཡི་དག་པར་བྱེད་པའི་ཐབས་ཀྱི་ཡན་ལག་ཡིན་ཕྱག་རྒྱ་ཆེན་པོ་དབང་དང་རིམ་གཉིས་དེ་ལས་བྱུང་བའི་ཡེ་ཤེས་ཡིན། རིམ་གཉིས་དེ་ཡི་བོགས་དབྱུང་བར་བྱེད་པའི་སྤྲོས་བཅས་སྤྱོད་པ་ནི་ཨིནྡྲ་བྷཱུ་ཏིས་མཛད་པ་ཡིན། རིམ་གཉིས་དེ་ཡི་སྤྲོས་མེད་ཀྱི་སྤྱོད་པ་ལ་བྷུ་སུ་ཀུ་སྟེ་ཟ་ཉལ་འཆགས་གསུམ་གྱི་དུས་འདའ་བ་འདི་ཡིན་ཞེས་སངས་རྒྱས་ཀྱིས་གསུངས་སོ། །རིམ་གཉིས་དེ་ཡི་ཤིན་ཏུ་སྤྲོས་མེད་ཀྱི་སྤྱོད་པ་ནི་རིམ་གཉིས་ཀྱི་རྟོགས་པ་བརྟན་པར་བྱ་བའི་ཕྱིར་གྲུབ་ཐོབ་རྣམས་ཀྱིས་མཛད་པ་འདི་ཡིན་ཞིང་དེ་ལ་ནི་གཞན་དོན་ཕྱོགས་ལས་རྣམ་རྒྱལ་ཀུན་ཏུ་བཟང་པོའི་སྤྱོད་པར་ཡང་བཤད་དོ། །

ཕྱོགས་རེའི་ཐབས་ཀྱིས་མི་གྲོལ་བ་དེས་ན་ཐབས་ཤེས་གཉིས་ཀྱི་རྒྱུ་རྐྱེན་མ་ཚོགས་པར་སངས་རྒྱས་འབྲས་བུ་མི་འབྱུང་མོད་འོན་ཀྱང་གྲུབ་ཐོབ་རྣམས་ཕྱོགས་རེས་གྲོལ་བ་ལྟར་སྣང་བ་ནི། སྐུ་ཚེ་སྔ་མའི་ལྟ་བ་སོགས་གང་ལ་སྦྱངས་པའི་ལས་འཕྲོའི་བྱེ་བྲག་དང་། ནང་གི་རྩ་ཁམས་ལ་སོགས་པའི་རྟེན་འབྲེལ་གྱི་ཁྱད་པར་གྱིས་ཟུང་འཇུག་གི་ཡེ་ཤེས་སྐྱེ་བའི་སྣ་འདྲེན་ནི། ཐབས་ཀྱི་དབྱེ་བ་རེ་རེ་བས་བྱེད་པར་གསུངས་པས་ན་དགོས་པ་ཁྱད་པར་ཅན་ཡོད་པ་ཡིན་ནོ། །དཔེར་ན་བད་ཀན་ལ་སོགས་པའི་ནད་པའི་ལུས་བརྟས་ཤིང་རྒྱས་པ། བཟའ་བ་དང་ལྡུང་བས་བྱེད་མོད་ཀྱི་བཟའ་ལྡུང་ལ་སྦྱོ་བ་དེ་ཡི་ཡི་ག་འབྱེད་པ་ནི་སྨན་སེ་འབྲུ་དང་ཞོ་ལ་སོགས་པའི་ཟས་ཀྱི་ཁྱད་པར་ཡིན་པ་བཞིན་ནོ། །ཐབས་ལམ་ཕྱོགས་རེ་བའི་དགོས་པ་དེ་ལྟར་ཡིན་པ་དེ་ཕྱིར་ཐབས་ཀྱི་ཁྱད་པར་

དབང་དང་རིམ་གཉིས་སོགས་ལ་མ་དགོས་ཞེས་སྨྲ་བ་འདི་བས་ན་བླུན་པོ་ཡིན་ཞིང༌། འོན་ཀྱང་སེམས་རྫོ་འཁྲིད་པ་ལྟ་བུ་རེ་རེས་འཚང་རྒྱ་བར་འདོད་པ་ན་དེ་ནི་ཤིན་ཏུ་འཁྲུལ་བར་བཤད་དེ་ཐབས་ལམ་རེ་རེ་བས་འཚང་རྒྱ་བ་ནི་མདོ་རྒྱུད་དང་འགལ་བའི་ཕྱིར་རོ། །སྒྲོ་སྐུར་སྤངས་ཏེ་བཤད་ཟིན་པ་དེས་ན་མྱུར་དུ་འཚང་རྒྱ་བར་འདོད་པ་དག་གིས་ནི་སྨིན་བྱེད་དབང་དང་ནི་དེས་མ་གྲོལ་ན་རིམ་པ་གཉིས་ལ་འབད་པར་གྱིས་ཤིག་སྟེ་སྨིན་གྲོལ་དེ་དག་ནི་འཚང་རྒྱ་བའི་ལམ་ཚང་ལ་མ་ནོར་བ་ཡིན་པའི་ཕྱིར་རོ། །དཔེར་ན་ཞིང་པ་དག་གིས་སོ་ནམ་ཆུ་ལུད་སོགས་ཟླ་བ་མང་པོའི་བར་དུ་རྩོལ་བ་བཞིན་བྱས་པ་ཡིས། ལོ་ཐོག་ཡང་ཞག་དང་ཟླ་བར་རིམ་གྱིས་སྨིན་པ་ལྟར། ཕ་རོལ་ཏུ་ཕྱིན་པའི་ལམ་དུ་ཞུགས་ན་བསྐལ་བ་གྲངས་མེད་གསུམ་དུ་ཚོགས་བསགས་པ་དེ་ཉིད་ཀྱིས་མངོན་པར་རྫོགས་པ་འཚང་རྒྱ་བ་དང༌། རིགས་སྔགས་ཀྱིས་དུར་ཁྲོད་ཀྱི་ས་བྱེ་ལ་བོང་བུའི་རྐུས་བཏབ་པའི་ནས་སོགས་ཀྱི་ས་བོན་བཏབ་པ་དེ་ནི། ཉི་མ་གཅིག་ལ་ལོ་ཐོག་སྨིན་པ་ལྟར་རྡོ་རྗེ་ཐེག་པའི་ཐབས་ཀྱི་ཁྱད་པར་བསྐྱེད་རྫོགས་ཀྱི་གནད་ཤེས་ན་དེ་ཉིད་ཉམས་སུ་བླངས་བས་དབང་པོ་ཡངས་རབ་ཀྱིས་ཚེ་འདི་ཉིད་ལ་སངས་རྒྱས་འགྲུབ་པས་སོ། །

སྟོང་པ་ཉིད་དང་སྙིང་རྗེ་ཆེན་པོ་དང་བྱམས་པ་ལ་སོགས་པ་བསྒོམ་པ་དང༌། ཕར་ཕྱིན་དྲུག་བསྒྲུབ་པ་སོགས་ནི་ཕ་རོལ་ཏུ་ཕྱིན་པའི་གཞུང་ལུགས་ཡིན། ལམ་དེ་ཡིས་དབང་པོ་རྣོ་ཞིང་བརྩོན་འགྲུས་ཇི་ལྟར་མྱུར་ན་ཡང་ནི་གྲངས་མེད་གསུམ་གྱི་དཀའ་སྤྱད་དགོས་ཏེ་ཚོགས་སྦྱོར་མ་དག་ས་བདུན་དག་ས་གསུམ་པོར་རེ་རེ་དགོས་པའི་ཕྱིར། དེ་ལྟ་བུ་དེ་ནི་རྫོགས་པའི་སངས་རྒྱས་ཐོབ་པའི་ལམ་པོ་ཆེ་ཡིན་མིན་གྱི་རྩོད་པ་ཀུན་ལས་གྲོལ་བའི་ཆོས་ཡིན་པས་ན། ཐེག་པ་ཆེན་པོའི་མཁས་པ་རྣམས་ཀུན་གྱིས་གུས་པས་བསྟེན་རིགས་པ་ཡིན་ནོ། །གལ་ཏེ་འདི་བཞིན་བསྒྲུབ་འདོད་ཅིང་ཉམས་སུ་ལེན་ན་ནི། མདོ་ལས་རྡོ་རྗེ་ཕག་མོའི་བྱིན་རླབས་བཤད་པ་མེད། བདེ་ཆེན་ལྷན་ཅིག་སྐྱེས་པ་ལ་སོགས་པ་འདི་ར་མི་བསྒོམ། གཏུམ་མོ་དང་ཞུ་བདེ་ལ་སོགས་པའི་ཐབས་ལམ་འཁྲུལ་འཁོར་དང་བྲལ་ཞིང༌། ཕྱག་རྒྱ་ཆེན་པོ་བསྒོམ་པའི་ཐ་སྙད་མེད་དེ་ཕར་ཕྱིན་ཐེག་པ་དེ་ལས་ཚེ་འདི་དང་ནི་བར་དོ་དང་ཕྱི་མར་སྐྱེ་བ་བདུན་ནམ་བཅུ་གཅིག་གམ་བཅུ་དྲུག་ཙམ་ལ་འཚང་རྒྱ་བར་ཕར་ཕྱིན་པ་ཁོང་མི་བཞེད་པའི་ཕྱིར་རོ། །དེ་ཉིད་མྱུར་དུ་སངས་རྒྱས་པའི་ལམ་མ་ཡིན་མོད་འོན་ཀྱང་རེ་ཞིག་སྔགས་ལ་མི་མོས་ན་དེ་ལྟའི་གང་ཟག་དེ་ཐེག་པ་ཆེན་པོ་ཡི་སྡེ་སྣོད་རྣམས་ལས་འབྱུང་བ་བཞིན་དུ་ཐོག་མར་བྱང་ཆུབ་མཆོག་ཏུ་སེམས་བསྐྱེད་ལ། གྲངས་མེད་གསུམ་དུ་ཚོགས་གཉིས་སོགས། དག་སར་སྨིན་ལམ་ཡོངས་སུ་རྫོགས་པར་བྱས་པ་དང༌། སེམས་ཅན་ཡོངས་སུ་སྨིན་པ་དང༌། སངས་རྒྱས་ཀྱི་ཞིང་རྣམས་ལེགས་པར་སྦྱངས་པ་སྟེ་རྫོགས་སྨིན་སྦྱངས་གསུམ་མཐར་ཕྱིན་པར་བྱ་དགོས་ཏེ། དེ་ལྟར་བྱས་ལ་ས་བཅུའི་ཐ་མར་གནས་ངན་ལེན་གྱི་བག་ཆགས་དང་བཅས་པའི་བདུད་བཏུལ་ནས་རྫོགས་པའི་སངས་རྒྱས་ཐོབ་པར་ཕར་ཕྱིན་ཐེག་པ་ལས་གསུངས་པའི་ཕྱིར་རོ། །ཕ་རོལ་ཏུ་ཕྱིན་པའི་གཞུང་ལྟར་མགོ་དང་རྐང་ལག་གཏོང་ཞིང་མི་ཞུམ་པའི་སེམས་མེད་པར་བསྐལ་བ་གྲངས་མེད་གསུམ་གྱི་དཀའ་སྤྱད་མི་ནུས་པར། གལ་ཏེ་གསང་སྔགས་བསྒོམ་ཞིང་འཇུག་པ་བདེ་བས་མྱུར་དུ་འཚང་རྒྱ་བར་འདོད་ན་ནི། ཐོག་མར་རྡོ་རྗེ་ཐེག་པའི་ལམ་གྱི་རྩ་བ་ཡིན་པས་ན་ཚིག་ནོར་བ་མེད་པའི་

དབང་བཞི་ལོངས་ཏེ་དབང་རྫོན་བསོད་ནམས་བསགས་པ་དེ་ཙམ་གྱིས་གྲོལ་བར་ནུས་ཤིང་། གལ་ཏེ་མ་གྲོལ་ན་རང་བཟོའི་དཀྱིལ་བསྐྱེད་དང་རྫོགས་ཙམ་གྱི་ཆོག་པར་འཛིན་པ་སོགས་གདམས་ངག་གི་གནད་འཁྲུལ་བ་མེད་པའི་ཐ་མལ་གྱི་སྣང་བ་དག་པར་སྒྱུར་བ་དེ་ཉིད་བདེ་ཆེན་ཡེ་ཤེས་སུ་བསྒྱུར་བའི་རིམ་གཉིས་བསྒོམས་པར་བྱ་སྟེ་རིམ་པ་གཉིས་ཀྱི་གནད་མ་འཁྲུལ་བར་བསྒོམས་ན་མྱུར་དུ་འཚང་རྒྱ་བའི་ཕྱིར། དབང་དང་རིམ་གཉིས་དེ་ལས་བྱུང་བའི་མཚོན་བྱེད་དཔེའི་ཡེ་ཤེས་ནི། ཕྱག་རྒྱ་ཆེན་པོ་ཞེས་བྱ་བ་དེ་ཡིན་ཞིང་དེ་ལ་ཡང་ཡང་གོམས་པར་བྱ་སྟེ་མཚོན་བྱ་དོན་གྱི་ཕྱག་ཆེན་སྐྱེད་དགོས་པའི་ཕྱིར་རོ། །དེ་ནི་བོད་ལུགས་ཀྱི་རྟོག་པ་ཁ་བཀག་གི་ཕྱག་ཆེན་མ་ཡིན་ནོ། །

དཔེའི་ཕྱག་ཆེན་དེ་ཉིད་གོམས་པས་དྲོད་ཐོབ་པའི་རྟགས་མཉམ་གཞག་ཏུ་འཇིག་རྟེན་ཆོས་བརྒྱད་མགོ་སྙོམས་པར་འབྱུང་བ་དེ་ནས་འཁོར་འདས་གཉིས་ལ་བླང་དོར་མི་འཛིན་པར་རོ་གཅིག་ཏུ་བསྲེ་བའི་ཕྱིར་དུ་ཀུན་འདར་འཇིག་རྟེན་པའི་མངོན་དུ་སྤྱོད་པའི་རྣམ་པར་དག་པའི་སྤྱོད་པ་རྒྱུད་སྡེ་ནས་གསུངས་པ་བཞིན་སྤྱད་པར་བྱ་སྟེ་རིམ་གཉིས་ཀྱི་རྟོགས་པ་བོགས་དབྱུང་བའི་ཆེད་ཡིན་པའི་ཕྱིར། དེ་ལྟར་ཉམས་སུ་བླངས་པས་ཕྱི་རོལ་གྱི་པུ་ལི་ར་མ་ལ་ལ་སོགས་ཡུལ་སུམ་ཅུ་སོ་བདུན་གྱི་མཁའ་འགྲོ་དབང་དུ་འདུ་ཤིང་ནང་གི་ས་བཅུ་གཉིས་ལམ་ལྔ་ཀུན་བགྲོད་ནས་རྡོ་རྗེ་འཛིན་པའི་ས་དགེ་བ་མཆོག་བཅུ་གསུམ་པ་ནི་ཐོབ་པར་འགྱུར་རོ། །ལམ་བགྲོད་ཚུལ་འདི་ནི་དུས་གསུམ་སངས་རྒྱས་ཀྱི་བསྟན་པ་དམ་པའི་ཆོས་ཀྱི་སྙིང་པོ་མཐར་ཐུག་པ་ཡིན། རྒྱུད་སྡེ་འོག་མ་དྲི་མ་མེད་པ་རྣམས་ཀྱི་སྔགས་ས་བླ་མེད་ཀྱི་རྒྱུད་སྡེའི་གསང་ཚིག་མཆོག་ལུས་ཀྱི་སྤྱི་བོ་ལ་སོགས་པའི་ཡུལ་སོ་བདུན་གྱི་རླུང་སེམས་དབུ་མར་བཞུགས་པ་སྟེ་འདི་ཉིད་ཡིན་པར་ཤེས་པར་བྱ་སྟེ་སྐལ་ལྡན་འཚང་རྒྱ་བའི་ཉམས་ལེན་མཆོག་ཡིན་པའི་ཕྱིར་རོ། །སྐྱེས་བུ་གང་ཞིག་སངས་རྒྱས་བྱེད་འདོད་ན་དེ་ཡིས་ལམ་ལུགས་གཉིས་འདི་བཞིན་སྤྱད་པར་བྱ་སྟེ། ཇི་ལྟར་ན་ཡང་ན་ཕ་རོལ་ཏུ་ཕྱིན་པ་ཡི་མདོ་དང་བསྟན་བཅོས་རྣམས་ལས་ཇི་ལྟར་འབྱུང་བ་བཞིན་སེམས་བསྐྱེད་ནས་བསྐལ་པ་གྲངས་མེད་གསུམ་དུ་ཕ་རོལ་དུ་ཕྱིན་པ་དྲུག་ལ་སྤྱོད་པའི་ལུགས་ཀྱིས་དགོས་སོ། །ཡང་ན་རྡོ་རྗེ་ཐེག་པ་ཡི་རྒྱུད་སྡེ་བཞིན་དུ་དབང་བསྐུར་མ་ནོར་བ་ཡོང་ལ་རིམ་གཉིས་འཁོར་དང་བཅས་པ་མ་འཁྲུལ་བར་བསྒོམས་ཤིང་ཉམས་སུ་ལོངས་ཏེ་ལེན་རིགས་པས་སོ། །ཕར་ཕྱིན་དང་གསང་སྔགས་འདི་གཉིས་མིན་པའི་ཐེག་ཆེན་ནི་སངས་རྒྱས་རྣམས་ཀྱིས་མདོ་རྒྱུད་གང་ལས་ཀྱང་གསུངས་པ་མེད་དེ་མདོ་སྔགས་གང་རུང་གི་ལམ་རིམ་ལས་གཞན་པའི་ལམ་རིམ་མེད་པས་སོ། །

ད་ལྟ་གངས་རིའི་ཁྲོད་ཀྱི་ཆོས་པ་ཕལ་ཆེ་བ་ནི་འདུལ་བ་ཕར་ཕྱིན་རྡོ་རྗེ་ཐེག་པ་གསུམ་པོ་གང་རུང་དུ་གཏོགས་པར་དཀའ་སྟེ། འདི་ལྟར་བསླབ་པ་གསུམ་པོ་ལྷག་པ་ཚུལ་ཁྲིམས་ཏིང་ངེ་འཛིན་ཤེས་པར་མི་སྲུང་མི་སློབ་པས་ཕ་རོལ་ཕྱིན་པའི་ཆོས་ལུགས་མིན། གསང་སྔགས་དབང་དང་རིམ་གཉིས་མི་སྒྲུབ་ཅིང་དེ་དག་དང་མི་ལྡན་པས་རྡོ་རྗེ་ཐེག་པའི་བསྟན་པ་མིན། འདུལ་བའི་སྡེ་སྣོད་ལེན་པའི་ཆོ་ག་སོགས་ཐ་ན་ལྟུང་བ་སྡེ་ལྔའི་རྣམ་བཞག་ཙམ་མི་ཤེས་པས་ཉན་ཐོས་ཀྱི་ཡང་ཆོས་ལུགས་མིན་ནོ། །གསུམ་པོ་གང་དུ་འང་མ་གཏོགས་མོད་འོན་ཀྱང་ཁོ་བོ་ཅག་ཆོས་པ་ངོ་མཚར་ཅན་ཡིན་ནོ་ཞེས་ཆོས་པར་ཁས་འཆེ་བ་ནི་ཀྱེ་མ་མཚར་ཆེ་སྟེ་གང་གི་འང་ནང་དུ་མི་འདུ་བ་འདི་གང་གི་བསྟན་པར་འགྱུར་བསམ་ན་བསྟན་པ་འདི་ཡི་ནང་དུ་མི་གཏོགས་པ་གསལ་བའི་ཕྱིར་རོ། །དཔེར་ན་སྣད་ཚོང་མའི་ཁྱིམ་དུ་ཕ་འདི་ཡིན་

ངེས་བཟུང་མེད་པ་ཡི་བུ་མང་ཡང་རུས་ངེས་པ་མེད་པའི་ཕྱིར་རིགས་འདི་ཡིན་ཀྱི་ནང་དུ་ཚུད་མི་ནུས་པ་དེ་བཞིན་སངས་རྒྱས་ཀྱི་གསུང་སྤྱད་པ་པོས་བསྟུས་གྲུབ་ཐོབ་ཀྱི་བསྒོམས་པཎྜི་ཏས་བཤད་ལོ་ཙཱ་བས་བསྒྱུར་བ་སོགས་མདོ་རྒྱུད་གང་གི་ཁུངས་ནས་མ་བྱུང་བའི་ཆོས་པ་རང་མཚར་ཅན་བོད་འདིར་མང་ཡང་བསྟན་པའི་ནང་དུ་འདུ་བ་མིན་ནོ། །དེ་ལྟའི་ཆོས་པ་བསྟན་པའི་ནང་དུ་མི་ཚུད་པ་མ་ཟད་ཆོས་དེས་ཀྱང་ནི་འཚང་རྒྱ་བ་ལ་མི་ཕན་ཏེ་དག་དུག་ཧུལ་ཧུལ་བསྲེས་པའི་གོས་ལ་ནི་སྣང་པོའི་གོས་འོང་གི་ཡ་རབས་ཆེན་པོ་རྣམས་ཀྱི་ཆས་ཏེ་ན་བཟའ་མི་རུང་སྟེ་དཔེར་ན་ཟས་བཟང་ངན་འབྲིང་གསུམ་བསྲེས་པའི་ཟས་ཀྱི་སྙིགས་མ་ལ་བགྲུ་བཤལ་ཟེར་བ་དེ་བཞིན་དུ་ཁུངས་ནས་མ་བྱུང་བའི་བསྲེ་བསྲེས་མང་པོ་ཆོས་ཀྱི་བགྲུ་ཤལ་ཡིན། དེ་བཞིན་ཐེག་པ་ཆེ་ཆུང་རྒྱུད་སྡེ་གོང་འོག་སོགས་ཕན་ཚུན་ཐུན་ཚགས་བསྲེས་པ་ཡི་ཆོས་ཀྱིས་བླུན་པོ་ཁྲལ་ལ་དགའ་བར་བྱེད་ནུས་ཀྱི་བསྟན་ལ་གུས་པའི་དད་ཅན་འཚང་མི་རྒྱ་བས་སོ། །

འཕགས་ཡུལ་ན་མུ་སྟེགས་བྱེད་པ་ཁ་ཅིག་ཀྱང་ནི་སངས་རྒྱས་པའི་དགེ་སློང་རྣམས་ལ་འདི་སྐད་ཟེར་སྟེ་ཁྱེད་སངས་རྒྱས་པའི་ལུགས་བཟང་ལ་དེད་ཀྱི་ཆོས་ལུགས་ངན་ཞེས་བརྗོད་པ་ལ་རྒྱུ་མཚན་ཅི་ཞིག་ཡོད་མེད་དེ་སྡིག་པ་སྤོང་ཞིང་དགེ་བ་བྱེད་ན་དེད་ཀྱི་རིག་བྱེད་ལའང་ཡོད་པས་མུ་སྟེགས་ཡིན་ཡང་ཅི་ཞིག་སྐྱོན་མེད་དོ། །གལ་ཏེ་དགེ་བ་མེད་ཅིང་སྡིག་བྱེད་ན་ཁྱེད་ནང་པའི་ཆོས་པ་ཡིན་ཡང་ཅི་ཕན་ཏེ་མི་ཕན་པའི་ཕྱིར་ཞེར་རོ་ལོ། །དེ་བཞིན་དུ་བོད་འདི་ནའང་བླུན་པོ་འགའ་ཞིག་གིས་སྨྲ་བ་ཡོད་དེ་དཀོན་མཆོག་ལ་དད་པ་དང་ལྡན་ཞིང་སེམས་ཅན་ལ་སྙིང་རྗེ་ཆེ་བ་ཟང་ཟིང་གི་སྦྱིན་པ་ཀུན་ལ་གཏོང་བ་དང་ཁས་བླངས་པའི་ཚུལ་ཁྲིམས་བསྲུངས་ཤིང་གཞན་གྱི་གནོད་པ་ལ་བཟོད་པ་བསྒོམས་ཤིང་ཞི་ལྷག་གི་བསམ་གཏན་བསྒོམ་ཞིང་སྟོང་པ་ཉིད་རྟོགས་ན་སོ་སོར་ཐར་པའི་སྡོམ་པ་དང་སེམས་བསྐྱེད་པ་དང་དབང་བསྐུར་དང་རིམ་གཉིས་ལ་སོགས་པ་སངས་རྒྱས་ཀྱིས་གསུངས་པའི་མདོ་རྒྱུད་རྣམས་དང་མི་མཐུན་ཡང་། དེ་ལ་སྐྱོན་མེད་དད་པ་དང་སྙིང་རྗེ་ལ་སོགས་པ་དེ་དག་མེད་ན་མདོ་རྒྱུད་དང་མཐུན་པའི་སོ་ཐར་སེམས་བསྐྱེད་སོགས་བྱས་ན་ཡང་བྱ་བའི་མིང་གི་ཅི་ཕན་ཏེ་མི་ཕན་པའི་ཕྱིར་ཞེར་རོ་ལོ། །

མུ་སྟེགས་ལྟར་བོད་བླུན་པོས་ཟེར་བ་དེ་ཡང་བརྟག་པར་བྱ་བས་འཐད་པ་བཤད་ཀྱིས་ཉོན་ཅིག །མུ་སྟེགས་བྱེད་ལ་སྐྱབས་འགྲོ་མེད་པས་ངེས་འབྱུང་གིས་ཟིན་པའི་སྡོམ་པ་མེད་པ་དེའི་ཕྱིར་སྡིག་པ་སྤོང་ཞིང་དགེ་བ་བྱས་ན་ཡང་ནི་ཐར་པ་མི་ཐོབ་སྟེ། བར་མའི་དགེ་བ་བྱ་བ་ཡིན་གྱིས་སོ་ཐར་གྱི་སྡོམ་པ་ལས་བྱུང་བའི་ཐར་ལམ་གྱི་དགེ་བ་སྲིད་པ་མ་ཡིན་ནོ། །མུ་སྟེགས་བྱེད་ལ་སོ་ཐར་གྱི་སྡོམ་པ་མེད་པས་ཐར་པ་མི་ཐོབ་པ་དེ་བཞིན་དུ་དབང་བསྐུར་མ་ཐོབ་པ་དེ་ལ་འབྲས་བུ་རིག་འཛིན་སྔགས་ཀྱི་སྡོམ་པ་མེད། སྔགས་ཀྱི་སྡོམ་པ་མེད་པ་དེ་ཡིས་གསང་སྔགས་དང་འབྲེལ་བའི་དགེ་བ་སྤྱད་ཀྱང་སངས་རྒྱས་སྒྲུབ་པའི་སྔགས་ལམ་དུ་མི་འགྱུར་ཏེ་དེ་བར་མའི་དགེ་བ་ཡིན་གྱི་གསང་སྔགས་ཀྱི་སྡོམ་པ་ལས་བྱུང་བའི་དགེ་བ་མིན་པས་སོ། །ཁྱབ་ཏེ་སྔགས་ཀྱི་སྡོམ་པ་ལས་བྱུང་བའི་དགེ་བ་མ་ཡིན་ན་གསང་སྔགས་ཐབས་ལམ་རབ་ཟབ་ཅིང་དེ་བསྒོམ་ཀྱང་ནི་འཚང་མི་རྒྱ་སྟེ་དབང་བསྐུར་མེད་པར་གསང་སྔགས་ཀྱི་ཐབས་ལམ་ཟབ་མོ་བསྒོམ་པ་ངན་འགྲོའི་རྒྱུར་འགྱུར་བའི་ཕྱིར་ཞེས་བྱ་བར་ཐུབ་པས་དབང་མེད་ན་ནི་དངོས་གྲུབ་མེད། ཅེས་སོགས་གསུངས་པས་སོ། །དབང་བསྐུར་

ཀྱི་སྒོ་ནས་སྡོམ་པ་གསུམ་དང་ལྡན་པ་ཡི་གང་ཟག་དེས་རིམ་གཉིས་ཟབ་མོའི་གནད་ཤེས་ན་དེ་ལྟ་དེ་ནི་ཚེ་འདི་འམ་བར་དོ་འམ་སྐྱེ་བ་བཅུ་དྲུག་ཚུན་ཆད་ན་འགྲུབ་པར་རྫོགས་པའི་སངས་རྒྱས་གསུངས་ཏེ། ཡང་དག་སྦྱོར་བའི་རྒྱུད་ལས། གཞན་དུ་བསྐལ་པ་བྱེ་བ་ནི། །གྲངས་མེད་པ་ནི་གང་ཐོབ་པ། །གང་གི་དམ་པའི་བདེ་བ་ཐོབ། །སྐྱེ་བ་འདིར་ནི་འགྲུབ་པར་འགྱུར། ཞེས་དང་། ཡེ་ཤེས་ཐིག་ལེར། ཡང་ན་ལུས་འདི་སྤངས་མ་ཐག །བརྩོན་པ་མི་ལྡན་པས་ཀྱང་གྲུབ། །ཞེས་དང་། གསང་བའི་མཛོད་ལས། དབང་བསྐུར་ཡང་དག་སྨིན་ལྡན་ན། །སྐྱེ་ཞིང་སྐྱེ་བར་དབང་བསྐུར་འགྱུར། །དེ་ཡི་སྐྱེ་བ་བདུན་ལ་ནི། །མ་བསྒོམ་པར་ཡང་དངོས་གྲུབ་ཐོབ། །ཞེས་དང་། དམ་ཚིག་ལྔ་པར། གལ་ཏེ་ལྟུང་བ་མེད་གྱུར་ན། །སྐྱེ་བ་བཅུ་དྲུག་དག་ན་འགྲུབ། །ཅེས་སོགས་རྒྱ་ཆེར་གསུངས་པའི་ཕྱིར་རོ། །དེ་ཕྱིར་དབང་དང་རིམ་གཉིས་འདི་ལ་མཁས་པ་རྣམས་གུས་པ་ཡིན་ནོ། །

གང་དག་འདུལ་བའི་སྒོར་ཞུགས་ནས་རབ་ཏུ་འབྱུང་འདོད་ན་ནི་ངེས་འབྱུང་གི་བསམ་པས་ཟིན་པའི་སྡོམ་པ་བསྲུང་བའི་ཕྱིར་འདུལ་བའི་ལུགས་བཞིན་བསམ་པ་གུས་པས་ལོངས་ཤིག་སྟེ་ངེས་འབྱུང་གི་བསམ་པ་མེད་པ་ཚེ་འདིའི་བློ་གོས་ཙམ་ལ་དམིགས་པ་ཡི་རབ་ཏུ་འབྱུང་བ་ཐུབ་པས་བཀག་པའི་ཕྱིར་ཏེ། མདོ་ལས་ང་ཡིས་བསྟན་པ་སྲུན་འབྱིན་པ། །ཁྲུར་སྒྲིག་གིས་ནི་གོས་བགོས་ཤིང་། །འབྲས་བུ་ཡོད་དང་མེད་སྨྲ་བ། །མ་འོངས་དུས་ན་འབྱུང་བར་འགྱུར། །ཞེས་གསུངས་སོ། །དེང་སང་སེམས་བསྐྱེད་ཀྱི་ཆོ་ག་བྱེད་པ་དེ་དག་ཀྱང་མདོ་སྡེ་དང་མཐུན་པར་ཉུང་སྟེ་དབུ་མའི་སེམས་བསྐྱེད་གང་ཟག་ཀུན་ལ་བྱ་བར་གསུངས་པ་དང་། སེམས་ཙམ་པའི་སེམས་བསྐྱེད་བློ་མ་སྦྱངས་པ་ལ་མི་བྱ་བར་གསུངས་པའི་བསྟན་པའི་ལུགས་བཞིན་མི་བྱེད་ཀྱི་དབུ་མའི་སྡིག་བཤགས་སེམས་ཙམ་པ་ལ་སྦྱོང་བ་སེམས་ཙམ་པས་སེམས་བསྐྱེད་སྐྱེ་བོ་ཀུན་ལ་བྱེད་པ་སོགས་སྡེ་སྣོད་ལ་མ་སྦྱངས་པའི་ཐོས་ཆུང་རྣམས་ཀྱིས་མགོ་བོ་བསྒོར་ནས་བླུན་པོ་དགའ་བར་བྱ་བའི་ཕྱིར་རང་བཟོ་ཡིན་པས་སོ། །གང་དག་གསང་སྔགས་སྒོམ་པ་མང་མོད་ཀྱི་འོན་ཀྱང་དེ་དག་ནི་རྒྱུད་སྡེ་བཞིན་དུ་དབང་དང་རིམ་གཉིས་སོགས་སྒྲུབ་ཅིང་ཉམས་སུ་ལེན་པ་ཉུང་སྟེ་འཕྲལ་གྱི་སྤྱོད་པ་བདེ་བའི་འདུ་ཤེས་ཀྱིས་ཆོས་ནས་མ་བཤད་པའི་གང་བདེ་བདེ་ལ་བླ་མའི་གདམས་ངག་ཏུ་མིང་བཏགས་ནས་རང་བཟོར་གསང་སྔགས་ཀྱི་ཉམས་ལེན་ལ་སྤྱོད་པར་ཟད་པས་སོ། །ཕལ་ཆེར་དབང་བསྐུར་ལ་མི་མོས་ཤིང་གལ་ཏེ་དབང་བསྐུར་བྱེད་ན་ཡང་ནི་རྒྱུད་སྡེ་བཞིན་དུ་སྒྲུབ་པར་ཉུང་སྟེ་སྤྲོས་པ་དང་ཏིང་འཛིན་ལ་སོགས་པ་ཆོ་ག་བཟང་པོའི་གཞུང་ལུགས་ཀུན་དོར་ནས་གང་དག་རྫུན་གྱིས་བསླད་པ་སྟེ་བསྲེས་པའི་རང་བཟོའི་ཆོ་ག་ལ་ངོ་མཚར་འཛིན་བཞིན་དུ་གུས་པས་ལེན་པར་སྣང་བའི་ཕྱིར། བོད་ཕལ་ཆེར་བསྐྱེད་རིམ་མི་བསྒོམ་པར་གཏུམ་མོ་ལ་སོགས་པའི་ཐབས་ལམ་ཕྱོགས་རེ་བ་བསྒོམས་པ་མང་ཞིང་བརྒྱ་ལ་བསྐྱེད་རིམ་བསྒོམ་ན་ཡང་ནི་རྒྱུད་སྡེ་དང་མཐུན་པ་ཉུང་སྟེ་སྣང་གཞི་སྦྱོང་བྱེད་ལེགས་པར་འཕྲོད་པའི་ཀྱཻ་རྡོར་ནས་གསུངས་པའི་མངོན་བྱང་ལྔ་དང་རྡོ་རྗེའི་ཆོ་ག་གསུམ་བསྐྱེད་པ་བདེ་མཆོག་ནས་གསུངས་པའི་སྒྲ་ཚུལ་གྱི་རྟེན་འབྲེལ་གསང་འདུས་ནས་གསུངས་པའི་ཏིང་འཛིན་གསུམ་གཤིན་རྗེ་གཤེད་ནས་གསུངས་པའི་རྣལ་འབྱོར་བཞི་ལ་སོགས་པ་མདོར་ན་བསྙེན་བསྒྲུབ་བཞི་སོགས་ཚོ་གའི་ཡན་ལག་ཀུན་བོར་ནས་རང་བཟོའི་དཀྲོངས་བསྐྱེད་བསྒོམ་པར་བསྐྱེད་རིམ་དུ་མིང་བཏགས་པ་ཙམ་དུ་ཟད་པས་སོ། །བོད་ཀྱི་གཏུམ་མོ་བསྒོམ་པ་ཕལ་ཆེར་ཡང་རྒྱུད་

སྡེ་དང་མི་མཐུན་ཏེ་རྒྱུད་ནས་གསུངས་པའི་ལུས་ལ་རྩས་དེ་ལ་བྱང་སེམས་ཀྱིས་དེ་ལ་རླུང་གིས་དེ་ལ་རྣམ་ཤེས་ཀྱིས་དེ་ལ་ཆོས་ཀྱི་དབྱིངས་ཀྱིས་ཁྱབ་ནས་གནས་པ་དེ་ཐོག་མར་རླུང་ལ་དབང་ཐོབ་པར་བྱས་ནས་གཏུམ་མོའི་མེ་སྦར་ཏེ་རྟེན་བྱང་སེམས་ཞུ་བས་བརྟེན་པ་རིག་སྟོང་དབྱེར་མེད་མངོན་དུ་བྱེད་པའི་ནང་གི་རྟེན་འབྲེལ་མི་ཤེས་པར་མུ་སྟེགས་བྱེད་གཅེར་བུ་བའི་ལུགས་ཀྱི་གཏུམ་མོ་ལྟར་དྲོད་ཙམ་བསྐྱེད་ནས་རས་གོས་རྒྱང་པ་ལ་ནི་དམིགས་པར་གོ་ཞིང་གཏུམ་མོ་རས་ཐུབ་མ་ཅེས་ཟེར་བ་ཐོས་པས་སོ། །དེ་ལྟའི་གཏུམ་པོ་དེ་བསྒོམ་པ་ལས་བདེ་དྲོད་ཀྱི་ཡེ་ཤེས་ཟུང་ཟད་སྐྱེས་ན་ཡང་རྒྱུད་སྡེ་ནས་གསུངས་པ་བཞིན་ལམ་དུ་སྒྲོལ་ཤེས་པ་ཞུང་སྟེ་ཡེ་ཤེས་དེ་དག་ཉོན་མོངས་དང་རྣམ་རྟོག་དང་སྡིལ་ཞི་རང་བྱུང་བཞི་དང་འདྲེས་ཏེ་སྐྱེ་བ་རྣམས་སོ་སོར་འབྱེད་པའི་ཐབས་ལ་མི་མཁས་པས་བསྒོམ་སྐྱེས་ཀྱང་དེ་ནི་སླར་འཁོར་བའི་རྒྱུར་འགྱུར་བས་རྫོགས་པའི་སངས་རྒྱས་ཀྱི་ལམ་མི་འགྱུར་བའི་ཕྱིར་རོ། །དེས་ན་དེ་འབྱེད་པ་ལ་ལམ་དང་འབྲས་བུའི་གདམས་ངག་ཟབ་མོ་དགོས་པས་དེ་ལ་འབད་པར་བྱའོ། །ལྗོངས་འདིར་དབང་བསྐུར་གཏན་ནས་མ་ཐོབ་པར་དྲོད་ཙམ་སྐྱེ་བའི་གཏུམ་མོ་སོགས་རྫོགས་རིམ་གྱི་དམིགས་པ་འབའ་ཞིག་སྟོན་པའི་བླ་མ་ལ་ནི་སངས་རྒྱས་སུ་མོས་པ་བྱེད་པ་མང་ན་ཡང་གསང་སྔགས་ཀྱི་སྡོམ་པ་མ་ཐོབ་པ་དེ་འདྲའི་བླ་མ་ནི་མྱུར་དུ་སངས་རྒྱས་སྟེར་བའི་གསང་སྔགས་ཀྱི་བླ་མ་མིན་ཏེ་དཔོན་སློབ་གཉིས་ཀ་དབང་བསྐུར་མ་ཐོབ་པའམ་ཐོབ་ཀྱང་ཉམས་པས་གསང་སྔགས་ཀྱི་སྡོམ་པ་མེད་པ་ཡིན་ལ་སྡོམ་པ་མེད་ལ་བླ་མ་མཚན་ཉིད་དང་ལྡན་པ་མི་སྲིད་པའི་ཕྱིར་རོ། །དཔེར་ན་གང་ཟག་ཆེ་གེ་མོས་རབ་བྱུང་མ་བྱས་ན་གང་ཟག་དེའི་མཁན་པོའི་ཐ་སྙད་མེད་པ་བཞིན་དེ་བཞིན་དུ་དབང་བསྐུར་མ་ཐོབ་ན་བླ་མ་དམ་པའི་ཐ་སྙད་མི་འབྱུང་ངོ་། །དེ་ཡང་། ཐུན་མོང་མིན་པའི་གསང་བ་ལས། །གང་ལས་དབང་རབ་མཆོག་ཐོབ་པ། །དེ་ནི་བླ་མར་ཡོངས་སུ་གཟུང་། ཞེས་སོགས་གསུངས་སོ། །གསང་སྔགས་ཀྱི་དབང་བསྐུར་བ་མིན་པའི་བླ་མ་དེ་ལ་མོས་པ་བྱས་ཀྱང་ཚེ་འདི་ཡི་བདེ་སྐྱིད་ཕུན་ཚོགས་ཙམ་ཞིག་གམ། རིམ་གྱིས་འགྲུབ་པའི་རྒྱུར་སྲིད་ཀྱི། ཚེ་འདིའམ་བར་དོ་ལ་སོགས་སུ་སངས་རྒྱས་ཉིད་སྦྱིན་མི་ནུས་ཏེ་སྔགས་ཀྱི་དབང་བསྐུར་དང་མ་འབྲེལ་བས་དེ་ལ་གསོལ་བ་ཇི་ཙམ་བཏབ་ཀྱང་སངས་རྒྱས་མི་འགྲུབ་པས་སོ། །

དབང་བསྐུར་མ་ཐོབ་པའི་བླ་མ་ལ་གསོལ་བ་བཏབ་ཀྱང་སངས་རྒྱས་སྦྱིན་མི་ནུས་པའི་རྒྱུ་མཚན་ཡོད་དེ་ཕ་རོལ་ཏུ་ཕྱིན་པའི་གཞུང་ལུགས་འདུལ་བ་སོགས་ལས་བླ་མ་ལྷན་ཅིག་གནས་དང་ཉེར་གནས་ཀྱིས་མཁན་པོ་དང་སློབ་དཔོན་ལ་སྟོན་པའི་འདུ་ཤེས་བསྐྱེད་པར་བྱའོ་ཞེས་སོགས་སངས་རྒྱས་ལྟ་བུ་རུ་བལྟ་བར་བྱ་ཞེས་གསུངས་མོད་ཀྱི་སངས་རྒྱས་དངོས་སུ་གསུངས་པ་མེད། བླ་མ་སངས་རྒྱས་དངོས་ཉིད་ཡིན་ཞེས་བྱ་བ་དབང་བསྐུར་ཐོབ་ནས་ཡིན་པས་སོ། །དེ་ཡང་། འདུས་པའི་རྒྱུད་ལས། དབང་བསྐུར་བའི་རྡོ་རྗེ་སློབ་དཔོན་ལ་ཇི་ལྟར་ལྟ་བར་བགྱི་ཞེས་ཞུས་པའི་ལན་དུ། སངས་རྒྱས་ཀུན་གྱི་རང་བཞིན་སྐུ། །ཡན་ལག་བྱང་ཆུབ་སེམས་དཔའ་སྟེ། །བ་སྤུ་རྣམས་ནི་དགྲ་བཅོམ་ཉིད། །སྤྱི་གཙུག་རིགས་ལྔའི་སངས་རྒྱས་ཏེ། །འཇིག་རྟེན་པ་ནི་ཞབས་ཀྱི་མཐིལ། །འོད་ཟེར་གནོད་སྦྱིན་གསང་བ་པའོ། །རྣལ་འབྱོར་ཅན་གྱིས་རྟག་ཏུ་ལྟ། །ཞེས་སོགས་གསུངས་པས་སོ། །དབང་མ་བསྐུར་བའི་བླ་མ་ལ་སློབ་མ་དེས་སངས་རྒྱས་དངོས་སུ་ལྟ་བར་མ་བཤད་པ་དེས་ན་དབང་བསྐུར་བའི་སྒོ་ནས་སྡོམ་པས་མ་སྨྲིལ་ན་བླ་མ་དེ་བཟང་པོ་གྲུབ་ཐོབ་ཡིན་ན་ཡང་ཕ་རོལ་ཕྱིན་པའི་ལུགས་ལྟར་རིམ་གྱིས་གྲུབ་པའི་རྒྱུ་ལས་མ་འདས་པ་ཡིན་

ནོ༔ ། །གང་ཟག་གང་ཞིག་རབ་བྱུང་མིན་ལ་མཁན་པོའི་ཐ་སྙད་མེད། དེ་ལ་སྡུས་ཀྱང་དབང་མ་བསྐུར་ཞིང་མ་ཐོབ་པ་ལ་སྔགས་ཀྱི་བླ་མའི་ཐ་སྙད་མེད། ལུས་ངག་གི་ཉེས་སྤྱོད་སྤོང་བའི་སྡོམ་པ་མེད་པ་ལ་སྦྱོང་སེམས་ཀྱི་དགེ་བ་རྒྱུན་ཆགས་སུ་འབྱུང་བ་མེད་དཀོན་མཆོག་གསུམ་ལ་སྐྱབས་འགྲོ་རྣམ་དག་མེད་ན་ཆོས་འདི་པའི་ནང་དུ་ཚུད་པ་མིན་པ་དང་བཞི་པོ་འདི་ནི་ཀུན་གྱིས་གོ་དགོས་ཏེ་དེ་ལྟར་བཞི་ནི་གནད་ཀྱི་དོན་ཡིན་པའི་ཕྱིར་རོ། །

དགེ་སློང་དུ་ཁས་འཆེ་བ་ལ་རབ་བྱུང་གི་སྡོམ་པ་མེད་པ་དང་། རྒྱལ་སྲས་སུ་ཁས་འཆེ་བ་ལ་ཐེག་ཆེན་སེམས་བསྐྱེད་མ་ཐོབ་པ་དང་། སྔགས་པར་ཁས་འཆེ་བ་ལ་དབང་བསྐུར་མེད་པ་སྟེ་ཁས་འཆེ་བ་གསུམ་པོ་འདི་ནི་སངས་རྒྱས་བསྟན་པའི་ཆོས་རྐུན་ཡིན་ཏེ་རིམ་བཞིན་འདུལ་བ་ཕར་ཕྱིན་རྡོ་རྗེ་ཐེག་པའི་ཆོས་རྐུན་ཡིན་པའི་ཕྱིར་རོ། །བོད་འདིར་ཕྱག་རྒྱ་ཆེན་པོར་མིང་བཏགས་ནས་བསྒོམ་པ་མང་ན་ཡང་ནི་ཕྱག་ཆེན་མཚན་ཉིད་པ་བསྒོམ་པ་མ་ཡིན་ཏེ་རྟོག་པ་ཡུལ་ལ་མི་འཕྲོ་བ་ནང་དུ་ཁ་འཛོམ་པའི་དང་ནས་སྟོང་རྐྱང་རེ་དེ་བ་དེ་ཉིད་ལ་ཕྱག་ཆེན་དུ་བཟུང་ནས་བསྒོམ་གྱི་རིམ་གཉིས་ལས་བྱུང་བའི་ཡེ་ཤེས་ལ་ཕྱག་རྒྱ་ཆེན་པོ་ཡིན་པ་དེ་མི་ཤེས་པས་སོ། །

བླུན་པོའི་རྟོག་པ་ནང་དུ་ཁ་འཛོམ་པའི་ཞི་གནས་སེམས་རྒྱུད་རྨུགས་པའི་ཐུག་པོ་དང་། ཅི་ཡང་ཡིད་ལ་མི་བྱེད་པའི་སྟོང་ཉིད་ཐལ་བྱུང་གཉིས་འབྲེལ་བ་ཕྱག་རྒྱ་ཆེན་པོར་མིང་བཏགས་ནས་སྒོམ་པ་དེ་ནི་འཕྱི་བ་ཚང་དུ་གཉིད་པ་ལྟ་བུའི་རྒྱུ་ཡིན་པས་ཕལ་ཆེར་དུད་འགྲོའི་རྒྱུ་རུ་གསུངས་ཏེ་རྩ་ཤེར། སྟོང་པ་ཉིད་ལ་ལྟ་ཉེས་ན། །ཤེས་རབ་ཆུང་རྣམས་ཕུང་བར་འགྱུར། །ཞེས་དང་། རིན་ཕྲེང་ལས། མེད་པ་པར་ནི་ངན་འགྲོར་འགྲོ། །ཞེས་དང་། ཨིནྡྲ་བྷུ་ཏིས། །རྨོངས་པའི་བསྒོམ་པ་གང་ཡིན་པ། །རྨོངས་ལས་རྨོངས་པ་ཐོབ་པར་འགྱུར། །ཞེས་སོགས་གསུངས་སོ། །བླུན་པོའི་བསྒོམ་ཚུལ་དེ་ལྟ་མིན་ན་གཟུགས་ཀྱི་སྣང་བ་མཐའ་དག་བཀག་ནས་གཟུགས་ལ་འདོད་ཆགས་དང་བྲལ་བར་བྱས་ཏེ་ནམ་མཁའ་ལ་དམིགས་པ་དང་། དེ་བཞིན་དུ་གཟུགས་སྣང་བཀག་ནས་རྣམ་ཤེས་ལ་དམིགས་པ་དང་། དེ་བཀག་ནས་ཅི་ཡང་མེད་པ་ལ་དམིགས་པ་དང་། དེ་བཀག་ནས་འདུ་ཤེས་རགས་པ་ཡོད་པ་མ་ཡིན་ཕྲ་བ་མེད་པ་མ་ཡིན་པའི་ཞི་གནས་རྣམས་དང་། གཟུགས་སྣང་བཀག་པའི་སྟོང་པ་སྤྲོལ་ནས་བསྒོམ་པས་ནི་གཟུགས་མེད་ཁམས་ཀྱི་རྒྱུ་ཚོགས་གྲངས་ཚང་བས་གཟུགས་མེད་ཁམས་སུ་སྐྱེའོ། །ཡང་ན་ཆོས་དྲུག་འགག་པའི་སྟོང་པ་ངོ་འཕྲོད་པའི་སྟོང་རྐྱང་དེ་ཐོག་མར་ངེས་འབྱུང་གི་བསམ་པས་ཀུན་ནས་བསླངས་ཤིང་དྲན་ཚོར་མེད་པའི་ཞི་གནས་སྒྲོན་མེད་གཅིག་དང་ཟུང་འབྲེལ་དུ་བསྒོམ་པས་ནི་ཤེས་རབ་ཀྱིས་འཁོར་བའི་མཐའ་མནན་ཀྱང་སྙིང་རྗེ་ཆེན་པོ་དང་བྲལ་བས་མྱང་འདས་ཀྱི་མཐར་ལྷུང་བ་ལས་འོས་མེད་པས་ཉན་ཐོས་འགོག་པར་ལྷུང་བ་སྟེ་མྱ་ངན་ལས་འདའོ། །གལ་ཏེ་ཤིན་སྦྱངས་བདེ་ལྡན་གྱི་ཞི་གནས་དང་། ཐབས་སྙིང་རྗེ་ཆེན་པོ་སྤྲས་ཀུན་ཉེར་ཞིའི་སྟོང་ཉིད་ཟུང་འབྲེལ་ལྟ་བུ་དེ་ནི་ཇི་ལྟར་བསྒོམ་ལེགས་ཀྱང་དབུ་མའི་བསྒོམ་ལས་ལྷག་པ་མེད་དེ་ཟུང་འབྲེལ་གྱི་ལྟ་བ་སྐྱོང་བའམ་བསྒོམ་པ་ཙམ་ལས་དབང་རིམ་གཉིས་མེད་པས་རྟོག་མེད་ཀྱི་ཡེ་ཤེས་མྱུར་དུ་འདྲེན་མི་ནུས་པའི་ཕྱིར་རོ། །མཐའ་བྲལ་དབུ་མའི་བསྒོམ་དེ་བཟང་མོད་ཀྱི་འོན་ཀྱང་སྔགས་ནས་བཤད་པ་བཞིན་གྱི་ཐབས་བཟང་པོ་མེད་ན་འགྲུབ་པ་ཤིན་ཏུ་དཀའ་སྟེ། ཇི་སྲིད་ཚོགས་གཉིས་མ་རྫོགས་པ་དེ་སྲིད་བསྒོམ་དེ་མཐར་མི་ཕྱིན་ནོ། །སྤྱོད་པར། ཇི་སྲིད་ཚོགས་གཉིས་དམ་པ་དེ་ཉིད་མ་རྫོགས་པ། །དེ་སྲིད་སྟོང་ཉིད་དམ་པ་དེ་ཉིད་རྟོགས་མི་འགྱུར། །ཞེས་སོ། །མཐར་ཕྱིན་པ་འདི་ཡི་རྒྱུ་ཚོགས་གཉིས་རྫོགས

པ་ལ་བསྐལ་པ་གྲངས་མེད་པ་གསུམ་དགོས་པར་གསུངས་པས་སོ། །ངེད་སངས་རྒྱས་པའི་སྔགས་ཀྱི་ཕྱག་རྒྱ་ཆེན་པོ་ནི་ཐབས་དབང་ལས་བྱུང་བའི་ཡེ་ཤེས་དང་། རིམ་པ་གཉིས་ཀྱི་ཏིང་ངེ་འཛིན་བསྒོམ་པ་ལས་བྱུང་བའི་རང་བྱུང་ལྷན་ཅིག་སྐྱེས་པའི་ཡེ་ཤེས་ཡིན་པས་སྟོང་ཉིད་བསྒོམ་ཙམ་མིན་པར་སྔགས་བླ་མེད་ལ་ལྟོས་པ་ཅན་ནོ། །འདི་ཡི་རྟོགས་པའི་དུས་ནི་གསང་སྔགས་ཀྱི་ཐབས་ལ་མཁས་ན་ཚེ་འདིར་འགྲུབ་སྟེ་ལམ་མྱུར་ཞིང་ཟབ་པའི་གནད་ཁྱད་པར་ཅན་དང་ལྡན་པའི་ཕྱིར་རོ། །གསང་སྔགས་ཀྱི་ཐབས་དེ་ལས་གཞན་དུ་གྱུར་པའི་ཕྱག་རྒྱ་ཆེན་པོ་འདི་ནི་རྟོགས་པ་མེད་དེ་བོད་ལུགས་ཀྱི་འཁྲུལ་བའི་ལམ་ངན་གྱིས་གནས་ལུགས་ཕྱག་ཆེན་རྟོགས་པ་སངས་རྒྱས་ཀྱིས་མ་གསུངས་ཤིང་རང་བཟོ་ཡིན་པས་སོ། །མདོ་དང་རྒྱུད་སྡེ་འོག་མ་ནས་ཕྱག་ཆེན་གསུངས་པ་མེད་པ་དེས་ན་ཕྱག་རྒྱ་ཆེན་པོ་འདི་ལ་ནི་མོས་ན་གསང་སྔགས་བླ་མེད་ཀྱི་གཞུང་བཞིན་སྒྲུབ་དེ་ཕྱག་ཆེན་དང་དེ་སྐྱེས་པའི་ཐབས་གཉིས་བླ་མེད་ཀྱི་ཁྱད་ཆོས་ཡིན་པའི་ཕྱིར་རོ༎ ༎

སྔར་བཤད་རྟོག་པ་ཁ་འཚོམ་གྱི་ཞི་གནས་དང་བསྲེས་ནས་སྟོང་རྐྱང་བསྒོམ་པ་ལ་ཕྱག་ཆེན་བསྒོམ་པར་རློམ་པའི་ད་ལྟའི་ཕྱག་རྒྱ་ཆེན་པོ་དང་རྒྱ་ནག་གི་མཁན་པོ་ཧ་ཤང་མ་ཧ་ཡ་ནའི་ལུགས་ཀྱི་རྫོགས་ཆེན་གཉིས་པོ་དེ་ལ་ཡས་འབབ་དང་ནི་མས་འཛེགས་གཉིས། རིམ་གྱིས་པ་དང་ཅིག་ཅར་བར་མིང་འདོགས་བསྒྱུར་བ་མ་གཏོགས་པར་དོན་ལ་ཐབས་གཞན་མི་དགོས་པར་ཡིད་བྱེད་བཀག་པའི་མི་རྟོག་པ་ཙམ་གྱི་ཉམས་ལེན་གཅིག་ཏུ་སྨྲང་བས་ཁྱད་པར་རྣམ་པར་དབྱེ་བ་མེད་དོ། །ཆོས་ལུགས་ནོར་བ་འདི་འདྲ་འབྱུང་བ་ཡང་ནི་མཚན་བརྗོད་པར་དཀའ་བ་མཁན་ཆེན་བྱང་ཆུབ་སེམས་དཔའ་ཞི་བ་འཚོས། རྒྱལ་པོ་ཆེན་པོ་ཁྲི་སྲོང་ལྡེའུ་བཙན་ལ། ཞལ་ཆེམས་ལུང་བསྟན་ཇི་བཞིན་ཐོག་ཏུ་བབས་པ་ཡིན་ནོ། །ལུང་བསྟན་དེ་ཡང་བཤད་ཀྱིས་ཉོན་ཅིག་སྟེ། མཁན་ཆེན་དེ་ཉིད་སྔོན་གྱི་སྨོན་ལམ་གྱིས་མཐུས་བོད་ཡུལ་འདིར་བྱོན་ནས་རྒྱལ་པོའི་ཐུགས་བཞེད་བསྒྲུབས་ཏེ་སྐུ་གཤེགས་ཁར་རྒྱལ་པོ་ཁྱོད་ཀྱི་བོད་ཡུལ་འདིར་ནི་སློབ་དཔོན་པདྨ་འབྱུང་གནས་ཀྱིས་མ་མོའི་སྡེ་དཔོན་བསྟན་མ་བཅུ་གཉིས་ལ་གཉེར་གཏད་མཛད་པས་མུ་སྟེགས་པ་དངོས་སུ་འབྱུང་བར་མི་འགྱུར་རོ་དེ་ལྟར་མོད། འོན་ཀྱང་ཉིན་མཚན་དང་ཡར་ངོ་མར་ངོ་སོགས་རྟེན་འབྲེལ་འགའ་ཡི་རྒྱུས་ཆོས་ལུགས་དག་མ་དག་གཉིས་སུ་འགྲོ་བར་འགྱུར་ཏེ་དེ་ཡང་ཐོག་མར་ང་འདས་ནས་རྒྱ་ནག་དགེ་སློང་བྱུང་ནས་ནི་བྱ་བྱེད་ཀྱི་ཆོས་ཀྱིས་འཚང་མི་རྒྱ་བས་རྣམ་པར་མི་རྟོག་པ་སྒོམ་པས་སེམས་རྟོགས་པ་འབབ་ཞིག་གིས་འཚང་རྒྱ་བ་ཡིན་ཞེས་ལྟ་བ་ཡས་བབས་ཀྱི་དཀར་པོ་ཆིག་ཐུབ་ཅེས་བྱ་བ། །ཅིག་ཅར་བ་ཡི་ལམ་སྟོན་པར་འགྱུར་བས་སོ། །དེ་ཚེ་ང་ཡི་སློབ་མ་ནི། །མཁས་པ་ཆེན་པོ་ཀ་མ་ལ། །ཤཱི་ལ་ཞེས་བྱ་རྒྱ་གར་ནས། སྤྱན་དྲངས་ཤིག་མཁས་པ་དེ་ཡིས་ཧ་ཤང་མ་ཧ་ཡ་ནའི་ལུགས་དཀར་པོ་ཆིག་ཐུབ་དེ་སུན་འབྱིན་ནུས་པའི་ཕྱིར་རོ། །དེ་ནས་ཀ་མ་ལ་ཤཱི་ལ་དེ་ཡི་ཆོས་ལུགས་བཞིན། དད་ལྡན་རྣམས་ཀྱིས་སྤྱོད་ཅིག་གསུངས་ཏེ་ཀ་མ་ལ་ཤཱི་ལར་ཡང་ཁྱོད་བོད་ཀྱི་རྒྱལ་པོས་གདན་འདྲེན་དུས་འབྱོན་དགོས་ཏེ་མ་བྱོན་ན་དཔོན་སློབ་ལ་དམ་ཚིག་མེད་ཅེས་གདན་འདྲེན་པའི་ཕྱག་ཡིག་བཅས་བཞག་གོ། །དེ་ནས་མཁན་ཆེན་ཞི་བར་གཤེགས་ནས་སྦ་ཡེ་ཤེས་དབང་པོ་རྒྱལ་ཚབ་ཏུ་བསྐོས་པ་ལས་འཁོར་གྱིས་ལོག་སྒྲུབ་ལ་ཐུགས་སྐྱོ་ནས་ལྷོ་བྲག་མཁར་

ཆུར་བསྒོམ་སླེབ་ལ་ཐེབས་པའི་དུས་མཁན་ཆེན་དེ་ཡིས་ཇི་སྐད་གསུངས་པ་བཞིན་ཕྱིས་ནས་རྒྱ་ནག་གི་མཁན་པོ་བྱུང་ནས་ཅོག་ལ་སྙིང་པོ་མེད་ཐ་སྙད་ཀྱི་ཆོས་ཀྱིས་སངས་རྒྱས་མི་ཐོབ་སེམས་རྟོགས་ན་དེས་ཆོག་ཟེར་ནས་དེའི་གཞུང་འཛུགས་པ་ལ་སེམས་ངོ་འཕྲོད་ན་ཉལ་བས་ཆོག་ཅེས་སྟོན་པ་བསམ་གཏན་ཉལ་ཆོག་གི་འཁོར་ལོ། །དེའི་གནད་སྟོན་པ་ལ་བསམ་གཏན་གྱི་ཡོན། དེའི་གེགས་སེལ་བ་ལ་བསམ་གཏན་གྱི་ཡང་ཡོན། དེ་དག་རི་པས་སླེབ་པ་ལ་ལྟ་བའི་རྒྱབ་ཤ་དེ་དག་ལུང་གིས་སླེབ་པ་ལ་མདོ་སྡེ་བརྒྱད་བཅུ་ཁུངས་ཤེས་པའི་བསྟན་བཅོས་ལྔ་བརྩམས་ནས་རང་གི་ཆོས་ལུགས་བསྟན་པས་ཆོས་འདི་བྱ་སླ་ཟེར་ནས་བོད་ཕལ་ཆེར་དད་དེ་མཆོད་པ་དང་ཐོས་བསམ་སོགས་དགེ་སྦྱོར་གྱི་འགྲོ་བཅད་དེ་ལུགས་གཉིས་སུ་གྱུར་ཏེ་ཐམས་ཅད་བདེན་པར་འགྱུར་རོ། །རྒྱལ་པོ་ཐུགས་མ་བདེ་ནས་ཀ་མ་ལ་ཤཱི་ལ་སྤྱན་དྲངས་བསམ་ཡས་ནུབ་གླིང་དུ་ཁྲི་བཤམ་ཏེ་དབུས་སུ་རྒྱལ་པོ་གཡས་སུ་ཧ་ཤང་གཡོན་དུ་མཁས་པ་ཆེན་པོ་བཞུགས་ཏེ་རྩོད་པ་ན་ཧ་ཤང་ན་རེ། འཁོར་བ་ཐམས་ཅད་སེམས་ཀྱི་རྣམ་རྟོག་ཡིན་ཅི་ཡང་ཡིད་ལ་མི་བྱེད་པས་གྲོལ་བ་ཡིན་སྦྱིན་པ་སོགས་དབང་རྟུལ་ལ་བསྟན་བྱ་ཡིན་པས་ཁྱོད་ཀྱི་ཆོས་ལུགས་སྤྲེའུ་ཤིང་རྩེར་འཛེགས་པ་ལྟར་མས་འཛེགས་དང་རིམ་གྱི་བ་ཡིན། ངས་ལུགས་ནི་ཁྱུང་ནམ་མཁའ་ནས་བབས་པ་ལྟར་ཡས་བབས་དང་ཅིག་ཅར་བ་ཡིན་ཟེར་རོ། །དེ་ལ་སློབ་དཔོན་གྱིས། ནམ་མཁར་གླག་བྱུར་དུ་འདབ་གཤོག་རྫོགས་ནས་སམ། བྲག་ཚང་དུ་རིམ་གྱིས་རྫོགས་ནས་བབས། དང་པོ་མི་སྲིད་ཅིང་། གཉིས་པ་ཁྱོད་ཀྱི་དཔེར་མི་རུང་ངོ་། །དོན་ཡང་མི་འཐད་དེ། རྣམ་རྟོག་ཕྱོགས་ཅིག་གམ། མཐའ་དག་བཀག །དང་པོ་ལྟར་ན། གཉིད་སོགས་ཀྱང་དེར་འགྱུར་རོ། །གཉིས་པ་ལྟར་ན་བསྒོམ་བློ་སྔོན་དུ་བཏང་ངམ། མ་བཏང་། དང་པོ་ལྟར་ན་དམ་བཅའ་ཉམས་སོ། །གཉིས་པ་ལྟར་ན་ཐམས་ཅད་ལ་འབད་མེད་དུ་སྐྱེ་བར་བགྱུར་རོ་ཞེས་བཀག་པ་ན། ཧ་ཤང་ན་རེ་མགོ་བོ་ལ་ཐོག་བབས་པ་ལྟར་གྱུར་ཏོ་ཞེས་ཟེར་ཏེ་རྒྱ་ནག་ལུགས་དེ་ནུབ་མཛད་ནས་རིམ་གྱི་པ་ཡི་ཆོས་ལུགས་སྤེལ་བ་ཡིན་ནོ། ཁྲི་སྲོང་ལྡེའུ་བཙན་ནས་རྒྱལ་རབས་འགའ་ཞིག་སོང་བའི་ཕྱི་ནས་རྒྱལ་པོ་གླང་དར་མས་བོད་ཀྱི་རྒྱལ་ཁྲིམས་ཆོས་ཁྲིམས་བཅས་གཉིས་ཆར་ནུབ་པ་དང་རྒྱ་ནག་མཁན་པོའི་གཞུང་ལུགས་ཀྱི་ཡི་གེ་གཏེར་ནས་ཐོན་པ་ཙམ་ལ་བརྟེན་ནས་ཀྱང་བླུན་པོ་ཆོས་ལ་དད་ཅན་གདམས་ངག་འདོགས་པ་ལ་སྨྲོ་བས་རྒྱ་ནག་གི་ལུགས་དེ་ཡི་དཀར་པོ་ཆིག་ཐུབ་དང་ཡས་བབ་ཞེས་པའི་མིང་འདོགས་གསང་ནས་ཀྱང་ཕྱག་རྒྱ་ཆེན་པོར་མིང་བསྒྱུར་ནས་བཤད་པས་དར་བ་ཤས་ཆེ་བ་ཡིན་པས་ན་ད་ལྟའི་ཕྱག་རྒྱ་ཆེན་པོར་གྲགས་པའི་ཉམས་ལེན་རྣམས་ནི་ཕལ་ཆེར་རྒྱ་ནག་ཆོས་ལུགས་ཡིན་ནོ། །

ནཱ་རོ་པ་དང་མཻ་ཏྲི་པའི་ལུགས་ཀྱི་ཕྱག་རྒྱ་ཆེན་པོ་གང་ཡིན་པ་དེ་ནི་ཕྱི་རོལ་གྱི་རིག་མ་མཚན་ལྡན་ལས་དང་དེའི་རང་བཞིན་ཆོས་དབྱིངས་ནི་ཆོས་དང་ནི། དེ་ལ་བརྟེན་ནས་ཨ་བ་དྷཱ་ཏི་སྟོང་ཉིད་རོ་གཅིག་པའི་ལྷན་ཅིག་སྐྱེ་བའི་དགའ་བ་དམ་ཚིག་དང་ནི་དེ་ཉིད་ཀྱིས་འབྲས་བུ་རང་འབྱུང་གི་ཡེ་ཤེས་ནི་ཕྱག་རྒྱ་ཆེན་པོ་ཞེས་གསང་སྔགས་ཀྱི་རྒྱུད་སམྦུ་ཊ་ནས། དེ་ཕྱིར་ཡེ་ཤེས་སྐྱེད་པ་ཡིས། །ཕྱག་རྒྱ་བཞིར་ནི་སྤྱར་བར་བྱ། །ཞེས་ཇི་སྐད་དུ་གསུངས་པ་དེ་ཉིད་ཁོང་བཞེད་པས་གྲུབ་ཆེན་དེ་གཉིས་ཀྱི་ལུགས་ཀྱི་ཕྱག་ཆེན་ནི་མ་ཡིན་པ་ཉིད་དོ། །འཕགས་པ་ཀླུ་སྒྲུབ་ཉིད་ཀྱིས་ཀྱང་། ཕྱག་རྒྱ་བཞི་པར་འདི་སྐད་གསུངས། ལས་ཀྱི་ཕྱག་རྒྱའི་ཉམས་ལེན་མི་ཤེས་པས་ཆོས་ཀྱི་ཕྱག་རྒྱ་རྒྱུད་ལ་སྐྱེ་ཚུལ་མི་ཤེས་ལ་དམ་ཚིག་གི་ཕྱག་རྒྱའི་དོན་མི་གོ་ཞིང་ཕྱག་རྒྱ་ཆེན་པོའི་མིང་ཙམ་ཡང་། རྟོགས་པ་ཉིད་ནི་མི་སྲིད་པར་གསུངས་པས་སོ། །དེ་ཉིད་ལས། ལས་ཀྱི་ཕྱག་རྒྱ་མི་ཤེས་པ་རྣམས་ཀྱིས་ནི་ཆོས་ཀྱི་ཕྱག་རྒྱ་མི་ཤེས་ན་ཕྱག་རྒྱ་ཆེན་པོའི

མིང་ཙམ་ཡང་རྟོགས་པར་ལྟ་ག་ལ་འགྱུར་ཞེས་གསུངས་སོ། །རྒྱུད་ཀྱི་རྒྱལ་པོ་གཞན་བརྟག་གཉིས་དང་ནི་བསྟན་བཅོས་ཆེན་པོ་གཞན་སྒྲིབ་སྦྱོང་སོགས་ལས་ཀྱང་། དབང་བསྐུར་དག་དང་མ་འབྲེལ་བ། དེ་ལ་ཕྱག་རྒྱ་ཆེན་པོ་བཀག་སྟེ། བརྟག་གཉིས་ལས། གཞན་གྱི་བརྗོད་མིན་ལྷན་ཅིག་སྐྱེས། །གང་དུ་ཡང་ནི་མི་རྙེད་དེ། །བླ་མའི་དུས་ཐབས་བསྟན་པ་དང་། །བདག་གིས་བསོད་ནམས་ལས་རིག་བྱ། །ཞེས་དང་། ཨཙྪ་དེ་ཝས། དེ་ནི་དཔེ་ཡི་ཉེར་མཚོན་ནས། །བླ་མའི་ཞལ་གྱིས་དྲིན་གྱིས་སོ། །ཞེས་སོགས་གསུངས་སོ། །སྨིན་བྱེད་ཀྱི་དབང་བསྐུར་བ་ཕྱིན་ཅི་མ་ལོག་པ་ཐོབ་པ་ལས་བྱུང་བ་ཡི་མཚོན་བྱེད་དཔེ་ཡི་ཡེ་ཤེས་དང་དོན་གྱི་ཕྱག་རྒྱ་ཆེན་པོའི་རྟོགས་པ་མངོན་དུ་གྱུར་ན་ད་གཟོད་ལམ་བགྲོད་པ་ལ་རྣམ་རྟོག་གི་མཚན་མ་དང་བཅས་པའི་འབད་རྩོལ་ཀུན་ལ་མི་ལྟོས་ཏེ་རྟོགས་པ་དེའི་རྒྱུན་བསྐྱང་ནས་ལམ་རང་གི་ངང་གི་བགྲོད་པར་འགྱུར་བའི་འཇིག་རྟེན་ལས་འདས་པའི་ལམ་ཐོབ་པས་སོ། །

དེང་སང་བོད་འགའ་ཞིག་བླ་མ་བསྒོམ་ཞིང་གསོལ་བ་བཏབ་པ་ཡི་མོས་གུས་ཙམ་གྱིས་སེམས་བསྒྱུར་ནས་རྟོག་པ་ཅུང་ཟད་འགགས་པའི་ཞི་གནས་ལ་མི་རྟོག་པའི་ཉམས་སྐྱེས་པས་ན་ཕྱག་རྒྱ་ཆེན་པོ་རྒྱུད་ལ་སྐྱེས་པའི་ཞེས་བྱ་བར་ངོ་སྤྲོད་བྱེད་དོ། །ཀྱིན་ཅུང་ཟད་ཙམ་གྱིས་སེམས་གནས་པའི་ཞི་གནས་ལྟར་སྣང་དེ་ཕྱག་ཆེན་ཡིན་པར་མི་འཐད་དེ་དེ་འདྲ་བདུད་ཀྱིས་བྱིན་བརླབས་ཡིན་པའང་སྲིད་ཅིང་། ཡང་ན་ནང་རྡོ་རྗེའི་ལུས་ཀྱི་རྩ་ཁམས་འདུས་པ་འགའ་ལའང་འབྱུང་བའི་ཕྱིར་རོ། །དཔལ་མོའི་གྲུབ་ཐོབ་ཀ་རུ་འཛིན་ཞེས་བྱ་བ་ཡི་ཆོས་ལྟར་བཅོས་པའང་སྟོན་ནུས་པའི་རྫུན་རླབས་ཅན་གྱི་གྲུབ་ཐོབ་བྱུང་། དེ་ཡི་དཔའ་ཐང་དུ་བཏབ་པའི་དགོན་པ་མཐོང་བ་ལམ་དུ་ཞུགས་པ་ལམ་ཕྱེད་སླེབ་པ་ཙམ་གྱིས་འགའ་ལ་དྲན་རྟོག་འགག་པའི་ཏིང་འཛིན་སྐྱེས་པའང་འབྱུང་ཞེས་ཟེར། ཕྱིས་གཞན་གྱིས་ཞུ་དང་བྲལ་བས་དེ་ནས་དེ་ཡི་གྲུབ་ཐོབ་ཞིག །དེ་ནས་ཏིང་ངེ་འཛིན་སྐྱེས་པ་དེ་ཡང་རྒྱུན་ཆད་པར་འགྱུར་ཞེས་གྲག །དེ་འདྲའི་ཏིང་འཛིན་གང་ཟག་འགའ་ཞིག་ལ་རློམ་པ་དང་རྒྱལ་སྐྱིད་འཇུག་པའི་ཕྱིར་དུ་བདུད་རིགས་ཀྱིས་འབྱུང་པོ་རྣམས་ཀྱིས་བྱེད་པར་རྒྱུད་ལས་གསུངས་སོ། །དེས་ན་ཕྱག་རྒྱ་ཆེན་པོ་དང་ཏིང་ངེ་འཛིན་སོགས་ལ་མོས་ན་མདོ་རྒྱུད་བཞིན་དུ་སྒྲུབ་པར་བྱ་སྟེ་སངས་རྒྱས་ཀྱི་གསུང་བཞིན་བསྒྲུབས་པ་ཡི་བྱིན་རླབས་སངས་རྒྱས་རྣམས་ཀྱིས་ཡིན་པས་སོ། །

ཕྱག་ཆེན་པ་སོགས་སྒོམ་ཆེན་ཁ་ཅིག་སྐྱེ་བ་སྔ་མ་ལ་ཐེག་ཆེན་སེམས་བསྐྱེད་དང་སྨིན་བྱེད་དབང་བསྐུར་མ་བྱས་ན་སྤྱིར་ཐེག་ཆེན་བྱེ་བྲག་སྔགས་ཀྱི་ཆོས་ལ་དད་པ་མི་སྐྱེད་པས། གང་དག་ཐེག་ཆེན་དང་ཐོབ་པ། ཕྱག་ཆེན་སྐྱེ་བར་འདོད་པ་དེ་དག་སྔ་མར་སྦྱངས་ཤིང་དབང་བསྐུར་ཐོབ་པ་ཡིན་པས་ན་ད་ལྟ་དབང་བསྐུར་མི་དགོས་སོ་ཞེས་ཟེར་རོ། །འོ་ན་སོ་སོར་ཐར་པ་ཡི་དགེ་ཚུལ་དགེ་སློང་གི་སྡོམ་པ་དག་ལེན་པ་ལ་མོས་པ་དེ་ལ་ཡང་ཚེ་སྔ་མའི་སོ་ཐར་གྱི་སྡོམ་པ་ཡོད་པར་མཚུངས་པའི་ཕྱིར་ཏེ་དེ་མེད་ན་ད་ལྟ་མོས་པ་མི་སྐྱེད་པར་མཚུངས་པའི་ཕྱིར་ན་ད་ལྟ་མཁན་སློབ་ཀྱིས་རབ་ཏུ་དབྱུང་བ་དང་རང་གི་སྡོམ་པ་ལེན་ཅི་ཞིག་དགོས་ཏེ་མི་དགོས་པར་ཐལ་ལོ། །བྱང་ཆུབ་སེམས་དཔའི་སེམས་བསྐྱེད་ལེན་པ་ལ་མོས་པ་དག་ཀྱང་། སྔ་མར་སྦྱངས་པའི་ཐེག་ཆེན་སེམས་བསྐྱེད་ཡོད་པ་མཚུངས་པའི་ཕྱིར་ཏེ་དེ་མེད་ན་ད་ལྟ་མོས་པ་དང་དད་པ་མི་སྐྱེད་པ་མཚུངས་པའི་ཕྱིར་ན་ཚེ་འདི་ད་ལྟ་སེམས་བསྐྱེད་ལེན་པའི་ཆོ་ག་བྱ་

ཅི་དགོས་ཏེ་མི་དགོས་པར་ཐལ་ལོ། །གལ་ཏེ་རབ་བྱུང་དང་སེམས་བསྐྱེད་དེ་དག་འདིར་བླངས་དགོས་ཏེ་དེ་དག་མ་བླངས་ན་འདུལ་བ་དང་ཕར་ཕྱིན་གྱི་བསྟན་པ་དང་འགལ་བས་སོ་སྙམ་ན། འོན་གསང་སྔགས་ཀྱི་དབང་བསྐུར་ཡང་ནི་ཅིས་མི་དགོས་དགོས་པ་མཚུངས་ཏེ་དེ་མ་བསྐུར་ན་རྒྱུད་དང་འགལ་བ་མཚུངས་པའི་ཕྱིར་རོ། །སངས་རྒྱས་སྟོན་པར་མི་འཛིན་ཞིང་དེའི་ཆོས་ལ་མི་དགའ་བའི་མུ་སྟེགས་བྱེད་ཀྱིས་ཆོས་སྤྱངས་པ། དེ་ལ་སངས་རྒྱས་པའི་དགྲ་ཡིན་ཞིང་རྗེས་འབྲང་མ་ཡིན་པས་དགྲས་ཆོས་སྤྱངས་པ་མཚར་དུ་མི་བརྩི་ཡི་སྐྱེ་མི་བརྩི་བ་བོད་འདིར་རང་ཉིད་སངས་རྒྱས་ཀྱི་ཆོས་ལ་བརྟེན་བཞིན་དུ་མདོ་རྒྱུད་དྲི་མ་མེད་པ་ལ་ཚིག་གི་ན་ཡ་ཡིན་ཟེར་ནས་ཉན་བཤད་འགོག་པར་བྱེད་པ་དང་དབང་བསྐུར་མི་དགོས་པ་སྨྲ་བ་དེ་ལ་མ་རངས་བའི་ཚུལ་གྱི་ཁོ་བོ་ངོ་མཚར་སྐྱེས་ཞེས་ཤིན་ཏུ་ཁྲེལ་བར་འགྱུར་ཏེ་སངས་རྒྱས་ཀྱི་རྗེས་སུ་འབྲང་བཞིན་དུ་དེས་གསུངས་པའི་མདོ་རྒྱུད་ཉན་བཤད་དང་ཉམས་ལེན་འགོག་པ་འདིར་ཤིན་དུ་མཚར་ཆེ་བའི་ཕྱིར་རོ། །

རིན་ཆེན་རྒྱན་འདྲའི་རྗེས་འབྲང་རྫོགས་གཞུང་པའི་དགེ་བཤེས་ལ་ལ་སེམས་གནས་པའི་ཞི་གནས་ཙམ་ཟད་དང་སྣང་སྟོང་ཟུང་འཇུག་གི་རྟོགས་པ་ཕྲ་མོ་ཟུང་དུ་འབྲེལ་བ་ལ་ཞི་ལྷག་ཟུང་འབྲེལ་གྱི་ལྟ་བ་ཡིན་པས་མཐོང་ལམ་ཡིན་ཞེས་ངོ་སྤྲོད་པར་བྱེད་ཅིང་། ཁྲུང་གི་སྒོང་རྒྱ་མ་བཅག་པར་འཕུར་མི་ནུས་པ་ཇི་ལྟ་བ་བཞིན་དུ་རྣམ་སྨིན་གྱི་ལུས་ཀྱི་རྒྱ་ཡིས་བཅིངས་པས་ན་ད་ལྟ་ཡོན་ཏན་བརྒྱ་ཕྲག་བཅུ་གཉིས་ལ་སོགས་པ་མི་འབྱུང་བས་ལུས་རྒྱ་ཞིག་པའི་ཤི་མ་ཐག་ཡོན་ཏན་ཕྱིས་ནས་འབྱུང་བ་ཡིན་ནོ་ཞེས་ཟེར་རོ། །མཐོང་ལམ་ཚེ་འདིར་ཐོབ་ནས་ཡོན་ཏན་ཤི་ནས་འབྱུང་བར་འདོད་པ་འདི་ནི་མི་འཐད་དེ་ཤེས་བྱེད་མེད་ཅིང་རིགས་པའི་གནོད་པའི་ཕྱིར་ཏེ་འདི་ལྟར་ཐེག་པ་ཆེན་པོའི་མདོ་རྒྱུད་ཀུན་ལས། འདི་འདྲའི་ཆོས་ལུགས་བཤད་པ་མེད་པས་སོ། །རིགས་པས་གནོད་པ་ཡང་དཔེར་ན་ཉི་མའི་དཀྱིལ་འཁོར་དེ་རིང་ཤར་བ་ཡི་འོད་ཟེར་དེ་ཆོས་ཅན། སང་ནངས་པར་འབྱུང་བར་འགྱུར་བར་ཐལ། མཐོང་ལམ་གྱི་ཡོན་ཏན་ལ་དེའི་ཕྱིར་འདོད་ན་མཚར་ཆེ་སྟེ་མི་སྲིད་པ་མངོན་སུམ་ཡིན་པའི་ཕྱིར།

རྗེས་འབྲང་ཁ་ཅིག་གསང་སྔགས་ཀྱི་མཐོང་ལམ་ཐོབ་ཀྱང་ཡོན་ཏན་བརྒྱ་ཕྲག་བཅུ་གཉིས་མེད་པའི་རྒྱུ་མཚན་གྱིས་དེ་ན་མཐོང་ལ་མ་ཡིན་པ་ནི་མི་འགལ་ཏེ་ཡོན་ཏན་བརྒྱ་ཕྲག་བཅུ་གཉིས་དང་ས་བཅུ་སོགས་ཕར་ཕྱིན་ནས་གསུངས་པས་ཕར་ཕྱིན་གྱིས་མཐོང་ལམ་ལ་དེ་ལྟར་དགོས་ཀྱང་གསང་སྔགས་ཀྱི་མཐོང་ལམ་ལ་ཡོན་ཏན་དེ་ལྟ་མི་དགོས་པས་ན་ཕ་རོལ་ཕྱིན་པ་དང་། གསང་སྔགས་གཉིས་ཀྱི་མཐོང་ལམ་ལ་རྒྱུན་ཅན་རྒྱུན་མེད་ཡིན་པའི་ཕྱིར་ཞེས་ཟེར་རོ། །མདོ་སྔགས་ཀྱི་མཐོང་ལམ་གཉིས་པོ་རྒྱུན་ཅན་རྒྱུན་མེད་དེ་ལྟར་ཡིན་ན་དེའི་ཕྱིར་མདོ་སྔགས་ཀྱི་སངས་རྒྱས་གཉིས་ཀྱང་རྒྱུན་ཅན་རྒྱུན་མེད་གཉིས་སུ་འགྱུར་རོ་འདོད་མི་ནུས་ཏེ་ཉན་ཐོས་རྣམས་ཀྱི་དགྲ་བཅོམ་ལ། མཛོད་ལས། འགོག་ཐོབ་གཉིས་ཀ་ལས་རྣམ་གྲོལ། །ཤེས་རབ་ཀྱིས་ནི་ཅིག་ཤོས་སོ། །ཞེས་འགོག་པའི་སྙོམས་འཇུག་ཐོབ་མ་ཐོབ་ཀྱིས་མངོན་ཤེས་དང་རྣམ་ཐར་སོགས་ཀྱི་རྒྱུན་ཅན་རྒྱུན་མེད་གཉིས་འཐད་ཀྱི། ཐེག་པ་ཆེན་པོའི་འཕགས་པ་ལ། རྒྱུན་ཅན་རྒྱུན་མེད་གཉིས་མི་སྲིད་པའི་ཕྱིར་ཏེ། མདོ་སྡེ་རྒྱན་ལས། རྒྱལ་སྲས་བྱང་ཆུབ་ཕྱོགས་མཐུན་པ། །རྣམ་པ་སྣ་ཚོགས་ཐམས་ཅད་ནི། །རྟག་ཏུ་མཐོང་བའི་ལམ་དེ་དང་། །ལྷན་ཅིག་ཏུ་ནི་ཐོབ་པར་འདོད། །ཅེས་གསུངས་སོ། །འོན་ཉན་ཐོས་ཀྱི་གཞུང་ལས། ཉན་ཐོས་ཀྱི་ལམ་ལ་འབད་པས་ལུས་མ་སྤངས་ཀྱི་བར་དུ་མྱང་འདས་མ

ཐོབ་པར་བར་དོར་དེ་ཐོབ་པ་མང་དུ་བཤད་པ་རྣམས་ཇི་ལྟར་ཞེ་ན། ཉན་ཐོས་ཀྱི་གཞུང་ལས་ལྕགས་ཀྱི་གོང་བུ་མེ་འབར་བ་ལ་ཐོ་བ་བསྣུན་པའི་ཚེ་མེའི་ཚ་ཚའི་འམ་མེ་སྟག་གི་གནམ་ལ་ཡར་བ་དེ་མ་ཐག་ཡལ་བ་དང་། ནམ་མཁར་ནས་འབབ་པར་རྩོམ་པ་དང་། འབབ་པར་རྩོམ་ནས་ས་ལ་མ་ལྷུང་ཙམ་དུ་ཡལ་བའི་དཔེས་ཕྱིར་མི་འོང་བ་ཚེ་འདིར་མྱ་ངན་མ་འདས་པ། བར་དོར་གྲུབ་མ་ཐག་དང་རྒྱུན་ཅུང་ཟད་ལོན་པ་དང་ཡུན་རིང་མོ་ལོན་ནས་སྐྱེ་སྲིད་མ་གྲུབ་ཙམ་ལ་མྱ་ངན་ལས་འདའ་བར་གསུངས་སོ། །དེ་བཞིན་དུ་གསང་སྔགས་ཀྱི་ལམ་བསྒོམ་པ་ལས། ཚེ་འདིར་མཐོང་ལམ་མ་ཐོབ་པ། །བར་དོར་མཐོང་ལམ་ཐོབ་མོད་ཀྱི། ཚེ་འདིར་མཐོང་ལམ་རྒྱུད་ལ་སྐྱེས་པ་ལ་ཡོན་ཏན་གྱི་ཁྱད་པར་ལུང་ལས་གསུངས་པ་རྣམས་ཚེ་འདིར་མི་འགྱུར་བ་ཤི་ནས་འབྱུང་བ་ནི་མི་འཐད་དེ་བླུན་པོ་རྣམས་ཀྱི་མཐོང་ལམ་ཐོབ་པར་ཁས་བླངས་ཀྱང་ཡོན་ཏན་སྟོན་རྒྱུ་མ་བྱུང་བའི་བརྫུན་རིབ་བམ་གཡོགས་ཡིན་པའི་ཕྱིར་རོ། །མདོ་རྒྱུད་ཀུན་དང་མི་མཐུན་པས། མཐོང་ལམ་ད་ལྟ་ཐོབ་ལ་དེའི་ཡོན་ཏན་ཕྱིས་ནས་འབྱུང་བར་སྨྲ་བ་འདི་འདྲའི་ཆོས་ལུགས་ནི་མདོ་རྒྱུད་ལ་སྦྱངས་པའི་མཁས་པས་སྤྱངས་པར་བྱའོ། །

རྟོག་ལུགས་པ་ཁ་ཅིག་ན་རེ། གོང་དུ་སྨོས་པའི་སྣང་སྟོང་གི་རྟོགས་པ་ཟུང་འཇུག་དེ་ལ་མཐོང་ལམ་དུ་ངོ་སྤྲོད་པ་མི་འཐད་ན་འོན་ནཱ་རོ་པ་དང་འཕགས་པ་ལྷ་གཉིས་ཀྱི་ལུགས་དེ་དང་འགལ་ལ་སྟེ་དེ་གཉིས་ཀྱིས་ཟུང་འཇུག་དེ་ལ་མཐོང་ལམ་དུ་གསུངས་པའི་ཕྱིར་ཞེ་ན། དང་པོ་དང་མི་འགལ་ཏེ་ཇོ་བོ་ནཱ་རོ་ཏ་པ་ནི་དབང་བསྐུར་གསུམ་པའི་དུས་སུ་སྐད་ཅིག་མ་བཞི་དང་དགའ་བཞི་སྦྱར་བའི་ཉམས་མྱོང་རྒྱུད་ལ་སྐྱེས་པའི་ཚེ་སྐད་ཅིག་མ་བཞི་པ་མཐོང་ལམ་དུ་སྐྱེ་དེ་ནི་ཉེར་དགུའི་ཟླ་བ་ལྟར་སྐད་ཅིག་དེ་ལ་འགག་ཅིང་ཉམས། སྦྱོར་ལམ་ཆོས་མཆོག་ཆེན་པོའི་རྗེས་ཀྱི་མཐོང་ལམ་ནི་ཚེས་གཅིག་གི་ཟླ་བ་ལྟར་འགག་པ་འམ་ཉམས་པ་མེད་ཅེས་བཀའ་བརྒྱུད་གོང་མའི་གསུང་སྒྲོས་ཡིན་པར་གྲག་པ་དེ་ལྟར་དབང་དུས་སུ་མཐོང་ལམ་སྐྱེ་བ་འདི་ནི་དཔེ་ཡི་ཡེ་ཤེས་ལ་མཐོང་བའི་ལམ་དུ་བཏགས་པར་ཟད་པས་མཐོང་ལམ་དངོས་ཡིན་པར་མི་བཞེད་དོ། །གལ་ཏེ་ཡིན་ན་ཆོས་མཆོག་རྗེས་ཀྱི་མཐོང་ལམ་གྱི་གསལ་ཀ་དེ་ཆོས་ཅན་མི་དགོས་པར་འགྱུར་ཏེ་སྔ་མ་དེ་མཐོང་ལམ་མཚན་ཉིད་པ་ཡིན་པའི་ཕྱིར། དཔེར་ན་ནམ་ཟླ་གོ་བར་བྱེད་པ་ཆུ་ནང་དུ་ཤར་བའི་ཟླ་བའི་གཟུགས་བརྙན་སྟོན་པ་བཞིན་ནོ། །གཉིས་པ་དང་མི་འགལ་ཏེ་འཕགས་པ་ལྷ་ཡིས་སྤྱོད་བསྡུས་སུ་གང་ཟག་འགའ་ཞིག་བདེན་པར་མཐོང་ཡང་སྔོན་གྱི་བག་ཆགས་གོམས་པའི་སྟོབས་ཀྱིས་ཞིང་ལས་ལ་སོགས་པའི་ལས་མཐའ་ལ་ཆགས་པ་སྲིད་མོད་འོན་ཀྱང་སྲིད་པ་གཞན་མི་ལེན་པར་གསུངས་པ་ནི་རྫོགས་རིམ་གྱི་ཉམས་ལེན་ལས་བྱུང་བའི་རང་བྱུང་གི་ཡེ་ཤེས་རྟོགས་པ་ཙམ་ལ་ནི་བདེན་པ་མཐོང་བ་ཞེས་སྒྲ་ཡངས་པར་བྱས་ནས་དཔེ་ཡི་ཡེ་ཤེས་ཉིད་ཡིན་པ་ལ་དགོངས་པས་ཕྱག་ཆེན་མཚན་ཉིད་པའི་དབང་དུ་བྱས་ནས་གསུངས་པ་མིན་ནོ། །གྲུབ་ཐོབ་གཉིས་པ་དེ་དང་ལམ་འབྲས་ལ་སོགས་པར་ཞིང་ཁམས་བརྒྱ་སྤྲུལ་ཞིང་ཉན་སྨིན་པ་བརྒྱ་སྟོང་འོད་བརྒྱ་འགྱེད་མར་བརྒྱ་འཆད་ཏིང་ངེ་འཛིན་བརྒྱ་ལ་སྙོམས་པར་འཇུག་པ་སོགས་ཡོན་ཏན་བཅུ་གཉིས་དང་ལྡན་ཞིང་ས་མཚམས་ཡང་ས་དང་པོ་ནས་བསྟན་པས་རྣལ་འབྱོར་དབང་ཕྱུག་སོགས་གྲུབ་ཐོབ་རྣམས་ཀྱི་དགོངས་པ་མཐུན་ནོ། །

ས་དང་པོ་མ་ཐོབ་པར་སྔགས་ཀྱི་མཐོང་ལམ་མཚན་ཉིད་པ་མེད་པ་དེས་ན་ངེད་ཀྱི་མཐོང་ལམ་མཚན་ཉིད་པ་ནི་འཕགས་པ་མིན་

པ་སོ་སྐྱེ་ལ་འབྱུང་མི་སྲིད་དེ་མཐོང་ལམ་གྱི་རྟེན་གྱི་གང་ཟག་ནི་འཕགས་པ་ཁོ་ན་ཡིན་པའི་ཕྱིར་རོ། །ཉན་ཐོས་པར་ཕྱིན་གསང་སྔགས་ཏེ་ཐེག་པ་གསུམ་གྱི་ལག་ལེན་ཡང་རང་རང་གི་གཞུང་ལུགས་བཞིན་མི་འགལ་བ་རྣམས་མཐུན་པར་ཉམས་སུ་བླང་འགལ་བ་རྣམས་འགལ་འགག་དགོས་གཙོ་ཆེ་རུང་མཐུན་བཅོས་ལ་ཉམས་སུ་བླང་བར་བྱེད་དགོས་ཏེ་དེ་ལྟར་བྱེད་ན་སངས་རྒྱས་ཀྱི་བསྟན་པ་ཡིན་ནོ། །མི་བྱེད་ན་བསྟན་པའི་གཟུགས་བརྙན་ཡིན་པའི་ཕྱིར་ཞེས་བྱའོ། །སྤྱིར་སངས་རྒྱས་ནི་འགྲོ་བ་ཐམས་ཅད་ཀྱི་བླ་མ་ཐེག་པ་ཐམས་ཅད་ཀྱི་སྟོན་པ་ཡིན་ཀྱང་སོ་སོའི་དབང་དུ་བྱས་ན་ཉན་ཐོས་རྣམས་ཀྱི་བླ་མ་སོ་སོའི་སྐྱེ་བོ་དེ་ཤཱཀྱ་ཐུབ་པ་ལྟ་བུ་བཟང་ཡང་གང་ཟག་ཁོ་ནར་བས་ཏེ་འདི་པའི་ལུགས་ལ་བཞི་སྡེར་མ་ལོངས་པས་དགེ་འདུན་དུ་མི་འགྲོ་བའི་ཕྱིར་རོ། །ཕ་རོལ་ཏུ་ཕྱིན་པའི་བླ་མ་ནི་ས་ཐོབ་ཀྱི་གྲུབ་ཐོབ་བཟང་པོ་ཡིན་ན་དགེ་འདུན་དཀོན་མཆོག་ཡིན་ཏེ་རྒྱུད་བླར། ཡེ་ཤེས་གཟིགས་པ་དག་པའི་ཕྱིར། །བློ་ལྡན་ཕྱིར་མི་ལྡོག་པའི་ཚོགས། །ཞེས་སོགས་སོ། །གསང་སྔགས་པ་ཡི་བླ་མ་མཆོག་དབང་བཞི་རྫོགས་པར་བསྐུར་བ་དེ་ནི་ཐེག་པ་འོག་མ་གཉིས་ཀྱི་བླ་མ་ལས་ཁྱད་པར་དུ་འཕགས་ཏེ་དཀོན་མཆོག་གསུམ་དང་དབྱེར་མེད་དམ་ངོ་བོ་ཡིན་པས་སོ། །ཧེ་རུ་ཀ་མངོན་འབྱུང་ལས། བླ་མ་སངས་རྒྱས་བླ་མ་ཆོས། །ཞེས་སོགས་དང་། ཡེ་ཤེས་གྲུབ་པ་ལས། བླ་མ་སངས་རྒྱས་ཆོས་འགྱུར་ཞིང་། །ཞེས་སོགས་གསུངས་སོ། །གསང་སྔགས་པ་ཡི་བླ་མ་དཀོན་མཆོག་གསུམ་གྱི་ངོ་བོ་ཡིན་པ་དེས་ན་སྔགས་ཀྱི་བླ་མ་དེ་ལ་གསོལ་བ་བཏབ་པས་ནི་དཀོན་མཆོག་གསུམ་པོ་ཚེ་འདིར་འགྲུབ་སྟེ་དཀོན་མཆོག་གྱི་ངོ་བོ་ཡིན་པ་ལ་ཡིན་པ་རྣ་གསོལ་བ་བཏབ་པས་རྒྱུ་འདྲ་བ་ལས་འབྲས་བུ་འདྲ་བ་འབྱུང་བ་ཆོས་ཉིད་ཡིན་པའི་ཕྱིར་རོ། །དེ་ལྟའི་ཐེག་པ་གསུམ་པོ་ཡི། སོ་སོའི་གཞུང་ལས་འབྱུང་བ་བཞིན། བླ་མའི་མཚན་ཉིད་དེ་ནི་གསུམ་ཆར་ལྡན་པ་ཞིག་དགོས་ཏེ་གསུམ་ཆར་མི་ལྡན་ན་གསང་སྔགས་ཀྱི་བླ་མ་ཙམ་ཡིན་གྱི་དམ་པ་མིན་ནོ། །དམ་པ་མིན་པ་དེ་ལ་གསོལ་བ་བཏབ་ན་ཡང་། །བྱིན་རླབས་ཙུང་ཟད་འབྱུང་མོད་ཀྱི་ཚུར་སྣེ་ཚེ་འདི་འམ་བར་དོ་ལ་སོགས་སུ། །སངས་རྒྱས་ཉིད་སྦྱིན་པར་མི་ནུས་པས་སོ། །འོན་ཐེག་གསུམ་སོ་སོའི་གཞུང་ནས་བཤད་པའི་བླ་མའི་མཚན་ཉིད་གང་ཞེ་ན། སུམ་བརྒྱ་པར། །ཚུལ་ཁྲིམས་ལྡན་ཞིང་འདུལ་བའི་ཆོ་ག་ཤེས། །ནད་པར་སྙིང་བརྩེ་འཁོར་ནི་དག་པ་དང་། །ཆོས་དང་ཟང་ཟིང་ཕན་ཐོགས་ཀྱིས་བརྩོན་པ། །དུས་སུ་འདོམས་པ་དེ་དག་བླ་མར་བསྔགས། ཞེས་དང་། སྤྱོད་འཇུག་ལས། རྟག་པར་དགེ་བའི་བཤེས་གཉེན་ནི། །ཐེག་ཆེན་དོན་ལ་མཁས་པ་དང་། །བྱང་ཆུབ་སེམས་དཔའི་བརྟུལ་ཞུགས་མཆོག །སྲོག་གི་ཕྱིར་ཡང་མི་བཏང་ངོ་། །ཞེས་དང་། མདོ་སྡེ་རྒྱན་ལས། བཤེས་གཉེན་དུལ་བ་ཞི་ཞིང་ཉེར་ཞི་བ། །ཡོན་ཏན་ལྷག་པར་བརྩོན་བཅས་ལུང་གིས་ཕྱུག །དེ་ཉིད་རབ་ཏུ་རྟོགས་པ་སྨྲ་མཁས་ལྡན། །བརྩེ་བའི་བདག་ཉིད་སྐྱོ་བ་སྤངས་ལ་བསྟེན། །ཞེས་དང་། །བླ་མ་ལྔ་བཅུ་པར། །བརྟན་ཞིང་དུལ་ལ་བློ་གྲོས་ལྡན། །བཟོད་ལྡན་དྲང་ལ་གཡོ་སྒྱུ་མེད། །སྔགས་རྒྱུད་ཀྱི་ནི་སྦྱོར་བ་ཤེས། །སྙིང་རྗེ་ལྡན་ཞིང་བསྟན་བཅོས་མཁས། །དེ་ཉིད་བཅུ་ནི་ཡོངས་སུ་ཤེས། །དཀྱིལ་འཁོར་འབྲི་བའི་ལས་ལ་མཁས། །སྔགས་བཤད་པ་ཡི་སྦྱོར་བ་ཤེས། །རབ་ཏུ་དང་ཤིང་དབང་པོ་དུལ། །ཞེས་དང་། རྡོ་རྗེ་ཕྲེང་བར། ཕྱི་རུ་ཉན་ཐོས་སྤྱོད་པ་བསྲུང་། །ནང་དུ་འདུས་པའི་དོན་ལ་དགའ། ཞེས་དང་། གུར་ལས། ཉན་ཐོས་སྤྱོད་པ་བསྲུང་བ་པོ། །ཞེས་དང་། འཇམ་དཔལ་གྲགས་པས། སྡོམ་གསུམ་ཆོ་གར་མི་ལྡན་པས། །སྔགས་པའི་བདག་ཉིད་མི་འགྱུར་ཏེ། ཞེས་སོགས་གསུངས་སོ། །ཐེག་གསུམ་བླ་མའི་ཁྱད་པར་ཡོད་ཚུལ་བཤད་ཟིན་པ་དེས་ན་བླ་མེད་ཀྱི་དབང་བསྐུར་ཐོབ་པའི་མིས་ནི། དཀོན་

མཆོག་གསུམ་པོ་བླ་མའི་ངོ་བོ་རུ་འདུས་ཏེ་བླ་མའི་ཕུང་པོ་ལྔ་སངས་རྒྱས་རིགས་ལྔ་མིག་སོགས་བྱང་སེམས་ཀྱི་དགེ་འདུན་ཐུགས་རྒྱུད་ཀྱི་ལུང་རྟོགས་ཀྱི་ཡོན་ཏན་ཆོས་དཀོན་མཆོག་ཡིན་པར་མཐོང་ནས་བླ་མ་ལ་གསོལ་བ་བཏབ་ན་བྱིན་རླབས་འབྱུང་སྟེ་དབང་པོ་ཡང་རབ་ཀྱི་གདན་མ་སློམ་ཀྱང་གྲོལ་བ་འབྲིང་དང་ཐ་མའི་ལམ་གྱི་ཕྱོགས་འདོན་དང་གེགས་སེལ་ཀུན་ལ་འདི་ཁོ་ན་བསྟུགས་པའི་ཕྱིར་རོ། །གལ་ཏེ་སྨིན་བྱེད་ཀྱི་དབང་བསྐུར་མ་ཐོབ་ན་དེ་ཡིས། བླ་མ་དཀོན་མཆོག་གསུམ་ཉིད་དུ་ཕར་ལ་བསྟུས་ལ་དཀོན་མཆོག་གསུམ་ཉིད་ལ་གསོལ་བ་ཐོབ་སྟེ་རིམ་གྱིས་གྲུབ་པའི་རྒྱུ་བྱེད་པ་དང་གནས་སྐབས་སུ་བྱིན་རླབས་ཅི་རིགས་འཇུག་པའི་ཕྱིར་རོ། །དབང་བསྐུར་མ་ཐོབ་པས་བླ་མ་མཆོག་གསུམ་གྱི་ནང་དུ་འདུས་ཏེ་གསོལ་བ་འདེབས་དགོས་པའི་རྒྱུ་མཚན་བླ་མ་ཀྲུང་པ་བཟང་སྲིད་ཀྱང་། གསོལ་བ་བཏབ་པ་བྱིན་རླབས་ཆུང་སྟེ་འབྲས་བུ་སངས་རྒྱས་ཚེ་འདི་ལ་སོགས་པར་མི་སྨིན་པའི་ཕྱིར་རོ། །དེའི་ཕྱིར་ན་དཀོན་མཆོག་གསུམ་གྱིས་བྱིན་བརླབས་སྟོབས་ཆེ་བ་དེ་བས་དཀོན་མཆོག་གསུམ་ཉིད་ལ་གསོལ་བ་བཏབ་པ་འདི་བྱིན་བརླབས་འཇུག་པའི་སྒོ་ཤིན་ཏུ་བཟང་ངོ་། །བླ་མེད་ཀྱི་དབང་བསྐུར་དང་པོ་བུམ་དབང་མ་ཐོབ་པར་ལམ་བསྐྱེད་པའི་རིམ་པ་བསྒོམ་པ་དང་། དབང་བསྐུར་གཉིས་པ་གསང་དབང་མ་ཐོབ་པ། གཏུམ་མོ་དང་ལ་སོགས་པ་རླུང་དང་འཁྲུལ་འཁོར་བསྒོམ་པ་དང་། དབང་བསྐུར་གསུམ་པ་ཤེར་དབང་མ་ཐོབ་པར། བདེ་སྟོང་གི་རྣལ་འབྱོར་དང་ལ་སོགས་པ་ལུགས་འབྱུང་བཟློག་གི་དགའ་བཞི་སོགས་ཆོས་སྐུ་འགྲུབ་པའི་གདམས་ངག་བསྒོམ་པ་དང་། དབང་བསྐུར་བཞི་པ་ཚིག་དབང་རིན་པོ་ཆེ་མ་ཐོབ་པར། ཕྱག་རྒྱ་ཆེན་པོ་དང་ལ་སོགས་པ་རྡོ་རྗེ་ཐ་བརླབ་སོགས་བསྒོམ་པ་དང་། རང་ལ་དགེ་སློང་གི་སྡོམ་པ་མ་ཐོབ་པར་གྱུར་པའམ་ཐོབ་ཀྱང་ཉམས་པ་དག་གིས་གཞན་གྱི་མཁན་པོ་དང་སློབ་དཔོན་ལ་སོགས་པ་བྱེད་པ་ནི། གསང་སྔགས་དང་སྨན་གྱིས་ནུས་པ་མེད་པར་སྦྲུལ་གདུག་གི་མགོ་ལས་རིན་ཆེན་ལེན་པ་ན་དུག་གིས་ཉེས་པ་འབྱུང་བ་ལྟར། །རང་གཞན་བརླག་པའམ་ཕུང་བར་བྱེད་པའི་རྒྱུ་རུ་བས། མདོ་རྒྱུད་ལ་སྦྱངས་པའི་མཁས་པ་རྣམས་ཀྱིས་རྒྱང་རིང་དུ་སྤང་བར་བྱའོ། །

དབང་བསྐུར་རིམ་པར་མ་ཐོབ་པར་ལམ་དེ་དང་དེ་བསྒོམ་པ་འཁྲུལ་པར་མ་ཟད་གཞན་ཡང་གངས་རིའི་ཁྲོད་འདི་ན་འཁྲུལ་པའི་ལག་ལེན་དུ་མ་ཡོད་པ་རྣམས་ནི་དགག་དགོས་ཏེ་སངས་རྒྱས་ཀྱི་གསུང་དང་མི་མཐུན་པ་འཕེལ་ན་བསྟན་པ་ལ་གནོད་པའི་ཕྱིར། དེ་ཡང་ཡི་དྭགས་ཁ་ལ་མེ་འབར་མ་ཡི་གཏོར་མ་སྦྱིན་པའི་ཚོག་ལ་བཀའ་གདམས་པ་འགའ་ཞིག་གིས་དེ་བཞིན་གཤེགས་པ་རིན་ཆེན་མང་ལ་སོགས་པ་བཞི་ཡི་མཚན་སྔོན་ལ་བརྗོད་པའི་ལག་ལེན་མཐོང་སྟེ་ཐོག་མར་སངས་རྒྱས་ལ་ཕྱག་འཚལ་བ་རིགས་སོ་སྙམ་ནས་རྟོག་པས་སྦྱར་བ་ཟད་པའི་ཕྱིར། ལག་ལེན་འདི་ཡང་མདོ་དང་མཐུན་པ་མ་ཡིན་ཏེ་མདོ་ལས་སྔོན་ལ་ན་མཿསརྦ་སོགས་ཡི་དྭགས་ཁ་འབར་མ་ལ་སྐྱབས་མཛད་པའི་སྔགས་བརྗོད་ནས་སངས་རྒྱས་བཞི་པོའི་མཚན་ཕྱིས་ནས་བརྗོད་པ་གསུངས་པའི་ཕྱིར་ཏེ་ཕྱག་འཚལ་བ་དེ་བདེན་པའི་སྟོབས་བརྗོད་པ་ཡིན་པའི་ཕྱིར་རོ། །དགེ་བཤེས་སྤྱན་སྔ་བའི་རྗེས་འབྲང་འགའ་ཞིག་ཆུ་སྦྱིན་ནང་དུ་ཟན་འདུག་པའི་ལག་ལེན་བྱེད་པ་ཐོས་སོ། །ཟས་འཛུར་པའི་གེགས་ཅན་གྱི་ཡི་དྭགས་ཀྱིས། ཆུ་སྦྱིན་ནང་དུ་ཟན་མཐོང་བ་དང་དྲི་འཚོར་ན་དངངས

སྒྲག་གི་འཇིགས་པ་ཆེན་པོ་འབྱུང་བར་གཏོར་མའི་མདོ་ཉིད་ལས་གསུངས་སོ། །དེས་ན་ཆུ་སྦྱིན་གྱི་ནང་དུ་ཟན། འདེབས་པ་འདི་ནི་ཆུ་སྦྱིན་གྱི་ཆོ་ག་ཉམས་པ་ཡིན་ནོ། །ཟན་གྱི་ཕུད་ལས་ནི་བླ་མ་དཀོན་མཆོག་དང་ལྷ་ལ་འབུལ་བའི་ལྷ་བཤོས་དང་། འབྱུང་པོ་ལ་སྦྱིན་པའི་ཚང་བུ་བྱ་བར་སངས་རྒྱས་ཀྱིས་གསུངས་ཏེ་རྡོ་རྗེ་རྩེ་མོའི་རྒྱུད་ལས་ནི། ཟས་ཀྱི་ཕུད་ལས་ཚང་བུ་སྦྱིན་ཞེས་གསུངས་ཏེ་དེ་ཉིད་ལས། དེ་བཞིན་ཟས་ཀྱི་ཕུད་ལས་ནི། །རྣམ་པར་ཀུན་ཏུ་ཚང་བུ་སྦྱིན། །ཞེས་སོ། །དེ་བཞིན་དུ་འཁྲོག་མའི་མདོ་ལས་ཀྱང་། སངས་རྒྱས་སྟོན་པར་ཁས་འཆེ་ན། འཁྲོག་མ་བུ་དང་བཅས་པ་ལ་ནི་ཚང་བུ་སྦྱིན་ཞེས་གསུངས་པས་སོ། །ཇི་ལྟར་སྦྱིན་པ་དེ་ཡི་ཆོ་ག་ནི་མི་ཏྲི་པའི་ལྟ་བ་ངན་སེལ་དང་ལ་སོགས་པ་ཛེ་ཏཱ་རིའི་ཡི་དམ་བླང་བ་ཇོ་བཙུན་གྱི་ལས་དང་པོ་པའི་བྱ་བ་མཁས་པ་ཉིད་ཀྱི་ཐུབ་པ་དགོངས་གསལ་སོགས་ལ་ལྟོས་ཤིག །སྔར་ཐང་བ་དང་འབྲི་ཁུང་པ་འགའ་ཞིག་སངས་རྒྱས་ཀྱིས་གསུངས་པ་ཡི། ལྷ་བཤོས་ཚང་བུ་མི་བྱེད་པར་མ་གསུངས་པ་ཡི་སྔར་ཐར་པ་འབྲང་རྒྱས་དང་། འབྲི་ཁུང་པ་གྲུ་གསུམ་ལ་སོགས་བྱེད་པ་མཐོང་ངོ་། །དེ་བཞིན་དུ་གསང་སྔགས་རྙིང་མ་འགའ་ཞིག་ལས། གཏོར་མའི་དབྱིབས་གྲུ་གསུམ་དབང་ཕྱུག་ཆེན་པོའི་སྙིང་གི་གཟུགས་སུ་བྱས་ནས་དབང་ཕྱུག་དེ་ཡི་འཁོར་བཅས་ཀྱི་ཤ་དང་ཁྲག་གིས་བརྒྱན། མཐའ་མཐེབ་ཀྱུ་དང་དེ་འཁོར་བཅས་ཀྱི་མགོ་བོའི་ཐོད་པས་བསྐོར། ཚང་སོགས་བདུད་རྩིས་ཐོད་པ་དེ་བཀང་ནས། དཔལ་ཆེན་ཧེ་རུ་ཀ་ལ་མཆོད་ཅེས་ཟེར་ཞིང་འདི་ཉིད་ཀྱང་ཁུངས་ནས་བྱུང་མ་བྱུང་བརྟག་དགོས་སོ། །གཏོར་མའི་དབྱིབས་གྲུ་གསུམ་སོགས་བྱེད་པ་ནི་མི་འཐད་དེ་གསང་སྔགས་གསར་མར་སྤྱིར་བླ་མ་ཡི་དམ་ལ་གྲུ་གསུམ་གྱི་གཏོར་མ་འབུལ་བ་གཞུང་ནས་བཤད་པ་མེད། ཟས་ཀྱི་ཕུད་ལས་ཁྱད་པར་དུ། གྲུ་གསུམ་འབུལ་བ་གསུངས་པ་མེད་མོད་འདི་ནི་བོན་གྱི་འབྲེས་ཤོར་བ་གསུངས་སོ། །དེས་ན་བསྟན་པའི་སྐོར་ཞུགས་པས་དཀོན་མཆོག་མཆོད་པ་གཏོར་མ་བཤམ་པ་སོགས་ལག་ལེན་ཐམས་ཅད་ནི་སངས་རྒྱས་ཀྱི། གསུང་དང་མཐུན་ན་ལག་ལེན་རྣམ་དག་ཏུ་འགྱུར་བས་བསྟན་པ་ཡིན། དེས་ན་མདོ་སྡེ་དང་ཐེག་པ་གོང་འོག་སོགས་མ་དཀྲུགས་པར། སངས་རྒྱས་གསུང་བཞིན་ཉམས་སུ་ལོངས་ཤིག་ཅེས་གདམས་པའོ། །

བོད་ཁ་ཅིག་ལྟུང་བཤགས་ཀྱི་སངས་རྒྱས་སུམ་ཅུ་སོ་ལྔ་རབ་ཏུ་བྱུང་བའི་རྣམ་པར་བཞུགས་པ་ཡི་ཕྱག་ཏུ་རལ་གྲི་དང་མདའ་གཞུ་ལ་སོགས་པའི་མཚོན་ཆ་བསྐུར་བའི་སྒྲུབ་ཐབས་བྱེད་པ་མཐོང་ངོ་། །ཚུལ་འདི་ནི་མི་འཐད་དེ་ཁྱིམ་པའི་ཆ་ལུགས་ཅན་ལོངས་སྐུ་དང་ཁྲོ་བོར་སྤྲུལ་པ་དག་ལ། རྒྱན་དང་མཚོན་ཆ་སོགས་སྲིད་ཀྱི། རབ་བྱུང་རྣམས་ལ་འདི་མི་སྲིད་པས་སོ། །ཁྱད་པར་འཕགས་བསྟོད་ལས། འཁོར་ལོ་མདུང་ཐུང་ཅན་དག་གིས། །བདུད་དཔུང་དེ་ལས་རྒྱལ་མི་ནུས། ཁྱོད་ནི་འཁོར་ལོ་མདུང་མེད་པར། །བྱམས་པའི་མཚོན་གང་ལེགས་པར་རྒྱལ། །ཞེས་སོ། །བྱང་ཆུབ་མཆོག་གི་ཕྱག་རྒྱ་བཞི་བོས་གནོན་མཆོག་སྦྱིན་ཏིང་འཛིན་སྐྱབས་སྦྱིན་སོགས་མཛད་པའི་སངས་རྒྱས་རིགས་ལྔ་ནི་རས་བྲིས་སེར་འབྲུམ་དུ་བྱེད་པ་མཐོང་ངོ་རྒྱུ་མཚན་འདི་མདོ་ལུགས་ཡིན་པའི་ཕྱིར་ཞེས་ལ་ལ་སྨྲའོ། །སངས་རྒྱས་རིགས་ལྔ་སེར་འབྲུམ་དུ་བྱེད་པ་འདི་ནི་མི་འཐད་དེ་མདོ་ནས་རིགས་ལྔ་སེར་འབྲུམ་འདི་འདྲ་གསུངས་པ་མེད་པའི་ཕྱིར། འདི་ནི་སྔགས་ཀྱི་ལུགས

ཀྱང་མ་ཡིན་པའི་ཕྱིར་ཏེ་དང་པོ་བྱ་སྤྱོད་གཉིས་ཀྱི་ལུགས་མིན་ཏེ་བྱ་སྤྱོད་གཉིས་ཀྱི་རྒྱུད་ལས་ཀྱང་རྡོ་རྗེའི་རིགས་པདྨའི་རིགས་དེ་བཞིན་གཤེགས་པའི་རིགས་ཏེ་གསུམ་དུ་བསྡུ་བ་ལས་སངས་རྒྱས་རིགས་ལྔར་བསྡུས་པའི་རྣམ་གཞག་མེད་པའི་ཕྱིར། རྣལ་འབྱོར་རྒྱུད་ཀྱི་ལུགས་ཀྱང་མ་ཡིན་ཏེ་རྣལ་འབྱོར་གྱི་རྒྱུད་དེ་ཉིད་བསྡུས་པ་ལས་གསུངས་པ་ཡི་རིགས་ལྔ་ཁ་དོག་རྣམ་སྣང་དཀར་པོ་མི་བསྐྱོད་སྔོན་པོ་རིན་འབྱུང་སེར་པོ་འོད་དཔག་མེད་དམར་པོ་དོན་གྲུབ་ལྗང་ཁུ་སྟེ་ཐ་དད་ཅིང་། ཕྱག་རྒྱ་ཡང་ནི་རྣམ་སྣང་བྱང་ཆུབ་ལ་སོགས་ཐ་དད་གསུངས་པས་སོ། །རྣལ་འབྱོར་རྒྱུད་འདི་ཡི་སྐུ་མདོག་ཕྱག་རྒྱ་ཐ་དད་ནི་ཡེ་ཤེས་ལྔ་མཚོན་པར་བྱེད་པའི་རྟེན་ཅིང་འབྲེལ་བ་འབྱུང་བའི་སྐུ་ཡིན་པས་སྣང་གཞི་ཕུང་པོ་ལྔ་སྣང་བྱ་ཉོན་མོངས་ལྔ་སྦྱོང་བྱེད་རིགས་པའི་དབང་ལྔ་ཡིས་སྦྱངས་ནས་སྦྱང་འབྲས་ཡེ་ཤེས་ལྔ་ལ་ཁ་དོག་སྦྱར་ན་འཐད་པ་ཡིན་ནོ། །དེ་ཡང་ཡེ་ཤེས་ལྔ་ནི་ཉོན་མོངས་ལྔ་གནས་གྱུར་པ་ལས་བྱུང་ཞིང་དེ་དག་གཏི་མུག་དཀར་པོ་ཞེ་སྡང་སྔོན་པོ་འམ་ནག་པོ་སེར་སྣ་སེར་པོ་འདོད་ཆགས་དམར་པོ་ཕྲག་དོག་ལྗང་ཁུ་དང་མཚོན་དོན་སྦྱོར་རིགས་པར་གསུངས་སོ། །བླ་མེད་ཀྱི་ལུགས་ཀྱང་མིན་ཏེ་བླ་མེད་ལས་སྤྱིར་རྣལ་འབྱོར་རྒྱུད་བཞིན་གསུངས་བྱེ་བྲག་དུས་ཀྱི་འཁོར་ལོ་ལ་སོགས་ལས་རིགས་ལྔའི་ཁ་དོག་མི་བསྐྱོད་པ་ལྗང་ཁུ་དོན་གྲུབ་ནག་པོ་རིན་འབྱུང་དམར་པོ་འོད་དཔག་མེད་དཀར་པོ་རྣམ་སྣང་སེར་པོ་སྟེ་ཐ་མ་ལས་གཞན་གསུངས་པ་ནི་འབྱུང་བ་ནམ་མཁའ་རླུང་མེ་ཆུས་ཏེ་རྣམ་པ་ལྔ་སྦྱོང་བའི། རྟེན་ཅིང་འབྲེལ་བ་འབྱུང་བའི་སྐུ་ཡིན་པས་སེར་འབྱམ་གྱིས་དེ་དག་སྦྱོང་བ་འཐད་པ་མ་ཡིན་ནོ། །འདི་སྐབས་སུ་སངས་རྒྱས་རིགས་ལྔ་པོ་དེ་ཁ་དོག་སེར་འབྱམ་འཐད་པ་ཡིན་ཏེ་སངས་རྒྱས་ཀྱི་མཚན་བཟང་པོ་ལ། པགས་པ་གསེར་མདོག་པགས་པ་སྲབ་པ་དང་། །ཞེས་པར་གཙོ་མ་གསེར་གྱི་མདོག་འདྲ་ཞིང་། །ཞེས་སོགས་གསུངས་པ་གང་ཞིག་སངས་རྒྱས་རིགས་ལྔ་ཡང་མཚན་སོ་གཉིས་དང་ལྡན་པའི་ཕྱིར་ཞེ་ན། ལུང་དེ་དག་དང་མི་འགལ་ཏེ། གསེར་འོད་ལས། སངས་རྒྱས་ཐམས་ཅད་ཁ་དོག་མཚུངས། །འདི་ནི་སངས་རྒྱས་ཆོས་ཉིད་ཡིན། །ཞེས་སོགས་སངས་རྒྱས་གསེར་མདོག་ཅེས་མདོ་ལས་གང་གསུངས་པའི་སངས་རྒྱས་ཐམས་ཅད་འཛམ་བུ་ཆུ་བོའི་གསེར་ལྟར་དྲི་མ་མེད་ཅིང་དྭངས་པའམ་སྤྲུལ་སྐུ་ཤཱཀྱ་ཐུབ་པ་སོགས་ཕལ་ཆེ་བ་ལ་དགོངས་ཏེ་གསུངས་པས་སོ། །དེ་ལས་གཞན་དུ་སངས་རྒྱས་སེར་པོ་ཁོ་ནར་འོང་དགོས་ན་མདོ་དང་ཁྲིད་རང་འགལ་ཏེ་སངས་རྒྱས་སྨན་བླ་ནམ་མཁའི་མདོག་ལྟར་སྔོན་པོ་ཉིད་དུ་སྨན་བླའི་མདོ་ཉིད་ལས་གསུངས་པའི་ཕྱིར་རོ། །ཡི་དམ་ལྷ་ཡི་བདག་མདུན་གྱི་སྒྲུབ་ཐབས་དང་། དེའི་གསང་སྔགས་ཀྱི་བཟླས་པའི་དམིགས་པའི་ཆོ་ག་དང་། དེ་ལས་མཆོག་སངས་རྒྱས་དང་ཐུན་མོང་ཞི་རྒྱས་སོགས་ཀྱི་དངོས་གྲུབ་དང་སྒྲུབ་པའི་ལས་ཚོགས་ཀྱིས་ཆོ་ག་ཇི་སྙེད་པ་གསང་སྔགས་ཀྱི་རྒྱུད་སྡེའི་ཁྱད་ཆོས་ཁོ་ན་ཡིན་གྱི་མདོ་སྡེ་ཀུན་ལས་སྒྲུབ་ཐབས་ཀྱི་ཆོ་ག་གསུངས་པ་མེད་པས་ན་དེང་སང་གང་ཟག་བཀའ་གདམས་པ་ལ་ལ་སྔགས་ལ་མི་མོས་པར། སྒྲོལ་མ་མི་གཡོ་བ་ལ་སོགས་པ་ན་ཀྱཻ་རྡོར་བདེ་མཆོག་སོགས་ཀྱི་བར་གྱི་ལྷ་བསྒོམ་པ་དང་ལ་སོགས་བསྔགས་བཟླ་བ་རབ་གནས་སྦྱིན་སྲེག་སོགས་བྱེད་པ་ཡང་། སངས་རྒྱས་ཀྱི་བསྟན་པ་དང་མཐུན་པ་མིན་ནོ། །གཞན་ཡང་བཀའ་གདམས་པ་ལ་ལ་སྦྱིན་སྲེག་རོ་སྲེག་དང་། བདུན་ཚིགས་སྭ་ཚྭ་འདེབས་པའི་ཆོ་ག་སོགས། དེང་སང་གསང་སྔགས་ཀྱི་ལུགས་བོར་ནས། མདོ་ལས་གསུངས་པའི་དཀོན་མཆོག་མཆོད་ཙམ་ལ་བརྟེན་པ་ཡི། ཆོ་གའི་རྣམ་གཞག་བྱེད་པ་ཡོད་པ་དེ་ཡང་ནི་མི་འཐད་དེ་འདི་དག་གི་ཆོ་གའི་རྣམ་གཞག

ཕ་རོལ་ཕྱིན་པའི་མདོ་སྡེ་དང་། བསྟན་བཅོས་ཀུན་ལས་གསུངས་པ་མེད་པའི་ཕྱིར། འོན་ཀྱང་གཤིན་དོན་དུ་སྦྱིན་སྲེག་སོགས་འདི་དག་བྱེད་ན་ངན་སོང་སྦྱོང་རྒྱུད་དང་དེ་ཉིད་བསྡུས་པ་ལ་སོགས་པའི་རྒྱུད་སྡེ་འགའ་ཞིག་ལས། གསུངས་པའི་ཕྱག་ལེན་བཞིན་དུ་བྱ་སྟེ་རྣམ་གཞག་དེ་དག་རྒྱུད་སྡེ་རྣམས་ཀྱི་རྗེས་སུ་འབྲངས་པ་ཡི་གསང་སྔགས་པ་ལ་གྲགས་པའི་རྣམ་གཞག་ཡིན་པའི་ཕྱིར། སྦྱོང་རྒྱུད་ལས། །ཆོ་ག་བཞིན་དུ་སྦྱིན་སྲེག་བྱ། །ཞེས་དང་། དེ་ལ་སྔགས་ཀྱིས་བཏབ་ནས་ཀྱང་། །ཞེས་སོགས་སོ། །

དེ་བཞིན་དུ་བཀའ་གདམས་གཞུང་པ་ལ་ལ་རབ་གནས་མདོ་ལུགས་དང་། གུ་གོ་ཆེའི་རྗེས་འབྲང་རྣམས་ཕྱག་ན་རྡོ་རྗེ་གོས་སྔོན་ཅན་མདོ་ལུགས་དང་། བོད་འགའ་ཞིག་བྱང་ཆུབ་ལྟུང་བཤགས་དང་ནི་ཤེར་སྙིང་སོགས་སྔགས་ལུགས་ཡིན་པས་དེ་དང་དེའི་སྒྲུབ་ཐབས་ཀྱི་ཆོ་ག་མདོ་སྔགས་སོ་སོ་ནས་བཤད་པ་ཡོད་ཅེས་འཆད་པ་ཐོས་སོ། །རབ་གནས་མདོ་ལུགས་སོགས་འདོད་པ་འདི་ཡང་བརྟག་པར་བྱ་བས་ཉོན་ཅིག་སྟེ་བཤད་པ་ཡིན་པའི་ཕྱིར། རབ་གནས་མདོ་ལུགས་ཡིན་པས་འདོད་པ་འདི་ནི་མི་འཐད་དེ་མདོ་ནས་རབ་གནས་བཤད་པ་མེད་པའི་ཕྱིར། འོན་ཀྱང་རྟེན་ལ་མཆོད་པ་དང་བསྟོད་པ་བཀྲ་ཤིས་སོགས་ཕྱག་བྱས་མེ་ཏོག་གཏོར་ནས་དེ་ཉིད་མཆོད་གནས་ཡིན་ཞེས་རྒྱལ་པོ་རྒྱལ་སར་འགོད་པའི་མངའ་དབུལ་ལྟ་བུ་ལ་རབ་གནས་ཡིན་ཞེས་སྒྲ་ན་སྨོས་ཤིག་སྟེ་རྒྱ་གར་ནའང་ཁྲིན་པ་དང་སྐྱིད་མོའི་ཚལ་སོགས་ལ་མཆོད་པ་བྱས་ནས་དེ་ལ་རབ་གནས་ཞེས་པའི་མིང་འདོགས་པ་ཡོད་པས་མིང་ཙམ་ལ་མི་འགལ་ལོ། །སྔ་གོན་དུ་ཐོག་མར་རང་ཉིད་ལྷ་བསྒོམ་པ་དང་སྔགས་བཟླས་པ་དང་། རབ་ཏུ་གནས་བྱའི་རྟེན་དེ་ལ་དབང་བསྐུར་བའི་ཕྱིར་བུམ་པ་དཀྱིལ་འཁོར་སྒྲུབ་པའི་ཕྱིར་སྤྱན་གསན་འབེབས་པ་ལྷ་ཡི་སྔ་གོན་དང་། བགེ་བསྐྲད་དྲི་མ་བཀྲུ་སོགས་རབ་གནས་ཀྱི་སྔ་གོན་དང་། དངོས་གཞི་བདག་མདུན་སྐྱབ་ཅིང་མཆོད་པ་རྟེན་དམ་ཚིག་སེམས་དཔའ་བསྐྱེད་པ་དང་། རྟེན་དེ་ལ་ཡེ་ཤེས་འཁོར་ལོ་ཛཿཧཱུྃ་སོགས་ཀྱིས་དགུག་གཞུག་དང་། དབང་བསྐུར་རིགས་ཀྱིས་བདག་པོས་རྒྱས་གདབ་པ་ཀུན་མཁྱེན་ཡེ་ཤེས་སོགས་སྤྱན་དབྱེ་ཕྱོགས་བཅུ་ན་བཞུགས་པའི་སོགས་བདེན་བདར་གྱིས་བརྟན་པར་བཞུགས་པ་གསོལ་བ་འདེབས་པ་དང་། སྤྱི་དང་བྱེ་བྲག་སོ་སོའི་མངའ་དབུལ་དང་།རྟེན་འབྲེལ་སྙིང་པོའི་སྔགས་ཀྱིས་བྱིན་གྱིས་བརླབས་པ་ཡི་མེ་ཏོག་དོར་ནས་མཆོད་པ་རྒྱས་པས་ལེགས་པར་མཆོད་དེ་དེ་རྗེས་དགའ་སྟོན་དང་བཀྲ་ཤིས་རྒྱས་པར་བྱེད་པ་ཡི་ཆོ་ག་དེ་ལྟ་བུ་ནི་གསང་སྔགས་ཀྱི་རྒྱུད་སྡེ་ལས་གསུངས་ཀྱི་ཕ་རོལ་ཏུ་ཕྱིན་པ་ལས་མིན་ཏེ་ཕ་རོལ་དུ་ཕྱིན་པ་ལས་ལྷ་བསྒོམ་སྔགས་བཟླས་བུམ་སྒྲུབ་སོགས་མ་བཤད་པས་སོ། །བོད་ལ་ལ་རབ་གནས་མདོ་ནས་དངོས་སུ་བཤད་པ་མེད་ཀྱང་རབ་གནས་མིན་པའི་སྐྱོན་མེད་དེ་ཇོ་བོ་རྗེས་གདམས་ངག་གིས་བཀྲལ་བ་ཡིན་པས་སོ་ཞེས་སྨྲའོ། །འོ་ན་ཇོ་བོ་རྗེའི་གདམས་ངག་དེ་མདོ་སྡེ་གང་དག་ལ་བརྟེན་ནས་མཛད་པ་ཡིན་པ་སྨྲ་དགོས་ཏེ་མདོ་ལུགས་ཀྱི་གདམས་ངག་མདོ་ལ་བརྟེན་དགོས་པས་སོ། །ཡོད་ཀྱང་མདོ་གང་ནས་ཀྱང་བཤད་པ་མེད་པས་ཇོ་བོས་ཀྱང་མི་བཞེད་ཅིང་གལ་ཏེ་བཞེད་ན་ཇོ་བོས་ཀྱང་བསྟན་པ་མ་བཟུང་བའི་སྐྱོན་དུ་འགྱུར་རོ། །

དེང་སང་གསང་བ་འདུས་པའི་ལྷ་འཇམ་རྡོར་ཞལ་གསུམ་ཕྱག་དྲུག་པ་བསྒོམས་ཤིང་སྔགས་བཟླས་ནས་མདོ་ལུགས་ནས་འབྱུང་བ་ཡིན་ཞེས་བཀའ་གདམས་པ་ཁ་ཅིག་ཟེར་རོ། །ཚུལ་འདི་ནི་མི་འཐད་དེ་གསང་བ་འདུས་པའི་བསྒོམ་ལ་སོགས་པའི་ཆོ་ག

ལ་ནི་མདོ་ལུགས་ཆོག་འབྱུང་བ་མཚར་ཆེ་བའི་ཕྱིར། དཔེར་ན་སེང་གེའི་ཕྲུག་གུ་གླང་ཆེན་ལས། །བྱུང་ན་སྔོན་མེད་སྲོག་ཆགས་ཡིན་པ་བཞིན་ནོ། །སྔགས་ལ་མཁས་པ་རྣམས་ཀྱིས་གསང་འདུས་མདོ་ལུགས་སོགས་འདི་འདྲ་ཡི། ཆོ་ག་སྟོན་ཆད་མ་བྱེད་ཅིག་ཅེས་གདམས་ཏེ་མདོ་སྔགས་འཚོལ་བས་མཁས་པས་ཁྲིལ་བའི་གནས་སུ་འགྱུར་བའི་ཕྱིར་རོ། །སྐུ་གཟུགས་ཀྱི་ལྷ་ལ་རབ་ཏུ་གནས་པ་དང་། འགྲོ་བ་མི་ལ་དབང་བསྐུར་བྱ་བ་སོགས་ནི་སློབ་དཔོན་གྱི་དབང་བསྐུར་མ་ཐོབ་ན་རྡོ་རྗེ་སློབ་མའི་དབང་བསྐུར་བ་ཙམ་ཐོབ་ཀྱང་བྱ་བར་མ་གསུངས་ན་དེའི་ཕྱིར་དབང་བསྐུར་གཏན་ནས་མ་ཐོབ་པའི་གང་ཟག་རྣམས་ཀྱིས་བྱར་མི་རུང་བ་སློས་ཅི་དགོས། རྟགས་སྒྲུབ་པའི་དབང་དུ་བྱས་ནས་རྡོ་རྗེ་སློབ་མའི་དབང་བསྐུར་ཙམ་ཐོབ་ནས་མི་ཏོག་ཡོག་པའི་ལྷ་སྐལ་བསྒོམ་པ་ཙམ་དང་ནི། ལྷ་དེའི་བཟླས་བརྗོད་དང་ནི་བཅུ་ཆའི་སྦྱིན་སྲེག་དང་། དེ་ལ་བརྟེན་ནས་ཞི་རྒྱས་སོགས་ཀྱི་ལས་ཚོགས་ལ་སོགས་བསྒྲུབ་པ་ཡི་ཐུན་མོང་གི་དངོས་གྲུབ་རིལ་བུ་མིག་སྨན་ལ་སོགས་པ་དང་ནི་བསྙེན་རིམ་ཙམ་ལ་བརྟེན་པའི་ཕྱག་རྒྱ་ཡི་ཡེ་ཤེས་སྒྲུབ་པའི་ཆོ་ག་དང་། གསང་སྔགས་ཀྱི་རྒྱུད་སྡེ་འོག་མ་འགའ་ཞིག་ཉན་པ་ལ་དབང་བ་ཡིན་གྱི་གཞན་དོན་དུ་གཞན་ལ་རྒྱུད་འཆད་པ་དང་། དབང་བསྐུར་དང་ནི་རབ་གནས་དཀྱིལ་འཁོར་ཡོངས་རྫོགས་བསྒོམ་པ་རིགས་ལྔ་སོ་སོའི་དམ་ཚིག་བསྲུང་བ་ལ་སོགས་ནི་རྡོ་རྗེ་སློབ་དཔོན་གྱི་ཐུན་མོང་མ་ཡིན་པའི་ཕྲིན་ལས་ཁོ་ན་ཡིན་པས་བྱར་མི་རུང་ཞིང་མི་དབང་ངོ་། རྡོ་རྗེ་སློབ་དཔོན་དབང་ཐོབ་ནས་གཞལ་ཡས་ཁང་བྱང་ཕྱོགས་སོ་བདུན་དང་སྦྱར་བ་འཁོར་ལོ་དཀྱིལ་འཁོར་གྱི་ལྷ་རྣམས་དང་ཕུང་པོ་ཁམས་དང་སྐྱེ་མཆེད་སྦྱར་བ་ལྷ་ཡི་དེ་ཁོ་ན་ཉིད་ལ་སོགས་པ་སྦྱང་གཞི་སྦྱོང་བྱེད་ཀྱི་རྣམ་དག་སྦྱར་བའི་རྟེན་བརྟེན་པར་བཅས་པའི་དཀྱིལ་འཁོར་ཡོངས་རྫོགས་བསྒོམ་པ་དང་། དབང་བསྐུར་དང་ནི་རབ་གནས་སོགས། སློབ་དཔོན་གྱི་ནི་གཞན་དོན་གྱི་ཕྲིན་ལས་དང་། སངས་རྒྱས་ཀུན་གྱི་སྡེ་རིགས་ལྔ་སོ་སོའི་དམ་ཚིག་དང་། བླ་ན་མེད་པའི་སྡོམ་པ་དཀོན་མཆོག་གསུམ་བཟུང་བ་དང་རྡོ་རྗེ་དྲིལ་བུ་ཕྱག་རྒྱ་སོགས་ཐུན་མོང་མིན་པའི་དམ་ཚིག་བཅུ་བཞི་བ་རྣམས་ནི་རྡོ་རྗེ་སློབ་དཔོན་ཁོ་ནའི་ལས། ཉིད་ཡིན་པས་དེའི་དབང་མ་ཐོབ་པར་གཞན་གྱིས་བྱར་མི་རུང་ངོ་། །དེ་ཡང་སློབ་དཔོན་གྱི་དབང་གི་གསོལ་བཏབ་ཀྱི་སྐབས་སུ། འཁོར་ལོ་ལྷ་ཡི་དེ་ཉིད་དང་། །སློབ་དཔོན་ཕྲིན་ལས་ཡོངས་སུ་གསུངས། །སངས་རྒྱས་ཀུན་གྱི་དམ་ཚིག་དང་། །སྡོམ་པའང་བླ་ན་མེད་པར་སྩོལ། །ཞེས་སོགས་གསུངས་པས་སོ། །རབ་གནས་རྡོ་རྗེ་སློབ་དཔོན་ཁོ་ནའི་ལས་ཡིན་པ་དེས་ན་རབ་གནས་མདོ་ལུགས་ཞེས་འཆད་པ་ནི་སངས་རྒྱས་བསྟན་པ་མིན་ཏེ་ཁྱིམ་པས་མཁན་སློབ་བྱེད་པ་དང་། རྡོ་རྗེ་སློབ་དཔོན་མ་ཡིན་པས། དབང་བསྐུར་རབ་གནས་བྱེད་པ་ནི། གཉིས་ཀ་སངས་རྒྱས་ཀྱི་བསྟན་པ་མིན་པར་མཚུངས་པའི་ཕྱིར་རོ། །དེ་ན་ད་ལྟ་བོད་འདིར་ཁྱིམ་པས་མཁན་སློབ་བྱེད་ན་གད་མོ་བྱེད་ཅིང་། དབང་བསྐུར་མ་ཐོབ་པའམ་ཐོབ་ཀྱང་མིང་ཙམ་དུ་གྱུར་པས་དབང་བསྐུར་རབ་གནས་བྱེད་པ་ན་གད་མོ་མི་བྱེད་ཅིང་ཀུན་གྱིས་བསྐུར་བར་བྱེད་མོད་ཆོས་དང་བསྟུན་ན་གཉིས་པོ་མཚུངས་སོ། །ཕྱག་ན་རྡོ་རྗེའི་བསྒོམ་བཟླས་མདོ་ལུགས་སུ་འདོད་ལ་དེ་ཉིད་ཀྱང་ནི་མི་འཐད་དེ་མདོ་སྡེ་རྣམས་ནས་ཕྱག་ན་རྡོ་རྗེའི་བསྒོམ་བཟླས་བཤད་པ་མེད་པའི་ཕྱིར་རོ། །འོན་གཟུངས་འབུམ་དུ་མ་བཤད་དམ་སྙམ་ན། གཟུངས་འབུམ་ནས་བཤད་པ་དེ་དག་ནི།

བྱ་བའི་རྒྱུད་ཀྱི་ཆོ་ག་ཡིན་པས་སོ། །

བྱང་ཆུབ་ལྟུང་བཤགས་སྔགས་ལུགས་ཡིན་པའི་སངས་རྒྱས་སུམ་ཅུ་སོ་ལྔའི་ཕྱག་མཚན་ལ། ཕུབ་དང་རལ་གྲི་སོགས་འཛིན་པ་དེ་ནི་མི་འཐད་དེ་ལྟར་འཛིན་པའི་སྒྲུབ་ཐབས་སངས་རྒྱས་ཀྱིས་མ་གསུངས་པས་སོ། །འདི་ནི་འགོག་བྱེད་རྣམ་གྲངས་ཙམ་ཡིན་ནོ། །མདོ་དང་རྒྱུད་ཀྱི་ཁྱད་པར་ནི། །རང་དོན་དུ་བསྒོམ་བཟླས་གཞན་དོན་དུ་དབང་བསྐུར་རབ་གནས་སོགས་ཆོ་གའི་བྱ་བ་ཡོད་མེད་ཡིན་པས་ན། མདོ་སྔགས་ཀྱི་ཁྱད་པར་སྔར་སྨོས་པ་དེ་ལྟར་ཤེས་ནས་མདོ་སྡེ་དང་། སྔགས་ཀྱི་ལུགས་ཀྱི་ཁྱད་པར་རྣམས་ནི་དཔྱོད་དེ་སྨོས་ཤིག་ཅེས་གདམས་པའོ། །

གསང་སྔགས་སྔར་འགྱུར་བ་ལ་ལ་ཉན་ཐོས་རང་རྒྱལ་བྱང་སེམས་ཏེ་ཕྱི་མཚན་ཉིད་ཀྱི་ཐེག་པ་གསུམ་ཀྱི་ཡ་ཨུ་པ་ཡོ་ག་སྟེ་ནང་སྔགས་ཀྱི་ཐེག་པ་གསུམ་བསྐྱེད་པ་མ་ཧཱ་ཡོ་ག་རྫོགས་པ་ཨ་ནུ་ཡོ་ག་རྫོགས་པ་ཆེན་པོ་ཨ་ཏི་ཡོ་ག་སྟེ་གསང་བ་མཐར་ཐུག་གི་ཐེག་པ་གསུམ་ཏེ་ཐེག་པ་རིམ་པ་དགུ་ལ་ཕྱི་ནང་གསང་བའི་ཁྱད་པར་གྱིས་རྟོགས་བྱའི་ལྟ་བ་འཁའ་ཐ་དད་ཡོད་ཅེས་ཟེར་རོ། །དེ་འདྲའི་ལྟ་བའི་དབྱེ་བ་དེ་མི་འཐད་དེ་ཉན་ཐོས་དང་ནི་ཐེག་ཆེན་ལ་སྤྲོས་བྲལ་རྟོགས་དང་མ་རྟོགས་པའི་བྱེ་བྲག་གིས་ལྟ་བའི་རིམ་པ་ཡོད་མོད་ཀྱི་ཐེག་ཆེན་ཕ་རོལ་ཏུ་ཕྱིན་པ་དང་གསང་སྔགས་རྡོ་རྗེ་ཐེག་པ་གཉིས་ལ་ཐོས་བསམ་གྱིས་གཏན་ལ་ཕབ་པའི་ལྟ་བ་མི་འདྲ་བའི་དབྱེ་བ་བཤད་པ་མེད་པའི་ཕྱིར། ཅི་སྟེ་ཕ་རོལ་ཕྱིན་པས་གཏན་ལ་ཕབ་པའི་སྤྲོས་བྲལ་ལས། ལྷག་པའི་རྡོ་རྗེ་ཐེག་པའི་ལྟ་བ་ཡོད་ན་ནི། དེ་གང་ཞིག་ཐེག་པ་རིམ་དགུའི་ཡང་རྩེའི་ལྟ་བ་དེ་ཆོས་ཅན་སྤྲོས་པ་ཅན་དུ་འགྱུར་བར་ཐལ་སྤྲོས་བྲལ་ལས་འདས་པའི་ལྟ་བ་ཡིན་པའི་ཕྱིར། སྐྱོན་དེ་འབྱུང་དུ་དོགས་ནས་སྤྲོས་བྲལ་ཡིན་ཞེ་ན་དེ་གང་ཞིག །དབུ་མ་དང་གསང་སྔགས་གཉིས་པོའི་ལྟ་བ་དེ་ཆོས་ཅན་ཁྱད་པར་མེད་པར་ཐལ་གཉིས་ཀ་སྤྲོས་བྲལ་དུ་མཚུངས་པའི་ཕྱིར། སྤྲོས་བྲལ་དུ་གཏན་ལ་ཕབ་པ་ལས་བྱུང་པའི་ཐོས་བསམ་གྱི་ལྟ་བ་ལ་ཁྱད་པར་མེད་པ་དེས་ན་མདོ་སྔགས་གཉིས་པོའི་ཐོས་བསམ་གྱིས་གོ་ཡུལ་གྱི་ལྟ་བ་སྤྲོས་བྲལ་དུ་མཚུངས་པས་ན་བཤད་པས་གོ་བ་ཡི་ཐོས་པ་ལས་བྱུང་བའི་ལྟ་བ་གཅིག་ཉིད་ཡིན་ནོ། །སྤྲོས་བྲལ་དེ་ཐོས་བསམ་གྱིས་གཏན་ལ་ཕབ་པའི་ཚ་ལ་ཁྱད་པར་མེད་མོད་འོན་ཀྱང་སྤྲོས་བྲལ་དེ་རྟོགས་ཤིང་མངོན་དུ་གྱུར་པ་ཡི་ཐབས་དེ་ལ་གསང་སྔགས་ཁྱད་པར་དུ་འཕགས་ཏེ་དབང་བཞི་དང་རིམ་གཉིས་སོགས་ཐབས་ཟབ་ཅིང་མྱུར་ལམ་ཡིན་པའི་ཕྱིར། ཚུལ་གསུམ་སྒྲོན་མེར། དོན་གཅིག་ན་ཡང་མ་རྨོངས་དང་། །ཐབས་མང་དཀའ་བ་མེད་པ་དང་། །དབང་པོ་རྣོན་པོའི་དབང་བྱས་ནས། །སྔགས་ཀྱི་ཐེག་པ་ཁྱད་པར་འཕགས། །ཞེས་གསུངས་སོ། །

སྙིང་མ་པ་ཁ་ཅིག་དབུ་མའི་ཀུན་རྫོབ་ཀྱི་ལྟ་བ་ནི། ཀུན་རྫོབ་འདི་ཇི་ལྟར་སྣང་བ་བཞིན་དུ་དོན་དམ་པ་ཡང་འདི་ཡིན། དོན་དམ་གྱི་ལྟ་བ་ཡོད་མེད་སོགས་མཐའ་བཞིའི་སྤྲོས་པ་དང་བྲལ་བ་ཡིན་ནོ། །དེ་བཞིན་དུ་བྱ་བའི་རྒྱུད་ཀྱི་ཀུན་རྫོབ་ནི། སྐུ་གསུང་ཐུགས་ཀྱི་ངོ་བོ་རྡོ་རྗེའི་རིགས་སོགས་རིགས་གསུམ་རྒྱལ་བའི་དཀྱིལ་འཁོར་ཡིན། དོན་དམ་དབུ་མ་དང་མཚུངས་ཟེར། སྤྱོད་པའི་རྒྱུད་ཀྱི་ཀུན་རྫོབ་དང་། རྣལ་འབྱོར་རྒྱུད་ཀྱི་ཀུན་རྫོབ་ནི། སྣང་བ་རིགས་ལྔའི་རྒྱལ་བར་སྣང་བ་ཡིན། རྣལ་འབྱོར་ཆེན་པོའི་ཀུན་རྫོབ་ནི། སྣང་བ་ཐམས་ཅད་དམ་པ་རིགས་བརྒྱ་ཡིན་པས་དེ་དག་ལ་ཀུན་ལ་ཀུན་རྫོབ་ཀྱི་ལྟ་བ་ལ་བཟང་

རན་གྱི་དབྱེ་བ་ཡོད་མོད་དོན་དམ་གྱི་ལྟ་བ་ལ་ཁྱད་པར་མེད་ཞེས་ཟེར་རོ། །ལྟ་ཐོག་ནས་བསྒོམ་སྒོམ་ཐོག་ནས་སྤྱོད་པ་བྱེད་དགོས་ཀྱང་དོན་དམ་སྤྲོས་མེད་ཀྱི་ལྟ་བ་དང་ཀུན་རྫོབ་སྤྲོས་བཅས་དམིགས་པའི་སྒོམ་པ་དང་སྤྱོད་པ་གསུམ་གྱི་རྣམ་དབྱེ་མ་ཕྱེད་ཅིང་། སྒོམ་པ་ཐབས་དང་དེ་ལས་བྱུང་བའི་ཤེས་རབ་ལྟ་བར་འཇོག་པ་དང་དེ་གཉིས་བསྲེས་པའི་སྤྱོད་པས་མཐར་ཕྱིན་པར་བྱེད་པའི་ཁྱད་པར་མི་ཤེས་པས། ཀུན་རྫོབ་ཀྱི་ལྟ་བ་བཟང་ངན་འདི་འདྲའི་བྱེ་བ་འཁྲུལ་པ་ཡིན་ནོ། །ལྟ་སྒོམ་སོ་སོར་འབྱེད་པའི་རྣམ་དབྱེར་འདི་ཡི་འཐད་པ་བཤད་ཀྱི་ཉོན་ཅིག་སྟེ་དེ་མ་ཐག་ཏུ་འཆད་པར་འགྱུར་བའི་ཕྱིར། རིགས་གསུམ་དང་རིགས་ལྔ་ལ་སོགས་པ་སངས་རྒྱས་སུ་སྣང་ཞིང་བསྒོམ་པ་ནི་གསུམ་གྱི་བརྡས་བྱས་པའི་བསྒོམ་པའི་ལོག་པ་ཙམ་ཡིན་གྱི་ལྟ་བ་མིན་ཏེ་ཀུན་རྫོབ་ཏུ་ལྷ་བསྒོམ་པའི་དམིགས་པ་ཙམ་ཡིན་པའི་ཕྱིར། རྒྱུད་སྡེ་འོག་མར་ཀུན་རྫོབ་རིགས་གསུམ་དང་རིགས་ལྔར་བསྒོམ་པ་ཡང་མི་འཐད་དེ་བྱ་སྤྱོད་རྣལ་འབྱོར་རྒྱུད་གསུམ་ལས། ཀུན་རྫོབ་ཀྱི་སྣང་བ་ལྷ་རུ་གསུངས་པ་མེད་པའི་ཕྱིར་རོ། །རྒྱུད་སྡེ་འོག་མ་གསུམ་ལ་ཚོགས་དྲུག་གི་ཡུལ་སྣང་ལྷར་བསྒོམ་པ་མེད་མོད། འོན་ཀྱང་བྱ་བའི་རྒྱུད་དུ་ནི་རང་ཉིད་ཐ་མལ་དུ་གནས་པས་རིགས་གསུམ་གྱི་བྲིས་སྐུ་མཚན་ཉིད་དང་ལྡན་པ་མདུན་དུ་བཞུགས་པ་ལ་ལྷ་རུ་བསྒོམས་ནས་གཟུངས་སྔགས་བཟླས་པས་ཀྱང་འགྲུབ་པ་ཡིན་ཏེ་དེ་ལྟ་བུས་པ་དེ་ལས་རྗེ་འབངས་ལྟ་བུའི་དངོས་གྲུབ་ལེན་ཅིང་ཐོབ་པ་ཡིན་པའི་ཕྱིར། མདུན་བསྐྱེད་ལས་རྗེ་འབངས་ལྟ་བུའི་དངོས་གྲུབ་ལེན་པ་དེས་ན་དཀའ་ཐུབ་དང་གཙང་སྦྲ་ལ་གནས་པ་ཡིས་ནི་དེ་ལ་དགའ་བའི་དྲང་སྲོང་རིག་འཛིན་རྣམས་ཀྱིས་གྲོགས་བྱས་ཏེ་སངས་རྒྱས་མཉེས་ནས་དངོས་གྲུབ་གནང་བ་ཡིན་ནོ། །རྣམ་སྣང་མངོན་བྱང་སོགས་སྤྱོད་པའི་རྒྱུད་དུ་ནི་བྲིས་སྐུ་དང་། རང་ཉིད་གཉིས་ཀ་ལྷར་བསྒོམས་ནས། བདག་མདུན་གྱི་སངས་རྒྱས་གཉིས་གྲོགས་པོ་ལྟ་བུའི་ཚུལ་གྱིས་དངོས་གྲུབ་ལེན་ཏེ་གཉིས་ཀ་ལྷར་གསལ་བའི་རྒྱུ་མཚན་གྱིས་ཕྱིར་རོ། །སྤྱོད་རྒྱུད་ལ་སོགས་པའི་རྣལ་འབྱོར་རྒྱུད་དུ་ནི་རང་ཉིད་དམ་ཚིག་སེམས་དཔའི་ཚུལ་གྱིས་དངོས་གྲུབ་ལེན་ཏེ་ཕྱི་རོལ་ལ་དམིགས་པའི་རྟེན་རྐྱེན་ཙམ་བྱས་ནས་ཀྱང་། གཙོ་བོ་རང་ཉིད་དམ་ཚིག་སེམས་དཔའ་དཀྱིལ་འཁོར་ཡོངས་རྫོགས་བསྒོམས་པ་ལ། ཡེ་ཤེས་འཁོར་ལོ་སྔགས་དང་ཏིང་འཛིན་ཕྱག་རྒྱས་སྤྱན་དྲངས་ནས། ཇི་སྲིད་ཕྱག་རྒྱ་མ་བཀྲོལ་བ། དེ་ཡི་བར་དུ་རང་གི་ལུས་ལ་སངས་རྒྱས་བཞུགས། ཕྱག་རྒྱ་བཀྲོལ་ནས་སངས་རྒྱས་རང་བཞིན་གྱི་གནས་སུ་གཤེགས་དེ་ནས་རང་ཉིད་ཐ་མལ་འགྱུར། རྒྱུད་གསུམ་པོ་འདི་དག་གི་ནི་ལུང་སྦྱོར་རྣམས་སྤྱན་རས་གཟིགས་ཀྱི་ཚིག་ཞིབ་མོ་དང་རྣམ་སྣང་མངོན་བྱང་དེ་ཉིད་འདུས་པ་སོགས་ལས་གསུངས་མོད་ཡི་གེ་མངས་ཀྱིས་དོགས་པས་གཞུང་རྩ་བར་མ་བྲིས་པ་བཞག་གོ། །

རྣལ་འབྱོར་ཆེན་པོའི་རྒྱུད་དུ་ནི། ཀུན་རྫོབ་ཀྱི་སྣང་བ་ཐམས་ཅད་ལྷར་བསྒོམ་པའི་ཉམས་ལེན་བཤད་དེ་ཆོས་ཐམས་ཅད་རང་བཞིན་གྱི་སྟོང་པ་དེ་བཞིན་ཉིད་ཀྱི་དག་པ་ཀུན་རྫོབ་ཀྱི་ཆོས་ཐམས་ཅད་ལྷར་བསྒོམ་པ་ལྷ་སོ་སོའི་དག་པ་དེ་ཐམས་ཅད་བདེ་ཆེན་ཡེ་ཤེས་སུ་བསྒྱུར་བ་རང་རིག་པའི་དག་པ་སྟེ་དག་པ་གསུམ་གྱི་རང་བཞིན་གྱི་ཉམས་ལེན་བཤད་པས་སོ། །དག་པ་གསུམ་པོ་འདི་ཡི་རྒྱབ་བརྟེན་འཐད་ཚུལ་ལུང་རིགས་དང་ཉམས་སུ་ལེན་ཚུལ་མན་ངག་རྣམས། བླ་མ་མཚན་ཉིད་དང་ལྡན་པའི་ཞལ་ལས་ལེགས་པར་དྲིས་ཤིག་སྟེ། བརྟག་གཉིས་ལས། ངེས་པར་དངོས་པོ་ཐམས་ཅད་ཀྱི། །དག་པ་དེ་བཞིན་ཉིད་དུ་བརྗོད། །ཞེས་སོགས་སོ། །ལུང་བླ་མའི་ཞལ་ལས་རྟོགས་པ་མངོན་རྟོགས་ལྗོན་ཤིང་དང་།

རིགས་པ་མཁན་ཆེན་ཞི་འཚོས་མཛད་པའི་གསང་སྔགས་རིགས་པས་སྒྲུབ་པའི་བསྟན་བཅོས་དང་མཁས་པ་ཆེན་པོ་རང་ཉིད་ཀྱིས་མཛད་པའི་ཚོགས་འཁོར་རྟོད་སྤོང་དང་། མན་ངག་བླ་མའི་ཞལ་ལས་དྲི་བ་གསུང་ངག་རིན་པོ་ཆེ་ལམ་འབྲས་བུ་དང་བཅས་པ་ཉན་པ་ལས་ཤེས་པར་བྱའོ། །གལ་ཏེ་བྱ་བའི་རྒྱུད་ཀྱི་ཡང་། ཁྲིས་སྐུ་ལྷ་རུ་ཁྲིས་པ་ཙམ་གྱི་མི་ཚིག་པར་རྫོགས་པ་ཆེན་པོའི་ལུགས་ལྟར་ཀུན་རྫོབ་ཀྱི་སྣང་བ་ལྷ་རུ་གནས་པ་འདོད་ན་ནི། སྨྲུང་གནས་ལྷ་བུའི་དཀའ་ཐུབ་དང་ཁྲུས་སོགས་གཙང་སྦྲ་ག་ལ་འཐད་དེ་མི་འཐད་པར་ཐལ་ལྷ་ཡེ་ཤེས་པ་ལ་གཙང་བ་དང་མི་གཙང་བའི་ལྟ་གཉིས་མེད་པའི་ཕྱིར་དང་། ལྷ་ཡེ་ཤེས་པ་རྣམས་དཀའ་ཐུབ་ཀྱིས་མི་གདུང་བའི་ཕྱིར་རོ། །རྙིང་མ་བ་ཁ་ཅིག་བྱ་སྤྱོད་གཉིས་པོ་དེ་སྤྱོད་པ་མཐུན་པ་ཡིན་ཏེ། སྤྱོད་པའི་རྒྱུད་ཀྱི་ཡང་། ཀུན་རྫོབ་ཀྱི་ལྷ་བ་རིགས་ལྔ་ཡིན་པས་རྣལ་འབྱོར་གྱི་རྒྱུད་དང་མཐུན། སྤྱོད་པ་བྱ་བའི་རྒྱུད་བཞིན་དུ་གཙང་སྦྲ་འབའ་ཞིག་བྱེད་པས་སོ། སྤྱོད་རྒྱུད་འདི་ཡང་དེ་ལྟར་ངེས་པ་མེད་དེ་སྤྱོད་རྒྱུད་འདི་ནི་ཕྱི་ལུས་ངག་གི་བྱ་བ་དང་ནང་ཏིང་ངེ་འཛིན་གཉིས་ཀ་ཆ་མཉམ་དུ་སྟོན་པའི་རྒྱུད་ཡིན་པས། རང་ལྷ་མ་སྒོམ་པའི་སྐབས་རེས་འགའ་གཙང་སྦྲ་སྤྱོད་མོད་ཀྱི། ཕལ་ཆེར་རང་ཉིད་ལྷར་བསྒོམ་སྟེ་ཅི་བདེར་སྤྱོད་པར་གསུངས་པས་སོ། །སྤྱོད་རྒྱུད་ལས། རྡོ་རྗེ་སེམས་དཔའི་གནས་འདུག་སྟེ། ། ཐམས་ཅད་ཐོས་ཏེ་ཀུན་བྱས་ཀྱང་། །འགྲུབ་འགྱུར་ཉེས་པས་མི་གོས་ན། །སྙིང་རྗེར་ལྡན་པས་སློས་ཅི་དགོས། ཞེས་གསུངས་སོ། །སྤྱོད་པའི་རྒྱུད་ལ་ཀུན་རྫོབ་ཀྱི་སྣང་བ་རིགས་ལྔར་བསྒོམ་པ་དེ་ཡང་མི་འཐད་དེ་དཀྱིལ་འཁོར་གཅིག་ལ་ལྷ་ལྔ་ཚངས་པ་སོགས་རིགས་ལྔ་ཡི། དོན་གྲུབ་ན་ཡང་དེ་ལ་རིགས་ལྔའི་ཐ་སྙད་མེད་པའི་ཕྱིར། དེའི་རྒྱུ་མཚན་ཡང་ཕྱག་རྒྱ་སྐུ་མདོག་ཡེ་ཤེས་ལྔ་སྦྱར་བའི་རྣམ་དག་ཀྱང་རྣལ་འབྱོར་གྱི་རྒྱུད་ལས་གསུངས་པ་བཞིན་སྤྱོད་རྒྱུད་དེར་མ་གསུངས་པས་སོ། །རྒྱུད་སྡེ་འོག་མའི་ལྷ་བསྒོམ་ཚུལ་གྱི་ཁྱད་པར་བཤད་ཟིན་པ་དེས་ན་རྣལ་འབྱོར་རྒྱུད་མན་ཆད་ནི་ཁྲིས་སྐུ་ཁོ་ན་དང་ཁྲིས་སྐུ་དང་རང་ཉིད་གཉིས་ཀ་དང་ཁྲིས་སྐུ་དམིགས་རྟེན་དུ་བྱས་ནས་གཙོ་ཆེར་རང་ཉིད་ལྷར་བསྒོམ་པ་དང་གསུམ་གསུངས་པས་ཀུན་རྫོབ་འདི་ལྷ་རུ་གསུངས་པ་མེད་དོ། །དེ་གསུམ་དུ་སྣང་བ་ལྟར་མི་སྒོམ་མོད་འོན་ཀྱང་ཀུན་རྫོབ་ཐམས་ཅད་ནི། བཟང་ངན་སྣ་ཚོགས་སོ་སོའི་ལུགས་བཞིན་ཇི་ལྟར་སྣང་བ་བཞིན་དུ་བབས་ཀྱི་ལྷ་ལྟར་སྣང་བ་མིན་ནོ། །ཁྲིས་སྐུ་དང་རང་ཉིད་གཉིས་ཀ་ལ་སོགས་པ་ལྷར་བསྒོམ་པ་དེ་ནི་བསྐྱེད་ཚོག་གི་ཐབས་ཀྱི་ཁྱད་པར་གྱིས་ལྟར་འགྱུར་བ་ཡིན་ཏེ་དེར་བསྒོམ་ནས་ཚོགས་བསགས་ཤིང་དངོས་གྲུབ་ལེན་པ་ནི་ཐབས་ཀྱི་ཁྱད་ཆོས་ཡིན་པའི་ཕྱིར་རོ། །

རྣལ་འབྱོར་ཆེན་པོའི་རྒྱུད་སྡེ་ལས་ནི་ཀུན་རྫོབ་ཇི་ལྟར་སྣང་བ་འདི་ཐ་མལ་དུ་མི་འཛིན་པར་ལྷར་བསྒོམ་པ་བཞེད་དེ་བསྐྱེད་རིམ་གྱིས་ཐབས་ལ་མཁས་པའི་ཁྱད་པར་གྱིས་སྦྱངས་གཞི་ཕུང་ཁམས་སྦྱོང་བྱེད་ལྷ་དང་ངོ་སྤྲོད་པ་དེ་ཚེ་དམ་པ་རིགས་བརྒྱ་དང་འབུམ་ལ་སོགས་པའི་དབྱེ་བ་རྒྱལ་བས་གསུངས་པས་སོ། །དེ་ལྟར་འོག་མ་གསུམ་ལ་ཀུན་རྫོབ་ལྷར་བསྒོམ་པ་མེད་པ་བླ་མེད་ལ་ཀུན་རྫོབ་ལྷར་བསྒོམ་པ་ཐབས་ཀྱི་ཁྱད་པར་ཡིན་པ་དེས་ན་ཀུན་རྫོབ་སྤྲོས་བཅས་ལྟར་བསྒོམ་པའི་ལྡོག་པ་དང་། དོན་དམ་སྤྲོས་མེད་ཀྱི་ལྟ་བའི་ལྡོག་པ་སོ་སོར་མ་ཕྱེད་པས། གསང་སྔགས་སྔ་འགྱུར་རྙིང་མའི་རྒྱུད་སྡེ་བཞིའི་ཀུན་རྫོབ་ཀུན་ལྷར་བསྒོམ་ནས་དེ་ལྟ་བ་དང་འབྲེལ་དེ་བཟང་ངན་གྱི་རིམ་པ་ལ་ལྟ་བ་བཟང་ངན་དུ་འབྲེལ་བའི་རྒྱུ་མཚན་དེ་ལྟར་ཡིན་ནོ། །

གསང་སྔགས་སྔ་འགྱུར་པ་རྣམས་ནི། རྣལ་འབྱོར་ཡོ་ག་དང་རྣལ་འབྱོར་ཆེན་པོ་མཧཱ་ཡོ་ག་དང་། རྗེས་སུ་རྣལ་འབྱོར་ཨ་ནུ་ཡོ་ག་དང་། ཤིན་ཏུ་ནི་རྣལ་འབྱོར་ཨ་ཏི་ཡོ་ག་ཞེས་བྱ་བ་རྣམ་པ་བཞི་པོ་ཐེག་པའི་རིམ་པ་ཡིན་ཞེས་ཟེར་ཞིང་། ཤིན་ཏུ་རྣལ་འབྱོར་ཨ་ཏི་ཡོ་ག་དེ་བཟང་བར་འདོད་དེ་ཐེག་པ་རིམ་དགུའི་ཡང་རྩེ་ཡིན་པའི་ཕྱིར་ཟེར་རོ། །རྣལ་འབྱོར་བཞི་པོ་ཐེག་པའི་རིམ་པར་འདོད་པ་དེ་གསར་མའི་ལུགས་ལ་མི་འཐད་དེ་གསང་སྔགས་ཕྱི་འགྱུར་གསར་མ་པ་རྣམས་ནི། གོ་རིམ་རྣལ་འབྱོར་རྗེས་སུ་རྣལ་འབྱོར་དང་། ཤིན་ཏུ་རྣལ་འབྱོར་རྣལ་འབྱོར་ཆེ་སྟེ་བཞི་པོ་འདི་དག་ཏིང་འཛིན་བསྐྱེད་རྫོགས་ཀྱི་རིམ་པ་ཡིན་གྱི༑ རྒྱུད་སྡེའི་རིམ་པར་མི་བཞེད་དོ། །དེ་ཡང་དགྲ་ནག་རྒྱུད་ལས། དང་པོར་བསྒོམ་པ་རྣལ་འབྱོར་ཏེ། །གཉིས་པ་རྗེས་ཀྱི་རྣལ་འབྱོར་ཡིན། །གསུམ་པ་ཤིན་ཏུ་རྣལ་འབྱོར་ཏེ། །བཞི་པ་རྣལ་འབྱོར་ཆེན་པོའོ། །ཞེས་དང་། རྡོ་རྗེ་སེམས་དཔའི་རྫོགས་པ་ནི། རྣལ་འབྱོར་ཡིན་པ་འདི་ལྟར་འདོད། །དེ་ཡི་རྒྱུ་མཐུན་ལྷ་ཡི་སྐུ། །རྗེས་སུ་རྣལ་འབྱོར་ཡིན་པར་གྲགས། །འཁོར་ལོ་ཐམས་ཅད་ཡོངས་རྫོགས་པ། །ཤིན་ཏུ་རྣལ་འབྱོར་ཡིན་པར་འདོད། །སྐུ་དང་གསུང་དང་ཐུགས་རྣམས་དང་། །ལྷ་ཡི་མིག་སོགས་བྱིན་བརླབས་དང་། །ཡེ་ཤེས་འཁོར་ལོ་བཞུགས་པ་དང་། །མཆོད་དང་བསྟོད་པ་ཆེན་པོ་ནི། །རྣལ་འབྱོར་ཆེན་པོ་ཞེས་བྱའོ། །ཞེས་གསུངས་པའི་ཕྱིར་རོ། །རྣལ་འབྱོར་བཞི་པོ་ཏིང་ངེ་འཛིན་གྱི་རིམ་པ་ཡིན་པ་དེས་ན་རྒྱུད་སྡེ་བཞི་པོ་ཡི་ནང་ན་ཡོད་པའི་རྣལ་འབྱོར་གྱི་རྒྱུད་དང་རྣལ་འབྱོར་ཆེན་པོའི་རྒྱུད་གཉིས་པོ་དང་། རྣལ་འབྱོར་ཆེན་པོའི་རྣལ་འབྱོར་བཞི་ཡི་རྣལ་འབྱོར་དང་། རྣལ་འབྱོར་ཆེན་པོ་ཞེས་པའི་ཏིང་ངེ་འཛིན་གཉིས་པོ་མི་གཅིག་གོ། །གལ་ཏེ་མིང་མཐུན་པ་ཙམ་གྱི་གཅིག་པར་འགྱུར་ན་ཏ་ཙང་ཐལ་ཏེ་དཔེར་ན་གླུ་ཆེན་པདྨ་དང་། པདྨ་ཆེན་པོ་ཞེས་བྱ་དང་། མེ་ཏོག་པདྨ་པད་ཆེན་གཉིས། མིང་མཐུན་ན་ཡང་དོན་མི་གཅིག སྟེ་སྔ་མ་གཉིས་གླུ་དང་ཕྱི་མ་གཉིས་མེ་ཏོག་ཡིན་པའི་ཕྱིར་དེ་བཞིན་དུ་རྣལ་འབྱོར་སྔ་མ་གཉིས་རྒྱུད་སྡེ་དང་ཕྱི་མ་གཉིས་ཏིང་འཛིན་ཡིན་ནོ། །རྣལ་འབྱོར་དེ་དག་མིང་མཐུན་ཡང་དོན་མི་གཅིག་པ་དེས་ན་གསང་སྔགས་གསར་མ་ལ། རྣལ་འབྱོར་ཆེན་པོའི་རྒྱུད་སྡེའི་ལྷག་ན་ནི། དེ་བས་ལྷག་པའི་རྒྱུད་སྡེ་མེད་དེ་བླ་མེད་ཉིད་རྒྱུད་སྡེའི་ཡང་རྩེ་ཡིན་པའི་ཕྱིར་ཏེ། གུར་ལས། དམན་པ་རྣམས་ལ་བྱ་བའི་རྒྱུད། །བྱ་མིན་རྣལ་འབྱོར་དེ་ལྷག་ལ། །སེམས་ཅན་མཆོག་ལ་རྣལ་འབྱོར་རྒྱུད། །རྣལ་འབྱོར་བླ་མེད་དེ་ལྷག་ལ། །ཞེས་གསུངས་པས་སོ། །ལམ་བསྒོམ་པའི་དམིགས་པ་ཉིད་ཀྱང་ནི་དེ་ནས་བཤད་པའི་ལམ་ཟབ་མོས་ཡིན་པས་རྣལ་འབྱོར་ཆེན་པོའི་ཏིང་ངེ་འཛིན་གྱི་གོང་ན་ཡང་ཏིང་ངེ་འཛིན་མེད་དོ། །དེ་དག་ལས་སྐྱེས་པའི་ཡེ་ཤེས་ནི་བློའི་ཡུལ་མ་ཡིན་པས་སྤྲོས་པ་མེད་ཅིང་ངག་གི་ལམ་མ་ཡིན་པས་བརྗོད་པ་དང་བྲལ་བས་ལྷ་བ་ཡིན་གྱི་ཐེག་པའི་རིམ་པར་སངས་རྒྱས་མི་བཞེད་དོ། །ལམ་བསྒོམ་པ་ལས་བསྐྱེད་པའི་ཡེ་ཤེས་ལྟ་བ་ཡིན་པའི་ལུགས་འདི་ལེགས་པར་ཤེས་གྱུར་ན། རྫོགས་པ་ཆེན་པོའི་ལུགས་ཨ་ཏི་ཡོ་གའི་ལྟ་བ་ཤིན་ཏུ་རྣལ་འབྱོར་དེ་ཡང་བརྗོད་བྲལ་རྟོགས་པའི་ཡུལ་ཅན་གྱི་ལྟ་བ་རྣམ་དག་ཡིན་པས་ཁོང་རང་ལུགས་ལ་ཡང་བརྗོད་བྲལ་གྱི་ཡེ་ཤེས་ཡིན་གྱི་ཐེག་པ་མིན་ནོ། །བརྗོད་བྲལ་གྱི་ཡེ་ཤེས་ལ་བརྗོད་བྱ་ཐེག་པར་བྱས་ནས་ཐེག་པ་རིམ་དགུའི་ནང་དུ་སྟུད་པ་ནི། མཁས་པའི་དགོངས་པ་མིན་ཞེས་བྱ་སྟེ་མི་མཁས་པ་རྨོངས་པ་པས་ལྟ་བ་དང་ཐེག་པ་གཅིག་ཏུ་འཁྲུལ་ནས་ཨ་ཏི་ཡོ་ག་ཐེག་པའི་ཡང་རྩེར་འདོད་པའི་ཕྱིར་རོ། །

ཨ་ཏི་ཡོ་ག་ཡང་རྫོགས་བྱེད་ཡུལ་ཅན་གྱི་ལྟ་བ་ཡིན་པས་དེས་ན་ཐོས་པའི་ལྟ་བ་ནི་བཟང་ངན་གྱི་ཁྱད་པར་མེད་པར་མཐའ་བཞིའི་སྤྲོས་བྲལ་རྫོགས་པའི་ཡེ་ཤེས་ཡིན་པ་ལ་ཁྱད་པར་མེད་པས་དབུ་མ་ཡན་ཆད་རྒྱུད་སྡེ་ཐམས་ཅད་མཐུན་པ་ཡིན་ནོ། །དབུ་མ་ཡན་ཆད་སྤྲོས་བྲལ་རྫོགས་པའི་ལྟ་བ་མཐུན་པ་དེ་ཕྱིར་རྡོ་རྗེ་ཐེག་པའི་སྐབས་སུ་ཡང་ལྟ་བའི་ལུང་སྦྱོར་ཀུན་སྤྱོད་བསྡུས་སྒྲོན་མེར་བརྒྱད་སྟོང་པའི་ལུང་དྲངས་པ་ལྟར་ཕ་རོལ་ཕྱིན་པ་རྒྱས་འབྲིང་བསྡུས་གསུམ་གྱི་ལུང་བཞིན་མཛད་པས་ཐམས་ཅད་མཐུན་པར་ལུང་དུ་མཛད་དོ། །སྤྲོས་བྲལ་དེ་རྫོགས་པ་ཡི་ཐབས་བཟང་ངན་ལ་ནི། མདོ་རྒྱུད་ལ་ཐེག་པའི་རིམ་པ་ཡོད་པ་ཡིན་ཏེ་གཉིས་ཀའང་སྤྲོས་བྲལ་རྫོགས་པའི་ཐབས་ཡིན་པ་གང་ཞིག་ཐབས་དེ་ལ་རྨོངས་མ་རྨོངས་ཀྱིས་མདོ་སྔགས་ཕྱེ་བའི་ཕྱིར་རོ། །ལྟ་བ་མ་འཁྲུལ་བ་དགོས་པར་མ་ཟད། རྒྱུད་སྡེ་བཞི་ཡི་ཉམས་ལེན་གྱི་སྒྲུབ་པ་ཡང་ནི་མ་འཁྲུལ་བ་དགོས་ཏེ་ཕན་ཚུན་འཚོལ་ཞིང་ལྷག་ཆད་ཀྱི་འཁྲུལ་བར་བྱས་ན་དངོས་གྲུབ་རིང་བའི་ཕྱིར་ཏེ་དཔེར་ན་བྱ་རྒྱུད་ལ་བླ་མེད་བསྲེས་ནས་དབང་བཞི་དང་རིམ་གཉིས་སྦྱོར་བ་རྣལ་འབྱོར་རྒྱུད་བསྲེ་ནས་བྱ་རྒྱུད་རང་རྐང་ལ་བདག་བསྐྱེད་འདོད་པ་སྤྱོད་རྒྱུད་དང་བསྲེ་ནས་སློབ་མ་ལ་གྲངས་ངེས་མི་བྱེད་པ་སོགས་རྒྱུད་སྡེ་ཡན་ཚུན་བསྲེ་ནས་བསྒྲུབ་ཚུལ་འཁྲུལ་པར་བྱས་ན་དངོས་གྲུབ་འགྱུར་བའི་ཕྱིར་རོ། །འོ་ན་མ་འཁྲུལ་བའི་བསྒྲུབ་པ་ཇི་ལྟར་ཞེ་ན། བྱ་བའི་རྒྱུད་རང་རྐང་ལ་བདག་ལྟར་བསྐྱེད་པ་མེད་དེ་ཁྲིམས་སྐྱ་ལྟར་བསྐྱེད་པ་དེ་ལ་བཟླས་པ་མཆོད་བསྟོད་སོགས་བྱས་ནས་གསོལ་བ་འདེབས་པ་ཙམ་ཡིན་པས་དང་བྱ་བ་སྤྱིའི་རྒྱུད་ཆེན་བཞི་སོགས་ནས་བདག་བསྐྱེད་མ་གསུངས་པའི་ཕྱིར་རོ། །འོ་ན་བྱ་རྒྱུད་དོན་ཞགས་སོགས་བདག་བསྐྱེད་ཡོད་པ་རྣམས་དང་འགལ་ལོ་སྙམ་ན། དོན་ཞགས་དང་རྣམ་རྒྱལ་མ་སོགས་ལ་བདག་བསྐྱེད་སྒྲུབ་ཐབས་སློབ་དཔོན་ཀླུ་སྒྲུབ་ཙནྡྲ་གོ་མི་ཛེ་ཏ་རི་ལ་སོགས་པ་དག་གིས་མཛད་པའི་སྒྲུབ་ཐབས་ཡོད་པ་དེ་དག་ནི་བྱ་རྒྱུད་ལ་བདག་བསྐྱེད་མེད་པ་དང་མི་འགལ་ཏེ་དེ་རྣམས་ནི་རྣལ་འབྱོར་གྱི་རྒྱུད་ཀྱི་རྗེས་སུ་འབྲངས་ནས་བླ་མའི་མན་ངག་གཞན་གྱིས་དེ་ཡི་ལུགས་བཞིན་མཛད་པ་ཡིན་པས་སོ། །བདག་བསྐྱེད་ཀྱི་སྒྲུབ་ཐབས་དེ་ལྟར་བྱེད་ན་སྟོང་གནས་མེད་དེ་བདག་ཉིད་ལྷ་རུ་བསྐྱེད་པ་ལ་མཆོད་ན་བསོད་ནམས་ཐོབ་ཅིང་བརྟས་ཏེ་དཀའ་ཐུབ་ཀྱིས་འོ་བརྒྱལ་བར་བྱས་ན་སྡིག་པར་འགྱུར་བའི་ཕྱིར་རོ། །གལ་ཏེ་བྱ་རྒྱུད་རང་རྐང་བཞིན་སྟོང་གནས་བྱེད་འདོད་ན་བདག་ཉིད་ལྟར་བསྐྱེད་པར་བྱ་བ་མིན་རང་ཉིད་ལྟར་མི་བསྒོམ་པར་ཐ་མལ་གྱི་ང་རྒྱལ་ལམ་འདུ་ཤེས་ཀྱིས། ཁྲིམས་སྐྱ་གཞུང་ནས་འབྱུང་བའི་ཚོ་ག་བཞིན་ཁྲིམས་ལ་བཟུང་བཟླས་པ་མཆོད་བསྟོད་སོགས་རྗེ་དཔོན་ལ་འབངས་ཀྱིས་ཞུ་བ་བཞིན་དུ་དངོས་གྲུབ་བླང་ངོ་། །ལུགས་དེ་ལྟའི་ཚོ་ག་དེ་ལ་ཤ་ཆང་གི་གཏོར་མ་མེད་དེ་ལེགས་གྲུབ་ལས། ཤ་ཆང་མེད་པའི་ལྷ་བཤོས་ཕུལ་ནས་ནི། །ཞེས་སོགས་གསུངས་སོ། །གླུ་རྩེ་ལ་སོགས་སྲོག་ཆགས་ཀྱི་སྲོག་ལ་གནོད་པ་དང་། འབྲེལ་བའི་མཆོད་པ་ཐམས་ཅད་སྤོངས་ཏེ་སྤྱི་རྒྱུད་ལས། སྲོག་ཆགས་ཡན་ལག་རྣམས་སྤངས་པ། །ཞེས་སོགས་སོ། །ཀུ་ལང་སྔེ་དབང་ཕྱུག་སོགས་མཆོད་པའི་ལྷག་མ་དང་། གཏོར་མའི་ཁ་ཟས་འདི་ར་མི་ཟ་སྟེ་དཔུང་བཟང་ལས། ཀུ་ལང་མཆོད་པའི་ལྷག་མ་མི་བཟའ་ཞིང་། །ཞེས་སོགས་སོ། །ཡེ་ཤེས་པའི་ལྷ་ལ་ཕུལ་བའི་དམན་མ་མཆོད་ཡོན་མེ་ཏོག་སོགས། དད་པས་ཟ་བ་དང་བཏུས་ཏེ་འགོམ་པ་གཉིས་ཀ་བཀག་སྟེ། ལེགས་གྲུབ་ལས། ཕྱག་རྒྱ་སྣ་ཚོགས་འདུ་བ་དག །བཟའ་བར་མི་བྱ་འགོམ་མི་བྱ། །ཞེས་སོགས་སོ། །འོ་ཐོམ་ར་ཏེ་དཀར་གསུམ་དང་འབྲས་ཆེན་ལ་སོགས་པ་ཁ་ཟས་གཙང་མ་དང་ཕྱི་དྲོའི་ཁ་ཟས་སྤངས་ཏེ་གཙང་

སྒྲ་ལ་སོགས་པའི་བརྟུལ་ཞུགས་ཀྱིས། བྱ་བའི་རྒྱུད་ཀྱི་གསང་སྔགས་འགྲུབ་སྟེ། དེ་ཉིད་ལས། ངས་ནི་བསྡུགས་པའི་ཁ་ཟས་དཀར་གསུམ་དང་། །རྩ་བ་སྔོང་བུ་འབྲུ་ཡི་ཆོད་མ་དང་། འབྲུ་མར་ཚིགས་མར་དར་བ་འོ་སློལ་དང་། །ཐུག་པ་རྣམས་ནི་བཟའ་ལྟུང་ཡིན་པར་གསུངས། ཞེས་སོགས་གསུངས་པའི་ཕྱིར་རོ། །སྤྱོད་པའི་རྒྱུད་དང་རྣལ་འབྱོར་གྱི་རྒྱུད་གཉིས་སུ། ལས་ཚོགས་བསྒྲུབ་པ་འགའ་ཞིག་ལ། གཙང་སྦྲ་དཀའ་ཐུབ་བཤད་པ་ཡོད་དེ་ཕྱག་རྡོར་དབང་བསྐུར་བའི་རྒྱུད་ལས། དེས་ཟས་མི་འཚལ་བར་ལག་ན་རྡོ་རྗེ་ལ་ལྟ་ཞིང་ལན་འབུམ་བཟླས་བརྗོད་བགྱིས་ན་རྒྱལ་སྲིད་ཐོབ་པར་འགྱུར་རོ་ཞེས་སོགས་གསུངས་སོ། །གཞན་དུ་ཕལ་ཆེར་ནི་དཀའ་ཐུབ་སྟོང་གནས་ལ་སོགས་པའི་བརྟུལ་ཞུགས་ཀྱི་ཁྱད་པར་གཙོར་མི་མཛད་དེ། གཙོ་བོར་རང་ཉིད་ལྷ་ཡི་རྣལ་འབྱོར་བསྒོམ་སྟེ་ཅི་བདེར་སྤྱོད་པས་སོ། །གླ་རྩིའི་རེང་བུ་ལ་སོགས་པ། སྲོག་ཆགས་ཡན་ལག་ལས་བྱུང་བའི། མཆོད་པ་རྣམས་ཀྱང་རྒྱུད་སྡེ་གསུམ་པོ་འདིར་མི་འགོག་སྟེ། རྡོ་རྗེ་ས་འོག་གི་རྒྱུད་ལས། བཅོམ་ལྡན་འདས་ཕྱག་ན་རྡོ་རྗེ་དང་གནོད་སྦྱིན་རྣམས་ལ་དཀར་གསུམ་གྱིས་མཆོད་པར་བྱའོ། །ཆང་ནི་ཀུན་དུ་སྤང་བར་བགྱིའོ། །ཤ་རྣམས་ནི་འོས་པ་དང་ཤེས་པ་དྲངས་པར་བྱའོ། །ཞེས་གསུངས་པའི་ཕྱིར་རོ། །སངས་རྒྱས་ཏེ་ལྷ་མཆོད་པའི་ལྷག་མ་རྣམས་ནི། སྡིག་པ་སྤང་ཕྱིར་བཟའ་འོ་ཞེས། རབ་ཏུ་གནས་པའི་རྒྱུད་ལས་གནང་བ་ཡིན་ཏེ། རབ་གནས་ཀྱི་རྒྱུད་ལས། བདེ་གཤེགས་ལྷག་མ་འདི་དག་ནི། །ཟོ་ཞིག་སྡིག་པའང་དག་པར་འགྱུར། །ཞེས་སོ། །འབྱུང་པོའི་གཏོར་མ་སྤྱོད་འབྱོར་གྱི་རྒྱུད་གཉིས་པོ་འདིར་མི་ཟ་སྟེ་འདིར་གཏོར་མགྲོན་གྱི་འབྱུང་པོ་རྣམས་རང་རྒྱུད་པར་འདོད་ཅིང་དེ་དག་ལྟར་བསྒོམ་པ་ཡང་མེད་པའི་གནད་ཀྱིས་ཤ་དེ་དག་བཟའ་བར་མི་སྣང་བའི་ཕྱིར་རོ། །རྣལ་འབྱོར་ཆེན་པོའི་རྒྱུད་རྣམས་ལས་རྫོགས་པ་བསྐྱེད་པའི་རྣལ་འབྱོར་པས་ཨ་བ་དྷཱུ་ཏཱི་སྟེ་གཉིས་སྤང་གི་སྤྱོད་པ་སོགས་ལ༔ འབྱུང་པོའི་གཏོར་མ་ཟ་བའང་གནང་སྟེ། བརྟག་གཉིས་ལས། བཟའ་བཅའ་དེ་བཞིན་བཏུང་བ་ཉིད། །ཇི་ལྟར་རྙེད་པ་རབ་ཏུ་བཟའ། །ཡིད་འོང་མི་འོང་རྣམ་རྟོག་ཕྱིར། །ཞེན་པ་ཙམ་དུའང་མི་བྱའོ། །ཞེས་སོགས་གསུངས་པས་སོ། །ལུས་གདུང་བར་གནས་པའི་དཀའ་ཐུབ་དང་གཙང་སྦྲ་ལ་སོགས་པ་འབད་པས་སྒྲུབ་པའི་བརྟུལ་ཞུགས་ནི་འགོག་སྟེ་འདོད་ཡོན་ལ་ཅི་བདེར་སྤྱོད་པ་སོགས་འཇུག་པ་བདེ་བའི་རྣལ་འབྱོར་གྱིས། གསང་སྔགས་རྒྱལ་པོ་ཕྱག་ཆེན་ཡེ་ཤེས་ཚེ་འདིར་འགྲུབ་པས་སོ། །གསང་འདུས་ལས། དཀའ་ཐུབ་དཀར་སྤྱད་མི་བཟད་པ། །བསྟེན་ན་འགྲུབ་པར་མི་འགྱུར་ཏེ། །འདོད་པའི་ཡོངས་སྤྱོད་ཐམས་ཅད་ལ། །ཅི་འདོད་པར་ནི་བསྟེན་པར་བྱ། །ཞེས་སོ། །བླ་མེད་ཀྱི་ཉམས་ལེན་འདི་དག་རྒྱས་པར་བླ་མ་མཆོག་རྒྱུད་ལུང་མན་ངག་ལ་མཁས་པའི་གསུང་ལས་ཤེས་པར་བྱིས་ཏེ་འདིར་དབང་མ་ཐོབ་པ་ལ་ཞིབ་པར་བཤད་དུ་མི་རུང་བས་སོ། །ཕྱི་ནང་གི་གྲུབ་མཐའི་འདོད་ཚུལ་གྱི་རྣམ་དབྱེ་མི་ཤེས་ཤིང་། རྒྱུད་སྡེའི་དབང་ལམ་དང་ཉམས་ལེན་གྱི་ཁྱད་པར་མ་ཕྱེད་པར། ཚིག་ཐམས་ཅད་དཀྲུགས་ནས་ནི་ལུང་རིགས་མེད་པར་བླ་མའི་བཀའ་སྲོལ་ཡིན་ཟེར་ནས་རང་བཟོའི་རྣམ་ཐར་སྤྱོད་པ་ནི་མཚར་ཆེ་སྟེ་རང་བཟོས་རྒྱུད་ཕན་ཚུན་བསྲེས་དཀྲུགས་ཀྱི་ཚིག་རྒྱུད་སྡེ་གང་གི་ཡང་ཚིག་ར་མི་འགྱུར་བའི་ཕྱིར་རོ། །འོན་གསང་སྔགས་ཀྱི་ལམ་ཉམས་སུ་ལེན་པའི་རིམ་པ་ཇི་ལྟར་ཞེ་ན། འདི་ལྟར་དབང་བཞི་ཡོངས་སུ་རྫོགས་པ་དང་ལམ་རིམ་པ་གཉིས་པོ་དང་པོར་བར་ཆད་བཟློག་པའི་ཕྱིར་རང་གི་ཁྱིམ་དུ་གསང་བར་བསྒོམ་མོ། །རིམ་གཉིས་ལ་བརྟན་པ་ཙུང་ཟད་ཐོབ་ནས་གསང་སྤྱོད་དུར་ཁྲོད་དང་རྩ་འགྲམ་

སོགས་སུ་བསྒོམ་མོ། །བརྟན་པ་ཆེན་པོ་ཐོད་འཕྲེང་གི་རྟོགས་པ་ཐོབ་ནས་ནི་ཀུན་འདར་མཐོན་སྤྱོད་རན་པའི་དུས་ཏེ་དེ་དུས་སྤྱད་པས་རིམ་གཉིས་ཀྱི་རྟོགས་པ་བོགས་དབྱུང་སྟེ་ས་ལམ་མྱུར་དུ་བགྲོད་པར་འགྱུར་བས་སོ། །སོ་སོ་གཅིག་དང་གཉིས་ལ་སོགས་པ་ལུས་བརྡ་དང་། བརྟག་གཉིས་ལས་མ་དད་ན་ཆང་བ་ལ་ཤ །ཊ་ཞེས་བྱ་བ་སྐྱེས་པར་བཤད། ཊི་ཞེས་བྱ་བ་བུད་མེད་ཡིན། ཞེས་སོགས་གསུངས་པ་ལྟར་དག་གི་བརྡ་རྣམས་ལ། ལེགས་པར་སྦྱངས་ཤིང་བླང་དོར་གཉིས་མེད་ཀྱི་དེ་ཁོ་ན་ཉིད་རྟོགས་པའི་གང་ཟག་དེས་ནི་སྤྱོད་པ་སྤྱད་པར་བྱ་བ་ཡིན་ཏེ་བརྡ་དང་བརྡ་ལན་མི་ཤེས་ན་མཁའ་འགྲོ་རྣམས་ཀྱི་བྱིན་གྱི་མི་རློབས་ཤིང་ལྷན་ཅིག་ཏུ་འགྲོ་བར་མི་དབང་གཉིས་མེད་ཀྱི་དོན་མ་རྟོགས་ན་ཡུལ་ཆེན་དེ་དག་ཏུ་ཕྱིན་ཀྱང་རྟོགས་པ་བོགས་མི་དབྱུང་བས་དགོས་པ་མེད་པའི་ཕྱིར་རོ། །དེ་ལྟར་སྤྱད་པའི་དགོས་པ་ནི་ནང་དུ་གནས་དང་ཉེར་གནས་ལ་སོགས་པ་བཅུ་གསུམ་ས་རྣམས་བགྲོད་པར་བྱ་བ་དང་། ཕྱི་རུ་པུ་ལི་ར་མ་ལ་ཡ་སོགས་ཡུལ་སོ་བདུན་རྣམས་ན་གནས་པའི་དཔའ་བོ་སོགས་དབང་དུ་བསྡུ་བའི་ཕྱིར་དུ་སྟེ། དཔེར་ན་གནས་ཀྱི་ཡུལ་བཞིར་སྤྱོད་པ་བྱས་པས་ནང་གི་རྟོགས་པ་བོགས་དབྱུང་ནས་ནང་གི་ཡུལ་ཆེན་སྤྱི་བོ་སྤྱི་གཙུག་རྣ་བ་གཡས་ལྟག་པ་དང་བཞིའི་རླུང་སེམས་དབུ་མར་ཐིམ་པའི་མོད་ལ་ས་དང་པོའི་རྟོགས་པ་མངོན་དུ་གྱུར་ཏེ། ཕྱི་རུ་པུ་ལི་ར་མ་ལ་ཡཛ་ལན་དྷར་ཨྱོན་ཨ་རྦུ་ཏ་སྟེ་བཞི་ན་ས་དང་པོ་ཐོབ་པ་དཔའ་བོ་མཁའ་འགྲོའི་ཚུལ་བཟུང་བ་རྣམས་དབང་དུ་འདུས་པའི་ཕྱིར་རོ། །དེས་མཚོན་ནས་ས་བཅུ་གསུམ་པོ་རྣམས་བགྲོད་ཚུལ་ཡང་ཤེས་པར་བྱའོ། །དེ་ལྟར་སྤྱོད་པའི་གནས་ནི་གནས་དང་ཉེ་བའི་གནས་གཉིས་དང་ལ་སོགས་པ་སྟེ། ཞིང་དང་ཉེ་བའི་ཞིང་ཉིད་དང་། །ཚནྡོ་ཉེ་བའི་ཚནྡོ་དང་། །དེ་བཞིན་འདུ་བ་ཉེ་འདུ་བ། །འཐུང་སྤྱོད་ཉེ་བའི་འཐུང་སྤྱོད་ཉིད། །དུར་ཁྲོད་ཉེ་བའི་དུར་ཁྲོད་ཉིད། །འདི་རྣམས་ས་ནི་བཅུ་གཉིས་ཏེ། །ཞེས་པ་ལྟར་ཡུལ་ཆེན་སུམ་ཅུ་སོ་བདུན་དུ་བཤད་དེ་གནས་དང་ཉེར་གནས་གཉིས་ལ་ཡུལ་ཆེན་བཞི་བཞི་ཞིང་ནས་ཉེ་བའི་དུར་ཁྲོད་བར་བརྒྱད་ལ་གཉིས་གཉིས་འཐུང་སྤྱོད་དང་ཉེ་བའི་འཐུང་སྤྱོད་གཉིས་ལ་བཞི་བཞི་སྟེ་དེ་ལྟར་བརྟག་གཉིས་དངོས་བསྟན་ཡུལ་ཆེན་སུམ་ཅུ་རྩ་གཉིས་ཀྱི་སྟེང་དུ་གླིང་བཞི་ལྷུན་པོ་དང་བཅས་པ་བསྣན་པས་ཡུལ་ཆེན་སུམ་ཅུ་རྩ་བདུན་དུ་རིག་པའི་བརྟུལ་ཞུགས་ཀྱི་སྤྱོད་པ་བཟང་ངན་ཕན་གནོད་བླང་དོར་སྤང་ཞེན་མེད་པར་མཉམ་ཉིད་དུ་འཆིར་བའི་ཕྱིར་རྒྱུ་བས་སོ། །སྤྱོད་རྒྱུའི་ལུགས་འདི་རྣལ་འབྱོར་ཆེན་པོ་ཡི། རྒྱུད་བདེ་དགྱེས་ལ་སོགས་པ་དང་བསྟན་བཅོས་རྣམས་ལས་གསུངས་ཏེ་བརྟག་གཉིས་ལས། ཅུང་ཟད་དྲོད་ནི་ཐོབ་པ་ན་གལ་ཏེ་སྤྱོད་པ་བྱེད་འདོད་པས། །གལ་ཏེ་འགྲུབ་འགྱུར་འདོད་ཡོད་ན། །འདིས་ནི་སྤྱོད་པ་སྤྱད་པ་ཉིད། ཅེས་སོགས་སོ། །ཡུལ་སུམ་ཅུ་སོ་བདུན་དུ་རྒྱུ་བ་འདི་འདྲའི་སྤྱོད་པ་ཤེས་ནས་སྤྱད་པའི་མཐར་ཐུག་གི་འབྲས་བུ་ནི། ཚེ་འདི་ཉིད་ལ་རྫོགས་འཚང་རྒྱ་སྟེ་ཚེ་འདི་ཉིད་ལ་ཕྱིའི་ཡུལ་ཆེན་སོ་བདུན་བགྲོད་ཅིང་ནང་གི་ཡུལ་སོ་བདུན་གྱི་རླུང་སེམས་དབུ་མར་ཐིམ་སྟེ་ས་བཅུ་གསུམ་པ་རྡོ་རྗེ་འཆང་ཆེན་པོའི་གོ་འཕང་ཐོབ་པར་འགྱུར་བའི་ཕྱིར་རོ། །

དེང་སང་བོད་འདི་ན་རིམ་གཉིས་བརྟན་པ་ལྟ་ཅི་གསང་སྔགས་ཀྱི་རིམ་གཉིས་སྒོམ་ཚུལ་ཙམ་ཡང་མི་ཤེས་པར། སྔགས་ཀྱི་ལུགས་སུ་སྤྱོད་པ་ཡིན་ཚུལ་འཆོས་པའི་སྒོ་ནས་ལག་ལེན་ལོག་པར་སྤྱོད་པ་མཐོང་ངོ་། །དབང་བསྐུར་མ་ཐོབ་ཅིང་རིམ་གཉིས་མི་བསྒོམ་པ་ཡུལ་ཆེན་དུ་རྒྱུ་བ་འདི་ནི་མི་འཐད་དེ་རིམ་པ་གཉིས་པོ་མི་བསྒོམ་ན། ཡུལ་ཆེན་སུམ་ཅུ་སོ་བདུན་དུ། སྤྱོད་པ་ལ་འགྲོ་བ་སངས་རྒྱས་ཀྱི་རྒྱུད་སྡེ་ལས་མ་གསུངས་པའི་ཕྱིར་རོ། །གལ་ཏེ་སྒོམ་དང་རྟོགས་པ་བཟང་པོ་ཡོད་པས་འགྲོ་རིགས་སོ་སྙམ་ན། རིམ་པ་གཉིས་པོ་

མི་བསྒོམ་པའི་བོད་ཀྱི་ཕྱག་ཆེན་པ་སོགས་སྒོམ་ཆེན་བཟང་ཡང་དེ་ནི་ཕ་རོལ་ཏུ་ཕྱིན་པའི་སྒོམ་ཆེན་ལས་མ་འདས་ཏེ་སེམས་ངོ་སྤྲོད་ནས་དེ་ལ་གནད་དུ་བསྣུན་ཏེ་བསྒོམ་པ་ཙམ་ཡིན་པའི་ཕྱིར་རོ། །དེ་ལྟའི་ཕར་ཕྱིན་ཐེག་པའི་བསྒོམ་ཆེན་དེ་ཡུལ་ཆེན་དུ་སྦྱོད་པ་ལ་རྒྱུ་བ་མི་འཐད་དེ་ཕར་ཕྱིན་གྱི་མདོ་བསྟན་བཅོས་རྣམས་ལས་ཡུལ་ཆེན་དེ་དག་ཏུ་འགྲོ་བའི་ཚིག་འབམ་ཉམས་ལེན་བཤད་པ་མེད་པའི་ཕྱིར་རོ། །སླེས་པ། དབང་མ་ཐོབ་རིམ་གཉིས་མི་བསྒོམ་ཀྱང་ཡུལ་ཆེན་དུ་སྦྱོད་པའི་དོན་དུ་འགྲོ་བ་ལ་འགལ་བ་མེད་དེ་གནས་ཁྱད་པར་ཅན་གྱིས་བྱིན་རླབས་ཀྱིས་ཉམས་རྟོགས་གོང་འཕེལ་དུ་འགྱུར་བའི་ཕྱིར་ཞེ་ན། གལ་ཏེ་གསང་སྔགས་ཀྱི་དབང་མ་ཐོབ་རིམ་གཉིས་མི་བསྒོམ་ཞིང་། གཏུམ་མོ་དང་ཕྱག་ཆེན་ལ་སོགས་པའི་རྟོགས་པ་ཡོད་པར་རློམ་པ་ཡིས། ཡུལ་དེར་ཕྱིན་ན་བསྒོམ་ཆེན་དེ་ལ་ཞིང་སྐྱོང་པོ་ཉ་ཤ་ཟའི་མཁའ་འགྲོ་དག་གིས་བར་ཆད་འབྱུང་སྟེ་ སྔར་རློམ་པ་ཅན་ལ་བར་ཆད་སྟང་ཞིང་ཁྱད་པར་དེ་ལྟ་བུ་ལ་མཁའ་འགྲོས་བར་ཆད་བཙོམ་པར་འགྱུར་བའི་ཕྱིར་ཏེ་ཡུལ་དེ་ལ་དེ་མི་དབང་པའི་ཕྱིར་རོ། །རྟོགས་པ་དང་རློམ་པ་ཅི་ཡང་མེད་པའི་སྒོམ་ཆེན་གྱིས་ཡུལ་དེར་ཕྱིན་ཡང་ཕན་པའི་དངོས་གྲུབ་དང་གནོད་པའི་བར་ཆད་གང་ཡང་མེད་དེ། ཨོ་རྒྱན་ཛཱ་ལནྡྷ་ར་དང་། གངས་ཅན་དེ་ཤྲཱི་ཀོ་ཊ་སོགས་ཕྱིའི་ཡུལ་ཆེན་ཕལ་ཆེར་ན་གླཱ་གླཱི་བླུན་པོ་མུ་སྟེགས་བྱེད། འབྲོག་པ་རྣམས་ཀྱིས་གང་དེ་ཡོད་མོད་ཀྱང་། དེ་དག་གྲུབ་པ་ཐོབ་བམ་ཅི་སྟེ་དངོས་གྲུབ་དང་བར་ཆད་ཅི་ཡང་མི་འབྱུང་བ་བཞིན་ནོ། །འོན་གནས་ཆེན་དེ་དག་ཏུ་འགྲོ་བའི་གང་ཟག་དེ་ཅི་ལྟ་བུ་ཞེ་ན། གསང་སྔགས་ཀྱི་དབང་བསྐུར་ཐོབ་ཅིང་རིམ་གཉིས་བསྒོམ་པའི་རྟོགས་པ་ཅན། དཔའ་བོ་དང་རྣལ་འབྱོར་མ་ར་གོ་བར་བྱེད་པའི་ལུས་ངག་གི་བརྡ་དོན་འཕྲོད་པའི་སྐལ་བར་ལྡན་པའི་གང་ཟག་དེ་ཡུལ་ཆེན་དུ་རྒྱུ་བར་འོས་ཏེ་དེས་སྦྱོད་པ་ལ་ཕྱིན་པ་ན་དེ་ལ་ཡུལ་དེར་གནས་པ་ཡི་ས་ཐོབ་ཀྱི་འཕགས་པ་མཁའ་འགྲོའི་ཚུལ་བཟུང་བ་རྣམས་ཀྱིས་བྱིན་གྱིས་རློབ་ཅིང་ནང་གི་རྟོགས་པ་བསྐྱེད་པའི་གྲོགས་མཛད་པའི་ཕྱིར་རོ། །སྦྱོད་པ་ལ་རྒྱུ་བ་འདིའི་དོན་ནི་རྣལ་འབྱོར་ཆེན་པོ་ཡི། རྟ་བཤད་ཀྱི་རྒྱུད་སྡེ་རྣམས་སུ་ལེགས་པར་ལྟོས་ཤིག་སྟེ་དེ་དག་ལས་གསལ་བར་འགྱུར་རོ། །བརྟག་པ་གཉིས་པར། ཙུང་ཟད་དྲོད་ནི་ཐོབ་པ་ཡ་ན། ཞེས་སོགས་སྔར་དྲངས་མ་ཐག་པའི་ཕྱིར་དང་། ལེའུ་བདུན་པར། གང་གིས་སྨིན་དང་གྲོང་མོར་ཡང་། །ཐེ་ཚོམ་མེད་པར་ཤེས་པར་བྱ། །ཞེས་སོགས་གསུངས་སོ། །

ཡུལ་ཆེན་དུ་སྦྱོད་པ་ལ་རྒྱུ་བ་རྒྱུད་སྡེའི་ཁྱད་ཆོས་ཡིན་པ་དེས་ན་དབང་མ་ཐོབ་གསང་སྔགས་ཀྱི་རིམ་གཉིས་མི་བསྒོམ་པར། ཡུལ་ཆེན་བགྲོད་པ་ནི་དོན་མེད་ངལ་བ་ལྷུར་ལེན་པ་ཡིན་ནོ། །བོད་ཁ་ཅིག་ན་རེ། དུས་འཁོར་དང་མངོན་པའི་བསྟན་བཅོས་སོགས་ནས་བཤད་པའི་རི་བོ་གངས་ཅན་དེ་མངའ་རིས་ཀྱི་གངས་ཏི་སེ་གྲགས་པ་འདི་ཡིན་ཞིང་། ཕལ་པོ་ཆེ་དང་མངོན་པ་སོགས་ནས་གསུངས་པའི་མཚོ་མ་དྲོས་པ་ཡང་མ་ཕང་གཡུ་མཚོ་འདི་ཉིད་ཡིན་ཞིང་། རྒྱུད་སྡེ་ནས་གསུངས་པའི་ཏི་མ་ལ་ཡ་གངས་ཅན་ཞེས་པ་དེ་ཡང་ཏི་སེ་འདི་ཡིན་ནོ་ཞེས་སྨྲའོ། །ཏི་སེ་གངས་ཅན་ཡིན་པ་དེ་ནི་མི་འཐད་དེ། དཔལ་ལྡན་དུས་ཀྱི་འཁོར་ལོ་དང་། མངོན་པའི་གཞུང་ལས་གསུངས་པ་ཡི། གངས་རི་རི་བོ་སྤོས་ངད་ལྡན་གྱི་བྱང་ན་ནག་རི་གསེར་གྱི་བྱ་སྐྱིབས་ལྔ་མ་ཡིན་གྱི་ཕྱག་པ་རྒྱ་ཞེང་ལ་དཔག་ཚད་ལྔ་བཅུ་དང་། དཔངས་སུ་དཔག་ཚད་ཕྱེད་དང་བཞི་པ་ཕྱག་ཁྲན་ལྔ་བརྒྱུས་བསྐོར་བ་དང་། དེའི་བྱང་ན་འཛམ་བུའི་ཤིང་ས་ལའི་རྒྱལ་པོ་རབ་བརྟན་ལ་ཤིང་ཁྲན་ལྔ་བརྒྱས་བསྐོར་བ་དང་། དེའི་ཤར་ན་རྫིང་བུ་དལ་གྱིས

འབབ་པ་མཚོ་མ་དྲོས་པ་དང་ཚད་མཉམ་པ་ལ་རྫིང་ཕྲན་ལྔ་བརྒྱས་བསྐོར་བ་ཡོད་ཅིང་། དེར་གླང་པོ་ཆེ་ས་སྲུང་གི་བུ་ལ་གླང་ཆེན་ལྔ་བརྒྱས་བསྐོར་བ་གནས་ཤིང་དབྱར་ཟླ་བ་བཞིར་ཤིང་ས་ལའི་ཚལ་དུ་འགྲོ་དགུན་ཟླ་བ་བཞིར་བྲག་གསེར་གྱི་ཕུ་སྐྱིབས་སུ་སྡུག་པ་དང་། འཕགས་པའི་གནས་བརྟན་འཁོར་དགྲ་བཅོམ་ལྔ་བརྒྱ་དང་བཅས་པ་རང་རང་གི་ལས་ཀྱི་རྒྱུ་བ་ལུང་བསྟན་པར་མཛད་ཅིང་བཞུགས་པའི་གནས། གངས་ཅན་དེ་ནི་བོད་ཀྱི་ཏི་སེ་འདི་མིན་པས་སོ། །དེ་བཞིན་དུ་མངོན་པ་ལས་གསུངས་པའི་མ་དྲོས་རྒྱ་མཚོ་ཡང་ནི་བོད་ཀྱི་མ་ཕམ་གཡུ་མཚོ་འདི་མིན་ཏེ་མངའ་རིས་ཀྱི་ཏི་སེ་འདི་ལ་དུས་འཁོར་ནས་གསུངས་པའི་ཁྱད་ཆོས་མ་ཚང་ཞིག །མངོན་པ་ནས་བཤད་པའི་ཁྱད་ཆོས་གླང་པོ་ཆེ་རབ་བརྟན་འཁོར་བཅས་རྣམས་ཀྱང་མ་ཡང་ཏི་སེའི་ཕྱོགས་དེ་ན་མེད་དོ། །དེ་བཞིན་འཛམ་བུའི་ལྗོན་པ་ཤིང་ས་ལའི་རྒྱལ་པོ་དང་། བྲག་གསེར་གྱི་ཕུ་སྐྱིབས་ཀྱི་ཕུག་པ་རྣམས་ཀྱང་ག་ལ་ཡོད་དེ་མེད་པའི་ཕྱིར་རོ། །ད་ལྟའི་མངའ་རིགས་ཀྱི་ཏི་སེ་འདི་ནི་རི་བོ་གངས་ཅན་ཡིན་པ་དུས་འཁོར་དང་མི་མཐུན་ཏེ་དེ་ཡི་གཏན་ཚིགས་འདི་ལྟར་ཡིན། དཔལ་ལྡན་དུས་ཀྱི་འཁོར་ལོའི་བསྡུས་པའི་རྒྱུད་ལས། འཛམ་བུའི་གླིང་ཆེན་པོ་ལས་དུམ་བུ་བཅུ་གཉིས་སུ་བྱས་པའི་ལྷོའི་དུམ་བུ་དབུས་མ་ནི་འཛམ་གླིང་ཆུང་དུ་ཡིན་ལ་དེའི་ཆུ་ཞེང་ཆེ་བ་ལ་ཆུ་བོ་སི་ཏཱ་ཡོད་ཅིང་དེའི་བྱང་ཕྱོགས་ན། རི་བོ་གངས་ཅན་ཡོད་པར་གསུངས་ཤིང་། གངས་ཅན་དེ་ཡི་འགྲམ་ན་ཤམྦྷ་ལ་བདེ་འབྱུང་གིས་བཟུང་བའི་ཡུལ་ཞེས་པས་པདྨ་འདབ་བརྒྱད་ཀྱི་རྣམ་པར་གནས་པ་འདབ་མ་རེ་རེར་གྲོང་ཁྱེར་བྱེ་བ་བཅུ་གཉིས་བཅུ་གཉིས་ཏེ་བསྡོམས་པས་གྲོང་ཁྱེར་བྱེ་བ་དགུ་བཅུ་རྩ་དྲུག །དེ་དག་ལ་དབང་བསྒྱུར་བའི་རྒྱལ་ཕྲན་དགུ་བཅུ་རྩ་དྲུག །དེ་ན་སྤྲུལ་པའི་རྒྱལ་པོའི་ཕོ་བྲང་མཆོག །ཀ་ལཱ་པ་ཞེས་བྱ་བ་དང་། དུས་ཀྱི་འཁོར་ལོའི་གཞལ་མེད་ཁང་དང་། མ་ལ་ཡའི་སྐྱེད་མོའི་ཚལ་དང་། སྨན་དཀར་པོའི་མེ་ཏོག་སོགས་ཡོད་དོ། ཀ་ལཱ་པ་དེ་ན་བགེགས་མཐར་བྱེད་ཀྱི་སྤྲུལ་པ་ཉི་མའི་འོད་ཟེར་གྱི་སྲས་ཕྱག་ན་རྡོ་རྗེའི་སྤྲུལ་པའི་རྒྱལ་པོ་ཟླ་བ་བཟང་པོ། ལྷ་དབང་གཟི་བརྗིད་ཅན། ཟླ་བས་བྱིན་ལ་སོགས་པ་རྣམས་ཀྱིས་ལོ་གྲངས་བརྒྱ་བརྒྱར་དུས་འཁོར་གྱི་ཆོས་གསུངས་སོ། །གནས་དེ་ན་ནགས་ཚལ་སྣ་ཚོགས་པས་ཉམས་དགའ་བ་དང་། ལོངས་སྤྱོད་ཀྱི་གཞི་བཟའ་ཤིང་གི་ར་བ་དུ་མ་དང་བཅས་པ་ཡོད་དོ། །སྙིགས་མའི་དུས་སུ་རྟགས་ཙམ་འཛིན་པ་ན་འཕགས་པའི་ཡུལ། ཀླ་ཀློའི་ཆོས་ཀྱིས་གང་བར་འགྱུར། དེ་ནས་ཀླ་ཀློའི་རྫུ་འཕྲུལ་གྱིས། ཤམྦྷ་ལ་རུ་དམག་འདྲེན་འགྱུར་ཏེ་དེ་ཡང་བྱང་ཕྱོགས་ཧོར་གྱི་ཡུལ་དག་སྙིན་ཞེས་བྱ་བར་ལྷ་མ་ཡིན་གྱི་སྤྲུལ་པ་ཀླ་ཀློའི་རྒྱལ་པོ་སྟོབས་ཆེན་ཞེས་པའི་འཛམ་གླིང་ཆུང་ངུའི་ཕྱེད་དབང་དུ་འདུས་འཁོར་རྒྱལ་ཕྲན་དགུ་བཅུ་རྩ་དྲུག་དང་ལྡན་པ་རང་གི་སྟོབས་ཀྱི་དྲེགས་ནས་འདྲེན་པར་འགྱུར་རོ། །དེ་ཚེ་ཕྱག་ན་རྡོ་རྗེ་ཡི། སྤྲུལ་པ་དྲག་པོ་འཁོར་ལོ་ཅན་ཞེས་བྱ་བའི། རྒྱལ་པོས་ལྷ་ཆེན་བཅུ་གཉིས་དང་རྒྱལ་ཕྲན་དགུ་བཅུའི་དཔུང་དང་བཅས་པ་ཁྲིད་ཅིང་སྤྲུལ་པའི་དམག་དཔུང་མང་པོས་ཀླ་ཀློ་ཀུན་བཅོམ་ནས། འཕགས་པའི་ཡུལ་གྱི་བར་དུ་ཡང་། རྡོ་རྗེ་ཐེག་པའི་རིགས་ཅིག་རིམ་གྱིས་སངས་རྒྱས་ཀྱི་བསྟན་པ་སྤེལ་བར་གསུངས་པའི་ཕྱིར། རྒྱུ་མཚན་དེས་ན་རི་བོ་གངས་ཅན་དུ། རྫུ་འཕྲུལ་མེད་པས་འགྲོ་མི་ནུས་སོ། །ད་ལྟའི་ཏི་སེ་དང་མ་ཕམ་འདི་ནི་གངས་ཅན་དང་མ་དྲོས་པ་མ་ཡིན་ཏེ་མངོན་པ་ལས་ཀྱང་འདི་སྐད་དུ། མང་ག་ཏའི་ཡུལ་འདི་ནས་བྱང་དུ་རི་ནག་པོ། དགུ་འདས་གངས་འབའ་ཞིག་ཏུ་སོང་བའི་རི་འོ་བོ་དེ་ནས་ནི། རི་བོ་སྤོས་ངད་ལྡན་པའི་ཚུ་རོལ་དཔག་ཚད་ལྔ་བཅུ་ཡོད་པ་ན་མ་དྲོས

པ་རྒྱ་ཞེང་དུ་དཔག་ཚད་ལྔ་བཅུ་ཡོད་པའི་མཚོ་ཡན་ལག་བརྒྱད་ལྡན་གྱི་ཆུས་གང་བ་དེའི་གཡས་རོལ་ན་ཤིང་འཛམ་བུ་ཞེས་བྱ་བ་འབྲས་བུ་རྫ་མ་ཙམ་རོ་སྦྲང་རྩི་འདྲ་བ་ཡོད་པ་ཞེས་སོགས་མཚན་ཉིད་རྒྱས་པར་གསུངས་སོ། །དེ་ར་ནི་ཛ་འཕྲུལ་མི་ལྡན་པས། བགྲོད་པར་བྱ་བ་མིན་ཞེས་མཛོད་འགྲེལ་ལས་བཤད་དེ། དེ་ཉིད་ལས། ཛ་འཕྲུལ་མི་ལྡན་པའི་མིས་བགྲོད་པར་དཀའོ། །ཞེས་གསུངས་སོ། །ད་ལྟའི་ཏི་སེ་དང་མ་ཕང་འདི་དེ་ཉིད་མ་ཡིན་པར་གྲུབ་སྟེ་གཉིས་པོ་དེ་ལ་ནི་མཚན་ཉིད་དེ་དག་གང་ཡང་མེད་པའི་ཕྱིར་རོ། །ཏི་སེ་གངས་ཅན་ཡིན་པ་ནི་མུ་སྟེགས་བྱེད་ཀྱང་མི་འདོད་དེ་མུ་སྟེགས་བྱེད་པའི་གཞུང་དྲང་སྲོང་མངོན་ཤེས་ཅན་གྱིས་བྱས་པའི་གཞོན་ནུ་འབྱུང་བ་ཞེས་བྱ་བའི་སྟན་རྒྱ་ལས་ཀྱང་། གླིང་བཞིའི་ཤར་ནུབ་གཉིས་ཀྱི་རྒྱ་མཚོའི་བར། གངས་ཅན་གྱིས་ནི་ཁྱབ་པར་བཤད་དེ། དེ་ཉིད་ལས། བྱང་གི་ཕྱོགས་ན་རི་ཡི་རྒྱལ་པོ་ཡོད། །མི་གཡོའི་བདག་ཉིད་གངས་ཅན་ཞེས་བྱ་བ། །ཤར་ནུབ་གཉིས་ཀྱི་རྒྱ་མཚོ་ཁྱབ་བར་གནས། །ས་ཆེན་འདི་ལ་འཇལ་བའི་ཐུག་ཤིང་འདྲ། །ཞེས་འབྱུང་བ་བཞིན་ནོ། །དེ་ར་མ་ཟད་སྔོན་རྒྱལ་པོ་ཤིང་རྟ་བཅུ་པའི་བུ་དགའ་བྱེད་ཀྱི་ཆུང་མ་རོལ་རྙེད་མ་ལང་ཀ་མགྲིན་བཅུས་འཕྲོགས་ནས་དེ་ལ་དམག་དྲངས་ཏེ་སྲིན་པོ་ཕལ་ཆེར་བསད་པའི་ཚེ། མགྲིན་བཅུའི་སྲུན་ཟླ་བསམ་གཏན་བསྒོམས་པའི་དྲང་སྲོང་ཞིག་གིས་རླུང་དྲག་པོ་བཏུབ་པས་དགའ་བྱེད་དང་ཧ་ནུ་མ་ན་ཐ་མ་གཏོགས་པའི་དམག་དཔུང་ཐམས་ཅད་གེང་རྒྱས་སུ་སོང་བ་གསོ་བའི་ཕྱིར་རི་བོ་གངས་ཅན་བླང་ནས་དེ་ལ་ཡོད་པའི་བདུད་རྩི་གཏོར་བས་གེང་རྒྱས་སོས་པའི་རྗེས་སུ་སླར་སྤྲིའུ་ཧ་ནུ་མནྟས་ལང་ཀའི་ཡུལ་ནས་འཕགས་པ་ཡི། གངས་རིའི་དུམ་བུ་ལས་དུ་ཆར་བ་ཞིག །ཏི་སེ་འདི་ཡིན་ཞེས་དྲང་སྲོང་གྲོག་མཁར་བ་སྨྲའོ། །ཕྱི་ནང་གཉིས་པོ་གང་ལའང་གངས་ཅན་མ་ཡིན་པ་དེས་ན་དབང་ཕྱུག་ཆེན་པོ་འདུག་པའི་གནས། གླང་པོ་ཆེས་སྲུངས་ཀྱི་བུ་ཡིས་བསྟེན་པའི་ས། དགྲ་བཅོམ་ལྔ་བརྒྱ་བཞུགས་པའི་ཡུལ་གྱི་གངས་ཅན་དེ་ནི་ད་ལྟའི་ཏི་སེ་འདི་མ་ཡིན་ནོ། །གངས་ཅན་དང་ཏི་སེ་གཉིས་པོ་དོན་ཐ་དད་མིང་ཡང་ཐ་དད་པ་ཡིན་ཏེ་གཟུངས་གྲྭ་ལྔའི་རྨ་བྱ་ཆེན་མོའི་མདོ་ལས་ཀྱང་། རི་བོ་ལྔ་བཅུ་དང་དགུ་གསུངས་པའི་གངས་ཅན་གཉིས་པ་དང་ཏི་སེ་བཞི་བཅུ་ཞེ་དགུ་པར་གསུངས་པས་གངས་ཅན་ཏི་སེ་ཐ་དད་གསུངས་སོ། །དེ་ཡང་བཅོམ་ལྡན་འདས་ཀྱིས་བཀའ་སྩལ་པ། རིའི་རྒྱལ་པོ་རི་རབ་དང་། རིའི་རྒྱལ་པོ་གངས་ཅན་དང་། རིའི་རྒྱལ་པོ་སྤོས་ཀྱི་ངད་ལྡན་དང་། ཞེས་སོགས་མང་པོའི་ཤམ་ན་རིའི་རྒྱལ་པོ་ཏི་སེ་དང་ཞེས་སོགས་དང་གངས་ཅན་གྱི་སྐད་དོད་ཧི་མ་ལ་ཡ་དང་ཏི་སེའི་སྐད་དོད་ཀེ་ལ་ཤ་ཞེས་ཐ་དད་དུ་གསུངས་སོ། །མ་ཕང་གཡུ་མཚོ་མ་དྲོས་པ་ཡིན་པ་ལ་མངོན་པའི་ལུང་གིས་གནོད་པར་མ་ཟད་ཕལ་པོ་ཆེ་ཡི་མདོ་ཏིང་འཛིན་བཅུ་པའི་ལེའུ་ལས་ཀྱང་། མ་དྲོས་པ་ཡི་ཆུ་ཞེང་དུ། །དཔག་ཚད་ལྔ་བཅུ་ལྔ་བཅུར་གསུངས། །ས་གཞི་རིན་ཆེན་གསེག་མ་སྣ་ཚོགས་བརྡལ། ངོས་ནི་རིན་ཆེན་ཕ་གུས་བརྩིགས་པ་ཡོད་པ།

དེ་ལས་འབབ་པའི་ཆུ་བོ་བཞི་ནི། གླང་ཆེན་ཁ་ནས་ནི། དངུལ་གྱི་བྱེ་མ་འདྲེན་ཅིང་ཤར་ལ་འབབ་ཆུའི་མདོག་ཀྱང་དེ་དང་འདྲའོ། །དེ་བཞིན་དུ་སེང་གེའི་ཁ་ནས་ནི། ལྷ་རྫས་ཀྱི་རྡོ་རྗེའི་བྱེ་མ་འདྲེན་ཅིང་ལྷོར་འབབ་སྟེ་མདོག་ཀྱང་དེ་དང་མཚུངས་པས་སོ། །སིནྡྷུ་གླང་གི་ཁ་ནས་ནི། གསེར་གྱི་བྱེ་མ་འདྲེན་ཅིང་ནུབ་ཏུ་འབབ། པཀྵུ་རྟ་ཡི་ཁ་ནས་ནི། བཻཌཱུརྻ་སྔོན་པོའི་བྱེ་མ་འདྲེན་ཅིང་བྱང་དུ་འབབ་བོ། །བཞི་པོ་ཐམས་ཅད་ཀྱི་ནི་ཁ་ཞེང་ལ། དཔག་ཚད་རེ་རེ་ཡོད་པར

གསུངས་ཤིང་། རྒྱུ་བོ་དེ་བཞིས་མ་དྲོས་ལ། ལན་གྲངས་བདུན་བདུན་གཡས་ཕྱོགས་སུ་བསྐོར་ནས། རང་རང་གི་ཕྱོགས་བཞི་དག་ཏུ་འབབ་པར་བཤད་ཅིང་མཐར་རྒྱ་མཚོ་དག་ཏུ་འོ། །རྒྱུ་བོ་དེ་བཞི་ཡི་བར་མཚམས་ཐམས་ཅད་ནི། ཨུཏྤལ་དང་པདྨ་དང་ཀུ་མུད་ཏ་ལ་སོགས་ཀྱི། མེ་ཏོག་རྣམ་པ་སྣ་ཚོགས་དང་། མེ་ཏོག་དང་འབྲས་བུ་མཛེས་ཤིང་ཡིད་དུ་འོང་བའི་རིན་ཆེན་ལྗོན་ཤིང་སྣ་ཚོགས་ཀྱིས། རབ་ཏུ་གང་བར་གནས་པ་ཡིན་པ་དང་། གཞན་ཡང་རྒྱུ་བོ་དང་རིན་ཆེན་ལྗོན་ཤིང་མེ་ཏོག་སོགས་ལ་ཉི་ཟེར་ཕོག་པ་ན་ས་གཞི་བར་སྣང་ཐམས་ཅད་འོད་ཀྱི་དྲ་བས་མཛེས་པ་དེ་ལ་སོགས་མ་དྲོས་པའི་མཚན་ཉིད་དང་ཁྱད་ཆོས་རྒྱས་པར་ནི། ཕལ་པོ་ཆེ་ཡི་མདོ་སྡེ་དུམ་བུ་དྲུག་པའི་ག་པར་ལྟོས་ཤིག་སྟེ་དེར་གསལ་བས་སོ། །

དེས་ན་ད་ལྟའི་མ་ཕང་འདི་ནི་མ་དྲོས་པ་མིན་ཏེ་དེ་ལ་ནི་མཚན་ཉིད་བཤད་པ་དེ་དག་གང་ཡང་མེད་དོ། །ཏི་སེ་དང་མ་ཕང་མ་དྲོས་པ་མ་ཡིན་པ་གསུངས་པ་དེ་ལ་རྗེས་འབྲང་ཁ་ཅིག་འདི་སྐད་དུ། གསུང་རབ་ནས་བཤད་པའི་མཚན་ཉིད་དེ་དག་མི་ལྡན་ཡང་གངས་ཅན་དང་མ་དྲོས་པ་མིན་པར་མི་གྲུབ་སྟེ་དཔེར་ན་བྱ་རྒོད་ཕུང་པོའི་རི་ལ་ཡང་། དགོན་བརྩེགས་ཀྱི་སྡོམ་གསུམ་བསྟན་པའི་གླེང་གཞི་ནས་བཤད་པ་བཞིན་དུ་མཐོ་བ་ཟླུམ་པ་ཤིང་ལྗོན་པ་སྣ་ཚོགས་པ་འབྲས་བུ་མེ་ཏོག་དུ་མས་མཛེས་པ་དེ་ལ་འདབ་ཆགས་སྐད་སྙན་ཡིད་འོང་དང་ལྡན་པ་གསུངས་པ་སོགས་ད་ལྟ་མེད་ཀྱང་བྱ་རྒོད་ཕུང་པོའི་རི་མ་ཡིན་པར་མི་གྲུབ་པ་བཞིན་དུ། སྙིགས་མའི་དུས་ཀྱི་སྟོབས་ཀྱིས་ཡུལ་ཀུན་ཡང་སྔར་ལས་རྣམ་པ་ངན་པར་འགྱུར་བར་སྣང་བའི་ཕྱིར་ཞེས་ཟེར་རོ། །བྱ་རྒོད་ཕུང་པོ་ལ་དགོན་བརྩེགས་བཞིན་དུ་ད་ལྟ་མེད་པས་གངས་ཅན་དང་མ་དྲོས་པ་ཡང་དེ་བཞིན་སྨྲ་བ་འདི་ཡང་སྐྱོན་དུ་འགྱུར་མི་འགྱུར་ཕྱེ་སྟེ་བཤད་ཀྱིས་ཉོན་ཅིག །ཕྱིར་བཤད་ཚུལ་ལ་སྒྲོ་སྐུར་སྤངས་ནས་དངོས་པོའི་གནས་ལུགས་འཆད་པ་དང་། སྒྲོ་སྐུར་དང་བཅས་ཏེ་སྐྱོན་ཡོན་བསྡུགས་པ་རྣམ་པ་གཉིས་སུ་ཡོད་པ་ལས་ཕྱི་མ་སྐྱོན་དང་ཡོན་ཏན་སྒྲོ་བཏགས་ནས་སྒྲོགས་པ་ན། སྙན་ངག་མཁན་གྱི་ལུགས་བཞིན་དུ། བྱ་རྒོད་ཕུང་པོའི་རི་ལ་ཡང་། རང་བཞིན་མཐོ་བ་དབྱིབས་ཟླུམ་པ་ལྷ་རྫས་ཀྱི་མེ་ཏོག་དྲི་བསུང་ལྡན་སྣུམ་ཚོགས་པས་ཁྱབ་པ་ལ་སོགས་པ་བཤད་དེ། བོད་ཀྱི་ཡུལ་དོགས་པས་རྒྱང་གྲགས་རེ་རེ་ཙམ་ལའང་ཐང་ཆེན་པོར་མིང་འདོགས་ཤིང་གྲགས་པ་ཇི་བཞིན་དུ། མ་ག་དྷ་ར་ནི་རི་ཆེན་དགོན་པས་འཕགས་པའི་ཡུལ་གྱི་རི་ཆེན་ཡིན་ནོ་ཞེས་དེ་ལྟར་འཆད་པ་སྙན་ངག་མཁན་གྱི་ལུགས་ཡིན་པས་དེ་ལ་གནས་ཚོད་དང་མི་མཐུན་ཡང་སྐྱོན་དུ་བརྩི་བ་གང་ཡང་མེད་པས་སོ་དངོས་པོའི་གནས་ལུགས་འཆད་པ་སྟེ་མཚན་ཉིད་གཏན་ལ་འབེབ་པ་ན་ནི་ལྷག་ཆད་དང་རང་བཟོའི་འཁྲུལ་པ་བྱར་མི་རུང་སྟེ་དེའི་ཚེ་དེ་ལྟར་བྱུང་བ་ལ། དེ་ལ་མཁས་རྣམས་སྐྱོན་དུ་བརྩི་བའི་ཕྱིར་ཏེ་གནས་ཚུལ་ལ་མ་རིག་པའི་ཕྱིར་རོ། །

སྙན་ངག་མཁན་གྱིས་སྒྲོ་སྐུར་གང་བརྗོད་ཀྱང་སྐྱོན་དུ་མི་འགྱུར་བ་ནི་དཔེར་ན་བ་ལང་གཟུགས་དཀར་ཞིང་མཛེས་པ་ཞིག་ལ་བསྔགས་པའི་ཚེ༑ གངས་རིའི་ཕུང་པོ་ཐང་ལ་འགྲོ་ཤེས་པའམ། སྤྲིན་ཆད་པ་ཡི་དུམ་བུ་རླུང་གིས་བསྐྱོད་པ་ལྟ་བུ་དང་། རྭ་རྩེ་རྡོ་རྗེ་ཕ་ལམ་དང་འདྲ་བར་ཐམས་ཅད་འབིགས་ནུས་པ་དང་། རྨིག་པ་ནོར་བུ་ཨིནྡྲ་ནཱི་ལ་དང་འདྲ་བ་དང་། རྔ་མ་དཔག་བསམ་ལྗོན་པ་རླུང་གིས་ཤུགས་ལྟར་མགྱོགས་པ་ཞེས་བྱ་བ་ལ་སོགས་པ་དང་། གཞན་ཡང་སྐྱེས་བུ་གཟུགས་མཛེས་པ་ལ་བསྔགས་པ་ན། བཞིན་ལ་

ཉི་མ་ཟླ་བ་ལྟ་བུ་དང་། སོ་ལ་གངས་རིའི་ཕྲེང་བ་གྲལ་སྒྲིགས་པ་ལྟ་བུ་ལུས་ལ་ལྷའི་ལུས་ལ་སོགས་པ་དང་། གཞན་ཡང་ཡུལ་དང་བློ་གྲོས་སོགས་རྒྱ་ཆེ་བ་ལ་ནམ་མཁའི་དཔེ་སྦྱོར་བ་དང་། ཆུང་ལ་རྡུལ་ཕྲན་དཔེ་སྦྱོར་དང་། རགས་ཤིང་ཆེ་བའི་དཔེ་ལ་རི་རབ་དང་། ཁྱི་བ་ཙུང་ཟད་ལུས་བོང་ཆེ་བ་ལ་ནི་གླང་ཆེན་དཔེ། ནོར་ཕྱུག་པོ་ལ་ནི་རྣམ་ཐོས་བུའི་དཔལ་ལ་འགྲན་པར་ནུས་ཞེས་པ་ལྟ་བུ་དང་། ཡུལ་འཁོར་གྱི་རྒྱལ་ཕྲན་སྟོབས་ལྡན་ལ་ནི་བརྒྱ་བྱིན་དཔེ། དགེ་བའི་བཤེས་གཉེན་ཕལ་པ་མཁས་བཙུན་གྱི་ཡོན་ཏན་ཆ་ཙམ་ལྡན་པ་ལའང་། ཐུབ་དབང་གཉིས་པ་ཞེས་སངས་རྒྱས་ལྟ་བུར་བསྟུགས་པ་སྒྲོ་བཏགས་འདི་ལྟ་བུའི་རྒྱུན་ནི། གནས་ཚོད་དང་མི་མཐུན་ཡང་སྐྱོན་མེད་དེ་སྙན་ངག་མཁན་ལ་སྙན་ངག་གི་བསྟན་བཅོས་ལས་བཀག་པ་མེད་པའི་ཕྱིར་རོ། །སྒྲོ་མ་བཏགས་པར་དངོས་པོའི་གནས་ལུགས་འཆད་པའམ། ཤེས་བྱ་རང་སྤྱིའི་མཚན་ཉིད་གཏན་ལ་འབེབས་པ་ན་ནི་སྒྲོ་བསྐུར་གྱི་རྫུན་ཁྲུར་མི་རུང་ཞིང་སྐྱོན་དུ་འགྱུར་ཏེ་ཀ་ཁྱམ་བ་གླང་སོགས་ཀྱི་གནས་ལུགས་སམ་མཚན་ཉིད་ཇི་བཞིན་མ་ཡིན་པ་རྟའི་མཚན་ཉིད་ནོག་ལྐོག་ཤལ་ལ་སོགས་བཤད་ན་མཁས་རྣམས་ག་ལ་དགའ་སྟེ་མི་དགའ་བའི་ཕྱིར་རོ། །

འཆད་ཚུལ་གཉིས་ལ་སྒྲོ་སྐུར་སྐྱོན་དུ་འགྱུར་མི་འགྱུར་སྤྱིར་བསྟན་ཟིན་པ་དེས་ན་བྱ་རྒོད་ཕུང་པོའི་རི་ལ་ཡོན་ཏན་བཤད་པ་ད་ལྟ་གངས་ཅན་མ་དྲོས་པ་སོགས་ཀྱི་མཚན་ཉིད་བཤད་པ་ད་ལྟ་མེད་པ་གཉིས་པོ་མི་མཚུངས་ཏེ་བྱ་རྒོད་ཕུང་པོ་བཀོད་པ་ཕུན་སུམ་ཚོགས་པ་ལ་སོགས་པའི་བསྟུགས་པ་མདོ་སྡེ་ལ་ངེས་པ་སྐྱེད་པའི་ཆེད་དུ་ཕུན་སུམ་ཚོགས་པ་ལྔ་འཛོམ་པའི་དུས་སུ་མདོ་སྡེ་འདི་འབྱུང་ངོ་ཞེས་བཀའ་བསྡུ་བ་པོས་སྙན་ངག་ལུགས་བཞིན་བཤད་པ་ཡིན་པའི་ཕྱིར་དང་། གངས་ཅན་མ་དྲོས་པ་གླིང་བཞི་རི་རབ་ལ་སོགས་པ། དངོས་པོའི་གནས་ལུགས་འཆད་པའི་སྐབས་ཡིན་པས་ན། དེ་དག་ལ་འཁྲུལ་པ་བཤད་ན་མངོན་པ་གསུངས་པ་པོའི་སྟོན་པ་ཀུན་མཁྱེན་མིན་པར་འགྱུར་བའི་ཕྱིར། གངས་ཅན་མ་དྲོས་པ་སོགས་སྙིགས་མའི་དུས་ཀྱི་ཤུགས་བཏགས་པས། ཙུང་ཟད་ངན་པར་འགྱུར་སྲིད་ཀྱི། གཞུང་ནས་བཤད་པའི་མཚན་ཉིད་དང་ཁྱད་ཆོས་ཐམས་ཅད་འཁྲུལ་ཞིང་མེད་པ་ནི་ག་ལ་སྲིད་དེ་མི་སྲིད་པ་ཁོ་ནའོ། །ཁ་ཅིག་ན་རེ། འཕྲུང་གཙོད་ཀྱི་ནང་མཚན་དུ་འགྱུར་བའི་ཙ་རི་ཏྲའི་གནས་ཆེན་དེ་གོང་ཡུལ་གྱི་ཙ་རི་འདི་ཡིན་ཏེ་དེ་གཉིས་དོན་གཅིག་པ་ཡིན་པའི་ཕྱིར་ཞེས་ཟེར་རོ། །

འཕྲུང་གཙོད་ཀྱི་གནས་ཀྱི་ཕྱི་བྲག་ཙ་རི་ཏྲ་ཞེས་བྱ་བའི་གནས་ཆེན་དེ་ནི་ཡུལ་ལྷོ་ཕྱོགས་རྒྱ་མཚོའི་འགྲམ་ན་ཡོད་པར་གསུངས་པས། གོང་ཡུལ་གྱི་ཙ་རི་ཙ་གོང་དེ་གནས་ཆེན་གྱི་ཙ་རི་མ་ཡིན་ནོ། །གལ་ཏེ་གནས་ཞིང་ཕྱི་བྲག་དེ་ཝཱི་ཀོ་ཊ་ལ་གཉིས་ཡོད་པའི་ཚེ་ཤོས་རྒྱ་གར་ལྷོ་ཕྱོགས་ན་ཡོད་ཅིང་། དེའི་གནས་ཆུང་བ་གཞན་ཞིག་གོང་ཡུལ་གྱི་ཙ་རི་འདི་ཡིན་ཞེས་ལ་ལ་སྨྲ་ངོ་། །རྡོ་རྗེ་མཁའ་འགྲོའི་རྒྱུད་ལས་ནི། དེ་ཝཱི་ཀོ་ཊར་ཛཱ་ཏའི་ཤིང་གནས་ཞེས་གསུངས་གཞན་ཡང་དེ་ཉིད་ལས། བོད་ཡུལ་ལྷན་ཅིག་སྐྱེས་མ་ནི། རྡོ་བའི་ཕུག་ལ་བརྟེན་ཏེ་གནས། དེ་ཝཱི་ཀོ་ཊའི་ཡུལ་དེར་གནས་པའི་ལྷ་མོ་ནི། ཛཱ་ཏའི་ཤིང་ལ་བརྟེན་ཏེ་གནས་ཞེས་གསུངས་པས་བོད་ཀྱི་ཙ་རི་དེའི་ཕྱོགས་ན་ཛཱ་ཏའི་ཤིང་། ཡོད་ན་ཡུལ་དེ་དེ་ཝཱི་ཀོ་ཊའི་གནས་ཆུང་ཡིན་པ་ལ་འགལ་བ་མེད་དོ། །ཛཱ་ཏའི་ཤིང་ནི་རྒྱལ་པོ་ཤྲཱི་རི་ཞེས་གྲགས་པ་པགས་པ་ཤིན་ཏུ་འཇམ་ཞིང་ཡལ་ག་རྣམས་ཀྱི་ཕྱིའི་དབྱིབས་རྒྱ་མ་བུས་པ་ལྟ་བུ་འདབ་མ་བྱ་རྒོད་གཤོག

པ་ལྟར་ཆ་མཉམ་དུ་ཡོད་ཅིང་དབྱིབས་བཀོལ་བུའི་འདབ་མ་ལྟ་བུ་ཞིག་ཡོད་པར་རྡོ་རྗེ་མཁའ་འགྲོའི་འགྲེལ་པར་བཤད་ཅེས་མཁས་པ་རྣམས་གསུངས་སོ། །

བོད་ཀྱི་ཏི་སེ་དང་ནི་ཙ་རི་སོགས། གལ་ཏེ་བརྟགས་པ་མཐའ་གཉྫང་དུ་རྒྱུད་ནས་བཤད་པའི་གནས་ཆེན་ཡིན་ན་ཡང་དབང་མ་ཐོབ་པ་སོགས་སུ་བྱུང་གི་སྤྱོད་པའི་དོན་དུ་འགྲོ་བ་འདི་ནི་མི་ཆོག་ཅིང་མི་འཐད་དེ་ཡུལ་ཆེན་དེ་དང་དེར་འགྲོ་བའི་གང་ཟག་ནི། སྔར་བཤད་པ་ལྟར་དབང་བསྐུར་ཐོབ་ཅིང་དམ་ཚིག་དང་ལྡན་པ། བརྡ་དང་བརྡ་ཡི་ལན་ཤེས་ཤིང་། ནང་དུ་རིམ་གཉིས་ཀྱི་རྟོགས་པ་བརྟན་པོར་ཡོད་པ་ཡི་གང་ཟག་གིས། སྤྱོད་པའི་དོན་དུ་རྒྱུ་བར་རྒྱུད་སྡེ་ལས་གསུངས་ཀྱི་དེ་ལྟ་མིན་པའི་གང་ཟག་དབང་བསྐུར་མ་ཐོབ་དམ་ཚིག་མི་ལྡན་རིམ་གཉིས་མི་སྒོམ་བརྡ་དང་བརྡའི་ལན་མི་ཤེས་པ་དག་གིས་གསང་སྔགས་ནས་བཤད་པའི་བརྟུལ་ཞུགས་ཀྱི་དོན་དུ་ཡུལ་དེ་དང་དེར་འགྲོ་བ་རྒྱུད་ལས་བཀག །སྔ་དཔེར་ན་གཉེར་གྱི་ཁ་བྱང་དང་སྙིང་བྱང་མེད་པར་གཉེར་འདོན་པ་ན་ནོར་མི་ཐོབ་ཅི་སྟེ་ཐོབ་ཀྱང་བར་ཆད་འབྱུང་བ་ལྟར་ཡུལ་ཆེན་དུ་འགྲོ་བ་ཡང་བཀག་པས་སོ། །

སེམས་རྟོགས་ན་སངས་རྒྱས་ཡིན་པས་སངས་རྒྱས་གཞན་ནས་མི་བཙལ་བའི་འདུ་ཤེས་བསྒོམ་པར་བྱ་ཞེས་སོགས་གསུངས་པ་ལ་བརྟེན་ནས་ཞང་ཚལ་པ་སོགས་ཁ་ཅིག་གིས་ལམ་དཀར་པོ་ཆིག་ཐུབ་ལྟར་སེམས་ཀྱི་ངོ་བོ་མཐོང་བའི་སྟོང་རྐྱང་བསྒོམ་པས་ནི་འཚང་རྒྱ་སྟེ་དེ་ལས་འབྲས་བུ་སྐུ་གསུམ་ལྷུན་གྲུབ་ཏུ་འབྱུང་བའི་ཕྱིར་ཞེས་ཟེར་རོ། །རྒྱུ་གཅིག་པོ་ན་ལས་ནི་འབྲས་བུ་འབྱུང་མི་ནུས་ཏེ་འབྲས་བུ་སྐྱེད་པ་ལ་རྒྱུ་རྐྱེན་དུ་མ་ཚོགས་དགོས་པའི་ཕྱིར། ཁྲབ་སྟེ། ཇི་ལྟར། རྐྱེན་གཅིག་གིས་ནི་ཀུན་ནུས་པ། །གང་ན་ཡང་ནི་ཡོད་མ་ཡིན། ཞེས་དང་། རྣམ་འགྲེལ་ལས། རྒྱུ་ཚོགས་པ་ལས་འབྲས་སྐྱེས་པ། ཞེས་སོགས་གསུངས་པའི་ཕྱིར། གལ་ཏེ་བརྟགས་པ་མཐའ་བཟུང་དུ་རྒྱུ་གཅིག་པོ་ན་ལས་འབྲས་བུ་ཞིག །བྱུང་ཡང་ནི་འབྲས་བུ་གཉིས་དང་གསུམ་ལ་སོགས་པ་འབྱུང་བ་མི་འཐད་དེ་ཉན་ཐོས་འགོག་པ་གཅིག་ཡིན་པ་བཞིན། འབྲས་བུ་དེ་ཡང་ཕན་གནོད་མེད་པའི་སྟོང་ཉིད་གཅིག་ཏུ་འགྱུར་འོས་སོ། །དེ་ལྟར་གསུངས་པ་དེ་ལ་རྗེས་འབྲང་འགའ་ཞིག་གིས་ཆིག་ཐུབ་བསྒོམ་པ་ཡི། རྗེས་ལ་གཞན་དོན་འབྱུང་བའི་ཐབས་སྐུ་བཞི་ཐོབ་པའི་ཕྱིར་བསྔོ་བ་བྱ་དགོས་ཏེ་བསྔོ་བ་མ་བྱས་ན་སངས་རྒྱས་ཀྱི་རྒྱུར་མི་འགྱུར་བའི་ཕྱིར་ཞེས་ཟེར་རོ། །འོ་ན་ཆིག་ཐུབ་དེ་ཞིག་ནས་ཐུབ་པ་དང་མི་ཐུབ་པ་གཉིས་སུ་འགྱུར་ཏེ་སྟོང་ཉིད་བསྒོམ་པ་དང་དེ་བསྔོ་བུའི་དགེ་བ་ཡིན་པའི་ཕྱིར། དེར་མ་ཟད་སྟོང་ཉིད་ནམ་མཁའ་ལྟ་བུ་ཅང་མེད་ལ་བསྔོ་རྒྱུའི་དགེ་རྩ་ཡོད་པར་འདོད་པ་གཉིས་འགལ་ལོ། །ཆིག་ཐུབ་བསྒོམ་པ་དེ་ལའང་སྐྱབས་འགྲོ་སེམས་བསྐྱེད་དང་། ཡིད་དམ་ལྷ་བསྒོམ་ལ་སོགས་པ་དགོས་སམ་མི་དགོས་མི་དགོས་ན་སངས་རྒྱས་ཀྱི་རྒྱུར་མི་འགྲོ་ཞིང་། དགོས་ན་དེའི་ཕྱིར་ཆིག་ཐུབ་དུ་མར་འགྱུར་རོ། །ཆིག་ཐུབ་ཉམས་པར་འགྱུར་བ་དེས་ན་ཆིག་ཐུབ་འདི་འདྲའི་ལུགས་ནི་ཐབས་ཀྱི་གནད་གཅོད་པའི་ཕྱིར་རང་བཞིན་མཁན་གྱི་ལུགས་ཡིན་པས་རྫོགས་སངས་རྒྱས་ཀྱིས་མདོ་རྒྱུད་ལས་གསུངས་པ་མེད་དོ། །འོ་ན་གསང་བ་བསམ་གྱི་མི་ཁྱབ་པའི་མདོ་ལས། དམ་པའི་ཆོས་ནི་འཛིན་པ་དང་། །བྱང་ཆུབ་སེམས་ཀྱི་བསོད་ནམས་དེས། །སྟོང་པ་ཉིད་ལ་མོས་པ་ཡི། །བཅུ་དྲུག་ཆར་ཡང་མི་ཕོད་དོ། །ཞེས་སོགས་གསུངས་པ་ཅི་ལྟ་བུ་ཞེ་ན། དེ་ལྟར་ཐུབ་པས་སྟོང་པ་ཉིད་ལ་བསྔགས་པ་མཛད་པ་ནི། དངོས་པོར་འཛིན་པ་ཟློག་པ་དང་སྟོང་པ་ཉིད་ལ་སྐྲག་པ་རྣམས་ལ་དེའི་ཆེ་བ་སྟོན་པའི་ཕྱིར་ཡིན་གྱི་དེ་བཞིན་དུ་མ་ཡིན་ཏེ་སྟོང་ཉིད་ལྟ་བ་པོ

ནས་སངས་རྒྱས་ཐོབ་པ་མེད་པའི་ཕྱིར་རོ། །དཔེར་ན་སངས་རྒྱས་ལ་ཕྱག་འཚལ་ལོ་བརྗོད་པ་ཙམ་གྱིས་ཀྱང་འཁོར་བ་ལས་ནི་ཐར་རོ་ཞེས་གསུངས་པའི་ཕྱིར་ཏེ། དམ་ཆོས་པད་དཀར་ལས། གཡེང་བའི་སེམས་ཀྱི་སངས་རྒྱས་ཕྱག་འཚལ་ཞེས། །ཚིག་གཅིག་ལན་འགའ་བརྗོད་པར་བྱེད་པ་ཡང་། དེ་དག་ཀུན་གྱིས་བྱང་ཆུབ་མཆོག་འདི་ཐོབ། ཞེས་གསུངས་པ་དང་། དེ་བཞིན་དུ་མཆོད་རྟེན་བསྐོར་བའི་གཟུངས་ལས་ཀྱང་། གཟུངས་འདི་ལན་ཅིག་བརྗོད་པས་ཐོག་མ་མེད་པ་ནས་བསགས་པའི་སྡིག་པ་ཐམས་ཅད་འདག་པར་འགྱུར་རོ་ཞེས་སོགས་གསུངས་པ་རྣམས་དང་འགལ་ལོ་སྙམ་པའི་དོགས་པ་ཡང་འབྱུང་མོད་རྟེན་འབྲེལ་སྙིང་པོའི་གཟུངས་ལས། སྙིང་པོ་འདི་ལན་གཅིག་བརྗོད་པས་སྡིག་པ་ཐམས་ཅད་བྱང་བར་འགྱུར་རོ་ཞེས་པ་ལྟ་བུ་རྟེན་འབྲེལ་ཙམ་ཞིག་ཐོས་པ་སོགས་དང་། ཨ་ལ་སོགས་པའི་སྔགས་འབྲུ་འགའ་ཞིག་དྲན་པ་ཙམ་གྱིས། སྡིག་པ་ཀུན་ལས་གྲོལ་བར་འགྱུར་རོ་ཞེས་སོགས་གསུངས་པའི་དགོངས་པ་གདུལ་བྱའི་ཞུམ་པ་བསལ་ནས་དགེ་བ་ལ་སྤྲོ་བ་བསྐྱེད་པའི་ཆེད་ཡིན་པ་མི་ཤེས་པར་སངས་རྒྱས་ཀྱིས་གསུངས་པའི་ཚིག་འབྲུ་ཙམ་ལ་བརྟེན་ནས་ཟབ་ཅིང་རྒྱ་ཆེ་བའི་ཆོས་ཟབ་མོ་སྤང་བར་མི་བྱ་སྟེ། བྱམས་པས། དོན་སྒྲ་ཇི་བཞིན་ཡོངས་རྟོགས་ན། །བདག་ཉིད་སྙེམ་ཞིང་བློ་ཉམས་འགྱུར། །ཞེས་སོ། །མདའ་རྐྱང་པ་ལ་ནི་བཟང་ཡང་བྱེད་པ་གར་ཡང་མེད། གཞུ་བཟང་དང་འབྲེལ་ཞིང་སློབ་བུ་འཕེན་པ་མཁས་པར་གྱུར་ན། འཕེན་པ་པོ་དེ་ཡིས་འདོད་པའི་བྱ་བ་དགྲ་བསད་པ་ལ་སོགས་པ་འགྲུབ། དེ་བཞིན་དུ་ཤེས་རབ་སྟོང་པ་ཉིད་རྐྱང་པ་ལ། འཚང་རྒྱ་བའི་ལམ་གྱི་བྱེད་པ་ཅི་ཡང་ཡོད་པ་མ་ཡིན་ནོ། །ཐབས་གཞུ་ལྟ་བུ་དང་ཤེས་རབ་མདའ་ལྟ་བུ་དེ་ལེགས་པར་འབྲེལ་ན། འདོད་པའི་འབྲས་བུ་བྱང་ཆུབ་རིམ་བཞིན་ཐོབ་པ་ཡིན་པས་སངས་རྒྱས་ཐོབ་པ་ཐབས་ཤེས་ཟུང་འཇུག་གི་ལམ་ལ་རག་ལས་པ་ཡིན་ནོ། །ཐབས་དང་བྲལ་བའི་སྟོང་ཉིད་ཁོ་ནས་སངས་རྒྱས་མི་ཐོབ་ཅིང་ཐབས་ཤེས་ཟུང་འཇུག་དགོས་པ་དེ་ནི་རིགས་པས་མ་ཟད་ལུང་གིས་ཀྱང་གྲུབ་སྟེ། རྒྱུད་རྡོ་རྗེ་གུར་དང་རྣམ་སྣང་མངོན་བྱང་རྣམ་འགྲེལ་གྱི་ལུང་གསུམ་གྱིས་གྲུབ་པའི་ཕྱིར་ཏེ་འདི་ལྟར། རྒྱུད་རྡོ་རྗེ་གུར་ལས་འདི་སྐད་དུ་གསུངས་ཏེ་གལ་ཏེ་སྟོང་པ་ཉིད་སངས་རྒྱས་ཐོབ་པའི་ཐབས་ཡིན་ན༑ དེའི་ཚེ་སངས་རྒྱས་ཀྱང་སྟོང་པ་ཉིད་དུ་འགྱུར་གྱི་སྐུ་གསུམ་མི་འབྱུང་སྟེ་དེའི་འཐད་པ་འབྲས་བུ་རྒྱུ་ལས་གཞན་མིན་ཏེ་རྒྱུ་འབྲས་མཚུངས་དགོས་པའི་ཕྱིར། དེས་ན་སངས་རྒྱས་འབྱུང་བའི་ཐབས་ནི་སྟོང་པ་ཉིད་མ་ཡིན་ནོ། །འོན་སྟོང་པ་ཉིད་བསྒོམ་པར་གསུངས་པའི་འཐད་པ་གང་ཞེ་ན། སྤྱིར་མཐར་འཛིན་གྱི་ལྟ་བ་རྣམས་ལས་བཟློག་པ་དང་། བྱེ་བྲག་མུ་སྟེགས་བྱེད་བདག་ཏུ་ལྟ་བ་ཆོལ་བ་རྣམས་ཀྱི༑ བདག་ཏུ་ཞེན་པའི་བསམ་པ་ཕྱིན་ཅི་ལོག་དེ་བཟློག་པའི་ཕྱིར་དུ་སྟོང་པ་ཉིད་ལ་རྒྱལ་བ་རྣམས་ཀྱིས་བསྔགས་པ་གསུངས་པའོ། །སྟོང་པ་ཉིད་དུ་ལྟ་བ་ཁོ་ནས་སངས་མི་རྒྱ་ཞིང་སྟོང་ཉིད་བསྒོམ་པ་ལ་དགོས་པ་ཡོད་པ་དེའི་ཕྱིར་སངས་རྒྱས་པ་ལ་ཐབས་ཤེས་ཟུང་འཇུག་གི་ལམ་དགོས་ཏེ་དཀྱིལ་འཁོར་འཁོར་ལོ་བསྒོམ་པ་ལ་བསྐྱེད་རིམ་ཞེས་པ་རྫོགས་རིམ་ཐབས་དང་ནི་བདེ་བའི་སྒོམ་པ་བསྒོམ་པ་ལ་རྫོགས་རིམ་ཞེས་བྱ་བ་ཤེས་རབ་སྟེ་དེ་ལྟ་བུའི་སངས་རྒྱས་ང་རྒྱལ་ཏེ་བསྐྱེད་རིམ་གཟུགས་སྐུའི་ང་རྒྱལ་དང་རྫོགས་རིམ་ཆོས་སྐུའི་ང་རྒྱལ་གྱི་རྣལ་འབྱོར་ཏེ་ཐབས་ཤེས་དེ་གཉིས་ཀྱིས་གཟུགས་སྐུ་དང་ཆོས་སྐུ་ཟུང་འཇུག་གི་སངས་རྒྱས་ཉིད་དུ་ངེས་པར་འགྲུབ་པོ་ཞེས་བྱ་བ་དེ་ལ་སོགས་པ་ཤིན་ཏུ་གསལ་བར་གསུངས་པས་སོ། །རྣམ་པར་སྣང་མཛད་མངོན་པར་བྱང་ཆུབ་པའི་རྒྱུད་ལས་ཀྱང་ནི། ཐབས་མཁས་པ་དང་

མི་ལྡན་པའི་ཡེ་ཤེས་སྟོང་པ་ཉིད་དང་། དེ་དག་འབྲེལ་བའི་ཚུལ་ཁྲིམས་ཀྱི་བསླབ་པ་དག་ཀྱང་གསུངས་པ་ནི་དགོས་པ་ཡོད་དེ་དཔའ་བོ་ཆེན་པོ་སངས་རྒྱས་ཀྱིས་ཉན་ཐོས་ཐབས་ཟབ་མོ་ལ་སྐྲག་པ་རྣམས། ཚུལ་དེ་ལ་གཞུག་ཏེ་ཁ་དྲངས་པའི་ཕྱིར་གསུངས་སོ། །

གང་དག་དུས་གསུམ་གྱི་མགོན་པོ་སངས་རྒྱས་རྣམས་ནི་རྒྱུ་ཐབས་དང་ཤེས་རབ་ཟུང་འཇུག་ལྡན་པའི་ལམ་ཆ་ཚང་བ་ལ་བསླབས་པས་ན་དེ་ནས་འབྲས་བུ་མཐའ་གཉིས་ལ་མི་གནས་པའི་བླ་མེད་ཀྱི་ཐེག་པ་ནི། ཉམས་པ་མེད་པའི་འདུས་མ་བྱས་པ་སངས་རྒྱས་དེ་ཐོབ་བོ་ཞེས་གསུངས་པ་ཡང་འཚང་རྒྱ་བ་ལ་ཐབས་ཤེས་ཟུང་འཇུག་དགོས་པའི་དོན་དུ་ཡིན་པར་ཤེས་པར་གྱིས་ཤིག །དཔལ་ལྡན་ཆོས་ཀྱི་གྲགས་པས་རྣམ་འགྲེལ་ལས་ཀྱང་། བསྒྲལ་པ་རྣམ་པར་དུ་མར་སྙིང་རྗེ་དང་སྦྱིན་པ་ལ་སོགས་པའི་ཐབས་མང་པོ༑ ཡུན་རིང་པོའི་དུས་སུ་གོམས་པ་ཡིས་རྒྱུ་མཚན་ལས། དེ་ལ་ཐབས་གོམས་སྟོབས་ཀྱིས་འཁོར་འདས་ཀྱི་སྐྱོན་དང་ཡོན་ཏན་དག །བཟོ་ཡི་གནས་ལ་གོམས་པ་ལྟར་རབ་ཏུ་གསལ་བ་ཉིད་དུ་འགྱུར་རོ། །དེས་ན་ཐབས་གོམས་པའི་སྟོབས་ཀྱིས་བདེན་བཞིའི་གནས་ཚུལ་ལ་ཐུགས་ཀྱང་གསལ་བའི་ཕྱིར་རྟོགས་པ་ཕུན་ཚོགས་དང་། སྒྲིབ་པ་གཉིས་ཀྱི་རྒྱུ་ཡི་བག་ཆགས་ལེགས་པར་སྤང་པ་ཡིན་པས་སྤངས་པ་དང་། ཐུབ་ཆེན་གཞན་དོན་ལ་འཇུག་པས་ཕྲིན་ལས་ཕུན་སུམ་ཚོགས་པ་སྟེ་དེ་ལྟ་བུའི་སྤངས་རྟོགས་ནུས་པ་ཕུན་སུམ་ཚོགས་པ་ཅན་གྱི་སངས་རྒྱས་དེ་བསེ་རུ་རང་སངས་རྒྱས་དང་ལ་སོགས་པ་ཉན་ཐོས་དགྲ་བཅོམ་ལས་ཁྱད་པར་འཕགས་པའི་རྒྱུ་ཡང་ཐབས་ལམ་འདི་ཡིན་ནོ༑ །དེ་གོམས་པ་རྒྱུ་དུས་ཀྱི་ཐབས་གོམས་པ་འབྲས་དུས་ཀྱི་སྟོན་པའི་རྒྱུའི་དོན་དུ་གནས་པའི་ཕྱིར་ན་ཐབས་ལམ་ལ་གོམས་པ་དེ་ཉིད་ལ་མཚན་མ་མདོའི་མཆོད་བརྗོད་དུ། སྟོན་པ་བདེ་གཤེགས་སྐྱོབས་ལ་ཕྱག་འཚལ་ལོ། །ཞེས་སོགས་སྟོན་པ་ཞེས་འབྲས་མིང་བཏགས་པའི་སངས་རྒྱས་ཡིན་པར་བཞེད་ཀྱི་སྟོང་ཉིད་རྟོགས་ཀྱང་ཐབས་ལམ་སྦྱངས་ན་སྟོན་པར་མི་འགྱུར་རོ། །ཅེས་གསུངས་པ་ཡང་འཚང་རྒྱ་བ་ལ་ཐབས་ཤེས་ཟུང་འཇུག་དགོས་པ་དེ་ཉིད་ཡིན་ནོ། །ཐབས་དགོས་པ་ལུང་གིས་གྲུབ་པ་དེས་ན་གཞན་དོན་འགྲུབ་པའི་རྒྱུའི་གཙོ་བོ་དང་རྗེ་སྙིང་པ་རྟོགས་པའི་ཉེར་ལེན་གྱི་རྒྱུ་ནི་ཐབས་མཁས་ཉིད་ཡིན་པས་རྒྱུ་དུས་སུ་ཐབས་ལ་མ་སྦྱངས་ན། འབྲས་བུ་མཐར་ཐུག་གི་ཚེ་ཤེས་བྱ་ཐམས་ཅད་མཁྱེན་པ་དང་། བྱེད་ཆོས་གཞན་དོན་མཛད་པ་ཕྲིན་ལས་འབྱུང་བ་ནི་སེམས་ངོ་འཕྲོད་པ་རྐྱང་པ་ལ་མི་སྲིད་དོ། །ཟ་འོག་ལ་སོགས་པའི་ཐགས་ཀྱི་རྒྱུ་རྣམས་ཕལ་ཆེར་མཐུན། སྣུན་གྱི་དབྱེ་བས་རི་མོ་བཟང་ངན་འབྱུང་། དེ་བཞིན་དུ་འཁོར་བ་ལས་གྲོལ་བའི་རྒྱུ་སྟོང་པ་ཉིད་རྟོགས་པ་ཐེག་པ་གསུམ་པོ་ཕལ་ཆེར་མཐུན་ཡང་། རྣམ་གྲོལ་གྱི་འབྲས་བུའི་བཟང་ངན་དང་གཞན་དོན་ཕྲིན་ལས་རྒྱ་ཆེ་ཆུང་ནི་ཐབས་བཟང་ངན་གྱིས་བྱེད་དེ། ཐབས་མི་མཁས་པའི་སྟོང་ཉིད་ལྟ་བས་ཉན་ཐོས་ཀྱི་མྱ་ངན་ལས་འདའ་ཞིང་། ཐབས་ལ་མཁས་པས་སྟོང་ཉིད་རྟོགས་ན་འབྲས་བུ་རྫོགས་འཚང་རྒྱ་བས་སོ། །བཤད་ཟིན་པའི་དཔེ་དོན་གྱི་གནད་དེས་ན་འབྲས་བུ་སངས་རྒྱས་ཐོབ་འདོད་ན་ནི། ལྟ་བ་དེའི་སྟེང་དུ་ཐབས་མཁས་པ་ལ་ནན་ཏན་གྱིས་ཤིག་སྟེ་གཞན་དོན་འབད་མེད་ལྷུན་གྲུབ་འབྱུང་བའི་སངས་རྒྱས་ནི་གཙོ་བོར་ཐབས་མཁས་པ་ལས་འབྱུང་བའི་ཕྱིར། ཐེག་གསུམ་སོ་སོའི་བྱང་ཆུབ་ཉན་ཐོས་དགྲ་བཅོམ་པ་དང་རང་སངས་རྒྱས་རྫོགས་པའི་སངས་རྒྱས་རྣམ་པ་གསུམ་པོ་ནི། འཁོར་བ་ལས་རྣམ་པར་གྲོལ་བ་མཚུངས་ན་ཡང་། རང་དོན་སྤངས་རྟོགས་དང་གཞན་དོན་ཕྲིན་ལས་ཀྱི་བཟང་ངན་ཐབས

བཟང་ངན་གྱིས་ཕྱེ་བ་ཡིན་ཏེ་རྒྱུ་ཐབས་བཟང་བ་དང་རྒྱ་ཆེ་བ་ལས་འབྲས་བུ་བཟང་ཞིང་རྒྱ་ཆེ་བ་འབྱུང་ཞིང་རང་དོན་དུ་བྱང་ཆུབ་ཡིད་བྱེད་ཀྱི་ཐབས་ངན་པ་ལས་འབྲས་བུ་ངན་པ་འབྱུང་བ་རྟེན་འབྲེལ་གྱི་ཆོས་ཉིད་ཡིན་པའི་ཕྱིར་རོ། །

ཐབས་བཟང་ངན་ལས་འབྲས་བུ་བཟང་ངན་འབྱུང་བ་དེ་ཡང་ལུང་གིས་སྒྲུབ་སྟེ་མདོ་སྡེ་རྒྱན་ལས་ནི། ཇི་ལྟར་མདུད་པའི་བྱེ་བྲག་གིས། གོས་བཙོས་པར་མཉམ་པ་ལ་ཚོན་བཀྲ་བ་དང་མི་བཀྲ་བ་འབྱུང་བ་ལྟར། དེ་བཞིན་དུ་སེམས་བསྐྱེད་དང་སྨོན་ལམ་སོགས་ཐབས་ཀྱི་འཕེན་པ་བཟང་བ་དང་ངན་པའི་དབང་གིས་ནི། འཁོར་བ་ལས་གྲོལ་བ་མཉམ་ཡང་མཁྱེན་པའི་ཡེ་ཤེས་བཀྲ་མི་བཀྲ་འབྱུང་བ་དེ་སྐད་གསུངས་པའང་རྣམ་གྲོལ་བཟང་ངན་ཐབས་ཀྱིས་འབྱེད་པའི་དོན་འདི་ཡིན་ནོ། །སློབ་དཔོན་མ་ཏི་ཙི་ཏྲ་སྟེ་དཔའ་བོས་ཀྱང་། བསྟོད་པ་བརྒྱ་ལྔ་བཅུ་པ་ལས་བསེ་རུའི་རྭ་དང་འདྲ་བས་རང་སངས་རྒྱས་གང་དང་། གང་ཡང་སྟོན་པ་ཁྱོད་ཀྱི་རྗེས་སུ་འགྲོ་ཞིང་སློབ་པ་དགྲ་བཅོམ་པ་རྣམས་སྟོང་ཉིད་རྟོགས་པའི་ཞི་བ་ཙམ་གྱིས་ཁྱེད་དང་མཚུངས་ཀྱང་། རང་དོན་སྟོབས་དང་མི་འཇིགས་པ་སོགས་དང་གཞན་དོན་ཕྲིན་ལས་འབད་མེད་འབྱུང་བ་སོགས་བསམ་ཡས་ཡོན་ཏན་ཚོགས་ཀྱིས་མཚུངས་པ་མིན་ནོ་ཞེས་གསུངས་པ་ཡང་ཐབས་ཀྱིས་འབྱེད་པའི་དོན་འདི་ཡིན་པའི་ཕྱིར་རོ། འབྲས་བུའི་བཟང་ངན་ཐབས་ཀྱིས་ཕྱེ་བ་དེས་ན་སངས་རྒྱས་ཐོབ་འདོད་ན་ནི། སྟོང་པ་ཉིད་ལ་འདྲིས་པར་གྱིས་ལ་ཐབས་མཁས་པ་ལ་འབད་པས་བསྒོམ་པར་རིགས་ཏེ། སྟོང་ཉིད་ལ་ནི་འདྲིས་པར་བྱ་ཡི་རྫོགས་སྨིན་སྦྱང་གསུམ་གྱི་ཐབས་མཐར་མ་ཕྱིན་གྱི་བར་དུ་སྟོང་ཉིད་མངོན་དུ་མ་བྱེད་ཅེས་ཤེས་རབ་ཀྱི་ཕ་རོལ་ཏུ་ཕྱིན་པའི་ཡུམ་ལས་གསུངས་ཏེ་རྒྱས་འབྲིང་གསུམ་ཀ་ལས། སྟོང་པ་ཉིད་ཀྱི་ཏིང་ངེ་འཛིན་ལ་འདྲིས་པར་བྱ་ཡི། སྟོང་པ་ཉིད་ཀྱི་ཏིང་ངེ་འཛིན་མངོན་དུ་མི་བྱའོ། །ཞེས་སོགས་གསུངས་ཤིང་བྱེ་བྲག་བརྒྱད་སྟོང་པ་ལས། ཡོངས་སུ་འདྲིས་པར་བྱའོ་སྙམ་དུ་རྟོག་གི་མངོན་སུམ་བྱ་བའི་དུས་འདི་མ་ཡིན་ནོ་སྙམ་དུ་རྟོག་གོ་ཞེས་སོགས་གསུངས་པས་སོ། །འདི་ནི་རིགས་པས་ཀྱང་སྒྲུབ་སྟེ། ཐབས་དང་བྲལ་བའི་སྟོང་ཉིད་རྐྱང་པ་བསྒོམས་ན་ནི། སྟོང་ཉིད་ཉིད་ཀྱང་རྟོགས་པར་མི་ནུས་ཏེ་ཕལ་ཆེར་ཆད་ལྟར་འགྱུར་བས་ངན་སོང་དུ་ལྟུང་བའམ་གཟུགས་མེད་ཁམས་སུ་སྐྱེ་བའི་ཕྱིར། གལ་ཏེ་སྟོང་ཉིད་ཉི་ཚེ་བ་ཞིག་རྟོགས་ན་ཡང་། ཉན་ཐོས་ཀྱི་ནི་འགོག་པ་ལྟག་མེད་མྱ་ངན་ལས་འདས་པར་ལྟུང་གི་སངས་རྒྱས་ཉིད་ཐོབ་པར་མི་ནུས་ཏེ་ཐབས་དང་བྲལ་བའི་ཕྱིར་རོ། །འཕགས་པ་དཀོན་མཆོག་བརྩེགས་པའི་ནང་ཚན་དཀོན་མཆོག་གསུམ་མ་གཏོགས་ལས་རི་དྭགས་ཀྱི་རྒྱལ་པོ་སེངྒེ་རི་ཟུར་ན་གནས་པ་གཞན་གང་ལའང་མི་འཇིགས་མོད་ནགས་ཁྲོད་དུ་མེ་ཆེན་པོ་མཆེད་པ་མཐོང་ན་འཇིགས་པ་སྐྱེའོ། །དེ་བཞིན་བྱང་ཆུབ་སེམས་དཔལ་ཡང་། མནར་མེད་ཀྱི་སྡུག་བསྔལ་སོགས་ཆོས་གཞན་གང་ལའང་མི་འཇིགས་པར་གཞན་དོན་གྱི་བྱ་བ་ལ་སྤྲོ་མོད་ཀྱང་། སྟོང་པ་ཉིད་ལ་འཇིགས་ཤིང་སྐྲག་ཅེས་གསུངས་པ་དེ་ཡི་དགོངས་པ་ཡང་ནི་འདི་ལྟར་ཡིན་ཏེ། སྙིང་རྗེ་ཆེན་པོ་སོགས་ཐབས་དང་བྲལ་བའི་སྟོང་ཉིད་རྐྱང་པ་བསྒོམས་པ་ཉིད་ཀྱིས་དམན་པའི་མྱ་ངན་འདས་པར་འགྱུར་བའི་ཕྱིར་རོ། །ཕྱག་ཆེན་ཅིག་ཐུབ་པ་ལ་ལ་སྟོང་ཉིད་རྐྱང་པ་བསྒོམས་པ་ལས་འབྲས་བུ་སྐུ་གསུམ་འབྱུང་བར་འདོད་པ་དང་། གསང་འདུས་ཀྱི་ཉམས་ལེན་བྱེད་འདོད་པ་ལ་ལ་ཐོག་མར་ཟུང་འཇུག་བསྒོམས་པ་ལས། མཐར་ཕྱིན་པ་ན་འབྲས་བུ་འོད་གསལ་དུ་སངས་རྒྱས་ཞེས་སྟོང་ཉིད་ཁོན

འབྱུང་བ་འདོད་པ་ཡོད་མོད་རྒྱུ་མ་ཚང་བ་དང་རྒྱུ་འབྲས་རིགས་མི་མཐུན་པས་ན་རྒྱུ་འབྲས་ཕྱིན་ཅི་ལོག་ཡིན་པའི་ཕྱིར། གཉིས་ཀ་ཡང་ནི་སྐྱོན་ཅན་ཡིན།

ཞར་ཚལ་བའི་རྗེས་འབྲང་།ཁ་ཅིག་ས་ལམ་མི་བགྲོད་པར། རྫོགས་འཚང་རྒྱ་བར་འདོད་པ་སྟེ། ཕྱག་རྒྱ་ཆེན་པོ་ཅིག་ཆོད་ལ། །ས་ལམ་རྩེ་བའི་སྐྱོངས་པ་འབྱུལ། ཞེས་རྩིས་མི་དགོས་ཟེར་བ་དང་། འགའ་ཞིག་ནང་ན་རིམ་གཉིས་ཀྱི་རྫོགས་པ་མེད་པར་ཏི་སེ་ལ་སོགས་བསྐོར་བ་དང་། ཁ་ཅིག་སྤྱོད་པའི་དོན་དུ་ཡུལ་ཆེན་ཏི་སེ་སོགས་བསྐོར་བ་དང་དུས་མཉམ་དུ་རྩ་མདུད་དང་རྩའི་འཁོར་ལོ་སོགས་གྲོལ་ནས་མེད་པས་རླུང་དང་གཏུམ་མོ་སོགས་མི་དགོས་པར་འདོད་པ་ཡང་། རྒྱུད་སྡེའི་དགོངས་པ་མི་ཤེས་པས། དེ་དག་ཤིན་ཏུ་འགལ་བ་ཡིན་ནོ། །དེ་ཡང་རིམ་གཉིས་ཀྱི་རྫོགས་པ་བརྟན་པོའི་རྣལ་འབྱོར་པས་ཕྱི་རུ་ཡུལ་ཉེར་བཞི་ལ་སོགས་པ་རྣམས་སུ་བགྲོད་པ་མཁའ་འགྲོ་དབང་དུ་འདུ་བ་དང་། ནང་དུ་རྩ་མདུད་གྲོལ་བ་ནི་རྣལ་འབྱོར་པ་དེས་ས་བཅུ་ལ་སོགས་ས་ལམ་གྱི་རིམ་པ་བགྲོད་པ་ཡི་རྟེན་འབྲེལ་ཉིད་ཀྱིས་འབྱུང་བ་ཡིན་པས་སོ། །ཚུལ་འདི་དག་གི་དོན་ནི་རྒྱས་པར་དབང་བསྐུར་མ་ཐོབ་པར་བཤད་དུ་མི་ཉན་པས་རྣལ་འབྱོར་ཆེན་པོ་ཡི་རྒྱུད་རྩ་བཤད་ཀྱིས་ས་ལམ་གྱི་སྐབས་དང་དེ་དག་གི་དོན་རྗེ་བཙུན་ཆེན་པོས་བདག་མེད་བསྟོད་པ་དང་པཎ་ཆེན་འདིས་བདག་མེད་བསྟོད་འགྲེལ་རྣམས་སུ་ལྟོས་ཤིག་སྟེ་དེ་དང་དེར་གསལ་བས་སོ། །རྟེན་འབྲེལ་གྱི་གནད་བཤད་མ་ཐག་པ་དེས་ན་ས་ལམ་མི་བགྲོད་ཅིང་། ཕྱི་རུ་ཡུལ་དང་ནང་དུ་གནས་སོགས་བགྲོད་པ་དང་དེས་རྩ་མདུད་གྲོལ་བར་འདོད་པ་ནི་ནང་དུ་ས་ལམ་བགྲོད་རྒྱུ་མེད་པར་ཕྱི་རུ་ཡུལ་རྣམས་སུ་བགྲོད་པ་དགོས་པ་མེད་པས་མཁས་པས་བཞད་གད་ཀྱི་གནས་སོ། །ཐུགས་ཀྱི་འབྲས་བུར་མོས་ཀྱང་རྒྱུ་ལ་མི་མོས་པ་ལ་ལ་གསང་སྔགས་ཀྱི་སྨིན་བྱེད་ཀྱི་དབང་བཞི་མི་འདོད་ཅིང་། གྲོལ་བྱེད་ཀྱི་བསྐྱེད་རིམ་དང་ལ་སོགས་པ་རང་བྱིན་རླབས་དཀྱིལ་འཁོར་འཁོར་ལོ་ཕྱག་རྒྱ་ཆེན་པོ་སྟེ་ལམ་བཞི་པོའི། རྣམ་པར་བཞག་ལ་མི་འདོད་པར། རྡོ་རྗེ་ཐེག་པའི་འབྲས་བུ་ནི། སྤྲུལ་སྐུ་དང་ལ་སོགས་པ་སྟེ། ལོངས་སྐུ་ཆོས་སྐུ་ངོ་བོ་ཉིད་སྐུ་དང་བཞི་ཞེས་འདོད་པ་དེ་ཡང་ནི་ལོག་ཤེས་ཡིན་ཏེ་དབང་བཞི་ཐོབ་ལ་ལམ་བཞི་བསྒོམས་པས་འབྲས་བུ་སྐུ་བཞི་འབྱུང་བའི་ཕྱིར་རོ། །

གསང་འདུས་རིམ་ལྔའི་རྣལ་འབྱོར་པ་།ཁ་ཅིག་རིམ་ལྔའི་འབྲས་བུའི་མཐར་ཐུག་ནི། སེམས་འོད་གསལ་སྟོང་ཉིད་དུ་སངས་རྒྱས་པ་ཡིན་ཞེས་སྨྲ་བར་ཐོས་སོ། །འདི་ནི་འཕགས་པ་ཀླུ་སྒྲུབ་ཡབ་སྲས་དང་བཅས་པའི་དགོངས་པ་མིན་ཏེ་ཀླུ་སྒྲུབ་ཀྱིས་རིམ་ལྔ་དང་ནི་འཕགས་པ་ལྷས་སྤྱོད་བསྡུས་སུ་སྟོང་ཉིད་འོད་གསལ་བ་བསྒོམས་པ་ལས་ཟུང་འཇུག་གི་སྐུར་ལྡང་བ་མཐར་ཐུག་གི་འབྲས་བུ་ཡིན་པར་གསུངས་པའི་ཕྱིར་ཏེ། རིམ་ལྔར། འོད་གསལ་ཉིད་ལ་དམིགས་ནས་ནི། །ཟུང་དུ་འཇུག་པ་ཐོབ་པར་འགྱུར། །ཟུང་འཇུག་རིམ་པ་ལ་གནས་ནས། །སླར་ཞིང་གང་ལའང་མི་སློབ་བོ། །ཞེས་བྱ་བ་དང་། སྤྱོད་བསྡུས་ལས། བྱང་ཆུབ་ཀྱི་ཤིང་དྲུང་ལ་བཞུགས་ནས་མཚན་ཕྱེད་ཀྱི་དུས་སུ་འོད་གསལ་མངོན་དུ་མཛད་དེ་སྒྱུ་མ་ལྟ་བུའི་ཏིང་ངེ་འཛིན་ལས་བཞེངས་ཏེ་འགྲོ་བ་རྣམས་ལ་སྟོན་པར་མཛད་པ་ཡིན་ནོ། །ཞེས་གསུངས་སོ། ། ཕྱག་རྒྱ་བ་ལ་ལ་གྲུབ་ཐོབ་ནི་རྟོགས་ལྡན་ལས་ངན་ཞེས་ཟེར་ཞིང་། རྟོགས་ལྡན་ནི་དེ་ལས་བཟང་བ་ཡིན་ནོ་ལོ། རྒྱ་མཚན་གྲུབ་

ཐོབ་བརྒྱད་ཅུའི་ནང་ན་ཡང་རྟོགས་ལྡན་གྱི་མཚན་གསོལ་བ་གཅིག་ཀྱང་མེད་པས་སོ་ཅེས་ཟེར་བ་ཐོས་སོ། །གྲུབ་ཐོབ་ངན་པར་འདོད་པ་འདི་འདྲ་བའི་ཚིག་ནི་འཕགས་པའི་གང་ཟག་རྣམས་དང་། རང་གི་རྩ་རྒྱུད་ཀྱི་བླ་མ་གྲུབ་ཐོབ་ཀྱིས་ས་ལ་བཞུགས་པ་རྣམས་ལ་སྐུར་འདེབས་ཀྱི་ངག་ཡིན་པའི་ཕྱིར་ན། བླུན་པོའི་འདོད་གཏམ་འདི་འདྲའི་ཚིག་ལ་བདེན་པ་འཛིན་པ་ལྟ་ཅི་སྨོས། ཐོས་པར་གྱུར་ཀྱང་རྣ་བ་དགབ་པར་བྱའོ། །འཕགས་པ་རྣམས་ལ་སྐུར་འདེབས་ཡིན་པ་དེ་ཡི་འཐད་པ་ནི་བཤད་ཀྱིས་ཉོན་ཅིག་སྟེ།

གྲུབ་ཐོབ་ཆུང་ངུ་མཐོང་བའི་ལམ་ནས་ས་བདུན་པའི་བར་ཡིན། གྲུབ་ཐོབ་འབྲིང་པོ་ས་བརྒྱད་པ་ནས་སངས་མ་རྒྱས་ཀྱི་བར་གྱི་ས་དང་། གྲུབ་པ་ཆེན་པོ་སངས་རྒྱས་ཀྱི་ས་ཡིན་པས་ཐེག་ཆེན་འཕགས་པ་མིན་པ་ལ་གྲུབ་ཐོབ་མེད་པའི་ཕྱིར། ཐེག་ཆེན་འཕགས་པ་མ་ཡིན་པའི་གྲུབ་ཐོབ་མེད་པའི་རྒྱུ་མཚན་ཡང་མདོ་སྡེ་རྒྱན་ལས་འདི་སྐད་དུ་གསུངས་ཏེ། ཐེག་ཆེན་གྱི་ས་རྣམས་ཐམས་ཅད་ནི་གཉིས་སུ་བསྡུས་ཏེ་ཚོགས་སྦྱོར་ཉོན་མོངས་ཀྱིས་མ་དག་པས་མ་གྲུབ་པ་དང་། མཐོང་ལམ་ཡན་ཆད་ཉོན་མོངས་ཀྱི་དག་པས་གྲུབ་པ་དག་ཏུ་ཤེས་པར་བྱའོ། །གྲུབ་པ་དག་ཀྱང་ནི་གསུམ་སྟེ་མ་དག་ས་བདུན་འབད་རྩོལ་གྱི་མཚན་མ་དང་བཅས་པས་མ་གྲུབ་པ་དང་། དག་ས་གསུམ་འབད་རྩོལ་གྱི་མཚན་མེད་པས་གྲུབ་པ་དང་། སངས་རྒྱས་ཀྱི་ས་ཤིན་ཏུ་རྣམ་པར་དག་པས་ཤིན་ཏུ་གྲུབ་པའི་ས་དག་ཏུ་ཡང་དག་པར་འདོད་པས་སོ། །ཅེས་གསུངས་པའི་དགོངས་པ་འང་གྲུབ་ཐོབ་ས་དང་པོ་ཡན་ཆད་ལ་འཇོག་པ་དེ་ཉིད་ཡིན་ནོ། །དེར་མ་ཟད་རྣལ་འབྱོར་གྱི་དབང་ཕྱུག་ཆེན་པོ་བིརྺ་པ་ཡིས་ལམ་འབྲས་ལས་ཀྱང་། སྟོན་ཟླ་མས་རྒྱུ་དུས་ནས་བསྟན་པའི་འཁོར་འདས་དབྱེར་མེད་དེ་དེ་ཙམ་ན་རྟོགས་ཞེས་གྲུབ་མཐའ་བསྒོགས་པ་ས་དང་པོ་ཡན་ཡིན་པ་དེ་སྐད་གསུངས་སོ། །དེ་ལྟར་ན་ངེད་ཀྱི་གྲུབ་ཐོབ་ནི་བཤད་མ་ཐག་པའི་ཤེས་བྱེད་འཐད་ལྡན་དེ་འདྲ་ཡིན་ནོ། །ཁྱོད་ཀྱི་རྟོགས་ལྡན་གྱི་མཚན་ཉིད་དེ་འདི་ཡིན་ནོ་ཞེས་ངོས་བཟུང་དུ་མེད་དེ། གྲུབ་ཐོབ་ལས་བཟང་བའི་རྟོགས་ལྡན་མདོ་རྒྱུད་རྣམ་དག་ཀུན་ལས་གསུངས་པ་མེད་པས་སོ། །རྒྱུ་མཚན་དེས་ན་གྲུབ་ཐོབ་ལས་བཟང་བའི་རྟོགས་ལྡན་ཞེས་བྱ་བའི་མིང་འདི་ཚོས་མ་ཐོས་པའི་བླུན་པོ་ལ་གྲགས་ཀྱི་མཁས་པ་སུ་སྟོད་ཤེས་པ་རྣམས་ལ་གྲགས་པ་མིན་ཏེ་དེ་ནི་བླུན་པོའི་ཁྱད་ཆོས་ཁོ་ནར་སྣང་བའི་ཕྱིར།

གླིང་ཆེན་རས་པ་ལ་སོགས་པ་ལ་ལ་དང་པོར་སྐྱེས་པའི་ཉམས་དང་། གནས་ལུགས་ཀྱི་སྟེང་ནས་གོ་བ་དང་། གོ་བ་དང་མཐུན་པའི་རྟོགས་པ་ཞེས་བྱ་བ་རྣམ་པ་གསུམ་པོ་དེ་ལ། ཉམས་ནི་ངན་ལ་གོ་བ་འབྲིང་། རྟོགས་པ་བཟང་བ་ཡིན་པའི་ཁྱད་པར་ཡོད་དེ་དང་པོ་ནི་གང་དུ་འང་མ་ངེས་ཤིང་ཅིར་འགྱུར་མི་ཤེས། གཉིས་པ་ནི་དེ་ངོ་འཕྲོད་པ་དང་། གསུམ་པ་ནི་དེ་དང་མཐུན་པའི་རྟོགས་པ་ཤར་བ་ཡིན་པའི་ཕྱིར་ཞེས་ཟེར་རོ། །ཉམས་དང་གོ་རྟོགས་གསུམ་ལ་བཟང་ངན་གྱི་ཁྱད་པར་འདོད་པ་འདི་ཡང་རེ་ཞིག་བརྟག་པར་བྱ་ཞིང་དཔྱད་ནས་དགག་པར་བྱ་སྟེ། ཉམས་ཞེས་བྱ་བ་དེ་སྤྱིར་ཉམས་སུ་མྱོང་བ་ཙམ་ལ་ཟེར་རམ། བསྒོམ་པའི་ཉམས་མྱོང་ཟེར་རམ། སོ་སོ་རང་གི་རིག་པའི་ཡེ་ཤེས་ཀྱི་ཉམས་མྱོང་ལ་ཟེར་ཏེ་གསུམ་པོ་གང་རུང་ལས་མ་འདས་པས་སོ། །དང་པོ་ཉམས་མྱོང་ཙམ་ལ་ཟེར་ན། སེམས་ཡོད་ཐམས་ཅད་ལ་མྱོང་བ་དེ་ཡང་ཡོད་པ་ཡིན་པས་དེ་གསུམ་ལ་བཟང་ངན་གྱི་ངེས་པ་མེད་དོ། །གལ་ཏེ་བསྒོམས་པའི་ཉམས་མྱོང་ལ་ཟེར་ན་ཚོགས་ལམ་ཆུང་ངུ་ནས་མཐར་ཕྱིན་ལམ་གྱི་བར་དུ་ཡོད་པ་ས་ལ་མ་བཞུགས་ཀྱི་གང་ཟག་གི་རྒྱུད་ཀྱི་ཉམས་མྱོང་ཡིན་པའི་ཕྱིར་བཟང་ངན་གྱི་

དབྱེ་བ་དེ་ཁྱུར་མི་རུང་ངོ༑ །འོན་ཏེ་སོ་སོ་རང་གི་རིག་པའི་ཡེ་ཤེས་ཡིན་ན། འཕགས་པ་ཡི་གང་ཟག་ཆོས་ཉིད་མངོན་སུམ་རྟོགས་པ་རྣམས་ལ་ཉམས་དེ་ཡོད་པ་ཡིན་པས་བཟང་ངན་གྱི་དབྱེ་བ་དེ་ཤིན་ཏུ་ནས་ཀྱང་རུང་བ་མིན་ནོ། །མདོར་ན་ཉམས་ཞེས་བྱ་བ་དེ་བརྟགས་པ་གསུམ་པོ་གང་ཡིན་ཀྱང་དེ་ལས་གོ་རྟོགས་གཉིས་པོ་བཟང་བར་མི་ཐུབ་སྟེ་དེ་གཉིས་པོའང་དེའི་ནང་དུ་འདུས་པའི་ཕྱིར་རོ། །ཁྱེ་བྲག་གོ་བ་དང་ནི་རྟོགས་པ་གཉིས་པོ་དེ་ལ་འབྲིང་དང་བཟང་པོའི་དབྱེ་བ་མི་འཐད་དེ། མིང་གི་རྣམ་གྲངས་ཀྱི་སྒྲ་ཡིན་གྱི་ངོ་བོ་ཐ་དད་མིན་པ་གཅིག་པས་སོ། །དེ་ཡིན་ཏེ་རྒྱ་སྐད་གཱ་ཏ་ཞེས་པ་དང་། ས་མ་ཡ་ཞེས་པ་གཅིག་ལ་སྐབས་ཐོབ་ཀྱིས་ལོ་ཙཱ་བའི་གོ་བ་རྟོགས་པ་ཁོང་དུ་ཆུད་པ་སོགས་འགྱུར་གྱི་དབྱེ་བ་ཁོ་ནར་ཟད་དོ། །གལ་ཏེ་རྣལ་འབྱོར་པའི་རྟོགས་པ་གསལ་དང་མི་གསལ་བ་གཉིས་ལ། གོ་དང་རྟོགས་པར་འདོགས་ན་ཐོགས་ཏེ་མིང་ཙམ་ལ་མི་བརྩད་པ་ཉིད་དོ། །ཡང་ཉམས་ངན་ལ་རྟོགས་པ་བཟང་བར་འདོད་པ་དེ་མི་འཐད་དེ་གཞུང་ལུགས་ལམ་འབྲས་འགའ་ལས་རྣལ་འབྱོར་པ་ལ་ཏིང་ངེ་འཛིན་ལ་ཉམས་ཀྱི་སྣང་བ་ཞེས་རྣལ་འབྱོར་པས་བསྒོམས་པ་ཡི་ཏིང་འཛིན་ལ་ལྷག་བསམ་བསྐྱེད་པ་ཉམས་ཀྱི་སྣང་བ་སྟེ་ཞེས་བཤད་པ་དང་། དེ་བཞིན་གཤེགས་པའི་སྐུ་གསུང་ཐུགས་མི་ཟད་པ་རྒྱན་གྱི་འཁོར་ལོ་ལ་དག་པའི་སྣང་བའོ་ཞེས་རྫོགས་སངས་རྒྱས་ཀྱི་ཡེ་ཤེས་ལ་སྤྲོ་བ་བསྐྱེད་པ་དག་པའི་སྣང་བར་བཤད་པ་ཡོད་ཅིང་། བསྒོམ་ཉམས་སྐྱོན་མེད་ཅེས་བྱ་བ། བསྒོམ་ཉམས་སྐྱོན་ཡོན་མི་ཕྱེད་པས་ས་བཅུ་གསུམ་པའི་ཐམས་ཅད་མཁྱེན་ཏོ་ཞེས་སངས་རྒྱས་ཀྱིས་ལ་བཤད་པའང་སྔགས་གཞུང་ལས་མཐོང་བའི་ཕྱིར་རོ། །དེས་ན་དེ་འདྲའི་ཉམས་དང་རྟོགས་པ་ལ། །བཟང་ངན་རྣམ་པར་དབྱེ་བ་མེད་དོ། །རྣལ་འབྱོར་བཞིའི་བསྒོམ་ཞེས་ཕྱག་རྒྱ་པར་གྲགས་ཤིང་དེ་ཡང་གོང་ནི་རྗེ་བའི་གདམས་ངག་ཁས་ལེན་པའི་དྭགས་པོ་མན་ཆད་ཀྱི་ཕྱག་ཆེན་པ་ཁ་ཅིག་རྩེ་གཅིག་གི་རྣལ་འབྱོར་དང་ནི་སྤྲོས་བྲལ་གྱི་དང་། རོ་གཅིག་དང་ནི་བསྒོམ་མེད་ཀྱི་རྣལ་འབྱོར་བཞི་པོ་དེ་ལམ་གྱི་ས་མཚམས་སོ་སོར་ཡོད་དེ། རྩེ་གཅིག་གི་རྣལ་འབྱོར་ནི་མཐོང་ལམ་དང་སྤྲོས་བྲལ་གྱི་རྣལ་འབྱོར་ནི་ས་གཉིས་པ་ནས་ས་བདུན་པའི་བར་ཡིན་རོ་གཅིག་གི་རྣལ་འབྱོར་ནི་དག་པའི་ས་གསུམ་དང་། བསྒོམ་མེད་ཀྱི་རྣལ་འབྱོར་ནི་སངས་རྒྱས་ཀྱི་ས་ལ་འཛོག་པའི་ཕྱིར་ཞེས་དྭགས་པོ་མན་ཆད་ལ་ལ་དག་ཟེར་རོ། །རྣལ་འབྱོར་བཞི་མཐོང་ལམ་སོགས་སུ་ངོ་སྤྲོད་ཅིང་ས་མཚམས་སྦྱོར་བ་འདི་ཡང་འཐད་མི་འཐད་ཕྱེ་སྟེ་བཤད་པ་ཉིད་ཀྱིས་ཕྱིར་ཉོན་ཅིག་སྟེ།

རྣལ་འབྱོར་བཞི་པོ་ས་བཅུ་གཅིག་ལ་སྦྱོར་བའི་ས་བཅུ་གཅིག་པོ་སོ་སོའི་སྐྱེ་བོའི་གནས་སྐབས་ཉིད་ཡིན་ཡང་། གལ་ཏེ་མཐོང་ལམ་སོགས་དང་ཆོས་མཐུན་ཙམ་བརྩི་བའམ། འོན་ཏེ་འཕགས་པའི་ས་ཉིད་ཡིན་པའི་དབང་དུ་བྱས་ནས་བདེན་པའི་ས་ལམ་མཚན་ཉིད་པ་དངོས་སུ་བྱས་ནས་དེ་ལྟར་སྦྱོར་བར་བྱེད་ཅེས་དྲི་སྟེ་མཐའ་ཆོད་པས་སོ། །དང་པོ་སོ་སོའི་སྐྱེ་བོའི་གང་ཟག་གི་རྟོགས་པ་མཐོ་དམན་ལ་འཕགས་པའི་ལམ་དང་ཆོས་མཐུན་ཙམ་ཞིག་བསྒྲིག་པའི་མིང་འདོགས་ན་ནི། ཆོས་ནས་གསུངས་ན་འགལ་བ་མེད་དེ་ཆོས་མཐུན་ཙམ་བསྒྲིག་པའི་ཡའི་མིང་འདོགས་དེ་འདྲ་མང་དུ་ཡོད་པའི་ཕྱིར། དེ་ཡང་དཔེར་ན་དཀོན་མཆོག་བརྩེགས་པའི་རྨི་ལམ་ངེས་བསྟན་གྱི་ལེའུ་ལས། རྨི་ལམ་དུ་ཐུབ་པའི་མཆོད་རྟེན་འཛིམ་པ་ལས་བྱས་པ་མཐོང་ན་ས་དང་པོར་ལྟ་བར་བྱའོ། །རྫོ་ལས་བྱས་པ་མཐོང་ན་ས་གཉིས་པ་ཐོབ་པའི་ལྟས་སོ། །རྫོ་ཐལ་ཏེ་ས་དཀར་གྱིས་བྱུགས་པའི་མཆོད་རྟེན་མཐོང་བ་ས་གསུམ་པ་དང་། སྟེགས་བུ

གདུགས་དང་བཅས་ཤིང་བྱི་དོར་བྱས་པ་མཐོང་ན་ས་བཞི་པ། རྡོ་སྐས་དང་བཅས་ཤིང་བྱི་དོར་བྱས་པ་མཐོང་ན་ས་ལྔ་པ། དེ་ལ་གསེར་གྱིས་ལན་བུས་སྦྲེལ་བ་མཐོང་ན་ས་དྲུག་པ། རིན་ཆེན་གྱི་དྲ་བས་ཕྱོགས་ཀུན་ནས་གཡོགས་པ་མཐོང་ན་ས་བདུན་པ། དེ་ལ་དྲིལ་བུ་གཡེར་ཁའི་དྲ་བས་ཕྱོགས་ཀུན་ནས་གཡོགས་པ་མཐོང་ན་ས་བརྒྱད་པར་བལྟའོ། །ས་དགུ་པ་དང་ནི་བཅུ་པ་ལ་རྨི་ལམ་ལོག་པར་མཐོང་བ་མེད་ཅིང་བདེན་པར་མཐོང་ངོ་ཞེས་དང་། གསེར་འོད་དམ་པའི་མདོ་ལས་ཀྱང་། དེ་དང་ཆ་འདྲ་བར་གསུངས་སོ། །དེ་ལ་སོགས་པ་རྨི་ལམ་གྱི་བྱེ་བྲག་བཅུ་ལ་ས་བཅུའི་དབྱེ་བ་མཛད་པ་མཐོང་མོད། འདི་དག་ནི་སོས་པ་སྤྱོད་པ་སོ་སོ་སྐྱེ་བོ་ཡི་ས་བཅུ་ཡིན་གྱི་འཕགས་པའི་ས་བཅུ་མཚན་ཉིད་པ་མིན་ཏེ་ཚོགས་ལམ་ལས་དང་པོ། །སྦྱོར་ལམ་དང་པོ་གསུམ་ལ་གསུམ་གསུམ་དུ་ཕྱེ་སྟེ་དགུར་བསྒྱུར་བ་དང་བཅས་ལ་ས་བཅུའི་མིང་གིས་བཏགས་པས་སོ། །འདི་དག་བཏགས་པ་ཙམ་ལས་འཕགས་ས་དངོས་མིན་པ་དེ་བཞིན་དུ་རྩེ་གཅིག་དང་སྤྲོས་བྲལ་ལ་སོགས་པ་རྣལ་འབྱོར་བཞི་ལའང་། གལ་ཏེ་མདོ་དང་རྒྱུད་སྡེ་བསྟན་བཅོས་རྣམ་དག་རྣམས་ལས་སོས་པས་སྤྱོད་པའི་ས་ལམ་དུ་སྦྱོར་བ་གསུངས་པ་མཐོང་ན་མི་འགལ་ཏེ་ཆོས་མཐུན་རྩེ་བ་ཡིན་པས་རྨི་ལམ་རེས་བསྟན་སོགས་དང་མཚུངས་པས་སོ། །གསུངས་པ་མཐོང་ན་དེ་ལྟ་མོད་ཀྱི་འོན་ཀྱང་འདི་འདྲར་ནི་བོད་ཀྱི་རང་བཟོ་ཡིན་ཏེ་མདོ་རྒྱུད་སོགས་ཁུངས་མ་གང་ནས་ཀྱང་བཤད་པ་མེད་དོ། །ཅི་སྟེ་རྩེ་གཅིག་ལ་སོགས་པ་ཁྱོད་ཀྱིས་ངོས་བཟུང་བའི་རྣལ་འབྱོར་བཞི་པོ་དེ་འཕགས་པའི་ས་མཚན་ཉིད་པར་བྱེད་ན་དེ་མི་འཐད་དེ། མདོ་རྒྱུད་ཀུན་དང་འགལ་བར་འགྱུར་པའི་ཕྱིར་ཏེ། ད་ལྟ་རྩེ་གཅིག་སོགས་ལ་མཐོང་ལམ་དུ་ངོ་སྤྲོད་ཅིང་རྟོགས་པ་བསྐྱེད་པ་དེ་དག་ལ་མདོ་རྒྱུད་ནས་གསུངས་པའི་མཐོང་ལམ་སོགས་ཀྱི་ཡོན་ཏན་བསམ་གྱིས་མི་ཁྱབ་པ་རྣམས་གང་ཡང་མི་སྣང་བའི་ཕྱིར་རོ། །

དམ་པ་ཆར་ཆུང་བ་ལ་སོགས་པ་ཁ་ཅིག་ན་རེ། མདོ་རྒྱུད་ནས་མ་བཤད་པ་ལ་སོགས་པའི་སྒོ་ནས་གྲུབ་མཐའ་དང་ཆོས་ལུགས་ཕན་ཚུན་དགག་པ་འདི་ནི་མི་འཐད་ཅིང་མི་ནུས་ཏེ། བཅོམ་ལྡན་འདས་ཀྱིས་གདུལ་བྱ་རང་རང་གི་བློ་དང་སྦྱར་ནས་ཐེག་པ་སྣ་ཚོགས་པ་གསུངས་པས་ན་ཐེག་པ་ཆེ་ཆུང་གི་ལྟ་སྒོམ་སྤྱོད་འབྲས་ཐམས་ཅད་རང་རང་གིས་གཞུང་ནས་བཤད་པ་བཞིན་རང་ས་ན་བདེན་པ་ཡིན་པའི་ཕྱིར་ཞེས་རྗེས་འཇུག་ཀུན་ལ་སྒྲོགས་པར་བྱེད་དོ། །ཐེག་པ་ཐམས་ཅད་རང་ས་ན་བདེན་ཞེས་པ་འདི་ཡང་རྒྱུ་མཚན་གང་ཡིན་བརྟག་པར་བྱ་བས་ཉོན་ཅིག །ཐེག་པ་རང་ས་ན་བདེན་ཞེས་པའི་དོན་དེ་སྐབས་ཚད་བདེན་པ་ལ་བྱེད་དམ་གྲུབ་མཐའ་ཀུན་བདེན་པ་ལ་བྱེད། གལ་ཏེ་དང་པོ་ལྟར་སྐབས་ཚད་བདེན་ན་ནི་དེའི་ཕྱིར། རྫུན་གྱི་ཚིག་ཅེས་པ་ཤེས་བྱ་ལ་མི་སྲིད་པར་ཐལ་ལོ། །འོན་ཏེ་གཉིས་པ་ལྟར་གྲུབ་མཐའ་ཀུན་བདེན་ན་དེའི་ཕྱིར། དབང་ཕྱུག་པས། རྒྱལ་རིགས་ལ་ནི་རྒྱལ་རིགས་བསད། །བྲམ་ཟེའི་རིགས་ལ་བྲམ་ཟེ་བསད། །མ་རུང་དག་ལ་རྗེ་རིགས་ཏེ། །རྨང་རིགས་ལ་ནི་རྨང་རིགས་བསད། །ཞེས་འཚོ་བ་ཆོས་སུ་སྨྲ་བ་དང་། རྒྱང་འཕེན་པས། ཇི་ཙམ་དབང་པོའི་སྤྱོད་ཡུལ་བ། །སྐྱེས་བུའང་དེ་ཙམ་ཉིད་དུ་ཟད། །མ་ཤིའི་བར་དུ་བདེ་བར་འཚོ། །ཤི་ཟིན་ཕན་ཆད་སྤྱོད་ཡུལ་མེད། །ལུས་ནི་ཐལ་བར་གྱུར་པ་ལ། །ཕྱིར་ཡང་འོང་བ་ག་ལ་ཡོད། །སྡོ་བསང་མང་ཐོས་གང་སྨྲ་བ། །དེ་དག་སྤྱང་ཀིའི་རྗེས་དང་འདྲ། ཞེས་འཇིག་རྟེན་པ་རོལ་མེད་པར་སྨྲ་བ་དང་། གངྒའི་སྒོ་དང་ཀུ་ཤ་འཁྱིལ། །ཐིལ་བ་ཅན་དང་སྟོན་པོ་རི། །ཀ་ན་ཀ་ཡི་འཇུག་ངོགས་སུ། །ཁྲུས་བྱས་ཡང་སྐྱེ་སྲིད་མ་ཡིན། །ཞེས་ཁྲུས་ཀྱིས་གྲོལ་བར་སྟོན་པའི་ངན་སྨྲ་ལ་སོགས་པའི་ལྟ་ལོག་ཐམས་ཅད་ཀྱང་བདེན་པར་ཐལ་བར་འགྱུར་རོ། །གལ་ཏེ་རྒྱུ་འབྲས

ཁས་ལེན་པའི་མུ་སྟེགས་མཆོག་གཅེར་བུ་པ་རྣམས་ལ། རྟག་པའི་དངོས་པོ་དང་། དབང་ཕྱུག་འགྲོ་བའི་རྒྱུ། ཤིང་སེམས་ལྡན་དུ་འདོད་པ་ལ་སོགས་པ་བདེན་པ་མིན་པའི་དངོས་པོ་རྫུན་པའང་དུ་མ་ཡོད་མོད་ཀྱང་། སྦྱིན་པ་བཏང་བས་དབུལ་བ་སེལ་བ་དང་ཚུལ་ཁྲིམས་བསྲུངས་བས་བདེ་འགྲོ་ཐོབ་པ། བཟོད་པ་དང་དཀའ་ཐུབ་སྤྱད་པས་སྡིག་པ་འཛད་པ། བྱམས་སྙིང་རྗེས་བསོད་ནམས་ཐོབ་པ་སྒྲུབ་པ་ལ་སོགས་པ་བདེན་པའང་དུ་མ་ཡོད་པའི་ཕྱིར། བདེན་པའི་ཆ་ནས་གྲུབ་མཐའ་ཀུན། རང་སར་ན་ནི་བདེན་པར་ཁས་ལེན་སྙམ་ན། སྦྱིན་སོགས་ཕལ་ཆེར་བདེན་མོད་ཀྱང་། བསླུ་མེད་དཀོན་མཆོག་ལ་སྐྱབས་སུ་མི་འགྲོ་བས་ན་སྐྱབས་གནས་ཀྱི་གནད་དང་ནི། རྟག་ཆད་གང་རུང་གི་མཐར་ལྟུང་བས་ལྟ་བའི་གནད་དང་། མེ་ལྔ་བསྟེན་པ་སོགས་ཐར་ལམ་དུ་འདོད་པས་ཐབས་ཀྱི་གནད་རྣམས་འཁྲུལ་པས་ན། སྦྱིན་སོགས་ཆོས་གཞན་བཟང་ཡང་ནི་ཟས་བཟང་དུག་དང་འབྲེལ་ན་འཆི་བ་བཞིན་འཁོར་བའི་སྡུག་བསྔལ་ལས་སྐྱོབ་པར་མི་ནུས་པས་གྲུབ་མཐའ་ཀུན་བདེན་པར་མི་གྲུབ་བོ། །ཅི་སྟེ་མུ་སྟེགས་ཀྱི་གྲུབ་མཐའ་ཀུན་སངས་རྒྱས་ཀྱིས་མ་གསུངས་པའི་ལྟ་སྤྱོད་ཕྱིན་ཅི་ལོག་ཡིན་པས་མི་བདེན་ཡང་སངས་རྒྱས་ཀྱིས་གསུངས་པའི་ཐེག་པ་ཀུན་རང་སར་ན་ནི་བདེན་ཏེ་རྫོགས་པའི་སངས་རྒྱས་ཀྱིས་ཤེས་བྱ་ཀུན་གཟིགས་ནས་གསུངས་པའི་ཕྱིར་ཞེ་ན། སངས་རྒྱས་པའི་གྲུབ་མཐའ་ཀུན་རང་སར་བདེན་པར་འདོད་པ་འདི་ཡང་མ་ངེས་ཏེ། དྲང་ངེས་ཀྱི་སྒོ་ནས་ཅུང་ཟད་བརྟག་པར་བྱ་དགོས་པས་སོ། །ཕྱིར་སངས་རྒྱས་ཀྱི་གསུང་ལ་བརྗོད་བྱའི་སྒོ་ནས་བདེན་རྫུན་གཉིས་སུ་ཡོད་པ་དྲང་དོན་དང་། ངེས་དོན་རྣམ་པ་གཉིས་སུ་ཡོད་དེ། བློ་གྲོས་མི་བཟད་པའི་མདོར་མདོ་གང་ལས་ཀུན་རྫོབ་ཀྱི་བདེན་པ་གསུངས་པ་དེ་ནི་དྲང་བའི་དོན་ཡིན་ནོ། །མདོ་གང་ལས་ངེས་པའི་དོན་མངོན་སུམ་དུ་བྱ་བའི་ཕྱིར་གསུངས་པ་དེ་ནི་ངེས་པའི་དོན་ནོ། །ཞེས་དང་། ཏིང་འཛིན་རྒྱལ་པོར། སྟོང་པ་བདེ་བར་གཤེགས་པས་བཤད་པ་ལྟར། །ངེས་དོན་མདོ་སྡེ་དག་གི་བྱེ་བྲག་ཤེས། །གང་ལས་སེམས་ཅན་གང་ཟག་སྐྱེས་བུ་བསྟན། །ཆོས་དེ་ཐམས་ཅད་དྲང་བའི་དོན་དུ་ཤེས། །ཞེས་སོགས་སོ། །དེ་ལ་རྗོད་བྱེད་ཀྱི་སྒོ་ནས་སྒྲ་ཡང་ཇི་བཞིན་པ་དང་ནི། ཇི་བཞིན་མིན་པ་གཉིས་སུ་གསུངས་ཏེ་མཚན་མས་གནོད་པ་འབབ་པ་དང་། མི་འབབ་པ་གཉིས་སུ་ཡོད་པའི་ཕྱིར། ཐེག་པའི་སྒོ་ནས་ཡང་ནི་འཇིག་རྟེན་པ་དང་། འཇིག་རྟེན་ལས་འདས་པ་གཉིས་སུ་གནས་ཏེ་འཇིག་རྟེན་པ་རྣམས་བསྟན་པ་ལ་འཇུག་པའི་ཆེད་དུ་གསུངས་པ་དང་བསྟན་པ་ལ་ཞུགས་པ་རྣམས་བྱང་ཆུབ་ཐོབ་པའི་ཆེད་དུ་གསུངས་པ་གཉིས་ཡོད་པས་སོ། །བཤད་པའི་ཚུལ་གྱི་སྒོ་ནས་ཡང་ནི་དགོངས་པ་དང་། ལྡེམ་པོར་དགོངས་པ་དང་དྲང་པོ་རུ་དགོངས་པ་ཞེས་བྱ་བ་ཉེས་པ་བརྒྱད་ཀྱི་གཉེན་པོར་དགོངས་པ་ཅན་བཞི་དགོངས་གཞིའི་ཆེད་དུ་ལྡེམ་པོར་དགོངས་པ་བཞི་སྒྲ་ཇི་བཞིན་པའི་དོན་ཉམས་སུ་ལེན་པའི་ཆེད་དུ་དྲང་པོར་གསུངས་པ་དང་གསུམ་ཡོད་པས་རྣམ་པ་གསུམ་ཡོད་དོ། །བཤད་ཚུལ་གསུམ་པོ་དེ་ལ་འཇིག་རྟེན་པ་མཐུན་འཇུག་གིས་དེ་དག་བསྟན་པ་ལ་འཇུག་པ་ལ་དགོངས་ནས་སྣང་བ་ཐམས་ཅད་གཟུགས་སོགས་ཕྱི་རོལ་གྱི་དོན་དུ་གསུངས་ཏེ་འཇིག་རྟེན་པ་རྣམས་ལས་འབྲས་ལ་ཡིད་ཆེས་སྐྱེས་པ་སོགས་ཀྱི་ཆེད་དུ་མདོ་ལས་ཕྱི་དོན་གྱི་རྣམ་གཞག་གི་གསུངས་པའི་ཕྱིར་མདོ་ལས། ཞིག་པ་མེད་ཅིང་སྐྱེ་མེད་ལ། ཞེས་སོགས་འཇིག་རྟེན་མཐུན་འཇུག་གསུངས་པ་དང་། དབྱིག་གཉེན་གྱིས། གཟུགས་སོགས་སྐྱེ་མཆེད་ཡོད་པ་ནི། །དེས་འདུལ་བ་ཡི་སྐྱེ་བོ་ལ། །དགོངས་པའི་དབང་གིས་གསུངས་པ་སྟེ། །བརྫུས་ཏེ་བྱུང་བའི་སེམས་ཅན་བཞིན། །ཞེས་སོགས་གསུངས་པ་བཞིན་ནོ། །ཐ་སྙད་ཅུང་ཟད་དཔྱོད་པའི་རིགས་པ་ལ་དགོངས

ནས་སྣང་བའི་ཆོས་རྣམས་ནི་སེམས་སུ་གསུངས་ཏེ་གདུལ་བྱ་རྣམས་ཆོས་ཀྱི་བདག་མེད་ལ་རིམ་གྱི་གཞུག་པའི་དོན་དུ་སྣང་བ་རྣམས་རང་སེམས་གསུངས་པའི་ཕྱིར། ས་བཅུ་བར། ཁམས་གསུམ་པོ་འདི་དག་སེམས་ཙམ་མོ། །ཞེས་དང་། ལང་གཤེགས་ལས། ཕྱི་རོལ་སྣང་བ་ཡོད་མེད་དེ། །སེམས་ནི་སྣ་ཚོགས་རྣམས་སུ་བསྣང་། །གནས་དང་ལོངས་སྤྱོད་ལུས་འདྲ་བ། །སེམས་ཙམ་དུ་ནི་ངས་བཤད་དོ། །ཞེས་སོགས་གསུངས་སོ། །མཐར་ཐུག་དམ་པའི་དོན་ལ་དགོངས་ནས་ནི། སྣང་བའི་ཆོས་ཀུན་སྤྲོས་པ་དང་བྲལ་བའོ་ཞེས་གསུངས་ཏེ་འཁོར་འདས་ཀྱི་ཆོས་ཐམས་ཅད་དེ་བཞིན་ཉིད་དུ་གསུངས་པའི་ཕྱིར། ཤེར་ཕྱིན་གྱི་མདོར། གཟུགས་སོགས་རང་བཞིན་མེད་པར་གསུངས་པ་དང་། དཀོན་མཆོག་སྤྲིན་ལས། ཆོས་ཀྱི་འཁོར་ལོ་བསྐོར་བ་ན། །གཟོད་ནས་ཞི་ཞིང་མ་སྐྱེ་བ། །རང་བཞིན་མྱ་ངན་འདས་པ་ཡི། །ཆོས་རྣམས་མགོན་པོ་ཁྱོད་ཀྱིས་བསྟན། །ཞེས་སོགས་གསུངས་སོ། སངས་རྒྱས་ཀྱི་གསུང་ལ་དྲང་ངེས་སོགས་ཀྱི་དབྱེ་བ་མང་དུ་ཡོད་པ་ངེས་ན་དྲང་བའི་དོན་དང་ནི། ཇི་བཞིན་མིན་པའི་སྒྲ་དག་དང་། དགོངས་པ་དང་ནི་ལྡེམ་དགོངས་དང་། འཇིག་རྟེན་པ་ཡི་ཐེག་པ་ལ། དགོངས་ཏེ་གསུངས་པའི་མདོ་རྒྱུད་ཀུན་ནི་དགོངས་པ་དང་དགོས་པའི་དབང་གིས་གསུངས་པ་གཙོ་ཆེ་བས་སངས་རྒྱས་ཀྱི་ཐེག་པའི་ལུགས་ཡིན་ན་ཡང་དེ་ལྟར་བདེན་པར་མི་བཟུང་ངོ་། །མདོ་རྒྱན་ལས་ཀྱང་། དོན་སྒྲ་ཇི་བཞིན་ཡོངས་བཟུང་ན། །བདག་ཉིད་སྙེམས་ཤིང་བློ་ཉམས་འགྱུར། ཞེས་གསུངས་པས་སོ། །ཡང་ངེས་པའི་དོན་དང་ཇི་བཞིན་སྒྲ། །འཇིག་རྟེན་འདས་པའི་ཐེག་པ་དང་། །དྲང་པོར་དགོངས་པ་རྣམས་ལ་ནི། །ཇི་ལྟར་གསུངས་བཞིན་བདེན་པར་བཟུང་སྟེ་དེ་དག་ནི་དགོངས་པ་དང་དགོས་པ་ལ་མི་ལྟོས་པར་བརྗོད་བྱ་བདེན་པ་གཉིས་སུ་གསུངས་པའི་མདོ་ཡིན་པའི་ཕྱིར་རོ། །

འོན་ཀྱང་འདི་མུ་སྟེགས་བྱེད་རྣམས་ལ་ཡང་། བྱམས་པ་དང་སྙིང་རྗེ་སྦྱིན་པ་སོགས། བདེན་པའི་ཆོས་ཀྱང་མང་པོར་སྣང་། སངས་རྒྱས་གསུང་ལའང་དྲང་དོན་དང་། དགོངས་པ་དང་ནི་ལྡེམ་དགོངས་སོགས། བདེན་པ་མིན་པའང་གསུངས་པས་ན། །བདེན་རྫུན་གཉིས་ཀ་མཚུངས་པ་གང་ཞིག་ལ། སངས་རྒྱས་ཀྱི་གསུང་གུས་པས་དང་དུ་ལེན་ཅིང་མུ་སྟེགས་བྱེད་ཀྱི་གཞུང་སྤོང་བའི་རྒྱུ་མཚན་དེ་ཅི་ཞིག་ཡོད་དེ་མེད་པར་འགྱུར་རོ་ཞེ་ན། དེ་ལྟར་ན་ཡང་སངས་རྒྱས་ཀྱི་གསུང་གུས་པས་ལེན་ཅིང་ཅིག་ཤོས་སྤོང་བའི་རྒྱུ་མཚན་ཡོད་དེ། སངས་རྒྱས་གདུལ་བྱ་དྲང་དོན་གྱིས་ཁྲིད་ནས། མཐར་བདེན་པ་ཉིད་ལ་སྦྱོར་བར་མཛད་མུ་སྟེགས་བྱེད་བདེན་པས་ཁྲིད་ནས་ནི་མཐར་རྟག་ཆད་ཀྱི་མཐར་ལྟུང་བའི་བརྫུན་པ་ཉིད་ལ་སྦྱོར་བར་བྱེད་དོ། །གཞན་དེས་ན་བདག་ཅག་སངས་རྒྱས་ལ། །གུས་པའི་རྒྱུ་མཚན་དེ་ལྟར་ཡིན་ནོ། །

སངས་རྒྱས་དང་མུ་སྟེགས་བྱེད་ཀྱི་ཁྱད་པར་དེ་བཞིན་འདོར་ལེན་གྱི་གནད་མ་འཁྲུལ་བར་ངེས་མཆོན་ནུས་པའི་ཕྱིར་ན་གངས་ཅན་བོད་འདི་ན་ཡང་། ལུས་ངག་ཆོས་དང་བསྟུན་པ་ལྟ་བུའི་རྣམ་ཐར་བཟང་པོ་བསྟན་ནས་ནི། སངས་རྒྱས་ཀྱི་དགོངས་པ་དང་མི་མཐུན་པའི་ལོག་པའི་ཆོས་ལ་སྦྱོར་བར་མཐོང་ནས་ནི་ནོར་བའི་ཆོས་དེ་དག་ཀྱང་མུ་སྟེགས་བྱེད་ཀྱི་ཆོས་བཞིན་དུ་ངེད་ཀྱིས་སྤངས། གདུལ་བྱའི་དོན་དུ་དྲང་ངེས་སོགས་ཐེག་པ་སྣ་ཚོགས་ཀྱི་ཚུལ་བསྟན་ནས། སྡོམ་གསུམ་གྱི་གནད་རྣམས་སངས་རྒྱས་ཀྱི་གསུང་བཞིན་དུ། ཡང་དག་པར་སྟོན་པར་མཛད་པའི་བླ་མ་དེ། སངས་རྒྱས་ཉིད་དུ་བདག་གིས་བཟུང་ནས་ཅི་གསུང་སྒྲུབ་པར་བྱས་པའོ། །བཤད

ཟིན་པ་དེ་ལྟར་སྡོམ་གསུམ་གྱི་ཉམས་ལེན་གྱིས་གནད་རྣམས་ནི་མ་འཁྲུལ་བར་བསྒྲུབ་དགོས་ཏེ་རྒྱུ་མཚན་གང་གིས་ཕྱིར་ཞེ་ན་ཆོས་གཞན་སྦྱིན་པ་དང་ཚུལ་ཁྲིམས་སོགས་ལེགས་པར་སྤྱོད་ན་ཡང་། ལྟ་བསྒོམ་སྤྱོད་གསུམ་གྱི་ཆོས་ཀྱི་གནད་རྣམས་བཅོས་པ་ནི། ཁ་ཟས་བཟང་པོ་ལ་དུག་བཏབ་པ་བཞིན་ཤིན་ཏུ་འཇིགས་པ་ཆེན་པོར་བལྟ་ཞིང་། གནད་བཅོས་པ་དེ་འདྲ་བ་ལས་དོན་ལྟ་ཅི་ཚིག་ཙམ་བཅོས་པ་ལས་ཀྱང་སྐྱོན་བྱུང་བ་ཤིན་ཏུ་མང་བས་སོ། །དེ་ཉིད་དཔེར་མཚོན་ན་འདས་པའི་དུས་ན་སྔོན་བྱུང་བ་སྲིན་པོའི་རྒྱལ་པོ་ལང་ཀ་མགྲིན་བཅུ་ཞེས་བྱ་བས་ཡུན་རིང་པོར་འབད་པས་དབང་ཕྱུག་ཆེན་པོ་བསྒྲུབས་ཤིང་སྦྱིན་བསྲེག་སོགས་ཀྱིས་མཆོད་པ་བྱས་པས་གྲུབ་ཏེ་དབང་ཕྱུག་ཆེན་པོས་ལོ་གྲངས་ས་ཡ་བཅུ་གཉིས་དང་། ཕྱེད་ཀྱིས་ལྷག་པ་སྟེ་ས་ཡ་ཕྱེད་བཅུ་གསུམ་ཐུབ་པའི་ཚེ་ཡི་དངོས་གྲུབ་བྱིན་ནོ། །དེ་ལ་ཁྲབ་འཇུག་ཕྲག་དོག་གིས་གཟིར་ནས། མགྲིན་བཅུ་ལ་ནི་ལོག་པའི་ཚིག་འདི་སྐད་ཅེས་སླུས་ཏེ། ཁྱོད་ཀྱི་མགོ་བོ་བྲེགས་ནས་སྦྱིན་སྲེག་བྱས་པའི་དཀའ་སྤྱད་ཀྱི་འབད་པ་ཆེ་མོད་ཀྱི། དབང་ཕྱུག་གི་ནི་དངོས་གྲུབ་ཆུང་བས། ད་དུང་སྔར་གྱི་བྱིན་པའི་དངོས་གྲུབ་དེ་མ་ཡིན་པའི་ལོ་གྲངས་ས་ཡ་ཕྲག་ཕྱེད་ཐུབ་པ་ཡོད་པས་དེ་སློངས་ཤིག་ཅེས་བརྗོད་པའི་ཚིག་དེ་ལ་མགྲིན་བཅུས་དེ་བདེན་པར་བསམས་ནས་ནི། དབང་ཕྱུག་ལ་ནི་དོན་དེ་ཞུས། དབང་ཕྱུག་ཆེན་པོས་ཀྱང་དེ་ལྟར་དུ་སྔར་གྱི་བྱིན་པའི་ཚེ་ཚད་མ་ཡིན་པའི་ལོ་གྲངས་ས་ཡ་ཕྲག་ཕྱེད་ཐུབ་པར་གྱུར་ཅིག་ཅེས་དེ་བྱིན་པས། སྔར་གྱི་མ་ཡིན་པ་ཞེས་པའི་གནད་བཅོས་པ་ཡི་ཚིག་དེ་ཡིས། སྔར་གྱི་དངོས་གྲུབ་ཚེ་ཚད་ས་ཡ་ཕྲག་ཕྱེད་བཅུ་གསུམ་པོ་ཐམས་ཅད་ཡལ་ནས་ས་ཡ་ཕྲག་ཕྱེད་ལས་མ་ཐུབ་པའི་གཏམ་རྒྱུད་དགའ་བྱེད་ཀྱི་འཇུག་པ་ན་ཡོད་པ་བཞིན་དང་། ལྷ་མ་ཡིན་གྱི་དབང་པོ་གསེར་ཅན་གྱི་ནི་དངོས་གྲུབ་ཀྱང་མགྲིན་བཅུ་བཞིན་ལྷའི་ལོ་འབུམ་ཕྲག་བཅུ་དྲུག་བསྒྲུབས་ནས་གྲུབ་སྟེ། ས་དང་ནམ་མཁའ་ཕྱི་དང་ནང་། །དུག་དང་མཚོན་གྱིས་མ་གསོད་ཅིང་། །མི་དང་མི་མིན་མཚན་མོ་དང་། །ཉིན་མོ་མི་གསོད་དངོས་གྲུབ་བྱིན། དེ་ནས་སྐབས་ཞིག་ན་ཁྲབ་འཇུག་གིས་གསེར་ཅན་གྱི་བུ་ལ་ཐེབས་སྟེང་ཁྲི་བརྩིགས་པ་ཞིག་ལ། མདུན་དུ་བསྟོད་པ་འདི་སློས་ཤིག །རི་བོ་རི་བོ་ལ་ནི་ཐུབ་པ་བཞུགས། །ཆུ་བོ་ཆུ་བོ་ལ་ནི་ཆུ་ལྷ་གནས། བཞི་མདོ་ལ་ནི་ཞི་བ་སྟེ། །ཀུན་ཏུ་ཀུན་ལ་དབང་བྱེད་ཁྲབ་འཇུག་ཡིན། །ཞེས་ངན་སློབ་ཀྱིས། ཁྲབ་འཇུག་རང་ཉིད་ལུས་པོ་མི། །མགོ་བོ་སེངྒེ་སྟེར་ལྕུགས་ལས། །བྱས་བས་གསེར་ཅན་སྒང་ཁར་བཞག །སྡེར་མོས་ལྟོ་ཁྲལ་བཤད་པ་སོགས། སྔ་མ་དེ་འདྲའི་གནད་བཅོས་ཚུལ་གྱིས་ཉམས་ཞེས་གཏམ་རྒྱུད་ལས་ཐོས་སོ། །

དེ་བཞིན་དུ་དེང་སང་གི་སྔགས་ལ་ཡང་མགོར་ཨོཾ་མེད་པ་ཡི་གསང་སྔགས་ལ། །གཡོན་ཅན་རྣམས་ཀྱིས་ཨོཾ་བཅུག་པས། གསང་སྔགས་ཀྱི་ནུས་པ་ཉམས་པ་ལས་དོན་ཇི་བཞིན་མི་འགྲུབ་པ་མཐོང་ངོ་། །དེ་བཞིན་དུ་སྭཱ་ཧཱ་ཧཱུྃ་ཕཊ་སོགས་ཀུག་འགྲེང་ཡོད་པ་རྣམས་ལ་ཕྲི་བ་དང་། །མེད་པ་རྣམས་ལ་བསྣན་པ་དང་། །གཞན་ཡང་སྔགས་ཀྱི་གནད་རྣམས་ལ༔ ༔གཡོན་ཅན་རྣམས་ཀྱིས་ཞི་བ་ཤཱནྟིཾ་ཀུ་རུ་བྱས་པས་ཞི་བ་ཞི་བར་གྱིས་ཤིག་ཅེས་དང་། མཱ་ར་གསོད་བྱས་པས་གསོད་བྱེད་གསོད་དང་ཡི་གེ་ག་ཀར་འཐོབ་པ་སོགས་བཅོས་པ་ཡི། །གསང་སྔགས་དག་གི་ནུས་པ་རྣམས། །ཉམས་ཤིང་འགྲངས་བ་མང་པོ་མཐོང་ངོ༔ ༔སྔགས་ལ་ལྷག་ཆད་འབྱུང་བས་གནད་འཆུགས་པ་དེ་བཞིན་དུ་ལྟ་བསྒོམ་སྤྱོད་གསུམ་གྱི་ཆོས་ཀྱི་གནད་རྣམས་ཀྱང་། །ཅུང་ཟད

ཉུང་ཟད་བཅོས་པ་ལས། དངོས་གྲུབ་ཉམས་པར་འགྱུར་བར་གསུངས་ཏེ། སྤྱི་རྒྱུད་ལས། གཞན་དུ་ཆོ་ག་ཉམས་པའི་ཕྱིར། །གྲུབ་པ་ནམ་ཡང་ཡོད་མ་ཡིན། ཞེས་དང་། འདུལ་བར། ཚིག་ཟུར་ཉམས་པ་ལའང་ལས་མི་ཆགས་པ་གསུངས་སོ། །དེས་ན་གསང་སྔགས་ལ་ཡི་གེ་བཏུ་དགོས་པའི་རྒྱུ་མཚན་ཡང་འདི་ཡིན་ནོ། །དེ་ཕྱིར་ཆོས་གཞན་སྦྱིན་སོགས་ལྟ་བུ་ལེགས་ན་ཡང་། ཟབ་ཅིང་ཕྲ་བའི་གནད་རྣམས་བཅོས་ན་ནི་སྔར་གྱི་ཆོས་གཞན་ལེགས་པ་ཐམས་ཅད་ཀྱང་འཇིག་སྟེ་དེ་ལྟར་བཅོས་པ་ལས་དངོས་གྲུབ་ཉམས་པ་མདོ་རྒྱུད་ལས་གསུངས་པའི་ཕྱིར་ཏེ་དེའི་དཔེར་བརྗོད་ད་ལྟ་ཉིད་དུ་འཆད་པར་འགྱུར་བའི་ཕྱིར་རོ། །གནད་བཅོས་ན་ཆོས་གཞན་གྱི་གོ་མི་ཆོད་པ་དེས་ན་ཉན་ཐོས་ཐེག་པ་ལ། སྤྱོད་པའི་སྐབས་སུ་སྡོམ་པ་འབའ་ཚུལ་ཁྲིམས་ཀྱི་གནད་དང་ནི་ལྟ་བའི་སྐབས་སུ་འཕགས་པའི་བདེན་བཞིའི་གནད། བཅོས་ན་ཉན་ཐོས་ཀྱི་ལམ་དང་འབྲས་བུའི་ཆོས་ཀུན་འཇིག་སྟེ་ལྟ་སྤྱོད་ཀྱི་གནད་འཁྲུལ་བས་ཆོས་གཞན་བཟང་ཡང་ཉན་ཐོས་ཀྱི་འབྲས་བུ་ཐོབ་པའི་ལམ་དུ་མི་འགྱུར་བའི་ཕྱིར་རོ། །ཐེག་པ་ཆེན་པོ་ལ་སྡོམ་པའི་གནད་བསམ་པ་སེམས་བསྐྱེད་ལེན་པའི་ཆོ་ག་དང་སྦྱོར་བ་ཐེག་ཆེན་དེ་ཡི་བསླབ་བྱ་བདག་གཞན་མཉམ་བརྗེའི་གནད་བཅོས་ན། ཐེག་པ་ཆེན་པོའི་ཆོས་གཞན་ཀུན་བཟང་ཡང་འཇིག་སྟེ་ཐེག་ཆེན་གྱི་བསྟན་པའི་སྙིང་པོ་བཅོས་པས་ཐེག་ཆེན་རྣམ་དག་ཏུ་མི་འགྱུར་བའི་ཕྱིར། གསང་སྔགས་ལ་ནི་སྡོམ་པའི་གནད་སྨིན་བྱེད་ཀྱི་དབང་བསྐུར་དང་། བསྒོམ་པ་ལ་རིམ་པ་གཉིས་ཀྱི་གནད་བཅོས་ན། །གསང་སྔགས་ཀྱི་ནི་ཆོས་གཞན་ཀུན་བཟང་ཡང་འཇིག་སྟེ་གསང་སྔགས་ཀྱི་བསྟན་པའི་དངོས་གཞི་བཅོས་པས་གསང་སྔགས་པར་མི་འགྱུར་བའི་ཕྱིར་རོ། །གནད་བཅོས་ན་ཆོས་ཀུན་འཇིག་པ་དེས་ན་ད་ལྟའི་བོད་ཀྱི་འདུ་བ་ཕར་ཕྱིན་གསང་སྔགས་ཀྱི་ཆོས་འགའ་ཞིག་ལ། གནད་ཆེ་བའི་ཆོས་ཀྱི་གནས་རྣམས་བཅོས་ཤིང་བསྒྱུར་པ་སྣ། །དགོས་པའི་ཆོས་ལུགས་འགའ་ཞིག་ཡོད་པ་ཡིན་ནོ། །ཕྱིན་ཅི་ལོག་ཏུ་བཅོས་པ་དེ་ཡང་མདོ་ཙམ་བཤད་པར་བྱ་བ་ཉིད་ཀྱིས་ཕྱིར་བླང་དོར་ཤེས་པར་འདོད་པ་རྣམས་ཉོན་ཅིག །

འདུལ་བར་གསུངས་པའི་སོ་སོ་ཐར་པའི་སྡོམ་པ་རིགས་བརྒྱད་པོ་ནི། བྱང་ཆུབ་མ་ཐོབ་བར་དུ་བླངས་དགོས་ཟེར་བ་ཡོད་དེ་དེ་ལྟར་ལེན་པར་གྱུར་ན། ཐེག་དམན་སོ་སོ་ཐར་པ་ཉན་ཐོས་ལུགས་བཞིན་ལེན་དགོས་པ་ལས་སྔ་མ་དེ་ལྟར་བླངས་ན་སོ་ཐར་འདུ་བའི་ཆོ་ག་ཅི་ནས་ཏེ་ངེས་པར་འཇིག་ཅིང་ལས་མི་ཆགས་པས་ན། འདི་ཡང་སོ་ཐར་གྱི་ཆོས་ཀྱི་གནད་རྣམས་བཅོས་པར་དོགས་སོ། །བྱང་ཆུབ་སེམས་དཔའི་སྡོམ་པ་ལེན་པ་ལ། སྐྱེ་བོ་ཀུན་ལ་འབོགས་པར་བྱ་བ་གསུངས་པའི་དབུ་མ་པའི་ལུགས་བཞིན་མི་བྱེད་པར། །སེམས་ཙམ་པ་ཡི་སེམས་བསྐྱེད་འབོགས་པའི་ཆོ་ག་ནི། སོར་སྡོམ་ལྡན་མི་ལྡན་གྱི་སྐྱེ་བོ་ཀུན་ལ་བྱེད་པ་མཐོང་། སོ་ཐར་རིགས་བདུན་གང་རུང་དང་མི་ལྡན་པའི་སྐྱེ་བོ་ཀུན་ལ་བྱེད་པ་འདི་ཡི་སེམས་ཙམ་ལུགས་ཀྱི་སེམས་བསྐྱེད་ཀྱི་ཆོ་ག་ངེས་པར་འཇིག་སྟེ་ཆོ་ག་ལས་འདས་པས་སོ། །འདི་ཡང་སེམས་བསྐྱེད་ཀྱི་གནད་རྣམས་བཅོས་པར་མཐོང་ངོ་། །སེམས་བསྐྱེད་ཀྱི་ནི་བསླབ་བྱའི་མཆོག་ཏུ་གྱུར་པ། བདག་གཞན་བརྗེ་བའི་བྱང་ཆུབ་ཀྱི་སེམས། སོ་སོ་སྐྱེ་བོས་བསྒོམ་དུ་མི་རུང་ཞེས་སྨྲ་བ། འདི་ཡང་སེམས་བསྐྱེད་ཀྱི་བསླབ་བྱའི་གནད་རྣམས་བཅོས་པར་མཐོང་སྟེ་བདག་གཞན་མ་བརྗེས་ན་སངས་རྒྱས་མི་ཐོབ་པ་མདོ་བསྟན་བཅོས་ཀུན་ལས་གསུངས་པའི་ཕྱིར་རོ། །གསང་སྔགས་ཀྱི་ནི་དབང་བསྐུར་བ། མེད་ཀྱང་ཕག་མོའི་བྱིན་རླབས་ཙམ་ལ་རྟེན་ནས་གསང་སྔགས་ཀྱི་ལམ་བསྒོམ་རུང་ཟེར

བ་ནི། དབང་བསྒྱུར་མེད་པར་ལམ་བསྒོམ་པ་ཉེས་དམིགས་དུ་མ་དང་བཅས་རྡོ་རྗེ་འཆང་གིས། དབང་མེད་ན་ནི་དངོས་གྲུབ་མེད། ཅེས་སོགས་ཀྱིས་བཀག་པས་ན། འདི་ཡང་གསང་སྔགས་ཀྱི་གནད་རྣམས་བཅོས་པར་དགོངས་སོ། །གསང་སྔགས་ལམ་གྱི་མཆོག་ཏུ་གྱུར་པ༔ ༔རིམ་པ་གཉིས་པོ་ཚུལ་བཞིན་དུ་མི་བསྒོམ་པར། བསྐྱེད་རིམ་སྒྲོང་སྐྱེད་གཏུམ་མོ་དྲོད་སྐྱེད་ཕྱག་ཆེན་རྟོག་པ་ཁ་བཀག་སོགས་རང་བཟོའི་གདམས་ངག་དུ་མ་ཡིས། བླུན་པོ་ངེས་ཤེས་སྐྱེད་པ་ཐོས། མདོ་རྒྱུད་ཀུན་ལས་འདི་བཀག་པས། འདི་ཡང་གསང་སྔགས་ཀྱི་གྲོལ་བྱེད་ལམ་གྱི་གནད་རྣམས་བཅོས་པར་དགོངས་སོ། །བསྐྱེད་པའི་རིམ་པ་ཡན་ལག་བཞི་རྫོགས་བསྒོམ་པའི་མཐར་ཐུག་པ། དབུ་རྒྱན་ལ་ནི་རིགས་བདག་གིས་རྒྱས་འདེབས་པ་འབྱུང་། རིགས་བདག་དེ་ནི་རྣམ་པ་སངས་རྒྱས་ལ་ངོ་བོ་རང་གི་རྩ་བའི་བླ་མ་ཉིད་ཡིན། རིགས་བདག་འདི་ནི་གལ་ཏེ་བླ་མ་ལས་གཞན་དུ་འཆོལ་བར་གྱུར་ན་རིགས་འཆོལ་དུ་སོང་བས། དངོས་གྲུབ་མེད་པར་རྒྱུད་ལས་གསུངས་ཏེ། བརྟག་གཉིས་ལས། རིགས་འཆོལ་བསྒོམ་པའི་སྒྲུབ་པ་ཡིས། །དངོས་གྲུབ་མེད་ཅིང་སྒྲུབ་པོའང་མེད། ཅེས་གསུངས་སོ། །འོན་ཀྱང་སོ་སོ་སྐྱེ་བོས་བླ་མ་སྤྱི་བོ་རུ། བསྒོམ་པར་བྱ་བ་མིན་ཏེ་དེ་བསྒོམ་ན་ཚེ་ལ་གནོད་པས་སོ་ཞེས་འཁྲི་ཁྲུང་བ་ལ་ལ་དག་ཟེར་རོ། །འདི་ཡང་སངས་རྒྱས་ཀྱི་གསུང་འགོག་པར་བྱེད་པའི་ཕྱིར་ཏེ་རིགས་དང་རིགས་བདག་ཕན་ཚུན་འཆོལ་བར་འགྱུར་བས་བསྐྱེད་རིམ་གྱི་གནད་རྣམས་བཅོས་པར་དགོངས་སོ། །

རྡོ་རྗེ་རྒྱལ་མཚན་གྱི་བསྔོ་བའི་མདོར། འགྲོ་ཀུན་དགེ་བ་ཇི་སྙེད་ཡོད་པ་དང་། ཞེས་གསུངས་པའི་ཡོད་པའི་དགེ་བ་ཞེས་བྱ་བ། །ཆོས་ཀྱི་དབྱིངས་བདེ་གཤེགས་སྙིང་པོ་ལ་བསམ་ནས་ནི། ཆོས་དབྱིངས་སྤྲོས་བྲལ་སྤྱིའི་ངོ་བོར་ཡང་མ་གྲུབ་པ་ལ་ཡོད་པའི་དགེ་བར་བྱས་ནས་དེ་ནི་བསྔོ་བའི་རྒྱུར་བྱེད་པ། དམིགས་པ་མེད་པའི་ཆོས་ཀྱི་དབྱིངས། དམིགས་པའི་དགེ་བར་བསྒྱུར་བ་འདི། ཡོད་མེད་དུ་འཛིན་པའི་དམིགས་པ་ཡིན་པའི་ཕྱིར། བསྔོ་བ་དུག་དང་བཅས་པར་མདོ་རྒྱུད་ཀུན་ལས་གསུངས་པའོ། །འདི་ཡང་བསྔོ་བ་ཐམས་ཅད་འཇིག་པའི་ཕྱིར་བསྔོ་བའི་གནད་རྣམས་བཅོས་པར་དགོངས་སོ། །དེ་བཞིན་དུ་གསང་ལམ་གཏུམ་མོ་བསྒོམ་པ་དང་། བཞི་པའི་ལམ་ཕྱག་རྒྱ་ཆེན་པོ་དང་ལ་སོགས་པ་སྟེ་གསུམ་པའི་ལམ་དཀའ་བཞི་བསྒོམ་པ་དང་། དབང་བཞི་པོ་སོ་སོ་དང་འབྲེལ་བའི་ཁས་བླངས་པའི་དམ་ཚིག་དང་ནི་ཐོབ་པའི་སྡོམ་པ་ཡི། གནད་རྣམས་ཀྱང་དེང་སང་བཅོས་པ་མང་མོད་ཀྱི། དེ་དག་ནི་གསང་སྔགས་ཀྱི་གསང་ཆེན་ཡིན་པས་གསང་སྒྲོགས་སུ་འགྱུར་བའི་ཕྱིར་འདིར་མི་བཤད་ཅིང་ལོགས་སུ་གསུངས་སོ། །

ཐེག་པ་ཆེན་པོའི་ཆོས་རྣམས་ཀུན་གྱི་རྩ་བ་ནི། སྟོང་ཉིད་སྙིང་རྗེའི་སྙིང་པོ་ཅན། ཐབས་དང་ཤེས་རབ་ཟུང་འཇུག་ཏུ་གྱུར་པའི་དེ་ཉིད་ཡིན་ཞེས། མདོ་རྒྱུད་ཀུན་ལས་རྒྱལ་བས་གསུངས་ཏེ། མདོ་ལས། བྱང་ཆུབ་སེམས་དཔའ་ལམ་འདི་གཉིས་དང་ལྡན་པ་ནི་མྱུར་དུ་བླ་ན་མེད་པ་ཡང་དག་པར་རྫོགས་པའི་བྱང་ཆུབ་ཏུ་མངོན་པར་རྫོགས་པར་འཚང་རྒྱའོ། །གཉིས་གང་ཞེ་ན། ཐབས་དང་ཤེས་རབ་བོ། །ཞེས་དང་། བརྟག་གཉིས་ལས། ཏེ་ནི་སྙིང་རྗེ་ཆེན་པོ་ཉིད་བཟ་འང་ཤེས་རབ་བརྗོད་པར་བྱ། །ཐབས་དང་ཤེས་རབ་བདག་ཉིད་རྒྱུད། །ཅེས་སོགས་གསུངས། ཕྱག་རྒྱ་བ་ལ་ལ་སྤྲོས་བྲལ་རྐྱང་པ་ནི། དཀར་པོ་ཆིག་ཐུབ་ཡིན་ཏེ་སེམས་ངོ་འཕྲོད་ན་གཞན་ཅི་ཡང་མི་དགོས་པར་འཚང་རྒྱ་བའི་ཕྱིར

ཞེས་ཟེར་རོ། །འདི་ཡང་མདོ་རྒྱུད་ལས་ཟབ་རྒྱས་གསུངས་པ་དོན་མེད་དུ་ཐལ་བར་འགྱུར་བས་ཟབ་རྒྱས་ཀྱི་ལམ་སྟོང་བའི་ཚིག་ཡིན་པའི་ཕྱིར། ཐེག་ཆེན་གྱི་ཆོས་ཀྱི་རྩ་བའི་གནད་རྣམས་བཅོས་པར་དོགས་སོ། །ཐེག་གསུམ་གྱི་ལམ་ཉམས་སུ་ལེན་པ་ལ་གནད་རྣམས་མིན་པའི་ཡན་ལག་གི་ཆོས་གཞན་འགའ་ཞིག །གལ་ཏེ་མ་ཚང་བ་དང་ལྷག་པ་དང་། ཅུང་ཟད་འཁྲུལ་བར་གྱུར་ན་ཡང་། འབྲས་བུ་བྱང་ཆུབ་ལ་སྒྲིབ་པའི་ཉེས་པ་ཆེན་པོ་སྐྱེད་མི་ནུས་ཏེ། ཉིང་ལག་གཅད་པས་སྲོག་ལ་མི་གནོད་པ་བཞིན་ནོ། །ཆོས་ཀྱི་གནད་གལ་ཆེ་བ་རྣམས་བཅོས་ཤིང་འཁྲུལ་བར་གྱུར་ན། སྟོང་ཉིད་བསྒོམ་པ་སོགས་ཆོས་གཞན་བཟང་ན་ཡང་ཉེས་དམིགས་ཆེན་པོ་འཚང་མི་རྒྱ་སྟེ་སངས་རྒྱས་ནི་ལམ་གྱི་གནད་མ་འཁྲུལ་བ་ཁོན་ལས་འབྱུང་བའི་ཕྱིར། དཔེར་ན་འགྲོ་བའི་ལུས་ཀྱི་ཆ་ཤས་ཕལ་ཆེར་ལ་སྐྱོན་མེད་ཀྱང་སྲོག་རྩ་ཆད་ན་སོར་མི་རུང་བ་དང་། ལྗོན་ཤིང་རྣམས་ཀྱི་ཡལ་ག་ལོ་འདབ་ཡོད་ཀྱང་སྐྱེ་སའི་རྩ་བ་བཅད་ན་མི་སྐྱེ་བ་དང་། ས་བོན་གྱི་ནི་སྐྱེས་ནས་སོགས་ཀྱི་ངོས་དང་འབྲས་ཀྱི་ཤུན་པ་ཉམས་ན་མི་སྐྱེ་བ་དང་། ཐགས་རྣམས་ཀྱི་ནི་སྲོག་ཤིང་གཏོན་ན་སྣལ་མ་འཛིང་ནས་འཐག་ཏུ་མི་རུང་བ་དང་། བཅུད་ཀྱི་ལེན་གྱི་རྩ་བའི་སྨན་དངུལ་ཆུ་དང་དབང་ལག་ལྷ་བུ་མ་ཚང་ན་སྨན་གཞན་ཚང་ཡང་ནུས་པ་མི་འབྱུང་བ་དང་། མིག་ལ་སོགས་པའི་དབང་པོ་རྣམས་ཀྱི་གནད་རྩ་ལ་སྨོན་བྱུང་བ་རྣམས་ནི། འཆུགས་ན་ཕྱི་ནས་མིག་སྨན་སོགས་ཀྱིས་བྱུགས་ཀྱང་སྒྲུབ་ཏུ་མི་རུང་བ་བཞིན་དུ། དེ་བཞིན་དུ་འདུ་བ་ཕར་ཕྱིན་གསང་སྔགས་ཀྱི་རང་རང་གི་ཆོས་ཀྱི་གནད་འཆུགས་ན། ཆོས་གཞན་ལེགས་ལེགས་འདྲ་བ་སྣང་ཡང་འབྲས་བུ་མེད་ཅིང་མི་འབྱུང་ངོ་། །དཔེ་དོན་བཤད་ཟིན་པ་དེས་ན་གནད་རྣམས་མིན་པའི་ཆོས་ལ་ལ་འཁྲུལ་ཡང་བླ་སྐྱེ་རུང་གི། ཆོས་ཀྱི་གནད་གལ་ཆེ་བ་རྣམས་ནི་འཁྲུལ་བ་མེད་པར་དཔྱད་ཅིང་ཉམས་སུ་ལེན་དགོས་སོ། །ཆོས་ཀྱི་གནད་རྣམས་མ་འཁྲུལ་བ་ཉམས་སུ་ལེན་དགོས་པ་དེ་ལ་ཡང་ཧ་ལྟ་བུའི་ཚུལ་དུ་འབྱུང་ཞེ་ན། གནད་རྣམས་འཆོས་པའི་བདུད་ཀྱི་ཆ་ལུགས་དང་རྣམ་པ་ནི་ཚུལ་གཅིག་ཏུ་ངེས་པ་མེད་དེ། ལ་ལ་སངས་རྒྱས་ཀྱི་ཆ་ལུགས་དངོས་སུ་སྟོན།

བདུད་ཁ་ཅིག་བསླབ་སྡོམ་འཆོགས་པའི་མཁན་པོ་དང་ཡོན་ཏན་སློབ་པའི་སློབ་དཔོན་དང་། གདམས་ངག་སྟོན་པའི་བླ་མའི་ཆ་ལུགས་འཛིན་པ་དང་། འཇིག་རྟེན་འདིའི་ཕ་མའམ་སྤུན་དང་གྲོགས་མོ་སོགས་ཉེ་དུའི་ཆ་ལུགས་ཀྱིས། སེམས་ཅན་རྣམས་ལ་བསླུ་ཞིང་སྒྱུར་བར་བྱེད་པས་སོ། །བདུད་ཀྱིས་གནད་འཆོས་པར་བྱེད་པའི་ཐབས་ཀྱང་ཚུལ་ཅིག་ཏུ་ངེས་པ་མེད་དེ། འགའ་ཞིག་གིས་ངའི་ལུགས་འདི་བཞིན་མི་བྱེད་ན་ཆད་པ་གཅོད་དོ་ཞེས་པ་ལྟ་བུ་རྒྱབ་མོར་སྐྲག་པར་བྱེད་ཅིང་། སྡིགས་པའི་ཚུལ་གྱིས་ཆོས་ལོར་ནས་མཆོག་ཏུ་སྒྱུར་བར་བྱེད། ལ་ལས་ཁྱོད་ཀྱི་རིགས་ལ་ཆོས་འདི་ལྟ་བུས་ཕྲལ་དང་ཡུན་དུ་ཕན་ནོ་ཞེས་འཇམ་པོར་སྨྲ་བར་བྱེད་ཅིང་། བྲམས་པའི་ཚུལ་གྱིས་ཆོས་ལོག་བསྟན་ནས་བསླུ་བར་བྱེད། ལ་ལས་སངས་རྒྱས་ཀྱིས་གསུངས་པའི་ལྟ་བའི་ལུང་སྦྱོད་པ་དང་། སྤྱོད་པའི་ལུང་ལྟ་བ་ལྟ་བུར་དྲངས་ཏེ་ཕྱིན་ཅི་ལོག་ཏུ་བཤད་ནས་བསླུར། ལ་ལས་ལུང་དོན་གཏན་ལ་འབེབ་པའི་རིགས་པ་བཟང་པོ་ལ། ངན་པ་ཡིན་ཞེས་བཤད་ནས་བསླུར། ལ་ལས་རིགས་པ་ལྟར་སྣང་ངན་པ་ལ། བཟང་པོ་ལྟ་བུར་བཅོས་ནས་བསླུར། ལ་ལས་ཟས་དང་ནོར་སོགས་ཅི་འདོད་པའི། ངན་པ་བྱིན་ནས་ངའི་ཆོས་ལུགས་འདི་གྱིས་ཞེས་ཆོས་ལོག་སྟོན། ལ་ལས་ལུས་

ཡང་ཤིང་བར་སྣང་དུ་གནས་པ་དང་སེམས་ལ་ནི། ཏིང་ངེ་འཛིན་ཙུང་ཟད་བསྐྱེད་ནས་ཀྱང་། དེ་ལ་ཡིད་ཆེས་སྐྱེས་པ་དང་། ཕྱིས་ནས་ལོག་པའི་ཆོས་རྣམས་བསྟན་ནས་བསླུ་བར་བྱེད། སངས་རྒྱས་སྐར་རྒྱལ་ལྟ་བུ་ལ་ལས་དུས་གསུམ་དང་གཞན་སེམས་ཤེས་པ་སོགས་མངོན་པར་ཤེས་པ་དང་། གཟུགས་སྣ་ཚོགས་སུ་བསྒྱུར་བ་སོགས་ཀྱི་རྫུ་འཕྲུལ་ཙུང་ཟད་བསྟན་ནས་ཀྱང་། བློན་པོ་ཡིད་ཆེས་བསྐྱེད་དུ་བཅུག་ནས་ནི། ཕྱི་ནས་ཆོས་ལོག་སྟོན་པར་བྱེད། ལ་ལས་ཆོས་ཟབ་མོ་འདི་ང་ཡིས་ཞག་གྲངས་སོགས་འདི་ལྟར་བསྒོམས་པས། དེ་ལ་ཉམས་དང་རྟོགས་པ་འདི་སྐྱེས་པས། ཁྱེད་ཀྱང་འདི་ལྟར་བསྒོམ་པར་གྱིས་ཤིག་དང་ཉམས་རྟོགས་བཟང་པོ་མྱུར་དུ་སྐྱེ་བར་འགྱུར་རོ་ཅེས། རང་གི་ཉམས་མྱོང་ཡིན་པ་ཡི། ཚུལ་དུ་བྱས་ནས་ལོག་པར་འཆོས་པ་སོགས། མདོར་ན་སྙིང་རྗེ་དང་སྦྱིན་གཏོང་ལ་སྦྱོ་བ་འཁོར་ལ་ཉེ་རིང་ཆུང་བ་སོགས་སངས་རྒྱས་གསུང་རབ་དང་། ཕལ་ཆེར་མཐུན་པར་སྟོན་བྱེད་ཅིང་། གནད་རྣམས་ལོག་པར་སྟོན་པའི་ཆོས། ཐལ་དུ་ལེགས་ལེགས་འདྲ་བ་སྟོན་ན་ཡང་། དུག་བཏབ་ཀྱི་ཁ་ཟས་ལྟར་བདུད་ཀྱི་བྱིན་རླབས་ཡིན་ནོ་ཞེས། ཡུམ་ལ་སོགས་པའི་མདོ་རྒྱུད་ཀུན་ལས་རྒྱལ་བས་གསལ་བར་གསུངས་པས་སོ། །

གནད་འཆོས་པའི་བདུད་རྣམས་རྣམ་པ་དེ་ལྟ་བུ་དང་ཐབས་དེ་དག་གིས་བསླུ་བ་འདི་དག་ཇི་ལྟར་བྱུང་བའི་ཚུལ་ནི། སྔོན་བྱུང་གི་དཔེ་དང་སྦྱར་བ་མདོ་ཙམ་ང་ཡིས་བཤད་པར་བྱ་བ་ཉིད་ཀྱིས་ཉོན་པར་གྱིས་ཤིག་སྟེ། སྔོན་ལོ་ཆེན་རིན་ཆེན་བཟང་པོ་ཐོ་ལིང་གསེར་གྱི་ལྷ་ཁང་དུ་བཞུགས་པའི་ཚེ། སྟོད་མངའ་རིས་སུ་གློ་བུར་དུ་སངས་རྒྱས་སྐར་རྒྱལ་ཞེས་བྱ་བ། ལུས་ཀྱི་སྒོ་ནས་དཔྲལ་བ་ནས་ནི་སྐར་མ་ལྟ་བུའི་འོད་འཕྲོ་ཞིང་། བར་སྣང་སྟེང་པ་ལ་ནི་སྐྱིལ་ཀྲུང་འཆའ། རེ་འགའ་འཇིག་མའི་ཁྲི་ལ་སྡོད་ཅིང་ལྡིང་གྱིས་མི་གཡོ་བ་དང་། ངག་གི་སྒོ་ནས་སྤྲོས་བྲལ་སྟོང་པ་ཉིད་ཀྱི་ཆོས་རྣམས་ཐོགས་མེད་དུ་སྟོན་པ། ཡིད་ཀྱི་སྒོ་ནས་འགྲོ་བ་སྡུག་བསྔལ་བ་ལ་བྱམས་པ་དང་སྙིང་རྗེ་བྱང་ཆུབ་ཀྱི་སེམས་ལ་སོགས་པའང་ཆེ་བ་ལྟ་བུར་སྣང་ཤིང་། དེ་ཡི་བསྟན་པའི་ཆོས་ཀྱིས་གཞན་དག་ལ། སེམས་གནས་པའི་ཏིང་ངེ་འཛིན་ཡང་སྐྱེ་བར་བྱེད་པ་སངས་རྒྱས་འཇིག་རྟེན་དུ་བྱོན་པ་ལྟ་བུར་བྱུང་། དེ་ལ་མངའ་རིས་པ་སོགས་བོད་ཡུལ་གྱི་འཇིག་རྟེན་པ་དྲག་ཞན་ཕལ་ཆེ་བ་ཐམས་ཅད་ཐུབ་དབང་དངོས་སུ་བྱོན་པ་ཡིན་ཞེས་མོས་པར་བྱེད། འཁོར་བསྡུས་པ་རྣམས་ལ་ཤཱཀྱའི་རྒྱལ་པོའི་བསྟན་པ་དང་། འདྲ་མིན་ཙུང་ཟད་བཙོས་པ་ཟབ་ཅིང་རྒྱ་ཆེ་བ་ལྟར་འཆད། སྐར་རྒྱལ་དེ་ཡི་བསྟན་པ་ཤིན་ཏུ་འཕེལ་ལོ། ། དུས་དེ་ཚེ་རིན་ཆེན་བཟང་པོ་ཡིས་ལོ་རྒྱུས་རྣམས་གསན་པས་རྣམ་དག་མིན་པར་དགོངས་ཏེ། ཆོས་སྐྱོང་བཞི་འབག་གུར་མགོན་ལ་བརྟེན་པའི་སྒྲུབ་པ་ཟླ་བ་དྲུག་མཛད་ནས། བསྐྱེད་རིམ་གྱི་ཏིང་ངེ་འཛིན་བརྟན་པོ་དང་བཅས་ནས་དེ་ཡི་དྲུང་དུ་བྱོན་ཞིང་། སངས་རྒྱས་སྐར་རྒྱལ་བར་སྣང་ལ། སྐྱིལ་དཀྲུང་བཅས་ནས་ཆོས་འཆད་པའི་ཚེ། རིན་ཆེན་བཟང་པོས་ལྷ་ཡི་ལྷ་སྣངས་ཀྱི་སྤྱན་གྱིས་གཟིགས་ཙམ་གྱིས། ཆོས་འཆད་པའི་འཕྲོ་ལ་ས་ལ་ལྷུང་ནས་དྲན་པ་ཉམས་ཤིང་བརྒྱལ་བར་གྱུར་ཞེས་གྲག་གོ། །གལ་ཏེ་རིན་ཆེན་བཟང་པོ་ཞེས་བྱ་བའི། སྐྱེས་མཆོག་དེ་དུས་དེ་ཚེ་མི་བཞུགས་ན། བོད་ཡུལ་འདིར་སངས་རྒྱས་སྐར་རྒྱལ་ཞེས་བྱ་བའི། ཆོས་ལོག་གི་བསྟན་པ་འབྱུང་ཞིང་སངས་རྒྱས་ཀྱི་བསྟན་པ་མི་འབྱུང་བར་འགྱུར་རོ་ཞེས་གསུངས་པ་ཐོས་སོ། །སྐར་རྒྱལ་དེ་ཡང་ཁྱུ་ནུ་ཞེས

བྱ་བའི་ཡུལ་ནས་བདུད་དགའ་རབ་དབང་ཕྱུག་ལ་མཆོག་ཏུ་འཛིན་པའི་ནག་པོའི་ཕྱོགས་ལ་དགའ་བ་ཡི། སྐར་རྒྱལ་ཞེས་བྱའི་ཀླུ་ཆེན་ཞིག །སྐྱེས་ངན་ར་བཛྲ་ཞིག་ལ་ཞུགས་ནས་ནི། སངས་རྒྱས་ཀྱི་གཟུགས་སུ་བརྫུས་ཞེས་རིན་བཟང་གིས་གསུངས་ཏེ། ལོ་ཙཱ་བའི་སྐུ་ཆོས་ཀྱིས་ཁོའི་མགུལ་པ་ནས་བཅིང་སྟེ་བཀའ་བསྒོ་མཛད་པས། ཁོ་ན་རེ། མང་ཡུལ་ཁུ་ནའི་མཚོ་ལ་གནས་པའི་ཀླུ་ཡིན་ངས་བསྟན་པའི་ཆོས་རྣམས་གཞུང་དང་གདམས་ངག་མང་པོ་ལ་དབྱེར་མེད་འདྲེས་པས་སྨྲད་མི་ཕྱུབ། ད་ཕྱིན་ཆད་ཆོས་ལོག་མི་སྟོན་ཟེར་བའི་དམ་བཅའ་ཕུལ་བ་ཡིན་ནོ། །སྐར་རྒྱལ་སོགས་འདི་འདྲའི་རིགས་ཀྱི་བདུད་རིགས་འགའ་ཞིག་ནི། མི་ཕལ་པ་འམ་འཕགས་པའི་གང་ཟག་ཁྱད་པར་ཅན་གྱི་གཟུགས་བཟུང་ནས། ལྟ་སྤྱོད་ཕྱིན་ཅི་ལོག་པའི་བསྟན་པ་སྤེལ་བའི་ཕྱིར། ཆོས་དང་བསྲེས་ནས་གནད་གལ་ཆེ་བ་རྣམས་སུ། ཆོས་ལོག་བསྲེས་ནས་འཆད་པ་ད་དུང་ཡང་འབྱུང་བ་སྲིད་པས་ཡོན་ཏན་གྱི་ཆ་ཅུང་ཟད་མཐོང་བ་ལ་ཅོལ་ཆུང་ཡིད་ཆེས་མི་བྱ་བར་བརྟག་ཅིང་དཔྱད་པར་བྱས་ནས་མ་འཁྲུལ་བ་གཅེས་སོ། །

དཔེར་ན་ཁ་ཟས་བཟང་པོ་ལ། སྦྱར་བའི་དུག་གིས་གང་ལ་ཕྱིན་པ་ཕལ་ཆེར་གསོད་ཀྱི། དུག་ཆུང་བ་ཕྱིན་ན་དེ་ཡིན་པར་ཤེས་ན་ནི། འགའ་ཡང་གསད་པར་ནུས་མ་ཡིན། དེ་བཞིན་དུ་སངས་རྒྱས་ཀྱི་གསུངས་དང་མཐུན་པའི་ཆོས་བཟང་པོ་འགའ་ཞིག་ལ། གནད་བཅོས་པའི་ཆོས་ལོག་བསྲེས་ཤིང་བསླད་པས་ཕ་རོལ་བསླུ། ཆོས་ལོག་ཆུང་བ་བསྟན་ན་དེ་ཡིན་པར་གོ་ན་ནི། གང་ཟག་འགའ་ཡང་བདུད་ཀྱིས་བསླུ་མི་ནུས་པས་བརྟག་ཞིང་དཔྱད་པར་གཅེས་སོ། །གཞན་ཡང་བོང་ཤ་བཙོང་བའི་མིས་རི་དྭགས་ཀྱི་རྔ་མ་ཁྱེར་ཏེ་འདིའི་ཤ་ཡིན་ཞེས་མ་བསྟན་ན། བོང་ཤ་བཙོང་བར་མི་ནུས་ལྟར། དེ་བཞིན་དུ་སྟོན་ལ་བཟང་པའི་སྐྱོད་པ་མ་བསྟན་ན་ནི། ལོག་པའི་ཆོས་རྒྱང་བ་ཉིད་ཀྱིས་བསླུ་བར་མི་ནུས་པས་ན་ཟབ་པར་བྱའོ། །བདུད་ཀྱི་བྱིན་རླབས་ཐམས་ཅད་ཀྱང་། ངན་པ་ཁོ་ནར་འབྱུང་བར་ངེས་པ་མིན་ཏེ། འོན་ཀྱང་བཟང་པོའི་ནང་ནས་ནི། གནད་གལ་ཆེ་བ་རྣམས་ཅུང་ཟད་བཅོས་པ་ཡིས། ཐལ་ལ་ཕན་འདོགས་པ་ལྟ་བུས་ཕ་རོལ་བསླུ་བར་བྱེད་པའི་ཕྱིར་རོ། །གནད་བཅོས་པའི་བདུད་བྱུང་ཚུལ་དང་རིས་གནད་བཅོས་ཚུལ་དཔེ་དང་སྦྱར་བ་འདི་འདྲ་ཤེས་པར་བྱས་ནས་ནི། ཆོས་ཀྱི་གནད་རྣམས་ནི་སངས་རྒྱས་ཀྱི་མདོ་རྒྱུད་ལས་གསུངས་པ་བཞིན། མ་བསླད་པར་ནི་ལེགས་པར་ཟུངས་པར་བྱ་སྟེ་མདོ་རྒྱུད་དང་མི་མཐུན་པ་གང་ཟག་བཟང་པོར་ཁས་འཆེ་བ་སུའི་ཆོས་ལུགས་ཡིན་ཀྱང་བཏང་སྙོམས་སུ་འཛོག་པ་ཉིད་ལེགས་པས་སོ། །དཔེ་གཞན་ཡང་ཤིང་རྟའི་དབུས་ཀྱི་སྲོག་ཤིང་ཆག་པར་གྱུར་ན། འཁོར་ལོ་བཟང་ཡང་འགྲོ་མི་ནུས། སྐྱེས་བུའི་སྲོག་གི་དབང་པོ་འགགས་པར་གྱུར་ན། མིག་སོགས་ཀྱི་དབང་པོ་གཞན་དག་ལྟ་བ་སོགས་ཀྱི་བྱ་བྱེད་མེད། དེ་བཞིན་དུ་ཆོས་ཀྱི་གནད་འཆུགས་ན། གནད་མིན་པའི་ཆོས་གཞན་བཟང་ཡང་ནི་དགོས་པ་མེད་དེ་ནུས་མེད་དུ་འགྱུར་བའི་ཕྱིར་རོ། །

རྫོགས་པའི་སངས་རྒྱས་ལས་མཁས་པ་ཡི། གང་ཟག་འཇིག་རྟེན་གསུམ་པོ་འདི་ན་མེད་པ། དེས་ན་སངས་རྒྱས་དེ་ཡིས་གསུངས་པ་ཡི། མདོ་རྒྱུད་ཀྱི་དོན་ནི་ཕྱིན་ཅི་ལོག་ཏུ་རྣམ་པར་བཀྲུག་པར་མི་བྱའོ། །མདོ་རྒྱུད་དགྱུགས་ན

ཆོས་སྤྱོད་ཀྱི་ལས་སུ་འགྱུར་ཞིང་། འཕགས་པ་རྣམས་ཀྱང་སྨད་པར་འགྱུར་རོ་ཞེས། མགོན་པོ་བྱམས་པས་རྒྱུད་བླ་མར་གསུངས་ཏེ། དེ་ཉིད་ལས། གང་ཕྱིར་རྒྱལ་ལས་ཆེས་མཁས་འགའ་ཡང་འཇིག་རྟེན་འདི་ན་ཡོད་མིན་ཏེ། །མ་ལུས་དེ་ཉིད་མཆོག་ནི་ཚུལ་བཞིན་ཀུན་མཁྱེན་གྱིས་མཁྱེན་གཞན་མིན་པ། །དེ་ཕྱིར་དྲང་སྲོང་རང་ཉིད་ཀྱིས་བཞག་མདོ་སྡེ་གང་ཡིན་དེ་མི་དཀྲུག །ཐུབ་ཚུལ་གཞིག་ཕྱིར་དེ་ཡང་དམ་ཆོས་ལ་ནི་གནོད་པ་བྱེད་པར་འགྱུར། །ཉོན་མོངས་རྨོངས་བདག་རྣམས་ཀྱི་འཕགས་ལ་བཀུར་བ་དང་། །དེས་གསུངས་ཆོས་ལ་བརྙས་ན་དེ་ཀུན་ཞེན་ལྟས་བྱས། །དེས་ན་ཞེན་ལྟའི་དྲི་ཅན་དེ་ལ་བློ་མི་སྦྱད། །གོས་རྩང་ཚོན་གྱིས་རྣམ་འགྱུར་སྣུམ་གྱིས་གོས་ལ་མིན། །ཞེས་གསུངས་སོ། །

འཕྲུལ་བའི་གྲུབ་མཐའ་སྲུན་འབྱིན་པའི། རྣམ་གཞག་སྟོན་བྱུང་གི་དཔེ་དང་སྦྱར་ཏེ་ཅུང་ཟད་བཤད་ཀྱིས་ཉོན་ཅིག་སྟེ། སྟོན་བྱུང་མཁས་པས་རང་བཟོའི་གྲུབ་མཐའ་སྲུན་དབྱུང་ཚུལ་དང་། ཕྱིས་ཀྱང་འཕྲུལ་བའི་གྲུབ་མཐའ་འགོག་ཚུལ་རིམ་པ་བཞིན་འཆད་པར་འགྱུར་བའི་ཕྱིར། དེ་ཡང་ཁ་ཆེའི་ཡུལ་དུ་མུ་སྟེགས་ཀྱི་སྟོན་པ་དབང་ཕྱུག་དང་ཁྱབ་འཇུག་སོགས། ཞབས་འོག་ཏུ་མནན་པའི་སངས་རྒྱས་དགྱེས་རྡོར་བདེ་མཆོག་དུས་འཁོར་སོགས་མཐོང་ནས་ནི། དེའི་ལན་དུ་དེ་ཉིད་གོ་ལྡོག་པ་ཡི་བྲིས་སྐུ་ཞིག་གདོད་ནས་མེད་པར། མུ་སྟེགས་དབྱངས་ཅན་དགའ་བ་ཞེས་བྱ་བས་སངས་རྒྱས་པ་ལ་སྙིང་ནད་དུ་བསམ་ནས་རང་དགར་བྱས་སོ། །དེའི་ཚེ་མཁས་པ་ཆེན་པོ་ཁ་ཆེ་ཟླ་ན་ཤྲཱིས། མུ་སྟེགས་དེ་དང་རྩོད་པ་མཛད་པའི་རྩོད་གྲྭ་རུ། རང་སངས་རྒྱས་པའི་བརྟེན་རྣམས་དང་གཞན་ཕྱི་རོལ་བའི་བརྟེན་སྟེ་གཉིས་ཀའི་སྡེ་པ་ཚོགས་པ་དང་། རྒྱལ་པོ་དང་བློན་པོ་ལ་སོགས་པ་གྲུབ་མཐའ་ཐམས་ཅད་ཀྱི་རྣམ་གཞག་རྒྱུས་ཡོད་པའི་དཔང་པོའི་གྲྭར། ཁྱོད་ཀྱི་མུ་སྟེགས་པའི་ལྷའི་འོག་སངས་རྒྱས་མནན་པ་དབྱངས་ཅན་དགའ་བ་ཁྱེད་རང་གིས་རང་བཟོ་ཡིན་གྱི་ཁྱེད་རང་གི་གཞུང་ལས་དེ་ཚུལ་བཤད་པ་མེད་པའི་ཕྱིར། རྒྱུ་མཚན་དེས་ན་ཁྱོད་ཀྱིས་བྱས་པ་འདི་ནི་འཕྲུལ་པ་ཡིན་ཞེས་བྱ་བར་ཟླ་ན་ཤྲཱིས་བསྒྲགས་སོ། །དབྱངས་ཅན་དགའ་བ་དེས་ཀྱང་དབང་ཕྱུག་མནན་པ་ཡི། སངས་རྒྱས་དགྱེས་རྡོར་སོགས་ཁྱེད་རང་གིས་བྱས་པའི་རང་བཟོ་ཡིན་ནོ་དེས་ན་འཕྲུལ་པར་མཚུངས་སོ་ཞེས་མགོ་བསྒྲེས་སོ། །མགོ་བསྒྲེས་པ་དེ་ལ་མཁས་པས་འདི་སྐད་བརྗོད་དེ། ཁྱེད་ཀྱི་ལྷ་དབང་ཕྱུག་ལ་སོགས་པའི་འོག་ཏུ་སངས་རྒྱས་མནན་པ་ཁྱེད་རང་ཉིད་ཀྱི་གཞུང་ཁུངས་མ་རིག་བྱེད་ཆེན་པོ་བཞི་པོ་རྣམས་ནས་བཤད་པ་མེད་དེས་ན་ཁྱོད་ཀྱི་དེ་རང་བཟོ་འབའ་ཞིག་ཡིན་ནོ། །མུ་སྟེགས་པའི་ལྷ་མནན་པ་དེད་ཀྱི་རྒྱུད་ཁུངས་མ་རྒྱུད་སྡེ་རྣམས་ལས་གདོད་མ་ཉིད་ནས་བཤད་ཡོད་པ་ཡིན་ནོ། །རྒྱུ་མཚན་དེས་ན་དེད་ཀྱི་འདི་རང་བཟོ་མིན་པར་ཐམས་ཅད་ཀྱིས་ཤེས་པར་འགྱུར་རོ། །དེ་ལྟར་མཚུངས་པའི་སྐབས་མེད་པས་ལན་གསུངས་པ་དེ་ནས་མུ་སྟེགས་པ་དེ་ལན་གྱི་སྤོབས་པ་མེད་པར་གྱུར་པའི་ཚེ། མཁས་པ་ཆེན་པོས་རྒྱལ་པོ་ལ་འདི་སྐད་གསུང་སྟེ་རྒྱལ་པོ་ཁྱོད་ཀྱི་ཡུལ་འདི་རུ། ཁུངས་ནས་མ་བྱུང་བ་འདི་འདྲའི་རང་བཟོ་འཕེལ་དུ་བཅུག་ན་ནི། ད་དུང་རང་གཞན་ཆོས་ཐམས་ཅད་ལ་རང་བཟོ་གཞན་ཡང་མང་དུ་འབྱུང་བས། ཕྱི་ནང་གི་བསྟན་པ་སྤྱི་ལ་གནོད་པ་འདི། མུ་སྟེགས་ཁོ་རང་ལ་ཡང་ཅིས་མི་གནོད་དེ་རང་བཟོས་ཁོ་རང་གི་ཆོས་ལུགས་ཀྱང་འཚོལ་བར་འགྱུར་བའི་ཕྱིར་རོ། །དབྱངས་ཅན་དགའ་བོས་བྱས་པ་འདི་འདྲའི་རང་བཟོའི་ཆོས་ལུགས་ནི། དེད་སངས་རྒྱས་པ་ལ་བྱུང་ན་ཡང་སངས་རྒྱས་ཀྱི་བསྟན་པ་འཚོལ་བར་འགྱུར་བས། རྒྱལ་པོ་ཁྱོད་ཀྱིས་དགག

དགོས་སོ། །དེ་སྐད་རྒྱལ་པོ་ལ་བསྒོ་ནས་སངས་རྒྱས་མནན་པའི་དབང་ཕྱུག་གི་གྱང་རིས་དེ་ཚོགས་པའི་དབུས་སུ་བསྒྲུབས་པར་མཛད་ཅིང་། དེའི་ཕྱིས་ནས་དབྱངས་ཅན་དགའ་བ་དང་གྲུབ་མཐའ་བརྩད་པ་ལའང་། ཐར་གྱི་རང་བཞིན་རྒྱུ་མཚན་དུ་བྱས་ནས་མུ་སྟེགས་ཀྱི་གྲུབ་མཐའ་ཕམ་པར་མཛད་ནས། ཁ་ཆེའི་ཡུལ་དུ་སངས་རྒྱས་ཀྱི་བསྟན་པ་དྲི་མ་མེད་པ་སྤེལ་ཞེས་ཐོས་པ་ལྟར་དགོས་པ་ཡིན་ནོ། །

གལ་ཏེ་མུ་སྟེགས་བྱེད་པའི་གཞུང་། གདོད་ནས་གྲུབ་པའི་རིག་བྱེད་བཞི་པོ་ལས། སངས་རྒྱས་མནན་པའི་ཆོས་ལོག་དེ་འདྲ་ཅི་སྟེ་བཤད་ན་ཡང་དེ་འདྲའི་རིགས་ཅན་ནི། ཁྱོད་ཀྱི་རང་བཞིན་ཡིན་ནོ་ཞེས་དགག་པར་བྱར་མི་རུང་སྟེ་རང་གི་གཞུང་རིག་བྱེད་ལས་གདོད་ནས་བཤད་པའི་ཕྱིར་རོ། །འོན་ཀྱང་དེ་འདྲའི་རིགས་ཅན་རྣམས་གྲུབ་མཐའ་འཁྲུལ་དང་མ་འཁྲུལ་བའི་རྣམ་གཞག་བཟུང་ནས་ནི། རིགས་པ་གཞན་གྱིས་སུན་དབྱུང་དགོས་ཏེ་གདོད་ནས་བཤད་ཀྱང་ལུང་དོན་ལ་ཚད་མས་གནོད་པ་འབབ་པའི་ཕྱིར། དེར་མ་ཟད་བདག་དང་གཞན་གྱི་གྲུབ་མཐའ་གང་ལའང་། གལ་ཏེ་འགལ་བ་སྟེ་འཁྲུལ་བར་སྣང་ན་ནི། ལུང་རིགས་གང་དང་འགལ་བརྟགས་ལ་རིགས་པ་དག་དང་འགལ་བར་གྱུར་ན་དེ་གང་ཞིག །དེ་ནི་རིགས་པས་སུན་ཕྱུང་ཤིག་སྟེ་མངོན་སུམ་རྗེས་དཔག་གིས་ཚད་མས་གནོད་པ་འབབ་པའི་ཕྱིར། གལ་ཏེ་ལུང་དང་འགལ་བར་གྱུར་ན་དེ་གང་ཞིག །དེ་ནི་ལུང་གིས་ལེགས་པར་སུན་འབྱིན་དགོས་ཏེ་ལུང་གིས་སུན་འབྱིན་པར་བྱ་བའི་འགལ་བ་ཡིན་པའི་ཕྱིར་ཏེ། ཚུལ་དེའི་གདམས་ངག་ཐུང་ཟད་ཁོ་བོས་བཤད་ཀྱིས་ཉོན་ཅིག་ཅེས་ཕྱིས་འབྱུང་གི་རྗེས་འཇུག་རྣམས་ལ་གདམས་པའི་ཕྱིར་རོ། །དེ་ཡང་ཕ་རོལ་པོའི་ལུང་དེ་ཁོ་རང་གི་ཚད་མར་ཁས་ལེན་ཅིང་། ཁས་བླངས་དེ་དང་འགལ་བའི་ཆོས་སྨྲོད་ན་དེ་འདྲ་ནི། ཁྱེད་རང་གི་ལུང་དང་འགལ་ལོ་ཞེས་པས་སུན་དབྱུང་བར་བྱ་སྟེ་ཕ་རོལ་པོས་ཚད་མར་ཁས་ལེན་པའི་ཕྱིར། གལ་ཏེ་ལུང་དེ་ཁས་མི་ལེན་ཅིང་། རང་གི་ལུང་གཞན་ཁས་ལེན་ན་ནི། དེ་ཚེ་དེད་ཀྱི་ལུང་གིས་ནི༑ དེ་ཡི་ཆོས་ལོག་དེ་དགག་པར་མི་ནུས་ཏེ་དེད་ཀྱི་ལུང་དེ་ཕ་རོལ་པོས་ཚད་མར་མི་འདོད་པའི་ཕྱིར། འོན་ཀྱང་ཕྱི་རོལ་དེ་ཡི་ཚད་མར་བྱེད་པའི་ལུང་དང་འགལ་བ་དེ་ཉིད་ཀྱིས། དེ་ཡི་ལུགས་ཀྱི་ཆོས་ལོག་དེ་དགག་དགོས་ཏེ་ཁོ་རང་གི་ཆོས་ལོག་ལ་ཁོ་རང་གིས་ལུང་གིས་གནོད་བྱེད་བསྟན་པས་ལོག་རྟོག་ཟློག་སླ་བས་སོ། །ལུང་དང་འགལ་བའི་གྲུབ་མཐའ་དེ་ཁས་མི་ལེན་པའི་ལུང་གཞན་གྱིས་དགག་མི་ནུས་ཏེ་དཔེར་བརྗོད་འདི་ལྟར་ཡིན་པའི་ཕྱིར་ཏེ། དཔེར་ན་ཕ་རོལ་ཏུ་ཕྱིན་པ་བ་ཞིག་གིས། གལ་ཏེ་ཐེག་ཆེན་གྱི་ཆོས་ལོག་སྨྲོད་ན་ནི། གསང་སྔགས་ཀྱི་གཞུང་ལུགས་རྒྱུད་སྡེ་དང་འགལ་ལོ་ཞེས་པས། འཁྲུལ་བ་དེ་ནི་སུན་དབྱུང་ནུས་པ་མ་ཡིན་པ་དང་། དེ་བཞིན་དུ་གསང་སྔགས་པ་འགའ་ཞིག །གསང་སྔགས་ཀྱི་ལག་ལེན་ལོག་པར་སྨྲོད་གྱུར་ཀྱང་། ཕ་རོལ་ཏུ་ཕྱིན་པའི་གཞུང་ལུགས་དང་འགལ་ལོ་ཞེས་པས། ལོག་སྨྲོད་དེ་སུན་དབྱུང་བར་ནི་ནུས་པ་མ་ཡིན་ཏེ་ཕར་ཕྱིན་པས་གསང་སྔགས་ཀྱི་གཞུང་དང་གསང་སྔགས་པས་ཕར་ཕྱིན་པའི་གཞུང་ཁས་ལེན་པའི་ངེས་པ་མེད་པའི་ཕྱིར། དེ་ལྟར་ཐེག་པ་ཆེ་ཆུང་ལའང་། ཕན་ཚུན་ཉན་ཐོས་དང་ཐེག་ཆེན་གྱི་ནི་ལུང་འགལ་གྱིས། སོ་སོའི་གཞུང་ལུགས་དེ་དགག་མི་ནུས་ཏེ་དེ་གཉིས་ལྟ་སྤྱོད་ཀྱི་གནད་མི་གཅིག་པས་ཕན་ཚུན་དེ་དང་དེ་ལ་ཚད་མར་མི་བྱེད་པའི་ཕྱིར། འོན་ཀྱང་གྲུབ་མཐའ་རང་རང་གི་ལུང་གིས་དེ་དང་འགལ་བའི་ཆོས་ལོག་སྨྲོད་ན་དགག་ནུས་ཏེ། དཔེར་ན་བྱེ་མདོ་གཉིས་ཉན་ཐོས་ཀྱི་གཞུང་

ལུགས་ཁས་ལེན་ཅིང་། དེ་ཡི་གནད་ཀྱིས་ཕྱིར་གྲུབ་མཐའ་འོག་མ་གཉིས་སུ་ཉན་ཐོས་ཀྱི་ལུང་དང་འགལ་བར་གྱུར་ན། དེ་ཡི་ལུང་གིས་དགག་པར་ནུས་སོ། །དེ་བཞིན་དུ་བཀའ་གདམས་པ་ལ་སོགས་པ་ཇོ་བོའི་རྗེས་འབྲང་དག་ཀྱང་། ཇོ་བོ་རྗེའི་གཞུང་ལུགས་ཚད་མར་ཁས་ལེན་ཅིང་། ཇོ་བོ་དེ་ཡི་ལུང་དང་འགལ་བར་གྱུར་ན། བཀའ་གདམས་པ་ལ་གནོད་པ་འབྱུང་བ་ཡིན། དེ་བཞིན་དུ་བོད་ཀྱི་ཕྱག་རྒྱ་བ་ཡང་ནི། ནཱ་རོ་པ་ལ་མོས་པ་དང་ཚད་མར་བྱེད་ཅིང་། ནཱ་རོ་པའི་གཞུང་དང་འགལ་བའི་ལྟ་སྒྲོད་བྱེད་པར་གྱུར་ན། ཕྱག་རྒྱ་བ་ལ་གནོད་པ་འབྱུང་བ་ཡིན། དེ་བཞིན་དུ་གསང་སྔགས་པར་ཁས་ཆེ་ཞིང་དེའི་ཉམས་ལེན་སྒྲོད་བཞིན་དུ། གསང་སྔགས་ཀྱི་རྒྱུད་སྡེ་རྣམས་དང་འགལ་བར་གྱུར་ན་དེའི་ཕྱིར། གསང་སྔགས་པ་ལ་གནོད་པར་འགྱུར། ཕ་རོལ་ཏུ་ཕྱིན་པའི་ལུགས་ཀྱི་ཉམས་ལེན་བྱེད་ཅིང་ཕར་ཕྱིན་པར་ཁས་ཆེས་པ་ལ། མདོ་སྡེ་རྣམས་དང་འགལ་བར་གྱུར་ན་ཕར་ཕྱིན་པ་ལ་དེ་ལ་ཅིའི་ཕྱིར་ན་མི་གནོད་དེ་གནོད་པར་འགྱུར་རོ། །དེ་བཞིན་བཀའ་གདམས་ལ་སོགས་ཀྱང་། ཞེས་སོགས་ཀྱི་སྐབས་སུ་རང་རང་གི་ལུང་ཁས་ལེན་པ་ལ་ལུང་དེ་དང་འགལ་ན་གནོད་པ་དེ་ཡི་དཔེར་བརྗོད་མདོ་ཙམ་ཞིག་ནི། ལེགས་པར་བཤད་དུ་ཡོད་པ་ཉིད་ཀྱིས་ན་ཉན་པར་གྱིས་ཤིག །ཇོ་བོ་རྗེས་མཛད་པའི་བདེ་མཆོག་དང་གསང་འདུས་ལ་སོགས་པའི་སྒྲུབ་ཐབས་མང་པོ་ཡོད་པས་གསང་སྔགས་སྒྲོད་པ་བཞིན་དུ། དེའི་རྗེས་འབྲང་གི་བཀའ་གདམས་པ་ཁ་ཅིག་གི་གསང་སྔགས་ཕན་ཡོན་ཆེ་ཡང་དུས་སྙིགས་མ་དམ་ཚིག་བསྲུང་བཀའ་བས་གསང་སྔགས་སྒྲོད་པའི་དུས་མིན་ནོ་ཞེས། སྨྲ་བ་ནི་ཇོ་བོའི་ལུགས་ཉིད་དང་། འགལ་བ་ཡིན་པར་ཤེས་པར་བྱ་སྟེ།

ཇོ་བོ་གསང་སྔགས་སྒྲོད་བཞིན་པ་དང་དངོས་སུ་འགལ་བའི་ཕྱིར་རོ། །སེམས་བསྐྱེད་ཀྱི་ཆོ་ག་ཇོ་བོའི་ལུགས་བྱེད་པ་ཁས་ལེན་ཅིང་། ཇོ་བོ་རྗེའི་གདན་ནས་མི་བཞེད་པའི། སེམས་ཙམ་ལུགས་ཀྱི་འཇུག་པ་སེམས་བསྐྱེད་སོར་སྡོམ་ལྡན་མིན་གྱི་སྐྱེ་བོ་ཀུན་ལ་བྱེད་པ་དང་། ཇོ་བོ་མི་བཞེད་པའི་དོན་དམ་སེམས་བསྐྱེད་ཆོགས་འདོགས་པར་བྱེད་པ་འདི་དག་ནི། ཕར་ཕྱིན་གྱི་གཞུང་གཞན་དང་འགལ་བ་སྒོམས་ཅི་དགོས། བཀའ་གདམས་རང་ལུགས་ཇོ་བོ་བཞེད་པ་དང་ཡང་འགལ་བ་ཡིན་སྟེ་དེ་ལྟ་བུ་ཇོ་བོའི་ཕྱག་ལེན་མ་ཡིན་པའི་ཕྱིར་རོ༑ །ནཱ་རོ་ཏ་པ་དབང་བསྐུར་དང་། རིམ་གཉིས་གསང་སྔགས་ཀྱི་ཆོས་ཀྱི་གཙོ་བོར་མཛད་དེ་ནཱ་རོའི་ཆོས་ཀྱི་རྩ་བ་ལྷ་དབང་བསྐུར། དམ་ཚིག་རིམ་གཉིས། སྤྱོད་པ། འབྲས་བུ་སྟེ་མན་ངག་ལྔ་ཞེས་བཞེད་པས་སོ། །དྭགས་པོ་སོགས་ནཱ་རོའི་བརྒྱུད་པ་འཛིན་བཞིན་དུ། དབང་དང་རིམ་གཉིས་མི་བསྒོམ་ཞིང་དེ་དག་མི་དགོས་ཞེས་འགོག་པ་ནི། རྒྱུད་སྡེ་དང་འགལ་བ་ལྟ་ཅི་སྨོས། རང་ལུགས་ནཱ་རོའི་རྒྱུད་འཛིན་དུ་ཁས་འཆེ་བ་དང་ཡང་འགལ་བ་ཡིན་ཏེ་ནཱ་རོའི་བཞེད་པ་དང་དངོས་སུ་འགལ་བའི་ཕྱིར་རོ། །རྡོ་རྗེ་ཕག་མོའི་བྱིན་རླབས་བརྡའི་སྨིན་བྱེད་ཀྱི་དབང་བཞི་དང་ན་རོ་ཆོས་དྲུག་གི་ཆོས་སྒོ་འབྱེད་པ་ནི། བླ་མ་མར་པ་ལྷོ་བྲག་པ་ལ་མེད་པ་ལ། དྭགས་པོ་མན་ཆད་མར་པའི་བརྒྱུད་པ་འཛིན་པའི་གཙོ་བོར་འདོད་བཞིན་དུ། ཕག་མོའི་ཕྱིན་རླབས་ཙམ་གྱིས་གསང་སྔགས་ཀྱི་ཆོས་སྒོ་འབྱེད་པ་འདི་ནི༑ རྒྱུད་སྡེ་དང་འགལ་བ་ལྟ་ཅི་སྨོས། མར་པ་རང་ལུགས་དང་ཡང་འགལ་བ་ཡིན་ཏེ་ལྟ་བུ་མར་པར་མེད་ཅིང་དེས་ཆོས་དྲུག

བསྒོམ་པ་ལ་བདེ་མཆོག་སོགས་ཀྱི་དབང་བསྐུར་མཚན་ཉིད་པ་དགོས་པར་བཞེད་པ་དང་དངོས་སུ་འགལ་བའི་ཕྱིར། ན་རོ་ཆོས་དྲུག་ཞེས་བྱའི་ཁྲིད། རྗེ་བཙུན་མི་ལ་ཡན་ཆད་ལ་གཙོ་བོར་མཛད་ཅིང་དེ་ལས་གཞན་ལམ་འབྲས་ལ་སོགས་པ་གཙོ་བོར་མེད་པ་ལ། དེང་སང་ཆོས་དྲུག་སྨྲ་ཧི་བཞིན་པ་བོར་ནས་ལམ་འབྲས་དང་། ཕྱག་རྒྱ་ཆེན་པོ་ཞི་བྱེད་རྫོགས་ཆེན་ལ་སོགས་པ་པཎ་གྲུབ་གཞན་གྱི་གདམས་ངག་མང་པོ་བསྲེས་ནས་བསྒོམ་བཞིན་དུ། ན་རོའི་རྒྱུད་པ་འདེད་བྱེད་ཅིང་དེའི་བརྒྱུད་འཛིན་ཁོ་ནར་འདོད་པ་འདི་ནི། རྒྱུད་མན་ངག་སོགས་ཆོས་ལུགས་གཞན་དང་འགལ་བ་ལྟ་ཅི་སྨོས། རང་ལུགས་དང་ཡང་འགལ་བ་ཡིན་ཏེ།

ཆོས་དྲུག་ལ་གཞན་བསྲེས་པས་ཆོས་དྲུག་གཙང་མར་མི་འགྱུར་བའི་ཕྱིར་རོ། །བྲག་དཀྱིལ་སོགས་གཏེར་ནས་བྱུང་བའི་གླེགས་བམ་དང་། གཞན་གྱི་གདམས་ངག་སོགས་བརྒྱུད་པ་གཞན་ནས་བརྐུས་པའི་ཆོས་ལུགས་དང་། རང་གིས་རྟོག་བློས་བརྩམས་པའི་ཆོས་དང་ནི་ལྷ་དང་བླ་མ་སོགས་ཀྱིས་རྨི་ལམ་དུ་བསྟན་ཞེས་པའི་ཆོས་དང་གློ་བུར་དུ་བློ་བཟུང་མ་ཡི་ཆོས་ལུགས་ལ་རྡོ་རྗེ་འཆང་ལ་བརྒྱུད་པ་སྙེགས་ཅིང་། རང་ཉིད་ལ་སློབ་དཔོན་གྱི་ལུང་མེད་པ་དེ་ལའང་གཞན་སློབ་མ་དག་ཁ་ཆོས་ཀྱི་ལུང་ལེན་པ་འདི་ནི། ཆོས་དང་འགལ་བ་ལྟ་ཅི་སྨོས། རང་ཚིག་དང་ཡང་འགལ་བ་ཡིན་ཏེ། གཏེར་ནས་བྱུང་བ་དང་བརྐུས་པའི་ཆོས་ལུགས་དེ་སོགས་རྡོ་རྗེ་འཆང་ནས་མ་བརྒྱུད་པ་དང་ལུང་རྒྱུན་མེད་པ་དངོས་སུ་འགལ་བའི་ཕྱིར། གལ་ཏེ་བཤད་མ་ཐག་པ་འདི་འདྲའི་རིགས་ཅན་གྱི། འགལ་བ་གཞན་ཁས་ལེན་པ་ལུང་རིགས་མན་ངག་ལ་སྣང་བར་གྱུར་ན་ཡང་ནི། སུན་དབྱུང་ཚུལ་སྔར་བཤད་པ་དེ་ཡི་རིགས་སུ་ཤེས་པར་བྱ་སྟེ། རིགས་བསྒྲེ་བས་ཆོག་པས་སོ། །མདོར་ན་སངས་རྒྱས་ཀྱིས་གསུངས་པའི་ཆོས་དང་འགལ་བ་ཡི། ཆོས་ཞིག་ལུགས་གང་ན་འདུག་ན་ཡང་། ལུང་དང་རིགས་པས་སུན་ཕྱུང་ཤིག་སྟེ། སུན་མ་ཕྱུང་ན་འགོ་བའི་ནད་བཞིན་དུ་ཆོས་ལུགས་ནོར་བ་དེ་རིགས་མང་དུ་འཕེལ་ཏེ་བསྟན་པ་ལ་གནོད་པའི་ཕྱིར། གལ་ཏེ་མུ་སྟེགས་པའམ་ལ་སོགས་པ་འདི་བ་ཡིན་ཀྱང་རུང་སྟེ་ལུང་དེ་ཁས་མི་ལེན་པ་དང་ཆོས་འདི་ལུང་དང་འགལ་ཡང་ནི་ཆོས་རྣམ་དག་ཡིན་ཏེ་ངེད་ཅག་གི་བླ་མའི་བཀའ་སྲོལ་ཡིན་པའི་ཕྱིར་ཞེས་ཟེར་བ། དེ་དག་གི་ལུང་དེ་མི་ལེན་ཡང་། རྩ་བའི་བརྒྱུད་པ་ཐོག་མ་དེ་གང་ཡིན་དྲིས་ལ། རིག་བྱེད་བཞི་ལ་སོགས་པ་ལྟར་གདོད་ནས་ཆོས་དེ་ཡོད་ན་ནི་དེ་ཆོས་ཅན། འཁྲུལ་པ་ཡིན་ན་ཡང་མཁས་པས་ཁྱོད་ཀྱི་རང་བཟོ་ཡིན་ཞེས་བཀག་རྒྱུ་མེད་ཅིང་ཤེས་ན་རིགས་པས་སུན་དབྱུང་དགོས་མི་ཤེས་ན་ཁོང་ཁྲོ་སྤངས་ནས་བཏང་སྙོམས་སུ་བྱ་སྟེ། སེམས་ཅན་ལས་ངན་སྤྱོད་པ་ལ། སངས་རྒྱས་ཀྱིས་ཀྱང་ཅི་བྱར་ཡོད་དེ་མེད་པས་སོ། །གལ་ཏེ་རྩ་བའི་བརྒྱུད་པ་ལ་གདོད་ནས་མེད་པའི་ཆོས་ནོར་བ། གློ་བུར་དུ་བྱུང་བ་ཞིག་ཡིན་ན་ནི་དེ་ཆོས་ཅན། རྟེན་ཤྲིས་མུ་སྟེགས་དབྱངས་ཅན་དགའ་བ་སུན་དབྱུང་བ་བཞིན་ཀུན་གྱིས་རང་བཟོར་གོ་བ་ཡིན་པའི་ཕྱིར། སངས་རྒྱས་པའམ་མུ་སྟེགས་བྱེད། སུ་ལ་འདུག་ཀྱང་འཁྲུལ་བར་སྒྲགས་ཏེ་དོར་བྱ་ཡིན་ནོ། །

ངེད་ས་སྐྱ་པ་ལའང་མདོ་རྒྱུད་ནས་མ་གསུངས་ཤིང་ལུང་རིགས་ཀྱིས་མི་གྲུབ་པའི་རང་བཟོ་འདི་འདྲ་འདུག་ན་ནི། གཟུ་བོར་གནས་པའི་མཁས་པ་རྣམས་ཀྱིས་བཞད་གད་ཀྱིས་ལ་དོར་བ་ལ་བརྩོན་ཞིག །གལ་ཏེ་འཇིག་རྟེན་ན་རྒྱལ་པོའི་ཁྲིམས་ཡོད་ན། བསྟན

པ་དཀྲུག་ནས་ཆོས་ལོག་བྱེད་མི་དེ་ཆད་པས་བཅད་པའི་འོས་ཡིན་ནོ། །རྒྱ་མཚན་ཆེ་འདིའི་དགོས་པ་ཆུང་ངུ་ནོར་ལ་ཐོག་ཚོང་བྱས་པ་ལའང། རྒྱལ་པོའི་ཁྲིམས་ལ་ཐུག་པར་གྱུར་ན་དེ་གང་ཞིག །སྐྱེ་བ་གཏན་གྱི་དགོས་པ་ཆེན་པོ་ཆོས་ལ་ལོག་པ་དང་བརྫུན་མས་རང་བཟོར་སྒྱུར་བ་ལ། རྒྱལ་པོའི་ཁྲིམས་ལ་ཅིས་མི་ཐུག་སྟེ་རིགས་པའི་ཕྱིར་ཏེ་ཆོས་རྒྱལ་ཐམས་ཅད་ཀྱི་ཆོས་ཁྲིམས་དང་དགྲ་བཅོམ་ཐམས་ཅད་ཀྱིས་བཀའ་བསྡུ་མཛད་པའི་དགོས་པ་དེ་ཡིན་ནོ། །མདོ་རྒྱུད་ལ་མ་སྦྱངས་པའི་བླུན་པོ་འཁོར་མང་འདུས་ནས་མཁས་པར་འཆོས་པ་འགའ་ཞིག །ལྟ་སྒོམ་སྤྱོད་གསུམ་དང་ལས་དང་པོ་བ་དང་བརྟན་པ་ཐོབ་པའི་འཕགས་པ་སོགས་ལུང་གི་བརྗོད་དོན་གང་ལ་འཇུག་གི་གནས་སྐབས་མི་ཤེས་པར། ང་ལ་ཤེས་བྱེད་ཀྱི་ལུང་ཡོད་ཅེས་མདོ་རྒྱུད་ཀྱི་ལུང་གར་བབས་སུ་སྦྱོར་བར་བྱེད་ཅིང་གྱི་ཚོམ་དུ་སླུ་བ་མང་མོད་ཀྱི། དེ་འདྲ་དེ་ནི་བླུན་པོའི་ཁ་ཤགས་འགའ་ཞིག་དགྲ་བོའི་གྲོགས་སུ་འགྲོ་བ་ལྟར། རང་ལ་ཕན་གནོད་གང་དུ་གང་དུ་འགྲོ་བ་མི་ཤེས་ཏེ་རང་གིས་སླུ་བ་བྱེད་ཀྱི་ལུང་དྲངས་པ་རང་ལ་མི་ཕན་ཞིང་གཞན་གྱི་ཤེས་བྱེད་དུ་འགྲོ་བའང་སྲིད་པས་སོ། །

ལུང་གི་སྐབས་སོ་སོ་ཡིན་པ་དཔེར་མཚོན་ན་དཀོན་མཆོག་གསུམ་ལ་ཕྱག་དང་མཆོད་པ་འབུལ་མི་དགོས་པ་དང་། སྦྱིན་དང་ཚུལ་ཁྲིམས་སོགས་ཕར་ཕྱིན་མི་དགོས། བརྟག་གཉིས་ལས། སྒོམ་པ་པོ་མེད་བསྒོམ་པའང་མེད། །ལྷ་མེད་སྔགས་ཀྱང་ཡོད་མ་ཡིན། །ཞེས་པ་ལྟར། བསམ་པ་སེམས་བསྐྱེད་པ་དང་སྨིན་བྱེད་དབང་བསྐུར་བྱ་མི་དགོས། སེམས་གནས་པའི་བསམ་གཏན་ལ་སྒོམ་པ་གསུང་རབ་ལ་གློག་པ་འདིར་མི་དགོས། རིན་ཕྲེང་ལས་སྡིག་དང་བསོད་ནམས་བྱ་བ་འདས། ཞེས་པ་ལྟར་དགེ་བ་དང་སྡིག་པ་གཉིས་ཀ་མེད། དབུ་མ་ཤེས་རབ་ལ་འཇུག་པ་ལས། ཀུན་རྫོབ་མེད་ན་དོན་དམ་མེད། །སངས་རྒྱས་མེད་ན་སེམས་ཅན་མེད། །ལྟ་བ་མེད་ཅིང་སྒོམ་པ་མེད། །འབྲས་བུ་མེད་ཅིང་སྤྱོད་པ་མེད། །ཅེས་པ་ལྟར་སངས་རྒྱས་དང་སེམས་ཅན་ཡོད་པ་མིན་པ་ལ་སོགས། འདི་འདྲ་གསུངས་པའི་ལུང་རྣམས་ཀུན་ནི། ལྟ་བའི་སྐབས་ཀྱི་ལུང་ཡིན་གྱི་སྒོམ་པ་དང་། སྤྱོད་པ་གཉིས་ཀྱི་ལུང་མ་ཡིན་ཏེ། ལུང་དེ་དག་སྒོམ་པ་དང་སྤྱོད་པ་ལ་སྦྱར་དུ་མི་རུང་བའི་ཕྱིར། ཕྱག་ཆེན་ཐིག་ལེར། དབང་མེད་པ་ལ་དངོས་གྲུབ་མེད། །ཅེས་པ་ལྟར་དབང་མེད་པ་ལ་དངོས་གྲུབ་མེད་པར་གསུངས་པ་དང་། འདུལ་བར། ཚིག་ལས་འདས་ན་ལས་མི་ཆགས་སོ་ཞེས་པ་ལྟར་ཚིག་འཁྲུགས་ན་ལས་མི་འཆགས་པ་དང་། སྡོམ་གསུམ་གྱི་བསླབ་བྱ་ལ་ལོག་པར་སྤྱོད་ན་ལྟུང་བ་འབྱུང་ཤིང་། རྒྱུད་སྡེ་སོ་སོའི་ལྷ་བསྒོམ་འཁྲུལ་ན་བྱིན་གྱིས་མི་རློབས། རྡོ་རྗེ་སྙིང་པོ་རྒྱན་གྱི་རྒྱུད་ལས། དག་པས་ཆོས་ལ་སོམ་ཉི་བྱེད་ཅེས་པ་ལྟར་ཐེ་ཚོམ་ཟ་ན་ཉེས་པ་སྐྱེ། ཞེས་སོགས་གསུངས་པ་དེས་ན་ཆོ་ག་ཅི་བྱེད་ཀྱང་ཤིན་ཏུ་དག་པར་བྱ་དགོས་སོ་ཞེས་པ། དེ་འདྲའི་ལུང་ཀུན་ནི་སྤྱོད་པ་དང་། བསྒོམ་པ་གཉིས་ཀྱི་ལུང་ཡིན་གྱི་ལྟ་བའི་སྐབས་མིན་ཏེ་དོན་དམ་ལྟ་བའི་ཚེ་དབང་དང་ཚིག་སོགས་ཀྱི་རྣམ་གཞག་མེད་པའི་ཕྱིར། གཞན་ཡང་ལུང་སྦྱོར་བྱེད་པ་ལ། འཇིག་རྟེན་པ་དང་འཇིག་རྟེན་ལས་འདས་པའི་གནས་སྐབས་རྣམ་པ་གཉིས་སུ་ཡོད་པ་ལས། རྒྱུད་ལས་དབང་འབད་ནས་ཞུ་བ་དང་དམ་ཚིག་སྡོམ་པ་ལྷ་བསྒོམ་པ་སོགས། འབད་ནས་བསྒྲུབ་པ་དང་དགེ་སྡིག་བླང་དོར་ཚུལ་བཞིན་དུ་བྱེད་པར་གསུངས་པ་རྣམས་ནི། འཁོར་བའི་རྒྱ་མཚོ་ལས་མ་བརྒལ་བའི། འཇིག་རྟེན་པ་ལ་གསུངས་པ་ཡིན་ཏེ་ཆོས་ཉིད་དོན་དམ་པའི་བདེན་པ་མངོན་སུམ་དུ་མཐོང་བ་རྣམས

ལ་འབད་ནས་བསླབ་མི་དགོས་པའི་ཕྱིར་རོ། །བརྟག་གཉིས་ལས། བསླབ་དང་དབང་ལས་རྣམ་པར་གྲོལ། ཞེས་པ་ལྟར་དབང་དང་དམ་ཚིག་སོགས་བསྲུང་མི་དགོས་པ་དང་། རྡོ་ཤིང་འཛེམ་པའི་བདག་ཉིད་ཀྱི། །ལྷ་འདི་རྣམས་ལ་ཕྱག་མི་བྱ། །ཞེས་པ་ལྟར་སྒྲིབ་པ་སྦྱོང་བའི་ཕྱག་དང་མཆོད་པ་ཀུན་ལས་གྲོལ། སྔགས་དང་བསམ་གཏན་རྣམ་པར་སྤང་། །དམ་ཚིག་སྡོམ་ལས་རྣམ་པར་གྲོལ། །ཞེས་པ་ལྟར། བསམ་གཏན་ནམ་ཏིང་ངེ་འཛིན་སྒོམ་པ་ཀུན་སྤངས་ཏེ། ཉམས་ལེན་གྱི་ལམ་ཀུན་ཆུ་བརྒལ་ཟིན་པའི་གཟིངས་བཞིན་དོར་བར་བྱ་ཞེས། གསུངས་པ་རྣམས་ནི་འཁོར་བའི་རྒྱ་མཚོ་ལས། བརྒལ་ཟིན་པའི་འཕགས་པའི་གང་ཟག་རྣམས་ལ་གསུངས་ཏེ་སོ་སྐྱེ་རྣམས་ལ་ནི་དམ་ཚིག་སྡོམ་པ་བསྲུངས་ཚུལ་ཉམས་པ་ཕྱིར་བཅོས་ཚུལ་ལས་སྒྲིབ་པ་སྦྱོང་བའི་ཐབས་ཕྱག་མཆོད་སོགས་མང་དུ་གསུངས་པས་སོ། །སྔར་བཤད་པའི་ལྟ་སྒོམ་སྤྱོད་པ་སོགས་དེ་འདྲའི་གནས་སྐབས་ཤེས་ནས་དེ་ལྟར་ཤེས་པའི་མཁས་པས་ནི། ལྟ་བ་སོགས་དེ་དང་འཚམ་པའི་ལུང་སྦྱོར་བྱ་སྟེ། དེ་ལ་འཁྲུལ་བ་འབྱུང་བའི་གནས་མེད་པའི་ཕྱིར་རོ། །ལྟ་སྒོམ་སོགས་སོ་སོའི་སྐབས་མི་འདྲ་བ་དེ་འདྲའི་རྣམ་གཞག་མི་ཤེས་པའི་བླུན་པོས། ལུང་སྦྱོར་བྱེད་པ་ནི་མཁས་པའི་བཞད་གད་ཀྱི་གནས་ཡིན་ཏེ་ཚུལ་དེ་ལ་འཁྲུལ་བ་འབའ་ཞིག་འབྱུང་བའི་ཕྱིར་རོ། །མིག་ལྡན་ཇི་ལྟར་ལམ་ནོར་ཡང་ལམ་བདེ་མི་བདེའི་ཁྱད་པར་ཙུང་ཟད་མ་གཏོགས། གཡང་སར་གོལ་བ་འཛེག་མི་སྲིད་པ། དེ་བཞིན་མཁས་པའི་ལུང་སྦྱོར་བྱེད་པ་དེ་ལ་ནི་དོན་གྱིས་འཁྲུལ་བ་མི་འབྱུང་བ་གྲུབ་སྟེ། མཁས་པ་འཁྲུལ་ན་ཡང་ཚིག་གི་ཆ་ཕྲན་བུ་མ་གཏོགས་སངས་རྒྱས་བསྟན་ལས་འདའ་བར་མི་ནུས་པའི་ཕྱིར་རོ། །མིག་མེད་གལ་ཏེ་ལམ་ནོར་ན། གཡང་སར་མཆོངས་ནས་ལྟུང་བར་འགྱུར། དེ་བཞིན་བླུན་པོའི་ལུང་སྦྱོར་བྱེད་པ་དེ་ལ་ནི་འཁྲུལ་ཚབས་ཆེ་བར་གྲུབ་སྟེ། བླུན་པོ་འཁྲུལ་གྱུར་ན། བརྡ་ཆད་ཆེར་མ་ཆགས་པའི་སྐྱོན་གྱིས་སངས་རྒྱས་བསྟན་ལས་འདས་ཏེ་ཕྱིན་ཅི་ལོག་ཆེན་པོར་ལྷུང་བའི་ཕྱིར་རོ། །

དཔེ་གཞན་ཡང་ཆག་ཚད་ཤེས་པའི་བཟོ་པ་ནི། རིང་ཐུང་བྱུང་ཡང་སོར་གང་སོར་ཕྱེད་ཙམ་ཡིན། ཆག་ཚད་མེད་ཅིང་མི་ཤེས་པའི་བཟོ་འགའ་ཞིག །ཉེས་ན་ཀུན་གྱིས་བཞད་གད་ཀྱི་གནས་སུ་འགྱུར་བ་དེ་བཞིན་དུ་གཞུང་ལུགས་ཤེས་པའི་མི་ནི་ལུང་སྦྱོར་སོགས་འཁྲུལ་ཡང་ཚིག་དོན་ཙུང་ཟད་ཡིན། གཞུང་ལུགས་གང་ཡང་མི་ཤེས་པའི་སྒོམ་ཆེན་བླུན་པོ་རྣམས་འཁྲུལ་ན་བསྟན་པ་འཇིག་ལ་ཐུག་སྟེ། དགེ་སྡིག་མེད་པ་ལྟར་གསུངས་པ་སོགས་ལྟ་བའི་ལུང་སྦྱོར་ཡིན་པ་མ་ཤེས་པར་སྤྱོད་པ་ལ་སྦྱར་བའི་སྐྱི་ཙམ་ནས་བཤད་ན་དགེ་སྡིག་བླང་དོར་འགོག་པར་གྱུར་ཞིང་། །སྤྱོད་པའི་ལུང་རྒྱུ་མཚན་དུ་བྱས་ནས་ལྟ་བ་བཀག་ན་ཐམས་ཅད་རྟག་མཐར་འགྱུར་བ་སོགས་ཉེས་དམིགས་ཆེན་པོ་འབྱུང་བའི་ཕྱིར་རོ། །མཁས་བླུན་གྱི་ཁྱད་པར་དེས་ན་སངས་རྒྱས་བསྟན་པ་བཞིན། སྒྲུབ་པ་འདོད་ན་ནི་མདོ་རྒྱུད་ལ་དཔྱད་ནས་གཞུང་བཞིན་བྱ་སྟེ་མདོ་རྒྱུད་དང་མ་འདྲེས་པའི་ཆོས་ནི་མཁས་པས་ཚད་མར་བྱ་མི་རུང་བའི་ཕྱིར། དཔེར་ན་མིག་མངས་ཀྱི་རྡེའུ་དཀར་ནག་རིགས་མཐུན་གྱི་རྒྱ་དང་མ་འབྲེལ་ན་རྡེའུ་མང་ཡང་ཤེ་རོ་ཡིན། དེ་བཞིན་དུ་ཉན་ཐོས་པ་འདུལ་བ་དང་ཕར་ཕྱིན་པ་མདོ་སྡེ་དང་གསང་སྔགས་པ་རྒྱུད་སྡེའི་ཁྲུངས་དང་མ་འབྲེལ་བའི། ཆོས་ལུགས་མང་ཡང་རོ་དང་འདྲ་སྟེ་འབྲས་བུ་བསྒྲུབ་པ་ལ་ཕན་ཐོགས་པའི་སྙིང་པོ་མེད་པའོ། །བོད་འདིར་ཟབ་ཆོས་ཡི་གེར་བཀོད་པ་ཡིན་ཟེར་བའི་སྐད་བརྒྱད་དང་ནི་སློབ་མ་གཅིག་ལས་མང་བར་མི་སྟོན་

པའི་ཚིག་བརྒྱུད་བཀའ་རྒྱ་མ་ཉིད་དུ། གྲགས་པའི་མན་ངག་གི་ཆོས་ལུགས་མང་དུ་ཡོད་པ་དེ་ལ་ཡང་ནི་མ་བརྟག་པར་འཇུག་པ་མི་བྱ་སྟེ། རྒྱུད་དང་མཐུན་ཞིང་བླ་མ་གོང་མ་རིམ་ཅན་ལས་བརྒྱུད་པ་ཡིན་ན་བླང་དུ་རུང་ཤིང་། དེ་ལྟར་མིན་ན་ཉོག་བཅོས་མཁན་གྱིས་སྙན་བརྒྱུད་ཚིག་བརྒྱུད་དུ་མིང་བཏགས་ནས་གཞན་མགོ་བསྐོར་བའི་བརྫུན་གྱི་སྡེབ་སྦྱོགས་བྱས་པ་ཡིན་པའི་ཕྱིར་རོ། །དེ་བཞིན་དུ་གང་ཟག་འགའ་ཞིག་ལ་རྨི་ལམ་གྱི་ནི་གནས་སྐབས་སུ་མ་དང་མཁའ་འགྲོས་སྟོན་པ་ཡིན་ཟེར་བའི་ཆོས་ལུགས་དང་། སངས་རྒྱས་སྐུ་མདོག་ཕྱག་མཚན་འདྲ་བྱས་པའི་ཞལ་མཐོང་གི་ནི་ཡི་དམ་གྱི་ལྷ་དང་རྣལ་འབྱོར་ཉམས་དབྱངས་ལ་སོགས་པ། འདི་དག་ལ་ཡང་ནི་བརྟག་དཔྱད་བྱ་སྟེ་མདོ་རྒྱུད་རྣམ་དག་དང་མཐུན་མི་མཐུན་བརྟག་ལ་མཐུན་ན་ཉམས་སུ་བླངས་ཀྱང་སྐྱོན་དུ་འགྱུར་བར་མེད་ཅིང་། མདོ་རྒྱུད་ཀུན་དང་མི་མཐུན་ན། བདུད་ཀྱི་བྱིན་རླབས་ཡིན་ནོ་ཞེས་བྱ་བ་སར་ཕྱིན་གྱི་བདུད་ལས་སྟོན་པར་འདི་འདྲ་འབྱུང་བ་ཡིན་ནོ་ཞེས་བཤད་ཟིན་པའི་ཕྱིར་རོ། །དེ་དག་བླ་མའི་སྣང་བས་ཉམས་སུ་ལེན་དགོས་སོ་ཞེ་ན། དེ་དག་སྟོན་པའི་བླ་མའང་མཚན་ཉིད་ལྡན་མི་ལྡན་བརྟག་དཔྱད་བྱ་དགོས་སོ། །བླ་མ་དེས་བཤད་སྒྲུབ་ཐམས་ཅད་མདོ་རྒྱུད་དང་མཐུན་པར་མཛད་ན། དེ་ནི་བླ་མ་ཡིན་པར་བཟུང་ཤིང་ཅིག་ཏུ་ཉམས་སུ་བླངས་བས་ཆོག་མོད། སངས་རྒྱས་བསྟན་པ་མདོ་རྒྱུད་བཞིན་མི་གསུངས་ན། བླ་མར་བྱས་ཟིན་པ་ཡིན་ཡང་དེའི་གསུང་ཚད་མར་གཟུང་བ་བཏང་སྙོམས་སུ་བཞག་བྱ་ཡིན་པའི་ཕྱིར་རོ། །

སྙན་བརྒྱུད་སོགས་མདོ་རྒྱུད་དང་མི་མཐུན་ན་དོར་བྱ་ཡིན་པ་དེས་ན་རྨི་ལམ་དུ་སྣང་བའི་ཆོས་ལུགས་དང་། འགའ་ཞིག་ལ་ཞལ་གཟིགས་པ་ཡི་ཡི་དམ་གྱི་ལྷ་དང་། རང་ལ་ལུང་བསྟན་མཛད་པའི་སངས་རྒྱས་དང་། རང་གི་རྩ་བའི་བླ་མའི་གསུང་སྒྲོས་ལ་སོགས་པ་བཟང་ངན་གང་ཡིན་ཡང་ནི། སངས་རྒྱས་ཀྱི་གསུང་དང་མཐུན་མི་མཐུན་མ་དཔྱད་པར་ནི་གཏམ་ཚོལ་དུ། ཚད་མ་ཡིན་ཞེས་གཟུང་བར་མི་བྱ་སྟེ། རྨི་ལམ་གྱི་ཆོས་ཞལ་གཟིགས་ཀྱི་ལྷ་སོགས་འདི་འདྲ་བདུད་ཀྱི་བྱིན་རླབས་ལས། འབྱུང་བ་སྲིད་པར་རྒྱལ་བས་ཤེར་ཕྱིན་སྟོང་ཕྲག་ཉིར་ལྔ་པ་སོགས་ལས་གསུངས་པའི་ཕྱིར་ཏེ། སྡུད་པར། མིང་གི་བཞི་ལས་བདུད་ནི་ཉེ་བར་འོང་གྱུར་ན། །འདི་སྐད་སྨྲ་སྟེ་འདི་ནི་ཁྱེད་དང་ཕ་མ་དང་། ཁྱེད་ཀྱི་བདུན་མེས་རྒྱུད་ཀྱི་བར་གྱི་མིང་ཡིན་ཞིང་། །གང་ཚེ་ཁྱེད་ནི་སངས་རྒྱས་གྱུར་པའི་མིང་འདི་ཡིན། །སྦྱང་སྡོམ་རྣལ་འབྱོར་ལྡན་པ་ཅི་འདྲ་འབྱུང་གྱུར་ལ། ཁྱོད་སྔོན་ཡོན་ཏན་ཚུལ་ཡང་འདི་འདྲ་འདྲ་བོ་ཞེས་བརྗོད། །དེ་སྐད་གང་ཐོས་བློ་ཆུང་བྱང་ཆུབ་སེམས་དཔའ་རྣམས། །བདུད་ཀྱིས་ཡོངས་སུ་བསླད་ཅིང་བློ་ཆུང་རིག་པར་བྱ། །ཞེས་སོགས་ཡུམ་ལས་ཀྱང་རྒྱས་པར་གསུངས་སོ། །རྨི་ལམ་གྱི་ཆོས་ལུགས་སོགས་བརྟག་དཔྱད་མ་བྱས་པར་ཚད་མར་གཟུང་མི་རིགས་པ་བཤད་ཟིན་པ་དེས་ན་སངས་རྒྱས་ཀྱི་བསྟན་པ་མཆོག་ལ་གཉིས་ཡོད་པའི་དྲང་དོན་བོར་ལ། ངེས་དོན་གྱི་མདོ་རྒྱུད་རྣམས་ནི་ཚད་མ་ཡིན་པར་བཟུང་ངོ་། །ཡང་ན་དངོས་པོ་སྟོབས་ཞུགས་ཀྱི། རིགས་པ་མཐོན་རྗེས་སོགས་ཀྱིས་གྲུབ་པའི་བླ་མའི་མན་ངག་རྣམས་ཚད་མར་བཟུང་བར་བྱ་སྟེ་ཉམས་ལེན་གྱི་གནད་ཕྱིན་ཅི་མ་ལོག་པ་ཡིད་བརྟན་དུ་རུང་བ་དེ་དག་ལས་ཤེས་པར་འགྱུར་བའི་ཕྱིར། སྐྱེས་བུ་རྫུན་མས་སྦྱར་བ་ཡི། མདོ་རྒྱུད་དུ་མིང་བཏགས་པ་ནི་ཚད་མར་བཟུང་བར་མི་བྱ་སྟེ།

རྫུན་མས་སྦྱར་བ་ནི་དཔེར་ན་ཀོའུ་ཤི་ཀིའི་མདོ་དང་ནི། དེ་བཞིན་འཕགས་པ་ཤིག་ཅན་གྱི་མདོ་དང་། བློ་གྲོས

བཟང་མོ་ཆུང་ངུ་དང་སྟོང་རྒྱན་ལྡོན་ཤིང་སྟང་བརྒྱད་སོགས། བོད་ཀྱིས་སྦྱར་བའི་མདོ་སྡེ་ཡིན་པའི་ཕྱིར་དང་། གཞན་ཡང་གསང་སྔགས་གསར་མ་ལ་ལམ་ལྷ་བཀོལ་བ་དབང་བསྐུར་རྒྱལ་པོའི་རྒྱུད་གཉིས་མེད་རྣམ་རྒྱལ་ལ་སོགས་པ་དང་རྙིང་མ་ལའང་ཀུན་བྱེད་རྒྱལ་པོ་ཁྲག་འཐུང་རོལ་བ་ཞི་ཁྲོ་སྒྱུ་འཕྲུལ་མདོ་དགོངས་བསྡུས་ལ་སོགས་པ་བོད་ཀྱིས་སྦྱར་བའི་རྒྱུད་སྡེ་མང་དུ་ཡོད་པའི་ཕྱིར་རོ། །དེ་འདྲའི་རིགས་ཅན་རང་བཟོའི་མདོ་རྒྱུད་ལ་ཚད་མར་བྱས་ནས་ཐོས་བསམ་བྱེད་པ་ནི་བླ་གྲོས་གྲོན་དུ་འགྲུར་བས་མཁས་པས་ཡིད་བརྟན་མི་བྱའོ། །གཙུག་ཏོར་ནག་མོ་བྱ་ཁྱུང་བསམ་ཡས་མ་ལ་སོགས་པ། བོད་ཀྱི་ལྷ་འདྲེས་སྦྱར་བ་ཡིན་པས་དེ་འདྲ་ཡོད་པ་དེ་དག་ལ་འཕྲུལ་ལ་ནད་གདོན་ཞི་བ་སོགས་ཀྱི་བྱིན་བརླབས་ཙུང་ཟད་འབྱུང་མོད་འོན་ཀྱང་མཁས་པས་ཚད་མར་བྱར་མི་རུང་ངོ་། །དེར་མ་ཟད་ལྷ་མོ་གནས་མཁར་མ་དང་ནམ་མཁའ་ལྡིང་གི་རྟོགས་པ་ལ་སོགས་པ། མུ་སྟེགས་བྱེད་ཀྱིས་བྱས་པའི་རྒྱུད་ཀྱང་ཡོད། བརྗོད་དོན་ཙུང་ཟད་བདེན་པ་ཡོད་མོད་ཀྱི་འོན་ཀྱང་དེ་ལའང་ལུང་ཚད་མ་ཉིད་དུ་བྱར་མི་རུང་སྟེ་མུ་སྟེགས་ཀྱིས་བྱས་པའི་རྒྱུད་ཡིན་པའི་ཕྱིར། དེ་ཡི་འཐད་པ་རྒྱུད་བླ་མར། མགོན་པོ་བྱམས་པས་འདི་སྐད་གསུངས་ཏེ། མ་རིག་པའི་ལིང་ཐོག་གིས་ཤེས་རབ་ཀྱི་མིག་ལྡོང་བའི་མུ་སྟེགས་པ་རྣམས་ལའང་། ཤིང་ལ་སོགས་པར་སྲིན་བུའི་བཀྲོས་པའམ་ཟོས་པའི་ཡི་གེའི་འབྲུ་འདྲ་བ་ཡི་ཚུལ་བཞིན་དུ། ཙུང་ཟད་བདེན་པ་འདྲ་བ་ཡོད་མོད་ཀྱི། འོན་ཀྱང་ཡིད་བརྟན་མི་བྱ་གསུངས། འདི་ད་ལྟའི་རྒྱུད་བླ་རྩ་འགྲེལ་ཡོངས་གྲགས་ལ་མེད་ཀྱང་མར་པ་སྒྲིན་འགྲོ་བའི་བསྒྱུར་དུ། །དེ་ཡང་དུང་སྟོང་བཀའ་བཞིན་སྤྱི་བོས་བླངས། །ཞེས་པའི་མཇུག་ཏུ། མ་རིག་གདོང་རྣམས་ཀྱི་ཀུང་སྲིན་བུའི་ཡིག་འདྲ་མུ་སྟེགས་བསྟན་བཅོས་སུའང་། དོན་ལྡན་ཆོས་ལྡན་ཁམས་གསུམ་ཉོན་མོངས་ཟད་བྱེད་བརྗོད་གྱུར་གང་ཡིན་དང་། །འཇིག་རྟེན་སོ་སོའི་ལེགས་བཤད་གང་དེའང་བློ་ལྡན་དྲང་སྲོང་བཞིན་འཛིན་ན་གསུངས་གང་ཟག་མེད་བློ་མངའ་རྣམས་ཀྱི་ཞལ་ནས་འབྱུང་བ་སློས་ཅི་དགོས། ཞེས་འབྱུང་ཞིང་། རྟོག་ལྡེའི་རྒྱུད་ཊཱིཀྐ་ལས་འདི་གཞུང་གཞན་དུ་འབྱུང་བ་བཤད་ཅིང་། ཕྱ་པའི་ཊཱིཀར་འབྲུ་བསྡོན་ཙམ་མཛད། བཅོམ་རལ་གྱི་རྒྱུད་ཊཱིཀྐ་ལས། ཁ་ཆེའི་ཡུལ་གྱི་རྒྱ་དཔེ་རྣམས་ལས་འདི་འབྱུང་ངོ་ཞེས་བཀོད་ནས་འབྲུ་བསྡོན་མཛད་པ་སྣང་ངོ་། །རིང་བསྲེལ་དང་ནི་ཐུགས་དང་ལྟུགས་སྒྱུན་གསུམ་བྱོན་པ་དང་། ལྷ་ཡི་སྐུ་གཟུགས་ཡིག་འབྲུ་ལ་སོགས་པ་ཤི་བའི་རུས་པ་ལས། འབྱུང་བའི་རྒྱུ་མཚན་ཡང་ནི་ཙུང་ཟད་དཔྱད་པར་བྱ་སྟེ་བཟང་ངན་བརྟག་རྒྱུ་མཆོས་པ་གསུམ་དུ་ཡོད་པའི་ཕྱིར། །དེ་ཡང་ཐེག་པ་གསུམ་གྱི་འཕགས་པ་གསུམ་གྱི་རིང་བསྲེལ་ནི། བདེན་པ་མཐོང་བ་སོགས་ཡོན་ཏན་གྱི་སྟོབས་ཀྱིས་འབྱུང་བས་ཡིད་ཆེ་བའི་གནས་སུ་གྱུར་བ་སྟེ། མཐོང་ཐོས་དྲན་རེག་གིས་ལུས་ཅན་རྣམས་ཀྱི་བསོད་ནམས་བསགས་པའི་རྟེན་དུ་གྱུར་པ་ཡིན་པའི་ཕྱིར། དཔེར་ན་འབྱུང་ཁུངས་རྒྱ་མཚོ་དང་གསེར་ཁ་སོགས་ལས་བྱུང་བའི་རིན་པོ་ཆེན་དང་འདྲ་སྟེ། ཁུངས་ནས་འབྱུང་བ་ཡིན་ཞིང་འདོད་རྒྱུ་འབྱུང་བ་གྲངས་བརྩི་མེད་པ་བྱོན་པ་ཡིན་ནོ། །རིང་བསྲེལ་ལ་ལ་ནི་སྡིག་པོ་ཆེའི་རུས་པ་ལས་འབྱུང་སྟེ་ལས་འབྲས་ལ་ཡིད་མི་ཆེས་པ་གཞན་བསླུ་བའི་ཆེད་དུ་གདོན་གྱིས་བྱེད་པས་སོ། །རིང་བསྲེལ་ལ་ལ་ནི་འབྱུང་བཞིའི་སྟོབས་ལས་འབྱུང་སྟེ་འབྱུང་བཞིའི་ནུས་པ་རུས་པའི་ནང་དུ་འཁྱིལ་པའི་ནུས་པ་འགའ་ཞིག་ལས་འབྱུང་བས་སོ། །རིང་བསྲེལ་ཁ་ཅིག་བསྟན་པ་ལ་དགའ་བའི་ལྷས་འདས་པའི་གང་ཟག་དེ་ལ་མི་རྣམས་དད་པ་བྱ་ཕྱིར་སྤྲུལ་པ་འང་སྲིད་དོ། །དེང་སང་རིང་བསྲེལ་ཕལ་ཆེ་བ་ནི་ཉའི་མིག་དང་གདངས

སྡིག་པ་སོ་སོགས་ལ་བཟོ་བྱས་པའམ་མིག་འཕྲུལ་སོགས་ཀྱི་མན་ངག་ལས་བྱུང་བས་བཙུན་མས་བྱས་པའི་རིང་བསྲེལ་ཡིན་ནོ། །སྤྱིར་རིང་བསྲེལ་འབྱུང་ཚུལ་དེ་འདྲ་ཡོད་པ་དེས་ན་རིང་བསྲེལ་བཟང་ངན་གྱི་རྣམ་དབྱེ་ནི་མཁས་པས་དཔྱད་དོ། །གང་ཟག་འགའ་ཞིག་ཕྱུང་པོ་བསྲེགས་ནས་ཐུགས་ལྗགས་སྤྱན་གསུམ་མ་ཚིག་པ་དང་སྐུ་གཟུགས་ཡིག་འབྲུ་ལ་སོགས་པ་རྟས་པ་ལས། །འབྱུང་བ་ཡང་ནི་བཟང་པོར་བཅེ་མོད་ངེས་པ་མེད་དེ་དེ་འདྲ་འབྱུང་བ་མདོ་རྒྱུད་བསྟན་བཅོས་ཀྱི་ཆོས་ནས་དངོས་སུ་གསུངས་པ་མེད་པས་སོ། །འོན་ཀྱང་དེ་སྔང་དེ་འདྲ་འབྱུང་བ་ཀུན་ཀྱང་ནི། ཕལ་ཆེར་བཙུན་མས་བྱས་པ་ཡིན་ཏེ་ཐུགས་ལྗགས་མ་ཚིག་པའི་ཐབས་བྱེད་པའམ་མ་ཚིག་པར་མི་ནང་ནས་སྟོན་པ་དང་བཟོ་བོས་རྣམ་པ་ལ་བསྒོས་པའི་སྐུ་སོགས་མང་བའི་ཕྱིར་རོ། །གལ་ཏེ་བཟོ་བོས་མ་བྱས་མི་ནང་ནས་མ་བརྟེན་པ་སོགས་བདེན་པ་ཡིན་ན་ཡང་ནི་སྒྲུབ་བྱེད་དང་གནོད་བྱེད་ཀྱི་ལུང་ཚད་མ་དང་མངོན་རྗེས་ཀྱི་རིགས་པ་གཉིས་ཀ་མེད་པའི་ཕྱིར་ན་བཟང་ངན་གཉིས་ཀར་ལུང་བསྟན་པ་དཀའོ། །ཉི་མ་དུ་མ་ནམ་མཁར་དུས་གཅིག་ལ་ཤར་བ་དང་། ནམ་མཁའ་ལ་མཐོང་ཐུང་ལྷ་ཀླུའི་བྲུ་གུ་དོད་པ་དང་། མཚན་མོ་མུན་ནག་ལ་འཇའ་ཚོན་འབྱུང་བ་དང་། མིའམ་དུད་འགྲོའི་ལུས་ལ་འོད་ཟེར་འཕྲོ་བ་དང་། གློ་བུར་དུ་མིག་མཐོང་སོགས་མ་བསླུབ་པར་ལྷ་འདྲེ་འདུ་འཚོགས་དང་འགྲོ་འོང་བྱེད་པ་མཐོང་བ་དང་། སྐྱེ་བོ་གསོན་པོའི་ལུས་ལ་རྫུན་མེད་པར་མངོན་སུམ་དུ། རིང་བསྲེལ་འཛག་པ་རྒྱ་མཚན་མེད་པར་མངོན་ཤེས་ཕྲ་མོ་སྐྱེས་པ་ནུས་མཐུ་ཅིན་རླབས་ཆེ་བ་ལ་སོགས་པ་ནི། བླུན་པོ་རྣམས་ཀྱིས་གྲུབ་པའི་སྤྱོད་པ་སོགས་ངོ་མཚར་བའི་རྟགས་སུ་བྱེད་མོད་ཀྱི་འོན་ཀྱང་ངོ་མཚར་བའི་གནས་མ་ཡིན་ཏེ། མཁས་པས་དེ་འདྲ་མཐོང་གྱུར་ན། བར་ཆད་ཀྱི་རྟགས་སུ་ཤེས་པར་གྱིས་ཤིག་སྟེ། མདོ་སྡེ་སྡུག་བསྔལ་ལས་ངན་པའི་རྟགས་སུ་གསུངས་པས་སོ། །

ལྷའི་སྐུ་གཟུགས་ནས་མཆི་མ་འཛག་པ་དང་། དེ་བཞིན་བཞེངས་ནས་གོམ་པས་འགྲོ་བ་དང་། ཕྱག་ཞབས་སོགས་གར་སྟབས་བྱེད་པ་དང་སྐུ་གཟུགས་ཀྱིས་སྐད་འབྱིན་པ་དང་། ནམ་མཁའ་དམར་པོ་གྱུར་ནས་ཁྲག་གི་ཆར་པ་འབབ་པ་དང་། ས་འོག་ནས་བོང་བུའི་སྒྲ་སྒྲོགས་པ་དང་རི་དང་ས་གཞི་ངུ་བའི་སྐད་འདོན་པ་དང་། དུད་འགྲོ་མི་སྐད་སྨྲ་བ་དང་། མཁའ་ལ་རོལ་མོའི་སྒྲ་སྒྲགས་པ་སོགས་ནི་བླུན་པོ་ངོ་མཚར་བསྐྱེད་མོད་ཀྱི་དེ་དག་ངོ་མཚར་བ་མ་ཡིན་ཏེ། རྣམ་དཔྱད་མཁས་པས་འདི་འདྲ་མཐོང་གྱུར་ན། ཡུལ་དེར་དགྲ་བོ་གཞན་དག་འཇུག་པ་སྟེ། མིག་བཅུ་གཉིས་པའི་མདོ་ལས། གཙུག་ལག་ཁང་གི་སྐུ་གཟུགས་ཡོས་སམ། ། སྤྱན་ནས་མཆི་མ་བྱུང་ན་ཡུལ་ཁམས་འདིའི་མི་དཔའ་བོ་བུ་མང་པོ་དང་བཅས་ཡུལ་བུད་པར་འགྱུར་རོ། །ཞེས་དང་། ཐུབ་པ་ཆེན་པོ་དྲང་སྲོང་སྐར་དགས་བྱས་པའི་ལྟས་ཀྱི་རྣམ་པ་བསྟན་པ་ཞེས་བྱ་བའི་གཙུགས་ལག་ལས། གལ་ཏེ་གང་དུ་འཇིག་རྟེན་པའི་ལྷའི་གཟུགས་གར་བྱེད་པ་རབ་ཏུ་གཡོ་བར་གྱུར་པ་དང་། སྨྲ་བར་གྱུར་པ་དང་། མིག་མཆི་མས་གང་པ་དང་། རྡུལ་བར་གྱུར་པ་དང་། གསལ་བར་གྱུར་པ་དང་། དུམ་བུར་གྱུར་པ་དང་། ཐམས་ཅད་ཞིག་པར་གྱུར་པ་ལ་སོགས་པས་ནི་འཇིགས་པ་རྣམ་པ་དུ་མ་འབྱུང་བ་རིག་པར་བྱའོ། །དེ་ལ་ཡང་གར་གྱིས་དམག་མང་པོ་འབྱུང་ངོ་ཞེས་དང་། གོམ་པ་འདོར་བས་ནི་ཡུལ་བུད་དེ་འགྲོ་བར་འགྱུར་རོ། །ཞེས་སོགས་གསུངས་སོ། །དེ་ལྟར་མིན་པ་ཡང་ན་ལྟས་ངན་ནང་འཁྲུག་དང་ཡམས་ལ་སོགས་པ་གཞན་དག་འབྱུང་བའི་ལྟས་སུ་ཤེས་དགོས་པའི་ཕྱིར་རོ། །འདི་འདྲའི་རིགས་ཅན་གཞན་ས་གཡོ་བ་བཙོ་འབབ་པ་ལ་སོགས་པ་མཐོང་ཡང་ནི་ལྟས་ཤེས་པའི་

མཁས་པ་རྣམས་ལ་ལེགས་པར་དྲིས་པར་བྱ་སྟེ། དེས་བཟང་ངན་ལུང་སྟོན་ཤེས་པའི་ཕྱིར་རོ། །སོ་སོར་ཐར་པའི་སྡོམ་པ་དང་ཞེས་པ་ནས་མཁས་པ་རྣམས་ལ་ལེགས་པར་དྲིས་ཞེས་པའི་བར་དེ་དག་ནི་དོན་ལ་འབྲེལ་པ་འགོག་པ་དང་མ་འབྲེལ་བ་བསྐྱབས་པ་ཡི། རྣམ་པར་དབྱེ་བ་མདོ་ཙམ་ཡིན་ཏེ་རྒྱས་པར་བཤད་ན་དཔག་ཏུ་མེད་པའོ། །

དོན་ལ་འབྲེལ་བ་བཀག་ཟིན་པའི་རྗེས་དེ་ནས་ཚིག་ལ་འབྲེལ་བ་ཡི། རྣམ་དབྱེ་ཅུང་ཟད་བཤད་ཀྱིས་ཉོན་ཅིག་སྟེ། རྗོད་བྱེད་ཀྱི་ཚིག་ནོར་ན་བརྗོད་བྱའི་དོན་ཡང་འཁྲུལ་བར་འགྱུར་བའི་ཕྱིར་རོ། །བཅོམ་ལྡན་འདས་ཀྱི་བཤད་པ་ལ། བདུད་བཞི་བཅོམ་པ་དང་དབང་ཕྱུག་སོགས་ལེགས་པའི་ཡོན་ཏན་དྲུག་དང་ལྡན་ཞིང་སྲིད་ཞི་ལས་འདས་པས་ན་འདས་ཞེས་འཆད་པ་ནི་ནོར་ཏེ། བྷ་ག་ཝཱན་ཞེས་པའི་བྷ་ག་བཅོམ་པ་སྐལ་བ་མེད་པ་གསུམ་ལ་འཇུག་ཝཱན་ཞེས་པ་ལྡན་པའི་དོན་ཡིན་པས་གསུམ་ཆར་དང་སྦྱར་ཞིང་འདས་པ་ལ་སྐད་དོད་མེད་ཀྱང་འཇིག་རྟེན་པའི་ལེགས་ལྡན་ལས་ཁྱད་པར་བྱ་བའི་ཕྱིར་དུ། ལོ་ཙཱ་བས་བསྣན་པ་ཡིན་པའི་ཕྱིར་དང་། གླེགས་བམ་གྱི་ནི་བཤད་པ་གླེག་བུར་བྲིས་ཏེ་བམ་པོར་བྱས་པ་ཞེས་པས་མཆོག་པ་ལ། གླེགས་ཤིང་གི་བར་དུ་ཤོག་བུའི་བམ་པོ་གླེགས་ཐག་གིས་བསྡམས་པ་ཞེས་འཆད་པ་ནོར་ཏེ་གླེགས་ཤིང་གླེགས་ཐག་ཀྱང་གླེགས་བམ་ཉིད་ལ་ལྟོས་པའི་ཐ་སྙད་ཡིན་པའི་ཕྱིར་དང་། ཕྱག་རྒྱ་ཆེན་པོའི་བཤད་པ་ལ། ཕྱག་ལག་པ་དང་རྒྱ་སྡོལ་བའི་སྒྲ་དོན་འཆད་པ་ནོར་ཏེ་མཧཱ་མུ་དྲ་ཞེས་རྒྱ་ཆེན་པོ་ཡིན་གྱི། ཕྱག་གི་སྐད་དོད་མེད་ཀྱང་འཇིག་རྟེན་པའི་རྒྱ་ལས་ཁྱད་པར་དུ་བྱ་བའི་ཕྱིར་ལོ་ཙཱ་བས་བསྣན་པ་མ་ཤེས་པའི་ཕྱིར་དང་། ཡེ་ཤེས་ཀྱི་ནི་བཤད་པ་ལ། ཡེ་གདོད་མ་ནས་གྲུབ་པའི་ཤེས་པར་འཆད་པ་ནི་ནོར་ཏེ་ཛྙཱ་ན་ཞེས་པ་ཤེས་པ་ཡིན་ཞིང་ཤེས་པ་གཞན་ལས་ཁྱད་པར་དུ་བྱ་བའི་ཕྱིར་ལོ་ཙཱ་བས་བསྣན་པ་མ་ཤེས་པའི་ཕྱིར་དང་། རྣལ་འབྱོར་འཆད་པ་ལ་སེམས་ཀྱི་དོན་རྣལ་མ། རིག་པ་ཡེ་ཤེས་འབྱོར་ཅེས་འཆད་པ་ཡང་ནི་ནོར་ཏེ་རྣལ་འབྱོར་གྱི་སྐད་དོད་ཡོ་ག་ཞེས་པ་དེ་འབྱོར་བ་ལ་འཇུག་ཅིང་རྣལ་ཞེས་པ་ལ་སྐད་དོད་མེད་ཀྱང་གཉིས་ཟུང་དུ་འཇུག་པ་ཙམ་ལས་ཁྱད་པར་དུ་བྱ་བའི་ཕྱིར་ལོ་ཙཱ་བས་བསྣན་པ་མ་ཤེས་པའི་ཕྱིར་དང་། རྒྱལ་མཚན་རྩེ་མོའི་དཔུང་རྒྱན་ལ། དམག་གི་དཔུང་ཆེན་པོའི་རྒྱན་དུ་གྱུར་པ་ཞེས་འཆད་པ་ནི་ནོར་ཏེ་དཔུང་པའི་རྒྱན་ཡིན་པ་མ་ཤེས་པའི་ཕྱིར་དང་། གཏུམ་མོའི་སྒྲ་བཤད་རྣམ་རྟོག་གི་ནི་གོས་ཀྱིས་ཆོས་ཉིད་འོད་གསལ་གཏུམ་པར་འཆད་པ་ཡང་ནི་ནོར་ཏེ་གཏུམ་མོའི་སྐད་དོད་ཙཎྜ་ལི་ཞེས་པ་བདག་འཛིན་རྣམ་རྟོག་གསོད་པའི་གཤེད་པར་འཆད་དགོས་པ་ལ་དེ་མ་ཤེས་པའི་ཕྱིར་དང་། རོལ་མོའི་གླུ་ཡི་སྒྲ་བཤད་བྱེད་པ་ལ་ཡི་གེ་མ་ཤེས་པ་གསར་བསྒྱུར་ནས། སེམས་ཙན་བསླུ་བར་འཆད་པ་དང་། ཕྱི་མའི་ཕྱུར་མ་རི་རབ་དང་མཉམ་པ་ལ། དྲི་རབ་མནམ་པར་འཆད་པ་རྣམས་ནི་མཁས་པས་དོར་བར་བྱ་སྟེ། བླུན་པོ་དག་གིས་སྒྲ་དོན་འཁྲུལ་བ་ཡིན་པའི་ཕྱིར་དང་། སྟོང་པོ་བཀོད་པ་ལས། ཤཱཀྱའི་བུ་མོ་གོ་པ་ཞེས་པའི་སྒྲ་སྒྲིར། ངག་ཕྱོགས་ས་དང་འོད་ཟེར་དང་། །ཕྱུགས་དང་མིག་དང་རྡོ་རྗེ་དང་། །མཐོ་རིས་ཆུ་སྟེ་དོན་དགུ་ལ། །མཁས་པས་གོ་སྒྲ་ངེས་བཟུང་བྱ། ཞེས་པ་ལྟར་ལ། སྐབས་དོན་གོ་ནི་ས་ལ་འཇུག་པ་ཡིན་ཞིང་པ་ཡི་སྒྲ། འཚོ་བའམ་སྐྱོང་བ་དང་བསྲུང་བ་སོགས་ལ་འཇུག །རྒྱུ་མཚན་དེས་ན་བོད་སྐད་དུ་ཤཱཀྱི་བུ་མོ་ས་འཚོ་མ་ཞེས་པ་ཡིན། དེ་ལ་གོ་པའི་སྒྲ་བཤད་ནི་གོ་ནི་བོད་སྐད་ཡིན་པར་བསམ་ཞིང་པཱ་བ་རུ་བསྒྱུར་ནས་གོ་བ་ཞེས་རྟོགས་པའི་དོན་དུ་བཤད་པ་ནོར་བ་དང་། རྒྱ་སྐད་རཏྣ་ཀ་ཏུའི་ཞེས་པ་ལ་རཏྣ

ནི་རིན་ཆེན་དཀོན་མཆོག་སོགས་ལ་འཇུག །ཀེ་ཏུའི་སྒྲ་ནི་དཔལ་དང་རྟོག་དང་། གཟའ་དུ་བ་མཇུག་རིངས་དང་རྒྱལ་མཚན་སོགས་ལ་འཇུག་པ་དེས་ན། སྐད་རྙིང་རྣམས་ལ་དཔལ་དུ་ཡོད། གསར་བཅད་མན་ཆད་རྟོག་ཏུ་བསྒྱུར། དེས་ན་ཤེར་ཕྱིན་རྒྱས་པ་འབུམ་ལས་བྱང་ཆུབ་སེམས་དཔའ་རིན་ཆེན་དཔལ་ཞེས་བཤད་པ་ཡོད་ཅིང་། གསར་བཅད་ཀྱིས་ནི་ཞུས་པ་ཡི། བརྒྱད་སྟོང་པ་ལས་བྱང་ཆུབ་སེམས་དཔའ་རིན་ཆེན་རྟོག་གི་བསླབ་བྱ་ལ་བསླབ་པར་བྱའོ། །ཞེས་བྱུར་བསྒྱུར་བ་མི་ཤེས་པར། འགྲེལ་ཆུང་པ་སོགས་ཀྱིས་རིན་ཆེན་དཔལ་དུ་བཤད་པ་ནོར་བ་ཡིན་ཏེ་དེ་ལྟར་ཡིན་ན་རཏྣ་ཤྲཱི་ར་དགོས་པ་ལ་དེ་མེད་པས་དང་། འཕགས་པ་སྤྱན་རས་གཟིགས་ཀྱི་བཞུགས་གནས་པོ་ཏ་ལ་ཞེས་བྱ་བའི་སྒྲ། བོད་སྐད་དུ་ནི་གྲུ་འཛིན་ཡིན། སྔོན་གྱི་ལོ་ཙྪ་བ་འགའ་རེ་བཏང་བཟུང་ཞེས་པར་བསྒྱུར་གང་ལྟར་རི་བོ་གྲུ་འཛིན་ཞེས་བྱ་བར། བསྒྱུར་ན་བོད་ལ་འཐད་ཅིང་འགྲུལ་བ་མེད་མོད་ཀྱི། ལོ་ཙྪ་བ་ལ་ལས་རྒྱ་སྐད་སོར་བཞག་ནས། པོ་ཏ་ལ་ཡི་རི་ཞེས་བྱ་བར་བསྒྱུར། དེ་ལ་སྒྲ་བསྒྱུར་ལ་ལ་ཡིས། རི་སྒྲ་པོ་ཏ་ལ་ཡི་གོང་དུ་ཕྱུང་ནས་ནི། རི་པོ་ཏ་ལ་ཞེས་བྱུར་བསྒྱུར། དེ་དོན་མ་རྟོགས་པའི་རྙིང་མ་བ་རྣམས་ཀྱིས། པ་བར་བསྒྱུར་ནས་རི་བོ་ཏ་ལར་བཤད་པ་ནི་འཁྲུལ་བ་ཡིན་ནོ། །

འཁོར་གསུམ་ཡོངས་སུ་དག་པ་ཞེས་བྱ་བ་ལ། རྒྱ་སྐད་དུ་ནི་ཏྲི་མཎྜལ། པ་རི་ཤུདྡྷ་ཞེས་བྱུར་ཡོད། ཏྲི་ནི་གསུམ་ལ་འཇུག་པ་ཡིན། མཎྜལ་ཞེས་བྱ་བ་བོད་སྐད་དུ་དཀྱིལ་འཁོར་ཡིན། པ་རི་ཤུདྡྷ་ཡོངས་སུ་དག་པ་ཞེས་རྗེས་བསྒྲུབ་ཡིན་པས། དྲང་པོར་བསྒྱུར་ན་དཀྱིལ་འཁོར་གསུམ། ཡོངས་སུ་དག་པ་ཞེས་བྱ་བར་བསྒྱུར་རྒྱུ་ཡིན་ཀྱང་དེ་ལ་ལོ་ཙྪ་བ་མཁས་པ་རྣམས་ཀྱིས་སྒྲ་ཡི་ཟུར་བསྣུས་ནས། འཁོར་གསུམ་ཡོངས་དག་ཞེས་བྱུར་བསྒྱུར། རྨོངས་པ་འགས་དེ་ཡི་སྒྲ་དོན་མ་ཤེས་པར། འཁོར་གསུམ་དཔོན་པོའི་གཡོག་བཞིན་དུ་འཆད་པ་འཁྲུལ་ཏེ་མཎྜལ་ཞེས་པ་སྙིང་པོ་ལེན་ཞིང་འཛིན་པའི་དོན་ཡིན་པས་དཀྱིལ་འཁོར་གྱི་གཡོག་ཏུ་མི་འཇུག་པའི་ཕྱིར། རྒྱ་སྐད་ལངྐ་པུ་རི་ལ། པུ་རིའི་སྒྲ་ནི་གྲོང་ཁྱེར་ལ་འཇུག་པ་ཡིན་པས། བོད་སྐད་དུ་ལངྐའི་གྲོང་ཁྱེར་ཡིན་ཏེ། ལྷོ་ཕྱོགས་རྒྱ་མཚོའི་གླིང་འགྲམ་གྱི་ཕྱིའི་ལྕགས་རིའི་ཁོར་ཡུག་གི་ཁྲོད་ན་ཡོད་པ་ལང་ཀར་གཤེགས་པའི་མདོ་ལས་གསུངས་སོ། །འོན་ཀྱང་རྒྱ་སྐད་མ་ཤེས་པར། པུ་རིའི་སྒྲ་པུ་རངས་སུ་ནི་འཆད་པ་འཁྲུལ་བ་དང་། རྒྱ་སྐད་བི་མ་ལ་མི་ཏྲ་ཞེས་པའི་མ་ལ་དྲི་མ་དང་བི་དགག་ཚིག་ཡིན་པས་སྤྱི་ཕྱིར་སྒྱུར་བས་དྲི་མེད་དང་མི་ཏྲ་བཤེས་གཉེན་ཡིན་པས་བོད་སྐད་དུ་དྲི་མེད་བཤེས་གཉེན་ཞེས་པའི་དོན་ཡིན། དེ་ཡི་སྒྲ་དོན་མི་ཤེས་པར། ཚོས་བྲེ་མའི་ལ་ཙམ་བསྒྱུར་བས་བྲེ་མའི་ལ་དང་མི་ཏྲ་སྨུ་ཏྲ་ར་བཅོས་ནས་སྨུ་ཏྲའི་སྒྲ། ཕྱག་རྒྱ་ཡིན་པར་བཤད་པ་འཁྲུལ་བ་དང་། རྒྱ་སྐད་དུ་ནཱ་རོ་ཏ་ཡི་སྒྲ། བྲམ་ཟེའི་རིགས་ཀྱི་ནང་ནས་རིགས་བཟང་བའི་བྲེ་བྲག་ཞིག་ལ་འཇུག་པ་ཡིན། དེ་ཡི་རྒྱ་མཚན་དང་རྒྱ་སྐད་སོར་བཞག་ཡིན་པར་མི་ཤེས་པར། བླ་མ་ཏི་ལོ་པའི་དྲུང་དུ་གཡང་ལ་འཚོང་བ་སོགས་དཀའ་བ་སྤྱད་པས་ཨ་ན་ན་ཞེས་འོ་རྒྱལ་བའི་ཚིག་མང་དུ་བརྗོད་པ་དང་། ན་བར་མ་ཟད་རོ་ཏུ་སོང་ཞེས་རྒྱ་སྐད་ལ་བོད་སྐད་ཀྱི་བཤད་པ་འཆད་པ་ནོར་བ་དང་། ཏི་ལོ་པ་ཞེས་བྱ་བ་ཏིལ་མར་བརྡུང་བའི་རིགས་ཡིན་པ་ལ་དེ་མ་ཤེས་པར།

དེ་ལ་ཧི་ཧེ་བསྒྱུར་ཧེ་ཧེ་ཡོར་འཆད་པ་ནོར་བ་དང་། རྒྱ་སྐད་དུ་ལུ་ཧི་པ་ཞེས་བྱ་བ་ཉ་ཡི་རྒྱུ་ལྷོ་གསོལ་ཏེ་བསྒྲུབ་པ་མཛད་པས་གྲུབ་པ་བརྙེས་པའི་ཚེ་མཚན་དེ་ལྟར་ཡིན་པ་ལ། །དེ་ཉིད་བོད་སྐད་དུ་ཉ་ཡི་རྒྱུ་ལྷོ་ཡིན་ཞིང་། དེ་ཡི་སྒྲ་དོན་མི་ཤེས་པར། ལུ་གླུ་རུ་བཅོས་ནས་གླུ་ཡི་པ་རུ་འཆད་པ་ནོར་བ་དང་། རྒྱ་སྐད་དུ་ཨིནྡྲ་བྷཱུ་ཏི་ཞེས་པའི་ཨིནྡྲ་ནི་དབང་པོ་དང་བྷཱུ་ཏི་དོན་མང་པོ་ལ་འཇུག་པ་ལས་འདིར་འབྱུང་པོ་ལ་འཇུག་པས་བོད་སྐད་དུ་འབྱུང་པོའི་དབང་པོ་ཞེས་ཨུ་རྒྱན་གྱི་རྒྱལ་པོའི་མཚན་ཡིན། དེ་ཡི་སྒྲ་འགྱུར་མི་ཤེས་པར། བརྒྱ་བྱིན་བྱང་ཆུབ་ཏུ་འཆད་པ་འཁྲུལ་ཏེ་རླུ་ཧི་བོ་དེར་བཅོས་པས་དང་། རྒྱ་སྐད་ཨ་བ་དྷཱུ་ཏཱིའི་སྒྲ། བོད་སྐད་དུ་གཟུང་འཛིན་གཉིས་སྤངས་པས་གཉིས་སྤངས་སམ་ནི་སྐྱེ་བོ་ཀུན་འདར་བར་བྱེད་པས་ཀུན་འདར་དང་སྤྲོས་པ་ཀུན་སྤངས་བས་ཀུན་སྤངས་ཞེས་པའི་དོན་ཡིན་པ་མ་ཤེས་པར། དེ་ལ་ཅི་འདོད་པར་འོངས་པས་འདོད་སྐྱེར་འཆད་པ་ནོར་བ་དང་། རྒྱ་སྐད་དོ་ཧ་ཞེས་བྱ་བ། བོད་སྐད་ཕྱུག་པའམ་མ་བཅོས་པ། ཞེས་བྱའི་དོན་ལ་འཇུག་པས་མ་བཅོས་པའི་དོན་ཕྱུགས་ལ་འབྲུངས་པའི་གྲུབ་ཐོབ་ཀྱི་གླུ་ལ་དོ་ཧའི་གླུ་ཞེས་རྒྱ་སྐད་སོར་བཞག་པ་ཡིན་མོད་ཀྱི་རྒྱ་སྐད་སོར་བཞག་ཡིན་པ་དེ་ཡི་རྒྱུ་མཚན་མི་ཤེས་པར། དོ་ནི་གཉིས་ཡིན་ཧ་དགོད་པ་ཡིན་པས། གཉིས་ལ་དགོད་པར་འཆད་པ་ནོར་བ་དང་། རྒྱ་སྐད་ཛ་བ་ཞེས་བྱ་བ། བོད་སྐད་དུ་ཤིང་ལས་སྐྱེས་པའི་མེ་ཏོག་དམར་པོ་ཞིག་ལ་འཇུག་ལ། དེ་ལྟར་འཇུག་པ་དེ་ཡི་བརྡ་དོན་མི་འཕྲོད་ཅིང་ཛ་བ་རྒྱ་སྐད་སོར་བཞག་ཡིན་པར་མ་ཤེས་པར། བྱམས་ཤིང་མཐུན་པའི་མཛའ་བར་འཆད་པ་དང་འཛམ་བུ་བྲྀཀྵ་ཞེས་པ་འཛམ་བུའི་ཤིང་ཟེར་རྒྱ་ལ་ཤིང་འཛམ་བུ་བྲི་ཀྵ་ཞེས་འཆད་པ་དེ་ལ་སོགས་པ་རྣམས་ནི། བོད་ཀྱི་བླུན་པོ་སྒྲ་མི་ཤེས་པ་རྣམས་ལ་གོ་བདེ་བདེ་ལེགས་ལེགས་འདྲ་བ་སྣང་ན་ཡང་། སྒྲ་དོན་ལ་སྦྱངས་པའི་མཁས་པས་མཐོང་ན་བཞད་གད་ཀྱི་གནས་ཡིན་ཏེ། རྒྱུ་མཚན་ཅི་ཡི་ཕྱིར་ཞེ་ན། སཾ་སྐྲི་ཏ་ཡི་སྒྲ་དོན་ལ། འཆད་ཚུལ་དེ་དག་བཤད་དུ་མི་རུང་བ་ཉིད་ཀྱི་ཕྱིར་དང་། འགའ་ཞིག་རྒྱ་སྐད་ཡིན་པ་མ་ཤེས་པར། རྒྱ་སྐད་ལ་བོད་སྐད་ཡིན་པར་འཁྲུལ་ཏེ་འབྲུ་བསྟོན་ཏེ་བཤད་པའི་ཕྱིར་རོ། །སཾ་སྐྲི་ཏའི་སྒྲ་དོན་ལ་བཤད་མི་རུང་བ་སོགས་དེས་ན་བཅོམ་ལྡན་འདས་ཀྱི་བཤད་པ་ལ་བཞི་བཅོམ་དྲུག་ལྡན་འཆད་པ་སོགས་ཚིག་ལ་འཁྲུལ་པ་དེ་འདྲའི་བཤད་པ་ཀུན། བོད་ཀྱི་བླུན་པོས་རང་དགར་སྦྱར་བའི་མུན་འཁྲུལ་ཡིན་པས་ན། སྒྲ་དོན་ལ་སྦྱངས་པའི་མཁས་པ་རྣམས་ཀྱིས་དོར་བར་བྱའོ། །དེ་བཞིན་གཤེགས་པའི་སྐད་དོད་ཏ་ཐཱ་ག་ཏ་ཞེས་ཡོད་པ་དེའི་སྒྲ་བཤད་པ་ནི། ཏ་ཐཱ་དེ་ཁོ་ན་ཉིད་དང་ག་ཏ་འགྲོ་བ་དང་རྟོགས་པ་སོགས་ལ་འཇུག་པས་འདིར་ཕྱི་མའི་དབང་དུ་བྱས་པས་དེ་ཉིད་རྟོགས་པར་འཆད་པ་དང་། དགྲ་བཅོམ་ཀྱི་སྐད་དོད་ཨ་རྷ་ཏ་ཏའི་སྒྲ་ལས་ཀུན་གྱིས་མཆོད་འོས་ལ་འཇུག་པས་དེའི་སྒྲ་དོན་མཆོད་འོས་སུ་འཆད་པ་དང་། རྒྱལ་པོའི་སྐད་དོད་རཱ་ཛའི་སྒྲ་གཞི་བརྗིད་ཆེ་བ་མཛེས་པ་གསལ་བ་ལ་འཇུག་པ་ལས་ཕྱི་མའི་དབང་དུ་བྱས་ཏེ་དེའི་སྒྲ་བཤད་པ་གསལ་བ་ལ་འཆད་པ་དང་། བཟོད་པའི་སྐད་དོད་ཀྵཱནྟི་ཞེས་པ་རྐྱེན་ངན་པས་མི་ཕྱེད་པ་ལ་འཇུག་པས་དེའི་བཤད་པ་མི་འབྱེད་དང་། ཕུང་པོའི་སྐད་དོད་སྐནྡའི་སྒྲ་འཁུར་ཁྱེར་བ་ལ་འཇུག་པས་དེ་ལ་ཕྲག་པར་འཆད་པ་དང་། ཁམས་ཀྱི་སྐད་དོད་དྷཱ་ཏུ་ཞེས་པ་དབྱིངས་དང་རྒྱུ་དང་ཁམས་གསུམ་ལ་འཇུག་པས་དེ་ལ་འདིར་དབྱིངས་སུ་འཆད་པ་དང་། ནཱ་ག་ཞེས་པ་བཅོམ་པ་དང་སྐྱལ་བ་གཉིས་ཀ་ལ་འཇུག་པས་བཅོམ་པ་ལ་སྐྱལ་བར་འཆད་པ་དང་།

ཕུ་དུ་རྣ་ཛྣ་ཡ་ཞེས་པ་ཤིན་ཏུ་ངན་ཅིང་ཐུབ་པར་དཀའ་བ་ལ་འཇུག་པས་སྤྱོད་དཀའ་ལ་ཐུབ་དཀར་འཆད་པ་དང་། ཨ་ནུ་ཤ་ཡ་ཞེས་པ་ཆོས་མངོན་དུ་འགྱུར་བའི་གནས་ལ་འཇུག་པས་བག་ཆགས་ལ་གནས་སུ་འཆད་པ་དང་། ཤཱཀྱ་ནི་རྒྱ་སྐད་སོར་བཞག་ཡིན་ཅིང་དེ་ཉིད་བོད་སྐད་དུ་བསྒྱུར་ན་ཡོད་པར་འཆད་པ་སོགས་ནི་ཚིག་བཞིན་དུ་འཆད་པ་མ་ཡིན་པས་བོད་ཀྱི་སྐད་ལ་ཅུང་ཟད་མི་བདེ་ཡང་། ལེགས་པར་སྦྱར་བའི་སྒྲ་དག་ལ་ཤིན་ཏུ་འཕད་པའི་ཕྱིར་མཁས་པས་བླང་བར་བྱའོ། །བདག་ཅག་གི་སྟོན་པ་རྫོགས་པའི་སངས་རྒྱས་དེ་མེ་མོ་ཡོས་ལ་ལྷུམས་སུ་བཞུགས་གནམ་འཕྲུང་ས་ཕོ་འབྲུག་ལ་སྐུ་བལྟམས་ཤིང་ཆུ་ཕོ་སྟག་ལ་མངོན་པར་རྫོགས་པ་འཚང་རྒྱ་ལ། མེ་མོ་ཕག་གི་དབྱིད་ཟླ་ཐ་ཆུང་སགས་ཉ་བའི་ཚེ་མྱ་ངན་ལས་འདའ་ཚུལ་བསྟན་པའི་ཕྱི་དེའི་ལོར་གང་གི་གསུང་རབ་དྲི་མ་མེད་པར་གནས་པ་ལ་ནི། ཡུལ་རྒྱལ་པོའི་ཁབ་ཀྱི་ནགས་ཁྲོད་བྲི་ཧཱའི་ལྗོངས་སུ་རྒྱལ་པོ་མ་སྐྱེས་དགྲས་སྦྱིན་བདག་བྱས་ཏེ་འོད་སྲུང་ལ་སོགས་པ་དགྲ་བཅོམ་པ་ལྔ་བརྒྱ་འདུས་ཏེ་ཐོག་མར་དགྲ་བཅོམ་པ་རྣམས་ཀྱི་སྣམ་སྦྱར་བཏིང་བ་ལ་འཕགས་པ་ཀུན་དགའ་བོ་བཞུགས་ཏེ་མདོ་སྡེ་བསྡུ་བར་མཛད། ཉེ་བར་འཁོར་གྱིས་འདུལ་བ། འོད་སྲུང་ཆེན་པོས་མངོན་པ་བསྡུས་པ་ལ་བསྡུ་བ་དང་པོ་བྱས་ཞེས་གྲགས་སོ། །དེ་ནས་འོད་སྲུང་ཆེན་པོས་ཀུན་དགའ་བོ་ལ་བསྟན་པ་གཏད་དེ་དེས་ལོ་བཞི་བཅུའི་བར་དུ་བསྟན་པ་བསྐྱངས་ཏེ་གནས་པའི་རྗེས། ཤ་ནའི་གོས་ཅན་ལ་གཏད་དེ་ནས་རིམ་བཞིན་ཉེ་སྦས་དྷི་ཏི་ཀ་ནག་པོ་ལེགས་མཐོང་སྟེ་བསྟན་པའི་གཏད་རབས་བདུན་ནོ། །དེ་རྣམས་ཀྱིས་བསྟན་པ་དག་པར་གནས་པ་ན། སྟོན་པ་མྱ་ངན་འདས་ནས་ལོ་བརྒྱ་དང་བཅུ་ལོན་པའི་ཚེ་ཡངས་པ་ཅན་གྱི་དགེ་སློང་གིས། སངས་རྒྱས་ཀྱི་བསྟན་པ་རིན་པོ་ཆེ་དང་འགལ་བ་ཡི། མི་རུང་བ་ཡི་གཞི་ཧུ་ལུ་ཧུ་ལུ་ཡི་རང་དང་། །ཀུན་སྤྱོད་སྣོད་དང་ལན་ཚྭ་དང་། །ལམ་དང་སོར་གཉིས་དགྲུགས་དང་གདིང་། །གསེར་གྱི་རུང་བ་ཞེས་བྱ་སྟེ། །འདི་དག་རུང་མིན་གཞི་བཅུ་ཡིན། །ཞེས་པ་ལྟར་བཅུ་བྱས་སོ། ། དེ་ལ་དགྲ་བཅོམ་པ་གྲགས་པ་དང་ཟླ་རྒྱུར་ལ་སོགས་པ་འཕགས་པ་བདུན་བརྒྱ་འདུས་པ་ཡིས། དུས་སྟོན་པ་མྱ་ངན་ལས་འདས་ནས་ལོ་བརྒྱ་དང་བཅུ་ལོན་པ་ན། །ཡུལ་ཡངས་པ་ཅན་གྱི་ཀུན་སྣ་པུ་རིའམ་བྱ་གག་གི་ཀུན་དགའ་ར་བར། །ཆོས་རྒྱལ་མྱ་ངན་མེད་ཀྱིས་སྦྱིན་བདག་བྱས་ཏེ་རུང་བ་མ་ཡིན་པའི་ཆོས་ལོག་གཞི་བཅུ་པོ་ལེགས་པར་སུན་དབྱུང་བའི་ཕྱིར། བསྡུ་བ་གཉིས་པ་མཛད་ཅེས་གྲག་གོ། །

དེ་ལྟར་བསྟན་པ་དག་པར་བྱས་པའི་རྗེས་སུ། རྒྱ་གར་ལྷོ་ཕྱོགས་ཀྱི་དེད་དཔོན་ཞིག་གི་ཆུང་མ་ལ་བུ་བཙས་པ་ལ་ལྷ་ཆེན་པོ་ཞེས་བྱ་བའི་མིང་བཏགས་པའི་དགེ་སློང་རྫུས་མ་ཞིག །བསྟན་པ་འདི་ཡི་ཚོམ་རྐུན་བྱུང་སྟེ། དེ་ཡང་ཐོག་མར་ལྷ་ཆེན་དེ་ཡིས་རང་གི་ཕ་རྒྱ་མཚོ་ནས་འོང་བ་ཐོས་ཏེ་ལམ་གོལ་བར་བསད་མ་ཡང་གཞན་དག་དང་ཉལ་བྱེད་ལ་ཁྲོས་ཏེ་བསད། རང་གི་མཆོད་གནས་སློབ་དཔོན་ཡིན་པའི་དགྲ་བཅོམ་གྱིས་ཤེས་པའི་རྣམ་སྨིན་བཤད་པས་རང་གི་བུ་རན་ཤེས་པར་དོགས་ཏེ་དེ་ཡང་བཀྲོངས་སོ། །དེ་ལྟར་མཚམས་མེད་རྣམས་བྱས་པས་ཤིན་ཏུ་མནོང་སྟེ་ཕྱོགས་སུ་འབྲོས་ཤིང་སུ་གེ་ཞིག་གི་ཚེ་ཟས་མ་རྙེད་པས་དེ་རྙེད་པའི་ཕྱིར་རང་ཉིད་ཀྱིས་དུར་སྒྲིག་གོན་སྒྲ་བྲེགས་ནས་མཁན་པོ་དང་སློབ་དཔོན་མེད་པའི་དགེ་སློང་གློ་བུར་དུ་བྱས་ཏེ། དེའི་ཕྱིས་ནས་དགོན་པར་བསྡད་ནས་ནི་ཚིག་ལོག་མང་དུ་བསྟན་ཅིང་སྦྱིན་བདག་རྣམས་ཀྱི་ཤི་གསོན་གྱི་དང་རྫས་ཟོས། བླུན་པོ་དད་པ་ཅན་རྣམས་ཀྱི་མཁན་སློབ་བྱས། འཁོར་བསྡུས་པའི་ཕྱོགས་རྗེ་སོགས་ཀྱིས་བས་མཐའ་དགོན་པར་འདོད་ཆུང་ཚོག་ཤེས་ལྡན་པའི་དགེ་སློང་འདུག་པའི་གཏམ་སྒྲགས་པས་སྦྱིན་བདག་བླུན་པོ་ལོངས་སྤྱོད་

ཅན་རྣམས་ཀྱིས། ཕྱུལ་བའི་ཟས་ནོར་ཆར་བཞིན་དུ་བབས། ཆོས་བཞིན་བྱེད་པའི་སྐལ་བ་མེད་པའི་དད་ཅན་འདུས་པ་ཡི༑ དགེ་འདུན་གྱི་མིང་ཅན་འབུམ་ཕྲག་དུ་མས་འཁོར་དུ་བསྐོར། དེ་ནས་མི་ཆོས་བླ་མའི་བརྫུན་སྨྲ་བའི་རྫུན་རླབས་ཆེན་པོ་དེས། འཁོར་རྣམས་ལ་དགྲ་བཅོམ་ཡིན་པར་ཁས་བླངས་སོ། །འཁོར་གྱིས་དགྲ་བཅོམ་པས་རྫུ་འཕྲུལ་སྟོན་པར་ཞུས་པ་ན། རྫུ་འཕྲུལ་མངོན་ཤེས་སོགས་ད་ནངས་ཐོ་རངས་ཉམས་སོ་ཞེས་ཟེར། རང་གི་མཚམས་མེད་སོགས་བྱས་པའི་སྡིག་པ་དྲན་པ་ཡིས་ཡིད་མི་བདེ་བར་གྱུར་ཏེ་ཐོ་རངས་ཀྱི་མ་སྡུག་བསྔལ་ལོ་ཞེས་སྨྲེ་སྔགས་ཆེན་པོ་བཏོན་ཅིང་ཤོར་བ་ལ། འཁོར་རྣམས་ཀྱིས་ཐོས་པས་དགྲ་བཅོམ་སྡུག་བསྔལ་དང་བྲལ་བ་ལ་དེ་ཙམ་གྱི་སྡུག་སྔགས་འདོན་པ་ཅི་ཞེས་རྒྱུ་མཚན་ཞུས་པས་འཕགས་པའི་བདེན་བཞི་བསྒོམས་པས་སྡུག་བསྔལ་བདེན་པ་མངོན་སུམ་དུ་མཐོང་ནས་བོས་སོ་ཞེས་བསྒྲགས་སོ། །དེ་ཚེ་དཀོན་མཆོག་གསུམ་དང་བྱང་ཆུབ་ཕྱོགས་ལ་སོགས་པ་དྲིས་པས་ཁོ་བོས་སྡུག་བསྔལ་ལས་གྲོལ་བའི་དགྲ་བཅོམ་ཡིན་པ་ཁས་བླངས་ཀྱི་ཐམས་ཅད་མཁྱེན་པར་མ་སྨྲས་སོ། །དེ་དག་ལུང་སྟོན་པ་ནི་ཐེ་ཚོམ་དང་སོམ་ཉི་ལས་བརྒལ་བའི་སངས་རྒྱས་འབའ་ཞིག་གོ་ཞེས་པ་ལ་སོགས་པའི་རྫུན་ཚིག་གིས། ཚོགས་པ་རྣམས་ཀྱི་མགོ་བོ་བསྐོར། འཕགས་པ་དགྲ་བཅོམ་པ་རྣམས་ལ་འབུལ་རྒྱུ་ཡི། དད་རྫས་རྣམས་ཀྱང་བླུན་པོ་རྣམས་ཀྱིས་འཕགས་པ་བོར་ནས་ལྷ་ཆེན་དེ་ལ་འགྱུར། རབ་བྱུང་བླུན་པོ་ཕལ་ཆེར་གྱིས། འཕགས་པ་དགྲ་བཅོམ་བོར་ནས་དེ་ལ་འཁོར་དུ་འདུས་པས། སངས་རྒྱས་མྱ་ངན་ལས་འདས་ཚུལ་བསྟན་པའི་འོག་ཏུ། སོ་སོ་སྐྱེ་བོས་འཁོར་བསྡུས་ཤིང་བསྐྱངས་པ། ལྷ་ཆེན་དེ་ལས་འཁོར་མང་བ་མེད་ཅེས་གྲགས། མུ་སྟེགས་ལྷ་ཡི་རིགས་རྣམས་ཀྱིས། །བྱིན་རླབས་ཀུན་གྱི་མགོ་བསྐོར་ནས། །ལྷ་ཆེན་དེ་ཡིས་ཆོས་ལོག་བཤད་པ་ཡི། རྗེས་སུ་སློབ་མ་རྣམས་འབྲངས་ནས། དགྲ་བཅོམ་ལ་ཐེ་ཚོམ་ཡོད་པར་འདོད་པ་སོགས་འཁྲུལ་བའི་གྲུབ་མཐར་དུ་མ་བྱུང་། དད་རྫས་ལེན་པ་མི་འོས་པར་བླངས་པའི་ལྷ་ཆེན་བླུན་པོ་དེ་ཤི་ནས། སེམས་ཅན་དམྱལ་བ་མནར་མེད་པར་སྐྱེས་ནས་སྡུག་བསྔལ་མྱོང་བར་གྱུར་ཅེས་གྲག་གོ། ། ལྷ་ཆེན་དེ་ཡི་བསྟན་པའི་ལོག་པའི་ཆོས་དེ་དག །ཡུལ་ཛ་ལེན་དྷ་རར་རྒྱལ་པོ་ཀ་ནི་ཀས་སྦྱིན་བདག་བྱས་ཏེ་དགྲ་བཅོམ་པ་ལྔ་བརྒྱ་བྱང་ཆུབ་སེམས་དཔའ་ལྔ་བརྒྱ་སོ་སྐྱེའི་པཎྜི་ཏ་ཁྲི་དྲུག་སྟོང་རྣམས་ཀྱིས་སུན་ཕྱུང་ནས། བཀའི་བསྡུ་བ་གསུམ་པ་བྱས་ཞེས་རྟོག་གེ་འབར་བ་དང་འོད་ལྡན་ལས་བཤད་ཅིང་འཕགས་ཡུལ་མཁས་པའི་གསུངས་བསྒྲོས་བརྒྱུད་པ་ལས་ཐོས་སོ། །འོན་ཀྱང་ལྷ་ཆེན་གྱི་ཆོས་ལོག་དེ་ཡི་ལེ་ལན་གྱིས། ཉན་ཐོས་སྡེ་པ་བཅོ་བརྒྱད་རྣམས་ལ་ཡང་ནི། ཅུང་ཟད་བསླད་པ་ཡོད་དེ་འཇིག་རྟེན་ལས་འདས་པར་སྨྲ་བའི་སྡེ་པས་དགྲ་བཅོམ་ལ་ཐེ་ཚོམ་དང་སོམ་ཉིས་ཡོད་པར་འདོད་པ་དང་། །ཐམས་ཅད་ཡོད་སྨྲས་དགྲ་བཅོམ་འབྲས་བུ་ལས་ཉམས་པ་ཡོད་པར་འདོད་པ་སོགས་ཡིན་པའི་ཕྱིར་ཅེས་མཁས་པ་དག་ཟེར། མཁས་པའི་གཙུག་རྒྱན་དབྱིག་གཉེན་གྱིས། རྣམ་བཤད་རིག་པ་ལས། །བླ་མ་ཀུན་དགའ་འོད་ཙེལ་དང་། །ཞེས་པ་ནས་ཡང་དག་བསྡུས་པའི་གཞི་ཉམས་པའི་ཕྱིར། ཉན་ཐོས་ཀྱི་མདོ་ལུང་རྣམས་མཐའ་དག་མིན་པ་རྟོགས་པ་ཡིན། ཞེས་གསུངས་པ་ཡང་མདོ་སྡེ་རྣམས་འགའ་ཞིག་མ་ཚང་བ་དང་། །ལུང་ཉམས་པ་རྣམས་བཀའ་བསྡུ་ཉམས་པ་ལས་བྱུང་བ་དེ་ལ་དགོངས་སོ། །ཚུལ་དེ་དག་ནི་ཉན་ཐོས་རྣམས་ཀྱི་བསྟན་པའི་བསྡུ་བ་དང་འཕེལ་འགྲིབ་བྱུང་ཚུལ་ཡིན་ཏེ། བསྡུ་བ་དང་པོ་སྟོན་པས་གསུང

བའི་སྡེ་སྣོད་མ་ལུས་པར་དགྲ་བཅོམ་པ་རྣམས་ཀྱིས་ཐོག་མར་གླིང་གཞི་བར་དུ་མཚམས་སྦྱོར་དྲི་ལན་མཐར་མཐུན་འགྱུར་རྗེས་སུ་ཡི་རང་བཅུག་སྟེ་བསྡུས་པས་རྩ་བའི་བསྡུ་བ་དང་ཕྱི་མ་གཉིས་སྔར་བསྡུས་ཟིན་ལ་སྒྲོ་སྐུར་སེལ་བྱེད་ཡིན་པས་གནས་སྐབས་ཀྱི་བསྡུ་བ་ཡིན་པའི་ཕྱིར་རོ། །

ཐེག་པ་ཆེན་པོའི་བསྟན་པ་ནི། སྟོན་པ་མྱ་ངན་ལས་འདས་པའི་རྗེས་སུ་ལྷོ་ཕྱོགས་ཀླི་མ་ལའམ་ཤམ་ཀླ་ལ་ཞེས་པའི་བྲག་ཕུག་ཏུ་རྒྱལ་སྲས་བྱེ་བ་ཕྲག་མང་པོ་འདུས་ནས་འཇམ་དཔལ་དང་བྱམས་པ་ཕྱག་རྡོར་རང་རང་གི་ཞུ་བ་པོ་རྣམས་ཀྱིས་ཐེག་ཆེན་གྱི་མདོ་རྒྱུད་འདུས་ཏེ་**ཤིན་ཏུ་དར་བར་གྱུར་**ཅིང་དེ་ནས་ཅུང་ཟད་ཉམས་དམས་པ་ན་སྟོན་པ་མྱ་ངན་ལས་འདས་ནས་ལོ་བཞི་བརྒྱ་ལོན་པ་ན་འཕགས་པ་ཀླུ་སྒྲུབ་ཡབ་སྲས་བྱོན་ཏེ་ས་སྟེང་དུ་སེདྡྷའི་སྒྲ་ལན་གསུམ་སྒྲགས་པས་ཐེག་པ་ཆེན་པོའི་བསྟན་པ་ཤིན་ཏུའང་དར་**བའི་ཚེ།** དམ་ཆོས་མངོན་པ་ལ་དགྲ་ལན་གསུམ་བྱུང་བའི་ཐ་མ་ལ་ས་དོང་དུ་ལོ་བཅུ་གཉིས་**ཉི་མ་བསྒྲུབས་**པས་གྲུབ་སྟེ་བལྟས་པ་ཙམ་གྱིས་བསྲེག་ནུས་**པའི་མུ་སྟེགས་བྱེད། སྤྲང་པོ་ཉི་མའི་དངོས་གྲུབ་**ཅེས་པ་དེ་ཉིད་**ཀྱིས། ནང་པའི་གཙུག་ལག་ཁང་རྣམས་བསྲེགས་པའི་ཚེ། དམ་ཆོས་མངོན་པ་ལ་སོགས་པ། སྡེ་སྣོད་ཕལ་ཆེར་བསྲེགས་**ཏེ་ཐེག་ཆེན་གྱི་ཆོས་མངོན་པ་གཏན་ནས་ནུབ་ཕལ་པོ་ཆེ་ལང་གཤེགས་དྲན་པ་ཉེར་བཞག་སོགས་གཞུང་འབུམ་ཕྲག་རེ་ཡོད་པ་རྣམས་ད་ལྟ་དུམ་བུ་རེ་ལས་མེད་པ་སོགས་བྱས་ཏེ་ནུབ་**ཅེས་གྲག་**གོ། །**དེ་ནས་**སྟོན་པ་མྱ་ངན་ལས་འདས་ནས་ལོ་དགུ་བརྒྱ་ལ་ཉེ་བ་ན་བྲམ་ཟེ་མོ་གསལ་བའི་ཚུལ་ཁྲིམས་ཀྱིས་ཐེག་ཆེན་གྱི་བསྟན་པ་དར་བ་འདོད་ནས་སྨོན་ལམ་བཏབ་སྟེ་རྒྱལ་རིགས་དང་འདུས་པ་ལས་ཐོག་མེད་བྲམ་ཟེ་དང་འདུས་པ་ལས་དབྱིག་གཉེན་ཏེ་སྐུ་མཆེད་གཉིས་བྱུང་སྟེ་གཅེན་**འཕགས་པ་ཐོགས་མེད་ཀྱིས་**ལོ་བཅུ་གཉིས་བྱམས་པ་བསྒྲུབས་པའི་མཐར་དགའ་ལྡན་དུ་བྱོན་ཏེ། **མི་ཕམ་མགོན་**པོ་**ལ་**ཆོས་མངོན་པ་སྟོང་ཕྲག་བརྒྱ་པ་དང་བྱམས་ཆོས་ལྔ་ལ་སོགས་པ་**གསན་ནས་ནི།** འཛམ་གླིང་དུ་བྱོན་ཏེ་ཐེག་ཆེན་**དེ་ཡི་གཞུང་ལུགས་**རྩ་འགྲེལ་དུ་མ་མཛད་གཅུང་དབྱིག་གཉེན་ལ་བཤད་ཅིང་དེས་ཀྱང་རབ་ཏུ་བྱེད་པ་སྡེ་བརྒྱད་ལ་སོགས་པའི་བསྟན་བཅོས་མང་དུ་མཛད་དེ་སློབ་མ་ལའང་འདུལ་བ་འཛིན་པ་ཡོན་ཏན་འོད་མངོན་པ་འཛིན་པ་ཁ་ཆེ་བློ་བརྟན། །ཚད་མ་འཛིན་པ་ཕྱོགས་ཀྱི་གླང་པོ། །ཕ་རོལ་ཏུ་ཕྱིན་པའི་སྡེ་སྣོད་འཛིན་པ་འཕགས་པ་གྲོལ་སྡེ་ལ་སོགས་པ་མང་དུ་བསྒྲུན་ཏེ་**དར་བར་མཛད་**དོ། །དེ་ལྟར་མཛད་པ་**དེ་ཡི་རྗེས་ལ་མཁས་པ་དང་། བློན་པོ་རྣམས་ཀྱི་བྱེ་བྲག་གིས།** རིམ་བཞིན་**བསྟན་པའི་འཕེལ་འགྲིབ་**ལའང་**དུ་མ་བྱུང་**ངོ། །

འཕགས་ཡུལ་དུ་དེ་ལྟར་གྱུར་པའི་**ཕྱིས་ནས་གངས་རིའི་ཁྲོད་འདི་རུ་**ལྷ་ཐོ་ཐོ་རི་གཉན་བཙན་གྱི་རིང་ལ་སྙན་སྙིང་གནམ་བབས་སུ་བྱུང་བ་སོགས་དམ་པའི་ཆོས་ཀྱི་དབུ་བརྙེས་པའི་རྒྱལ་རབས་ལྔ་ནས་སྤྱན་རས་གཟིགས་ཀྱི་སྤྲུལ་པ་ཆོས་རྒྱལ་སྲོང་བཙན་སྒམ་པོའི་དུས་ལྷ་མོ་དྲི་མ་མེད་པའི་འོད་ཀྱིས་ཞུས་པ་ལས་ལུང་བསྟན་པ་ལྟར། སྟོན་པ་མྱ་ངན་ལས་འདས་ནས་ལོ་ཉིས་སྟོང་ལྔ་བརྒྱ་འདས་པ་ན་ར་ས་འཕྲུལ་སྣང་གི་གཙུག་ལག་ཁང་སོགས་མང་དུ་རྩིགས་ཅིང་ཐོན་མི་སོགས་ལོ་ཙཱ་བ་མང་པོས་དཀོན་མཆོག་སྤྲིན་ལ་སོགས་པ་**སངས་རྒྱས་ཀྱི་བསྟན་པ་ལེགས་པར་བསྒྱུར་**ཏེ་དམ་པའི་ཆོས་ཀྱི་སྲོལ་གཏོད། **དེ་ནས་**རྒྱལ་རབས་ལྔ་ནས་འཇམ་དབྱངས་ཀྱི་སྤྲུལ་པ་ཁྲི་སྲོང་ལྡེ་བཙན་གྱི་སྐུ་རིང་ལ་སྔགས་འཆང་གི་རྒྱལ་པོ་པདྨ་འབྱུང་གནས་སྤྱན་དྲངས་ཏེ་བསམ་ཡས་ཀྱི་གཙུག་ལག་ཁང་བཞེངས་ཤིང་ཀ་ཅོག་སོགས་ཀྱིས་སངས་རྒྱས་ཀྱི་བསྟན་པ་ལེགས་པར་བསྒྱུར་མཚན་བརྗོད་པ་དཀའ་བ་མཁན་ཆེན་བོ་དྷི་ས་ཏྭ་སད་མི་མི་བདུན་ལ་སོགས་པ་རྣམ་དག་ཁྲིམས་ཁང་གླིང་དུ་རབ་ཏུ་བྱུང་ཞིང་བསྙེན་རྫོགས་འཕོགས། །དགའ་ལྡན་སེམས་བསྐྱེད་གླིང་

དུ་ཐེག་ཆེན་སེམས་བསྐྱེད་འཕོགས། །བདུད་འདུལ་སྔགས་པ་གླིང་དུ་གསང་སྔགས་ཀྱི་དབང་བསྐུར་ཏེ་སྡོམ་པ་གསུམ་གྱི་ལག་ལེན་དར་བ་མཛད། །གཞན་ཡང་རྒྱ་གར་གྱི་པཎྜི་ཏ་མང་དུ་སྤྱན་དྲངས་ཏེ་བཀའ་བསྟན་མང་དུ་བསྒྱུར་ཞིང་ཁྱད་པར་རལ་པ་ཅན་གྱི་རིང་ལ་ཞུ་ཆེན་ཇོ་རྗེའི་གཙུག་ལག་ཁང་བཞེངས་ཆོས་སྐད་མ་འགྱུར་བ་མང་དུ་བསྒྱུར་ཏེ་བསྟན་པ་ཤིན་ཏུ་དར་བའི་ཚེ། དེའི་སྲས་རྒྱལ་པོ་དར་མས་རྒྱལ་སྲིད་ལོ་ལྔའི་རིང་ལ་སྙིང་ལ་གདོན་ཞུགས་བླུན་པོ་ངན་པ་དང་འགྲོགས་ཏེ་རབ་བྱུང་ལ་ལ་འབེབས། ལ་ལ་བསད། དཀོན་མཆོག་གི་མཆོད་རྒྱུན་བཅད་མི་དགེ་བའི་ཁྲིམས་བཅའ་བ་ལ་སོགས་པས་བསྟན་པ་བསྣུབས། དེ་ཡི་རྗེས་ལ་བོད་ཀྱི་ཆོས་ཁྲིམས་རྒྱལ་ཁྲིམས་གཉིས་ཡུན་རིང་དུ་སོར་མ་ཆུད་པས་སྔགས་པ་དག་གི་སྦྱོར་སྒྲོལ་ལམ་དུ་བྱེད། རྒྱ་ནག་མཁན་པོའི་ཡི་གེ་གཏེར་ནས་བྱུང་བ་སོགས་ལ་བརྟེན་ནས་ཆོས་ལོག་དུ་མ་འཕེལ་བས་སོ། །ཆོས་ལོག་གི་ཉམས་ལེན་སྤྱོད་པ་ཤས་ཆེ་བ་དེ་ཚེ་བོད་ཀྱི་མངའ་རིས་སྟོད་ཀྱི་རྒྱལ་པོ་སྟེ་གཙུག་མགོན་གྱི་སྲས་འཁོར་རེ་བྱ་བ་རབ་ཏུ་བྱུང་བའི་མཚན་ལྷ་བླ་མ་ཡེ་ཤེས་འོད་ཅེས་པའི་ཆོས་རྒྱལ་དེ་ཡིས་སྐྱེས་བུ་མཆོག །ལོ་ཙྪ་བ་རིན་ཆེན་བཟང་པོ་ལ་སོགས་པ་ཉི་ཤུ་རྩ་གཅིག་ཁ་ཆེར་བཟླངས་ལོ་ཆེན་ལོ་ཆུང་གཉིས་གསུང་རབ་སྤྱི་ལ་མཁྱེན་པ་རྒྱས་པར་མཛད། ཁྱད་པར་ལོ་ཆེན་གྱིས་ཁ་ཆེ་རིན་ཆེན་རྡོར་ལ་གསང་འདུས་ཀྱི་དབང་ཞུ་བའི་ཚེ་འཇམ་རྡོར་ཞལ་གསུམ་ཕྱག་དྲུག་པར་མི་རྟོག་འཕོགས། འཇམ་པའི་དབྱངས་ཀྱིས་བྱིན་བརླབས་པའི། །མཁས་པ་རིན་བཟང་དེ་ཡིས་སྟོན་མེད་པའི། ཆོས་རྣམས་ཕལ་ཆེར་བསྒྱུར་ཅིང་བསྒྱུར་ཟིན་པ་རྣམས་ཞུས་དག་བྱས་ཏེ་གཏན་ལ་འཕབས། ཆོས་དང་ཆོས་མིན་རྣམ་པར་འབྱེད་པ། ཞེས་བྱའི་བསྟན་བཅོས་རྩོམ་པར་མཛད་ནས་ནི། སྦྱོར་སྒྲོལ་ལམ་དུ་བྱེད་པ་སོགས་ཀྱི་ཆོས་ལོག་ཐམས་ཅད་ནུབ་པར་མཛད་དོ། །ལོ་ཆེན་དེ་ཡི་སློབ་མ་རྒྱལ་བའི་སྲས་ལྷ་བླ་མ་ཞི་བ་འོད། ཞེས་བྱ་བ་དེས་ཀྱང་སྔགས་ལོག་སུན་འབྱིན་པ། ཞེས་བྱའི་བསྟན་བཅོས་རྩོམ་པར་མཛད་ཅེས་ཟེར། ལོ་ཆེན་དཔོན་སློབ་དེ་དག་འདས་པའི་འོག་ཏུ་ཡང་། གསང་སྔགས་ཀྱི་རྒྱུད་རྫས་མ་ལ་སོགས་པའི་ཆོས་ལོག་འགའ་ཞིག་འཕེལ་བའི་རྒྱུ་ལས། འགོས་ཁུག་པ་ལྷས་བཙས་ཞེས་བྱའི་ལོ་ཙྪ་བ། མཁས་པ་དེས་ཀྱང་ཆོས་ལོག་སུན་འབྱིན་པ། ཞེས་བྱའི་བསྟན་བཅོས་མཛད་ནས་ནི། ཆོས་དང་ཆོས་མིན་རྣམ་པར་ཕྱེ་ལ། དེ་ནས་དུས་ཕྱིས་ཆོས་རྗེ་ས་སྐྱ་པ། ཆེན་པོ་ཀུན་དགའ་སྙིང་པོ་བཞུགས་པ་ཡན་ཆད་དུ། ཆོས་ལོག་སྤྱོད་པ་ཉུང་ཞེས་ཐོས་ཏེ་དེ་ལྟར་བསྟན་པའི་ཁྱུར་ཆེན་བསྣམས་པའི་མཁས་པ་རིམ་བྱོན་གྱིས་བསྟན་པའི་ཞུ་དག་ཡང་ཡང་མཛད་དེ་སྟར་ཆོས་ལོག་བྱུང་བ་རྣམས་སུན་འབྱིན་ཏེ་ཉུང་བས་སོ། །

བླ་མ་ས་སྐྱ་པ་གཤེགས་པའི་ཕྱིས་ནས་དྭགས་པོ་ལྷ་རྗེས་དབང་བསྐུར་གྱི་དོད་ཕག་མོའི་བྱིན་རླབས་བརྡའི་དབང་བཞི་དང་ཆོས་སྒོ་འབྱེད་པ། བཀའ་གདམས་པའི་སེམས་བསྐྱེད་ཀྱི་ཆོག་རྗེས་ལམ་མ་དོན་དམ་སེམས་བསྐྱེད་ཆོ་གས་བྱེད་པ་ལ་སོགས་པ་དང་། ཡི་དམ་བསྒོམ་པ་མངོན་བྱང་ལྔ་དང་རྡོ་རྗེ་ཆོ་ག་གསུམ་གྱིས་བསྐྱེད་པ་སོགས་དོར་ནས་རང་བཟོས་དཀྱིལ་བསྐྱེད་བྱེད་པ་དང་། མདོ་སྔགས་གཉིས་ཆར་འཚང་རྒྱ་བའི་ལམ་ཐབས་ཤེས་ཟུང་འཇུག་དགོས་པ་དེ་དོར་ནས་སྟོང་ཉིད་བསྒོམ་པ་ལ་དཀར་པོ་ཆིག་ཐུབ་ཞེས་མཆོག་ཏུ་འཛིན་པ་དང་། ཆོས་དབྱིངས་ཡོད་པའི་དགེ་བ་ཡིན་པ་མདོ་རྒྱུད་བསྟན་བཅོས་ཚད་ཐུབ་ལ་ཐོས་བསམ་མི་བྱེད་པར་རང་བཟོའི་བསྟན་བཅོས་ལ་འཆད་ཉན་གྱི་ངལ་བས་དུས་དང་བློ་གྲོས་གྲོན་དུ་འགྱུར་བ་ལ་སོགས་པ། སངས་རྒྱས་བསྟན་དང་འགལ་བ་ཡི། ཆོས་ལོག་དུ་མ་དེང་སང་འཕེལ་བ་རྣམས་ནི་འདིར

དགག་བྱ་སྤྱར་བ་ཡིན་ཏེ་གངས་ཅན་གྱི་ལྗོངས་སུ་རྫོགས་པའི་སངས་རྒྱས་ཀྱི་བསྟན་པ་འདི་ངན་རྟོག་མུན་པས་རྣམ་པར་དཀྲུགས་པའི་ཕྱིར་རོ། །རྗེ་བཙུན་སྒྲུ་མཆེད་ཁ་ཆེ་པཎ་ཆེན་སོགས་བསྟན་པའི་ཁུར་ཆེན་ཁྱེར་བའི་བསྟན་འཛིན་མཁས་པ་རྣམས་འདི་ལ་ཐུགས་མི་དགྱེས་ཤིང་དགག་བྱར་བཞེད་མོད་ཀྱང་། དུས་ཀྱི་ཤུགས་ཀྱིས་བཟློག་མ་ནུས་པར་བཏང་སྙོམས་སུ་བཞུགས་པར་སྣང་སྟེ། བླུན་པོ་གསུང་རབ་ལ་སྦྱངས་པ་ཆུང་བ་རྣམས། ཆོས་ལོག་འདི་འདྲ་སྤྱོད་པ་བདེན་མོད་ཀྱི། མཁས་པ་སྔ་སྟོད་དང་རྒྱུད་སྨད་ལ་སྦྱངས་པར་སློམ་པ་ཕལ་ཆེ་བ་ཡང་། རི་བོང་ཅལ་བཞིན་ཆོས་ལོག་འདི་ལ་བརྟག་ཞིང་མི་དཔྱོད་པར་སྤྱོད་པ་ནི་དུས་དབང་ཁོ་ནར་སྣང་བས་སོ། །སྤྱིར་བཤད་པ་འདི་འདྲའི་རིགས་ཅན་རྣམས་ནི་སྲུན་དབྱུང་དགོས་ཏེ་ཕྱིན་ཆད་བརྟེན་པའི་དབང་བཞི་སོགས་འདི་རིགས་འཕེལ་བར་གྱུར་ན། སངས་རྒྱས་བསྟན་པ་ལ་གནོད་མི་གནོད། མཁས་པ་རྣམས་ཀྱིས་ལེགས་པར་དཔྱོད་ལ་དྲང་པོར་སློས་རིགས་པའི་ཕྱིར། གལ་ཏེ་འདི་འདྲའི་ཆོས་ལོག་གིས། སངས་རྒྱས་བསྟན་ལ་མི་གནོད་དོ་ཞེ་ན་དེའི་ཕྱིར། མུ་སྟེགས་སོགས་ཀྱི་ཆོས་ལོག་གིས་ཀྱང་ནི། སངས་རྒྱས་བསྟན་ལ་ཅི་སྟེ་གནོད་དེ་མི་གནོད་པ་འགྱུར་རོ། །འོན་ཏེ་མུ་སྟེགས་སོགས་ཆོས་ལོག་གཞན་གྱིས་གནོད་ན་ནི་དེའི་ཕྱིར། ཆོས་ལོག་འདི་དག་གིས་ཀྱང་ཅིས་མི་གནོད་དམ་ཅི་སྟེ་གནོད་པ་ཡིན་ནོ་ཞེས་ཕྱོགས་ཆོས་བསྒྲུབས་ནས། ཁྱབ་པ་བསྒྲུབ་པ་ནི། གནོད་ཀྱང་སྲུན་འབྱིན་མི་འཐད་ན་དེའི་ཕྱིར། མུ་སྟེགས་བྱེད་དང་ཉན་ཐོས་སོགས་ཀྱི། ཆོས་ལོག་འདི་ལའང་སྲུན་དབྱུང་ཅི་སྟེ་བྱ་སྟེ་མི་རིགས་པ་ཐལ་ལོ། །སྦྱོར་བ་དངོས་ནི། མུ་སྟེགས་བྱེད་སོགས་འདི་དག་བསྟན་པ་ལ་གནོད་པའི་ཕྱིར། མཁས་པ་རྣམས་ཀྱིས་སྲུན་འབྱིན་མཛད་ན་ནི་དེའི་ཕྱིར། འོན་བསྟན་ལ་གནོད་པའི་བོད་ཀྱི་ཆོས་ལོག་ཀྱང་ནི་མཁས་པ་རྣམས་ཀྱིས་སྲུན་ཕྱུངས་ཤིག །དེའི་རྒྱུ་མཚན་ཅི་སླད་དུ་ཞེ་ན་རྒྱལ་བ་ཡིས་སྟོད་པར། རིན་ཆེན་ཆོས་ཀྱང་དཀོན་ལ་ནི། རྟག་ཏུ་འཆེ་བ་མང་ཞེས་གསུངས་ཏེ། ཤེར་ཕྱིན་སྟོད་པར། རིན་ཆེན་ཆོས་ཀྱང་དཀོན་ལ་རྟག་ཏུ་འཆེ་བའང་མང་། །ཞེས་སོ། །ཚུལ་འདི་ལ་བསམ་ལ་མཁས་པ་རྣམས་ཀྱིས་ནི། དུས་རྟག་ཏུ་བསྟན་པའི་བྱི་དོར་བྱ་སྟེ་བསྟན་པ་ཁོ་ན་གཅེས་སུ་བྱས་ཏེ་མི་ཉམས་པའི་ཐབས་ལ་འབད་དགོས་པའི་ཕྱིར་རོ། །

མཁས་པ་རྣམས་ཀྱིས་གཏན་གྱི་ཉམས་ལེན་ལ་བརྟགས་ནས་བླངས་པར་བྱ་དགོས་ཏེ་དཔེར་ན་ཉི་མ་གཅིག་གི་བཟའ་བཏུང་ལའང་། རྒྱ་བཟང་ངན་སྦྱོར་ཚུལ་ལེགས་ཉེས་སོགས་རྟོག་དཔྱོད་སྣ་ཚོགས་གཏོང་ཤིང་། གོས་བཟོ་བ་དང་མཁར་ལས་རྒྱན་ཆ་ལ་སོགས་པའི། བྱ་བ་གང་ལའང་རྒྱུ་དང་བཀོད་པ་ལེགས་ཉེས་དང་། བཟང་ངན་མཁས་དང་མི་མཁས་ཞེས། བླང་དོར་གྱི་རྟོག་དཔྱོད་སྣ་ཚོགས་བྱེད། རྟ་ཕྱུགས་དང་ནོར་བུ་གསེར་གཡུ་ལ་སོགས་པ། ནོར་ཕལ་པ་ཕྲུང་ཟད་ཙམ་གྱི་ཉོ་ཚོང་ལའང་། གྲོགས་པོ་གཞན་ཀུན་ལ་འདྲི་ཞིང་བརྟགས་ནས་དཔྱོད་པ་སོགས། ཚེ་འདིའི་བྱ་བ་ཕལ་པ་ཕྲུང་ཟད་ལའང་། དེ་འདྲའི་རྟོག་དཔྱོད་དང་འབད་པ་བྱེད་པ་མཐོང་ན། བྱང་ཆུབ་མ་ཐོབ་བར་གྱི་སྐྱེ་བ་གཏན་གྱི་བདེ་སྡུག་ལ་སོགས་པའི་ལེགས་ཉེས་ནི། དམ་པའི་ཆོས་སངས་རྒྱས་ཀྱི་གསུང་བཞིན་དུ་བསྒྲུབ་མ་བསྒྲུབ་ལ་རག་ལས་ཀྱང་། ཆོས་འདི་ཁྱི་བགྲེས་པས་གཙང་མི་གཙང་ཟ་བ་ཡི་ཟས་བཞིན་དུ། བཟང་ངན་གང་དུའང་མི་དཔྱོད་པར། ཆོས་གང་ཕྲད་དེ་ལ་གུས་པར་འཛིན་པ་བླུན་པོའི་ཁྱད་ཆོས་སུ་སྣང་བའི་ཕྱིར། །མཁས

པ་རྣམས་ཀྱིས་གདན་གྱི་སྐབས་ཆོས་སྟོན་པའི་བླ་མ་ལའང་བརྟགས་ནས་བསྟེན་པར་བྱ་དགོས་ཏེ་དཔེར་ན་ལམ་འཇིགས་སར་འགྲོ་བའི་ཉེན་གཅིག་གི་ནི་སྐྱེལ་མའམ། ཚོ་གཅིག་གི་ནི་གཉེན་འབྲེལ་བསྟེབ་པ་ལའང་། བཟང་ངན་རིགས་མཐོ་དམན་སོགས་ལ་འབད་དེ་བརྟགས་ནས་བཟང་བ་ལེན་པ་མཐོང་ན། དེང་ནས་བརྩམས་ཏེ་རྫོགས་པ་ཡི། སངས་རྒྱས་མ་ཐོབ་བར་གྱི་ཕན་བདེའི་དོན། བླ་མ་མཆོག་མཚན་ཉིད་ལྡན་མི་ལྡན་ལ་རག་ལས་མོད། འོན་ཀྱང་བླ་མ་བཟང་ངན་མཚན་ཉིད་ལྡན་མི་ལྡན་སོགས་རྟོག་དཔྱོད་མི་བྱེད་པར། ཚོང་འདུས་ངན་པའི་ཟོང་གསེར་དངུལ་སོགས་མཚན་ཉིད་པ་དང་བརྫུས་མ་སོགས་ཟོང་བཟང་ངན་སྣ་ཚོགས་ལ་ཉོ་ཚོང་བྱེད་པ་བཞིན་དུ། ཆོས་བཟང་ངན་སྟོན་པའི་བླ་མ་བསྟེན་དུ་རུང་མི་རུང་སུ་ཕྲད་རྣམས་ལས་ལེན་པ་མཐོང་བ་བླུན་རྟགས་ཡིན་པས་སོ། །ཀྱེ་མ་ཞེས་ཅུང་ཟད་ཐུགས་སྐྱོ་བའི་གསུང་གིས་སྙིགས་མའི་དུས་ཀྱི་སྐྱེས་བུའི་སྤྱོད་པ་འདི་ཆེས་མཚར་ཏེ། ཉིན་གཅིག་གི་བཟའ་བཏུང་སོགས་འབད་མི་དགོས་པ་ཆུང་ངུ་ལའང་བརྟག་དཔྱད་དང་འབད་པ་ཆེན་པོ་བྱེད། འབད་པ་ཆེན་པོས་བརྟག་དཔྱད་དགོས་པ་སྐྱེ་བ་གདན་གྱི་ལེགས་ཉེས་གང་ལ་རག་ལས་པའི་ཆོས་དང་བླ་མ་ནི། བརྟག་དཔྱད་མི་བྱེད་པ་ཅི་ཡང་རུང་བས་ཆོག་པར་སྣང་བ་ནི་འབད་པ་གོ་ལྡོག་པའི་ཕྱིར་རོ། །བསྟན་བཅོས་རྩོམ་པ་པོ་ཁྱོད་ཀྱིས་ནི་རང་གི་གྲགས་པ་སྒྲུབས་ཤིང་རང་ཕྱོགས་སྐྱོང་བའི་འདོད་ཞེན་དང་གཞན་ལ་ཕྲག་དོག་པའི་སྡང་སེམས་ཀྱིས་ཀུན་ནས་བླངས་ཏེ་བརྩམས་པ་མིན་ནམ་ཅི་སྟེ་བརྩམས་པ་ཡིན་ཏེ་འདིར་གཞན་གྱི་འཁྲུལ་བ་ལ་དགག་བསྒྲུབས་རྒྱས་པར་མཛད་འདུག་པའི་ཕྱིར་སྙམ་ན། །བདག་གི་བསྟན་བཅོས་འདི་ནི་ཀུན་སློང་ངན་པ་ཆགས་སྡང་སོགས་ཀྱིས་བརྩམས་པ་གདན་མིན་ཏེ་རྒྱུ་མཚན་ས་སྐྱ་པཎྜི་ཏ་བདག་ནི་ཕྱིར་སེམས་ཅན་ཀུན་ལ་སྙེ་རིས་མེད་པར་བྱམས་ཤིང་། ཁྱད་པར་ཆོས་སྟོན་པའི་གང་ཟག་བཟང་ངན་ཀུན་ལ་སྡང་སེམས་ཀྱིས་བདག་གིས་མི་སློང་པས་སོ། །བརྒྱ་ལ་མཉམ་པར་མ་བཞག་པའི་དབང་གིས། །སློང་པ་སྲིད་ནའང་དེའི་སྡིག་པ་དེ་མཐོང་ཤིང་འགྱོད་པས་བཤགས་པར་བྱ་སྟེ་གཞན་ལ་ཆགས་སྡང་གིས་སློང་པ་ནི་ཤིན་ཏུ་སྡིག་ཆེ་བའི་ཕྱིར། འོན་ཀྱང་དམ་ཆོས་འཁྲུལ་དང་མ་འཁྲུལ་བ་རྣམ་པར་འབྱེད་པ་ནི། སྐྱེ་བ་གདན་གྱི་ལེགས་ཉེས་ཀྱི་གྲོས་ཡིན་པས། དམ་ཆོས་འཁྲུལ་དང་མ་འཁྲུལ་འདི་ཡི་ལེགས་ཉེས་དཔྱོད་པར་འདོད་པའི་བསམ་པས་དེ་ལྟར་འཁྲུལ་མ་འཁྲུལ་དཔྱད་པ་དེ་ལ་ནི། སྡང་སེམས་ཀྱིས་ཀུན་ནས་སློང་བ་ཡིན་ཞེས་སྨྲ་ན་སྨྲ་མཁན་རང་གི་སྐྱོན་ཡིན་ཏེ་འཁྲུལ་བ་བཀག་པ་ལ་མ་བཟོད་པའི་ཚིག་ཡིན་པའི་ཕྱིར།

འཁྲུལ་པ་བཀག་པས་སྡང་བ་ཡིན་ན་དེ་གང་ཞིག་འོན་ཀླུ་སྒྲུབ་དང་ནི་དབྱིག་གཉེན་དང་། ཕྱོགས་ཀྱི་གླང་པོ་ཆོས་གྲགས་སོགས། མཁས་པ་ཀུན་གྱིས་རང་སྡེ་ནང་པ་དང་གཞན་ཕྱི་རོལ་གྱི། ཆོས་ལོག་ཐམས་ཅད་སུན་ཕྱུང་བ། དེ་ལའང་ནི་ཆོས་ཅན་སྡང་སེམས་ཡིན་ཞེས་ཟེར་རམ་ཅི་སྟེ་ཟེར་རིགས་པར་ཐལ་ཆོས་ལོག་བཀག་པ་ལ་སྡང་བར་འགྱུར་བའི་ཕྱིར། རྫོགས་པའི་སངས་རྒྱས་ཀུན་གྱིས་ཀྱང་། བདུད་དང་མུ་སྟེགས་སུན་ཕྱུང་བ། དེ་ལ་ཡང་ནི་སངས་རྒྱས་ཀྱིས་བདུད་དང་མུ་སྟེགས་ལ་ཕྲག་དོག་ཉིད་དུ་འགྱུར་རམ་སྟེ་འགྱུར་བར་ཐལ་རྟགས་དེའི་ཕྱིར། མདོ་རྒྱུད་ཤེས་པའི་མཁས་པ་རྣམས་བླུན་པོའི་ལོང་ཁྲིད་ཡིན་པས། ནོར་བའི་ཆོས་བཀག་པ་དང་མ་ནོར་བའི་ཆོས་བསྟན་པའི་ལོང་ཁྲིད་ལེགས་པར་བྱས་པ་ལ། ཕྲག་དོག་དུ་གོ་ནས་སྡང་ཞེས་སྨྲ་ན་ད

སྙན་ཚད། སངས་རྒྱས་བསྟན་པ་ཇི་ལྟར་བསྲུང་སྟེ་བསྲུང་བའི་ཐབས་མེད་པར་ཐལ་ཆོས་ནོར་བ་བཀག་པ་ལ་སྡང་ཞེས་སྨྲ་བར་སྣང་བའི་ཕྱིར། དཔེར་ན་ལོང་ཁྲིད་རྣམས་ཀྱིས་ལོང་བ་ལ། ལམ་གཡང་ས་བཀག་ཅིང་ལམ་བཟང་པོར་ཁྲིད་པ་འདང་ནི་ཕྲག་དོག་ཡིན་ནམ་ཅི་སྟེ་ཡིན་པར་ཐལ་ཆོས་ནོར་བ་བཀག་མ་ནོར་བ་བསྟན་པ་ཕྲག་དོག་ཡིན་པའི་ཕྱིར་ཁྱབ་པ་ཁས། །འདོད་པ་ལས་ངེས་མེད་པས་འདོད་ན་འོ་ན་ལོང་བ་དེ་ལམ་ལ་ཇི་ལྟར་བཀྲི་སྟེ་བཀྲི་ཚུལ་མེད་པར་ཐལ་ལམ་གཡང་ས་བཀག་པ་ཕྲག་དོག་ཡིན་པའི་ཕྱིར། །དཔེ་གཞན་ཡང་ནད་པ་ལ་ནི་གནོད་པ་ཡི། ཁ་ཟས་འདི་དང་འདི་སྤོངས་ཤིང་ཕན་པ་འདི་དང་འདི་བསྟེན་ཞེས། དེ་སྐད་སྨན་པས་སྨྲས་ན་ཡང་ནི། ནད་པ་ལ་སྡང་བ་དང་ཕྲག་དོག་ཏུ་འགྱུར་བར་ཐལ།ཆོས་ནོར་པ་བཀག་པ་སྡང་བ་དང་ཕྲག་དོག་ཡིན་པའི་ཕྱིར་རྟགས་ཁྱབ་ཁས་འདོད་ན་ནི། འོ་ན་ནད་པ་དེ་ཇི་ལྟར་གསོ་སྟེ་གསོ་བའི་ཐབས་མེད་པར་ཐལ་གནོད་པའི་ཁ་ཟས་བཀག་པ་ཕྲག་དོག་ཡིན་པའི་ཕྱིར་རོ། །བཤེན་ཟིན་པའི་རིགས་པ་དཔེ་དང་བཅས་པ་དེ་དག་གིས་ཕྱིར་བདག་གིས་ཆོས་ལོག་པ་དང་མ་ལོག་པའི། རྣམ་པར་དབྱེ་བ་བྱས་པ་ལ། སྡང་དང་ཕྲག་དོག་ཡིན་ཟེར་ན། འོ་ན་འཁོར་བའི་རྒྱ་མཚོ་ལས། སེམས་ཅན་རྣམས་ནི་ཇི་ལྟར་བསྒྲལ་ཏེ་བསྒྲལ་བའི་ཐབས་མི་ཤེས་པར་འགྱུར་ཏེ་ནོར་བ་བཤད་ན་འཚང་མི་རྒྱ་མ་ནོར་བ་བཤད་གཞན་ལ་ཕྲག་དོག་ཏུ་འགྱུར་བའི་ཕྱིར། །མཁས་པ་རྣམས་ཀྱིས་ཆོས་ནོར་བ་བཀག་ཅིང་མ་ནོར་བ་བསྟན་པའི་སྒོ་ནས་བཤད་པར་བྱས་པ་དེས་ཆོས་ལོག་སྤྱོད་པ་དང་བདུད་རིགས་ཕམ་པར་འགྱུར་ཡང་བཤད་པ་པོ་ལ་སྡང་སེམས་ཀྱི་སྐྱོན་དུ་མི་འགྱུར་ཏེ་སངས་རྒྱས་འཇིག་རྟེན་དུ་བྱོན་པ་དང་། མཁས་རྣམས་མདོ་རྒྱུད་ལ་བཤད་པ་བྱེད་པ་ལ། ལོག་གི་འབྲས་བུ་རྣམ་གསུམ་འབྱུང་བ་འདི་ནི། སངས་རྒྱས་བསྟན་པའི་སྤྱི་ལུགས་སམ་རྟེན་འབྲེལ་གྱི་ཆོས་ཉིད་ཡིན་པས་སོ། །སློབ་དཔོན་མ་ཁོལ་གྱིས་བསྟོད་པ་བརྒྱ་ལྔ་བཅུ་པ་ལས་ཀྱང་འདི་སྐད་གསུངས་ཏེ། བདུད་བཞིའི་གཡུལ་ལས་རྒྱལ་བའི་དཔའ་བོ་སངས་རྒྱས་ཁྱོད་ཀྱི་བསྟན་པ་ལ་ནི་འབྲས་བུ་རྣམ་གསུམ་འབྱུང་སྟེ། ཕྱི་རོལ་མུ་སྟེགས་ཐམས་ཅད་སྐྲག་སྟེ་ཕམ་པར་མཛད་ཅིང་། བདུད་ཀྱི་རིགས་ཐམས་ཅད་ནི་སེམས་ཁོང་དུ་ཆུད་པར་མཛད་ལ་ཚར་བཅད་ཀྱི་ལས་གཉིས་དང་གདུལ་བྱ་ལྷ་དང་མི་རྣམས་དགའ་ཞིང་དབུགས་ཀྱང་འབྱིན་པ་རྗེས་འཛིན་གྱི་ལས་གཅིག་སྟེ་གསུམ་འབྱུང་བའི་ཕྱིར་ཞེས་གསུངས་སོ་དེང་སང་བོད་འདི་ན་ཡང་ནི། བསྟན་འཛིན་མཁས་པ་རྣམས་ཀྱིས་ཆོས་དང་ཆོས་མིན་རྣམ་པར་ཕྱེ་ནས་ཆོས་ལེགས་པར་བཤད་ན་འབྲས་བུ་རྣམ་གསུམ་འབྱུང་སྟེ། ཆོས་ལོག་སྤྱོད་པ་རྣམས་ཕམ་པར་བྱེད་ཅིང་། བདུད་ཀྱི་རིགས་ཐམས་ཅད་ཡིད་མུག་འགྱུར། ཆོས་ཤེས་པའི་མཁས་པ་ཐམས་ཅད་དགའ་བར་བྱེད་པའི་འབྲས་བུ་གསུམ་འབྱུང་བ་དང་ལྡན་པའི་རྣམ་པར་ཐར་པ་བཟང་པོའི་བཤད་པ་འདི་འདྲ་བས་བསྟན་པ་འཛིན་པར་ནུས་པའི་ཕྱིར་རོ། །གལ་ཏེ་ཚུལ་འདི་ལས་བཟློག་པ་སྐྱེས་བུ་ཐ་ཤལ་རྣམས་དགའ་བར་བྱེད་ཆོས་བཞིན་བྱེད་པ་ཕམ་པ། དཀར་ཕྱོགས་དང་མཁས་པ་རྣམས་སེམས་ཁོང་དུ་ཆུད་པར་བྱེད་པའི་བཤད་པ་འབྱུང་བར་གྱུར་ན། སངས་རྒྱས་ཀྱི་བསྟན་པ་ལ་གནོད་པར་ཤེས་པར་གྱིས་ཏེ་སྔར་བཤད་པའི་ཕན་ཡོན་ལས་ལྡོག་པ་གསུམ་འབྱུང་བའི་ཕྱིར། དེས་ན་བླང་དོར་ལ་ཟབ་པར་བྱའོ། །

ས་སྐྱ་པཎྜི་ཏ་བདག་གིས་ཀྱང་ནི་རྡོ་རྗེ་ཕག་མོ་ཡི། བྱིན་རླབས་ཕག་མགོ་ལ་སོགས་པའི་བརྡའི་དབང་བཞི་ཙམ་རེ་བྱས་པ་

དེ་ཉིད་ཀྱིས་ཆོས་ཀྱི་སློ་ཕྱི་ལ། སྔོན་རྒྱུད་དུ་ལྟ་བའི་དཀར་པོ་ཆིག་ཐུབ་ཀྱི་མན་ངག་བསྟན་ནས་ཀྱང་། རྟོག་པ་མངོན་གྱུར་བ་ཙུང་ཟད་འགག་པའི་སྒོང་བ་ཙུང་ཟད་སྐྱེས་པ་ལ་དེ་རྩེ་གཅིག་པའི་རྣལ་འབྱོར་ཡིན་ཞིང་ཐེག་ཆེན་གྱི་མཐོང་ལམ་དུ་ནི་ངོ་སྤྲོད་ནས། ལུས་ངག་གི་འབད་པས་རྩོལ་སྒྲུབ་མེད་པའི་དོན་བསྟན་ན། འཁོར་སློབ་མ་ཚོགས་པ་འང་འདི་བས་ཀྱང་མང་བ་འདུ་ཞིང་། ཟང་ཟིང་གི་ལོངས་སྤྱོད་འབུལ་བ་འང་འདི་བས་ཀྱང་མང་བར་འགྱུར། བླུན་པོ་རྣམས་ཀྱི་བསམ་པ་ལ་འང་། དཀའ་ཚེགས་མེད་པར་སངས་རྒྱས་འཕྲལ་དུ་འཕྲིན་ནུས་པའི་བླ་མ་འདི་ལྟ་བུ་ངོ་མཚར་ཆེ་སྙམ་ནས་སངས་རྒྱས་ལྟ་བུར་མོས་པ་སྐྱེ་བ་དང་། ཆོས་ཀྱི་གནད་རྣམས་མི་ཤེས་པའི། སྡེ་སྣོད་འཛིན་པའི་མཁས་པར་རློམ་པ་མང་པོ་ཡང་། ཚུལ་དེ་ལྟར་བསྟན་པ་དེ་ལ་ལྷག་པར་དད་འགྱུར་བར། བདག་གིས་ལེགས་པར་གོ་ཞིང་ཤེས་མོད་ཀྱི་འོན་ཀྱང་སངས་རྒྱས་ཀྱི་བསྟན་པ་ལ་ཕན་པར་བསམ་ཞིང་འཁྲུལ་པར་སྤྱོད་ལ་སྙིང་རྗེས་དགག་སྒྲུབ་བྱས་པ་མ་གཏོགས་འཁོར་དང་ཟང་ཟིང་ལ་མི་ལྟ་སྟེ། འཁོར་དང་ཟང་ཟིང་བསྒྲུབ་པའི་ཕྱིར་དུ། བདག་གིས་སེམས་ཅན་བསླུས་ནས་ཆོས་བསྟན་པ་མིན་པས་སོ། །འཁོར་ནོར་བསྒྲུབ་པའི་ཕྱིར་མ་བསླུས་མོད་འོན་ཀྱང་བསྟན་བཅོས་བརྩམས་པ་པོ་བདག་གིས་ནི་སངས་རྒྱས་ཀྱི་བསྟན་པ་ལ་ཕན་པར་བསམ་པ་ཁོ་ནས་བདག་གི་སློབ་མ་བསྐྱངས་ཤིང་ཆོས་འདི་བཤད་པ་ཡིན་ཏེ། བསྟན་འཛིན་གྱི་སྐྱེས་བུས་སངས་རྒྱས་ཀྱི་བསྟན་པ་ལ་བཤད་བསྒྲུབ་ཚུལ་བཞིན་དུ་བསྒྲུབས་པར་བྱས་ན། སངས་རྒྱས་བསྟན་ལ་ཡུན་རིང་དུ་ཕན་པར་བསམས་པ་ཁོ་ནས་ཡིན་པས་སོ། །སྐྱེས་རབས་ལས། །ཕན་པར་སྨྲ་ལ་མཆོད་པར་བྱེད་པ་ནི། །བསྒོ་བའི་ཚིག་བཞིན་གུས་པས་ཉན་པ་ཡིན། །ཞེས་པ་ལྟར་རོ། །འཕགས་པའི་ཡུལ་དུ་མུ་སྟེགས་བྱེད་རྣམས་ལ་རྟག་ཆད་ཀྱི་འཁྲུལ་བ་དུ་མ་དང་ཉན་ཐོས་རྣམས་ལ་རྫུལ་ཕྲན་བདེན་གྲུབ་དང་སོར་སྡོམ་གཟུགས་ཅན་དུ་འདོད་པ་སོགས་དུ་མ་དང་། ཐེག་པ་ཆེན་པོ་འགའ་ཞིག་སྟེ་སེམས་ཙམ་པ་ལའང་ཡོངས་གྲུབ་དང་གཞན་དབང་བདེན་གྲུབ་ཏུ་འདོད་པ་སོགས་འཁྲུལ་པ་ཡོད་མོད་དེ་དག་ནི་མཁས་པ་རྒྱན་དྲུག་ལ་སོགས་པ་རྣམས་ཀྱིས། སུན་ཕྱུང་ཟིན་པའི་ཕྱིར་ན་བསྟན་བཅོས་འདིར་དགག་པར་མ་བཤད་དོ། །

དེ་བཞིན་བོད་ཡུལ་འདིར་ཡང་བསྟན་པ་སྔ་དར་གྱི་དུས་སུ་ཧ་ཤང་མ་ཧཱ་ཡ་ནའི་ཆོས་ལོག་སྤྱིར་སྒྲོལ་ལམ་དུ་བྱེད་པ་སོགས་འཁྲུལ་བ་དུ་མ་བྱུང་མོད་དེ་དག་ཀྱང་ནི་འདིར་དགག་པར་མི་བཞེད་དེ་སྔོན་གྱི་མཁས་པ་ཀ་མ་ལ་ཤཱི་ལ་ལོ་ཆེན་རིན་བཟང་སོགས་ཀྱིས་སུན་ཕྱུང་ཟིན་པའི་ཕྱིར་རོ། །དེང་སང་གངས་རིའི་ཁྲོད་འདི་ན། དངོས་སྟོབས་ཀྱིས་རིགས་པས་བསྒྲུབ་པར་མི་ནུས་ཤིང་། སངས་རྒྱས་ཀྱི་བསྟན་པ་མདོ་རྒྱུད་དང་འགལ་བ་ཡི། འཁྲུལ་པ་གསར་པ་དུ་མ་འབྱུང་བ་ལས། རྡོ་རྗེ་ཐེག་པའི་གནད་འཆུགས་པས། རྒྱུད་སྡེ་རྣམས་དང་དགོངས་འགྲེལ་གྱི་གྲུབ་ཐོབ་རྣམས་ཀྱི། དགོངས་པ་རྣམས་དང་འགལ་བའི་གནད་འཁྲུལ་པ། དཔག་ཏུ་མེད་པ་ཡོད་མོད་ཀྱི་དེ་དག་ཀྱང་ཤུན་འཛིན་པ་ལ་གསང་སྔགས་ཀྱི་ལུགས་ཟབ་མོ་བཤད་དགོས་པས་དེ་ནི་གསང་སྔགས་ཀྱི་ལམ་གྱི་གནད་ཐུན་མོང་མ་ཡིན་པ་ཉིད་ཡིན་པའི་ཕྱིར་ཁོ་བོས་གཞན་དུ་བཤད་དོ། །དེ་ལྟར་མི་འོས་པ་རྣམས་འདིར་བཤད་བྱ་མ་ཡིན་པ་དེས་ན་བསྟན་བཅོས་འདི་ནི་གསང་བ་སྣོད་དུ་རུང་མི་རུང་ཀུན་ལ་ཐུན་མོང་དུ་བཤད་རུང་བའི། འཁྲུལ་པ་སྤྱར་བཤད་རགས་རིམ་ཅི་རིགས་པ་དེ་དག །འཕེལ་ན་

བསྟན་ལ་གནོད་པར་མཐོང་ནས་བཤད་པ་ཡིན་པས་ན། སྡོམ་པ་གསུམ་གྱི་ཉམས་ལེན་གྱི་གནད་འཁྲུལ་མ་འཁྲུལ་ཆེ་ལོང་ཙམ་ཞིག་བཤད་པ་ཡིན་ནོ། །དེ་ལྟར་ན་བསྟན་བཅོས་འདི་ནི་ཀུན་སློང་དག་པས་བརྩམས་པ་ཡིན་གྱི་ཕྱོགས་ལྷུང་སྡང་སེམས་ཀྱིས་མ་ཡིན་ཏེ་དགག་པ་འོས་པ་རྣམས་བཀག་ཅིང་མི་འོས་པ་རྣམས་བཞག་པའི་ཕྱིར་ཞེས་པའི་དོན་ཡིན་ནོ། །

འདིར་བཀག་པ་དེ་རམ་ཟད་ད་དུང་ཚིག་དོན་འཁྲུལ་པའི་རྣམ་གཞག་ནི། སྐྱོན་ཅན་དགག་འོས་པ་དཔག་མེད་སྣང་ནའང་། བསྟན་བཅོས་ཀྱི་གཞུང་ཚིག་མངས་ན་བློ་ཆུང་དག་སྐྲག་པར་འགྱུར་དུ་དོགས་པས་རེ་ཞིག་བཞག་གོ། །གལ་ཏེ་དགོས་པར་འདོད་ན་ལུང་དང་རིགས་པའི་གནད་ཕྱིན་ཅི་མ་ལོག་པར་ཤེས་པའི་བློ་ཅན་མཁས་པ་རྣམས་ཀྱིས་ཆོས་ལུགས་སྐྱོན་ཅན་དེ་དག་ལ། ལུང་རིགས་ཀྱིས་ལེགས་པར་དཔྱོད་ལ་དགག་སྒྲུབ་ཀྱིས་ཤིག་སྟེ་དེ་ལྟར་དཔྱད་ནས་དགག་བསྒྲུབ་ཀྱིས་སུན་ཕྱུང་བ་ནི་མཁས་པ་ཀུན་གྱི་ཡང་རྗེར་འགྱུར་བ་ཡིན་པའི་ཕྱིར་རོ། །སངས་རྒྱས་བསྟན་དང་རང་ཉིད་ཕྲད་དཀའ་ཞིང་། མཇལ་བའི་རྗེས་སུ་ཆོས་བྱེད་ཁོམ་པའི་དལ་བ་དང་མཐུན་རྐྱེན་འབྱོར་པ་བཅུའང་རྙེད་དཀའ་བས། བསྟན་པའི་སྒོར་བཞུགས་ཏེ་དམ་པའི་ཆོས་ལ་གཅེས་སྤྲས་མཛད་པའི་མཁས་པ་རྣམས་ཀྱིས་འཁྲུལ་མ་འཁྲུལ་ལེགས་པར་རྟོགས་ལ། ཆགས་སྡང་གི་རྗེས་སུ་མ་འབྲང་བ་གཟུར་པོར་གནས་པའི་བློ་ཡིས་དྲང་པོར་དཔྱོད་ཅིག་ཅེས་གདམས་པ་མཛད་པའོ། །

ས་སྐྱ་པཎྜི་ཏ་བདག་ནི་ཐ་སྙད་གཙོ་བོར་གྱུར་པ་ཕྱིའི་རིག་གནས་ཕྱིན་ཅི་མ་ལོག་པ་ཤེས་པའི་ཤེས་རབ་དང་ལྡན་པ་ཡིན་ཏེ། བདག་གིས་རྩོལ་ངན་ཚར་གཅོད་ཀྱི་ཚིག་གཏན་ལ་འབེབ་པའི་སྒྲ་རིགས་པ་བརྡ་སྤྲོད་ཀྱི་བསྟན་བཅོས་ཀྱི་གཙུག་གི་ནོར་བུ་ལྷ་བུ་ཀ་ལཱ་པ་དང་། ཙནྡྲ་པ་དེ་དག་གི་མིང་གི་སྒྲ་སྒྲུབ་བྱེད་སྒྲུབ་བྱེད་ཚིག་བསྒྲུབ་པ་སོགས་ཡན་ལག་དང་བཅས་པ་དང་དོན་གཏན་ལ་འབེབས་ཅིང་འགལ་འབྲེལ་གཅོད་པའི་ཚད་མའི་བསྟན་བཅོས་ཀུན་གྱི་གཙུག་ནོར་ལྟ་བུ་ཀུན་བཏུས་དེའི་ཚིག་དོན་བཏན་ལ་འབེབ་པ་སྡེ་བདུན་འགྲེལ་པ་འགྲེལ་བཤད་དང་བཅས་པ་བསླབས། ཚིག་གི་སྡེབ་སྦྱོར་རྒྱུད་འཕེལ་ལ་མཉམ་ཕྱེད་མཉམ་མི་མཉམ་པ་དང་། །སྙིད་པ་ལ་འཕགས་མ་རོལ་ངས་ཕྱི་མོ་མཉམ་པ་དེ་དག་སོ་སོའི་རྣམ་བཞག་བཅས་པ་རྣམས་ཀྱང་ལེགས་པར་ཤེས། ཚིག་རྒྱན་ལ་སྙན་ངག་གི་མཚན་ཉིད་སྟོན་བྱེད་དབྱངས་ཅན་གྱི་མགུལ་རྒྱན་དབྱིས་མེ་ལོང་མ་དེ་དང་མི་འགལ་བ་སྟོན་བྱེད་སྙན་ཚིག་མཆོག་ཏུ་བྱུང་བ་དཔག་བསམ་འཁྲི་ཤིང་ལ་སོགས་པ་དང་། མིང་གི་མངོན་བརྗོད་ལ་འཆི་མེད་མཛོད་དང་སྣ་ཚོགས་གསལ་བ་ལ་སོགས་པ་ཐལ་ཆེར་གོ་ཞིང་ཤེས་པས་སོ། །ཐར་ལམ་གཙོ་བོར་སྟོན་པའི་ནང་རིག་པ་ལ་མདོ་སྡེ་དགོངས་འགྲེལ་བཅས་མང་དུ་ཐོས་པའི་ཤེས་རབ་དང་ལྡན་ཏེ་འདུལ་བ་ལུང་སོར་ཐར་མདོ་རྩ་འོད་ལྡན་སོགས་དགོང་འགྲེལ་དང་བཅས་པ་དང་ནི་མངོན་པ་གོང་འོག་ཉི་རྣམ་བཤད་རིག་པ་ཕུང་པོ་ལྔའི་རབ་བྱེད་སོགས་དང་། ཕ་རོལ་ཕྱིན་པའང་རྒྱན་རྩ་འགྲེལ་ཤེར་ཕྱིན་བདུན་བརྒྱ་པ་བརྒྱད་སྟོང་དོན་བསྡུས་སོགས་སྡེ་སྣོད་གསུམ་གྱི་གསུང་རབ་ཐལ་ཆེར་ཐོས་ཤིང་ཐུགས་སུ་ཆུད་པས་སོ། །ནང་རིག་པའི་སྡེ་སྣོད་ཀྱི་མཆོག་འགྱུར་པ་རྒྱུད་སྡེ་མང་དུ་ཐོས་པའི་ཤེས་རབ་དང་ལྡན་པ་ཡིན་ཏེ། གསང་སྔགས་རྒྱུད་སྡེ་བཞི་པོ་ཡང་། འགྲེལ་པ་འགྲེལ་བཤད་བོད་དུ་བསྒྱུར་ཞིང་ཉན་བཤད་ཡོད་པ་ཐལ་ཆེར་ཐོས་ཤིང་། ཐོས་པ་དེ་དག་ཐམས་ཅད་ཀྱང་། མིང་ཙམ་དུ་མ་བཞག་གོ་སྟེ་ཚིག་དོན་ཐ་དག་ལེགས་པར་ཤེས་ཤིང་སོམ་ཉིས་དང་བྲལ་བར་བྱས་པའི

ཕྱིར་ཏེ། མཁས་པ་རང་ཉིད་ཀྱི་ཞལ་ནས། །སྤྲང་རྫི་འཛིན་པ་སྤྲང་རྫིའི་བརྟུལ་ཞུགས་ཅན། །སྤྲང་བུ་མིན་པས་སྤྲང་རྫིའི་བཙུད་མ་རྙེད། །སྡེ་སྣོད་འཛིན་པ་ཀུན་དགའ་རྒྱལ་མཚན་དཔལ། །བཟང་པོ་མིན་པས་ཤེས་བྱའི་བཙུད་མ་རྙེད། །ཅེས་གསུངས་པ་ལྟར་རོ། །བདག་ནི་གདམས་ངག་མང་དུ་ཐོས་པའི་ཤེས་རབ་དང་ལྡན་ཏེ་བྱེ་བྲག་སྨྲ་དང་མདོ་སྡེ་པ་གཉིས་ཀྱི་བསྒོམ་རིམ་མཛོད་དང་ཉན་ས་ནས་བྱུང་བ་དང་། སེམས་ཙམ་པའི་མན་ངག་ཐོགས་མེད་ཀྱིས་བསམ་གཏན་སྒྲོན་མེ་ཕྱོགས་གླང་གི་རྣལ་འབྱོར་བསྒོམ་པ་ཤཱནྟི་པའི་ཤེར་ཕྱིན་མན་ངག་སོགས་དང་ནི་དབུ་མ་པ་ཡི་མན་ངག་ཧ་དབྱངས་ཀྱིས་བྱང་ཆུབ་སེམས་གཉིས་བསྒོམ་པ་ཀ་མ་ལ་ཤཱི་ལའི་སྒོམ་རིམ་གསུམ་ལ་སོགས་པའི་གདམས་ངག་བོད་དུ་བསྒྱུར་བ་ཧེ་སྐྱེད་ཡོད་པ་ཐལ་ཆེར་ཐོས་ཤིང་ཐུགས་ཉམས་སུ་བཞེས་པ་ཡིན་ནོ། །

གཞན་ཡང་དེང་སང་བོད་ལ་གྲགས་པ་ཡི། ཕ་དམ་པའི་ཞི་བྱེད་བརྒྱུད་པ་སྟོད་སྨད་བར་གསུམ་དང་ཨ་རོའི་རྫོགས་ཆེན་བྲམ་ཟེ་ཨཱརྱ་དེ་ཝའི་གཞུང་རྩ་འགྲེལ་ལབ་སྒྲོན་མའི་གཅོད་ལ་སོགས་པ་དང་། ཇོ་བོ་ནས་བརྒྱུད་པའི་མངོན་རྟོགས་རྒྱན་གྱི་སྐབས་བརྒྱད་ཀྱི་དོན་ཅིག་ཅར་དུ་བསྒོམ་པ་དང་། ཕ་རོལ་ཏུ་ཕྱིན་པའི་བློ་སྦྱོང་དོན་བདུན་མ་དང་། བཀའ་གདམས་ཇོ་བོ་ནས་དགོན་པ་པ་ལ་བརྒྱུད་པ་དང་འབྲོམ་སྟོན་པ་ལ་བརྒྱུད་བྱའི་གདམས་ངག་ལུགས་གཉིས་དང་། ས་ར་ཧའི་དོ་ཧ་མཛོད་ཀྱི་གླུ་དང་ཏོག་རྩེ་པའི་བསམ་མི་ཁྱབ་ལྷན་སྐྱེས་རྡོ་རྗེའི་གནས་པ་བསྡུས་པ་ཨཱརྱ་དེ་ཝས་སེམས་ཀྱི་སྒྲིབ་སྦྱོང་། དེ་ཝ་ཙནྡྲའི་ཤེས་རབ་ཡེ་ཤེས་གསལ་བ། །ཀླུ་སྒྲུབ་ཀྱིས་ཕྱག་རྒྱ་བཞི་བ་སྡེ་སྙིང་པོ་སྐོར་དྲུག་དང་། ཨིནྡྲ་བྷུ་ཏིའི་ཡེ་ཤེས་གྲུབ་པ། ཡན་ལག་མེད་པའི་རྡོ་རྗེས་ཐབས་ཤེས་གྲུབ་པ། པདྨ་བཛྲས་གསང་བ་གྲུབ་པ། ཧཱུཾ་ཀྲི་པའི་ལྷན་ཅིག་སྐྱེས་གྲུབ། དཔལ་ཆེན་མོའི་གཉིས་མེད་གྲུབ་པ། ཌཱ་ཀི་ཀ་པའི་གསང་བའི་དེ་ཉིད་གྲུབ་པ། རྣལ་འབྱོར་མ་ཙ་ཏོས་མཛད་པའི་དེ་ཉིད་གྲུབ་པ་སྟེ་གྲུབ་པ་སྡེ་བདུན་སོགས་གྲུབ་སྙིང་གི་སྐོར་དང་། གཞན་ཡང་ཏེ་ལོ་པ་དང་ནག་པོ་སྤྱོད་པའི་རྡོ་རྗེའི་རྟོགས་པ་གླུར་བླངས་པའི་དོ་ཧ་དང་། རྣལ་འབྱོར་དབང་ཕྱུག་བིརྺ་པའི། དོ་ཧ་སེང་གེ་ཞེས་བྱ་བ་དང་སློབ་དཔོན་ཐག་པ་དང་མཻ་ཏྲི་པ་སོགས་ཀྱིས་དོ་ཧའི་བྱེ་བྲག་དུ་མ་ཐོས་སོ། །འགོན་སྟོན་གད་པ་གཱི་ཏི་ནས་བརྒྱུད་པའི་གསང་བསྡུས་རིམ་ལྔ་སྟན་ཐོག་གཅིག་པ་དང་། མར་པའི་སློབ་མ་མེས་སྟོན་ཆེན་པོ་དྭགས་པོའི་སློབ་མ་རྩང་བཞེར་པ་རས་ཆུང་པའི་སློབ་མ་བུར་བསྒོམ་པ་ལས་ཐོས་པའི་རྣོག་ཅིག་པ་ནས་བརྒྱུད་པའི་ན་རོ་ཆོས་དྲུག་ལུགས་གསུམ་དང་། གསང་བ་འདུས་པ་ཡེ་ཤེས་ཞབས་ཀྱི་ལུགས་ཡན་ལག་དང་བཅས་པ་དང་། དེ་བཞིན་དུ་འགོས་དང་ཁ་ཆེ་པཎ་ཆེན་ནས་བརྒྱུད་པའི་འཕགས་སྐོར་གྱི་གདམས་ངག་དང་། དགེས་པ་རྡོ་རྗེའི་རྒྱུད་གསུམ་ཆ་མཐུན་ཐིག་ལེའི་སྐོར་རྣམས་ཀྱི་རྒྱུད་གདམས་ངག་ཕྱག་རྒྱ་ཕྱག་རྒྱ་ཆེན་པོ་སྙིང་པོའི་སྐོར་མཐའ་དག་དང་། གཤིན་རྗེ་གཤེད་དམར་པོ་དགྲ་ནག་གདོང་དྲུག་གསུམ་དང་འཇིགས་བྱེད་སོགས། དེ་ཡི་གདམས་ངག་གསར་བསྒྱུར་དང་རྙིང་མའི་གཤིན་རྗེ་ཚེ་བདག་དང་ཁ་མཐུན་ལ་སོགས་པ་དང་། འཁོར་ལོ་སྡོམ་པའི་གཞུང་གསང་མཐའི་གདམས་ངག་དང་། དུས་ཀྱི་འཁོར་ལོའི་གཞུང་གདམས་ངག་སྦྱོར་དྲུག་དང་ཀྱི་རྡོར་གསང་བ་བསྡུས་པའི་སྦྱོར་དྲུག་སོགས་སྦྱོར་དྲུག་གི་བྱེ་བྲག་མང་པོ་དང་། མཚན་བརྗོད་ཀྱི་བཤད་པ་སློབ་དཔོན་འཇམ་དཔལ་བཤེས་གཉེན་གྱིས་འགྲེལ་པ་ཆེ་ཆུང་གཉིས་དང་སྨྲིག་པའི་རྡོ་རྗེས་སྟགས་དོན་རྣམ་གཟིགས་དབུ་མ་ལ་དགའ་བས་ཡེ་ཤེས་ཞབས་ལུགས་སུ་འགྲེལ་བ་ལམ་འབྲས་ཀྱི་ལུགས་དུས་འཁོར་གྱི་ལུགས་ཏེ་ལུགས་དྲུག་

དང་། བིརྺ་པའི་འཆི་མེད་གྲུབ་པའི་གདམས་ངག་དང་། དེ་གཉིས་ཀྱིས་རྟགས་གཉིས་ལ་རྟེན་པའི་ལམ་འབྲས་བུ་དང་བཅས་པའི་ལམ་ཡོངས་སུ་རྫོགས་པའི་གདམས་ངག་དང་ལ་སོགས་པ་མཚོ་སྐྱེས་ཀྱིས་བསྐྱེད་རིམ་ཟབ་པའི་ཚུལ་དགུ་རྫོགས་རིམ་མར་མེའི་རྩེ་ལྔ་བུའི་གདམས་ངག །ས་ཀླུ་ཏི་ལ་བརྟེན་ནས་ཏོག་རྩེ་བས་བསམ་མི་ཁྱབ་ཀྱི་གདམས་ངག །བདུད་རྩི་འོད་ལ་བརྟེན་ནས་ངག་དབང་གྲགས་པས་ཕྱག་རྒྱ་ཆེན་པོ་ཡི་གེ་མེད་པ། །འཁོར་ལོ་བདེ་མཆོག་ལ་བརྟེན་ནས་ནག་པོ་སྤྱོད་པས་གཏུམ་མོ་ལམ་རྫོགས་དང་ཡོན་པོ་བསྲང་བ་གཉིས། །གསང་བ་འདུས་པ་ལ་བརྟེན་ནས་ཀླུ་སྒྲུབ་ཀྱིས་མཆོད་རྟེན་གྱི་དྲུང་དུ་སེམས་ཐག་བཅད་པ། །དབང་ཡོན་ཏན་རིམ་པ་ལ་བརྟེན་ནས་ཨིནྡྲ་བྷཱུ་ཏིས་ཕྱག་རྒྱས་ལམ་ཡོངས་སུ་རྫོགས་པ། བརྟག་གཉིས་ལ་བརྟེན་ནས་ཧཱུྃ་ཀྵི་ཏི་རུ་ཀཱ་ས་ལྷན་ཅིག་སྐྱེས་གྲུབ་སྟེ་ལམ་སྐོར་དགུ། དེ་ལས་འཕྲོས་པ་ལམ་སྦས་བཤད་གྲུབ་ཆེན་བཅུ་བྲ་མོ་བརྒྱད་ལ་སོགས་པ་དུ་མ་དང་།

གཞན་ཡང་བོད་ན་གྲགས་པའི་ཁ་རག་སྐོར་གསུམ་སོགས་དང་རྒྱ་གར་ལ་གྲགས་པའི་འབྲོག་མིས་མཁས་པ་སྒོ་དྲུག་ལས་གསན་པའི་གདམས་བདག་སོགས་དེང་སང་གྲགས་པ་ཕལ་མོ་ཆེ། བདག་གིས་འབད་དེ་ལེགས་པར་ཉན། བསླབས་པ་དེ་དག་ཐམས་ཅད་ཀྱང་མིང་ཙམ་དུ་བཞག་པ་མིན་པ། སོ་སོའི་གནད་ཇི་ལྟ་བ་བཞིན་དུ་རྟོགས་པ་དེའི་ཕྱིར་རྒྱ་བོད་ཀྱི་ཆོས་རྣམས་ཕལ་ཆེར་ཐོས་ཤིང་ཇི་བཞིན་རྟོགས་པ་ཡིན་ནོ། །ཚུལ་དེས་དག་མ་དག་རང་གཞན་སུ་ལ་འདུག་ཀྱང་བླང་དོར་གྱི་ཕྱིར་དགག་སྒྲུབ་དགོས་པ་གྲུབ་པ་ཡིན་ནོ། །དེས་ན་ས་སྐྱ་པཎྜི་ཏ་བདག་གིས་དགག་བསྒྲུབ་མང་དུ་བྱས་པའི་བསྟན་བཅོས་འདི་ལ་རང་གིས་ཤེས་པ་རྣམས་བསྒྲུབ་པར་འདོད་ཅིང་མི་ཤེས་པ་རྣམས་འགོག་པར་འདོད་པའི་ཕྱོགས་ལྷུང་མེད་དོ། །ཤེས་པ་རྣམས་ལའང་མ་དག་པ་ནི་དགག་བྱ་ཡིན་པ་དགོངས་སོ། །གོང་དུ་སྨོས་པའི་རྒྱུ་མཚན་དེའི་ཕྱིར་བདག་གིས་ལེགས་པར་རྟོགས་ཤིང་བློ་གཟུར་པོས་དཔྱད་པའི་བསྟན་བཅོས་འདི་ནི། བློ་ལྡན་རྣམས་ཀྱིས་བསྟན་བཅོས་འདི་ནས་བཤད་པ་འདི་ཁོ་ན་ལྟར་དུ་བཟུང་དགོས་པ་ཡིན་ནོ། །

གཞིའི་ཁྱད་པར་ཐུབ་པའི་བསྟན་པ་རིན་པོ་ཆེ་ལས་གྲུབ་པའི་གཞལ་མེད་ཁང་ལ་གནས་ཤིང་། བྱེད་ལས་ཀྱི་ཁྱད་པར་ལོག་ལྟའི་མུན་ནག་གི་ཚང་ཚིང་རྣམ་པར་བསལ་བར་བྱས་ནས། ཕན་ཡོན་གྱི་ཁྱད་པར་གདུལ་བྱ་བློ་གསལ་རྣམས་ཀྱི་བློ་ཡི་པདྨོ་ཁ་འབྱེད་པའི་ཁྱད་ཆོས་གསུམ་དང་ལྡན་པས། སྡོམ་པ་གསུམ་གྱི་བསྟན་བཅོས་ཉི་མའི་སྣང་བ་དང་ཆོས་མཚུངས་པ་ནི་དེང་སང་བོད་ཡུལ་འདིར་བསྟན་པ་དང་སྐལ་ལྡན་གདུལ་བྱ་མཐའ་ཡས་པའི་དཔལ་དུ་ཤར་བ་ལ་དགའ་སྤྲོ་ཁྱད་པར་ཅན་བསྐྱེད་པར་བྱའོ། །གཞན་ཡང་བསྟན་བཅོས་འདི་ནི་ཁྱད་ཆོས་བཞི་དང་ལྡན་པ་ཡིན་ཏེ་དུས་གསུམ་རྒྱལ་བ་ཀུན་གྱི་མདོ་རྒྱུད་ཀྱི་དགོངས་པ་འདི་ཁོ་ན་ཡིན་པ་དང་། དེ་ལྟར་ཡིན་པ་ལ་ཡིན་ནོ་ཞེས་ཀུན་སློང་འགྲོ་བ་ཀུན་ལ་ཕན་པའི་བསམ་པ་རྣམ་པར་དག་པས་བསྟན་བཅོས་བརྩམས་པ་པོ་བདག་གིས་བཤད་པ་དང་། བསྟན་འཛིན་མཁས་པ་ཀུན་གྱི་དགོངས་པ་ཕྱོགས་གཅིག་པ་ནི་འདི་ཁོ་ན་ཡིན་པ་དང་དེ་ལྟར་མོད་ཀྱི། ད་དུང་སྦྱང་པ་མེད་པའི་བླུན་པོ་ཤེས་རབ་ཆུང་ཞིང་བསོད་ནམས་དམན་པ་རྣམས་ཀྱིས་རྟོགས་པར་དཀའ་བ་དང་ལྡན་པའི་ཕྱིར་རོ། །བརྩམས་པ་པོ་ས་སྐྱ་པཎྜི་ཏ་ཀུན་དགའ་རྒྱལ་མཚན་དཔལ་བཟང་པོའི་མཁྱེན་པའི་ཉི་མའི་དཀྱིལ་འཁོར་གྱིས་སངས་རྒྱས་ཀྱི་བསྟན་པ་སྡེ་སྣོད་གསུམ་དང་རྒྱུད་སྡེ་བཞི་ཡི། པད་མོ་

རྣམ་པར་ཕྱེ་བ་ལས་བྱུང་བའི་ལེགས་བཤད་དམ་པའི་སྙིང་རྩེ་ཟད་མི་ཤེས་པ་འདི་སྐལ་ལྡན་གྱིས་འགྲོ་བ་མཐའ་ཡས་པའི་བྱུང་བའི་ཚོགས་ཀུན། རྒྱུན་དུ་ལམ་གྱི་གནད་ཕྱིན་ཅི་མ་ལོག་པ་ལ་སྦྱོད་པའི་ཕན་པ་དང་བདེ་བའི་དགའ་སྟོན་འགྱེད་པར་ཤོག་ཅིག་ཅེས་པའོ། །

རྗེ་བཙུན་ཐུགས་རྗེ་ཅན་གང་གི་བཀའ་དྲིན་དྲན་པས་ཐུགས་བརྩེས་ཉེ་བར་བཟུང་ནས་ཏེ་བཟུང་ཞིང་གསུང་གིས་སྡོམ་པ་ལས། །བསྟན་པ་དང་འགལ་བའི་ལོག་པའི་ཆོས་རྣམས་སྤངས་ནས་ཀྱང་། སངས་རྒྱས་ཀྱི་བསྟན་པ་རྣམ་དག་དང་ལེགས་པར་སྦྱོད་པའི། འཇམ་མགོན་བླ་མ་གྲགས་པ་རྒྱལ་མཚན་དེ་ལ་འདུད་པ་ཡིན་ཏེ་ སྔར་བཤད་པའི་ཆོས་དག་མ་དག་གི་རྣམ་དབྱེར་ཕྱེ་ལ་དུ་ཕྱིན་པ་དེ་དག་ནི་རྗེ་བཙུན་ཆེན་པོ་ཁོ་ནའི་བཀའ་དྲིན་དང་བྱིན་རླབས་ལས་བྱུང་བ་ཡིན་པའི་ཕྱིར་རོ། །

མཚན་སྡོམ་པ་གསུམ་གྱི་རབ་ཏུ་དབྱེ་བ་ཞེས་བྱ་བ། གཞུང་ཚད་ཤློཀ་སྟོང་གི་བདག་ཉིད་ཅན་བྱེད་ལས་ཆོས་དང་ཆོས་མ་ཡིན་པ་རྣམ་པར་འབྱེད་པའི་རང་བཞིན་ཅན། ངོ་བོ་ཆོས་སྐྱོབས་ཀྱི་ཡོན་ཏན་གཉིས་དང་ལྡན་པའི་བསྟན་བཅོས་འདི་ནི། ཤེས་བྱ་རིག་པའི་གནས་ལྔ་ལ་སོགས་པ་མཐའ་དག་མང་དུ་ཐོས་པའི་ནོར་དང་ལྡན་པ། རིགས་པ་དང་མི་རིགས་པ་ཇི་ལྟ་བ་བཞིན་སོ་སོར་དབྱོད་ཅིང་འབྱེད་པར་ནུས་པའི་བློ་གྲོས་ཐོགས་པ་མེད་པ་ཅན། ཕ་རོལ་ཏུ་ཕྱིན་པ་དང་རིག་པ་འཛིན་པའི་སྡེ་སྣོད་མ་ལུས་པའི་ཚིག་དང་དོན་འཛིན་པའི་མཁས་པ་ཆེན་པོ་ཀུན་དགའ་རྒྱལ་མཚན་དཔལ་བཟང་པོས་སྦྱར་བ་རྫོགས་སོ།། །།

བྱེ་བྲག་ཏུ་གསང་སྔགས་ཀྱི་ལམ་རིམ་པ་གཉིས་ལ་སོགས་པའི་གནད་གཏན་ལ་དབབ་པ་ནི་གསང་ཆེན་ཡིན་པས་སྐལ་བ་དང་ལྡན་པ་དག་གིས་ཁོ་བོས་ལོགས་སུ་བཤད་པར་བལྟའོ། །དྲི་མ་མེད་པའི་བསྟན་པའི་དམ་ཆོས་ཕྱོགས་བཅུར་རྒྱས་པར་གྱུར་ཅིག །ཞེས་པ་འདི་ནི་ཧོར་སྤྲར་འགའ་ཞིག་ལས་འབྱུང་ངོ་། །

སྨྲས་པ། བསྐལ་མང་འདས་སྟོན་ཤེས་བྱ་ཀུན་བསླབ་པས། །ཡོངས་རྫོགས་སྡོམ་གསུམ་རྒྱ་མཚོའི་མཐར་སོན་ཞིང་། །རྣམ་མང་འགྲོ་བ་འཁོར་མཚོ་ལས་སྒྲོལ་ཕྱིར། །སྡོམ་གསུམ་སྟོན་པ་དེ་ལ་ཕྱག་བགྱིའོ། །ཕྱི་ནང་ཀུན་ལ་སྦྱངས་པའི་ལྷ་ལམ་ལས། །སྡོམ་གསུམ་རབ་དབྱེ་ཉིན་བྱེད་སྣང་བ་འཆར། །བློ་ལྡན་བློ་ཡི་པད་ཚལ་རྒྱས་པ་ན། །ལུགས་ངན་མུན་པ་གླིང་གཞན་མི་བྲོས་སམ། །འབྲུལ་ཟད་གོང་མའི་ཕྲིན་ལས་ཆེར་ཡངས་པར། །རྒྱན་དྲུག་གཞུང་སོགས་བཤད་པའི་སྐར་ཚོགས་བཀྲ། །ཁྱད་པར་སྡོམ་གསུམ་སྟོན་ཟླ་ཆེར་རྒྱས་ཚེ། །ཆགས་སྡང་གདུང་བ་ཕ་མཐར་མ་སྐྲད་དམ། །དེང་དུས་ཕལ་ཆེར་མཁས་ལ་མི་བསྟེན་ཞིང་། །བླུན་རྨོངས་ལུགས་ངན་མཁས་པའི་གཞུང་བཟང་སྤོང་ས། །བསྟན་འཛིན་ཕལ་ཆེར་ལུགས་གཉིས་ཚུལ་འཛིན་པས། །སྟོན་པའི་བསྟན་པ་མཛེས་པར་མ་མཛད་དམ། །འགའ་ཞིག་ཟང་ཟིང་བསྐུ་གཏོང་ལ་དགའ་ཞིང་། །འདི་སྣང་ཆོས་ཀྱིས་བླུན་འགྱུར་མགོ་སྐོར་མཁས། །མཁན་སློབ་ཚོང་པའི་རྣམ་ཐར་འཛིན་རྣམས་ཀྱང་། །ཕན་བདེའི་འབྱུང་

སྒོ་བསྟན་ལས་གཡེལ་མིན་ནམ། །ཁྲིམ་གཡོའི་མཉེས་ན་བྱ་སྐྱལ་མང་སྟེར་ཞིང་། །དྲང་གདམ་སློབས་པས་ཁྲིམས་གྱུར་སྡེ་དགོན་འཛོམས། །བཤེས་གཉེན་པོ་ཙོའི་རྣམ་ཐར་འཛིན་རྣམས་ཀྱང་། །ཤཱཀྱའི་བསྟན་ལ་བཏང་སྙོམས་བཞུགས་མིན་ནམ། །དོན་མེད་མང་ཚོགས་ཚོས་མིན་བྱ་བས་གཡེང་། །ཙུང་ཟད་ཁེ་སྙེད་འདུ་འཛི་ལྷུར་ལེན་པའི། །དགེ་སྦྱོངས་ཁྲིམ་པའི་ལུགས་ལ་དད་རྣམས་ཀྱང་། །ཐུབ་པའི་བསྟན་ལ་ངལ་གསོ་མཛད་མིན་ནམ། །ལ་ལ་འདི་པའི་གཟི་བྱིན་མ་བཟོད་ནས། །མ་ངེས་རང་མོས་གཞན་ལུགས་མུན་ཁང་དུ། །བཞུགས་ཏེ་གཞན་ལ་བསླབ་བྱའི་ཕུ་སྒྲ་སྒྲོགས། །སློབ་དཔོན་སྤྱུ་རྟ་ཅན་ཡང་འཕྱུང་མོ་ཙུག །ཤེས་ལྡན་བསྟན་དད་སློབ་འདོད་ཡོད་རྣམས་ཀྱང་། །གྲོགས་ངན་མཁན་སློབ་བླུན་རྨོངས་བྱིན་རླབས་ཀྱིས། །རྣམ་དག་བསྟན་པའི་གནས་ཚུལ་མ་འཁྲུལ་བ། །མི་ཤེས་པ་རྣམས་མཁས་པ་བསྟེན་པར་མཛོད། །བྱང་ཕྱོགས་འཛམ་གླིང་གངས་ཁྲོད་མཁས་རློམ་འགའ། །རང་ལུགས་རྙིང་པོའི་ཟེར་འཕྲོས་ཙུང་ཟད་ལ། །ཆགས་ནས་རྒྱལ་དང་རྒྱ་བོད་མཁས་གྲུབ་གང་། །བཞེད་པའི་སྲོལ་ཆེན་བཟང་པོ་མིན་ཞེས་བསྒྲུར། །དྲང་སྲོང་ཀུན་མཁྱེན་གསུང་དང་དྲང་སྲོང་གི། །གསུང་འདྲའི་མཁས་པའི་གཞུང་བཟང་རྣམས་སྤངས་ནས། །མ་སློབ་རྙན་རྨོངས་ལུགས་འདི་བདེན་ནོ་ཞེས། །སྨྲ་རྣམས་ཀྱི་མ་ལས་ངན་གདོན་གྱིས་གཟིར། །བདག་འདྲ་བྱིས་བློ་སྐྱེས་སྦྱངས་མཐུ་དམན་པས། །བསྟན་པའི་སྙིང་པོ་སྡོམ་གསུམ་གཞུང་འགྲེལ་པར། །ཕྱོགས་ཞེན་རང་ལུགས་རྙིང་པོའི་ལུགས་འཛིན་རྣམས། །སྟོང་བཞུགས་བརྟུན་གྱིས་ཕྱུར་ཀ་མེད་པར་ཞུ། །དལ་རྟེན་རྙེད་དཀའ་ཚེ་འདི་གྲིབ་སོའི་འགྲོས། །སངས་རྒྱས་བྱོན་དཀའ་ཐུབ་བསྟན་ལ་ཁའི་ཉི། །སྣ་ཚོགས་སྣང་བ་སྒྱུ་མའི་བསླུ་བྲིད་དུ། །ཤེས་ནས་ཐར་པ་འདོད་རྣམས་འབད་པར་རིགས། །ཁྱད་པར་གནས་གྲོགས་ངེས་མེད་ཡ་ཆས་དཀའ། །ཉིས་རྩ་དྲུག་ཆང་གཉིས་ལ་ཟས་གཙོ་བྱེད། །གཞན་ཕན་མཐུན་པའི་ཟོལ་གྱི་རང་ལུགས་དོར། །སྤྱོད་ངན་དར་དུས་ཚོས་ལ་ཅིས་མི་འབད། །འགའ་ཞིག་གཞུང་འདིར་གཞན་གྱི་ལོག་རྟོག་དག །འགོག་ཕྱིར་ཉམས་ལེན་མེད་ཅེས་མུ་ཅོར་སྨྲ། །བློ་མིག་དག་པས་ཉམས་ལེན་དོན་མཐོང་བ༑ ༑ཀུན་མཁྱེན་བླ་མ་བཞེད་ལྟར་ཁོ་བོས་རྟོགས། །རྒྱུ་མཚན་སོར་སྡོམ་ལེགས་གསུང་འདུལ་བ་དང་། །བྱང་སྡོམ་ཐེག་ཆེན་མདོ་སྡེ་ཇི་ལྟ་བ། །སྔགས་སྡོམ་རྒྱུད་སྡེ་བཞི་ཡི་དགོངས་པ་བཞིན། །ལུང་དང་རིག་པས་གསལ་ཕྱིར་ངེས་ཤེས་སྙེད། །དེ་སྐད་སྡོམ་གསུམ་བཀའ་དྲིན་ལེགས་མནོས་ཏེ། །སོ་སོའི་དམ་སྡོམ་ཉེས་ལྟུང་དྲི་མའི་ཚོགས། །དག་ཕྱིར་དད་བརྩོན་ཐོས་བསམ་སྒོམ་པ་ཡིས། །དལ་འབྱོར་རིན་ཆེན་དོན་ལྡན་འགྱུར་བར་གཅེས། །དེ་ཕྱིར་གཞན་གནོད་བཞི་བཅས་མུན་པ་གཡེལ། །གཞན་ཕན་ཐེག་ཆེན་སེམས་བསྐྱེད་ཟེར་བརྒྱ་སྤྲོས། །དེ་ཡང་ལྷ་དང་ཡེ་ཤེས་དཀྱིལ་འཁོར་རྒྱུས། །ཟག་བྲལ་ཉི་གཞོན་གསར་པར་མངོན་དུ་ཕྱོགས། །ལེགས་བྱས་འདིས

མཆོན་ཕྱུན་ཚོགས་དཔལ་ཡོན་གང་། །སྡོམ་གསུམ་མིག་འབྲས་གཙང་མའི་གོམས་རྩལ་གྱིས། །གཞི་ལམ་རིན་ཆེན་ཐེམ་སྐས་མྱུར་འཛེགས་ཏེ། །འབྲས་བུ་རྣམ་མཁྱེན་རྒྱལ་སྲིད་ཆེ་ཐོབ་ཤོག །གནས་སྐབས་སུ་ཡང་ལེགས་བཤད་ཟླ་ཞུན་ཆེ། །སྐལ་ལྡན་ཁ་བའི་ཧྲུལ་བརྩེགས་ལ་འཁྱུད་ཅིང་། །བློ་གྲོས་ཀུནྡ་བཞད་དང་ཆབས་ཅིག་ཏུ། །བཤད་དང་སྒྲུབ་པའི་སྣང་ཁམས་ཁྱབ་པར་སྨིན། །མདོར་ན་སྐྱེ་དང་སྐྱེ་བའི་ཕྲེང་ཀུན་ཏུ། །ལེགས་པར་བཤད་པའི་ཆུ་སྐྱེས་སྐྱོ་བརྒྱ་འབྱེད། །བསླབ་གསུམ་བདུད་རྩི་སྦྲང་རྩི་ལ་སྤྱོད་བཞིན། །རྣམ་དག་བསྟན་པའི་ཁང་བཟང་འཛིན་པར་ཤོག །

དེ་ལྟར་སྡོམ་པ་གསུམ་གྱི་རབ་ཏུ་དབྱེ་བའི་མཆན་འགྲེལ་འཇམ་མགོན་དགོངས་པ་རབ་གསལ་ཞེས་བྱ་བ་འདི་ནི་སྙིགས་དུས་ཀྱི་བསྟན་པའི་མེས་པོ་ཤར་མདོ་ཁམས་ཀྱི་པཎྜི་ཏ་ཆེན་པོ་བཀའ་དྲིན་གསུམ་ལྡན་ངག་དབང་ཐུབ་བསྟན་བཟང་པོ་དང་རིགས་ཀུན་ཁྱབ་བདག་དྲུག་པ་རྡོ་རྗེ་འཆང་ཆེན་པོ་མཁན་ཆེན་ཐམས་ཅད་མཁྱེན་པ་ངག་དབང་བློ་གྲོས་གཞན་ཕན་སྙིང་པོ་གཙོ་བོར་སློབ་པའི་ཡོངས་འཛིན་དམ་པ་ཆོས་བཞིན་དུ་སྤྱོད་པ་མང་པོའི་བཀའ་དྲིན་ལས་འཕགས་བོད་ཀྱི་གཞུང་ལུགས་དྲི་མ་མེད་པ་མང་པོར་ཐོས་བསམ་གྱི་སྐལ་པ་ཅན་དུ་གྱུར་ཀྱང་ཉམས་ལེན་སྙིང་པོའི་ཚེ་རང་དང་རང་མཉམ་གྱི་དགེ་ཚུལ་སློང་ཕལ་མོ་ཆེར་ཡིད་བརྟན་ཕེར་བའི་སྡོམ་པ་གསུམ་གྱི་ཉམས་ལེན་ལྟ་ཅི་གནད་འགག་རེ་གཉིས་ལའང་བློ་གྲོས་བསྐྱུགས་པར་ཡིད་མུག་སྐྱོ་ཤས་ཀྱི་རྐྱེན་བྱས་རང་ཕྱོགས་གཞུང་འདིར་འཆད་ཉན་ལ་འཇུག་པའི་གསར་བུ་བ་རྣམས་ལའང་ཕྱུང་ཟད་ཕན་དུ་རེ་ཞིང་འདྲེན་མཆོག་དམ་པའི་བཀའ་ལུང་སྙིང་གི་དཀྱིལ་དུ་བཟུང་ནས་གཙོ་བོར་ཆོས་རྗེ་བླ་མ་རང་ཉིད་ཀྱིས་རང་མཆན་ལ་གཞི་བྱས་ལུགས་འདིའི་འགྲེལ་བྱེད་དགའ་གདོང་པ་བསྐྱེད་ཚལ་པ་བྱ་གཞོང་པ་ལ་སོགས་པ་དང་། ཁྱད་པར་ཀུན་མཁྱེན་ཆེན་པོ་དང་ངག་ཆོས་གཉིས་ཀྱི་གཞུང་ལུགས་རྣམས་ལས་ལེགས་ཆ་བླངས་ཏེ་མཆན་དུ་བཏབ་པ་འདི་ནི་འཇམ་མགོན་བླ་མ་འདི་ཉིད་ལ་གཏན་གྱི་སྐྱབས་སུ་རེ་བའི་དཔལ་ས་སྐྱའི་ཐུབ་བསྟན་ལྷ་ཆེན་གྱི་གླིག་ཁྲིམས་པ་བྱམས་པ་སངས་རྒྱས་བསྟན་འཛིན་པས་བསྟན་བཅོས་བརྩམས་པོ་དཔལ་ལྡན་ས་སྐྱའི་གཙུག་ལག་ཁང་དུ་སྐུ་འཁྲུངས་ནས་བགྲང་བྱ་བདུན་བརྒྱ་དང་བདུན་ཅུ་དོན་གཉིས་འདས་པ་རབ་བྱུང་བཅུ་དྲུག་པའི་རྒྱལ་བ་ཞེས་པ་ཤིང་ཕོ་རྟ་ལོའི་མགོ་ཟླའི་དཀར་ཕྱོགས་རྒྱལ་བ་གཉིས་པའི་ཚེས་ལ་ཐུབ་པའི་བསྟན་པ་རྣམ་པར་རྒྱལ་བའི་ཆོས་གྲྭ་ཆེན་པོར་ཡོངས་སུ་རྫོགས་པར་བགྱིས་པ་འདིས་ཀྱང་རྒྱལ་བསྟན་སྤྱི་དང་བྱེ་བྲག་འཁྲུལ་ཟད་རྡོ་རྗེ་བཙུན་ས་སྐྱ་པའི་མདོ་སྔགས་ཆུ་བོ་གཉིས་བསྲེས་ཀྱི་བཤད་སྒྲུབ་ཀྱི་བསྟན་པ་རིན་པོ་ཆེ་འདི་ཉིད་ཕྱོགས་དུས་ཀུན་ཏུ་དར་ཞིང་རྒྱས་ལ་ཡུན་རིང་དུ་གནས་པའི་རྒྱུར་གྱུར་ཅིག། །།

དཔར་འདི་འང་རང་ཉིད་ཀྱིས་རྒྱུ་ཡོན་སྦྱར་བ་ལ། ཤར་ཁྲུམ་བུ་སྟེང་ཆེ་བླ་བྲང་གི་མཆོག་སྤྲུལ་ཀུན་བཟང་བསྟན་པའི་རྒྱལ་མཚན་ནས་ཏཾ་ཛོ་བཅུ། དགོན་དེའི་དགེ་བཤེས་ཆོས་རྡོར་ནས་ཏཾ་ཛོ་ལྔ། དད་སློབ་བློ་བོའི་དགེ་བཤེས་བཀྲ་བསྟན་ནས་དངུལ་སྲང་ལྔ་བཅུ། སླ་ཁམ་གྲུབ་སྟོད་དགོན་གྱི་གྲྭ་རྒྱུན་འཛམ་དབྱངས་རྡོ་རྗེ་ནས་ཏཾ་ཛོ་བཅུ་བཅས་ཕུལ་ཏེ་བསྐྲུན་པའོ།། །།ཧྨེ་ཨུ་ད་ཡ་མསྟུ། །དགེའོ། །དགེའོ། །དགེའོ།། །།

༄༅། །སྡོམ་པ་གསུམ་གྱི་རབ་ཏུ་དབྱེ་བའི་བསྟན་བཅོས་ཀྱི་མཚན་འགྲེལ་སྡོམ་གསུམ་རབ་གསལ་ཞེས་བྱ་བ་བཞུགས་སོ། །

ཚུལ་ཁྲིམས་རྒྱལ་མཚན།

ཨོཾ་སྭསྟི། བླ་མ་དམ་པ་རྣམས་ལ་གུས་པས་ཕྱག་འཚལ་ལོ། །ཡང་དག་སོ་སོར་རིག་པའི་ཡེ་ཤེས་ཀྱིས། །མཐའ་དག་ཤེས་བྱའི་ཆོས་ལ་དབང་འབྱོར་ཞིང་། །མ་དག་སྨུན་འཐྱིབ་མི་འཇིགས་སེངྒེའི་སྒྲས། །རྣམ་དག་ལམ་སྟོན་འགྲོ་བའི་བླ་མར་འདུད། །རྒྱལ་ཚབ་བྱམས་པའི་དཔལ་མངའ་མི་ཕམ་མགོན། །རྒྱལ་སྲས་བློ་གྲོས་གཏེར་ཆེན་འཇམ་དཔལ་དབྱངས། །རྒྱལ་བསྟན་གཏད་རབས་བདུན་དང་རྒྱན་དྲུག་སོགས། །རྒྱལ་བའི་བསྟན་འཛིན་རིམ་པར་བྱོན་རྣམས་བསྟུགས། །རྣམ་གསུམ་ཐེག་དགོངས་འགལ་མེད་གཟིགས་གྱུར་ཀྱང་། །རྣམ་མང་བསླབ་མཚམས་མ་འདྲེས་འདོམས་མཁས་པ། །རྣམ་དག་སྡོམ་གསུམ་བརྒྱུད་པའི་ཕྲེང་བ་ཡི། །རྣམ་ཐར་དྲན་གྱིན་དད་པའི་སྤྱི་ལོང་གཡོ། །ཆོས་དང་ཆོས་མིན་རྣམ་འབྱེད་ལེགས་བཤད་ཀྱིས། །ཆོས་ལྟར་བཅོས་པའི་ལྟ་གྲུབ་སྨུན་ཕྱུང་ནས། །ཆོས་ཀྱི་རྒྱལ་པོའི་དགོངས་པ་ལེགས་སྒྲུབ་པ། །ཆོས་རྗེ་འཇམ་དབྱངས་བླ་མར་གུས་ཕྱག་འཚལ། །དྲང་ངེས་མདོ་ལ་མཁས་མཆོག་གཡག་རོང་གཉིས། །ཟབ་གསང་སྔགས་ལ་མཁས་མཆོག་ཀུན་དགའ་བཟང་། །མདོ་རྒྱུད་ཀུན་ལ་མཁས་མཆོག་གོ་ཤཱཀ་གཉིས། །དཔལ་ལྡན་ས་སྐྱའི་མཁས་པ་སྒོ་དྲུག་རྒྱལ། །ཟབ་ཟབ་རྟོགས་དཀའི་མདོ་རྒྱུད་རིག་གཞུང་ཀུན། །གསལ་གསལ་སྨྲ་ལ་གཞན་དྲིང་མི་འཇོག་པ། །མཁས་མཁས་དྱེ་བའི་གཙུག་རྒྱན་མ་ཏི་བས། །ཡང་ཡང་སྐྱེ་བའི་ཕྲེང་བར་བདག་སྐྱོངས་ཤིག །བག་མེད་མྱུན་པའི་ཚང་ཚིང་ནས། །ཐོས་མེད་མཁས་རློམ་འབྲུང་བྱའི་ཚོགས། །འབྲེལ་མེད་རང་བཟོའི་ཧཱུྃ་གི་སྒྲ། །འཛེམས་མེད་སྒྲོགས་པ་ཆོས་ཉིད་དེ། །རྣམ་པར་འཇོམས་བྱེད་ལེགས་བཤད་ནམ་མཁའི་ནོར། །རྣམ་དག་ལུང་དང་རིགས་པའི་ཚ་ཟེར་ཅན། །རྣམ་དཔྱོད་བློ་བྲལ་མཁས་བློའི་ཤར་རིའི་རྩེར། །རྣམ་པར་གནས་པ་འདི་ཡང་ཆོས་ཉིད་དོ། །མཁས་པ་མཁས་པའི་ཚོགས་ཀྱིས་འདི་བཀྲལ་མོད། །བདག་ཀྱང་བདག་བློར་འཚམས་པར་འབད་ཅི་འགལ། །མཁའ་ལ་མཁའ་ལྡིང་དབང་པོས་སྐབས་རྙེད་ན། །འདབ་ཆུང་འདབ་མ་གཡོ་བའི་སྐབས་མེད་དམ། །

དེ་ལ་སྐྱེ་རྒུ་མ་ལུས་པའི་ཕན་བདེ་ཀུན་གྱི་འབྱུང་གནས་ནི་རྒྱལ་བའི་བསྟན་པ་རིན་པོ་ཆེ་ཡིན་ཞིང་། དེ་ཡང་བསྟན་པའི་ཉམས་ལེན་རྣམ་དག་ཏུ་སྤྱོད་པ་ལས་འབྱུང་གི། ཕྱིན་ཅི་ལོག་ཏུ་སྤྱོད་པ་ལས་མི་འབྱུང་བར་དགོངས་ནས་རྒྱལ་བ་ཉིད་ཀྱིས་ཀྱང་། དགེ་སློང་དག་གམ་མཁས་རྣམས་ཀྱིས། །བསྲེག་བཅད་བརྡར་བའི་གསེར་བཞིན་དུ། །ཡོངས་སུ་བརྟགས་ལ་ང་ཡི་བཀའ། །བླང་བར་བྱ་ཡི་གུས་ཕྱིར་མིན། །ཞེས་གསུངས་པ་ལྟར། རྒྱ་གར་འཕགས་པའི་ཡུལ་དུ་འཛམ་གླིང་རྒྱན་དྲུག་མཆོག་གཉིས་ལ་སོགས་པའི་པཎ་གྲུབ་རྣམས་དང་། བྱང་ཕྱོགས་ཁ་བ་ཅན་གྱི་ལྗོངས་འདིར་ཡང་ལོ་ཆེན་རིན་ཆེན་བཟང་པོ་ལ་སོགས་པའི་བསྟན་འཛིན་མཁས་གྲུབ་རྣམས་ཀྱིས་ཆོས་ལོག་ཐམས་ཅད་སུན་ཕྱུང་ནས། བསྟན་པ་རྣམ་དག་གི་ཉམས་ལེན་ལུང་རིགས་ཀྱིས་སྒྲུབ་པར་མཛད་དོ། །ཚུལ་དེ་བཞིན་དུ་དྲང་བའི་དོན་དུ། སྐྱེ་བ་གཞན་དུ་སྦྱངས་པ་དང་། །མཁས་པ་དུ་མ་བསྟེན་པ་དང་། །རྣམ་པར་དཔྱོད་པའི་བློ་གྲོས་ཀྱིས། །ཤེས་བྱ་ཀུན་ལ་འཇིགས་མེད་ཐོབ། །ཅེས་ཞལ་གྱིས་བཞེས་པ་ལྟར་གྱི་ཡོན་ཏན་བརྙེས་ཤིང་མ་འོངས་པ་ན། དེ་བཞིན་གཤེགས་པ་དྲི་མ་མེད་པའི་དཔལ་ཞེས་བྱ་བར་འཚང་རྒྱ་བར་ལུང་བསྟན་མངོན་སུམ་དུ་ཐོབ་པ་དང་། ངེས་པའི་དོན་དུ་རྗེ་བཙུན་འཇམ་པའི་དབྱངས་ཀྱི་རྣམ་འཕྲུལ་དུ་རྡོ་རྗེའི་ལུང་དང་རྣམ་པར་ཐར་པ་དུ་མས་གྲུབ་པའི་མཚན་ཡོངས་སུ་གྲགས་པ་ས་སྐྱའི་པཎྜི་ཏ་འཇམ་དབྱངས་ཀུན་དགའ་རྒྱལ་མཚན་དཔལ་བཟང་པོས། ཆོས་རྗེ་ས་སྐྱ་པ་འདས་པའི་རྗེས་སུ་སེམས་བསྐྱེད་སྨོ་ལམ་མ་སོགས་ཆོས་ལོག་དུ་མ་འཕེལ་བ་རྣམས་དགག་པར་བཞེད་ནས། དགུང་ལོ་ལྔ་བཅུ་རྩ་གཅིག་གི་དུས། ཆོས་དང་ཆོས་མ་ཡིན་པ་རྣམ་པར་འབྱེད་པའི་བསྟན་བཅོས་འདི་བརྩམས་ཏེ་ཕྱེད་ཙམ་ཚར་བ་ན་བོད་ཀྱི་ཆོས་པ་རྣམས་ཀྱིས་ཆགས་སྡང་གི་དབང་གིས་བརྩམས་འདུག་ཟེར་ནས་ཆོས་ཉན་དུ་འོང་བ་རྣམས་ཀྱི་གེགས་སུ་སོང་བའི་གཏམ་ཟངས་ཚ་བསོད་ནམས་རྒྱལ་མཚན་ལ་སོགས་པས་ཐོས་ནས། ཆོས་རྗེའི་དྲུང་དུ་ཆགས་སྡང་ཅན་ཟེར་བའི་གཏམ་འདིས་འོ་སྐོལ་གྱི་ཕྲིན་ལས་ལ་གནོད་པར་གདའ་ལགས་པས་མི་རྩོམ་པར་ཞུ། ཞེས་ཞུ་བ་ཕུལ་བས། ཆོས་འདི་ལོ་འདོད་དམ། ང་རྒྱལ་གྱིས་བྱས་པ་མ་ཡིན། སངས་རྒྱས་ཀྱི་བསྟན་པ་ལ་བསམས་པ་ཡིན་ཏེ། ཐམས་ཅད་མ་དགའ་བར་འདུག་པས། བཞག་པ་ལས་མི་ཤེས་གསུངས་ནས་ཞལ་གྱིས་བཞེས་སོ། དེའི་མཚན་མོ་མནལ་ལམ་དུ་སངས་རྒྱས་ཀྱི་སྐུ་ཤིན་ཏུ་མཛེས་པ་གཅིག་མི་གཙང་བའི་ཁྲོད་ན་འདུག་པ་ཕྱི་དོར་མཛད་པས། མི་མང་པོ་མི་མགུ་བའི་རྣམ་འགྱུར་བྱེད་ཀྱིན་འདུག་པས་བཞག་པ་དང་། སླར་ཡང་སྐུ་དེ་ལ་མི་མང་པོས་མི་གཙང་བ་བསྐུ་བ་རྨིས་པ་དང་།འཕགས་པ་འཇམ་དཔལ་གྱིས་སྐུ་རྒྱབ་བསྟན་པ་རྨིས་པ་དང་། འཕགས་པ་ཀླུ་སྒྲུབ་བྱང་ཆུབ་ཀྱི་ཤིང་སྙམ་པོ་ལ་རྒྱབ་བསྟན་ནས་བསྙུང་བའི་ཚུལ་དུ་བཞུགས་པ་སོགས་རྨིས

ནས་མནལ་སད་པ་དང་། བསྟན་བཅོས་འདི་བརྩམས་ན་མི་མི་དགའ་བར་འདུག་ཀྱང་མ་བརྩམ་ན་ལྷ་མི་དགའ་བར་འདུག་པས་བརྩམ་དགོས་གསུངས་ཏེ། སྔར་མི་རྩོམ་པར་ཞལ་གྱིས་བཞེས་པའི་ཉེས་པ་བླ་མ་དཀོན་མཆོག་ལ་བཟོད་པར་གསོལ་ཏེ་ཡོངས་སུ་རྫོགས་པར་བརྩམས་པ་ཡིན་ནོ། །འདི་ཉིད་ཆོས་རྗེ་ཉིད་ཀྱི་རང་མཆན་འགྲེལ་མེད་ལ་འགྲེལ་བྱེད་ཚད་ལྡན་རྣམས་ཀྱི་རྗེས་སུ་འབྲངས་ནས་མཆན་སྣ་བསྒྲིགས་ཏེ་འགྲེལ་པ་ལ། མཚན་དོན་ནི། སོ་ཐར་བྱང་སེམས་སྔགས་ཀྱི་**སྡོམ་པ་གསུམ་གྱི་**ནང་གསེས་ཀྱི་དབྱེ་བ་ཙམ་མ་ཡིན་པར། དང་པོ་ལེན་པའི་ཆོ་ག བར་དུ་བསྲུང་བའི་བསླབ་བྱ། མཐར་འབྲས་བུ་འབྱིན་པའི་ཚུལ། ཉམས་ལེན་གྱི་གནད་སོ་སོ་དང་བཅས་པ་ལ་སངས་རྒྱས་ཀྱི་གསུང་དང་མི་མཐུན་པའི་འཁྲུལ་པ་འགོག་ཅིང་། མ་འཁྲུལ་པ་**རབ་ཏུ་**རྣམ་པར་**དབྱེ་བ་ཞེས་བྱ་བ**འོ། །དེ་ནས་ཐོག་མར་ཡོན་ཏན་གྱི་ཁུར་གྱིས་ལྕི་བས་ན་**བླ་མ**། སློབ་མས་གསོལ་བ་ཕུར་ཚུགས་སུ་བཏབ་ན་ཚེ་འདི་འམ་བར་དོ་སོགས་སུ་སངས་རྒྱས་འབྱིན་པས་ན་**དམ་པ་**སྟེ། ཆོ་ག་རྣམ་དག་གིས་བླ་མེད་ཀྱི་དབང་བཞི་རྫོགས་པར་བསྐུར་བའི། སུམ་ལྡན་གྱི་རྡོ་རྗེ་སློབ་དཔོན་སྤྱི**འི་ཞབས་ལ་**སྒོ་གསུམ་**གུས་པས་ཕྱག་འཚལ་ལོ**། །**བདེ་**བར་**གཤེགས་**པའི་**བསྟན་པའི་**ནང་ཚན་སྡེ་སྣོད་གསུམ་དང་རྒྱུད་སྡེ་བཞིའི་**གསུང་རབ་**ལ་བརྟེན་པའི་སྒྲུབ་དང་སུན་འབྱིན་**སེང་གེའི་སྒྲ་**བསྒྲགས་པས།གཞན་ལོག་རྟོག་**ལྷ་**སྦྱིན་**ངན་**པའི་**རི་དྭགས་མཐའ་དག་སྐྲག་པར་མཛད་**ཅིང་། རང་ཉིད་བཤད་སྒྲུབ་ཐམས་ཅད་**སངས་རྒྱས་**ཀྱི་**དགོངས་པ་ཇི་**ལྟ་བ་**བཞིན་ལེགས་**པར་**བསྒྲུབ་པ**། །དེས་ན་གཞན་དང་**མཚུངས་**པ་**མེད་**པ་རང་ཉིད་ལ་སྡོམ་གསུམ་རིམ་ཅན་དུ་སྐྱེར་བའི་རྩ་བའི་**བླ་མ་**རྗེ་བཙུན་གྲགས་པ་རྒྱལ་མཚན་**དེ་ལ་**རྩོམ་པ་པོ་**བདག་ཅག་**དང་བའི་**དད་**པ་རྟོག་པ་མེད་པས་འདུད། ཅེས་བསྟན་བཅོས་ལུས་ཀྱི་བརྗོད་བྱ་དང་མཐུན་པའི་ཡོན་ཏན་བརྗོད་པའོ། །དེ་ནས་སྤང་བ་ཕུན་སུམ་ཚོགས་པ་སྒྲིབ་གཉིས་བག་ཆགས་པ་ཐུན་མོང་དང་བཅས་པའི་**སྐྱོན་མེད་**ཅིང་། རྟོགས་པ་ཕུན་སུམ་ཚོགས་པ་ཐུན་མོང་དང་ཐུན་མོང་མིན་པའི་**ཡོན་ཏན་ཀུན་གྱི་མཛོད་མངའ་བ**། །ཕྲིན་ལས་ཕུན་སུམ་ཚོགས་པ་དངོས་དང་བརྒྱུད་ནས་འདུལ་བྱ་རྣམས་སྐལ་བ་ཇི་ལྟ་བ་བཞིན། སྡོམ་གསུམ་གྱི་ཉམས་ལེན་ལ་འགོད་པར་མཛད་པས། **འགྲོ་བའི་བླ་མ**ར་གྱུར་པ་སྟེ་བརྒྱུད་པའི་ཐོག་པར་སྡོམ་གསུམ་གྱི་བསླབ་པ་འཆའ་བ་པོ་སྟོན་མཆོག་དམ་པ**འི་ཞབས་ལ་ཕྱག་འཚལ་**ལོ་**ནས**། །ཞེས་ལྷག་མ་འདྲེན་པ་སྟེ། སངས་རྒྱས་ཀྱི་བསྟན་པ་ལ་མི་ཕྱེད་པའི་**དད་**པ་དང་**ལྡན་**པས་བཤད་སྒྲུབ་ཐམས་ཅད་**སངས་རྒྱས་**ཀྱི་**གསུང་བཞིན་**དུ་**བསྒྲུབ་**པར་**འདོད་**ཀྱང་རང་སྟོབས་ཀྱིས་ཇི་བཞིན་མི་ཤེས་**པའི**། །འདུལ་བྱ་**དེ་ལ་**ཡོངས་རྫོགས་བསྟན་པའི་ཉམས་ལེན་**སྡོམ་གསུམ་**རབ་ཏུ་**དབྱེ་བ་**ས་སྐྱ་པཎྜི་ཏ་**བདག་གིས་བཤད་**པར་བྱའོ། །**མཁས་པ་རྣམས་དགའ་བའི་ཐེབ་སྐྱོར་ནི**། །**བླུན་པོ**

རྣམས་ཀྱིས་གོ་བར་དཀའ་བས། །དེ་ལྟ་བུའི་ཚིག་གི་སྦྱོར་བ་སྤངས་ནས་ཀྱང་། །མཁས་བླུན་ཀུན་གྱིས་གོ་བདེ་བར་བྱ་བའི་ཕྱིར་བཤད་དེ། །སྤྱིར་མཁས་པས་བསྟན་འཆོས་རྩོམ་པ་ལ་གཞུང་མཛེས་པ་ལྷུར་བླངས་ཏེ་ཚིག་གི་སྡེབ་སྦྱོར་གཙོ་བོར་བྱེད་པ་དང་། གཞན་ལ་ཕན་པ་ལྷུར་བླངས་ཏེ་གོ་སླ་བ་གཙོ་བོར་བྱེད་པ་གཉིས་ལས་འདིར་ནི་ཕྱི་མ་ཉིད་གཙོ་ཆེའོ། །ཅིའི་ཕྱིར་ན་བདག་ནི་སངས་རྒྱས་བསྟན་པ་རིན་པོ་ཆེ་ལ། །མི་ཕྱེད་པ་ཡི་དད་པ་ཡོད་པས་བཤད་སྙིང་སངས་རྒྱས་ཀྱི་གསུང་བཞིན་ཤེས་པས་བསྟན་པའི་ཉམས་ལེན་འཁྲུལ་མེད་མི་ཉམས་པར་བྱ་བའི་ལྷག་བསམ་དང་། །འོན་ཀྱང་སངས་རྒྱས་ཀྱི་བསྟན་པ་ལ། །ལག་ལེན་འཁྲུལ་པར་སྤྱོད་པ་རྣམས་ལ་བདག་མ་དད་པས་དེ་རྣམས་ལ་ལྷག་པར་བརྩེ་བས་འཁྲུལ་པར་སྤྱོད་པ་རྣམས་དགག་པའི་ཆེད་དུའོ། །སོ་སོར་ཐར་པའི་སྡོམ་པ་དང་། །བྱང་ཆུབ་སེམས་དཔའི་སེམས་བསྐྱེད་དང་། །གསང་སྔགས་ཀྱི་ནི་དབང་བསྐུར་དང་། །གསུམ་ནི་བརྗོད་བྱའི་གཙོ་བོ་ཡིན་པས་སྐབས་གསུམ་དུ་རིམ་བཞིན་སྟོན་ནོ། །དེ་དག་གི་ནི་ལེན་པའི་ཐབས་ཚོ་ག་དང་། །མི་ཉམས་པར་བསྲུང་ཚུལ་སོ་སོའི་བསླབ་པར་བྱ་བ་ནི་སྐབས་གསུམ་དུ་སོ་སོར་སྟོན་པ་དང་། །བྱང་ཆུབ་ཏུ་སེམས་བསྐྱེད་པ་ཡི་ཉམས་ལེན་གྱི་གནད་བདག་གཞན་བརྗེ་བའི་བྱང་ཆུབ་ཀྱི་སེམས་ལ་སོགས་པ་རྣམས་ནི་སྐབས་གཉིས་པར་སྟོན་པ་དང་། །སྟོང་ཉིད་སྙིང་རྗེའི་སྙིང་པོ་ཅན་ནི་མདོ་སྔགས་ཐུན་མོང་གི་ལམ་ཡིན་པས་སྐབས་གསུམ་ཆར་ཅི་རིགས་པར་སྟོན་པ་དང་། །ལམ་རིམ་པ་གཉིས་ཀྱི་གསང་ཚིག་ལ་གསང་སྔགས་དང་འབྲེལ་བ་ནི་འདི་དག་མདོ་ཙམ་ཞིག་བསྟན་ལ་རྒྱས་པར་གཞན་དུ་བསྟན་ཡོད་པས་གསང་ཚིག་དངོས་ནི་འདིར་མི་སྟོན་ཀྱང་རིམ་གཉིས་མི་དགོས་པར་འདོད་པའི་ལོག་རྟོག་སོགས་འགོག་པ་དང་། །དབང་དང་རིམ་པ་གཉིས་ལས་བྱུང་བའི་ཡེ་ཤེས་ཕྱག་རྒྱ་ཆེན་པོ་དང་། །ཕྱག་ཆེན་སྐྱེ་བའི་ཐབས་ཕྱི་དང་ནང་གི་རྟེན་འབྲེལ་དང་། །རྟེན་འབྲེལ་ལ་བརྟེན་ནས་ས་དང་ལམ་བགྲོད་ཚུལ་གྱི་རྣམ་གཞག་གསུམ་ནི་སྐབས་གསུམ་པར་སྟོན་པ་སྟེ་འདི་དག་ནི་བརྗོད་བྱའི་གཙོ་བོ་བསྡུས་པ་ཡིན་ཞིང་དེ་དག་གི །ཡན་ལག་དང་བཅས་པ་ལ་འཁྲུལ་པ་འགོག་ཅིང་མ་འཁྲུལ་པ་བསྒྲུབ་པའི་རྣམ་པར་དབྱེ་བ་བཤད་ཀྱིས་ཉོན། །སོ་སོར་ཐར་པའི་སྡོམ་པ་ལ། །ཉན་ཐོས་ཀྱི་ལུགས་དང་ཐེག་ཆེན་གྱི་ལུགས་གཉིས་ཡོད་དོ། །ཉན་ཐོས་རྣམས་ཀྱི་སྐྱབས་འགྲོ་རྫོམ་བྱེད་དུ་བྱས་པའི་དགེ་བསྙེན་ནས་བཟུང་སྟེ། །སྐྱབས་འགྲོ་རྫོམ་བྱེད་ལ་མ་ལྟོས་པའི་དགེ་སློང་གི་ནི་སྡོམ་པའི་བར། །སོ་ཐར་རིས་བདུན་ལེན་པའི་དུས་ནི་ཇི་སྲིད་འཚོ་ཡི་བར་དུ་ལེན་པ་ཡིན། །གཏོང་བའི་དུས་ནི་རྟེན་གྱི་གང་ཟག་ཤི་བའི་ཚེ་ན་སྡོམ་པ་གཏོང་ངོ་། །དེ་ལྟར་ན་བསྲུང་བ་ལ་དགོས་པ་མེད་པར་འགྱུར་རོ་སྙམ་ན་སྡོམ་པ་དེ་རྣམས་ཀྱི་རྣམ་སྨིན་གྱི་འབྲས་བུ་ནི། །ཚེ་འཕོས་ནས་ནི་ཕྱི་མ་མཐོ་རིས་ཀྱི་ལུས་རྟེན་སོགས་སུ་འབྱུང་བར་འགྱུར་ཞིང་རྒྱུ་མཐུན་

ཀྱི་འབྲས་བུ་སོགས་ནི་ཚེ་འདིར་ཡང་འབྱུང་ངོ་། །

བྱང་ཆུབ་སེམས་དཔའི་སྡོམ་པ་རྣམས། །རྟེན་**ཤི་འཕོས་ནས་ཀྱང་**མི་གཏོང་བར་**རྗེས་སུ་འབྲང་**བས་ན་ཐེག་པ་ཆེ་ཆུང་གི་སོ་སྡོད་ཀྱི་རྣམ་དབྱེ་ཆ་དང་དོ། །དམ་བཅའ་**དེ་དག་གི་ནི་**སྒྲུབ་བྱེད་ཀྱི་**རྒྱུ་མཚན་ཡང་། །ཉན་ཐོས་**སྡེ་པའི་ལུགས་ཀྱི་སོ་སོར་ཐར་པའི་**སྡོམ་པ་**ནི་**རྣམ་**པར་**རིག་**བྱེད་**མིན་**པའི་གཟུགས་གཙོ་བོ་ཡིན་ཞིང་དངོས་བསྟན་འདིས་མཚོན་ནས་བསྟན་པའི་རིག་བྱེད་ཀྱི་གཟུགས་དང་གཉིས་ཡོད་ལ། །དེ་རང་རྒྱུད་ལྡན་གྱི་**ལུས་ངག་**གི་གཟུགས་ཅན་ཉེར་ལེན་གྱི་རྒྱུར་བྱས་པ་**ལས་ནི་སྐྱེ་བར་འདོད་**པས། **སྡོམ་པ་གཟུགས་ཅན་ཡིན་པའི་ཕྱིར། །ཤི་བའི་ཚེ་ན་སྡོམ་པ་གཏོང་**བར་འདོད་དེ་རྟེན་མེད་པའི་ཕྱིར་རོ། །གཏོང་ཚུལ་**འདི་ནི་ཆོས་མངོན་**པ་**མཛོད་ལས་ཀྱང་། །བསླབ་པ་ཕུལ་**བ་**དང་**རྟེན་**ཤི་འཕོས་**པ་**དང་། །**ཕོ་མོའི་**མཚན་**ལན་**གཉིས་དག་ནི་བྱུང་བ་**དང་། །ལོག་ལྟ་སྐྱེས་པས་དགེ་བའི་**རྩ་བ་ཆད་**པ་**དང་**བཞིས་རིས་བརྒྱད་ཆར་དང་། བསྙེན་གནས་ནང་ལངས་པ་དང་སྡོམ་པ་གཏོང་བས་**མཚན་**མོ་**འདས་**པ་**ལས་**ཏེ། །དེ་དག་གིས་**སོ་སོར་ཐར་པའི་འདུལ་བ་གཏོང་ངོ་། །ཞེས་གསུངས་**པ་ནི་ཉན་ཐོས་ཀྱི་སོ་སོར་ཐར་པ་གཏོང་ཚུལ་**འདི་ལ་**སྒྲུབ་བྱེད་ལུང་**ཚད་མ་ཡིན་**ནོ། །**བྱང་ཆུབ་སེམས་དཔའི་**སོ་སོར་ཐར་པའི་**སྡོམ་པ་**བྱང་ཆུབ་སྙིང་པོའི་མཐའ་ཅན་**ནི། །**རང་གི་ཉེར་ལེན་**སེམས་ལས་སྐྱེ་**བའི་**ཕྱིར་ན་གཟུགས་ཅན་མིན། །དེས་ན་ཇི་སྲིད་**བསྲུང་བའི་འཕེན་**སེམས་མ་ཉམས་**པའི་རྩ་ལྟུང་སོགས་མི་མཐུན་ཕྱོགས་ཀྱིས་མ་ཉམས་པ་**དེ་ཡི་བར་དུ་སྡོམ་པ་ཡོད། །**ཐེག་པ་ཆེན་པོའི་**མདོ་རྒྱུད་བསྟན་བཅོས་ཐམས་ཅད་ཀྱི། །དགོངས་པ་ཡང་ནི་**དོན་**འདི་ཉིད་ཡིན་**ནོ། །འབྲི་གུང་པ། **ཁ་ཅིག་ཇི་སྲིད་འཚོ་བའི་སྒྲ། །ལུས་**ཇི་སྲིད་འཚོ་མ་ཤིའི་བར་**དང་**སེམས་ཇི་སྲིད་འཚོ་རིག་པ་རྒྱུན་མ་ཆད་ཀྱི་བར་གཉིས་ལ་འཇུག་པས་སོ་ཐར་རིས་བདུན་ཇི་སྲིད་འཚོའི་བར་ལེན་པ་ནི་**སེམས་ལ་དགོངས་**པ་ཡིན་ཏེ་འདི་ནི་སེམས་བསྐྱེད་ཀྱི་ཐབས་མ་ཞེས་ཐབས་ལ་མཁས་པའི་གཡོ་སྒྱུ་ཡིན་**ཞེས་ཟེར་**རོ། །རིས་བདུན་བྱང་ཆུབ་མ་ཐོབ་ཀྱི་བར་དུ་ལེན་པ་**དེ་འདྲ་སངས་རྒྱས་**ཀྱི་**དགོངས་པ་མིན་**པས་མདོ་རྒྱུད་གང་ནས་ཀྱང་མ་གསུངས། རྒྱན་དྲུག་མཆོག་གཉིས་ལ་སོགས་པའི་ཚད་ལྡན་གྱི་**མཁས་པའི་གཞུང་ལས་**ཀྱང་ལག་ལེན་**དེ་**འདྲ་**མ་བཤད་**པས་མི་འཐད་དེ། སྒྲུབ་བྱེད་མེད་པའི་ཕྱིར་རོ། །ཉན་ཐོས་ཀྱི་ལེན་པའི་དུས་**དེ་ལྟར་ཡིན་ན་ཉན་ཐོས་**ཀྱི་གཞུང་ནས་བཤད་པའི་སྡོམ་པ་**དང་། །ཐེག་ཆེན་**གྱི་གཞུང་ནས་བཤད་པའི་**སྡོམ་པ་**གཉིས་**ཁྱད་**པར་**མེད་**པར་**འགྱུར།** དེས་ན་ཉན་ཐོས་དང་**ཐུན་མོང་**བའི་སྐྱབས་འགྲོ་དང་ཐེག་ཆེན་**ཐུན་མོང་མ་ཡིན་པའི། །སྐྱབས་འགྲོ་གཉིས་སུ་དབྱེ་**བར་**མི་རུང་**སྟེ་ཉན་ཐོས་དང་བྱང་ཆུབ་སེམས་དཔའི་སྡོམ་པ་གཉིས་ཀ་ཇི་སྲིད་སངས་མ་རྒྱས་པའི་བར་དུ་ལེན་པའི་ཕྱིར་རོ། །**སྡོམ་པ་དེ་**གཉིས

འཐོགས་པའི་ཚིག་གཅིག་ཏུ་ཐལ་བ་དང་། སྡོམ་པ་དེ་གཉིས་ཀ་ཡི་བསླབ་བྱ་འང་གཅིག་ཏུ་ཐལ་བར་འགྱུར་ཏེ། ཐེག་པ་ཆེ་ཆུང་གི་སྡོམ་པ་དུས་ཀྱི་སྒོ་ནས་ཁྱད་པར་མི་འབྱེད་ན་ཁྱད་པར་གཞན་གྱི་སྒོ་ནས་ཀྱང་ཅིའི་ཕྱིར་འབྱེད། གནོད་བྱེད་གཞན་ཡང་ཤི་འཕོས་པའི་ཚེ་ཡང་དགེ་སློང་གི་སྡོམ་པ་མི་འདོར་ན། །བསླབ་པ་ཕུལ་བ་དང་། མཚན་གཉིས་སུ་གྱུར་པ་དང་། ལོག་ལྟ་སྐྱེས་པ་ལ་སོགས་པ། །སྡོམ་པ་གཏོང་རྒྱུ་གཞན་གྱིས་ཀྱང་། །དགེ་སློང་གི་སྡོམ་པ་གཏོང་བ་མི་སྲིད་པར་འགྱུར་ཏེ། ཤི་འཕོས་པས་གཏོང་རྒྱུ་མིན་ན། གཞན་རྣམས་ཀྱང་གཏོང་རྒྱུ་མིན་པར་མཚུངས་པས་སོ། །དེ་ལྟར་དགག་པ་ལ་ལ་རྗེས་འབྲང་ཁ་ཅིག་སྐྱོན་སྤོང་། འདི་སྐད་དུ། ཐལ་བ་དེ་ལ་ཕྱི་ནས་ལན་འདེབས་པ་ཡིན་ཏེ། ཐེག་ཆེན་སེམས་བསྐྱེད་ཀྱིས་ནི་མ་ཟིན་པའི། །དགེ་སློང་གི་སྡོམ་པ་གལ་ཏེ་ཤི་འཕོས་པའི་ཚེ་གཏོང་ན་ཡང་། བསམ་པ་བྱང་ཆུབ་ཀྱི་སེམས་ཀྱིས་ཟིན་པ་ཡི། །སྡོམ་པ་གཏོང་བ་མི་སྲིད་དོ་ཞེར་ལོ། ། ལོ་གྲག་ཟེར་གསུམ་ནི་མ་རངས་པའི་ཚིག་སྟེ། །འོན་སེམས་བསྐྱེད་ཀྱིས་ཟིན་པའི། །དགེ་སློང་ལ་སོགས་པའི་སྡོམ་པ་རིས་བདུན་པོ་རྣམས། །བསླབ་པ་ཕུལ་དང་ཤི་འཕོས་པ་དང་། ལོག་ལྟས་དགེ་བའི་རྩ་བ་ཆད་པ་ལ་སོགས་པ། །གཏོང་རྒྱུ་གཞན་ཀུན་གྱིས་ཀྱང་མི་གཏོང་བར་འགྱུར་ཏེ་སེམས་བསྐྱེད་ཀྱིས་ཟིན་ན་ཤི་འཕོས་ཀྱང་མི་གཏོང་བར་ཁས་ལེན་བླངས་པའི་ཕྱིར་རོ། །གཏོང་རྒྱུ་ཀུན་གྱིས་མི་གཏོང་བ་དེ་ལྟ་ཡིན་ན་སེམས་བསྐྱེད་ཀྱིས་ཟིན་པའི་དགེ་སློང་གི་སྡོམ་ལྡན་དེས། སྡོམ་པ་ཕུལ་ཡང་བསྲུང་དགོས་པར་འགྱུར་ཞིང་། མ་བསྲུང་ན་དགེ་སློང་གི་སྡོམ་པ་ཉམས་པར་འགྱུར་རོ། །དེ་འདྲ་དགེ་སློང་དེ་ཤི་འཕོས་ནས་གང་དུ་སྐྱེས་ཀྱང་དགེ་སློང་དུ་འགྱུར་བས། གལ་ཏེ་དེ་ནི་ལྷར་སྐྱེས་ན། །ལྷ་ཡི་དགེ་སློང་སྲིད་པར་འགྱུར། །མིར་སྐྱེས་ན་ཡང་བྱིས་པ་ཆུང་དུ་སྐྱེས་མ་ཐག་པ་ལའང་། བླང་མི་དགོས་པར་དགེ་སློང་དུ་འགྱུར་བ་དང་། བྱིས་པ་དེ་ལ་སྲོག་གཅོད་སོགས་རྩ་བའི་ལྟུང་བ་བྱུང་བར་གྱུར་ན། །དེའི་དགེ་སློང་གི་སྡོམ་པ་ཉམས་པར་འགྱུར་ཞིང་། ཉམས་ནས་གསང་འདོད་ཀྱི་འཆབ་སེམས་སྐྱེས་པ་ལ། །སླར་ཡང་བླང་དུ་མེད་པར་འདུལ་བ་ལུང་དང་སུམ་བརྒྱ་པ་སོགས་ལས་གསུངས་སོ། །ལྷ་དང་བྱིས་པའི་དགེ་སློང་ནི། །མདོ་རྩ་ལ་སོགས་པ་འདུལ་བའི་སྡེ་སྣོད་རྣམས་ལས་བཀག་པས་མི་འཐད་དོ། །བྱིས་པའི་དགེ་སློང་ཡོད། ཐེག་ཆེན་སེམས་བསྐྱེད་དང་ལྡན་པའི་བསྙེན་གནས་ཀྱང་། །ནངས་པར་མཚན་མོ་འདས་ཕན་ཆད་ཀྱང་མི་གཏོང་བར་ཡོད་པའི་ཕྱིར། །ལན་གཅིག་བླངས་ན་དུས་རྟག་ཏུ་བསྙེན་གནས་བསྲུང་དགོས་པར་འགྱུར། །དེ་ལྟར་མིན་ན་བསྙེན་གནས་སྡོམ་པ་ནི་ཡོད་སྲུང་ནི་མི་བསྲུང་བས་ཉམས་པར་འགྱུར། །ནངས་པར་ནང་ལངས་ནས་བསྙེན་གནས་ཀྱི་སྡོམ་པ་གཏོང་ན་ནི། །དགེ་སློང་དགེ་ཚུལ་ཡང་ཤི་ན་སྡོམ་པ་གཏོང་བར་རིགས་པ་མཚུངས་ལ་ཐེག་ཆེན་སེམས་བསྐྱེད་ཀྱིས་ཟིན་པའི་སྡོམ་པ་རྣམས་དུས་རྒྱུན་དུ་འབྱུང་བ་འགལ་ལོ། །

གནོད་བྱེད་བརྗོད་པ་**དེས་ན་**ཉན་ཐོས་ཀྱི་**སོ་སོར་ཐར་པ་**རིས་བདུན་པོ་**ཡི།** **།སྡོམ་པ་**རྟེན་གྱི་གང་ཟག་**ཤེ་ཡང་ཡོད་དོ་ཞེས། །སླ་བའི་སྐྱེས་བུ་**འབྲི་གུང་པ་**དེ་ལ་ནི།** །ཉན་ཐོས་དང་ཐེག་ཆེན་གཉིས་ཀྱི་**སྡེ་སྣོད་**ཀྱི་**རྣམ་**པར་**དབྱེ་བ་མེད་པར་ཟད་**དེ། །སྲོག་ཇི་སྲིད་འཚོའི་བར་ལེན་པ་ཉན་ཐོས་ཀྱི་ལུགས་དང་། བྱང་ཆུབ་བར་དུ་ལེན་པ་བྱང་སེམས་སྡེ་སྣོད་ཀྱི་ལུགས་ཡིན་པར་མ་ཕྱེད་པའི་ཕྱིར་མཁས་པས་སྨད་པའི་གནས་སོ། །འདི་སོ་ཐར་ཙམ་ལ་འཁྲུལ་པར་མི་བྱ་སྟེ། བྱང་སྡོམ་ལ་སོར་སྡོམ་གྱིས་ཁྱབ་པ་དང་། དབང་བསྐུར་གྱི་ཆོ་ག་ལས་ཐོབ་པའི་སོ་ཐར་ནི་སྡོམ་པ་གཞན་གཉིས་མ་གཏོང་བར་དུ་ཡོད་པའི་ཕྱིར་དང་། འདི་ཉན་ཐོས་སོ་ཐར་རིས་བདུན་གྱི་དུས་ལ་འཁྲུལ་པ་འགོག་པའི་སྐབས་ཡིན་པའི་ཕྱིར་རོ། །ཉན་ཐོས་སྡེ་གཉིས་ཀྱི་བསྙེན་གནས་ཀྱི་ཁྱད་པར་**བྱེ་བྲག་སྨྲ་བའི་**ལུགས་ལ་རིས་བདུན་དུ་མ་ཟད་**བསྙེན་གནས་ཀྱང་།** །ཡུལ་**དགེ་སློང་ལས་ལེན་**པར་འདུལ་བ་ལས་གསུངས་ཤིང་། རྟེན་གྱི་**གང་ཟག་ནི།** །ཟླ་མི་སྙན་མ་གཏོགས་པའི་**གླིང་གསུམ་**གྱི་**སྐྱེས་པ་བུད་མེད་**གང་རུང་**ལས།** །ཟ་མ་མ་ནིང་མཚན་གཉིས་དང་**འགྲོ་བ་**རིགས་དྲུག་**གཞན་ལ་སྡོམ་པ་བཀག** །ཉན་ཐོས་**མདོ་སྡེ་པ་རྣམས་དུད་འགྲོ་**རི་བོང་ལ་**སོགས་**པ། **།འགྲོ་བ་**རིགས་དྲུག་**གཞན་ལའང་**བསྙེན་གནས་ཀྱི་སྡོམ་པ་**སྐྱེ་བར་བཞེད་**དེ་ཀླུ་གཞོན་ནུ་ཙམ་པས་བསྙེན་གནས་བསྲུང་བ་དང་། །རྒྱ་མཚོའི་ཀླུ་རྣམས་དུས་བཟང་སོགས་ལ་གསོ་སྦྱོང་ལེན་པར་གསུངས་པ་དང་། སྐྱེས་རབས་ལས་རི་བོང་གིས་ཀྱང་བསྙེན་གནས་བསྲུང་བར་གསུངས་པ་རྣམས་སྒྲ་ཇི་བཞིན་དུ་འཆད་པའི་ཕྱིར་རོ། **།བླང་བའི་ཡུལ་ཡང་**དགེ་སློང་ལས་ལེན་པའི་ངེས་པ་མེད་དེ་**དགེ་བསྙེན་སོགས།** །ཚིག་ཤེས་པ་**གང་ཡང་རུང་ལས་བླང་བར་**གནས་འཇོག་གིས་ཞུས་པའི་མདོ་ལས་**གསུངས་**ཤིང་། ཁྱིམ་བདག་མགོན་མེད་ཟས་སྦྱིན་གྱིས། རང་གི་འཁོར་འབངས་རྣམས་བསྙེན་གནས་ལ་བཀོད་པར་གསུངས་པ་རྣམས་སྒྲ་ཇི་བཞིན་དུ་འཆད་པའི་ཕྱིར་རོ། **།ཉན་ཐོས་རྣམས་ཀྱི་**བླང་བའི་ཡུལ་དང་རྟེན་གྱི་གང་ཟག་དེ་ལྟར་ངེས་པར་མ་ཟད་**ཚིག་ཡང་།** །དཀོན་མཆོག་གསུམ་ལ་**སྐྱབས་སུ་འགྲོ་བ་**རྗོམ་བྱེད་དུ་བྱས་པ**འི་ཚུལ་གྱིས་**གང་ཟག་གཞན་གྱིས་**འབོག** **།དོན་ཡོད་ཞགས་པའི་རྟོག་པ་ལས། །བསྙེན་གནས་**ཡུལ་རྟེན་གྱི་དྲུང་དུ་**རང་གིས་བླང་བ་ཡི།** **།ཚིག་**ཐེག་ཆེན་**སེམས་བསྐྱེད་**དང་ཆ་**འདྲ་བར་གསུངས་**པས། **།རྒྱུ་**མཚན་**དེས་ན་**ཉན་ཐོས་དང་ཐེག་ཆེན་གྱི་བསྙེན་གནས་དུས་ཉིན་ཞག་གི་མཐའ་ཅན་དུ་འདྲ་ཡང་**ཚིག་ཁྱད་པར་ཡོད་**དོ། །དཀའ་གདམས་པ་**ལ་ལ་བསྙེན་གནས་**ཉིན་ཞག་གཅིག་**བསྲུངས་པ་ཡི།** །སང་**ནང་པར་བསྙེན་གནས་འབུལ་དགོས་**ཏེ་མ་ཕུལ་ན་དེ་དང་འགལ་བའི་ཉེས་པ་བྱུང་ན་ཉམས་པར་འགྱུར་བའི་ཕྱིར་ཞེས་**ཟེར་རོ།** **།བསྙེན་གནས་**དེ་ཉིན་ཞག་གཅིག་ལས་ལྷག་པར་བསྲུང་བར་ཁས་བླངས་པ་མེད་པས་**མཚན་མོ་འདས་པ་**སྟེ་སྐྱ་རེངས་ཤར་བ**ན།** །

གཏོང་བའི་ཕྱིར་བསྙེན་གནས་**འདི་ལ་འབུལ་མི་དགོས**་སོ། **།མདོ་སྡེ་པ་ཡི་ལུགས་བཞིན་དུ**་སྟེ། མདོ་སྡེ་པ་ཡན་ཆད་ལན་གཅིག་སློབ་དཔོན་ལས་བླངས་ནས་ཕྱིས་ནམ་འདོད་དུས་ན་བསྲུང་ཆོག་ཅེས་ཟེར་རོ། །སྤྱོད་འཇུག་ལས། སྤོང་བའི་སེམས་ནི་ཐོབ་པ་ལས། །ཚུལ་ཁྲིམས་ཕ་རོལ་ཕྱིན་པར་བཤད། །ཅེས་པ་ལྟར་རོ། །དེ་ཡང་ཅུང་ཟད་བཤད་ན། དང་པོ་ལན་གཅིག་སློབ་དཔོན་ལས་ལེན་པའི་ཚེ་བདག་ཟླ་བ་བྱུང་ངོ་ཅོག་གི་ཚེས་བརྒྱད་ལ་བསྙེན་གནས་པར་བཟུང་དུ་གསོལ་ཞེས་བརྗོད་ནས་ཕྱིས་ཚེས་བརྒྱད་བྱུང་ངོ་ཅོག་ལ་བསྙེན་གནས་རང་ཉིད་ཀྱིས་བླངས་ནས་བསྲུངས་པས་ཆོག་ཅིང་། དེ་ཡང་སྐྱ་རེངས་ཤར་བའི་ཚེ་ལེན་ཐུབ་ན་རབ། དེའི་ཚེ་བརྗེད་པ་དང་། གཡེང་བ་སོགས་ཤར་བའི་ཚེ་ལེན་ཐུབ་ན་རབ། དེའི་ཚེ་བརྗེད་པ་དང་། གཡེང་བ་སོགས་ཀྱིས་མ་ཐུབ་ན་ཉི་མ་ཤར་ལྷོད་པའམ། ཉི་མ་སྔ་ཕྱེད་ཀྱི་དུས་ལྟ་བུ་བཟའ་བཏུང་གི་བྱ་བ་ཚར་རྗེས་སུ་ཡང་བླངས་ནས་བསྲུང་ཆོག་པར་མཛོད་འགྲེལ་ལས་བཤད་པས་དེ་བཞིན་དུ་དུས་**ཇི་ལྟར་འདོད་ཚེ་ལེན་ན་ཡང**་། །ནམ་བསྲུང་བ་དེའི་**ནངས་པར་ཕན་ཆད**་སྡོམ་པ་དེ་**བསྲུང་བ་ཡི**། **།བསམ་པ་མེད**་པའི་**ཕྱིར**་ན་ནངས་པར་**སྡོམ་པ**་དེ་**གཏོང**་ངེས་པས། **།དེ་ཡི་ཕྱིར་ན་འབུལ་མི་དགོས**། །ཡང་ཆོས་རྒྱུས་ཆུང་བ་**ལ་ལ**་ན་རེ་**བསྙེན་གནས**་བསྲུང་ནས་སླར་ཡང་བསྲུང་འདོད་ན་ནངས་པར་གཞན་ལ་**བཙོལ**་དགོས་ཏེ། གཞན་དུ་ན་སླར་ལེན་དུ་མེད་པའི་ཕྱིར་ཞེས་ཟེར་**བ་ཐོས**། །བསྙེན་གནས་བཙོལ་བ་**འདི་འདྲ**་མི་འཐད་དེ་གྲུབ་མཐའ་**གང་ནའང་བཤད་པ་མེད**་པས་སོ། །ཡང་བཀའ་གདམས་བུ་ཡུལ་བ་**།ཁ་ཅིག་བསྙེན་གནས་བསྲུང་བའི་ཚེ། །ཉ་དང་གནམ་སྟོང་ཚེས་བརྒྱད**་གསུམ་**ལ**། །ཤཱཀྱ་ཐུབ་པ། སྣང་བ་མཐའ་ཡས། སྨན་བླ་གསུམ་གྱི་ལྷ་**བསྒོམ་པ**་དང་སྔགས་བཟླ་བ་**ཐ་དད་དུ་མ་བྱས་ན**། །**བསྙེན་གནས་བསྲུང་དུ་མི་འདོད**་དེ་མི་རུང་**ཟེར**་རོ། །བསྙེན་གནས་བསྲུང་བ་ན་ངེས་པར་ལྷ་བསྒོམ་དགོས་ཟེར་བ་**།འདི་ཡང་རེ་ཞིག**་མཁས་པས་**བརྟག་པར་བྱ**་སྟེ། **།བསྙེན་གནས**་ནི་སྡོམ་པ་གསུམ་གྱི་ནང་ནས་**སོ་སོར་ཐར་པའི་ལུགས**་ཀྱི་ཉམས་ལེན། **།གཙོ་ཆེར་ཉན་ཐོས**་ཀྱི་**གཞུང་ལུགས**་ནས་བཤད་པ་**ཡིན**་ཞིང་། **།ཡི་དམ་ལྷ་ཡི་བསྒོམ་བཟླས་ནི། །གསང་སྔགས་པ་ཡི**་ཁྱད་ཆོས་སམ་**གདམས་ངག་ཡིན**་པས། **།ཉན་ཐོས**་ཀྱི་**གཞུང་ནས་བཤད་པ་མེད**་པའི་རྒྱུ་མཚན། **།དེས་ན**་དུས་གསུམ་སོ་སོར་**ལྷ་སྒོམ**་ཐ་དད་**མ་བྱས་ཀྱང**་། **།བསྙེན་གནས་ཉམས་པར་འགྱུར་བ**འི་སྐྱོན་**མེད**་དོ། **།འོན་ཀྱང**་བསྙེན་གནས་སྲུང་བ་པོ་དེ་ཉམས་ལེན་**གསང་སྔགས**་ཀྱི་**ལུགས**་ཀྱི་ཏིང་ངེ་འཛིན་གཙོ་བོར་**བྱེད**་པ་ཞིག་ཡིན་**ན**། །དེ་ཚེ་**ཡི་དམ་བསྒོམ་པ་བསོད་ནམས་ཆེ**་སྟེ་སྡོམ་པ་དང་ལྡན་པའི་རྟེན་ལ་དགེ་བ་བསྒྲུབ་པ་ཡིན་པའི་ཕྱིར་རོ། །འདི་ར་ངག་ཆོས་ཀྱིས་འོན་ཀྱང་བསྙེན་གནས་གསང་སྔགས་ཀྱི་ལུགས་དོན་ཞགས་རྟོགས་པ་ནས་གསུངས་པ་ལྟར་བྱེད་ན་བྱ་རྒྱུད་ཀྱི་ལུགས་བཞིན་བདུན་བསྐྱེད་ཀྱི་

ཡི་དམ་བསྒྲིམ་པ་བསོད་ནམས་ཆེ་ཞེས་འགྲེལ་པར་མཛད་དོ། །ད་ནི་**ཐེག་པ་ཆེན་པོའི་**སྡེ་སྣོད་**ལས་བྱུང་བའི།** །**སོ་སོར་ཐར་པ་བཤད་ཀྱིས་ཉོན་**ཅིག །ཉན་ཐོས་ཀྱི་སྡེ་སྣོད་ལ་མ་ལྟོས་པར་**བྱང་ཆུབ་སེམས་དཔའ་**ཡི་སྡེ་སྣོད་**ཉིད་ལ་ཡང་། །སོ་སོར་ཐར་པ་འཐོབ་པ་ཡི། །ཚིག་**ཐུན་མིན་ཆོ་འཕྲུལ་བསྟན་པའི་མདོ་ལས་རྒྱལ་པོ་དགེ་བ་བཀོད་པའི་ཐྲས་སྙིང་རྗེ་ཆེར་སེམས་ཀྱིས། གསོ་སྦྱོང་ཡན་ལག་བརྒྱད་ཇི་སྲིད་འཚོའི་བར་བླང་བར་གསུངས་པ་དང་། གཏན་ལ་དབབ་པ་བསྡུ་བ་ལས། དགེ་སློང་གི་སྡོམ་པ་མ་གཏོགས་པའི་སོ་ཐར་གཞན་རྟེན་གྱི་དྲུང་དུ་རང་གིས་ལེན་པར་གསུངས་པ་སོགས་**འགའ་ཞིག་ཡོད་མོད་ཀྱི།** །འོན་ཀྱང་**དེ་ཡི་ཚོ་ག་ཕལ་ཆེར་**ནི་དེང་སང་**ནུབ་**ལ། དེང་སང་ལག་ལེན་ཡོད་པ་ནི་དོན་ཞགས་རྟོགས་པ་ནས་བཤད་པའི་**གསོ་སྦྱོང་རང་གིས་བླང་བར་**དུས་ཉིན་ཞག་གི་མཐའ་ཅན་དང་། **སོགས་**ཀྱིས་བསྟན་པ་དབུ་མ་ལུགས་ཀྱི་སེམས་བསྐྱེད་ཀྱི་སྔོན་དུ་སྐྱབས་འགྲོའི་སྡོམ་པ་ལེན་པ་ལྟ་བུ་སྟེ། འདི་ནི་སྐྱབས་སྡོམ་ཡིན་པས་སོ་ཐར་གྱི་ལྡོག་པ་ནས་བསྟན་ལ། བྱང་ཆུབ་མ་ཐོབ་བར་དུ་ལེན་པས་ཐེག་ཆེན་ཐུན་མོང་མ་ཡིན་པར་ཡང་འཆད་པས་སོ། །ལྟ་བུའི་**ཚོ་གའི་ལག་ལེན་འགའ་ཞིག་**མ་ནུབ་པར་**ཡོད་དོ། །རྒྱལ་སྲས་བྱམས་པ**ས་མཁན་པོ་མཛད་ནས་ཁྱིམ་བདག་དགུ་སྟོང་དང་། རྒྱལ་སྲས་སྤྱོད་པ་རྣམ་དག་སྟེ་**འཇམ་**པའི་**དབྱངས་**ཀྱིས་ཁྱིམ་བདག་བདུན་སྟོང་**སོགས། །བདག་ཉིད་ཆེན་པོ་འགའ་ཞིག་གིས། །མཁན་པོ་མཛད་ནས་འགྲོ་མང་ལ། །**རབ་ཏུ་བྱུང་ཞིང་**བསྙེན་པར་རྫོགས་པར་མཛད་དོ་**ཞེས། **།ཚིག་འབྲུ་ཙམ་ཞིག་**དཀོན་མཆོག་བརྩེགས་པའི་མདོ་ལས་**གསུངས་མོད་ཀྱི། །འོན་ཀྱང་དེ་ཡི་ཚོ་ག་**སྦྱོར་དངོས་རྗེས་གསུམ་གྱིས་འཐོབ་པ་**ནི། །མདོ་ལས་གསུངས་པ་**ས་སྐྱ་པཎྜི་ཏ་**རས་མ་མཐོང་**ལ། བྱམས་པ་ལ་སོགས་པ་དབུ་སྨྲ་རིང་པོ་རྒྱན་དང་བཅས་པའི་མཁན་པོ་ཁྱིམ་པའི་ཆ་ལུགས་ཅན་རྣམས་ཀྱིས་བསྒྲུབ་བྱ་ཁྱིམ་པའི་ཆ་ལུགས་མ་སྤངས་པའི་བསྙེན་རྫོགས་མཛད་པ་ནི། **འདི་འདྲ་སྔོན་གྱི་ཚོ་ག་སྟེ། །འཕགས་པ་རྣམས་ཀྱི་སྤྱོད་ཡུལ་**ཁོ་ན་**ཡིན་གྱི། །**དེང་སང་གི་**སོ་སོ་སྐྱེ་བོས་བྱ་བར་མི་རུང་ངོ་**། །བསྙེན་གནས་མ་གཏོགས་པའི་བྱང་སེམས་རང་ལུགས་ཀྱི་སོ་ཐར་ལེན་པའི་ཚོ་ག་ད་ལྟ་མེད་པ་**དེས་ན་ད་ལྟ་**ཐེག་ཆེན་སོ་ཐར་ལེན་པ**འི་ཚོ་ག་ནི། །བསམ་པ་**ཐེག་ཆེན་**སེམས་བསྐྱེད་ཀྱིས་ཟིན་པའི་**སྔོ་ནས། **།ཚོ་ག་ཉན་ཐོས་ལུགས་**ཇི་ལྟ་བ་**བཞིན་དུ་གྱིས། །**ལེན་ཚུལ་དེ་ལྟར་བྱས་ན་**སོ་སོར་ཐར་པ་རིགས་བརྒྱད་པོ་**གང་བླངས་ཀྱང་། །ཀུན་སློང་དང་ཚོ་ག་སོ་སོའི་སྟོབས་ཀྱིས་**བྱང་སེམས་སོ་སོར་ཐར་**པའི་སྡོམ་པར་**འགྱུར་རོ། །**བྱང་སེམས་སོ་ཐར་གྱི་ཚོ་ག་བསྟན་ཟིན་མ་ཐག་པ་**དེ་ནས་བྱང་ཆུབ་སེམས་དཔའ་ཡི། །སོ་སོར་ཐར་པའི་བསླབ་བྱ་ཡི། །ཁྱད་པར་**ཐུན་མོང་མ་ཡིན་པ་རྣམས་**ཅུང་ཟད་བཤད་ཀྱིས་ཉོན། །**ཐེག་ཆེན་གྱི་སོ་ཐར་**འདི་ལ་སྡིག་ཏོ་མི་དགེའི་ཕྱོགས། །**རང་བཞིན་གྱི་ཁ་ན་མ་ཐོ་བ་**ཕལ་ཆེར་**ནི་**ཉན་ཐོས་**ཀྱི་

ལུགས་བཞིན་དམ་པར་བསྲུང་དགོས་ཏེ། བྱང་སེམས་ཀྱི་ཉེས་སྤྱོད་སྤྱངས་པའི་ཚུལ་ཁྲིམས་དང་དོན་གཅིག་གོ། །རང་འདོད་བསམ་པས་དབེན་པའི་ལྟུང་བ་འགའ་ཞིག་ནི། བྱང་ཆུབ་སེམས་དཔའི་ལུགས་བཞིན་དུ་བསྲུང་དགོས་ཏེ། ཐེག་ཆེན་དགེ་སློང་གི་དོན་དུ་གཉེར་བྱའི་གཙོ་བོ་གཞན་དོན་ཡིན་པས་གཞན་དོན་དུ་འགྱུར་ན་ལུས་ངག་གི་བཅས་པ་ཐམས་ཅད་གནང་བའི་ཕྱིར་རོ། །འཇིག་རྟེན་པ་རྣམས་མ་དད་པར་གྱུར་པའི་ཆ། །ཐེག་པ་ཆེ་ཆུང་གཉིས་ཀ་མཐུན་པ་རྣམས་ནི་འབད་པས་བསྲུང་དགོས་ཏེ་གཞན་མ་དད་ན་གཉེར་བྱའི་གཙོ་བོ་གཞན་དོན་སྒྲུབ་མི་ནུས་པའི་ཕྱིར་རོ། །འཇིག་རྟེན་ཆོས་ལ་འཇུག་པའི་རྒྱུར་འགྱུར་བ་ཤེས་ན། །ཉན་ཐོས་སོ་ཐར་ལ་བཀག་པ་ཐེག་ཆེན་སོ་སོར་ཐར་པ་ལ་གནང་བ་སྤྱོད་འཇུག་ལས་གསུངས་སོ། །

གནང་བཀག་ཐ་དད་པའི་མཚན་གཞི་གཅིག་ལ་དཔེར་མཚོན་ན་ཉན་ཐོས་དགེ་སློང་ལ་ནི། །གསེར་དངུལ་ལེན་པ་ཐུབ་པས་འདུལ་བ་ལས་སྤང་ལྟུང་དུ་བཅས་པས་བཀག་ཅིང་། བྱང་ཆུབ་སེམས་དཔའི་དགེ་སློང་ལ་ནི། །སྡོམ་པ་ཉི་ཤུ་པར་གཞན་དོན་དུ་འགྱུར་ན་ལྟུང་བ་མེད་པ་གཞིར་བཅས།གཞན་དོན་དུ་དེ་མི་ལེན་པ་ཉིད་ལྟུང་བར་བཅས་པ་དང་། །ཉན་ཐོས་ལ་ནི་བྱ་བ་མང་བ་སྤངས་ནས་འདོད་ཆུང་ཆོག་ཤེས་དགོས་པས། སེམས་ཅན་གྱི་དོན་ཡིན་ཡང་། །འདོད་ཆེན་པོ་སྟེ་མངོན་ཚན་ཅན་ཉོ་ཚོང་ལ་སྤང་བའི་ལྟུང་བ་འབྱུང་ཞིང་། །ཐེག་ཆེན་དགེ་སློང་ལ་གཞན་གྱི་དོན་ཡིན་ན། །འདོད་ཆེན་པ་གོས་བརྒྱ་སྟོང་ལ་སོགས་པ་ལེན་པ་དང་། གསེར་དངུལ་སྲང་དུ་མ་ལེན་པ་ལ་ལྟུང་བ་མེད་ཅེས་བྱང་ཆུབ་སེམས་དཔའི་ས་ལས་གསུངས། དེ་གཉིས་གཞན་དོན་ཡིན་ཡང་ལྟུང་བར་འགྱུར་མི་འགྱུར་གྱི་ཁྱད་པར་ནི། ཉན་ཐོས་ནི་གཙོ་བོར་རང་དོན་བསྒྲུབ་པ་ཡིན་པས་འདི་དག་གིས་བསྒྲུབ་བྱའི་གཙོ་བོ་ལ་གནོད་པའི་ཕྱིར་དང་། བྱང་སེམས་ནི་གཞན་དོན་གཙོ་བོར་བསྒྲུབ་པ་ཡིན་པས་དོན་དུ་གཉེར་བྱའི་གཙོ་བོ་ལ་ཕན་འདོགས་པའི་ཕྱིར་རོ། །མདོར་ན་སོ་སོར་ཐར་པ་ལུགས་གཉིས་པོ། །སྲུང་ཚུལ་མི་འདྲ་བ་དེ་འདྲའི་རྣམ་དབྱེ་མདོ་ཙམ་བཤད་པ་དེས་མཚོན་ནས་བསླབ་བྱའི་ཁྱད་པར་མཐའ་དག་ཤེས་པར་བྱའོ། །ཐེག་ཆེན་གྱི་སོ་སོར་ཐར་པ་ཡིན་ཡང་། །དགེ་སློང་ལ་སོགས་པ་སྡོམ་པ་ཡི། །ལྡོག་པ་ཤི་བའི་ཚེ་ན་གཏོང་སྟེ། ཇི་སྲིད་འཚོའམ་ཉིན་ཞག་གི་མཐའ་ཅན་གྱི་སྡོམ་པ་ཡིན་པའི་ཕྱིར། ཀུན་སློང་བྱང་ཆུབ་སེམས་ཀྱི་ལྡོག་པ་དང་། །སྡོམ་པ་དེ་ཡི་འབྲས་བུ་ནི་ཤི་ཡང་འབྱུང་སྟེ་གཏོང་རྒྱུ་མ་བྱུང་བའི་ཕྱིར་རོ། །སོ་ཐར་གྱི་རྣམ་བཞག་སྤྱིར་བསྟན་པ་དེ་ནས་བསླབ་བྱའི་རང་བཞིན་ལས་དང་དེའི་རྣམ་སྨིན་གྱི། །རྣམ་པར་དབྱེ་བ་བཤད་ཀྱིས་དང་ལྡན་རྣམས་ཉོན། །ལས་ལ་དགེ་བ་དང་སྡིག་པ་དང་ལུང་མ་བསྟན་གསུམ་ཡོད་པ། །ཡིན་ཞེས་རྒྱལ་བས་མདོ་ལས་གསུངས། །དེ་ལ་དགེ་བ་ནི་ལེགས་པར་སྤྱད་པས་བསྡུས་པ་སྟེ། །རྣམ་སྨིན་བདེ་བ་སྐྱེད་པ་ཡིན། །

སྡིག་པ་ནི་ཉེས་པར་སྤྱོད་པས་བསྡུས་པ་སྟེ། །རྣམ་སྨིན་སྡུག་བསྔལ་སྐྱེད་པར་བྱེད། །བཏང་སྙོམས་ནི་ལེགས་སྤྱོད་དང་ཉེས་སྤྱོད་གཉིས་ཀ་གང་ཡང་མ་ཡིན་པས། །དེའི་རྣམ་པར་སྨིན་པའང་བདེ་སྡུག་གཉིས་ཀ་གང་ཡང་མིན། །དགེ་སྡིག་འདི་དག་ནི་རྩོལ་བས་བྱས་པའི་ལས་ཡིན་པས། །འདུས་བྱས་ཡིན་པར་ཤེས་པར་བྱ། །ཆོས་ཀྱི་དབྱིངས་ནི་འདུས་མ་བྱས། །ཡིན་པའི་ཕྱིར་ན་ལས་མ་ཡིན་པས། །དེས་ན་དགེ་དང་སྡིག་པའི་ནང་དུ་འདུ་བ་མིན། འདིར་དབྱེ་བའི་སྒོ་དང་པོ་གཉིས་ཀྱི་སྐབས་སུ། ཆོས་དབྱིངས་དགེ་སྡིག་ལས་གྲོལ་བར་སྟོན་པའི་གཞུང་འབྱུང་བ་ནི།གཞན་གསུམ་ལའང་མཚོན་ནས་ཤེས་པར་བྱ་སྟེ་ཆོས་དབྱིངས་དགེ་བར་འདོད་པའི་ལོག་རྟོག་དགག་པའི་ཆེད་དུ་ཐོག་མར་ལས་འབྲས་ཀྱི་རྣམ་བཞག་སྟོན་པ་ཡིན་པའི་ཕྱིར་རོ། །འཁྲུལ་པ་དགག་པའི་སྐོར་དུ་དེ་དང་དེའི་རྣམ་བཞག་སྤྱིར་བསྟན་པ་ནི། གོང་འོག་ཀུན་ཏུ་ཤེས་པར་བྱའོ། །ཡང་ལས་ལ་ཐུབ་པས་རྣམ་པ་གཉིས་སུ་གསུངས་ཏེ། །སེམས་པ་དང་ནི་བསམ་པ་པོའོ། །སེམས་པ་ཡིད་ཀྱི་ལས་ཡིན་ཏེ། །བསམ་པའི་ལས་དེ་ནི་ལུས་ངག་གི་རྣམ་པ་རིག་བྱེད་ལ་འདོད་པ་བྱེ་བྲག་སྨྲ་བའི་ལུགས་དང་།མདོ་སྡེ་པ་ཡན་ཆད་ནི་སེམས་པའི་ལས་རྒྱུ་དུས་ཀྱི་ཀུན་སློང་ལ་འདོད་ལ། དེ་ལ་བསོད་ནམས་དང་། བསོད་ནམས་མ་ཡིན་པ་དང་། མི་གཡོ་བའི་ལས་གསུམ་ཡོད། བསམ་པའི་ལས་ནི་དེ་དུས་ཀྱི་ཀུན་སློང་ལ་འདོད་ལ། དེ་ལ་ལུས་ངག་ཡིད་གསུམ་གྱི་ལས་གསུམ་ཡོད་པར་འདོད་པའོ། །ཆོས་ཀྱི་དབྱིངས་ནི་སེམས་པ་དང་བསམ་པའི་ལས་གཉིས་ཀ་གང་ཡང་མིན་པས། །རྒྱུ་མཚན་དེ་ཕྱིར་དགེ་སྡིག་གི་ལས་ལས་གྲོལ་བ་ཡིན་ནོ། །གཞན་ཡང་ལས་ལ་རྣམ་པ་བཞིར་གསུངས་ཏེ། །སྦྱོར་བ་དགེ་ཞིང་རྒྱུ་དུས་དང་དེ་དུས་ཀྱི་ཀུན་སློང་གི་སེམས་པ་དཀར་བས་ལས་དཀར་ལ་རྣམ་སྨིན་ཡང་དཀར་བ་དང་། དེ་ལས་ལྡོག་པས་ལས་གནག་ལ་རྣམ་སྨིན་ཡང་གནག་པ་དང་། སྦྱོར་བ་དགེ་བར་སྣང་བས། ལས་དཀར་ལ་ཀུན་སློང་གི་དབང་གིས་རྣམ་སྨིན་གནག་པ་དང་། སྦྱོར་བ་མི་དགེ་བར་སྣང་བས།ལས་གནག་ལ་ཀུན་སློང་གི་དབང་གིས་རྣམ་སྨིན་དཀར་བའོ། །བསམ་པ་དག་པའི་སྦྱིན་པ་སོགས་ཕ་རོལ་ཏུ་ཕྱིན་པ་དྲུག་རྣམས། བསམ་སྦྱོར་གཉིས་ཀ་དཀར་བས་མཁས་པས་ཀུན་ཏུ་སྤྱད་པར་བྱ། །བཟའ་བའི་དོན་དུ་སེམས་ཅན་གསོད་པ་ལ་སོགས་མི་དགེ་བ་བཅུ་རྣམས། །བསམ་སྦྱོར་གཉིས་ཀ་གནག་པས་མཁས་པས་སྤང་། །སེམས་ཅན་མང་པོ་བསྐྱབ་པའི་ཕྱིར་ཀུན་ལ་འཚེ་བ་པོ་གཅིག་གསོད་པ་སོགས། །སྦྱོར་བའི་ལས་གནག་ཀྱང་རྣམ་སྨིན་དཀར་པོ་འབྱུང་བ་ཤེས་ན་སྤྱད་པར་བྱ། །དགྲ་བོ་གསོད་པའི་ཕྱིར་ཟང་ཟིང་གི་སྦྱིན་པ་གཏོང་བ་དང་ལྷ་ལ་མཆོད་པ་ལ་སོགས་པ། །སྦྱོར་བའི་ལས་དཀར་ཡང་རྣམ་སྨིན་གནག་པ་འབྱུང་བ་ནི་སྤང་བར་བྱའོ། །

དེ་དག་ཏུ་མ་ཟད་དབྱེ་བ་གཞན་ཡང་ལས་ལ་རྣམ་པ་གཉིས་གསུངས་ཏེ། །ལས་སྟོབས་ལྡན་གཅིག

གིས་བདེ་འགྲོ་དང་ངན་འགྲོ་གང་རུང་གི་སྐྱེ་བ་ཞིག་འཕེན་པ་ནི་འཕེན་བྱེད་ཀྱི་ལས་དང་ལས་སྣ་ཚོགས་པས་སྔར་གྱི་འཕེན་བྱེད་ཀྱིས་འཕངས་པའི་ལུས་རྟེན་ལ་བདེ་སྡུག་སྣ་ཚོགས་མྱོང་བར་བྱེད་པ་ནི་རྫོགས་བྱེད་ཀྱི་ལས་སོ། །འཕེན་རྫོགས་དེ་དག་ལ་དབྱེ་ན་མུ་བཞི་ཡོད་དེ། །འཕེན་བྱེད་དགེ་བས་འཕངས་པ་ལ། །རྫོགས་བྱེད་ཀྱང་ནི་དགེ་བས་རྫོགས་པ་དང་། །འཕེན་བྱེད་སྡིག་པས་འཕངས་པ་ལ། །རྫོགས་བྱེད་ཀྱང་ནི་སྡིག་པས་རྫོགས་པ་དང་། །འཕེན་བྱེད་དགེ་བས་འཕངས་ལ་རྫོགས་བྱེད་སྡིག་པས་རྫོགས་པ་དང་། །འཕེན་བྱེད་སྡིག་པས་འཕངས་པ་ལ་རྫོགས་བྱེད་དགེ་བས་རྫོགས་པའོ། །བཞི་པོ་དེ་དག་གི་དཔེར་བརྗོད་མདོར་བསྡུས་པ། །ཕྱེད་པར་བྱ་ཡིས་ཡིད་ལ་ཟུངས། །མཐོ་རིས་གསུམ་པོ་གང་རུང་འགྲུབ་པ་ནི། །དགེ་བའི་ལས་ཀྱིས་འཕེན་པ་ཡིན་ཏེ། ཚུལ་ཁྲིམས་བསྲུངས་པ་ལྟ་བུ་དགེ་ལས་སྟོབས་ལྡན་གཅིག་གི་རྣམ་སྨིན་གྱི་འབྲས་བུ་ཡིན་པའི་ཕྱིར། །མཐོ་རིས་དེ་དག་ལ་བདེ་བ་འབྱུང་བ་ནི། །རྫོགས་བྱེད་དགེ་བས་འཕངས་པ་ཡིན་ཏེ། རྫོགས་བྱེད་དགེ་བའི་ལས་སྣ་ཚོགས་པའི་སྐྱེས་བུའི་བྱེད་འབྲས། རྒྱུ་མཐུན་བདག་པོའི་འབྲས་བུ་གང་རུང་ཡིན་པའི་ཕྱིར་རོ། །དེ་བཞིན་དུ་ངན་སོང་གསུམ་དུ་སྐྱེ་བ་ནི། །འཕེན་བྱེད་སྡིག་པ་ཡིན་པར་གསུངས་ཏེ། འཕེན་བྱེད་སྡིག་ལས་སྟོབས་ཆེན་གྱི་རྣམ་སྨིན་གྱི་འབྲས་བུ་ཡིན་པའི་ཕྱིར་རོ། །ངན་སོང་དེ་ཡི་ཚ་གྲང་ལ་སོགས་པའི་སྡུག་བསྔལ་གྱི་བྱེ་བྲག་ཀུན། །རྫོགས་བྱེད་ཀྱི་ལས་ནི་སྡིག་པ་ཡིན་ཏེ། སྡིག་པའི་སྐྱེས་བུའི་བྱེད་འབྲས་སོགས་ཡིན་པའི་ཕྱིར་རོ། །མཐོ་རིས་ཀྱི་ལུས་རྟེན་དགེ་བས་འཕངས་པ་ཡིན་མོད་ཀྱི། །དེ་ཡི་རྟེན་ལ་ནད་དང་གཞན་གྱིས་གནོད་པ་ཀུན། །རྫོགས་བྱེད་སྡིག་པ་ཡིན་པར་གསུངས་ཏེ། རྒྱ་མཚན་གོང་མ་བཞིན་ནོ། །ངན་འགྲོའི་སྐྱེ་བ་འཕེན་བྱེད་སྡིག་པ་ཡིན་ཡང་། །དེ་ཡི་རྟེན་ལ་ལུས་སེམས་བདེ་བ་ཡི། །གནས་སྐབས་དང་ལྡན་པ་ནི་རྫོགས་བྱེད་དགེ་བས་འཕངས་པའམ་བསྐྱེད་པར་མངོན་པ་དང་མདོ་སྡེ་དུ་མ་ལས་གསུངས་ཏེ། རྫོགས་བྱེད་དགེ་ལས་ཀྱི་སྐྱེས་བུའི་བྱེད་འབྲས་སོགས་གསུམ་པོ་གང་རུང་ཡིན་པའི་ཕྱིར་རོ། །

གཞན་ཡང་ལུས་ལ་གཅིག་ཏུ་དཀར་བ་དང་། །གཅིག་ཏུ་ནག་པ་དང་འདྲེན་མའི་ལས་དང་། །རྣམ་པ་གསུམ་དུ་ཕྱེ་བས་མདོ་ལས་གསུངས།འབྲས་བུ་སྐྱེད་ཚུལ་ཡང་གཅིག་ཏུ་དཀར་བས་འབྲས་བུ་བདེ་བ་ཁོ་ན་བསྐྱེད། །གཅིག་ཏུ་ནག་པས་སྡུག་བསྔལ་ཁོ་ན་བསྐྱེད། བསམ་སྦྱོར་གང་རུང་གཅིག་དཀར་ཞིང་གཅིག་ནག་པའི་འདྲེན་མའི་ལས་ཀྱིས་བདེ་བ་དང་། །སྡུག་བསྔལ་འདྲེན་མར་བསྐྱེད་པར་གསུངས། གོང་བཞིར་དབྱེ་བའི་སྐབས་སུ། བསམ་པས་ནག་ཅིང་སྦྱོར་བས་དཀར་བ་སྡུག་བསྔལ་གྱི་རྒྱུ་དང་སྦྱོར་བ་ནག་ཅིང་། བསམ་པ་དཀར་བ་བདེ་བའི་རྒྱུར་གསུངས་པ་དང་འགལ་ལོ་སྙམ་ན་གོང་དུ། རྒྱུ་དུས་དང་། དེ་དུས་ཀྱི་ཀུན

སློང་གཉིས་ཀ་དཀར་བ་ལ་བསམ་པ་དཀར་བར་མཛད་ཅིང་། འདིར་རྒྱུ་དུས་ཀྱི་ཀུན་སློང་ལ་བསམ་པ་དང་། དེ་དུས་ཀྱི་ཀུན་སློང་ལ་སྦྱོར་བར་དགོངས་པས་མི་འགལ་ལོ། །བཤད་མ་ཐག་པ། འདི་འདྲའི་ལས་དང་རྣམ་སྨིན་གྱི། །རྣམ་པར་དབྱེ་བ་ཤེས་པར་གྱུར་ན། །དེས་ན་དགེ་བའི་ལས་ཀྱི་རྒྱུ་འབྲས་ལ། །ཤིན་ཏུ་མཁས་པ་ཉིད་དུ་འགྱུར་རོ། །མུ་སྟེགས་གྲངས་ཅན་པའི་གཞུང་ལས། དགེ་དང་སྡིག་པ་ཐེ་སྙེད་དང་། །འཁོར་བ་དང་ནི་གྲོལ་བ་ཡང་། །གཙོ་བོའི་ནང་ན་འདོད་ནས་ཡོད། །འོན་ཀྱང་ཐབས་ཀྱིས་གསལ་བར་འབྱིན། །ཞེས་བྱ་བ་དང་། འོ་མའི་དུས་ན་ཞོ་གང་དང་། །ཞོ་ཡི་དུས་ན་མར་གང་ཞེས། །དྲག་པོ་ལེན་གྱིས་བཤད་པ་སྟེ། །འབིག་བྱེད་གནས་པའང་དེ་སྐད་སྨྲ། །ཞེས་བྱ་བ་ལ་སོགས་པ་མང་དུ་བཤད་དོ། །དེས་ན་དེ་རྣམས་ནི། གཙོ་བོའི་གཤིས་ལ་དགེ་སྡིག་ཡོད་ཅེས་ཟེར་ཞིང་། རྒྱུ་ལ་འབྲས་བུ་མི་གསལ་བའི་ཚུལ་གྱིས་གནས་པ་ཁོ་ན་སླར་སྐྱེ་བར་འདོད་དོ། །བོད་ཀྱང་ལ་ལ་མུ་སྟེགས་ལུགས་དེའི་རྗེས་སུ་འབྲངས་ནས། རྒྱུའི་དུས་ན་འབྲས་བུ་ཡོད་པར་འདོད་དེ་ཞང་གཡུ་བྲག་པ་སོགས། བོད་ཁ་ཅིག་ལམ་མཆོག་མཐར་ཐུག་སོགས་ལས། རྒྱུ་ཡི་དུས་ན་འབྲས་བུ་ཡོད། །ལས་འཕྲོ་ཅན་གྱིས་རྟོགས་པར་འགྱུར། །ཞེས་པའི་ལུང་འདྲེན་པ་དུ་མ་ཡོད་དེ། མདོ་རྒྱུད་སངས་རྒྱས་པའི་བསྟན་བཅོས་ཁུངས་མ་ཐམས་ཅད་གང་ནས་ཀྱང་བཤད་པ་མེད། མུ་སྟེགས་ཀྱི་ལུགས་ལ་མོས་པའི་བོད་ཀྱིས་རང་བཟོར་སྦྱར་བ་ཡིན། ཡིད་བརྟན་མེད། དེ་ཡང་། ཐལ་པོ་ཆེའི་རྡོ་རྗེ་རྒྱལ་མཚན་གྱི་བསྔོ་བའི་ལེའུ་ལས། །འགྲོ་ཀུན་དགེ་བ་ཐེ་སྙེད་ཡོད་པ་དང་། །བྱས་དང་བྱེད་འགྱུར་དེ་བཞིན་བྱེད་པ་རྣམས་ཞེས། །གསུངས་པའི་དགོངས་པ་འཆད་པ་ལ། འབྲི་གུང་པ་སོགས་བོད་ཁ་ཅིག་གྲངས་ཅན་པས་གཙོ་བོ་དང་རང་དབང་བཞིན་གཅིག་པའི་དགེ་བ་ཡོད་པར་འདོད་པའི་ལུགས་བཞིན་དུ། །ཡོད་པའི་དགེ་བ་ཞེས་བྱ་བ་སེམས་ཅན་རྣམས་ལ་འདོད་མ་ནས། །རང་བྱུང་དུ་ནི་གྲུབ་པ་དགེ་བར་འདོད་ཅིང་། །དེ་ལ་བདེ་གཤེགས་སྙིང་པོ་ཞེས་ཀྱང་ཟེར་རོ། །གྲངས་ཅན་གྱི་ལུགས་དང་མཚུངས་པའི་བསྔོ་རྒྱུའི་དགེ་བ་རྒྱུས་མ་བསྐྱེད་པར་དངོས་པོའི་གཤིས་ལ་ཡོད་པར་འདོད་པ་འདི་མི་འཐད་པས། །ལུང་དང་རིགས་པས་དགག་པར་བྱ་སྟེ། །དེ་ཡང་རང་བྱུང་དུ་གྲུབ་པའི་བསྔོ་རྒྱུའི་དགེ་རྩ་བདེ་གཤེགས་སྙིང་པོ་མི་འཐད་དེ། བདེ་གཤེགས་སྙིང་པོ་ཞེས་བྱ་བ། །སེམས་ཀྱི་ཆོས་དབྱིངས་སྤྲོས་བྲལ་གཞན་དུ་འགྱུར་བ་མེད་པ་ཉིད་ལ་གསུངས། །དེ་སྐད་དུ་ཡང་རྒྱུད་བླ་མ་ལས། །སེམས་ནི་རང་བཞིན་འོད་གསལ་བ། །ནམ་མཁའ་བཞིན་དུ་འགྱུར་བ་མེད་པར་གསུངས་ཏེ། རྒྱུད་བླ་མ་ཉིད་ལས། ཉེས་པ་གློ་བུར་དང་ལྡན་པ། །ཡོན་ཏན་རང་བཞིན་དང་ལྡན་ཕྱིར། །ཇི་ལྟར་སྔར་བཞིན་ཕྱིས་དེ་བཞིན། འགྱུར་བ་མེད་པའི་ཆོས་ཉིད་དོ། །ཞེས་གསུངས་སོ། །དཔལ་འཕྲེང་གིས་ཞུས་པའི། །མདོ་ལས་དེ་བཞིན་གཤེགས་པ་ཡི། །སྙིང་པོ

འགྱུར་མེད་ཡིན་ཞེས་བཤད་དེ།བཅོམ་ལྡན་འདས་དེ་བཞིན་གཤེགས་པའི་སྙིང་པོ་ནི། སྐྱེས་པའམ། འགག་པའམ། འཆི་བའམ། འཆི་འཕོ་བ་དང་། སྐྱེ་བ་མ་ལགས་སོ། །དེ་ཅིའི་སླད་དུ་ཞེ་ན། བཅོམ་ལྡན་འདས་དེ་བཞིན་གཤེགས་པའི་སྙིང་པོ་ནི། འདུས་བྱས་ཀྱི་མཚན་ཉིད་ཀྱི་ཡུལ་ལས་འདས་པ་སྟེ། རྟག་པ། བརྟན་པ། ཞི་བ། གཡུང་དྲུང་ངོ་། །ཞེས་བྱ་བ་དང་། ཤཱ་རིའི་བུ་དོན་དམ་པ་ཞེས་བྱ་ནི། སེམས་ཅན་གྱི་ཁམས་ཀྱི་ཚིག་བླ་དྭགས་སོ། །ཤཱ་རིའི་བུ་སེམས་ཅན་གྱི་ཁམས་ཞེས་བྱ་བ་ནི། དེ་བཞིན་གཤེགས་པའི་སྙིང་པོའི་ཚིག་བླ་དྭགས་སོ། །ཤཱ་རིའི་བུ་དེ་བཞིན་གཤེགས་པའི་སྙིང་པོ་ཞེས་བྱ་བ་འདི་ནི། ཆོས་ཀྱི་སྐུའི་ཚིག་བླ་དྭགས་སོ། །ཞེས་གསུངས་སོ། །

ཀླུ་སྒྲུབ་ཀྱིས་ཀྱང་དབུ་མ་རྩ་བ་ཤེས་རབ་**ལས། །དེ་བཞིན་གཤེགས་པའི་རང་བཞིན་**ནམ་ཆོས་ཉིད་**གང་**ཡིན་པ། **།དེ་ནི་འགྲོ་བའི་རང་བཞིན་**ནམ་ཆོས་ཉིད་**ཡིན་**ཞིང་། **།དེ་བཞིན་གཤེགས་པའི་རང་བཞིན་**འགྱུར་བ་**མེད་**པ་བཞིན་དུ། **།འགྲོ་བ་འདི་ཡི་རང་བཞིན་**ནམ་ཆོས་ཉིད་འགྱུར་བ་**མེད། །ཅེས་**སེམས་ཅན་གྱི་ཆོས་ཉིད་སངས་རྒྱས་པའི་ཚེ་ན་ཡང་གཞན་དུ་མི་འགྱུར་བར་**གསུངས་པ་**འདི་**ཡང་**ཆོས་དབྱིངས་གཞན་དུ་མི་འགྱུར་**དེ་ཉིད་ཡིན། །ཤེས་རབ་ཏུ་ཕ་རོལ་ཕྱིན་པ་ལས་**ཀྱང་། **།ཆོས་ཀྱི་དབྱིངས་ནི་དུས་གསུམ་དང་། །ཁམས་གསུམ་དང་ནི་དགེ་སྡིག་ལས། །རྣམ་པར་གྲོལ་བ་ཡིན་ཞེས་གསུངས་**ཏེ། བརྒྱད་སྟོང་པ་ལས། ཆོས་རྣམས་ཀྱི་ཆོས་ཉིད་གང་ཡིན་པ་དེ་ནི་འདས་པ་ཡང་མ་ཡིན། མ་འོངས་པ་ཡང་མ་ཡིན། ད་ལྟར་བྱུང་བ་ཡང་མ་ཡིན། གང་འདས་པ་དང་། མ་འོངས་པ་དང་། ད་ལྟར་བྱུང་བ་མ་ཡིན་པ་གང་ཡིན་པ་དེ་ནི་དུས་གསུམ་ལས་རྣམ་པར་གྲོལ་བའོ། །གང་དུས་གསུམ་ལས་རྣམ་པར་གྲོལ་བ་དེ་ནི་ཡོངས་སུ་བསྔོ་བར་མི་ནུས་ཤིང་། དེ་ནི་དམིགས་པ་དང་མཐོང་བ་དང་། རྟོགས་པ་དང་། རྣམ་པར་ཤེས་པ་མ་ཡིན་ནོ། །ཞེས་གསུངས་སོ། །འབུམ་དང་། ཉི་ཁྲི་ལས་ཀྱང་རྒྱས་པར་གསུངས་སོ། །ཤེས་བྱེད་ཀྱི་ལུང་དྲངས་པ། **དེས་ན་ཆོས་ཀྱི་དབྱིངས་ལ་ནི། །བསྔོ་བ་མེད་ཅེས་རྒྱལ་བས་བཤད་**དེ། འབུམ་ལས་ཆོས་ཀྱི་དབྱིངས་ལ་ཡོངས་སུ་བསྔོ་བ་མེད་དོ། །ཞེས་སོ། །ཆོས་དབྱིངས་རང་གི་ངོ་བོ་དགེ་སྡིག་གང་དུ་ཡང་མ་གྲུབ་སྟེ། **ཡང་དག་སྦྱོར་བ་**སཾ་པུ་ཊའི་**རྒྱུད་ལས་ཀྱང་། །དེ་ཡི་སྡིག་**པ་**དང་བསོད་ནམས་ཀྱི། །ཆ་གཉིས་**སྦྲེས་པའི་**རྣམ་པར་རྟོག་**པ་ལས་འདས་པ་**སྟེ། །མཁས་པས་**གནས་ལུགས་ཀྱི་དོན་བསྒོམ་པའི་ཚེ་སྦྲེས་པའི་མཐའ་**འདི་གཉིས་རྣམ་པར་སྤང་། །ཞེས་གསུངས་དེ་བཞིན་གསང་འདུས་**རྩ་རྒྱུད་དང་། ཀྱཻ་རྡོར་ལ། །**སོགས་པའི་རྒྱུད་སྡེ་ཀུན་ལས་གསུངས། །འཕགས་པ་ཀླུ་སྒྲུབ་**ཉིད་**ཀྱིས་ཀྱང་། །གཏམ་བྱ་རིན་ཆེན་ཕྲེང་བ་ལས། **།ཆོས་ཀྱི་དབྱིངས་ལ་ཡོད་མེད་དུ་བལྟས་ན་རང་ཡང་འཕྱང་ལ། དེས་བསྟབས་པས་གཞན་ཡང་འཕྱང་འགྲོ་བར་བཤད་དེ།གནས་མེད་ཆོས་ཀྱིས་སྐྲག་གྱུར་པ། །སྐྱེ་བོ་གནས་ལ་མངོན་དགའ་ཞིང་། །ཡོད་དང་མེད

ལས་མ་འདས་པ། །མི་མཁས་རྣམས་ནི་འཕྱུང་བར་འགྱུར། །འཇིགས་མེད་གནས་འཇིགས་དེ་དག་ནི། །འཕྱུང་ལ་གཞན་ཡང་འཕྱུང་བར་འགྱུར། །རྒྱལ་པོ་ཁྱོད་ནི་མི་འཕྱུང་བར། །བགྱི་སླད་འཇིག་རྟེན་འདས་པའི་ལུགས། །གཉིས་ལ་མི་གནས་ཡང་དག་པ། །རྣམ་དག་ལུང་གི་དབང་གིས་བཤད། །སྡིག་པ་དང་བསོད་ནམས་ཀྱི་བྱ་བ་ལས་འདས་པའི། །ཟབ་མོ་སྟོང་པ་ཉིད་ནི་སོ་སོའི་སྐྱེ་བོས་ཐོས་བསམ་གྱིས་བཀྲོལ་བའི་དོན་དང་ལྡན། བཀོལ་བ་ཞེས་འབྱུང་བ་ལྟར་ན་སྣོད་མིན་རྣམས་ལ་རེ་ཞིག་མི་སྟོན་པར་ཟུར་དུ་བཀོལ་བའི་དོན་དང་ལྡན་ཞིང་།མུ་སྟེགས་གཞན་དང་རང་ཉིད་ཀྱི་ཉན་རང་ལ་སོགས་པ་ཡིན་ནའང་། །རྟོགས་པའི་གནས་མིན་ཞིང་སྐྲག་པའི་སྒོ་ནས་མ་སྨྲངས་པ། །ཞེས་གསུངས་པ་དང་གཞན་ཡང་དེ་ཉིད་ལས། །སྟོང་ཉིད་རྟོགས་པའི་ཤེས་པས་ཡོད་འཛིན་དང་མེད་འཛིན་ཞི་བའི་ཕྱིར་ན། །སྡིག་པ་དང་བསོད་ནམས་ཀྱི་རྣམ་རྟོག་ལས་འདས་པའི། །བློ་དེ་ཡིས་འཁོར་བ་བདེ་འགྲོ་དང་ངན་འགྲོ་ལས་ཐར་ཏེ། །དེ་ནི་ཐར་པ་དམ་པ་ཐོབ་པར་བཞེད།།ཅེས་གསུངས་པ་འདི་ཡང་ཆོས་ཀྱི་དབྱིངས་ལ། །དགེ་སྡིག་མེད་པའི་ལུང་ཡིན་ནོ། །སྟོད་ལུང་རྒྱ་དམར་བ་ཁ་ཅིག་བདེ་གཤེགས་སྙིང་པོའི་སྒྲའི་ངོས་འཛིན། །སྟོང་ཉིད་སྙིང་རྗེའི་སྙིང་པོ་ཅན་ཡིན་ཞིང་། དེ་ཉིད་བསྔོ་རྒྱུའི་དགེ་རྩ་ཡིན་པར་འདོད་དོ། །སྟོང་ཉིད་སྙིང་རྗེའི་སྙིང་པོ་ཅན་འདི་ནི་བདེ་གཤེགས་སྙིང་པོའི་ཁམས་ཀྱི། དྲི་མ་སྦྱོང་བྱེད་ཡིན་གྱི་ཁམས་དངོས་ནི་མིན་ཏེ། དེ་གོམས་པ་ལས། ཁམས་ཀྱི་དྲི་མ་སྦྱངས་ཏེ་འབྲས་བུ་སངས་རྒྱས་ཐོབ་པས་སོ། །དེ་སྐད་དུ་ཡང་རྣམ་འགྲེལ་ལས། ཚད་མའི་སྐྱེས་བུའི་སྒྲུབ་བྱེད་ཐུགས་རྗེ་ཆེན་པོ་བསྐལ་པ་གྲངས་མེད་གསུམ་དུ་གོམས་པ་ལས། དོན་གཉིས་ཕུན་ཚོགས་འབྱུང་ཞེས་གསུངས་པ་དང་། ཞི་བ་ལྷའི་བསླབ་བཏུས་ཉིད་ལས་ཀྱང་། །སྟོང་ཉིད་སྙིང་རྗེའི་སྙིང་པོ་ཅན། །བསྐྱེད་ཅིང་གོམས་པས་བསོད་ནམས་མཐར་ཕྱིན་ཏེ་དྲི་མ་དག་ནས་སངས་རྒྱས་པར་འགྱུར། །ཞེས་གསུངས་དེ་བཞིན་དུ་བློ་གྲོས་རྒྱ་མཚོའི་མདོ་ལས། རྒྱས་འགྱུར་གྱི་རིགས་ཀྱིས། རང་བཞིན་གནས་རིགས་ཀྱི་དྲི་མ་སྦྱོང་བར་གསུངས་པ་སོགས་མདོ་སྡེ་དང་། རྡོ་རྗེ་གུར་ལ་སོགས་པའི་རྒྱུད་ཀུན་ལས་ཀྱང་དེ་སྐད་གསུངས། མདོར་ན་སྟོང་ཉིད་སྙིང་རྗེའི་སྙིང་པོ་ཅན་འདི་ནི་གཞི་ལམ་འབྲས་གསུམ་གྱི་ནང་ནས་ལམ་ཡིན་པས། ཁམས་བདེ་གཤེགས་སྙིང་པོར་འཁྲུལ་པར་མི་བྱའོ། །ཉན་ཐོས་དང་ཐེག་ཆེན་ཐུན་མོང་བའི་གཞུང་། མངོན་པ་ཀུན་ལས་བཏུས་པའི་གཞུང་ལས་ཉན་ཐོས་རྣམས། །ངོ་བོ་ཉིད་ཀྱི་དགེ་བ་ཞེས། །བཤད་པ་དང་པ་ལ་སོགས་པ། སེམས་ལས་བྱུང་བའི་ཆོས་བཅུ་གཅིག་ཁོན་ཡིན་ཞེས་གསུང་སྟེ་མ་ཆགས་པ། ཞེ་སྡང་མེད་པ། གཏི་མུག་མེད་པ། བརྩོན་འགྲུས། དད་པ། བག་ཡོད། ཤིན་ཏུ་སྦྱངས་པ། བཏང་སྙོམས། ངོ་ཚ་ཤེས་པ། ཁྲེལ་ཡོད་པ། རྣམ་པར་མི་འཚེ་བའོ། །དོན་དམ་པའི་དགེ་བ་ཞེས་བཤད་པ། །དེ་བཞིན་ཉིད་ལ་གསུངས་པ་ཡིན། །དོན་དམ་པའི་སྡིག

པ་འཁོར་བ་ཀུན་ཡིན་ཞིང་། །ནམ་མཁའ་དང་སོ་སོར་བརྟགས་མིན་གྱི་འགོག་པ་གཉིས་ནི། །དོན་དམ་པར་ལུང་དུ་མ་བསྟན་པ་ཞེས་བཤད་དོ། །འདིར་ཀུན་བཏུས་ཉན་ཐོས་ཀྱི་གཞུང་དུ་མཛད་པ་ནི་མངོན་རྟོགས་ལྗོན་ཤིང་ལས་མདོ་སྡེ་པའི་གྲུབ་མཐའ་སྟོན་བྱེད་ཡིན་པར་བཤད་པ་ལྟར་བཞེད་པའོ། །

ཀུན་བཏུས་ལས། དེ་བཞིན་ཉིད་ལ་དགེ་བ་ཞེས་པའི་མིང་གིས། བཤད་པའི་དགོངས་པ་དཔེ་དང་སྦྱར་བ་འདི་ལྟར་བཏགས་པ་བ་ཡིན། ། དཔེར་ན་ལུས་ནད་དང་བྲལ་བ་ནི། །ལུས་བདེ་བ་དང་སེམས་སྨྱོ་དན་མེད་པ་ལ། །སེམས་བདེ་ཞེས་ནི་འཇིག་རྟེན་ཟེར་ལ། །འདི་དག་ལུས་སེམས་ལ་སྡུག་བསྔལ་མེད་པ་ཙམ་ལས། །གཞན་པའི་བདེ་བ་མཚན་ཉིད་པ་མེད་མོད་ཀྱི། །འོན་ཀྱང་སྡུག་བསྔལ་མེད་པ་ཙམ་ལ། །བདེ་བ་ཡིན་ཞེས་ཀུན་ལ་གྲགས། །འཇིག་རྟེན་ལ་གྲགས་པའི་དཔེ་དེ་བཞིན་དུ་ཆོས་ཀྱི་དབྱིངས་ལ་ཡང་། །སྡིག་པ་མེད་པ་ཙམ་ཞིག་ལས། །ལྷག་པའི་དགེ་བ་མཚན་ཉིད་པ་མེད་མོད་ཀྱི། །དགེ་བ་ཡིན་ཞེས་མིང་གིས་བཏགས་པར་ཟད། །བསྟན་བཅོས་ལ་གྲགས་པའི་དཔེ་གཞན་ཡང་མངོན་པའི་གཞུང་རྣམས་ལས། །ཟས་ཀྱིས་འགྲངས་པ་དང་འཁྲིག་པའི་རྗེས་ལ་སོགས་པར་དེ་དག་རེ་ཞིག་མི་འབྱོད་པར་འཛིན་པ་ལ་ཡང་། དེ་དང་དེ་ལ་འདོད་ཆགས་དང་བྲལ་བར་གསུངས་མོད་ཀྱི། །འོན་ཀྱང་དེ་དག་ལ་མེད་པ་གཏན་ནས་བྲལ་བ་ཡི། །འདོད་ཆགས་དང་བྲལ་བ་མཚན་ཉིད་པ་མ་ཡིན་ནོ། །དཔེ་གཉིས་དེ་བཞིན་དུ་ཆོས་ཀྱི་དབྱིངས་ལ་ཡང་། །དགེ་བ་ཡིན་ཞེས་གསུངས་པར་གྱུར་ཀྱང་། །འབྲས་བུ་བདེ་བ་བསྐྱེད་པ་ཡི། །དགེ་བ་བཅུ་ལ་སོགས་པ་དགེ་བ་དངོས་ནི་མ་ཡིན་ནོ། །དེ་བཞིན་ཉིད་ལུང་མ་བསྟན་ཡིན་ནོ། །ཆོས་དབྱིངས་དགེ་བར་གསུངས་པ་བཏགས་པ་བར་གཏན་ལ་ཕབ་ཀྱང་ངེས་པ་མི་བསྐྱེད་པར། ཅི་ནས་ཆོས་དབྱིངས་དགེ་བ་ཉིད། །ཡིན་ན་ཧ་ཅང་ཐལ་བར་འགྱུར་ཏེ། ཆོས་ཐམས་ཅད་ཀྱི་གནས་ལུགས་ཆོས་ཀྱི་དབྱིངས་སུ་གནས་པས་ན། །ཆོས་ཀྱི་དབྱིངས་ལས་མ་གཏོགས་པའི། །ཆོས་གཞན་མེད་པའི་ཕྱིར་ཏེ། མདོ་སྡེ་རྒྱན་ལས། ཆོས་ཀྱི་དབྱིངས་ལས་མ་གཏོགས་པའི། །གང་ཕྱིར་ཆོས་མེད་དེ་ཡི་ཕྱིར། །ཞེས་གསུངས་སོ། །དེས་ན་སྡིག་པ་དང་། །ལུང་མ་བསྟན་ཡང་དགེ་བར་འགྱུར། །དེ་ལྟ་ཡིན་ན་སེམས་ཅན་ཀུན། །ངན་འགྲོར་འགྲོ་བ་མི་སྲིད་དོ། །གང་ཞེ་ན་དེའི་སྡིག་པ་འང་ཆོས་ཀྱི་དབྱིངས་ཡིན་ལ།ཆོས་ཀྱི་དབྱིངས་དགེ་བ་ཡིན་པའི་ཕྱིར་རོ། །བཀའ་གདམས་ལ་ལ་བྱམས་དང་སྙིང་རྗེ་སོགས། །ཐབས་མཁས་ལ་མ་ལྟོས་པར་གཤིས་ཀྱི་དགེ་བ་ཡིན་ཞེས་ཟེར། །འདི་ཡང་དེ་ལྟར་མཐའ་གཅིག་ཏུ་ངེས་པ་མེད། །ཐབས་ལ་མི་མཁས་པ་ཡི་བྱམས་པ་དང་སྙིང་རྗེ། །ཉེ་དུ་ལ་བྱམས་པས་དཀོན་མཆོག་གི་དཀོར་འཕྲོག་ནས་གསོ་བ་དང་། གཞན་གྱི་རླུང་ནད་གསོ་བའི་ཕྱིར་སྲོག་ཆགས་བསད་ནས་ཤ་སྦྱེར་བ་ལ་སོགས་པ་ངན་སོང་གི་རྒྱུ་རུ་ཐུབ་པས་མདོ་མཛངས་བླུན་ལས་གསུངས་སོ། །

ཐབས་ལ་མཁས་པའི་སྙིང་རྗེ་ལ། །དགོངས་ནས་སྤྱིར་བཏང་ལ་བྱམས་སྙིང་རྗེ་དགེ་བར་ཆོས་དག་སྟོད་པར་གསུངས་པ་ཡིན། ཆོས་དབྱིངས་བསྔོ་བས་མི་འགྱུར་བ་བསྒྲུབ་ཟིན་པ་དེས་ན་འགྲོ་ཀུན་དགེ་བ་ཇི་སྙེད་ཡོད་པ་དང་ཞེས་བྱ་བའི་དོན་བཤད་ན་འགྲོ་བ་ཐམས་ཅད་ཀྱིས། སྒོ་གསུམ་གྱི་རྩོལ་བས་བྱས་པའི་དགེ་བ་ལ་དགོངས་ནས། །འགྲོ་ཀུན་དགེ་བ་ཇི་སྙེད་ཡོད་པ་དང་། །ཅེས་བྱ་བའི་ཚིག་གིས་གསུངས་པ་ཡིན། ཆོས་དབྱིངས་ཡོད་པའི་དགེ་བ་ཡིན་པའི་གནོད་བྱེད། །གལ་ཏེ་དེ་ཆོས་ཀྱི་དབྱིངས་ཡིན་ན། བསྔོ་རྒྱུའི་དགེ་བ་ལ།ཇི་སྙེད་ཅེས་བྱ་བའི་སྒྲ་མི་འཐད་ཅིང་། །དེ་ལ་ཡོད་ཅེས་བྱ་བའི་སྒྲ་ཡང་འགལ་ལོ། །དེ་ཡི་རྒྱུ་མཚན་འདི་ལྟར་ཡིན། །ཇི་སྙེད་ཅེས་བྱ་བ་ནི་མང་པོའི་སྒྲ་ཡིན་ཞིང་། །ཆོས་ཀྱི་དབྱིངས་ལ་ངོ་བོའི་སྒོ་ནས་མང་ཉུང་མེད་དེ། །དེ་ནི་མང་ཉུང་གི་སྤྲོས་པ་དང་བྲལ་བ་ཡིན་པའི་ཕྱིར་རོ། །ཆོས་དབྱིངས་ནི་རང་གི་ངོ་བོ་ཡོད་ཙམ་པའང་མ་ཡིན་ཏེ། རང་གི་ངོ་བོ་ཡོད་ཙམ་ལ་མི་རྟག་གིས་ཁྱབ་པར། །ཆོས་ཀྱི་གྲགས་པས་རྣམ་འགྲེལ་ལས་ལེགས་པར་གསུངས་ཏེ།།འཇིག་པ་ཡོད་ཙམ་འབྲེལ་པ་ཅན། །ཉིད་ཕྱིར་སྒྲ་ནི་མི་རྟག་ཉིད། །ཅེས་བྱ་བ་ལ་སོགས་པ་རྒྱས་པར་གསུངས་སོ། །ཀླུ་སྒྲུབ་ཀྱིས་ཀྱང་དབུ་མ་ལས། །གལ་ཏེ་མྱ་ངན་ལས་འདས་པ་དངོས་པོ་ཡིན་ན། །མྱ་ངན་ལས་འདས་པ་འདུས་བྱས་སུ་འགྱུར་ཏེ། དངོས་པོ་ཡིན་པའི་ཕྱིར།དཔེར་ན་ལོ་ཏོག་བཞིན། ཁྱབ་སྟེ་དངོས་པོ་འདུས་བྱས་མ་ཡིན་པ། །འགའ་ཡང་ཡུལ་དུས་གང་ནའང་ཡོད་མ་ཡིན། །ཞེས་གསུངས་ཏེ། ཡོད་པ་དང་དངོས་པོ་དོན་གཅིག་ཏུ་བྱས་ནས། དེ་ལ་འདུས་བྱས་ཀྱིས་ཁྱབ་པས་ན། ཆོས་དབྱིངས་ཡོད་པ་མིན་པར་སྟོན་པའོ། །གཞན་ཡང་དེ་ཉིད་ལས། གྲུབ་མཐའ་སྨྲ་བ། གང་དག་གཟུགས་སོགས་རང་བཞིན་སྟོང་པ་ཉིད་གཞན་གྱི་དངོས་པོ་དང་། །རང་གི་ངོ་བོ་དངོས་པོ་དང་དངོས་མེད་ཉིད་དུ་འཛིན་པའི་ལྟ་བ་ཅན། །དེ་དག་སངས་རྒྱས་ཀྱི་བསྟན་པ་ལ། །ཟབ་མོའི་དེ་ཁོ་ན་ཉིད་མཐོང་བ་མ་ཡིན་ནོ། །ཞེས་གསུངས་གཞན་ཡང་དེ་ཉིད་ལས། །བཅོམ་ལྡན་འདས་དངོས་པོ་དང་དངོས་པོ་མེད་པ་ཀུན་གྱི། །རང་བཞིན་མཁྱེན་པས། འཕགས་པ་ཀ་ཏྱཱ་ན་ལ་གདམས་པ་ཡི། །གདམས་ངག་ལས་ནི་ཡོད་པ་དང་། །མེད་པའི་མཐའ་གཉིས་ཀ་དགག་པར་མཛད། །ཅེས་གསུངས་གཞན་ཡང་དེ་ཉིད་ལས། །ཆོས་རྣམས་གདོད་མ་ནས་རང་བཞིན་གྱིས་ཡོད་ཅེས་བྱ་བ་ནི་རྟག་པར་འཛིན་པའི་ལྟ་བ་དང་། །ཀུན་རྫོབ་ཏུ་གང་དུའང་གྲུབ་པ་མེད་ཅེས་བྱ་བ་ཆད་པར་ལྟ་བར་འགྱུར་བ། །དེའི་ཕྱིར་ཡོད་པ་དང་མེད་པའི་མཐའ་གཉིས་ལ། །མཁས་པས་གནས་པར་མི་བྱ་འོ། །ཞེས་གསུངས་པ་ཡང་ཆོས་ཀྱི་དབྱིངས། །ཡོད་མེད་གཉིས་ཀ་གང་ཡང་མིན་པའི་ལུང་ངོ་། །དེས་ན་སངས་རྒྱས་བསྟན་པའི་སྙིང་པོ་སྤྲོས་བྲལ་གྱི་ལྟ་བ་ལ། །ཤེས་པར་བྱེད་ན་ཆོས་ཀྱི་དབྱིངས། །ཡོད་མེད་གཉིས་ཀར་མ་བཟུང་ཞིག །མདོ་ཏིང་ངེ་འཛིན་རྒྱལ་པོ་ལས་ཀྱང་། མྱ་ངན་འདས་པའི་

ཆོས་ལ་ཆོས་མེད་དེ། །གང་ཕྱིར་དེ་ཉིད་ནམ་ཡང་ཡོད་མི་འགྱུར། །རྟོག་ཅན་དག་གིས་ཡོད་དང་མེད་ཅེས་བསྟན། །དེ་ལྟར་བརྟགས་པས་སྡུག་བསྔལ་ཞི་མི་འགྱུར། །ཞེས་བྱ་བ་དང་། ཡོད་དང་མེད་ཅེས་བྱ་བ་མཐའ་ཡིན་ཏེ། །གཙང་དང་མི་གཙང་འདི་ཡང་མཐའ་ཡིན་ནོ། །དེ་ལྟར་མཐའ་གཉིས་རྣམ་པར་སྤང་བྱ་སྟེ། །མཁས་པས་དབུས་ལའང་གནས་པར་ཡོང་མི་བྱ། །ཞེས་བྱ་བ་དང་། ཡོད་དང་མེད་ཅེས་བྱ་བ་རྩོད་པ་སྟེ། །གཙང་དང་མི་གཙང་འདི་ཡང་རྩོད་པ་ཡིན། །རྩོད་པར་གྱུར་པས་སྡུག་བསྔལ་ཞི་མི་འགྱུར། །རྩོད་པ་མེད་པར་གྱུར་ན་སྡུག་བསྔལ་འགག །ཅེས་གསུངས་སོ། །ལུང་མ་ཟད། རིགས་པས་ཀྱང་ནི་ཆོས་དབྱིངས་ཡོད་པ་ཙམ་མ་ཡིན་པ་འདི་འགྲུབ་སྟེ། །ཡོད་པ་ཙམ་ལ་དོན་བྱེད་ནུས་པས་ཁྱབ་ཅིང་ཆོས་དབྱིངས་ལ་བྱ་བྱེད་མེད་པའི་ཕྱིར་རོ། །ཆོས་ཀྱི་དབྱིངས་ལ་བྱ་བྱེད་མེད་དེ། ཆོས་དབྱིངས་དེ་ནི་སྤྲོས་བྲལ་ཡིན་པའི་ཕྱིར་རོ། །རིགས་པ་གཞན་ཡང་གོང་གི་ཡོད་པའི་དགེ་བ་ནི། །ཆོས་ཉིད་ཡིན་ན་འགྲོ་ཀུན་གྱི། །དགེ་བ་ཞེས་བྱ་བ་དམིགས་ཀྱི་བསལ་བ་སྨོས་ཅི་དགོས། ། བེམ་པོ་དང་ནི་དངོས་མེད་དང་། །འཕགས་པའི་ཆོས་ཉིད་ཀྱང་ཅེས་མི་བསྔོ་སྟེ་དེ་དག་ཀྱང་ཆོས་དབྱིངས་ཡིན་ལ༑ ཆོས་དབྱིངས་ཐམས་ཅད་བསྔོ་རྒྱུ་ཡིན་པའི་ཕྱིར་རོ། །ཆོས་དབྱིངས་ཡོད་དགེར་འདོད་པའི་ལོག་རྟོག་བཀག་པ་དེས་ན་རྡོ་རྗེ་རྒྱལ་མཚན་གྱི་བསྔོ་བའི་གཞུང་དེའི་དགོངས་པ་ནི། དཔེ་དང་ལུང་གིས་ལེགས་པར་བཤད་ཀྱིས་འདི་ལྟར་ཟུང་། །འགྲོ་བ་སེམས་ཅན་ཀུན་གྱིས་བྱས་པ་ཡི། །དགེ་བ་མཐའ་ཡས་པ་ཇི་སྙེད་ཡོད་པ་ཞེས། །བྱ་བའི་སྒྲ་ནི་སྤྱིར་བསྟན་ཡིན། །སྔར་བྱས་པ་དང་མ་འོངས་པ་ན་བྱེད་པར་འགྱུར་བ་དང་། ད་ལྟ་བྱེད་བཞིན་པ་ཞེས། །དུས་གསུམ་དུ་དབྱེ་བ་དམིགས་བསལ་ཡིན། །ཡང་ན་འགྲོ་བ་གཞན་གྱིས་བྱས་པ་ཡི། །དགེ་བ་ཇི་སྙེད་ཡོད་པ་དང་། །རྡོ་རྗེ་རྒྱལ་མཚན་རང་ཉིད་ཀྱིས། །བྱས་པ་དང་བྱེད་པར་འགྱུར་བ་དང་ད་ལྟ་བྱེད་པ་ཞེས།།བཤད་ཀྱང་མདོ་དང་འགལ་བ་མེད་པར་དོན་ལ་འཁྱོར་རོ། །ཡང་ན་ཚིག་རྐང་དང་པོས་མདོར་བསྟན་གཉིས་པས་དུས་གསུམ་དུ་དབྱེ་སྟེ་རྒྱས་བཤད་དོ། །

དཔེར་ན་འགྲོ་བ་ཀུན་གྱི་སྡིག །ཇི་སྙེད་ཡོད་པ་བྱས་པ་དང་། །བྱ་འགྱུར་དེ་བཞིན་བྱེད་པ་རྣམས། །རྒྱལ་བའི་མདུན་དུ་བཤགས་པར་བགྱི། །ཅེས་བྱའི་ཚིག་དང་མཚུངས་པ་ཡིན། །བཤགས་རྒྱུའི་སྡིག་པ་འདི་ལའང་དུས་གསུམ་ལས་གཞན་པའི། །ཡོད་པའི་སྡིག་པ་གང་ཡང་མེད་པ། །དེ་བཞིན་དུ་བསྔོ་རྒྱུའི་དགེ་རྩ་ལ་ཡང་དུས་གསུམ་ལས་གཞན་པའི་རྩོལ་བས་བསྒྲུབས་པ་དེ་ལ། །ཡོད་པའི་དགེ་བ་སྲིད་པ་མ་ཡིན་ནོ། །འདི་ནི་དགེ་སྡིག་གཉིས་ཀ་སྐྱེས་བུས་རྩོལ་བས་བསྒྲུབ་པར་མཚུངས་པར་སྟོན་པའི་ཆེད་དུ་ཡིན་གྱི། བཤགས་པ་བྱེད་ཚུལ་འདི་ལྟར་ཡོད་པ་ནི་མིན་ཏེ། བཤགས་པ་རྣམ་དག་ལ་ཕྱིན་ཆད་སྡིག་པ་མི་བྱེད་པའི་སྡོམ་སེམས་དགོས་པས་སོ། །རྡོ་

རྡོ་རྗེ་རྒྱལ་མཚན་གྱི་བསྔོ་བའི་མདོ་ཉིད་ལས་ཀྱང་། །ཡོད་པའི་དགེ་བ་ཞེས་བྱ་བ་ནི་རྒྱུ་རྐྱེན་གྱིས་བསྒྲུབ་པར་གསུངས་པ་ཡིན་ཏེ། རྡོ་རྗེ་རྒྱལ་མཚན་གྱི་བསྔོ་བ་ལས། །ཕྱོགས་བཅུའི་འཇིག་རྟེན་ཁམས་ན་ཡོད་པ་ཡི། །དགེ་བ་དེ་དག་ཡང་དག་བསྒྲུབས་པས་ན། །འགྲོ་བ་ཀུན་ལ་ཕན་དང་བདེ་སེམས་ཀྱིས། །ཡི་ཤེས་མཁས་པ་དེ་དག་ཡོངས་སུ་བསྔོ། །ཞེས་གསུངས་པའི་ཕྱིར་རོ། །ཆོས་དབྱིངས་མདོ་ལས་བཤད་པའི་ཡོད་པའི་དགེ་བར་བྱས་ནས་ནི། །དེ་ལ་བསྔོ་བའི་རྒྱུར་བྱེད་ན། །ཆོས་དབྱིངས་དེ་བསྔོ་བས་གཞན་དུ་འགྱུར་རམ་མི་འགྱུར། འགྱུར་ན་ཆོས་དབྱིངས་དེ་འདུས་བྱས་སུ་འགྱུར་ཏེ། རྐྱེན་གྱིས་གཞན་དུ་འགྱུར་བ་ནི་འདུས་བྱས་ཀྱི་དོན་ཡིན་པས་སོ། །མི་འགྱུར་ན་ཆོས་དབྱིངས་བསྔོ་རྒྱུར་བྱས་པའི་བསྔོ་བ་དེ་དོན་མེད་ཡིན་ཏེ། བསྔོས་ཀྱང་བསྔོ་རྒྱུའི་དགེ་རྩ་གཞན་དུ་མི་འགྱུར་བའི་ཕྱིར་རོ། །མདོ་སྡེ་རྣམས་ལས་ཆོས་ཀྱི་དབྱིངས། །འཕེལ་འགྲིབ་མེད་ཅིང་འགྱུར་བ་མེད་པ་ཉིད་ཅེས་རྒྱལ་བས་གསུངས། ཇི་ལྟར་ན་དེ་བཞིན་གཤེགས་པ་རྣམས་འཇིག་རྟེན་དུ་བྱོན་ཡང་རུང་། མ་བྱོན་ཡང་རུང་། ཆོས་རྣམས་ཀྱི་ཆོས་ཉིད་འདི་ནི་གནས་པ་ཡིན་ནོ། །ཞེས་དང་། ཤེས་རབ་ཀྱི་ཕ་རོལ་ཏུ་ཕྱིན་པ་ནི། བསྟན་ཀྱང་མི་འཕེལ། མ་བསྟན་ཀྱང་མི་འགྲིབ་བོ། །གསུངས་སོ། །དེ་བཞིན་དུ། རྩ་བའི་ཤེས་རབ་ཉིད་ལས་ཀྱང་། །རང་བཞིན་ནམ་ཆོས་དབྱིངས་རྒྱུ་དང་རྐྱེན་ལས་ནི། །འབྱུང་བར་རིགས་པ་མ་ཡིན་ནོ། །གལ་ཏེ་འབྱུང་ན་རྒྱུ་དང་རྐྱེན་ལས་བྱུང་བ་ཡི། །རང་བཞིན་དེ་གློ་བུར་དུ་བྱས་པ་ཅན་དུ་འགྱུར། །རང་བཞིན་བྱས་པ་ཅན་ཞེས་བྱ་བར། །ཇི་ལྟ་བུར་ན་རུང་བར་འགྱུར། །རང་བཞིན་དག་ནི་ངོ་བོ་བཅོས་མིན་དང་། །རྒྱུ་རྐྱེན་གཞན་ལ་ལྟོས་པ་མེད་པ་ཡིན། །ཞེས་གསུངས་པས་རང་བཞིན་བསྔོ་བས་བསྒྱུར་དུ་མི་རུང་ངོ་། །གཞན་ཡང་དེ་ཉིད་ལས། །གལ་ཏེ་ཆོས་གང་རང་བཞིན་གྱིས་ཡོད་ན། །དེ་ནི་ཕྱིས་མེད་པ་ཉིད་དུ་མི་འགྱུར་རོ། །དེའི་རྒྱུ་མཚན་རང་བཞིན་གྱིས་ཡོད་པ་ཕྱིས་གཞན་དུ་འགྱུར་བ་ནི། །ནམ་ཡང་འཐད་པ་མ་ཡིན་ནོ། །དེས་ན་རང་བཞིན་བསྔོ་རྒྱུར་མི་རུང་ངོ་།། ཞེས་གསུངས་པ་དེ་ལ་སོགས་པའི་ལུང་རིགས་སྔར་བཤད་པ་རྣམས་ཀྱིས། །ཆོས་དབྱིངས་དགེ་བ་མིན་པར་གསུངས་ཤིང་། དགེ་བ་ཡིན་པ་ལ་གནོད་བྱེད་བསྟན་པ་ཡིན་ནོ། །ཁོ་ན་རེ། གལ་ཏེ་ཆོས་ཉིད་དེ་བཞིན་ཉིད། །བསྔོ་བར་བྱ་རྒྱུའི་དགེ་བ་མ་ཡིན་མོད། འོན་ཀྱང་བྱང་ཆུབ་སེམས་དཔའི་བློ་སྦྱོང་བ་ལ་འདུན་པས་བསྒྱུར་ཏེ་སེམས་ཅན་གྱི་ཆོས་ཉིད་སངས་རྒྱས་ཐོབ་པའི་རྒྱུའི་གྱུར་ཅིག་སྙམ་དུ། བསྔོས་ཀྱང་ཉེས་པ་མེད་དོ་སྙམ་ན། དེ་ལྟར་བྱས་ན་ཉེས་པ་མེད་པ་མ་ཡིན་འདི་ལ་ཉེས་པ་ཡོད་པ་ཡིན་ཏེ། ཆོས་ཉིད་ལ་ཡོད་པར་ཞེན་པའི་དམིགས་པའི་འདུ་ཤེས་ཡོད་པའི་ཕྱིར་ན། བསྔོ་བ་དེ་དུག་དང་བཅས་པར་འགྱུར་རོ། །གལ་ཏེ་འདི་འདྲའི་ཆོས་ཉིད་བསྔོ་རྒྱུར་བྱས་པའི་བསྔོ་བ་བྱས་པར་གྱུར་ན། དཔེར་ན་སྦྲུལ་པ་སྨྲ་ཅན་ཞིག་སྦྲུལ་ཚང་དུ་ཡོད་ན། དེའི་སྨྲ་རུལ་བ་

དེས་ཐམས་ཅད་ལ་རིམ་གྱིས་མཆེད་ནས། སྤྲལ་པ་ཐམས་ཅད་རྡུལ་བར་འགྱུར་བ་**ཇི**་ལྟ་བ་**བཞིན་དུ།** ལུས་ངག་གི་དགེ་རྩ་བསྔོ་རྒྱུར་བྱས་པའི་**བསྔོ་བ**་ལ་དམིགས་པའི་དུག་གཅིག་ཞུགས་ན་དགེ་བ་གཞན་འདུས་བྱས་ཀྱི་དགེ་རྩ་བསྔོས་པ་**ཐམས་ཅད**་ཀྱང་དེས་དྲི་བ་ཅན་དུ་བྱས་ཏེ་**འཇིག་པར་འགྱུར**་བར་གསུང་། དེས་ན་བློ་སྦྱོང་དུ་ཡང་མི་རུང་ངོ་། །བསྔོ་བའི་རྣམ་པ་བསྔོ་རྒྱུ། བསྔོ་བ་པོ། གང་དུ་བསྔོ་བའི་ཡུལ་གསུམ་པོ་**ཆོས་ཉིད་སྤྲོས**་པ་དང་**བྲལ**་བའི་རང་བཞིན་དུ་ཤེས་པའི་**ངང་ནས་ནི།** །སྤྱིན་སོགས་བསྔོ་རྒྱུའི་**དགེ་བ་ཇི་སྙེད**་དུས་གསུམ་དུ་རང་བཞིན་གྱིས་**བྱས་པ་རྣམས།** །དགོས་ཆེད་དོན་དུ་གཉེར་བྱ་བཞིན་**འགྲུབ་བམ་གལ་ཏེ་མི་འགྲུབ་ཀྱང་རུང་། །འགྲོ་བའི་དོན་དུ་བསྔོ**་བར་**བྱེད་ན།**ཀུན་སློང་བྱང་སེམས་དང་ལྟ་བ་སྤྲོས་བྲལ་ལ་བློ་བཞག་པའི་ཤེས་རབ་ཀྱིས་ཟིན་པའི་བསྔོ་བ་དེ་ནི། **བྱང་ཆུབ་སེམས་དཔའི་བློ་སྦྱོང**་དུ་འགྱུར་བའི་བསྔོ་བ་རྣམ་དག་**ཡིན**་ནོ། །**ཆོས་ཉིད་བསྔོ་རྒྱུར་བྱེད་ན**་དེའི་བསྔོ་བ་**ནི། །བློ་སྦྱོང་དུ་ཡང་མི་རུང་ངོ་། །དེ་ཡི་རྒྱུ་མཚན**་འོག་ནས་འཆད་པ་**འདི་ལྟར་ཡིན། །ཆོས་དབྱིངས**་དགེ་སྡིག་གི་**སྤྲོས**་པ་**དང་བྲལ་བ་ལ།** །སྤྲོས་བཅས་**དགེ་བར་བྱེད་ན་དམིགས་པར་འགྱུར**་ཏེ། དགེ་སྡིག་ལུང་མ་བསྟན་གསུམ་ག་ལས་ཡིན་ལ་ལས་བློ་ཡུལ་དུ་འགྱུར་ཞིང་བློའི་ཡུལ་དུ་བྱས་ན་དམིགས་པར་འགྱུར་བའི་ཕྱིར་རོ། །**དམིགས་དང་བཅས་པའི་འདུ་ཤེས་ཀྱིས།** །ཡོངས་སུ་བཟུང་བའི་**བསྔོ་བ་དུག་དང་བཅས་པར་གསུངས།** །**དཔེར་ན་དུག་དང་བཅས་པ་ཡི། །ཁ་ཟས་བཟང་པོ་ཟ་བ་ལྟར། །དཀར་པོའི་ཆོས་ལ་དམིགས་པ་ཡང་། །དཔེ་དེ་དང་འདྲ་བར་རྒྱལ་བས་གསུངས**་ཏེ། སྡུད་པ་ལས། གལ་ཏེ་མཚན་མར་བྱེད་ན་ཡོངས་སུ་བསྔོ་མ་ཡིན། ཅི་སྟེ་མཚན་མ་མེད་ན་བྱང་ཆུབ་བསྔོ་བ་ཡིན། ཇི་ལྟར་དུག་དང་འདྲེས་པའི་ཁ་ཟས་བཟང་ཟ་བ། དཀར་པོའི་ཆོས་ལ་དམིགས་པའང་དེ་འདྲར་རྒྱལ་བས་གསུངས། ཞེས་གསུངས་སོ། །**མངོན་པར་རྟོགས་པའི་རྒྱན་ལས་ཀྱང་། །ཡོངས་སུ་བསྔོ་བ**་ནི་ཉན་རང་ལས་**ཁྱད་པར**་དུ་འཕགས་པ་**ཅན།** །བསྔོ་བ་**དེ་ཡི་བྱེད་པ**་རང་བཞན་གཉིས་ཀའི་དོན་བྱེད་པས་**མཆོག་ཡིན་ནོ།** །བསྔོ་བ་**དེ་ནི**་འཁོར་གསུམ་**དམིགས་མེད**་རྟོགས་པའི་**རྣམ་པ་ཅན།** །མཐར་འཛིན་གྱིས་**ཕྱིན་ཅི་མ་ལོག**་པའི་**མཚན་ཉིད**་ཡོད་**དོ། །ཞེས་གསུངས**་གཞན་ཡང་**མདོ་རྒྱུད་ཐམས་ཅད་མཐུན**་པར་དམིགས་པ་ཡོད་བསྔོ་བ་ཐམས་ཅད་ཕྱིན་ཅི་ལོག་ཏུ་གསུངས་སོ། །ལུགས་**གང་དག་དམིགས་པ་མེད་པ་ཡི། །ཆོས་ཀྱི་དབྱིངས་ལའང་ཡོད་པ་ཡི། །དགེ་བ**་**ཡིན་ཞེས་དམིགས**་པར་**བྱེད་པ། །དེ་ཡིས**་བཟང་ངན་བདེ་སྡུག་སོགས་**ཆོས་ཅན་གཞན་དག་ལ། །དམིགས་པར་འགྱུར་བ་ལྟ་ཅི་སྨོས**་ཆོས་ཅན་གྱི་རྟེན་ཆོས་ཉིད་ལ་དམིགས་པའི་ཕྱིར། དེ་གཉིས་རྟེན་དང་བརྟེན་པ་ཡིན་པའི་ཕྱིར། དཔེར་ན་**བྱི་བས**་སྐམ་འཕུར་བརྒྱུས་པའི་**དབྱུག་པའང་ཟོས་པར་གྱུར་ན། །སྐམ་འཕུར་ཟོས**་པ་**ལྟ་སྨོས**་ཀྱང་**ཅི་དགོས**་པ་

བཞིན་ནོ། །ཆོས་དབྱིངས་དགེ་བར་འདོད་པ་ལ་གནོད་བྱེད་གཞན་ཡང་འགྲོ་ཀུན་དགེ་བ་ཇི་སྙེད་ཡོད་པ་དང་། །ཞེས་པ་ཆོས་ཉིད་དེ་བཞིན་ཉིད། །བསྔོ་བའི་ཡུལ་དུ་བྱེད་ནས་གཞན་དུ་འགྱུར་བ་ཁས་བླངས་པ་དང་། །འོག་ཏུ་ཆོས་ཉིད་མི་འགྱུར་བདེན་པའི་བྱིན་རླབས་དང་ཞེས། །ཟེར་བ་ཆོས་ཉིད་མི་འགྱུར་བར་བསྟན་པ་གཉིས་གོང་འོག་འགལ་བ་ཡིན། །གནོད་བྱེད་མཐའ་ཡས་པ་དེས་ན་ཚིག་དོན་དང་སྔ་ཕྱི་འགལ་མི་འགལ་སོགས་ལེགས་པར་སེམས་ལ་སློས་ཤིག བདེ་གཤེགས་སྙིང་པོ་རང་གི་ངོ་བོ་ནི་ཐོག་མ་མེད་པའི་དུས་ནས་སངས་རྒྱས་ཀྱི་སའི་བར་དུ་རྒྱུན་མ་ཆད་པ་དགེ་མི་དགེ་ལ་སོགས་པའི་རིས་སམ་ཕྱོགས་སུ་མ་ཆད་པ། ཐབས་ཀྱིས་ཟིན་མ་ཟིན་གྱི་བྱེ་བྲག་གིས་འཆིང་གྲོལ་ཀུན་གྱི་གཞིར་གྱུར་པ། ཐབས་ཀུན་རྫོབ་ཀྱི་མཚན་ཉིད་གསལ་ཙམ་མ་དགག་པ་དེ་དོན་དམ་དཔྱོད་བྱེད་ཀྱི་རིགས་པས་རང་གི་ངོ་བོ་བརྟགས་ན། ཡོད་མེད་དང་རྟག་ཆད་ལ་སོགས་མཐའ་གང་དུའང་མ་གྲུབ་པའི་སྤྲོས་བྲལ་ལས་མ་འདས་པའི་གསལ་སྟོང་ཟུང་འཇུག་གམ། རིག་སྟོང་ཟུང་འཇུག་འདི་ཉིད་ཡིན་པ་ལ། བོད་ལ་ལ་བདེ་གཤེགས་སྙིང་པོའི་སྒྲ། །ཆོས་ཀྱི་དབྱིངས་ཟུང་འཇུག་ལ་མི་ཟེར་བར། །དེ་ལ་ལས་གཞན་པའི་སེམས་ཅན་ཁོ་ནའི་ཁམས་ལ་འཇུག་པར་འདོད་ཅེང་། འདི་ཉིད་འགྲོ་ཀུན་དགེ་བ་སོགས་ཀྱིས་བསྟན་པའི་བསྔོ་རྒྱུའི་དགེ་བ་ཡིན་ཞེས་ཟེར་རོ། །སེམས་ཅན་གྱི་ཁམས་དེ་གང་ཡིན་བརྟག་པར་བྱ་སྟེ། །ཁམས་དེ་དངོས་པོའམ་དངོས་མེད་དམ། །དེ་གཉིས་ཀ་གང་ཡང་མིན་པའི་སྤྲོས་བྲལ་ཡིན་སྨྲ་དགོས་ཏེ། །རྣམ་པ་གསུམ་གང་རུང་ལས་གཞན་པའི་ཆོས་མི་སྲིད་པའི་ཕྱིར་རོ། །དངོས་པོ་ཡིན་ན་བེམ་པོ་དང་། །རིག་པ་གཉིས་སུ་ཁ་ཚོན་ཆོད། །བེམ་པོ་སེམས་ཅན་ཁམས་ཉིད་དུ། །འདོད་པ་རྒྱང་འཕེན་ལ་སོགས་འབྱུང་བ་དང་གྲུབ་སྡེ་རྫས་གཅིག་པའི་རྣམ་ཤེས་ཡོད་པར་འདོད་པ་དང་། གཅེར་བུ་པ་ཤིང་སེམས་ལྡན་དུ་འདོད་པ་སོགས་མུ་སྟེགས་འགའ་ཡི་ལུགས། །ཡིན་གྱི་སངས་རྒྱས་པ་ལ་མེད། །རིག་པ་ཡིན་ན་རྣམ་ཤེས་ཀྱི། །ཚོགས་བརྒྱད་གང་རུང་འཁོར་དང་བཅས་པ་གང་རུང་ཉིད་ལས་འདའ་བ་མེད། །ཡང་ན་བདེ་གཤེགས་སྙིང་པོ་ཤེས་པར་འདོད་ན་སེམས་བྱུང་དུ་འདོད་པ་ནི་མི་འཐད་པས་བརྒྱད་པོ་གང་རུང་དུ་འདོད་དགོས་སོ་ཞེས་པའོ། །ཚོགས་བརྒྱད་འདུས་བྱས་ཡིན་པའི་ཕྱིར། །བདེ་གཤེགས་སྙིང་པོར་མི་འཐད་དེ། །དཔལ་འཕྲེང་གི་མདོ་ལས་བདེ་གཤེགས་སྙིང་པོ་ནི། འདུས་བྱས་ཀྱི་མཚན་ཉིད་ཀྱི་ཡུལ་ལས་འདས་པའི་།འདུས་མ་བྱས་སུ་གསུངས་པའི་ཕྱིར་རོ། །གཞུང་འགའ་ལས་ཟག་མེད་ཀྱི་སེམས་རྒྱུད་ལ་བདེ་གཤེགས་སྙིང་པོ་ཉིད་ཅེས། །གསུངས་པ་ཀུན་གཞིའི་རྣམ་ཤེས་ཀྱི། །གསལ་ཆ་ཉིད་ལ་དགོངས་པ་ཡིན་པས། །གསལ་ཆ་དེ་ནི་མ་བསྒྲིབས་ལུང་མ་བསྟན། །ཡིན་པའི་ཕྱིར་དགེ་བའི་ཐ་སྙད་མེད་པས། བསྔོ་རྒྱུའི་དགེ་བར་འདོད་པ་དང་འགལ་ལོ། །འོན་ཏེ་ཟག་མེད་སེམས་རྒྱུད་

ཅེས་པ། །ཀུན་གཞིའི་རྣམ་ཤེས་མ་ཡིན་པར་ཚོགས་བརྒྱད་ལས་གཞན་དུ་རྣམ་ཤེས་ཡོད་ན་ནི། །རིགས་པ་ལ་དབྱེ་བ་དེ་ཚེ་རྣམ་ཤེས་ཚོགས་དགུར་འགྱུར། །དེས་ན་ཚོགས་བརྒྱད་ལས་གཞན་པའི། །ཟག་མེད་སེམས་རྒྱུད་ཅེས་པ་ལོགས་སུ་མི་འཐད་དོ། །མཐའ་གཉིས་པ་ལྟར་དངོས་མེད་ཡིན་ན་དོན་བྱེད་མེད་པས། །དེ་ལ་དགེ་སྡིག་འཐད་པ་མ་ཡིན་པས་བསྔོ་རྒྱུའི་དགེ་བར་འདོད་པ་དང་འགལ་ལོ། །གལ་ཏེ་སེམས་ཅན་གྱི་ཁམས་དང་དངོས་པོ་དང་། །དངོས་མེད་གཉིས་ཀ་མ་ཡིན་པར། །སྤྲོས་བྲལ་ཡིན་ན་སྔར་ཀླུ་སྒྲུབ་ཀྱི་ལུང་དྲངས་ནས་བཤད་པའི། ཡོད་མེད་ལས་འདས་པའི།ཆོས་ཀྱི་དབྱིངས་དེ་ལས་འདའ་བ་མེད། །དེ་ལྟ་ཡིན་ན་ཆོས་ཀྱི་དབྱིངས། །དགེ་སྡིག་མེད་པར་བཤད་ཟིན་ཏོ། །གལ་ཏེ་ཐེམ་པོའི་ཆོས་ཀྱི་དབྱིངས།བསྔོ་རྒྱུའི་དགེ་བར་གྱུར་པའི་བདེ་གཤེགས་སྙིང་པོ་མ་ཡིན་ཡང་། །སེམས་ཅན་རྣམས་ཀྱི་སེམས་ཀྱི་ཆོས་ཀྱི་དབྱིངས་ནི། །བསྔོ་རྒྱུའི་གྱུར་པའི་བདེ་གཤེགས་སྙིང་པོ་ཡིན་སྙམ་ན། །མ་ཡིན་ཏེ་ཆོས་ཀྱི་དབྱིངས་ལ་ནི། །སྙིང་པོ་ཡིན་མིན་གྱི་དབྱེ་བ་ཡོད་ན། ངོ་བོ་མི་འདྲ་བའི་དབྱེ་བ་ཡོད་དགོས་པ་ལས། དེ་ནི་མེད་པར་རྒྱལ་བས་འབུམ་ལས་མང་དུ་གསུངས་ཤིང་། །རིགས་པས་ཀྱང་ནི་ཆོས་དབྱིངས་ལ་རིགས་མི་འདྲ་བའི་དབྱེ་བ་མེད་པ་འདི་འགྲུབ་བོ། །དེ་ཡང་ངོ་བོའི་སྒོ་ནས་དབྱེ་བ་མེད་པ་ཡིན་གྱི། ཆོས་ཅན་གྱི་སྒོ་ནས་སྟོང་ཉིད་བཞི་དང་བཅུ་དྲུག་དང་། ཉི་ཤུར་དབྱེ་བ་དང་རྟེན་ཆོས་བསྒྲུབ་པའི་སྒོ་ནས་གསུམ་དང་། བཅུ་གསུམ་དུ་དབྱེ་བ་ཡང་ཡོད་དོ། །

རྒྱུ་མཚན་དེས་ན་རྒྱུ་དུས་ཀྱི་དེ་བཞིན་གཤེགས་པ་ཡི། །སྙིང་པོ་སྤྲོས་བྲལ་ཟུང་འཇུག་ལ་འཇོག་པ་ཡིན་པའི་ཕྱིར། །སེམས་ཅན་རྣམས་ལ་ཐབས་ཀྱིས་ཟིན་ན་སངས་རྒྱས་དང་། །མ་ཟིན་ན་འཁོར་བ་གཉིས་ཀ་འབྱུང་བ་འཐད་པ་ཡིན་ཏེ། །འཕགས་པ་ཀླུ་སྒྲུབ་འགྲོ་བའི་སློབ་པ་ཉིད་ཀྱིས། །ལུགས་གང་ལ་ཆོས་ཐམས་ཅད་བདེན་པས་སྟོང་པ་ཉིད་རུང་བ། །དེ་ལ་དགེ་སྡིག་དང་། བདེན་བཞི་དང་། འཁོར་འདས་དང་། ཞུགས་འབྲས་ལ་སོགས་པའི་རྣམ་བཞག་ཐམས་ཅད་རུང་བ་ཡིན་ལ། །གང་ལ་ཆོས་ཐམས་ཅད་བདེན་སྟོང་ཉིད་དུ་མི་རུང་བ། །དེ་ལ་སྔར་སྨོས་པ་ཐམས་ཅད་རུང་བ་མ་ཡིན། །ཞེས་གསུངས་པའང་དོན་སེམས་བདེན་པར་མ་གྲུབ་པས་འཆིང་གྲོལ་རུང་བ་འདི་ཉིད་ཡིན། །ཐེག་པ་ཆེན་པོ་རྒྱུད་བླ་མར། །སེམས་ཅན་ལ་བདེ་བར་གཤེགས་པའི་ཁམས་སེམས་ཀྱི་རང་བཞིན་སྤྲོས་བྲལ་ཡོད་པའི་སྐྱབ་བྱེད་ནི། །གལ་ཏེ་སེམས་ཅན་ལ་བདེ་གཤེགས་ཀྱི་ཁམས་མེད་ན། །སེམས་ཅན་སྡུག་བསྔལ་ལ་སྐྱོ་བར་མི་འགྱུར་ཞིང་། །མྱ་ངན་ལས་འདས་པ་ལ་བློ་ཕྱོགས་པའི་འདོད་པ་དང་། །ཐར་པ་ཐོབ་པའི་ཐབས་འཚོལ་བའི་དོན་གཉེར་དང་། ཐར་བ་ལ་སེམས་མངོན་པར་འདུ་བྱེད་པའི་སྨོན་པའང་མེད་པར་འགྱུར་རོ། །ཞེས་གསུངས་པ་ཡང་འདི་ཉིད་དེ། །ལུང་དེའི་དོན་ཟག་བཅས་ཉེ་བར

ལེན་པའི་ཕུང་པོ་ལྔ། །སྡུག་བསྔལ་བ་ཡིན་ཞིང་དེ་སྤངས་པའི་**མྱ་ངན་ལས། །འདས་པ་བདེ་བ་ཡིན་པས་ན། །**རིགས་སད་ཚེ་སེམས་ཅན་གྱི་རྒྱུད་ལ་སྡུག་བསྔལ་སྤོང་འདོད་དང་། མྱང་འདས་ལ་དོན་གཉེར་འབྱུང་བ་འདི་ཡང་**སེམས་ནི་རང་གི་གནས་སུ་སྙེག**་པ་ཡིན་**པའི་ཕྱིར། །**དཔེར་ན་མེའི་རང་བཞིན་ཚ་བ་ཡིན་པའི་གནད་ཀྱིས་**མེ་**ཡོད་པ་**ཡི་སྒྲུབ་བྱེད་ཚབ་**བཀོད་པ་**ལྟར།** བྱ་ཚང་དུ་སྙེག ཆུ་ཐུར་དུ་འབབ། སེམས་མཐར་སྟོང་པ་ཉིད་ལ་དགའ་བ་ཆོས་ཉིད་དང་གནས་པ་ཡིན་པས། །སེམས་ཅན་ལ་**བདེ་གཤེགས་**ཀྱི་**ཁམས་**སེམས་**ཀྱི་**རང་བཞིན་སྤྲོས་བྲལ་ཡོད་པའི་**སྒྲུབ་བྱེད་དུ་འཐད་**དོ། །འདིར་ངག་ཆོས་ཀྱི་འདི་ལ་རང་མཚན་ལས་བྱ་ཚང་དུ་སྙེག་བཞིན་ཞེས་པའི་དཔེ་ལྟར་ན་སེམས་ཅན་གྱི་རྒྱུད་ལ་སོགས་གོང་བཞིན་འགྲེལ་བར་གསུངས་པས་མཚན་འདི་རང་མཚན་ཡིན་པར་ངེས་སོ། །སེམས་ཀྱི་རང་བཞིན་སྤྲོས་བྲལ་སྙིང་པོ་ཡིན་པ། **།འདི་དོན་རྒྱས་པར་བརྒྱད་སྟོང་པའི། །ཆོས་འཕགས་ཀྱི་ནི་ལེའུར་ལྟོས།** སེམས་ཀྱི་རང་བཞིན་སྤྲོས་བྲལ་ལས་གཞན་པའི་བདེ་གཤེགས་སྙིང་པོ་མེད་ལ། **།འོན་ཀྱང་**དེ་བཞིན་གཤེགས་པའི་སྙིང་པོའི་མདོ་དང་། དཔལ་ཕྲེང་སེང་གེའི་སྒྲ་དང་། གཟུགས་ཀྱི་དབང་ཕྱུག་རྒྱལ་པོ་ལ་སོགས་པ། **མདོ་སྡེ་འགའ་ཞིག་དང་། །ཐེག་པ་ཆེན་པོ་རྒྱུད་བླ་མར། །གོས་ངན་གྱི་ནང་ན་རིན་ཆེན་**གསེར་གྱི་སྐུ་གཟུགས་ཡོད་པ་**ལྟར། །སེམས་ཅན་རྣམས་ལ་**སྟོབས་སོགས་ཡོན་ཏན་རང་ཆས་སུ་ལྡན་ཞིང་། མཚན་དཔེས་བརྒྱན་པའི་**སངས་རྒྱས་ཀྱི། །སྙིང་པོ་ཡོད་པར་གསུངས་པ་ནི།** སྒྲ་ཇི་བཞིན་དུ་ཁས་མི་ལེན་ཏེ། །དྲང་དོན་**དགོངས་པ་**ཅན་**ཡིན་པར་ཤེས་པར་བྱ།** ཇི་ལྟར་ན། **དེ་ཡི་དགོངས་གཞི་**སེམས་ཀྱི་ཆོས་ཉིད་སྤྲོས་བྲལ་**སྟོང་པ་ཉིད་**སྐྱེ་འགག་དང་བྲལ་བ་རང་བཞིན་གྱིས་རྣམ་པར་དག་པ་སེམས་ཅན་ཐམས་ཅད་ཀྱི་རྒྱུད་ལ་ཡོད་པ་ལ་དགོངས་པ་**ཡིན། །དགོས་པ་སྐྱོན་ལྔ་སྤང་ཕྱིར་གསུངས་**ཏེ། །སྤྲིན་དང་ཉོན་མོངས། རྨི་ལམ་ལས་ཀྱི་ལམ། སྒྱུ་བཞིན་དེ་དང་དེར། །རྣམ་སྨིན་གྱི་ཕུང་པོ། ཤེས་བྱ་ཐམས་ཅད་རྣམ་ཀུན་སྟོང་པ་ཞེས། གསུངས་ནས་རྒྱལ་རྣམས་ཡང་འདིར་སེམས་ཅན་ལ། སངས་རྒྱས་སྙིང་པོ་ཡོད་ཅེས་ཅི་སྟེ་གསུངས། །སེམས་ཞུམ་སེམས་ཅན་དམན་ལ་བརྙས་པ་དང་། །ཡང་དག་མིན་འཛིན་ཡང་དག་ཆོས་ལ་སྐུར། །བདག་ཆགས་ལྷག་པའི་སྐྱོན་ལྔ་གང་དག་ལ། ཡོད་པ་དེ་དག་དེ་སྤོང་དོན་དུ་གསུངས། །ཞེས་གསུངས་པ་ལྟར་རོ། **།དངོས་ལ་གནོད་བྱེད་**ཀྱི་**ཚད་མ་ནི། །**སེམས་ཅན་ལ་སྟོབས་སོགས་ཡོན་ཏན་དང་མཚན་དཔེས་བརྒྱན་པ་**དེ་འདྲའི་སངས་རྒྱས་**ཀྱི་**ཁམས་ཡོད་ན། །མུ་སྟེགས་**གྲངས་ཅན་པ་ཤེས་རིག་ཀུན་ལ་ཁྱབ་པའི་རྟག་པ་གཅིག་པུ་དང་། དབང་ཕྱུག་པ་གསལ་ལ་དྭངས་པའི་རྟག་པ་གཅིག་པུ་དང་། ཁྱབ་འཇུག་པ་ཀུན་ཁྱབ་ཀྱི་བློ་གཅིག་པུ་དང་། གཅེར་བུ་པ་རང་བཞིན་རྟག་ལ་གནས་སྐབས་མི་རྟག་པ་རང་གི་ལུས་ཀྱི་ཚད་ཙམ་དང་། རིག་པ་ཅན་པ་དཀར་ལ་འཆེར་

བ་སྐུམ་ལ་འདྲིལ་བ། རྡུལ་ཕྲན་ཙམ་ཞིག་རང་རང་གི་སྙིང་གི་དཀྱིལ་དུ་གནས་པར་འདོད་པ་ལ་སོགས་པའི་**བདག**་དེ་དག་**དང་མཚུངས་པ**ར་འགྱུར་བ་**དང་། །བདེན**་པར་གྲུབ་**པའི་དངོས་པོར**་ཐལ་བར་**འགྱུར**་བའི་**ཕྱིར་དང་། །ངེས་པའི་དོན་གྱི་མདོ་སྡེ**་རྣམས་ལས་ཆོས་ཐམས་ཅད་སྟོང་ཉིད་དུ་གསུངས་པ་**དང་། །རྣམ་པ་ཀུན་ཏུ་འགལ**་བའི་**ཕྱིར་རོ། །**པཎ་ཆེན་གྱིས་སེམས་ཅན་ལ་སངས་རྒྱས་ཀྱི་སྙིང་པོ་ཡོད་པ་གཞུང་འདིས་དྲང་དོན་དུ་བསྟན་ཞེར། འདིར་དཔེ་བདུན་པ་ཉིད་སློས་པ་ནི་ལང་གཤེགས་ནས་དཔེ་དེ་གཅིག་པུ་གསུངས་པ་དངོས་སུ་སློས་ནས་རྒྱུད་བླའི་དཔེ་དགུ་ཆར་མཚོན་པའོ། །དེས་ན་དཔེ་དགུས་མཚོན་པ་དཔེ་ལྟར་རྟེན་དང་། བརྟེན་པའི་ཚུལ་གྱིས་ཡོད་པ་དྲང་དོན་ཡིན་པ་དང་། སྙིང་པོ་རང་གི་ངོ་བོ་ངེས་དོན་ཡིན་པར་ཤེས་པར་བྱའོ། །

སྟོབས་སོགས་ཀྱིས་བརྒྱན་པའི་བདེ་གཤེགས་སྙིང་པོ་སེམས་ཅན་ལ་ཡོད་པ་དྲང་དོན་ཡིན་པ། **།འདི་དོན་དེ་བཞིན་གཤེགས་པ་ཡི། །སྙིང་པོའི་ལེའུའི་མདོ་སྡེར་ལྟོས**་ཤིག་སྟེ། ལང་ཀར་གཤེགས་པའི་ལེའུ་གཉིས་པ་ན་ཡོད། བློ་གྲོས་ཆེན་པོ། དེ་བཞིན་གཤེགས་པ་དགྲ་བཅོམ་པ་ཡང་དག་པར་རྫོགས་པའི་སངས་རྒྱས་རྣམས་ནི་སྟོང་པ་ཉིད་དང་། ཡང་དག་པའི་མཐའ་དང་། མྱ་ངན་ལས་འདས་པ་དང་། མ་སྐྱེས་པ་དང་། མཚན་མ་མེད་པ་དང་། སྨོན་པ་མེད་པ་ལ་སོགས་པའི་ཚིག་གི་དོན་རྣམས་ལ། དེ་བཞིན་གཤེགས་པའི་སྙིང་པོར་བསྟན་པར་བྱས་ནས། བྱིས་པ་རྣམས་བདག་མེད་པས་འཇིགས་པར་འགྱུར་བའི་གནས་རྣམ་པར་སྤང་བའི་དོན་དུ། དེ་བཞིན་གཤེགས་པའི་སྙིང་པོའི་སྒོ་བསྟན་པས། རྣམ་པར་མི་རྟོག་པའི་གནས་སྣང་བ་མེད་པའི་སྤྱོད་ཡུལ་སྟོན་ཏེ། ཞེས་བྱ་བ་དང་། བློ་གྲོས་ཆེན་པོ་དེ་ལྟར་དེ་བཞིན་གཤེགས་པ་རྣམས་ཀྱིས་མུ་སྟེགས་བྱེད་བདག་ཏུ་ཞེན་པ་རྣམས་དྲང་བའི་ཕྱིར། དེ་བཞིན་གཤེགས་པའི་སྙིང་པོའི་སྒོ་བསྟན་པས། དེ་བཞིན་གཤེགས་པའི་སྙིང་པོ་སྟོན་ཏེ་ཞེས་བྱ་བ་ལ་སོགས་པ་རྒྱས་པར་གསུངས་སོ། **།སློབ་དཔོན་ཟླ་བ་གྲགས་པས་ཀྱང་། །དབུ་མ་ལ་ནི་འཇུག་པ**འི་འགྲེལ་བ་**ལས། །**དྲི་མ་དང་བཅས་པའི་གོས་ཀྱིས་ཡོངས་སུ་དཀྲིས་པའི་ནང་ན། མཚན་སོ་གཉིས་དང་ལྡན་པའི་**བདེ་གཤེགས་སྙིང་པོ**་ཡོད་པ་**དྲང་དོན་དུ། །གསུངས་པ་དེ་ཡང་ཤེས་པར་གྱིས**་ལ། སྒྲ་ཇི་བཞིན་དུ་ཞེན་པར་མི་བྱའོ། །འདུལ་བ་སྟོད་ལུགས་པ་དང་། བལ་པོའི་འདུལ་འཛིན་**འགའ་ཞིག་བསྔོ་བ**་བྱེད་**པའི་ཚེ་ན**་རིལ་བ་སྤྱི་བླུགས་ཀྱིས་**ཀླུ། །བསྐྲིང་བའི་ལག་ལེན་བྱེད**་པ་ཡོད་**ཅེས་གྲགས**་སོ། །ལག་ལེན་**འདི་ནི་མུ་སྟེགས་རིག་བྱེད་པའི། །ལུགས་ཡིན**་གྱི་ནང་པ་**སངས་རྒྱས་པ་ལ་མེད། །**སྐྱེས་རབས་ལས་ཐམས་ཅད་སྒྲོལ་གྱིས་གླང་པོ་ཆེ་སོགས་བྱིན་པ་ན་བྲམ་ཟེ་ལ་ཆུ་སྦྲིངས་པ་དེ་འང་མུ་སྟེགས་ཀྱི་བྲམ་ཟེ་ཡིན་པས་དེ་མགུ་བའི་ཕྱིར་ཡིན། **།དེས་ན**་ལག་ལེན་**གང་དང་གང་བྱེད་པ། །**ཐམས་ཅད་**སངས་རྒྱས**་ཀྱི་**གསུང་བཞིན**་དུ་**གུས་པས་བསྒྲུབ**་

པར་རིགས་སོ། །བསྔོ་རྒྱུའི་དགེ་རྩ་སྐྱེས་བུའི་རྩོལ་བས་གསར་དུ་བསགས་པ་དགོས་ན་བསྔོ་བ་རྣམ་དག་ལ་བསྔོ་བའི་འབྲས་བུ་ངེས་པར་འགྲུབ་པ་ཞིག་དགོས་སམ་སྙམ་ན། མ་ཡིན་ཏེ། །བསྔོ་བ་རྣམ་དག་དེ་ཡང་མདོར་བསྡུ་ན། །གནས་ཀྱི་བསྔོ་བ་དང་གནས་མ་ཡིན་པའི་བསྔོ་བ་དང་གཉིས་ཡོད་ཅིང་། །གནས་ཀྱི་བསྔོ་བ་འབྲས་བུ་འགྲུབ་ཏུ་རུང་བ་ཡིན་པར་གསུངས། །གནས་མིན་བསྔོས་ཀྱང་འབྲས་བུ་འགྲུབ་པར་མི་འགྱུར་བ་སྟེ། །བསྔོ་བ་འདི་དག་གཉིས་ཀ་རང་བཟོ་མ་ཡིན་ཏེ། མདོ་ལས་སོ་སོར་གསུངས་སོ། །མདོ་གང་ལས་གསུངས་ན་འཇམ་དཔལ་སངས་རྒྱས་ཀྱི་ཞིང་གི་བཀོད་པ་ལས་ནི། །ཀུན་རྫོབ་ཀྱི་ཆོས་རྣམས་ཐམས་ཅད་རྐྱེན་ཀུན་སློང་ལ་རག་ལས་པ་བཞིན་ཏེ། །འདུན་པའི་རྩ་བ་ལ་རབ་ཏུ་གནས་པས། །གང་ཟག་གང་གིས་འདུན་པ་དྲག་པོས་བསྔོ་བ་དང་། སྨོན་ལམ་ཅི་བཏབ་པ། །དེ་འདྲའི་འབྲས་བུ་འདོད་པ་བཞིན་འཐོབ་པར་འགྱུར་རོ། །ཞེས་གསུངས་པ་འདི་ནི་གནས་ཀྱི་བསྔོ་བ་ལ་དགོངས་པ་ཡིན། །དཀོན་མཆོག་བརྩེགས་པར་བུ་མོ་དྲི་མེད་བྱིན་གྱིས་ཞུས་པའི་མདོར། འཁོར་བའི་ཕྱི་མཐའ་མེད་པ་སོགས། །ཆོས་རྣམས་ཀྱི་རྟེན་འབྲེལ་གྱི་ཆོས་ཉིད་དུ་གྲུབ་པ་ནི་བསྔོ་བ་ཡིས། །མི་འགྱུར་གལ་ཏེ་འགྱུར་ན་ནི། །དང་པོའི་སངས་རྒྱས་གཅིག་ཉིད་ཀྱི། །བསྔོ་བ་དེ་ངང་ཅེས་མི་འགྲུབ། །ཅེས་གསུངས་པ་འདི་ནི་གནས་མིན་གྱི། །བསྔོ་བ་ཉིད་ལ་དགོངས་པ་ཡིན། །དེ་ཡང་དྲི་མེད་བྱིན་གྱིས་ཞུས་པ་ལས། རིགས་ཀྱི་བུ། ཆོས་རྣམས་ཀྱི་ཆོས་ཉིད་ནི་སྨོན་ལམ་གྱི་དབང་གིས་བསྒྱུར་བར་མི་ནུས་སོ། །གལ་ཏེ་ནུས་པར་གྱུར་ན་སེམས་ཅན་ཐམས་ཅད་མྱ་ངན་ལས་བཟློའོ་ཞེས་དེ་བཞིན་གཤེགས་པ་རེ་རེའི་དགོངས་པ་དེ། སྨོན་ལམ་གྱི་དབང་གིས་ཇི་ལྟར་མི་འགྲུབ་སྟེ། །རྣམ་གྲངས་དེས་ན་སྨོན་ལམ་གྱི་དབང་གིས་བསྒྱུར་བར་མི་ནུས་པར་རིག་པར་བྱའོ། །ཞེས་གསུངས་སོ། །འདིའི་ཆོས་ཉིད་ཅེས་པ་ཀུན་རྫོབ་ཀྱི་ཆ་འགའ་ཞིག་ལ་རྟེན་འབྲེལ་གྱི་ཆོས་ཉིད་ཅེས་གྲགས་པ་དེ་ཡིན་གྱི་སྤྲོས་བྲལ་གྱི་ཆོས་ཉིད་མིན་ནོ། །དེ་བཞིན་དུ་བསྒྱུར་མི་ནུས་པའི་དོན་ཡང་བསྔོ་བའི་འབྲས་བུར་བྱས་ཀྱང་བསྒྲུབ་པར་མི་ནུས་པའི་དོན་ཡང་བསྔོ་བའི་འབྲས་བུར་བྱས་ཀྱང་བསྒྲུབ་པར་མི་ནུས་པའི་དོན་ཡིན་གྱི་བསྔོ་རྒྱུར་བྱས་ནས་བསྒྱུར་མི་ནུས་པའི་དོན་ནི་མ་ཡིན་ནོ། །ཆོས་དབྱིངས་དགེ་སྡིག་གཉིས་ཀ་མིན་པ་ལུང་རིགས་ཀྱིས་བསྒྲུབས་ཟིན་པ། དེས་ན་བསྔོ་རྒྱུའི་དགེ་བ་དང་། །བཤགས་པར་བྱ་བའི་སྡིག་པ་ཡང་། །སྐྱེས་བུའི་རྩོལ་བས་བྱས་པའི་དགེ་སྡིག་ཡིན་མོད་ཀྱི། །མ་བྱས་པ་ལ་དགེ་སྡིག་མེད། །དེ་ཡི་རྣམ་གཞག་གམ་རྒྱུ་མཚན་བཤད་ཀྱིས་ཉོན། །ཀླུ་སྒྲུབ་ཀྱིས་འདོད་ཆགས་ཞེ་སྡང་ལས་འབྲས་ལ་རྨོངས་པའི་གཏི་མུག་དང་གསུམ་ནི། །མི་དགེ་བའི་རྩ་བ་ཡིན་པས་དེ་གསུམ་གང་རུང་གིས་ཀུན་ནས་བསླངས་ཏེ་བསྐྱེད་པའི་ལས་ནི་མི་དགེ་བ་ཡིན་པ་དང་། །མ་ཆགས་པ་དང་ཞེ་སྡང་མེད་པའི་སེམས་བྱུང་དང་ལས་འབྲས་ལ་རྨོངས

པའི་གཏི་མུག་མེད་པའི་སེམས་བྱུང་དང་གསུམ་ནི་དགེ་བའི་རྩ་བ་དང་། །དེ་གསུམ་གང་རུང་གིས་ཀུན་ནས་བསླངས་ཏེ་བསྐྱེད་པའི་ལས་ནི་དགེ་བ་ཡིན་ཞེས། །གདམ་བྱ་རིན་ཆེན་ཕྲེང་བ་ལས། གསུངས་པའི་དགོངས་པ་ཤེས་ནས་ནི། །མཁས་པ་རྣམས་ཀྱིས་དཔྱད་པར་བྱ། །འདྲི་གྲུང་པ་དག ཐེག་པ་ཆེ་ཆུང་གང་དུའང་དགེ་སྡིག་གི་རྣམ་བཞག་ནི་གཅིག་པ་ཡིན་ཏེ་དུག་གསུམ་གང་རུང་གིས་ཀུན་ནས་བསླངས་ན་མི་དགེ་བ་དང་། མ་ཆགས་པ་སོགས་གསུམ་པོ་གང་རུང་གིས་ཀུན་ནས་བསླངས་ན་དགེ་བ་ཡིན་པའི་ཕྱིར་ཞེ་ན། ཐེག་པ་ཆེ་ཆུང་གི་དགེ་སྡིག་གི་རྣམ་བཞག་གཅིག་པར་སྨྲ་བ་མི་འཐད་དེ། ཉན་ཐོས་ཀྱི་དགེ་བ་ཕལ་ཆེར་ཡང་རང་དོན་ཡིད་བྱེད་དང་འབྲེལ་བ་ཡིན་པས་ན། །བྱང་ཆུབ་སེམས་དཔའི་སྡིག་པར་འགྱུར། །བྱང་ཆུབ་སེམས་དཔའི་དགེ་བ་འགའ་རེ་ཡང་། །གནས་སྐབས་སུ་འཁོར་བའི་བྱ་བ་དང་འབྲེལ་བས་ན་ཉན་ཐོས་སྡིག་ཏུ་འགྱུར་བར་གསུངས། །དཔེར་ན། བསྐལ་པ་དུ་མར་དགེ་བའི་ལས་ལམ་བཅུ་སྤྱད་ཀྱང་། །ཉན་ཐོས་སར་སེམས་བསྐྱེད་ན། །སྐྱིད་མཁན་དེ་བྱང་ཆུབ་སེམས་དཔའི་གང་ཟག་ཡིན་ན་སྡིག་པ་ཤིན་ཏུ་ལྕི། །གང་ཟག་དེ་ཉན་ཐོས་ཡིན་ན་དེ་ནི་ཉན་ཐོས་ཀྱི་དགེ་ཆེན་ཡིན་ཏེ། སྡུད་པ་ལས། གལ་ཏེ་བསྐལ་པ་བྱེ་བར་དགེ་བའི་ལས་ལམ་བཅུ། སྤྱོད་ཀྱང་རང་རྒྱལ་དགྲ་བཅོམ་ཉིད་ལ་འདོད་སྐྱེད་ན། དེ་ཚེ་ཚུལ་ཁྲིམས་སྐྱོན་བྱང་ཆུབ་ཚུལ་ཁྲིམས་ཉམས་པ་ཡིན། སེམས་བསྐྱེད་དེ་ནི་ཕམ་པས་ཀྱང་ཤིན་ཏུ་ལྕི། །ཞེས་གསུངས་སོ། །འདོད་པའི་ཡོན་ཏན་ལྔར་སྤྱོད་ཀྱང་། །སྟོང་པ་ཉིད་དང་སྙིང་རྗེ་ཆེན་པོ་སོགས་ཐབས་མཁས་བྱང་ཆུབ་སེམས་དང་ལྡན་ན། །དེ་ནི་རྒྱལ་སྲས་རྣམས་ཀྱི་དགེ་ཆེན་ཡིན། །ཉན་ཐོས་རྣམས་ཀྱི་སྡིག་པར་གསུངས། སྡུད་པ་ལས། གལ་ཏེ་བྱང་ཆུབ་སེམས་དཔའ་འདོད་ཡོན་ལྔ་སྤྱོད་ཀྱང་། སངས་རྒྱས་ཆོས་དང་འཕགས་པའི་དགེ་འདུན་སྐྱབས་སོང་སྟེ། སངས་རྒྱས་འགྲུབ་བྱ་སྙམ་དུ་ཀུན་མཁྱེན་ཡིད་བྱེད་ན། མཁས་པ་ཚུལ་ཁྲིམས་ཕ་རོལ་ཕྱིན་གནས་རིག་པར་བྱ། ཞེས་གསུངས་སོ། །གཞན་ཡང་བྱང་སེམས་ཀྱི་དགེ་བ་ཉན་ཐོས་ཀྱི་སྡིག་པར་འགྱུར་བ་ཡོད་དེ། །གཞན་གྱི་དོན་གྱི་སེམས་བརྟན་པའི། །ཕམ་པ་བཞི་པོ་སྤྱད་ན་ཡང་། །རྟེན་གྱི་གང་ཟག་བྱང་ཆུབ་སེམས་དཔའི་དགེ་བ་སྟེ། །དེ་ཉིད་ཉན་ཐོས་རྣམས་ཀྱི་ཕམ་པའི་སྡིག་པར་འགྱུར་བ་འདུལ་བ་ལུང་ནས་གསུངས། །གཞན་ཡང་འཁོར་བའི་འགྲོ་ལ་ཆགས་ཤིང་བསམ་བཞིན་དུ་སྐྱེ་བ་ལེན་པ་སོགས་ནི། །གཞན་དོན་ཡིན་ཡང་ཉན་ཐོས་ཀྱི། །སྡིག་པ་ཡིན་དེ་ཉིད་རྒྱལ་སྲས་ཀྱི། །དགེ་བ་ཡིན་པར་ཤེས་པར་བྱ། །འདི་དག་གི་དོན་དཀོན་མཆོག་བརྩེགས་པར་ལྟོས། འདྲི་གྲུང་པ་ལས་ནག་པོའི་རྣམ་སྨིན་ནི་སངས་རྒྱས་ཀྱིས་ཀྱང་མྱོང་དགོས་ཏེ། སྟོན་པའི་ཞབས་ལ་སེང་ལྡེང་གི་ཚལ་པ་ཟུག་པ་ལ་སོགས་པ་འདུལ་བ་ལུང་ལས་སྐུ་ཚེ་སྔ་མའི་ལས་ངན་སྨིན་པར་གསུངས་པའི་ཕྱིར། །ལས་དཀར་ནག་གི་འབྲས་བུ་སངས་རྒྱས་ཀྱི་

ས་ལའང་ཟབ་ཐལ་ཞེས་བྱ་བའི། །ཆོས་སྐད་འདི་འདྲ་རྒྱ་གར་ན་མེད་བོད་དུ་ཐོས། ངོ་མཚར་ཆེ་བ་བོད་འདིར་གྲགས། །སྟོན་པ་ལ་ལས་ངན་སྨིན་པར་འདོད་པ་དེ་དག་གིས་ནི་འདུལ་བ་ལུང་ལས་གསུངས་པའི་དྲང་དོན་གྱི་ལུང་ལ། །ངེས་པའི་དོན་དུ་འཛིན་པས་འཁྲུལ་པར་ཟད། །སྟོན་པ་འདི་ཉིད་སྔོན་སློབ་ལམ་གྱི་ཚེ་དེད་དཔོན་སྙིང་རྗེ་ཆེན་པོར་འཁྲུངས་པ་དེ་ཡིས། བྱང་ཆུབ་ལས་ཕྱིར་མི་ལྡོག་པའི་ཚོང་པ་ལྔ་བརྒྱ་བསྐྱབ་པའི་ཕྱིར་ཚོང་པ་གཡོན་ཅན་ལ་མདུང་བསྣུན་ཏེ་བསད་པ་ཡི། །ལས་ཀྱིས་རྫོགས་པའི་སངས་རྒྱས་ཀྱི་ཞབས་ལ། །ཡངས་པ་ཅན་དུ་སེང་ལྡེང་གི་ཚལ་པ་ཟུག་སྐྱེ་ཁྲག་འབབ་པ་དང་། །བྲམ་ཟེའི་ཁྱེའུ་སྐྱ་མས་དགེ་སྦྱོང་མགོ་རེག་འདི་དག་ལ་བྱང་ཆུབ་ལྟ་ག་ལ་ཡོད་ཅེས་སྨྲས་པའི་རྣམ་སྨིན་གྱིས། ད་ལྟ་བྱང་ཆུབ་ཀྱི་ཕྱིར་ལོ་དྲུག་དཀའ་བ་སྤྱད་དགོས་པ་འདི་བྱུང་གསུངས་པ་དང་། བྲམ་ཟེའི་འཁོར་ལྔ་བརྒྱའི་སློབ་དཔོན་དུ་གྱུར་པ་ན་སངས་རྒྱས་རྣམ་པར་གཟིགས་ཀྱི་ཉན་ཐོས་ལ་འདི་ཚོ་རྟ་ཆས་རྩུལ་པ་སྐྱོད་རྒྱུ་ཞེས་སྨྲས་པའི་རྣམ་སྨིན་གྱིས། གྲོང་ཁྱེར་ཉེན་མོངས་མེད་པའི་ལྗོངས་སུ་དབྱར་ཟླ་བ་གསུམ་བཞུགས་པའི་ཚེ། རྟ་ཆས་ནས་རྩུལ་བ་གསོལ་བ་དང་། ཡུལ་གྲུ་འཛིན་དུ་སྐྱེས་བུ་གཡོན་ཅན་པདྨའི་རྩ་ལག་ཏུ་གྱུར་པའི་ཚེ། སྨད་ཚོང་མ་བཟང་མོ་བསད་པའི་རལ་གྲི་ཁྲག་ཅན་དང་སྦྲོང་མདོག་ནག་གི་དྲུང་དུ་བོར་བའི་ལས་ཀྱིས། །བྲམ་ཟེའི་བུ་མོ་དྲེགས་མས་ཤིང་གཞོང་ལྟོར་བཅུག་སྟེ་སྐུར་པ་དང་། །རིག་བྱེད་ཀྱི་ཞར་ཆོས་སུ་གྱུར་པ་ན་སློབ་དཔོན་གྱི་འཁོར་ཕྱེ་སྟེ་བཤད་པས། དེ་ལྟ་ལྟས་བྱིན་གྱིས་དགེ་འདུན་དབྱེན་གྱི་རྒྱུ་ལ་སོགས། །ཐུབ་པའི་སྐུ་ཚེ་སྔ་མ་ཡི། །ལས་ངན་སྨིན་པར་འདུལ་བ་ལུང་ལས་གསུངས་པ་ནི། །དེས་འདུལ་བ་ཡི་སྐྱེ་བོ་ལ། །དགོངས་པའི་དབང་གིས་གསུངས་པ་ནི་དྲང་དོན་ཡིན་གྱི་ངེས་དོན་མ་ཡིན་སྟེ། །དེའི་རྒྱུ་མཚན་གསང་ཆེན་ཐབས་ལ་མཁས་པའི་མདོ་སྡེར་ལྟོས། །མདོ་དེ་ནི་ངེས་དོན་གྱི་མདོ་སྡེ་ཡིན་པས་ཡིད་རྟོན་རུང་ཞིང་། །འདུལ་བ་ལུང་ཉན་ཀྱི་གཞུང་དྲང་བའི་དོན་ཡིན་པ་ལ་ཡིད་མ་རྟོན་ཏེ་རྟོན་མི་རིགས་སོ། །གལ་ཏེ་རྫོགས་པའི་སངས་རྒྱས་སྟོན་པ་ཐུབ་པའི་དབང་པོ་ལ། །ལས་ངན་སྨིན་པ་བདེན་ན་ནི། །བསོད་ནམས་དང་ཡེ་ཤེས་ཀྱི་ཚོགས་གཉིས་རྫོགས་པར་བྱས་པ་དོན་མེད་དེ་ཚོགས་གཉིས་རྫོགས་པའི་དགོས་པ་སྤང་བྱ་མཐའ་དག་སྤོང་བའི་ཆེད་དུ་ཡིན་པ་ལ་ཅིང་། །ལྷག་བཅས་མྱང་འདས་ཉན་ཐོས་ཀྱི་དགྲ་བཅོམ་ཉོན་མོངས་མེད་ཀྱང་རྣམ་སྨིན་གྱི་སྡུག་བསྔལ་དང་ལྡན་པ་དེ་དག་དང་ཡང་འདྲ་བར་འགྱུར་ཏེ་རྣམ་སྨིན་གྱི་ལྷག་མ་མྱོང་བ་ཡོད་པའི་ཕྱིར་རོ། །ཐུབ་པའི་དབང་པོ་དེ་ལ་སྐུ་གསུམ་གྱི་རྣམ་གཞག་བྱར་མི་རུང་བར་ཐལ་བར་འགྱུར་ཏེ། དེ་ལྟར་ན་སྤྲུལ་གཞིའི་ལོངས་སྐུ་མེད་དགོས་པའི་ཕྱིར་རོ། །

སྐུ་གསུམ་གྱི་རྣམ་བཞག་བྱ་མི་རུང་བ་དེ་ཡི་འཐད་པ་བཤད་ཀྱིས་ཉོན། །ལམ་ལ་བསླབ་པ་ལས་ཚོགས

གཉིས་རྫོགས་པའི་སངས་རྒྱས་ཆོས་སྐུ་ཐོག་མར་འབྱུང་ཞིང་། དེ་གཟུགས་སྐུ་ཐོག་མར་བཞེངས་པའི་**སངས་རྒྱས་ནི།** །འོག་མིན་**སྟུག་པོ་བཀོད་པར་**ངེས་པ་ལྔ་ལྡན་དུ་**སངས་རྒྱས་པའི།** །**ལོངས་སྤྱོད་རྫོགས་པའི་སྐུ་ཉིད་ཡིན།** །སྤྲུལ་གཞི་ལོངས་སྐུ་**དེ་ཡི་སྤྲུལ་པའི་སྐུ་ཉིད་ནི།** །གདུལ་བྱ་སྣ་ཚོགས་འདུལ་བའི་ཕྱིར་རྒྱལ་པོ་**ཟས་གཙང་**མའི་**སྲས་སུ་འཁྲུངས་པ་ཡི།** །**ཤཱཀྱ་སེང་གེ་འདི་ཡིན་ནོ།** །སྤྲུལ་སྐུ་**འདི་ནི་གདུལ་བྱ་**རྣམས་**སྨིན་**གྲོལ་ལ་འགོད་**པའི་ཕྱིར།** །བྱ་རྒོད་ཕུང་པོ་སོགས་སུ་**གཤེགས་དང་**དྲི་གཙང་ཁང་གི་ནང་དུ་**བཞུགས་དང་**འོད་སྲུང་སོགས་ལ་ཆོས་སྟོན་ཅིག་གསུངས་ནས་**མནལ་བ་དང་།** །**མུ་གེའི་གྲོང་དུ་**བསོད་སྙོམས་ལ་**གཤེགས་པ་**གྲོང་དཔོན་གྱི་བུ་གཅེར་བུ་རལ་གྱི་ཐོགས་པས་ལོ་ཉིས་འདི་ལྟ་བུ་ལ། གོའུ་ཏ་མ་ཁྱིད་འཁོར་མང་པོ་དང་བཅས་གྲོང་དུ་འོང་ནས་ཁྱིམ་རྣམས་ཕུང་བར་བྱེད་དམ་ཞེས་བཀག་པ་**དང་།** །སྣ་ལའི་གྲོང་དུ་བསོད་སྙོམ་གཤེགས་པའི་ཚེ་ཅུང་ཟད་ཀྱང་མ་རྙེད་པར་**ལྷུང་བཟེད་སྟོང་པར་བྱོན་པ་དང་།** །རྒྱལ་བུ་རྒྱལ་བྱེད་ཀྱི་ཚལ་མགོན་མེད་ཟས་སྦྱིན་གྱི་ཀུན་དགའ་ར་བར་**བསོད་སྙོམས་མང་དུ་རྙེད་པ་དང་།** །ལྷས་བྱིན་སོགས་**དགྲ་དང་**ཕྲས་སྒྲ་གཅན་འཛིན་སོགས་**ཉེ་དུའི་འཁྲིལ་བ་དང་།** །འཕགས་སྐྱེས་པོས་ཤཱཀྱ་པ་རྣམས་བསད་པའི་ཚེ་ས་ཕྱོགས་ཉམས་མི་དགའ་བ་རྫོ་བའི་**རང་རོད་ཅན་དུ་**ལོ་འདབ་མེད་པའི་ཤིང་སྐམ་པོ་ལ་བརྟེན་ཏེ་འོ་བརྒྱབ་པོར་**གཟིམས་པ་དང་།** །ཀླུ་ཡི་རྒྱལ་པོ་མ་དྲོས་པས་གདན་དྲངས་པའི་ཚེ་ལྟ་བུ་**རེས་འགའ་བསྟུང་བར་གཤེགས་པ་དང་།** །གྲོང་ཁྱེར་ཟད་བྱེད་ན་གནས་པའི་མུ་སྟེགས་རྣམས་ཀྱིས་དགེ་སློང་གོའུ་ཏ་མས་སྒྱུ་མ་བསྒྲུབ་ནས་འཇིག་རྟེན་བསླུས་སོ། །ཞེས་དང་། འདི་སྐྱེས་ནས་ཞག་བདུན་ནས་མ་ཤི། ཕའི་ངག་བཅག་སྟེ་ཡིད་མི་བདེ་བར་གྱུར་པས་ཕ་མ་ལ་བྱས་པ་མི་གཟོ་བའོ་ཞེས་སོགས་**གཞན་གྱིས་སྐུར་བ་སྣ་ཚོགས་དང་།** །གསལ་ལྡན་དུ་ལྷ་ལས་བབས་པ། སེར་སྐྱར་ཡབ་སྲས་མཇལ་བ། །གཉན་ཡོད་དུ་ཆོ་འཕྲུལ་ཆེན་པོ་བསྟན་པ་སོགས་**རེས་འགའ་སྣང་བའི་བ་དན་**སྲིད་པ་གསུམ་དུ་གཡོ་བ་**དང་།** །སྐུ་**བདེ་དང་**ཐུགས་**དགོས་པར་སྤྱོད་པ་**བར་མར་བཞུགས་པ་**སོགས།** །**རྣམ་པ་སྣ་ཚོགས་སྟོན་པ་ནི།** །**སྤྲུལ་པ་**ཙམ་**ཡིན་གྱི་རང་རྒྱུད་**པ་**མིན་**ཏེ་འདུལ་བྱ་འདུལ་བའི་ཕྱིར་དུ་སྣང་ཚུལ་སྣ་ཚོགས་བསྟན་པའི་ཕྱིར་རོ། །**གལ་ཏེ་**བརྟགས་པ་མཐའ་བཟུང་དུ་**སངས་རྒྱས་དངོས་ལ་ནི།** །**ལས་ངན་སྨིན་པར་འདོད་ན་ཡང་** སྤྲུལ་གཞི། །**ལོངས་སྤྱོད་རྫོགས་པའི་སྐུ་ཉིད་ལ།** སེང་ལྡེང་གི་ཚལ་པ་ཟུག་པ་ལ་སོགས་པ། །**སྨིན་པར་རིགས་ཀྱི་**དེས་**སྤྲུལ་པའི་སྐུ།** །**ཤཱཀྱ་ཐུབ་པ་ལ་སོགས་ལ།** འཛུགས་པར་མི་རིགས། །**སྨིན་པར་འདོད་པ་མུན་སྤྲུལ་ཡིན།** ཤཱཀྱ་ཐུབ་པ་དེ་ནི་སྤྲུལ་པ་ཙམ་ཡིན་པས་སོ། །**དཔེར་ན་སྒྱུ་མའི་མཁན་པོ་**ཡིས་ལས་ངན་བྱས་པ་བྱེད་པ་པོ་**ལ།** །**ལས་ངན་**པའི་འབྲས་བུ་**འབྱུང་གི་དེས་སྤྲུལ་པའི།** །རྟ་གླང་ལ་སོགས་**སྒྱུ་མ་ལ་ནི་མི་འབྱུང་བ་བཞིན་**ནོ། །གནོད

བྱེད་བསྟན་པ་**དེས་ན་**འདུལ་བ་ལུང་ལས་སྟོན་པ་སངས་རྒྱས་ལ་སྐུ་ཚེ་སྔ་མའི་ལས་ངན་སྨིན་པར་གསུངས་པའི་**དགོངས་པ་**དྲང་དོན་ཡིན་པར་**ཤེས་དགོས་སོ།** །དྲང་དོན་དེ་སྒྲ་ཇི་བཞིན་དུ་ཁས་ལེན་མི་རུང་བ་**འདི་ཡི་ལུང་དང་རིགས་པ་རྣམས།** །**དབྱིག་གཉེན་**གྱི་རྣམ་བཤད་རིག་པ་**དང་ནི་ལེགས་ལྡན་**འབྱེད་ཀྱི་རྟོག་གེ་འབར་བ་**སོགས།** །**མཁས་པའི་གཞུང་**རྒྱས་པའི་བསྟན་བཅོས་**བཞིན་ཤེས་པར་གྱིས།** འབྲི་གུང་པ་ཐེག་པ་ཆེ་ཆུང་གི་བསྒྲུབ་བྱ་གཅིག་ལ་བཀག་ན་ཐམས་ཅད་ལ་བཀག་ཅིང་། །གཅིག་ལ་གནང་ན་ཐམས་ཅད་ལ་གནང་བ་ཡིན་ཏེ། བཀག་པ་ཐམས་ཅད་དངོས་པོའི་གཞིས་ལ་ཡེ་ནས་བཀག་པ་དང་། གནང་བ་ཐམས་ཅད་དངོས་པོའི་གཞིས་ལ་ཡེ་ནས་གནང་བ་ཡིན་པའི་ཕྱིར་རོ་ཞེས་འདོད་དོ། **།ཡེ་བཀག་ཡེ་གནང་ཞེས་བྱ་བ**འི་ལུགས་འདི་**འང་།** །**སངས་རྒྱས་**ཀྱི་**བསྟན་**པ་**དང་མཐུན་**པ་**མ་ཡིན་**ཏེ། དེ་དང་འགལ་བའི་ཕྱིར་རོ། །རྒྱུ་མཚན་ནི་**ཉན་ཐོས་དང་ནི་ཐེག་ཆེན་གྱི།** །བསྒྲུབ་བྱ་**གནང་བཀག་ཐམས་ཅད་གཅིག་ཏུ་**ངེས་པ་**མེད།** **།དེས་ན་**ཐེག་ཆེན་ལྟ་བུ་**ལ་ལར་གནང་བ་ནི།** །ཉན་ཐོས་ལྟ་བུ་**ལ་ལའི་བཀག་པ་ཉིད་དུ་འགྱུར་**ལ་ཉན་ཐོས་ནང་ཕན་ཚུན་ལའང་དེ་ལྟར་འགྱུར། །གཅིག་ཏུ་མ་ངེས་པ་**དེ་ཡི་འཐད་པ་འདི་ལྟར་ཡིན།** །དཔྱད་གསུམ་**རྣམ་དག་**གི་**ལུང་བཞིན་བཤད་ཀྱིས་ཉོན།** །**ཉན་ཐོས་རྩ་བའི་སྡེ་བཞི་ལ།** **།འདུལ་བ་མི་འདྲ་རྣམ་བཞི་ཡོད།** **།སྐད་ཀྱང་**ཐམས་ཅད་ཡོད་སྨྲའི་མཁན་པོ་རྒྱལ་རིགས་སྒྲ་གཅན་འཛིན་གྱིས་**ལེགས་སྦྱར་**གྱི་སྐད་དུ་འདོན། གནས་བརྟན་(ཕལ་ཆེན་པ)འི། མཁན་པོ་བྲམ་ཟེའི་རིགས་འོད་སྲུངས་ཆེན་པོས་**རང་བཞིན་**གྱི་སྐད་**དང་།**ཕལ་ཆེན་པའི་(མང་བཀུར་བ)མཁན་པོ་འབྲེག་མཁན་ཉེ་བ་འཁོར་གྱིས་**ཟུར་བཅག་པ**འི་སྐད་**དང་།** མང་པོས་བཀུར་བའི་(གནས་བརྟན་པ) མཁན་པོ་ཀཱ་ཏྱཱ་ནས་**ཤ་ཟའི་སྐད་**དུ་འདོན་པ། **།རྣམ་པ་བཞི་རྩ་གནས་པ་**དང་གཞན་ཡང་སྣམ་སྦྱར་གྱི་སྣམ་ཕྲན་གྱི་གྲངས་དང་གྲྭའི་རྟགས་མི་འདྲ་བ་སོགས་ཡོད་པ་**ཡིན།** **།དེ་ལས་**བཞི་པོ་རིམ་བཞིན་བརྒྱད་དང་། གཉིས་དང་། ལྔ་དང་། གསུམ་གྱིས་**ཕྱེས་པ་བཅོ་བརྒྱད་ལ།** །ཕལ་ཆེན་པ་ལས་ལྔར་ཕྱེས་ཏེ། ཤར་གྱི་རི་བོའི་སྡེ་དང་། ནུབ་ཀྱི་རི་བོའི་སྡེ་དང་། གངས་རིའི་སྡེ་དང་། འཇིག་རྟེན་འདས་སྨྲའི་སྡེ་དང་། རྟག་པར་སྨྲ་བའི་སྡེའོ། །ཐམས་ཅད་ཡོད་སྨྲ་ལ་བདུན་ཏེ། གཞི་ཐམས་ཅད་ཡོད་པར་སྨྲ་བ་དང་། འོད་སྲུང་སྡེ་དང་། ཆོས་སྲུང་བའི་སྡེ་དང་། མང་དུ་བསྟན་པའི་སྡེ་དང་། མང་དུ་ཐོས་པའི་སྡེ་དང་། གོས་དམར་བའི་སྡེ་དང་། རྣམ་པར་ཕྱེ་སྟེ་སྨྲ་བའི་སྡེའོ། །གནས་བརྟན་པ་ལ་གསུམ་སྟེ། རྒྱལ་བྱེད་ཚལ་གནས་སྡེ་དང་། འཇིགས་མེད་རིར་གནས་སྡེ་དང་། གཙུག་ལག་ཁང་ཆེན་སྡེའོ། །མང་བཀུར་སྡེ་ལ་གསུམ་སྟེ། སར་སྒྲོགས་སྡེ་དང་། སྲུང་བའི་སྡེ་དང་། གནས་མ་བུའི་སྡེའོ། །རྫོད་བྱེད་**འདུལ་བའི་དབྱེ་བའང་**འདུལ་ལུང་མི་འདྲ་བ་**བཅོ་བརྒྱད་ཡོད།** །

ལུང་གི་བརྗོད་བྱ་དང་པོར་སྡོམ་པ་ལེན་པའི་ཆོ་ག་དང་། །བར་དུ་བསྲུང་ཚུལ་དང་ཉམས་ན་ཕྱིར་བཅོས་ཚུལ་དང་། །གསོ་སྦྱོང་གི་ཚེ་སོ་སོར་ཐར་པའི་མདོ་འདོན་པ་དང་། །ཐ་མར་སྡོམ་པ་གཏོང་བའི་ཚུལ་སོགས་ལ་ཉན་ཐོས། །སྡེ་པ་ཐམས་ཅད་ཕལ་ཆེར་མི་མཚུངས་པས་ན། །གཅིག་གིས་བཀག་པ་གཅིག་ལ་གནང་བས་གནང་བཀག་གཅིག་ཏུ་མ་ངེས་སོ། །གལ་ཏེ་གནང་བཀག་ཐ་དད་ཡོད་ཀྱང་ཉན་ཐོས་སྡེ་པ་གཅིག་བདེན་གྱི། །དེ་ལས་གཞན་པ་བརྫུན་སྙམ་ན། །སྡེ་པ་དེ་རྣམས་ལ་བདེན་བརྫུན་འབྱེད་པ་མི་འཐད་དེ་རྒྱལ་པོ་ཀྲི་ཀྲིའི་རྨི་ལམ་ན་རས་ཡུག་གཅིག་ལ་བཞི། དེ་ལས་བཅོ་བརྒྱད་དུ་གཤགས་ཏེ་ཐམས་ཅད་ལ་རས་ཡུག་ཆ་ཚང་རེ་ཐོབ་པ་རྨིས་པ་སྟེ། གླང་ཆེན་མཛུག་མ་སྐར་ཁུང་ཐོགས་པ་དང་། །ཁྲོན་པས་མི་སྐོམས་ཕྱེ་དང་མུ་ཏིག་བརྗེ། །ངན་པའི་ཤིང་དང་ཙནྡན་མཉམ་དུ་བྱེད། །གླང་གི་ཕྲུ་གུས་གླང་ཆེན་གནས་ནས་སྐྲོད། །མི་གཙང་སྤྲེ་འུས་མི་གཙང་གཞན་ལ་བྱུག །སྤྲེ་འུ་མང་པོས་སྤྲེལ་ངན་རྒྱལ་པོར་བཀུར། །བཅོ་བརྒྱད་མི་ཡིས་རས་ཡུག་སོ་སོར་དྲས། རབའི་མེ་ཏོག་འབྲས་བུ་རྐུན་པོས་ཁྱེར། །འཐབ་པར་མི་འོས་སྡེ་རིགས་ཕན་ཚུན་འཐབ། །མེ་ཏོག་དག་ནི་ཆོད་ཅིག་ཅེས་ནི་བསྐུལ། །རྫིང་བུ་གསུམ་གྱི་བར་མ་སྐོང་པར་མཐོང་། །རྒན་པོ་སྐྱེ་ཐེར་དུ་ནི་གནས་པ་དང་། །རྟ་ཡི་ཁ་འཕྱོངས་གཉིས་ཀས་ཟ་བ་དང་། །ཆེ་བའི་ཁྲི་བས་ཆུང་བ་ཁ་ནི་དྲག །བེ་འུ་སྐྱེས་མ་ཐག་ཏུ་བ་ལ་ནུ། །སྤྲ་དྲི་གཞོན་ནུའི་མི་ནི་ཕྱེ་དྲི་རྒྱས། །སེནྡྷའི་རོ་ནི་རང་གི་སྲིན་བུས་ཟོས། །བཅོ་བརྒྱད་རྨིས་པ་འོད་སྲུང་ལ་ཞུས་པས། །བྲམ་ཟེའི་ཁྲི་འུ་བླ་མ་མ་འོངས་པར། །སངས་རྒྱས་ཤཱཀྱ་ཐུབ་ཅེས་བྱར་གྱུར་པའི་ཚེ། བསྟན་པའི་མཇུག་ཏུ་འདི་འདྲ་འབྱུང་བའི་ལྟས། །ཞེས་པ་ལྟར། །སྡེ་པ་བཅུ་བརྒྱད་པོའི་བསླབ་བྱ་གནང་བཀག་ཐམས་ཅད་བདེན་པར་གསུངས་པས་སོ། །འདི་དོན་རྒྱས་པར་དབྱིག་བཤེས་ཀྱིས་མཛད་པའི་སྡེ་པ་ནི། །ཐ་དད་བཀླག་པའི་འཁོར་ལོ་དང་། །ཤཱཀྱ་འོད་ཀྱིས་མཛད་པའི་འདུལ་བ་འོད་ལྡན་ལ་སྤྱོད་འཇུག་སོགས་སྟོས། །སྡེ་པ་བཅོ་བརྒྱད་པོ་ཀུན་གྱི་བསླབ་པ་ཡང་། །ཞེས་ན་གནང་བཀག་གཅིག་ཏུ་འགྱུར་ཞེ་ན། །ཞེས་ཀྱང་ཕལ་ཆེར་མི་མཐུན་པ་ཐ་དད་ཡིན། །དཔེར་ན་ཐམས་ཅད་ཡོད་སྨྲ་བའི། །མདོ་སྡེ་ལེགས་སྦྱར་གྱི་སྐད་དུ་ཡོད། །གནས་བརྟན་པ་དག་ལེགས་སྦྱར་གྱི་སྐད་ཀྱིས། །མདོ་སྡེ་བཏོན་ན་རྐང་པ་རེ་ལ་ཉིས་བྱས་རེ་ཚིགས་བཅད་གཅིག་བཏོན་ན། ལྟུང་བ་རྫོགས་པར་བྱེད། །ཐམས་ཅད་ཡོད་སྨྲ་རང་ཉིད་ཀྱི་ལུགས་ཀྱི། །གསོལ་བཞིའི་ཆོ་གས་སྡོམ་པ་སྐྱེ་ཞིང་། །ཐམས་ཅད་ཡོད་སྨྲ་དེ་ཡི་ཆོ་ག་བཞིན་བྱས་ན། །སྡེ་པ་གཞན་ཕལ་ཆེན་གྱི་དགེ་སློང་འཛིན། །ཐམས་ཅད་ཡོད་སྨྲ་སྨིན་མའི་སྐྱུ། །བཞར་ན་ཁྲིག་ཏུ་མ་གནང་བ་ཁྲིག་པས་ལྟུང་ཡིན་ཕལ་ཆེན་ལ་སོགས་པ་སྡེ་པ་འགའ། །སྨིན་མའི་སྐྱུ་མ་བཞར་ན་ནི་ལྟུང་བར་འདོད་དོ། །ཕལ་ཆེན་པ་ལ་སོགས་པ་ལ་ལ་བུ་རམ་ཕྱི་དྲོ་འགོག་ཅིང་། །ཁ་ཅིག་ཐམས་ཅད་ཡོད་སྨྲ།

ལྟུང་བ་མེད་ཅེས་ཟེར། །ཐམས་ཅད་ཡོད་སྨྲ་ལ་ལ་བྱིན་ལེན་ལག་པ་བཀག་ཏེ་བྱེད་ཅིང་། །གནས་བརྟན་པ་ལ་ལ་དེ་ལས་གཞན་དུ་ལག་པ་སྟེང་འོག་བྱེད། །ཕལ་ཆེན་པ་ལ་སོགས་པ་འགའ་ཞིག་ལྟུང་བཟེད་སྟེང་པ་བྱིན་ལེན་བྱེད། །ཐམས་ཅད་ཡོད་སྨྲ་ལ་ལ་ལྟུང་བཟེད་བྱིན་ལེན་འགོག ཐམས་ཅད་ཡོད་སྨྲ་སོགས་ཁ་ཅིག་མིར་ཆགས་པ་བཤད་པ་ལ། །ཕམ་པ་ཡིན་པར་འདོད་ཅིང་གནས་བརྟན་པ་ལ་སོགས་པ་ལ་ལ་ཕམ་པ་མེད་པར་འདོད་དོ། །ལ་ལ་མང་པོས་བཀུར་བའི་སོ་སོར་ཐར་པ་ལ། །གླིང་གཞིའི་ཚིགས་བཅད་གཅིག་ལས་མེད་ཅིང་། །ལ་ལའི་ཐམས་ཅད་ཡོད་སྨྲའི་རིང་ཐུང་གནས་བརྟན་པ་ལ་སོགས་པ་དེ་ལས་གཞན་དུ་ཡོད། །མདོར་ན་ཕམ་པ་བཞི་པོ་ནས། །བརྩམས་ཏེ་བསླབ་པར་བྱ་བ་ཀུན། །སྡེ་པ་ཐམས་ཅད་མི་མཐུན་པས་ན། །ཡོད་སྨྲ་ལྷ་བུ་གང་གི་བཀག་པ་ལ་གནས་བརྟན་པ་ལྷ་བུ་གང་གི་གནང་བ་ཡོད་པས་ངེས་པ་མེད་དོ། །དཔེར་ན་བུ་རམ་ཕྱི་དྲོའི་ཟས། ། ཡི་གནང་དུ་བསྟུ་བ་ཡིན་ན་དེ་བཀག་པའི་སྡེ་པ་གཞན། །ལོག་པར་སྨྲས་པས་ལྟུང་བ་དག་དང་བཅས་པར་འགྱུར་རོ། །ཡི་བཀག་ཏུ་བསྟུ་བ་ཡིན་ན་དེ་བཀག་པའི་ཐམས་ཅད་ཡོད་སྨྲ་ཡི། །དགེ་སློང་ཐམས་ཅད་ཕྱི་དྲོ་ཟ་བའི་ལྟུང་བ་ཅན་དུ་འགྱུར་རོ། །

བཀག་པ་ཐམས་ཅད་འགྲོ་བ་ཀུན་ལ་ཡི་ནས་བཀག་པ་ཁས་ལེན་ན་བྱིན་ལེན་མ་བྱས་པར་ཟས་ཟ་བ་ཡི། །ལྟུང་བ་དེ་མི་སྐྱུ་ལའང་འབྱུང་ན། །མི་སྐྱུ་འང་དགེ་སློང་ཉིད་དུ་འགྱུར་བས་བྱིན་ལེན་མི་ཆགས་པའི་ཕྱིར་ན། །མི་སྐྱུས་དགེ་སློང་ལ་བྱིན་ལེན་བྱས་ན་ཡང་། །ཟས་དེ་རང་བཞིན་དུ་གནས་པའི་དགེ་སློང་གིས་ནི་དགེ་སློང་གཞན་ལ། །བྱིན་ལེན་བྱས་པ་མི་ཆགས་པ་ཇི་བཞིན་དུ། །བཟའ་བར་རུང་བར་མི་འགྱུར་རོ། །བུ་རམ་དང་བྱིན་ལེན་མ་བྱས་པའི་ལྟུང་བ་དེ་བཞིན་བསླབ་བྱ་ཀུན་ལ་སྦྱར་བར་གྱིས་ཤིག །འབྲི་གུང་པ་ཁ་ཅིག་རབ་ཏུ་བྱུང་བ་དགེ་སློང་སོགས་ལ། །བཅས་པའི་ལྟུང་བ་ཇི་སྙེད་འབྱུང་བ་དེ། །ཁྱིམ་པ་ནས་ནི་དམྱལ་བའི་བར། །དུད་འགྲོ་ལ་སོགས་ཐམས་ཅད་ལ། །ལྟུང་བ་ཆོས་གོས་མེད་པ་དང་། དབྱར་གནས། དགག་དབྱེ། རུང་ཆུ་ལ་སོགས་པ་མཚུངས་པར་འབྱུང་སྟེ་སངས་རྒྱས་ཀྱིས་བཅས་པ་མཛད་པ་ཐམས་ཅད་འགྲོ་བ་སྤྱི་ལ་བཅས་པ་ཡིན་ཏེ། སངས་རྒྱས་ཀྱིས་ཐོག་མར་ཐུགས་བསྐྱེད་པ། བར་དུ་ཚོགས་གཉིས་བསགས་པ། ཐ་མར་ཆོས་འཁོར་བསྐོར་བ་སོགས་རབ་བྱུང་ཁོ་ནའི་དོན་དུ་མ་ཡིན་པར་འགྲོ་བ་ཀུན་གྱི་དོན་དུ་ཡིན་པའི་ཕྱིར་རོ་ཞེས་ཟེར། །རབ་བྱུང་ལ་བཅས་པ་ཐམས་ཅད་འགྲོ་བ་སྤྱི་ལ་མཚུངས་པར་འབྱུང་ཟེར་བ་འདི་ནི་སངས་རྒྱས་ཀྱི་དགོངས་པ་མིན་ཏེ་རྒྱུ་མཚན། །ཅི་ཕྱིར་ཞེ་ན་ལྟུང་བ་དེ། །བསླབ་པ་བཅས་པ་ཕན་ཆད་འབྱུང་མོད་ཀྱི། །བསླབ་པ་མ་བཅས་པ་ལ་ལྟུང་མེད་ཕྱིར། །མ་བཅས་པ་ལ་ལྟུང་བ་མི་འབྱུང་བ་དེས་ན་ཐུབ་པས་འདུལ་བ་ལུང་ལས། ལས་དང་པོ་པ་ལ། །ཉེས་པ་བྱས་ཀྱང་

ལྟུང་བ་མེད་དོ་ཞེས་གསུངས། །དེ་ལྟ་མིན་པར་བཅས་མ་བཅས་ཐམས་ཅད་ལ། །གལ་ཏེ་ལྟུང་བ་ཀུན་འབྱུང་ན། །འགྲོ་བ་ཀུན་ལྟུང་བ་དང་བཅས་པ་ཡིན་པས། །ཐར་པ་བྱང་ཆུབ་ཐོབ་པ་ལྟ་ཅི་སྨོས། །མཐོ་རིས་ལྷ་མིའི་གོ་འཕང་དག་ཀྱང་ནི་འབྱུང་རེ་སྐན་ཏེ་མི་འབྱུང་ངོ་། །གཞན་ཡང་ཉན་ཐོས་དང་ཐེག་ཆེན་གནང་བཀག་མི་གཅིག་སྟེ་ཉན་ཐོས་ལ་ཤ་ཡི་ཆེད་དུ་མཐོང་ཐོས་དོགས་པ་སྟེ་རྣམ་གསུམ་དག་པའི་ཤ །བཟའ་རུང་གལ་ཏེ་གནང་ཡང་མི་ཟན། །ལྷས་བྱིན་གྱི་ནི་བརྟུལ་ཞུགས་སུ་འགྱུར་ཏེ། །འོ་མ་ཤ་དང་ལན་ཚྭ་དང་། གོས་དང་དགོན་པར་གནས་པའོ། །ཞེས་ལྔའི་གཅིག་ཤ་མི་ཟ་བའོ། །ཐེག་པ་ཆེ་ལས་ཤ་རྣམས་བཀག །ལང་ཀར་གཤེགས་པ་ལས། གླང་པོའི་རྩལ་དང་སྤྲིན་ཆེན་དང་། །མྱ་ངན་འདས་དང་སོར་ཕྲེང་དང་། །ལང་ཀར་གཤེགས་པའི་མདོ་ལས་ཀྱང་། ངས་ནི་ཤ་རྣམས་རྣམ་པར་སྤང་། ཅེས་གསུངས་སོ། །གལ་ཏེ་ཟོས་ན་ངན་འགྲོའི་རྒྱུ་རུ་གསུངས། །ཉེ་བ་འཁོར་གྱིས་ཞུས་པའི་མདོ་ལས། བཅོམ་ལྡན་འདས་ཀྱིས་བཀའ་སྩལ་པ། ཉེ་བ་འཁོར་ཉན་ཐོས་ཀྱི་གཞིའང་གཞན། བསམ་པའང་གཞན། སྦྱོར་བའང་གཞན་ཡིན་ལ་བྱང་ཆུབ་སེམས་དཔའི་གཞིའང་གཞན། བསམ་པའང་གཞན། སྦྱོར་བའང་གཞན་ཡིན་ནོ། །ཞེས་གསུངས་སོ། །ཉན་ཐོས་དང་ཐེག་ཆེན་གྱི་གནང་བཀག་ཐ་དད་པ་དེ་བཞིན་དུ་ཕ་རོལ་ཕྱིན་པ་དང་། །གསང་སྔགས་ཀྱི་ནི་ལྟུང་བ་ལ། །གནང་བཀག་འགའ་ཞིག་ཐ་དད་ཡོད། །དེ་རྩ་ལྟུང་བརྒྱད་པ་དང་། བཅུ་གསུམ་པ། བཅུ་བཞི་པ་རྣམས་སྔགས་ལ་ལྟུང་བར་བཅས་ཤིང་། ཕ་རོལ་ཏུ་ཕྱིན་པ་ལ་མ་བཅས་པའི་ཕྱིར་རོ། །བྱང་སེམས་ལ་ལང་ཀར་གཤེགས་པར་ཤ་བཀག་པ། །ཉན་ཐོས་ལ་གནང་ཚུལ་དེ་འདྲའི་འགལ་བ་ལྟག་སྤྲོད་ལ། །ཡི་བཀག་ཡི་གནང་ཇི་ལྟར་བཅོ། ཕར་ཕྱིན་ལས་བཀག་ལ་རྡོ་རྗེ་ཐེག་པར་གནང་བ་ཡང་མཐའ་ཡས་པས་སོ། །ཉན་ཐོས་ནང་ཕན་ཚུན། །ཉན་ཐོས་དང་ཐེག་ཆེན། ཐེག་ཆེན་ནང་ཕན་ཚུན་ལའང་གནང་བཀག་ཐ་དད་ཡོད་པ། དེས་ན་ཡི་བཀག་ཡི་གནང་གི །རྣམ་གཞག་འདི་ཕྱོགས་གཅིག་བྱར་མི་རུང་སྟེ་འདི་ལྟར། །དཔེར་ན་ཆུ་ལས་སྐྱེས་པ་པདྨའི་སོ་ནམ་ལ། །རྟག་ཏུ་འདམ་དང་ལྡན་ལྡིན་དགོས། །སྨན་ཤུ་དག་སོགས་རོ་ཙུང་ཟད་ཚ་བ་དང་ནུས་པ་དྲོ་བའི་རྫས་ཀྱིས་བསྐོར་ན་སྐྱེ། །མེ་ཏོག་གཞན་ལ་དེ་མི་དགོས། །ཆུ་ལས་སྐྱེ་བའི་རིགས་ཀྱི་མེ་ཏོག་སོགས་ལ་སྐམ་ས་དགྲ། །སྐམ་སར་སྐྱེ་བ་ལ་རློན་པ་དགྲ་ཡིན། །ཡུལ་གྲང་སར་དྲོ་བའི་རྫས་བཏབ་ཀྱང་མི་སྨིན། །དྲོ་སར་བསིལ་བའི་རྫས་གྲང་སར་སྐྱེ་བ་འཐད་པ་མ་ཡིན། །དེས་ན་འཇིག་རྟེན་ལུགས་ཀྱི་སོ་ནམ་སོགས་ཀྱིས་མཚོན་པའི་བྱ་བ་གང་ཅིའང་རུང་། །རང་རང་ལུགས་བཞིན་བྱས་ན་འགྲུབ་ཀྱི། །དེ་ལས་བཟློག་པའི་ལུགས་བྱས་ན། །མི་འགྲུབ་གྲུབ་པར་གྱུར་ཀྱང་བཟང་པོ་དཀའ། །

དེ་བཞིན་དུ་དམ་པའི་ཆོས་ཀྱི་གནང་བཀག་བླང་དོར་ཐམས་ཅད་ཀྱང་། །རང་རང་ལུགས་བཞིན་བྱས

ན་འགྲུབ་སྟེ་ལུགས་དེ་དང་དེ་ནས་བཤད་པའི་འབྲས་བུ་གེགས་མེད་དུ་འབྱུང་བས་སོ། །འབྲི་གུང་པ་ཡིས་གལ་ཏེ་སྡོམ་པ་མ་བླངས་ན། །བཅས་འགལ་གྱི་ལྟུང་བའི་ཐ་སྙད་མི་ཐོབ་པ་བདེན་མོད་འོན་ཀྱང་། །རབ་ཏུ་བྱུང་ལ་བཅས་པ་ཡི། །བསླབ་པ་དང་འགལ་བའི་སྡིག་པ་དེ་ཁྱིམ་པ་ལ་ཡང་འབྱུང་ཏེ་བཅས་པ་འགྲོ་བ་སྤྱི་ལ་བཅས་པ་ཡིན་པས་འགྲོ་དྲུག་གི་བཅས་པ་ལས་འདས་ན་ཉེན་པ་དང་བསྲུང་ན་ཕན་ཡོན་འབྱུང་ངོ་། །དཔེར་ན་ཛྫ་མཁན་དགའ་སྐྱོང་གིས་ས་མི་རྐོ་བར་གཞན་གྱིས་བརྐོས་པའི་ས་དང་གད་པ་ཆད་པའི་ས་ལ་ཛྫ་བཟློ། །དེའི་རིན་གྱིས་ཕ་མ་གསོ་བ་དང་སངས་རྒྱས་འོད་སྲུངས་ལ་བསྙེན་བཀུར་བྱས་པས་དེ་ལ་ཐུགས་དགྱེས་པ་ཡང་བཅས་པ་བསྲུང་བའི་གནད་ཀྱིས་ཡིན་པས་སོ། །དེ་ལྟ་མིན་པར་བཅས་པའི་སྡིག་པ་རབ་བྱུང་ཁོ་ན་ལ། །ཆེད་དུ་བྱས་ནས་སྡིག་པ་བསྙོ་བར་མཛད་ན། །ཐུབ་པ་སངས་རྒྱས་ཀྱིས་རབ་ཏུ་བྱུང་བ་ལ། །སྙིང་ནད་བྱས་པར་ཐལ་བར་འགྱུར་ཏེ་མ་བཅས་ན་སྡིག་པར་མི་འགྱུར་བའི་ཕྱིར་ཞེས་ཟེར། །འདི་འདྲའི་རིགས་པ་གཟུ་ལུམས་མ་བརྟག་པར་སླུ་བ་ཡིན། །འོན་ཞིང་ས་ཡོད་རྣམས་ལ་ཡང་། །སེར་བ་ལ་སོགས་པའི་འཇིགས་པ་འབྱུང་འགྱུར་གྱི། །ཞིང་མེད་པ་རྣམས་ལ་མི་འབྱུང་བས། །གང་ཟག་འགའ་ཞིག་གིས་སྔར་ཞིང་མེད་པ་ཞིག་ལ་ཞིང་བཟང་བྱིན་པ་དེའང་སྙིང་ནད་དུ་ཐལ་བར་འགྱུར། །མགོ་བསྒྲེས་རིགས་པ་བཤད་ཟིན་པ་དེས་ན་ཞིང་ལ་དགྲ་ཡོད་ཀྱང་། །ལོ་ཐོག་འབྱུང་བའི་ཕན་ཡོན་ཡོད། །དེ་བཞིན་དུ་ཐུབ་པས་རབ་ཏུ་བྱུང་བ་ལ། །བཅས་པ་མཛད་པས་ལྟུང་བ་འབྱུང་སྲིད་མོད་བཅས་པ་ལ་གནས་ན་ཕན་ཡོན་ཆེ་བས་སྙིང་ནད་དུ་མི་འགྱུར། །དཔེར་ན་སྤྲང་པོ་ཉེན་སེར་བ་སོགས་ཀྱིས། །མི་འཇིགས་མོད་ཀྱི་ལོ་ཐོག་འབྱུང་བའི་རེ་བ་མེད། །དེ་བཞིན་ཁྱིམ་པ་རྣམས་ལ་ཡང་། །བསླབ་པ་མ་བཅས་པས་ལྟུང་བ་མེད་མོད་བསླབ་པ་བསྲུང་བའི་ཕན་ཡོན་དགེ་བ་ཡང་མི་འབྱུང་ངོ་། །མ་བཅས་ན་ལྟུང་བ་མེད་པ་དེས་ན་མདོ་དང་བསྟན་བཅོས་ལས། །ཉེས་པ་ལ་རང་བཞིན་གྱི་ཁ་ན་མ་ཐོ་བ་སྲོག་གཅོད་པ་སོགས་དང་། །བཅས་པའི་ཁ་ན་མ་ཐོ་བ་ཆོས་གོས་མེད་པ་ལ་སོགས། །རྣམ་པ་གཉིས་སུ་བསྡུས་ཏེ་གསུངས། །རང་བཞིན་ཁ་ན་མ་ཐོ་བ། །བྱེད་པ་པོ་སེམས་ཅན་ཀུན་ལ་སྡིག་པར་འགྱུར། །བཅས་པའི་ཁ་ན་མ་ཐོ་བ། །བཅས་པ་ཕྱིན་ཆད་རབ་བྱུང་ཁོ་ན་ལ་ལྟུང་བར་འགྱུར་རོ། །བཅས་པའི་ཁ་ན་མ་ཐོ་བ་བསླབ་པ་བཅས་པ་ལ་ལྟོས་པ་དེ་ལྟ་མིན་པར་བསླབ་པ་མ་བཅས་ཀྱང་། །ཅི་ནས་སྡིག་པར་འགྱུར་ན་ནི། །འོ་ན་རྒྱལ་བ་རིགས་ལྔ་ལ་སོགས་པ། །ལོངས་སྤྱོད་རྫོགས་པའི་སྐུ་རྣམས་དང་། །ཉེ་བའི་སྲས་བརྒྱད་འཇམ་དཔལ་དང་། །སྤྱན་རས་གཟིགས་ལ་སོགས་པ། །བྱང་ཆུབ་སེམས་དཔའ་ཕལ་ཆེར་ཡང་། །ཁྱད་སྐྲ་ཤིན་ཏུ་རིང་ཞིང་རིན་པོ་ཆེ་སོགས་ཀྱི་རྒྱན་དང་བཅས། །ཁ་དོག་དཀར་པོ་སོགས་སྣ་ཚོགས་པའི་ན་བཟའ་ཅན། །རིན་པོ་ཆེ་དང་རལ་གྲི་སོགས་ཕྱག་མཚན་སྣ་

ཚོགས་འཛིན་པ་དེ་རྣམས། །ཕྱི་བཀག་པ་ལ་སྤྱོད་པའི་ཕྱིར། །གཤིས་ཀྱི་མི་དགེ་བ་ཐལ་བར་ཅན་དུ་འགྱུར། ། གཞན་ཡང་རྣལ་འབྱོར་དབང་ཕྱུག་བིརྺ་པ། །ཧི་ལོ་ནཱ་རོ་ས་ར་ཧ། །ཤ་ཝ་རི་ལ་སོགས་པ། །དགེ་སློང་གི་བརྟུལ་ཞུགས་པོར་བ་ཡི། །གྲུབ་ཐོབ་དབུ་སྨྲ་རིང་པོ། རུས་རྒྱན་ཅན། ཐོད་པ་སོགས་འཛིན་པ་རྣམས་ཀྱང་གཤིས་ཀྱི་སྡིག་པ་ཅན་དུ་འགྱུར། །གཙུག་ན་རིན་པོ་ཆེས་ཞུས་པའི་མདོ་ལས། ལྷས་བསྐུས་ཞེས་བྱའི་འཇིག་རྟེན་གྱི། ཙཧྣ་སྤྲོས་ཀྱི་དང་ལྡན་འཇིག་རྟེན་གྱི་ཁམས་མཐའ་ཡས་པར་ཁྱབ་པར་གྱུར་པའི་ཞིང་དེ་ན་བཞུགས་པའི། །དགེ་སློང་ཧི་སྐྱེད་ཐམས་ཅད་ཀྱང་། །ཅོད་པན་སོགས་ཀྱི་རྒྱན་དང་བཅས་ཤིང་གོས་དཀར་བ། །དེ་དག་ཀྱང་ནི་སྡིག་ཅན་འགྱུར། །གཤིས་ཀྱི་མི་དགེ་བ་ལ་སྤྱོད་ཕྱིར་རོ། །དགེ་བསྙེན་དགེ་ཚུལ་སྡོམ་བརྩོན་རྣམ་པར་དག་པ་ལའང་། །སྡིག་པ་མེད་པ་སྲིད་པར་མི་འགྱུར་ཏེ། །དེ་དག་ལ་ཡང་དགེ་སློང་གི་བྱིན་ལེན་མ་བྱས་པ་ཟ་བ་སོགས་ཀྱི། །ལྟུང་བ་ཐམས་ཅད་འབྱུང་བའི་ཕྱིར་རོ། །བསླབ་པ་མ་བཅས་པའི་རྟེན་ལ་ཡང་བཅས་པའི་སྡིག་པ་འབྱུང་བ་འདི་འདྲ་གང་དག་སུ་ཟེར་བ། །དེ་ཡིས་རང་གི་རྩ་བ་དང་། །བརྒྱུད་པའི་བླ་མར་གང་གྱུར་པ། །ཁྱིམ་པ་འམ་ནི་དགེ་བསྙེན་ནམ། །རྣལ་འབྱོར་པ་རུ་གང་བཞུགས་པ། །དེ་དག་ཐམས་ཅད་ལ་སྐུར་པ་སྟེ། །དེ་གསུམ་གང་རུང་གི་ཆ་ལུགས་ལྡན་པ་རྣམས་གཤིས་ཀྱི་མི་དགེ་བ་ལ་སྤྱོད་པར་མཛད་པའི་ཕྱིར་དང་། །ལྟུང་བ་ཐམས་ཅད་སྤྱོད་ཕྱིར་རོ། ། རབ་བྱུང་གི་བརྟུལ་ཞུགས་ཡོད་མེད་ལ་གཤིས་ཀྱི་དགེ་སྡུག་ཏུ་མི་འགྱུར་བ་དེས་ན་མདོ་ལས་རབ་བྱུང་གི་བརྟུལ་ཞུགས་ཆ་ལུགས་ཙམ་ལ། །དགེ་སྡིག་གཉིས་ཀ་མེད་པར་གསུངས། །འོན་ཀྱང་ཚུལ་ཁྲིམས་དང་ལྡན་པའི་རབ་བྱུང་གིས་བརྟུལ་ཞུགས་འཆར་བ་དེ་ནི་ཞིང་གི་གྲབ་སྐྱོར་བཞིན་རང་རྒྱུད་ཀྱི་ཚུལ་ཁྲིམས་ལ། །གུས་པའི་རྒྱུ་རུ་གསུངས་པར་ཟད། །འདུལ་བ་ལ་བསྟོད་པ་ལས། རབ་མཚམས་ཀྱི་འོབས་དང་འདྲ་བ་ཡི། །ཟད་པ་ཀུན་གྱི་རྒྱུ་ཡོན་འདུལ་བ་ཡིན། །ཞེས་གསུངས་སོ། །ཁ་ན་མ་ཐོ་བ་ལ་བཅས་རང་རང་གཉིས་ཡོད་པ་དེས་ན་འདོད་པས་དབེན་པ་རབ་ཏུ་བྱུང་བ་ལ་བཅས་པ་དང་། །སྲོག་གཅོད་སོགས་ཁྱིམ་པ་དང་རབ་ཏུ་བྱུང་བ་གཉིས་ཀ་ལ་བཀག་པ་སྡིག་ཏོ་མི་དགེའི་ཆོས་ཀྱིས་ནི། །དབེན་པ་ཞེས་བྱ་རྣམ་པ་གཉིས་སུ་གསུངས། །ཐུབ་པའི་དགོངས་པ་ཇི་བཞིན་བཅས་རང་གཉིས་སོ་སོར་བྱུང་། །བུ་མོ་གསེར་མཆོག་འོད་དཔལ་གྱིས། །བློ་གྲོས་ཆེན་པོ་འཇམ་དཔལ་ལ། །རབ་ཏུ་འབྱུང་བར་ཞུས་པའི་ཚེ། །བུ་མོ་ལུས་རབ་ཏུ་བྱུང་བ་བར་ཏུ་བྱུང་ཞེས་བྱ་བ་ལ་སོགས་པ་རྒྱས་པར་གསུངས་སོ། །དེས་ན་ལུས་ཀྱི་རབ་བྱུང་བཀག་ནས་ཀྱང་། །སེམས་ཀྱི་རབ་བྱུང་ཐོབ་པར་མཛད། །གལ་ཏེ་གཤིས་རབ་བྱུང་གི་ཆ་ལུགས་ལ་དགེ་བ་ཡོད་ན། འཇམ་དཔལ་གྱིས་གསེར་མཆོག་འོད་དཔལ་གྱི་ལུས་ལ་ངུར་སྨིག་ཅིས་མི་བསྒོན་ཏེ་སྡོམ་པ་མེད་ཀྱང་ལུས་གཟུགས་བརྩུན་རེ་ཅི་ཡི་ཕྱིར་མི་བྱེད། །

དཀོན་མཆོག་བརྩེགས་པའི་མདོ་སྡེ་འོད་སྲུངས་ཀྱིས་ཞུས་པ་ལས། །ཚུལ་ཁྲིམས་མ་དག་བཞིན་དུ་དད་རྫས་ཟ་བའི་ཉེས་པ་མཐོང་ནས། །དགེ་སློང་ལྔ་བརྒྱས་ཆོས་གོས་ལྷུང་བཟེད་དང་བཅས་པ་དགེ་འདུན་ལ་སྡོམ་པ་ཕུལ་བས་ཁྱིམ་པར་སོང་བ། །དེ་ལ་ཐུབ་པས་སྡོམ་པ་བསྲུང་མི་ནུས་ན་ཕུལ་བ་ཉིད་ལེགས་སོ་ཞེས་གསུངས་ནས། །འཕགས་པ་བྱམས་པའི་བསྟན་པ་ལ། །འཁོར་འདུས་པ་དང་པོར་དེ་ལ་དགྲ་བཅོམ་པ་ཐོབ་པར་ལུང་བསྟན། །དེས་ན་ཉེན་སྤྱོད་ཀྱི་གཉེན་པོར་གྱུར་པའི་སྡོམ་པ་དགེ་བ་ཡིན། །རབ་བྱུང་གི་ཆ་ལུགས་ཙམ་ལ་ནི་དགེ་བ་མེད། །སྡོམ་པ་མེད་པའི་ཆ་ལུགས་འཆད་ཀུན། །མདོ་དང་བསྟན་བཅོས་རྣམས་ལས་བཀག །དེ་ལྟར་མ་ཡིན་པར་གཞིས་ལ་གནས་པའི་དགེ་བ་ཡོད་ན་ནི། །སྡོམ་པ་མེད་ཀྱང་འགྲོ་བ་ཀུན་གྱིས་རབ་བྱུང་གི། །ཆ་ལུགས་བཙུན་གཟུགས་ཙམ་རེ་ཅིས་མི་གཟུང་སྟེ་གཟུང་རིགས་པས་སོ། །གཞིས་ལ་དགེ་བ་ཡོད་ཟེར་བ་འདི་འདྲའི་ཆོས་ལུགས་ནི་སངས་རྒྱས་ཀྱི་བསྟན་པ་མིན། གཞིས་ལ་དགེ་སྡིག་བཀག་པ་དེ་ལ་བསླབ་པ་བཅས་པའི་རྒྱུ་མཚན་མ་གོ་བ་ཁ་ཅིག་འདི་སྐད་དུ། །གལ་ཏེ་གཞིས་ལ་དགེ་བ་དང་། །སྡིག་པ་གཉིས་ཀ་མེད་པ་ལ། །ཐུབ་པས་བཅས་པ་ལ་ལྟུང་བ་ཡོད། །མ་བཅས་པ་ལ་ལྟུང་བ་མེད་ཅེས་ལྟུང་བ་འཆའ་ན་ནི། །མུ་སྟེགས་ཀྱི་དབང་ཕྱུག་ལྟར་བདེ་སྡུག་ཀུན་གྱི་བྱེད་པ་པོ། །སངས་རྒྱས་ཡིན་པར་འགྱུར་ཅེ་ན། །རྩོད་པས་འདི་ཡི་ལན་ལ་རྣམ་གཉིས་ལས། །མགོ་བསྒྲེའི་ལན་ནི་འདི་ལྟར་ཡིན། །བཅས་པ་ལ་མི་ལྟོས་པར་གཞིས་ལ་ངོ་བོ་ཉིད་ཀྱིས་དགེ་སྡིག་ཡོད་ན་ནི། །ཁྱེད་ཀྱང་མུ་སྟེགས་ཆད་ལྟ་ན་རེ། །འབྱུང་ལྔ་ཉི་མ་ཟླ་བ་དང་། །ཁ་བ་དང་ནི་མངར་བ་སོགས། །དགེ་དང་སྡིག་པ་ཐམས་ཅད་ཀྱང་། །སུས་ཀྱང་མ་བྱས་ངོ་བོ་བོས་གྲུབ། །ཅེས་སོ། །འགའ་ཞིག་ལྟར། །ངོ་བོ་ཉིད་དམ་རང་བཞིན་རྒྱུར་སྨྲ་བར་འགྱུར། །གཉིས་པ་དངོས་པོའི་ལན་ལ་ནི། །གཞིས་ལ་དགེ་དང་སྡིག་པ་ངོ་བོས་མེད་ཀྱང་། །འབྲས་བུ་བདེ་སྡུག་རང་གི་ལས་ཀྱིས་བྱས་པ་ཡིན་གྱི་གཞིས་ལ་ཡོད་པར་མི་འདོད། །ལུས་ངག་གི་ལས་ཀྱི་བྱེད་པོ་རྩ་བ་སེམས་ཉིད་ཡིན། །སེམས་ནི་དགེ་བ་དང་མི་དགེ་བའི། །སྟོབས་ཀྱིས་ལས་ལ་བཟང་ངན་འགྱུར། །ལས་བཟང་ངན་དེ་ལས་བདེ་བ་སྡུག་བསྔལ་འབྱུང་། །དེ་དག་ལས་བཟང་བ་བླང་ངན་པ་དོར་བར་བྱེད་པ་ཡི། །ཐབས་ནི་སྡོམ་པའི་ཚུལ་ཁྲིམས་ཡིན། སྡོམ་པ་འབོགས། སྐྲ་བྲེགས། ཆོས་གོས་ལ་སོགས་པའི་བརྟུལ་ཞུགས་ཚུལ་ཁྲིམས་བསྲུང་བའི་ཐབས་ཡིན་ཏེ་ཚུལ་ཁྲིམས་མེད་ན་བརྟུལ་ཞུགས་དོན་མེད་པའི་ཕྱིར་རོ། །ཚུལ་ཁྲིམས་བསྲུང་བ་དེ་ལ་གང་ལ་གང་དགོས་པའི། །བསླབ་པ་མཐར་དག་གི་འཆའ་བའི་བྱེད་པ་པོ། །འཇིག་རྟེན་ན་ཁྲིམས་བཅའ་རྒྱལ་པོས་བྱེད་དགོས་པ་བཞིན་རྫོགས་པའི་སངས་རྒྱས་ཉག་གཅིག་ཡིན། །འོན་ཀྱང་ཐེག་པ་ཆེན་པོའི་བསླབ་པ་ཕྲན་ཚེགས་འགའ་ཞིག་ས་ཆེན་པོ་ལ་གནས་པའི་བྱང་ཆུབ་སེམས་དཔས་ཀྱང་

འཆའ་བ་མདོ་སྡེ་རྒྱན་ལས་གསུངས། །བསླབ་པ་འཆའ་བ་པོ་སངས་རྒྱས་ཡིན་པ་**དེས་ན**་གང་ཟག་གི་**བསམ**་པ་ཉོན་མོངས་ཆེ་ཆུང་ལ་སོགས་**པའི་ཁྱད་པར་གྱིས**། །སྡིག་པ་ཐ་དད་ལ་**གཉེན་པོའི་བྱེ་བྲག**་གིས་བཅས་པ་མི་འདྲ་བ་**དུམ**་ཞིང་མི་འདྲ་བ་ལ་སོ་ནམ་མི་འདྲ་བ་བཞིན་**ཡོད**། **།དེ་ཡི་ཐབས་སུ་བརྟུལ་ཞུགས་དང་། །འདུལ་བའི་བཅས་པ་མི་འདྲ་བ**། **།མཛད་པའི་རྒྱུ་མཚན**་སྨྲ་མ་**དེ་ལྟར་ཡིན**་ཏེ་སངས་རྒྱས་ཀྱི་མཛད་པ་ཐམས་ཅད་གདུལ་བྱའི་བསམ་པ་དང་བག་ལ་ཉལ་སོགས་དང་མཐུན་པར་མཛད་པའི་ཕྱིར་རོ། །བསླབ་པ་འཆའ་བའི་རྒྱུ་མཚན་**དེས་ན་བདེ་དང་སྡུག་བསྔལ་གྱི**། **།བྱེད་པོ**་སྟོན་པ་**སངས་རྒྱས་མ་ཡིན་ཡང**་འཁོར་བའི་རྒྱུ་ལས་ཉོན་སྤྱོང་བའི་ཐབས། **།བསླབ་པ་འཆའ**་བ་**དང**་འདུལ་བ་ལུང་ལས། །བཅོམ་ལྡན་འདས་བསླབ་པ་འཆའ་བར་བཞེད་ནས་ཞེས་བྱ་བ་དང་། ཉེས་པ་བྱུང་ཡང་མ་བཅས། བྱུང་ནས་བཅས། མ་བྱུང་ཡང་བཅས་པ་དང་། བཅས་པའི་རྗེས་སུ་ནས་བཅས་པ་ལ་སོགས་པ་རྒྱས་པར་ལུང་དུ་ལྟོས། གསང་སྔགས་ཀྱི་ཚིག་འདི་དང་འདི་ལྟ་བུས་བསྒྲུབས་ན་དངོས་གྲུབ་འདི་དང་འདི་ལྟ་བུ་ཐོབ་པར་**སྔགས་སྒྲུབ་པའི**། **།བྱེད**་པ་**པོ**་ཡང་**སངས་རྒྱས་ཡིན་པར་གསུངས**། །སྐྱེས་བུས་བྱས་པའི་ཚིག་ཐམས་ཅད་ལོག་པའི་དོན་ཅན་དུ་མ་གྲུབ་སྟེ། རྣམ་འགྲེལ་ལས། འགའ་ཡིས་བརྫ་བྱས་ཉིད་ཡིན་ན། །སྔགས་རྣམས་འབྲས་བུ་སྒྲུབ་བྱེད་ཡིན། །བྲམ་ཟེ་ཤང་ཀུ་ལ་སོགས་པས་བརྫ་སྦྱར་བས་མཁའ་ལྡིང་གི་སྔགས་ཀྱིས་དུག་ཞི་བ་སོགས་དོན་གྲུབ་པ་མཐོང་བའི་ཕྱིར། དེ་དག་སྐྱེས་བུས་བྱས་པ་ལས་དོན་གྲུབ་པ་མ་ཡིན་གྱི་སྐྱེས་བུས་མ་བྱས་པའི་དངོས་པོའི་ནུས་པ་ལས་དོན་གྲུབ་པ་ཡིན་ནོ་ཞེ་ན།ཅི་སྟེ་སྔགས་དངོས་པོའི་ནུས་པ་ཡིན་ན་སྨན་དངོས་པོའི་ནུས་པས་དུག་ཞི་བས་སྨན་ལ་གོ་རིམ་མེད་པ་ལྟར། སྔགས་ཀྱི་ཡི་གེ་སྔ་ཕྱི་ལ་ཁྱད་པར་མེད་པའི་ཕྱིར། གོ་རིམ་གཞན་དང་གཞན་དུ་བྱས་པ་ལས་འབྲས་བུ་འགྲུབ་པར་འགྱུར་རོ། །ཁྱད་པར་མེད་ཅེས་གཞན་ལའང་འགྱུར། ཞེས་བྱ་བ་དང་། །རིམས་ནད་ཞི་བ་སོགས་འབྲས་བུ་འདོད་པས་སྔགས་རྣམས་ནི། བྱས་པ་དང་ཁྱད་པར་དུ་སྐྱེས་བུས་བྱས་པ་ཉིད་བརྗོད་ཅིང་གཟུང་བར་བྱ་ཡི་མ་བྱས་པའི་ཚིག་ལས་ནི་འདོད་པའི་དོན་གྲུབ་པ་གང་ཡང་མེད་དོ། །སྐྱེས་བུ་ནུས་མེད་སྒྲུབ་བྱེད་ནི། །སྐྱེས་བུ་ཐམས་ཅད་ཀྱིས་སྔགས་སྦྱོར་བར་འགྱུར་རོ་ཞེས་བྱ་བ་འདི་ནི། སྔགས་སྦྱོར་བ་ལ་ཤེས་མཐུ་ཁྱད་པར་ཅན་དགོས་པར་བསྟན་པ།འདི་ཉིད་ཀྱིས་ནི་བསལ་བ་ཡིན། །ཞེས་གསུངས་པ་དང་། རིག་བྱེད་པ་ན་རེ། ཚིག་རྣམས་ལོག་པ་ཉིད་ཀྱི་རྒྱུ་རུ་འགྱུར་བ། འདོད་ཆགས་སོགས་ཉེས་རྣམས་ཡིན་ལ་ཉེས་པ་དེ་རྣམས་སྐྱེས་བུ་ལ་བརྟེན་ཕྱིར་ལོག་པའི་དོན་ཅན་ཡིན་ལ། །སྐྱེས་བུས་མ་བྱས་པའི་ལུང་བདེན་དོན་ཅན་ཡིན། ཞེས་ནི་ལ་ལ་བརྗོད་པར་བྱེད། མགོ་མཇུག་སངས་ཀྱི་རིགས་པ། འོ་ན་ཚིག་རྣམས་བདེན་པ་ཉིད་ཀྱི་རྒྱུ་འདོད་ཆགས་ལ་སོགས་པ་དང་ལྡན་པ་དག

ཧྲུན་དུ་སློ་བ་མཐོང་བ་བཞིན་དུ་བརྩེ་བ་དང་ཤེས་རབ་དང་ལྡན་པ་དག་བདེན་པར་སློབ་ཡིན་ལ། ཡོན་ཏན་སྐྱེས་བུ་ལ་བརྟེན་ཕྱིར་སྐྱེས་བུས་བྱས་པ་ནི་བདེན་པའི་དོན་ཅན་ཡིན་པ་དང་། སྐྱེས་བུས་མ་བྱས་ལོག་པའི་དོན། ཅེས་མིན་ཞེས་ནི་ལ་ལ་བརྗོད་སྐྱེས་བུས་མ་བྱས་པའི་རྟགས་ཀྱིས་རིག་བྱེད་ཚད་མར་འདོད་པ་དགག་པའོ། །ཞེས་རྣམ་འགྲེལ་ལས་གསུངས་སོ། །ཆོས་འདུལ་བའི་སྒོར་ཞུགས་པའི་རབ་བྱུང་གིས་ཁྲིམས་པའི་རྟགས་སྤོང་བར་ཁས་བླངས་དང་འགལ་བས་ན་གོས་ཞུ་ཐུང་སྨུ་གུ་ཅན་དང་གོང་བ་ཅན། །རྟ་ལ་ཞོན་པ་ལ་སོགས་དང་། །སྔར་དགེ་སློང་གཞན་ནས་རང་གིས་བྱིན་ལེན་མ་བྱས་པའི་ཟས་ལ་རེག་ན་ཕྱིས་དགེ་སློང་གིས་བཟར་མི་རུང་བ་ལག་ཉ་དང་ནི། །བླ་གབ་ཉེ་འཁོར་དང་བཅས་པའི་ནང་དུ་བསྙེན་པར་མ་རྫོགས་པ་དང་ལྷན་ཅིག་ཏུ་ཉལ་དུ་མི་རུང་ཞིང་། གཉིད་ལོག་པས་ཉལ་ན་མཚན་མོ་གསུམ་པའི་མཐར་ལྟུང་བྱེད་དུ་འགྱུར་བ་ནུབ་ཚངས་དང་བཟའ་བར་བརྩམས་ཏེ་བྱིན་ལེན་བྱས་ནས་ལངས་པ་དང་། སྔོན་གཡོགས་མ་གྱོན་པ་བྱི་དོར་གྱི་ལས་བྱེད་པ་སོགས། །འདུལ་བའི་སྤྱོད་པ་མ་ཡིན་པ། །བྱས་པ་ཀུན་ལ་སེམས་གནོང་ཞིང་འགྱོད་པ་ཡི། །ཚུལ་གྱིས་ལྟུང་བ་རིགས་མཐུན་མེད་པའི་དགེ་སློང་གི་དྲུང་དུ་བཤགས་པ་ལེགས་པར་བྱ་སྟེ། །དེ་དག་ལ་ལྟུང་བ་མེད་དོ་ཞེས། །ཕྲད་དུ་བསད་ནས་སྨྲན་སངས་རྒྱས་ཀྱི་བསྟན་པ་ལ་གནོད་པ་ཡིན། །རབ་ཏུ་བྱུང་བ་ཁྲིམས་པར་འབབ་པ་དང་འབབ་ཏུ་འཇུག་པ། །ཕན་ཚུན་ཕྱོགས་རིས་སུ་ཕྱེ་ནས་ཆགས་སྡང་གི་རྩོད་པར་བྱེད་པ་དང་། །དམ་ཆོས་གླེགས་བམ་སོགས་ཉོ་ཚོང་བྱེད་པ་དང་། །ནད་པ་མིན་པ་དང་། གསང་སྔགས་ཀྱི་ཉམས་ལེན་གྱིས་མ་ཟིན་པ་ལ་ཟིན་པར་རློམས་ནས། །དགེ་སློང་ཕྱི་དྲོ་དུས་སུ་རུང་བའི་ཁ་ཟས་ཟ་བ་དང་། །བག་མེད་ཉེས་པ་ཀུན་གྱི་རྩ་བ། རབ་བྱུང་སྲོག་གི་ཕྱིར་ཡང་ཆང་འཐུང་དུ་མ་གནང་བ་འཐུང་བ་དང་། དགོས་པ་ཁྱད་པར་ཅན་མེད་པར་ས་བརྐོ་བ་རྩྭ་གཅོད་པ་ལ་སོགས་པ་དང་། ལུས་ཀྱི་པགས་པ་བཞིན་འབྲལ་མེད་དུ་བཅང་དགོས་པའི་ཆོས་གོས་རྣམ་གསུམ་དང་མིག་བཞིན་དུ་བསྲུང་བའི་ལྷུང་བཟེད་གདིང་བ་ལ་སོགས་པ་འབྲལ་མེད་དུ་འཆང་དགོས་པ་རྣམས་མེད་པ་དང་། ཆུ་ཚགས་མེད་པར་ལས་རྒྱང་གྲགས་ཚུན་ལ་འགྲོ་བ་སོགས། །ཆོས་དང་འགལ་བའི་སྤྱོད་པ་ཀུན་ཉམས་ལེན་གཞན་གྱིས་ཟིན་པས། བཤགས་པ་མི་བྱེད་པར་ལྟུང་བ་མེད་ཅེས་སྒྲོགས་པ་དང་། །ཕྱོགས་རིས་ཀྱི་རྩོད་པ་བླ་མའི་ཞབས་ཏོག་ཡིན་པ་དང་། །སངས་རྒྱས་བསྟན་ལ་ཕན་པ་སོགས། །སྨྲན་བསྟན་པ་སྤྱི་ལ་གནོད་ཚབས་ཆེ། འདི་དག་ལ་ཉེས་པ་ཆེན་པོ་དག་ཡོད་ཀྱང་རང་གིས་བསླུབ་པར་མ་ནུས་པའམ། སྐྱེ་བ་སྔ་མའི་ལས་ངན་ཡིན་པས་བྱ་དགོས་པ་བྱུང་ལ་ཞེས་སྨྲན་ནི། །རང་གཅིག་པུ་ལ་གནོད་ཀྱི་བསྟན་པ་སྤྱི་ལ་མནོད་པ་མིན་པས་དེ་གནོད་ཚབ་ཆུང་། གལ་ཏེ་སྐྱེ་བ་སྔ་མ་ཆོས་དང་མི་མཐུན་པ་འབའ་ཞིག་བྱས་པ་ཡི། །ལས་ངན་དུས་སུ་སྨིན་པའི་

ཤུགས་ཉིད་ལས། །ད་ལྟ་ཆོས་དང་འགལ་བའི་སྤྱོད་པ་འདི་དག་ཀུན། །རང་ཉིད་མི་མོས་བཞིན་དུ་དབང་མེད་བྱ་དགོས་བྱུང་ན་ཡང་། །བདག་གི་སྤྱོད་པ་ངན་པ་འདི་ནི་མདོ་སྡེ་དང་མི་མཐུན་པས་ཆོས་མིན་ཚུལ་ཁྲིམས་དང་འགལ་བས་འདུལ་བ་མིན། །སངས་རྒྱས་ཀྱི་བསྟན་པའང་མིན་ནོ་ཞེས། །འགྱོད་ཅིང་མཐོང་བའི་ཚུལ་གྱིས་ཡུལ་དགེ་འདུན་སོགས་ལ་ལེགས་པར་བཤགས་པར་བྱེད་དགོས་ཏེ་དེ་ལྟར་བྱས་པས་ལྟུང་བ་འདག་ཅིང་། །མ་དག་ཀྱང་ཉེས་པ་ཡང་བར་འགྱུར་རོ། །ཆོས་དང་འགལ་བ་ལ་ཡང་། ཆོས་དང་མངོན་སུམ་དུ་འགལ་ཡང་བདག་གི་སྤྱོད་པ་འདི་དག་ཆོས་དང་མི་འགལ་ཞིང་། །སངས་རྒྱས་ཀྱི་བསྟན་པ་ཡིན་ནོ་ཞེས། སྨྲ་བར་མི་བྱ་སྟེ། སྨྲ་ན་སངས་རྒྱས་ཀྱི་བསྟན་པ་སྤྱི་ལ་གནོད་པས་རང་གཞན་ཀུན་ལ་གནོད་ཚབས་ཆེ། དེས་ན་བསྟན་པའི་སྒོར་ཞུགས་པ་དག་གིས་བསླབ་པ་ལ་གཅེས་སྤྲས་པར་ཀྱི་སྒོ་ནས། སངས་རྒྱས་ཀྱི་བསྟན་པ་ལ་ཕན་པ་བསྒྲུབ་པར་བྱའོ། །གལ་ཏེ་མ་ཕན་ཡང་། །རྣམ་པ་ཀུན་ཏུ་གནོད་པར་མི་བྱའོ། །བསྟན་པའི་སྒོར་ཞུགས་ནས་བསྟན་པ་ལ་གནོད་པ་ནི་ནགས་པའི་སྲིན་བུའི་རྣམ་ཐར་བཞིན་ནོ། །དགེ་འདུན་གྱི་དབུས་སུ་མདོ་བསྐུལ་བ་དང་། །ཉི་མའི་གྲངས་བརྗོད་པ་ལ་སོགས་པའི་ཁྲལ་གྱི་བྱ་བ་ཀུན། །འདུལ་བའི་གཞུང་དང་མཐུན་པར་གྱིས་ཏེ། དེ་དག་འདུལ་བ་ནས་གསུངས་པའི་ལག་ལེན་ཡིན་པའི་ཕྱིར་རོ། །བཀའ་གདམས་པ་ཁ་ཅིག མདོ་བསྐུལ་རིང་མོ་ཞེས་བྱ་བ། །དེ་ཡང་། འདི་འདྲ་རྒྱ་གར་ན་མེད་བོད་ཀྱིའང་སྡེ་སྣོད་འཛིན་པ་རྣམས་ལ་མེད་པས་རང་བཟོ་ཡིན། གཟུང་རྒྱུ་མང་བས་དཀའ་ལས་ཆེ་ལ་ཆོས་ནས་མ་བཤད་པས་ན་ངོ་བོ་ནོར་བར་བྱེད་པ་མཐོང་སྟེ། འདི་ལྟར། ཀྱི་གསོན་ཅིག་དགེ་འདུན་བཙུན་པ་རྣམས། །ཚངས་པ་བརྒྱ་བྱིན་རྒྱལ་ཆེན་རྣམས། །ཆོས་སྐྱོང་གཙུག་ལག་སྲུང་མ་དང་། །ལྷ་ཀླུ་ལ་སོགས་སྡེ་བརྒྱད་དང་། །ཆོས་རྒྱལ་རྗེ་བློན་ཡོན་བདག་དང་། །ཕ་མ་མཁན་པོ་སློབ་དཔོན་དང་། །མཐའ་ཡས་སེམས་ཅན་དོན་སླད་དུ། །ཞལ་ནས་གསུངས་པའི་མདོ་བརྗོད་ཀྱུ། །ཨུ་ཏུ་ལགས་ཟེར། མདོ་རྒྱུད་ཀུན་ལས་སྐྱལ་བའི་ཚིག་ནོར་བ་འདི་མ་གསུངས་པས་ཤེས་བྱེད་མེད་པའི་ཕྱིར་མི་འཐད་དོ། །འདི་འདྲའི་རིགས་ཀྱི་ཉམས་ལེན་གྱི་ཆོས་འཕེལ་ན། །བསྟན་པའི་རྩ་བ་འདུལ་བ་ནུབ་ཟེར་བ་དེ་ཡིན་པར་འགྱུར་བས་ཉེས་དམིགས་ཆེ་སྟེ་ཆོས་ནས་གསུངས་པ་རྣམས་ནུབ། མ་གསུངས་པ་རྣམས་འཕེལ་བའི་ཕྱིར་རོ། །སངས་རྒྱས་ཀྱི་རྗེས་སུ་ཞུགས་ཀྱང་ལག་ལེན་དེའི་གསུང་བཞིན་མི་བྱེད་པར་སངས་རྒྱས་ཀྱིས་གསུངས་པའི་ཆོ་ག་ལག་ལེན་ཀུན། ལས་སླ་བར་གྱུར་ཀྱང་མི་བྱེད་ལ། །སངས་རྒྱས་ཀྱིས་ནི་མ་གསུངས་ན། །ལས་དཀའ་ཡང་འབད་ནས་བྱེད་པ་འདི་ནི་ངོ་མཚར་ཆེ།།ཞེས་པ་བསྙིང་ཚིག་སྟེ་བསྟན་པ་དཀྲུག་པའི་ཞེ་འདོད་ཡོད་པས་བྱས་པ་སྲིད་པ་ཡིན། གལ་ཏེ་སངས་རྒྱས་ཀྱི་གསུང་དང་མི་མཐུན་ཡང་། །འདི་འདྲ་བ་བྱས་པ་ལ་སྐྱོན་ཅན་དུ་ཅང་

འགྱུར་རམ་སྙམ་ནས་ནོར་བ་ལ་བདེན་པར་འདོད་ན་ནི། །ལག་ལེན་ཕྱིན་ཅི་ལོག་སྟོམ་པ་ཐག་ཀྲུ་མ་དང་། ལས་ཆོག་མགོ་ལ་བཞག་པས་དགེ་སློང་དུ་སོང་ཟེར་བ་དང་། གཏོར་མ་སྤྱི་བོར་བཞག་པས་དབང་བསྐུར་ཐོབ་ཟེར་བ་དང་། དགེ་འདུན་གྱི་དོན་དུ་ཕྱུགས་མ་བསད་ན་བསོད་ནམས་སུ་འགྲོ་ཟེར་བ་དང་། རང་རེ་གང་དྲན་པའི་ལག་ལེན་བྱས་ནས། སངས་རྒྱས་ཀྱི་བསྟན་པ་ཡིན་ཞེས་སྨྲ་བ་གཞན་ཡང་། །འཕྲུལ་ཞེས་བརྗོད་པར་མི་ནུས་ཏེ། །ལུང་དང་འགལ་བའི་ཆོས་ཡིན་པར། །མདོ་བསྐུལ་རིང་མོ་དང་ལས་ཆོག་སྤྱི་བོར་བཞག་པའི་དགེ་སློང་ལ་སོགས་པ་ལུང་ནས་མ་བཤད་པའི། རང་བཟོར་ཡིན་པར་ཐམས་ཅད་མཚུངས་པ་ལ། །འགའ་ཞིག་བདེན་ལ་འགའ་ཞིག་ནི། །བརྫུན་པ་ཡིན་ཞེས་དཔྱད་མི་རུང་སྟེ། བདེན་ན་འང་ཐམས་ཅད་བདེན། རྫུན་ན་འང་ཐམས་ཅད་རྫུན་དུ་འགྲོ། དེར་མ་ཟད་མུ་སྟེགས་ལ་སོགས་ཆོས་ལོག་སྲོག་བཅད་པས་མཐོ་རིས་ཐོབ་པ་དང་བ་ལང་གི་ཆུ་དང་ལྕི་བ་ཟོས་པས་ལུས་ངག་འདག་པ་དང་། དཀའ་ཐུབ་སྤྱད་པས་སྡིག་པ་འདག་པར་འདོད་པ་དག་ཀྱང་། །སུན་དབྱུང་བར་ནི་མི་ནུས་ཏེ། །དེ་ཡང་མདོ་བསྐུལ་རིང་མོ་དང་། ཤེས་བྱེད་ཀྱི་ལུང་རིགས་མེད་པར་མཚུངས་པ་ལ། །བདེན་རྫུན་དབྱེ་བ་ནུས་པ་མ་ཡིན་ནོ། །ཉན་ཐོས་ཚིག་གཅིགས་བྱ་བ་ཡིན་པས་ལས་ཚིག་སངས་རྒྱས་ཀྱི་གསུང་བཞིན་མ་བྱས་ན་ལས་མི་ཆགས་པས་སོ་སྐྱེའི་བློས་བཏགས་ཀྱི་ཚིག་ལས་ཚིག་ཏུ་མི་རུང་ངོ་ཞང་ཚལ་པ་དང་།བཀའ་ཕྱུག་པ་ལ་ལ་དག་གིས་རྫོགས་པའི་སངས་རྒྱས་ཀྱི། །གསུང་རབ་ཚིག་དོན་ཟབ་མོ་སྟོན་པའི་མདོ། །སྡེ་སྣོད་གསུམ་དང་། རྒྱུད་སྡེ་བཞིས་བསྡུས་པ་རྣམས་དང་། དེ་དག་གི་དགོངས་འགྲེལ། བི་ནྲ་པ་ལ་སོགས་པའི་གྲུབ་ཐོབ་རྣམས་དང་མཁས་པ་རྒྱན་དྲུག་ལ་སོགས་པ་རྣམས་ཀྱི། །ཤིན་ཏུ་ལེགས་པར་བཤད་པའི་ཆོས་རྣམས་ལ། སྐལ་པ་ངན་པ་རྣམས་རྗེས་སུ་གཟུང་བའི་ཚིག་གི་ན་ཡ་ཡིན་པས་ན། །ཡང་དག་པའི་དོན་རྟོགས་པ་ལ་དགོས་པ་ཆེར་མེད་པས་དོར་བར་བྱའོ་ཞེས་ཟེར། རྫོད་བྱེད་ཀྱི་ཚིག་ཀྱང་བསྒྲིགས་ལེགས་མི་ཤེས་ན། །བརྗོད་བྱའི་དོན་བཟང་པོ་མི་ཤེས་པ་སྨོས་ཀྱང་ཅི་དགོས་པའི། །བླུན་པོ་རྣམས་ཀྱི་རང་དགར་སྦྱར་བའི་ཚིག །མཁས་པ་རྣམས་ཀྱིས་གཟིགས་ན་ཁྲེལ་ཞིང་བཞད་གད་བསྐྱེད་པའི་གནས་སུ་གྱུར་པ་ཡི། །འབྲེལ་མེད་སྣ་ཚོགས་ཡི་གེར་བྲིས་པ་ལ། །ཐར་པའི་ལམ་དང་གདམས་ངག་ངོ་མཚར་ཅན་སྟོན་པའི་བསྟན་བཅོས་ཡིན་ཞེས་ཉན་བཤད་བྱེད་དོ། །

དེ་ལྟ་བུས་འཇིག་རྟེན་བླུན་པོ་དགའ་བ་བསྐྱེད་ནུས་ཀྱི། །བློ་ལྡན་མང་དུ་ཐོས་པའི་མཁས་རྣམས་དགའ་བ་བསྐྱེད་མི་ནུས། །དེ་ལ་འབད་རྩོལ་བྱས་པས་དུས་དང་བློ་གྲོས་གཉིས་ཀ་གྲོན་དུ་སྟེ་ཆུད་ཟོས་སུ་འགྱུར་རོ། །དེས་ན་ཀྱེ་མ་ཞེས་པའི་ཡིད་སྐྱོ་བའི་ཉམས་སུ་བྱས་ནས། སངས་རྒྱས་ཀྱི་བསྟན་པ་ཕན་བདེའི་འབྱུང་གནས་ནི། །

གཟུགས་བརྙན་**འདི་ལྟར་གྱུར་པ་ད་གཟོད་གོ།** །བཀའ་བསྟན་དྲི་མ་མེད་པ་རྣམས་བཞི་མདོའི་རྩ་བཞིན་དོར་ནས། བློན་པོའི་བརྗུན་ཚིག་ལ་ཚད་ཐུབ་ཏུ་འཛིན་ཞིང་། ཉན་བཤད་བྱེད་པ་མང་བས་སོ། །བློན་ཚིག་ལ་ཉན་བཤད་བྱེད་པ་དོན་མེད་ཡིན་པ་**དེས་ན**་ཐོས་བསམ་སྒོམ་གསུམ་བྱ་བའི་ཡུལ་ནི་**སངས་རྒྱས**་ཀྱི་**གསུང་རབ**་མདོ་རྒྱུད་**དང་**། དགོངས་འགྲེལ་**མཁས་པ**་རྒྱན་དྲུག་མཆོག་གཉིས། སྨད་བྱུང་གི་སློབ་དཔོན་གསུམ་ལ་སོགས་པ་**རྣམས་ཀྱི་བསྟན་བཅོས་ཀྱི།** **།ཚིག**་ཐོས་ཤིང་འཛིན་པ་ལའང་བྱང་ཆུབ་ཀྱི་རིགས་རྒྱས་པ་དང་**དོན**་སེམས་ཤིང་བསྒོམ་པ་**ལ་ནི**་འཁོར་བ་ལས་གྲོལ་བར་འགྱུར་བའི་**བྱིན་རླབས་ཡོད**།གསུང་རབ་བྱིན་རླབས་དང་ལྡན་པ་**འདི་འདྲ**་བཀའ་དང་བསྟན་བཅོས་རྣམ་དག་**ཉན་བཤད་བྱེད་པ་ལ།** **།ཐོས་པ་ཞེས་ནི་བརྗོད་པ་ཡིན།** **།དེ་ཡི་དོན**་ལ་རིགས་པས་ཚུལ་བཞིན་དུ་**དཔྱོད**་ཅིང་སེམས་པ་ནི་**བསམ་པ་ཡིན།** **།ནན་ཏན་གྱིས་ནི་དེ་བསྒྲུབ**་ཅིང་གོམས་འདྲིས་བྱེད་ཅིང་ཉམས་སུ་ལེན་**པ།** **།བསྒོམ་པ་ཡིན་པར་ཤེས་པར་བྱ།** །ཤེས་ནས་**ཐོས་བསམ་བསྒོམ་གསུམ་དེ་ལྟར་གྱིས།** །དེ་ལྟ་བུའི་ཚུལ་མཐུན་གྱི་ཐོས་བསམ་སྒོམ་གསུམ་**འདི་ནི་སངས་རྒྱས**་ཀྱི་**བསྟན་པ**་རྣམ་པར་དག་པ་**ཡིན**་ནོ། **།སོ་སོར་ཐར་པའི་སྡོམ་པའི་སྐབས་ཏེ་དང་པོའོ།།** །།

བྱང་སེམས་ཀྱི་སྡོམ་པའི་ཉམས་ལེན་ལ་བྱང་ཆུབ་ཏུ་སེམས་བསྐྱེད་པ་ཙམ་གྱི་**སེམས་བསྐྱེད་ལ་ནི་ཉན་ཐོས**་སྡེ་གཉིས་ཀྱི་གཞུང་ནས་བཤད་པའི་ལུགས་**དང་།** **།ཐེག་པ་ཆེན་པོ**་དབུ་སེམས་ཀྱི་གཞུང་ནས་བཤད་པ**འི་ལུགས**་དང་རྣམ་པ་**གཉིས་ཡོད།** **།ཉན་ཐོས་རྣམས**་ཀྱི་གཞུང་ནས་བཤད་པ་**ལ་སེམས་བསྐྱེད**་ཚུལ་ལ་ཐོབ་བྱ་བྱང་ཆུབ་ཀྱི་སྒོ་ནས**གསུམ**་ཡོད་དེ། ཉན་ཐོས་**དགྲ་བཅོམ**་དུ་སེམས་བསྐྱེད་པ། **རང་རྒྱལ**་དུ་སེམས་བསྐྱེད་པ། རྫོགས་པའི་**སངས་རྒྱས**་སུ་སེམས་བསྐྱེད་པ་རྣམས་**སོ།** **།ཉན་ཐོས**་ཀྱི་**བསྟན་པ**་རྣལ་མ་ལོ་སྟོང་ནས་**ནུབ་པས་ན།** །དེང་སང་**དེ་ཡི་ཆོ་ག་སྤྱོད་པ་ཞུང་ངོ་།** **།ཐེག་པ་ཆེན་པོའི་སེམས་བསྐྱེད་ལ།** །རྗེ་བཙུན་འཇམ་པའི་དབྱངས་ནས་བརྒྱུད་དེ། ཀླུ་སྒྲུབ་ཀྱི་རྗེས་སུ་འབྲང་བ་**དབུ་མ**་ལུགས་དང་། མགོན་པོ་བྱམས་པ་ནས་བརྒྱུད་དེ་ཐོགས་མེད་ཀྱི་རྗེས་སུ་འབྲང་བ་**སེམས་ཙམ**་ལུགས་**རྣམ་པ་གཉིས**་ཡོད་ཅིང་། དེ་གཉིས་ཀའང་བླ་མེད་བྱང་ཆུབ་ཏུ་སེམས་བསྐྱེད་པ་ཁོ་ན་ཡིན་གྱི་བྱང་ཆུབ་གསུམ་དུ་སེམས་བསྐྱེད་ཚུལ་ནི་མེད་དོ། **།དེ་གཉིས་ལྟ་བ**་མཐོ་དམན་**ཐ་དད་པས**་ལྟ་བ་དེ་དང་འཚམས་པའི། **ཆོ་ག་ཡང་ནི་ཐ་དད**་པ་གཉིས་སངས་རྒྱས་ཀྱིས་གསུངས་ཤིང་། རྗེས་འཇུག་རྣམས་ཀྱིས་ཀྱང་བཀྲལ་བ་**ཡིན**་ནོ། །སྦྱོར་བའི་སྐབས་སུ་ཡན་ལག་བདུན་པ་ཚང་བར་མཛད་པ། དངོས་གཞིའི་སྐབས་སུ་སྨོན་འཇུག་སྐབས་གཅིག་ཏུ་སློབ་དཔོན་གྱི་རྗེས་ཟློས་ལན་གསུམ་གྱིས་ལེན་པ། མཇུག་ཏུ་རང་དགའ་བ་བསྒོམ་པ་དང་གཞན་དགའ་བ་སྒོམ་དུ་གཞུག་པ་རྣམས་ནི་དབུ་མའི་ལུགས་དང་། སྦྱོར་བའི་

སྐབས་སུ་ཕྱག་འཚལ་བ་དང་། མཆོད་པ་འབུལ་བ་ཙམ་དང་། བར་ཆད་དྲི་བ་མཛད་པ་དང་། དངོས་གཞིའི་སྐབས་སུ། སྨོན་པ་སེམས་བསྐྱེད་པ་དང་། བྱང་སེམས་བསྐྱེད་པ་ལ་བསླབ་པ་སྟོན་སོང་གིས་བསླབ་པ་རྣམས་ཉམས་འོག་ཏུ་ཆུད་པར་བྱས་ཏེ་འཇུག་པ་སེམས་བསྐྱེད་ལེན་པ་ཆོ་གའི་ཚིག་ཀྱང་སློབ་དཔོན་གྱིས་བརྗོད་པ། སློབ་མས་ཉན་པ་ཙམ་ལས་རྗེས་ཟློས་མི་བྱེད་པ་དང་། མཇུག་ཏུ་མཇེིན་པར་གསོལ་བར་མཛད་པ་རྣམས་ནི་སེམས་ཙམ་པའི་ལུགས་སོ། །རྒྱ་བའི་**ལྟུང་བ**ཡང་ཐ་དད་དེ། དབུ་མ་པས་ནམ་སྙིང་མདོ་ལས་འབྱུང་བ་ལྟར་རྩ་ལྟུང་བཅུ་བཞི་དང་། སེམས་ཙམ་པས་སྡོམ་པ་ཉི་ཤུ་པ་ནས་གསུངས་པ་ལྟར་རྩ་བའི་ལྟུང་བ་བཞི་**དང་ནི། །ཕྱིར་བཅོས**ཚུལ་ཡང་དབུ་མ་པས་སྐྱ་རེངས་ལ་གསོལ་བ་ལྟུང་བ་བཏབ་ནས་ནམ་མཁའི་སྙིང་པོ་རྨི་ལམ་དུ་བྱུང་བ་ལ་རྩ་བའི་ལྟུང་བ་བཤགས་**དང་།** སེམས་ཙམ་པས་སྡོམ་པ་ཉི་ཤུ་པ་ལས་གསུངས་པ་ལྟར་ཀུན་འཁྲིས་དྲག་པོས་ཕམ་པ་ལྟ་བུའི་ཆོས་བཞི་སྤྱད་ན་སྡོམ་པ་སླར་ལེན།འབྲིང་དང་ཆུང་ངུས་སྤྱད་ན་ཡུལ་སྡོམ་ལྡན་གསུམ་དང་གཅིག་གི་མདུན་དུ་བཤགས་པ་དང་། **བསླབ་པར་བྱ་བའང་སོ་སོར་ཡོད**་དེ་དབུ་མ་པས་སྤྱོད་འཇུག་ལས། །རྐང་པ་བརྐྱངས་ཏེ་མི་འདུག་ཅིང་། སོགས་དང་སེམས་ཙམ་པས་སྡོམ་པ་ཉི་ཤུ་པ་ལྟར་ཉེས་བྱས་བཞི་བཅུ་ཞེ་དྲུག་བཤད་དོ། །འདི་གཉིས་ཀྱི་ཁྱད་པར་རྒྱས་པ་ས་པཎྜི་ཏ་ཀོ་བོས་བྱས་པའི་སེམས་བསྐྱེད་ཀྱི་ཆོ་གར་ལྟོས། ལྟ་བ་དད་པས་ཆོག་ཐ་དད་དུ་ཕྱེ་ཡང་། གང་ཟག་གིས་ཉམས་སུ་ལེན་པའི་ཚེ། ལུགས་དེ་དང་དེའི་ལྟ་སྤྱོད་ཟུང་འབྲེལ་དགོས་པ་ནི་མ་ཡིན་ཏེ་བདག་ཉིད་ཆེན་པོས་སེམས་བསྐྱེད་ཆོ་ག་ལས། ཕལ་ཆེར་ལྟ་བ་དབུ་མའི་ཚུལ། །འཕགས་པ་ཀླུ་སྒྲུབ་ལུགས་རྗེས་འབྲང་། །སྤྱོད་པ་སེམས་ཙམ་སློབ་པའི་གཞུང་། །ཐོགས་མེད་བཞེད་པའི་སེམས་བསྐྱེད་མཛད། །འདི་ནི་ལྟ་སྤྱོད་མ་འབྲེལ་ཞིང་། །ཕན་ཚུན་ཐུན་ཚོགས་མ་ཡིན་ལ། །ཇི་སྐད་བཤད་བཞིན་ཉམས་ལེན་པ། །རྫོགས་པའི་སངས་རྒྱས་བསྟན་པ་ཡིན། །ཞེས་པ་ལྟར་རོ། །

འདིར་ཐེག་པ་ཆེན་པོའི་སེམས་བསྐྱེད་ལ་དབུ་སེམས་ཀྱི་ལུགས་གཉིས་སུ་ངེས་པར་གསུངས་པ་ནི་སྐབས་ཐོབ་ཞིག་ཆེན་ཕར་ཕྱིན་གྱི་སེམས་བསྐྱེད་ལ་ཡིན་གྱི། རྒྱུད་སྡེ་ནས་གསུངས་པའི་སེམས་བསྐྱེད་རྣམས་ལུགས་གཉིས་པོ་གང་དུའང་མི་གཏོགས་སོ། །**སེམས་ཙམ་པ་ཡི**་ལུགས་ཀྱི་**སེམས་བསྐྱེད**་ཀྱི་ཆོ་ག་བྱང་ས་ནས་གསུངས་པ་ཇོ་བོ་རྗེ་ནས་བརྒྱུད་པའི་ཕྱག་ལེན་**འདི། །བོད་ན་བྱེད་པ་མང་མོད་ཀྱི། །**སེམས་བསྐྱེད་**དེ་ནི་སུ་ཡང་རུང་བ་ཡི། །གང་ཟག**་སོ་སོར་ཐར་པའི་སྡོམ་པ་མེད་པའི་མི་སྒྲ་དང་། སྡོམ་པ་ཡོད་ཀྱང་བྱང་ཆུབ་སེམས་དཔའི་སྡེ་སྣོད་མི་ཤེས་པ་དང་། ཤེས་ཀྱང་བྱང་ཆུབ་སེམས་དཔའི་བསླབ་ཉམས་འོག་ཏུ་མ་ཆུད་པ་**རྣམས་ལ་བྱར་མི་རུང་སྟེ།** སེམས་བསྐྱེད་འདི་སྐྱེད་པའི་རྟེན་སོ་ཐར་སྡོམ་པས་རྒྱུད་བསྡམས་པ་སོགས་དང་ལྡན་པ་ཞིག་དགོས

པས་སོ། །བཀའ་གདམས་པ། ལ་ལ་དགེ་བཤེས་ཕྱག་སོར་བ་ལ་སོགས་པའི་སྐྱེ་བོ་འགའ་ཞིག་གི། །རྨི་ལམ་ན་བྱམས་པ་མགོན་པོ་ཁྲིད་མཐོན་པོ་ལ་བཞུགས་ནས་ཁྲིམ་ལ་འཇུག་པ་སེམས་བསྐྱེད་བྱེད་པ་རྨི་བའི་རྨི་ལམ་གྱི་ནི་རྗེས་སུ་འབྲངས་ནས། །སོར་སྡོམ་ཐོབ་མ་ཐོབ་སོགས་ཀྱི་སེམས་ཅན་ཀུན་ལ་སེམས་ཙམ་པའི་འཇུག་པ་སེམས་བསྐྱེད་བྱེད་དེ། རྨི་ལམ་བདུད་ཀྱི་མིན་ན་རུང་བ་ལས་འདི་ཆོས་དང་མི་མཐུན་པའི་རྨི་ལམ་ཡིན་པས། མདོ་ལས་བདུད་སྡིག་ཅན་སངས་རྒྱས་ཀྱི་ཆ་བྱད་དུ་བྱས་ནས། ཆོས་ལོག་པ་སྟོན་པར་འགྱུར་རོ་ཞེས་གསུངས་པས་སོ། །བྱང་ཆུབ་སེམས་དཔའི་ས་དང་ནི། །ཇོ་བོ་རྗེ་མར་མེ་མཛད་ཀྱིས་བྱང་ཆུབ་ལམ་སྒྲོན་ལས། བྱང་ཆུབ་དཔའི་སྡེ་སྣོད་མི་ཤེས་པ་དང་། སོ་ཐར་གྱི་སྡོམ་པ་མེད་པ་ལ་སེམས་ཙམ་ལུགས་ཀྱི་སེམས་བསྐྱེད་བཀག་པའི་ཕྱིར་དང་། སེམས་བསྐྱེད་ཀྱི་ཚིག་ལས་ཀྱང་རིགས་ཀྱི་བུ་ཁྱོད་བྱང་ཆུབ་སེམས་དཔའ་ཡིན་ནམ་ཞེས་བྱ་བ་ལ་སོགས་པས་བྱང་ཆུབ་སེམས་དཔའི་སྡེ་སྣོད་མི་ཤེས་པ་ལ་འཇུག་པའི་སེམས་བསྐྱེད་བཀག་པ་གསལ་བའི་ཕྱིར་རོ། །རྨི་ལམ་གྱི་རྗེས་སུ་འབྲངས་ནས་དེ་འདྲའི་སེམས་བསྐྱེད་འདོགས་པའི་ལུགས་དེ་སངས་རྒྱས་ཀྱི་བསྟན་པ་མིན་ནོ། །བཀའ་གདམས་པ་ཁ་ཅིག་གླེན་པོ་སྡིག་པ་ཅན། །ཡིན་ཡང་སེམས་ཙམ་ལུགས་ཀྱི་སེམས་བསྐྱེད་ཀྱི་གྲལ་དེར་འཚོགས་པ་ཐམས་ཅད་ནི། །སོ་སོར་ཐར་པའི་སྡོམ་པ་ཅན། །བྱང་ཆུབ་སེམས་དཔའི་སྡེ་སྣོད་ལ། །མཁས་པ་ཤ་སྟག་ཡིན་ནོ་དེའི་རྒྱུ་མཚན་དེ་རྣམས་སྐལ་པ་དང་མི་ལྡན་ན་གྲལ་དེར་མི་འོང་བའི་ཕྱིར་ཞེས་ཟེར་ལོ། །མེད་པར་མཐོང་བཞིན་དུ་ཡོད་ཅེས་བརྫུན་ཟེར་བ་འདི་འདྲའི་གླེན་ཚིག་ལའང་བདེན་པར་འཛིན་ནས་རྗེས་སུ་འབྲང་བ་ཡོད་ན། བདེན་རྫུན་འབྱེད་པའི་བློ་གྲོས་དང་ལྡན་པའི་སེམས་ཡོད་རྣམས་ཀྱིས་འདི་ལ་དཔྱོད་ཅིག་དང་བཞད་གད་ཀྱི་རྒྱུ་ཡིན། གལ་ཏེ་འདི་འདྲ་སླ་བའི་ཚིག་བདེན་ན། །དེ་ལས་མི་བདེན་པའི་ཚིག་གཞན་ཅི་ཡོད་དེ། འོན་མི་བསླུ་བ་ཡིན། ཆུ་སྲིག་པ་ཡིན། སེམས་ཅན་ཐམས་ཅད་སངས་རྒྱས་ཡིན་པས་སེམས་བསྐྱེད་བྱ་མི་དགོས་ཞེས་གང་ཕྱིན་ཅི་ལོག་མཐའ་སྨྲས་ན་སུས་ཁེགས། དེས་ན་དད་པ་ཙམ་མ་ཡིན་པར་དབང་རྟོན་ཆོས་ཀྱི་རྗེས་སུ་འབྲངས་པའི། །མཁས་པ་ལུང་རིགས་ཤེས་པ་རྣམས་ཀྱིས་ལུགས་འདི་སྤོངས་ཤིག །དབུ་མའི་ལུགས་ཀྱི་སེམས་བསྐྱེད་འདི། །བརྡ་འཕྲོད་ཅིང་ལེན་འདོད་ཡོད་པའི་སེམས་ཅན་ཀུན་གྱིས་ལེགས་པར་ཐོབ་ན། །རྫོགས་པའི་སངས་རྒྱས་ཀྱི་རྒྱུར་འགྱུར་ཞེས། །ཐེག་ཆེན་གྱི་མདོ་དང་བསྟན་བཅོས་རྣམས་ལས་གསུངས། །དེ་ཡང་སྡོང་པོ་བཀོད་པ་ལས་འཕགས་པ་འཇམ་དཔལ་གྱིས་ཆོས་བསྟན་པས། ཀླུ་མཚོའི་ཀླུ་སྟོང་ཕྲག་བཅུས་བླ་ན་མེད་པའི་བྱང་ཆུབ་སེམས་བསྐྱེད་པ་གསུངས་པ་དང་། བསྐལ་བཟང་ལས་རྒྱལ་བ་ལན་བཞེད་གྲོང་དཔོན་གྱུར་པའི་ཚེ།ཉིན་གཅིག་སྲོག་གཅོད་སྤངས་ནས་ཐུགས་བསྐྱེད་པ་སོགས་དང་། ནམ་མཁའི་སྙིང་པོའི་མདོ་ལས་བྱམས

ཆུབ་སེམས་དཔའ་རྒྱལ་པོ་དང་། བློན་པོ་དངང་། དམངས་ཕལ་པ་ལ་ལྷུང་བ་འབྱུང་བར་གསུངས་**དང་།** །**དཀོན་བརྩེགས**་ལས་ཤེས་ཕྱིན་སྤྱོད་པ་ཡོངས་དག་བསྟུས་པ་ན། ལྷ་མིའི་སྲོག་ཆགས་ཁྲི་ཉིས་སྟོང་གིང་གིས་བླ་མེད་བྱུས་ཆུབ་ཏུ་སེམས་བསྐྱེད་པར་གསུངས་པ་དང་། **རྒྱལ་པོ་ལ་གདམས་པ་ཡི།** **།མདོ་སྡེ་ལས།** རྒྱལ་པོ་ཆེན་པོ་ཁྱོད་ནི་བྱ་བ་མང་ལ་བྱེད་པ་མང་བ་སྟེ་ཞེས་པ་ནས་ཁྱོད་རྫོགས་པའི་བྱང་ཆུབ་འདོད་པ་དང་། དོན་དུ་གཉེར་བ་དང་། བློན་པས་འགྲོ་ཡང་རུང་ཞེས་དང་། རྒྱལ་པོ་ཆེན་པོ་ཁྱོད་འདི་ལྟར་བྱེད་ན་རྒྱལ་པོའི་བྱ་བ་ཡང་མི་ཉམས་པར་འགྱུར་ཞིང་། བྱང་ཆུབ་ཀྱི་ཚོགས་ཀྱང་ཡོངས་སུ་རྫོགས་པར་འགྱུར་རོ། །ཞེས་གསུངས་པ་ལ་**སོགས་རྣམས་སུ་ལྟོས**་དང་ཡིད་ཆེས་པར་འགྱུར་རོ། **།འཕགས་པ་ཀླུ་སྒྲུབ་ཀྱིས་མཛད**་པའི་རིན་ཆེན་ཕྲེང་བ་**དང་། །རྒྱལ་སྲས་ཞི་བ་ལྷས་མཛད་པའི**་བསླབ་བཏུས་ཀྱི། **བསྟན་བཅོས་ལ་སོགས་རྣམས་ལས་གསུངས།** །འདི་དག་གི་ལུང་བསྟུས་པ་སེམས་བསྐྱེད་ཀྱི་ལུང་སྦྱོར་ན་ཡིད་པས་དེ་ལྟར་ལྟོས། སེམས་བསྐྱེད་དེ་གཉིས་ཀྱི་དཔེ་ནི་**ཇི་ལྟར་ན་འབྲས་ཀྱི་ས་བོན་ནི། །གྲང་བའི་ཡུལ་དུ་མི་སྐྱེ་བ། །དེ་བཞིན་དུ་སེམས་ཙམ་པ་ཡི་ཡང་།** །འཇུག་པ་**སེམས་བསྐྱེད**་སྡོམ་པ་མེད་པའི་**སྡིག་ཅན་ལ་མི་སྐྱེའོ།** **།ཡང་ཇི་ལྟར་ནས་ཀྱི་ས་བོན་ནི། །ཡུལ་གྲང་དྲོ་གང་དུའང་སྐྱེ་བ་ལྟར། །དེ་བཞིན་དུ་དབུ་མའི་སེམས་བསྐྱེད་ཀྱང་།** །སོ་ཐར་སྡོམ་པའི་རྟེན་དུ་མི་རུང་བའི་ལྷ་ཀླུ་སོགས་དང་། བཤན་པ་སོགས་**སྡིག་པ་ཡོད་མེད་ཀུན་ལ་སྐྱེ**་བ་ཡིན་ནོ། **།གལ་ཏེ་**སྔར་**མདོ་**དང་བསྟན་བཅོས་རྣམས་**ལས**་སེམས་ཅན་ཐམས་ཅད་ལ་སེམས་བསྐྱེད་བྱ་བར་**བཤད་པ་ཡི།** **།གཞུང་དེ་སེམས་ཙམ་པ་ཡི**་ལུགས་ཀྱི་**ཡང་།** **།སེམས་བསྐྱེད**་ཀྱི་**ལུང་དུ**་སྦྱར་ན་**ཅི་འགལ་ཞེས།** **།སྨྲ་ན་དེ་ནི་འཁྲུལ་པ་ཡིན**་དེ། སེམས་ཙམ་ལུགས་ཀྱི་སེམས་བསྐྱེད་པ་ལ་སོ་ཐར་རིས་བདུན་གང་རུང་དང་ལྡན་པ་ཞིག་དགོས་ཤིང་། དོན་ལས། **རྒྱལ་བ**་གཞན་ལ་**ཕན**་པར་**བཞེད**་པས་**ཉིན་གཅིག་གི།** **།སྲོག་གཅོད་སྡོམ་པ་བླངས་པ་ལ།** **།བྱང་ཆུབ་སེམས་དཔའི་སེམས་བསྐྱེད་མཛད**་པ། བསྐལ་པ་བཟང་པོ་ལས། རྒྱལ་བ་ཕན་བཞེད་གྲོང་དཔོན་གྱུར་པའི་ཚེ། དེ་བཞིན་གཤེགས་པ་བསོད་ནམས་འོད་དེ་ལ། །ཉིན་གཅིག་སྲོག་གཅོད་སྡོམ་པ་བླངས་ནས་ཀྱང་། །དང་པོ་བྱང་ཆུབ་མཆོད་ཏུ་སེམས་བསྐྱེད་དོ། །ཞེས་གསུངས་སོ། །

ཉིན་གཅིག་སྲོག་གཅོད་སྡོམ་པ་བླངས་པ་**དེ་ནི་སོ་སོར་ཐར་པ**་རིས་བདུན་གང་ཡང་**མིན**། ལུང་**དེ་ལ་སོགས་པའི**་རིས་བདུན་གྱི་རྟེན་ཏུ་མི་རུང་བའི་སེམས་ཅན་ཀུན་ལ་སེམས་བསྐྱེད་སྐྱེ་བའི་**འཐད་པ་རྣམས།** །**དབུ་མའི་ལུགས**་ཀྱི་སེམས་བསྐྱེད་**ལ་འཐད་མོད་ཀྱི།** **།སེམས་ཙམ་པ་ཡི་ལུགས་ལ**་འཐད་པ་**མིན**་ནོ། **།སྐྱེ་**བའི་ཡུལ་ངེས་པ་**དེས་ན་སེམས་ཙམ་པ་ཡི་ལུགས**་ཀྱི། **གལ་ཏེ་སེམས་བསྐྱེད་དེ**་ལེན་པར་**འདོད་ན།** **།ཐོག་མར་སོ**

སོར་ཐར་པ་རིས་བདུན་གང་ཡང་རུང་བ་ཡོངས། །དེ་ནས་བྱང་ཆུབ་སེམས་དཔའི་སྡེ་སྣོད་བྱུང་ས་ལྷ་བུར་སློབས། །དེའི་བསླབ་བྱ་ལ་དད་ཅིང་བསྲུབ་པར་ནུས་པར་གྱུར་ན། །ཕྱི་ནས་དེའི་འཇུག་པ་སེམས་བསྐྱེད་ཀྱི་སྡོམ་པ་ཡོངས། །ཅི་སྟེ་སེམས་ཅན་ཐམས་ཅད་ལ། །སངས་རྒྱས་ཀྱི་ས་བོན་ཐེག་ཆེན་སེམས་བསྐྱེད་འཛོག་པར་འདོད་ན། །སྦྱོར་དངོས་རྗེས་གསུམ་གྱི་ཆོ་ག་འཁྲུལ་པ་མེད་པ་ཡི་སྒོ་ནས། །དབུ་མ་པ་ཡི་གཞུང་སྲོལ་འཇུག་དང་། ཡི་དམ་བླང་བའི་ཆོ་ག་བཞིན་དུ་གྱིས་དང་། བརྡ་འཕྲོད་ཅིང་ལེན་འདོད་ཡོད་པའི་སེམས་ཅན་ཀུན་ལ་སྐྱེའོ། །ཐེག་ཆེན་ཕར་ཕྱིན་གྱི་གཞུང་ནས་བཤད་པའི་དོན་དམ་སེམས་བསྐྱེད་ཅེས་བྱ་བ། ཚོགས་སྦྱོར་གྱི་གནས་སྐབས་སུ་བསོད་ནམས་དང་ཡེ་ཤེས་ཀྱི་ཚོགས་བསྐལ་པ་གྲངས་མེད་གཅིག་ཏུ་བསྒོམས་པའི་སྟོབས་ཀྱིས་ས་དང་པོར་རྣམ་པར་མི་རྟོག་པའི་ཡེ་ཤེས་རང་གི་ངང་གིས་སྐྱེ་བ་དེ་ཡིན་མོད་ཀྱི། །ཆོ་གའི་སྒོ་ནས་སེམས་བསྐྱེད་འདི་མི་སྐྱེ་སྟེ། དོན་དམ་སེམས་བསྐྱེད་ལ་ཆོ་ག་བཀའ་གདམས་པ་འགའ་ཞིག་དང་། ཕྱག་ཆེན་པ་ཕལ་ཆེར་ཟེར། བྱང་ཆུབ་སེམས་འགྲེལ་ལས་དོན་དམ་པ་བྱུས་ཆུབ་ཀྱི་སེམས་བསྒོམ་པའི་སྟོབས་ཀྱིས་བསྐྱེད་པར་བྱ་སྟེ། ཞེས་གསུངས་ལ་མདོ་སྡེ་རྒྱན་ལ་སོགས་པ་མཐའ་དག་ལས་ཀྱང་དོན་དེ་ཉིད་རྒྱས་པར་གསུངས་སོ། །གལ་ཏེ་དོན་དམ་སེམས་བསྐྱེད་འབོག་བྱེད་ཆོ་ག་ལ་བརྟེན་ནས་སྐྱེ་ན་སྐྱོན་ཅི་ཡོད་སྙམ་ན་ནི། །ཆོ་ག་དགོས་ན་རགས་པ་བརྡ་ལས་བྱུང་བའི་སེམས་བསྐྱེད་དུ་འགྱུར་ལ། སེམས་བསྐྱེད་འདི་ནི་དོན་དམ་ཆོས་ཉིད་བསྒོམས་པའི་སྟོབས་ཀྱིས། །ཐོབ་པ་ཞེས་བྱ་བའི་སེམས་བསྐྱེད་ཡིན་ནོ། །སེམས་བསྐྱེད་འདི་ལ་འབོགས་བྱེད་སྦྱོར་དངོས་རྗེས་གསུམ་གྱི། །ཆོ་ག་རྒྱལ་བས་གསུངས་པ་མེད། །རྗེས་འཇུག་གི་མཁས་པ་ཐམས་ཅད་ཀྱང་འདི་མི་མཛད། །གལ་ཏེ་མཛད་ཀྱང་ཆོ་གར་མི་འགྱུར་རོ། །སྒྲུབ་བྱེད་མེད་པ་དེས་ན་ཆོས་ལྟར་བཅོས་པ་འདི་འདྲའི་རིགས་ཅན་ཀུན། །སངས་རྒྱས་བསྟན་པའི་གཟུགས་བརྙན་ཡིན་ནོ། །དཔེར་ན་ཞིང་ལ་ཆུ་ལུད་ས་བོན་འདེབས་པ་སོགས། །སོ་ནམ་ཞིང་པས་དངོས་སུ་བྱར་ནུས་ཀྱི། །ནས་ཀྱི་མྱུ་གུ་དང་སྡོང་བུ་སྙེ་མ་སོགས། །ཞིང་ལས་དངོས་སུ་འབྱུང་གི་མི་ལས་དངོས་སུ་བྱ་ནུས་པ་མིན་པ། །དེ་བཞིན་ཀུན་རྫོབ་བྱང་ཆུབ་ཀྱི་སེམས་བསྐྱེད། །ཆོ་གའི་སྒོ་ནས་དངོས་སུ་བསྐྱེད་ནུས་ཀྱི། །དོན་དམ་བྱང་ཆུབ་ཀྱི་སེམས་དང་ནི། །ཟག་པ་མེད་པའི་སྡོམ་པ་དང་། །བསམ་གཏན་གྱི་ནི་སྡོམ་པ་སོགས། །བསྒོམ་པའི་སྟོབས་ཀྱིས་ངང་གིས་སྐྱེ་ཡིས་ཆོ་གའི་སྒོ་ནས་སྐྱེ་བ་མིན་ནོ། །ཚུལ་འདི་དག་འཐད་པ་དང་བཅས་པ། །མདོ་དང་བསྟན་བཅོས་ཀུན་ལས་འབྱུང་ངོ་། །དོན་དམ་སེམས་བསྐྱེད་བྱའོ་ཞེས། །གལ་ཏེ་བརྒྱ་ལ་གསུངས་པ་སྲིད་ཀྱང་སྟེ། །པང་གོང་ལས་དོན་དམ་པའི་བྱང་ཆུབ་སེམས་བསྐྱེད་བྱ་བར་གསུངས་སོ་ཟེར་ནའང་པང་གོང་བོད་མ་ཡིན་གྱི། རྒྱ་གར་མ་ཡིན་པས་པཎྜི་ཏ་རྣམས་གཙིགས་སུ་མི་བྱེད་གལ་

ཧེ་གཅིག་སུ་བྱེད་དགོས་ན་ཡང་། **དམ་བཅའ**་ཙམ་**ཡིན་གྱི་ཚིག**འི་སྒོ་ནས་བསྐྱེད་པ་**མིན**་ནོ། །ཞེས་བྱེད་ནི། **དཔེར་ན་སྦྱིན་པ་གཏང་བར་བྱ། །ཚུལ་ཁྲིམས་དམ་པ་བསྲུང་བར་བྱ། །སངས་རྒྱས**་ཀྱི་**ཡོན་ཏན་བསྒྲུབ་པར་བྱ།** ། **དེ་ལ་སོགས་པ**། སོ་སོ་ཐར་པ་ལས། བརྩམ་པར་བྱ་ཞིང་དབྱུང་བར་བྱ། །སངས་རྒྱས་བསྟན་ལ་འཇུག་པར་བྱ། །འདམ་བུའི་ཁྱིམ་ན་གླང་ཆེན་བཞིན། །འཆི་བདག་སྡེ་ནི་བཞོམ་པར་བྱ། །ཞེས་གསུངས་པའང་ཚིག་མི་དགོས། །དེས་ན་དེ་འདྲ་**གསུངས་པ་ཀུན། །དམ་བཅའི་ཚིག་ཙམ་ཉིད་ཡིན་གྱི། །ཚིག་འི་སྒོ་ནས་བསྐྱེད་པ་མིན།** །པང་ཀོང་ཡང་དེ་དང་འདྲའོ། །དེ་དག་ཀྱང་ཚིག་**ཡིན་ན**་གནས་ག་གེ་མོ་ཞིག་ན་འགྲོ་བར་བྱའོ་ཞེས་སོགས་ཀྱང་ཚིག་**ཏ་ཙང་ཐལ**་བར་**འགྱུར་ཞིང**་། **།ཚིག་ཡང་ནི་ཐུག་མེད**་དུ་**འགྱུར**་རོ། **།ཀྱེ་མ་འཇིག་རྟེན**་ན་**བླུན་པོ་འདི།** ། **རྒྱལ་བས་གསུངས་པ**འི་སོ་སོར་ཐར་པའི་ལག་ལེན་དང་། །བྱང་ཆུབ་སེམས་དཔའི་བསླབ་བྱ་དང་། །གསང་སྔགས་ཀྱི་དབང་བསྐུར་དང་རིམ་གཉིས་ལ་སོགས་པའི་ཚིག་དགོས་ངེས་པ་**ཀུན་བོར་ནས**། །མདོ་བསྐུལ་རིང་མོ་དང་སེམས་ཙམ་པའི་སེམས་བསྐྱེད་ལ་སྡིག་བཤགས་བྱེད་པ་དང་། དོན་དམ་པའི་སེམས་བསྐྱེད་ཚོགས་འབོགས་པ་དང་ཕག་མགོས་དབང་བསྐུར་ལ་སོགས་པ་གང་སངས་རྒྱས་ཀྱིས། **།མ་གསུངས**་པ་ལ་ཚིག་**ནན་གྱིས་འཚང་བ་ནི། །འདི་འདྲ**་བདེ་འགྲོ་དང་ངན་འགྲོ་**ཅིར་འགྱུར་བརྟག**་པར་བྱ་**དགོས་སོ**། །

དེ་ལྟར་སེམས་ཙམ་དབུ་མ་གཉིས། །སྔར་བཤད་པ་**དེ་ལྟར་སེམས་ཙམ**་པ་དང་**དབུ་མ་གཉིས**། །ལེན་པའི་ཚིག་སོགས་**རྣམ་གཞག**་ཕལ་ཆེར་**ཐ་དད་དུ་ཡོད་མོད་ཀྱི། །འོན་ཀྱང་ཐེག་ཆེན**་དབུ་སེམས་**ཀུན་མཐུན་པར། །ལྟུང་བའི་རྣམ་གཞག་མུ་བཞི་གསུངས**་ཏེ། **།ལྟུང་མེད**་དང་**ལྟུང་བ**་དང་**ལྟུང་བ་ཡི། །གཟུགས་བརྙན**་དང་**ལྟུང་བ་མེད་པ་ཡི། །གཟུགས་བརྙན་ཞེས་བྱ་རྣམ་པ་བཞི**འོ། །དེ་ཡང་**བསམ་པ་དག་པའི་སྦྱིན་པ་སོགས**་བསམ་སྦྱོར་གཉིས་ཀ་དཀར་བས། །བྱང་ཆུབ་སེམས་དཔའ་ལ་**རྣམ་པ་ཀུན་ཏུ་ལྟུང་བ་མེད། །བསམ་པ་ངན་པའི་སྲོག་གཅོད་སོགས**། །བསམ་སྦྱོར་གཉིས་ཀ་གནས་པས་བྱང་ཆུབ་སེམས་དཔའ་ལ་**རྣམ་པ་ཀུན་ཏུ་ལྟུང་བར་འགྱུར**། །རང་དོན་གྱི་འཕྲི་བ་མེད་པར་གཞན་ཕན་**དགེ་བའི་སེམས་ཀྱིས**་འགྲོ་བ་མ་རུངས་པ་**བསད་པ**་དང་། གཞན་དོན་དུ་བརྫུན་སྨྲས་པ་**སོགས**། ལྟུང་བར་སྣང་ཡང་བྱམས་སེམས་ལ་ལྟུང་མེད་ཡིན་པས། **ལྟུང་བའི་གཟུགས་བརྙན་ཡིན་ཞེས་གསུངས། །གཞན་ལ་གནོད་ན་བརྫུན་མིན་ཡང་།** །རྔོན་པ་ལ་ཕྱོགས་འདི་ན་རི་དྭགས་འདུག་ཅེས་བདེན་པར་སྨྲས་པ་ལྟ་བུ་ལྟུང་མེད་དུ་སྣང་ཡང་བྱང་སེམས་སུ་ལྟུང་བར་འགྱུར་བས་ན་**ལྟུང་བ་མེད་པའི་གཟུགས་བརྙན་ཡིན། །མདོར་བསྡུ་ན་སེམས་ཀྱི་འཕེན་པ**་བཟང་ངན་**ལས། །གཞན་པའི**་ཐེག་པ་ཆེན་པོའི་**དགེ་སྡིག་ཡོད་པ་མ་ཡིན**་པས་སེམས་མི་དགེ་བ་སྤངས་ནས་དགེ་བ་གཅིག་པུ་ལ་བསླབ་པས་བསླབ་བྱ་མཐའ་དག

ལ་བསླབ་པར་འགྱུར་རོ། །དེ་ཡང་འཕགས་པ་ལྷ་ཡི་དབུ་མ་བཞི་བརྒྱ་པར། གཞན་ཕན་ལྷག་བསམ་གྱི་རྩིས་ཟིན་པའི་བློ་ནས་བྱང་ཆུབ་སེམས་དཔའ་ཡི། །ལུས་ངག་གི་ལས་དགེ་བའམ་ཡང་ན་མི་དགེ་བར་སྣང་བ། ཐམས་ཅད་དགེ་བ་ཉིད་དུ་འགྱུར་ཏེ། །གང་གི་ཕྱིར་ན་བྱང་སེམས་ཀྱི་དགེ་སྡིག་ལ་སེམས་དེ་གཙོ་ཆེ་བའི་ཕྱིར་རོ། ། ཞེས་གསུངས་པ་དང་མདོ་རྒྱུད་བསྟན་བཅོས་གཞན་རྣམས་ལས་ཀྱང་། །དགེ་སྡིག་གི་རྣམ་གཞག་སེམས་ལ་རག་ལས་པ་དེ་ལྟར་གསུངས་སོ། །བྱང་ཆུབ་སེམས་ཀྱི་བསླབ་པ་ལ། །བདག་གཞན་མཉམ་པ་དང་བརྗེ་བ་བསྒོམ་པའི་ཚུལ་གཉིས་སུ་སྤྱོད་འཇུག་ལས་གསུངས། དེ་ལ་འདྲི་གྲུང་པ་ཁ་ཅིག་བདག་གཞན་བརྗེ་བའི་བྱང་ཆུབ་སེམས། །ས་བརྒྱད་པ་མ་ཐོབ་ཀྱི་བར་བསྒོམ་དུ་མི་རུང་ཞེས་སུ་སྨྲ་སྟེ། །སེམས་ཅན་ཀུན་གྱི་སྡུག་བསྔལ་བདག་ལ་སྨིན། །བདག་གི་བདེ་བས་དེ་ཀུན་བདེ་གྱུར་ཅིག །ཅེས་བྱ་བ་ལ་སོགས་པའི་སྨོན་ལམ་གདབ་ཏུ་མི་རུང་ཟེར་བ་ཡོད། དེ་ཡང་རྗེ་ཕག་མོ་གྲུབ་པ་ལ་རྗེ་རིན་པོ་ཆེ་རྟག་པར་ཞབས་བསྟུང་བ་ཅིག་ལན་ཞུས་པས། ཁོ་བོ་སྔོན་དད་པ་ནི་ཆེ་ཤེས་རབ་ནི་ཆུང་བའི་གྱུར་ཅིག་ཅེས་སྨོན་ལམ་བཏབ་པས། ད་ལྟ་ཞབས་བསྟུང་བ་དེས་ལན་པ་ཡིན་ནོ་ཞེས་པའོ། །དེ་ཡི་རྒྱུ་མཚན་འདི་སྐད་ལོ། །བདག་གི་བདེ་བ་གཞན་ལ་བྱིན་ནས་ནི། །གཞན་གྱི་སྡུག་བསྔལ་བདག་གིས་བླངས་པར་གྱུར་ན། །སྨོན་ལམ་གྱི་མཐའ་ནི་བཙན་པའི་ཕྱིར་ན། །བདག་ནི་དུས་རྟག་ཏུ་སྡུག་བསྔལ་བར་འགྱུར། །དེས་ན་འདི་འདྲ་བརྗེ་བའི་བྱང་ཆུབ་ཀྱི་སེམས། །བསྒོམ་པ་དེ་དག་ཕལ་ཆེར་ནི་ཐབས་མི་མཁས་ཤིང་། །ནོར་བ་ཆེན་པོའི་ཆོས་ཡིན་ནོ་ཞེས་ཟེར་ལོ། །བདག་གཞན་བརྗེ་བ་བསྒོམ་རུང་མི་རུང་དེ་དོན་འདི་ལྟར་བསམ་པར་བྱ་སྟེ། བདག་གཞན་བརྗེ་བའི་བྱང་ཆུབ་ཀྱི་སེམས་དེ། དགེ་བ་ཡིན་ནམ་སྡིག་པ་ཡིན་བརྟག་གོ །གལ་ཏེ་དེ་དགེ་བ་ཡིན་ན་ནི། །དེ་ལས་འབྲས་བུ་སྡུག་བསྔལ་འབྱུང་བ་འགལ། དེ་སྡིག་པ་ཡིན་ན་ཆགས་སྡང་རྨོངས་པ་དུག་གསུམ་གྱིས། །ཀུན་ནས་བསླངས་ཏེ་བསྐྱེད་པའི་ལས་སུ་ཐལ་བར་འགྱུར། ། བདག་གཞན་བརྗེ་བ་ནི་གཞན་ཕན་དགེ་སེམས་ཀྱིས་བསྐྱེད་པ་ཁོ་ན་ལས་དུག་གསུམ་གང་རུང་གིས་བསྐྱེད་པ་མ་ཡིན་པས། །དེ་ལས་སྡུག་བསྔལ་ག་ལ་འབྱུང་སྟེ་མི་འབྱུང་ངོ་། །སྨོན་ལམ་ཐམས་ཅད་མཐའ་བཙན་པའི་གཏན་ཚིགས་མ་གྲུབ་སྟེ། བྱང་ཆུབ་སེམས་དཔའི་བློ་སྦྱོང་བའི། །སྨོན་ལམ་འགའ་ཞིག་མཐའ་མི་བཙན་པའི་ཕྱིར་རོ། །གལ་ཏེ་བཙན་ན་དེད་དཔོན་མཛའ་བོའི་བུ་ཡིས་སེམས་ཅན་ཐམས་ཅད་ཀྱི་ཀླད་ནད་ཐམས་ཅད་བདག་ལ་སྨིན་ལ་སེམས་ཅན་ཐམས་ཅད་ཀླད་ནད་མེད་པར་གྱུར་ཅིག ཅེས་སྨོན་ལམ་བཏབ་པས། དེ་ཀླད་ནད་ལས་གྲོལ་ནས་ལྷར་སྐྱེས། མཐར་སངས་རྒྱས་ནས་གལ་ཏེ་སྨོན་ལམ་གྱི་མཐའ་བཙན་ན། རྒྱུན་དུ་ཀླད་ནད་ཆེན་པོ་འགྱུར་དགོས་པ་ལས་མ་གྱུར་པ་བཞིན་ནོ། །དེར་མ་ཟད་དུས་གསུམ་གྱི་སངས་རྒྱས་ཐམས་ཅད

ཀྱང་། །སྔོན་བདག་གཞན་བརྗེ་བ་བསྒོམ་ཞིང་བློ་སྦྱོང་གི་སྨོན་ལམ་མཐའ་བཙན་པའི་ཕྱིར་ན། །རྒྱུན་དུ་སྡུག་བསྔལ་ཐོབ་པར་འགྱུར་རོ། །བདག་གཞན་བརྗེས་པའི་ཡུལ་གྱི་སེམས་ཅན་དེ་དག་ཀུན་ལ། །སྡུག་བསྔལ་འབྱུང་བ་སྲིད་པར་མི་འགྱུར་ཏེ་སངས་རྒྱས་བྱང་སེམས་ཀྱི་བདེ་བ་ལ་ལོངས་སྤྱོད་པའི་ཕྱིར་རོ། །དེས་ན་བརྗེ་བའི་བྱང་ཆུབ་ཀྱི་སེམས། བསྒོམ་དུ་མི་རུང་ཞེས་སྨྲ་བ་འདི་འདྲའི་གསང་ཚིག་ནི། །བདུད་ཀྱི་ཡིན་པ་ཕལ་ཆེར་གྱིས་མི་ཤེས་པས་ཤེས་པར་བྱས་ནས་སྤང་དགོས་སོ། །ཐབས་ལ་བསླུ་བའི་བདུད་ཀྱིས་ཐབས་ཕྱིན་ཅི་ལོག་བསྟན་ནས་སེམས་ཅན་རྣམས་འཁོར་བ་ལས་མི་ཐར་བར་བྱེད་པ་ཡོད་ཅེས། །རྒྱལ་བས་ཞེས་མདོ་སོགས་ལས་གསུངས་པའང་དྲན་པར་བྱའོ། །བདག་གཞན་བརྗེ་བ་བསྒོམས་པ་ནི་སངས་རྒྱས་ཀྱི། །བསྟན་པའི་སྙིང་པོ་ཡིན་པར་གསུངས་པས་ནོར་བ་ཆེན་པོའི་ཆོས་མ་ཡིན་པར་བྱང་སེམས་ཀྱི་བསླབ་བྱའི་གཙོ་བོ་ཡིན་ནོ། །ཇི་ལྟར་གསུངས་ན། །འཕགས་པ་ཀླུ་སྒྲུབ་སློབ་ཉིད་ཀྱིས། །རིན་ཆེན་ཕྲེང་བར་སྨོན་ལམ་ཕན་ཡོན་དང་བཅས་པ་འདི་སྐད་གསུངས་ཏེ། བདག་ལ་སེམས་ཅན་དེ་དག་གི་སྡིག་པ་སྨིན་ཅིང་། །བདག་གི་དགེ་བ་མ་ལུས་པ་སེམས་ཅན་དེར་སྨིན་པར་ཤོག །ཇི་སྲིད་སེམས་ཅན་འགའ་ཞིག་ཀྱང་། །གང་དུ་འཁོར་བ་ལས་མ་གྲོལ་བའི་བར་དེ་སྲིད་དུ། །དེ་ཡི་དོན་བྱ་བའི་ཕྱིར་བླ་ན་མེད་པ་ཡི། །བྱང་ཆུབ་ཐོབ་ཀྱང་ཟད་མེད་ཀྱི་བདེ་བ་ལ་མ་ཆགས་པར་འཁོར་བར་གནས་པར་གྱུར་ཅིག བདག་གཞན་བརྗེ་བའི་སྨོན་ལམ་དེ་སྐད་བརྗོད་པའི་བསོད་ནམས་འདི། །གལ་ཏེ་དེ་ནི་གཟུགས་ཅན་དུ་གྱུར་པར་འགྱུར་ན། ཆུ་ཀླུང་གང་གཱའི་བྱེ་མ་སྙེད་ཀྱི་ནི། །གྲངས་དང་མཉམ་པའི་འཇིག་རྟེན་ཁམས་སུ་ཤོང་བར་མི་འགྱུར་རོ། །འདི་ནི་བཅོམ་ལྡན་འདས་ཀྱིས་དཔལ་སྦྱིན་གྱིས་ཞུས་པའི་མདོ་ལས་གསུངས། །གསུངས་ཀྱང་དྲང་དོན་ཡིན་ནོ་ཞེ་ན། ཕན་ཡོན་དེ་ལྟར་འབྱུང་བའི་གཏན་ཚིགས་ཀྱང་ནི་འདི་ལ་སྣང་སྟེ། བདག་གཞན་བརྗེ་བ་བསྒོམ་པའི་དམིགས་ཡུལ་གྱི་སེམས་ཅན་མུ་མེད་ཅིང་མཐའ་ཡས་པ་དེ་བཞིན་དུ། དམིགས་བྱེད་ཀྱི་བདག་གཞན་བརྗེ་བའི་སྨོན་ལམ་ལ་ཡང་ཕན་ཡོན་མུ་དང་ཚད་མེད་པ་འབྱུང་བའི་ཕྱིར་ངེས་དོན་ཡིན་ནོ། །དེ་ལ་སོགས་པ་བསྒོམ་པའི་ཕན་ཡོན་ལེགས་པར་གསུངས་སོ། །གཞན་དུ་རྡོ་རྗེ་རྩེ་མོ་ལས། །སེམས་ཅན་སངས་རྒྱས་མ་ཐོབ་བར། །བདག་འཚང་རྒྱ་བར་མ་གྱུར་ཅིག །ཅེས་གསུངས་པ་དང་ཡང་འགལ་བར་འགྱུར་རོ། །ཞི་བ་ལྷའི། སྤྱོད་འཇུག་ལས་ཀྱང་འདི་སྐད་དུ་གསུངས་ཏེ། བདག་གི་བདེ་བ་དང་གཞན་གྱི་སྡུག་བསྔལ་དག །ཡང་དག་པ་ཉིད་དུ་བརྗེ་བ་མ་བྱས་ན། །མཐར་ཐུག་སངས་རྒྱས་ཉིད་དུ་མི་འགྲུབ་ཅིང་། །གནས་སྐབས་འཁོར་བ་ན་ཡང་མངོན་མཐོའི་བདེ་བ་ཕུན་སུམ་ཚོགས་པ་མེད་ཅེས། མ་བསྒོམ་པའི་ཉེས་དམིགས་དེ་སྐད་གསུངས་པའང་ལུང་ཚད་མར་ལེགས་པར་བཟུངས། གཞན་ཡང་། འགྲོ་བའི་སྡུག་བསྔལ་

གང་ཅིའང་རུང་། །དེ་ཀུན་བདག་ལ་སྨིན་གྱུར་ཅིག །བྱང་ཆུབ་སེམས་དཔའི་དགེ་བ་ཡིས། །འགྲོ་བ་བདེ་ལ་སྤྱོད་པར་ཤོག །ཅེས་གསུངས་སོ། །ཐེག་པ་ཆེན་པོའི་**མདོ་དང་བསྟན་བཅོས་གཞན་ལས་ཀྱང་། །ཆོས་ཀྱི་སྙིང་པོར**་བདག་གཞན་བརྗེས་པ་**འདི་གསུངས་སོ།** །རྒྱུ་མཚན་**དེས་ན་བདག་གཞན་བརྗེ་བ**་ཞེ་ཐག་པ་ནས་བསྒོམ་**ཤེས**་པ། **དེ་ནི**་མཐར་ཐུག་**སྨུར་དུ་རྫོགས་འཚང་རྒྱ།** །**དེ**་མ་ཐོབ་པ་**ཡི་བར་དུའང་འཇིག་རྟེན་གྱི།** །བདེ་འབྲས་**ཕུན་སུམ་ཚོགས་པ་འབྱུང་བར་གསུངས**་པས་བསྒོམ་པས་ཉམས་སུ་ལེན་མི་རུང་བའི་དུས་མེད་དོ། །བདག་གཞན་བརྗེ་བ་**བྱང་ཆུབ**་ཀྱི་**སེམས་ཀྱི་གནད་འཆུགས་ན། །ཆོས་གཞན་གྱིས་ནི་འཚང་མི་རྒྱ**་སྟེ། ཐབས་མཁས་དང་བྲལ་བའི་**སྟོང་ཉིད་ཉན་ཐོས་རྣམས་ཀྱང་བསྒོམ**་ཀྱང་། །**དེ་ཡི་འབྲས་བུ་འགོག་པ**་ཙམ་**ཐོབ**་པ་དང་། **སོ་སོར་ཐར་པའི་མདོ**་ལས། སོ་སོ་ཐར་བ་བརྟེན་པ་ལས། །བསོད་ནམས་གྲུབ་པ་གང་ཡོད་པ། །དེས་ནི་འཇིག་རྟེན་མ་ལུས་པ། །ཐུབ་དབང་གོ་འཕང་ཐོབ་པར་ཤོག །ཅེས་གསུངས་པ་**བཞིན་དུ།** རྫོགས་བྱང་དུ་**བསྔོ་བ་ཉན་ཐོས་རྣམས་ཀྱང་བྱེད།** །**འདུལ་བ་ལུང**་གི་ཀཱུ་ཊཱ་ནའི་གདམས་ངག་ལས་སྟོང་པ་ཉིད་ལ་སོགས་པ་དགུ་དང་ཁྱད་མེད་པར་གསུངས་**ལ་སོགས་པ**་ལས་བརྒྱ་པ་དང་གང་པོ་ལ་སོགས་པའི་རྫོགས་པ་བརྗོད་པ་བརྒྱ་པ་**སུ** །ཉན་ཐོས་ཀྱི་དགྲ་བཅོམ་པ་ཐོབ་པའི་ཚེ། །**སྟོང་པ་ཉིད་དང་སྐྱེ**་བ་**མེད**་པ་དང་། །**ནམ་མཁའ**་དང་**ལག་མཐིལ**་དུ་**མཉམ་པ**་དང་གསེར་དང་བོང་བ་མཚུངས་པ་**སོགས།** །ཕྱི་ནང་གི་**ཆོས་ཀུན་མཉམ་ཉིད་དུ་རྟོགས་པའང་གསུངས།** །འདུལ་བ་ལུང་གི་ཐམས་ཅད་སྒྲོལ་གྱི་སྐྱེས་རབས་ལས་**བདག་གིས་བྲམ་ཟེ**་ཤིང་རྟ་**འདོད་པ་ལ།** །**དགའ**་ཞིང་སྤྲོ་**བས་ཤིང་རྟ་འདི་བཏང་བས།** །ད་དུང་བདག་ཏུ་བཟུང་བའི་**དངོས་པོ་ཐམས་ཅད་བཏང་ནས་ནི།** ལན་དང་རྣམ་སྨིན་ལ་མི་རེ་བ་**རྫོགས་པའི་བྱང་ཆུབ་ཐོབ་པར་ཤོག** །ཅེས་པ་**དེ**་ལ་**སོགས**་པ་**བསྔོ་བའང་མང་དུ་གསུངས།** །**འོན་ཀྱང་ཐབས་ལ་མཁས་པ་ཡི།** །**ཁྱད་པར**་ཐེག་ཆེན་སྤྱི་ལྟར་ན་སྦྱིན་སོགས་ཕར་ཕྱིན་དྲུག་གི་ཉམས་ལེན་ཕྱིན་ཅི་མ་ལོག་པ་དང་། བྱང་སེམས་ཀྱི་ས་བཅུ་དང་། མི་དམིགས་པའི་རྣམ་པ་ཅན་གྱི་བསྔོ་བ་སྨོན་ལམ་སོགས་དང་གསང་སྔགས་ལྟར་ན་དབང་བཞི་དང་རིམ་གཉིས་ལ་སོགས་པ་**འགའ་ཞིག་མ་གསུངས་པས**་ཕར་ཕྱིན་གྱི་ལུགས་ཀྱི་བསྐལ་པ་གྲངས་མེད་པ་ལ་གསུམ་དུ་ཕ་རོལ་ཏུ་ཕྱིན་པ་དྲུག་ལ་ཚོགས་གསོག་མི་ནུས། གསང་སྔགས་ཀྱི་དབང་དང་རིམ་གཉིས་འཇུག་མི་ནུས་པས་སྟོང་ཉིད་རྟོགས་ཀྱང་། **རྫོགས་པའི་སངས་རྒྱས་བསྒྲུབ་མི་ནུས**་ཏེ། སངས་རྒྱས་ཐོབ་པ་ལ་ཐབས་མཁས་ཀྱི་ཁྱད་པར་དེ་རྣམས་དགོས་པའི་ཕྱིར་རོ། །སོར་མདོ་དང་། ཐམས་ཅད་སྒྲོལ་གྱི་སྐྱེས་རབས་ལས་གསུངས་པ་དེ། ཉན་ཐོས་ཀྱི་གཞུང་རང་རྐང་ལས་ཐེག་པ་གསུམ་བཤད་པའི་ཐེག་ཆེན་གྱི་བསྔོ་བ་ཡིན་པར་གསུངས་སོ། །བྱང་ཆུབ་སེམས་ཀྱི་གནད་འཆུགས་ན་སངས་མི་རྒྱས་

པ་དེའི་ཕྱིར་ཀུན་རྫོབ་བྱང་ཆུབ་སེམས་ཀྱི་ཐབས་མཁས་དང་སྦྱོར་བྲལ་རྟོགས་པའི་ཤེས་རབ་ཉིད། །སངས་རྒྱས་ཀྱི་རྒྱུ་ཡི་གཙོ་བོ་ཉིད་ཡིན་ནོ། །སངས་རྒྱས་ཀྱི་དགོངས་པ་མི་ཤེས་པར། །ཐེག་པ་ཆེན་པོའི་ཆོས་ལྟར་བཅོས་པས་དགེ་བ་ལྟར་སྣང་བ་ལ་རྣམ་དག་ཏུ་འཛིན་པའི་བློན་པོ་འགའ་ཞིག །ངོ་མཚར་བསྐྱེད་ནུས་ཀྱི་མཁས་པ་རྣམས། །ཁྲོལ་བར་འགྱུར་བ་ཤོག་ནས་འཆད་འགྱུར་བ་འདི་འདྲ་ཡོད། །དེ་ཡང་ཚད་དང་དུག་དང་མཚོན་ཆ་དང་། །གང་ཟག་གཞན་གྱི་ལོངས་སྤྱོད་སྐྱེར་བ་རྣམས་སྦྱིན་བྱའི་དངོས་པོ་མ་དག་པ་དང་། །གསོད་སར་གསད་བྱའི་ཕྱུགས་མ་སྐྱེར་བ་དང་། །མཆོག་གི་ནོར་ནི་མཆོག་མིན་ཕལ་པ་ལ། །སྐྱེར་བ་བར་ཏུ་བྱུང་བའི་ནོར་ཁྱིམ་པ་ལ་སྐྱེར་བ་ལྟ་བ་ཞིང་མ་དག་པ་དང་སོགས་ཀྱིས་སྨྲས་བསྡུས་པ། དྲང་སྲོང་རྒྱས་པའི་མདོ་ལས་མ་དག་པའི་སྦྱིན་པ་སུམ་ཅུ་རྩ་གཉིས། བྱང་སེམས་སོ་ཐར་ཆོས་བཞི་བསྒྲུབས་པའི་མདོ་ལས་ཉེར་གཉིས་གསུངས་པ་རྣམས་མདོ་ལས་བཀག་པས་ན། །མ་དག་པ་ཡི་སྦྱིན་པ་ཡིན། །ཉན་ཐོས་ཀྱི་ནི་སྡོམ་པ་ལ། །ཐེག་པ་ཆེན་པོར་འཆོས་པ་རིས་བདུན་སེམས་ཇི་སྲིད་འཚོའི་བར་དུ་ལེན་པ། སོ་སོར་ཐར་པའི་སྡོམ་པ་ཇི་སྲིད་འཚོ་བའི་བར་དུ་ལེན་པ་ལ། ཇི་སྲིད་སངས་མ་རྒྱས་ཀྱི་བར་དུ་ལེན་དགོས་ཟེར་བ་དང་། །དེ་བཞིན་དུ་ཐེག་ཆེན་ཉན་ཐོས་སུ། །འཆོས་པ་ཐེག་ཆེན་གྱི་སྡོམ་པ་སེམས་ལ་སྐྱེ་བ་ལ་ཉན་ཐོས་ཀྱི་ལུགས་རྣམ་པར་རིག་བྱེད་མ་ཡིན་པའི་གཟུགས་ཡིན་ཟེར་བ་ལྟ་བུ་ཚུལ་ཁྲིམས་མ་དག་པ་ཡིན། །རང་ཉིད་ཚུལ་ཁྲིམས་བསྲུངས་ན་ཡང་། །ཚུལ་ཁྲིམས་ལ་ནི་དེ་ཙམ་གྱིས་གྲོལ་བར་མཆོག་ཏུ་འཛིན་ཅིང་། །ཚུལ་ཁྲིམས་འཆལ་བ་གཞན་ལ་ཁྱད་གསོད་བྱེད་པ་ནི། །མ་དག་པ་ཡི་ཚུལ་ཁྲིམས་ཡིན། །དཀོན་མཆོག་གསུམ་དང་བླ་མ་ལ། །དངོས་སུ་གནོད་ཅིང་བསྟན་པ་འཇིག་པ་ལ། ལུས་ངག་གི་སྒོ་ནས་ཁྲོས་ན་ལྡོག་པར་ནུས་པ་ཤེས་བཞིན་དུ། །བཟོད་པ་བསྒོམས་ན་མ་དག་པའོ། །ལོག་པའི་ཆོས་ལ་དགའ་ཞིང་སྤྲོ་བ་དང་། མུ་སྟེགས་བྱེད་སོགས་འདོད་པའི་ཐོས་བསམ་བསྒོམ་གསུམ་ནོར་བ་རྣམས་ལ། །བརྩོན་འགྲུས་ཆེན་པོ་བྱེད་པ་སོགས་ནི། བྱ་བ་ངན་ཞེན་གྱི་ལེ་ལོ་ཡིན་པས་མ་དག་པ་ཡི་བརྩོན་འགྲུས་ཡིན་ནོ། །མི་མཁས་བླུན་པོས་སྟོང་ཉིད་བསྒོམ་པ་དང་། །རྩ་རླུང་ལེའུ་གནད་འཆུགས་པ་ཡི་ཐབས་ལམ་སོགས། །རྣམ་རྟོག་རགས་པ་འགའ་ཞིག་འཛིན་པ་སྐྱེ་འགག་པ་དང་། །ཕྱི་རོལ་གྱི་ཡུལ་ལ་སེམས་མི་འཕྲོ་བར་ནང་དུ་གནས་པ་ཙམ་གྱི་ཏིང་ངེ་འཛིན་ཐ་མོ་ཙམ་སྐྱེད་པའི་ཐབས་རྣམས། དད་པ་ཆེན་པོས་བསྒོམས་ན་ཡང་། །ཡང་དག་པའི་ཡེ་ཤེས་མི་སྐྱེ་བས། །མ་དག་པ་ཡི་བསྒོམ་པ་ཡིན། །སངས་རྒྱས་ཀྱི་གསུང་དང་མི་མཐུན་པའི། རང་བཟོའི་ཚིག་མང་པོ་འཆད་པ་དང་རྩོད་པ་དང་། དེ་ལ་ཀླན་ཀ་སྤྱོང་བའི་རྩོམ་པ་ལ་མཁས་པར་གྱུར་ཅིང་། འཇིག་རྟེན་གྱི་གཏམ་དང་བཟོ་ལ་སོགས་པའི་བྱ་བ་ཐམས་ཅད་ཤེས་པར་གྱུར་ཀྱང་།

ཡང་དག་པའི་དོན་རྟོགས་པ་ལ་སྒྲིབ་པའི་ཕྱིར། མ་དག་པ་ཡེ་ཤེས་རབ་ཡིན། །མཚན་ཉིད་དང་མི་ལྡན་པའི་བླ་མ་ངན་པ་ལ་དད་པ་དང་། །ལྟ་སྤྱོད་ཕྱིན་ཅི་ལོག་ཏུ་གྱུར་པའི་ཆོས་ངན་པ་ལ་མོས་པ་དང་། །དམིགས་པ་ཕྱིན་ཅི་ལོག་ཏུ་གྱུར་པའི་བསྒོམ་ངན་པ་ལ་དགའ་བ་ནི། །ལམ་གོལ་སར་ལྷུང་བྱེད་ཡིན་པས། །མ་དག་པ་ཡི་དད་པ་ཡིན། །ནད་པ་དགའ་བའི་ཁ་ཟས་ཚད་ནད་ཅན་སྨྲ་མ་པ་ལ་སྙིང་རྗེ་ཟེར་ནས་ཆང་སྟེར་ལྟ་བུ་དང་། ངན་པར་སྤྱོད་པ་གདུག་པ་ཅན་ལ་སྙིང་རྗེ་ཟེར་ནས་ཚར་མི་གཅོད་པ་ལྟ་བུ་དང་། ཆོས་ཟབ་མོ་མ་ཐོབ་པར་སྙིང་རྗེ་ཟེར་ནས་དབང་བསྐུར་མེད་པར་གསང་སྔགས་ཀྱི་བསྐྱེད་རྫོགས་ཟབ་མོ་སྟོན་པ་ལྟ་བུ། ཟབ་དང་རྒྱ་ཆེའི་སྣོད་མིན་པ་ལ་ཐེག་ཆེན་གྱི་ཆོས་འཆད་པ་ལ་སོགས་པ་ལྟ་བུ། འཕྲལ་ལ་ཕན་པ་ལྟར་སྣང་ཡང་། །ཕྱི་ནས་གནོད་པ་ཆེར་འགྱུར་བས། །སྙིང་རྗེའི་དབང་གིས་བྱེད་ན་ཡང་། །མ་དག་པ་ཡི་སྙིང་རྗེ་ཡིན། །གདུག་པ་ཅན་ལ་བྱམས་པ་དང་། །བུ་དང་སློབ་མ་ཕྱིན་ཅི་ལོག་བྱེད་པ་ཐབས་ཀྱིས་མི་འཆོས་དང་། །སྲུང་བའི་འཁོར་ལོ་བསྒོམ་ན་བདུད་ལ་གནོད་ཟེར་ནས་མི་བསྒོམ་ཞིང་། །ཁྲོ་བོའི་བཟླས་པ་བགེགས་ལ་གནོད་ཟེར་ནས་འགོག་པ་སོགས། །རྒྱུད་སྡེ་ཀུན་དང་འགལ་ཏེ་ལྷ་ཁྲོ་བོར་བཞུགས་པ་དང་སངས་རྒྱས་བདུད་བཞི་འདུལ་བ་ཐམས་ཅད་བྱམས་པ་མེད་པར་ཐལ་བས་ན། །དེ་འདྲའི་རིགས་མ་དག་པ་ཡི་བྱམས་པ་ཡིན། །མདོ་རྒྱུད་ཀུན་ལས་མ་གསུངས་ཤིང་། །རིགས་པས་སྒྲུབ་པར་མི་ནུས་པ། །ལྟོ་བའི་ནང་དུ་མེ་མཐེ་བོང་ཚད་ཙམ་བསྒོམས་པས་དྲོད་དང་བདེ་བ་སྐྱེ་བ་མུ་སྟེགས་བྱེད་ལའང་ཡོད་པ་དང་། །མི་རྟོག་ལྟར་སྣང་སྐྱེ་བ་སོགས། །རྟོག་པ་ཁ་བཀག་ནས་མི་རྟོག་པ་བསྒོམ་པ་མུ་སྟེགས་པ་ལའང་ཡོད། །ནད་གདོན་ཐུང་ཟད་སེལ་བ་དག ། མུ་སྟེགས་ཀྱི་ན་ར་སི་ཧ་དང་ཧ་ནུ་ཧྲ་ལ་སོགས་པའི་དམིགས་པ་འདང་འགའ་ཞིག་གིས། །བླུན་པོ་དགའ་བ་བསྐྱེད་ན་ཡང་། །མུ་སྟེགས་བྱེད་ལའང་ཡོད་པའི་ཕྱིར། །མ་དག་པ་ཡི་ཐབས་ལམ་ཡིན། །བདག་ལྟའི་རྩ་བ་རང་འཛིན་མ་ཆོད་ཅིང་། །འཁོར་བའི་ཕུན་སུམ་ཚོགས་པ་དང་མྱ་ངན་ལས་འདས་པའི་བདེ་བ་གཉིས་ལ་སྨོན་པ་ཅན། །དགེ་བ་ལ་ནི་ངོ་མཚར་དུ་བལྟ་བ། ཆོས་ཀུན་སྤྲོས་བྲལ་མི་ཤེས་པས། །ཆོས་ཀྱི་དབྱིངས་ཡོད་པའི་དགེ་བ་ཡིན་ཟེར་བ་ལྟ་བུ། །སངས་རྒྱས་ཉིད་དུ་བསྔོ་ན་ཡང་། །བསྔོ་བ་དེས་སངས་རྒྱས་ཐོབ་མི་སྲིད་པས་མ་དག་པ་ཡི་སྨོན་ལམ་ཡིན། །དེ་ལ་སོགས་པ་ནོར་བ་མང་པོ་ཡོད་ཀྱང་བཤད་ཀྱིས་མི་ལང་བས་མཐའ་ཡས་པ། །སངས་རྒྱས་གསུང་གི་གནད་འཆུགས་པས། །ཐེག་པ་ཆེན་པོའི་དགེ་བར་བྱེད་པར་སྣང་ན་ཡང་། །མ་དག་པ་རྣ་ཤེས་པར་བྱས་ཏེ་སྤང་བར་གྱིས་ཤིག ཉམས་ལེན་གྱི་གནད་མདོར་བསྡུ་ན་གཞི་ཚུལ་ཁྲིམས་རྣམ་པར་དག་པ་གནས་ནས་སངས་རྒྱས་ཀྱི་གསུང་རབ་དང་། །མཐུན་པའི་ཐོས་བསམ་བསྒོམ་པ་གསུམ། །ཀུན་སློང་གི་བསམ་པ་རྣམ་པར་དག་པས་སྒྲུབ་པར་བྱེད་ན། །

སངས་རྒྱས་ཀྱི་བསྟན་པ་ཡིན་པར་མཁས་པ་དག་གིས་ཡོངས་སུ་ཤེས་པར་བྱའོ། །བྱང་ཆུབ་སེམས་དཔའི་སྡོམ་པའི་སྐབས་ཏེ་གཉིས་པའོ།། །།

སྔགས་སྡོམ་གྱི་ཉམས་ལེན་ལ་ནི། སྡོམ་པ་འོག་མ་གཉིས་ཀྱི་སྦྱངས་པ་སྔོན་དུ་སོང་ཡང་ཟུང་གསང་ཆེན་རྡོ་རྗེ་ཐེག་པའི་ལམ་དུ་ཞུགས་ཏེ། །མྱུར་དུ་སངས་རྒྱས་ཐོབ་པར་འདོད་ན། །བླ་མེད་ཀྱི་ལམ་དེས་སྨིན་བྱེད་ཀྱི་དབང་དང་གྲོལ་བྱེད་ལམ་རིམ་པ་གཉིས་ལ་འབད་པར་བྱའོ། །སྨིན་པར་བྱེད་པའི་དབང་བསྐུར་དེ་ཡང་། །ཡུལ་རྡོ་རྗེ་འཆང་ནས་རྩ་བའི་བླ་མའི་བར་དུ་དབང་གི་ཆུ་བོ་མ་ནུབ་ཅིང་བྱིན་རླབས་ཀྱི་བརྒྱུད་པ་མ་ཉམས་ཤིང་། །སྦྱོར་དངོས་རྗེས་གསུམ་གྱི་ཆོ་ག་ལ་རང་བཟོའི་ལག་ལེན་གྱི་ལྷད་མ་ཞུགས་པས་འཁྲུལ་པར་མ་གྱུར་པ། །ཕྱི་ནང་གི་རྟེན་འབྲེལ་གྱི་རྣམ་བཞག་བསྒྲིག་མཁྱེན་ཅིང་། ཕྱིན་ཅི་མ་ལོག་པར་འཆད་ནུས་པ། དག་བྱ་དག་བྱེད་ཀྱི་ཚོ་ག་རྣམ་པར་དག་པས་སློབ་མའི་ཕུང་ཁམས་སྐྱེ་མཆེད་ལ་སྐུ་བཞིའི་ས་བོན་ནུས་ལྡན་ཐེབས་པར་ནུས་པ་སྟེ། མདོར་ན་བཤད་སྒྲུབ་སངས་རྒྱས་ཀྱི་གསུང་རྒྱུད་སྡེ་ནས་བཤད་པ་བཞིན་མཛད་པ་ཁྱད་ཆོས་ལྔ་ཡི། །བླ་མ་བཙལ་ལ་བླ་མེད་ཀྱི་དཀྱིལ་འཁོར་ཆེན་པོར་ཞུགས་ཏེ་མི་བསྐྱོད་པ་ཆུ་དབང་ནས། རྡོ་རྗེ་སློབ་དཔོན་གྱིདབང་གི་བར་བདུན་ལ། བུམ་པ་ཆུའི་བྱ་བ་འདུག་པས་བུམ་དབང་དང་། དབང་རྫས་ཀྱི་སྒོ་ནས་མིང་དུ་བཏགས་པ་གསང་དབང་དང་། རྟེན་ཤེས་རབ་མའི་སྒོ་ནས་མིང་དུ་བཏགས་པ་དབང་བཞིའི་མཐའ་རྟེན་དང་བཅས་པ་སྟེ། དབང་བཞི་ཡོངས་སུ་རྫོགས་པར་བླང་བར་བྱ་སྟེ། བྱེད་ལས་ནི་དེ་བླངས་པ་ཡིས་རྟེན་གྱི་གང་ཟག་སློབ་མ་དེ་སྡོམ་པ་གསུམ་ལྡན་དུ་འགྱུར་ཏེ། སྔར་སྡོམ་པ་འོག་མ་གཉིས་བླངས་པ་ཡིན་ན་དབང་བསྐུར་གྱི་ཚེ་སྔགས་སྡོམ་དུ་གནས་འགྱུར་ནས་སྔགས་སྡོམ་གྱི་ངོ་བོར་གྱུར་པའི་སྡོམ་གསུམ་ངོ་བོ་གཅིག་ཏུ་ལྡན་པ་དང་། སྔར་མ་བླངས་ན་སྔ་གོན་གྱི་སྐབས་སུ་རྒྱུན་བཤགས་ཀྱི་རྗེས་ཟློས་ལན་གསུམ་བྱས་པའི་ཚེ་ཐུན་མོང་མིན་པའི་སྐྱབས་འགྲོའི་ལྡོག་པ་ནས་བསྟན་པའི་སོར་སྡོམ་དང་། སྨོན་འཇུག་གི་སེམས་བསྐྱེད་ཀྱི་ལྡོག་པ་ནས་བསྟན་པའི་བྱང་སྡོམ་དང་། གནས་གསུམ་བྱིན་རླབས་ནས་བཟུང་སྟེ་དབང་བཞི་པའི་བར་རྣམས་སུ་སྔགས་ཀྱི་ལྡོག་པ་ནས་བསྟན་པའི་སྔགས་སྡོམ་ཐོབ་པའི་ཕྱིར་རོ། །

དེང་སང་གངས་རིའི་ཁྲོད་ན་རྡོ་རྗེ་ཕག་མོ་ཡི། །བྱིན་རླབས་ལ་ཕག་མོ་བཞིའི་དབང་སྐུར་ཞེས་མིང་འདོགས་ནས་དབང་བསྐུར་མཚན་ཉིད་པ་ཡིན་ཞེས་ཟེར་ཞིང་། བྱིན་རླབས་འདི་ཡིས་གསང་སྔགས་ཀྱི་ཆོས་ཀྱི་སྒོ་ཕྱེ་ནས། གངས་དབང་གི་ལས་གཏུམ་མོའི་རྣལ་འབྱོར་དང་། དབང་གསུམ་པའི་ལམ་ཕོ་ཉ་ལ་སོགས་པ་སྟོན་ཞིང་བསྒོམ་པ་མཐོང་ངོ་། །དབང་མ་བསྐུར་བ་བྱིན་རླབས་ཀྱི་ཆོས་སྒོ་ཕྱེ་ནས་རྫོགས་རིམ་བསྒོམ་པ་འདི

འདྲ་བ་སངས་རྒྱས་ཀྱིས་རྒྱུད་སྡེ་ལས་མ་གསུངས་ཤིང་། དགོངས་འགྲེལ་གྱི་བསྟན་བཅོས་རྒྱུད་འགྲེལ་དང་། སྒྲུབ་ཐབས་དང་། དཀྱིལ་ཆོག་ཚད་ལྡན་རྣམས་ལས་བཤད་པ་མེད། །རྡོ་རྗེ་ཕག་མོའི་གཞུང་ཁུངས་མ་ཉིད་ལས་ཀྱང་དབང་བསྐུར་བ་ཐོབ་ཅིང་དམ་ཚིག་དང་ལྡན་པའི་རྣལ་འབྱོར་པ་ལ་རྡོ་རྗེ་རྣལ་འབྱོར་མའི་བྱིན་རླབས་བྱའོ། །ཞེས་ཕག་མོའི་གཞུང་དང་ཨིནྡྲ་བྷཱུ་ཏིས་གསུངས་ཀྱི་དབང་བསྐུར་མ་ཐོབ་དམ་མི་ལྡན་པ་ལ་བྱིན་རླབས་བྱ་བར་མ་གསུངས་པས་དབང་བསྐུར་ཐོབ་ཅིང་དམ་ཚིག་ལྡན། །དེ་ལ་བྱིན་རླབས་བྱ་ཞེས་གསུངས། །སྔོན་དུ་དབང་བསྐུར་མེད་པ་ལ་བྱིན་རླབས་བྱེད་པ་བཀག་སྟེ་ཉེས་དམིགས་ཆེ། དཔེར་ན་མུ་ཟིའི་བཅུད་ལེན་བསྟེན་པས་འཇུ་ན། དེ་ནས་དངུལ་ཆུ་བཟའ་བར་མན་ངག་ལས་གསུངས། །མུ་ཟིའི་བཅུད་ལེན་ཐོག་མར་མ་བརྟེན་པར། །དངུལ་ཆུ་ཟོས་ན་འཆི་བ་ལྟར། །དེ་བཞིན་ཐོག་མར་བདེ་མཆོག་སོགས་དབང་བསྐུར་བླང་། །དེ་ནས་རྡོ་རྗེ་ཕག་མོའི་བྱིན་རླབས་སྦྱིན། །དབང་བསྐུར་མེད་པར་བྱིན་བརླབས་ན། །བྱེད་པོ་དམ་ཚིག་ཉམས་པར་ཐུབ་པས་གསུངས་ཏེ་གསང་སྔགས་འབྱུང་བའི་ཕྱིར། །རྡོ་རྗེ་ཕག་མོའི་བྱིན་རླབས་ལ། །དབང་མིན་ཏེ་སྡོམ་པ་གསུམ་ལྡན་བྱར་མི་རུང་། །ཕྱི་ནང་རྟེན་འབྲེལ་འགྲིག་མི་འགྱུར། །སྒྲུབ་བཞིའི་ས་བོན་ཐེབས་མི་ནུས། །དེ་ཕྱིར་འདི་ནི་བྱིན་རླབས་ཙམ། །ཡིན་གྱི་སྨིན་པར་བྱེད་པའི་དབང་བསྐུར་བ་མིན། རྗེ་བཙུན་གྲགས་པས། བྱིན་རླབས་ཕྲ་མོ་ཙམ་གྱིས་མ་ཡིན་ཏེ། སྔགས་ཀྱི་རྩ་བ་དབང་བསྐུར་ཡིན་ཕྱིར་རོ་གསུངས། དེས་ན་ཐུབ་པས་རྒྱུད་སྡེ་དེ་ཉིད་བསྡུས་པ་ལ་སོགས་པ་ལས། །དཀྱིལ་འཁོར་ཆེན་པོ་མ་མཐོང་བའི། །མདུན་དུ་འདི་ནི་མ་སྨྲ་ཞིག །སྨྲས་ན་དམ་ཚིག་ཉམས་ཞེས་གསུངས། །ཕྱག་རྒྱ་པ་འགའ་ཞིག་འདི་ལའང་ཕག་མགོ་ལ། །སོགས་པའི་གྲི་གུག་དང་། མདའ་གཞུ་དང་། ཚང་སྟོན་པའི་དབང་བསྐུར་ཡོད་ཅེས་ཟེར། །དེ་འདྲ་དབང་བསྐུར་ཉིད་མ་ཡིན། །རྒྱུད་སྡེ་ཀུན་ལས་འདི་མ་གསུངས། །གལ་ཏེ་བརྒྱ་ལ་སུས་ཀྱང་མ་མཐོང་བའི་རྒྱུད་སྡེ་འདྲ་བ་ལས་གསུངས་སྲིད་ཀྱང་། །རྗེས་གནང་ལ་དབང་གི་མིང་གིས་བཏགས་པ་ཡིན་གྱི་དབང་བསྐུར་མིན། །ཞང་ཚལ་ལ་ལ་རྡོ་རྗེ་ཕག་མོ་ལ། །མ་རྒྱུད་ནང་བཤད་པའི་སྡོམ་པ་འབོགས་པའི་ཆོག་དང་། །དཀྱིལ་འཁོར་དང་ནི་དབང་བསྐུར་ཚིག་སོགས་བསྲེས་ནས། རང་བཟོའི་ཆོ་ག་རྒྱ་པ་བྱེད་པ་ཐོས། །རང་བཟོས་ཆོ་གར་འགྱུར་མི་སྲིད། །ཆོ་ག་སངས་རྒྱས་སྤྱོད་ཡུལ་ཡིན། །ཁྱིམ་པས་མཁས་སློབ་དད་པའི་དགེ་འདུན་གསོལ་བཞིའི་ལས་བྱས་པ་ལ་སོགས་པ་ཆོ་ག་གང་གི་ལད་མོ་བྱེད་ཀྱང་། །དགེ་སློང་གི་སྡོམ་པ་མི་འཆགས་པ་ལྟར། །རྡོ་རྗེ་ཕག་མོའི་བྱིན་རླབས་ལ། །སྡོམ་པ་ཐོབ་པའི་ཆོ་ག་སྦྱར་ཀྱང་སློབ་མ་ལ་རིག་པ་འཛིན་པའི་སྡོམ་པ་ཆགས་མི་འགྱུར། །ཆོ་ག་ཙུང་ཟད་ཉམས་པ་ཚིག་གི་བརྗོད་པ་བག་ཙམ་འཁྲུལ་བ་ལའང་། །ཆོ་ག་འཆགས་པར་མ་གསུངས་ན། །འདུལ་བའི་མདོ་

ལས་ཀྱང་། ཚིག་ལས་འདས་ན་ལས་མི་འཆགས་ཞེས་སོ། །རང་བཟོའི་**ཚིག་ཕལ་ཆེར་ཉམས་པ་**དང་འབྲེལ་པ་**ལ། །ཚིག་འཆགས་པར་འགྱུར་རེ་སྐན་**ཏེ་མི་འཆགས། །གསང་བ་སྤྱི་རྒྱུད་ལས། ཁྱད་པར་ཅན་གྱི་ལས་རྣམས་ལ། །ལྷ་དུས་བྱ་བ་དུས་བཞིན་བསྟན། །གཞན་དུ་ཚིག་ཉམས་པའི་ཕྱིར། །འགྲུབ་པ་ནམ་ཡང་ཡོད་མ་ཡིན། །ཞེས་གསུངས་སོ། **།དེས་ན་འཆད་པའི་གནས་སྐབས་སུ། །**ཚིག་དོན་**ཙུང་ཟད་ནོར་བར་གྱུར་ཀྱང་བླའི། །**སྨན་དཔྱད་ནོར་བས་ནད་པ་མི་སོས་པའམ། སོ་ནམ་ནོར་བས་སྟོན་ཐོག་མི་འབྱུང་བ་ལྟར། **ཚིག་**ལག་ལེན་**ནོར་བར་གྱུར་པ་ལ། །གྲུབ་པ་ནམ་ཡང་མེད་པར་གསུངས། །**འོན་ཕག་མོ་ལ་དབང་གཏན་ནས་མི་བཞེད་དམ་ཞེ་ན་དྭགས་པོ་སོགས་**གཞན་ཡང་ཕག་མོའི་བྱིན་རླབས་ལ། །གསང་སྔགས་**ཀྱི་ལམ་རིམ་གཉིས་ཟབ་མོ་བསྒོམ་པའི་**ཆོས་སྐོར་བྱེད་པ་**འདི་ནི་མི་འཐད་དེ། **།རྒྱུད་སྡེ་གང་ནའང་བཤད་པ་མེད་**པས་སོ། **།དེ་བས་**ད་ལྟ་**དགེ་སློང་བྱེད་པ་ལ། །**མཁན་སློབ་དང་དགེ་མི་དགོས་པར། **།རང་བྱུང་གི་ནི་བསྙེན་**པར་**རྫོགས་**སངས་རྒྱས་**དང་།** ལྔ་སྡེ་**ཡེ་ཤེས་ཁོང་དུ་ཆུད་པ**ས་བསྙེན་རྫོགས་**དང་།** ཆོས་སྦྱིན་མ་**འཕྲིན་གྱིས་བསྙེན་པར་རྫོགས་པ་དང་། །དེ་བཞིན་**འོད་སྲུངས་ཆེན་པོ་**སྟོན་པ་ཁས་བླངས་**ཀྱིས་བསྙེན་རྫོགས་**དང་། །**གྲགས་པ་**ཚུར་ཤོག་ལ་སོགས་**པོ་ཏ་ཡ་ནའི་བུ་དྲིས་པའི་ལན་གླན་པས་**བསྙེན་རྫོགས་**རྣམས་**བླང་**། ད་ལྟ་བྱེད་ན་རྡོ་རྗེ་ཕག་མོའི་བྱིན་རླབས་དང་། འདི་འདྲའི་ལུགས་ཀྱི་བསྙེན་རྫོགས་གཉིས། **འབྲེལ་པ་ཡིན་པ་མཉམ་པོ་ལ། །**བསྙེན་རྫོགས་**འདི་རྣམས་སྟོན་**སངས་རྒྱས་བཞུགས་པའི་དུས་**ཀྱི་ཆོ་གར་**འདུལ་བ་ལུང་ལས་**བཤད། །དེས་ན་**རྡོ་རྗེ་ཕག་མོའི་བྱིན་རླབས་ལ་སྟོན་ཚིག་ཙུའང་བཤད་པ་མེད། རྡོ་རྗེ་འཆང་གིས་ཀྱང་སྟོན་གྱི་ཚིག་ཐམས་ཅད་སྤྲུལ་པའི་དཀྱིལ་འཁོར་དུ་དབང་བསྐུར་བར་གསུངས་སོ། **།ཉན་ཐོས་ཐེག་པ་ནི། །**དེང་སང་ཧི་ལྟར་**ནུབ་ཀྱང་**ཚིག་ཆགས་མ་ཆགས་གསུངས་པའི་ལག་ལེན་ལ་བརྟེན་པས་ན་**གཟུགས་བརྙན་ཙམ་ཞིག་སྣང་། །རྡོ་རྗེ་ཐེག་པའི་བསྟན་པ་ལ། །**དེང་སང་**གཟུགས་བརྙན་ཙམ་ཡང་མི་སྣང་ངོ་། །**དེའི་རྒྱུ་མཚན་ལ་ལེན་འབྲེལ་པ་མང་པོས་བསྒྲིབས་པས་སོ། །དེང་སང་**བླུན་པོ་**གསང་སྔགས་འཚོལ་བར་སྤྱོད་པའི་**སྙིང་ཕོད་ཅན་**རྣམས་**ཀྱིས་ཀྱང་། །འདུལ་བ་**ལ་ཚིག་དང་འོལ་སྤྱི་མ་བསྟུན་པའི་**ཚིག་**ལ་**བཀྲལ་**བར་རབ་བྱུང་བྱེད་**མ་ནུས། །གསང་སྔགས་**ཀྱི་**ཚིག་**དབང་དང་རིམ་གཉིས་**ཐམས་ཅད་ལ། །བླུན་པོ་རྣམས་ཀྱིས་**བཀྲལ་ཏེ་རྒྱུད་སྡེ་ནས་མ་གསུངས་པའི་ཕག་མོའི་ཚིག་ལ་སོགས་པ་**རང་བཟོར་སྤྱོད་**པ་མང་། **དཔེར་ན་རབ་བྱུང་གང་ཟག་ནི། །**ལུང་ལས། ཚོགས་ཀྱིས་ཚོགས་ཀྱི་ལས་མི་བྱ། །ཞེས་བྱ་བ་ལ་བརྟེན་ནས་བསྒྲུབ་བྱ་**གསུམ་ལས་མང་བ་འཇུག་མི་ནུས**་པ་འདུལ་ཚིག་ལས་བཀྲལ་མ་ནུས་པ་ཡིན། **།སྔགས་ཀྱི་དབང་བསྐུར་བྱེད་པ་ན**་རྡོ་རྗེ་འཆང་གིས་གཅིག་གམ་ཉི་ཤུ་རྩ་ལྔའི་བར་ཟུང་དུ་མ་གྱུར་པ་གཟུང་ཞེས་

གསུངས་པ་ལ་རྩིས་མེད་པར། །གྲངས་ངེས་མེད་པར་ཇི་ཙམ་ཚོགས་པའི་སློབ་མ་ལ་དབང་བསྐུར་བྱེད་པ་གསང་སྔགས་ཀྱི་ཆོ་ག་ལས་བརྒལ་བས་སོ། །སློབ་མ་ལ་གྲངས་ངེས་མེད་པར་དབང་བསྐུར་བ་འདི་ནི་རྡོ་རྗེ་འཆང་གིས་བཀག་པས་ན་སྤྱིར་བཏང་ལ་མི་འཐད་དོ། །འོན་ཀྱང་སྤྱོད་པའི་རྒྱུད་ཀྱི་དབང་བསྐུར་ལ་དབང་ཐོར་ཡངས་པས་ན། སློབ་མ་གྲངས་ངེས་མེད་པར་གསུངས། །སྤྱོད་རྒྱུད་ཀྱི་ལྷག་མ་དམིགས་བསལ་མཛད་པ་ཡི། །རྒྱུད་སྡེ་གཞན་གསུམ་གྱི་དབང་བསྐུར་བའི་སློབ་མ་ལ་ནི་གྲངས་ངེས་ཡོད་དེ་དབང་གི་བབས་ལྟོ་བས་སོ། །འདི་ནི་གསང་བ་སྤྱི་རྒྱུད་ལས། །རྡོ་རྗེ་སློབ་དཔོན་དབང་བསྐུར་བའི་ཆོ་ག་མཁས་པས་སློབ་མ་གཅིག་གམ་གསུམ། །ལྔའམ་ཡང་ན་བདུན་དག་གམ། །ཉི་ཤུ་རྩ་ནི་ལྔ་ཡི་བར། །ཟུང་དུ་མ་གྱུར་སློབ་མ་གཟུང་བ་ཤེས་ཤིང་། དེ་བས་ལྷག་པའི་སློབ་མ་ནི། །ཡོངས་སུ་གཟུང་བར་མི་ཤིས་པས་སོ། །ཞེས་གསུངས་འདི་ནི་སྤྱོད་རྒྱུད་མ་གཏོགས་པ་རྒྱུད་གཞན་ཀུན་ལ་འཇུག །ཉི་ཤུ་རྩ་ལྔ་དེ་བས་ལྷག་པའི་སློབ་མ་ལ། །ཐིག་ཚོན་བྱིན་རླབས། རྒྱན་དགྲམ་པ་ནས་བཟུང་དཀྱིལ་འཁོར་ཆེན་པོར་དབང་བསྐུར་བའི་ཆོ་ག་ཡོངས་སུ་རྫོགས་པ་ནི། །མཚན་མོ་གཅིག་ལ་ཚར་མི་ནུས། །ནུབ་དེ་ཡི་མཚན་མོར་མ་ཚར་ན། །ཆོ་གའི་ཉམས་པར་འགྱུར་བར་གསུངས་པའི་ཕྱིར་རོ། །ཇི་ལྟར་ཉམས་པ་དེ་ཡང་གསང་བ་སྤྱི་རྒྱུད་དེ་ཉིད་ལས། །མཚན་མཐའ་ལ་རང་བཞིན་གྱིས་འདུ་བའི་དཔའ་བོ་དཔའ་མོ་སོགས་ལྷ་ཡང་ཉི་མ་ནུབ་པ་ན། །ངེས་པར་བྱིན་གྱི་རླབས་ཀྱིས་རང་བཞིན་གྱིས་འདུ་བ་དང་། དངོས་གྲུབ་སྟེར་བ་ཡིན་པས་དབང་བསྐུར་བ་གཏོར་མ་སྦྱིན་པ་ལ་སོགས་པ་མཚན་མོའི་དུས་སུ་བྱ་ཞིང་། ཉི་མ་ཤར་བར་མ་གྱུར་བར་ཏེ་འཆར་ཀའི་གོང་དུ་ལྷ་དེ་དག །མཆོད་བསྟོད་བཟོད་གསོལ་བྱས་ནས་གཤེགས་སུ་གསོལ་ཏེ་ལས་ཀྱི་རྗེས་མི་མངོན་པར་བྱ་བཤིས། །གསང་བ་སྤྱི་རྒྱུད་ལས་སློབ་མའི་གྲངས་ངེས་གསུངས་པ་འདི་ནི་བྱ་བའི་རྒྱུད་ཡིན་པས། །རྒྱུད་སྡེ་གཞན་གྱི་ཆོ་ག་ལ་སྦྱར་བར་བྱ་བ་མིན་སྙམ་ན། །དམིགས་བསལ་ལས་ཆོ་ག་ཟུར་དུ་མེད་པའི་རྒྱུད་སྡེ་གཞན་རྣམས་ཀུན་ལའང་སྤྱི་རྒྱུད་ནས་གསུངས་པའི་ཆོ་གའི་རྣམ་གཞག་འདི་འཇུག་པར། །སྤྱི་རྒྱུད་ཉིད་ལས་འདི་སྐད་གསུངས། །རྒྱུད་སྡེ་གང་དུ་དབང་དང་རབ་གནས་ལ་སོགས་པའི་ལས་ནི་ཡོད་པར་གྱུར་ལ། །

ཇི་ལྟར་བྱ་བའི་ལས་ཀྱི་ཆོ་ག་རྣམས་པ་གསལ་པོ་མེད་པ། །དེར་ནི་གསལ་བ་སྤྱི་ཡི་རྒྱུད་དག་ལས། །གསུངས་པའི་ཆོ་ག་མཁས་པས་ཁ་བསྐངས་ཏེ་བསྟེན་པར་བྱ་ཞེས། །དེ་སྐད་གསུངས་ཕྱིར་སློབ་མ་ལ་གྲངས་ངེས་དགོས་པར་གསུངས་པའི་ཆོ་ག་འདི། །དབང་བསྐུར་གསུངས་ལ་གྲངས་ངེས་མ་གསུངས་པའི་རྒྱུད་རྣམས་ཀུན་ལ་འགོགས་པ་མེད་པར་ངེས་པར་འཇུག་པ་ཡིན། །དེང་སང་ཕག་མོའི་བྱིན་རླབས་སློན་བྱེད་དུ་མི་བྱེད་ཅིང་། །

དབང་བསྐུར་བྱེད་པར་ཁས་འཆེ་བ་ཁ་ཅིག་གིས་ཀྱང་། །རྫོགས་སངས་རྒྱས་ཀྱིས་རྒྱུད་སྡེ་ནས་གསུངས་པ་ཡི། །དཀྱིལ་འཁོར་ཆོ་ག་རྣལ་ཆོན་ལྟ་བུ་ལ་བརྟེན་ནས་མི་བྱེད་པར། །བོན་གྱི་ལུགས་ལྟར་གཡུང་དྲུང་རིས་ཀྱི་དཀྱིལ་འཁོར་དང་། པདྨ་འདབ་བརྒྱད་དང་ནས་འབྲུ་ལ་སོགས་བྱེད་པ་དེ་ཉིད་སློབ་བྱེད་དབང་བསྐུར་ཡིན་ཟེར་ཐོས། གཡུང་དྲུང་རིས་སོགས་འདི་འདྲ་དག་ཏུ་དབང་བསྐུར་ཡང་། །སྔགས་ཀྱི་སྡོམ་པ་ཐོབ་པར་མི་འགྱུར་རོ། །དེ་ཡི་རྒྱུ་མཚན་བཤད་ཀྱིས་ཉོན་ཅིག །ཕྱི་ལུས་ངག་ལ་འདོམ་གང་གྲུ་བཞི་སོགས་ཡོད་པ་དང་ནང་ཡིད་གསུམ་བྱང་ཆུབ་ཀྱི་ཕྱོགས་ཀྱི་ཆོས་སུམ་ཅུ་རྩ་བདུན་ཡོད་པ་དག་གི་རྟེན་འབྲེལ་གྱི། །སྟོབས་ཀྱིས་འཇིག་རྟེན་གྱི་མཁས་སྦྱོང་བ་དཀྱིལ་འཁོར་གྲུ་བཞི་སྒོ་བཞི་སོགས་འབྱུང་བ་ཡིན། །གཡུང་དྲུང་རིག་ལ་སོགས་པའི་དཀྱིལ་འཁོར་འདི་ལ་རྟེན་འབྲེལ་བསྒྲིག་མི་ནུས། །དཀྱིལ་འཁོར་དེ་འདྲར་རྟེན་འབྲེལ་སྒྲིག་མི་ནུས་པ་དེས་ན་དེ་འདྲའི་དཀྱིལ་འཁོར་དུ་དབང་བསྐུར་བ་སངས་རྒྱས་རྣམས་ཀྱིས་བཀག །དེང་སང་དབང་བསྐུར་བྱེད་པ་ཕལ་ཆེར་ཡང་། །སློབ་མ་བརྒྱ་སྟོང་གྲངས་མེད་ལ། །སྤྲོར་དངོས་རྗེས་ཀྱི་ཆོ་ག་རྣམས་དུས་ཅིག་ཆར་ལ། །སངས་རྒྱས་ཀྱི་གསུངས་བཞིན་མི་ཤེས་པར། །སྔ་ཕྱི་འཁྲུགས་ཏེ་མ་འབྲེལ་བ་རྒྱུད་དབང་རྫས་ལྟར་བསྐྱེད་པ་ལྟ་བུ་རྒྱུད་ལས་བསྟན་པ་དང་འགལ་ཞིང་ཡེ་ཤེས་དབབ་པའི་དམིགས་པ་ནོར་བ་སོགས་ཉམས་པ་ཡི། །ཆོ་གའི་གཟུགས་བརྙན་བྱེད་པ་ལ། །སློབ་བྱེད་ཀྱི་དབང་བསྐུར་མཚན་ཉིད་པ་ཡིན་ཞེས་བླུན་པོ་རྣམས་སྨྲ། །མ་དག་པའི་དབང་བསྐུར་དེ་ཡི་དུས་སུ་ལུས་ངག་ཡིད་གསུམ་གྱི། །རྣམ་པ་གདོན་གྱིས་འཕག་རྒྱལ་དང་ཀུ་ཙོ་འདོན་པ་བསྒྱུར་བ་ལ། །དབང་བསྐུར་རྣམ་དག་གི་བྱིན་རླབས་ཡིན་པར་འཁྲུལ་པ་མང་། །

དེ་འདྲ་ནི་བྱིན་རླབས་མཚན་ཉིད་པ་མ་ཡིན་ཏེ་དཔལ་ལྡན་དམ་པ་དང་པོའི་རྒྱུད་ལས། །ཆོ་ག་ཉམས་པའི་བྱིན་རླབས་འཕར་གཡོ་སོགས་ཀུན། །བགེགས་ཀྱིས་ཡིན་པར་ཕྱག་དར་ཁྲོད་ཀྱི་ཤ་ཟ་ལ་སོགས་པ་འཇུག་པར་རྒྱལ་བས་གསུངས། །ཆོ་ག་དག་པར་གྱུར་པ་ལས། །ལུས་ངག་ཡིད་གསུམ་འགྱུར་བ་བྱུང་བ་སངས་རྒྱས་ཀྱི་བྱིན་རླབས་ཡིན་པར་གསུངས། ཁ་ཅིག་སློབ་བྱེད་ཀྱི་དབང་བསྐུར་མེད་ཀྱང་བསྐྱེད་རྫོགས་ཀྱི་ལམ་ཟབ་མོ་མ་ནོར་བ། བསྒོམས་ཤིང་ཉམས་སུ་བླངས་ན་འབྲས་བུ་སངས་རྒྱས་འགྲུབ་པོ་སྙམ་ན། །དབང་བསྐུར་མེད་པར་གསང་སྔགས་ཀྱི་ལམ་ཟབ་མོ། །བསྒོམ་པ་དེ་ནི་ངན་འགྲོའི་རྒྱུ་རུ་གསུངས། །ཕྱག་རྒྱ་ཆེན་པོ་ཐིག་ལེའི་རྒྱུད་ལས། །དབང་མེད་ན་ནི་མཆོག་གི་དངོས་གྲུབ་ཐོབ་པ་མེད། །བྱེ་མ་བཙིར་ཡང་མར་མེད་བཞིན། །གང་ཞིག་རྒྱུད་ལུང་ལ་བལྟས་པས་ཚིག་ཙམ་ཤེས་པའི་ང་རྒྱལ་གྱིས། །དབང་བསྐུར་མེད་པར་རྒྱུད་ལ་འཆད་ཉན་དང་ལས་ཚོགས་སྒྲུབ་པ་སོགས་བྱེད་པ། །སློབ་དཔོན་སློབ་མ་ཤི་མ་ཐག །གནས་སྐབས་ཚེ་འདིར་ཆར་འབེབས་པ

བགེགས་བསྲུང་བ་སོགས་ཐུན་མོང་གི་**དངོས་གྲུབ་ཐོབ་ཀྱང་**ཕྱི་མར་**དམྱལ་བར་སྐྱེ**་བའི་ཉེར་དམིགས་ཆེ་བ། ། **དེ་བས**་ན་དོན་དུ་གཉེར་བའི་**འབད་པ་ཐམས་ཅད་ཀྱིས། །བླ་མ་ལས་ནི་དབང་ཐོབ**་ཅིང་ཞུ་བར་བྱའོ། །**ཞེས་གསུངས**་དམ་པ་དང་པོ་སོགས་**རྒྱུད་སྡེ་གཞན་ལས་ཀྱང་**། །དམ་པ་དང་པོ་ལས། དབང་བསྐུར་མེད་པར་སྔགས་འཆད་དང་། ཟབ་མོའི་དོན་ཉིད་སྒོམ་བྱེད་པ། །དེ་དོན་ལེགས་པར་ཤེས་ན་ཡང་། །དམྱལ་བར་འགྱུར་གྱི་གྲོལ་བ་མེད། །ཅེས་བྱ་བ་དང་། རྒྱུད་རྡོ་རྗེ་ཕྲེང་བ་ལས། དབང་བསྐུར་མེད་པར་རྒྱུད་འཆད་པ། །སློབ་པོས་སྔགས་ཀྱི་དོན་ཤེས་ཀྱང་། །ཤི་ནས་དུ་འབོད་ཆེན་པོར་ལྟུང་། །ཞེས་བྱ་བ་སོགས་པ་རྒྱས་པར་གསུངས་སོ། །དེ་**ལྟར་གསུངས་ཕྱིར་འབད་པར་བྱ།** །ཕྱག་རྒྱ་པ་**ཁ་ཅིག་གང་ཟག་དབང་པོ་རབ། །སྨིན་བྱེད་ཕག་མོའི་བྱིན་རླབས**་ཉིད་**ཡིན**་དབང་མི་དགོས། **།འབྲིང་དང་ཐ་མ་དག་ལ་ནི།** །རྒྱུད་ནས་གསུངས་པའི་**དབང་བསྐུར**་བའི་**ཆོ་ག་དགོས**་པ་ཡིན་པས་རྒྱུད་སྡེ་ནས་བཤད་པའི་སྨིན་བྱེད་དེ་ནི་གཅིག་ཏུ་དགོས་པའི་ངེས་པ་མེད་དོ་**ཞེས་ཟེར**་བ་འདི་རང་བཟོ་ཡིན་ཏེ། **།གང་ཟག**་དབང་པོ་**རབ་འབྲིང་གསུམ་ཀ་ལ། །ཕག་མོའི་བྱིན་རླབས་སྨིན་བྱེད**་ཉིད་**དུ། ། རྒྱུད་སྡེ་ཀུན་ལས་གསུངས་པ་མེད།** །རྡོ་རྗེ་འཆར་ལ་སོགས་པའི་**འཕགས་པ་རྣམས་ཀྱིས**ཨི་ནྡྲ་བྷཱུ་ཏི་ཟླ་བ་བཟང་པོ་སོགས་**གང་ཟག་རབ། །སྤྲུལ་པ་ཡི་ནི་དཀྱིལ་འཁོར་དུ། །དབང་བསྐུར་མཛད་ཅེས**་དེ་ཉིད་བསྟུས་ལ་སོགས་པའི་རྒྱུད་སྡེ་རྣམས་ལས་**གསུངས་པ་རྣམས་ནི**་ད་ལྟར་བྱུར་མེད་དེ། **སྔོན་གྱི་ཚེ་ག་འཕགས་པའི**་གང་ཟག་རྣམས་ཀྱི་ལུགས་**ཡིན།** །དེས་ན་**དེང་སང་སོ་སོའི་སྐྱེ་བོའི་གང་ཟག་རབ་འབྲིང་ཀུན།** །སོ་སྐྱེའི་རྡོ་རྗེ་སློབ་དཔོན་གྱི་སྨིན་པར་བྱེད་པ་ལ་**རྡུལ་ཚོན་གྱི་ནི་དཀྱིལ་འཁོར་དུ། །དབང་བསྐུར་བྱ་བར**་རྣམ་སྣང་དང་པོ་ས་གཞི་སོགས་ཀྱིས་བསྟུས་པས་ཆོ་ག་ཐོག་མར་བསྙེན་པ་ཇི་ལྟར་བྱ་བ་དང་། སའི་ཆོ་ག་དང་སྟ་གོན་དང་དཀྱིལ་འཁོར་ཇི་ལྟར་བྲི་བའི་ཚུལ་དང་། བདག་ཉིད་འཇུག་ཅིང་དབང་བླང་བ་དང་། སློབ་མ་གཞུག་ཅིང་དབང་བསྐུར་བར་གསུངས་པ་རྣམས་ནི་སོ་སྐྱེའི་རྡོ་རྗེ་སློབ་དཔོན་གྱིས་སློབ་མ་སྨིན་བྱེད་འབའ་ཞིག་གི་དབང་དུ་བྱས་ནས་**གསུངས་མོད་ཀྱི། །གཞན་གྱི**་ཕག་མོའི་བྱིན་རླབས་ལ་སོགས་**སྨིན་བྱེད་རྒྱུད་ལས་བཀག**་གོ། །

འོ་ན་ད་ལྟ་སྨིན་བྱེད་ལ་རྡུལ་ཚོན་གྱི་དཀྱིལ་འཁོར་ཁོ་ན་དགོས་སམ་ཞེ་ན། རྡུལ་ཚོན་བྲི་བར་ནུས་ན་ལེགས་ཤིང་མ་ནུས་ན་རས་བྲིས་ཙམ་ལ་བརྟེན་ཀྱང་རུང་བར་སློབ་དཔོན་ཛ་ཡ་སེ་ན་དང་། རྗེ་བཙུན་རྩེ་མོས་གསུངས་སོ། །གསང་འདུས་སྟོད་ལུགས་པ་**ལ་ལ**་ཐེག་ཆེན་གྱི་འཇུག་པ་**སེམས་བསྐྱེད**་ཙམ་**བྱས་པ་ལ།** ། གསང་སྔགས་བསྒོམ་དུ་འདོད་ཅེས་ཟེར། །འདི་ནི་སྔགས་ཀྱི་འཁྲུལ་ཡིན་ལོ། །སྨིན་བྱེད་མེད་ཀྱང་**གསང་སྔགས་བསྒོམ་དུ**་རུང་བར་**འདོད**་དེ། རྒྱ་མཚན་ཐེག་ཆེན་སེམས་བསྐྱེད་ནི་འཚང་རྒྱ་བའི་ལམ་ཐམས་ཅད་ཀྱི་

གཞི་རྟེན་ཡིན་པའི་ཕྱིར། དེ་སྐད་ཅེས་ཟེར་ཞིང་། འདི་ནི་གསང་སྔགས་ཀྱི་ཐེག་པའི་བློ་ཡངས་པའི་འཕྲུལ་མིག་བྱ་བ་ཡིན་ནོ་ལོ། །སེམས་བསྐྱེད་ཙམ་གྱིས་གསང་སྔགས་སྒོམ་དུ་རུང་མི་རུང་འདི་ཡང་རྣམ་པར་ཕྱེ་སྟེ་བཤད་ཀྱིས་ཉོན། །བྱ་བའི་རྒྱུད་ལ་རྣམ་གསུམ་ཡོད། །དང་པོ་རྟོག་པའི་རྒྱུད་དོན་ཡོད་ཞགས་པ་ལ་སོགས་པ་གཙུག་ཏོར་རྣམ་རྒྱལ་གདུགས་དཀར་སོགས་འགའ་ཞིག་ལ། །དབང་བསྐུར་དང་འཇུག་པ་སེམས་བསྐྱེད་གཉིས་ཀ་མ་ཐོབ་ཀྱང་། །སྨྱུང་གནས་དང་གསོ་སྦྱོང་ལ་སོགས་བྱེད་ནུས་ན། །གང་ཟག་ཀུན་གྱིས་བསྒྲུབ་པར་གསུངས་ཏེ། ཚ་ག་ཞིབ་མོ་ལས་སེམས་ཅན་རྣམས་ལ་ནུས་སམ་མི་ནུས་དྲིས་ཏེ་སྦྱིན་ཞེས་བྱ་བ་དང་། དུད་འགྲོའི་རྣ་ལམ་དུ་འང་སྒྲོགས་ཤིག་ཅེས་སོ། །དམ་ཚིག་གསུམ་བཀོད་དང་མི་ཡོ་བའི་རྟོག་པ་ལ་སོགས་པ། དབང་བསྐུར་མ་ཐོབ་ཀྱང་འཇུག་པ་སེམས་བསྐྱེད་ཆོག་ས་ཐོབ་ནས་ནི། །ཕྲིན་ལས་ཞི་དྲག་ལ་སོགས་པ་འགའ་ཞིག་བསྒྲུབ་པའི་ཕྱིར། །ཆོ་ག་ཤེས་ན་བསྒྲུབ་པར་གནང་ངོ་། །ལེགས་པར་གྲུབ་པ་དང་དཔུང་པ་བཟང་པོ་ཡན་ཆད་དུ་ནི་སྒོམ་བཟླས་བྱེད་པ་ལ། །རྒྱུད་རང་རང་གི་དཀྱིལ་འཁོར་དེའི་དབང་བསྐུར་མ་ཐོབ་ན། །འཇུག་པ་སེམས་བསྐྱེད་ཐོབ་ཀྱང་གསང་སྔགས་རང་གི་བསྒྲུབ་པ་དང་གཞན་ལ་སྦྱིན་པ་སོགས་བཀག་སྟེ། དཔུང་བཟང་ལས། གང་དག་རིགས་དང་དབང་བསྐུར་ཆོ་ག་མེད། །གང་དག་དཀྱིལ་འཁོར་དུ་ནི་མ་ཞུགས་དང་། །གང་དག་བྱང་ཆུབ་སེམས་ནི་མ་བསྐྱེད་ལ། །ང་ཡི་གསང་སྔགས་བཟླས་ན་འཕྲུལ་བར་འགྱུར། །ཞེས་བཀག་གོ། །དེ་ཡང་ལེགས་པར་གྲུབ་པ་ལས། །དབང་བསྐུར་མ་བྱས་ཤིང་མ་ཐོབ་པའི་གང་ཟག་དག་ལ། །ཆོ་ག་ཤེས་པའི་སློབ་དཔོན་གྱིས་སྔགས་མི་སྦྱིན། །ཞེས་སོགས་རྒྱས་པར་གསུངས་པ་ལ་ལྟོས་དང་ལུང་མཐོང་ན་ཡིད་ཆེས་པར་འགྱུར་རོ། ། ལྷག་མ་རྒྱུད་སྡེ་གོང་མ་གསུམ་པོ་ནས་གསུང་པའི་ལམ་ཉམས་སུ་ལེན་པ་ལ། །སྨིན་བྱེད་ཀྱི་དབང་བསྐུར་ཐོབ་པ་མ་གཏོགས་པ། །ཐེག་ཆེན་སེམས་བསྐྱེད་ཙམ་ལ་བརྟེན་པ་ཡི། །ཡི་དམ་ལྷའི་བསྒོམ་བཟླས་བྱེད་པར་གསུངས་པ་མེད། །དེ་ཡང་ལེགས་གྲུབ་ཡན་ཆད་དུ་དབང་བསྐུར་མེད་ན་བསྐུར་མི་རུང་བའི་རྒྱུ་མཚན་སྤྱོད་རྒྱུད་སོགས་ཀྱི་དབང་བསྐུར་བའི་ཆོ་ག་ནི་སློབ་མའི་རྒྱུད་ལ་དངོས་གྲུབ་མྱུར་དུ་ཐོབ་པའི་ནང་གི་རྟེན་འབྲེལ་བསྒྲིག་པའི་ཆེད་དུ་ཡིན་ལ། སེམས་བསྐྱེད་ལ་ནི་ནང་གི་རྟེན་འབྲེལ་མེད་པའི་ཕྱིར་རོ། །རྣམ་བྱེད་དེས་ན་ཐེག་ཆེན་སེམས་བསྐྱེད་བྱས་ན་ཡང་། །དབང་བསྐུར་མ་ཐོབ་པར་གསང་སྔགས་ཟབ་མོ་བསྒོམ་པ་ལ། དམྱལ་བར་སྐྱེ་བ་སོགས་ཀྱི་ཉེས་དམིགས་ཡོད་པས་ལྷུང་བ་ཡོད་པར་རྒྱལ་བས་དེ་ཉིད་བསྡུས་པ་ལས། དཀྱིལ་འཁོར་ཆེན་པོ་མ་མཐོང་བ་རྣམས་ཀྱི་མདུན་དུ་མ་སྨྲ་ཞིག སྨྲས་ན་དམ་ཚིག་ཉམས་པར་འགྱུར་རོ། །ཞེས་བྱ་བ་ལ་སོགས་པ་གསུངས་སོ། །རྒྱུ་མཚན་དེའི་ཕྱིར་སྔར་བཤད་པ་ལྟར་རྣམ་དབྱེ་ཤེས་ནས་ཉམས་སུ་ལེན་དགོས་སོ། །གཏོར་མ་

མགོར་བཞག་ནས་ལྷ་ཡིན་པར་བསྒོམས་ཏེ་ཐིམ་པར་བསམས་པ། གཏོར་མའི་དབང་བསྐུར་ཞེས་བྱ་བ་དང་། ཚིག་མེད་པར་དམིགས་པ་གཏད་པ་ཙམ་གྱིས་དབང་བཞི་ལེན་པ་ཉིད་དེ་འཛིན་གྱི་དབང་བསྐུར་དང་ཨཱ་ལི་ཀཱ་ལི་སོགས་ཡིག་འབྲུ་ཐིམ་པར་བསྒོམ་པའི་དམིགས་པས་དབང་བསྐུར་ལེན་པ་ལ་སོགས་པ་ཡང་། མ་སྨིན་པའི་སློབ་མ་སྨིན་བྱེད་ཀྱི་ཚིག་རུ་མི་འཐད་དེ། རྒྱུད་སྡེ་ཀུན་ལས་དེ་འདྲ་སྨིན་བྱེད་ཡིན་པར་གསུངས་པ་མེད། །འདི་ཚིག་མེད་པ་དམིགས་པ་གཏད་པ་ཙམ་ལ་དགོས་ཀྱི་ཏིང་ངེ་འཛིན་གྱིས་དཀྱིལ་འཁོར་སྤྲུལ་ནས་སློབ་མ་ལ་སྟོན་ནུས་པའི་དབང་བསྐུར་སྨིན་བྱེད་ཡིན་ནོ། །དབང་བྱེད་ཀྱང་ལག་ལེན་ལ་ཞེ་འཆོར་ཞིང་རྣམ་བྱེད་འཆུགས་པའི་གསང་འདུས་སྒྲོད་ལུགས་ཀྱི་པ་འགའ་དང་། རྣམ་བྱེད་ཆུར་བའི་བསྟུགས་པར་ཁས་ཆེ་བ་འགའ་ཞིག་གསང་སྔགས་ཀྱི་ རླུང་དང་གཏུམ་མོ་སོགས་དཔའ་དབང་མ་ཐོབ་པར་སྒྲུབ་ཅིང་། དབང་བསྐུར་ཕྱི་ནས་ཞུ་བའི་ཁས་ལེན་བྱེད་དེ་གསང་བ་འདུས་པའི་དབང་སྟོན་མ་བྱ་བ། རྒྱུད་དབྱར་ཉན་ནས་དབང་སྟོན་པོ་བྱེད་སླ་བའི་དུས་སུ་ཞུ་བར་ཁས་ལེན་བྱེད་པ་ཡོད། གསང་སྔགས་ཀྱི་ལམ་ཟབ་མོ་སྟོན་ལ་བསྒོམ་ནས་དབང་བསྐུར་ཕྱིས་སུ་ཞུ་བ་འདི་ཡང་སངས་རྒྱས་ཀྱི་བསྟན་པ་མིན་ཏེ། སྔ་ཕྱི་གོ་ལྡོག་པར་དབང་མ་ཐོབ་པའི་སྟོད་མིན་ལ་གསང་སྔགས་ཀྱི་ཆོས་ཟབ་མོ་བཤད་ན། །སློབ་དཔོན་སྟོད་མིན་ལ་གསང་བ་སྒྲོགས་པའི་རྩ་བའི་ལྟུང་བ་ཅན་དུ་འགྱུར་ཞིང་། །སློབ་མའང་དབང་བསྐུར་བའི་སྔོན་དུ་ཉམས་པར་འགྱུར་ལ། །ཉམས་པར་གྱུར་པ་དེ་ཕྱིས་དམ་པའི་ཆོས་ཀྱི། །སྣོད་མིན་ཞེས་ནི་རྒྱལ་བས་གསུངས་སོ། །མདོར་ན་དབང་བསྐུར་ལམ་བསྒོམས་པ་སོགས་ཆོས་ཀྱིས་འབྲས་བུ་ཅི་བྱེད་འདོད་པ་ཡིན་སེམས་ལ། །སངས་རྒྱས་འགྲུབ་པར་བྱེད་འདོད་ན་ཆོས་ནས་གསུངས་པ་བཞིན་ཐོག་མར་དབང་ཞུས་ནས་དེ་ནས་ལམ་བསྒོམ་པ་ལ་འཇུག་པར་གྱིས་ཏེ། དེ་ལས་གཞན་པས་སངས་རྒྱས་ཐོབ་མི་ཐུབ་པའི་ཕྱིར་རོ། །གཅོད་ཡུལ་བ་དང་ཕྱག་རྒྱ་པ་ལ་ལ་རང་སེམས་ཀྱི་གནས་ལུགས་ཉིད་མ་རྟོགས་ན། །དབང་བསྐུར་ཐོབ་ཀྱང་འཁོར་བ་ལས་གྲོལ་བར་མི་ཕན་ཟེར། །གལ་ཏེ་སེམས་ཉིད་ཀྱི་གནས་ལུགས་ངོ་འཕྲོད་ཅིང་རྟོགས་པར་གྱུར་ན། །དེ་ཉིད་ཀྱིས་གྲོལ་བར་ནུས་པར་དབང་བསྐུར་བྱ་ཡང་མི་དགོས་སོ་ཞེས་ཟེར་ལོ། །

འོ་ན་སེམས་ཀྱི་གནས་ལུགས་ཉིད་མ་རྟོགས་ན། །རབ་བྱུང་གི་སྡོམ་པ་བསྲུངས་ཀྱང་ཅི་ཞིག་ཕན། །གལ་ཏེ་སེམས་ཉིད་རྟོགས་པར་གྱུར་ན། །རབ་བྱུང་གི་སྡོམ་པ་བསྲུང་ཡང་ཅི་ཞིག་དགོས་ཏེ་རིགས་པ་མཚུངས་སོ། །དེ་བཞིན་དུ་རྡོ་རྗེ་ཕག་མོའི་བྱིན་རླབས་ཀྱང་། །སེམས་ཉིད་རྟོགས་ན་བྱ་ཅི་དགོས་ཏེ་མི་དགོས་ཤིང་། གལ་ཏེ་སེམས་ཉིད་མ་རྟོགས་ན། །བྱིན་རླབས་དེ་བྱས་ཀྱང་ཅི་ཞིག་ཕན། །ཡང་དེ་བཞིན་དུ་སེམས་བསྐྱེད་དང་རྗེས

གནང་ལ་སོགས་པ། །ཚིག་ཀུན་ལ་ཚུལ་འདི་མཚུངས་པས་སེམས་ཉིད་གོ་ན་བླ་མ་ལ་གུས་ཀྱང་ཅི་དགོས། མ་གོ་ན་གུས་པ་བྱས་ཀྱང་ཅི་ཕན་ཏེ་མི་ཕན་ནོ། །མགོ་མཚུངས་ཀྱི་རིགས་པ་དེས་ན་རབ་བྱུང་གི་སྡོམ་པ་མཁས་སློབ་ལས་ལེན་པ་དང་བསྲུང་དང་། །རྡོ་རྗེ་ཕག་མོའི་བྱིན་རླབས་ཆོས་སྒོ་བ་ལས་ལེན་པ་དང་། །སེམས་བསྐྱེད་བྱ་དགོས་ཟེར་ནས་ཚིག་འབད་ནས་བྱེད་བཞིན་དུ། །སངས་རྒྱས་ཀྱི་གསུང་ངེས་པའི་དབང་བསྐུར་མི་དགོས་ཞེས་སྨྲ་བ་ནི། གསང་སྔགས་ཟབ་མོ་སྤྱོད་པའི་བདུད་ཀྱི་གསང་ཚིག་ཡིན་ཏེ། སྔགས་ལམ་གྱི་གཙོ་བོ་དབང་བསྐུར་འགོག་པའི་ཚིག་ཡིན་པས་སོ། །ཕྱག་རྒྱ་པ་དྭགས་པོའི་རྒྱུད་འཛིན་ཁ་ཅིག་དབང་བཞི་ལེན་པ་ལ་དེའི་སྦྱོར་དངོས་རྗེས་ཀྱི་ཚིག་ངེས་པར་མི་དགོས་ཏེ་ཆོ་གའི་ཚིག་གི་རྣམ་གཞག་མེད་བཞིན་དུ། །བླ་མའི་ལུས་ཀྱི་དཀྱིལ་འཁོར་ལས། ལུས་བཙུན་མོ་ལྟར་འཁྲིལ། སྙིང་ལ་སྙིང་སྦྲུད་ཅིང་། དཔྲལ་བར་དཔྲལ་བ་གཏུགས་ཏེ། དུས་སེར་དབང་རྫོགས་སེམས་ལ་བསྐུར། ཆོས་རྫོགས་དོན་གྱི་ངོ་བོ་མཐོང་བ་ཉིད་དབང་བསྐུར་བ་ཡིན་པས། དབང་བཞི་རྫོགས་པར་དམིགས་པ་ཙམ་གྱིས་ལེན་ཞེས་ཟེར་རོ། །འོན་ཚུལ་དེ་བཞིན་དུ་དགེ་ཚུལ་དང་དགེ་སློང་གི་སྡོམ་པ་ཡང་མཁན་སློབ་ཅི་དགོས། ཚིག་མེད་པར་བླ་མའི་སྐུ་ལས་ཅིས་མི་ལེན། །ཐེག་ཆེན་སེམས་བསྐྱེད་ཀྱང་ནི་ཚིག་མེད་པར་བླ་མ་ཡི། །སྐུ་ཉིད་ལས་ནི་ཐོབ་པའི་ཕྱིར། །སེམས་བསྐྱེད་ཀྱི་ཚིག་ཡང་ཅི་ཞིག་དགོས། །རྡོ་རྗེ་ཕག་མོའི་བྱིན་རླབས་ཀྱང་། །ཚིག་མེད་པར་བླ་མའི་སྐུ་ལས་བླངས་པས་ཐོབ་པའི་ཕྱིར། །ཆོས་སྒོ་བའི་ཚིག་ལས་བླངས་ཅི་དགོས། །དེ་བཞིན་སྡོམ་པ་གསུམ་ནས་ཡི་དམ་ཆོས་སྐྱོང་གི་རྗེས་གནང་ཚིག་ཐམས་ཅད་ཀྱང་། །བླ་མའི་སྐུ་ལས་དམིགས་པ་ཙམ་གྱིས་བླངས་པས་ཆོག་པར་གྱིས་ལ། ད་ཕྱིན་ཆད་རྫོགས་པའི་སངས་རྒྱས་ཀྱིས་མདོ་རྒྱུད་ལས་གསུངས་པ་ཡི་སྡོམ་གསུམ་འབོག་པའི་ཚིག་ཟབ་མོ་ཐམས་ཅད་སྤོངས་རིགས་པར་འགྱུར་རོ། །གལ་ཏེ་ལས་ཀྱི་ཚིག་དང་། སེམས་བསྐྱེད་ཀྱི་ཚིག་ལ་སོགས་པ་ཅུང་ཟད་ཉམས་པར་གྱུར་ན་འང་། །སོ་སོར་ཐར་པ་དང་སེམས་བསྐྱེད་ཀྱི། །སྡོམ་པ་འཆག་པར་མི་འགྱུར་ཞིང་། །རྡོ་རྗེ་ཕག་མོ་ལ་སོགས་པའི། །བྱིན་རླབས་འཇུག་པར་མི་འགྱུར་བའི་ཉེས་དམིགས་ཡོད་པས་ཚིག་དེ་དག་དགོས་ན། །རིག་འཛིན་སྔགས་ཀྱི་སྡོམ་པ་འབོགས་པའི་ཚིག་དབང་བསྐུར་དེ་ཡང་ངེས་པར་དགོས་ཏེ། རྒྱུད་སྡེ་གསུངས་པའི་དབང་བསྐུར་གྱི་ཚིག་མེད་ན་ཐོབ་མི་ནུས་པས་སོ། །དགེ་ཚུལ་སོགས་ལ་མཚུངས་པ་དེས་ན་སོ་ཐར་དང་སེམས་བསྐྱེད་སོགས་ལེན་པའི་ཚིག་གཞན་དག་ལ། །འབད་པ་ཆེན་པོ་བྱེད་བཞིན་དུ། །དབང་བསྐུར་གྱི་ཚིག་ཁོ་ན་བྱ་མི་དགོས་ཟེར་ནས་འདོར་པར་བྱེད་པ་ནི། དབང་བསྐུར་གྱི་ཚིག་ཁྱད་དུ་གསོད་པ་ཐབས་མ་ཡིན་པ་ཐབས་སུ་སྟོན་པ་ཐབས་ལ་བསླུ་བའི་བདུད་ཀྱིས་བསླད་པར་ཤེས་ནས་སྤོང་དགོས་ཏེ། ཐབས་ལ་སླུ་བའི་

བདུད་ཡོད་ཅེས། །མདོ་དང་མདོ་སྡེ་རྒྱན་ལས་གསུངས་པ་འདིར་ཡང་དྲན་པར་བྱས་ཏེ་སྤང་བར་བྱའོ། །འདི་དག་ཀྱང་སློན་བྱེད་ཀྱི་དབང་བླ་མའི་ལུས་དཀྱིལ་ལས་ལེན་པ་དགག་པ་ཡིན་གྱི་སྤྱིར་དབང་ལེན་པ་ཙམ་དགག་པ་ནི་མ་ཡིན་ནོ། །རྒྱུ་མཚན་དེའི་ཕྱིར་བདེན་པ་གཉིས་སུ་ཡོད་པ་ལས་དམ་པའི་དོན་དུ་ན། །ཆོས་རྣམས་ཐམས་ཅད་སྤྲོས་བྲལ་ཡིན་པའི་ཕྱིར། དོན་དམ་དེ་ལ་ཆོ་གའི་བྱ་བ་གང་ཡང་མེད་དེ། དོན་དམ་པ་དེ་ལ་སངས་རྒྱས་ཉིད་ཀྱང་ཡོད་པ་མིན་ན། །ཆོ་ག་གཞན་ལྟ་སྨོས་ཅི་དགོས། །སྤྱིར་རྒྱུ་དང་ལམ་དང་འབྲས་བུ་ཡི། །དགེ་བ་ཐམས་ཅད་ཀུན་རྫོབ་ཡིན་ཞིན། །སོ་སོར་ཐར་པ་དང་བྱང་ཆུབ་ཀྱི་སེམས་བསྐྱེད་དང་། དབང་བསྐུར་བ་ལ་སོགས་པ་སྡོམ་གསུམ་ལེན་བྱེད་ཀྱི་ཆོ་ག་རྣམས་དང་།བསྐྱེད་རིམ་དང་རླུང་དང་གཏུམ་མོ་ལ་སོགས་བསྒོམ་པའི་དམིགས་པ་ཇི་སྙེད་དང་། །ཕྱི་རོལ་གྱི་ཡུལ་བགྲོད་དེ་མཁའ་འགྲོ་དབང་དུ་བསྡུ་ཞིང་། ནང་རྡོ་རྗེ་ལུས་ཀྱི་རླུང་སེམས་ཐིམ་ཚུལ་གྱི་རྟེན་འབྲེལ་ཟབ་མོ་ཐམས་ཅད་དང་། །གནས་དང་ཉེ་གནས་ལ་སོགས་པ་ས་དང་ལམ་གྱི་དགེ་བ་དང་། །ས་ལམ་དེ་ལ་བརྟེན་ནས་འབྲས་བུ་རྫོགས་པའི་སངས་རྒྱས་བཅུ་གསུམ་རྡོ་རྗེ་འཛིན་པ་ཐོབ་པ་ཡང་། །ཀུན་རྫོབ་ཡིན་གྱི་དོན་དམ་མིན་ཏེ་དོན་དམ་དུ་དེ་དག་གང་ཡང་མེད་པའི་ཕྱིར་རོ། །བདེན་གཉིས་དེ་འདྲའི་དབྱེ་བ་ཤེས་ནས་ནི། །ཆོ་ག་བྱེད་ན་ཐམས་ཅད་མ་འཁྲུལ་པར་གྱིས་ཀུན་རྫོབ་ཏུ་ཆོ་ག་ཐམས་ཅད་ཡོད་མཚུངས་ཡིན་པའི་ཕྱིར་རོ། །མིན་ན་དོན་དམ་དུ་ཆོ་ག་བྱེད་པ་སྒོམ་ལ་སོགས་པ་བྱ་བ་ཐམས་ཅད་དོར་བར་གྱིས་ཏེ། དོན་དམ་དུ་དེ་དག་གང་ཡང་མེད་པས་སོ། །ཕག་མོའི་བྱིན་རླབས་ལ་སོགས་ཆོས་ནས་མ་གསུངས་པའི་ཆོ་ག་ལ་ལ་བྱེད་དགོས་བཞིན་དུ་ཆོས་ནས་གསུངས་ངེས་པའི་དབང་བསྐུར་དང་རིམ་གཉིས་ལ་སོགས་པ། ལ་ལའི་ཆོ་ག་དགོས་ངེས་མི་དགོས་ཞེས། །ཀྱི་ནར་སླུ་བ་ནི་རྣམ་དབྱེ་ཤེས་པའི་མཁས་པའི་བཞད་གད་ཀྱི་གནས་ཡིན་ཞིང་། སངས་རྒྱས་ཀྱི་བསྟན་པའང་དཀྲུགས་པ་ཡིན་ཏེ་དགོས་པ་ལ་མི་དགོས་མི་དགོས་པ་ལ་དགོས་ཞེས་ཟེར་བའི་ཕྱིར་རོ། །འབུམ་དང་ཕལ་པོ་ཆེ་ལས། དམ་པའི་ཆོས་ལ་བར་དུ་གཅོད་པའི་བདུད་ཀྱི་བྱིན་རླབས་ཡིན་ཞེས་བྱ་བའང་། །འདི་འདྲའི་རིགས་ཅན་ཡིན་པར་གསུངས་སོ། །སྔོན་གྱི་དོན་ཡོད་ཞགས་པ་དང་། ཕྱག་རྒྱ་པ་རྒྱུད་སྡེའི་དབང་ལམ་གྱི་རྣམ་དབྱེ་མི་ཕྱེད་ཅིང་འོག་མའི་ལག་ལེན་བྱེད་པ།ཁ་ཅིག་བྱ་བའི་རྒྱུད་སོགས་ཏེ་སྤྱོད་པའི་རྒྱུད་དང་རྣལ་འབྱོར་གྱི་རྒྱུད་དེ་རྒྱུད་སྡེ་འོག་མ་གསུམ་པོ་ལའང་། །གསང་སྔགས་རྡོ་རྗེ་ཐེག་པ་ཡིན་པས་དབང་བཞིའི་ཆོ་ག་དགོས་སོ་ཞེས་བྱེད་པ་དང་། །དོན་ཡོད་ཞགས་པ་ཐུགས་རྗེ་ཆེན་པོ་དང་སྒྲོལ་མ་ལ་སོགས་པ་རང་རྐང་ལའང་། །བསྐྱེད་རྫོགས་རིམ་གཉིས་ཀྱི་ཉམས་ལེན་བླ་མེད་བཞིན་སྦྱར་ནས་སྒོམ་པར་བྱེད་པ་ཐོས། །རྒྱུད་སྡེ་འོག་མ་གསུམ་པོ་རང་རྐང་ལ་དབང་དང་རིམ་གཉིས་སྦྱོར་བ་འདི་ཡང་སངས་རྒྱས་ཀྱི་དགོངས་པ་མིན། །

དེ་ཡི་རྒྱུ་མཚན་འཆད་འགྱུར་འདི་ལྟར་ཡིན། །དེ་ཡང་བྱ་སྤྱོད་རྣལ་འབྱོར་རྒྱུད་གསུམ་ཀར། །རྒྱུད་སྡེ་རང་གི་ངོས་ནས་སྨིན་བྱེད་ཀྱི་དུས་བུམ་དབང་ལ་སོགས་པའི་དབང་བཞི་དང་ནི་གྲོལ་བྱེད་ཀྱི་དུས་སུ་སྐྱེ་སྲིད་དང་འཆི་སྲིད་སྦྱོང་བའི་ལམ་རིམ་པ་གཉིས་མེད་དེ། གལ་ཏེ་ཡོད་ན་རྒྱུད་སྡེ་འོག་མ་གསུམ་པོ་དེ་དག་ཀྱང་། །རྣལ་འབྱོར་ཆེན་པོ་ཉིད་དུ་འགྱུར་ཏེ། དབང་བཞི་དང་ནི་རིམ་པ་གཉིས་པོ་རྣམས་ནི། རྣལ་འབྱོར་ཆེན་པོ་ཁོ་ནའི་ཁྱད་ཆོས་ཡིན་པའི་ཕྱིར་རོ། །གོང་འོག་གྲུབ་མཐའི་གོང་མ་དང་འོག་མའི་རྣམ་དབྱེ་མི་ཕྱེད་ཅིང་། །རྒྱུད་སྡེ་བཞིའི་ཉམས་ལེན་གྱི་རིམ་པ་བཞི་ཡོད་པ་མི་ཤེས་པར། །བླ་མེད་ཀྱི་སྨིན་གྲོལ་རྒྱུད་སྡེ་འོག་མར་སྦྱོར་བ་སོགས་གླུན་པོའི་སྣང་ངོར་རྣམ་གཞག་ལེགས་ལེགས་འདྲ་ན་ཡང་། །རྣམ་དབྱེ་ཤེས་པའི་མཁས་པས་མཐོང་ན་ལྟམ་དཔེ་ཞ་ལ་བཀབ་པ་བཞིན་དུ་བཞད་གད་ཀྱི་གནས་ཡིན་ནོ། །དབང་བཞི་དང་རིམ་གཉིས་རྒྱུད་སྡེ་འོག་མར་སྦྱོར་དུ་མི་རུང་བ་དེས་ན་རྒྱུད་སྡེ་བཞི་པོ་ཡི། །དབང་ལ་བབས་མི་འདྲ་བ་བཞི་ཡོད་པ་དང་དེའི་རྒྱུ་མཚན་གྱིས་ལམ་གྱི་དབྱེ་བ་ལ། །རིམ་པ་མི་འདྲ་བའི་དབྱེ་བ་རྣམ་པ་བཞི་ཡོད་པར་ཡེ་ཤེས་རྡོ་རྗེ་ཀུན་ལས་བཏུས་པར་གསུངས་སོ། །རྒྱུད་སྡེ་རང་རང་གི་ཚིག་དང་ལམ་གྱི་རིམ་པ་བཞིན་ཉམས་སུ་བླང་བར་བྱས་ན། །རྒྱུད་སྡེ་དེ་དང་དེ་ནས་གསུངས་པའི་མཆོག་དང་ཐུན་མོང་གི་དངོས་གྲུབ་རྣམས་འབྱུང་ངོ་། །རྒྱུད་སྡེ་བཞི་ལ་དབང་མི་འདྲ་བ་བཞི་ཡོད་པ་ནི། །བྱ་རྒྱུད་ལ་ཆུ་དང་། ཅོད་པཎ་གྱི་དབང་གཉིས། སྤྱོད་རྒྱུད་ལ་དེའི་སྟེང་དུ་རྡོ་རྗེ་དང་དྲིལ་བུ་མིང་གི་དབང་དང་ལྔ། རྣལ་འབྱོར་རྒྱུད་ལ་དེའི་སྟེང་དུ་ཕྱིར་མི་ལྡོག་པ་འཁོར་ལོའི་དབང་དང་དྲུག བླ་མེད་ལ་དེའི་སྟེང་དུ་དབང་གོང་མ་གསུམ་དང་བཅས་པས་དབང་བཞི་ཡོངས་རྫོགས་ཡོད་པ་ཡིན་ནོ། །དབང་བསྐུར་ལ་བློ་མ་ཕྱོགས་པའི་བཀའ་གདམས་པ་ལ་ལ་གདུལ་བྱ་འགའ་ཞིག་ལ་དབང་བསྐུར་མ་བྱས་ཀྱང་། །སྐྱོན་མེད་དེ་གལ་ཏེ་ཐོག་མ་ནས་གསང་སྔགས་ལ་མོས་ཐོབ་ན། །མོས་པ་དེ་ཉིད་ཆོས་ཀྱི་སྒོ་ཡིན་པས། །གསང་སྔགས་ཀྱི་ལམ་བསྒོམ་དུ་རུང་ཞེས་ཟེར། །གསང་སྔགས་ལ་བློ་མོས་ཙམ་གྱིས་གསང་སྔགས་བསྒོམ་དུ་རུང་ན་འོ་ན་རབ་བྱུང་བའི་སྡོམ་པ་མ་ཐོབ་ཀྱང་། འགའ་ཞིག་རབ་ཏུ་འབྱུང་བ་ལ་མོས་པ་ཐོབ་པ་ཉིད། །རབ་བྱུང་གི་སྡོམ་པ་ལེན་པའི་སྒོ་ཡིན་པས། །རབ་བྱུང་གི་སྡོམ་པ་མ་ཐོབ་ཀྱང་བསྒྲུབས་པས་ཚོག་གམ་ཅི་སྟེ་ཚོག་པར་ཐལ་ལོ། །དེ་བཞིན་དུ་སེམས་བསྐྱེད་ཀྱི་སྡོམ་པ་མ་ཐོབ་ཀྱང་། །སེམས་བསྐྱེད་པ་ལ་མོས་པ་ཐོབ་པ་དེ་ཉིད། །བྱང་ཆུབ་སྤྱོད་པའི་སྒོ་ཡིན་པས། །ཐེག་ཆེན་སེམས་བསྐྱེད་དེ་བླང་ཡང་ཅི་ཞིག་དགོས་ཏེ་མི་དགོས་པར་འགྱུར་རོ། །

དེ་བཞིན་དུ་འཇིག་རྟེན་པས་སོ་ནམ་མ་བྱས་ཀྱང་། །ལོ་ཏོག་འབྱུང་བ་ལ་ནི་མོས་པ་ཉིད། །བཟའ་རྒྱུ་བའི་སྒོ་ཡིན་པས། །སོ་ནམ་ལ་ཡང་འཇིག་རྟེན་པས་འབད་ཅི་དགོས་ཏེ་མི་དགོས་པར་ཐལ་ལོ། །གླུན་པོའི་རང

བཟོ་འདི་འདྲའི་རིགས་ཀྱི་ཆོས་ལུགས་ཀུན། །རིགས་པ་དེ་འདྲའི་རིགས་ཀྱིས་སུན་དབྱུང་དགོས་ཏེ་རིགས་པ་དེ་ལ་ལན་སླ་མི་འབྱུང་ངོ་། །རིགས་པ་མགོ་མཚུངས་པ་དེས་ན་ཆོས་ཀྱི་སྒོ་ཞེས་བྱ་བ། །རྒྱ་གར་ན་མེད་བོད་ཀྱིས་སྦྱར་བ་ཡིན། གསར་དུ་བཟོས་པ་འདི་ཡི་མིང་གིས་འཁྲུལ་གཞི་བྱས། །དབང་བསྐུར་ནི་གསང་སྔགས་ཀྱི་ཆོས་ཀྱི་སྒོ་འབྱེད་པ་ཙམ་ཡིན་གྱི། །འཚང་རྒྱ་བ་ཡི་གསང་སྔགས་ཀྱི་ཆོས་གཞན་ཞིག །བསྒོམ་རྒྱུ་ལོགས་ན་ཡོད་དོ་ཞེས། །བླུན་པོ་རྣམས་ཀྱིས་མཐུན་བསྒོམ་བྱས་སོ། །འོན་དགེ་སློང་གི་སྡོམ་པ་དེ་ཡང་། །སྡོམ་པ་དོན་གཉེར་གྱི་སྐྱེས་བུ་དེ་དགེ་སློང་དུ་བྱེད་པའི་སྒོ་ཙམ་ཡིན་གྱི། །དགེ་སློང་སྡོམ་པའི་ངོ་བོ་ཞིག །གཞན་ནས་ཏེ་ལོགས་སུ་བཙལ་དུ་ཡོད་དམ་ཅི། །དེ་བཞིན་དུ་འཇིག་རྟེན་པས་སོ་ནམ་བྱེད་པ་དེ་ཡང་། །སྟོན་ཐོག་འབྱུང་བའི་སྒོ་ཙམ་ཡིན་གྱི། །ཁ་ཟས་འབྱུང་བའི་ཐབས་གཞན་ཞིག །སྟོན་ཐོག་ལས་གཞན་ལོགས་ནས་བཙལ་དུ་ཡོད་དམ་ཅི་སྟེ་ཡོད་པར་འགྱུར་རོ། །ཚོ་སྒོའི་མིང་མི་འཐད་པ་དེས་ན་དབང་ལམ་གྱི་གནད་ཇི་ལྟར་ཡིན་པ་མ་ནོར་བའི་སྙིང་གཏམ་འཆད་འགྱུར་འདི་ལྟར་ཡིན། །གསང་སྔགས་ཀྱི་དབང་བསྐུར་བ་ནི་གསང་སྔགས་ཀྱི་ཆོས་ཀྱི་སྒོ་འབྱེད་བྱེད་ཙམ་མ་ཡིན་ཏེ། གསང་སྔགས་རྡོ་རྗེ་ཐེག་པའི་ལམ་ནི་ཕྱི་ནང་གི་ཆོས་ལ་རྟོགས་པའི་སངས་རྒྱས་འབྱུང་བའི་རྟེན་འབྲེལ་ཁྱད་པར་ཅན་ཡོད་པ་ལམ་དུ་སློང་ཞིང་ལམ་དུ་བྱེད་པ་ཡིན་པས། དབང་བསྐུར་བ་ཡང་དེ་ལྟ་བུའི་རྟེན་འབྲེལ་མ་ནོར་བ་བསྒྲིག་པའི་གདམས་ངག་ཡིན། །དེ་ཡང་སྦྱང་གཞི་སློབ་མའི་ཕུང་པོ་ཁམས་དང་སྐྱེ་མཆེད་རྣམས་ལ། །རྡོ་རྗེ་སློབ་དཔོན་དག་བྱ་དག་བྱེད་ངོ་སྤྲོད་ཉིས་པས་ཕུང་པོ་ལྔ་རྒྱལ་བ་རིགས་ལྔ་སོགས་སུ་ངོ་སྤྲོད་པའི་ཐབས་ཆུ་དབང་སོགས་རིམ་བཞིན་བསྐུར་བས། སྤྲིན་མི་བཏེགས་པ་ལྟར་སློབ་མའི་ཕུང་ཁམས་སྐྱེ་མཆེད་ཕྲ་ཞིང་ཕྲ་བ་རྣམས་ཡེ་ཤེས་སུ་བྱིན་གྱིས་བརླབས་པས། སྤྲུལ་སྐུ་དང་། ལོངས་སྐུ་དང་། ཆོས་སྐུ་དང་། ངོ་བོ་ཉིད་སྐུ་སྟེ་སངས་རྒྱས་ཀྱི་ས་བོན་ནུས་ལྡན་ཚོ་གའི་རྟེན་འབྲེལ་ཁྱད་པར་ཅན་གྱིས་བཏབ་ནས་ནི། །དེའི་རྒྱུན་བསྐྱངས་པས་རབ་ཚེ་འདིར་འབྲིང་འཆི་ཀའམ་བར་དོ་སོགས་སུ་སངས་རྒྱས་ཐོབ་པར་བྱེད་པ་ནི། རྒྱུད་རྡོ་རྗེ་རྩེ་མོ་ལས། དཀྱིལ་འཁོར་ཆོ་ག་ཇི་ལྟ་བུ། །ཆོ་ག་ཆོས་དང་རྣལ་འབྱོར་ཏེ། །གསང་བའི་ཐར་པ་ཡང་དག་འབྱུང་། །སྐྱེ་བ་འདི་ཉིད་ཁོ་ན་ལ། །རབ་དཀར་སྒྲུབ་པ་བྱེད་པ་ཡིན། །ཞེས་གསུངས་སོ། །དེས་ན་དེ་ཡི་ཐབས་དེ་ལ་དབང་བསྐུར་ཞེས་སུ་ཐ་སྙད་བཏགས་ཏེ་དཔེར་ན་སྟོན་ཐོག་འབྱུང་བའི་ཐབས་ལ་སོ་ནམ་བྱེད་པ་བཞིན་ནོ། །རྟེན་འབྲེལ་སྒྲིག་ཚུལ་དེས་ན་དབང་བསྐུར་ནི་ཆོས་སྒོ་ཙམ་མིན་པར་གང་ཟག་དབང་པོ་རབ། །ཨི་ནྡྲ་བྷཱུ་ཏི་ལྟ་བུ་དབང་བསྐུར་དེ་ཉིད་ཀྱིས་གྲོལ་བར་གསུངས་པ་ཡང་དབང་བསྐུར་གསང་སྔགས་ཀྱི་ལམ་གྱི་གཙོ་བོ་ཡིན་པས་གྲོལ་བ་ཡིན་གྱི། དབང་བསྐུར་ཆོས་སྒོ་ཙམ་བྱས་ནས་གསང་སྔགས་ལོགས་ན་བསྒོམ་རྒྱུ་ཡོད་ན་དབང་བསྐུར་ཁ་

ནས་ཇི་ལྟར་གྲོལ། **དབང་གིས་གྲོལ་བར་མ་ནུས་པའི།** **།གང་ཟག་གཞན་**དབང་པོ་འབྲིང་དང་ཐ་མ་དག་**ལ་**དབང་གི་རྒྱུ་དེ་ཉིད་གྲོལ་བྱེད་ཀྱི་ཚུལ་དུ་ལམ་རིམ་གཉིས་**བསྒོམ་དགོས**་ཏེ་ཇི་སྲིད་མ་གྲོལ་གྱི་བར་དུ་དབང་རྒྱུན་དེ་ཉིད་ཉམས་ལེན་དུ་བསྐྱང་དགོས་པས་སོ། །དབང་མ་ཐོབ་ན་ལམ་བསྒོམས་ཀྱང་གསང་སྔགས་ལུགས་ཀྱི་གྲུབ་ཐོབ་མི་ཡོང་བར་གསུངས་**སོ།** །ལམ་བསྒོམ་ཚུལ་**དེས་ན་**སྔར་**དབང་བསྐུར་ཐོབ་པ་དེ།** །ཕྱིས་མི་ཉམས་པར་**བསྲུང་ཞིང་འཕེལ་བར་བྱེད་པ་ལ།** །གྲོལ་ལམ་**སྒོམ་པ་ཞེས་སུ་བཏགས་པ་ཡིན་**པས་དབང་གི་ཡན་ལག་མ་ཡིན་པའི་སྒོམ་བྱ་བ་ལོགས་པ་མེད། དེ་ཡང་བསྐྱེད་རིམ་བསྒོམ་པ་ནི་བུམ་དབང་གི་དུས་སུ་ཕུང་ཁམས་སྐྱེ་མཆེད་ལྟར་བསྐྱེད་པ་དེ་བསྒོམ་པ་ཡིན་ཞིང་རྫོགས་རིམ་བསྒོམ་པ་ནི་དབང་གོང་མ་གསུམ་གྱི་དུས་སུ་ལུས་ལ་སྤྲུལ་སྐུ། ངག་ལ་ལོངས་སྐུ། ཡིད་ལ་ཆོས་སྐུ། གསུམ་ཀ་ལ་ངོ་བོ་ཉིད་སྐུའི་ས་བོན་བཏབ་པ་དེ་བསྲུང་ཞིང་འཕེལ་བར་བྱེད་པ་ཡིན་ནོ། །རྒྱུ་མཚན་**དེ་**དག་གི་**ཕྱིར་**ཐེག་ཆེན་**ཕ་རོལ་**ཏུ་**ཕྱིན་པ་ལ།** །སྔོན་འཇུག་གི་**སེམས་བསྐྱེད་**བླངས་ནས་བསྲུང་བའི་ཐབས་**མིན་པའི་ཆོས་**ཏེ་ལམ་**གཞན་**ལོགས་ན་**མེད་**དེ་དེ་ཡང་ཐོག་མར་སེམས་བསྐྱེད་བླངས་པའི་ཚེ་སངས་རྒྱས་སྒྲུབ་པའི་ཐབས་ཁྱད་པར་ཅན་གྱི་ས་བོན་སེམས་ལ་བཏབ་པ་ཡིན་ཞིང་། དེའི་ཚེ་ཚུལ་ཁྲིམས་གསུམ་གྱིས་བསྡུས་པའི་བྱང་སེམས་སྤྱོད་པ་རླབས་ཆེའི་ས་བོན་སེམས་ལ་བཏབ་པ་འདི་ནི་བསྲུང་ཞིང་འཕེར་བར་བྱེད་པ་ལས་གཞན་པའི་ཐེག་ཆེན་གྱི་ཆོས་ཅུང་ཟད་ཀྱང་མེད་པའི་ཕྱིར་རོ། །དེ་བཞིན་དུ་བླ་མེད་**རྡོ་རྗེ་ཐེག་པའི་སྒོར་ཞུགས་ནས།** **།དབང་བསྐུར་**བ་རྣམ་པ་བཞི་**ལས་གཞན་**པའི་**ཆོས་མེད་དོ།** །

དེ་ཡང་སྦྱང་གཞིའི་དབང་བཞིའི་ཚུལ་དུ་གནས། དེ་ལ་རྡོ་རྗེ་སློབ་དཔོན་གྱིས་དབང་བཞི་བསྐུར། དེ་ཉིད་ལམ་གྱི་དུས་སུ་ཡང་དབང་གཞིའི་ཚུལ་དུ་བསྒོམ། འབྲས་བུའི་དུས་སུ་ཡང་དབང་བཞིའི་ཚུལ་དུ་སངས་རྒྱས་པ་ཡིན་པས། རྒྱུ་ལ་འབྲས་བའི་རྒྱས་གདབ་ཅིང་། འབྲས་བུ་ལ་རྒྱུའི་རྒྱས་གདབ་པའི་གནད་རྣམས་འདིའི་སྐབས་སུ་ཉེས་པར་བྱ་དགོས་སོ། །དབང་བསྐུར་གསང་སྔགས་ཀྱི་ལམ་གྱི་རྩ་བ་ཡིན་པ་**དེས་ན་ཐུབ་པས་རྒྱུད་སྡེ་**ཐམས་ཅད་**ལས།** །ཐོབ་པའི་ཕན་ཡོན་དང་མ་ཐོབ་པའི་ཉེས་དམིགས་གསུངས་ཤིང་ལམ་རྣམས་ཀྱི་ནང་ནས་ཀྱི་**དབང་བསྐུར་ཤིན་**མཆོད་ཏུ་**བསྔགས་པ་དང་།** །རྗེས་འཇུག་གི་**མཁས་རྣམས་**ཀྱང་བདོག་པ་ཐམས་ཅད་ཕུན་ཏེ་**ཅི་ནས་དབང་བསྐུར་**ཞུ་བ་**ལ།** **།གུས་པའི་རྒྱུ་མཚན་དེ་ལྟར་ཡིན་**པས་སྔགས་ལམ་དུ་འཇུག་ཕྱིན་དབང་ལ་འབད་པར་བྱའོ། །རས་ཆུང་བའི་རྗེས་འབྲངས་**ལ་ལ་དབང་བསྐུར་**ལ་**སྨུ་བཞི་འདོད།** །འདི་དབང་བསྐུར་རྒྱལ་པོ་ཞེས་བྱ་བའི་རྒྱུད་ལས་གསུངས་ཟེར་ཏེ་དེ་བོད་མ་ཡིན། དེ་ཡང་སྐལ་མེད་ལ། **དབང་བསྐུར་བྱས་ཀྱང་མ་ཐོབ་**པ་དང་། །སྐལ་ལྡན་ལ་**མ་བྱས་ཀྱང་ནི་ཐོབ་པ་དང་།** །སྐལ་བ་འབྲིང་པོ་ལ་**བྱས་ན་ཐོབ་**པ་**དང་མ་བྱས**

པར། །མི་ཐོབ་ཅེས་བྱ་བ་རྣམ་པ་བཞིར་འདོད་དོ། །མུ་བཞི་འདི་འདྲ་ཁུངས་མའི་རྒྱུད་སྡེ་གང་ནའང་བཤད་པ་མེད་པས། གསང་སྔགས་ཀྱི་བསྟན་པ་དཀྲུགས་པའི་སྐད་ཀར་ཟད་དོ། །འོན་ཀྱང་མུ་བཞི་འདི་ཡང་རིགས་པས་བརྟག་པར་བྱའོ། །ཇི་ལྟར་ན་སོ་སོར་ཐར་པའི་སྡོམ་པ་དང་། །བྱང་ཆུབ་སེམས་དཔའི་སེམས་བསྐྱེད་ལའང་། །གོང་བཞིན་མུ་བཞི་ཅི་ཡི་ཕྱིར་མི་བརྩི། །དེ་བཞིན་དུ་བསྒོམ་ལའང་མུ་བཞིར་ཅེས་མི་མཚུངས་ཏེ་མཚུངས་པས། སྐལ་མེས་ཀྱིས་བསྒོམས་ཀྱང་མི་སྐྱེ་སྐལ་ལྡན་གྱིས་མ་བསྒོམས་ཀྱང་། །སྐྱེ་བ་ལ་སོགས་མུ་བཞི་ཡོད་པས། མུ་བཞི་རྩིས་ལ་དབང་བསྐུར་མི་ལེན་པ་ལྟར། སོ་སོར་ཐར་པའི་སྡོམ་པ་དང་། སེམས་བསྐྱེད་ལའང་མུ་བཞི་རྩིས་ལ་མ་ལེན། སྒོམ་ལའང་མུ་བཞི་རྩིས་ལ་མ་སྒོམས། དེ་ལྟར་མུ་བཞི་ཀུན་ལ་ཡོད་པར་མཚུངས་བཞིན་དུ། སོ་ཐར་སོགས་གཞན་ལ་མུ་བཞི་མི་བརྩི་བར། །དབང་བསྐུར་ཉིད་ལ་བརྩི་བ་ནི། །བདུད་ཀྱི་གསང་ཚིག་ཡིན་པར་རྟོགས། །དཔེར་ན་སྨན་པ་གཡོན་ཅན་གྱིས་སྨན་བཟང་པོ་ཐམས་ཅད་བསགས་ཏེ། རྩ་བའི་སྨན་གཅིག་བོར་བས་ནད་པ་གསོར་མི་རུང་བར་བྱེད་པ་ལྟར། གསང་སྔགས་ཀྱི་ཆོས་ཟབ་མོ་གཞན་ཡོད་ཀྱང་། རྩ་བའི་སྨན་དབང་བསྐུར་བོར་ནས་གསོར་མི་རུང་བར་གཏོང་སྟེ། གསང་སྔགས་ཀྱི་གནད་ཟབ་མོ་ཐམས་ཅད་དབང་བསྐུར་ལ་ཡོད་པས་དེ་འབོར་བའི་ཕྱིར་རོ། །གལ་ཏེ་མུ་བཞི་ཡོད་དུ་ཆུག་ན་ཡང་། །སོ་སོའི་མཚན་ཉིད་ཤེས་པར་མི་ནུས་ཏེ། ཅི་སྟེ་ཤེས་པར་ནུས་ན་ནི། །ལུས་ངག་ཡིད་གསུམ་གྱི་རྣམ་པ་ཐ་དད་འདི་ལྟར་ཡོད་ཅེས་དེ་ཡི་མཚན་ཉིད་སྨྲ་དགོས་ཏེ་སྨྲ་མི་ནུས་སོ། །གལ་ཏེ་འོལ་ཚོད་སྨྲས་ཀྱང་རང་བཟོ་མ་ཡིན་པ། །ཁུངས་མའི་ལུངས་དང་མཐུན་པ་ཁྱོད་ལ་མེད་དེ། ཁུངས་མ་ནས་འདི་འདྲ་བཤད་པ་མེད་པའི་ཕྱིར་རོ། །གལ་ཏེ་དབང་བསྐུར་མུ་བཞི་བདེན་པ་སྲིད་ན། །སྐལ་མེད་དང་སྐལ་ལྡན་གཞན་ལ་དབང་བསྐུར་མི་བྱེད་ཀྱང་། །བྱས་ན་ཐོབ་པའི་གང་ཟག་སྐལ་པ་འབྲིང་པོ་ལ། །དབང་བསྐུར་ཅི་ཡི་ཕྱིར་མི་དགོས་ཏེ་དེ་ལ་དབང་བྱས་ན་ཐོབ། མ་བྱས་ན་མི་ཐོབ་པའི་ཕྱིར་རོ། །བསྐུར་ཀྱང་མི་ཐོབ་པ་དང་། མ་བསྐུར་ཀྱང་ཐོབ་པ་གཞན་ལ་དབང་བསྐུར་མི་དགོས་པས། །འབྲིང་དེ་ལའང་དབང་བསྐུར་མི་དགོས་ན། །འོ་ན་ནད་མེད་པ་ལ་སྨན་སྦྱོང་བ་སྟེ་མི་དགོས་པས། །ནད་པ་ལ་ཡང་སྦྱོང་དམ་ཅི་སྟེ་སྦྱོང་དགོས་པར་འགྱུར་རོ། །དེས་ན་དབང་བསྐུར་མུ་བཞི་ལ་སོགས་པ་འདི་འདྲའི་ཆོས་ལོག་ཐམས་ཅད་ནི། །བདུད་ཀྱི་བྱིན་རླབས་ཡིན་པར་ཤེས་པར་བྱའོ། །རྙིང་མ་པ་ཁ་ཅིག་སྒྱུར་གསང་སྔགས་ཐམས་ཅད་གསང་བར་བྱ་བ་ཡིན་པ་ལ། །འོན་ཀྱང་ཡེ་གསང་ཞེས་བྱ་བའི་ཐབས་ཀྱིས་ཆོད་པའི་ཕྱིར་ན། དབང་བསྐུར་མ་ཐོབ་པ་ལ་གསང་སྔགས་བཤད་ཀྱང་གསང་སྒྲོག་གི་ལྟུང་བ་མེད་ཅེས་ཟེར་རོ། །གསང་སྒྲོགས་མི་བྱུང་བར་འདོད་པ། འདི་ཡང་ཙུང་ཟད་བརྟག་པར་བྱ། །ཡེ་གསང་ཞེས་བྱའི་དོན་ཅི་ཞིག་ཡིན། གལ་ཏེ

གསང་སྔགས་ཀྱི་ཚིག་དོན་གོ་བ་མེད་པ་ལ། །ཡི་གསང་ཟེར་ན་འོ་ན་གོ་བའི་གང་ཟག་དབང་མ་ཐོབ་པ་ལ། །ཡི་གསང་མིན་པའི་ཕྱིར་གསང་བ་བསྒྲགས་པ་ལ་ལྟུང་བར་འགྱུར། །གལ་ཏེ་དམ་པའི་ཆོས་ཡིན་པས། །དམ་ཆོས་བདེན་པའི་བྱིན་རླབས་འདི། །འགྲོ་བ་སུ་ཡིས་ཐོས་ཀྱང་ཕན་ཡོན་ཆེ་བས། དེས་ན་འགྲོ་བ་སུ་ལ་བསྒྲགས་ཀྱང་། གསང་སྒྲོགས་མི་འབྱུང་བ་ཡིད་ནོ་ཞེ་ན། ཁྱེད་ཀྱིས་གལ་ཏེ་དམ་ཆོས་བདེན་པ་རུ་གོ་འམ། གོ་ན་ཆོས་ནས་འབྱུང་བཞིན་གྱིས། །ཆོས་ལ་གསང་བ་གསང་སྔགས་དང་མི་གསང་བ་ཕར་ཕྱིན་པའི། །ལུགས་གཉིས་རྒྱལ་བ་རྣམས་ཀྱིས་གསུངས། །དེས་ན་སྨིན་བྱེད་ཀྱི་སྐབས་ཆོས་སྒོ་ཞེས་བྱ་བ་དང་། དམ་ཚིག་གི་སྐབས་སུ་ཡི་གསང་ཞེས་བྱ་བ། །འདི་ཡང་ཆོས་ཁུངས་མ་ནས་བཤད་པ་མེད་པའི་ཕྱིར་དང་། འདི་འདྲས་འབྲེལ་གཞི་བྱས་ནས་འབྲེལ་པ་གཞན་མང་དུ་བྱུང་བས་ན་བསྟན་པ་ལ་གནོད་པའི་ཚིག་ཡིན་པས། ཐ་སྙད་ཙམ་ཡང་སྤྱངས་ཏེ་སྨིན་བྱེད་ཀྱི་དབང་བླ་མ་ཚད་ལྡན་ལས་རྒྱུད་སྡེ་ལས་ཇི་ལྟར་གསུངས་བཞིན་བླངས་ནས་དམ་ཚིག་དང་སྡོམ་པ་ཚུལ་བཞིན་བསྲུང་བ་ལ་འབད་པར་བྱའོ། །ཕྱག་རྒྱ་པ་ཁ་ཅིག་སངས་རྒྱས་སྒྲུབ་པའི་ཐབས་ལམ་ལ་འབྲེལ་པ་དང་མ་འབྲེལ་པའི་དབྱེ་བ་མེད་ཅིང་། །ཐབས་ལམ་གང་གིས་གྲོལ་མཐའ་གཅིག་ཏུ་ངེས་པ་ཡང་མེད་དེ། ཐབས་ལམ་ཕྱོགས་རེས་གྲོལ་བ་དཔེར་ན་ལྟ་བ་རྟོགས་པས་ཀླུ་སྒྲུབ་གྲོལ་བ་དང་། པདྨ་འབྱུང་གནས་བསྐྱེད་རིམ་གྱིས་དོན་ལ་བརྟན་པ་ཐོབ་པས་འགྲོ་བ་དང་། ཉའི་རྒྱུ་ལྟོ་ལ་དཀའ་ཐུབ་སྤྱད་པས་ལཱུ་ཧི་པ་གྲོལ་བ་དང་། སྤྱོད་པ་མཛད་པའི་སྟོབས་ཀྱིས་ནག་པོ་པ་གྲོལ་བ་དང་། རླུང་གི་སྟོབས་ཀྱིས་གོ་རཀྵ་སྐྱེ་བ་ལང་སྲུང་བ་གྲོལ་བ་དང་། གཏུམ་མོ་བསྒོམ་པའི་སྟོབས་ཀྱིས་ཤ་ཝ་རི་དབང་ཕྱུག་གྲོལ་བ་དང་། གནས་ལུགས་ཕྱག་རྒྱ་ཆེན་པོ་རྟོགས་པ་ས་ར་ཧ་གྲོལ་བ་དང་། བླ་མ་ལ་གུས་པའི་བྱིན་རླབས་སྟོབས་ཀྱི་སྟོབས་ཀྱིས་ཏོག་ཙེ་བ་གྲོལ་བ་དང་། ཟ་ཉལ་འཆག་གི་སྤྱོད་པས་ཞི་བའི་ལྷ་གྲོལ་བ་དང་། ཨིནྡྲ་བྷཱུ་ཏི་བཙུན་མོའི་ཚོགས་དང་ལྷན་ཅིག་རོལ་ཅིང་རྒྱལ་ཀྱི་འདོད་ཡོན་གྱིས་ཏེ་དེ་ལ་ལོངས་སྤྱོད་པའི་སྤྲོས་བཅས་ཀྱི་སྤྱོད་པས་གྲོལ་བ་དང་། རྒྱུ་རྐྱེན་གྱི་རྟེན་འབྲེལ་ཐམས་ཅད་ཚོགས་པ་ལས། །བིརྺ་པ་ལ་གྲུབ་ཐོབ་བྱུང་བས། དེས་ན་འདི་འདྲའི་ཐབས་ལམ་སྣ་ཚོགས་ཀྱིས་སངས་རྒྱས་པ་ལ། །སྐྱུར་བ་གདབ་ཏུ་མི་རུང་ཟེར་རོ། །གྲུབ་ཐོབ་རྣམས་རྒྱུ་རྐྱེན་གང་གིས་གྲོལ་བ་ཡིན་འདི་ཡང་སྒྲོ་སྐུར་སྤངས་ནས་ལེགས་པར་བཤད་ཀྱིས་ཉོན། །ཐབས་དང་ཤེས་རབ་གཉིས་ཚོགས་མིན་པའི། །སངས་རྒྱས་སྒྲུབ་པའི་ཐབས་གཞན་མེད་དེ། ཐབས་ཀྱིས་ཞི་མཐའ་མནན། ཤེས་པས་སྲིད་མཐའ་མནན་ཏེ་ལམ་ལ་བསླབ་པས་མི་གནས་པའི་མྱང་འདས་ཀྱི་གོ་འཕང་སངས་རྒྱས་ཐོབ་པར་འགྱུར་བས་སོ། །དེས་ན་གྲུབ་ཐོབ་དེ་དག་ཐམས་ཅད་ཀྱང་། །རླུང་དང་གཏུམ་མོ་སོགས་ཕྱོགས་རེའི་ཐབས་ཀྱིས་གྲོལ་བ་མིན་གྱི། དབང་དང་རིམ་གཉིས་ལས་བྱུང་བའི། །ཐབས

ཤེས་ཟུང་འཇུག་གི་**ཡེ་ཤེས་སྐྱེས་པས་གྲོལ་བ་ཡིན་**ནོ། །སྟོང་ཉིད་རྟོག་པའི་**ལྟ་བ་དང་ནི་བསྐྱེད་རིམ་དང་། །གཏུམ་མོ་དང་ནི་བྱིན་རླབས་སོགས། །དེ་དག་རྐྱང་པས་གྲོལ་བ་མིན་**ཏེ། སངས་རྒྱས་ཐོབ་པ་ལ་ཐབས་ཤེས་གཉིས་ཆར་དགོས་པས་སོ། །འོ་ན་གྲོལ་བྱེད་ཀྱི་ལམ་གྱི་གཙོ་བོ་གང་ཡིན་ཞེ་ན། དེ་དག་དང་པོ་ནས་**དབང་བསྐུར་བ་**ཐོབ་པས་རྒྱུད་སྨིན་པ་**ཡི་བྱིན་རླབས་དང་། །**ཕྱིས་དབང་དེ་དང་འབྲེལ་བའི་**རིམ་གཉིས་བསྒོམས་པའི་**རྒྱུ་རྐྱེན་ཚོགས་པ་ཚང་བའི་**རྟེན་འབྲེལ་གྱིས། །**ནང་ནས་རང་བྱུང་གི་**ཡེ་ཤེས་**ཀྱི་**རྟོགས་**པ་ཤར་**ནས་གྲོལ་བ་ཡིན་**ནོ། །དེའི་རྒྱུ་མཚན་**བསྐྱེད་རིམ་**ནི་བསྐྱེད་རིམ་དངོས་ཡིན་པ་དང་། **རླུང་**ཞི་དྲག་**དང་གཏུམ་མོ་**འི་དམིགས་པ་**སོགས་**ནི་རྫོགས་རིམ་དངོས་ཡིན་པས། ལམ་གྱི་གཙོ་བོ་དང་ཡན་ལག་དེ་དག་ནི་**རིམ་པ་གཉིས་ལས་ཐ་དད་མིན་**དང་དེ་དངོས་ཡིན། **བྱིན་རླབས་**ནི་རིམ་གཉིས་**དེ་ལས་བྱུང་བ་**འབྲས་བུ་**ཡིན་**པ་དང་། **ལྟ་བ་**ནི་རིམ་གཉིས་**དེ་**དག་པར་བྱེད་པ་**ཡི་**ཐབས་ཀྱི་**ཡན་ལག་ཡིན། །ཕྱག་རྒྱ་ཆེན་པོ་**ཞེས་བྱ་བ་དབང་དང་རིམ་པ་གཉིས་པོ་**དེ་**ལས་སྐྱེས་པ**འི་ཡེ་ཤེས་**ལ་ཟེར་བ་ཡིན་གྱི། བོད་ལུགས་ཀྱི་ཕྱག་རྒྱ་ཆེན་པོ་འདི་ལ་ཕྱག་རྒྱ་ཆེན་པོར་ཆོས་ནས་བཤད་པ་མེད། རིམ་གཉིས་**དེ་ཡི་**བོགས་དབྱུང་བ་བྱེད་པ་ནི་སྤྱོད་པ་ཡིན་ཞིང་དེ་ལ་**སྤྲོས་བཅས་**ཀྱི་**སྤྱོད་པ་ནི། །ཨིཏྲ་བྷུ་ཏིས་**འདོད་ཡོད་ལ་ལོངས་སྤྱོད་པར་**མཛད་པ་**དེ་**ཡིན། །**རིམ་གཉིས་**དེ་ཡི་སྤྲོས་མེད་སྤྱོད་པ་ལ། །བྷུ་**སྟེ་ཟ་བ་**སུ་**སྟེ་ཉལ་བ་**ཀུ་**སྟེ་འཆགས་པ་གསུམ་གྱིས་དུས་འདའ་བ་ཞི་བ་ལྷའི་སྤྱོད་པ་དེ་ཡིན་**ཞེས་སངས་རྒྱས་**ཀྱི་**གསུངས། །**རིམ་གཉིས་**དེ་ཡི་ཤིན་ཏུ་སྤྲོས་མེད་**ཀྱི་སྤྱོད་པ་**ནི། །རིམ་གཉིས་**ཀྱི་རྟོགས་པ་**བརྟན་པར་བྱ་བའི་ཕྱིར། །**བིརྺ་པ་ལ་སོགས་པའི་**གྲུབ་ཐོབ་རྣམས་ཀྱིས་མཛད་པ་**ཡིན་ཞིང་དེ་ལ་**ནི། །**རྒྱུད་སྡེ་རྣམས་ལས། **གཞན་**དོན་ཕྱོགས་ལས་རྣམ་རྒྱལ་**ཀུན་ཏུ་བཟང་པོའི་སྤྱོད་པར་བཤད་**དོ། །

དེས་ན་གོང་དུ་བཤད་པའི་གྲུབ་ཐོབ་རྣམས་ཀྱི་ཡེ་ཤེས་སྐྱེ་བའི་སྣ་འདྲེན་ཐམས་ཅད་འདིར་འདུས་ཤིང་། འདི་གཉིས་ཡོད་ན་ཐབས་ལམ་ཕྱོགས་རེ་བ་འགའ་ཞིག་མ་ཚང་ཡང་སངས་རྒྱས་བསྒྲུབ་པར་ནུས་ལ། གཙོ་བོ་འདི་གཉིས་མ་ཚང་ན་ཐབས་ལམ་ཕྱོགས་རེ་བས་གྲོལ་བ་མི་སྲིད་དོ། །ཕྱོགས་རེའི་ཐབས་ཀྱིས་མི་གྲོལ་བ་**དེས་ན་**ཐབས་དང་ཤེས་རབ་ཀྱི་**རྒྱུ་རྐྱེན་མ་ཚོགས་པར། །སངས་རྒྱས་**ཀྱི་**འབྲས་བུ་མི་འབྱུང་མོད། །**འོན་ཀྱང་ཐབས་ལམ་དེ་དག་ལ་དགོས་པ་མེད་པ་ཡང་མ་ཡིན་ཏེ། །ཕྱོགས་རེས་གྲོལ་བ་ལྟར་སྣང་བ་ཆེ་**སྒོམ་**ལྟ་བ་སོགས་གང་ལ་གོམས་འདྲིས་ཆེ་བ**འི་ལས་འཕྲོའི་བྱེ་བྲག་དང་། །ནང་གི་**རྩ་ཁམས་ལ་སོགས་པའི་**རྟེན་འབྲེལ་**གྱི་**ཁྱད་པར་གྱིས། །**ཟུང་འཇུག་གི་**ཡེ་ཤེས་སྐྱེ་བའི་སྣ་འདྲེན་ནི། །ཐབས་ཀྱི་དབྱེ་བ་**རེ་བས་ཀྱང་**བྱེད་པར་གསུངས་**སོ། །**དཔེར་ན་ནད་པའི་ལུས་བརྟས་**ཤིང་སྟོབས་རྒྱས་པ། །**བཟའ་བ་དང་བཏུང་བས་བྱེད་མོད་ཀྱི། །**བཟའ་བཏུང་ལ

སྒྲོ་བ་དེ་ཡི་ཡི་ག་འབྱེད་པ་ནི། །བད་ཀན་ལ་སོགས་པའི་ཁམས་ཀྱི་བྱེ་བྲག་གིས་ཟས་ཀྱི་ཁྱད་པར་སེའུ་འབྲུ་འམ་ཞོ་ལ་སོགས་པ་ཡིན་པ་བཞིན་ནོ། །ཐབས་ལམ་ཕྱོགས་རེའི་དགོས་པ་དེ་འདྲ་ཡིན་པ་དེའི་ཕྱིར་དབང་དང་རིམ་གཉིས་ལ་སོགས་པའི་ཐབས་ཀྱི་ཁྱད་པར་གང་ལ་ཡང་། མི་དགོས་ཞེས་སྨྲ་བ་འདེབས་ན་བླུན་པོ་ཡིན། །འོན་ཀྱང་སེམས་ངོ་འཕྲོད་པ་ལྟ་བུ་རེ་རེས་འཚང་རྒྱ་བར་སྒྲོ་འདོགས་ཤིང་། འདོད་ན་ཤིན་ཏུ་འཁྲུལ་པར་བཤད་པ། དེས་ན་གསང་སྔགས་ལ་འཚང་རྒྱ་བར་འདོད་ན་རེ་རེ་བས་ཕན་པར་མི་འཛིན་པར་ལམ་གྱི་བཙོ་བོ་སྨིན་བྱེད་ཀྱི་དབང་དང་ནི། །གྲོལ་བྱེད་རིམ་པ་གཉིས་ལ་འབད་པར་གྱིས། །དཔེར་ན་ཞིང་པས་སོ་ནམ་ཞག་དང་ཟླ་བ་མང་པོའི་བར་དུ་རྩོལ་བཞིན་བྱས་པ་ཡིས། །ལོ་ཏོག་ཞག་དང་ཟླ་བ་རིམ་གྱིས་སྨིན་པ་ལྟར། །ཕ་རོལ་ཏུ་ཕྱིན་པའི་ལམ་དུ་ཞུགས་ནས་ཚོགས་བསགས་ན། །གྲངས་མེད་གསུམ་གྱི་རིམ་པ་སོང་ནས་རྫོགས་འཚང་རྒྱ་བ་དང་། ཡང་དཔེར་ན་རིག་སྔགས་ཀྱིས་བཏབ་པའི་ས་བོན་ནས་དང་ཡུངས་དཀར་སོགས་ནི། །དུར་ཁྲོད་ཀྱི་སོལ་བ་ལ་སོགས་པའི་ཕྱི་མའི་གཞི་ལ་བོང་བུའི་ཆུ་ལ་སོགས་པས་སྦྲངས་ཏེ་བཏབ་ན། ཉི་མ་གཅིག་ལ་ལོ་ཏོག་སྨིན་པ་ལྟར། རྡོ་རྗེ་ཐེག་པའི་ཐབས་ཀྱི་ཁྱད་པར་བསྐྱེད་རྫོགས་ཀྱི་གནས་ཤེས་ནས་བསྒོམས་ན། །དབང་པོ་ཡང་རབ་ཀྱིས་མཐོང་བའི་ཆོས་ཚེ་འདི་ཉིད་ལ་སངས་རྒྱས་འགྲུབ་པ་ཡིན། ཉམས་ལེན་སྟོང་པ་ཉིད་དང་བྱམས་པ་སྙིང་རྗེ་ལ་སོགས་པ་བསྒོམ་པ། །ཕ་རོལ་ཕྱིན་པའི་གཞུང་ལུགས་ནས་བཤད་པའི་ལམ་ཡིན། །ལམ་དེ་ཡིས་དབང་པོ་རྣོ་ཞིང་བརྩོན་འགྲུས་ཇི་ལྟར་མྱུར་ན་ཡང་། །ཚོགས་སྦྱོར་དུ་བསྐལ་པ་གྲངས་མེད་གཅིག མ་དག་ས་བདུན་དུ་གྲངས་མེད་གཅིག །དག་པ་ས་གསུམ་དུ་གྲངས་མེད་གཅིག་སྟེ་གསུམ་གྱི་དཀའ་སྤྱད་དགོས། །རྫོགས་པའི་སངས་རྒྱས་སྒྲུབ་པའི་ལམ་པོ་ཆེ། །ལམ་ཡིན་མིན་གྱི་སྟོང་པ་ཀུན་ལས་གྲོལ་བའི་ཆོས་ཡིན་པས། ཐེག་པ་ཆེན་པོའི་མཁས་པ་ཀུན་གྱིས་ཀྱང་གྲུས་པས་བསྟེན་པ་ཡིན། གལ་ཏེ་ཕར་ཕྱིན་གྱི་ལམ་འདི་བཞིན་བསྒྲུབ་པར་འདོད་ན། །མདོ་ལས་རྡོ་རྗེ་ཕག་མོའི་བྱིན་རླབས་བཤད་པ་མེད། །བདེ་ཆེན་ལྷན་ཅིག་སྐྱེས་པའི་ཡེ་ཤེས་ལ་སོགས་པའི་ལྷ་འདིར་མི་བསྒོམ། །གཏུམ་མོ་དང་འཁྲུལ་འཁོར་ལ་སོགས་ཐབས་ལམ་དང་བྲལ། །ཕྱག་རྒྱ་ཆེན་པོ་བསྒོམ་པའི་ཐ་སྙད་མེད། །ཚེ་འདི་དང་ནི་བར་དོ་དང་། །ཕྱི་མར་སྐྱེ་བ་བདུན་ནམ་བཅུ་དྲུག་ཙམ་ན་ལ་འཚང་རྒྱ་བ་ཕར་ཕྱིན་པ་སོང་མི་བཞེད། །འོན་ཀྱང་ཐེག་པ་ཆེན་པོ་ཕ་རོལ་ཏུ་ཕྱིན་པ་ཡི། །སྔོ་སྟོད་རྣམས་ལས་ཇི་ལྟར་འབྱུང་བ་བཞིན། །དང་པོ་བྱང་ཆུབ་མཆོག་ཏུ་སེམས་བསྐྱེད་ལ། །དེ་ནས་གྲངས་མེད་གསུམ་དུ་ཚོགས་གཉིས་སོགས། །དག་སར་ཡང་དག་མཐའ་མངོན་དུ་མི་བྱ་བར་སྨོན་ལམ་ཡོངས་སུ་རྫོགས་པ་དང་། སེམས་ཅན་ཡོངས་སུ་སྨིན་པ་དང་། །སངས་རྒྱས་ཀྱི་ཞིང་སྦྱོང་བཅུད་ཀྱིས་བསྡུས་པ་རྣམས་ལེགས་པར་སྦྱངས་པ་གསུང་

མཐར་ཕྱིན་ནས། **ས་བཅུའི་ཐ་མར་**རྒྱུན་མཐའི་ཡེ་ཤེས་ཀྱི་བདུད་བཞིའི་གནས་ངན་ལེན་ཕྲ་ཞིང་ཕྲ་བ་སྤོང་བས་**བདུད་**བཞི་ལྷག་མ་མ་ལུས་པ་**བཏུལ་ནས། །རྫོགས་པའི་སངས་རྒྱས་ཐོབ་པ**ར་ཕར་ཕྱིན་ལས་**གསུངས། །ཕ་རོལ་ཕྱིན་གཞུང་**ལྟར་མགོ་དང་རྐང་ལག་གཏོང་ཞིང་ལུམ་པའི་སེམས་མེད་པ་ལ་སོགས་པ་བསྐལ་པ་གྲངས་མེད་གསུམ་གྱི་དཀའ་བ་སྤྱད་**མི་ནུས་པར། །གལ་ཏེ་**འཇུག་པ་བདེ་བས་ཚེ་འདིའམ་བར་དོ་སོགས་སུ་མྱུར་དུ་སངས་རྒྱས་ཐོབ་པར་འདོད་པས་**གསང་སྔགས་**རྡོ་རྗེ་ཐེག་པའི་ལམ་**བསྒོམ་**པར་**འདོད་ན། །**ཐོག་མར་རྡོ་རྗེ་ཐེག་པའི་ལམ་གྱི་རྩ་བ་ཆོག་**ནོར་བ་མེད་པའི་**སློབ་དཔོན་**དབང་བཞི་ཡོངས། །**དབང་པོ་ཤིན་ཏུ་རྣོ་ཞིང་ཚོགས་བསགས་པ་རྣམས། དེ་ཙམ་གྱིས་གྲོལ་བ་ཡང་སྲིད་མོད་ཀྱི། གལ་ཏེ་མ་གྲོལ་ན་རང་བཟོའི་དཀྱིང་སྐྱེད་དང་དྲོད་ཙམ་སྐྱེད་བ་མ་ཡིན་པར་གདམས་ངག་གི་གནད་**འཁྲུལ་པ་མེད་པའི་**སྒོ་ནས་དབང་བསྐུར་དེ་ཉིད་འཕེལ་ཞིང་རྒྱས་པར་བྱེད་པ་ལ། ཐ་མལ་གྱི་སྣང་བ་དག་པའི་སྣང་བར་བསྒྱུར་བར་བྱེད་པའི་བསྐྱེད་རིམ་དང་། དེ་ཉིད་བདེ་ཆེན་གྱི་ཡེ་ཤེས་སུ་བསྒྱུར་བར་བྱེད་པའི་རྫོགས་རིམ་སྟེ་**རིམ་**པ་**གཉིས་**རྒྱུད་སྡེ་ལས་གསུངས་པ་བཞིན་དུ་**སྒོམས། །**དབང་དང་རིམ་པ་གཉིས་པོ་**དེ་ལས་བྱུང་བའི་**མཚོན་བྱེད་དཔེ་ཡི་**ཡེ་ཤེས་ནི། །ཕྱག་རྒྱ་ཆེན་པོ་**ནམ་ཞིག་སྐྱེས་པའི་ཚེ་དེ་ལ་གོམས་པ་ཞེས་བྱ་བ་ཡིན་པས་ཡང་ནས་ཡང་དུ་**གོམས་པར་བྱ། །**བོད་ལུགས་ཀྱི་རྟོག་པ་ཁ་བཀག་པའི་ཕྱག་རྒྱ་ཆེན་པོ་མི་བསྒོམ། **དེ་ནས་**དྲོད་ཐོབ་པའི་རྟགས་མཉམ་བཞག་ཏུ་འཇིག་རྟེན་ཆོས་བརྒྱད་མགོ་སྙོམས་སྙམ་བྱེད་པའི་ཚེ་**འཁོར་འདས་**ལ་བླང་དོར་ཐ་དད་དུ་མི་འཛིན་པར་རོ་མཉམ་དུ་**བསྲེ་བའི་ཕྱིར། །**ཀུན་འདར་ལ་སོགས་པའི་རིམ་གཉིས་བོགས་དབྱུང་བར་བྱེད་པ་**རྣམ་པར་དག་པའི་སྤྱོད་**པ་རྣམས་རྒྱུད་ནས་གསུངས་པ་བཞིན་དུ་**སྤྱད། །ནང་གི་**རྟེན་འབྲེལ་གྱི་ས་བཅུ་གཉིས་**ལམ་ལྔ་ཀུན་བགྲོད་ནས། །རྡོ་རྗེ་འཛིན་པའི་ས་དགེ་བ་**སྟེ། །མཆོག་**བཅུ་གསུམ་པ་ནི་ཐོབ་པར་འགྱུར་**རོ། །ལམ་གྱི་བགྲོ་ཚུལ་**འདི་**ལྟ་བུ་**ནི་དུས་གསུམ་སངས་རྒྱས་**རྣམས་**ཀྱི། །**བསྟན་པ་**དམ་པའི་ཆོས་ཀྱི་སྙིང་པོ་**མཐར་ཐུག་པ་**ཡིན། །**རྣལ་འབྱོར་རྒྱུད་མན་ཆད་ལ་སྨྲས་པས་བླ་མེད་ཀྱི་**རྒྱུད་སྡེ་**དྲི་མ་མེད་པ་**རྣམས་ཀྱི་གསང་ཚིག་མཆོག །**སྐལ་ལྡན་འཚང་རྒྱ་བའི་ཉེ་ལམ་**འདི་ཉིད་ཡིན་པར་ཤེས་པར་བྱ། །**ས་ལམ་འདི་དག་གི་དོན་ལ་རྗེ་བཙུན་ས་སྐྱ་པ་ཡབ་སྲས་ཀྱི་བཞེད་པས་ས་བཅུ་གསུམ་གྱི་ས་ལྷག་མ་གསུམ་པོ་རྡོ་རྗེ་ཐེག་པའི་ལམ་ཁོ་ནས་བགྲོད་པར་བྱ་བ་ཡིན་པས་ཕ་རོལ་ཏུ་ཕྱིན་པའི་ལམ་གྱིས་བགྲོད་མི་ནུས་པ་ཡིན་ནོ། །ཕར་ཕྱིན་གྱི་ཐེག་པ་ནས་ས་བཅུ་གཅིག་པ་སངས་རྒྱས་སུ་བཤད་པ་དང་རྡོ་རྗེ་ཐེག་པ་ནས་ས་བཅུ་གསུམ་པ་སངས་རྒྱས་སུ་བཤད་པ་ནི་མཚན་གཞི་ལ་མིང་མཐུན་པ་ཡིན་པས། རང་རང་གི་ལམ་དེ་ཉིད་ཀྱིས་བགྲོད་པར་བྱ་བ་མཐར་ཐུག་པ་དེ་ལ། དེ་དང་དེར་རྫོགས་པའི་སངས་རྒྱས་སུ་

གསུངས་སོ། །འོན་ཀྱང་ས་བཅུ་གཅིག་པ་སངས་རྒྱས་མཚན་ཉིད་པ་མ་ཡིན་ཏེ། སློབ་ལམ་གྱི་གནས་སྐབས་ཡིན་པའི་ཕྱིར་རོ། །

འོན་ཕར་ཕྱིན་ཐེག་པར་ཡང་སློབ་ལམ་དུ་ཅིའི་ཕྱིར་མ་བཤད་ཅེ་ན། དེར་ནི་ཐེག་པ་རང་ལུགས་ལ་དེ་ལས་ལྷག་པའི་ལམ་བགྲོད་པའི་ནུས་པ་མེད་པས་འབྲས་བུའི་ལྡོག་པ་ནས་བཤད་པ་ཡིན་ནོ། །སྐྱེས་བུ་**གང་ཞིག་སངས་རྒྱས་ཐོབ་**པར་**འདོད་ན། །དེ་ཡིས་**ལམ་**འདི་བཞིན་དུ་སྤྱད་པར་བྱ། །ཡང་ན་ཕ་རོལ་ཕྱིན་པ་ཡི། །མདོ་ལས་ཇི་ལྟར་འབྱུང་**བ་**བཞིན་**སེམས་བསྐྱེད་ནས་བསྐལ་པ་གྲངས་མེད་གསུམ་དུ་ཕ་རོལ་ཏུ་ཕྱིན་པ་དྲུག་ལ་སྤྱོད་པའི་ལུགས་བཞིན་**གྱིས། །ཡང་ན་རྡོ་རྗེ་ཐེག་པ་ཡི། །རྒྱུད་སྡེ་བཞིན་དུ་**དབང་བསྐུར་མ་ནོར་བ་ཡོངས་ལ་རིམ་གཉིས་འཁོར་དང་བཅས་པ་མ་འཁྲུལ་པར་**ཉམས་སུ་ལོངས་**ལ་བསྒོམས། ཕར་ཕྱིན་དང་གསང་སྔགས། **འདི་གཉིས་མིན་པའི་ཐེག་ཆེན་ནི། །སངས་རྒྱས་རྣམས་ཀྱིས་**མདོ་རྒྱུད་གང་ལས་ཀྱང་**གསུངས་པ་མེད། །**མདོ་ལམ་ལ་བརྟེན་ནས་འཚང་རྒྱ་བ་དེ་མཐར་སྔགས་ལ་ལྟོས་དགོས་ཀྱང་། སྔགས་ལམ་གྱི་འབད་རྩོལ་ཆུང་ངུས་ས་ལྷག་མ་མྱུར་དུ་བགྲོད་པ་ཙམ་མ་གཏོགས་ལམ་ཕལ་ཆེར་མདོ་ལ་བརྟེན་ནས་སོང་ཟིན་པས། འཚང་རྒྱ་བའི་ལམ་རིམ་ལ་མདོ་སྔགས་གཉིས་རང་སར་ཤར་ཚུགས་པ་རེ་འཆད་པ་ཡིན་ནོ། **།ད་ལྟ་**གངས་རི་ཁྲོད་འདི**འི་ཆོས་པ་ཕལ་ཆེ་བ་**འདི་ལྟར་སྣང་སྟེ། **བསླབ་པ་གསུམ་པོ་**ལྷག་པ་ཚུལ་ཁྲིམས་ཤེས་རབ་ཏིང་ངེ་འཛིན་ལ་**མི་སྦྱོང་**ཞིང་མི་སློབ་**པས། །ཕ་རོལ་ཕྱིན་པའི་ཆོས་ལུགས་མིན། །**གསང་སྔགས་ཀྱི་**དབང་དང་རིམ་གཉིས་མི་ལྡན་པས། །རྡོ་རྗེ་ཐེག་པའི་བསྟན་པ་མིན། །འདུལ་བའི་སྡེ་སྣོད་**ལས་ཐན་ལྟུང་བ་སྡེ་ལྔའི་རྣམ་བཞག་ཙམ་ཡང་**མི་ཤེས་པས། །ཉན་ཐོས་ཀྱི་ཡང་ཆོས་ལུགས་མིན་**མོད། **འོན་ཀྱང་**ཁོ་བོ་ཅག་ཆོས་པ་ངོ་མཚར་ཅན་ཡིན་ནོ་ཞེས་**ཆོས་པར་ཁས་འཆེ་བ། །ཀྱེ་མ་**སངས་རྒྱས་ཀྱི་བསྟན་པ་གང་གི་ནང་དུའང་མི་འདུ་བ་འདི་དག་**གང་གི་བསྟན་པ་འགྱུར་**ཏེ། གང་གི་བསྟན་པར་འགྱུར་ངོ་མ་ཤེས། དཔེར་ན་སྨད་འཚོང་མའི་ཁྱིམ་དུ་**ཕ་**འདི་ཡིན་གྱི་ངེས་བཟུང་**མེད་པ་ཡི་བུ་མང་ཡང་། །**རུས་མེད་པའི་ཕྱིར་**རིགས་ཀྱི་ནང་དུ་ཆུད་མི་ནུས། །དེ་བཞིན་**དུ་མདོ་རྒྱུད་གང་གི་འང་**ཁུངས་ནས་མ་བྱུང་བའི། །ཆོས་པ་བསྟན་པའི་ནང་དུ་**ཆུད་པ་**མིན། །དག་དུག་**ཧྲལ་ཧྲུལ་**བསྟུས་པའི་གོས་ལ་ནི། །**སྤྲང་པོའི་གོས་འོང་གི་**ཆེན་པོ་རྣམས་ཀྱི་ཆས་**སུ་**མི་རུང་། །དེ་བཞིན་**དུ་གང་རིགས་ནས་**ཐུན་ཚོགས་བསྟུས་པ་ཡི། །ཆོས་ཀྱིས་**བླུན་པོ་ཁྲལ་དགའ་བར་བྱེད་ནུས་ཀྱི་**དད་ཅན་འཚང་མི་རྒྱ་**སྟེ། དཔེར་ན་བཟང་ངན་འབྲིང་གསུམ་གྱི་ཟས་བསྲེས་པའི་སྙིགས་མ་ལ་བགྱུ་བཤལ་ཟེར། དེ་བཞིན་དུ་ཁུངས་ནས་མ་བྱུང་བའི་བསྲ་བསྲེ་མང་པོ་ཆོས་ཀྱི་བགྱུ་བཤལ་ཡིན་ནོ། །འཕགས་ཡུལ་ན་**མུ་སྟེགས་བྱེད་པ་ཁ་ཅིག་ཀྱང་། །སངས་རྒྱས་པ་ལ་འདི་སྐད་ཟེར་**ཏེ། **ཕྱིག**

པ་སྤྱོང་ཞིང་དགེ་བ་བྱེད་ན། །མུ་སྟེགས་ཡིན་ཡང་ཅི་ཞིག་སྐྱོན། །གལ་ཏེ་དགེ་བ་མེད་ཅིང་སྡིག་པ་བྱེད་ན། །ཁྱེད་ནང་པ་ཆོས་པ་ཡིན་ཡང་ཅི་ཕན། །དེ་བས་ན་ཁྱེད་ཀྱི་ལུགས་བཟང་ལ་ངེད་ཀྱི་ལུགས་ངན་པའི་རྒྱུ་མཚན་ཅི་ཡོད་ཟེར་ཡོ། །ཚུལ་དེ་བཞིན་དུ་གངས་ཅན་འདི་ནའང་ཆོས་ཀྱི་གནད་མི་ཤེས་པའི་བླུན་པོ་འགའ་ཞིག དཀོན་མཆོག་ལ་དད་པ་དང་ལྡན་ཞིང་སེམས་ཅན་ལ་སྙིང་རྗེ་ཆེ་བ་དང་། ཟང་ཟིང་གི་སྦྱིན་པ་གཏོང་བ་དང་ཁས་བླངས་པའི་ཚུལ་ཁྲིམས་བསྲུང་། གཞན་གྱིས་གནོད་པ་ལ་བཟོད་པ་བསྒོམ། ཞི་ལྷག་དང་རིམ་གཉིས་ཀྱི་བསམ་གཏན་སྒོམ་ཞིང་སྟོང་པ་ཉིད། །རྫོགས་ན་སངས་རྒྱས་ཀྱིས་གསུངས་པའི། །མདོ་རྒྱུད་སོ་སོར་ཐར་པའི་སྡོམ་པ་དང་སེམས་བསྐྱེད་དང་དབང་བསྐུར་དང་རིམ་གཉིས་ལ་སོགས་པ་རྣམས་དང་མི་མཐུན་ཡང་། །དེ་ལ་སྐྱོན་མེད་དད་པ་དང་སྙིང་རྗེ་ལ་སོགས་པ་དེ་དག་མེད་ན། །མདོ་རྒྱུད་དང་མཐུན་བྱ་བའི་མིང་གིས་ཀྱང་སུ་ལ་ཡང་ཅི་ཕན་ཡོ། །དེ་ལ་ཡང་བརྟག་པར་བྱ་བའི་འཐད་པ་བཤད་ཀྱིས་ཉོན། །མུ་སྟེགས་བྱེད་ལ་སྐྱབས་འགྲོ་མེད་པས་སྡོམ་པ་མེད། །དེའི་ཕྱིར་དགེ་བ་བྱས་ནས་ཡང་། །ཐར་མའི་དགེ་བ་བྱ་བ་ཡིན་གྱི་སྡོམ་པ་ལས། །བྱུང་བའི་ཐར་ལམ་གྱི་དགེ་བ་ནི་སྲིད་པ་མ་ཡིན། །སྡོམ་པ་ལས་མ་བྱུང་བའི་དགེ་བ་བར་མ་ཡིན་པ། དེ་བཞིན་དུ་དབང་བསྐུར་མ་ཐོབ་པ། །དེ་ལ་རིག་འཛིན་སྔགས་ཀྱི་སྡོམ་པ་མེད། །གསང་སྔགས་ཀྱི་སྡོམ་པ་མེད་པ་དེ་ཡིས་དགེ་བ་ཅི་སྤྱད་ཀྱང་། །སྔགས་སྡོམ་ལ་ལྟོས་ཏེ་བར་མའི་དགེ་བ་བྱ་བ་ཡིན་གྱི་གསང་སྔགས་ཀྱི། །སྡོམ་པ་ལས་བྱུང་བའི་དགེ་བ་མིན། །བྱ་དང་རི་དྭགས་ལ་སོགས་པ་སྡིག་པ་མི་བྱེད་ཀྱང་སྡོམ་པས་བསྡུས་པའི་དགེ་བར་མི་འགྱུར་བ་བཞིན་ནོ། །སྔགས་ཀྱི་སྡོམ་པ་ལས་བྱུང་བའི་དགེ་བ་མ་ཡིན་ན། །གསང་སྔགས་ཀྱི་ཐབས་ལམ་རབ་ཏུ་ཟབ་ཅིང་དེ་བསྒོམས་ཀྱང་། ། འཚང་མི་རྒྱ་བར་ཐུབ་པས་དབང་མེད་ན་ནི་དངོས་གྲུབ་མེད་ཅེས་བྱ་བ་ལ་སོགས་པ་རྒྱས་པར་གསུངས།།དབང་བསྐུར་གྱི་སྒོ་ནས་གཞི་སྡོམ་པ་གསུམ་དང་ལྡན་པ་ཡིས། །ལམ་རིམ་གཉིས་ཟབ་མོའི་གནད་ཤེས་ཤིང་བསྒོམས་ན། །སྒོམ་པ་པོ་སོ་སོའི་སྐྱེ་བོ་དེ་ནི་རབ་ཚེ་འདིའམ་འབྲིང་བར་དོའམ། །མཐའ་མ་སྐྱེ་བ་བཅུ་དྲུག་ན་འགྲུབ་པར་དོ་རྗེ་རྩེ་མོ་ལ་སོགས་པར་གསུངས་ཏེ། རྒྱས་པར་ཡི་གེ་མང་གིས་དོགས་པས་མ་བྲིས། དེ་ཙམ་ཆད་ན། །འགྲུབ་པར་རྫོགས་པའི་སངས་རྒྱས་ཀྱིས་གསུངས་ཏེ། ཡང་དག་པར་སྦྱོར་བ་ལས། གཞན་དུ་བསྐལ་པ་བྱེ་བ་ནི། །གྲངས་མེད་པས་ནི་གང་ཐོབ་པ། །གང་གི་དམ་པའི་བདེ་བས་ཁྱོད། །སྐྱེ་བ་འདི་རུ་ནི་འགྲུབ་པར་འགྱུར། །གསུངས་པ་དེ་ཕྱིར་དབང་བསྐུར་གྱིས་སྡོམ་གསུམ་དང་ལྡན་པར་བྱེད་པ་འདི་ལ་མཁས་པ་རྣམས་གུས་པ་ཡིན་ནོ། །གང་དག་འདུལ་བའི་སྒོར་ཞུགས་ནས་རབ་ཏུ་འབྱུང་འདོད་ན། །འཁོར་བ་ལས་ངེས་འབྱུང་གི་བསམ་པས་སྡོམ་པ་བསྲུང་བའི་ཕྱིར་འདུལ་བའི་ལུགས་བཞིན་གུས་པས

ཡོད། །ཚེ་འདིའི་ལྟོ་གོས་ཙམ་ལ་དམིགས་པ་ཡི། །རབ་ཏུ་འབྱུང་བ་ཐུབ་པས་བཀག །ཅེ་ན་མ་གནང་ངོ་། ། སེམས་བསྐྱེད་འབོགས་པའི་ཆོ་ག་བྱེད་པ་དེ་དག་ཀྱང་། །དབུ་མའི་སེམས་བསྐྱེད་གང་ཟག་ཐམས་ཅད་ལ་བྱ་བར་གསུངས། སེམས་ཙམ་པའི་སེམས་བསྐྱེད་བློ་མ་སྦྱངས་པ་ལ་མི་བྱ་བར་གསུངས་པ་ལ། དབུ་སེམས་བསྐྱེད་ཀྱི་བསྟན་པའི་ལུགས་བཞིན་མི་བྱེད་ཀྱི། །སྡེ་སྣོད་ལ་མ་སྦྱངས་པའི་ཐོས་ཆུང་རྣམས་ཀྱིས་མགོ་བོ་བསྐོར་ནས། །བླུན་པོ་དགའ་བར་བྱ་བའི་ཕྱིར་དུ་སེམས་ཙམ་བསྐྱེད་ཁྲིམ་ལ་བྱེད་པ་མཐོང་སྟེ་འདི་ནི་སྡེ་སྣོད་ལས་བཤད་པ་མེད་པས་རང་བཟོའི་ཆོ་ག་བྱེད་པ་ཡིན་ནོ། །གསང་སྔགས་བསྒོམ་པར་ཁས་འཆེ་བ་མང་མོད་ཀྱི། ། དབང་དང་རིམ་གཉིས་ལ་སོགས་པ་རྒྱུད་སྡེ་ལས་གསུངས་པ་བཞིན་དུ་ཉམས་སུ་ལེན་ཅིང་བསྒྲུབ་པ་ཉུང་སྟེ། ཕལ་ཆེར་ཁྲལ་གྱི་སྒྲུབ་པ་བཏག་ཡངས་བདེ་བའི་འདུ་ཤེས་ཀྱི། །ཆོས་ནས་མ་བཤད་པའི་གང་བདེ་བདེ་ལ་བླ་མའི་གདམས་ངག་ཏུ་མིང་བཏགས་ནས་རང་བཟོར་གསང་སྔགས་ཀྱི་ཉམས་ལེན་ལ་སྒྲུབ་པར་ཟད་དོ། །དེ་ཡང་གལ་ཏེ་དབང་བསྐུར་བྱེད་ན་ཡང་། །སྔགས་དང་ཏིང་ངེ་འཛིན་ལ་སོགས་པའི་ཆོ་ག་རྒྱུད་དོན་གྲུབ་ཐོབ་ཀྱིས་བཀྲལ་བའི་བཟང་པོའི་གཞུང་ལུགས་ཀུན་དོར་ནས། །གང་དག་བརྟུན་གྱིས་བསྒྲད་པ་ཕག་མོའི་དབང་བསྐུར་ལ་སོགས་པ་ལ། །ངོ་མཚར་བཞིན་དུ་གུས་པས་ལེན་པར་སྣང་ངོ་། །བརྒྱ་ལ་བསྐྱེད་རིམ་བསྒོམ་ན་ཡང་། །སྦྱང་གཞི་སྦྱོང་བྱེད་ལེགས་འབྲེད་པའི། །ཆོ་གའི་ཡན་ལག་མངོན་བྱང་ལྔ་དང་། རྡོ་རྗེ་ཆོ་གསུམ་བསྐྱེད། སྒྲ་རྩོལ་གྱི་རྟེན་འབྲེལ། ཏིང་ངེ་འཛིན་གསུམ་དང་། རྣལ་འབྱོར་བཞི་སོགས་ཏེ་བསྙེན་སྒྲུབ་བཞི་ལ་སོགས་པ་ཀུན་དོར་ནས། །སྦྱང་གཞི་མི་སྦྱོང་བའི་རང་བཟོའི་དཀྱིལ་བསྐྱེད་བསྒོམ་པར་ཟད་དེ་ཡི་དམ་གྱི་ལྷར་དཀྱིལ་གྱིས་སྒོམས་ཤིག་ཅེས་བྱ་བ་ཙམ་ལ་བསྐྱེད་རིམ་དུ་རེ་བ་མཐོང་། འདི་ཡང་ལས་དང་པོ་པའི་དུས་ནས་བསྐྱེད་རིམ་གཞན་ལ་མ་སྦྱངས་པར་དཀྱིལ་བསྐྱེད་བསྒོམ་པ་བཀག་པ་ཡིན་གྱི། བསྐྱེད་རིམ་ལ་དཀྱིལ་བསྐྱེད་གཏན་མེད་པར་བཞེད་པ་ནི་མ་ཡིན་ཏེ་བརྟན་པ་ཐོབ་པའི་དུས་ཀྱི་བསྐྱེད་རིམ་དཀྱིལ་བསྐྱེད་འབའ་ཞིག་ཡིན་པའི་ཕྱིར་རོ། །བོད་ཀྱི་གཏུམ་མོ་བསྒོམ་པ་ཕལ་ཆེར་ཡང་། །ལུས་ཐམས་ཅད་ལ་རྩས་ཁྱབ། དེ་ལ་བྱང་ཆུབ་སེམས་ཀྱིས་ཁྱབ། དེ་ལ་རླུང་གིས་ཁྱབ།དེ་ལ་ཆོས་ཀྱི་དབྱིངས་ཀྱིས་ཁྱབ་ནས་གནས་པ་དེ་ཐོག་མར་རླུང་ལ་དབང་ཐོབ་པར་བྱས་ནས། གཏུམ་མོའི་མེ་སྦར་ཏེ། རྟེན་བྱང་སེམས་བཞུས་པས། བརྟན་པ་རིག་སྟོང་དབྱེར་མེད་མངོན་དུ་བྱེད་པ་རྒྱུད་ལས་གསུངས་པའི་ནང་གི་རྟེན་འབྲེལ་མི་ཤེས་པར། །གཅེར་བུ་པ་ལ་སོགས་པའི་མུ་སྟེགས་བྱེད་ཀྱི་གཏུམ་མོ་ལྟར། །ལུས་ལ་དྲོད་ཙམ་སྐྱེས་ནས་རས་གོས་རྐྱང་པ་ཙམ་གྱིས་ཆོག་པ་ལ་བདེ་དམིགས་པར་གོ་སྟེ་གཏུམ་མོ་རས་ཐུབ་ཅེས་ཟེར་བ་ཐོས་སོ། །གལ་ཏེ་ཡེ་ཤེས་ཙམ་ཞིག་སྐྱེས་ན་ཡང་། །ལོ་ཏོག་དང་སྨུར་མ་འདྲེས་ནས་སྐྱེ་བ་ལྟར་

ཡེ་ཤེས་དང་རྣམ་རྟོག་འདྲེས་ནས་སྐྱེ་བ་ཡིན་ཏེ། དེ་འབྱེད་པ་ལ་ལམ་འབྲས་བུའི་གདམས་ངག་ལྟ་བུ་མེད་ན་སྒོམ་སྐྱེས་ཀྱང་གང་ཟག་**དེ་དག་ཉོན་མོངས**་པ་དང་། **རྣམ་རྟོག་དང**་འདྲེས་པ། སོ་སོར་**འབྱེད་པའི་ཐབས་ལ་མི་མཁས་པས། །རྫོགས་པའི་སངས་རྒྱས**་ཐོབ་བྱེད་ཀྱི་**ལམ་**དུ་**མི་འགྱུར**་རོ། །**བླ་མ**་གསང་སྔགས་ཀྱི་སྡོམ་པ་མ་ཐོབ་པ་དྲོད་ཙམ་སྐྱེ་བའི་གཏུམ་མོའི་དམིགས་པ་སྟོན་པ་**ལ་ནི་མོས**་ཤིང་དེས་གྲོལ་བར་འདོད་**ན་ཡང་། །དེ་འདྲའི་བླ་མ**་དེ་ནི་གང་ཟག་དེས་གསང་སྔགས་ཀྱི་**བླ་མ**་དམ་པ་**མིན**་ཏེ་མུ་སྟེགས་བཙུན་ཡང་སྡོམ་པ་མ་ཐོབ་པས་དགེ་སློང་དུ་མི་འགྱུར་ལ་དེས་མཁན་པོ་བྱས་ཀྱང་མཁན་པོར་མི་འགྱུར་བ་བཞིན་ནོ། །དཔེ་དེ་བཞིན་དུ་**དཔོན་སློབ་གཉིས་ཀ་གསང་སྔགས་ཀྱི**་དབང་བསྐུར་མ་ཐོབ་པས། **སྡོམ་པ་མེད་པ་ཡིན**་ལ་སྡོམ་མེད་ལ་བླ་མ་མཚན་ཉིད་དང་ལྡན་པ་མི་སྲིད་པའི་**ཕྱིར་རོ། །དཔེར་ན་རབ་བྱུང་མ་བྱས་ན། །**གང་ཟག་དེའི་**མཁན་པོའི་ཐ་སྙད**་འཇུག་པའི་གཞི་**མེད་པ་བཞིན**་གྱི། དཔེ་**དེ་བཞིན**་དུ་སློབ་མ་དེའི་**དབང་བསྐུར་མ་ཐོབ་ན། །**སློབ་མ་དེའི་**བླ་མ**་ཡིན་དམ་པ**འི་ཐ་སྙད**་འཇུག་པའི་གཞི་**མི་འབྱུང་ངོ་། །**ཐུན་མོང་མ་ཡིན་པའི་གསང་བ་ལས། གང་ལ་དབང་རབ་མོག་ཐོབ་པ། །དེ་ནི་བླ་མར་ཡོངས་སུ་གཟུང་། །ཞེས་གསུངས་ལ། རྒྱུད་རྡོ་རྗེ་གཙུག་ཏོར་ལ་སོགས་པ་ལས་ཀྱང་མང་དུ་གསུངས་སོ། །དེ་དག་གི་དོན་བླ་མ་ལྔ་བཅུ་པ་ལ་སོགས་པ་མང་པོ་ནས་གསུངས་སོ། །འདི་ཡང་བླ་མ་དམ་པའི་ཐ་སྙད་མི་འབྱུང་བ་ཡིན་གྱི་བླ་མའི་ཐ་སྙད་ཙམ་དབང་མ་བསྐུར་བ་ལ་མེད་པ་མིན་ཏེ། འདུལ་བ་ལས། དུས་སུ་འདོམས་པ་དེ་ལྟར་བླ་མར་བརྟགས། ཞེས་དང་། ཕར་ཕྱིན་གྱི་ལུགས་ལ་བླ་མ་སངས་རྒྱས་ལྟ་བུར་བལྟ་བ་བདག་ཉིད་ཆེན་པོ་འདིས་གསུངས་པས་སོ། །དེ་དག་ནི་བླ་མ་ཙམ་ཡིན་གྱི་བླ་མ་དམ་པའི་དོན་ནི་སྔར་མཚོན་བརྗོད་དུ་བསྟན་པ་བཞིན་དགོས་པས་སོ། །དབང་བསྐུར་གྱི་སྒོ་ནས་**གསང་སྔགས**་ཀྱི་སྡོམ་ལྡན་དུ་བྱས་པ་**མིན་པའི་བླ་མ་ལ། །མོས་པ་བྱས**་ཤིང་གསོལ་བ་བཏབ་**ཀྱང**་ཚེ་རིང་བ་དང་འཁོར་པ་འཕེར་བ་སོགས་**ཚེ་འདི་ཡི། །བདེ་སྐྱིད་ཕྲན་ཚེགས་ཙམ་ཞིག་གམ། །**སྐྱེ་བ་ཕྱི་མ་ལ་དལ་འབྱོར་གྱི་ལུས་ཐོབ་ཅིང་སངས་རྒྱས་ཀྱི་བསྟན་པ་དང་མཇལ་བ་སོགས་**རིམ་གྱིས**་སངས་རྒྱས་**འགྲུབ་པའི་རྒྱུ**་འགྱུར་བ་**སྲིད་ཀྱི། །དེ་ནི་ཚེ་འདི་**ལ**འམ་བར་དོ་ལ**་སོགས་སུ། **སངས་རྒྱས་ཉིད་སྒྲུབ**་པར་**མི་ནུས་སོ། །**དེ་ཡི་རྒྱུ་མཚན་**ཕ་རོལ་ཏུ་ཕྱིན་པའི་གཞུང་ལུགས**་སངས་རྒྱས་ཕལ་པོ་ཆེ་ལ་སོགས་པ་**ལས། །བླ་མ་སངས་རྒྱས་ལྟ་བུ་རུ། །བལྟ་བར་བྱ་ཞེས་གསུངས་མོད་ཀྱི། །སངས་རྒྱས་དངོས་སུ**་བལྟ་བར་**གསུངས་པ་མེད། །**གསང་སྔགས་ཀྱི་**བླ་མ་སངས་རྒྱས**་དངོས་ཉིད་**ཡིན་ཞེས། །བྱ་བ་དབང་བསྐུར་ཐོབ**་ཕྱིན་ཆད་**ནས་ཡིན། །དབང་བསྐུར**་བའི་སྒོ་ནས་སྔགས་ཀྱི་**སྡོམ་པས་མ་འབྲེལ་ན། །**ཆོས་གཞན་སྟོན་པའི་བླ་མ་**བཟང**་པོ་གྲུབ་ཐོབ་ཡིན་**ཡང་ཕ་རོལ་ཏུ་ཕྱིན**་པའི་ལུགས་ལྟར་རིམ་གྱིས

འགྲུབ་པའི་རྒྱུ་བྱེད་པ་ཙམ་ལས་མ་འདས་པ་**ཡིན**་ནོ། །**རབ་ཏུ་བྱུང**་བར་བྱེད་པོ་**མིན**་པ་**ལ**་འདུལ་བའི་ལུགས་ཀྱི་**མཁན་པོའི**་ཐ་སྙད་**མེད**། །**དབང་མ་བསྐུར**་བ་**ལ**་གསང་སྔགས་ཀྱི་ལུགས་ཀྱི་སངས་རྒྱས་དངོས་སུ་བལྟ་བའི་**བླ་མ**་མཚན་ཉིད་པ་**མེད**། །ཚིག་འདི་གཉིས་ངག་ཆོས་ཀྱིས་སློབ་མ་ལ་སྦྱར་ནས་བཤད་དོ། །ལུས་ངག་གི་ཉེས་སྤྱོད་སྤོང་བའི་**སྡོམ་པ་མེད**་པ་**ལ**་སྡེ་སྣོད་ཀྱི་**དགེ་བ་རྒྱུན**་ཆགས་སུ་འབྱུང་བ་**མེད**། །དཀོན་མཆོག་གསུམ་ལ་**སྐྱབས**་སུ་**འགྲོ**་བ་**མེད་ན**་སངས་རྒྱས་ཀྱི་བསྟན་པའི་**ཆོས་པ་མིན**། །དགེ་སྦྱོང་དུ་ཁས་འཆེ་བ་ལ་**སྡོམ་པ་མེད་པ**་དང་། རྒྱལ་སྲས་སུ་ཁས་འཆེ་ལ་སེམས་བསྐྱེད་མ་ཐོབ་པ་དང་། **སྔགས་པར**་ཁས་འཆེ་བ་ལ་**དབང་བསྐུར་མེད་པ**་དང་**གསུམ**་ནི། **སངས་རྒྱས**་ཀྱི་**བསྟན་པ**་འདུལ་བ་དང་། ཕར་ཕྱིན་དང་། རྡོ་རྗེ་ཐེག་པ**འི་ཆོམ་རྐུན་ཡིན**་པས་ཤེས་ནས་སྤང་བར་བྱའོ། །དེང་སང་སྔགས་ལུགས་ཀྱི་**ཕྱག་རྒྱ་ཆེན་པོ་བསྒོམ**་པ་ཁས་འཆེ་བ་མང་མང་**ན་ཡང**། །ཕྱག་ཆེན་མཚན་ཉིད་པ་སྒོམ་པ་མ་ཡིན་ཏེ། རྣམ་པར་**རྟོག་པ**་ཕྱི་རོལ་ཡུལ་ལ་འཕྲོ་བ་ནང་དུ་**ཁ་འཚོམ**་པ་སྟེ་བཀག་པའི་ངང་ནས་སྟོང་པ་ཧད་དེར་འཛིག་པ་**ཉིད**་ལ་ཕྱག་རྒྱ་ཆེན་པོ་ཡིན་ཟེར་ནས་**བསྒོམ་གྱི**། །དབང་དང་**རིམ་པ་གཉིས་ལས་བྱུང**་བའི་རང་བྱུང་གི་**ཡེ་ཤེས**་ལ་ཕྱག་རྒྱ་ཆེན་པོ། རྒྱུད་སྡེ་ནས་གསུངས་པ་ཡིན་པ་དེ་**ཕྱག་རྒྱ་ཆེན་པོར་མི་ཤེས་སོ**། །གང་ཟག་**བླུན་པོ་ཕྱག་རྒྱ་ཆེ**ན་པོར་མིང་བཏགས་ནས་སྟོང་ཉིད་**བསྒོམ་པ**། །**ཕལ་ཆེར**་ཡེ་ཤེས་གྲུབ་པ་ལས་རྨོངས་པའི་སྒོམ་པར་མིང་བཏགས་ནས་**དུད་འགྲོའི་རྒྱུ་རུ་གསུངས**། །དེ་ལྟར་**མིན་ན**་སེམས་སྟོང་པ་ལ་ངོ་སྤྲད་ནས་དགེ་བ་ཅི་རིགས་བྱས་ན་**གཟུགས་མེད**་ཀྱི་**ཁམས་སུ་སྐྱེ**། །**ཡང་ན**་ངེས་འབྱུང་དང་སྲིད་པ་གསུམ་ཚོགས་བསགས་ནས་སྟོང་ཉིད་རྟོགས་ན་ཐེག་ཆེན་དུ་མི་གྲོ་བར་**ཉན་ཐོས་འགོག་པར**་ཏེ་མྱང་འདས་སུ་**ལྟུང**་བར་འགྱུར་ཏེ་ཤེས་རབ་ཀྱིས་འཁོར་བའི་མཐའ་མནན་ཀྱང་། ཐབས་སྙིང་རྗེ་ཆེན་པོ་དང་བྲལ་བས་སོ། །

དོན་འདི་དང་མཐུན་པར་བདག་ཉིད་ཆེན་པོའི་སྐྱེས་བུ་དམ་པའི་ཕྲེད་ཡིག་ལས། ཐབས་ཀྱི་ཡོན་ཏན་མ་རྫོགས་པར་སེམས་ངོ་འཕྲོད་པ་ལ་ཇི་ལྟར་བཟང་ཡང་ཉན་ཐོས་ཀྱི་དགྲ་བཅོམ། འབྲིང་གཟུགས་མེད་ཀྱི་ཁམས། ཐ་མ་ངན་སོང་དུ་སྐྱེ་བར་གསུངས་ཏེ། སློབ་དཔོན་ཀླུ་སྒྲུབ་ཀྱིས། སྟོང་པ་ཉིད་ལ་ལྟ་ཉེས་ན། །ཤེས་རབ་ཆུང་རྣམས་ཕུང་བར་འགྱུར། །ཞེས་དང་། རིན་ཕྲེང་ལས། མེད་པ་བ་དག་ངན་འགྲོར་འགྲོ། །ཞེས་དང་། སྒོམ་སྤྲིང་ལས། དམ་པའི་གདམས་པས་སྦྲོས་པ་མ་ཆོད་པར། །ཞི་གནས་ཐེང་པོ་ཞིག་ལ་སེམས་བཟུང་ནས། །གཏི་མུག་མུན་པ་ཡང་ཡང་སྤེལ་བྱེད་པ། །འཕྱི་བ་ཚང་དུ་ཉལ་བའི་སྒོམ་ཆེན་ཡིན། །ཞེས་གསུངས་པའང་དེ་ལ་དགོངས་སོ་ཞེས་གསུངས་སོ། །**གལ་ཏེ་དེ་ནི་བསྒོམ་ལེགས**་ཏེ་ཐབས་ཤེས་ཟུང་འབྲེལ་དུ་སྒོམ་ཤེས་**ཀྱང**། །ཐེག་ཆེན་ཕ་རོལ་ཏུ་ཕྱིན་པའི་**དབུ་མའི་བསྒོམ་ལས་ལྷག་པ་མེད**་དེ། ཐབས་དབང་དང་རིམ་གཉིས་མེད་པས་སྟོང་ཉིད་ཀྱི་ལྟ་བ་

སྐྱོང་བའམ། སྟོང་ཉིད་སྒོམ་པ་ཙམ་ལས་རྟོག་མེད་ཀྱི་ཡེ་ཤེས་མྱུར་དུ་འདྲེན་མི་ནུས་པའི་ཕྱིར། མཐའ་བྲལ་**དབུ་མའི་བསྒོམ་དེ་བཟང**་པོ་ཡིན་**མོད་ཀྱི།** **།འོན་ཀྱང**་འགྲུབ་བྱེད་གསང་སྔགས་ནས་བཤད་པ་བཞིན་གྱི་ཐབས་བཟང་པོ་མེད་ན་**འགྲུབ་པ་ཤིན་ཏུ་དཀའ**་སྟེ། **ཇི་སྲིད**་རྒྱུ་བསོད་ནམས་དང་ཡེ་ཤེས་ཀྱི་**ཚོགས་གཉིས་མ་རྫོགས་པ། །དེ་སྲིད**་དུ་དབུ་མའི་**བསྒོམ་དེ་མཐར་མི་ཕྱིན**་ཏེ་དེ་ལ་གྲངས་མེད་གཅིག་མ་མཐར་དགོས་པས་སོ། །སྡུད་པ་ལས། དེ་དག་དགེ་བའི་རྩ་བ་ཇི་སྲིད་མ་རྫོགས་པར། །དེ་སྲིད་སྟོང་ཉིད་དམ་པ་དེ་ནི་ཐོབ་མི་འགྱུར། །ཞེས་སོ། །མཐར་ཕྱིན་པའི་པ་**འདི་ཡི་རྒྱུ་ཚོགས་གཉིས་རྫོགས་པ་ལ། །བསྐལ་པ་གྲངས་མེད**་དང་པོས་ས་དང་པོ། གཉིས་པས་ས་བརྒྱད་པ། གསུམ་ པས་ས་བཅུ་ཐོབ་པར་གསུངས་པས། དབུ་མའི་སྒོམ་མཐར་ཕྱིན་པའི་ཚད་ཆོས་དབྱིངས་མངོན་སུམ་དུ་རྟོགས་པ་ཡིན་ཞིང་།དེ་མདོ་ལམ་དུ་མ་མཐའ་གྲངས་མེད་གཅིག་ཏུ་ཚོགས་བསགས་པས་ས་དང་པོར་ཆོས་ཉིད་མངོན་སུམ་དུ་མཐོང་བའི་ལམ་སྐྱེས་པའི་ཚེ་ན་རྟོགས་པས་ན་མ་མཐའ་བསྐལ་པ་གྲངས་མེད་**དགོས་པར་གསུངས།** །མདོར་ན་དབང་དང་རིམ་གཉིས་ལས་བྱུང་བའི་རང་བྱུང་གི་ཡེ་ཤེས་མ་རྟོགས་པར་སྟོང་པར་ལྟ་བའི་སྒོམ་ཐམས་ཅད་གོང་དུ་བཤད་པའི་སྒོམ་བཞི་པོ་དེ་ར་མ་འདུས་པ་མེད་ཅིང་དེ་དག་ནི་ཕྱག་ཆེན་མ་ཡིན་པས་རྟོགས་པ་བཀག་ཙམ་གྱི་སྒོམ་ཐམས་ཅད་ཕྱག་ཆེན་ཡིན་པ་སངས་རྒྱས་ཀྱི་གསུང་ལ་བརྟེན་པའི་མཁས་པས་སྤང་བར་བྱའོ། །

འོན་ཕྱག་ཆེན་ཇི་ལྟ་བུ་ཞེ་ན། **ངེད་ཀྱི**་སངས་རྒྱས་ཀྱི་གསུངས་པའི་གསང་སྔགས་ཀྱི་ལུགས་ཀྱི་**ཕྱག་རྒྱ་ཆེན་པོ་ནི།** །ཐབས་**དབང་ལས་བྱུང་བའི་ཡེ་ཤེས་དང་། །རིམ་པ་གཉིས་ཀྱི་ཏིང་ངེ་འཛིན་ལས། །བྱུང་བའི་རང་བྱུང**་གི་**ཡེ་ཤེས་ཡིན**་གྱི་སྟོང་ཉིད་སྒོམ་པ་ཙམ་མིན་ནོ། །རང་བྱུང་གི་དོན་ནི་ལྷུན་གྲུབ་དང་མ་བཅོས་པ་ཡིན་པས། མ་བཅོས་པའི་ཡེ་ཤེས་ལ་རང་བྱུང་གི་ཡེ་ཤེས་ཞེས་བྱ་སྟེ། མ་བཅས་པ་ཉིད་མངོན་སུམ་དུ་རྟོགས་པའི་ཡེ་ཤེས་ཞེས་པའོ། །འགྲུབ་པའི་དུས་ཕྱག་ཆེན་**འདི་ཡི་རྟོགས་པ**་སྔགས་བཤད་པ་བཞིན་གྱི་**གསང་སྔགས་ཀྱི། །ཐབས་ལ་མཁས་ན**་ལམ་མྱུར་ཞིང་ཟབ་པའི་གནད་ཀྱིས་**ཚེ་འདིར**་ཡང་**འགྲུབ**་པ་ཡིན། སྔགས་ཀྱི་ཐབས་མཁས་**དེ་ལས་གཞན་དུ་ཕྱག་རྒྱ་ཆེན**་པོ། **རྟོགས་པ་སངས་རྒྱས་ཀྱིས་མ་གསུངས**་སོ། །མདོ་རང་རྐང་དང་རྒྱུད་སྡེ་འོག་མ་ལས་ཕྱག་ཆེན་མ་གསུངས་པ་**དེས་ན་ཕྱག་རྒྱ་ཆེན་པོ་ལ། །མོས་ན**་དེ་སྐྱེ་བའི་ཐབས་བཅས་སྟོན་པའི་**གསང་སྔགས**་བླ་མེད་ཀྱི་**གཞུང་བཞིན་སློབས།** །སྔར་བཤད་པ་ལྟར་ད་ལྟའི་བོད་ཕལ་ཆེར་བསྒོམ་པ**འི་ཕྱག་རྒྱ་ཆེན་པོ་དང་། །རྒྱ་ནག**་གི་མཁན་པོ་ཧྭ་ཤང་མཧཱ་ཡན་གྱི་**ལུགས་ཀྱི་རྫོགས་ཆེན**་གཉིས་ལ། **།ཡས་འབབ་དང་ནི་མས་འཛེགས་གཉིས། །རིམ་གྱིས་པ་དང་གཅིག་ཆར་བར། །མིང**་གི་**འདོགས**་ལུགས་**བསྒྱུར་བ**་ཙམ་**མ་གཏོགས་པ།** །

ཉམས་ལེན་གྱི་དོན་ལ་ཁྱད་པར་དབྱེ་བ་མེད། །ཆོས་ལུགས་ནོར་བ་འདི་འདྲ་འབྱུང་བ་ཡང་། །བྱང་ཆུབ་སེམས་དཔའ་ཞི་བ་འཚོ་སྟེ་སློབ་དཔོན་བོ་དྷི་ས་ཏྭས། ཆོས་སྐྱོང་བའི་རྒྱལ་པོ་ཁྲི་སྲོང་ལྡེའུ་བཙན་ལ། །ལུང་བསྟན་གྱི་ཞལ་ཆེམས་མཛད་པ་ཇི་ལྟ་བ་བཞིན་དུ་ཕྱོག་ཏུ་བབ་པ་ཡིན་ནོ། །ལུང་བསྟན་དེ་ཡང་བཤད་ཀྱིས་ཉོན། །རྒྱལ་པོ་ཁྱོད་ཀྱི་བོད་ཡུལ་འདིར། །ཨོ་རྒྱན་གྱི་སློབ་དཔོན་པདྨ་འབྱུང་གནས་ཀྱིས། །མ་མོའི་སྡེ་དཔོན་བརྟན་མ་བཅུ་གཉིས་ལ་བསྟན་པ་གཏད་ཅིང་སྐྱོང་བར་དམ་བཅས་པས་ན། མུ་སྟེགས་དངོས་འབྱུང་བར་མི་འགྱུར་མོད། །འོན་ཀྱང་ཡར་ངོ་མར་ངོ་གཉིས་ལ་སོགས་པ་རྟེན་འབྲེལ་འགའ་ཡི་རྒྱུས། །ཆོས་ལུགས་དག་མ་དག་གཉིས་སུ་འགྲོ་བར་འགྱུར་ཏེ། །དེ་ཡང་ཕྱོག་མར་ང་འདས་ནས། །རྒྱ་ནག་དགེ་སློང་ཞེས་བྱ་བ་བྱུང་ནས་ནི། །དཀར་པོ་ཆིག་ཐུབ་ཅེས་བྱ་བ། །ཅིག་ཆར་བ་ཡི་ལམ་བྱ་བྱེད་ཀྱི་ཆོས་ཀྱི་འཚང་མི་རྒྱ་བས། རྣམ་པར་མི་རྟོག་པ་བསྒོམས་པས་སེམས་རྟོགས་པ་འབའ་ཞིག་གིས་འཚང་རྒྱ་བའི་ཆོས་སྟོན་པར་འགྱུར་རོ། །དེ་ཚེ་ང་ཡི་སློབ་མ་ནི། །མཁས་པ་ཆེན་པོ་ཀ་མ་ལ། །ཤཱི་ལ་སྟེ་བོད་སྐད་དུ་པདྨའི་ངང་ཚུལ་ཞེས་བྱ་བ་རྒྱ་གར་ནས། །སྤྱན་དྲངས་དང་དེ་ཡིས་ཆོས་ལོག་དེ་སུན་འབྱིན་པར་ནུས་སོ། །དེ་ནས་སློབ་དཔོན་དེ་ཡི་ཆོས་ལུགས་བཞིན། །དད་ལྡན་རྣམས་ཀྱིས་སྤྱོད་ཅིག་གསུང་། །ཀཱ་མ་ལ་ཤཱི་ལ་ཁྱེད་འོངས་པའི་དུས་སུ་བོད་ཀྱི་རྒྱལ་པོས་གདན་འདྲེན་པ་བྱུང་ན་ཅིས་ཀྱང་འབྱོན་དགོས་སོགས་ལ་ཏེ་མ་འོང་ན་དཔོན་སློབ་ལ་དམ་ཚིག་མེད་དོ་ཞེས་གསུངས་པའི་ཕྱག་ཡིག་ཀྱང་བཞག་གོ། །མཁན་པོ་དེ་ཡིས་ཇི་སྐད་གསུངས་པ་བཞིན། །ཕྱི་ནས་ཐམས་ཅད་བདེན་པར་གྱུར་ཏེ། མཁན་པོ་གཤེགས་ནས་སྦ་ཡེ་ཤེས་དབང་པོ་རྒྱལ་ཚབ་ཏུ་བསྐོས་ཏེ་བསྟན་པ་འཛིན་པའི་ཚེ། ཉང་ཏིང་འཛིན་བཟང་པོ་སོགས་འཁོར་གྱི་ལོག་སྒྲུབ་ལ་ཐུགས་སྐྱོ་ནས་མཁར་ཆུར་སྒོམ་དུ་ཕེབས། དེའི་ཚེ་རྒྱ་ནག་གི་མཁན་པོ་བྱུང་ནས་ཁོ་རང་གི་ཆོས་ལུགས་བསྟན་པས་ཆོས་འདི་བྱ་སླ་ཟེར་ནས་བོད་ཕལ་ཆེར་དད་པར་གྱུར། དཀོན་མཆོག་མཆོད་པ་སྡེ་སྣོད་ཐོས་བསམ་སོགས་ལུས་ངག་གི་སྤྱོར་འགྲོ་བཅད་དོ། །རྒྱལ་པོ་ཐུགས་མ་བདེ་ནས་ཀཱ་མ་ཤཱི་ལ་གདན་འདྲེན་པར་བཏང་བས་ཚུར་བོད་ལ་བྱོན་ཏེ་བསམ་ཡས་སུ་ཕེབས། བྱང་ཆུབ་གླིང་དུ་ཁྲི་གསུམ་བཤམས་ཏེ་རྒྱལ་པོ་གུང་ལ་བཞུགས། ཧྭ་ཤང་གཡས་སུ་འཁོད། འཁོར་བཙེ་ལན་ཀ་སོགས་གྲལ་རིང་པོ་བྱུང་། ཀཱ་མ་ཤཱ་ལ་གཡོན་དུ་འཁོར། འཁོར་པེ་རོ་ཙྪ་སོགས་ཉུང་ཤས་ཤིག་བྱུང་། རྒྱལ་པོས་མེ་ཏོག་དཀར་པོའི་ཕྲེང་བ་རེ་གཏད་ནས། བོ་དྷི་ས་ཏྭ་སྤྱན་དྲངས་པ་དང་། ཆོས་ལུགས་གཉིས་སུ་བྱུང་ཚུལ་གསུངས་ནས། རྩོད་པར་བྱ་བ་བཀའ་སྩལ་པས་ཧྭ་ཤང་ན་རེ། གཞིས་ལ་ཡོན་པ་སྔ་བ་ཡིན་པས་དྲིའམ་ལན་གདབ་ཟེར། སློབ་དཔོན་གྱིས། ཁྱེད་ཀྱི་དགོངས་པ་ལྟར་ཤགས་གསུངས་ཤིག་བྱས་པས་ཁོ་ན་རེ། འཁོར་བ་ཐམས་ཅད་སེམས་ཀྱི་རྣམ་པར་རྟོག་པས་བསྐྱེད་པ་

ཡིན། གང་ཅི་ཡང་མི་སེམས་ཤིང་ཅི་ཡང་ཡིད་ལ་མི་བྱེད་པ་དེ་འཁོར་བ་ལས་ཐར་བར་འགྱུར་རོ། །

དེ་ལྟ་བས་ཅི་ཡང་བསམ་པར་མི་བྱའོ། །སྦྱིན་པ་སོགས་དཀར་པོའི་ཆོས་སྤྱོད་པ་ནི། སྐྱེ་བོ་བློ་ཞན་པ་དཀར་པོའི་ལས་འཕྲོ་མེད་པའི་དབང་པོ་རྟུལ་པོ་རྣམས་ལ་བསྟན་པ་ཡིན། སྔོན་སྦྱངས་པའི་དབང་རྣོན་རྣམས་སྤྲིན་དཀར་ནག་གང་གིས་ཀྱང་ཉི་མ་བསྒྲིབས་པ་ལྟར། ལས་དགེ་སྡིག་གཉིས་ཀས་བསྒྲིགས་པས། གང་ཡང་མི་སྤྱོད་པ་དེ་ནི་མ་དམིགས་པ་ཞེས་བྱ། དེ་ནི་གཅིག་ཆར་འཇུག་པའི་ལམ་ས་བཅུ་པ་དང་འདྲའོ། །དེས་ན་ཁྱེད་ཀྱི་ཆོས་ལུགས་ནི། སྤྲེའུ་ཤིང་རྩེར་འཛེགས་པ་དང་འདྲ་བས། མས་འཛེགས་པ་དང་རིམ་གྱིས་པ་ཞེས་བྱ། ངེད་ཀྱི་ཆོས་ལུགས་ནི་ཁྱུང་ཆེན་ནམ་མཁའ་ནས་ཤིང་རྩེར་བབས་པ་དང་འདྲ་བས་ཡས་བབས་དང་གཅིག་ཆར་བ་ཞེས་བྱ་ཟེར་རོ། །དེ་ལ་སློབ་དཔོན་གྱིས། དང་པོ་ཁྱེད་ཀྱིས་དཔེ་མི་འཐད་དེ་ཁྱུང་ནམ་མཁའ་ལ་གློ་བུར་དུ་འདབ་གཤོག་རྫོགས་པར་སྐྱེས་ནས་ཤིང་རྩེར་འབབ་བམ། འོན་ཏེ་བྲག་ལ་ཚང་བཅས་ནས་རིམ་གྱིས་འདབ་གཤོག་རྒྱས་ནས་ཤིང་རྩེར་འབབ། དང་པོ་མི་སྲིད་ལ། ཕྱི་མ་ལྟར་ན་རིམ་གྱིས་པའི་དཔེར་འགྱུར་གྱི་ཅིག་ཆར་བའི་དཔེར་མི་རུང་ངོ་། །ཁྱོད་ཀྱི་དཔེ་ནོར་བ་མ་ཟད་དོན་ཡང་འཁྲུལ་ཏེ། ཁྱོད་མི་རྟོགས་པ་བསྒོམས་པ་དེ་ཅི། རྣམ་རྟོག་ཕྱོགས་གཅིག་བཀག་པ་ཡིན་ནམ། མཐའ་དག་བཀག་པ་ཡིན། དང་པོ་ལྟར་ན་གཉིད་དང་བརྒྱལ་བ་ལ་སོགས་པའང་མི་རྟོག་པ་བསྒོམ་པ་ཡིན་པར་ཐལ། རྟོག་པ་ཕྱོགས་གཅིག་བཀག་པ་ཙམ་ཡིན་པའི་ཕྱིར། གཉིས་པ་ལྟར་ན། ཁྱོད་མི་རྟོག་པ་བསྒོམ་པའི་ཚེ། བསྒོམ་སྙམ་པའི་བློ་སྔོན་དུ་གཏང་དགོས་སམ་མི་དགོས། དགོས་ན་དེ་ཉིད་རྟོག་པ་ཡིན་པས་མི་རྟོག་པ་བསྒོམ་པའི་དམ་བཅའ་ཉམས་སོ། །མི་དགོས་ན་ཁམས་གསུམ་གྱི་སེམས་ཅན་ཐམས་ཅད་ལ། སྒོམ་འབད་མེད་དུ་སྐྱེ་བར་ཐལ། བསྒོམ་སྙམ་པའི་བློ་སྔོན་དུ་མ་བཏང་ཡང་སྐྱེ་བའི་ཕྱིར་རོ། །ཞེས་སོགས་ཀྱིས་སུན་ཕྱུང་བས། ཧྭ་ཤང་གི་སྤོབས་པ་མེད་པར་གྱུར་ནས། མགོ་བོར་ཐོག་བརྒྱབས་པ་ལྟར་ལན་མི་ཤེས་སོ་ཟེར། རྒྱལ་པོས་དེ་ལྟར་ན་སློབ་དཔོན་ལ་མེ་ཏོག་ཕུལ། བཟོད་པར་གསོལ་ལ་ལུང་རིགས་དང་མི་འགལ་བར་རྒྱ་གར་གྱི་ཆོས་ལུགས་བཞིན་གྱིས་ཤིག རྒྱ་ནག་མཁན་པོའི་ལུགས་བྱེད་ན་ཆད་པས་གཅོད་དོ་ཞེས་བཀའ་ནན་དྲག་ཏུ་བསྒྲགས་བཀའ་ཡིག་གསུམ་པ་མཛད་ནས་མདོ་ཁམས་དང་བོད་དང་དཀོར་མཛོད་དུ་བཞག་ནས། **རྒྱ་ནག་ལུགས་དེ་ནུབ**་པར་**མཛད་ནས།** །རྒྱ་གར་**རིམ་གྱིས་པ་ཡི་ཆོས་ལུགས་སྤེལ**་བ་ཡིན་ནོ། །ཁྲི་སྲོང་ལྡེའུ་བཙན་ནས་རྒྱལ་རབས་འགའ་ཞིག་སོང་བའི་**ཕྱི་ནས**་གླང་དར་མས་རྒྱལ་སྲིད་བཟུང་སྟེ་བློན་པོ་ངན་པ་དང་གྲོས་ངན་བཤམས་ཏེ་མངའ་བདག་རལ་པ་ཅན་བཀྲོངས། བོད་ཀྱི་ཆོས་ཁྲིམས་དང་**རྒྱལ་ཁྲིམས**་གཉིས་ཀ་བཤིག་ཅིང་**ནུབ་པ་དང་།** །དེའི་རྗེས་སུ་ཡུམ་བརྟན་དང་འོད་སྲུངས་འཁྲུགས་ནས

བོད་ཡུལ་ཕྱུང་བར་གྱུར་པའི་ཚེ། རྒྱ་ནག་མཁན་པོའི་གཞུང་ལུགས་ཀྱི། །ཡི་གེ་འགའ་གཏེར་ནས་ཐོན་པ་ཙམ་ལ་བརྟེན་ནས་ཀྱང་། །བླུན་པོ་ཆོས་དད་ཅན་གདམས་ངག་འབོག་པ་ལ་སྤྲོ་བས། རྒྱ་ནག་གི་ལུགས་དེ་ཡི་མིང་འདོགས་ཡས་བབས་དང་གཅིག་ཆར་བ་གསང་ནས་ནི། །ཕྱག་རྒྱ་ཆེན་པོར་མིང་བསྒྱུར་ནས་བཤད་པས་དར་བ་གྱུར། དེ་བས་ན་དྭགས་པོའི་ཕྱག་རྒྱ་ཆེན་པོ་ངོ་སྤྲོད་གསུམ་པར་གྲགས་པ་དང་། ཡང་ཉམས་སུ་ལེན་ཚུལ། གོལ་ས་གསུམ་བཅས། ཤོར་ས་བཞི་སྤངས་ནས་སོ་མ་མ་བཅོས་ལྷུག་པར་འཇོག་པར་བཤད་པ་སོགས་ནི། །ཕལ་ཆེར་ཧྭ་ཤང་གི་བསམ་གཏན་ཉལ་ཆོག་གི་འཁོར་ལོ་སོགས་ཡིག་ཆ་ལྔ་དང་ཉམས་ལེན་གྱི་གནད་གཅིག་ཡིན་པས་རྒྱ་ནག་མཁན་པོའི་ཆོས་ལུགས་ཡིན་ནོ། །འདི་དག་འགོག་ཚུལ་ཐུབ་པའི་དགོངས་གསལ་དང་། སངས་རྒྱས་ཕྲིན་ཞུ་སོགས་ལས་ཤེས་པར་བྱའོ། །གྲུབ་ཆེན་ནཱ་རོ་པ་དང་ནི་མཻ་ཏྲི་པའི་ལུགས་ཀྱི། ཕྱག་རྒྱ་ཆེན་པོ་གང་ཡིན་པ། །དེ་ནི་ལས་ཀྱི་ཕྱག་རྒྱ་དང་ཆོས་ཀྱི་ཕྱག་རྒྱ་དང་ནི། །དམ་ཚིག་གི་ཕྱག་རྒྱ་དང་ནི་ཕྱག་རྒྱ་ཆེ་པོ་བཞི། སཾ་པུ་ཊ་ལས། དེ་ཕྱིར་ཡེ་ཤེས་བསྐྱེད་པ་ཡི། །ཕྱག་རྒྱ་བཞི་ནི་སྦྱར་བར་བྱ། །ཞེས་ཕྱི་རོལ་གྱི་ཕྱག་རྒྱ་མཚན་ཉིད་དང་ལྡན་པ་ནི་ལས་ཀྱི་ཕྱག་རྒྱ། དེ་ལ་བརྟེན་ནས་ཨ་ཝ་དྷཱུ་ཏཱིར་སྟོང་པ་ཉིད་རོ་གཅིག་པའི་ལྷན་ཅིག་སྐྱེས་པའི་དགའ་བ་ནི་དམ་ཚིག་གི་ཕྱག་རྒྱ། དེའི་རང་བཞིན་ཆོས་ཀྱི་དབྱིངས་ནི་ཆོས་ཀྱི་ཕྱག་རྒྱ། དེ་དག་གི་འབྲས་བུ་རང་བྱུང་གི་ཡེ་ཤེས་ནི་ཕྱག་རྒྱ་ཆེན་པོ་ཡིན་པར་གསང་སྔགས་ཀྱི་རྒྱུད་ནས་ཇི་སྐད་དུ། །གསུངས་པ་དེ་ཉིད་ཁོང་ནཱ་རོ་མཻ་ཏྲི་གཉིས་ཀྱིས་བཞེད་ཀྱི་རྗེ་གཅིག་དང་རོ་གཅིག་ལ་སོགས་པ་མི་བཞེད་དོ། །དེ་རམ་ཟད། འཕགས་པ་ཀླུ་སྒྲུབ་ཉིད་ཀྱིས་ཀྱང་། །ཕྱག་རྒྱ་བཞི་པར་འདི་སྐད་གསུངས། །ལས་ཀྱི་ཕྱག་རྒྱ་མི་ཤེས་པས། །ཆོས་ཀྱི་ཕྱག་རྒྱའང་མི་ཤེས་ན། །ཕྱག་རྒྱ་ཆེན་པོའི་མིང་ཙམ་ཡང་། །རྟོགས་པ་ཉིད་ནི་མི་སྲིད་པར་གསུངས་ཏེ། ངག་ཆོས་ཀྱིས། ངེས་མཛད་པའི་བསྟན་བཅོས་ཕྱག་རྒྱ་བཞི་པའི་ལུང་ཐུབ་པ་དགོངས་གསལ་དང་། སྡོམ་གསུམ་རང་མཆན་དུ་དྲངས་པ་ལས། ལས་ཀྱི་ཕྱག་རྒྱ་མི་ཤེས་པ་རྣམས་ཀྱིས་ནི་ཆོས་ཀྱི་ཕྱག་རྒྱ་མི་ཤེས་ན། ཕྱག་རྒྱ་ཆེན་པོའི་མིང་ཡང་རྟོགས་པར་ལྟ་ག་ལ་འགྱུར་ཞེས་གསུངས་སོ། །རྒྱུད་ཀྱི་རྒྱལ་པོ་གཞན་དགེས་པ་རྡོ་རྗེ་དང་། དུས་ཀྱི་འཁོར་ལོ་ལ་སོགས་པ་དང་ནི། །གྲུབ་པ་སྡེ་བདུན་སོགས་བསྟན་བཅོས་ཆེན་པོ་གཞན་ལས་ཀྱང་། །བླ་མེད་ཀྱི་དབང་བསྐུར་བ་བཞི་པོ་དག་དང་མ་འབྲེལ་བ། །དེ་ལ་ཕྱག་རྒྱ་ཆེན་པོ་སྐྱེ་བ་བཀག་གོ། །དབང་བསྐུར་བ་ཕྱིན་ཅི་མ་ལོག་པ་དང་རིམ་གཉིས་ལས་བྱུང་བ་ཡི། །མཚོན་བྱ་དོན་གྱི་ཡེ་ཤེས་མཐོང་ལམ་གྱི་ཕྱག་རྒྱ་ཆེན་པོ་མངོན་སུམ་དུ་རྟོགས་ན། །ད་གཟོད་ལམ་བགྲོད་པ་ལ་མཚན་མ་དང་བཅས་པའི། །འབད་རྩོལ་ཀུན་ལ་མི་ལྟོས་ཏེ། དེའི་ཚེ་འཁོར་ལོ་བསྐོར་བ་འཇིག་རྟེན་ལས་འདས་པའི་ལམ་ཐོབ་པས་སོ། །དེང་སང་བོད་འགའ་ཞིག་བླ་མ་ལ་གསོལ་

བ་བཏབ་པ་ཡི། །མོས་གུས་བྱས་པས་རྟོགས་པ་ཙུང་ཟད་སྐྱེས་པ་ཙམ་གྱིས་སེམས་བསྒྱུར་ནས། །རྟོག་པ་རགས་པ་ཙུང་ཟད་འགགས་ཏེ་སེམས་གནས་པ་ལ། །ཕྱག་རྒྱ་ཆེན་པོའི་ངོ་སྤྲོད་བྱེད། །ཀྱིན་ཙུང་ཟད་ཙམ་གྱིས་སེམས་གནས་པ་དེ་འདྲའི་བྱིན་རླབས་བདུད་ཀྱི་ཡིན་པའང་སྲིད་ཅིང་། ཡང་ན་རྣལ་འབྱོར་པ་རྡོ་རྗེའི་ལུས་ཀྱི་རྩ་འགག་ཞིག་གི་བྱེད་པས་ཁམས་འདུས་པ་འགག་ལའང་འབྱུང་བས་ན་ཕྱག་ཆེན་མ་ཡིན་ནོ། །དཔེར་ན་རྟོགས་ལྡན་གྱི་ཡུལ་དཔལ་མོ་དཔལ་ཐང་གི་ལྷ་མཚོའི་ཁར། དཔལ་མའི་གྲུབ་ཐོབ་ཟེར་ཞིང་ཀ་རྟུ་འཛིན་ཞེས་ཀྱང་བྱ་བ་ཡི། །བརྟན་རླབས་ཅན་གྱི་མི་དེས་གྲུབ་ཐོབ་ཏུ་ཁས་བླངས་ཏེ་ཁ་སྒོར་དུ་པགས་པ་ནག་པོས་སླ་ར་བྱས། ཉིད་མོ་མཚམས་བཅད་མཚན་མོ་ལོ་ཙྪ་བཅུག་ནས་ཆོས་ལྟར་བཅོས་པ་འགའ་རེ་སྟོན། གཞན་ཡང་གཡོ་སྒྱུའི་སྤྱོད་པ་སྣ་ཚོགས་བསྟན་པས་འཁོར་མང་པོ་འདུས་པ་ཞིག་བྱུང་། །དེ་ཡི་དགོན་པ་མཐོང་བ་ཙམ་གྱིས། །གང་ཟག་འགའ་ལ་དྲན་རྟོག་འགག་པའི་ཏིང་འཛིན་སྐྱེས་པ་ཡང་བྱུང་། ཞེས་ཟེར། །ཕྱིས་ནས་ཐེ་ཚོམ་དུ་གྱུར་ཏེ། རྟོག་ལྡན་གྱིས་མི་མང་པོའི་དཀྱིལ་དུ་དེའི་སླ་ར་བཤུས། སྨ་ཕབ་པས། དེ་ཡི་གྲུབ་ཐོབ་ཅིག་ཅིང་། །དེ་ནས་གཞན་ལ་ཏིང་འཛིན་སྐྱེ་བ་དེ་ཡང་རྒྱུན་ཆད་པར་གྱུར་ཏོ། །ཁ་ཅིག་སྔར་གྱི་མི་དེས་ཚར་ཞྭ་དཀར་པོ་ཞིག་རྟེན་ནས་གོན་པས་མི་རྣམས་ཀྱིས་མཚན་དཔེས་བརྒྱན་པའི་སྐྱེས་བུར་མཐོང་ཞིང་ཆོས་ལྟར་བཅོས་པ་ཡང་སྟོན་ནུས་པ་སོགས་དེ་ལྟར་གྱུར་ཅིང་། ཕྱིས་ཞྭ་དེ་ཕུད་པས་གྲུབ་ཐོབ་ཅིག་ཅེས་འཆད་དོ། །མདོར་ན་སངས་རྒྱས་ཀྱི་གསུང་བཞིན་མ་བསླབ་པ་དེ་འདྲའི་གློ་བུར་གྱི་ཏིང་འཛིན་དང་ནུས་མཐུ་དང་བྱིན་རླབས་རྣམས་བདུད་རིགས་ཀྱི། །འབྱུང་པོ་རྣམས་ཀྱིས་བྱེད་པར་མདོ་རྒྱུད་ལས་གསུངས་ཤིང་། ནག་པོ་རོ་ཟན་བྱ་བ་ཞིག་གིས་ལ་ལར་བསྒོམ་ཐེབས་པ་བྱུང་སྟེ། དེ་ཡང་རྒྱལ་འགོང་ཞིག་གིས་བྱས་པར་འདུག་ཟེར། དེས་ན་ཏིང་འཛིན་ཕྲ་མོ་ལ་ཡིད་བརྟན་མི་བྱའོ། །སངས་རྒྱས་ཀྱི་གསུང་བཞིན་དུ་བསླབ་པ་ལས་བྱུང་བ་ཡི། །ཏིང་ངེ་འཛིན་དང་བྱིན་རླབས་ནི་སངས་རྒྱས་རྣམས་ཀྱི་ཡིན་པར་གསུངས་སོ། །ཕྱག་རྒྱ་པ་སོགས་སྒོམ་ཆེན་ཁ་ཅིག་སྐྱེ་བ་སྔ་མ་ལ། །སེམས་བསྐྱེད་དང་དབང་བསྐུར་བ་མ་བྱས་ན། །ཐེག་ཆེན་གྱི་ཆོས་ལ་དད་པ་མི་སྲིད་པས། །གང་དག་ཐེག་ཆེན་ཕྱིན་དང་སྔགས་ལ་དད་པ་ཐོབ་པ། །དེ་དག་སྐྱེ་བ་སྔ་མར་སྦྱངས་ཤིང་དབང་བསྐུར་ཐོབ་མྱོང་བ་ཡིན་པས་ན། །ཕྱག་ཆེན་སྐྱེ་བ་ལ་ད་ལྟ་ངེས་པར་དབང་བསྐུར་བྱ་མི་དགོས་སོ་ཟེར། །མོས་པ་ཙམ་སྔར་བྱས་པའི་རྟགས་ཡིན་པས་ད་ལྟ་བྱ་མི་དགོས་ན། འོན་སོ་སོར་ཐར་པ་ཡི། །དགེ་ཚུལ་དགེ་སློང་གི་སྡོམ་པ་དག་ལེན་པ་ལ་མོས་པ་དེ་ལ་ཡང་། །སྐྱེ་བ་སྔ་མའི་རབ་བྱུང་གི་སྡོམ་པ་མ་བཏང་བ་ཡོད་པའི་ཕྱིར། །ད་ལྟ་ཚེ་འདིར་མཁན་སློབ་ཀྱིས་རབ་ཏུ་བྱུང་བ་དང་སྡོམ་པ་ལེན་པ་ཅི་དགོས། །བྱང་ཆུབ་སེམས་དཔའི་སེམས་བསྐྱེད་དགོས་ཀྱང་། །སྐྱེ་བ་སྔ་མའི་སེམས་བསྐྱེད

ཡོད་པའི་ཕྱིར། །ད་ལྟ་ཚེ་འདིར་སེམས་བསྐྱེད་ལེན་པའི་ཆོ་ག་བྱ་ཅི་དགོས། །རབ་བྱུང་དང་སེམས་བསྐྱེད་མ་བྱས་པ་དང་འགལ་བས་བྱ་དགོས་སོ་ཞེ་ན། སོ་ཐར་དང་སེམས་བསྐྱེད་དེ་དག་དགོས་ན་གསང་སྔགས་ཀྱི། །དབང་བསྐུར་བ་དེ་ཡང་ནི་མ་བྱས་ན་བསྟན་པ་དང་འགལ་བས་ན་བྱ་ཅིས་མི་དགོས་ཏེ་དགོས་སོ། །སངས་རྒྱས་ཀྱི་ཆོས་ལ་མི་དགའ་བའི། །མུ་སྟེགས་བྱེད་རྣམས་ཀྱིས་ཆོས་འདི་པ་སྤངས་པ། །དེ་སངས་རྒྱས་པའི་དགྲ་ཡིན་པས། །དགྲས་ཆོས་སྤངས་པ་དེ་ལ་མཚར་དུ་མི་བརྩི་ཡི། །བོད་འདི་ན་སངས་རྒྱས་ཀྱི་ཆོས་ལ་བརྟེན་བཞིན་དུ། །མདོ་རྒྱུད་དྲི་མ་མེད་པ་ལ་ཚིག་གི་ན་ཡ་ཡིན་ཟེར་ནས་ཉན་བཤད་ཀྱི་གཙོ་བོ་དབང་བསྐུར་སོགས་འགོག་པར་བྱེད་པ། །དེ་ལ་མ་རངས་པའི་ཚུལ་གྱིས་ཁོ་བོ་ངོ་མཚར་སྐྱེས་སོ། །རིན་ཆེན་རྒྱན་འདྲའི་རྗེས་འབྲང་རྟོག་པ་གཞུང་པའི་དགེ་བཤེས་ལ་ལ་དབང་དང་རིམ་གཉིས་ལས་བྱུང་བའམ། མ་བྱུང་བ་ཡིན་ཡང་རུང་། སེམས་གནས་པའི་ཞི་གནས་ཙུང་ཟད་དང་། །སྣང་སྟོང་གི་རྟོགས་པ་ཕྲ་མོ་ཟུང་དུ་འབྲེལ་བ་ཙམ་སྐྱེས་པ་ལ། །མཐོང་ལམ་ཡིན་ཞེས་ངོ་སྤྲོད་བྱེད་ཅིང་། །ཁྱུང་གི་ཕྲུ་གུ་སྒོང་རྒྱ་མ་ཆག་པར་འཕུར་མི་ནུས་པ་ཇི་ལྟ་བ་བཞིན་དུ། །རྣལ་འབྱོར་པ་རྣམ་སྨིན་གྱི་ལུས་ཀྱི་རྒྱ་ཡིས་བཅིངས་པས་ན། །དཔེར་ན་ཡོན་ཏན་དེ་རྣམས་དངོས་སུ་མི་འབྱུང་བས། །རྣམ་སྨིན་གྱི་ལུས་རྒྱ་ཞིག་པའི་ཤི་མ་ཐག །ཡོན་ཏན་ཕྱི་ནས་འབྱུང་བ་ཡིན་ཞེས་ཟེར། །ཐེག་པ་ཆེན་པོའི་མདོ་རྒྱུད་མཐའ་དག་ལས། །མཐོང་ལམ་ད་ལྟ་སྐྱེས་པ་ལ་ཡོན་ཏན་ཤི་ནས་འབྱུང་བ་འདི་འདྲའི་ཆོས་ལུགས་བཤད་པ་མེད་པས་ལུང་གི་ཤེས་བྱེད་མེད། རིགས་པས་ཀྱང་གནོད་དེ་དཔེར་ན། ཉི་མ་དེ་རིང་ཤར་བ་ཡི། །འོད་ཟེར་སང་ནངས་པར་འབྱུང་ཟེར་བ་མི་སྲིད་པ་ཡིན་པས་མཚར་ཆེ་སྟེ་མངོན་སུམ་དུ་འགལ་ལོ། །རྗེས་འབྲང་ཁ་ཅིག་དེའི་སྐྱོན་སྤོང་བར་འདོད་ནས་ཕ་རོལ་ཏུ་ཕྱིན་པ་དང་། །གསང་སྔགས་གཉིས་ཀྱི་མཐོང་ལམ་ལ། །རིམ་བཞིན་ཕར་ཕྱིན་གྱི་རྒྱན་ཅན་དང་། གསང་སྔགས་ཀྱི་རྒྱན་མེད་ཡིན་པས། ཕྱི་མ་ལ་ཡོན་ཏན་བརྒྱ་ཕྲག་བཅུ་གཉིས་མེད་ཀྱང་མི་འགལ་ལོ་ཞེས་ཟེར་རོ། །དེ་ལྟ་ཡིན་ན་ས་བཅུའི་བར་གྱི་བསྒོམ་ལམ་ཡང་རྒྱན་ཅན་རྒྱན་མེད་རིགས་པ་འདིས་འཐད། མདོ་སྔགས་ཀྱི་སངས་རྒྱས་གཉིས་ཀྱང་། །རྒྱན་ཅན་དང་རྒྱན་མེད་གཉིས་སུ་འགྱུར་དགོས་ཏེ་རྒྱུ་མཚན་མཚངས་པས་སོ། །ཉན་ཐོས་རྣམས་ཀྱི་དགྲ་བཅོམ་པ་ལ། །བསམ་གཏན་གྱི་དངོས་གཞི་ལ་བརྟེན་ནས་ཐོབ་པ་རྒྱན་ཅན་དང་བསམ་གཏན་གྱི་ཉེར་བསྡོགས་ཙམ་ལ་བརྟེན་ནས་ཐོབ་པ་འགོག་པའི་སྙོམས་འཇུག་ཐོབ་མ་ཐོབ་ཀྱི་སྒོ་ནས་རྒྱན་མེད་གཉིས་འཐད་ཀྱི། །ཐེག་པ་ཆེན་པོའི་འཕགས་པ་ལ། །རྒྱན་ཅན་དང་རྒྱན་མེད་གཉིས་གཞུང་ནས་བཤད་པ་མེད་པས་མི་སྲིད་དེ། མདོ་སྡེ་རྒྱན་ལས། རྒྱལ་སྲས་བྱང་ཆུབ་ཕྱོགས་མཐུན་པ། །རྣམ་པ་སྣ་ཚོགས་ཐམས་ཅད་ནི། །རྟག་ཏུ་མཐོང་བའི་ལམ་དེ་དང་། །སྐད་ཅིག་ཏུ་ནི་ཐོབ་

པར་འདོད། །ཅེས་གསུངས་སོ། །

ཡང་འོན་ཉན་ཐོས་ཀྱི་ལམ་ལ་འབད་རྩོལ་བྱས་པ་རྣམས་ལུས་མ་སྤྱང་གི་བར་དུ་མྱང་འདས་མ་ཐོབ་པ་ལ་བར་དོར་དེ་ཐོབ་པ་མང་དུ་བཤད་པ་རྣམས་ཇི་ལྟར་ཞེ་ན། དེ་དང་འདི་མི་འདྲ་སྟེ་**ཉན་ཐོས་ལུགས་ཀྱི་ཚ་ཚའི**་གནམ་དུ་འཕར་བ་དང་། བར་སྣང་དང་ས་ལ་འབབ་ནས་མནལ་བའི་**དཔེས། །ཚེ་འདིར་**དགྲ་བཅོམ་པ་ལ་**མྱ་ངན་**ལས་**མ་འདས་པ། །བར་དོར་**རམ་ཚེ་ཕྱི་མར་ལུས་བླངས་ནས་**མྱ་ངན་**ལས་**འདའ་བར་གསུངས། །དེ་བཞིན་**དུ་**གསང་སྔགས་**ཀྱི་ལམ་**བསྒོམ་པ་ལས། །ཚེ་འདིར་མཐོང་ལམ་མ་ཐོབ་པ། །བར་དོར་མཐོང་ལམ་ཐོབ་**པ་རྒྱུད་ནས་གསུངས་པ་ཡོད་**མོད་ཀྱི།** ཁྱེད་ཀྱི་ལུགས་ཀྱི་**ཚེ་འདིར་མཐོང་ལམ་སྐྱེས་པ་ལ། །ཡོན་ཏན་**ཚེ་འདི་ལ་མི་འབྱུང་བར་**ཕྱི་ནས་འབྱུང་བ་ནི། །བླུན་པོ་རྣམས་ཀྱིས་**སློབ་མ་མགོ་བསྐོར་བའི་**བརྫུན་རིབ་**སྟེ་བརྫུན་གྱི་སྒྲིབ་གཡོགས་**ཡིན། །**དེས་ན་ཉན་ཐོས་དང་ཐེག་ཆེན་གཉིས་ཀའི་**མདོ་རྒྱུད་ཀུན་དང་མི་མཐུན་པས། །འདི་འདྲའི་ཆོས་ལུགས་མཁས་པ་**རྣམས་ཀྱི**ས་སྤངས་**པར་བྱའོ། །སྣང་སྟོང་རྟོགས་པ་ཕྲ་མོ་མཐོང་ལམ་དུ་ངོ་སྤྲོད་པ་མི་འཐད་ན་པན་ཆེན་**ཇོ་བོ་ནཱ་རོ་ཏ་པ་ནི། །དབང་བསྐུར་**གསུམ་པའི་**དུས་སུ་**སྐད་ཅིག་མ་བཞི་དང་དགའ་བ་བཞི་སྦྱར་བའི་ཉམས་མྱོང་རྒྱུད་ལ་སྐྱེས་པའི་ཚེ་སྐད་ཅིག་མ་བཞི་པའི་**མཐོང་ལམ་**དུ་**སྐྱེ་**ཞེས་ངོ་སྤྲོད་པ། **དེ་ནི་**ཉི་ཤུ་དགུའི་ཟླ་བ་ལྟར་རྒྱུན་མི་བརྟན་པར་**སྐད་ཅིག་དེ་ལ་འགག**་ཅིང་ཉམས་སྒྱུར་ལམ་**ཆོས་མཆོག**་ཆེན་པོའི་**རྗེས་ཀྱི་མཐོང་ལམ་**སྐྱེས་པ་དེ་**ནི། །**ཆོས་གཅིག་གི་ཟླ་བ་མཐོང་བ་ལྟར་**འགག་པའམ་**ཉམས་པ་**མེད་ཅེས་གསུངས་**པར་བཀའ་བརྒྱུད་གོང་མའི་གསུང་སྒྲོས་ལ་**གྲག །འདི་ནི་**དབང་བསྐུར་གྱི་དུས་སུ་སྐྱེས་པའི་མཚོན་བྱེད་**དཔེ་ཡི་ཡེ་ཤེས་ལ། །མཐོང་བའི་ལམ་དུ་བཏགས་པར་ཟད་**པ་ཡིན་གྱི། མཐོང་ལམ་མཚན་ཉིད་པ་མ་ཡིན། གཞན་དུ་ཆོས་མཆོག་གི་རྗེས་ཀྱི་མཐོང་ལམ་དེ་མཐོང་ལམ་ལ་མ་ཡིན་པར་ཐལ་ལོ། །འཕགས་པ་ལྷ་ཡིས་སྤྱོད་བསྡུས་སུ། གང་ཟག་འགའ་ཞིག་**བདེན་པར་མཐོང་ཡང་**ཞིང་ལས་ལ་སོགས་པའི་**ལས་ཀྱི་མཐའ་ལ།** ཆགས་པ་སྲིད་མོད་འོན་ཀྱང་སྲིད་པ་གཞན་མི་ལེན་**པར་གསུངས་པ་**ནི་**རྫོགས་རིམ་གྱི། །རང་བྱུང་**གི་**ཡེ་ཤེས་**ཉིད་**རྟོགས་པ་ནི། ། དཔེ་ཡི་ཡེ་ཤེས་ཉིད་**ཡིན་**ལ་**དེ་རྟོགས་པ་ལ་བདེན་པ་མཐོང་བར་**དགོངས། །**ཞེས་མཚོན་བྱེད་དཔེའི་ཡེ་ཤེས་རྫོགས་རིམ་གྱི་རང་བྱུང་གི་ཡེ་ཤེས་རྟོགས་པ་ལ་དགོངས་ནས་བདེན་པ་མཐོང་ལམ་དུ་བཤད་པ་བཏགས་པར་བཞེད་པ་**དེ་དང་། །**རྣལ་འབྱོར་དབང་ཕྱུག་གི་**ལམ་འབྲས་**ལས་སྔགས་ཀྱི་མཐོང་ལམ་ལ་ཡོན་ཏན་བརྒྱ་ཕྲག་བཅུ་གཉིས་ལྡན་པ་དང་། ས་མཚམས་ཡང་ས་དང་པོ་ཉིད་དུ་བསྟན་པ་**ལ་སོགས་པ། །གྲུབ་ཐོབ་རྣམས་ཀྱི་དགོངས་པ་མཐུན། །**ས་དང་པོ་མ་ཐོབ་པ་ལ་སྔགས་ཀྱི་མཐོང་ལམ་མཚན་ཉིད་པ་མེད་པ་**དེས་ན་དེད་ཀྱི་**ལུགས

ཀྱི་**མཐོང་ལམ**་མཚན་ཉིད་པ་**ནི།** **།འཕགས་པ་མིན་ལ**་ད་ལྟ་**འབྱུང་མི་སྲིད**་དེ། མཐོང་ལམ་གྱི་རྟེན་གྱི་གང་ཟག་ནི་འཕགས་པ་ཁོ་ན་ཡིན་པས་སོ། །འདི་ཡང་ཡོན་ཏན་བརྒྱ་ཕྲག་བཅུ་གཉིས་མ་ཐོབ་པའི་སོ་སོའི་སྐྱེ་བོ་ལ་མཐོང་ལམ་མཚན་ཉིད་པ་ཡོད་པ་འགོག་པ་ཡིན་གྱི། ཕྱིས་འབྱུང་བ་འགོག་པ་མ་ཡིན་ནོ། །ཉན་ཐོས་དང་། ཕར་ཕྱིན་དང་། སྔགས་ཀྱི་**ཐེག་པ་གསུམ་གྱི་ལག་ལེན་ཡང་།** **།རང་རང་གཞུང་ལུགས**་ནས་བཤད་**བཞིན་བྱེད**་དེ་མི་འགལ་བ་རྣམས་མཐུན་པར་ཉམས་སུ་བླངས། འགལ་བ་རྣམས་དགག་དགོས་གཙོ་ཆེ་རུང་མཐུན་བསྒྲིས་ལ་ཉམས་སུ་བླངས་**ན།** **།སངས་རྒྱས**་ཀྱི་**བསྟན**་པ་མ་འཁྲུལ་བ་**ཡིན**་དེ་ལྟར་**མི་བྱེད་ན།** **།བསྟན་པའི་གཟུགས་བརྙན**་ཙམ་**ཡིན**་པར་**ཞེས**་པར་**བྱ།** །དེ་ཡང་ལམ་གྱི་རྩ་བ་བླ་མ་བསྟེན་ཚུལ་དཔེར་ན། **།ཉན་ཐོས་རྣམས་ཀྱི་བླ་མ་དེ།** །སོ་སོའི་སྐྱེ་བོ་སྤྲུལ་སྐུ་ལྟ་བུ་**བཟང་ཡང་**དགེ་སློང་བཞི་སྟེར་མ་ལོངས་པས་དགེ་འདུན་དུ་མི་འགྲོ་བས**གང་ཟག་ཁོ་ནར་བས་སོ།** །ཐེག་ཆེན་**ཕ་རོལ་ཏུ་ཕྱིན་པའི་བླ་མ་ནི།** །ས་ཐོབ་ཀྱི་གྲུབ་ཐོབ་**བཟང**་པོ་ཡིན་**ན་དགེ་འདུན་དཀོན་མཆོག་ཡིན**་ཏེ། **།**སྐྱབས་གསུམ་བདུན་ཅུ་པ་ལས། གང་ཕྱིར་དབྱེ་བར་མི་ནུས་པ། །དེ་ཕྱིར་དགེ་འདུན་ཞེས་སུ་བཤད། །ཅེས་གསུངས་སོ། །ཚོགས་སྦྱོར་གང་རུང་ལ་གནས་པ་ཡིན་ན་དགེ་འདུན་ཙམ་མོ། །བཟང་ན་ཞེས་པས་ཐེག་ཆེན་འཕགས་པར་གྱུར་པའི་བླ་མ་དངོས་སུ་བསྟན་ནས་ཐེག་ཆེན་སོ་སྐྱེར་གྱུར་པའི་བླ་མ་རྣམས་ཤུགས་ལ་བསྟན་པ་ཡིན་ནོ། **།གསང་སྔགས་པ་ཡི་བླ་མ་མཆོག** །དབང་བཞི་རྫོགས་པར་བསྐུར་བའི་སོ་སོའི་སྐྱེ་བོ་དེ་ནི། **དཀོན་མཆོག་གསུམ་དང་དབྱེར་མེད**་པ་**ཡིན**་ཏེ། ཧེ་རུ་ཀ་མངོན་འབྱུང་ལས། བླ་མ་སངས་རྒྱས་བླ་མ་ཆོས། །ཞེས་བྱ་བ་ལ་སོགས་པ་དང་། ཡེ་ཤེས་གྲུབ་པ་ལས། བླ་མ་སངས་རྒྱས་ཆོས་འགྱུར་ཞིང་། །ཞེས་བྱ་བ་ལ་སོགས་པར་རྒྱས་པར་གསུངས་སོ། །དཀོན་མཆོག་གསུམ་དང་དབྱེར་མེད་ཡིན་པ། **དེས་ན**་ཐེག་པ་འོག་མ་གཉིས་ཀྱི་བླ་མ་ལས་ཁྱད་པར་དུ་འཕགས་པ་གསུངས་པའི་བླ་མ་**དེ་ལ་གསོལ་བ་བཏབ་པས།** **།དཀོན་མཆོག་གསུམ་པོ་ཆེ་འདིར་འགྲུབ**་སྟེ་སངས་རྒྱས་པ་ནི།བླ་མ་དཀོན་མཆོག་གསུམ་གྱི་ངོ་བོ་ཡིན་པ་ལ་ཡིན་པ་ལྟར་དུ་མོས་པ་བྱས་པས། རང་རྒྱུད་ལ་དཀོན་མཆོག་གསུམ་འབྱུང་བ་རྒྱུ་འདྲ་བ་ལས་འབྲས་བུ་འདྲ་བ་འབྱུང་རྟེན་འབྲེལ་གྱི་ཆོས་ཉིད་ཡིན་ནོ། །

བླ་མ་མཆོག་ཅེས་པས། དབང་བསྐུར་བྱེད་པོ་དེ་མཆོག་ཡིན་པར་དངོས་སུ་བསྟན་ནས་གཞན་རྒྱུད་བཤད་པ་དང་།མན་ངག་བསྟན་པ། སྔགས་ཀྱི་བརླབས་ལུང་སྦྱིན་པ་སོགས་ཀྱང་གསང་སྔགས་ཀྱི་བླ་མ་ཡིན་པར་ཤུགས་ལ་བསྟན་ཏོ། །ད་ལྟའི་སོ་སོའི་སྐྱེ་བོའི་རྡོ་རྗེ་སློབ་དཔོན་ལ་**དེ་ལྟ་བུའི་ཐེག་པ་གསུམ་པོ་ཡི།** **།སོ་སོའི་གཞུང་ནས་འབྱུང་བ་བཞིན**་ཀྱི། **།བླ་མའི་མཚན་ཉིད**་གསུམ་ག་དང་ལྡན་དགོས། །དེ་**མི་ལྡན་ན།** **བླ་མ**་ཙམ་

ཡིན་གྱི་བླ་མ་དམ་པ་མིན་ནོ། །དམ་པ་མིན་པ་དེ་ལ་གསོལ་བ་བཏབ་ན་ཡང་། །འཁོར་དང་ལོངས་སྤྱོད་ལ་སོགས་པ་གནས་སྐབས་ཀྱི་བྱིན་རླབས་ཅུང་ཟད་ཙམ་འབྱུང་སྲིད་ཀྱི། །ཚེ་འདི་འམ་བར་དོ་ལ་སོགས་སུ། །སངས་རྒྱས་ཉིད་སྦྱིན་པར་མི་ནུས་སོ། །འདི་ད་ལྟའི་བླ་མ་དམ་པ་ལ་ཐེག་པ་གསུམ་ནས་བཤད་པའི་སྡོམ་པ་གསུམ་དང་ལྡན་པ་དགོས་ཞེས་པའི་དོན་ཡིན་གྱི།།བླ་མ་དམ་པ་ལ་ཐེག་པ་གསུམ་གྱི་དབྱེ་བས་གསུམ་དུ་འབྱེད་པ་ནི་མིན་ནོ། །ཐེག་པ་སྤྱོད་དང་བྱེ་བྲག་གསང་སྔགས་པའི་བླ་མའི་ཁྱད་པར་བསྟན་ཟིན་པ་དེས་ན་བླ་མེད་ཀྱི་དབང་བསྐུར་ཐོབ་པའི་མིས། །བླ་མའི་ཕུང་པོ་ལྔ་སངས་རྒྱས་རིགས་ལྔ། མིག་སོགས་བྱང་སེམས་ཀྱི་དགེ་འདུན་ཉེ་བའི་སྲས་བརྒྱད་དང་། ཐུགས་རྒྱུད་ཀྱི་ལུང་རྟོགས་ཀྱི་ཡོན་ཏན་ཆོས་དཀོན་མཆོག་ཡིན་པར་ཤེས་པས་སྐྱབས་གནས་དཀོན་མཆོག་གསུམ་པོ་བླ་མའི་ངོ་བོ་རུ། །འདུས་པར་མཐོང་ནས་བླ་མ་ལ། །གསོལ་བ་བཏབ་ན་བྱིན་རླབས་མྱུར་དུ་འཇུག་སྟེ། གང་ཟག་དབང་པོ་ཡང་ལམ་བར་ཀྱིས་དེ་ལས་ལམ་གཞན་ཐུན་གཅིག་མ་བསྒོམས་ཀྱང་གྲོལ་བར་འགྱུར།དབང་པོ་འབྲིང་དང་ཐ་མ་གཉིས་ལ་ཡང་ལམ་གྱི་བོགས་འདོན་དང་གེགས་སེལ་ཀུན་ལ་བླ་མའི་ལམ་འདི་རང་བསྟུགས་པར་དམ་པ་རྣམས་བཞེད་དོ། །གལ་ཏེ་དབང་བསྐུར་མ་ཐོབ་ན། །བླ་མ་དེ་དཀོན་མཆོག་གསུམ་ཉིད་དུ། །ཕར་ལ་བསྡུས་ཏེ་དཀོན་མཆོག་གསུམ་གྱི་ནང་དུ་བླ་མ་ཡོད་པར་ལྟོས་ལ་དཀོན་མཆོག་གསུམ་རང་ལ་གསོལ་བ་ཐོབ། །རིམ་གྱིས་བྱིན་རླབས་ཅི་རིགས་འཇུག་པར་འགྱུར་རོ། །བླ་མ་དབང་བསྐུར་མ་ཐོབ་པས་རྒྱུད་པ་གྲུབ་བརྙེས་པའི་བཟང་པོ་ཡིན་སྲིད་ཀྱང་། །གསོལ་བ་བཏབ་པ་བྱིན་རླབས་ཆུང་། །འདིའི་རྒྱུ་མཚན་དབང་བསྐུར་མ་ཐོབ་པ་ལ་བཤད་དུ་མི་བཏུབ། དེ་བས་དཀོན་མཆོག་གསུམ་པོ་ཉིད་ལ། །གསོལ་བ་བཏབ་པ་བྱིན་རླབས་འཇུག་པའི་སྒོ་ཤིན་ཏུ་བཟང་། །དབང་བསྐུར་ན་རང་གི་ལུས་ངག་ཡིད་གསུམ་སངས་རྒྱས་ཀྱི་སྐུ་གསུང་ཐུགས་སུ་རྟེན་འབྲེལ་སྒྲིག་མཁན་ཡིན་པས་དེ་ལ་དཀོན་མཆོག་གསུམ་སངས་རྒྱས་ཀྱི་སྐུ་གསུམ་གྱི་མོས་པ་བྱར་རུང་ཞིང་། དེ་ལྟར་མོས་པས་བླ་མ་ཉིད་བྱིན་རླབས་ཆེ་ཆུང་ཅི་ཡིན་ཀྱང་དཀོན་མཆོག་གི་བྱིན་རླབས་ཐམས་ཅད་མྱུར་དུ་འཇིག་པ་ནི་རྟེན་འབྲེལ་གྱི་ཆེ་བ་ཡིན་ནོ། །བླ་མེད་ཀྱི་དབང་བསྐུར་དང་པོ་བུམ་དབང་མ་ཐོབ་པར། །བསྐྱེད་པའི་རིམ་པ་བསྒོམ་པ་དང་། །དབང་བསྐུར་གཉིས་པ་གསང་དབང་མ་ཐོབ་པར། །གཏུམ་མོ་དང་རླབས་འཁྲུལ་འཁོར་ལ་སོགས་བསྒོམ་པ་དང་། །དབང་བསྐུར་གསུམ་པ་ཤེར་དབང་མ་ཐོབ་པར། །བདེ་སྟོང་དགའ་བཞིའི་དམིགས་པ་བསྒོམ་པ་ལ་སོགས་ཆོས་སྐུ་ཐོབ་པའི་གདམས་ངག་བསྒོམ་པ་དང་། །དབང་བསྐུར་བཞི་པ་མ་ཐོབ་པར། །ཕྱག་རྒྱ་ཆེན་པོ་ལ་སོགས་པ་བསྒོམ་པ་དང་། །རང་གིས་དགེ་སློང་གི་སྡོམ་པ་མ་ཐོབ་པར། །གཞན་གྱི་མཁན་སློབ་ལ་སོགས་པ་བྱེད་པ་ནི། །གསང་སྔགས་མེད་པར་སྦྲུལ་གདུག

གི། །མགོ་ལས་རིན་ཆེན་ལེན་པ་ལྟར། །རང་གཞན་བརླག་པའམ་ཕུང་བའི་རྒྱུ་རུ་བས་སོ། །དེས་ནས་མདོ་རྒྱུད་ལ་སྦྱངས་པའི་མཁས་པ་རྣམས་ཀྱིས་རྒྱང་རིང་དུ་སྤང་བར་བྱ། དེ་ར་མ་ཟད་གཞན་ཡང་གངས་རིའི་ཁྲོད་བོད་ཡུལ་འདི་ན། །སངས་རྒྱས་ཀྱི་གསུང་དང་མི་མཐུན་པའི་འཕྲུལ་པའི་ལག་ལེན་དུ་མ་ཡོད་དེ། ཡི་དྭགས་ཁ་ལ་མེ་འབར་མ་ཡི་གཏོར་མའི་ཆོ་ག་ལ། །དེ་བཞིན་གཤེགས་པ་བཞི་ཡི་མཚན། །གཏོར་སྔོགས་ཀྱི་སྔོན་ལ་བརྗོད་པའི་ལག་ལེན་མཐོང་། །འདི་ཡང་ཐོག་མར་སངས་རྒྱས་ལ་ཕྱག་འཚལ་རིགས་སྙམ་ནས་རྟོགས་པས་སྦྱར་བ་ཡིན་གྱི་མདོ་དང་མཐུན་པ་མ་ཡིན། །མདོ་ལས་སྔོན་ལ་ཡི་དྭགས་ཁ་ནས་མེ་འབར་མ་ལ་སྐྱབས་མཛད་པའི་གཟུངས་སྔགས། །ན་མཿསརྦ་ཏ་ཐཱ་སོགས་བརྗོད་ནས། །སངས་རྒྱས་བཞི་པོ་རིན་ཆེན་མང་ལ་སོགས་པ་ཕྱི་ནས་གསུངས་ཤིང་། །བདེན་སྟོབས་བརྗོད་པ་ཡིན་པས་རྗེས་སུ་བྱེད་པ་རིགས་པས་ཀྱང་གྲུབ་བོ། །དགེ་བཤེས་སྤྱན་སྔ་བའི་རྗེས་འབྲངས་འགའ་ཞིག་ཆུ་སྦྱིན་གྱི་ནང་དུ་ཟན། །འཇུག་པ་སྐེ་འདེབས་པའི་ལག་ལེན་བྱེད་པ་ཐོས། །དེ་ནི་མི་འཐད་དེ། འཇུར་གེགས་ཅན་གྱི་ཡི་དྭགས་རྣམས་ཀྱིས། །ཆུ་སྦྱིན་གྱི་ནང་དུ་ཟན་མཐོང་བ་དང་ཟན་གྱི་དྲི་ཚོར་ན། །དངས་སྐྲག་གི་འཇིགས་པ་ཆེན་པོ་འབྱུང་བར་གཏོར་མའི་མདོ་དེ་ལས་གསུངས། །དེས་ན་ཆུ་སྦྱིན་ནང་དུ་ཟན། །འདེགས་པ་ཆུ་སྦྱིན་གྱི་ཆོ་ག་ཉམས་པ་ཡིན་ནོ། །ཟན་གྱི་ཕུད་ལ་ལྷ་ལ་འབུལ་བའི་ལྷ་བཤོས་དང་། །འབྱུང་པོ་ལ་སྦྱིན་རྒྱུ་ཆང་བུ་བྱ་བར་སངས་རྒྱས་ཀྱིས་གསུངས། །རྡོ་རྗེ་རྩེ་མོའི་རྒྱུད་ལས་ནི། །ཟས་ཀྱི་ཕུད་ལ་ཆང་བུ་བྱང་ཏེ་སྦྱིན། །ཞེས་གསུངས་འཕྲོག་མའི་མདོ་ལས་ཀྱང་། །སངས་རྒྱས་ང་ལ་སྟོན་པར་ཁས་འཆེ་ན། །འཕྲོག་མ་བུ་དང་བཅས་པ་ལ་ནི་ཆང་བུ་སྦྱིན་པར་བྱ། །ཞེས་གསུངས་ཇི་ལྟར་སྦྱིན་པ་དེ་ཡི་ཆོག་ནི། །མེ་ཏྲི་པའི་ལྟ་བ་ངན་སེལ་དང་ཛེ་ཏ་རིའི་ཡི་དམ་བླང་བ་དང་གྲགས་རྒྱན་ལས་དང་པོ་པའི་བྱ་བ་ཐུབ་པའི་དགོས་གསལ། ཇོ་བོ་རྗེའི་སྤྱོད་བསྡུས་སྒྲོན་མེ་ལ་སོགས་པ་ལྟོས་ཤིག །སྣར་ཐང་པ་དང་འབྲི་གུང་པ་འགའ་ཞིག་སངས་རྒྱས་གསུངས་པ་ཡི། །ལྷ་བཤོས་དང་ཆང་བུ་མི་བྱེད་པར། །ཆོས་ལས་མ་གསུངས་པ་ཡི་འབྲང་རྒྱས་དང་། །གྲུ་གསུམ་ལ་སོགས་པ་བྱེད་པ་མཐོང་། །གསང་སྔགས་རྙིང་མ་པ་འགའ་ཞིག་ལས། །གཏོར་མའི་དབྱིབས་གྲུ་གསུམ་དབང་ཕྱུག་ཆེན་པོའི་སྙིང་གི་གཟུགས་སུ་བྱས་ནས། །དབང་ཕྱུག་དེ་ཡི་འཁོར་བཅས་ཀྱི་ཤ་དང་ཁྲག་གིས་བརྒྱན། །མཐར་མཐེབ་ཀྱུ་མགོ་བོའི་ཐོད་པས་བསྐོར། །ཆང་སོགས་བདུད་རྩིས་ཐོད་པ་དེ་བཀང་ནས། །དཔལ་ཧེ་རུ་ཀ་ལ་མཆོད་ཅེས་ཟེར། །དེ་ཡང་ཁྲུངས་ནས་བྱུང་མ་བྱུང་བརྟག་དགོས་སོ། །གསང་སྔགས་གསར་མར་ཡི་དམ་གྱི་ལྷ་ལ་གྲུ་གསུམ་གྱི། །གཏོར་མ་འབུལ་བ་གཞུང་ནས་བཤད་པ་མེད་ཅིང་། །རང་གི་ཟས་ཀྱི་ཕུད་ལ་ཁྱད་པར་དུ། །གྲུ་གསུམ་བྱས་ནས་འབུལ་བ་གསུངས་པ་མེད། །འདི་དཀོན་མཆོག་དང་ཡི་

དམ་ལྷ་བུ་ལ་གྲུ་གསུམ་བཀག་པ་ཡིན་གྱི། ཆོས་སྐྱོང་འབྱུང་པོ་སོགས་ལ་གྲུ་གསུམ་བཀག་པ་མིན་གསུངས་སོ།། ཆོས་ཀྱི་**ལག་ལེན་**ཆེ་ཕྲ་**ཐམས་ཅད་**རྫོགས་པའི་**སངས་རྒྱས་ཀྱི།** **།གསུང་**མདོ་རྒྱུད་**དང་མཐུན་ན་བསྟན་**པ་རྣམ་དག་**ཡིན།** **།དེས་ན་མདོ་སྔེ་མ་དགྲུག་པར།** **།སངས་རྒྱས་**ཀྱི་**གསུངས་བཞིན་**མ་འཁྲུལ་པར་**ཉམས་སུ་ལོངས་**ཤིག །འདིར་དཔེ་རྙིང་ལས་བརྟན་པ་ཞེས་འབྱུང་བ་ན་སུས་ཀྱང་ཆོས་བཞིན་བརྒྱལ་དུ་མེད་པའི་དོན་དུ་འཆད་དོ། །བོད་ཁ་ཅིག་ལྟུང་བཤགས་ཀྱི་**སངས་རྒྱས་**སོ་ལྔ་**རབ་ཏུ་བྱུང་བ་ཡི།** །ལུགས་ཅན་གྱི་**ཕྱག་ཏུ་མཚོན་ཆ་**རལ་གྲི་དང་མདའ་གཞུ་སོགས་**བསྐུར་བའི་**སྒྲུབ་ཐབས་བོད་ཀྱིས་བྱས་པ་**མཐོང་**བ། དེ་ནི་མི་འཐད་དེ། །སངས་རྒྱས་**ཁྲིམ་པའི་ཆ་ལུགས་ཅན་**ལོངས་སྐུའམ་ཁྲི་བོར་སྤྲིན་པ་**དག་ལ།** །རིན་པོ་ཆེ་ལ་སོགས་པའི་**རྒྱན་དང་**ཕྱག་ཏུ་**མཚོན་ཆ་སོགས་**འཛིན་པ་**སྲིད་ཀྱི།** **།རབ་བྱུང་**གི་ཆ་ལུགས་ཅན་**རྣམས་ལ་འདི་མི་སྲིད།** **།བྱང་ཆུབ་མཆོག་གི་ཕྱག་རྒྱ་**དང་ས་གནོན། མཆོག་སྦྱིན། ཏིང་ངེ་འཛིན་དང་སྐྱབས་སྦྱིན་**སོགས།** **།མཛད་པའི་**རྒྱལ་བ་**རིགས་ལྔ་སེར་འབྲུམས་**སུ་བྱེད་པ་**མཐོང་**བ། །འདི་**མདོ་ལུགས་ཡིན་ཞེས་**བཀའ་གདམས་པ་**ལ་ལ་སྨྲ།** **།མདོ་ནས་**རིགས་ལྔ་**འདི་འདྲ་གསུངས་པ་མེད་**ཅིང་། །གསང་སྔགས་རྒྱུད་སྡེ་བཞིའི་ལུགས་ཀྱང་མ་ཡིན་ཏེ་**བྱ་སྤྱོད་གཉིས་ཀྱི་རྒྱུད་ལས་ཀྱང་།** །རྡོ་རྗེའི་རིགས་པདྨའི་རིགས། དེ་བཞིན་བཤེགས་པའི་རིགས་གསུམ་མ་གཏོགས་པར་**སངས་རྒྱས་རིགས་ལྔར་བསྟུས་པ་མེད་**ཅིང་། **།རྣལ་འབྱོར་རྒྱུད་**དེ་ཉིད་འདུས་པ་**ལས་གསུངས་པ་ཡི།** །**རིགས་ལྔ་ཁ་དོག་**རྣམ་སྣང་དཀར་པོ་ལ་སོགས་ནག་སེར་དམར་ལྗང་**ཐ་དད་ཅིང་།** **།ཕྱག་རྒྱ་ཡང་ནི་**རྣམ་སྣང་བྱང་ཆུབ་མཆོག་ལ་སོགས་པ་**ཐ་དད་གསུངས།** །རྣལ་འབྱོར་རྒྱུད་**འདི་ཡི་**རིགས་ལྔ་**སྐུ་མདོག་**དང་**ཕྱག་རྒྱ་**ཐ་དད་པ་**ནི།** །ཡེ་ཤེས་ལྔ་མཚོན་པར་བྱེད་པའི་**རྟེན་ཅིང་འབྲེལ་འབྱུང་**གི་**སྐུ་ཡིན་པས།** **།ཡེ་ཤེས་ལྔ་**པོ་ཁ་དོག་ལྔ་ལ་རྟེན་འབྲེལ་སྒྲིག་པ་**ལ་འཐད་པ་ཡིན་**གྱི། །སེར་འབྲུམས་ཀྱིས་ནི་དེ་དག་མཚོན་པར་མི་ནུས་སོ། །བླ་མེད་ནི་རིགས་ལྔ་ཁ་དོག་རྣལ་འབྱོར་རྒྱུད་དང་འདྲ། **དུས་ཀྱི་འཁོར་ལོ་ལ་སོགས་ལས།** **།རིགས་ལྔའི་ཁ་དོག་**རྣལ་འབྱོར་རྒྱུད་ལས་**གཞན་**མི་བསྐྱོད་པ་ལྗང་གུ། དོན་གྲུབ་ནག་པོ། རིན་འབྱུང་དམར་པོ། སྣང་མཐའ་དཀར་པོ། རྣམ་སྣང་སེར་པོ་རྣམས་**གསུངས་པ་**ནི། །རིམ་བཞིན་**འབྱུང་བ་**ནམ་མཁའ་རླུང་མེ་ཆུ་ས་**རྣམ་པ་ལྔ་སྦྱོང་བའི།** །**རྟེན་ཅིང་འབྲེལ་འབྱུང་**གི་**སྐུ་ཡིན་**པས་སེར་འབྲུམས་ཀྱིས་ནི་དེ་དག་སྦྱོང་མི་ནུས་པ་ཡིན་**ནོ།** །འདི་འདིར་བཤད་དུ་མི་རུང་བླ་མའི་ཞལ་ལས་དྲིས། མདོ་དང་མི་འགལ་ཏེ་**སངས་རྒྱས་**པགས་པ་**གསེར་མདོག་ཅེས་**མདོ་ལས་**གསུངས་པ་**དང་། །སངས་རྒྱས་ཀྱི་སྐུ་འཛམ་བུ་ཆུ་བོའི་གསེར་ལྟར་**དྲི་མ་མེད་ཅིང་དྭངས་པ**འི་དཔེར་གསུངས་པ**འང་།** །ཤཱཀྱ་ཐུབ་པ་སོགས་ཀྱི་**སྤྲུལ་སྐུ་ཕལ་**ཆེ་བ་**ལ་དགོངས་ཏེ་**གསུངས་པའི་ཕྱིར། **།གཞན་དུ་**

ཐམས་ཅད་སེར་པོར་དགོས་ན་སངས་རྒྱས་སྨན་བླ་ནམ་མཁའི་མདོག །སྔོན་པོ་ཉིད་དུ་སྨན་བླའི་མདོ་ལས་གསུངས་པ་དང་འགལ་བར་འགྱུར་རོ། །ཡི་དམ་ལྷ་ཡི་བདག་མདུན་གྱི་སྒྲུབ་ཐབས་དང་། །སྔགས་ཀྱི་བཟླས་པ་བྱ་ཚུལ་གྱི་དམིགས་པའི་ཆོ་ག་དང་། །མཆོག་སངས་རྒྱས་དང་ཐུན་མོང་ཞི་སོགས་ཀྱི་དངོས་གྲུབ་དང་། །སྒྲུབ་པའི་ཆོ་ག་ཇི་སྙེད་པ་གསང་སྔགས་ཀྱི་ལུགས་ཁོ་ན་ཡིན་པས། །སྒྲུབ་ཐབས་ཀྱི་ཆོ་ག་མདོ་སྡེ་ཀུན་ལས་གསུངས་པ་མེད། །འོན་ཀྱང་དེང་སང་བཀའ་གདམས་པ་སོགས་གང་ཟག་ལ་ལ་གསང་སྔགས་ལ་མི་མོས་པར། །སྒྲོལ་མ་དང་མི་གཡོ་བ་ལ་སོགས་པ་ནས་བཟུང་ནས། །དགེས་རྡོར་བདེ་མཆོག་གི་བར་གྱི་ཡི་དམ་གྱི་ལྷ་བསྒོམ་པ་དང་སྔགས་བཟླ་བ་རབ་གནས་སྦྱིན་སྲེག་ལ་སོགས་པ་བྱེད་པ་ཡང་། །སངས་རྒྱས་ཀྱི་བསྟན་པ་དང་མཐུན་པ་མིན་ནོ། །གཞན་ཡང་བཀའ་གདམས་པ་ལ་ལ་སྦྱིན་སྲེག་དང་རོ་སྲེག་དང་། །བདུན་ཚིགས་དང་སྨྱུ་ཚུ་འདེབ་པའི་ཆོ་ག་སོགས། །དེང་སང་གསང་སྔགས་ཀྱི་ལུགས་པོར་ནས། །མདོ་སྡེ་ནས་གསུངས་པའི་དཀོན་མཆོག་མཆོད་པ་ཙམ་ལ་བརྟེན་པ་ཡི། །ཆོ་གའི་རྣམ་གཞག་བྱེད་པ་ཡོད་པ་ཡང་མི་འཐད་དེ། །ཕ་རོལ་ཕྱིན་པའི་མདོ་སྡེ་དང་། །བསྟན་བཅོས་ཀུན་ལས་ཆོ་ག་དེ་དག་གསུངས་པ་མེད། །རྒྱུད་ཆགས་གསུམ་པ་ཙམ་མ་གཏོགས་པ་གཞན་ལ་དབྱངས་བྱ་བར་ཡང་མ་གསུངས་སོ། །གཤིན་དོན་དུ་སྦྱིན་སྲེག་སོགས་ཆོ་ག་འདི་དག་ངན་སོང་སྦྱོང་རྒྱུད་ལ། །སོགས་པའི་རྒྱུད་སྡེ་འགའ་ཞིག་ལས། །གསུངས་པའི་རྗེས་སུ་འབྲང་བ་ཡི། །གསང་སྔགས་པ་རྣམས་ལ་གྲགས་པ་ཡིན་ནོ། །སྦྱིན་སྲེག་མདོ་ལ་བརྟེན་པ་དེ་བཞིན་བཀའ་གདམས་པ་རྣམས་རབ་གནས་མདོ་ལུགས་འདོན་པ་དང་། །གྲུ་གོ་ཆའི་རྗེས་འབྲང་འགའ་ཞིག་ཕྱག་ན་རྡོ་རྗེ་གོས་སྔོན་ཅན་མདོ་ལུགས་སུ་འདོད་པ་དང་། །བོད་ཁ་ཅིག་ལྷུང་བཤགས་དང་ནེ་ཤེར་སྙིང་སོགས། །སྔགས་ཀྱི་ལུགས་ཡིན་ཞེས་འཆད་པ་ཐོས་སོ། །རབ་གནས་མདོ་ལུགས་སོགས་འདི་ཡང་བརྟག་པར་བྱ་བས་ཉོན། །མདོ་ནས་རབ་གནས་མཚན་ཉིད་པ་བཤད་པ་མེད། །འོན་ཀྱང་རྟེན་དེ་ལ་མཆོད་པ་དང་བསྟོད་པ་དང་བཀྲ་ཤིས་ལ་སོགས་པ་སྣ་ཕྲུག་བྱས་མེ་ཏོག་གོར་ནས་ངེད་ཀྱི་མཆོད་གནས་ཡིན་ཞེས། །རྒྱལ་པོ་རྒྱལ་སར་བཏོན་པའི་མངའ་དབུལ་ལྟ་བུ་ལ། །རབ་གནས་ཡིན་ཞེས་སྨྲ་ན་སྨྲས། །རྒྱ་གར་ན་ཁྲིན་པ་དང་སྐྱེད་མོས་ཙམ་ལ་སོགས་པ་ལ་མཆོད་པ་བྱེད་པ་ལ་ཡང་རབ་གནས་སུ་མིང་འདོགས་པ་ཡོད། །དེ་ནི་མིང་བཏགས་པ་ཙམ་མོ། །དེས་ན་རབ་གནས་མཚན་ཉིད་པ་ལ་སྔ་གོན་གྱི་སྐབས་སུ་ཐོག་མར་རང་ཉིད་ཡི་དམ་གྱི་ལྷ་བསྒོམ་པ་དང་སྔགས་བཟླས་པ་དང་། །བུམ་པ་སྔ་གོན་དང་གང་གིས་རབ་ཏུ་གནས་བྱེད་པའི་ལྷ་ཡི་སྔ་གོན་དང་། །རབ་ཏུ་གནས་བྱའི་རྟེན་བསྐྱེད་ནས་ཡེ་ཤེས་པ་བཙུག་སྟེ། །སྐྱན་གནས་དབབ་པ་ལ་སོགས་པའི་ཆོས་བཅུ་གསུམ་དང་། །དངོས་གཞིའི་སྐབས་སུ་བདག་མདུན་རྟེན་གྱི་དམ་ཚིག

སེམས་དཔའ་བསྐྱེད་པ་དང་། །དེ་ལ་ཡེ་ཤེས་ཀྱི་འཁོར་ལོ་དགུག་གཞུག་བྱས་ཏེ། །དབང་རྒྱས་གདབ་དང་། །སྤྱན་དབྱེ་བ་དང་བརྟན་པར་བཞུགས་པར་གསོལ་བ་འདེབས་པ་དང་མངའ་དབུལ། །སྔགས་ཀྱིས་བྱིན་གྱིས་བརླབས་པ་ཡི། །མེ་ཏོག་དོར་ནས་གསོལ་བ་བཏབ་པ་དང་། །མཆོད་པ་རྒྱས་པས་ལེགས་པར་མཆོད་པ་སོགས་ཆོས་བཅུ་གསུམ་བྱེད་དེ། །རྗེས་དགའ་སྟོན་བཀྲ་ཤིས་རྒྱས་པར་བྱེད་པ་ལ་སོགས་པ་ཡི། །ཆོས་བཅུ་གསུམ་པོ་ཐམས་ཅད་དགོས་ཤིང་། །དེ་ལྟ་བུའི་ཆོ་ག་ནི་རབ་གནས་ཀྱི་རྒྱུད་ལ་སོགས་པ་གསང་སྔགས་ཀྱི་རྒྱུད་སྡེ་ལས། །གསུངས་ཀྱི་ཕ་རོལ་ཏུ་ཕྱིན་པ་ལས་གསུངས་པ་མིན་པས་རབ་གནས་མདོ་ལུགས་མི་འཐད་དོ། །དེ་ལ་བོད་ཀྱི་བཀའ་གདམས་པ་ལ་ལ་རབ་གནས་མདོ་ལས་དངོས་སུ་གསུངས་པ་མེད་ཀྱང་ཇོ་བོ་རྗེའི་གདམས་ངག་ཡིན་ཞེས་སྨྲ། །འོན་ཇོ་བོ་རྗེས་གདམས་ངག་དེ་མདོ་སྡེ་གང་དག་ལ། །བརྟེན་ནས་མཛད་པ་ཡིན་པ་སྨྲ་དགོས་ཏེ་མན་ངག་མདོ་ལ་བརྟེན་དགོས་པས་སོ། །འོན་ཀྱང་མདོ་གང་ནས་ཀྱང་བཤད་པ་མེད། །ཇོ་བོ་ཡང་བཤད་མི་གསུངས། །བཤད་པ་མེད་པ་ལ་གདམས་ངག་ཡིན་གསུངས་ན། །ཇོ་བོས་ཀྱང་སངས་རྒྱས་ཀྱི་བསྟན་པ་མ་བཟུང་བ་ཡིན། །དེང་སང་གསང་བ་འདུས་པའི་ལྷ། །བསྒོམ་ཏེ་དེ་དག་གི་སྔགས་བཟླས་ནས་དེ་མདོ་ལུགས་ཡིན་ཞེས་བཀའ་གདམས་པ་ལ་ལ་ཟེར། །གསང་བ་འདུས་པ་ལ་སོགས་པ་ལྷ་བསྒོམས་པའི་ཆོ་ག་ལ། །མདོ་ལུགས་ཆོ་ག་འབྱུང་བ་མཚར་ཆེ་སྟེ། །དཔེར་ན་སེང་གེའི་ཕྲུ་གུ་སྤྱང་ཆེན་ལས། །བྱུང་ན་དེ་ནི་སྔོན་མེད་ཀྱི་སྲོག་ཆགས་ཡིན་པ་བཞིན་ནོ། །

དེས་ན་མཁས་པ་རྣམས་ཀྱིས་གསང་འདུས་མདོ་ལུགས་སོགས་འདི་འདྲ་ཡི། །ཆོ་ག་སླད་ཆད་མ་བྱེད་ཅིག །གལ་ཏེ་བྱས་ན་མདོ་སྔགས་ཕན་ཚུན་འཆོལ་བར་འགྱུར་རོ། །སྐུ་གཟུགས་ཀྱི་ལྷ་ལ་རབ་ཏུ་གནས་པ་དང་། །འགྲོ་བ་མི་ལ་དབང་བསྐུར་བྱ་བ་སོགས། །རྡོ་རྗེ་སློབ་མའི་དབང་བསྐུར་བ། །ཐོབ་ཀྱང་རྡོ་རྗེ་སློབ་དཔོན་གྱི་དབང་བསྐུར་བ་མ་ཐོབ་པར་དེ་དག་བྱ་བར་མ་གསུངས་ན། །དབང་བསྐུར་གཏན་ནས་མ་ཐོབ་པའི། །གང་ཟག་རྣམས་ཀྱིས་བྱ་མི་རུང་བ་སྨོས་ཅི་དགོས། །རྡོ་རྗེ་སློབ་མའི་དབང་བསྐུར་ཙམ། །ཐོབ་ནས་རང་དོན་དུ་མེ་ཏོག་གང་ལ་ཕོག་པའི་ལྷ་བསྒོམ་པ་ཙམ་དང་ནི། །དེའི་སྔགས་བཟླས་བརྗོད་དང་ནི་དེའི་བཅུ་ཆའི་སྦྱིན་སྲེག་དང་། །དེ་ལ་བརྟེན་ནས་ཞི་རྒྱས་ལ་སོགས་པའི་ལས་ཚོགས་འགའ་ཞིག་དང་། །རིལ་བུ་དང་མིག་སྨན་ལ་སོགས་བསྒྲུབ་པ་ཡི། །ཐུན་མོང་གི་དངོས་གྲུབ་དང་ནི། །མཆོག་སྒྲུབ་པའི་བསྐྱེད་རིམ་ལ་བརྟེན་ནས་ཕྱག་རྒྱ་ཡི། །ཡེ་ཤེས་སྒྲུབ་པའི་ཆོ་ག་དང་། །གསང་སྔགས་རྒྱུད་སྡེ་འོག་མ་འགའ་ཞིག་ཉན་པ་ལ། །དབང་བ་ཡིན་གྱི་གཞན་དོན་རྒྱུད་འཆད་པ་དང་། །དབང་བསྐུར་བ་དང་ནི་རབ་གནས་སོགས། །རང་དོན་དུ་དཀྱིལ་འཁོར་ཡོངས

རྫོགས་བསྒོམ་པ་དང་སློབ་དཔོན་ཕྲིན་ལས་བྱར་མི་རུང་། །རིགས་ལྔ་པོ་སོ་སོའི་དམ་ཚིག་བསྲུང་བ་སོགས་ནི་རྡོ་རྗེ་**སློབ་དཔོན**་གྱི་ཐུན་མོང་མ་ཡིན་པའི་**ཕྲིན་ལས**་ཡིན་པས་**བྱ་བར་མི་རུང**་ངོ་། །**རྡོ་རྗེ་སློབ་དཔོན**་གྱི་**དབང་ཐོབ་ནས**། །དཀྱིལ་འཁོར་གྱི་འཁོར་ལོ་གཞལ་ཡས་ཁང་བྱང་ཕྱོགས་སོ་བདུན་དང་སྦྱར་བ་**འཁོར་ལོའི**་དེ་ཉིད་དང་། །དཀྱིལ་འཁོར་གྱི་ལྷ་རྣམས་ཕྱུང་ཁམས་སྐྱེ་མཆེད་དང་སྦྱར་བ་**ལྷ་ཡི་དེ**་ཁོ་ན་**ཉིད**་ལ་**སོགས**་པ། །སྦྱོང་གཞི་སྦྱོང་བྱེད་ཀྱི་**རྣམ་དག**་སྦྱར་བའི་རྟེན་དང་རྟེན་པར་བཅས་པའི་**དཀྱིལ་འཁོར**་ཡོངས་རྫོགས་**བསྒོམ་པ་དང**་། །**དབང་བསྐུར་དང་ནི་རབ་གནས**་ལ་**སོགས**་པ། །**སློབ་དཔོན་གྱི་ནི**་གཞན་དོན་**ཕྲིན་ལས་དང**་། །**སངས་རྒྱས་ཀུན་གྱི་དམ་ཚིག**་རྡོ་རྗེ་དྲིལ་བུ་ཕྱག་རྒྱ་གསུམ་**དང**་། །ཐེག་པ་**བླ་ན་མེད་པའི**་སྔགས་ཀྱི་**སྡོམ་པ**་ཡོངས་རྫོགས་**སོགས**་ཏེ་འདི་ཚོའི་བཤད་པ་དབང་བསྐུར་མ་ཐོབ་པ་ལ་བཤད་དུ་མི་རུང་བས་བླ་མའི་ཞལ་ལས་དྲིས། །དེ་དག་ནི་**རྡོ་རྗེ་སློབ་དཔོན་ཁོ་ནའི་ལས**། །**ཉིད་ཡིན**་པས་རྡོ་རྗེ་སློབ་དཔོན་གྱི་དབང་མ་ཐོབ་པ་**གཞན་གྱིས་བྱར་མི་རུང་ངོ**། །འདིར་ངག་ཆོས་ཀྱིས་སངས་རྒྱས་ཀུན་ཏེ་འདི་ལྔ་སོ་སོའི་དམ་ཚིག་དང་སྡོམ་པ་བླ་ན་མེད་པ་དཀོན་མཆོག་གསུམ་གཟུང་བ་དང་། །རྡོ་རྗེ་དྲིལ་བུ་བཟུང་བ་སོགས་ཐུན་མོང་མིན་པའི་དམ་ཚིག་བཅུ་བཞི་གསུངས་པ་རྣམས་ནི་རྡོ་རྗེ་སློབ་དཔོན་ཁོ་ནའི་ལས་ཡིན་ཞེས་གསུངས་སོ། །རབ་གནས་རྡོ་རྗེ་སློབ་དཔོན་ནའི་ལས་ཡིན་པ་དེས་ན་**དེང་སང་རབ་གནས་མདོ་ལུགས་ཞེས**། །**འཆད**་པ་ནི་**སངས་རྒྱས**་ཀྱི་**བསྟན་པ་མིན**་ཏེ། །འདུལ་བ་ལ་**ཁྱིམ་པས་མཁན་སློབ་བྱེད་པ་དང**་། །གསང་སྔགས་ལ་**རྡོ་རྗེ་སློབ་དཔོན་མ་ཡིན་པས**། །**དབང་བསྐུར**་དང་**རབ་གནས་བྱེད་པ་ནི**། །**གཉིས་ཀ**་སངས་རྒྱས་ཀྱི་**བསྟན་པ་མིན་པར་མཚུངས**། །ད་ལྟ་བོད་ན་ཁྱིམ་པས་མཁན་སློབ་བྱས་ན་གད་མོ་བྱེད་དབང་བསྐུར་མ་ཐོབ་པར་རབ་གནས་བྱེད་པ་ལ་གད་མོ་མི་བྱེད་པར་སྣང་སྟེ་ཆོས་དང་བསྟུན་ན་འདི་གཉིས་འདྲ་བ་ཡིན། །**ཕྱག་ན་རྡོ་རྗེའི་བསྒོམ་བཟླས་ཀྱང**་། །མདོ་ལུགས་མི་འཐད་དེ་**མདོ་སྡེ་རྣམས་ལས་བཤད་པ་མེད**་པས་སོ། །གལ་ཏེ་**གཟུངས**་འབུམ་**ནས་བཤད་པ**་དེ་མདོ་ཡིན་ནོ་སྙམ་ན་མིན་ཏེ། །དེར་གཟུངས་རིང་གསུངས་པ་**དེ་དག་ནི**། །**བྱ་བའི་རྒྱུད་ཀྱི་ཚིག**ར་གཏོགས་པ་**ཡིན**་པའི་ཕྱིར་གཟུངས་འབུམ་ཐམས་ཅད་བྱ་བའི་རྒྱུད་ཡིན། །བློན་པོས་བསམ་པ་ལ་པུསྟི་ཆེན་པོ་ལ་བྲིས་པས་མདོ་ཡིན་སྙམ་སྟེ་ཆོས་ཀྱི་རྣམ་དབྱེ་མ་ཤེས་པས་འཁྲུལ་པ་ཡིན། །བྱང་ཆུབ་**ལྟུང་བཤགས**་སྔགས་ལུགས་ཡིན་པར་འདོད་ན་**སངས་རྒྱས**་སུམ་ཅུ་སོ་ལྔའི་**ཕྱག་མཚན་ལ**། །**ཞུབ་དང་རལ་གྲི**་མདའ་གཞུ་**སོགས་འཛིན་པ**་མི་འཐད་དེ། །དེ་ལྟར་འཛིན་**པའི**། །**སྐྱབས་ཐབས་སངས་རྒྱས་ཀྱིས**་མདོ་རྒྱུད་གང་ལས་ཀྱང་**མ་གསུངས**། །**མདོ་དང་རྒྱུད་ཀྱི་ཁྱད་པར་ནི**། །དབང་དང་ལྷ་བསྒོམས་དང་བཟླས་བརྗོད་སོགས་**ཚིགའི་བྱ་བ་ཡོད་མེད་ཡིན**་པ། །**དེ་ལྟར**་ཁྱད་ཡོད་མེད་དེའི་རྒྱུ་མཚན་

ཤེས་ནས་མདོ་སྡེ་དང་། །སྔགས་ཀྱི་ལུགས་ཀྱི་ཁྱད་པར་རྣམས་ལ་མ་འདྲེས་པར་དཔྱོད་དེ་ཤེས་པར་གྱིས་ལ་སོ་སོར་སྨྲོས། །གསང་སྔགས་སྔ་འགྱུར་བ་ལ་ལ་ཉན་ཐོས། རང་རྒྱལ། བྱང་སེམས་ཏེ་ཕྱི་མཚན་ཉིད་ཀྱི་ཐེག་པ་གསུམ། ཀྲི་ཡ། ཨུ་པ། ཡོ་ག་སྟེ་གསང་བ་མཐར་ཐུག་གི་ཐེག་པ་གསུམ་སྟེ། དེ་ལྟར་ཐེག་པ་རིམ་དགུ་ལ། །ལྟ་བ་ཐ་དད་པ་དགུ་ཡོད་ཅེས་ཟེར། །དེ་ནི་མི་འཐད་དེ། ཐེག་པ་གསུམ་དུ་བྱས་པའི་ཉན་ཐོས་དང་ནི་ཐེག་ཆེན་ལ་སྤྲོས་བྲལ་རྟོགས་པ་དང་མ་རྟོགས་པའི་བྱེ་བྲག་གིས། །ལྟ་བའི་རིམ་པ་ཡོད་མོད་ཀྱི། །ཐེག་ཆེན་ཕ་རོལ་ཏུ་ཕྱིན་པ་དང་གསང་སྔགས་ལ། །སེམས་ཙམ་དབུ་མ་གཉིས་ཕར་ཕྱིན་གསང་སྔགས་གཉིས་ཀ་ལ་ཡོད། དེ་ལས་ལྷག་པའི་ཐོས་བསམ་གྱིས་གཏན་ལ་ཕབ་བྱའི་ལྟ་བའི་དབྱེ་བ་མི་འདྲ་བ་བཤད་པ་མེད། །འགའ་ཞིག་ལས་ཀྱང་ཁྱད་པར་དུ་འཕགས་ཟེར་བ་ཡོད་དེ་མཐར་འཛིན་གྱི་དབུ་མ་འགའ་ཞིག་བཟློག་པའི་ཕྱིར་ཡིན། འཛིན་མེད་ཀྱི་དབུ་མ་དང་ཁྱད་མེད་དེའི་རྒྱུ་མཚན། ཕ་རོལ་ཏུ་ཕྱིན་པས་གཏན་ལ་ཕབ་པའི་སྤྲོས་བྲལ་ལས། །ལྷག་པའི་རྡོ་རྗེ་ཐེག་པའི་ལྟ་བ་ཞིག་ཡོད་ན་ནི། །ཐེག་པ་རིམ་པ་དགུའི་ཡང་རྩེའི་ལྟ་བ་དེ་སྤྲོས་པ་ཅན་དུ་འགྱུར་ཏེ། །སྤྲོས་བྲལ་ལས་འདས་ན་སྤྲོས་བཅས་ཡིན་པས་སོ། །ལྟ་བ་དེ་སྤྲོས་བྲལ་ཡིན་ན་ཕར་ཕྱིན་པས་གཏན་ལ་ཕབ་པའི་ལྟ་བ་དབུ་མ་དང་ཁྱད་པར་མེད། །དེས་ན་མདོ་སྔགས་གཉིས་བཤད་པས་གོ་བ་ཡི། །ཐོས་པ་ལས་བྱུང་བའི་ཤེས་རབ་ཀྱི་ལྟ་བ་གཅིག་ཉིད་ཡིན། །འོན་ཀྱང་སྤྲོས་བྲལ་དེ་མངོན་སུམ་དུ་རྟོགས་པ་ཡི། །ཐབས་ལ་དབང་དང་རིམ་གཉིས་སོགས་ཀྱི་ཐབས་ཟབ་ཅིང་མྱུར་བས་གསང་སྔགས་ཁྱད་པར་དུ་འཕགས་སོ། །སྤྱིར་ལྟ་བ་ལ་རྟོགས་བྱའི་ཡུལ་ལ་ལྟ་བར་བྱས་པ་དང་། རྟོགས་བྱེད་ཀྱི་ཡེ་ཤེས་ལ་ལྟ་བར་བྱས་པ་གཉིས་ལས་འདིར་ཁྱད་པར་མེད་པར་བཤད་པ་ནི།སྔ་མ་དེ་ཡིན་གྱི་ཕྱི་མ་ལ་ནི་མདོ་བསྔགས་གཉིས་ཁྱད་པར་ཤིན་ཏུ་ཆེ་སྟེ་རྒྱུད་སྡེ་བཞིའི་ཉམས་ལེན་གྱི་རིམ་པ་ཐམས་ཅད་སྤྲོས་བྲལ་རྟོགས་པའི་ཐབས་ཡིན་ཞིང་། ཕར་ཕྱིན་གྱི་ཐེག་པ་ལ་སོ་སོའི་སྐྱེ་བོའི་དུས་སུ་རྟགས་ལ་བརྟེན་པའི་རིགས་ཤེས་རྗེས་དཔག་གི་རྒྱུན་བསྒོམས་པ་ལས་གཞན་མེད་ཅིང་། རྡོ་རྗེ་ཐེག་པ་ལ་དབང་དང་རིམ་གཉིས་ལས་བྱུང་བའི་མཚོན་བྱེད་དཔེའི་ཡེ་ཤེས་དང་། མཐོང་ལམ་ཐོབ་པའི་ཚེ་རླུང་སེམས་དབུ་མར་ཞུགས་པས་བདེ་བས་བརྒྱན་པའི་ཚུལ་གྱིས་རྟོགས་པ་ཡོད་པའི་ཕྱིར་རོ། །མདོར་ན་སྤྲོས་བྲལ་དུ་གཏན་ལ་ཕབ་པའི་ཆ་ལ་ཁྱད་པར་མེད་པ་ཡིན་གྱི་ཉམས་མྱོང་ལ་ཁྱད་པར་མེད་པ་ནི་མ་ཡིན་ནོ། །རྙིང་མ་བ་ཁ་ཅིག་དབུ་མ་ནས་རྣལ་འབྱོར་ཆེན་པོའི་བར་ལ་དོན་དམ་དང་ཀུན་རྫོབ་ཀྱི་ལྟ་བ་གཉིས་སུ་བྱས་ནས་དབུ་མའི་ཀུན་རྫོབ་ཀྱི་ལྟ་བ་ནི། །ཀུན་རྫོབ་འདི་ཇི་ལྟར་སྣང་བ་བཞིན་དུ་བས་པ་ཡིན། །དོན་དམ་པ་ཡི་ལྟ་བ་ནི་ཡོད་མེད་ལ་སོགས་པ་མཐའ་བཞིའི་སྤྲོས་པ་དང་བྲལ་བ་ཡིན་ཟེར། །བྱ་བའི་རྒྱུད་ཀྱི་ཀུན་རྫོབ་ཀྱི་ལྟ་བ་ནི། །ཀུན་རྫོབ་

ཀྱི་སྣང་བ་སྐུ་གསུང་ཐུགས་ཀྱི་ལྷའི་རིགས་གསུམ་གྱི་རྒྱལ་བའི་དཀྱིལ་འཁོར་དུ་སྣང་བ་ཡིན། །དོན་དམ་གྱི་ལྷ་བ་དབུ་མ་དང་མཚུངས་མཐའ་བྲལ་ཡིན་ཟེར། །སྤྱོད་པའི་རྒྱུད་ཀྱི་ཀུན་རྫོབ་ཀྱི་ལྟ་བ་དང་། །རྣལ་འབྱོར་རྒྱུད་ཀྱི་ཀུན་རྫོབ་ཀྱི་ལྟ་བ་ནི། །ཀུན་རྫོབ་ཀྱི་སྣང་བ་རིགས་ལྔའི་རྒྱལ་བར་སྣང་བ་ཡིན། །རྣལ་འབྱོར་ཆེན་པོའི་ཀུན་རྫོབ་ཀྱི་ལྟ་བ་ནི། །དམ་པ་རིགས་བརྒྱར་སྣང་བ་ཡིན་ཞིང་དོན་དམ་གྱི་ལྟ་བ་དབུ་མ་བཞིན་དུ་འདོད། །དེས་ན་ཀུན་རྫོབ་ཀྱི་ལྟ་བ་ལ་བཟང་ངན་གྱི་རིམ་པ་ཡོད་པ་ཡིན་ཞེས་ཟེར། །དེ་ནི་ལྟ་ཐོག་ནས་སྒོམ་དེའི་ངང་ནས་སྤྱོད་པ་བྱེད་ཅེས་ལྟ་བསྒོམ་རྣམ་དབྱེ་མ་ཕྱེད་ཅིང་། །སྒོམ་པ་ཐབས་དང་ལྟ་བ་ཤེས་པར་སྤྱོད་པ་དེ་གཉིས་མཐར་འབྱིན་པ་མ་ཤེས་པས། །ཀུན་རྫོབ་ལྟ་བར་འདོད་ཅིང་དེ་ལ་བཟང་ངན་འདི་འདྲའི་དབྱེ་བ་འཁྲུལ་པ་ཡིན། །ལྷ་སྒོམ་པ་ལ་ལྟ་བར་འཁྲུལ་པའི་ཕྱིར། ལྟ་བསྒོམ་སོ་སོར་འབྱེད་པའི་རྣམ་དབྱེ་འདི་ཡི་འཐད་པ་བཤད་ཀྱིས་ཉོན། །ཀུན་རྫོབ་ཀྱི་སྣང་བར་རིགས་གསུམ་དང་རིགས་ལྔ་ལ་སོགས་པ་སངས་རྒྱས་སུ་སྒོམ་པ་ནི། །བསྒོམ་པའི་ལུགས་ཡིན་གྱི་ལྟ་བའི་ལུགས་པ་མིན་ཏེ་ཀུན་རྫོབ་ལྷ་བསྒོམ་གྱི་དམིགས་པ་ཙམ་ཡིན་པའི་ཕྱིར། །རྒྱུད་སྡེ་འོག་མ་བྱ་བ་སྤྱོད་པ་རྣལ་འབྱོར་གྱི་རྒྱུད་གསུམ་ལས། །སྣང་བ་ཀུན་རྫོབ་འདི་ལྷ་རུ་གསུངས་པ་མེད་པས། །རིགས་གསུམ་དང་རིགས་ལྔ་སོགས་དེ་ལྟར་བསྒོམ་པ་མི་འཐད་དོ། །འོག་མ་གསུམ་ཕྱི་རོལ་ཚོགས་དྲུག་གི་ཡུལ་སྣང་ལྟར་བསྒོམ་པ་མེད་མོད། །འོན་འོག་མར་ལྷ་བསྒོམ་ཚུལ་ཇི་ལྟར་ཞེ་ན། །འོན་ཀྱང་བྱ་བའི་རྒྱུད་དུ་ནི། །རང་ཉིད་ཐ་མལ་དུ་གནས་པས་རིགས་གསུམ་གྱི་བྲིས་སྐུ་མཚན་ཉིད་དང་ལྡན་པ་མདུན་དུ་བཞུགས་པ་ལ་ལྷ་རུ་བསྒོམས་ནས་གཟུངས་སྔགས་བཟླས་པས་ཀྱང་། །ལྷ་དེ་ལས་འདོད་པའི་དངོས་གྲུབ་ལེན་ཞིང་ཐོབ་པ་ཡིན་ནོ། །

དེ་ཡང་སྤྲུབ་པ་བྱས་པ་དེས་ན་དཀའ་ཐུབ་དང་གཙང་སྦྲ་ལ་གནས་པ་ཡིས། །དེ་ལ་དགའ་བའི་དྲང་སྲོང་རིག་འཛིན་རྣམས་ཀྱིས་ཀྱང་གྲོགས་བྱས་ཏེ། །ཡི་དམ་སངས་རྒྱས་མཉེས་ནས་སྒྲུབ་པ་པོ་ལ་དངོས་གྲུབ་གནང་བ་ཡིན་ནོ། །སྤྱོད་པའི་རྒྱུད་རྣམ་སྣང་མངོན་བྱང་དང་ཕྱག་རྡོར་དབང་བསྐུར་བའི་རྒྱུད་དུ་མདུན་གྱི་བྲིས་སྐུ་དང་། །རང་ཉིད་གཉིས་ཀ་ཡི་དམ་གྱི་ལྷར་བསྒོམས་ནས། །བདག་གི་སངས་རྒྱས་དང་མདུན་གྱི་སངས་རྒྱས་གཉིས་ལྷ་གྲོགས་པོ་ལྷ་བུའི་ཚུལ་གྱིས་དངོས་གྲུབ་ལེན་པ་ཡིན། །རྣལ་འབྱོར་རྒྱུད་དུ་ཕྱི་རོལ་གྱི་བྲིས་སྐུ་ལ་སོགས་པ་དེ་ཉིད་འདུས་པ་སྦྱོང་རྒྱུད་སོགས་ལ། །ལྷ་སྒོམ་ཚུལ་གྱི་དམིགས་པ་གསལ་བའི་རྐྱེན་ཙམ་བྱས་ནས་ཀྱང་། །གཙོ་བོ་རང་ཉིད་དམ་ཚིག་སེམས་དཔའ་རུ་བསྒོམ་པ་ལ། །ཡེ་ཤེས་ཀྱི་འཁོར་ལོ་ཐུགས་ཀ་ནས་ཏིང་ངེ་འཛིན་ཕྱག་རྒྱའི་སྒོ་ནས་སྤྱན་དྲངས་ནས། །རྡོ་ཤིད་ཕྱག་རྒྱ་མ་བཀྲོལ་བ། །དེ་ཡི་བར་དུ་རང་གི་ལུས་ལ་སངས་རྒྱས་ཏེ་ཡེ་ཤེས་པ་བཞུགས། །ཕྱག་རྒྱ་བཀྲོལ་ནས་རང་གི་ལུས་ལས་སངས་རྒྱས་ཐོན་ཏེ་རང་བཞིན་གྱི་གནས་སུ

གཤེགས། **།དེ་ནས་རང་ཉིད་**ལྷ་མ་ཡིན་པར་སྔར་གྱི་**ཐ་མལ་**དུ་**འགྱུར་**རོ། །ཚུལ་**འདི་དག་གི་ནི་ལུང་སྦྱོར་རྣམས།** **།ཡི་གེ་མངས་ཀྱིས་དོགས་པས་**གཞུང་གི་དཀྲུས་ལ་མ་བྲིས་པར་**བཞག**་པ་ཡིན།སློབ་དཔོན་ཀུན་དགའ་སྙིང་པོས། ཕྱག་རྒྱ་གང་དང་གང་ནས་བྱུང་དེ་དང་དེ་ཉིད་དུ་བཀྲོལ་ཏེ་ཡེ་ཤེས་སེམས་དཔའ་གཤེགས་སུ་གསོལ་ལོ། །གཞན་དུ་ན་ལྷ་ལ་བརྙས་པར་འགྱུར་རོ། །ཞེས་བྱ་བ་ལ་སོགས་པ་རྒྱས་པར་དེ་ཉིད་འདུས་པ་སྣང་བ་ལ་སོགས་པར་སྟོས། མདུན་བསྐྱེད་ཉིད་དང་འབྲེལ་ན་བདག་བསྐྱེད་ཚར་རྗེས་བྱེད་པ་བླ་མེད་དང་འདྲའོ། །**རྣལ་འབྱོར་ཆེན་པོ་**བླ་ན་མེད་པ**འི་རྒྱུད་དུ་ནི།** །དེ་བཞིན་ཉིད་ཀྱི་དག་པ་ཆོས་ཐམས་ཅད་རང་བཞིན་གྱིས་སྟོང་པ་ཉིད་ཡིན་པ་དང་། ལྷ་སོ་སོའི་དག་པ་ཀུན་རྫོབ་ཀྱི་སྣང་བ་ཐམས་ཅད་ལྷར་བསྒོམ་པ་དང་། རང་རིག་པའི་དག་པ་བདེ་ཆེན་ཡེ་ཤེས་སུ་བསྒྱུར་བ་སྟེ། ཀྱེ་རྡོ་རྗེ་ལས། །ངེས་པར་དངོས་པོ་ཐམས་ཅད་ཀྱི། །དག་པ་དེ་བཞིན་ཉིད་དུ་བརྗོད། །ཕྱི་ནས་རེ་རེའི་དབྱེ་བ་ཡིས། །ལྷ་རྣམས་ཀྱིས་ནི་བརྗོད་པར་བྱ། །ཞེས་དང་། རང་རིག་བདག་ཉིད་དག་པ་ཉིད། །དག་པ་གཞན་གྱིས་རྣམ་གྲོལ་མིན། །ཞེས་གསུངས། **དག་པ་གསུམ་གྱི་རང་བཞིན་བཤད་**དོ། །དག་པ་གསུམ་པོ་**འདི་ཡི་**རྒྱབ་བརྟེན་རྒྱུད་ཀྱི་**ལུང་**དང་**རིགས་**པས་འཐད་ཚུལ་ཉམས་སུ་ལེན་ཚུལ་གྱི་**མན་ངག་རྣམས།** །དབང་བསྐུར་མ་ཐོབ་པ་ལ་བཤད་དུ་མི་རུང་བས། **།བླ་མ་**མཚན་ཉིད་དང་ལྡན་པ**འི་ཞལ་ལས་**རེ་རེ་ནས་**ལེགས་པར་དྲིས་**ཤིག **།གལ་ཏེ་བྱ་བའི་རྒྱུད་ཀྱི་**ལུགས་ལ་**ཡང་།** །བྲིས་སྐུ་ལྟར་བསྒོམ་པ་ཙམ་གྱིས་མི་ཚོག་པར་རྫོགས་ཆེན་གྱི་ལུགས་ལྟར་**ཀུན་རྫོབ་ལྷ་རུ་གནས་**ཤིང་བསྒོམ་དགོས་པར་འདོད་**ན་ནི།** །རང་རེའི་བྱ་རྒྱུད་ཀྱི་ཉམས་ལེན་ལ་སྨྱུང་གནས་སོགས་ལྷ་ཅིའང་མི་ཟ་བ་ལ་སོགས་པའི་**དཀའ་ཐུབ་**དང་འཐོར་འཐུང་ལ་སོགས་པའི་**གཙང་སྦྲ་ག་ལ་འཐད་**དེ། །སྣང་བ་ལྷར་གསལ་བ་ལ་**ལྷ་ལ་གཙང་**བ་**དང་**ལ་ལ་**མི་གཙང་**བའི་ལྷ་གཉིས་**མེད་**ཅིང་། །རང་ཉིད་**ལྷ་རུ་**བསྐྱེད་པ་**རྣམས་**ལ་སྨྱུང་གནས་ལ་སོགས་པའི་**དཀའ་ཐུབ་ཀྱིས་མི་གདུང་**སྟེ་གདུང་མི་རིགས་སོ། **།ཁ་ཅིག་སྤྱོད་པའི་རྒྱུད་ཀྱི་**ལུགས་ལ་**ཡང་།** །ཀུན་རྫོབ་ཀྱི་**ལྟ་བ་**རིགས་ལྔ་ལ་སོགས་པ་**རྣལ་འབྱོར་**གྱི་**རྒྱུད་དང་མཐུན་**ཞིང་། **།སྤྱོད་པ་བྱ་བའི་རྒྱུད་བཞིན་**དུ་གཙང་སྦྲ་འབའ་ཞིག་**བྱེད་**ཅེས་ཟེར་བ་ཡོད་དེ། །སྤྱོད་རྒྱུད་**འདི་ཡང་**སྤྱོད་པ་བྱ་རྒྱུད་ལྟར་བྱེད་པ་**དེ་ལྟར་ངེས་པ་མེད་**དེ། །སྤྱོད་པའི་རྒྱུད་**འདི་ནི་**ཕྱི་བྱ་བ་དང་ནང་ཏིང་ངེ་འཛིན་**གཉིས་ཀ་**སྟོན་པ**འི་རྒྱུད་ཡིན་པས།** །ལྷ་མ་བསྒོམ་པའི་སྐབས་**རེས་འགའ་**ཁྲུས་ལ་སོགས་པའི་**གཙང་སྦྲ་སྤྱོད་**པ་ཡོད་**མེད་ཀྱི།** **།ཕལ་ཆེར་**བདག་ཉིད་ལྷར་བསྒོམས་ནས་རང་ཉིད་**ཅི་བདེར་སྤྱོད་པར་གསུངས་**ཏེ། །ངན་སོང་སྦྱོང་རྒྱུད་ལས། །རྡོ་རྗེ་སེམས་དཔའི་གནས་འདུག་སྟེ། །ཐམས་ཅད་ཟོས་ཏེ་ཀུན་བྱས་ཀྱང་། །འགྲུབ་འགྱུར་ཉེས་པས་མི་གོས་ན། །སྙིང་རྗེས་ལྡན་པས་སློས་ཅི་དགོས། །ཞེས་སོ། །

སྤྱོད་རྒྱུད་ལ་ཀུན་རྫོབ་རིགས་ལྷར་བསྒོམ་པ་དེ་ཡང་མི་འཐད་དེ། **།སྤྱོད་པའི་རྒྱུད་**དེ་**ལ་**དཀྱིལ་འཁོར་གཅིག་ལ་ལྷ་ལྷ་ཚང་བ་སོགས་ལ་**རིགས་ལྷ་ཡི།** **།དོན་གྲུབ་ན་ཡང་**དེ་**ཐ་སྙད་མེད་**དེ། །རྣམ་སྣང་ལ་ཀུན་རིག མི་བསྐྱོད་པ་ལ་སྐྱོང་བའི་རྒྱལ་པོ། རིན་འབྱུང་ལ་རྒྱལ་མཆོག་རིན་ཆེན། འོད་དཔག་མེད་ལ་ཤཱཀྱ་ཐུབ་པ། དོན་གྲུབ་ལ་མི་ཏོག་ཆེར་རྒྱས་ལ་སོགས་པའི་ཐ་སྙད་ཀྱང་མི་འདྲ། ཕྱག་རྒྱ་ཡང་རྣམ་སྣང་ལ་ཏིང་ངེ་འཛིན་ལ་སོགས་པ་མི་འདྲ། **ཕྱག་རྒྱ་**དང་**སྔགས་མདོག་**ཡེ་ཤེས་ལྷ་དང་སྦྱར་བའི་**རྣམ་དག་ཀྱང་། །རྣལ་འབྱོར་**གྱི་**རྒྱུད་བཞིན་**དུ་སྤྱོད་རྒྱུད་**དེར་མ་གསུངས།** །ཡོད་ན་ཡེ་ཤེས་ལྷ་སོགས་སྤྱོད་རྒྱུད་ལ་དགོས་པས་སོ། །རྒྱུད་སྡེ་བཞིའི་ལྷ་སྒོམ་ཚུལ་གྱི་ཁྱད་པར་བཤད་ཟིན་པ་**དེས་ན་རྣལ་འབྱོར་**གྱི་**རྒྱུད་མན་ཆད་**ཀྱི་འོག་མ་གསུམ་པོ་ལ། །བསྐྱེད་ཆོག་གི་ཐབས་ཀྱིས་ལྷར་བསྒོམ་པ་མ་གཏོགས་པ་**ཀུན་རྫོབ་**འདི་**ལྷ་རུ་**བསྒོམས་པ་**གསུངས་པ་མེད་**པས་མི་བསྒོམ། **།འོན་ཀྱང་ཀུན་རྫོབ་ཐམས་ཅད་**རྣམ་དག་**ནི།** །རྒྱུད་སྡེ་གསུམ་པོའི་ལུགས་ཀྱིས་བཟང་ངན་སྣ་ཚོགས་**ཇི་ལྟར་སྣང་བ་བཞིན་དུ་བས་**ཀྱི་ལྷར་སྣང་བ་མ་ཡིན་ནོ། **།བྲིས་སྐུ་**ལྷར་བསྒོམ་པ་དང་བྲིས་སྐུ་དང་རང་ཉིད་གཉིས་ཀ་**ལ་སོགས་**པ་**ལྷར་བསྒོམ་པ།** **།དེ་ནི་**རང་རང་གི་ལུགས་ཀྱི་བསྐྱེད་ཆོག་གི་**ཐབས་ཀྱི་ཁྱད་པར་**གྱིས་ལྷར་འགྱུར་བ་**ཡིན་**ཏེ་ལྷ་སྒོམ་ཚོགས་གསོག་དངོས་གྲུབ་ལེན་པ་ཐབས་ཀྱི་ཁྱད་ཆོས་སུ་སྣང་བའི་ཕྱིར་རོ། **།རྣལ་འབྱོར་ཆེན་པོའི་རྒྱུད་སྡེ་ལས། །ཀུན་རྫོབ་ཇི་ལྟར་སྣང་བ་འདི།** །ཐ་མལ་དུ་མི་འཛིན་པར་བསྐྱེད་རིམ་གྱི་**ཐབས་ལ་མཁས་པའི་ཁྱད་པར་གྱིས།** **།སྣང་གཞི་**མ་དག་པའི་སྣང་བ་རྣམས་**སྦྱོང་བྱེད་**ལྷར་**ངོ་སྤྲོད་པ།** **།དེ་**ཡི་**ཚེ་དམ་པ་རིགས་བརྒྱ་ལ།** **།སོགས་པའི་དབྱེ་བ་རྒྱལ་བས་གསུངས་**སོ། །འདིའི་འཐད་པ་དབང་བསྐུར་མ་ཐོབ་པ་ལ་བཤད་དུ་མི་ཉན། བླ་མེད་ལ་ཀུན་རྫོབ་ལྷར་བསྒོམ་པ་ཡོད་ཀྱང་ཐབས་ཀྱི་ཁྱད་པར་ཡིན་གྱི།ལྟ་བ་མ་ཡིན་པ་**དེས་ན་ཀུན་རྫོབ་**ལྷར་བསྒོམ་པའི་**ལྡོག་པ་དང་།** །དོན་དམ་**ལྟ་བ་**བསྒོམ་པ**འི་ལྡོག་པ་མ་ཕྱེད་པས།** **།གསང་སྔགས་རྙིང་མའི་**ལུགས་ལ་རྒྱུད་སྡེ་བཞིའི་**ཀུན་རྫོབ་ཀུན་**ལྷར་བསྒོམས་ནས་དེ། **།ལྟ་བ་དང་འཁྲུལ་**ཏེ་དེ་བཟང་ངན་གྱི་རིམ་པ་ལ་ལྟ་བ་བཟང་ངན་གྱི་རིམ་པ་དང་འཁྲུལ་པའི་རྒྱུ་མཚན་འཁྲུལ་གཞི་**དེ་ལྟར་ཡིན་**ནོ། །འདིར་ཀུན་མཁྱེན་གྱིས་ཀུན་རྫོབ་སྣང་བའི་ལྡོག་པ་དང་། ལྷར་བསྒོམས་པ་མ་ཕྱེད་པས་གསུངས།རྙིང་མ་པར་ཐེག་པ་རིམ་དགུའི་རྣམ་བཞག་ལས་རྒྱུད་སྡེ་བཞིན་རྣམ་བཞག་མེད་མོད། འོན་ཀྱང་གསར་མ་དང་སྒོ་བསྟུན་ནས་རྙིང་མ་རང་ལུགས་ཀྱི་ཀྲི་ཡ། ཨུ་པ། ཡོ་ག བསྐྱེད་པ་མཧཱ་ཡོ་ག་དང་བཞི་པོ་དེ་རིམ་བཞིན་གསར་མའི་བྱ་རྒྱུད་སོགས་དང་རིམ་པར་སྦྱར་ནས་དེའི་གོང་ན་ཨ་ནུ་ཡོ་ག་དང་།ཨ་ཏི་ཡོ་ག་གཉིས་རིམ་བཞིན་བཟང་བར་འདོད་པའི་གནད་ཀྱིས་ཕྱོགས་སྔ་རྙིང་མ་ལ་སྦྱར་བའོ། **།གསང་སྔགས་སྔ་འགྱུར་**རྙིང་མ་**བ་རྣམས་ནི།** **།རྣལ་འབྱོར་**ཡོ་ག་དང་**རྣལ་**

འབྱོར་ཆེན་པོ་མཧཱ་ཡོ་ག་དང་། །རྗེས་སུ་རྣལ་འབྱོར་ནི་ཨ་ནུ་ཡོ་ག་དང་ནི་ཤིན་ཏུ་ནི། །རྣལ་འབྱོར་ཨ་ཏི་ཡོ་ག་ཞེས་བྱ་བ་རྣམ་པ་བཞི་ནི། །ཐེག་པའི་རིམ་པ་ཡིན་ཞེས་ཟེར་ཞིང་། །ཤིན་ཏུ་རྣལ་འབྱོར་ཨ་ཏི་ཡོ་ག་ནི་ཐེག་པ་རིམ་དགུའི་ཡང་རྩེ་ཡིན་པས་བཟང་བར་འདོད་དོ། །གསང་སྔགས་ཕྱི་འགྱུར་བ་རྣམས་ནི། །རྣལ་འབྱོར་དང་རྗེས་སུ་རྣལ་འབྱོར་དང་། །ཤིན་ཏུ་རྣལ་འབྱོར་དང་རྣལ་འབྱོར་ཆེན་པོ། །འདི་དག་གོ་རིམ་ཡང་སྔ་མ་དང་མི་འདྲ་ངོ་བོ་ཡང་བསྐྱེད་རྫོགས་ཀྱི་ཏིང་ངེ་འཛིན་བསྒོམ་པའི་རིམ་པ་ཡིན་གྱི། །རྒྱུད་སྡེའི་བཟང་ངན་གྱི་རིམ་པར་མི་བཞེད་དོ། །རྣལ་འབྱོར་བཞི་དང་རྒྱུད་སྡེ་བཞི་ཐ་དད་དུ་ཡོད་པ་དེས་ན་རྒྱུད་སྡེ་བཞི་པོ་ཡི། །ནང་ན་ཡོད་པའི་རྣལ་འབྱོར་གྱི་རྒྱུད་དང་རྣལ་འབྱོར་ཆེན་པོའི་རྒྱུད་གཉིས་དང་། །ཕྱི་གྲག་ཏུ་རྣལ་འབྱོར་ཆེན་པོའི་རྒྱུད་ལ་གྲགས་པའི་རྣལ་འབྱོར་བཞི་ཡི་ནང་ནས་རྣལ་འབྱོར་གྱི་ཏིང་ངེ་འཛིན་དང་། །རྣལ་འབྱོར་ཆེན་པོའི་ཏིང་ངེ་འཛིན་གཉིས་པོ་མི་གཅིག་གོ །མིང་མཐུན་པ་ཙམ་གྱིས་གཅིག་ཏུ་མི་འགྱུར་ཏེ་དཔེར་ན་ཀླུ་ཆེན་པདྨ་དང་། །པདྨ་ཆེན་པོ་ཞེས་བྱ་དང་། །མེ་ཏོག་པདྨ་དང་པད་མ་ཆེན་པོ་གཉིས། །མིང་མཐུན་ན་ཡང་དོན་མི་གཅིག་སྟེ་སྔ་མ་གཉིས་ཀླུ་ཡིན། །ཕྱི་མ་གཉིས་མེ་ཏོག་ཡིན་དཔེ་དེ་བཞིན་དུ་རྣལ་འབྱོར་སྔ་མ་གཉིས་རྒྱུད་སྡེ་ཡིན། ཕྱི་མ་གཉིས་ཏིང་ངེ་འཛིན་ཡིན། དེས་ན་གསང་སྔགས་གསར་མ་ལ། །རྣལ་འབྱོར་ཆེན་པོ་བླ་ན་མེད་པའི་ལྷག་གམ་གོང་ན་ནི། །དེ་བས་ལྷག་པའི་རྒྱུད་སྡེ་མེད། །རྒྱུད་ལས། དམན་པ་རྣམས་ལ་བྱ་བའི་རྒྱུད། །བྱ་མིན་རྣལ་འབྱོར་དེ་ལྷག་ལ། །སེམས་ཅན་མཆོག་ལ་རྣལ་འབྱོར་རྒྱུད། །རྣལ་འབྱོར་བླ་མེད་དེ་ལྷག་ལ། །ཞེས་སོ། །བསྒོམ་པའི་དམིགས་པ་ཉིད་ཀྱང་ནི། །རྣལ་འབྱོར་བཞིར་བྱས་པའི་རྣལ་འབྱོར་ཆེན་པོའི་ཏིང་ངེ་འཛིན་དེ་ལས་ལྷག་པའི་རྣལ་འབྱོར་གཞན་གོང་ན་མེད། །དམིགས་པ་དེ་དག་ལས་སྐྱེས་པའི་ཡེ་ཤེས་ནི། །བློའི་ཡུལ་མ་ཡིན་པས་སྤྲོས་པ་མེད་ཅིང་ངག་གི་ཡུལ་མ་ཡིན་པས་བརྗོད་པ་དང་བྲལ་བས། །དེས་ན་ཤེས་བརྗོད་ལས་འདས་པ་དེ་ལྟ་བ་ཡིན་གྱི་ཐེག་པའི་རིམ་པར་སངས་རྒྱས་མི་བཞེད་དོ། །

དེ་ཡང་ཐེག་པའི་རིམ་པ་ནི་ལྟ་བ་རྟོགས་བྱེད་ཀྱི་ཐབས་ཀྱི་ཁྱད་པར་ཡིན་པས་སོ། །རྣལ་འབྱོར་བཞི་ནི་ཏིང་ངེ་འཛིན་གྱི་རིམ་པ་ཡིན་པ་དང་། དེ་ལས་སྐྱེས་པའི་ཡེ་ཤེས་ལྟ་བ་ཡིན་པའི་ལུགས་འདི་ལེགས་པར་ཤེས་པར་གྱུར་ན། །རྫོགས་ཆེན་པའི་ལུགས་ཀྱི་ཨ་ཏི་ཡོ་གའི་ལྟ་བ་ཤིན་ཏུ་རྣལ་འབྱོར་ཡང་། །ཁོང་རང་གི་ལུགས་ལ་ཡང་བརྗོད་བྲལ་གྱི་ཡེ་ཤེས་ཡིན་གྱི་ཐེག་པའི་རིམ་པ་མིན་ནོ། །ཡུལ་ཅན་གྱི་ལྟ་བ་རྣམ་དག་ཡིན་པའི་ཕྱིར་རོ། །དེས་ན་བརྗོད་བྲལ་གྱི་ཡེ་ཤེས་ལ་བརྗོད་བྱར་བྱས་ནས་ཐེག་པ་རིམ་དགུའི་ནང་དུ་སྡུད་པ་ནི། །མཁས་པའི་དགོངས་པ་མིན་ཞེས་བྱ་སྟེ། །ལྟ་བ་དང་ཐེག་པ་གཅིག་ཏུ་འཁྲུལ་ནས་ཨ་ཏི་ཡོ་ག་ཐེག་པའི་ཡང་རྩེར་འདོད་པ

དེ་ཡིན་ནོ། །ཨ་ཏི་ཡོ་གའི་ལྟ་བ་ཡང་རྟོགས་བྱེད་ཡུལ་ཅན་གྱི་ལྟ་བ་ཡིན་པ་**དེས་ན་ཐོས་**བསམ་གྱི་གཏན་ལ་ཕབ་**པའི་ལྟ་བ་ནི། །དབུ་མ་ཡན་ཆད་**ནས་རྒྱུད་སྡེ་**ཐམས་ཅད་མཐུན། །**རྒྱུ་མཚན་**དེ་**ཡི་**ཕྱིར་**རྡོ་རྗེ་ཐེག་པའི་སྐབས་སུ་ཡང་**ལྟ་བའི་ལུང་སྦྱོར་ཀུན། །ཕ་རོལ་ཏུ་ཕྱིན་**པ་རྒྱས་འབྲིང་བསྡུས་པ་གསུམ་གྱི་ལུགས་**བཞིན་**དུ་སྤྲགས་མཚན་ཉིད་**ཐམས་ཅད་**དུ་མཐུན་པར་ལུང་དུ་**མཛད་**པ་ཡིན། །འོན་ཀྱང་ལྟ་བ་**དེ་རྟོགས་པ་ཡི་ཐབས་ལ་ནི། །**མདོ་དང་རྒྱུད་སྡེ་ལས་**ཐེག་པའི་རིམ་པ་ཡོད་པ་ཡིན་**ནོ། **།རྒྱུད་སྡེ་བཞི་ཡི་བསྒྲུབ་པ་ཡང་། །**ཕན་ཚུན་འཆོལ་ཅིང་**འཕྲུལ་པར་བྱས་ན་དངོས་གྲུབ་རིང་ངོ་། །**བྱ་རྒྱུད་བླ་མེད་བསྲེས་པ་སོགས་ལྟ་བུ། འོ་ན་མ་འཕྲུལ་པའི་སྒྲུབ་པ་ཇི་ལྟར་བྱེད་ཅེ་ན། **བྱ་བའི་རྒྱུད་**རང་རྐང་**ལ་བདག་**ལྟར་**བསྐྱེད་**པ་**མེད་**དེ། །གསང་བ་སྤྱིའི་རྒྱུད་དང་སོ་སོའི་རྒྱུད་རྣམས་ནས་བདག་བསྐྱེད་མ་གསུངས་ཤིང་། བདག་བསྐྱེད་མེད་པར་རྒྱུད་སྡེ་གོང་མར་དངོས་སུ་གསུངས་པས་སོ། **།ཁྲིམས་སྐུ་**ལྟར་བསྒོམས་པ་དེ་ལ་**མཆོད་**བསྟོད་བྱས་**ནས་**འདོད་པའི་དོན་ལ་**གསོལ་བ་འདེབས་**པ་ཡིན། །དོན་ཞགས་དང་རྣམ་རྒྱལ་ལ་སོགས་པ་**བདག་བསྐྱེད་**ཀྱི་**སྒྲུབ་ཐབས་**སློབ་དཔོན་དག་གིས་མཛད་པ་**ཡོད་པ་ནི། །རྣལ་འབྱོར་**གྱི་**རྒྱུད་ཀྱི་རྗེས་**སུ་**འབྲངས་ནས། །**བླ་མའི་མན་ངག་གཞན་གྱིས་**དེ་ཡི་ལུགས་བཞིན་**དུ་བཀྲལ་བར་**མཛད་པ་ཡིན། །**དེས་ན་འདི་ལ་རྟོག་པའི་ལུགས་དང་སྒྲུབ་ཐབས་ཀྱི་ལུགས་གཉིས་ཆོག་མི་འདྲ། སྒྲུབ་ཐབས་ཀྱི་ལུགས**དེ་ལྟར་བྱེད་ན་སྨྱུང་གནས་མེད་དེ། །བདག་ཉིད་ལྷ་རུ་བསྐྱེད་པ་ལ། །མཆོད་**པ་ཕུལ་**ན་བསོད་ནམས་**ཐོབ་ཅིང་། **།བཟླས་**ནས་དཀའ་ཐུབ་ཀྱིས་འོ་བཀྱལ་བར་བྱས་**ན་སྡིག་**པར་འགྱུར་རོ། **།གལ་ཏེ་**བྱ་བའི་རྒྱུད་ལ་**སྨྱུང་གནས་བྱེད་འདོད་ན། །**སྒྲུབ་པ་པོ་རང་ཉིད་ལྷར་མ་བསྒོམས་པར་**ཐ་མལ་**གྱི་**ང་རྒྱལ་གྱིས་**ཏེ་འདུ་ཤེས་ཀྱིས། **།ཁྲིམས་སྐུ་**གཞུང་ནས་འབྱུང་བའི་**ཆོ་ག་བཞིན་ཁྲིམས་ལ། །**རབ་གནས་ཚར་བ་མདུན་དུ་བཞུགས་པ་ལ། མཆོད་བསྟོད་དང་། གཟུངས་བཟླས་པ་དང་། འདོད་དོན་ལ་གསོལ་བ་འདེབས་ཤིང་། **རྗེ་དཔོན་**ལ་འབངས་ཀྱིས་ཞུ་བ་**བཞིན་དུ་དངོས་གྲུབ་བླང་། །**ལུགས་**དེ་**ལྷ་བུའི་ཆོ་ག་**ལ་**ལ་ཁྲག་དང་**ཤ་ཆང་**གི་**གཏོར་མ་མེད། །**དོན་ཞགས་ལས། ཁྲག་མེད་པའི་གཏོར་མ་ཤ་དང་བཅས་པ་ཞེས་གསུངས་པས་དེ་འགྱུར་ཉེས་པ་ཡིན། རྒྱ་དཔེ་དང་བསྡུར་ན་གཏོར་མ་ཤ་ཁྲག་མེད་པ་བྱ་བ་ཡོད། དེ་ལྟ་བས་ན་སྤོས་ཀྱང་རི་དྭགས་ཀྱི་ལྟེ་བ་ནས་བྱུང་བའི་**གླ་རྩི་ལ་སོགས་སྲོག་ཆགས་དང་། །འབྲེལ་བའི་མཆོད་པ་ཐམས་ཅད་སྤོངས། །**གསང་བ་སྤྱི་རྒྱུད་ལས། སྲོག་ཆགས་ཡན་ལག་རྣམས་སྤངས་པ་ཞེས་གསུངས་སོ། **།ཀུ་ལང་**སྟེ་ཕྱི་རོལ་པའི་ལྷ་དབང་ཕྱུག་སོགས་**མཆོད་པའི་ལྷག་མ་དང་། །**དེ་རྣམས་ལ་ཕུལ་བའི་**གཏོར་མའི་ཁ་ཟས་**ཀྱང་**འདིར་མི་ཟ་**བ་ཡིན། **།ལྷ་ལ་ཕུལ་བའི་དམན་མ་**སྟེ་མཆོད་ཡོན་མེ་ཏོག་**སོགས་**སྙིང་པ་རྣམས། **།ཟ་བ་དང་འགོམ་པ་གཉིས་ཀ་**

བཀག་སྟེ་དཔུང་པ་བཟང་པོ་ལས། །གྲུ་ལང་མཆོད་པའི་ལྷག་མ་མི་བཟའ་ཞིང་། ཞེས་བྱ་བ་ལ་སོགས་པ་གསུངས་ལ། ལེགས་པར་གྲུབ་པ་ལ་སོགས་པ་ཀྲི་ཡའི་རྒྱུད་ཐམས་ཅད་ལས་ཀྱང་བཀག །དེས་ན་འོ་མ་དང་ཞོ་དང་མར་ཏེ་དཀར་གསུམ་དང་གཞན་ཡང་འབྲས་ཆན་ལ་སོགས་པ་སྡིག་མེད་ཀྱི་ཁ་ཟས་གཙང་མ་ཟ་ཞིང་། །ཕྱི་དྲོ་ཁ་ཟས་སྤང་བ་དང་། །གཙང་སྦྲ་ལ་སོགས་པའི་བརྟུལ་ཞུགས་ཀྱིས། །བྱ་བའི་རྒྱུད་ཀྱི་གསང་སྔགས་འགྲུབ་པ་ཡིན་ནོ། །སྤྱོད་པའི་རྒྱུད་དང་རྣལ་འབྱོར་གྱི་རྒྱུད་གཉིས་སུ། །ལས་ཚོགས་བསྒྲུབ་པ་འགའ་ཞིག་ལ། །གཙང་སྦྲ་དང་དཀར་ཟས་བཤད་པ་ཡོད། །སྨྱུང་གནས་བྱེད་པ་ཐ་མལ་དུ་གནས་པས་བྱེད་དགོས་ན་བླ་མེད་ཀྱི་སྒྲུབ་པ་པོས་སྨྱུང་གནས་བྱ་མི་རུང་ངམ་སྙམ་ན། །གཞན་དུ་ཕྱི་དྲོའི་ཁ་ཟས་སྤང་བ་དང་དཀར་གསུམ་ཟ་བའི་དཀར་ཟས་དང་སྨྱུང་གནས་སོགས་ཀྱི། །བརྟུལ་ཞུགས་ཀྱི་ཁྱད་པར་གཙོ་བོར་མི་མཛད་དེ། །རང་ཉིད་ལྷ་ཡི་རྣལ་འབྱོར་བསྒོམ་ནས་ཅི་བདེར་སྤྱོད་པ་ཡིན་ནོ། །བླ་རྩེའི་རིལ་བུ་ལ་སོགས་པ། །རྒྱུད་སྲོག་ཆགས་ཀྱི་ཡན་ལག་ལས་བྱུང་བའི། །མཆོད་པ་རྣམས་ཀྱང་འདིར་མི་འགོག་ཅིང་། །སངས་རྒྱས་ལྷ་མཆོད་པའི་ལྷག་མ་རྣམས་ནི། །སྡིག་པ་སྤང་ཕྱིར་བཟའ་འོ་ཞེས། །རབ་ཏུ་གནས་པའི་རྒྱུད་ལས་གནང་སྟེ། །བདེ་གཤེགས་ལྷག་མ་འདི་དག་ནི། །ཟོ་ཞིག་སྡིག་པ་འདག་པར་འགྱུར། །ཞེས་སོ་རྒྱུད་སྡེ་འོག་མ་གསུམ་ལ་སྣང་བ་ཐམས་ཅད་ལྷར་བསྒོམས་པ་མེད་ཅིང་འབྱུང་པོ་རྣམས་རང་རྒྱུད་པར་འདོད་པས་ཕྱི་རོལ་འབྱུང་པོའི་གཏོར་མ་ནི་རྣལ་འབྱོར་གྱི་རྒྱུད་འདིར་ཡང་མི་ཟ། །རྣལ་འབྱོར་ཆེན་པོའི་རྒྱུད་རྣམས་ལས། །རྫོགས་པ་སྐྱེས་པའི་རྣལ་འབྱོར་པས་ཨ་བ་དྷཱུ་ཏཱིའི་གཉིས་སྤངས་ཀྱི་སྤྱོད་པ་སོགས་ལ། །འབྱུང་པོའི་གཏོར་མ་ཟ་བའང་གནང་། །ལུས་གདུང་བར་གནས་པའི་དཀའ་ཐུབ་དང་གཙང་སྦྲ་ལ་སོགས་པའི་བརྟུལ་ཞུགས་འགོག་ཅིང་། །འདོད་པའི་ཡོན་ཏན་རྣམས་ལ་ཅི་འདོད་པར་ནི་རྟེན་པའི་ཁྱད་པར་ལྡན་པས་འཇུག་པ་བདེ་བའི་རྣལ་འབྱོར་གྱིས། །གསང་སྔགས་རྒྱལ་པོ་མཆོག་གི་དངོས་གྲུབ་ཚེ་འདིར་འགྲུབ། །བླ་མེད་ཀྱི་ཉམས་ལེན་འདི་དག་རྒྱས་པར་བླ་མ་མཆོག །དབང་ཐོབ་དམ་ཚིག་བསྲུང་རྒྱུད་ཤེས་མན་ངག་དང་ལྡན་པའི་མཁས་པའི་གསུང་ལས་ཤེས་པར་གྱིས། །འདིར་དབང་བསྐུར་མ་ཐོབ་པ་ལ་བཤད་དུ་མི་ཉན། མུ་སྟེགས་པ་དང་སངས་རྒྱས་པའི་གྲུབ་མཐའི་འདོད་ཚུལ་གྱི་རྣམ་དབྱེ་མི་ཤེས་ཤིང་། །རྒྱུད་སྡེའི་བཞིའི་དབང་དང་ལམ་བཞིའི་ཉམས་ལེན་གྱི་ཁྱད་པར་མ་ཕྱེད་པར། །ལྷ་སྒོམ་ཚུལ་སོགས་ཀྱི་ཚོག་ཐམས་ཅད་རྒྱུད་སྡེ་ཕན་ཚུན་འཚོལ་བར་དཀྲུགས་ནས་ནི། །ལུང་རིགས་མེད་པར་བླ་མའི་བཀའ་སློབ་ཡིན་ཟེར་ནས་རང་བཟོའི་རྣམ་ཐར་སྤྱོད་པ་མཚར་ཆེའོ། །གསང་སྔགས་ཀྱི་ལམ་དངོས་ཉམས་སུ་ལེན་པའི་རིམ་པ་རང་ཇི་ལྟར་ཡིན་ཞེ་ན། དབང་བཞི་ཡོངས་སུ་རྫོགས་པ་དང་། །རིམ་གཉིས་ཤེས་པའི་གང་ཟག་དེས་དང་པོ་བར་ཆད་

ཞུང་བས་རང་གི་ཁྱིམ་དུ་བསྒོམ། །བརྟན་པ་ཙུང་ཟད་ཐོབ་ནས་རང་གི་སེམས་ཀྱི་བརྟན་གཡོ་བརྟག་པའི་ཕྱི་དུར་ཁྲོད་ཆུའི་འགྲམ་རི་ཁྲོད་སོགས་སུ་བསྒོམ། །བརྟན་པ་ཆེན་པོ་དྲོད་འབྲིང་གི་རྟོགས་པ་ཐོབ་ནས་ནི། །གང་ཞིག་སོར་མོ་གཅིག་སྟོན་དང་། །གཉིས་ཀྱིས་ལེགས་པར་འོང་བ་ཡིན། །ཞེས་སོགས། ཀུན་འདར་གྱི་སྤྱོད་པ་བྱ་རན་པའི་དུས་ལ་སློབས་པས་ལུས་བཟ་དང་། མ་ད་ན་ཆང་བ་ལ་ཤ །སོགས་དག་གི་བཟ་རྣམས་ལ། །ལེགས་པར་སྦྱངས་ཤིང་བླང་དོར་གཉིས་སུ་མེད་པའི་དེ་ཉིད་རྟོགས་པའི་གང་ཟག་དེས། །ས་བཅུ་གསུམ་རྣམས་བགྲོད་པར་བྱ་བ་དང་། །ཡུལ་སུམ་ཅུ་སོ་བདུན་དང་བྱང་ཆུབ་ཀྱི་ཕྱོགས་ཀྱི་ཆོས་སུམ་ཅུ་སོ་བདུན་རྣམས་དབང་དུ་བསྡུ་བའི་ཕྱིར། །གནས་དང་ཉེ་བའི་གནས་གཉིས་ལ་ཡུལ་བཞི་བཞི་སོགས་པ། །ཞིང་དང་ཉེ་བའི་ཞིང་། ཚནྡོ་ཉེ་བའི་ཚནྡོ། འདུ་བ་ཉེ་བའི་འདུ་བ། དུར་ཁྲོད་ཉེ་བའི་དུར་ཁྲོད་དང་བརྒྱད་ལ་ཡུལ་ཆེན་གཉིས་གཉིས། འཐུང་གཅོད་ཉེ་བའི་འཐུང་གཅོད་གཉིས་ལ་ཡུལ་ཆེན་བཞི་བཞིར་ཕྱེ་བས་བརྟག་གཉིས་དངོས་བསྟན་ལ་སུམ་ཅུ་སོ་གཉིས་དེའི་སྟེང་དུ་གླིང་བཞི་ལྷུན་པོ་དང་བཅས་པ་བཞག་པས་ཡུལ་ཆེན་སུམ་ཅུ་སོ་བདུན་དུ། །རིག་པའི་བརྟུལ་ཞུགས་ཀྱི་སྤྱོད་པ་བཟང་ངན་དང་། །ཕན་གནོད་ཀྱི་རྐྱེན་བླང་དོར་དང་སྤང་ཞེན་མེད་པར་མཉམ་པ་ཉིད་དུ་འཁྱེར་བའི་ཕྱིར་རྒྱུ་བ་ཡིན་ནོ། །དེ་ལྟར་སྤྱོད་པ་ལ་རྒྱུ་བའི་ལུགས་འདི་རྣལ་འབྱོར་ཆེན་པོ་ཡི། །རྒྱུད་དགྱེས་རྡོར་བདེ་མཆོག་སོགས་དང་དགོངས་འགྲེལ་གྱི་བསྟན་བཅོས་རྣམས་ལས་གསུངས་པ་ཡིན། །བླང་དོར་གཉིས་སུ་མེད་པ་རྟགས་པས་ཡུལ་སོ་བདུན་དུ་རྒྱུ་བ་འདི་འདྲའི་སྤྱོད་པ་ཤེས་ནས་ནི། །འབྲས་བུ་ཚེ་འདི་ཉིད་ལ་ཡུལ་སོ་བདུན་བགྲོད་ཅིང་། ནང་གི་ཡུལ་སོ་བདུན་གྱི་རླུང་སེམས་དབུ་མར་ཐིམ་སྟེ་རྡོ་རྗེ་འཆང་གི་ས་བཅུ་གསུམ་པ་ཐོབ་ནས་རྫོགས་འཚང་རྒྱ་བ་ཡིན་ཏེ་འདི་དག་དབང་བསྐུར་མ་ཐོབ་པ་ལ་བཤད་དུ་མི་རུང་བས། །བླ་མ་གསང་སྔགས་ལེགས་པར་མཁྱེན་པ་ལ་དྲིས། དེང་སང་བོད་འདི་ན་རིམ་གཉིས་ལ་བརྟན་པ་ཐོབ་ནས་གནས་ཆེན་འགྲིམ་པའི་དུས་ལ་བབས་པ་ལྟ་ཅི་སྨོས། །གསང་སྔགས་ཀྱི་ལམ་རིམ་གཉིས་བསྒོམ་ཙམ་ཡང་མི་ཤེས་པར། །ཡུལ་ཆེན་དུ་སྤྱོད་པ་ལ་རྒྱུ་བ་སོགས་སྔགས་ཀྱི་ལུགས་སུ་འཆོས་པའི་ལག་ལེན་ཕྱིན་ཅི་ལོག་མཐོང་། །དབང་མ་ཐོབ་ཅིང་རིམ་པ་གཉིས་པོ་མི་བསྒོམ་ན། །ཡུལ་ཆེན་སུམ་ཅུ་སོ་བདུན་དུ། །སྤྱོད་པའི་ཆེད་དུ་འགྲོ་བ་ནི་རྒྱུད་སྡེ་ལས་སངས་རྒྱས་ཀྱིས་མ་གསུངས། །ཕར་ཕྱིན་དང་ཉན་ཐོས་ལ་ཡུལ་ཆེན་དགོས་པ་མེད། །རིམ་པ་གཉིས་པོ་མི་བསྒོམ་པའི། །གཏུམ་མོ་དང་ཕྱག་རྒྱ་ཆེན་པོ་ལྟ་བུའི་སྒོམ་ཆེན་ཇི་ལྟར་བཟང་ཡང་ཕ་རོལ་ཏུ། །ཕྱིན་པའི་ལུགས་ཀྱི་སྒོམ་ཆེན་ལས་མ་འདས་ལ། །མདོ་ལས་ཡུལ་ཆེན་དེ་དག་ཏུ། །ས་ལམ་གྱི་རྟོགས་པ་བསྐྱེད་པའི་ཆེད་དུ་འགྲོ་བའི་ཚིག་འམ་ཉམས་ལེན་བཤད་པ་མེད། །ཡུལ་ཆེན་བགྲོད་ནས་ས་ལམ་གྱི་རྟོགས་པ་བསྐྱེད་པ་ནི། །

ནང་ལུས་ཀྱི་གནས་དེ་དང་དེ་དག་གི་རླུང་སེམས་དབུ་མར་ཞུགས་པའི་ཆེད་ཡིན་པས་སོ། །གལ་ཏེ་གསང་སྔགས་ཀྱི་དབང་མ་ཐོབ་རིམ་པ་གཉིས་པོ་མི་བསྒོམ་ཞིང་། །ལམ་བསྒོམས་པའི་རྟོགས་པ་ཡོད་པར་རློམ་པ་ཡིས། །ཡུལ་དེར་ཕྱིན་ན་སྒོམ་ཆེན་དེ་ལ་བར་ཆད་འབྱུང་ངོ་། །རློམ་པ་དང་རྟོགས་ཅི་ཡང་མེད་པའི་སྒོམ་ཆེན་གྱིས། །ཕྱིན་ཡང་ཕན་པའི་དངོས་གྲུབ་གནོད་པའི་བར་ཆད་གང་ཡང་མེད་དེ་དཔེར་ན། །ཨུ་རྒྱན་ཛྭ་ལནྡྷ་ར་དང་། །རི་བོ་གངས་ཅན་དེ་ཝི་ཀོ་ཊ་སོགས། །ཀླ་ཀློ་བླུན་པོ་དང་མུ་སྟེགས་བྱེད་དང་། །འབྲོག་པ་རྣམས་ཀྱིས་ཡུལ་ཆེན་པོ་དེ་དག་གང་ནས་ཡོད་མོད་ཀྱང་། །དེར་བསྡད་པའི་ཀླ་ཀློ་སོགས་དེ་དག་གིས་གྲུབ་པ་ཐོབ་པམ་ཅི་སྙེ་མ་ཐོབ་པ་བཞིན་ནོ། །དབང་ཐོབ་ནས་གསང་སྔགས་ཀྱི་རིམ་པ་གཉིས་བསྒོམ་པའི་རྟོགས་པ་ཅན། །དཔའ་བོ་དང་རྣལ་འབྱོར་མར་གོ་བར་བྱེད་པའི་ལུས་ངག་གི་བརྡ་དོན་འཕྲོད་པའི་སྐལ་བར་ལྡན་པའི། །གང་ཟག་དེས་སྤྱོད་པ་ལ་གཤེགས་ན་དེ་ལ་ཡུལ་དེར་གནས་པ་ཡི། །མཁའ་འགྲོ་མ་ས་དང་པོ་སོགས་ཐོབ་པའི་ཚུལ་བཟུང་བ་རྣམས་ཀྱིས་བྱིན་གྱིས་རློབ་ཅིང་། །ཡུལ་རྣམས་བགྲོད་པ་སོགས་འདི་ཡི་དོན་ནི་རྣལ་འབྱོར་ཆེན་པོ་ཡི། །རྩ་བ་དང་བཤད་པའི་རྒྱུད་སྡེ་རྣམས་སུ་ལེགས་པར་ལྟོས། །ཡུལ་ཆེན་དུ་སྤྱོད་པ་ལ་རྒྱུ་བ་རྒྱུད་སྡེའི་ཁྱད་ཆོས་ཡིན་པ་དེས་ན་དབང་མ་ཐོབ་ཅིང་གསང་སྔགས་རིམ་གཉིས་མི་བསྒོམ་པར། །ཡུལ་ཆེན་བགྲོད་པ་ནི་ངལ་བ་དོན་མེད་ཡིན། །ཆོས་རྗེ་ཤཱཀྱ་ཤྲཱི་ལ། སྒོམ་ཆེན་གཅིག་ན་རེ། ཏི་སེ་དང་ཙ་རི་ཡུལ་ཉི་ཤུ་རྩ་བཞིའི་ཕྱོགས་རེད་ལགས་སམ་མ་ལགས། ཟེར་བས་ཆོས་རྗེའི་ཞལ་ནས་ཁྱོད་གསང་སྔགས་བསྒོམ་མམ་མི་བསྒོམ་གསུངས། ཁོ་ན་རེ། གསང་སྔགས་མི་བསྒོམ་ཕྱག་རྒྱ་ཆེན་པོ་བསྒོམ་ཟེར་བས། གསང་སྔགས་མི་བསྒོམ་ན་ཡུལ་ཉི་ཤུ་རྩ་བཞིས་ཅི་བྱེད། ཕར་ཕྱིན་དང་ཉན་ཐོས་ཀྱི་གཞུང་ལས་ཡུལ་ཉི་ཤུ་རྩ་བཞི་བཤད་པ་མེད། ཁྱེད་བོད་ཀྱི་ཆོས་པ་འདི་འདྲ་འདིའི་རིགས་ཅན་ལ་ནོར་བ་གཞན་ཡང་མང་པོ་འོང་གསུངས་ནས་བོད་ཧེ་ངས་ཁྲེལ་ཏེ་ཆོས་རྗེ་མད་དོ། །མད་དོ་ཞེས་པ་བདེན་ནོ་ཞེས་པའི་བརྡ་སྐད་ཡིན་ནོ། །སྤྱོད་པ་ལ་རྒྱུ་བའི་གནས་ཀྱང་རྒྱུད་སྡེ་ནས་གསུངས་པའི་ཡུལ་ཆེན་གྱི་ནང་ཚན་ཡིན་པ་ཞིག་དགོས་པ་ལ་བོད་འདི་ན་མངའ་རིས་ཀྱི་ཏི་སེ་ལ་གསང་ཅན། གོང་ཡུལ་གྱི་ཙ་རི་ལ་འཕྲུང་གཅོད་ཀྱི་བྱེ་བྲག་ཙ་རི་ཏྲར་འདོད་པ་ནི་མི་འཐད་དེ། དཔལ་ལྡན་དུས་ཀྱི་འཁོར་ལོའི་འཇིག་རྟེན་ཁམས་ལེའུ་ལས་གསུངས་པའི་གསང་ཅན་དང་། །མངོན་པའི་གཞུང་ལས་གསུངས་པ་ཡི། །རི་བོ་སྤོས་ངད་ལྡན་གྱི་བྱང་ན་བྲག་རི་གསེར་གྱི་བྱ་སྐྱིབས་ལྔ་མ་ཡིན་གྱི་ཕུག་ཆུ་ཞེང་དཔག་ཚད་ལྔ་བཅུ། །དཔངས་དཔག་ཚད་ཕྱེད་དང་བཞི་པ། བྲག་ཕྲན་ལྔ་བརྒྱས་བསྐོར་བ་དང་། །དེའི་བྱང་ན་འཛམ་བུའི་ཤིང་སཱ་ལའི་རྒྱལ་པོ་རབ་བརྟན་ཤིང་ཕྲན་ལྔ་བརྒྱས་བསྐོར་བ་དང་གླང་པོ་ཆེ་ས་སྲུང་གི་བུ་ལ། །གླང་ཆེན་ལྔ་བརྒྱས་བསྐོར་བ་དང་། །འཕགས་

པའི་གནས་བརྟན་འཁོར་དགྲ་བཅོམ་པ་ལྔ་བརྒྱ་དང་བཅས་པ་རང་གི་ལས་ཀྱི་རྒྱུ་བ་ལུང་བསྟན་མཛད་ཅིང་བཞུགས་པའི་གནས་ཡིན་པར་གསུངས་པའི། །རི་བོ་གངས་ཅན་དེ་ནི་མངའ་རིས་ཀྱི་ཏི་སེ་འདི་མིན། །དེ་བཞིན་དུ་མངོན་པ་ནས་གསུངས་པའི་མ་དྲོས་རྒྱ་མཚོ་བོད་ཀྱི་མ་ཕམ་གཡུ་མཚོ་མིན་ཏེ། །གླང་པོ་རྣམས་ཀྱང་མ་ཕན་དང་ཏི་སེའི་ཕྱོགས་དེ་ན་མེད། །དེ་བཞིན་དུ་འཛམ་བུའི་ལྗོན་པ་དང་། །གསེར་གྱི་བྱ་སྐྱིབས་ཀྱི་ཕུག་པ་ག་ལ་ཡོད་དེ་མེད། །དེ་ཡི་གཏན་ཚིགས་འདི་ལྟར་ཡིན། །དཔལ་ལྡན་དུས་ཀྱི་འཁོར་ལོའི་བསྡུས་པའི་རྒྱུད་ལས། །འཛམ་གླིང་འདིའི་ཆུ་ཞེང་ཆེ་བ་ལ་ཆུ་བོ་སེ་ཏཱ་ཡོད་དེའི་བྱང་ཕྱོགས་ན། །རི་བོ་གངས་ཅན་ཡོད་པར་གསུངས། །རི་བོ་གངས་ཅན་དེ་ཡི་འགྲམ་ན་ཤམ་བྷ་ལ་སྟེ་བདེ་བ་འཛིན་ཞེས་པ། །གྲོང་ཁྱེར་བྱེ་བ་དགུ་བཅུ་རྩ་དྲུག་ཡོད་པས་རྒྱལ་ཕྲན་དགུ་ཅུ་རྩ་དྲུག །དེ་ན་རྒྱལ་པོའི་ཕོ་བྲང་མཆོག །ཀཱ་ལ་པ་སྟེ་ཆ་བསགས་ཞེས་བྱ་བ་དང་། དུས་ཀྱི་འཁོར་ལོའི་གཞལ་ཡས་ཁང་དང་། མ་ལ་ཡའི་སྐྱེད་མོས་ཚལ་ཡོད་ལ། །དེ་ན་སྤྲུལ་པའི་རྒྱལ་པོ་ཟླ་བ་བཟང་པོ། ལྷ་དབང་། གཟི་བརྗིད་ཅན། ཟླ་བས་བྱིན། ལྷའི་དབང་ཕྱུག སྣ་ཚོགས་གཟུགས། ལྷའི་དབང་ལྡན་རྣམས་ཀྱི། །ལོ་གྲངས་བརྒྱད་བརྒྱར་རྩ་རྒྱུད་ཀྱི་ཆོས་གསུངས་སོ། །ཤམ་བྷ་ལ་དེ་ན་ནགས་ཚལ་སྣ་ཚོགས་ཀྱི་ཉམས་དགའ་བ་དང་། །ལོངས་སྤྱོད་ཀྱི་གཞི་བཟའ་ཤིང་གི་རབ་དུ་མ་དང་བཅས་པ་ཡོད། །སྙིགས་མའི་དུས་སུ་རྟགས་ཙམ་འཛིན་པར་འགྱུར་པ་ན་ཧོར་ཡུལ་གྱི་བྱང་ཕྱོགས་དག་སྦྱིན་ཞེས་བྱ་བ་ན་ལྷ་མ་ཡིན་གྱི་སྤྲུལ་པ་ཀླ་ཀློའི་རྒྱལ་པོ་སྟོབས་ཆེན་ཞིག་བྱུང་སྟེ་ཡུལ་དབུས་དང་བོད་རྣམས་འཇོམས་ཤིང་འཛམ་གླིང་ཆུང་ངུའི་ཕྱེད་དབང་དུ་བསྡུས་ཏེ་འཁོར་རྒྱལ་ཕྲན་དགུ་བཅུ་རྩ་དྲུག་ཡོད་ཅིང་རྒྱ་གར་འཕགས་པའི་ཡུལ། །ཀླ་ཀློའི་ཆོས་ཀྱིས་གང་བར་འགྱུར། །དེ་ནས་ཀླ་ཀློའི་དཔུང་དེ་རྫུ་འཕྲུལ་གྱི་སྟོབས་ཀྱིས་དྲེགས་ནས། །ཤམ་བྷ་ལ་རུ་དམག་འདྲེན་པར་རྩོམ་པར་འགྱུར། །དུས་དེ་ཡི་ཚེ་ན་ཕྱག་ན་རྡོ་རྗེ་ཡི། །སྤྲུལ་པ་དྲག་པོ་འཁོར་ལོ་ཅན་ཞེས་བྱ་བའི། །རྒྱལ་པོས་ལྷ་ཆེན་བཅུ་གཉིས་དང་། །རྒྱལ་ཕྲན་དགུ་ཅུ་རྩ་དྲུག་གི་དཔུང་རྣམས་ཁྲིད་ཅིང་། སྤྲུལ་པའི་དམག་དཔུང་མང་པོས་ཀྱང་ཀླ་ཀློ་ཀུན་བཅོམ་ནས་རྡོ་རྗེ་ཐེག་པའི་རིགས་གཅིག་ཏུ་བྱེད་ཅིང་། །འཕགས་པའི་ཡུལ་གྱི་བར་སྐོ་བོད་དང་རྒྱ་གར་ཚུན་ཆད་ཀྱི་བར་དུ་ཡང་། །སངས་རྒྱས་ཀྱི་བསྟན་པ་སྤེལ་བར་གསུངས། །དེའི་དོན་རྒྱས་པ་དུས་འཁོར་དུ་ལྟོས། དེས་ན་རི་བོ་གངས་ཅན་དུ། །རྫུ་འཕྲུལ་མེད་པས་འགྲོ་མི་ནུས་པ་ཡིན་ནོ། །གལ་ཏེ་ཏི་སེ་འདི་དུས་འཁོར་ནས་བཤད་པའི་གངས་ཅན་ཡིན་ན་འགྲམ་ན་ཤམ་བྷ་ལ་ཡོད་པར་འགྱུར་བ་དང་། རྫུ་འཕྲུལ་མི་ལྡན་པས་བགྲོད་མི་ནུས་པར་འགྱུར་བ་དང་། དེ་འདྲ་བར་མངོན་སུམ་དུ་གསལ་ལོ། །འདི་ལ་དུས་འཁོར་འདྲེན་པ་ནི། དུས་འཁོར་ནས་བཤད་པའི་གངས་ཅན་དུ་ཁས་བླངས་པས་འགོག་པ་ནི་མིན་ནོ། །མངོན་པ་མཛོད་ལས་ཀྱང་འདི་སྐད་དུ། །

མ་ག་ཏའི་ཡུལ་**འདི་ནས་བྱང་དུ་རི་ནག་པོ།** །རི་གངས་ཐར་ཐོར་ཆགས་པའི་རིའི་རྒྱུད་རིང་པོ་སྟེ་མཛོད་ཀྱི་འགྲེལ་པ་ལས། འདི་ན་ནི་རི་ནག་པོ་གསུམ་མོ། །ཞེས་གསུངས་པས་བོད་དང་རྒྱ་གར་གྱི་བར་ན་སྟོད་མངའ་རིས་ནས་རྒྱ་ནག་གི་བར་མ་ཆད་པའི་རི་རྒྱུད་གཉིས་བོད་དང་ཧོར་གྱི་བར་ན་ཆགས་པའི་གངས་རྒྱུད་དེ། དེ་ལྟར་གསུམ་དང་། ཆུ་བོ་སི་ཏའི་བྱང་ན་རི་རྒྱུད་དྲུག་སྟེ། **དགུ་འདས**་པ་ནག་ནོག་མེད་པ་**གངས**་འབའ་ཞིག་ཏུ་སོང་བའི་**རི**་བོ་གསང་ཅན་བྱ་བ་ཡོད་ལ། **དེ་ནས་ནི།** །རི་བོ་**སྤོས་ངད་ལྡན**་པ་ཡོད་**པའི་ཚུར་རོལ**་དཔག་ཚད་བཅུ་འོངས་པ་**ན།** །མ་དྲོས་པ་**ཆུ་ཞེང**་དང་ཟབས་སུ་དཔག་ཚད་**ལྔ་བཅུ་ཡོད་པའི་མཚོ**་ཡན་ལག་བརྒྱད་ལྡན་གྱི་ཆུས་གང་བ། དེའི་གཡས་རོལ་ན་ཤིང་འཛམ་བུ་ཞེས་བྱ་བ་འབྲས་བུ་ཛ་མ་ཙམ་པ་རོ་སྦྲང་རྩི་འདྲ་བ་ཆུ་ནང་དུ་ལྷུང་བ་ཀླུ་རྣམས་ཀྱིས་ཟོས་པའི་ལྷག་མ་འཛམ་བུའི་ཆུ་བོའི་གསེར་དུ་འགྱུར་བ་ཡོད་དོ། །**ཞེས་སོགས་མཚན་ཉིད་རྒྱས་པར་གསུངས**་ཤིང་། །**དེར་ནི་རྫུ་འཕྲུལ**་དང་**མི་ལྡན**་པའི་**མི**ས། །**བགྲོད་པར་བྱ་བ་མིན་ཞེས**་མཛོད་འགྲེལ་ལས་**བཤད།** །དེས་ན་**ད་ལྟའི་ཏི་སེ**་དང་མ་དྲོས་པ་**འདི་ལ་ནི།** །**མཚན་ཉིད**་བཤད་པ་**དེ་དག་གང་ཡང་མེད་དོ།** །**མུ་སྟེགས་བྱེད་པའི་གཞུང**་གཞོན་ནུ་འབྱུང་བའི་སྐད་ངག་**ལས་ཀྱང་།** །གླིང་འདིའི་**ཤར་ནུབ་གཉིས་ཀྱི་རྒྱ་མཚོ**་ལ་ཐུག་**པའི་བར།** །རི་བོ་**གངས་ཅན་གྱིས་ནི་ཁྱབ་པར་བཤད**་པ་དང་། །སྔོན་རྒྱལ་པོ་ཤིང་རྟ་བཅུ་པའི་བུ་དགའ་བྱེད་ཀྱི་ཆུང་མ་རོལ་རྙེད་མ། ལང་ཀ་མགྲིན་བཅུས་འཕྲོག་ནས་དེ་ལ་དམག་དྲངས་ཏེ་སྲིན་པོ་ཕལ་ཆེར་བསད་པའི་ཚེ། མགྲིན་བཅུའི་སྨན་ཟླ་བསམ་གཏན་བསྒོམ་པ་གཅིག་གིས་རླུང་དྲག་པོ་བཏབ་པས་དགའ་བྱེད་དང་། ཧ་ནུ་མནྟ་མ་གཏོགས་དམག་དཔུང་རྣམས་གང་རུས་སུ་སོང་ནས་དེ་གསོ་བའི་ཕྱིར་ཧ་ནུ་མནྟས་རི་བོ་གངས་ཅན་བླངས་ནས་དེ་ལ་ཡོད་པའི་བདུད་རྩི་གཏོར་བས་སོས་པར་གྱུར་པ་དང་། སླེའུ་**ཧ་ནུ་མནྟས**་སླར་ཡང་ལང་ཀའི་ཡུལ་ནས་གངས་རི་རང་གནས་སུ་**འཕངས་པ་ཡི།** །**གངས་རིའི་དུམ་བུ**་ལམ་དུ་**ཆལ་བ་ཞིག** །**ཏི་སེ**་འདི་**ཡིན་ཞེས**་དྲང་སྲོང་**གྲོག་མཁར་བ་སྨྲ།** །འདིའི་གཏམ་རྒྱུད་རྒྱས་པ་དགའ་བྱེད་ཀྱི་འཇུག་པ་ན་ཡོད། ཕྱི་ནང་གང་གི་ལུགས་ལ་ཡང་གངས་ཅན་མ་ཡིན་པ་**དེས་ན**་ལྷ་**དབང་ཕྱུག་ཆེན་པོ**་འདུག་**པའི་གནས།** །གླང་པོ་ཆེ་**ས་སྲུང**་གི་**བུ་ཡིས་བསྟན་པའི་ས།** །འཕགས་པའི་གནས་བརྟན་ **དགྲ་བཅོམ་ལྔ་བརྒྱ**འི་འཁོར་དང་བཅས་པ་**བཞུགས་པའི་ཡུལ**་གྱི་གངས་ཅན་ནི། །**ད་ལྟའི་ཏི་སེ་འདི་མ་ཡིན་ནོ།** །**རྨ་བྱ་ཆེན་མོའི་མདོ་ལས་ཀྱང་།** །**གངས་ཅན་ཏི་སེ་ཐ་དད་གསུངས**་སྟེ། །གཟུངས་གྲྭ་ལྔའི་རྨ་བྱ་ཆེན་མོ་ལས་ཀྱང་། །བཅོམ་ལྡན་འདས་ཀྱིས་བཀའ་སྩལ་པ། །རིའི་རྒྱལ་པོ་རི་རབ་དང་། རིའི་རྒྱལ་པོ་གངས་ཅན་དང་། རིའི་རྒྱལ་པོ་སྤོས་ཀྱི་ངད་ལྡན་དང་། ཞེས་བྱ་བ་མང་པོའི་གཤམ་ན། རིའི་རྒྱལ་པོ་ཏི་སེ་དང་། ཞེས་དེ་གཉིས་ཐ་དད་དུ་གསུངས་སོ། །**ཕལ་པོ་ཆེ་ཡི**་

མདོ་ལས་ཀྱང་། །མཚོ་མ་དྲོས་པ་ཡི་རྒྱུ་ཞེང་སྟེ་ངོས་རེ་རེའི་ཚད་དུ། །དཔག་ཚད་ལྔ་བཅུ་ལྔ་བཅུར་གནས། །འོག་གི་ས་གཞི་རིན་ཆེན་གསེར་གྱི་གསེག་མ་སྟེ་བྱེ་མ་བརྡལ་བ་དང་། །ངོས་རྣམས་ནི་རིན་ཆེན་གྱི་ཕ་གུར་བརྩེགས། །དེ་ལས་འབབ་པའི་ཆུ་བོ་བཞི་ནི། །གངྒཱ་གླང་ཆེན་གྱི་ཁ་ནས་ནི། །དངུལ་གྱི་བྱེ་མ་འདྲེན་ཅིང་ཤར་ལ་འབབ་པ་ཆུ་མདོག་ཀྱང་དེ་དང་འདྲ། །དེ་བཞིན་དུ་སི་ཏཱ་སེང་གེའི་ཁ་ནས་ནི། །ལྷ་རྫས་ཀྱི་རྡོ་རྗེའི་བྱེ་མ་འདྲེན་ཅིང་ལྷོར་འབབ། །སིནྡྷུ་གླང་གི་ཁ་ནས་ནི། །གསེར་གྱི་བྱེ་མ་འདྲེན་ཅིང་ནུབ་ཏུ་འབབ། །ཡ་ལ་སིནྡྷུ་རྨ་བྱའི་ཁ་ནས་འབབ་ཟེར་བ་ཡོད་ནའང་དེ་དང་འདྲ། རྨ་བྱའི་ཁ་ནས་འབབ་པར་བཤད་པ་མེད། པཀྵུ་རྟ་ཡི་ཁ་ནས་ནི། །བཻཌཱུརྻ་སྔོན་པོའི་བྱེ་མ་འདྲེན་ཅིང་བྱང་དུ་འབབ། །བཞི་པོ་ཐམས་ཅད་ཀྱི་ནི་ཁ་ཞེང་ལ། །དཔག་ཚད་རེ་རེ་ཡོད་པར་གསུངས། །ཆུ་བོ་དེ་བཞིས་མ་དྲོས་པ་ལ། །ལན་གྲངས་བདུན་བདུན་གཡས་ཕྱོགས་ནས་བསྐོར་ནས། །ཕྱོགས་བཞི་དག་ཏུ་རྒྱ་མཚོ་ཆེན་པོ་ལ་འབབ་པར་བཤད། །ཆུ་བོ་དེ་བཞི་ཡི་བར་མཚམས་ཐམས་ཅད་ནི། །ཨུཏྤལ་པདྨ་ཀུ་མུ་ད་དང་པུཎྜ་རཱི་ཀ་ལ་སོགས་ཀྱི། །མེ་ཏོག་རྣམ་པ་སྣ་ཚོགས་དང་། །རིན་ཆེན་གྱི་ལྗོན་ཤིང་མེ་ཏོག་འབྲས་བུས་མཛེས་པ་སྣ་ཚོགས་ཀྱིས། །རབ་ཏུ་གང་བར་གནས་པ་ཡིན། །དེ་ལ་སོགས་པ་མ་དྲོས་པའི་མཚན་ཉིད་རྒྱས་པར་ནི། །ཕལ་པོ་ཆེ་ཡི་མདོ་སྡེར་དྲུག་དྲུམ་པའི་ག་པར་ལྟོས། །དེས་ན་ད་ལྟའི་མ་ཕང་འདི་ལ་ནི། །མཚན་ཉིད་བཤད་པ་དེ་དག་གང་ཡང་མེད་དོ། །སྔར་བཤད་པ་དེ་དག་ལ་སྐྱོན་སྤོང་བར་འདོད་པ་ཁ་ཅིག་འདི་སྐད་དུ། །ད་ལྟའི་མཚན་ཉིད་དེ་དག་དང་མི་ལྡན་ཡང་གངས་ཅན་དང་མ་དྲོས་པ་མ་ཡིན་པར་མི་འགྱུར་ཏེ། །བྱ་རྒོད་ཕུང་པོའི་རི་བོ་ལ་ཡང་། །དཀོན་བརྩེགས་ཀྱི་སྡོམ་གསུམ་བསྟན་པའི་གླེང་གཞི་ནས་བཤད་པ་བཞིན་དུ་ད་ལྟ་མཐོ་བ་ཟླུམ་པ་ལ་སོགས་མེད་པའི། །སྙིགས་མའི་དུས་ཀྱི་སྟོབས་ཀྱིས་ཡུལ་ཀུན་ཡང་། །རྣམ་པར་འགྱུར་བ་སྣང་ངོ་ཞེས་ཟེར་རོ། །དོན་འདི་ཡང་གསལ་བར་ཕྱི་སྟེ་བཤད་ཀྱིས་ཉོན་ཅིག །སྤྱིར་བཤད་ཚུལ་ལ་སྒྲོ་སྐུར་སྤངས་ནས་དངོས་པོའི་གནས་ལུགས་འཆད་པ་དང་། །སྒྲོ་སྐུར་དང་བཅས་ཏེ་སྐྱོན་ཡོན་བསྡུགས་པ་བརྗོད་པའི་ལུགས་རྣམ་པ་གཉིས་ཡོད་པ་ལས། །ཕྱི་མ་སྐྱོན་དང་ཡོན་ཏན་སྒྲོགས་པ་ན་སྒྲོ་སྐུར་གང་བརྗོད་ཀྱང་སྐྱོན་དུ་མི་འགྱུར་བ། །སྙན་ངག་མཁན་གྱི་ལུགས་བཞིན་དུ། །བྱ་རྒོད་ཕུང་པོའི་རི་ལ་ཡང་། །མཐོ་བ་ཟླུམ་པ་ཤིང་ལྗོན་པ་སྣ་ཚོགས་དང་འདབ་ཆགས་ཡིད་དུ་འོང་བ་དུ་མ་སྐད་སྙན་སྒྲོགས་པ་ལྷ་རྫས་ཀྱི་མེ་ཏོག་ཏྲི་བསུང་ཕུན་སུམ་ཚོགས་པས་ཁྱབ་པ་ལ་སོགས་བཀོད་པ་ཁྱད་པར་དུ་འཕགས་པ་བཤད་པ་ཡིན་ནོ། །དཔེར་ན་བོད་ཀྱི་ཡུལ་དོག་པས་རྒྱང་གྲགས་རེ་ལའང་ཐང་ཆེན་པོ་ཡིན་ཟེར་བ་ཇི་བཞིན་དུ། །མ་ག་ཏ་ན་རི་གཞན་མེད་པས་བྱ་རྒོད་ཕུང་པོའི་རི་ལ་ཡང་འཕགས་པའི་ཡུལ་གྱི་རི་ཆེན་ཡིན་ཏེ། །རྒྱ་གར་རི་ཕྲན་ཆུང་བོད་ཐང་ཕྲན་ཆུང་། དེ་ལྟར་འཆད

པ་ལ་དོན་ལ་གནས་ཚོད་དང་མི་མཐུན་ཡང་སྙན་ངག་མཁན་ལ། །སྐྱོན་དུ་བརྩི་བ་གང་ཡང་མེད། །གལ་ཏེ་དོན་གནས་ཚོད་བཞིན་དངོས་པོའི་གནས་ལུགས་འཆད་པ་སྟེ་མཚན་ཉིད་ལ་འབེབ་པའི་ཚེ་ན། །དོན་དེ་ལ་ལྷག་ཆད་དང་རང་བཟོའི་འཁྲུལ་པ་བྱུང་བ་ན་གནས་ལུགས་ངོས་མི་ཟིན་པར་འགྱུར་ལ། །དེས་ན་དེ་ལ་མཁས་པ་རྣམས་སྐྱོན་དུ་བརྩི་བ་ཡིན་ནོ། །སྙན་ངག་མཁན་ལ་སྒྲོ་སྐུར་བརྗོད་ཀྱང་སྐྱོན་དུ་མི་འགྱུར་བ་དཔེར་བརྗོད་ན་བ་གླང་གཟུགས་དཀར་ཞིང་མཛེས་པ་ལ་བསྔགས་པའི་ཚེ། །གངས་རིའི་ཕུང་པོ་ཐང་ལ་འགྲོ་ཤེས་པའམ། །སྤྲིན་ཚད་པ་ཡི་དུམ་བུ་རླུང་གིས་བསྐྱོད་པ་དང་། །རྣ་རྩེ་རྡོ་རྗེ་ཕ་ལམ་དང་འདྲ་བར་ཐམས་ཅད་འབིགས་ནུས་པ་དང་། །སྨིག་པ་རྣམས་ཨིནྡྲ་ནཱི་ལ་སྟེ་དབང་སྔོན་འདྲ་བ་དང་། །ཛམ་ཤིང་དཔག་བསམ་ལྗོན་པ་འདྲ་བར་བསྔགས་པ་སོགས་དང་། །གཞན་ཡང་སྐྱེས་བུ་གཟུགས་མཛེས་པ་ལ་བསྔགས་པ་ན། །བཞིན་ལ་ཉི་མ་ཟླ་བ་ལྟ་བུ་དང་། །སོ་ལ་གངས་རིའི་ཕྲེང་བ་གྲལ་བསྒྲིགས་པ་སོགས་དང་། །གཞན་ཡང་ཡུལ་དང་བློ་གྲོས་སོགས་རྒྱ་ཆེ་བ་ལ་ནམ་མཁའི་དཔེ་དང་། །ཆུང་བ་ལ་རྡུལ་ཕྲན་ཙམ་ཞེས་དཔེ་སྦྱོར་བ་དང་། རགས་པའི་དཔེ་ལ་རི་རབ་ཙམ་ཞེས་དང་། །བྱི་བ་ལུས་བོང་ཆེ་བ་ལ་ནི་གླང་ཆེན་གྱི་དཔེ་དང་། །ནོར་ཕྱུག་པོ་ལ་ནི་རྣམ་ཐོས་ཀྱི་བུ་ཞེས་དང་། །རྒྱལ་ཕྲན་སྟོབས་དང་ལྡན་པ་ལ་ཡང་ལྷ་དབང་བརྒྱ་བྱིན་ལྟ་བུ་ཞེས་པའི་དཔེ་དང་། །དགེ་བའི་བཤེས་གཉེན་ཕལ་པ་མཁས་བཙུན་གྱི་ཡོན་ཏན་ཆ་ཙམ་དང་ལྡན་པ་ལའང་། །སངས་རྒྱས་ལྟ་བུར་བསྔགས་པ་སྒྲོ་བཏགས་པ་འདི་ལྟ་བུའི་དཔེ་རྒྱན་རྣམས་ནི། །སྙན་ངག་མཁན་ལ་སྙན་ངག་གི་བཤད་བཅོས་ལས་བཀག་པ་མེད་པས་སྐྱོན་དུ་མི་འགྱུར། །སྒྲོ་མ་བཏགས་པར་དངོས་པོའི་གནས་ལུགས་འཆད་པ་འམ། །མཚན་ཉིད་གཏན་ལ་འབེབས་པ་ན། །རང་རང་གི་གནས་ལུགས་ཇི་བཞིན་མ་ཡིན་པར། །རྟའི་མཚན་ཉིད་ནོག་ལྐོག་ཤལ་དང་། མེ་བསིལ་བ། ཆུ་ཚ་བ་ཕྱིན་ཅི་ལོག་ཏུ་བཤད་ན་མཁས་པ་རྣམས་ག་ལ་དགའ་སྟེ་མི་དགའ་འོ། །འཆད་ཚུལ་གཉིས་སྤྱིར་བསྟན་པ་དེས་ན་བྱ་རྒོད་ཕུང་པོ་སོགས། །བཀོད་པ་ཕུན་སུམ་ཚོགས་པའི་བསྔགས་པ་བཤད་པ་ནི་མདོ་སྡེ་ལ་ངེས་པ་བསྐྱེད་པའི་ཕྱིར་དུ་སྟོན་ཕུན་སུམ་ཚོགས་པ་ལྔ་འཛོམས་པའི་དུས་སུ་མདོ་སྡེ་འདི་བྱུང་ངོ་ཞེས་སྙན་ངག་མཁན་གྱི་ལུགས་བཞིན་དུ་ཡོན་ཏན་བསྔགས་པའི་སྐབས་ཡིན། །རྣམ་པ་གཞན་དུ་ཐེག་ཆེན་གྱི་མདོ་སྡེ་གསུངས་པའི་ཚེ་བཅོམ་ལྡན་འདས་ཀྱིས་ས་ཕྱོགས་བྱིན་གྱི་བརླབས་པས་འཁོར་ཐམས་ཅད་ཀྱི་དེ་ལྟར་མཐོང་བ་ཡིན་ཞེས་གསུངས་སོ། །ཆོས་མངོན་པ་སོགས་ནས་གངས་ཅན་དང་མ་དྲོས་པ་ལ་སོགས་པ། །གླིང་བཞི་རི་རབ་ཉི་ཟླ་རྒྱ་སྐར་ཆེ་ཆུང་གི་ཚད་ཚུན་ཆད་བཤད་པ་ནི། ཆོས་རྣམས་ཀྱི་རང་སྤྱིའི་མཚན་ཉིད་འཆད་པའི་སྐབས་ཡིན་པས། དངོས་པོའི་གནས་ལུགས་འཆད་པ་ཡིན་པས་དེའི་ཚེ་ན། །དེ་དག་ལ་ནོར་བ་དང་འཁྲུལ་པར་བཤད་ན་མངོན་

པ་གསུངས་པ་པོའི་སྟོན་པ་དེ་ཀུན་མཁྱེན་མིན་པར་འགྱུར་བས་དེ་གཉིས་མི་འདྲའོ། །དེས་ན་གངས་ཅན་དང་མ་དྲོས་པ་སོགས་སྙིགས་མའི་དུས་ཀྱི་ཤུགས་བརྟས་པ་སྟེ་རྒྱས་པས། །སྟོན་དུས་ལས་ཉུང་ཟད་ངན་པར་འགྲོ་སྲིད་མོད་ཀྱི། །ཆོས་མངོན་པ་ནས་བཤད་པའི་མ་དྲོས་པ་དང་སྤོས་དང་ལྡན་པ་དང་ཤིང་འཛམ་བུ་དང་མེ་ཏོག་པདྨ་ལ་སོགས་པ། མཚན་ཉིད་ཐམས་ཅད་འཁྲུལ་པར་ག་ལ་སྲིད། །གནས་འབྱུང་གཙོད་ཀྱི་བྱེ་བྲག་ཙ་རི་ཏྲ་ཞེས་བྱ་བའི་ཡུལ་ནི། །ལྷོ་ཕྱོགས་རྒྱ་མཚོའི་འགྲམ་ན་ཡོད་པར་གསུངས། །ལ་ལ་ཙ་རི་ཏྲ་གོང་ཡུལ་གྱི་ཙཱ་རི་ཙ་གོང་ཡིན་ཟེར་བ་ཡོད་དེ་དེ་མ་ཡིན། །ཡང་གནས་ཞིང་གི་བྱེ་བྲག་དེ་ཝཱི་ཀོ་ཊ་སྟེ་ལྷ་མོའི་མཁར་གཉིས་ཡོད་པའི་ཆེ་ཤོས་རྒྱ་གར་ལྷོ་ཕྱོགས་ན་ཡོད་དེའི་གནས་གཞན་ཆུང་བ་ཞིག །བོད་ཡུལ་གྱི་ཙ་རི་འདི་ཡིན་ཞེས་ལ་ལ་དག་སྨྲ་བར་བྱེད་དོ། །རྡོ་རྗེ་མཁའ་འགྲོའི་རྒྱུད་ལས་ནི། །དེ་ཝཱི་ཀོ་ཊར་ཧྣ་ཏུ་གནས། །ཞེས་གསུངས་པ་དང་གཞན་ཡང་དེ་ཉིད་ལས། །བོད་ཡུལ་ལྡན་ཅིག་སྐྱེས་མ་ནི། །རྡོ་བའི་ཕུག་སྟེ་བྲག་གི་ཁྱིམ་ལ་བརྟེན་ཏེ་གནས། །ཡུལ་དེར་གནས་པའི་ལྷ་མོ་ནི། །ཧྣ་ཏུའི་ཤིང་ལ་བརྟེན་ཏེ་གནས་པ་ཡོད་ཅེས་གསུངས་པས། །བོད་ཀྱི་ཙ་རི་དེ་ཡི་ཕྱོགས་ན་ཧྣ་ཏུའི་ཤིང་། །ཡོད་ན་ཡུལ་དེ་དེ་ཝཱི་ཀོ་ཊའི་གནས་ཡིན་པ་ལ་འགལ་བ་མེད་དོ། །ཧྣ་ཏུའི་ཤིང་ནི་པགས་པ་ཤིན་ཏུ་འཇམ་ཞིང་ཡལ་ག་རྣམས་ཀྱི་དབྱིབས་རྒྱ་མ་བུས་པ་ལྟ་བུ་འདབ་མ་ཕྱོགས་གཉིས་སུ་བྱའི་གཤོག་པ་ལྟར་ཆ་མཉམ་དུ་ཡོང་བའི་ཤིང་ཡོད་པར་གསུང་ངོ་། །བོད་ཀྱི་ཏི་སེ་དང་ནི་ཙ་རི་སོགས། །གལ་ཏེ་བཏགས་པ་མཐའ་བཟུང་དུ་རྒྱུད་ནས་བཤད་པའི་གནས་ཆེན་ཡིན་ན་ཡང་། །ཡུལ་དེ་དང་དེར་འགྲོ་བའི་གང་ཟག་ནི། །སྟོན་བཤད་པ་ལྟར་དབང་བསྐུར་ཐོབ་ཅིང་དམ་ཚིག་དང་ལྡན་པ། །མཁའ་འགྲོ་རྣམས་ལ་ལུས་ངག་གི་བརྡ་དང་བརྡ་ཡི་ལན་བྱེད་ཤེས་ཤིང་། །ནང་དུ་རིམ་གཉིས་ཀྱི་རྟོགས་པ་བརྟན་པོ་ཡོད་པ་ཡིས། །གསང་སྔགས་ནས་བཤད་པའི་བརྟུལ་ཞུགས་ཀྱི་སྤྱོད་པའི་དོན་དུ་རྒྱུ་བར་རྒྱུད་སྡེ་ལས་གསུངས། །ཁྱད་ཆོས་དེ་ལྟ་བུ་དང་ལྡན་པ་མིན་པའི་གང་ཟག་དབང་བསྐུར་མ་ཐོབ་དམ་ཚིག་མི་ལྡན་རིམ་གཉིས་མི་བསྒོམ་བརྡ་དང་བརྡའི་ལན་མི་ཤེས་པ་དག་གིས། །ཡུལ་དེ་དང་དེར་འགྲོ་བ་ནི་རྒྱུད་ལས་བཀག་སྟེ། །དཔེར་ན་གཏེར་གྱི་ཁ་བྱང་དང་གཏེར་བྱང་མེད་པར་གཏེར་འདོན་པ་ན་ནོར་མི་ཐོབ། ཐོབ་ཀྱང་བར་ཆད་འབྱུང་བ་ལྟར་ཡུལ་ཆེན་པོར་འགྲོ་བར་བཀག །ཞང་ཚལ་པ་ལ་སོགས་པ་ཁ་ཅིག་དཀར་པོ་ཆིག་ཐུབ་ཅེས་བྱ་བ་སྨན་དཀར་པོ་ཆུག་ཐུབ་དང་འདྲ་བར་ཐབས་གཞན་མི་དགོས་པར་སྟོང་ཉིད་ཁོ་ན་བསྒོམས་པ་ལས། །འབྲས་བུ་སྐུ་གསུམ་ལྷུན་གྲུབ་ཏུ་འབྱུང་ཞེས་ཟེར། །རྒྱུ་གཅིག་ཁོ་ན་ལས་འབྲས་བུ་གསུམ་འབྱུང་མི་ནུས་ཏེ། །འབྲས་བུ་སྐྱེད་པ་ལ་རྒྱུ་རྐྱེན་དུ་མ་ཚོགས་དགོས་པས་སོ། །ཆོས་གྲགས་ཀྱིས། རྒྱུ་ཚོགས་པ་ལས་འབྲས་སྐྱེ་བར། །ཞེས་དང་། །མ་ཚང་མེད་རྒྱུ་དེ་ལ་ནི། །

འབྲས་བུ་གང་གིས་བཟློག་པར་ནུས། །ཞེས་བཤད་དོ་གལ་ཏེ་བཏགས་པ་མཐའ་བརྒྱད་དུ་རྒྱུ་གཅིག་ལས་འབྲས་བུ་ཞིག །བྱུང་ཡང་འབྲས་བུ་གཉིས་དང་གསུམ་ལ་སོགས་པ་འབྱུང་བ་མི་འཐད་པས་ཉན་ཐོས་འགོག་པ་བཞིན། །འབྲས་བུ་དེ་ཡང་ཕན་གནོད་མེད་པའི་སྟོང་པ་ཉིད་གཅིག་ཏུ་འགྱུར་རོ། །དེ་ལ་འགའ་ཞིག་ཆིག་ཐུབ་བསྒོམས་པ་དང་། །དེའི་རྗེས་ལ་གཞན་དོན་འོང་བའི་ཐབས་སུ་བསྔོ་བ་བྱ་དགོས་ཟེར། །འོན་ཆིག་ཐུབ་དང་ཆིག་ཐུབ་མ་ཡིན་པ་སྟོང་པ་དང་བསྔོ་བ་གཉིས་སུ་འགྱུར་ཞིང་། །སྟོང་ཉིད་རྐྱང་པ་ལ་ནམ་མཁའ་ལྟར་བསྔོ་རྒྱུའི་དགེ་བ་མེད་པས་བསྔོ་རྒྱུའི་དགེ་བར་འགྲོ་བ་དེ་ལའང་སྔོན་དུ་སྐྱབས་འགྲོ་དང་སེམས་བསྐྱེད་དང་། །ཡི་དམ་གྱི་ལྷ་བསྒོམ་པ་ལ་སོགས་པ། །དགོས་པས་དེ་རྣམས་བྱེད་ན་ཆིག་ཐུབ་ཏུ་མར་འགྱུར། །མི་བྱེད་ན་དགེ་བ་མ་བྱས་པ་ལ་བསྔོ་རྒྱུའང་མེད། གསུར་ཅིག་རྐྱང་པས་ཅི་ལའང་མི་ཕན། དེས་ན་ཆིག་ཐུབ་འདི་འདྲའི་ལུགས་ནི། །རྫོགས་པའི་སངས་རྒྱས་ཀྱིས་མདོ་རྒྱུད་ལས་གསུངས་པ་མེད་པས། །ཐབས་ཀྱི་གནད་གཅོད་པའི་རང་བཟོ་མཁན་གྱི་ལུགས་ཡིན་ནོ། །ཐུབ་པས་མདོ་ལས། དམ་པའི་ཆོས་ནི་འཛིན་པ་དང་། །བྱང་ཆུབ་སེམས་ཀྱི་བསོད་ནམས་དེས། །སྟོང་པ་ཉིད་ལ་མོས་པ་ཡི། །བཅུ་དྲུག་ཆར་ཡང་མི་ཕོད་དོ། །ཞེས་སྟོང་པ་ཉིད་ལ་བསྔགས་པ་མཛད་པ་ནི། །བདེན་འཛིན་ཅན་རྣམས་བདེན་པའི་དངོས་པོར་འཛིན་པ་བདེན་འཛིན་བཟློག་པ་དང་། སྟོང་པ་ཉིད་ལ་སྐྲག་པ་ལ་དེའི་ཆེ་བ་དབྱུང་བའི་ཕྱིར་ཡིན་གྱི་སྟོང་ཉིད་ལྟ་བ་ཁོ་ནས་སངས་རྒྱས་ཐོབ་པ་མེད་དོ། །གཞན་ཡང་སངས་རྒྱས་ལ་ཕྱག་འཚལ་ལོ་ཞེས་བརྗོད་པ་ཙམ་གྱིས། །འཁོར་བ་ལས་ནི་ཐར་བར་འགྱུར་ཅེས་འབུམ་ལ་སོགས་པའི་མདོ་ལས་གསུངས། །དེ་བཞིན་དུ་མཆོད་རྟེན་བསྐོར་བ་དང་། །རྟེན་འབྲེལ་ཙམ་ཞིག་ཐོས་པ་ལ་སོགས་པ་དང་། །ཨ་ལ་སོགས་པའི་སྔགས་འབྲུ་འགའ་ཞིག་དྲན་པ་ཙམ་གྱིས། །སྡིག་པ་ཀུན་ལས་གྲོལ་བར་འགྱུར་རོ་ཞེས། །མདོ་རྒྱུད་འགའ་ཞིག་ལས་གསུངས་པའི་དགོངས་པ་གདུལ་བྱ་ཞུམ་པ་བསམ་ནས་དགེ་བས་སྤྲོ་བ་བསྐྱེད་པའི་ཆེད་དུ་ཡིན་པ་མི་ཤེས་པར། །ཚིག་འབྲུ་སྒྲ་ཇི་བཞིན་པ་ཙམ་ལ་བརྟེན་ནས་ཟབ་ཅིང་རྒྱ་ཆེ་བའི་ཆོས་གཞན་སྤང་བར་མི་བྱ། །བྱམས་པས། དོན་སྒྲ་ཇི་བཞིན་ཡོངས་རྟོགས་ན། །བདག་ཉིད་བསྙེམས་ཤིང་བློ་ཉམས་འགྱུར། །ཞེས་སོ། །དཔེར་ན་མདའ་རྐྱང་པ་ལ་ནི་དོན་བྱེད་པ་མེད་ལ། །གཞུ་བཟང་ཞིང་སྐྱེས་བུ་འཕེན་པ་ལ་མཁས་པར་གྱུར་ན། །འཕེན་པ་པོ་དེ་ཡིས་འདོད་པའི་བྱ་བ་དགྲ་གསོད་པ་ལ་སོགས་པ་འགྲུབ། །དཔེ་དེ་བཞིན་དུ་ཤེས་རབ་སྟོང་ཉིད་རྐྱང་པ་ལ། །འཚང་རྒྱ་བའི་ལམ་གྱི་བྱེད་པ་ཅི་ཡང་ཡོད་པ་མ་ཡིན་ལ། །ཐབས་གཞུ་དང་ཤེས་རབ་མདའ་ཟུང་དུ་ལེགས་པར་འབྲེལ་ན། །འདོད་པའི་འབྲས་བུ་རིམ་པ་བཞིན་དུ་ས་ལམ་བགྲོད་ནས་སངས་རྒྱས་ཐོབ་པར་འགྱུར། །དེ་ཡང་རྒྱུད་རྡོ་རྗེ་གུར་ལས་ཐབས་ཤེས་ཟུང་འབྲེལ་དགོས་ཚུལ་

འདི་སྐད་གསུངས། །གལ་ཏེ་སྟོང་པ་ཉིད་དུ་ལྟ་བ་ཁོ་ན་སངས་རྒྱས་ཐོབ་པའི་ཐབས་ཡིན་ན། །དེ་ཡི་ཚེ་སངས་རྒྱས་ཀྱང་སྟོང་པ་ཉིད་དུ་འགྱུར་གྱི་སྐུ་གསུམ་མི་འབྱུང་། །དེའི་འཐད་པ་འབྲས་བུ་རྒྱུ་ལས་གཞན་མིན་ཏེ་རྒྱུ་འབྲས་མཚུངས་དགོས་པའི་ཕྱིར། །སངས་རྒྱས་འབྱུང་བའི་ཐབས་ནི་སྟོང་པ་ཉིད་དུ་ལྟ་བ་མ་ཡིན་ནོ། །འོན་སྟོང་པ་ཉིད་བསྒོམ་པར་གསུངས་པའི་འཐད་པ་གང་ཡིན་ཞེ་ན། །མཐར་འཛིན་གྱི་ལྟ་བ་རྣམས་ལས་བཟློག་པ་དང་། །མུ་སྟེགས་བྱེད་བདག་ཏུ་ལྟ་བ་ཚོལ་བ་རྣམས་ཀྱི། །བདག་ཏུ་ཞེན་པའི་བསམ་པ་བཟློག་པའི་ཕྱིར། །སྟོང་པ་ཉིད་ཀྱི་ལྟ་བ་རྒྱལ་བ་རྣམས་ཀྱིས་གསུངས། །སྟོང་པས་སངས་མི་རྒྱ་སངས་རྒྱ་བ་ལ་ཐབས་ལམ་ཟབ་དགོས། །དཔེ་ན་འགྲོ་སྨན་གྱིས་ནད་འབྲིན་གྱི་ལུས་བརྟས་པ་ལ་བཟའ་བཏུང་དགོས་པ་བཞིན་ནོ། །འོན་གསང་སྔགས་ཀྱི་ཐབས་གང་འཚང་རྒྱ་ཞེ་ན། དེ་ཕྱིར་ཐབས་ཤེས་ཟུང་འཇུག་གིས་སངས་རྒྱས་ཐོབ་སྟེ་དཀྱིལ་འཁོར་འཁོར་ལོ་སྒོམ་པ་བསྐྱེད་རིམ་བྱ་ཞེས། །ཐབས་བསྒོམ་པ་ལས་ནི་རྫོགས་རིམ་གྱི་ཐབས་ནི་བདེ་བའི་སྡོམ་པ་སྟེ་རང་བྱུང་གི་ཡེ་ཤེས་བསྐྱེད་ནས་ཆོས་སྐུ་འགྲུབ། །སངས་རྒྱས་ང་རྒྱལ་ཏེ་བསྐྱེད་རིམ་གྱིས་ཐ་ལང་འཛིན་པ་སྦྱངས། གཟུགས་སྐུའི་ང་རྒྱལ་རྫོགས་རིམ་ཆོས་སྐུའི་ང་རྒྱལ་གྱི་རྣལ་འབྱོར་གྱིས། །སངས་རྒྱས་ཉིད་དུ་ངེས་པར་འགྲུབ་བོ། །འདིར་ཀུན་མཁྱེན་དང་ངག་ཆོས་དཀྱིལ་འཁོར་འཁོར་ལོ་ཞེས་བྱ་བའི་རྫོགས་རིམ་གྱི་ཐབས་ནི་བདེ་བའི་སྡོམ་པ་སྟེ་ཤེས་རབ་ཡིན་ལ་སངས་རྒྱལ་རྣལ་འབྱོར་ནི་བསྐྱེད་རིམ་ཏེ་ཐབས་ཡིན་པས་དེ་གཉིས་སྔ་མས་རང་བྱུང་གི་ཡེ་ཤེས་བསྐྱེད་ནས་ཆོས་སྐུ་འགྲུབ། །ཕྱི་མས་ཐ་མལ་དུ་འཛིན་པ་སྦྱངས་ནས་གཟུགས་སྐུ་འགྲུབ་པར་གསུངས་སོ། །དེ་ལ་སོགས་པ་ཤིན་ཏུ་གསལ་བར་གསུངས་པ་རྒྱུད་སྡེ་རྣམས་སུ་ལྟོས། །རྣམ་སྣང་མངོན་བྱང་ལས་ཀྱང་ནི། །ཐབས་མཁས་དང་མི་ལྡན་པའི་ཡེ་ཤེས་སྟོང་པ་ཉིད་ལྟ་བའི་ཆ་དང་། །དེ་དང་འབྲེལ་བའི་བསླབ་པ་དག་ཀྱང་གསུངས་པ་ནི། །སངས་རྒྱས་དཔའ་བོ་ཆེན་པོས་ཉན་ཐོས་ཀྱི་རིགས་ཅན་ཐབས་ཟབ་མོ་ལ་བསྒྲགས་པ་རྣམས། །ཚུལ་དེ་ལ་གཞུག་པའི་ཕྱིར་དུ་གསུངས་སོ། །གང་དག་དུས་གསུམ་གྱི་མགོན་པོ་སངས་རྒྱས་རྣམས་ནི། །ཐབས་མཁས་དང་ཤེས་རབ་ཟུང་འབྲེལ་དུ་ལྡན་པའི་ལམ་ཆ་ཚང་བ་ལ། །བསླབས་ནས་མཐའ་གཉིས་ལ་མི་གནས་པའི་བླ་མེད་ཐེག་པ་ནི། །རྒྱུ་རྐྱེན་གྱིས་ཉམས་སུ་མེད་པས་འདུས་མ་བྱས་པ་སངས་རྒྱས་རང་དོན་ཆོས་སྐུ་དང་། །གཞན་དོན་གཟུགས་སྐུའི་གོ་འཕང་ངེས་ཐོབ་པོ། །ཞེས་གསུངས་པ་ཡང་འཚང་རྒྱ་བ་ལ་ཐབས་ཤེས་ཟུང་འཇུག་དགོས་པར་བསྟན་པ་ཤེས་པར་གྱིས། །ཆོས་ཀྱི་གྲགས་པས་ཚད་མ་རྣམ་འགྲེལ་ལས། །བསྐལ་པ་རྣམ་པ་དུ་མར་སྙིང་རྗེ་དང་སྦྱིན་སོགས་ཀྱི་ཐབས་མང་པོ། །ཡུན་རིང་དུས་སུ་གོམས་པ་ལས། ། དེ་ལ་ཐབས་བསྒོམས་པའི་སྟོབས་ཀྱིས་འཁོར་འདས་ཀྱི་སྐྱོན་དང་ཡོན་ཏན་གྱི་གནས་ཚུལ་དག །བཟོ་ཡི་

གནས་གོམས་པ་ལྟར། །རབ་ཏུ་གསལ་བའི་མཁྱེན་པ་ཐོབ་པ་ཉིད་དུ་འགྱུར། །དེས་ན་ཐབས་གོམས་པའི་སྟོབས་ཀྱིས་ཐུགས་ཀྱང་བདེན་བཞིའི་གནས་ཚུལ་ལ་ཤིན་ཏུ་གསལ་བའི་མཐར་ཐུག་པའི་ཕྱིར། །སྒྲིབ་པ་གཉིས་ཀྱི་རྒྱུ་ཡི་བག་ཆགས་ལེགས་པར་སྤངས་པ་ཡིན། །ཐུབ་པ་ཆེན་པོ་གཞན་གྱི་དོན་འཇུག་པ་ཅན་གྱི་སངས་རྒྱས་དེ། །བསེ་རུ་སོགས་ཏེ་རང་སངས་རྒྱས་དང་དགྲ་བཅོམ་པ་གཉིས་ལས་ཁྱད་པར་དུ་འཕགས་པའི་རྒྱུ་ཐབས་ལམ་སྤང་རྟོགས་འདི་ཡིན། །ཐབས་མཁས་དེ་འབྲས་དུས་ཀྱི་སྟོན་པའི་རྒྱུའི་དོན་ཡིན་པའི་ཕྱིར་ན་ཐབས་གོམས་པ། །དེ་ཉིད་གཞན་ལ་སྟོན་པའི་སངས་རྒྱས་ཡིན་པར་བཞེད་དེ། །ཚད་མ་མདོའི་མཆོད་བརྗོད་དུ་དེ་སྟོན་པའི་མིང་གིས་བཏགས་པར་མཛད་ཅེས་གསུངས་པ་ཡང་འཚང་རྒྱ་བ་ལ་ཐབས་མཁས་དགོས་པ་དེ་ཉིད་ཡིན། །ཐབས་མཁས་དགོས་པ་ལུང་རིགས་ཀྱིས་གྲུབ་པ་དེས་ན་ཐབས་ལ་མ་སྦྱངས་ན། །ཤེས་བྱ་ཇི་སྙེད་པ་ཐམས་ཅད་མཁྱེན་པ་དང་། །གཞན་དོན་འབད་མེད་ལྷུན་གྲུབ་ཏུ་མཛད་པ་སེམས་ངོ་འཕྲོད་པའང་མི་སྲིད་དོ། །དེའི་ཉེར་ལེན་དེ་ཡིན་པས་སོ། །ཐབས་མཁས་དགོས་པ་དཔེར་ན་ཟ་འོག་ལ་སོགས་པའི་ཐགས་ཀྱི་རྒྱུ་རྣམས་ཕལ་ཆེར་མཐུན་ལ། །འོན་ཀྱང་སྐྱུན་གྱི་དབྱེ་བས་རི་མོ་བཟང་ངན་འབྱུང་བ། །དེ་བཞིན་དུ་འཁོར་བ་ལས་གྲོལ་བའི་རྒྱུ་སྟོང་ཉིད་ཀྱི་ལྟ་བ་ཐེག་པ་གསུམ་ག་ཕལ་ཆེར་མཐུན་ལ། །གཞན་དོན་ཕྲིན་ལས་རྒྱ་ཆེ་ཆུང་སོགས་འབྲས་བུའི་བཟང་ངན་ནི་ཐབས་ཀྱིས་བཟང་ངན་བྱེད། །ཐབས་མི་མཁས་པའི་སྟོང་ཉིད་ལྟ་བས་ཐར་པ་མྱུར་ངན་ལས་འདལ། །དེའི་སྟེང་དུ་ཐབས་ལ་མཁས་པས་སྟོང་ཉིད་རྟོགས་ན་རྫོགས་འཚང་རྒྱ་བར་འགྱུར་རོ། །གནད་དེས་ན་གཞན་དོན་འབད་མེད་འབྱུང་བའི་སངས་རྒྱས་ཐོབ་པར་འདོད་ན། །ལྟ་བ་དེའི་སྟེང་དུ་ཐབས་ལ་མཁས་པ་ལ་ནན་ཏན་གྱིས། །ཐེག་གསུམ་སོ་སོའི་བྱང་ཆུབ་ཉན་ཐོས་དགྲ་བཅོམ་པ་དང་རང་སངས་རྒྱས། །རྫོགས་པའི་སངས་རྒྱས་རྣམ་པ་གསུམ། །འཁོར་བ་ལས་རྣམ་པར་གྲོལ་བར་མཚུངས་ན་ཡང་། །བཟང་ངན་ནི་ཐབས་བཟང་ངན་གཉིས་ཀྱིས་ཕྱེ་བ་ཡིན་ཏེ། །གཞན་དོན་དང་རང་དོན་ཡིད་བྱེད་ཀྱི་ཐབས་བཟང་ངན་ལས་འབྲས་བུ་བཟང་ངན་འབྱུང་བ་དེ་ཡང་མདོ་སྡེ་རྒྱན་ལས་ནི། །དཔེ་ཇི་ལྟར་མདུད་པའི་བྱེ་བྲག་གིས། །གོས་བཅོས་པར་མཉམ་པ་ལ་ཚོན་བཀྲ་བ་དང་མི་བཀྲ་བ་འབྱུང་བ། །དེ་བཞིན་དུ་སེམས་བསྐྱེད་དང་སྨོན་ལམ་ལ་སོགས་ཐབས་ཀྱི་འཕེན་པའི་ཁྱད་པར་བཟང་ངན་གྱི་དབང་གིས་ནི། །ཐེག་པ་གསུམ་ལ་འཁོར་བ་ལས་གྲོལ་བ་མཉམ་ཡང་མཁྱེན་པའི་ཡེ་ཤེས་བཀྲ་མི་བཀྲ་འབྱུང་། །དེ་སྐད་གསུངས་པའང་དོན་འབྲས་བུའི་བཟང་ངན་ཐབས་ཀྱིས་བྱེད་པ་འདི་ཡིན། །སློབ་དཔོན་མ་ཏི་ཙི་ཏྲས་བསྟོད་པ་བརྒྱ་ལྔ་བཅུ་པ་ལས་ཀྱང་། །བསེ་རུའི་རྣ་དང་འདྲ་བའི་རང་སངས་རྒྱས་གང་ཡིན་པ་དང་། །གང་ཡང་སྟོན་པ་ཁྱོད་ཀྱི་རྗེས་སུ་འགྲོ་ཞིང་སློབས་པའི་དགྲ་བཅོམ་པ། །སྟོང་

ཉིད་རྟོགས་པའི་ཞི་བ་ཉོན་མོངས་བྲལ་བ་ཙམ་གྱིས་ཁྱོད་དང་མཚུངས་ཀྱང་། །ལྷུན་གྲུབ་ལ་སོགས་པ་བསམ་ཡས་ཡོན་ཏན་ཚོགས་ཀྱིས་མཚུངས་པ་མིན། །ཞེས་གསུངས་པ་ཡང་དོན་འདི་ཡིན་ནོ། །འབྲས་བུ་བཟང་ངན་ཐབས་ཀྱིས་འབྱེད་པ་དེས་ན་སངས་རྒྱས་ཐོབ་འདོད་ན། །སྟོང་པ་ཉིད་ཀྱི་ལྟ་བ་ལ་འདྲིས་པར་གྱིས། །ཐབས་མཁས་པ་ལ་འབད་པས་སྒོམས་པར་བྱ་སྟེ། །སྟོང་ཉིད་ལ་ནི་འདྲིས་བྱ་ཡི། །ཐབས་ཀྱི་ཡོན་ཏན་མ་རྫོགས་པར། །སྟོང་ཉིད་མངོན་དུ་མ་བྱེད་ཅེས། །ཤེས་རབ་ཀྱི་ཕ་རོལ་ཏུ་ཕྱིན་པ་ལས་གསུངས་ཏེ། །རྒྱས་འབྲིང་བསྡུས་གསུམ་ག་ལས་སྟོང་པ་ཉིད་ཀྱི་ཏིང་ངེ་འཛིན་ལ་འདྲིས་པར་བྱ་ཡི། སྟོང་པ་ཉིད་ཀྱི་ཏིང་ངེ་འཛིན་མངོན་སུམ་དུ་མི་བྱ་ཞེས་བྱ་ལ་སོགས་པ་རྒྱས་པར་གསུངས་སོ། །རིགས་པས་ཀྱང་གྲུབ་སྟེ། ཐབས་མཁས་མེད་པར་སྟོང་ཉིད་རྐྱང་པ་བསྒོམས་ན་ནི་ཆད་ལྟར་འགྱུར་བས། །སྟོང་ཉིད་ཉིད་ཀྱང་རྟོགས་མི་ནུས་ངན་སོང་དང་གཟུགས་མེད་སོགས་སུ་སྐྱེ། །གལ་ཏེ་སྟོང་ཉིད་མཚན་ཉིད་པ་རྟོགས་ན་ཡང་། །ཐེག་ཆེན་ལས་གཞན་དུ་ཉན་ཐོས་ཀྱི་ནི་འགོག་པར་ལྷུང་སྟེ། །འཕགས་པ་དཀོན་མཆོག་བརྩེགས་པའི་མདོ་ལས། །རི་དྭགས་ཀྱི་རྒྱལ་པོ་སེང་གེ་གཞན་གང་ལའང་མི་འཇིགས་མོད། །གནས་ཁྲོད་སོགས་མེ་ཆེན་པོ་མཆེད་པ་མཐོང་ན་སྐྲག་ཅིང་འཇིགས་པ་སྐྱེ་བ། །དེ་བཞིན་དུ་བྱང་ཆུབ་སེམས་དཔའ་ཡང་། །དམྱལ་བ་མནར་མེད་ཀྱི་སྡུག་བསྔལ་ལ་སོགས་པ་ཆོས་གཞན་གང་ལའང་མི་འཇིགས་པར་སྤྲོ་བས་གཞན་དོན་མཛད་ཀྱང་། །སྟོང་པ་ཉིད་ཀྱི་མཐའ་ལ་འཇིགས་ཤིང་སྐྲག་ཅེས་གསུངས་ཤིང་། །དེ་ཡི་དགོངས་པ་འདི་ལྟར་ཡིན་ཏེ། །ཐབས་དང་བྲལ་བའི་སྟོང་ཉིད་ཀྱིས། །དམན་པའི་མྱ་ངན་འདས་པར་ལྟུང་བར་འགྱུར་བའི་ཕྱིར་རོ། །ཕྱག་ཆེན་པ་ལ་ལ་སྟོང་ཉིད་རྐྱང་པ་བསྒོམས་པ་མཐར་ཕྱིན་པ་ལས། །འབྲས་བུ་སྐུ་གསུམ་འབྱུང་བ་འདོད་པ་དང་། །གསང་འདུས་ཀྱི་ཉམས་ལེན་བྱེད་པར་འདོད་པ་ལ་ལ་ཟུང་འཇུག་བསྒོམས་པ་ལས། །འབྲས་བུ་འོད་གསལ་དུ་སངས་རྒྱས་ཞེས་འདོད་པ་ཡོད་དེ། །རྒྱུ་འབྲས་ཕྱིན་ཅི་ལོག་རིགས་མི་མཐུན་དུ་གྱུར་པའི་ཕྱིར། །ལུགས་དེ་གཉིས་ཀ་ཡང་ནི་སྐྱོན་ཅན་ཡིན་ནོ། །རྒྱུ་འབྲས་དོ་མི་སྙོམས། ཞང་ཚལ་པ་ལ་སོགས་པ་ཁ་ཅིག་ཕྱག་རྒྱ་ཆེན་པོས་ས་ལམ་ཐམས་ཅད་ཅིག་ཆར་དུ་ཆོད་འགྲོ་བས་ས་ལམ་གྱི་རིམ་པ་ངེས་པ་ཅན་མི་བགྲོད་པར། །རྫོགས་འཚང་རྒྱ་བར་འདོད་པ་ཕྱག་རྒྱ་ཆེན་པོ་ཆིག་ཆོད་ལ་ས་ལམ་མི་དགོས་ཞེས་ཟེར་བ་དང་། །འགའ་ཞིག་ནང་དུ་རིམ་གཉིས་ཀྱི་རྟོགས་པ་མེད་པར་ཧེ་སེ་ལ་སོགས་པའི་གནས་བསྐོར་བ་དང་མཉམ་དུ། །རྩ་མདུད་མེད་པ་སོགས་རླུང་འཁྲུལ་འཁོར་སོགས་མི་དགོས་པ་འདོད་པ་ཡང་། །རྒྱུད་སྡེའི་དགོངས་པ་མ་ཤེས་པས། །དེ་དག་གསང་སྔགས་ཀྱི་བསྟན་པ་དང་ཤིན་ཏུ་འགལ་བ་ཡིན། །རྒྱ་མཚན་དབང་བསྐུར་མ་ཐོབ་པ་ལ་བཤད་དུ་མི་ཉན། །ཕྱི་རུ་ཡུལ་ཉི་ཤུ་རྩ་བཞི་ལ་སོགས་པ་རྣམས་བགྲོད་ཅིང་མཁའ་འགྲོ

རྣམས་དབང་དུ་གྱུར་པ་དང་། །ནང་དུ་རྩ་མདུད་རྣམས་གྲོལ་བ་ནི། །རྣལ་འབྱོར་པས་ས་བཅུ་ལ་སོགས་པ་བགྲོད་པ་ཡི། །རྟེན་འབྲེལ་ཉིད་ཀྱིས་འབྱུང་བ་ཡིན། །དཔེར་ན་རང་རྒྱུད་ལ་བླ་མེད་ཀྱི་ས་དང་པོའི་རྟོགས་པ་འཆར་བའི་རྟེན་འབྲེལ་འགྲིགས་ན་རོལ་གྱི་པུ་ལླི་ར་མ་ལ་ཡ་ལ་སོགས་པའི་ཡུལ་བཞིའི་མཁའ་འགྲོ་དབང་དུ་གྱུར་པ་དང་། །ནང་ལུས་ཀྱི་སྤྱི་བོ་ལ་སོགས་པའི་རླུང་སེམས་དབུ་མར་ཐིམ་པར་འགྱུར་བ་བཞིན་ནོ། །ཚུལ་འདི་དག་གི་དོན་ནི་རྣལ་འབྱོར་ཆེན་པོ་ཡི། །རྒྱུད་ཀྱིས་ས་ལམ་གྱི་སྐབས་སུ་ལྟོས་དབང་བསྐུར་མ་ཐོབ་པ་ལ་བཤད་དུ་མི་ཉན། །རྟེན་འབྲེལ་གྱི་གནད་བཤད་མ་ཐག་པ་དེས་ན་ནང་དུ་ས་ལམ་མི་བགྲོད་པར། །ཕྱི་རུ་ཡུལ་ཉེར་བཞི་སོགས་བགྲོད་པ་ནི་བཞད་གད་ཀྱི་གནས་སོ། །གསང་སྔགས་ཀྱི་འབྲས་བུ་ལ་མོས་ཀྱང་རྒྱུ་ལ་མི་མོས་པ་ལ་ལ་གསང་སྔགས་ཀྱི་སྨིན་བྱེད་དབང་བཞི་མི་འདོད་ཅིང་། །གྲོལ་བྱེད་བསྐྱེད་རིམ་རང་བྱིན་རླབས་དཀྱིལ་འཁོར་འཁོར་ལོ་ཕྱག་རྒྱ་ཆེན་པོ་ལ་སོགས་པ་ལམ་བཞི་པོའི། །རྣམ་པར་བཞག་པ་མི་འདོད་པར། །རྡོ་རྗེ་ཐེག་པའི་ལམ་གྱི་འབྲས་བུ་ནི། །སྤྲུལ་སྐུ་ལ་སོགས་ལོངས་སྐུ། ཆོས་སྐུ། ངོ་བོ་ཉིད་སྐུ། སྐུ་བཞི་འབྱུང་བ་ཡིན་ཞེས། །འདོད་པ་དེ་ཡང་རྒྱུ་འབྲས་ཀྱི་འབྲེལ་པ་ཕྱིན་ཅི་ལོག་ཏུ་འཁྲུལ་པའི་ཤེས་པ་ཡིན་ཏེ། །དབང་བཞི་ཐོབ། ལམ་བཞི་བསྒོམས་པས་འབྲས་བུ་སྐུ་བཞི་འབྱུང་བའི་ཕྱིར་རོ། །གསང་འདུས་རིམ་ལྔའི་རྣལ་འབྱོར་བསྒོམས་པར་ཁས་འཆེ་བ་ཁ་ཅིག་རིམ་ལྔའི་འབྲས་བུའི་མཐར་ཐུག་ནི། །འོད་གསལ་སྟོང་ཉིད་དུ་སངས་རྒྱ་བ་ཡིན་ཞེས་སྨྲ་བ་ཐོས། །འདི་ནི་འཕགས་པའི་གང་ཀླུ་སྒྲུབ་ཡབ་སྲས་ཀྱི་དགོངས་པ་མིན་ཏེ། །རིམ་ལྔ་དང་ནི་སྤྱོད་བསྡུས་སུ། །འོད་གསལ་བ་སྟོང་ཉིད་ལས་ཟུང་འཇུག་གི་སྐུར། །ལྡང་བ་འབྲས་བུ་མཐར་ཐུག་ཡིན་པར་གསུངས་ཏེ། །རིམ་ལྔ་ལས། འོད་གསལ་ཉིད་ལ་དམིགས་ནས་ནི། །ཟུང་དུ་འཇུག་པ་ཐོབ་པར་འགྱུར། །ཟུང་འཇུག་རིམ་པ་ལ་གནས་ནས། །སྤར་བཞིན་གང་དུའང་མི་སློབ་བོ། །ཞེས་བྱ་བ་དང་། སྤྱོད་བསྡུས་སུ། འོད་གསལ་བ་ལས་ཟུང་འཇུག་ཏུ་ལྡང་བའི་ཚུལ་རྒྱས་པར་གསུངས་སོ། །ཕྱག་རྒྱ་པ་ལ་ལ་གྲུབ་ཐོབ་ངན་ཞེས་ཟེར་ཞིང་། །རྟོགས་ལྡན་ནི་དེ་ལས་བཟང་བ་ཡིན་ནོ་ཡོ། །དེ་ཡི་ཤེས་བྱེད་གྲུབ་ཐོབ་བརྒྱད་ཅུའི་ནང་ན་ཡང་། །གྲུབ་ཐོབ་ཟེར་བ་ཙམ་ལས་རྟོགས་ལྡན་གྱི་མཚན་གསོལ་བ་མེད་ཅེས་ཟེར་བ་ཐོས། །གྲུབ་ཐོབ་ངན་ཟེར་བ་འདི་འདྲ་ནི་འཕགས་པའི་གང་ཟག་རྣམས་དང་། །རྩ་རྒྱུད་ཀྱི་བླ་མ་གྲུབ་པའི་ས་ལ་བཞུགས་པ་རྣམས་ལ་སྐུར་པ་འདེབས་པ་ཡིན་པས། །འདི་འདྲ་སྨྲ་བ་འཛིན་པ་ལྟ་ཅི་སྨོས། །ཐོས་པར་གྱུར་ཀྱང་རྣ་བ་དགབ་པར་བྱ་སྟེ། །དེ་ཡི་འཐད་པ་བཤད་ཀྱིས་ཉོན། །གྲུབ་ཐོབ་ཆུང་ངུ་ནི་ས་དང་པོ་མཐོང་ལམ་ནས་ས་བདུན་པའི་བར་ཡིན། །གྲུབ་པ་ཐོབ་པ་འབྲིང་པོ་ས་བརྒྱད་པ་ནས་སངས་རྒྱས་ཀྱི་བར་གྱི་ས་དང་། །གྲུབ་པ་ཐོབ་པ་ཆེན་པོ་ནི་སངས་རྒྱས་ཀྱི་ས་ཡིན་པས། །ཐེག་

ཆེན་འཕགས་པ་མིན་པ་ལ་གྲུབ་ཐོབ་མེད་དོ། །མདོ་སྡེ་རྒྱན་ལས་ཐེག་ཆེན་གྱི་ལམ་ཐམས་ཅད་གྲུབ་མ་གྲུབ་གཉིས་སུ་འདུ་ཚུལ་འདི་སྐད་གསུངས། །གྲུབ་པ་དག་དང་མོས་སྤྱོད་མ་གྲུབ་དང་། །ས་དང་པོ་ཡན་གྲུབ་པ་དག་ཏུ་ཤེས་པར་བྱ། །ས་བདུན་པ་མན་ངག་ས་ལ་ལྟོས་ན་མ་གྲུབ་པ་ཡང་ས་བརྒྱད་པ་གྲུབ་པ་དང་། །སངས་རྒྱས་ཀྱི་ས་ནི་གྲུབ་པ་དག་ཏུ་ཡང་དག་འདོད། །ཅེས་གསུངས་པའི་དགོངས་པ་ནི་དག་པའི་ས་ལ་ལྟོས་ནས་དང་པོའང་མ་གྲུབ་པ། འཇིག་རྟེན་པའི་ས་ལ་ལྟོས་ནས། ས་དང་པོ་གྲུབ་པའི་ས། སངས་རྒྱས་ཀྱི་ས་ལ་ལྟོས་ནས་ས་བརྒྱད་པའང་མ་གྲུབ་པ། མ་དག་པའི་ས་བདུན་པ་མན་ཆད་ལ་ལྟོས་ནས། ས་བརྒྱད་པའང་མ་གྲུབ་པ། གྲུབ་པ་མཐར་ཐུག་པ་སངས་རྒྱས་ཀྱི་ས་ཡིན་ནོ། །དེ་ཡི་དགོངས་པ་གྲུབ་ཐོབ་ས་དང་པོ་ཡན་ཆད་ལ་འཇོག་པ་དེ་ཉིད་ཡིན། །རྣལ་འབྱོར་གྱི་དབང་ཕྱུག་ཆེན་པོ་བི་རྺ་པ་ཡི། །ལམ་འབྲས་ལས་ཀྱང་སྟོན་བླ་མས་རྒྱུ་དུས་ན་བསྟན་པའི་འཁོར་འདས་དབྱེར་མེད་དེ་ཙམ་ན་དེ་སྐད་གསུངས། །དེས་ན་དེད་ཀྱི་གྲུབ་ཐོབ་ནི་ས་ཐོབ་པ་དེ་འདྲ་ཡིན། །གྲུབ་ཐོབ་ལས་བཟང་བའི་རྟོགས་ལྡན་གྱི་མཚན་ཉིད་འདི་ཡིན་ནོ་ཞེས། །མདོ་རྒྱུད་ཀུན་ལས་གསུངས་པ་མེད། །དེས་ན་རྟོགས་ལྡན་ཞེས་བྱ་བའི་མིང་འདི་ཆོས་མ་ཐོས་པའི་བླུན་པོ་ལ། །གྲགས་ཀྱི་མཁས་པ་སྡེ་སྣོད་ཤེས་པ་རྣམས་ལ་གྲགས་པ་མིན་གྱི་རང་ལུགས་ལ་རྟོགས་ལྡན་མི་བཞེད་པ་ནི་མ་ཡིན་ནོ། །གླིང་ཆེན་རས་པ་ལ་སོགས་པ། །ལ་ལ་ཉམས་དང་གོ་བ་དང་། །རྟོགས་པ་ཞེས་བྱ་བ་རྣམ་པ་གསུམ་གྱི་ནང་ནས། །ཉམས་ནི་ངན་ལ་གོ་བ་འབྲིང་། །རྟོགས་པ་ནི་བཟང་བ་ཡིན་ནོ་ཞེས་ཟེར་རོ། །དེ་ལྟར་སྨྲ་བ་འདི་ཡང་རེ་ཞིག་བརྟག་པར་བྱ་སྟེ། །ཉམས་ཞེས་བྱ་བ་སྤྱིར་ཉམས་མྱོང་ཙམ་ལ། །ཟེར་ན་བཟང་ངན་སྣ་ཚོགས་ཡོད་དེ་སྤྱིར་སེམས་ཡོད་ཐམས་ཅད་ལ། །ཚོར་བ་བདེ་སྡུག་བཏང་སྙོམས་གང་རུང་ཉམས་སུ་མྱོང་བ་དེ་ཡང་ཡོད་པ་ཡིན་པས་སོ། །གལ་ཏེ་ཏིང་ངེ་འཛིན་བསྒོམས་པའི་ཉམས་མྱོང་ལ། །ཟེར་ན་དེ་ནི་ཚོགས་ལམ་ཆུང་ངུ་ནས་བཟུང་སྟེ། །མཐར་ཕྱིན་ལམ་གྱི་བར་དུ་ཡོད་ཅིང་། །དེ་ལམ་ཞུགས་ཀྱི་རྒྱུད་ཀྱི་ཉམས་མྱོང་ཡིན་པས་ངན་ཞེས་བྱར་མི་རུང་། འོན་ཏེ་སོ་སོ་རང་རིག་པའི། །ཡེ་ཤེས་ཀྱི་ཉམས་མྱོང་ལ་ཟེར་བ་ཡིན་ན་འཕགས་པ་ཡི། །གང་ཟག་ཆོས་ཉིད་མངོན་སུམ་དུ་རྟོགས་པ་རྣམས་ལ་དེ་ལྟ་བུའི་ཉམས་དེ་ཡོད་པས་ངན་པར་ག་ལ་རུང་། །གོ་བ་འབྲིང་ལ་རྟོགས་པ་བཟང་བ་ཡང་མི་འཐད་དེ་སྟོ་ཧྨ་གོ་བ་དང་ནི་ག་ཏེ་རྟོགས་པ་གཉིས། །རྣམ་གྲངས་ཀྱི་སྒྲ་ཐ་དད་པ་ཡིན་མ་གཏོགས་ངོ་བོ་གཅིག་ཡིན། །དེས་ན་རྒྱ་སྐད་གཅིག་ལ་ལོ་ཙྪ་བའི། །འགྱུར་གྱི་དབྱེ་བ་མི་འདྲ་བ་ཁོ་ནར་ཟད་དེ། །ལོ་ཙྪ་བ་ལ་ལས་དེ་གཉིས་ཀ་གོ་བར་བསྒྱུར། རེས་རྟོགས་པར་བསྒྱུར། རེས་སྐབས་ཇི་ལྟར་བདེ་བར་བསྒྱུར། རེས་འགའ་སོ་སོར་བསྒྱུར་བ་ཡིན་པས་གོ་བ་འབྲིང་དང་རྟོགས་པ་བཟང་བ་མི་འཐད་དོ། །གལ་ཏེ་རྣལ་འབྱོར་པའི་རྟོགས་པ་གསལ་དང་མི་

གསལ་ལ། །གོ་བ་དང་རྟོགས་པར་འདོགས་ན་ཐོགས་དེ་མིང་ལ་མི་རྩོད་དོ། །ཉམས་ངན་ལ་རྟོགས་པ་བཟང་བ་ཡང་མི་འཐད་དེ། །ལམ་འབྲས་ལ་སོགས་པའི་གཞུང་ལུགས་འགའ་ལས་བསྒོམས་པ་ཡི། །ཏིང་ངེ་འཛིན་ལ་ཉམས་ཀྱི་སྣང་བ་སྟེ། །རྫོགས་པའི་སངས་རྒྱས་ཀྱི་ཡེ་ཤེས་ཀྱི་སྣང་བ་ལ། །དག་པའི་སྣང་བར་བཤད་པ་ཡོད་ཅིང་། །བསྒོམ་ཉམས་སྐྱོན་ཡོད་མེད་ཕྱེད་པས་ས་བཅུ་གསུམ་པའོ་ཅེས་བྱ་བ། །སངས་རྒྱས་ཀྱི་ས་ལ་གསང་སྔགས་ཀྱི་གཞུང་འགའ་ཞིག་ལས་བཤད་པའང་མཐོང་བས། །དེ་འདྲའི་ཉམས་དང་རྟོགས་པ་ལ། །བཟང་ངན་རྣམ་པར་དབྱེ་བ་མེད་དེ་གཅིག་ཡིན་ནོ། །གང་ནི་རྟ་པའི་གདམས་ངག་ཁས་ལེན་པ་ཁ་ཅིག་རྩེ་གཅིག་གི་རྣལ་འབྱོར་དང་ནི་སྤྲོས་བྲལ་དང་། །རོ་གཅིག་དང་ནི་བསྒོམ་མེད་དེ་རྣལ་འབྱོར་བཞི་ཡི་སྒོམ་ཞེས་བྱ་ཞིང་། །ངོ་སྤྲོད་པའི་ཚེ་ན་རྩེ་གཅིག་གི་རྣལ་འབྱོར་ནི་མཐོང་ལམ་དང་སྤྲོས་བྲལ་གྱི་རྣལ་འབྱོར་ནི། །ས་བདུན་པའི་བར་ཡིན་རོ་གཅིག་གི་རྣལ་འབྱོར་ནི། །དག་པའི་ས་གསུམ་དང་བསྒོམ་མེད་ཀྱི་རྣལ་འབྱོར་ནི། །སངས་རྒྱས་ཀྱི་ས་ཞེས་ལ་ལ་ཟེར། །ཡང་ལམ་ལ་སྦྱར་ན་རྩེ་གཅིག་ཚོགས་སྦྱོར་གཉིས། སྤྲོས་བྲལ་མཐོང་ལམ། རོ་གཅིག་སྒོམ་ལམ། སྒོམ་མེད་མཐར་ཕྱིན་པའི་ལམ་ཟེར། དེ་ལྟར་ངོ་སྤྲོད་པ་འདི་ཡང་ཕྱི་སྟེ་བཤད་ཀྱིས་ཉོན། །རྣལ་འབྱོར་བཞི་སོ་སོའི་སྐྱེ་བོའི་གནས་སྐབས་ཉིད་ཡིན་ཡང་། །གལ་ཏེ་མཐོང་ལམ་སོགས་དང་ཆོས་མཐུན་ཙམ་བསྟེ་བའམ། །འོན་ཏེ་འཕགས་པའི་ས་ཉིད་ཡིན་པའི་དབང་དུ་བྱས་ནས། །དོན་བདེན་པའི་ས་ལམ་མཚན་ཉིད་པ་དངོས་སུ་བྱེད། །སོ་སོའི་སྐྱེ་བོའི་གང་ཟག་གི་རྟོགས་པ་མཐོ་དམན་ལ། །འཕགས་པའི་ལམ་དང་ཆོས་མཐུན་ཙམ་ཞིག་སྦྲིག་པའི་མིང་འདོགས་ན་ནི། །ཆོས་ནས་གསུངས་ན་འགལ་བ་མེད། །དཔེར་ན་དཀོན་མཆོག་བརྩེགས་པའི་རྨི་ལམ་ངེས་པར་བསྟན་པའི་མདོ་ལས། །ཐུབ་པའི་མཆོད་རྟེན་འཛིམ་པ་ལས། །བྱུས་པ་མཐོང་ན་ས་དང་པོ། །དེ་བཞིན་དུ་རྡོ་ལས་བྱུས་པ་མཐོང་ན་ས་གཉིས་པ། །རྡོ་ཐལ་གྱིས་དེ་ས་རྩིས་བྱུགས་པ་མཐོང་ན་ས་གསུམ་པ། །སྟེགས་བུ་གདུགས་དང་བཅས་ཀྱི་ཏོར་བྱུས་པ་མཐོང་ན་ས་བཞི་པ། །རྡོ་ཡི་སྐས་ཀྱི་ཏོར་བྱུས་པ་མཐོང་ན་ས་ལྔ་པ། །གསེར་གྱི་ལན་བུས་སྤྲེལ་བ་མཐོང་ན་ས་དྲུག་པ། །རིན་ཆེན་གྱི་དྲྭ་བས་ཕྱོགས་ཀུན་ནས་གཡོགས་པ་མཐོང་ན་ས་བདུན་པ། །དྲིལ་བུ་གཡེར་ཁའི་དྲྭ་བས་གཡོགས་པ་མཐོང་ན་ས་བརྒྱད་པར་བལྟའོ། །ས་དགུ་པ་དང་ནི་བཅུ་པ་ལ། །རྨི་ལམ་ལོགས་པར་མཐོང་བ་མེད་པར་བདེན་པ་རང་མཐོང་བར་གསུང་། །དེ་ལ་སོགས་པ་རྨི་ལམ་གྱི་རྟགས་ཀྱི་བྱེ་བྲག་མང་པོ་ལ། །ས་བཅུའི་དབྱེ་བ་མཛད་པ་མཐོང་ལ། །འདི་ནི་ཚོགས་ལམ་ལ་ས་གཅིག་དང་། །སྦྱོར་ལམ་དང་པོ་ལ་གསུམ་གསུམ་སྟེ་དགུར་ཕྱེ་བས་མོས་པས་སྤྱོད་པ་སོ་སོའི་སྐྱེ་བོ་ཡི། །ས་ལ་ས་བཅུར་བྱས་པ་ཡིན་གྱི་འཕགས་པའི་ས་བཅུ་མཚན་ཉིད་པ་མིན་པ། །དེ་བཞིན་དུ་རྩེ་གཅིག་དང་སྤྲོས་བྲལ་གྱི་

རྣལ་འབྱོར་ལ་སོགས་པ་ལའང་། །གལ་ཏེ་མདོ་དང་རྒྱུད་སྡེ་དང་བསྟན་བཅོས་རྣམ་དག་རྣམས་ལས། །མོས་པ་སྤྱོད་པའི་ས་ལམ་དུ། །གསུངས་པ་མཐོང་ན་ཆོས་མཐུན་རྒྱུ་བ་ཡིན་པས་མི་འགལ་མོད། །འོན་ཀྱང་མདོ་རྒྱུད་ཁུངས་མ་གང་ནས་ཀྱང་རྣལ་འབྱོར་བཞི་ས་ལམ་དང་སྦྱར་བ་འདི་འདྲ་བཤད་པ་མེད་པས་རང་བཟོ་ཡིན་ནོ། །ཅི་སྟེ་རྩེ་གཅིག་ལ་སོགས་པ་འཕགས་པའི་ས་མཚན་ཉིད་པར་བྱེད་ན། །མདོ་རྒྱུད་ཀུན་དང་འགལ་བར་འགྱུར་ཞིང་། །མཐོང་ལམ་སོགས་ཀྱི་རྟོགས་པ་སྐྱེས་པ་ལ་འཕགས་པའི་ཡོན་ཏན་ཅི་ཡང་མེད་པ་ནི་བཞད་གད་ཀྱི་གནས་སོ། །འདི་ཡན་གྱིས་བསྟན་བཅོས་ཀྱི་སྐབས་ཀྱི་བརྗོད་བྱ་སྡོམ་གསུམ་སོ་སོའི་དོན་རྣམས་ཞིབ་ཏུ་བཤད་ཟིན་ཏོ། །དེ་ནས་གཞུང་སྤྱི་ལ་སྦྱོར་བར་འཆད་དེ། དམ་པ་ཕྱུར་ཆུང་བ་ལ་སོགས་པ་ཁ་ཅིག་ཐེག་པ་ཆེ་ཆུང་གི་ལྟ་སྒོམ་སྤྱོད་འབྲས་ཐམས་ཅད་རང་རང་གི་གཞུང་ལུགས་ནས་བཤད་པ་བཞིན་རང་ས་ན་ནི། །བདེན་པ་ཡིན་པས་མདོ་རྒྱུད་ནས་མ་བཤད་པས་དེ་དག་སུན་ཕྱུང་བ་མི་ནུས་ཞེས་ཀུན་ལ་སྒྲོགས་པར་བྱེད་དོ། །འདི་ཡང་བརྟག་པར་བྱ་བས་ཉོན། །ཐེག་པ་རང་ས་ནས་བདེན་པའི་དོན་གལ་ཏེ་སྨྲས་ཚད་བདེན་པ་ལ་བྱེད་ན་ནི། །བརྫུན་ཚིག་ཤེས་བྱ་ལ་མི་སྲིད་པར་ཐལ་བར་འགྱུར། །འོན་ཏེ་དེ་གྲུབ་མཐའ་ཀུན་བདེན་པ་ལ་བྱེད་ན་ནི། །འཚེ་བ་ཆོས་སུ་སྨྲ་བ་དབང་ཕྱུག་པས་སྲོག་གཅོད་པས་མཐོ་རིས་སུ་སྐྱེ་བར་འདོད་པ་དང་། །རྒྱང་འཕེན་པ་འཇིག་རྟེན་ཕ་རོལ་མེད་པར་སྨྲ་བ་ལ་སོགས་པ། །ལྟ་བ་ལོག་པ་ཐམས་ཅད་བདེན་པར་འགྱུར། །གལ་ཏེ་གཅེར་བུ་ལ་སོགས་མུ་སྟེགས་མཆོག་རྣམས་ལ། །རྟག་པའི་དངོས་པོ་དང་ཤིང་སེམས་ལྡན་དུ་འདོད་པ་ལ་སོགས་པ། །བརྫུན་པའམ་དུ་མ་ཡོད་མོད་ཀྱི་འོན་ཀྱང་། །སྦྱིན་དང་ཚུལ་ཁྲིམས་བཟོད་པ་དང་བྱམས་སྙིང་རྗེ་སོགས། །བདེན་པའང་དུ་མ་ཡོད་པའི་ཕྱིར་ན། །བདེན་པའི་ཆ་ནས་གྲུབ་མཐའ་ཀུན། །རང་ས་ན་ནི་བདེན་པ་ཡིན་ནོ་སྙམ་ན། །སྦྱིན་སོགས་བདེན་པའི་དངོས་པོ་ཕལ་ཆེར་བདེན་མོད་ཀྱང་། །དཀོན་མཆོག་ལ་སྐྱབས་སུ་མི་འགྲོ་བས་སྐྱབས་གནས་ཀྱི་གནད་དང་ནི་རྟག་ཆད་གང་རུང་དུ་འཛིན་པས་ལྟ་བའི་གནད་དང་། །མེ་ལྷ་བརྟེན་པ་སོགས་ར་ལམ་དུ་འདོད་པས་ཐབས་ཀྱི་གནད་རྣམས་འཁྲུལ་པས་ན། །སྦྱིན་སོགས་ཀྱི་ཆོས་གཞན་བཟང་ཡང་དཔེར་ན་ཟས་བཟང་ཡང་དུག་ཡོད་ན་འཆི་བ་བཞིན། །འཁོར་བའི་སྡུག་བསྔལ་ལས་སྐྱོབ་མི་ནུས་སོ། །ཅི་སྟེ་སངས་རྒྱས་ཀྱིས་གསུངས་པའི་ཐེག་པ་ཀུན། །རང་ས་ན་ནི་བདེན་པ་ཡིན་ནོ་སྙམ་ན། །འདི་ཡང་འཐད་མི་འཐད་ཙུང་ཟད་བརྟག་པར་བྱ་སྟེ། །སྤྱིར་སངས་རྒྱས་ཀྱི་གསུང་ལ་བརྗོད་བྱའི་སྒོ་ནས་དྲང་དོན་དང་། །ངེས་དོན་གྱི་མདོ་རྣམ་པ་གཉིས་སུ་ཡོད། །རྗོད་བྱེད་ཀྱི་སྒོ་ནས་སྒྲ་ཡང་ཇི་བཞིན་པ་དང་ནི། །སྒྲ་ཇི་བཞིན་མིན་པ་གཉིས་སུ་གསུངས། །ཐེག་པ་ཡང་ནི་གདུལ་བྱ་འཇིག་རྟེན་པ་དག་བསྟན་པ་ལ་འཇུག་པའི་ཆེད་དུ་གསུངས་པ་དང་། །

བསྟན་པ་ལ་ཞུགས་པ་རྣམས་བྱང་ཆུབ་ཐོབ་པའི་ཆེད་དུ་གསུངས་པ་**འཇིག་རྟེན་**ལས་**འདས་པ**འི་ཐེག་པ་སྟེ་རྣམ་པ་**གཉིས་སུ་གནས། །བཤད་པ**འི་ཚུལ་གྱི་སྒོ་ནས་བྱས་ན་**ཡང་དེ་**ཉེས་པ་བརྒྱད་ཀྱི་གཉེན་པོར་**དགོངས་པ**་བཞི་སྟེ། །ཉེས་པ་བརྒྱད་ནི་སངས་རྒྱས་ལ་བརྙས་པའི་གཉེན་པོ། ཆོས་ལ་བསྙས་པའི་གཉེན་པོ། ལེ་ལོའི་གཉེན་པོ། དགེ་བ་ཆོག་འཛིན་གྱི་གཉེན་པོ། ང་རྒྱལ། འདོད་ཆགས། འགྱོད་པ། མ་ངེས་པ་**དང་། །**དགོངས་གཞིའི་ཆེད་དུ་**ལྡེམ་པོར་དགོངས**་པ་བཞི་ནི་གཞུག་པ་ལྡེམ་དགོངས། མཚན་ཉིད་ལྡེམ་དགོངས། གཉེན་པོ་ལྡེམ་དགོངས། བསྒྱུར་བ་ལྡེམ་དགོངས་**དང་སྒྲ་**ཇི་བཞིན་གྱི་དོན་ཉམས་སུ་ལེན་པའི་ཆེད་དུ་**དྲང་པོ་སྨྲ །དགོངས་པ་ཞེས་བྱ་བ་རྣམ་པ་གསུམ་ཡོད། །དེ་ལྟར་**གསུམ་ལས་ཐུབ་པས་**འཇིག་རྟེན་**པ་རྣམས་དང་**མཐུན་**པར་བྱས་པའི་སངས་རྒྱས་ཀྱི་བསྟན་པ་ལ་**འཇུག་པ་ལ། །དགོངས་ནས་ཕྱི་རོལ་**གྱི་རྟོལ་ཕྲན་**དོན་དུ་གསུངས**་ཏེ། །རྣམ་འགྲེལ་ལས། དེས་དེ་ཉིད་དོན་བཏང་སྙོམས་ཅན། །གླང་ཆེན་གཟིགས་སྟངས་ཉིད་མཛད་ནས། །འཇིག་རྟེན་ཐུགས་ནི་འཕང་ཞིག་གིས། །ཕྱི་རོལ་དཔྱོད་ལ་འཇུག་པར་མཛད། །ཅེས་གསུངས་སོ། །**ཐ་སྙད**་ཙུང་ཟད་**དཔྱོད་པའི་རིགས་པ་ལ། །དགོངས་ནས་**གཟུགས་སོགས་སྣང་བའི་**ཆོས་རྣམས་སེམས་སུ་གསུངས། །**མཐར་ཐུག་**དམ་པའི་དོན་ལ་དགོངས་ནས་ནི། །ཆོས་ཀུན་**མཐའ་བཞིའི་**སྤྲོས་པ་བྲལ་ཞེས་གསུངས་སོ། །**སངས་རྒྱས་ཀྱི་གསུངས་ལ་དྲང་ངེས་སོགས་ཀྱི་དབྱེ་བ་མང་དུ་ཡོད་པ་**དེས་ན་དྲང་བའི་དོན་དང་ནི། །ཇི་བཞིན་མིན་པའི་སྒྲ་དག་དང་། །དགོངས་པ་དང་ནི་ལྡེམ་དགོངས་དང་། །འཇིག་རྟེན་པ་ཡི་ཐེག་པ་ལ། །དགོངས་ཏེ་གསུངས་པའི་མདོ་རྒྱུད་ཀུན། །**སངས་རྒྱས་ཀྱི་ཐེག་པའི་ལུགས་ཡིན་ཡང་། དེ་དག་ནི་དགོངས་པ་དང་དགོས་པའི་དབང་གིས་གསུངས་པ་གཙོ་ཆེ་བས་**དེ་ལྟར་བདེན་པར་མི་བཟུང་ངོ་། །**དེ་ཡང་མདོ་སྡེ་རྒྱན་ལས། དོན་སྒྲ་ཇི་བཞིན་ཡོངས་བཟུང་ན། །བདག་ཉིད་སྙེམས་ཤིང་བློ་ཉམས་འགྱུར། །ཞེས་གསུངས་སོ། །**ངེས་པའི་དོན་དང་ཇི་བཞིན་**གྱི་**སྒྲ་**དང་། །**འཇིག་རྟེན་**ལས་**འདས་པའི་ཐེག་པ་**དང་། །**དྲང་པོར་དགོངས་པ་རྣམས་ལ་ནི། །**དགོངས་པ་དང་དགོས་པ་ལ་མི་ལྟོས་པར་བརྗོད་བྱ་བདེན་པ་ཉིད་དུ་སྟོན་པས། **།ཇི་སྐད་**དྲང་པོར་**གསུངས་**པ་**བཞིན་བདེན་པར་གཟུང་**སྟེ། །དེས་ན་དྲང་ངེས་ཤེས་པའི་སྒོ་ནས་སངས་རྒྱས་ཀྱི་གསུང་ལེན་པར་བྱའི། ཐམས་ཅད་རང་ས་ནས་བདེན་པས་བླང་བར་བྱ་བ་ནི་མིན་ནོ། །འོ་ན་**གལ་ཏེ་མུ་སྟེགས་བྱེད་**ལ་ཡང་། **།བྱམས་དང་སྙིང་རྗེ་**དང་**སྦྱིན་**པ་**ལ་སོགས་**པ། **།བདེན་པའི་ཆོས་ཀྱང་མང་པོ་སྣང་**ལ། **།སངས་རྒྱས་**ཀྱི་**གསུང་ལའང་དྲང་དོན་**དང་། **།དགོངས་པ་དང་ནི་ལྡེམ་**པོར་**དགོངས་**པ་**སོགས། །བདེན་པ་མིན་པའང་**དུ་མ་**གསུངས་པས་ན། །བདེན་བརྫུན་གཉིས་ཀ་མཚུངས་པ་ལ། །སངས་རྒྱས་**ཀྱི་**གསུང་**གྲུབ་པས་**ལེན་**ཞིང་**མུ་སྟེགས་བྱེད། །སྤོང་བའི་**

རྒྱུ་མཚན་ཅི་ཞིག་ཡིན་ཞེ་ན། །སངས་རྒྱས་ཀྱིས་རེ་ཞིག་དྲང་དོན་གྱིས་ཁྲིད་ནས། །མཐར་བདེན་པ་ཉིད་ལ་སྦྱོར་བར་མཛད་ལ། །མུ་སྟེགས་བྱེད་ཀྱིས་ཁྲལ་བདེན་པས་ཁྲིད་ནས་ནི། །མཐར་བརྫུན་པ་ཉིད་ལ་སྦྱོར་བར་བྱེད། །གཞན་དེས་ན་བདག་ཅག་རྫོགས་པའི་སངས་རྒྱས་ལ། །གུས་པ་དང་གཅིག་ཤོས་འདོར་བའི་རྒྱུ་མཚན་དེ་ལྟར་ཡིན། །དེ་བཞིན་དུ་གངས་ཅན་བོད་འདི་ན་ཡང་། །སྔོན་ལ་ལུས་ངག་ཆོས་དང་བསྟུན་པ་ལྟ་བུའི་རྣམ་ཐར་བཟང་པོ་བསྟན་ནས་ནི། །སངས་རྒྱས་ཀྱི་དགོངས་པ་དང་གང་མི་མཐུན་ནམ་སྙམ་པ་ལོག་པའི་ཆོས་ལ་སྦྱོར་བ་མཐོང་ནས། །མུ་སྟེགས་བྱེད་ཀྱི་ཆོས་བཞིན་དུ་ནོར་བ་དེ་དག་ཀྱང་དེད་ཀྱིས་སྤྲངས་ལ། །བློ་བ་མའི་བློ་དང་འཚམས་པར་ཐོག་མར་ཐེག་པ་སྣ་ཚོགས་ཀྱི་ཚུལ་བསྟན་ནས། །སངས་རྒྱས་སྒྲུབ་པའི་ཐབས་ཤེས་ཟུང་འཇུག་དང་། རིམ་གཉིས་ཀྱི་གནད་རྣམས་སངས་རྒྱས་ཀྱི་གསུང་བཞིན་དུ། །ཡང་དག་པར་སྟོན་པར་མཛད་པའི་བླ་མ་དེ། །སངས་རྒྱས་ཉིད་དུ་བདག་གིས་བཟུང་། །སྡོམ་པ་གསུམ་གྱི་ཉམས་ལེན་གྱི་གནད་རྣམས་སངས་རྒྱས་ཀྱི་གསུང་བཞིན་དུ་མ་འཁྲུགས་པར་བསྒྲུབ་དགོས་པའི་རྒྱུ་མཚན་ནི། །ཆོས་གཞན་སྦྱིན་པ་དང་ཚུལ་ཁྲིམས་ལ་སོགས་པ་མངོན་མཚན་ཅན་རགས་པ་ལེགས་པར་སྟོན་ན་ཡང་། །བསམ་གཏན་དང་ཤེས་རབ་ལ་སོགས་པ་ཟབ་པ་མངོན་མཚན་ཆུང་བ་ཕྲ་བའི་ཆོས་ཀྱི་གནད་རྣམས་བཅོས་པ་ནི། །ཁ་ཟས་བཟང་པོ་ལ་དུག་བཏབ་པ་བཞིན་ཤིན་ཏུ་འཇིགས་པ་ཆེན་པོར་བལྟ་བར་བྱ་སྟེ། །གནད་བཅོས་པ་དེ་འདྲ་བ་ལས་སྐྱོན་བྱུང་བ་སྔོན་ཆད་ཀྱང་མང་དུ་བྱུང་བ། །དེའི་དཔེ་འདས་པའི་དུས་ན་སྔོན་བྱུང་བ། །ཤྲིན་པོའི་རྒྱལ་པོ་ལང་ཀ་མགྲིན་བཅུ་ཞེས་བྱ་བས། །ཡུན་རིང་པོ་འབད་པས་དབང་ཕྱུག་ཆེན་པོ་བསྒྲུབས་ཤིང་། །སྦྱིན་སྲེག་གི་མཆོད་པ་བྱས་པས་དབང་ཕྱུག་ཆེན་པོས་ཚེ་ལོ་གྲངས་ས་ཡ་བཅུ་གཉིས་དང་། །དེའི་སྟེང་དུ་ས་ཡ་ཕྱེད་ཀྱིས་ལྷག་པ་སྟེ་འབུམ་ཕྲག་ལྔ་དང་བཅས་པ་ཐུབ་པའི་ཚེའི་དངོས་གྲུབ་བྱིན། །དེ་ལ་ཁྲབ་འཇུག་ཕྲག་དོག་གིས་གཟིར་ནས། །མགྲིན་བཅུ་ལ་ནི་ལོག་པའི་ཚིག་འདི་སྐད་སྨྲས་ཏེ། །ཁྱོད་ཀྱི་དཀའ་སྤྱད་ཀྱི་འབད་པ་ཆེན་མོད་ཀྱི། །དབང་ཕྱུག་གི་ནི་དངོས་གྲུབ་གནང་བ་ཆུང་བས། །ད་དུང་སྐར་གྱི་ཚེ་ཚད་བྱིན་པ་དེ་མ་ཡིན་པ། །ལོ་གྲངས་ཡ་ས་ཕྲག་ཕྱེད་ཐུབ་པ་སློངས་ཞེས་སྨྲས་པས། །ཚིག་དེ་ལ་མགྲིན་བཅུས་བདེན་པར་བསམས་ནས་ནི། །ལྷ་དབང་ཕྱུག་ཆེན་པོ་ལ་ནི་དོན་དེ་ཞུས་པས། །དབང་ཕྱུག་ཆེན་པོས་ཀྱང་དེ་ལྟར་དུ་སྐར་གྱི་ཚེ་ཚད་མ་ཡིན་པའི་ལོ་གྲངས་ས་ཡ་ཕྲག་ཕྱེད་ཐུབ་པ་བྱིན་པས། །སྐར་གྱི་མ་ཡིན་པ་ཞེས་གནད་བཅོས་པ་ཡི་ཚིག་དེ་ཡིས། །སྐར་གྱི་ས་ཡ་ཕྲག་ཕྱེད་དང་བཅུ་གསུམ་ཐུབ་པའི་དངོས་གྲུབ་ཐམས་ཅད་ཡལ་ནས་ས་ཡ་ཕྲག་ཕྱེད་ལས་མ་ཐུབ། །དེའི་གཏམ་རྒྱུད་དགའ་བྱེད་ཀྱི་འཇུག་པ་ན་ཡོད། དེ་བཞིན་དུ་ལྷ་མ་ཡིན་གྱི་དབང་པོ་གསེར་ཅན་གྱི་ནི་དངོས་གྲུབ་ཀྱང་། །གནད་བཅོས་པ་དེ་

འདྲའི་ཚུལ་གྱིས་ཉམས་པ་ཡིན་**ཞེས་ཐོས**་ཏེ། །གསེར་ཅན་གྱིས་དབང་ཕྱུག་དང་ཆེན་པོ་བསྒྲུབས་ནས་ལྷའི་ལོ་འབུམ་བཅུ་དྲུག ངག་ཆོས་ཀྱིས་ལྷའི་ལོ་འབུམ་ཕྲག་དྲུག་ཅུ་གསུངས། ས་དང་ནམ་མཁའ་ཕྱི་དང་ནང་མི་དང་མི་མ་ཡིན་པས་མི་གནོད་པའི་དངོས་གྲུབ་བྱིན། དེས་ཁྱབ་འཇུག་གིས་ལུས་མི། མགོ་སེང་གེ། སྡེར་མོ་ལྕགས་སུ་བྱས་ཏེ་ཐེམ་པའི་སྟེང་དུ་ཕང་པར་བསད། དངོས་གྲུབ་ཀྱི་གནད་བཅོས་པ་དེ་འདྲའི་རིགས་ཡིན། བཞིན་དུ་དེང་སང་གི་སྔགས་ལ་ཡང་། **ཨོཾ་མེད་པ་ཡི་གསང་སྔགས་ལ། །**སྐྱེས་བུ་**གཡོན་ཅན་གྱིས་ནི་ཨོཾ་བཅུག་པས། །**གནད་བཅོས་པར་སོང་ནས་**སྔགས་ཀྱི་ནུས་པ་ཉམས་པ་མཐོང་། །དེ་བཞིན**་མཧཱུ་ཏུ་**སྭཱ་ཧཱ**་དང་**ཧཱུྃ་ཕཊ**་དང་གསུག་འགྲེང་**སོགས། །ཡོད་པ་རྣམས་ལ་ཕྲི་བ་དང་། །མེད་པ་རྣམས་ལ་བསྣན་པ་དང་། །གཞན་ཡང་སྔགས་ཀྱི་གནད་རྣམས་ལ། །གཡོན་ཅན་རྣམས་ཀྱིས**་ཡི་གེ་ཀ་དགོས་པ་ལ་གར་**བཅོས་པ་ཡིས། །གསང་སྔགས་དག་གི་ནུས་པ་རྣམས། །ཉམས་ཤིང**་རིང་དུ་**འགྱུངས་པ**་སེར་བ་ཁྲུ་འཕངས་སུ་འགྲོ་བ་དང་། ཆར་པ་ཐན་པར་འགྲོ་བ་དང་། མཐུ་ཞག་བདུན་པ་ལོ་བདུན་འགྲོ་བ་ལ་སོགས་པ་**མང་པོ་མཐོང་། །**ཚིག་གི་གནད་བཅོས་དངོས་གྲུབ་ཉམས་པ་**དེ་བཞིན**་དུ་སྒོམ་སྒྲུབ་པའི་**ཆོས་ཀྱི**་དོན་གྱི་**གནད་རྣམས་ཀྱང་། །ཙུང་ཟད་ཙུང་ཟད་བཅོས་པ་ལས། །དངོས་གྲུབ**་མི་ཐོབ་ཅིང་**ཉམས་པར་འགྱུར་བར་གསུངས། །**དེས་ན་གསང་སྔགས་ལ་ཡི་གེ་བཏུ་བ་དགོས་པའི་རྒྱུ་མཚན་ཡང་དེ་ཡིན། རྒྱུ་མཚན་**དེ་ཡི་ཕྱིར**་ན་རགས་པའི་**ཆོས་གཞན**་བྱམས་སྙིང་རྗེས་སྦྱིན་པ་ཚུལ་ཁྲིམས་སོགས་**ལེགས་ན་ཡང་། །**ཟབ་ཅིང་ཕྲ་བའི་**གནད་རྣམས་བཅོས་ན**་སྔར་གྱི་ཆོས་གཞན་ལེགས་པ་**ཐམས་ཅད་འཇིག** །ཆོས་ཀྱི་གནད་ཇི་ལྟར་ཞེ་ན་གནད་བཅོས་ན་ཆོས་གཞན་གྱིས་གོ་མི་ཆོད་པ། **།དེས་ན་ཉན་ཐོས་ཀྱི་ཐེག་པ་ལ། །**སྤྱོད་པ་ཚུལ་ཁྲིམས་ཀྱི་གནད་**སྡོམ་པ**་ལེན་ཚུལ་སོགས་**དང་ནི**་ལྟ་བའི་སྐབས་སུ་འཕགས་པའི་**བདེན་པ་བཞིའི་གནད། །བཅོས་ན་ཉན་ཐོས**་ཀྱི་**ཆོས**་གཞན་**ཀུན**་བཟང་ཡང་**འཇིག**་སྟེ་ལྟ་སྤྱོད་ཀྱི་གནད་འཁྲུལ་ན་ཉན་ཐོས་ཀྱི་ལམ་དུ་མི་འགྱུར་བས་སོ། **།ཐེག་པ་ཆེ་ལ**་སྡོམ་པའི་གནད་**སེམས་བསྐྱེད**་ལེན་པའི་ཆོ་ག་**དང་། །དེ་ཡི་བསླབ་བྱའི་གནད**་ལྟ་སྤྱོད་**བཅོས་ན། །ཐེག་པ་ཆེན་པོའི་ཆོས**་གཞན་**ཀུན**་བཟང་ཡང་**འཇིག**་སྟེ་སྙིང་པོ་བཅོས་པས་རྣམ་དག་ཏུ་མི་འགྱུར་བས་སོ། **།གསང་སྔགས་ལ་ནི**་སྡོམ་པའི་གནད་སྨིན་བྱེད་**དབང་བསྐུར་དང་། །**སྒོམ་པའི་གནད་ལམ་**རིམ་པ་གཉིས་ཀྱི་གནད་བཅོས་ན། །གསང་སྔགས་ཀྱི་ནི་ཆོས**་གཞན་**ཀུན**་བཟང་ཡང་**འཇིག**་སྟེ་བསྟན་པའི་དངོས་གཞི་བཅོས་པས་གསང་སྔགས་པར་མི་འགྱུར་བས་སོ། །རྒྱུ་མཚན་**དེས་ན་ད་ལྟའི**་འདུལ་བ་ཕར་ཕྱིན་གསང་སྔགས་ཀྱི་**ཆོས་འགའ**་བཞི་ལ། **།གནད་ཀྱི་གནས་རྣམས**་ཕྱིན་ཅི་ལོག་**བཅོས་པ་སྣ། །རྫོགས་པའི་ཆོས་ལུགས་འགའ་ཞིག་ཡོད། །**དཔེ་ཕལ་ཆེར་གནད་ཀྱིས་གནད་རྣམས་ཞེས་འབྱུང་བ་ལྟར་ན་

འབྲུལ་པའི་གནད་ཀྱིས་མ་འབྲུལ་པའི་གནད་རྣམས་ལོག་པར་བཅོས་པར་འགྲེལ་རུང་མོད། དཔེ་ཉིད་ན་གོང་ལྟར་བཞུགས་སོ། །ཕྱིན་ཅི་ལོག་ཏུ་བཅོས་པ་**དེ་ཡང་མདོ་ཙམ་བཤད་ཀྱིས་ཉོན། །སོ་སོར་ཐར་པའི་སྡོམ་པ་**རིགས་བརྒྱད་**ནི། །བྱང་ཆུབ་**མ་ཐོབ་**བར་དུ་**བླང་དགོས་ཟེར་བ་ཡོད་དེ་དེ་ལྟར་**བླངས་**པར་**གྱུར་ན། །སོ་སོར་ཐར་པ་ཅི་ནས་**ཀྱང་སྐྱེ་རེས་པར་**འཇིག**་ཅིང་ལས་མི་ཆགས་པས། །**འདི་ཡང་**སོ་ཐར་གྱི་**གནད་རྣམས་བཅོས་པར་དོགས། །བྱང་ཆུབ་སེམས་དཔའི་སྡོམ་པ་ལ། །**ཀུན་ལ་བྱ་བར་གསུངས་པའི་**དབུ་མའི་ལུགས་བཞིན་**དུ་**མི་བྱེད་པར། །**བྱ་བར་མ་གསུངས་པའི་**སེམས་ཙམ་པ་ཡི་ཆོག་ནི། །སྐྱེ་བོ་ཀུན་ལ་བྱེད་པ་མཐོང་**བ། །སེམས་བསྐྱེད་**འདི་ཡི་ཆོག་ངེས་པར་འཇིག**་སྐྱེ་ཆོག་ལས་འདས་ན་ལས་མི་འཆགས་པའི་ཕྱིར། །**འདི་ཡང་**སེམས་བསྐྱེད་ཀྱི་**གནད་རྣམས་བཅོས་པར་མཐོང་། །སེམས་བསྐྱེད་ཀྱི་ནི་བསླབ་བྱའི་མཆོག**་ཏུ་**གྱུར་**པ། །**བདག་གཞན་བརྗེ་བ་**བདག་བདེ་གཞན་ལ་སྟེར། །གཞན་སྡུག་བདག་གིས་ལེན་པ**འི་བྱང་ཆུབ་**ཀྱི་**སེམས། །བསྒོམ་དུ་མི་རུང་ཞེས་སྨྲ་བ། །འདི་ཡང་**བདག་གཞན་མ་བརྗེས་ན་སངས་རྒྱས་མི་ཐོབ་གསུངས་པའི་ཕྱིར། །བསླབ་བྱའི་**གནད་རྣམས་བཅོས་པར་མཐོང་ངོ་། །གསང་སྔགས་ཀྱི་ནི་དབང་བསྐུར་བ་**ཐོབ་པ། །**མེད་ཀྱང་གསང་སྔགས་**ཀྱི་ལམ་**བསྒོམ་**དུ་**རུང་**ཞེས་**ཟེར། །**དེ་ལྟར་བྱས་ན་ཉེས་དམིགས་དུ་མ་དང་བཅས་ཏེ་**རྡོ་རྗེ་འཆང་གིས་**རྒྱུད་ལས་**བཀག་པས་ན། །འདི་ཡང་**གསང་སྔགས་ཀྱི་**གནད་རྣམས་བཅོས་པར་དོགས། །གསང་སྔགས་**ཀྱི་གྲོལ་**ལམ་གྱི་མཆོག**་ཏུ་**གྱུར་**པ། །བསྐྱེད་རྫོགས་**རིམ་གཉིས་ཚུལ་བཞིན་**དུ་**མི་བསྒོམ་པར། །རང་བཟོའི་གདམས་ངག་**བསྐྱེས་རིམ་དཀྲོང་བསྐྱེད་དང་གཏུམ་མོ་དྲོད་བསྐྱེད་དང་། ཕྱག་རྒྱ་ཆེན་པོ་རྟོག་པ་ཁ་བཀག་སོགས་**དུ་མ་ཡིས། །བླུན་**པོ་རྣམས་**ངེས་ཤེས་སྐྱེད་པ་ཐོས། །མདོ་རྒྱུད་ཀུན་ལས་འདི་**འདྲ་གསུངས་པ་མེད་ཅིང་**བཀག་པས་**ན། །**འདི་ཡང་**ལམ་གྱི་**གནད་རྣམས་བཅོས་པར་དོགས། །**མངོན་བྱང་ལྔའམ་རྡོ་རྗེ་ཆོ་ག་གསུམ་བསྐྱེད་སོགས་ལས་**བསྐྱེད་པའི་རིམ་པ་**ཡན་ལག་བཞི་བསྒོམ་པའི་ཡན་ལག་**མཐར་ཐུག་པ་**བཞི་པ་བྱ་བ་ན། །**དབུ་རྒྱན་ལ་ནི་རིགས་བདག་གི**་རྒྱས་འདེབས། །ངོ་བོ་ཉིད་ལ་ངོ་བོ་ཉིད་རྒྱ་སོགས་ལྔ་པོ་གང་རུང་འབྱུང་ཞིང་། །**རིགས་བདག་དེ་ནི་**རྣམ་པ་སངས་རྒྱས་ལ་ངོ་བོ་རྩ་བའི་**བླ་མ་**རིགས་ཀུན་གྱི་ངོ་བོ་**ཡིན། །**རིགས་བདག་**འདི་ནི་གལ་ཏེ་**བླ་མ་ལས་གཞན་དུ་**འཚོལ་**བར་**གྱུར་ན། །**རིགས་འཚོལ་དུ་སོང་བས་**དངོས་གྲུབ་མེད་པར་རྒྱུད་ལས་གསུངས་**ཏེ། །བརྟག་གཉིས་ལས། །རིགས་འཚོལ་བསྒོམས་པའི་སྒྲུབ་པ་ཡིས། །དངོས་གྲུབ་མེད་ཅིང་སྒྲུབ་པོའང་མེད། །ཅེས་གསུངས་སོ། །

འོན་ཀྱང་སོ་སོའི་སྐྱེ་བོའི་**བླ་མ་སྤྱི་བོ་རུ། །བསྒོམ་བྱ་མིན་**ཏེ་བསྒོམས་ན་ཚེ་ལ་གནོད་པ་ཡིན་**ཞེས་**འབྲི

གུང་པ་ལ་ལ་ཟེར། །འདི་ཡང་སངས་རྒྱས་ཀྱི་གསུང་འགོག་པའི་ཕྱིར་བསྐྱེད་རིམ་བསྒོམ་པའི་གནད་རྣམས་བཅོས་པར་དོགས། །ཡོད་པའི་དགེ་བ་ཞེས་བྱ་བ། །ཆོས་ཀྱི་དབྱིངས་བདེ་གཤེགས་སྙིང་པོ་ལ་བསམས་ནས་ནི། །ཆོས་དབྱིངས་དེ་ནི་བསྔོ་བའི་རྒྱུར་བྱེད་པ། །དམིགས་པ་མེད་པའི་ཆོས་ཀྱི་དབྱིངས། །སྒྲིབ་བྲལ་ཅིའི་བོར་ཡང་མ་གྲུབ་པ་ལ་ཡོད་པའི་དགེ་བར་བྱས་ནས་དམིགས་པ་དང་བཅས་པའི་དགེ་བར་བསྔུར་བ་འདི། །ཡོད་མེད་དུ་འཛིན་པ་དམིགས་པ་ཡིན་པའི་ཕྱིར། །བསྔོ་བ་དུག་དང་བཅས་པར་མདོ་རྒྱུད་ཀུན་ལས་གསུངས། །འདི་ཡང་བསྔོ་བ་ཐམས་ཅད་འཇིག་པའི་ཕྱིར་གནད་རྣམས་བཅོས་པར་དོགས། །དེ་བཞིན་དུ་གསང་དབང་གི་ལམ་གཏུམ་མོ་བསྒོམ་པ་དང་། །བཞི་པའི་ལམ་ཕྱག་རྒྱ་ཆེན་པོ་བསྒོམ་པ་ལ་སོགས་པ་དང་། །དབང་བཞི་སོ་སོ་དང་འབྲེལ་བའི་དམ་ཚིག་དང་ནི་སྡོམ་པ་ཡི། །གནད་རྣམས་བཅོས་པ་དེ་ང་སང་མང་དུ་ཡོད་མོད་ཀྱི། །གསང་སྔགས་ཀྱི་གསང་ཆེན་དམ་པ་ཡིན་པས་བཤད་ན་གསང་སྒྲོགས་སུ་འགྱུར་བའི་ཕྱིར་འདིར་མི་བཤད་ལོགས་སུ་བཤད་ཡོད། །ཐེག་པ་ཆེན་པོའི་ཆོས་རྣམས་ཀུན་གྱི་རྩ་བ་ནི། །སྟོང་ཉིད་སྙིང་རྗེའི་སྙིང་པོ་ཅན། །ཐབས་དང་ཤེས་རབ་ཟུང་འཇུག་ཏུ། །མདོ་རྒྱུད་ཀུན་ལས་རྒྱལ་བས་གསུངས་པ་དེ་བོར་ནས། །ལ་ལ་སེམས་ངོ་འཕྲོད་ན་གཞན་ཅི་ཡང་མི་དགོས་པར་སངས་རྒྱས་བས་སྤྲོས་བྲལ་རྐྱང་པ་བསྒོམ་པ་ནི། །དཀར་པོ་ཆིག་ཐུབ་ཡིན་ཞེས་ཟེར། །འདི་ཡང་མདོ་སྔགས་གཉིས་ཀའི་ལམ་གྱི་གནད་རྣམས་བཅོས་པར་དོགས་ཏེ། །དེ་རྐྱང་པས་འཚང་རྒྱ་ན། མདོ་རྒྱུད་ཀུན་ལས་ཐབས་ཟབ་ཅིང་རྒྱ་ཆེ་བ་གསུངས་པ་རྣམས་དོན་མེད་དུ་འགྱུར་བས་སོ་འདིར་གནད་བཅོས་པར་དོགས་པའི་གཞི་དགུ་ངོས་བཟུང་བ་ནི། ཡན་ལག་གཞན་ཏུ་བརྗོད་བྱའི་གཙོ་བོ་རྣམས་མ་འཁྲུལ་པར་བྱས་ན་བསྒྲུབ་ནུས་ཤིང་། གནད་འདི་གནད་རྣམས་འཁྲུལ་ན་ཡན་ལག་གཞན་རྣམས་མ་འཁྲུལ་ཡང་བསྒྲུབ་མི་ནུས་སོ། །ཞེས་པའི་དོན་ཡིན་ལ་རྒྱས་བཤད་ཀྱི་སྐབས་སུ་འཁྲུལ་པ་ཕྲན་ཚེགས་ནས་འགོག་པ་ནི་ཡན་ལག་ཕྲན་ཚེགས་རྣམས་ཀྱང་མ་འཁྲུལ་ན་བསྒྲུབ་ཉེ་ཞིང་། འཁྲུལ་ན་གནད་རྣམས་ཀྱང་རིམ་བཞིན་འཁྲུལ་པར་འགྱུར་བས། ཕྲན་ཚེགས་ཀྱང་མ་འཁྲུལ་པར་བསྒྲུབ་དགོས་སོ། །ཞེས་པའི་དོན་ནོ། །གནད་རྣམས་མིན་པའི་ཆོས་གཞན་ཡན་ལག་འགའ་ཞིག །གལ་ཏེ་མཚང་བ་དང་ཅུང་ཟད་ལྷག་པ་དང་། །ཅུང་ཟད་འཁྲུལ་པར་གྱུར་ན་ཡང་། །བྱང་ཆུབ་ཐོབ་པ་ལ་སྒྲིབ་པའི་ཉེས་པ་ཆེན་པོ་བསྐྱེད་མི་ནུས་ལ། །ཆོས་ཀྱི་གནད་རྣམས་ཆེ་ས་ནས་བཅོས་ཤིང་འཁྲུལ་པར་གྱུར་ན་སྟོང་ཉིད་བསྒོམ་པ་སོགས་ཀྱི་ཆོས་གཞན་བཟང་ཡང་འཚང་མི་རྒྱ་སྟེ་སངས་རྒྱས་ནི་ལམ་གྱི་གནད་མ་འཁྲུལ་པར་ཉམས་སུ་བླངས་པ་ཁོ་ན་ལས་འབྱུང་ངོ། །

དཔེར་ན་འགྲོ་བའི་ལུས་ཀྱི་ཆ་ཤས་ཐལ་ཆེར་ལ་སྐྱོན་མེད་ཀྱང་སྲོག་རྩ་སྟེ་སྙིང་རྩ་ཆད་ན་གསོར་མི་རུང་

པ་དང་། །ལྡོན་ཤིང་རྣམས་ཀྱི་ཡལ་འདབ་ཡོད་ཀྱང་སྐྱེ་སའི་རྩ་བ་བཅད་ན་མི་སྐྱེ་བ་དང་། །ས་བོན་གྱི་ནི་སྐྱེ་སནས་ཀྱི་ངོས་དང་། །འབྲས་ཀྱི་ཤུན་པ་ཉམས་ན་མི་སྐྱེ་བ་དང་། །ཐགས་རྣམས་ཀྱི་ནི་སྲོག་ཤིང་བཏོན་ན་སྣལ་མའཇིངས་ནས་འཐག་ཏུ་མི་རུང་བ་དང་། །བཙུད་ཀྱིས་ལེན་གྱི་རྩ་བ་དངུལ་ཆུ་དང་དབང་ལག་ལྷ་བུ་མ་ཚང་ནསྨན་གཞན་ཚང་ཡང་ནུས་པ་མི་འབྱུང་བ་དང་། །མིག་ལ་སོགས་པ་དབང་པོ་རྣམས་ཀྱི་གནད་མཐོང་བྱེད་དངཐོས་བྱེད་ལ་སོགས་པ་རྣམས་ནི། །འཆུགས་ན་ཕྱིས་ལེགས་པར་བསྒྲུབ་ཏུ་མི་རུང་བཞིན་གྱི། །དཔེ་དེ་བཞིན་དུཆོས་ཀྱི་གནད་རྣམས་འཆུགས་ན། །གནད་མ་ཡིན་པའི་ཆོས་རྣམས་ལེགས་ལེགས་འདྲ་ཡང་འབྲས་བུ་མེད། །གནད་དོན་དེས་ན་གནད་མ་ཡིན་པའི་ཆོས་ལ་ལ་ཙུང་ཟད་འཁྲུལ་ཡང་ཉེས་པ་ཆེར་མི་བསྐྱེད་པས་གླ། །ཆོས་ཀྱིགནད་རྣམས་ནི་འཁྲུལ་མེད་དུ་དཔྱད་དགོས་ཏེ་འབྲས་བུ་འབྱུང་བ་ནི་གནད་མ་འཁྲུལ་པ་ལ་རག་ལས་པས་སོ། །དེ་ལ་ཆོས་ཀྱི་གནད་རྣམས་འཆོས་པ་ཇི་ལྟ་བུའི་ཚུལ་དུ་འབྱུང་ཞེ་ན། གནད་བཅོས་པའི་བྱེད་པོ་ནི་བདུད་ཡིནཞིང་། །དེ་ཡང་བདུད་ལ་ལ་སངས་རྒྱས་ཀྱི་ཆ་ལུགས་དངོས་སུ་སྟོན། །ཁ་ཅིག་མཁན་པོ་དང་སློབ་དཔོན་དང་། །ཆོས་ཙམ་སྟོན་པའི་བླ་མའི་ཆ་ལུགས་འཛིན་པ་དང་། །བདུད་འགའ་ཞིག་འཇིག་རྟེན་འདིའི་ཕ་མའམ་ཉེ་དུའི་ཆལུགས་ཀྱིས། །སེམས་ཅན་རྣམས་ལ་བསླུ་ཞིང་བསླུར་བར་བྱེད། །ཐབས་གང་གིས་བསླུ་ན་བདུད་འགའ་ཞིགགིས་ནི། །ངའི་ལུགས་འདི་ལྟ་བུ་མི་བྱེད་ན་ཆད་པས་གཅོད་ཅེས་པ་ལྟ་བུ་རྩུབ་མོར་སྨྲ་བར་བྱེད་ཅིང་། །བསྡིགས་པའི་ཚུལ་གྱིས་ཆོས་བོར་ནས་ཆོས་ལོག་ཏུ་བསྒྱུར་བར་བྱེད། །བདུད་ལ་ལ་ཁྱོད་ཀྱི་རིགས་ལ་ཆོསའདི་ལྟ་བུས་ཕན་ཞེས་འཛམ་པོར་སྨྲ་བར་བྱེད་ཅིང་། །བྱམས་པའི་ཚུལ་གྱིས་ཆོས་ལོག་བསྟན་པས་སླུ་བར་བྱེད། །ལ་ལ་དོན་གཏན་ལ་འབེབས་པའི་སངས་རྒྱས་ཀྱིས་མདོ་རྒྱུད་ནས་གསུངས་པའི་ལུང་དོན། །ལྟ་བའི་ལུང་སྤྱོད་པ།སྤྱོད་པའི་ལུང་ལྟ་བའི་ལུང་དུ་བྱས་ཏེ་ཕྱིན་ཅི་ལོག་ཏུ་བཤད་ནས་བསྒྱུར། །ལ་ལ་ལུང་དོན་གཏན་ལ་འབེབས་པའིརིགས་པ་བཟང་པོ་ལ། །ངན་པ་ཡིན་ཞེས་བཤད་ནས་བསྒྱུར། །ལ་ལ་རིགས་པ་ལྟར་སྣང་ངན་པ་ལ། །བཟངཔོ་ལྟ་བུར་བཅོས་ནས་བཤད་པས་བསྒྱུར། །ལ་ལ་ཟས་དང་ནོར་ཅི་འདོད་པའི། །རྔན་པ་བྱིན་ནས་པའི་ཆོསལུགས་འདི་གྱིས་ཞེས་ཆོས་ལོག་སྟོན། །ལ་ལ་ཀ་རུ་འཛིན་ལྟ་བུ་ལུས་ཡང་ཞིང་བར་སྣང་དུ་གནས་པ་དངསེམས་ལ་ནི། །ཞི་གནས་ཀྱི་ཏིང་འཛིན་ཙུང་ཟད་བསྐྱེད་ནས་ཀྱང་། །དེ་ལ་ཡིད་ཆེས་སྐྱེས་པ་དང་། །ཕྱིས་ནསལོག་པའི་ཆོས་རྣམས་བསྟན་ནས་སླུ། །ལ་ལ་སངས་རྒྱས་སྐར་རྒྱལ་ལྟ་བུ་འདས་མ་འོངས་དང་གཞན་གྱི་སེམསཤེས་པའི་མངོན་པར་ཤེས་པ་དང་། །གཟུགས་སྣ་ཚོགས་སུ་བསྒྱུར་བ་སོགས་ཀྱི་རྫུ་འཕྲུལ་ཙུང་ཟད་བསྟན་ནསཀྱང་། །སྐྱེ་བོ་བླུན་པོ་རྣམས་ཡིད་ཆེས་བསྐྱེད་པར་བྱས་ནས་ནི། །ཕྱི་ནས་ཆོས་ལོག་སྟོན་པར་བྱེད། །བདུད

ཀྱིས་སེམས་བསྒྱུར་བའི་གང་ཟག་ལ་ལ་ང་ཡིས་ཆོས་ཟབ་མོ་འདི་ལྟར་བསྒོམས། །དེ་ལ་ཉམས་དང་རྟོགས་པ་ཕྱུལ་དུ་ཕྱིན་པ་འདི་སྐྱེས་པས། །ཁྱེད་རྣམས་ཀྱིས་ཀྱང་འདི་ལྟར་གྱིས་ཤིག་དང་ཉམས་རྟོགས་མྱུར་དུ་སྐྱེས་པར་འདུག་ཅེས། །རང་གི་ཉམས་མྱོང་ཡིན་པ་ཡི། །ཚུལ་དུ་བྱས་ཆོས་ནས་ཡོག་པར་འཚོས། །མདོར་ན་བྱམས་སྙིང་རྗེ་དང་སྦྱིན་གཏོང་ལ་སྦྱོ་བ་དང་འཁོར་བ་ལ་ཉེ་རིང་ཆུང་བ་སོགས་སངས་རྒྱས་ཀྱི་གསུང་རབ་དང་། །ཕལ་ཆེར་མཐུན་པར་སྟོན་པར་བྱེད་ཅིང་། །གནད་རྣམས་ཡོག་པར་སྟོན་པའི་ཆོས། །འཕྲལ་དུ་ལེགས་ལེགས་འདྲ་བར་སྟོན་ན་ཡང་། །ཁ་ཟས་བཟང་པོ་ལ་དུག་བཏབ་པ་ལྟར། །བདུད་ཀྱི་བྱིན་རླབས་ཡིན་ནོ་ཞེས། །རྒྱལ་བའི་ཡུམ་ལ་སོགས་པ་མདོ་རྒྱུད་ཀུན་ལས་གསལ་བར་གསུངས་སོ། །བདུད་འདི་དག་ཇི་ལྟར་བྱུང་བའི་ཚུལ། །སྔོན་བྱུང་གི་དཔེ་དང་སྦྱར་བ་མདོ་ཙམ་ང་ཡིས་བཤད་ཀྱིས་ཉོན། །ལོ་ཆེན་རིན་ཆེན་བཟང་པོ་བཞུགས་པའི་ཚེ། །སྟོད་མངའ་རིས་སུ་སངས་རྒྱས་སྐར་རྒྱལ་ཞེས་བྱ་བ། །དཔྲལ་བ་ནས་ནི་སྐར་མ་ལྟ་བུའི་འོད་འབྱིན་ཅིང་། །བར་སྣང་སྟོང་པ་ལ་ནི་སྐྱིལ་ཀྲུང་འཆའ། །རིས་འགའ་འཇིག་མའི་ཁྲི་མཐོན་པོ་ལ་སྡོད་ཅིང་། །ལྷིད་མི་ཡོང་བ་ཁོ་ནས་སྟོང་པ་ཉིད་ཀྱི་ཆོས་རྣམས་ཐོགས་མེད་དུ་སྟོན། །འགྲོ་བ་སྡུག་བསྔལ་བ་ལ་བྱམས་དང་སྙིང་རྗེ་ཆེ་བར་སྣང་། །དེ་ཡི་ཆོས་ཀྱིས་གཞན་དག་ལ། །སེམས་གནས་པའི་ཏིང་ངེ་འཛིན་ཡང་སྐྱེ་བར་བྱེད། །དེ་ལ་འཇིག་རྟེན་ཐམས་ཅད་མོས་ནས་འཁོར་དུ་འདུས་པ་ལ། །ཤཱཀྱའི་རྒྱལ་པོའི་བསྟན་པ་དང་། །འདྲ་མིན་ཙམ་དུ་ཅུང་ཟད་བཅོས་པའི་ཆོས་ཟབ་ཅིང་རྒྱ་ཆེ་བ་ལྟར་སྣང་འཆད་པས། །སྐར་རྒྱལ་དེ་ཡི་བསྟན་པ་ཤིན་ཏུ་འཕེལ། །དེ་ཚེ་རིན་ཆེན་བཟང་པོ་ཡིས། །དེའི་ལོ་རྒྱུས་རྣམས་གསན་པས། རྣམ་དག་མ་ཡིན་པར་དགོངས་ནས་ཆོས་སྐྱོང་གུར་གྱི་མགོན་པོ་ལ་རྟེན་པའི་སྒྲུབ་པ་ཟླ་བ་དྲུག་མཛད་ནས། །བསྐྱེད་རིམ་གྱི་ཏིང་འཛིན་བརྟན་པའི་ངང་ནས་དེ་དྲུང་ཕྱིན་ཅིང་། །སངས་རྒྱས་སྐར་རྒྱལ་བར་སྣང་ལ། །སྐྱིལ་ཀྲུང་བཅས་ནས་ཆོས་ཡོག་འཆད་པའི་ཚེ། །རིན་ཆེན་བཟང་པོས་ལྷའི་ལྟ་ལྟངས་ཀྱིས་གཟིགས་ཙམ་གྱིས། །ས་ལ་ལྷུང་ནས་བརྒྱལ་ཞིང་དྲན་པ་ཉམས་པར་གྱུར་ཞེས་གྲག་གོ། །གལ་ཏེ་རིན་བཟང་ཞེས་བྱ་བའི། །སྐྱེས་མཆོག་དེ་ཚེ་མི་བཞུགས་ན། །སངས་རྒྱས་སྐར་རྒྱལ་ཞེས་བྱ་བའི། །ཆོས་ལོག་གི་བསྟན་པ་གསར་པ་ཞིག་འབྱུང་ཞེས་སྔ་རབས་ཀྱི་མཁས་པ་རྣམས་གསུངས། །སྐར་རྒྱལ་དེ་ཡང་ཁྲུ་ནུ་ཞེས་བྱ་བའི་ཡུལ་གྱི་རྫིང་དུ་ནག་པོའི་ཕྱོགས་ལ་དགའ་བ་ཡི། །སྐར་རྒྱལ་ཞེས་བྱའི་ཀླུ་ཆེན་ཞིག །བསོད་ནམས་ཆུང་བའི་སྐྱེས་ངན་ལུག་རྫི་ཞིག་ལ་ཞུགས་ནས་ནི། །སངས་རྒྱས་ཀྱི་གཟུགས་སུ་བརྫུས་པ་ཡིན་ཞེས་གསུངས། །ལོ་ཙཱ་བའི་བླ་གོས་ཀྱིས་ཁོའི་མགུལ་པ་བཙིངས། བཀའ་བསྒོ་དྲག་པོ་མཛད་པས་ཁོ་ན་རེ། མང་ཡུལ་གྱི་གྲུང་མའི་མཚོ་ལ་གནས་པའི་ཀླུ་ཡིན། ངས་བསྟན་པའི་ཆོས་རྣམས་གཞུང་དང་གདམས་ངག་མང

པོ་ལ་དབྱེར་མེད་དུ་འདྲེས་པས་སྟོད་མི་ཐུབ། ད་ཕྱིན་ཆད་ཆོས་ལོག་མི་སྟོན་ཟེར་བའི་དམ་བཅའ་ཕུལ་ལོ། །སྐར་རྒྱལ་སོགས་འདི་འདྲའི་རིགས་ཀྱི་བདུད་རིགས་འགའ་ནི། །མི་ཡི་གཟུགས་ཅན་གྱི་བླ་མའམ་འཕགས་པའི་གང་ཟག་ཁྱད་པར་ཅན་གྱི་གཟུགས་བཟུང་ནས། །ལྷ་སྤྱོད་ཕྱིན་ཅི་ལོག་པའི་བསྟན་པ་སྤེལ་བའི་ཕྱིར། །ཆོས་དང་བསྲེས་ནས་གནད་འགག་ཆེ་ས་རྣམས་སུ། །ལོག་ཆོས་བསྲེས་ནས་འཆད་པ་སྲིད་པས་དེ་ལྟ་བུའི་རིགས་དེང་སང་ཡང་ཤེས་དགོས། །དཔེར་ན་ཁ་ཟས་བཟང་པོ་ལ། །སྦྱར་བའི་དུག་གིས་སྐྱེ་བོ་ཕལ་ཆེར་གསོད་ལ། །དུག་རྐྱང་པ་ཕྱིན་ན་དུག་ཡིན་པར་ཤེས་ན་ནི། །འགའ་ཡང་གསད་པར་ནུས་པ་མ་ཡིན། །དེ་བཞིན་དུ་སངས་རྒྱས་ཀྱི་གསུང་དང་མཐུན་པའི་ཆོས་བཟང་པོ་འགའ་ཞིག་ལ། །གནད་བཅོས་པའི་ཆོས་ལོག་བསྲེས་ཤིང་བསྙད་པས་མཁས་བླུན་ཕལ་ཆེར་སླུ་ལ། །ཆོས་ལོག་རྐྱང་པ་བསྟན་པར་གོ་ན་ནི། །ཆོས་ལ་དད་པ་སུ་འགའ་ཡང་བདུད་ཀྱིས་སླུ་མི་ནུས་པ་ཡིན་ནོ། །ཡང་དཔེར་ན་རི་དྭགས་ཀྱི་རྔ་མ་ཁྲུར་ནས་འདིའི་ཤ་ཡིན་ཞེས་མ་བསྟན་ན། །བོང་བུའི་ཤ་རང་ཡིན་བྱས་ན་བཙོང་བར་མི་ནུས་པ་ལྟར། །དེ་བཞིན་དུ་སྟོན་པ་བཟང་པོའི་སྤྱོད་པ་མ་བསྟན་ན། །ལོག་པའི་ཆོས་རྐྱང་པའི་ཐབས་ཀྱིས་སླུ་མི་ནུས་པས། །བདུད་ཀྱི་བྱིན་རླབས་ཐམས་ཅད་ཀྱང་། །ངན་པ་ཁོ་ནར་འབྱུང་བར་ངེས་པ་མིན་ནམ་སྐམ་སྐྱེ་དེ་ལྟར་ངེས་པ་མེད། །འོན་ཀྱང་བཟང་པོ་དེའི་ནང་ནས་ནི། །གནད་རྣམས་ཅུང་ཟད་བཅོས་པ་ཡིས། །འཕྲུལ་ལ་ཕན་པ་ལྟ་བུས་ཕ་རོལ་སླུ་བར་འགྱུར། །གནད་བཅོས་པའི་ཚུལ་དང་། གནད་བཅོས་པའི་བདུད་འདི་འདྲ་ཤེས་པར་བྱས་ནས་ནི། །ཆོས་ཀྱི་གནད་རྣམས་རྒྱལ་བའི་མདོ་རྒྱུད་བཞིན་དུ། །འཁྲུལ་པས་མ་བསླད་པར་ནི་ལེགས་པར་ཟུང་བར་བྱ། །དཔེ་གཞན་ཡང་ཤིང་རྟ་འདྲེན་པའི་ཆེ་དཔུས་ཀྱི་སྲོག་ཤིང་ཆག་པར་གྱུར་ན། །འཁོར་ལོ་བཟང་ཡང་འགྲོ་བར་མི་ནུས་པ་དང་། །སྐྱེས་བུ་སྲོག་གི་དབང་པོ་འགགས་གྱུར་ན། །མིག་ལ་སོགས་པའི་དབང་པོ་གཞན་དག་བྱ་བྱེད་མེད་པ། །དེ་བཞིན་དུ་ཆོས་ཀྱི་གནད་འཆུགས་ན། །གནད་མ་ཡིན་པའི་ཆོས་གཞན་བཟང་ཡང་ནུས་མེད་དུ་འགྱུར་ཏེ། །དགོས་པ་མེད་དོ། །དེས་ན་རྫོགས་པའི་སངས་རྒྱས་ལས་མཁས་པ་ཡི། །གང་ཟག་འཇིག་རྟེན་གསུམ་ན་མེད་པ། །དེས་ན་དེ་ཡིས་གསུངས་པ་ཡི། །མདོ་རྒྱུད་ཀྱི་དོན་ཕྱིན་ཅི་ལོག་ཏུ་རྣམ་པར་དཀྲུག་པར་མི་བྱ་སྟེ། །མདོ་རྒྱུད་དཀྲུགས་ན་ཆོས་སྤོང་ཞིང་། །འཕགས་པ་རྣམས་ཀྱང་སྐུར་ཅིང་སྐུར་བ་བཏབ་པར་འགྱུར་ཞེས། །མགོན་པོ་བྱམས་པས་རྒྱུད་བླར་གསུངས། །རྒྱུད་བླ་མ་ལས། གང་ཕྱིར་རྒྱལ་ལས་ཆེས་མཁས་འགའ་ཡང་འཇིག་རྟེན་འདི་ན་ཡོད་མིན་ཏེ། །མ་ལུས་དེ་ཉིད་མཆོག་རྣམས་ཚུལ་བཞིན་ཀུན་མཁྱེན་གྱིས་མཁྱེན་གཞན་མིན་པ། །དེ་ཕྱིར་དྲང་སྲོང་རང་ཉིད་ཀྱིས་བཞག་མདོ་སྡེ་གང་ཡིན་དེ་མི་དཀྲུག །ཐུབ་ཚུལ་བཤིག་ཕྱིར་དེ་ཡང་དམ་ཆོས་ལ་ནི་གནོད་པ་བྱེད་པར་འགྱུར། །ཉོན་

མོངས་སྨོངས་བདག་རྣམས་ཀྱིས་འཕགས་ལ་སྐུར་བ་དང་། །དེས་གསུངས་ཆོས་ལ་བརྙས་གང་དེ་ཀུན་ཞེན་ལྷས་བྱས། །དེས་ན་ཞེན་ལྷའི་དྲི་ཅན་དེ་ལ་བློ་མི་སྦྱར། །གོས་གཙང་ཆོན་གྱིས་རྣམ་འགྱུར་སྣུམ་གྱིས་གོས་པ་མིན། །ཞེས་གསུངས་སོ། །འཁྲུལ་པའི་གྲུབ་མཐའ་སླ་ཆོས་སུ་སྙན་འབྱིན་པའི། །རྣམ་གཞག་རྩུང་ཟད་སྟོན་བྱུང་གི་དཔེ་སོགས་དང་སྦྱར་ཏེ་བཤད་ཀྱིས་ཉོན། །ཁ་ཆེའི་ཡུལ་དུ་མུ་སྟེགས་ཀྱི་སྟོན་པ་དབང་ཕྱུག་སོགས། །ཞབས་འོག་ཏུ་མནན་པའི་སངས་རྒྱས་དགྱེས་རྡོར། །བདེ་མཆོག །དུས་འཁོར་ལ་སོགས་པའི་སྐུ་མཐོང་ནས་ནི། །ཁོས་ཀྱང་ལན་དུ་དེ་བཟློག་པ་ཡི་བྲིས་སྐུ་ཞིག །མུ་སྟེགས་ཀྱི་པཎྜི་ཏ་དབྱངས་ཅན་དགའ་བས་སངས་རྒྱས་པ་ལ་སྙིང་ནད་དུ་བསམ་ནས་རང་དགར་བྱས་སོ། །དེའི་ཚེ་འཕགས་པ་ཆེན་པོ་ཁ་ཆེ་ཛྙཱ་ན་ཤྲཱིས། །མུ་སྟེགས་དེ་དང་རྩོད་པའི་རྩོད་གྲྭ་རུ། །རང་ནང་པ་སངས་རྒྱས་པའི་པཎྜི་ཏ་རྣམས་དང་། །གཞན་མུ་སྟེགས་བྱེད་ཀྱི་པཎྜི་ཏ་སྟེ་གཉིས་ཀའི་སྐྱེ་བ་ཚོགས་པ་དང་། །རྒྱལ་པོ་དང་བློན་པོ་སོགས་ཀྱི་རྒྱུས་ཡོད་པའི་དཔང་པོ་དང་བཅས་པའི་གྲྭར། །ཁྱོད་ཀྱིས་བྱས་པའི་སངས་རྒྱས་མནན་པའི་དབང་ཕྱུག་ཁྱོད་རང་གི་རང་བཟོ་ཡིན་གྱི་ཁྱོད་རང་གི་གཞུང་གང་ལས་ཀྱང་བཤད་པ་མེད་དོ། །དེས་ན་འཁྲུལ་པ་ཁོ་ན་ཡིན་པར་ཛྙཱ་ན་ཤྲཱིས་བསྒྲགས། །མུ་སྟེགས་དབྱངས་ཅན་དགའ་བ་དེས་ཡིས་ཀྱང་དབང་ཕྱུག་མནན་པ་ཡི། །སངས་རྒྱས་དགྱེས་རྡོར། བདེ་མཆོག་སོགས་ཁྱོད་རང་གིས་བྱས་པའི། །རང་བཟོ་ཡིན་ཞེས་རིགས་པ་མགོ་བསྒྲེས་སོ། །

དེ་ལ་སླར་ཡང་མཁས་པ་ཛྙཱ་ན་ཤྲཱིས་འདི་སྐད་བརྗོད། །ཁྱེད་ཀྱི་ལྷ་དབང་ཕྱུག་ལ་སོགས་པའི་འོག་ཏུ་སངས་རྒྱས་མནན་པ་ཁྱེད་ཀྱི་གཞུང་། །ལུང་སྨའི་རིག་བྱེད་ཆེན་པོ་བཞི་པོ་རྣམས་ནས་བཤད་པ་མེད། །གལ་ཏེ་ཡོད་ན་སྟོན་པར་རིགས་སོ། །ངེད་ཀྱི་སངས་རྒྱས་ཀྱི་ཞབས་འོག་ཏུ་མུ་སྟེགས་ཀྱི་ལྷ་མནན་པ་ངེད་ཀྱི་ལུང་སྨའི་རྒྱུད་སྡེ་བཞི་པོ་ལས། །གདོད་མ་ཉིད་ནས་བཤད་ནས་ཡོད་པ་ཡིན། །དེས་ན་ངེད་ཀྱི་འདི་རང་བཟོ་མིན་པ་ཐམས་ཅད་ཀྱིས་ཤེས་པ་ཡིན་པས། །ཁྱེད་ཀྱི་དང་མཚུངས་པའི་གོ་སྐབས་མེད་དོ། །ཞེས་བརྗོད་པ་དེ་ནས་མུ་སྟེགས་དེ་ལན་གདབ་མ་ནུས་ནས་སྤོབས་པ་མེད་པར་གྱུར་པའི་ཚེ། །ཛྙཱ་ན་ཤྲཱིས་རྒྱལ་པོ་ཁྱོད་ཀྱི་ཡུལ་འདི་རུ། །ཁུངས་ནས་བྱུང་བ་འདི་འདྲའི་རིགས་ཀྱི་རང་བཟོ་འཕེལ་ན་ནི། །ད་དུང་རང་གཞན་གྱི་ཆོས་ཐམས་ཅད་ལ་རང་བཟོའི་བརྒྱུད་པ་གཞན་མང་པོ་བརྒྱུད་མར་འབྱུང་བས། །སངས་རྒྱས་ཀྱི་བསྟན་པ་སྤྱི་ལ་གནོད་པ་འདི། །མུ་སྟེགས་ཁོ་རང་ལ་ཡང་ཅིས་མི་གནོད་དེ་ཁོ་རང་གི་ཆོས་ལུགས་ཀྱང་འཆོལ་བར་འགྱུར་རོ། །གལ་ཏེ་འདི་འདྲའི་རང་བཟོའི་ཆོས་ལུགས་ནི། །ངེད་ནང་པ་སངས་རྒྱས་པ་ལ་བྱུང་ན་ཡང་སངས་རྒྱས་ཀྱི་བསྟན་པ་འཆོལ་བར་འགྱུར་བས། །རྒྱལ་པོ་ཁྱོད་ཀྱིས་དགག་དགོས་སོ། །ཞེས་དེ་སྐད་བསྒོ་ནས་སངས་རྒྱས་མནན་པའི་དབང་ཕྱུག

གི་གྲོང་རིས་ཚོགས་པའི་གསེབ་ཏུ་ཆུས་བསྐུབས། །ཕྱི་ནས་དབྱངས་ཅན་དགའ་བ་དང་ཕྱི་ནང་གྲུབ་མཐའ་བརྩད་པ་ལའང་། །མཁས་པ་ཆེན་པོ་དེས་མུ་སྟེགས་ཀྱི་གྲུབ་མཐའ་ཕམ་པར་མཛད་ནས། །ཁ་ཆེའི་ཡུལ་དུ་སངས་རྒྱས་ཀྱི་བསྟན་པ་སྤེལ་ཞིང་དེང་སང་གི་བར་དུ་རྒྱས་པར་གྱུར་ཅེས་ཐོས་སོ། །དེས་ན་དང་པོ་ནས་མེད་པའི་རང་བཟོ་དེ་འདྲ་ནི་ལུང་རིགས་གཞན་མི་དགོས་པར་འདི་རང་བཟོ་ཡིན་ནོ་ཞེས་ཀུན་ལ་སྒྲོགས་པས་སུན་འབྱིན་ནོ། །གལ་ཏེ་མུ་སྟེགས་བྱེད་པའི་གཞུང་། །གདོད་ནས་གྲུབ་པ་སྐྱེ་གློ་བུར་དུ་བྱུས་པ་མ་ཡིན་པའི་རིག་བྱེད་བཞི་པོ་ལས། །སངས་རྒྱས་མནན་པའི་ཆོས་ལོག་དེ་འདྲ་གལ་ཏེ་བཤད་ན་ཡང་། །དེ་རང་བཟོ་ཡིན་ཞེས་པས་དགག་པ་བྱར་མི་རུང་སྟེ། །ཁོ་རང་གི་གཞུང་ནས་གདོད་ནས་བཤད་པའི་ཕྱིར་རོ། །འོན་དེ་དག་ཇི་ལྟར་སུན་འབྱིན་ཞེ་ན། འཁྲུལ་མ་འཁྲུལ་གྱི་གྲུབ་མཐའི་རྣམ་གཞག་གི་ཁས་བླངས་དེ་བཟུང་ནས་ནི། །དངོས་སྟོབས་ཀྱི་རིགས་པ་གཞན་གྱིས་སུན་དབྱུང་དགོས་ཀྱི། །ལུང་འགལ་གྱིས་སུན་དབྱུང་བར་མི་ནུས་སོ། །བདག་གི་གྲུབ་མཐའ་དང་གཞན་གྱི་གྲུབ་མཐའ་ལའང་། །གལ་ཏེ་འགལ་བའམ་ནོར་བ་སྣང་ན་ནི། །ལུང་རིགས་གང་དང་འགལ་བརྟག་ནས་རིགས་པ་དག་དང་འགལ་བར་གྱུར་ན། །དེ་ནི་རིགས་པས་སུན་ཕྱུང་ཤིག །གལ་ཏེ་ལུང་དང་འགལ་བར་གྱུར་ན། །དེ་ནི་ལུང་གིས་ལེགས་པར་སུན་འབྱིན་པའི། །གདམས་ངག་ཐུང་ཟད་ཁོ་བོས་བཤད་ཀྱིས་ཉོན། །ཀློལ་བ་ཕ་རོལ་པོ་ཁོ་རང་ལའང་ལུང་དེ་ཚད་མར་ཁས་ལེན་ཅིང་། །ཁས་བླངས་པ་དེ་དང་འགལ་བའི་ཆོས་སྨྲོད་ན། །ཁྱེད་རང་གི་ལུང་དང་འགལ་བས་སོ་ཞེས་པས་སུན་དབྱུང་བར་བྱ། །གལ་ཏེ་ལུང་དེ་ཁས་མི་ལེན་ཞིང་། །རང་གི་ལུང་གཞན་ཚད་མར་ཁས་ལེན་ན། །དེ་ཚེ་དེད་ཀྱི་ལུང་གིས་ནི། །ཕ་རོལ་པོ་དེ་ཡི་ཆོས་ལོག་དགག་པར་མི་ནུས་ཏེ། །དེ་ལ་ཁོ་ཚད་མར་མི་འདོད་པའི་ཕྱིར་རོ། །

འོན་ཀྱང་ཁོ་རང་ཚད་མར་བྱེད་པ་དེ་ཡི་ལུང་ཉིད་ཀྱིས་ཁྱེད་རང་གི་ལུང་དང་འགལ་ཞེས། །དེ་ཡི་ཆོས་ལོག་དགག་དགོས་སོ། །ལུང་ཁས་མི་ལེན་ན་གཞན་གྱི་ལུང་གིས་འགོག་མི་ནུས་པ། །དཔེར་ན་ཕ་རོལ་ཕྱིན་པ་ལ༑ །གལ་ཏེ་ཐེག་ཆེན་གྱི་ཆོས་ལོག་པར་སྨྲོད་ན་ནི། །གསང་སྔགས་ཀྱི་གཞུང་དང་འགལ་ལོ་ཞེས། །དེ་ནི་སུན་དབྱུང་བར་ནུས་པ་མ་ཡིན་ལ། །དེ་བཞིན་དུ་གསང་སྔགས་པ་འགའ་ཞིག །གསང་སྔགས་ཀྱི་ལག་ལེན་ལོག་པར་སྨྲོད་གྱུར་ཀྱང་། །ཕ་རོལ་ཕྱིན་པའི་གཞུང་དང་འགལ་ལོ་ཞེས། །སུན་དབྱུང་བར་ནི་ནུས་པ་མ་ཡིན་ནོ། །དེ་ལྟར་ཐེག་པ་ཆེ་ཆུང་ལའང་། །ཕན་ཚུན་གྱི་ནི་ལུང་འགལ་གྱིས། །སོ་སོའི་གཞུང་ལུགས་དགག་པར་མི་ནུས་ཏེ། ཉན་ཐོས་ཀྱི་ལུང་དང་འགལ་བར་ཐེག་ཆེན་གྱི་ལུགས་དགག་མི་ནུས། ཐེག་ཆེན་གྱི་ལུང་དང་འགལ་བས། ཉན་ཐོས་ཀྱི་ལུགས་དགག་པར་མི་ནུས་ཏེ། དེ་ལ་ཚད་མར་མི་བྱེད་པའི་ཕྱིར་རོ། །ཉན་ཐོས་སྐབས་སུ་རང་རང་གི་

ལུང་དང་འགལ་ན་གནོད་པ་ཡིན་ཏེ། །དེ་ཡང་ཉན་ཐོས་ཀྱི་གཞུང་ལུགས་ཚད་མར་ཁས་ལེན་ཅིང་། །ཉན་ཐོས་ཀྱི་དེ་ཡི་ལུང་དང་འགལ་བར་སྤྱོད་པར་གྱུར་ན། །དེ་ཡི་ལུང་གིས་དགག་པར་ནུས། །དེ་བཞིན་དུ་བཀའ་གདམས་པ་ལ་སོགས་པ་རྣམས་ཀྱང་། །ཇོ་བོའི་གཞུང་ལུགས་ཚད་མར་ཁས་ལེན་ཅིང་། །ཇོ་བོ་དེ་ཡི་ལུང་དང་འགལ་བར་གྱུར་ན། །བཀའ་གདམས་པ་ལ་གནོད་པ་འབྱུང་བ་ཡིན། །དེ་བཞིན་དུ་བོད་ཀྱི་ཕྱག་རྒྱ་པ་ཡང་ནི། །ནཱ་རོ་པ་ལ་མོས་བྱེད་ཅིང་། །ནཱ་རོའི་གཞུང་དང་འགལ་བར་གྱུར་ན། །ཕྱག་རྒྱ་པ་ལ་གནོད་པ་ཡིན། །དེ་བཞིན་དུ་གསང་སྔགས་པར་ཁས་འཆེ་ཞིང་དེའི་ཉམས་ལེན་སྤྱོད་བཞིན་དུ། །གསང་སྔགས་ཀྱི་རྣམ་བཞག་རྒྱུད་སྡེ་དང་འགལ་ན། །གསང་སྔགས་པ་དེ་ལ་གནོད་པར་འགྱུར། །ཡང་ཕ་རོལ་ཕྱིན་པའི་ལུགས་ཀྱི་ཉམས་ལེན་བྱེད་ཅིང་། །ཕར་ཕྱིན་པར་ཁས་འཆེ་བ་ལ་ཐེག་ཆེན་གྱི་མདོ་སྡེ་རྣམས་དང་འགལ་བར་གྱུར་ན། །ཕར་ཕྱིན་པ་དེ་ལ་ཅེས་མི་གནོད་དེ་གནོད་པ་ཡིན་ནོ། །ཁས་བླངས་པའི་ལུང་དང་འགལ་ན་གནོད་པ་དེ་ཡི་དཔེ་བརྗོད་མདོ་ཙམ་ཞིག །ལེགས་པར་བཤད་ཀྱིས་མཉན་པར་གྱིས། །ཇོ་བོས་མཛད་པའི་བདེ་མཆོག་དང་། གསང་འདུས་ལ་སོགས་པའི་སྒྲུབ་ཐབས་མང་པོ་ཡོད་པས་ཇོ་བོ་གསང་སྔགས་ལ་མཁས་ཤིང་དེ་ཡི་ལམ་ལ་སྤྱོད་བཞིན་དུ། །དེའི་རྗེས་སུ་འབྲངས་པ་རྣམས། དེང་སང་གསང་སྔགས་སྤྱོད་པའི་དུས་མིན་ཞེས། །སླབ་ཇོ་བོའི་ལུགས་ཉིད་དང་། །འགལ་བ་ཡིན་པར་ཤེས་པར་བྱ། །སེམས་བསྐྱེད་ཇོ་བོའི་ལུགས་བྱེད་ཅིང་། །ཇོ་བོ་གདན་ནས་མི་བཞེད་པའི། །འཇུག་པ་སེམས་བསྐྱེད་ཀུན་ལ་བྱེད་པ་དང་། །ཇོ་བོ་མི་བཞེད་པའི་དོན་དམ་སེམས་བསྐྱེད་ཆོ་གས་འབོགས་པར་བྱེད་པ་ནི། །ཕར་ཕྱིན་པ་གཞན་དང་འགལ་བ་སློས་ཅི་དགོས། །ཇོ་བོའི་རང་ལུགས་དང་ཡང་འགལ་བ་ཡིན། །ནཱ་རོའི་ཆོས་ཀྱི་རྩ་བ་ལྔ་ནི། དབང་བསྐུར། དམ་ཚིག རིམ་གཉིས། སྤྱོད་པ། ཡན་ལག་སྡེ་ལྔའོ། །དེས་ན་གྲུབ་ཆེན་ནཱ་རོ་ཏ་པ་དབང་བསྐུར་དང་། །རིམ་གཉིས་གསང་སྔགས་ཀྱི་ཆོས་ཀྱི་གཙོ་བོར་མཛད་པ་ལ། །ནཱ་རོའི་བརྒྱུད་པ་འཛིན་བཞིན་དུ། །དབང་དང་རིམ་གཉིས་མི་བསྒོམ་པ། །རྒྱུད་དང་འགལ་བ་ལྟ་ཅི་སློས། །རང་ལུགས་ནཱ་རོའི་བརྒྱུད་འཛིན་དུ་ཁས་འཆེ་བ་དང་ཡང་འགལ་བ་ཡིན། །རྡོ་རྗེ་ཕག་མོའི་བྱིན་རླབས་ཀྱིས་ཆོས་སྒོ་འབྱེད་པ་ནི། །བླ་མ་མར་པ་ལྷོ་བྲག་པ་ལ་མེད་དེ་གོང་ནི་རྔུ་པ་ནས་བརྒྱུད་པ་ཡིན་གྱི། །དེ་ཡན་ཆད་ལ་མེད་པས་མར་པའི་བརྒྱུད་པ་འཛིན་བཞིན་དུ། །ཕག་མོའི་བྱིན་རླབས་ཀྱིས་ཆོས་སྒོ་འབྱེད་པ་ནི། །རྒྱུད་དང་འགལ་བ་ལྟ་ཅི་སློས། །མར་པ་རང་ལུགས་དང་ཡང་འགལ་བ་ཡིན། །ནཱ་རོ་ཆོས་དྲུག་ཞེས་བྱ་བའི་ཁྲིད་ཀྱང་། །མི་ལ་རས་པ་ཡན་ཆད་དུ་བྱིན་རླབས་དང་འབྲེལ་བའི་ཆོས་དྲུག་དེ་ལས་གཞན་མེད་པ་ལས། །ཕྱིས་ཆོས་དྲུག་སྒྲ་ཇི་བཞིན་པ་བོར་ནས་ལམ་འབྲས་དང་། །ཕྱག་རྒྱ་ཆེན་པོ་དང་ཞི་བྱེད་རྫོགས་ཆེན་དང་བཀའ

གདམས་ལ་སོགས་པ་ཙལ་ཙོལ་མང་པོ་བསྲེས་ནས་བརྒྱུད་པ། །གཞན་གྱི་གདམས་ངག་བསྒོམ་བཞིན་དུ། །ནུ་རོ་པ་ཁོ་ན་ལ་ཐུག་པའི་བརྒྱུད་པ་འདེད་པར་བྱེད་པ་ནི། །ཆོས་ལུགས་གཞན་དང་འགལ་བ་ལྟ་ཅི་སྨོས། །ཆོས་གཞན་ནས་བྱུང་ནས་བརྒྱུད་པ་གཞན་དུ་འདེད་པ་ནི། །རང་ལུགས་དང་ཡང་འགལ་བ་ཡིན་ཏེ། །གཞན་བསྲེས་པས་ཆོས་དུག་གཙང་མར་མི་འགྱུར་བའི་ཕྱིར། །བྲག་གི་དཀྱིལ་སོས་གཏེར་ནས་བྱུང་བའི་གླེགས་བམ་དང་། །བརྒྱུད་པ་གཞན་ནས་བརྐུས་པའི་ཆོས་ལུགས་དང་། །རང་གི་བརྩམས་ཆོས་དང་ནི་རྨི་ལམ་དུ་ཐོས་ཟེར་བའི་ཆོས་དང་། །བློ་བཟུང་མ་ཡི་སྣེ་རྟོགས་བློས་རང་དགར་བཟོས་པའི་ཆོས་ལུགས་ལ། །སངས་རྒྱས་རྡོ་རྗེ་འཆང་ལ་བརྒྱུད་པ་སྣེལ། །ཆོས་དེ་ལའང་རང་རེ་ལ་སློབ་དཔོན་གྱི་ལུང་མེད་པར་ཆོས་ཀྱི་སློབ་མ་གཞན་དག་ལ་ལུང་སྣེར་ཞིང་ལེན་དུ་འཇུག་པ་ནི། །ཆོས་དང་འགལ་བ་སྨོས་ཅི་དགོས། །རང་གི་ཚིག་དང་ཡང་འགལ་བ་ཡིན་ཏེ། །དེ་དག་ནི་རྡོ་རྗེ་འཆང་ལས་མ་བརྒྱུད་པར་གསལ་བའི་ཕྱིར་རོ། །གལ་ཏེ་བཤད་མ་ཐག་པ་འདི་འདྲའི་རིགས་ཅན་གྱི། །འགལ་བ་ཁས་ལེན་པ་ལུང་དང་རིགས་པ་མན་ངག་ལ་སྣང་བར་གྱུར་ན། །སུན་དབྱུང་སྟར་བཤད་དེ་ཡི་རིགས་སུ་ཤེས་པར་བྱ་སྟེ་རིགས་འགྲེའོ། །མདོར་ན་ཆོས་དང་འགལ་བ་ཡི། །ཆོས་ལུགས་ཞིག་ལུགས་གང་ན་འདུག་ན་ཡང་། །ལུང་དང་རིགས་པས་སུན་ཕྱུང་ཤིག །གལ་ཏེ་མུ་སྟེགས་ལ་སོགས་པའམ། །སངས་རྒྱས་པ་ནང་ཡིན་ཡང་རུང་སྟེ། །ལུང་དེ་ཁས་མི་ལེན་པ་དང་། །ལུང་དང་འགལ་ཡང་འདི་ནི་རེད་ཅག་གི། །བླ་མའི་བཀའ་སྲོལ་ཡིན་པས་ཆོས་རྣམ་དག་ཡིན་ཟེར་བ། །དེ་དག་ལུང་དེ་ཁས་མི་ལེན་ཡང་། །རྩ་བའི་བརྒྱུད་པ་ཐོག་མ་དེ་གང་ཡིན་པ་དྲི། །མུ་སྟེགས་ཀྱི་རིག་བྱེད་ལ་སོགས་པ་ལྟར་རྩ་བའི་བརྒྱུད་པ་ལ་གདོད་ནས་ནོར་བའི་ཆོས་དེ་ཡོད་ན་ནི། །འཁྲུལ་ཡང་མཁས་པས་ཁྱོད་ཀྱི་རང་བཟོ་ཡིན་བྱས་ལ་སྐྱོན་དུ་བགྲང་རྒྱུ་མེད་དེ་ཤེས་ན་རིགས་པས་སུན་དབྱུང་མི་ཤེས་ན་ཁྲེལ་བས་ཅི་ཞིག་ཕན། །སེམས་ཅན་ལས་ངན་སྤྱོད་པ་ལ། །སངས་རྒྱས་ཀྱིས་ཀྱང་ཐབས་ཅི་བྱར་ཡོད་དེ་མེད་པས་སོ། །གལ་ཏེ་རྩ་བའི་བརྒྱུད་པ་ལ་གདོད་ནས་མེད་པའི་ཆོས་ནོར་བ། །བློ་ཕྱུར་དུ་བྱས་པ་ཡིན་ན་ནི། །རང་གཞན་ཀུན་གྱིས་རང་བཟོར་ཡིན་པར་གོ་བའི་ཕྱིར། །སངས་རྒྱས་པའམ་མུ་སྟེགས་བྱེད། །སུ་ལ་འདུག་ཀྱང་དོར་བྱ་ཡིན། །གལ་ཏ་ས་སྐྱ་པ་རེད་ལའང་དེ་འདྲ་བ་མདོ་རྒྱུད་ནས་མ་གསུངས་པ། །ལུང་རིགས་ཀྱིས་མི་འགྲུབ་ངའི་རང་བཟོར་བྱས་པ་འདུག་ན་ནི། །ཆོས་ཕྱོགས་ནས་མཁས་པ་རྣམས་ཀྱིས་བཞད་གད་གྱིས་ལ། ལུགས་ན་འདུན་དོར་མ་ཞོག །འཇིག་རྟེན་ན་གལ་ཏེ་རྒྱལ་པོའི་ཁྲིམས་ཡོད་ན། །བསྟན་པ་དཀྲུགས་ནས་ཆོས་ལོག་བྱེད་པའི་མི་དེ་ཆད་པས་བཅད་པའི་འོས་ཡིན་ནོ། །དེའི་རྒྱུ་མཚན་ཟང་ཟིང་གི་ནོར་ལ་ཟློག་ཚོང་བྱས་པ་ལའང་། །རྒྱལ་པོའི་ཁྲིམས་མགོ་བཅས་པ་ལ་ཐུག་པར་གྱུར་ན། །ཆོས་ལོག་བརྫུན་མས

སྒྲུར་བ་ལ། །ཤིན་ཏུ་མཚང་ཆེ་རྒྱལ་པོའི་ཁྲིམས་ལ་ཅིས་མི་ཐུག་སྟེ། །ཆོས་རྒྱལ་ཐམས་ཅད་ཆོས་ཀྱི་ཁྲིམས་ཆེན་པོ་མཛད་པ་དང་། དགྲ་བཅོམ་པ་རྣམས་བཀའ་བསྡུ་བ་མཛད་པ་ལ་སོགས་པའི་དགོས་པའང་དེ་ཡིན་ནོ། །འདི་ནི་ཕྱོགས་ལྷུང་མེད་པའི་བདེན་ཚིག་ཡང་དག་པའོ། །མདོ་རྒྱུད་ལ་མ་སྦྱངས་པའི་བླུན་པོ་མཁས་པར་འཆོས་པ་འགའ། །ལྟ་སྒོམ་པ་དང་ལས་དང་པོ་པ་དང་བརྟན་པ་ཐོབ་པ་དང་། འཕགས་པའི་གང་ཟག་སོགས་ལུང་གི་བརྗོད་དོན་གང་ལ་འཇུག་པའི་གནས་སྐབས་མི་ཤེས་པར། །ང་ལའང་ལུང་ཡོད་ཅེས་མདོ་རྒྱུད་ལུང་སྦྱོར་བྱེད་པ་མང་མོད་ཀྱི། །དེ་ནི་བླུན་པོའི་ཁ་ཤགས་འགའ་ཞིག་དགྲ་བོའི་གྲོགས་སུ་འགྲོ་བ་ལྟར། །རང་ལ་ཕན་གནོད་གང་དུ་འགྲོ་བ་མི་ཤེས་སོ། །ལུང་གི་གནས་སྐབས་སོ་སོ་དཔེར་བརྗོད་ན་དཀོན་མཆོག་ལ་ཕྱག་དང་མཆོད་པ་འབུལ་བ་དང་། །སྦྱིན་པ་གཏོང་བ་དང་ཚུལ་ཁྲིམས་བསྲུང་བ་སོགས་མི་དགོས་པར་གསུངས་པ་དང་། །སེམས་བསྐྱེད་དང་སྔགས་ཀྱི་དབང་བསྐུར་འདི་ར་བྱ་མི་དགོས། །དམིགས་པ་ལ་རྩེ་གཅིག་པའི་བསམ་གཏན་དང་གསུང་རབ་ལ་ཀློག་པ་ཐོས་བསམ་བྱེད་པ་འདིར་མི་དགོས། །དགེ་བ་དང་སྡིག་པ་གཉིས་ཀ་མེད་པ་དང་། །སངས་རྒྱས་དང་ནི་སེམས་ཅན་ཀུན་ཀྱང་ཡོད་མིན་པ་ཞེས་སོགས། །འདི་འདྲ་གསུངས་པའི་ལུང་རྣམས་ཀུན། །ལྟ་བའི་སྐབས་ཀྱི་ལུང་ཡིན་གྱི་བསྒོམ་པ་དང་། །སྤྱོད་པ་གཉིས་ཀྱི་ལུང་མ་ཡིན་པས་དེ་གཉིས་ལ་སྦྱར་དུ་མི་རུང་ངོ་། །ཕྱག་ཆེན་ཐིག་ལེ་ལས་དབང་མེད་པ་ལ་དངོས་གྲུབ་མེད་པར་གསུངས་པ་དང་། །འདུལ་བ་ལས་ཚིག་འཁྲུགས་ན་ལས་མི་འཆགས་པར་གསུངས་པ་དང་། །སྡོམ་པ་གསུམ་གྱི་བསླབ་པ་ལས་ལོག་པར་སྤྱད་ན་ལྟུང་བ་འབྱུང་བར་བཤད་པ་དང་། །རྒྱུད་སྡེ་བཞི་ཡི་ལྷ་བསྒོམ་འཁྲུལ་ན་བྱིན་གྱིས་མི་རློབ་པར་གསུངས་པ་དང་། །རྡོ་རྗེ་སྙིང་པོ་རྒྱན་གྱི་རྒྱུད་ལས། །དག་པའི་ཆོས་ལ་སོམ་ཉི་བྱེད་ཅེས་ཐེ་ཚོམ་ཟ་ན་ཉེས་པ་སྐྱེ། །དེས་ན་ཆོ་ག་ཅི་བྱེད་ཀྱང་། །ཤིན་ཏུ་དག་པར་བྱ་དགོས་ཞེས། །འདི་འདྲའི་ལུང་ཀུན་ནི་སྤྱོད་པ་དང་། །བསྒོམ་པ་གཉིས་ཀྱི་ལུང་ཡིན་གྱི་ལྟ་བའི་ལུང་མིན་ཏེ། །དོན་དམ་ལྟ་བའི་ཚེ་ན་དེ་འདྲའི་རྣམ་བཞག་མེད་པས་སོ། །དེ་ར་མ་ཟད་གཞན་ཡང་ལུང་སྦྱོར་བྱེད་པ་ལ། །འཇིག་རྟེན་པ་དང་འཇིག་རྟེན་ལས། །འདས་པའི་གནས་སྐབས་རྣམ་གཉིས་ཡོད། །རྒྱུས་ལས་དབང་དང་དམ་ཚིག་སྡོམ་པ་སོགས། །མདོར་ན་སྡོམ་གསུམ་གྱི་ཉམས་ལེན་འབད་ནས་བསྲུང་བར་གསུངས་པ་དང་དགེ་སྡིག་ལ་བླང་དོར་ཚུལ་བཞིན་བྱེད་པར་གསུངས་པ་ནི། །འཁོར་བའི་རྒྱ་མཚོ་ལས་མ་བརྒལ་བའི། །འཇིག་རྟེན་པ་སོ་སོའི་སྐྱེ་བོ་ལ་གསུངས་པ་ཡིན། །དབང་དང་དམ་ཚིག་སོགས་ལས་རྣམ་པར་གྲོལ་བས་དེ་དག་མི་དགོས་པ་དང་། །སྦྱིན་པ་སྦྱོང་བའི་ཕྱག་དང་མཆོད་པ་ཀུན་ལས་གྲོལ་བ་དང་། །བསམ་གཏན་ཏིང་འཛིན་བསྒོམ་པ་ཀུན་སྤངས་ཏེ། །ཉམས་ལེན་གྱི་ལམ་ཀུན་རྒྱུ་འབྲས་ཟིན་པའི་གཟིངས་བཞིན་དོར་

བྱ་ཡིན་ཞེས། །གསུངས་པ་ནི་འཁོར་བའི་རྒྱ་མཚོ་ལས། །བརྒལ་བའི་འཕགས་པའི་གང་ཟག་རྣམས་ལ་གསུངས་པ་ཡིན། །ལྷ་སྙོམ་སྤྱོད་སོགས་དེ་འདྲའི་གནས་སྐབས་ཤེས་ནས་ནི། །ལྷ་བ་སོགས་དེ་དང་འཚམ་པའི་ལུང་སྦྱོར་བྱ། །ལྷ་སྙོམ་སོ་སོའི་གནས་སྐབས་མི་འདྲ་བ་དེ་འདྲའི་རྣམ་གཞག་མི་ཤེས་པའི། །གང་དྲན་གྱི་ཚོམ་དུ་སྨྲ་བའི་ལུང་སྦྱོར་ཀུན་མཁས་པའི་བཞད་གད་ཀྱི་སའམ་གནས་ཡིན་ཏེ། །རྒྱུས་འབྲིང་བསྡུས་གསུམ་ལ་སྐབས་བརྒྱད་ཀྱི་མཚམས་མི་ཤེས་པར་ལུང་སྦྱོར་བྱས་ན་ལུང་ཡོད་ཀྱང་གནས་སྐབས་འཁྲུགས་ནས་མཁས་པའི་བཞད་གད་དུ་འགྱུར་བ་བཞིན་ནོ། །དཔེར་ན་མིག་ལྡན་ཇི་ལྟར་ལམ་ནོར་ཡང་། །ལམ་བདེ་མི་བདེའི་ཁྱད་པར་ཅུང་ཟད་མ་གཏོགས་གཡང་སར་གོམ་པ་འཛེག་མི་སྲིད་ལ། །དེ་བཞིན་དུ་མཁས་པ་ཇི་ལྟར་འཁྲུལ་ན་ཡང་། །ནོར་བ་ཆུང་བས་ཚིག་དོན་ཕྲན་བུ་མ་གཏོགས་སངས་རྒྱས་ཀྱི་བསྟན་པ་ལས་འདའ་མི་ནུས། །མཁས་པའི་ལུང་སྦྱོར་ལ་དོན་གྱི་འཁྲུལ་པ་ཆེར་མེད། ཡང་དཔེ་མིག་མེད་གལ་ཏེ་ལམ་ནོར་ན། །གཡང་སར་མཆོངས་ནས་ལྷུང་བར་འགྱུར། །དེ་བཞིན་བླུན་པོ་འཁྲུལ་པར་གྱུར་ན། །ནོར་བ་ཐམས་ཅད་འབྱུང་བས་སངས་རྒྱས་ཀྱི་བསྟན་པ་ལས་འདས་ཏེ་ཕྱིན་ཅི་ལོག་ཆེན་པོར་ལྷུང་བ་ཡིན། །དཔེ་གཞན་ཡང་ཆག་ཚད་ཤེས་པའི་བཟོ་ལ་ནི། །རིང་ཐུང་ཐུང་ཡང་སོར་གང་སོར་ཕྱེད་ཙམ་ཡིན། །ཆག་ཚད་གང་ཡང་མེད་པའི་བཟོ་འགའ་ཞིག །ཉེས་ན་ཀུན་གྱི་བཞད་གད་ཀྱི་གནས་སུ་འགྱུར། །དེ་བཞིན་དུ་གཞུང་ལུགས་ཤེས་པའི་མི། །ལུང་སྦྱོར་སོགས་འཁྲུལ་ཡང་ཚིག་དོན་ཅུང་ཟད་ཙམ་ཡིན། །གཞུང་ལུགས་གང་ཡང་མི་ཤེས་པའི། །སྒོམ་ཆེན་བླུན་པོ་འཁྲུལ་ན་ནོར་བ་ཐམས་ཅད་འབྱུང་བས་བསྟན་པ་འཇིག་ལ་ཐུབ་སྟེ། །ལྟ་བའི་ལུང་སྤྱོད་པ་ལ་སྦྱར་ནས་དགེ་སྡིག་གི་བླང་དོར་འགོག་པ་དང་། སྤྱོད་པའི་ལུང་ལྟ་བ་ལ་སྦྱར་ནས་ཐམས་ཅད་བདེན་པར་ལྟ་བར་འགྱུར་རོ། །མཁས་བླུན་གྱི་ཁྱད་པར་དེས་ན་སངས་རྒྱས་ཀྱི་བསྟན་པ་བཞིན་དུ། །བསྒྲུབ་པར་འདོད་ན་ཆོས་ཀྱི་ལོང་ཁྲིད་དམ་ཆག་ཚད་ལྟ་བུ་ཡིན་པས་མདོ་རྒྱུད་ཀྱི་གཞུང་བཞིན་དུ་བྱ། །བླུན་པོས་གོ་བའི་དཔེ་གཞན་ཡང་མིག་མངས་ཀྱི་རྡེའུ་དཀར་ནག་རིགས་མཐུན་གྱི་རྒྱུ་དང་མ་འབྲེལ་ན། །རྡེའུ་མང་ཡང་ཤི་རོ་ཡིན། །དེ་བཞིན་དུ་ཉན་ཐོས་པ་འདུལ་བའམ། ཕར་ཕྱིན་པ་མདོ་སྡེའམ་གསང་སྔགས་པ་རྒྱུད་སྡེའི་ལུང་དང་མ་འབྲེལ་བའི། །ཆོས་ལུགས་མང་ཡང་རོ་དང་འདྲ་སྟེ་སྙིང་པོ་མེད། །བོད་འདིར་ཟབ་ཆོས་ཡི་གེར་བཀོད་པ་ཡིན་ཟེར་བའི་སྐད་བརྒྱད་དང་ནི་སློབ་མ་གཅིག་ལས་མང་བར་མི་སྟོན་པའི་ཚིག་བརྒྱད་དུ། །བཀའ་རྒྱ་མར་གྲགས་པའི་ཆོས་ལུགས་མང་པོ་ཡོད། །དེ་དག་ཀྱང་བརྟག་པས་རྒྱུད་དང་མཐུན་ཞིང་བླ་མ་གོང་མ་རིམ་ཅན་ལས་བརྒྱུད་པ་ཡིན་ན་བླང་དུ་རུང་། །དེ་ལྟར་མིན་ན་སྐད་བརྒྱད་ཚིག་བརྒྱད་དུ་མིང་བཏགས་ནས་གཞན་མགོ་བསྐོར་བའི་བརྫུན་གྱི་བསྙེབ་ཕྱོགས་ཡིན་པས་སླང་བར་བྱའོ། །གང་ཟག་

འགའ་ཞིག་ལ་རྨི་ལམ་གྱི་ནི་གནས་སྐབས་སུ་ལྷ་དང་མཁའ་འགྲོས་གནང་ངོ་ཟེར་བའི་ཆོས་ལུགས་དང་། །སངས་རྒྱས་སྐུ་མདོག་དང་ཕྱག་མཚན་འདི་འདྲ་བྱས་པ་མཇལ་ཟེར་བས་ཞལ་མཐོང་གི་ནི་ལྷ་ལ་སོགས་པ། །འདི་དག་མདོ་རྒྱུད་རྣམ་དག་དང་མཐུན་ན། །བླངས་ཀྱང་སྐྱོན་དུ་འགྱུར་བ་མེད་དེ། །སངས་རྒྱས་ཀྱི་བྱིན་རླབས་ལས་དེ་འདྲར་འབྱུང་བ་ཡོད་པས་སོ། །མདོ་རྒྱུད་ཀུན་དང་མི་མཐུན་ན། །ཕར་ཕྱིན་གྱི་བདུད་ཀྱི་ལེའུ་ལས་འདི་འདྲ་འབྱུང་བར་བཤད་པ་ཡོད་པས་སོ། །བདུད་ཀྱི་བྱིན་རླབས་ཡིན་པར་ཤེས་པར་བྱ། །བླ་མའང་བཤད་སྒྲུབ་ཐམས་ཅད་མདོ་རྒྱུད་དང་མཐུན་པར་མཛད་ན། །དེ་ནི་བླ་མ་ཡིན་པར་གཟུང་ནས་ཅི་གསུངས་ཉམས་སུ་བླངས་པས་ཆོག་ལ། །སངས་རྒྱས་ཀྱི་བསྟན་པ་མདོ་རྒྱུད་བཞིན་དུ་མི་གསུངས་ན། །བླ་མ་ཡིན་ཡང་བཏང་སྙོམས་སུ་བཞག་གི་དེའི་གསུང་ལ་བདེན་པར་མི་གཟུང་། །དེས་ན་རྨི་ལམ་དུ་རྨི་བའི་ཆོས་ལུགས་དང་། །འགའ་ཞིག་གིས་ཞལ་གཟིགས་པ་ཡི་དམ་གྱི་ལྷ་དང་། །རང་གི་རྩ་བའི་ལུང་བསྟན་མཛད་པའི་སངས་རྒྱས་དང་། །རང་གི་རྩ་བའི་བླ་མའི་གསུང་སྒྲོས་ལ་སོགས་པ་བཟང་ངན་གང་ལའང་། །སངས་རྒྱས་ཀྱི་གསུང་དང་མཐུན་མི་མཐུན་མ་དཔྱད་པར་ནི་གདམ་ཆོལ་དུ། །ཚད་མ་ཡིན་ཞེས་གཟུང་བར་མི་བྱ་སྟེ། །འདི་འདྲ་བདུད་ཀྱི་བྱིན་རླབས་ལས། །འབྱུང་བ་སྲིད་པར་རྒྱལ་བས་གསུངས། །གློ་བུར་གྱི་ཆོས་ལ་བརྟག་དཔྱད་མ་བྱས་པར་གཟུང་དུ་མི་རུང་བ་དེས་ན་སངས་རྒྱས་ཀྱི་བསྟན་པ་མཆོག་ལ་གཉིས་ཡོད་པའི། །དྲང་དོན་བོར་ལ་ངེས་དོན་གྱི་མདོ་རྒྱུད་ཚད་མ་ཡིན་པར་གཟུང་། །ཡང་ན་དངོས་པོ་སྟོབས་ཞུགས་ཀྱི། །རིགས་པས་གྲུབ་པ་མངོན་སུམ་དང་རྗེས་དཔག་པ་ཚད་མར་གཟུང་། །སྐྱེས་བུ་བརྫུན་མས་སྦྱར་བ་ཡི། །མདོ་རྒྱུད་དུ་མིང་བཏགས་པ་ཚད་མར་གཟུང་བར་མི་བྱ། །བརྫུན་མས་སྦྱར་བ་དཔེར་ན་ཀོ་ཡུ་ཤི་ཀའི་མདོ་དང་ནི། །དེ་བཞིན་འཕགས་པ་ཤིག་ཅན་ཞེས་བྱ་བ་དང་། །བློ་གྲོས་བཟང་མོ་ཚུང་ཚུའི་མདོ་དང་སྡོང་པོ་རྒྱན། ལྡོན་ཤིང་བཟང་པོ་སོགས། །བོད་ཀྱིས་སྦྱར་བའི་མདོ་སྡེ་ཡིན། །སྣང་བརྒྱད་དང་། ལས་དགེ་སྡིག་བསྟན་པ་ལ་སོགས་རྒྱ་ནག་ནས་བསྒྱུར་བ་ཡིན། གཞན་ཡང་གསང་སྔགས་གསར་མ་ལ་ལམ་ལྷ་འགོལ་བ་དང་། དབང་བསྐུར་རྒྱལ་པོའི་རྒྱུད་ལ་སོགས་པ་དང་། དུས་ཞེས་བྱ་བའི་རྒྱལ་དང་། ཕྱག་ན་རྡོ་རྗེ་མཁའ་འགྲོ་དང་། ར་ལི་ཉི་ཤུ་རྩ་བཞི་དང་། གཉིས་མེད་རྣམ་རྒྱལ་ལ་སོགས་པ་དང་། སྙིང་མ་ལའང་ཀུན་བྱེད་རྒྱལ་པོ་དང་མདོ་དགོངས་འདུས་དང་། ཞི་ཁྲོ་སྒྱུ་འཕྲུལ་དང་། ལྷ་མོའི་སྐྱེས་རྒྱུད། བམ་རིལ་ཐོད་མཁར་ལ་སོགས་པ་བོད་ཀྱིས་སྦྱར་བའི་རྒྱུད་སྡེ་མང་དུ་ཡོད། དེ་འདྲའི་རིགས་ཅན་རང་བཟོའི་མདོ་རྒྱུད་རྣམས་ལ། །སངས་རྒྱས་ཀྱི་གསུང་ཡིན་བྱས་ནས་མཁས་པས་ཡིད་རྟོན་མི་བྱའོ། །དེ་དག་ཚད་མར་བཟུང་ནས་ཐོས་སྒོམ་བྱེད་པ་ནི་བློ་གྲོས་གྲོན་དུ་འགྱུར་བའི་ཕྱིར། །གཙུག་ཏོར་ནག་མོ་དང་བྱ་ཁྱུང་བསམ་ཡས་མ་ལ་

སོགས་པ། །བོད་ཀྱི་ལྷ་འདྲེས་སྨྲ་བ་ཡོད། །འཕྲུལ་གྱི་ནད་གདོན་ཞི་བ་སོགས་བྱིན་རླབས་ཅུང་ཟད་འབྱུང་མོད། །འོན་ཀྱང་མཁས་པས་ཚད་མར་བྱར་མི་རུང་། །དེ་བཞིན་དུ་ལྷ་མོ་གནས་མཁར་དང་ནམ་མཁར་ལྡིང་གི་རྟོག་པ་ལ་སོགས་པ། །མུ་སྟེགས་བྱེད་ཀྱིས་བྱས་པའི་རྒྱུད་ཀྱང་ཡོད། །བརྗོད་དོན་ཅུང་ཟད་བདེན་པ་ཡོད་པ་སྲིད་མོད་ཀྱི། །དེ་ལའང་ལུང་དུ་བྱ་བར་མི་རུང་སྟེ། །དེ་ཡི་འཐད་པ་རྒྱུད་བླ་མར། །མགོན་པོ་བྱམས་པས་འདི་སྐད་གསུངས་ཏེ། །མ་རིག་པའི་ལིང་ཏོག་གིས་ཤེས་རབ་ཀྱི་མིག་ལྡོངས་པའི་མུ་སྟེགས་པ་རྣམས་ལའང་། །ཤིང་མང་རྩིག་པ་ལ་སྲིན་བུས་བརྐོས་པའི་ཡི་གེ་འདྲ་བ་ཡི། །ཅུང་ཟད་བདེན་པ་ཡོད་མོད་ཀྱི། །འོན་ཀྱང་ཡིད་རྟོན་མི་བྱ་བར་གསུང་། །འདི་ཡི་ལུང་དང་ལྷའི་རྒྱུད་བླ་ན་མེད་ཀྱང་རྟོག་འགྱུར་དང་། །མར་པ་སློན་འགྲོ་བའི་འགྱུར་དུ་ཡོད། །རིང་བསྲེལ་དང་ནི་ཐུགས་དང་ལྷགས་བྱོན་པ་དང་། །ལྷའི་སྐུ་གཟུགས་དང་ཡིག་འབྲུ་ལ་སོགས་པ་ཤི་བའི་རུས་པ་ལས། །འབྱུང་བའི་རྒྱུ་མཚན་བཟང་ངན་བཏང་སྙོམས་གསུམ་ཡོད་པས་ཅུང་ཟད་དཔྱད། །སངས་རྒྱས་རང་སངས་རྒྱས་དགྲ་བཅོམ་པ་འཕགས་པ་གསུམ་གྱི་རིང་བསྲེལ་ནི། །བདེན་པ་མཐོང་བ་སོགས་ཀྱི་ཡོན་ཏན་གྱི་སྟོབས་ཀྱིས་འབྱུང་བ་སྟེ། །ལུས་ཅན་རྣམས་ཀྱི་བསོད་ནམས་བསགས་པའི་རྟེན་དུ་གྱུར་པ་ཡིན་པས། །འབྱུང་ཁུངས་ཀྱི་རྒྱ་མཚོའམ་གསེར་ཁ་ལས་བྱུང་བའི་རིན་ཆེན་དང་འདྲ་སྟེ་ཁུངས་ནས་བྱུང་བ་ཡིན། །གྲངས་ཀྱང་བརྩི་རུ་མེད་པར་འབྱོན་པར་གསུངས། རིང་བསྲེལ་ལ་ལ་ནི་ལས་འབྲས་ལ་ཡིད་མི་ཆེས་པར་བྱས་ཏེ་གཞན་བསླུ་བའི་དོན་དུ་སྡིག་པོ་ཆེའི་རུས་པ་ལའང་འབྱུང་བར་གདོན་གྱིས་བྱེད། །རིང་བསྲེལ་ལ་ལ་ནི་འབྱུང་བཞིའི་སྟོབས་ཀྱིས་ཏེ་ས་ཆུ་མེ་རླུང་འཁྲིམས་པའི་ནུས་པ་འགའ་ཞིག་ལས་འབྱུང་། །རིང་འབྲེལ་ཁ་ཅིག་ནི་བསྟན་པ་ལ་དགའ་བའི་ལྷ་ཡིས། །འདས་པའི་གང་ཟག་དེ་ལ་མི་རྣམས་དད་པར་བྱ་བའི་ཕྱིར་སྤྲུལ་པའང་སྲིད་དོ། །དེང་སང་རིང་བསྲེལ་ཕལ་ཆེ་བ་ནི། །རྫོ་ཞུག་སྐྱེད་པ་དང་། རམ་ཉེ་བའི་འབྲས་བུ་དང་། ཉའི་མིག་དང་། བལ་པོས་རུས་པ་ལ་བཟོ་བྱས་པ་སོགས་བརྫུན་མས་བྱས་པའི་རིང་བསྲེལ་ཡིན། །རྒྱུ་མཚན་དེས་ན་བཟང་ངན་གྱི་རྣམ་དབྱེ་མཁས་པས་དཔྱད་དོ། །གང་ཟག་འགའ་ཞིག་གི་ཕུང་པོ་བསྲེག་པ་ན་ཐུགས་ལྷགས་མ་ཚིག་པར་བྱོན་པ་དང་ལྷའི་སྐུ་གཟུགས་ལ་སོགས་པ། །འབྱུང་བ་མདོ་རྒྱུད་ཀྱི་ཆོས་ནས་དངོས་སུ་གསུངས་པ་མེད། །འོན་ཀྱང་དེང་སང་དེ་འདྲ་འབྱུང་བ་ཀུན། །ཕལ་ཆེར་བརྫུན་མས་བྱས་པ་བསྲེག་དུས་ཐུགས་ལྷགས་མ་ཚིག་པར་མེ་ནང་ནས་བོན་པ་དང་། བཟོ་བོས་རུས་པ་ལ་བརྐོས་པའི་སྐུ་ཡིན། །གལ་ཏེ་བཟོ་བོས་མ་བྱས་པར་བདེན་པར་བྱུང་བ་ཡིན་ན་ཡང་། །ལུང་ནས་འདི་ལྟ་བུ་བྱུང་ན་བཟང་ངན་འདི་ལྟ་བུ་ཡིན་ཞེས་བཤད་པ་མེད་པ་དང་། མངོན་སུམ་རྗེས་དཔག་གི་རིགས་པ་གཉིས་ཀ་མེད་པའི་ཕྱིར་ན། །མངོན་བཟང་ངན་གཉིས་ཀར་ལུང

བསྟན་པར་དཀའ་འོ། །ཉི་མ་དྲུ་མ་ནམ་མཁར་ཉིན་གཅིག་ལ་ཤར་བ་དང་། །ནམ་མཁའ་ལ་མཐོངས་ཁྲུང་ལྟ་བུའི་སྦུག་རྡོད་པ་དང་། །མཚན་མོ་མུན་ནག་ལ་གཞའ་ཚོན་ཧེ་འཇའ་འ་པོ་འབྱུང་བ་དང་། །མི་འམ་དུད་འགྲོའི་ལུས་ལ་འོད་ཟེར་འཕྲོ་བ་དང་། །གློ་བུར་དུ་མ་བསྒྲུབ་པར་ལྷ་འདྲེ་འདུ་ཚོགས་དང་འགྲོ་འོང་བྱེད་པ་མཐོང་བ་དང་། །སྐྱེ་བོ་གསོན་པོའི་ལུས་ལ་བརྟེན་མེད་པར། །རིང་བསྲེལ་འཛག་པ་དང་རྒྱུ་མཚན་མེད་པའི་མངོན་ཤེས་ཕྲ་མོ་དང་བྱིན་རླབས་ལ་སོགས་པ། །བླུན་པོས་ངོ་མཚར་བའི་རྟགས་སུ་བྱེད་མོད་ཀྱི། །མཁས་པས་འདི་འདྲ་མཐོང་བར་གྱུར་ན། །བར་ཆད་ངན་པའི་རྟགས་སུ་ཤེས་པར་གྱིས། །གཞན་ཡང་ལྷའི་སྐུ་གཟུགས་ལས་མཆི་མ་འཛག་པ་དང་། །དེ་བཞིན་དུ་བཞེངས་ནས་གོམ་པས་འགྲོ་བ་དང་། །སྐུ་གཟུགས་གར་བྱེད་པ་དང་སྐུ་གཟུགས་སྐད་འབྱིན་པ་དང་། །ནམ་མཁའ་དམར་པོར་གྱུར་ནས་ཁྲག་གི་ཆར་བ་འབབ་པ་དང་། །ས་འོག་ཏུ་བོང་བུའི་སྒྲ་སྒྲོགས་པ་དང་། །དུད་འགྲོ་མི་སྐད་སྨྲ་བ་དང་ས་འོག་དང་ནམ་མཁའ་ལ་རོལ་མོའི་སྒྲ་གྲགས་པ་གནམ་རྡོ་ལྷུང་བ་སོགས། །བླུན་པོ་ངོ་མཚར་སྐྱེད་མོད་ཀྱི། །མཁས་པས་འདི་འདྲ་མཐོང་གྱུར་ན། །ཡུལ་དེར་དགྲ་བོ་གཞན་དག་འཇུག་གམ། །ཡང་ན་ནད་འབྲུགས་དང་ཡམས་ལ་སོགས་པ་ལྟས་ངན་གཞན་དག་འབྱུང་བའི་ལྟས་སུ་ཤེས་ཏེ། །མདོ་སྡེ་སྟག་སྣ་དང་མིག་བཅུ་གཉིས་པའི་མདོ། ཐུབ་པ་སྐར་དགའི་ལྟས་ཀྱི་རྣམ་པ་བསྟན་པ་སོགས་པ་ལས་ཤེས་པར་བྱ། བཤད་མ་ཐག་པ་འདི་འདྲའི་རིགས་ཅན་གཡོ་བ་དང་ལྡེ་འབབ་པ་ལ་སོགས་པ་གཞན་མཐོང་ཡང་། །ལྟས་བཟང་ངན་བརྟག་ཤེས་པའི་མཁས་པ་རྣམས་ལ་ལེགས་པར་དྲིས་ཤིག་དང་དེས་ལུང་སྟོན་པར་འགྱུར་རོ། །

དེ་ལྟར་རིམ་བདུན་གྱི་དུས་ལ་འཁྲུལ་པ་དགག་པ་ནས་ལྟས་བཟང་ངན་བརྟག་པར་བཤད་པའི་བར་དེ་དག་ནི་དོན་ལ་འཁྲུལ་པ་དགག་པ་དང་མ་འཁྲུལ་པ་བསྒྲུབ་པ་ཡི། །རྣམ་པར་དབྱེ་བ་མདོ་ཙམ་ཡིན། །དོན་ལ་འཁྲུལ་པར་འགག་ཟིན་པ་དེ་ནས་ཚིག་ལ་འཁྲུལ་པ་དང་མ་འཁྲུལ་པ་ཡི། །རྣམ་པར་དབྱེ་བ་ཙུང་ཟད་བཤད་ཀྱིས་ཉོན། །བོད་དག་བཅོམ་ལྡན་འདས་ཀྱི་བཤད་པ་ལ། །བདུད་བཞི་བཅོམ་ཞིང་དབང་ཕྱུག་ལ་སོགས་པའི་ཡོན་ཏན་དྲུག་དང་ལྡན་པ་ལ་བཅོམ་ལྡན། འཁོར་བའི་ཆོས་ལས་འདས་པ་ན་འདས་ཞེས་འཆད་པ་ནི་ནོར་ཏེ་བྷ་ག་ཝཱན་ཞེས་པའི་བྷ་ག་ནི་བཅོམ་པ་དང་། སྐལ་པ་དང་། ལེགས་པ་སོགས་ལ་འཇུག་ལ། ཝཱན་ཞེས་པ་ལྡན་པའི་དོན་ཡིན་པས་གསུམ་ཆར་ལ་སོ་སོར་སྦྱར་བར་བྱ་བ་ཡིན་པའི་ཕྱིར་དང་འདས་པ་ལ་སྐད་དོད་མེད་པའི་ཕྱིར་དང་། །གླེགས་བམ་གྱི་ནི་བཤད་པ་ལ། །གླེགས་ཤིང་གི་བར་དུ་གླེགས་ཐག་གིས་བམ་པོར་བསྡམས་པ་ན་གླེགས་བམ་ཞེས་བཤད་པ་ནོར་ཏེ། དེ་དག་ཀྱང་གླེགས་བམ་ལ་ལྟོས་པའི་ཐ་སྙད་ཡིན་པའི་ཕྱིར་དང་། །ཕྱག་རྒྱ

ཆེན་པོའི་བཤད་པ་ལ། །ཕྱུག་ལག་པ་རྒྱ་བསྐོལ་བ་ཞེས་ཕྱུག་དང་རྒྱ་སོ་སོར་ཕྲལ་ནས་རྐང་ལག་གཉིས་ཀྱི་བླུས་ཕྱེ་བའི་ལག་པའི་སྒྲ་དོན་དུ་འཆད་པ་ནོར་ཏེ་མུ་ཏྲ་ཞེས་པ་རྒྱ་ལ་འཇུག་གི་ལག་པའི་སྐད་དོད་གསར་བསྟན་ཡིན་པའི་ཕྱིར་དང་། །ཡེ་ཤེས་ཀྱི་ནི་བཤད་པ་ལ། །ཡེ་གདོད་མ་ནས་གྲུབ་པའི་ཤེས་པ་ཡིན་པས་ན་ཡེ་ཤེས་ཞེས་འཆད་པ་ནོར་ཏེ་ཛྙཱ་ན་ཞེས་པ་རྟོགས་པའམ་ཁོང་དུ་ཆུད་པ་ལ་འཇུག་གི་གདོད་མའི་སྐད་དོད་མེད་པའི་ཕྱིར་དང་། །རྣལ་འབྱོར་གྱི་དོན་འཆད་པ་ལ་སེམས་ཉིད་ཀྱི་དོན་རྣལ་མར། །རིག་པ་ཡེ་ཤེས་ཀྱིས་འབྱོར་པས་ན་རྣལ་འབྱོར་ཞེས་འཆད་པ་ནོར་ཏེ་ཡོ་ག་ཞེས་པ་སྦྱོར་བ་ལ་འཇུག་གི་རྣལ་འབྱོར་གྱི་སྐད་དོད་མེད་པའི་ཕྱིར་དང་། །འོན་འདས་དང་རྒྱུ་དང་ཡེ་དང་རྣལ་གྱི་སྐད་དོད་བསྟན་པའི་རྒྱུ་མཚན་ཅི་ཞེ་ན། དེ་དག་མ་བསྟན་ན་འཇིག་རྟེན་གྱི་ལེགས་ལྡན་དང་། འཇིག་རྟེན་གྱི་རྒྱུ་དང་རྟོགས་པ་ཙམ་དང་གཉིས་ཟུང་དུ་འཇུག་པ་ཙམ་ལ་འཁྲུལ་པར་འགྱུར་བས་ལོ་ཙཱ་བ་ཐབས་ལ་མཁས་པས་བསྟན་པའོ། །རྒྱལ་མཚན་རྩེ་མོའི་དཔུང་རྒྱན་དཔུང་པའི་རྒྱན་ལ། །དམག་གི་དཔུང་དུ་འཆད་པ་ནོར་ཏེ་དེའི་སྐད་དོད་མེད་པའི་ཕྱིར་དང་། །གཏུམ་མོའི་སྒྲ་བཤད་པ་ཙཎྜ་ལཱི་ཞེས་པ་བདག་འཛིན་གསོད་པའི་ཤན་པར་འཆད་དགོས་པ་ལ་རྣམ་རྟོག་གི་གོས་ཀྱིས། །ཆོས་ཉིད་འོད་གསལ་གཏུམ་པས་ན་གཏུམ་མོར་འཆད་པ་ནོར་བ་དང་། །ཀླུ་ཡི་སྒྲ་བཤད་བྱེད་པ་ལ། །ག་ས་རྟ་བསྒྱུར་ནས་སེམས་ཅན་སླུ་བར་འཆད་པ་ནོར་བ་དང་། །ཞུར་མ་ཕྱེ་མ་རྒྱ་སྐད་དུ་མེ་ཙུ་རི་རབ་ཉིད་ཡིན་པས་བོད་སྐད་དུ་རི་རབ་མཉམ་པ་ཡིན་པ་ལ། །དྲི་རབ་མནམ་པར་འཆད་པ་ནོར་བ་དང་། །ཤཱཀྱའི་བུ་མོ་ས་འཚོ་མ་ལ་གོ་པཱ་ཞེས་པའི་སྒྲ། །གོ་ནི་དོན་དགུ་ལ་འཇུག་པ་ལས་འདིར་ས་ལ་འཇུག་པ་ཡིན་པཱ་ཡི་སྒྲ། །པཱ་ལ་ཞེས་པ་འཚོ་བའམ་སྐྱོང་བ་སོགས་ལ་འཇུག །དེས་ན་བོད་སྐད་དུ་ས་འཚོ་ཡིན་པ་ལ། །དེ་ལ་མ་ཤེས་པར་གོ་པཱའི་སྒྲ་བཤད་ནི། །རྟོགས་པའི་དོན་དུ་བཤད་པ་ནོར་བ་དང་། །འབུམ་ལས་བྱང་ཆུབ་སེམས་དཔའ་རིན་ཆེན་དཔལ་གྱི་བསླབ་པ་ལ་བསླབ་པར་བྱའོ་ཞེས་བྱ་བའི་དོན་ལ། །རྒྱ་སྐད་རཏྣ་ཀ་ཏུའི་ལ། །བོད་སྐད་ལ་རཏྣ་རིན་ཆེན་ཀ་ཏུའི་སྒྲ་ནི་དཔལ་དང་རྟོག་དང་། །ཏུ་བ་དང་གཟའ་མཇུག་རིང་དང་རྒྱལ་མཚན་སོགས་ལ་འཇུག་པས། །སྐད་རྙིང་རྣམས་ལ་དཔལ་དུ་བཤད་པ་ཡོད། །གསར་བཅད་མན་ཆད་རྟོག་ཏུ་བསྒྱུར་བ། །དེས་ན་འབུམ་ལས་རིན་ཆེན་དཔལ་དང་། །སྐད་གསར་བཅད་ཀྱིས་ནི་ཞུས་པ་ཡི། །བརྒྱད་སྟོང་པ་ལས་རིན་ཆེན་རྟོག་གི་བསླབ་པ་ལ་བསླབ་པར་བྱའོ། །དེ་སྐད་ཅེས་བྱར་བསྒྱུར་བ་མི་ཤེས་པར། །བྱང་ཆུབ་སེམས་དཔའ་རིན་ཆེན་དཔལ་དུ་བཤད་པ་ལ་དེ་ཡིན་ན་རྒྱ་སྐད་རཏྣ་ཤྲཱི་འོང་དགོས་པ་དེ་མེད་པ་དང་། །སྤྱན་རས་གཟིགས་ཀྱི་བཞུགས་གནས་པོ་ཏ་ལ་ཞེས་བྱ་བའི་སྒྲ། །བོད་སྐད་དུ་ནི་གྲུ་འཛིན་ཡིན་སྔོན་གྱི་ལོ་ཙཱ་འགས། །རི་བཏང་བཟུང་ཞེས་བྱ་བར་བསྒྱུར་བའང་ཡོད་

མོད་གང་ལྟར་ཡང་རི་བོ་གྲུ་འཛིན་ཞེས་བྱ་བར། །བསྒྱུར་ན་བོད་ལ་འཐད་ཅིང་འབྲེལ་བ་མེད་མོད་ཀྱི། །ལོ་ཙཱ་ལ་ལས་རྒྱ་སྐད་སོར་བཞག་ནས། །པོ་ཏ་ལ་ཡི་རི་ཞེས་བསྒྱུར། །དེ་ལ་སྒྲ་བསྒྱུར་ལ་ལ་ཡིས། །རི་ཡི་སྒྲ་པོ་ཏ་ལའི་གོང་དུ་ཕྱུང་ནས་ནི། །རི་པོ་ཏ་ལ་ཞེས་བྱར་བསྒྱུར། །དེ་དོན་གང་ཡིན་མ་རྟོགས་པ་རྣམས་ཀྱིས། །པོ་བོ་ཏ་བསྒྱུར་ནས་རི་བོ་ཏ་ལར་བཤད་པ་འཁྲུལ། །འཁོར་གསུམ་ཡོངས་དག་ཅེས་བྱ་བ། །རྒྱ་སྐད་དུ་ནི་ཏྲི་མཎྜལ། །པ་རི་ཤུདྡྷ་ཞེས་བྱ་བར་ཡོད། །དེ་ལ་ཏྲི་ནི་གསུམ་ཡིན་མཎྜལ་ལ། །ཞེས་བྱ་བ་བོད་སྐད་དཀྱིལ་འཁོར་ཡིན། །པ་རི་ཤུདྡྷ་ཡོངས་སུ་དག་པ་ཡིན་པས། །སྒྲ་དྲང་པོར་བསྒྱུར་ན་དཀྱིལ་འཁོར་གསུམ། །ཡོངས་སུ་དག་པ་ཞེས་བྱ་བར་འགྱུར། །དེ་ལ་ལོ་ཙཱ་མཁས་པ་རྣམས་ཀྱི་སྒྲ་ཡི་ཟུར་བསྟུས་ནས། །འཁོར་གསུམ་ཡོངས་དག་ཞེས་བྱར་བསྒྱུར་ལ། །རྨོངས་པ་རྣམས་ཀྱིས་དེ་ཡི་སྒྲ་དོན་མི་ཤེས་པར། །འཁོར་གསུམ་དཔོན་པོའི་གཡོག་ལྟ་བུ་ཞིག་ཏུ་འཆད་པ་འཁྲུལ། །རྒྱ་སྐད་ལཀྵ་པུ་རི་ལ། །པུ་རིའི་སྒྲ་ནི་གྲོང་ཁྱེར་ལ་འཇུག་པ་ཡིན་པས། །བོད་སྐད་ལ་ལང་ཀའི་གྲོང་ཁྱེར་ཡིན་ཏེ། །དེ་ལྷོ་ཕྱོགས་རྒྱ་མཚོའི་གླིང་འགྲམས་ཕྱིའི་ལྷུགས་རིའི་འཁོར་ཡུག་ལི་ཁྲིད་ན་ཡོད་པར་ལང་ཀར་གཤེགས་པར་གསུངས། །འོན་ཀྱང་རྒྱ་སྐད་མ་ཤེས་པར། །པུ་རིའི་སྒྲ་བུ་རངས་སུ་ནི་བཤད་པ་འཁྲུལ་པ་དང་། །རྒྱ་སྐད་བི་མ་ལ་མི་ཏྲ། །ཞེས་པའི་མ་ལ་བོད་སྐད་དྲི་མ་དང་བི་དགག་ཚིག་ཡིན་པས་སྤྱི་སྒྱུར་བས་དྲི་མེད་དང་མི་ཏྲ་བཤེས་གཉེན་ཡིན་པས་བོད་སྐད་དུ་དྲི་མེད་བཤེས་གཉེན་ཡིན། །དེ་ཡི་སྒྲ་དོན་མི་ཤེས་པར། །བི་བྱེ་རུ་བཅོས་སན་ཆོས་བྱེ་མའི་ལ་ཙམ་བསྒྱུར་བས་བྱེ་མ་ལར་འཆད་པ་དང་། མི་ཏྲ་མུ་ཏྲར་བཅོས་ནས་མུ་ཏྲ་དེའི་སྒྲ། །ཕྱག་རྒྱ་ཡིན་པར་བཤད་པ་འཁྲུལ་པ་དང་། །རྒྱ་སྐད་དུ་ནཱ་རོ་ཏ་ཡི་སྒྲ། །བྲམ་ཟེའི་རིགས་མང་པོའི་ནང་ནས་རིགས་ཀྱི་བྱེ་བྲག་ཁྱད་པར་བ་ཡིན་པ་ལ། །དེ་ཡི་རྒྱུ་མཚན་དང་རྒྱ་སྐད་སོར་བཞག་པ་མི་ཤེས་པར། །བླ་མ་ཏི་ལོ་པའི་དྲུང་དུ་དཀའ་བ་སྤྱད་པས་ཨ་ན་ན། །ཞེས་འོ་བརྒྱལ་བའི་ཚིག་མང་དུ་བརྗོད་ཅིང་རོ་དང་འདྲ་བ་རུ་སོང་བས་ན་རོ་ཞེས་རྒྱ་སྐད་ལ་བོད་སྐད་ཀྱི་བཤད་པ་བྱེད་ཅིང་འཆད་པ་འཁྲུལ་པ་དང་། །ཏི་ལོ་ཞེས་བྱ་བ་ཏིལ་མར་བརྡུང་བའི་རིགས་ལ་ཟེར་བ་ཡིན། །དེ་ལ་ཏི་ཏེ་རུ་བསྒྱུར་ཏེ་ལོར་འཆད་པ་འཁྲུལ་པ་དང་། །རྒྱ་སྐད་ལཱུ་ཧི་པ་ཞེས་བྱ་བའི་མཚན་དེ་བྱུང་བ་ལས། །བོད་སྐད་དུ་ཉ་ཡི་རྒྱུ་ལྟོ་བ་ཡིན་ཏེ། །ཉའི་རྒྱུ་ལྟོ་ཉ་པས་དོར་བ་ཟས་སུ་མཛད་ནས་ལམ་བསྒོམས་པས་གྲུབ་པ་བརྙེས་པའི་མཚན་ཡིན། །དེ་ཡི་སྒྲ་དོན་མི་ཤེས་པར། །ལུ་གླུ་རི་བཅོས་ནས་གླུ་ཡི་པ་རུ་འཆད་པ་འཁྲུལ་པ་དང་། །རྒྱ་སྐད་ཨིནྡྲ་བྷཱུ་ཏི་ཞེས་པའི་ཨིནྡྲ་ནི་དབང་པོ་དང་བྷཱུ་ཏི་ནི་དོན་མང་པོ་ལ་འཇུག་པ་ལས་འདིར་འབྱུང་པོ་ལ་འཇུག་པས། །བོད་སྐད་དུ་འབྱུང་པོའི་དབང་པོ་ཞེས་ཨོ་རྒྱན་གྱི་རྒྱལ་པོའི་མཚན་ཡིན་པ། །དེ་ཡི་སྒྲ་འགྱུར་མི་ཤེས་པར། །ཨིནྡྲ་བྷཱུ་ཏི་བོ་དྷི་བཅོས་ནས་བརྒྱ་བྱིན་བྱང་ཆུབ་ཏུ་

འཆད་པ་འཁྲུལ་ཏེ། བརྒྱ་སྦྱིན་བྱང་ཆུབ་ཡིན་ནཤ་ཀ་བོ་ཧྲེར་འོང་དགོས་པས་སོ། །དང་། །རྒྱ་སྐད་ཨ་བ་དྷཱུ་ཏཱིའི་སྒྲ། །ཏྭ་ཨ་ཕ་ལྡུ་གཉིས་སྤངས་སམ་ནི་ཀུན་འདར་ཞེས་པ་ཡིན་ཀྱང་། །དེའི་དོན་མ་ཤེས་པར་དེ་ལ་ཅི་འདོད་འདོད་འོང་བས་འདོད་སྲེར་དུ་བསྒྱུར་ཅིང་འཆད་པ་འཁྲུལ་པ་དང་། །རྒྱ་སྐད་དུ་དོ་ཧ་ཞེས་བྱ་བ། །བོད་སྐད་དུ་ལྷུག་པའམ་མ་བཅོས་པ། །ཞེས་བྱ་བའི་དོན་ལ་འཇུག་པས་མ་བཅོས་པའི་དོན་ཐུགས་ལ་འཁྲུངས་པའི་གྲུབ་ཐོབ་ཀྱི་གླུ་ལ། །དོ་ཧའི་གླུ་ཞེས་རྒྱ་སྐད་སོར་བཞག་མོད་ཀྱི། །དེ་ཡི་རྒྱུ་མཚན་མི་ཤེས་པར། །དོ་ནི་གཉིས་ཡིན་ཧ་དགོད་པ་ཡིན་པས། །གཉིས་ལ་དགོད་པར་འཆད་པ་དང་། །ལ་ལ་གཉིས་ལ་བརྡེག་པར་འཆད་པ་ནོར་བ་དང་། རྒྱ་སྐད་དུ་ཛ་བ་ཞེས་བྱ་བ། །བོད་སྐད་དུ་ཤིང་ལས་སྐྱེས་པའི་མེ་ཏོག་དམར་པོ་ཞིག་ལ་འཇུག །དེ་ཡི་བརྡ་དོན་མི་འཕྲོད་པར་རྒྱ་སྐད་ལ་བོད་སྐད་ཀྱི་བཤད་པ་བྱས་ནས། །བྱམས་ཤིང་མཐུན་པའི་མཛའ་བར་འཆད་པ་དང་སོགས་ཏེ། །པིཎྜ་པ་ལ་པིཎྜ་པ་དང་། །མདོ་ལས་འདི་ན་གཉིས་གཅིག་བྱིན། །ཞེས་བྱ་བ་དཀྱིལ་གྱི་དོང་རྩེའི་བྱེ་བྲག་གཅིག་ཡིན་པ་ལ། དེ་ལ་གཉིས་གཅིག་བྱིན་པར་བཤད་པ་ལྟ་བུ་མང་པོ་ཡོད། དེ་འདྲ་བླུན་པོ་རྣམས་ལ་གོ་བདེ་ཞིང་ལེགས་ལེགས་འདྲ་ཡང་། །སྒྲ་དོན་ལ་སྦྱར་བའི་མཁས་པས་མཐོང་ན་བཞད་གད་ཀྱི་གནས་ཡིན་ཏེ། །རྒྱུ་མཚན་ཅི་ཡི་ཕྱིར་ཞེ་ན། །སཾསྐྲྀ་ཏ་ཡི་སྒྲ་དོན་དེ་དག་ལ། །བཤད་དུ་མི་རུང་བ་ཉིད་ཀྱི་ཕྱིར་དང་། །ལ་ལ་རྒྱ་སྐད་ཡིན་པར་མི་ཤེས་པར། །བོད་སྐད་ཡིན་པར་འཁྲུལ་ནས་རྒྱ་སྐད་ལ་ཡང་འབྲུ་སྣོན་བཤད་པའི་ཕྱིར་རོ། །དེས་ན་དེ་འདྲའི་བཤད་པ་ནོར་བ་མང་པོ་ཡོད་པ་དེ་དག་ཀུན། །བོད་ཀྱི་བླུན་པོ་རྣམས་ཀྱིས་རང་དགར་སྦྱར་བས་ན། །མཁས་པ་རྣམས་ཀྱིས་དོར་བར་བྱ། །དེ་བཞིན་གཤེགས་པའི་བཤད་པ་ག་ཏར་ཡོད་པ་ལས་འགྲོ་བ་དང་རྟོགས་པ་གཉིས་ཀ་ལ་འཇུག་པ་དེ་ནི། །དགྲ་བཅོམ་སྒྲ་དོན་ཨརྷ་ཏའི་སྒྲའི་ཁམས་མཆོད་འོས་ལའང་འཇུག་པས་ལྷ་མི་ཀུན་གྱི་མཆོད་པར་འོས་པ་དང་། །རྒྱལ་པོའི་བཤད་པ་ར་ཛའི་སྒྲའི་ཁམས་གསལ་བ་ལའང་འཇུག་པས་གསལ་བ་ལ་འཆད་པ་དང་། །བཟོད་པའི་བཤད་པ་ཀྵའི་སྒྲའི་ཁམས་མི་འབྱེད་པ་ལ་འཇུག་པས་མི་འབྱེད་དང་། །སྐནྡྷའི་སྒྲ་ཕྲག་པ་ལ་འཇུག་པས་ཕུང་པོའི་སྒྲ་དོན་ཕྲག་པར་འཆད་པ་དང་། །དྷཱ་ཏུའི་སྒྲའི་ཁམས་དབྱིངས་ལ་འཇུག་པས་ཁམས་ལ་དབྱིངས་སུ་འཆད་པ་དང་། །བྷ་གའི་སྒྲ་སྐལ་པ་ལ་འཇུག་པས་བཅོམ་པ་སྐལ་བར་འཆད་པ་དང་། །དུར་ཛྱའི་སྒྲ་ཐུབ་དཀའ་བ་ལའང་འཇུག་པས་སྦྱང་དཀའ་ཐུབ་དཀར་འཆད་པ་དང་། །བཱ་སའི་སྒྲ་གནས་ལའང་འཇུག་པས་བག་ཆགས་གནས་སུ་འཆད་པ་དང་། །ཤཱཀྱའི་སྒྲ་ཡོད་པ་ལ་འཇུག་པས་ཡོད་པར་འཆད་པ་དང་སོགས། །པྲ་ཏའི་སྒྲ་བྲལ་བའམ་རྣམ་པར་ལ་འཇུག །སུའི་སྒྲ་ལེགས་པའམ་བདེ་བའམ་བཟང་པོ་ལ་འཇུག་པས་སྐབས་ཅུང་ཟད་འཚོལ་བར་བཤད་ཀྱང་མཁས་པ་རྣམས་སྐྱོན་ཆུང་། འདི་དག་

དགྲ་བཅོམ་དང་རྒྱལ་པོ་སོགས་ཀྱིས་ཚིག་ཇི་བཞིན་དུ་འཆད་པ་མ་ཡིན་པས་བོད་ཀྱི་སྐད་ལ་ཟུང་ཟད་མི་བདེ་ཡང་། །ལེགས་པར་སྦྱར་བའི་སྒྲ་དག་ལ། །ཤིན་ཏུ་འཕད་པའི་ཕྱིར་ན་མཁས་པས་བླང་བར་བྱའོ། །སངས་རྒྱས་ཀྱི་གསུང་རབ་དྲི་མ་མེད་པའི་བཀའ་རྣམས་ལ། །འོད་སྲུངས་ཆེན་པོ་སོགས་དགྲ་བཅོམ་པ་ལྔ་བརྒྱས་བསྡུ་བ་མཛད་པ་ཡིན་ཏེ། ཀུན་དགའ་བོས་མདོ་སྡེ། ཉེ་བར་འཁོར་གྱིས་འདུལ་བ། འོད་སྲུངས་ཆེད་པོས་མངོན་པ་བསྡུས་ཏེ་བསྟན་པ་དག་པར་མཛད་ཅིང་། དེ་ལ་ཕྱིས་བསྡུ་བ་དང་པོ་ཞེས་པའི་ཐ་སྙད་གྲགས་སོ། །སྡེ་སྣོད་གསུམ་བསྡུ་བ་བྱས་པའི་རྗེས་ལ། །བསྟན་པ་དག་པར་གནས་པ་ན། །ཡངས་པ་ཅན་གྱི་དགེ་སློང་གིས་ཆོས་མིན་གྱི་ལས་ཆོས་ཀྱི་ལས་སུ་བཅོས་པས་ན་སངས་རྒྱས་ཀྱི་བསྟན་པ་དང་འགལ་བ་ཡི། །མི་རུང་བ་ཡི་གཞི་བཅུ་བྱས་ཏེ། །ཧུ་ལུ་ཧུ་ཡི་རང་དང་། ཀུན་སྤྱོད་སྣོད་དང་ལན་ཚྭ་དང་། །ལམ་དང་སོར་གཉིས་དཀྲུག་དང་གདིང་། །གསེར་གྱི་རུང་བ་བྱེད་པ་སྟེ། །འདི་དག་མི་རུང་གཞི་བཅུ་ཡིན། །དེ་ལ་དགྲ་བཅོམ་པ་གྲགས་པ་དང་། སེང་གེས་གཞི་མཛད་ནས་འཕགས་པ་བདུན་བརྒྱ་ཡིས། །ཆོས་ལོག་དེ་དག་ལེགས་པར་སུན་དབྱུང་བའི་ཕྱིར་དུ་བྱ་ག་གི་ཀུན་དགའ་ར་བར་ཆོས་རྒྱལ་མྱ་ངན་མེད་ཀྱིས་ཡོན་བདག་བྱས་ནས། །བཀའ་ཡི་བསྡུ་བ་གཉིས་པ་མཛད་ཅེས་ལུང་ལས་གྲག །དེ་ལྟར་བསྟན་པ་དག་པར་བྱས་པའི་རྗེས། །རྒྱ་གར་ལྷོ་ཕྱོགས་ན་དེད་དཔོན་ཞིག་གི་བུ་ལྷ་ཆེན་པོ་ཞེས་བྱ་བའི་དགེ་སློང་རྫུན་མ་ཞིག །བསྟན་པ་འདི་ཡི་ཆོམ་རྐུན་དུ་བྱུང་སྟེ། །དེ་ཡིས་རང་གི་ཕ་རྒྱ་མཚོར་སོང་བའི་ཤུལ་དུ་མ་དང་ལྷན་ཅིག་ཏུ་འདུས། །ཕ་འོང་བའི་གཏམ་ཐོས་ནས་ལམ་གོལ་བར་སོང་སྟེ་ཕ་བསད་མ་ཡང་སྐྱེས་པ་གཞན་དང་ཉལ་པོ་བྱེད་པ་ཤེས་ནས་ཁྲོས་ཏེ་བསད། །རང་གི་སློབ་དཔོན་ཡིན་པའི་དགྲ་བཅོམ་པ་ཞིག་གིས་སྡིག་པའི་རྣམ་སྨིན་བཤད་པས། །འདིས་ཁོ་བོས་བྱས་པ་དེ་དག་ཤེས་འདུག་སྙམ་ནས་བཀྲོངས་ཏེ་མཚམས་མེད་ཀྱི་ལས་གསུམ་བྱས་ནས། །རང་ཉིད་ཀྱིས་དུར་སླེག་གྱོན་སྒྲ་བཞར་ནས། །མཁན་སློབ་མེད་པའི་དགེ་སློང་གློ་བུར་བ་བྱས། །ཕྱིས་ནས་དགོན་པར་བསྡད་ནས་ནི་ཆོས་ལོག་མང་དུ་བསྟན། །སྦྱིན་བདག་རྣམས་ཀྱི་དད་རྫས་ཟོས། །བླུན་པོ་དད་པ་ཅན་རྣམས་ཀྱི་མཁན་སློབ་བྱས། །སྦྱིན་བདག་བླུན་པོ་ཡོངས་སྤྱོད་ཅན་རྣམས་ཀྱིས། །ཞུལ་བའི་ཟས་ནོར་ཆར་བཞིན་དུ་བབས། །ཆོས་བཞིན་བྱེད་པའི་སྐལ་པ་མེད་པའི་དད་པ་ཅན་འདུས་པ་ཡི། །དགེ་འདུན་གྱི་མིང་ཅན་འབུམ་ཕྲག་དུ་མའི་འཁོར་གྱིས་བསྐོར། །དེ་ནས་མི་ཆོས་བླ་མའི་བརྫུན་རླབས་ཆེན་པོ་དེ། །ཁོ་རང་དགྲ་བཅོམ་པ་ཡིན་པར་ཁས་བླངས་སོ། །འཁོར་གྱིས་རྫུ་འཕྲུལ་སྟོན་པར་ཞུས་པ་ན། །རྫུ་འཕྲུལ་མངོན་ཤེས་ནང་གོ་རངས་ལ་ཉམས་སོ་ཞེས་ཟེར་བ་དང་། །མཚམས་མེད་ལ་སོགས་པའི་རང་གི་སྡིག་པ་དྲན་པ་ཡིས། །ཀྱེ་མ་སྡུག་བསྔལ་ལོ་ཞེས་གོ་རངས་སྒྲ་སྔགས་ཆེན་པོ་བཏོན་པ་ལ

འཁོར་རྣམས་ཀྱིས་འཕགས་པ་སྡུག་བསྔལ་དང་བྲལ་བ་ལ། དེ་ཙམ་གྱི་སྡུག་སྐད་འདོན་པ་ཅི་ལགས་ཞེས་དྲིས་པས། ངའི་སྡུག་སྐད་མ་ཡིན། འཕགས་པའི་བདེན་པ་བཞི་བསྒོམས་པས་**སྡུག་བསྔལ་**གྱི་**བདེན་པ་**མངོན་སུམ་དུ་མཐོང་ནས་**བོས་**པའོ་**ཞེས་བསྒྲགས་**སོ། །ཆོས་དྲིས་པས་རྟགས་པ་ལ་ཁོ་བོ་དགྲ་བཅོམ་པ་ཡིན་གྱི། ཐམས་ཅད་མཁྱེན་པར་ཁས་མ་བླངས་ཞེས་བྱ་བ། །**དེ་ལ་སོགས་པའི་བརྫུན་ཚིག་གིས། །ཚོགས་པ་རྣམས་ཀྱི་མགོ་བོ་བསྐོར་**ནས། །**འཕགས་པ་རྣམས་ལ་འབུལ་རྒྱུ་ཡི། །དད་རྫས་རྣམས་ཀྱང་**བླུན་པོ་རྣམས་ཀྱིས། །འཕགས་པ་རྣམས་བོར་ནས་ལྷ་ཆེན་**དེ་ལ་འབུལ། །རབ་བྱུང་བླུན་པོ་ཕལ་ཆེར་གྱིས། །**འཕགས་པ་**དགྲ་བཅོམ་**པ་**བོར་ནས་**ལྷ་ཆེན་**དེ་ལ་འདུས། །སངས་རྒྱས་མྱ་ངན་**ལས་**འདས་**པའི་**འོག་ཏུ། །སོ་སོར་སྐྱེ་བོས་འཁོར་བསྡུས་པ། །**ལྷ་ཆེན་**དེ་ལས་མང་བ་མེད་ཅེས་གྲགས། །**ལྷ་ཆེན་**དེ་ཡི་ཆོས་ལོག་བཤད་པ་ཡི། །རྗེས་སུ་སློབ་མ་རྣམས་འབྲངས་ནས། །**དགྲ་བཅོམ་ལ་ཐེ་ཚོམ་ཡོད་པར་འདོད་པ་སོགས་ཀྱི་**འཕྲུལ་པའི་གྲུབ་མཐའ་དུ་མ་བྱུང་། །**ལོག་འཚོ་མང་དུ་ཟོས་པས་**ལྷ་ཆེན་བླུན་པོ་དེ་ཤི་ནས། །སེམས་ཅན་དམྱལ་བར་**ལྟུང་བར་**གྱུར་ཅེས་གྲག །**ལྷ་ཆེན་**དེ་ཡི་ལོག་པའི་ཆོས་དེ་དག །དགྲ་བཅོམ་**པ་ལྔ་བརྒྱ། །བྱང་ཆུབ་སེམས་དཔའ་ལྔ་བརྒྱ། །སོ་སོའི་སྐྱེ་བོའི་པཎྜི་ཏ་ལྔ་བརྒྱ་**རྣམས་ཀྱིས་སུན་ཕྱུང་ནས། །**ཡུལ་ཛ་ལན་དྷ་རར་རྒྱལ་པོ་ཀ་ནི་ཀས་ཡོན་བདག་བྱས་ནས་བཀའ་**བསྡུ་བ་གསུམ་པ་བྱས་ཞེས་ཐོས་**སོ། །**འོན་ཀྱང་**ཆོས་ལོག་**དེ་ཡི་ལེ་ལན་གྱིས། །སྡེ་པ་བཅོ་བརྒྱད་**པ་**རྣམས་ལ་ཡང་། །**འཇིག་རྟེན་འདས་པར་སྨྲ་བའི་སྡེ་པས་དགྲ་བཅོམ་ལ་ཐེ་ཚོམ་དང་སོམ་ཉི་ཡོད་པར་འདོད་པ་དང་། །ཐམས་ཅད་ཡོད་སྨྲས་དགྲ་བཅོས་པ་འབྲས་བུ་ལས་ཉམས་པ་ཡོད་པར་འདོད་པ་སོགས། །**ཚུར་ཟད་བསླད་པ་ཡོད་ཅེས་**མཁས་པ་དག་གིས་**ཟེར། །མཁས་པའི་གཙུག་རྒྱན་དབྱིག་གཉེན་གྱིས། །**རྣམ་བཤད་རིག་པར། །བློ་མ་ཀུན་དགའ་འོད་ཅེལ་དང་། །སྡུག་བསྔལ་ཕྱུང་སྟོན་ས་སོན་དང་། །འཆད་ཁ་སྟོང་ཉིད་ཆུ་ལས་སྐྱེས། །གང་པོས་འཚོ་ཆུ་ཤིང་དང་། །མྱ་ངན་འདས་དང་ཡུལ་འཁོར་སྐྱོང་། །འགྲོ་བ་མདོ་དང་དེ་བཞིན་གཞན། །**ཡང་དག་བསྡུས་པའི་གཞི་ཉམས་**པའི་**ཕྱིར། །མཐའ་དག་མིན་པར་རྟོགས་པ་ཡིན། །ཞེས་གསུངས་པ་ཡང་**མདོ་དེ་རྣམས་འགའ་ཞིག་མ་ཚང་བ་དང་ལུང་ཉམས་པ་རྣམས་བཀའ་བསྡུ་ཉམས་པའི་དབང་གིས་བྱུང་བ་**དེ་ལ་དགོངས་**སོ། །**ཚུལ་དེ་ནི་ཉན་ཐོས་རྣམས་ཀྱི་**བསྟན་པ་ལ་འཕེལ་འགྲིབ་བྱུང་ཚུལ་མདོ་ཙམ་**ཡིན། །ཐེག་པ་ཆེན་པོའི་བསྟན་པ་ནི། །**ཀུན་དགའ་བོས་མདོ་སྡེ་རྣམས་བསྡུས་ཏེ། དེའི་བསྟན་པ་ཡུན་རིང་པོའི་བར་དུ་**ཤིན་ཏུ་དར་བར་གྱུར་པའི་ཚེ། །**ས་དོང་དུ་ལོ་དུ་མར་**ཉི་མ་བསྒྲུབ་པ**ས་གྲུབ་སྟེ་བལྟས་པ་ཙམ་གྱིས་གང་འདོད་འབྲེག་ནུས་པ**འི་མུ་སྟེགས་བྱེད། །**སྲང་པོ་ཉི་མའི་དངོས་གྲུབ་ཀྱིས། །**ནང་པའི་**གཙུག་ལག་ཁང་རྣམས་བསྲེགས་པའི་ཚེ། །དམ་ཆོས་མངོན་པ་ལ**

སོགས་པ། །ཐེག་ཆེན་གྱི་**སྤྱི་སྡོད་ཕལ་ཆེར་བསྲེག**་ནས་ཉམས་པར་གྱུར་**ཅེས་གྲགས**་སྟེ། །ཆོས་མངོན་པ་ཐེག་པ་ཆེན་པོ་གཏན་ནས་ནུབ། ཕལ་པོ་ཆེ། ལང་ཀར་གཤེགས་པ། ཟླ་བ་སྒྲོན་མ། དྲན་པ་ཉེ་བར་བཞག་པ་ལ་སོགས་པ་གཞུང་འབུམ་ཕྲག་རེ་ཡོད་པ་རྣམས་ད་ལྟ་དུམ་བུ་རེ་ལས་མེད་པའི་རྒྱུ་མཚན་དེ་ལྟར་ཡིན། རྒྱུད་ཀྱང་ལ་ལ་གཏན་ནས་ནུབ་ལ་ལ་དུམ་བུར་སོང་བའི་རྒྱུ་མཚན་དེ་ལྟར་ཡིན་ནོ། །**དེ་ནས་འཕགས་པ་ཐོགས་མེད་ཀྱིས**་བྱམས་པ་ལོ་བཅུ་གཉིས་བསྒྲུབས་པའི་མཐར་གྲུབ་སྟེ། །དགའ་ལྡན་དུ་བྱོན་ནས་**མི་ཕམ་མགོན**་པོ་བྱམས་པ་**ལ**་ཆོས་མངོན་པ་སྟོང་ཕྲག་བརྒྱ་པ་དང་། བྱམས་ཆོས་ལྔ་ལ་སོགས་པ་**གསན་ནས་ནི།** །འཛམ་གླིང་དུ་བྱོན་ཏེ་གཙུང་དབྱིག་གཉེན་ལ་བཤད་ནས་ཐེག་པ་ཆེན་པོ་**དེ་ཡི་གཞུང་ལུགས**་ཤིན་ཏུ་**དར་བར་མཛད**་པ་ཡིན་ནོ། །**དེ་ཡི་རྗེས་ལ**་དབྱིག་གཉེན་གྱི་རབ་ཏུ་བྱེད་པ་སྡེ་བརྒྱད་སོགས་མཛད་ཅིང་སློབ་མ་ལ་འདུལ་བ་རང་ལས་མཁས་པ་ཡོན་ཏན་འོད། མངོན་པ་རང་ལས་མཁས་པ་ཁ་ཆེ་བློ་བརྟན། ཚད་མ་རང་ལས་མཁས་པ་ཕྱོགས་ཀྱི་གླང་པོ། ཕར་ཕྱིན་རང་ལས་མཁས་པ་འཕགས་པ་གྲོལ་སྡེ་སོགས་**མཁས་པ་དང་།** །སྐབས་འགར་**བླུན་པོ**་བྱུང་བ་**རྣམས་ཀྱི་བྱེ་བྲག་གིས།** །**བསྟན་པ་འཕེལ་འགྲིབ་དུ་མ་བྱུང་།** །འཕགས་ཡུལ་དུ་བསྟན་པ་འཕེལ་འགྲིབ་བྱུང་བའི་**ཕྱི་ནས་གངས་རིའི་ཁྲོད**་ཀྱི་བོད་**འདི་རུ** །སྤྲུལ་རབས་གཟིགས་ཀྱི་སྤྲུལ་པ་ཆོས་རྒྱལ་སྲོང་བཙན་སྒམ་པོ་བྱུང་བའི་དུས་སུ་རས་འཕྲུལ་སྣང་སོགས་གཙུག་ལག་ཁང་མང་དུ་བརྩིགས་ཤིང་ཐོན་མི་སམ་བྷོ་ཊས་དཀོན་མཆོག་སྤྲིན་ལ་སོགས་པ་ལོ་ཙྪ་མང་པོས་**སངས་རྒྱས**་ཀྱི་**བསྟན་པ་ལེགས་པར་བསྒྱུར**་བས་དམ་པ་ཆོས་ཀྱི་སྲོལ་བཏོད། །**དེ་ནས**་རབས་འགའ་ནས། འཇམ་དབྱངས་རྣམ་འཕྲུལ་ཁྲི་སྲོང་ལྡེའུ་བཙན་གྱི་དུས་སུ་མཁན་ཆེན་པོ་ཞི་བ་འཚོ་དང་སློབ་དཔོན་པདྨ་འབྱུང་གནས་སྤྱན་དྲངས་ཏེ་བསམ་ཡས་ཀྱི་གཙུག་ལག་ཁང་བརྩིགས། རྣམ་དག་ཁྲིམས་ཁང་གླིང་དུ་རབ་བྱུང་དང་བསྙེན་རྫོགས་འབོགས། དགའ་ལྡན་སེམས་བསྐྱེད་གླིང་དུ་ཐེག་ཆེན་སེམས་བསྐྱེད་འབོགས། སྡོམ་པ་གསུམ་གྱི་ལག་ལེན་དར་བར་མཛད། གཞན་ཡང་རྒྱལ་པོ་དེའི་སྲས་མུ་ཁྲི་བཙན་པོ། དེའི་སྲས་སད་ན་ལེགས་འཇིང་ཡོད། དེའི་སྲས་རལ་པ་ཅན་དང་གསུམ་གྱི་རིང་ལའང་ཆོས་མང་དུ་བསྒྱུར་**བསྟན་པ་དར་བར**་མཛད་པ**འི་ཚེ།** །རལ་པ་ཅན་གྱི་སྤྱུན་ཟླ་**རྒྱལ་པོ**་གླང་**དར་མས**་བློན་པོ་ངན་པ་དང་གྲོས་བྱས་ནས་རལ་པ་ཅན་འགྲོངས་ཏེ་དར་མས་རྒྱལ་སྲིད་ལོ་ལྔ་བཟུང་བའི་བར་ལ་རབ་བྱུང་ལ་ལ་འབེབས། ལ་ལ་གསོད། དཀོན་མཆོག་གི་མཆོད་པ་རྒྱུན་བཅད། ལོ་པན་གྱི་འགྱུར་གྲྭ་བཤིག མི་དགེ་བའི་ཁྲིམས་བཅའ་བ་ལ་སོགས་པས་སངས་རྒྱས་ཀྱི་**བསྟན་པ་བསྣུབས།** །དེ་ནས་དར་མ་ནི་ལྷ་ལུང་དཔལ་གྱི་རྡོ་རྗེས་བསད། **དེ་ཡི་རྗེས**་ལ་བོད་ཀྱི་ཆོས་ཁྲིམས་དང་། རྒྱལ་ཁྲིམས་གཉིས་ཀ་ཡུན་རིང་དུ་སོར་མ་ཆུད་པས་ སྟགས་པ་དག་གིས་སྦྱོར་སྒྲོལ་

ལམ་དུ་བྱེད་པ་དང་། རྒྱ་ནག་མཁན་པོའི་ཡི་གེ་གཏེར་ནས་དོན་པ་ལ་བརྟེན་པའི་ཆོས་རྣམས་ཀྱང་འཕེལ་བར་མགོ་བརྩམས་པ་སོགས་ཆོས་ལོག་དུ་མ་འཕེལ་ནས། །བོད་རྣམས་ཆོས་ལོག་གི་ཉམས་ལེན་སྤྱོད་པ་ཤས་ཆེ་བ་དེ་ཡི་ཚེ་བོད་ཀྱི་རྒྱལ་པོ་ལྷ་གཙུག་མགོན་གྱི་སྲས་ཁོར་རེ་བྱ་བ་རབ་ཏུ་བྱུང་བ་བླ་མ་ཡེ་ཤེས་འོད། །ཅེས་རྒྱལ་བས་ལུང་བསྟན་པའི་ཆོས་རྒྱལ་དེ་ཡིས་སྐྱེས་བུ་མཆོག །རིན་ཆེན་བཟང་པོ་ལ་སོགས་པ་བརྒྱད་གསུང་ཉི་ཤུ་རྩ་བཞི་ཁ་ཆེར་བརྫངས་པ་ལ། །ཇོ་བོ་རིན་ཆེན་བཟང་པོ་དང་། །ལོ་ཆུང་ལེགས་པའི་ཤེས་རབ་གཉིས་བོད་དུ་ཐོན་པ་ལས། །འཇམ་པའི་དབྱངས་ཀྱིས་བྱིན་གྱིས་བརླབས་པའི། །མཁས་པ་རིན་ཆེན་བཟང་པོ་དེ་ཡིས་སྔོན་མེད་པའི། །ཆོས་རྣམས་ཞལ་ཆེར་བསྒྱུར་ཅིང་ཞུས་དག་མཛད། །ཆོས་དང་ཆོས་མིན་རྣམ་པར་འབྱེད་པ། །ཞེས་བྱ་བའི་བསྟན་བཅོས་མཛད་ནས་ནི། །སྦྱོར་སྒྲོལ་ལམ་དུ་བྱེད་པ་སོགས། །ཆོས་ལོག་ཐམས་ཅད་ནུབ་པར་མཛད། །ལོ་ཆེན་དེ་ཡི་སློབ་མ་རྒྱལ་སྲས་ཞི་བ་འོད། །དེས་ཀྱང་སྔགས་ལོག་སུན་འབྱིན་པ། །ཞེས་བྱའི་བསྟན་བཅོས་མཛད་ཅེས་ཟེར། །དེ་དག་འདས་པའི་འོག་ཏུ་ཡང་། །གསང་སྔགས་ཀྱི་རྒྱུད་བརྫུས་མ་ལ་སོགས་པ། །ཆོས་ལོག་འགའ་ཞིག་འཕེལ་བའི་རྒྱུས། །ཡབ་ཡུམ་གཉིས་ཀ་འགོས་ཡིན་པས་འགོས་ཁུག་པ། འབྲོག་པའི་ལྷས་ཀྱི་ནང་དུ་བཙས་པས་ལྷས་བཙས་ཞེས་བྱ་བའི་ལོ་ཙཱ་བ། །དེས་ཀྱང་ཆོས་ལོག་སུན་འབྱིན་པ། །ཞེས་བྱ་བའི་བསྟན་བཅོས་མཛད་ནས་ནི། །ཆོས་དང་ཆོས་མིན་རྣམ་པར་ཕྱེ་ནས། །ཆོས་ལོག་འགའ་ཞིག་ལ་འདི་ཆོས་ཡིན་རེ་ཞེས་མནའ་ཚུན་ཆད་བསྐྱལ་བའི་ཡི་གེར་བཏབ་ནས་བསྟན་བཅོས་བྱས་སོ། །དེ་ནས་ཆོས་རྗེ་ས་སྐྱ་པ། །ཆེན་པོ་ཀུན་དགའ་སྙིང་པོ་བཞུགས་པ་ཡན་ཆད་དུ། །ཆོས་ལོག་སྤྱོད་པ་ཉུང་ཞེས་ཐོས། །ས་ཆེན་གཤེགས་པའི་ཕྱི་ནས་དབང་བསྐུར་གྱི་དོན་ཕག་མོའི་བྱིན་རླབས་དང་། །སེམས་བསྐྱེད་ཀྱི་ཆོ་ག་རྨི་ལམ་མ་ལ་སོགས། །ཡི་དམ་བསྒོམ་པ་རང་བཟོས་དཀྲོངས་བསྐྱེད་དང་། །སྟོང་རྒྱུད་དཀར་པོ་ཆིག་ཐུབ་ལ་སོགས་པ། །སངས་རྒྱས་ཀྱི་བསྟན་པ་དང་འགལ་བ་ཡི། །ཆོས་ལོག་པ་དུ་མ་དེང་སང་འཕེལ། །བསྟན་པའི་ཁུར་འཁྱེར་བའི་མཁས་པ་རྣམས་ཆོས་ལོག་འདི་ལ་ཐུགས་མི་དགྱེས་ཤིང་དགག་པར་བཞེད་མོད་འོན་ཀྱང་། །དུས་ཀྱིས་ཤུགས་ཀྱིས་བཟློག་མ་ནུས་པར་བཏང་སྙོམས་སུ་བཞུགས་པ་ལྟར་སྣང་ཞིང་། །བླུན་པོ་གསུང་རབ་ལ་སྦྱངས་པ་ཆུང་བ་རྣམས། །ཆོས་ལོག་འདི་འདྲ་སྤྱོད་པ་བདེན་མོད་ཀྱི། །མཁས་པ་མདོ་རྒྱུད་ལ་སྦྱངས་པར་རློམ་པ་ཡང་། །རི་བོང་ཅལ་བཞིན་ཆོས་ལོག་འདི་ལ་སྤྱོད་པ་དུས་ཀྱི་དབང་གིས་སོ། །སྔར་བཤད་པ་འདི་འདྲའི་རིགས་ཅན་འཕེལ་བར་གྱུར་ན། །སངས་རྒྱས་བསྟན་པ་ལ་གནོད་མི་གནོད། །མཁས་པ་རྣམས་ཀྱིས་དཔྱོད་ལ་དྲང་པོར་སྨྲོས། །གལ་ཏེ་འདི་འདྲའི་ཆོས་ལོག་གིས། །སངས་རྒྱས་ཀྱི་བསྟན་པ་ལ་མི་གནོད་ན། །འོ་ན་མུ་སྟེགས་སོགས་ཀྱི་ཆོས

ལོག་ཀྱང་། །སངས་རྒྱས་ཀྱི་བསྟན་པ་ལ་ཅི་སྟེ་གནོད། །འོན་ཏེ་མུ་སྟེགས་སོགས་ཆོས་ལོག་གཞན་གྱིས་བསྟན་པ་ལ་གནོད་ན་ནི། །ཆོས་ལོག་འདི་དག་གིས་ཀྱང་མི་གནོད་དམ། །གལ་ཏེ་གནོད་ཀྱང་འདི་འདྲའི་རིགས་ལ་སུན་འབྱིན་མི་འཕད་ན། །མུ་སྟེགས་བྱེད་དང་ཉན་ཐོས་སོགས་ཀྱི། །ཆོས་ལོག་འདི་ལའང་སུན་དབྱུང་ཅི་སྟེ་བྱ། །འོན་ཏེ་འདི་དག་བསྟན་པ་ལ་གནོད་པའི་ཕྱིར་ན། །མཁས་རྣམས་ཀྱིས་སུན་འབྱིན་མཛད་ན་ནི། །འོ་ན་བསྟན་ལ་གནོད་པ་བོད་ཀྱིས་བྱས་པའི་ཆོས་ལོག་ཀྱང་། །མཁས་པ་རྣམས་ཀྱིས་སུན་ཕྱུང་ཤིག །དེ་ཅི་ཕྱིར་ཞེ་ན་རྒྱལ་བ་ཡིས། །རིན་ཆེན་ཆོས་ཀྱང་དཀོན་ཞིང་དེ་ལ་ནི། །རྟག་ཏུ་བར་ཆད་ཀྱིས་འཚེ་བ་མང་ཞེས་གསུངས་ཏེ། །སྡུད་པ་ལས། རིན་ཆེན་ཆོས་ཀྱང་དཀོན་ལ་རྟག་ཏུ་འཚེ་བ་མང་། ཞེས་གསུངས་སོ། །ཚུལ་འདི་ལ་བསམས་ལ་མཁས་རྣམས་ཀྱིས། །དུས་རྟག་ཏུ་བསྟན་པ་འདི་མི་ཉམས་ཤིང་འཕེལ་བའི་ཐབས་ལ་འབད་པས་བྱི་དོར་བྱ་དགོས་སོ། །དཔེར་ན་འཇིག་རྟེན་དག་ཉི་མ་གཅིག་གི་བཟའ་བཏུང་ལའང་། །བཟང་ངན་དང་སྦྱོར་ཚུལ་གྱི་ལག་ལེན་ལེགས་ཉེས་སོགས་ཀྱི་རྟོགས་དཔྱོད་སྣ་ཚོགས་གཏོང་ཞིང་། །གོས་བཟོ་བ་དང་མཁར་ལྷན་ལ་སོགས་པའི། །བྱ་བ་གང་ལའང་རྒྱུ་དང་བཀོད་པ་བཟོ་སོགས་ལེགས་ཉེས་དང་། །བཟང་ངན་དང་མཁས་དང་མི་མཁས་ཞེས། །བླངས་དོར་གྱི་རྟོག་དཔྱོད་སྣ་ཚོགས་བྱེད། །རྟ་ཕྱུགས་དང་གསེར་ལྕུག་ལ་སོགས་པའི་ནོར་བུ་ལ་སོགས་ནོར་ཕལ་པ། །ཕྲན་ཟད་ཙམ་གྱི་ཉོ་ཚོང་ལའང་། །གྲོགས་ཀུན་ལ་འདྲི་ཞིང་བརྟགས་ནས་དཔྱོད། །ཚེ་འདིའི་བྱ་བ་ཕལ་པ་ཕྲན་ཟད་འདི་འདྲ་ལའང་། །དེ་འདྲའི་རྟོག་དཔྱོད་དང་འབད་པ་བྱེད་པ་མཐོང་། །བྱང་ཆུབ་མ་ཐོབ་བར་གྱི་སྐྱེ་བ་གཏན་གྱི་བདེ་སྡུག་ལ་སོགས་པའི་ལེགས་ཉེས་ནི། །དམ་པའི་ཆོས་སངས་རྒྱས་ཀྱི་གསུང་བཞིན་བསྒྲུབས་མ་བསྒྲུབས་ལ་རག་ལས་ཀྱང་། །ཆོས་འདི་དཔེར་ན་ཁྱི་ལ་གཙང་མི་གཙང་གང་བྱིན་ཡང་ཟ་བས་ཁྱི་ཡི་ཟས་བཞིན་དུ། །བཟང་ངན་གང་དུའང་མི་དཔྱོད་པར། །ཆོས་གང་ཕྲད་དེ་ལ་གུས་པར་འཛིན་པ་ནི། །ཆེས་བླུན་པས་དམ་པའི་ཆོས་ལ་བརྟག་དཔྱད་བྱ་དགོས་ཏེ། དོ་བསྐོར་བའི་དྲིས་ལན་ལས། ཆོས་ལ་ཡིད་ཆེས་མ་སླ་བར། །ཉམས་ལེན་སངས་རྒྱས་བཀའ་བཞིན་སྒྲུབས། །ཞེས་གསུངས་སོ། །ལམ་འཇིགས་པར་འགྲོ་བའི་ཉིན་གཅིག་གི་ནི་སྐྱེལ་མའམ། །ཚེ་གཅིག་གི་ནི་གཉེན་འབྲེལ་བསྟེན་པ་ལའང་། །འབད་དེ་བཟང་ངན་བརྟགས་ནས་ལེན་པ་མཐོང་། །དེང་ནས་བརྩམས་ཏེ་རྫོགས་པ་ཡི། །སངས་རྒྱས་མ་ཐོབ་བར་གྱི་དོན། །བླ་མ་མཆོག་མཚན་ཉིད་དང་ལྡན་པ་ལ་རག་ལས་མོད། །འོན་ཀྱང་མཚན་ཉིད་དང་ལྡན་མི་ལྡན་རྟོག་དཔྱོད་མི་བྱེད་པར། །ཚོང་དུས་ངན་པའི་གྲོང་ལ་བརྟད་པ་མི་རྙེད་པས་གང་ཕྲད་པ་ཉོ་བ་བཞིན་དུ། །བླ་མ་སུ་ཕྲད་པ་རྣམས་ལས་གང་བཤད་ལེན་པ་མཐོང་། །བརྟད་པ་ཞེས་པ་གློ་བུར་གྱི་བཙ་སྙིང་ངོ་། །ཀྱེ་མ་སྙིགས་མའི་དུས་འདི་

མཚར། །འཆད་མི་དགོས་པའི་བྱ་བ་ཕལ་པ་ལ་འཆད་པ་ཆེན་པོ་བྱེད། །འཆད་དགོས་པའི་ཆོས་དང་དེ་སྟོན་པའི་བླ་མ་ནི། །ཅི་ཡང་རུང་བས་ཆོག་པར་སྣང་ངོ་། །བསྟན་བཅོས་འདིར་གཞན་གྱི་འཁྲུལ་པ་རྒྱས་པར་བཀག་པས། གཞན་ལ་སྨོད་སེམས་ཀྱིས་ཀུན་ནས་བསླངས་པ་ཡིན་ནམ་སྙམ་ན་མ་ཡིན་ཏེ། རྩོམ་པ་པོ་བདག་ནི་ཕྱིར་སེམས་ཅན་ཀུན་ལ་བྱམས་ཤིང་། །ཁྱད་པར་ཆོས་སྟོན་པའི་གང་ཟག་བཟང་ངན་ཀུན་ལ་བདག་གིས་མི་སྨོད་པས་སོ། །གལ་ཏེ་བརྒྱ་ལ་མཉམ་པར་མ་བཞག་པའི་དབང་གིས། །སྨད་པ་སྲིད་ནའང་སྡིག་པ་དེ་བཤགས་སོ། །དམ་པའི་ཆོས་འཁྲུལ་དང་མ་འཁྲུལ་བ། །སྐྱེ་བ་གཏན་གྱི་ལེགས་ཉེས་ཀྱིས་གྲོས་ཡིན་པས། །ཆོས་འདི་ཡི་ལེགས་ཉེས་བླང་དོར་དཔྱོད་པ་ལ། །སྨོད་སེམས་ཀྱིས་ཀུན་ནས་བསླངས་པ་ཡིན་ཞེས་དེ་སྐད་དུ་སྨྲ་ནའང་སྨྲ་མཁན་རང་གི་སྐྱོན་ཡིན་ཏེ། །འཁྲུལ་པ་བཀག་པ་ལ་མ་བཟོད་པས་སོ།། གཞན་གྱི་ཆོས་ལོག་སུན་ཕྱུང་བ་སྨོད་བ་ཡིན་ན་རྒྱལ་བའི་ལུང་ཟིན་ཀླུ་སྒྲུབ་དང་ནི་དབྱིག་གཉེན་དང་། །ཕྱོགས་ཀྱི་གླང་པོ་དང་ཆོས་གྲགས་དང་བློ་གྲགས་སོགས། །མཁས་པ་ཀུན་གྱིས་སངས་རྒྱས་པ་རང་དང་གཞན་མུ་སྟེགས་བྱེད་ཀུན་གྱི། །ཆོས་ལོག་ཐམས་ཅད་སུན་ཕྱུང་བ། །དེ་ལའང་སངས་རྒྱས་དང་མཁས་པ་རྣམས་གཞན་ལ་སྨོད་ཞེས་ཟེར་རམ་ཅི། །རྫོགས་པའི་སངས་རྒྱས་ཀུན་གྱིས་ཀྱང་། །བདུད་དང་མུ་སྟེགས་སུན་ཕྱུང་བ། །དེ་ལ་ཡང་སངས་རྒྱས་བདུད་དང་མུ་སྟེགས་ལ་ཕྲག་དོག་བྱེད་པ་ཉིད་དུ་འགྱུར་རམ་སྙམ་ནུས་སམ། །མདོ་རྒྱུད་ཚུལ་བཞིན་ཤེས་པའི་མཁས་པ་རྣམས་བློན་པོའི་ཡོང་ཁྲིད་ཡིན་པས། །ནོར་བའི་ཆོས་རྣམས་བཀག་པ་དང་མ་ནོར་བའི་ཆོས་བསྟན་པས། །ཡོང་ཁྲིད་ལེགས་པར་བྱས་པ་ལ་འཁྲུལ་མ་འཁྲུལ་མ་ཕྱེ་ན་ནི་མི་གོ། །སྨོད་ཞེས་སྨྲ་ན་ད་སླན་ཆད། །སངས་རྒྱས་ཀྱི་བསྟན་པ་ཇི་ལྟར་བསྲུང་། །ཡོང་ཁྲིད་ཀྱིས་ནི་ཡོང་བ་ལ། །ལམ་གཡང་ས་བཀག་ཅིང་ལམ་བཟང་པོར། །འཁྲིད་པའང་ཕྲག་དོག་ཡིན་ནམ་ཅི། །འོན་ཡོང་བ་ལམ་དུ་ཇི་ལྟར་བཀྲི། །ནད་པ་ལ་ནི་གནོད་པ་ཡི། །ཁ་ཟས་འདི་དང་འདི་སྤོངས་ཤིག་ཕན་པ་འདི་དང་འདི་བསྟེན་ཅེས། །དེ་སྐད་སྨན་པས་སྨྲན་ཡང་། །ནད་པ་ལ་སྡང་བ་དང་ཕྲག་དོག་ཏུ་འགྱུར་ན་ནི། །འོན་ནད་པ་ཇི་ལྟར་གསོ། །ས་སྐྱ་པཎྜི་ཏ་བདག་གིས་ཆོས་ལོག་པ་དང་མ་ལོག་པའི། །རྣམ་པར་དབྱེ་བ་ལུང་རིགས་དང་མཐུན་པར་བྱས་པ་ལ། །གཞན་ལ་སྡང་བ་དང་ཕྲག་དོག་ཡིན་ཟེར་ན། །འོན་འཁོར་བའི་རྒྱ་མཚོ་ལས། །སེམས་ཅན་རྣམས་ནི་ཇི་ལྟར་བསྒྲལ་ཏེ་ནོར་བ་བཤད་ན་སངས་མི་རྒྱ། །མ་ནོར་བ་བཤད་ན་ཕྲག་དོག་ཏུ་འགྱུར་བའི་ཕྱིར་རོ། །སངས་རྒྱས་འཇིག་རྟེན་དུ་བྱོན་པ་དང་། །མཁས་པ་རྣམས་མདོ་རྒྱུད་བཤད་པ་བྱེད་པ་ལ། །ཆོས་ལོག་སུན་འབྱིན། བདུད་ཡི་མུག །སྐྱེས་བུ་དམ་པ་རྣམས་དགའ་བ་བསྐྱེད་པ་སྟེ། །འབྲས་བུ་རྣམ་གསུམ་འབྱུང་བ་འདི། །སངས་རྒྱས་བསྟན་པའི་སྤྱི་ལུགས་རྟེན་འབྲེལ་གྱི་ཆེ་བ་ཡིན། །སློབ་

དཔོན་མ་ཕོལ་གྱིས་ཀྱང་བསྟོད་པ་བརྒྱ་ལྔ་བཅུ་པ་ལས་འདི་སྐད་དུ་གསུངས། །བདུད་བཞིའི་གཡུལ་ལས་རྒྱལ་བའི་དཔའ་བོ་སངས་རྒྱས་ཁྱོད་ཀྱི་བསྟན་པ་ནི། །འབྲས་བུ་ཕ་རོལ་མུ་སྟེགས་ཐམས་ཅད་ཕམ་པར་མཛད་ཅིང་། །བདུད་ནི་སེམས་ཕོངས་སུ་ཆུད་པར་མཛད་པ་སྟེ་ཚར་བཅད་ཀྱི་ལས་གཉིས་དང་ལྡན་ལ། །ལྷ་དང་མི་རྣམས་དགའ་ཞིང་དབུགས་ཀྱང་འབྱིན་པ་རྗེས་འཛིན་གྱི་ལས་གཅིག་སྟེ་གསུམ་འབྱུང་། །ཞེས་གསུངས་དེ་ར་མ་ཟད་དེང་སང་འདི་ན་ཡང་། །བསྟན་འཛིན་གྱི་མཁས་པ་རྣམས་ཀྱིས་ཆོས་དང་ཆོས་མིན་ཕྱེ་ནས་ཆོས་ལེགས་པར་བཤད་ན། །ཆོས་ལོག་སྨྲ་བ་རྣམས་ཕམ་པར་བྱེད་ཅིང་། །བདུད་རིགས་ཐམས་ཅད་ཡི་མུག་པར་འགྱུར་བ་དང་། །ཆོས་ཤེས་པའི་མཁས་པ་ཐམས་ཅད་དགའ་བར་བྱེད་པ་སྟེ་འབྲས་བུ་གསུམ་འབྱུང་ཞིང་། །རྣམ་ཐར་བཟང་པོ་འདི་འདྲ་བས་བསྟན་པ་འཛིན་པར་ནུས་སོ། །འདི་ལས་ལྡོག་པ་སྟེ། །ཆོས་ལོག་ལ་བསྔགས་པར་བྱེད། །བདུད་སྤྲོ་བ་བསྐྱེད། །སྐྱེས་བུ་ཐ་ཤལ་རྣམས་དགའ་བར་བྱེད་པ་བྱུང་བར་གྱུར་ན། །སངས་རྒྱས་ཀྱི་བསྟན་པ་ལ་གནོད་པར་ཤེས་པར་གྱིས། །ས་པཎྜི་ཏ་བདག་ཀྱང་རྡོ་རྗེ་ཕག་མོ་ཡི། །བྱིན་རླབས་ཙམ་རེ་ཐུབ་པ་ལ། །ཆོས་དཀར་པོ་ཚིག་ཐུབ་བསྟན་ནས་ཀྱང་། །རྩེ་གཅིག་གི་རྣལ་འབྱོར་ཡིན་ཟེར་བའི་སྒོམ་བཅུད་ཟད་སྐྱེས་པ་ལ། །མཐོང་ལམ་དུ་ནི་ངོ་སྤྲོད་ནས། །འབད་པས་རྩོལ་བསྒྲུབ་མེད་པའི་དོན་བསྟན་ན། །སློབ་མ་ཚོགས་པའང་འདི་བས་མང་བ་འདུ་ཞིང་། །ཟང་ཟིང་གི་ལོངས་སྤྱོད་འབུལ་བའང་འདི་བས་མང་བར་འགྱུར་ལ། །བླུན་པོ་རྣམས་ཀྱི་བསམ་པ་ལ་འཐད། །དཀའ་ཚེགས་མེད་པར་སངས་རྒྱས་འཕྲལ་དུ་རང་འབྱིན་ནུས་པའི་བླ་མ་འདི་ལྟ་བུ། ངོ་མཚར་སྐམ་ནས་སངས་རྒྱས་ལྟ་བུར་མོས་པ་སྐྱེ། །ཆོས་ཀྱི་གནད་རྣམས་མི་ཤེས་པའི། །སྡེ་སྣོད་འཛིན་པར་རློམ་པ་ཡང་། །དེ་ལྟར་བསྟན་པ་དེ་ལ་ལྷག་པར་དད་པར་འགྱུར་བར། །བདག་གིས་ལེགས་པར་གོ་མོད་ཀྱི། །འཁོར་དང་ཟང་ཟིང་བསྒྲུབ་པའི་ཕྱིར། །བདག་གིས་སེམས་ཅན་འཁོར་དུ་བསྡུས་ནས་ཆོས་བསྟན་པ་མིན། །འོན་ཀྱང་སངས་རྒྱས་ཀྱི་བསྟན་པ་ལ། །ཕན་པར་བསམས་ནས་སློབ་མ་བསྐྱངས་ཤིང་ཆོས་ལོག་སྨྲ་བ་རྣམས་བཀག་ནས་བསྟན་པ་རྣམ་དག་བཤད་པ་ཡིན་ཏེ། །སྐྱེས་རབས་ལས། ཕན་པར་སྨྲ་ལ་མཆོད་པར་བྱེད་པ་ནི། བསྒོ་བའི་ཚིག་བཞིན་གུས་པས་ཉན་པ་ཡིན། །ཞེས་གསུངས་པ་ལྟར་རོ། །དེས་ན་བསྟན་འཛིན་གྱི་སྐྱེས་བུས་སངས་རྒྱས་ཀྱི་བསྟན་པ་ལ་བཤད་སྒྲུབ་ཚུལ་བཞིན་དུ་བསྒྲུབས་ན། །སངས་རྒྱས་ཀྱི་བསྟན་པ་ལ་ཡུན་རིང་ཕན་པར་བསམས་སོ། །སྔོན་འཕགས་པའི་ཡུལ་དུ་མུ་སྟེགས་བྱེད་དང་ཉན་ཐོས་ཀྱི་གྲུབ་མཐའ་སྨྲ་བ་དང་། །ཐེག་པ་ཆེན་པོ་འགའ་ཞིག་ལའང་། །འཁྲུལ་པ་ཡོད་མོད་སྔར་གྱི་མཁས་པ་རྒྱན་དྲུག་ལ་སོགས་པ་རྣམས་ཀྱིས། །སུན་ཕྱུང་བའི་ཕྱིར་ན་འདིར་མ་བཤད། །དེང་སང་གངས་རིའི་ཁྲོད་འདི་ན། །དངོས་སྟོབས་ཀྱི་རིགས་པས་བསྒྲུབས

པར་མི་ནུས་ཤིང་། །སངས་རྒྱས་ཀྱི་བསྟན་པ་མདོ་རྒྱུད་དང་འགལ་བ་ཡི། །འཕྲུལ་པ་གསར་པ་དུ་མ་བྱུང་། །ཁྲེ་བྲག་ཏུ་རྡོ་རྗེ་ཐེག་པའི་གནད་འཆུགས་པས་ཉམས་ལེན། །རྒྱུད་སྡེ་རྣམས་དང་དགོངས་འགྲེལ་གྲུབ་ཐོབ་རྣམས་ཀྱི། །དགོངས་པ་རྣམས་དང་འགལ་བའི་གནད། །དཔག་ཏུ་མེད་པ་ཞིག་བོད་འདི་ན་ཡོད་མོད་ཀྱི་དེ་སྲུན་འབྱིན་པ་ལ། །གསང་སྔགས་ཀྱི་ལུགས་ཟབ་མོ་རྣམས་བཤད་དགོས་པས་དེ་ནི་གསང་སྔགས་ཉིད། །ཡིན་པའི་ཕྱིར་ན་ཁོ་བོས་འདིར་མ་བཤད་དེ་གཞན་དུ་བཤད་པར་བྱའོ། །དེ་བས་ན་འདི་ནི་དབང་བསྐུར་ཐོབ་ཀུན་ལ་བཤད་དུ་རུང་བའི། །འཕྲུལ་པ་རགས་རིམ་ཙི་རིགས་པ། །འཕེལ་ན་བསྟན་པ་ལ་གནོད་པར་མཐོང་ནས། །སྡོམ་གསུམ་ཉམས་ལེན་གྱི་གནད་ཆེ་ལོང་ཙམ་ཞིག་ལ་འཁྲུལ་དང་མ་འཁྲུལ་བཤད་པ་ཡིན་གྱི། །འཁྲུལ་པ་དཔག་ཏུ་མེད་པ་ཡོད་དེ། བཤད་ཀྱིས་མ་ལངས་པས་རང་རེས་ཙམ་ཙི་རིགས་པས་དབྱེད། བསྟན་བཅོས་འདིར་བཀག་དེ་ཙམ་དུ་མ་ཟད། ད་དུང་ཚིག་དོན་འཁྲུལ་པའི་རྣམ་གཞག་ནི། །སྐྱོན་ཅན་དཔག་མེད་སྣང་ན་ཡང་། །བསྟན་འཆོས་ཀྱི་གཞུང་མང་དུ་རྫོགས་པས་རེ་ཞིག་བཞག་ལ། །གལ་ཏེ་འགོག་པར་འདོད་ན་ལུང་དང་རིགས་པའི་གནད། །ཕྱིན་ཅི་མ་ལོག་པར་ཤེས་པའི་བློ་ལྡན་མཁས་པ་རྣམས་ཀྱིས་དེ་ཡི། །ཚིག་དོན་ལ་ལེགས་པར་དཔྱོད་ལ་དགག་སྒྲུབ་གྱིས་ཤིག །དགག་སྒྲུབ་རིགས་པའི་རྒྱུ་མཚན་ནི། །སངས་རྒྱས་ཀྱི་བསྟན་པ་རིན་པོ་ཆེ་དང་རང་ཉིད་ཕྲད་པ་དཀའ་ཞིང་། །འཕྲད་པའི་རྗེས་སུ་ཆོས་བྱེད་ཁོམ་པའི་དལ་བ་དང་མཐུན་རྐྱེན་འབྱོར་བ་བཅུ་པོ་འང་རྙེད་པར་དཀའ་བས། །མཁས་པ་རྣམས་ཀྱིས་འཁྲུལ་མ་འཁྲུལ་ལེགས་པར་རྟོགས་ལ། །ཆགས་སྡང་གི་རྗེས་སུ་མ་འབྲང་བར་གཟུ་བོ་སྡེ་དྲང་པོར་གནས་པའི་བློ་ཡིས་དཔྱོད་ལ་སློས། །ས་པཎྜི་ཏ་བདག་གིས་བརྡ་སྤྲོད་བྱེད་པའི་བསྟན་འཆོས་སྒྲ་ཀ་ལཱ་པ་དང་། ཙནྡྲ་པ་དང་། དེ་དག་གི་མིང་གི་སྒྲ་བསྒྲུབ་པ་དང་། སྒྲའི་བྱིངས་བསྒྲུབ་པ་དང་། །བྱེད་པའི་ཚིག་བསྒྲུབ་པ་ལ་སོགས་པ་སྒྲའི་བསྟན་འཆོས་ཡན་ལག་དང་བཅས་པ་དང་དོན་གྱི་འགལ་འབྲེལ་དཔྱོད་པའི་བསྟན་འཆོས་ཚད་མ་ཀུན་ལས་བཏུས་དང་སྡེ་བདུན་དང་བཅས་པ་བསླབས། །དེ་ར་མ་ཟད་ཚིག་གི་སྡེབ་སྦྱོར་མཉམ་པ་དང་། ཕྱེད་མཉམ་པ་དང་། མི་མཉམ་པ་དང་། འཕགས་མ་དང་། རོ་ལངས་དང་ཕྱི་མོ་མཉམ་པ་སོགས་སྟོན་པའི་རིན་ཆེན་འབྱུང་གནས་ལ་སོགས་པ་རྣམས་ཀྱང་ཤེས། །རྒྱན་ཚིག་གི་བསྟན་འཆོས་དབྱངས་ཅན་གྱི་མགུལ་རྒྱན་དང་། །དཎྜི་ལ་སོགས་པ་དང་སོ་སོ་ཡང་དག་པ་རིག་པའི་རྒྱུར་འགྱུར་བའི་མིང་གི་རྣམ་གྲངས་མིང་གི་མངོན་བརྗོད་ཨ་མ་ར་ཀོ་ཥ་དང་། སྣ་ཚོགས་གསལ་བ་ལ་སོགས་པ་ཕལ་ཆེར་གོ་ཞིང་ཐོས། །འདུལ་བ་མདོ་ལ་སོགས་པ་དང་ནི་མངོན་པ་གོང་འོག་མཉིས་ཀ་དང་། །ཕ་རོལ་ཏུ་ཕྱིན་པ་ལའང་འགྲེལ་ཆུང་མདོ་འགྲེལ་དང་བཅས་པ་སོགས་སྡེ་སྣོད་གསུམ་གྱི་བཀའ་དང་། བསྟན་བཅོས་ཕལ་

ཆེར་ཐོས་སོ། **།གསང་སྔགས་རྒྱུད་སྡེ་བཞི་པོ་ཡང་།** །དེང་སང་རྒྱ་གར་དང་བོད་གཉིས་ཀར་**ཉན་བཤད་ཡོད་པ་ཕལ་ཆེར་ཐོས།** **།ཐོས་པ་དེ་དག་ཐམས་ཅད་ཀྱང་།** **།མིང་རྐྱང་**པ་**ཙམ་དུ་མ་བཞག**་པར་བསམ་བྱུང་གི་རིག་པས་དཔྱད་པས་ཚིག་དང་དོན་དུ་བཅས་པ་ལེགས་པར་ཞེས་པ་ཤ་སྟག་**གོ།** **།བྱེ་བྲག་སྨྲ་**བའི་བདེན་དང་ལོག་པ་**དང་མདོ་སྡེ་པ་**དང་། **།སེམས་ཙམ་**པ་རྣམ་བཅས་རྣམ་མེད་གཉིས་ཀ་**དང་ནི་དབུ་མ་**རང་རྒྱུད་ཐལ་འགྱུར་གཉིས་ཀ་**ཡི།** **།གདམས་ངག་ཇི་སྙེད་**ཡོད་པ་བོད་དུ་འགྱུར་བ་**ཕལ་ཆེར་ཐོས།** **།དེང་སང་བོད་ལ་གྲགས་པ་ཡི།** །ཕ་དམ་པའི་**ཞི་བྱེད་**བརྒྱུད་པ་གསུམ་དང་། ཨ་རོའི་**རྫོགས་ཆེན་**དང་ཨ་མ་ལབ་ཀྱི་སྒྲོན་མའི་**གཅོད་ལ་སོགས་**པ་དང་། །རོ་བོའི་གདམས་ངག་**སྐབས་བརྒྱད་གཅིག་ཆར་བསྒོམ་པ་དང་།** **།ཕ་རོལ་ཕྱིན་པའི་བློ་སྦྱོང་**དོན་བདུན་མ་ལ་སོགས་པ་**དང་།** **།བཀའ་གདམས་གདམས་ངག་**ཕུ་ཏོ་བའི་སྐོར་དར་སྟེ་ཐུར་བའི་**ལུགས་གཉིས་དང་།** **།ས་རཧའི་**དོ་ཧ་མཛོད་ཀྱི་གླུ་**དང་ཏཻ་ལོ་པ་**དང་། **།ནག་པོ་སྤྱོད་**པས་མཛད་**པའི་**དོ་ཧའི་རྟོགས་པ་གླུར་བླངས་པའི་**དོ་ཧ་དང་།** **།རྣལ་འབྱོར་གྱི་དབང་ཕྱུག་བི་རཱུ་པའི།** **།དོ་ཧ་སེང་གེ་ཞེས་བྱ་**བ་དང་སློབ་དཔོན་ཐ་ག་དང་། ཀྲྀ་ཥུ་རི་པའི་དོ་ཧ་**སོགས།** **།དོ་ཧའི་བྱེ་བྲག་དུ་མ་ཐོས་སོ།** །འཕོན་གད་པ་ཀིརྟི་ནས་བརྒྱུད་པའི་**རིམ་ལྔ་སྟན་ཐོག་གཅིག་པ་དང་།** །མར་པའི་སློབ་མ་མེས་སྟོན་ཚོན་པོ་དང་། དྭགས་པོའི་སློབ་མ་རྩ་བཞེར་དང་། རས་ཆུང་པའི་སློབ་མ་བྱར་སྒོམ་པ་ཐོས་པའི་རྨིག་ལྕོག་པ་ནས་བརྒྱུད་པ་སྟེ། **ན་རོ་ཆོས་དྲུག་ལུགས་གསུམ་དང་།** **།གསང་བ་འདུས་པ་ཡེ་ཤེས་ཞབས་**ཀྱི་ལུགས་ཀྱི་གཞུང་དང་གདམས་ངག་དང་། **།དེ་བཞིན་**དུ་གསང་བ་འདུས་པ་**འཕགས་སྐོར་**གྱི་ལུགས་གཉིས་ཀྱི་གཞུང་**གདམས་ངག་དང་།** **།དགྱེས་པ་རྡོ་རྗེའི་**རྒྱུད་གསུམ་ཆ་མཐུན་གྱི་ཐིག་ལེའི་སྐོར་རྣམས་ཀྱི་རྒྱུད་དང་བཅས་པའི་གདམས་ངག་ཕྱག་རྒྱ་ཆེན་པོ་**སྙིང་པོའི་སྐོར་**གྱི་གདམས་ངག་གི། **།གཤིན་རྗེ་གཤེགས་**དམར་པོ་དང་དགྲ་ནག་**དང་**གདོང་དྲུག་དང་**འཇིགས་བྱེད་**ཀྱི་གཞུང་**སོགས།** **།དེ་ཡི་གདམས་ངག་གསར་རྙིང་**གཉིས་ཀའི་ལུགས་**དང་**བཅས་པ། **།འཁོར་ལོ་སྡོམ་པའི་**གཞུང་**གདམས་ངག་**གསང་མཐའི་ལུགས་རྣམས་**དང་**བཅས་པ། **།དུས་ཀྱི་འཁོར་ལོའི་**གཞུང་**སྦྱོར་དྲུག་སོགས་**ལུགས་གསུམ་དང་སྦྱོར་དྲུག་གི་བྱེ་བྲག་མང་པོ་དང་། **།མཚན་བརྗོད་**ཀྱི་**བཤད་**པ་སློབ་དཔོན་འཇམ་དཔལ་བཤེས་གཉེན་གྱིས་མཛད་པའི་འགྲེལ་བ་ཆེ་ཆུང་གཉིས། སློག་པའི་རྡོ་རྗེས་མཛད་པའི་སྔགས་དོན་རྣམ་གཟིགས། དབུ་མ་ལ་དགའ་བས་བྱས་པའི་ཡེ་ཤེས་ཞབས་ལུགས་སུ་འགྲེལ་བ། ལམ་འབྲས་ཀྱི་ལུགས་དང་། དུས་འཁོར་གྱི་ལུགས་ཏེ་**ལུགས་དྲུག་དང་།** **།བིརྺ་པའི་འཆི་མེད་གྲུབ་པའི་གདམས་ངག་དང་།** །བརྟག་གཉིས་ལ་བརྟེན་པའི་བིརྺ་པའི་**ལམ་འབྲས་**བུ་དང་བཅས་པའི་ལམ་ཡོངས་སུ་རྫོགས་པའི་གདམས་ངག་དང་**ལ་སོགས་**པ་མཚོ་སྐྱེས་ཀྱི་བསྐྱེད་རིམ་ཟབ་པའི་ཚུལ་དགུ།

རྫོགས་རིམ་མར་མེའི་རྩེ་མོ་ལྟ་བུའི་གདམས་ངག སཾ་པུ་ཊི་ལ་བརྟེན་ནས་ཏོག་ཙེ་པའི་བསམ་མི་ཁྱབ་ཀྱི་གདམས་ངག །བདུད་རྩི་འོད་ལ་བརྟེན་ནས་ངག་དབང་གྲགས་པས་ཕྱག་རྒྱ་ཆེན་པོ་ཡི་གེ་མེད་པ། །འཁོར་ལོ་བདེ་མཆོག་ལ་བརྟེན་ནས་ནག་པོ་སྤྱོད་པས་གཏུམ་མོ་ལམ་རྫོགས་དང་། ཡོན་པོ་བསྲང་གཉིས་དང་། །གསང་བ་འདུས་པ་ལ་བརྟེན་ནས་སློབ་དཔོན་ཀླུ་སྒྲུབ་ཀྱིས་མཚོད་རྟེན་གྱི་དྲུང་དུ་སེམས་ཐག་བཅད་པ་དང་། དབང་ཡོན་ཏན་རིམ་པ་ལ་བརྟེན་ནས་རྒྱལ་པོ་ཨིནྡྲ་བྷཱུ་ཏིས་ཕྱག་རྒྱས་ལམ་ཡོངས་སུ་རྫོགས་དང་། བརྟག་གཉིས་ལ་བརྟེན་ནས་ཊོམ་བྷི་ཧེ་རུ་ཀས་ལྷན་ཅིག་སྐྱེས་གྲུབ་སྟེ་**ལམ་བསྐོར་དགུ**་དང་། །**དེ་ལས་འཕྲོས་པ**་ལམ་སྲས་བཤད་དང་། །གྲུབ་ཆེན་བཅུ་དང་ཕྲ་མོ་བརྒྱད་ལ་སོགས་པ་གདམས་ངག་**དུ་མ་དང་། །གཞན་ཡང་བོད**་ལ་གྲགས་པའི་ཁ་རག་སྐོར་གསུམ་སོགས་**དང**་གོ་རཀྵ་སོགས་**རྒྱ་གར་ལ། །**འབྲོག་མི་ཙྪ་བས་མཁས་པ་སྒོ་དྲུག་ལས་གསན་པའི་གདམས་ངག་སོགས་**དེང་སང་གྲགས་པ་ཕལ་མོ་ཆེ། །བདག་གིས་འབད་དེ་ལེགས་པར་མཉན**་ཞིང་། །**བསླབས་པ་དེ་དག**་ཀྱང་**མིང་རྐྱང**་ཙམ་**མིན**་པར་སོ་སོའི་གནད་ཇི་ལྟ་བ་བཞིན་དུ་རྟོགས་པས་དེ་སྐད་དུ། །སྦྲང་རྩི་འཛིན་པ་སྦྲང་རྩིའི་བརྟུལ་ཞུགས་ཅན། །སྦྲང་བུ་མིན་པས་སྦྲང་རྩིའི་བཅུད་མ་རྙེད། །སྡེ་སྣོད་འཛིན་པ་ཀུན་དགའ་རྒྱལ་མཚན་དཔལ། །བཟང་པོ་མིན་པས་ཤེས་བྱའི་བཅུད་མ་རྙེད། །ཅེས་གསུངས་སོ། །**དེ**་ཡི་**ཕྱིར**་ན་བོད་དང་རྒྱ་གར་ལ་ཡོངས་སུ་གྲགས་པའི་**ཆོས་རྣམས་ཕལ་ཆེར་ཐོས**་ཤིང་ཇི་ལྟ་བ་བཞིན་དུ་རྟོགས་སོ། །**དེས་ན**་ས་སྐྱ་པཎྜི་ཏ་**བདག་ལ**་རང་གིས་ཤེས་པ་རྣམས་བསྒྲུབ་པར་འདོད་ཅིང་། མི་ཤེས་པ་འགོག་པར་འདོད་པའི་**ཕྱོགས་ལྷུང**་ཡང་**མེད**་དེ་མི་ཤེས་པ་ལ་ཕྱོགས་ལྷུང་འོང་། །ཤེས་ན་ཕྱོགས་ལྷུང་མི་འོང་བའི་ཕྱིར་རོ། །ཤེས་པ་རྣམས་ལ་ཡང་མ་དག་པ་ནི་རང་གཞན་སུ་ལ་འདུག་ཀྱང་དོར་ཞིང་། དག་པ་ནི་སུ་ལ་འདུག་ཀྱང་བསྒྲུབ་པ་ཡིན་པས་བསྟན་བཅོས་འདིའི་དགག་སྒྲུབ་ལ་ཕྱོགས་ལྷུང་མེད་དོ་ཞེས་དགོངས་སོ། །རྒྱུ་མཚན་**དེ**་ཡི་**ཕྱིར**་ལེགས་པར་རྟོགས་ཤིང་བློ་**གཟུ་བོས་དཔྱད**་པའི་བཅོས་**འདི། །བློ་ལྡན་རྣམས་ཀྱིས**་ལུགས་**འདི**་ནས་བཤད་པ་**ལྟར་དུ་ཟུང**་ཞིག །**ཐུབ་པའི་བསྟན་པ་རིན་ཆེན**་གྱི་**གཞལ་མེད**་ཁང་ལ། །ཉམས་ལེན་འཕྲུལ་པའི་**ཡོག་ལྟའི་མུན་ནག**་གི་**ཚང་ཚིང་རྣམ་པར་གསལ**་བས་ཕས་རྒོལ་ཚར་བཅོད་པ་དང་། །མ་འཁྲུལ་པའི་གནད་ཀྱིས་གདུལ་བྱ་**བློ་གསལ**་རྣམས་ཀྱི་**བློ་ཡི་པདྨོ་ཁ་འབྱེད**་པ་ནི་རྗེས་སུ་འཛིན་པ་སྟེ། །དེ་ལྟ་བུའི་སྡོམ་གསུམ་གྱི་**བསྟན་བཅོས་ཉི་མའི་སྣང་བ**་དང་ཆོས་མཐུན་པ་**དེང་འདིར**་བསྟན་པ་དང་སྐལ་ལྡན་གྱི་གདུལ་བྱ་དཔག་ཏུ་མེད་པའི་དཔལ་དུ་**ཤར་རོ། །རྒྱལ་བ་ཀུན་གྱི**་དོན་བརྒྱུད་ཀྱི་**དགོངས་པ་འདི་ཡིན་ཞེས། །འགྲོ་བ་ལ་ཕན་པའི་བསམ**་པ་རྣམ་པར་དག་པས་རྩོམ་པ་པོ་**བདག་གིས་བཤད**་ཅིང་། །བསྟན་འཛིན་**མཁས་པ་ཀུན་གྱི་དགོངས་པ**་ཕྱོགས་གཅིག་པ་

འདི་ཡིན་མོད། །དད་དུང་བླུན་པོ་ཤེས་རབ་མེད་པ་བསོད་ནམས་ཀྱི་ཚུལ་རྣམས་ཀྱིས་རྫོགས་པར་དཀའ་བ་སྟེ། །བསྟན་འཆོས་འདི་ནི་ཁྱད་པར་གྱི་ཆོས་དྲུག་དང་ལྡན་པ་ཡིན་ནོ། །དེ་ལྟར་རྩོམ་པ་པོ་ས་པཎྜི་ཏ་ཤེས་རབ་དང་བསོད་ནམས་ཆེ་བའི་ཀུན་དགའ་རྒྱལ་མཚན་དཔལ་བཟང་པོའི་མཁྱེན་པ་ཉི་མའི་དཀྱིལ་འཁོར་གྱིས་སངས་རྒྱས་ཀྱི་བསྟན་པ་སྡེ་སྣོད་གསུམ་དང་རྒྱུད་སྡེ་བཞི་ཡི། །པདྨོ་རྣམ་པར་ཕྱེ་བ་ལས་བྱུང་བའི། །ལེགས་བཤད་དམ་པའི་སྦྲང་རྩིས་ཟད་མི་ཤེས་པ་འདིས་ནི་འགྲོ་བའི་ཚོགས་ཀྱི་བུང་བ་ཀུན། །རྒྱུན་དུ་ལམ་གྱི་གནད་ཕྱིན་ཅི་མ་ལོག་པ་ལ་སྤྱོད་པའི་ཕན་པ་དང་བདེ་བའི་དགའ་སྟོན་འགྱེད་པར་ཤོག །ཅེས་འགྲོ་བ་སེམས་ཅན་མཐའ་ཡས་པའི་དོན་དུ་བསྔོ་བའོ། །རྗེ་བཙུན་ཐུགས་རྗེ་ཅན་གང་གི་ཐུགས་བརྩེས་ཉེ་བར་བཟུང་ནས། །བསྟན་པ་དང་འགལ་བའི་ལོག་པའི་ཆོས་རྣམས་སྤངས་ནས་ཀྱང་། །སངས་རྒྱས་ཀྱི་བསྟན་པ་རྣམ་དག་དང་ལེགས་པར་སྤྱོད་པའི། །འཇམ་མགོན་བླ་མ་གྲགས་པ་རྒྱལ་མཚན་དེ་ལ་བཀའ་དྲིན་དྲན་པས་སླར་ཡང་འདུད་དེ་སྐད་བཤད་པའི་ཆོས་དག་དང་མ་དག་པའི་རྣམ་དབྱེ་ཕུལ་དུ་ཕྱིན་པ་དེ་དག་ནི། རྗེ་ཙུན་ཆེན་མོའི་ཁོ་ནའི་བཀའ་དྲིན་དང་བྱིན་རླབས་ལས་བྱུང་བར་ངེས་ཏེ། སངས་རྒྱས་ཀུན་གྱི་ཡེ་ཤེས་སྐུ། །གཅིག་ཏུ་བསྡུས་པ་འཇམ་པའི་དབྱངས། །དགེ་བསྙེན་མཆོག་གི་སྐུར་བསྟན་ནས། །བདག་གི་འཁྲུལ་པའི་དྲྭ་བ་བཅད། །ཅེས་གསུངས་པས་སོ། །སྡོམ་པ་གསུམ་གྱི་རབ་ཏུ་དབྱེ་བ་ཞེས་བྱ་བ། །ཆོས་དང་ཆོས་མ་ཡིན་པ་རྣམ་པར་འབྱེད་པའི་བསྟན་བཅོས་ཤ་ལོ་ཀ་སྟོང་ཕྲག་གཅིག་གི་བདག་ཉིད་འདི་ནི་ཤེས་བྱ་རིག་པའི་གནས་མཐའ་དག་མང་དུ་ཐོས་པའི་ནོར་དང་ལྡན་པ། །རིགས་པ་དང་མི་རིགས་པ་སོ་སོར་དཔྱོད་ཅིང་འབྱེད་པར་ནུས་པའི་བློ་གྲོས་ཅན། །སྡེ་སྣོད་འཛིན་པ་ཀུན་དགའ་རྒྱལ་མཚན་དཔལ་བཟང་པོས་སྦྱར་བ་རྫོགས་སོ།། ||

བྱེ་བྲག་ཏུ་གསང་སྔགས་ཀྱི་གནད་གདམ་ལ་དབབ་པ་གསང་ཆེན་ཡིན་པས། སྐལ་པ་དང་ལྡན་པ་དག་གིས་ཁོ་བོས་ལོགས་སུ་བཤད་པར་བལྟ་བར་བྱའོ། །སླར་སྨྲས་པ། བློ་ངན་ལོག་རྟོག་ཕས་རྒོལ་ཚར་གཅོད་ཅིང་། །བློ་གསལ་གདུལ་བྱ་རྗེས་སུ་འཛིན་སླད་དུ། །བློ་གཏེར་འཇམ་དབྱངས་མི་ཡི་ཟློས་གར་མཁན། །བློ་ལྡན་དབང་པོ་ས་སྐྱ་པཎ་ཆེན་རྒྱལ། །ཆོས་ལྡན་བོད་ཡུལ་ཁ་བ་ཅན་ལྗོངས་འདིར། །ཆོས་ཚུལ་འཆད་རྩོད་རྩོམ་པ་མང་མོད་ཀྱང་། །ཆོས་ཀྱི་སྤྱན་ལྡན་མཁས་པའི་མདུན་ས་ན། །ཆོས་རྗེའི་གསུང་རབ་རྒྱལ་བའི་བཀའ་ལྟར་བརླིང་། །སྲིད་གསུམ་བླ་མའི་བསྟན་པ་གནད། །དཔྱད་གསུམ་རྣམ་པར་དག་པའི་ལེགས་བཤད་འདི། །ཐེག་གསུམ་གསུང་རབ་བཀའ་བསྡུ་བཞི་པ་ཡིན། །རྒྱས་པའི་རྗེས་འཇུག་ཐར་པ་དོན་གཉེར་རྣམས། །རྒྱལ་བསྟན་འཁྲུལ་པར་སྤྱོད་རྗེས་མ་འབྲང་བར། །རྒྱལ་མཆོག་ཐུབ་པའི་ཆོས་མཛོད་འདི་ར་སློབས་དང་། །རྒྱལ་བ་དགྱེས་པའི་ལམ་

བཟང་ཤེས་པར་འགྱུར། །ལེགས་གསུང་གཞུང་འདི་རྟོགས་ན་གང་འདུལ་ཆོས། །ལེགས་པར་སྨྲ་ལ་མི་འཇིགས་གདེངས་ཐོབ་པས། །ལེགས་བྲིས་དབུས་ན་ལྷ་ཡི་བླ་མ་བཞིན། །ལེགས་བཤད་སྒྲོགས་པའི་མགྲིན་པ་གཟེངས་སུ་མཐོ། །ཆོས་དང་ཆོས་མིན་རྣམ་འབྱེད་སྡོམ་གསུམ་གཞུང་། །རབ་དབྱེ་རབ་ཏུ་གསལ་བར་རྟོགས་བྱེད་པའི། །ཚུལ་འདི་ཚུལ་རྒྱན་གཟུར་གནས་ལེགས་བཤད་འཚོལ། །ཀུན་མཁྱེན་ཀུན་དགའི་བཞེད་གཞུང་སྨྲ་བ་དེས། །རང་གི་ཡིན་ལ་གོམས་པར་བྱ་ཕྱིར་དང་། །རང་འདྲའི་སྐལ་མཉམ་གཞན་ལའང་ཕན་ཕྱིར་དུ། །རང་མཆན་འཁྲུལ་པ་མེད་པ་གཞིར་བཟུང་ནས། །རང་ལུགས་མཁས་པའི་གསུང་གིས་བརྒྱན་ཏེ་བྲིས། །འདི་ཡི་དགོངས་འགྲེལ་དཔེ་ཚོགས་མང་ན་ཡང་། །འདི་འདྲའི་འཇུག་བདེ་དོན་གསལ་གཞན་མེད་པས། །འདི་དོན་ཐོས་པས་སློ་འདོགས་ལེགས་ཆོད་ན། །འདི་མིན་གང་ལ་སློན་པའི་འགྲམ་ཆུ་ལྡང་། །གང་དག་རང་གི་གྲུབ་མཐའི་རྒྱབ་སྐྱོར་དུ། །གང་དྲན་རང་བཟོས་གཞུང་དོན་ལོག་པར་འགྲེལ། །གང་གསུང་རང་མཆན་འཁྲུལ་མེད་འགོག་ལ་བརྩོན། །གང་དེའི་རང་བཞིན་མཛངས་པ་ལགས་སམ་ཅི། །དེ་འདྲའི་ཕྱོགས་འཛིན་དབང་དུ་མ་གྱུར་པས། །དེ་སྐད་འདི་ལ་རང་བཟོའི་གནས་མེད་མོད། །དེ་ལྟར་ན་ཡང་ནོངས་པའི་ཚོགས་མཆིས་ན། །དེ་ཀུན་མཁས་གྲུབ་རྣམས་ཀྱི་སྤྱན་སྔར་བཤགས། །དོན་ཆེན་དགེ་ཚོགས་རབ་དཀར་མི་ཧྲག་འཕྲེང་། །རྒྱ་ཆེན་དད་པའི་ཡིད་མཚོར་ཁྱབ་པ་དེ། །དྲིན་ཆེན་བླ་མ་མཉེས་པའི་མཆོད་པར་འབུལ། །བྱང་ཆེན་བར་དུ་ཐུགས་རྗེས་སྐྱོང་དུ་གསོལ། །སྐྱེ་དང་སྐྱེ་བར་རྗེ་བཙུན་ས་སྐྱ་པའི། །རིང་ལུགས་རིང་དུ་སྤེལ་བའི་ཁུར་བླངས་ཏེ། །ཆོས་དོན་ཆོས་བཞིན་འཆད་རྩོད་བརྩམས་པ་ཡིས། །བསྟན་དང་བསྟན་འཛིན་སྐྱོང་བར་བདག་གྱུར་ཅིག །ངེས་ལེགས་ལམ་མཆོག་ངེས་འབྱུང་ཚུལ་ཁྲིམས་ལྡན། །བྱང་སེམས་དབང་འབྱོར་བྱང་ཆུབ་སྤྱོད་པར་སྤྱོད། །གསང་ཆེན་སྨིན་གྲོལ་གསང་ལམ་དམ་པ་ནས། །ཀུན་མཁྱེན་ས་ལ་ཀུན་ཀྱང་བགྲོད་པར་ཤོག །གཞན་ཡང་ཡང་དག་དགེ་ཚོགས་འདི་ཡི་མཐུས། །མ་ལུས་ལུས་ཅན་ཀུན་གྱི་ཕན་བདེའི་དཔལ། །ཐུབ་བསྟན་བསྟན་འཛིན་དང་བཅས་གངས་ཅན་འདིར། །ཇི་སྲིད་སྲིད་མཐའི་བར་དུ་འཕེལ་བར་ཤོག །རྒྱལ་ཀུན་གསང་གསུམ་ཡེ་ཤེས་སྒྱུ་འཕྲུལ་ལས། །ལས་བཞི་མྱུར་མགྱོགས་སྒྲུང་མར་ཤར་བའི་ལྷ། །ལྷ་ཆེན་གུར་ཞལ་གཉན་པོ་འཁོར་དང་བཅས། ། བཅས་པའི་དམ་དགོངས་བསྟན་འཆོས་འདི་སྲུང་ཅིག །ཅེས་སྡོམ་པ་གསུམ་གྱི་རབ་ཏུ་དབྱེ་བའི་མཆན་འགྲེལ་སྡོམ་གསུམ་རབ་གསལ་ཞེས་བྱ་བ་འདི་ནི། །རིགས་དང་དཀྱིལ་འཁོར་རྒྱ་མཚོའི་ཁྱབ་བདག་གཟིམ་འོག་རྡོ་རྗེ་འཆང་བྱམས་པ་ངག་དབང་ཀུན་དགའ་བསྟན་འཛིན་ཕྲིན་ལས་དཔལ་བཟང་པོ་དང་། ཁྲི་ཆེན་ཆོས་ཀྱི་རྒྱལ་པོ་ངག་དབང་མཁྱེན་རབ་ལེགས་བཤད་རྒྱ་མཚོ་སོགས་ཆོས་བཞིན་དུ་སྐྱོང་ཅིང་། འདོམས་པའི་ཡོངས་འཛིན་

མཁས་གྲུབ་དུ་མའི་ཞབས་རྡུལ་སྤྱི་བོར་བླངས་ཤིང་གསུང་གི་བདུད་རྩི་མྱོང་བས་སྡོམ་པ་གསུམ་ལྡན་གྱི་སྙལ་པ་བཟང་པོར་གྱུར་ཅིང་། ཁྱད་པར་དུ་ཆེ་རབས་ལས་སྨོན་གྱིས་འབྲེལ་བའི་བླ་མ་དམ་པ་མཁས་མཆོག་གྲུབ་པའི་དབང་པོ་མཁན་ཆེན་རྡོ་རྗེ་འཆང་བྱམས་པ་ངག་དབང་བློ་གྲོས་རིན་ཆེན་ནམ། འཇམ་དབྱངས་དགའ་བའི་བློ་གྲོས་ཞེས་ཡོངས་སུ་གྲགས་པ་གང་དེས་ཆུང་ངུའི་དུས་ནས་ཐུགས་རྗེའི་སྤྱན་རས་ཀྱིས་འཚོ་ཞིང་གཞུང་བཟང་འདི་ཉིད་ཀྱི་གཙོས། མདོ་སྔགས་རིག་གནས་དང་བཅས་པའི་གསུང་གི་བདུད་རྩིས་བསྐྱངས་པའི་བཀའ་འབངས། བོད་ཡུལ་ནཱ་ལེནྡྲའི་མཚན་ཉིད་སློབ་གྲྭའི་གྲལ་མཐར་གནས་ཤིང་། འཇམ་མགོན་བླ་མའི་གསུང་རབ་ལ་བྲེད་པ་རྒྱུ་མཐུན་གྱི་བག་ཆགས་ལྡན་སྐྱེས་སུ་བརྟས་པའི་མཐུ་ལས། སྡོམ་གསུམ་ཟབ་གནད་སྣ་བའི་བཙུན་གཟུགས་ཚུལ་ཁྲིམས་རྒྱལ་མཚན་གཟུར་གནས་ལེགས་བཤད་འཚོལ་གྱིས། གཞུང་འདི་ལ་ཐུན་མིན་གྱི་དད་བརྩོན་ཡོད་ཀྱང་དཀའ་གནད་རང་སྟོབས་ཀྱིས་འབྱེད་པར་མི་ནུས་པའི་བློ་དམན་རྣམས་ལ་ཕན་པའི་བསམ་པས་ཀུན་ནས་བསླངས་ཏེ། ཆོས་རྗེ་ས་པཎ་ཉིད་ཀྱི་རང་མཚན་འཁྲུལ་པ་མེད་པའི་དཔེ་རྙིང་། དྲིན་ཆེན་རྡོ་རྗེ་འཆང་དེ་ཉིད་དག་པའི་ཞིང་དུ་གཤེགས་ཁར་ཞལ་ཆེམས་བཅས་གནང་བ་དེ་ཉིད་ཚིག་གི་ཁྱད་ཙམ་ཡང་མ་བཅོས་པར་གཞིར་བཟུང་། ཀུན་མཁྱེན་ཡབ་སྲས་ཀྱི་ལེགས་བཤད་ཀྱིས་མཆན་སྣ་བསྲིངས། དྲིན་ཆེན་བླ་མའི་གསུང་སྒྲོས་རང་བློར་གང་ངེས་ཀྱིས་ཟུར་བརྒྱན། བསྡུས་དོན་ལུང་སྦྱོར་རྒྱས་སྤྲོས་བཏང་སྙོམས་སུ་བཞག །འབྲུ་འགྲེལ་གོ་བདེ་དོན་གསལ་ཁོ་ན་གཙོ་བོར་བྱས་ཏེ་སྦྱར་བ་འདིས་ཀྱང་བསྟན་འགྲོའི་དོན་རྒྱ་ཆེན་པོ་འགྲུབ་པར་གྱུར་ཅིག །